དཔེ་སྐྲུན་སྟོན་འགྲོའི་གཏམ་རྒྱུད།

གྲུབ་པའི་དབང་ཕྱུག་རྫོགས་ཆེན་པ་པདྨ་རིག་འཛིན་ནི། དུས་རབས་བཅུ་གཅིག་པའི་ནང་སྣ་འགྱུར་རྙིང་མའི་ཟབ་ཆོས་རྫོགས་པ་ཆེན་པོའི་ཆོས་མིང་གང་ཟག་ལ་ཐོག་པའི་འཚབ་བྱེད་སྐྱེས་ཆེན་ཡོངས་གྲགས་ཤིག་སྟེ། རྗེ་འདི་ཉིད་ཀྱི་སྐུ་ཚེ་གང་བོར་བྱ་བཏང་སྒྲུབ་པའི་རྣལ་འབྱོར་བའི་ཚུལ་གྱིས་འོད་གསལ་རྫོགས་པ་ཆེན་པོའི་ཉམས་བཞེས་ལ་གནད་དུ་སྨྱུན་པས་རིག་པ་ཚད་ཕེབས་ཀྱི་སར་ཕྱིན་ཏེ་གྲུབ་ཐོབ་པདྨ་རིག་འཛིན་ཞེས་མཚན་དུ་གྲགས་པ་བྱུང་། རྗེ་གང་ཉིད་དང་རྒྱལ་མཆོག་ལྔ་བ་ཆེན་པོ་བཀའ་བགྲོས་ནས་ཁམས་ཕྱོགས་སུ་རྫོགས་ཆེན་དགོན་པ་ཕྱག་བཏབ་པ་ནི་དབུས་གཙང་དུ་ཉམས་རྒུད་ཐེབ་པའི་སྣ་འགྱུར་རྙིང་མའི་ཆོས་བརྒྱུད་གནས་དུས་འདིར་དམིགས་ཀྱིས་སླར་གསོ་མཛད་པའི་ལོ་རྒྱུས་ཀྱི་རྒྱབ་ལྗོངས་མངོན་ཞིང་། སྐུ་དངོས་ཀྱིས་སྒོ་དགེའི་མངའ་ཁྲུལ་གཙོ་བོར་བྱས་པའི་ཁམས་ཕྱོགས་ཀྱི་ཀཿདཔལ་སོགས་རྙིང་དགོན་མང་པོར་ཕེབས་ཏེ་རྫོགས་པ་ཆེན་པོའི་ལྟ་སྒོམ་ལ་དག་ཐེར་མཛད་ཅིང་ཐུགས་བཞེད་བཞིན་ཨ་མདོ་དང་ཁམས་ཕྱོགས་སུ་ཆོས་བརྒྱུད་དགོན་སྡེ་བརྒྱ་ཕྲག་མང་པོ་འཕེལ། ཕྱི་དུས་འདིར་གངས་རིའི་ལྗོངས་སུ་རྫོགས་པ་ཆེན་པོའི་བསྟན་པ་མཐར་རྒྱས་སུ་འཕེལ་བའི་རྒྱུ་འགོའམ་ཤིང་རྟའི་སྲོལ་འབྱེད་མཆོག་གཅིག་ཏུ་ཡོངས་སུ་གྲགས། རྗེ་གང་གི་སྤྲུལ་རབས་སྐུ་ཕྲེང་རིམ་བྱོན་ནི་ཐོས་བསམ་སྒོམ་

གསུམ། མཁས་བཙུན་བཟང་གསུམ། འཆད་རྩོད་རྩོམ་གསུམ་སྒོ་ཚུལ་དགུའི་ཡོན་ཏན་གྱི་མངའ་བདག་ཤ་སྟག་བྱོན་པས་སྤུ་འགྱུར་སྙིང་མའི་བསྟན་པའི་གཙུག་རྒྱན་ལྷ་བུར་ཆགས་ཤིང་། གཞུང་ས་དགའ་ལྡན་ཕོ་བྲང་ནས་མ་ཧཱ་པཎ་ཊི་ཏ་ཨེར་ཏེ་ནི་ཧོ་ཐོག་ཐུའི་ཆོ་ལོ་ཐེངས་མང་བསྩལ་བའི་མཚན་ཐོབ་ལྡན། སློབ་བུ་ཉི་ཟླ་སྐར་གསུམ་དང་འཇིགས་མེད་རྣམ་བཞི་སོགས་སྐུ་རབས་རིམ་བྱོན་གྱི་ཐུགས་སྲས་མཁས་བཙུན་གྲུབ་པའི་སྐྱེས་བུ་བཟང་ལ་མང་བ་བྱོན་པས་ཆོས་རྒྱུན་ཕྲིན་ལས་ཕྱོགས་བརྒྱར་འཕེལ། གྲུབ་དབང་སྐུ་རབས་རིམ་བྱོན་གྱི་ཞལ་གསུང་བསྟན་བཅོས་མང་རབ་བཞུགས་ཚུལ་ཆོས་འབྱུང་རྣམ་ཐར་དག་ན་གསལ་ཡང་སྤྱིར་དུས་བཀའ་རྒྱ་དམ་པོར་མཛད་དེ་ཤིང་པར་དུ་མ་བཀོད་པ་དང་། སྤྱི་ཕྱིར་བླ་བྲང་ལ་མེ་སྐྱོན་དང་ས་འགུལ་གྱི་གནོད་འཚེ་ཐེབ་པས་སྐབས་དེ་དག་ཏུ་རྩ་འཕོར་སོང་ཕྱིར་དེང་དུས་མཇལ་དུ་བཞུགས་པ་ཤིན་ཏུ་ཉུང་། སྔར་ལམ་གྲུབ་དབང་པདྨ་རིག་འཛིན་གྱི་གསུང་ཚན་ཐོར་བུ་བསྡུ་སྒྲིག་དཔེ་སྐྲུན་ཐེངས་གཅིག་བྱས་པ་དང་། ད་ལམ་གྲུབ་དབང་སྐུ་རབས་རིམ་བྱོན་གྱི་ཆོས་སྲིད་མཛད་ཕྲིན་བསྐྱངས་པའི་ལྷེ་གནས་ཕོ་བྲང་ཆེན་མོ་ཁམས་གསུམ་ཟིལ་གནོན་བསྐྱར་བཞེངས་ལེགས་གྲུབ་ཀྱི་ལས་སློན་མངོན་དུ་གྱུར་བ་མ་ཟད། ནང་བཞུགས་སྐུ་ཐུགས་ཀྱི་རྟེན་མཆོག་སྐུ་རབས་རིམ་བྱོན་གྱི་སྐུ་བརྙན་བྱོན་ལེགས་དང་གསེར་གདུང་ཁྲིད་འཕགས་བྱིན་རླབས་ཀྱི་གཟི་འོད་འབར་བ་བཞུགས་སུ་གསོལ་བ་དང་། གསུང་རྟེན་དུ་སྐུ་རབས་རིམ་བྱོན་གྱི་གསུང་འབུམ་འདི་བཞིན་འཚོལ་བསྡུད་དག་ཞུས་དཔེ་སྐྲུན་གྱིས་གསུང་གི་ཕྲིན་ལས་རྒྱུན་མི་ཆད་པའི་སྲི་ཞུ་སྒྲུབ་པ་ན། རྟེན་འབྱུང་ཆུད་མི་ཟ་བའི་བདེན་མཐུས་གནའ་དུས་ནས་ལག་བྲིས་དཔེ་སྙིང་གཅིག་ཁོ་ན་ལས་མི་བཞུགས་པའི་ཕྱི་མོ་དག་ཀྱང་ངོ་མཚར་ཆེན་

དཔེ་སྐྲུན་སྔོན་འགྲོའི་གཏམ་བྱང་།

པོས་ལག་འཁོར་བྱུང་བ་དང་སྒྱུ་རབ་ཏུ་འཕེལ་བ་དང་བཅས་འགྲེམ་སྤེལ་བགྱིས་པ་སྟེ། འདིས་མཆོན་རྣམ་པར་དཀར་པའི་དགེ་རྩ་གང་མཆིས་མཁའ་མཐས་ཁྱབ་པའི་འགྲོ་བ་ཀུན་ལ་རྟུལ་བྲལ་ཆོས་རབ་རྣམ་འབྱེད་ཀྱི་ཡེ་ཤེས་ཐོབ་པའི་རྒྱུར་ཡོངས་སུ་བསྔོ་བ་དང་།   ཐོག་མཐའི་བྱ་བར་དངོས་སུ་ཞུགས་པ་དང་བསམ་སྦྱོར་གང་ཐད་ནས་རྒྱབ་སྐྱོར་རོགས་དན་མཛད་པོ་ཡོངས་ལ་བཀའ་དྲིན་རྗེས་དྲན་ཞུ་བ་དང་བཅས།

མཁྱེན་གཟིགས་དམ་པའི་ཞལ་སྔ་ནས་གྲུབ་དབང་རྫོགས་ཆེན་པའི་མཚན་གྱི་ཙོད་པཎ་གྱིས་མངོན་པར་བསྔོད་པ་བསྟན་འཛིན་ལུང་རྟོགས་ཉི་མས་མི་སྤྲེལ་ས་ལྷའི་ཡར་ཆོས་ལ་སྦྱར་བ་དགེ།

དཀར་ཆག

སྐུ་རབས་དང་པོའི་གསུང་ཚན་དཀར་ཆག

དཀར་ཆག

༄༅། །གྲུབ་དབང་རྫོགས་ཆེན་པ་སྐུ་རབས་དང་པོ། གྲུབ་ཐོབ་པདྨ་རིག་འཛིན་གྱི་རྣམ་ཐར་མདོར་བསྡུས།

དེ་ཡང་འོད་གསལ་གསང་བ་སྙིང་ཐིག་གི་བསྟན་པ་རིན་པོ་ཆེ་མདོ་ཁམས་སྨད་ཀྱི་ལྗོངས་སུ་ཐོག་མར་འདྲེན་པའི་ཤིང་རྟ་ཆེན་པོ་གྲུབ་པའི་དབང་ཕྱུག་རྫོགས་ཆེན་པདྨ་རིག་འཛིན་ཞེས་མཚན་སྙན་གྱི་གྲགས་དཀར་སྲིད་པ་གསུམ་ན་གཡོ་བ་གང་ཉིད་ངེས་པ་དོན་གྱི་དབང་དུ་ན། བདག་ཅག་གི་སྟོན་པ་མཉམ་མེད་ཤཱཀྱའི་རྒྱལ་པོས་བསྐལ་པ་བཟང་པོ་འདི་ཡི་གོང་རོལ་དུ་བྱང་ཆུབ་མཆོག་ཏུ་ཐུགས་བསྐྱེད་པ་ནས། བྱང་ཆུབ་ཀྱི་སྤྱོད་པ་རླབས་པོ་ཆེ་ལ་གྲངས་མེད་གསུམ་དུ་བསླབ་པའི་དང་པོར་སངས་རྒྱས་བདུན་ཁྲི་ལྔ་སྟོང་བསྙེན་བཀུར་པའི་ཐ་མར་བྱོན་པ། བདེ་གཤེགས་རྒྱལ་བ་རིན་ཆེན་གཙུག་ཏོར་ཅན་ཞེས་སེམས་ཅན་འཚེ་ཁ་མའི་རྣ་བར་མཚན་ཙམ་བསྒྲགས་པས་ཀྱང་གནས་ངན་ལེན་གྱི་སྐྱེ་སྒོ་གཏན་དུ་བཅད་དེ། རྣམ་པར་གྲོལ་བའི་གོ་འཕང་མཆོག་ལ་དབུགས་འབྱིན་པར་མཛད་པའི་ཐུགས་བསྐྱེད་དང་སྨོན་ལམ་གྱི་མཐུ་ཟབ་མོ་སངས་རྒྱས་གཞན་ལས་ཁྱད་དུ་བྱུང་བ་དེ་ཉིད་དུ་མངོན་པར་རྫོགས་པར་སངས་རྒྱས་སུ་ཟིན་ཀྱང་། ཇི་སྐད་དུ། ཡབ་སྲས་མཇལ་བའི་མདོ་ལས། དཔའ་བོ་ཆེན་པོ་ཐབས་མཁས་ཏེ། །ཁྱེ་བ་ཕྲག་བརྒྱར་རྒྱལ་བ་ཉིད། །སངས་རྒྱས་ཉིད་དུ་བསྟན་གྱུར་ཀྱང་། །ད་དུང་དུ་ཡང་འདྲེན་པ་ཁྱེད། །སངས་རྒྱས་མང་པོར

བསྟན་པར་མཛད། །ཅེས་དང་། ཐལ་པོ་ཆེ་ལས། ཇི་ལྟར་སེམས་ཅན་བསམ་པ་བཞིན། །ཚད་མེད་པར་ནི་རབ་ཏུ་སྣང་། །ཞེས་གསུངས་པ་ལྟར། མཐའ་ཡས་པའི་འགྲོ་བར་བརྩེ་བའི་སྙིང་རྗེའི་འཇུག་པ་ཚད་མེད་པས་དག་ཆེན་ཡེ་ཤེས་ཀྱི་རོལ་གར་བསམ་མི་ཁྱབ་པ་འབྱམས་སུ་གླུས་པ་ལས། བསྐལ་བཟང་རྣམ་འདྲེན་བཞི་པའི་བསྟན་པ་རིན་པོ་ཆེ་འདི་ལ་ཟབ་གསང་རྫོགས་པ་ཆེན་པོའི་ཉེ་ལམ་ནས་གདུལ་བྱ་མཆོག་གི་རིགས་ཅན་དག་རྣམ་པར་གྲོལ་བའི་ས་ལ་འགོད་ཕྱིར་འཕགས་བོད་ཀྱི་ཡུལ་གྲུར་མཁས་དང་གྲུབ་པའི་རྣམ་རོལ་དུ་ཇི་ལྟར་བྱོན་པའི་ཚུལ་རྗེ་ཉིད་ཀྱི་ཞལ་གསུང་དང་། ཚད་མར་གྱུར་པའི་གཏེར་ལུང་དག་ལས་ཇི་སྐད་བསྟན་པའི་ཚུལ་ནི། རྒྱ་གར་འཕགས་པའི་ཡུལ་དུ་གྲུབ་བརྒྱའི་སྤྱི་མེས་དཔལ་ས་ར་ཧའམ་མདའ་སྣུན་རྗེ་དང་། གསང་རྒྱུད་རྒྱ་མཚོའི་མངའ་བདག་གྲུབ་ཆེན་ཀུ་ཀུ་རི་པ། འཛའ་ལུས་འཕོ་བ་ཆེན་པོའི་སྐུར་བཞེངས་པཎ་ཆེན་དྲི་མེད་བཤེས་གཉེན། བརྟུལ་ཞུགས་སྤྱོད་པའི་རྣལ་འབྱོར་ལྭ་བ་པ་དང་ཕག་ཚང་པ་སོགས་གྲུབ་པའི་དབང་ཕྱུག་ཆེན་པོ་རྣམས་དང་། གངས་ཅན་བོད་ཀྱི་ཡུལ་དུ་བསྟན་པ་སྔ་དར་གྱི་སྐབས་སུ། ཨོ་རྒྱན་ཆེན་པོའི་ཐུགས་སྲས་མཐུ་སྟོབས་ནུས་པའི་མངའ་བདག་ལང་གྲོ་དཀོན་མཆོག་འབྱུང་གནས།དྲག་པོ་མངོན་སྤྱོད་ཀྱི་ནུས་པས་ལྷ་སྲིན་བྲན་དུ་འཁོལ་བ་ཐང་ཆེན་དཔལ་གྱི་སེང་གེ །སྤྲུལ་པའི་ཆོས་རྒྱལ་ཆེན་པོ་མངའ་བདག་ཁྲི་རལ་པ་ཅན་སོགས་དང་། རྒྱལ་བསྟན་ཕྱི་དར་གྱི་དུས་སུ་རྗེ་བཙུན་བཞད་པ་རྡོ་རྗེའི་ཐུགས་སྲས་དམ་པ་རས་ཆུང་རྡོ་རྗེ་གྲགས་པ་དང་།སྙན་བརྒྱུད་གདམས་པའི་སྒྲོལ་འཛིན་ངན་རྫོང་སྟོན་པ་བྷོ་དྷི་ར་ཛ། སྒྲུབ་བརྒྱུད་བསྟན་པའི་ཤིང་རྟ་ཀརྨ་པ་དུས་གསུམ་མཁྱེན་པ། སྣང་སྲིད་ཆོས་སྐུར་གྲོལ་བ་རྗེ་བཙུན་སྟག་ལུང་ཐང་པ། རྟོགས་པའི་དབང་ཕྱུག

སྐུ་རབས་དང་པོ་གྲུབ་ཐོབ་པདྨ་རིག་འཛིན་གྱི་གསུང་ཚན།

གྲུབ་ཐོབ་གླིང་རྗེ་རས་པ། བརྟུལ་ཞུགས་སྤྱོད་པས་མྱོས་པ་གྲུབ་ཆེན་ཨོ་རྒྱན་པ། འཇམ་དཔལ་དབྱངས་དངོས་རྗེ་བློ་བཟང་གྲགས་པའི་དཔལ་སོགས་གདུལ་བྱའི་སྣང་ངོར་སྤྲུལ་པའི་སྐྱེ་རྒྱུད་ཇི་སྙེད་ཅིག་བྱོན་ཅིང་། དེ་ལྟར་སྒྱུ་འཕྲུལ་གྱི་རོལ་པ་ཚད་མེད་པ་རྟག་ཁྱབ་ལྷུན་གྲུབ་ཏུ་འབྱུང་བ་ནི་རྒྱལ་བ་རྣམས་ཀྱི་ཆོས་ཉིད་ལས་ཚུར་མཐོང་གིས་རིམ་དང་ཅིག་ཅར་གཅིག་དང་ཐ་དད་སོགས་སུ་དཔྱད་པ་ནི་གནས་མ་ཡིན་ཏེ། མདོ་སྡེ་ཕལ་པོ་ཆེ་ལས། ཇི་ལྟར་ཟླ་བ་ཤར་གྱུར་པ། །ཚད་མེད་པ་ཡི་གཟུགས་བརྙན་རྣམས། །ཆུ་ཡི་སྣོད་དུ་སྣང་གྱུར་ཀྱང་། །ཟླ་བ་གཉིས་སུ་གྱུར་པ་མེད། །སངས་རྒྱས་ལ་ནི་གཉིས་སྣང་མེད། །འདི་ལ་གཅིག་ཀྱང་ཡོད་མ་ཡིན། །སྐུ་ནི་གཉིས་སམ་གསུམ་དུ་མེད། །ཇི་ལྟར་སེམས་ཅན་བསམ་པ་བཞིན། །ཚད་མེད་པར་ནི་རབ་ཏུ་སྣང་། །ཞེས་དང་། རྒྱུད་བླ་མ་ལས། གང་ཕྱིར་གདུལ་བྱ་དག་པ་ཡི། །ཆུ་ཡི་སྣོད་ནི་ཐམས་ཅད་ལ། །བདེ་གཤེགས་ཉི་མའི་གཟུགས་བརྙན་ནི། །དཔག་ཏུ་མེད་པ་གཅིག་ཅར་འཆར། །ཞེས་པ་ལྟར་ལ། དེ་ལས་སྙིགས་མའི་དུས་འདིར། འོད་གསལ་རྫོགས་པ་ཆེན་པོའི་བསྟན་པ་གཞིར་བཞེངས་སུ་བསྐྱང་བར་བསམ་བཞིན་སྐྱེ་སྲིད་དུ་བྱོན་པ་གྲུབ་ཐོབ་རྫོགས་ཆེན་པ་པདྨ་རིག་འཛིན་མཆོག་ནི། གཏེར་ཆེན་བདུད་འདུལ་རྡོ་རྗེའི་གཏེར་ལུང་ལས། རླངས་དཔལ་སྤྲུལ་པ་རི་བོའི་ཕྱོགས་སུ་འབྱུང༔ པདྨའི་མིང་ཅན་བྲང་ལ་སྨེ་བས་བརྒྱན༔ ཞེས་དང་། རིག་འཛིན་ཉི་མ་གྲགས་པའི་གཏེར་བྱང་ལས། ཡོན་ཏན་རིག་འཛིན་བློ་མ་ལ༔ ཤར་ཕྱོགས་མདོ་ཁམས་སྨད་ནས་འབྱུང༔ པདྨའི་མིང་ཅན་བརྟུལ་ཞུགས་ཅན༔ བརྟ་གཡས་སྨེ་བ་སྨིན་འདྲས་མཚན༔ ཞེས་སོགས་འཕྲུལ་བྲལ་རྡོ་རྗེའི་བཀའ་ལུང་ཚད་མས་ལན་གཅིག་མིན་

པར་ཡང་ཡང་བསྔགས་པ་ལྟར། ཡུལ་གངས་ཅན་ཆོལ་གསུམ་ཆོས་ཀྱི་ཞིང་ཁམས་ལས་མདོ་ཁམས་རི་བོ་ཆེའི་ཕྱོགས་སུ། བོད་རབ་བྱུང་བཅུ་པའི་ཤིང་མོ་གླང་གི་ལོ་སྤྱི་ལོ་༡༦ ༢༥ པར་བཟོ་རིག་མཁས་པའི་ཡང་རྩེར་སོན་པ་བལ་པོ་བཀྲ་ཤིས་བྱ་བའི་སྲས་སུ་སྐུ་འཁྲུངས། ཆུང་དུ་ཉིད་ནས་དམ་པའི་བག་ཆགས་ལྡན་སྐྱེས་སུ་མངའ་བས་དུར་སྒྲིག་གི་རྒྱལ་མཚན་འཛིན་པ་ལ་མཆོག་ཏུ་མོས་པ་དང་། ཡི་གེའི་རིགས་དང་བཟོའི་རིག་པ་སོགས་གཙུག་ལག་གི་གནས་ཀུན་ཚེགས་མེད་པར་མཁྱེན་པའི་རྣམ་དཔྱོད་ཡངས་པ་བཅས་ངོ་མཚར་བའི་མཚན་རྟགས་རང་ཆས་སུ་མངའ་བའི་ཚུལ། རྗེ་ཉིད་ཀྱི་གསུང་མགུར་དྲང་སྲོང་དགྱེས་པའི་གླུ་དབྱངས་ལས་ཀྱང་། སྐྱེས་པ་རི་བོའི་ཕྱོགས་སུ་སྐྱེས། །ཚར་བ་ཆབ་མདོའི་ཕྱོགས་སུ་ཚར། །ལོ་བཅུ་ལོན་ནས་ཡི་གེ་བསླབས། །ཆུང་ནས་རབ་བྱུང་ཆ་ལུགས་བྱས། །མཚན་ལྡན་བླ་མ་དམ་པ་བསྟེན། །བརྩེ་བའི་ཐུགས་ཀྱིས་བུ་བཞིན་བསྐྱངས། །དབང་ལུང་གདམས་པ་དཔག་མེད་ཞུས། །ཞེས་གསུངས་པ་ལྟར་དང་། དེ་ནས་མི་རིང་པར་མཁས་གྲུབ་ཀརྨ་ཆགས་མེད་དང་། གྲུབ་དབང་རིག་འཛིན་ཆོས་ཀྱི་རྒྱ་མཚོ། གོང་ས་རྒྱལ་མཆོག་ལྔ་པ། གཏེར་སྟོན་བདུད་འདུལ་རྡོ་རྗེ། རིག་འཛིན་གཏེར་བདག་གླིང་པ་སོགས་སྤྱི་ཕྱིར་ཡོངས་འཛིན་མཁས་གྲུབ་ཀྱི་སྐྱེས་ཆེན་སུམ་ཅུ་ལྷག་བསྟེན་ཏེ་མདོ་རྒྱུད་མན་ངག་རྒྱ་མཚོར་གསན་བསམ་མཐར་ཕྱིན་མཛད་པ་དང་། དཔལ་གྱི་བསམ་ཡས། ལྷོ་བྲག་མཁར་ཆུ། ཡེར་པ་ལྷ་རི། ཤང་ཟབ་བུ་ལུང་། བྲང་གི་གནམ་མཚོ། དཔལ་གྱི་ཙ་རི་ཏྲ་སོགས་སྒྲུབ་པའི་གནས་ཆེན་རྣམས་སུ་བསྐྱེད་རྫོགས་རིམ་གཉིས་ཀྱི་རྣལ་འབྱོར་སྒྲི་དང་། ཁྱད་པར་འོད་གསལ་རྫོགས་པ་ཆེན་པོ་མན་ངག་སྙིང་ཐིག་གི་ཟབ་གནད་ལ་

ཉམས་བཞེས་རྩལ་དུ་བཏོན་ནས་ཀུན་བཟང་ཆོས་སྐུའི་རྒྱལ་ཐབས་ལ་མངའ་དབང་བསྒྱུར་བ་སྟེ། ཐོག་མར་དགུང་ལོ་བཅུ་གསུམ་ཙམ་ནས་སྒྲུབ་བརྒྱུད་བསྟན་པའི་ཉི་མ་ཆགས་མེད་རིན་པོ་ཆེའི་ཞབས་པད་མཉེས་པ་གསུམ་གྱིས་བསྟེན་ཏེ་གསར་རྙིང་གི་གདམས་ཁྲིད་དུ་མ་གསན་བཞེས་དང་། ཕྱག་རྫོགས་ཀྱི་རྣལ་འབྱོར་ལ་ཉམས་ལེན་རྩེ་གཅིག་ཏུ་མཛད་པས་ཞག་ཉེར་གཅིག་ཙམ་ནས་འོད་གསལ་ཉིན་མཚན་འཁོར་ཡུག་ཏུ་འདྲེས་ཤིང་བདེ་གསལ་མི་རྟོག་པའི་ཉམས་སྣང་རྩོལ་མེད་དུ་སྐྱེས། རིམ་པར་བླ་མའི་མདུན་ནས་རཙྪའི་བླ་མ་ཞི་དྲག་དང་། ཕུར་པ། ཉང་གི་རྟ་ནག །ཀརྨ་གླིང་པའི་ཞི་ཁྲོ་སོགས་བཀའ་གཏེར་ཕྲིན་སྒྲུབ་ཀྱི་དབང་ལུང་གསན། དེ་སྐབས་ཆགས་མེད་རིན་པོ་ཆེ་ཉིད་ལའང་ཐུགས་དམ་གྱི་བོགས་ཐོན་བྱུང་ཚུལ། རང་རྣམ་ལས། རྟོགས་ལྡན་པདྨ་རིག་འཛིན་ལ། །ལུང་ནི་མང་ཞིག་བྱས་པའི་ཚེ། །སེམས་ངོ་ལ་ཡང་བོགས་ཐོན་ཞིང་། །ལུང་དང་འདྲེས་ནས་འགྲོ་བ་བྱུང་། །ཞེས་གསུངས། འདི་སྐབས་ཡི་དམ་ཐུགས་རྗེ་ཆེན་པོ་དང་ཨོ་རྒྱན་རྡོ་རྗེ་འཆང་གང་བྱེད་བརྟག་པས། རྗེ་ཉིད་ཀྱི་གཟིམས་ལམ་དུ་སློབ་དཔོན་ཆེན་པོའི་སྐུ་བརྙན་མཇལ་བ་དང་། ཆགས་མེད་རིན་པོ་ཆེའི་ཐུགས་དམ་བརྟག་སྐབས་ཀྱང་ཨོ་རྒྱན་བསྒྲུབས་ན་ལེགས་ཚུལ་བྱུང་བ་ལྟར། ཐུགས་དམ་གྱི་མཐིལ་རཙྪའི་ཐུགས་སྒྲུབ་ཞི་བ་རྩལ་དུ་བཏོན་ནས་བསྟེན་པས་ཨོ་རྒྱན་ཆེན་པོས་ཞལ་གཟིགས་དང་སངས་རྒྱས་བྱང་སེམས་དཔའ་བོ་རྣལ་འབྱོར་མའི་ཚོགས་ཀྱིས་བྱིན་གྱིས་བརླབས། གཞན་ཡང་བསྐྱེད་རྫོགས་རྩ་རླུང་གི་གདམས་པའི་ཞུན་ཐར་བཅུད་དེ་ཉམས་བཞེས་གནད་སྨིན་མཛད་པས། ཉིན་ཞག་རེ་ལ་རླུང་གི་རྒྱུ་བ་གཉིས་རེས་ཚོག་པ་སོགས་གྲུབ་པའི་རྟགས་མཚན་མཐའ་ཡས་པ་མངོན་དུ་གྱུར། ཆགས་མེད་རིན་པོ་ཆེས་རྡོ་

རྫེའི་རྒྱལ་ཚབ་ཏུ་དབང་བསྐུར་ནས་སྨིན་གྲོལ་ཟབ་ཁྲིད་ཀྱི་རྒྱུན་བསྟུལ་བར་བཀས་བསྐུལ། དགུང་གྲངས་ཉེར་བཞི་པར་ཀུན་སྤྱངས་བྱ་བཏང་གི་ཚུལ་གྱིས་སྤོ་བོའི་ཕྱོགས་སུ་ཕེབས་པས་གཏེར་ཆེན་བདུད་འདུལ་རྡོ་རྗེ་མཇལ། གཏེར་ཆེན་མཆོག་གིས་རང་གཏེར་དམ་ཆོས་སྤྲུལ་སྐུ་སྙིང་ཐིག་གི་ཆོས་བདག་ཏུ་དོས་འཛིན་དང་ལུང་བསྟན་གྱིས་དབུགས་དབྱུང་།དབང་ལུང་གདད་རྒྱ་བཅས་བསྟུགས་བརྗོད་རྒྱ་ཆེ་བས་ཆོས་ཀྱི་བདག་པོར་མངའ་གསོལ། གཞན་ཡང་རིག་འཛིན་འཇའ་ཚོན་སྙིང་པོའི་ཐུགས་སྲས་དགེ་བའི་བཤེས་གཉེན་ཀུན་མཁྱེན་པ་ལས་རྟ་ཕག་སོགས་ཀྱི་དབང་ལུང་ཞུས་པས་འཇའ་ཚོན་མཆོག་གི་ཡེ་ཤེས་ཀྱི་སྐུས་རྗེས་སུ་བཟུང་། ཁྱད་པར་རྫོགས་ཆེན་བསོད་ནམས་དབང་པོའི་དངོས་སློབ་ཟ་ཁ་སྤྲུལ་སྐུ་རིག་འཛིན་ཆོས་ཀྱི་རྒྱ་མཚོ་ཞེས་རྫོགས་ཆེན་སྙིང་ཐིག་གི་བསྟན་པའི་བདག་པོ་གྲུབ་པའི་དབང་ཕྱུག་ཆེན་པོ་གང་དེའི་ཞབས་རྟུལ་སྤྱི་བོར་བླངས་ཏེ་ཐུན་མིན་རིགས་ཀྱི་བདག་པོར་བཀུར། སྒོ་གསུམ་མཉེས་པ་གསུམ་གྱིས་གུས་པས་བཏུད་དེ་ཟབ་ལམ་མཁའ་འགྲོ་སྙིང་ཐིག་གི་དབང་ལུང་སྨན་བརྒྱུད་ཀྱི་གདམས་པ་ཡོངས་སུ་བཞེས། ཡེ་ཤེས་ཀྱི་མཁའ་འགྲོ་མས་མཚོན་བྱེད་བརྡ་ཐབས་ཀྱི་ལྡེ་མིག་གཏད་དེ་གནང་བ་བྱིན་པ་ལྟར་ཁམས་པ་རྫོགས་ཆེན་པ་ཞེས་པའི་མཚན་དང་བཅས་བརྒྱུད་པ་འཛིན་པའི་རྒྱལ་ཚབ་ཏུ་དབང་བསྐུར། རྟོགས་པའི་ལམ་རྟགས་མངོན་དུ་གྱུར་ཏེ་ཆོས་ཉིད་མངོན་སུམ་གྱི་སྣང་བའི་འཆར་སྒོ་ཐིག་ལེ་སྟོང་སྒྲོན་གྱི་མུ་ཁྱུད་དུ་རྡོ་རྗེ་སེམས་དཔའ་དང་། འཕགས་པ་ནམ་མཁའི་རྒྱལ་པོ་བཀྲ་ལམ་མེར་གཟིགས་པ་བཅས་ཀ་དག་ཁྲེགས་ཆོད་ཀྱི་ལྟ་བ་མངོན་དུ་གྱུར། ལྷུན་གྲུབ་ཐོད་རྒལ་གྱི་སྒོམ་པའི་རྩལ་ཆེན་རྫོགས་ནས་ཀུན་བཟང་དགོངས་པའི་རྒྱལ་སྲིད་ལ་དབང་འབྱོར། དགུང་ལོ་སོ་དགུ་བཞེས་པ་རབ་བྱུང་

བཅུ་གཅིག་པའི་རྒྱ་ཡོས་ལོར་དབུས་འགྱུར་ཆོས་ཀྱི་ཞིང་སར་ཕེབས་ཞལ་ཕྱོགས། ལམ་བར་གྱི་སྒྲུབ་གནས་གཉན་ཁྲོད་རྣམས་སུ་ཐུགས་དམ་བོགས་འདོན་གྱི་ཕྱིར་དུ་གཉན་ས་གཅོད་པའི་ཚུལ་མཛད། འདི་སྐབས་ཐུགས་སྲས་ཐུ་བོ་རིག་འཛིན་ཉི་མ་གྲགས་པ་ཞབས་ཕྱི་འཁོར་ནས་གཙུག་ཕུད་བཞེས། ནང་ཆེན་རྒྱལ་པོ་སོགས་དང་ལྷན་གྱི་སྐྱེ་བོ་མང་པོར་ཆོས་སྦྱིན་གྱི་ཕྲིན་ལས་བསྐྱལ་བ་དང་བཅས་ཤིང་འབྲུག་ལོར་ཡུལ་དབུས་ལྷ་ལྡན་དུ་ཞབས་པད་བསྐྱོད། རྟེན་གཙོ་ཇོ་ཤཱཀ་རྣམ་གཉིས་ལ་གསེར་ཆབ་སྣན་ཞལ་སོགས་མཆོད་པའི་སྦྱིན་ཕུད་རྒྱ་ཆེར་སྤྲོས་ཏེ་བསྟན་ལ་སྨན་པའི་ཐུགས་བསྐྱེད་རླབས་པོ་ཆེའི་མཚམས་སྦྱར། ཁྱད་པར་གངས་ལྗོངས་བསྟན་པ་ཡོངས་ཀྱི་བདག་པོ་ཐམས་ཅད་མཁྱེན་གཟིགས་རྒྱལ་དབང་ལྔ་པ་ཆེན་པོའི་གསེར་ཞལ་མཇལ། ཕན་ཚུན་ཐུགས་སྣང་གཤིན་པོས་ཉམས་རྟོགས་ཀྱི་བགྲོ་གླེང་དང་། །ཁྱད་པར་གོང་ས་མཆོག་ལ་འོད་གསལ་རྫོགས་པ་ཆེན་པོ་གསང་བ་སྙིང་ཐིག་གི་དབང་ཁྲིད་གསན་འབུལ་མཛད་པས། རྒྱལ་དབང་མཆོག་ལ་ཐུགས་དམ་བོགས་ཐོན་གྱི་ངེས་ཤེས་ཁྱད་པར་ཅན་ཐུགས་ལ་འཁྲུངས་ནས། གསུང་ལས། །ཐམས་པ་རྫོགས་ཆེན་པ་ཉམས་རྟོགས་ཀྱི་བརྗོད་པ་བཅོས་མ་མ་ཡིན་པར་ཀློང་བརྡོལ་བ་གྲུབ་པའི་དབང་ཕྱུག་རྩེ་གཅིག་བསྐྱངས་པའི་ལག་རྗེས་ཤར་བར་སྣང་། ཞེས་དང་། ཕྱིས་སུ་གྲུབ་དབང་མཆོག་ལ་ཕུལ་བའི་ཆབ་ཤོག་ཀུན་བཟང་ཞལ་ངོམས་སུ། དགའ་རབ་ཤྲཱི་སེང་པད་འབྱུང་བཱི་མ་ལ། །བཻ་རོ་སོ་ཟུར་གནུབས་གཉགས་ལ་སོགས་པའི། །བཀའ་ཡི་གནད་ལ་སྦྱངས་རློམ་སྙིང་རློམ་འགགས། །ཕྱག་རྫོགས་མ་ཕྱེད་འདྲེས་མའི་ཆོས་སྐད་མང་། །ཁྱེད་ཀྱིས་སྟོན་ཚད་རྩོལ་བས་ཉམས་བསྟར་ཀུན། །སྙིང་ཐིག་སྙིང་པོའི་དགོངས་དོན་ཇི་ལྟ་བ། །མ་རྟོགས་ལོག་རྟོག་མེད་

པ་རྣམ་དག་པར། །ཁོ་ནར་སོང་བའི་ཚུལ་ལ་གཅིག་ཏུ་རངས། །ཞེས་དང་། སྤོ་འགྱུར་ནགས་ཀླུང་སྟུག་པོ་འཁྲིགས་པའི་དབུས། །སྡོན་མེད་ཡོངས་འདུས་ལྗོན་པ་ཁྱེད་དུ་ངེས། །ཚོད་ཕེབས་རྫོགས་ནས་ཆོས་ཉིད་ཟད་ས་རུ། །འཁྱོལ་ལ་ཏ་ཅང་མི་རིང་ཕ་རོལ་ན། །སྤྲིན་བྲལ་ཡོན་ཏན་ཀུན་རྫོགས་རང་གི་སེམས། །ཁྱབ་བདག་རྡོ་རྗེ་འཆང་དུ་ཧྲག་པར་ཡོད། །ཡོངས་སྐུའི་ཞིང་ཁམས་ཕུལ་བ་ཐོད་རྒལ་གྱི། །དཀར་སེར་ཁྲ་མེན་སྒྲོན་མ་དྲུག་གི་གནད། །ནན་ཏན་བསྒྲིད་ཁྱེད་རང་རིག་ཀུན་ཏུ་བཟང་། །རང་ཞལ་མཐོང་བའི་བར་དུ་དར་ཡོལ་ཙམ། །ཞེས་སོགས་ཕུལ་དུ་བྱུང་བའི་བསྟོགས་བརྗོད་ཀྱི་མེ་ཏོག་འཐོར་བར་མཛད། དེ་མཚམས་སྟོད་ལུང་མཚུར་ཕུ་དང་། འུ་ཤང་རྡོའི་ལྷ་ཁང་། སྒྲགས་ཀྱི་ཡང་རྫོང་། རྡོ་རྗེ་བྲག སྨིན་གྲོལ་གླིང་སོགས་གནས་ཆེན་ཆོས་སྡེ་ཁག་ཏུ་གནས་གཟིགས་དང་འབྲེལ་མཆོད་འབུལ་གྱི་དངོས་པོ་ཕྱུ་ནོམ་པ་བསྟབས། ཁྱད་པར་དཔལ་བསམ་ཡས་ཀྱི་ཆོས་སྡེ་ཆེན་མོ་མེས་འཛིག་པས་ཉམས་པ་ལ་ཞིག་གསོའི་ཐེབས་རྩར་དངོས་རྫས་ཕོན་ཆེན་གནང་སྦྱིན་བསྐྱལ་བ་དང་། དེ་མཚུངས་མངའ་བདག་ཆོས་ཀྱི་དབང་པོ། གཏེར་ཆེན་འགྱུར་མེད་རྡོ་རྗེ། སྤྲུལ་སྐུ་པད་མ་གར་དབང་། སྨམ་པོ་སྤྲུལ་སྐུ། གསུང་སྤྲུལ་ཚུལ་ཁྲིམས་རྡོ་རྗེ་སོགས་ལྷོ་དབུས་ཀྱི་སྐྱེས་ཆེན་དུ་མ་དང་དབང་ལུང་ཟབ་ཆོས་ཀྱི་རྒྱུན་འབུལ་རེས་མཛད། རིམ་པར་ལྷོ་བྲག་མཁར་ཆུ། ཚེ་ལམ་དཔལ་རི། ལྷ་མོ་མཁར། དཔལ་གྱི་ཕུག་རིང་། དུར་ཁྲོད་ལ་ཁ་རྣམས་སུ་ཤཱནྟི་ངོ་རིར་སྐུ་མཚམས་བཅད་རྒྱ་ལ་བཞུགས་ཤིང་། དུར་ཁྲོད་ལ་ཁར་བཞུགས་པའི་ཐོ་རངས་ཤིག་ལ་ཤར་ཕྱོགས་ཀྱི་ནམ་མཁའ་ནས་ལྷ་ལྕམ་མན་དྷ་ར་བ་དཀར་མོ་རུས་རྒྱན་གར་སྟབས་དང་བཅས་པས་ནུབ་ཀྱི་མཁའ་དོས་ལ་བརྡ་ཆོས་སྨ

ཚོགས་སྟོན་བཞིན་བུན་ནེར་གཤེགས་པའི་ཉམས་སྣང་བྱུང་བ་སྐུ་ཆེ་དེར་མཁའ་སྤྱོད་འགྲུབ་པའི་བརྡ་རྟགས་སུ་གོ་ཡང་འགྲོ་ལ་བརྩེ་བའི་ཐུགས་ཀྱིས་དང་དུ་མ་བཞེས། དེ་མཚམས་མཆིམས་ཕུ་ནགས་ཀྱི་དབེན་ཁྲོད་དུ་ལོ་ངོ་གསུམ་ལ་བཅད་རྒྱ་མཛད་པས་ཉམས་རྟོགས་ཀྱི་ཡོན་ཏན་དབྱར་མཚོ་རྒྱས་པ་ལྟར་འཕེལ་ཞིང་དེར་མཁའ་འགྲོ་ཡེ་ཤེས་མཚོ་རྒྱལ་གྱིས་བདེ་གཤེགས་གཙུག་ཏོར་ཅན་དང་། གྲུབ་ཆེན་ཀུ་ཀུ་རི་པ། རྒྱལ་བ་སྟག་ལུང་ཐང་པ་བཅས་ཀྱི་སྤྲུལ་པ་ཡིན་པའི་ལུང་བསྟན་དང་ཞལ་གཟིགས་ཐོབ། དགུང་གྲངས་ཞེ་གསུམ་བཞེས་པ་ས་སྤྲེལ་ལོར་ཡུལ་ཉེར་བཞིའི་ནང་ཚན་བདེ་མཆོག་འཁོར་ལོ་སྡོམ་པའི་གནས་མཆོག་ཙཱ་རི་ཏྲའི་རོང་སྐོར་ལ་ཕེབས་ཤིང་། བདེ་མཆོག་ལྷ་མཚོ་དང་། སྟག་མ་ལ། དཔལ་གྱི་རི་རྫུམ་སོགས་སུ་ཕེབས་སྐབས་སུ་སྲ་མཁྲེགས་རྡོ་ཡི་ཕ་ཝང་ལ་འདམ་ལྟར་བརྫིས་པའི་ཞབས་རྗེས་གཉིས་བཞག་པ་དང་། དཔོན་སློབ་ཐུན་མོང་གི་སྣང་ངོར་བདེ་མཆོག་ཕག་མོའི་གཟིགས་སྣང་ལན་འགར་བྱུང་བ་སོགས་ཡ་མཚན་གྲུབ་པའི་མངོན་རྟགས་གསལ་བར་བསྟན། ཁྱད་པར་གནས་ཀྱི་གཙུག་ཏོར་དག་པ་ཤེལ་གྱི་གངས་རིའི་འདབས་ཞོལ་ཟབ་ལམ་རྡོ་རྗེའི་དབེན་གནས་སུ། སྐུ་སྐྱེ་རིག་འཛིན་ཉི་མ་གྲགས་པས་ཞབས་ཏོག་མཛད་དེ་ལོ་གྲངས་གསུམ་ལ་སྒྲུབ་པའི་རྒྱལ་མཚན་བཙུགས་ཏེ་བཞུགས་པས་བཀའ་བརྒྱད་བདུན་བརྒྱ་ཉེར་ལྔའི་ལྷ་ཚོགས་ཀྱིས་ཞལ་གཟིགས་པ་དང་། ཟབ་ཡངས་ཐུགས་ཀྱི་ཀློང་དུ་རྟོགས་པའི་བོགས་ཆེན་ཐོན་ཏེ་རིག་སྟོང་རྡོ་རྗེའི་ར་བར་སྐུ་བརྙན་ཕྲ་མོ་རྐྱང་སྐུ་དང་། ཉིས་སྤྲེལ། གསུམ་ཚོགས། བཞི་སྤྲིག ལྔ་ཚོམ་སོགས་གྲངས་མེད་ཀྱི་ཞིང་ཁམས་ཐམས་ཅད་སྐུ་དང་ཡེ་ཤེས་ཀྱི་རོལ་པས་རིག་པ་ཚད་ལ་ཕེབས་པའི་གནད་གསང་གི་ལམ་མཆོག་ཕུལ་དུ་ཕྱིན་པ་བརྙེས། དེ་ལྟར་གསུང་མགུར་ལས་ཀྱང་།

འོང་བ་དེ་སྐྱོད་ཀྱི་ཕྱོགས་སུ་བྱུས། །ཐོས་བསམ་གྱི་ཡར་ལྷ་རྒྱ་ཆེར་བྱུང་། །ཐོས་དོན་དེ་ཉམས་ལེན་གནད་ཐོག་ཏུ། །སྒྲུབ་པ་ཡི་དང་ཚུགས་བླ་མའི་དྲིན། །རྟེན་འབྲེལ་དེ་ལྷོ་བྲག་མཁར་ཆུར་བྱུང་། །ཡེ་ཤེས་ཀྱི་མཁའ་འགྲོས་བརྡ་མཚོན་བསྟན། །བསམ་གཏན་གྱི་སྒོམ་ཚུགས་བཟུང་བ་ཡིས། །མཐར་ཐུག་གི་ལམ་སྣ་ཟིན་ངེས་བྱུང་། །སྒྲུབ་གནས་དེ་བསམ་ཡས་མཆིམས་ཕུར་བྱུས། །ཀ་དག་ལྷུན་གྲུབ་ཀྱི་རང་ངོ་མཐོང་། །གནས་ལུགས་དང་མཐུན་པའི་ཉམས་ལེན་ཤེས། །ཚིག་དོན་ལ་བསྙེལ་བ་མེད་དམ་སྙམ། །པོགས་འདོན་དེ་ཙ་རི་ཏྲ་རུ་བྱུས། །རིག་པ་ཡེ་ཤེས་ཀྱི་སྐུར་མཐོང་ནས། །རྡོ་རྗེ་རྩེ་མོ་ཡི་གནད་ཤེས་པས། །སྣང་སྟོང་ལ་འགག་པ་མེད་པར་རྟོགས། །ཞེས་དང་། ངས་སྒྲུབ་གནས་དེ་བསམ་ཡས་མཆིམས་ཕུར་བྱུས། །སྦྱོད་པ་དེ་ཙྭ་རི་རོང་དུ་བསྐྱངས། །རྟེན་འབྲེལ་དེ་ལྷོ་བྲག་མཁར་ཆུར་བྱུང་། །འགྲོ་དོན་དེ་ཡར་འབྲོག་ཀུན་ལ་བྱུས། །ཞེས་གསུངས་པ་དང་། དེ་བཞིན་རྒོད་ཚང་པ་སྣ་ཚོགས་རང་གྲོལ་གྱི་ཞུ་མཆིད་ལས་ཀྱང་། གྲངས་མེད་སྐྱེ་བའི་གོང་རོལ་ན། །ཚོགས་གཉིས་ཀྱི་བྲེ་ཁ་ལེགས་ཁེངས་ཤིང་། །ཐོས་བསམ་དང་སྒོམ་སྒྲུབ་མཐའ་དག་ལ། །དབང་འབྱོར་གྱི་འབྲས་བུས་ཕྱུག་པ་ཁྱེད། །ཅེས་དང་། ཁྱེད་ཟབ་དོན་གྱི་ཉམས་བཞེས་མཐར་ཕྱིན་ནས། །གྲུབ་ཐོབ་ཀྱི་གདན་ས་བསྙེགས་པ་ལ། །འདི་འདྲའི་སྙན་འབུལ་མ་དགོས་ཀྱང་། །ཚད་ཕེབས་དེ་ཟད་སར་འཁྱོལ་མཛད་ནས། །རྩོལ་མེད་ཀྱི་གཞན་དོན་མཁའ་ཁྱབ་ཞུ། །ཞེས་སོགས་བསྟུགས་བརྗོད་ཀྱི་མེ་ཏོག་རྒྱ་ཆེར་འཐོར་བར་མཛད་དོ། །དེ་ནས་སྐུ་མཚམས་གྲོལ་བ་དང་བསྟུན་སྐུ་སྐྱེ་རིན་པོ་ཆེས་ཞུས་བསྐུལ་ལྟར་

ཧོར་འབྲོག་ནག་རྒྱ་ཁར་ཆིབས་སྒྱུར་མཛད་དེ། དེ་གར་ཧོར་པ་ལོ་ཆེན་སོགས་མི་དཔོན་བན་ཕྱོགས་སེར་སྐྱ་མང་པོར་ཟབ་ཆོས་དུ་མའི་བཀའ་དྲིན་བསྐྱལ་ནས་ཐར་བའི་གྲོང་དུ་བཀྲི་བའི་སྒོ་འཕར་ཕྱེས། མཁར་བ་བསམ་གཏན་ཕུག་སོགས་སྒྲུབ་གནས་འགར་ཡུན་རིང་བཞུགས་ཤིང་ཐུགས་སྲས་དཔོན་སློབ་ནམ་མཁའ་འོད་གསལ་ཡང་དེ་ཙམ་ཉིད་ན་ཞབས་འཁོར་དུ་ལྷགས། སླར་ཡང་ཤང་ཟབ་བུ་ལུང་དང་བྲག་ཡེར་བ་སོགས་སུ་ཕེབས་ནས་ལོ་མཚམས་དུ་མར་བཞུགས། བར་སྐབས་རྣམས་སུ་གནས་བརྟན་འཇམ་དབྱངས་གྲགས་པ་སོགས་དགའ་ལྡན་ཕོ་བྲང་གི་དྲུང་འཁོར་ཆེ་རིམ་དང་། སེ་འབྲས་སོགས་གདན་ས་ཆེ་ཁག་གི་དགེ་བཤེས་མང་པོ་ལྷོག་ཆོས་ཞུ་བར་བྱུང་ཞིང་དེ་དག་ལ་འོད་གསལ་གསང་བ་སྙིང་ཐིག་གི་ཆོས་བཀའ་སྣ་ཚོགས་པ་གསུངས་པར་མཛད། ཐུགས་སྲས་ཞྭ་ལམ་རབ་འབྱམས་པ་བསྟན་པའི་རྒྱལ་མཚན་ཡང་འདི་སྐབས་ཞབས་འབྲང་དུ་བྱུང་། དེ་མཚམས་གྲགས་པའི་མཚོ་སྣན་ཆེ་བཞིའི་ཡ་གྱུལ་བྱང་གི་གནམ་མཚོར་ཕེབས་ནས་སྐུ་ལུས་མ་སྤངས་པར་འོད་སྐུར་གྲོལ་བའི་དགོངས་བཞེས་སྐྱོང་ཆོ། རྒྱལ་མཆོག་ལྔ་པ་ཆེན་པོའི་ཡེ་ཤེས་ཀྱི་གཟིགས་ངོར། ཨོཾ་རྒྱན་ལུང་ཟིན་པདྨའི་མཚན༔ རྣལ་འབྱོར་དབང་ཕྱུག་ཁྱེད་ཉིད་ཀྱིས༔ མདོ་ཁམས་ཉི་མ་ཤར་ཕྱོགས་སུ༔ རྒྱས་དང་རུ་དམ་རབ་དཀར༔ གང་རུང་གདན་ས་གནས་གྱུར་ཚེ༔ བསྟན་འགྲོ་སྤྱི་ཡི་ཀྲུད་པ་གསོ༔ མཐའ་འཁོབ་སྐྱེ་འགྲོ་ཆོས་ཀྱིས་འདུལ༔ ཞེས་ཡུལ་ཐ་སྙོད་དགེ་རྒྱས་དང་། མདོ་ཁམས་རུ་དམ་ལུང་། མི་ཉག་ཛོ་ར་དཀར་མོ་སྟེ་གདན་ས་རིམ་པ་གསུམ་དུ་རྟེན་འབྲེལ་དུས་བབ་ལྟར་བསྟན་འགྲོའི་འགྲོ་དོན་བསྐྱངས་ན་ཆོས་བརྒྱུད་དར་རྒྱས་སུ་འབྱུང་བར་འགྱུར་ཞེས་སྒྲིབ་བྲལ་རྡོ་རྗེའི་བཀའ་ལུང་གིས་གསལ་བར་བསྐུལ་བ་དང་།

དེ་མཚུངས་ཆགས་མེད་རིན་པོ་ཆེས་ཀྱང་། དེ་ནས་ཁམས་སུ་ཅིས་ཀྱང་བྱོན་དགོས་ཏེ། །རང་དོན་མཛད་ནས་གཞན་དོན་མི་མཛད་པ། །ཐེག་དམན་ཉན་ཐོས་ལམ་གྱི་གོལ་ས་ཆེ། །རྫོགས་སངས་རྒྱས་ནས་འགྲོ་དོན་མ་གཏོགས་པ། །མཛད་རྒྱུ་གཞན་ནི་ཡོད་སྐད་མ་ཐོས་སོ། ཅེས་དང་། ཁམས་སུ་བྱོན་པ་ཟང་ཟིང་དོན་གཉེར་མིན། །དབང་ལུང་རྒྱ་མཚོ་འདི་དག་སྤེལ་ཐུབ་ན། །འགྲོ་ལ་ཆོས་སྦྱིན་ཨོ་རྒྱན་བསྟན་ལ་སྨན། །བསྟན་འགྲོའི་དོན་ཡིན་རང་དོན་མཆོག་དེ་ཡིན། །བླུན་སྒོམ་ཟ་ཆོག་བརྒྱ་ལས་དེ་ཉིད་ལྷག །ཅེས་སོགས་ཞབས་བསྐུལ་གྱི་ཆབ་ཤོག་སྣ་ཕྱིར་ནན་གྱིས་བསྐུལ་བ་ལྟར་བསྟན་དང་འགྲོ་བའི་དོན་ཆེན་ཐུགས་ལ་བཟུག་སྟེ། གྲུབ་དབང་མཆོག་དགུང་གྲངས་དྲུག་ཅུ་བཞེས་པ་ཤིང་ཕོ་བྱི་བའི་ལོར་ཇོ་བོ་རྗེ་དཱི་པཾ་ཀཱ་རཱ་བོད་དུ་བྱོན་པའི་རྣམ་ཐར་དང་ཚུལ་མཚུངས་པར་མདོ་ཁམས་ཉི་མ་ཤར་ཕྱོགས་སུ་ཞབས་བསྐྱོད་གནང་། དགུང་གྲངས་རེ་གཅིག་བཞེས་པ་ཁྲོ་བོ་ཞེས་པ་ཤིང་མོ་གླང་གི་ལོ་སྟེ་སྤྱི་ལོ་༡༨༨༥ ལོར། ཨོ་རྒྱན་སངས་རྒྱས་གཉིས་པས་ཞབས་ཀྱིས་བཅགས་ཤིང་བྱིན་གྱིས་བརླབས་པས་དཔའ་བོ་མཁའ་འགྲོ་སྤྲིན་ལྟར་འདུ་བའི་གནས་མཆོག མདོ་ཁམས་ས་ཡི་ལྟེ་བ་རུ་དམ་སྐྱིད་ཁྲམ་ལུང་པ་ཞེས་སའི་དཔྱད་ཕུན་སུམ་ཚོགས་དགུ་མ་ཚང་བ་མེད་པའི་ནོར་འཛིན་གྱི་ཐིག་ལེར་ཞབས་པད་བཀོད། ཐོག་མར་གཡས་ལུང་མགོན་པོ་ཤྭ་ནའི་གནས་ཀྱི་འདབས་རོལ་ཞབས་ཆེན་སྤང་ཐང་དུ་གྲུབ་དབང་དཔོན་སློབ་རྣམས་གསོལ་ཇ་བསྐོལ་ཏེ་བཞུགས་སྐབས། བཀའ་སྲུང་དྲེགས་པའི་རྗེ་བོ་པེ་ཧར་རྒྱལ་པོ་བྱ་རོག་གི་རྣམ་པར་སྤྲུལ་ནས་སྐྱེམས་ཕུད་ཕུད་ཕོར་དང་བཅས་པ་འཕུར་རྩལ་གྱིས་ནམ་མཁར་བཏེགས་ཏེ་གདན་སའི་རྒྱབ་རིའི་བྲག་སྟེགས་ཤིག་ཏུ་བཞག་པ་དང་། གཏོ་རུ་ཨ་དགེ་ཚང་

ཞེས་འབྲོག་དུད་ཅིག་ཡོད་པར་ཁྲིམ་ཕེབས་མཛད་པས་ཐབ་ཟངས་ལས་འོ་མ་འཕྱུར་བ་སོགས་བཀྲ་ཤིས་པའི་མཚན་མ་འབུམ་ཕྲག་དུས་གཅིག་ཏུ་ཤར་བའི་རྟེན་འབྲེལ་ལེགས་ལམ་གྱི་སྒོ་འཕར་ཕྱེས་ནས། སྔ་འགྱུར་བསྟན་པའི་རྒྱ་འགོ་རྫོགས་ཆེན་ཨོ་རྒྱན་བསམ་གཏན་ཆོས་འཁོར་གླིང་ཞེས་ཡོངས་སུ་གྲགས་པའི་ཆོས་སྡེ་ཆེན་པོ་འདི་ཉིད་ཐོག་མར་ཕྱག་བཏབ། འོད་གསལ་རྫོགས་པ་ཆེན་པོ་མཁའ་འགྲོ་སྙིང་ཐིག་གི་ཉམས་ལེན་ལ་བརྩོན་པའི་རིག་པ་འཛིན་པའི་རྣལ་འབྱོར་སྟོང་ཕྲེད་ལྔ་བརྒྱར་ལོངས་པས་སྒྲུབ་པའི་རྒྱལ་མཚན་བཙུགས་ཏེ་ངེས་གསང་སྙིང་པོའི་བསྟན་པ་ཉིན་བྱེད་ལྟར་གསལ་བར་མཛད། ཕྱོགས་དེར་འཁོད་པའི་སྡེ་དགེའི་ས་སྐྱོང་ཆེན་པོ་ཁྲི་ཆེན་སངས་རྒྱས་བསྟན་པ་དང་། གླིང་ཚང་མགོན་པོ་ལྷུན་གྲུབ། གད་ཐོག་གཉེར་ཆེན་ལྷ་ལུ་སོགས་མི་རྗེ་སྡེ་འབངས་ཡོངས་ཀྱིས་གྲུབ་དབང་དམ་པའི་ཞབས་རྡུལ་སྤྱི་བོར་བླངས་ཏེ་བསྟན་པའི་སྦྱིན་བདག་གི་མཐུན་འགྱུར་བྱས། ཁྱད་པར་ཆོས་རྒྱལ་ཁྲི་ཆེན་སངས་རྒྱས་བསྟན་པས་བསྐུལ་ཞུས་ལྟར་ཀཿདཔལ་སོགས་མངའ་ཁོངས་སྙིང་དགོན་རྣམས་སུ་རྗེ་ཉིད་ཞབས་པད་དངོས་བསྐྱོད་ཀྱིས་ལྟ་སྒོམ་སྤྱོད་པའི་ཉམས་ལེན་ལ་དག་ཐེར་དང་། འོད་གསལ་སྙིང་པོའི་ཆོས་ཀྱི་འཁོར་ལོ་རྒྱ་ཆེར་བསྐོར་ཏེ་བླུན་སྒོམ་རྟོག་བཟོའི་ལྟ་གྲུབ་ཀྱི་ཀློགས་མ་བསལ་ནས་ཀུན་མཁྱེན་རྒྱལ་བའི་རིང་ལུགས་འཁྲུལ་བྲལ་ཕྱོགས་ཀུན་སྤེལ་བར་མཛད། རྗེ་འདིས་སྔ་ཕྱིར་རྗེས་སུ་བསྐྱངས་པའི་ཞལ་སློབ་ཀྱི་གཙོ་བོ། འཁོན་ཀླུ་ཡི་དབང་པོའི་རྣམ་རོལ་གཏེར་སྟོན་ཉི་མ་གྲགས་པ་དང་། བདེ་གཤེགས་མྱ་ངན་མེད་ཀྱི་རྣམ་སྤྲུལ་རབ་འབྱམས་པ་བསྟན་པའི་རྒྱལ་མཚན། གྲུབ་ཆེན་མེ་ལོང་རྡོ་རྗེའི་རྣམ་འཕྲུལ་འདྲེན་མཆོག་ནམ་མཁའ་འོད་གསལ་བཅས་ཐུགས་སྲས་ཐུ་བོ་གསུམ་མམ་སློབ་བུ་ཉི་ཟླ་སྐར་གསུམ་

ཞེས་ཡོངས་སུ་གྲགས་པ་དང་། གཞན་ཡང་རྒྱལ་མཆོག་ལྔ་པ་ཆེན་པོ།
འཇམ་དབྱངས་ཧོར་གྱི་ལོ་ཆེན། གནས་བརྟན་འཇམ་དབྱངས་གྲགས་པ།
རྫོགས་ཆེན་ཀློང་རྫོགས་མཐའ་བྲལ། དགེ་བའི་བཤེས་གཉེན་ཀུན་མཁྱེན་པ།
རིག་འཛིན་ཀློང་གསལ་སྙིང་པོ། ཀཿཐོག་རྒྱལ་སྲས་བསོད་ནམས་ལྡེའུ་བཙན།
ཌྲུང་པ་ནམ་མཁའ་རྒྱ་མཚོ་སོགས་སློབ་བརྒྱུད་ཡང་བརྒྱུད་དང་བཅས་པའི་ཕྲིན་ལས་
ཆོས་བརྒྱུད་ཀྱིས་ཁམས་དབུས་དྭགས་ཀོང་སོགས་ཡུལ་གྲུ་ཀུན་ཏུ་ཁྱབ་པ་བྱུང་།
དེ་ནས་དགུང་གྲངས་བདུན་ཅུ་རྩ་གསུམ་པ་དབང་ཕྱུག་ཞེས་པ་མེ་གླང་ལོའི་ཆོ་འཕྲུལ་
ཟླ་བའི་རྫོགས་པ་དང་པོའི་ཚེས་ལ། འཇའ་ཚོན་གྱི་གུར་ཁྱིམ་དང་འབྱུང་བའི་རང་
སྒྲ་སོགས་རྒྱུད་སྡེ་དང་མཐུན་པའི་རྣལ་འབྱོར་མཆོག་གི་ལམ་རྟགས་ངོ་མཚར་བ་དུ་མ་
དང་བཅས་ཆོས་དབྱིངས་སྐྱེ་བ་མེད་པ་གཞོན་ནུ་བུམ་སྐུའི་ཀློང་དུ་ཞི་བར་གཤེགས་པའི་
ཚུལ་བསྟན། སྐུ་གདུང་རིན་པོ་ཆེ་ཞུགས་སུ་ཕུལ་བ་འོད་གསལ་ཐུགས་ཀྱི་ཁང་
བཟང་ཨོཏྤའི་གོང་བུ་འབྱུང་བས་མ་འཛིག་པ་སྐལ་བ་ལྡན་པའི་རྗེས་འཇུག་རྣམས་བརྟེ་
བས་རྗེས་སུ་འཛིན་པའི་བརྡ་རྟགས་ངོ་མཚར་ཅན་གྱི་མཛད་པ་མཐོང་ཞིང་ཐོས་པའི་སྐྱེ་
བོ་དག་གི་རྒྱུད་ལ་ཡང་ཐར་པའི་ས་བོན་ཐེབས་པར་མཛད་དེ་ཞིང་འདིའི་མཛད་པ་རེ་
ཞིག་རྫོགས་པའི་ཚུལ་བསྟན། ཕྱི་རབས་བསྟན་པའི་བཙོས་སུ་བཞག་པའི་གསུང་
རྩོམ་ལ། རྫོགས་ཆེན་གཞི་ལམ་འབྲས་གསུམ་གྱི་དོན་སྟོན་པ་མན་ངག་ཤེལ་ཕྲེང་
གི་གླེགས་བམ་དང་། གསོལ་འདེབས་བླ་མའི་རྣལ་འབྱོར་བསྟོད་ཚོགས་སྐོར་
ལམ་གྱི་སྐོར། དགེ་བསྐུལ་ལྷུག་འདེབས་ཀྱི་སྐོར། རང་ཉིད་ཀྱི་རྣམ་ཐར་
འཕྲོས་དོན་དུ་ཡོད་པའི་ལྷ་སྒོམ་སྤྱོད་པའི་གདེང་ཚད་ཉམས་མྱོང་མགུར་གྱི་སྐོར།
ཐར་འདོད་ཀྱི་གང་ཟག་མཆོག་དམན་ཀུན་ལ་ཞལ་གདམས་ངོ་སྤྲོད་ཀྱི་སྐོར། སྒྲུབ་

འཕྲིན་ཆོ་གའི་སྐོར་ཏེ་སྐོར་ཚོ་དྲུག་གམ་ཡར་ཕྱིན་དྲུག་གི་གྲངས་ཅན་གྱི་གླེགས་བམ་བཞུགས་པ་གྲགས་ཀྱང་ཕལ་མོ་ཆེ་སྟོར་ནས་འབྱུང་བས་འཛིགས་པ་དང་དུས་ཀྱི་རྒྱུད་པའི་སྐལ་ངན་གྱི་ཁྲོད་དུ་ཉམས་པར་གྱུར། ད་ལམ་གྲུབ་དབང་གོང་མ་རིམ་བྱོན་གྱི་གསུང་གི་གསང་བ་ཟབ་མོའི་ཕྲིན་ལས་ལ་སྒྲི་ཞུའི་བསམ་པས་འཚོལ་བསྡུད་བྱས་པ་ཕྱོགས་གཅིག་ཏུ་དཔེ་སྐྲུན་གྱི་སྐལ་བ་མངོན་དུ་གྱུར་བ་དང་བསྟུན། སྔར་ལམ་རྫོགས་ཆེན་ཆོས་འབྱུང་ཆེན་མོར་བྲིས་པའི་རྣམ་ཐར་ལ་དག་ཞུས་དང་བཅས། མཁྱེན་གཟིགས་དམ་པའི་ཞལ་སྔ་ནས་གྲུབ་དབང་རྫོགས་ཆེན་པའི་མཚན་གྱི་ཅོད་པན་གྱིས་བྱིན་གྱིས་བརླབས་པ་བསྟན་འཛིན་ལུང་རྟོགས་ཉི་མས་མེ་སྤྲེལ་ས་ཟླའི་ཡར་ཚེས་ལ་བྲིས་པ་དགེ །

༄༅། །སྔོན་འགྲོ་ཆོས་སྤྱོད་ཐར་ལམ་དཀར་པོ་

ཞེས་བྱ་བ་བཞུགས་སོ། །

སྐྱབས་ཡུལ་ནི། ཨོཾ་ཨཱཿཧཱུྃ། མདུན་གྱི་ནམ་མཁའ་རྣམ་དག་ཞིང་ཁམས་མཆོག །ངོ་མཚར་བཀོད་རབ་འབར་བ་འཇའ་ཡངས་དབུས། །རིན་ཆེན་ཁྲི་ཆར་པད་ཉི་ཟླ་གདན་སྟེང་། །བླ་མ་ཨོ་རྒྱན་སྐུ་གསུམ་ཀུན་བཟང་ལ། །སྐྱབས་གནས་མ་ལུས་རྣམས་ཀྱིས་བསྐོར་བར་དམིགས། །མགོན་པོ་དེ་དག་མདུན་དུ་བདག་ཉིད་བཅས། །འགྲོ་རྣམས་བྱང་ཆུབ་བར་དུ་གུས་སྐྱབས་མཆི། །སྐྱབས་སུ་འགྲོ་བ་ནི། ན་མོ་སངས་རྒྱས་ཆོས་དང་དགེ་འདུན་གསུམ་ལ་སྐྱབས་སུ་མཆིའོ། །བླ་མ་ཡི་དམ་མཁའ་འགྲོ་གསུམ་ལ་སྐྱབས་སུ་མཆིའོ། །ཆོས་སྐུ་ལོངས་སྐུ་སྤྲུལ་སྐུ་གསུམ་ལ་སྐྱབས་སུ་མཆིའོ། །ངོ་བོ་རང་བཞིན་ཐུགས་རྗེ་གསུམ་ལ་སྐྱབས་སུ་མཆིའོ། །བླ་མ་སངས་རྒྱས་ཆོས་ཀྱི་སྐུ་ལ་སྐྱབས་སུ་མཆིའོ། །བླ་མ་ལོངས་སྤྱོད་རྫོགས་པའི་སྐུ་ལ་སྐྱབས་སུ་མཆིའོ། །བླ་མ་ཐུགས་རྗེ་སྤྲུལ་པའི་སྐུ་ལ་སྐྱབས་སུ་མཆིའོ། །རྩ་བའི་བླ་མ་བཀའ་དྲིན་ཅན་ལ་སྐྱབས་སུ་མཆིའོ། །བརྒྱུད་པའི་བླ་མ་བྱིན་རླབས་ཅན་ལ་སྐྱབས་སུ་མཆིའོ། །འདྲེན་པའི་བླ་མ་ཐུགས་རྗེ་ཅན་ལ་སྐྱབས་སུ་མཆིའོ། །ཡི་དམ་དཀྱིལ་འཁོར་ལྷ་ཚོགས་རྣམས་ལ་སྐྱབས་སུ་མཆིའོ། །དཔའ་བོ་མཁའ་འགྲོ་ཆོས་

སྐྱོང་རྣམས་ལ་སྐྱབས་སུ་མཆིའོ། དེ་ནས་སེམས་བསྐྱེད་པ་ནི། དེང་བཟུང་བྱང་ཆུབ་མ་ཐོབ་བར། །འགྲོ་དྲུག་སེམས་ཅན་ཐམས་ཅད་ལ། །མ་དང་བུ་ཡི་འདུ་ཤེས་ཀྱིས། །མ་བསྒྲལ་བསྒྲལ་དང་མ་གྲོལ་གྲོལ། །དབུགས་དབྱུང་མྱ་ངན་འདས་ལ་འགོད། །སྨོན་འཇུག་བྱང་ཆུབ་སེམས་བསྐྱེད་དོ། །དེ་ནས་སྡོམ་པ་བཟུང་བ་ནི། ཧོཿ སྟོན་གྱི་རྒྱལ་བ་ཐམས་ཅད་ཀྱིས། །སྡོམ་པ་ལ་ནི་གནས་པ་ལྟར། །བདག་གི་ལུས་ངག་ཡིད་གསུམ་གྱིས། །གནོད་པ་སྤངས་ཤིང་དགེ་བ་བསྒྲུབ། །དགེ་བསྙེན་དགེ་ཚུལ་དགེ་སློང་སོགས། །སོ་སོར་ཐར་པའི་སྡོམ་པ་ལ། །བདག་ནི་རྒྱུན་དུ་གནས་ཤིང་བསྲུང་། །སྡོམ་པ་ཡི་ནི་ཚུལ་ཁྲིམས་དང་། །དགེ་བའི་ཆོས་ནི་སྡུད་པ་དང་། །སེམས་ཅན་དོན་བྱེད་རྣམ་པ་གསུམ། །ནམ་ཡང་བདག་གིས་མི་སྤང་ངོ་། །དཀོན་མཆོག་གསུམ་བཟུང་མི་གཏང་བསྒྲུབ། །བླ་མ་ཡི་དམ་མི་སྤང་ངོ་། །སངས་རྒྱས་དཀོན་མཆོག་དམ་ཚིག་ཏུ། །ཡང་དག་སྙིང་པོའི་དོན་ལ་འཇུག །དམ་ཆོས་དཀོན་མཆོག་དམ་ཚིག་ཏུ། །ཐེག་པའི་ཆོས་རྣམས་ངོ་བོ་དྲིལ། །དགེ་འདུན་དཀོན་མཆོག་དམ་ཚིག་ཏུ། །རིག་པ་དྲི་མེད་དོན་ལ་བལྟ། །བླ་མ་ཡི་དམ་དམ་ཚིག་ཏུ། །རང་སེམས་གཙང་མ་དཔང་པོར་འཛུགས། །རྡོ་རྗེ་རིགས་ཀྱི་དམ་ཚིག་ཏུ། །རྡོ་རྗེ་དྲིལ་བུའི་ཕྱག་རྒྱ་དང་། །བྱང་ཆུབ་སེམས་ནི་སྤང་མི་བྱ། །རིན་ཆེན་རིགས་ཀྱི་དམ་ཚིག་ཏུ། །སྦྱིན་པ་རྣམ་བཞི་རྟག་ཏུ་སྦྱིན། །པདྨ་རིགས་ཀྱི་དམ་ཚིག་ཏུ། །ཐེག་པ་གསུམ་གྱི་ཆོས་རྣམས་བཤད། །ལས་ཀྱི་རིགས་ཀྱི་དམ་ཚིག་ཏུ། །འགྲོ་བའི་དོན་ལ་བརྩོན་པར་བྱ། །དེ་བཞིན་རིགས་ཀྱི་དམ་ཚིག་ཏུ། །དཀྱིལ་འཁོར་གསུམ་དང་འབྲལ་མི་བྱ། །བདག་ནི་དཔལ་ཆེན་རིགས་

མཆོག་སྟེ། །མི་འདའ་རྡོ་རྗེའི་དམ་ལ་གནས། །སེམས་ཅན་ཀུན་གྱི་དོན་གྱི་ཕྱིར། །བདག་ནི་སྡོམ་པ་རྣམ་དག་ཞོག རྡོ་རྗེ་སེམས་དཔའི་སྒོམ་བཟླས་ནི། བདག་གི་སྤྱི་གཙུག་པད་དཀར་ཟླ་གདན་སྟེང་དུ་ཧཱུྃ་དཀར་ལས་བྱུང་རྡོ་རྗེ་སེམས། །དཀར་གསལ་ཞལ་མདོག་ཞལ་གཅིག་འཇུམ་བཅས་རྡོ་རྗེ་དྲིལ་བུ་འཛིན་ཞིང་སྐྱིལ་ཀྲུང་བཞུགས། །ཐོར་ཚུགས་རིན་ཆེན་རྒྱན་ལྡན་གནས་གསུམ་འབྲུ་གསུམ་ཐུགས་ཀར་ཟླ་དཀྱིལ་ཧཱུྃ་དཀར་མཐར། །ཡིག་བརྒྱའི་སྔགས་འཁོར་དང་བཅས་བདུད་རྩི་བབ་པས་རང་གི་ནད་གདོན་སྡིག་སྒྲིབ་དག་པར་གྱུར། །ཨོཾ་བཛྲ་ས་ཏྭ་ས་མ་ཡ། མ་ནུ་པཱ་ལ་ཡ། བཛྲ་ས་ཏྭ་ཏྭེ་ནོ་པ་ཏིཥྛ། དྲྀ་ཌྷོ་མེ་བྷ་ཝ། སུ་ཏོ་ཥྱོ་མེ་བྷ་ཝ། སུ་པོ་ཥྱོ་མེ་བྷ་ཝ། ཨ་ནུ་རཀྟོ་མེ་བྷ་ཝ། སརྦ་སིདྡྷི་མྨེ་པྲ་ཡཙྪ། སརྦ་ཀརྨ་སུ་ཙ་མེ་ཙིཏྟཾ་ཤྲེ་ཡཾ་ཀུ་རུ་ཧཱུྃ། ཧ་ཧ་ཧ་ཧ་ཧོ། བྷ་ག་ཝཱན། སརྦ་ཏ་ཐཱ་ག་ཏ། བཛྲ་མཱ་མེ་མུཉྩ་བཛྲཱི་བྷ་ཝ། མ་ཧཱ་ས་མ་ཡ་ས་ཏྭ་ཨཱ། ཡིག་བརྒྱའི་མཐར། ཨོཾ་བཛྲ་ས་ཏྭ་ཧཱུྃ། ཞེས་ཡང་སྙིང་ཅི་ནུས་བཟླས་པ་བྱའོ། །བཤགས་སྡོམ་ནི། ཨོཾ་དང་པོ་བདག་དང་ཁམས་གསུམ་སེམས་ཅན་རྣམས། །ཡུལ་ལ་ཆགས་པ་སྐྱེ་བར་མི་བགྱིད་དེ། །ཕ་དང་མ་ལ་བརྟེན་ནས་གཟུགས་སུ་སྣང་། །རང་དབང་མེད་པར་འཇིག་རྟེན་གནས་འདི་མཐོང་། །མ་རིག་རྐྱང་ཞིང་གཞོན་པའི་དུས་མཚམས་ནས། །གཏི་མུག་དབང་གིས་དགེ་སྡིག་དོན་མ་རྟོགས། །འདོད་ཆགས་དབང་གིས་ཕ་རོལ་འཁོར་བར་འཁྲུམས། །ཞེ་སྡང་དབང་གིས་སྡིག་པའི་ལས་རྣམས་བགྱིས། །ངན་སོང་གསུམ་དུ་འགྲོ་བའི་རྒྱུ་བསགས་ཏེ། །མནོ་བསམ་ཤེས་ནས་ཆོས་ལ་སྐྱབས་སུ་མཆི། །དང་བས་ཉ་སྟོང་དུས་དྲུག་སྒོར་ཞུགས་ཏེ། །ཉ་སྟོང་ཆོས་བརྒྱད་དུས་ཁྲིམས་མནོས་པ་

ལས། །དེ་ལ་ཉམས་པའི་སྐྱོན་ལྟ་མ་མཆིས་ན། །ཉ་སྟོང་ཚུལ་བཞིན་སྲུང་བའི་དགེ་བསྙེན་ལ། །ཉམས་པ་བཀའ་ཡི་ཆད་པ་བྱུང་ན་བཤགས། །དེ་ནས་ཡར་ལ་བློ་སེམས་ཆེར་བསྐྱེད་ནས། །སྦྱངས་པའི་ཡོན་ཏན་བཅུ་གཉིས་སྒོར་ཞུགས་ཏེ། །ཉན་ཐོས་སྡོམ་པ་ཚུལ་བཞིན་མནོས་པ་ལས། །རྩ་བ་བཞི་དང་ཡན་ལག་དྲུག་ལ་སོགས། །ཉིས་བརྒྱ་ལྔ་བཅུའི་འདུལ་ཁྲིམས་ཚུལ་བཞིན་བསྲུང་། །དེ་ལ་ཉམས་པའི་སྐྱོན་ལྟ་མ་མཆིས་ན། །ཉན་ཐོས་འདུལ་ཁྲིམས་སྲུང་བའི་དགེ་སློང་ལ། །ཉམས་པ་བཀའ་ཡི་ཆད་པ་བྱུང་ན་བཤགས། །དེ་ནས་ཡར་ལ་བློ་སེམས་ཆེར་བསྐྱེད་ནས། །རྟེན་འབྲེལ་བཅུ་གཉིས་སྒྲུབ་པའི་སྒོར་ཞུགས་ཏེ། །རང་རྒྱལ་སྡོམ་པ་ཚུལ་བཞིན་མནོས་པ་ལས། །འཁོར་བ་རང་བཞིན་མེད་པར་མངོན་རྟོགས་ཤིང་། །སྣང་སྲིད་སྒྱུ་མ་ལྟ་བུར་ཤེས་པས་ན། །དེ་ལ་ཉམས་པའི་སྐྱོན་ལྟ་མ་མཆིས་ན། །རང་རྒྱལ་སྡོམ་པ་སྲུང་བའི་གང་ཟག་ལ། །ཉམས་པ་བཀའ་ཡི་ཆད་པ་བྱུང་ན་བཤགས། །དེ་ནས་ཡར་ལ་བློ་སེམས་ཆེར་བསྐྱེད་ནས། །ཐེག་ཆེན་བྱང་ཆུབ་སེམས་ཀྱི་སྒོར་ཞུགས་ཏེ། །བྱང་ཆུབ་སེམས་དཔའི་སྡོམ་པ་མནོས་པ་ལས། །སྨོན་འཇུག་ཀུན་རྫོབ་དོན་དམ་བྱང་ཆུབ་སེམས། །སྡོམ་པ་ཉི་ཤུའི་ཚུལ་ཁྲིམས་སྐྱོན་མ་མཆིས། །དེ་ལ་ཉམས་པའི་སྐྱོན་ལྟ་མ་མཆིས་ན། །སྡོམ་བརྩོན་ཚུལ་བཞིན་སྲུང་བའི་དགེ་སློང་ལ། །ཉམས་པ་བཀའ་ཡི་ཆད་པ་བྱུང་ན་བཤགས། །དེ་ནས་ཡར་ལ་བློ་སེམས་ཆེར་བསྐྱེད་ནས། །དག་པ་རྣམ་པ་གསུམ་གྱི་སྒོར་ཞུགས་ཏེ། །ཀྲི་ཡའི་དམ་ཚིག་ཚུལ་བཞིན་མནོས་པ་ལས། །དཀོན་མཆོག་གསུམ་དང་རྡོ་རྗེ་སློབ་དཔོན་དང་། །རྡོ་རྗེ་སྤུན་དང་རྡོ་རྗེ་མིང་སྲིང་དང་། །དེ་བཞིན་རང་གི་སྔགས་དང་ཕྱག

རྒྱ་ལ། །དེ་ལ་ཉམས་པའི་སྐྱོན་ལྟ་མ་མཆིས་ན། །ཀྲི་ཡའི་དམ་ཚིག་སྲུང་བའི་
རྣལ་འབྱོར་ལ། །དམ་ཉམས་བཀའ་ཡི་ཆད་པ་བྱུང་ན་བཤགས། །དེ་ནས་ཡར་
ལ་བློ་སེམས་ཆེར་བསྐྱེད་ནས། །ལྟ་སྤྱོད་རྣམ་པ་གཉིས་ཀྱི་སྒོར་ཞུགས་
ཏེ། །ཨུ་པ་ཡ་ཡི་དམ་ཚིག་མནོས་པ་ལས། །ཕྱག་རྒྱ་སྔགས་དང་མན་ངག་
སྒྲུབ་པའི་མཐའ། །དེ་ལ་ཉམས་པའི་སྐྱོན་ལྟ་མ་མཆིས་ན། །ལྟ་སྤྱོད་ཨུ་པ་
སྲུང་བའི་རྣལ་འབྱོར་ལ། །དམ་ཉམས་བཀའ་ཡི་ཆད་པ་བྱུང་ན་བཤགས། །དེ་
ནས་ཡར་ལ་བློ་སེམས་ཆེར་བསྐྱེད་ནས། །ཕྱག་རྒྱ་རྣམ་པ་བཞི་ཡི་སྒོར་ཞུགས་
ཏེ། །ཡོ་གའི་དམ་ཚིག་རྩལ་བཞིན་མནོས་པ་ལས། །དཀོན་མཆོག་གསུམ་
དང་དེ་འཁོར་བྱང་ཆུབ་སེམས། །རྡོ་རྗེ་སློབ་དཔོན་མཆེད་དང་ལྕམ་དྲལ་
དང་། །དབང་ཐོབ་རྣལ་འབྱོར་གཞན་ལ་མི་སྨོད་ཅིང་། །རང་རྟགས་ཕྱག་རྒྱ་
རྟག་ཏུ་བསྲུང་བ་ལ། །དེ་ལ་ཉམས་པའི་སྐྱོན་ལྟ་མ་མཆིས་ན། །ཡོ་གའི་དམ་
ཚིག་སྲུང་བའི་རྣལ་འབྱོར་ལ། །དམ་ཉམས་བཀའ་ཡི་ཆད་པ་བྱུང་ན་
བཤགས། །དེ་ནས་ཡར་ལ་བློ་སེམས་ཆེར་བསྐྱེད་ནས། །ཐབས་དང་ཤེས་
རབ་གཉིས་ཀྱི་སྒོར་ཞུགས་ཏེ། །མ་ཧཱ་ཡོ་གའི་དམ་ཚིག་མནོས་པ་
ལས། །འཁོར་བ་དང་ནི་མྱ་ངན་འདས་པའི་ཆོས། །ཡབ་ལྷ་དང་ནི་ཡུམ་ལྷར་
སྦྱོར་བས་ན། །རྒྱལ་བས་དམ་ཚིག་མཆོག་ཏུ་གསུངས་པ་ལས། །དེ་ལ་
ཉམས་པའི་སྐྱོན་ལྟ་མ་མཆིས་ན། །མ་ཧཱ་ཡོ་ག་སྲུང་བའི་རྣལ་འབྱོར་
ལ། །དམ་ཉམས་བཀའ་ཡི་ཆད་པ་བྱུང་ན་བཤགས། །དེ་ནས་ཡར་ལ་བློ་
སེམས་ཆེར་བསྐྱེད་ནས། །དབྱིངས་དང་ཡེ་ཤེས་གཉིས་ཀྱི་སྒོར་ཞུགས་
ཏེ། །ཨ་ནུ་ཡོ་གའི་དམ་ཚིག་མནོས་པ་ལས། །ཕྱི་ནང་སྣང་སྲིད་དུས་གསུམ་

ཐམས་ཅད་ཀུན། །རང་རིགས་ཡེ་ཤེས་དབྱིངས་ལས་མི་གཞན་ཏེ། །རྡོ་རྗེ་དྲིལ་བུའི་ཕྱག་རྒྱ་འཆང་བྱེད་ཅིང་། །དེ་ལ་ཉམས་པའི་སྐྱོན་ལྟ་མ་མཆིས་ན། །ཨ་ནུ་ཡོ་ག་སྲུང་བའི་རྣལ་འབྱོར་ལ། །དམ་ཉམས་བཀའ་ཡི་ཆད་པ་བྱུང་ན་བཤགས། །དེ་ནས་ཡར་ལ་བློ་སེམས་ཆེར་བསྐྱེད་ནས། །ཁྱབ་གདལ་ཆེན་པོ་ཐེག་པའི་སྒོར་ཞུགས་ཏེ། །ཨ་ཏི་ཡོ་གའི་དམ་ཚིག་མནོས་པ་ལས། །མེད་པའི་དམ་ཚིག་དང་ནི་ཕྱལ་བ་དང་། །གཅིག་པུའི་དམ་ཚིག་དང་ནི་ལྷུན་གྱིས་རྫོགས། །གྲངས་དང་ཕྱོགས་ལས་འདས་པའི་དམ་ཚིག་ལས། །རྒྱལ་བ་རྣམས་ཀྱིས་དམ་ཚིག་མཆོག་ཏུ་གསུངས། །བསྲུང་མཚམས་མེད་པས་མེད་པའི་དམ་ཚིག་ལ། །གཟུང་དང་འཛིན་པ་མེད་པའི་ཕྱལ་བ་ཡིན། །ཐམས་ཅད་སེམས་སུ་འདུས་པ་གཅིག་པུ་ཡིན། །ལྷག་མ་མེད་པར་རྫོགས་པ་ལྷུན་གྱིས་རྫོགས། །དེ་ལ་ཉམས་པའི་སྐྱོན་ལྟ་མ་མཆིས་ན། །ཨ་ཏི་ཡོ་ག་སྲུང་བའི་རྣལ་འབྱོར་ལ། །དམ་ཉམས་བཀའ་ཡི་ཆད་པ་བྱུང་ན་བཤགས། །སྡེ་སྣོད་རྣམ་པ་གསུམ་གྱི་བསྲུང་བྱ་ནི། །ཚུལ་ཁྲིམས་རྣམ་པར་དག་པས་འདུལ་མཐར་ཕྱིན། །རང་དབང་མངོན་དུ་གྱུར་པས་མངོན་མཐར་ཕྱིན། །ཤེས་རབ་རྣམ་དག་མདོ་སྡེའི་མཐའ་རུ་ཕྱིན། །ཕྱི་ཡི་ལྷ་སྦྱིན་སྡེ་བརྒྱད་སྲུང་མ་རྣམས། །དམ་ཚིག་ཉམས་པར་གྱུར་ན་མཐོལ་ལོ་བཤགས། །ཀྲི་ཡོག་རྣམ་པ་གསུམ་གྱི་སྲུང་བྱ་ནི། །དག་པ་རྣམ་གསུམ་ཀྲི་ཡ་མཐའ་རུ་ཕྱིན། །ལྷ་སྤྱོད་རྣམ་གཉིས་ཨུ་པ་མཐའ་རུ་ཕྱིན། །སུམ་ཅུ་ལྷ་ཡི་སྐུར་གསལ་རྣལ་འབྱོར་མཐའ། །དཔལ་མགོན་ལ་སོགས་སྲུང་མ་དམ་ཚིག་ཅན། །དམ་ཚིག་ཉམས་པར་གྱུར་ན་མཐོལ་ལོ་བཤགས། །ཡོག་རྣམ་པ་གསུམ་གྱི་བསྲུང་བྱ་ནི། །རྩ་བ་ཡན་ལག་བསྲུང་ན་

རྣལ་འབྱོར་ཆེ། །སྒྲུབ་པ་ཁྱད་པར་དམ་ཚིག་ཨ་ནུའི་མཐའ། །ལྷག་པའི་དམ་ཚིག་རྣམ་བཞི་རྫོགས་ཆེན་པ། །ནང་དང་གསང་བའི་ལྷ་སྲིན་སྡེ་བརྒྱད་རྣམས། །དམ་ཚིག་ཉམས་པར་གྱུར་ན་མཐོལ་ལོ་བཤགས། །མཚན་ཉིད་སྡེ་སྣོད་གསུམ་ལ་ཐེག་པ་གསུམ། །ཕྱི་པ་ཐུབ་པའི་རྒྱུད་ལ་ཀྲི་ཡོག་གསུམ། །ནང་པ་ཐབས་ཀྱི་རྒྱུད་ལ་ཡོ་ག་གསུམ། །ཐེག་པ་རིམ་པ་དགུ་ཡི་ལྷ་ཚོགས་རྣམས། །ལྟ་སྤྱོད་འབྲེལ་བར་སྤྱོད་པའི་རྣལ་འབྱོར་ལ། །མཁའ་འགྲོ་བཀའ་ཡི་ཆད་པ་ཅི་སྙེ་གཅོད། །དབང་ཕྱུག་ཐུགས་ཀྱི་སྤྲུལ་པ་ཅི་སྙེ་འགྱེད། །རྒྱུ་འབྲས་མ་སྤངས་དགེ་བ་དང་དུ་བླངས། །སྡིག་པ་མ་སྤྱད་རྣམ་པར་སྨིན་ལ་འཛེམས། །བཀའ་གཞུང་མ་བོར་རྒྱུད་ལུང་མན་ངག་འབྲེལ། །ཡལ་བར་མ་དོར་གཞུང་བཞིན་དང་དུ་བླངས། །ལུས་ངག་ཡིད་གསུམ་བཏུད་ནས་གསང་སྔགས་ཚོས། །སྒོམ་སྒྲུབ་སྤྱོད་པའི་རྣལ་འབྱོར་དབང་ཕྱུག་ལ། །དམ་ཚིག་ཉམས་པར་གྱུར་ན་མཐོལ་ལོ་བཤགས། །རྩ་བ་ཡན་ལག་ཕམ་ལྟུང་ཉེས་བྱས་དང་། །སྡོམ་པོ་ཕྲ་མོ་ལ་སོགས་ཉེས་སྐྱོན་རྣམས། །སྐྱོན་དུ་གྱུར་པ་ཐམས་ཅད་ཚངས་པར་མཛོད། །མཆོག་དང་ཐུན་མོང་དངོས་གྲུབ་སྩལ་དུ་གསོལ། །ཡེ་ཤེས་ལྷ་ལ་རྣམ་རྟོག་མི་མངའ་ཡང་། །དེ་འཁོར་བཀའ་ཡི་སྲུང་མ་དམ་ཚིག་ཅན། །ཐུགས་དང་འགལ་བར་གྱུར་ན་བཟོད་པར་གསོལ། །ཡུན་གྱི་སྒྲིབ་པ་མཆིས་ན་སྒྲིབ་པ་སྦྱོངས། །འཕྲུལ་གྱི་རྐྱེན་གེགས་མཆིས་ན་རྐྱེན་གེགས་བཟློག །ཚངས་པ་མཆོག་གི་དངོས་གྲུབ་སྩལ་དུ་གསོལ། །བསྟུན་འདིས་འཐུས། ཨོཾ། ཛེཿ བཙུན་བླ་མ་རྣམས་ཀྱི་སྤྱན་ལམ་དུ། །ཡོ་བྱད་འབྱོར་ཚོགས་ཆུང་བ་མཐོལ་ལོ་

བཤགས། །ཡི་དམ་ལྷ་ཚོགས་རྣམས་ཀྱི་སྤྱན་ལམ་དུ། །མངོན་རྟོགས་སྒྲོང་ལེན་བགྱིས་པ་མཐོལ་ལོ་བཤགས། །མཁའ་འགྲོ་སྡེ་བཞི་རྣམས་ཀྱི་སྤྱན་ལམ་དུ། །ཁས་བླངས་དམ་བཅས་ཉམས་པ་མཐོལ་ལོ་བཤགས། །ཆོས་སྐྱོང་སྲུང་མ་རྣམས་ཀྱི་སྤྱན་ལམ་དུ། །གཏོར་མ་ལོ་བླར་འགྱངས་བ་མཐོལ་ལོ་བཤགས། །དུས་གསུམ་ཕ་མ་རྣམས་ཀྱི་སྤྱན་ལམ་དུ། །དྲིན་ལ་ལན་གྱིས་མ་ལོན་མཐོལ་ལོ་བཤགས། །མཆེད་དང་ལྕམ་དྲལ་རྣམས་ཀྱི་སྤྱན་ལམ་དུ། །དམ་ཚིག་བརྩེ་གདུང་ཆུང་བ་མཐོལ་ལོ་བཤགས། །འགྲོ་དྲུག་སེམས་ཅན་རྣམས་ཀྱི་སྤྱན་ལམ་དུ། །སྙིང་རྗེ་ཕན་སེམས་ཆུང་བ་མཐོལ་ལོ་བཤགས། །སོ་སོར་ཐར་བ་རྣམས་ཀྱི་སྡོམ་པ་དང་། །བྱང་ཆུབ་སེམས་དཔའ་རྣམས་ཀྱི་བསླབ་པ་དང་། །རིག་པ་འཛིན་པ་སྔགས་ཀྱི་དམ་ཚིག་སོགས། །བསྲུང་བསྡྲུབ་རྟོགས་པར་བྱ་བ་ཐམས་ཅད་ལས། །ཉམས་པར་གྱུར་པ་ཐམས་ཅད་མཐོལ་ལོ་བཤགས། །མི་འཆབ་མི་སྦེད་སླན་ཆད་སྡོམ་པར་བགྱིད། །དུས་གསུམ་བསགས་པའི་སྡིག་སྒྲིབ་མཐོལ་ལོ་བཤགས། །ཚངས་པར་མཛད་ནས་སྐུ་གསུང་ཐུགས་ལ་སོགས། །མཆོག་དང་ཐུན་མོང་དངོས་གྲུབ་སྩོལ་དུ་གསོལ། །ཅེས་དྲི་མེད་བཤགས་རྒྱུད་ལས་བྱུང་བ་ལྟར་བྱས་ལ་རྗེར་སེམས་འོད་དུ་ཞུ་ནས་རང་ལ་ཐིམ་པར་བསམ། མཎྜལ་ནི། ཨོཾ་ཨཱཿཧཱུྃ། རིན་ཆེན་མཎྜལ་གསེར་གཡུས་བརྒྱན་པ་འདི། །བླ་མ་ཐུགས་རྗེ་སྤྲུལ་པའི་སྐུ་ལ་འབུལ། །རང་ལུས་མཎྜལ་དབང་པོས་བརྒྱན་པ་འདི། །བླ་མ་ལོངས་སྤྱོད་རྫོགས་པའི་སྐུ་ལ་འབུལ། །ཆོས་དབྱིངས་མཎྜལ་རིག་པས་བརྒྱན་པ་འདི། །བླ་མ་སངས་རྒྱས་ཆོས་ཀྱི་སྐུ་ལ་འབུལ། །ཨོཾ་གུ་རུ་རཏྣ་མཎྜལ་པཱུ་ཙ་མེ་

ཧྐ་ས་སུ་ཏྲ་སྨ་ར་ཙ་ས་མ་ཡེ་ཨ་ཧཱུྃ། བླ་མའི་རྣལ་འབྱོར་ནི། དངོས་འཛིན་བྲལ་བ་རང་བཞིན་སྟོང་པའི་ངང་། །རང་ཉིད་ཡི་དམ་ལྷར་གསལ་སྤྱི་བོའི་གཙུག །གེ་སར་པད་སྟོང་འདབ་མ་སྟོང་ལྡན་སྟེང་། །ཉི་ཟླའི་གདན་དབུས་བླ་མ་པདྨ་འབྱུང་། །སྐུ་གསུམ་ཀུན་བཟང་ངོ་བོར་བཞུགས་པ་ལ། །རྒྱལ་བ་དགོངས་བརྒྱུད་རིག་འཛིན་བརྡ་བརྒྱུད་རྣམས། །ཐོ་བརྩེགས་རྣམ་པར་སྟེང་གི་ཆ་ལ་བཞུགས། །གང་ཟག་སྙན་བརྒྱུད་གཏེར་ཆོས་སྨོན་ལམ་བརྒྱུད། །མཁའ་འགྲོ་གཏད་རྒྱའི་བརྒྱུད་པ་ལ་སོགས་པ། །རྒྱ་བོད་རིག་འཛིན་གྲུབ་ཐོབ་རྩ་གསུམ་རྣམས། །ཁྲིམ་ཚོགས་ལྷར་ལ་སྤྲིན་ཕུང་འཁྲིགས་པ་བཞིན། །གཟི་བརྗིད་འོད་ཕུང་འབར་ཞིང་བཞུགས་པ་ཡི། །གནས་གསུམ་ཨོཾ་ཨཱཿཧཱུྃ་གིས་མཚན་པ་ལས། །འོད་འཕྲོས་ཨོ་རྒྱན་སྐུ་གསུམ་བཀའ་བརྒྱུད་བཅས། །རེ་ལྟོས་མ་ལུས་སྤྱན་དྲངས་གཉིས་མེད་བསྟིམ། །གདུང་ཤུགས་མོས་པས་རྩེ་གཅིག་གསོལ་བ་འདེབས། །ཨོཾ་ཨཱཿཧཱུྃ། ཆོས་སྐུ་ཀུན་བཟང་ཡབ་ཡུམ་ལ་གསོལ་བ་འདེབས། །གདོད་མའི་གནས་ལུགས་རྟོགས་པར་བྱིན་གྱིས་རློབས། །དྲུག་པ་རྡོ་རྗེ་འཆང་ཆེན་ལ་གསོལ་བ་འདེབས། །རང་བྱུང་ལྷུན་གྲུབ་རྟོགས་པར་བྱིན་གྱིས་རློབས། །སྟོན་པ་རྡོ་རྗེ་སེམས་དཔའ་ལ་གསོལ་བ་འདེབས། །སྐྱེ་འགག་སྤྲོས་དང་བྲལ་བར་བྱིན་གྱིས་རློབས། །རིག་འཛིན་དགའ་རབ་རྡོ་རྗེ་ལ་གསོལ་བ་འདེབས། །སྒྱུ་ལུས་འོད་གསལ་དུ་གྲོལ་བར་བྱིན་གྱིས་རློབས། །མཁས་པ་ཤྲཱི་སིངྷ་ལ་གསོལ་བ་འདེབས། །ཚད་བཞི་མཐའ་རུ་ཕྱིན་པར་བྱིན་གྱིས་རློབས། །སློབ་དཔོན་པདྨ་ཡབ་ཡུམ་ལ་གསོལ་བ་འདེབས། །རིག་པའི་རྩལ་དབང་ཐོབ་པར་བྱིན་གྱིས་རློབས། །བི་མ་ལ་སོགས་རྒྱ་གར་རིག་འཛིན་

བརྒྱུད། །སྣ་ཙོག་ཞང་སོགས་རྗེ་འབངས་ཉི་ཤུ་ལྔ། །གཏེར་སྟོན་བརྒྱ་རྩ་ཆོས་བདག་ལས་ཅན་སོགས། །རྩ་བརྒྱུད་བླ་མ་རྣམས་ལ་གསོལ་བ་འདེབས། །ཉམས་རྟོགས་ཡེ་ཤེས་སུ་འཆར་བར་བྱིན་གྱིས་རློབས། ན་མོཿ རྗེ་བླ་མ་སངས་རྒྱས་ཆོས་ཀྱི་སྐུ་ལ་གསོལ་བ་འདེབས། །མ་རིག་མུན་པ་སེལ་བར་བྱིན་གྱིས་རློབས། །བླ་མ་ལོངས་སྤྱོད་རྫོགས་པའི་སྐུ་ལ་གསོལ་བ་འདེབས། །ཏིང་འཛིན་རྒྱུད་ལ་སྐྱེ་བར་བྱིན་གྱིས་རློབས། །བླ་མ་ཐུགས་རྗེ་སྤྲུལ་པའི་སྐུ་ལ་གསོལ་བ་འདེབས། །ཉམས་དང་རྟོགས་པ་འཆར་བར་བྱིན་གྱིས་རློབས། །བླ་མ་རྒྱལ་བ་རྒྱ་མཚོའི་སྐུ་ལ་གསོལ་བ་འདེབས། །བདག་གཞན་དོན་གཉིས་འགྲུབ་པར་བྱིན་གྱིས་རློབས། །བླ་མའི་སྐུ་ལ་གསོལ་བ་འདེབས། །ལུས་ལ་བདེ་དྲོད་འབར་བར་བྱིན་གྱིས་རློབས། །འཆི་མེད་ཚེ་ཡི་དངོས་གྲུབ་སྩོལ། །བླ་མའི་གསུང་ལ་གསོལ་བ་འདེབས། །ངག་ལ་ནུས་པ་འབྱུང་བར་བྱིན་གྱིས་རློབས། །ཚངས་པའི་དབྱངས་ཀྱི་དངོས་གྲུབ་སྩོལ། །བླ་མའི་ཐུགས་ལ་གསོལ་བ་འདེབས། །སེམས་ལ་རྟོགས་པ་འཆར་བར་བྱིན་གྱིས་རློབས། །ཕྱག་རྒྱ་ཆེན་པོའི་དངོས་གྲུབ་སྩོལ། །ཡོན་ཏན་ཕྲིན་ལས་རྫོགས་ལ་གསོལ་བ་འདེབས། །དབང་བཞིའི་ཡོངས་རྫོགས་བྱིན་གྱིས་རློབས། །ཕྲིན་ལས་རྣམ་བཞིའི་དངོས་གྲུབ་སྩལ་དུ་གསོལ། ཨོཾ་ཨཱཿཧཱུྃ། ཆོས་སྐུ་སྣང་བ་མཐའ་ཡས་མཆོག་ལ་གསོལ་བ་འདེབས་སོ་བྱིན་གྱིས་རློབས་ཤིག །ལོངས་སྐུ་ཐུགས་རྗེ་ཆེན་པོ་མཆོག་ལ་གསོལ་བ་འདེབས་སོ་བྱིན་གྱིས་རློབས་ཤིག །སྤྲུལ་སྐུ་པདྨ་འབྱུང་གནས་མཆོག་ལ་གསོལ་བ་འདེབས་སོ་བྱིན་གྱིས་རློབས་ཤིག །མཁའ་འགྲོ་ཡེ་ཤེས་མཚོ་རྒྱལ་མཆོག་ལ་གསོལ་བ་འདེབས་སོ་བྱིན་གྱིས་རློབས་

ཤོག །རིག་འཛིན་རྗེ་འབངས་ཉི་ཤུ་ལྔ་ལ་གསོལ་བ་འདེབས་སོ་བྱིན་གྱིས་རློབས་ཤོག །གཏེར་སྟོན་མཆོག་གཉིས་གླིང་པ་བརྒྱད་ལ་གསོལ་བ་འདེབས་སོ་བྱིན་གྱིས་རློབས་ཤོག །ཟབ་གཏེར་དབང་ཕྱུག་བརྒྱ་རྩ་བརྒྱད་ལ་གསོལ་བ་འདེབས་སོ་བྱིན་གྱིས་རློབས་ཤོག །དུས་གསུམ་འགྲོ་འདུལ་གཏེར་སྟོན་རྣམས་ལ་གསོལ་བ་འདེབས་སོ་བྱིན་གྱིས་རློབས་ཤོག །ཆོས་བདག་རྩ་བརྒྱུད་བླ་མ་རྣམས་ལ་གསོལ་བ་འདེབས་སོ་བྱིན་གྱིས་རློབས་ཤོག །དྲིན་ཅན་རྩ་བའི་བླ་མའི་ཞབས་ལ་གསོལ་བ་འདེབས་སོ་བྱིན་གྱིས་རློབས་ཤོག །ཡི་དམ་ཞི་དྲག་དཀྱིལ་འཁོར་ལྷ་ལ་གསོལ་བ་འདེབས་སོ་བྱིན་གྱིས་རློབས་ཤོག །དཔའ་བོ་མཁའ་འགྲོ་བསྟན་སྲུང་རྣམས་ལ་གསོལ་བ་འདེབས་སོ་བྱིན་གྱིས་རློབས་ཤོག །སྐབས་འདིར་བླ་རྫོགས་ཐུགས་གསུམ་སོགས་ཀྱི་གསོལ་འདེབས་རིགས་རྣམས་ཀྱང་འདོན་ཞིང་མཐར། ཨོ་མ་ཧོ། རྩ་གསུམ་དཀོན་མཆོག་ཀུན་རྣམས་འདུས་པའི་བདག །འབྲལ་མེད་རང་བྱུང་ཡེ་སངས་རྒྱས་པའི་མགོན། །ཡོན་ཏན་ལྷུན་གྲུབ་བླ་མ་དབང་གི་རྒྱལ། །སྐྱེ་འཆི་འཇིགས་བྲལ་གུ་རུ་པདྨ་འབྱུང་། །བདག་གི་དད་པ་བརྟན་པོས་ཁྱོད་དྲན་ནས། །གདུང་ཤུགས་དྲག་པོས་སྙིང་ནས་གསོལ་བ་འདེབས། །ཐུགས་རྗེ་མ་གཡེལ་བྱིན་རླབས་མཐུ་དཔུང་བསྐྱེད། །བྱིན་རླབས་དབང་དང་དངོས་གྲུབ་མ་ལུས་པ། །དུས་འདིར་དད་ལྡན་བུ་ལ་སྩོལ་དུ་གསོལ། །ཚེ་འདིར་འཁྲུལ་སྣང་སྒྱུ་མའི་རྫུན་ཁྲུང་རྡིབ། །ངེས་འབྱུང་སྐྱོ་ཤས་རང་སེམས་རིག་པ་སད། །ཉམས་རྟོགས་ཡེ་ཤེས་རང་རིག་ངོ་བོར་རྫོགས། །ཐུགས་ཡིད་གཅིག་ཏུ་འདྲེས་པར་བྱིན་གྱིས་རློབས། དབང་བཞི་ལེན་པ་ནི། སརྦ་སིདྡྷི་ཕ་ལ་ཧཱུྃ། སྐྱབས་ཡུལ་ཐམས་ཅད་རྩ་བའི་བླ་མར་

ཐིམ། །བྱིན་རླབས་ཕུང་པོ་བླ་མའི་གནས་བཞི་ལས། །འོད་ཟེར་ཡེ་ཤེས་ཨོཾ་དཀར་ཨཱཿདམར་དང་། །ཧཱུྃ་མཐིང་ཧྲཱི་ལྗང་ལ་སོགས་རྣམ་པར་བྱོན། །བདག་གི་གནས་བཞིར་ཐིམ་ནས་སྒྲིབ་བཞི་དག །དབང་བཞི་རྫོགས་ནས་དགའ་བཞིའི་ཡེ་ཤེས་སྐྱེས། །སངས་རྒྱས་སྐུ་བཞིའི་འབྲས་བུ་ཐོབ་གྱུར་ཏེ། །བླ་མ་སྤྱི་བོར་བྱོན་ནས་རང་ལ་ཐིམ། །ཐུགས་ཡིད་དབྱེར་མེད་གྱུར་ཏེ་རང་གི་སེམས། །མ་བཅོས་སྤྲོས་བྲལ་ཆོས་སྐུ་སྐྱེ་མེད་ཨཿ རྣམ་དཀར་དགེ་ཚོགས་བསོད་ནམས་སྙིང་པོ་འདི། དམིགས་མཐའ་བྲལ་བའི་སེམས་ཅན་ཀུན་ལ་བསྔོ། །ཡང་གསང་རྡོ་རྗེ་ཐེག་པའི་དོན་རྟོགས་ནས། །རིགས་བདག་བླ་མའི་གོ་འཕང་ཐོབ་པར་ཤོག །ཅེས་འདོན་བསྒོམ་བསྒྲུབ་མར་བྱའོ། །

ཆོས་འདོན་བློ་དམན་རྣམས་ཀྱི་དོན་དུ་པདྨ་བིདྱཱ་དྷ་རས་སྦྱར་བའོ། །

༄༅། །རྫོགས་པ་ཆེན་པོའི་ཉམས་ལེན་མན་ངག་སྙར་བཙངས་མ་ཞེས་བྱ་བ་བཞུགས་སོ།།

ན་མོ་གུ་རུ། ཀུན་བཟང་མེས་པོའི་བཀའ་རྒྱུད་སྲོལ་བཙང་མ། །མཁས་དང་གྲུབ་པའི་ཡིད་འགུགས་ངེས་གསང་གི །ལམ་ཁྲིད་དེད་དཔོན་པད་འབྱུང་ཕྱེད་གཅིག་ཅེས། །གྲགས་པ་ནམ་མཁའི་ཕ་མཐར་འུར་ཞིང་སོང་། །ཚེ་གཅིག་སངས་རྒྱས་བསྒྲུབ་པའི་ཉེ་ལམ་གང་། །ཡང་ཟབ་རྫོགས་པ་ཆེན་པོ་འདི་ཡིན་ཞེས། །མཁས་གྲུབ་མང་པོའི་ལུང་རིགས་སྒྲ་དབྱངས་ཀྱིས། །དེང་དུས་འཛིག་རྟེན་ཁམས་ན་འུར་འུར་གཡོ། །མི་ནོར་ཟས་ལ་ཞེན་པ་གཏིང་ནས་ལོག །ཚེ་གཅིག་སངས་རྒྱས་ཐོབ་འདོད་གང་ཟག་ལ། །སྟོང་གསུམ་གསེར་གྱི་ཕྱུར་བུས་བཀང་བ་ལས། །གདམས་པ་འདི་ལྷག་དེ་ཕྱིར་མ་ཡེངས་ཉོན། །དེ་ལ་འདིར་དམ་ཆོས་རྫོགས་པ་ཆེན་པོ་ཉམས་སུ་ལེན་ཚུལ་ལ། སྔོན་འགྲོ་དངོས་གཞི་རྗེས་སུ་དམ་ཆོས་ཇི་ལྟར་བྱ་ཚུལ་རྣམས་ཟབ་གཏེར་དང་རྒྱུད་ལྡན་བླ་མའི་ཞབས་ལ་གཏུགས་ཏེ་ཉམས་ཁྲིད་སྐྱོང་བ་ལས་ཤེས་པར་བྱ་ཞིང་། འདིར་རྫོགས་པ་ཆེན་པོ་སོགས་ཀྱི་ངོས་འཛིན་མདོར་བསྡུས་ཤིག་བཤད་ན། དེ་ལ་རྫོགས་པ་ཆེན་པོ་གང་ཡིན་ཞེ་ན། དྲི་མ་ཐམས་ཅད་དང་བྲལ་བའི་ད་ལྟའི་རིག་པ་གསལ་སྟོང་རྗེན་པ་འདི་ལ་རྫོགས་པ་ཆེན་པོ་ཟེར། དེའི་སྒྲ་བཤད་པ་གང་ཡིན་ཞེ་ན། སྣང་སྲིད་འཁོར་འདས་ཀྱིས་

བསྡུས་པའི་ཆོས་ཐམས་ཅད་རིག་པ་སྟོང་པ་འདིའི་ངང་དུ་རྫོགས་པས་ན་རྫོགས་པ་ཟེར། དེ་ལས་ལྷག་པའི་འཁོར་བ་ལས་སྒྲོལ་བའི་ཐབས་གཞན་མཆོག་ཏུ་གྱུར་པ་མེད་པས་ཆེན་པོ་ཟེར། གཞི་ལམ་འབྲས་གསུམ་གང་ཡིན་ཞེ་ན། ཐོག་མའི་གནས་ལུགས་འཁོར་འདས་ཀྱི་བློས་མ་རེག་ཅིང་འཁྲུལ་བ་འདེས་མ་གོས་པའི་གནས་ལུགས་རྗེན་པ་འཁྲུལ་མ་སྐྱོང་ཞིང་ཅིར་ཡང་མ་གྲུབ་པ་ཅིར་ཡང་འབྱུང་བ་འདི་ལ་གཞི་ཟེར་བ་ཡིན། ད་ལྟའི་རིག་པ་འདི་ལྷོད་དེ་བཞག་པའི་དུས་ན་བཟང་རྟོག་ངན་རྟོག་ལུང་མ་བསྟན་པ་གསུམ་དང་བྲལ་བའི་སྟོང་པ་ནམ་མཁའ་དྭངས་པའི་དཀྱིལ་ལྟ་བུ་ཞིག་འདུག་པ་འདི་ལ་ལམ་ཟེར་བ་ཡིན། ལམ་གྱི་ཡོན་ཏན་ཐམས་ཅད་མངོན་དུ་གྱུར་ཏེ་མ་རིག་པ་དང་འཁྲུལ་པ་རང་སར་དག་ནས་ཆོས་དབྱིངས་མངོན་དུ་གྱུར་པ་ལ་འབྲས་བུ་ཟེར་བ་ཡིན། ལྟ་སྒོམ་སྤྱོད་གསུམ་གང་ཡིན་ཞེ་ན། རང་གི་སེམས་འདི་ལུས་ཀྱི་ཕྱི་ནང་གང་དུ་འདུག །ཁ་དོག་དང་དབྱིབས་ཇི་འདྲ་སོགས་ཇི་ལྟ་བ་བཞིན་གཏན་ལ་ཕབ་པས་མ་རྙེད་པའི་སྟོང་པ་དེ་ལ་ལྟ་བ་ཟེར་བ་ཡིན། ལྟ་བ་དེའི་ངང་ལ་བྱིང་རྒོད་རྨུགས་གསུམ་གང་གི་ཡང་དབང་དུ་མི་གཏོང་བར་སེམས་གློད་ནས་འཛོག་པ་ལ་སྒོམ་པ་ཟེར་བ་ཡིན། སྣང་བ་གང་ཤར་ཐམས་ཅད་སྒོམ་དེས་རྒྱས་བཏབ་ནས་རྩལ་སྦྱོང་བ་ལ་སྤྱོད་པ་ཟེར་བ་ཡིན། ཞི་གནས་དང་ལྷག་མཐོང་དེ་གཉིས་ཟུང་དུ་འབྲེལ་ཚུལ་གང་ཡིན་ཟེར་ན། སེམས་ཕྱི་རོལ་དུ་འཕྲོ་བ་ཞི་ནས་ནང་དུ་ཁྲིག་གེར་གནས་པ་དེ་ལ་ཞི་གནས་ཟེར་བ་ཡིན། དེའི་ངོ་བོ་རིག་སྟོང་རྗེན་པར་ངོ་ཤེས་པ་དེ་ལ་ལྷག་མཐོང་ཟེར་བ་ཡིན། ཡང་གནས་ཐོག་ནས་ངོ་བོ་རིག་ཅིང་། རིག་ཐོག་ནས་ཁྲིག་གེར་འདུག་པ་དེ་ལ་ཞི་ལྷག་ཟུང་དུ་འཇུག་པ་ཟེར་བ་ཡིན། མཉམ་བཞག་དང་རྗེས་ཐོབ་གཉིས་གང་ཡིན་ཟེར་ན། སྤྱིར་རང་གི་རིག་པ་སྟོང་སེང་ངེ་བ་

འདི་ལ་རྩེ་གཅིག་ཏུ་འཛོག་པ་ནི་མཉམ་བཞག་ཟེར་བ་ཡིན། དེ་ལས་ལངས་ཏེ་གང་ཤར་ཐམས་ཅད་སྣང་ཡང་བདེན་མེད་སྟོང་པར་ཤེས་པ་དེ་ལ་རྗེས་ཐོབ་ཟེར་བ་ཡིན། ཁྱད་པར་རྫོགས་ཆེན་རང་ལུགས་ལ་གང་ཤར་དེ་དང་དེའི་ངོ་བོ་ཤེས་བཞིན་པའི་ངང་དུ་གནས་པ་ལ་མཉམ་བཞག་དང་། དེ་དང་དེའི་ངོ་བོ་ཤེས་བཞིན་པའི་ངང་དུ་འགྱུ་བ་ལ་རྗེས་ཐོབ་ཟེར་བ་ཡིན། དེ་བས་ན་གང་སྣང་གི་ཐོག་ཏུ་དགེ་སྦྱོར་སྦྱོང་བ་རང་ལའང་དེའི་ངོ་བོ་སྟོང་སེང་ངེ་བར་གནས་པ་དེ་ལ་མཉམ་གཞག་དང་། དེའི་ངང་ནས་སྤྲུལ་བསྒྱུར་སོགས་འགྱུ་བའི་ཆ་དེ་རྗེས་ཐོབ་ཡིན། རྗེས་ཐོབ་དང་རྗེས་ཤེས་གཉིས་ཀྱི་ཁྱད་པར་གང་ཡིན་ཞེ་ན། རིག་པས་རྩིས་ཟིན་པ་ལ་རྗེས་ཐོབ་དང་། མ་ཟིན་པ་ལ་རྗེས་ཤེས་ཟེར་བ་ཡིན། སྒོམ་མཉམ་རྗེས་འདྲེས་ཟེར་བའི་དོན་གང་ཡིན་ཟེར་ན། སྣང་བ་བཟང་ངན་ཐམས་ཅད་སྤང་བླང་མེད་པར་རིག་སྟོང་རྗེན་པ་འདི་ལས་མ་གཡོས་པ་དེ་ལ་མཉམ་རྗེས་འདྲེས་ཟེར་བ་ཡིན། སྒོམ་ཉིན་མཚན་འདྲེས་ཞེས་པ་གང་ཡིན་ཞེ་ན། ཉིན་པར་སྣང་བ་འཁྲུལ་བ་མི་འཆར་མཚན་མོ་རྨི་ལམ་འཁྲུལ་བ་མི་འཆར་བའི་གཉིད་ལོག་རུང་མ་ལོག་རུང་ཉམས་ལེན་གྱི་སྟེང་ནས་མི་གཡོ་བ་དེ་ལ་སྒོམ་ཉིན་མཚན་འདྲེས་ཟེར་བ་ཡིན། བྱིང་རྒོད་རྨུགས་གསུམ་གང་ཡིན་ཞེ་ན། ལུས་སེམས་ཉོབ་ནས་རིག་པའི་གསལ་ཆ་ལྷོད་ལྷོད་པོར་གྱུར་བ་དེ་ལ་བྱིང་བ་ཟེར་བ་ཡིན། ཡུལ་ཡིད་དུ་འོང་བ་གང་ཡང་རུང་བ་ལ་དམིགས་ནས་དེ་ལ་སྲེད་པའི་རྣམ་པ་ཕྱིར་ལ་འཕྲོ་ཞིང་གནས་པའི་བར་དུ་གཅོད་པ་དེ་ལ་རྒོད་པ་ཟེར་བ་ཡིན། རང་གི་དམིགས་པ་གང་ཡིན་དེ་ལ་རྨོངས་ནས་ལུས་སེམས་གཉིས་ཀ་ལྕི་ཞིང་བཀོལ་དུ་མི་བཏུབ་པ་དེ་ལ་རྨུགས་པ་ཟེར་བ་ཡིན། དྲན་པ་དང་ཤེས་བཞིན་གཉིས་གང་ཡིན་ཞེ་ན། སྔར་ནས་ངེས་པའི་དམིགས་པ་དེ་ཉིད

བརྗོད་པ་མེད་པར་ཡིད་ལ་དྲུང་ངེར་གནས་པ་དེ་ལས་གཞན་དུ་མ་ཡེངས་པར་བྱེད་པ་དེ་དྲན་པ་ཡིན། མ་ཡེངས་བའི་དམིགས་ཡུལ་དེའི་རྒྱུན་སྐྱོང་བ་ལས་དེའི་ངང་ནས་ཡིན་མིན་བརྟགས་ཤིང་བསྲུང་བའི་བྱ་ར་བརྒྱུད་དེ་བྱེད་པ་ཤེས་བཞིན་ཡིན། བདེ་གསལ་མི་རྟོག་གསུམ་གང་ཡིན་ཞེ་ན། སེམས་ཁྲིག་གེར་གནས་ཤིང་སྒོམ་སྟོང་སེང་ངེ་དེ་ཀ་གཞིག་མི་ཐོད་པ་དེ་བདེ་བ་ཡིན། དེའི་ངང་ནས་རང་གི་སེམས་སྟོང་ཧྲད་དེ་བ་རྣམ་རྟོག་གི་དྲི་མ་མེད་ཅིང་སྟོང་སེང་གཅིག་ཏུ་འདུག་པ་དེ་གསལ་བ་ཡིན། རྣམ་རྟོག་མི་དྲན་དགུ་དྲན་གྱི་འགྱུ་བ་ཆད་ནས་སེམས་སྟོང་པ་ལས་གཞན་དུ་མི་གཡོ་བ་དེ་མི་རྟོག་པ་ཡིན། སེམས་རིག་པ་གཉིས་ཀྱི་ཁྱད་པར་གང་ཡིན་ཞེ་ན། མ་རིག་པའི་དབང་གིས་མི་འགྱུ་དགུ་འགྱུ་མི་དྲན་དགུ་དྲན་པའི་གློ་བུར་བའི་རྣམ་རྟོག་འདི་ལ་སེམས་ཟེར་བ་ཡིན། མ་རིག་པའི་སླད་མ་ཞུགས་པའི་དབང་གིས་གཟུང་འཛིན་གྱི་སྒྲིབས་པ་དང་བྲལ་ཞིང་གསལ་སྟོང་འཛིན་མེད་དུ་ངོ་ཤེས་པ་དེ་ལ་རིག་པ་ཟེར་བ་ཡིན། ངོ་བོ་ཀ་དག་རང་བཞིན་ལྷུན་གྲུབ་ཐུགས་རྗེ་ཀུན་ཁྱབ་ཅེས་པའི་དོན་གང་ཡིན་ཟེར་ན། ཐོག་མའི་གནས་ལུགས་གཞི་སྐྱེ་བ་མེད་པའི་སྟོང་བ་ལ་ངོ་བོ་ཀ་དག་ཟེར་བ་ཡིན། སྟོང་པ་ཉིད་དེའི་གདངས་འགག་པ་མེད་པ་དེ་ལ་རང་བཞིན་ལྷུན་གྲུབ་ཟེར་བ་ཡིན། དེའི་རྩལ་དག་མ་དག་གང་དུའང་འཆར་བ་དེ་ལ་ཐུགས་རྗེ་ཀུན་ཁྱབ་ཟེར་བ་ཡིན། དང་པོ་ལ་རིག་སྟོང་དབྱེར་མེད། གཉིས་པ་ལ་གསལ་སྟོང་དབྱེར་མེད། གསུམ་པ་ལ་སྣང་སྟོང་དབྱེར་མེད་ཟེར་བ་ཡིན། རིག་པ་གསལ་སྟོང་འཛིན་མེད་ཅེས་པའི་དོན་གང་ཡིན་ཞེ་ན། ད་ལྟའི་སེམས་འདི་འཕྲོ་འདུའི་འགྱུ་བ་ཆད་ནས་རྟོག་མེད་ཀྱི་ངང་ནས་གསལ་སེང་ངེ་བ་དེའི་ངོ་བོ་བལྟས་པས་ཅིར་ཡང་མ་གྲུབ་པའི་སྟོང་སེང་ངེ་བ་ཡིན་མིན་མེད་པར་རྗེན་ནེ་ལྷག་གེ་བ་དེ་ལ་

རིག་པ་གསལ་སྟོང་འཛིན་མེད་ཟེར་བ་ཡིན། རང་བྱུང་གི་ཡེ་ཤེས་ཞེས་པའི་དོན་གང་ཡིན་ཞེ་ན། གང་སྣང་གང་ཤར་ཐམས་ཅད་ཀྱི་ངོ་བོ་གསལ་སྟོང་འཛིན་མེད་རིག་པ་རྗེན་པ་ངོ་ཤེས་པ་དེ་ལ་རང་བྱུང་གི་ཡེ་ཤེས་ཟེར་བ་ཡིན། སྣང་སྟོང་དབྱེར་མེད་དམ་ཟུང་འཇུག་ཅེས་པའི་དོན་གང་ཡིན་ཞེ་ན། ཆོས་ཐམས་ཅད་ཀྱི་རང་བཞིན་སྟོང་པ་ཡིན། སྟོང་པའི་རང་གདངས་དེ་སྣང་བ་ཡིན། སྣང་བ་ལས་གཞན་པའི་སྟོང་པ་ཡང་མེད། སྟོང་པ་ལས་གཞན་པའི་སྣང་བའང་མེད་པ་དེ་ལ་སྣང་སྟོང་དབྱེར་མེད་དམ་ཟུང་འཇུག་ཟེར་བ་ཡིན། གོ་མྱོང་རྟོགས་གསུམ་གང་ཞེ་ན། ཐོས་བསམ་ལ་བརྟེན་ནས་སེམས་སྐྱེ་འགག་གནས་གསུམ་དང་བྲལ་བའི་དོན་ཕྱིན་ཅི་མ་ལོག་པར་གོ་བ་དེ་ལ་གོ་བ་ཟེར་བ་ཡིན། དེ་བླ་མའི་མན་ངག་ལ་བརྟེན་ནས་རྒྱུད་ཐོག་ཏུ་ཉམས་སུ་བླངས་བས་རང་ངོ་ཤེས་པ་དེ་ཉམས་མྱོང་ཡིན། མྱོང་བ་དང་བྲལ་ནས་གནས་ལུགས་ཀྱི་དོན་མངོན་སུམ་དུ་རྟོགས་པ་དེ་རྟོགས་པ་ཡིན། སེམས་སྐྱེ་འགག་གནས་གསུམ་དང་བྲལ་བའི་དོན་གང་ཡིན་ཞེ་ན། སེམས་ངོ་བོ་སྟོང་སེང་ངེ་བ་འདི་ལ་སྐྱེ་མེད་ཟེར་བ་ཡིན། །དེའི་གདངས་སྣ་ཚོགས་སུ་འཆར་བ་ལ་འགག་མེད་ཟེར་བ་ཡིན། གདོད་མའི་གནས་ལུགས་བློ་ལས་འདས་པ་དེ་ལ་གནས་པ་དང་བྲལ་བ་ཟེར་བ་ཡིན། སྣང་སྟོང་གང་གི་དུས་ཀྱི་རིག་པ་ཟང་ཐལ་མ་འདི་རྟོག་པའི་སྐྱེ་འགག་གནས་གསུམ་དང་བྲལ་བ་ཟེར་བ་ཡིན། ཡུལ་མེད་ཀྱི་ཤེས་པ་རང་གསལ་ཞེས་པའི་དོན་གང་ཡིན་ཞེ་ན། ཡུལ་ཅན་ཐ་དད་ཀྱི་བདེན་འཛིན་རང་སར་གྲོལ་བ་དེ་ལ་ཡུལ་མེད་ཀྱི་ཤེས་པ་ཟེར་བ་ཡིན། ཐམལ་གྱི་ཤེས་པའི་རྒྱུན་སྐྱོང་བ་ཞེས་པའི་དོན་གང་ཞེ་ན། ཡ་ཐ་སངས་རྒྱས་ཀྱི་ཐུགས་རྒྱུད་ནས་མ་ཐ་སོ་སོའི་སྐྱེ་བོ་ཡན་ཆད་ཀྱི་རྒྱུད་ན་ཡོད་པའི་རིག་པ་སྒྲོ་བུར་གྱི་རྐྱེན་གང་གིས་ཀྱང་

མ་བཅོས་པ་དེ་ལ་ཐ་མལ་གྱི་ཤེས་པ་ཟེར་བ་ཡིན། དེ་ངོ་ཤེས་པ་ལ་སེམས་ཀྱི་གནས་ལུགས་ཤེས་པ་ཟེར། དེ་རྒྱུན་སྐྱོང་བ་ལ་ཐ་མལ་གྱི་ཤེས་པའི་རྒྱུན་སྐྱོང་ཟེར། བྱུང་གནས་འགྲོ་གསུམ་གང་ཞེ་ན། སེམས་འདི་དང་པོ་གང་ནས་བྱུང་། བར་དུ་གང་ན་གནས། མཐར་གང་འདྲ་ཞིག་ཏུ་འགྲོ་རྒྱུ་ཡིན་སྙམ་དུ་འཚོལ་བ་དེ་བྱུང་གནས་འགྲོ་གསུམ་གྱི་སྒོ་ནས་སེམས་འཚོལ་དགོས་ཞེས་པའི་དོན་ཡིན་ཅིང་། མཐར་གང་ཡང་མ་རྙེད་པའི་སྟོང་སེང་ངེ་ཞིག་དགོས་པ་ཡིན། གནས་འགྱུ་རིག་གསུམ་གང་ཡིན་ཞེ་ན། གང་ཤར་གྱི་ཆོས་ཐམས་ཅད་ཀྱི་གནས་ལུགས་གསལ་སྟོང་འཛིན་མེད་དུ་ངོ་ཤེས་པ་དེ་གཞི་ངང་དུ་ཁྲིག་གེར་གནས་པ་དེ་གནས་པ་ཡིན། ངོ་ཤེས་བཞིན་དེ་གཞི་ངང་དུ་སྤྲུལ་བསྒྱུར་སོགས་བྱས་ཏེ་འཕྲོ་བ་དེ་འགྱུ་བ་ཡིན། གནས་ཐོག་ནས་འགྱུ། འགྱུ་ཐོག་ནས་གནས་པ་གང་ཡིན་རུང་ངོ་བོ་གསལ་སྟོང་རྗེན་པར་ཤེས་པ་དེ་རིག་པ་ཡིན། མདོར་ན་གནས་འགྱུ་རིག་གསུམ་དོན་ལ་གཅིག་ཡིན་ཟེར་དགོས། ཡང་ན་སེམས་གཞན་དུ་མ་ཡེངས་པ་དེ་གནས་པ། མ་ཡེངས་པའི་ངང་དུ་རྣམ་རྟོག་ཤར་བ་འགྱུ་བ། དེ་ལྟར་དབྱེར་མེད་རང་སེམས་སྟོང་པ་གཅིག་པུར་ཤེས་པ་དེ་རིག་པ་ཟེར། འཁོར་འདས་དབྱེར་མེད་ཅེས་པའི་དོན་གང་ཡིན་ཞེ་ན། སེམས་ཀྱི་རྣམ་པར་སྣང་བའི་ཆ་དེ་འཁོར་བ་ཡིན། སེམས་ཀྱི་ངོ་བོ་སྟོང་པའི་ཆ་དེ་མྱང་འདས་ཡིན། འཁོར་བ་མྱང་འདས་གཉིས་རང་གི་སེམས་ཉིད་ཀྱི་ངོ་བོ་སྟོང་པའི་ངང་དུ་དབྱེ་རྒྱུ་མེད་པ་དེ་ལ་འཁོར་འདས་དབྱེ་མེད་ཟེར་བ་ཡིན། ཁ་ཕྱིར་བལྟས་དང་ནང་བལྟས་ཟེར་བའི་དོན་གང་ཡིན་ཞེ་ན། དགྲ་སྣང་བ་ལ་དགྲ་བདེན་པར་འཛིན། དེ་བཞིན་དུ་མིག་གི་ཡུལ་དུ་གཟུགས། རྣ་བའི་ཡུལ་སྒྲ། སྣའི་ཡུལ་དུ་དྲི། ལྕེ་ཡི་ཡུལ་དུ་རོ། ལུས་ཀྱི་ཡུལ་དུ་རེག་བྱ། ཡིད་ཀྱི་

ཡུལ་དུ་ཆོས་ལ་སོགས་ཏེ་ལྟར་སྣང་བ་བཞིན་བདེན་པར་འཛིན་པ་དེ་ལ་ཁ་ཕྱིར་བལྟས་ཟེར་བ་ཡིན། གཟུགས་སུ་སྣང་བ་ལ་ཅེར་གྱིས་བལྟས་ནས་དེ་དག་དགག་སྒྲུབ་གང་ཡང་མི་བྱེད་པར་དེ་ཀའི་ངོ་བོ་གསལ་སྟོང་རྗེན་ནེ་ལྷག་གེ་བ་དེ་ལ་མཉམ་པར་འཇོག་པ་དེ་ལ་ཁ་ནང་བལྟས་ཟེར་བ་ཡིན། ཚོགས་དྲུག་སོགས་རྣམ་རྟོག་ཐམས་ཅད་ལ་དེའི་རིགས་འགྲེའོ། །ནག་པོ་ཁ་འབྱམས་ཞེས་པའི་དོན་གང་ཡིན་ཞེ་ན། གོ་ལོ་རྟོགས་ལོ་ཙམ་ལ་དྲན་པའི་སོ་བ་ཉམས་ནས་ངོ་མ་ཤེས་པའི་རྣམ་རྟོག་འབབ་ཞིག་ལ་རྒྱ་འབྱམས་པ་བཟང་ངན་དང་ཡེངས་མེད་འཛིན་མེད་ཡིན་ཟེར་བ་ལ་ནག་པོ་ཁ་འབྱམས་ཟེར་བ་ཡིན། རིག་པ་རྗེན་ལ་བུད་ཅེས་པའི་དོན་གང་ཡིན་ཞེ་ན། འདས་པའི་སེམས་ནི་འགགས་ནས་མེད། མ་འོངས་པའི་སེམས་ནི་མ་སྐྱེས་ནས་མེད། ད་ལྟར་གྱི་སེམས་ནི་སྟོང་གསལ་རྗེན་ནེ་ལྷག་གེར་རྟོགས་པའི་ངང་ལས་མ་གཡོས་པ་དེ་ལ་རིག་པ་རྗེན་པར་བུད་ཟེར་བ་ཡིན། སྐད་ཅིག་མའི་མཚང་རིག་ཅེས་པའི་དོན་གང་ཡིན་ཞེ་ན། ད་ལྟའི་རིག་པ་དྲི་མ་མེད་པ་འདིའི་རང་ངོ་ཤེས་ནས་དེའི་རྒྱུན་སྐྱོང་བ་ལ་སྐད་ཅིག་མའི་མཚང་རིག་ཟེར་བ་ཡིན། སེམས་དང་རྣམ་རྟོག་ཉོན་མོངས་སྣང་བ་རྣམས་ཀྱི་སྟེང་དུ་སྐུ་བཞི་ཚང་ཞེས་པའི་དོན་གང་ཡིན་ཞེ་ན། སེམས་ཀྱི་ངོ་བོ་སྐྱེ་བ་མེད་པ་དེ་ཆོས་སྐུ་ཡིན། དེའི་གདངས་འགགས་པ་མེད་པ་ལོངས་སྐུ་ཡིན། དེའི་རྩལ་ཅིར་ཡང་འཆར་བ་དེ་སྤྲུལ་སྐུ་ཡིན། དེ་གསུམ་ངོ་བོ་དབྱེར་མེད་པ་དེ་ལ་ངོ་བོ་ཉིད་སྐུ་ཡིན། དེ་བཞིན་དུ་གཞན་རིགས་འགྲེའོ། །ཡང་སེམས་དང་རྣམ་རྟོག་ཉོན་མོངས་པ་སྣང་བ་རྣམས་ཀྱི་སྟེང་དུ་ཞི་ལྷག་ཟུང་འཇུག་ཚང་ཞེས་པའི་དོན་གང་ཡིན་ཞེ་ན། རྣམ་རྟོག་རིམ་གྱིས་ཤར་དུས་དེའི་ངོ་བོའི་ཐོག་ཏུ་སེམས་ཁྲིག་གེ་གནས་པ་དེ་ཞི་གནས་ཡིན། དེའི་ངོ་བོ་གསལ་

སྟོང་རྗེན་པར་ངོ་ཤེས་པ་དེ་ལྟ་བ་མཐོང་ཡིན། དེ་གཉིས་དབྱེར་མེད་པ་དེ་ཞི་ལྷག་ཟུང་འཇུག་ཡིན། དེ་བཞིན་དུ་འདོད་ཆགས་རིམ་གྱིས་སྐྱེས་པ་དེའི་ངོ་བོའི་ཐོག་ཏུ་སེམས་ཁྲིག་གེ་གནས་པ་དེ་ཞི་གནས་ཡིན། དེའི་ངོ་བོ་གསལ་སྟོང་རྗེན་པར་མཐོང་བ་དེ་ལྷག་མཐོང་ཡིན། དེ་གཉིས་དབྱེར་མེད་པ་དེ་ཞི་ལྷག་ཟུང་འཇུག་ཡིན། འདོད་ཆགས་ལམ་དུ་ཁྱེར་བའང་དེ་འདྲ་ཞིག་ལ་ཟེར་བ་ཡིན། དེས་ཉོན་མོངས་པ་གཞན་དུ་སྣང་བ་རྣམས་ལའང་རིགས་འགྲེས་སོ། །རིག་པ་རང་ངོ་འཕྲོད་པའི་ཚད་གང་ཡིན་ཞེ་ན། འདི་ལ་གསུམ་ཡོད་པ་ལས། རིམ་གྱིས་པའི་རིག་པ་རང་ངོ་འཕྲོད་པའི་ཚད་ནི། སྣང་བ་ཐམས་ཅད་སེམས་སུ་ཐག་བཅད། སེམས་ཉིད་སྟོང་པར་ཐག་བཅད། སྣང་སྟོང་གཉིས་མེད་ཟུང་འཇུག་ཏུ་ཐག་བཅད་ནས་ཆོས་ཐམས་ཅད་རིག་སྟོང་དབྱེར་མེད་དམ་རྗེན་པར་རྟོགས་པ་ནི་རིམ་གྱིས་པའི་རང་ངོ་འཕྲོད་པའི་ཚད་ཡིན། རིམ་གྱིས་བསྒོམ་པ་མིན་པར་བླ་མས་རིག་པ་ངོ་སྤྲོད་ཙམ་ཉིད་ནས་གང་སྣང་རིག་སྟོང་རྗེན་པར་རྟོགས་པ་དེ་ཅིག་ཆར་བའི་རིག་པ་རང་ངོ་འཕྲོད་པའི་ཚད་ཡིན། ཚེ་འདིར་ཡུན་ཐུང་ཞིང་ལེ་ལོ་ཆེ་བས་རིག་སྟོང་རྗེན་པར་མངོན་དུ་མ་གྱུར་ཀྱང་བར་མ་དོའི་དེའི་རྟོགས་པ་གཞའ་མ་ཞིག་འཆར་བ་དེ་ཐོད་རྒལ་གྱི་རིག་པ་རང་ངོ་འཕྲོད་པའི་ཚད་ཡིན། སྣང་བ་ཐམས་ཅད་སེམས་ཡིན་ནམ་མ་ཡིན་ཞེ་ན། དྭགས་པོ་བཀའ་བརྒྱུད་པ་འགའ་ཞིག་གི་བཞེད་པ་ལྟར། སྣང་བ་སེམས་སུ་འདོད་པ་སྙིང་མ་ཁ་ཅིག་ཡིན་གྱི། རང་ལུགས་ལ་སྣང་བ་སེམས་མ་ཡིན་སེམས་ཙམ་འདོད་དགོས་ལ། དེའི་རྒྱུ་མཚན་སྣང་བ་ཐམས་ཅད་སེམས་ཀྱིས་བཏགས་པའི་བཅོས་མ་ཡིན་པའི་གནད་ཀྱིས་སོ། །རྣམ་རྟོག་ཆོས་སྐུ་ཡིན་ནམ་མ་ཡིན་ཞེ་ན། དྭགས་པོ་བཀའ་བརྒྱུད་པ་རྣམས་ཀྱིས་རྣམ་རྟོག་ཆོས་སྐུར་འདོད་ཀྱང་། ངེད་རང་

རྫོགས་ཆེན་པ་རྣམས་ཀྱིས་དེ་མི་འདོད། འོན་ཀྱང་རྣམ་རྟོག་ལྷག་གེར་སྐྱེ་དུས་ངོ་བོ་ལ་བལྟས་པས་རྣམ་རྟོག་དེ་ཕར་ཡལ་མ་དགོས། རྩུར་སྒོམ་ལ་བཙུད་མ་དགོས་པར་རྣམ་རྟོག་ལམ་མེ་བ་དེ་ཀ་ངོས་བཟུང་མེད་པར་རིག་སྟོང་རྗེན་པར་འདུག་པ་དེ་ལ་རྣམ་རྟོག་ཆོས་སྐུར་ཤར་བ་ཟེར་ཞིང་། དེ་ལྟ་བུ་རྫོགས་ཆེན་པས་ཀྱང་ཁས་ལེན་དགོས། སྣང་བ་དང་ཉོན་མོངས་སྒོམ་དུ་ཤར་བའི་དོན་ཡང་དེ་དང་འདྲའོ། །སེམས་ཅན་ཐམས་ཅད་གདོད་མ་ནས་སངས་རྒྱས་ཡིན་ཟེར་བའི་དོན་གང་ཡིན་ཞེ་ན། ཐོག་མའི་གནས་ལུགས་ཆོས་ཀྱི་དབྱིངས་དེ་བསྒོམ་པས་བཟང་དུ་མ་སོང་། མ་བསྒོམ་པས་ངན་དུ་མ་སོང་། དགེ་བས་ཕན་མ་བཏགས། སྡིག་པས་གནོད་མ་བསྐྱལ། འཁོར་འདས་ཀྱི་རྒྱུ་མ་ཆད། ཕྱོགས་རིས་ཀྱི་སྤྲོས་པས་དབེན་པ་དེ་ལ་གཞི་ཟེར་བ་ཡིན། དེ་སེམས་ཅན་ཐམས་ཅད་ལ་གདོད་མ་ནས་གནས་པས། དེ་ལ་དགོངས་ནས་སེམས་ཅན་ཐམས་ཅད་གདོད་མ་ནས་སངས་རྒྱས་ཡིན་གསུངས་ཤིང་། དེ་བཞིན་དུ་ཆོས་ཐམས་ཅད་ཡེ་ནས་སངས་རྒྱས་ཡིན་ཟེར་བའི་དོན་ཡང་དེ་ལྟར་ཡིན། གཞི་ལམ་འབྲས་གསུམ་གྱི་སངས་རྒྱས་རྣམས་ཀྱི་ངོས་འཛིན་གང་ཡིན་ཞེ་ན། ཐོག་མའི་གནས་ལུགས་ཆོས་ཀྱི་དབྱིངས་དེ་སེམས་ཅན་ཐམས་ཅད་ལ་ཡོད་པས་བདེ་གཤེགས་སྙིང་པོ་གནམ་གང་གི་ཟླ་བ་ལྟ་བུ་དེ་གཞི་རང་བཞིན་ལྷུན་གྲུབ་ཀྱི་སངས་རྒྱས་ཡིན། ཚོགས་སྦྱོར་ནས་རྒྱུན་མཐའི་ཚུན་ཆད་ལམ་གྱི་རྟོགས་པ་ཚེས་གཉིས་ཀྱི་ཟླ་བ་ནས་བཅུ་བཞིའི་བར་ལྟ་བུ་དེ་ཀ་ལ་ལམ་རྟོགས་པ་མངོན་གྱུར་གྱི་སངས་རྒྱས་ཡིན། སྤངས་བྱ་མ་ལུས་སྤངས་ཤིང་ཡོན་ཏན་མཐའ་དག་རྫོགས་པ་བཅོ་ལྔའི་ཟླ་བ་ལྟ་བུ་དེ་འབྲས་བུ་དག་པ་གཉིས་ལྡན་གྱི་སངས་རྒྱས་ཡིན། ཆོས་སྐུ་ལོངས་སྐུ་སྤྲུལ་སྐུ་གསུམ་གང་ཡིན་ཞེ་ན། སྟོང་པ་ཉིད་ཀྱི་

རྟོགས་པ་མཐར་ཕྱིན་ནས་ཆོས་ཀྱི་དབྱིངས་དེ་ཡེ་ཤེས་ཀྱི་ངོ་བོར་ཤར་བས་ཆོས་ཐམས་ཅད་དེའི་ངོ་བོར་ཞི་ནས་སྤྲོས་པ་ཐམས་ཅད་དང་བྲལ་བ་དེ་ཆོས་སྐུ་ཡིན། ཡེ་ཤེས་སྤྲོས་མེད་དེ་ཉིད་ཟག་མེད་ཀྱི་བདེ་བར་ཡེ་ཤེས་ཀྱི་ལོངས་སྤྱོད་དུ་གསལ་བ་དེ་ལོངས་སྐུ་ཡིན། དེའི་གདངས་འགག་པ་མེད་པ་སྨོན་ལམ་ཐུགས་རྗེས་རང་གཟུགས་སུ་སྣང་བ་དེ་སྤྲུལ་སྐུ་ཡིན། དངོས་གཞི་རྫོགས་པ་ཆེན་པོའི་སྒོམ་ཚུལ་གང་ཡིན་ཞེ་ན། ད་ལྟའི་རིག་དྲི་མ་མེད་པ་གསལ་སྟོང་འཛིན་མེད་འདི་ཁ་ཡན་དུ་གློད་ཅིང་རྣམ་རྟོག་སྣང་བ་གནས་འགྱུ་གང་ལ་ཡང་བཟང་ངན་དགག་སྒྲུབ་འདོར་ལེན་དཔྱད་པ་མི་བྱ་བར་རིག་སྟོང་རྗེན་པར་སྐྱོང་བ་འདི་རྫོགས་ཆེན་གྱི་སྙིང་པོ་རྒྱལ་དབང་མཚོ་སྐྱེས་རྡོ་རྗེའི་ཐུགས་བཅུད་དགོངས་པ་བླ་ན་མེད་པ་ཡིན་ཏེ། འདིའི་གནད་ཤེས་ན་སྒོམ་ལར་མི་འོང་བའི་དོན་མེད། ཀློང་ཆེན་རབ་འབྱམས་པའི་ཞལ་ནས། ཚོགས་དྲུག་ཡུལ་ལ་སྣང་བ་ཕར་འཆར་རམ། རང་གནས་ཀྱི་ཤེས་པ་ནང་དུ་གནས་པའམ། གང་ཡིན་ཡང་རིག་པའི་ཆ་ལ་རང་གསལ་རྗེན་པ་གསལ་རིག་ཏུ་ལྷུག་གེ ངན་རྟོག་ཏུ་ཤར་ཡང་རང་གསལ་དུ་རྗེན་ནེ། བཟང་རྟོག་ཏུ་ཤར་ཡང་མཐར་གྲོལ་དུ་སེང་ངེ། རང་ས་ན་གནས་ཀྱང་བར་མེད་དུ་ཧ་རེ་བ། ཡུལ་གྱིས་མ་བསྒྱུར། འཛིན་པས་མ་བསླད། སྤང་གཉེན་དུ་མ་ཞུགས་པར་ས་ལེ་སེང་ངེ་བའི་རིག་ཆ་དེ་ཟང་ཐལ་རྗེན་པའི་ཆོས་སྐུར་ངོས་བཟུང་སྟེ། ཤེས་རིག་མིན་ན་ཕར་ཞོག ཡིན་ན་ངོ་བོ་ཆོས་སྐུ་མ་ཡིན་པ་མི་སྲིད་པས་ངོ་ཤེས་པར་བྱའོ། །ཞེས་ཤེས་པ་རྗེན་དྲག་པོས་བསླད་དེ་དུག་ལྔ་ལྟ་བུ་སྐྱེས་དུས་ཐད་ཀ་ན་རིག་པ་མ་གཏོགས་པ་མེད་པས་ངོས་བཟུང་དུས་ཡེ་ཤེས་ལྷུག་གེར་གསལ་ལ། ཤེས་པའི་སྟེང་དུ་དགའ་བ་དང་། མི་དགའ་བ་དང་། བར་མ་དང་། བཟང་རྟོག་ངན་རྟོག་ཅི་ཤར་ཡང་རིག་པ་མ

གཏོགས་པ་མི་འཆར་བས་ངོས་ཟིན་དུས་ཆོས་སྐུ་རྗེན་པ་འཆར། རིག་པ་འཕྲོ་འདུ་མེད་པ་གནས་པའི་དུས་ན་གནས་ཆའི་མི་རྟོག་པ་དེ་སྒོམ་དུ་འདོད་པ་མ་ཡིན། དེའི་དུས་ཀྱི་རིག་པ་སེང་ངེ་བའི་གསལ་གདངས་རྗེན་པ་མ་ཡེངས་པར་ཕྱུ་ལེ་སྐྱོང་བའོ། །ཡང་རིག་པ་ཡུལ་ལ་ཤར་དུས་ཀྱང་གང་ཤར་ལ་བལྟ་བ་དེ་སྒོམ་དུ་འདོད་པ་མ་ཡིན། དེའི་དུས་ཀྱི་རིག་པ་གསལ་ལ་རྗེན་པའི་ཆ་དེ་མ་ཡེངས་པར་སྐྱོང་བའོ། །གནད་འདི་མ་གོ་ན་གནས་པ་དང་འཆར་བ་གཉིས་ལ་སྒོམ་པའི་ངོ་བོ་ཡིན་སྙམ་ན་འཁྲུལ་བར་འགྱུར་རོ། །སེམས་གནས་ཙམ་བསམ་གཏན་གྱི་ལྷ་དང་འདྲ་ལ། འཆར་བ་ཙམ་ཐམལ་གྱི་རྟོག་པ་དང་འདྲ་ལ། དེ་ལ་བསྒོམས་ཀྱང་སངས་རྒྱས་ཐོབ་རེ་སྐན། འདིར་གང་གི་དུས་ཡིན་ཡང་རིག་པའི་ཆ་རྗེན་པ་ཟང་ཐལ་ཤེལ་གོང་འདྲ་བ་དེ་ཀློང་དུ་མ་ཤོར་བར་འདི་རང་ལ་བསྐྱངས་ནས་དེའི་ངང་ལ་མི་འབྲལ་བར་གནས་པ་ཡིན། ཁྲེགས་ཆོད་ཀྱི་དོན་རིག་པ་རྗེན་ལ་བུད་ནས་ས་ལེར་སྐྱོང་བ་དེ་ལ་ཟེར་བའི་གནད་ཕོན་གལ་ཆེ་བ་ཡོད་པས་ངོ་ཤེས་པར་བྱའོ། །ཞེས་གསུངས་ཤིང་། བསམ་གཏན་ངལ་གསོའི་འགྲེལ་བ་ཤིང་རྟ་རྣམ་དག་ལས་ཀྱང་། གེགས་གང་བྱུང་ཡང་ངོས་བཟུང་ལ། བླ་མ་ལ་མོས་གུས་ཀྱི་གསོལ་འདེབས་བཅས་པ་དྲག་ལ་བྱིན་ཕེབས་པ་ཞིག་བྱུས་ནས་གེགས་དེ་གང་ནས་བྱུང་གང་ལ་གནོད་བརྟགས་པས་དེ་རྣམས་མ་རྙེད་པའི་རིག་པ་ཟང་ཐལ་རྗེན་པ་དེ་སྟོང་སེང་ངེར་འདུག་དུས་ཐམས་ཅད་རིག་པའི་རང་མདངས་སུ་གྲོལ་དེ་བར་ཆད་དངོས་གྲུབ་ཏུ་ཤེས་པའི་རྣལ་འབྱོར་པ་ཞེས་བྱའོ། །དེ་ཡང་གང་ཤར་ཅི་སྣང་སྤྲིན་ཡོན་དུ་འགྱུར་ཚད་ཐམས་ཅད་རིག་པའི་རོལ་བ་ལས་གཞན་མེད་དེ། བདེ་ཡང་རིག་པ། སྡུག་ཀྱང་རིག་པ། ན་ཡང་རིག་པ། དགའ་ཡང་རིག་པ་ཁོན་མ་གཏོགས་པ་གང་ཡང་མེད་

པས་གནད་འདི་གོ་ན་སྐྱིད་པ་ཞིག་ལགས་སོ། །ཁོ་བོའི་གེགས་ཐམས་ཅད་འདིས་བསལ་བས་ཤིན་ཏུ་སྐྱིད་པ་བྱུང་ངོ་། །གེགས་དང་མི་མཐུན་པ་ཅི་བྱུང་ཡང་དགེ་སྦྱོར་དུ་ཁྱེར་ཐབས་ཤེས་འགྲོ་བ་ཞིག་རྣལ་འབྱོར་པ་ལ་དགོས་པ་ལགས་སོ། །ཞེས་གསུངས་སོ། །མདོར་ན་མིག་གི་མཐོང་བ་དང་། རྣ་བས་ཐོས་པ། སྣས་སྣོམ་པ། ལྕེས་མྱོང་བ། ལུས་ཀྱིས་རེག་པ། ཡིད་ཀྱིས་དྲན་པ་སོགས་གང་སྣང་གང་ཤར་གྱི་ཆོས་ཐམས་ཅད་སྣང་བ་ལ་བཟང་ངན་འབྲིང་གསུམ་གང་འདྲ་ཞིག་སྣང་ཡང་གནས་ལུགས་ངོ་བོ་རིག་སྟོང་རྗེན་པར་གནས་པ་འདི་ཤེས་ན་ཉམས་ལེན་གྱི་མུ་གེ་མི་སྲིད་། གནས་ལུགས་ཡེ་དག་གང་ཤར་སྒོམ་གྱི་ཡོ་ལངས་སུ་འཆར་བ་འདི་རྫོགས་པ་ཆེན་པོའི་གསང་ཚིག་རིག་པ་འཛིན་པ་རྣམས་ཀྱི་ཁྱད་ཆོས་བླ་ན་མེད་པའོ། ཁྲིགས་ཆོད་ལས་བརྩམས་པའི་གལ་ཆེན་རྣམས་བཤད་ཟིན་ཏོ། །ཅེས་རྫོགས་པ་ཆེན་པོའི་རྣལ་འབྱོར་བ་པདྨ་རིག་འཛིན་གྱིས་སྨྲས་བའོ། །

དགེའོ། །དགེའོ། །དགེའོ། །ཛ་ཡནྟུ། བཀྲ་ཤིས། སརྦ་མངྒ་ལཾ། । । །

མན་ངག་འདི་ཉིད་སྤར་དུས་ཤིང་པར་དུ་མ་འཁོད་པས་ལག་བྲིས་མ་དཔེ་རྣམས་ཚིག་དོན་གཉིས་ཆར་སྐྱོན་ཅན་ཁོ་ན་སྣང་ཞིང་། ད་ལམ་ཁོ་བོ་ཅག་གི་རིགས་བདག་མཚུངས་མེད་རྟོགས་ལྡན་བླ་མ་བློ་གྲོས་རྒྱ་མཚོའི་ཕྱག་དཔེ་ཁྲིད་རྒྱུན་བཅས་བསྡུར་བ་ལ་གཞི་བྱས་ཤིང་། ཡང་དུ་དཔེ་བསྡུར་ཞུ་དག་གི་ཁུར་ལེན་པ་པོ་ནི་དམ་པའི་མཚན་གྱི་ཏོད་པན་འཆང་བ་བསྟན་འཛིན་ལུང་རྟོགས་ཉི་མའོ། །

༄༅། །རྡོ་རྗེ་གླུའི་རོལ་མོ་ཞེས་བྱ་བ་བཞུགས་སོ། །

རྒྱ་གར་སྐད་དུ། བཛྲ་ཤཀྟ་ན་མ། བོད་སྐད་དུ། རྡོ་རྗེ་གླུའི་རོལ་མོ་ཞེས་བྱ་བ། དཔལ་ལྡན་ལྷུག་པའི་ལྷ་མཆོག་པདྨ་འབྱུང་གནས་དང་དབྱེར་མ་མཆིས་པའི་དྲིན་ཅན་ཀརྨ་ཆགས་མེད་ཀྱི་ཞབས་ལ་གུས་པས་ཕྱག་འཚལ་ལོ། །གཉིས་སུ་མེད་པར་བྱིན་གྱིས་བརླབ་ཏུ་གསོལ། །ཀྱེ་ཧོ་རྣལ་འབྱོར་བདག་ཉིད་ཀྱང་། །གདོད་ནས་མ་བཅོས་ཀ་དག་ངང་། །རང་རིག་ཡེ་སངས་རྒྱས་པར་གནས། །རིག་པ་ཡེ་ཤེས་ངོ་བོ་ལ། །འཁྲུལ་གྲོལ་བརྗོད་པའི་གཞི་དང་བྲལ། །རང་བཞིན་རྩལ་དང་ཐུགས་རྗེའི་འཕྲུལ། །འགགས་མེད་སྣ་ཚོགས་གསལ་ཞིང་འཆར། །དེ་ཚེ་མ་རིག་རྟོག་པས་བསྒྲུན། །འཛིན་བྱེད་ཡིད་ཀྱིས་བདག་ཏུ་བཟུང་། །སྒྱུ་མ་ལྟ་བུའི་འཁོར་འདས་ཀྱི། །སྣང་བའི་མིང་འདོགས་བརྟགས་ཙམ་འགྲུབ། །རྨི་ལམ་སྣང་བའི་བདེ་སྡུག་ལྟར། །ཀྱེ་མ་སྒྱུ་མའི་འཁོར་བར་འཁྲམས། །སུས་ཀྱང་མ་ཉེས་རང་གིས་ལན། །རང་གིས་རང་ཉིད་སྒྲིབ་སྟེ་ལན། །འཁྲུལ་མེད་འཁྲུལ་པར་བཟུང་བས་ལན། །རྒྱལ་པོ་འབངས་སུ་བབ་པས་ལན། ཤེལ་སྒོང་འདམ་དུ་བཙུག་པས་ལན། །ནམ་མཁའ་སྤར་མོས་བཟུང་བས་ལན། །འོད་གསལ་མུན་པས་གཡོག་སྟེ་ཉེས། །ཀྱེ་ཧོ་ཉེས་པས་དུས་འདིར་ཟད། །དལ་འབྱོར་ལྡན་པའི་རྒྱལ་མཚན་ལ། །སྡོམ་གསུམ་གནད་ཀྱི་རྒྱན་བཏགས

ནས། །བླ་མ་ནོར་བུའི་ཏོག་གིས་བརྒྱན། །ཚད་མའི་རྣམ་ཐར་གསོལ་བཏབ་པས། །འགགས་མེད་ཐུགས་རྗེའི་བྱིན་རླབས་ཀྱིས། །རྣལ་འབྱོར་དོན་ཆེན་ལྷུན་གྱིས་གྲུབ། །རང་རིག་དྲི་མེད་ནོར་བུ་རྙེད། །འཁྲུལ་པ་ཁོ་རང་འཁྲུལ་མེད་ཤར། །རིག་པའི་རྒྱལ་པོ་རྒྱལ་སར་འཁོད། །སེམས་ཉིད་ཤེལ་གོང་འདམ་ལས་ཐོན། །ཆོས་ཉིད་ནམ་མཁའ་སྤྲིན་དང་བྲལ། །རྟོགས་པའི་འོད་གསལ་དྲི་མེད་ཤར། །ཨེ་མ་བླ་མ་བཀའ་དྲིན་ཆེ། །འཁྲུལ་དང་འཁྲུལ་པ་ལས་གྲོལ་སོགས། །ངོ་བོའི་ཆ་ནས་གྲུབ་པ་མེད། །དུས་ཀྱི་ཆ་ནས་སྐད་ཅིག་མེད། །ཐམས་ཅད་རོ་མཉམ་ཀ་དག་ཀློང་། །ཆོས་དབྱིངས་ཀློང་ཡངས་ནམ་མཁའ་ཆེ། །ཆོས་ཉིད་མཐའ་བྲལ་དབུ་མ་ཆེ། །གནས་ལུགས་འོད་གསལ་ཕྱག་རྒྱ་ཆེ། །ཀ་དག་བློ་འདས་རྫོགས་པ་ཆེ། །ཐམས་ཅད་རང་རིག་ཡེ་ཤེས་ཆེ། །མ་བཅོས་རང་བབས་ལྷུག་གེ་བ། །སྟོང་གསལ་ཟུང་འཇུག་གཉུག་མའི་ངང་། །འཛིན་མེད་བཟོ་མེད་ཐ་མལ་གྱི། །རང་རིག་རྗེན་པ་གཟའ་གཏད་བྲལ། །འདི་ནི་རང་གི་ཡེ་ཤེས་ཞེས། །འདི་ཕན་སྣང་བའི་དངོས་པོ་སོགས། །རིས་མེད་སྣང་སྟོང་རོ་གཅིག་པར། །སྲིད་ཞི་མ་བརྟགས་རོ་གཅིག་ངང་། །རིག་པ་ཟང་ཀའི་ངང་དུ་འཁྱོལ། །སྣང་འཛིན་སྟོང་འཛིན་རོ་མཉམ་འཛིན། འཁོར་འཛིན་འདས་འཛིན་འཁྲུལ་ཉོན་དང་། །ཡེ་ཤེས་རྣམ་དག་འཛིན་པ་སོགས། །ཞེ་འདོད་འཛིན་པའི་རྒྱུ་བཞིག་ལ། །ཀུན་བཟང་རོལ་བ་ཆེ་ལ་རོལ། །ལྟ་བ་ལྟ་མེད་ཡེ་གསལ་ཀློང་། །སྒོམ་པ་བསྒོམ་མེད་གཉུག་མའི་ཀློང་། །འབྲས་བུ་གྲུབ་མེད་རང་རིག་ཀློང་། །འཁོར་བ་སྤང་མེད་ཀ་དག་ཀློང་། །འདས་པ་ཚོལ་མེད་ཡེ་གནས་ཀློང་། །ཉོན་མོངས་སྤང་མེད་ཡེ་ཤེས

ཀློང་། །སྣང་བ་བཀག་མེད་རང་རྩལ་ཀློང་། །སྟོང་པ་འཛིན་མེད་བློ་འདས་ཀློང་། །ཐམས་ཅད་ཡེ་རྫོགས་ཀུན་བཟང་ཀློང་། །ཡིན་ལ་ཡིན་ཧླེད་རྣལ་འབྱོར་ཀློང་། །བྱིན་རླབས་སྤོབས་ཡིན་བླ་མའི་ཀློང་། །བཀའ་དྲིན་དྲན་བྱེད་མོས་གུས་ཀློང་། །ཐུགས་ཡིད་རོ་གཅིག་ཐུགས་རྗེའི་ཀློང་། །ཀློང་ཆེན་རིག་པའི་ངང་གནས་པ། །བྱ་བྲལ་པདྨ་རིག་འཛིན་གྱིས། །རྡོ་རྗེ་གླུ་ཡི་རོལ་མོ་འདི། །གནས་མཆོག་ནམ་མཁའི་མཛོད་དུ་བླང་། །དགེ་དེས་འཁྲུལ་པའི་སེམས་ཅན་རྣམས། །འཁྲུལ་པ་ངོ་ཤེས་དོན་རྟོགས་ཤོག།

༄༅། །སྐྱུ་ལྷུ་པ་དང་རྟོག་ཚོས་བརྟུལ་བ་ཉམས་ཀྱི་ཀྱུགས་གླུ་བཞུགས་སོ།།

སྒྲིབ་གཉིས་རང་གདོད་ནས་མ་གྲུབ་ཅིང་། །ཚོགས་གཉིས་རང་མ་བསགས་ཡེ་ནས་རྫོགས། །སྐུ་གསུམ་རང་མ་སྒྲུབ་ལྷུན་གྱིས་གྲུབ། །བླ་མེད་ཀུན་ཏུ་བཟང་པོ་མཆོད། །སྐུ་གསུམ་གྱི་བསྟན་པའི་གཞུང་ལུགས་ལས། །ཐེག་རིམ་གྱི་རྣམ་པ་བཅུ་གཅིག་ཕྱེ། །སྟོན་པའི་བསྟན་པ་ཐེག་པ་དགུ། །སོ་སོར་འདོད་གཞུང་མང་ནའང་། །རང་འདོད་ཀྱི་འགྲོ་དོན་བྱས་པ་མང་། །ཕྱོགས་རེ་ཡི་ལྟ་བ་གང་མང་ཡོད། །ཕལ་ཆེར་ཀུན་རྫོགས་ཆེན་གྱི་ས་སྣེགས་ཙམ། །གཞུང་ལུགས་དང་སྒྲ་རྒྱུ་མང་ན་ཡང་། །གནས་ལུགས་དང་མཐུན་པ་དཀོན་པ་ཙམ། །ཀུན་

བཟང་དང་པདྨའི་ཞལ་ནས་གསུངས། །པཎ་ཆེན་དང་བི་མིའི་རྟོགས་ཆོས་ཡིན། །ཀློང་ཆེན་གྱི་རབ་འབྱམས་དགོངས་པ་ཡིན། །ཆོས་ཉིད་དང་གནད་ཀྱི་གཤིས་ལུགས་ཡིན། །ཐོས་པ་རང་རྒྱ་ཆེར་མ་བྱུས་ཀྱང་། །རྒྱ་གར་གྱི་ལྟ་གྲུབ་རྣམ་བཞི་ཤེས། །ཉན་ཐོས་ཀྱི་བྱེ་བྲག་མདོ་སྡེ་དང་། །ཐེག་ཆེན་གྱི་སེམས་ཙམ་ལྟ་བ་དང་། །དབུ་མ་ཡི་ཐལ་རང་དགོངས་པ་སོགས། །ངེད་རྫོགས་ཆེན་གྱིས་ལམ་སྟེགས་ཡིན་ཞེས་སྨྲ། །དཔལ་རྫོགས་པ་ཆེན་པོའི་རྒྱུད་ལས་གསུངས། །ཡིན་ཚུལ་གྱི་གནས་ལུགས་མདོར་བསྡུས་པ། །སྣང་སེམས་ཀྱི་ཆོས་ཉིད་གང་ཡིན་ཞེས། །རྟུལ་ཕྲན་དང་སྐད་ཅིག་ཡིན་ཞེས་ཟེར། །མདོ་སྡེ་པ་བར་མེད་དུས་གསུམ་དང་། །སེམས་ཙམ་པས་ཐམས་ཅད་སེམས་སུ་འདོད། །དེ་ལའང་རྣམ་བདེན་རྣམ་རྫུན་ཡོད། །དབུ་མ་ཡི་ཐལ་རང་མདོ་ཙམ་ཡིན། །རང་རྒྱུད་ཅེས་དངོས་པོའི་ཕྱོགས་ལ་ཉེ། །ཐལ་འགྱུར་ཞེས་གནས་ལུགས་ཡིན་ཞེས་བརྗོད། །ཟུང་འཇུག་གིས་དགོངས་པ་གསང་སྔགས་གནད། །བདེ་ཆེན་གྱི་རང་བཞིན་ཕྱག་རྒྱ་ཆེ། །དེ་བློ་སེམས་གཉིས་ལས་མ་འདས་ཞེས། །འོད་ཐེག་པ་མཆོག་གི་རྒྱུད་ལས་གསུངས། །དེ་སེམས་ལས་མ་རྟོགས་པའི་སངས་རྒྱས་དང་། །ལུང་ལས་མ་རྟོགས་པའི་མན་ངག་གཉིས། །ལས་རྒྱུ་ལ་མ་བརྟེན་པའི་འབྲས་བུ་གསུམ། །འདི་བྱ་རྩོལ་མེད་པའི་ཁྱད་ཆོས་ཡིན། །དེ་མིན་བྱེད་འགག་ཡོད་ན་བཀྲོལ་བར་རིགས། །ལྟ་བ་འདི་རང་བཞིན་གྱི་རྫོགས་པ་ཆེ། །མ་བཅོས་པའི་སྣང་སྲིད་ཀ་ནས་དག །རྟོགས་བྱ་དང་རྟོགས་བྱེད་འགག་ཡང་མེད། །རྟོགས་རྒྱུ་ཡི་འབྲས་བུ་ནམ་མཁའི་དབྱིངས། །ཡིན་ཡིན་ལས་གཞན་པའི་ཆོས་མེད་པས། །འཁྲུལ་སྣང་གི་བདེ་

སྤྱུག་སོ་སོར་སྣང་། །དེ་ཀ་རང་འཁྲུལ་པའི་ཡོ་ལང་ཡིན། །སྒོམ་པ་ལ་
དམིགས་འཛིན་གྱི་གཏད་སོ་མེད། །ཡེངས་མེད་ཀྱི་སྤྲོས་བྲལ་ཆོས་ཀྱི་
སྐུ། །རང་གསལ་ཞིང་རང་ངོ་ལོངས་སྤྱོད་རྫོགས། །རྣམ་དག་གི་འབྲས་བུ་མ་
འགགས་རྩལ། །སྐུ་གསུམ་གྱི་མཉམ་བཞག་བདེ་ཆེན་གློང་། །སོ་ཐར་གྱི་ངོ་བོ་
མི་འགལ་ཞིང་། །བྱང་ཆུབ་ཀྱི་བསྐྱེ་སེམས་ལྡན་པའི་ངང་། །ཟབ་ཁྱད་ཀྱི་
དབང་བཞིའི་འབྲས་བུ་སྤྱོད། །ལྟ་སྤྱོད་ཀུན་མ་ནོར་གཞུང་ལུགས་མང་། །སྣང་
བ་ཀུན་ཡོད་ཅེས་སྒྲོ་མི་བཏགས། །མེད་པ་ཞེས་ཀུན་རྫོབ་རྫུན་མི་སྨྲ། །ཡོད་
མེད་འདི་ངོ་བོས་རང་བཞིན་སྟོང་། །རྟག་ཆད་ཀྱི་མཐའ་ལ་འཛིན་པ་
མེད། །ཚོགས་དྲུག་ཀུན་རྫོགས་ཆེན་རྩལ་དུ་སྣང་། །ཡུལ་སྣང་ཀུན་རྫོགས་
པས་རྫོགས་ཆེན་ཟེར། །སྟོང་པ་ལ་ཡེ་སྟོང་རང་སྟོང་དང་། །ངོ་སྟོང་དང་
གཅེར་སྟོང་ཡང་སྟོང་ཀྱི། །སྟོང་ལུགས་ཀྱི་ལྟ་བ་རྟོགས་བྱས་ནས། །འཁོར་
འདས་ཀུན་བདེན་པར་མི་འཛིན་ཅམ། །ཆོས་ཉིད་ཀུན་རང་གི་ངོ་བོར་
གསལ། །གནད་སྙི་སྟོང་སྤྱོད་པ་དགག་སྒྲུབ་མེད། །སྒོམ་བསྟན་པའི་གཞུང་
ལུགས་ཐེག་པ་གསུམ། །སྒོམ་གཞུང་ལུགས་ཀྱི་ཐར་པར་མཐུན་པར་
སྤྱོད། །དོན་མདོ་རྒྱུད་དང་མན་ངག་མཐུན་པ་ཡིན། །བློ་ཤེས་ལྡན་ཆོ་ཡོད་ན་
རིམ་པར་གསལ། །དོན་འབྲས་བུའི་ངོ་བོ་སྐུ་གསུམ་ཉིད། །འདི་སྣང་སྲིད་ཡེ་
ནས་ལྷུན་གྱིས་གྲུབ། །དེ་རྟོགས་ཤིང་མངོན་དུ་གྱུར་ཅན། །བརྡ་དོན་གྱི་འབྲས་
བུ་ཐོབ་པར་གསུངས། །བཤད་པའི་ཚིག་ལ་འགག་པ་མེད། །འཁོར་བ་འདི་མི་
རྟག་སྒྱུ་མ་ཡིན། །དངོས་འཛིན་གྱི་བློ་ལ་ཟད་མཐའ་མེད། །དེ་ཞེན་ཅིང་ཆགས་
ན་འཁོར་བར་འཆིང་། །ཞེན་མེད་ཀྱི་བློ་བྲལ་ཀུན་ཏུ་གཅེས། །ཆགས་པའི་ཡུལ་

ལ་རྟག་བརྟན་མེད། །བློ་འདོད་ཀྱི་ཡུལ་གྱིས་མགོ་བསྐོར་བྱེད། །ཡིན་ཙམ་ལས་བདེན་པར་གྲུབ་པ་མེད། །ཆགས་མེད་ཀྱི་རང་གྲོལ་སྟོང་པ་ཞེས། །སེམས་ཉིད་ལ་དངོས་པོ་མཚན་མ་མེད། །མེད་བཞིན་དུ་འདི་ཕྱིའི་འབྲས་བུ་སྒྲུབ། །སྒྲུབ་བཞིན་ཏུ་རྟོགས་པ་འགའ་རེ་ཙམ། །འཁོར་འདས་དང་གཉིས་ལས་ཐར་བར་ཙུང་། །གཉིས་མེད་ཀྱི་རང་བཞིན་རྨི་ལམ་ཙམ། །ཤར་ཙམ་ལས་གདོད་ནས་གྲུབ་པ་མེད། །མེད་པ་ལས་ཡོད་པར་འཛིན་པས་བསླུས། །རང་རྒྱུད་དུ་སྤྱོད་པས་ངན་སོང་ལྟུང་། །མེད་སྣང་གི་འབྲས་བུ་ངོ་རེ་མཚར། །ཐ་ལམ་གྱི་སེམས་དང་སེམས་ཉིད་ལ། །ཡིན་ཚུལ་གྱི་བྱེ་བྲག་མ་ཤེས་པའི། །གནས་ལུགས་ཀྱི་ཕྱག་ཆེན་རློམ་པ་མང་། །བག་ཆགས་ཀྱི་སྣང་རྒྱ་ནམ་ཞིག་ཨང་། །ཡིན་འདོད་ཀྱི་ཉམས་ལེན་ཕལ་ཆེར་ཡང་། །གཞུང་དབུ་ཕྱག་རྫོགས་ཆེན་དང་མཐུན་པ་ཙུང་། །བློ་མ་ཡེངས་ཙམ་ཞིག་བྱུས་ན་ཡང་། །དོན་ཁམས་གསུམ་འཁོར་བའི་སེམས་དང་མཐུན། །བློ་འཁོར་བ་ལ་འབྲས་བུ་ཅི་འགྱུར་ཨང་། །སེམས་རྐྱེན་སྣང་གི་འཆར་ཚུལ་འགའ་ཞིག་ལ། །དོན་ཉམས་རྟོགས་ཀྱི་ཡིན་རློམ་བྱེད་པ་མང་། །དེ་འདུས་བྱས་ཀྱི་ཆོས་ཉིད་མ་གོ་བར། །གཞུང་གཙུག་མའི་གནས་ལུགས་ཡིན་ཞེས་སྨྲ། །དཔེ་བྱིས་པས་འཇའ་ཚོན་བཛྷས་པ་བཞིན། །ཞུགས་ཉམས་ལེན་སྤྱུག་པ་ཡིད་རེ་ཆད། །འཕྲུལ་མཉམ་བཞག་གི་བསམ་གཏན་མི་ནུས་པར། །ཡིད་ཆོས་ཉིད་ལ་གནས་པ་ཙམ་རེ་འདོད། །ཞུགས་སྣང་གྲགས་ཀུན་ཆོས་སྐུར་མ་རྟོགས་པའི། །དོན་ལྷུག་མཐོང་གི་ཡེ་ཤེས་འདོད་པ་མང་། །ཚིག་ཐ་སྙད་ཀྱི་ངོ་བོ་མ་རྟོགས་ཤིང་། །དོན་བློ་བྲལ་ལ་བརྟན་པ་མ་ཐོབ་པའི། །བློ་ཡིན་ཚུལ་སྨྲ་བ་མང་

ལགས་ཀྱང་། །གོང་གཞན་གྱིས་ཚད་མར་འཛིན་པ་དཀོན། །རྗེ་ཟབ་དོན་གྱི་བརྒྱུད་པ་མ་ཉམས་ཤིང་། །མཁས་པ་དང་གྲུབ་པའི་རྗེར་སོན་པའི། །ཁམས་གསུམ་འཁོར་བའི་འདྲེན་པ་དངོས། །ཡབ་སྲས་ཀྱི་བཀའ་གསུང་བདུད་རྩིའི་རྒྱུན། །མཐོང་བ་ཡིས་སེམས་ཀྱི་གདུང་བ་བསལ། །མི་ཤེས་པའི་མུན་པ་མཐའ་ནས་སངས། །དེ་སྐད་དུ་འཕྲུལ་འབྱུང་སོགས་བཅད་ལྷག །རྟོགས་ལྡན་འདྲ་ཡོད་ན་ཉམས་བསྒྱུར་གསོལ། །ཉམས་ལེན་གཅིག་མཆིས་ན་གོ་བ་ལོངས། །ཐ་སྙད་མཁན་ཡོད་ན་དཔྲ་སོགས་ཐོངས། །ཅི་ལྟར་བྱུང་ན་ནམ་མཁའི་ཀློང་། །ཀློང་ཆེན་འདི་ནམ་མཁའི་ཚོ་འཕྲུལ་འདྲ། །སྐྱེ་འགག་དང་གཟུང་འཛིན་གང་ཡང་མེད། །མཁས་འདོད་ཀྱི་ཡི་གེ་བྲིས་ཡང་ཡང་མིན། །བསམ་མཁས་ཀྱི་བསྒོམ་བསྒོམ་སོགས་བཅད་མིན། །ཐོལ་བྱུང་གི་ཐོལ་འབྱུང་སོགས་བཅད་ལགས། །བསམ་གཏན་གྱི་སྒོམ་པ་མངོན་གྱུར་མིན། །གནས་ལུགས་དེ་ཤེས་པའི་ཉམས་ཙམ་ལགས། །བཟང་འདོད་ཀྱི་ཨེ་འགྱུ་རེ་བ་མིན། །སྦྲང་པོ་བདག་ཤིང་ཁའི་བྱ་དང་འདྲ། །ཀླུན་རྨོངས་ཀྱི་ལྐུགས་པ་ལྟ་བུ་མིན། །ཚིགས་དོན་གྱི་རྣམ་པ་ཟུར་ཙམ་སྨྲས། །གཉིས་ཀ་དེ་མིན་པའི་རྣལ་འབྱོར་པ། །ཐོ་ཡོར་གྱི་མི་གཟུགས་ཙམ་དུ་འཛིན། ། མངྒ་ལཾ། །

༄༅། །ཉམས་སྣང་སྒྱུ་མའི་རྒྱུད་གླུ་ཞེས་བྱ་བ་བཞུགས་སོ། །

ན་མོ་གུ་རུ། ང་རྣལ་འབྱོར་གྱི་ཉམས་ལ་འདི་ལྟར་སྣང་། །སྣང་བའི་ཡུལ་རྣམ་སྒྱུ་མ་འདྲ། །སྣང་ཙམ་ལས་དངོས་པོ་འགའ་ཡང་མེད། །སྒྲོ་བཏགས་ཀྱི་སྒྲ་ཚིག་བྲག་ཆ་འདྲ། །འདྲ་ཙམ་ལས་མཚན་མ་རྡུལ་ཙམ་མེད། །དྲན་རྟོག་གི་འཆར་སྒོ་ན་བུན་འདྲ། །འདྲ་ཙམ་ལས་སྐྱེ་འགགས་ཅི་ཡང་མེད། །འཁོར་འདས་ཀྱི་བྱེ་བྲག་གར་འཆམ་འདྲ། །རྣམ་འགྱུར་ལས་དབྱེ་བ་འགའ་ཙམ་མེད། །ཆགས་སྡང་གི་རྣམ་རྟོག་རྨུན་མ་འདྲ། །གཅིག་པུ་ལ་གཉིས་ཆོས་གང་ཡང་མེད། །མཚན་མའི་ངོ་བོ་ཆ་ཙམ་མེད། །རྣལ་འབྱོར་ང་སྒྱུ་མའི་མཁན་པོ་འདྲ། །སྣང་ཡུལ་ལ་འཛིན་ཞེན་རང་བཞིན་བྲལ། །རྟོགས་བྱའི་ཆོས་ཉིད་ནམ་མཁའ་འདྲ། །བློས་བཟུང་གི་གཏད་སོ་རྡུལ་ཙམ་མེད། །མཆེད་གྲོགས་ཀུན་ཚོང་དུས་ཀྱི་མགྲོན་པོ་འདྲ། །གར་འགྲོ་དང་འདི་བྱེད་ཏིག་ཏིག་མེད། །མེད་སྣང་དུ་ཤར་བ་སྒྱུ་མའི་གླུ། །རང་གར་ཞིག་གོང་པོའི་ཡུལ་དུ་བླང་། །མངྒ་ལཾ། །

༄༅། །རྟེན་འབྲེལ་འབྱུང་ལྡོག་ཏུ་བཤད་པ་གསལ་བའི་མེ་ལོང་ཞེས་བྱ་བ་བཞུགས་སོ།།

ཇི་སྐད་གཟིགས་པ་བཅོམ་ལྡན་འདས་ལ་ཕྱག་འཚལ་ལོ། །སེམས་ཅན་ཀུན་འབྲིང་ཆེན་པོ་གང་། །མ་རིག་ལས་བྱུང་རྒྱལ་བས་གསུངས། །ཅི་ལྟའི་རང་ངོ་མ་ཤེས་སྒྲིབ། །རྨོངས་པའི་འཐིབ་པོ་མ་རིག་པ། །དེ་ལས་འདུ་བྱེད་རྣམ་ཤེས་ནས། །རིམ་བཞིན་རྒ་ཤིའི་བར་དུ་འབྱུང་། །ལུགས་འབྱུང་སྲིད་པའི་འཁོར་ལོ་སྟེ། །འཁོར་བའི་སྡུག་བསྔལ་མྱ་ངན་དང་། །ཡིད་མི་བདེ་དང་སྨྲེ་སྔགས་སོགས། །ཇི་སྐད་ཐམས་ཅད་རྒ་ཤི་བྱུང་། །ཅི་སྟེ་རྒས་ནས་ཤི་བ་ལས། །མངོན་གྱུར་སྡུག་བསྔལ་སྣང་ཕྱིར་རོ། །རྒ་ཤི་སྐྱེ་བ་དག་ལས་བྱུང་། །ཅི་སྟེ་སྐྱེ་བ་མ་གྱུར་པ། །རྒས་ནས་འཆི་བ་འོང་མི་འགྱུར། །སྐྱེ་བ་སྲིད་པ་ལས་བྱུང་སྟེ། །ཅི་སྟེ་སྲིད་པ་མ་གྲུབ་པར། །སྐྱེ་བའི་དངོས་པོ་མེད་ཕྱིར་རོ། །སྲིད་པ་ལེན་པ་དག་ལས་བྱུང་། །ཅི་སྟེ་ལེན་པའི་ཤེས་མེད་པར། །སྲིད་པའི་ཕུང་པོ་མ་གྲུབ་ཕྱིར། །ལེན་པ་སྲིད་པ་དག་ལས་བྱུང་། །ཅི་སྟེ་སྲེད་པ་ཡིད་མེད་པར། །ལེན་པའི་ཉོན་མོངས་མི་སྣང་ཕྱིར། །སྲེད་པ་ཚོར་བ་ལས་བྱུང་སྟེ། །ཅི་སྟེ་ཚོར་བའི་ཤེས་མེད་པར། །སྲེད་པའི་ཆགས་པ་མི་འབྱུང་ཕྱིར། །ཚོར་བ་རེག་པ་དག་ལས་

བྱུང་། །ཅི་སྟེ་རིག་པའི་འབྲེལ་མེད་པར། །ཚོར་བའི་ཉམས་མྱོང་མི་སྐྱེ་
ཕྱིར། །རེག་པ་སྐྱེ་མཆེད་དྲུག་ལས་བྱུང་། །ཅི་ལྟར་སྐྱེ་མཆེད་དངོས་མེད་
པར། །རེག་པའི་ཡུལ་ཅན་མེད་ཕྱིར་རོ། །སྐྱེ་མཆེད་མིང་གཟུགས་ལས་བྱུང་
སྟེ། །མིང་གཟུགས་ཕུང་ལྔའི་དངོས་མེད་པར། །སྐྱེ་མཆེད་དབང་ཤེས་ཡོད་
མི་འགྱུར། །མིང་གཟུགས་རྣམ་པར་ཤེས་ལས་འབྱུང་། །ཅི་སྟེ་རྣམ་པར་ཤེས་
མེད་པར། །ལེན་པའི་ཕུང་པོ་མི་གྲུབ་ཕྱིར། །རྣམ་ཤེས་འདུ་བྱེད་དག་ལས་
བྱུང་། །ཅི་སྟེ་འདུ་བྱེད་སེམས་མེད་པར། །འདུ་བྱེད་ལས་རྣམས་ཅི་ལྟར་
འབྱུང་། །གཟུང་འཛིན་ཤེས་པ་མི་སྐྱེ་ཕྱིར། འདུ་བྱེད་མ་རིག་ཉིད་ལས་བྱུང་།
མ་རིག་ཉོན་མོངས་རྒྱུ་མེད་པར། འདུ་བྱེད་ལས་རྣམས་ཇི་ལྟར་འབྱུང་། དེ་
ལྟར་བཅུ་གཉིས་ལུགས་འབྱུང་འདི། །རྟེན་འབྲེལ་སྲིད་པའི་འཁོར་ལོ་
སྟེ། །དེའང་ཉོན་མོངས་ལས་དང་ནི། །སྡུག་བསྔལ་དག་དང་གསུམ་དུ་
འདུ། །དང་པོ་བརྒྱད་དང་དགུ་ཉོན་མོངས། །གཉིས་དང་བཅུ་པ་ལས་ཡིན་
ཏེ། །ལྷག་མ་བདུན་པོ་སྡུག་བསྔལ་ཡིན། །རིམ་བཞིན་གཅིག་ལ་གཅིག་རྟེན་
འཁོར། །འདི་ལས་སེམས་ཅན་གཞན་ཅི་མེད། །འགྲོ་ཀུན་རྒྱུ་དང་འབྲས་བུ་
ཡིན། །དེའང་སྟོང་པའི་རོལ་པ་ཙམ། །ཡིན་ཕྱིར་ལུགས་ལྡོག་མྱ་ངན་
འདས། །མ་རིག་རྒྱུ་ཉིད་རྩ་བྲལ་ཞིང་། །དེ་ཉིད་སྐྱེ་མེད་ཀ་དག་
པས། །རང་རིག་ཡེ་ཤེས་སྲིད་རྩ་སྟོན། །འདུ་ཤེས་མཚན་མའི་རྒྱུ་རྐྱེན་
བྲལ། །རིམ་བཞིན་ཐ་ཤིའི་བར་བཟློ། །དེ་ལྟར་འཁོར་བའི་རྒྱུ་རྐྱེན་
འབྲས། །རང་བཞིན་མི་སྐྱེའི་ཆོས་ཉིད་ཅན། །སྐྱེ་མེད་རྣམ་དག་ནམ་མཁའི་
ངང་། །དེ་ལྟའི་རང་བཞིན་སུས་ཤེས་པ། །སྲིད་པའི་འཁོར་ལོ་རྒྱུན་ཆད་

ནས། །འཁོར་བ་རུ་ལྡོག་མྱ་ངན་འདས། །སྙིང་རྗེ་ཆེ་དང་ལྡན་གྱུར་པ། །སྲིད་ཞི་གཉིས་ཀྱི་མགོན་པོར་གྱུར། །དགེ་དེས་སྲིད་པ་རྒྱུན་ཆད་དེ། །འགྲོ་ཀུན་བྱང་ཆུབ་ཐོབ་པར་ཤོག །ཅེས་པ་འདི་དགྱེས་ཚང་འཚོ་བྱེད་པས་ཡང་ཡང་བསྐུལ་ངོར་རྫོགས་ཆེན་པ་པདྨའི་མཚན་ཅན་གྱིས་ཙྪ་རི་ཏྲ་ཡེ་ཤེས་ཀྱི་འཁོར་ལོའི་གནས་ཡུལ་རྣམས་ཀྱི་གཙོ་བོ། །མ་སྲིད་མཁའ་འགྲོའི་ཕོ་བྲང་ཟབ་ལམ་རྡོ་རྗེ་ར་བའི་སྒྲུབ་དཀྱིལ་བསམ་གཏན་ཕོ་བྲང་དུ་སྦྱར་བའོ། །

༄༅། །རྣམ་རོལ་དཔའ་བོའི་འཁྲིད་གླུ་བཞུགས་སོ། །

ན་མོ་ཤྲཱི་ཧེ་རུ་ཀཱ་ཡེ། ཁྲག་འཐུང་རྒྱལ་པོ་ཆེ་བའི་མཆོག །པདྨ་ཐོད་ཕྲེང་རྩལ་ལ་འདུད། །ཀྱེ་ཧོ་སྨོན་ཚེ་ཐོག་མ་ལ། །བསོད་ནམས་སྡིག་པ་གཉིས་ལྡན་པའི། །རུ་ཏྲ་ཐར་བ་ནག་པོ་ཞེས། །སྟོབས་ལྡན་དྲེགས་པའི་བདག་པོ་བྱུང་། །དེ་ཡིས་འཇིག་རྟེན་དབང་དུ་བསྡུས། །ཡུལ་གནས་དུར་ཁྲོད་བདག་པོ་རྣམས། །དེ་ཡི་འཁོར་གྱི་སྡེ་ཚན་གྱུར། །ལྷ་ཀླུ་དྲི་ཟ་སྲིན་པོ་དང་། །གནོད་སྦྱིན་ལྷ་མ་ཡིན་ལ་སོགས། །མཁའ་དང་བར་སྣང་ས་འོག་གསུམ། །འོང་ནས་བཟུང་བས་མཁའ་སྤྱོད་དང་། །ས་སྤྱོད་ས་འོག་སྤྱོད་པ་ཞེས། །གནས་སོགས་རིམ་པར་མིང་དུ་བཏགས། །དེ་ཚེ་སངས་རྒྱས་ཐམས་ཅད་ཀྱིས། །བཀའ་བསྒྲོས་རུ་ཏྲ་ཐར་བ་བཏུལ། །རྒྱུ་འབྲས་ཡིད་ཆེས་བསྐྱེད་པ་དང་། །སྦྱོར་སྒྲོལ་

སྤྱོད་པ་རྨད་བྱུང་བའི། །གསང་སྔགས་ཟབ་མོའི་ཐེག་པ་གཅིག །འགྲོ་བའི་
དོན་དུ་སྟོན་དགོངས་ནས། །ཞི་དང་རྒྱས་པ་མ་ཡིན་ཏེ། །དབང་དང་དྲག་པོས་
འདུལ་བར་བྱས། །དེ་ཚེ་རུ་ཏྲ་དབྱིངས་སུ་བསྒྲལ། །ཆུང་མ་ཉིད་དང་ཡོངས་
སུ་སྦྱོར། །སྦྱོར་སྒྲོལ་སྤྱོད་པའི་རོལ་རྩེད་ལས། །ཧྲ་སྐད་ཕག་མོའི་ང་རོ་སྒྲ་
ཡིས། །རུ་ཏྲའི་སྡེ་ཚོགས་དབང་དུ་བསྡུས། །རང་རང་སྲོག་སྙིང་ཡུལ་རྣམས་
ཕུལ། །དུས་དེར་སངས་རྒྱས་བདེན་པ་རྒྱལ། །རྫུན་པའི་བདུད་སྡེ་ཕམ་བྱས་
ཏེ། །དེ་ནི་དམག་རྒྱབ་མི་བསད་དང་། །ནོར་འཕྲོག་བཞིན་དང་མཚུངས་པར་
བྱས། །དཔལ་ཆེན་ཁྲོ་བོས་བྱིན་གྱིས་བརླབས། །རུ་ཏྲའི་ལུས་ཆས་ཡུལ་
གནས་ཀུན། །དཔལ་ཆེན་ཧེ་རུ་ཀ་ཡི་ཆས། །ཡུལ་གནས་དུར་ཁྲོད་བྱིན་གྱིས་
བརླབས། །དེང་སང་ཡུལ་གནས་དུར་ཁྲོད་ཆེ། །ཧེ་རུ་ཀ་ཡི་ཕོ་བྲང་
ཡིན། །དཔའ་བོ་མཁའ་འགྲོའི་ཚོགས་ཁང་ཡིན། །རིག་འཛིན་རྣམས་ཀྱི་
བཞུགས་གནས་ཡིན། །ཞིང་སྐྱོང་རྣམས་ཀྱི་རོལ་ས་ཡིན། །དངོས་གྲུབ་འབྱུང་
བའི་གནས་མཆོག་ཡིན། །ཕྲིན་ལས་བསྒྲུབ་པའི་ལས་ཁང་ཡིན། །དེ་ལྟའི་
གནས་མཆོག་མང་པོ་ལས། །དེ་ཧྲི་གོ་ཏའི་གནས་མཆོག་འདིར། །ང་ཆོས་
མེད་རྣལ་འབྱོར་རྒྱུ་བ་ལ། །མཁའ་འགྲོའི་བརྡ་ཆོས་མི་ཤེས་ཏེ། །ཕྱི་ནང་
འབྲེལ་བའི་རྟེན་འབྲེལ་ཤེས། །བརྟུལ་ཞུགས་རྫུ་འཕྲུལ་མི་འདུག་ཀྱང་། །ཡ་
ང་མེད་པའི་ཉམས་དང་ལྡན། །དུར་ཁྲོད་རྒྱན་ཆ་མི་འདུག་ཀྱང་། །ཧེ་རུ་ཀ་ཡི་
ཏིང་འཛིན་ལྡན། །རུས་པའི་རྒྱན་སོགས་མི་འདུག་ཀྱང་། །ཕ་རོལ་ཕྱིན་དྲུག་
རྒྱན་གྱིས་སྤྲས། །བདེ་ཆེན་རིག་མ་མི་སྣང་ཡང་། །ལྷན་སྐྱེས་དགའ་བཞིའི་
གྲོགས་དང་འགྲོགས། །དེ་ལྟར་གནས་ཆེན་རྒྱུ་བ་ཡིན། །ད་ཡང་འདི་ལྟར་

གནས་ཡུལ་འཁྲིམ། །རང་རིག་ཡེ་ཤེས་ཧེ་རུ་ཀ །གཞོམ་མེད་རྡོ་རྗེའི་སྟོབས་
དང་ལྡན། །རིག་རྩལ་དཔའ་བོ་ཌྐཱའི་ཚོགས། །འགགས་མེད་རོལ་པའི་རྒྱན་
དུ་ཤར། །ཚོགས་དྲུག་ཡུལ་གྱི་སྣང་བ་ཀུན། །རང་གྲོལ་དག་པའི་དཀྱིལ་
འཁོར་བཀྲ། །བསྐྱེད་རིམ་རང་རྩལ་རོལ་པ་ལས། །དཔལ་ཆེན་ཡེ་ཤེས་རྒྱན་
གྱིས་སྤྲས། །འགྱུར་མེད་རང་བྱུང་རྡོ་རྗེ་ཡིས། །དངོས་འཛིན་བདུད་ཀྱི་མགོ་བོ་
འགེམས། །ཤེས་རབ་དྲིལ་བུའི་ཆོས་སྒྲ་ཡིས། །མ་རིག་གཉིད་ལས་སད་པར་
བྱེད། །སྐུ་གསུམ་རིག་པའི་རལ་གྲི་ཡིས། །ཉོན་མོངས་བདུད་སྡེ་རྩད་ནས་
བཅད། །སྟོང་ཉིད་རང་སྒྲ་ཌཱ་རུ་ཡིས། །རྟོག་ཚོགས་རོལ་པ་དབང་དུ་
བསྡུད། །དྲན་པ་རང་ཤར་ཀང་དུང་གིས། །ཅིར་སྣང་ཆོས་ཉིད་གློང་དུ་
འབོད། །རྗེས་ཆགས་རྟོགས་པའི་ཐོད་ཁྲག་གིས། །ཉོན་མོངས་ཡེ་ཤེས་ཆེན་
པོར་རོལ། །བདག་མེད་རྟོགས་པའི་མཆོད་གཞི་ཡིས། །གཏི་མུག་ཤ་ཆེན་
དབྱིངས་སུ་རོལ། །ཞེན་ཆགས་འཛིན་མེད་དབྱུག་ཆེན་གྱིས། །འདོད་ཆགས་
རཀྟ་སྒོམ་དུ་འཐུང་། །སྟོང་ཉིད་ཆེན་པོའི་ཧཱུྃ་ཕཏཿ ཀྱིས། །སྣ་ཚོགས་ཡུལ་སྣང་
ཐྲིལ་གྱིས་གནོན། །རང་བྱུང་རིག་པའི་ཕྱོཿ ཧྲིང་གིས། །རྟོག་ཚོགས་རོལ་པ་
དབང་དུ་བསྡུས། །བཅོས་མེད་ཤེས་པའི་གད་རྒྱངས་ཀྱིས། །རང་གྲོལ་ཆོས་
ཉིད་ལ་བཟླ་བྱེད། །ཨེ་མ་ཧེ་རུ་ཀ་ཡི་ཆས། །ཟླ་མ་དམ་པས་གནང་བ་
ཡིན། །གནས་ཆེན་འཁྲིམས་པའི་ཡོ་བྱད་ཡིན། །འཇིགས་པ་མེད་པའི་གོ་ཆ་
ཡིན། །ལྷ་མོ་མཁར་གྱི་གནས་ཉིད་དུ། །མཉམ་བཞག་སྒོམ་པའི་ཐུན་
མཚམས་སུ། །བྱ་བྲལ་པདྨ་རིག་འཛིན་གྱིས། །གློ་ལ་ཤར་ནས་གླང་པ་
ཡིན། །དགེ་བས་འགྲོ་ཀུན་ཧེ་རུ་ཀའི། །གོ་འཕང་ཟླ་མེད་ཐོབ་པར་ཤོག །

༄༅། །ཀ་མད་དོན་གསལ་རྒྱན་བཀོད་ ཅེས་བྱ་བ་བཞུགས་སོ།།

ལྷུན་གྲུབ་ཀྱི་བདེ་ཆེན་ཡི་གེ །ཀ་དག་གི་ཡེ་ཤེས་སྐྱེ་མེད་ཨཱཿ །ཐུགས་རྗེ་ཡི་རིག་པ་མཐའ་བྲལ་ཧཱུྃ། །བླ་མེད་དེ་སྐུ་གསུམ་མཆོག་ལ་འདུད། །ཀ་དག་ལ་སྒྲིབ་གཉིས་ཡེ་ནས་མེད། །ཁ་དོག་གི་མཚན་མ་རང་སར་དག །ག་ཞིག་ནས་མ་འོང་རང་རྒྱུད་གནས། །ང་བདག་འདི་སྐྱེ་མེད་ཆོས་སྐུ་ཡིན། །རང་ཞལ་འདི་མཐོང་ངམ་རྟོགས་ལྡན་ཆོ། །ཅ་ཅོ་ཡི་སྦྲ་ཚིག་མང་ན་ཡང་། །ཆ་ཤས་ཀྱི་ངོ་བོ་རྡུལ་ཙམ་མེད། །ཇ་ཚང་གི་འདོད་ཡོན་ལོངས་སྤྱོད་ཀྱང་། །ཉ་རྒྱུས་ལྟར་ཆོས་ཉིད་རྒྱན་དུ་ཆེ། །གྲོགས་སུ་ཤར་རམ་རྣལ་འབྱོར་ཆོ། །ཏ་མཆོག་ལྟར་བདེ་ཆེན་ཐང་ལ་འགྲོ། །ཐ་མལ་གྱི་སྣང་སེམས་ཆོས་སྐུར་ཤར། །ད་ལྟ་རང་གདོད་མའི་ཀུན་བཟང་ལགས། །ན་མེད་ཀྱི་ཆོས་དབྱིངས་འདི་ཀ་རང་། །གདེངས་སུ་རང་ཚུད་དམ་སྒོམ་ཆེན་ཆོ། །པ་གཏན་བདེ་རྫོགས་ཆེན་དོན་ལ་བྱུས། །ཕ་རོལ་ཞེས་འཁོར་བའི་མཐའ་ལས་གྲོལ། །བ་མོ་ལྟར་ཟབ་མོའི་ནུ་ཞོ་ཐོགས། །མ་རྒྱན་གྱི་འགྲོ་འདི་ཐར་བར་སྨོན། །འགྲོ་ཕན་དང་ལྡན་ནམ་ཆོས་མཛད་ཆོ། །ཙྭ་སྦྲུར་ལྟར་འཇིག་རྟེན་བྱ་བ་བཏང་། །ཚ་གྲང་གི་ཡུལ་ལ་རོ་སྙོམས་བྱེད། །ཛ་ཛོབ་ཀྱི་ཆོས་བརྒྱུད་ཀླུང་ལ་བསྐྱོན། །ཝ་མོ་ལྟར་བག་

ཆགས་ཡུལ་ལ་འབྲོས། །ཐར་ལམ་འདྲ་སློགས་གམ་ཐར་འདོད་ཚོ། །ཞ་ལོང་ལྷར་ཡུལ་གྱི་ཕྱོགས་མི་ཧློགས། །ཟ་འགྲོ་ཀུན་ཆོས་ཉིད་ལམ་དུ་སློང་། །འ་བུ་ཚོ་གསང་སྔགས་རྣལ་འབྱོར་པ། །ཡ་རབས་དེ་འཁོར་བའི་གནས་ལ་བྱེད། །ཆོས་བཞིན་གཅིག་ཤེས་སམ་ཆོས་འདོད་ཚོ། །རྣ་ཅོ་ལྷར་དྲན་པ་རྟེ་གཅིག་ཙོ། །ལ་ལུང་ཀུན་བསམ་གཏན་སྒྲུབ་པའི་ས། །ཤ་ཁྲག་ཀུན་དམ་རྫས་མཆོད་པའི་རྫས། །ས་མཆོག་གི་ཡོན་ཏན་རིག་པར་རྫོགས། །གནས་ལུགས་གཅིག་སྐྱོངས་དང་བྱ་བཏང་ཚོ། །ཏ་ཧི་དང་གད་མོའི་སྒྲ་དབྱངས་རྣམས། །ཨ་ཐུང་ལྷར་བརྗོད་མེད་དོན་ལ་གནས། །འཁོར་འདས་ཀྱིས་བསྡུས་པའི་ཆོས་སོ་ཅོག །ཀ་མད་ཀྱི་དོན་ལས་མ་འདས་པས། །ཡིན་ལུགས་ཤིག་གོའམ་ཤེས་ལྡན་ཚོ། །གནས་སྐབས་ཀྱི་འཕྲུལ་འབྱུང་ཚིག་གི་ཕྲེང་། །ངེས་མེད་ཀྱི་རྣལ་འབྱོར་བློ་ནས་ཤར། །འགག་མེད་དུ་ཡི་གེའི་གཟུགས་སུ་སྣང་། །སྣང་ཙམ་གྱི་བརྡ་ལ་དོན་གོ་བ། །བློ་ལྡན་དག་ཡོད་ན་ཉམས་རེ་དགའ། །དུས་གསུམ་གྱི་རྣམ་དཀར་དགེ་བའི་ཚོགས། །སེམས་ཅན་ཀུན་བྱང་ཆུབ་ཐོབ་ཕྱིར་བསྔོ། །བདེ་བླག་ཏུ་སངས་རྒྱས་འབྲས་ཐོབ་ཤོག །མངྒ་ལཾ། །

༄༅། །དགའ་སྐྱིད་བདེ་བའི་རྒྱང་གླུ་རིང་མོ་

བཞུགས་སོ། །

ན་མོ་གུ་རུ་ཝེ། དུས་གསུམ་སངས་རྒྱས་ནི་ཐམས་ཅད། །གཟི་བྱིན་གཅིག་ཏུ་རུ་བསྡུས་པའི། །བླ་མ་ཨོ་རྒྱན་གྱི་ཞབས་ལ། །དད་སྤྲོའི་གསོལ་བ་གཅིག་འདེབས་སོ། །ཀུན་ཁྱབ་ནམ་མཁའ་ཡི་ངོས་ལ། །སྤྲིན་ཁོ་རང་ས་རུ་དེངས་སོང་། །ཕྱོགས་ལྷུང་སྒྲིབ་གཡོག་དང་བྲལ་བའི། །མེ་ཤེལ་ཉི་མ་ཁོ་སྐྱིད་པ། །ཡེ་གྲོལ་ཆོས་ཉིད་ཀྱི་ཀློང་དུ། །དངོས་འཛིན་འཁྲུལ་རྟོག་ཁོ་སངས་སོང་། །ལྷ་བའི་འོད་གསལ་དེ་རྟོགས་པའི། །རྟོགས་ལྡན་རྣལ་འབྱོར་ང་དགའ་འོ། །ཏི་སེའི་གངས་དཀར་ལས་བབས་ནས། །བགྲོད་དཀའི་ས་སྟེང་ཀུན་བཅད་དེ། །གཡོ་མེད་རྒྱ་མཚོ་དང་འདྲེས་པའི། །ཆུ་བོ་གངྒཱ་ཁོ་སྐྱིད་པ། །གནས་ལུགས་མ་བཅོས་ལས་བྱུང་བའི། །རང་བྱུང་འགྱུ་རྟོག་དང་བྲལ་སོང་། །སྒོམ་པ་འོད་གསལ་དང་འདྲེས་པའི། །སྒོམ་ཆེན་རྣལ་འབྱོར་ང་དགའ་འོ། །སྐྱིད་ཚལ་འདམ་རྫབ་ལས་སྐྱེས་པའི། །དྲི་མེད་མེ་ཏོག་གི་པདྨ། །འདམ་རྫབ་རྐྱེན་སྣང་གིས་མ་གོས། །གེ་སར་པདྨ་ཁོ་སྐྱིད་པ། །ཁམས་གསུམ་འཁོར་བ་རུ་སྐྱེས་ཀྱང་། །ཆོས་ལྡན་སྤྱོད་ཤེས་ཀྱི་རྣལ་འབྱོར། །འཁོར་བའི་བག་ཆགས་དང་བྲལ་བའི། །སྤྱོད་པའི་ཛོ་ཀི་ང་དགའ་འོ། །ས་བཟང་ཞིང་ས་ནི་བཟང་

པོ། །ཆུ་འཛིན་བདུད་རྩི་ཡིས་བརླན་པས། །ལོ་ཐོག་འབྲས་བུ་ནི་སྨིན་བྱུང་། །སྟོན་གསུམ་འབྲས་དྲུག་ཁོ་སྐྱིད་པ། །ཀུན་གཞི་སེམས་ཉིད་ཀྱི་གཞིས་ལ། །བླ་མའི་ངོ་སྤྲོད་ཀྱིས་བསྟན་པས། །རང་རིག་སྐུ་གསུམ་དུ་ཤར་བྱུང་། །འབྲས་སྨིན་དབང་ཕྱུག་ང་དགའ་འོ། །གླིང་གཞི་གསེར་རི་ཡི་དབུས་ན། །རི་རྒྱལ་རིན་ཆེན་གྱི་ལྷུན་པོ། །མཛོན་མཐོ་ལྷུན་བརྗིད་ཀྱིས་བརྒྱན་པའི། །རི་བོ་མཆོག་རབ་ཁོ་སྐྱིད་པ། །རྒྱུ་འབྲས་ཐེག་པ་ཡི་དབུས་ན། །ཨ་ཏི་ཡང་གསང་གི་བླ་མེད། །ཀ་དག་ལྷུན་གྲུབ་ཀྱིས་བརྒྱན་པའི། །ཀུན་བཟང་དགོངས་པ་འདི་དགའ་འོ། །ཐབས་མང་དཀའ་ལས་དང་བཅས་ནས། །རྒྱ་མཚོའི་ནོར་བུ་དེ་བླང་ནས། །དགོས་འདོད་ཆར་པ་རུ་འབེབས་པའི། །བློ་ལྡན་དེད་དཔོན་ཁོ་སྐྱིད་པ། །དཀའ་ཐུབ་ཐོས་བསམ་དང་བཅས་ཏེ། །བླ་མེད་བྱང་ཆུབ་དེ་སྒྲུབ་པས། །རང་རིག་སངས་རྒྱས་སུ་རྫོགས་པའི། །ཚེ་གཅིག་གྲུབ་ཐོབ་དེ་དགའ་འོ། །ལྷ་ཡི་དཔུང་ཚོགས་དང་བཅས་ནས། །ལྷ་མིན་གཡུལ་ངོ་ཉམས་བཟློག་སྟེ། །ལྷ་ཡི་དཔལ་འབྱོར་ལ་རོལ་པའི། །བརྒྱ་བྱིན་མིག་སྟོང་ཁོ་སྐྱིད་པ། །བསོད་ནམས་དཔུང་ཚོགས་དང་བཅས་ནས། །འཁོར་བའི་གཡུལ་ངོ་དེ་བཟློག་སྟེ། །ཐར་པའི་བདེ་ཆེན་ལ་རོལ་པའི། །དོན་འགྲུབ་རྣལ་འབྱོར་ང་དགའ་འོ། །སྔོན་བསགས་ལུང་བསྟན་དང་ལྡན་པའི། །ཟད་མེད་སྒོ་འབྱེད་ཀྱི་གཏེར་སྟོན། །ཆོས་ནོར་གཏེར་སྒོ་རུ་ཕྱེས་པའི། །ངོ་མཚར་གཏེར་སྟོན་ཁོ་སྐྱིད་པ། །ཆོས་ཁམས་དགེ་བ་དང་ལྡན་པའི། །ཀ་དག་རང་བྱུང་གིས་རིག་པ། །འཁོར་འདས་སྐྱེ་མེད་དུ་གྲོལ་བས། །སྐྱེ་མེད་རྣལ་འབྱོར་ང་དགའ་འོ། །རིན་ཆེན་ཆུ་བཅུད་ཀྱི་དངུལ་ཆུ། །རྟུལ་ཉོབ་ས་རྡོ་དང་འདྲེས་ཀྱང་། །མ་

གོས་རྗེན་པ་ཧུ་འདུག་པའི། །དྲི་མེད་དངུལ་ཆུ་ཁོ་སྐྱིད་པ། །ཆོས་དབྱིངས་རྣམ་དག་ལས་བྱུང་བའི། །རང་བྱུང་ཡེ་ཤེས་ཀྱི་རིག་པ། །འཁོར་འདས་སྣ་ཚོགས་དང་འབྲེས་ཀྱང་། །སྐྱེ་མེད་ཉག་གཅིག་འདི་དགའ་འོ། །དམའ་ཞིང་གཡོ་མེད་དུ་འདུག་ཀྱང་། །ཀུན་གྱིས་བརྙེན་གནས་སུ་གྱུར་ནས། །ཡོན་ཏན་རིན་ཆེན་གྱིས་འབྱུང་ཁུངས། །ནོར་འཛིན་ས་གཞི་ཁོ་སྐྱིད་པ། །ཉམས་ཆུང་དམན་ས་ཧུ་འཛིན་པའི། །བྱ་བྲལ་རང་ལུགས་སུ་འདུག་ཀྱང་། །ཕན་སེམས་སྙིང་རྗེ་དང་ལྡན་པས། །གཞན་ཕན་ལྷུན་གྲུབ་འདི་དགའ་འོ། །གངས་དཀར་རྩེ་རྒྱལ་ལས་བབས་པའི། །བསིལ་འཇམ་བདུད་རྩི་ཡི་ཆུ་རྒྱུན། །མང་ཉུང་སུས་འཐུང་ཚོ་ཚིམ་པས། །བསིལ་རྒྱུན་བདུད་རྩ་ཁོ་སྐྱིད་པ། །བརྒྱུད་ལྡན་བླ་མ་ལས་བྱུང་བའི། །ཟག་མེད་སྨིན་གྲོལ་གྱི་གདམས་པ། །གང་འབྲེལ་ཐར་ལམ་ལ་སྦྱོར་བས། །མཚན་ལྡན་བཤེས་གཉེན་དེ་དགའ་འོ། །ནུས་ལྡན་རི་རྩུབ་ཀྱི་སྨན་སྣ། །མདོག་ཞན་ཁ་མངར་དང་བྲལ་ཡང་། །གཅོང་ནད་ཟུག་རྔུ་རྣམས་བཅོམ་ནུས། །ནད་འཇོམས་བདུད་རྩི་ཁོ་སྐྱིད་པ། །འཁོས་ཆུང་གྱི་ན་ཧུ་འདུག་པའི། །ངོ་མཚར་ཡོན་ཏན་གྱིས་དབེན་ཀྱང་། །གང་འབྲེལ་ཐར་ལམ་དུ་ཁྲིད་ནུས། །རྒྱལ་སྲས་རྣལ་འབྱོར་ང་དགའ་འོ། །སྒོང་ངའི་ཤུན་པ་ལས་ཐོན་ནས། །མཆུ་སྔེར་རྣ་གཤོག་ཀུན་རྒྱས་པས། །གནམ་འཕང་རླབས་ཆེན་གྱིས་གཅོད་པའི། །ཁྱུང་ཆེན་འདབ་ལྡན་ཁོ་སྐྱིད་པ། །མ་རིག་བག་ཆགས་ལས་ཐོན་ནས། །ལྟ་དགོངས་ཉམས་རྟོགས་རྣམས་རྒྱས་པའི། །ཆོས་དབྱིངས་ཡེ་ཤེས་ལ་སྤྱོད་པའི། །རྣལ་འབྱོར་མཁའ་འགྲོ་ང་དགའ་འོ། །མི་མེད་བག་ཡངས་སུ་འདུག་པའི། །རི་དྭགས་བསེ་རུ་ཡི་རྒྱལ་པོ། །གཙང་མཐོ་སོས་གསོད་ཀྱི

འདའ་བའི། །རི་དྭགས་རྒྱལ་པོ་ཁྲོ་སྐྱིད་པ། །བྱ་བཏང་རྒྱལ་ཁམས་ཀུན་འགྲིམས་ཤིང་། །དབེན་པར་དགེ་སྦྱོར་ལ་བརྩོན་པས། །བསམ་གཏན་ཏིང་འཛིན་ལ་འབྱམས་སོང་། །བྲུས་པ་དོན་ཡོད་ང་དགའ་འོ། །མ་ཡི་མངལ་སྦུབས་ནས་ཐོན་ནས། །རྩལ་གསུམ་རང་ལུས་ལ་རྫོགས་པའི། །བཙན་ས་གངས་རྩེ་རུ་ཐྲིན་འདུག །སེང་ཕྲུག་དཀར་མོ་ཁྲོ་སྐྱིད་པ། །སེམས་དང་སེམས་བྱུང་ལས་ཐོན་ནས། །རང་རིག་ཡེ་ཤེས་སུ་རྒྱས་པའི། །བཙན་ས་ཀ་དག་ཏུ་ཐྲིན་སོང་། །རྣལ་འབྱོར་རྩལ་རྫོགས་ང་དགའ་འོ། །འཁོར་ལོས་བསྒྱུར་རྒྱལ་གྱི་སྲས་པོ། །རྒྱལ་སྲིད་སྤྱི་བོ་རུ་བསྐུར་བས། །མངའ་འབངས་མངའ་འོག་ཏུ་ཚུད་ནས། །ས་སྐྱོང་རྒྱལ་པོ་ཁྲོ་སྐྱིད་པ། །ཀུན་བཟང་བླ་མ་ཡི་རིག་འཛིན། །རང་རིག་རྩལ་དབང་དུ་ཐོབ་པས། །སྣང་ཤེས་རང་གྲོལ་དུ་ཚུད་པའི། །ཀུན་བཟང་རྒྱལ་རིགས་ང་དགའ་འོ། །བརྒྱུགས་སྐྱིད་ལང་ཚོ་དང་ལྡན་པའི། །གཞོན་ནུ་བདེ་བ་ཡིས་རྒྱས་པས། །ངག་སྙན་རྒྱང་གླུ་རང་ལེན་ནོ། །གནས་སྐབས་ན་ཚུང་ཀུན་སྐྱིད་པ། །སྐྱིད་དགའ་བདེ་བ་ཡི་རྒྱང་གླུ། །རྣལ་འབྱོར་ཆོས་ཉིད་ཀྱིས་རྒྱས་པས། །ནགས་ཀྱི་སྙན་ལྷོངས་སུ་བླང་ངོ་། །མཐར་ཐུག་རྣལ་འབྱོར་ང་དགའ་འོ། །སཏྲ་ཛོ་ག་ཧཾ། །ཐྲ་ཕཊྟུ། །

༄༅། །ཟབ་དོན་གྱི་མན་ངག་རིན་ཆེན་བཻ་ཌཱུརྻའི་ཕྲེང་བ་ཐར་འདོད་དད་པའི་རྒྱན་མཆོག་ཅེས་བྱ་བ་བཞུགས།།

ན་མོ་གུ་རུ་པདྨ་ཀ་ར་ཡེ། །གདོད་མའི་མགོན་པོ་ཆོས་སྐུ་ཀུན་ཏུ་བཟང་། །རྒྱལ་ཀུན་ངོ་བོ་འགྲོ་མགོན་པདྨ་འབྱུང་། །ཐུགས་རྗེའི་བདག་ཉིད་དྲིན་ཆེན་བླ་མ་རྗེ། །དོན་གཉིས་འགྲུབ་ཕྱིར་ཀུན་ནས་ཕྱག་འཚལ་ལོ། །ཀྱེ་ཧོ་སྐལ་བཟང་ཆོས་ལ་རབ་གུས་པ། །ཚེ་གཅིག་ཐར་འདོད་ངེས་འབྱུང་བསམ་པ་ཅན། །ལེགས་པར་གསན་འཚལ་ངེས་པར་ཐུགས་ལ་ཞོག །ཉམས་སུ་ལོངས་ལ་རྒྱུད་ལ་འབྱོར་བར་བྱ། །ཆོས་ཀྱི་རྩ་བ་དད་པ་བརྟན་པོ་ཡིན། །སྐྱབས་གནས་ཀུན་ལ་གདུང་ཤུགས་གུས་པ་བསྐྱེད། །ལྷག་བསམ་རྣམ་དག་གཞན་ཕན་སྙིང་རྗེ་ཡིན། །བྱམས་དང་སྙིང་རྗེ་འགྲོ་བ་ཡོངས་ལ་བསྒོམ། །བསམ་པ་ཁྱད་འཕགས་དག་སྣང་ཕྱོགས་མེད་ཡིན། །རིས་མེད་ཆོས་དང་དེ་སྒྲུབ་ཀུན་ལ་མོས། །བརྩོན་པ་ལྷུར་ལེན་སྒོ་གསུམ་དགེ་བ་ཡིན། །རྣམ་པ་ཀུན་ཏུ་ཡེངས་མེད་འབད་པས་སྒྲུབ། །འདུན་མ་རྣམ་དག་གཏན་གྱི་བྱང་ཆུབ་ཡིན། །མ་ནོར་མ་འཆུག་ད་རེས་སེམས་ལ་གཉེར། གཏན་བདེ་ཕུགས་རྒྱལ་ཐར་བའི་གོ་འཕང་

ཡིན། །སྐལ་བཟང་ད་རེས་དུས་འདིར་ཐོབ་པར་བྱ། །དེ་ཡི་གནད་འགགས་དལ་འབྱོར་མི་ལུས་ཡིན། །ད་ལམ་ཙམ་ལས་ཡང་ཡང་རྙེད་པར་དཀའ། །མི་ལུས་རིན་ཆེན་ཨུ་དུམ་ཝ་ར་འདྲ། །ཕན་ཆེ་རྙེད་དཀའ་ཆོས་ཀྱི་རྟེན་དུ་བཟང་། །གྲུ་རྙེད་ཚེ་ན་ཆུ་བོར་བརྒལ་བ་བཞིན། །མི་ལུས་རྙེད་ཚེ་འཁོར་བའི་ཆུ་བོ་སྒྲོལ། །རྟ་བཟང་རྙེད་ཚེ་དགོས་སར་འགྲོ་བ་ལྟར། །དལ་འབྱོར་ཐོབ་ཚེ་ཐར་པའི་གྲོང་ཁྱེར་སློགས། །ནོར་བུ་རྙེད་དུས་གང་འདོད་གསོལ་བ་བཞིན། །མི་ལུས་རིན་ཆེན་རྙེད་ཚེ་དོན་གཉིས་སྒྲུབས། །དལ་འབྱོར་རྙེད་དུས་ཆོས་ལ་མ་འབད་ན། །རིན་ཆེན་གླིང་དུ་ཕྱིན་པའི་སྟོང་ལོག་འདྲ། །ཆོས་འདོད་སྒྱུར་དུ་ཐར་བ་མ་སྒྲུབ་ན། །མི་རྟག་འདུས་བྱས་ནམ་འཇིག་ངེས་པ་མེད། །ཀྱེ་མ་འདུས་བྱས་ཐམས་ཅད་མི་རྟག་སྟེ། །སྐྱེ་ནས་འཆི་བ་ཕོ་ནའི་ཆོས་ཅན་ཡིན། །ཁྱད་པར་སྐྱེས་བུའི་ཚེ་སྲོག་མི་རྟག་སྟེ། །རླུང་གསེབ་མར་མེ་ནམ་མཁའི་གློག་དང་འདྲ། །ལོ་ཟླ་དུས་ཆོས་ཚེ་ཡི་ཟད་སྟོན་བཞིན། །ཕར་ཕར་སོང་བཞིན་འཆི་བར་ཉེ་རུ་འགྲོ། །རྐྱེན་ངན་མང་ཞིང་ཚེ་ལ་རབ་ཏུ་གཟན། །འཆི་བདག་བདུད་ནི་ནམ་འོང་ཆ་ཡོད་དམ། །འཆི་བདག་བྱུང་ཚེ་གང་གིས་མི་ཕན་ཏེ། །རང་ཉིད་གཅིག་པུར་འཇིག་རྟེན་ཕ་རོལ་འགྲོ། །དེ་ཚེ་གཞན་འགའ་སྐྱབས་སུ་མི་འགྱུར་ན། །སྐྱབས་གྱུར་དམ་པའི་ཆོས་ལ་འབད་པ་ཐོན། །དོན་མེད་ཚེ་འདིའི་ཆོས་ལ་མ་འབྲུམས་པར། །དོན་ལྡན་སྒོ་གསུམ་དགེ་བའི་ལས་ལ་སྦྱོར། །རྣམ་གཡེང་ལེ་ལོའི་དབང་དུ་མ་བཏང་བར། །ད་ནི་ངེས་པར་ཉམས་ལེན་བརྩོན་འགྲུས་ཀྱིས། །སྐྱིད་འདོད་བདེ་སེམས་དལ་བར་མ་སྡོད་པར། །དཀའ་ཐུབ་སྡུག་སྲན་གྱིས་ལ་དགེ་སྦྱོར་རེམ། །བྱ་བ་ཚུབ་ཚུབ་དགེ་

སྦྱོར་མ་སྤྱུར་ལ། །དབེན་པར་གཅིག་པུར་སྡོད་ལ་ཉམས་ལེན་སྐྱོང་། །རེས་དལ་རེས་སྒྲིམ་ཐང་ལྷོད་མ་བྱེད་པར། །རྒྱུ་བོའི་གཞུང་བཞིན་དགེ་སྦྱོར་ཆེ་དང་སློམས། །འཆི་དུས་ཕན་པ་ལྷ་ཆོས་རང་རིག་ཡིན། །རང་དབང་མ་ཆོད་བག་ཆགས་འཁོར་བར་འཁྱམས། །འཁོར་བ་སྡུག་བསྔལ་གྲོང་ཁྱེར་མཐའ་མེད་ལས། །ཐར་བར་དཀའ་ཞིང་གནོད་པ་སྣ་ཚོགས་མང་། །འཁོར་བ་ཉོན་མོངས་སྡོང་གི་གཡང་ས་ཡིན། །ཐུར་དུ་ལྷུང་ཞིང་ཡང་དང་ཡང་དུ་འཁོར། །འཁོར་བ་མེ་འོབས་བཙོན་དོང་ལྟ་བུ་སྟེ། །བདེ་བ་ཅིག་ཅིང་སྡུག་བསྔལ་མང་པོས་མནར། །འཁོར་བ་དུག་དང་འདམ་རྫབ་ལྟ་བུ་སྟེ། །དགེ་སྒྲོག་གཅོད་ཅིང་ཐར་མེད་མར་མར་བྱེད་། །འཁོར་བ་མཚོ་དང་མུན་ནག་ལྟ་བུ་སྟེ། །བཀྲལ་བར་དཀའ་ཞིང་དགེ་ཆོས་ཡོན་ཏན་སྒྲིབ། །འཁོར་བའི་བྱ་ལས་གནས་བཅས་སྡུག་བསྔལ་ཏེ། །ནམ་ཡང་བདེ་བའི་གོ་སྐབས་ཡོད་མ་ཡིན། །དེ་སྐད་འཁོར་བ་ད་རེས་ཅི་བཀྲལ་མཛོད། །འཁོར་བ་སྡུག་བསྔལ་དངོས་ཡོད་མ་ཡིན་ཏེ། །ཀྱེ་མ་འདི་དག་མི་དགེའི་ལས་ལས་བྱུང་། །ལས་ནི་ཤིན་ཏུ་གཉུག་རིང་བསླུ་བ་མེད། །ལས་ངན་སྡིག་པའི་བག་ཆགས་མ་བྱུང་ན། །ཐར་བ་འདོད་ཀྱང་བག་ཆགས་ཀླིས་བཟུང་འདྲ། །ཆོས་མཛད་རྣམས་ཀྱིས་ལས་ལ་ཡིད་ཆེས་པས། །སྔར་གྱི་ལས་ངན་བཤགས་ཤིང་སྤྱང་བར་བྱ། །ཕྱིན་ཆད་ལས་ངན་མི་དགེ་རབ་སྤང་ལ། །ལས་བཟང་དགེ་བའི་ཆོས་ལ་འབད་པ་ཐོན། །ཅི་ལྟར་ཉི་མ་འོད་སྟོང་འབར་བ་དག །སྤྲིན་གྱིས་སྒྲིབ་ན་གསལ་བར་མི་འགྱུར་ལྟར། །དེ་ལྟར་རང་རིག་ཡེ་ནས་འོད་གསལ་ཡང་། །སྒྲིབ་པས་སྒྲིབ་ན་ཡོངས་སུ་གསལ་མི་འགྱུར། །དེ་ལྟར་ཤེས་ནས་སྒྲིབ་པ་སྦྱངས་ལ་འབད། །སྒྲིབ་པ་བྲལ་ན་ཡེ་ཤེས

ཡོན་ཏན་འཆར། །བསླུ་བ་མེད་པའི་རེ་ལྟོས་དཀོན་མཆོག་གསུམ། །རྣམ་པ་
ཀུན་ཏུ་བློ་གཏད་དམ་པར་བཟུང་། །སྐྱིད་དམ་སྡུག་གམ་ལེགས་ཉེས་ཅི་བྱུང་
ཡང་། །བླ་མ་དཀོན་མཆོག་མ་གཏོགས་རེ་ལྟོས་སྤངས། །རེ་ལྟོས་བློ་གཏད་
མི་འགྱུར་ཐུབ་པ་ན། །ཉེས་པ་སྡུག་བསྔལ་དཀོན་མཆོག་ཐུགས་རྗེས་
སྐྱོབས། །སྐྱབས་ཆེན་དམ་པ་མ་ལུས་ཐམས་ཅད་ལ། །དུས་རྣམས་ཀུན་ཏུ་
སྐྱབས་འགྲོ་འབད་པ་ཐོན། །ཆོས་ཀྱི་རྩ་བ་སྙིང་རྗེ་བྱང་ཆུབ་སེམས། །དེ་ཡོད་
ཅི་བྱས་དགེ་བ་བྱང་ཆུབ་ཡིན། །བསྒོམ་པའི་ཡུལ་ནི་སེམས་ཅན་ཐམས་ཅད་
སྟེ། །ཕ་མ་དྲིན་ཆེན་མ་གྱུར་གང་ཡང་མེད། །བདེ་བ་འདོད་ཅིང་སྡུག་བསྔལ་
མི་འདོད་མཉམ། །དེ་ཕྱིར་ཕན་བདེ་འགྲོ་བ་ཀུན་ལ་བསམ། །ནུས་ཚད་ཚད་
མེད་སྙིང་རྗེ་བསྒོམ་པ་ཡིན། །སེམས་ཅན་བདེ་བར་འདོད་པའི་བྱམས་པ་
དང་། །སྡུག་བསྔལ་ཀུན་ལས་བྲལ་འདོད་སྙིང་རྗེ་ཆེ། །སྡུག་མེད་བདེ་དང་མི་
བྲལ་དགའ་བ་དང་། །ཀུན་སྙང་རིས་སུ་མ་ཆད་བཏང་སྙོམས་ཏེ། །ཚད་མེད་
རྣམ་བཞིའི་ཀུན་སློང་བསམ་པ་ཡིས། །བླ་མེད་བྱང་ཆུབ་སེམས་མཆོག་ཡང་ཡང་
བསྒོམ། །བྱང་ཆུབ་སེམས་ཞེས་གཞན་ཕན་ལྷག་བསམ་སྟེ། །ཀུན་མཉམ་
དམིགས་པ་བྲལ་བ་སངས་རྒྱས་རྒྱུ། །མཆོད་དང་མ་ནུས་ལ་སྟེར་སྦྱིན་པ་
སྟེ། །དངོས་འཛིན་ཞེན་པ་བྲལ་ན་ཕ་རོལ་ཕྱིན། །སྡོམ་གསུམ་མ་ཉམས་
བསྲུངས་བ་ཚུལ་ཁྲིམས་ཏེ། །སེམས་ཉིད་ཀ་ནས་དག་ན་ཕ་རོལ་
ཕྱིན། །གཞན་གྱིས་གནོད་པ་ཁྲུག་པ་བཟོད་པ་སྟེ། །བདག་གཞན་གཉིས་སུ་
མེད་ན་ཕ་རོལ་ཕྱིན། །དགེ་བ་ནུས་ཚད་སྒྲུབ་པ་བརྩོན་འགྲུས་ཏེ། །སྒྲོས་མེད་
མཁའ་ལྟར་དག་ན་ཕ་རོལ་ཕྱིན། །རང་སེམས་གཅིག་ཏུ་གནས་པ་བསམ་གཏན་

ཏེ། །རང་བཞིན་མེད་པར་གནས་ན་ཕ་རོལ་ཕྱིན། །ཆོས་རྣམས་རབ་ཏུ་འབྱེད་པ་ཤེས་རབ་སྟེ། །སྐྱེ་འགག་གནས་དང་བྲལ་ན་ཕ་རོལ་ཕྱིན། །དེ་ལྟར་བྱང་ཆུབ་གཞུང་ལམ་ཕར་ཕྱིན་དྲུག །འབད་དང་འབད་མེད་ངང་ལ་རྫོགས་པར་མཛོད། །རྒྱལ་བའི་ཆོས་རྣམས་གོ་བ་ཐོས་པ་སྟེ། །ཅི་ལྟར་གནས་ལུགས་ཤེས་ན་མཁས་པ་ཡིན། །ཡིན་མིན་སྒྲོ་འདོགས་ཆོད་པ་བསམ་པ་སྟེ། །མ་ནོར་ཐེ་ཚོམ་བྲལ་ན་བློ་གྲོས་ཆེ། །ཆོས་ཉིད་གནས་ལུགས་སྐྱོང་བ་སྒོམ་པ་སྟེ། །མཉམ་རྗེས་རྒྱུན་ཆད་མེད་ན་ཉམས་རྟོགས་ལྡན། །མ་ནོར་འཆུག་མེད་ཐོས་དང་བསམ་སྒོམ་རྣམས། །མ་གཡེལ་སྒྲུབ་མར་ཉམས་སུ་ལེན་པར་བྱ། །ཆོས་ཀྱི་འབྱུང་གནས་རབ་ཏུ་དབེན་པ་ཡིན། །གཅིག་པུར་འདུག་ལ་སྒྲུབ་པ་ཉམས་སུ་ལོངས། །ཆོས་ཀྱི་མཐུན་རྐྱེན་བྱ་བ་བཏང་བ་ཡིན། །ཅི་ནུས་ཅི་ལྕོག་འབྲུལ་བའི་བྱ་བ་ཐོངས། །ཆོས་ཀྱི་འགལ་རྐྱེན་ཚེ་འདིའི་ཞེན་ཆགས་ཏེ། །གང་ལའང་མ་ཆགས་ཕྱི་མའི་གཏན་བདེ་སྒྲུབ། །ཆོས་ཀྱི་འབྱུང་ས་བླ་མ་སྐྱབས་གནས་ཏེ། །དུས་རྣམས་ཀུན་ཏུ་གུས་པས་གསོལ་བ་ཐོབ། །ཆོས་ཀྱི་རྒྱབ་རྟེན་མདོ་རྒྱུད་མན་ངག་ཡིན། །བཀའ་གཞུང་ཚད་མ་རྣམས་དང་གོ་བསྟུན་གྱིས། །ཆོས་ཀྱི་དར་རྒྱས་ཉམས་དང་ངེས་ཤེས་ཏེ། །གོང་ནས་གོང་དུ་སྤེལ་ཞིང་རང་རྩལ་སྦྱོངས། །ཆོས་ཀྱི་གཤིས་ལུགས་སྟོང་ཞིང་བདག་མེད་ཡིན། །སྣང་སྟོང་སྤྲོས་དང་བྲལ་བར་ཁོ་ཐག་ཆོད། །ཆོས་ཀྱི་ངོ་བོ་རང་རིག་ཡེ་ཤེས་ཏེ། །ཡེ་གྲོལ་ཅིག་བཞག་ངང་ནས་ཉམས་སུ་ལོངས། །ཆོས་ཀྱི་ཟབ་ཁྱད་སེམས་མེད་ཡེ་ཤེས་ཡིན། །བློ་ཡིས་མ་བསྒོམས་རིག་པ་རྗེན་ལ་ཕུད། །ཆོས་ཀྱི་ངོ་བོ་རང་གྲོལ་ཡེ་ཤེས་ཏེ། །གང་ཤར་རྐྱེན་རྣམས་དེ་གའི་སྟེང་དེར་

ཡོད། །ཆོས་ཀྱི་མངའ་ཐང་ཉམས་ལེན་འཁོར་ཡུག་ཡིན། །ཆུ་བོའི་རྒྱུན་བཞིན་
མཉམ་རྗེས་མེད་པར་སྐྱོངས། །ཆོས་ཀྱི་ཡོན་ཏན་སྐྱོན་མེད་ཡེ་དག་
ཡིན། །འཁོར་འདས་ཐམས་ཅད་ཀ་དག་ཁྲུམ་གཅིག་ཐོངས། །ཆོས་ཀྱི་རྒྱལ་
སྲིད་རིག་པ་འགྱུར་མེད་དེ། །བཏང་བཞག་མེད་པར་རང་བབས་རང་སོ་
ཟུངས། །ཆོས་ཀྱི་འཁོར་གཡོག་ཚོགས་དྲུག་ཡུལ་སྣང་ཡིན། །ཡེ་གྲོལ་འཛིན་
མེད་སྒྱུ་མ་ལྟ་བུར་བསྒོམ། །ཆོས་ཀྱི་ཕྲིན་ལས་འཁོར་འདས་རིས་མེད་
དེ། །ཐམས་ཅད་ཆོས་ཉིད་རོལ་པའི་རང་རྩལ་སྐྱོངས། །ཆོས་ཀྱི་ཕན་པ་འགྲོ་བ་
སེམས་ཅན་ཡིན། །བསོད་ནམས་དགེ་ཚོགས་འགྲོ་བའི་དོན་དུ་བསྔོ། །ཆོས་ཀྱི་
མཐའ་རྒྱུན་རྣམ་དག་སྨོན་ལམ་སྟེ། །དོན་གཉིས་ལྷུན་གྲུབ་སྨོན་ལམ་རྒྱ་ཆེན་
ཐོབ། །ཆོས་ཀྱི་འབྲས་བུ་རྫོགས་སངས་རྒྱས་པ་ཡིན། །གཞན་དུ་མ་རེ་རང་
རིག་རྟོགས་པར་གྱིས། །ཆོས་ཀྱི་མདོར་བསྡུས་ཉམས་ལེན་ཉིད་རང་
ཡིན། །བརྟན་པ་མ་ཐོབ་བར་དུ་ནན་ཏན་སྐྱོངས། །ཀྱེ་ཧོ་གདོད་ནས་ཕུང་
ཁམས་ཡི་དམ་ལྷ། །རང་ལུས་རྣམ་དག་ལྷག་པའི་ལྷ་རུ་གསལ། །གར་
འདུག་གནས་ནི་རང་བཞིན་གཞལ་ཡས་ཁང་། །སུ་དང་འགྲོགས་པ་དཔའ་བོ་
དཔའ་མོ་ལྟར། །སྒྲ་གྲགས་ཐམས་ཅད་ཆོས་ཉིད་རང་སྒྲའི་སྔགས། །དྲན་རྟོག་
ཆོས་རྣམས་རང་གྲོལ་གཉུག་མའི་ངང་། །འཁོར་དང་མྱང་འདས་ཆོས་ལ་ཕྱོགས་
རིས་མེད། །སྣང་དང་སྟོང་བའི་རང་བཞིན་ཡེ་ནས་མཉམ། །གཟུང་དང་འཛིན་
པའི་ཆོས་ལ་གནས་པ་མེད། །སྣང་སེམས་གཅིག་དང་དུ་མའི་མཐའ་ལས་
འདས། །བློ་དང་སེམས་དང་ཡིད་ལས་རྣམ་པར་གྲོལ། །འདི་ཞེས་མཚོན་པའི་
ཡུལ་ལས་རབ་འདས་པ། །ཡེ་ནས་ཀ་དག་རང་རིག་བྱང་ཆུབ་སེམས། །རང་

བྱུང་ལྡན་གྲུབ་ཡོན་ཏན་ཀུན་གྱི་གཏེར། །འགྱུར་བ་མེད་པ་ནམ་མཁའི་རྡོ་རྗེ་ཡིན། །ཀུན་ལ་ཁྱབ་པ་མཁའ་ཀློང་ཡངས་པའི་དབྱིངས། །དྲི་མེད་འོད་གསལ་ཉི་མའི་དཀྱིལ་འཁོར་འདྲ། །དྭངས་ཤིང་གཏིང་དཔག་མེད་པ་རྒྱ་མཚོའི་ཀློང་། །མ་འགགས་ཅིར་ཡང་འཆར་བ་མེ་ལོང་ངོས། །ཤར་གྲོལ་གོས་པ་མེད་པ་སྟོང་པའི་དབྱིངས། །གང་ཡང་ཡིན་ལ་གང་གིས་མ་གོས་པ། །མངོན་སུམ་ཡིན་ཡང་ངོ་བོ་སྤྲོས་དང་བྲལ། །སྤྲོས་བྲལ་རང་ངོ་ཡེ་གསལ་ལྷང་ངེ་བ། །མཐའ་བྲལ་རིག་པ་ཆོས་ཉིད་ཀ་དག་པ། །ལྟ་བ་ཡིན་ནོ་གཏན་ལ་དབབ་པར་བྱ། །དེ་ཡི་རང་བཞིན་རང་རིག་བྱང་ཆུབ་སེམས། །མ་བཅོས་མ་བསླད་གནས་ལུགས་གཉུག་མའི་ངང་། །མ་ཡེངས་མི་ཡེངས་མི་སྒོམ་རང་བབས་ངང་། །བསམ་མེད་སེམས་མེད་རྟོག་བྲལ་ཧྲང་ངེ་བ། །མི་སྤྲོ་མི་བསྡུ་ཆོས་ཉིད་ཅི་བཞིན་བབས། །རང་ངོ་རང་ལུགས་རང་གསལ་ཟང་ངེ་བ། །བར་སྣང་ཁམས་དང་ནམ་མཁའི་དབྱིངས་ལྟ་བུ། །ཁྱམ་བརྡལ་འཛིན་མེད་ཅོག་བཞག་ངང་དུ་གནས། །རི་བོ་ཅོག་བཞག་འགྱུར་མེད་ཉིད་དུ་ཞོག །རྒྱ་མཚོ་ཅོག་བཞིན་རྟོག་མེད་ལྷུག་པར་ཞོག །རིག་པ་ཅོག་བཞག་ཟང་ཐལ་རྗེན་པར་ཞོག །སྣང་བ་ཅོག་བཞག་འཛིན་མེད་རང་བབས་ཞོག །གནས་འགྱུ་ཅོག་བཞག་བློ་བྲལ་རང་ངོར་ཞོག །མ་བཅོས་མ་འགག་གང་ལ་མ་སེམས་ཞོག །སྣ་ཚོགས་ཐམས་ཅད་རོ་སྙོམས་གཅིག་ཏུ་ཞོག །ཁྱམ་བརྡལ་ཡངས་པ་ནམ་མཁའ་ལྟ་བུར་ཞོག །རང་གསལ་འཛིན་མེད་ཤེལ་སྒོང་ལྟ་བུར་ཞོག །རྒྱུན་ཆད་མེད་པ་ཆུ་བོ་ལྟ་བུར་ཞོག །གསལ་འགྲིབ་མེད་པར་ཉི་མ་ལྟ་བུར་ཞོག །ཉིན་མཚན་མེད་པ་འོད་གསལ་ངང་ལ་ཞོག །མཉམ་རྗེས་མེད་པར་དུས་རྣམས་ཀུན་ཏུ་ཞོག །བཞག་

བྱ་བཞག་བྱེད་བྲལ་པའི་ངང་ལ་ཞོག །མཉམ་བཞག་ཞོག་ལ་རྗེས་ཐོབ་ལམ་དུ་ཁྱེར། །དྲན་པ་འཛིན་མེད་གཅིག་པོ་སྒོམ་པའི་མཆོག །ངང་ལ་སྐྱོང་ལས་གཞན་ཞིག་བསྒོམ་མི་དགོས། །ཡེ་བསྒོམ་བསམ་གཏན་ཆོས་ཉིད་ལྷུན་གྲུབ་ཡིན། །བསྒོམ་པ་ལགས་སོ་ཉམས་ལེན་གནད་ལ་འབུངས། །རྩོལ་བཞིན་བསྒོམ་པའི་ཉམས་མྱོང་བསམ་མི་ཁྱབ། །ཕྱི་ཡི་དངོས་འཛིན་འཁྲུལ་པ་སྒྱུ་མར་འཆར། །ནང་གི་བདག་འཛིན་རྣམ་རྟོག་དབྱིངས་སུ་ནུབ། །གསང་བ་ཉོན་མོངས་བག་ཆགས་རིམ་གྱིས་སྲབ། །ཐམས་ཅད་ཆོས་ཉིད་ཡེ་གྲོལ་ངང་དུ་འཆར། །ཚེ་འདིར་ཞེན་ཆགས་བྲལ་ཞིང་ཆོས་བརྒྱུད་མེད། །མི་མཐུན་མེད་ཅིང་ཅི་བྱེད་ཆོས་དང་མཐུན། །དད་པ་དག་སྣང་སྙིང་རྗེ་ཕན་སེམས་ཆེ། །སེམས་ལས་རུང་ཞིང་བསྟན་བདེའི་གདེངས་དང་ལྡན། །བདེ་ཞིང་འབོལ་ལ་ཡོན་ཏན་དཔག་ཏུ་མེད། །ཉམས་མྱོང་ཡིན་ནོ་དེ་ལའང་ཞེན་གྲོལ་མེད། །ཞེན་མེད་རང་གྲོལ་སྤྱོད་པའི་རྒྱལ་པོ་ཡིན། །ནང་དུ་ཞེན་ཆགས་འཛིན་པས་མ་བཟུང་ན། །ཕྱི་རོལ་ཅི་ལྟར་སྣང་ཡང་ངང་གིས་གྲོལ། །སྣང་བ་ཡེ་གྲོལ་ཆུ་ཟླ་ལྟ་བུར་གྲོལ། །སྟོང་པ་ཡེ་གྲོལ་རིག་པའི་ཀློང་དུ་གྲོལ། །རིག་པ་ཟང་ཐལ་ཀ་དག་ཆེན་པོར་གྲོལ། །རང་རྩལ་ཡེ་ཤེས་རྩ་བྲལ་སྟོང་པར་གྲོལ། །འགྱུ་རྟོག་སྣ་ཚོགས་ཆོས་ཉིད་ཀློང་དུ་གྲོལ། །གཟུང་འཛིན་བག་ཆགས་དམིགས་མེད་ཆེན་པོར་གྲོལ། །ཕྱི་ནང་བར་གསུམ་སྐྱེ་མེད་ངང་དུ་གྲོལ། །གྲོལ་ཞེས་བཀྲོལ་ནས་གྲོལ་བ་མ་ཡིན་ཏེ། །ཡེ་ནས་སྒོམ་པ་མེད་པས་གྲོལ་ཞེས་བྱ། །འཆིང་བ་ཐམས་ཅད་གློ་བུར་བཟུང་འཛིན་ཡིན། །རྩ་བ་མེད་པས་གདོད་ནས་གྲོལ་ཞེས་བྱ། །དེ་ལྟར་ཤེས་ནས་གང་ལྟར་གྱུར་པ་ལ། །ཞེན་

འཛིན་མེད་པར་རང་གྲོལ་ཆེན་པོར་སྤྱོད། །འགགས་མེད་ཟང་ཐལ་རིས་མེད་མཉམ་པ་ལ། །སྤྱོད་པ་ཞེས་བརྗོད་དུས་དང་བྲལ་བ་དགོས། །ལྟ་སྒོམ་སྤྱོད་ལ་ཉམས་མྱོང་མཐར་སྐྱེལ་ན། །འབྲས་བུ་མ་བཙལ་རང་བྱུང་ལྷུན་གྱིས་གྲུབ། །སྣང་བ་རང་དག་ཞིང་ཁམས་ཆོས་ཀྱི་དབྱིངས། །རིག་པ་རང་ངོ་སྐུ་གསུམ་ཡེ་སངས་རྒྱས། །རང་རྩལ་རྣམ་དག་ཡེ་ཤེས་ཕུན་སུམ་ཚོགས། །སྤང་ཐོབ་བྲལ་བའི་ཡོན་ཏན་རྒྱན་འཁོར་ལོ། །དོན་གཉིས་ལྷུན་གྲུབ་ཚེ་གཅིག་སངས་རྒྱས་འགྱུར། །གལ་ཏེ་ན་ཡང་ཆོས་ཉིད་བར་དོ་རུ། །འོད་གསལ་མ་བུ་དབྱིངས་སུ་འདྲེས་ནས་ཀྱང་། །གདོད་མའི་ཀུན་བཟང་ཡེ་ཤེས་ཀློང་དུ་གྲོལ། །ཅི་ལྟར་གྱུར་ཀྱང་དག་པའི་ཞིང་ཁམས་སུ། །བརྫུས་ཏེ་སྐྱེས་ནས་ཕྱིར་མི་ལྡོག་པ་ཐོབ། །འབྲས་བུ་ཡིན་ནོ་ངེས་པར་ཐོབ་པར་མཛོད། །དེ་ལྟར་ཉམས་ལེན་གནད་དྲིལ་མན་ངག་མཆོག །བླ་མའི་གསུང་དང་མདོ་རྒྱུད་དགོངས་པ་དངོས། །ཏིང་འཛིན་བྱིན་རླབས་རང་གི་ཉམས་མྱོང་རྣམས། །ལྷུག་པར་བརྗོད་འདི་ཤིན་ཏུ་ཟབ་པར་བདོག །མོས་གུས་ཡོད་ཅིང་ཤེས་རབ་དང་ལྡན་ན། །རྒྱུད་ལ་སྦྱོར་ཞིང་ལྟོས་དང་གསལ་བའོ། །མི་འཐད་འདྲ་ནའང་རང་སྐྱོན་ལས་འོས་ཅི། །མཁྱེན་ལྡན་དོན་རྟོགས་གཟིགས་དང་སྤྲོ་བ་འཕེལ། །དེ་ཡི་རྣམ་དཀར་འོད་སྣོང་འབར་བ་དེས། །སྲིད་པའི་མུན་ནག་འཐུག་པོ་མཐར་བྱེད་ཅིང་། །བདེ་ཆེན་ཐར་བའི་གླིང་མཆོག་རབ་གསལ་ནས། །ཕུན་ཚོགས་བཀྲ་ཤིས་དཔལ་ལ་སྤྱོད་པར་ཤོག །རྣམ་དག་བཙུན་ལ་ལྷག་བསམ་རྒྱན་སྤྲས་པའི། །དབུ་མཛད་དང་ནི་དེ་བཞིན་ཆོས་མཛད་འགས། །བསྐུལ་བ་ལ་བརྟེན་

མཆིམས་ཕུའི་དབེན་གནས་སུ། །རྫོགས་ཆེན་རྣལ་འབྱོར་པྲ་ལྷ་བི་ཛྙ་
ཡིས། །མགྱོག་པར་བྲིས་པ་སརྦ་ཛ་ག་ཏམ། ། མངྒ་ལཾ། །

༄༅། །སློབ་བུ་པདྨ་རིན་ཆེན་ལ་གདམས་པ་བཞུགས། །

ན་མོ་གུ་རུ། སྐུ་བཛྲ་དོན་སྟོན་པ་སྤྲུལ་པའི་སྐུ། །གསུང་རྣམ་རོལ་འཆད་པ་
ལོངས་སྤྱོད་རྫོགས། །ཐུགས་ཀ་དག་བརྩེ་ལྡན་ཆོས་ཀྱི་སྐུ། །རྗེ་བླ་མ་མཆོག་
ལ་གསོལ་བ་འདེབས། །ཆོས་སྙིང་ནས་འདོད་ན་འདི་ལྟར་ཟབ། །ཚེ་འདི་ལ་
ལྟོས་པ་མེད་པ་དང་། །ལས་བདེ་སྡུག་གསལ་ཡང་ཞེན་མེད་པར། །ཆོས་
གཅིག་པུ་ཁོ་ན་སྒྲུབ་ཀྱིས་དང་། །གཏན་ནམ་ཕུགས་འདུན་མ་ལེགས་ནས་
འོང་། །སེམས་དད་པའི་མོས་གུས་མི་གཡེལ་ཞིང་། །བློ་དྭངས་བའི་དག་སྣང་
རབ་བསྐྱེད་ནས། །ཕན་སྙིང་རྗེའི་སེམས་བསྐྱེད་སྒོམ་ཀྱིས་དང་། །རང་ཆོས་
མཐུན་བསམ་པ་འགྲུབ་ནས་འོང་། །ཆོས་སྣང་སྲིད་གདོད་ནས་སྟོང་བའི་
དབྱིངས། །སེམས་སྐྱེ་མེད་རང་གསལ་རིག་པའི་རྩལ། །དོན་དབྱེར་མེད་ཆོས་
ཉིད་གཉུག་མའི་ངང་། །དཔེ་ནམ་མཁའ་ལྟ་བུར་ཤེས་ཀྱིས་དང་། །དབྱིངས་
ལྟ་བ་རྟོགས་པ་འཆར་ནས་འོང་། །གནད་གཟུང་འཛིན་མ་སྒོམ་གཡེང་མེད་
དང་། །བློ་སྣང་དང་ཤེས་པ་གང་ཤར་ཡང་། །དེ་རང་རྩལ་ཉིད་ལས་གཞན་
མེད་པར། །སེམས་ཡེ་གྲོལ་ཅོག་གིས་བཞག་ཀྱིས་དང་། །བསྒོམ་རྒྱུན་ཆད་

མེད་པར་འཆར་ནས་འོང་། །ལས་བདེ་དང་སྡུག་པ་མེད་བཏགས་ཙམ། །སྤྱིར་འཁོར་འདས་ཀུན་ཀྱང་རྨི་ལམ་བཞིན། །ཡེ་གྲོལ་སྟོང་བའི་ངོ་འཕྲུལ་ལས། །གཞན་མེད་ཤེས་རོལ་བར་ཁྱེར་གྱིས་དང་། །ཆོས་རོ་སྙོམས་སྤྱོད་པ་ཤེས་ནས་འོང་། །གཤིས་རང་རིག་ཡེ་ནས་སྐུ་གསུམ་གྲོལ། །ཆོས་སྣང་བཏགས་ཡེ་ནས་རང་ངོས་གྲོལ། །སེམས་བློ་བུར་བག་ཆགས་སྦྱོམ་པས་གྲོལ། །དོན་བཅིང་པ་ངོ་བོས་གྲོལ་ཤེས་ན། །ཆོས་བྱུང་ཆུབ་འབྲས་བུ་ཐོབ་ནས་འོང་། །གནད་ཉམས་སུ་ལོངས་དང་གསལ་བར་མཆིས། །དོན་གོ་བར་མཛོད་ཅིག་རིགས་ཀྱི་བུ། ། མངྒ་ལཾ། །

སློབ་བུ་པདྨ་རིན་ཆེན་གྱིས་བསྐུལ་ངོར་ཙནྡ་རི་རྡོ་རྗེའི་ར་བར་སྦྱར། །

༄༅། །ཞལ་གདམས་བསམ་གཏན་ཕྲེང་མཛེས་

ཞེས་བྱ་བ་བཞུགས།།

ན་མོ་གུ་རུ། ཧེ་བླ་མ་མཆོག་དང་དབྱེར་མེད་པའི། །དཔལ་པདྨ་སམྦྷའི་ཞབས་ལ་འདུད། །ཀྱེ་ཉོན་དང་ཡོན་བདག་དད་པ་ཅན། །ལས་འདུས་བྱས་མི་རྟག་འགྱུར་བ་ཅན། །དེ་དུས་བཏབ་འཆི་བདག་གཤིན་རྗེ་འོང་། །རང་སྐད་ཅིག་འཇིག་རྟེན་ཕ་རོལ་འགྲོ། །དུས་དེ་ཆོ་ཆོ་འདི་རྨི་ལམ་འདྲ། །ལས་བྱས་པ་སླེང་པོ་འདུག་གམ་ལྟོས། །ཕུགས་གཏན་བདེ་དམ་པའི་ཆོས་ལ་འབུངས། །ལས་

ཟག་བཅས་ཐམས་ཅད་སྡུག་བསྔལ་ཡིན། །དེ་འཁོར་བ་འཁྲུལ་པ་འདི་ལ་ཟེར། །རང་ཡིན་གྱིས་བྱས་ཀྱང་མར་མར་འཁྲུལ། །འཁྲུལ་སྡུག་བསྔལ་འདམ་ལས་ཐར་དུས་མེད། །ལས་བསགས་པ་ཆོས་ལ་བཏང་བ་དང་། །ཞུགས་གཏན་བདེ་དམ་པའི་ཆོས་ལ་འབྲུངས། །ཆོས་ཐམས་ཅད་རང་བཞིན་སྟོང་པ་ཡིན། །དེ་གདོད་ནས་དག་པའི་སེམས་ལ་ཟེར། །སེམས་བཟོ་བཅོས་བྲལ་བའི་རང་ལུགས་ལ། །གཤིས་བཟུང་འཛིན་མེད་པའི་ཆོས་སྐུ་ཡོད། །དེ་གནས་འགྱུར་གཉིས་ལ་ཟེར་བ་མིན། །བློ་རིག་པའི་ཆོས་ཉིད་སྤྲོས་དང་བྲལ། །བློ་ཡིད་སེམས་མ་གོས་གཙུག་མའི་ངང་། །ཡིད་རྣམ་ཤེས་མ་སྐྱེས་རང་གསལ་བ། །དེ་འཕྲུལ་བྱུང་མ་ཡིན་ཡེ་སྟོང་གནས། །དོན་ངང་ལ་བཞག་པས་ཇི་བཞིན་རྟོགས། །ཆོས་ལྷ་སྒོམ་ཀུན་གྱི་མཐར་ཐུག་ཡིན། །ཞུགས་གཏན་བདེ་དམ་པའི་ཆོས་ལ་འབྲུངས། །དོན་མྱ་ངན་འདས་པ་ཞི་བའི་མཆོག །ལས་འཁྲུལ་པ་སངས་པ་ཉིད་ལ་ཟེར། །སེམས་སེམས་བྱུང་གི་འཁྲུལ་པ་ཀུན་ཟད་ནས། །ལས་ཉོན་མོངས་ཀྱིས་འཁྲུལ་པ་རང་དག་ཅིང་། །དོན་སྣང་སྲིད་ཆོས་དབྱིངས་དྭངས་མའི་རྩལ། །གནད་སྐུ་གསུམ་འབྲས་བུ་རང་ལ་རྫོགས། །ཆོས་མྱང་འདས་ཀྱི་འབྲས་བུ་ལྷུན་གྱིས་གྲུབ། །དེ་ཐག་རིང་ན་མེད་དེ་གཤིས་ལུགས་འདི། །ཡེ་ཇི་བཞིན་རྟོགས་པའི་འབྲས་བུ་ཡིན། །ཞུགས་གཏན་བདེ་དམ་པའི་ཆོས་ལ་འབྲུངས། །ཆོས་བཀའ་རྟགས་ཕྱག་རྒྱ་བཞི་ཡི་ཚིག །ཆོས་གོ་བདེའི་རྩལ་དུ་ཚིགས་སུ་བསྡེབས་། །གནད་ཉམས་སུ་ལེན་པའི་མན་ངག་ཡིན། །དེ་གོ་བར་མཛོད་ཅིག་དད་ལྡན་པ། །ཞུགས་གཏན་བདེ་དམ་པའི་ཆོས་ལ་འབྲུངས། །ཀྱེ་མ་ཧོ་ཡང་གཅིག

སླན་གསོན་དང་། །ཀླུང་གསེབ་ཀྱི་མར་མེ་སྤྱོད་དམ་ཅི། །སྦྲང་རྩི་ཡི་བདག་པོས་རང་ཟའམ། །རྩྭ་ཁའི་ཟིལ་བ་ཡུན་གནས་སམ། །བཙོན་དོང་གི་ནང་དུ་བདེ་ཡོད་དམ། །མུན་ནག་གི་འཐུག་པོས་མིག་གསལ་ལམ། །ཚོང་དུས་ཀྱི་མགྲོན་པོར་གཏན་འགྲོགས་སམ། །བྲེ་མའི་ཁྲུང་བུ་མི་འཇིག་གམ། །ཚེ་འདི་རང་སྒྲུབ་པས་མི་བསླུའམ། །འཁོར་བ་ཡི་ཞེན་པས་མི་འཆིང་ངམ། །ལེགས་པར་རྟུ་བསམ་གཞིག་བཏང་ནས་ཀྱང་། །འཁྲུལ་གཡེང་མེད་གཏན་བདེ་འགྲུབ་པ་ཞིག །ད་ལུས་སེམས་དེ་དམ་པའི་ཆོས་ལ་འབུངས། །ཨེ་མ་ཧོ་ཡང་གཅིག་འདིར་ལྟོས་དང་། །སྣང་སྲིད་ཀུན་མ་ལུས་སེམས་ཀྱི་རྩལ། །སེམས་ཉིད་ཀྱི་རང་བཞིན་ཡེ་ཤེས་དངོས། །རང་རིག་འདི་དྲི་མེད་བྱང་ཆུབ་སེམས། །ཡོད་མཐའ་ནི་ངོ་བོ་རྩལ་ཆ་བྲལ། །མེད་ཆ་ནི་སྟོང་གསལ་མཁའ་དང་མཉམ། །ཡོད་མེད་ཀྱི་བློས་བཟོ་ངོ་བོ་སྟོང་། །རང་བཞིན་ལ་གཟུང་འཛིན་གོས་པ་མེད། །འཁྲུལ་འབྱུང་ཞིག་མ་ཡིན་ཡེ་ནས་གནས། །རང་ལུགས་ཀྱི་ཤེས་པ་འདི་ཀ་ཡིན། །རང་ངོ་རྟུ་ཤེས་པ་ལྟ་བའི་མཆོག །རང་བབས་སུ་སྐྱོང་བ་སྒོམ་པའི་གནད། །ཡེངས་མེད་དུ་ཁྱེར་བ་སྤྱོད་པའི་འགྲོས། །དེའི་ཁ་ལ་བརྟན་ཐོབ་འབྲས་བུ་ཡིན། །ཉམས་སུ་རང་ལོངས་ཤིག་དད་པ་ཅན། །འབུངས་བའི་རང་འབྲས་གཏན་བདེ་ལགས། །དགེ་བ་དེས་ཆོས་དབྱིངས་དོན་རྟོགས་ཤོག །ཅེས་པ་འདི་ཨོ་རྒྱན་དབང་ཕྱུག་ཏུ། དད་ལྡན་གྱི་སྦྱིན་བདག་སྤུན་ལ་ནི། །བསྐུལ་ངོར་རྟུ་རྫོགས་ཆེན་རྣལ་འབྱོར་པ། །པདྨ་ཡི་མིང་གིས་ཐུན་གཅིག་སྨྲས། །བཀྲ་ཤིས་དང་དགེ་ལེགས་འཕེལ་གྱུར་ཅིག །མངྒ་ལཾ། །

༄༅། །ཞལ་གདམས་མན་ངག་ཕྲེང་མཛེས་ ཞེས་བྱ་བ་བཞུགས་སོ།།

ན་མོ་མ་ཧཱ་གུ་རུ་ཡེ། རྗེ་སྐྱབས་གནས་དཀོན་མཆོག་ཀུན་འདུས་པ། །ཁྱེད་དྲན་པ་ཙམ་གྱིས་བར་ཆད་སེལ། །བདག་དད་ཅིང་གདུང་བས་གསོལ་བ་འདེབས། །མཆོག་བྱིན་རླབས་དངོས་གྲུབ་ཆར་ལྟར་ཕོབས། །རྗེ་ཨོ་རྒྱན་པདྨ་བླ་མའི་མཆོག །ད་རེ་ལྟོས་གཞན་ན་མ་མཆིས་པས། །ཕ་ཐུགས་རྗེས་ཟུངས་ཤིག་གུ་རུ་རྗེ། །གནད་རྩེ་གཅིག་གསོལ་བ་འདེབས་བྱས་ནས། །ད་ཉོན་ཅིག་གསོན་དང་དད་པ་ཅན། །ཁྱོད་དལ་འབྱོར་རིན་ཆེན་ལོ་ཟླས་མནར། །དགྲ་འཆི་བདག་ནམ་འོང་དུས་བཏབ་མེད། །ལས་རྣམ་སྨིན་རྒྱུ་འབྲས་ཞེ་རྒྱགས་ཆེ། །ཁོང་འཁོར་བའི་གནས་ན་བདེ་བ་མེད། །ལས་ཆོས་མེད་འདུ་བྱེད་སྡུག་བསྔལ་རྒྱུ། །རང་སྐྱེ་འཆིའི་འཕོ་འགྱུར་ཡ་ངའི་གནས། །འདི་བསམ་ཞིང་དཔྱད་ན་འཆི་མ་འཚོར། །ད་འབད་ནས་དམ་ཆོས་སྒྲུབ་པར་རིགས། །ལུས་ཕྱག་འཚལ་བསྐོར་བ་ཙམ་རེ་ལས། །གཞན་འགྲོ་འདུག་མ་མང་གཅིག་པུར་སྡོད། །ངག་སྐྱབས་འགྲོ་སེམས་བསྐྱེད་གསོལ་འདེབས་ལས། །གཞན་སྨྲ་བ་ཆོད་ལ་བག་ཡོད་བསྟེན། །སེམས་བསམ་བློའི་འདུ་བྱེད་མ་མང་པར། །མ་འགྲོ་དྲུག་རྣམས་ལ་སྙིང་རྗེ་སྒོམ། །ད་ལུས་སེམས་གློད་ལ་རང་ངོར་

ལྟོས། །གནད་ལྟ་བྱེད་ཤེས་པ་དང་ལ་ལྟོས། །དེ་གྲིམ་པོར་མི་དགོས་ལྷོད་ལ་ལྟོས། །གནད་མ་ཡེངས་དང་ནས་རང་བབས་ཞོག །དོན་དེ་ལ་མཉམ་བཞག་བསམ་གཏན་ཟེར། །དུས་རྒྱུན་ཏུ་དེ་ལྟར་སྒོམ་གྱུར་ན། །ཆོས་ཀུན་གྱི་ངོ་བོ་སེམས་ཉིད་ཕྱིར། །སེམས་རྟོག་མེད་རང་ངོ་རང་གིས་ཤེས། །དེ་ཤེས་བྱེད་མཁན་པོ་ལོགས་ན་མེད། །མེད་རང་ངོ་གསལ་བ་སྟོང་ཉིད་སེམས། །དོན་གང་ཡང་མ་ཡིན་སང་ངེ་བ། །བློ་གང་དུའང་མ་བཟུང་ཐལ་ལེ་བ། །ཡིད་གང་དུའང་མ་འཕྲུལ་ཡེངས་མེད་པ། །སེམས་གང་དུའང་མ་གཏད་སྟོང་ངེ་བ། །དགའ་སྡུག་པ་གཉིས་མེད་རོ་མཉམ་པ། །ཕྱི་སྣང་བ་གཉིས་མེད་ཕྱམ་བརྡལ་བ། །གཏན་རིག་པའི་ངོ་བོ་འཕྲུལ་མེད་པ། །དེ་ཡེ་ནས་ཡོད་ཀྱང་ཡན་པར་བཏང་། །ད་རྒྱུན་ཏུ་སྒོམ་དང་གཏན་དུ་འཆར། །དོན་དེ་ལ་རྫོགས་ཆེན་དང་སྒོམ་ཟེར། །དུས་རྒྱུན་ཏུ་ཡེངས་མེད་དྲན་པ་བརྟན། །རྗེས་བསྔོ་བ་སྨོན་ལམ་རྒྱ་ཆེར་ཐོབ། །ཆོས་རྣམ་དག་ཞིང་ལ་སྨོན་ལམ་གདབ། །མངྒ་ལཾ།

ཅེས་པ་འདི་དད་ལྡན་བན་སྒོམ་རྒྱལ་མཚན་བཟང་པོས་བསྐུལ་ངོར་རྫོགས་ཆེན་གྱི་རྣལ་འབྱོར་པ་ཆེན་པོ་པདྨ་རིག་འཛིན་གྱིས་ཨོ་རྒྱན་སྒྲུབ་གནས་བྲག་ཕུག་མ་ར་ཏི་ཀར་སྦྱར་བའོ། །

༄༅། །མན་ངག་སྐབས་གསུམ་རིན་ཆེན་བཞུགས་སོ།།

ན་མོ་གུ་རུ། སྨན་བླ་རྗེ་དང་དབྱེར་མེད་པའི། །པདྨ་འབྱུང་གནས་ལ་ཕྱག་
འཚལ། །གསོན་དང་འཆི་བྱེད་བློ་ལྡན་པ། །སྔོན་ལུས་དར་ཀྱང་ཕྱིས་ནས་
རྒུད། །དང་པོ་ཕྱུག་ཀྱང་མཐའ་ནས་དབུལ། །མི་གྲངས་མང་ཡང་ཤི་ནས་
ཟད། །འཕེན་པོ་ཡོད་ཀྱང་རྫོངས་པར་གྱུར། །འདི་འདུས་བྱས་ཆོས་ཀྱི་རང་
མཚང་ཡིན། །འཁོར་བར་སྙིང་པོ་མེད་པའི་རྟགས། །མི་རྟག་སྟོན་པའི་སློབ་
དཔོན་དུ། །གོ་བར་བྱུང་ངམ་བློ་ལྡན་པ། །ཞེན་ཆགས་བསྐྱུང་བའི་བསྐུལ་
འདེབས་སུ། །ཤེས་པར་དགོས་སོ་རིགས་ཀྱི་བུ། །དེ་ཕྱིར་ཚེ་འདིའི་རྟག་འཛིན་
དང་། །དོན་མེད་འཇིག་རྟེན་ཆགས་སྡང་ལས། །མི་དགེར་གྱུར་བའི་བྱ་བ་
ཀུན། །བློ་གྲོས་ལྡན་པས་དོར་བྱ་ཡིན། །ཕྱིས་པ་གཞན་ལ་ཅི་ཆ་
ཡོད། །དགེ་བ་བཅུ་དང་ཆོས་སྤྱོད་བཅུ། །ཐར་བ་སྒྲུབ་པའི་ཐོས་བསམ་
སྒོམ། །འབད་ནས་ཡང་དག་སྒྲུབ་པ་ནི། །བློ་ལྡན་རྣམས་ཀྱིས་བླང་བྱ་
ཡིན། །རྫོངས་པ་རྣམས་ལ་ཅི་ཆ་ཡོད། །སྔོན་འགྲོའི་འཇུག་སྒོ་སྐྱེ་དང་
པོའོ། །དེ་ནས་སྙིང་པོ་གཏན་ལ་འབེབས། །འཁོར་དང་མྱ་ངན་འདས་པའི་
ཆོས། །ཤེས་དང་ཤེས་བྱ་ཅི་སྙེད་རྣམས། །སེམས་ཉིད་གཅིག་པུ་ཉིད་ལ་
འདུས། །གཅིག་པུ་རང་རིག་ཆོས་ཀྱི་སྐུ། །ངོ་བོ་ཡེ་སྟོང་སྤྲོས་དང་

བྲལ། །རང་བཞིན་རང་ངོ་འོད་དུ་གསལ། །ཐུགས་རྗེ་འཆར་སྒོ་མ་འགགས་པ། །ཡེ་གྲོལ་ཀ་དག་ལྷུན་གྱིས་གྲུབ། །འདི་ནི་རང་བྱུང་རྫོགས་པ་ཆེ། །སྐྱེ་འགགས་མེད་ཅིང་གནས་དང་བྲལ། །འགྲོ་འོང་ཉིད་དང་འཕོ་འགྱུར་མེད། །གསལ་འགྲིབ་ཆེ་ཆུང་ཕམ་རྒྱལ་བྲལ། །ཕྱོགས་ལྷུང་མེད་པའི་རང་བཞིན་དེ། །ཤེས་པར་བྱེད་པ་ལྟ་བ་ཡིན། །དེ་ཉིད་ངང་ལས་མ་གཡོས་པ། །ཆེད་དུ་དམིགས་པའི་གཏད་སོ་མེད། །ངང་ལས་གཞན་དུ་འཕྲུལ་པ་མེད། །དེ་ལྟར་སྐྱོང་བ་སྒོམ་པ་ཡིན། །སྤྱོད་ལམ་ཀུན་ཏུ་དྲན་པ་དང་། །ཤེས་བཞིན་བག་དང་ལྡན་པའི་ངང་། །རྒྱུན་དུ་ཉམས་ལེན་བྱེད་པ་ནི། །ཆོས་བཞིན་སྐྱོང་བའི་སྤྱོད་པ་ཡིན། །རང་སེམས་རིག་པའི་རྩལ་རྫོགས་ནས། །འཁོར་འདས་ཐམས་ཅད་ཕྱམ་གཅིག་གྲོལ། །སྐུ་དང་ཡེ་ཤེས་ལྷུན་གྲུབ་སྟེ། །བདེ་ཆེན་བཙན་ས་ཟིན་པ་ནི། །མངོན་དུ་གྱུར་པའི་འབྲས་བུ་ཡིན། །དངོས་བཞིའི་ཉམས་ལེན་ཏེ་གཉིས་པའོ། །དེ་ལྟར་ཚེ་གང་ཆོས་ལ་འབད། །གསོལ་བ་འདེབས་ཤིང་དག་སྣང་སྦྱང་། །སྙིང་རྗེ་བསྒོམ་ཞིང་ཕན་པ་བསྒྲུབ། །སྨྲོན་ངོས་བཟུང་ཞིང་ཡོན་ཏན་འཕེལ། །དགེ་བ་གང་དང་ཅི་བྱེད་རྣམས། །སེམས་ཅན་དོན་དུ་ཡོངས་སུ་བསྔོས། །རྫོགས་སངས་རྒྱས་པའི་སྨོན་ལམ་ཐོབ། །དེས་ནི་གཏན་བདེའི་བདེ་ལེགས་འབྱུང་། །གོ་བར་མཛོད་ཅིག་འཚོ་བྱེད་པ། །རྗེས་བསླབ་བྱའི་རིམ་པ་སྟེ་གསུམ་པའོ། །དེ་ལྟར་གསུམ་ལྡན་དམ་པའི་ཕྲེང་། །འཚོ་བྱེད་གཞོན་ནུས་བསྐུལ་བའི་ངོར། །དབེན་གནས་ཨོ་རྒྱན་དབང་ཕྱུག་ཏུ། །པདྨའི་མིང་གིས་ལེགས་པར་སྦྱར། །དགེ་དེས་དགེ་ལེགས་འགྲུབ་གྱུར་ཅིག །མངྒལཾ། །

༄༅། །མན་ངག་བསམ་འཕེལ་རིན་ཆེན་བཞུགས་སོ། །

ཨོཾ་སྭ་སྟི། དཀོན་མཆོག་བཀྲ་ཤིས་ལ་ཞལ་གདམས་གསལ་འདེབས་སུ་ཕུལ་བ་འདི་ལྟར་དགོངས་དབྱིངས་ལ་བཞུགས་འཚལ། དལ་འབྱོར་བསླབ་པས་རྒྱན་པ། །ནུབ་རིའི་ཉི་མ་ལྟར་སོང་འདུག །ཡོང་མེད་བསྟོན་འགྲུས་གཅིག་བསྟོན་ལ། །དགེ་སྦྱོར་འཁོར་མོ་རུ་ཐོངས་མཛོད། །མ་རིག་རྣམ་རྟོག་གི་འཁྲུལ་འཁོར། །འཁོར་བ་སྡུག་བསྔལ་གྱི་ཐ་ རླབས། །ཐར་དཀའི་བསྟོན་ར་ནས་བྲོས་ལ། །ཐར་ལམ་བཙན་ས་གཅིག་བཟུང་མཛོད། །མི་དགེ་རྣམ་རྟོག་ཀྱི་འདུ་ཤེས། །འདུ་བྱེད་ཆགས་སྡང་རྣམས་བསྒྱུར་ལ། །རྣམ་ཤེས་རྣམ་དག་གི་ལྷ་བསྒོམ། །སྒོ་གསུམ་དགེ་ལ་རང་འབུང་མཛོད། །ཆོས་སྤྱོད་སྐྱབས་འགྲོ་དང་སེམས་བསྐྱེད། །ཉམས་ལེན་ཚོགས་བསགས་དང་སྒྲིབ་སྦྱོང་། །དག་སྣང་མོས་གུས་དང་སྙིང་རྗེ། །རྒྱུན་དུ་འབྲལ་མེད་རང་སྐྱོང་མཛོད། །སྟོན་འགྲོའི་སྐབས་ཏེ་དང་པོའོ། །ཀྱེ་རྙོ་གསོན་དང་རྣལ་འབྱོར་བ། །སྐུ་གསུམ་བསྟན་པའི་སྟོན་པ་དང་། །ཕྱག་རྫོགས་དབུ་མའི་ངོ་བོ་དང་། །ཆོས་དབྱིངས་དྲི་མེད་གནས་ལུགས་རྣམས། །གནས་ལུགས་གཉུག་མའི་ངང་དུ་གཅིག །དེ་ནི་རང་རིག་ཡེ་ཤེས་ཏེ། །བསམ་དུ་མེད་ཅིང་བརྗོད་དུ་མེད། །རང་བྱུང་གདོད་ནས་རྣམ་པར་དག །རང་གསལ་མཁའ་ལྟར་ལྷང་ངེ་བ། །ཆོས་ཉིད་ཕྱི་རུ་མ་ལུས་

ཤིང་། །སེམས་ཉིད་ནང་དུ་མ་བཅིང་བ། །བར་དུ་བཟུང་འཛིན་རྣམ་རྟོག་
བྲལ། །སེམས་ཉིད་བློ་འདས་རང་གསལ་འདི། །ལྟ་བ་ཡིན་ནོ་གོ་བར་
གྱིས། །ཆོས་ཉིད་ཡིན་ནོ་རྟོགས་པར་གྱིས། །གནས་ལུགས་ཡིན་ནོ་ཤེས་པར་
གྱིས། །སྟོང་ཉིད་ཡིན་ནོ་རིག་པར་གྱིས། །དེ་ལྟར་ཤེས་ན་དེའི་ངང་
ལ། །རང་བབས་འཇོག་པ་མཉམ་བཞག་སྟེ། །མི་སྒོམ་འཇོག་པ་སྒོམ་པའི་
གནད། །མ་ཡེངས་འཇོག་པ་མན་ངག་ཡིན། །བྱིང་ན་རིག་པ་སྤྲིམ་པ་
དང་། །རྒོད་ན་ལུས་སེམས་གློད་པ་དང་། །རྒྱུན་ཏུ་མ་ཡེངས་སྐྱོང་བ་
རྣམས། །སྒོམ་པ་ཡིན་ནོ་ཉམས་སུ་ལོངས། །ལུས་གནད་ལྟ་སྟངས་བཙུན་པ་
དང་། །དྲན་པ་ལམ་དུ་ཁྱེར་བ་དང་། །རྒྱུན་ཏུ་གཅིག་པུར་སྒོམ་པ་གཅེས། །ཚོགས་
དྲུག་ལྷུག་པར་འཇོག་པ་དང་། །དུག་ལྔ་རང་གྲོལ་ལྟ་གྲོལ་དང་། །སྤྱོད་ལམ་
རྣམ་བཞིར་དྲན་པ་བསྟེན། །སྤྱོད་པ་ཡིན་ནོ་ཤེས་པར་མཛོད། །རང་རིག་གདོད་
ནས་དག་པ་འདི། །དག་པ་གཞན་གྱིས་རྣམ་གྲོལ་མིན། །རང་རིག་རང་དབང་
ཐོབ་གྱུར་ན། །སངས་རྒྱས་གཞན་ནས་སྒྲུབ་ཏུ་མེད། །འབྲས་བུ་རང་རིག་
སངས་རྒྱས་ཏེ། །ཆོས་རྣམས་སྐྱེ་མེད་རྟོགས་པ་དང་། །སེམས་དང་སེམས་
བྱུང་ནུབ་པ་དང་། གཟུང་འཛིན་བག་ཆགས་དག་པ་དང་། །སྟོང་པས་རང་དོན་
ཆོས་ཀྱི་སྐུ། །གསལ་བས་གཞན་དོན་གཟུགས་ཀྱི་སྐུ། །དེ་བས་ཟུང་འཇུག་ཡེ་
ཤེས་རྒྱས། །སྐུ་དང་ཡེ་ཤེས་ལྷུན་གྲུབ་སྟེ། །རང་བྱུང་རིག་པའི་རང་བཞིན་
ཡིན། །དངོས་གཞིའི་སྐབས་ཏེ་གཉིས་པའོ། །ཟག་བཅས་ཟག་པ་མེད་པའི་
དགེ་བ་དང་། །སྒོ་གསུམ་བསམ་གཏན་ཏིང་འཛིན་ཡེ་ཤེས་རྣམས། །ཆོས་
དབྱིངས་དྲི་མེད་བྱང་ཆུབ་སྙིང་པོར་བསྔོ། །འགྲོ་ཀུན་སངས་རྒྱས་ཐོབ་པའི་སྨོན་

ལམ་འདེབས། །ལུས་ནི་དགེ་བའི་ཕྱོགས་ལ་བསྒྲོན་བཞིན་ཏུ། །ངག་ནི་ཆོས་སྤྱོད་སྨོན་ལམ་རྒྱུན་ཏུ་བརྗོད། །སེམས་ནི་མ་ཡེངས་མཉམ་བཞག་ལམ་དུ་སྐྱོང་། །རྗེས་ཐོབ་ཉམས་ལེན་གློང་དུ་རྩུད་པར་མཛོད། །རྗེས་སུ་གདམས་པའི་སྐབས་ཏེ་གསུམ་པའོ། །སྐབས་གསུམ་ལྡན་པའི་མན་ངག་བྱུང་རྒྱལ་དུ་ཉེ་བར་བྱས་པ་འདི་དགེ་སློང་དཀོན་མཆོག་བཀྲ་ཤིས་ཀྱིས་ངོར་ཞོགས་པ་ཆེན་པོའི་རྣལ་འབྱོར་པ་པདྨ་རིག་འཛིན་གྱིས་ཙྭ་རི་ཏྲ་ཡེ་ཤེས་ཀྱི་འཁོར་ལོ་ཟབ་ལམ་རྡོ་རྗེ་རྣ་བར་ཡུལ་རྣམས་ཀུན་གྱི་གཙོ་བོ་མ་སྲིད་མཁའ་འགྲོའི་ཕོ་བྲང་ཡང་དབེན་བསམ་གཏན་ཕོ་བྲང་དུ་སྦྱར་བའོ། ། མངྒ་ལཾ། །

༄༅། །རང་རྒྱུད་དགེ་བསྐུལ་ཐར་ལམ་དཀར་པོ་ཞེས་བྱ་བ་བཞུགས་སོ། །

ན་མོ་གུ་རུ་ཡེ། རྗེ་བླ་མ་མཆོག་ལ་ཕྱག་འཚལ་ལོ། །ཀྱེ། ལྷོས་དང་ཁའི་ཆོས་འདོད་རྣལ་འབྱོར་ཆོ། །སྤྱིར་ཆོ་འདི་རྨི་ལམ་སྣང་བ་འདྲ། །དེ་ཨེ་འདྲ་མདངས་སུམ་རྨི་ལམ་བལྟོས། །མདངས་རྨིས་ཚད་ད་ནང་གཅིག་ཀྱང་མེད། །ཆོ་འདི་ནས་ཤི་དུས་དེ་དང་འདྲ། །གཟུགས་ཕུང་པོ་འདི་ཆུ་ཡི་སྦུ་བ་འདྲ། །དེ་ཨེ་འདྲ་དེ་ཆུ་བུར་ཉིད་ལ་ལྟོས། །རྐྱེན་ཙུང་ཟད་ཅིག་བྱུང་ན་ཞིག་ནས་འགྲོ། །ལུས་སྙིང་པོ་མེད་པ་དེ་དང་འདྲ། །སྒྲ་སྙན་གྲགས་བརྗོད་པའི་བསྔོ་

ཚིག་འདྲ། །དེ་ཨེ་འདྲ་དེ་བརྗོན་པའི་ངག་ལ་ལྟོས། །འཕྲུལ་ཇི་ལྟར་སླན་ཡང་
གསོད་པའི་ཐབས། །གཏམ་བསླུ་བྲིད་ལ་ཞེན་ན་ཐར་སྲོག་གཅོད། །དྲི་བཟང་
ཀུན་སྦྲང་མའི་གཞལ་ཡས་འདྲ། །དེ་ཨེ་འདྲ་དེ་མི་གཙང་ཁང་པར་
ལྟོས། །སེམས་བདེན་སྣང་གིས་འཁོར་བར་ཡོན་ཏན་མེད། །རོ་ཞིམ་དགུ་ཀུན་
ལྷུགས་ཀྱུའི་ཟན་དང་འདྲ། །དེ་ཨེ་འདྲ་དེ་ཟ་འདོད་ཉ་ལ་ལྟོས། །འཕྲུལ་ཟས་
ཁམ་གཅིག་གིས་ཕུགས་སྲོག་གཅོད། །ལྟོ་ཟ་ཆོལ་ལ་བློ་གཏད་འཁོར་བའི་
རྒྱུ། །རིག་འཇམ་འཇམ་ཀུན་སྲིན་མོའི་རིག་བྱུ་འདྲ། །དེ་ཨེ་འདྲ་དེ་ཟངས་གླིང་
ཚོང་པར་ལྟོས། །འཕྲུལ་བདེ་བ་ཙམ་ལས་ལུས་སྲོག་འབྲལ། །གཏན་ཕུགས་
མེད་འཁོར་བའི་རྒྱ་མཚོར་ལྷུང་། །སེམས་ཀུན་རྟོག་དུས་མཐའི་མེ་དང་
འདྲ། །དེ་ཨེ་འདྲ་དེ་འབར་བའི་མེ་ལ་ལྟོས། །འཕྲུལ་ཉོན་མོངས་མཆེད་ཅིང་
རང་གཞན་བསྲེགས། །ཡིད་ཀུན་རྟོག་རིག་ལ་བདེ་བ་མེད། །ནོར་བསགས་
འདོད་དྲི་ཟའི་གྲོང་པ་འདྲ། །དེ་ཨེ་འདྲ་དེ་འཁྲུལ་པའི་ཡུལ་ལ་ལྟོས། །འཕྲུལ་
ལྟར་སྣང་ཙམ་ལས་འབྲས་བུ་མེད། །ལས་ཟང་ཟིང་ལ་དགའ་ན་སྡུག་ཡུན་
རིང་། །འཁོར་ཉེ་འབྲེལ་ཀུན་ཚོང་དུས་མགྲོན་པོ་འདྲ། །དེ་ཨེ་འདྲ་དེ་མགྲོན་
ཁང་གི་མི་ལ་ལྟོས། །འཕྲུལ་ལྷན་དུ་ཡོད་ཀྱང་མྱུར་དུ་བྱེ། །རང་ཞེན་ཆགས་ཀྱི་
དབང་གིས་འཁོར་བར་འཁྱམས། །ལས་ཆོས་བརྒྱུད་ཀྱི་རང་འདོད་སྒྲུབ་པ་
དེ། །མི་ཅོལ་ཆུང་གིས་ཇུ་རྫུན་ཟོང་བྱེད་འདྲ། །འཕྲུལ་ཡིན་སྣང་གིས་འདི་ཕྱི་
གཉིས་ཀ་ཕུང་། །རང་ངན་སོང་གི་གཏིང་རྡོ་ཞི་རེ་འཛིགས། །ཕོ་མདོ་ཡོད་ཚོ་
ཡོད་ན་རང་མགོ་ཐོན། །མི་སྨྱུང་པོ་ཡོད་ན་གཏན་བདེ་སྒྲུབ། །བློ་དྲུང་པོ་ཚོ་
ཡོད་ན་ཆོས་ལ་འབྱུངས། །ལར་མི་ཚེ་ལ་ནམ་ཟད་དུས་བཏབ་མེད། །འཆི་བ

ཞེས་འཛིགས་ཆེན་ནམ་འོང་ན། །འཁོར་བ་ལ་བདེ་བ་འདུག་གམ་ལྟོས། །དུས་ད་རེས་སུ་གཏན་བདེའི་ཐར་བ་སྒྲུབ། །འཇིག་རྟེན་གྱི་ཆོས་ལ་ཡིད་སྐྱོ་ནས། །བསྐུལ་མ་འདི་གོང་པོའི་ཡུལ་དུ་སྤྲས། །འགྲོ་བ་རྣམས་ཐར་བའི་ལམ་བགྲོད་ཤོག །མངྒ་ལཾ། །

༄༅། །གྲོས་འདེབས་རང་ཉམས་ལ་ཤར་བའི་གླུ།

ན་མོ་གུ་རུ་ཡེ། ཧེ་ཕན་པའི་ལམ་སྟོན་གནོད་པ་བཟློག །གཏན་བདེ་བའི་གནས་ལ་འགོད་མཛད་ཅིང་། །དུས་སྐད་ཅིག་དྲན་ཀྱང་ཉམས་རྟོགས་འཕེལ། །ཕ་བླ་མ་མཆོག་ལ་ཕྱག་འཚལ་ལོ། །ད་སེམས་དང་བྱ་བྲལ་རྣལ་འབྱོར་པ། །ཡེ་གདོད་མ་ཉིད་ནས་ད་བར་དུ། །ཡུལ་ཁམས་གསུམ་འཁོར་བའི་གྲོང་ཁྱེར་འཁྱམས། །གནས་གང་ལའང་གཏན་གནས་མི་འདུག་ན། །ཡུལ་ཆགས་ཞེན་སྤང་ན་མི་འཐད་དམ། །ཡུལ་ཞེན་ཀྱང་འཆི་ཚེ་བསྐྱུར་ནས་འགྲོ། །ད་གཏན་གྱི་ཡུལ་སྲིད་འགྱུར་མེད་ཅིག །དོན་ཀ་དག་གི་གློང་ལ་བསྟེན་རེ་རན། །གནས་རི་ཁྲོད་འགྲིམ་དང་ཆགས་ཞེན་ཅན། །ད་སེམས་དང་བྱ་བྲལ་རྣལ་འབྱོར་པ། །གནས་ཆོས་སྐུའི་ཡང་དགོན་པོར་ནས་ཀྱང་། །ལས་རིགས་དྲུག་གི་དགོན་ཁག་མང་པོ་བཏབ། །དེས་གཏན་བདེའི་འདུག་གནས་མི་གདའ་ན། །དགོན་བཟུང་བློ་སྤོངས་ན་མི་འཐད་དམ། །དགོན་ཐེབས་ཀྱང་

འདུས་བྱས་ཞིག་ནས་འགྲོ། །གནས་དགོན་པ་མཆོག་ཏུ་གཞོམ་མེད་ཅིང་། །དོན་གཙུག་མའི་ཡང་དགོན་བཟུང་རེ་རན། །གནས་དབེན་པ་བརྟེན་ཅིག་སྤྱོད་བློ་ཅན། །ད་སོམས་དང་བྱ་བྲལ་རྣལ་འབྱོར་པ། །གཞི་བློ་འདས་སྡེ་གཏོར་ནས་ད་བར་དུ། །ལས་འཁྲུལ་པའི་བྱ་བ་མང་པོ་བྱས། །བྱ་བྱེད་པས་ཐོན་པ་མ་བྱུང་ན། །ད་བྱེད་བློ་སྤངས་ན་མི་འཐད་དམ། །ལས་བྱས་པ་ཚར་མེད་དོན་གོ་སྟོང་། །དོན་མ་བྱས་ལས་སྟོབས་རྫོགས་པ་ཞིག །བློ་བཟོ་མེད་ངང་དུ་ཉལ་རེ་རན། །སེམས་རྩོལ་བ་ཤིག་ཅིག་སེམས་རྒྱུ་ཅན། །ད་སོམས་དང་བྱ་བྲལ་རྣལ་འབྱོར་པ། །ནོར་ལྡན་གྲུབ་ནོར་བུ་བཞག་ནས་ཀྱང་། །འཁྲུལ་འཁོར་བའི་ཡོ་བྱད་མང་པོ་བཙལ། །དེ་རྙེད་ཀྱང་གཏན་རྒྱུགས་མི་འདུག་ན། །ནོར་བཙལ་སྒྲུབ་བཤོལ་ན་མི་འཐད་དམ། །ནོར་རྙེད་ཀྱང་ཚོག་མེད་ནམ་ཐུགས་སྟོང་། །ནོར་ཚོག་ཤེས་ནོར་གྱིས་ཕྱུག་བྱས་ནས། །སེམས་དོན་གཉིས་ལྷུན་གྲུབ་སྒོམ་རེ་རན། །ནོར་བསགས་བློ་སྐྲུངས་ཤིག་སྲེད་པ་ཅན། །ད་སོམ་དང་བྱ་བྲལ་རྣལ་འབྱོར་བ། །དོན་བརྗོད་མེད་སྟོན་ནས་ད་ལྟའི་བར། །ཚིག་ཕན་མེད་བརྗོད་པ་ཅི་ཡང་བྱས། །དེ་འཁྲུལ་བའི་ལོ་མ་ཕན་མེད་ལས། །ཚིག་དོན་ལྡན་འགྲུབ་པ་མི་འདུག་ན། །སྐབས་ཚོས་བཤད་བཞག་ན་མི་འཐད་དམ། །དེ་བཤད་ཀྱང་ཕན་མེད་རང་ཉིད་ངལ། །དོན་བརྗོད་མེད་སྒོམ་ཞིག་ཁ་མང་པོ། །ད་སོམ་དང་བྱ་བྲལ་རྣལ་འབྱོར་པ། །དོན་འཁྲུལ་མེད་རིག་པ་ལྟོར་ཕྱིན་ནས། །ལས་སྲེད་ཞེན་བཟའ་བཏུང་གང་ཡང་སྤྱོད། །དེ་སྤྱོད་ཀྱང་ངོམས་དུས་མི་གདའ་ན། །ཟས་ཟད་མེད་བདུད་རྩིའི་རྒྱ་མཚོ་ཞིག །སེམས་རྣམ་དག་བསམ་གཏན་སྒོམ་རེ་རན། །ཟས་ཚོག་ཤེས་མཛོད་ཅིག་ཞིམ་ལྟོ་ཅན། །ད་

སོམས་དང་བྱ་བྲལ་རྣལ་འབྱོར་པ། །ཆོས་རྣམ་དག་ཡེ་ཤེས་བྲལ་ནས་ཀྱང་། །ལུས་གཅེས་འཛིན་སྐྱབས་བྱེད་མཛེས་གོས་རྒྱན། །བློ་ཚོག་ཤེས་རྒྱན་ནོམ་དགོས་ན་ཡང་། །སྣན་དྲོ་འཛམ་མཛེས་པ་མི་འདུག་ན། །ལུས་གཏུམ་མོ་སྦར་བ་མི་འཐད་དམ། །རྒྱན་གོས་བཟང་ལེགས་ཀྱང་ཟད་ཅིང་རྙིང་། །སེམས་རྣམ་དག་ཚུལ་ཁྲིམས་གོས་རྒྱན་ཞིག །གནད་དམ་ཚིག་གཙང་མས་རྒྱན་རེ་རན། །བློ་ཞེན་པ་ཐོངས་ཤིག་འདོད་པ་ཅན། །ད་སོམས་དང་བྱ་བྲལ་རྣལ་འབྱོར་པ། །རང་རོལ་པའི་རིག་རྩལ་ངོས་བཟུང་ནས། །ཕོང་རིས་མེད་འཁོར་བའི་སེམས་ཅན་དག །ལས་ལན་ཆགས་འབྲེལ་གྲོགས་འཁོར་མང་ཡང་། །ཀུན་རོ་མཉམ་གཅིག་ཏུ་འགྲོ་དུས་མེད། །རང་གཅིར་ཕུར་སྒོམ་ན་མི་འཐད་དམ། །འཁོར་འབྲེལ་བ་མང་ཡང་སོ་སོར་གྱེས། །ཆོས་འཁོར་འདས་དབྱེ་བ་མེད་པ་ཡིས། །དོན་ཉག་གཅིག་སྒོམ་ན་བྱ་རེ་རན། །རང་གཅིག་རྒྱ་ཐུབ་ཅིག་བསམ་རྒྱ་ཅན། །ད་ཡང་གཅིག་རྣལ་འབྱོར་ཚུར་སོམས་དང་། །དོན་ཅི་ལྟར་གྱུར་ཡང་མི་བདེའམ། །རང་གཅིག་པུར་སྒོམ་པས་འཁོར་འདས་གྲོལ། །ཀུན་རང་རྩལ་ཤར་བས་གཉིས་མེད་བདེ། །ལས་ཞེན་པ་བསྐྱུངས་པས་སྲིད་པ་ཞི། །སེམས་གཏེར་མཛོད་བརྟོལ་བས་འཕངས་མེད་བདེ། །ལས་བྱ་བ་བོར་བས་གཟུང་འཛིན་ཞིག །བློ་ཆོས་ཉིད་གསལ་བས་འཛིན་མེད་བདེ། །ལུས་གཅེས་འཛིན་བོར་བས་ནད་གདོན་མེད། །སེམས་འཛིན་པའི་རྒྱ་ལས་གྲོལ་བས་བདེ། །རྫས་ཡོད་ན་སྒྲུབ་པའི་ཆ་རྐྱེན་བྱེད། །ཆོས་དགེ་སྦྱོར་འཕེལ་ཞིང་རྒྱས་པས་བདེ། །ཟོག་མེད་ན་དེས་ཚོག་བག་ཡོད་བསྟེན། །གནད་ཚོག་ཤེས་ནོར་གྱིས་ཕྱུག་སྟེ་བདེ། །དོན་རང་སེམས་རང་ལ་རྫོགས་པ་

ལ། །གནད་འདྲི་རྒྱུ་ཐེ་ཚོམ་ཆོད་དེ་བདེ། །དོན་ཧི་བཞིན་བཞག་པ་མ་ལགས
སམ། །བློ་ཆེད་དུ་རྩོལ་སྒྲུབ་མི་དགོས་བདེ། །ཡུལ་ཚོགས་དྲུག་སྣང་བ་ཅི་ཤར
ཡང་། །དོན་གཞན་མིན་རོལ་པར་འཆར་ཏེ་བདེ། །རྐྱེན་བཟང་ངན་སྣང་བ
གང་བྱུང་ཡང་། །བློ་གཉེན་པོ་ཚོལ་མི་དགོས་ཏེ་བདེ། །རྟོག་རོལ་པའི་འཆར
ལུགས་གང་བྱུང་ཡང་། །ཀུན་རང་རིག་ཀློང་དུ་གྲོལ་ཏེ་བདེ། །སེམས་བདེ
གསལ་མི་རྟོག་ཞི་གནས་ལ། །བློ་མ་རིག་རང་སར་དག་སྟེ་བདེ། །ཆོས་བཟོ
མེད་རང་བྱུང་ཡེ་ཤེས་ལ། །སེམས་བློ་འདས་ལྷག་མཐོང་ཤར་བས
བདེ། །ཆོས་ཞི་ལྷག་ཟུང་དུ་འཇུག་པ་ཡི། །བློ་གཙུག་མའི་ངང་དུ་གནས་པས
བདེ། །དེང་ཕྱིན་ཆད་རྩལ་སྦྱོང་བྱེད་པ་ལ། །དོན་གཞན་ཞིག་ཡིད་སྨོན་བྲལ་ཏེ
བདེ། །སྟོང་ཁ་འབྱམས་གཅིག་པོར་མ་སོང་བའི། །སེམས་གཉིས་མེད་སྙིང་རྗེ
སྒོམ་སྟེ་བདེ། །ཆོས་བརྗོད་མེད་ལྐུག་པར་མ་སོང་བའི། །དོན་བརྗོད་མེད
བརྗོད་པར་སོང་སྟེ་བདེ། །གཞན་ཕན་མེད་རང་རྒྱལ་མ་ཡིན་པའི། །རང
བསྟན་འགྲོར་ཕན་པ་བྱུང་བས་བདེ། །བློ་རྩོལ་མེད་ཤུགས་ཀྱིས་ཕན་གྱུར
པའི། །ཕོང་འགྲོ་དོན་བསྟན་འགྲོར་ཕན་པས་བདེ། །དུས་མ་བབས་སྙིང་རྗེ་རྒྱ
ཆེན་ལས། །རང་གྲོལ་བའི་དབང་དུ་མི་བཏང་བདེ། །ལས་ཅི་ལྟར་གྱུར་ཀྱང
ཆོས་ཉིད་ལས། །དུས་ནམ་ཡང་འདའ་བར་མི་འགྱུར་བདེ། །བློ་གྲོས་འདེབས
བདེ་བར་ཤར་བའི་གླུ། །དཔལ་ལྷུགས་ཕུར་ཅན་གྱི་སྐུ་རྗེས་སུ། །རང་ཉམས
ལ་ཤར་བས་བྱུས་པ་ལགས། །ཆོས་འདི་ཡང་དོན་དང་ལྡན་གྱུར
ནས། །འབྲས་བསྟན་འགྲོའི་དགེ་ལེགས་འཕེལ་གྱུར་ཅིག །མངྒ་ལཾ། །

༄༅། །མན་ངག་ཉི་མ་རིན་ཆེན་ཞེས་བྱ་བ་བཞུགས་སོ། །

ན་མོ་གུ་རུ་ཡེ། བླ་མ་མཆོག་ལ་གུས་པས་ཕྱག་འཚལ་ལོ། །ཕན་པའི་གདམས་པ་ལེགས་པར་སྨྲ་བ་འདི། །རྩོལ་བཞིན་ཉོན་ལ་གུས་པས་ཉམས་སུ་ལོངས། །ཀྱེ་ཧོ། གྲོགས་དག་ཆོས་དབྱིངས་དོན་ལ་བསམ། །ཆོས་ཉིད་དོན་ལ་རྟོགས་དང་མ་རྟོགས་ཀྱི། །ཕྱོགས་སུ་མ་ལྷུང་ནམ་མཁའ་ལྟ་བུ་སྟེ། །གློ་བུར་སེམས་ཅན་དེ་ཉིད་མ་ངེས་པས། །མ་རིག་བདག་ཏུ་འཛིན་པའི་དབང་གིས་འཁྲུལ། །མ་རྟོགས་ཕྱིན་ཅི་ལོག་གི་འཁྲུལ་བས་བསླད། །རྣམ་རྟོག་བཟུང་འཛིན་འཁྲུལ་བའི་འཁོར་ལོ་བསྐོར། །ལས་དང་ཉོན་མོངས་འཁོར་བའི་རྒྱ་མཚོར་བྱིང་། །ཀྱེ་མ་སྲིད་པའི་འགྲོ་བ་ཉོན་རེ་མོངས། །བདེ་བ་འདོད་ཕྱིར་སྡུག་བསྔལ་མར་མར་བྱིད། །ཕྱིན་ཅི་ལོག་གིས་ལམ་བཞིར་ལ་གོམས་པས། །ཐར་མེད་འཁོར་བའི་འཕྲུལ་འཁོར་འཕང་ལོ་བཞིན། །རྣམ་རྟོག་འཁོར་བས་སྲིད་པ་ཟད་མི་འགྱུར། །དེ་ཕྱིར་འཁྲུལ་པའི་མཚན་ཉིད་ཤེས་བྱས་ནས། །འཁོར་བའི་ཆོས་ལ་སྐྱོ་བ་རབ་ཏུ་བསྐྱེད། །བདུད་ཀྱི་བཙོན་ར་གཤིན་རྗེའི་ཁྲིམས་ཁང་ལྟར། །འཁོར་བའི་གནས་འདི་བདེ་མེད་སྡུག་བསྔལ་ཆེ། །མུན་པའི་ལམ་དང་ལམ་མེད་འབྲོག་དགོན་བཞིན། །ཐར་བའི་ལམ་མེད་སྲིད་པའི་གྲོང་དུ་འཁྱམས། །གཡང་ས་ཆེ་དང་གཏིང་མེད་རྒྱ་མཚོ་བཞིན། །ཐར་པའི་དུས་མེད་སྡུག་བསྔལ་རང་བཞིན་ནོ། །མེ་ཡི་འོབས་དང་ཆུ་སྲིན་མཆེ་བ་ལྟར། །སྐྱེ་རྒ་ན་འཆིའི་སྡུག་བསྔལ་དུ་མས་གཟིར། །གཡང་ཁའི་

རྨ་དང་སྤྲུ་གྲིའི་སྦྲང་རྩི་བཞིན། །ངན་སོང་ལྷུང་ཞིང་ཐར་པའི་སྲོག་རྩ་གཅོད། །ཁྲེ་ལེབ་མེ་དང་སྲིན་མོའི་རིག་བྱ་བཞིན། །ཞེན་ཅིང་ཆགས་པས་སྡུག་བསྔལ་དཔག་མེད་འབྱུང་། །རྨི་ལམ་དང་ནི་སྒྱུ་མའི་དཔེ་བཞིན་དུ། །བདེན་བདེན་འདྲ་ཡང་བསླུ་ཞིང་འགྱུར་བ་ཉིད། །དུག་དང་འདྲེས་པའི་ཁ་ཟས་ཅི་བཞིན་དུ། །གནས་སྐབས་བདེ་འདྲ་མཐར་ཐུག་སྡུག་བསྔལ་བསྐྱེད། །དེ་ལྟའི་འཁོར་བ་སྡུག་བསྔལ་རྒྱ་མཚོ་འདི། །དོན་ལ་མེད་ཀྱང་འཁྲུལ་བའི་བློ་ངོར་སྣང་། །ཕྱི་ཡི་ཚོགས་དྲུག་ཡུལ་གྱི་འཁྲུལ་སྣང་དང་། །ནང་གི་སྲིད་པ་ཉེར་ལེན་ཕུང་པོ་ལྔ། །གསང་བ་གཟུང་འཛིན་རྣམ་རྟོག་ཚོགས་བརྒྱད་སོགས། །འདི་དག་འཁྲུལ་པ་སྡུག་བསྔལ་རང་བཞིན་ཏེ། །མི་བདེན་བསླུ་བ་སྲིད་པའི་རྒྱུ་འབྲས་ཡིན། །སྲིད་པའི་གྲོང་ཁྱེར་འཁོར་བའི་སྡུག་བསྔལ་ལ། །མ་ཆགས་མ་ཞེན་ད་ནི་བྱ་བ་ཐོངས། །དལ་འབྱོར་མི་ལུས་རིན་ཆེན་ཐོབ་དུས་འདིར། །དོན་མེད་ཚེ་འདིའི་དབང་དུ་མ་བཏང་ཞིག །ལུས་སྲོག་མི་རྟག་ཆུ་ཡི་ལྦུ་བ་འདྲ། །ནམ་འཆི་ཆ་མེད་ཆོས་ལ་བརྩོན་འགྲུས་བསྐྱེད། །ཆོས་ཀྱི་ལག་ལེན་དགེ་སྦྱུབ་སྡིག་སྤོང་ཡིན། །དགེ་བ་སྤེལ་ཞིང་ཉེས་པས་གོས་མི་བྱ། །གཏན་གྱི་སྐྱབས་གནས་བསླུ་མེད་དཀོན་མཆོག་ལ། །རྣམ་པ་ཀུན་ཏུ་བློ་གཏད་སྐྱབས་སུ་འགྲོ། །ཐོག་མེད་དུས་ནས་དྲིན་ལྡན་སེམས་ཅན་ལ། །བདེ་ཐོབ་སྡུག་བསྔལ་བྲལ་འདོད་བདེ་དགའ་དང་། །ཀུན་ལ་སྙོམས་པའི་བཏང་སྙོམས་ཚད་མེད་བཞི། །འགྲོ་བའི་དོན་དུ་སེམས་བསྐྱེད་ཡང་ཡང་བསྒོམ། །ཆོས་ཀྱི་རྩ་བ་སྙིང་རྗེ་བྱང་ཆུབ་སེམས། །བདག་བས་གཞན་གཅེས་ལྷག་པའི་བསམ་པ་ཡིས། །འགྲོ་རྣམས་བྱང་ཆུབ་ཐོབ་འདོད་སེམས་བསྐྱེད་མཆོག །རྣམ་པ་ཀུན་ཏུ་བསྒོམ་པ་གལ་

ཆེའོ། །དགེ་རྩ་ཅི་བྱེད་སེམས་ཅན་དོན་དུ་བསྔོས། །ཀུན་ཀྱང་སངས་རྒྱས་ཐོབ་པའི་སྨོན་ལམ་ཐོབ། །དེ་དག་བསམ་བྱའི་སྤྲོས་པའི་ཉམས་ལེན་སོང་། །ཀྱེ་ཧོ་གསོན་དང་རྣལ་འབྱོར་པ། །ཁྱེད་ནན་ཏན་སྙིང་པོ་སྒྲུབ་འདོད་ན། །བཀའ་མདོ་རྒྱུད་ཀྱི་སྙིང་པོ་འོད་གསལ་ལམ། །གཤིས་སྣང་སྲིད་ཀྱི་ངོ་བོ་ཡེ་སྟོང་པ། །དོན་སྐྱེ་འགགས་དང་བྲལ་བའི་གནས་ལུགས་མཆོག །ལས་རྟག་ཆད་དང་འགྲོ་འོང་ལས་བྲལ་བ། །ཕྱོགས་གང་དུའང་མ་ལྷུང་ནམ་མཁའི་དཔེ། །ཆོས་ཕྱག་རྫོགས་དང་དབུ་མའི་གནས་ལུགས་མཆོག །སེམས་སེམས་བྱུང་དང་བྲལ་བ་གཉུག་མའི་གཤིས། །དོན་སོ་མ་དང་རྣལ་མ་གཉུག་མའི་མཆོག །ཡུལ་ཡུལ་ཅན་གཉིས་མེད་ངོ་བོ་ནི། །དོན་རང་བྱུང་རིག་པ་འདི་ཀ་ཡིན། །དོན་ཤེས་བྱ་དང་ཤེས་བྱའི་ཡུལ་ལས་འདས། །གནད་ལྟ་བྱ་དང་ལྟ་བྱེད་བྲལ་ན་ཡང་། །དོན་རང་རིག་ཏུ་རྟོགས་པ་ལྟ་བ་ཡིན། །དོན་གོལ་ས་དང་འཆུག་སའི་ཕྱོགས་འགའ་མེད། །ལྟ་རྟོགས་པར་གྱིས་ཤིག་སྐལ་ལྡན་ཀུན། །གནད་དེ་ལྟའི་ངང་ལ་མ་བཅོས་པར། །སེམས་མ་ཡེངས་མི་བསྒོམ་རང་ལུགས་སུ། །དེ་རང་ངོ་སྐྱོང་བ་བསྒོམ་པ་ཡིན། །དཔེ་ནམ་མཁའ་ནམ་མཁར་ཐིམ་པའམ། །དོན་ཆུ་ལ་ཆུ་བཞག་བཞིན་དུ་ཞོག །བློ་མ་བཅོས་རྟོག་མེད་རང་བབས་སུ། །དུས་རྒྱུན་ཏུ་འཛོག་པ་མཉམ་བཞག་ཡིན། །དོན་ནམ་མཁའ་ལྟ་བུའི་སྟོང་ཉིད་ངང་། །སེམས་གཉུག་མ་ཆུ་བོ་ལྟ་བུར་འཆར། །དོན་ཁ་གཏིང་མེད་པ་རྒྱ་མཚོ་བཞིན། །གཤིས་འོད་གསལ་ཉི་མ་ལྟ་བུར་འཆར། །བློ་རེ་འགའ་བདེ་བའི་སྣང་བ་འཆར། །བདེ་བའི་ངོ་བོ་ཡུལ་མེད་དེ། །སྡུག་པའི་སྣང་བའང་དེ་བཞིན་དུ། །བློ་བདེ་སྡུག་ཀུན་སྒྱུ་མར་ཤེས་གྱིས་

ལ། །སེམས་ནམ་མཁའ་ལྟ་བུའི་ངང་ཏུ་ཞོག །བུ་ད་དུང་རིག་པ་གཏན་ལ་ཕེབས། །བློ་རེས་འགའ་རྙེད་དང་ཟ་འདོད་འཆར། །དེ་ངོ་བོ་མེད་པ་སྟོང་པའི་རྩལ། །བློ་མ་རྙེད་དོགས་པའང་དེ་བཞིན་དུ། །སེམས་རེ་དོགས་བྲལ་བའི་ངང་ལ་ཞོག །བུ་ད་དུང་ཆོས་ཉིད་གཏན་ལ་ཕེབས། །བློ་རེས་འགའ་གྲགས་ན་དགའ་སླམ་འཆར། །དེ་རྩ་བ་མེད་པ་བར་སྣང་བཞིན། །སེམས་མ་གྲགས་དོགས་པའང་དེ་བཞིན་དུ། །སེམས་སྤྲོས་དང་བྲལ་བའི་ངང་ལ་ཞོག །བུ་ད་དུང་མཐའ་བྲལ་གཏན་ལ་ཕེབས། །བློ་རེས་འགའ་བསྟོད་དགའི་སྣང་བ་འཆར། །དེ་གཞི་རྩ་མེད་པ་བྲག་ཆ་བཞིན། །རང་མ་བསྟོད་སྨད་པའང་དེ་བཞིན་དུ། །སེམས་འཛིན་པ་མེད་པའི་ངང་ལ་ཕེབས། །བུ་ད་དུང་མཉམ་ཉིད་གཏན་ལ་ཕེབས། །བློ་རེས་འགའ་ཡིན་སླམ་རེ་བ་འཆར། །དེའི་རང་བཞིན་ནམ་མཁའི་མེ་ཏོག་འདྲ། །བློ་མིན་སླམ་དོགས་པའང་དེ་བཞིན་ནོ། །སེམས་ཕྱོགས་ལྷུང་བྲལ་བའི་ངང་ལ་ཞོག །བུ་ད་དུང་ལྟ་བ་གཏན་ལ་ཕེབས། །དུས་ཉིན་མཚན་མེད་པ་ཐམས་ཅད་དུ། །བློ་འཛིན་མེད་རང་གསལ་རང་ངོ་ལ། །སེམས་མ་བཅོས་རྣལ་མའི་ངང་ལ་ཞོག །བློ་བྱིང་ན་རིག་པ་མཁའ་ལ་བྱིང་། །སེམས་རྒོད་ན་རིག་པ་གློད་དེ་ཞོག །དོན་རང་བྱུང་རིག་པའི་རང་ངོ་སྐྱོང་། །ཆོས་སྒོམ་པ་ལགས་སོ་གོམས་པར་གྱིས། །སྒོམ་དེ་ཀའི་ངང་ནས་སྤྱོད་ལམ་དང་། །དེ་བསྒྲེ་ཞིང་ཟ་འགྲོ་གཉིད་ལ་སོགས། །དུས་སྤྱོད་ལམ་ཀུན་ཏུ་མ་ཡེངས་པར། །དེ་ཤེས་བཞིན་དྲན་པའི་ངང་ནས་སྤྱོད། །ཀུན་རྨི་ལམ་སྒྱུ་མའི་དཔེ་བཞིན་དུ། །བློ་འཛིན་མེད་ལྷུག་པའི་ངང་ནས་སྤྱོད། །སེམས་ཞེན་ཆགས་བྲལ་བའི་དགོངས་པ་འཆར། །དེ་སྤྱོད་པ་ཡིན་ནོ་ཤེས་པར་གྱིས། །དོན་

དེ་ལྟར་མཉམ་རྗེས་མེད་སྒོམ་པས། །གཤིས་རང་བྱུང་རིག་པ་རང་ཚོ་ཟིན། །སེམས་སེམས་བྱུང་འཁྲུལ་པ་དབྱིངས་སུ་ཐིམ། །དོན་ཀ་དག་དགོངས་པའི་རྒྱལ་སྲིད་ཟིན། །སེམས་འོད་གསལ་ཉི་མ་གསལ་འགྲིབ་མེད། །གཤིས་ཆོས་ཉིད་ནམ་མཁའ་འཕོ་འགྱུར་བྲལ། །དོན་གཙུག་མའི་ངོ་བོ་རྒྱུན་ཆད་མེད། །ཞིང་སྐུ་དང་ཡེ་ཤེས་ལྷུན་གྱིས་གྲུབ། །ཆོས་དོན་གཉིས་འགྲུབ་པའི་རྩེ་མོར་གྱུར། །དེ་འབྲས་བུ་ལག་སོ་རྟོགས་ནས་འོང་། །གནད་དེ་ལྟར་བཤད་པའི་དགེ་བ་དེས། །མ་མཁའ་མཉམ་གྱི་སེམས་ཅན་མ་ལུས་པ། །བློ་འབད་མེད་གྲོལ་བའི་དོན་རྟོགས་ནས། །དོན་རྫོགས་བྱང་གི་འབྲས་བུ་ཐོབ་པར་ཤོག །མངྒ་ལཾ། །

ཅེས་པ་འདི་ཉིད་བསམ་གཏན་ཕྲིན་ལས་བསྟན་འཛིན་གྱིས་གསལ་འདེབས་ཀྱི་མན་ངག་གཅིག་དགོས་ཞེར་ཞིང་ཡང་ཡང་བསྐུལ་ངོར་རྫོགས་ཆེན་རྣལ་འབྱོར་པདྨ་རིག་འཛིན་གྱིས་རྩ་རི་ཏྲ་ཡེ་ཤེས་ཀྱི་འཁོར་ལོའི་གནས་མཆོག་ཡུལ་རྣམས་ཀུན་གྱིས་གཙོ་བོ་མ་སྲིང་མཁའ་འགྲོའི་ཕོ་བྲང་ཟབ་ལམ་རྡོ་རྗེ་ར་བའི་དབེན་གནས་བསམ་གཏན་ཕོ་བྲང་དུ་སྦྱར་བའོ། །

༄༅། །མན་ངག་ཟླ་བ་རིན་ཆེན་ཞེས་བྱ་བ་བཞུགས་སོ།།

ན་མོ་གུ་རུ་ཡེ། གུས་པས་ཕྱག་འཚལ་བླ་མ་དམ་པ་རྗེ། །གདམས་པ་ཞིག་ངེས་པར་དགོས་གྱུར་ན། །མ་ཡེངས་བར་གསན་ཅིང་སེམས་གཏད་ནས། །འགྱུར་མེད་དུ་ཉམས་སུ་ལེན་པར་མཛོད། །འཁོར་འདས་ཀུན་དག་མཉམ་མ་ཤར་བར། །འཇིགས་རུང་གྱི་སྲིད་ལས་ཅི་ཐར་དང་། །རྒྱུ་འབྲས་ཀུན་སྐྱེ་མེད་མ་གྱུར་བར། །དགེ་སྡིག་ལ་བླང་དོར་ཚུལ་བཞིན་མཛོད། །བདེ་ཆེན་གྱི་དབྱིངས་སུ་མ་ཕྱིན་པར། །མི་རྟག་གི་བསྐུལ་མ་ཡང་ཡང་ཐོངས། །གཏན་བདེ་ཡི་དམ་ཆོས་སྒྲུབ་དུས་འདིར། །འཕྲལ་བདེ་ཡི་སྐྱིད་འདོད་མ་ཆེ་མཛོད། །བསམ་གཏན་གྱི་ཟས་དང་ཏིང་འཛིན་སྒོམ། །འཕྲལ་ཕུགས་ཀུན་འཚོ་བའི་ལོངས་སྤྱོད་བཟང་། །ཆོག་ཤེས་དང་གང་བྱུང་སྒྲུབ་པའི་བརྒྱུགས། །ཟས་གོས་ལ་སྲེད་པའང་མ་ཆེ་མཛོད། །ཐམས་ཅད་ཀུན་མི་རྟག་སྒྱུ་མ་འདྲ། །དགྲ་གཉེན་ཀུན་ངེས་མེད་འགྱུར་བ་ཅན། །བསྟོད་སྨད་དང་བདེ་སྡུག་རྨི་ལམ་ཙམ། །ཆགས་སྡང་གི་ལས་རྣམས་སྤྱུར་བར་མཛོད། །གྲོ་ཟན་དང་གཏན་རྒྱུས་མི་བརྗེ་ཞིང་། །དོན་མེད་ལ་མི་ཚེ་མ་ཟད་པར། །བྱས་ཆོས་ཙམ་ཐར་བར་མི་འཛིན་པའི། །དོན་དམ་ལ་ཉམས་ལེན་གཏིང་ཕྱིན་མཛོད། །ཀྱེ་ཧོ་ཡང་གསོན་དང་བློ་ལྡན་པ། །འཁོར་འདས་ཀུན་མཉམ་ཉིད་བྱང་ཆུབ་

སེམས། །རྣམ་དག་གི་རིག་པ་ཡེ་རྫོགས་ཀློང་། །རང་བྱུང་གི་གཉུག་མ་འདི་ཀ་ཡིན། །ཀུན་གཞི་དང་མ་རིག་ངོ་ནས་དག །བག་ཆགས་དང་འཁྲུལ་བའི་རྒྱུ་བ་ཆད། །ཉོན་མོངས་དང་ལས་སྣང་རང་བཞིན་གྲོལ། །ཀ་དག་གི་རིག་པ་འདི་ཀ་ཡིན། སྐྱེ་མེད་ཀྱི་རིག་པ་འདི་ཀ་ཡིན། །སྐྱེ་མེད་ལ་གནས་དང་འགག་རྒྱུ་ཅི། །འཁྲུལ་མཁན་གྱི་སེམས་ཉིད་གདོད་ནས་སྟོང་། །གྲོལ་རྒྱུ་ཞེས་ངོ་བོ་རྩལ་ཆ་གྲོལ། །སེམས་ཉིད་ཀྱི་ཟང་ཐལ་འདི་ཀ་ཡིན། །མ་བཅོས་པའི་ཆོས་ཉིད་བྱང་ཆུབ་སེམས། །ཚོགས་བརྒྱད་ཀྱི་འཛིན་རྟོག་དབྱིངས་སུ་ཐིམ། །སྣང་སེམས་ཀྱི་བྱེ་བྲག་ཆར་མར་བརྡལ། །ལྷན་སྐྱེས་ཀྱི་འོད་གསལ་འདི་ཀ་ཡིན། །བཟང་ངན་གྱི་ཀུན་བཏགས་ནམ་མཁའི་རིས། །རྟོགས་དང་མ་རྟོགས་མཐོ་དམན་གྲོལ། །ལྷ་སྒོམ་ཀུན་ཡེ་རྫོགས་བདེ་ཆེན་ངང་། །སྐྱེ་མེད་ཀྱི་རང་སེམས་འདི་ཀ་ཡིན། །ཡིན་ལུགས་འདི་མཐའ་གྲོལ་དབུ་མ་ཆེ། །ཟུང་འཇུག་གི་འོད་གསལ་ཕྱག་རྒྱ་ཆེ། །ཡེ་གྲོལ་གྱི་ཀ་དག་རྫོགས་པ་ཆེ། །དམིགས་མེད་ཀྱི་རང་བབས་ལྷུག་པར་ཞོག །ཡེ་སྟོང་ལ་སྟོང་འཛིན་བསྐྱེད་མི་དགོས། །འོད་གསལ་ལ་ཡང་གསལ་བྱ་མི་དགོས། །རྟོག་མེད་ལ་ཡོ་ལོངས་འཚུབས་མི་དགོས། །ཡིན་ལུགས་ལ་ཡེངས་མེད་ལྷུག་པར་ཞོག །སྒོམ་པ་ཞེས་བློ་སེམས་གཟེབས་དང་གྲོལ། །མི་བསྒོམ་ཞེས་ཡེངས་འཁྲུལ་དྲུང་ནས་ཕྱུང་། །བློ་སེམས་དང་རྣམ་ཤེས་སྤྲུབས་ལས་ཐོན། །ཆོས་ཉིད་ཀྱི་རིག་པ་རྗེན་པར་ཞོག །ཡིན་ཚུལ་བཞིན་རྟོགས་པའི་སྒོམ་པ་ལ། །བཏང་བཞག་དང་འགྲོ་འོང་བཅོས་བསྒྱུར་མེད། །ཁམས་རྒྱན་ཀྱི་བྱིང་རྒོད་གཉེན་པོ་རུ། །གཏད་མེད་ཀྱི་གྲིམ་ལྷོད་གང་བདེ་མཛོད། །མ་རྟོགས་པའི་འགྲོ་ལ་སྙིང་རྗེ་དང་། །སྤྱོད་ལམ་

སྐུ་རབས་དང་པོ་གྲུབ་ཐོབ་པདྨ་རིག་འཛིན་གྱི་གསུང་ཚན།

ཀུན་ཉམས་ལེན་དང་ནས་བྱ། །མ་འདྲེས་ན་མཉམ་བཞག་ལྷུག་པའི་ངང་། །སྤྱོད་ལམ་དུ་དྲན་པ་ལམ་ཁྱེར་བཟང་། །བྱང་ཆུབ་ཀྱི་སེམས་ཉིད་ཆོས་ཀྱི་དབྱིངས། །ཡེ་བསྒོམ་གྱི་འོད་གསལ་འཁོར་ལོ་ལ། །བློས་སྒོམ་གྱི་རྟོག་པ་མ་ཡིན་ཡང་། །ཡེང་མེད་ཀྱི་དང་སྒོམ་སྤྱོད་པ་བཟང་། །ཡེ་གསལ་ལ་ཡང་གསལ་རྒྱས་ཐེབས་ནས། །སྣང་སྲིད་ཀུན་བདེ་ཆེན་ཆོས་ཀྱི་དབྱིངས། །སྣང་གྲགས་ཚོ་སྐུ་གསུམ་རོལ་པའི་རྒྱན། །ཀུན་བཟང་གི་དགོངས་ཀློང་མངོན་དུ་གྱུར། །ཨེ་མ་ཧོ་གཟིགས་དང་མཁས་པའི་རྒྱན། །མདོ་རྒྱུད་ཀྱི་དགོངས་པ་མ་ལགས་སམ། །ཉམས་ལེན་དང་བསྲེས་དང་རྟོགས་ལྡན་རྣམས། །གནས་ལུགས་ཀྱི་ཆོས་ཉིད་མ་ལགས་སམ། །ཚུལ་བཞིན་ཞིག་སྒོམ་དང་བསྒོམ་ཆེན་ཆོ། །ཉམས་རྟོགས་ཀྱི་མཛོད་ཁང་མ་ལགས་སམ། །རྟོག་གེ་དང་ བླུན་པོས་མཐོང་གྱུར་ན། །མགོ་འཐམ་ཞིང་འགལ་བར་འཛིན་སྲིད་དམ། །གདམས་པ་འདི་དགྱེས་ཚང་དྲུང་འཚོ་བས། །ཡང་ཡང་གཅིག་བསྐུལ་ངོར་པདྨའི་མཚན། །རྣལ་འབྱོར་པས་ཙཱ་རིའི་གནས་སུ་སྨྲུར། །དགེ་བ་དེས་མཁའ་མཉམ་འགྲོ་བ་ཀུན། །བླ་མེད་ཀྱི་བྱང་ཆུབ་འགྲུབ་པར་ཤོག །

༄༅། །སྙིང་གཏམ་པཻ་ཏྲའི་དོ་ཤལ་བཞུགས་སོ། །

ཁོ་ཡཱ། ལྟོས་དང་བྱ་བྲལ་རྣལ་འབྱོར་བདག །གསུམ་ལྡན་སྡོམ་ལ་ཞུགས་ནས་ཆོས་བཞིན་བགྲིད། །འཛིག་རྟེན་བྱ་བ་བཏང་ནས་དོན་ཆེན་སྒྲུབ། །ལྟ་བའི་གདེང་ལྡན་བློ་བདེའི་ངང་འབྱམས་ཡང་། །སྤྱོད་ཚུལ་མཐོང་ཞིང་ཐོས་པས་ཡིད་སྨུག་ལྡང་། །རང་ཉིད་ཉམས་ལེན་གང་ལའང་འཕེལ་མཆིས་ཀྱང་། །ལྟོས་བཅས་གྲོགས་དང་ཆོས་མཐུན་གྲོགས་པོར་བཅས། །བྱ་ཁྱུང་མཁའ་ལ་འཕུར་བ་ཅི་བཞིན་དུ། །གནས་ཆེན་ཙ་རི་སྒྲུབ་པ་བྱའོ་ཞེས། །བློ་ཆེན་བསྐྱེད་ཅིང་དོན་ཆེན་ཁུར་ཁུར་ཏེ། །གནས་འདིར་འོང་ནས་འཛིག་རྟེན་ཕན་པའི་གྲོས། །ཆོས་ཀྱི་གདམས་པ་རང་རྒྱུད་འདུལ་བའི་ཁྲིམས། །གང་ཕན་དགའ་བདེའི་ཟབ་བཞེད་སྐྱེས་ནའང་། །དུལ་མོད་ལྟར་ཡང་རེངས་འདི་ཅི་ལྟ་བུ། །བདེ་གཤེགས་ཀུན་འདུས་རྩ་བའི་བླ་མ་ལ། །ལེགས་པའི་རྟེན་འབྲེལ་དེ་ནས་བསྒྲིག་དགོས་པས། །ཅི་མཛད་ལེགས་དང་ཅི་གསུང་ཚད་མ་སོགས། །རང་ཉིད་མ་ལྡན་གཞན་གྱིས་བྱེད་རེ་བའི། །འདོད་པ་དེ་འདྲ་བྱིས་པའི་རང་འདོད་ཡིན། །དེ་བཞིན་རང་མ་དུལ་བར་གཞན་འདུལ་དང་། །རང་མ་གྲོལ་བར་གཞན་སྒྲོལ་འདོད་པ་འཁྲུལ། །དངོས་འཛིན་ཅན་ལ་སྣང་བ་འཁྲུལ་བ་དང་། །ཞེ་སྡང་ཅན་ལ་ཐམས་ཅད་དགྲ་བོ་དང་། །ང་རྒྱལ་ཆེ་ལ་གཞན་བས་ཆེ་འདོད་དང་། །ཕྲག

དོགས་ཅན་ལ་འཁྲན་སེམས་བརླམས་བཙོས་དང་། །བསོད་ནམས་དམན་རྣམས་
དཀའ་དུས་སྡུག་སྣང་དང་། །ལས་ངན་བསླང་དུས་སྤྱོད་ངན་སྣ་ཚོགས་
དང་། །བདུད་ཀྱི་དབང་སོང་རྒྱབ་འཁྲུགས་འཐབ་མོ་དང་། །བསོད་ནམས་
ཟད་ཁ་ཁྲོ་ཚིག་ཞེ་འདེབས་སོགས། །ཀླུན་རྨོངས་འཁྲུལ་པ་ཅན་ལ་འོང་བ་
ཡིན། །མདོར་ན་སྨུ་ངན་འདས་བདེའི་རང་བཞིན་དེ། །དུལ་ཞིང་ཞི་དང་གྲོལ་
བའི་བདག་ཉིད་ཅན། །ཡིན་པའི་གོ་བ་ཙམ་ཞིག་མི་ལྡན་པར། །རང་ལ་ཡོད་
པའི་སྐྱོན་དེ་ངོ་སོར་འཕྲེར། །གཞན་གྱིས་ཡོན་ཏན་དག་ལ་བརླམས་སེམས་
འཛིན། །ཅུང་ཟད་སྐྱོན་མ་བྲི་ལ་ཡོན་ཏན་མེད། །དེ་ལྟ་ནའང་ལྟག་པའི་བློ་
སེམས་ཅན། །མི་སྡུག་བཞིན་དང་རྒྱབ་མོའི་ང་རོ་ཆེ། །དུག་ལྕེ་མེ་འབར་
བསམ་ངན་འཚུབ་མ་འཚུབས། །སྐྱེས་པས་སྐྱེས་མ་མི་གཙང་ཉོན་མོངས་
སྤྱོད། །དམ་ཚིག་མི་སྲུང་སྡོམ་པའི་རྒྱ་བ་ཉམས། །བཟང་པོ་འདོད་ལ་ངན་པའི་
ངང་ཚུལ་ཅན། །ཀྱི་ཧུད་འོ་སྐོལ་མི་ལུས་ཅི་ལྟར་གྱུར། །ལས་ངན་གདུག་པའི་
སེམས་ཅན་མ་ཡིན་ནམ། །ཡང་ན་བར་ཆད་བདུད་ཀྱིས་གླགས་རྙེད་
དམ། །ཡང་ན་དུས་ངན་སྙིགས་མའི་རྟགས་ཡིན་ནམ། །བླ་མ་དཀོན་མཆོག་
ཐུགས་རྗེ་ཆུང་ངམ་ཅི། །རང་རང་བློ་སེམས་གཏན་ནས་མེད་པའམ། །ངན་
སོང་གསུམ་གྱི་འགྲོ་བ་མ་ཡིན་ནམ། །སྐམ་སྐྱེ་བྱས་པ་དོན་མེད་ཡིད་ཆད་
གྱུར། །འོན་ཀྱང་མི་ལུས་རིན་ཆེན་ཁྱད་པར་ཆེ། །སྨྲ་ཤེས་དོན་གོ་གང་
བསླབས་ཐམས་ཅད་ཤེས། །བྱང་ཆུབ་སྒྲུབ་ན་ཚེ་གཅིག་གིས་ཀྱང་འགྲུབ། །དེ་
ཕྱིར་སླར་ཡང་བཟང་ངན་གོ་ལྡོག་དགོས། །སྐྱོན་བྲལ་ཡོན་ཏན་ཕུང་པོའི་སངས་
རྒྱས་ཡང་། །སྐྱོན་ཅན་སེམས་ཅན་དག་གིས་སྒྲུབ་པས་འབྱུང་། །འདི་འདྲའི་

ཚུལ་ལུགས་ལེགས་པར་ཤེས་གྱིས་ལ། །གཞིས་ངན་བསྐྱུར་ལ་བཟང་པོའི་སྒྲོལ་ལ་ཞུགས། །བག་ཡོད་དྲན་དང་ཤེས་བཞིན་ལྡན་པ་ཡིས། །ལུས་ངག་ཡིད་གསུམ་དུལ་བའི་དཔལ་ལ་སློབ། །གཞན་ལམ་མ་ལྟ་རང་སྐྱོན་རང་ངོ་ཟུངས། །བླ་མ་དཀོན་མཆོག་དཔང་པོའི་བློ་གཏད་མཛོད། །སློབ་དཔོན་མཆེད་གྲོགས་གཞུང་བཞིན་དམ་ཚིག་བསྲུང་། །བསྐྱེད་རྫོགས་ཉམས་ལེན་དོན་ལས་འབྲལ་མི་བྱ། །བླ་མ་མ་བསླུ་སངས་རྒྱས་བསྟན་མ་བཤིག །མི་ཁ་མ་བསླུ་རང་སྨྲ་རང་མ་ཐབ། །སྒོ་གསུམ་དམ་པའི་ཆོས་དང་མ་འབྲལ་ཅིག །དེ་ལྟར་བྱུང་ན་འགྲོ་འདུག་གང་བྱས་རུང་། །དེ་ལྟར་མ་བྱུང་རང་སྡུག་མི་ཡིས་ཁྲེལ། །ཤེས་ཤིང་གོ་བར་མཛོད་ཅིག་བློ་ལྡན་རྣམས། །དེ་ལྟར་སྨྲ་འདི་གཅིག་ལ་མ་ཡིན་ཏེ། །རང་རེ་ཀུན་གྱི་སྐྱོན་ཡོན་ངོས་འཛིན་ཡིན། །གང་ལ་ཕོག་བ་དེ་ཡིས་མཚང་ངོས་ཟུངས། །གང་གིས་གོ་བ་དེ་ནི་གདམས་ཟབ་ཡིན། །གང་གིས་རྟོགས་པ་དེ་ནི་གྲོལ་བའི་རྟགས། །ཅེས་པ་འདི་རིག་འཛིན་རྒྱ་མཚོའི་གྲོགས་མཆེད་མང་ཞིག་ཙ་རི་ཏྲ་ནས་བསོད་སློམས་ལ་འགྲོ་བའི་དུས་སུ། རྫོགས་པ་ཆེན་པོའི་རྣལ་འབྱོར་པ་པདྨ་རིག་འཛིན་གྱིས་ཞལ་གདམས་སྙིང་གཏམ་དུ་གདམས་པའོ། །

༄༅། །ལྷ་སྒོམ་སྤྱོད་པའི་གནད་སྟོན་པའི་གླུ།

ལྟ་བ་ཡས་བབས་དངོས་འཛིན་འཁྲུལ་བ་སངས། སྤྱོད་པ་མས་འཛེགས་སོ་ཐར་ཚུལ་ཁྲིམས་སྲུང་། བྱང་སེམས་གཞི་བཟུང་སྟོང་ཉིད་སྙིང་རྗེ་འབྲེལ། ཐབ་བསྟན་འཁྲུལ་མེད་ཁྱོད་ཀྱི་སྤྱོད་གྱུར་ཅིག །ལྟ་བས་སྤྱོད་པ་མི་བསླད་རྒྱུ་འབྲས་ཞིབ། སྤྱོད་པས་ལྟ་བ་མ་བཅིང་མཁའ་ལྟར་དག །འགྲོ་དོན་རང་དོན་མ་འདྲེས་བསྟན་འགྲོ་ར་བསམ། འཆུག་མེད་ལམ་བཟང་བུ་ཁྱོད་འགྲིམ་པར་ཤོག །བསླད་མེད་འགྲོ་དོན་རླབས་ཆེན་སེམས་པའི་ཚེ། བགེགས་དང་དགྲ་ཡིས་བར་ཆད་མི་འབྱུང་ཞིང་། སྤྲིན་བྲལ་མཁའ་ལ་ཉི་མ་ཤར་བ་བཞིན། ཕྱོགས་རིས་མེད་པའི་འགྲོ་དོན་འབྱུང་བར་ཤོག །མཐོང་ཐོས་དྲན་རེག་སྐྱེ་འགྲོ་ཐམས་ཅད་དང་། ཁྱད་པར་ཟས་ནོར་ཆོས་ཀྱི་འབྲེལ་ཐོགས་ཚད། ངན་སོང་འཁོར་བའི་སྐྱེ་སྒོ་ཆོད་ནས་ཀྱང་། བདེ་ཆེན་དག་པའི་ཞིང་དུ་སྐྱེ་བར་ཤོག །ཆོས་ཉིད་ཆོས་ཅན་འགོག་དང་ལམ་གྱི་བདེན། ཀུན་རྫོབ་རྒྱུ་འབྲས་བསླུ་བ་མེད་པ་དང་། བདེན་པ་གྲུབ་པ་རྣམས་ཀྱི་བདེན་སྟོབས་མཐུས། བཀྲ་ཤིས་སྨོན་ལམ་གེགས་མེད་འགྲུབ་གྱུར་ཅིག །

༄༅། །དཔོན་ཆེན་རྣམ་རྒྱལ་ལ་གདམས་པ་བཞུགས་སོ། །

ན་མོ་གུ་རུ་ཡེ། གདོད་མའི་མགོན་པོ་ཀུན་ཏུ་བཟང་། །རིག་རྩལ་གྱི་སློབ་དཔོན་པདྨ་འབྱུང་། །མཚུངས་མེད་ཀྱི་དྲིན་ལྡན་བླ་མ་རྗེ། །གསོལ་བ་རང་འདེབས་སོ་བྱིན་གྱིས་རློབས། །སྟོན་བྱོན་གྱི་མདའ་བསྣུན་ཆེན་པོའི་བུ། །འདི་ལྟར་རྟོགས་ན་གླུ་ལེན་ཏེ། །མ་ཡིན་པ་གཞན་འགའ་མ་མཐོང་ངོ་། །ཡིན་བཞིན་ལ་ཡིན་པར་ཤེས་སོ་ཀྱེ། །ཁམས་གསུམ་གྱི་འཁོར་བའི་རྒྱ་མཚོ་ལས། །དལ་འབྱོར་གྱི་ཡིད་བཞིན་ནོར་བུ་རྙེད། །མི་དགེ་བའི་འདམ་དུ་མ་བྱིང་བར། །དམ་ཆོས་ཀྱི་རྒྱན་གྱིས་བརྒྱན་པས་ལེགས། །མདོ་དོན་ལ་སྒྲུབ་ཚུལ་མང་ན་ཡང་། །དོན་མེད་ཀྱི་འཇིག་རྟེན་བྱ་མང་ལ། །མི་ཚེ་ཀུན་སྟོང་ཟད་མ་སྐྱེལ་བར། །གཏན་བདེའི་ཐར་ལམ་སླེགས་པས་ལེགས། །ཚེ་འདི་ཡི་སྣང་ཞེས་བསླུ་བྲིད་ལ། །མགོ་སྐོར་གྱི་ཆགས་ཞེན་མ་ཤོར་བར། །སྒོ་གསུམ་ཀུན་བག་ཡང་ཆོས་སྤྱོད་པའི། །འཇིག་རྟེན་གྱི་བྱ་བ་བྲལ་བས་ལེགས། །ཆོས་བརྒྱད་ཀྱི་འཁོར་ལོ་བསྐོར་བ་ཡི། །ཚེ་འདི་པའི་སློབ་དཔོན་མ་ཡིན་པའི། །བརྩེ་ལྡན་གྱི་སངས་རྒྱས་མངོན་སུམ་དུ། །དྲིན་ཆེན་གྱི་བླ་མར་མཇལ་བས་ལེགས། །རྙེད་ཚོལ་གྱི་ཚོང་ཟོང་ཟབ་ཟབ་པའི། །ལྟར་སྣང་གི་སློབ་གཉེར་ཙབ་ཙུབ་མེད། །སྐུ་གསུམ་གྱི་བསྟན་པའི་གཞུང་ལུགས་ཀྱི། །གདམས་ངག་གི་རྒྱུ་

མཆོ་ཐོབ་པས་ལེགས། །ཅི་བྱ་གཏོལ་མེད་འགྲོ་འདུག་གིས། །ཡེངས་ལམ་གྱི་མི་ཆོ་མ་ཟད་པར། །ཐོས་བསམ་དང་སྒོམ་པར་དྲིལ་བ་ཡི། །ཉམས་ལེན་ལ་སྙིང་པོ་བྱས་པས་ལེགས། །བྱ་རྩོལ་ལ་སྙིང་པོ་མི་འཆའ་ཞིང་། །འདུས་བྱས་ལ་བྱང་ཆུབ་མི་བྱེད་པའི། །ཀ་དག་དང་ལྷུན་གྲུབ་ཟུང་ཆུབ་ནས། །ཡེ་གྲོལ་གྱི་ཨ་ཧི་ཤེས་པས་ལེགས། །ཤེས་ཙམ་ལ་ཉམས་ལེན་ཡིད་སྨོན་ནས། །ཕྱོགས་རེ་རུ་ཞེན་པའི་བློ་བྲལ་ནས། །རང་རིག་དང་ཆོས་དབྱིངས་དབྱེར་མེད་པའི། །གནས་ལུགས་ཀྱི་དགོངས་པ་རྟོགས་པས་ལེགས། །སྣ་མང་གི་བྱེད་སྤྱོད་གཅིག་ཏུ་བསྡུས། །ཆོས་ཀུན་ལ་སྤྱང་བླང་མི་དགོས་པའི། །ལྟ་སྒོམ་དང་སྤྱོད་འབྲས་གཅིག་ཏུ་རྫོགས། །ཉམས་ལེན་གྱི་གློང་དུ་བདེ་བས་ལེགས། །བྱ་ར་ཡི་མཁན་པོ་ནམ་མཁར་ཡལ། །སྒོམ་བྱེད་ཀུན་རྒྱ་མཚོའི་སྟེང་དུ་ནུབ། །ཅི་ཙམ་ཅིག་ཡེངས་ཡང་གཉུག་མའི་ངང་། །ཆོས་ཉིད་འདི་མ་དང་འཕྲད་པས་ལེགས། །སྟོང་ཉིད་དང་སྙིང་རྗེ་ཟུང་འཇུག་པའི། །སྒྲུབ་པ་ཡི་རྒྱལ་སྲིད་ལེགས་བཟུང་ནས། །དགེ་སྦྱོར་ཆོ་མཐའ་རུ་ཐོན་པ་ཡི། །དོན་གཉིས་ཀྱི་བྱ་བ་སྒྲུབ་པས་ལེགས། །དེ་ལྟར་དུ་ལེགས་པའི་བྱ་བ་བཅུ། །གཅིག་ཕྲག་གི་རྒྱན་པའི་ཉམས་དབྱངས་ཀྱིག །རྣམ་རྒྱལ་གྱི་མིང་ཅན་རྒྱལ་རིགས་ཀྱིས། །བསྐུལ་ཕྱིར་དུ་རྫོགས་ཆེན་རྣལ་འབྱོར་པ། །པདྨེ་ཡི་མིང་གིས་དེ་སྐད་དོ། །མངྒ་ལཾ། །

༄༅། །བདེན་ཚིག་སྨོན་ལམ། །

ཨོཾ་སྭ་སྟི། དགེ་ལེགས་སུ་གྱུར་ཅིག དབང་བཅུའི་མངའ་བདག་ཐུབ་དབང་སྲས་བཅས་དང་། །དེས་གསུང་དམ་པའི་ཆོས་དང་འཕགས་པའི་ཚོགས། །སྐྱབས་གནས་རིན་ཆེན་རྣམས་ཀྱི་བཀྲ་ཤིས་རྣམས། །དེང་འདིར་བུ་མཆོག་ཁྱོད་ལ་འབྱུང་གྱུར་ཅིག །ཨ་ཏི་ཤ་དང་འབྲོམ་སྟོན་སྐུ་མཆེད་གསུམ། །དགྲ་བཅོམ་བརྒྱད་ཁྲིའི་བཀྲ་ཤིས་གང་ལགས་པས། །གངས་ཅན་རྒྱལ་བསྟན་ཡུན་རིང་གནས་གྱུར་པའི། །བཀྲ་ཤིས་དེས་ནི་ཁྱོད་ལ་བདེ་ལེགས་ཤོག །པད་འབྱུང་རྗ་བ་གསུམ་དང་གཏེར་སྟོན་སོགས། །ཐུགས་རྗེའི་རྒྱུན་ལས་ཐུབ་བསྟན་ཇི་སྲིད་བར། །གསང་སྔགས་བླ་མེད་མི་ནུབ་དར་གྱུར་པས། །བཀྲ་ཤིས་དེ་ཡིས་བུ་ཁྱོད་བདེ་ལེགས་ཤོག །ཏེ་ལོ་ནཱ་རོ་མར་མི་སྒམ་པོ་པ། །དུས་མཁྱེན་ལ་སོགས་བཀའ་བརྒྱུད་བྱིན་རླབས་ཀྱིས། །སྒྲུབ་བརྒྱུད་ཆུ་བོའི་གཞུང་ལྟར་འཕེལ་གྱུར་པའི། །བཀྲ་ཤིས་དེ་ཡིས་བུ་ཁྱོད་བདེ་ལེགས་ཤོག །པད་འབྱུང་ཞི་ཁྲོ་དམ་པ་ཡབ་ཡུམ་སོགས། །བསྐྱེད་རྫོགས་མཐར་ཕྱིན་དངོས་གྲུབ་གཉིས་བརྙེས་པའི། །བཀྲ་ཤིས་དངོས་གྲུབ་སྣ་ཚོགས་ཅི་མཆིས་པའི། །བཀྲ་ཤིས་དེ་ཡིས་བུ་ཁྱོད་བདེ་ལེགས་ཤོག །ཕྱག་རྫོགས་ལ་སོགས་ཟབ་ཆོས་རྒྱ་མཚོ་ལ། །མངའ་བརྙེས་ལྟ་སྒོམ་སྤྱོད་པ་མཐར་ཕྱིན་ནས། །ལུས་

རྟེན་འདི་ལ་དོན་གཉིས་ལྷུན་གྲུབ་པའི། །བཀྲ་ཤིས་དེ་ཡིས་ཁྱོད་ལ་བདེ་ལེགས་ཤོག །

༄༅། །རང་རྣམ་དྲིས་ལེན་དྲང་སྲོང་མ་བཞུགས་སོ། །

ན་མོ་གུ་རུ། རྗེ་བླ་མ་མཆོག་ལ་ཕྱག་འཚལ་ལོ། །བདག་མཆིས་ཀྱི་རྣལ་འབྱོར་འདུག་པ་འདི། །སྐྱེ་ས་དེ་རི་བོའི་ཕྱོགས་སུ་བྱུས། །ཚེར་ས་དེ་ཆབ་མདོའི་ཕྱོགས་སུ་བྱུས། །ལོ་བཅུ་ངོ་ཙམ་ནས་ཡི་གེ་བསླབ། །ཆུང་ནས་རབ་བྱུང་ཆ་ལུགས་བྱུས། །མཚན་ལྡན་བླ་མ་དམ་པ་བསྟེན། །བརྩེ་བའི་ཐུགས་ཀྱིས་བུ་བཞིན་སྐྱོང་། །དབང་ལུང་གདམས་པ་བཅས་པ་ཞུས། བདག་མི་ལུས་དོན་ལྡན་ཁོང་གི་དྲིན། །རྗེ་ཁོང་ལ་གསོལ་བ་བཏབ་ནས་ཀྱང་། །ཡོ་ཁ་ཤེས་བཀའ་བརྒྱུད་ཀྱི་རྣམ་ཐར་བཟུང་། །རང་སྒྲུབ་པའི་ཉམས་ལེན་བསྒོན་བར་བྱུས། །དུས་དེ་ཚེ་བླ་མའི་བྱིན་རླབས་ཀྱིས། །རང་ཉམས་མྱོང་ངེས་ཤེས་བག་ཙམ་སྐྱེས། །ཕྱི་སྣང་བ་ཡུལ་གྱི་དཀར་དམར་རྣམས། །གནས་ལྷུན་གྲུབ་དཀྱིལ་འཁོར་ཤེས་པ་བྱུང་། །བཅུད་སེམས་ཅན་ཐ་དད་སྣ་ཚོགས་རྣམས། །རྣམ་དག་ལྷ་རུ་ཤེས་པ་བྱུང་། །སྣང་སྲིད་གཞིར་བཞེངས་ཀྱི་དཀྱིལ་འཁོར་བསྒོམས། །བདག་མ་ཧཱའི་རྣལ་འབྱོར་ཡིན་ནམ་སྙམ། །ཕུང་ཁམས་སྐྱེ་མཆེད་ལ་སོགས་རྣམས། །གདོད་ནས་ལྷུན་གྲུབ་ཡི་དམ་གྱི། དཀྱིལ་འཁོར་

ཚོམ་བུའི་ངོ་བོར་ཞེས། །ནང་གསལ་སྟོང་ལུས་ཀྱི་དཀྱིལ་འཁོར་བསྒོམ། །བདག་ཨ་ནུའི་རྣལ་འབྱོར་ཡིན་ནམ་སྙམ། །མཆོག་གསང་བ་སེམས་ཉིད་རིག་པའི་གཞིས། །ཀ་དག་བརྗོད་བྲལ་དུ་ཤེས་པ་བྱུང་། །ཡིད་བྱེད་དང་བྲལ་བའི་གཉུག་མ་བསྒོམ། །བདག་ཨ་ཏིའི་རྣལ་འབྱོར་ཡིན་ནམ་སྙམ། །ཕྱི་སོ་ཐར་དུར་སྒྲིག་རྒྱལ་མཚན་བཟུང་། །དུག་གསུམ་ཉོན་མོངས་ཀྱི་མགོ་བོ་མནན། །གཞན་ལ་འཚེ་བའི་བསམ་པ་སྤང་། །བདག་ཤཱཀྱའི་དགེ་སློང་ཡིན་ནམ་སྙམ། །ནང་བྱང་སེམས་བསླབ་པའི་ཕན་ཡོན་བཟུང་། །རྒྱལ་སྲས་བརླབས་ཆེན་གྱི་རྗེས་སུ་བསླབས། །གཞན་འགྲོ་བ་ཀུན་ལ་གང་ཕན་སྒྲུབ། །བདག་འདོད་རང་མནོག་གི་བསམ་པ་སྤང་། །བདག་བརྩེ་ལྡན་བྱང་སེམས་ཡིན་ནམ་སྙམ། །གནད་གསང་བ་རིག་འཛིན་གྱི་དམ་ཚིག་བཟུང་། །ཀུན་ཨ་འཐས་འཁྲུལ་བའི་མགོ་བོ་མནན། །དཀྱིལ་འཁོར་གསུམ་ལྡན་གྱི་ངང་དུ་གནས། །བདག་དམ་ལྡན་རིག་འཛིན་ཡིན་ནམ་སྙམ། །དངོས་འཁྲུལ་བའི་བག་ཆགས་རང་གཟུགས་རྣམས། དམིགས་མེད་སྤྲོས་བྲལ་གྱི་ཀློང་དུ་བསྒྲལ། །བདག་འཛིན་གྱི་དགྲ་བོ་ཕམ་པ་བྱས། །བདག་གསང་ཆེན་སྔགས་པ་ཡིན་ནམ་སྙམ། །གནད་ཕྱག་རྒྱ་གཞི་ཡི་དོན་བཟུང་ནས། །ཉམས་རྣམ་པ་བཞི་ཡི་གནད་དུས་རྣམས། །བདེ་སྟོང་ལྷན་སྐྱེས་སུ་སྦྱོར་བས་བཞག །ཆགས་ཞེན་གྱི་དྲི་མ་བྲལ་བར་བྱས། །བདག་ཆགས་བྲལ་གྱི་རྣལ་འབྱོར་ཡིན་ནམ་སྙམ། །གནད་སྒོ་གསུམ་དབེན་པའི་རྣལ་འབྱོར་བཟུང་། །འཁྲུལ་རྟོག་གི་གཡེང་ལས་རྒྱལ་བར་བྱས། །སེམས་གཏད་མེད་ཀྱི་གཉུག་མའི་ངང་ལ་བཞག །བདག་སྤྲོས་མེད་ཀྱི་སྒོམ་ཆེན་གཅིག་ཡིན་ནམ་སྙམ། །ཚེ་འདིར

ཕྱོགས་ཀྱི་བདེ་སྐྱིད་ཡང་ཆེར་མ་སྒྲུབ། །བཟང་འདོད་ཀྱི་བསམ་པ་ཡང་བོར་ནས་བཞག །རྩོལ་འཆོས་ཀྱི་བྱ་སྤྱོད་གཏོར་བར་བྱས། །བདག་མདོ་མེད་ཀྱི་སྨྱོན་པ་གཅིག་ཡིན་ནམ་སྙམ། །

ཞེས་པ་འདི་དབེན་གནས་ནམ་མཁའ་མཛོད་དུ་མི་རྣམས་ཀྱིས་ལོ་རྒྱུས་དྲིས་པའི་ལན་དུ་རྫོགས་ཆེན་གྱི་རྣལ་འབྱོར་པ་པདྨ་རིག་འཛིན་གྱིས་སྨྲས་པའོ། །

༄༅། །ཉམས་མགུར་དྲང་སྲོང་དྲི་མེད་

ཅེས་བྱ་བ་བཞུགས་སོ། །

ན་མོ་གུ་རུ་པདྨ་ཀཱ་ར་ཡེ། ཆོས་ཉིད་ཀྱི་ངོ་བོ་མངོན་གྱུར་ཞིང་། །ཡེ་ཤེས་ཀྱི་རིག་པ་རང་རྩལ་རྫོགས། །ཀ་དག་ལ་འཕོ་འགྱུར་མི་མངའ་བའི། །འདྲེན་མཆོག་ནི་པདྨ་སམྦྷ་མཆོད། །དུས་མཐའི་རྣལ་འབྱོར་ཆོས་གཟུགས་ང་། །སྐྱེ་ས་དེ་མདོ་ཁམས་ཀྱི་ཕྱོགས་སུ་བྱས། །མདོ་ཁམས་ཀྱི་སྐྱེ་འགྲོ་གཞི་བཟློངས་ཡང་། །འགྱུར་མེད་ཀྱི་ཆོས་ཉིད་ས་ཟིན་པའི། །བདེ་ཆེན་གྱི་གཤིས་ལ་གནས་པ་ཉུང་། །སྐྱེ་མེད་ཀྱི་ཆོས་སྐུ་ངོ་མཚར་ཆེ། །གཏུག་ས་དེ་སྤྱུ་ལུང་ཕྱོགས་སུ་བྱས། །ཆོས་ཕྱོགས་ཀྱི་བསླེན་པ་རྒྱ་ཆེ་ཡང་། །དོན་གཉིས་ཀྱི་འབྲས་བུ་ཐལ་ཆེར་ཙམ། །གནས་མེད་ཀྱི་ལོངས་སྐུ་ངོ་མཚར་ཆེ། །འགྲོ་དོན་དེ་ཡུལ་འབྲོག་འགའ་ལ་བྱས། །ཟང་ཟིང་གི་འདུ་ལོངས་མང་ན་ཡང་། །ཐར་ལམ་གྱི་བྱང་

རྒྱབ་ཅི་ཡོད་ཨང་། །འགགས་མེད་ཀྱི་སྤྲུལ་སྐུ་ངོ་མཚར་ཆེ། །བསོགས་པ་དེ་ལོངས་སྤྱོད་ནོར་ལ་བྱས། །གནས་སྐབས་ཀྱི་གཡེང་བ་ཙམ་ཞིག་ལས། །ནོར་བདུན་གྱི་ཡོན་ཏན་སོགས་པ་ཉུང་། །ཆགས་མེད་ཀྱི་བདེ་ཆེན་ངོ་མཚར་ཆེ། །འོང་ས་དེ་སྤྱོད་ཀྱི་ཕྱོགས་སུ་བྱས། །ཐོས་བསམ་གྱི་ཡར་ལྷ་རྒྱ་ཆེར་བྱུང་། །སྒྲུབ་པ་ཡི་དང་རྩལ་བླ་མའི་དྲིན། །རྟེན་འབྲེལ་དེ་ལྷོ་བྲག་མཁར་རྒྱུར་བྱུང་། །ཡེ་ཤེས་ཀྱི་མཁའ་འགྲོས་བརྡ་ཆོས་བསྟན། །བསམ་གཏན་གྱི་བསྒོམ་རྩོགས་བཟུང་བ་ལས། །མཐར་ཐུག་གི་ལམ་སྣ་ཟིན་ཙམ་བྱུང་། །སྒྲུབ་གནས་དེ་བསམ་ཡས་མཆིམས་ཕུར་བྱས། །ཀ་དག་དང་ལྷུན་གྲུབ་རང་ངོ་མཐོང་། །གནས་ལུགས་དང་མཐུན་པའི་ཉམས་ལེན་ཤེས། །ཚིག་དོན་ལ་བསླེལ་བ་མེད་དོ་སླམ། །བོགས་འདོན་དེ་རྩ་རི་ཙ་ར་བྱས། །རིག་པའི་ཡེ་ཤེས་སྐར་མཐོང་ཙམ། །རྡོ་རྗེ་རྩེ་མོ་ཡི་གནད་ཤེས་པས། །སྣང་སྟོང་ལ་འགལ་བ་མེད་པར་རྟོགས། །ལུས་སྦྱང་དེ་གོང་ཡུལ་ཁྲ་མོར་བྱས། །འགྲོ་འདུག་གི་ཁོ་ཐག་ཆོད་ཙམ་བྱུང་། །གཉུག་མ་ཡི་གནས་ལུགས་སྐྱེ་འགགས་བྲལ། །ཡུལ་སེམས་ཀྱི་བརྡ་སྣང་ངོ་མཚར་ཆེ། །ཐོས་པ་དེ་མདོ་རྒྱུད་ཡོངས་ལ་བྱས། །བཀའ་བསྟན་གྱི་གཞུང་དང་མི་འགལ་བའི། །རྡོ་རྗེའི་ཚིག་གི་གནས་ལུགས་གོ །སེམས་དང་སེམས་ཉིད་ཀྱི་དབྱེ་བ་རྟོགས། །ཆོས་ཅན་དང་ཆོས་ཉིད་ངོ་བོ་ཤེས། །བསམ་པ་དེ་འཁོར་འདས་གཉིས་ལ་བྱས། །དབྱེ་བ་དེ་ཟག་བཅས་ཟག་མེད་གོ །བསྒོམ་པ་དེ་རྫོགས་པ་ཆེན་པོ་བསྒོམས། །འཁྲུལ་བ་ལ་ཉམས་ལེན་མི་རེ་བའི། །ཡེ་དག་གི་ཀ་དག་ཟང་མ་གོ །རྒྱུ་འབྲས་ལ་བསྲེ་བསླད་མི་འོང་ཙམ། །ཉམས་མྱོང་དེ་བདེ་གསལ་གཉིས་ལ་བྱས། །སྟོང་འཛིན་

གྱི་ཤེས་པ་མི་བཟུང་བའི། །བློ་བྲལ་གྱི་ཉམས་ལེན་ཟང་མ་ཤེས། །བྱང་ཆུབ་ཀྱི་གཞུང་ལམ་ཉམས་རེ་སྐྱོ། །དངོས་པོ་ལ་རྟག་པར་མི་ཞེན་ཅིང་། །སྟོང་པ་ལ་ཆད་པར་མི་འཛིན་པའི། །ཕྱོགས་ལྷུང་དང་བྲལ་བའི་ཉམས་ལེན་ཤེས། །གོལ་སྒྲིབ་ལས་འདས་འདི་ངོ་མཚར་ཆེ། །བསྟན་གཡོ་ཡི་ཆོས་རྣམས་ཐམས་ཅད་དུ། །དངོས་པོ་དང་དངོས་མེད་ལས་འདས་པ། །མཐའ་བྲལ་གྱི་དབུ་མའི་གནས་ལུགས་ཤེས། །བརྗོད་མེད་ཀྱི་ཤེས་རབ་དྭངས་རེ་སྐྱོ། །འཁོར་བ་འདི་སྣང་འདས་ངོ་བོར་རྟོགས། །སྣང་འདས་ཀྱི་རྩལ་ལས་འཁོར་བ་ཤར། །གཉིས་མེད་ཀྱི་རང་གྲོལ་རྫོགས་པ་ཆེ། །བདེ་ཆེན་གྱི་ཀུན་བཟང་རྫོགས་སངས་རྒྱས། །གོ་བ་འདི་ཆོས་ཉིད་སྤྱི་ཙམ་ཤེས། །བསམ་པ་ཡིས་ཡིན་མིན་བྱེ་བྲག་ཕྱེད། །ཉམས་མྱོང་གིས་ཆོས་ལ་བྲོད་པ་སྐྱེས། །རྟོགས་པ་ཡིས་དོན་ལ་ངེས་ཤེས་ཐོབ། །མ་རྟོག་པས་འཁོར་བའི་སེམས་ཅན་རྣམས། །འཁྲུལ་པའི་བློ་བཟུང་སྣ་ཚོགས་བྱས། །འབྲས་བུ་རུ་ཁམས་གསུམ་འཁོར་བར་འཁྱམས། །བག་ཆགས་ཀྱི་ལས་བསགས་རྒྱུན་མི་ཆད། །ལས་ངན་ཞེས་བྱ་བ་གང་ལ་ཟེར། །རྣམ་གཡེང་གི་འཁྲུལ་བ་འདི་ཀ་ཡིན། །བག་ཆགས་ཀྱིས་ངན་སོང་གསུམ་དུ་འཁྱམས། །ངན་སོང་གི་གནས་ནས་ཐར་དུས་མེད། །ཐར་མེད་ཅེས་བྱ་བ་འཁོར་བ་ཡིན། །བག་ཆགས་ཀྱིས་འཁྲུལ་པའི་འཁོར་བ་ལས། །སེམས་བྱུང་གི་རྣམ་རྟོག་འདི་ཀ་ཡིན། །རང་གྲོལ་དུ་ཆོས་སྐུར་ཤེས་པ་གཅེས། །ཤེས་བྱ་དེ་སྣང་སྲིད་སྤྱི་ལ་བྱས། །ངོ་བོ་ཡི་སྒོ་ནས་རྟག་མཐའ་བྲལ། །རང་གཞིན་གྱི་ཆ་ནས་ཆད་མཐའ་མེད། །ཐུགས་རྗེ་ཡི་ཆ་ནས་ཟུང་འཇུག་ཤར། །རྟོགས་ཚུལ་གྱི་ཉམས་ལེན་འདི་ཀ་ཡིན། །ཤ་ཁྲག་གིས་

གཟུགས་ཕུང་ལྷ་ཡིས་སྦྱངས། །སྨྲ་བརྗོད་ཀྱི་འཁྲུལ་གཏམ་སྔགས་ཀྱིས་བསྒྱུར། །དྲན་རྟོག་གི་རིག་པ་ཀ་དག་དང་། །སྒོ་གསུམ་གྱི་དཀྱིལ་འཁོར་འདི་ཀ་ཡིན། །བསླབ་པ་དེ་གནས་ལུགས་དོན་ལ་མཁས། །བཙུན་ཚུལ་དེ་རིག་པ་དྲི་མ་མེད། །བཟང་པོ་ཞེས་འཁོར་བ་མྱང་འདས་རྫོགས། །ཚེ་གཅིག་གི་ཐར་ལམ་འདི་ཀ་ཡིན། །རང་དོན་དུ་གྲོལ་གཞིའི་གནས་ལུགས་ཤེས། །གཞན་དོན་དུ་སྙིང་རྗེའི་རྩལ་ཁ་རྒྱས། །དོན་གཉིས་ཀྱི་འབྲས་བུ་ཚེ་འདིར་འགྲུབ། །གཏན་བདེ་ཡི་སོ་ནམ་འདི་ཀ་ཡིན། །གོང་ཡུལ་གྱི་སྐྱེས་ལུང་ཁྲ་མོ་རུ། །ཉམས་མྱོང་གི་ཚིགས་བཅད་ལྷུག་པར་བྲིས། །དགེ་བ་འདི་སེམས་ཅན་ཡོངས་ལ་བསྔོ། །རྣམ་མཁྱེན་གྱི་སངས་རྒྱས་ཐོབ་པར་ཤོག །

༄༅། །འཁོར་བའི་དོང་ནས་ཐར་བར་བྲོས་པའི་ལམ་གྱི་ཡི་གེ་བཞུགས་སོ། །

ན་མོ་གུ་རུ་པདྨ་སམྦྷ་ཡེ། དུས་གསུམ་རྒྱལ་བ་ཀུན་འདུས་འགྲོ་བའི་མགོན། །པདྨ་སམྦྷ་བརྒྱུད་ལྡན་བླ་མའི་ཚོགས། །སྐུ་དྲིན་འཁོར་མེད་དམ་པ་མཆོག་རྣམས་ལ། །སྒོ་གསུམ་གུས་པ་ཆེན་པོས་ཕྱག་འཚལ་ལོ། །སྤྲང་པོ་བདག་འདྲའི་ཟིན་བྲིས་མི་འཐད་ཀྱང་། །ཉམས་དང་རྨི་ལམ་བྱུང་ཚུལ་ཡི་གེར་ཐོབ། །དྲིན་ཆེན་ནཱ་ག་ཨ་ཤྲུས་དེ་སྐད་གསུངས། །དེ་ཕྱིར་ཙུང་ཟད་བདག་གིས་

སྦྱོར་བ་ལགས། །བསམ་ལོ་ལོན་ནས་བསམ་པ་འདི་ལྟར་ཤར། །ད་གང་སྐྱིད་སྡུག་རྨི་ལམ་སྒྱོག་དང་འདྲ། ཕྱི་མ་ཕན་ཆད་བདེ་བ་མ་ཐོབ་ན། །བྲུས་པ་དོན་མེད་སྡུག་བསྔལ་ཡིན་ནོ་བསམ། །དེ་བས་ད་རེས་ཆོས་ཤིག་བྱེད་སྙམ་ཡང་། །ལས་ངན་གཡེང་བའི་ངང་དུ་ཤོར་བས་ན། །རང་ལོ་ཉེར་གྲངས་གཉིས་ནས་གསུམ་འགྲོའི་ཆེ། །ངེས་པར་འབྱུང་བའི་བསམ་པ་ལྷག་པར་སྐྱེས། །ལས་འཕྲོ་བཟང་བས་སངས་རྒྱས་བསྟན་ལ་སློབས། །བསོད་ནམས་བསགས་པས་དལ་འབྱོར་མི་ལུས་ཐོབ། །སྐལ་བ་བཟང་བས་བླ་མ་རྗེ་རྣམས་མཇལ། །ཆོས་སྒོ་སྣ་ཚོགས་ཐེག་ཆེན་གསང་སྔགས་ཐོབ། །མཐོ་རིས་ཐར་བ་རང་གི་ལག་ན་ཡོད། ད་རེས་ཅི་ལ་བབ་ཀྱང་ཆོས་ཤིག་བྱེད། །ཆོས་ལ་བྱེད་ལུགས་མང་པོ་ཡོད་ན་ཡང་། རྒྱ་བོད་གྲུབ་ཐོབ་རྣམས་ཀྱི་རྣམ་ཐར་མགུར། །གང་ལ་བལྟས་ཀྱང་འཇིག་རྟེན་བྱ་བཏང་མཆོག །ཉམས་ལེན་ཅི་འཕེལ་དམ་ཆོས་མ་གཏོགས་པ། །ཚེ་འདི་དངོས་ཀྱི་ཕ་སྤུན་གཉེན་དང་འབྲེལ། །རྒྱུ་དང་ནོར་ཟས་ལྟོ་གོས་གནམ་ལ་སོགས། །ཐམས་ཅད་བོར་ནས་སྙིང་པོའི་དོན་ལ་སྒྲུབ། །རབ་ཀྱིས་གངས་དང་འབྲིང་པོས་ནགས་ཁྲོད་དང་། །ཐམ་མི་མེད་ལུང་སྟོང་བྲག་ཕུག་ན། །ལུག་སྲོག་ཆོས་ཕྱིར་བཏང་བར་མི་བྱེད་རེ། །བསམ་ནས་བླ་མ་རྗེ་ལ་དམ་བཅའ་ཕུལ། །དམ་བཅའ་འདི་རྣམས་མཐའ་རུ་མི་འདོན་ཅིང་། །ད་གང་ཚེ་འདིའི་དབང་དུ་སོང་བ་ན། །བླ་མ་ཡི་དམ་མཁའ་འགྲོ་ཆོས་སྐྱོང་གིས། །ཚེ་འདི་ཉིད་ལ་བཀའ་ཆད་དྲག་པོ་ཐོངས། །ཕྱི་མ་མནར་མེད་དམྱལ་བར་མྱུར་དུ་སྐྱེ། །དམ་བཅའ་འདི་རྣམས་མཐའ་རུ་ཕྱིན་པ་ན། །སངས་རྒྱས་བསྟན་པའི་རྒྱལ་མཚན་འཛིན་པར་ཤོག །དཔལ་ལྡན་བླ་

མའི་ཐུགས་དགོངས་རྫོགས་པར་ཤོག །འཁོར་བའི་སྡུག་བསྔལ་རྒྱ་མཚོ་སྒྲོལ་བར་ཤོག །བདག་གཞན་དོན་གཉིས་ལྷུན་གྱིས་གྲུབ་པར་ཤོག །དེ་ལ་སོགས་པའི་དམ་བཅའ་ཕུལ་ནས་ནི། །རི་སྟོང་ཕྲག་ཕུག་ཅིག་ཏུ་འགྲོ་ལ་ཆས། །དྲིན་ཅན་བླ་མ་རྣ་གའི་མཚན་ཅན་གྱིས། །ངོ་མཚར་ཆེའོ་གསུངས་ནས་དགྱེས་དགྱེས་མཛད། །མཉེས་པའི་གསུང་མགུར་འགའ་ཡང་གསུངས་ནས་གནང་། །དེ་ནས་གྲུབ་ཐོབ་གོང་མ་བཞུགས་པའི་གནས། །ནགས་གསེབ་དབེན་པ་གཅིག་ཏུ་སོང་གསུངས་ནས། །གནས་ཀྱི་བསྟོད་པ་མཛད་ནས་ལུང་བསྟན་གནང་། །དེ་ནས་སོང་སྟེ་ཉམས་ལེན་གཅིག་དྲིལ་བྱས། །ཞག་པོ་ཉེར་བདུན་གོང་ནས་འོད་གསལ་ནི། །ཉིན་མཚན་འཁོར་ཡུག་འགྲོ་བ་མང་དུ་བྱུང་། །བདེ་གསལ་མི་རྟོག་ཉམས་སྣང་ཕལ་ཆེར་བྱུང་། །རྨི་ལམ་རྟགས་མཚན་ཅུང་ཟད་བྱུང་བ་ཡི། །རབ་རིབ་བྱས་ནས་གཞན་ལ་གསལ་བར་ཡོད། །གནས་དེར་ཟླ་གསུམ་བསྡད་པས་བླ་མ་ཡིས། །ཚུར་ཤོག་ཁོ་བོའི་རྩར་འདིར་སྒོམ་ཞིག་དང་། །གེགས་སེལ་བོགས་འདོན་རིམ་གྱིས་བྱེད་དོ་གསུངས། །གཞན་དུ་མ་འགྲོ་འདི་རུ་སྒོམ་ཞིག་གསུངས། །དེ་ནས་མཚམས་བྱས་འདག་སྦྱར་མཚམས་བསྡམས་ནས། །ཐུགས་ཀྱི་སྒྲུབ་པ་ཡང་སྙིང་འདུས་པ་ཡི། །ནང་ནས་བྱུང་བའི་གཏུམ་མོའི་དམིགས་པ་དང་། །རྩ་བ་ཉམས་ལེན་དག་ལ་ཆིག་དྲིལ་བྱས། །ནང་ནུབ་ཐུགས་སྒྲུབ་ནང་ནས་བྱུང་བ་ཡི། །སྐྱབས་སེམས་ཡིག་བརྒྱ་བཟླས་དང་མཎྜལ་དབུལ། །བླ་མའི་རྣལ་འབྱོར་སྒོམ་དང་འཁྲུལ་འཁོར་སྦྱང་། །ཉིན་མཚན་ཐུན་གྱིས་འཕྲང་དུ་བཅུག་ནས་སྒོམ། །དེ་ལ་དངོས་དང་རྨི་ལམ་རྟགས་མཚན་ནི། །འདི་དང་ཕྱི་མ་བར་དོ་ཐམས་ཅད་དུ། །སྐྱབས་གནས

དཀོན་མཆོག་རྣམས་ལ་མ་གཏོགས་པ། །བློ་ཕུགས་སུ་ལ་ཡང་ཉེ་མི་གཏད་དང་། །དམྱལ་བར་སོང་ཡང་འགྱོད་པ་མེད་དོ་སྙམ། །ཚེ་ལམ་དུ་ཡང་དེ་ལྟར་ཡང་ཡང་བྱུང་། །དཀོན་མཆོག་གསུམ་ལ་སྐྱབས་འགྲོ་སོང་བའི་རྟགས། །དེ་ནས་འགྲོ་དྲུག་སེམས་ཅན་ཐམས་ཅད་ཀྱང་། །རང་གི་ཕ་མ་གཉེན་འབྲེལ་ཤ་སྟག་ཡིན། །འདི་རྣམས་འཁོར་བའི་སྡུག་ལས་ཐར་ཕྱིར་དུ། །བདག་གི་བྱང་ཆུབ་སྙིང་པོ་སྒྲུབ་པོ་བསམ། །དགེ་སྦྱོར་ཅི་བྱས་སེམས་ཅན་དོན་དུ་བསྔོས། །བྱམས་དང་སྙིང་རྗེ་རྒྱུད་ལ་དངོས་སུ་སྐྱེས། །ཚེ་ལམ་དུ་ཡང་དེ་བཞིན་རེ་འགའ་བྱུང་། །གཞན་གྱིས་ཕོ་བོ་གསོད་གྲབས་བྱས་པ་རྨིས། །རང་གི་སྐྱུན་ཡས་བདག་ལ་འདི་ཟེར་རོ། །མི་འདིས་མ་བསད་གོང་ལ་ཕར་སོད་ཅིག །ཟེར་བས་བདག་གིས་ཕར་ལ་འདི་ལྟར་སྨྲས། །མི་ལུས་ཐོབ་ནས་སངས་རྒྱས་བསྟན་དང་མཇལ། །བླ་མ་དམ་པའི་གསུང་གི་བདུད་རྩི་འཐུང་། །ད་རེས་འདི་ནས་ཆོས་ཤིག་མི་བྱེད་ནས། །ཕོ་བོས་མི་འདི་གསོད་པ་ག་ལ་རིགས། །ཕོ་ཡིས་ང་བསད་ཕོ་རང་སེམས་དགའ་འགྱུར། །དེས་ན་ཕོ་རང་ང་བསད་འདོད་ན་སོད། །སྨྲས་ནས་སེམས་ལའང་དེ་ལྟར་བསམ་ཞིང་བསྡད། །སེམས་བསྐྱེད་བཟང་པོ་བྱས་པའི་རྟགས་སུ་གོ །བདུད་རྩི་འཐུང་དང་སྟོན་ཐོག་ལེགས་པ་དང་། །རིན་ཆེན་ཕུང་པོ་ཆེན་པོར་བདག་བྱེད་དང་། །བུད་མེད་རྒྱན་བཟང་འོ་ཞོ་བདུད་རྩི་འདྲེན། །གྲལ་དབུས་འདུག་དང་མི་མང་བཀུར་སྟི་བྱེད། །ཉི་ཟླ་ཤར་བ་ལ་སོགས་ཡང་ཡང་རྨིས། །མཎྜལ་ཚོགས་བསགས་འབུངས་བའི་རྟགས་སུ་གོ །ལུས་ལས་མི་གཙང་ཐོན་དང་ནག་ཁྲག་འཛག །ཉི་མའི་འོད་ཟེར་ཤར་དང་ཟླ་བ་ཉ། །གོས་དཀར་གྱོན་དང་ཡན་ཡག

ཁྲུས་བྱེད་དང་། །འོ་མ་འཐུང་དང་གྱེན་ལ་འཛེགས་སོགས་རྨིས། །རྗེར་སེམས་ཡིག་བརྒྱ་བཟླས་པའི་རྟགས་སུ་གོ །དངོས་སུ་བླ་མ་སངས་རྒྱས་མཐོང་བ་དང་། །རྨི་ལམ་བླ་མས་ཆོས་གསུངས་གདམས་པ་གནང་། །ངོ་སྤྲོད་མཛད་དང་གེགས་སེལ་བོགས་འདོན་མཛད། །རང་ཡང་འོད་གསལ་ཟིན་ཞིང་དག་སྣང་སྐྱེས། །གཞན་ཡང་ས་ར་ཧ་དང་བིར་ཝ་པ། །མི་ལ་རས་པ་ལ་སོགས་གྲུབ་ཐོབ་འགའ། །སྐུ་གཟུགས་མི་གསལ་ཡིད་ཡུལ་གསལ་པོ་མཇལ། །འོད་གསལ་དུམ་དུམ་ཟིན་ཅིང་དག་སྣང་སྐྱེས། །རང་ཡང་གྲུབ་པ་ཐོབ་ནས་གྲུབ་རྟགས་བཞགས། །བྲག་དཀྱིལ་ཅོག་པུ་ཞུབ་ནས་བསམ་གཏན་བསྒོམས། །གཞན་གྱིས་གྲུབ་ཐོབ་རེད་ཟེར་བསྔགས་པ་བརྗོད། །དེ་ལ་སོགས་པའི་རྟགས་རྣམས་ཡང་ཡང་རྨིས། །ཡང་ནི་དྭགས་པོ་ཞལ་ཆོས་ཅན་ཞིག་མཇལ། །དེ་ནས་ལྷོས་ཟེར་ཡར་ལ་བལྟས་པ་ཡིས། །ཉི་མའི་དཀྱིལ་འཁོར་དག་ལ་འཇའ་ཚོན་ནི། །སྣ་ལྔ་དག་གི་གུར་ཞུབ་འདུག་པ་མཐོང་། །རྒྱལ་བའི་དབང་པོ་ཆོས་དབྱིངས་རྡོ་རྗེ་དེ། །ཡང་ཡང་མཇལ་བས་མི་བཞུགས་ཐག་རིང་གཤེགས། །རྨི་ལམ་དག་སྣང་བྱུང་ཚུལ་ཙུང་ཟད་ཡིན། །དངོས་སུ་བླ་མ་སངས་རྒྱས་རང་སེམས་གསུམ། །དབྱེར་མེད་གཅིག་ཏུ་འདུག་བསམ་རེས་འགའ་བྱུང་། །བླ་མ་སངས་རྒྱས་དངོས་སུ་ཐག་གིས་ཆོད། །ཐམས་ཅད་བླ་མའི་བྱིན་རླབས་ཕོ་ནར་མཐོང་། །ཞལ་རྡེད་མཛད་དང་གསུང་གླེང་གནང་བ་རྣམས། །རྗེས་ནས་བསམ་ཚེ་ལྷུང་བསྟན་ཕོ་ནར་འདུག །ཕོ་བོས་ཨུ་རྒྱན་དངོས་སུ་ཡིན་ནམ་སྙམ། བླ་མའི་རྣལ་འབྱོར་སྒོམ་པའི་རྟགས་སུ་གོ །དགུན་སྒང་འཁྱུག་སྣང་ཡེ་ཙམ་མེད་པ་དང་། །ཚུང་དང་མེ་དམིགས་དྲག་ཏུ་བྱས་པའི་

ཨོཾ། །དྲི་ཁྲིམ་ལུས་ལས་དངུལ་ཆུ་ཙམ་ཟད་བྱུང་། །འཁྲུག་སྣང་ཡིན་ཡང་དྲོད་ནི་འུར་གྱིས་སྐྱེས། །དུ་བ་སྨིག་རྒྱུ་སྤྲིན་བུ་མེ་ཁྱེར་དང་། །དངོས་སུ་རླུང་གི་རྟགས་རྣམས་རེས་འགའ་བྱུང་། །རླུང་ཁུག་ཡིག་བརྒྱ་ཚར་དྲུག་འདོན་ཙམ་ཐུབ། །རླུང་སེམས་ཅུང་ཟད་སྙོམ་པའི་རྟགས་ཡིན་ཞིང་། །དུང་ཆེན་འབུད་དང་ཁྲོམ་དབུས་འདུག་པ་དང་། །གོས་བཟང་གོན་དང་གཞན་གྱིས་གུས་པ་བསྐྱེད། །རི་རྩེར་ཕྱིན་པ་རག་དུང་བུས་པ་སོགས། །བསྐྱེད་རིམ་བརླམས་པ་བྱས་པའི་རྟགས་སུ་གོ །རེས་འགའ་སྟོང་ཉམས་བར་སྣང་བལྟས་པ་བཞིན། །བལྟ་རྒྱུ་ཅུང་ཟད་མེད་པའི་ཕྱུ་ལེ་བ། རེས་འགའ་འུར་ཚུབས་རེས་འགའ་གསལ་སྟོང་གནས། །རེས་འགའ་ཆུ་བོའི་རྒྱུན་དང་འདྲ་བ་ཡི། །ཉིན་དུས་འཁྲུལ་མེད་ཁོར་ཡུག་ཕལ་ཆེར་ཐལ། །རེས་འགའ་རིན་ཆེན་གཏེར་དང་འཕྲད་པ་བཞིན། །འཛད་མེད་སེམས་ཀྱི་གཏེར་ཁ་འདི་རྙེད་ནས། །ད་ནི་ཅིས་ཀྱང་བློ་སེམས་བདེའོ་སླམས། །རེས་འགའ་སྤྱོད་ལམ་རྣམ་བཞི་ཐམས་ཅད་དུ། །ཅི་བྱེད་ཆོས་སྐུའི་རོལ་པ་ཁོ་ན་བྱུང་། རེས་འགའ་ས་རྫོ་རི་བྲག་ནམ་མཁའ་རྣམས། །སེམས་དང་འདྲེས་ནས་བན་བུན་ཡང་ཡང་ཐལ། །རེས་འགའ་བདུད་ཀྱི་ང་རྒྱལ་ཆེན་པོ་སྐྱེས། །ཞེ་སྡང་འགྲན་སེམས་སྤྱར་བས་ཆེ་ཡང་བྱུང་། །དེ་རྣམས་ཉམས་ལེན་བྱས་པའི་རྟགས་སུ་གོ །གཉིད་ཀྱི་འོད་གསལ་ཐུན་ཐུན་ཕལ་ཆེར་ཟིན། །དེ་ནས་ཁྱུང་དམར་ཅུང་ཞིག་བསླེན་པའི་དུས། །བདག་གི་མགོ་ལ་པད་ཞྭ་ལྷུང་གུ་ནི། །གསེར་གྱི་རྡོ་རྗེ་འོད་ཟེར་འབར་བ་བརྩུགས། །རྒྱན་དང་བཀོད་པ་ཤིན་ཏུ་ལེགས་པ་གཅིག །སྤྲང་པོ་ཁོ་བོའི་མགོ་ལ་གྱོན་པ་རྨིས། །སྐུ་གསུམ་སྒྲུབ་པའི་སྐུ་འབགས་བཞེངས་པའི་

དུས། །རིན་པོ་ཆེ་ཡི་དོ་ཤལ་མཛེས་པ་ནི། །བདག་གིས་བཟོས་ནས་གཞན་ལ་བརྒྱན་པ་རྨིས། །ཀློ་སྦྱོང་ཆགས་མེད་འདོན་སློམ་རྒྱུན་པར་བྱས། །ནུབ་གཅིག་གླང་རི་ཐང་པ་བགྲེས་ཚུལ་ཅན། །མཇལ་བ་བདག་གིས་དེ་ལ་འདི་ལྟར་ཞུས། །ཁྱེད་ནི་ཨོ་རྒྱན་ཡུལ་ནས་བསྟན་འདུག་པ། །སྨྲས་ཤིང་ངོ་མཚར་བསྔགས་པ་མང་དུ་བརྗོད། །ཁོ་བོ་ཡིན་ནོ་གསུངས་ནས་དགྱེས་དགྱེས་མཛད། །དེ་ལ་སོགས་པ་རྨི་ལམ་དག་སྣང་འགའ། །བྱུང་ཡང་བཟང་ངན་གང་ཡིན་བརྟགས་དཀའ་ཡང་། །ལུས་བདེ་ཉིང་འཛིན་གསལ་ཞིང་དག་སྣང་འཆར། །ཆོས་ལ་སྙིང་རུས་ཆེ་ཞིང་ཆོས་བརྒྱད་མེད། །བྱམས་དང་སྙིང་རྗེ་ཆེ་ཞིང་དུག་ལྔ་ཞི། །དེ་རྣམས་བྱུང་ན་བཟང་རྟགས་ཡིན་ནོ་གསུངས། །མཚན་མོ་རྨི་ལམ་བཟང་པོ་བྱུང་གྱུར་ཀྱང་། །དེ་རྣམས་མེད་ན་བདུད་ཀྱི་བསླུ་བ་ཡིན། །དྲིན་ཆེན་བླ་མའི་ཞལ་ནས་དེ་སྐད་གསུངས། །འོན་ཀྱང་བཟང་རྟགས་ངན་རྟགས་གང་ཡིན་ཀྱང་། །ཐམས་ཅད་ཆོས་སྐུའི་རོལ་པར་བཏང་བར་རིགས། ། ཨོཾ་ཐིཿ

༄༅། །རྫོགས་ཆེན་རྣལ་འབྱོར་པདྨ་རིག་འཛིན་གྱི་སྒྲུབ་པའི་ལམ་ཡིག་མདོར་བསྡུས་བཞུགས་སོ། །

ཀུན་འདུས་བླ་མ་མཆོག་ལ་ཕྱག་འཚལ་ལོ། །རང་ལོ་ཉེར་དགུ་ལོན་ཚེའི་དུས། །བླ་མ་མཆོག་དང་ཐུགས་བསྟུན་ནས། །ལྷོ་ཕྱོགས་སྐྱེས་ཆེན་འགའ་ཞིག་ལ། །མཇལ་དང་རྟེན་འབྲེལ་བསྒྲིག་ཕྱིར་དང་། །ཕྱོགས་མེད་འགྲོ་བ་སྣ་ཚོགས་ལ། །ཆོས་སྦྱིན་འབྲེལ་པ་བཟང་འཇོག་དང་། །ཉམས་ལེན་རྟོགས་པའི་ངོ་བོ་དེ། །རོ་སྙོམས་ཡུལ་དང་བསྲེ་ཕྱིར་དང་། །བྲོ་བཏང་རྣལ་འབྱོར་ཆ་ལུགས་ཕྱིར། །གཏད་མེད་གར་དགར་ཡན་ཕྱིར་དུ། །ལྷོ་ཕྱོགས་ངོས་ལ་འོང་བར་འགྱུར། །ལས་དུ་བཟང་འབྲེལ་མང་ཞིག་ལ། །ཆོས་ཀྱི་བྲོ་འགས་ཚིམ་པར་བྱས། །ཐོགས་མེད་དཏུལ་ཆུའི་འགྲམ་དུ་སླེབས། །ཆུ་ཆེན་གནམ་དུ་ཕྱུར་དུས་བབ། །ཀུན་གྱིས་ཆུ་འདི་ཚོད་མིན་ཞེས། །ཡང་ཡང་བཤོལ་ཡང་མ་ཉན་ཏེ། །བརྟུལ་ཤུགས་ལྡན་པས་ཁལ་མ་རྣམས། །ཆུ་བོ་ཆེ་ལ་ཡང་ཡང་རྒྱབ། །བརྟུལ་ཞུགས་ཆུ་ལ་མ་སོང་ཏེ། །མ་ཚོད་འགའ་རེ་ཆུས་ཁྱེར་ཚེ། །ཨོ་རྒྱན་སྒྲོལ་མ་ལ་སོགས་ཀྱི། །མཚན་བརྗོད་གསོལ་བ་བཏབ་པ་ལས། །ཉེས་མེད་བདེ་བར་ཐར་བར་གྱུར། །ལྷ་འདུག་ཟེར་ནས་ཀུན་ཡང་དགའ། །ཡུལ་དེར་ཞག་བདུན་མཚམས་བྱས་ཚེ། །ཐོ་རིངས་དྭངས་བའི་རྨི་

ལམ་དུ། །ཤར་ཕྱོགས་ནམ་མཁའི་མཐོང་ལས་ཚུར། །རྟ་དཀར་ལ་ཅིབས་
དཔོན་སློབ་གཉིས། །པད་ཞྭ་ཆོས་གོས་རབ་མཛེས་ལྡན། །བདག་གི་མདུན་དུ་
བྱོན་བཞུགས་མཐོང་། །འདི་ནི་པད་འབྱུང་གཏེར་སྟོན་གཉིས། །ཡིན་པར་
འདུག་སྙམ་ཡིད་ལ་ཤར། །དེ་མོད་གཉིད་ལས་ལྡང་བར་འགྱུར། །དེ་ནས་
སྒོམ་མདའི་ཟམ་པ་བརྩུགས། །ཉེས་མེད་བདེ་བར་མྱུར་དུ་གྲུབ། །དེ་ཚེ་དྲུག་
བཅུ་ཙམ་ཞིག་ཁྲོམ། །དབང་བསྐུར་ཆོས་བཤད་དགེ་བ་ཡི། །ཁས་ལེན་ཆོས་
ཕྱོགས་མང་ཞིག་གྲུབ། །ཀུན་འཛི་ཞེས་པར་མཚམས་འདུག་དུས། །གཏེར་
སྟོན་ཀཿཐོག་ངོས་ལ་ཕེབས། །འདིར་ཕྱོགས་མེད་ཅེས་སྐད་ཆ་ཐོས། །དེ་ཚེ་
ཡོད་མེད་རྨི་ལམ་བརྟགས། །མ་ཕེབས་ཡོད་པའི་རྟགས་རྣམས་བྱུང་། །ཁྱེད་
པར་གཏེར་སྟོན་ཡིན་བསམ་པའི། །རྣལ་འབྱོར་གཅིག་གིས་རང་ཉིད་ལ། །ཁྱོད་ནི་
གླང་ཆེན་དཔལ་སེང་ཡིན། །པོ་བོའི་ཆོས་བདག་འགྱུར་རོ་ཞེས། །ལུང་བསྟན་
དབུགས་དབྱུང་བྱས་པ་རྨིས། །རིག་འཛིན་འཇའ་ཚོན་སྙིང་པོ་ཡི། །སློབ་མ་
ཀུན་མཁྱེན་ཞེས་བྱ་ཡིས། །བུམ་སྒྲུབ་རིལ་བུའི་སྦྱིན་བདག་བྱས། །བར་ཆད་
མེད་པར་སྒྲུབ་པ་འཕེལ། །དགུན་སྨད་ཡིན་ཡང་གློག་དམར་འཁྱུག །དྲི་
བཟང་འཐུལ་ཞིང་རྟགས་མཚན་ཐོན། །ཐམས་ཅད་ཡིད་ཆེས་མོས་པ་
སྐྱེས། །རིལ་བུ་འགྲེད་དང་དབང་བསྐུར་དང་། །དགེ་བ་བསྔོ་སྨོན་མཐའ་རྒྱས་
གྲུབ། །བླ་མ་དེས་ཀྱང་དབང་ལུང་གི །བསྐུལ་མ་སྦྱིན་བདག་མཛད་པའི་
མཐུས། །ཞི་ཁྲོ་ན་རག་དོང་སྤྲུགས་ཀྱི། །དབང་དང་ངོ་སྤྲོད་གདམས་པ་
སོགས། །བརྒྱ་ཕྲག་ལས་ཉུང་ཁྲོམ་ལ་སྤེལ། །གདམས་པ་དབང་ལ་སོགས་
པ་འགས། །བླ་མ་དེ་ཡི་ཐུགས་བཞེད་བསྐང་། །ཚུར་ལ་རྟ་ཕག་དབང་ལུང་

ཞུས། །གནས་དེར་སྒྲུབ་པ་རྒྱུན་རིང་བྱས། །ཉམས་མྱོང་བྱུང་རྒྱལ་མགུར་མ་
འཐེན། །སྐབས་གཅིག་རྨི་ལམ་སྣང་བ་ལ། །གཏེར་སྟོན་འཇའ་ཚོན་སྙིང་པོ་
མཇལ། །སྒྲུབ་པ་སྙིང་པོར་གྱིས་ཤིག་ཞེས། །ཞལ་ཏ་མཛད་པའི་མོད་ལ་
ཡལ། །དེ་ནས་རང་གི་གྲྭ་པ་གསུམ། །དངོས་པོ་ཅུང་ཟད་འབུལ་དང་བཅས། །ཞུ་
ཡིག་གཏེར་སྟོན་དྲུང་དུ་བརྫངས། །ང་ལ་རྟེན་འབྲེལ་ཡོད་མཆིས་ན། །ཕར་ལ་
མཇལ་འོང་གནས་སྐབས་སུ། །རྟེན་འབྲེལ་མེད་ན་བྱིན་རླབས་རྟེན། །ཚུར་ལ་
བསྐུར་ཞེས་ཆ་ཕྲིན་ཕུལ། །དེ་ཚེ་ཁོང་གསུམ་མགོ་ཐོན་བཅས། །དྲུང་དུ་སླེབས་
པའི་བཀའ་ཤོག་ལས། །ཁྱེད་ནི་རྫོགས་ཆེན་ཆོས་ཀྱི་སྣོད། །པདྨའི་བཀའ་
འཛིན་ངེས་པར་ཡིན། །ད་ནི་བར་ཆད་དབང་མ་བཏང་། །མྱུར་དུ་སླེབ་པར་
ཤོག་ཅིག་ཅེས། །ཨ་མ་རིལ་བུ་དང་བཅས་བྱུང་། །གསུང་ལྟར་མྱུར་དུ་སླེབ་
པར་བྱས། །མཇལ་རྒྱུའི་ནུབ་མོ་རྨི་ལམ་དུ། །ཨོ་རྒྱན་ཞལ་ཐང་ལེགས་པོ་
ནི། །རྗེ་འབངས་ཉེར་ལྔས་བསྐོར་བ་མཇལ། །དད་དང་འདུན་པ་འཕེལ་བར་
བྱུང་། །ཕྱིར་ནང་དྲུང་སླེབ་མཇལ་བའི་ཚེ། །ཞུ་དོན་ཉམས་མྱོང་མགུར་དུ་
བླངས། །སྤྱི་སོར་འབུལ་བ་བདུན་ཚན་གཅིག །མཇལ་དུས་གསེར་ཞོ་གཉིས་
གསུམ་གྱིས། །མགོ་བྱས་འབུལ་བ་དགུ་ཚན་གཅིག །ཡིན་ལུགས་ཞུས་པས་
དགྱེས་དགྱེས་མཛད། །ཆོས་བདག་ནོར་མེད་མཁའ་འགྲོའི་ལུང་བསྟན་
བྱུང་། །ཞེས་གསུངས་དེ་ཡིན་ཕྱིར་དུ་ནི། །ངེས་པར་ཆོས་བདག་ཡིན་པ་
དང་། །ཁྱད་པར་སྤྲུལ་སྐུ་སྙིང་ཐིག་གི །ཡིག་མེད་སྐོར་གྱི་བདག་པོ་
ཡིན། །རང་ལ་ཡང་ཡང་ཞལ་ནས་གསུངས། །གཞན་ལའང་འདི་ནི་ཆོས་ཀྱི་
བདག །ཡིན་ཞེས་ཀུན་ལ་བསྒྲགས་པ་མཛད། །དབང་ལུང་བཀའ་གཏད་

བཅས་པ་དང་། །ཉམས་ལེན་སྤྲེལ་བའི་གཏད་རྒྱ་མཛད། །བརྟགས་པ་འགའ་ཞིག་གྱིས་གསུངས་པ། །དེ་ལྟར་བྱས་ནས་དོན་འབྲས་ཕུལ། །ཐོག་ཏུ་ཙི་ཕེབས་མ་ཤེས་སོ། །སྐུ་རིམ་བཟློག་པ་ཞག་བདུན་བཅས། །ཚེ་སྒྲུབ་ཚོ་ག་བརྒྱ་རྩ་དང་། །ཡབ་ཡུམ་སྲས་གསུམ་ཉིད་ལ་ནི། །སྲུང་འཁོར་རེ་རེ་འདོགས་པ་སོགས། །ཞབས་ཏོག་ཕྲན་བུ་རང་གིས་ཡང་སྒྲུབ། །དེ་ཚེ་བླ་མ་གཞན་གཅིག་གིས། །འཕྲུག་དོགས་ཟུག་རྟུའི་སེམས་ཀྱིས་ནི། །འདི་ཡིས་གཏོར་བཟློག་བྱེད་པ་ལས། །སྒོམ་དང་གདེངས་ཆེན་མི་འདུག་པས། །གྲྭ་བ་གཅིག་གཉིས་འཐབ་སོང་བ། །འདི་ཡི་ལན་ཞེས་སྨྲས་སོ་ཟེར། །དེ་སྐད་ཐོས་ཀྱང་ཉམ་ང་མེད། །བཟོད་པ་སྒོམ་པ་མ་གཏོགས་པ། །ངན་ལེན་ཙུང་ཟད་མ་བྱས་སོ། །དེ་སྐབས་ཆོས་མཐུན་རྣལ་འབྱོར་པ། །སྔགས་རྩལ་ལས་ཅན་སྐྱེས་བུ་ནི། །ཚུལ་ཁྲིམས་བསྟན་འཛིན་ཞེས་བྱ་དང་། །ཡིད་མཐུན་སྙིང་གི་གྲོགས་སུ་གྱུར། །དེ་ནི་དམ་ལྡན་སྐྱེས་བུ་སྟེ། །མཁའ་འགྲོའི་ལུང་བསྟན་རྒྱུན་དུ་འོང་། །གཞན་ཡང་རྟགས་མཚན་བསམ་མི་ཁྱབ། །དེ་ལ་མཁའ་འགྲོས་ལུང་བསྟན་ནས། །ཕོང་གཉིས་སྟོན་ཚེ་རྒྱ་གར་དུ། །གྲི་ཧྣ་འཛིན་གྱི་ཚ་བོ་རུ། སྐྱེས་དུས་བརྟུལ་ཞུགས་མཐར་ཕྱིན་པ། །བིར་ཝ་པ་ཞེས་བྱ་བ་དང་། །ན་རོའི་སློབ་མ་ཕག་ཚང་པ། །ཨོ་རྒྱན་དྲུང་དུ་གླང་ཆེན་དཔལ། །ཡིན་ཞེས་མཁའ་འགྲོས་སྒྲོགས་ཞེས་ཟེར། །རག་ཞི་གཏེར་སྟོན་འཇའ་ཚོན་པ། །བདུད་འདུལ་རྡོ་རྗེ་གསུམ་གྱིས་ནི། །ལས་ཅན་དཔའ་བོར་ལུང་བསྟན་པའི། །སྔགས་རྩལ་རྣལ་འབྱོར་སྐྱེ་བུ་ནི། །སྐལ་ལྡན་སྙིང་པོ་ཞེས་བྱ་དེས། །སྤུར་འདྲིས་མེད་ཀྱང་ཐུགས་མ་འཁྲིས། །ཁྱོད་ནི་ལས་ཅན་ཞིག་ཡིན་ཕྱིར། །ང་ཡི་འདི་ཡང་སྟོན་ཞེས་

ཟེར། །ཁོ་རང་གཏེར་ནས་བཏོན་པ་ཡི། །ཨོ་རྒྱན་ཕྱག་རྗེས་རྡོ་མཚར་ཅན། །འདུག་པ་ང་ལ་མཇལ་ཁ་བྱུས། །ཁམས་ཕྱོགས་འགྲོ་དོན་རྒྱ་ཆེན་འོང་། །གླིང་རས་སྤྲུལ་པའི་གྲུབ་ཆེན་ཞིག །སྐྱེ་བ་ཁྱོད་རང་ཡིན་འདུག་ཞེས། །དགའ་ཚོར་དང་བཅས་སྤྲོ་བོ་མཛད། །དེ་ནས་བཻ་རོ་ཙྪ་ན་ཡི། །སྐྱེ་བ་ཡིན་ཞེས་ལུང་བསྟན་ནོ། །གཏེར་ཁ་དུ་མ་གཅིག་ཏུ་མཐུན། །གྲུབ་པའི་རིག་འཛིན་ཆེན་པོ་ནི། །བོད་ཁམས་ཡོངས་ལ་གྲགས་པ་ཡི། །ལྷ་ཁ་སྤྲུལ་སྐུ་ཞེས་བྱ་དེ། །མཇལ་ཕྱིར་སོང་ནས་སླེབས་གྱུར་ནུབ། །ཨོ་རྒྱན་ཡིན་ནམ་གཏེར་སྟོན་ཡིན། །དེ་འདྲ་གཅིག་གི་བདག་ཉིད་ཀྱི། །སྐྱེས་རབས་ཡིན་ཞེས་ལུང་བསྟན་དང་། །རྗེ་འབངས་འགའ་ཞིག་མཇལ་སྣང་བྱུང་། །ཕྱིར་ཉིན་མཇལ་ཞིང་དགྱེས་མཛད་ནས། །ལུགས་གཉིས་བདག་རྐྱེན་ལེགས་པོར་མཛད། །ཨོ་རྒྱན་དྲུང་དུ་དཔལ་སེང་དང་། །མི་ལའི་དྲུང་དུ་རྡོམ་རྫོགས་པ། ཡིན་ཞེས་གསུངས་ཤིང་ལུང་བསྟན་གནང་། །དེ་རུ་ཡུན་རིང་མཆམས་འདུག་ཚོ། །རྨི་ལམ་སྣང་བར་སྤྲུལ་སྐུ་དེས། །ཁྱོད་ཀྱིས་གཏེར་ཡང་ཐོན་འོང་ཞེས། །གསུངས་ཤིང་དགྱེས་དགྱེས་མཛད་པའང་བྱུང་། །རང་ཉིད་གྲོ་ལོད་གསལ་བ་ལས། །ཕག་མོ་ཐོད་ཁྲག་དང་བཅས་པས། །འབྱུང་ཅིང་དགྱེས་པ་བསྐང་ཚུལ་ནི། །གསལ་པོར་རྨི་ལམ་སྣང་བ་བྱུང་། །སྐབས་གཅིག་གྲོ་ལོད་དཀར་པོ་གཅིག །ནམ་མཁའ་འཇའ་ཚོན་གློང་དུ་ནི། །སྟག་ལ་ཆིབས་པའི་སྐུ་སྣང་ཞིག །རྨི་ལམ་ཉམས་ཀྱི་མཚམས་སུ་བྱུང་། །ནུབ་གཅིག་རྟེན་འབྲེལ་བཞག་པའི་དུས། །གཏེར་སློ་ལེགས་པོ་གཉིས་གསུམ་མཐོང་། །ངེས་པར་རྗེས་སོར་འདོན་བསམ་རྨིས། །དངོས་སུ་བྱུང་བའི་སྨྲ་རང་ནི། །མཎྜལ་ཕུལ་

བའི་ཚིག་བརྗོད་ཐོས། །སྨིན་དྲུག་ཟླ་བའི་ཚེས་བཅུའི་ནུབ། །མཆོད་གཏོར་
བརླབས་པ་བཟང་བྱས་ནས། །དབེན་པར་ཉལ་བའི་རྨི་ལམ་དུ། །མ་གཅིག་ཡེ་
ཤེས་མཚོ་རྒྱལ་དེ། །བུད་མེད་དར་མའི་ན་ཚོད་ཅན། །དབུ་སྐྲ་ཐོར་ཅོག་ན་
བཟའ་ཀླུབས། །མཛེས་ཤིང་བག་ཆགས་གཟི་བརྗིད་ལྡན། །མཇལ་བས་དད་
འཕེལ་གུས་པ་ལས། །ཨོ་རྒྱན་མཇལ་བར་སོང་ཞེས་དང་། །གཞན་ཡང་ལུང་
བསྟན་གཅིག་ཀྱང་གསུངས། །དེ་ནས་ཡར་ལ་སོང་བ་དང་། །བྲག་ཕུག་ལྷ་
བུར་སླེབས་པའི་ཚེ། །ཨོ་རྒྱན་དངོས་ཡིན་སྙམ་པ་ཡི། །བདག་གི་སྐྱབས་
གཅིག་བླ་མ་མཆོག །ཀརྨ་ཆགས་མེད་དེ་ཉིད་ནི། །མདོན་གསུམ་ལྷ་བུར་
མཇལ་བ་དང་། །ཕྱག་དང་བསྐོར་བ་དུ་མ་མཛད། །རང་ཡང་དགའ་སྤྲོ་དད་པ་
འཕེལ། །ཡང་གཅིག་མི་ལས་གྲུབ་པ་ཡི། །ཕྱག་རྡོར་དྲེགས་འདུལ་ཡིན་སྙམ་
པའི། །ཞལ་ཕྱག་གསལ་ཞིང་གཟི་བརྗིད་ཅན། །འདོམ་གང་ཙམ་གྱི་མཁའ་ལ་
བཞུགས། །དེ་ཉིད་མཇལ་བས་དད་པ་སྐྱེས། །བྱིན་རླབས་ཞུས་པས་བདུད་
རྩིའི་རྒྱུན། །དྭངས་པར་བྱུང་བ་བདག་གིས་འཐུང་། །རྗེས་གནང་རང་དང་
དབྱེར་མེད་པའི། །ངོ་བོ་གཅིག་ཡིན་སྙམ་པའང་བྱུང་། །དེ་མོད་སེར་བ་རྒྱབ་
ནས་བྱུང་། །གཞན་ཞིག་བཟློག་པས་ཐུབ་མ་སོང་། །བདག་ཉིད་དྲེགས་འདུལ་
མི་དཔུང་ཅན། །ང་རྒྱལ་བཟུང་ནས་བཟློག་པ་ལས། །དེ་མ་ཐག་ཏུ་བཟློག་
པས་ཐུབ། སྤྲུལ་སྐུའི་གཟིམས་ཁང་ནང་ཉལ་ཚེ། །སྐུ་ཚེ་བརྟག་པ་བསྐུར་བྱུང་
ནུབ། །མི་ནག་བྲན་གྱི་ཚུལ་ཅན་ཞིག །བདག་རྩར་བྱུང་ནས་དགའ་གུས་
བྱས། །ཁམས་འདྲི་བྱེད་ཅིང་ཡོད་པའི་མོད། །མགོན་པོ་མ་ནིང་ཡིན་པར་
འདུག །དགའ་དགའ་བྱེད་ཅིང་དགོས་པའི་དོན། །སླས་ནས་བྱུང་ཡང་སྲ་དེ་

ལས། །ཚིག་དོན་ཅི་བཞིན་གོ་མ་ཐུབ། །དེ་ནས་ཕར་ཕར་ཡལ་ནས་སོང་། །ཀླུང་སྒྲ་བརྟགས་པས་བརྒྱ་ལྷ་ཟེར། །ཕོ་རིངས་གཟུགས་མེད་སྒྲ་བ་གཅིག །བདུན་ཅུ་དོན་ནི་དྲུག་བདུན་ཙམ། །ཟེར་བའི་སྣང་བ་བྱུང་བ་དང་། །ཡང་གཅིག་ལྷ་མོ་བུད་མེད་ནི། །རྒྱན་ཅན་གཅིག་བྱུས་ལྷེ་མིག་བཟུང་། །སྤྲུལ་སྐུའི་གཉེར་བ་བྱེད་པ་རྨིས། །ནུབ་གཅིག་དག་པའི་འོད་གསལ་ངང་། །ཐིག་ལེ་སྟོང་སྒྲོན་སྤུ་ཁྱུད་ཅན། །གཅིག་གི་ནང་དུ་རྡོ་རྗེ་སེམས། །འཁྱིལ་བག་ཆ་ལུགས་རྩུལ་བཞིན་པ། །གསལ་པོར་མཐའ་ཞིང་ཡང་གཅིག་གི །དབུས་སུ་ཐུགས་ཆེན་ནམ་མཁའ་རྒྱལ། །ལམ་མེར་བཞུགས་པ་མཐའ་བ་བྱུང་། །སྤྲོ་བོ་ཏྲ་ནག་དགོན་པར་བྲིས། ། མङྒ་ལཾ། །

༄༅། །སྒྲུབ་པའི་དུས་ཀྱི་རྟགས་ཚད་ངེས་པའི་ཡི་གེ་དད་པའི་འཇུག་ངོགས་བཞུགས་སོ། །

གུ་རུ་པདྨ་ཨ་ཀཱ་ར་ན་མོ་ཧོ། ཧེ་ལྷ་ཧེ་སླེད་མཁྱེན་པའི་སངས་རྒྱས་ཉིད། །འགྲོ་མགོན་པད་མ་འབྱུང་གནས་བདག་ལ་དགོངས། །དུས་གསུམ་སངས་རྒྱས་ཐམས་ཅད་འདུས་པ་ནི། །རྗེ་བཙུན་ཨུ་རྒྱན་ཆེན་པོ་ཁོ་ན་སྟེ། །བདག་གི་བླ་མ་རྗེ་དང་ཐ་མི་དད། །དེ་ཕྱིར་རྣམ་པ་ཀུན་ཏུ་བདག་གིས་ནི། །ཁྱེད་ཉིད་མ་གཏོགས་མགོན་གཞན་མ་མཆིས་པས། །སྙིང་ནས་རྩེ་གཅིག་གསོལ་བ་འདེབས་བགྱིད་ན། །ཐུགས་རྗེས་མི་གཡེལ་མྱུར་དུ་དགོངས་ནས་ནི། །སྣང་སྟོང་སྒྱུ་ཡི་དཀྱིལ་འཁོར་ཞལ་བསྟན་ནས། །གྲགས་སྟོང་གསུང་གིས་བདག་ལ་ཆོས་འཆད་དེ། །བདེ་སྟོང་ཐུགས་ཡིད་གཅིག་ཏུ་བྱིན་གྱིས་རློབས། །སྒོ་གསུམ་སྐུ་གསུམ་དང་དུ་མ་གྲོལ་བར། །མཚན་མའི་རྟགས་བཟང་ཙམ་གྱིས་ཡིད་མི་ཚིམ། །དེ་ཕྱིར་ངེས་པར་སྒྲུབ་པ་སྒྲོག་དང་བསྒྲོ། །བློ་སྣ་མི་མང་བདེ་གཤེགས་གཅིག་ཏུ་སྒྲུབ། །ཚེ་འདི་མི་བསམ་ཕྱི་མ་དོན་དུ་གཉེར། །བློ་གཏད་གཅིག་ཆོག་ཡིན་ནོ་གུ་རུ་རྗེ། །ཅི་མཛད་ཁྱེད་རང་ཤེས་སོ་རིན་པོ་ཆེ། །ཞེས་གསོལ་བ་བཏབ་ནས། ངེས་པའི་བསམ་པས་ད་ནི་བློ་སྣ་མང་པོ་མི་བྱེད་པར་ཡང་ན་ཨོ་རྒྱན་རིན་པོ་ཆེ་འགྲུབ་པ་དང་། ཡང་ན་སྒྲུབ་པ་དེ་ཉིད་ཀྱི་ངང་དུ་ཤི་བ་གཅིག་བྱེད་བསམ་སྙེ་བླ་མ་རིན་པོ་

ཆེ་ཡའང་ཐུགས་རྗེ་ཆེན་པོ་དང་པདྨ་འབྱུང་གནས་གཉིས་གང་དགའ་གཅིག་ལ་གཅིག་ཏུ་དྲིལ་བས་གང་བྱེད་ཞུས་ཤིང་། རང་གིས་ཀྱང་དེ་ནུབ་གསོལ་བ་བཏབ་སྟེ་མྱུར་དུ་གང་འགྲུབ་པའི་ལྷ་སོ་སོའི་མཚན་མ་སྟོན་ཅིག་ཅེས་ཡིད་ཀྱིས་རྨོད་པོར་ནས་རྨི་ལམ་བརྟགས་པས། རྨི་ལམ་དུ་ཨོ་རྒྱན་གྱི་སྐུ་པར་རང་ལ་ཡོད་པ་དེ་འདྲ་བ་ཞིག་གཅིག་གིས་བསྟན་ནས་བྱུང་བ་རྨིས། ཕྱིར་ནང་བསམ་པ་ལ་མཚན་བལྟས་ནི་ཨོ་རྒྱན་སྒྲུབ་ཅིག་གི་བརྡའ་རེད་དེ་པར་སྐུ་འདི་ཡོད་པའི་བག་ཆགས་ཡང་ཨེ་ཡིན་བསམ། བླ་མ་རིན་པོ་ཆེའི་ཞལ་ནས། པདྨ་ཀཱ་ར་དགའ་འོ་ཞེས་པའི་ལེགས་གསུངས་འགའ་ཡང་བྱོན་པས། ད་ནི་སྐབས་འགྲིགས་སོ་བསམ་སྟེ། གླང་ལོ་སྟོན་ཟླ་འབྲིང་པོ་ཡར་གྱི་ཚེས་བཅུ་བཞི་གཟའ་སྐར་འགྲུབ་སྦྱོར་བཟང་པོའི་ཉིན་མཚམས་བསྡམས་ནས་ཡོ་ག་གསུམ་པོ་གཅིག་ཏུ་དྲིལ་ཏེ་ཉམས་སུ་བླངས་བས། དང་པོའི་ནུབ་པར་ས་ཡི་བང་རིམ་མཆོད་རྟེན་གྱི་སྨད་དུ་གཅིག་པ་ལ་ཡར་རང་གྲུབ་ཏུ་ཡོད་པའི་བང་རིམ་གཅིག་གི་སྟེང་ན་བདག་འདུག་སྟེ། འདི་ལ་རིམ་པ་བཅུ་གསུམ་དགོས་རྒྱུ་ཡིན་ཏེ་རིམ་པ་དགུའི་ཆོས་སྒྲུབ་པ་ཞིག་རྨིས། དེ་ནས་ནུབ་གཅིག་ཨོ་རྒྱན་ཡིད་ཡུལ་དུ་མཐའ་ལ་སྣང་གཅིག་བྱུང་། དབང་ཕྱུག་རྡོ་རྗེ་མཐའ་ལ་རྒྱུ་ཡོད་བསམ་པ་ཡང་རྨིས། དེ་མཉམ་དུ་འོད་ཆེན་པོ་གཅིག་ཏུ་བྱོན་སོང་བའི་རྗེས་སུ་བདག་ཀྱང་སོང་བ་རྨིས་པ་དང་། འོད་ཁྱུག་ཁྱུག་པའི་དངོས་པོ་ལན་མང་དུ་བྱུང་ཞིང་མིག་ལམ་དུ་འཁྱུག་ཞིང་སྦྱོད་པ་དང་ཡལ་བ་སོགས་མང་དུ་བྱུང་། ནུབ་གཅིག་སྟོན་པ་ཤཱཀྱ་ཐུབ་པ་དེ་དངོས་སུ་ཡིན་སྙམ་པ་བཞུགས་པའི་མདུན་དུ། བདག་དང་གཞན་གཅིག་དང་ངེད་གཉིས་ལ་འཁོར་ཡང་བརྒྱ་ཙམ་འདུག་ཅིང་། ཐུབ་པའི་ཞལ་ནས། རིགས་ཀྱི་བུ་ཕྱིར་འོང་བ་དང་ཕྱིར་མི་འོང་བའི་འབྲས་བུ་མངོན་གསུམ་དུ་འགྱུར་

རོ། །ཞེས་གསུངས་པས། བདག་གིས་ལུང་བསྟན་དུ་གོ་སྟེ། ཐུབ་པ་ལ་ཞུས་པས་འདི་སྐད་ཞུས། བཅོམ་ལྡན་འདས་སུ་ཞིག་གིས་ཕྱིར་འོང་ཞིང་སུའི་ཕྱིར་མི་འོང་བའི་འབྲས་བུར་འགྱུར་རོ། །ཞེས་ཞུས་པས། ཐུབ་པའི་ཞལ་ནས། དེའི་ལོ་རྒྱུས་ཆེས་ཆེར་མང་པོ་འགའ་གསུངས་ཞིང་རང་ཡང་དད་པ་དྭངས་བ་འདྲེན་པ་བྱུང་ཡང་ཚིག་མ་ཟིན་ཏེ་བརྗེད་ཤོར། ཡང་རྨི་ལམ་དུ་པདྨ་འབྱུང་གནས་དེ་བྲིས་པ་ལོ་བརྒྱད་ལོན་པ་ཙམ་དུ་སྤྲུལ་ནས་འདུག་པས། བདག་ལ་འདི་སྐད་གསུངས་ཏེ། ཁྱོད་ང་ཡི་སྤྲུལ་བ་ཡིན། ཁྱོད་ཀྱི་འདིའི་གོང་དུ་ཀོང་པོར་བླ་མ་གཅིག་ཏུ་སྐྱེས་ནས་རིག་གནས་འགའ་ཡང་ཤེས་པ། གང་ཡང་མོས་པ་གཅིག་བྱུང་ཞེས་གསུངས་པ་དང་། ང་རང་ཡང་གསུངས་པ་བཞིན་ཏུ་སྐྱེ་བ་དྲན་ཏེ་བསམ་པ་ལའང་། ང་དང་ཨོ་རྒྱན་ཐུགས་ཡིད་གཅིག་ཡིན་ཞིང་། ང་སྤྲུལ་པ་ཡིན་ཡང་ལུས་ནི་སོ་སོར་རེ་ཞིག་སྣང་། མཐར་ནི་འཇའ་ཚོན་མཁའ་ལ་ཐིམ་པ་བཞིན་དུ་ང་དང་ཨོ་རྒྱན་དབྱེར་མེད་ཡིན་བསམ་ཞིང་བྲིས་པ་དེ་དང་མཉམ་དུ་སོང་བས་གཙུག་ལག་ཁང་ཆེན་པོ་གཅིག་གི་སྒོ་རྩར་སླེབ་པས། བྲིས་པ་དེའི་ཞལ་ནས། ད་ཁྱོད་འདིར་སྡོད་དང་རྟེན་འབྲེལ་གཅིག་བྱའོ་གསུངས་ནས་ནང་དུ་བྱོན་སོང་། ང་གཉིས་སྒོར་བསྡད་ནས་རྟེན་འབྲེལ་ལེགས་པོ་ཡོད་བསམ་ཞིང་ཡོད་ཙ་ན། སྒོ་དེ་ཕྱེས་ནས་འདིར་ཤོག་ལ་མདའ་དར་འདི་ལ་སྨོན་ལམ་ཐོབ་ཅིག་ཟེར་བས། བདག་སོང་ཏེ་མདའ་དར་ལ་འཇུས་ནས་མཆོག་གི་དངོས་གྲུབ་གྲུབ་ཆེན་བརྒྱད་བདག་གིས་ཐོབ་པར་ཤོག་ཅིག་ཅེས་སྨྲས་པ་དང་གཉིད་སད་དོ། །ཡང་རྨི་ལམ་དུ་གཞན་འགས་ཀརྨ་པ་ལ་གྲུབ་རྟགས་མེད་ཟེར་བ། བདག་གིས་ཀརྨ་པ་སངས་རྒྱས་དངོས་ཡིན་པ་ལ་གྲུབ་རྟགས་མེད་ཟེར་རམ་སྙམ་པས། མཛད་པ་བཅུ་གཉིས་དེ་སྐད་ཅིག་ལ་བསྟན་ན་ཀརྨ་པ་ཡིན་

རྒྱུར་འདུག མཇེད་པ་བཅུ་གཉིས་པོ་སྟོན་མཁན་དེ་ངེད་རང་ནས་མཐར་སྐྱུ་ངན་ལས་འདས་པ་དེ་ང་རང་ཞེས་སྨྲས། གཅིག་གི་སྐྱེང་དུ་བདག་འདུག་ནས། རང་གི་ཐུགས་ཀ་ནས་ཡེ་ཤེས་ཀྱི་མེ་སྦར་ཏེ་སྦྱངས་དགོས་བསམ་ཞིང་། འདིའི་བར་ཆད་སེང་གདོང་མས་སེལ་སླམ་ནས་རང་ལས་སེང་གདོང་མ་འཕྲོས་ཏེ་མདུན་བསྐྱེད་ནས་འཕྲིན་ལས་བཅོལ་བ་རྨིས། །ཡང་རྨི་ལམ་དུ་རྗེ་དུས་གསུམ་མཁྱེན་པ་ཁོ་བོ་ཡིན་བསམ་པ་བྱུང་། དེ་ངེས་པ་ཅན་ཡིན་པ་ག་ལ་སྲིད་ཀྱང་དགོངས་པ་ཅན་དེ་རླུང་སེམས་ཀྱི་གནད་འགགས་ཅུང་ཟད་ཤེས་པའི་བརྡར་གོ་ཞིང་། རླུང་གི་ཡོན་ཏན་བག་ཙམ་གཅིག་དེ་དང་དུས་མཚུངས་པར་བྱུང་བའོ། །ཡང་རྨི་ལམ་དུ་ང་རང་བྲམ་ཟེ་ས་ར་ཧའི་ཆ་ཙམ་ཡིན་བསམ་པ་དྲན་ཞིང་། ས་ར་ཧ་དེ་ཡང་ཡར་ཙམ་དེར་ཡོད་པ་འདྲ་བ་ཞིག་བྱུང་། དེའང་རང་གི་སེམས་ཉིད་རྟོགས་ཚུལ་ཅུང་ཟད་ཡོད་པ་དེ་རྗེ་བྲམ་ཟེའི་དགོངས་པ་མ་བཅོས་པའི་ཤེས་པ་ཕྱག་རྒྱ་ཆེན་པོ་མ་ནོར་བ་ཡིན་ཞེས་པའི་བརྡར་གོ་བས་བོགས་ཀྱང་ཐོན་པ་བྱུང་། ཡང་རྨི་ལམ་དུ་རང་ཉིད་བུ་ཆུང་ལོ་བརྒྱད་ཙམ་པ་གོས་དང་རྒྱན་མཛེས་པ་དང་ལྡན་པ་གཅིག་རེད་ནས་གདའ་ཞིང་། དགོན་སྡེ་ཆེན་པོ་གཅིག་ལ་བསྐོར་བ་བྱས་ནས་སོང་བས། ཁྱིམ་མང་པོ་དང་བུད་མེད་དར་མ་རྒྱན་ཤིན་དུ་མཛེས་པ་ལྷ་ན་སྡུག་པ་སྨིན་མཚམས་ན་མཛོད་སྤུའི་མཚན་རྟགས་ཡོད་པ་གཅིག་དང་། གཞན་ཡང་མང་པོས་བདག་ལ་བལྟས་ནས། བྱིས་པ་འདི་སྤུའི་མཐོང་ཙམ་ཡང་དོན་དང་ལྡན་པ་ཡིན་ཞེས་ཐམས་ཅད་ཀྱིས་ལེགས་པར་བལྟ་བར་འདུག །ང་རང་དེ་ལྷ་བུ་གཅིག་ཡིན་བསམ་ཞིང་སྣང་བ་མཐོར་སོང་བ་རྨིས། དེ་ཡང་ཐ་མལ་གྱི་བྱིས་པ་བདག་འདྲ་བ་དེ་ལྷ་བུ་ཅུང་ཟད་ཀྱང་མི་སྲིད་ཀྱང་། རང་གི་སེམས་ཉིད་མ་བཅོས་པའི་ངོ་བོ་དེ་བདག་གཞན་སུས་ཅུང་ཟད་

མཐོང་ཡང་འཁོར་བ་ལས་རིང་པར་འགྱུར་བས་ན་དོན་དང་ལྡན་པའོ་ཞེས་པའི་བརྡར་གཉིད་སད་མ་ཐག་གོ །ཡང་རྨི་ལམ་དུ་རང་ཉིད་བྱ་རྒོད་དུ་གྱུར་ནས་ནམ་མཁའ་ལ་འཕུར་ནས་ཕྱིན་པས་ཡ་ཟད་དུ་འཇའ་ཚོན་དུ་ཡལ་ནས་མཁའ་སྤྱོད་འགྲུབ་པ་ཡོད་བསམ་པ་ཡེ་མི་གསལ་བ་བྱུང་ངོ་། །སྣ་ལམ་དུ་གན་སྤྱོས་བཟང་པོ་སྣ་སྣོ་རང་ནས་འཕྱུལ་ཞིང་ཡོད་འདྲ་ཡུན་རིང་དུ་དངོས་སུ་བྱུང་ངོ་། །གྲུབ་ཆེན་ཨོ་རྒྱན་པའི་རྣམ་ཐར་བལྟས་པའི་ནུབ་མོ་རྨི་ལམ་དུ་རང་ཉིད་ཨོ་རྒྱན་པའི་སྐྱེ་བ་ཡིན་པ་དྲན། ཨོ་རྒྱན་པ་དེ་ཨིནྡྲ་བོ་དྷི་དང་། ལྭ་བ་པ་དང་། ནག་པོ་སྤྱོད་པ་སོགས་ཡིན་པ་ཡིད་ལ་ཤར། དེ་ནས་བུ་མོ་གཞོན་ནུ་རལ་པ་བཤེན་པོ་སྐྱེད་པ་ཙམ་ལ་སླེབས་པ་ཤིན་ཏུ་མཛེས་མ་གཅིག་བདག་གི་རྩར་བྱུང་ནས། ཁོ་མོ་སྔར་ཨོ་རྒྱན་པའི་རིགས་སམ་གཡོག་ཡིན་ཟེར་ཞིང་། ཁྱོད་རང་ཨོ་རྒྱན་པའི་སྐྱེ་བ་ཡིན་ཟེར་ཞིང་དགའ་དགའ་བྱེད་ནས་རང་གི་རྩ་ན་འདུག་པ་རྨིས། ཚེས་བཅུའི་མཆོད་པ་གཅིག་བྱས་པའི་ནུབ་མོ་རྨི་ལམ་དུ། མཁའ་འགྲོ་མ་ཡིན་རྒྱུར་འདུག་སྙེ་ཡེ་གསལ་བོར་མཐོང་རྒྱུ་མེད་པས། འདི་སྐད་དུ། རྒྱ་གར་བྲམ་ཟེ་ས་ར་ཧ་དང་། ཨིནྡྲ་བྷོ་དྷི་བིར་ཝ་པ་རྣམས་ཀྱི་མདུན་ནས་བྱིན་གྱིས་བརླབས་པའི་ཚོགས་འཁོར་རྒྱུ་ཡིན་ཟེར་ནས་མི་རོ་གཅིག་འདུག་པ་འདི་ལ་ཚོགས་འཁོར་གྱིས་ཟེར་ནས་བྱུང་བས། ང་རང་ཡང་འདི་ལ་ཚོགས་འཁོར་བྱེད་བདུད་རྩིར་བྱིན་གྱིས་བརླབ་བསམ་ཞིང་ཡོད་ཙ་ན་འཁྲུལ་པ་འགག་བྱུང་། ཡང་རྨི་ལམ་དུ་སྔར་ཨོ་རྒྱན་པས་རྨི་ལམ་བཟུང་བདེ་བ་ཅན་དུ་སོང་བས་ལམ་དུ་དེ་དུས་ཀྱི་བླ་མ་དེ་ཡང་བྱུང་ནས་བྱིན་བརླབས་མཛད་སྣང་། དེ་ནས་བདེ་བ་ཅན་དུ་ཕྱིན་ནས་ཐམས་ཅད་མཐོང་སྣང་དང་། ཡིད་དམ་རྨི་ལམ་དུ་ཡུལ་ཤིན་ཏུ་བདེ་བ་རྒྱ་ཆེ་བ་ཉམས་དགའ་བ་ཞིག་མཐོང་ཞིང་། དེ་དུས་བདེ་བ་ཅན་གྱི

སངས་རྒྱས་དང་བྱང་ཆུབ་སེམས་དཔའ་ཐམས་ཅད་མཐོང་ནས་ཉམས་འགའ་ཡལ་ལེ་ཡོད་པ་སོགས་སྐྱེས། དེ་ནས་རང་ཉིད་ཀྱི་འཁོར་དུ་ཁྲོམ་མང་པོ་ཡོད་པ་ཐམས་ཅད་རྣལ་འབྱོར་མའི་ཁྲོམ་ཆེན་པོ་གཅིག་ཏུ་གྱུར་ནས་རང་དེའི་དབུས་སུ་ཉམས་སྣང་མཐོན་པོའི་ངང་ནས་འགྱུར་དང་སེམས་ཀྱི་གདེང་ཡོད་ལུགས་སོགས་སྨྲས་པ་ཡེ་མི་གསལ་ཙམ་བྱུང་། དེའི་ཕྱིར་ནུབ་ཕྱར་བཞིན་རང་ཉིད་མཁའ་འགྲོའི་ཁྲོམ་ཆེན་པོའི་དཀྱིལ་ན་འདུག་ཅིང་ཐམས་ཅད་ནམ་མཁའི་བར་སྣང་ལ་ཡོད་པ་འདྲ་བ་གཅིག་འདུག །ཕར་བལྟས་ཙ་ན་རྣལ་འབྱོར་པ་སྐུ་མདོག་ནག་པོ་གཟི་བརྗིད་ཅན་ཕྱག་གཡས་པས་ཡར་སྐུ་ལུས་ཀྱི་རྒྱུད་དུ་མདའ་གཅིག་འཛིན་ནས་འདུག་པ་འདི་ས་ར་ཧ་ཡིན་སྙམ་ཨོ་རྒྱན་པའི་བླ་མ་གོང་མ་གཅིག་ཡིན་བསམ་པ་སྐྱེས་སོ། །ཡང་ཁམས་ཅུང་ཟད་མ་བདེ་བའི་ནུབ་མོ་འཁྲུལ་པའི་སྐྱི་ལམ་ན་ཕྱོགས་བཅུའི་སངས་རྒྱས་དང་བྱང་ཆུབ་སེམས་དཔའ། བླ་མ་ཡི་དམ། ནམ་མཁར་སྤྲིན་གྱི་ཕུང་པོ་བཞིན་གཏིབས་ནས་བྱུང་སྣང་དང་། ཁྱད་པར་དུ་བཀའ་བརྒྱུད་རྣམས་དང་དུས་མཁྱེན་སོགས་ཀརྨ་པ་ན་རིམ་རྣམས་བྱོན་ནས་སྨོན་པ་བྱིན་བརླབས་མཛད་སྣང་བྱུང་ཞིང་ཉམས་དགའ་ཡལ་ཡལ་དུ་འདུག དེ་རྣམས་ཀྱི་སྐུ་མདོག་ཆ་ལུགས་སོགས་ནི་འདི་འདྲ་ཞེས་ཏིག་ཏིག་གསལ་པོ་ནི་ཕྱིར་ནང་གཉིད་སད་དུས་མ་དྲན་ནོ། །ཡང་ཕྱར་བདག་རས་ཆུང་པ་ཡིན་སྣང་འདུག་ཅིང་མི་ལ་སོགས་ཀྱང་ཅུང་ཟད་དྲན་པ་དང་། དྭགས་པོ་དང་དྭགས་པོའི་སློབ་མ་བརྒྱུད་འཛིན་འགའ་ཞིག་འདི་དང་འདི་ཡིན་རབ་འགའ་དྲན་པ་དང་། གཞན་འགའ་ལ་བཤད་པ་དང་། སེམས་ཅན་དང་ཁྲི་འགའ་འདུག་པ་ཕྱར་རས་ཆུང་དུས་འདི་རྣམས་ཀྱི་སྐྱེ་གནས་འདི་ཡིན་སོགས་ཀྱང་དྲན་སྣང་དང་། རང་ཡར་ཁང་སྟེང་འདྲ་བ་གཅིག་ལ་རྫུ་འཕྲུལ་གྱིས་སོང་བས་དེར་བླ

མ་མི་ལ་ཡིན་ནམ་སླམ་པ་གཅིག་གིས། བུས་ཕ་ངོ་ཤེས་ན་པང་དུ་ཤོག ཞེས་མགུར་མཛད་པ་སོགས་ཉབ་ཉོབ་དེ་འདྲ་འགའ་ཡང་སྐྱེས་སོ། དངོས་སུ་ཕལ་ཆེར་རྒྱའི་གན་སྤྲོས་ཞིམ་པོའི་དྲི་འཕྱུལ་བའམ་དྲི་བཟང་ལ་ཞིམ་པོ་འཕྱུལ་བ་སོགས་དུས་ཕར་ཆེར་བྱུང་ངོ་། །ཡང་སྐྱི་ལམ་དུ་རང་གི་སྤྱི་གཙུག་ཏུ་བླ་མ་རྡོ་རྗེ་འཆང་ཡབ་ཡུམ་དུ་གསལ་བཏབ་ནས། ཡབ་ཡུམ་གྱི་སྦྱོར་མཚམས་ནས་བྱང་སེམས་ཀྱི་བདུད་རྩིའི་རྒྱུན་བབས་ནས་རང་གི་རྩ་འཁོར་ལྔ་དང་ལུས་ཐམས་ཅད་ལྷེམ་གྱིས་གང་བའི་དམིགས་པ་བྱས་པས་མངོན་དུ་འགྱུར་བ་བཞིན་བྱུང་ངོ་། །ཡང་སྐྱི་ལམ་བཟུང་ནས་བསྒྱུད་པས་ཉི་ཟླའི་སྟེང་དུ་ཡང་ནས་ཡང་དུ་འདུག་པ་ཡང་སྐྱེས་པ་དང་། འཕགས་པ་སྤྱན་རས་གཟིགས་དང་། པཎ་ཆེན་ནཱ་རོ་པ། གྲུབ་ཐོབ་ཁྱུང་པོ་རྣལ་འབྱོར་དང་གཞན་ཡང་གྲུབ་ཐོབ་ཉིས་བརྒྱ་ཙམ་གྲལ་གྱི་རྣམ་པར་བཞུགས་འདུག་པ་གསལ་པོ་གཅིག་བྱུང་ཡང་། སྐུ་མདོག་ཆ་ལུགས་སོགས་ནི་གསལ་པོ་རང་མ་བྱུང་སྟེ་སྒྲིབ་པ་ཆེ་བའི་དོན་ཡིན་པར་འདུག །བདེ་མཆོག་གི་འཁོར་ལྷ་མོ་ཉི་ཤུ་རྩ་ལྔ་ཐམས་པ་རང་གི་ཕན་ཚུན་དུ་ཡོད་སྣང་བྱུང་ནས། དེ་རྣམས་ཀྱི་རྒྱན་ཆ་ལུགས་རྣམས་ལ་བལྟ་ཡག་གཅིག་བྱེད་བསམ་ཡང་བལྟས་པས་གསལ་པོར་མངོན་སུམ་ལྟ་བུར་མཐོང་རྒྱུ་མ་བྱུང་། སྒྲིབ་པ་ཆེ་བའི་དོན་རེད། ༈ ཡང་ནུབ་གཅིག་སྐྱི་ལམ་དུ་སངས་རྒྱས་གཅིག་བཞུགས་པ་ཡར་བྱོན་སོང་། དེའི་མལ་དུ་སངས་རྒྱས་རྣམ་པར་སྣང་མཛད་བྱོན་བྱུང་ནས་བཞུགས་ཏེ་འཁོར་མང་པོ་ལ་ཆོས་ཀྱང་གསུངས་ཤིང་། ང་ནི་བུད་མེད་ཡོད་སར་འགྲོ་བ་མ་ཡིན་ནོ་གསུངས་བྱུང་བ་རང་གཞན་མང་པོས་ཐོས་སྣང་བྱུང་། དེ་ཡང་ཡར་བྱོན་ཐལ། ཡང་དེའི་མལ་དུ་སངས་རྒྱས་བྱམས་པ་བཞུགས་ནས་འཁོར་རྣམས་ལ་ཆོས་གསུངས་པ་དང་།

དེ་ཡར་བྱོན་ནས་སངས་རྒྱས་གཅིག་དེའི་མལ་དུ་བཞུགས་རྒྱུར་ཡོད་སྣང་བྱུང་ཞིང་། ཞིབ་ཞིབ་ནི་ཡེ་མ་དྲན་ནོ། ། ༔ ཡང་བླ་མའམ་སངས་རྒྱས་ཤཱཀྱ་ཐུབ་ཡིན་ནམ་སྙམ་པའི་སྐུ་ནི་ཡེ་མི་གསལ་ཞིང་། གསུང་གསལ་པོ་གཅིག་གིས་ཡེ་ནས་མངོན་པར་སངས་རྒྱས་ཚུལ་དང་། སེམས་ཅན་མང་པོ་བྱང་ཆུབ་མཆོག་ཏུ་བཀོད་ནས། བྱང་ཆུབ་སེམས་དཔའ་མང་པོ་སངས་རྒྱས་སུ་ལུང་བསྟན་པ་ལ་སོགས་པའི་ཆོས་ཀྱི་རྣམ་གྲངས་ཆེས་མང་པོ་མཚན་རིང་དུ་རྨི་ལམ་ཐོས་སྣང་བྱུང་བ་སྟེ། ཚིག་ཕལ་ཆེར་དྲན་ཡང་འབྲི་དོན་མེད་པས་མ་བྲིས་སོ། ། ༔ ཡང་ནུབ་གཅིག་རྨི་ལམ་དུ་མེ་ཆ་གཅིག་རང་གིས་ལག་ཏུ་འདུག་པས། མེ་བརྡབ་ཙ་ན་སྦྲུབ་མང་པོ་འབག་འ་ལ་མཆེད་ཤོར། དེ་བསད་བསམ་ནས་མཆིལ་མ་མང་པོ་བཏབ་ཅིང་ཐལ་ཅག་བརྡབ་ཀྱང་མེ་ཞི་མ་ནུས། དེ་ནས་དེའི་མོད་དེ་ལ་ཨོ་རྒྱན་བསམ་ཡས་ན་བཞུགས་དུས་ང་རང་གླང་ཆེན་དཔལ་གྱི་སེངྒེ་ཡིན་པར་འདུག་པ་དྲན། དེ་མ་ཐག་ཏུ་རང་མདུན་དུ་དེ་ཡིན་བསམ་པའི་བྱིས་པ་འདྲ་བ་འགའ་འདུག་པ་ལ། ང་ལྷ་སྲིན་བྲན་ཏུ་ཁོལ་བ་ཡིན་པས་འདི་ཚོ་ལ་མེ་ཞི་བའི་ལས་བཅོལ་དགོས་སྙམ་ནས་ཐལ་ཅག་འགའ་རྒྱབ་པས་བྱིས་པ་དེ་རྣམས་དུས་ནས་མཆིལ་མ་མང་པོ་བྱུང་བས། དེས་མེ་མཆེད་པ་ཞི་ནས་ཡུ་མེད་པར་བྱས་པ་རྨིས། གླང་ཆེན་དཔལ་སེང་མིན་ཡང་དེ་ལ་རྟེན་འབྲེལ་གཅིག་འགྲིགས་པ་བྱུང་སྟེ། དེ་བར་ཆར་ཡེ་མ་བབས་པས་དེ་ནུབ་བམ་ཕྱིར་ནུབ་ནས་ཆར་འབེབས་པའི་འགོ་བཙུགས་ཏེ་ཆར་གྱི་རྒྱུན་ཡུན་རིང་དུ་བསམ་གྱིས་མི་ཁྱབ་པ་བབས་སོ། །ང་རང་གི་ཆར་འབོད་ཀྱི་ལས་དང་དམིགས་པ་ནི་ཅི་ཡང་བྱས་པ་མེད་ཀྱང་བླ་མ་ཚང་གི་ཆར་འབོད་ཅིང་ཡོད་པའི་རྟེན་འབྲེལ་ཨེ་ཡིན་བསམ།

ཡིན་ཤས་ཡང་ཆུང་སྟེ་ཁྱོད་ཀྱིས་བློ་བཟོས་ཡིན་ནོ། །འཁྲུལ་པ་ལ་སྣ་ཚོགས་འོང་པ་དེ་གང་གི་རྐྱེན་འབྲེལ་གང་ལ་འཁྲིགས་ཏེ་མཚར་འདོད་བྱིས་སོ། །

༈ ཡང་འཕགས་པ་ཀླུ་སྒྲུབ་དེ་བྲོན་ཅིང་གདའ་བ་མཐོང་ནས་དད་པ་དྲག་པོ་སྐྱེས་པ་ཡང་རྨིས། ༈ ལུས་ཅུང་ཟད་མ་བདེ་བའི་ཉམས་བྱུང་བའི་དུས་གཅིག་རྨི་ལམ་མམ་འཁྲུལ་སྣང་གང་ཡིན་མི་ཕྱེད་པའི་གནམ་ས་ཁ་སྟེང་ལ་ལོག་པ་སོགས་གློག་གི་ཆར་བབ་པ་བཅས་ཆོ་འཕྲུལ་ཤིན་ཏུ་འཇིགས་པ་འགའ་ཡང་བྱུང་ངོ་། །དེ་དུས་ནི་འཇིགས་ཞུམ་པ་རེ་བྱུང་ཡང་འདི་རྣམས་ང་ཡི་སེམས་ཡིན་སྙམ་ཏེ་དྲན་པའི་ངང་ལ་བཞག་པ་ཙམ་གྱི་བདེ་ཆེམ་ཆེམ་བྱུང་། ༈ སྤྲུལ་སྐུའི་ཆོས་བཅུའི་ནུབ་ཟླ་བ་ལ་ཁ་དོག་ལྗ་ལྗན་ཀྱི་འཇའ་ཡི་གུར་ཕུབ་པ་མཐོང་བ་དང་། གཞན་ཡང་དུས་ཕལ་ཆེར་དུ་ཉི་ཟླ་ཤར་བ། རྒྱུན་གོས་གཟབ་པ་ལ་སོགས་ཀྱི་བཟང་རྟགས་ཙམ་པ་ནི་མང་དུ་བྱུང་ཡང་མ་བྲིས། རྟགས་ལྟ་ལ་སོགས་ཕལ་ཆེར་དུ་བྱུང་། འགའ་ཞིག་གིས་རྩ་བཟང་བའི་དོན་ཡིན་པ་ཡང་བཞེད་གདའ། སྒོ་ཤས་ངེས་འབྱུང་དད་པ་དག་སྣང་སོགས་ཀྱི་ཉམས་སྣང་རྒྱུན་དུ་བྱུང་བ་ཡིན་ནོ། །དེ་ལྟར་ལོ་བསྐོར་གཅིག་པོའི་དགུན་ཟླ་གསུམ་ལ་རླུང་ལ་བརྩོན་པར་བྱས་པས་བསྙེན་པ་ཆེར་མ་ཐོན། དེ་མིན་བསྙེན་པ་ཁོ་ན་ལ་འབད་པས་ལོ་གཅིག་ལ་བྱེ་བ་ས་ཡ་འགྲུབ་པོ། །

༄༅། །རྟགས་ཚད་ཀློགས་བཅད་མ་བཞུགས་སོ།།

འདི་ཡི་མཚམས་སུ་མཚར་འདོད་ཙམ། །སྨུན་མཚམས་ཞིག་ལ་ཟླ་གཅིག་བསྡད། །དགེ་སྦྱོར་འཕེལ་བ་ཙམ་དུ་བྱུང་། །ལག་པ་བརྐྱང་བསྐུམ་མི་མཐོང་བའི། །སྨུན་པར་བལྟ་ལུགས་ཁྱད་པར་གྱིས། །ཉི་འོད་ཟླ་འོད་ཤར་བ་ལྟར། །ཁྱིམ་ནང་ས་ལེར་གསལ་ན་ཡང་། །དངོས་པོ་མཐོང་རྒྱུ་མེད་ཙམ་བྱུང་། །སྨུན་ཁྲིད་དོན་ལའང་བག་ཆགས་བཞག །རང་གི་སྒྲུབ་ཁང་ཕར་ཙམ་དེར། །སྣ་ལྡ་འཇའ་ཡི་སྣེ་མོ་ཟུག །འཇའ་འདི་དེད་ན་བྲོས་འདུག་པས། །འདི་ནས་བལྟས་ན་མི་འདུག་ཀྱང་། །བླ་མའི་གཟིམ་ཁང་ནས་བལྟས་ན། །ཁོ་བོའི་ཁང་པར་འཇའ་སྣ་དེ། །ཟུག་ནས་ཡོད་པ་ཙམ་དུ་དགའ། །གལ་ཏེ་ཟུག་ཀྱང་དགའ་ཅི་ཡོད། །རྨི་ལམ་ཙམ་གྱི་འཁྲུལ་པ་ལ། །དཀྱིལ་འཁོར་བྲིས་པ་གཅིག་གི་དབུས། །ཁྲུ་གང་རེ་རེའི་སྟེང་དུ་ནི། །ཁྲི་ཡི་རྣམ་པ་འདྲ་རེའི་སྟེང་། །དབུས་སུ་ཆེ་མཆོག་ཧེ་རུ་ཀ །ཆེ་ཆུང་མི་ཚད་ཙམ་པ་ལ། །ཡབ་ཡུམ་རྣམ་འགྱུར་རྒྱན་རྣམས་རྫོགས། །མཐའ་བསྐོར་ཁྲོ་བོ་མང་པོས་བསྐོར། །རྒྱན་ཆས་ཞིབ་ཏུ་མི་གསལ་ཡང་། །སྐུ་རྣམས་གསལ་བ་ཉིད་དུ་མཐོང་། །འདི་ནི་བཀའ་བརྒྱད་དཀྱིལ་འཁོར་ནི། །ཡིན་ནོ་སྙམ་པའི་ངེས་ཤེས་བྱུང་། །ཚད་པའི་ནད་འདྲ་འགའ་བྱུང་ཡང་། །རོ་སྙོམས

དོན་ལ་གནད་དུ་བསྟུན། །གཞན་གྱིས་ཕན་ནི་ཆེར་མ་འཚལ། །དེ་ནས་རིམ་པར་ཕན་ཏེ་སོང་། །དེ་རྣམས་མུན་པའི་མུན་རྟགས་ཡིན། །ཡང་ན་དབུས་གཙང་ཕྱོགས་ཙམ་ན། །མཁས་ཤིང་བཟང་བའི་གྲགས་ཆེན་གཅིག །བདག་ནི་ཡིན་པའི་རྨི་ལམ་བྱུང་། །དེ་མིང་སྨྲས་ན་ཧ་ཅང་ཐལ། །དེ་ཕྱིར་མིང་ནི་འབྲི་མི་བྱ། །དེ་ནས་དེ་ཡི་བར་དུ་ནི། །སྐྱེ་བ་གཅིག་ནས་གཅིག་ཏུ་ནི། །བར་མ་ཆད་པ་ཐམས་ཅད་ཀྱང་། །རྨི་ལམ་དུ་ནི་དྲན་སྙམ་བྱེད། །དེ་རྣམས་མིང་ནི་མ་བྲིས་སོ། །དེ་མིན་མཚར་འདོད་ཙམ་དུ་བྲིས། །སྔར་འདྲིས་ཡུལ་སྣང་ཐམས་ཅད་ཀྱང་། །རྨི་ལམ་སྒྱུ་མའི་སྣང་བ་བཞིན། །ཐེངས་མ་ཡ་ཟུང་འགའ་ལ་བྱུང་། །རྨི་ལམ་བཟུང་ནས་བདེ་བ་ཅན། །ཡང་ན་དཔལ་རིར་འགྲོ་བསམ་པས། །སོང་བས་དེ་རུ་མ་སླེབས་ཏེ། །རྡོ་རྗེ་གདན་ནི་ཡིན་སྙམ་པའི། །ལྷ་ཁང་ཤིན་ཏུ་ཆེ་བ་གཅིག །དཀྱིལ་འཁོར་རྣམ་པར་ཡོད་པ་ཡི། །མཐའ་བསྐོར་སྐྱིལ་པོ་མཆོད་རྟེན་དབྱིབས། །མང་པོས་མཐའ་འཆམ་བསྐོར་བ་ཡིན། །དགེ་སློང་མ་དང་གཞན་ཡང་ནི། །ཁྲོ་ཚོགས་དཔག་མེད་ཡོད་པ་གཅིག །མཐོང་ཞིང་དེ་ནས་ཕར་བལྟས་ན། །རི་མཐོ་གཅིག་གི་རྩེ་མོ་ན། །མཁར་ལ་ཛ་ཐུག་བརྩུགས་པ་མཐོང་། །དེ་ནི་སྔོན་དུས་སྲིན་པོ་ནི། །མ་ཏྲཾ་རུ་ཏྲའི་མཁར་ཡིན་སྙམ། །ཨ་ཐུང་གྱེན་ལ་འབར་བ་དང་། །ཨ་ཧཾ་མཐུར་དུ་དབབ་པ་ཡི། །ཐབས་ཤེས་དགའ་བཞིའི་རོལ་པ་སོགས། །ཉམས་མྱོང་ཅུང་ཟད་ལྡན་པ་བྱུང་། །རླུང་ནི་རྣ་བ་ནས་རྒྱུ་བ། །རིག་པ་ཙམ་ཡང་བྱུང་བར་གྱུར། །སྣ་ནས་རླུང་རྒྱུ་མི་ཚོར་བ། །གནས་སྐབས་སུ་ཡང་བྱུང་བ་ཡིན། །ཐེག་པ་ཀུན་ཏུ་མ་གྲགས་པའི། །བླ་མེད་ཨ་ཏིའི་ཁྱད་པར་ཆོས། །ཀུན་བཟང་ཐུགས་ཀྱི་སྙིང་

པོ་མཆོག །རྫོགས་ཆེན་ཐོད་བརྒལ་ཞེས་བྱ་བའི། །འོད་གསལ་རྡོ་རྗེ་ལུ་གུ་
རྒྱུད། །ཆོས་ཉིད་མངོན་སུམ་སྣང་བ་ནི། །གནས་སྐབས་འདི་རུ་མཐོང་བར་
གྱུར། །ཡིད་དཔྱོད་ལྟ་བ་མ་ལུས་ཙམ། །ད་དུང་ཉམས་ལེན་མ་ཞན་
ན། །བླ་མ་ཀུན་བཟང་ཐུགས་རྗེ་ཡིས། །རིག་པ་ཚད་ཕེབས་སྣང་བ་
དང་། །ཆོས་ཉིད་ཟད་པའི་འབྲས་བུ་སོགས། །མཐོང་བར་འགྱུར་བ་འབྱུང་
ཡང་སྲིད། ཡང་ནི་འོས་མེད་དུས་གཅིག་ཏུ། །གཏེར་སྟོན་གཅིག་གི་གཏེར་ཁ་
ནས། །བྱུང་བ་ཡིན་སྙམ་ལུང་བསྟན་གཅིག །འདུག་པའི་ནང་ན་བདག་ཉིད་
ནི། །གང་ཟག་བཟང་པོ་གཅིག་གི་ནི། །སྤྲུལ་པའམ་ནི་སྐྱེ་བ་ཡིན། །ཞེས་
ལུང་བསྟན་པ་འདུག་པ་རྨིས། །རྨི་ལམ་ཙམ་གྱི་སྣང་བ་ལ། །བཅོམ་ལྡན་ཐུབ་
པའི་དབང་པོ་ནི། །བདག་གི་མདུན་དུ་བྱོན་ནས་ཀྱང་། །དཔེ་དོན་ཚིག་གསུམ་
འཛོམས་པ་ཡི། །དམ་ཆོས་མང་དུ་གསུངས་ནས་ཀྱང་། །དེ་ཉིད་དུ་ནི་མི་སྣང་
གྱུར། །དངོས་སུ་དྲི་བཟང་ལེགས་པོ་གཅིག །རབ་ཏུ་འཐུལ་ཞིང་བྲོ་བ་
བྱུང་། །འདི་རུ་རྟགས་ནི་དོན་ཚིག་གཉིས། །འབུམ་ཕྲག་བརྒྱད་དང་བཅས་པ་
ཡོད། །འཕོར་བསླེན་འབུམ་ཚོ་གཉིས་ཡོད་དོ། །

༄༅། དེ་ནས་སྐབས་འདིར་རྐྱེན་བཟང་པོ་རུང་བ་གཅིག་གིས་མཐུ་བྱུས་ཏེ་མཚམས་ལས་ལང་ནས་ཆས་པས་དེ་དག་གི་ཕྱོགས་ནས་འདོད་དོན་འགྲུབ་པ་ནི་མ་བྱུང་ཡང་། དེ་ལས་མི་ཞན་པའི་ཆོས་དངོས་གྲུབ་ཆེན་པོ་ཞིག་བདག་གི་ཡོངས་འཛིན་ཆེན་པོ་ནས་བཀའ་དྲིན་ལེགས་པར་བསྐྱུལ་བ་མཛད་པས་བདག་དབེན་པར་འདུག་དུས་རྟེ་གཅིག་གིས་སྒྲུབ་པ་དང་དབེན་པ་ལས་ལང་ཙ་ན་ཆོས་ཀྱི་དངོས་གྲུབ་ཆེན་པོ་འབྱུང་བས། ཨོ་རྒྱན་རིན་པོ་ཆེར་ཁ་ཙམ་མིན་པའི་མོས་གུས་བྱས་པའི་བྱིན་རླབས་སུ་གོ་སྟེ། ཅི་

ལྟར་བྱས་ཀྱང་ལེགས་པའི་བྱ་བ་འགྲུབ་པའི་རྟེན་འབྲེལ་བྱུང་ངོ་། །དེ་དག་གི་སྐབས་སུ་བླ་མའི་མདུན་དུ་འདུག་པའི་ཉམས་སྣང་ལ། དངོས་སུ་ཁྲོམ་ཆེན་པོས་མ་ཧི་བགྲངས་བའི་ཆོས་སྒྲ་ཐོས་པས་ཕྱོགས་ཐམས་ཅད་དུ་བལྟས་ཀྱང་མ་ཧིའི་སྒྲ་བསྐྱུལ་མཁན་མི་འདུག་པས། གཟུངས་སྔགས་རང་བཞིན་གྱི་སྒྲ་སྒྲོགས་པའམ་མཁའ་འགྲོའི་ཆོས་སྒྲ་ཡིན་པ་གོར་མ་ཆགས་པར་འདུག་གོ །བདག་མཚམས་ལ་འདུག་དུས་དེ་ལྟ་བུ་ལན་མང་དུ་བྱུང་ངོ་། །ཡང་རྨི་ལམ་དུ་མགོན་པོ་ཕྱག་བཞི་འཛའ་ཚོན་ལས་གྲུབ་པའི་སྐུ་ཤིན་ཏུ་གསལ་བ་རི་ཕྲན་ཙམ་གཅིག་ནུབ་ཕྱོགས་ཀྱི་ནམ་མཁའ་ནས་ཞལ་ཚུར་ཕྱོགས་ནས་འདུག་པ་མཇལ་བ་རྨིས། བླ་མ་རིན་པོ་ཆེས་གཏེར་མགོན་གྱི་དབང་ལུང་གནང་བའི་རྗེས་ཙམ་ཡིན་ནོ། །སྐབས་སུ་གྲོང་ཆོག་ལ་ཕྱིན་པས་དགུན་སྨད་ཤིན་ཏུ་གྲང་ཞིང་ཡོན་ཆབ་སོགས་གཞན་ཐམས་ཅད་འཁེངས་ཀྱང་བུམ་ཆུ་དང་ཚོགས་གཏོར། ཚོ་རིལ་རྣམས་མ་འཁེངས་པ་བྱུང་། རི་འགྲིམ་བྱས་དུས་རྨི་ལམ་དུ་ཨོ་རྒྱན་གྱི་སྐུ་ཆེན་པོ་བྲག་ལ་བྱོན་འདུག་པ་དང་། གར་སོང་ཕལ་ཆེར་འཛའ་མང་པོ་སྐྱུར་ཤར་བ་སོགས་བྱུང་། གནས་སྐབས་དང་རྗེས་སོར་ལ་ཚད་སླང་རྟགས་སུ་སྐྱེས་པ་བྱུད་མེད་མང་པོས་ཕྱག་བྱས། ད་ཕྱིན་སེམས་ཅན་ལ་མི་གནོད་ཁས་ལེན་བྱེད་མཁན་ཡང་བྱུང་ཞིང་། དེ་ལྟར་མཚམས་ཡང་ཟླ་བ་དྲུག་དང་ཞག་པོ་བཅུ་སྡེ་སླར་མཚམས་བྱས་པའོ། །དེ་ནས་འདིར་ནི་བཤད་བྱ་བ། །སྔོན་ཞེས་ཟླ་བའི་ཉེར་གཅིག་ལ། །དབེན་པར་ཞུགས་ནས་སྒྲུབ་པ་བྱས། །དེ་ནུབ་རྨི་ལམ་འཁྲུལ་པ་ལ། །ཀུ་རུ་རྡོ་རྗེ་ཐོད་ཕྲེང་རྩལ། །རང་ཉིད་རེད་ནས་འདུག་པ་ནི། །བརྟའ་ཙམ་བྱུང་ཞིང་དེ་ནས་ཡང་། །སྤྱན་རས་གཟིགས་དབང་ཕྱུགས་རྗེ་ཙན། །རི་རབ་ཟེམ་ནས་ཐེབ་བྱུང་བས། །དབང་མེད་

དད་ནས་དུས་པ་རྨིས། །ཁོ་བོ་མངོན་པར་བྱུང་བ་ནས། །ཆོས་སྐུ་སྤྲོས་བྲལ་ཆེན་པོ་ནི། །དམིགས་མེད་སྟོང་པའི་ངང་དུ་གདའ། །ཕྱོགས་བཞི་དབུས་སོགས་ཕྱོགས་རྣམས་སུ། །བདག་ཉིད་ཡེ་ཤེས་ལྔ་ལས་ནི། །ངོ་བོ་རང་བཞིན་གཟུགས་སྐུར་ཤར། །མི་བསྐྱོད་རྣམ་སྣང་མཐའ་ཡས་དང་། །དོན་གྲུབ་ལ་སོགས་ཡོད་སྣང་གསལ། །དངོས་སུ་རླུང་ཁྱུག་གཉིས་གསུམ་གྱིས། །ཉི་མ་རེ་རེ་བགྲོད་པའི་ཉམས། །ལན་གྲངས་མང་ཙམ་བྱུང་བར་གྱུར། །རྨི་ལམ་མགོན་པོ་ཕྱུག་བཞི་པ། །མཇལ་སྣང་གསལ་པོ་ཙམ་གཅིག་བྱུང་། །རྫོགས་ཆེན་ཤེལ་གྱི་ཕྲེང་བ་ཞེས། །འདི་ཡི་དུས་སུ་བརྩམས་པར་བྱས། །དེ་ནས་རྨི་ལམ་ཡུལ་དུ་ནི། །སངས་རྒྱས་གསེར་འོད་དམ་པ་དེ། །ཡབ་ཡུམ་སྐུ་ཡི་སྒྱུ་རྩལ་དང་། །མངོན་པར་བྱུང་བའི་བསྟན་ཚུལ་རྣམས། །དངོས་བཞིན་མཐོང་སྣང་བྱུང་བ་དང་། །རི་མཐོ་གཅིག་གི་རྩེ་མོ་རུ། །སངས་རྒྱས་གསེར་འོད་བཞེངས་འདུག་པས། །བདག་ཀྱང་མཇལ་ཕྱིར་རི་ལ་འཛེགས། །མཇལ་ལ་ཉེ་རྩ་རི་ནས་འབྲེད། །དངོས་སུ་མཇལ་རྒྱུ་མ་བྱུང་རྨིས། །དེ་ཚེ་སྐྲ་མདོག་སྔོ་ལྗང་ལ། ཐིག་ལེ་གོང་བུ་སྣང་བ་ལས། །འདི་ནི་བྲོ་གྲུབ་ཡེ་ཤེས་རྟགས། །ཡིན་སྙམ་བྱེད་ཅིང་རང་ཉིད་ཀྱང་། །འོད་གསལ་ཧིང་འཛིན་ངང་ལ་གནས། །དེ་ཡང་བྲོ་གྲུབ་ཡེ་ཤེས་དོན། །ཡང་ནི་བདག་གིས་སྒྲུབ་པར་མོས། །གནས་ཆེན་གཅིག་གི་རྩར་འདུག་པས། །ཕོ་མོ་མང་པོས་བཀུར་སྟི་བྱས། །ཆང་སོགས་བཟའ་བཏུང་བཟང་དགུ་དྲངས། །དེ་རྣམས་ང་ལ་རེག་རེག་བྱེད། །རེག་པའི་དོན་ལྡན་ཡིན་པ་ལ། །དེ་ལྟ་བུ་ཡི་རྨི་ལམ་ཤར། །སྤྱ་གོང་ཁོ་བོ་བུད་མེད་འགས། །ལེགས་བལྟས་མཐོང་བ་དོན་ལྡན་ནོ། །འདི་ལྟར་མཐོང་བ་དོན་ལྡན་

དང་། །རིག་པ་དོན་ལྡན་ཡིན་རྨིས་པས། །བདག་དང་བཞད་གད་འཕྱོ་བ་བྱུང་། འོན་ཀྱང་བརྫའ་རུ་སྣང་བའི་མོད། སེམས་ཉིད་སྐྱེ་མེད་རང་ཞལ་མཐོང་། རིག་དང་མཐོང་བ་དོན་ལྡན་ཡིན། །དེ་སོགས་བརྫའ་དོན་བསམ་མི་ཁྱབ། །ཡང་ནི་བདག་ཉིད་ཨོ་རྒྱན་དངོས། །རེད་ནས་འདུག་པ་དེ་ཡི་མོད། །མི་ལ་རས་པའང་རེད་ནས་འདུག །དེ་ཚེ་བདག་གིས་གླུ་བླངས་པས། །ང་རང་རང་བྱུང་ཐོལ་སྐྱེས་ཡིན། །དེ་སོགས་འགྱུར་མ་བྱས་པ་རྨིས། །གཏེར་སྟོན་རཏྣ་གླིང་པ་དེས། །ཉམས་པ་འགའ་ལ་ཧཱུཾ་འཕྲུལ་ནི། །སྣ་ཚོགས་བསྟན་ནས་བྱོན་སོང་བས། །རྟེན་འབྲེལ་རྟགས་སུ་རྨིས་པ་ལེགས། །དེ་ལྟར་ལོ་སྐོར་གཅིག་ལ་ནི། ། སྟགས་ནི་ས་ཡ་ཕྲག་བཞི་དང་། འབུམ་ཕྲག་དྲུག་བཅས་ལེགས་པར་ཐོན། །ཅི་ཕྱིར་ས་རིས་འབྲི་སོགས་དང་། །ཡོངས་འཛིན་བླ་མའི་སྐུ་རིམ་སོགས། །གཞན་གྱི་བྱ་དགོས་མང་དུ་བྱུང་། །ཡང་ནི་མི་གཅིག་བདག་ལ་ནི། །བལྟས་ནས་འདི་སྐད་ཟེར་ད་ལ་ཡང་། །མགོ་བོ་གསུམ་ནི་འདུག་པ་ལ། ངེད་རྣམས་སྐྲག་པར་འདུག་ཟེར་ནས། །ཕྱི་ཕྱིར་ནུད་ནས་ཐལ་བ་རྨིས། །རང་གིས་གུར་དྲགས་བསྒོམ་པ་ཡིན། །ཁོ་ཡིས་དེ་ལྟར་མཐོང་འདུག་སྙམ། །གདོན་ཆེན་སྲུང་པ་ཕན་པའི་རྟགས། །ཡིན་སྙིད་བསམ་ཡང་ཡེ་མ་ཕན། འབྲུག་ལོ་གྲོ་བཞིན་ཟླ་བ་ཡི། །ཚེས་བརྒྱད་ཞི་ཁྲོའི་ལས་བྱང་བཏོན། །བཏགས་གྲོལ་རབ་གནས་བྱས་པའི་ནུབ། །ཐོ་རེངས་རྨི་ལམ་འཁྲུལ་བ་ལ། །རི་དམར་གཅིག་ནས་མཐུར་དུ་ཕྱིན། །དེ་ནས་ཁྱིན་སོང་ཁང་པ་འགའི། །ནང་དུ་སོང་བས་ལྷ་ཁང་ལྟར། །མཇོས་ཤིང་བཀོད་པ་འཕགས་པ་སྣང་། དེ་མོད་ཡིད་ལ་འདི་ལྟར

དུ། །སུམ་ཅུ་རྩ་གསུམ་ལྷ་ཡུལ་གྱི། །གནས་དང་ཁང་པ་ཡིན་འདུག་པས། །ལྷ་ཡི་ལོངས་སྤྱོད་ཐམས་ཅད་ནི། །དཔག་བསམ་ཤིང་ལས་འདོད་དགུ་འབྱུང་། །ཕྱིར་ལམ་དཔག་བསམ་ཤིང་ལ་བལྟ། །སྔོན་ལ་ལྷ་བུ་རྣམས་ལ་ནི། །ལྷའོ་བསམ་ནས་སྟེང་དུ་ཕྱིན། །དེ་ནས་ལྷ་བུ་ཡིན་སྙམ་པའི། །བླ་མ་འདྲ་བ་ཕྱོགས་ཕྱོགས་འདུག །བདག་གིས་བླ་མ་སངས་རྒྱས་དང་། །ཡི་དམ་མཁའ་འགྲོ་རྣམས་ལ་ནི། །ཕྱོགས་བཞིར་བལྟས་ནས་ཕྱག་ཀྱང་འཚལ། །དབུས་མའི་ལྷ་བུ་བླ་མ་དེར། །ང་ལ་གདམས་ངག་བྱིན་སླབས་པས། །ཐུབ་པའི་བསྟོད་པ་ཤ་ལོ་ཀ །ལེགས་པར་བསླབ་ཀྱང་རྗེས་ནས་བརྗེད། །དབུས་དེར་ཨ་ཁྲུང་ལྷ་བུ་གཅིག །འདུག་པ་སྒྲོག་རྩ་ཡིན་པ་དང་། །ལྷ་གནས་ཁང་པ་སྙིང་གི་དཀྱིལ། །རི་དམར་གློ་བ་ཡིན་འདུག་པ། །རྨི་ལམ་སད་ཚེ་ཡིད་ལ་ཤར། །ཡང་ནི་ཕྱིན་ཚུལ་མ་གསལ་པའི། །འོག་མིན་གནས་སུ་ཕྱིན་བསམ་རྨིས། །ཆོས་དགུའི་ཐོ་རིངས་བཅུ་ཡི་ཀ། །རྨི་ལམ་བདག་གི་སྤྱི་གཙུག་ཏུ། །བླ་མ་ཨོ་རྒྱན་དབྱེར་མེད་དེ། །རྡོ་རྗེ་འཆང་གི་ཆ་ལུགས་སུ། །བཞུགས་པས་ངོ་མཚར་སྐྱེས་པ་རྨིས། །ཡང་ནི་ནུབ་གཅིག་གཉིད་ལས་སད། །ཐོ་རིངས་ཐུན་ལ་ལུས་གནད་བཅས། །བསྐྱེད་རྫོགས་བཟླས་པའི་ངང་ཉིད་དུ། །སེམས་ལ་རྟོག་པ་འདི་ལྟར་འགྱུས། །བདག་གིས་དགེ་ཚོགས་ཅི་བསགས་པ། །བདེ་ཆེན་ཞིང་དུ་སྐྱེ་ཕྱིར་བསྔོས། །ཞིང་དེར་ངེས་པར་སྐྱེ་སྙམ་པའི། །མོད་དེར་ཡེངས་ནས་སོང་ཙ་ན། །བདེ་ཆེན་ཞིང་ཡིན་སྙམ་པ་རུ། །ཕྱིན་ནས་འདུག་ཅིང་ཞིང་དེའི་གཙོ། སངས་རྒྱས་ལོངས་སྐུའི་ཆ་ལུགས་ཅན། །ཤིན་ཏུ་སྐུ་ཚད་ཆེ་བ་ལ། །ཞལ་ཕྱག་འདི་འདྲར་ཞིབ་མེད་

པར། །གཙོ་བོའི་སངས་རྒྱས་དེ་ཉིད་དང་། །ཁོ་བོ་དབྱེར་མེད་བཞིན་དུ་
གདའ། །དེའི་མོད་དེ་ཡི་མདུན་དེ་རུ། །སངས་རྒྱས་གཙོ་བོ་དེ་འདྲ་
བའི། །བདག་ནི་རྒྱལ་སྲས་གཅིག་ཏུ་གྱུར། །དེ་ཚེ་བདག་གི་བསམ་པ་
ལ། །འདི་ཉིད་གཅིག་ཏུ་མི་སྤྱོད་པར། །སེམས་ཅན་འགྲོ་དོན་བླ་མ་
དང་། །བསོད་ནམས་བསླབས་ཆེན་སྤྱོད་པའི་ཕྱིར། །ཞིང་ཁམས་རྣམས་སུ་
བགྲོད་བསམ་ནས། །དང་པོར་སངས་རྒྱས་རྣམ་སྣང་གི །ཞིང་དུ་ཕྱིན་སླམ་
ཞིབ་ཆ་མེད། དེ་ནས་བདེ་ཆེན་ཞིང་དེ་ཡི། །ཤར་ཕྱོགས་རིམ་པར་ཡིན་བསམ་
པའི། །ཞིང་ཁམས་རིམ་པར་ཕྱིན་སླམ་པ། །དང་པོ་པདྨ་བཀོད་པའི་ཞིང་།
དེ་ནས་པདྨ་རོལ་པའམ། པདྨ་བརྩེགས་པའི་ཞིང་དུ་ཕྱིན། །དེ་ནས་པདྨ་འཇམ་
པའི་ཞིང་། །སྐད་ཅིག་སྐད་ཅིག་ལ་ཕྱིན་པས། །ལོ་རྒྱུས་ཞིབ་ཆ་མི་སྣང་
ཡང་། །ཞིང་ཁམས་དེ་དག་རྣམས་ཀྱི་ནི། །གཙོ་བོ་སངས་རྒྱས་རེ་རེ་
མཐོང་། །ལ་ལ་ལོངས་སྤྱོད་རྫོགས་པའི་སྐུ། །རོལ་པ་ཡེ་ཤེས་སྟབས་སུ་
བཞུགས། །སྐུ་མདོག་དམར་སེར་དམར་པོ་སོགས། །གཙོ་བོ་ཐམས་ཅད་རང་
སྣང་ཤར། །ཞིང་བཀོད་ཞིང་གི་སེམས་དཔའ་དང་། །སངས་རྒྱས་རྣམས་ཀྱི་
ཞལ་ཕྱག་སོགས། །ཞིབ་ཆ་སྒྲིབ་པ་ཆེ་ཕྱིར་མེད། །མོད་དེར་ཡེངས་བ་དེ་ལས་
སད། །གཉིད་དང་མངོན་སུམ་མ་ཡིན་ཞིང་། །ཉམས་སྣང་ཙམ་དུ་དེ་ལྟར་
བྱུང་། །འདི་གོང་ཟླ་བ་གཉིས་གསུམ་དུ། །སྣང་གྲགས་སྟོང་པའི་རང་བཞིན་
འདི། །རྒྱལ་བའི་སྐུ་གསུང་ཐུགས་སུ་ཤར། །དཀྱིལ་འཁོར་གསུམ་གྱི་རོལ་པ་
རུ། །ངེས་ཤེས་ལྷང་ལྷང་སྐྱེས་པར་གྱུར། །བསྒོམ་དུ་སྟོང་གསལ་ལྷ་ཡི་
རོལ། །མ་བསྒོམ་གཡེང་བས་ཁྲེར་རྩ་ཡང་། །སྣང་གྲགས་སྐུ་གསུམ་རོལ་པ་

རྟུ། །རྩུར་ལ་ལྷང་ལྷང་ཤར་བ་བྱུང་། །བླ་མ་ཡི་དམ་ཐུགས་རྗེ་
ལྡན། །ཉམས་མྱོང་ཡིད་སྨོན་མ་ལུས་ཙམ། །དེ་ནས་དུས་ཚོད་བཟང་པོའི་
ཉིན། །རླུང་སེམས་རྟེན་འབྲེལ་གནད་དུ་འགྲིགས། །བདེ་གསལ་མི་རྟོག་ཏིང་
འཛིན་འཕེལ། །སྐྱིལ་དཀྲུང་བཅས་བཞིན་གར་འདོད་དམ། །ནམ་མཁར་སོང་
ཡང་ཐོགས་མེད་པར། །འགྲོ་བར་ཚོག་པའི་ཉམས་ཤར་ཡང་། །མཚམས་ནི་
མ་བཞག་མཉམ་པར་བཞག །ཉིན་མཚན་མཉམ་པ་འབབ་ཞིག་ཐལ། །རང་
རིག་ཡེ་ཤེས་ཁོང་ནས་ཤར། །དྲིན་ལྡན་བླ་མ་རྗེ་བཙུན་དེ། །ཆོས་སྐུ་དངོས་སུ་
མཐོང་བའི་ཕྱིར། །བླ་མ་དྲན་ནམ་ཆོས་སྐུར་དྲན། །སེམས་ཀྱང་ཆོས་སྐུ་ཁོ་
ནར་ཐལ། །ཆོས་སྐུ་དམིགས་མེད་ངང་ཉིད་ལས། །སྐུ་གསུང་ཐུགས་ཀྱི་རོལ་
པ་ཆེ། །ཅི་སྲིད་འདོད་དགུའི་ལེགས་ཚོགས་དྲན། །བླ་མ་དེ་ཉིད་མཇལ་བ་
རྨིས། །ལུང་བསྟན་མཛད་ནས་ངེས་ཤེས་སྐྱེས། །དེ་བསྐོར་ཉམས་དང་རྨི་
ལམ་དུ། །ས་ར་ཧ་ཡི་དོ་ཧ་དང་། །ཏཻ་ལོ་པ་ཡི་དོ་ཧ་དང་། །ཏོག་ཙེ་བ་ཡི་
དོ་ཧ་སོགས། །འདོན་དང་ལུང་ཞུ་ཉན་པ་སོགས། །ཡང་ཡང་བྱུང་བས་དེ་
ལྟར་དུ། །དོ་ཧའི་དགོངས་པ་ཇི་བཞིན་རྟོགས། །གྲུབ་ཐོབ་ས་ར་ཧ་པ་
སོགས། །ཆེན་པོ་ཡུམ་དང་འབྲེལ་སྦྱོར་མཛད། །ཕྱག་གཉིས་མཉམ་བཞག་
ཕྱག་རྒྱ་བཅས། །བར་སྣང་ཁེངས་པ་ཙམ་གཅིག་དང་། །རྒྱུད་དུ་རོལ་སྟབས་
མཛད་པ་སོགས། །ཡང་ཡང་སྐུ་འདྲའི་རྣམ་པར་མཛེས། །སད་ཚེ་དེ་དག་
བརྡར་གོ་ནས། །ཉམས་ལེན་ཡིད་དཔྱོད་ཕྲོལ་ཅིག་པར། །གོ་ནས་ལ་བསླབས་
ཡིད་དཔྱོད་དབྲལ། །དེ་ལྟར་འཁོར་འདས་གཅིག་ཏུ་འདྲེས། །སྣང་སེམས་
གཉིས་པོ་དབྱེར་མི་ཕྱེད། །ངར་འཛིན་ཉོན་མོངས་མགོ་བོ་ཆོམ། །མཉམ་མེད་

དྭགས་པོའི་རྨི་ལམ་བཞིན། །མགྲོན་པོ་འོང་བའི་རྟེན་འབྲེལ་བྱུང་། །ཟངས་
དུང་བུས་པས་སྐད་ཆེར་གྲགས། །རྒྱ་བོད་གྲགས་པ་འོང་ངོ་སྙམས། །ཕྱིར་ཉིན་
དགུན་སྣང་འབྲུག་ཡང་གྲགས། །རྨི་ལམ་རྒྱ་གར་གྲུབ་ཐོབ་དང་། །བོད་ཀྱི་
རྣལ་འབྱོར་གླིང་རས་སོགས། །མཇལ་བའི་སྣང་བ་ལན་མང་བྱུང་། །རྗེ་བཙུན་
མི་ལའང་ལན་འགའ་རྨིས། །ཕག་གྲུ་གོང་ཚང་ལ་སོགས་ཀྱི། །གདན་ས་
སྒྲུབ་གནས་ལ་ཕྱིན་རྨིས། །གྲུབ་ཐོབ་གཙང་པ་རྒྱ་རས་ཀྱིས། །རོ་གཅིག་
རྟོགས་དུས་བྱུང་ཚུལ་དང་། །རྣམ་ཐར་ཡ་མཚན་མཐོང་བ་དང་། །རོ་གཅིག་
འབྲིང་དང་ཆེན་པོ་འདི། །ངོ་སྤྲོད་འདི་དང་འདི་ཞེས་པ། །རྒྱ་རས་ཀྱིས་མཛད་
རྨི་ལམ་བྱུང་། །ཉིན་སྣང་དེ་ལྟར་བཞིན་དུ་བྱུང་། །མཚན་ལ་མཐོ་དམན་ཆེ་
བར་བྱུང་། །ལྷ་ཁང་ལེགས་པོ་གཅིག་གིས་ནང་། །ཆོས་སྐྱོང་ཕྱུག་བཞི་མགོན་
པོ་ནི། །གཙོ་འཁོར་ཐམས་ཅད་གསེར་ལས་གྲུབ། །འོད་དང་འོད་ཟེར་འབར་
བ་ལ། །མངོན་གསུམ་སྐུ་འདྲ་མི་ཕྱེད་པ། །མཐོང་བས་དེ་ཡང་སད་ཙ
ན། །གྲུབ་ཆེན་ཀརྨ་པཀྴི་དེ། །དགེ་སློང་ཆ་ལུགས་སྐུ་ལུས་རིང་། །གཞོན་
ཉམས་གཟི་བརྗིད་ལྡན་བ་ལ། །དབུ་ན་ཨ་མི་དེ་ཞལ་ཅན། །མཐོང་བས་དད་
པར་གྱུར་པ་དང་། །རྗེ་བཙུན་དམ་པ་རྒྱ་གར་པ། །བདག་དང་མཉམ་དུ་
བཞུགས་འདུག་པས། །དགའ་ཞིང་བདག་གིས་འདི་སྐད་སླམ། །འདི་ནི་རྒྱ་
གར་གྲུབ་ཐོབ་ནི། །མང་པོ་དག་གི་བླ་ཆེན་ཡིན། །ཁོང་རང་གྲུབ་ཆེན་ཚད་
ལྡན་ཡིན། །ཡོན་ཏན་ཉམས་རྟོགས་ཐམས་ཅད་མཁྱེན། །ང་ཡི་ཉམས་རྟོགས་
ཅི་ཙམ་ཞེས། །དྲི་སླམ་ན་ཡང་དེ་ནས་བརྗེད། །རྣལ་འབྱོར་གླིང་རས་རྒྱུད་
འབུམ་ལ། །མཇལ་ནས་དད་པར་འགྱུར་བའི་ནུབ། །རྨི་ལམ་གྲུབ་ཆེན་གླིང་

རས་པ། །བདག་དང་མཉམ་དུ་ཡུན་རིང་བཞུགས། །རྣལ་འབྱོར་ཤུད་པ་ལྷ་བུ་
ལ། །གཏད་མེད་སྤྱོད་པ་མཛད་པར་སྣང་། །ང་ཡི་ཉམས་རྟོགས་ཅི་ཙམ་
ཞེས། །དྲིས་པས་རྟོགས་པ་ཕུལ་གཅིག་གསུངས། །སྣང་སྲིད་སྒོམ་དུ་འཆར་
ན་ཡང་། །མཚན་ལ་རེས་འགྲུལ་རེས་མི་འགྲུལ། །ཞུས་པས་མཚན་སྣང་ད་
རུང་མིན། །ཉིན་སྣང་དེ་ལས་མེད་དོ་གསུངས། །མཚན་རིང་རྨི་ལམ་མཉམ་
དུ་གདའ། ཐོ་རངས་སད་ཚེ་རིག་པ་དྭངས། །ཉམས་མེད་དམིགས་མེད་ངང་
ཡོད་ཀྱང་། །ཡིད་ཡུལ་པདྨ་འབྱུང་གནས་དེ། །དངོས་བཞིན་ཤིན་ཏུ་གསལ་
པོ་ལ། །བསྐྱེད་རིམ་དུས་དང་མི་འདྲ་བའི། །ཕུར་སྒོམ་མི་ཤེས་གསལ་བ་
ལྟར། །གཞོན་ཚུལ་མཛེས་ལ་འོད་ཟེར་འཕྲོ། །རྒྱན་རྫོགས་འཛུམ་བཅས་ལྷང་
ངེ་བ། །གསལ་བ་མངོན་སུམ་མཐོང་བ་ལྟར། །འབད་མེད་རང་ཤུགས་ཡིད་
ཡུལ་ཤར། །ཡུན་རིང་བར་དུ་དེ་ལྟར་བྱུང་། །འདི་གོང་ཟླ་བ་ལྔ་དྲུག་
གོང་། །བདེ་མཆོག་ཞལ་གཅིག་ཕྱག་གཉིས་པ། །གཡས་པས་ཌཱ་མ་རུ་འཛིན་
ཅིང་། གཡོན་པས་ཁ་ཏྃ་ག་འཛིན་པ། །མཐིང་ནག་རོལ་པའི་སྟབས་བཞུགས་
ཏེ། །རྨི་ལམ་ཙམ་ན་མཐོང་བ་ཡིན། །འདི་རུ་བྲི་ཚེ་ཉེར་གཉིས་ཡོད། །
མངྒ་ལཾ། །

༄༅། །ལམ་གྱི་རྟགས་ཡིག་ཐོར་བུའི་སྐོར་བཞུགས་སོ།།

བདག་གི་ལམ་ཡིག་རྟགས་ཀྱི་རིམ་པ་ནི། །ཉེར་གསུམ་ལོ་ནས་རང་ལོ་ཉེར་དགུའི་
བར། །འདག་སྦྱར་བྱས་ནས་རྩེ་གཅིག་སྒྲུབ་ལ་འབད། །དེ་ཚེ་ཉམས་རྨིས་
རྟགས་ཀྱི་རིམ་པ་རྣམས། །ཅུང་ཟད་ཡོད་པ་འདི་མིན་གཞན་དུ་གསལ། །ཉེར་
དགུ་ལོན་ནས་གཞན་དོན་བྱ་ཕྱིར་ལངས། །དེ་བར་སྒྲུབ་དང་མཆོད་པའི་གནས་
སྐབས་འགར། །རྨིས་རྟགས་བྱུང་བ་བྲིས་ཞེས་གསུངས་པས་བྲིས། །གཏེར་
གནས་ཡིན་སླམ་བྲག་ཕུག་གཅིག་གི་ནང་། །པདྨ་འབྱུང་གནས་བཞུགས་འདུག་
མཇལ་སྣང་བྱུང་། །དམ་སྲིའི་ཁ་འཛིན་བྱེད་པའི་དགོན་སོང་ཚེ། །འདབ་
ཆགས་འདུས་ནས་ཕྱོགས་གཅིག་ཙ་ཙོ་སྒྲོག །དེ་གནས་བརྟེ་འགའ་ཡི་རྨི་ལམ་
དུ། །མདང་ནི་ཁུར་འདུག་ཟེར་ནས་ཐམས་ཅད་བྲོས། །སོང་ངོ་ཟེར་ནས་དམ་
སྲི་བྲོས་པའི་རྟགས། །གཞན་ཡང་ཀླུང་ཐོག་རྒྱབ་ནས་ཁང་པ་
སོགས། །བཤིག་ཆས་བྱས་སོགས་ཚོ་འཕྲུལ་བྱུང་བར་གྱུར། །དེ་ནས་ནུབ་
གཅིག་རྨི་ལམ་སྣང་བ་ལ། །སྤྱན་རས་གཟིགས་དབང་དེ་ཉིད་གསལ་བ་
རུ། །མདུན་དུ་འདུག་པས་བདག་གིས་བསྟོད་པ་བྱས། །དེ་ཚེ་མདུན་གྱི་སྤྱན་
རས་གཟིགས་དེས་ཀྱང་། །ཚུར་ལ་ཁྱོད་ནི་སྤྱན་རས་གཟིགས་ཡིན་
ཞེས། །བསྟོད་པ་འདྲ་བ་ཅུང་ཟད་བྱས་པ་རྨིས། །དེ་ནས་ནད་པ་གཅིག་ནི་ཤི་

སར་ཕྱིན། །འཕོ་བ་བཏབ་ཅིང་ཡང་ཡང་དམིགས་པས་སྤར། །མཐར་ནི་སྤྱི་བོར་མཐེབ་མོའི་ངོ་ཙམ་སྐྲང་། །སྐྲ་ཙུང་འཐེན་པ་རང་སར་ལི་བ་བྱུང་། །ཡུད་ཙམ་སོང་ཚེ་ཐིག་ལེ་ལྷུང་གུ་གཅིག །སྨུ་ཁྱུད་མཐིང་ཀས་བྲིས་པ་ལག་མཐིལ་ཙམ། །མདུན་དུ་དར་གཅིག་མཐོང་ཞིང་གནས་པ་བྱུང་། །འཇའ་འོད་ཐིག་ལེ་དེ་འདྲ་བྱུང་དུས་ན། །ལོངས་སྐུའི་འཕོ་བ་ཐེབས་རྟགས་ཞེ་ཁྲོར་བཤད། །དེ་ཕྱིར་མི་དེས་ཐར་པ་ཐོབ་སླམ་དགའ། །

༄ ཡང་ནི་ཐོ་རེངས་རྨི་ལམ་ན། །རང་ཉིད་པདྨ་འབྱུང་གནས་ཉིད། །ཕྱུར་ནས་འདུག་པའི་ངེས་ཤེས་བྱུང་། །ཡང་ནི་ནུབ་གཅིག་རྨི་ལམ་དུ། །རྒྱ་གར་གྲུབ་ཆེན་བརྒྱད་ཅུ་རྣམས། །དངོས་སམ་བྲིས་སྐུ་ལྟ་བུའམ། རིམ་པར་གྲལ་བྱས་གྲལ་མགོ་རུ། །ཀླུ་སྒྲུབ་གར་སྟབས་བཞུགས་པ་མཐོང་། །ཕྱིར་ནང་ཆོས་ཞུ་སློབ་མ་གཅིག །བྱུང་བ་དེ་ལ་ལྟའམ་སླམ། །དབང་གི་སྒྲུབ་པ་གཅིག་བྱས་དུས། །ཐོ་རེངས་ཙམ་གྱི་རྨི་ལམ་དུ། །མདུན་གྱི་ནམ་མཁར་འོད་ཕུང་དཀྱིལ། །རྣམ་སྲས་མདུང་དམར་ཡིན་བསམ་པའི། །ལྷ་གཅིག་བཞེངས་ནས་འདུག་པ་ལ། །དབུ་རྒྱན་རིན་ཆེན་རྒྱན་འཕྱུངས་བ། །ཤིན་ཏུ་གསལ་པོ་ཡུན་རིང་མཐོང་། །ཡང་ནི་ཉམས་སྣང་གཅིག་ལ་ནི། །ཏིང་ཤག་སྐད་བཟང་བརྡུངས་ཤིང་ནི། །དངོས་སུ་གཅིག་བྱུང་དེ་ནས་མེད། །མདྨ་ལམ།

༄ དེ་ནས་རྣམ་པར་བཤད་བྱ་ལ། །བླ་མ་སྐུ་གསུམ་སྒྲུབ་པ་ཡི། །སྤྲུལ་སྐུའི་བསྙེན་པ་བྱས་པའི་ཚེ། །ཐར་ལམ་བགྲོད་དང་ཞིང་ཁམས་སླེབས། །བརྡའ་དང་རྟགས་མཚན་ཕྲན་བུ་རྨིས། །དེ་སྐོར་རྟུབ་རྟགས་མང་པོ་བྱུང་། །འདྲེ་མོའི་གནོད་པ་འདུག་པ་ལ། །བསྲུང་བཟློག་དགོས་ཞེས་བླ་མས

གསུངས། །དེ་ལ་གུ་རུ་དྲག་པོ་ཡི། །བསྲུང་བཟློག་བག་ཙམ་བྱས་པའི་
དུས། །འདྲེ་མོ་ཟྲིན་དང་བརྡུང་བ་དང་། །གུར་དྲག་ང་རྒྱལ་དང་བཅས་
པས། །བཀའ་བསྒོ་བསྒྲལ་ལས་བྱས་པ་རྨིས། །དངོས་སུ་རྫུབ་རྟགས་ཐམས་
ཅད་ཞི། །འོད་དམར་མང་པོ་འཁྲུགས་པ་དང་། །རང་གིས་ཧ་སྐད་བཏོན་པ་
དང་། །འཇའ་དཀར་དར་ཡུག་བརྒྱུད་འདྲ་བྱུང་། །སྒྲུབ་ཁང་སྟེང་དུ་ཛ་ཐུག་
བརྩུགས། །ཟུར་བཞི་རྒྱལ་མཚན་བཞི་བསྒྲེངས་བ། །དམག་དར་འདྲ་བའི་དར་
ཆེན་ཕུར། །ཕྱིན་དུ་སོང་བ་ལ་སོགས་རྨིས། །རྡོ་རྗེའི་བཟླས་པ་ཞག་གྲངས་
ནི། །བཅུ་བཞིར་གསུམ་འབུམ་ཉི་ཁྲི་བཟླས། །

༄ དེ་ནས་སྒྲུབ་པ་བྱས་པ་ལ། །མི་གཙང་སྐྱུག་དང་གོས་དཀར་
གྱོན། །ནམ་མཁར་འཕུར་ཞིང་ཕུན་ཚོགས་ཀྱི། །ཁྲི་བཀོད་བཤམས་ནས་
འདུག་ཁར་སླེབས། །འབྲུ་ཕུང་ཆེན་པོའི་བདག་བྱེད་དང་། །བླ་མས་ངོ་སྤྲོད་
གནང་བ་རྨིས། །མཐོན་པོའི་མཁར་ནས་ལྷུང་བའི་ཚེ། །ནམ་མཁར་འཕུར་
ནས་གྲུབ་ཐོབ་སླམ། །རང་ཆེ་ངར་གཏམ་འདི་ལྟར་སྨྲས། །ང་སེམས་ཉིད་
རྟོགས་པའི་རྣལ་འབྱོར་པ། །ལྟ་བ་འཁོར་འདས་གཉིས་མེད་ཡིན། །སྒོམ་པ་
མཉམ་རྗེས་མེད་པ་ཡིན། །སྤྱོད་པ་དགག་སྒྲུབ་གཉིས་མེད་ཡིན། །འབྲས་བུ་
སྐུ་བཞི་མངོན་གྱུར་ཡིན། །ཕྱི་སྣོད་ལྷ་ཡི་གཞལ་ཡས་ཡིན། །ནང་བཅུད་སྐྱེ་
འགྲོ་ཡི་དམ་ལྷ། །སྒྲ་གྲགས་ཐམས་ཅད་སྔགས་ཀྱི་སྒྲ། །དྲན་རྟོག་ཆོས་ཉིད་
རྫོགས་པ་ཆེ། །བསམ་ཞིང་རྣལ་འབྱོར་ཉམས་རེ་དགའ། །མགུར་བྱས་ཕ་ཟད་
གཅིག་ཏུ་འཕུར། །ཡང་ནི་ཡེ་ཤེས་མཚོ་རྒྱལ་ནི། །གསལ་པོ་མིན་ཙམ་མཇལ་
སྣང་བྱུང་། །གསུང་གིས་འདི་ལྟར་ཁོ་མོ་ནི། །རྒྱ་གར་ནས་འོང་འབབ་ཡིན་

གསུངས། །ཨ་རུ་ར་ནི་ལོ་མ་ཅན། །སྦྱོ་སིག་ཕོར་ཆུང་གང་ཙམ་
གནང་། །དེ་མ་ཐག་ཏུ་གཉིད་ཀྱང་སད། །སྒྲུབ་པའི་དཀྱིལ་འཁོར་རྩ་བ་
རུ། །ཕལ་ཆེར་དྲི་བསང་འཐུལ་བ་བྱུང་། །གསེར་གྱི་མཆོད་རྟེན་ལེགས་པ་
དང་། །མཆོད་རྫས་མར་མེ་བལྟམས་པ་དང་། །བླ་མས་བསྐུར་པ་ཡིན་ཟེར་
ནས། །ཚེ་རིལ་གསུམ་དང་ཚེ་ཆུ་བཅས། །བདག་ལ་གཏད་པས་ཟོས་ཤིང་
འཐུངས་། །མི་རྟོག་ཚལ་དུ་འདུག་པ་ན། །མི་རྟོག་ལས་གྲུབ་ཡི་གེ་
ནི། །ཨ་ཨཱ། ཨི་ཨཱི། ཨུ་ཨཱུ་སོགས། །དབྱངས་ཡིག་མི་རྟོག་ལས་
གྲུབ་པ། །མཐོང་བས་ངོ་མཚར་སྐྱེས་པ་དང་། །གཏེར་སྟོན་རཏྣ་གླིང་པ་
ཡི། །ལྷང་ལྷང་གསུང་གིས་གཏེར་ཆོས་ཀྱི། །ལུང་བཀའ་མང་པོ་གསུངས་བ
རྨིས། །དེ་ནས་བཅོ་ལྔའི་ནུབ་མོ་ལ། །རང་མདུན་ཁྲུ་གང་ནམ་མཁའི་
དབྱིངས། །ཨོ་རྒྱན་པདྨ་ལོ་བརྒྱད་ཙམ། །སྐུ་དཀར་པད་ཞྭ་ཆོས་གོས་
དམར། །ཞབས་གཉིས་བཞུགས་སྟངས་སྐྱིལ་དཀྲུང་སོགས། །གཞུང་དང་
མཐུན་པ་གསལ་བར་མཇལ། །ཕྱག་མཚན་ཁ་ཊཾ་ཡེ་ཤི་གསལ། །ཡང་ནི་རྗེ་
འབངས་ཉེར་ལྔ་ཡིས། །བསྐོར་བའི་ཨོ་རྒྱན་ཐང་ག་མཇལ། །མདུན་སོགས་
ལེགས་པར་བལྟམས་པའི་ཚེ། །འབུར་དོད་ཨོ་རྒྱན་དངོས་སུ་སྣང་། །དངོས་
མཇལ་སླམ་ནས་དད་གུས་སྐྱེས། །པད་ཞྭ་ཞལ་དང་མགུལ་རྒྱན་དང་། །ཕྱག་
མཚན་རྡོ་རྗེ་ཡན་ཆད་ལ། །བསྟོད་པ་བརྟ་བསྟོད་བྱས་པ་རྣམས། །ལེགས་པོ་
ཡོད་ཀྱང་སད་ཚེ་བརྗེད། །ཡང་ནི་ཉིད་ཁོང་མ་འོང་པར། །སངས་རྒྱས་གཅིག་
ཏུ་འགྱུར་རོ་ཞེས། །མཚན་གསལ་ཡོད་ཀྱང་ཕྱིས་ནས་བརྗེད། །བྱམས་པ་
མགོན་པོ་ཕེབས་ཡོད་ཟེར། །བལྟས་པས་མ་མཐོང་དད་པ་སྐྱེས། །ནམ་མཁའ་

ཏིང་ཤག་སྟྲ་ཐོས་དང་། |མངོན་སུམ་རྨི་ལམ་འོད་ཟེར་ནི། |སྨུ་ཏིག་སྐུད་པ་འདྲ་བ་འཁའ། |འབྲུག་དང་འགྲོ་འོང་འཕྲོ་བ་བྱུང་། |སྒྲུབ་པའི་སྙིང་པོ་འབུམ་ཕྲག་བརྒྱད། |སྟོང་ཕྲག་གཅིག་ཏུ་ལོངས་པ་བཟླས། |དེ་ནས་ཕྲིན་ལས་བཞི་ལས་ཞི་བ་ཡི། |ལས་སྦྱོར་བྱས་ཚེ་བཙན་པོའི་མཁར་ལ་འདུག |དར་ཆེན་ཕྲུར་ཞིང་དར་གདུགས་མགོ་ལ་བསྒོར། |ཆུ་བོ་བཀྲལ་ཞིང་མེ་ཏོག་ཨུཏྤལ་ཕྱུ། |བུད་མེད་མང་པོ་ལས་མངགས་བྱེད་པ་ཉན། |དེ་སོགས་རྨིས་དང་སྔགས་འབུམ་ཉི་ཁྲི་བཟླས། |རྒྱས་པ་ལ་ནི་མི་མང་དབུས་ན་བསྡད། |མི་མང་གིས་ནི་བཀུར་བསྟི་བྱེད་པ་དང་། |རྒྱལ་པོ་ཁྲིར་རལ་ཅན་ནི་ཁྱོད་ཡིན་ཞེས། |ལྷ་མས་འགྲུར་མའི་ཚུལ་དུ་གསུངས་པ་རྨིས། |གྲུབ་ཆེན་བརྒྱད་ཅུ་ནམ་མཁའ་འཕུར་མཐོང་སོགས། |ཡ་མཚན་རྨི་ལམ་འགའ་ཡང་བྱུང་བ་ཡིན། |རྒྱུ་རྫས་རྟ་ནོར་མང་པོའི་བདག་བྱེད་དང་། |རང་གིས་ཆས་གོས་ལེགས་པོར་གཟབ་པ་དང་། |དངོས་སུ་འོས་མེད་དཀར་མཚན་སྟེར་སོགས་བྱུང་། |སྔགས་ནི་གཅིག་འབུམ་སུམ་སྟོང་བཟླས་པ་ཡིན། |དེ་ནས་དབང་གི་ཕྲིན་ལས་བྱ་དུས་སུ། |དགེ་བཤེས་མི་ཆེན་སྐྱ་སེར་མང་བོ་ཡི། |བཀུར་བསྟི་བྱས་དང་ཕར་ལ་ཆོས་བཤད་བྱེད། |བུམ་པ་རྙེད་དང་ཨོ་རྒྱན་སྐུ་འདྲ་རྙེད། |རོལ་མོ་དཀྱིལ་དང་འོད་དཀར་ཐིག་ལེ་ཤར། |ཡུལ་ཁམས་བདག་བྱེད་སྡེ་ཆེན་ཁ་ལོ་བསྒྱུར། |ཉམས་དང་རྨི་ལམ་རྣམས་སུ་དེ་ལྟར་བྱུང་། |སྔགས་ནི་ཆིག་འབུམ་དང་ནི་ཉི་ཁྲི་བཟླས། |དྲག་པོའི་ལས་ལ་ཤིང་བཅད་ལ་སོགས་བྱུང་། |ལྷ་མ་ཡིན་སྐམ་གཅིག་གི་ཕྱུག་ནས་ནི། |ངོ་མཚར་ཅན་གྱི་གཏེར་ཆོས་ཡིན་བསམ་པ། |སློགས་བམ་ཡིན་བསམ་ཕྱེས་ནས་བལྟས་པ་ཡིས། |ལྷ་མ

བློ་གྲོས་རྒྱ་མཚོའི་སྐྱེ་བ་ཡིན། །ཁྱོད་རང་བློ་གྲོས་རིན་ཆེན་ཡིན་ཟེར་བ། །འདུག་པས་བརྡ་ཙམ་དེ་ལྟར་བྲིས་པ་ཡིན། །སྔགས་ནི་འབུམ་ཚོ་གཅིག་དང་སྟོང་ཕྲག་གཉིས། །འདི་སྐབས་ཉམས་རྟོགས་པ་དང་ཉམས་འུར་སོགས། །གཉིད་དང་མ་གཉིད་ཕལ་ཆེར་སོ་མཚམས་ལ། །ཡུལ་དང་ཁྱིམ་ཁང་ཐམས་ཅད་དངོས་པོ་བཞིན། །མ་སྒྲིབ་ཟང་ཐལ་གསལ་བ་མཐོང་སྙམ་བྱུང་། །དེ་ཡན་སྤྲུལ་སྐུ་འགྲུབ་པའི་རྟགས་མཚན་ཙམ། །ས་མ་ཡ། དེ་ནས་ལོངས་སྐུའི་བསྙེན་པ་ལ། །དང་པོ་གངས་རི་མཐོན་པོ་ཡི། །རྩེ་དེར་ཕྱིན་པ་འདི་ལྟར་སྣྲས། །དབྱར་ཀྱང་ཁ་བ་འབབ་པའི་ས། །འདི་ན་སྐྱེས་ཚད་རྩི་སྨན་ཡིན། །སྣྲས་ཤིང་ཨུཏྤལ་བྲི་ཡང་ཀ། །སྨན་དང་མེ་ཏོག་ཐུབ་བ་རྨིས། །ནམ་མཁའ་གཡུ་ཡི་གུར་ཁང་ལ། །ཉི་མའི་དཀྱིལ་འཁོར་ཤར་བ་རྨིས། །ཡང་ནི་སྟེང་གི་ནམ་མཁའ་ལ། །ཆུ་འཛིན་དཀར་པོ་འཁྲིགས་པའི་དབུས། །གཡུ་མདོག་ཟླུམ་པོ་ཁང་མལ་ཙམ། །སྒྲིན་མེད་བཻ་ཌཱུརྻ་ཡི་མདོག །ཤིན་ཏུ་དྭངས་པའི་དཀྱིལ་དེ་ན། །རྟ་བདུན་དབང་པོའི་དཀྱིལ་འཁོར་རྒྱས། །དེ་ཡི་མཐའ་ལ་སྐར་མ་ཡི། །ཕྲེང་བས་ཡོངས་སུ་བསྐོར་པ་ནི། །ཡུན་རིང་བར་དུ་མཐོང་བ་རྨིས། །རིན་ཆེན་ས་ལས་གྲུབ་པ་ཡི། །མཆོད་རྟེན་པདྨ་སྤུང་པ་ནི། །ཁང་བརྩེགས་གསུམ་ལ་སླེབ་ཙམ་པ། །རྒྱན་དང་བཀོད་པས་སྤྲས་པ་ནི། །སྤྲང་པོ་བདག་གིས་མཇལ་བ་རྨིས། །རྡོ་རྗེ་དྲིལ་བུ་ལག་ཏུ་ཐོགས། །འདོན་པ་གྱེར་མོ་བྱས་པ་དང་། །རྣམ་རྒྱལ་བུམ་པ་ལེགས་པ་ནི། །ཁ་རྒྱན་མགུལ་ཆིངས་ལྡན་པ་གཅིག །རང་གི་ཁྱིམ་དུ་འདུག་པ་རྨིས། །གཏོར་མ་རིན་ཆེན་འབར་བ་ནི། །བདག་གིས་ཟོས་པས་རོ་ཞིམ་པོ། །འདུག་པས་དགའ་ཆེར་བྱས་ཤིང་

ཟློས། །རྨི་ལམ་འཁྲུལ་པའི་སྣང་བ་ཡིན། །དོན་མེད་རློམ་སེམས་མ་ཡིན་
ཏེ། །ཡེ་ཤེས་འཆར་དང་ས་ལམ་ཆོད། །མཆོག་གི་རྟགས་ནི་ཡིན་པར་
གསུངས། །དེ་ཕྱིར་རྟགས་སུ་གོ་བས་ཕྲིས། །ང་མཚར་ཆེ་བ་གཅིག་བྱུང་
ཀྱང་། །གཏི་མུག་དབང་གིས་བརྗེད་དེ་ཐལ། །ཕྱིས་སུ་འབྲི་རྒྱུ་མ་རྙེད་
དོ། །བསྙེན་པ་སུམ་འབུམ་ཉིས་སྟོང་བཟླས། །དེ་ནས་སྒྲུབ་པ་བྱས་པ་
ཡིས། །ཉག་རོང་ཙནྡན་འདྲ་བ་ཡི། །དྲི་བཟང་ཤིན་ཏུ་ཞིམ་པོ་ནི། །རང་
གཞན་འགའ་ཡིས་མཐོང་བ་སོགས། །ཡུན་རིང་བར་དུ་འཕྲུལ་བ་བྱུང་། །རྨི་
ལམ་འཁྲུལ་པའི་སྣང་བ་ལ། །ལྷུམ་ར་ལེགས་པོ་གཅིག་གི་དཀྱིལ། །མེ་ཏོག་
དཀར་སེར་དམར་སྔོ་ནི། །ཡུ་བ་མི་ཡི་ལུས་ཚད་ལ། །འདབ་མ་ལག་མཐིལ་
ཙམ་པ་ནི། །སྤུང་པ་འདྲ་བ་སྐྱེས་འདུག་རྨིས། །པོ་ཏི་གླེགས་བམ་སྐུ་ཆིངས་
སྙིང་། །རིན་ཆེན་དངུལ་ལས་གྲུབ་པ་ཡི། །བཀྲ་ཤིས་རྟགས་ནི་བརྒྱད་པོ་
རྣམས། །འབུར་དོད་ལེགས་པོ་མཐོང་བ་དང་། །འཇའ་ཚོན་སྣ་ལྔ་མང་པོ་
ཡི། །ནུབ་ཕྱོགས་ནམ་མཁའ་གང་བར་རྨིས། ཇ་བཏུང་སྒྲུབ་ཆ་དཀྲོལ་བ་
དང་། བུ་མོ་མཛེས་པ་ཡིད་འོང་གཅིག །བདག་གི་ཕྱི་བཞིན་འབྲང་ནས་
སུ། །གུས་འདུད་དཔག་མེད་བྱེད་པ་དང་། །ཨ་ཙར་གཟི་བརྗིད་ལྡན་པ་
ནི། །རས་གཟན་རྐྱང་གཅིག་མནབ་པ་གཅིག །བདག་ལ་ལེགས་པར་བལྟས་
ནས་ཀྱང་། །ཨ་ལ་ཧོ་ཨ་ལ་ཧོ་ཟེར་བ་དང་། །བདག་ལ་གཞན་གྱི་ཞོ་ཟོ་གང་།
ཐུལ་རྒྱུ་ཁྱེར་ནས་བྱུང་བ་རྨིས། །ཡང་ནི་གཞན་གྱི་ནས་མང་པོ། །ཁོ་བོ་དག་
ལ་བྲིན་པ་དང་། །ཕྱེན་དུ་ཕྱིན་པ་ལ་སོགས་རྨིས། །དགུང་མོ་ཚོག་པུར་གཉིད་
ཡུར་དུས། །ཉམས་དང་རྨི་ལམ་མི་ཕྱེད་པར། །རང་གི་གཡས་ངོས་དེ་ན་ཡར།

ཛྫེ་བཙུན་པདྨ་འབྱུང་གནས་དེ། །ཆོས་གོས་དམར་མདངས་སྤྱངས་སེ་
ཏུ། །བཞུགས་ནས་འདུག་པ་ལག་པ་ནི། །རྐྱང་བསྐུམ་ཙམ་གྱི་ཡུན་ལ་མཐོང་།
དེ་ནས་ཉམས་ལས་སད་པ་བྱུང་། །དག་སྣང་ཡིན་མིན་ཐེ་ཚོམ་ཡང་། །མ་
མཐོང་རིག་ལོས་རྫུན་མ་ཡིན། །དེ་ནུབ་ཉལ་བའི་རྨི་ལམ་ན། །བླ་མའམ་ནི་
སྤྲུལ་པ་གཅིག །ཡིན་སྙམ་བདག་ལ་འདུལ་བ་ཡི། །ཆོས་དང་ཞལ་ཏ་མང་པོ་
གསུངས། །དེ་ནས་ཨ་ནུ་ཡོ་ག་ཡི། །ཆོས་དང་གདམས་ངག་ལ་སོགས་པའི།
མན་ངག་མང་པོ་བདག་ལ་གནང་། །ཡང་ནི་རི་གཟར་གཅིག་ལ་འཛེགས།
གྱེན་ལ་ཐར་བ་ལྟར་བྱུང་སྟེ། །ཐར་ནས་རི་རྩེར་ཕྱིན་པ་རྨིས། །ཁྲི་ནི་འདྲ་བ་
གཅིག་གི་སྟེང་། །གདན་དཀར་ཆེན་པོའི་སྟེང་དུ་ནི། །ང་རང་བཟང་པོའི་འདུག་
སྟངས་ཀྱིས། །ཁྲལ་གྱི་སྟོད་དུ་འདུག་པ་དང་། །ཡང་ནི་ཟླ་བ་ཤར་ནས་སུ།
རང་གི་སྐེ་ལ་མེ་ལོང་ནི། །ཆེན་པོ་གཅིག་ནི་ཡོད་སྙམ་བྱེད། །དེ་ལ་ཟླ་ཐིག
ཐོག་པའི་འོད། །རང་གི་ཁྱིམ་ནང་ཐམས་ཅད་ནི། །འོད་ཟེར་གང་སྙམ་བྱེད་པ་
རྨིས། །ཆ་ཞེས་བྱ་བའི་དགོན་སྡེ་ཡི། །རང་ཉིད་ཆོས་ཁྲིམས་བྱས་པ་
ནི། །སྒྲིག་མ་མཐུན་པའི་བན་དེ་འགའ། །བརྡུང་བཙོག་དཔག་མེད་བྱེད་པ་
རྨིས། །བུད་མེད་དར་མ་རལ་པ་ཅན། །སྐེ་ལ་སྦྲོས་ཤེལ་ཕྲུ་ཚུར་
ཙམ། །མང་པོའི་མགུལ་རྒྱན་བྱས་པ་གཅིག །བདག་ལ་རོགས་དན་གུས་
འདུད་བྱེད། །ཡང་ན་རང་གི་ལུས་ལ་ནི། །དར་རམ་གོས་ཆེན་གང་ཡིན་གྱི།
ཐོད་ཁ་འདྲ་བའི་གོས་བཟང་གྱོན། །ལག་ཏུ་ཏིང་ཤག་བརྡུང་ཞིང་ཕྱིན། །བུད་
མེད་རྒྱན་ལྡན་འགའ་ཞིག་གིས། །ཚང་དང་འོ་ཞོ་འདྲེན་པ་དང་། །བདག་ལ་
བསྟེ་བའི་ནམ་འགྱུར་སྟོན། །སྒྲུབ་པའི་རྟགས་ཡིག་ཙུང་ཟད་ཡིན། །རྒྱལ་

རྟགས་རྫུབ་རྟགས་འགའ་བྱུང་ཡང་། །འཛིན་མེད་བཏང་སྙོམས་ངང་ལ་བཞག །སྤྱགས་ནི་བདུན་འབུམ་ཉི་ཁྲི་བཟླས། ཨོཾཿ བདུད་རྩི་ཚང་གི་སྦྱེར་བུ་ནི། །ཆེན་པོ་གང་ཙམ་རང་ཉིད་འབྱུང་། །ལས་སྦྱོར་རྟགས་མཚན་ཅུང་ཟད་ཡིན། །སྔགས་ནི་ལྔ་ཁྲི་བཞི་སྟོང་སོང་། །མདྨ་ལམ། །

༄ བླ་མ་ཆོས་སྐུའི་སྒྲུབ་པ་འདིར། །རང་རིག་དོན་གྱི་བླ་མ་དང་། །མངོན་སུམ་རྗེན་པར་མ་མཇལ་ན། །སྨི་ལམ་འཁྲུལ་བར་བློ་གཏད་མེད། །འོན་ཀྱང་རང་རང་སྒྲུབ་པ་ཡི། །དོན་དང་མཐུན་པ་ཅུང་ཟད་ལྡན། །དེ་ཕྱིར་སྨི་བལྟས་ཅུང་ཟད་འབྲི། །རང་གི་རྩ་བའི་བླ་མ་དེ། །ཡང་ནས་ཡང་དུ་མཇལ་བ་ལས། །བསླེས་ཚོར་ཆེན་པོ་མཛད་ནས་ཀྱང་། །ཆོས་ཀྱི་ཞལ་ཏ་མང་དུ་གསུངས། །ཡང་ནི་འཁྲུལ་བའི་སྨི་ལམ་ནི། །ཁང་པ་ལེགས་པོ་གཅིག་གི་ནང་། །ལུས་ཚད་ལས་མཐོ་ནམ་མཁའ་ལ། །དབུས་སུ་ཨོ་རྒྱན་པདྨ་དང་། །གཡས་ན་ཆོས་སྐུ་ཀུན་བཟང་ངམ། །རྡོ་རྗེ་འཆང་ཆེན་ཡིན་ཡང་བསམ། །གཡོན་དུ་མ་གཅིག་མཚོ་རྒྱལ་མ། །གཙོ་འཁོར་གསུམ་གྱི་ཚུལ་དུ་ནི། །གསལ་ཉམས་ངེས་ཤིང་ལྡན་པར་བསམ། །སྐུ་མདོག་ཕྱག་མཚན་ཆ་ལུགས་རྣམས། །ཡིག་གེར་མཐོང་ཀྱང་ཡེ་མ་ངེས། །དེ་ནས་ལྷ་ལ་ལེགས་བལྟས་ནས། །རང་གཞན་འགའ་ཡང་འདུག་པ་ལ། །རྡོ་རྗེ་འཆང་ཆེན་པད་འབྱུང་གིས། །ཆེ་བའི་ཡོན་ཏན་སྤྲུལ་པ་རྣམས། །མང་དུ་བརྗོད་སྣང་ཡོད་གྱུར་ཀྱང་། །གཉིད་ལས་སད་དུས་ཚིག་མ་དྲན། །མཁའ་འགྲོ་ཡེ་ཤེས་མཚོ་རྒྱལ་འདི། །རྣམ་པར་སྣང་མཛད་སྤྲུལ་པ་ཡིན། །དོན་མེད་དེ་འདྲ་སྨིས་པ་དྲན། །ཡང་ནི་ཐུར་དུ་ཕྱིན་ནས་སུ། །གཙང་པ་རྒྱ་རས་ཞབས་རྗེས་

སམ། །སྒྲུབ་ཕུག་གཅིག་ནི་མཇལ་བསམ་ནས། །གཙང་པ་རྒྱ་རས་ལོ་རས་
དང་། །རྐོད་ཚང་པ་དང་དེ་གསུམ་ནི། །མཇལ་རྒྱུ་ཡིན་ནོ་སྙམས་ཤིང་
ཕྱིན། །དངོས་སུ་མཇལ་བའི་སྐབས་མ་རྙེད། །རང་གི་ཁྱིམ་ནང་ཉི་མ་
ཤར། །དེ་འདྲ་འགའ་ཡང་རྨིས་ལགས་སོ། །ནམ་ལང་ཙུང་ཟད་གཉིད་པའི་
དུས། །འཁྲུལ་པ་རྨི་ལམ་ངོས་ཟིན་ནས། །བདེ་བ་ཅན་དང་ཟངས་མདོག་
རུ། །འགྲོའོ་སྙམ་ནས་རྐོད་པོ་ཡི། །གཤོག་པ་བྲུས་ཏེ་ནུབ་ཕྱོགས་སུ། །ཡུན་
རིང་བར་དུ་འཕུར་ནས་ཕྱིན། །དེ་ནས་བདག་གི་བསམ་པ་ལ། །དྲན་པ་ཙམ་གྱི་
སླེབས་ཐང་པས། །འཕུར་བ་ཁོ་ནས་བདེ་ཅན་དང་། །ཟངས་མདོག་ལ་སོགས་
ད་རེས་ལ། །མི་འཁོར་ལྟ་ས་ཐག་ཉེ་བས། །ད་རེས་ཧོ་བོ་མཇལ་འགྲོ་
སྙམ། །མགྱོགས་པར་འཕུར་ནས་ཕྱིན་གྱུར་ཀྱང་། །སླེབས་པའི་དུས་ནི་མ་
བྱུང་བས། །ད་ནི་ཡུན་ཡང་རིང་སོང་ཙོ། །གཉིད་ལས་སད་ན་གར་མི་
ཕྱིན། །དེ་བས་མ་སད་གོང་འདི་ལ། །ཕ་མའི་སྐྱིད་སྡུག་བལྟའོ་
བསམ། །འཕུར་ནས་ཕྱིན་པས་སླེབས་ནས་སུ། །དགོན་པའི་རྩར་ལོགས་མ་དེ་
མཐོང་། །དེ་ནས་གཅིག་གིས་བོས་ནས་སུ། །ཇ་ཁུར་བྱུང་བས་གཉིད་ལས་
སད། །ཟིན་པའི་དོན་གོ་མ་བྱུང་ཡང་། །ཉམས་མཚར་ཡི་གེ་བྲིས་པ་
ཡིན། །ཡང་ནི་འཁྲུལ་པའི་རྨི་ལམ་ན། །གཏེར་སྟོན་རཏྣ་གླིང་
པའམ། །འཇའ་ཚོན་སྙིང་པོ་ཡིན་ཡང་བསམ། །ཨོ་རྒྱན་ཧཱུྃ་ཡི་སྤྲུལ་པ་
གཅིག །ཁོ་བོས་མཇལ་བའི་སྣང་བ་བྱུང་། །གཏེར་ཆོས་པོ་སྟི་མང་པོ་
རྣམས། །བདག་གིས་ཞལ་ཕྱེས་བལྟས་པ་དང་། །ཡང་ན་གུ་རུ་པདྨ་
དང་། །མཁའ་འགྲོ་ཡེ་ཤེས་མཚོ་རྒྱལ་གཉིས། །གསང་སྤྱོར་མཛད་ནས་

བཞུགས་སོ་སྐད། །གཏེར་སྟོན་གསུངས་པ་ཡིན་ཡང་བསམ། །དེ་ཡི་མོད་ལ་རང་གིས་ཡང་། །ཨོ་རྒྱན་ཡབ་ཡུམ་ཡིད་ཡུལ་དུ། །མཇལ་བའི་སྣང་བ་ལེགས་པར་བྱུང་། །ཡབ་ཡུམ་གཅེར་བུ་རྒྱན་དྲུག་གསོལ། །ཆོས་སྐུའི་རྒྱན་ཅན་ཡིན་སྙམ་བྱེད། །མཚར་སྙམ་བྱེད་པ་དེ་འདྲ་རྨིས། །ཡང་ནི་གཞན་གྱིས་ཁོ་བོ་ལ། །མེ་ཏོག་དམར་པོ་སྔོན་པོ་རྣམས། །དམ་བེ་ལེགས་པོ་གཉིས་ཀྱི་དོ། །བདག་ལ་གཏད་ནས་བྱུང་བ་རྨིས། །ཡང་བུད་མེད་གཅིག་གི་ལག་དེ་ན། །ཧྲཱིཿ་དར་གྱིས་དཀྲིས་པ་གཅིག །འདུག་པ་བདག་གིས་བླངས་ནས་བལྟས། །ཧྲཱིཿའི་ངོས་ན་རྗེ་བཙུན་མ། །རྡོ་རྗེ་ཕག་མོའི་སྐུ་འདྲ་ནི། །རང་བྱོན་སྐུ་ཡིས་བྲིས་པ་ཙམ། །ཆེ་ཆུང་ཚོན་གང་ཡོད་ཙམ་ལ། །རྒྱན་དང་ཆ་ལུགས་གར་སྟབས་རྣམས། །གཞུང་དང་མཐུན་ལྟར་གསལ་བར་མཇལ། །ངོ་མཚར་ཆེའོ་བསམ་པ་ཡི། །དགའ་སྤྲོ་དཔག་མེད་འཕེལ་བ་རྨིས། །རིན་ཆེན་ཞེལ་གྱི་ཕྲེང་བ་དང་། །བཅུ་འཛབ་འདྲ་བ་མང་པོ་རྣམས། །བདག་གི་ལག་ཏུ་བླངས་པ་རྨིས། །དཔེ་བལྟས་བྱས་པས་རྦྱིན་བྱས་ནས། །རང་གི་སེམས་ལ་སྙེམས་གཅིག་ལང་། །དེ་ནས་ཉལ་བའི་རྨི་ལམ་ན། །དྲིན་ཆེན་བླ་མས་གེགས་སེལ་མཛད། །ཡིན་མིན་བློ་ཐག་ཆད་ཀྱིས་བཅད། །ངེས་ཤེས་དད་པ་དཔག་མེད་འཕེལ། །བླ་མ་ཡང་ཡང་མཇལ་རྨིས་ནས། །དགྱེས་པའི་རྣམ་འགྱུར་མཛད་ནས་སུ། །གསུང་གླེང་གེགས་སེལ་བོགས་འདོན་རྣམས། །ནམ་དགོས་ཡང་ནས་ཡང་དུ་མཛད། །ངེས་ཤེས་སྐྱེས་པ་འགའ་རེ་ཡོད། །བླ་མ་ཆོས་སྐུའི་སྒྲུབ་པ་ཡི། །རྟགས་མཚན་ཕྲན་བུ་ཐུར་ཙམ་ཡིན། །ལས་སྦྱོར་བྱས་པའི་རྨི་ལྟས་ནི། །རྡོ་རྗེ་ཕག་མོའི་སྐུ་འདྲའམ། །སྐུ་དངོས་ཡིན་ཡང་བསམ་པ་

གཅིག །ཤིན་ཏུ་གསལ་བར་མཛལ་བ་དང་། །རང་ཉིད་དབང་ཆེན་རྟ་མགྲིན་
གྱི། །བསྐྱེད་རིམ་ཤིན་ཏུ་གསལ་བ་ཟིན། །སྐུ་མདོག་ཕྱག་མཚན་ཆ་ལུགས་
རྣམས། །དངོས་དང་འདྲ་བ་གྱུར་ནས་སུ། །ཕྱི་ཡི་སྣང་བ་ཐམས་ཅད་
ཀྱང་། །རང་ཉིད་རྟ་མགྲིན་མདོག་བཞིན་དུ། །གྱུར་ནས་འདུག་པ་གསལ་བར་
རྨིས། །ཉི་མའི་འོད་ཟེར་ཤར་བ་དང་། །ནམ་མཁའ་སྤྲིན་མེད་སྔོ་སངས་
དང་། །ལས་སྦྱོར་རྨིས་རྟགས་ཅུང་ཟད་ཡིན། །ཞོར་གྱི་བསླེན་སྒྲུབ་ལས་སྦྱོར་
སོགས། །ཀུན་ལ་ཁྲི་ཕྲག་གསུམ་བཟླས་སོ། །ཤུ་ཧྃ། ཨོཾཐཿ
༄ ཡང་ནི་གཞན་གྱིས་ཕྲག་དོག་དང་། །སྒྲུབ་པའི་འགལ་རྐྱེན་བར་ཆད་
སོགས། །ཞི་བའི་སྔགས་དང་ལས་སྦྱོར་རྣམས། །རྡོ་རྗེ་ཐོད་ཕྲེང་རྩལ་གྱིས་
སོ། །དང་པོ་དམིགས་ཡུལ་དེ་ཡི་ནི། །དགུ་གཏོར་བཞེས་འབོད་བྱེད་ས་
རུ། །སྐྲུ་སེར་ཁྲིམ་ཚོགས་དཔག་མེད་རྣམས། །གློ་བུར་འུར་ནས་འཛིང་མོ་
བྱེད། །རང་ཡང་བྲེད་སྐྲངས་ཆེན་པོ་བྱུང་། །དེ་ཡི་མོད་ལ་རང་གི་ནི། །རྩ་
བའི་བླ་མ་ཕེབས་བྱུང་བས། །ཡུལ་དེའི་དགེ་འདུན་དཔག་མེད་དང་། །སྐྲུ་
སེར་ཁྲིམ་ཚོགས་ཐམས་ཅད་ཀྱིས། །རང་གི་རྩ་བའི་བླ་མ་ལ། །དད་གུས་
བསམ་མི་ཁྱབ་བྱས་ནས། །ཆོས་ཞུ་འཁོར་དུ་འདུག་པ་དང་། །རང་ཚང་གྲྭ་
སློབ་ཐམས་ཅད་རྣམས། །ཞྭ་གོས་རྒྱན་དང་ལྡན་པ་གྱོན། །དར་ཕྱུར་གུར་དང་
ཡོལ་གུར་ཕུབ། །གླུ་གར་འཆམ་སོགས་བྱེད་པ་རྨིས། །ཡང་ནི་ཡུལ་དེའི་བན་
དེ་དང་། །འཛིང་པས་རང་ཉིད་རྒྱལ་བ་དང་། །དམིགས་ཡུལ་ཁྱི་མང་རང་ཉིད་
དེད། །ཡུལ་དེའི་ལྷ་ཁང་ནང་དུ་བྲོས། །སྒོ་དེ་དམ་དུ་བཅད་པ་དང་། །ལྷ་
མདུན་མར་མེ་མང་འདུག་ཀྱང་། །འོད་ནི་ཡེ་ནས་མི་གདའ་རྨིས། །ཆུ་དམར་

ཆེན་པོ་འབོག་ནས་བཀྲལ། །གཏེར་སྟོན་འཇའ་ཚོན་སྙིང་པོ་ཡི། །གཏེར་ནས་བཏོན་པ་ཡིན་ཟེར་བའི། །རྡོ་སྐུ་ཡབ་ཡུམ་ཞལ་སྦྱོར་ཅན། །གུ་རུ་དྲག་པོ་ཡིན་ཡང་བསམ། །ཡབ་ཡུམ་གཉིས་ཀྱི་བྲང་བར་དུ། །ཨོ་རྒྱན་སྐུ་ནི་ཆུང་དུ་གཅིག །སྲུས་ཀྱི་ཚུལ་དུ་འདུག་པ་དང་། །མཐའ་བསྐོར་སྐུ་འདྲ་ཕྲ་མོས་བསྐོར། །ཆེ་ཆུང་ཁྲུ་གང་ཙམ་པ་གཅིག །ངོ་མཚར་བསམ་ཞིང་མཇལ་བ་བྱས། །ཡང་ནི་སྐུ་འདྲ་ད་རེས་དེ། །རྡོ་སྐུ་ཡིན་པ་རང་བྱོན་དུ། །ཡིད་ཡུལ་ཙམ་དུ་མཇལ་བ་བྱས། །སྦྲུལ་ཆལ་རོལ་མོ་བྲུས་པ་དང་། །ཚོགས་ཟན་ཞིམ་པོ་ཟོས་པ་བྱས། །བུད་མེད་གཅིག་གིས་ཆང་མང་པོ། །རང་ལ་དྲངས་ནས་བྱུང་བ་དང་། །རང་གིས་ཆས་གོས་བཟང་པོ་གྱོན། །མདའ་གཞུ་གཟི་བརྗིད་ལྡན་པ་བཏགས། །དཔའ་བའི་སེམས་ཀྱིས་འགྲོ་བ་དང་། །གཡང་ས་ཆེན་པོའི་ཁ་ནས་ནི། །རང་ཉིད་ས་ལ་ལྷུང་གྲབས་བྱས། །དེ་མ་ཐག་ལ་འཕུར་ནས་ཕྱིན། །ཡང་ནི་ཁང་བཟང་ཆེན་པོ་ཡི། །ལོགས་ལ་གནས་བརྟན་བཅུ་དྲུག་གི །ལོགས་རིས་བཟང་པོ་ཡོད་པ་ཡི། །ཁང་བཟང་ནང་དུ་རང་ཉིད་བསྡད། །དམ་ཅན་བརྟུང་པ་ཡིན་ཟེར་བའི། །ལི་དཀར་འུར་ཏིང་ཆེན་པོ་གཅིག །བདག་གིས་བརྟུང་པས་སྐད་ཆེན་གྲགས། །དམིགས་ཡུལ་དེ་ཡི་བན་མང་གི །དབུས་སུ་རང་ཉིད་བསྡད་ནས་སུ། །གཞན་རྣམས་རང་གི་མཐའ་བསྐོར་ནས། །གུས་པའི་ཚུལ་དུ་འདུག་པ་བྱས། །ཡང་ནི་ཡུལ་དེའི་ཁྱི་གཅིག་ནི། །རང་གི་སྟེང་དུ་མཆོངས་བྱུང་བས། །རང་གི་ལག་གཡས་ཐོ་བ་ཡིས། །ཁྱི་ལ་བརྒྱབས་ཀྱང་མ་ཕོག་ཏེ། །རང་ལ་འཛུ་ནི་མ་ཤོར་བྱས། །ཆུ་ཆེན་འབོག་ནས་བཀྲལ་པ་དང་། །རང་གི་ནང་ཁྲོལ་ཐམས་ཅད

ནི། །མི་གཙང་མཉམ་དུ་འོག་ནས་ཐོན། །སྡིག་པ་བྱུང་རྟགས་ཚུང་ཟད་བྱུང་། །རང་ལུས་ལྷུགས་ཁྲབ་གྱོན་པ་དང་། །བུད་མེད་རྒྱན་ལྡན་གཅིག་གིས་ནི། །རང་དང་ཧྐསྨུའི་མིང་ཅན་དང་། །གཞན་ནི་གཅིག་དང་གསུམ་པོ་ནི། །ལས་ཅན་ཡག་པོ་ཡིན་ཟེར་ནས། །བསྟོད་པས་དགའ་ཚོར་བྱེད་པ་རྨིས། །འོས་མེད་རྣོམ་སེམས་མ་ལགས་ཏེ། །རྟགས་གཅིག་ཡིན་པར་གོ་ནས་བྲིས། །འོད་དཔག་མེད་ཀྱི་སྐུ་འདྲ་གཅིག །བདག་གི་དབུ་རྒྱན་ཡོད་བསམ་ཞིང་། །རང་ཉིད་ཨོ་རྒྱན་བསྐྱེད་རིམ་ནི། །དམ་ཚིག་སེམས་དཔའ་བསྒོམ་པ་རྨིས། །དེ་ནས་ཞི་བའི་སྦྱིན་བསྲེགས་བླུགས། །དེ་ནུབ་འཕྲུལ་པའི་རྨི་ལམ་ན། །བསྐྱེད་རིམ་རྟགས་མཚན་ཕྲན་བུ་ཞིག །བྱུང་ཏེ་མ་སྨོས་ལོགས་སུ་གསལ། །ཡང་ནི་རང་གི་སྒྲུབ་ཁང་དེ། །མཁར་སེར་མཐོན་པོ་རིང་ནས་སུ། །རྒྱབ་རི་དེ་ཡི་རྩེ་མོ་དང་། །མཐོན་དམན་མེད་པར་རེད་འདུག་ཅིང་། །ཚུང་ཟད་ཁང་པས་མཐོ་སྙམ་བྱེད། །ཞི་བའི་རྟགས་མཚན་ཡིན་ནམ་སྙམ། །ཞག་ནི་བདུན་གསུམ་ཐེམ་པ་ན། །སྔགས་ནི་བཞི་འབུམ་བཞི་ཁྲི་སོང་། །དངོས་གྲུབ་ལེན་ཚོག་བརྒྱ་ཕྲག་གཅིག །ཚེ་འགུགས་སྙིང་པོ་བརྒྱ་ཕྲག་གསུམ། །

༄ ན་མོ་གུ་རུ་པདྨ་སམྦྷ་ཡེ། ཟབ་གཏེར་དམ་ཆོས་ཆུ་གཏེར་དབུས། །ཐུགས་སྒྲུབ་མཛོས་པའི་སྡོང་པོ་ལ། །བསྐྱེད་རྫོགས་པདྨོའི་འདབ་སྟོང་རྒྱས། །སྐུ་གསུམ་འབྲས་བུའི་ཟེའུ་འབྲུ་ལ། །བསླེན་སྒྲུབ་བུང་བས་རབ་བསྒྲུལ་བའི། །རྟགས་མཚན་སྦྲང་རྩིའི་རོ་བཅུད་ནི། །སྨྲང་བས་སྐད་སྙན་དར་དིར་སྒྲོགས། །སྒྲུབ་པ་འདི་ཡི་མགོ་བཙུགས་ནས། །བསྙེན་པའི་གཞུང་ལ་འཇུག་པའི་ཚེ། །བག་ཏྲོ་བྱིན་ཆགས་ཤེས་པ་དྭངས། །བསྐྱེད་དང་རྫོགས་རིམ་

གཉིས་ཀ་ལ། །ངེས་ཤེས་དད་པ་ལྷག་པར་འཕེལ། །མདོར་ན་བསྙེན་སྒྲུབ་སྤྱི་ཡི་རྟགས། །གཞུང་ན་གསལ་ལྷར་འོ་ལེ་བྱུང་། །རྨི་ལམ་ཇ་བཏུང་དུང་བུས་དང་། །བསིལ་བའི་ཚལ་ལམ་ཀླུ་མོ་སྣང་། །གང་ཡིན་ཏིག་ཏིག་ཡེ་མི་གདའ། །མེ་ཏོག་པད་ཚལ་ཡོད་པའི་སར། །བདག་ནི་ཕྱིན་ནས་འདུག་པ་ལ། །གནས་ནི་མཛལ་རྒྱུ་ཡོད་སྙམ་བྱེད། །དེ་ཡི་མོད་ལ་དེ་ཉིད་དུ། །ལྷ་ཁང་འདྲ་བའི་དཀྱིལ་ནམ་མཁར། །མཆོད་རྟེན་མང་དུ་འདུག་པ་མཛལ། །གུ་རུ་རྡོ་རྗེ་གྲོ་ལོད་ཀྱི། །སྐུ་འདྲ་ནམ་མཁའི་མཐོངས་སུ་ནི། །འདུག་པ་པད་གདན་དང་བཅས་མཛལ། །བླ་ཆེན་དགེ་འདུན་མང་པོ་ཡི། །གྲལ་མགོར་རང་ཉིད་འདུག་པ་རྨིས། །རྒྱལ་མཚན་གསུམ་ལ་གཅིག་བྱུས་ནས། །གཡས་གཡོན་གཉིས་པོ་ཅུང་ཟད་ཐུང་། །དབུས་མ་དེ་ལས་རིང་ཙམ་ལ། །ནོར་བུ་གསུམ་བཙུགས་ཏོལ་བྱས་པ། །དེ་འདྲའི་རྒྱལ་མཚན་གསུམ་བཞི་ཙམ། །རང་གཞན་འགའ་ཡི་བཙུགས་བྱས་པས། །ལྕགས་ཀྱི་རྡོ་རྗེ་རྩེ་དགུ་ནི། །ཤིན་ཏུ་ལེགས་པ་མཐོང་བ་རྨིས། །དངོས་སུ་རང་ཉིད་སྤོབས་པ་སྐྱེས། །ཆོས་བརྒྱད་དྲི་མས་མ་གོས་ཤིང་། །སྒྲུབ་པ་བྱ་བཏང་མཐའ་རུ་སྐྱེལ། །དེ་ཞོལ་རྟགས་ལྡན་བརྒྱ་ལྷག་ཙམ། །རང་གིས་སློབ་མ་སྐྱོངས་ནས་སུ། །སྒྲུབ་རྒྱུད་བསྟན་པའི་རྒྱལ་མཚན་ནི། །རང་གི་འཛུག་པར་བྱའོ་སྙམ། །དེ་འདྲའི་བློ་གཏོད་ཐོལ་ཐོལ་དུ། །དོན་མེད་ཡང་ཡང་དྲན་པ་བྱུང་། །རང་གི་ཕོ་ཆོད་རྒྱང་མདའ་ལ། །མ་དཔེའི་སྤོབས་པ་སྐྱེས་པ་དེ། །སྒྲུབ་པའི་རྟགས་སུ་གོ་ནས་བྲིས། །གཞན་གྱིས་གོ་ན་དོན་མེད་དུ། །ཐུགས་ཁྲེལ་བ་ཡི་མགོ་ཙམ

འཆོར། །བསྙེན་པ་རྡོ་རྗེའི་བཟླས་པ་ལ། །ཞག་གྲངས་བཅུ་གཅིག་བར་དུ་
བཟླས། །འབུམ་ཕྲག་གསུམ་ཙམ་ཐོན་པ་ཡིན། །
༄ སྒྲུབ་པའི་དང་པོ་རང་ཉིད་ཀྱིས། །རྨ་བྱའི་སྒྲོ་མདོངས་རླེད་པ་
དང་། །ཕྱིན་ལ་སོང་བས་གངས་རི་འགག །འདུག་པར་ཕྱིན་པས་འབྲས་མོ་
གཤོངས། །ཡིན་པའི་སྣང་བ་བྱུང་བ་དང་། །སྐྱུ་སེར་འགག་ལ་རང་གིས་
ནི། །ཅི་བྱེད་ཆོས་དང་དགེ་སྦྱོར་རྣམས། །མང་དུ་འགྲོ་དང་མི་འགྲོ་
གཉིས། །སེམས་བསྐྱེད་ཆེ་ཆུང་རང་ལ་རག །སླུས་ཤིང་སེམས་བསྐྱེད་ཆེ་ཆུང་
རྣམས། །ཡིན་ལུགས་དགོས་ཚུལ་བཤད་པ་རྨིས། །དཀྱིལ་འཁོར་སྟེང་དང་
ཞལ་ཁེབ་རྣམས། །ནས་ཀྱིས་ཕྱུར་བུར་གང་བ་དང་། །ཡང་ནི་རང་ཉིད་འདུག
པའི་སར། །ཕས་ནས་བྱ་གཅིག་འཕུར་བྱུང་བའི། །ཉམས་ཡང་བལྟས་པས་
ནམ་མཁའ་རུ། །ཕྱི་ནས་འདུག་ཙ་ཉི་མ་རེད། །རང་ལ་གཡས་བསྐོར་མང་
བྱས་ནས། །རང་སྟེང་འབབ་གྲབ་བྱས་བྱུང་ཙ། །རང་ཡང་སྐྲག་སྣང་ཆེ་བ་
གདའ། །ཆེ་ཆུང་ཇ་ནི་ཆེ་ཤོས་ཙམ། །ཟེ་ར་ཡང་ཙུང་ཟད་ཡོད་པ་
གདའ། །རི་ནི་ཤིན་ཏུ་མཐོ་བའི་རྩེ་ར། །ཕྱིན་པས་ཐམས་ཅད་མཐོང་བ་
དང་། །དབང་ཆེན་རྟ་མགྲིན་ཡབ་ཡུམ་གྱི། །སྐུ་འདྲ་ཡིན་ནམ་སྐུ་དངོས་
ཡིན། །གང་ཡིན་ངེས་ཤེས་མེད་པ་གཅིག །གསལ་པོ་ཞིག་ནི་མཇལ་བ་
ཡིས། །དེ་མ་ཐག་ཏུ་རང་ཉིད་ཀྱང་། །དབང་ཆེན་བསྐྱེད་རིམ་ཟིན་པ་
རྨིས། །ཡང་ནི་འབྲས་མོ་གཤོངས་སུ་ཕྱིན། །འབྲས་མོ་གཤོངས་ཀྱི་གནས་
བཤད་དང་། །ཡོན་ཏན་ཡོད་ཚུལ་བཤད་པ་དང་། །དེ་ནས་ཟམ་གཅིག་གདའ་
བ་ལ། །ཕྱིན་པས་ཕར་ཀ་སྐུ་སྐྱེ་གཅིག །གྲྭ་སློབ་དང་བཅས་བཞུགས་འདུག

པས། །རང་གི་ཡིད་ལ་སྤྲུལ་སྐུ་འདི། །ཨོ་རྒྱན་སྤྲུལ་པ་ཡིན་འདུག་
སྙམ། །དད་གུས་མོས་བ་དཔག་མེད་སྐྱེས། །གསོལ་འདེབས་བསྐྱོད་པ་རྒྱ་
ཆེན་ཕུལ། །བྱིན་བརླབས་ཕྱག་དབང་མཛད་ནས་སུ། །བྱིན་བརླབས་མཛད་
པའི་སྔགས་ཀྱང་གསུངས། །སྔགས་ནི་གསལ་བ་ཡོད་གྱུར་ཀྱང་། །དྲན་པས་
མ་བཟུང་བརྗེད་དེ་ཐལ། །དད་པ་དབང་མེད་སྐྱེ་ལུགས་ཀྱིས། །རྒྱལ་རྟགས་
འདྲ་ནི་ཡིན་ནམ་སྙམ། །ཡང་ནི་གྲུབ་ཐོབ་བླ་མ་ཞིག །ན་བཟའ་སྣོམ་ཐག་དང་
བཅས་པ། །ཞབས་གཉིས་བདག་གི་སྙིང་ཁར་གཏད། །བྱིན་རླབས་མཛད་
པའི་ཚུལ་གྱིས་ནི། །བདག་གི་ཁ་སྣ་མིག་རྣམས་ལ། །ཞལ་ཕུ་མང་དུ་མཛད་
བྱུང་དང་། །ཨོ་རྒྱན་དངོས་ཀྱི་འདུ་ཤེས་ཀྱི། །མོས་གུས་དབང་མེད་སྐྱེས་པ་
རྨིས། །ཀྱེ་རྡོར་ཕག་མོ་ལ་སོགས་འགའ། །ཡིད་ཡུལ་ཙམ་དུ་སྣང་བ་
ཤར། །ཆོས་བཅུ་གཅིག་གི་ཉིན་པར་ལ། །ཨོ་རྒྱན་རྗེ་འབངས་ཉེར་ལྔ་
ཡི། །གསོལ་འདེབས་གཅིག་ཀྱང་བྱས་པའི་ནུབ། །དགེ་སློང་ནམ་མཁའི་སྙིང་
པོ་ཡིས། །རྫུ་འཕྲུལ་ངོ་མཚར་ཆེ་བ་འགའ། །བསྟན་ནས་བྱུང་བ་རྨིས་པ་
ཡིན། །ཡང་ནི་ཐུབ་པའི་སྤྲུལ་པ་ཞིག །ཡིན་སྙམ་ཁྲེའུ་མཛེས་པ་
ཡིས། །སེམས་དང་ནམ་མཁའ་དབྱེར་མེད་པས། །སེམས་དང་ནམ་མཁའ་
བསྲེས་ཤིག་གསུངས། །དེ་ལྟར་འདྲེས་པའི་སྣང་བ་བྱུང་། །ཡང་ནི་སེམས་
དང་ནམ་མཁའ་ཁྲོལ། །གསུངས་པས་དེ་ལྟར་བྱས་པ་ཡིས། །སོ་སོར་ཕྱེས་པ་
འདྲ་གཅིག་བྱུང་། །གང་ལྟར་བསམ་པ་དེ་ཡིན་པས། །ཐམས་ཅད་སེམས་ཉིད་
ཡིན་ནོ་གསུངས། །བཛྲ་དཔེ་གཅིག་ཀྱང་བསྟན་པ་རྨིས། །དེ་མོད་ཡ་མཚན་རྫུ་
འཕྲུལ་འགའ། །བསྟན་བྱུང་ཞིབ་ཞིབ་ཡེ་མི་གདའ། །བླ་མ་སངས་རྒྱས་ཉིད་

ཀྱིས་ཀྱང་། །བདག་ལ་མཐོང་ལམ་བཞད་པ་དང་། །ལུང་དང་བཅས་པ་མང་དུ་གསུངས། །དེ་ཡང་རྟེན་འབྲེལ་རྨི་ལམ་བཟང་། །ཡང་ནི་གྲུབ་ཐོབ་གཅིག་གིས་ནི། །ཉི་མའི་ཟེར་ནས་རྟོད་པ་དང་། །ཆུ་བོ་གྱེན་པ་བཟློག་པ་སོགས། །གྲུབ་རྟགས་ཡང་ཡང་བསྟན་པ་རྨིས། །ཤོག་སེར་མཁའ་འགྲོའི་བརྡའ་ཡིག་དང་། །བོད་ཡིག་མང་པོ་འདུག་པ་ལ། །ལུང་བསྟན་ངོ་མཚར་ཡོད་དོ་སྐད། །ཨོ་རྒྱན་རྗེ་དངོས་བླ་མ་ཡིས། །བདག་ལ་རྟེན་འབྲེལ་འདི་སྐད་གསུངས། །ཁྱོད་ནི་དད་བརྩོན་ཤེས་རབ་ཆེ། །རབ་ནི་ལོ་དྲུག་འབྲིང་བཅུ་གསུམ། །ཐ་མ་ཡང་ནི་ཚེ་འདི་ལ། །རྫོགས་པའི་བྱང་ཆུབ་ཐོབ་ངེས་སོ། །གསུངས་པའི་དེ་ནུབ་རྨི་ལམ་ན། །སུ་ཡིན་གཅིག་གིས་འདི་སྐད་དུ། །ཚེ་འདིར་བྱང་ཆུབ་ཐོབ་ནས་ཀྱང་། །དང་པོ་ལྷ་ཡི་ཡུལ་དུ་འགྲོ། །དེ་ནས་ཞིང་ཁམས་གཅིག་ཏུ་འགྲོ། །གཟུགས་སྐུའི་འགྲོ་དོན་ཆེན་པོ་འབྱུང་། །རྫུ་འཕྲུལ་བསམ་མི་ཁྱབ་པ་སོགས། །དེ་འདྲ་ཟེར་སྣང་ཡིད་ལ་ཤར། །ཡང་གཅིག་ཞལ་ཐང་ལེགས་པོ་གཅིག །མཇལ་བས་དད་པ་དཔག་མེད་སྐྱེས། །ཨོ་རྒྱན་དངོས་ཀྱི་འདྲ་ཤེས་སྐྱེས། །ཕྱག་འཚལ་བསྐོར་བ་མང་དུ་བྱས། །བདག་ལ་རེ་ལྟོས་གཞན་མ་མཆིས། །ཅི་མཛད་ཁྱེད་ཤེས་གུ་རུ་རྗེ། །ཞེས་སོགས་གསོལ་འདེབས་འབའ་ཡང་བྱས། །གཞན་ཡང་རྟེན་འགའ་མཇལ་བ་རྨིས། །ཁྲི་དང་པད་གདན་ལེགས་པའི་སྟེང་། །རྡོ་རྗེ་འཆང་ཆེན་ཡབ་ཡུམ་དང་། །ཆོས་སྐུ་ཀུན་བཟང་གང་ཡིན་ནི། །འོད་ཆེན་སྐུ་མདོག་མཐིང་ཀ་ལ། །ཡུམ་ནི་སྐུ་མདོག་དཀར་སེར་སྣང་། །ཡབ་ཡུམ་འཁྲིལ་སྦྱོར་ཚུལ་དུ་བཞུགས། །གསལ་པོ་རང་གཅིག་མཇལ་རྨིས་ཀྱང་། །རྒྱན་དང་ཆ

ལུགས་ཞིབ་པ་ནི། །གསལ་པོ་ཡེ་ནས་མི་གདའོ། །ཡབ་ཡུམ་སྐུ་ཡི་ཆེ་ཆུང་
ནི། །མི་ཚད་ལས་ནི་ཆེ་ཙམ་གདའ། །རང་ཡང་མཇལ་ལོ་སྙམ་པ
ཡི། །དགའ་སྤྲོ་ཉམས་སྣང་མི་འདུག་ཀྱང་། །དེ་ཡི་མདུན་གཡོན་ངོས་དེར
བསྡད། །འདོན་པ་མང་ཞིག་བྱས་པ་དང་། །མཐར་ནི་བརྟན་མ་བཅུ་གཉིས
ཀྱིས། །བསྐོད་བསྐུལ་ཕྲིན་ལས་བཅོལ་པ་རྨིས། །རང་ཁྲིམ་ཉི་མ་ཤར་བ
དང་། །ཡང་ནི་རང་གིས་འདི་ལྟར་སྙམས། །དྲིན་ཆེན་བླ་མ་རིན་པོ
ཆེས། །བཀའ་བསྒོན་པ་ནི་མ་དགོས་དང་། །རང་ཉིད་བསད་ནི་སོང་གྱུར
ཀྱང་། །དད་པ་འགྱུར་བ་ག་ལ་སྲིད། །ཁོང་གི་བདེ་བ་ཅན་དུ་འཕེན། །མོས
གུས་བྱས་ཤིང་སྨྲས་པ་རྨིས། །ཡང་ནི་ཐོ་རིངས་ཁ་ཞིག་ལ། །རང་ཉིད་དབང
ཆེན་ཧ་མགྲིན་གྱི། །བསྐྱེད་རིམ་གཞུང་ལྟར་སྒོམ་ནས་ཀྱང་། །སྤྱི་གཙུག་བླ་མ
ཨོ་རྒྱན་དུ། །སྒོམ་པས་མངོན་དུ་གྱུར་འདྲ་ཡི། །ཤིན་ཏུ་གསལ་བའི་སྣང་བ
ཤར། །ཡེ་ཤེས་མཚོ་རྒྱལ་ལབ་སྒྲོན་མའི། །སྤྲུལ་པ་ཡིན་སྙམ་ཡེ་ཤེས
ཀྱི། །མཁའ་འགྲོ་མ་གཅིག་ཡིན་བསམ་པའི། །བུད་མེད་གཞོན་ནུ་རལ་པ
ཅན། །འདུག་པ་དེ་ཡི་འོད་ཟེར་གྱིས། །རྒྱ་གར་གནས་ཆེན་ཐམས་ཅད
དང་། །རྡོ་རྗེ་གདན་དང་བསིལ་ཚལ་སོགས། །དངོས་སུ་མཐོང་རྒྱུ་ཡོད
བསམ་ཞིང་། །རང་ཡང་རྒྱ་གར་ན་ཡིན་སྙམ། །བུད་མེད་དེ་ལ་འདི་སྐད
སྨྲས། །ཁྱེད་ནི་ཡེ་ཤེས་མཁའ་འགྲོ་རེད། །བདག་ལ་བྱིན་གྱིས་རློབས་ཤིག
སྨྲས། །དེ་ནས་ཕྱག་དབང་བྱིན་བརླབས་མཛད། །དེ་ཡི་མོད་ལ་རང་ཉིད
ཡང་། །ཡིངས་མ་ལམ་སྐོར་འགྲོ་མ་ནུས། །བུད་མེད་དེ་ཡིས་འདིར་ཤོག

ཟེར། །རྗེས་སུ་ཕྱིན་པས་སྐྲས་རིང་གཅིག །འཇོགས་ནས་ཕྱིན་པས་སྐྲས་རིང་ནི། །གསུམ་གྱི་ཁ་རུ་བདེ་བར་ཕྱིན། །སྔགས་ནི་སུམ་འབུམ་ལྔ་ཁྲི་ཐོན། །

༄ ལས་སྦྱོར་ཕྲིན་ལས་བཞི་སྒྲུབ་ལ། །ཞག་པོ་རེ་རེ་བྲུས་པ་ཡིན། །ཁྲིམ་ནང་ཟླ་ཐིག་ཤར་འདུག་དང་། །ལ་ཁ་མཐོན་པོར་ཕྱིན་པ་རྨིས། །ཞི་བའི་རྟགས་མཚན་ཙུང་ཟད་ཡིན། །གསེར་གྱི་མཆོད་རྟེན་ཆེན་པོ་ནི། །ལེགས་པོ་འོད་ཟེར་ལྡན་པ་དང་། །བདག་གི་ལག་པ་ལ་སོགས་ནི། །འོད་ཟེར་སེར་པོ་འཁྲོ་བ་རྨིས། །རྒྱས་བའི་རྟགས་ནི་ཟུར་ཙམ་ཡིན། །བུད་མེད་རྒྱན་ལྡན་མང་པོ་ཡིས། །ཟས་སྐྱེར་གུས་པ་བྱེད་པ་སོགས། །དབང་གི་མཚན་མ་བཟ་ཙམ་ཡིན། །སྤྲེའུ་གཉིས་ཙམ་བརྡུངས་བ་ཡིས། །དྲག་པོའི་དྲོད་ཚད་ཡིན་ནམ་བསམ། །ཞི་རྒྱས་དབང་དྲག་སོ་སོར་ཡི། །བཟླས་པ་ཉི་ཁྲི་བདུན་སྟོང་སོང་། །

༄ ཡོངས་སྐུའི་བསྙེན་པར་འདུག་པའི་དུས། །ཉ་ཕྱིས་འདྲ་བའི་འོད་ཟེར་ནི། །ཁང་མལ་ཆེ་ཤོས་ཙམ་པ་གཅིག །བར་སྣང་ཁམས་སུ་སྲིག་རྒྱུ་ཡི། །ཚུལ་དུ་འདུག་པའི་སྣང་བ་དང་། །འོད་ཟེར་དམར་པོ་ལན་གཉིས་ཙམ། །དངོས་སུ་འཁྱུག་པ་བྱུང་ལགས་སོ། །མདའ་དར་ཁྱེར་ནས་གྱེན་དུ་སོང་། །རི་རྩེར་ཕྱིན་པ་ཡང་ཡང་རྨིས། །སྒྲུབ་པ་དང་པོའི་ནུབ་མོ་ལ། །རང་ཉིད་གནས་མཇལ་སོང་སྙམ་བྱེད། །ཨོ་རྒྱན་པདྨའི་གནས་ཡིན་ཞིང་། །འདི་ལས་ལྷག་པ་མེད་དོ་ཞེས། །དེ་འདྲ་གཅིག་ཏུ་ཕྱིན་འདུག་པས། །བྲག་ལ་རྟ་མགྲིན་རང་བྱོན་ནི། །ཞལ་གསུམ་ཕྱག་དྲུག་ཁྲུ་གང་ཙམ། །འབུར་དོད་མངོན་སུམ་ལྷ་བུར་མཇལ། །ངོ་མཚར་རབ་ཏུ་དགའ་བ་ཡིས། །རྟེན་ཞེས་བསྟོད་པ

ཞིག་ཀྱང་ཐུལ། །ཡང་ནི་དཔལ་མགོན་མ་ནིང་གི །རང་བྱོན་འབུར་དོད་
མངོན་སུམ་ལྟར། །མཇལ་བས་དེ་ལ་བསྟོད་པ་བྱས། །གཞན་ཡང་ལྷ་སྐུ་
དཔག་མེད་དང་། །མཆོད་རྟེན་འདྲ་བ་མང་པོ་ནི། །མཇལ་ཡང་ཞིབ་པར་ཡེ་
མ་དྲན། །གནས་དེ་མཆིམས་ཕུ་ཡིན་སྙམ་བྱེད། །འོན་ཀྱང་གནས་དེ་མཆོག་
ཡིན་ཞེས། །དེ་འདྲ་གཅིག་ཏུ་ཕྱིན་པ་རྨིས། །ཡང་ནི་བྲག་ཕུག་ཆེན་པོ་
གཅིག །ཁྱད་པར་ཅན་གྱི་གནས་ཡིན་ཞེས། །དཀྱིལ་དུ་མཆོད་རྟེན་གཅིག་
འདུག་པའི། །བང་རིམ་སྟེང་དུ་རང་ཉིད་ནི། །གཡས་བསྐོར་བྱས་ནས་སོང་བ་
དང་། །གཞན་ཡང་ལྷ་སྐུ་དཔག་མེད་ནི། །རང་བྱོན་ཁོ་ན་ཡོད་སྙམ་
བྱུང་། །ངོ་མཚར་ཆེ་བའི་ལྷས་གཅིག་ནི། །མཐོང་ཡང་ཕྱིར་ནང་བརྗེད་དེ་
ཐལ། །སྒྲུབ་པའི་སྙིང་པོ་འབུམ་ཕྲག་ལྔ། །ལས་སྦྱོར་ཉི་ཁྲི་ལྔ་སྟོང་
འགྲུབ། །

༄ གུ་རུ་པདྨའི་མཚན་རྟགས་ནི། །ནུབ་གཅིག་ཉམས་ཀྱི་སྣང་བ་ལ། །ཁྲིམ་
ཕུག་ཉི་མ་གསལ་བ་ནི། །ཤར་ནས་གདའ་བའི་སྣང་བ་དང་། །རང་གི་རྐེ་ལ་
མེ་ལོང་ནི། །ཆེ་ཞིང་འོད་ཟེར་ལྡན་པ་གཅིག །ཐོད་ཚང་མང་པོ་ནས་དཀྱིལ་
དུ། །དཀྱིལ་འཁོར་རྫས་ཆེན་བཀྲམ་པ་དང་། །རང་ཉིད་ཐོབ་པ་ཐོབ་ནས་
སུ། །སེམས་ཅན་འགའ་ཡི་སྒྲོག་སྐྱབས་བྱས། །གཞན་ཡང་ཕ་ཕུང་ཆེན་པོ་
ལ། །བདག་གི་ཁྲི་བརྒྱབ་བཅད་པ་དང་། །མཛུབ་མོས་ཕ་ཕུང་བརྡོགས་པ་
དང་། །ཕ་ཕུང་སྟེང་དུ་ཞབས་རྗེས་བཞག །གྲུབ་རྟགས་དེ་འདྲ་བསྟན་པ་
རྨིས། །བུད་མེད་ཆུང་ངུ་གོས་དམར་ཅན། །ལག་ཏུ་གྲི་གུག་ཐོགས་པ་
ཡིས། །དོན་གྲུབ་ཕྱག་མཚན་ཡིན་སྙམ་པའི། །རལ་གྲི་ཤིན་ཏུ་མཛེས་པ་

གཅིག   །བདག་ལ་གཏད་ནས་བྱུང་བ་རྨིས།   །ཤེས་རབ་རྣོན་པོའི་རལ་གྲི་
ཡིས།   །རྟོག་པའི་དྲྭ་བ་ཆོད་དང་ཤེས།   །ཡང་ནི་ཤར་ཕྱོགས་ནམ་མཁའ་
ནས།   །ཉི་ཟླ་གཉིས་ཀའི་དཀྱིལ་འཁོར་ནི།   །དུས་གཅིག་ལ་ནི་ཤར་བྱུང་
དང་།   །བླ་མ་ཛྷེ་ཡིས་བདག་ལ་ནི།   །ཅུང་ཟད་བཀྱོན་པ་འདྲ་མཛད་
པས།   །དེ་ཡི་དོན་གྱིས་སྐྱེ་བོ་འགགས།   །བདག་ལ་བརྙས་ནས་འདུག་པ་
ལ།   །དེ་ཡི་མོད་ལ་ཁོ་བོ་ཡང་།   །རས་ཆུང་བ་ཡི་སྐྱེ་བ་དེ།   །ཁོ་བོ་ཡིན་
སྙམ་ངེས་ཤེས་བསྐྱེད།   །གང་ཟག་དགོངས་པ་མི་ཤེས་པས།   །ཐ་མལ་སྐྱེ་
བོས་བདག་ལ་བརྙས།   །སྨྲས་ཤིང་བརྟུལ་ཞུགས་སྤྱོད་པ་འགའ།   །བྱེད་བསམ་
གར་དང་གླུ་སོགས་བྱས།   །མི་གཅིག་བདག་ལ་འཇུས་བྱུང་བས།   །རྫུ་འཕྲུལ་
སྟོབས་ཀྱིས་ཕ་ཟད་འཕངས།   །སེམས་ནི་ཆོས་སྐུ་གཉུག་མའི་ངང་།   །དེ་འདྲ་
རྨི་ལམ་འཁྲུལ་པ་བྱུང་།   །བུད་མེད་མཛེས་མ་གཅིག་གིས་ནི།   །དགའ་ཞིང་
ཟས་དམར་སྟེར་བ་རྨིས།   །ནང་པར་ཅི་བཞིན་མངོན་དུ་གྱུར།   །ཕྱིན་དུ་ཐར་
དཀའི་ཕུག་པ་གཅིག   །འདུག་པའི་ནང་དུ་བླ་མ་ནི།   །བྱོན་ནས་སོང་བའི་རྗེས་
དེ་རུ།   །བདག་ཀྱང་འཛུལ་ནས་སོང་བ་དང་།   །དེ་རྗེས་གྲྭ་པ་ཐམས་ཅད་
རྣམས།   །དེ་ནས་ཡར་ལ་བྱུང་བ་རྨིས།   །དེ་མ་ཐག་ཏུ་འདི་བསམ་
མོ།   །ངེད་རང་དཔོན་སློབ་འཁོར་བཅས་རྣམས།   །བདེ་བ་ཅན་དུ་འགྲོ་བ་
ཡི།   །བརྡ་ནི་ཡིན་པར་འདུག་གོ་སྙམ།   །དེ་འདྲ་འཁྲུལ་པའི་རྨི་ལམ་
བྱུང་།   །དངོས་སུ་རང་གི་མདུན་ངོས་ནས།   །རི་ལ་འཇའ་ཡི་གུར་ནི་
ཕུབ།   །ཡང་ནི་གཅིག་གིས་བདག་དེད་པས།   །ཤིན་ཏུ་སྐྲག་ནས་ཆུ་ནང་
བྲོས།   །ཆུ་དང་ལུས་དང་སེམས་གསུམ་ནི།   །དབྱེར་མེད་གཅིག་ཏུ་འདྲེས་པ་

ཡི། །ཟད་པ་རྒྱུ་ཡི་ཧིང་འཛིན་སློམ། །དེ་མ་ཐག་ཏུ་རང་ཉིད་ནི། །རྒྱུ་དང་
དབྱེར་མེད་གྱུར་ནས་ཀྱང་། །གཞན་དེས་གནོད་རྒྱུ་རྐྱེན་མ་བྱུང་། །དེ་འདྲ་རྨི་
ལམ་མཚར་བར་གདའ། །ཧིང་ངེ་འཛིན་གྱིས་བླ་མ་ནི། །མཛལ་བས་མཉེས་
ནས་བསྔོད་པར་མཛད། །ཡང་ནི་ང་རང་རྒྱལ་རིགས་གཅིག །ཡིན་ཏེ་རྒྱལ་ས་
གཞན་གྱིས་འཕྲོག །བདག་ཀྱང་གནོད་གྲབས་དེད་པ་ཡིས། །བྲོས་པས་བདེ་
བ་གཅིག་ཏུ་ཐར། །ཉམས་ལེན་བྱས་ཤིང་མྱུ་ཏྲ་བཀུག །རྣལ་འབྱོར་སྤྱོད་པ་
བྱས་པ་ཡིས། །རང་ཉིད་གྲུབ་པ་ཐོབ་ནས་སུ། །གྲུབ་རྟགས་སྣ་ཚོགས་སྟོན་
ནུས་དང་། །དེ་ཡི་མོད་ལ་འདི་སྙམ་སྟེ། །སྐྱེ་བ་སྔ་མ་གཅིག་གི་
དུས། །རང་ཉིད་རྒྱ་གར་ཡུལ་སྐྱེས་ནས། །གྲུབ་པ་ཐོབ་པ་ཡིན་ལུགས་
བསམ། །དེ་འདྲ་འཁྲུལ་པའི་རྨི་ལམ་བྱུང་། །སྤྱིར་ནི་ཐམས་ཅད་མི་བདེན་
ཞིང་། །ཁྱད་པར་འཁྲུལ་སྣང་ཅི་ལྟར་བདེན། །ཚེ་སྔོན་གྲུབ་པ་ཐོབ་གྱུར་
ན། །ད་ལྟ་ཆོས་མེད་ལས་ངན་འདི། །ཅི་ཡི་ཕྱིར་དུ་འོང་སྲིད་དམ། །སྣང་
བ་མཐའ་ཡས་མང་པོ་ནི། །ནམ་མཁའ་གང་ནས་ཡོད་སྙམ་དང་། །ཨོ་རྒྱན་
མང་པོས་ནམ་མཁའ་གང་། །ཡོད་སྙམ་རྨི་ལམ་ཡུལ་དུ་ནི། །མི་གསལ་ཙམ་
གཅིག་བྱུང་བ་ཡིན། །

༄། སློམ་ལས་བདག་ཉིད་ཉལ་བའི་བག་ཆགས་ལ། །མཁའ་འགྲོའི་ལུང་
བསྟན་རྨི་ལམ་ཟ་ཟི་ལས། །རང་རེ་དཔོན་སློབ་ཡིད་མཐུན་རྟེན་འབྲེལ་
ནི། །སྔོན་ཚེ་ཨོ་རྒྱན་ཡུལ་དུ་ནི། །བདག་ནི་ཆོས་བློན་གཅིག་གི་ཚ་བོ་
ལ། །ཆོས་རྒྱལ་ཨིནྡྲ་བླ་ཡི་མཆོད་གནས་སུ། །བརྟུལ་ཞུགས་བྷི་ཞེས་བྱ་བ་
དང་། །དེ་འོག་རྡོ་རྗེ་གདན་དང་ཉེ་བ་ནས། །ནྲུ་རོའི་སློབ་མ་ཕག་ཚང་ཞེས་བྱ་

དང་། །དུས་དེར་བདག་ཀྱང་རྣལ་འབྱོར་གཅིག །རྒྱ་གར་ཕྱོགས་མེད་རྣལ་འབྱོར་སྤྱོད་པ་བསྐྱང་། །དེ་ནས་རིམ་བཞིན་རེས་འགའ་རྣལ་འབྱོར་བ། །རེས་འགའ་ཡ་བྲལ་རེས་འགའ་ཟུང་འཇུག་སོགས། །ཁྱད་པར་མོན་ཡུལ་གུང་ཐང་དུ། །དུས་གཅིག་བལ་ཡུལ་བླ་མ་མཉམ་དུ་བསྟེན། །སློབ་དཔོན་པདྨའི་ཞབས་དྲུང་དུ། །ཁྱེད་ཉིད་སྤྲུལ་པ་འཆང་གླང་དཔལ་ང་ཉིད་སྨྲ་མི་ཡིན། །མདོ་རྒྱུད་མན་ངག་འགའ་རེ་ཞུ་རེས་བྱས། །ཁྱོད་དེ་ནས་མངའ་རིས་ཕྱོགས་སུ་གཏེར་སྟོན་པ། །ང་ཉིད་དུས་དེར་སྤྲུལ་པ་ཀྱི་རྣལ་འབྱོར་པ། །འོ་སྐོལ་གཉིས་པོ་མཐུ་བྱུས་མི་དྲུག་བསད། །བདག་གི་སེར་བས་ལོ་ཏོག་འགའ་རེ་བརླགས། །ད་ལྟ་འབྱོར་བ་ཆུང་བ་དུས་དེར་ལན། །དེ་ནས་རབ་རིབ་འགའ་རེ་འགྲོགས་སྣང་ཡོད། །འདི་ནས་བཟུང་སྟེ་བྱང་ཆུབ་བར། །སྤྱོད་པ་བརླབས་ཆེན་གཏན་དུ་བསྒྲོངས་བ་དང་། །འདུ་འབྲལ་མེད་པ་ཆོས་དབྱིངས་ངང་དུ་སྨོན། །ང་ཉིད་བྱར་ཞེས་གཏེར་ལ་སྤྱོད་པ་ཡི། །སྤྱི་སྒྲོད་ཕྱོགས་སུ་འབྲུལ་མེད་ཆོས་བདག་འབྱུང་། །ཐམ་གདོང་དམར་སྲིན་པོའི་ཡུལ་དུ། །རང་རེ་དཔོན་སློབ་གསང་སྔགས་གླུ་ཆུང་ལེན། །ཚུལ་ཁྲིམས་རྟེན་གྱི་བྱེ་བས་བདག་ལ་གཏད་བྱུང་བའོ། །དགེའོ། །དགེའོ། །དགེའོ། །

༄ དེ་ནས་ལས་སྦྱོར་རྟགས་མཚན་ནི། །རིག་པ་ཤིན་ཏུ་དྭངས་བའི་ངང་། །ཅུང་ཟད་ཡེངས་པ་འདྲ་གཅིག་ལ། །རི་བོ་ཆེ་ཡི་ཐར་ག་དེར། །བདག་ཉིད་རྟ་མགྲིན་གཞུང་ལྟར་དུ། །བསྐྱེད་རིམ་གསལ་བའི་ངང་དུ་བསྡད། །དེ་ཡི་མོད་ལ་སྤྱན་རས་གཟིགས། །དགོན་གྱི་རྒྱབ་རི་དེ་དང་ནི། །མཐོ་དམན་མེད་པ་གངས་རི་ལྟར། །ངང་དྭངས་ལྷང་དེ་བ་གཅིག

ཏུ། །ཁོ་བོ་གྱུར་ནས་འདུག་པ་ལ། །དེ་ནས་དྲན་པས་ཟིན་པ་དང་། །ཉམས་ལེན་དང་ལ་ལྷན་ནེ་བསྡད། །མཚར་ཉམས་བྱེད་པ་ཙུང་ཟད་བྱུང་། །ཉུབ་གཅིག་གཉིད་པའི་རྨི་ལམ་ན། །བིརྺ་པ་སོགས་གྲུབ་ཆེན་འགས། །གསུངས་མགུར་ལྷང་ལྷང་གྲགས་པ་ཐོས། །ཨོ་རྒྱན་སྐུ་འདྲ་ལེགས་པོ་དང་། །གཞན་ཡང་ངོ་མཚར་ཡོད་པ་འགའ། །དད་དང་མོས་གུས་དང་དུ་མཇལ། །རྟགས་རེད་བསམ་པ་ཕྲན་བུ་འགའ། །བྱུང་ཡང་བྲི་བར་མི་སྤྲོའོ། །ཡང་ནི་རྨི་ལམ་སྣང་བ་ལ། །རང་ཉིད་ཇོ་བོ་བཅུ་གཅིག་ཞལ། །གྱུར་ནས་འདུག་པ་གསལ་བ་གཅིག །རྨི་ལམ་ཙམ་དུ་བྱུང་བ་ཡིན། །དེ་ལྟར་སྐུ་གསུམ་སྒྲུབ་པ་ལ། །ལོ་གཉིས་ཟླ་བ་དྲུག་དྲུག་ཏུ། །བསྒོམ་པས་ལོ་སྐོར་གཅིག་ཏུ་སོང་། །དབང་པོ་རབ་ཏུ་མ་གྱུར་པས། །རྟགས་མཚན་ཆེ་བ་མ་བྱུང་ཡང་། །ཕོག་རེས་ཐུན་མོང་མ་ཡིན་པའི། །ཉམས་རྟོགས་ངེས་ཤེས་ཙམ་རེ་བྱུང་། །སྤྱིར་ན་ཨོ་རྒྱན་ཆོས་ཟབ་དང་། །ཁྱད་པར་འདི་ཉིད་ཟབ་པ་ཡི། །ངེས་ཤེས་དད་པ་དཔག་མེད་འཕེལ། ། མངྒ་ལཾ། །

༄ འབྲུ་གསུམ་རྒྱལ་བའི་སྤྱི་སྒྲུབ་ལ། །ཞག་པོ་བདུན་དུ་འབུམ་གསུམ་དང་། །བཞི་ཁྲི་ལས་སྦྱོར་ཁྲི་ཚོ་གཅིག །བཟླས་པས་ལུས་སེམས་བདེ་བས་གང་། །བསྐྱེད་རྫོགས་དོན་ལ་མཆོག་ཏུ་གྱུར། །རྨི་ལམ་བུད་མེད་ཞོ་མར་སྟེར། །བོ་དྷིའི་ཕྲེང་བ་སྤྲོས་ཤེལ་བརྒྱན། །ཤེལ་སྒོང་ཆེན་པོ་དང་བཅས་ལྟེད། །རབ་བྱུང་ཁྱེའུ་དགེ་སློང་ནི། །མང་དུ་རྨིས་ཀྱང་བརྗོད་ཆོས་ཙམ། །

༄ ཡང་ན་འབྲུ་གསུམ་སྤྱི་སྒྲུབ་ལ། །བསྙེན་པ་བསྐྱལ་བའི་ཐོ་ཡིག་ནི། །ཆོས་ཀྱི་པོ་སྟི་ལེགས་པོ་འགའ། །རང་གིས་ཞལ་ཕྱེས་གློག་པ་

དང་། །ཡང་ནི་ཆོས་ཀྱི་པོ་སྟི་ནི། །བརྩེགས་པ་ཁང་པ་ཙམ་གཅིག་ལ། །ཁོ་བོ་འཛོགས་ནས་ཕྱིན་པ་དང་། །བུད་མེད་གཞོན་ནུ་མང་པོ་འགས། །ཞོ་ནི་ཟོ་གང་ཕུལ་བྱུང་ཞིང་། །དད་པ་མོས་གུས་ཡོད་དོ་སྐད། །རྨི་ལམ་ཙམ་དུ་དེ་རྣམས་བྱུང་། །བདེ་བ་ཅན་དུ་ཞལ་ཐང་གཅིག །མཇལ་ཞིང་དགའ་དགའ་བྱས་པ་དང་། །རྒྱལ་མཚན་ཤིན་ཏུ་ཆེ་བ་གཅིག །མང་པོས་རི་ཡི་རྩེ་རུ་འཛུགས། །བདག་གིས་རྒྱལ་མཚན་ཕྱུར་བ་རྨིས། །འབྲུ་གསུམ་ལྷ་ལ་བདུན་འབུམ་དང་། །ཁྲི་ཕྲག་གཉིས་ནི་བཟླས་པ་ཡིན། །ཨོཾ་ཐིཿ

༄ དེ་ནས་གཞུང་ལྷར་ཧཱུྃ་སྒྲུབ་བསླེན། །དང་པོ་ཕུར་པ་འགའ་རྨིས་ཞིང་། །བུད་མེད་འགའ་ཞིག་རྩེ་བ་དང་། །མདའ་གཞུ་འཁོར་གསུམ་བཏགས་ནས་རྒྱུག །གོས་ལེགས་བཟང་དུ་འདུག་པ་རྨིས། །དངོས་སུ་དྲི་བཟང་ངད་པ་འཕྱུལ། །ཡང་ནི་འཁྲུལ་པའི་རྨི་ལམ་ན། །བདག་གི་སྤྱི་གཙུག་ནམ་མཁའ་ལ། །བླ་མ་ཨོ་རྒྱན་པདྨ་འབྱུང་། །གསལ་བའི་སྐུ་ལས་བདུད་རྩི་བབས། །བདག་གི་ལུས་ཀྱི་ཕྱི་ནང་སྦྱོང་། །དེ་ནས་སྐུ་གསུམ་ཐུགས་ཀ་ནས། །འོད་ཟེར་ཚུལ་གྱིས་དབང་བཞི་ནི། །བསྐུར་བར་བྱུང་བའི་རྨི་ལམ་བྱུང་། །རྗེ་དེའི་ཐུགས་རྗེས་བྱིན་རླབས་ཆེ། །རང་ཁྲིམ་ཉི་མ་ཤར་འདུག་དང་། །སྟོར་ཁྲིམ་འདུག་པ་གཅིག་ཏུ་ནི། །མཆོད་བཤམས་ལེགས་པོའི་དབུས་དཀྱིལ་དེར། །སྐུ་འདྲ་མང་པོ་བཟང་པོ་འགའ། །རྒྱུ་ནི་རིན་ཆེན་དངུལ་ལས་གྲུབ། །ནོར་བུ་གཡུ་ཡི་ཕྲ་རྒྱན་བཀོད། །མདུན་དུ་གསེར་དངུལ་མེ་ཏོག་མཛེས། །མཐའ་བསྐོར་རྟེན་དང་མཆོད་རྫས་རྣམས། །བསམ་གྱིས་མི་ཁྱབ་ཡིད་འོང་བཀོད། །མཛེས་ཤིང་བག་དང་ལྡན་པ་ནི། །མདོར་ན་ངོ་མཚར་ཆེར

ལྡན་པ། །དེ་འདྲའི་རྟེན་དང་མཆོད་རྫས་རྣམས། །མཐོང་བས་བདག་གི་ཡིན་བསམ་ནས། །དགའ་སྤྲོ་བག་ལྡན་འདུག་པར་རྨིས། །གཟན་ཤམ་ཤིན་ཏུ་བཟང་པོ་ཞིག །རིན་ནི་དཔག་མེད་བྱིན་བསམ་པས། །གོང་མི་ཕོག་པ་གཉིས་བསྡུད་པས། །བདག་གི་ཡིན་འདུག་འགའ་བ་སྐྱེས། །རི་མཐོ་ཞིག་གི་རྩེ་མོར་དེར། །རང་ཉིད་ཡི་དམ་གསལ་བའི་སྟེང་། །བླ་མ་ཆོས་སྐུ་གསལ་བཏབ་པས། །མངོན་སུམ་བཞིན་དུ་གསལ་བར་རྨིས། །ལག་ཏུ་རལ་གྲི་ཐོགས་པ་དང་། །ལེགས་བྱས་རི་དྭགས་གཅིག་བསད་རྨིས། །བདག་པོའི་མཚན་མ་ཡིན་ནམ་སྙམ། །དེ་ལྟར་ཞག་པོ་དགུ་ལ་ནི། །བཟླས་པ་ཞག་པོ་དགུ་ལ་ནི། །བཟླས་པ་བྱེ་བ་གཅིག་ཁྲི་དང་། ལས་སྦྱོར་བཞི་ལ་ཁྲི་ཕྲག་བཞི། བསྡོམ་པས་བྱེ་བ་ལྔ་ཁྲི་སོང་། སྒྲུབ་པ་ཀུན་གྱི་ལས་རིམ་དུ། །ལས་བཞིའི་སྦྱིན་སྲེག་དུས་གཅིག་གྲུབ། །ཨོཾ་ཐཱིཿ

༄ དེ་ནས་ཡང་དག་ཐུགས་སྒྲུབ་བསྙེན། །དང་པོའི་ནུབ་ལ་རྨི་ལམ་ནི། །རང་ལུས་རྩ་མཆོག་དབུ་མ་རྣམས། །གྲུ་གསུམ་ཆོས་འབྱུང་དཀྱིལ་འཁོར་བྱས། །དེ་དབུས་རང་སེམས་ཕག་མོ་དམར། །སྒོམ་ནས་བཞག་པས་མངོན་སུམ་དུ། །གྱུར་ནས་འདུག་པའི་སྣང་བ་བྱུང་། མ་ཎི་ཧཱ་ཕམ་མང་པོ་བསྐོར། །བླ་ཆེན་གཅིག་གིས་ཕྱག་འཚལ་དང་། །ཧཱུྃ་སྒྲུབ་རྡོ་རྗེ་དྲག་པོ་རྩལ། །མི་གསལ་ཙམ་ཞིག་མཇལ་བ་ཡིན། །ལ་མཐོ་གཅིག་ལ་སོང་བ་དང་། ཐུགས་ནི་ཁྲི་ལྔ་སྟོང་རྩ་བཟླས། །དེ་ནས་སྒྲུབ་པ་གཞན་གྱི་རྟགས། །བསྙེན་གྲངས་ཐེམ་པའི་ཡོངས་མ་བྱུང་། ། ཨོཾ་ཐཱིཿ

༄ ཨེ་མ་ཧོ། ཐུགས་སྒྲུབ་ཡང་སྙིང་འདུས་པའི་ཆོས་སྐོར་ལ། །བསྐྱེད་རྫོགས་ཉམས་ལེན་བྱས་པའི་བསོད་ནམས་གང་། །རྒྱལ་བའི་བསོད་ནམས་ཚོགས་དང་གཅིག་འདྲེས་ནས། །ནམ་མཁའི་མཐའ་མཉམ་སེམས་ཅན་དོན་དུ་བསྔོ། །ཀུན་ཀྱང་བླ་མེད་འབྲས་བུ་ཐོབ་པར་ཤོག །ཨེ་མ་ཧོ། གུ་རུའི་ཟབ་ཆོས་ཐུགས་སྒྲུབ་ཡང་སྙིང་འདི། །གསང་སྔགས་རྒྱ་མཚོའི་དཀྱིལ་ན་ནོར་བུ་བཞིན། །བླ་མེད་དམ་ཆོས་ཀུན་གྱི་མཐར་ཐུག་གོ །འདི་ཡི་བསྐྱེད་རིམ་མ་བུ་ཆ་ལག་དང་། །རྫོགས་རིམ་གཏུམ་མོ་སྒྱུ་ལུས་འོད་གསལ་ཏེ། །སྨི་ལམ་མཐར་ཐུག་ཕྱག་རྒྱ་ཆེན་པོ་སོགས། །གང་ལའང་འབྲེལ་བཞག་ཙམ་རེ་ཉམས་སུ་བླངས། །སོ་སོར་ངེས་ཤེས་སྐྱེས་པ་འགའ་རེ་ཡོད། །ཆོས་འདི་ལས་ནི་ཟབ་པ་གཞན་མེད་སྙམ། །དེ་ཕྱིར་དམ་ཆོས་འདི་ཉིད་དོན་རྟོགས་ནས། །མཐར་ནི་བདེ་ཆེན་ཞིང་དུ་འགྲོའོ་སྙམ། ། མངྒ་ལཾ། །

༄༅། །རྟོགས་འབྱུལ་ཕུལ་བའི་ཚིག་ཕྲེང་བཞུགས་སོ། །

ན་མོ་གུ་རུ་ས་མནྟ་བྷ་དྲ་ཡེ། བཀའ་དྲིན་མཚུངས་མེད་བླ་མར་ཕྱག་འཚལ་ལོ། །རིན་ཆེན་ཤེལ་ལས་གྲུབ་པའི་རྒྱལ་སྐུ་བཞིན། །རྒྱུ་ཡིས་རྣམ་དག་རྐྱེན་གྱིས་རབ་ཏུ་མཛེས། །ལྷ་མིའི་ངོ་མཚར་མཆོད་པའི་གནས་གྱུར་ལྟར། །གྲུབ་

པའི་དབང་ཕྱུག་རིག་འཛིན་རྒྱ་མཚོ་རྒྱལ། །ཚད་མའི་བཤེས་གཉེན་ཁྱེད་ཀྱི་ཐུགས་རྗེ་ཡིས། །སྟོན་ཆེ་བདག་བློའི་མུན་པ་དབེན་མཛད་དེ། །ཐུགས་ཡིད་འོད་གསལ་མ་བུ་འདྲེས་སམ་སྙམ། །དེ་ནས་རྟེན་འབྲེལ་རིམ་པར་ལེགས་སུ་འོང་། །དེ་ཕྱིར་བདག་ཀྱང་དགའ་སྤྲོའི་ཆོས་ཀྱི་གཏམ། །ཞུ་བར་འདོད་པས་རྒྱལ་བཞིན་ཞུ་བར་འཚལ། །རང་གི་བླ་མ་མཆོག་དེའི་དགོངས་པ་ལས། །དེ་མིན་སུ་ལ་ཉམས་རྟོགས་ཞུ་མ་མྱོང་། །ཅི་ཕྱིར་ཐེ་ཚོམ་རློམ་སེམས་གཉིས་ཀ་མེད། །འགའ་ཞིག་རང་གི་ཉམས་རྟོགས་ཡོད་པ་དེ། །རྟོགས་འབྱུལ་རྒྱལ་གྱིས་གཞན་ལ་ངོམ་ནས་ཀྱང་། །བཟང་པོའི་གྲགས་པ་ཨེ་འོང་རེ་བ་འདུག །ཅི་ཕྱིར་ཁྱེད་ཀྱི་རྟོགས་པ་དཔེ་མེད་རེད། །སྨྲན་དགའ་ལ་མ་སྨྲས་སྐྱོན་བརྟགས་ནས། །ཤིན་ཏུ་སྡུག་ནས་བསྒོམ་རྒྱུས་མེད་པ་འདྲ། །ཟེར་ཞིང་ཁོང་ཁྲོའི་གཟེར་བུ་ལངས་བ་མཐོང་། །དགེ་མའི་ཁོང་ན་མཚན་བརྗོད་མི་ཤོང་ལྟར། །རེ་དོགས་འཛིན་བཅས་རྟོགས་འབྱུལ་ཅི་ཞིག་བྱ། །ཀ་དག་རང་རིག་རྟོགས་པས་ཐེ་ཚོམ་ཆད། །སྟོང་འཛིན་དབྱིངས་སུ་རྟོགས་བས་རློམ་སེམས་བྲལ། །ཆོས་ཀུན་གཅིག་ཏུ་རྟོགས་པས་ཁོ་ཐག་ཆོད། །རང་ཚོད་རང་གིས་ཟིན་པས་དཔང་པོ་བཟང་། །བརྒྱུད་པ་བྱིན་རླབས་ལྡན་པས་ཁྱད་པར་འཕགས། །ཐམས་ཅད་ཆོས་སྐུར་རྟོགས་པས་གོལ་ས་མེད། །དེ་ཕྱིར་གཞན་ལ་ཞུ་རྒྱུ་མ་རྙེད་དོ། །ད་ལམ་ཉམས་ཚོད་དཔག་སྟེ་ཞུ་བ་ནི། །ཀ་དག་རང་ངོ་མ་རིག་རྟོག་པས་སྒྲིབས། །རང་རྒྱལ་ཡེ་ཤེས་འོད་ལ་འཛིན་པ་ཞུགས། །བདག་གཞན་སྣང་བའི་ཨ་འཐས་སོ་སོར་གྲུབ། །སྐྱེ་མཆེད་བཅུ་གཉིས་འཁོར་ལོ་ལྟར་དུ་འཁོར། །གདོས་བཅས་རྣམ་སྨིན་ཕུང་པོ་འདི་ཉིད

བླངས། །གཞན་ཡང་འཁོར་བར་ལུས་བླང་བསམ་མི་ཁྱབ། །དེ་ཚེ་དེ་ཉིད་མ་
ཤེས་བདག་འཁྲུལ་ལོ། །དེ་ནས་ཆོས་སྒོར་ཞུགས་དུས་བསམ་པ་ཡང་། །ཚེ་
འདོད་རྙེད་འདོད་ཚེ་འདིར་གྲགས་འདོད་སོགས། །ཀུན་སློང་དེ་འདྲ་བདག་གིས་མ་
བྱས་ཏེ། །འཁོར་བའི་སྡུག་བསྔལ་འདམ་ལས་ཐར་འདོད་ཀྱི། །ངེས་འབྱུང་
དྲག་པོ་ལུས་སེམས་བྲལ་ཙམ་གྱིས། །ཚེ་འདི་བློས་བཏང་བྱ་བྲལ་དམ་བཅའ་
བཟུང་། །སེམས་ཅན་ཀུན་ལ་ཕན་འདོད་བསམ་པ་ཡི། །བྱང་ཆུབ་སེམས་
བསྐྱེད་བློ་སྦྱང་ཡང་ཡང་བསྒོམས། །ཐོག་མཐའི་མཇུག་བསྔོ་འགྲོ་བ་སྤྱི་ལ་
བྱས། །ཆོས་ཀྱི་གཞུང་ལུགས་རྒྱུ་དང་འབྲས་བུ་གཉིས། །བསླབ་པ་གསུམ་གྱི་
དོན་ལ་གཞི་བཅས་ཤིང་། །རྒྱུ་ལ་ཆེ་ཆུང་ཐེག་པའི་བྱེ་བྲག་སྟེ། །ཐེག་ཆེན་ངོ་བོ་
བྱང་ཆུབ་སེམས་གཉིས་ལས། །ཉམས་ལེན་ཚུལ་ཁྲིམས་གསུམ་གྱི་ལམ་དུ་
འཇུག །སྡོམ་པའི་ཚུལ་ཁྲིམས་དག་ལས་འཕྲོས་པ་ཡི། །སྡོམ་གསུམ་བྱེ་བྲག་
སོ་སོར་བསྲུང་ཚུལ་དང་། །རྟེན་ཅན་བརྟེན་མེད་གནས་འགྱུར་ལ་སོགས་
པ། །གང་ཟག་སོ་སོའི་བཞེད་པ་སོ་སོ་ཡང་། །རང་ཉམས་ལྡན་པས་གནས་
སྐབས་རྟེན་འབྲེལ་བྱས། །དེ་སོགས་བག་ཙམ་ཐོས་པ་བྱས་པ་དང་། །ཐོས་པ་
ཉམས་དང་ལྡན་པའང་བག་ཙམ་ཡོད། །ཁྱད་པར་འབྲས་བུ་གསང་སྔགས་རྡོ་རྗེ་
ཐེག །ཕྱི་དང་ནང་གི་དབྱེ་བ་སོ་སོ་ལས། །གསང་སྔགས་བླ་མེད་ཕ་རྒྱུད་མ་
རྒྱུད་དང་། །གཉིས་མེད་རྒྱུད་སོགས་གསར་མར་གསུངས་པ་རྣམས། །རྙིང་
མར་མ་ཧཱ་ཨ་ནུ་ཨ་ཏི་སོགས། །དོན་མཐུན་རྒྱུད་སྡེ་ཐམས་ཅད་དགོངས་པ་
གཅིག །ཆོས་ཀྱི་བདག་འཛིན་སོ་སོས་དབྱེ་མོད་ཀྱང་། །དགོངས་པ་གཅིག་
པས་ནམ་མཁའི་ཁམས་དང་མཚུངས། །ལྟ་བ་ཡས་འབབ་ཀ་དག་ཨ་ཏི་

འཕགས། །ཐོད་བརྒྱལ་འོད་གསལ་གཞན་མེད་རྫོགས་པ་ཆེ། །མངོན་སུམ་ཆོས་སྐུར་རང་རིག་གཅེར་མཐོང་ནི། །གཞན་ལ་མ་གྲགས་ཁྱད་པར་ཁྱད་དུ་འཕགས། །འགའ་ཞིག་དུས་འཁོར་སོགས་ཀྱི་སྟོང་གཟུགས་དང་། །རྟགས་བཅུ་ཡོན་ཏན་སོགས་ཀྱི་རྟགས་རྣམས་དང་། །རྫོགས་ཆེན་ཐོད་བརྒྱལ་འོད་གསལ་འཆར་སྒོ་རྣམས། །གཅིག་པར་སྨྲ་སྟེ་གཏན་ནས་མི་གཅིག་གོ །འོ་ན་བདེ་མཆོག་ར་ལི་ཨ་ར་ལི། །སོགས་ཀྱི་རྒྱུད་ལས་འཆར་ཚུལ་གསུངས་མོད་ཀྱང་། །དགོངས་པ་བརྡ་དོན་རྟགས་གསུམ་ལྡན་པ་ཡི། །སྦྲོན་བཞི་སྣང་བཞི་ལ་སོགས་མ་བསྟན་ཕྱིར། །གཞི་དང་ལམ་དང་འཆར་ཚུལ་སོགས་མི་འདྲ། །ཡིན་མིན་རྒྱུད་སྡེ་རྣམས་ཀྱི་དགོངས་པ་དང་། །ཆོས་ཀྱི་སྤྱན་ལྡན་རྣམས་ཀྱིས་མཁྱེན་པར་གསལ། །གསང་སྔགས་མདོར་བསྡུས་དགོངས་པ་སྨིན་གྲོལ་གཉིས། །སྨིན་ལམ་དབང་བཞི་ཚུལ་བཞིན་མནོས་པ་ལས། །སྨིན་ལམ་དབང་བཞི་བསྐུར་ནས་ཐོབ་པ་དང་། །བསྐུར་ནས་མ་ཐོབ་མ་བསྐུར་རང་ཐོབ་སོགས། །ཐོབ་ཚུལ་དབང་པོའི་བྱེ་བྲག་གོ་རིམ་གྱིས། །ལམ་རྟགས་སོ་སོར་འོང་བ་དེ་ཡི་ཚུལ། །སྨིན་ལམ་གྲོལ་བའི་གདམས་པ་ཕྱག་རྒྱ་བཞི། །ཆོས་ཀྱི་ཕྱག་རྒྱ་དམ་ཚིག་ཕྱག་རྒྱ་དང་། །ལས་ཀྱི་ཕྱག་རྒྱ་ཕྱག་རྒྱ་ཆེན་པོ་སོགས། །ཉམས་ལེན་གནད་བསྟུན་གྲོལ་ཚུལ་སོ་སོར་ཡང་། །གྲོལ་ཚུལ་རེ་ལ་རྣམ་གྲོལ་འབྱུང་བར་འགྱུར། །ཅི་ཕྱིར་གཅིག་གྲོལ་ཐམས་ཅད་རང་གྲོལ་འགྱུར། །གྲོལ་བཞི་ཐམས་ཅད་ངོ་བོ་གཅིག་ཡིན་ཕྱིར། །ཉམས་ལེན་དམིགས་པའི་གོ་རིམ་སོ་སོར་གསལ། །གྲོལ་རྟགས་མཚན་ཉིད་ཉམས་རྟོགས་སོ་སོར་འབྱུང་། །གྲོལ་འབྲས་རིམ་ནས་རིམ་བཞིན་གོང་དུ་འཕགས། །གསེར་འགྱུར་

རྩི་ཡི་གདམས་པ་ལྷ་བུ་དང་། །གྲོལ་ལུགས་གཞི་ཡི་རྩལ་གྱིས་གསལ་འགྱུར་ཏེ། །རྣལ་འབྱོར་སྦྱང་པའི་གོ་རིམ་དག་ལས་བྱུང་། །འོན་ཀྱང་རང་སེམས་གྲོལ་ན་གྲོལ་བར་འགྱུར། །དེ་རྣམས་ཐོས་བསམ་ཉམས་ཀྱི་སྣང་བ་ལས། །ཕྱོགས་ཙམ་གོ་བར་ཟད་འགྱུར་འོན་ཀྱང་མིན། །དེ་ནས་ད་ལྟ་རང་སྣང་རྟོགས་རྩལ་ལ། །ལྟ་བ་ཀ་དག་ཆོས་དབྱིངས་སྤྲོས་བྲལ་དང་། །སྣང་བ་མི་འགོག་སྟོང་པ་མི་འཛིན་ཅིང་། །སྣང་སྟོང་གཉིས་མེད་ཆོས་སྐུའི་རོལ་པ་ཆེ། །སྣང་སྲིད་ཀ་དག་ཆོས་ཉིད་རབ་འབྱམས་དང་། །དཔེར་ན་ཚོང་པ་གསེར་གླིང་ཕྱིན་པ་འདྲ། །འཛིན་མེད་སྣང་སྟོང་ཆོས་སྐུ་རོལ་པ་ལས། །ལྟ་བ་སྟོང་འཛིན་གཞན་ལ་མི་སྨོན་ནོ། །སྒོམ་པ་དེ་ལས་སྤྲོ་བསྡུ་མི་དགོས་པ། །ཐམལ་ཤེས་པ་མ་བཅོས་རང་ལུགས་འདི། །ཀ་དག་གཉུག་མའི་ངོ་བོ་ རྗེན་པ་ལ། །སེམས་འཛིན་མི་དགོས་འོད་གསལ་རང་བཞིན་འཆར། ཡེངས་དུས་ངོ་བོ་རང་སར་ཁྲེལ་སེ་བ། །མ་ཡེངས་སྟོང་གསལ་བློ་འདས་འཛིན་པ་མེད། །ཡེངས་མེད་འཛིན་མེད་བློ་བྲལ་དང་བསྒོམ་ལས། །འདི་ཞེས་བསྒོམ་དང་སྒོམ་པའི་མཚན་འཛིན་བྲལ། །སྒོམ་པ་གླིང་དུ་མ་གྱུར་ཉིན་མཚན་ཡོད། །སྤྱོད་པ་གཉུག་མ་རང་ཤར་ཤུགས་འབྱུང་དང་། །སྤང་བླང་བློ་མེད་ཡེ་ཤེས་རོལ་པའི་དང་། །དེ་ལ་གཡོ་མེད་ལྟ་བའི་གདེངས་བཅའ་ཡང་། །སྐྱོན་མེད་ཡོན་ཏན་འཕེལ་པའི་རྟེན་འབྲེལ་ལ། །འཆུགས་མེད་དོན་གྱིས་སྤྱོད་པ་འཛིན་མེད་དང་། །སྒྱུ་མའི་སྐྱེས་བུའི་སྒྱུ་མ་བཞིན་དུ་སྤྱོད། །དགའ་སྡུག་སྣང་བ་བྱུང་ཡང་ཞེན་འཛིན་བྲལ། །འབྲས་བུ་རང་རིག་ཡེ་ནས་སྐུ་གསུམ་དང་། །ཡིན་ལ་ཡིན་པར་རྟོགས་པའི་ཡེ་ཤེས་ཀྱིས། །མ་རིག་སངས་ནས་རིག་པའི་རྩལ་ཆེན

རྒྱས། །བཛྲ་དོན་ལྡན་པའི་སྐུ་ལྔ་ཡེ་ཤེས་ལྔ། །རང་ཉིད་རྟོགས་གྲོལ་གནས་
ལུགས་འཛིན་མེད་གསལ། །ཐེ་ཚོམ་ཀུན་བྲལ་ཡེ་ཡིན་གཞིས་ལ་གནས། །དེ་
ཡང་རྒྱུ་ལས་འབྲས་བུ་མི་འདོད་དང་། །སེམས་ལས་སངས་རྒྱས་མི་འདོད་རྟོག
པ་སྦགས། །གཞི་ལས་འབྲས་བུ་ཆོས་སྐུ་མི་འདོད་སོགས། །རྫོགས་ཆེན་ཁྱད་
འཕགས་ཆེ་ཡང་ཨ་ཏི་ལས། །རྣལ་འབྱོར་དམ་པ་སྐྱེས་ཤིང་སེམས་རིག
གིས། །དབྱེ་བ་གྲོལ་དོན་རྟོགས་པའི་རང་རིག་དོན། །འཁྲུལ་བྲལ་རིག་པ་ཀ་
དག་ཡེ་ཤེས་ཀློང་། །ཀུན་བཟང་ཡིན་ལ་རྟོག་པའི་བློ་དང་བྲལ། །སྟོང་འཛིན་
ང་རྒྱལ་རྟོག་པ་དབྱིངས་སུ་གཏོར། །དེ་སོགས་ཉམས་སྣང་གསལ་བར་ཡོད་མོད་
ཀྱང་། །ལྟ་བ་མངོན་རྟོགས་པ་ཆོས་དབྱིངས་དང་། །སྒོམ་པ་འོད་གསལ་ཉིན་
གསལ་རྨི་ལམ་འཁྲུལ། །སྤྱོད་འབྲས་ཅི་བཞིན་ལྡན་ཡང་མ་ཡིན་སྲིད། །ད་
དུང་རྩལ་རྫོགས་ཡེ་ཤེས་བསམ་མི་ཁྱབ། །ངོ་བོ་ཉིད་ལ་ཐེ་ཚོམ་གང་ཡང་
མེད། །ཅི་ཕྱིར་ཕྲུག་རྫོགས་རྒྱུད་སྡེའི་དགོངས་པ་འགྲེལ། །རྟོགས་ཚུལ་ཅི་
བཞིན་ངོ་བོ་སྨྲ་མི་གཏུབ། །ད་ལྟའི་ཉམས་ལེན་འཆར་ཚུལ་ཅི་བཞིན་
ལགས། །ཅི་བཞིན་ཞུས་པ་ད་ལན་སྨྲས་པ་མེད། །རིག་འཛིན་ཁྱེད་ཀྱང་རྟོགས་
པའི་ཡེ་ཤེས་གང་། །ཉམས་འགྱུར་ཚུལ་དུ་བདག་ལ་གནང་བར་ཞུ། །འཕྲུལ་
དུ་བྲིས་གང་ཉམས་འགྱུར་ཚུལ་དུའོ། །ཧ་ཁ་རི་ཁྲོད་དུ་བྲིས་པའོ། །
དགེའོ། །དགེའོ། །དགེའོ། །

༄༅། །རིག་འཛིན་ཆོས་ཀྱི་རྒྱ་མཚོས་གྲུབ་ཐོབ་པདྨ་

རིག་འཛིན་ལ་ཕུལ་བའི་གསུང་ཤོག།

གཉིས་འཛིན་བྲལ་བ་གཉུག་མའི་ཡེ་ཤེས་ཆེ། །བདེ་སྟོང་རྣལ་རོལ་རིག་པའི་གར་མཁན་པ། །གཏད་འཛིན་མེད་པ་རྒྱ་གྲོལ་ཕྱམ་ཡངས་སུ། །བློ་འདས་རྣལ་འབྱོར་ཆེན་པོ་གང་དྲུང་དུ། །འགྱུར་མེད་རབ་བརྟན་རྡོ་རྗེའི་ཁང་བཟང་དུ། འཛིན་མེད་གནས་པའི་རྣལ་འབྱོར་གང་ཁྱོད་ཀྱིས། །གསུང་ཤོག་སྐྱེས་ཀྱི་མཆོན་བྱེད་བཟང་པོ་དང་། །བཀའ་མཆིད་རྡོ་རྗེའི་གསུང་འཕྲིན་སྤྲུལ་བ་དག །ཉམས་མེད་ཕེབས་པས་དངོས་མཇལ་ལྟ་བུར་སྤྲོ། །དུས་དང་བསྐལ་པ་ལྔ་པའི་ཆོས་ཉིད་དུ། །རྒྱལ་བ་བྱོན་ཡང་གདུལ་བ་དཀའ་བའི་དུས། །སེམས་ཅན་མི་བསྲུན་པ་ཡི་རང་བཞིན་ལ། །བསྟུ་བ་བཞི་ཡི་འགྲོ་དོན་རྒྱས་དྲག་ན། །བར་ཆད་བདུད་འདི་ཙིར་ཡང་སྤྲུལ་ནས་འོང་། །དུས་དང་གནས་སྐབས་རིང་དུ་བསྟུན་པ་ནས། །ཆོས་ཀྱི་འབྲེལ་བ་གང་གྱུར་དེ་ཙམ་ལས། རབ་ཏུ་སྤྲུབ་པ་སླིང་པོར་དྲིལ་བ་དང་། །འབྲིང་དུ་སྒྲུབ་པ་ལྷ་སྔགས་དམ་བཅའ་དང་། །ཐ་མ་ཡིག་དྲུག་ཁས་ལེན་ཙི་ནུས་དང་། སྐྱབས་སྡོམ་དགེ་བསྙེན་ནས་ནི་ཙི་ལྟོགས་ཀྱི། །སྐྱེ་བོ་རྣམས་ལ་དགེ་བའི་བསྐུལ་མ་མཛད། །ཉམས་ལེན་ཞི་ལྷག་བྱེད་པ་གང་བྱུང་རྣམས། །འཁོར་དུ་མ་བསྐོར་རང་གནས་དབེན་པ་ལ། །སྒྲུབ་པའི་དམ་བཅའ་བླང་ལ་བཏང་བར་མཛད། །འཁོར་འབངས་མང་ན་ཞབས་འདྲེན་ཡོང་བར་མཆིས། །དད་དང་ཆོས་མཐུན་བྱུང་ན་རེ་ཟུང་ལ། སྒོ་གསུམ་དགེ་ལ་འབད་

པའི་བསླབ་བྱ་གནང་། །རེས་འགའ་སྒྲུབ་པ་སླིང་པོར་དྲིལ་པར་མཛོད། རྣམ་གཡེང་ཆེ་ན་བར་ཆད་ཆེ་བར་མཆིས། །རེས་འགའ་རང་ཉིད་སྒྲུབ་པ་གཙོ་བོར་ཐོན། །རེས་འགའ་ཆོས་ཀྱི་སྦྱིན་པ་འགའ་རེ་ལ། སྤྲེལ་མ་མཛོད་དང་འཕྲིན་ལས་མཐའ་རྒྱས་འགྱུར། །ཟབ་ཆོས་སྤྲེལ་མཁས་ནད་པར་སྨན་པ་ལྟར། །ནུས་དང་མི་ནུས་རྒྱུད་ཚོད་མ་འཛིན་ན། །གདམས་ངག་སྤྲེལ་བར་ཆེ་ན་ཁ་ཆོས་ཀྱི། །ཁ་ལྟ་སྟོང་སྐད་མང་དོགས་ཆེ་བས་ན། གདམས་པ་ཚོད་ཤེས་བྱེད་པ་ཐུགས་ལ་ཞོག །རང་ཉིད་རྟོགས་པའི་གདེངས་དང་ལྡན་མོད་ཀྱང་། །བློ་ཆུང་རྣམས་ལ་གདེངས་སྐད་སློང་ཆེ་ན། །གང་ཟག་བདག་མེད་རྒྱུད་ལ་མི་སྐྱེ་བས། །ཆོས་ཀྱི་བདག་མེད་ཁ་ལྟ་སྒྲོག་པ་བས། རྒྱུ་འབྲས་འཆུག་པ་གནད་དུ་ཆེ་བས་ན། །དེ་ལ་བསླབ་ཚུལ་མ་ཉེས་ཁག་ཆེ་ཡང་། རྣལ་འབྱོར་ཁྱོད་ཀྱི་ཐུགས་ལ་དེ་ལྟར་ཞོག །ཞེས་ཞུ་ཡིག་རྟེན་ལ་མཁའ་འགྲོ་སླིང་ཐིག་གི་པོ་ཏི་ཆ་ཚང་དགོངས་གཏད་ཤོག་ཚལ་དང་། བཀྲ་ཤིས་བསོད་ནམས་ཁ་བཏགས་དང་རྟེ་འབྲུག་བྱུད། །བྱིན་རླབས་རྟེན་དམ་རྫས་མ་ཎི་རིལ་བུ་ཐུམ། འབྲས་གཤང་ཞབས་དྲུང་ནམ་མཁའ་འཇིགས་མེད་ཀྱི་སྒྲོག་སྒྲུབ་ཡི་གེ ཚེ་སྒྲུབ་བདུད་རྩི་རིལ་བུ་བཅུ་ཕྲག་དང་བཅས་ཟླ་དྲུག་པའི་ཚོས་ཉེར་བདུན་ལ་མཆམས་དགོན་ནས་ཕུལ། །དེ་ནས་ཕྲུག་དམ་རྟེན་བཀྲ་ཤིས་ཁ་བཏགས་གསུམ། སྨན་ཚེ་ཁ་གང་། སྤོས་ཤེལ། ཛ་འཁོར་གསུམ་གནང་བ་རྣམས་ཉམས་མེད་འབྱོར་བ་སྐུ་དྲིན་སྐྱོངས། ཉིད་ནས་འགྲོ་ཕན་མཛད་པ་དེ་ལས་ལྷག་པ་བྱེད་རྒྱུ་མེད་པ་དེ་ལྟར་དང་། གྲྭ་པ་རྣམས་ས་ཐག་རིང་བ་དང་ཆེད་གཏད་ཀྱིས་དེ་ལྟར་མཛད་པར་རྗེས་སུ་ཡི་རང་། བཀའ་ཐང་སྡེ་ལྔ་འདིར་བྲིས་མི་བྱེད་འདུག་པས་གཞིས་སུ་གང་དུ་

བཙལ་ཀྱང་མ་རྙེད་པས་ད་ལན་འབུལ་རྒྱུ་མ་བྱུང་བས་དགོངས་ཁྲེལ་མེད་པ་མཁྱེན། སླད་ནས་གྲྭ་པ་དང་ཟང་ཟིང་འདི་འདྲ་སྐྱེལ་བ་སོགས་གནང་མི་དགོས་ལགས། སྒྲོག་སྒྲུབ་ཀྱི་ཆོས་འདིའི་འགྲོ་དོན་ཁྱབ་གང་ཆེ་བྱོས་དང་ཟང་ཟིང་ལས་དེ་ངོ་མཚར་ཆེ། དམ་རྫས་ཕུལ་བ་རྣམས་བུམ་སྒྲུབ་བྱུང་ན་ལེགས། མ་བྱུང་ན་སྤེལ་ནས་དེ་ཕྱོགས་སུ་མི་ནོར་ཐམས་ཅད་ལ་འགྲོ་དོན་ཞུ། བདག་ཀྱང་ལོ་ཟླ་འདི་ཞེས་པ་ཚད་བཟུང་མེད་ཅིང་དུས་ཀྱི་འཕོ་འགྱུར་བྱུང་ན་མ་གཏོགས་མཚམས་ཡང་གྲོལ་རྒྱུ་མེད་པས་དེ་ལུགས་ཀྱི་དགོངས་ཡུལ་དུ་བཞུགས་པར་ཞུ། །

༄༅། །གོང་པོ་རྒོད་ཚང་སྤྲུལ་སྐུ་ལ་ཕུལ་བའི་ཞུ་ཡིག།

ན་མོ་གུ་རུ་ས་མནྟ་བྷ་དྲ་ཡེ། གདོད་མའི་ཀུན་བཟང་ཆོས་དབྱིངས་རྣམ་དག་ལས། །རང་བྱུང་ཡེ་ཤེས་པད་འབྱུང་ནམ་མཁའི་ནོར། །ཐུགས་རྗེའི་འོད་སྟོང་འགྲོ་བའི་དཔལ་ཤར་བ། །དཔལ་ལྡན་བླ་མ་བསྟན་འགྲོའི་མུན་སེལ་མཛད། །རབ་ཏུ་གསོལ་བ་བླ་མ་དམ་པ་རྗེ། །ཁྱེད་སྔོན་མ་མཛལ་དྲིན་ལྡན་མ་གྱུར་ཡང་། །དད་ཅིང་དྭངས་བའི་དབང་གིས་བླ་མ་མཆོག །ད་ལྟ་མོས་ཉེའི་སེམས་ཀྱིས་ཞུ་ཕུལ་བས། །ཆེ་དང་གྲགས་འདོད་སྙེད་དང་ཐེ་ཚོམ་སོགས། །ཚེ་འདིའི་བློ་གོས་སྨྲ་བ་མ་ལགས་པས། །དོན་གྱི་ཡིན་ལུགས་ཞུ་ལ་དགོངས་པར་གསོལ། །ཁྱེད་ཅག་བསྟན་དང་འགྲོ་བའི་རྩ་ལག་ཏུ། །དུས་འདིར་ཐེག་མཆོག་སྙིང་པོའི་བསམ་གཏན་ལ། །མི་གཡོ་མཉམ་པར་བཞག་པ་རྗེས་ཡི་རངས། །དུས་མེད་རྟོགས་བཞིན་དུས་གསུམ་མཉམ་པས་མཆོད། །བདག་ནི་ཆོས་འདོད་ཐ་ཤལ་བྱེ་བྲལ་པ། །ཆོས་ལ་མོས་པའི་སྣང་བ་ཆུང་ནས་ཤར། །བསམ་པ་སྙེད་ནས་གཡེང་བའི་བྱ་བ་སྤྲངས། །ཐོས་བསམ་སྒོམ་ལ་ནན་ཏན་བརྩོལ་ཞུགས་བཟུང་། །བླ་མ་འགའ་ལས་གདམས་པའི་བདུད་རྩི་བཏུང་། །རིམ་དགུ་ཐེག་གསུམ་རྩལ་ལ་རིམ་བཞིན་བསླབས། །བློ་སྦྱོང་གཅོད་དང་ཚོགས་དྲུག་དམར་ཁྲིད་དང་། །ཕྱག་རྒྱ་ཆེ་དང་དབུ་མའི་གཞུང་ལུགས་

འགའ། །རབ་ཏུ་ཐོས་ལ་བརྩོན་པས་ཉམས་ལེན་བྱས། །ཁྱད་པར་འོད་གསལ་
རྡོ་རྗེ་སྙིང་པོ་ཡི། །དགོངས་དོན་གནད་ལ་ངེས་པའི་ཤེས་པ་བསྐྱེད། །སྙིང་ཐིག་
བཀའ་གཏེར་དག་ལ་གཡར་དམ་བྱས། །བར་ཞིག་ཕྱི་གཏོར་འགམ་ལ་སྐྱོ་བ་
སྐྱེས། །ད་ནི་ཚེ་འདིའི་སྣང་ཤེས་རྩོལ་བ་ཞིག །འཇིག་རྟེན་འཁོར་བའི་ཆོས་ལ་
ཞེན་པ་ལོག །འདུ་བྱེད་གཡོ་བའི་ཆོས་ལ་བློ་གཏད་བྲལ། །ལྷུར་སྣང་ཆོས་
བརྒྱད་ཆགས་ཞེན་མ་འདྲེས་སྤྱོད། །ཆོས་དང་ཆོས་ཉིད་དབྱེ་བའི་བློ་གྲོས་
ཐོབ། །ལྷ་སྒོམ་སྤྱོད་པའི་དོན་ལ་ངེས་པ་སྐྱེད། །གཅིག་པུར་བསམ་གཏན་སྤྱོད་
ལ་བརྡོད་པ་ཐོབ། །ཆོས་བཞིན་བྱས་ན་ཆོས་ལས་མི་འདའ་བའི། །ངེས་པའི་
ཤེས་པ་དཔའ་ལ་བརྟན་པ་ཐོབ། །ཁྱད་པར་ཀ་དག་གྲོལ་བཞིའི་གནས་ལུགས་
གོ། །ལྷུན་གྲུབ་རིག་པ་སྐུར་སྨིན་ཚད་ཆུང་ཤར། །ཁྲེག་ཆོད་ཐོད་བརྒལ་ཟུང་
འཇུག་ཉམས་ལེན་ཤེས། །ད་ཡང་བྱ་བཏང་སྒྲུབ་པ་འབབ་ཞིག་ལགས། །དེ་
དག་ཉམས་འབུལ་ཕྲན་བུའི་མཆོད་སྤྲིན་གྱུར། །ད་ནི་གུས་ཤིང་དྭངས་བས་
གསོལ་འདེབས་པ། །སྒྲུབ་པའི་འབྲས་བུ་མི་བསླུ་ངེས་པ་དང་། །ཡེ་གནས་
འབྲས་བུ་ཡོངས་གྲུབ་ཡིན་ཕྱིར་དང་། །ཀ་དག་ངོ་བོ་འཕོ་འགྱུར་མེད་དོན་
དང་། །ལྷུན་གྲུབ་ཡེ་ཤེས་རང་རྩལ་རྫོགས་གནད་ཀྱིས། །རིག་པའི་ཆོས་ཉིད་
རང་སོ་ཟིན་པའི་དབང་། །སྐྱེ་དང་འཇུག་པའི་ཚུལ་ལ་མ་རྨོངས་པ། །དེང་
སང་ཁྱོད་ཅག་མིན་པ་ཞིང་འདིར་སུ། །དེ་ཕྱིར་འཕོ་བ་ཆེན་པོའི་སྐུར་བཞེངས་
ནས། །རྟགས་དང་ཚེ་འཕྲུལ་མངོན་པར་འདུ་བྱེད་ཅིང་། །བསྟན་དང་འགྲོ་བའི་
རྩ་ལག་དམ་པར་མཛོད། །ཐེག་མཆོག་སྙིང་པོའི་ཡོན་ཏན་མི་མངོན་ན། །སླད་
དོར་ཡིན་ཚུལ་རེ་རེ་སུ་ལའང་མཆིས། །གལ་ཏེ་རླབས་ཆེན་བྱང་ཆུབ་སེམས

དཔའི་སྤྱོད། །སྐྱེ་འཕོའི་འདུ་བྱེད་དང་དུ་ལེན་པ་ནས། །སྲིད་པའི་འགྲོ་བ་མང་
པོ་སྒྲོལ་བཞེད་ན། །སྐུ་ཚེའི་རིང་འདིར་དབེན་པའི་ངང་ཉིད་ནས། །ཟང་ཟིང་
བྲལ་བའི་ཆོས་ཀྱི་དགའ་སྟོན་མཆོག །སྐལ་ལྡན་རྣམས་ལ་ལེགས་པར་འགྱེད་
མཛད་ཅིང་། །རྡོ་རྗེ་རྩེ་མོའི་བསྟན་པས་ཁམས་བསྐང་ཏེ། །གང་འཚམས་ཆོས་
ཀྱིས་དད་ལྡན་སྨིན་པར་གསོལ། །ཆོས་ཀྱི་བདག་པོ་བཟང་ཕྱིར་འདུལ་བྱའི་
དོན། །སྟོན་པ་གཉིས་པ་ལྟ་བུར་ཁྱོད་གྱུར་པས། །བསམ་གཏན་དང་ནས་འགྲོ་
བའི་དཔལ་དུ་མཛོད། །དེང་སང་ཆོས་པ་ཕལ་གྱིས་ཆོས་བརྒྱུད་སྤྱོད། །ཆོས་
བཞིན་བྱེད་རློམས་ཆོས་ཉིད་རྟོགས་པ་ཉུང་། །ཐར་ལམ་བསྟན་ཀྱང་སྲིད་པའི་ལམ་
འཇུག་མཁན། །བསོད་ནམས་ཐར་པ་ཆ་མཐུན་འབྱེད་པའང་དཀོན། །དེ་སླད་
ཁྱོད་ནི་འགྲོ་བའི་དཔལ་དུ་མཛོད། །སེམས་དང་སེམས་བྱུང་གནས་ལུགས་སྐྱོན་
ཡོན་སོགས། །སོ་སོའི་ཡིན་ཚུལ་བྱེ་བྲག་མི་གསལ་བའི། །ངོ་སྤྲོད་ཁྲིད་ཀྱི་
ལག་ལེན་འདེབས་པ་མང་། །ཐམས་ཅད་ཆོས་སྐུ་ཐམས་ཅད་རྣམ་རྟོག་གི །ཅི་
ལྟར་ཡིན་ཚུལ་བྱེ་བྲག་མ་རྙེད་པའི། །བཀའ་བསྟན་གཞུང་དང་ཡ་བྲལ་འཆད་པ་
མང་། །དེ་སླད་ཁྱོད་ནི་འགྲོ་བའི་དཔལ་དུ་མཛོད། ཐོས་བསམ་སྒོམ་ལ་མི་
གནས་རང་འདོད་ཅན། །སྒོམ་ཡོར་ཆེ་གདེངས་ཆོ་འདིའི་སྣང་བ་མཐོ། །ཉོན་
མོངས་ཅུང་ཟད་མ་བྲིང་རྒྱལ་ཅན། །ཁྲེད་གསོད་རང་མཐོང་གཞན་ལས་ལྷག་པར་
བསམ། །དེང་སང་དུས་ན་མངོན་པའི་ཆེ་ཁྲེད་འདོན། དེ་ཕྱིར་ཁྱོད་ནི་འགྲོ་བའི་
དཔལ་དུ་མཛོད། །འགའ་ཞིག་སྤྱོད་པས་འཐོམས་ནས་གཟུང་འཛིན་
འཐས། །འགའ་ཞིག་ཐེག་པ་མཆོག་རློམ་རྒྱུ་འབྲས་བསླད། །ཕལ་ཆེར་གང་
ཡང་མ་ཡིན་ཐ་མལ་གནས། །བསྟན་པའི་གཞུང་ལུགས་སློབ་པ་དཀོན་གསུངས་

ཨོཾ། །ཁྱོད་ནི་འགྲོ་བའི་ལམ་སྟོན་ཉིད་དུ་གསོལ། །འགའ་ཞིག་འཆད་ལ་མི་མཁས་ཕྱོགས་རེ་བ། ལ་ལ་ཕྱོགས་རེའི་ངང་ནས་ལྷུན་རྩིག་སྒྲིགས། །རྩིག་དོན་འགལ་མེད་སངས་རྒྱས་བསྟན་པའི་དཔྱིད། སྨྲ་མཛད་འགྲོ་བའི་ཡིད་བཞིན་རེ་སྐོང་གསོལ། །བསྟན་པའི་གཞུང་ལུགས་བཞུགས་པ་ཐམས་ཅད་ཀྱི། སེམས་བསྐྱེད་སྨོན་ལམ་རྒྱ་ཆེར་མཛད་གྱུར་པ། །ཆོས་མཛད་ཡོངས་ཀྱི་ཐུགས་དམ་ཉིད་ལགས་པས། འཕགས་པའི་བསམ་གཏན་འགྲོ་བའི་དོན་མཛད་རྣམས། །སྐར་འཚོགས་དབུས་ན་ཉི་ཟླ་ཇི་བཞིན་དུ། །ཡོངས་སུ་གསལ་བས་མཛད་ཕྲིན་རྨད་བྱུང་བ། །དུས་འདིར་སྐྱེ་དགུའི་དཔལ་དུ་མཛད་པར་གསོལ། །རང་འདོད་གཙིག་པུ་མིན་པའི་འདྲ་རྩུལ་རྩིག །དྭངས་བས་ཞུལ་གྱིས་ཐུགས་ཁྲེལ་གཞིར་མ་གྱུར། །གསོལ་བ་འདེབས་ཀྱི་ཐུགས་རྗེས་རབ་དགོངས་གསོལ། །

༄༅།།ཀོང་ཚང་སྤྲུལ་སྐུ་ནས་གྲུབ་ཐོབ་པདྨ་རིག་འཛིན་ལ་ཞུལ་བའི་ཡིག་ལན།།

གྲངས་མེད་བསྐལ་བའི་གོང་རོལ་ནས། ཚོགས་གཉིས་ཀྱི་བྲི་ཁ་ལེགས་ཁེངས་ཤིང་། །ཐོས་བསམ་དང་སྒོམ་སྒྲུབ་མཐའ་དག་ལ། དབང་འབྱོར་གྱི་འབྲས་བུས་ཕྱུག་པ་ཁྱེད། །ཟབ་རྒྱས་ཀྱི་བཀའ་མཆིད་ཡི་གེའི་ཕྲེང་། །སྨིན་འབྱོར་གྱི་འགག་དོན་ལྟར་གསལ་པའི། །བདག་ཆུང་ནས་སྐྱེ་བའི་མིང་གིས

བསྒྲུས། །དགོན་ཚུང་གི་ལྷོ་ཆོལ་དང་ལ་ཟད། སློབ་གཉེར་སློམ་སྒྲུབ་མ་བྱས་པར། །བླ་ཐོལ་གྱི་སྤྲོལ་ལ་མི་ཆེ་ཟད། །དཀར་ནག་གི་ཉེས་དམིགས་ཤེས་ཙམ་ནས། དབེན་མཚམས་དྲིལ་ཞིང་འཇིག་རྟེན་གྱི། །རྣམ་གཡེང་ལ་འཛེམ་ཁུལ་ཙམ་ཞིག་ལས། །གཞན་དོན་དང་བསྟན་ལ་ཕན་ངེས་ཀྱི། ནུས་སྟོབས་དང་ཡོན་ཏན་ལྡན་མཁན་མིན། གྲགས་སྙམ་དང་ཅལ་སྒྲོགས་འགའ་ཞིག་ལས། མཁས་གྲུབ་དང་རྣམ་འདྲེན་གྱི་དྲི་ཙམ་མེད། འབྱུང་འདུས་ལ་ནད་མང་གི་འདུ་བས་མནར། བགྲང་ལོ་དང་རྒས་པའི་ལྷིད་ཀྱིས་ནོན། མལ་ནང་དུ་འཆི་ཁའི་བསམ་བློ་ལས། རྣམ་མང་གི་བློ་རྒྱུ་མ་མཆིས་ཤིང་། ཚེ་འདི་ལས་གཞན་པའི་སྐྱེ་བ་ཡང་། དུས་ངན་གྱི་བླ་གཟུགས་མི་སྐྱེ་བའི། སྨོན་ལམ་དེ་སྙིང་ནས་འདེབས་བཞིན་ལགས། ཁྱེད་ཟབ་དོན་གྱི་ཉམས་བཞེས་མཐར་ཕྱིན་ནས། གྲུབ་ཐོབ་ཀྱི་གདན་ས་སྙེགས་པ་ལ། འདི་འདྲ་ཡི་སྙན་འབུལ་མ་དགོས་ཀྱང་། ཚད་ཕེབས་དེ་ཟད་སྐྱེལ་མཛད་ནས། རྩོལ་མེད་ཀྱི་གཞན་དོན་མཁའ་ཁྱབ་ཤོག །

༄༅། །ཟབ་ཆོས་ཞི་ཁྲོ་དགོངས་པ་རང་གྲོལ་ལས༔ རིགས་དྲུག་གནས་འདྲེན་བསྡུས་པ་བཞུགས་སོ༔

༄༅། །ཨོཾ་བཛྲ་ས་ཏྭ་ཧཱུྃ། ཨོཾ་སྭ་བྷཱ་ཝ་ཤུདྡྷ་སརྦ་དྷརྨཱ༔ སྭ་བྷཱ་ཝ་ཤུདྡྷོ྅ཧཾ། སྟོང་པའི་ངང་ལས་པདྨ་དང་ཟླ་བའི་གདན་ལ་མིང་བྱང་ནྲྀ་ལས་ཚེ་འདས་ཀྱི་གཟུགས་ཀྱི་རྣམ་པ་ཧཱི་ལྟ་བར་གྱུར། ཨོཾ་བཛྲ་ས་ཏྭ་ཧཱུྃ། བདག་ཉིད་རྡོ་རྗེ་སེམས་དཔར་གསལ་བའི་ཐུགས་ཀའི་ཧཱུྃ་ལས་འོད་ཟེར་འཕྲོས་པས་ཚེ་འདས་ཀྱི་རྣམ་པར་ཤེས་པ་རིགས་དྲུག་གང་ན་གནས་པ་དེ་ལ་ཕོག་པས་ཨ་དཀར་པོ་གཅིག་ཏུ་གྱུར་ནས་མདུན་གྱི་རྟེན་བྱང་ལ་ཐིམ་པར་གྱུར། ཨོཾ་བཛྲ་ས་ཏྭ་ས་མ་ཡ༔ མ་ནུ་པཱ་ལ་ཡ༔ བཛྲ་ས་ཏྭ་ཏྭེ་ནོ་པ་ཏིཥྛ༔ དྲྀ་ཌྷོ་མེ་བྷ་ཝ༔ སུ་ཏོ་ཥྱོ་མེ་བྷ་ཝ༔ སུ་པོ་ཥྱོ་མེ་བྷ་ཝ༔ ཨ་ནུ་རཀྟོ་མེ་བྷ་ཝ༔ སརྦ་སིདྡྷིམྨེ་པྲ་ཡཙྪ༔ སརྦ་ཀརྨ་སུ་ཙ་མེ་ཙིཏྟཾ་ཤྲེ་ཡཾ༔ ཀུ་རུ་ཧཱུྃ༔ ཧ་ཧ་ཧ་ཧ་ཧོཿ བྷ་ག་ཝཱན༔ སརྦ་ཏ་ཐཱ་ག་ཏ༔ བཛྲ་མཱ་མེ་མུཉྩ་བཛྲཱི་བྷ་ཝ༔ མ་ཧཱ་ས་མ་ཡ་ས་ཏྭ་ཨཱཿ ཚར་གཅིག་བརྗོད། ནྲྀ་ཡཾ་བཛྲ་ཨཾ་ཀུ་ཤ་ཛཿཛཿ ན་མོ་དཀོན་མཆོག་གསུམ་དང་རྩ་གསུམ་ཞི་ཁྲོ་ཡི། །བྱིན་རླབས་ཐུགས་རྗེ་ནུས་པའི་བདེན་སྟོབས་ཀྱིས། །ཚེ་ལས་འདས་པ་རིགས་དྲུག་གར་གནས་ཀྱང་། །དམིགས་རྟེན་མཚན་བྱང་འདི་ལ་གཉིས་མེད་ཁྱུག །ཅེས་ལན་གསུམ་བརྗོད། བདག་ཉིད་ཁྲོ་བོའི་ང་རྒྱལ་གྱིས་ཤི་གཤེད་ཐམས་ཅད་ཕྱིར་བསྐྲད་པར་དམིགས་

ལ། ཧཱུྃ༔ རང་ཉིད་ལྷ་ཡི་ང་རྒྱལ་གྱིས༔ འོད་དང་འོད་ཟེར་ཕྱོགས་བཅུར་འཕྲོས༔ ཕྱོགས་བཅུ་ཀུན་ཀྱང་ཞི་ཁྲོའི་ལྷ༔ རབ་ཏུ་གང་ནས་འོད་འཕྲོས་པས༔ ཚེ་འདས་འདི་ལ་གནོད་བྱེད་ཅིང༔ སྲོག་གཅོད་མདངས་འཕྲོག་གཤིན་ལྡུགས་བགེགས༔ ཉོན་མོངས་མ་རིག་རྒྱུ་ལས་བྱུང༔ འདི་རུ་མ་འདུག་གཞན་དུ་དེངས༔ ཧཱུྃ་ཧཱུྃ་ཨུ་ཙ་ཏ་ཡ་ཕཊ༔ ཨོཾ་སུཾ་བྷ་ནི་སུཾ་བྷ་ནི་སོགས་བཟློད་པའི་མཐར། ཨོཾ་བཛྲ་རཀྵ་རཀྵ་ཧཱུྃ༔ ཅེས་ལན་གསུམ་གྱིས་ཐུན་བྲབ། ཧཱུྃ༔ ཚེ་འདས་ལུས་བརྗེས་རིགས་ཀྱི་བུ་ཁྱོད་ཀྱང་། །མི་ལུས་ཚེ་འཕོས་འཇིག་རྟེན་སྣང་བ་ནུབ། །ཉོན་མོངས་ལས་དབང་རྗེས་འབྲང་སྡུག་བསྔལ་སྤྱོད། །སྐྱེ་གནས་བཞི་པོར་ལྷུང་བའི་སར་སྐྱེས་ཀྱང་། །བརྩེ་གདུང་ཡིད་ལ་གཅགས་པའི་ཉེ་འབྲེལ་གྱིས། །དཀོན་མཆོག་རྩ་གསུམ་ལྷ་ལ་སྐྱབས་སོང་དང་། །ཆོས་ཉིད་སྟོབས་དང་ལྷ་མཆོག་ཐུགས་རྗེའི་སྟོབས། །སྔགས་འཆང་རྩེ་གཅིག་བསྒྲུབས་པའི་བྱིན་རླབས་ཀྱིས། །འོག་མིན་ཞིང་དུ་སངས་རྒྱས་སྐུར་བསྐྱེད་ཕྱིར། །རེ་དོགས་མེད་པའི་སེམས་ཀྱིས་འདིར་ཤོག་ཅིག །ཨ་ཏྲི་སུ་ཏྲི་པྲེ་ཏ་ཨོཾ་ཀུ་ཤ་ཛཿ མིང་བྱང་བཟུང་ལ། ཀྱཻ་མ་འཕན་ཕྲན་མཛེས་པ་འདི་ནི་ལུས་ཀྱི་རྟེན། །མིང་ཡིག་བྱང་བུ་འདི་ནི་ངག་གི་རྟེན། །མེ་ལོང་གསལ་བ་འདི་ནི་ཡིད་ཀྱི་རྟེན། །རས་ཕྲུག་གོས་དང་གདུགས་འདི་གཞལ་ཡས་ཁང་། །ཕྱིང་དཀར་འདུག་གདན་སྨྱུག་འདི་འཛུ་བའི་ཤིང་། །ཚེ་འདས་ལུས་རྟེན་འདི་ལ་གནས་པར་གྱིས། ཏིཥྛ་ས་མ་ཡ་ལྷན། མཚན་བྱང་ཉེ་འབྲེལ་གཅིག་གིས་བཟུང་ལ། ཀྱེ་མ་བདག་འདྲའི་སེམས་ཅན་ལས་ངན་གྱིས། །ཞེ་སྡང་སེར་སྣ་གཏི་མུག་ཕྲག་དོག་དང་། །ང་རྒྱལ་འདོད་ཆགས་དྲག་པོའི་ལས་དབང་གིས། །རིགས་དྲུག་གནས་སུ་ལྷུང་ཞིང་སྡུག་བསྔལ་

སྐྱོང་། །འཁོར་བའི་ལས་ངན་འདི་ལས་བདག་སྒྲོལ་མཛོད། །ཅེས་ཚེ་འདས་ཀྱིས་བརྗོད་པར་དམིགས་ལ། བྲམ་ཟེ་དུང་ཕྲེང་གི་ལོ་རྒྱུས་བརྗོད་ལ་འདི་སྐད་དོ། ། ཀྱེ་མ་ཚེ་འདས་ལུས་བརྗེས་ཁྱོད་ཉིད་ཀྱིས། །ཞེ་སྡང་སེར་སྣ་གཏི་མུག་ཕྲག་དོག་དང་། །ང་རྒྱལ་འདོད་ཆགས་བག་མེད་སྤྱོད་པའི་མཐུས། །མི་དགེ་བཅུ་ལ་ལོངས་སྤྱོད་ལས་ངན་བསགས། །དེ་ཡི་རྣམ་སྨིན་རིགས་དྲུག་ལ་སྐྱེས་ན། །འགྲོ་དྲུག་སྐྱོབས་མཛད་བཅོམ་ལྡན་ཐུབ་པ་དྲུག །བཞུགས་སོ་དེ་ལ་སྐྱབས་སོང་ཅིག་འདི་སྐྱོས། །བཟོད་པའི་ཆོས་ཐོབ་ཞེ་སྡང་རྣམ་པར་དག །མེ་ཚ་བསིལ་གྲང་དམྱལ་བའི་སྡུག་བསྔལ་སྦྱོང་། །ཆོས་ཀྱི་རྒྱལ་པོ་ཁྱེད་ལ་སྐྱབས་སུ་མཆི། །སྦྱིན་པའི་ཆོས་ཐོབ་སེར་སྣ་རྣམ་པར་དག །རིན་ཆེན་སྒྲོམ་བུས་ཡི་དྭགས་བཀྲེས་སྐོམ་སྦྱོང་། །བཅོམ་ལྡན་ཁ་འབར་ཞབས་ལ་སྐྱབས་སུ་མཆི། །ཤེས་རབ་ཆོས་ཐོབ་གཏི་མུག་རྣམ་པར་དག །པོ་ཏིས་དུད་འགྲོའི་གླེན་ལྐུག་སྡུག་བསྔལ་སྦྱོང་། །བཅོམ་ལྡན་སེང་རབ་བརྟན་ལ་སྐྱབས་སུ་མཆི། །ཚུལ་ཁྲིམས་ཆོས་ཐོབ་ཕྲག་དོག་རྣམ་པར་དག །གོ་མཚོན་ལྷ་མིན་འཐབ་རྩོད་སྡུག་བསྔལ་སྦྱོང་། །བཅོམ་ལྡན་ཐག་བཟང་རིས་ལ་སྐྱབས་སུ་མཆི། །བསམ་གཏན་ཆོས་ཐོབ་ང་རྒྱལ་རྣམ་པར་དག །པི་ཝང་འཛིན་པས་འཆི་འཕོའི་སྡུག་བསྔལ་སྦྱོང་། །བཅོམ་ལྡན་བརྒྱ་བྱིན་ཁྱོད་ལ་སྐྱབས་སུ་མཆི། །བརྩོན་འགྲུས་ཆོས་ཐོབ་ལེ་ལོ་རྣམ་པར་དག །གསེག་གཤང་པར་བུས་སྐྱེ་འཆིའི་ལས་སྒྲིབ་སྦྱོང་། །བཅོམ་ལྡན་ཤཱཀྱ་ཐུབ་ལ་སྐྱབས་སུ་མཆི། །དེ་ནས་དབང་བསྐུར་བ་ནི། མར་མེ་དང་ཁྲུས་བུམ་སོགས་ལ། ཧཱུྃ། ཚ་གྲང་སྐྱོབས་མཛད་མེ་ཆུའི་དབང་། །ཚེ་འདས་ཁྱོད་ལ་དབང་བསྐུར་བས། །དམྱལ་བ་ཚ་གྲང་སྡུག

བསྔལ་སྒྲོལ། །ན་རག་སྡུག་བསྔལ་བྲལ་བར་ཤོག །དུ་ད་ཧ་ད་ཧ་སརྦ་ན་ར་ཀ་ཧེ་ཧེ་དྲུན་ཧཱུྃ་ཕཊ། རིན་ཆེན་སྒྲོམ་བུ་ཐོགས་ལ། ཨཱཿ རིན་ཆེན་སྒྲོམ་བུའི་བུམ་པ་ན། །རྒྱལ་བ་ཞི་ཁྲོའི་ལྷ་ཚོགས་བཞུགས། །ཚེ་འདས་ཁྱོད་ལ་དབང་བསྐུར་བས། །བྲེ་ཏའི་སྡུག་བསྔལ་ཆེ་ལས་སྒྲོལ། །ཡི་དྭགས་སྐྱེ་སྒོ་ཆོད་པར་ཤོག །བྲེ་པ་ཙ་པ་ཙ་སརྦ་བྲེ་ཏ་ཀ་ཧེ་ཧེ་དྲུན་ཧཱུྃ་ཕཊ། པོ་ཏི་ཐོགས་ལ། ཨོཾ། ཤེས་རབ་རིག་པའི་པོ་ཏི་འདི། །དུས་གསུམ་སངས་རྒྱས་ཞི་ཁྲོའི་གསུངས། །ཚེ་འདས་ཁྱོད་ལ་དབང་བསྐུར་བས། །དུད་འགྲོའི་སྐྱེ་གནས་ཉིད་ལས་སྒྲོལ། །ཏིརྻའི་སྡུག་བསྔལ་བྲལ་བར་ཤོག །ཏྲི་མ་ཐམ་ཐམ་སརྦ་ཏིརྻ་ཀ་ཧེ་ཧེ་དྲུན་ཧཱུྃ་ཕཊ། གོ་མཚོན་ཐོགས་ལ། ཧྲཱཿ རལ་གྲི་དང་ནི་གོ་ཆ་འདི། །སྒྲོལ་དང་སྲུང་བ་ཞི་ཁྲོའི་ཆས། །ཚེ་འདས་ཁྱོད་ལ་དབང་བསྐུར་བས། །ལྷ་མིན་འཐབ་རྩོད་ཆེ་ལས་སྒྲོལ། །ཧེ་ས་ཀ་ཡི་སྡུག་བསྔལ་བྲལ་བར་ཤོག །སུ་སརྦ་དུ་ལ་སརྦ་ཀརྨ་བྲ་ལེ་ཤ་ཡ་ཧཱུྃ་ཕཊ། པི་ཝཾ་ཐོགས་ལ། སྭཱ། ལོངས་སྤྱོད་བདུད་ཀྱི་གཡེང་འཛོམས་པ། །པི་ཝང་སྙན་པའི་དོན་བྱེད་འདིས། །ཚེ་འདས་ཁྱོད་ལ་དབང་བསྐུར་བས། །ལྷུང་བའི་སྡུག་བསྔལ་ཆེ་ལས་སྒྲོལ། །སྐྱེ་བ་གཅིག་གིས་ལུས་རྫོགས་ཤོག །ཨ་སརྦ་ཏ་ཐཱ་ག་ཏ་པི་ཏྲྀན་ཁད་ཁ་ཀྵིཾ་ཀྵིཾ་ཧཱུྃ་ཕཊ། གསེག་ཤང་པར་བུ་ཐོགས་ལ། ཧཱུྃ། རིན་ཆེན་པར་བུར་ལྷ་ཚོགས་བཞུགས། །གསེག་ཤང་རྒྱལ་བའི་ཐུགས་རྗེས་བརྡ། །ཚེ་འདས་ཁྱོད་ལ་དབང་བསྐུར་བས། །མི་ཡི་སྡུག་བསྔལ་ཆེ་ལས་སྒྲོལ། །ཨ་ལྷ་ཧྲུ་ཏིའི་དབང་ཐོབ་ཤོག །ཨོཾ་ཀྵིཾ་ཀྵིཾ་སརྦ་ཨ་ཤ་ར་ཙ་ནི་ཧཱུྃ་ཕཊ། གླུད་གཏོར་ཚང་བུ་དྲུག་གིས་བརྒྱན་པ་གཅིག ཨོཾ་ཨཱཿཧཱུྃཿ ལན་གསུམ་གྱིས་འདོད་ཡོན་བསམ་གྱིས་མི་ཁྱབ་པར་

དམིགས་ཏེ། ཧཱུྃ། འདོད་ཡོན་ལོངས་སྤྱོད་ཚད་མེད་གཏོར་མ་འདི། །ཚེ་འདས་འདི་ཡི་སྔོན་ཆད་ལན་ཆགས་རིགས། །ཕྱིན་ཆད་ཐར་བའི་གེགས་བྱེད་གཤེད་བདུད་རྣམས། །གཏོར་མ་འདི་ཡིས་མགུ་ཞིང་ཚིམ་གྱུར་ལ། །ཚེ་འདས་འདི་ཡི་ཐར་བའི་གེགས་མ་བྱེད། སརྦ་བིགྷྣན་བ་ལིང་ཏ་ཁཱ་ཧི་ཁཱ་ཧི་གཙྪཱ་དེ་ནས་ཐབ་རྫས་ཐོགས་ལ། འདོད་ཆགས་ཞེ་སྡང་གཏི་མུག་གསུམ། །འདི་དག་འཇིག་རྟེན་དུག་གསུམ་སྟེ། །དཀོན་མཆོག་གསུམ་པོ་དུག་མི་མངའ། །དཀོན་མཆོག་བདེན་པས་དུག་བཅོམ་མོ། །འདོད་ཆགས་ཞེ་སྡང་གཏི་མུག་གསུམ། །འདི་དག་འཇིག་རྟེན་དུག་གསུམ་སྟེ། །རྩ་གསུམ་ལྷ་ཚོགས་དུག་མི་མངའ། །རྩ་གསུམ་བདེན་པས་དུག་བཅོམ་མོ། །འདོད་ཆགས་ཞེ་སྡང་གཏི་མུག་གསུམ། །འདི་དག་འཇིག་རྟེན་དུག་གསུམ་སྟེ། །སྐུ་གསུམ་ལྷ་ཚོགས་དུག་མི་མངའ། །སྐུ་གསུམ་བདེན་པས་དུག་བཅོམ་མོ། །མ་རིག་འབྱུང་བ་ལྔ་པོ་ལས། །དུག་བྱུང་དུག་ནི་ཡེ་ནས་དག །བདེན་པའི་བདེན་ཚིག་འདི་བརྗོད་པས། །དུག་ནི་འབྱུང་བའི་ཞུགས་སུ་དག །ཁྱོད་ཀྱི་དུག་ནི་དུག་མེད་ཤོག །ཧ་ལ་ཧ་ལ་ཤུདྡྷེ་ཨཱ། ཞེས་རྩ་སྔགས་དང་ཡིག་བརྒྱ་དང་ཀཾ་ཀ་ནི་བརྗོད་པའི་མཐར་ཐབ་པས། དུག་དང་རིགས་དུག་ས་བོན་ཐམས་ཅད་ཡང་ཡང་བསྲེགས་ཏེ་མེད་པར་བསམ། དེ་ནས་ཁྲུས་བུམ་ཐོགས་ལ་མཚན་བྱང་མེ་ལོང་དོས་ལ་བཀྲུ་ཞིང་། ཧཱུྃ། འདི་ནི་བཟོད་པའི་རང་བཞིན་ཆུ། །ཁོང་ཁྲོའི་དྲི་མ་སྦྱོང་བྱེད་པ། །བཟོད་པ་ཆུ་ཡི་རྗེས་དགོངས་ལ། །ཁོང་ཁྲོའི་དྲི་མ་དག་གྱུར་ཅིག །ཁྲུས་ལེགས་མཛད་ལ་ཕྱག་འཚལ་ལོ། །འདི་ནི་སྦྱིན་པའི་རང་བཞིན་ཆུ། །སེར་སྣའི་དྲི་མ་སྦྱོང་བྱེད་པ། །སྦྱིན་པའི་ཆུ་ཡི་རྗེས་དགོངས་ལ། །འདོད་ཆགས་དྲི་མ་དག་གྱུར་ཅིག །ཁྲུས་ལེགས་མཛད་ལ་

ཕྱག་འཚལ་ལོ། །འདི་ནི་ཤེས་རབ་རང་བཞིན་རྒྱུ། །མི་ཤེས་དྲི་མ་སྦྱོང་བྱེད་པ། །ཤེས་རབ་རྒྱུ་ཡི་རྗེས་དགོངས་ལ། །གཏི་མུག་དྲི་མ་དག་གྱུར་ཅིག །ཁྲུས་ལེགས་མཛད་ལ་ཕྱག་འཚལ་ལོ། །འདི་ནི་ཚུལ་ཁྲིམས་རང་བཞིན་རྒྱུ། །ཕྲག་དོག་དྲི་མ་སྦྱོང་བྱེད་པ། །ཚུལ་ཁྲིམས་རྒྱུ་ཡི་རྗེས་དགོངས་ལ། །ཕྲག་དོག་དྲི་མ་དག་གྱུར་ཅིག །ཁྲུས་ལེགས་མཛད་ལ་ཕྱག་འཚལ་ལོ། །འདི་ནི་བསམ་གཏན་རང་བཞིན་རྒྱུ། །ལྷུང་བའི་དྲི་མ་སྦྱོང་བྱེད་པ། །ཏིང་འཛིན་རྒྱུ་ཡི་རྗེས་དགོངས་ལ། །ང་རྒྱལ་དྲི་མ་དག་གྱུར་ཅིག །ཁྲུས་ལེགས་མཛད་ལ་ཕྱག་འཚལ་ལོ། །འདི་ནི་བརྩོན་འགྲུས་རང་བཞིན་རྒྱུ། །ལེ་ལོའི་དྲི་མ་སྦྱོང་བྱེད་པ། །སྤྲོ་དགའི་རྒྱུ་ཡི་རྗེས་དགོངས་ལ། །ཐེ་ཚོམ་དྲི་མ་དག་གྱུར་ཅིག །ཁྲུས་ལེགས་མཛད་ལ་ཕྱག་འཚལ་ལོ། །འདི་ནི་ཡེ་ཤེས་རང་བཞིན་རྒྱུ། །འཁྲུལ་བའི་དྲི་མ་སྦྱོང་བྱེད་པ། །ཡེ་ཤེས་རྒྱུ་ཡི་རྗེས་དགོངས་ལ། །འཁྲུལ་རྟོག་དྲི་མ་དག་གྱུར་ཅིག །ཁྲུས་ལེགས་མཛད་ལ་ཕྱག་འཚལ་ལོ། །རྩ་སྔགས་དང་ཡི་གེ་བརྒྱ་པ་མཚམས་སུ་བརྗོད་ཅིང་བཀྲུས་པས་སྡིག་སྒྲིབ་ཐམས་ཅད་དག་པར་བསམ། གནས་ནས་དྲངས་པ་ནི། ཀྱཻ་མ་ས་འདི་མན་ཆད་འཁོར་བའི་གནས། །རིགས་དྲུག་འཁོར་བའི་བཙོན་དོང་ཡིན། །སྡུག་བསྔལ་མང་ལྡན་སྐྱི་གཡའི་གནས། །དེ་ལ་མ་ཆགས་མ་ཞེན་པར། །བོར་རོ་སྤྲོངས་ཤིག་རིགས་ཀྱི་བུ། །ས་འདི་ཡན་ཆད་ཐར་བའི་ཞིང་། །སྡུག་བསྔལ་མིང་མེད་གཏན་བདེའི་གནས། །དེ་ལ་མོས་ན་བདེ་ཆེན་བགྲོད། །དེངས་སོ་གཤེགས་སོ་རིགས་ཀྱི་བུ། །རིགས་དྲུག་འཁོར་བའི་ཡུལ་ཁྱིམ་རྣམས། །སྒྱུ་མ་བཞིན་དུ་རྟག་བརྟན་མེད། །ཕ་མ་བུ་ཚ་ཉེ་དྲུང་ཀུན། །མི་རྟག་འབྲལ་བའི་ཆོས་ཅན་

ཡིན། །ཆགས་ན་ཐར་བའི་གེགས་བྱེད་པས། །མ་ཆགས་གཙང་མའི་ཞིང་ཁམས་སུ། །ཕྱིར་མི་ལྡོག་པའི་ས་ཐོབ་ཤོག །ཅེས་སྨྲེ་སྔགས་བཅད་པར་བསམ། དེ་ནས་བྱང་བུ་ཉེ་དྲུང་གིས་བཟུང་། གང་ཞིག་སྒྱུ་འཕྲུལ་ཞི་ཁྲོ་ཡི། །དཀྱིལ་འཁོར་ལྷ་ལ་ཕྱག་འཚལ་ན། །ཉམས་ཆགས་ཀུན་ཀྱང་བྱང་གྱུར་ཏེ། །མཚམས་མེད་ལྔ་ཡི་སྡིག་ཀྱང་བྱང་། །ན་རག་གནས་ཀྱང་དོང་སྤྲུགས་ཏེ། །རིག་འཛིན་རྒྱལ་བའི་ཞིང་དུ་གྲགས། །དེ་ཕྱིར་གུས་པས་ཕྱག་འཚོལ་ཤིག །ཅེས་ཕྱག་འཚལ་དུ་བཅུག་ལ། ན་མོ་སྟོན་པ་བླ་མེད་སངས་རྒྱས་རིན་པོ་ཆེ། །སྐྱོབས་པ་བླ་མེད་དམ་ཆོས་རིན་པོ་ཆེ། །འདྲེན་པ་བླ་མ་མེད་དགེ་འདུན་རིན་པོ་ཆེ། །མཆོད་གནས་དཀོན་མཆོག་གསུམ་ལ་ཕྱག་འཚལ་ལོ། །དམིགས་མེད་ཆོས་ཀྱི་སྐུ་ལ་ཕྱག་འཚལ་ལོ། །ལོངས་སྤྱོད་རྫོགས་པའི་སྐུ་ལ་ཕྱག་འཚལ་ལོ། །ཅིར་ཡང་སྤྲུལ་པའི་སྐུ་ལ་ཕྱག་འཚལ་ལོ། །མི་འགྱུར་རྡོ་རྗེའི་སྐུ་ལ་ཕྱག་འཚལ་ལོ། །མངོན་པར་བྱང་ཆུབ་སྐུ་ལ་ཕྱག་འཚལ་ལོ། །དུས་གསུམ་རྒྱལ་བ་རྣམས་ཀྱི་བསྒྲུབས་པ་ཡིས། །ཚོགས་གཉིས་རྫོགས་ནས་ཡོན་ཏན་མཐར་ཕྱིན་པའི། །སྐུ་དང་ཡེ་ཤེས་ཚོགས་ལ་ཕྱག་འཚལ་ལོ། །ཨོཾ་སརྦ་ཏ་ཐཱ་ག་ཏ་ཀཱ་ཡ་ཝཱཀྐཱ་ཙིཏྟ་པྲ་ན་མེ་ན་ཝཛྲ་ན་ཀ་རོ་མི། དེ་ནས་གསོལ་བ་གདབ་པ་ནི། ཨེ་མ་མགོན་པོ་ཐུགས་རྗེ་ཅན། །བདེ་ཆེན་ཐར་བའི་ལམ་སྟོན་འཚལ། །རིག་འཛིན་རྒྱལ་བའི་དཀྱིལ་འཁོར་དུ། །མགོན་པོས་བདག་ནི་འཇུག་པར་འཚལ། །སློབ་དཔོན་གྱིས། ཀྱཻ་ཧོ་བུ་ཁྱོད་སྐལ་བ་བཟང་། །དཀྱིལ་འཁོར་འཇུག་ཕྱིར་དགའ་སེམས་ཀྱིས། ཧོ། ཕྱོགས་བཅུའི་སངས་རྒྱས་བྱང་སེམས་རྣམས། །ཚེ་འདས་བདག་ལ་དགོངས་སུ་གསོལ། །དཀོན་མཆོག་རིན་ཆེན་རྣམ་གསུམ་ལ། །བདག་ནི་གུས་པས་

སྐྱབས་སུ་མཆི། །རྩ་གསུམ་དཀྱིལ་འཁོར་ལྷ་ཚོགས་ལ། །བདག་ནི་གུས་པས་སྐྱབས་སུ་མཆི། །སྐྱབས་གནས་དཀྱིལ་འཁོར་ལྷ་ཚོགས་དྲུང་། །མི་དགེ་སྤངས་ཤིང་དགེ་བ་བསྒྲུབ། །སོ་སོར་ཐར་བའི་སྡོམ་པ་ལ། །རྒྱུན་དུ་གནས་ཤིང་བཟུང་བར་བགྱི། །དེང་བཟུང་བྱང་ཆུབ་མ་ཐོབ་བར། །བླ་མེད་སྨོན་འཇུག་བྱང་ཆུབ་སེམས། །བདག་གིས་བསྐྱེད་ཅིང་བསླབ་པར་བགྱི། །ཀུན་དོན་ཚུལ་ཁྲིམས་གསུམ་ཡང་བཟུང་། །དཀོན་མཆོག་གསུམ་དང་རིགས་ལྔ་ཡི། །དམ་ཚིག་མི་སྤངས་སྒྲུབ་པ་དང་། །རྡོ་རྗེ་ཐེག་པའི་དམ་ཚིག་གང་། །མ་ལུས་བདག་གིས་ཡོངས་སུ་བཟུང་། དེ་ནས། ཨོཾ་བཛྲ་ས་ཏྭ་ཧཱུཾ། ཚེ་ལས་འདས་པ་སྐད་ཅིག་གིས་རྡོ་རྗེ་སེམས་དཔར་གསལ་བར་གྱུར། མཚན་བྱང་དཀྱིལ་འཁོར་ཤར་སྒོར་ཕྱེར་ཏེ། ཧཱུཾ། དཀྱིལ་འཁོར་སྒོ་བས་སྒོ་ཕྱེས་ཤིག །ཕྱག་འཚལ་ལྷ་དང་མཇལ་བར་ཤོག །རིག་པའི་མེ་ཏོག་ལྷ་ལ་འབུལ། །འབྲེལ་བའི་ལྷ་ལ་འབབ་པར་ཤོག །པྲ་ཝེ་ཤ་ཡ་པྲ་ཧྲི་ཛ་ཧོ། གསང་མཚན་བཏགས། ཙཀྵུ་པྲ་ཝེ་ཤ་ཡ་ཕཊ། ཅེས་བརྗོད་མིག་དར་དབྱེ་ལ། ཀྱེ་ཧོ་ཚེ་འདས་རིགས་ཀྱི་བུ། །དཀྱིལ་འཁོར་བཟང་པོ་འདི་ལ་ལྟོས། །སྡིག་ལས་གྲོལ་ཞིང་རྡོར་སེམས་ཀྱི། །རིགས་སུ་སྐྱེས་ཏེ་དངོས་གྲུབ་ཐོབ། །དེ་ནས་དབང་བསྐུར་བ་ནི། ཧཱུཾ། རིན་ཆེན་བུམ་པའི་གཞལ་ཡས་ན། །རྒྱལ་བ་ཞི་ཁྲོའི་ལྷ་ཚོགས་བཞུགས། །ཚེ་འདས་ཁྱོད་ལ་དབང་བསྐུར་བས། །ལྷ་དབང་ལུས་ལ་ཐོབ་པར་ཤོག །ཧཱུཾ་བཛྲ་ཨ་བྷི་ཥིཉྩ་ཨཱཿ ཨོཾ་བུདྡྷ་ཨ་བྷི་ཥིཉྩ་ཨཱཿ སྭཱ་རཏྣ་ཨ་བྷི་ཥིཉྩ་ཨཱཿ ཨཱཾཿ པདྨ་ཨ་བྷི་ཥིཉྩ་ཨཱཿ ཧཱ་ཀརྨ་ཨ་བྷི་ཥིཉྩ་ཨཱཿ བཛྲ་བདུད་རྩི་ཐོགས་ལ། དེ་ལྟར་ལུས་སྨིན་པར་བྱེད་པའི་ལྷ་དབང་གྲུབ་ནས་མདུན་བསྐྱེད་གཙོ་བོ་ཡབ་ཡུམ་གྱི་སྐུ་ལས་ཟག་མེད་

བདུད་རྩིའི་རྒྱུན་བབ་པས་ཁྱེད་རང་གི་མགྲིན་པར་བཞག་ཅིང་ངག་ཏུ་བླུད་པས་རྩ་
ཁམས་ཐམས་ཅད་ཟག་མེད་ཀྱི་བདུད་རྩིས་གང་བས་ངག་སྒྲིབ་བག་ཆགས་དང་བཅས་
པ་བྱང་ཞིང་དག་ནས་ངག་སྙིང་པོ་བཟླས་པ་ལ་དབང་། འབྲས་བུ་ལོངས་སྐུར་
འགྲུབ་པའི་སྐལ་ལྡན་དུ་བྱས་པ་ཡིན་ནོ། །ཧཱུྃ་གསང་བ་ཡེ་ཤེས་བདུད་རྩི་
ཆེ། །བྱང་ཆུབ་སེམས་ཀྱི་འཁྲོ་འདུ་གསལ། །རྩ་ཁམས་བདེ་བའི་རང་བཞིན་
ལ། །ཐབས་ཤེས་ཟུང་འཇུག་དབང་ཐོབ་ཤོག །བོ་དྷི་ཙིཏྟ་ཨ་ཧོ་སུ་ཁ་ཨཱཿ
མེ་ལོང་ཐོགས་ལ། མེ་ལོང་ཟླུམ་པོ་ནི་ཆོས་སྐུ་ཐིག་ལེ་ཉག་གཅིག་གི་དཔེས་མཚོན་
ལ། དྭངས་ཤེལ་གསལ་བ་ནི་གདངས་འགགས་པ་མེད་པ་ལོངས་སྐུ།
གཟུགས་བརྙན་སྣ་ཚོགས་སུ་འཆར་བ་ནི་རྩལ་སྤྲུལ་སྐུ་མཚོན་པའི་དབང་བསྐུར་བས་
ཡིད་སྒྲིབ་བག་ཆགས་དང་བཅས་པ་བྱང་ཞིང་དག་ནས་ལམ་སྤྲོས་མེད་རྫོགས་རིམ་
སྒོམ་པ་ལ་དབང་། འབྲས་བུ་ཆོས་སྐུར་འགྲུབ་པའི་སྐལ་ལྡན་དུ་བྱས་པ་ཡིན་
ནོ། །ཧཱུྃ། མེ་ལོང་སྤྲོས་བྲལ་ཆོས་སྐུ་ཟླུམ། །ཤེལ་སྒོང་ལྷུར་དག་དྲི་མེད་
ཐུགས། །ཀ་དག་ཐུགས་ཀྱི་དབང་བསྐུར་རོ། །ཆོས་དབྱིངས་སྤྲོས་བྲལ་དབང་
ཐོབ་ཤོག །ཙིཏྟ་ཛྙཱ་ན་ཨ་བྷི་ཥིཉྩ་ཧཱུྃ། མཉམ་བཞག་ལ་གནས་པའི་ངང་ནས།
དབང་ཐམས་ཅད་ཀྱི་མཐར་ཐུག་ཚིག་དབང་རིན་པོ་ཆེ་ནི་ཀུན་རྫོབ་ཀྱི་དབང་དང་རྫས་
ལ་མི་ལྟོས་པས་སེམས་མ་བཅོས་རང་བབ་ཏུ་མཉམ་པར་ཞོག་ཅིག ཧཱུྃ། ངོ་བོ་
ཉིད་ནས་ཀ་དག་པའི། །རང་བཞིན་ཉིད་ནི་ལྷུན་གྲུབ་པོ། །སྟོང་པ་ཆེན་པོར་
བབ་ཀྱིས་གྲུབ། །ཡེ་ཤེས་རྩལ་གྱི་དབང་ཐོབ་ཤོག ཧཱུྃ་ཧྲྀ་ད་ཛྙཱ་ན་ཨ་བྷི་ཥིཉྩ་
ཨཱཿ ཅེས་རྩལ་དབང་བསྐུར། རྒྱས་པར་བྱེད་ན་རང་གཞུང་ལྟར་དབང་ཆེན་བསྐུར། ཀྱེ་
ཧོ། ཚེ་འདས་ཐར་བའི་ལམ་བགྲོད་ལ། །བཟའ་བཏུང་གོས་རྒྱན་ལ་སོགས་

མཁའ་དགྲ་རྣམས། །བརྩེ་སེམས་ཅན་གྱིས་ཁྱོད་ཕྱིར་འཕང་མེད་བསྐྱོ། །རྡོ་རྗེ་སློབ་དཔོན་ཟབ་མེད་བྱིན་རླབས་ཀྱིས། །ཁྱོད་ལ་བསྐོས་པས་འདོད་དགུ་ཀུན་ཐོབ་ནས། །ཞེན་མེད་སྤྱོད་ལ་བདེ་ཆེན་ལམ་དུ་གཤེགས། ན་མཿ སརྦ་ཏ་ཐཱ་ག་ཏ་བྷྱོ་བི་ཤྭ་མུ་ཁེ་བྷྱཿ སརྦ་ཐཱཾ་ཁཾ་ཨུདྒ་ཏེ་སྥ་ར་ཎ་ཧི་མཾ་ག་ག་ན་ཁཾ་སྭཱ་ཧཱ། ཞེས་འདོད་ཡོན་བསྔོ། ཚོགས་འཁོར་བསྐོར། སྨོན་ལམ་གདབ་པ་ནི། འདི་ནས་ཤར་ལྷོ་ནུབ་བྱང་དབུས་དང་ལྷོ། །མངོན་དགའ་དཔལ་ལྡན་བདེ་ཆེན་ལས་རབ་རྫོགས། །འཐུག་པོ་བཀོད་སོགས་ཞིང་ཁམས་ལྔ་ཡོད་པས། །དེར་སེམས་བསྐྱེད་ལ་ཞིང་དེར་སྐྱེ་བར་ཤོག །མར་མེ་བསྟན་ལ། ཧཱུཾ། ཐུགས་རྗེའི་ཤུགས་ཀྱི་སྒྲོན་མེ་འདི་བསྟན་པས། །ཐར་བའི་ཞིང་དུ་འགྲོ་བའི་མུན་འཁྲུལ་རྣམས། །ཡེ་ཤེས་སྒྲོན་མ་འདི་ཡིས་རབ་བསལ་ནས། །ཞིང་མཆོག་ཡེ་ཤེས་ལྷ་དང་འཕྲད་པར་ཤོག །ཡོན་འབུལ་བ་ནི། ཧོ། བཅོམ་ལྡན་རྒྱལ་བ་རིགས་ལྔ་ལ། །ཚེ་འདས་ཕུང་ལྔ་ཡོན་དུ་འབུལ། །ཡོན་འདི་བཞེས་ལ་ལམ་འདི་སྟོན། །སེམས་འདི་བྱང་ཆུབ་གནས་སུ་དྲོངས། །རིག་འཛིན་དཀྱིལ་འཁོར་ལྷ་ཚོགས་ལ། །ཚེ་འདས་སྒོ་གསུམ་ཡོན་དུ་འབུལ། །ཡོན་འདི་བཞེས་ལ་ལམ་འདི་སྟོན། །སེམས་འདི་བྱང་ཆུབ་གནས་སུ་དྲོངས། །སྐུ་གསུམ་འབྲས་བུ་ཐོབ་པར་ཤོག །བདུན་ཚིག་ནར་མར་བྱེད་ན་ཟས་བསྔོའི་མཚམས་འདི་ཡན་བྱེད་ལ། ཚིག་རྫོགས་ནས་གནས་སྤར་སོགས་བྱ་སྟེ། ཐབས་ཀྱི་གཞུ་ལ་ཤེས་རབ་མདའ་བཀང་སྟེ། །ཡེ་ཤེས་ཐུགས་རྗེའི་ཤུགས་ཀྱིས་ཞིང་མཆོག་ཏུ། །ཚེ་འདས་མདའ་འཕང་བཞིན་དུ་སྐྱེ་བར་ཤོག །འདི་ནས་ནུབ་ཀྱི་ཕྱོགས་རོལ་ཞིང་ཁམས་ན། །བདེ་བ་ཅན་ཞེས་བདེ་སྐྱིད་ཡོན་ཏན་རྫོགས། །ཞིང་དེར་སངས་རྒྱས་སྣང་བ་མཐའ་ཡས་ལ། །སྤྱན་རས་གཟིགས་

དང་བྱང་སེམས་མཐུ་ཆེན་ཐོབ། །འཇམ་དཔལ་ལ་སོགས་བྱང་སེམས་དཔག་མེད་བསྐོར། །པདྨ་རིགས་ཀྱི་གཙོ་འཁོར་གྲངས་མེད་བཞུགས། །ཞིང་མཆོག་གཙང་མའི་གནས་རབ་དམ་པ་དེར། །ཚེ་འདས་བུ་ཁྱོད་སངས་རྒྱས་དེ་ཡི་སྲས། །རྒྱལ་ཆེན་མདའ་འཕང་བཞིན་དུ་སྐྱེ་བར་ཤོག །ཕཊ༔ ཚེ་ལས་འདས་པའི་རིག་པ་སེམས་ཀྱི་ངོ་བོ་ཧྲཱི༔ དམར་པོར་གྱུར་ནས། མདའ་འཕང་བ་ལྟར་སྣང་བ་མཐའ་ཡས་ཡབ་ཡུམ་གྱི་སྙིང་མཚམས་སུ་ཐིམ་པས་རྒྱལ་བའི་སྲས་སུ་གྱུར་ཏེ་སངས་རྒྱས་པར་གྱུར་ཅིག །ཅེས་མདའ་རྩེ་ནུབ་ཏུ་བསྟན་པས་དཀྱིལ་འཁོར་དབུས་སུ་འཕང་། དེ་ནས་བྱང་བུ་བསྲེག་པར་བྱེད་ན་མར་མེ་དཀྱིལ་འཁོར་གྱི་དབུས་སུ་བཞག ཨོཾ་རཾ་ཚེ་འདས་ལུས་ངག་ཡིད་གསུམ་ལ། །སྐུ་གསུམ་ཡེ་ཤེས་མེ་སྦར་རོ། །དུག་གསུམ་སྒྲིབ་གསུམ་དག་གྱུར་ཅིག །སྐུ་གསུམ་འབྲས་བུ་ཐོབ་པར་ཤོག །ཚེ་འདས་ཕུང་ལྔ་དུག་ལྔ་ལ། །སྐུ་ལྔ་ཡེ་ཤེས་མེ་སྦར་རོ། །ཕུང་ཁམས་སྒྲིབ་པ་དག་གྱུར་ཅིག །སྐུ་ལྔ་ཡེ་ཤེས་ལྔ་ཐོབ་ཤོག །ཚེ་འདས་མ་རིག་འཁྲུལ་ཉོན་ལ། །ཀ་དག་ཡེ་ཤེས་མེ་སྦར་རོ། །འཁྲུལ་ཉོན་བག་ཆགས་དག་གྱུར་ཅིག །ཀུན་བཟང་ཆེན་པོའི་ས་ཐོབ་ཤོག །ཅེས་བསྲེགས་ཤིང་བཏག་གྲོལ་འདོན། རྩ་སྔགས་དང་ཡིག་བརྒྱ་གཾ་ག་ནི་བཟླས་ལ། སྨོན་ལམ་ཅི་ལྕོགས་གདབ་སྟེ། བྱང་ཐལ་སྣཚྭ་གདབ་ལ་དབེན་པར་བསྐྱལ། དཀྱིལ་འཁོར་རྫས་ཀྱི་བྱ་བ་རང་གཞུང་ལྟར་བྱས་ལ། དཀྱིལ་འཁོར་བསྡུ། མི་དམིགས་པས་རྒྱས་གདབ་པར་བྱའོ། །དེ་ལྟར་དགོངས་པ་རང་གྲོལ་གཤིན་ཆོག་དོན། །མང་ལས་ཉུང་དང་སྒྲིག་ཆོག་བསྡུས་པ་སྟེ། །བློ་དམན་རྣམས་དང་སྤྲོས་མེད་རྣལ་འབྱོར་པ། །གང་ཞིག་དགོས་པ་རྣམས་ཀྱི་དོན་ཆེད་དུ། །རྫོགས་ཆེན་རྣལ་འབྱོར་པདྨ་རིག་འཛིན་གྱིས། །བཀོད་པའི་དགེ་འདིས་འཁོར་བ་དོང་སྤྲུགས་ཤོག །

༄༅། །གསུར་མཆོད་འདོད་ཡོན་ཀུན་ཁྱབ་བཞུགས་སོ། །

ཨོཾ་ཨཱཿཧཱུྃ། འདོད་ཡོན་སྣ་ཚོགས་ལྡན་པ་ཡི། །གསུར་མཆོད་བདུད་རྩིའི་རང་བཞིན་འདི། །ཟག་མེད་རྒྱ་མཚོ་ཇི་བཞིན་དུ། །བསྔོས་པའི་བྱིན་རླབས་སྤྲིན་ཕུང་ལྟར། །མགྲོན་རྣམས་ཀུན་གྱི་ཐོབ་གྱུར་ཅིག །ཕྱི་ནང་གསང་བའི་དཀོན་མཆོག་གསུམ། །གསུར་མཆོད་དམ་པ་འདི་བཞེས་ལ། །ཚོགས་རྫོགས་སྒྲིབ་པ་བྱང་བར་མཛོད། །རྩ་གསུམ་རིག་འཛིན་ལྷ་ཚོགས་རྣམས། །གསུར་མཆོད་དམ་པ་འདི་བཞེས་ལ། །ཐུགས་དམ་བསྐང་ལ་དངོས་གྲུབ་སྩོལ། །ཆོས་སྐྱོང་ཕོ་རྒྱུད་མོ་རྒྱུད་རྣམས། །གསུར་མཆོད་དམ་པ་འདི་བཞེས་ལ། །ཕྲིན་ལས་རྣམ་བཞི་བསྒྲུབ་ཏུ་གསོལ། །དཔལ་མགོན་བདུན་ཅུ་རྩ་གཉིས་ཀྱིས། །གསུར་མཆོད་དམ་པ་འདི་བཞེས་ལ། །མགོན་སྐྱབས་སྐྱོང་གྲོགས་མཛད་དུ་གསོལ། །གནས་ཡུལ་དུར་ཁྲོད་སྲུང་མ་རྣམས། །གསུར་མཆོད་དམ་པ་འདི་བཞེས་ལ། །དཀར་ཕྱོགས་དགེ་བའི་སྐྱོང་གྲོགས་མཛོད། །ཁྱད་པར་ཡུལ་འདིའི་གཞི་བདག་རྣམས། །གསུར་མཆོད་དམ་པ་འདི་བཞེས་ལ། །གནས་མགྲོན་དམ་ཚིག་ཕྲིན་ལས་བསྒྲུབ། །ཁམས་གསུམ་སེམས་ཅན་ཐམས་ཅད་ཀྱིས། །གསུར་མཆོད་དམ་པ་འདི་བཞེས་ལ། །ཚོགས་རྫོགས་བྱང་ཆུབ་ཐོབ་པར་ཤོག །རིགས་དྲུག་འགྲོ་བ་སེམས་ཅན་རྣམས། །གསུར་མཆོད་དམ་པ་

འདི་བཞེས་ལ། །མངོན་པར་སངས་རྒྱས་ཐོབ་པར་ཤོག །ཁྱད་པར་བར་དོའི་སེམས་ཅན་རྣམས། །གསུར་མཆོད་དམ་པ་འདི་བཞེས་ལ། །ཐར་བའི་ལམ་སྣ་ཟིན་པར་ཤོག །ཤི་བསད་གྱུར་བའི་སེམས་ཅན་རྣམས། །གསུར་མཆོད་དམ་པ་འདི་བཞེས་ལ། །རྣམ་དག་ཞིང་ཁམས་བསྒྲོད་པར་ཤོག །བགེགས་བྱེད་འདྲེ་ཡི་ཚོགས་རྣམས་ཀྱིས། །གསུར་མཆོད་དམ་པ་འདི་བཞེས་ལ། །བྱང་ཆུབ་སེམས་དང་ལྡན་གྱུར་ཅིག །མདོར་ན་དྲི་ཟའི་རིགས་རྣམས་ཀྱིས། །གསུར་མཆོད་དམ་པ་འདི་བཞེས་ལ། །ཕན་བདེའི་འབྲས་བུ་ཐོབ་པར་ཤོག །ཨོཾ་ན་མཿ སརྦ་ཏ་ཐཱ་ག་ཏ་ཨ་སོགས། རྒྱལ་བ་མཆོད་པས་མཉེས་གྱུར་ཅིག །དམ་ཅན་ཐུགས་དམ་བསྐང་གྱུར་ཅིག །རིགས་དྲུག་འདོད་པ་ཚིམ་གྱུར་ཅིག །ཤ་མགྲོན་སྡིག་སྒྲིབ་དག་གྱུར་ཅིག །བགེགས་རིགས་ལན་ཆགས་བྱང་གྱུར་ཅིག །བདག་གི་སྦྱིན་པའི་སྟོབས་སོགས། གསུར་གྱི་མཆོད་པ་འདོད་ཡོན་ཀུན་ཁྱབ་ལ་རྟོགས་ལྡན་སངས་རྒྱས་མགོན་པོས་བསྐུལ་བའི་ངོར་རྫོགས་ཆེན་པདྨ་རིག་འཛིན་གྱིས་ཙ་རི་རྡོ་རྗེའི་ར་བར་བཀོད་པའོ། །སརྦ་མངྒ་ལཾ། དགེའོ། །

༄༅། །གྲུབ་ཐོབ་པདྨ་རིག་འཛིན་གྱིས་མཛད་པའི་གཏོར་བསྔོས་བསྡུས་པ་བཞུགས་སོ།།

ཐུན་མཚམས་སུ་གཏོར་མ་བསྔོ་བ་ནི། ཐྲཀྵ་སོགས་ཀྱི་སྣོད་ནང་དུ་གཏོར་ཟན་མར་ཁུད་ཤ་ཆང་སོགས་གང་འཛོམ་བཤམས་ཤིང་བཀུང་བའི་རིགས་རྣམས་བྲན་ཏེ། རཾ་ཡཾ་ཁཾ། སྟོང་པའི་ངང་ལས་རླུང་མེ་ཐོད་སྒྲེད་སྟེང་། །དུམ་ཅིག་ཐོད་སྣོད་ཡངས་ཤིང་རྒྱལ་ཆེ་བ། །དམ་རྫས་བདུད་རྩི་ལྔ་དང་ཤ་སྣ་ལྔ། །ཞི་ཞིང་ཁོལ་བའི་དམ་རྫས་བདུད་རྩི་ལ། །ཡེ་ཤེས་བདུད་རྩི་སྤྱན་དྲངས་གཉིས་མེད་ཐིམ། །ངོ་བོ་རྣམ་དག་ཡེ་ཤེས་བདུད་རྩི་ལ། །རྣམ་པར་འདོད་ཡོན་ལོངས་སྤྱོད་སྤྲིན་ཕུང་འཁྲིགས། །ཨོཾ་ཨཱཿཧཱུྃ། ལན་གསུམ་བརྗོད། མཁའ་ཁྱབ་ཆོས་སྐུའི་དབྱིངས་ལས་གཟུགས་སྐུའི་སྤྲིན། །བླ་མ་ཡི་དམ་མཁའ་འགྲོ་རྒྱ་མཚོ་ལ། །ཆོས་སྐྱོང་སྲུང་མ་གཏེར་མའི་མགྲོན་གྱི་ཚོགས། །འཁོར་བཅས་ཐོགས་པ་མེད་པར་འདིར་གཤེགས་ཤིག །བཛྲ་ས་མ་ཡ་ཛཿ དངོས་བཤམས་ཡིད་ཀྱིས་རྣམ་པར་འཕྲུལ་པ་ལས། །ཤར་བའི་ཀུན་བཟང་མཆོད་པའི་སྤྲིན་ཕུང་གིས། །ནམ་མཁའ་གང་བར་བྱས་ཏེ་འབུལ་ལགས་ན། །དགྱེས་ཤིང་བསྟེ་བར་དགོངས་ཏེ་བཞེས་སུ་གསོལ། །ཨོཾ་གུ་རུ་ཛྙཱ་ན་ཌཱ་ཀཱི་ནི་ཧྲཱྀཾ་པ་ལ་ཀྵེ་ཏ་པཱ་ལ་ཡོ་ག་པཱ་ལ་ས་པཱ་རི་ཝཱ་ར་ཨ་ཀཏྟཾ་ནས་ཤཱཀྱའི་བར་དང་། མ་ཧཱ་པཉྩ་ཨ་མྲི་ཏ་ཁ་ཧི། མ་ཧཱ་རཀྟ་ཁ་ཧི། ཞེས་སྔགས་རཀྟ་འབུལ། ལྷ་རྣམས་ལྷུགས་

ཀྱི་འོད་ཟེར་སྤྲུ་གུ་ཡིས། །གཏོར་མ་བདུད་རྩི་དྲངས་ནས་གསོལ་བར་གྱུར། །རིགས་བདག་མགོན་པོ་ཀུན་བཟང་སྣང་མཐའ་ཡས། །པདྨ་འབྱུང་གནས་པཉ་ཆེན་བི་མ་ལ། །རྫོགས་པ་ཆེ་དང་ཕྱག་ཆེན་ཟབ་མོའི་གཏེར། །དབུ་མ་སྦྱོར་དྲུག་རིགས་ལྔ་ཞི་ཁྲོད་དང་། །གཅོད་ཡུལ་ཟབ་ཁྲིད་བརྒྱུད་པའི་བླ་མ་སོགས། །ལྷ་སྒོམ་སྒྲོད་པའི་ཉམས་ལེན་བྱིན་རླབས་ཀྱིས། །བརྒྱུད་པའི་དཔལ་ལྡན་བླ་མ་ཐམས་ཅད་ལ། །དད་གུས་ཉམས་རྟོགས་ལྡན་པའི་གཏོར་མཆོད་འབུལ། །ཅེ་སྔགས་སམ་ཡང་ན། ན་མོ་སརྦ་མ་ཧཱ་གུ་རུ་རཏྣ་ཨེ་དཾ་བ་ལིངྟ་ཁ་ཁ་ཁཱ་ཧི་ཁཱ་ཧི། གསུམ་མམ་བདུན། རིགས་འཛིན་དགོངས་འདུས་སྒྲུབ་པ་བཀའ་བརྒྱུད་དང་། །ཕུར་པ་རྡོ་རྗེ་གཞོན་ནུའི་དཀྱིལ་འཁོར་ལྷ། །འདུས་པ་མདོ་དང་སྒྲུ་འཕྲུལ་རྒྱུད་ཀྱི་དཔལ། །རྫོགས་ཆེན་སེམས་ཀྱི་ལྷ་ཚོགས་མ་ལུས་དང་། །རྒྱུད་སྡེ་བཞི་དང་ཐེག་རིམ་དགུ་རྣམས་ཀྱི། །ཡི་དམ་ལྷག་པའི་ལྷ་མཆོག་ཐམས་ཅད་ལ། །བདེ་ཆེན་ཟག་མེད་གཏོར་མའི་མཆོད་པ་འབུལ། །ཅེ་སྔགས་སམ་ཡང་ན། ཨོཾ་ཨཱཿཧཱུཾ་སརྦ་བཛྲ་བོ་དྷི་ས་ཏྭ་ཤིཀྵ་ཀ་མ་ཧཱ་ཀྲོ་ཏ་དྷེ་ཤ་ས་པ་རི་ཤ་ར་ཨེ་དཾ་བ་ལིངྟ་ཁ་ཁ་ཁཱ་ཧི་ཁཱ་ཧི། གསུམ་མམ་བདུན། དབྱིངས་ཀྱི་ཡུམ་ལྔ་ཕག་མོ་རིགས་ལྔ་དང་། །སེང་གེའི་གདོང་ཅན་ཌཱཀྐི་སྡེ་ལྔ་དང་། །སྡེ་བརྒྱད་ཌཱཀྐི་གནས་ཡུལ་ཌཱཀྐི་སོགས། །ཡེ་ཤེས་ལས་ཀྱི་མཁའ་འགྲོ་ཕོ་མོ་ལ། །འདོད་ཡོན་ལོངས་སྤྱོད་རྒྱས་པའི་གཏོར་མ་འབུལ། །ཅེ་སྔགས་སམ་ཡང་ན། ཨོཾ་སརྦ་ཧླཱི་ན་ཀཱམ་ཡོ་ཀ་ཌཱཀྐི་ནི་ས་པ་རི་ཤ་ར་ཨེ་དཾ་བ་ལིངྟ་ཁ་ཁ་ཁཱ་ཧི་ཁཱ་ཧི། གསུམ་མམ་བདུན། དཔལ་མགོན་གཏེར་མགོན་རྒྱུད་མགོན་བདུད་མགོན་སོགས། །མགོན་པོ་ཕོ་རྒྱུད་ལྷ་མོ་མོ་རྒྱུད་དང་། །མ་གཟའ་རྡོར་ལེགས་ཞན་པ་སྲོག་སྒྲུབ་མ། །ཞན་པ་

དམར་ནག་དཔལ་མགོན་བདུན་ཅུ་ལྔ། །སྡེ་དཔོན་སུམ་ཅུ་དྲེགས་ཆེན་བཅོ་བརྒྱད་བཅས། །ཆོས་སྐྱོང་དམ་ཅན་སྲུང་མ་ཐམས་ཅད་ལ། །དམ་ཉམས་དགྲ་བགེགས་ཤ་ཁྲག་གཏོར་མ་འབུལ། །རྒྱལ་ཆེན་རྣམ་སྲས་ལྷ་མོ་ནོར་རྒྱུན་མ། །ཨཙྪ་ཛམ་ལྷ་ཧྲ་ལྷ་རེ་མནྟ། །ནོར་ལྷ་གཏེར་བདག་ཡུལ་ལྷ་གཞི་བདག་སོགས། །མཆོད་ཅིང་བསྟོད་པར་འོས་པ་ཐམས་ཅད་ལ། །འདོད་དགུ་ཕུན་ཚོགས་ཡིད་བཞིན་གཏོར་མཆོད་འབུལ། །ཙ་སྔགས་སམ་ཡང་ན། ཨོཾ་ཧྲཀྵླ་པླ་ལ་ཀླི་ཏ་པླ་ལ་ལོ་ཀ་པླ་ལ་ས་པླ་རི་ཝླ་ར་ཨེ་དཾ་བྷླ་ལིང་ཁ་ཁ་ཁླ་ཧི་ཁླ་ཧི། གསུམ་མམ་བདུན། བསྟོད་པ། བྱིན་རླབས་དངོས་གྲུབ་འདོད་སྟེར་རོལ་པ་ཅན། །བླ་མ་ཡི་དམ་ཞི་ཁྲོ་རབ་འབྱམས་དང་། །མཁའ་འགྲོ་དམ་ཅན་རྒྱ་མཚོའི་ཚོགས་བཅས་ལ། །ལུས་ངག་ཡིད་གསུམ་གུས་པས་ཕྱག་འཚལ་བསྟོད། །ཧཱུྃ། སྟོན་ཆོ་སློབ་དཔོན་པདྨའི་སྤྲུལ་སྐུ་རུ། །ཁས་བླངས་དམ་བཅས་རིན་ཆེན་གཏེར་གྱི་བདག །བོད་ཁམས་སྐྱོང་བའི་ལྷ་རབས་བརྟན་མར་བཅས། །གཞི་བདག་སྲུང་མ་འཁོར་དང་བཅས་ལ་བསྟོད། །འདོད་གསོལ་ནི། ཨོཾ་ཨཱཿཧཱུྃ། བཀའ་བརྒྱུད་བླ་མའི་ཚོགས་ལ་མཆོད་པ་འབུལ། །ཡི་དམ་ཞི་ཁྲོའི་ལྷ་ཚོགས་ཐུགས་དམ་བསྐང་། །ཌཱ་ཀི་དམ་ཅན་ཕོ་མོ་དགྱེས་གྱུར་ཅིག །དམ་ཚིག་ཉམས་ཆགས་འགལ་འཁྲུལ་མཐོལ་ལོ་བཤགས། །རྩ་གསུམ་དམ་ཅན་ཆོས་སྐྱོང་ཚིམ་ནས་ཀྱང་། །བྱིན་རླབས་མཆོག་དང་ཐུན་མོང་དངོས་གྲུབ་སྩོལ། །ཞི་རྒྱས་དབང་དང་མངོན་སྤྱོད་ལ་སོགས་པ། །བསམ་པའི་དོན་ཀུན་ཡིད་བཞིན་འགྲུབ་པར་མཛོད། །ཀ་ཡ་སིདྡྷི་ཨོཾ། ཝཱཀྱ་སིདྡྷི་ཨཱ། ཙིཏྟ་སིདྡྷི་ཧཱུྃ། སརྦ་སིདྡྷི་ཧྲཱི། ཅེས་དང་། ཨོཾ་བཛྲ་མུཿ སརྦ་ལོ་ཀ་གཙྪཿ ཅེས་བརྗོད་གཏོར་མ་གཙང་སར་འབུལ།

སྐུ་རབས་དང་པོ་གྲུབ་ཐོབ་པདྨ་རིག་འཛིན་གྱི་གསུང་ཚན།

རྫོགས་རིམ་དང་ཤིས་བརྗོད་བསྔོ་སྨོན་རྣམས་བྱའོ། །གྲུབ་པའི་དབང་ཕྱུག་རྫོགས་ཆེན་པདྨ་རིག་འཛིན་གྱིས་མཛད་པའི་གཏོར་བསྔོས་བསྡུས་པ་ལ་ཅུང་ཟད་རྒྱས་སུ་བཏང་བ་དགེའོ། །སརྦ་མངྒ་ལཾ། །

༄༅། །གླིང་གེ་སར་རྒྱལ་པོའི་རྟོགས་བརྗོད་སྟག་གཟིག་ཕབ་པའི་ནོར་འགྱེད་བཏང་བའི་སྐོར་བཞུགས་སོ།།

ཨོཾ་སྭ་སྟི། འཛམ་གླིང་ཕན་བདེ་བསྒྲུབ་པའི་རོལ་མོ་བརྡུང་། །ཡེ་ཤེས་ནོར་བུ་དཔལ་འབར་ཟེར་ཕྲེང་གིས། །ནག་ཕྱོགས་བདུད་དགྲ་འདུལ་ལ་མཐུ་བོ་ཆེ། །སྐྱེས་མཆོག་སེང་ཆེན་རྒྱལ་པོས་ཤིས་པ་སྩོལ། །ཅེས་གླིང་རྗེ་མི་ཡི་ཉི་མ་འཛམ་གླིང་གེ་སར་རྒྱལ་པོ་དེས་མི་ནུབ་སྟག་གཟིག་ཡུལ་གྱི་ནོར་གཡང་དངོས་གྲུབ་རྣམས་གནང་དུ་བླངས་ནས། ཕྱོགས་བཞིའི་རྒྱལ་ཁག་ལྔའི་དཔའ་བརྟུལ་དཔུང་དམག་བཅས་རྨ་ཁམས་གླིང་ཁྲི་བར་མ་ལ་ཕྱུག་ཕེབས། སྟག་གཟིག་ཡུལ་གྱི་ནོར་བུ་ཆ་འཁྲིག་བརྗིད་མཛེས་དང་ལྡན་པ་ཁྲ་སྤྲུངས་སེ་སྣར་དཀྱིལ་དུ་བཀོད་ནས། དེའི་རྒྱབ་ཕྱོགས་བཞིའི་རྒྱལ་ཁག་ལྔའི་འཁོར་གྱིས་བསྐོར་ནས་གཡས་སུ་ཧོར་སྣར། གཡོན་དུ་འཇང་། རྒྱབ་ཏུ་མོན། དཀྱིལ་དུ་གླིང་། མདུན་དུ་བདུད་སྣར་བཅས་བརྒྱབ་ནས། ལས་དམག་དཔུང་ཆེན་བཞུགས་སྣར་གྱི་དཀྱིལ་དུ་འཛམ་གླིང་གེ་སར་རྒྱལ་པོའི་ལས་གྲུར་མཐོང་བ་ཀུན་སྨོན་དེ་ལ། གསེར་ཏོག་ག་འཕྲུ་སྦྲ་བ་བཙུགས། ལས་དར་ཆ་འཁྲིག འབྲུམས་ཀླས་པའི་གཟུགས་ཀྱི་ནོར་རྫས། ཨོ་རྒྱན་པདྨའི་གཏེར་ཟློག་ཀླུ་མི་མགོན་དཀར་པོའི་སྙིང་ནོར། ལྷ་ཀླུ་གཉན་གསུམ་གྱི་རང་བྱུང་དུ་གྲུབ་པའི་མཛེས་མོའི་མེ་ཏོག་པདྨ་ཆེན་པོ་འདབ་མ་ཆེ་བཞིན་དུ། ག

ར་དང་ཚོན་ཐག་གང་ཡང་མི་དགོས་པ་སྟོང་ཉིད་རང་ཚུགས་ཟིན་པའི་ལྷ་གུར་དེ་ཕུབ། དེའི་ནང་དུ་དམག་གི་རྒྱལ་པོ་གླིང་རྗེ་གེ་སར་དང་སྲས་དགྲ་ལྷ་རྣམ་གཉིས་གསེར་ཁྲི་དང་དངུལ་ཁྲིའི་སྟེང་ལ་བཞུགས། དེའི་རྒྱབ་ཏུ་ཕ་ཁུ་མ་སྲུ་མོ་སྨན་རྣམས་ནས་འཁོར་གྱིས་བསྐོར་ཞིང་། ཚོ་བའི་ཤ་ཐུད། ཇ་ཆང་མངར་རིགས་སོགས་ཀྱི་གསོལ་འདྲེན་བཞེས། སྟག་གཟིག་གུང་གཡིའི་གཙན་གཟན་པགས་པ་སོགས་དགུ་ཚན་མང་པོས་མཛལ་ཁ་ཞུས་ནས་དགའ་སྤྲོའི་ངང་དེར་བཞུགས། གླིང་རྒྱལ་ཁག་གཞན་པ་ཧོར་བདུད་མོན་འཇང་སོགས་རྒྱལ་ཁག་ལྔ་པོ་དེའི་མཐོ་བའི་བླ་མ་མི་དཔོན། བར་གྱི་ཕ་ཁུ་རྒན་རབས། ནང་གི་ཕོ་སྐྱ་བུད་མེད་སོགས་ནས་གྲལ་བསྒྲིགས་ཤིང་བསྡད། དེར་མི་ནུབ་སྟག་གཟིག་ཡུལ་གྱི་རྒྱུ་དང་ནོར་ལུག་དགོས་འདོད་སྤྱུངས་པའི་ནོར་བུ་ཆ་བདུན་རྣམས་ཁྲ་ཁྲུག་ཁྲུག་ལ་མིག་གིས་ལྟད་མོ་བལྟས་ཤིང་ཧ་ལས་ནས་བསྡད། དེ་རྣམས་ཀྱིས་ཇམ་ཆེན་དགྲ་ལྷའི་རྒྱལ་པོ་ནི་བསོད་ནམས་ཆེ་བས་ལོངས་སྤྱོད་འཛོམས། འབུམ་པའི་ལྷ་སྲས་དགྲ་ལྷ་རྩེ་རྒྱལ་ནི་མངའ་ཐང་ཆེ་བའི་ཕྱོགས་རིགས་ཀྱི་རྒྱལ་ཁག་མང་པོ་མངའ་འོག་ཏུ་འདུས་པ། དཔའ་བརྟུལ་གང་ཡོད་དཔའ་རྩལ་རྒོད། དེ་འདྲ་མེད་ན་ཅི་འདྲ་ཡོད་བསམ་ཞིང་དད་གུས་དང་སྤྲོ་བ་སྐྱེས་ཤིང་དེ་མུར་གླིང་སྐར་པ་ཞག་གསུམ་ལ་བཞུགས་སོ། །ཉི་མ་དེ་ཡི་ཕྱི་ནང་མི་དབང་གེ་སར་རྒྱལ་པོས་མདུན་གཡོག་རྣམས་ལ་དཔའ་བརྟུལ་ཚོ་མདུན་གྲལ་ཕེབས་པའི་ཆ་ཐོངས་ཞེས་བཀའ་ཕེབས། དེ་ནས་མདུན་གཡོག་ཚོས་ལྷ་གུར་གྱི་སྒོ་ནས་དར་འཕྱུར། དུང་བུས་ཤིང་རྒྱལ་ཁག་ལྔའི་དཔོན་བློན་དཔའ་བརྟུལ་ཚོས་ཆས་གོས་དང་རྒྱན་རྣམས་འཚམས་པ་གྲལ་སྒྲིག་བྱས་ནས་འཇའ་ཚོན་སྣ་ལྔ་བཞིན་དུ་ཁྲ་འཁྱིལ་ལེ་ལྷ་གུར་ནང་ཕྱུག་ཕེབས་ཤིང་རྒྱལ་བློན་

རྣམས་གྲལ་དུ་འཁོད། དེ་རྣམས་ཀྱི་མདུན་དུ་མ་སྲུ་མོ་སྨན་ཚོས་ལུས་ལ་མི་སྲིད་པའི་རྒྱན་ཆས་བརྒྱན་ནས་གུས་འདུད་ཆེན་པོའི་ཚུལ་གྱིས་བཞུགས་གྲལ་དུ་བསྡད། དེ་ནས་གསེར་ཁྲི་སེར་པོའི་ཡང་སྟེང་ནས་རྗེ་སེང་ཆེན་ནོར་བུ་དགྲ་འདུལ་དེས། དབུ་ལ་ནོར་བུ་པདྨ་རཱ་གའི་ཏོག་ཞྭ་མནབས། སྐུ་ལ་ཟ་བེར་སྨུག་པོ་གསོལ་བ་རིན་པོ་ཆེ་སྣ་ཚོགས་ཀྱི་རྒྱན་གྱིས་བརྒྱན་ནས། ཞལ་ངོ་སྨུག་ལ་དཀར་བའི་མདངས་ཟེར་ཆགས་པ། རྒྱལ་བ་རིགས་གསུམ་མགོན་པོའི་ཚུལ་དུ་མཁྱེན་བརྩེ་ནུས་གསུམ་བསམ་གྱིས་མི་ཁྱབ་པའི་ངང་ནས། རྒྱལ་ཁབ་ལྷ་པོའི་དཔོན་ལ་ཞལ་གཟིགས་ནས་འདི་ལྟར་གསུངས་པ། ནུབ་སྟག་གཟིག་ཡུལ་གྱི་དངོས་གྲུབ་རྒྱས་ལུགས། དཔལ་བརྟུལ་གླིང་པས་གཏང་མ་གླན་ཚུལ། སྣང་པ་བོད་ལ་བཞག་པ་བྱུས་ཚུལ་བཅས། ལྷ་ངག་ལྡེམ་དྲུག་ལ་དྲངས་ནས་མགུར་གླུ་འདི་ལྟར་གསུངས་སོ། །ཨོཾ་མ་ཎི་པདྨེ་ཧཱུྃ་ཧྲཱིཿ གླུ་ཨ་ལ་ཨ་ལ་ཨ་ལ་རེད། །ཐ་ལ་ལ་མོ་ཐ་ལ་རེད། །སྐྱབས་བླ་མ་ཡི་དམ་དཀོན་མཆོག་གསུམ། །གསོལ་བ་འདེབས་སོ་ཐུགས་རྗེས་གཟིགས། །འབྲལ་མེད་སྤྱི་བོར་བཞུགས་སུ་གསོལ། །བཞུགས་ནས་བྱིན་གྱིས་བརླབ་ཏུ་གསོལ། །ཟངས་མདོག་དཔལ་རིའི་ཕོ་བྲང་ནས། །པད་མ་འོད་ཀྱི་གཞལ་ཡས་ནས། །རྗེ་བཙུན་པད་མ་འབྱུང་གནས་མཁྱེན། །དབུ་ལ་པད་མའི་མཉེན་ཞུ་གསོལ། །བྲེ་རྒྱལ་རྐོད་ཀྱི་ལྡེམ་འཕྲུ་བཙུགས། །གནམ་ལྕགས་རྡོ་རྗེའི་གཡང་འཕྲུལ་བརྒྱན། །ཞབས་གཉིས་ཉི་ཟླའི་འོད་ཀྱིས་ཁྱབ། །ཕྱག་གཡས་རྡོ་རྗེ་རྩེ་དགུ་བསྣམས། །ཁམས་གསུམ་ལྷ་འདྲེ་ཟིལ་གྱིས་མནན། །གཡོན་པས་མཉམ་བཞག་ཀ་པཱ་ལ། །བདུད་རྩིའི་བུམ་པ་མཛེས་དང་ལྡན། །ཁ་ཊྭཱཾ་རྩེ་གསུམ་གྲུ་མོར་བཏེན། །མ་རྒྱུད་མཁའ

འགྲོའི་འཁོར་གྱིས་བསྐོར། །དཔའ་བོ་དཔའ་མོས་གླུ་དབྱངས་ལེན། །ཐུགས་རྗེས་སེམས་ཅན་དོན་ལ་གཟིགས། །མ་གཡེལ་ལྷ་ཁམས་གྲོགས་ལ་བྱོན། །དཔའ་དང་དཔུང་པའི་རྒྱབ་རྟེན་མཛོད། །ཆོས་དང་བྱིན་རླབས་འབྱུང་བར་ཤོག །ནོར་དང་ལོངས་སྤྱོད་རྒྱས་པར་ཤོག །ཡང་དག་སྨོན་ལམ་འགྲུབ་པར་ཤོག །ས་འདི་ས་ངོ་མ་ཤེས་ན། །རྨ་ཁམས་གཡང་གི་ར་བ་ནས། །གླིང་ས་མཐོང་བ་ཀུན་སྨོན་རེད། །ཁྲ་བོ་དམག་གི་འགོ་དཔོན་དང་། །དཀར་པོའི་གུར་གྱི་ནང་རྫོང་ལ། །རིན་ཆེན་གསེར་ཁྲིའི་ཡང་སྟེང་ནས། །མི་ང་འདྲ་ང་ངོ་མ་ཤེས་ན། །ཚེ་སྟོད་ཁྲམ་པ་རྫོ་རྡུ་ཟེར། །རྨ་སྨད་ཨ་བྲའི་སྟག་བདུད་ཡིན། །བར་དུ་དམག་དཔོན་དགྲ་འདུལ་ཟེར། །ཧོར་བདུད་ཆམ་ལ་ཕབ་མི་ཡིན། །ཚེ་མཐའ་དུས་གསུམ་སངས་རྒྱས་ཟེར། །འགྲོ་དྲུག་ཐར་ལམ་འགོད་མི་ཡིན། །བོད་འཛམ་བུ་གླིང་གི་རྒྱལ་པོ་ཡིན། །འོག་ནས་འདྲེན་པའི་བླ་མ་ཡིན། །མི་དཔོན་རྣམས་ཀྱི་གྲོས་ཕུགས་ཡིན། །སྐྱེས་པ་ཕོ་ཡི་དགྲ་ལྷ་ཡིན། །གླུ་འདི་གླུ་ངོ་མ་ཤེས་ན། །རྒྱལ་པོའི་ལྷ་ངག་ལྡེམ་དྲུག་ཡིན། །ས་གར་ཡིན་གང་ཡིན་ལེན་ལེ་མིན། །དེ་རིང་ལེན་པ་རྟེན་འབྲེལ་ཆེ། །ཕྱི་རབས་བོད་ལ་དགོངས་པ་འདི། །གསུང་རེ་རེ་ཐོས་ན་ངན་སོང་མེད། །ངག་རེ་རེ་ཁྲུག་ན་བདེ་འགྲོ་ཐོབ། །ལ་ཆེན་རྒྱལ་པོའི་གླུ་སྣ་ལ། །འདྲ་དང་མི་འདྲ་གང་འགའ་ཡོད། །དཔའ་གླུ་དལ་འགྲོ་རིང་མོ་འདི། །གླུ་བཙན་ཐོད་མདའ་སྤྲད་པའི་གླུ། །སྟོང་གསུམ་ཤ་ཟ་ཁྲག་འཐུང་འདི། །ཧོར་ལ་གཉའ་སྣ་གཏད་པའི་གླུ། །དཀར་མོ་ཁྲ་བྱུག་རྒྱང་གྲགས་དེ། །ས་དམ་སྲོག་གི་སྦྲགས་པའི་གླུ། །ངར་སྟག་ཐོག་ཟེར་ངར་གླུ་

དེ། །ཤིང་ཁྲི་དམུ་སྐྱས་བཅད་པའི་ཀླུ། །རྒྱལ་པོའི་ཁྲིམ་ཆེན་ཟིལ་གནོན་འདི། །ཁྲིམ་ཆེན་པོའི་གོང་བ་གནོན་ཉིན་ལེན། །ལ་རྒྱ་ཡིན་ལུགས་འདྲ་མ་རེད། །དགྲ་ཆེན་བཞི་ལ་ཀླུ་ཆེན་བཞི། །བདུད་དགྲ་འདུལ་བའི་ཀླུ་དབྱངས་ལེན། །རྫོང་ཆེན་བདུན་ལ་ཀླུ་ཆེན་བདུན། །བསྟན་པ་དར་བའི་ཀླུ་བདུན་ཡིན། །དེ་ཡང་གནམ་གྱི་དང་པོ་ལ། །ཕ་རྫོང་སྟག་གཟིག་ཆམ་ལ་ཕབ། །ནང་ལ་དངོས་གྲུབ་ནོར་གཡང་བླངས། །རྫོང་རབས་བདུན་གྱི་དང་པོ་ཡིན། །གཏེར་ཁ་བརྒྱ་ཡི་ཡང་སྙིང་ཡིན། །དངོས་གྲུབ་འདི་ལས་ཆེ་བ་མེད། །འཁོར་བ་ཆགས་པའི་གཞི་མ་ཡིན། །འཛམ་གླིང་གཏེར་གྱི་གོང་བ་འདི། །ཕར་འཛོག་མི་ཨོ་རྒྱན་པད་མ་ཡིན། །ཚུར་ལ་འདོན་མི་གཏེར་འདོན་ལ། །ཨོ་རྒྱན་ཆེན་པོའི་སྤྲུལ་པའི་སྐུ། །རིགས་གསུམ་གཅིག་བསྡུས་སེང་ཆེན་རྒྱལ། །གཏེར་སྟོན་སངས་རྒྱས་བླ་མ་རྗེ། །ང་ཡི་འདོན་ལ་སུ་ཡང་མེད། །འཁོར་བ་ཆགས་པའི་གཞི་མ་གྲུབ། །སྐྱེན་པོ་མཛེས་མོའི་རྒྱན་ལེན་གཡང་། །དགྲ་རྒོད་ཤེད་ཀྱིས་བཏུལ་བའི་རྗེས། །ཚ་བ་རོང་གི་མདའ་རྫོང་ཕབ། །སྦྲ་དཀར་སྨྱུག་གི་ཆོ་ར་བྲག །ཉག་ཕྲན་མདའ་ཡི་བསྟན་པ་དར། །དེ་ལ་ལུས་མཛེས་ཆེ་དགོས་བྱུས། །ཀླུ་ཁྲི་གཞུང་གི་མཚལ་རྫོང་ཕབ། །མདའ་ལ་དཔའ་ཐང་ཆེ་དགོས་བྱུས། །དམར་པོའི་མཚལ་གྱི་ཁ་དམར་བརྟུངས། །ལྷ་མདའ་མགོ་འཕང་མཐོ་དགོས་བྱུས། །དགའ་བདེ་བྲག་གི་ཁྱུང་རྫོང་ཕབ། །བྱ་རྒྱལ་ཁྱུང་གི་ལུས་སྒྲོས་བརྒྱན། །དེ་ཚོ་རྫོང་ཆུང་རྣམ་གསུམ་ཡིན། །སྨྱུང་པོ་རྣམས་ཀྱི་ལུས་བརྒྱན་ཡིན། །མཁའ་འགྲོ་རྣམས་ཀྱི་ཚོ་མདའ་ཡིན། །བཀྲ་ཤིས་རྟགས་བརྒྱད་གཡང་མདའ་ཡིན། །རྟེན་འབྲེལ་དེ་ལས་ཆེ་བ་མེད། །ད་རུང་དེ་ཡིས་མི་ཚད

པའི། །མིང་པོ་ཁ་ཡི་ར་རྫོང་ཕབ། །ཁ་ཆེ་རྒྱལ་པོའི་ར་གཡང་བླངས། །ནག་ཚུང་ར་ཡི་གཏེར་སྒོ་ཕྱེ། །བལ་པོ་རྒྱལ་པོའི་ལུག་རྫོང་ཕབ། །ར་ལུག་འཚོ་ཞིང་ལོ་འདབ་རྒྱས། །དཀར་པོ་འོ་མའི་བདུད་རྩི་འདི། །སྣང་པ་བོད་རྣམས་འཚོ་བའི་རྫས། །བྱང་ལྷུགས་མོ་རོང་གི་འབྲི་གཡང་བླངས། །སྒོ་ནོར་དགྲ་ལ་མི་འཚོར་བའི། །སོག་ཁྱི་དགུ་ཚང་གི་ཁྱི་རྫོང་ཕབ། །ཟལ་དཀར་འབྲི་ལ་སྲུང་མ་བཞག །གོད་པོས་འགྲོ་ལམ་བདེ་དགོས་བྱས། །མི་ཉག་ལི་ཁྲིའི་རྟ་རྫོང་ཕབ། །ས་ཐག་རིང་འགྲོ་བའི་དངོས་གྲུབ་སྩོལ། །ཟས་གོས་ཕུན་སུམ་ཚོགས་དགོས་བྱས། །འདན་མ་ཕྱོགས་ཀྱི་ནས་རྫོང་ཕབ། །འགྲོ་འདུག་འཇམ་པའི་གཏེར་ཁ་འཛོམས། །ང་གླིང་ལ་བཀའ་དྲིན་དེ་འདྲ་ཡོད། །ད་ལོ་ནོར་རྫོང་འདི་དང་གཅིག །སོག་གི་རྟ་རྫོང་དེ་དང་གཉིས། །ཨ་གྲགས་གཟི་རྫོང་དེ་དང་གསུམ། །ཁྲི་རིའི་བྱུར་རྫོང་དེ་དང་བཞི། །གྲུ་གུའི་གོ་རྫོང་དེ་དང་ལྔ། །མི་ནུབ་དར་གཡང་དེ་དང་དྲུག །རྒྱ་ནག་ཇ་རྫོང་དེ་དང་བདུན། །དེ་བོད་ཀྱི་རྫོང་ཆེན་ཆེ་བདུན་ཡིན། །དེ་བར་རྫོང་ཆུང་འདྲ་བཞི་ཡོད། །ཞང་ཞུང་མུ་ཏིག་རྫོང་དང་གཅིག །ཁ་ཆེ་གཡུ་རྫོང་དེ་དང་གཉིས། །སྦྲི་ར་ལུག་རྫོང་དེ་དང་གསུམ། །ཨ་བསེ་ཁྲོ་རྫོང་དེ་དང་བཞི། །དེ་བར་གྱི་རྫོང་ཕྲན་ཆེ་བཞི་ཡིན། །དགོས་འདོད་གླིང་ལ་འཇོག་རྒྱུ་ཡིན། །མི་འཆི་ནད་ནས་ཐར་བ་ལ། །རྒྱ་གར་བཟང་དྲུག་སྨན་གྱི་རྫོང་། །ནད་རིགས་བཞི་བརྒྱ་ཁ་གནོན་ལ། །རྩྭ་ཚུ་རྡོས་འཛིན་སྨན་གྱི་རྫོང་། །མི་འཆི་ཚེ་ལ་རིང་བའི་རྫོང་། །ཤི་ན་བདེ་འགྲོ་ཐོབ་པའི་རྫོང་། །བདུད་རྩི་སྨན་གྱི་སྒྲུབ་པ་བྱེད། །བཞི་བརྒྱ་ནད་ལ་ཕན་པའི་སྨན། །འཛམ་བུ་གླིང་ལ་འཛོམས་ལེ་བྱས། །བོད་ཀྱི་འགྲོ་དོན་དེ་འདྲ

བསྒྲུབས། །དེ་ཡང་གནམ་གྱི་དང་པོ་ལ། །གཞན་ལ་མི་འདྲ་ཀུན་ལ་མཐོང་། །ཏྲ་གཡང་ཟླ་བ་མགོ་གསུམ་དང་། །ནོར་གཡང་ཨཀྵ་ཧཾ་ཧྲ་ལ། །གསེར་གཡང་གསེར་གྱི་མཆུལ་བརྒྱན། །འབྲུ་གཡང་ཕྲུང་གི་སྙོང་ཅམ། །ཚོང་གཡང་འགྲུགས་པའི་ལྕུགས་ཀྱུ་དང་། །ཞིང་ཐོག་མངར་རིགས་འབྲུ་སྣ་ཚོགས། །ལུག་གཡང་གང་བ་བཟང་པོ་སོགས། །དེ་འདྲའི་ནོར་བུ་སྣ་བདུན་དང་། །མཛོ་གཡང་ག་མ་དུང་རྣ་དེ། །ལྷོ་ཐེ་སེ་རྒྱལ་པོའི་ཕ་ནོར་རེད། །སྣང་བ་བོད་ཀྱི་ལས་ཟློག་རེད། །འཛམ་གླིང་རྒྱ་ཡི་སྟོང་པོ་ཡིན། །དགོས་འདོད་གླིང་ལ་འཛོམས་ལོ་འདི། །རྟེན་འབྲེལ་འགྲིག་ཚུལ་དེ་འདྲ་རེད། །གདོང་སྤྲོ་དཔོན་ཁྲིད་ཀྱི་ཐུགས་ཆགས་བརྟན། །ང་རང་གླིང་རྗེ་གེ་སར་གྱིས། །བོད་ལ་མགོ་བའི་སེམས་ཅན་འདི། །མི་དྲིན་ཅན་ཡིན་ལོ་ཨེ་ཤེས་སམ། །ལ་ཆེན་མི་འདིས་ཤེས་ཤིང་མེད། །ཕོ་སེམས་ཅན་རྣམས་ལ་ཡག་རྒྱུ་མེད། །གནའ་མི་བོད་ཀྱི་གཏམ་དཔེ་ལ། །རྒྱ་ཐེངས་དགུ་བསྐོར་བའི་མཛོ་རྐན་དེ། །དྲིན་རྒྱ་བོད་ཟློས་པ་ཕར་ལ་བརྗེད། །རྐས་ར་རྩ་ཐུག་དུས་བཞེས་རང་ཕབ། །ཞ་ཆོ་ཞན་ཟེར་ཞིང་གྲི་གུ་བརྡར། །ཧག་ཐེངས་དགུ་བསྐོར་བའི་ཏྲ་རྐན་དེ། །དྲིན་རྒྱ་བོད་ཟློས་པ་ཕར་ལ་བརྗེད། །ཁ་ན་སོ་མཐོ་དུས་མི་ལ་བཙོངས། །རྐས་ཚར་དུས་ཆས་ཁེབས་མི་བཟོ་ཟེར། །ཁ་འོ་མ་འཐུང་བའི་མ་རྐན་དེ། །ལུས་གཅེས་སྐྱོང་བྱས་པ་ཕར་ལ་བརྗེད། །མགོ་སྐྲ་ལོ་དཀར་དུས་སྒོ་ལ་ཕུད། །ཟས་རན་པོ་མི་སྦྱིན་ཚིག་ངན་བྱེད། །དགྲ་ཐེངས་དགུ་བཏུལ་བའི་དམག་དཔོན་ང་། །རྫོང་དངོས་གྲུབ་གཏེར་ཁ་བོད་ལ་དྲངས། །དྲིན་ཕན་བཏགས་ཡིན་པ་མ་ཤེས་ནས། །དེས་མི་ཚད་རྫུན་གྱིས་མགོ་བསྐོར་ཟེར། །ཡོ་

ཕར་ཕར་སོང་དུས་ཡང་ཡང་བརྗེད། །ཕོ་སེམས་ཅན་རྣམས་ལ་ཡག་རྒྱུ་མེད། །ཨ་རེ་མི་བཤད་རྩེད་མོ་ཡིན། །ད་ནི་གླིང་དཀར་རྒྱལ་བློན་རྣམས། །སྟག་གཟིག་ཡུལ་གྱི་ནོར་གཡང་འདི། །གླིང་རུས་གནང་བགོས་ཅི་འདྲ་བྱེད། །ཡང་སྐོས་ནོར་བུ་ཆ་བདུན་འདི། །འཛམ་གླིང་བཞག་ལུགས་གང་འདྲ་བྱེད། །རྒྱལ་བློན་རྣམས་ཀྱིས་བཀའ་གྲོས་མཛོད། །ཕ་ཁུ་རྣམས་ཀྱིས་ཐུགས་ཆགས་བསྐྱེན། །གླིང་དཀར་ཐུགས་ལ་དེ་འདྲ་ཞོག །གོ་ན་རྣ་བའི་བདུད་རྩི་གྱིས། །མ་གོ་གླུ་ཡི་ལེན་ལུགས་རེད། །ཅེས་གསུངས་པས་གླིང་དཔའ་བརྟུལ་ཕ་ཁུ་སོགས་ཚང་མས་བཀའ་ཕེབས་དེ་བདེན་པར་གོ་ནས་ཕྱག་མཆོད་གསོལ་འདེབས་སྐབས། གཡས་གྲལ་གྲལ་གྱི་གྲལ་འགོ་ནས་བློན་ཆེན་ཚ་ཞང་འདན་མ་དེས། མཛོད་དར་ཁ་དོག་སྣ་ལྔ་དང་། སྟག་གཟིག་པགས་པའི་དགུ་ཚན། གནམ་ལྕགས་རལ་གྲི་ཞུབས་ཁྲ་བཅས་ཕུལ་ནས། ཡ། གླིང་རྗེ་སེང་ཆེན་རིན་པོ་ཆེ། །སྔར་གསུངས་རྒྱལ་པོའི་བཀའ་དེ་བདེན། །ཁྱེད་ནི་བོད་ལ་བཀའ་དྲིན་ཆེ། །གོ་ན་གླིང་རུའི་ཕ་མ་འདྲ། །གནང་འདི་ཙམ་སྦྱིན་པ་དགའ་སྤྲོ་ཆེ། །སྟག་གཟིག་གཡང་གི་དངོས་གྲུབ་འདི། །རྒྱལ་པོས་མ་མཁྱེན་ཅི་ཡོད་དེ། །ང་འདན་མའི་ཞུ་བ་ཨེ་འདྲ་ཡོད་ཟེར་ཞིང་གླུ་འདི་གླངས་སོ། །ཨོཾ་མ་ཎི་པདྨེ་ཧཱུྃ་ཧྲཱིཿ གླུ་ཨ་ལ་ཐལ་ལ་ལ་རེད། །ཐལ་གླུ་ཡི་ལེན་ལུགས་རེད། །སྐྱབས་བླ་མ་ཡི་དམ་དཀོན་མཆོག་གསུམ། །གསོལ་བ་འདེབས་སོ་བྱིན་གྱིས་རློབས། །སྤྱི་གཙུག་བདེ་ཆེན་ཕོ་བྲང་ནས། །ཆོས་སྐུ་ལོངས་སྐུ་སྤྲུལ་སྐུ་གསུམ། །སྐུ་གསུམ་དགོངས་པས་བྱིན་གྱིས་རློབས། །ས་འདི་ས་ངོ་མ་ཤེས་ན། །རྨ་ཁམས་གླིང་གི་ས་ཆ་ནས། །ལྷ་གུར་དཀར་པོའི་ནང་ཤེད་

རེད། །གཡས་གྲལ་གྲལ་གྱི་འགོ་མ་རེད། །ང་འདྲ་ང་ངོ་མ་ཤེས་ན། །ཤར་ལུང་རི་དྲུག་མཁར་ནང་ནས། །གདན་ཁྲི་གསུམ་བརྩེགས་ཡང་སྟེང་ནས། །དཔའ་མི་འགྱུར་ཚོ་ཞང་འདུན་མ་ཡིན། །ལྷ་ལ་དད་པ་ཆེ་མི་ཡིན། །དཔོན་ལ་བསམ་པ་དཀར་མི་ཡིན། །དགྲ་ལ་ཞེ་སྡང་ཚོད་མི་ཡིན། །ཤི་ན་ཕངས་མེད་བྱེད་མི་ཡིན། །སྟོང་གཏམ་མ་ཡིན་དངོས་གནས་ཡིན། །དེ་ནས་རྒྱལ་པོ་རིན་པོ་ཆེ། །དགོས་འདོད་སྟག་གཟིག་ནོར་གཡང་འདི། །གླིང་དཀར་དམག་སྐར་དཀྱིལ་དུ་བཀོད། །ཕར་འཛོམས་དགྲ་དཔུང་མགོ་བོ་མནན། །ཚུར་ལ་ཟ་ཁ་གཏང་མ་བླངས། །ཚོ་དྲུག་རྒྱལ་ཁག་བཅོ་བརྒྱད་ལ། །ཁྲ་བོས་གནང་བགོས་ལོས་བྱེད་ཟེར། །དབུལ་པོ་རྒྱུ་དང་འཕྱོད་པ་བྱེད། །བཀྲེས་པ་ཟས་ཀྱིས་ཚིམ་ལེ་བྱེད། །དངོས་གྲུབ་གནང་བགོས་ལོས་བྱེད་རེད། །ཡང་ན་དམག་དཔོན་གེ་སར་རྒྱལ། །གླིང་དཀར་ར་ཤོག་རྒྱལ་ཁག་ལྔ། །རྒྱལ་པོ་ཁྱེད་དང་རྒྱལ་བློན་དྲུག །འགྲོ་དྲུག་འདྲེན་པའི་བསམ་པ་མཐུན། །གླིང་དཀར་དཔའ་བརྟུལ་འདུན་མ་ངས། །དགྲ་ཁྲ་རྒོད་ཟླ་བ་མདའ་ཡིས་བསད། །ཤ་ཡི་ཤ་ལེན་འདུན་མས་བླངས། །བུ་དཔའ་བོ་དཔའ་བའི་དཔའ་དར་དང་། །གཉང་ཁྲ་མོ་བླངས་པའི་རྒོད་དར་དེ། །ཕོ་རང་ལ་ཡོད་ན་བབས་ཡོད་དེ། །ཁྲག་མཚོ་ཧོར་གྱི་དཔུང་ཤེད་ནས། །འཕྲུལ་བློན་ཧོར་གྱི་ཤན་པ་འདི། །རྒྱལ་པོ་ཁྱེད་ལ་བསམ་པ་དཀར། །དཀར་པོ་གླིང་རྟའི་དཔུང་ཡ་འཚོས། །སེམས་གཡོ་སྒྱུ་མེད་པའི་བློན་ཆེན་ཡིན། །གཡུ་ལྷ་དུང་སྐྱོང་དཔའ་མོ་གསུམ། །ང་དང་སྨྲིན་པོ་མི་ལྔ་འདི། །རྒྱལ་ཁག་ལྔ་ཡི་འགོ་འཛིན་བྱས། །རྒྱལ་པོ་ཁྱེད་ཀྱི་ཞབས་ཞུ་སྒྲུབ། །རྒྱལ་པོ་ཁྱེད་ཀྱིས་ཐུགས་ཆགས་

མཛོད། །དེ་ནས་ནོར་བུ་སྣ་ལྔ་འདི། །རྒྱལ་ཁབ་ལྔ་ལ་བཞག་ན་བསམ། །རྒྱད་པོས་རང་འདོད་བཤད་ལེ་མིན། །ས་ལ་འབྲས་དྲུག་སྐྱེ་བ་དང་། །གནམ་ནས་སྦྲང་ཆར་བབས་པ་དང་། །བཟང་གསུམ་རྟེན་འབྲེལ་འགྲིགས་ལེ་གདའ། །བསམ་པ་དཀར་པོའི་སླིང་གཏམ་ཡིན། །རྒྱལ་པོའི་ཐུགས་ལ་དེ་འདྲ་ཞོག །གོ་ན་ཆ་བའི་བདུད་རྩི་གྱིས། །མ་གོ་གླུ་ཡི་ལེན་ལུགས་རེད། །ཅེས་ཞུས་པས་དེར་གླིང་དཀར་ཚང་མས་འདུན་མའི་གསུང་དེ་བདེན་ཏེ། ནོར་བུ་འདི་རྣམས་རྒྱལ་ཁབ་སོ་སོར་བཀྲམ་ན་སྤྱིར་ནོར་བུ་འདི་ཚོ་ལ་བརྟག་ན་དགོས་འདོད་ཕུན་སུམ་ཚོགས། ཕྱི་རབས་བོད་ལ་དངོས་གྲུབ་ཀྱི་ཆར་རྒྱུན་འབེབས། དབྱར་རྩི་ཤིང་ལོ་འདབ་མེ་ཏོག་རྒྱས། ཚོ་བསོད་མངའ་ཐང་སྟོབས་རྩལ་དཔལ་འབྱོར་སོགས་རྒྱས་པ་འདུག་བསམ་ནས་ཐམས་ཅད་དགའ་བའི་ངང་ལ་བཞུགས། དེ་ནས་འཛམ་གླིང་སེང་ཆེན་རྒྱལ་པོའི་དགོངས་པར། འདུན་མའི་གསུང་དེ་བདེན་ཏེ། ད་ལྟ་ཕྱི་རབས་སེམས་ཅན་རྣམས་ལ་གལ་ཆེ་བས་ནོར་བུ་འདི་རྒྱུན་ཆད་ཤོར་ན་འགྲོ་ཀུན་སེམས་ཅན་རྣམས་དངོས་གྲུབ་ཀྱི་སྐལ་བ་ཆད་འགྲོ་བ་ཡིན་པས། སྤྱི་དཔོན་འདི་ཡ་ཁྲེ་རྣམས་ཀྱི་འགོ་མ། ལོ་གྲངས་ནང་གི་མཐོ་བ། ལས་དང་བྱ་བ་ཅི་བྱས་ནང་ཆགས་མཁས་པས་འདས་མ་འོངས་ད་ལྟ་དུས་གསུམ་ཐམས་ཅད་དགོངས་པ་ལ་ཁོང་དྲག་པ་མཁྱེན་ཅིང་། ཨ་ཁྲེ་ལ་ལན་གསུམ་གཟིགས་སྐབས་དེར། མདུན་གྲལ་གྱི་ནང་ནས་སྤྱི་དཔོན་རོང་ཚ་ཁྲ་རྒན་དེ་ཡར་བཞེངས་ནས་གོ་སར་རྒྱལ་པོའི་མདུན་དར་སྣ་ལྔ་ཕུལ། འདུན་མ་དང་དཔའ་བརྟུལ་གང་དྲག་རྣམས་ལ་དར་རེ་ཕུལ་ནས། ཡ། ཉོན་དང་ལྷ་རྒྱུད་རྒྱལ་བློན་རྣམས། །ང་ཨ་ཁྲེའི་དྲན་ཚུལ་སྙན་ཞུ་འབུལ། །བློ་ཡག་ཉེས་གང་ཡིན་ཐུགས་

དཔྱད་མཇོད། །ཟེར་ནས་གླུ་འདི་བླངས་སོ། །ཨོཾ་མ་ཎི་པདྨེ་ཧཱུྃ་ཧྲཱིཿ གླུ་ཨ་ལ་ཨ་ལ་ཐལ་རེད། །སྐྱབས་བླ་མ་ཡི་དམ་དཀོན་མཆོག་གསུམ། །གསོལ་བ་འདེབས་སོ་ཐུགས་རྗེས་གཟིགས། །རིགས་དྲུག་ཆོས་ལ་འགྱུར་བར་ཤོག །སྲིད་གསུམ་བདེ་འགྲོ་ཐོབ་པར་ཤོག །དེ་རིང་ལྷ་དང་སྤྱུང་མས་གཟིགས། །ས་འདི་ས་ངོ་མ་ཤེས་ན། །རྨ་ཁམས་གཡང་གི་ར་བ་ནས། །ལྷ་གུར་དཀར་པོའི་ནང་ཤེད་ནས། །རྒྱལ་བློན་ཕུ་ནུའི་མདུན་གྲལ་རེད། །ང་འདྲ་ང་ངོ་མ་ཤེས་ན། །དཀར་པོ་གླིང་རུའི་གཡང་ར་ནས། །ཁྲ་ཕུ་འཛམ་གླིང་ལ་ཁ་ཟེར། །མཁར་མི་འགྱུར་གནམ་རྫོང་ཕྱུག་མོ་ནས། །གདོང་མི་འགྱུར་རོང་ཚ་ཁྲ་རྒན་ཟེར། །དེ་ནས་གླིང་དཀར་རྒྱལ་བློན་ཚོ། །འདི་ལོ་སྟག་གཟིག་ནོར་གཡང་དེ། །དཀར་པོ་གླིང་ལ་འབེབས་པའི་ཚུལ། །རྒྱལ་བློན་རང་ཡུལ་འཁོར་ལོ་འདི། །ཀླུ་བདུད་མཆོད་ཆགས་པ་འདྲ། །རྟེན་འབྲེལ་ཆེ་ཚུལ་དེ་འདྲ་རེད། །དཔའ་བརྟུལ་ཧྲི་ཧྲི་གྲངས་མེད་འདི། །བསམ་པ་གླིང་དཀར་ཆོས་བློན་རེད། །དེ་ཡང་གནམ་གྱི་དང་པོ་ལ། །གཡུ་ལྷ་འདན་མ་ཤན་པ་དང་། །དུང་སྐྱོང་དཔའ་མོ་མི་ལྡུ་འདི། །རྒྱལ་ཁབ་ལྡུ་ཡི་འགོ་དཔོན་རེད། །ཕོ་དཔའ་བོ་དཔའ་བའི་དཔའ་དར་དང་། །གནང་ཁྲ་མོ་བླངས་པའི་རྐོད་དར་དང་། །རྐོད་པོའི་དཔའ་དར་ལོས་དགོས་རེད། །ནག་པོའི་ནོར་དང་དཀར་པོའི་ལུག །ཁྲ་བོ་རྟ་དང་སྨུག་པོ་འབྲི། །ཕྱུང་དཀར་མཛོ་དང་མཛོ་མོ་སོགས། །སྟག་གཟིག་རྒྱལ་པོའི་ཕ་ནོར་རེད། །ཚོ་དྲུག་ནང་བགོས་བྱེད་རྒྱུ་རེད། །དབང་ཐང་དར་བའི་དཔའ་བོ་རེད། །བློན་པོས་བསམ་པ་དཀར་ཚུལ་ལ། །དཔོན་པོས་བདག་རྐྱེན་ལོས་ཡོད་རེད། །མགོ་འདྲེན་གནང་བའི་འོག་སྡེ

འདི་འི། །དཔོན་ལ་ཞབས་ཞུ་ཐིངས་བས་ན། །བྱམས་སྐྱོང་སྡེ་ལ་ལོས་ཡོད་རེད། །དགྲ་བཞི་འདུལ་བའི་དཔའ་བོ་རེད། །གཏང་མ་གནང་ལ་བླངས་པས་ན། །ཆོད་པོར་དཔའ་དར་ལོས་ཡོད་རེད། །མི་དགོས་ཟེར་བ་སུ་ལ་ཡོད། །འཛམ་གླིང་རྒྱལ་པོ་གེ་སར་ཁྱེད། །འཛམ་གླིང་བདེ་ལ་འགོད་མི་རེད། །བོད་ལ་བཞག་པ་བྱེད་མི་རེད། །ཤཱཀྱ་ཐུབ་པའི་བཀའ་སྲུང་རེད། །ཨོ་རྒྱན་གཏེར་ཆུས་འཛུགས་མི་རེད། །འཁོར་བའི་སྡོན་ཆུས་བཀོད་མི་རེད། །ཕ་ནོར་སྟག་གཟིག་ནོར་བུ་རྣམས། །སྣང་པ་བོད་ལ་ཕན་པའི་རྫས། །དགོས་འདོད་དཔའ་བརྟུལ་གནང་བཞག་ན། །བོད་ལ་བཞག་པ་ཨེ་ཡོད་ན། །རྒྱལ་པོས་མ་དགོངས་ཨ་ཡོད་དེ། །བོད་ཀྱི་སྡོད་ཆུས་ཨེ་ཟིན་བསམ། །ད་ནི་རྒྱལ་པོ་ལྷ་ཡི་བུ། །ཟག་མེད་མངོན་ཤེས་ཐུགས་ལ་མངའ། །རྒྱལ་པོ་ཁྱེད་ཀྱིས་ལོས་མཁྱེན་རེད། །ང་སྤྱི་དཔོན་ཨ་ཁུའི་དྲན་ཚུལ་ལ། །ནགས་ཚལ་དཀྱིལ་འཁོར་མཐུག་པ་ན། །སྟག་མོ་འཛུམ་དྲུག་ཇེ་རྒྱས་རེད། །སྟག་ཕྲུག་དེ་ལ་དེ་འཁོར་རེད། །སྐྱེ་འགྲོ་རྒྱུན་དུ་མི་ཆད་འདུག །ནགས་ཚལ་སྡོང་པོ་ཆག་སོང་ན། །སྟག་མོ་འཛུམ་དྲུག་གང་ན་རྒྱས། །རྒྱ་མཚོ་ཁ་ཞེང་ཆེ་བས་ན། །ཀླུ་བདུད་རྩེ་ར་ལོས་རྒྱས་རེད། །གསེར་ཉ་དེ་ལ་དེ་འཁོར་རེད། །རྒྱ་མཚོ་གཏིང་ནས་སྐམ་སོང་ན། །ཉ་སྲམ་འགྲོ་འཁྲིམས་ག་ལ་ཡོད། །སྟག་གཟིག་ནོར་བུ་སྣ་བདུན་འདི། །ལྷ་ལ་བཀའ་གཏད་བཞག་པས་ན། །བོད་ལ་བདེ་སྐྱིད་ཇེ་རྒྱས་རེད། །ཡུལ་སྡེ་དེ་ལ་དེ་འཁོར་རེད། །ནོར་བུ་རྒྱུན་དུ་མ་ཆད་ན། །དགོས་འདོད་རང་མོས་བྱེད་པས་ཆོག །ཐ་མ་རྒྱུན་དུ་ཆད་སོང་ན། །སྣང་པ་བོད་ཀྱི་ཉེན་འབྲེལ་འཆུག །རྩྭ་མཆོག་རྒྱས་རྒྱུ་ག་ལ་ཡོད། །རྒྱལ་བློན་རྣམས་ཀྱིས་

ཐུགས་བཞག་མཛོད། །གོ་ན་ཟ་བའི་བདུད་རྩི་གྱིས། །མ་གོ་གླུ་ཡི་ལེན་ལུགས་རེད། །ཅེས་ཟེར་བས་དེར་གེ་སར་རྒྱལ་པོས་སྤྱི་དཔོན་གྱི་གསུང་དེ་བདེན། སྟག་གཟིག་རྒྱལ་པོའི་ནོར་བགོས་གླིང་དཀར་གྱིས་བྱས་ན་བོད་ལ་སྐལ་བ་བཟང་སྟེ་ནོར་བུ་སྣ་བདུན་འདི་ཡུལ་ལྷ་ཟེ་དོར་རྣམས་ལ་བཀའ་གཏད་བྱས་ན་ཇི་སྲིད་འཚོ་བའི་བར་ནོར་རྫས་རིགས་རྒྱུན་མི་ཆད་པ་དང་། ཕྱི་རབས་བོད་ལ་ས་བཅུད་ཡུལ་བཅུད་མི་རྒྱུའི་བཅུད་རིགས་བཟང་དགོས་པས། ཡ། ཉོན་དང་གླིང་རྟུའི་ལྷ་སྡེ་རྣམས། །ཆེན་པོ་གླིང་རྟུའི་ཕ་ཁུ་དང་། །རྒྱལ་བློན་ཕ་མའི་ནང་གྲལ་ལ། །བོད་སྐད་པར་བཞག་པ་ཨེ་འདྲ་ཡིན། །གླིང་ཁྲ་མོས་གནང་བགོས་ཨེ་འདྲ་བྱེད། །ང་རྒྱལ་པོའི་བསམ་པ་ཨེ་འདྲ་ཡོད་གསུངས་ནས་གླུ་འདི་ལྟར་གསུངས་སོ། །ཨོཾ་མ་ཎི་པདྨེ་ཧཱུྃ་ཧྲཱིཿ གླུ་ཨ་ལ་ཨ་ལ་ཨ་ལ་རེད། །ཐ་ལ་གླུ་ཡི་ལེན་ལུགས་རེད། །སྐྱབས་བླ་མ་ཡི་དམ་དཀོན་མཆོག་གསུམ། །སྐུ་མི་འགྱུར་གསལ་ལ་སྤྱི་བོར་བཞུགས། །བཞུགས་ནས་བྱིན་གྱིས་བརླབ་ཏུ་གསོལ། །གླུ་མཆོད་གཅིག་སྒྲོལ་མ་དཀར་མོ་མཆོད། །མཆོད་གཉིས་སྒྲོལ་མ་སྔོན་མོ་མཆོད། །མཆོད་གསུམ་རིགས་གསུམ་མགོན་པོ་མཆོད། །དེ་རིང་ལྷ་ཁམས་གྲོགས་ལ་བྱོན། །ས་འདི་ས་ངོ་མ་ཤེས་ན། །རྨ་ཁམས་གཡང་གི་ས་ཆ་རེད། །ལྷ་གུར་མཐོང་བ་དོན་ལྡན་རེད། །མི་ང་དང་ང་ངོ་མ་ཤེས་ན། །མི་དབང་གླིང་རྗེ་གེ་སར་ཟེར། །དེ་ནས་རྨ་ཁམས་གླིང་རྟུའི་སྡེ། །ཡང་སློས་རྟུ་འདྲེན་རྒྱལ་ཁབ་ལྷ། །ཉོན་དང་འདྲ་མ་ཨེ་འདྲ་ཡོད། །སྟག་གཟིག་ནོར་རྫོང་ཕ་ནོར་རེད། །ད་ལོ་དཀར་པོ་གླིང་ལ་ཕབ། །ཚོ་དྲུག་གླིང་པའི་གནང་བགོས་རེད། །ཡ་མཚན་ཆེ་བ་ཨེ་འདྲ

ཡིན། །ཁྲ་བོ་ནོར་གྱི་གནང་བགོས་རེད། །དེ་རིང་སྤྱི་དཔོན་ཁྲིད་ལ་བབས། །བགོས་ཡ་མཚན་ཅན་དེ་ཨ་ཁྲེས་གྱིས། །མི་རྐན་ཁ་ན་གཡང་རྐན་རེད། །སྟག་གཟིག་ནོར་ཆ་བདུན་པོ་འདི། །རྒྱལ་ཁག་ལྔ་ལ་བགོས་པས་ན། །ད་ལྷ་དངོས་གྲུབ་ལོས་རྒྱས་ཏེ། །ཕྱིན་ཆད་ཅི་ཡོང་ཆ་མེད་རེད། །བོད་ཀྱི་དངོས་གྲུབ་ཆད་སོང་ན། །འཁོར་བ་ཆགས་ཐབས་དཀའ་མོ་རེད། །དེ་འདྲ་མ་བཟོ་འདི་འདྲ་བཟོ། །ཡུལ་ཕྱོགས་སྐྱོང་བའི་གཞི་བདག་དང་། །གཉན་ཆེན་དམག་དཔུང་འཁོར་བཅས་པ། །རྒྱལ་པོ་ང་ཡིས་བཀའ་གཏད་བྱེད། །ནོར་བུ་སུ་ཐོབ་གང་བབས་ཀྱིས། །ཁྲ་བོ་ཞྭ་ཡི་གདམ་ག་བསྐོར། །བར་གྱི་དབུས་གཙང་རུ་བཞི་ནས། །བོད་ཀྱི་བེར་ནེ་རི་བཀྲ་དང་། །འདམ་ཤོད་གཉན་ཆེན་ཐང་ལྷ་དང་། །སྲིད་པ་ཆགས་པའི་ལྷ་དགུ་དང་། །འགུལ་ལྷ་བཅུ་གསུམ་འཁོར་དང་བཅས། །དེ་རིང་སྐྱེས་བུའི་གྲོགས་ལ་བྱོན། །ནོར་བུ་ནང་བགོས་བྱ་ཚུལ་འདི། །ཁྲ་བོའི་ཞྭ་ལ་གདམ་ག་གཟིགས། །ཇོ་བོ་སྒྲོགས་ཆེན་སྤོང་ར་དང་། །ཛ་ཡི་ཛ་རྒྱལ་འཕེན་ཕྱུག་དང་། །ཤར་གྱི་རྨ་ཆེན་སྤོམ་ར་དང་། །རྩེ་ལྷ་བཅུ་གསུམ་འཁོར་དང་བཅས། །དེ་རིང་སྐྱེས་བུའི་གྲོགས་ལ་བྱོན། །སྟག་གཟིག་ནོར་བུ་བགོ་བའི་ཚུལ། །ཁྲ་བོ་ཞྭ་ཡི་གདམ་ག་བསྐོར། །ཚ་བའི་རྡོ་རྗེ་དྲིལ་དཀར་དང་། །ཟིལ་ཁྲོམ་རྡོ་རྗེ་གཡུང་དྲུང་དང་། །རྒྱ་ཡི་ཁ་ཤ་མུ་ནེ་དང་། །རྡོ་ཐེ་གངས་དཀར་མཚན་བརྒྱད་དང་། །གཉན་ཆེན་སུམ་བརྒྱ་དྲུག་ཅུ་བཅས། །དེ་རིང་སྐྱེས་བུའི་གྲོགས་ལ་བྱོན། །སྟག་གཟིག་ནོར་རྫོང་བགོ་བའི་ཚུལ། །ཁྲ་བོ་ཞྭ་ཡི་གདམ་ག་བསྐོར། །དྲིས་ཤོད་ཁ་བ་ལོག་རི་དང་། །མདོ་སྨད་བྲག་ར་ལྷ་རྩེ་དང་། །ལྷོ་ཡི་རོང་ལ་རྒྱལ་མཚན་

དང་། །རོང་བཙན་ཁ་བ་དཀར་པོ་དང་། །རྒྱ་ནག་རི་བོ་རྩེ་ལྔ་དང་། །མི་ཉག་གཡུ་རི་རྩེ་རྒྱལ་དང་། །གླང་ཆེན་འགྱིང་རི་འཁོར་དང་བཅས། །མ་ཡེངས་སྐྱེས་བུའི་གྲོགས་སུ་བྱོན། །སྟག་གཟིག་ནོར་རྫོང་བགོ་བའི་ཚུལ། །ཁྲ་བོ་ཤྭ་ཡི་གདམ་ག་བསྒོར། །ཤྭ་འདི་སུ་བབས་གང་བབས་གྱིས། །དགོས་འདོད་ནོར་ཆ་བདུན་པོ་འདི། །ཁྱེད་གཉན་ཆེན་རྣམས་ལ་བཀའ་གཏད་ཡིན། །འཛམ་གླིང་རྒྱལ་པོའི་གཏེར་རྫས་ཡིན། །སྣང་པ་བོད་ལ་འཛོག་རྒྱུ་ཡིན། །བསམ་དོན་འགྲུབ་པ་ད་རེས་ཡིན། །ལྷ་ཀླུ་གཉན་གསུམ་འཁོར་དང་བཅས། །དངོས་གྲུབ་རྒྱལ་པོའི་གླུ་དབྱངས་འབུལ། །ལྷ་ཚོགས་ཐུགས་ལ་དེ་ལྟར་ཞོག །གོ་ན་རྣ་བའི་བདུད་རྩི་གྱིས། །མ་གོ་གླུ་ཡི་ལེན་ལུགས་རེད། །ཅེས་གསུངས་ཤིང་རྒྱལ་པོ་གེ་སར་ནས་ལྷ་ཀླུ་གཉན་གསུམ་ལ་བཀའ་གཏད་མཛད་ཅིང་དར་སྣ་ལྔ་ཡི་མདའ་དར་མེ་ལོང་གིས་བརྒྱན་པ་རིན་པོ་ཆེའི་ཡོལ་གོའི་ནང་དུ་ཇ་ཆང་འོ་མའི་ཕུད་ཕྱུར། གསེར་དངུལ་སྣ་ཚོགས་ཀྱི་སྣོད་སྤེར་ནང་དུ་ཕྱེ་མར་གྲོ་ནས་འབྲས་འབྲུ་སྣ་ལྔ། ཟས་སྣ་མང་པོ་དང་། ཤེལ་ཅིག་ཀ་ར་བུ་རམ་མངར་གསུམ། ཤ་ཁྲག་ལ་སོགས་པ་རི་རྒྱལ་བས་དཔངས་མཐོ་བ། རྒྱ་མཚོ་བས་གཏིང་ཟབ་པ་སྤུགས་དང་ཕྱུག་རྒྱས་བྱིན་བརླབས་མཛད་ནས། ཤུག་པ་སུར་དཀར་མཁན་དཀར་ཙན་དན་ན་ག་སོགས་ཀྱི་ལྷ་བསང་གླིང་བཞི་གླིང་ཕྲན་བརྒྱད་ལ་ཕུལ་ནས་དཔའ་བརྟུལ་མཆེད་འཁོར་གྱི་བསྐོར་ནས་དར་འཕྱུར། མ་སྲུ་མོ་སྨན་རྣམས་ཀྱིས་མདའ་དར་དང་ཕྱེ་མར་བཟུང་ནས་ལྷ་ཡི་ཕྱོགས་ལ་འབུལ་བ་བྱས། དེ་ནས་ལྷ་ཀླུ་གཉན་གསུམ་ཐམས་ཅད་སྤྲིན་འཚུབ་པ་ལྟར་རྒྱལ་པོའི་འཁོར་དུ་ཁྲ་འཁྱིལ་ལེར་བབས་ནས་བྱུང་། དེ་ནས་གླིང་རྗེ་གེ་སར་རྒྱལ་པོས་གནམ་གླིང་པད་མ་

དཀར་པོ་དེ་གདན་ལ་བཏིང་ནས། དེའི་སྟེང་མི་ནུབ་སྟག་གཟིག་ཡུལ་གྱི་ནོར་བུ་སྣ་བདུན་བཀོད་དེ། ལྷ་ཚངས་པའི་དུང་ཤ་དཀར་པོ་དེ་གཉན་ཆེན་རྣམས་ཀྱི་ཕྱག་ཏུ་བཞག་ནས་ནོར་བུ་སུ་ཐོབ་ཀྱི་ཤ་བརྒྱབ་པས། ཤ་མིག་དང་པོ་གཉན་ཆེན་ཐང་ལྷ་ལ་བབས། དེ་ལ་ནོར་གཡང་རྫམ་ལྷ་དཀར་སེར་དམར་ལྗང་གི་དཀྱིལ་འཁོར་ཆ་ཚང་བ་ཐོབ། དེ་ཕྱོགས་ལ་གོས་ནོར་འབྲི་ར་ལུག་རྒྱུད་འགྲོང་གི་དངོས་གྲུབ་རྒྱས་པ་བླངས། ཤ་མིག་ལྔ་པ་རོང་བཙན་ཁ་བ་དཀར་པོ་ལ་བབས། དེ་ལ་ལྔ་རིས་ཟླ་བ་དཀར་ཆོས་དེ་ཐོབ། དེ་ཕྱོགས་ལ་མངར་རིགས་དང་སྨྲ་སྨྱུག་གི་ལོ་འདབ་རྒྱས། ཤ་མིག་གཉིས་པ་ཇོ་བོ་སྒྲོགས་ཆེན་སྤོང་ར་ལ་བབས། དེ་ལ་གསེར་གྱི་མཆོད་རྟེན་དང་མཆུལ་ཐོབ། དེ་ཕྱོགས་ལ་གསེར་དངུལ་གྱི་དངོས་གྲུབ་དང་རྩི་ཤིང་གི་ལོ་འདབ་རྒྱས་པར་གྱུར། ཤ་མིག་གསུམ་པ་ཤར་གྱི་རྨ་ཆེན་སྤོམ་ར་ལ་བབས་ནས་དེ་ལ་རྟ་མཆོག་ཟླ་བ་མགོ་གསུམ་ཐོབ་པས་དེ་ཕྱོགས་རྟ་ཡི་དངོས་གྲུབ་ཀྱི་གཏེར་ཟད་མེད་བྱུང་། ཤ་མིག་བཞི་པ་དྲིས་ཤོད་ཁ་བ་ལ་བབས་ནས་དེ་ལ་ཚོང་གཡང་འགུགས་པའི་ལྕུགས་ཀྱུ་ཐོབ། དེ་ཕྱོགས་ལ་རྒྱུ་ནོར་ཚོང་གི་དངོས་གྲུབ་རྒྱས། ཤ་མིག་དྲུག་པ་མི་ཉག་གཡུ་རི་རྩེ་རྒྱལ་ལ་བབས་ནས་དེ་ལ་འབྲུ་གཡང་ཁྱུང་གི་སྒོ་ང་ཙམ་དེ་ཐོབ། དེ་ཕྱོགས་ལ་གྲོ་ནས་སྲན་གསུམ་སོགས་འབྲས་རྩི་རྣམས་ཀྱི་དངོས་གྲུབ་རྒྱས། ལུག་གཡང་གང་པ་བཟང་པོ་དེ་ཛ་རྒྱལ་རྡོ་རྗེ་འཕེན་ཕྱུག་ལ་ཐོབ། དེ་ཕྱོགས་ལ་སླན་ར་ལུག་འབྲི་རྣམས་ཀྱི་དངོས་གྲུབ་རྒྱས། ཐང་ལྷའི་རིགས་རྣམས་དང་གཞི་བདག་དེ་རྣམས་ལ་ནོར་བུ་རེ་ཐོབ། གཞན་ཡང་དགེ་བསྙེན་ཉེར་གཅིག །སྲིད་པ་ཆགས་པའི་ལྷ་དགུ། བོད་ཀྱི་མགུར་ལྷ་བཅུ་གསུམ་སོགས་ལྷ་ཀླུ་གཉན་གསུམ་ལ་གླིང་རྒྱལ་བློན་རྣམས་ནས་བསང་གསུར་

གསེར་སྐྱེམས་ཀྱི་མཆོད་པ་ཕུལ་ནས་དགའ་མགུ་ཡིད་ཚིམ་ནས་རང་གནས་སུ་གཤེགས་སོ། །དེ་ནས་གླིང་རྒྱལ་ཁབ་ལྷའི་དཔོན་བློན་དཔའ་བརྟུལ་རྣམས་ལྷ་གུར་ནང་ཕྱུག་ཕེབས་ཤིང་རང་རང་གདན་ལ་བཞུགས་སྐབས་སུ་གླིང་རྗེ་གེ་སར་རྒྱལ་པོའི་ཞལ་ནས་གླིང་སྤྱི་དཔོན་རོང་ཚ་ཁྲ་རྒན་ཁྲིད་གླིང་ཕུ་ནུ་རྣམས་ཀྱི་དང་པོ་ཡིན། སྟག་གཟིག་ཁྲ་མོའི་ནོར་འཕྲོད་འདི། །དེ་རིང་སྤྱི་དཔོན་ཁྲིད་ལ་བབས། །རྐོད་པོ་དཔའ་བའི་དཔའ་དར་དང་། །རྟེན་འབྲེལ་མཆོད་པའི་གནང་བགོས་ཀྱིས་ཞེས་གསུངས་སོ། །སྤྱི་དཔོན་ནས་ལེགས་སོ་ཞུས་ཤིང་། གླིང་། ཧོར། འཛང་། མོན། བདུད་སོགས་རྒྱལ་ཁབ་ལྷ་ཡི་དཔོན་བློན་རྣམས་ཤོག་གསུངས། སྟག་གཟིག་ནོར་གྱི་དངོས་གྲུབ་རྒྱལ་ཁབ་ལྷ་པོའི་ལག་ན་ཡོད་པ་ཐམས་ཅད་སྐར་དཀྱིལ་དུ་ཁྲིར་ཤོག་ཟེར། དེ་ནས་སྟོད་གླིང་གསེར་བ་མཆེད་བརྒྱད། བར་གླིང་འོམ་བུ་ཚོ་དྲུག སྨད་གླིང་མུ་སྦྲང་སྡེ་བཞི། འདན་མ་ཁྲི་སྐོར་བཅུ་གཉིས། སྒ་པ་རིན་ཆེན་ཚོ་དྲུག སྟག་རོང་ཤོག་ཆེན་བཅོ་བརྒྱད། ནག་རུ་ཁྲི་སྐོར་བཅུ་གསུམ། སྒ་རུ་འབུམ་ཚོ་བཅུ་གཉིས། ཀ་རུ་ཤོག་ཆེན་བཅུ་དགུ། རོང་མི་ཤོག་ཆེན་ཉེར་གཅིག རོང་མི་མཆོད་མར་པོ། ཕྱིའི་སྡེ་ཁག་བདུན་ལ་སྟོང་སྡེ་བདུན་བརྒྱ། ནང་སྡེ་ཁྲི་སྐོར་བཅུ་གཉིས་གླིང་རུའི་ལྷ་སྡེ་ཕྱུག་མོ། ཧོར་སེར་ཁྲག་མཚོ་ཁོལ་མ། འཛང་པ་རྒྱ་མཚོ་ཕྱུག་མོ། མོན་སྡེ་སྟི་ཤིང་འདབ་རྒྱས། བདུད་ཀྱི་སྡེ་ཆེན་བཞི་ལ་སོགས་པ་རྒྱལ་ཁབ་བཞིས་ཟུར་ནས་བསྐོར། སྟག་གཟིག་ནོར་གྱི་དངོས་གྲུབ་ནོར་བུ་དེ་སྐར་དཀྱིལ་དུ་བཀོད་ནས་ཐམས་ཅད་ནོར་ཕྱོགས་ལ་ཕེབས་པའི་སྐབས་དེར། གདོང་མི་འགྱུར་སྤྱི་དཔོན་རོང་ཚ་ཁྲ་རྒན་དེས། དབུ་ཞྭ་ཞྭ་འདབས་ཡར་འཛོང་ལ། པདྨ་རཱ་གའི་ཏོག མ་

བྱིའི་འཕྲུ་ཤར་ལྷ་བཙུགས་ནས། གོས་ཆེན་རྒྱན་གཞི་སེར་པོ་ལ་ཆུ་སྲམ་དཀར་པོས་མཐའ་རྒྱན་བརྒྱབ། ཆུ་དར་སེར་པོའི་སྐུ་ཆིངས་གསོལ། རྐང་ལ་དར་ལྷམ་འཛའ་རིས་གསུམ་བསྐོར་ལ། ཆུ་དར་དམར་པོའི་ལྷམ་སྒྲོག་བཅིངས། དར་དམར་སྨུག་གི་རྐང་གོས། སེར་པོ་གསེར་གྱི་རྣ་ལུང་ལ་སྔོན་པོ་གཡུ་ཡི་ཁྲ་རྒྱན་སྤྲས་ནས། ཁམ་པ་དངུལ་གྱི་སྒློ་ཐུང་ལ། རྒྱ་བྱུར་སོག་མའི་ཁྲ་རྒྱན་སྤྲས། གཟི་ཞགས་ནོར་བུའི་མགུལ་རྒྱན་གསོལ། གོས་ཆེན་སེར་པོའི་ཕོར་ཁྲུག་ལ། སྔོང་སྐྱུད་དམར་པོའི་ཚར་ལོས་བརྒྱན། བ་སོ་དཀར་པོའི་ཁ་འཆིང་སྤྲས་ཤིང་བརྫིད་པའི་ཉམས་དང་ལྡན་པ་བྱས་ཏེ། དེ་རིང་ཨ་ཁྲུའི་གླུ་ལ་ཉོན་ཟེར་ཞིང་དལ་བ་རིང་མོ་ལ་དྲངས་ནས་གླུ་འདི་བླངས་སོ། །ཨོཾ་མ་ཎི་པདྨེ་ཧཱུྃ་ཧྲཱིཿ ཨ་ལ་ལ་མོ་ཨ་ལ་རེད། །ཐལ་གླུ་ཡི་ལེན་ལུགས་རེད། །དུང་ལོ་འབར་བའི་གདན་སྟེང་ན། །གཡུ་ལོ་བཀོད་པའི་ཞིང་ཁམས་ནས། །མཐུ་སྟོབས་ཕྲུག་ན་རྡོ་རྗེ་དང་། །དྲག་པོ་རིགས་ལྷ་ཡབ་དང་ཡུམ། །དེ་རིང་ལྷ་ཁམས་གྲོགས་ལ་བྱོན། །ས་འདི་ས་ངོ་མ་ཤེས་ན། །རྨ་ཁམས་གླིང་གི་ས་ཆ་ནས། །རྒྱལ་པོའི་གདན་ས་གོང་མ་རེད། །ང་འདྲ་ང་ངོ་མ་ཤེས་ན། །གླིང་སྨུག་པོ་གདོང་གི་ཨ་ཁྲུ་ཟེར། །མིང་ལ་རོང་ཚ་ཁྲ་རྐན་ཡིན། །གླིང་གེ་སར་རྒྱལ་ཆུས་སྤྱི་ནས་འཚོས། །སྤྱི་དཔོན་ཐོག་དོན་དེ་ག་རེད། །དེ་ནས་གླིང་རུའི་ལྷ་སྡེ་རྣམས། །སྐུ་མངའ་ཐང་རྒྱས་པ་གེ་སར་རྒྱལ། །ཉི་ཟླ་འདྲ་བའི་དགྲ་ལྷ་དང་། །བཙན་བདུད་འདྲ་བའི་དཔའ་བརྟུལ་རྣམས། །གཏམ་ཞུ་རྒྱུ་འདྲ་མ་ཨེ་འདྲ་ཡོད། །འཛམ་གླིང་རྒྱལ་པོའི་སྐུ་རིང་ལ། །ཟུར་གྱི་རྫོང་ཆུང་མང་པོ་ཕབ། །གནང་ཁྲ་མོ་བགོ་མི་ང་རང་ཡིན། །གོང་དཔོན་ལ་སྐུ་སྐལ་འཛོག་རྒྱུ

དང་། །ལྷ་གོང་མར་ཆོས་སྐལ་འཇོག་རྒྱུ་གཉིས། །དྲིན་ཕ་མར་བགོས་མཆོས་
འཇོག་རྒྱུ་གསུམ། །བོད་རྒྱུ་འབྲས་དྲང་བའི་འགྲོ་ལུགས་ལ། །དེ་མིན་བདག་
རྐྱེན་བོད་ལ་ཡོད། །ཕོ་བཟང་ངན་མེད་པ་འདྲ་འདྲ་བྱས། །ཚ་བ་རོང་གི་མདའ་
རྫོང་ཕབ། །ཉག་ཕྲན་མདའ་བགོས་ཨ་ཁྲུས་བྱས། །སྨྱུག་ཕུད་གོང་མ་ལྷ་ལ་
བཞག །སྐྱེས་སྨྱུག་རྒྱལ་པོའི་སྐུ་སྐལ་བཞག །སྨྱུག་རྐོད་དཔའ་བོའི་དཔའ་
དར་བཞག །དེ་མིན་རོང་གི་སྨྱུག་རྐོད་དེ། །ཕོ་བཟང་ཞན་མེད་པ་འདྲ་འདྲ་
བྱས། །ད་དུང་འདན་མའི་ནས་རྫོང་ཕབ། །འབྲུ་སྔོན་མོ་བགོ་མི་ཨ་ཁྲུ་
ཡིན། །འབྲུ་ཕུད་གོང་མ་ལྷ་ལ་བཞག །འབྲུ་གཡང་རྒྱལ་པོའི་སྐུ་སྐལ་
བཞག །འབྲུ་སྔོན་དཔའ་བོའི་དཔའ་དར་བཞག །དེ་མིན་འབྲུ་སྤྲན་སྣ་ལྔ་
དེ། །ཕོ་བཟང་ཞན་མེད་པ་འདྲ་འདྲ་བྱས། །དེ་མིན་བལ་པོའི་ལུག་རྫོང་
ཕབ། །ལུག་གཡང་དཀར་བགོ་མི་ཨ་ཁྲུ་ཡིན། །ར་བཞི་ར་བ་སྒོ་བཞི་
དེ། །གོང་མ་ལྷ་ལ་ཆོས་སྐལ་བཞག །ཤ་ར་བལ་གྱི་ཁ་ཚུ་དེ། །གོང་ཡང་
ཐོག་རྒྱལ་པོའི་སྐུ་སྐལ་བཞག །མ་མོའི་རྟ་ར་སྟེར་མཐུ་དེ། །ཕོ་དཔའ་བོ་དཔའ་
བའི་དཔའ་དར་བཞག །དེ་མིན་བལ་པོའི་ལུག་རྫོང་དེ། །ཕོ་བཟང་ཞན་མེད་པ་
འདྲ་འདྲ་བྱས། །དེ་མིན་ཀླུ་ཁྲིའི་རྟ་རྫོང་ཕབ། །རྟ་འདོ་བ་གནང་བགོས་ཨ་
ཁྲུས་བྱས། །གྲོ་དཀར་དཔོན་ལ་དབང་ཐང་དེ། །གོང་མ་ལྷ་ལ་ཆོས་སྐལ་
བཞག །རྐྱང་དམར་བྱི་རུའི་དབྱུ་རྒྱན་ཅན། །གེ་སར་རྒྱལ་པོའི་སྐུ་སྐལ་
བཞག །སྔོན་པོ་ཁྱུང་ལ་ཁྱུང་མཐུད་དེ། །དཔའ་བོ་དཔའ་བའི་དཔའ་དར་
ཡིན།དེ་མིན་ཁྲ་ཁྱུ་མང་མ། །ཕོ་བཟང་ཞན་མེད་ལ་འདྲ་འདྲ་བྱས། །ལ་རྒྱ་
སླིང་རུའི་བཞག་པ་ལ། །གནང་ཁྲ་མོ་བགོ་ལུགས་དེ་འདྲ་ཡིན། །ད་ལོ་རྟེན་

འབྲིལ་མགོ་བོ་ལ། །དགྲ་ཕར་རྒྱབ་སྟག་གཟིག་ཆམ་ལ་ཕབ། །ངར་རྒོད་བཙན་ལྷ་གཏང་མར་བླངས། །མི་ཕོ་བརྒྱད་ཅུའི་མགོ་སྐེ་བླངས། །སྲུས་ཆུང་ཟླ་བ་མདའ་ལ་བྲངས། །དམ་ཆེན་ཤ་རྫོང་ཐོག་གིས་བསྐྱིལ། །འོད་ཆེན་མེ་ཐང་ཆུ་ལ་བསྒྱུར། །འགངས་ཆེན་ནོར་རྫོང་གཡང་ལ་བླངས། །གླིང་དཀར་སྐྱིད་པའི་རང་ཡུལ་འཁོར། །དེ་རིང་ཁྲ་མོའི་ནོར་བགོས་བྱེད། །ཨ་སྐྱིད་པོ་ཨེ་ཤེས་གླིང་རྟའི་སྤྱི། །དབང་ཐང་ཆེན་པོ་གོ་སར་རྒྱལ། །ཡོངས་སྤྱོད་ཆེ་བ་སྟག་གཟིག་ནོར། །དགྲ་རྒོད་བཏུལ་བའི་འདུན་མ་བློན། །ཁ་རྒྱ་ཆེ་བའི་ཁྲ་མོ་གླིང་། །རྒྱན་བཞི་དེ་རིང་ལྷུན་གྱིས་གྲུབ། །བསམ་དོན་འགྲུབ་པའི་མགོ་བོ་ཡིན། །ནོར་རྫོང་ནོར་གྱི་གཡང་ཕུད་ཡིན། །དཀར་པོ་དུང་གི་མགོ་བོ་ཅན། །དུང་རྟ་དུང་སྔ་སྤྱུངས་སེ་སྤྱུངས། །དུང་གི་ཁ་ཆུ་ཉི་ལི་ལི། །དུང་གི་རྫ་མ་ཤངས་སེ་ཤང་། །དེ་འཁོར་བརྒྱ་དང་བརྒྱད་ཅུ་དེ། །འཛམ་དཀར་ལྷ་ཡི་སྐུ་ཟློག་ཡིན། །སེར་པོ་གསེར་རྟ་གསེར་མིག་ཅན། །གསེར་རྟ་གསེར་སྔ་སྤྱུངས་སེ་སྤྱུང་། །གསེར་གྱི་ཁ་ཆུ་ཉི་ལི་ལི། །གསེར་གྱི་རྫ་མ་ཤངས་སེ་ཤང་། །དེ་འཁོར་བརྒྱད་ཁྲི་བརྒྱད་སྟོང་དེ། །འཛམ་གླིང་རྒྱལ་པོའི་སྐུ་ཟློག་ཡིན། །ཁམ་པ་དངུལ་རྟ་དངུལ་སྔ་ཅན། །དངུལ་གྱི་ཁ་ཆུ་ཉི་ལི་ལི། །དངུལ་གྱི་རྫ་མ་ཤངས་སེ་ཤང་། །དེ་འཁོར་བདུན་ཁྲི་བདུན་སྟོང་དེ། །སྲུས་ཆུང་དགྲ་ལྷའི་སྐུ་ཟློག་ཡིན། །ཁྲ་བོ་གཟི་རྟ་གཟི་མིག་ཅན། །གཟི་རྟ་གཟི་སྔ་སྤྱུངས་སེ་སྤྱུང་། །གཟི་ཡི་ཁ་ཆུ་ཉི་ལི་ལི། །གཟི་ཡི་རྫ་མ་ཤངས་སེ་ཤང་། །དེ་འཁོར་ལྔ་ཁྲི་ལྔ་སྟོང་དེ། །ཚ་ཞང་འདུན་མའི་སྐུ་སྐལ་ཡིན། །དམར་པོ་བྱི་རུའི་བྱུར་མིག་ཅན། །བྱི་རུའི་བྱིར་སྔ་སྤྱུངས་སེ་

སྤྱུང་། །བྲི་རུའི་ཁ་རྒྱུ་ཉི་ལི་ལི། །བྲི་རུའི་ཇ་མ་ཤངས་སེ་ཤང་། །དེ་འཁོར་ལྷ་ཁྲི་ལྷ་སྟོང་དེ། །ཧོར་སྟེག་གཙོད་ཤན་པའི་སྐུ་སྐལ་ཡིན། །སྔོན་པོ་གཡུ་རྭ་གཡུ་སྣ་ཅན། །གཡུ་རྭ་གཡུ་སྣ་སྤྱུངས་སེ་སྤྱུང་། །གཡུ་ཡི་ཁ་རྒྱུ་ཉི་ལི་ལི། །གཡུ་ཡི་ཇ་མ་ཤངས་སེ་ཤང་། །དེ་འཁོར་ལྷ་ཁྲི་ལྷ་སྟོང་དེ། །གཡུ་ལྷ་དཔོན་གྱི་སྐུ་སྐལ་ཡིན། །སྨུག་པོ་མཆོང་གི་རྭ་སྣ་ཅན། །མཆོང་རྭ་མཆོང་སྣ་སྤྱུངས་སེ་སྤྱུང་། །མཆོང་གི་ཁ་རྒྱུ་ཉི་ལི་ལི། །མཆོང་གི་ཇ་མ་ཤངས་སེ་ཤང་། །དེ་འཁོར་ལྷ་ཁྲི་ལྷ་སྟོང་དེ། །བདུད་སྡེ་ཀླུ་མོའི་སྐུ་སྐལ་ཡིན། །དཀར་པོ་དུང་གི་རྭ་འཁོར་ཅན། །དུང་རྭ་དུང་སྣ་སྤྱུངས་སེ་སྤྱུང་། །དུང་གི་ཁ་རྒྱུ་ཉི་ལི་ལི། །དུང་གི་ཇ་མ་ཤངས་སེ་ཤང་། །དེ་འཁོར་ལྷ་ཁྲི་ལྷ་སྟོང་དེ། །དུང་སྐྱོང་དཔོན་གྱི་སྐུ་སྐལ་ཡིན། །དམག་དཔོན་ཆེ་ཁྲི་རྒྱལ་ཁག་ལྷ། །དཔོན་ཁྲུ་མཆན་གཉིས་དང་རྒྱལ་བློན་བདུན། །དཔའ་ཐང་དར་བའི་མི་བདུན་ལ། །ཁྲ་བོ་ནོར་གྱི་གཡང་ཕུད་ཡིན། །ཕུན་སུམ་ཚོགས་པའི་གནང་བགོས་ཡིན། །དེ་ནས་འདྲ་མ་ཨེ་འདྲ་ཡོད། །ལྷ་གཡག་དར་གྱི་གྲ་ཤམ་ཅན། །བྲེ་སེ་འབྲོང་གི་རྭ་གཟུགས་ཅན། །ཇ་སྤྱུངས་དྲ་རྒོད་ལིངས་སེ་ལིང་། །དེ་འཁོར་ལྷ་ཁྲི་ལྷ་སྟོང་ཡོད། །སྟག་རིང་དཔོན་གྱི་ནོར་སྐལ་ཡིན། །གཞུ་བ་དུང་གི་མགོ་བོ་ཅན། །དཔུང་གཡོན་དུང་གི་ཁ་རྒྱུ་ཅན། །དཔུང་ཁྲ་གཟིག་གི་སྤྱུངས་པ་ཅན། །གཡུ་འབྲུག་སྔོན་མོའི་རྭ་གཟུགས་ཅན། །དེ་འཁོར་ལྷ་ཁྲི་ལྷ་སྟོང་ཡོད། །བར་གླིང་འོམ་བུའི་ནོར་སྐལ་ཡིན། །གཞུ་བ་གཡུ་ཡི་ཇ་མ་ཅན། །དེ་འཁོར་ལྷ་ཁྲི་ལྷ་སྟོང་ཡོད། །དམུ་བ་ཞོག་གི་ནོར་སྐལ་ཡིན། །སེར་དཀར་དུང་གི་རྭ་ཅོ་ཅན། །མ་བུ་མ་ནོར་གཞྭ་

སྤེབས་ཅན། །དེ་འཁོར་ལྷ་ཁྲི་ལྷ་སྟོང་དེ། །སྨན་རུ་ཤོག་གི་ནོར་སྐལ་ཡིན། །སོག་ཁྲ་གཟིག་གི་ཐིག་ལེ་ཅན། །མ་བུ་མ་ནོར་གྲ་སྤེབས་ཅན། །དེ་འཁོར་ལྷ་ཁྲི་ལྷ་སྟོང་དང་། །དགེ་རྒྱས་ཤོག་གི་ནོར་སྐལ་ཡིན། །རོག་པོ་དུང་གི་ཐོད་པ་ཅན། །མ་བུ་མ་ནོར་གྲ་སྤེབས་ཅན། །དེ་འཁོར་ལྷ་ཁྲི་ལྷ་སྟོང་དེ། །ནག་རུ་ཤོག་གི་ནོར་སྐལ་ཡིན། །སྔོན་པོ་གཡུ་ཡི་ཁ་རྒྱ་ཅན། །མ་བུ་མ་ནོར་གྲ་སྤེབས་ཅན། །དེ་འཁོར་ལྷ་ཁྲི་ལྷ་སྟོང་དེ། །འདན་མ་ཤོག་གི་ནོར་སྐལ་ཡིན། །ཁམ་པ་ཟངས་ཀྱི་རྣ་ཅོ་ཅན། །མ་བུ་མ་ནོར་གྲ་སྤེབས་ཅན། །རོང་མི་ཚོ་ཤོག་གི་ནོར་སྐལ་ཡིན། །ཁམ་དཀར་དུང་གི་ཐིག་ལེ་ཅན། །མ་བུ་མ་ནོར་གྲ་སྤེབས་ཅན། །དེ་འཁོར་ལྷ་ཁྲི་ལྷ་སྟོང་ཡོད། །རོང་མི་ཤོག་གི་ནོར་སྐལ་ཡིན། །ཁྲ་སེ་འབྲོང་གི་རྣ་གཟུགས་ཅན། །ཕོ་ཤོག་རུ་ཤོག་སྤྱུངས་སེ་སྤྱུང་། །མ་འབྲི་དུར་ཤང་དི་རི་རི། །བེའུ་རྒྱུང་རྩེ་གར་ཤིགས་སེ་ཤིག །དེ་འཁོར་ལྷ་ཁྲི་ལྷ་སྟོང་ཡོད། །ཧོར་སེར་ཁྲག་མཚོའི་ནོར་སྐལ་ཡིན། །སྔོན་པོ་གཡུ་ཡི་ཐིག་ལེ་ཅན། །ཕོ་ནག་གཡུ་རྣ་སྤྱུངས་སེ་སྤྱུང་། །མ་འབྲི་དུར་ཤང་དི་རི་རི། །བེའུ་རྒྱུང་རྩེ་གར་ཤིགས་སེ་ཤིག །དེ་འཁོར་ལྷ་ཁྲི་ལྷ་སྟོང་ཡོད། །སྨུག་པོ་འཇང་གི་ནོར་སྐལ་ཡིན། །དཀར་པོ་དུང་གི་ཁ་མིག་ཅན། །ཕོ་ཤོག་རུ་དར་སྤྱུངས་སེ་སྤྱུང་། །མ་འབྲི་དུར་ཤང་དི་རི་རི། །བེའུ་རྒྱུང་རྩེ་གར་ཤིགས་སེ་ཤིག །དེ་འཁོར་ལྷ་ཁྲི་ལྷ་སྟོང་ཡོད། །གྲུ་ནེ་མོན་གྱི་ནོར་སྐལ་ཡིན། །ཁྲ་བོ་དར་གྱི་གྲ་ཤམ་ཅན། །ཕོ་རོག་མཚོང་གི་རྣ་ཅོ་ཅན། །མ་བུ་མ་ནོར་གྲ་སྤེབས་བཅས། །བེའུ་རྒྱུང་རྩེ་གར་ཤིགས་སེ་ཤིག །དེ་འཁོར་ལྷ་ཁྲི་ལྷ་སྟོང་ཡོད། །བདུད་སྤེ་ཆེ་བཞིའི་ནོར་སྐལ་

ཡིན། །མ་ཧེ་དུང་གི་རྭ་ཅོ་ཅན། །མ་འབྲི་དྲུར་ཤད་དི་རི་རི། །བེའུ་ཆུང་རྩེ་གར་ཤིགས་སེ་ཤིག །འོ་མའི་རྒྱ་མཚོ་ཀྱི་ལི་ལི། །མོ་སྨན་ཞོག་གི་ནོར་སྐལ་ཡིན། །ལྷ་འབྲི་ཟེ་དཀར་དུང་ཐོད་ཅན། །མ་འབྲི་དྲུར་ཤད་དི་རི་རི། །བེའུ་ཆུང་རྩེ་གར་ཤིགས་སེ་ཤིག །དེ་འཁོར་ལྷ་ཁྲི་ལྷ་སྟོང་ཡོད། །སེང་བློན་རྒྱལ་པོའི་ནོར་སྐལ་ཡིན། །བྲི་བོ་སེར་པོ་སྟོན་པོའི་ཞོག །མ་འབྲི་དྲུར་ཤད་དི་རི་རི། །བེའུ་ཆུང་རྩེ་གར་ཤིགས་སེ་ཤིག །དེ་འཁོར་ལྷ་ཁྲི་ལྷ་སྟོང་ཡོད། །སྐྱོ་ལོ་སྟོན་པའི་ནོར་སྐལ་ཡིན། །གཡང་དང་ནོར་གྱི་དངོས་གྲུབ་རྣམས། །རྟེན་འབྲེལ་ཆགས་ལ་མ་ཉམས་ཤོག །ཕུན་སུམ་ཚོགས་པའི་ནོར་བགོས་ཡིན། །དབུལ་པོ་ནོར་དང་འཕྲོད་ལེ་བྱས། །དེ་ནས་ཞུ་བ་ཨེ་འདྲ་ཡོད། །འཛམ་གླིང་ནོར་བུའི་ཁྲི་སྟེང་ནས། །སེང་ཆེན་ནོར་བུ་དགྲ་འདུལ་དཔོན། །དབུ་འཕང་དགུང་དང་མཉམ་པར་ཤོག །བསྐོས་པ་དགྲ་ལྷ་རྩེ་རྒྱལ་འདི། །གླིང་པའི་མདངས་ཟེར་ཕྱོགས་བཅུར་ཁྱབ། །ཁམས་གསུམ་ཟིལ་གྱིས་གནོན་པར་ཤོག །དཔའ་ལ་དགའ་བདེ་འདུན་མ་བློན། །གཡུ་ལྷ་དུང་སྐྱོང་ཤན་པ་བཅས། །རྟ་འདྲེན་དཔུང་རྒོད་འཁོར་ཚོགས་ཀྱིས། །བདུད་སྡེ་ཆམ་ལ་འབེབས་པར་ཤོག །གཡང་འཁོར་བསོད་ནམས་འགྲུབ་པར་ཤོག །འཕྲིན་ལས་རྣམ་བཞི་འགྲུབ་པར་ཤོག །ཅེས་གསུངས་པས། དེར་རྟ་ཞོག་སོ་སོའི་ལྷ་དམག་རྣམས་ནས་ནོར་བུ་རང་རང་གིས་བདག་འཛིན་བྱས། དེ་ནས་འཛམ་གླིང་རྒྱལ་པོའི་ཕྱོགས་ལ་གསེར། དགྲ་ལྷའི་ཕྱོགས་ལ་དངུལ། འདན་མའི་ཕྱོགས་ལ་གཟི། ཁྲོ་ཐུང་ཞོག་ལ་ལྕགས། ཤན་པའི་ཕྱོགས་ལ་ཟངས། གཡུ་ལྷའི་ཞོག་ལ་གཡུ། དུང་སྐྱོང་ཞོག་ལ་མཆོང་། ཨ་སྟག་ཞོག་ལ་ཁྲོ་བཅས་སོ་སོར་

སྤྲོད་ཚར་ནས། ལྷ་ཟློག་རྣམས་རང་རང་ཤོག་གི་ཐང་ལ་བཀོད་ཅིང་ཁྲ་སྤྱངས་སེ་རྒྱ་མཚོ་བཞིན་དུ་འཁྱིལ་ནས་རྨ་ཁམས་གླིང་གི་ཐང་གང་། དེ་ནས་འཛམ་གླིང་མིའི་ཉི་མ་གེ་སར་རྒྱལ་པོས་གསུངས་པ། ཡ། ཉོན་དང་གླིང་རུའི་ལྷ་སྡེ་རྣམས། །ཕ་ཁྲུ་མ་སྤྱུ་མོ་སྨན་རྣམས། །བདག་འཛིན་བྲུས་ཏེ་བཞག་པ་ལས། །དེ་རིང་ལྷ་ཟློག་འདི་རྣམས་བཞེས། །འོ་མའི་སྤྲང་ཆར་ཟད་མེད་ཕོབ། །དངོས་གྲུབ་རྒྱ་མཚོ་འཁྱིལ་ལེ་དགོས། །འོ་ཐུད་འདི་ལྷ་ལ་མཆོད་དགོས་པས་རྒྱལ་ཁག་ལྔ་ལ་གཡང་རང་རང་ལ་ཡོད་པ་དེ་མི་ཉམས་པར་བྲུས་ནས་ཕྱི་རབས་བོད་ལ་བཞག་པ་བཟང་པོ་བྱེད་པའི་རྟེན་འབྲེལ་སྨོན་ལམ། ཕྱི་སྣོད་ལ་ཡང་གཡང་སྒམ་དང་། གཡང་ཁྲུག་ཤྭ་བའི་རླིག་པའི་ནང་དེར་གཡང་རྟེན་གསེར་འོད། མདོ་སྡེ་གསེར་དངུལ་གྱིས་བྲིས་པ་བགྲ་ཤིས་རྟགས་བརྒྱད་རྫས་བརྒྱད་རྣམས་བྲིས། གཡང་རྫས་ནོར་བུ་བཻཌཱུརྱ་དང་། དུང་དཀར་གཡས་སུ་འཁྱིལ་བ། བྱི་རུའི་རྒྱལ་མོ་ལག་ཡ། རྒྱ་གཡུ་གསེར་དངུལ་གཟི་སོགས་རིན་པོ་ཆེ་སྣ་ཚོགས། དར་གོས་སྣ་ཚོགས། འབྲུ་རིགས་སྣ་ཚོགས། ཨ་རུ་ར་རྣམ་པར་རྒྱལ་བ་སོགས་སྨན་སྣ་ཚོགས། ཙན་དན་དཀར་དམར་སོགས་ཤིང་སྣ་ཚོགས། དཀར་གསུམ་མངར་གསུམ་སོགས་ཟས་སྣ་ཚོགས་མ་ཚང་བ་མེད་པས་བཀང་བ་གཡང་ཕོར་མར་ཁྲུས་ལྷེམས་སེ་གང་བ། གཡང་ཟྭ་འོ་མས་གང་བ། སྨྱུག་རྐོད་ཚིགས་གསུམ་ལ་དར་སྣ་ལྔ་དང་སྲིད་གསུམ་གསལ་བའི་མེ་ལོང་གིས་བརྒྱན་པ། གཡང་སྒམ་དང་གཡང་ཁྲུག་ལ་ཁ་ཐིག་དང་ལྡན་པ་འཛོམ་དགོས། ང་ཡི་གཡང་འབོད་གཡང་སྒྲུབ་འདི་མང་པོའི་སྒོ་ནས་གྱིས་ཞེས་གསུངས། དེ་ནས་མ་སྤྱུ་མོ་སྨན་རྣམས་ཀྱིས་ལུས་ལ་རྒྱན་ཆ་ཅི་འདོད་གང་མཛེས་རེས་བརྒྱན་ནས་གསེར་དངུལ་

གྱིས་གྲལ་བསྒྲིགས། དེར་སྣ་སྐྱུ་ལོའི་སེང་ལྕམ་འབྲུག་མོ། སྤོ་ལོའི་བུ་མོ་ནེ་ཚུང་། གྲོ་ལོའི་པད་དཀར་ལྷ་མཛེས། སྟག་རོང་བུ་མོ་ཁྲོ་མཚོ། གཟིག་འཕེན་བུ་མོ་ཉི་སྐྱིད། བྱང་སྟོད་བུ་མོ་མཛེས་ལྡན། སྐྱིས་མཆོག་བུ་མོ་འབུམ་མེ། ཚགས་ཆེན་རག་བཟའ་དགེ་མཚོས་གཙོས་མ་སྲུ་མོ་སྨན་རྣམས་ཁྲ་བོ་ནོར་ནང་ལ་སོང་ནས་གོང་གི་མ་སྲུ་བརྒྱད་པོས་བཞོ་དཔོན་བྱས། རྒྱལ་ཁབ་ལྷའི་བཞེན་གཡོག་མོ་སྨན་ལྷ་བརྒྱ་ཙམ་ཡོད་པ་དེ་ཡི་ཟལ་དཀར་འབྲི་རྣམས་བཞོས་ནས་འོ་མ་རྒྱ་མཚོ་ལྟར་བྱུང་ཞིང་མདུན་ལ་ཕུལ། འབྲུག་མོ་ནེ་ཚུང་གཉིས་ནས་གཡང་རྟེན་གཡང་རྫས་རྣམས་ཀྱི་ནང་ལ་འོ་མ་བདུན་ཚར་གང་རེ་ཕུལ། རྒྱལ་པོ་གེ་སར་དང་སྲས་དགྲ་ལྷ་རྣམ་གཉིས་ཀྱི་མདུན་ལ་གཡང་ཏེའི་དཀར་ཡོལ་བཀྲ་ཤིས་རྟགས་བརྒྱད་ཀྱི་མཚོན་པར་འོ་མ་གང་རེ་དྲངས། གསེར་བུམ་ལ་མྱུ་རིག་གཡུ་བྱུར་སོགས་ཀྱིས་སྤྲས་པ། དར་ལྷའི་མགུལ་ཆིངས་བརྒྱན་པ། བདུད་རྩི་འོམས་བཀང་བ་ཕུད་གོང་རེ་རེ་ལག་ཏུ་བཟུང་ནས་འོ་ཕུད་མཆོད་ལ་གླུ་འདི་ལྟར་བླངས་སོ། །ཨོཾ་མ་ཎི་པདྨེ་ཧཱུྃ་ཧྲཱིཿ

ཨ་ལ་ལ་མོ་ཨ་ལ་རེད། །ཐ་ལ་གླུ་ཡི་ལེན་ལུགས་རེད། །སྐྱབས་བླ་མ་ཡི་དམ་དཀོན་མཆོག་གསུམ། །རིགས་གསུམ་མགོན་པོས་རྒྱབ་རྟེན་མཛོད། །ནམ་མཁའི་སྤྲིན་གྱི་གུར་ཁང་ནས། །གནམ་རིམ་པ་བཅུ་ཡི་ཡང་སྟེང་ནས། །མ་གྲུབ་པའི་རྒྱལ་མོ་ཚེ་ཡི་ལྷ། །རྗེ་བཙུན་སྒྲོལ་མ་དཀར་སྔོན་ལ། །མ་རྒྱུད་གནམ་སྨན་དཀར་སྔོན་རྣམས། །མཁའ་འགྲོ་བྱེ་བ་འབུམ་དང་བཅས། །མ་སྲུ་རྣམས་ཀྱི་སྤྱི་ལྷ་མཁྱེན། །སྣང་པ་བོད་ཀྱི་ལས་ལྷ་མཁྱེན། །མགོ་རྩེ་ལུ་ཙན་དེའི་དགྲ་ལྷ་མཁྱེན། །ཐུགས་མ་ཡེངས་ལྷ་ཁམས་གྲོགས་ལ་གཟིགས། །དེ་རིང་ཁྲ་མོའི་ས་ཆ་འདིར། །རྩ་ཁམས་སྒྲིང་གི་

གཡང་རྣ་ཟེར། །ལྷ་གུར་དཀར་པོའི་ནང་ཤེད་ནས། །སེང་ཆེན་རྒྱལ་པོའི་མདུན་གྲལ་རེད། །ང་འདྲ་ང་ངོ་མ་ཤེས་ན། །སྔོ་ལོའི་བུ་མོ་ནེ་ཆུང་ཟེར། །ཁོང་ནི་སེང་ལྷུམ་འབྲུག་མོ་རེད། །གླུ་འདི་གླུ་ངོ་མ་ཤེས་ན། །ནེ་ཆུང་ཙོག་དྲུག་འགྱུར་ཡིན། །དེ་ནས་ལྷ་སྲས་གེ་སར་ལགས། །ཕ་རྫོང་སྟག་གཟིག་ནོར་གཡང་དེ། །ད་ལོ་གླིང་དཀར་མཐིལ་ལ་ཕབ། །དངོས་གྲུབ་འོ་མའི་རྒྱ་མཚོ་འདི། །མ་སྲུ་རྣམས་ཀྱིས་བཞེས་ལེ་རེད། །དཀར་མོ་འོ་མའི་རྒྱ་མཚོ་འདི། །བླ་མ་ཡི་དམ་དཀོན་མཆོག་གསུམ། །མཁའ་འགྲོ་ཆོས་སྐྱོང་ནོར་ལྷའི་ཚོགས། །མཆོད་ཡུལ་གོང་མ་ཐམས་ཅད་ལ། །བདུད་རྩི་འོ་མའི་མཆོད་པ་འབུལ། །དངོས་གྲུབ་བོད་ལ་སྩོལ་དུ་གསོལ། །ལྷ་ཆེན་ཚངས་པ་གདོང་བཞི་དང་། །ལྷ་དབང་བརྒྱ་བྱིན་གནམ་སྨན་སོགས། །ནམ་མཁའ་གང་བའི་ལྷ་ཚོགས་ལ། །བདུད་རྩི་འོ་མའི་མཆོད་པ་འབུལ། །དངོས་གྲུབ་བོད་ལ་སྩོལ་དུ་གསོལ། །གཉན་ཆེན་སྐུ་ལྷ་གེ་མཛོ་དང་། །མགུལ་ལྷ་བཙུ་གསུམ་ལྷ་རབས་དགུ། །གཉན་ཆེན་ཉེར་གཅིག་ལ་སོགས་པའི། །བར་སྣང་གནམ་ཐེལ་དཀར་པོ་སོགས། །བདུད་རྩི་འོ་མའི་མཆོད་པ་འབུལ། །དངོས་གྲུབ་བོད་ལ་སྩོལ་དུ་གསོལ། །ཀླུ་རྒྱལ་གཙུག་ན་རིན་ཆེན་དང་། །མི་མགོན་དཀར་པོ་དུང་སྐྱོང་སོགས། །འཇོག་པོ་ལ་སོགས་ཀླུ་ཆེན་བརྒྱད། །འོག་གི་ཀླུ་རྣམས་ཐམས་ཅད་ལ། །བདུད་རྩི་འོ་མའི་མཆོད་པ་འབུལ། །དངོས་གྲུབ་བོད་ལ་སྩོལ་དུ་གསོལ། །ལུང་རྟོགས་བསྟན་པའི་བླ་མའི་མདུན། །དམ་ཆོས་ཐོས་བསམ་བྱེད་པར་ཤོག །བཤད་སྒྲུབ་བསྟན་པ་ཕྱོགས་བཙུར་སྤེལ། །འགྲོ་དྲུག་ཐར་ལམ་འགོད་པར་ཤོག །ཐུབ་བསྟན་དགེ་འདུན་སྐུ་ཚེ་བརྟན། །ཐུགས་མཐུན་ཁྲིམས་

གཙང་འོང་བར་ཤོག །རྒྱལ་བློན་མི་དཔོན་ཐམས་ཅད་ཀྱིས། །ཁྲིམས་སྲིད་པའི་རྒྱུ་འབྲས་དྲང་པོས་སྲུང་། །འོག་སྡེའི་རྒྱལ་ས་ཟིན་པར་ཤོག །བུ་ཚ་རིགས་རྒྱུད་འཕེལ་བར་ཤོག །བསམ་དོན་ལྷུན་གྱིས་འགྲུབ་པར་ཤོག །གླིང་རྒྱལ་བློན་ཐུགས་ལ་དེ་འདྲ་ཞོག །ཅེས་ཞུས་པས་ཉི་མ་དེ་ཡི་ཕྱི་ནང་རྒྱལ་པོ་སེང་ཆེན་མདུན་དུ་སྐུ་གསུང་ཐུགས་ཀྱི་རྟེན་མཆོག་ཁྱད་པར་ཅན་གྱི་ལེགས་པར་བཀྲ་ཤིས་པའི་རྒྱལ་ཁབ་ལྷའི་གཡང་སྒམ་གཡང་ཁུག་གཡང་རྫས་རྣམས་གང་བར་བཞམས། དེ་ནས་གླིང་རྗེ་ནོར་བུ་དགྲ་འདུལ་ལམ་རིགས་གསུམ་མགོན་པོའི་རྣམ་སྤྲུལ་དེས་མཁྱེན་བརྩེ་ནུས་པའི་གཡང་ལྷ་ཡེ་ཤེས་པ་བསྡུས་ནས་འཁོར་ཚར་སྤྲིན་ཀླུང་གིས་བསྐྱོད་པ་ལྟར་འདུས་ཏེ་གཡང་རྫས་ལ་ཐིམ། གཡང་འབོད་ངག་རྟ་དཀར་མོ་དྲུག་འགྱུར་ལ་དྲངས་ནས་གླུ་འདི་ལྟར་གསུངས་སོ། །ཨོཾ་མ་ཎི་པདྨེ་ཧཱུྃ་ཧྲཱིཿ ཨ་ལ་ཨ་ལ་ཨ་ལ་རེད། །ཐ་ལ་གླུ་ཡི་ལེན་ལུགས་རེད། །སྐྱབས་བླ་མ་ཡི་དམ་དཀོན་མཆོག་གསུམ། །ཡི་དམ་ལྷ་ལ་གསོལ་བ་འདེབས། །རྒྱུད་སྡེ་བཞི་ཡི་ལམ་སྣ་དྲོངས། །ལྷ་རྒྱལ་བ་རྒྱ་མཚོས་བྱིན་གྱིས་རློབས། །སྡིག་ཅན་དམྱལ་བའི་ཡུལ་ནས་འདྲེན། །སྡིག་ཆེན་བདེ་ཆེན་ཞིང་ལ་བཀོད། །ཆོས་སྐུའི་རྒྱལ་ས་ཟིན་པར་ཤོག །ནམ་མཁའ་མཐིང་གི་གུར་ཁང་ནས། །འཇའ་འོད་འཁྱིལ་བའི་གཞལ་ཡས་ནས། །མི་ལུས་ཁྱུང་གི་མགོ་བོ་ཅན། །ཕྱག་གཡས་ཉི་ཟེར་ཞགས་པ་བསྣམས། །གཡོན་པས་མདུང་དར་ལྷོ་སྤྲིན་འཚུབས། །ལྷ་དམག་བྱེ་བ་འབུམ་གྱིས་བསྐོར། །ཞུ་བོ་དུང་ཆུང་དཀར་པོ་མཁྱེན། །དེ་རིང་སྐྱེས་བུའི་གྲོགས་ལ་ཕེབས། །སྟག་གཟིག་གཡང་རྣམས་གཏད་རོགས་མཛོད། །གཡང་གི་དངོས་གྲུབ་སྩལ་དུ་གསོལ། །བར་སྣང་སྟོང་པའི་གཞལ་

ཡས་ནས། །འཛའ་སྤྲིན་འཚུབ་པའི་གུར་ཁང་ནས། །མི་ལུས་སྟག་གི་མགོ་བོ་ཅན། །ཕྱག་གཡས་མཉམ་བཞག་འཕྲུལ་ཆེན་བསྣམས། །གཡོན་པས་མདུང་དར་ལྷོ་སྤྲིན་འཚུབས། །གཉན་དམག་བྱེ་བ་འབུམ་གྱིས་བསྐོར། །དགྲ་ལྷའི་མེ་སྟག་དམར་པོ་མཆེན། །དེ་རིང་སྐྱེས་བུའི་གྲོགས་ལ་བྱོན། །སྟག་གཟིག་གཡང་རྣམས་གཏད་རོགས་མཛོད། །གཡང་གི་དངོས་གྲུབ་སྩལ་དུ་གསོལ། །རྒྱ་མཚོ་ནོར་བུའི་མཁར་ནང་ནས། །ཀླུ་དམག་བྱེ་བ་དུང་ཕྱུར་མཆེན། །ནུ་བོ་ཀླུ་ཕྲུག་འོད་ལྡན་མཆེན། །དེ་རིང་སྐྱེས་བུའི་གྲོགས་ལ་བྱོན། །སྟག་གཟིག་གཡང་རྣམས་གཏད་རོགས་མཛོད། །གཡང་གི་དངོས་གྲུབ་སྩལ་དུ་གསོལ། །ནུབ་ཕྱོགས་བདེ་ཆེན་ཞིང་ཁམས་ནས། །རྨ་བྱ་པད་ཟླའི་གདན་སྟེང་ནས། །བཅོམ་ལྡན་ཆོས་སྐུ་འོད་དཔག་མེད། །ཞལ་གཅིག་ཕྱག་གཉིས་མཉམ་བཞག་བཞུགས། །ཐུགས་རྗེས་འགྲོ་ལ་རྟག་ཏུ་གཟིགས། །སངས་རྒྱས་སྟོང་གི་འཁོར་གྱིས་བསྐོར། །དེ་རིང་སྐྱེས་བུའི་གྲོགས་སུ་བྱོན། །སྟག་གཟིག་གཡང་རྣམས་གཏད་གྲོགས་མཛོད། །གཡང་གི་དངོས་གྲུབ་སྩལ་དུ་གསོལ། །པད་མ་དབང་གི་གཞལ་ཡས་ནས། །མ་ཆགས་པད་མའི་གདན་སྟེང་ནས། །བཅོམ་ལྡན་མགོན་པོ་ཚེ་དཔག་མེད། །སྐུ་མདོག་དམར་པོ་མཉམ་བཞག་མཛད། །ཕྱག་ན་ཚེ་ཡི་བུམ་པ་བསྣམས། །ཚེ་ལྷ་རྒྱལ་བ་རིགས་ལྔས་བསྐོར། །འཆི་མེད་ཚེ་ཡི་དངོས་གྲུབ་སྩོལ། །དེ་རིང་སྐྱེས་བུའི་གྲོགས་སུ་བྱོན། །སྟག་གཟིག་གཡང་རྣམས་གཏད་གྲོགས་མཛོད། །གཡང་གི་དངོས་གྲུབ་སྩལ་དུ་གསོལ། །ཟངས་མདོག་དཔལ་རིའི་རྩེ་མོ་ནས། །པད་མ་འོད་ཀྱི་གཞལ་ཡས་ནས། །སྤྲུལ་སྐུ་པད་མ་འབྱུང་གནས་

ཞེས། །རལ་བའི་ཐོར་ཅོག་སྐུ་རྒྱབ་ཁེབས། །ཕྱག་གཡས་རྡོ་རྗེ་ཐུགས་ཀར་འཛིན། །གཡོན་པ་མཉམ་བཞག་ཀ་པཱ་ལ། །རིན་ཆེན་རྒྱན་ཆ་སྣ་ཚོགས་གསོལ། །རིག་འཛིན་མཁའ་འགྲོའི་འཁོར་གྱིས་བསྐོར། །དེ་རིང་སྐྱེས་བུའི་གྲོགས་སུ་བྱོན། །སྡིག་གཟིག་གཡང་རྣམས་གཏད་གྲོགས་མཛོད། །གཡང་གི་དངོས་གྲུབ་སྩོལ་དུ་གསོལ། །རི་བོ་ཏཱ་ལའི་ཞིང་ཁམས་ནས། །ཡོངས་སྐུ་ཐུགས་རྗེ་ཆེན་པོ་དང་། །ཕྱག་སྟོང་སྤྱན་སྟོང་བཅུ་གཅིག་ཞལ། །ཕྱག་གཡས་ཤེལ་དཀར་ཕྲེང་བ་འཛིན། །གཡོན་པས་ནོར་བུ་པད་མ་བསྣམས། །ས་བཅུའི་བྱང་སེམས་འཁོར་གྱིས་བསྐོར། །དེ་རིང་སྐྱེས་བུའི་གྲོགས་ལ་བྱོན། །སྡིག་གཟིག་གཡང་རྣམས་གཏད་གྲོགས་མཛོད། །གཡང་གི་དངོས་གྲུབ་སྩོལ་དུ་གསོལ། །སྟེང་ཕྱོགས་ལྷ་ཡི་ཕོ་བྲང་ནས། །ལྷ་ཆེན་ཚངས་པ་དཀར་པོ་དང་། །ལྷ་དབང་བརྒྱ་བྱིན་ལྷ་མིན་བརྒྱད། །ལྷ་དམག་བྱེ་བ་འབུམ་གྱིས་བསྐོར། །དེ་རིང་སྐྱེས་བུའི་གྲོགས་སུ་བྱོན། །སྡིག་གཟིག་གཡང་རྣམས་གཏད་རོགས་མཛོད། །གཡང་གི་དངོས་གྲུབ་སྩོལ་དུ་གསོལ། །བར་མ་གཉན་གྱི་ཡུལ་ཁམས་ནས། །སྲིད་པའི་ལྷ་རབས་མཆེད་དགུ་མཁྱེན། །བོད་ཀྱི་མགུལ་ལྷ་བཅུ་གསུམ་མཁྱེན། །གཙང་རིགས་དཔལ་མགོན་དམག་ཚོགས་མཁྱེན། །དེ་རིང་སྐྱེས་བུའི་གྲོགས་སུ་བྱོན། །སྡིག་གཟིག་གཡང་རྣམས་གཏད་རོགས་མཛོད། །གཡང་གི་དངོས་གྲུབ་སྩོལ་དུ་གསོལ། །གཡང་འདི་མི་ལ་མ་ཤོར་ཅིག །གཡང་གཏད་གེ་སར་རྒྱལ་པོའི་བཀའ། །ཁྲུ་ཕེ་ཕྱྭ་དང་གཡང་དུ་ལེན། །གཡང་ཁྲུག་ནང་དུ་སྤྱུངས་སེ་སྤྱུང་། །གཡང་ཁྱིམ་ནང་དུ་ཀྱི་ལི་ལི། །གཡང་སྣམ་ནང་དུ་འཚུབས་སེ་འཚུབ། །སྡིག་གཟིག་གཡང་གི་

དངོས་གྲུབ་སྩོལ། །ཉི་མ་ཙམ་ཞིག་ཀྱི་ལི་ལི། །ཟླ་བ་ཙམ་ཞིག་སྣ་ར་ར། །སྐར་མ་ཙམ་ཞིག་སྤྱངས་སེ་སྤྱང་། །ནོར་བུ་གཡང་གི་དངོས་གྲུབ་རྣམས། །གཡང་འདི་ཚེ་གཡང་བསྐྱབ་ཏུ་གསོལ། །གཡང་གཏད་གེ་སར་རྒྱལ་པོའི་བཀའ། །གཡང་འདི་ཕྱི་ལ་མ་འགྲོ་ཞིག །ཁྱེ་ཡེ་ཕྱྭ་དང་གཡང་དུ་ལེན། །ནོར་བུའི་གཡང་གི་བཀའ་གཏད་ན། །རྟ་གཡང་ཟླ་བ་མགོ་གསུམ་དང་། །ནོར་གཡང་ཨཙྪ་ཛཻ་ཏྲ་ལ། །ལུག་གཡང་གང་བ་བཟང་པོ་སོགས། །ཚོང་གཡང་འགྱུགས་པའི་ལྕགས་ཀྱུ་དང་། །གསེར་གཡང་དགའ་བ་ཡར་འཕྲིལ་དང་། །འབྲུ་གཡང་ཁྲུང་གི་སྣོད་ཙམ། །རྒྱུ་གཡང་ཇོམ་དཀར་ཇོམ་ནག་དང་། །ཟས་གཡང་ཕུན་སུམ་ཚོགས་པ་སོགས། །དེ་རིང་འདི་རུ་གཡང་ལ་འདུས། །གཡང་གི་དངོས་གྲུབ་ཆར་ལྟར་ཐོབ། །གཡང་སྐྱབས་ཚེ་གཡང་བསྐྱབ་ཏུ་གསོལ། །གཡང་གཏད་གེ་སར་རྒྱལ་པོའི་བཀའ། །གཡང་འདི་ཕྱི་ལ་མ་འགྲོ་ཞིག །ཁྱེ་ཡེ་ཕྱྭ་དང་གཡང་དུ་ལེན། །དངོས་གྲུབ་གཡང་གི་ར་བ་ལ། །སྟག་གཟིག་རྒྱལ་པོའི་ནོར་གཡང་དང་། །བལ་པོའི་རྒྱལ་པོའི་ལུག་གཡང་དང་། །སོག་པོའི་རྒྱལ་པོའི་རྟ་གཡང་དང་། །ཨ་གྲགས་རྒྱལ་པོའི་གཟི་གཡང་དང་། །བྱེ་རི་རྒྱལ་པོའི་བྱུར་གཡང་དང་། །གྲུ་གུ་རྒྱལ་པོའི་གོ་གཡང་དང་། །མི་ནུབ་རྒྱལ་པོའི་དར་གཡང་དང་། །རྒྱ་གར་རྒྱལ་པོའི་ཆོས་གཡང་དང་། །རྒྱ་ནག་རྒྱལ་པོའི་ཇ་གཡང་དང་། །འཛམ་བུ་གླིང་གི་རྒྱུ་གཡང་རྣམས། །དེ་རིང་འདི་རུ་གཡང་ལ་འདུས། །གཡང་གི་དངོས་གྲུབ་སྩོལ་དུ་གསོལ། །གཡང་གི་ཚེ་གཡང་བསྐྱབ་ཏུ་གསོལ། །གཡང་གཏད་གེ་སར་རྒྱལ་པོའི་བཀའ། །གཡང་འདི་ཕྱི་རྒྱབ་མ་འཁྲིམ་ཞིག །ཨོ་རྒྱན་པད་མ

འབྱུང་གནས་ལ། །བོད་སྐྱོང་བརྟན་མ་བཅུ་གཉིས་དང་། །བྱང་ཕྱོགས་རྒྱལ་ཆེན་རྣམ་ཐོས་སྲས། །ནོར་བདག་ཨཛྷ་ཛོཾ་ཛྷ་ལ། །ཕྱུག་བདག་ལྷ་མོ་ནོར་རྒྱུན་མ། །རྟ་བདག་འཕགས་པ་རེ་མན་ཏ། །ལུག་བདག་ནོར་བུ་བཟང་པོ་སོགས། །ཁྲ་མོ་ནོར་ལྷའི་འཁོར་གྱིས་བསྐོར། །དེ་རིང་སྐྱེས་བུའི་གྲོགས་སུ་བྱོན། །སྟག་གཟིག་གཡང་རྣམས་གཏད་རོགས་མཛོད། །གཡང་གི་དངོས་གྲུབ་སྩོལ་དུ་གསོལ། །གཡང་སྐྱབས་ཚེ་གཡང་འཕེལ་བར་ཤོག །གཡང་གཏད་གེ་སར་རྒྱལ་པོའི་བཀའ། །གཡང་འདི་ཕྱི་ལ་མ་འགྲོ་ཞིག །ཁྱུ་ཡེ་ཕྱྭ་དང་གཡང་དུ་ལེན། །འཛམ་གླིང་ས་ཡི་ལྟེ་བ་ལ། །རྨ་རྒྱལ་སྤོམ་ར་གཉན་པོ་བཞུགས། །རྨ་རིགས་སུམ་བརྒྱ་དྲུག་ཅུས་བསྐོར། །མདོ་ཁམས་བོད་ཀྱི་སྲུང་མ་ཁྲིད། །ཐུགས་ཀར་ཡིད་བཞིན་ནོར་བུ་འཛིན། །དངོས་གྲུབ་སྣ་ཚོགས་ཆར་བཞིན་འབེབས། །སྤོམ་རའི་དངོས་གྲུབ་གཏེར་ཁ་རྒྱས། །རྨ་གཡང་འབྲི་ཡི་དངོས་གྲུབ་ཡིན། །རྨ་གཡང་ཟོག་གི་སྒྲོག་ཤིང་ཡིན། །རྨ་གཡང་རྟ་ཡི་སྐྱེས་ལྷ་ཡིན། །རྨ་རྒྱལ་མི་ཡི་དགྲ་བླ་ཡིན། །དེ་རིང་སྐྱེས་བུའི་གྲོགས་ལ་བྱོན། །སྟག་གཟིག་གཡང་རྣམས་གཏད་རོགས་མཛོད། །གཡང་གི་དངོས་གྲུབ་སྩོལ་དུ་གསོལ། །གཡང་སྐྱབས་ཚེ་གཡང་བསྐྱབ་ཏུ་གསོལ། །གཡང་གཏད་གེ་སར་རྒྱལ་པོའི་བཀའ། །གཡང་འདི་ཕྱི་ལ་མ་འགྲོ་ཞིག །མཁས་པའི་ལོ་ཐོག་ཆོས་ཀྱི་གཡང་། །དེ་རིང་འདི་རུ་གཡང་ལ་བྱོན། །གཡང་སྐྱབས་ཚེ་གཡང་འཕེལ་བར་ཤོག །གཡང་གཏད་གེ་སར་རྒྱལ་པོའི་བཀའ། །གཡང་འདི་ཕྱི་ལ་མ་འགྲོ་ཞིག །མཐོན་པོའི་གོང་ནས་དཔོན་གྱི་གཡང་། །དེ་རིང་འདི་རུ་གཡང་ལ་བྱོན། །དཔའ་བོའི་དཔའ་རྒོད་འཛོམས་པའི་གཡང་། །དེ་རིང་

འདི་རུ་གཡང་ལ་བྱོན། །མཛེས་ཤིང་བདེ་འཇམ་གོས་ཀྱི་གཡང་། །དེ་རིང་
འདི་རུ་གཡང་ལ་བྱོན། །ཞིམ་མངར་འཛོམས་པ་ཟས་ཀྱི་གཡང་། །དེ་རིང་
འདི་རུ་གཡང་ལ་བྱོན། །མཛེས་རྒྱན་ཆར་འབེབས་མ་སྨུའི་གཡང་། །དེ་རིང་
འདི་རུ་གཡང་ལ་བྱོན། །འགྲོ་ཞིང་བགྲོད་པ་རྟ་ཡི་གཡང་། །དེ་རིང་འདི་རུ་
གཡང་ལ་བྱོན། །འོ་མའི་ཆར་འབེབས་འབྲི་ཡི་གཡང་། །དེ་རིང་འདི་རུ་
གཡང་ལ་བྱོན། །ཐུན་གསུམ་སྐད་སྙན་ཁྱི་ཡི་གཡང་། །དེ་རིང་འདི་རུ་གཡང་
ལ་བྱོན། །བཀྲ་ཤིས་རྫས་བརྒྱད་རྫས་ཀྱི་གཡང་། །དེ་རིང་འདི་རུ་གཡང་ལ་
བྱོན། །བཀྲ་ཤིས་རྟགས་བརྒྱད་སྣོད་ཀྱི་གཡང་། །དེ་རིང་འདི་རུ་གཡང་ལ་
བྱོན། །ཕྱུག་པོའི་བང་མཛོད་རྒྱུ་ཡི་གཡང་། །དེ་རིང་འདི་རུ་གཡང་ལ་
བྱོན། །ནོར་བུའི་གཡང་དེ་བདག་ལ་སྩོལ། །སྣང་པ་བོད་ལ་ཆར་བཞིན་
ཕོབ། །དངོས་གྲུབ་བོད་ལ་བདེ་སྐྱིད་འཛོམས། །ལས་དང་བསོད་ནམས་གོང་
དུ་མཐོ། །བཀྲ་ཤིས་གཡང་གི་སྒོ་བདམས་ན། །ཤར་ཕྱོགས་རྒྱལ་པོ་ཡུལ་
འཁོར་སྲུང་། །ཤར་ཕྱོགས་གཡང་གི་སྒོ་སྲུང་མཛོད། །ལྷོ་ཡི་བརྟན་མ་བཅུ་
གཉིས་ཀྱིས། །ལྷོ་ཕྱོགས་གཡང་གི་སྒོ་སྲུང་མཛོད། །ནུབ་ཕྱོགས་རྒྱལ་པོ་
བསོད་ནམས་སྟོབས། །ནུབ་ཕྱོགས་གཡང་གི་སྒོ་སྲུང་མཛོད། །བྱང་ཕྱོགས་
ལྷ་མོ་ནོར་རྒྱུན་མ། །བྱང་ཕྱོགས་གཡང་གི་སྒོ་སྲུང་མཛོད། །དཀྱིལ་འཁོར་
བཀྲ་ཤིས་རྟགས་བརྒྱད་ཀྱི། །ནོར་བུའི་གཡང་རྣམས་སྲུངས་སེ་
སྲུང་། །གཡང་འདི་ལ་གཡོ་འཁྲུགས་མེད་པར་ཤོག །རི་རྒྱལ་བཞིན་དུ་བརྟན་
པར་ཤོག །གཡང་འདི་རྒྱུན་ཆད་མེད་པར་ཤོག །གཡང་འདི་ལོ་འདབ་རྒྱས་
པ་བཞིན། །དཀོན་མཆོག་གསུམ་གྱི་བདེན་ཚིག་དང་། །སངས་རྒྱས་བྱང་

སེམས་བྱིན་རླབས་ཀྱིས། །གཡང་འདི་ཆག་ཉམས་མེད་པར་ཤོག །རྒྱ་མཚོ་བཞིན་དུ་ཆི་ལི་ལི། །མི་ལ་གཡང་གི་དངོས་གྲུབ་སྩོལ། །འཛམ་གླིང་གཡང་གི་བཀའ་གཏད་འདི། །ཅི་འདོད་ཅི་བསམ་འགྲུབ་པར་ཤོག །ཅེས་གསུངས་ཤིང་གཡང་འབོད་གཡང་སྒྲུབ་དང་བཅས་གཡང་སྒྲོམ་ཐམས་ཁ་བསྡམས་ནས་ངོ་མཚར་དང་དད་སྤྲོ་ཆེ་བར་བྱས། དེ་ནས་ཧོར་ཤན་པ་རྨེ་རུ་རྩེ་དེས་མཛལ་དར་ཉིན་མོ་བདེ་ལེགས་དང་། གསེར་གྱི་དོང་ཙེ་དགུ་མདུན་ལྷོག་གི་སྟེང་ལ་བཞག་ནས། ཡ། ལས་ཀྱི་རྒྱལ་པོ་རིན་པོ་ཆེ། །མདོ་ཁམས་གླིང་རུའི་དཔའ་བརྟུལ་ཚོ། །ཐུགས་དལ་མོའི་ངང་ནས་ང་ལ་གསོན། །དེ་སྟེ་ཞུ་བ་ཨེ་འདྲ་ཡོད། །ཟེར་ནས་གླུ་འདི་ལྷར་བླངས་སོ། ། ཨོཾ་མ་ཎི་པདྨེ་ཧཱུྃ་ཧྲཱིཿ གླུ་ཨ་ལ་ཨ་ལ་ཨ་ལ་རེད། །ཐ་ལ་གླུ་ཡི་ལེན་ལུགས་རེད། །སྐྱབས་བླ་མ་ཡི་དམ་དཀོན་མཆོག་གསུམ། །དུས་གསུམ་མཁྱེན་པས་གླུ་སྣ་དྲོངས། །རིགས་གསུམ་མགོན་པོས་ཐུགས་རྗེས་གཟིགས། །ས་འདི་ས་ངོ་མ་ཤེས་ན། །རྨེ་ཁམས་གླིང་གི་གཡང་ར་ནས། །ལྷ་གུར་དཀར་པོའི་ནང་ཤེད་ནས། །གཡས་གྲལ་གྲལ་གྱི་འགོ་མ་རེད། །ང་འདྲ་ང་ངོ་མ་ཤེས་ན། །ཆེ་བཙན་ཧོར་གྱི་ཤན་པ་ཟེར། །ཁྲག་མཚོ་ཧོར་གྱི་དམག་དཔོན་ཡིན། །མཐོན་པོ་གླིང་རྒྱལ་བློན་པོ་རེད། །ཞུ་མི་དགོས་ཐུགས་ཀྱིས་མཁྱེན་ནས་ཡོད། །དེ་ནས་ལྷ་སྲས་རིན་པོ་ཆེ། །ཞུ་བའི་གླུ་ལ་ཨེ་འདྲ་ཡོད། །སང་ན་ཉིང་ལོ་དང་གཞེས་ཉིང་ལོ། །སྟག་གླིང་དཔའ་བོ་གཡུལ་འཁྲུག་བྱས། །སྟག་རོང་ཤོག་དང་ལོ་གསུམ་འཁྲུགས། །རུ་ཤོག་གླིང་རུ་ལོ་དྲུག་འཁྲུགས། །ཁྲོན་བསྡོམས་མི་ལོ་དགུ་ལ་འཁྲུགས། །ཐམ་གླིང་རུས་རྒྱལ་ཁ་བླངས། །ཕམ་ཁ་སྟག་གཟིག

ཚང་ལ་གཏད། །ཁྲ་མོའི་ནོར་རྫས་གནང་ལ་བླངས། །འཛམ་གླིང་མངའ་ཐང་སྣང་པ་མཐོ། །ནོར་རྫོང་གཡང་དང་ཆ་འགྲིག་དེ། །རྒྱལ་ཁག་ལྷོ་ལ་གནང་བགོས་བྱས། །དེ་རིང་སྐྱིད་པའི་སྨོན་ལམ་ལ། །ད་ནི་ཧུ་བཞིའི་དམག་དཔོན་རྣམས། །གཞི་ནས་རང་ས་བཟུང་བའི་ཚུལ། །ཕ་མ་འདྲ་བའི་དཔོན་པོ་ལ། །སྐུ་ཁམས་བཟང་ཞུ་བའི་མཇལ་དར་ཡིན། །ལ་རྒྱ་སྔོ་མོའི་གཏམ་དཔེ་ལ། །བྱ་རྒྱལ་རྒོད་དང་ཁྱུང་ཆེན་གཉིས། །གཤོག་དྲུག་དཀྱུང་དང་གྲ་སྡེབས་བྱས། །ནམ་མཁའ་འཁོར་བའི་ཕྱི་རེས་དུས། །བྲག་རྫོང་རང་རང་བཟུང་ཉིན་མོ། །ཁྱུང་ཆེན་སྐུ་ཁམས་བདེ་མོར་བཞུགས། །སང་ད་ཕྱིན་ནམ་འཁར་མཉམ་དུ་འགྲོ། །སྒྲོ་གཡང་དུ་འགྲོགས་པའི་སྨོན་ལམ་ཤོག །དམར་ཡག་སྟག་དང་གྲ་ཡག་གཟིག །ནགས་ཚལ་དཔུང་དང་གྲ་སྡེབས་བྱས། །ནགས་ཚལ་ནང་ནས་འཁོར་བའི་དུས། །གཟིག་ཁྲ་མོ་རང་ཡུལ་འཁོར་ཉིན་མོ། །སྟག་དམར་ཡག་སྐུ་ཁམས་བདེ་མོར་བཞུགས། །སང་ཕྱི་རབས་ནགས་ཚལ་འགྲིམ་པའི་དུས། །ལུས་འཛུམ་དྲུག་ནགས་ཚལ་མཉམ་སྡེབས་ཤོག །གཟིག་སྟག་དང་འགྲོགས་པའི་སྨོན་ལམ་ཤོག །ཏུ་ཤོག་རང་ལམ་ལེན་པའི་དུས། །རྒྱལ་སྲས་སྐུ་ཁམས་བདེ་མོར་བཞུགས། །སང་ཕྱི་རེས་གླིང་ལ་འཛོམས་པར་ཤོག །སྲས་ཆུང་དགྲ་ལྷ་རྩེ་རྒྱལ་དཔོན། །སང་ཡང་ཡང་མཇལ་བའི་སྨོན་ལམ་ཞུ། །ཚེ་གཅིག་གི་འགོ་དཔོན་འོང་བར་ཤོག །དཔའ་ལ་དགའ་བདེ་འདན་མ་གསུམ། །གསེར་བ་དམུ་བ་འོམ་བུ་དྲུག །སྟག་རོང་རྟའུ་རང་མ་དགུ། །ལྷ་སྲས་མདངས་ཟེར་དཔའ་བརྟུལ་རྣམས། །མ་མཇལ་བར་དུ་ཁམས་བདེ་ཞུ། །དཔའ་དར་མའི་དཔུང་དགྲ་སྡེབ་པར་ཤོག །ད་ནི་ལྷ་སྲས་གེ་སར་

རྒྱལ། །རྨ་ཁམས་གླིང་གི་གཡང་ར་ནས། །ཛ་མཁར་རིང་མོའི་ཕྱུག་ཛོང་ལ། །གླིང་རྒྱལ་པོ་བཞུགས་ཚུལ་ཅི་འདྲ་མཛད། །ཉི་མ་དེ་རིང་ཕན་ཚོད་ལ། །དགྲ་གཞན་པ་འདུལ་རྒྱུ་ག་འདྲ་ཡོད། །ཛོང་རབ་གསེར་གྱི་སྤྱི་འབེབས་ལ། །སྟག་གཟིག་ནོར་གཡང་ཕབ་རྗེས་ནས། །དེ་ནས་ཛོང་རབས་ག་དེ་རེད། །སོག་པོ་ཨ་གྲགས་བྲེ་རི་གསུམ། །གྲུ་གུ་མི་ནུབ་རྒྱ་ནག་གསུམ། །ད་རུང་ཛོང་ཆེན་ཆེ་དྲུག་ཙམ། །ཡོད་རབས་རྒྱལ་པོས་གསུང་ལེ་གོ །ཡོངས་སྐྱོད་ཆེ་བ་ག་འདི་རེད། །སྣ་འདྲེན་ཛོང་ཆེན་སུ་ལ་ཐུག །གཏུག་པའི་ལོ་ཟླ་དུ་ཙམ་འགོར། །ཐག་མེད་མཁྱེན་པས་དགོངས་ཚུལ་དང་། །རྒྱལ་པོས་གསན་ཚུལ་ཅི་འདྲ་ཡོད། །མཁས་གཏམ་ཤན་པས་མ་ཡིན་ཡང་། །རྒྱལ་བློན་བསམ་པ་མཐུན་ལས་རེད། །དེས་ཐུགས་སེམས་མཉམ་པའི་འདྲ་མ་ཡིན། །གླིང་རྒྱལ་པོའི་ཐུགས་བཞག་དེ་འདྲ་ཞུ། །གོ་ནུ་བའི་གླུ་བདུད་རྩི་གྱིས། །མ་གོ་གླུ་ལ་ལེན་ལུགས་རེད། །ཅེས་ཞུས་པས་དེར་རུ་ཤོག་དམག་དཔོན་རྣམས་ནས་དེ་རིང་ཤན་པའི་གླུ་དེ་མཚར་སྤྲོ་ཆེ་ངེས་རེད་སླམ་ནས་བསྟོད། དེ་ནས་རིན་པོ་ཆེའི་ཁྲིའི་ཡང་སྟེང་ནས་གླིང་རྗེ་གེ་སར་རྒྱལ་པོ་དེས་རུ་ཤོག་དམག་དཔོན་རྣམས་ལ་ཞལ་གཟིགས་ནས། ཡ། ཉོན་དང་རུ་ཤོག་དམག་དཔོན་རྣམས། །རྒྱལ་བློན་བསམ་པ་མཐུན་ལུགས་ལ། །སྐྱིད་སྡུག་ག་ལེར་འདི་འདྲ་ཡོད། །གསུངས་ནས་གླུ་འདི་ལྟར་གསུངས་སོ། ། ཨོཾ་མ་ཎི་པདྨེ་ཧཱུྃ་ཧྲཱིཿ གླུ་ཐལ་ཐལ་ལ་ལ་རེད། །ཐལ་གླུ་ཡི་ལེན་ལུགས་རེད། །ལྷ་དཀོན་མཆོག་གསུམ་ལ་གསོལ་བ་འདེབས། །ཡི་དམ་རྟ་ཕག་ཡབ་ཡུམ་མཁྱེན། །ཆོས་སྐྱོང་དཔའ་བོ་དཔའ་མོ་མཁྱེན། །རིགས་གསུམ་མགོན་པོས་གླུ་སྣ་དྲོངས། །ས་འདི་ས་ངོ་མ་ཤེས་

ན། །སྨ་ཁམས་གཡང་གི་ར་བ་ཟེར། །དཀར་པོའི་གུར་གྱི་ནང་ཞེད་ནས། །ང་འདྲ་ང་ཙོ་མ་ཤེས་ན། །གླིང་རྗེ་གེ་སར་རྒྱལ་པོ་ཡིན། །དེ་ནས་ཏུ་ཤོག་དམག་དཔོན་རྣམས། །ཡང་སློས་ཞན་པ་རྒྱལ་པོས་ཉོན། །གནའ་མི་བོད་ཀྱི་གཏམ་དཔེ་ལ། །ནམ་མཁའ་མཐོན་པོའི་དབྱིངས་ལམ་ནས། །བྱ་རྒྱལ་ཁྱུང་དང་དགོངས་པ་མཉམ། །གཤོག་དྲུག་དགུང་དང་གྲ་སྡེབས་འདི། །ནམ་མཁར་ལྡིང་བའི་དོན་སྣོ་རེད། །ཨ་སྤོན་རྒྱང་ཐག་ཆོད་རྒྱབ་ནས། །བྲག་དཀར་རང་ལ་བཟུང་ལེ་འདི། །བྱ་རིགས་ཚང་ལ་འགྲོ་ལུགས་རེད། །དེ་ཕྱིན་ནམ་འཕང་གཅོད་པའི་དུས། །མོན་གྱི་ལྷ་བྱ་ཁྲ་ཁྱུག་དེ། །དགུང་སྔོན་ནམ་མཁའ་འཁྲིམ་པའི་དུས། །ས་མོན་ཡུལ་འདུག་པ་བདེ་མོར་ཤོག །མོན་ལྷ་བྱ་སྐུ་ཁམས་བཟང་བར་ཤོག །སང་ཕར་ལམ་ཤིང་ཁ་འཁྲིམ་པའི་དུས། །སྐད་དྲུག་འགྱུར་མང་པོས་ཁྱབ་པར་ཤོག །བྲག་དཀར་མཐོན་པོའི་ཐང་དཀར་ཀྲོད། །ད་ལོ་བྲག་རྫོང་བསྐོར་མི་རེད། །ཐང་དཀར་འབབ་ཐབས་བདེ་བར་ཤོག །ཐང་དཀར་སྐུ་ཁམས་བདེ་བཟང་ཤོག །སང་དེ་ཕྱིན་ནམ་མཁའ་འཁྲིམ་མི་རེད། །ལུས་གཤོག་དྲུག་འདབ་མ་རྒྱས་པར་ཤོག །ཏུ་ཤོག་དམག་དཔོན་ཆེ་བཞི་དེ། །ད་ལོ་རང་ཡུལ་བསྐོར་མི་རེད། །གཞི་ཕ་ཡུལ་རྒྱལ་ས་བདེ་བར་ཤོག །དཔོན་ཆེ་བཞི་སྐུ་ཁམས་བཟང་བར་ཤོག །སང་ད་ཚོད་གླིང་སྐར་བསྐོར་བར་ཤོག །དགྲ་ཕར་འདུལ་སྲོག་རྩ་གཅོད་པར་ཤོག །ཞན་པ་གཡུ་ལྷ་དུང་སྐྱོང་གསུམ། །དཔའ་མོ་དང་བཅས་དམག་དཔོན་བཞི། །དེ་ལ་དེ་འཁོར་དཔའ་བརྟུལ་རྣམས། །རྒྱལ་པོའི་ཐུགས་བསྐྱེད་རབ་གནས་ཡིན། །མི་ཕོ་ཆེ་ཐག་རིང་རྗེས་ཡིན། །རྟ་ཕོ་འགྱོགས་དར་

ལོན་རྗེས་ཡིན། །མཆོན་ཆས་དགྲ་སྲོག་ཆོད་རྗེས་ཡིན། །གཤོག་དྲུག་དཔུང་
ལ་དཔུང་སྐྱེལ་བྱེད། །ཅི་བྱས་ནམ་མཁའ་འཁྲིམ་མི་རེད། །ནམ་འཕང་མི་
གཅོད་ཀ་མེད་རེད། །དམར་ཡག་སྟག་དང་གྲ་ཡག་གཟིག །རྒྱ་རྫོང་ནགས་
ལ་གྲ་སྐྱེབས་བྱེད། །ནགས་ཚལ་མཐའ་ལ་འཁོར་བའི་དུས། །སྐྱེ་འགྲོ་ཚང་ལ་
འཁོར་ལེ་རེད། །དེ་ཕྱིན་ནགས་ལ་གྲ་སྐྱེབས་བྱེད། །ནགས་ཚལ་མི་འཁྲིམ་ཀ་
མེད་རེད། །རྟ་ཤོག་དམག་དཔོན་ཆེ་བཞི་དང་། །གླིང་རྗེ་དཔོན་དང་གྲ་སྐྱེབས་
བྱེད། །ཕར་དཔུང་སྟག་གཟིག་ཟིལ་གྱིས་མནན། །ད་ལོ་རང་ཡུལ་འཁོར་བའི་
ཚུལ། །རྟ་ཤོག་རང་ལམ་ལོན་རྒྱུ་འདི། །སྐྱིད་པོ་རང་ཡུལ་འཁོར་ལེ་
རེད། །དེ་ཕྱིན་རྒྱལ་བློན་གྲ་སྐྱེབས་བྱས། །ས་མཐའ་མི་འཁྲིམ་ཀ་མེད་
རེད། །སྔར་བྱས་ལས་ཀྱི་བསྒོས་ཐང་རེད། །ཕྱོགས་བཞི་རྫོང་ཆེན་ཆེ་བདུན་
དེ། །ཡོད་ལུགས་གོང་མ་ལྷ་ཡི་གསུངས། །སྐྱེས་བུ་ང་ལ་ཞལ་གཟིགས་
བྱུང་། །དུས་བབ་ནམ་ཡིན་མི་ཤེས་ཀྱང་། །ཞལ་གཟིགས་ལུང་བསྟན་མ་བྱུང་
བར། །རང་ངོ་རང་གིས་མི་གསལ་དུ། །དེ་ནས་རྒྱལ་པོ་བཞུགས་ཚུལ་
ལ། །དཀར་པོ་གླིང་ལ་ཕེབས་པའི་ཚུལ། །ཞག་གསུམ་ཐུགས་སེམས་བདེ་
མོར་བཞུགས། །ཞག་པོ་གསུམ་གྱི་ཕྱི་ནང་མོར། །ཛ་མཁར་བདེ་སྐྱིད་ཕོ་བྲང་
ནང་། །རྒྱལ་པོ་ང་སྐུ་མཚམས་བཞུགས་རྒྱུ་ཡིན། །སྟག་གླིང་འབྲུག་པ་བྱེད་
པའི་སྐབས། །རང་སྡེ་དགྲ་ལ་ཤོར་ཟིན་དང་། །མི་སྡེ་ཁྲག་ལ་སྦྲེལ་ཟིན་
གཉིས། །འདྲེན་ཐབས་རང་གིས་མ་ཐོན་ན། །སྡིག་ཆེན་ཉེས་པ་ཅི་ལ་
སྒྲུབ། །ཚེ་འདས་ཐར་ལམ་མ་བཀོད་ན། །ང་རང་སྟག་ལྷ་ཅི་ལ་
བསྒོམས། །འཁོར་བའི་སྡོད་ཆུས་མ་ཐོན་ན། །རྗེ་རྒྱལ་པོར་དམག་དཔོན་ཅི་ལ་

ཐོག །བདུད་ནག་པོའི་ཁ་གནོན་མ་ཡོང་ན། །ཕོ་ང་ལ་གེ་སར་ཅི་ལ་ཟེར། །ཡོ་དགུ་སྐུ་མཚམས་བཞུགས་རྒྱུ་ཡིན། །དེ་རྩོན་འཁྲུག་པ་མི་དགོས་བསམ། །དེ་ཕན་ཆོད་ཅི་འོང་ཆ་མི་ཆོད། །རྫོང་ཁག་དྲུག་གི་དང་པོ་ལ། །གཙོ་འདྲེན་སྟྲ་མ་སྲུ་ཡིན་དེ། །གང་ཡིན་ངོ་བོ་མི་གསལ་དུ། །ལྷ་གོང་མས་ལུང་ཞིག་བསྟན་ནས་འོང་། །ངོ་བོ་གསལ་མི་ལོས་ཡོད་རེད། །ད་ནི་ཧུ་ཤོག་དམག་དཔོན་རྣམས། །བཞུགས་མི་སྐུ་ཁམས་བདེ་བར་ཤོག །ཕྱིན་མི་འགྲོ་ལམ་བདེ་བར་ཤོག །སྤྱི་ཕྱིར་དགོས་འདོད་འབྱུང་པར་ཤོག །ཅི་བསམ་ལྷུན་གྱིས་གྲུབ་པར་ཤོག །ཅེས་གསུངས་པ་དང་། དེ་ནས་ཧུ་ཤོག་རྒྱལ་ཁག་ལྔའི་དམག་དཔོན་དང་དཔལ་བརྟུལ་ཐམས་ཅད་སོ་སོས་རྒྱལ་པོ་ལ་ཕྱག་འབུལ་དང་དད་སྨྲོ་བྱས། དེ་ནས་འཛམ་གླིང་གེ་སར་རྒྱལ་པོ་ནས་དབུ་ལ་ནོར་བུའི་ཏོག་ཞྭ་མནབས། རྡོ་རྗེ་རྩེ་དགུའི་འཕྲུ་བརྩུགས། སྐུ་ལ་ཟ་བེར་སྨུག་པོའི་ཆོས་གོས་གསོལ་ཞིང་། ཕྱག་ན་དངུལ་དཀར་གྱི་བུམ་པ་མཚན་ཉིད་དང་ལྡན་པ། གཡུ་བྱུར་མུ་ཏིག་རྣམས་ཁྲ་ཚོམས་སུ་བཀོད་པ།དར་སྣ་ལྔའི་མགུལ་འཆིངས་དང་། ཁ་ལ་རྨ་བྱའི་སྒྲོ་མདོངས་ཉི་མ་ཤར་འདྲ་ཞིག་བརྒྱན་པ་དང་། ནང་ན་འཆི་མེད་ཚེ་ཡི་བདུད་རྩི། རྒྱ་གར་སྨན་གྱི་གཡང་ཕུད་དང་། བུམ་རྫས་ཉེར་ལྔ་བཅས། རྒྱལ་བློན་དམག་དཔོན་ཚོ་ལ་རིལ་བུ་ཆ་བརྒྱད་རེ་དང་ཚེ་མདུད་རེ། དམག་དཔོན་དཔའ་བརྟུལ་རྣམས་ལ་རིལ་བུ་ཆ་བདུན་རེ་དང་ཚེ་མདུད་རེ་དང་བཅས་སོ་སོ་ལ་གནང་། དེ་ཡི་ཕྱི་ནང་ཧུ་ཤོག་དམག་དཔོན་ཚོས་གནང་ཐོབ་ནོར་སྐལ་རིགས་དེད་ནས། མོན། འཇང་། ཧོར། བདུད་བཅས་སོ་སོར་རང་ཡུལ་དུ་ཕེབས་སོང་བ་དང་། ཐམས་ཅད་དགའ་སྐྱིད་ངང་ལ་གཞིས་བྱེས་འཛོམས་པར་

གདའོ། །གླིང་རྒྱལ་བློན་དཔའ་བརྟུལ་ཚོས་གཡང་ཐོག་ནོར་སྐལ་རྣམས་རང་རང་གིས་དེད་ནས་ཕེབས་སོང་། དེ་ནས་སེང་ཆེན་རྒྱལ་བློན་དང་དགྲ་ལྷ་རྩེ་རྒྱལ་གཉིས་ཆེ་བ་ལ་བཀའ་བློན་སུམ་ཅུས་བསྐོར་ནས་ཟུར་ཕྱོགས་རྐང་དམག་ལྔ་བཅུའི་སྐྱེལ་མ་དང་བཅས། ཕྱུགས་དྲེལ་དྲུག་ཅུའི་སྒ་ཆས་སྤྲས་ནས་འཛའ་ཤར་བ་ལྟར་ཇ་མཁར་སྨུག་པོའི་ནང་ཤེད་ལ་ཕྱུག་ཕེབས། སྟག་གླིང་དཔའ་བོ་གཡུལ་འགྲེད་སྐབས་གཞན་ལ་མེད་པའི་ནོར་འགྲེད། གཡང་རབ་དམ་པའི་སྒོ་མོ། མཛམ་གླིང་གེ་སར་རྒྱལ་པོའི་མཛོད་ཆོས། འཁོར་བའི་བསྟན་ཆུས་གཉིས་ཀྱི་གཞི་རྩ། སྒང་པ་བོད་ལ་དགོས་བཞིན་འདིར་བཀོད་པས་ཚད་ལུས་མེད་པར་རེ་རེ་ཡང་བླ་མ་མི་དཔོན་སེར་སྐྱ་ཕོ་མོ་སུས་འབྲི་ཀློག་འདོན་གསུམ་རྩ་འཛིན་བྱུས་ན་གཡང་སྐྱབས་གཡང་སྒྲུབ་ཚོད་ལྡན་རེ་བགྱིས་པ་དང་ཁྱད་མེད་ཡིན་པ་ཀུན་ནས་ངེས་སོ། །ཞེས་རྫོགས་ཆེན་པདྨ་རིག་འཛིན་གྱིས་བསྒྲིགས་པའོ། ། ། །

ཆོས་ཚུལ་འདི་ཡང་ཉི་ཟླའི་དཀྱིལ་འཁོར་བཞིན།
ཕྱོགས་ཀྱི་ཐ་གྲུ་ཀུན་ཏུ་གྲགས་གྱུར་ཏེ།
བློ་གྲོས་པད་མོ་རབ་ཏུ་རྒྱས་བྱེད་ཅིང་།
སངས་རྒྱས་བསྟན་པ་དར་ཞིང་རྒྱས་པར་ཤོག
རྒྱལ་དབང་ཀློང་ཆེན་པས།

མདོ་སྔགས་ཆོས་ཚུལ་ཚང་ལ་མ་ནོར་བ།
མཁས་ཤིང་གྲུབ་བརྙེས་རིག་འཛིན་བརྒྱུད་པའི་སྲོལ།
ཐུབ་བསྟན་སྙིང་པོ་གསང་སྔགས་སྔ་འགྱུར་པའི།
བསྟན་པ་འཕེལ་རྒྱས་འཛམ་གླིང་ཁྱབ་གྱུར་ཅིག
འཇམ་མགོན་མི་ཕམ་པས།

ཧྲཱིཿ སྟོན་ཆོ་དེ་བཞིན་གཤེགས་པ་གཙུག་ཏོར་ཅན།
འཕགས་པའི་ཡུལ་དུ་གྲུབ་ཆེན་ཀུ་ཀུ་རི།
ཁ་བ་ཅན་དུ་དཔལ་ལྡན་ཐང་པ་ཞེས།
པདྨ་རིག་འཛིན་ཞབས་ལ་གསོལ་བ་འདེབས།
བསྟན་པ་ཡུན་རིང་གནས་པའི་བཀྲ་ཤིས་ཤོག

དཔེ་སྒྲིག་ལས་ཁང་།	སྔ་འགྱུར་རྫོགས་ཆེན་དཔེ་ཚོགས་བསྡུ་སྒྲིག་ཁང་།
སྤྱི་ཁྱབ་བསྡུ་སྒྲིག་དག་ཞུས་པ།	གྲུབ་དབང་རྫོགས་ཆེན་བདུན་པ་བསྟན་འཛིན་ལུང་རྟོགས་ཉི་མ།
ཆེད་འགན་དག་ཞུས་པ།	སྨྲོ་ཤུལ་མཁན་པོ་འཆི་མེད་བཟོད་པ།
	རྫོགས་ཆེན་སློབ་དཔོན་བསོད་སྦྱིན།
	རྫོགས་ཆེན་སློབ་དཔོན་པདྨ་སྣང་བ།
བསྐྱར་ཞུས་པ།	སྤྲུལ་སྐུ་གྲགས་པ་རྒྱལ་མཚན།
	ར་ཕེས་སྤྲུལ་སྐུ་ཐུབ་འོད།
	བྲག་མཁར་སྤྲུལ་སྐུ་ཚུལ་ཁྲིམས་རྒྱལ་མཚན།
ཡིག་གཏུག་པ།	བསྟན་འཛིན་ཚེ་དབང་། བསྟན་འཛིན་ཤེས་རབ། པདྨ་གྲགས་པ།
དཔེ་སྒྲིག་པ།	དབྱིན་ཇི་བ་པདྨ་མཐུ་སྟོབས།
མདུན་ཤོག་མཛེས་རིས་པ།	ཕུར་བཟང་། ཡུས་ཁྲེ་ཡུས།

图书在版编目（CIP）数据

藏传佛教大圆满文集：藏文／佐钦寺整理编著．
—拉萨：西藏藏文古籍出版社，2016.7
ISBN 978-7-80589-818-6

Ⅰ．①藏…Ⅱ．①佐…Ⅲ．①喇嘛宗—文集—藏语 Ⅳ．①B946.6-53

中国版本图书馆CIP数据核字（2016）第150552号

藏传佛教大圆满文集

编　　者 大圆满丛书整编室
责任编辑 次　巴
出　　版 西藏藏文古籍出版社（拉萨市色拉路22号）邮政编码：850000
第二编辑部（北京）：100013 北京市东土城路8号林达大厦A座13层
电话：010-64466847
打击盗版：0891-6649998　13908990085
印　　刷 北京谊兴印刷有限公司
经　　销 全国新华书店
开　　本 16开（710×1 000）
印　　张 118
版　　次 2016年7月第1版第1次印刷
标准书号 ISBN 978-7-80589-818-6
定　　价 290.00元（全6册）

སྐུ་རབས་གཉིས་པ་འགྱུར་མེད་ཐེག་མཆོག་བསྟན་འཛིན།

སྔ་འགྱུར་འཁྲུལ་བ་རྫོགས་ཆེན་པའི་དཔེ་ཚོགས།

ༀ། །གྲུབ་དབང་རྫོགས་ཆེན་པ་རིམ་བྱོན་གྱི་གསུང་འབུམ་བཞུགས་སོ།།

གླེགས་བམ་གཉིས་པ།

བོད་ལྗོངས་བོད་ཡིག་དཔེ་རྙིང་དཔེ་སྐྲུན་ཁང་།

ཁྱབ་དབང་རྫོགས་ཆེན་པ་རིམ་བྱོན་གྱི་གསུང་འབུམ་བཞུགས་སོ།།

ཐུས་འགོད། བོད་ལྗོངས་ཞེན་ལི་དཔལ་འབྱོར་རིག་གནས་འཕེལ་རྒྱས་ཚད་ཡོད་ཀུང་སི།

དཔེ་སྐྲུན། བོད་ལྗོངས་བོད་ཡིག་དཔེ་རྙིང་དཔེ་སྐྲུན་ཁང་།

སྦྲག་ཨང་850000

བརྒྱུད་འཚོང་། ཤིན་ཧྭ་དཔེ་ཚོང་ཁང་།

དེབ་ཚད། 710mm×1 000mm 1/16

པར་ཐོག 118

པར་གཞི། 2016ལོའི་ཟླ་7པར་པར་གཞི་དང་པོ་བསྒྲིགས།

པར་ཐེངས། 2016ལོའི་ཟླ་7པར་པར་ཐེངས་དང་པོ་དཔར།

དཔེ་རྟགས། ISBN 978-7-80589-818-6

རིན་གོང་། སྒོར་290.00 (དེབ་དྲུག)

དཔེ་སྐྲུན་སྔོན་འགྲོའི་གཏམ་བྱུང་།

གྲུབ་པའི་དབང་ཕྱུག་རྫོགས་ཆེན་པ་པདྨ་རིག་འཛིན་ནི། དུས་རབས་བཅུ་གཅིག་པའི་ནང་སྔ་འགྱུར་རྙིང་མའི་ཟབ་ཆོས་རྫོགས་པ་ཆེན་པོའི་ཆོས་མིང་གང་ཟག་ལ་ཐོག་པའི་འཚབ་བྱེད་སྐྱེས་ཆེན་ཡོངས་གྲགས་ཤིག་སྟེ། རྗེ་འདི་ཉིད་ཀྱི་སྐུ་ཚེ་གང་པོར་བྱ་བཏང་སྤྲས་པའི་རྣལ་འབྱོར་བའི་ཚུལ་གྱིས་འོད་གསལ་རྫོགས་པ་ཆེན་པོའི་ཉམས་བཞེས་ལ་གནད་དུ་སྨྲུན་པས་རིག་པ་ཚད་ཕེབས་ཀྱི་སར་ཕྱིན་ཏེ་གྲུབ་ཐོབ་པདྨ་རིག་འཛིན་ཞེས་མཚན་དུ་གྲགས་པ་བྱུང་། རྗེ་གང་ཉིད་དང་རྒྱལ་མཆོག་ལྔ་བ་ཆེན་པོ་བཀའ་བགྲོས་ནས་ཁམས་ཕྱོགས་སུ་རྫོགས་ཆེན་དགོན་པ་ཕྱག་བཏབ་པ་ནི་དབུས་གཙང་དུ་ཉམས་རྒུད་ཐེབ་པའི་སྔ་འགྱུར་རྙིང་མའི་ཆོས་བརྒྱུད་གནས་དུས་འདིར་དམིགས་ཀྱིས་སླར་གསོ་མཛད་པའི་ལོ་རྒྱུས་ཀྱི་རྒྱབ་ལྗོངས་མངོན་ཞིང་། སྐུ་དངོས་ཀྱིས་སྐྱེ་དགེའི་མངའ་ཁུལ་གཙོ་བོར་བྱས་པའི་ཁམས་ཕྱོགས་ཀྱི་ཀཿདཔལ་སོགས་རྙིང་དགོན་མང་པོར་ཕེབས་ཏེ་རྫོགས་པ་ཆེན་པོའི་ལྟ་སྒོམ་ལ་དག་ཐེར་མཛད་ཅིང་ཐུགས་བཞེད་བཞིན་ཨ་མདོ་དང་ཁམས་ཕྱོགས་སུ་ཆོས་བརྒྱུད་དགོན་སྡེ་བརྒྱ་ཕྲག་མང་པོ་འཕེལ། ཕྱི་དུས་འདིར་གངས་རིའི་ལྗོངས་སུ་རྫོགས་པ་ཆེན་པོའི་བསྟན་པ་མཐར་རྒྱས་སུ་འཕེལ་བའི་རྒྱུ་འགོའམ་ཤིང་རྟའི་སྲོལ་འབྱེད་མཆོག་གཅིག་ཏུ་ཡོངས་སུ་གྲགས། རྗེ་གང་གི་སྤྲུལ་རབས་སྐུ་ཕྲེང་རིམ་བྱོན་ནི་ཐོས་བསམ་སྒོམ

གསུམ། མཁས་བཙུན་བཟང་གསུམ། འཆད་རྩོད་རྩོམ་གསུམ་སྟེ་ཚུལ་དགུའི་ཡོན་ཏན་གྱི་མངའ་བདག་ཤ་སྟག་བྱོན་པས་སྤྱི་འགྱུར་རྙིང་མའི་བསྟན་པའི་གཙུག་རྒྱན་ལྟ་བུར་ཆགས་ཤིང་། གཞུང་ས་དགའ་ལྡན་ཕོ་བྲང་ནས་མ་ཧཱ་པཎ་ཊི་ཏ་ཨེར་ཏེ་ནི་ཧོ་ཐོག་ཐུའི་ཆོ་ལོ་ཐེངས་མང་བསྩལ་བའི་མཚན་ཐོབ་ལྡན། སློབ་བུ་ཉི་ཟླ་སྐར་གསུམ་དང་འཇིགས་མེད་རྣམ་བཞི་སོགས་སྐུ་རབས་རིམ་བྱོན་གྱི་ཐུགས་སྲས་མཁས་བཙུན་གྲུབ་པའི་སྐྱེས་བུ་བཟང་ལ་མང་བ་བྱོན་པས་ཆོས་རྒྱུན་ཕྲིན་ལས་ཕྱོགས་བརྒྱར་འཕེལ། གྲུབ་དབང་སྐུ་རབས་རིམ་བྱོན་གྱི་ཞལ་གསུང་བསྟན་བཅོས་མང་རབ་བཞུགས་ཚུལ་ཆོས་འབྱུང་རྣམ་ཐར་དག་ན་གསལ་ཡང་སྔར་དུས་བཀའ་རྒྱ་དམ་པོར་མཛད་དེ་ཤིང་པར་དུ་མ་བཀོད་པ་དང་། སྔ་ཕྱིར་བླ་བྲང་ལ་མེ་སྐྱོན་དང་ས་འགྱུལ་གྱི་གནོད་འཚེ་ཐེབ་པས་སྐབས་དེ་དག་ཏུ་རྩ་འཐོར་སོང་ཕྱིར་དེང་དུས་མཇལ་དུ་བཞུགས་པ་ཤིན་ཏུ་ཉུང་། སྔར་ལམ་གྲུབ་དབང་པདྨ་རིག་འཛིན་གྱི་གསུང་ཚན་ཐོར་བུ་བསྡུ་སྒྲིག་དཔེ་སྐྲུན་ཐེངས་གཅིག་བྱས་པ་དང་། ད་ལམ་གྲུབ་དབང་སྐུ་རབས་རིམ་བྱོན་གྱི་ཆོས་སྲིད་མཛད་ཕྲིན་བསྐྱངས་པའི་ལྟེ་གནས་ཕོ་བྲང་ཆེན་མོ་ཁམས་གསུམ་ཟིལ་གནོན་བསྐྱར་བཞེངས་ལེགས་གྲུབ་ཀྱི་ལས་སློན་མངོན་དུ་གྱུར་བ་མ་ཟད། ནང་བཞུགས་སྐུ་ཐུགས་ཀྱི་རྟེན་མཆོག་སྐུ་རབས་རིམ་བྱོན་གྱི་སྐུ་བརྙན་བྱོན་ལེགས་དང་གསེར་གདུང་ཁྱད་འཕགས་བྱིན་རླབས་ཀྱི་གཞི་འོད་འབར་བ་བཞུགས་སུ་གསོལ་བ་དང་། གསུང་རྟེན་དུ་སྐུ་རབས་རིམ་བྱོན་གྱི་གསུང་འབུམ་འདི་བཞིན་འཚོལ་བསྡུད་དག་ཞུས་དཔེ་སྐྲུན་གྱིས་གསུང་གི་ཕྲིན་ལས་རྒྱུན་མི་ཆད་པའི་སྲི་ཞུ་སྒྲུབ་པ་ན། རྟེན་འབྱུང་ཆུད་མི་ཟ་བའི་བདེན་མཐུས་གནའ་དུས་ནས་ལག་བྲིས་དཔེ་རྙིང་གཅིག་ཁོ་ན་ལས་མི་བཞུགས་པའི་ཕྱི་མོ་དག་ཀྱང་ངོ་མཚར་ཆེན་

དཔེ་སྐྲུན་སྔོན་འགྲོའི་གཏམ་བྱུང་།

པོས་ལག་འཁྱེར་བྱུང་བ་དད་སྤྲོ་རབ་ཏུ་འཕེལ་བ་དང་བཅས་འགྲིམ་སྐྱོད་བགྱིས་པ་སྟེ། འདིས་མཚོན་རྣམ་པར་དཀར་པའི་དགེ་རྩ་གང་མཆིས་མཁའ་མཐས་ཁྱབ་པའི་འགྲོ་བ་ཀུན་ལ་རྟུལ་བྲལ་ཆོས་རབ་རྣམ་འབྱེད་ཀྱི་ཡེ་ཤེས་ཐོབ་པའི་རྒྱུར་ཡོངས་སུ་བསྔོ་བ་དང་། ཐོག་མཐའི་བྱ་བར་དངོས་སུ་ཞུགས་པ་དང་བསམ་སྦྱོར་གང་ཐད་ནས་རྒྱབ་སྐྱོར་རོགས་དན་མཛད་པོ་ཡོངས་ལ་བཀའ་དྲིན་རྗེས་དྲན་ཞུ་བ་དང་བཅས།

མཁྱེན་གཟིགས་དམ་པའི་ཞལ་སྔ་ནས་གྲུབ་དབང་རྫོགས་ཆེན་པའི་མཚན་གྱི་ཅོད་པཎ་གྱིས་མངོན་པར་བསྟོད་པ་བསྟན་འཛིན་ལུང་རྟོགས་ཉི་མས་མི་སྤྱོལ་ས་ཟླའི་ཡར་ཚེས་ལ་སྦྱར་བ་དགེ།

སྐྱུ་རབས་གཉིས་པའི་གསུང་ཚན་དཀར་ཆག

༄༅། །གྲུབ་དབང་རྟོགས་ཆེན་པ་སྐུ་རབས་གཉིས་པ། འགྱུར་མེད་ཐེག་མཆོག་བསྟན་འཛིན་གྱི་རྣམ་ཐར་མདོར་བསྡུས།།

གྲུབ་དབང་སྐུ་རབས་གཉིས་པ་འགྱུར་མེད་ཐེག་མཆོག་བསྟན་འཛིན་ནི། རབ་བྱུང་བཅུ་གཉིས་པའི་སྨྲོས་ལྡན་ཞེས་པ་ས་མོ་ཡོས་ཀྱི་ལོ་སྤྱི་ལོ་༡༨༩༩བར་ཟླ་ཀླུང་དཔལ་གྱིས་འབབ་པའི་ཉེ་འཁྲམ་འབྲས་ལྡན་མི་ཧོག་བཞེད་པའི་སྐྱིད་ཚལ་ཞིག་ཏུ་སོག་པོ་ཨོ་རོད་རྒྱལ་པོའི་སྲས་རྒྱུད་དུ་སྐུ་འཁྲུངས། གོང་མའི་ཐུགས་སྲས་རྣམས་དང་འཇིགས་བྲལ་ཚངས་པ་སྡེ་དགེ་ཆོས་རྒྱལ་ཆེན་མོ་བཅས་ཀྱིས་བོད་ཡུལ་དབུས་ལྷོངས་ཀྱི་ལྷ་ཐྲར་དགོངས་རྟགས་ཞུལ་བས་གྲུབ་དབང་དམ་པའི་སྐྱེ་སྲིད་འཁྲུལ་མེད་དུ་བཀས་བཅད་ཅིང་། སྨིན་གླིང་ནས་འགྱུར་མེད་ཐེག་མཆོག་བསྟན་འཛིན་དང་། རྫོ་བྲག་ནས་པདྨ་ཐེག་མཆོག་བསྟན་འཛིན་རྒྱ་མཚོ་ཞེས་མཚན་གྱི་ཅོད་པཎ་གསོལ། རིང་མིན་གདན་ས་ཆེན་མོར་སྤྱན་དྲངས་ཏེ་འཇིགས་མེད་གདོང་ལྔས་བཏེགས་པའི་ཁྲི་འཕང་མཐོན་པོར་མངའ་གསོལ། གོང་མའི་ཐུགས་སྲས་ཐུ་བོ་དཔོན་སློབ་ནམ་མཁའ་འོད་གསལ་དང་རབ་འབྱམས་བསྟན་པའི་རྒྱལ་མཚན་གཉིས་ནས་གཙུག་ཕུད་བཞེས་ཏེ་པདྨ་དབང་ཆེན་དང་པདྨ་དབང་དྲག་ཞེས་མཚན་འབུལ་མཛད། རིམ་པར་སྐྱེས་མཆོག་བླ་མ་རྣམ་གཉིས་ལས་བཀའ་གཏེར་གྱི་སྨིན་གྲོལ་གང་མང་བཞེས་མཚམས། དགུང་གྲངས་བཅུ་གཅིག་པ་ས་མོ་གླང་གི་ལོར་དབུས་ཕྱོགས་སུ

ཆིབས་ཁ་ཕྱོགས། ཐོག་མར་སྨིན་རྫོང་འོད་གསལ་སྒྲུབ་སྡེར་ཕེབས་པས་གཏེར་ཆེན་ཉི་མ་གྲགས་པ་དང་མཇལ། གཏེར་ཆེན་མཆོག་ནས་དགྱེས་བརྩེས་བསླེན་བཀུར་ཕུན་སུམ་ཚོགས་པ་དང་བཅས་རང་གཏེར་ཕལ་ཆེར་གྱི་སྨིན་དབང་བསྐུལ། གཞན་ཡང་རྒྱལ་སྲས་ཨོ་རྒྱན་བསྟན་འཛིན་དང་འབྲི་གུང་དཀོན་མཆོག་ཕྲིན་ལས་ལས་གཞིན་རྗེ་ཁྲོ་ཆུ་སོགས་བཀའ་ཆོས་འགའ་གསན་ནས་ལྷ་སར་ཕེབས། རྟེན་གསུམ་གཙུག་ལག་ཁང་རྣམས་སུ་མཆོད་པ་རྒྱས་འབུལ་དང་བཅས་རྡོར་སྨིན་དུ་ཞབས་བསྐྱོད། དེར་རིག་འཛིན་གཏེར་བདག་གླིང་པ་ལས་རྗེ་ཉིད་ཀྱི་ཟབ་གཏེར་ཐུགས་ཆེན་བདེ་གཤེགས་ཀུན་འདུས་གཙོས་བཀའ་གཏེར་གྱི་སྨིན་ཁྲིད་མཐའ་ཡས་པ་གསན་བཞེས་མཛད་པས་མཐུ་སྟོབས་དབང་པོ་ཕྱོགས་ཐམས་ཅད་ལས་རྣམ་པར་རྒྱལ་བའི་སྡེ་ཞེས་མཚན་གསོལ་བ་དང་། གཏེར་ཆེན་ཉིད་ཀྱི་རང་གཏེར་ལས། ཡང་གྲོའི་སྤྲུལ་པ་པདྨ་དྲག་པོའི་མིང༔ རྣལ་འབྱོར་འཛིན་པ་མདོ་ཁམས་སྨད་ནས་འབྱུང༔ ཞེས་ལུང་ཟིན་རྩ་བའི་ཆོས་བདག་ཏུ་ངོས་འཛིན་མངའ་གསོལ་མཛད། གཞན་ཡང་སྡེ་ཕྱི་རྣམས་སུ་རྒྱལ་དབང་སྐལ་བཟང་རྒྱ་མཚོ་དང་། ངོར་མཁན་ཆེན་དཔལ་ལྡན་ཆོས་སྐྱོང་། ཞྭ་དམར་ཆོས་ཀྱི་དོན་འགྲུབ། ལོ་ཆེན་དྷརྨ་ཤྲཱི། རྒྱལ་སྲས་འགྱུར་མེད་རྒྱ་མཚོ། གླིང་གཏེར་པདྨ་དབང་ཕྱུག །སྟག་ལྷ་ཀུན་བཟང་བློ་གྲོས། དཔལ་རི་བ་ཀུན་བཟང་འོད་ཟེར། གྲ་ཐང་མཁན་ཀུན་དགའ་མཁྱེན་བརྩེ། བཤེས་གཉེན་འགྱུར་མེད་སྐལ་བཟང་སོགས་ཡོངས་འཛིན་བཅུ་ཕྲག་བཞི་ལྷག་ལས་མདོ་སྔགས་བསྟན་བཅོས་ཀྱི་འཆད་རྒྱུན། བཀའ་གཏེར་སྨིན་གྲོལ་གྱི་དབང་ཁྲིད། རྒྱལ་བའི་བཀའ་འགྱུར་རིན་པོ་ཆེའི་བཀླག་ལུང་སོགས་ཆོས་ཚུལ་རྒྱ་མཚོ་ལྟ་བུ་གསན་བཞེས་གནང་བས་ཐོས་པའི་ཕ་མཐར་སོན། ཁྱད་པར་དཔོན་

སློབ་ནམ་མཁའ་འོད་གསལ་ལས་རྗེ་གོང་མའི་གསུང་སྒྲོས་ཀྱི་ཟབ་གནད་སླན་ནས་སླན་དུ་བརྒྱུད་པའི་གདམས་ཟབ་དང་། ཕྱག་བཞེས་ཕྲ་རགས་ཀྱི་ཟབ་གནད་བྱིན་རླབས་ཀྱི་ཚན་ཁ་མ་ཉམས་པ་ཐམས་ཅད་བུམ་པ་གང་བྱོའི་ཚུལ་དུ་གསན་པས་རྗེ་འདི་དང་གཏེར་ཆེན་འགྱུར་མེད་རྡོ་རྗེ་རྣམ་གཉིས་བཀའ་དྲིན་ཁྱད་འཕགས་ཀྱི་རྩ་བའི་བླ་མར་འཛིན། དེ་མཚུངས་ཉམས་ལེན་ཧིང་ངེ་འཛིན་གྱི་རྣལ་འབྱོར་ལ་སྐུ་ཚེ་གང་པོར་ཆད་མེད་ཆུ་བོའི་རྒྱུན་བཞིན་བརྩོན་པར་མཛད་དེ། སྐུ་ན་ཆེས་གཞོན་པའི་དུས་ནས་བསྙེན་མཚམས་ལོ་གཉིས་དང་། ཕྱིས་སྐུ་ཚེའི་གེགས་འཕྲང་སེལ་ཕྱིར་བཅད་རྒྱ་ལོ་གཅིག ཁྱད་པར་རབ་བྱུང་བཅུ་གཉིས་པའི་གློ་ངན་ལྕགས་བྱའི་མཇུག་ནས་ཤིང་ཕག་བར་ལོ་ངོ་བཅོ་ལྔའི་རིང་། སྔ་ཕྱིའི་ཆོས་ཐུན་ཕུད་ཉིན་མཚན་ཀུན་ཏུ་རྒྱུད་སྡེ་བཞི་དྲུག་གི་ལྷག་ལྷ་དུ་མའི་བསྙེན་སྒྲུབ་ཚད་འཁྱོལ་མཛད་པས། འཁོར་འདས་ཀྱི་སྣང་ཆ་ཐམས་ཅད་དག་པ་རབ་འབྱམས་སྒྱུ་འཕྲུལ་ལྷའི་ཕྱག་རྒྱ་དང་དབྱེར་མི་ཕྱེད་པའི་བརྟན་པ་ཐོབ། འོད་གསལ་རྫོགས་པ་ཆེན་པོ་ཀ་དག་ལྷུན་གྲུབ་ཀྱི་གནད་ལ་ཉམས་བཞེས་རྒྱུན་ཆགས་སུ་མཛད་པས་རྟོགས་ཚོགས་ཡེ་ཤེས་ཀྱི་ངོ་བོར་འབྱམས་སུ་ཀླུས་ནས་ཀུན་བཟང་ཆོས་སྐུའི་དགོངས་པ་མངོན་དུ་བརྙེས། དེ་ལས་ལྷུང་བ་རྗེས་ཐོབ་སྒྱུ་མ་ལྟ་བུའི་རོལ་རྩལ་གྱི་ངང་ནས་བསྟན་འགྲོའི་ལེགས་བྱས་ཕྱོགས་བརྒྱར་སྤེལ་བར་མཛད་ཚུལ་ནི། དགུང་ལོ་ཞེ་གཉིས་པ་ལྕགས་སྤྲེལ་ལ་རྗེ་དབོན་པདྨ་གདན་ཚབ་ཏུ་བསྐོས་ཏེ་དབུས་ཕེབས་ཕྱི་མ་མཛད་ཅིང་། སྐབས་དེར་ས་ངོར། འབྲི་སྟག ཛོར་སྨིན་སོགས་གདན་ས་ཆེ་ཆུང་ཕལ་མོ་ཆེ་ལ་མཆོད་སྤྲིན་རྒྱ་ཆེ་བ་དང་། ཁྱད་པར་ལྷ་ལྡན་དུ་མཉན་ཡོད་མཆོད་པའི་དུས་སྟོན་དང་། རྒྱལ་མཆོག་ལྔ་པའི་འདས་མཆོད་ཀྱི་ཚོགས་ཆེན་ལ་འགྱེད་འབུལ་མང་བསྐོལ་ཕུན་སུམ་

ཚོགས་པས་བསྙེན་བཀུར། རྒྱལ་མཆོག་བདུན་པ་སྐལ་བཟང་རྒྱ་མཚོས་ཐུགས་བརྩེའི་གཟིགས་པ་ཚད་མེད་པས་ཕོ་བྲང་ཆེན་མོའི་ནང་རྟེན་ལས་རྟེན་གསུམ་གདམ་ཀ་མཛད་དེ་གནང་སྦྱིན་བསྩལ། སྐབས་དེར་རྗེ་ཉིད་ལ་དམ་ཅན་ནོར་སྒྲུབ་ཀྱིས་རང་གཟུགས་དངོས་སུ་བསྟན་ཏེ་ལུང་བསྟན་པས་ཐུབ་སྐུ་གཡུ་ཐོད་མ་དང་། ཆབ་ལྡིའུ་དཀར་ནག་ཁྲ་གསུམ་སོགས་མི་མིན་འཕྲུལ་གྱི་རྟེན་རྫས་སྣ་ཚོགས་མདོ་སྨད་སྤྱིའི་བསོད་ནམས་ཀྱི་བགོ་སྐལ་དུ་སྤྱན་དྲངས་པ་བཅས་ལེགས་བྱས་འགྲན་ཟླ་བྲལ་བ་གངས་ཅན་སྐྱེ་རྒུའི་རྣ་ལུང་མཛེས་པའི་རྒྱན་དུ་བཏགས་པར་མཛད་དེ་རང་དགོན་དུ་ཞབས་པད་བཀོད། དེ་ནས་ལོ་འགར་རྒྱང་ཕེབས་མ་མཛད་པར་རྒྱལ་བཀའ་རིན་པོ་ཆེ་ལན་གཉིས་དང་རྙིང་རྒྱུད་ཚར་ལྔ་གཙོས། བཀའ་བརྒྱུད་དང་། དགོངས་འདུས། མདོ་དབང་། མཛོད་བདུན་བཅས་ཀྱི་བཀླག་ལུང་འཆད་ཁྲིད་རྒྱ་ཆེར་གནང་ཞིང་། སྐབས་དེ་དག་ཏུ་རྡོ་རྗེའི་ལྷུགས་ལ་ལྷག་ལྷས་དངོས་གྲུབ་སྟེར་བ་ལྷར་སྒྲ་དག་སྒྱུར་མགྱོགས་གཞན་མཚུངས་དང་བྲལ་བས་ཐམས་ཅད་ངོ་མཚར་གྱི་གནས་ལ་བཀོད་པར་བྱས། གཞན་ཡང་སྐྱེ་དགུའི་བསོད་ནམས་ཀྱི་ཞིང་དུ་སངས་རྒྱས་བྱང་སེམས་དང་། ཡི་དམ་ཆོས་སྐྱོང་གི་སྐུ་བརྙན་སྣ་ཚོགས་འབུར་བཟོས་རས་བྲིས་བཅས་དངོས་གཙང་བ་བརྒྱ་ཕྲག་དུ་མ་དང་། གསུང་རྟེན་དུ་བཀའ་བསྟན་གྱི་སྙིགས་བམ་སྟོང་ཕྲག་ལྷག་བཀྲལ་བ། ཐུགས་རྟེན་དུ་རྗེ་བླ་མ་ནམ་མཁའ་འོད་གསལ་གྱི་གསེར་གདུང་ཁྲུད་འཕགས་སོགས་སྐུ་གསུང་ཐུགས་རྟེན་མཆོད་རྫས་ཡོ་བྱད་བསམ་མི་ཁྱབ་པ་གསར་བཞེངས་མཛད། དེས་ཀྱང་མ་ཚད་པར་རྒྱུན་འཛུགས་མར་མེ་སྟོང་མཆོད་དང་། སཙྪ། རྡོ་འབུམ། སྦྱིན་སྲེག ། དར་ལྕོག་སོགས་འབྱུང་བ་ཆེན་མོའི་བྱེད་པའང་དགེ་བའི་ཆོས་ལ་བསྒྱུར་

ནས་མཐའ་ཡས་པའི་སེམས་ཅན་བྱང་གྲོལ་གྱི་ལམ་ལ་བཀོད།   རྗེ་འདི་མཁས་བཙུན་བཟང་གསུམ།   འཆད་རྩོད་རྩོམ་གསུམ།   མཁྱེན་བརྩེ་ནུས་གསུམ་སོགས་རྩལ་དགུའི་ཡོན་ཏན་ལ་རང་དབང་འབྱོར་བས་གསུང་གི་བདུད་རྩི་བཞེས་པའི་ཞལ་སློབ།   འབར་ཚུང་བཀྲ་ཤིས་རྒྱ་མཚོ།   རྡོ་བྲག་སྐལ་བཟང་དབང་ཕྱུག   །དཔལ་རི་སྤྲུལ་སྐུ།   ཟུར་སྤྲུལ་གསུམ་པ་ཕྲིན་ལས་རྒྱ་མཚོ།   ཀཿཐོག་དྲི་མེད་ཞིང་སྐྱོང་མགོན་པོ།   ཉི་སྤྲུལ་པདྨ་ཐེག་མཆོག   དཔོན་སློབ་གཉིས་པ་གསང་སྔགས་བསྟན་འཛིན།   རབ་འབྱམས་འགྱུར་མེད་ཀུན་བཟང་རྣམ་རྒྱལ།   ཁམས་སྤྲུལ་རིན་པོ་ཆེ་གོང་འོག   ཉི་གྲགས་རྒྱལ་སྲས་ཨོ་རྒྱན་བསྟན་འཛིན།   རྗེ་བཙུན་མ་མི་འགྱུར་དཔལ་སྒྲོན་སོགས་མཁས་པའི་གྲགས་སྙན་ཐོབ་པ། སྒྲུབ་པའི་རྒྱལ་མཚན་འཛིན་པ།   བསྟན་པ་དར་རྒྱས་སུ་སྤེལ་བའི་སྐྱེས་ཆེན་དུ་མ་བྱོན།   དགུང་གྲངས་ང་དགུ་བཞེས་པ་མེ་གླང་ལོར་བསྟན་འགྲོའི་འགྲོ་དོན་ཐོག་གཅིག་རྫོགས་པའི་ཚུལ་གྱིས་སྐུ་མྱ་ངན་ལས་འདའ་བར་ཕྱོགས་པ་ན།   འདུས་ཚོགས་ཡོངས་ལ་སོ་སོའི་སྐལ་བ་དང་འཚམས་པའི་བསླབ་བྱ་ཞལ་ཆེམས་རྒྱ་ཆེར་བསྩལ་བ་དང་།   ཁྱད་པར་རྗེ་དབོན་རིན་པོ་ཆེ་པདྨ་ཀུན་གྲོལ་ལ་གདན་སའི་ཁུར་དང་དོན་བརྒྱུད་ཀྱི་བསྟན་པ་གཏད་ནས་ཧོར་ཟླ་བཅུ་པའི་ཚེས་བཅོ་བརྒྱད་ལ་ཆོས་སྐུའི་གཟིགས་སྣང་དང་བཅས་ཐེག་རྩེ་གསང་བའི་ཉེ་ལམ་ནས་ནང་གསལ་གཞོན་ནུ་བུམ་སྐུར་ཐིམ་པར་གྱུར་ཏོ།   དམ་པ་འདི་ཉིད་ཀྱིས་ལྷུགས་རྩོམ་བསྟན་བཅོས་རྫོགས་ཆེན་མཁའ་འགྲོ་སྙིང་ཐིག་གི་སྔོན་འགྲོའི་ཁྲིད་ཡིག་ཐར་ལམ་བགྲོད་བྱེད་ཤིང་རྟ་བཟང་པོ་སོགས་པུསྟི་གཉིས་ཙམ་མཛད་པ་གྲགས་པ་ལས།   དེང་དུས་མཇལ་དུ་བཞུགས་པ་ཀུན་ཕྱོགས་གཅིག་ཏུ་དཔེ་སྐྲུན་གྱི་སྐལ་བ་མངོན་དུ་གྱུར་པ་དང་བསྟུན།

སྤྱིར་ལམ་རྫོགས་ཆེན་ཆོས་འབྱུང་ཆེན་མོར་བྲིས་པའི་རྣམ་ཐར་ལ་བསྐྱུར་ཞུས་དང་བཅས་འགོད་པ་པོ་ནི། མཁྱེན་གཟིགས་དམ་པའི་ཞལ་སྔ་ནས་གྲུབ་དབང་རྫོགས་ཆེན་པའི་མཚན་གྱི་ཅོད་པན་གྱིས་བྱིན་གྱིས་བརླབས་པ་བསྟན་འཛིན་ལུང་རྟོགས་ཉི་མས་མི་སྤྲོལ་ས་ཟླའི་ཡར་ཚེས་ལ་བྲིས་པ་དགེ།

༄༅། །རྫོགས་པ་ཆེན་པོ་མཁའ་འགྲོ་སྙིང་ཐིག་གི་ཁྲིད་ཡིག་ ཐར་ལམ་བགྲོད་བྱེད་ཤིང་རྟ་བཟང་པོ་ ཞེས་བྱ་བ་བཞུགས་སོ། །

༄༅། །དཔལ་ཁྱབ་བདག་གདོད་མའི་མགོན་པོ་ཀུན་ཏུ་བཟང་པོ་དང་དབྱེར་མ་མཆིས་པ་དཔལ་ལྡན་བླ་མ་དམ་པ་ལ་ཕྱག་འཚལ་ལོ། །གཟོད་ནས་ཆོས་སྐུའི་ངོ་བོར་ཡེ་གྲུབ་ཕུན་སུམ་ཚོགས་མངའ་སྟོན་པ་ཀུན་ཏུ་བཟང་། །ངེས་པ་ལྔ་ལྡན་ལོངས་སྤྱོད་རྫོགས་སྐུ་རིགས་ལྔ་བདེར་གཤེགས་རྒྱལ་བ་སྲས་བཅས་དང་། །རིག་འཛིན་རྣམས་དང་སྙན་བརྒྱུད་གསང་བའི་མཛོད་མཛིན་རྫོགས་ཆེན་བརྒྱུད་པར་བཅས་རྣམས་ལ། །རྣམ་པ་ཀུན་ཏུ་སྒོ་གསུམ་གུས་པས་མཆོད་ཅིང་ཕྱག་འཚལ་བསྟོད་དེ་གསོལ་བ་འདེབས། །ཨོ་རྒྱན་དྲི་མེད་མདངས་ལྡན་མཚོ་གླིང་ནས། །རང་བྱུང་པདྨའི་སྡོང་པོའི་གེ་སར་ལ།རྒྱལ་ཀུན་ཐུགས་རྗེ་གཅིག་བསྡུས་སྐུར་བྱོན་པ། །པདྨ་སཾ་བྷས་དེ་རིང་བདག་བློ་སྐྱོངས། །སྐྱེ་མེད་རྣམ་དག་ཆོས་དབྱིངས་ཀུན་ཁྱབ་མཁའ། །འགག་མེད་མཁྱེན་བརྩེའི་ཡེ་ཤེས་རྟ་བདུན་རྒྱས། །འཕྲུལ་མེད་ཟབ་གསལ་སྙིང་པོའི་དོན་སྟོན་པ། །མཚུངས་མེད་གྲུབ་དབང་པདྨ་རིག་འཛིན་བསྟོད། །སྐུ་གསུམ་སྟོན་པའི་དགོངས་དོན་མངོན་གྱུར་ཞིང་། །དུས་

གསུམ་འགྲོ་ལ་ཆོས་ཀྱི་ཆར་འབེབས་ནས། སྲིད་གསུམ་ཐར་པའི་ས་བོན་བསྐྱེད་མཛད་པ། །ཁམས་གསུམ་འགྲན་བྲལ་དཔལ་ལྡན་བླ་མར་འདུད། །གུར་གུམ་ལྷུན་པོར་ཉི་གཞོན་འབུམ་གྱིས་འཕྲུད་པའི་མདངས་མངའ་བ། །མི་ཤེས་དྲྭ་བ་གཅོད་བྱེད་ཤེས་རབ་རང་བཞིན་རལ་གྲི་དང་། །བརྒྱད་ཁྲི་བཞི་སྟོང་སྙིང་པོའི་པུསྟ་ཀ་བསྣམས་མཚན་དཔེ་སྤྲས། །འཇམ་དབྱངས་མགོན་ཁྱོད་བདག་ཡིད་བཞུགས་ལ་ཐོགས་མེད་སྤྱོབས་པ་སྩོལ། །རྒྱལ་གསུང་ཆོས་སྒོ་བརྒྱད་ཁྲི་བཞི་སྟོང་གི། །སྙིང་པོར་གྱུར་པ་ཐེག་པའི་ཡང་རྩེ་མཆོག །ཟབ་ལས་ཆེས་ཟབ་རྫོགས་ཆེན་གསང་བའི་མཛོད། །མཁའ་འགྲོའི་སྙིང་ཐིག་གདམས་པ་འདིར་བཤད་བྱ། །འདིར་དུས་གསུམ་སངས་རྒྱས་ཐམས་ཅད་ཀྱི་སྤྱི་མེས་ཀུན་ཏུ་བཟང་པོའི་དགོངས་དོན་རིག་འཛིན་གྲུབ་དབང་རྣམས་ཀྱི་གཤེགས་ཤུལ། །སྐལ་པ་དང་ལྡན་པ་རྣམས་ཐར་པ་དང་ཐམས་ཅད་མཁྱེན་པའི་གླིང་དུ་ཁྲིད་པར་བྱེད་པའི་ལམ་བཟང་སྟོན་པར་བྱེད་པ་ལ་དམིགས་རྐང་སོ་སོར་ཕྲལ་ཏེ་ཉིན་རེ་བཞིན་གྱིས་ཆོས་ཐུན་གོང་མ་རྣམས་ཀྱིས་གསུང་རྒྱུན་ཕྱག་ལེན་ལྟར་མདོར་བསྡུས་དེ་བྲི་བར་བྱའོ། །འོ་ནམ་མཁའ་དང་མཉམ་པའི་སེམས་ཅན་ཐམས་ཅད་ཀྱི་དོན་དུ་རྫོགས་པའི་སངས་རྒྱས་ཀྱི་གོ་འཕང་ཐོབ་པར་བྱ། དེ་ཡི་ཆེད་དུ་སྨིན་གྲོལ་གྱི་ལམ་ཟབ་ཅིང་རྒྱ་ཆེ་བ་ཉན་ནས་ཉམས་སུ་བླང་བར་བགྱིའོ་སྙམ་པའི་བྱང་ཆུབ་མཆོག་ཏུ་སེམས་བསྐྱེད་པ་སྔོན་དུ་འགྲོ་བའི་ངང་ནས་ལེགས་པར་གསན་འཚལ། དེ་ལའང་ཆོས་གསན་པའི་ཀུན་སྤྱོད་ཡང་། སྐྱེས་རབས་ལས། རབ་ཏུ་དམའ་བའི་སྟན་ལ་འདུག །དུལ་བའི་དཔལ་ནི་རྣམ་པར་བསྐྱེད། །དགའ་དང་འདུན་པའི་མིག་གིས་བལྟ། །ཚིག་གི་བདུད་རྩི་འཐུང་བ་བཞིན། །དྲི་མེད་རབ་ཏུ་དྭངས་པ་

ཡིས། །གུས་པ་བསྐྱེད་དེ་རྩེ་གཅིག་བཏུད། །ནད་པས་སྨན་པའི་ཚིག་ཉན་བཞིན། །རིམ་གྲོ་བསྐྱེད་དེ་ཆོས་ཉོན་ཅིག །ཅེས་པ་ལྟར། སྣོད་ཀྱི་སྐྱོན་གསུམ་དྲི་མ་དྲུག་དང་བྲལ་བར་བྱ་སྟེ་ཉན་པར་བྱའོ། །དེ་ལའང་སྐྱོན་གསུམ་ནི། སྣོད་ཁ་སྦུབ་ཏུ་བཅུད་མི་ཡོང་བ་ལྟར་ཚིག་དོན་ལ་རྣ་བ་མི་གཏད་པ་དང་། སྣོད་དུག་ཅན་དུ་བཅུད་བླུག་ཀྱང་དུག་དང་འདྲེས་པ་བཞིན་ཆོས་ཐོས་ཀྱང་སེམས་ཉོན་མོངས་པའི་དྲི་མ་དང་བཅས་པས་ཕན་མི་ཐོག་སྟེ་ང་རྒྱལ་དང་མ་དད་པ་ལ་སོགས་པའི་སྐྱོན་གྱིས་ཉོན་མོངས་པའི་གཉེན་པོར་མི་འགྲོ་གྲོགས་སུ་འགྲོ་བ་དང་། སྣོད་ཞབས་རྫོལ་དུ་བཅུད་མི་ཆགས་པ་བཞིན་ནན་ཏན་མཐར་ཆགས་མི་བྱེད་པས་རྫོགས་པ་མི་བརྟན་པ་རྣམས་སྤངས་ཏེ་ཉན་པ་ནི། མདོ་ལས། ལེགས་པར་རབ་ཏུ་ཉོན་ལ་ཡིད་ལ་ཟུངས་ཤིག་དང་ངས་ཁྱོད་ལ་བསྟན་པར་བྱའོ། །ཞེས་གསུངས་པ་བཞིན་ནོ། །དེ་ལའང་ལེགས་པར་ཉན་པས་ནི་སྣོད་དུག་ཅན་གྱི་སྐྱོན་དང་བྲལ། རབ་ཏུ་ཉན་པས་ཁ་སྦུབ་ཀྱི་སྐྱོན་དང་བྲལ། ཡིད་ལ་བཟུང་བས་ཞབས་རྫོལ་གྱི་སྐྱོན་དང་བྲལ་བའོ། །དྲི་མ་དྲུག་ནི། རྣམ་བཤད་རིག་པ་ལས། ང་རྒྱལ་དང་ནི་མ་དད་དང་། །དོན་དུ་གཉེར་བ་མེད་ཉིད་དང་། །ཕྱི་རོལ་རྣམ་གཡེང་ནང་དུ་བསྡུད། །སྐྱོ་བས་ཉན་པ་དྲི་མ་ཡིན། །ཞེས་པས། རིགས་དང་ཡོན་ཏན་སོགས་ཆེ་ཁྱད་ཀྱི་ང་རྒྱལ་དང་། ཆོས་དང་བླ་མ་ལ་མི་དད་པ་དང་། ཆོས་ལ་དོན་གཉེར་གྱི་འདོད་འདུན་མེད་པ་དང་། མིག་དང་རྣ་བ་ཡིད་ལ་སོགས་པའི་དབང་པོ་ཡུལ་ལ་རྣམ་པར་གཡེང་བ་དང་། གཉིད་རྨུགས་ཀྱིས་སེམས་ནང་དུ་སྡུད་པ་དང་། ཉན་མི་མོས་པར་སུན་པ་དང་སྐྱོ་བ་རྣམས་སྤངས་ནས་ཉན་དགོས་པའོ། །དེ་ལ་ཡང་། གང་ཉན་པར་བྱ་བའི་ཆོས་ཀྱི་རྣམ་གྲངས་ནི། ཐེག་པ་

རིམ་པ་དགུ་ཡི་རྩེ་མོ་རང་བཞིན་རྫོགས་པ་ཆེན་པོ། སྡེ་གསུམ། ཀློང་དགུ། ཞྭ་ལོ་ཀ་འབུམ་ཕྲག་དྲུག་ཅུ་རྩ་བཞི། ལེའུ་སྟོང་ཕྲག་སུམ་ཅུ་རྩ་ལྔ། བམ་པོ་ཉི་ཁྲི་ཆིག་སྟོང་། གཟེར་བུ་བརྒྱ་དང་བརྒྱད་ཅུ། འགག་དོན་བསྡུས་པ་སྟོང་ཕྲག་ཕྱེད་གཉིས། གནད་ཆེན་པོ་སྟོང་ཕྲག་གསུམ། གོལ་སྒྲིབ་ཤན་འབྱེད་ཁྲི་ཕྲག་བཞི་བཅུ། མིང་ཐོག་གི་རྒྱུད་ཁྲི་ཕྲག་གཉིས་ལ་སོགས་པ་དང་། གཞན་ཡང་མདོ་རྒྱུད་ཐམས་ཅད་ཀྱི་དགོངས་དོན་མན་ངག་ཏུ་དྲིལ་བ་འོད་གསལ་རྡོ་རྗེ་སྙིང་པོའི་གྲོལ་བྱེད་ཀྱི་གདམས་པའི་རིམ་པ་གཏན་ལ་དབབ་པར་བྱ་བ་ལ་གསུམ་སྟེ། ལོ་རྒྱུས་ཀྱི་སྒོ་ནས་ངེས་ཤེས་བསྐྱེད་པ། དབང་གི་སྒོ་ནས་སྨིན་པར་བྱ་བ། གདམས་ངག་གི་སྒོ་ནས་ཉམས་ལེན་བསྟན་པའོ། །

དེ་ལའང་ཐོག་མར་བརྒྱུད་པ་ཁུངས་བཙུན་ཞིང་གདམས་པ་ལ་ངེས་ཤེས་སྐྱེ་ཕྱིར་ལོ་རྒྱུས་མདོ་ཙམ་བཤད་པ་ཡིན་ཏེ། རྒྱུད་ཉི་ཟླ་ཁ་སྦྱོར་ལས། ལོ་རྒྱུས་དོན་གྱིས་མ་བཤད་ན། གསང་ཆེན་ངེས་པའི་བཀའ་འདི་ལ། །ཡིད་མི་ཆེས་པའི་སྐྱོན་དུ་འགྱུར། ཞེས་དང་། རྒྱུད་འཕྲུལ་གྱི་བང་མཛོད་ལས་ཀྱང་དེ་ལྟར་གསུངས་པ་དང་། ཀློང་གསལ་ལས། སྐལ་ལྡན་ངེས་ཤེས་བསྐྱེད་པའི་ཕྱིར། །ལོ་རྒྱུས་གསལ་བར་བརྗོད་པར་བྱ། ཅེས་སོ། །ཀྱཻ་རྒྱུད་ཐིག་ལེ་ལས། རྒྱལ་བ་རྣམས་ནི་འཇིག་རྟེན་བྱོན་པའི་ཚེ། །དེ་ཡིས་གསུངས་པའི་ལུང་ཆེན་རྣམས་ལ་ཡང་། །ཕྱི་རོལ་རྒོལ་བ་ངན་པ་འབྱུང་པའི་ཕྱིར། །དང་པོ་བརྒྱུད་པ་ཁུངས་ཀྱི་ལོ་རྒྱུས་གཅེས། །ཞེས་གསུངས་ཤིང་། དེ་ཡང་ཇི་ལྟར་འཆད་ན། བཏགས་གྲོལ་སྙིང་པོ་ལས། སྟོན་པ་ཀུན་བཟང་ཡབ་ཡུམ་གྱིས། ཉིད་ལས་མི་གཞན་སེམས་དཔའི་སྟོད། །བྱིན་གྱིས་རླབས་ཀྱི་བདག་ཉིད་

ལས། །བཏགས་པས་གཅིག་ཤེས་ཀུན་གྲོལ་ལོ། །བཅིངས་དང་གྲོལ་བའི་མཐའ་ལས་འདས། །རྡོ་རྗེ་སེམས་དཔའི་བྱིན་བརླབས་ཀྱིས། །རང་བྱུང་དགའ་རབ་ཐུགས་ལ་ཤར། །སེང་ཧ་ཉིད་ལ་རྒྱུད་གཏད་པ། །འབྲས་བུ་ཡོངས་རྫོགས་བཏགས་གྲོལ་རྒྱུད། །ཤྲཱི་རྒྱན་པདྨ་ཉིད་ལ་གཏད། །ལྷ་ལྷན་བུ་ལ་འདི་སྟོན་ཅིག །ཅེས་གསུངས་པ་ལྟར། དང་པོ་ནི། གནས་ཕུན་སུམ་ཚོགས་པ་ཆོས་ཀྱི་དབྱིངས་ཀྱི་ཕོ་བྲང་རྣམ་དག་སྟུག་པོ་བཀོད་པའི་ཞིང་ན། སྟོན་པ་ཕུན་སུམ་ཚོགས་པ་དཔལ་ཀུན་ཏུ་བཟང་པོ་ཡབ་ཡུམ་ཆོས་སྐུ་སྤྲོས་པ་དང་བྲལ་བའི་ངང་ལས་ལོངས་སྐུ་རིགས་ལྔ་ལྷུན་རྫོགས་ཀྱིས་རྣམ་པར་བཞེངས་ཏེ། ཆོས་ཕུན་སུམ་ཚོགས་པ་རང་བཞིན་རྫོགས་པ་ཆེན་པོ་འོད་ལྔ་ལྷུན་གྲུབ་ཀྱི་བསྟན་པ། འཁོར་ཕུན་སུམ་ཚོགས་པ་ལོངས་སྐུ་རྡོ་རྗེ་སེམས་དཔའ་ལ། དུས་ཕུན་སུམ་ཚོགས་པ་གཞི་རྫོགས་འཕོ་འགྱུར་མེད་པའི་ཚེ། རང་བཞིན་གྱི་བྱིན་གྱིས་བརླབས་ཀྱིས་གསུངས། དེས་དུར་ཁྲོད་མེ་རི་འབར་བའི་གཞལ་ཡས་སུ་སྤྲུལ་པའི་སྐུ་དགའ་རབ་རྡོ་རྗེ་ལ་ཚིགས་སྤེབ་སྦྱོར་ལེགས་པའི་སྒོ་ནས་གསུངས། དེས་རྒྱབ་འགྱུར་ཚལ་གྱི་དུར་ཁྲོད་དུ་སློབ་དཔོན་ཆེན་པོ་ཤྲཱི་སེང་ཧ་ལ་མངོན་སུམ་རང་གྲོག་ཏུ་ཕབ་ནས་གསུངས། དེས་དུར་ཁྲོད་ཆེན་པོ་སོ་སོ་གླིང་དུ་ཤྲཱི་རྒྱན་པདྨ་ཐོད་ཕྲེང་རྩལ་ལ་གནས་ལུགས་ཡིད་དཔྱོད་དང་བྲལ་བར་གསུངས། དེས་གཞི་སྟོད་ཏི་སྒྲོ་བྲག་དཀར་དུ་རྡོ་རྗེ་ཕག་མོ་དང་དབྱེར་མེད་པའི་མཁའ་འགྲོ་ཡེ་ཤེས་མཚོ་རྒྱལ་ལ་མངོན་སུམ་གཏན་ལ་ཕབ་ནས་གསུངས། དེ་ནས་སློབ་དཔོན་པདྨ་ཡབ་ཡུམ་གྱི་དགོངས་པ་ཟབ་གསལ་མཆོན་བྲུ་དོན་གྱི་ཡེ་ཤེས་སྐལ་ལྡན་ཆོས་ཀྱི་བདག་པོ་ལྷ་ལྕམ་པདྨ་གསལ་ལ་བྱིན་བརླབ་འཕོ་བ་སྨོན་ལམ་དབང་བསྐུར་གྱི་རྒྱས་བཏབ། མཆོན་བྱེད་བརྡ་ཡི་ཚིག་བརྒྱུད་ཡི་གེར་

བཀོད་དེ་མཁའ་འགྲོ་གཏེར་བདག་རྣམས་ལ་གཉེར་དུ་གཏད་ནས་དྭགས་ལྷུང་ཁྲ་མོ་བྲག་ཏུ་སྦས་པ་དུས་ཕྱིས་སྙིགས་མ་ལྔ་བདོ་ལྔ་བཅུ་ཁ་རལ་གྱི་སྐབས་སུ་སྨོན་ལམ་གྱི་འཕྲོ་སད་པ་སྤྲུལ་པའི་སྐུ་པདྨ་ལས་འབྲེལ་གྱིས་གཏེར་ནས་བཏོན་པའི་མཁའ་འགྲོ་སྙིང་ཐིག་ཟབ་པའི་སྐོར་རྣམས་རྒྱལ་སྲས་ལེགས་པ་དང་། རིན་ཆེན་གླིང་པ་སོགས་ལ་བཀའ་བབས་ཀྱི་ཚུལ་དུ་གནང་བ་ཡིན་ཡང་། གཏེར་ལུང་ལྟར་གཏེར་སྟོན་ཉིད་བར་ཆད་རྐྱེན་དབང་གིས་སྐུ་དངོས་ཀྱི་འགྲོ་དོན་གདུལ་བྱ་འཕྲོ་ཅན་དུ་གྱུར་པ་ལས། དེའི་ཕྱི་མ་ལོངས་སྐུའི་ཞིང་ཁམས་ཉུལ་བར་ལུང་བསྟན་པ་ལྟར་ཡེ་ཤེས་ཀྱི་སྐུ་ཅན་ཀུན་མཁྱེན་ཀློང་ཆེན་རབ་འབྱམས་དྲི་མེད་འོད་ཟེར་སོགས་མཚན་ཡོངས་གྲགས་མང་པོ་དང་ལྡན་པ་དེ་ཉིད་ལ་མཆིམས་ཕུ་རི་མོ་ཅན་དུ་པདྨ་འབྱུང་གནས་ཡབ་ཡུམ་གྱིས་དངོས་སུ་བྱིན་གྱིས་བརླབས་ནས་གསུངས་པའི་སྙིང་ཐིག་ཟབ་པའི་ཟབ་གནད་ཀྱི་མན་ངག་རྣམས་གསལ་བར་བཀྲོལ་ཏེ། གུ་རུ་ཡེ་ཤེས་རབ་འབྱམས་ལ་གནང་། དེ་ནས་རིམ་བཞིན་མཁས་གྲུབ་བསམ་གཏན་པ། གྲུབ་ཆེན་སྦྱིན་པ་བཟང་པོ། རྫོགས་ཆེན་ཤཱཀྱའི་མཚན་ཅན། བསོད་ནམས་རིན་ཆེན། བྱ་ཁྱུང་བ་ངག་དབང་པདྨ། རྫོགས་ཆེན་བསོད་ནམས་དབང་པོ། རིག་འཛིན་ཆོས་ཀྱི་རྒྱ་མཚོ། གྲུབ་ཆེན་པདྨ་རིག་འཛིན། དེ་ཉིད་ཀྱིས་རིགས་དང་དཀྱིལ་འཁོར་ཀུན་གྱི་མངའ་བདག་ཁྱབ་བདག་གཏེར་མའི་མགོན་པོ་དང་དབྱེར་མ་མཆིས་པ་མཚན་བརྗོད་པར་དཀའ་ནའང་དོན་གྱི་སླད་དུ་མཚན་ནས་གསོལ་ན་འདྲེན་མཆོག་དམ་པ་ནམ་མཁའ་འོད་གསལ་ཞེས་ལྷར་བཅས་འགྲོ་བའི་སྐྱབས་མགོན་དམ་པ་གང་དེར་བུམ་པ་གང་བྱོས་ཚུལ་དུ་གནང་ཞིང་། རྗེ་དམ་པ་དེ་ཉིད་ཀྱི་ཐུགས་བཅུད་གདམས་པའི་མཛོད་བཟང་གཏེར་སྒོ་ཕྱེས་ནས་སྐལ་ལྡན་རྣམས་ལ་སྨིན་གྲོལ་དུ་མཛད་པ་ལ། གོང་མ་

བླ་མ་བརྒྱུད་པ་ནས་བཟུང་སྟེ་ད་ལྟ་བདག་ཅག་གི་བར་དུ་བྱིན་རླབས་ཐུགས་རྗེའི་རྒྱུ་རྒྱུན་མ་ཆད་ཅིང་གདམས་ངག་གི་སྣ་ཁ་མ་ལོག་དམ་སེལ་གྱི་སླད་མ་ཞུགས་པར་ལེགས་པར་བརྒྱུད་པའོ། །དེ་ཡང་བརྒྱུད་ཚུལ་མང་པོར་ཡོད་ཀྱང་འདི་ཉིད་དོན་བརྒྱུད་ཟབ་པའི་མཐར་ཐུག་ཡིན་པས་ཡིད་ཆེས་ངེས་ཤེས་བསྐྱེད་དགོས་སོ། །འདིར་བརྒྱུད་པའི་ལོ་རྒྱུས་བཤད་དགོས་པའི་རྒྱུ་མཚན་ཡང་། །སྒྲོན་མ་རྣམ་པར་བཀོད་པའི་རྒྱུད་ལས། དགོངས་པ་བརྡ་དང་སྙན་བརྒྱུད་ནས། །གསང་སྔགས་དོན་གྱི་ཚད་མ་འབྱུང་། །དཔེ་ལ་བརྟེན་ནས་དོན་ངོ་ཤེས། རྟགས་ལ་བརྟེན་ནས་ཡིད་ཆེས་འགྱུར། །དོན་གྱི་སྙིང་པོ་ཐག་ཆོད་པས། །གཞི་ལ་གྲུབ་པའི་ཤེས་རབ་གསུམ། ས་བོན་ཚུལ་དུ་གནས་པ་དེ། །རྐྱེན་ལས་བྱུང་བའི་ཤེས་རབ་ཀྱིས། །འབྲུ་ཡི་ཚུལ་དུ་སྨིན་པ་ཡིས། །མ་རིག་པ་ཡི་མུན་པ་སངས། །ཤེས་བྱའི་སྒྲིབ་པ་རང་དག་པས། །མ་བཙལ་འབྲས་བུ་རང་གིས་མཐོང་། །ཞེས་གསུངས་པ་བཞིན་ནོ། །

དེ་ནས་དབང་གིས་སྨིན་པར་བྱེད་པ་ལ། དབང་དངོས་དང་དམ་ཚིག་བསྟན་པའོ། །དེ་ལ་ཡང་དབང་ཐོབ་པའི་ཕན་ཡོན་དང་མ་ཐོབ་པའི་ཉེས་སྐྱོན་མང་དུ་ཡོད་ཀྱང་། འདིར་མདོར་བསྡུས་ཏེ་བརྗོད་པ་ལ། རྒྱུད་རྣམ་བཀོད་ལས། གསང་སྔགས་དབང་ལ་མ་བརྟེན་འགྲུབ་པར་ག་ལ་འགྱུར། །དཔེར་ན་གཉན་པ་ལག་སྐྱ་མེད་པ་བཞིན། །ཕ་རོལ་སྒྲོལ་བར་ག་ལ་ནུས། །དབང་རྣམས་རབ་ཏུ་ཐོབ་བྱས་ན། །གསང་སྔགས་ཐམས་ཅད་མ་སྒྲུབ་འགྲུབ། །ཞེས་པ་དང་། ཐལ་འགྱུར་ལས། དབང་ནི་རྣམ་པ་བཞི་ཡིས་ཀྱང་། །སྐལ་པར་ལྡན་པ་སྨིན་པར་བྱ། །སྦྱོར་བཅས་ཉིད་དང་སྦྱོར་པ་མེད། ཤིན་ཏུ་སྦྱོར་པ་མེད་པ་

དང་། །དེ་བཞིན་རབ་ཏུ་སྤྲོས་པ་མེད། །དབྱེ་བ་བཞི་ཡི་ཚུལ་གྱིས་ནི། །དད་ལྡན་རང་རྒྱུད་སྨིན་པར་བྱ། །ཞེས་སོ། །རྒྱུད་གསང་སྙིང་ལས། སློབ་དཔོན་མཉེས་པར་མ་བྱས་ཤིང་། །དབང་རྣམས་ཐོབ་པར་མ་བྱས་ན། །ཉན་པ་ལ་སོགས་བརྩམས་པ་རྣམས། །འབྲས་བུ་མེད་ཅིང་བརླག་པར་འགྱུར། །ཅེས་པ་དང་། རྒྱུད་རྟག་གཉིས་ལས། ཆོས་ལ་དབང་ཞིང་སྒོམ་གསུམ་ཐོབ། །དབང་བསྐུར་ཐོབ་ཅེས་དེ་ལ་བྱ། །ཅེས་དང་། །ཡང་དེ་ཉིད་ལས། སྐྱེ་བ་འདིའམ་བར་དོའམ །སྐྱེ་བ་བདུན་པ་ཚུན་ཆད་ལ། །མ་སྒོམ་པ་ཡང་དངོས་གྲུབ་ཐོབ། །ཅེས་པ་དང་། བདེ་གཤེགས་འདུས་པའི་རྒྱུད་ལས། དུག་ལྡའི་རྩ་བ་དབང་གིས་བཅད། །འགྲོ་བ་ལྔ་ཡི་བག་ཆགས་སྦྱོངས། །ཞེས་དང་། དབང་རིན་པོ་ཆེ་ཡི་རྒྱུད་ལས། བླ་མ་འདོད་པ་སྤྱངས་པ་ཡིས། །དབང་བསྐུར་ཆོ་ག་རྫོགས་བྱས་ནས། །རིམ་པ་ཇི་ལྟར་བསྐུར་བར་བྱ། །རྡོ་རྗེ་འཛིན་པ་ཆེན་པོར་ཡང་། །ཚེ་འདི་ཉིད་ལ་འགྱུར་བར་ངེས། །ཞེས་གསུངས་པ་ལྟར། ཐོག་མར་མ་སྨིན་པ་སྨིན་པར་བྱེད་པ་དབང་གི་རིམ་པ་ནི་སྙིང་ཐིག་རང་གཞུང་སྤྲོས་བཅས་བུམ་པའི་དབང་དང་སྤྲོས་མེད་ཤིན་ཏུ་སྤྲོས་མེད་རབ་ཏུ་སྤྲོས་མེད་སོགས་ཀྱིས་སློབ་མའི་རྒྱུད་དག་པར་བྱེད་པ་ནི་གལ་ཤིན་ཏུ་ཆེ་བས་ངེས་པ་ཅན་དུ་དགོས་སོ། །དེ་ལྟ་བུའི་དབང་ཐོབ་ཕྱིན་ཆད་དམ་ཚིག་གི་རྣམ་བཤད་ཀྱང་མང་དུ་ཡོད་ནའང་མདོར་བསྡུ་ན། ཐལ་འགྱུར་ལས། དབང་བཏན་པ་ཡི་དམ་ཚིག་བཤད། །བྱེ་བྲག་བརྗོད་ཀྱིས་མི་ལོང་ཡང་། །མདོར་བསྡུས་སྐུ་གསུང་ཐུགས་ཉིད་བསྲུང་། །ཞེས་པའི་བསྲུང་བྱའི་དོན་ལས་མི་འདའ་བར་སྒོམ་པའི་སེམས་ས་བོན་དང་བཅས་པ་སྟེ། དབྱེ་ན་རྩ་བ་དང་ཡན་ལག་གི་དམ་ཚིག་ཇི་

སྙིང་པ་རྣམས་དང་། ཁྱད་པར་སྐུ་གསུང་ཐུགས་ཀྱི་དམ་ཚིག་ལས་འདའ་བར་མི་སྤྱོད་པ་ཉིད་ཡིན་ཅིང་། མདོར་ན་བསྲུང་བྱའི་གྲངས་དང་དམིགས་སུ་མ་གྲུབ་པ་ཡེ་བསྲུང་བཅིངས་སྡོམ་མེད་པ་ནི་དམ་ཚིག་གི་དམ་པ་སྟེ། ཡེ་ནས་བསྲུང་མེད་ཆེན་པོ་ལ། །བསྲུང་མཚམས་རིམ་པར་བཀོད་པ་མེད། །ཅེས་དང་། བསྲུང་མཚམས་ཀུན་ལས་རྒྱལ་བ་ན། །དམ་ཚིག་ཀུན་གྱི་རྩེ་མོར་བཤད། །ཅེས་གསུངས་པ་བཞིན་ནོ། །

ད་ནི་གྲོལ་བར་བྱེད་པ་གདམས་པའི་རིམ་པ་ལ། ཐུན་མོང་གི་སྔོན་འགྲོས་རྒྱུད་སྦྱང་བ་དང་། ཐུན་མོང་མ་ཡིན་པའི་སྔོན་འགྲོས་གནས་ལུགས་གཏན་ལ་དབབ་པའོ། །དང་པོ་ལའང་སྔོན་འགྲོའི་ཆིངས་སྦྱིར་བཤད་པ་དང་། དམིགས་རིམ་སྒོམ་ཚུལ་བྱེ་བྲག་ཏུ་བཤད་པའོ། དང་པོ་ནི། འདས་རྗེས་ལས། མི་རྟག་སྙིང་རྗེ་བྱང་སེམས་སྦྱོངས། །ཞེས་དང་། རྒྱུད་ལས། མི་རྟག་སྙིང་རྗེ་བྱང་སེམས་ཀྱིས། །ཆོས་འཇུག་ཐེག་ཆེན་ལམ་དུ་བགྲོད། །ཅེས་གསུངས་པས། མི་རྟག་པ་དང་སྙིང་རྗེ་བྱང་ཆུབ་ཀྱི་སེམས་བསྒོམ་པ་གསུམ་དངོས་བསྟན་དུ་གསུངས་པ་ནི་གཙོ་ཆེ་བའི་དབང་དུ་དགོངས་ཀྱི། དེ་ཡང་མི་རྟག་པ་བསྒོམ་པའི་གཞི་དལ་འབྱོར་གྱི་མི་ལུས་ཡིན་པས་དེ་ཉིད་རྙེད་པར་དཀའ་བ་སྟེ། སེམས་ཉིད་ངལ་གསོ་ལས། དལ་དང་འབྱོར་པ་དེ་ཡང་གང་ཞེ་ན། བདག་ནི་སེམས་དམྱལ་ཡི་དྭགས་མ་སྐྱེས་ཤིང་། །དུད་འགྲོ་ཚེ་རིང་ལྷ་དང་ཀླ་ཀློ་དང་། །ལོག་ལྟ་སངས་རྒྱས་ཀྱིས་སྟོང་ལྐུགས་པ་སྟེ། །མི་ཁོམ་བརྒྱད་པོ་དག་ལས་རབ་འདས་ཤིང་། །མིར་གྱུར་ཡུལ་དབུས་སྐྱེས་དང་དབང་པོ་ཚང་། །ལས་མཐའ་མ་ལོག་གནས་ལ་དད་པ་སྟེ། །རང་འབྱོར་དམ་པ་ལྔ་ཡང་ཚང་གྱུར་ཞིང་། །སངས་

རྒྱལ་བློན་དང་ཆོས་གསུང་བསྟན་པ་གནས། །གནས་ཕྱིར་ཞུགས་དང་གཞན་གྱི་སྙིང་བརྩེ་བ། །གཞན་འགྲོར་ལྷ་སྐྱེ་དལ་འབྱོར་བཅོ་བརྒྱད་པོ། །རང་ལ་ལེགས་པར་ཚང་བའི་གནས་སྐབས་འདིར། །སྙིང་ནས་བརྩོན་པས་ཐར་པ་བསྒྲུབ་པར་བྱ། །ཞེས་དང་། གཞན་ཡང་། བརྒྱད་སྟོང་འགྲེལ་ཆེན་དུ། དམྱལ་བ་ཡི་དྭགས་དུད་འགྲོ་དང་། །ཀླ་ཀློ་ཚེ་རིང་ལྷ་དང་ནི། །ལོག་ལྟ་སངས་རྒྱས་ཀྱིས་སྟོང་པ། །ལྐུགས་པ་འདི་དག་མི་ཁོམ་བརྒྱད། །ཅེས་པ་ལྟར། ངན་སོང་གསུམ་དུ་སྐྱེས་ན་ནི་སྡུག་བསྔལ་དོས་དྲག་ཅིང་ལུས་རྟེན་ཤིན་ཏུ་ངན་པས་ཆོས་མི་ཁོམ། འདོད་ཁམས་ཀྱི་ལྷ་རྣམས་ནི་འདོད་ཡོན་ལ་ཆགས་པས་གཡེངས་ཤིང་སྙོ་ཤས་ཆུང་། གཟུགས་དང་གཟུགས་མེད་ཀྱི་ལྷ་ཕལ་ཆེར་ཡང་ཏིང་ངེ་འཛིན་གྱིས་རྟག་ཏུ་མྱོས་པས་ཆོས་མི་ཁོམ། སངས་རྒྱས་མ་བྱོན་པའི་འཇིག་རྟེན་གྱི་ཁམས་སངས་རྒྱས་ཀྱིས་སྟོང་པར་སྐྱེས་པའམ། བྱོན་ཡང་ཆོས་མི་དར་བའི་ས་ཕྱོགས་མཐའ་ཁོབ་ཀླ་ཀློར་སྐྱེས་པ་དང་། ཆོས་དར་བའི་སར་སྐྱེས་ཀྱང་ཚེ་སྔ་ཕྱི་དང་ལས་འབྲས་དང་དཀོན་མཆོག་གསུམ་མེད་པར་འཛིན་པའི་ལོག་ལྟ་ཅན་དང་། གླེན་ལྐུགས་ཏུ་གྱུར་ནས་བླང་དོར་གྱི་གནད་གང་ཡང་མི་གོ་བས་འཇུག་ལྡོག་གི་བསམ་པ་མེད་པར་སྐྱེས་པ་རྣམས་ནི་མི་ཁོམ་པའི་གནས་བརྒྱད་ཡིན་ལ། དེ་ཡང་ངན་སོང་གསུམ་དང་ལྷ་ཚེ་རིང་པོ་ནི་མི་མ་ཡིན་པའི་མི་ཁོམ་པ་དང་། གཞན་བཞི་ནི་མིའི་མི་ཁོམ་པ་ཡིན་ནོ། །དེ་ཡང་སྒོ་གསུམ་མི་ཁོམ་པའི་ཚུལ་སོ་སོར་ཕྲལ་ན། དམྱལ་བ་ཡི་དྭགས་དུད་འགྲོ་གསུམ་དུ་སྐྱེས་ན་སྡུག་བསྔལ་གྱིས་གཡེངས་ཏེ་ལུས་མི་ཁོམ་ཞིང་། ལྐུགས་པ་ནི་ཚིག་དོན་ལ་བརྡ་སྤྲོད་པའི་ནུས་པ་མེད་པས་ངག་མི་ཁོམ་ལ། ཆོས་སྤྱོད་པའི་འདུ་ཤེས་མེད་པས་ལྷ་ཚེ་རིང་པོ་དང་། འདུ་ཤེས་ཡོད་ཀྱང་

སངས་རྒྱས་ཀྱིས་སྟོང་སྟེ་བསྟན་པའི་སྣང་བ་མེད་པས་མུན་པའི་བསྐལ་པ་ལ་སྐྱེས་པ་དང་། སྣང་བ་ཡོད་ཀྱང་དེ་ལ་འཇུག་པའི་བློ་མེད་པས་ཀླ་ཀློ་དང་། འཇུག་པར་འདོད་ཀྱང་སྒྲོ་སྐུར་གྱི་མཐར་ལྟུང་བའི་ལོག་ལྟ་ཅན་བཞི་ནི་ཡིད་མི་ཁོམ་པ་སྟེ་དེ་དག་ལ་ཆོས་སྒྲུབ་པའི་གནས་སམ་སྐལ་པ་མེད་ཅིང་། རང་གི་ལས་མེད་པས་བྲེལ་བའི་ཕྱིར་རོ། །སྡུད་པ་ལས། མི་ཁོམ་བརྒྱད་སྤངས་དེ་ཡི་དལ་བ་རྟག་ཏུ་རྙེད། །ཅེས་གསུངས་པས། མི་ཁོམ་པའི་གནས་བརྒྱད་དུ་མ་སྐྱེས་པ་ནི་དལ་བ་ཕུན་སུམ་ཚོགས་པ་བརྒྱད་ཡིན་ནོ། །འབྱོར་པའི་ཆོས་བཅུ་ལས། རང་འབྱོར་ལྔ་ནི། མི་ཉིད་དབུས་སྐྱེས་དབང་པོ་ཚང་། །ལས་མཐའ་མ་ལོག་གནས་ལ་དད། །ཅེས་པས། དེ་ལའང་བདག་གི་སྦྱོར་མི་ལུས་ཐོབ། དགོས་ཡུལ་དབུས་ཆོས་དར་བའི་སར་སྐྱེས། དབང་པོ་སྒོ་ལྔ་ཚང་བས་བླང་དོར་ཤེས་སུ་རུང་། མཚམས་མེད་པའི་ལས་བྱས་སམ་བྱེད་བཅུག་པ་མ་ཡིན་པ། འཇིག་རྟེན་དང་འཇིག་རྟེན་ལས་འདས་པའི་དཀར་པོའི་ཆོས་ཐམས་ཅད་སྐྱེ་བའི་གནས་ཆོས་འདུལ་བ་ལ་སོགས་པ་སྟེ་སངས་རྒྱས་ཀྱི་གསུང་རབ་ལ་དད་པ་དང་ལྡན་ཞིང་འདུན་པ་སྟེ། ལྔ་པོ་ནི་རང་རྒྱུད་ཀྱིས་བསྡུས་ཤིང་ཆོས་སྒྲུབ་པའི་ཆ་རྐྱེན་ཡིན་པས་རང་འབྱོར་ཞེས་བྱའོ། །དེ་ཡང་མི་ཁོམ་པ་བརྒྱད་ལས་ལོག་པས་དལ་བ་དང་རང་འབྱོར་ལྔ་ནི་གནད་གཅིག་གོ །གཞན་འབྱོར་ལྔ་ནི། སངས་རྒྱས་བྱོན་དང་དེས་ཆོས་གསུངས། །བསྟན་པ་གནས་དང་དེའི་རྗེས་འཇུག །གཞན་ཕྱིར་སྙིང་ནི་བརྩེ་བའོ། །ཞེས་པས། སངས་རྒྱས་འཇིག་རྟེན་དུ་བྱོན་པ། དེས་དམ་པའི་ཆོས་གསུངས་པ། དེའི་བསྟན་པ་མ་ནུབ་པར་གནས་པ། བསྟན་པ་ལ་རྗེས་སུ་འཇུག་པ་གཞན་ཡང་མང་དུ་ཡོད་པ། ཆོས་བྱེད་པ་རྣམས་ལ་གཞན་གྱིས་སྙིང་བརྩེ་

བའི་སྒོ་ནས་ཟས་གོས་སོགས་མཐུན་རྐྱེན་སྦྱོར་བ་པོ་མང་དུ་ཡོད་པའོ། །གཞན་བརྩེ་བ་ནི་དགེ་བའི་བཤེས་གཉེན་གྱིས་ཆོས་ལ་བརྩེ་བས་འདྲེན་པ་ཉིད་ཡིན་པར་བཤད་པའང་ཡོད་དོ། །དེ་ལྟ་ནི་གཞན་རྒྱུད་ཀྱིས་བསྡུས་ཤིང་ཆོས་སྒྲུབ་པའི་ཆ་རྐྱེན་ཡིན་པས་ན་གཞན་འབྱོར་རོ། །དེ་ཡང་མདོ་ལས། འབྱོར་པ་ནི་སེམས་ཀྱི་རང་བཞིན་ཤེས་པ་བློ་ཡང་དག་པའི་དོན་ལ་འབྱོར་པ་ཞེས་བྱའོ། །ཞེས་གསུངས་པས། དེ་ལའང་དལ་བ་ནི་ངོ་བོ་ཡིན་ལ། འབྱོར་པ་ནི་དེའི་ཁྱད་པར་གྱི་ཆོས་ཏེ། དེ་ལྟར་དལ་འབྱོར་བཅོ་བརྒྱད་ཚང་བའི་ལུས་འདི་རྙེད་པར་དཀའ་བས། ད་རེས་ཆོས་ལ་འབད་དགོས་པར་འདུག་སྙམ་པ་བློ་རྩེ་གཅིག་ཏུ་དྲིལ་བར་བྱ་སྟེ། སྤྱོད་འཇུག་ལས། འདི་འདྲའི་དལ་བ་རྙེད་གྱུར་ནས། །བདག་གིས་དགེ་གོམས་མ་བྱས་ན། །འདི་ལས་བསླུས་པ་གཞན་མེད་དེ། །འདི་ལས་རྨོངས་པ་གཞན་མེད་དོ། །ཞེས་གསུངས་པ་བཞིན་ནོ། །དེ་ཉིད་རྙེད་དཀའ་བའི་དཔེ་ནི། །རྒྱ་མཚོའི་ནང་ན་རུས་སྦལ་ཞིག་གནས་པ་དེས་ལོ་བརྒྱ་བརྒྱ་ནས་སྟེང་དུ་འོང་བ་གཉའ་ཤིང་བུག་པ་གཅིག་པ་ཞིག་རླུང་གིས་སྐད་ཅིག་ཏུ་མི་སྡོད་པར་བསྐྱོད་པའི་བུག་པར་རུས་སྦལ་གྱི་མགྲིན་པ་ཚུད་པ་སྲིད་དུ་རུང་གི །འཁོར་བ་དང་ངན་སོང་ལས་མི་ལུས་རྙེད་པ་དེ་བས་དཀའ་བར་གསུངས་ཏེ། བཤེས་སྤྲིང་ལས། རྒྱ་མཚོ་གཅིག་གནས་གཉའ་ཤིང་བུག་པ་དང་། །རུས་སྦལ་འཕྲད་པ་བས་ཀྱང་དུད་འགྲོ་ལས། །མི་ཉིད་ཤེས་ཐོབ་དཀའ་བས་མི་དབང་གིས། །དམ་ཆོས་སྤྱད་པས་དེ་འབྲས་མཆིས་པར་མཛོད། །ཅེས་པ་དང་། སྤྱོད་འཇུག་ལས། དེ་ཉིད་ཕྱིར་ན་བཅོམ་ལྡན་གྱིས། །རྒྱ་མཚོ་ཆེར་གཡེངས་གཉའ་ཤིང་གི །བུ་གར་རུས་སྦལ་མགྲིན་ཆུད་ལྟར། །མི་ཉིད་ཤིན་ཏུ་ཐོབ་དཀའ་གསུངས། །ཞེས་

སོ། །གང་ལས་གསུངས་ན། མེ་ཏོག་གི་ཚོམ་ལས། །སངས་རྒྱས་བཅོམ་ལྡན་འདས་རྣམས་འཇིག་རྟེན་དུ་འབྱུང་བའང་དཀའ། མིར་གྱུར་པ་དང་དལ་བ་ཕུན་སུམ་ཚོགས་པ་འགྲུབ་པའང་ཤིན་ཏུ་རྙེད་པར་དཀའ་འོ། །དེའི་ཕྱིར་དཔེ་ཞིག་བསྟན་པར་བྱ་སྟེ། ཤཱ་རིའི་བུ། དཔེར་ན་ས་ཆེན་པོ་འདི་རྒྱ་མཚོ་གཅིག་ཏུ་གྱུར་ཏེ། དེའི་ནང་ན་གཉའ་ཤིང་བུ་ག་གཅིག་པ་ཞིག་ཡོད་ལ། རུས་སྦལ་ཞར་བ་ཞིག་ཀྱང་ཡོད་དེ། རྒྱ་མཚོ་ཆེན་པོ་དེ་རླུང་ཡས་ལྡང་བ་དང་མས་ལྡང་བ་ཞེས་བྱ་བ་ལྡང་ལ། རུས་སྦལ་ཞར་བ་དེ་ཡང་ལོ་བརྒྱ་བརྒྱ་ཞིག་ལན་ཅིག་ཕྱིར་འབྱུང་བ་རབ་ཏུ་སྐྱུར་བའི་གཉའ་ཤིང་གི་བུ་ག་གཅིག་པ་དེར་རུས་སྦལ་ཞར་བ་ལོ་བརྒྱ་བརྒྱ་ཞིང་ཕྱིར་འབྱུང་བའི་མགུལ་བ་ཆུད་པ་སླ་ཡི། ལོག་པར་ལྟུང་པ་ལས་ཕྱིར་ཡང་ཕྱིར་འགྱུར་བ་ནི་དེ་ལྟར་མ་ཡིན་ཏེ། དེ་ལྟར་ལོག་པར་ལྟུང་པ་རྣམས་ཀྱིས་མིར་འགྱུར་བ་རབ་ཏུ་དཀའ་བ་ཡིན་ནོ། །ཞེས་སོ། །ཡིད་བཞིན་རིན་པོ་ཆེའི་མཛོད་ལས་ཀྱང་། མཚོ་དབུས་གཡེང་བའི་གཉའ་ཤིང་བུ་ག་རུ། །རུས་སྦལ་མགྲིན་ཆུད་སྲིད་ཀྱང་ངན་སོང་ལས། །མིར་འགྱུར་རྙེད་དཀའ་དེ་བཞིན་བརྩིགས་ངོས་ཀྱི། །ཞལ་ཞལ་ལོག་ལ་སྲན་མ་ཆགས་སྲིད་ཀྱི། །མིར་གྱུར་ན་ཡང་ཡུལ་དབུས་སྐྱེས་པ་དཀོན། །ཞེས་པ་ལྟར་འཁོར་བ་བརྒྱུད་ནས་འཁོར་བ་ལས། མི་ལུས་ཐོབ་པ་ནི་བརྩིགས་ངོས་ཀྱི་ཞལ་ཞལ་འཛམ་པོ་ལ་སྲན་མ་ཆགས་པ་ལས་ཀྱང་དཀའ་སྟེ། ཀླུའི་སྙིང་གུར་ལས་ཀྱང་། མི་ཁོམ་བརྒྱད་ལས་ལོག་ནས་མིར་གྱུར་པའང་ཞལ་ཞལ་ངོས་ལ་སྲན་མ་ཆགས་པ་ལས་དཀའ་འོ། །ཞེས་གསུངས་སོ། །དེ་བཞིན་དུ་ཁབ་མིག་ཏུ་རས་ཡུག་མི་ཚུད་པ་དང་། མེ་ཏོག་ཨུ་དུམ་ཝ་ར་འཇིག་རྟེན་དུ་འབྱུང་དཀའ་བ་དང་། ཡིད་བཞིན་གྱི་ནོར་བུ་རིན་པོ་ཆེ་རྙེད་པར་དཀའ་བ་ལས་ཀྱང་

དལ་འབྱོར་གྱི་མི་ལུས་ཆོས་ལྡན་རྙེད་པར་དཀའ་འོ། །སེམས་ཅན་གྱི་ནང་ནས་ངན་སོང་གསུམ་གྱི་འགྲོ་བ་ནི་ཤིན་ཏུ་མང་སྟེ་ས་ཆེན་པོའི་རྡུལ་བཞིན་དུ་མཐའ་མེད། མཐོ་རིས་ཀྱི་འགྲོ་བ་ནི་ཤིན་ཏུ་ཉུང་སྟེ་སེན་མོའི་སྟེང་གི་རྡུལ་ཙམ་དུ་གསུངས་ཤིང་། ངན་སོང་གསུམ་གྱི་ནང་ནས་ཉུང་ཤོས་དུད་འགྲོ་དང་། དེ་ཡང་བྱིངས་ནི་རྒྱ་མཚོ་ཆེན་པོར་གནས་ཤིང་བསམ་གྱིས་མི་ཁྱབ། ཁ་འཐོར་གྱིས་ཀྱང་ས་གཞི་རི་གླིང་བར་སྣང་ཐམས་ཅད་ཁེངས་པ་ཙམ། ལྷ་དང་མི་ཡི་འགྲོ་བ་ནི་དེ་ལ་ལྟོས་ན་སྲིད་མཐའ་ཙམ་དང་། དེ་ལས་ཀྱང་སྤྱིར་མི་ཡི་འགྲོ་བ་ཉུང་། སྒོས་འཛམ་བུའི་གླིང་པའི་མི་ཉུང་། ཡང་སྒོས་ཆོས་ལྡན་གྱི་མི་ལུས་ནི་སྲིད་མཐའ་ཙམ་སྟེ། དེ་ལྟར་ཉུང་བ་ཡང་སེམས་ཅན་གྱི་ནང་ན་སྡིག་པའི་ལས་བྱེད་པ་ནི་ཆེས་མང་སྟེ་མཐའ་མེད། དགེ་བ་བྱེད་པ་ནི་ཅི་ནས་ཀྱང་ཉུང་ཞིང་། དེའི་ནང་ནས་ཀྱང་མི་ལུས་སུ་འཕེན་ཐུབ་པའི་ཚུལ་ཁྲིམས་བསྲུང་པ་ཤིན་ཏུ་དཀོན་ལ། དེ་ཡང་། ཡིད་བཞིན་རིན་པོ་ཆེའི་མཛོད་ལས། འདི་ལྟར་སེམས་ཅན་ཙམ་གྱི་ལུས་མཐོང་ན། །མི་ལུས་ཐོབ་པ་འཁོར་ལོའི་བསྐྱུར་རྙེད་འདྲ། །མི་ལུས་ནང་ནས་དད་ལྡན་ཆོས་ཀྱི་རིགས། །དེ་བས་དཀོན་ཕྱིར་སངས་རྒྱས་ཐོབ་དང་མཚུངས། །དེ་བས་རྟག་ཏུ་དལ་འབྱོར་བསམ་འཚལ་ལོ། །ཞེས་སོ། །སེམས་ཅན་སྤྱི་མཚན་ལ་བསམ་ན། །ནམ་མཁའི་དབྱིངས་དང་མཉམ་ལ། འཛམ་བུའི་གླིང་པའི་སེམས་ཅན་ཁབ་མིག་གི་ནམ་མཁའི་ཆ་ཙམ་མོ། །འཛམ་བུའི་གླིང་པ་གཞན་རྣམས་ཕར་ཞོག་ནགས་ཚལ་གཅིག་གམ། ཆུ་ཀླུང་གཅིག་གམ། འཁྱིལ་ཆུ་གཅིག་ན་གནས་པའི་སྲོག་ཆགས་ལ་ལྟོས་ན་མི་ལུས་ཐོབ་པ་འཁོར་ལོས་བསྒྱུར་བའི་རྒྱལ་པོ་ཐོབ་པའི་མང་ཉུང་དང་ཚོད་མཉམ། མི་རྣམས་ལ་བསམ་ན་རྒྱ་དཀར་ནག་ལྟོ་བྱང་།

མོན་ལྷོ་བལ། ཇོ་སོག་རིགས་ལ་སོགས་པའི་ཡུལ་ཚོང་འདུས་རེ་རེ་ན་འཚོགས་པ་མང་ཡང་། སངས་རྒྱས་ཀྱི་བསྟན་པ་ལ་ཞུགས་ནས་རྗེས་སུ་སློབ་པའི་དད་པ་ཅན་ནི། སངས་རྒྱས་འཇིག་རྟེན་དུ་བྱོན་པ་བས་ཀྱང་དཀོན་པར་བསམ་ལ། རང་གི་རང་ལ་སྤྲོ་བ་བསྐྱེད་དེ་དལ་འབྱོར་ཆུད་མ་ཟོས་པར་བྱའོ། །ཡུམ་བར་མ་ལས། མིར་གྱུར་པ་ཡང་རྙེད་པར་དཀའ་ན་དལ་བ་ཕུན་སུམ་ཚོགས་པ་ལྟ་ཅི་སྨོས། ཞེས་དང་། བྲམ་ཟེ་རྒྱལ་བའི་དྲོད་ཀྱི་སྐྱེ་མཆེད་ཀྱི་རྣམ་པར་ཐར་པ་ལས། མི་ཁོམ་བརྒྱད་པོ་ལས་ལྡོག་པ་རྙེད་པར་དཀའ་འོ། །མི་ཉིད་ཐོབ་པ་ཡང་རྙེད་པར་དཀའ་འོ། །དལ་བ་ཕུན་སུམ་ཚོགས་པ་རྣམ་པར་དག་པ་ཡང་རྙེད་པར་དཀའ་འོ། །སངས་རྒྱས་འབྱུང་བ་ཡང་རྙེད་པར་དཀའ་འོ། །དབང་པོ་མ་ཚང་བ་མེད་པ་ཡང་རྙེད་པར་དཀའ་འོ། །སངས་རྒྱས་ཀྱི་ཆོས་ཉན་པ་ཡང་རྙེད་པར་དཀའ་འོ། །སྐྱེས་བུ་དམ་པ་དང་འགྲོགས་པ་ཡང་རྙེད་པར་དཀའ་འོ། །ཡང་དག་པའི་དགེ་བའི་བཤེས་གཉེན་རྣམས་དང་འཕྲད་པ་ཡང་རྙེད་པར་དཀའ་འོ། །ཞེས་གསུངས་ཏེ། ད་ལམ་ཕུན་སུམ་ཚོགས་པའི་དལ་འབྱོར་རིན་པོ་ཆེ་ཐོབ་ནས་མཚན་ལྡན་གྱི་དགེ་བའི་བཤེས་གཉེན་མཇལ་ཞིང་དམ་པའི་ལྷ་ཆོས་ལ་སྤྱོད་དུ་ཡོད་པའི་དུས་འདིར། ནམ་བཞག་གཏན་གྱི་འདུན་མ་དེ་ད་རེས་ལ་རག་ལས་པས།ཐར་པའི་ལམ་སྣ་ཟིན་ནས་ཞི་བའི་གླིང་དུ་བསྒྲོད་པར་བྱ་བའི་ཕྱིར། ཚེ་འདིའི་སྣང་བ་རྫས་དང་ཡོ་བྱད་འཁོར་འདབ་གཉེན་འདུན་ལ་སོགས་པ་ལ་མ་ཆགས་པར། སྦྲེག་མོའི་མགོ་ལ་མེ་ཤོར་བའམ། སྟར་མའི་པང་དུ་སྦྲུལ་ཞུགས་པ་ལྟར་རབ་ཏུ་འབད་པ་གཅེས་ཏེ། སྙིང་རྗེ་པདྨ་དཀར་པོའི་མདོ་ལས། མི་ཁོམ་པ་བརྒྱད་སྤངས་ཏེ་དལ་བ་ཕུན་སུམ་ཚོགས་པ་ཐོབ་པ་ནི་བརྒྱ་ལམ་དུ་ཟད་པས་ན། བག་ཡོད་པས་ལེགས་

པར་བརྩོན་འགྲུས་བརྩམས་པར་གྱིས་ཤིག་ཕྱིས་འགྱོད་པ་གྱུར་ཏ་རེ། ཞེས་པ་དང་། ཡུལ་འཁོར་སྐྱོང་གི་ཞུས་པའི་མདོ་ལས། སངས་རྒྱས་འཇིག་རྟེན་སྐྱོང་བ་དྲང་སྲོང་ཆེ། །བསྐལ་པ་བྱེ་བ་བརྒྱ་ལམ་འབྱུང་བར་འགྱུར། །ད་ལྟ་དལ་བ་དམ་པ་རྙེད་པ་ལས། །གལ་ཏེ་ཐར་འདོད་བག་མེད་སྤངས་བར་གྱིས། །ཞེས་པ་དང་། ཚུལ་ཁྲིམས་ཡོངས་སུ་དག་པའི་མདོ་ལས། དགེ་སློང་དག་གལ་ཏེ་ཐོབ་ནས་དེས་རྙེད་པའི་རྒྱལ་བའི་བསྟན་པ་ལ་རབ་ཏུ་འབྱུང་བ་ཡང་རྙེད་པར་དཀའ་ན། ཅིའི་ཕྱིར་བརྩོན་འགྲུས་དང་། བརྟུལ་བ་བརྟན་པོས་སྒྲུབ་པར་མི་བྱེད། རྒ་བ་དང་ན་བ་དང་འཆི་བ་ནི་མངོན་པར་འོང་ཞིང་། ཐུབ་པའི་བསྟན་པ་ཡང་ནུབ་པར་འགྱུར་ན། ཕྱིས་འགྱོད་པར་འགྱུར་ཏ་རེ། ཞེས་གསུངས་སོ། །གཞན་ཡང་དལ་འབྱོར་ཆོས་ལ་སྤྱོད་པའི་རིགས་པ་ནི། ཡབ་སྲས་མཇལ་བའི་མདོ་ལས། མི་ཁོམ་བརྒྱད་པོ་ཐམས་ཅད་རབ་སྤངས་ཤིང་། །དལ་བ་ཕུན་ཚོགས་རྙེད་དཀའ་ཐོབ་གྱུར་ནས། །བདེ་གཤེགས་བསྟན་ལ་དད་པ་རྙེད་གྱུར་པས། །མཁས་པ་རྣམས་ཀྱིས་རིགས་པའི་རྣལ་འབྱོར་སྤྱོད། །ཅེས་སོ། །མཐུན་རྐྱེན་ཚང་བའི་དུས་འདིར་ཆོས་ལ་བརྩོན་པར་རིགས་པ་ཡང་། དཔེར་ན་གྲུ་ཡོད་དུས་ཆུ་ཡི་ཕ་རོལ་ཏུ་བསྒྲོད་པ་དང་། རྟ་མཆོག་འཛོམ་དུས་ཤུལ་རིང་གི་ལམ་དུ་འགྲོ་བ་དང་། རྡོད་གཤེར་གྱི་ཆུ་ལུད་འཛོམ་དུས་ས་བོན་ཅི་ཐེབ་བྱེད་པ་དང་། དཔའ་བོའི་དཔུང་ཚོགས་ཡོད་དུས་དགྲ་འདུལ་བ་དང་། གསེར་དངུལ་གྱི་མུ་རྗོལ་དུས་ཅི་འོན་བྱེད་པ་དང་། སྟོན་ཀའི་ལོ་ཐོག་སྨིན་དུས་ཅི་འདུས་བྱེད་པ་དང་། སྐྱེལ་མའི་དཔུང་ཚོགས་ཡོད་དུས་འཇིགས་པའི་ལམ་ལ་ཅི་སྒྲོལ་བྱེད་པ་དང་། གཡར་པོའི་ཀ་ཆ་ཡོད་དུས་སུ་ལས་གང་དགོས་ལ་བརྩོན་པ་ལྟར་ད་ལམ་དལ་འབྱོར་ལ་སླེང་པོ་ལོན་པ་

ཞིག་ཅི་ནས་ཀྱང་འབད་དགོས་ཏེ། སློབ་དཔོན་ཞི་བ་ལྷ་ཡི་ཞལ་ནས། དལ་འབྱོར་འདི་ནི་ཤིན་ཏུ་རྙེད་པར་དཀའ། །སྐྱེས་བུའི་དོན་སྒྲུབ་ཐོབ་པར་གྱུར་པ་ལ། །གལ་ཏེ་འདི་ལ་ཕན་པ་མ་བསྒྲུབ་ན། །ཕྱིས་ནི་ཡང་དག་འབྱོར་བ་ག་ལ་སྲིད། །ཅེས་དང་། རྫོགས་པ་ཆེན་པོ་སེམས་ཉིད་ངལ་གསོ་ལས། འཁོར་བའི་རྒྱ་གཏེར་ཕ་མཐའ་ཡས་འདི་ལས། །རིན་ཆེན་གྲུ་བོ་ཐོབ་དུས་མ་བརྒལ་ན། །གཏན་ཏུ་ཉོན་མོངས་སྡུག་བསྔལ་ཐ་གློང་དུ། །རབ་ཏུ་འབྲུག་ཆེ་བདག་གིས་ཅི་ལྟར་བྱ། དེ་བས་མྱུར་དུ་བརྩོན་པའི་གོ་བགོས་ཏེ། །སེམས་དང་སེམས་བྱུང་རྙོག་པ་རབ་ཞིའི་ཕྱིར། །ཡེ་ཤེས་དྲི་མེད་འོད་གསལ་ལམ་འཛེག་སྟེ། །བྱང་ཆུབ་ལམ་ལ་བར་ཆད་མེད་པར་མཛོད། ཞེས་གསུངས་པ་ལྟར། འཁོར་བའི་རྒྱ་མཚོ་ཆེན་པོ་ཐོག་མ་དང་ཐ་མ་མི་མངོན་པར་བཟོད་པར་དཀའ་ཞིང་འཇིགས་སུ་རུང་བ་འདི་ཉིད་ལས་མིའི་ལུས་རྟེན་གྲུ་ལྟ་བུ་ཐོབ་པའི་དུས་འདིར་བརྒལ་དགོས་ཏེ། གཏན་དུ་སྐྱེ་རྒ་ན་འཆིའི་གློང་འཁོར་དུ་འཁྱམས་པ་ནི་བཟོད་པར་དཀའ་བས་ན། སྤྱོད་འཇུག་ལས། མི་ཡི་གྲུ་ལ་བརྟེན་ནས་སུ། །སྡུག་བསྔལ་ཆུ་བོ་ཆེ་ལས་སྒྲོལ། །གྲུ་འདི་ཕྱིས་ནས་རྙེད་དཀའ་བས། །རྨོངས་པ་དུས་སུ་གཉིད་མ་ལོག །ཅེས་སོ། །དེ་ལྟར་རྙེད་དཀའི་དལ་འབྱོར་ཐོབ་ནས་ད་རེས་ཐར་པའི་ལམ་སྣ་མ་ཟིན་ན། །རིན་པོ་ཆེ་གསེར་གླིང་དུ་ཕྱིན་ནས་སྟོང་པར་ལོག་པ་བས་ཀྱང་མདོ་ཆུང་བས་ན། བསམ་གཞིག་ལེགས་པར་ཐོངས་ལ་བརྩོན་པས་ཉམས་སུ་ལེན་པ་ལ་འབད་པར་བྱའོ། །དེ་ཡི་རྗེས་འབྲེལ་དུ་སྐྱབས་སུ་འགྲོ་བའི་ཁྲིད་ཀྱི་རིམ་པ་ལ་ཁྲིད་རྣམས་ཀྱིས་བསླབ་བྱ་རྣམས་ལམ་དུ་འཇུག་པར་བྱེད་པའི་ཐོག་མར་དཀོན་མཆོག་གསུམ་ལ་སྐྱབས་སུ་འགྲོ་བ་ཁོ་ན་ལ་བརྩོན་དགོས་པ་ཡིན་ལ། དེ་ཡང་དང་པོ་

སྐྱབས་སུ་འགྲོ་བ་ལ། སྐྱབས་ཡུལ་ངོས་བཟུང་བ་དང་། སྐྱབས་སུ་འགྲོ་བ་དང་། ཕན་ཡོན་དང་། སྤང་བྱ་དང་། བླང་བྱའི་བསླབ་བྱ་དང་ལྔའོ། །དེ་ལ་དང་པོ་སྐྱབས་ཡུལ་ལ་ཡང་། ཕྱི་ནང་གསང་གསུམ་དེ་ཁོ་ན་ཉིད་དང་བཞིའོ། །དང་པོ་ཕྱི་ཡི་སྐྱབས་ཡུལ་ནི་སངས་རྒྱས་ཆོས་དང་དགེ་འདུན་གསུམ་སྟེ། སངས་རྒྱས་ཞེས་པའི་ངེས་ཚིག་ནི་ངོ་བོ་ཡེ་སྟོང་ཀ་ནས་དག་ཅིང་གློ་བུར་གྱི་འཁྲུལ་ཚོགས་ཐམས་ཅད་སངས་པ་དང་། ཐུགས་རྗེ་ཡེ་ཤེས་ཕྱོགས་མེད་དུ་རྒྱས་ཤིང་གང་འདུལ་གྱི་སྤྲུལ་པ་སྣ་ཚོགས་ཐབས་ལ་མཁས་པའོ། །ཆོས་ལ་ཡང་གསུམ་སྟེ། བསྟན་པའི་ཆོས། བསྒྲུབ་པའི་ཆོས། ཞི་བ་དང་མྱ་ངན་ལས་འདས་པའི་ཆོས་དེ། མདོར་ན་ངོ་བོ་རྣམ་པར་དཀར་ཞིང་། རང་བཞིན་གྱི་མཚན་ཉིད་སྟོང་པར་འཛིན་པ། དབྱེ་ན་རྒྱུ་འབྲས་གཉིས་སམ། སྡེ་སྣོད་གསུམ་མམ། ཐེག་པ་དགུའོ། །དགེ་འདུན་ལ་ཡང་གསུམ་སྟེ། ཉན་ཐོས་ཀྱི་དགེ་འདུན་དང་། རང་སངས་རྒྱས་ཀྱི་དགེ་འདུན་དང་། བྱང་ཆུབ་སེམས་དཔའི་དགེ་འདུན་གསུམ་དུ་གསུངས་ཀྱང་། མདོར་ན་དོན་ལ་ངོ་བོ་མི་དགེ་བས་དབེན་པ། ངེས་ཚིག་དགེ་བ་ལ་འདུན་པ། དབྱེ་ན་ཕྱི་གཟུགས་བརྙན་རྟགས་ཀྱི་དགེ་འདུན། གཞན་དོན་སེམས་བསྐྱེད་ཀྱི་དགེ་འདུན། ཡང་དག་དོན་གྱི་དགེ་འདུན་ནོ། །དེ་ལྟར་ཡང་ལུང་ལས། སངས་རྒྱས་སྟོན་པ་ཆོས་ལ་ལམ་དང་ནི། དགེ་འདུན་གྲོགས་ཀྱི་ཚུལ་དུ་སྐྱབས་སུ་འགྲོ། །ཞེས་གསུངས་སོ། །ཡང་གཉིས་པ་ནང་གི་གསུམ་ནི། བླ་མ་ཡི་དམ་མཁའ་འགྲོ་གསུམ་ལས། དེ་ཡང་། བླ་མ་ནི་རང་རྒྱུད་གྲོལ་ཞིང་གཞན་རྒྱུད་འདུལ་བའི་ཐབས་ལ་མཁས་པའི་དགེ་བའི་བཤེས་གཉེན་མཚན་ཉིད་ལྡན་པ་རྣམས་དང་། ཁྱད་པར་དུ་ལྷ་རང་རེ་རྣམས་འཁོར་བ་

སྡུག་བསྔལ་གྱི་རྒྱ་མཚོ་ལས་དྲངས་ཤིང་ཞི་བདེ་ཐར་གླིང་དུ་ཁྲིད་པའི་དེད་དཔོན་རྩ་བའི་བླ་མ་དམ་པ་བརྒྱུད་པར་བཅས་པ་སྟེ། གཞན་ཡང་སྐྱོན་དང་ཡོན་ཏན་རྫོགས་པའི་སངས་རྒྱ་གཉིས་པ་སློབ་དཔོན་པདྨ་འབྱུང་གནས་ནི་བྱིན་རླབས་ཐམས་ཅད་ཀྱི་འབྱུང་གནས་སོ། །ཡི་དམ་ནི་ཞི་ཁྲོ་རབ་འབྱམས་བསྒྲུབ་པ་བཀའ་བརྒྱད། གཞན་ཡང་རྒྱུད་སྡེ་དྲུག་གི་ལྷ་ཚོགས་མ་ལུས་པ་ཐམས་ཅད་དང་ཁྱད་པར་འཁོར་འདས་ཐམས་ཅད་ཀྱི་སྤྱི་དཔལ་ཁྲོ་བོ་དབང་ཆེན་རྟ་མགྲིན་དངོས་གྲུབ་ཐམས་ཅད་ཀྱི་གཏེར་མཛོད་དམ་པའོ། །མཁའ་འགྲོ་ནི་གནས་གསུམ་གྱི་མཁའ་འགྲོ་མཐའ་དག་དང་ཁྱད་པར་སངས་རྒྱས་ཐམས་ཅད་བསྐྱེད་པའི་ཡུམ་རྡོ་རྗེ་ཕག་མོ་ནི་ཕྲིན་ལས་ཐམས་ཅད་ཀྱི་བདག་ཉིད་གཅིག་པུའོ། །གསུམ་པ་གསང་བ་ལྟར་ན་གསུམ་སྟེ། ཆོས་སྐུ་ལོངས་སྐུ་སྤྲུལ་སྐུ་གསུམ་ལས། ཆོས་སྐུ་ཀུན་ཏུ་བཟང་པོ་ལ་འཁོར་ཡེ་ཤེས་རྒྱ་མཚོའི་ཚོགས་ཀྱིས་བསྐོར་བ་ནི། བདེ་གཤེགས་ཐམས་ཅད་བསྐྱེད་པའི་ཡབ་བོ། །ལོངས་སྐུ་རྒྱལ་བ་རིགས་ལྔ་ཡབ་ཡུམ་ལ་འཁོར་བྱང་ཆུབ་སེམས་དཔའི་ཚོགས་ཀྱིས་བསྐོར་བ་ནི། ཡེ་ཤེས་ལྔ་ལྡན་དོན་གྱི་ལྷའོ། །སྤྲུལ་སྐུ་རྡོ་རྗེ་འཆང་ལ་འཁོར་སྤྲུལ་པའི་སྐུའི་ཚོགས་ཀྱིས་བསྐོར་བ་ནི། །ཐུགས་རྗེས་འགྲོ་ལ་བརྩེ་བའི་བདག་ཉིད་ཅན་ནོ། །བཞི་པ་དེ་ཁོ་ན་ཉིད་ལ་གསུམ་སྟེ། ངོ་བོ་རང་བཞིན་ཐུགས་རྗེ་གསུམ་ལས། ངོ་བོ་ཀ་དག་སྤྲོས་པ་དང་བྲལ་ཞིང་གྲོལ་བ་ཆེན་པོ་བཞི་དང་ལྡན་པ། རང་བཞིན་ལྷུན་གྲུབ་ཡོན་ཏན་ཕུན་སུམ་ཚོགས་ཤིང་། རང་གསལ་འོད་ལྔའི་མདངས་དང་ལྡན་པའོ། ཐུགས་རྗེ་མ་འགགས་ཀུན་ལ་ཁྱབ་ཅིང་། སྣ་ཚོགས་རང་གྲོལ་འདུས་མ་བྱས་པའོ། །དེས་ན་ཡང་སྐྱབས་དམ་པ་དེ་དག་རྣམས་ཀྱི་སྐྱབས་འོག་ཏུ་ཚུད་པ་ནི་དཔེར་ན་རྒྱལ་པོའི་བཀའ་འོག་ཏུ་ཚུད་པ་ལྟ་བུ་ཡིན་

ཞིང་། དེ་ལྟར་རྒྱལ་པོའི་དྲུང་དུ་སྐྱབས་ཞུས་ནས། མི་ཇི་ལྟར་ཁས་དམན་ཡང་གཞན་གྱིས་གླགས་བཙལ་དུ་མེད་པ་ལྟར། དཀོན་མཆོག་གསུམ་ལ་བློ་ངེས་པར་ཁེལ་ན། འཁོར་བའི་ཉེས་ཚོགས་ཀུན་དང་བྲལ་ནས་འདི་ཕྱིའི་བདེ་ལེགས་ཐམས་ཅད་འབྱུང་སྟེ། དེ་ཡང་སྐྱེས་བུ་དམ་པ་འཁོར་བ་སྡུག་བསྔལ་དུ་ཤེས་ཤིང་ཐར་པ་དོན་དུ་གཉེར་བ་རྣམས་ཀྱིས། དེ་ལྟར་སྐྱབས་གནས་དགུ་ཕྲུགས་སུ་སྐྱབས་སུ་འགྲོ་སྟེ་སྡུག་བསྔལ་མཐའ་དག་ལས་སྐྱོབ་པའི་ཐུགས་རྗེ་དང་ལྡན་ཏེ། ས་ཡི་སྙིང་པོ་འཁོར་ལོ་བཅུ་པ་ལས། ཁམས་གསུམ་ཀུན་ལ་བདེ་སྐྱིད་པ། །དེ་ཡང་དཀོན་མཆོག་གསུམ་ལས་བྱུང་། དེ་བས་བདེ་ཞིང་སྐྱིད་འདོད་པ། །རྟག་དུ་དཀོན་མཆོག་མཆོད་པར་བྱ། །ཞེས་པ་དང་། ཕག་མོའི་རྟོགས་བརྗོད་ལས། དཀོན་མཆོག་གསུམ་ལ་སྐྱབས་སོང་ན། །འཇིགས་པ་མེད་པར་ཐོབ་པར་འགྱུར། །གང་ཞིག་གསུམ་ལ་སྐྱབས་སོང་ན། །མི་དེ་ངན་འགྲོར་མི་འགྲོ་ཞིང་། །མི་ཡི་ལུས་དག་བོར་ནས་ནི། །དེ་ནི་ལྷ་ཡི་ལུས་ཐོབ་པོ། །ལྷ་ཡི་ལུས་དག་བོར་ནས་ནི། །དེས་ནི་སངས་རྒྱས་བྱང་ཆུབ་འགྲུབ། །ཅེས་པ་དང་། ངན་སོང་གསུམ་དང་ཐབས་མིན་དང་། །འཇིགས་ཚོགས་ལྔ་བ་དམན་པ་ལས། །སྐྱོབས་ཕྱིར་སྐྱབས་ཀྱི་དམ་པར་འདོད། །ཅེས་པ་དང་། ཀུན་དགའ་བོའི་ཞུས་པ་ལས། སངས་རྒྱས་ཆོས་དང་འཕགས་པ་གསུམ། །འཇིག་རྟེན་ཀུན་གྱི་སྐྱབས་ཡིན་ཏེ། །སུ་ཞིག་འཕགས་པར་འདོད་པ་རྣམས། དཀོན་མཆོག་གསུམ་ལ་སྐྱབས་སུ་འདོད། །ཞེས་དང་། སྐྱབས་འགྲོ་བདུན་ཅུ་པ་ལས། གང་ཞིག་དཀོན་མཆོག་གསུམ་ལ་སྐྱབས་འགྲོ་བ། །དེ་ཡིས་མྱུར་དུ་སངས་རྒྱས་ཐོབ། །ཅེས་གསུངས་པས། ད་ཁྱེད་རང་རྣམས་ཀྱིས་སྐྱབས་

གནས་དཀོན་མཆོག་གསུམ་ལ་བློ་ཡིད་གིས་བཀལ་ནས་ཕྱེད་ཤེས་ཀྱི་མོས་པ་རྩེ་གཅིག་ཏུ་གཏད་ལ་སྐྱབས་སུ་འགྲོ་དགོས་པ་ཡིན་ལ། དེ་ལྟར་སྐྱབས་ཡུལ་གྱི་རྒྱུ་མཚན་ཡང་དག་པར་ཤེས་ནས་གསལ་གདབ་པ་ནི། །

ཨོཾ་ཨཱཿཧཱུྃ། མདུན་གྱི་ནམ་མཁར་རྣམ་དག་ཞིང་ཁམས་མཆོག །ངོ་མཚར་བཀོད་རབ་འབར་བ་ཕྲིན་ཡངས་དབུས། །རིན་ཆེན་ཁྲི་ཁང་པད་ཉི་ཟླ་གདན་སྟེང་། །བླ་མ་ཨོ་རྒྱན་སྐུ་གསུམ་ཀུན་བཟང་ལ། །སྐྱབས་གནས་མ་ལུས་རྣམས་ཀྱིས་བསྐོར་བར་དམིགས། །མགོན་པོ་དེ་དག་མདུན་དུ་བདག་ཉིད་བཅས། །འགྲོ་རྣམས་བྱང་ཆུབ་བར་དུ་གུས་སྐྱབས་མཆི། །ཞེས་ཡི་གེ་གསུམ་གྱིས་དག་པར་སྦྱངས་ནས། རང་མདུན་གྱི་ནམ་མཁར་རང་བཞིན་གྱིས་རྣམ་པར་དག་པ་རྒྱ་ཆད་ཕྱོགས་ལྷུང་བྲལ་ཞིང་ལྷུན་སྡུག་པ་མཆོག་ཏུ་གྱུར་པ་ངོ་མཚར་རྨད་དུ་བྱུང་བའི་བཀོད་པ་ཕུན་སུམ་ཚོགས་པ་འོད་དང་འོད་ཟེར་དུ་འབར་བ་ཕྲིན་ཡངས་ཤིང་རྒྱ་ཆེ་བའི་དབུས་སུ་རིན་པོ་ཆེ་སྣ་ཚོགས་ལས་གྲུབ་པའི་ཁྲི་ཁང་སེང་གེ་གླང་ཆེན་རྟ་མཆོག་རྨ་བྱ་ཤང་ཤང་བརྒྱད་ཀྱིས་བཏེགས་པའི་ཁྲི་སྟེང་དུ་པདྨ་དང་ཉི་ཟླའི་གདན་ལ་ངོ་བོ་རང་གི་དྲིན་ཅན་རྩ་བའི་བླ་མ་ཡིན་པ་ལ་རྣམ་པ་ཨོ་རྒྱན་སྤྲུལ་པའི་སྐུ་ཞལ་གཅིག་ཕྱག་གཉིས་སྐུ་མདོག་དཀར་ལ་ཧུང་ཟད་དམར་བ། ཕྱག་གཡས་གསེར་གྱི་རྡོ་རྗེ་རྩེ་ལྔ་པ་ཐུགས་ཀར་འཛིན་པ། གཡོན་པས་ཀ་པ་ལ་ཡེ་ཤེས་ཀྱི་བདུད་རྩིས་དཀང་བ་ལྟེ་བའི་ཐད་དུ་འཛིན་པ། གྲུ་མོར་ཁ་ཊྭཾ་ག་ཐོད་མཁར་སུམ་བརྩེགས་ཌམ་རུ་དང་ཏིང་ཤག་གིས་བརྒྱན་པ་བསྣམས་ཏེ། ཞབས་རྡོ་རྗེའི་སྐྱིལ་ཀྲུང་དུ་བཞུགས་པ། དབུ་ལ་པད་ཞྭ་ཐོད་ལྡེམ་དར་སྣ་ལྔས་བརྒྱན་པ། སྐུ་ལ་དར་མཐིང་གི་ཕོད་ཁ། དར་དམར་གྱི་ཆོས་གོས་གསེར་གྱི་པ་ཏྲ་ཅན་ཟ་འོག་གི་བེར་ཕྱུམས་གསོལ་བ།

ཁམས་གསུམ་དབང་དུ་བསྡུད་ཅིང་སྲིད་གསུམ་ཟིལ་གྱིས་གནོན་པ། དེ་ཡི་མདུན་དུ་སངས་རྒྱས་ཤཱཀྱ་ཐུབ་པ་ལ་ཕྱོགས་བཅུ་དུས་གསུམ་གྱི་སངས་རྒྱས་མཆོག་གི་སྤྲུལ་པའི་སྐུ་རྣམས་དང་། གཡས་སུ་འཇམ་དཔལ་ལ་སོགས་པའི་བྱང་ཆུབ་སེམས་དཔའི་དགེ་འདུན་རྣམས་དང་། གཡོན་དུ་ཤཱ་རིའི་བུ་ལ་སོགས་པའི་ཉན་ཐོས་ཀྱི་དགེ་འདུན་འཕགས་པའི་ཚོགས་རྣམས་དང་། རྒྱབ་ཏུ་ཆོས་དཀོན་མཆོག་གླེགས་བམ་བརྩེགས་པའི་རྣམ་པ་ཅན་དང་། དེ་རྣམས་ཀྱི་བར་མཚམས་ཐམས་ཅད་ཡི་དམ་མཁའ་འགྲོ་ཆོས་སྐྱོང་སྲུང་མའི་ཚོགས་དང་བཅས་པས་རབ་ཏུ་གང་བར་བསྐོར་ཏེ་བཞུགས་པར་དམིགས། གཙོ་བོའི་སྤྱི་གཙུག་ཏུ་ཨོ་རྒྱན་ལོངས་སྐུ་ཚེ་དཔག་མེད་སྐུ་མདོག་དམར་པོ་ཞལ་གཅིག་ཕྱག་གཉིས་པ་སྐྱིལ་ཀྲུང་མཉམ་གཞག་གི་སྟེང་ན་བུམ་པ་བདུད་རྩིས་གང་བ་བསྣམས་པ། ལོངས་སྤྱོད་རྫོགས་པའི་ཆས་ཀྱིས་བརྒྱན་པ། ཡུམ་གསང་བ་ཡེ་ཤེས་ཀྱི་ཌཱཀྐི་མ་དང་དབྱེར་མེད་དུ་འཁྲིལ་བ་འཁོར་དུ་ལོངས་སྐུའི་འཁོར་ཚོགས་རྒྱ་མཚོས་བསྐོར་བ། དེའི་སྤྱི་གཙུག་ཏུ་ཨོ་རྒྱན་ཆོས་སྐུ་སྐུ་མདོག་མཐིང་ཁ་ཞལ་གཅིག་ཕྱག་གཉིས་པ་ཡུམ་མཁའ་འགྲོ་དཀར་མོ་དང་སྦྱོར་བ། དེའི་སྤྱི་གཙུག་ཏུ་ཆོས་སྐུ་ཀུན་བཟང་ཡབ་ཡུམ་ལ་འཁོར་ཡེ་ཤེས་རྒྱ་མཚོའི་ཚོགས་ཀྱིས་བསྐོར་བ། དེ་ལྟར་སྐུ་གསུམ་འཁོར་བཅས་དེ་དག་ཐམས་ཅད་ཀྱང་རང་ཉིད་ལ་དགྱེས་ཤིང་བརྩེ་བའི་ཚུལ་དུ་བཞུགས་པར་བསྒོམ། དེ་ནས་རང་དང་ལྷན་ཅིག་ཏུ་མཁའ་མཉམ་གྱི་སེམས་ཅན་སྐྱབས་ཡུལ་རྣམས་ཀྱི་ཡོན་ཏན་དང་ཐུགས་རྗེ་དྲན་པས་མོས་གུས་ཀྱི་གདུང་ཤུགས་དྲག་པོས་མ་གྱུར་སེམས་ཅན་འཁོར་བ་སྡུག་བསྔལ་གྱི་འཇིགས་པ་དྲག་པོ་ལས་སྐྱབས་སུ་གསོལ་སླམ་པས་ངག་ཏུ།

ན་མོ། སངས་རྒྱས་ཆོས་དང་དགེ་འདུན་གསུམ་ལ་སྐྱབས་སུ་མཆིའོ། །བླ་མ་ཡི་དམ་མཁའ་འགྲོ་གསུམ་ལ་སྐྱབས་སུ་མཆིའོ། །ཆོས་སྐུ་ལོངས་སྐུ་སྤྲུལ་སྐུ་གསུམ་ལ་སྐྱབས་སུ་མཆིའོ། །ངོ་བོ་རང་བཞིན་ཐུགས་རྗེ་གསུམ་ལ་སྐྱབས་སུ་མཆིའོ། །བླ་མ་སངས་རྒྱས་ཆོས་ཀྱི་སྐུ་ལ་སྐྱབས་སུ་མཆིའོ། །བླ་མ་ལོངས་སྤྱོད་རྫོགས་པའི་སྐུ་ལ་སྐྱབས་སུ་མཆིའོ། །བླ་མ་ཐུགས་རྗེ་སྤྲུལ་པའི་སྐུ་ལ་སྐྱབས་སུ་མཆིའོ། །རྩ་བའི་བླ་མ་བཀའ་དྲིན་ཅན་ལ་སྐྱབས་སུ་མཆིའོ། །བརྒྱུད་པའི་བླ་མ་བྱིན་རླབས་ཅན་ལ་སྐྱབས་སུ་མཆིའོ། །འདྲེན་པའི་བླ་མ་ཐུགས་རྗེ་ཅན་ལ་སྐྱབས་སུ་མཆིའོ། །ཡི་དམ་དཀྱིལ་འཁོར་ལྷ་ཚོགས་རྣམས་ལ་སྐྱབས་སུ་མཆིའོ། །དཔའ་བོ་མཁའ་འགྲོ་ཆོས་སྐྱོང་རྣམས་ལ་སྐྱབས་སུ་མཆིའོ། །ཞེས་མ་ཡེངས་གསལ་བའི་ངང་ནས་བརྒྱ་སྟོང་ཁྲི་འབུམ་ཅི་ནུས་འབད་པར་བྱའོ། །དེའི་ཕན་ཡོན་གནས་སྐབས་སུ་བསམ་པ་འགྲུབ་ཅིང་ནང་པ་སངས་རྒྱས་ཀྱི་ཁོངས་སུ་ཚུད་ཅིང་ཡོན་ཏན་གྱི་རྟེན་དུ་རུང་བ་དང་། མི་དང་མི་མ་ཡིན་གྱི་གནོད་པས་མི་ཚུགས་ཤིང་། གང་དུ་སྐྱེས་ཀྱང་བླ་མ་དང་དཀོན་མཆོག་གི་དྲུང་དུ་སྐྱེས་ཏེ་མཐར་ཐུག་སངས་རྒྱས་ཐོབ་པར་འགྱུར་ཏེ། མདོ་སྡེ་ལས། གང་ཞིག་གསུམ་ལ་སྐྱབས་འགྲོ་བ། །དེ་ཡིས་མྱུར་དུ་སངས་རྒྱས་ཐོབ། །ཅེས་གསུངས་སོ། །ལུང་ལས། སངས་རྒྱས་ཡོན་ཏན་བསམ་མི་ཁྱབ། །དམ་པའི་ཆོས་ཀྱང་བསམ་མི་ཁྱབ། །འཕགས་པའི་དགེ་འདུན་བསམ་མི་ཁྱབ། །བསམ་མི་ཁྱབ་ལ་དད་བྱས་ན། །རྣམ་པར་སྨིན་པའང་བསམ་མི་ཁྱབ། །རྣམ་དག་ཞིང་དུ་སྐྱེ་བར་འགྱུར། །ཞེས་གསུངས་པ་ལྟར་སྐྱབས་སུ་འགྲོ་བའི་ཕན་ཡོན་ནི་སངས་རྒྱས་ཀྱི་ལྟུགས་ཀྱིས་ཀྱང་བགྲང་བར་མི་ནུས་པར་གསུངས། དེ་ལས་གཞན་སྐྱབས་མེད་

པ་ཡིན་ནམ་ཞེ་ན། འཇིག་རྟེན་གྱི་ལྷ་དང་། ཕ་མ་དང་བུ་དང་གཉེན་འདུན་ཡུལ་གྱི་རྒྱལ་པོ་སོགས་སྐྱབས་མ་ཡིན་ཏེ། གནས་སྐབས་ཙམ་ལས་མཐར་ཐུག་གི་སྐྱོབས་པའི་ཐུགས་རྗེ་ནུས་པ་མེད་ཅིང་། དེ་དག་འཇིག་རྟེན་པ་ཡིན་པས་ལོང་བས་ལམ་བསྟན་མི་ནུས་པ་དང་མཚུངས་སྟེ། འཇིག་རྟེན་གྱི་ལྷ་བརྒྱ་བྱིན་དང་། ཚངས་པ་དང་། ཁྱབ་འཇུག་དང་། དབང་ཕྱུག་སོགས་ལྷ་ཆེན་པོ་བཞི་ཡང་དོན་གྱི་སྐྱབས་གནས་མ་ཡིན་ཏེ། ཇི་སྐད་གསུངས་ན། རི་དང་བྲག་དང་ནགས་ཚལ་དང་། །ཀུན་དགའ་ར་དང་ལྗོན་ཤིང་དང་། །མཆོད་རྟེན་དག་ལ་སྐྱབས་སོང་ན། །སྐྱབས་ཀྱི་མཆོག་གྱུར་མ་ཡིན་ཏེ། །སྐྱབས་དེ་དག་ལ་བརྟེན་ནས་ནི། །འཁོར་བའི་གནས་ནས་ཐར་མི་འགྱུར། །སྡུག་བསྔལ་ཐུག་རྡུ་ཞི་མི་འགྱུར། །དཀོན་མཆོག་གསུམ་ལ་སྐྱབས་སོང་ན། །འཇིགས་པ་མེད་པ་ཐོབ་པར་འགྱུར། །བདེ་ལེགས་ཐམས་ཅད་འབྱུང་ངོ་ཞེས། །ཞེས་པ་དང་། བུ་མོ་རིན་ཆེན་གྱིས་ཞུས་པའི་མདོ་ལས། འཆི་བའི་དུས་ལ་བབ་ཙམ་ན། །སུ་དག་སྐྱབས་སུ་མི་འགྱུར་ཏེ། །ལང་ཚོ་མ་ཡིན་སྟོབས་ཀྱང་མིན། །ཇི་ལྟར་འདོད་པ་བཞིན་དུ་འགྲོ། །ཞེས་པ་དང་། ལུང་ལས། གཤིན་རྗེའི་ཕོ་ཉ་བྱུང་བའི་ཚེ། །ཕ་མ་ཁྱོད་ཀྱི་སྐྱབས་མ་ཡིན། །གཉེན་འདུན་རྩ་ལག་ཀུན་ཀྱང་མིན། །དེ་དག་ཀུན་གྱིས་ཁྱོད་བོར་ནས། །རང་ཉིད་གཅིག་པུ་ཕྱི་མར་འགྲོ། །ཞེས་གསུངས་པས། འཇིགས་རུང་འཁོར་བའི་སྡུག་བསྔལ་ལས་སྐྱོབ་ཅིང་བདེ་ཆེན་ཐར་གླིང་དུ་འདྲེན་པའི་དེད་དཔོན་མི་བསླུ་ངེས་པ་གཏན་གྱི་སྐྱབས་གནས་དཀོན་མཆོག་གསུམ་ཁོ་ནའོ། །དེ་ལྟར་སྐྱབས་སུ་སོང་ནས་བསླབ་བྱའི་རིམ་པ་ལ་བསླབ་དགོས་ཏེ། བསླབ་བྱའི་ཆོས་དེ་ཇི་ལྟ་བུ་ཞིག་ཡིན་སྙམ་ན།

དགག་པའི་བསླབ་བྱ་གསུམ། སྒྲུབ་པའི་བསླབ་བྱ་གསུམ། ཆ་མཐུན་གྱི་བསླབ་བྱ་གསུམ་སྟེ་དགུའོ། །དང་པོ་ནི། སངས་རྒྱས་ལ་སྐྱབས་སུ་སོང་ནས་འཇིག་རྟེན་པའི་ལྷ་ལ་སྐྱབས་འགྲོ་མི་བྱ། ཆོས་ལ་སྐྱབས་སུ་སོང་ནས་སེམས་ཅན་ལ་གནོད་འཚེ་མི་བྱ། དགེ་འདུན་ལ་སྐྱབས་སུ་སོང་ནས་མུ་སྟེགས་ཅན་ལ་མི་བསྟེན་པའོ། །དེ་ཡང་བོད་འདིར་མུ་སྟེགས་དངོས་སུ་མི་འབྱུང་ཡང་། སྡིག་ཅན་གྱི་གྲོགས་རྒྱུ་འབྲས་ལ་བསྐུར་པ་འདེབས་པའི་མི་དང་མི་འགྲོགས་སོ། །གཉིས་པ་ནི། སངས་རྒྱས་ལ་སྐྱབས་སུ་སོང་ནས་བདེ་བར་གཤེགས་པའི་སྐུ་གཟུགས་ཀྱི་རྟེན་ཐ་ན་ས་ཚྭའི་ཆགས་དུམ་ཡན་ཆད་ལ་སངས་རྒྱས་དངོས་ཀྱི་འདུ་ཤེས་བཞག་ནས་ཕྱག་མཆོད་བཀུར་སྟི་སོགས་གུས་པར་བྱེད། ཆོས་ལ་སྐྱབས་སུ་སོང་ནས། ཆོས་དཀོན་མཆོག་གི་རྟེན་གསུང་རབ་ཡིག་འབྲུ་གཅིག་ཡན་ཆད་ལ་ཆོས་དཀོན་མཆོག་གི་འདུ་ཤེས་བཞག་ནས་གུས་འདུད་དང་བཀུར་སྟི་སོགས་གུས་པར་བྱའོ། །དགེ་འདུན་ལ་སྐྱབས་སུ་སོང་ནས་དགེ་འདུན་དཀོན་མཆོག་གི་རྟེན་རབ་ཏུ་བྱུང་བ་ནས། །ཐ་ན་ལྷན་པ་སེར་པོ་བཏབ་པ་ཡན་ཆད་ལ་དགེ་འདུན་དངོས་ཀྱི་འདུ་ཤེས་བཞག་ནས་གུས་འདུད་དང་བཀུར་སྟི་སོགས་གུས་པར་བྱའོ། །གསུམ་པ་ནི། དུས་རྟག་ཏུ་དཀོན་མཆོག་མཆོད་པ་ལ་བརྩོན་པ་དང་། ཐ་ནའང་ཅི་ཟ་ཅི་འཐུང་གི་ཕུད་ཀྱིས་མཆོད་ཅིང་དུས་རྒྱུན་དུ་སྐྱབས་སུ་འགྲོ་བ་དང་། ཕྱག་འཚལ་བ་སོགས་དད་པ་དང་དག་སྣང་མོས་གུས་ཐང་ལྷོད་མེད་པ་ལ་བསླབ་པར་བྱའོ། །དེ་ལྟ་བུའི་སྐྱབས་སུ་སོང་བའི་ཕན་ཡོན་དང་བསླབ་བྱ་རྣམས་དྲན་བཞིན་ཏུ་སྐྱབས་འགྲོ་ཅི་ནུས་བྱས་པས་ཐུན་འཇོག་ཁར་སྐྱབས་ཡུལ་རྣམས་ཀྱི་སྐུ་ལས་འོད་ཟེར་བྱུང་བས་སེམས་ཅན་ཐམས་ཅད་དག་པའི་ཞིང་དུ་དྲངས། མཐར་སྐྱབས་ཡུལ་རྣམས་འོད་ཀྱི་རྣམ་

པར་བསྡུས་ནས་རང་ལ་ཐིམ་པར་བསམ་ཞིང་དགེ་བ་སེམས་ཅན་གྱི་དོན་དུ་བསྔོ་བར་བྱའོ།

སྤྱི་དོན་གཉིས་པ་འཆི་བ་མི་རྟག་པའི་ལམ་ཁྲིར་བསྟན་པ་ནི། འོ་ནམ་མཁའ་དང་མཉམ་པའི་སེམས་ཅན་ཐམས་ཅད་སངས་རྒྱས་ཀྱི་གོ་འཕང་ལ་འགོད་པར་བྱ། དེའི་ཆེད་དུ་ཐེག་པ་ཆེན་པོའི་ཆོས་ཀྱི་རྣམ་གྲངས་ཉན་ནས་ཉམས་སུ་བླངས་བར་བགྱིའོ་སྙམ་པའི་ཐུགས་བསྐྱེད་རྣམ་པར་དག་པ་དང་ལྡན་པའི་སྒོ་ནས་ལེགས་པར་གསན་པར་ཞུ། དེ་ཡང་སྤྱིར་འཁོར་བ་སྡུག་བསྔལ་གྱི་རྒྱ་མཚོ་ལས་ཐར་འདོད་ཀྱི་བློ་ཡིས་ཆོས་ལ་འཇུག་པ་ནི། དགེ་བའི་བཤེས་གཉེན་ལ་བསྟེན་དགོས་པ་ཡིན་ཏེ། ཡིད་བཞིན་རིན་པོ་ཆེའི་མཛོད་ལས། དེ་ནས་འཁོར་བའི་སྡུག་བསྔལ་རྒྱ་མཚོ་ལས། །བརྒྱལ་ཕྱིར་དེད་དཔོན་དཔལ་ལྡན་བླ་མར་བསྟེན། །ཞེས་པ་དང་། བསྟེན་བྱའི་བླ་མ་དེ་ཡང་། མཚན་ཉིད་དང་ལྡན་པ་ཞིག་ངེས་པ་ཅན་དུ་དགོས་པའང་། འཕགས་པ་སྡོང་པོ་བཀོད་པའི་མདོ་ལས། དགེ་བའི་བཤེས་གཉེན་ཞེས་བྱ་བ་ནི་མི་དགེ་བ་སྤངས་ཤིང་དགེ་བ་ལ་སྦྱོར་བ། ཆོས་ཇི་ལྟ་བ་བཞིན་དུ་མ་ནོར་བ་སྟོན་ཞིང་བསྟན་པ་ལྟར་སྒྲུབ་པ་རང་ཉིད་འཕགས་པའི་ནོར་བདུན་དང་ལྡན་ཞིང་བྱང་ཆུབ་ཚོལ་བ་ལ་གཞན་ཡང་དེ་ལ་སྦྱོར་བའོ། ཞེས་པ་དང་། ཡིད་བཞིན་རིན་པོ་ཆེའི་མཛོད་ལས། རིམ་བརྒྱུད་བྱིན་རླབས་ལྡན་པའི་བླ་མ་ནི། །གོང་མ་མཉེས་བྱས་གྲུབ་ཐོབ་བརྒྱུད་པ་འཛིན། །ཐུགས་མཛོད་ལོན་པས་སྙན་བརྒྱུད་གདམས་པ་ལྡན། །ཕྱག་གཞེས་ལོན་པས་དོན་གཉིས་བསྒྲུབ་ལ་མཁས། །སྒྲུབ་ལ་བརྩོན་པས་དངོས་གྲུབ་སྤྲིན་ཚོགས་བརླེས། །གཞན་སྣང་དབང་བསྒྱུར་ཐར་པའི་ལམ་སྣ་འདྲེན། །མདོ་རྒྱུད་བཀའ་བབ་དམ་ཚིག་གཙང་གྱུར་པ། །དེ་འདྲའི་མཁས་

གྲུབ་དཔལ་མགོན་སྤྱི་པོས་བསྟེན། ། ཞེས་གསུངས་པ་ལྟར། གོང་མ་དགེ་བའི་བཤེས་གཉེན་མཉེས་པར་བྱས་པའི་གྲུབ་ཐོབ་ཀྱི་བརྒྱུད་པ་འཛིན་པ། བླ་མའི་ཐུགས་མཛོད་ཡོན་པས་སྙན་བརྒྱུད་ཀྱི་གདམས་པ་མངའ་བ། གོང་མའི་ཕྱག་བཞེས་མཐོང་བའི་དོན་གཉིས་སྒྲུབ་ལ་མཁས་པ། རྟག་ཏུ་སྒྲུབ་ལ་བརྩོན་པས་དངོས་གྲུབ་ཀྱི་ཚན་ཁ་ཐོབ་པ། བརྒྱུད་པའི་བྱིན་རླབས་ཞུགས་པས་གཞན་སྣང་བསྒྱུར་ནུས་པ། སྣ་ཚོགས་ཐབས་ལ་མཁས་པས་འགྲོ་བ་ཐར་པར་འདྲེན་པ། རང་རྒྱུད་ཆོས་དང་འདྲེས་པས་དཀོན་མཆོག་གསུམ་ཀ་ཚང་བ། རྒྱལ་བའི་བྱིན་གྱིས་རླབས་པས་མདོ་རྒྱུད་ཀྱི་བཀའ་བབས་པ། གསང་སྔགས་ཀྱི་སྐལ་བ་ཆེ་བས་བཀའ་བབས་ཀྱི་དམ་ཚིག་གཙང་བ་སྟེ། སྒྱུ་འཕྲུལ་རྡོ་རྗེ་ལས། མང་དུ་ཐོས་ཤིང་ཤེས་རབ་ཆེ། ། ལུང་གི་དགོངས་པ་ངེས་པར་རྟོགས། ། ཟང་ཟིང་ཆེད་པ་དོན་མི་གཉེར། ། དཀའ་བ་སྤྱད་ཅིང་སྐྱོ་ངལ་ཆུང་། ། མན་ངག་ཆེ་ཤིང་ལམ་ལས་གྲོལ། ། རིགས་ལ་མཁས་ཤིང་ཐྲོད་ཚད་ཤེས། ། བྱང་ཆུབ་སེམས་ལྡན་སྙིང་རྗེ་ཆེ། ། བརྒྱུད་ལྡན་བཀའ་བབ་སྒྲུབ་ལ་མཁས། ། མཛོད་ལྡན་ཆུ་བོ་ཡོངས་སུ་རྫོགས། ། རང་རྒྱུད་གྲོལ་ཞིང་གཞན་དོན་བརྩོན། ། གསང་སྔགས་བླ་མའི་མཚན་ཉིད་དོ། ། ཅེས་སོ། ། མཚན་ཉིད་དེ་དག་དང་ལྡན་པའི་འཆད་པ་པོ་ཆོས་ཀྱི་ཁྲི་ལ་སྐྱིལ་མོ་ཀྲུང་བཅས་ནས། སྨོན་པ་དང་འཇུག་པའི་བྱང་ཆུབ་ཀྱི་སེམས་བསྐྱེད་དེ། སེམས་ཅན་ཐམས་ཅད་ཆོས་ཀྱི་མིག་རྙེད་པར་བྱ། ཡེ་ཤེས་ཀྱི་སྒྲོན་མེ་སྦར་བར་བྱ། སངས་རྒྱས་ཀྱི་ཆོས་ཡུན་རིང་དུ་གནས་པར་བྱ་སྙམ་དུ་དྲན་པས་རང་ཉིད་བསྐྱེད་རྫོགས་ཀྱི་དོན་གསལ་གདབ་ལ་བཤད་ཅིང་། དེ་ཡང་ཡིད་བཞིན་རིན་པོ་ཆེའི་མཛོད་ལས། སྤྲུལ་སྐུའི་ཆོས་ལ་ཤཱཀྱའི་རྒྱལ་པོ་དང་། ། ལོངས་སྐུ

གསང་སྔགས་རིགས་ལྔ་རྡོ་རྗེ་འཆང་། །ཆོས་སྐུ་ནམ་མཁའ་འདྲ་བའི་ཆོས་རྣམས་ལ། །ཀུན་བཟང་ཤེས་རབ་ཕ་རོལ་ཕྱིན་ཡུམ་བསམས། །ཞེས་གསུངས་པ་ལྟར། སྐབས་འདིར་འཆད་བྱའི་ཆོས་ནི་ཆོས་སྐུའི་རང་བཞིན་རྫོགས་པ་ཆེན་པོ་ཡིན་པས། རང་ཉིད་ཀུན་བཟང་ཡབ་ཡུམ་དང་ཡུམ་ཆེན་མོར་བསམ་ལ་བཤད་དོ། །དེའི་ཚེ་སློབ་དཔོན་ལ་བསོད་ནམས་དང་ཡེ་ཤེས་ཀྱི་ཚོགས་ཇི་ལྟར་རྫོགས་པའི་ཚུལ་བསྟན་པ་ནི། ཡིད་བཞིན་རིན་པོ་ཆེའི་མཛོད་ལས། དེ་ཚེ་འཆད་པོས་ཕ་རོལ་ཕྱིན་དྲུག་ནི། །ཚིག་དོན་ལེགས་བཤད་ཆོས་ཀྱི་སྦྱིན་པ་སྟེ། །ཉོན་མོངས་མེད་ཕྱིར་ཚུལ་ཁྲིམས་ཕ་རོལ་ཕྱིན། །སྐྱོ་ངལ་མེད་བཟོད་སྤྲོ་བས་བརྩོན་འགྲུས་ཏེ། །མ་ཡེངས་བསམ་གཏན་འབྱེད་པ་ཤེས་རབ་བོ། །ཞེས་གསུངས་པ་ལྟར། ཆོས་ཀྱི་ཚིག་དོན་བཀྲོལ་ཏེ་ལེགས་པར་བཤད་པ་ནི་སྦྱིན་པ། འཆད་པ་ན་སྐྱོ་ངལ་དང་བཀྲེས་སྐོམ་ཚ་གྲང་ལ་སོགས་པར་བཟོད་པས་བཟོད་པ། ཉོན་མོངས་པ་དང་མ་འདྲེས་པར་འཆད་པ་ཚུལ་ཁྲིམས། འཆད་པས་མི་སྐྱོ་ཞིང་སྤྲོ་བས་བརྩོན་འགྲུས། སེམས་གཞན་དུ་མ་ཡེངས་པར་འཆད་པ་ལ་རྩེ་གཅིག་པ་སྟེ་བསམ་གཏན། གང་བཤད་པར་བྱ་བའི་གནས་སོ་སོར་འབྱེད་པ་དང་། རང་བཞིན་མེད་པར་རྟོགས་པ་ཤེས་རབ་བོ། །དེ་ལྟ་བུའི་ཕར་ཕྱིན་དྲུག་ལྡན་གྱི་སྒོ་ནས་ལེགས་པར་བཤད་པ་ནི་འཆད་པ་པོ་སློབ་དཔོན་གྱི་མཚན་ཉིད་དང་ཀུན་སྤྱོད་མདོར་བསྡུས་སོ། ། །

དེ་ནས་ཉན་པ་པོ་སློབ་མའི་རང་བཞིན་ནི་ཆོས་ཉན་པ་ལ་ཡོན་ཏན་དང་ལྡན་པའི་སྒོ་ནས་ཉན་དགོས་པ་ཡིན་ཏེ། ཡིད་བཞིན་རིན་པོ་ཆེའི་མཛོད་ལས། གང་ཚེ་ལེགས་པའི་ཚུལ་གྱིས་ཉན་བྱ་བ། །ནོར་བུའི་འདུ་ཤེས་ལ་སོགས་གཅེས་པ་དྲུག །ཉོན་

མོངས་བཟོད་སོགས་དཀའ་བའི་སྤྱོད་པ་དྲུག །ཐོས་མང་གཉེར་སོགས་སྐྱོན་གྱིས་མི་འགྱུར་དྲུག །སྙིང་རྗེ་བསྐྱེད་སོགས་ཆེད་དུ་བྱ་བ་དྲུག །བྱེ་བྲག་ཤེས་སོགས་དགོས་པ་རྣམ་པ་དྲུག །ཚོས་ཚོལ་ལ་སོགས་འཚོལ་བ་རྣམ་དྲུག་སྟེ། །ཡོན་ཏན་སུམ་ཅུ་རྩ་དྲུག་ལྡན་པས་ཉན། །ཞེས་སོ། །དང་པོ་གཅེས་པའི་འདུན་པ་དྲུག་བསྟན་པ་ནི། ལག་བཟང་གིས་ཞུས་པའི་མདོ་ལས། ཆོས་སྨྲ་བའི་བླ་མ་ལ་རིན་པོ་ཆེའི་གཏེར་དུ་འདུ་ཤེས་པ་དང་། ཆོས་ལ་ཡིད་བཞིན་གྱི་ནོར་བུར་འདུ་ཤེས་པ་དང་། ཆོས་ཉན་པ་ལ་རབ་ཏུ་དཀོན་པར་འདུ་ཤེས་པ་དང་། ཆོས་འཛིན་ཅིང་བསམ་པ་ལ་གཅེས་པར་དོན་ཡོད་པར་འདུ་ཤེས་པ་དང་། ཆོས་ལ་སོ་སོར་རྟོགས་པ་ལ་ཚེ་རབ་བརྒྱར་མི་རྙེད་པར་འདུ་ཤེས་པ་དང་། ཆོས་ཚོལ་བ་སྤྲངས་པ་རྣམས་ལ་བདུད་རྩི་བོར་ནས་དུག་ལ་སྤྱོད་པར་འདུ་ཤེས་པ་དང་། ཉན་ཅིང་བསམ་པ་རྣམས་ལ་དོན་དང་བཅས་པར་འགྱུར་བའི་འདུན་པ་བརྟེན་པར་བྱའོ། །ཞེས་སོ། དཀའ་བ་སྤྱོད་པ་དྲུག་བཟོད་པར་བསྟན་པ་ནི་དེ་ལས། དགེ་བའི་བཤེས་གཉེན་དང་ཆོས་ཀྱི་ཕྱོགས་སུ་ཚ་བ་དང་གྲང་བས་ཉོན་མོངས་པ་བཟོད་པ་དང་། བཀྲེས་པ་དང་སྐོམ་པས་ཉོན་མོངས་པ་བཟོད་པ་དང་། ངན་སྨྲས་དང་བརྒྱགས་སྨད་ཀྱིས་ཉོན་མོངས་པ་བཟོད་པ་དང་། ངལ་དུབ་འཁྲོ་ལས་ཀྱིས་ཉོན་མོངས་པ་བཟོད་པ་དང་། ཡོ་བྱད་གཏོང་བ་དང་འཚོལ་བས་ཉོན་མོངས་པ་བཟོད་པ་དང་། གཅེས་པར་བྱ་བའི་སྲོག་ལའང་བརྩོས་ཏེ་བཟོད་པར་བྱ་བ་གཅེས་སོ། །རྐྱེན་གྱིས་མི་འགྱུར་བ་དྲུག་གི་གོ་ཆ་ནི། དེ་ཉིད་ལས། ཆོས་སྟོན་པ་དང་ཆོས་ཀྱི་ནན་ཏན་དུ་ལྷུར་བྱེད་པ་ལ་མདུང་ཐུང་གིས་ཀྱང་མི་བཟློག་པར་འབད་དོ། །ཐོས་པ་མང་དུ་འཛིན་པ་དང་། ཆོས་ཀྱི་དོན་ཤེས་པ་དང་། དེ་ཉིད་སྤྱོད་པ་དང་ལྡན་པ། གཞན་ཡང་

དེ་ལྟ་བུ་ལ་བརྟེན་པ་དང་། དེ་ལྟ་བུ་ལ་བསླེན་བཀུར་བྱེད་པའོ། ཞེས་སོ། །ཆེད་དུ་བྱ་བའི་ཁྱད་པར་དྲུག་ནི། དེ་ལས་དགེ་བའི་རྩ་བ་ཐམས་ཅད་ཤེས་པར་བྱ་བ་དང་། ཤེས་ནས་དེ་དག་ཚུལ་བཞིན་དུ་སྒྲུབ་པ་དང་། སེམས་ཅན་ལ་སྙིང་རྗེ་ཆེན་པོ་བསྐྱེད་པ་དང་། དམ་པའི་ཆོས་ཡོངས་སུ་བཟུང་བ་དང་། དཀོན་མཆོག་གསུམ་གྱི་གདུང་མི་བཅད་པ་དང་། སེམས་ཅན་ཡོངས་སུ་སྨིན་པར་བྱ་བ་སྟེ། ཆེད་དུ་བྱ་བ་དེ་ལྟ་བུ་དང་ལྡན་པར་བྱའོ། །ཞེས་སོ། །དགོས་པ་དྲུག་སྒྲུབ་པ་ནི། འོད་སྲུང་གིས་ཞུས་པ་ལས། ཐོས་ནས་ཆོས་ཀྱི་བྱེ་བྲག་ཏུ་ཤེས་པའི་དགོས་པ་དང་། ཤེས་ནས་བྱ་བ་མ་ཡིན་པ་མི་བྱེད་པའི་དགོས་པ་དང་། གཞན་ལའང་དེ་ལྟར་བསྟན་པའི་དགོས་པ་དང་། དེ་ལྟར་བསྟན་པས་རང་གཞན་གྱིས་རྣམ་པར་གྲོལ་བ་ཐོབ་པའི་དགོས་པ་དང་། རང་དང་གཞན་གྱི་ཤེས་རབ་སྦྱོང་བའི་དགོས་པ་དང་། ཕྱོགས་བཞི་ནས་ལྷག་པ་རྣམས་ཀྱི་ཐེ་ཚོམ་གཅོད་པའི་དགོས་པ་དང་། དེ་ལྟར་དྲུག་གིས་ཉན་པ་ལ་བརྩོན་པར་བྱའོ། །ཞེས་སོ། །འཚོལ་བ་དྲུག་ནི། ཤིན་ཏུ་རྒྱས་པ་ཆེན་པོ་སངས་རྒྱས་ཕལ་པོ་ཆེ་ལས། གཡོ་དང་སྒྱུ་མེད་པར་བསམ་པ་ཐག་པ་ནས་ཆོས་འཚོལ་བ་དང་། རང་གི་ཆེད་མ་ཡིན་པར་ཀུན་ལ་ཕན་པའི་ཕྱིར་འཚོལ་བ་དང་། རྙེད་པ་དང་བཀུར་སྟི་མི་འདོད་པར་འགྲོ་བའི་ཉོན་མོངས་པ་སྦྱོང་བར་འདོད་པས་འཚོལ་བ་དང་། གཟུ་ལུམ་མ་ཡིན་པར་ཤེས་རབ་ཀྱིས་འཇུག་པས་འཚོལ་བ་དང་། ཡིད་གཉིས་མེད་པར་ཀུན་གྱི་ཐེ་ཚོམ་གཅོད་པའི་ཕྱིར་འཚོལ་བ་དང་། རློམ་སེམས་དང་། འདོད་པ་མེད་པར་སངས་རྒྱས་ཀྱི་ཆོས་རྫོགས་པར་བྱ་བའི་ཕྱིར་འཚོལ་བས། ཡོངས་སུ་འཚོལ་བ་དེ་ལྟ་བུའི་བཙལ་བར་བྱའོ། །ཞེས་སོ། སྣོད་ཀྱི་མཚན་ཉིད་དེ་ལྟ་བུ་དང་ལྡན་པའི་སློབ་

མས་ཆོས་ཉན་པ་ན། རྒྱུད་ལས་ཕ་རོལ་ཏུ་ཕྱིན་པ་དྲུག་འབྱུང་ཞེས་བསྟན་པ་ནི། ཡིད་བཞིན་རིན་པོ་ཆེའི་མཛོད་ལས། མེ་ཏོག་སྟན་སོགས་འབུལ་བ་སྦྱིན་པ་སྤྲོ། །སྒོ་གསུམ་རབ་སྡོམ་ཚུལ་ཁྲིམས་ཕ་རོལ་ཕྱིན། །གནོད་པ་བཟོད་པ་བཟོད་པ་སྤྲོ་བ་བརྩོན་འགྲུས་ཏེ། །མ་ཡེངས་ཐོས་པ་འཛིན་པ་བསམ་གཏན་ཉིད། །ཐེ་ཚོམ་སྒྲོ་འདོགས་གཅོད་པ་ཤེས་རབ་མཆོག །ཅེས་པས། ཆོས་ཉན་པའི་ཚེ་བླ་མའི་ཆོས་ཀྱི་ཁྲི་སྟན་བཤམས་པ་དང་།མེ་ཏོག་ལ་སོགས་པས་བརྒྱན་པ་ནི་སྦྱིན་པའོ། །རང་གི་ལུས་ངག་ཡིད་གསུམ་བསྡམས་ཤིང་ཕྱོགས་དེར་སེམས་ཅན་ཕྲ་མོ་དང་ཤིག་ལ་སོགས་པ་ལ་འཚེ་བ་སྤངས་པ་ནི་ཚུལ་ཁྲིམས་སོ། །ཚ་གྲང་ལ་སོགས་བཟོད་པ་ནི་བཟོད་པའོ། །བླ་མ་ལ་གསོལ་བ་འདེབས་ཤིང་ཉན་པ་ལ་སྤྲོ་བ་ནི་བརྩོན་འགྲུས་སོ། །སེམས་མ་ཡེངས་པར་རྩེ་གཅིག་ཏུ་ཉན་པ་ནི་བསམ་གཏན་ནོ། །ཐོས་པའི་དོན་ལ་ཐེ་ཚོམ་དང་སྒྲོ་འདོགས་གཅོད་ཅིང་དགེ་སྡིག་གི་སྐྱོན་ཡོན་ལ་སོགས་པ་ངེས་པར་འབྱེད་པ་ཤེས་རབ་བོ། །དེ་ཐམས་ཅད་རང་བཞིན་མེད་ཅིང་ཉན་པ་པོ་ཆོས་དང་བླ་མ་ཐམས་ཅད་སྣང་ལ་རང་བཞིན་མེད་པར་ཤེས་པ་ནི་ཕ་རོལ་ཏུ་ཕྱིན་པའོ། །ཚུལ་འདི་དག་ནི་ཆོས་སྤྱོད་ཐམས་ཅད་ཀྱི་མན་ངག་མངོན་པར་རྟོགས་པའི་རྒྱུད་ལས། མེ་ཏོག་སྟན་སོགས་རབ་འབུལ་ཞིང་། །ས་ཕྱོགས་སྤྱོད་ལམ་བསྡམ་པ་དང་། །སེམས་ཅན་ཀུན་ལ་འཚེ་མི་བྱ། །བླ་མ་ལ་ནི་གསོལ་བ་འདེབས། །མ་ཡེངས་བླ་མའི་གདམས་ངག་ཉན། །རྟོག་སེལ་ཕྱིར་ནི་སྐྱོན་ཞིག་འདྲི། །སྒྲོལ་མ་ཡན་ལག་དྲུག་དང་ལྡན། །ཞེས་སོ། །སྒྲོལ་མ་ནི་ཉན་པ་པོ་བདག་ཉིད་སྒྲོལ་མའམ་འཇམ་དཔལ་དུ་སྒོམ་པའི་ཕྱིར་དེ་སྐད་བརྗོད་པའོ། །ཡན་ལག་དྲུག་དང་ལྡན་པ་ནི་ཕ་རོལ་ཏུ་ཕྱིན་པ་དྲུག་དང་ལྡན་པའི་དོན།

དེ་ཡང་ཉན་པའི་ཚེ་ཏིང་ངེ་འཛིན་ནི་འདི་ཡིན་ཏེ། ཡིད་བཞིན་རིན་པོ་ཆེའི་མཛོད་ལས། དེ་ཡང་རང་ཉིད་འཇམ་དཔལ་བསམ་པ་ཡི། །སློང་ནང་ཆོས་ཀྱི་འོད་ཟེར་ཐོག་པར་བསམ། །ཞེས་གསུངས་པས། ཆོས་ཉན་པ་པོ་རྣམས་སྐྱེས་པ་ཡིན་ན་འཇམ་དཔལ་དམར་སེར་ཨུཏྤལ་ལའི་སྟེང་ན་རལ་གྲི་དང་པོ་ཏི་འཛིན་པར་བསམ་ཞིང་། བུད་མེད་ཡིན་ན་ལྷ་མོ་སྒྲོལ་མ་ལྗང་གུ་ཨུཏྤལ་འཛིན་པར་བསམ་ལ། འཆད་པ་པོས་ཞལ་ནས་ཆོས་ཀྱི་འོད་ཟེར་བྱུང་ནས་རང་རང་གི་སློང་ནང་དུ་ཐོག་པས་མ་རིག་པའི་མུན་པ་སངས་ཤིང་བློ་ཡི་པདྨོ་རྒྱས་པར་བསམ་ལ་མ་ཡེངས་པར་ཉན་པ་ལ་བསླབ་པར་བྱའོ། །དེ་དག་ནི་ཉན་པ་པོའི་མཚན་ཉིད་དང་དགོས་ཆེད་རྣམས་སོ། །དེ་ཡང་སློབ་དཔོན་དང་སློབ་མ་གཉིས་ཀྱི་ཐུན་མོང་དུ་བཤད་ཅིང་ཉན་པའི་ཕན་ཡོན་ནི། མདོ་ལས། དམ་ཆོས་བཤད་པའི་དུས་བསྟན་ཕྱིར། །ཛ་འམ་གཎྜི་བརྡུང་བའི་སྒྲ། །ཐོས་ནས་བྱང་ཆུབ་ཐོབ་གྱུར་ན། །ཉན་ཕྱིར་ལྷག་པ་སྨོས་ཅི་དགོས། །ཅེས་གསུངས་པ་ཡིན་ཏེ། གཞན་ཡང་ཕན་ཡོན་ཚད་མེད་པ་རྙེད་ཡོད་པས། སྐྱོན་གསུམ་དྲི་མ་དྲུག་དང་བྲལ་བའི་སྒོ་ནས་ལེགས་པར་གསན་མཛོད།

དེ་ལའང་གང་གསན་པར་བྱ་བའི་ཆོས་ཀྱི་རྣམ་གྲངས་ལ་གོང་དུ་སྨྲས་པ་ལྟར་དལ་འབྱོར་བཅོ་བརྒྱད་ཀྱིས་བརྒྱན་པའི་མི་ལུས་རིན་པོ་ཆེ་ནི་རྙེད་པར་དཀའ་བ་དང་། འཇིག་རྟེན་དུ་ཨུ་དུམ་ཝ་རའི་མེ་ཏོག་འབྱུང་བར་དཀའ། རྒྱ་མཚོ་ཆེན་པོ་གཉའ་ཤིང་གི་བུ་གར་རུས་སྦལ་གྱི་མགྲིན་པ་ཚུད་པ་དཀའ་བ། ཞལ་བ་དང་ལྡན་པའི་གྲུང་ཡོག་ལ་སྲན་མ་གཏོར་ཀྱང་མི་ཆགས་པ་སོགས་དཔེའི་སྒོ་ནས་རྙེད་པར་དཀའ་བ་དང་། འབྲུའི་ཕུང་པོ་ཆེན་པོ་སྤུངས་པའི་རྨིང་ལྟ་བུ་ནི་ངན་སོང་གསུམ་ཡིན་ཏེ།

གྲངས་མང་ལ་སྡུག་བསྔལ་ཀྱང་ཆེ། འབྲུ་སྣུངས་པའི་རྩེ་མོ་ལྟ་བུ་ནི་མཐོ་རིས་ཀྱི་འཇིག་རྟེན་གསུམ་ཡིན་ཏེ། དེ་དག་གི་ནང་ནས་ཀྱང་མི་ལུས་ཆོས་ལྡན་ནི་ཆེས་ཆེར་དཀོན་ནོ། །གཞན་ཡང་ངན་སོང་གི་འགྲོ་བ་ནི་ས་གཞིའི་རྡུལ་ལྟ་བུ་ལ་མཐོ་རིས་ཀྱི་སེམས་ཅན་ནི་སེན་མོའི་སྟེང་གི་རྡུལ་གྱི་ཚོད་ཙམ་དང་། དེའི་ནང་ནའང་ཆོས་ལྡན་གྱི་སྐྱེས་བུ་ཤིན་ཏུ་དཀོན་པ་ནི། གྲངས་ཀྱི་སྒོ་ནས་རྙེད་པར་དཀའ་བའི་ཚུལ་དང་། ལས་འབྲས་ལ་བསླུ་བ་མེད་ཕྱིར་སྐྱེས་ནས་ཆོས་དང་མཐུན་པར་དགེ་ལ་བརྩོན་ཞིང་། སྡིག་པ་མི་དགེ་བ་སྤངས་པས་དལ་འབྱོར་གྱི་མི་ལུས་ཐོབ་པ་ཡིན་ལ་སྡིག་པ་མི་དགེ་བ་དང་འཁོར་བའི་ཞེན་ཆགས་ཀྱི་རྒྱུ་ལས་ངན་སོང་གི་གནས་བརྒྱུད་དགོས་པས། རྒྱུ་ཡི་སྒོ་ནས་རྙེད་པར་དཀའ་འོ། །དེ་ལྟར་དཔེ་དང་གྲངས་དང་རྒྱུ་ཡི་སྒོ་ནས་རྙེད་པར་དཀའ་བའི་དལ་འབྱོར་དེ་ཡང་འཇིག་པར་སླ་ཞིང་མི་རྟག་པའི་རང་བཞིན་ཅན་ཡིན་ཏེ། ཀུན་མཁྱེན་ཀློང་ཆེན་རབ་འབྱམས་པའི་ཞལ་ནས། དེ་ལྟར་རྙེད་དཀའི་དལ་བ་ཐོབ་གྱུར་ཡང་། །སྐད་ཅིག་མི་རྟག་འཇིག་པའི་ཆོས་ཅན་ཏེ། །རྣམ་པར་བརྟག་ན་སྙིང་པོ་འགའ་མེད་ལ། །ལྦུ་བ་རྫོལ་འདྲ་ཡིད་བརྟན་མི་རུང་བས། །ཉིན་མཚན་ཀུན་ཏུ་ངེས་པར་འཆི་བ་སོམས། །ཞེས་གསུངས་པས། དལ་འབྱོར་ཐོབ་པ་དེ་སྐད་ཅིག་ཙམ་ཡང་རྟག་ཐུབ་པ་མེད་ལ། ཆུ་ཤིང་ལྟར་སྙིང་པོ་མེད་ཅིང་། གློས་དཔྱད་མི་བཟོད་པ་ཆུའི་ལྦུ་བ་ལྟར་རེ་ཞིག་གཅིག་ཏུ་སྣང་ཡང་ཡན་ལག་དང་ཉིང་ལག་སོ་སོར་འཇིག་ཤིང་བྲལ་བའི་རང་བཞིན་ལ་བརྟག་པར་བྱ་སྟེ། །ཆེད་དུ་བརྗོད་པའི་ཚོམ་ལས། ཀྱེ་མ་འདུས་བྱས་རྣམས་མི་རྟག་སྐྱེ་ཞིང་འཇིག་པར་འགྱུར་བ་ཡིན། །སྐྱེས་ནས་འཇིག་པར་འགྱུར་བ་བས། །དེ་བས་མྱུར་དུ་ཞི་བ་བདེ། །སྐར་མ་རབ་རིབ་མར་མེ་དང་། །སྒྱུ་མ་ཟིལ་

པ་ཆུ་བུར་འདྲ། །མི་ལམ་གློག་དང་སྤྲིན་ལྟ་བུ། །འདུས་བྱས་ཆོས་རྣམས་དེ་དང་འདྲ། །ཞེས་སོ། །དེ་ལྟར་མི་རྟག་ཅིང་འགྱུར་ལ་སྙིང་པོ་མེད་པའི་ལུས་འདི་སོ་སོར་འབྲལ་ཞིང་ལྡོས་པ་མེད་པས་ཀྱང་། ལུས་ལ་ཆགས་པ་བཏང་ལ་ཉིན་མཚན་རྒྱུན་དུ་མི་རྟག་པ་ལ་བློ་གཞོལ་བར་བྱའོ། །ད་ལྟ་རང་གི་ལུས་ཞེས་རྟག་ཏུ་ང་དང་བདག་ཏུ་བཟུང་ནས་ཟས་དང་གོས་ཀྱིས་མཆོད། མཐུན་པར་རིམ་གྲོ་བསྙེན། གཞན་གྱིས་ཁ་ངན་ཙུང་ཟད་ཟེར་བ་ཙམ་ལ་ཡང་མི་དགའ་བས་ལན་དུ་རྩ་ཞིང་། གནོད་པ་ལས་བཟློག་ཀྱང་། འཆི་བདག་གིས་ནམ་ལེན་ཆ་མེད་པར་ལུས་སེམས་བྲལ་བའི་ཚེ། རྗེས་སུ་མི་འབྲང་བར་སྡོད་པ། དུར་བྱ་དང་ཁྱི་དང་ཝ་དང་བྱ་རྒོད་གཅན་གཟན་ལ་སོགས་པས་བཟའ་བར་བྱ་རྒྱུ་འདི་ལ་གཅེས་སྤྲས་སུ་འཛིན་པ་དང་། དེའི་ཆེད་དུ་སྡིག་པ་བྱེད་དོན་མེད་པའི་ཚུལ་ལ་ལེགས་པར་བསམ་ནས་བྲན་གཡོགས་ལྟར་དགེ་བའི་ལས་ལ་བཀོལ། ཟས་གོས་ཀྱི་སླ་ཛན་ཅི་འོས་བསྟབས་ཏེ་ཉིན་མཚན་དུ་ཆོས་ལ་བརྩོན་པར་འོས་པ་ཉིད་དེ། རྒྱལ་པོ་ལ་གདམས་པའི་མདོ་ལས། རྒྱལ་པོ་ཆེན་པོ་འདི་ལྟ་སྟེ། དཔེར་ན་ཕྱོགས་བཞི་ནས་རི་བོ་སྲ་བ་བརྟན་པའི་སྙིང་པོ་དང་ལྡན་པ། མ་ཞིག་མ་གས་པ་ཤིན་ཏུ་མཁྲེགས་པ། འཕེན་མེད་པ། ལྷུན་སྟུག་པ་བཞི་གནམ་ལ་རེག་ཅིང་ས་ལ་ལྡོག་སྟེ་རྩ་དང་ཤིང་དང་ཤིང་གེལ་བ་དང་ཡལ་ག་དང་ལོ་མ་ཐམས་ཅད་དང་། སྲོག་ཆགས་འབྱུང་པོ་ཐམས་ཅད་ཕྱེ་མར་འཐག་ཅིང་འོང་བ་ལ་ནི་མགྱོགས་པས་འབྲོས་པའམ། སྟོབས་ཀྱིས་བཟློག་པའམ། ནོར་གྱིས་བསླུ་བའམ། རྫས་དང་སྔགས་དང་སྨན་རྣམས་ཀྱིས་བཟློག་པར་སླ་བ་མ་ཡིན་ནོ། །རྒྱལ་པོ་ཆེན་པོ་དེ་བཞིན་དུ་འཇིགས་པ་ཆེན་པོ་བཞི་པོ་འདི་དག་འོང་སྟེ། དེ་དག་ལས་ཀྱང་མགྱོགས་པས་འབྲོས་པའམ།

སྟོབས་ཀྱིས་བརླག་པའམ་ནོར་གྱིས་བསླུ་བའམ། ཇུས་དང་སྡིགས་དང་སྨན་རྣམས་ཀྱིས་བརླག་པར་སླ་བ་མ་ཡིན་ནོ། །བཞི་གང་ཞེ་ན། རྒ་བ་དང་། ན་བ་དང་། འཆི་བ་དང་། རྒུད་པའོ། །རྒྱལ་པོ་ཆེན་པོ་རྒ་བས་ནི་དར་ལ་བབ་པ་འཇོམས་ཤིང་འོང་ངོ་། །ན་བས་ནི་ནད་མེད་པ་འཇོམས་ཤིང་འོང་ངོ་། །རྒུད་པས་ནི་ཕུན་སུམ་ཚོགས་པ་ཐམས་ཅད་འཇོམས་ཤིང་འོང་ངོ་། །འཆི་བས་ནི་སྲོག་འཇོམས་ཤིང་འོང་སྟེ། དེ་དག་ལ་ནི་མགྱོགས་པས་འབྲོས་པའམ། སྟོབས་ཀྱིས་བརླག་པའམ། ནོར་གྱིས་བསླུ་བའམ། ཇུས་དང་སྡིགས་དང་སྨན་རྣམས་ཀྱིས་ཞི་བར་བྱ་བ་སླ་བ་མ་ཡིན་ནོ། །རྒྱལ་པོ་ཆེན་པོ་འདི་ལྟ་སྟེ། དཔེར་ན། རི་དྭགས་ཀྱི་རྒྱལ་པོ་སེང་གེ་དེ་རི་དྭགས་ཀྱི་ནང་དུ་ཞུགས་ནས། རི་དྭགས་བཟུང་སྟེ་ཇི་ལྟར་འདོད་པ་བཞིན་དུ་དབང་བྱེད་དོ། །རི་དྭགས་དེ་ནི་སྟོབས་པོ་ཆེ་ཡི་ཁ་མི་བཟད་པས་བཟུང་བས་དབང་མེད་པར་འགྱུར་རོ། །རྒྱལ་པོ་ཆེན་པོ་དེ་བཞིན་དུ་འཆི་བདག་གི་གསལ་ཤིང་གིས་བཟུང་སྟེ་བཀྱུགས་པ་དང་ནི་བྲལ། མགོན་ནི་མེད། སྐྱབས་ནི་མེད། དཔུང་གཉེན་ནི་མེད། བཤེས་ནི་མེད། ཚིགས་ནི་བྲེ་ཞིང་བྲལ། ཤ་དང་ཁྲག་ནི་སྐེམ། ལུས་ནི་ནད་ཀྱིས་གདུང་། སྐོམ་ནི་སྐོམ། བཞིན་ནི་འགྱུར། རྐང་ལག་ནི་གཡོབ། ལས་ནི་མི་ནུས། མཐུ་ནི་མེད། ཁ་ཆུ་དང་། སྣབ་དང་། གཅིན་དང་། ངན་སྐྱུགས་ཀྱིས་ལུས་ལ་གོས། མིག་དང་། རྣ་བ་དང་། སྣ་དང་། ལྕེ་དང་། ལུས་དང་། ཡིད་ཀྱི་དབང་པོ་དག་ནི་འགག སྐྱིགས་བུ་ནི་འབྱུང་། སྒྲ་ངར་ངར་པོ་ནི་འཐོན། སྨན་པས་ནི་བོར། སྨན་དང་ཁ་ཟས་དང་། བཟའ་བ་དང་། བཏུང་བ་ཐམས་ཅད་ཀྱིས་ཀླས་ལ་བོར་སྟེ། འགྲོ་བ་གཞན་དུ་འགྲོ་བར་ཆས་པ་ན། མལ་

གྱི་ཐམ་ལ་ནི་ཉལ། ཐོག་མ་མེད་པའི་སྐྱེ་བ་དང་། རྒ་བ་དང་ན་བ་དང་འཆི་བའི་འཁོར་བའི་རྒྱུན་དུ་ནི་ནུབ། སྲོག་ནི་ཙུང་ཟད་གཅིག་ལུས། གཤིན་རྗེའི་མིས་ནི་འཇིགས་སྐྲགས། བྱུར་གྱི་དབང་དུ་ནི་སོང་། དབུགས་ཀྱི་རྒྱུ་བ་ནི་ཆད། ཁ་དང་སྣ་ནི་གདངས། སོ་ནི་གཙིགས། སྨྲིན་པ་སྨྲིན་ནོ། །ཞེས་དེ་སྐད་ཅེས་གསོལ་བ་ནི་འདེབས། ལས་ཀྱི་སྲིད་པ་ནས་སྲིད་པ་ལ་ནི་འཛུག གཅིག་པུ་གཉིས་སུ་མེད་ཅིང་གྲོགས་ནི་མེད། འཇིག་རྟེན་འདི་ནི་འདོར། འཇིག་རྟེན་ཕ་རོལ་དུ་ནི་འགྲོ། སྐྱེས་ཆེན་པོ་ནི་འདེགས། མུན་པ་ཆེན་པོར་ནི་ཞུགས། གཡང་ས་ཆེན་པོར་ལྟུང་། ནགས་ཁྲོད་སྟུག་པོར་ནི་ཞུགས། དགོན་པ་ཆེན་པོར་ནི་འགྲོ། རྒྱ་མཚོ་ཆེན་པོས་ནི་ཁྱེར། ལས་ཀྱི་རླུང་གིས་ནི་བདས། ས་ཚུགས་མེད་པའི་ཕྱོགས་སུ་ནི་འགྲོ། གཡུལ་ངོ་ཆེན་པོར་ནི་འཛུག གདོན་ཆེན་པོས་ནི་ཟིན། ནམ་མཁའ་ལ་ནི་འཆེལ། ཕ་དང་། མ་དང་། ཕུ་ནུ་དང་། སྲིང་མོ་དང་། བུ་དང་བུ་མོས་ནི་བསྐོར། དབུགས་ནི་ཆད། ནོར་བགོ་བཤའ་བྱེ་ཞེས་ནི་ཟེར། ཀྱེ་ཧུད་ཕ། ཀྱེ་ཧུད་མ། ཀྱེ་ཧུད་བུ། ཞེས་ནི་ཟེར། སྐྲ་ནི་ཞིག་སྟེ། སྨྲིན་པ་དང་། དཀའ་ཐུབ་དང་། ཆོས་འབའ་ཞིག་གྲོགས་སུ་གྱུར་པ། ཆོས་མ་གཏོགས་སྐྱབས་གཞན་ནི་མེད། མགོན་གཞན་མེད། དཔུང་གཉེན་གཞན་མེད་དོ། །རྒྱལ་པོ་ཆེན་པོ་དེའི་ཚེ་དེའི་དུས་ན། ཆོས་ནི་གླིང་དང་། གནས་དང་མགོན་དང་སྐྱོན་པར་འགྱུར་རོ། །རྒྱལ་པོ་དེ་ལྟ་བུའི་དུས་ན། རང་གི་མལ་ན་ཉལ་བཞིན་དུ། ཕྱི་མའི་སྣང་བ་ཉམས་སུ་མྱོངས་ཏེ་ངན་སོང་དུ་འགྲོ་ན། དེ་གནས་ལ་འཇིགས་པའི་སྣང་བ་འབྱུང་སྟེ། དེའི་ཚེ་ཆོས་མ་ཡིན་པ་ཅི་ཞིག་ཀྱང་སྐྱབས་སུ་འགྱུར་བ་མེད་དོ། །རྒྱལ་པོ་ཆེན་པོ་ཁྱོད་

གྱིས་ལུས་འདི་ལྟར་བསྲུང་། ལེགས་པར་ཡོངས་སུ་བཙོས་པ་ཡང་འཆི་བའི་དུས་བྱེད་པར་འགྱུར་རོ། །ཡོན་ཏན་ཐམས་ཅད་དང་ལྡན་ཞིང་ཡུན་རིང་པོར་བཟའ་བ་དང་། བཅའ་བ་ལ་སོགས་པ་གཙང་མ་མང་པོས་ཚིམས་པར་བྱས་ཏེ་བསྐྱེད་སྐྱེད་པ་ཡང་། ཐ་མའི་མཐའ་ན་འདུག་པའི་སྐྱན་པས་བོར་ཞིང་ཐམས་ཅད་ཀྱིས་སྐྱུས་ལ་བོར་ནས་ཡིད་མི་བདེ་བར་འཆི་བའི་དུས་བྱེད་པར་འགྱུར་རོ། །རྒྱལ་པོ་ཆེན་པོ་འདི་ལྟར་ཁྱོད་ཀྱི་ལུས་བཀུས་ཤིང་བསྐུས་ཏེ་བདུག་པས་བདུགས། མེ་ཏོག་དྲི་ཞིམ་པོས་བགོས་ཀྱང་གདོན་མི་ཟ་བར་དྲི་མི་ཞིམ་པར་འབྱུང་བར་འགྱུར་རོ། །རྒྱལ་པོ་ཆེན་པོ་འདི་ལྟར་ཀཱ་ཤི་ཀའི་རས་དང་། དར་ལ་སོགས་པའི་གོས་བཟང་པོས་གཡོགས་ཀྱང་ཐ་མའི་མཐའ་ན་འདུག་པའི་ཚེ། དྲི་མ་ཅན་གྱོན་བཞིན་དུ་འཆི་བའི་དུས་བྱེད་ཅིང་གཅིག་པུ་སྒྲེན་མོར་འགྲོ་བར་འགྱུར་རོ། །རྒྱལ་པོ་ཆེན་པོ། འདོད་པའི་ཡོན་ཏན་སྣ་ཚོགས་པས་དགའ་བར་བྱས་ཀྱང་དེ་ཐམས་ཅད་སྤངས་ནས་འདོད་པས་མ་ངོམ་བཞིན་དུ་འཆི་བའི་དུས་བྱེད་པར་འགྱུར་རོ། །རྒྱལ་པོ་ཆེན་པོ་འདི་ལྟར་ཁྱོད་ཁྱིམ་གྱི་ནང་ན་སྤོས་དང་། མེ་ཏོག་དང་། དར་གྱི་ཧྲ་ལྤི་དང་། སྟན་དང་གོས་སྣ་ཚོགས་པས་འཁྱོར་ཞིང་གཡས་གཡོན་དུ་སྣུས་དང་བཅས་པའི་ཁྲི་ལ་ཉལ་ཡང་། བྱ་རོག་དང་། ཝ་དང་། མི་རོ་སྐྱུགས་བྲོ་བ་དག་གིས་གང་བའི་དུར་ཁྲོ་ཆེན་པོར་བོར་ནས་ལུས་གཡོ་བ་མེད་ཅིང་ས་ལ་ཉལ་བར་གདོན་མི་ཟའོ། །རྒྱལ་པོ་ཆེན་པོ་འདི་ལྟར་ཁྱོད་གླང་པོ་ཆེ་དང་རྟའི་རྒྱབ་ལ་སོགས་པར་ཞོན་ནས་རོལ་མོའི་བྱེ་བྲག་སྣ་ཅིང་ཡིད་དུ་འོང་བས་དགའ་ཞིང་། རྒྱལ་མཚན་གདུགས་ལ་སོགས་པ་བསྒྲེངས་ལ། རྒྱལ་པོ་དང་བློན་པོ་དང་མཛའ་བཤེས་རྣམས་ཀྱིས་སྔན་པར་བརྗོད་པས་བསྟོད་ཅིང་མདུན་གྱིས་བལྟས་ཏེ་འགྲོ་ཡང་།

རིང་པོར་མི་ཐོག་པར་མཁལ་དུ་ཤི་ནས། མི་བཞིས་བཏེགས་ཏེ། ཕ་མ་དང་ཕུ་ནུ་ལ་སོགས་པས་ལག་པ་བཏེགས་ནས་བྲང་བརྡུང་ཞིང་སྨྲ་ངན་གྱིས་ནོན་ཏེ་གྲོང་ཁྱེར་གྱི་ལྷོ་སྒོར་ཕྱུངས་ནས་འབྲོག་དགོན་པར་ས་ཡི་འོག་ཏུ་འཇུག་གམ། བྱ་རོག་དང་། བྱ་རྒོད་དང་། ཝ་ལ་སོགས་པས་ཟོས་ཤིང་། རུས་པ་དེ་དག་མེས་བསྲེག་གམ། ཆུར་འདོར་རམ། སའི་འོག་ཏུ་བཅུག་ཀྱང་རུང་། རླུང་དང་ཉི་མ་དང་ཆར་གྱིས་ཕྱེ་མར་བྱས་ཏེ། ཕྱོགས་ཕྱོགས་སུ་འཐོར་ཞིང་རུལ་བར་འགྱུར་རོ། །རྒྱལ་པོ་ཆེན་པོ།དེ་ལྟར་འདུས་བྱས་ཐམས་ཅད་མི་རྟག་པ་དེ་ལྟར་མི་བརྟན་པའོ། །ཞེས་རྒྱས་པར་གསུངས་པ་བཞིན་སྙིང་ནས་དྲན་པར་བྱས་ཏེ། ཚེ་འདིའི་སྣང་བ་གང་དང་གང་ལ་ཡང་དགོས་མེད་དུ་ཤེས་ནས་དམ་པའི་ཆོས་འབའ་ཞིག་སྒྲུབ་ལ་ཉིན་མཚན་རྒྱུན་དུ་བརྩོན་པར་བྱའོ། །གཞན་ཡང་ཚངས་པ་དང་། དབང་ཕྱུག་ཆེན་པོ་དང་། ཁྱབ་འཇུག་དང་། བརྒྱ་བྱིན་དང་། འཇིག་རྟེན་སྐྱོང་བའི་རྒྱལ་པོ་ཆེན་པོ་བཞི་ལ་སོགས་པའི་བསོད་ནམས་ཀྱི་གྲགས་པས་གནམ་ས་ཀུན་ཏུ་ཁྱབ་པ། ས་འོག་ས་སྟེང་ས་བླའི་འཇིག་རྟེན་གསུམ་གྱི་གཙོར་གྱུར་ཞིང་འཁོར་པ་དམ་པས་བརྒྱན་པ་ཡང་། འཆི་བའི་སྐབས་ཡོད་དེ།ལུང་ལས།ཚངས་དང་བརྒྱ་བྱིན་དྲག་པོ་མིག་སྟོང་ལྡན། །སྲིད་མེད་བུ་ཡང་མི་རྟག་ཕ་རོལ་འགྲོ། །ཉི་མ་ཟླ་བ་ཡུད་ཙམ་རོལ་པ་དང་། ས་ཆེན་གླིང་བཞིའི་འཇིག་རྟེན་སྐྱོངས་ལ་ལྟོས། །ཞེས་སོ། །དེ་བཞིན་དུ་བསམ་གཏན་བཞི་པའི་ལྷ་སོགས་ལྷ་དང་ལྷ་མ་ཡིན་དང་དཀའ་ཐུབ་གྲུབ་པ་དང་། རིག་སྔགས་འཆང་ཐམས་ཅད་ཀྱང་། འཆི་བའི་ཆོས་ཅན་ཏེ།འདུལ་བ་ལུང་ལས།བསམ་གཏན་གྲུབ་པའི་ལྷ་དང་མིའམ་ཅི། །ལྷ་མིན་དྲང་སྲོང་དཀའ་ཐུབ་དཔལ་འབར་བ། །རྒྱུན་རིང་བསྐལ་པར་གནས་པའང་མི་རྟག

ན། །མི་རྣམས་ལྟོས་མེད་ལྦུ་བ་རྫོལ་འདྲའི་ལུས། །སོ་སོར་འཇིག་ཞིང་འབྲལ་བར་སྨོས་ཅི་འཚལ། །ཞེས་སོ། །གླིང་བཞིའི་དབང་པོ་འཁོར་ལོ་བསྒྱུར་བ་དང་། རྒྱལ་པོ་དང་། བློན་པོ་དང་། དགེ་སྦྱོང་དང་། བྲམ་ཟེ་དང་། ཁྱིམ་བདག་ལ་སོགས་པ་འགྲོ་བ་ཕལ་པ་ཇི་སྙེད་པ་ཀུན་ཀྱང་འཆི་བ་ལས་མ་འདས་ཏེ། ཆེད་དུ་བརྗོད་པའི་ཚོམས་ལས། རིན་ཆེན་བདུན་ལྡན་རྒྱལ་པོ་དང་། །གཞན་ཡང་རྒྱལ་ཕྲན་བློན་པོ་དང་། །དགེ་སྦྱོང་བྲམ་ཟེ་ཁྱིམ་བདག་སོགས། །འགྲོ་བ་འདི་ཀུན་མི་རྟག་སྟེ། །རྨི་ལམ་འགྲོ་བ་ཇི་བཞིན་ནོ། །ཞེས་སོ། །ད་ལྟའི་དལ་འབྱོར་སྙིང་པོའི་ལུས་འདི་ཡང་མི་རྟག་སྟེ་ཚེ་ལ་སྣོན་པ་མེད་ཅིང་བྲི་བ་དང་བཅས་པས་དབྱར་ཁའི་སྤྲིན་རུམ་འཕྲིགས་པ་ན་གློག་འགྱུ་བ་དང་། རི་གཟར་གྱི་ཆབ་དང་འབབ་ཆུ་ལྟ་བུ་ཉིན་མཚན་སྐད་ཅིག་ཐང་གཅིག་ལ་མི་སྡོད་པར་ཞག་གཅིག་སོང་གཉིས་སོང་འཆི་བ་ལ་ཇེ་ཉེ་ཇེ་ཉེར་སོང་བས་མྱུར་བར་འཆི་ངེས་ཏེ། རྒྱ་ཆེར་རོལ་པ་ལས། སྲིད་གསུམ་མི་རྟག་སྟོན་ཀའི་སྤྲིན་དང་འདྲ། །འགྲོ་བའི་སྐྱེ་འཆི་གར་ལ་བལྟ་དང་མཚུངས། །སྐྱེས་བུའི་ཚེ་འགྲོ་ནམ་མཁའི་གློག་འདྲ་སྟེ། །རི་གཟར་འབབ་ཆུ་བཞིན་དུ་མྱུར་མགྱོགས་འགྲོ། །ཞེས་སོ། །གཞན་ཡང་ཕྱི་སྣོད་ཀྱི་འཇིག་རྟེན་གླིང་བཞི་གླིང་ཕྲན་བརྒྱད་རི་བོ་མཆོག་རབ་གསེར་གྱི་རི་བདུན་རོལ་པའི་མཚོ་བདུན་ཉི་མ་ཟླ་བ། ལྕགས་རིས་བསྐོར་བ་དང་བཅས་པ་སྟོང་གི་མཐར། སུམ་ཅུ་རྩ་གསུམ་པའི་གནས་དང་མཐོ་དམན་མཉམ་པའི་ལྕགས་རིས་བསྐོར་བ་ནི་སྟོང་དང་པོ་སྤྱི་ཕུད་ཀྱི་འཇིག་རྟེན། དེ་འདྲ་བ་སྟོང་གི་མཐར་གཞན་འཕྲུལ་དབང་བྱེད་དང་མཉམ་པའི་ལྕགས་རིས་བསྐོར་བ་ལ་སྟོང་གཉིས་པ་བར་མའི་འཇིག་རྟེན། དེ་ལྟ་བུ་སྟོང་གི་མཐར་བསམ་གཏན་དང་པོའི་མཐོ་ཁྲིད་དང་མཉམ་པའི་ལྕགས་རིས་

བསྒོར་བ་ནི། སྟོང་གསུམ་གྱི་སྟོང་ཆེན་པོའི་འཇིག་རྟེན་གྱི་ཁམས་ཏེ་གླིང་བཞི་ལྷུགས་རི་དང་བཅས་པ་རེ་རེ་གཅིག་ནས་གཉིས་སུ་བགྲངས་ན་བྱེ་བ་ཕྲག་བརྒྱ་སྟེ་དུང་ཕྱུར་བཅུའོ། །དེ་ལྟ་བུའི་འཇིག་རྟེན་ཁམས་ཡང་། དང་པོ་ཆགས། བར་དུ་གནས། མཐར་མེ་བདུན་གྱིས་བསྲེགས་ནས་ཐལ་བར་བྱས་ཏེ། . དེ་ཡང་རྒྱུས་བཤལ། རླུང་གིས་གཏོར་བའི་མཐར་ནམ་མཁའ་གཅིག་ཏུ་གྱུར་ནས་སྟོན་མ་ཆགས་པའི་སྐབས་ལྟར་སྟོངས་པར་འགྱུར་བ་ཉིད་དེ། ཉིང་འཛིན་རྒྱལ་པོའི་མདོ་ལས། ནམ་ཞིག་འཇིག་རྟེན་ཁམས་འདིར་འབྱུང་བ་དང་། །འཇིག་རྟེན་ཐམས་ཅད་ནམ་མཁར་གྱུར་པའི་ཚེ། །ཇི་ལྟར་སྟོན་བཞིན་ཕྱིས་ཀྱང་དེ་བཞིན་ནོ། །ཆོས་རྣམས་ཐམས་ཅད་དེ་བཞིན་ཤེས་པར་གྱིས། །ཞེས་པ་ལྟར་ཕྱིའི་སྣོད་བཅུད་འཇིག་པའི་དཔེ་དེ་བཞིན་དུ། ནང་གི་ལུས་ཀྱང་འཇིག་པར་ཤེས་པ་བྱ་སྟེ། དང་པོ་སེམས་ཀྱི་ཆོས་ཉིད་ནམ་མཁའ་གཅིག་ཏུ་གྱུར་པའི་ངང་ལས་མ་རིག་པ་དང་ཀུན་ཏུ་རྟོག་པའི་རླུང་གི་གཞི་བྱས་ཤིང་ཆགས། བར་དུ་གནས། ཐམ་འཇིག་པ་འདི་ཡང་འདུས་པའི་ཕྱིར་བྲལ་བ། སྐྱེས་པའི་ཕྱིར་འཆི་བ། འདུས་བྱས་པས་འཇིག་པ་སྟེ། འཆི་བའི་དུས་ལ་བབ་པ་ན། ཕྱིའི་འབྱུང་བཞི་ནང་གི་འབྱུང་བཞིར་བསྡུད་པས། མེ་བདུན་དང་ཆུ་གཅིག་ཏེ་བརྒྱད་ཐལ་ནས། ནང་གི་འབྱུང་བ་འོད་གསལ་ལ་ཐིམ་པས་ནམ་མཁའ་གཅིག་ཏུ་གྱུར་པའི་སྐབས་ཡོད་དོ། །གཞན་ཡང་འཇིག་རྟེན་གྱི་ཁམས་བསམ་གྱིས་མི་ཁྱབ་པ་རྣམས་སུ་བྱོན་པའི་སྟོན་པ་སངས་རྒྱས་བཅོམ་ལྡན་འདས་རྡོ་རྗེ་ལྟ་བུའི་སྐུ་བརྙེས་པ་མང་པོ་དག་འཁོར་དང་བཅས་ཏེ་མྱ་ངན་ལས་འདས་ཤིང་དེ་དག་གི་བསྟན་པ་ནུབ་པའི་ཚུལ་ལ་བསམས་ནས་ཀྱང་། རང་ཅག་ཆུ་བུར་གྱི་ལུས་འདི་ལ་རྟག་པ་དང་བརྟན་པ་ནི་ལྟ་ཅི་སྨོས་ཏེ།

མི་རྟག་པའི་ཆོམ་ལས། མཚན་སྟོང་གིས་འབར་བདེ་ར་གཤེགས་སྙིང་པོའི་སྐུ། །བསོད་ནམས་བརྒྱ་ལས་གྲུབ་པ་མི་རྟག་ན། །ལྟུ་བ་རྫོས་འདྲའི་ཡིད་བརྟེན་མི་རུང་བས། །རང་གི་ལུས་འདི་ངེས་པར་ཅིས་མི་འཇིག འགྲོ་བའི་དོན་གཤེགས་རྒྱལ་བ་ཉི་མ་འདྲ། དམ་ཆོས་མཛོད་ཀྱི་ཟླ་བ་ནུབ་ལ་ལྟོས། །རང་གི་ཕུན་ཚོགས་འཁོར་དང་ལོངས་སྤྱོད་ཀུན། རྟག་པ་མེད་པ་ཉིད་དུ་མཁྱེན་འཚལ་ལོ། །ཞེས་སོ། །དེ་ལྟར་ཕྱི་སྣོད་ཀྱི་འཇིག་རྟེན་ནང་བཅུད་ཀྱི་སེམས་ཅན། མཐོ་དམན་དྲག་ཞན་ཐམས་ཅད་མི་རྟག་པའི་ཚུལ་སོགས་དཔེ་དོན་མང་དུ་ཡོད་ཀྱང་། །མདོར་བསྡུ་ན་ད་ལྟའི་ས་སྟེང་འདི་ན་གནས་པའི་འགྲོ་བ་ཆེ་ཆུང་མཐོ་དམན་བར་མ་ཐམས་ཅད་ལོ་བརྒྱའི་ནང་ན་མེད་པར་ངེས་ཏེ། ཀུན་མཁྱེན་ཆེན་པོའི་ཞལ་ནས། ད་ལྟའི་ས་སྟེང་འགྲོ་བ་འདི་དག་ཀུན། །ལོ་བརྒྱའི་ནང་ན་ངེས་པར་མེད་པར་འགྱུར། །ཞེས་གསུངས་པ་ལྟར་ལ། དེ་ཡང་ངེས་པར་འཆི་བ་དང་། ནམ་འཆི་ཆ་མེད་པ་དང་། གནས་འདིར་འཆི་ངེས་པ་མེད་པ་དང་། རྐྱེན་འདིས་འཆི་མི་ཤེས་པ་དང་། ཚོ་ལ་སྔོན་པ་མེད་པ་དང་། རྟག་ཏུ་གོད་པར་འགྱུར་བ་དང་། འཆི་བའི་རྐྱེན་མང་བ་དང་། འཚོ་བའི་རྐྱེན་ཉུང་བ་སོགས་ལ་བསམ་གཞིག་ལེགས་པར་བཏང་ལ། ཚོ་ལ་ལོང་མེད་པས་བློ་སྣ་བཏང་སྟེ་ཆོས་ལ་བརྩོན་པར་རིགས་སོ། །དེ་ཡང་སྐྱེས་པའི་ཕྱིར་ན་འཆི་བ་ངེས་ཏེ། དམ་པའི་ཆོས་པདྨ་དཀར་པོ་ལས། སྐྱེ་བ་ཡོད་ན་འཆི་བ་ཡོད། །འདུས་པ་ཡོད་ན་བྲལ་བ་ཡོད། །ཅེས་སོ། །དུས་ཐིངས་པ་མེད་པས་ནམ་འཆི་ཡང་མི་ཤེས་ཏེ། མཚན་མོ་བཟང་པོའི་མདོ་ལས། སང་ཙམ་འཆིའམ་སུས་ཤེས་ཀྱི། །དེ་རིང་ཉིད་དུ་བསྟུན་ཏེ་བྱ། །འཆི་བདག་སྡེ་ཆེན་དེ་དང་ནི། །ཁྱོད་གཉིས་བཤེས་པ་མ

ཡིན་ནོ། །ཞེས་སོ། །ས་ཕྱོགས་གང་དུ་འཆི་ཡང་ཆ་མེད་པས་འགྲོ་འདུག་ཅི་བྱེད་པའི་ཚེ་ནའང་འདིར་འཆིའམ་སྙམ་དུ་བསམ་འཚོལ་ཏེ། དཔུང་པ་བཟང་པོའི་མདོར། རིའམ་ངམ་གྲོགས་གཙོང་རོངས་གཡང་སའམ། །ཁྱིམ་མམ་ལམ་སྲང་ཆུ་བོའི་ངོགས་ཉིད་དམ། །ས་ཡི་ཕྱོགས་གང་བདག་གི་ཐ་མའི་གནས། །གཏོལ་མ་མཆིས་པ་ཉིད་དུ་ཤེས་བྱ་སྟེ། །འཇིག་རྟེན་དགའ་བ་རྣམ་པར་བཟློག་པར་བྱ། །ཞེས་སོ། །རྐྱེན་འདིས་འཆི་དང་ངེས་པ་ཆ་མེད་དེ། ལུང་ལས། །ཁ་གཅིག་ཟས་ཀྱི་བརྣང་ནས་འཆི། །ལ་ལ་སྨན་གྱིས་འཆི་བའང་ཡོད། །མི་མཐུན་རྐྱེན་ལྟ་ཅི་ཞིག་སྨོས། །དེ་བས་ངེས་པ་འགག་མེད་དོ། །ཞེས་སོ། །སྐྱོན་པ་མེད་ཅིང་བྲི་བ་དང་བཅས་པས་ཀྱང་འཆི་བར་ངེས་ཏེ། མི་རྟག་པའི་གཏམ་ལས། །ལྷག་ཆུ་བཅད་པའི་ཐིང་བཞིན་དུ། །སྐྱོན་མེད་བྲི་བ་དང་བཅས་པའི། །ཀུན་ཀྱང་འཆི་བའི་ལམ་ཞུགས་ནས། །བློ་བུར་ཚེ་ལ་སུ་ཡིད་བརྟེན། །ཅེས་པ་དང་། །སྤྱོད་འཇུག་ལས། །ཉིན་མཚན་སྡོད་པ་ཡོད་མེད་པར། །ཚེ་འདི་རྟག་ཏུ་གོད་འགྱུར་ཞིང་། །སྐྱོན་པ་གུད་ནས་ཡོང་མེད་ན། །བདག་ལྟ་འཆི་བར་ཅིས་མི་འགྱུར། །ཞེས་སོ། །འཆི་བའི་རྐྱེན་མང་ལ་འཚོ་བའི་རྐྱེན་ཉུང་བས་ཀྱང་འཆི་ངེས་ཏེ། རིན་ཆེན་ཕྲེང་བ་ལས། །འཆི་བའི་རྐྱེན་ནི་མང་བ་སྟེ། །གསོན་པའི་རྐྱེན་ནི་ཉུང་ཟད་གཅིག དེ་དག་ཉིད་ན་འཆི་བས་ཡང་། །དེ་བས་རྟག་ཏུ་ཆོས་མཛོད་ཅིག གཞན་ཡང་འཁོར་དང་ལོངས་སྤྱོད་གཉེན་དང་ཉེ་དུ་གཅེས་པའི་སྒྱུ་ལུས་དང་བཅས་པ་སྐྱུར་ཏེ་གཅིག་པུར་འགྲོ་དགོས་པ་ཡིན་ཏེ། རྒྱལ་པོ་ལ་གདམས་པའི་མདོ་ལས། དུས་ཀྱིས་ཉེན་ཏེ་རྒྱལ་པོ་འགྲོ་གྱུར་ན། །ལོངས་སྤྱོད་མཛའ་དང་གཉེན་བཤེས་རྗེས་མི་འབྲང་། སྐྱེས་བུ་དག

ནི་གར་གནས་གར་འགྲོ་ཡང་། །ལས་ནི་གྲིབ་མ་བཞིན་དུ་རྗེས་སུ་འབྲང་། ཞེས་པ་དང་། དེར་མ་ཟད་ཕ་མ་སྤྱུན་ཟླ་བུ་དང་ཆུང་མ་བྲན་དང་ནོར་རྫས་རྟ་ལག་རྣམས་ཀྱང་འགྲོགས་ཏུ་མེད་ཅིང་། དགེ་སྡིག་གང་བྱས་ལས་དཀར་ནག་ནི་ལུས་དང་གྲིབ་མ་བཞིན་དུ་རྗེས་སུ་འབྲང་བཞིན་འགྲོ་དགོས་པ་ཡིན་ཏེ། དཔལ་སྤྲིན་གྱིས་ཞུས་པའི་མདོ་ལས། འདྲེས་མའི་ལས་ཀྱིས་ལོངས་སྤྱོད་ཆོལ་བྱེད་ཅིང་། བུ་དང་དེ་བཞིན་ཆུང་མ་གསོ་བར་བྱེད། །ཤིན་ཏུ་སྡུག་བསྔལ་གྱུར་བ་འཆི་དུས་ན། །བུ་དང་ཆུང་མ་སྐྱབས་སུ་འགྱུར་མ་ཡིན། །ཇི་ལྟར་སྣ་ཚོགས་ལས་བྱས་བླངས་པ་བཞིན། །བུ་དང་ཆུང་མ་དག་ཀྱང་འདོར་བར་འགྱུར། །བདག་ཉིད་གཅིག་པུར་སྡུག་བསྔལ་མྱོང་བར་འོང་། །དེ་དག་དེ་ཚེ་བདག་གི་སྐྱལ་མི་ལེན། །ཕ་མ་སྤྱུན་ཟླ་བུ་དང་ཆུང་མ་དང་། བྲན་དང་ནོར་དང་རྟ་ལག་རྣམས་ཀྱི་ཚོགས། །ཤི་བའི་ཕྱི་བཞིན་དེ་དག་འགྲོ་བ་མེད། །ལས་རྣམས་རྗེས་སུ་འབྲང་ཞིང་བྱིས་པ་འགྲོ། །ཞེས་སོ། །དེ་ལྟར་འཆི་བའི་དུས་ལ་བབ་ན་དམ་པའི་ཆོས་མ་གཏོགས་སྐྱབས་གཞན་མེད་པས་བརྩོན་པ་དྲག་པོའི་སྒོ་ནས་ཆོས་ལ་འབད་པར་བྱ་དགོས་ཏེ། དེ་ཡང་རྫོགས་པ་ཆེན་པོ་སེམས་ཉིད་ངལ་གསོ་ལས། འཁོར་དང་ལོངས་སྤྱོད་ཉེ་བར་འབྲེལ་བའི་གཉེན། །གཟུགས་དང་ལང་ཚོ་དབང་ཕྱུག་རིགས་བཟང་ཡང་། ཐམས་ཅད་བོར་ཏེ་གཅིག་པུར་འགྲོ་དགོས་ཤིང་། །གང་གིས་མི་སྟོང་དཀར་ནག་རྗེས་འབྲང་བ། །དེ་ཚེ་ཆོས་ལས་སྐྱབས་གཞན་འགའ་མེད་ན། །དེང་དུ་བརྩོན་པས་ཅི་ཕྱིར་འདདའ་མི་བྱེད། །ཅེས་དང་། ཡིད་བཞིན་རིན་པོ་ཆེའི་མཛོད་ལས། གླིང་བཞིའི་བརྒྱན་པའི་རིན་ཆེན་ཕོ་བྲང་ན། །རྣམ་བཀྲ་ཡུལ་གྱི་སྣང་བ་བཀོད་ལེགས་ཀྱང་། །རྡུལ་ཕྲན་ཆ་ཤས

མེད་པར་ཞིག་གྱུར་ནས། །ཅི་ཡང་མེད་པར་རང་བཞིན་གྱུར་ལ་ལྟོས། ཉེ་བར་ལེན་པའི་ལུས་དང་ལོངས་སྤྱོད་དང་། ཚེ་འདིའི་སྣང་བ་མ་ལུས་ཐམས་ཅད་ཀུན། །མི་རྟག་སྒྱུ་མའི་རང་བཞིན་བསླུ་བར་འགྱུར། །གང་ལ་བསམ་ཀྱང་སྙིང་པོ་འགའ་མེད་ལ། །ཅི་ལ་བསམས་ཀྱང་ཕན་པར་མི་འགྱུར་བས། །ངེས་འབྱུང་སྐྱོ་ཤས་བློ་སྣ་བཏང་མཛོད་ལ། །དེ་རིང་ཉིད་ནས་དམ་པའི་ཆོས་མཛོད་ཅིག །ཅེས་སོ། །དེ་ལྟར་མི་རྟག་པ་སྒོམ་པའི་རྟགས་ཚད་བསྟན་པ་ནི། རྫོགས་པ་ཆེན་པོ་སེམས་ཉིད་ངལ་གསོ་ལས། དེས་ནི་འདི་ཕྱིར་ཕན་བདེའི་ཆོས་འགྲུབ་ཅིང་། །བརྩོན་འགྲུས་དྲག་པོས་སྒྲུབ་ལ་བརྩོན་པ་དང་། །ཚེ་འདི་བློས་ཐོང་བདག་འཛིན་འབྲུལ་བ་འཇིག མདོར་ན་ལེགས་པའི་ཡོན་ཏན་ཐམས་ཅད་འགྲུབ། །ཉེས་ཀུན་མཐར་འབྱིན་ཐར་པ་དམ་པའི་རྒྱུ། །ཆོས་ཀུན་རྩ་བ་མི་རྟག་བློ་སྣ་བསྟུང་། ཞེས་དང་། གཞན་ཡང་ཡིད་བཞིན་རིན་པོ་ཆེའི་མཛོད་ལས། གོམ་པའི་ཚད་ནི་འདུས་བྱས་འཇིག་པར་མཐོང་། །བརྩོན་ལྡན་འཇིགས་དང་ཚེ་འདིའི་བྱ་བ་འདོར། །སྐད་ཅིག་ཙམ་ཡང་ཐམལ་མི་སྤྱོད་ཅིང་། །ངེས་འབྱུང་སྐྱོ་ཤས་བློ་སྣ་ཐུང་བར་འབྱུང་། ཞེས་སོ། །མི་རྟག་པ་ཉིན་མཚན་དུ་བསམ་པ་ལ་སྣང་བ་གང་ཡང་འཇིག་པར་མཐོང་བས། ཕྱི་ཡུལ་ལ་མི་ཞེན་པའི་བློ་གཏིང་ནས་སྐྱེས་པ་དང་། དགེ་བ་ལ་བརྩོན་འགྲུས་མེ་འབར་བ་འདྲ་བའི་བློ་སྐྱེས་པ་དང་། འཁོར་བའི་སྡུག་བསྔལ་འཇིགས་སྐྲངས་སྐྲག་པ་ཐུན་མོང་མ་ཡིན་པ་སྙིང་ནས་སྐྱེས་པ་དང་། འཆི་བའི་ཚེ་ཅིས་ཀྱང་མི་སྡོངས་པར་ཤེས་ནས་ཚེ་འདིའི་བྱ་བ་འདོར་བ་དང་། སྐད་ཅིག་ཙམ་ཡང་ཐམལ་སོས་དལ་དུ་མི་སྤྱོད་པར་སྒོ་གསུམ་ཆོས་ལ་སྤྱོད་པ་དང་། ལས་འབྲས་ཀྱི་རྣམ་པར་སྨིན་པ་མཐོང་བས་ངེས་འབྱུང་སྐྱོ་ཤས་སྐྱེས་པ་དང་།

ནམ་འཆི་ངེས་མེད་དུ་ཤེས་པས་གང་ལ་ཡང་བློ་ལྷོད་མི་འཆའ་བ་རྣམས་ནི་མི་རྟག་པ་སྙིང་ནས་གོམས་པའི་ཚད་དོ། །དེ་ལྟར་སྒོམ་པའི་ཕན་ཡོན་ནི་དཔག་ཏུ་མེད་དེ། འདུལ་བ་ལུང་ལས། དགེ་སློང་བརྒྱ་ལ་གདུག་ཚོད་ཡོན་དང་བཅས་པ་སྦྱིན་པ་བས།འདུས་བྱས་མི་རྟག་པར་སེམས་པ་སྐད་ཅིག་མ་མཆོག་གོ །ཅེས་སོ། །མྱ་ངན་ལས་འདས་པའི་མདོ་ལས་ཀྱང་། ཞིང་རྨོ་བ་རྣམས་ཀྱི་ནང་ནས་ཀྱང་སྟོན་གྱི་ལོ་ཐོག་རླེད་པ་མཆོག རྗེས་ཐམས་ཅད་ཀྱི་ནང་ནས་ཁྱུ་མཆོག་གི་རྗེས་མཆོག འདུ་ཤེས་ཐམས་ཅད་ཀྱི་ནང་ནས་མི་རྟག་པ་དང་འཆི་བའི་འདུ་ཤེས་མཆོག་གོ །འདིས་ནི་ཁམས་གསུམ་གྱི་འདུ་ཤེས་ཐམས་ཅད་བཟློག་པར་བྱེད་དོ། །ཞེས་པ་དང་། ཀུན་མཁྱེན་ཀློང་ཆེན་པའི་ཞལ་ནས་ཀྱང་། དེ་ཡི་ཕན་ཡོན་ཤིན་ཏུ་མཐའ་ཡས་སྟེ། །འཁོར་བའི་ཉེས་སྤངས་ཡོན་ཏན་ངང་གིས་འདུ། །རྟག་འཛིན་ལས་གྲོལ་དགྲ་གཉེན་ཆགས་སྡང་ཞི། །དགེ་ལ་རབ་བརྩོན་ཚེ་འདི་འཁྲུལ་བར་ཤེས། །ཚོགས་གཉིས་རབ་རྫོགས་གྲགས་ལྡན་ལྷས་གཟིགས་ཤིང་། །བདེ་བར་ཚེ་ཡི་དུས་བྱེད་མཐོ་རིས་འགྲོ། །མྱུར་དུ་འཆི་མེད་བདུད་རྩིའི་གོ་འཕང་ཐོབ། །ཅེས་གསུངས་པ་ལྟར་རོ། །མདོར་ན་ཚེ་འདིའི་འཁོར་བ་ཕུན་སུམ་ཚོགས་པ་ཅི་ལྟ་བུ་ཞིག་ཡོད་ནའང་གཉིད་ཐུམ་གཅིག་གི་རྨི་ལམ་གྱི་བདེ་བ་སད་དུས་མེད་པ་ལྟར་ཡིན་པ་ལ། བསམ་གཞིག་དང་ཚེ་མི་རྟག་པར་སྒོམ་པའི་ཕན་ཡོན་གོང་དུ་བཤད་མ་ཐག་པ་དེ་དག་ཡིད་ལ་བཅག་ནས་འཆི་ཁར་འགྱོད་མེད་ཀྱི་གྲབ་ཆགས་སུ་ཚུད་པར་བགྱིས་ཤིག

ད་ནི་སྙིང་རྗེ་བྱང་ཆུབ་ཀྱི་སེམས་སྒོམ་པ་ནི། མདོ་སྡེ་སྐལ་བཟང་ལས། གང་གི་སྐལ་པ་བྱེ་བ་སྟོང་ཚང་བར། །སེམས་ཅན་རྣམས་ལ་ཟག་བཅས་སྦྱིན་པ་

བས། །ལ་ལ་བྱང་ཆུབ་མཆོག་ཏུ་སེམས་བསྐྱེད་ན། །དེ་ཡི་བསོད་ནམས་དཔེར་ཡང་མི་བཟོད་དོ། །ཞེས་སོ། །སྤྱིར་ན་ཐེག་པ་ཆེན་པོའི་ལམ་དུ་འཇུག་པ་ལ་བྱང་ཆུབ་ཏུ་སེམས་བསྐྱེད་པ་གལ་ཆེ་སྟེ། རྒྱུད་ལས། བྱམས་དང་སྙིང་རྗེ་ཆོས་སྤྱིའི་ལམ། ཐེག་པ་ཆེན་པོར་འཇུག་ཕྱིར་རོ། །ཞེས་པས་འདི་ལ་བཞི་སྟེ། སྨོན་པ་དང་འཇུག་པ་དང་བསླབ་པ་དང་ཕན་ཡོན་ནོ། །དེ་ཡང་དང་པོ་སྨོན་པ་སེམས་བསྐྱེད་ནི། ཕྱོགས་བཅུའི་ནམ་མཁའ་ལ་ཇི་ལྟར་གཞལ་ཡང་མཐའ་མེད་པ་ལྟར་འཛིག་རྟེན་གྱི་ཁམས་ལའང་མཐའ་མེད། དེ་ཐམས་ཅད་རིགས་དྲུག་གི་སེམས་ཅན་གྱིས་བར་མཚམས་མེད་པར་ཁྱབ། སེམས་ཅན་དེ་རྣམས་ཐམས་ཅད་བདག་གི་ཕ་མ་མ་བྱས་པ་གཅིག་ཀྱང་མེད་དེ། དེ་དག་གི་ལྟོ་བར་ཉལ་བ་དང་ནུ་ཞོ་མ་འཐུང་བ་མེད་པས། བདག་གི་སྐྱེ་བ་ལ་གྲངས་མེད་པ་བཞིན་དུ་སེམས་ཅན་རྣམས་ཀྱིས་བདག་གི་མ་བྱས་པ་ལ་ཡང་གྲངས་དང་མཐའ་མེད། དེ་ཡང་དྲི་མེད་བཤགས་རྒྱུད་ལས། ཤ་རུས་བསགས་ན་འཛིག་རྟེན་གཏོས་དང་མཉམ། །རྣག་ཁྲག་བསགས་ན་རྒྱ་མཚོ་ཆེན་པོ་ཙམ། །ལས་འགྲོ་བསགས་ན་བསམ་འདས་བརྗོད་མི་ལོངས། །ཁམས་གསུམ་བགྲངས་ཤིང་སྐྱེ་ཤིའི་ཁ་བརྒྱུད་ཅིང་། །ཞེས་གསུངས་པ་ལྟར། གྲངས་དེ་ཙམ་གྱི་ཕ་མ་བྱས་རེས་བཞིན་ཚེ་འདིའི་མས་ཇི་ལྟར་སྐྱོང་པ་བཞིན་དུ། གནོད་པ་ཐམས་ཅད་ལས་སྐྱབས། བརྩེ་བའི་སེམས་ཀྱིས་ནི་བཟུང་། བྱམས་པའི་སྤྱོད་ལམ་གྱིས་བསྐྱངས་ནས། གྲངས་དང་ཚད་བཟུང་དུ་མེད་པའི་ཕན་སྐྱོ་དུ་མ་ནས་བཏགས་པའི་དྲིན་ཆེན་གྱི་མ་ཤ་སྟག་ཡིན་པ་ལ། ད་ལྟའི་མ་དང་སྐྱེ་བ་གཞན་གྱི་མ་ཞེས་ཉེ་རིང་དང་གདམ་ཀ་རིས་སུ་གཅོད་པ་ཅི་ལ་རིགས། དེས་ན་མ་དེ་དག་ཐམས་ཅད་འདོད་པ་ནི་བདེ་བ་འདོད་

ཀུན་བདེ་བའི་རྒྱུ་དགེ་བ་དུག་ལྟར་དུ་དོར། སྡུག་བསྔལ་མི་འདོད་བཞིན་དུ་སྡུག་བསྔལ་གྱི་རྒྱུ་སྡིག་པ་མི་དགེ་བ་སྨན་ལྟར་དུ་བླངས་ནས་དེ་ཁོ་ན་སྒྲུབ་པས་འཁོར་བ་ནས་འཁོར་བར་འཁོར་ཞིང་། ཉམ་ཐག་པར་གྱུར་པ་འདི་དག་སྙིང་རེ་རྗེ། བདེ་བ་དང་ལྡན་པར་བྱ། སྡུག་བསྔལ་དང་བྲལ་བར་བྱ། སྡུག་བསྔལ་མེད་པའི་བདེ་བ་དང་ལྡན་པར་བྱས་ནས། མཐར་ཐུག་སངས་རྒྱས་ཀྱི་གོ་འཕང་རིན་པོ་ཆེ་ཐོབ་པར་བྱ་སྙམ་པས་ཚད་མེད་པ་བཞི་རྒྱུད་ལ་སྐྱེས་པ་ནི། སྨོན་པ་སེམས་བསྐྱེད་དེ། པདྨའི་སྙིང་གུར་ལས། སེམས་ཅན་དོན་ལ་སྨོན་བྱེད་པ། རྫོགས་པའི་སངས་རྒྱས་མྱུར་བའི་ལམ། །ཞེས་སོ། །ཡང་ཐོག་མ་མེད་པ་ནས་དྲིན་གྱིས་བསྐྱངས་པའི་མ་འདི་དག་མ་རིག་པའི་མུན་པས་ནི་འཐོམས། ཉོན་མོངས་པས་ཡིད་དཀྲུགས་པས་སྨྱོས། བླང་དོར་ལྟ་བའི་མིག་དང་བྲལ། དགེ་བའི་བཤེས་གཉེན་གྱི་ལོང་འཁྲིད་ནི་མེད། ལས་སྡིག་སྤྱོད་ཀྱི་རང་བཞིན་ཁོ་ནར་སོང་བས་འཁོར་བ་དང་ངན་སོང་གི་གཡང་སར་ལྷུང་བ་འདི་རྣམས་ཡིད་ལ་དྲན་པས་བཟོད་དུ་མེད་པའི་སྙིང་རྗེ་མཆི་མ་འཁྲུགས་པ་ཙམ་གྱིས་བློ་བསྐུལ་ནས། འདི་དག་འཁོར་བའི་སྡུག་བསྔལ་ལས་བསྒྲལ་ནས་བདེ་བ་ལ་འགོད་པར་བྱ་སྙམ་པས་བདག་བས་གཞན་གཅེས་ཀྱི་བསམ་པས་འགྲོ་བ་རིགས་དྲུག་གི་སེམས་ཅན་ལ་བཏང་ལེན་གྱི་དམིགས་པ་ཟབ་མོ་བྱ་སྟེ། རང་གི་དབུགས་ཚུར་རྔུབ་པས་འགྲོ་བ་རིགས་དྲུག་གི་སྡུག་བསྔལ་ཉེས་ལྟུང་རང་གི་རྒྱུད་ལ་ལེན་པ་དང་། ཕར་བཏང་བས་རང་གི་བདེ་སྐྱིད་ཡོན་ཏན་གྱི་ནུས་པ་སེམས་ཅན་ཐམས་ཅད་ཀྱི་རྒྱུད་ལ་སྨིན་ནས་སོ་སོའི་སྡུག་བསྔལ་ཐམས་ཅད་བྱང་ཞིང་གང་ལ་གང་འདོད་ཐམས་ཅད་འབྱུང་བའི་སྨོན་སེམས་བླ་ན་མེད་པ་བསྐྱེད་པར་བྱ། དེ་ཡང་བློ་གྲོས་མི་ཟད་པས་ཞུས་པའི་མདོ་ལས།

བྱམས་དང་སྙིང་རྗེ་ལྡན་པས་འགྲོ་དོན་བརྩོན། །དགའ་དང་ལྡན་པས་ཕ་རོལ་ཆོས་ལ་སྦྱོར། །བཏང་སྙོམས་ལྡན་པས་ཆོས་མཆོག་འཚོ་བ་མེད། །འདི་ནི་ཐམས་ཅད་མཁྱེན་པའི་སེམས་སྦྱངས་ཡིན། ཞེས་གསུངས་པ་དང་། སྤྱོད་འཇུག་ལས། བྱང་ཆུབ་སེམས་དེ་མདོར་བསྡུ་ན། རྣམ་པ་གཉིས་སུ་ཤེས་བྱ་སྟེ། བྱང་ཆུབ་སྨོན་པའི་སེམས་དང་ནི། །བྱང་ཆུབ་འཇུག་པའི་སེམས་ཡིན་ནོ། །ཞེས་གསུངས་སོ། །དེ་ཡང་སྨོན་པ་བྱང་ཆུབ་ཏུ་སེམས་བསྐྱེད་པའི་བསོད་ནམས་ནི་ཚད་མེད་དེ། བྱམས་པའི་འཇུག་པ་ལས། གང་གིས་སྟོང་གསུམ་རིན་ཆེན་བཀང་བྱས་ཏེ། །སྟོབས་བཅུ་མངའ་བ་རྣམས་ལ་འབུལ་བ་བས། དེ་བས་བྱང་ཆུབ་དུ་ནི་སྨོན་བྱེད་པའི། །བསོད་ནམས་ཤིན་ཏུ་མང་པོ་འཕེལ་བར་འགྱུར། །གང་གི་ཞིང་རྣམས་གང་གའི་བྱེ་མ་སྙེད། །རིན་ཆེན་གང་བར་བྱས་ཏེ་སྦྱིན་པ་བྱིན། །དེ་བས་བྱང་ཆུབ་མཆོག་ཏུ་སྨོན་བྱེད་པ། །བསོད་ནམས་ཤིན་ཏུ་མང་པོ་འཕེལ་བར་འགྱུར། །ཞེས་གསུངས་སོ། །གཉིས་པ་འཇུག་པ་ནི། པདྨའི་སྙིང་གུར་ལས། གཞན་དག་སྲིད་པར་གྲོལ་བར་བརྩོན། །སེམས་དཔས་འགྲོ་བའི་དོན་ལ་བརྩོན། ཕ་རོལ་ཕྱིན་དྲུག་སྤྱད་པར་བྱ། །ཅེས་གསུངས་པས། བསྡུ་བའི་དངོས་པོ་བཞི་དང་། སྦྱིན་པ་རྣམ་བཞི་སྦྱིན་པ་ལ་རྟག་ཏུ་བརྩོན་པར་བྱ་དགོས་པ་ཡིན་ཏེ། བསྡུ་བའི་དངོས་པོ་བཞི་ནི། སྦྱིན་པ་དང་། སྙན་པར་སྨྲ་བ་དང་། དོན་མཐུན་པ་དང་། དོན་སྤྱོད་པའོ། །ཆོས་ཀྱི་སྦྱིན་པ་ནི། ཆོས་བསྒྲུབ་པའི་ཡོ་བྱད་མཐུན་རྐྱེན་གང་ལ་གང་འོས་སུ་སྦྱིན་པ་དང་། ཁྱད་པར་དུ་སྨིན་བྱེད་ཀྱི་དབང་དང་། གྲོལ་བྱེད་ཀྱི་གདམས་པའི་སྒོ་ནས་ཡང་དག་པའི་དོན་སྟོན་པར་བྱེད་པ་དང་། མདོར་ན་ཀླག

ལུང་དང་། བསླབ་པ་འབོག་པ་ལ་སོགས་དབང་པོ་དང་འཚམས་པའི་ཐེག་པ་ཆེ་ཆུང་གི་ཆོས་གང་འོས་སུ་སྟེར་བ་ནི། སྦྱིན་པ་རྣམས་ཀྱི་ནང་ནས་ཆོས་ཀྱི་སྦྱིན་པ་མཆོག་ཏུ་གྱུར་པའོ། །ཟང་ཟིང་གི་སྦྱིན་པ་ནི་རྒྱུ་རྫས་ལོངས་སྤྱོད་མཐའ་དག་དང་། རྟ་གླང་སོགས་རྐང་བཞིའི་རིགས། ཞིང་ཁང་བུ་དང་ཆུང་མ་མདོར་ན་གང་དགོས་པ་ཐམས་ཅད་སྦྱིན་པའོ། །གཞན་ཡང་ལུས་ཤ་ཁྲག་གི་སྦྱིན་པ་མགོ་དང་ཡན་ལག་དབང་པོ་རྣམ་ལྔ་ལ་སོགས་བཏང་བ་དང་། ནང་སེམས་ཀྱི་སྦྱིན་པ་སྙིང་རྗེ་ཚད་མེད་པ་བསྒོམ་པ་ནི་སྨོན་པ་ལྟར་རོ། །མི་འཇིགས་པའི་སྦྱིན་པ་ནི་གཞན་དག་ནད་གདོན་མེ་ཆུ་མཆོན་དང་། རྒྱལ་པོའི་འཇིགས་པ་མུ་གེས་ཉེན་པ་སོགས་མདོར་ན་འཇིགས་པ་ཐ་དག་ལ་རང་ལ་སྐྱོབས་ནུས་ཅི་ཡོད་ཀྱིས་བསྐྱབ་པའོ། གསུམ་པ་བསླབ་པ་ནི། བློ་གྲོས་མི་བཟད་པའི་ཞུས་པ་ལས། ཐབ་རབ་ཏུ་བོར་བ་འདི་ནི་སྦྱིན་པ་དག བྱམས་པ་ཡིད་དུ་འགྱུར་བ་འདི་ནི་ཚུལ་ཁྲིམས་དག བཟོད་པ་སྤོབས་བསྐྱེད་འདི་ནི་བཟོད་པ་དག སངས་རྒྱས་ཡེ་ཤེས་འདི་ནི་བརྩོན་འགྲུས་དག ཡིད་རབ་ཞི་བ་འདི་ནི་བསམ་གཏན་དག སྤྲ་ཚིག་མེད་པ་འདི་ནི་ཤེས་རབ་དག ཅེས་གསུངས་པ་ལྟར་གྱིས་ཡང་དགེ་པ་ཆོས་བྱེད་ཀྱིས་བསྡུ་བ་དང་། སྙན་གྲགས་ཡོ་བྱད་ཀྱིས་བསྡུ་བ་དང་། མཐུན་པ་གང་འཚམས་ཀྱིས་བསྡུ་བ་དང་། སྤྱོད་པ་ཕྱིན་དྲུག་དང་འཇུག་པ་ཕུན་སུམ་ཚོགས་པ་ལ་བསླབ་པར་བྱའོ། །བཞི་པ་སེམས་བསྐྱེད་པའི་ཕན་ཡོན་དང་བསོད་ནམས་དཔག་ཏུ་མེད་པ་འབྱུང་སྟེ། གསང་བ་བསམ་གྱིས་མི་ཁྱབ་པའི་མདོ་ལས། བྱང་ཆུབ་སེམས་ཀྱི་བསོད་ནམས་གང་། །གལ་ཏེ་དེ་ལ་གཟུགས་མཆིས་ན། །ནམ་མཁའི་ཁམས་ནི་ཀུན་བཀང་ནས། །དེ་ནི་དེ་ལས་ལྷག་པར་འགྱུར། །ཞེས་གསུང་པས། བྱང་ཆུབ་

སེམས་དཔའ་རིག་པ་འཛིན་པ་རྣམས་ཀྱིས་རྟག་ཏུ་བསྲུང་བ་དང་། སངས་རྒྱས་ལས་ཆོས་ཐོས་པ་དང་། ནམ་ཞིག་ཆི་འཕོས་པའི་ཚེ་ན། བྱང་ཆུབ་སེམས་ཀྱི་རྟ་ལ་ཞོན་ནས་བདེ་བར་འགྲོ་ཞིང་། མཐར་ཐུག་བླ་མེད་བྱང་ཆུབ་ཐོབ་པའི་ཕན་ཡོན་གཞལ་དུ་མེད་དོ། །དེ་ནས་སེམས་བསྐྱེད་དངོས་ནི། འཁོར་བ་སྡུག་བསྔལ་གྱི་རྒྱ་མཚོར་འཁྱམས་པའི་མ་རྒན་འདི་རྣམས་ཐར་པ་དང་ཐམས་ཅད་མཁྱེན་པའི་གོ་འཕང་ལ་དགོད་འདོད་ནའང་དེའི་ནུས་པ་ད་ལྟ་བདག་ལ་མི་འདུག་པས་བདག་གིས་འགྲོ་ཀུན་སྒྲོལ་ནུས་པའི་སངས་རྒྱས་ཀྱི་གོ་འཕང་མྱུར་དུ་ཐོབ་པར་བྱ། དེའི་ཆེད་དུ་ཟབ་མོའི་ལམ་འདི་ཉིད་ཉམས་སུ་བླངས་བར་བགྱིའོ་སྙམ་པའི་ལྷག་བསམ་རྩེ་གཅིག་པས་ངག་ཏུ་འདི་སྐད་དོ། །དེང་བཟུང་བྱང་ཆུབ་མ་ཐོབ་བར། །འགྲོ་དྲུག་སེམས་ཅན་ཐམས་ཅད་ལ། །མ་དང་བུ་ཡི་འདུ་ཤེས་ཀྱིས། །མ་བསྒྲལ་བསྒྲལ་དང་མ་གྲོལ་གྲོལ། །དབུགས་དབྱུངས་མྱ་ངན་འདས་ལ་འགོད། །སྨོན་འཇུག་བྱང་ཆུབ་སེམས་བསྐྱེད་དོ། །ཞེས་པ་གང་ནུས་བཟླས་སོ། །དེའི་དོན་ཡང་དེང་ནས་བཟུང་སྟེ་འགྲོ་དྲུག་སེམས་ཅན་ཐམས་ཅད་ལ་ཐར་པ་བྱང་ཆུབ་མ་ཐོབ་ཀྱི་བར་དུ་ཚད་མེད་པ་བཞི་བསྒོམ་དགོས་ཏེ། སྙིང་རྗེ་ཚད་མེད་པ་མ་སྟུན་བུ་གསོད་པ་ལྟ་བུ་དང་། བྱམས་པ་ཚད་མེད་པ་བྱ་མོའི་སྒོང་བྱེའུ་གསོ་བ་ལྟ་བུ་དང་། དགའ་བ་ཚད་མེད་པ་མ་ཡི་བུ་སྟོར་བ་ལས་རྙེད་པ་ཙམ་དང་། བཏང་སྙོམས་ཚད་མེད་པ་བྱང་ཆུབ་སེམས་དཔས་སྦྱིན་པ་བཏང་བའམ་དྲང་སྲོང་གིས་མགྲོན་འགྲེད་པ་ལྟ་བུ་ཚད་མེད་པ་བཞི་ཁ་ཙམ་ཚིག་ཙམ་མ་ཡིན་པར་སྙིང་ཐག་པ་ནས་བསྒོམ་པར་བྱའོ། །དེ་ཡང་སྔོན་གྱི་རྒྱལ་བ་རྣམས་ཀྱིས་སེམས་ཅན་འཁོར་བ་སྡུག་བསྔལ་གྱི་རྒྱ་འཚོ་ལས་མ་བསྒྲལ་བ་རྣམས་བདག་གིས་བསྒྲལ་བ་དང་། སེམས་ཅན་ཉོན་མོངས་པའི་འཆིང་

བ་ལས་མ་གྲོལ་བ་རྣམས་བདག་གིས་གྲོལ་བར་བྱའོ། །སེམས་ཅན་ཉོན་མོངས་པས་ཉམས་ཐག་པ་དབུགས་མ་དབྱུངས་བ་རྣམས་བདག་གིས་དབུགས་དབྱུངས་ཏེ་ཡོངས་སུ་མྱ་ངན་ལས་འདས་པར་བྱ་སྙམ་པའི་སེམས་སྟོབས་ཆེན་པོ་དང་ལྡན་པར་བྱའོ། །དེ་ལ་ཕན་ཡོན་མཐའ་ཡས་པ་ཡོད་དེ། སྤྱོད་འཇུག་ལས། བྱང་ཆུབ་སེམས་བསྐྱེད་གྱུར་ན་སྐད་ཅིག་གིས། །འཁོར་བའི་བཙོན་རར་བསྡམས་པའི་ཉམ་ཐག་རྣམས། །བདེ་གཤེགས་རྣམས་ཀྱི་སྲས་ཞེས་བརྗོད་བྱ་ཞིང་། །འཇིག་རྟེན་ལྷ་མིར་བཅས་པའི་ཕྱག་བྱར་འགྱུར། །ཞེས་སོ། །དེ་ལྟར་སྨོན་འཇུག་གི་སེམས་བསྐྱེད་དེ། །མངོན་མཐོ་ངེས་ལེགས་ཀྱི་ཐེག་པ་མཐའ་དག་གི་གཞི་རྟེན་ཡིན་པ་དང་། ཐར་བ་ཆ་མཐུན་ཡོན་ཏན་བསོད་ནམས་ཡེ་ཤེས་ཀྱི་འབྲས་བུ་མངོན་དུ་གྱུར་པའི་དགོས་ཆེད་ཡོད་དོ། །

སྤྱི་དོན་གསུམ་པ་ལས་རྒྱུ་འབྲས་ཀྱི་ལམ་ཁྱེར་བསྟན་པ་ནི། འོད་ལམ་ཡང་ཁྱེད་འདིར་འཁོད་པ་རྣམས་ཀྱིས་མ་ཡེངས་པར་བསམ་པ་ཐམས་ཅད་ཕྱོགས་གཅིག་ཏུ་བསྡུས་ལ་བདག་གཞན་དོན་གཉིས་ལྷུན་གྲུབ་ཀྱི་བསམ་པ་དང་ལྡན་པའི་ངང་ནས་ལེགས་པར་གསན་འཚལ། དེ་ཡང་རྒྱལ་པོ་ བླ་བས་ཞུས་པའི་མདོ་ལས།གསུང་དང་རྣ་བ་ཉིད་དང་ནི། །དད་དང་ཤེས་རབ་གེགས་མེད་པ། །ལྷ་པོ་འདི་དག་རྙེད་དཀའ་ཞིང་། །རྟག་ཏུ་སྟོན་པའི་གསུང་ལ་ཉོན། །ཞེས་གསུངས་པ་ལྟར་གྱི་ཡང་ཁྱེད་རང་རྣམས་ཀྱིས་མ་ཡེངས་པར་རྩེ་གཅིག་ཏུ་གུས་པར་ཉན་ནས་ཉམས་སུ་ལེན་པ་ལ་བསླབ་པར་བྱའོ། །དེ་ཡང་སངས་རྒྱས་ཐབས་མཁས་ལ་ཐུགས་རྗེ་དང་ཡེ་ཤེས་ཕྱོགས་མེད་དུ་རྒྱས་ཤིང་། མཛད་པ་ཕྲིན་ལས་རྨད་དུ་བྱུང་བའི་སངས་རྒྱས་སྐུ་གསུམ་གྱི་སྟོན་པ་རྣམས་ཀྱིས། འོ་སྐོལ་ཁམས་གསུམ་གྱི་སེམས་ཅན་ཐམས་

ཅད་ཐར་པ་བླ་ན་མེད་པའི་བྱང་ཆུབ་ལ་འགོད་པར་བྱ་བའི་ཆེད་དུ། ཆོས་ཀྱི་ཕུང་པོ་ཡང་བསམ་གྱིས་མི་ཁྱབ་པ་ཞིག་གསུངས་ཀྱང་། དེ་ཡང་བསྡུ་ན་རྣམ་པ་གཉིས་ཏེ། རྒྱུ་ལམ་དུ་བྱེད་པ་ཕ་རོལ་དུ་ཕྱིན་པའི་ཐེག་པ་དང་། འབྲས་བུ་ལམ་དུ་བྱེད་པ་གསང་སྔགས་རྡོ་རྗེ་ཐེག་པ་གཉིས་སུ་འདུས་ཏེ། དེ་ཡང་ད་ལམ་སྐབས་འདིར་ཁྱེད་རང་རྣམས་གསང་སྔགས་རྡོ་རྗེ་ཐེག་པའི་སྒོ་ནས་ཁྲིད་ཀྱི་རིམ་པ་ལའང་། གོང་དུ་བསྟན་པ་ལྟར། དལ་འབྱོར་ཕུན་སུམ་ཚོགས་པ་རྙེད་པར་དཀའ་ཡང་འཇིག་སླ་བའི་རང་བཞིན་ཅན་མི་རྟག་ཅིང་མི་བརྟན་པ་སྟེ། དེ་ཡང་སྣོད་ཀྱི་འཇིག་རྟེན་འདི་དག་གནས་སྐབས་སུ་དབྱར་དགུན་སྟོན་དཔྱིད་ནམ་ཟླ་དུས་བཞིའི་འགྱུར་ལྡོག་གིས་མི་རྟག་ཅིང་། ནང་བཅུད་ཀྱི་འགྲོ་བ་རྣམས་ཀྱང་ཚེ་སྟོད་སྨད་ལ་སྐྱིད་སྡུག་དང་ཚེ་རིང་ཐུང་ལ་ངེས་པ་མེད་ཅིང་ཐ་ན་ཞག་དང་ཉིན་རེ་ལ་ཡང་མི་རྟག་ཅིང་འགྱུར་བའི་རང་བཞིན་ཅན་ནོ། །སྒྱིར་འདུས་པ་འབྲལ། བསགས་པ་འཛད། བརྩིགས་པ་ཞིག འདུས་བྱས་ལ་སྙིང་པོ་མེད་པ་དང་། ཁྱད་པར་དུ་རང་གི་ཕུང་པོ་ཁམས་དང་སྐྱེ་མཆེད་འདི་ཡང་། སྐྱེ་རྒ་ན་འཆིའི་དབང་གིས་རིམ་པར་འགྱུར་བ་དང་། དེ་ཡང་རང་ལ་ཚེ་སྐལ་ཅི་ཡོད་ཀྱི་ངེས་པ་ནི་མེད་དེ། རླུང་གསེབ་ཀྱི་མར་མེ་དང་། ཆོང་འདུས་ཀྱི་མགྲོན་པོ་དང་། རྩྭ་ཁའི་ཟིལ་པ་དང་། ཆུའི་ཆུ་བུར་ལྟ་བུ་འདི་ལ་ནད་བཞི་བརྒྱ་རྩ་བཞི། གདོན་བགེགས་རྐྱེན་གྱི་འཚེ་བ་མང་པོས་འཆི་བའི་རྐྱེན་བྱས་ཏེ། བསགས་པའི་ནོར། མཛའ་བའི་གྲོགས། སྡོད་པའི་གནས། གཅེས་པའི་སྒྱུ་ལུས་ཐམས་ཅད་བོར་ཏེ། ཆ་མེད་ཀྱི་ཡུལ་དུ་རྒྱུས་མེད་པར་འགྲོ་དགོས་ཤིང་། ལུས་ནི་མེ་ལ་བསྲེག་གམ་ཆུ་ལ་བསྐྱུར་རམ། ཡ་ང་བའི་གནས་དུར་ཁྲོད་བས་མཐའ་ནགས་གླིང་ཆུ་འགྲམ་རྣམས་སུ་བྱ་དང་གཅན་གཟན་གྱི་དྲུང་དུ་

འཕང་། བཏགས་པའི་མིང་ཡལ། རྣམ་ཤེས་རླུང་གིས་ཁྱེར་བ་བཞིན་དུ་གཏད་མེད་དུ་འཁྱམས་དགོས་པ་ཡིན། དེ་ཡང་ཤི་ནས་ཅང་མེད་སྟོང་པར་སོང་བ་ནི་མ་ཡིན་ཏེ། སོ་སོའི་སྔོན་གྱི་ལས་འབྲས་གང་ལྟར་ཡོད་པ་དེ་ལུས་དང་གྲིབ་མ་བཞིན་དུ་འགྲོགས་ནས་འགྲོ་ལ། སྔོན་དགེ་བའི་འབྲས་བུ་ཕུན་སུམ་ཚོགས་པ་ལ་བརྟེན་ནས་མཐོ་རིས་ཀྱི་དགའ་བདེ་དཔལ་འབྱོར་ལ་སྤྱོད་ཅིང་། སྔོན་སྡིག་པའི་འབྲས་བུ་ལ་བརྟེན་ནས་ངན་སོང་གི་སྡུག་བསྔལ་ཆེན་པོ་བཟོད་དུ་མེད་པ་འབྱུང་ཞིང་། དགེ་སྡིག་སྤེལ་མ་སྤྱད་པའི་རྣམ་སྨིན་བདེ་སྡུག་སྣ་ཚོགས་འབྱུང་བའོ། །དེ་ཡང་ལས་ཀྱི་བསགས་ཚུལ་རེ་རེ་ལ་ཡང་སྐྱེས་བུ་བྱེད་པའི་འབྲས་བུ། རྣམ་པར་སྨིན་པའི་འབྲས་བུ། རྒྱུ་མཐུན་གྱི་འབྲས་བུ། དབང་གི་འབྲས་བུ་སོགས་རྣམ་སྨིན་དུ་མ་ཞིག་འཕེལ་བར་བྱེད་འདུག་པས། དེ་ཡང་སྡིག་པའི་འབྲས་བུ་ནི་སྡུག་བསྔལ་བ། དགེ་བའི་འབྲས་བུ་ནི་མཐོ་རིས་ཐར་པ། དཀར་ནག་བསླུ་བ་མེད་པས་རྒྱུ་འབྲས་ཞིབ་མོར་དཔྱད་ཅིང་བསམས་ཏེ་བླང་དོར་ལ་འབད་པར་བྱའོ། །རིན་ཆེན་ཕྲེང་བ་ལས།།མི་དགེ་བ་ལས་སྡུག་བསྔལ་ཀུན། །དེ་བཞིན་ངན་འགྲོ་ཐམས་ཅད་དོ། །དགེ་ལས་བདེ་བ་ཐམས་ཅད་དང་། །རྣམ་པ་ཀུན་ཏུ་དགེ་བ་དག །ཅེས་གསུངས་པ་ལྟར་རྒྱུ་དགེ་སྡིག་གཉིས་ལས་འབྲས་བུ་བདེ་སྡུག་སོ་སོར་སྨིན་པར་ངེས་པས། མི་དགེ་བ་བཅུ་སོགས་མི་དགེ་བ་ཕྲ་མོ་ཙམ་ཡང་སྤྲོག་དང་བཟློས་ནས་སྤངས་ཤིང་། དགེ་བ་བཅུ་སོགས་དགེ་བའི་ལས་ཕྲ་མོ་ཡང་ཅི་ནུས་སུ་སྒྲུབ་པ་དང་། ལུང་མ་བསྟན་གྱི་བྱ་བ་ཐམས་ཅད་ཀྱང་དགེ་བའི་ལམ་སྒྲོལ་དུ་ཅི་ཚུད་བྱའོ། །ད་ལྟ་ཡང་མཐོ་རིས་རྣམས་སུ་བདེ་སྐྱིད་དང་།ངན་སོང་གི་གནས་སུ་སྡུག་བསྔལ་བ་རྣམས་ཀྱང་རང་རང་གི་སྔོན་གྱི་ལས་འབྲས་ཀྱི་རྒྱུ་ལས་བྱུང་བ་ཡིན་ཏེ།

ཇོ་གས་པ་ཆེན་པོ་སེམས་ཉིད་ངལ་གསོ་ལས། དེ་ལྟར་སྲིད་པའི་བདེ་སྡུག་མཐོ་དམན་རྣམས། །སྔོན་བསགས་ལས་ལས་འབྱུང་བར་ཐུབ་པས་གསུངས། །ཞེས་དང་། འགྲོ་བ་སོ་སོའི་རྒྱུན་ཐ་དད་པ་ལས་སྒྲུར་བས། ལས་ཐ་དད་པའི་འབྲས་བུ་རྣམས་གནས་དང་ལོངས་སྤྱོད་བདེ་སྡུག་དུ་མར་སྨིན་པ་ནི། ལས་བརྒྱ་པ་ལས། ཨེ་མ་ཧོ་འཛིག་རྟེན་ལས་ལས་སྐྱེས། །བདེ་དང་སྡུག་བསྔལ་ལས་ཀྱིས་བྲིས། །རྒྱེན་རྣམས་ཚོགས་ནས་ལས་འབྱུང་ཞིང་། །ལས་ཀྱིས་བདེ་དང་སྡུག་བསྔལ་བྱེད། །ཅེས་པ་དང་། ལས་རྣམས་བསྐལ་པ་བརྒྱར་ཡང་ནི། །ཆུད་མི་ཟ་བའང་ཚོགས་དང་དུས། །རྐྱེད་ནས་ལུས་ཅན་རྣམས་ལ་ནི། །འབྲས་བུ་ཉིད་དུ་སྨིན་པར་འགྱུར། །ཞེས་པ་དང་། པདྨ་དཀར་པོ་ལས། ལས་ནི་ཀུན་བྱེད་རི་མོ་མཁན་འདྲ་ཞིང་། །ལས་ནི་འདུ་བྱེད་གར་མཁན་ཉིད་དང་འདྲ། །ཞེས་པ་དང་།བྱང་ཆུབ་ཀྱི་ཚོགས་བསྡུ་བ་ལས། །རྣམ་གསུམ་ཉོན་མོངས་ཅན་དང་དེ་མེད་པ། །བསོད་ནམས་ཐར་པའི་ལས་ནི་བརྟན་ཧེ་སྒྲུབ། །ཡིད་ཕྱིར་ལས་ཕྱིར་འགྲོ་བ་རྒྱུ་མཐུན་ཕྱིར། །ལས་ཀྱི་རྩོལ་བའང་ཆེན་པོས་བོན་བཞིན། །ཞེས་སོ། །གཞན་ཡང་རིན་ཆེན་ཕྲེང་བ་ལས། སྲོག་མི་གཅོད་དང་རྐུ་སྤྱངས་དང་། །གཞན་གྱི་ཆུང་མ་སྤོངས་བ་དག །ལོག་དང་ཕྲ་མ་རྫུབ་ཉིད་དང་། །མ་འབྲེལ་སྨྲ་བ་ཡང་དག་སྤོམས། །ཆགས་དང་གནོད་སེམས་མེད་པ་ལ། །ཉིད་ཀྱིས་ལྟ་བ་ཡོངས་སྤངས་ལ། །འདི་དག་ལས་ལམ་དཀར་བཅུ་སྟེ། །བཟློག་པ་དག་ནི་ནག་པོ་ཡིན། །ཞེས་སོ། །དེས་ན་མི་དགེ་བས་ངན་སོང་དང་སྡུག་བསྔལ་སྐྱེད་ལ། དགེ་བས་མཐོ་རིས་དང་བདེ་འགྲོ་འཐོབ་སྟེ། དྲན་པ་ཉེར་བཞག་ལས། མི་དགེས་ངན་སོང་དག་དང་སྡུག་བསྔལ

ཐོབ། །དགེ་བ་ཡིས་ནི་བདེ་དང་མཐོ་རིས་འགྲོ། །ཞེས་སོ། །གཞན་ཡང་སོ་སོར་ཐར་པའི་མདོ་ལས། སྡིག་པ་ཅི་ཡང་མི་བྱ་ཞིང་། །དགེ་བ་ཕུན་སུམ་ཚོགས་པར་སྤྱོད། །རང་གི་སེམས་ནི་ཡོངས་སུ་འདུལ། །འདི་ནི་སངས་རྒྱས་བསྟན་པ་ཡིན། །ཞེས་དང་། ལས་རྣམ་པར་འབྱེད་པའི་མདོ་ལས། ཁྱིམ་བདག་ཧོ་འུ་ཏ་ཡི་བུ་བྲམ་ཟེའི་ཁྱེའུ་ནེ་ཙོས་གསོལ་པ། ཀྱཻ་གོ་ཏ་མ་རྒྱུ་མཐུན་རྐྱེན་ནི་གང་གིས། སེམས་ཅན་རྣམས་ཚེ་ཐུང་བ་དང་། ཚེ་རིང་བ་དང་། ནད་མེད་པ་དང་། ནད་ཉུང་བ་དང་། མདོག་སྡུག་པ་དང་། མི་སྡུག་པ་དང་། དབང་ཆེ་བ་དང་། ཆུང་བ་དང་། རིགས་བཙུན་པ་དང་། དམན་པ་དང་། ལོངས་སྤྱོད་ཆེ་བ་དང་། ཆུང་བ་དང་། ཤེས་རབ་ཆེ་བ་དང་། ཆུང་བར་འགྱུར་བ་ཇི་ལྟར་ལགས། བཀའ་སྩལ་པ། བྲམ་ཟེའི་ཁྱེའུ་སེམས་ཅན་རྣམས་ནི་ལས་ལས་གྱུར་པ། ལས་ཀྱི་བགོ་སྐལ་ལ་སྤྱོད་པ། ལས་ཀྱི་སྐྱེ་གནས་ཅན། ལས་ལ་རྟོན་པ་སྟེ། དམན་པ་དང་། མཆོག་དང་། འབྲིང་པོ་དང་། མཐོན་པོ་དང་། དམའ་བ་དང་། ངན་པ་དང་། བཟང་པོ་རྣམས་སུ་རྣམ་པར་ཕྱེའོ། །སེམས་ཅན་རྣམས་ཀྱི་ལས་སྣ་ཚོགས་དང་། ལྟ་བ་སྣ་ཚོགས་དང་། སྤྱོད་པ་སྣ་ཚོགས་དང་། ལས་ནག་པོས་ནི་སེམས་ཅན་དམྱལ་བ་དང་། ཡི་དྭགས་དང་། དུད་འགྲོ་རྣམས་ཀྱི་ནང་དུ་སྐྱེའོ། །ལས་དཀར་པོས་ནི་ལྷ་དང་མི་རྣམས་ཀྱི་ནང་དུ་སྐྱེ་བར་འགྱུར་རོ། །ཞེས་སོ། །དོན་གཅིག་ཏུ་དྲིལ་ན་བདེ་འགྲོ་དང་ངན་འགྲོའི་རྒྱུ་ནི་དགེ་བ་དང་མི་དགེ་བ་གཉིས་ཁོ་ན་ལ་རག་ལས་པ་སྟེ། དེ་ལ་དགེ་བ་ནི་གཉིས་ཏེ། བསོད་ནམས་ཆ་མཐུན་སྲིད་པའི་བདེ་འབྲས་སྐྱེད་ཙམ་ནས་ཟད་པར་གྱུར་པ་དགེ་བ་བཅུ་དང་བསམ་གཏན་བཞི་དང་། གཟུགས་མེད་བཞི་

སྡེ་ཐར་པ་དང་མ་འབྲེལ་བ་རྣམས་དང་། ཐར་པ་ཆ་མཐུན་མྱ་ངན་ལས་འདས་པའི་རྒྱུར་མཐུན་པ་རྣམས་སོ། །

དང་པོ་བསོད་ནམས་ཆ་མཐུན་དགེ་བ་བཅུ་ནི། ཡིད་བཞིན་རིན་པོ་ཆེའི་མཛོད་ལས། ལུས་གསུམ་ངག་བཞི་ཡིད་ཀྱི་གསུམ་དག་སྟེ། །འདི་བཅུ་བསམ་གཏན་གཟུགས་མེད་མ་འབྲེལ་ན། །འདོད་པའི་ལྷ་མིར་བདེ་འབྲས་སྐྱེད་པ་ཉིད། །ཅེས་སོ། །དེ་ལ་སྲོག་གཅོད་མ་བྱིན་ལེན་འདོད་པས་ལོག་གཡེམ་གསུམ་སྤངས་ལ། །སྲོག་བསླུ་སྦྱིན་གཏོང་སྡོམ་པ་སྲུང་བ་ནི་ལུས་ཀྱི་དགེ་བ་གསུམ་མོ། །རྫུན་དང་ཕྲ་མ་ཚིག་རྩུབ་ཀྱལ་ཀ་བཞི་སྤངས་ལ། བདེན་པོར་སྨྲ་བ་མཐུན་འགྱུར་བསྔོད་ཚིག་སླ་བ་བརྩོན་པ་ནི་ངག་གི་དགེ་བ་བཞིའོ། །བརྣབ་སེམས་གནོད་སེམས་ལོག་ལྟ་གསུམ་སྤངས་ལ། བསམ་བཟང་ཕན་སེམས་ཆོས་ལ་མོས་པ་ནི་ཡིད་ཀྱི་དགེ་བ་གསུམ་མོ། །དགེ་བ་བཅུ་པོ་འདི་ཉིད་སྤྱད་པས་རང་བཞིན་བསམ་གཏན་གཟུགས་མེད་བསྒོམ་པ་དང་མ་འབྲེལ་ན། རྣམ་སྨིན་གྱི་འབྲས་བུ་མཐོ་རིས་ལྷ་མིའི་བདེ་བ་ལ་ལོངས་སྤྱོད་དེ་དེ་ཡང་གླིང་བཞི་གླིང་ཕྲན་གྱི་མི་དང་འདོད་ལྷ་དྲུག་པོ་ཐོབ་པའོ། །ཡིད་བཞིན་རིན་པོ་ཆེའི་མཛོད་ལས། བསམ་གཏན་གཟུགས་མེད་དང་འབྲེལ་གོང་མ་གཉིས། །དགེ་བས་བདེ་འགྲོ་བདེ་བའི་རིགས་ཀུན་བསྐྱེད། །ཅེསདགེ་བ་བཅུ་དང་། བསམ་གཏན་བཞི་སྦྲེལ་ནས་འབྱོངས་ན་གཟུགས་ཀྱི་ཁམས་སུ་སྐྱེ་ལ། དགེ་བ་བཅུ་དང་གཟུགས་མེད་བཞི་འབྲེལ་བ་ཚད་དུ་ཕྱིན་པས་སྐྱེ་མཆེད་མུ་བཞི་ཐོབ་པའོ། །དེ་ཡང་འཕེན་བྱེད་དང་བདེ་བའི་ཆ་རྫོགས་བྱེད་ཀྱི་ལས་དགེ་བ་བཅུས་བྱེད་ལ། བསམ་གཏན་གཟུགས་མེད་ཀྱི་རགས་པའི་སེམས་སུ་འགྲུབ་པ་བསམ་གཏན་གཟུགས་མེད་བསྒོམ་པ་དེས་འགྲུབ་པར་བྱེད་

དོ། །དེ་ལྟར་ན་དགེ་བས་རིགས་དག་མཐོ་རིས་སུ་སྐྱེ་བའི་ལུས་མངོན་པར་འགྲུབ་པ་ཡིན་ནོ། །དགེ་བ་བཅུའི་རྣམ་སྨིན་གྱི་འབྲས་བུ་མཐོ་རིས་ལྷ་མི་ཡིན་ལ། བདག་པོའི་འབྲས་བུ་ཡུལ་ལ་སྨིན་པའི་ཆ་མེ་ཏོག་དང་འབྲས་བུས་བརྒྱན་ཞིང་འཚེ་བ་མེད་པ་ལམ་བགྲོད་བདེ་བ་ལ་སོགས་པ་དང་། རྒྱུ་མཐུན་གྱི་འབྲས་བུ་ལ་བྱེད་པ་རྒྱུ་མཐུན་དགེ་བཅུ་བྱེད་པར་སྤྲོ་ཞིང་། མྱོང་བ་རྒྱུ་མཐུན་གྱིས་ཚེ་རིང་བ་དང་། ནད་མེད་པ་དང་ལོངས་སྤྱོད་དང་ལྡན་པ་ལ་སོགས་པའོ། །དེ་དག་ཆ་ཤས་དབྱེ་བ་བསྟན་པ་ནི། ཡིད་བཞིན་རིན་པོ་ཆེའི་མཛོད་ལས། སྲོག་གཅོད་སྤངས་པས་ཚེ་རིང་ནད་མེད་ཅིང་། །མ་བྱིན་ལེན་སྤངས་འབྱོར་པ་ཕུན་སུམ་ཚོགས། །ལོག་པར་གཡེམ་སྤངས་ཁྲིམ་ཐབས་དགྲ་ཟླ་མེད། དེ་ལྟར་ལུས་ཀྱི་ལས་མི་དགེ་གསུམ་སྤངས་ཏེ་དགེ་བར་སྤྱད་པས། ཚེ་རིང་བ་དང་ནོར་འབྱོར་བ་དང་། ཁྲིམ་ཐབས་རང་དབང་དང་བཅས་པ་ཐོབ་ལ། སྨྲ་མའི་ལུང་ལས་རྫུན་དུ་སྨྲ་སྤངས་གཞན་གྱིས་བསྟོད་པ་སྟེ། །རྫུབ་མོ་རྣམ་སྤངས་སྙན་པར་སྨྲ་བས་བདེ། །ཕྲ་མ་རྣམ་སྤངས་མཐོང་ན་མི་མཐུན་མེད། །ཀྱལ་ཀ་སྤངས་པས་ཚིག་བཙུན་འོས་པར་འགྱུར། །ཞེས་པ་ལྟར། ངག་གི་ལས་མི་དགེ་བཞི་སྤངས་པ་ལས་ནི་ཀུན་གྱིས་བསྟོད་པ་དང་སྙན་པར་གྲགས་པ་དང་། མཐོང་ན་ཡིད་དུ་འོངས་ཤིང་འཁོར་འདུམ་པ་དང་། ཚིག་ཡིད་ཆེས་པའི་གནས་སུ་འཛིན་པ་ཐོབ་བོ། ཡང་ལུང་དེ་ཉིད་ལས། བརྣབ་སེམས་སྤངས་པས་རེ་བ་འགྲུབ་པ་སྟེ། གནོད་སེམས་སྤངས་པས་ཡིད་འོང་མཐོང་ན་ཞི། །ལོག་པར་ལྟ་སྤངས་ལྟ་བ་བཟང་པོ་སྟེ། །མཐོ་རིས་འགྲོ་བའི་ཤིང་རྟ་དགེ་བ་བཅུ། །མངོན་མཐོ་བདེ་འདོད་རྣམས་ཀྱིས་དང་དུ་བླངས། །ཞེས་གསུངས་པ་ལྟར། ཡིད་ཀྱི་ལས་མི་དགེ་བ་གསུམ

སྤྱངས་པ་ལས། བསམ་བཞིན་དོན་ཐམས་ཅད་འགྲུབ་པ་དང་། ཕ་རོལ་གྱིས་མཐོང་ན་ཞེ་ཞིང་ཡིད་དུ་འོང་བ་དང་། སྐྱེས་མ་ཐག་ནས་སྲིད་པ་དང་སྐྱེ་བ་ཀུན་ཏུ་རྒྱུ་འབྲས་ལ་ཡིད་ཆེས་པའི་ལྟ་བ་དང་ལྡན་པའོ། །དེ་ཉིད་རིན་ཕྲེང་དུ། འཇིག་རྟེན་པའི་ནི་ཡང་དག་ལྟ། །ཆེན་པོ་སུ་ལ་ཡོད་གྱུར་པ། དེ་ནི་ཚེ་རབས་སྟོང་དུ་ཡང་། །ངན་འགྲོར་འགྲོ་བ་མི་འགྱུར་རོ། །ཞེས་བཤད་པ་བཞིན་ནོ། །འདི་བཅུ་ནི་བདེ་འགྲོ་དང་བདེ་བ་འདོད་པས་སྤྱད་དོ། །ད་ནི་དགེ་བའི་མི་མཐུན་ཕྱོགས་ནི། ཡིད་བཞིན་རིན་པོ་ཆེའི་མཛོད་ལས། མི་དགེའི་ལས་བཅུ་ངན་སོང་སྡུག་བསྔལ་རྒྱུ། །ཚེ་འབྲིང་ཆུང་དུས་དམྱལ་བ་ཡི་དྭགས་དང་། །དུད་འགྲོར་ལྟུང་གྱུར་སྣ་ཚོགས་སྡུག་བསྔལ་ལྡན། །ཞེས་གསུངས་པ་ལྟར། །སྲོག་གཅོད་པ་དང་། མ་བྱིན་པར་ལེན་པ་དང་། ལོག་པར་གཡེམ་པ་དང་། རྫུན་དུ་སྨྲ་བ་དང་། ཕྲ་མ་དང་། ངག་འཁྱལ་བ་དང་། ཚིག་རྩུབ་མོ་དང་། བརྣབ་སེམས་དང་། གནོད་སེམས་དང་། ལོག་པར་ལྟ་བ་སྟེ། མི་དགེ་བ་བཅུ་ནི། མཛོད་ལས། སྲོག་གཅོད་པ་ནི་བསམ་བཞིན་དུ། །མ་ནོར་བ་ནི་གཞན་བསད་པའོ། མ་བྱིན་ལེན་པ་གཞན་གྱི་ནོར། །མཐུ་དང་འཇབ་བུས་བདག་གིར་བྱེད། །བགྲོད་མིན་བགྲོད་པར་འདོད་ལ་སོགས། །ལོག་པར་གཡེམ་པ་རྣམ་པ་བཞི། །རྫུན་ཚིག་འདུ་ཤེས་གཞན་བསྒྱུར་བས། ཚིག་དོན་མངོན་པར་གོ་བའོ། །ཕྲ་མ་ཕ་རོལ་དབྱེ་བའི་ཚིག །མི་སྙན་བརྗོད་པ་རྩུབ་མོ་སྟེ། །ཉོན་མོངས་ཅན་ཀུན་ཀྱལ་བ་ཡིན། །བསམ་ཆོས་ངན་ཞིང་བརྣབ་སེམས་ནི། །ལོག་པས་གཞན་གྱི་ནོར་ལ་ཆགས། །གནོད་སེམས་སེམས་ཅན་ལ་སྡང་བ། །དགེ་དང་མི་དགེ་མེད་ལྟ་བ། །ལོག་པར་ལྟ་བ་ཡིན་འདི་ལ། །ཞེས་པ་བཞིན་

ནོ། །དེ་ལྟ་བུའི་མི་དགེ་བ་དེ་དག་གི་འབྲས་བུ་ནི་གསུམ་སྟེ། རྣམ་སྨིན་གྱི་འབྲས་བུ་དང་། རྒྱུ་མཐུན་གྱི་འབྲས་བུ་དང་། བདག་པོའི་འབྲས་བུའོ། །དེ་ལ་རྣམ་སྨིན་གྱི་འབྲས་བུ་ནི། མི་དགེ་བ་དེ་དག་ཀྱང་ཀུན་སློང་དྲག་ཞན་ལ་སོགས་པའི་བྱེ་བྲག་གིས་ཆེན་པོ་དང་། འབྲིང་དང་། ཆུང་ངུ་གསུམ་དུ་འགྱུར་ལ། དེ་ཡང་ཆེ་བས་དམྱལ་བ། འབྲིང་གིས་ཡི་དྭགས། ཆུང་ངས་དུད་འགྲོར་སྐྱེ་བ་ཡིན་ཏེ། སོ་སོའི་སྡུག་བསྔལ་རྣམས་མྱོང་བར་འགྱུར་བ་ཡིན་ནོ། །གཉིས་པ། མྱོང་བ་རྒྱུ་མཐུན་གྱི་འབྲས་བུ་ནི། །སྲོག་བཅད་པས་ཚེ་ཐུང་། རྐུས་པས་ལོངས་སྤྱོད་དབུལ། ལོག་པར་གཡེམ་པས་དགྲ་མང་། རྫུན་སྨྲ་བས་གཞན་གྱིས་སྐུར་པ་འདེབས་པ་མང་། ཕྲ་མས་གྲོགས་དང་བྲལ་ཞིང་ཀུན་དང་མི་མཐུན་པས་དགྲར་གྱུར། །ཚིག་རྩུབ་སྨྲ་བས་རྟག་ཏུ་མི་སྙན་པ་ཐོས། ཚིག་འཁྱལ་བ་སྨྲ་བས་ངག་མི་བཙུན། བརྣབ་སེམས་ཀྱིས་རེ་བ་མི་འགྲུབ། གནོད་སེམས་ཀྱིས་རྟག་ཏུ་འཇིགས་ཤིང་བག་ཚ་བ་བསྐྱེད། ལོག་པར་ལྟ་བས་གླེན་ཞིང་གཏི་མུག་པར་འགྱུར་རོ། བྱེད་པ་རྒྱུ་མཐུན་གྱིས་སྔར་བྱས་པ་དེ་ལ་ཕྱིས་ཀྱང་དེ་བཞིན་དུ་དགའ་བའོ། །གསུམ་པ། བདག་པོའི་འབྲས་བུ་ནི། ཕ་རོལ་ཡུལ་ལ་སྨིན་པར་འགྱུར་ཏེ། སྲོག་གཅོད་ཀྱིས་བུ་དང་སྨན་སོགས་མཐུ་ཆུང་། བརྐུ་བས་ལོ་ཉེས། ལོག་གཡེམ་གྱིས་ས་ཕྱོགས་རྡུལ་དང་ཁྱུག་སྣ་ཆར་རྡུལ་གྱིས་འཁྲིགས། རྫུན་གྱིས་ས་ཕྱོགས་དྲི་ང་ཞིང་ལྷུན་ལྷིན་གྱིས་གང་། ཕྲ་མས་ས་གཞི་གཡང་དང་ངམ་གྲོག་རད་རོད་དུ་འགྱུར། ཚིག་རྩུབ་ཀྱིས་ཐང་སྐྱ་བོ་དང་། ཚེར་མ་དང་ཚ་སྒོ་ཅན་དུ་འགྱུར། ཀྱལ་པས་ནམ་ཟླ་དུས་བཞི་ཚུལ་མིན་དུ་འགྱུར། བརྣབ་སེམས་ཀྱིས་འབྲས་བུ་ཕྲ་བ་དང་ངན་པར་འགྱུར། གནོད་སེམས་ཀྱིས་རོ་

བཙུད་བཟང་པོ་རྣམས་ངན་པར་འགྱུར། ཡོག་ལྟས་འབྲུ་རྣམས་ཉུང་ང་ནས་གཏན་
མེད་ཀྱི་བར་དུ་འགྱུར་བ་སོགས་སོ། །དེ་ལྟར་རྒྱུ་འཐུན་དང་བདག་པོའི་འབྲས་བུ་
འདི་རྣམས་སྐྱེ་བ་འདི་དང་ཕྱི་མའི་བར་སྐབས་མ་ངེས་པར་འབྱུང་བའོ། །དེས་ན་མི་
དགེ་བ་བཅུ་ནི་དུག་དང་འདྲ་བས་བློ་ལྡན་རྣམས་ཀྱིས་དོར་བྱར་འོས་པ་ཉིད་
དེ། །ཡིད་བཞིན་རིན་པོ་ཆེའི་མཛོད་ལས། དེ་ལྟར་མི་དགེ་བཅུ་པོ་དུག་འདྲ་
བས། །སེམས་ཤེས་རྣམས་ཀྱིས་རབ་ཏུ་སྤངས་འཚལ་ལོ། །ཞེས་མི་དགེ་བ་ནི་
གང་གིས་སྤྱད་པས་འབྲས་བུ་རྣམ་སྨིན་རྩུབ་མོ་སྨྱོང་བའི་ཕྱིར་དོས་ལྐོག་གང་དུ་ཡང་
སྤང་དགོས་ཏེ། ཇི་སྐད་དུ། མ་མཐོང་པ་ནི་སྡིག་པ་བྱེད་པ་དག །ཁོང་དུ་
དུག་ཟོས་བདེ་བར་མི་འགྱུར་ཞིང་། །ལྷ་དང་རྣལ་འབྱོར་ཅན་དང་དེ་བཞིན་
དུ། །རྣམ་དག་མིག་གིས་མི་མཐོང་མི་སྲིད་དོ། །ཞེས་སོ། །ད་ནི་ཐར་པ་ཆ་
མཐུན་གྱི་དགེ་བ་བཤད་པ་ནི། ཡིད་བཞིན་རིན་པོ་ཆེའི་མཛོད་ལས། ཐར་པའི་
ལམ་གྱིས་བྱང་ཆུབ་ཞི་བ་སྒྲུབ། །སྲིད་ལས་འདའ་བྱེད་སྡུག་བསྔལ་སྤོང་བར་
བྱེད། །ཅེས་སོ། །ཐར་པའི་རྒྱུ་བྱེད་པའི་དགེ་བས་འཁོར་བ་ལས་འདའ་ཞིང་
སྡུག་བསྔལ་སྤོང་བར་བྱེད་པ་ནི་སྒོ་གསུམ་གྱི་བྱ་བྱེད་ཐམས་ཅད་བྱང་ཆུབ་ཀྱི་སེམས་
ཀྱིས་ཟིན་པར་བྱ་སྟེ། བཞི་བརྒྱ་པ་ལས། བསམ་པས་བྱང་ཆུབ་སེམས་དཔའ་
ལ། །དགེ་བའམ་གལ་སྟེ་མི་དགེའང་རུང་། །ཐམས་ཅད་དགེ་བ་ཉིད་འགྱུར་
ཏེ། །གང་ཕྱིར་ཡིད་ཀྱིས་དབང་བསྒྱུར་ཕྱིར། །ཞེས་དང་། སྤྱོད་འཇུག་
ལས། དེང་ནས་བཟུམ་སྟེ་གཉིད་ལོག་གམ། །བག་མེད་གྱུར་ཀྱང་བསོད་
ནམས་ཤུགས། །རྒྱུན་མི་འཆད་པ་དུ་མ་ཞིག །ནམ་མཁའ་མཉམ་པ་རབ་ཏུ་
འབྱུང་། ཞེས་དང་། ཡིད་བཞིན་རིན་པོ་ཆེའི་མཛོད་ལས། གང་ཞིག་ཐེག

པ་གསུམ་གྱི་ལམ་ཞུགས་པའི། །འགྲོ་བ་རྣམས་ཀྱིས་ལེགས་པར་སྒྲུབ་པ་ནི། །སོ་སོའི་སེམས་བསྐྱེད་ཚད་མེད་བཞི་བསྒོམ་ཞིང་། །ཕར་ཕྱིན་དྲུག་སྤྱོད་བྱང་ཆུབ་ཕྱོགས་ཆོས་སྒྲུབ། །ཉིན་མཚན་བརྩོན་པས་དགེ་བ་འགྱུར་རྣམས་ཡིན། །ཞེས་སོ། །ཉན་ཐོས་ཀྱི་ལམ་འཚོལ་བར་སེམས་བསྐྱེད་ནས་ལམ་དང་པོ་དྲན་པ་ཉེར་བཞག་བསྒོམ་པ་ནས་རྫོགས་ཀྱི་བར་སྤྱོད་པའི་གང་ཟག་ནི་སྐྱེས་བུ་ཆུང་ངུའོ། །རང་སངས་རྒྱས་ཀྱི་ལམ་དུ་ཞུགས་པ་འབྲིང་ངོ་། །ཐེག་པ་ཆེན་པོར་སེམས་བསྐྱེད་ནས་ལམ་སྒྲུབ་པ་ཆེན་པོ་སྟེ། །སྐྱེས་བུ་གསུམ་གྱི་སོ་སོའི་སེམས་བསྐྱེད་ནས་ཆོས་སུམ་ཅུ་རྩ་བདུན་སྤྱོད་ཅིང་། ཚད་མེད་པ་བཞི་དང་། ཕ་རོལ་དུ་ཕྱིན་པ་དྲུག་གིས་བསྡུས་པའི་ཉིན་མཚན་དགེ་བ་ལ་བརྩོན་པ་བསྒོ་བས་ཟིན་པ་རྣམས་ནི་ཐར་པ་ཆ་མཐུན་གྱི་དགེ་བ་ཞེས་བྱའོ། །དེ་ཡང་ཚད་མེད་བཞི་ནི། སེམས་ཅན་བདེ་བ་དང་མི་ལྡན་པ་བདེ་བ་དང་འཕྲད་པར་འདོད་པའི་བྱམས་པ། །སྡུག་བསྔལ་གྱིས་ཉམ་ཐག་པ་རྣམས་དེ་དང་བྲལ་འདོད་ཀྱི་སྙིང་རྗེ། བདེ་བ་དང་ལྡན་པ་དེ་དང་མི་འབྲལ་བར་འདོད་པའི་དགའ་བ། ཉེ་རིང་ཆགས་སྡང་ཅན་རྣམས་སེམས་སྙོམས་པར་སེམས་པའི་བཏང་སྙོམས་སོ། །

ཕ་རོལ་དུ་ཕྱིན་པ་དྲུག་ནི། ལན་ལ་མི་རེ་བ་རང་གི་བདོག་པ་གཞན་ལ་སྟེར་བ་སྦྱིན་པ། མི་དགེ་བའི་ཕྱོགས་སྤོང་བ་པ་ཚུལ་ཁྲིམས། ཕ་རོལ་གྱིས་འཚེ་བ་ལ་མི་ཁྲོ་བ་བཟོད་པ། དགེ་བའི་བྱ་བ་ལ་སྤྲོ་བ་བརྩོན་འགྲུས། སེམས་རྩེ་གཅིག་ཏུ་གནས་པ་བསམ་གཏན། ཆོས་ཐམས་ཅད་ཀྱི་ཚིག་དོན་རྟོགས་པ་ཤེས་རབ། དེ་ཐམས་ཅད་སྣང་ལ་རང་བཞིན་མེད་པའི་ངང་ནས་སྤྱོད་པ་ཕ་རོལ་དུ་ཕྱིན་པའོ། །དེ་ཡང་འོད་སྲུང་གིས་ཞུས་པ་ལས། བདག་མེད་བཟོད་པ་མཉམ་པ་ཉིད་གནས་

ཀྱང་། །སེམས་ཅན་རྣམས་ལ་སྙིང་རྗེ་ཆེན་པོ་བསྐྱེད། །ཡོངས་སྨིན་བྱ་ཕྱིར་སྨྲིན་པ་སྨྲིན་བྱེད་ཀྱང་། །ལས་ཀྱི་རྣམ་པར་སྨིན་ལ་རེ་བ་མེད། །བསམ་པས་རྟག་ཏུ་མྱ་ངན་འདའ་ལ་གནས། །དེ་ཡི་སྤྱོར་བ་འཁོར་བར་གནས་པ་ཡིན། །ཆོས་རྣམས་སྟོང་པ་ཉིད་དུ་རྟོགས་མོད་ཀྱང་། །ལས་ཀྱི་རྣམ་པར་སྨིན་ལ་ཡིད་ཆེས་སོ། །ཞེས་སོ། །དེ་ཡང་དགེ་བ་གང་བྱེད་ཀྱང་། སྦྱོར་བ་སེམས་བསྐྱེད། དངོས་གཞི་རང་བཞིན་མེད་པར་རྟོགས་པ། རྗེས་བསྔོ་བ་སྨོན་ལམ་གྱི་ཟིན་ན་ཐར་པ་ཆ་མཐུན་ནོ། །དེ་ཡང་སེམས་བསྐྱེད་ཐོབ་ལ་མ་ཉམས་པའི་བློ་རྟས་ནི་སྙིང་རྗེ། །ངོ་བོ་གང་དུ་ཡང་མི་དམིགས་པ་ནི་སྟོང་པ། དེ་གཉིས་བློ་རྟས་ངོ་བོ་གཅིག་པ་ལ་ལྟོག་པ་ཐབས་ཤེས་སོ་སོ་བ་ཟུང་འཇུག་གམ་དམིགས་མེད་དེ་ཉིད་སྟོང་པ་ཡིན་ལ། དམིགས་པ་མེད་པའི་སྙིང་རྗེར་གྱུར་པ་གཉིས་རོ་གཅིག་པའི་ངོ་བོ་ཐ་མི་དད་པའི་ཟུང་འཇུག་ཅེས་འདོད་པ་ཡིན་ནོ། །དེ་ཡང་ཡིད་བཞིན་རིན་པོ་ཆེའི་མཛོད་ལས།བརྩམ་པ་ཐམས་ཅད་གཞན་དོན་འབའ་ཞིག་སྤྱོད། །ལྟ་བ་མཁའ་འདྲ་སྟོང་ཉིད་བཅོ་བརྒྱད་དང་། །བསྒོམ་པ་འོད་གསལ་ཕྱོགས་ཆོས་སུམ་ཅུ་བདུན། །སྤྱོད་པ་སྐྱོན་མེད་ཕ་རོལ་ཕྱིན་པ་དྲུག །འབྲས་བུ་བླ་མེད་བྱང་ཆུབ་འགྲུབ་པ་ཡིན། །ཞེས་གསུངས་པ་ལྟར་རོ། །ད་ནི་ལས་ཀྱི་མཇུག་བསྡུ་བ་ལ་གཉིས་ལས། དང་པོ་འཁོར་བའི་རྒྱུ་འབྲས་ལ་བཟློག་ཚུལ་ངེས་པར་བསྡུ་བ་ནི། ཁམས་གསུམ་རིགས་དྲུག་གིས་བསྡུས་པའི་གནས་དང་བདེ་སྡུག་སོ་སོར་སྣང་ཚུལ་མི་འདྲ་བ་ཅི་སྣང་བ་འདི་ཐམས་ཅད་ཀུན་གཞི་ལ་བག་ཆགས་འཁྲུལ་པ་བཞག་པས་སྣང་གཟུགས་ཏེ། དགེ་བ་བསོད་ནམས་ཆ་མཐུན་གྱི་བདེ་བའི་རིགས་ལྷ་མིར་བསྐྱེད་ལ། མི་དགེ་བས་སྡུག་བསྔལ་གྱི་རིགས་ངན་འགྲོར་བསྐྱེད་ནས། སྣང་

བ་མི་འདྲ་བ་དཔག་ཏུ་མེད་ཀྱང་སྣང་ཚུལ་དྲུག་ཏུ་འདུས་པ་འདི་ཐམས་ཅད་འཁྲུལ་སྣང་ཞེས་བྱ་སྟེ། བག་ཆགས་མ་ཟད་ཀྱི་བར་དུ་སྣོད་མི་སྲིད་པའོ། །དྲན་པ་ཉེར་བཞག་ལས། འཇིག་རྟེན་དག་ན་ཇི་ལྟར་སྣང་བ་ཀུན། །ཐམས་ཅད་རང་གི་ལས་ལས་ཉེ་བར་འབྱུང་། །ཞེས་པ་བཞིན་ནོ། །དེས་ན་ལས་ངན་སྤོང་དགོས་ཏེ། ཏིང་འཛིན་རྒྱལ་པོ་ལས།ལས་བསགས་པས་ནི་ནམ་ཡང་མེད་མི་འགྱུར། །འཁོར་བ་ན་ཡང་དཀར་ནག་འབྲས་བུ་སྨིན། །ཞེས་པས་ན་ཚུལ་བཞིན་དུ་ལས་ངན་སྤོང་བ་ལ་བསླབ་དགོས་སོ། །སེམས་ཉིད་རྟོགས་པས་ཆོག་ལས་འབྲས་མི་དགོས་སོ་ཞེས་ནམ་ཡང་སྨྲ་བར་མི་བྱ་སྟེ། རིན་ཆེན་ཕྲེང་བ་ལས། ལས་ཀྱི་འབྲས་བུ་མེད་ཅེས་པ། །མདོར་ན་མེད་པར་ལྟ་བ་ཉིད། །བསོད་ནམས་མ་ཡིན་ངན་སོང་བ། །ཅེས་པ་ལྟར་ཡིན་པའི་ཕྱིར་རོ། །གཉིས་པ་མྱུ་ངན་ལས་འདས་པའི་རྒྱུ་འབྲས་ལ་ནན་ཏན་དུ་བྱ་བར་ངེས་པའི་དགེ་བའི་ཕྱོགས་བླང་དོར་དུ་དོན་བསྟུ་བ་ནི། དགེ་བའི་འབྲས་བུ་ནི་མངོན་པར་མཐོ་བའི་བདེ་བ་ཐམས་ཅད་དང་། ཁྱད་པར་དུ་བྱང་ཆུབ་སེམས་དཔའ་རྣམས་ཀྱི་ཡོན་ཏན་དང་། སྨྲིན་དང་མངོན་པར་ཤེས་པ་རྒྱ་མཚོ་ཐམས་ཅད་དང་། སངས་རྒྱས་ཀྱི་ཡོན་ཏན་ཅི་སྙེད་པ་ཐམས་ཅད་རྒྱུ་དགེ་བ་ལས་བྱུང་བའི་འབྲས་བུ་ཡིན་པས་ཚོགས་གཉིས་བསགས་པ་ལ་འབད་པར་བྱའོ། །སློབ་དཔོན་ཀླུ་སྒྲུབ་ཀྱིས། །དགེ་བ་ལས་ནི་བདེ་འགྲོ་དང་། །མི་དགེ་བ་ལས་ངན་འགྲོ་དང་། །གཉིས་ལ་མི་བརྟེན་ཐར་བ་ལགས། །ཞེས་གསུངས་པ་བཞིན་ནོ། །མྱུར་དུ་སངས་རྒྱས་འདོད་པས་དེའི་རྒྱུ་སྣང་བཅས་ཀྱི་ཕ་རོལ་དུ་ཕྱིན་པ་བསོད་ནམས་ཀྱི་ཚོགས་སྦྱིན་པ་ལ་སོགས་པ་ལྔ་དང་། སྣང་མེད་ཤེས་རབ་ཀྱི་ཕ་རོལ་ཏུ་ཕྱིན་པ་ཡེ་ཤེས་ཀྱི་ཚོགས་ཆོས་ཉིད་སྟོང་པ་སྒོམ་པར་བྱ་སྟེ།

རིན་ཆེན་ཕྲེང་བ་ལས། དེ་ལྟ་བས་ན་ཚོགས་འདི་གཉིས། སངས་རྒྱས་ཉིད་ནི་ཐོབ་པའི་རྒྱུ། །དེ་ལྟའི་དེ་ནི་རྟག་བརྟེན་མཛོད། །ཅེས་པ་བཞིན་ནོ། །དེས་ན་ཐབས་སྙིང་རྗེ་ཆེན་པོ་དང་། སྟོང་པའི་ངོ་བོ་ཤེས་རབ་དྲི་མ་མེད་པ་གཉིས་མ་བྲལ་བར་བྱ་དགོས་པ་སྟེ། སློབ་དཔོན་ས་ར་ཧའི་ཞལ་ནས། སྙིང་རྗེ་དང་བྲལ་སྟོང་པ་ཉིད་ཞུགས་གང་། །དེས་ནི་ལམ་མཆོག་རྙེད་པ་མ་ཡིན་ཏེ། །འོན་ཏེ་སྙིང་རྗེ་འབའ་ཞིག་བསྒོམ་ན་ཡང་། །འཁོར་བ་འདིར་གནས་ཐར་པ་ཐོབ་མི་འགྱུར། །གང་ཡང་གཉིས་པོ་སྦྱོར་བ་ནུས་པ་ཡིས། །འཁོར་བ་མི་གནས་མྱ་ངན་འདས་མི་གནས། །ཞེས་པ་ལ་སོགས་མདོ་རྒྱུད་ཀྱི་ལུང་དཔག་ཏུ་མེད་པ་རྣམས་ལ་ཡིད་ཆེས་པར་ཚོགས་གཉིས་དྲི་མ་མེད་པས་ངོམས་མི་ཤེས་པར་སྐལ་པ་རྒྱ་མཚོར་ཀུན་ཏུ་བསགས་པར་སྤྲོ་བའི་གོ་ཆ་ཆེན་པོར་བགོ་བར་བྱའོ། །དེ་ལྟར་ལས་རྒྱུ་འབྲས་དང་རྟེས་འབྲེལ་དུ་སྟོན་འགྲོ་ཐར་ལམ་དཀར་པོ་ལས་བྱུང་བའི་སྡོམ་བཟུང་གིས་རིམ་པ་ལ་བསླབ་པར་བྱ་བ་ནི་གསུམ་སྟེ། ཕྱི་སོ་སོར་ཐར་པའི་སྡོམ་པ་དང་།ནང་བྱང་ཆུབ་སེམས་དཔའི་བསླབ་བྱ་དང་། གསང་བ་རིག་འཛིན་སྔགས་ཀྱི་དམ་ཚིག་གསུམ་དུ་འདུས་ལ་དེ་ལའང་ཕྱི་སོ་སོར་ཐར་པའི་སྡོམ་པ་ལ་ཡང་རིགས་བརྒྱད་དེ། དགེ་བསྙེན་ཕོ་མོ་གཉིས།དགེ་ཚུལ་ཕོ་མོ་གཉིས། དགེ་སློང་ཕོ་མོ་གཉིས། བསྙེན་གནས་བར་སློབ་གཉིས་དང་བརྒྱད་དོ། །དགེ་བསྙེན་ལ་རིགས་གསུམ་སྟེ། ཚངས་པར་སྤྱོད་པ་དང་། ཡོངས་རྫོགས་དང་། སྣ་འགའ་བསྲུང་བའོ། །དེ་ལ་ཚངས་སྤྱོད་ཀྱི་བསྲུང་བྱ་ནི་རྩ་བ་བཞི་ཆང་དང་ལྔ། ཡོངས་རྫོགས་ཀྱི་བསྲུང་བྱ་སྲོག་གཅོད་མ་བྱིན་ལེན་འདོད་ལོག་རྫུན་ཆང་དང་ལྔའོ། །སྣ་འགའ་བསྲུང་བའི་བསྲུང་བྱ་ནི། རྩ་བ་དེ་དག་གི་ནང་ནས་གང་བསྲུང་བར་སྤྲོ་བ་དེ་

ལ་དམ་བཅའ་བའོ། །དགེ་ཚུལ་གྱི་བསྲུང་བྱ་ནི། སྤོང་བ་བཅུ་ལ་སོགས་པའོ། །དགེ་སློང་མའི་བསྲུང་བྱ་སུམ་བརྒྱ་དྲུག་ཅུ། དགེ་སློང་གི་བསྲུང་བྱ་ཁྲིམས་ཉིས་བརྒྱ་དང་ལྔ་བཅུ་རྩ་གསུམ། བསྙེན་གནས་ཀྱི་བསྲུང་བྱ་ཡན་ལག་བརྒྱད་པ། བར་སློབ་མའི་བསྲུང་བྱ་ཉི་ཤུ་རྩ་གཉིས་རྣམས་སོ། །མདོར་ན་དེ་དག་ཐམས་ཅད་གང་དང་གང་ཁས་ལེན་པ་དེ་ཉིད་དཔྲལ་བའི་མིག་དང་ཁོག་པའི་སྙིང་ལྟར་བསྲུང་དགོས་པ་ཡིན་ཏེ། ཏིང་འཛིན་རྒྱལ་པོའི་མདོ་ལས། ཐོས་པས་བརྒྱགས་ཤིང་ཚུལ་ཁྲིམས་མི་བསྲུང་ན། །ཚུལ་ཁྲིམས་ཉམས་པས་ངན་འགྲོ་དེར་འགྲོ་ཤིང་། །དེ་ལ་ཐོས་པ་མང་པོས་སྐྱོབ་མི་ནུས། །ཞེས་གསུངས་སོ། །འོན་ཚུལ་ཁྲིམས་ཁོ་ནས་ཆོག་གི་ཐོས་པ་མི་དགོས་སོ་སྙམ་ན་དེ་ནི་མ་ཡིན་ཏེ། ཡང་དེ་ཉིད་ལས། གལ་ཏེ་ཚུལ་ཁྲིམས་དྲེགས་པས་དེ་བརྒྱགས་ཤིང་། །མང་དུ་ཐོས་ལ་བརྩོན་པར་མི་བྱེད་ན། །ཚུལ་ཁྲིམས་འབྲས་བུ་མ་ལུས་ཟད་ནས་ནི། །ཕྱི་མ་ངན་སོང་སྡུག་བསྔལ་མྱོང་བར་འགྱུར། །ཞེས་གསུངས་པས་ན།ཕྱི་སོ་ཐར་གྱི་སྡོམ་པ་རྣམས་འདུལ་བ་གཞི་དང་ལུང་བླ་མ་ཕྲན་ཚོགས་རྣམས་ལས་ཇི་ལྟར་འབྱུང་བ་བཞིན་ཉམས་སུ་བླངས་བར་བྱའོ། །གཞན་ཡང་དེ་དག་མདོར་བསྡུ་ན། །མདོ་ལས། སྡིག་པ་ཅི་ཡང་མི་བྱ་སྟེ། །དགེ་བ་ཕུན་སུམ་ཚོགས་པར་སྤྱོད། །རང་གི་སེམས་ནི་ཡོངས་སུ་འདུལ། །འདི་ནི་སངས་རྒྱས་བསྟན་པ་ཡིན། །ལུས་ཀྱི་སྡོམ་པ་ལེགས་པ་སྟེ། །ངག་གི་སྡོམ་པ་ལེགས་པ་ཡིན། །ཡིད་ཀྱི་སྡོམ་པ་ལེགས་པ་སྟེ། །ཐམས་ཅད་དུ་ནི་སྡོམ་པ་ལེགས། །ཐམས་ཅད་བསྲུང་བའི་དགེ་སློང་དག །སྡུག་བསྔལ་ཀུན་ལས་དེ་གྲོལ་ལོ། །ཞེས་གསུངས་པ་ལྟར་དང་། སའི་སྙིང་པོ་འཁོར་ལོ་བཅུ་པའི་མདོ་

ལས། གལ་ཏེ་རང་བཞིན་གྱི་སྡིག་པའི་རྩ་བ་བཞི་པོ་དེ་བསྲུང་ན་དེ་ནི་ཟག་པ་དང་བཅས་པ་དང་། ཟག་པ་མེད་པའི་དགེ་བའི་ཆོས་ཐམས་ཅད་ཀྱི་རྒྱུ་མཆོག་དམ་པ་རྣམ་པར་བཞག་པ་ཡིན་ནོ། །དེ་བས་ན་ཆོས་རྣམ་པ་བཞི་བསྲུང་བ་ནི་དགེ་བའི་ཆོས་ཐམས་ཅད་ཀྱི་རྩ་བ་ཞེས་བྱའོ། །འདི་ལྟར་ཏེ་ས་ཆེན་པོ་འདི་ལ་བརྟེན་ནས་རྩི་ཤིང་དང་མེ་ཏོག་དང་། ཤིང་གེལ་བ་དང་། ནགས་ཚལ་ལ་སོགས་པ་སྐྱེའོ། །དེ་བཞིན་དུ་ཚུལ་ཁྲིམས་ཀྱི་རྩ་བ་བཞི་པོ་འདི་བསྲུང་བ་ལ་བརྟེན་ནས་དགེ་བའི་ཆོས་ཐམས་ཅད་འཕེལ་ཞིང་སྐྱེའོ། །ཞེས་གསུངས་པ་ལྟར།རྩ་བ་བཞི་ཙམ་བསྲུང་བའི་ཕན་ཡོན་དེ་ལྟར་ན། ཁྲིམས་ཉིས་བརྒྱ་ང་བཅུ་རྩ་གསུམ་བསྲུང་བ་ལ་ཕན་ཡོན་མཐའ་ཡས་པ་ཡོད་ཅིང་། ཐར་པ་དང་ཐམས་ཅད་མཁྱེན་པའི་གོ་འཕང་སྒྲུབ་པར་བྱེད་པའི་གཞི་རྟེན་ནི་ཚུལ་ཁྲིམས་ཀྱི་བསླབ་པ་ཁོ་ན་ཡིན་པས་འབད་པར་རིགས་སོ། །ནང་བྱང་ཆུབ་སེམས་དཔའི་བསླབ་བྱ་ནི་གོང་དུ་བྱང་སེམས་ཀྱི་སྐབས་ལྟར་ལ། འདིར་བསྡུས་ཏེ་བརྗོད་ན། བྱམས་པའི་འཇུག་པ་ལས། གང་གིས་སྟོང་གསུམ་རིན་ཆེན་བཀང་བྱས་ཏེ། །སྟོབས་བཅུ་མངའ་བ་རྣམས་ལ་འབུལ་བ་བས། །དེ་བས་བྱང་ཆུབ་ཏུ་ནི་སྨོན་བྱེད་པའི། །བསོད་ནམས་ཤིན་ཏུ་མང་པོ་འཕེལ་བར་འགྱུར། །གང་གིས་ཞིང་རྣམས་གངྒཱའི་བྱེ་མ་སྙེད། །རིན་ཆེན་གང་བར་བྱས་ཏེ་སྦྱིན་པ་བྱིན། །དེ་བས་བྱང་ཆུབ་མཆོག་ཏུ་སྨོན་བྱེད་པ། །བསོད་ནམས་ཤིན་ཏུ་མང་པོ་འཕེལ་བར་འགྱུར། །ཞེས་གསུངས་སོ། །བྱང་ཆུབ་ཏུ་སྨོན་པར་བྱེད་པའི་ཕན་ཡོན་དེ་ལས་དཔག་པའི་རང་རེ་རྣམས་ཀྱིས་ཀྱང་བདག་བས་གཞན་གཅེས་ཀྱིས་ལྷག་བསམ་རྣམ་པར་དག་པས་ཐེག་པ་ཆེན་པོའི་ཆོས་ཀྱི་སྤྱོད་པ་སྤྱོད་ཅིང་མར་གྱུར་སེམས་ཅན་རྣམས་འཁོར་བ་སྡུག་བསྔལ་གྱི་རྒྱུ་

མཚོ་ཆེན་པོ་ལས་སྒྲོལ་བའི་གྲོ་གྲུ་ཆེན་པོ་བསྐྱེད་དེ་དཀའ་བ་དང་དུབ་ལྷངས་ནས་བཙོན་པ་དྲག་པོ་ནམ་ཡང་དོར་བར་མི་བྱ་སྟེ། དཔང་ཆེན་རྒྱ་མཚོ་མཐའ་ཡས་ཀྱི་རྒྱུད་ལས། སྲོག་འདོན་སྦྱིན་པ་བཏང་བ་དང་། །ཚངས་སྤྱོད་བསྲུངས་ཤིང་ཆོས་ཀུང་སྟོན། །རྟག་ཏུ་བག་ཡོད་བརྟེན་པར་བྱ། །གཞན་ལ་ཕན་ན་རྟོག་པའང་སྤང་། །ཞེས་སོ། །གཞན་ཡང་རྒྱལ་བའི་སྲས་སུ་འགྱུར་བ་དང་། མངོན་པར་རྫོགས་པ་སངས་རྒྱས་པའི་རྒྱུ་ཁྱད་པར་ཅན་ནི་བྱང་ཆུབ་མཆོག་ཏུ་སེམས་བསྐྱེད་པ་ལ་རག་ལས་པའི་གནད་མདོ་སྡེ་ལས། མྱུར་དུ་མངོན་པར་རྫོངས་པར་སངས་རྒྱ་བར་འདོད་པས་ཆོས་མང་པོ་ལ་བསླབ་པར་མི་བྱ་སྟེ་གཅིག་ལ་བསླབ་པར་བྱའོ། །གཅིག་གང་ཞེ་ན། བྱང་ཆུབ་ཀྱི་སེམས་སོ། །ཞེས་གསུངས་སོ། །ཡང་སྤྱོད་འཇུག་ལས། བྱང་ཆུབ་སེམས་སྐྱེས་གྱུར་ན་སྐད་ཅིག་གིས། །འཁོར་བའི་བརྩོན་རར་རྒྱུད་པའི་ཉམ་ཐག་རྣམས། །བདེ་གཤེགས་རྣམས་ཀྱི་སྲས་ཞེས་བརྗོད་བྱ་ཞིང་། །འཇིག་རྟེན་ལྷ་མིར་བཅས་པས་ཕྱག་བྱར་འགྱུར། །ཞེས་གསུངས་སོ། །དམ་པའི་ཆོས་ཀྱི་ནང་ནས་ཀུང་རང་གཞན་ཐམས་ཅད་སྡུག་བསྔལ་ལས་སྒྲོལ་ཞིང་གནས་སྐབས་དང་མཐར་ཐུག་གི་བདེ་བ་དམ་པ་ཐོབ་པར་བྱེད་པའི་རྒྱུ་ཡི་གཙོ་བོ་བྱང་ཆུབ་ཀྱི་སེམས་ཡིན་ཏེ། བསླབ་བཏུས་ལས།སྡུག་བསྔལ་མཐར་ཕྱིན་འདོད་པ་དང་། །བདེ་བའི་མཐར་ཡང་འགྲོ་འདོད་པས། །དད་པའི་རྩ་བ་བརྟན་བྱས་ཏེ། །བྱང་ཆུབ་ལ་ནི་བློ་བརྟན་བྱ། །ཞེས་དང་། སྤྱོད་འཇུག་ལས། རྟག་པར་དགེ་བའི་བཤེས་གཉེན་ནི། །ཐེག་ཆེན་དོན་ལ་མཁས་པ་དང་། །བྱང་ཆུབ་སེམས་དཔའི་བརྟུལ་ཞུགས་མཆོག །སྲོག་གི་ཕྱིར་ཡང་མི་གཏོང་ངོ་། །ཞེས་གསུངས་པས། འཁོར་བ་ཐོག་མ་མེད་པ

ནས་ཡང་ནས་ཡང་དུ་ཕ་མར་གྱུར་པའི་དྲིན་ཅན་གྱི་སེམས་ཅན་འདི་དག་འཁོར་བ་ན་སྡུག་བསྔལ་དཔག་ཏུ་མེད་པས་གཟིར་ཏེ་འདུག་པས། འདི་རྣམས་ཀྱི་སྡུག་བསྔལ་མ་ལུས་པ་བསལ་ཞིང་བདེ་བ་བླ་ན་མེད་པ་ལ་འགོད་པའི་ཆེད་དུ་བདག་གི་ལུས་དང་ལོངས་སྤྱོད་དགེ་རྩ་ཐམས་ཅད་དེ་དག་གི་དོན་ཀུན་འགྲུབ་པའི་རྒྱུར་འཕངས་པ་མེད་པར་གཏོང་ཞིང་དཀའ་སྤྱད་དང་སྡུག་བསྔལ་ཐམས་ཅད་དགའ་ཞིང་སྤྲོ་བས་དང་དུ་བླང་བར་བྱ་དགོས་པ་ཡིན་ཏེ། སློབ་སྤྲིང་ལས། ཉེ་དུ་འཁོར་བའི་རྒྱ་མཚོའི་ཁོང་དུ་ལྷུང་གྱུར་པ། །གློང་གི་ནང་དུ་ལྷུང་བ་ལྟ་བུར་སྣང་བཞིན་དུ། །སྐྱེ་ཤི་འཕོས་པས་ངོ་མ་ཤེས་པ་དེ་བོར་ནས། གལ་ཏེ་གཅིག་ཐར་བྱེད་ན་དེ་བས་ཁྲེལ་བོར་མེད། །ཅེས་གསུང་པས། །གཞན་དོན་བོར་ནས་རང་ཉིད་གཅིག་པུར་ཞི་བདེ་དོན་གཉེར་གྱི་བློ་སྤངས་པ་ལ་དོན་གཉེར་དུ་བྱའོ། །དེ་ལ་སེམས་བསྐྱེད་དངོས་གཞི་སྨོན་པ་དང་འཇུག་པ་གཉིས་སོ། །དེ་ལ་སྨོན་པ་ནི། ཆོས་ཐམས་ཅད་བདེན་མེད་སྒྱུ་མ་ལྟ་བུ་ཡིན་ཡང་། དེ་ལྟར་མ་ཤེས་པར་བདེན་འཛིན་ཨ་འཐས་པས་འཁོར་བ་ན་སྡུག་བསྔལ་མི་བཟོད་པས་རྟག་ཏུ་མནར་བའི་སེམས་ཅན་འདི་དག་ཐོག་མ་མེད་པ་ནས་ཡང་ནས་ཡང་དུ་ཕ་མ་བྱས་ཏེ། ཕན་བདེ་མཐའ་དག་ནི་བསྒྲུབས། གནོད་འཚེ་ཐམས་ཅད་ལས་ནི་སྐྱབས། བསམ་རྒྱུ་དང་དྲན་རྒྱུ་ནི་རང་རེ་ལས་མེད་པར་བྱས། རང་རེའི་ཆེད་དུ་ཡང་ལུས་སྲོག་གྲངས་མེད་པར་བཏང་བའི་དྲིན་ཅན་ཤ་སྟག་ཡིན་ཡང་། བདེ་བ་འདོད་བཞིན་དུ་བདེ་བ་དང་ནི་བྲལ། སྡུག་བསྔལ་མི་འདོད་བཞིན་དུ་སྡུག་བསྔལ་དང་ནི་ལྡན། །བདེ་བ་སྒྲུབ་ཅིང་སྡུག་བསྔལ་འདོར་བའི་ཐབས་མི་ཤེས་པ་རྨོངས་པ་འདི་དག་སྡུག་བསྔལ་ཅན་གྱི་འཁོར་བ་ལས་སྒྲོལ་དགོས། དེ་ཡང་ད་ལྟ་བདག་ལ་དེའི་ནུས་པ་མེད་པས།

ནུས་པ་དང་ལྡན་པའི་སངས་རྒྱས་དེ་ཉིད་ཐོབ་དགོས་པར་འདུག་སྙམ་པ་ནི་སྨོན་པའོ། །འཇུག་པ་ནི། དེའི་ཆེད་དུ་བྱང་ཆུབ་སེམས་དཔའི་བསླབ་བྱ་ཉེས་སྤྱོད་སྡོམ་པའི་ཚུལ་ཁྲིམས། དགེ་བ་ཆོས་སྡུད་ཀྱི་ཚུལ་ཁྲིམས། སེམས་ཅན་དོན་བྱེད་ཀྱི་ཚུལ་ཁྲིམས་གསུམ་ལ། ཇི་ལྟར་སྔོན་གྱི་རྒྱལ་བ་སྲས་དང་བཅས་པ་རྣམས་ཀྱིས་ཡོངས་སུ་བསླབ་པ་བཞིན་དུ་སེམས་ཅན་ཐམས་ཅད་བདེ་བ་དང་བདེ་བའི་རྒྱུ་ཚོགས་གཉིས་དང་ལྡན། སྡུག་བསྔལ་དང་སྡུག་བསྔལ་གྱི་རྒྱུ་སྒྲིབ་གཉིས་དང་བྲལ་ནས་ཡང་དག་པར་རྫོགས་པའི་སངས་རྒྱས་ཀྱི་གོ་འཕང་ལ་འགོད་པར་བྱ་སྙམ་པས། ཇི་ལྟར་སྔོན་གྱི་བདེ་གཤེགས་ཀྱིས། །བྱང་ཆུབ་ཐུགས་ནི་བསྐྱེད་པ་དང་། །བྱང་ཆུབ་སེམས་དཔའི་བསླབ་པ་ལ། །དེ་དག་རིམ་བཞིན་གནས་པ་ལྟར། །དེ་བཞིན་འགྲོ་ལ་ཕན་དོན་དུ། །བྱང་ཆུབ་སེམས་ནི་བསྐྱེད་བགྱི་ཞིང་།དེ་བཞིན་དི་ནི་བསླབ་པ་ལ། །རིམ་པ་བཞིན་དུ་བསླབ་པར་བགྱི། །ཞེས་དམ་བཅས་ནས་སྔོན་གྱི་རྒྱལ་བ་རྣམས་ཀྱིས་ཐུགས་ཇི་ལྟར་བསྐྱེད་པ་ལ་ལྟུགས་པས་ན་འཇུག་པའོ། །དེ་ནས་དེ་དག་མི་ཉམས་པར་བསྲུང་བའི་ཚུལ་ལ།

སྨོན་འཇུག་སྤྱི་ཡི་བསླབ་བྱ་ནི། དགེ་བའི་བཤེས་གཉེན་ལ་བསྟེན་ཅིང་དེ་ལ་འདུན་པ་དང་། དཀོན་མཆོག་གསུམ་གྱི་གདུང་རྒྱུན་མི་གཅོད་པ་དང་། སེམས་ཅན་བློས་མི་འདོར་བ་དང་། བྱང་ཆུབ་དུ་སེམས་བསྐྱེད་ནས་དེ་མི་ཉམས་པར་བསྲུང་བ་དང་། བྱང་ཆུབ་སེམས་དཔའི་སྤྱེ་སྤྱོད་གླེག་པ་དང་། རྒྱུན་དུ་བག་ཡོད་བརྟེན་པ་སོགས་སྦྲུབ་བྱའི་བསླབ་བྱ་བསམ་གྱིས་མི་ཁྱབ་ཀྱང་། བསྡུ་ན་གསུམ་སྟེ། སངས་རྒྱས་ཀྱི་ཆོས་རྣམས་ཡོངས་སུ་རྫོགས་པར་བྱ་བ་དང་། སེམས་ཅན་ཡོངས་སུ་སྨིན་པར་བྱ་བ་དང་། སངས་རྒྱས་ཀྱི་ཞིང་ཡོངས་སུ་དག་པར་བྱ་བའོ། །

བྱེ་བྲག་ཏུ་སྨོན་པའི་བསླབ་བྱ་ནི། སེམས་ཅན་གྱི་དོན་དུ་རྫོགས་བྱང་ཐོབ་པར་བྱའོ་སྙམ་པ་འབྲས་བུ་ལ་སྨོན་པ་དང་ས་ལམ་ལ་བསླབ་པར་བྱའོ་སྙམ་པ་ཐབས་ལ་སྨོན་པ་དང་། སེམས་ཅན་ཐམས་ཅད་ཀྱི་རེ་བ་སྐོང་བར་བྱའོ་སྙམ་པའི་ཕྲིན་ལས་ལ་སྨོན་པ་སྟེ་སྨོན་པ་གསུམ་མོ། །བླ་མ་དང་སྦྱིན་གནས་བསླུ་བ་དང་། ཐེག་པ་ཆེན་པོའི་གང་ཟག་སྨད་པ་དང་། སེམས་ཅན་ཐམས་ཅད་ལ་གཡོ་སྒྱུ་བྱེད་པ་དང་། འགྱོད་པའི་གནས་མ་ཡིན་པ་ལ་འགྱོད་པ་སྐྱེད་པ་སྟེ། ནག་པོའི་ཆོས་བཞི་པོ་དེ་སྤོང་པ་ལ་ནན་ཏན་དུ་བྱའོ། །སྲོག་གི་ཕྱིར་ཡང་རྫུན་མི་སྨྲ་བ་དང་། བྱང་ཆུབ་སེམས་དཔའ་རྣམས་ལ་སྟོན་པའི་འདུ་ཤེས་བསྐྱེད་ཅིང་བསྔགས་པ་བརྗོད་པ་དང་། གཡོ་སྒྱུ་སྤངས་ཏེ་ལྷག་བསམ་ལ་གནས་པ་དང་། གདུལ་བྱའི་སེམས་ཅན་རྣམས་ཐེག་པ་ཆེན་པོའི་དགེ་བ་ལ་བཀོད་པ་སྟེ། དཀར་པོའི་ཆོས་བཞི་པོ་ལ་ནན་ཏན་དུ་བསླབ་པར་བྱའོ། །འཇུག་པའི་བསླབ་བྱ་ནི་སྤང་བྱ་དང་སྒྲུབ་བྱ་གཉིས་ལས་དཀོན་མཆོག་གསུམ་གྱི་དཀོར་རྐུ་འཕྲོག་དང་། དམ་པའི་ཆོས་སྤངས་པ་དང་། དགེ་སློང་རབ་ཏུ་བྱུང་བའི་ཡོ་བྱད་འཕྲོག་པ་སོགས་གནོད་པར་བྱེད་པ་དང་། མཚམས་མེད་ལྔ་པོ་གང་རུང་བར་བྱེད་པ་དང་། ལོག་ལྟས་རང་མི་དགེ་སྤྱོད་ཅིང་གཞན་ཡང་དེ་ལ་འགོད་པ་དང་ལྔ་ནི་རྒྱལ་པོ་ལ་འབྱུང་བར་ཉེ་བ་ལྔའོ། །བློན་པོ་ལ་འབྱུང་བར་ཉེ་བའི་ལྟུང་བ་ལྔ་ནི། སྔ་མ་བཞི་གོང་འདྲ་ལ། ལོག་ལྟའི་ཚབ་ལ་གྲོང་དང་གྲོང་ཁྱེར་སོགས་འཇོམས་པར་བྱེད་པ་ལྔའོ། །དེ་ནས་རིམ་བཞིན་ལས་དང་པོ་པ་ལ་འབྱུང་བ་ཉེ་བ་བརྒྱད་སོགས་སྤངས་བར་བྱའོ། །སྒྲུབ་བྱ་ནི་དེ་དག་རྣམས་སྤངས་པའོ། །དེ་དག་གི་སྤང་བླང་དང་བསྲུང་བྱ་ཉམས་པ་ནི་ལྟུང་བའི་ནང་ནས་ལྕི་ཤོས་ཡིན་ཏེ། སྡུད་པ་ལས། གལ་ཏེ་བསྐལ་པ་དུ་མར་དགེ་བའི་ལས་

ལམ་བཅུ། །སྤྱོད་ཅིང་རང་རྒྱལ་དགྲ་བཅོམ་དག་ལ་འདོད་བསྐྱེད་ན། །དེ་ནི་ཚུལ་ཁྲིམས་སྐྱོན་བྱུང་ཚུལ་ཁྲིམས་འཆལ་བ་སྟེ། །སེམས་བསྐྱེད་དེ་ནི་ཕས་ཕམ་བས་ཀྱང་ཤིན་ཏུ་ལྕི། །ཞེས་གསུངས་པ་ལྟར་རྩ་བ་དང་ཡན་ལག་གི་ལྟུང་བ་རྣམས་སྤོང་བའི་བསམ་པ་ལ་ནན་ཏན་དུ་བྱ་བ་ནི་ཉེས་སྤྱོད་སྡོམ་པའི་ཚུལ་ཁྲིམས་དང་ཕ་རོལ་ཏུ་ཕྱིན་པ་དྲུག་གིས་བསྡུས་པའི་དགེ་ཚོགས་སྒྲུབ་པ་ནི་དགེ་བ་ཆོས་སྡུད་ཀྱི་ཚུལ་ཁྲིམས་དང་། སེམས་ཅན་རྣམས་ལ་གནས་སྐབས་དང་མཐར་ཐུག་གི་ཕན་བདེ་སྒྲུབ་པ་ནི་སེམས་ཅན་དོན་བྱེད་ཀྱི་ཚུལ་ཁྲིམས་ཏེ་ཚུལ་ཁྲིམས་གསུམ་མོ། །དེ་ལ་ནན་ཏན་དུ་བསླབ་པར་བྱའོ། །དེ་དག་གི་ཕན་ཡོན་ནི། དཔལ་སྦྱིན་གྱིས་ཞུས་པའི་མདོ་ལས། བྱང་ཆུབ་སེམས་ཀྱི་བསོད་ནམས་གང་། །གལ་ཏེ་འདི་ལ་གཟུགས་མཆིས་ན། །ནམ་མཁའི་ཁམས་ནི་ཀུན་བཀང་སྟེ། །དེ་བས་ཀྱང་ནི་ལྷག་པར་འགྱུར། །ཞེས་གསུངས་སོ། །དེ་དག་ནི་བྱང་ཆུབ་སེམས་དཔའི་བསླབ་བྱའོ། །གསང་བ་རིག་འཛིན་སྔགས་ཀྱི་དམ་ཚིག་ནི་སྨིན་བྱེད་ཀྱི་དབང་དང་གྲོལ་བྱེད་ཀྱི་གདམས་པ་ལས་བྱུང་བའི་དམ་ཚིག་སྟེ། སྤྱིར་ས་མ་ཡ་འབུམ་སྡེ་ཡོད་ཀྱང་དགོས་སུ་དམ་ཚིག་ཉི་ཤུ་རྩ་ལྔ་ཕྱེ་བ་ཡིན། དེ་ཡང་བསྡུ་ན་སྐུ་གསུང་ཐུགས་ཀྱི་དམ་ཚིག་གསུམ་དུ་འདུས་ཏེ། ཀློང་གསལ་ལས། སྐུ་གསུང་ཐུགས་ཀྱི་དམ་ཚིག་ཏུ། །དམ་ཚིག་ཐམས་ཅད་འདུས་པར་བཤད། །ཅེས་པས། སྐུ་ཡི་དམ་ཚིག་ཏུ་རྡོ་རྗེ་སློབ་དཔོན་དང་སངས་རྒྱས་དང་བྱང་ཆུབ་སེམས་དཔའ་དང་ཡི་དམ་མཁའ་འགྲོ་མཆེད་ལྕམ་རྡོ་རྗེ་སྤུན་དང་། སེམས་ཅན་ཐམས་ཅད་དང་འབྱུང་བ་ལྔ་ལ་སོགས་པ་ཐམས་ཅད་དང་། རང་གི་ལུས་ལ་མ་གུས་པ་དང་། །སྲོག་གཅོད་རྐུ་འཕྲོག་བརྡེག་བརྫོག་ངན་སྨྲས་ལ་སོགས་པ་དང་།

དག་སྣང་ལོག་ཅིང་མི་དགེ་བའི་ལས་སྡིག་པར་གྱུར་པ་ཐམས་ཅད་མི་བྱ་བར། ཕྱི་ནང་སྣོད་བཅུད་རང་ལུས་ཐམས་ཅད་ཡི་དམ་ལྷར་མ་གྱུར་པ་མེད་པས། སྐུ་ཡི་རིགས་སུ་གྱུར་པ་ཐམས་ཅད་ལ་ཕྱག་མཆོད་བསྐོར་བ་ལ་སོགས་པས་དག་སྣང་ཕྱོགས་མེད་དུ་བྱའོ། །གསུང་གི་དམ་ཚིག་ཏུ་རྡོ་རྗེ་སློབ་དཔོན་གྱིས་ཅི་གསུངས་པ་ལས་མི་འདའ་ཞིང་སངས་རྒྱས་ནས་གང་ཟག་ཐལ་པའི་གསུང་རབ་ཡན་ཆོད་ལ་བརྙས་པར་མི་བྱ། འབྱུང་བ་དང་འགྲོ་བའི་སྒྲ་སྐད་ཐམས་ཅད་ལ་ཞེ་སྡང་དང་ཁོང་ཁྲོ་མི་བྱ་བར་སངས་རྒྱས་ཐམས་ཅད་ཀྱི་གསུང་དུ་བསམ་སྟེ་དག་སྣང་དང་མོས་གུས་བྱའོ། །ཐུགས་ཀྱི་དམ་ཚིག་ཏུ་མི་དགེ་བའི་རྟོག་པ་སྐད་ཅིག་མ་ཡན་སྤངས་ལ་དགེ་བ་བྱང་ཆུབ་ཀྱི་སེམས་དུས་རྒྱུན་ཆད་མེད་པར་འགྲོ་བ་ཐམས་ཅད་ལ་ཅི་ཕན་དུ་བྱའོ། །སྐུ་ཡི་དམ་ཚིག་ཏུ་ཡི་དམ་ལྷ་ཡི་བསྐྱེད་རིམ་བསྒོམ་ཞིང་། གསུང་གི་དམ་ཚིག་ཏུ་བཟླས་བརྗོད་དང་མ་བྲལ་བ། །ཐུགས་ཀྱི་དམ་ཚིག་རྫོགས་རིམ་གྱི་འཁོར་ལོ་ལས་མི་འདའ་བར་བྱའོ། །དེ་ལྟར་སྐུ་ཡི་དམ་ཚིག་བསྲུང་བའི་གནས་སྐབས་སུ་ལུས་ལ་ནད་མེད་ཅིང་སེམས་ཅན་ལ་ཕན་ཐོག་པས་མཐོང་ན་ཡིད་དུ་འོང་ཤིང་མཐོང་རེག་ཐམས་ཅད་དགེ་བ་ལ་འགོད་ལ། མཐར་ཐུག་ལུས་ལ་རྡོ་རྗེའི་རྟེན་འབྲེན་ཞིང་གང་ན་བཞུགས་པ་དེར་གཞན་ལ་ཕན་པ། སྐྱེ་བ་འཕོས་ནས་སྤྲུལ་པ་དཔག་ཏུ་མེད་པས་སེམས་ཅན་གྱི་དོན་བྱེད་ཅིང་། མཚན་དང་དཔེ་བྱད་དུ་འབར་བའི་སྐུས་འགྲོ་བའི་དོན་དུ་སངས་རྒྱས་ཀྱི་མཛད་པ་ཆེན་པོ་ལ་མངའ་བརྙེས་པར་འགྱུར་རོ། །སྐུ་ཡི་དམ་ཚིག་ཉམས་ན་གནས་སྐབས་སུ་ཚེ་ཐུང་ཞིང་ནད་མང་ལ། མི་འདོད་པ་ཐམས་ཅད་འབྱུང་ཤིང་མཐོང་རེག་ཐམས་ཅད་འབྱུང་ཞིང་མཐོང་རེག་ཐམས་ཅད་ངན་སོང་དུ་སྐྱེ་ལ། མཐར་ཐུག་རྡོ་རྗེ་དམྱལ་བར་ལུས་ཀྱི་སྡུག་བསྔལ་ལས་

ཐར་པའི་དུས་མེད་དོ། །གསུང་གི་དམ་ཚིག་བསྲུང་ན་གནས་སྐབས་སུ་ངག་སྙན་ཞིང་ཐམས་ཅད་ཀྱིས་བདེན་པར་འཛིན་པས་ལྷ་འདྲེ་མི་གསུམ་གྱིས་བཀའ་ཉན་པ། རྒྱུད་ལུང་མན་ངག་ཐམས་ཅད་ཤེས་ཤིང་ཆོས་ཀྱི་ཚིག་སྣ་ཚོགས་རང་རྫོལ་ནས། སྙན་ངག་བསྙེན་བཙོས་ཐམས་ཅད་བརྩམ་པར་ནུས་ཤིང་། གསུང་ཐོས་པ་ཐམས་ཅད་ཀྱི་གནོད་འཚེ་ཞི་ནས་བསམ་པ་ཐམས་ཅད་འགྲུབ་ཅིང་སྐྱེ་བ་གཅིག་གིས་གྲོལ་ལ། མཐར་ཐུག་གསུང་གི་སྤྲུལ་པས་འགྲོ་བའི་དོན་བྱེད་ཅིང་ཆོས་ཀྱི་འཁོར་ལོ་དྲི་མ་མེད་པར་བསྐོར་བར་འགྱུར་རོ། །གསུང་གི་དམ་ཚིག་ཉམས་ན་གནས་སྐབས་ལྕེ་འབབ་པའི་འཇིགས་པ་དང་མི་ཁ་སྡང་ཞིང་གཏམ་གྱི་ཉེས་པས་རང་གཞན་ཐམས་ཅད་ལ་གདེའི་ཚིག་ཐོས་པ་ཐམས་ཅད་ཀྱང་བཀྲ་མི་ཤིས་ཤིང་ངན་སོང་དུ་སྐྱེ། མཐར་ཐུག་ལྕེ་ལ་རྨོས་དོར་ལྷ་བརྒྱ་བཙུགས་ནས་སྡུག་བསྔལ་བར་འགྱུར་རོ། །ཐུགས་ཀྱི་དམ་ཚིག་བསྲུང་བས་གནས་སྐབས་སུ་ཐུགས་ཀྱི་སྤྲུལ་པས་འགྲོ་བ་འདུལ་ཞིང་། ཏིང་འཛིན་རྒྱུད་ལ་སྐྱེ་བས་འགྲོ་བའི་བསམ་པ་ལ་རང་བཞིན་གྱིས་བསམ་གཏན་ལ་གནས་པ་འབྱུང་ཞིང་། དེ་བཞུགས་པའི་གནས་དེར་ཡང་ཏིང་ངེ་འཛིན་སྐྱེ་ཞིང་ཡུལ་ཕྱོགས་དེའི་སེམས་ཅན་ཐམས་ཅད་བདེ་བ་ཅན་དུ་སྐྱེའོ། །མཐར་ཐུག་སེམས་ཅན་ཐམས་ཅད་སངས་རྒྱས་ལ་འཁོད་ཅིང་ཐུགས་རྡོ་རྗེ་དང་གཉིས་སུ་མེད་པའི་ངང་དུ་མྱ་ངན་ལས་འདའ་འོ། །ཐུགས་ཀྱི་དམ་ཚིག་ཉམས་ན་གནས་སྐབས་སུ་རྒྱུ་མི་དགེ་བས་རང་གཞན་ཀུན་ལ་གནོད་ཅིང་དེས་གང་ཡིད་ལ་བྲམས་པ་དེ་ཡི་བསམ་པ་མི་འགྲུབ་ལ་བཀྲ་མི་ཤིས་ཤིང་ནད་གདོན་དང་སྙིང་རླུང་ལ་སོགས་པ་འབྱུང་། མཐར་ཐུག་ངན་སོང་ལས་ཐར་བའི་སྐབས་མེད་དོ། །མདོར་ན་སྨིན་བྱེད་དབང་གི་སྡོམ་པ་རྒྱུད་ལ་གནས་པ་ལ། དམ་ཚིག་བསྲུང་དགོས་པས་མི་དགེ་བ་མཐའ་དག་ལས་ལོག་

ནས་དགེ་བ་འབའ་ཞིག་སྒྲུབ་པར་བྱའོ། །གསང་བ་རིག་འཛིན་སྔགས་ཀྱི་དམ་ཚིག་ལ་དམ་ཚིག་རྣམ་པར་བཀོད་པའི་རྒྱུད་སོགས་སྔ་འགྱུར་གྱི་རྒྱུད་ཐམས་ཅད་ལས་དམ་ཚིག་ཁོ་ན་གཙོ་ཆེར་དུ་གསུངས་ཡོད་པས་ས་མ་ཡ་འབུམ་སྡེ་སོགས་མཐའ་ཡས་པ་ཡོད་མོད་ཀྱང་། འདིར་ཤིན་ཏུ་བསྡུས་ཏེ་མཁའ་འགྲོ་སྙིང་ཐིག་རང་གཞུང་ལྟར་རོ། །དེ་དག་གི་སྡོམ་པ་གསུམ་གྱི་བསྲུང་བྱ་མདོར་བསྡུས་ནས། ངག་ཏུ་བརྗོད་བྱ་ནི། ཧོ། །སྔོན་གྱི་རྒྱལ་བ་ཐམས་ཅད་ཀྱིས། །སྡོམ་པ་ལ་ནི་གནས་པ་ལྟར། །བདག་གི་ལུས་ངག་ཡིད་གསུམ་གྱི། །གནོད་པ་སྤངས་ཤིང་དགེ་བ་སྒྲུབ། །དེ་དག་ནི་སྔོན་གྱི་རྒྱལ་བ་རྣམས་ཀྱིས་སྡོམ་པ་ལ་ཇི་ལྟར་གནས་པ་དེ་བཞིན་དུ་བདག་གིས་ཀྱང་སྒོ་གསུམ་གྱི་སྒྲུབ་པར་དམ་བཅས་པས་ན་སྡོམ་གསུམ་སྤྱིའོ། །དགེ་བསྙེན་དགེ་ཚུལ་དགེ་སློང་སོགས། །སོ་སོར་ཐར་པའི་སྡོམ་པ་ལ། །བདག་ནི་རྒྱུན་དུ་གནས་ཤིང་བསྲུངས། །དེ་ནི་ཕྱི་སོ་སོར་ཐར་པའི་སྡོམ་པ་སྟེ། གོང་དུ་མདོར་བསྡུས་བརྗོད་པ་ལྟར་དང་རྒྱས་པ་ནི་འདུལ་བ་ལུང་ལས་བྱུང་བ་ལྟར་བསྲུང་བར་བྱའོ། །སྡོམ་པ་ཡི་ནི་ཚུལ་ཁྲིམས་དང་། །དགེ་བའི་ཆོས་ནི་སྡུད་པ་དང་། སེམས་ཅན་དོན་བྱེད་རྣམ་པ་གསུམ། །ནམ་ཡང་བདག་གིས་མི་སྤོང་ངོ་། །ཞེས་པ་ནི་ནང་བྱང་ཆུབ་སེམས་ཀྱི་བསླབ་བྱ་སྟེ། ཉེས་སྤྱོད་སྡོམ་པའི་ཚུལ་ཁྲིམས་དང་། དགེ་བ་ཆོས་སྡུད་ཀྱི་ཚུལ་ཁྲིམས་དང་། སེམས་ཅན་དོན་བྱེད་ཀྱི་ཚུལ་ཁྲིམས་ཏེ། གོང་དུ་རྒྱས་པར་བཤད་པ་ལྟར་ནམ་ཡང་མི་སྤོང་བར་དམ་བཅས་པའོ། །དཀོན་མཆོག་གསུམ་བཟུང་མི་གཏོང་བསྒྲུབ། །བླ་མ་ཡི་དམ་མི་སྤང་ངོ་། །སངས་རྒྱས་དཀོན་མཆོག་དམ་ཚིག་ཏུ། ཡང་དག་སྙིང་པོའི་དོན་ལ་འཇུག དམ་ཆོས་དཀོན་མཆོག་དམ་ཚིག་ཏུ། །ཐེག་པའི་ཆོས་

རྣམས་ངོ་བོར་དྲིལ། །དགེ་འདུན་དཀོན་མཆོག་དམ་ཚིག་ཏུ། །རིག་པ་དྲི་མེད་དོན་ལ་བལྟ། །བླ་མ་ཡི་དམ་དམ་ཚིག་ཏུ། །རང་སེམས་གཙང་མ་དཔང་པོར་འཇོག །འདི་དག་ནི་གསང་བ་རིག་འཛིན་གྱི་དམ་ཚིག་སྤེ་སྤྱི་དང་བྱེ་བྲག་གོ། སྤྱིར་དཀོན་མཆོག་གསུམ་སྐྱབས་གནས་ཀྱི་དམ་པར་བཟུང་ཞིང་བློ་ཁྱེད་ཤེས་ཀྱི་རེ་ལྟོས་རྩེ་གཅིག་ཏུ་བཅའ་བ་ནི་གོང་གི་སྐྱབས་འགྲོའི་སྐབས་དང་ཕྱོགས་མཚུངས་སོ། །བླ་མ་ནི་མ་རིག་མུན་པ་སེལ་བའི་སྒྲོན་མེ། ཐར་བའི་ལམ་སྣ་འདྲེན་པའི་དེད་དཔོན་འདི་ནས་བྱང་ཆུབ་མ་ཐོབ་ཀྱི་བར་གྱི་སྐྱབས་མགོན་གཅིག་པུ་ཡིན་པས་དད་པ་དང་དག་སྣང་མོས་གུས་ཐང་ལྷོད་མེད་པར་བྱ་བ་དང་། ཡི་དམ་གྱི་ལྷ་ལ་བསྙེན་བསྒྲུབ་ཚུལ་ལྡན་དུ་བྱེད་པ་རྣམས་སོ། །བྱེ་བྲག་ཏུ་སངས་རྒྱས་དཀོན་མཆོག་གི་དམ་ཚིག་ཏུ་འཇིགས་ཚོགས་ཀྱི་ལྟ་བ་དམན་པ་དང་། ཕྱིན་ཅི་ལོག་གི་ལམ་དང་ཐེག་ཆུང་ཉན་རང་གི་ལམ་མ་ཡིན་པའི་གཞི་ལམ་འབྲས་བུ་མཐར་ཕྱིན་པ་ཡང་དག་པའི་སྙིང་པོའི་དོན་ལ་འཇུག་པའོ། །དམ་ཆོས་དཀོན་མཆོག་གི་དམ་ཚིག་ཏུ་རྒྱུ་དང་འབྲས་བུའི་ཐེག་པ་སོགས་ཐེག་པ་མཐའ་དག་གི་ཆོས་རྣམས་རང་སེམས་གཅིག་པུའི་ངོ་བོར་དྲིལ་བ་སྟེ། ལུང་ལས། ཆོས་སྒོ་བརྒྱད་ཁྲི་བཞི་སྟོང་ཡང་། །རྩ་བ་བྱང་ཆུབ་སེམས་སུ་འདུས། །ཞེས་གསུངས་པ་བཞིན་ནོ། །དགེ་འདུན་དཀོན་མཆོག་གི་དམ་ཚིག་ཏུ་རང་བབ་གཤིས་ཀྱི་རིག་པ་རང་གསལ་རྗེན་པ་རྒྱ་གར་ཡང་མ་ཆད་ཕྱོགས་གང་དུའང་མ་ལྷུང་བ་གསལ་བ་ལ་རྟོག་པ་མེད་པ། མེད་པ་ལ་འཛིན་པ་མེད་པ། སྟོང་པ་ཆད་པར་མ་ཤོར་བའི་ཡེ་བབ་རང་བཞག་གི་དགོངས་པ་ཆེན་པོ་གློ་བུར་ཀུན་བརྟགས་ཀྱི་དྲི་མ་དང་བྲལ་བའི་དོན་ལ་བལྟའོ། །བླ་མ་ཡི་དམ་གྱི་དམ་ཚིག་ཏུ་བླ་མ་ལ་མངོན་ལྐོག་མེད་པའི་དག་སྣང་།

ཡི་དམ་གྱི་བསྙེན་སྒྲུབ་ཚད་དུ་སྐྱོལ་བ་རྣམས་རང་གི་རང་ལ་མ་ཁྲེལ་རྣམ་གསུམ་གྱི་གཙོ་བོ་ཡིན་པས་རང་སེམས་གཙང་མ་དཔང་དུ་བཙུགས་ནས་སྒྲུབ་པའོ། །རྡོ་རྗེ་རིགས་ཀྱི་དམ་ཚིག་ཏུ། །རྡོ་རྗེ་དྲིལ་བུའི་ཕྱག་རྒྱ་དང་། །བྱང་ཆུབ་སེམས་ནི་སྤང་མི་བྱ། །རིན་ཆེན་རིགས་ཀྱི་དམ་ཚིག་ཏུ། །སྦྱིན་པ་རྣམ་བཞི་རྟག་ཏུ་སྦྱིན། །པདྨ་རིགས་ཀྱི་དམ་ཚིག་ཏུ། །ཐེག་པ་གསུམ་གྱི་ཆོས་རྣམས་བཤད། །ལས་ཀྱི་རིགས་ཀྱི་དམ་ཚིག་ཏུ། །འགྲོ་བའི་དོན་ལ་བརྩོན་པར་བྱ། །དེ་བཞིན་རིགས་ཀྱི་དམ་ཚིག་ཏུ། །དཀྱིལ་འཁོར་གསུམ་དང་འབྲལ་མི་བྱ། །བདག་ནི་དཔལ་ཆེན་རིགས་མཆོག་སྟེ། །མི་འདའ་རྡོ་རྗེའི་དམ་ལ་གནས། །སེམས་ཅན་ཀུན་གྱི་དོན་གྱི་ཕྱིར། །བདག་གི་སྡོམ་པ་རྣམ་དག་ཞོག །དེ་ཡང་རིགས་ལྔ་སོ་སོའི་དམ་ཚིག་སྟེ། །མི་བསྐྱོད་པའི་དམ་ཚིག་ཏུ་ངོ་བོ་སྟོང་པ་དང་སྙིང་རྗེ། རང་བཞིན་ཐབས་དང་ཤེས་རབ་གཉིས་སུ་མེད་པའི་བརྡར་སྣང་སྟོང་གི་རྡོ་རྗེ་དྲིལ་བུའི་ཕྱག་རྒྱ་འཆང་བ་དང་བྱང་ཆུབ་སེམས་དཔའི་སྤྱོད་པ་རླབས་ཆེན་དུས་ནམ་ཡང་སྤང་བར་མི་བྱའོ། །རིན་འབྱུང་གི་དམ་ཚིག་ཏུ། ཆོས་ཀྱི་སྦྱིན་པ་དང་། མི་འཇིགས་པའི་སྦྱིན་པ་དང་། ཟང་ཟིང་གི་སྦྱིན་པ་དང་། བྱམས་པའི་སྦྱིན་པ་སྟེ། སྦྱིན་པ་རྣམ་བཞི་རྟག་ཏུ་སྦྱིན་པའོ། །སྣང་མཐའི་དམ་ཚིག་ཏུ་ཐེག་པ་གསུམ་གྱི་ཆོས་རྣམས་བཤད་པ་སྟེ། སྤྱི་མདོ་དགོངས་འདུས་ལས།ཀུན་འབྱུང་འདྲེན་དང་དཀའ་ཐུབ་རིགས། །དབང་བསྒྱུར་ཐབས་ཀྱི་ཐེག་པའོ། །ཞེས་གསུངས་པས། ཀུན་འབྱུང་འདྲེན་པའི་ཐེག་པ་ཉན་རང་བྱང་སེམས། །དཀའ་ཐུབ་རིགས་བྱེད་ཀྱི་ཐེག་པ་སྟགས་ཕྱི་བ་ཀྲི་ཡ་ཨུ་པ་ཡོ་ག་གསུམ། །དབང་བསྒྱུར་ཐབས་ཀྱི་ཐེག་པ་སྟགས་ནང་པ་མ་ཧཱ་ཨ་ནུ་ཨ་ཏི་སྟེ

གདུལ་བྱའི་བློ་དང་འཚམས་པར་གང་འོས་སུ་བཤད་པའོ། །དོན་ཡོད་གྲུབ་པའི་དམ་ཚིག་ཏུ། ཐོག་མར་རང་དོན་མཐར་ཕྱིན་པར་བྱས་ཏེ། ཟ་འདོད་ཀླེད་ཆོལ་ཟང་ཟིང་དོན་གཉེར་མ་ཡིན་པའི་གཞན་ཕན་གྱི་བསམ་པ་བཟང་པོའི་བཀའ་ལུང་དབང་ཁྲིད་བསླེན་གནས་འཕོ་ལུང་ཐན་སྐྱབས་སྡོམ་ཡན་ཆད་ཀྱིས་འགྲོ་བའི་དོན་ལ་སྐྱོ་ངལ་མེད་པར་བརྩོན་པར་བྱའོ། །རྣམ་སྣང་གི་དམ་ཚིག་ཏུ། ལུས་ལྷ་ཡི་དཀྱིལ་འཁོར་ངག་སྔགས་ཀྱི་དཀྱིལ་འཁོར། སེམས་ཏིང་ངེ་འཛིན་གྱི་དཀྱིལ་འཁོར་གསུམ་དང་ནམ་ཡང་འབྲལ་བ་མེད་པར་བྱའོ། །རིགས་ལྔ་སོ་སོའི་དམ་ཚིག་དེ་དག་ལ་མི་འདའ་ཞིང་གནས་པ་དེ་ཉིད་རིགས་ཐམས་ཅད་ཀྱི་མཆོག་སྟེ། མི་སྐྱུང་བའི་བསྐྱུང་བ་ཆེན་པོ་ཡེ་བསྐྱུངས་རྡོ་རྗེའི་དམ་ལ་གནས་ནས་སེམས་ཅན་ཐམས་ཅད་ཀྱི་དོན་དུ་སྨོན་པ་རྣམ་པར་དག་པ་སློན་པ་བཞིན་དུ་འགྲུབ་པའོ། །

སྤྱི་དོན་བཞི་པ་འཁོར་བའི་རང་བཞིན་སྡུག་བསྔལ་དུ་བསྟན་པ་ནི། འོ་ནམ་མཁའ་དང་མཉམ་པའི་སེམས་ཅན་ཐམས་ཅད་ཀྱི་དོན་དུ་ཐར་པ་དང་ཐམས་ཅད་མཁྱེན་པ་བླ་ན་མེད་པ་ཡང་དག་པར་རྫོགས་པའི་སངས་རྒྱས་ཀྱི་གོ་འཕང་རིན་པོ་ཆེ་ཐོབ་པར་བྱ། དེའི་ཆེད་དུ་ཟབ་གསང་བླ་ན་མེད་པའི་ཁྲིད་ཀྱི་རིམ་པ་ལ་ཚུལ་བཞིན་དུ་ཉན་ནས་ཉམས་སུ་བླངས་བར་བྱའོ་སྙམ་པས་བྱང་ཆུབ་མཆོག་ཏུ་སེམས་བསྐྱེད་དེ་གསན་འཚལ། དེ་ཡང་ཡིད་བཞིན་རིན་པོ་ཆེའི་མཛོད་ལས། དེ་ནས་ཉན་བཤད་སློབ་མའི་ཆོས་ཚུལ་ནི། སྐྱོན་རྣམས་སྤངས་ལ་གུས་པས་ཉན་པར་བྱ། །ཞེས་གསུངས་པ་ལྟར། ཆོས་ཉན་པའི་ཚེ་སྣོད་ཀྱི་སྐྱོན་གསུམ་དྲི་མ་དྲུག་ཉེས་པ་སུམ་ཅུ་རྩ་དྲུག་རྣམས་སྤངས་ཏེ་ཉན་པར་བྱའོ། །དེ་ཡང་སྣོད་ཁ་སྦུབ་ཏུ་བཅུད་མི་ཡོང་བ་བཞིན་ཆོས་ལ་རྣ་བ་མི་གཏད་པ་དང་། ཞབས་རྫོལ་ན་བཅུད་ཟག་པ་ལྟར་ཆོས་ཐོས་

ཀྱང་དྲན་པས་འདྲིས་པར་མ་བྱས་པས་བརྗེད་པར་འགྱུར་བ་དང་། དུག་ཅན་གྱི་བཅུད་གང་གིས་སྤྱོད་པ་མི་བདེ་བ་ལྟར་ཉོན་མོངས་པའི་དབང་དུ་སོང་ནས་སླར་ཡང་ཐོས་པས་བཀྲུགས་པར་འགྱུར་བས་སྤང་བར་བྱ་སྟེ། ཡུམ་བར་མ་ལས། ལེགས་པར་རབ་ཏུ་ཉོན་ལ་ཡིད་ལ་ཟུངས་ཤིག་དང་ངས་ཁྱོད་ལ་བཤད་དོ། །ཅེས་གསུངས་ཏེ། ཉོན་མོངས་པ་མེད་པར་ལེགས་པར་ཉོན། ཁ་མ་སྒྲུབ་པར་རབ་ཏུ་ཉོན། ཞབས་མ་ཇོལ་བར་ཡིད་ལ་ཟུངས་ཞེས་གདམས་པ་ཡིན་ནོ། །དྲི་མ་དྲུག་ནི། ང་རྒྱལ་དང་། མ་དད་པ་དང་། དོན་གཉེར་མེད་པ་དང་། ཕྱིར་གཡེང་བ་དང་། ནང་དུ་གཉིད་སོགས་སྡུད་པ་དང་། ཉན་མི་མོས་པ་རྣམས་སོ། །ཉེས་པ་སུམ་ཅུ་རྩ་དྲུག་ནི། དྲུག་ཚན་དྲུག་ཏུ་བཤད་དེ། །བདུད་ཀྱི་ལས་དྲུག་ནི། ལེ་ལོ་དང་སྙོམས་ལས་དང་། ཆོས་དང་བླ་མ་ལ་མ་དད་པ་དང་། བླ་མ་ལ་སྒྲི་ཞུ་མི་འདུད་པ་དང་། བསྟན་པ་བཞིན་ཡིད་ལ་མི་བྱེད་པ་དང་། ལས་ཀྱི་རྣམ་པར་སྨིན་པ་ཁྱད་དུ་གསོད་པ་རྣམས་སོ། །སྒྲིབ་པའི་ལས་དྲུག་ནི། ང་རྒྱལ་ཆེ་བ་དང་། ཆོས་སྤྱངས་པ་དང་། ཕྱི་རོལ་པའི་བསྟན་པ་ལ་ཉན་པ་དང་། བྱང་ཆུབ་སེམས་དཔའི་སྡེ་སྣོད་མི་ཉན་པ་དང་། དགེ་བའི་བཤེས་གཉེན་ལ་ལོག་པར་ལྟ་བ་དང་།ཆོས་ལ་ལོག་པར་ལྟ་བའོ། །ཆོས་སྤྱང་བའི་རྒྱུ་དྲུག་ནི། ལུས་སེམས་རྩོལ་འཆོས་པ་དང་། ང་རྒྱལ་གྱིས་བླ་མ་ལ་མི་གུས་པ་དང་། ཐེ་ཚོམ་གྱིས་ཆོས་ལ་མི་གུས་པ་དང་། རྩོལ་འཆོས་ཀྱིས་ལོག་པར་འཚོ་བ་དང་། ཕ་མ་དང་མཁན་པོ་དང་སློབ་དཔོན་ལ་མི་གུས་པ་དང་། ལུས་སེམས་རྩུབ་པས་རྟག་ཏུ་མི་མཐུན་པར་རྩོད་པའོ། །ཆོས་ལ་གཡེང་བའི་སྐྱོན་དྲུག་ནི། འཇིག་རྟེན་གྱི་བྱ་བྱེད་མང་བ་དང་། ཟང་ཟིང་གི་རྙེད་པ་མང་བ་དང་།

བྲེ་མོའི་གཏམ་སྨྲོར་མང་བ་དང་།   སྡིག་པའི་གྲོགས་ཀྱི་མཛའ་བཤེས་མང་བ་དང་།
ལོག་པར་རྟོག་པའི་བློ་མང་བ་དང་།   ལས་ངན་གྱི་དབང་གིས་ནད་གདོན་མང་
བའོ།   །ལོག་པར་འཁྲུགས་པའི་སྐྱོན་དྲུག་ནི།   བཀའ་དྲིན་གྱི་བྱས་པ་མི་བཟོ་
ཞིང་གཡོ་བྱེད་པ་དང་།   རྙེད་པ་དང་བཀུར་སྟི་ལ་ཆགས་པས་ཆོས་སྒྲུབ་པ་དང་།
ཕ་རོལ་གྱི་རྙེད་པ་ལ་ཕྲག་དོག་དང་སེར་སྣ་བྱེད་པ་དང་།   ཆོས་སྨྲ་བའི་ཡོན་ཏན་ལ་
མི་སེམས་པར་འཁྲུལ་བ་འཚོལ་བ་དང་།   སྡིག་པའི་སློབ་དཔོན་ལ་དད་ཅིང་བསྟེན་
པ་དང་།   རྟོག་གེ་འཚོལ་གྱིས་ཆོས་ཀྱི་ཡོན་ཏན་མི་འཚོལ་བའོ།   །ཐེག་ཆེན་
ལས་གོལ་བའི་ཆོས་དྲུག་ནི།   བྱང་ཆུབ་སེམས་དཔའི་སྡེ་སྣོད་མི་འཚོལ་བར་མུ་
སྟེགས་ཀྱི་རྫུ་འཕྲུལ་འཚོལ་བ་དང་།   འཇིག་རྟེན་པའི་ཞལ་ཏ་བྱེད་ཅིང་མང་དུ་ཐོས་
པ་མི་འཚོལ་བ་དང་།   ཚིག་གི་ཐོས་པ་འཚོལ་ཞིང་རྣམ་པར་གྲོལ་བ་མི་འཚོལ་བ
དང་།   རིག་པའི་གནས་ལ་མཁས་པར་འདོད་ཅིང་དགེ་བའི་བཤེས་གཉེན་མི་
འཚོལ་བའོ།   །དེ་ལྟར་སྐྱོན་གསུམ་དྲི་མ་དྲུག་ཉེས་པ་སུམ་ཅུ་རྩ་དྲུག་རྣམས་སྤངས་
ཏེ་ལེགས་པའི་ཡོན་ཏན་དང་ལྡན་པའི་སྒོ་ནས་གསན་པ་ལ་བསླབ་པར་བྱའོ།   །

གང་གསན་པར་བྱ་བའི་ཆོས་ནི་སྐབས་འདིར་འཁོར་བ་སྡུག་བསྔལ་གྱི་རང་བཞིན་དུ་
ཤེས་དགོས་པ་ཡིན་ཏེ།   དེ་ཡང་གོང་དུ་བཤད་པ་ལྟར་དལ་འབྱོར་གྱི་མི་ལུས་ནི་
རྙེད་པར་དཀའ་ཞིང་འཇིག་པར་སླ་བས་འཆི་བ་ལས་མ་འདས་སོ།   །ཤི་བ་ཙམ་དུ་
མ་ཟད་དེ་ལྟའི་རང་གི་ལས་དཀར་ནག་གང་ལྟར་བྱས་པ་དེ་ཡི་འབྲས་བུ་བདེ་འགྲོ་དང་
ངན་འགྲོ་གཉིས་སུ་སྨིན་པ་ནི།   ཆོས་འདུལ་བ་ལས།   ལས་རྣམས་བསྐལ་བ
བརྒྱར་ཡང་ནི།   །ཆུད་མི་ཟ་བའང་ཚོགས་དང་དུས།   །རྙེད་ནས་ལུས་ཅན་
རྣམས་ལ་ནི།   འབྲས་བུ་ཉིད་དུ་སྨིན་པར་འགྱུར།   །ཞེས་གསུངས་པ་ལྟར།

དཔེར་ན་ས་བོན་གྲོ་བཏབ་ན་ནས་མི་སྨིན་པ་དང་། ནས་བཏབ་ན་གྲོར་མི་འགྱུར་བ་བཞིན་སོ་སོར་དགེ་བའི་འབྲས་བུ་ལ་བདེ་འགྲོ་དང་། སྡིག་པའི་འབྲས་བུ་ལ་ངན་སོང་དུ་སྐྱེས་སྐྱེ་ཟྲེ་ཆུན་འཁྱུད་མོ་བཞིན་དུ་འཁོར་ཞིང་ལས་སྣ་ཚོགས་ལ་སྤྱོད་ཅིང་སྤྱོད་དགོས་པས་དེས་ན་སྡུག་བསྔལ་གྱི་རང་བཞིན་མཐའ་མེད་ཡིན་པའང་། ཀུན་མཁྱེན་ཆོས་རྗེའི་ཞལ་ནས། འདི་ལྟར་མི་རྟག་ཁམས་གསུམ་འཁོར་བའི་ཆོས། །རྣམ་པར་འགྱུར་བས་ཤིན་ཏུ་སྡུག་བསྔལ་ཏེ། །སྡུག་བསྔལ་འགྱུར་དང་འདུ་བྱེད་ཉིད་གསུམ་གྱིས། །གྲོང་ཁྱེར་དྲུག་གི་འགྲོ་ཀུན་ཉམ་ཐག །ཅེས་དང་། རྒྱལ་པོ་ལ་གདམས་པའི་མདོ་ལས། རྒྱལ་པོ་ཆེན་པོ། སྲིད་པ་འདི་ནི་འགྱུར་བ། སྲིད་པ་འདི་ནི་མི་རྟག སྲིད་པ་འདི་ནི་སྡུག་བསྔལ་བའོ། །ཞེས་གསུངས་ཏེ། སྡུག་བསྔལ་གྱི་སྡུག་བསྔལ་དང་། འགྱུར་བའི་སྡུག་བསྔལ་དང་། འདུ་བྱེད་ཀྱི་སྡུག་བསྔལ་རྣམ་པ་འདི་གསུམ་གྱིས་འགྲོ་བ་དྲུག་པོ་འདི་དག་གཙེས་ཞིང་སྡུག་བསྔལ་གྱི་རྒྱ་མཚོར་བྱིང་བ་ཡིན་ནོ། །དེ་ཡང་འདི་ལྟར་སེམས་ཅན་གྱི་ཚོགས་དག་སྡུག་བསྔལ་སྦྲ་མ་མ་སངས་བཞིན་དུ་ཕྱི་མས་ནོན་པར་འགྱུར་ཞིང་བཟོད་གླགས་མེད་པ་ནི་ཚད་མེད་མཐའ་ཡས་ཤིག་སྟེ། རིན་ཆེན་ཕྲེང་བ་ལས། ཕྱོགས་རྣམས་ཀུན་ཏུ་ནམ་མཁའ་དང་། །ས་དང་ཆུ་དང་མེ་དང་རླུང་། །ཇི་ལྟར་མཐའ་ཡས་དེ་བཞིན་དུ། སེམས་ཅན་སྡུག་བསྔལ་མཐའ་ཡས་འདོད། །ཅེས་པ་དང་། སྡུག་བསྔལ་བ་ལ་དུས་ཐུབ་ཡང་། །བཟོད་དཀའ་ཡུན་རིང་སྨོས་ཅི་དགོས། །ཞེས་པ་དང་། ལས་རྣམ་འབྱེད་ལས། སྲིད་པའི་སྡུག་བསྔལ་ནི་བསིལ་བའི་སྐབས་མེད་པས་མེའི་འོབས་ལྟ་བུའོ། །འཛིགས་ཤིང་ཉམ་ང་བས་གཙན་གཟན་གྱི་ཁྲོད་ན་གནས་པ་ལྟ་བུའོ། །གནོད་པ་མང་བས་

མི་རྒོད་ཀྱི་ནང་ན་གནས་པ་ལྟ་བུའོ། །ཐར་བའི་གོ་སྐབས་དཀའ་བས་རྒྱལ་པོའི་ཁྲི་མུན་ལྟ་བུའོ། །ཡང་དང་ཡང་དུ་འབྱུང་བས་རྒྱ་མཚོའི་རླབས་ལྟ་བུའོ། །བདེ་འགྲོའི་སྲོག་འཛེམས་པས་དུག་ཧ་ལ་ལྟ་བུའོ། །ཞེས་གསུངས་སོ། །དེ་ཡང་བླང་དོར་ལ་རྨོངས་པའི་དབང་གིས་རྒྱུ་འབྲས་ལ་བླང་དོར་མ་བྱས་པར་བདེ་བ་ཐོབ་པར་འདོད་ཀྱང་དེ་ཡི་རྒྱུ་དགེ་བ་ལ་མ་སྤྱད། སྡུག་བསྔལ་འདོར་བར་འདོད་ཀྱང་དེ་ཡི་རྒྱུ་མི་དགེ་བ་ལ་ནན་གྱིས་ཞུགས་ཏེ། སྡུག་བསྔལ་གྱི་རྒྱུ་ཀུན་ནས་ཉོན་མོངས་པ་དུག་ལྔའམ་དུག་གསུམ་ལ་གཙོ་ཆེར་སྤྱད་པས་ཀུན་འབྱུང་གི་མཚན་ཉིད་ལ་རྒྱུག་ཅིང་སྤྱོད་ལ། དེའི་འབྲས་བུ་སྡུག་བསྔལ་གྱི་མཚན་ཉིད་རྣམ་པ་སྣ་ཚོགས་ཅན་མྱོང་ཡང་ད་དུང་བྲེད་མ་ཤེས་པར་དང་དུ་ལེན་པས་ཆད་པ་བཅད་པའི་རྐུན་པོ་ལག་པ་བྲེག་པ་ཞིག་གིས་ཡང་བརྐུས་ཏེ་མགོ་གཅོད་པའི་ཆད་པ་ལ་ཞུགས་པ་ལྟ་བུའོ། །སྤྱོད་འཇུག་ལས། སྡུག་བསྔལ་འདོར་འདོད་སེམས་ཡོད་ཀྱང་། །སྡུག་བསྔལ་ཉིད་ལ་མངོན་པར་རྒྱུག །བདེ་བ་འདོད་ཀྱང་གཏི་མུག་པས། །རང་གི་བདེ་བ་དགྲ་ལྟར་འཇོམས། །ཞེས་སོ། །ཇི་ལྟར་འཇོམས་ན། འདོད་པའི་ཡུལ་ལྔ་ལ་ཆགས་ཤིང་ཞེན་པའི་དབང་གིས་ཉོན་མོངས་པའི་མཐུ་རྒྱས་ཏེ་སྡུག་བསྔལ་ལ་འཇུག་པ་ནི། ཕྱེ་མ་ལེབ་མར་མེའི་འོད་ཀྱི་གཟུགས་འདོད་ནས་ཕྱིན་པས་ཤིག་པ་དང་། རི་དྭགས་གླིང་བུའི་སྒྲ་ལ་ཉན་པས་བསད་པ་དང་། བུང་བ་སྦྲང་རྩིའི་འབྱུང་གནས་མེ་ཏོག་ལ་འཛིབ་པས་ཀྱང་འབྱུར་བའམ། ཁ་ཟུམ་ནས་ཤི་བ་དང་། ཉ་རྣམས་ཉ་པས་ལྕགས་ཀྱུའི་རྩེའི་ཟས་ཀྱི་རོས་བསླུས་ཏེ་བསད་པ་དང་། གླང་པོ་ཆེ་བསིལ་བའི་རེག་བྱ་འདོད་ནས་མཚོར་ཞུགས་པས་ཤི་བ་ལྟ་བུ་སྟེ།དོ་ཧ་མཛོད་ཀྱི་གླུ་ལས།སྲིད་པའི་ཕྲུག་རྒྱས་འགྲོ་བ་མ་ལུས་བསླུས། །ཞེས་པ་དང་། །ཀྱེ་ཧོ་རྨོངས་རྣམས་མདའ

བསྟན་གྱིས་སྤྲས་པ། །ཉ་དང་ཕྱེ་ལེབ་སྦྲང་ཆེན་བུང་བ་དང་། །འདིར་ནི་རི་དྭགས་བཞིན་དུ་བལྟ་བར་བྱོས། །ཞེས་སོ། །ཡུལ་ལྔ་པོ་ལས་ཉོན་མོངས་པ་སྐྱེ་ཞིང་དེ་ཡི་དབང་གིས་འཁོར་བར་མཐའ་མེད་པར་འཁྱམས་པ་འདི་ནི་དུག་ལས་ཀྱང་འཇིགས་པར་གསུངས་ཏེ། སློབ་སྤྲིང་ལས། ཡུལ་དང་དུག་མཚུངས་དང་པོ་མྱོང་བ་ཙམ་ན་བདེ། ཡུལ་དང་དུག་མཚུངས་རྣམ་སྨིན་རྩུབ་པ་མི་བཟད་ལྡན། །ཡུལ་དང་དུག་མཚུངས་གཏི་མུག་མུན་པས་འཐིབ་པོར་བྱེད། །ཡུལ་དང་དུག་མཚུངས་ཤུགས་བཟློག་དཀའ་ཞིང་གཡོ་བ་ཡིན། །ཡུལ་དང་དུག་རྣམས་བློ་ཡིས་ངེས་པར་བརྟགས་བྱས་ན། །ཉེས་ན་དུག་སླ་མི་བཟད་རང་བཞིན་ཡུལ་རྣམས་ཡིན། །དུག་ནི་སྐྱེ་བ་གཅིག་ལ་དུག་ཏུ་འགྱུར་བ་ཟད། །ཡུལ་ནི་ཚེ་རབས་གཞན་དུའང་དུག་ཏུ་འགྱུར་བར་བྱེད། །དུག་ནི་དུག་དང་བསྲེས་ན་རབ་ཏུ་ཞི་བར་འགྱུར། །གསང་སྔགས་མཆོག་དང་དུག་སེལ་སྨན་གྱི་གསོ་བར་ནུང་། །དུག་ནི་ཐབས་ལྡན་སྤྱད་ན་མི་ལ་ཕན་འགྱུར་གྱིས། །དུག་ཆེན་ཡུལ་ནི་ནམ་ཡང་དེ་ལྟར་མ་ཡིན་ནོ། །ཞེས་སྲིད་པ་འདི་དག་ཕན་ཚུན་དུ་འཁོར་ཞིང་སྡུག་བསྔལ་བ་ནི། རྫོགས་པ་ཆེན་པོ་སེམས་ཉིད་ངལ་གསོ་ལས། ལྷ་དང་ལྷ་མིན་དམྱལ་བ་ཡི་དྭགས་མི། །བྱོལ་སོང་རིགས་དྲུག་ཐོ་ཚུའི་འཁྲུད་མོ་བཞིན། །གཅིག་ནས་གཅིག་བརྒྱུད་སྡུག་བསྔལ་ཕ་མཐའ་ཡས། །ཞེས་དང་། རིན་ཆེན་ཕྲེང་བ་ལས། ལམ་གསུམ་ཐོག་མཐའ་དབུས་མེད་པར། །འཁོར་བའི་དཀྱིལ་འཁོར་འགལ་མེ་ཡི། །འཁོར་ལོ་ལྟ་བུར་ཕན་ཚུན་དུ། རྒྱུ་རྐྱེན་འདིས་ནི་འཁོར་བར་འགྱུར། །ཞེས་སོ། །དེ་ལྟར་འཁོར་བ་ན་འཁོར་བའི་ཚེ་ཡང་གཉེན་བཤེས་དང་། དགྲ་དང་བར་མའི་རྐྱེན་སྒྱུར་བས་བདེ་སྡུག་དང་ཕན་གནོད་ཀྱི་གྲངས་མཐའ་ཡས་པས་

གཉེན་དགྲར་གྱུར་པ་དང་། དགྲ་མཛའ་བོར་གྱུར་པ་སོགས་བསམ་གྱིས་མི་ཁྱབ་སྟེ། དྲི་མེད་འོད་ཟེར་གྱི་ཞལ་ནས། ཚེ་རབས་བགྲངས་ཚེ་སེམས་ཅན་རེ་རེས་ཀྱང་། །མཛའ་བཤེས་དགྲ་དང་བར་མའི་ཁུར་ཁྱེར་ནས། །བདེ་སྡུག་ཕན་གནོད་སྨིན་པ་གྲངས་མཐའ་ཡས། །ཕ་ཉིད་མར་གྱུར་མ་ཉིད་སྲིང་མོ་ཉིད། །དེ་ཉིད་བུར་གྱུར་ངེས་པ་མ་མཆིས་ཤིང་། །མཛའ་བོ་དགྲར་གྱུར་པ་ཡང་ཐུག་པ་མེད། །ཅེས་དང་། བཤེས་སྤྲིང་ལས། ངེས་པ་འདོད་པས་ཕོངས་དང་འཆི་བ་དང་། ན་དང་རྒས་སོགས་སྡུག་བསྔལ་དུ་མ་ཡི། །འབྱུང་གནས་འཁོར་བ་ལ་ནི་སྐྱོ་མཛོད་ཅིག །དེ་ཡི་ཉེས་པ་ཤེས་ཀྱང་གསན་པར་མཛོད། །ཕ་ནི་བུ་ཉིད་མ་ནི་ཆུང་མ་ཉིད། །སྐྱེ་བོ་དགྲ་གྱུར་པ་ཡང་བཤེས་གཉེན་དག །བཟློག་པ་ཉིད་དུ་མཆིས་པས་དེ་སྐད་དུ། །འཁོར་བ་དག་ན་ངེས་པ་འགའ་མ་མཆིས། །ཞེས་སོ། །གཞན་ཡང་རྫོགས་པ་ཆེན་པོ་སེམས་ཉིད་ངལ་གསོ་ལས། འདི་ལྟར་འཇིག་རྟེན་སྣོད་ཕྱིའི་ལས་བསམ་ན། །སྐྱོ་བ་བས་ཀྱང་ཤིན་ཏུ་སྐྱོ་བ་འཕེལ། །རང་ཉིད་གྲོག་སྦུར་གྱུར་པའི་ལུས་རྣམས་ཀུན། །གཅིག་པུར་བསྡོམས་ཏེ་ཕུང་པོར་བྱུར་ཡོད་ན། །ལྷུན་པོ་རིན་ཆེན་བཞི་བས་ཆེས་མཐོ་ཞིང་། །ངུས་པའི་མཆི་མ་རྒྱ་མཚོ་བཞི་བས་ལྷག །སེམས་དམྱལ་ཡི་དྭགས་གྱུར་ཚེ་འཐུང་གྱུར་པའི། །ཟངས་ཞུན་རྣག་ཁྲག་མི་གཙང་ཁུ་བ་རྣམས། །ཕྱོགས་མཐའ་གཏུགས་པའི་རྒྱ་ཀླུང་ཆར་མི་ཕོད། །དེ་བཞིན་གཞན་རྣམས་དཔག་ཡས་ནམ་མཁའ་འདྲ། །འདོད་ཕྱིར་མགོ་དང་ཡན་ལག་བཅད་པའི་གྲངས། །འཛིག་རྟེན་རྡུལ་ཕྲན་སྙེད་ཀྱིས་ཆར་མི་ཕོད། །ཅེས་དང་། དྲན་པ་ཉེར་བཞག་ལས། དགེ་སློང་དག་སྲིད་པའི་ཁམས་ལ་སྐྱོ་བར་གྱིས་ཤིག །དེ་

ཅིའི་ཕྱིར་ཞེ་ན། ཐོག་མ་མེད་པའི་འཁོར་བ་གང་གི་ཚེ། གྲོག་སྦུར་དུ་སྐྱེས་ཏེ་དོར་བའི་ལུས་ཀྱང་གཅིག་ཏུ་བསྡོམས་ཏེ་ཕུང་པོར་བྱས་ན་རིའི་རྒྱལ་པོ་རི་རབ་བས་ཀྱང་ཆེས་མཐོ་ཞིང་། དུས་པའི་མཆི་མའང་རྒྱ་མཚོ་བཞི་ཡི་ཆུ་ལས་ལྷག་གོ། དམྱལ་བ་ཡི་དྭགས་སུ་གྱུར་པ་དེའི་ཚེ་ལན་གྲངས་དཔག་ཏུ་མེད་པ་ཞིག་འཐུང་བའི་ཟངས་ཞུན་ཁོལ་མ་དང་། ཁྲག་དང་། ཆུ་སེར་དང་། རྣག་དང་། ངར་བསྣབས་ཀྱང་འདི་ལྟར་གླིང་བཞིའི་ནང་ནས་རྒྱ་མཚོར་བབ་པའི་ཆུ་ཀླུང་ཆེན་པོ་བཞི་བས་མང་ཞིང་། འདོད་པ་དག་གི་ཕྱིར་མགོ་དང་། མིག་དང་། ཡན་ལག་དང་། ཉིང་ལག་བཅད་པའང་གང་གའི་ཀླུང་གི་བྱེ་མ་སྙེད་ཀྱི་འཇིག་རྟེན་གྱི་ཁམས་ན་ས་དང་། ཆུ་དང་། མེ་དང་རླུང་གི་རྡུལ་ཤིན་ཏུ་ཕྲ་བ་སྙེད་ལས་འདས་པའི་གྲངས་དང་མཉམ་པར་འགྱུར་རོ། །ཞེས་དང་། བཤེས་སྤྲིང་དུ། རེ་རེས་རྒྱ་མཚོ་བཞི་བས་ལྷག་པ་ཡི། །འོ་མ་འཐུང་སྟེ་ད་དུང་སོ་སོ་ཡི། །སྐྱེ་བོའི་རྗེས་སུ་འབྲང་བའི་འཁོར་བ་བས། །དེ་བས་ཆེས་མང་ཉིད་ཅིག་བཏུང་འཚལ་ལོ། །རི་རེས་བདག་ཉིད་རུས་པའི་ཕུང་པོ་ནི། །ལྷུན་པོར་མཉམ་པ་སྙེད་ཅིག་འདས་གྱུར་ཏེ། །མ་ཡི་ཐོག་མཐའ་རྒྱ་ཤུགས་ཚི་གུ་ཙམ། །རིལ་བུ་བགྲངས་ཀྱང་ས་ཡི་ལང་མི་འགྱུར། །ཞེས་སོ། །དེ་ལྟར་གཟུང་བ་དང་འཛིན་པས་འཁོར་བ་རྨི་ལམ་ལྟ་བུ་འདིར་འཁྲུམས་དུས་སྡུག་བསྔལ་བའི་ཆུ་བོར་བྱིང་བའི་རྣམ་གྲངས་བཤད་པ་ནི། ཀུན་མཁྱེན་ཚུལ་ཁྲིམས་བློ་གྲོས་ཀྱི་ཞལ་ནས། ཨེ་མ་བརྟག་དཀའ་འཁོར་བའི་ཕ་མཐའ་ལས། །སྲིད་ལམ་དུབ་པ་དག་གི་སྡུག་བསྔལ་ནི། །གང་དུ་སྐྱེས་ཀྱང་བདེ་བ་འགའ་མེད་དེ། མི་དགེས་བསྐྱེད་པ་འབྲས་བུ་མི་ཟད་པ། །རང་སྣང་ལོག་པ་རྨི་ལམ་སྣང་བཞིན་དུ། །འགྲོ་དྲུག་སོ་སོར་སྨྱོང་བའི་

རང་བཞིན་ནི། །མེད་སྣང་འཁྲུལ་བའི་སྡུག་བསྔལ་དཔག་ཏུ་མེད། རེ་ཞིག་མདོར་བསྡུས་ལུང་བཞིན་བཤད་ཀྱིས་ཉོན། །ཞེས་གསུངས་པ་སྟེ། ལུང་རྣམ་འབྱེད་ལས།མི་གཙང་འདམ་ན་དྲི་ཞིམ་མེད། །དེ་བཞིན་འགྲོ་དྲུག་བདེ་བ་མེད། །འབར་བའི་འོབས་ན་བསིལ་བ་མེད། །སྲིད་པ་དག་ནའང་དགའ་བ་མེད། །ཅེས་གསུངས་པ་ལྟར། འགྲོ་དྲུག་འཁོར་བའི་ནང་ནས་ལས་ངན་ཆེར་སྤྱོད་པའི་རྣམ་སྨིན་གྱི་སྡུག་བསྔལ་ཆེ་ཤོས་ནི་དམྱལ་བ་ཡིན་ལ། དམྱལ་བའི་ནང་ན་ཚ་བའི་དམྱལ་བའི་སྡུག་བསྔལ་ནི། །ཡིད་བཞིན་རིན་པོ་ཆེའི་མཛོད་ལས། དམྱལ་བའི་གནས་ན་སྡུག་བསྔལ་དཔག་ཏུ་མེད། །ཡང་སོས་ཕན་ཚུན་མཚོན་གྱིས་འདེབས་པ་ལས། ཡང་ཡང་སྐྱེ་ཤིའི་སྡུག་བསྔལ་བཟོད་གླགས་མེད། །ཅེས་གསུངས་པས། ཚ་བའི་གནས་བརྒྱད་ཀྱི་དང་པོ་ཡང་སོས་པ་དེ་དག་ཕན་ཚུན་དགྲ་མཐོང་བ་ལྟར་ཞེ་སྡང་སྐྱེས་པའི་ལག་ཏུ་མཚོན་ཆ་སྣ་ཚོགས་རང་བྱུང་བ་བསྣུན་རེས་བྱས་ཏེ་ཤི་བ་ལས་ནམ་མཁའ་ནས་ཡང་སོས་པར་གྱུར་ཅིག་ཅེས་པའི་སྒྲ་བྱུང་མ་ཐག་སྔར་བཞིན་སོས་པས་ཡང་མཚོན་གྱིས་སྐྱེ་ཤི་འབབ་ཞིག་བྱེད་དེ། བཤེས་སྤྲིང་ལས། འདི་ན་ཉིན་གཅིག་མདུང་ཐུང་སུམ་བརྒྱ་ཡིས། །རབ་ཏུ་དྲག་བཏབ་སྡུག་བསྔལ་གང་ལགས་པ། །དེ་ཡི་དམྱལ་བའི་སྡུག་བསྔལ་ཆུང་ངུ་ཡང་། །འོལ་ཡང་མི་བཟོད་ཆར་ཡང་མི་ཕོད་དོ། །ཅེས་སོ། །དེ་ལས་བདུན་འགྱུར་གྱིས་སྡུག་བསྔལ་བའི་དམྱལ་བ་ནི། ཡིད་བཞིན་རིན་པོ་ཆེའི་མཛོད་ལས། ཐིག་ནག་ལུགས་ཀྱི་སོག་ལེས་གཤོག་པ་སྟེ། །བསྡུས་འཇོམས་རི་དང་གཏུན་དང་ལྷྗོངས་སུ་འཐག །ངུ་འབོད་ལྕགས་ཁྱིམ་འབར་བར་བསྲེགས་བྱེད་ཅིང་། །ངུ་འབོད་ཆེན་པོ་ལྕགས་ཁྱིམ་གཉིས་རིམ་བསྲེགས། །ཅེས་དང་།

ལྷུགས་ཀྱི་སོག་ལེ་མི་འབར་བས་ལུས་ལ་ཐིག་ནག་པོ་བཏབ་པའི་རྗེས་སུ་གཞོག་ཅིང་འབྱུར་བ་ལ་ཡང་གཞོག་པ་ནི་དམྱལ་བ་ཐིག་ནག་གོ །རིའི་བར་དང་གཏུན་དང་། །ལྷོངས་སུ་ནམ་མཁའ་ནས་ལྷུགས་ཀྱི་ཐོ་བ་མི་འབར་བས་རྡོ་བཞིན་འཐག་པ་ནི། བསྡུས་འཇོམས་སོ། །ལྷུགས་ཀྱི་ཁང་པ་སྒོ་མེད་ལ་མི་འབར་བར་བསྲེགས་པ་ནི་ངུ་འབོད་དོ། །ལྷུགས་ཁྱིམ་གཉིས་རིམ་དུ་བསྲེགས་པ་ནི་ངུ་འབོད་ཆེན་པོའོ། །དེ་དག་ལས་ཀྱང་བདུན་འགྱུར་གྱི་སྡུག་བསྔལ་ཆེ་བའི་ཚ་བ་ནི། །ཀུན་མཁྱེན་ཆོས་རྗེས།ཚ་བ་འདག་མི་འབར་བའི་ས་གཞི་ལ། །པགས་པ་བཤུས་ཏེ་ཕུར་བུས་བརྒྱངས་པ་དང་། རབ་ཏུ་ཚ་བ་ཕྱི་ནང་མེས་གདུང་ཞིང་། །ཟངས་ཞུན་བསྐོལ་མས་ལུས་ཀུན་རྡུལ་དུ་བསྲེགས། །ཅེས་སོ། །དེ་ལ་ཚ་བ་ནི་ལྷུགས་ཀྱི་ས་གཞི་མི་འབར་བར་ལུས་ཀྱི་པགས་པ་བཤུས་ཏེ་ཕུར་དུས་བརྒྱངས་པའི་སྟེང་དུ་ཐོ་བས་བརྡུངས་ལ། རབ་ཏུ་ཚ་བ་ཕྱི་ནས་ཕྱོགས་བཞི་མཚམས་བརྒྱད་སྟེང་འོག་གི་མེ་དང་། ནང་ན་གློ་སྙིང་ལ་མི་འབར་བའི་མེ་ཕུང་པོ་གཅིག་གིས་བསྲེག་གོ །གཞན་ཡང་ལྷུགས་ཀྱི་ཐོ་ལུམ་མི་འབར་བ་དང་། ཟངས་ཞུན་བསྐོལ་མ་ཁར་དབང་མེད་དུ་བླུག་པས་ལུས་རྡུལ་དུ་བུན་གྱིས་ཚིག་གོ །དེ་ཐམས་ཅད་ལས་སྡུག་བསྔལ་བདུན་འགྱུར་གྱི་ཆེ་བ་ནི་མནར་མེད་དེ། ཡིད་བཞིན་རིན་པོ་ཆེའི་མཛོད་ལས། མནར་མེད་ལྷུགས་ཁང་འབར་བ་བཟློད་གླགས་མེད། །བརྡུངས་དང་བཙོག་དང་གཞོག་དང་ཕྱེ་མར་འཐག །འཚོད་དང་འབིག་དང་ལྷུགས་ལེབ་འབར་བས་དགྲི། །ཞེས་སོ། །སྡུག་བསྔལ་དེ་ལས་ཆེར་མནར་དུ་བྱར་མེད་པས་མནར་མེད་དོ། །ལྷུགས་ཁང་མི་འབར་བའི་ནང་དུ་གཤིན་རྗེས་ཐོ་བས་བརྡུངས་བ་དང་། དགྲ་སྟུས་བཙོག་པ་དང་། སོག་ལེས

གཞོག་པ་དང་། གཏུན་དུ་འཐག་པ་དང་། ཟངས་ཆེན་ཁོལ་བར་འཚོད་པ་དང་། མདུང་དང་རྩེ་གསུམ་ལ་སོགས་པའི་མཚོན་གྱིས་འབིག་པ་དང་། ལྕགས་ལེབ་མེ་འབར་བས་ལུས་མགོ་མཇུག་ཐག་པས་འཆིང་བ་ལྟར་དགྲི་བ་ལ་སོགས་སྡུག་བསྔལ་དཔག་ཏུ་མེད་དོ། །གནས་དེའི་ཕྱི་རོལ་ཕྱོགས་བཞིར་ཉེ་འཁོར་བཅུ་དྲུག་ནི། ཡིད་བཞིན་མཛོད་ལས། རོ་མྱགས་འདམ་དང་ཆུ་བོ་རབ་མེད་དང་། །སྤུ་གྲིའི་ཐང་དང་རལ་གྲི་ལོ་མའི་ཚལ། །ཤལ་མའི་སྡོང་པོ་ཀུན་ནས་འཁོར་བ་ལ། །དམྱལ་བ་པ་རྣམས་སྡུག་བསྔལ་སྣ་ཚོགས་སྤྱོད། །ཅེས་སོ། །མནར་མེད་ཀྱི་ཕྱོགས་འཁོར་བ་རོ་མྱགས་ཀྱི་འདམ་རོ་རུལ་བ་ཅན་དུ་སྐྱར་གྱི་དམྱལ་བ་དག་སྐྲོ་དབྱེ་བ་ཕྱིར་ཐོན་ནས་ཞུགས་པ་ལས། སྲིན་བུ་ལྕགས་དང་ཟངས་ཀྱི་མཆུ་ཅན་མང་པོས་འབིག་ཅིང་ཤ་རུས་ཟའོ། །དེ་ལ་རྒྱ་ལམ་ཐར་བ་སླམ་བྱེད་པས་ཕྱིར་སོང་བ་ལ། ཐལ་ཚན་གྱི་ཆུ་བོ་རབ་མེད་ཚ་བ་དེར་ཤ་རུས་འཚིགས་སྟེ། སྤྱོད་འཇུག་ལས། ཆུ་བོ་རབ་མེད་མེ་དོང་འདྲ་ནང་བྱིང་བ་དང་། །ཤ་ཀུན་ཞིག་གྱུར་རུས་གོང་མེ་ཏོག་ཀུན་དའི་མདོག་ཅེས་དང་། འཁྲམ་གཉིས་གཤིན་རྗེའི་སྐྱེས་བུས་བསྲུང་བར་སྣང་བ་ལས་མི་ཐར་ལ། །རྒྱ་ལམ་ན་ཐར་བའི་མཐར། །སྤུ་གྲིའི་ཐང་ལ་ རྐང་པ་བཞག་དུས་གཞོག་ཅིང་བཏེགས་ན་སླར་འཚོབ་འགྲོ་བའོ། །རལ་གྲིའི་ཚལ་ཤིང་སྡོང་གི་ཡལ་ག་ལོ་མ་ཐམས་ཅད་རལ་གྲི་གྱུར་པས་ལུས་གཅོད་པ་དང་། ཤལ་མ་རི་ལྕགས་ཀྱི་ཐུར་མ་གྱེན་ཐུར་ལ་བསྟན་པར་འཛེག་ཅིང་འབབ་པ་དེར་ཁྱི་དང་བྱ་ལ་སོགས་པས་ཟའོ། །དེ་དག་ཕྱོགས་བཞི་ན་བཞི་བཞི་འཁོར་བར་གནས་པས་ཉེ་འཁོར་ལྷག་པ་བཅུ་དྲུག་ཅེས་བྱའོ། །བར་བསྐལ་ཕྱེད་དུ་སྡུག་བསྔལ་བར་དྲན་པ་ཉེ་བར་བཞག་པ་ལས་གསུངས་སོ། །ཉི་ཚེ་བའི་གནས

དང་གཟུགས་ལ་ངེས་པ་མེད་དེ། རྒྱ་མཚོ་དང་རི་དང་ཤིང་དང་བར་སྣང་དང་། ཁང་པ་དང་། བྲག་རི་ལ་སོགས་པ་ན། སྣ་ཚོགས་ཀྱི་གཟུགས་དག་ རྗོ་དང་། ཤིང་དང་། ཕྱུག་མ་དང་། སྣོད་སྤྱད་དང་། སེག་དང་། རེ་ལྡེ་ལ་སོགས་པ་བཀོལ་སྤྱོད་བྱེད་པས་སྡུག་བསྔལ་མྱོང་བའོ། །དམྱལ་བ་དེ་དག་གི་ཚེ་ཚད་ནི། ཡིད་བཞིན་རིན་པོ་ཆེའི་མཛོད་ལས། ཚེ་ཚད་ཡང་སོས་ལ་སོགས་དྲུག་པོ་ནི། འདོད་ལྷའི་ཚེ་དང་ཉིན་ཞག་མཉམ་པ་ཡི། །རང་ལོ་དེ་སྙེད་བར་དུ་ཐུབ་པ་སྟེ། །རབ་ཏུ་ཚ་བས་བར་བསྐལ་ཕྱེད་ཐུབ་ཅིང་། །མནར་མེད་བར་བསྐལ་གཅིག་ཏུ་གནས་པར་གསུངས། །ཞེས་གསུངས་པ་ལྟར། །སྔར་སྨོས་པའི་རིམ་པས་འདོད་ལྷ་དྲུག་པོའི་ཚེ་རིམ་གྱིས་ལོ་དེ་དག་གཅིག་ཏུ་སྡོམ་པ་དྲུག་པོ་ཡང་སོས་ལ་སོགས་པ་དྲུག་གི་ཞག་གཅིག་ཏུ་བརྩིས་པའི་རང་ལོ་དེ་སྙེད་རེ་ཐུབ་སྟེ། དཔེར་ན་རྒྱལ་ཆེན་བཞི་ཡི་རང་ལོ་ལྔ་བརྒྱ་ཡང་སོས་ཀྱི་ཞག་གཅིག་ཏུ་བརྩིས་པའི་རང་ལོ་ལྔ་བརྒྱ་ཐུབ་བོ། །སུམ་ཅུ་རྩ་གསུམ་པས་ལོ་སྟོང་དང་། མཚེ་མས་ཉིས་སྟོང་དང་། དགའ་ལྡན་པས་བཞི་སྟོང་དང་། འཕྲུལ་དགས་བརྒྱད་སྟོང་དང་། གཞན་འཕྲུལ་དབང་བྱེད་པས་ཁྲི་དྲུག་སྟོང་ཐུབ་ཅིང་། རབ་ཏུ་ཚ་བས་བར་གྱི་བསྐལ་བ་ཕྱེད། མནར་མེད་ཀྱིས་བར་བསྐལ་གཅིག་ཐུབ་སྟེ། མཛོད་ལས། ཡང་སོས་ལ་སོགས་དྲུག་རིམ་བཞིན། །འདོད་ལྷའི་ཚེ་དང་ཉིན་ཞག་མཉམ། །ཞེས་པ་ལ་སོགས་པ་བཞིན་ནོ། །གྲང་བའི་དམྱལ་བ་ནི་དེ་དང་འདབ་འབྱོར་དུ་གནས་པར་གསུངས་ཏེ། ཡིད་བཞིན་རིན་པོ་ཆེའི་མཛོད་ལས། གངས་དང་ཁ་བ་བུ་ယུག་མང་བ་ཡིས། །རབ་ཏུ་སྦྲེབ་པའི་ལུས་ཅན་རྣམ་བརྒྱད་ནི། །ཆུ་བུར་ཅན་དང་ཆུ་བུར་རྡོལ་བ་ཅན། །ཨ་ཆུ་ཟེར་དང་ཀྱི་ཧུད་སོ་འཐམ

དང་། །པདྨ་ལྟར་གས་ཨུཏྤལ་པདྨ་ཆེ། །གྲང་བའི་ཉམ་ཐག་སྡུག་བསྔལ་ཕ་མཐའ་ཡས། །ཞེས་གསུངས་པ་ལྟར། གངས་དང་ཁ་བ་བུ་ཡུག་གིས་སྒྲིབ་ཅིང་གངས་བར་ཤིན་ཏུ་གྲང་བ་ན་གནས་པ་བརྒྱད་ལས། །གྲང་བའི་ཆུ་བུར་མཐེབ་རྡོག་ཙམ་ཡོད་པ་ནི་ཆུ་བུར་ཅན་ནོ། །དེ་དག་རྡོལ་ནས་རྨར་སོང་བ་ནི་ཆུ་བུར་རྡོལ་བ་ཅན་ནོ། །ཨ་ཆུ་ཟེར་བས་ཨ་ཆུ་ཟེར་བའོ། །ཀྱི་ཧུད་ཀྱི་སྒྲ་ཙམ་ལས་མི་ཐོན་པས་ཀྱི་ཧུད་ཟེར་བའོ། །སྐད་མི་ཐོན་པས་རེངས་ཤིང་སོ་འཐམ་པས་སོ་ཐམ་པའོ། །ལུས་ཚལ་བ་བཞིར་གས་པས་པདྨ་ལྟར་གས་པའོ། །རྨ་དེ་དག་ཕྱི་ནང་ལོག་ནས་ཆུ་རྒྱུས་ཀྱི་གཟུགས་ཕྲ་མོས་སྦྲེལ་བས་ཨུཏྤལ་ལྟར་གས་པའོ། །ཚལ་བ་བཅུ་དྲུག་གམ་སུམ་ཅུ་རྩ་གཉིས་སམ་བརྒྱ་སྟོང་དུ་གས་པས་པདྨ་ཆེན་པོ་ལྟར་གས་པའོ། །དེ་དག་གི་ཚེ་ཚད་ནི། ཁལ་བརྒྱ་ཤོངས་བའི་ཏིལ་སྦྲུངས་ནས། ལོ་བརྒྱར་ཏིལ་གཅིག་དབྱུང་བས་ཟད་གྱུར་པ། །ཆུ་བུར་ཅན་ཚེ་ལྷག་མ་ཉི་ཤུ་འགྱུར། །ཞེས་པ་ལྟར། ཀོ་ས་ལའི་ཁལ་བརྒྱ་ཤོངས་བའི་ཏིལ་སྦྲུངས་ནས་ཏིལ་ཉག་མ་རེ་ལོ་བརྒྱ་བརྒྱ་སོང་དུས་ཕྱིར་བོར་བས་ཏིལ་སྦྲུངས་ཟད་དུས་ཆུ་བུར་ཅན་གྱི་ཚེ་ཚད་ཡིན་ལ། ལྷག་མ་ཉི་ཤུ་འགྱུར་གྱིས་རིང་བར་འདོད་དེ། མཛོད་ལས། ཏིལ་སྦྲུངས་ནང་ནས་ལོ་བརྒྱ་བཞིན། །ཏིལ་གཅིག་ཕྱུངས་བས་ཟད་གྱུར་པ། །ཆུ་བུར་ཅན་གྱི་ཚེ་ཚད་དོ། །གཞན་གྱི་ཚེ་ནི་ཉི་ཤུར་འགྱུར། །ཞེས་སོ། །དེ་ལ་ངན་སོང་གི་གནས་གཉིས་པ་ཡི་དྭགས་ཀྱི་སྡུག་བསྔལ་ནི། ཕལ་ཆེར་འཛམ་གླིང་འདིའི་འོག་དཔག་ཚད་ལྔ་བརྒྱ་འདས་པ་ན་ཡོད་ཅིང་། ཁ་འཐོར་བ་ནི་ས་གཞི་རི་ཀླུང་ཐམས་ཅད་ལ་ཁྱབ་པ་ལྟར་ཡོད་དེ། དེ་ཡང་དྲན་པ་ཉེར་བཞག་ལས་རིགས་དྲུག་ཏུ་གསུངས་ཀྱང་། བསྡུ་ན་ཕྱིའི་སྒྲིབ་པ་ཅན། ནང་གི་

སྒྲིབ་པ་ཅན། །ཟས་སྐོམ་གྱི་སྒྲིབ་པ་ཅན་དང་གསུམ་ལས།ཕྱིའི་སྒྲིབ་པ་ཅན་ནི། །བཀྲེས་སྐོམ་གྱིས་ཉེན་པས་ལུས་སྐམ་ཞིང་རིད་པ། མགྲིན་པ་དང་ཡན་ལག་ཕྲ་བ་སྐྲ་འཛིངས་པ། ཟས་སྐོམ་འཚོལ་ཕྱིར་ཀུན་ཏུ་རྒྱུག་ཀྱང་མི་རྙེད་ཅིང་། གལ་ཏེ་རྒྱངས་རིང་པོ་ནས་ཟས་ཀྱི་ཕུང་པོ་དང་། ཆུ་ཀླུང་དང་ལྗོན་ཤིང་འབྲས་བུ་ཅན་ལ་སོགས་པ་མཐོང་ཡང་། དེར་ཕྱིན་པ་ན་ཟས་རྣམས་ཤུལ་ཙམ་ཡང་མེད་པར་ཡལ། ཆུ་ཀླུང་རྣམས་སྐམ་པའམ་རྣག་ཁྲག་ཏུ་གྱུར། ལྗོན་ཤིང་དང་འབྲས་བུ་མེད་པའི་སྡོང་དུམ་སྐམ་པོར་མཐོང་བ་དང་། དེ་ལྟར་མ་སོང་ཡང་སྐྱེས་བུ་མཚོན་ཆ་ཐོགས་པ་མང་པོས་འགོག་ཅིང་སྲུང་བ་ལ་སོགས་པའི་སྡུག་བསྔལ་ཡོད་དོ། །ནང་གི་སྒྲིབ་པ་ཅན་ནི། ཁ་ཅིག་ཁ་ནི་ཁབ་ཀྱི་མིག་ཙམ་ལ། ལྟོ་བ་རི་ཡི་ལྟོས་ཙམ་བཀྲེས་པས་ཉེན། མི་གཙང་གྱི་ནར་བོར་བ་ཙུང་ཟད་ཀྱང་། །འཚལ་བའི་མཐུ་དང་ལྡན་པ་མ་ལགས་སོ། །ཞེས་གསུངས་པ་ལྟར། ཟས་སྐོམ་རྙེད་ཀྱང་ཁར་མི་ཚུད་ཅིང་། ཚུད་ཀྱང་ཟས་རྣམས་འགྲམ་ཕུགས་སུ་ཤོར་ནས་ལུས། སྐོམ་རྣམས་ཁ་ཡི་དུག་གིས་སྐམ། ཙུང་ཟད་ཀྱང་མགྲིན་པ་ནས་མི་ཐར། ཐར་ཡང་ལྟོ་བ་མི་ཁེངས་པ་སོགས་ཀྱིས་བཟའ་བཏུང་མི་ནུས་པས་སྡུག་བསྔལ་ལོ། །ཟས་སྐོམ་གྱི་སྒྲིབ་པ་ཅན་ནི་བཟའ་བཏུང་ཁོང་དུ་སོང་ཚད་ཀྱང་མེ་འབར་བར་གྱུར་ནས་ནང་ཁྲོལ་སོགས་བསྲེགས་པ་དང་། ལྟན་ལྡིན་ཟ་བ་ཞེས་བཤད་གཅི་དང་རྣག་ཁྲག་མཆིལ་སྣབས་སོགས་མི་གཙང་ཞིང་དྲི་ང་བ་དང་། དུག་དང་མེ་འདག་སོགས་ངན་པ་དང་དུཿཁ་བསྐྱེད་པ་ཁོ་ན་ལ་སྤྱོད་དགོས་པའོ། །དེ་ཐམས་ཅད་ཀྱང་སྤྱིར་དུས་རྟག་ཏུ་བཀྲེས་སྐོམ་གྱི་སྡུག་བསྔལ་བཟོད་གླགས་མེད་ཅིང་། གོས་དང་བྲལ་བའི་ཚད་པས་འཚིགས་པ་དང་། གྲང་བས་སྦྲེབ་པ་དང་། སོས་

ཀ་ཟླ་བས་ཀྱང་འཚིགས་ཅིང་། དགུན་གྱི་ཉི་མས་ཀྱང་གྲང་བར་བྱེད་པ་དང་། དབྱར་དུས་སྤྲིན་ཡང་མེ་ཆར་དུ་འབབ་པ་དང་། རྟག་ཏུ་འཚོལ་འཁྲོས་ཀྱིས་ངལ་ཞིང་ཆད་པ་དང་། ཉམས་ཞན་པས་རྟུས་ཚིག་འཁྲིག་སྟེ་མི་འབར་བ་དང་། ཕན་ཚུན་དགྲར་གྱུར་པས། འཆིང་བ་དང་། བརྡེག་པ་དང་། གསོད་པའི་འཇིགས་པ་དང་། བཏང་བ་མེད་པར་འཇིགས་སྐྲག་ཆེན་པོའི་བཀྲེས་པ་སོགས་སྡུག་བསྔལ་དོས་དྲག་ཅིང་ཡུན་རིང་པོར་མྱོང་དགོས་པའོ། །ཚེ་ཚད་ཀྱི་ཁྱད་པར་མཛོད་ལས། ཟླ་བ་ཉིན་ཞག་གི་ལྔ་བརྒྱ་ཞེས་པ་མིའི་ཟླ་བ་གཅིག་ལ་ཞག་གཅིག་ཏུ་བྱས་པའི་རང་ལོ་ལྔ་བརྒྱ་དང་། བཤེས་སྤྲིང་ལས། ལྔ་སྟོང་དག་དང་ཁྲིར་ཡང་འཆི་མི་འགྱུར། །ཞེས་གསུངས་སོ། །ཡི་དྭགས་ལ་ལའི་ཚེ་ཚད་ལོ་ལྔ་སྟོང་དང་། ཁ་ཅིག་གི་ལོ་ཁྲི་ཡིན་པར་བཤད་དོ། །དེ་ལྟ་བུའི་སྡུག་བསྔལ་གྱི་རྒྱུ་ནི་སེར་སྣ་འཛུར་གེགས་སོགས་ཡིན་པས་སྤྲིམས་ཏེ་བག་ཡོད་པར་བྱའོ། །དེ་ནས་ངན་སོང་གི་གནས་གསུམ་པ་དུད་འགྲོའི་སྡུག་བསྔལ་བསམ་པ་ནི། བྱིངས་དང་ཁ་འཐོར་བ་གཉིས། བྱིངས་ན་གནས་པ་རྒྱ་མཚོ་ཆེན་པོ་ན་ཡོད། སྐྱོབ་པའི་རྟེན་དང་གནས་མེད་པས་རླབས་ཀྱིས་བདས་ཏེ་ངེས་མེད་དུ་འཁྱམས། ཕན་ཚུན་གཅིག་ལ་གཅིག་ཟ་སྟེ། ཆེ་བས་ཆུང་བ་མིད་པ། ཆུང་བས་ཆེ་བའི་ལུས་ཕུག་སྟེ་ཟ་བ་དང་། ཀླུ་རྣམས་ནི་བྱེ་ཚན་གྱིས་ཉིན་རེ་བཞིན་བསྲེགས་ཅིང་མཁའ་ལྡིང་གིས་ཟ་བ་སོགས་རྟག་ཏུ་དགྲ་བྱུང་གི་དོགས་པས་འཇིགས་སྐྲག་གིས་སྡུག་བསྔལ་བཟོད་ཐབས་མེད། ཁ་འཐོར་མི་ཡི་ཡུལ་ན་ཡོད་པ་འདི་རྣམས་ཡིན། མིས་བདག་ཏུ་མ་བཟུང་བ་རྣམས་ནི་དགྲ་བྱུང་གི་དོགས་པས་འཇིགས་སྐྲག་གིས་རྟག་ཏུ་མནར་བས་བདེ་བ་མེད་ཅིང་བྱ་དང་གཅན་གཟན་གྱིས་ཟ་བ་དང་། མི་རྣམས་

ཀྱིས་དབང་མེད་པར་གསོད་པ་དང་། བདག་ཏུ་བཟུང་བ་རྣམས་ཀྱི་སྤུ་བཏོགས་པ་དང་། སྣ་འབིག་པ་དང་། བརྡེག་ཅིང་བསྐྱུལ་བ་དང་། ཁུར་ལྕི་བས་མནར་བ་དང་། ཤ་དང་ཁྲག་དང་པགས་པ་དང་རུས་པའི་ཕྱིར་གསོད་པ་དང་། གླེན་ཞིང་གཏི་མུག་པས་བླང་དོར་མི་ཤེས་པར་འཐོམ་སྟེ་སྡུག་བསྔལ་བ་དང་། གཞན་ཡང་བཀྲེས་སྐོམ་ཚ་གྲང་ངལ་དུབ་སོགས་དམྱལ་བ་དང་ཡི་དྭགས་ཀྱི་སྡུག་བསྔལ་འདྲ་རུང་དུ་ཡོད་པའོ། །བཤེས་སྤྲིང་ལས། དུད་འགྲོའི་སྐྱེ་གནས་ན་ཡང་གསོད་པ་དང་། བཅིངས་དང་བརྡེག་སོགས་སྡུག་བསྔལ་སྣ་ཚོགས་སྤྱོད། །ཞི་འགྱུར་དགེ་བ་སྤངས་པ་རྣམས་ལ་ནི། །གཅིག་ལ་གཅིག་ཟ་ཤིན་ཏུ་མི་བཟད་འབྱུང་། །ཁ་ཅིག་མུ་ཏིག་བལ་དང་རུས་པ་ཁྲག །ཤ་དང་པགས་པའི་ཆེད་དུ་འཆི་བར་འགྱུར། །དབང་མེད་གཞན་དག་རྡོག་པ་ལག་པ་དང་། ལྕགས་དང་ལྕགས་ཀྱུ་རྣམས་ཀྱིས་བཏབ་ཏེ་བཀོལ། །ཞེས་གསུངས་སོ། །ཚེ་ཚད་ནི། དུད་འགྲོ་ཚེ་ཤིན་ཏུ་རིང་བ་ནི་བསྐལ་བ་གཅིག་ཐུབ་ཅིང་། ཐུང་བ་ནི་ངེས་མེད་དུ་བཤད་དོ། །དེ་ལྟར་ངན་འགྲོའི་སྡུག་བསྔལ་བསམ་པ་ན། ད་ལྟ་མེ་ནང་དུ་མཛུབ་མོ་བཙུག་ནས་ཞག་རེ་སྡོད་པ་དང་། དགུན་འཁྱག་སྦུབས་སུ་གཅེར་བུར་སྡོད་པ་དང་། ཉིན་ཞག་ཁ་ཡར་བཟའ་བཏུང་མེད་པ་དང་། ལུས་ལ་སྦྲང་བུ་དང་ལྤི་ཤིག་གིས་སོ་བཏབ་པ་ཙམ་ཡང་བཟོད་པར་དཀའ་ན། དམྱལ་བ་ཡི་དྭགས་དུད་འགྲོ་རྣམས་ཀྱི་སྡུག་བསྔལ་ཇི་ལྟར་བཟོད་སྙམ་དུ་ད་ལྟའི་རང་ཉམས་ལ་དཔགས་ནས་འཇིགས་སྐྲག་གིས་སྐྱོ་ཤས་དང་ངེས་འབྱུང་དྲག་པོས་བསྐྱུལ་ནས་དལ་འབྱོར་དོན་ཡོད་པར་བྱའོ། །

ད་ནི་མཐོ་རིས་རྣམ་གསུམ་གྱི་འགྲོ་བ་ནི། བསོད་ནམས་ཆ་མཐུན་གྱི་དགེ་བའི་ལས་རྒྱུད་འབྲིང་ཆེན་པོར་བསགས་པ་ལས་མི་དང་འདོད་ལྷ་དང་། ཁམས་གོང་མའི་ལྷར་རིམ་པ་བཞིན་སྐྱེས་ནས་དེ་དང་དེ་ཡི་གནས་སྐབས་ཀྱི་བདེ་བ་ལ་སྤྱོད་དོ། །དེས་ན་ངན་སོང་ནི་བདེ་བའི་སྐབས་མེད་པས་བདེ་འགྲོ་ཐོབ་པའི་ཐབས་ལ་འབད་པར་བྱའོ་སྙམ་ན། འཁོར་བ་ཐམས་ཅད་སྡུག་བསྔལ་གྱི་རང་བཞིན་ཡིན་པས་སྙིང་པོ་མེད། ངན་འགྲོ་ནི་དེ་ལྟར་སྡུག་བསྔལ་བ་མ་ཟད། མཐོ་རིས་ཀྱང་སྡུག་བསྔལ་གྱི་རང་བཞིན་ཡིན་ལ། དེ་ལ་མི་ཡི་སྡུག་བསྔལ་དང་། ལྷ་མ་ཡིན་གྱི་སྡུག་བསྔལ་དང་། ལྷ་ཡི་སྡུག་བསྔལ་དང་གསུམ་ལས།

དང་པོ་མི་ཡི་སྡུག་བསྔལ་ནི། དེ་ལ་སྤྱིར་སྐྱེ་བའི་ཚེ་མའི་མངལ་དོག་ཅིང་མུན་នག་ དྲི་ང་བ་ཚ་གྲང་གི་འགྱུར་ལྡོག་བཟོད་དཀའ་བ་དེར་ཟླ་གྲངས་ནས་སྡོད་དགོས། དེ་ནས་མགོ་མཇུག་ལྡོག་སྟེ། འཇུར་མིག་ནས་དྲངས་པ་ལྟ་བུ་དང་། རེག་པ་ནི་ཚེར་ལྤགས་གིས་བྲབ་པ་ལྟ་བུ་དང་། ལག་ཏུ་བླང་ཚེ་བྱེའུ་ཁྲམ་འཁྱེར་བ་ལྟ་བུའི་སྡུག་བསྔལ་ཡོད་པར་འདུག དེ་ནས་རྒས་པའི་ཚེ་ཁ་དོག་ཉམས་པའི་ལུས་ཀྱི་མདངས་མི་སྡུག་པ་སྦོ་ནག་ཐལ་ཀ མགོ་དཀར། དབང་པོའི་བཀྲག་ཞན་ཞིང་། དབྱིབས་ཉམས་པས་སོ་དོན། ལུས་རྒྱུར་ཞིང་ཡན་ལག་འཁྱོག ཤ་སྐམ། པགས་པ་ལྷོད། གདོང་བྱད་གཉེར་མས་གང་། མཐུ་ཉམས་པས་ལྷང་དཀའ། འགྲོ་ན་འཁྱོར། འདུག་ན་བུབ། སྨས་པ་ལྷབ་ལྷིབ་ཏུ་འགྱུར། དབང་པོ་ཉམས་པས་མིག་མི་གསལ་ཞིང་རྣ་བ་འོན། ལོངས་སྤྱོད་པ་ཉམས་པས་ཁ་ཟས་ཙུང་ན་བཀྲེས། མང་ན་མི་འཇུ་བ་སོགས་འདོད་ཡོན་ལ་སྤྱད་དུ་མེད་ཅིང་ཀུན་གྱིས་ཡིད་དུ་མི་འོང་བའོ། །ཡང་སྡོན་ལས་འཕྲལ་རྐྱེན་གྱིས་འབྱུང་བཞི་འཁྲུགས་པས

ནད་ཀྱིས་བཏབ་པས་ཟུག་རྡུ་ལྡང་ཞིང་ལུས་རྒྱུད་འདོད་པའི་བཟའ་བཏུང་དང་གཉིད་སོགས་ལ་སྤྱོད་པའི་དབང་མེད། མི་འདོད་པའི་སྨན་དང་དཔྱད་སོགས་བརྟེན་ཅིང་འཆི་བར་དོགས་པའི་སྡུག་བསྔལ་མཐའ་མེད། འཆི་བའི་ཚེ་སྨན་དཔྱད་རིམ་གྲོ་ཅི་བྱས་ཀྱང་མ་ཕན་པར་སྤུར་འབད་པས་བསྒྲུབས་པའི་ལོངས་སྤྱོད་དབང་ཐང་འཁོར་གྲོགས་ཐམས་ཅད་དང་འཕངས་ཤིང་སྡུག་པའི་ལུས་ཀྱང་བཞག་སྟེ་གནད་གཅོད་ཀྱི་སྡུག་བསྔལ་དྲག་པོ་དང་བཅས་ནས་འཆི་བར་འགྱུར་བའོ། །སྡུག་བསྔལ་བཞི་པོ་དེ་མི་སྤྱི་མཐུན་དུ་མྱོང་དགོས་པར་མ་ཟད། བྱེ་བྲག་གི་སྡུག་བསྔལ་ཀྱང་སྡུག་བསྔལ་བཞི་པོ་དེ་ཤས་ཆུང་བའི་བར་སྐབས་སུ་ལོངས་སྤྱོད་མངའ་ཐང་སོགས་ཚེ་འདིའི་བདེ་འབྱོར་ཕྲ་མོ་སྒྲུབ་པའི་དོན་དུ་ལུས་སྲོག་ཐད་ལ་བོར་ནས་དཀའ་བ་ཇི་སྙེད་ཅིག་བྱས་ཀྱང་འདོད་པའི་དོན་མ་འགྲུབ་པའི་སྡུག་བསྔལ། ཚ་གྲང་བསྐྲེས་སྐོམ་ནད་གདོན་དགྲ་ཇག་སོགས་ཡིད་དུ་མི་འོང་བའི་རྐྱེན་དང་འཕྲད་པའི་སྡུག་བསྔལ། གཉེན་གྲོགས་འཁོར་འདབ་ལོངས་སྤྱོད་དགའ་བདེ་སྐྱིད་པའི་དཔལ་དང་བྲལ་བའི་སྡུག་བསྔལ། མདོར་ན། འབྱོར་ལྡན་རྣམས་འཁོར་དང་ལོངས་སྤྱོད་ཇི་ཙམ་ཆེ་བ་ལྟར་དེ་དག་བསྲུང་བའི་སྡུག་བསྔལ་ཡང་ཆེ་ལ། དབུལ་པོ་སོགས་ཟས་གོས་འདོད་པའི་ཡོ་བྱད་བཙལ་ཡང་མི་རྙེད་པས་ཕོངས་པའི་སྡུག་བསྔལ་དང་ལྡན་པ་སྟེ། སྐྱེས་རབས་ལས། གཅིག་ནི་བསྲུང་བའི་ཉོན་མོངས་ལ། །གཉིས་པ་ཚོལ་བའི་ཤ་ཐང་ངོ་། །ཕྱུག་གམ་ཡང་ན་དབུལ་ཡང་རུང་། །གང་ནའང་དགའ་བ་མེད་པར་འགྱུར། །ཞེས་དང་། །བཞི་བརྒྱ་པ་ལས་ཀྱང་། མཆོག་ལ་ཡིད་ཀྱི་སྡུག་བསྔལ་ཏེ། ཐ་མལ་རྣམས་ལ་ལུས་ཀྱིས་སོ། །སྡུག་བསྔལ་གཉིས་ཀྱིས་འཇིག་

རྟེན་འདི། །ཉིན་རེ་བཞིན་ནི་འཇོམས་པར་བྱེད། །ཅེས་གསུངས་པ་ལྟར། རང་ཅག་གིས་མངོན་དུ་གྱུར་པ་འདི་ཀས་མཚོན་པའོ། །

གཉིས་པ་ལྷ་མ་ཡིན་གྱི་སྡུག་བསྔལ་ནི། དང་པོ་ལྷ་ཡི་དཔལ་འབྱོར་ཕུན་སུམ་ཚོགས་པ་རྣམས་མཐོང་བའི་ཚེ། དེ་ལ་ཕྲག་དོག་པས་ཡིད་ལ་མི་བཟོད་པའི་གདུང་བ་དྲག་པོ་རྟག་ཏུ་ཡོད་ཅིང་། དུས་དུས་ན་ལྷ་དང་འཐབ་པ་ལས། ལྷ་མིན་བསོད་ནམས་མཐུ་ཆུང་བས་གསོད་པ་དང་། བཛེགས་པ་དང་། ཡན་ལག་གཅོད་པ་དང་། འདྲལ་བ་ལ་སོགས་པའི་སྡུག་བསྔལ་དྲག་པོ་འབྱུང་ཞིང་། དེའི་ཚེ་ལྷ་རྣམས་མགོ་བོ་དང་རྐེད་པ་མ་ཆད་ན་གནད་དུ་ཕོག་ཀྱང་སླར་འཚོ། ལྷ་མིན་རྣམས་ནི་མི་ལྟར་གནད་དུ་ཕོག་པ་ལས་འཆི་སྟེ། ཤི་བའི་གཟུགས་བརྙན་གསེར་གྱི་ས་གཞིའི་སྟེང་དུ་ཀུན་སྣང་ཞེས་པའི་མཚོ་ལ་ཤར་བས་དམག་མ་ལོག་པའི་གོང་ནས་ཉེ་དུ་རྣམས་མྱ་ངན་གྱིས་གདུང་བར་བཤད་ཅིང་། ལྷ་མིན་ཕལ་ཆེར་ནག་ཕྱོགས་ཡིན་པས་ཆོས་ལ་མི་དགའ། འགའ་ཞིག་མོས་སུ་ཆུག་ཀྱང་རྣམ་སྨིན་གྱི་སྒྲིབ་པ་ཅན་ཡིན་པས་ཁྱད་པར་རྟོགས་པའི་སྐལ་བ་མེད་དོ། །

གསུམ་པ་ལྷ་ཡི་སྡུག་བསྔལ་ལ་གཉིས་ཏེ། འདོད་པའི་ལྷ་དང་། ཁམས་གོང་མའོ། །

དང་པོ་འདོད་པའི་ལྷ་རྣམས་ནི། སྤུར་འདོད་ཡོན་ལ་བག་མེད་པར་སྤྱོད་པའི་བདེ་བས་བྲིད་དེ་ཚེ་ཟད་པ་མ་ཚོར་ཏེ་འཆི་འཕོ་བ་ན། ལུས་ཀྱི་མདོག་མི་སྡུག་པ་དང་། སྟན་ལ་མི་དགའ་བ་དང་། མེ་ཏོག་གི་ཕྲེང་བ་རྙིང་པ་དང་། གོས་ལ་དྲི་མ་ནག་པོ་ཆགས་པ་དང་། ལུས་ལ་སྔོན་མེད་པའི་རྡུལ་འབྱུང་བ་སྟེ། འཆི་ལྟས་ལྔ་ལྟའི་ཞག་བདུན་གྱི་གོང་དུ་འབྱུང་བ་ན་འཕོ་བའི་སྡུག་བསྔལ་དོས་དྲག་ལ་ཡུན་རིང་བ

དང་། དེའི་ཚེ་རང་གི་ལྷ་མོ་དང་། འཁོར་རྣམས་ཀྱིས་སྤངས་ཏེ་ལྷ་གཞན་གྱི་དྲུང་དུ་སོང་བས་སྡུག་བསྔལ་བ་དང་ཡིད་མི་བདེ་བ་ཆེ་བསྐྱེད་ཅིང་། ཁྱད་པར་ལྷ་ཡི་དཔལ་དང་འདོད་ཡོན་ལ་ཆགས་ཀྱང་དབང་མེད་དུ་འབྲལ་བར་ཤེས། ཤི་ནས་ཀྱང་ལྷར་སྐྱེ་བ་ནི་སྲིད་པ་ཙམ་སྟེ། མིར་སྐྱེ་བའང་ཉུང་། ཕལ་ཆེར་ངན་སོང་དུ་སྐྱེ་བས་དེའི་སྡུག་བསྔལ་བཟོད་དཀའ་བ་ཡུན་རིང་དུ་མྱོང་དགོས་པར་ཤེས་ནས་འོག་ཏུ་ལྟུང་བའི་སྡུག་བསྔལ་བཟོད་གླགས་མེད་པར་འགྱུར་བ་སྟེ། དྲན་པ་ཉེར་བཞག་ལས། ལྷ་ཡི་གནས་ནས་ལྟུང་བ་ན། །སྡུག་བསྔལ་རབ་ཏུ་སྐྱེ་བ་གང་། །དེ་ལ་སེམས་ཅན་དམྱལ་བ་ཡིས། །བཅུ་དྲུག་ཆར་ཡང་མི་ཕོད་དོ། །ཞེས་དང་། བཤེས་སྤྲིང་ལས། བརྒྱ་བྱིན་འཇིག་རྟེན་མཆོད་འོས་གྱུར་ནས་ཀྱང་། །སླར་ཡང་ལས་ཀྱི་དབང་གིས་ས་སྟེང་ལྟུང་། །འཁོར་ལོ་བསྒྱུར་རྒྱལ་ཉིད་དུ་གྱུར་ནས་ཀྱང་། །འཁོར་བ་དག་ཏུ་ཡང་བྲན་ཉིད་དུ་འགྱུར། །ཞེས་པ་ལྟར་རོ། །གཞན་ཡང་ལྷ་བསོད་ནམས་ཆེ་བ་རྣམས་ཀྱི་འདོད་ཡོན་གྱི་དཔལ་མཐོང་བ་ན། བསོད་ནམས་ཆུང་བ་རྣམས་སེམས་ཁོང་དུ་ཆུད་ནས་སྦྲ་བཀོང་བར་འགྱུར་བ་དང་། མཐུ་ཆེ་བས་ཆུང་བ་རྣམས་གནས་ནས་སྐྲོད་པའི་སྡུག་བསྔལ་དང་། ཁྱད་པར་རྒྱལ་ཆེན་བཞི་པའི་རིགས་དང་། སུམ་ཅུ་རྩ་གསུམ་པ་རྣམས་ལ་ལྷ་མ་ཡིན་དང་འཐབ་ཅིང་རྩོད་པ་དང་། ལུས་མཚོན་གྱི་གཅོད་པ་དང་དབྲལ་བ་དང་། གསོད་པ་ལ་སོགས་པའི་སྡུག་བསྔལ་དྲག་པོ་ཡོད་དོ། །

གཉིས་པ་ཁམས་གོང་མའི་སྡུག་བསྔལ་ནི། གཟུགས་དང་གཟུགས་མེད་པ་དག་ན་སྡུག་བསྔལ་གྱི་སྡུག་བསྔལ་མངོན་འགྱུར་བ་མེད་ཀྱང་། འདུ་བྱེད་ཀྱི་སྡུག་བསྔལ་ཁོ་ནའི་རང་བཞིན་ལས་མ་འདས་པ་དང་། ཏིང་ངེ་འཛིན་གྱི་མྱོས་པ་ལྟར་

གྱུར་བས་སོ་སོའི་སྐྱེ་བོ་རྣམས་ཡོན་ཏན་གོང་འཕེལ་དུ་འགྲོ་བ་མེད་ཅིང་ཏིང་ངེ་འཛིན་གྱི་རོ་མྱོང་བས་རོ་མྱོང་ཅན་གྱི་ཏིང་ངེ་འཛིན་དང་འབྲལ་མི་ཐོད་ཅིང་དེས་རང་རང་གི་ཏིང་ངེ་འཛིན་ཉམས་ནས་འཆི་བའང་ཡོད། སྔོས་སུ་དེར་གནས་པའི་སྐྱེ་བོ་རྣམས་སྔོན་ལས་ཀྱི་འཕེན་པ་ཟད་པ་ན་སླར་ཡང་འདོད་པའི་ཁམས་སུ་སྐྱེ་བ་ལེན་ཏེ། སྔོན་ལས་འཇིག་རྟེན་པའི་ཏིང་ངེ་འཛིན་བསྒོམ་པའི་སྐབས་དང་། སྐབས་དེར་བསམ་གཏན་གཟུགས་མེད་ཀྱི་ཏིང་ངེ་འཛིན་ལ་ཉམས་བདེ་བདེ་འདྲ་བར་འདུག་ཀྱང་ཡིད་བརྟན་མེད་པར་ནམ་མཁར་འཕངས་པའི་མདའ་བཞིན་དུ་ཟག་བཅས་ཀྱི་དགེ་བའི་འཕེན་ཤུགས་ཟད་པ་ན་སླར་ངན་སོང་དུ་ལྟུང་བར་འགྱུར་ཏེ། བཤེས་སྤྲིང་ལས། ལྷ་ཡུལ་འདོད་བདེ་ཤིན་ཏུ་ཆེན་པོ་དང་། ཚངས་ཉིད་ཆགས་བྲལ་བདེ་བ་ཐོབ་ནས་སླར། མནར་མེད་མེ་ཡི་བུད་ཤིང་གྱུར་བ་ཡི། །སྡུག་བསྔལ་རྒྱུན་མི་ཆད་པ་བརྟེན་འཚལ་ལོ། །ཞེས་པ་ལྟར་རོ། །དེས་ན་མི་ཆེ་ཆུང་ཅི་ཡིན་ཡང་ཚ་བ་ལས་མ་འདས་པ་ལྟར། ཁམས་གསུམ་འཁོར་བ་འདི་མཐོ་དམན་གང་དུ་སྐྱེས་ཀྱང་སྡུག་བསྔལ་གྱི་རང་བཞིན་ལས་མ་འདས་ཏེ། གནས་གང་དུ་གནས་ཀྱང་སྡུག་བསྔལ་གྱི་གནས། གྲོགས་སུ་དང་འགྲོགས་ཀྱང་སྡུག་བསྔལ་གྱི་གྲོགས། ལོངས་གང་ལ་སྤྱད་ཀྱང་སྡུག་བསྔལ་གྱི་ལོངས་སྤྱོད་ལས་མ་འདས་ཏེ། རྒྱུད་བླ་མ་ལས། མི་གཙང་བ་ལ་དྲི་ཞིམ་མེད། འགྲོ་ལྔ་དག་ན་བདེ་བ་མེད། །དེ་ཡི་སྡུག་བསྔལ་རྟག་ཏུ་མེ་མཚོན་རྒྱ་ཚྭ་ལ་སོགས་རེག་སྐྱེས་བཞིན། །ཞེས་གསུངས་པ་ལྟར་ཤེས་པར་བྱའོ། །དེ་ནས་སྡུག་བསྔལ་གསུམ་གྱི་རང་བཞིན་ནི། སྤྱིར་འཁོར་བ་ལ་སྡུག་བསྔལ་ནི་རྒྱུ་འབྲས་གཉིས་ཏེ། དང་པོ་ནི། ལྷ་དང་མི་འཁོར་དང་ལོངས་སྤྱོད་ཕུན་སུམ་ཚོགས་ཀྱང་བསམ་པ་མི་དགེ་བས་ཟིན་པ་སྦྱོར་བ་སྡིག་པ་སྤྱོད་པ་རྣམས་

སོ། །གཉིས་པ་ནི། ངན་སོང་གསུམ་དང་མཐོ་རིས་ཀྱི་བཀྲེན་ཕོངས་ཅན་དང་
ལུས་ནད་དང་། སེམས་མྱ་ངན་གྱིས་ཟིན་པ་སོགས་སོ། །སྡུག་བསྔལ་དེ་ཡང་
མདོར་ན་རྣམ་པ་གསུམ་སྟེ། སྡུག་བསྔལ་གྱི་སྡུག་བསྔལ། འགྱུར་བའི་སྡུག་
བསྔལ། ཁྱབ་པ་འདུ་བྱེད་ཀྱི་སྡུག་བསྔལ་དང་གསུམ་མོ། །དང་པོ་ནི།
དཔེར་ན་རྨ་ཁར་དུག་བཏབ་པ་བཞིན་ཚ་གྲང་བཀྲེས་སྐོམ་སོགས་ཚོར་བ་སྡུག་བསྔལ་
ཐམས་ཅད་ཡིན། གཙོ་བོར་ངན་སོང་གསུམ་ནའོ། །གཉིས་པ་ནི། དཔེར་
ན་གྲང་བའི་ཚེ་མེ་ལ་བརྟེན་པ་བཞིན། ཚེ་དང་ལོངས་སྤྱོད་སོགས་ཐ་ན་བསམ་
གཏན་བདེ་བ་ཚུན་ཆད་དེ་ཚོར་བ་བདེ་བ་ཐམས་ཅད་ཡིན་ཏེ་གཙོ་བོར་མི་དང་འདོད་པའི་
ལྷ་རྣམས་སོ། །གསུམ་པ་ནི་དཔེར་ན་སྐོམ་ནད་ཅན་ལན་ཚྭའི་ཆུ་འཐུང་བ་བཞིན།
སྡུག་བསྔལ་དེ་གཉིས་ཀའི་གཞི་འདུ་བྱེད་ཉེ་བར་ལེན་པའི་ཕུང་པོ་ཙམ་འདི་སྡུག་
བསྔལ་ཐམས་ཅད་ཀྱི་བསྐྱེད་གཞི་ཡིན་ཏེ། འདི་ལས་སྐྱེ་རྒ་སོགས་སྡུག་བསྔལ་
ཐམས་ཅད་རིམ་ཅན་དུ་འབྱུང་ཞིང་། འདི་ཚོར་བ་བཏང་སྙོམས་ཁོ་ན་དང་ལྡན་པའི་
ཚེ་འདུ་བྱེད་ཀྱི་སྡུག་བསྔལ་ཁོ་ནས་ཐེབ་པ་ཡིན་ཏེ།གཙོ་བོར་བསམ་གཏན་བཞི་
ནའོ། །དེ་ལྟར་མདོ་ལས།ཚོར་བ་གང་ཅི་ཡང་རུང་བ་དེས་ན་ཐམས་ཅད་སྡུག་
བསྔལ་བའོ། །ཞེས་གསུངས་པའང་དེ་ལ་དགོངས་པའོ། །འདི་ལས་མ་ཐར་ན་
གཞན་གཉིས་ལ་ཐར་བ་མེད་དེ་ཤིང་སྡོང་གི་རྩ་བ་མ་བཅད་ཀྱི་བར་མི་ལོག་པ་བཞིན་
ཤེས་པར་བྱའོ། །དེ་ལྟ་བུའི་སྡུག་བསྔལ་གསུམ་གྱིས་བར་མེད་དུ་མནར་བས།
འཁོར་བའི་གནས་མཐོ་དམན་གང་དུ་སྐྱེས་ཀྱང་སྡུག་བསྔལ་གྱི་རང་བཞིན་ཁོ་ན་སྟེ།
དྲན་པ་ཉེར་བཞག་ལས།སེམས་ཅན་དམྱལ་བ་དམྱལ་མེས་ཉམས། །ཡི་དྭགས་
བཀྲེས་ཤིང་སྐོམ་པས་ཉམས། །དུད་འགྲོ་གཅིག་ལ་གཅིག་ཟས་ཉམས། །མི་

རྣམས་འཚོ་བ་ཐུང་བས་ཉམས། །ལྷ་རྣམས་བག་མེད་པ་ཡིས་ཉམས།འཁོར་བ་ཁབ་ཀྱི་རྩེ་ཙམ་ལ། །བདེ་བ་ནམ་ཡང་ཡོད་མ་ཡིན། །ཞེས་གསུངས་པས།སྡུག་བསྔལ་ཅན་གྱི་འཁོར་བ་དེ་དག་ལས། །ནག་ཅན་བཙོན་དོང་ནས་འབོས་པ་ལྟར་བྱེད་དགོས། དེ་ལས་ཐར་བར་བྱེད་པའི་ཐབས་ཀྱང་ལས་འབྲས་ཀྱི་བླང་དོར་མ་ནོར་བ་བྱ་བ་དང་། སྔར་བྱས་ཀྱི་སྡིག་པ་ལ་གནོང་འགྱོད་དྲག་པོས་བཤགས་པ་དང་། ཕྱིན་ཆད་མི་བྱ་བར་སྡོམ་པའི་དམ་བཅའ་བ་རྣམས་སོ། །དེ་ཡང་ཟབ་མོའི་ལམ་གྱི་ཉམས་རྟོགས་ཁྱད་པར་ཅན་སྐྱེ་བ་ལ་བར་དུ་གཅོད་པའི་འགལ་རྐྱེན་སྡིག་སྒྲིབ་ཡིན་པས་དེ་ཉིད་སྦྱངས་དགོས། དེ་སྦྱོང་བའི་ཆོག་ནི་རྡོ་རྗེ་སེམས་དཔའི་བསྒོམ་བཟླས་ལ་རྣལ་འབྱོར་དུ་བྱ་བ་ཡིན་ཏེ། རྡོ་རྗེ་སེམས་དཔའི་ཡི་གེ་བརྒྱ་པ་དབང་མཆོག་རྒྱལ་པོའི་རྒྱུད་ལས། རྡོ་རྗེ་སེམས་དཔས་འདི་སྐད་གསུངས། །ཞིང་ཁམས་རྒྱལ་བ་རྒྱ་མཚོ་དགོངས། །དུས་གསུམ་སངས་རྒྱས་ཐམས་ཅད་ཀྱི། ཐུགས་ཀྱི་ཡང་སྙིང་བདག་གིས་བརྗོད། །ཀུན་ནས་བྱིན་གྱིས་རླབས་པར་མཛོད། ཀྱེ་ཀྱེ་སྟོན་པ་སངས་རྒྱས་རྣམས། །དུས་གསུམ་རྒྱལ་བའི་ཡང་སྙིང་འདིས། །མཚམས་མེད་ཉེས་བྱས་རྣམ་སྨིན་བྱང་། །གསང་སྔགས་དམ་ཚིག་སོ་རུ་ཆུད། །མི་དགེ་ཕལ་པ་སྨོས་ཅི་དགོས། །གང་ཞིག་ནད་ཀྱིས་ཉེན་གྱུར་ཀྱང་། །སྡུག་བསྔལ་དེ་ལས་ངེས་པར་གྲོལ། །འགོ་བའི་ནད་རིམས་འབྱུང་བའི་ཚེ། །བདག་ཉིད་ཡི་དམ་གསལ་བ་ཡིས། །སྙིང་པོ་འདི་བརྗོད་དེས་མི་ཚུགས། །གང་ཞིག་ངན་སྔགས་མཆོན་བརྡེག་ཀྱང་། །སྙིང་པོ་འདི་བརྗོད་ཕར་ལ་བཟློག །དོན་གཉེར་ལམ་འགྲོ་འདི་བརྗོད་ན། །འཇིགས་པའི་དགྲ་ལས་ངེས་པར་གྲོལ། །གདོན་འཇིགས་བགེགས་ཀྱི་འཚེ་བའི་ཚེ། །རིག་པ་འདི་

བརྗོད་གདོན་དེ་འཛིལ། །སེམས་ཅན་གང་ཞིག་བུ་འདོད་ཀྱང་། །རིག་པ་འདི་ལས་རབ་དེ་ཟིན། །ཉོན་མོངས་དབུལ་ཞིང་ཕོངས་པས་ཀྱང་། །སྙིང་པོ་འདི་བརྗོད་རིན་ཆེན་རྙེད། །གང་ཞིག་འཁོར་སྡུད་འདི་བརྗོད་ན། །སྲིད་པ་གསུམ་ཡང་འཁོར་དུ་འདུ། །ཕྲིན་ལས་རྣམ་བཞི་ངེས་པར་འགྲུབ། །ཉམས་གྲིབ་ཐམས་ཅད་དག་བྱེད་པའི། །ཡི་གེ་བརྒྱ་པ་བདག་གིས་བརྗོད། །ཉམས་ཆགས་ཐམས་ཅད་འདི་ཡིས་བསྐང་། །ཞེས་གསུངས་སོ། །གཞན་ཡང་དྲི་མེད་བཤགས་རྒྱུད་ལས། །ཡི་གེ་བརྒྱ་པ་ཞེས་བྱ་བ་བདེ་བར་གཤེགས་པ་ཐམས་ཅད་ཀྱི་ཡང་སྙིང་། ཉམས་ཆགས་དང་རྟོག་སྒྲིབ་ཐམས་ཅད་སེལ་བར་བྱེད་པ་ལ་སོགས་པ་གསུངས་པའི་མཐར། འདི་དག་དུས་གཅིག་ལ་ལན་བརྒྱ་རྩ་བརྒྱད་བཟླས་ན་ཉམས་ཆགས་ཐམས་ཅད་བསྐངས་ཏེ་ངན་སོང་གསུམ་ལས་ཐར་བར་འགྱུར་རོ། །རྣལ་འབྱོར་པ་གང་ཞིག་གི་ཡི་དམ་དུ་བཅས་ནས་འདོན་ན། མི་དེ་ཚེ་འདི་ལ་ཡང་དུས་གསུམ་སངས་རྒྱས་ཐམས་ཅད་ཀྱི་སྲས་ཀྱི་དམ་པར་དགོངས་ནས་བསྲུང་སྐྱོབ་མཛད་ལ། ཚེ་འཕོས་ནས་ཀྱང་བདེ་བར་གཤེགས་པ་རྣམས་ཀྱི་སྲས་ཀྱི་དམ་པ་ཉིད་དུ་གདོན་མི་ཟ་བར་འགྱུར་རོ། །ཡང་རྡོ་རྗེ་སེམས་དཔའི་ཡི་གེ་བརྒྱ་པའི་རྒྱུད་ལས། ཐུགས་མཆོག་ཡི་གེ་བརྒྱ་པ་ནི། །དཔེར་ན་ཉི་མས་མུན་པ་འདུ། །ཤར་བས་སངས་པའི་བརྒྱ་བ་ཡིན། །དཔེར་ན་ནམ་མཁའ་ལྷ་བུ་ཡིན། །ཐམས་ཅད་གོ་ཡངས་རྒྱ་ཆད་མེད། །དཔེར་ན་ནོར་བུ་རིན་ཆེན་འདྲ། །ཐམས་ཅད་མི་འབྱུང་གང་ཡང་མེད། །ཡོན་ཏན་ཐམས་ཅད་རྫོགས་པ་ཡིན། །དཔེར་ན་འཛམ་བུའི་གསེར་དང་འདྲ། །གང་ལྷུར་བྱས་པ་དེ་ལྷུར་ཡིན། །དཔེར་ན་མུན་པར་སྒྲོན་མེ་འདྲ། །དཔེར་ན་རྒྱ་མཚོར་གཟའ་སྐར་

འདྲ། །ཞེས་གསུངས་པ་ལྟར། །བྱིན་རླབས་དང་ནུས་སྟོབས་ཐུགས་རྗེ་ཁྱད་པར་ཅན་དེ་ཉིད་ཀྱི་སྒོ་ནས་སྒྲིབ་པ་སྦྱོང་བར་བྱེད་པའི་ཐབས་ལ། བདག་གི་སྤྱི་གཙུག་པད་དཀར་ཟླ་གདན་སྟེང་དུ་ཧཱུྃ་དཀར་ལས་བྱུང་རྡོ་རྗེ་སེམས། །དཀར་གསལ་ཞལ་མདོག་ཞལ་གཅིག་འཛུམ་བཅས་རྡོ་རྗེ་དྲིལ་བུ་འཛིན་ཅིང་སྐྱིལ་ཀྲུང་བཞུགས། །ཐོར་ཚུགས་རིན་ཆེན་རྒྱན་ལྡན་གནས་གསུམ་འབྲུ་གསུམ་ཐུགས་ཀར་ཟླ་དཀྱིལ་ཧཱུྃ་དཀར་མཐར། །ཡིག་བརྒྱའི་སྔགས་འཁོར་དང་བཅས་བདུད་རྩི་བབ་པས་རང་གི་ནད་གདོན་སྡིག་སྒྲིབ་དག་པར་གྱུར། །ཞེས་པས་རང་ཉིད་ཐ་མལ་དུ་གསལ་བའི་སྤྱི་གཙུག་པདྨ་དཀར་པོ་འདབ་མ་སྟོང་དང་ལྡན་པའི་སྟེང་དུ་ཟླ་བའི་དཀྱིལ་འཁོར་ཉ་གང་བའི་དབུས་སུ་ཧཱུྃ་དཀར་པོ་ལས་འོད་ཟེར་འཕྲོས་འཕགས་པ་མཆོད་སེམས་ཅན་གྱི་དོན་བྱས་ཚུར་འདུས་ཡོངས་སུ་གྱུར་པ་ལས་བླ་མ་རྡོ་རྗེ་སེམས་དཔའ་སྐུ་མདོག་དཀར་པོ་ཞལ་གཅིག་ཕྱག་གཉིས་ཞལ་འཛུམ་བག་དང་ལྡན་པ། །ཕྱག་གཡས་རིག་སྟོང་གི་རྡོ་རྗེ་ཐུགས་ཀར་འཛིན་པ། གཡོན་པ་སྣང་སྟོང་གི་དྲིལ་བུ་དཀུར་བརྟེན་པ། ཞབས་རྡོ་རྗེའི་སྐྱིལ་མོ་ཀྲུང་གིས་བཞུགས་པ། དབུ་སྐྲ་ཐོར་ཚུགས་རིན་པོ་ཆེའི་རྒྱན་གྱིས་བརྒྱན་པ། སྙན་རྒྱན། མགུལ་རྒྱན། དཔུང་རྒྱན། ཕྱག་གདུབ། ཞབས་གདུབ། དོ་ཤལ། དར་གྱི་སྟོད་གཡོགས་སྨད་དགྲིས། དར་དཔྱངས་ལ་སོགས་པ་ལོངས་སྤྱོད་རྫོགས་སྐུའི་ཆས་གསོལ་བར་བསྒོམ་པའི་སྤྱི་བོར་འཁོར་ལོ་དཀར་པོ་ཨོཾ་གྱིས་མཚན་པ། མགྲིན་པར་པདྨ་དམར་པོ་ཨཱཿཡིས་མཚན་པ། ཐུགས་ཀར་རྡོ་རྗེའི་ལྟེ་བར་ཟླ་བའི་སྟེང་དུ་ཧཱུྃ་དཀར་པོ་གྱེན་དུ་འགྲེང་བའི་མཐར་ཡི་གེ་བརྒྱ་པའི་ཕྲེང་བས་བསྐོར་བར་བསམ་ལ། དཀོན་མཆོག་སྐྱབས་སུ་བཟུང་ནས་བྱང་ཆུབ་ཀྱི་སེམས་དང་ལྡན་པ་རྟེན་གྱི་སྟོབས། སྡིག

པ་མི་དགེ་བའི་ལས་ཐམས་ཅད་ལ་འགྱོད་སེམས་བྱེད་པ་སུན་འབྱིན་པའི་སྟོབས། ཕྱིན་ཆད་སྡིག་ལ་བབ་ཀྱང་མི་བགྱིད་སྙམ་པའི་སྡོམ་སེམས་ཉེས་པ་ལས་ལྡོག་པའི་སྟོབས། སྔར་བྱས་ཀྱི་གཉེན་པོར་རྡོ་རྗེ་སེམས་དཔའི་བསྒོམ་བཟླས་བྱེད་པ་གཉེན་པོ་ཀུན་ཏུ་སྤྱོད་པའི་སྟོབས་ཏེ་སྟོབས་བཞི་པོ་ཚང་བའི་བསམ་སྦྱོར་དང་ལྡན་པའི་ངང་ནས་ཐུགས་ཀའི་སྔགས་ཕྲེང་ལ་དམིགས་པ་གཏད་དེ། བཅོམ་ལྡན་འདས་དཔལ་རྡོ་རྗེ་སེམས་དཔའ་མཁྱེན་སྙམ་པའི་མོས་གུས་མཆི་མ་འཁྲུགས་པ་ཙམ་དུ་བསྐྱེད་ནས། ཨོཾ་བཛྲ་སཏྭ་ས་མ་ཡ། མ་ནུ་པཱ་ལ་ཡ། བཛྲ་སཏྭ་ཏྭེ་ནོ་པ་ཏིཥྛ་དྲི་ཌྷོ་མེ་བྷ་ཝ། སུ་ཏོ་ཥྱོ་མེ་བྷ་ཝ། སུ་པོ་ཥྱོ་མེ་བྷ་ཝ། ཨ་ནུ་རཀྟོ་མེ་བྷ་ཝ། སརྦ་སིདྡྷི་མྨེ་པྲ་ཡཙྪ། སརྦ་ཀརྨ་སུ་ཙ་མེ། ཙིཏྟཾ་ཤྲི་ཡེ་ཀུ་རུ་ཧཱུྃ། ཧ་ཧ་ཧ་ཧ་ཧོཿ་བྷ་ག་ཝཱན་སརྦ་ཏ་ཐཱ་ག་ཏ་བཛྲ་མ་མེ་མུཉྩ། བཛྲཱི་བྷ་ཝ་མ་ཧཱ་ས་མ་ཡ་ས་ཏྭ་ཨཱཿ ཨོཾ་བཛྲ་སཏྭ་ཧཱུྃ། ཞེས་བཟླས་པའི་ཐུགས་ཀའི་ཧཱུྃ་ཡིག་གི་མཐར་སྔགས་ཀྱི་ཕྲེང་བས་བསྐོར་བ་དེ་ཉིད་གཡས་སྐོར་དུ་དཀར་ཁྲ་ལ་ལ་འཁོར་ཞིང་འོད་ཟེར་ཕྲེང་ཐག་གི་ཚུལ་དུ་དམིགས་ལ་ཧཱུྃ་ཡིག་སྔགས་ཕྲེང་དང་བཅས་པ་ལས་ཡེ་ཤེས་ཀྱི་བདུད་རྩི་འོ་རྒྱུན་ལྷར་བབ་པས་རྡོ་རྗེ་སེམས་དཔའི་སྐུ་གང་སྐུ་ལས་བདུད་རྩིའི་རྒྱུན་བབས། བདག་གི་ཚངས་བུག་ཏུ་ཞུགས་པས་ཚེ་རབས་ཐོག་མ་མེད་པ་ནས་ད་ལྟ་ལ་ཐུག་གི་བར་དུ་བསགས་པའི་སྡིག་སྒྲིབ་ཉེས་ལྟུང་དྲི་མའི་ཚོགས་ཐམས་ཅད་ཆུ་སྣུམ་སྦྲུར་མ་དེད་པ་བཞིན་དུ་དུད་ཁུ་དང་སོལ་ཁུ་རྣག་ཁྲག་ལ་སོགས་པའི་རྣམ་པས་དབང་པོའི་སྒོ་དང་། བ་སྤུའི་བུ་ག་ཐམས་ཅད་ནས་ཐོན་པར་བསམ་ཞིང་ཡི་གེ་བརྒྱ་པ་བརྒྱ་སྟོང་ལ་སོགས་ཅི་ནུས་བཟླས་སོ། །རྡོ་རྗེ་སེམས་དཔའི་སྐུ་ལས་བདུད་རྩིའི་ཆར་བབ་པས་རང་གི་ལུས་ཤེལ་བུམ་འོ་ཡི་གང་བ་ལྟར་དཀར་ལྷེམ་གྱིས་གང་བར་བསྒོམ། རྡོར་སེམས

ཐུགས་ཀའི་སྔགས་ཕྲེང་དང་ས་བོན་ལས་འོད་ཟེར་འཕྲོས་པས་རིགས་དྲུག་གི་འགྲོ་བ་རྣམས་ཀྱི་སྡིག་སྒྲིབ་ཉོན་མོངས་བག་ཆགས་སྡུག་བསྔལ་དང་བཅས་པ་བྱང་ཞིང་དག་ནས་བདེ་བ་དང་ལྡན་པར་བསྒོམ། མཐར་རྡོ་རྗེ་སེམས་དཔའ་དགྱེས་ཤིང་འཛུམ་པར་མཛད་དེ། རིགས་ཀྱི་བུ་ཁྱོད་ཀྱི་སྡིག་སྒྲིབ་ཉེས་ལྟུང་ཐམས་ཅད་དག་པ་ཡིན་ནོ། །ཞེས་གནང་བ་བྱིན་ཏེ་འོད་དུ་ཞུ་ནས་རང་ལ་ཐིམ། རང་ཉིད་རྡོ་རྗེ་སེམས་དཔའ་སྣང་སྟོང་མེ་ལོང་གི་གཟུགས་བརྙན་ལྟར་གསལ་བ་ལ་བློ་བཞག་ནས་རྗེས་སུ་བདེ་སྟོང་བརྗོད་བྲལ་གྱི་ངང་ལ་མཉམ་པར་བཞག་གོ། དེ་དང་རྗེས་འབྲེལ་དུ་དྲི་མེད་བཤགས་རྒྱུད་ལས་བྱུང་བའི་ཐེག་པ་ལམ་ཞུགས་ཀྱི་བཤགས་པ་འདི་ལྟར་བྱའོ། །ཨོཾ་དང་པོར་བདག་དང་ཁམས་གསུམ་སེམས་ཅན་རྣམས། །ཡུལ་ལ་ཆགས་པ་བསྐྱེད་པ་མི་བགྱི་སྟེ། །ཕ་དང་མ་ལ་བརྟེན་ནས་གཟུགས་སུ་སྣང་། །རང་དབང་མེད་པར་འཇིག་རྟེན་གནས་འདིར་མཐོང་། །མ་རིག་ཆུང་ཞིང་གཞོན་པའི་དུས་མཚམས་ནས། །གཏི་མུག་དབང་གིས་དགེ་སྡིག་དོན་མ་རྟོགས། །འདོད་ཆགས་དབང་གིས་ཕ་རོལ་འཁོར་བར་འཁྲུམས། །ཞེ་སྡང་དབང་གིས་སྡིག་པའི་ལས་རྣམས་བགྱིས། །ངན་སོང་གསུམ་དུ་འགྲོ་བའི་རྒྱུ་བསགས་པའི། །མནོ་བསམ་ཤེས་ནས་ཆོས་ལ་སྐྱབས་སུ་མཆི། །དྭངས་བས་ཉ་སྟོང་དུས་དྲུག་སྐོར་ཞུགས་ཏེ། །ཉ་སྟོང་ཆོས་བརྒྱུད་འདུལ་ཁྲིམས་མནོས་པ་ལས། །དེ་ལ་ཉམས་པའི་སྐྱོན་ལྟ་མ་མཆིས་ན། །ཉ་སྟོང་ཚུལ་བཞིན་བསྲུང་བའི་དགེ་བསྙེན་ལ།ཉམས་པ་བཀའ་ཡི་ཆད་པ་བྱུང་ན་བཤགས། །དེ་ནས་ཡར་ལ་བློ་སེམས་ཆེར་བསྐྱེད་ནས། །སྦྱངས་པའི་ཡོན་ཏན་བཅུ་གཉིས་སྐོར་ཞུགས་སྟེ། །ཉན་ཐོས་སྡོམ་པ་ཚུལ་བཞིན་མནོས་པ་ལས། །རྩ་བ་བཞི་དང་ཡན་ལག

དྲུག་ལ་སོགས། །ཉིས་བརྒྱ་ལྔ་བཅུའི་ཁྲིམས་ལ་སྐྱོན་མ་མཆིས། །དེ་ལ་ཉམས་པའི་སྐྱོན་ལྔ་མ་མཆིས་ན། །ཉན་ཐོས་འདུལ་ཁྲིམས་བསྲུང་བའི་དགེ་ཚུལ་ལ། །ཉམས་པ་བཀའ་ཡི་ཆད་པ་བྱུང་ན་བཤགས། །དེ་ནས་ཡར་ལ་བློ་སེམས་ཆེར་བསྐྱེད་ནས། །རྟེན་འབྲེལ་བཅུ་གཉིས་སྒྲུབ་པའི་སྒོར་ཞུགས་ནས། །རང་རྒྱལ་སྡོམ་པ་ཚུལ་བཞིན་མནོས་པ་ལས། །འཁོར་བ་རང་བཞིན་མེད་པར་མངོན་རྟོགས་ཤིང་། །སྣང་སྲིད་སྒྱུ་མ་ལྟ་བུར་ཤེས་པ་ན། །དེ་ལ་ཉམས་པའི་སྐྱོན་ལྔ་མ་མཆིས་ན། །རང་རྒྱལ་སྡོམ་པ་བསྲུང་བའི་གང་ཟག་ལ། །ཉམས་པ་བཀའ་ཡི་ཆད་པ་བྱུང་ན་བཤགས། །དེ་ནས་ཡར་ལ་བློ་སེམས་ཆེར་བསྐྱེད་ནས། །ཐེག་ཆེན་བྱང་ཆུབ་སེམས་ཀྱི་སྒོར་ཞུགས་ཏེ། །བྱང་ཆུབ་སེམས་དཔའི་སྡོམ་པ་མནོས་པ་ལས། །སྨོན་འཇུག་ཀུན་རྫོབ་དོན་དམ་བྱང་ཆུབ་སེམས། སྡོམ་པ་ཉི་ཤུའི་ཚུལ་ཁྲིམས་སྐྱོན་མ་མཆིས། དེ་ལ་ཉམས་པའི་སྐྱོན་ལྔ་མ་མཆིས་ན། །སྡོམ་བརྩོན་ཚུལ་ཁྲིམས་བསྲུང་བའི་དགེ་སློང་ལ། །ཉམས་པ་བཀའ་ཡི་ཆད་པ་བྱུང་ན་བཤགས། །དེ་ནས་ཡར་ལ་བློ་སེམས་ཆེར་བསྐྱེད་ནས། །དག་པ་རྣམ་པ་གསུམ་གྱི་སྒོར་ཞུགས་ཏེ། །ཀྲི་ཡའི་དམ་ཚིག་ཚུལ་བཞིན་མནོས་པ་ལས། །དཀོན་མཆོག་གསུམ་དང་རྡོ་རྗེ་སློབ་དཔོན་དང་། །རྡོ་རྗེ་སྤུན་དང་རྡོ་རྗེ་མིང་སྲིང་དང་། །དེ་བཞིན་རང་གི་ཕྱགས་དང་ཕྱག་རྒྱ་དང་། །དེ་ལ་ཉམས་པའི་སྐྱོན་ལྔ་མ་མཆིས་ན། །ཀྲི་ཡའི་དམ་ཚིག་བསྲུང་བའི་རྣལ་འབྱོར་ལ། །དམ་ཉམས་བཀའ་ཡི་ཆད་པ་བྱུང་ན་བཤགས། །དེ་ནས་ཡར་ལ་བློ་སེམས་ཆེར་བསྐྱེད་ནས། །ལྟ་སྤྱོད་རྣམ་པ་གཉིས་ཀྱི་སྒོར་ཞུགས་ཏེ། །ཨུ་པ་ཡ་ཡི་དམ་ཚིག་མནོས་པ་ལས། །ཕྱག་རྒྱ་ཕྱགས་དང་མན་ངག་སྒྲུབ་པའི་

མཐའ། །དེ་ལ་ཉམས་པའི་སྐྱོན་ལྟ་མ་མཆིས་ན། །ལྟ་སྤྱོད་ཨུ་པ་བསྲུང་བའི་རྣལ་འབྱོར་ལ། །དམ་ཉམས་བཀའ་ཡི་ཆད་པ་བྱུང་ན་བཤགས། །དེ་ནས་ཡར་ལ་བློ་སེམས་ཆེར་བསྐྱེད་ནས། །ཕྱག་རྒྱ་རྣམ་པ་བཞི་ཡི་སྒོར་ཞུགས་ཏེ། །ཡོ་གའི་དམ་ཚིག་ཚུལ་བཞིན་མནོས་པ་ལས། །དཀོན་མཆོག་གསུམ་དང་དེ་འཁོར་བྱང་ཆུབ་སེམས། རྡོ་རྗེ་སློབ་དཔོན་མཆེད་དང་ལྕམ་དྲལ་དང་། །དབང་ཐོབ་རྣལ་འབྱོར་གཞན་ལ་མི་སྨོད་ཅིང་། །རང་རྟགས་ཕྱག་རྒྱ་རྟག་ཏུ་བསྲུང་བ་ལ། །དེ་ལ་ཉམས་པའི་སྐྱོན་ལྟ་མ་མཆིས་ན། །ཡོ་གའི་དམ་ཚིག་བསྲུང་བའི་རྣལ་འབྱོར་ལ། །དམ་ཉམས་བཀའ་ཡི་ཆད་པ་བྱུང་ན་བཤགས། །དེ་ནས་ཡར་ལ་བློ་སེམས་ཆེར་བསྐྱེད་ནས། །ཐབས་དང་ཤེས་རབ་གཉིས་ཀྱི་སྒོར་ཞུགས་ཏེ། །མ་ཧཱ་ཡོ་གའི་དམ་ཚིག་མནོས་པ་ལས། །འཁོར་བ་དང་ནི་མྱ་ངན་འདས་པའི་ཆོས། །ཡབ་ལྷ་དང་ནི་ཡུམ་ལྷ་སྦྱོར་བ་ལས། །རྒྱལ་བའི་དམ་ཚིག་མཆོག་ཏུ་སྲུང་བ་ལས། །དེ་ལ་ཉམས་པའི་སྐྱོན་ལྟ་མ་མཆིས་ན། །མ་ཧཱ་ཡོ་ག་བསྲུང་བའི་རྣམ་འབྱོར་ལ། །དམ་ཉམས་བཀའ་ཡི་ཆད་པ་བྱུང་ན་བཤགས། །དེ་ནས་ཡར་ལ་བློ་སེམས་ཆེར་བསྐྱེད་ནས། །དབྱིངས་དང་ཡེ་ཤེས་གཉིས་ཀྱི་སྒོར་ཞུགས་ཏེ། །ཨ་ནུ་ཡོ་གའི་དམ་ཚིག་མནོས་པ་ལས། །ཕྱི་ནང་སྣང་སྲིད་དུས་གསུམ་ཐམས་ཅད་ཀུན། །རང་རིག་ཡེ་ཤེས་དབྱིངས་ལས་མི་གཞན་ཏེ། །རྡོ་རྗེ་དྲིལ་བུ་ཕྱག་རྒྱ་འཆང་བྱེད་ཅིང་། །དེ་ལ་ཉམས་པའི་སྐྱོན་ལྟ་མ་མཆིས་ན། །ཨ་ནུ་ཡོ་ག་བསྲུང་བའི་རྣལ་འབྱོར་ལ། །དམ་ཉམས་བཀའ་ཡི་ཆད་པ་བྱུང་ན་བཤགས། །དེ་ནས་ཡར་ལ་བློ་སེམས་ཆེར་བསྐྱེད་ནས། །ཁྱབ་བརྡལ་ཆེན་པོ་ཐེག་པའི་སྒོར་ཞུགས་ཏེ། །ཨ་ཏི་ཡོ་གའི་དམ་ཚིག་མནོས་པ་

ལས། །མེད་པའི་དམ་ཚིག་དང་ནི་ཕྱལ་བ་དང་།གཅིག་པུའི་དམ་ཚིག་དང་ནི་ལྷུན་གྱི་རྫོགས། །གྲངས་དང་ཕྱོགས་ལས་འདས་པའི་དམ་ཚིག་ལ། །རྒྱལ་བ་རྣམས་ཀྱི་དམ་ཚིག་མཆོག་ཏུ་གསུངས། །བསྲུང་མཚམས་མེད་པ་མེད་པའི་དམ་ཚིག་ལ། །གཟུང་དང་འཛིན་པ་མེད་པས་ཕྱལ་བ་ཡིན། །ཐམས་ཅད་སེམས་སུ་འདུས་པ་གཅིག་པུ་ཡིན། །ལྷག་མ་མེད་པ་རྫོགས་པ་ལྷུན་གྱིས་རྫོགས། །དེ་ལ་ཉམས་པའི་སྐྱོན་ལྟ་མ་མཆིས་ན། །ཨ་ཏི་ཡོ་ག་བསྲུང་བའི་རྣལ་འབྱོར་ལ། །དམ་ཉམས་བཀའ་ཡི་ཆད་པ་བྱུང་ན་བཤགས། །སྡེ་སྣོད་རྣམ་པ་གསུམ་གྱི་བསྲུང་བྱ་ནི། །ཚུལ་ཁྲིམས་རྣམ་པར་དག་པ་འདུལ་མཐར་ཕྱིན། །རང་དབང་མངོན་དུ་གྱུར་པ་མངོན་མཐར་ཕྱིན། །ཤེས་རབ་རྣམ་དག་མདོ་སྡེ་མཐའ་རུ་ཕྱིན། །ཕྱི་ཡི་ལྟ་སྤྱིན་སྡེ་བརྒྱད་བསྲུང་མ་རྣམས། །དམ་ཚིག་ཉམས་པར་གྱུར་ན་མཐོལ་ལོ་བཤགས། །ཀྲི་ཡོག་རྣམ་པ་གསུམ་གྱི་བསྲུང་བྱ་ནི། །དག་པ་རྣམ་གསུམ་ཀྲི་ཡ་མཐའ་རུ་ཕྱིན། །ལྟ་སྤྱོད་རྣམ་གཉིས་ཨུ་པ་མཐའ་རུ་ཕྱིན། །སུམ་བཅུ་ལྷ་ཡི་སྒྲུར་གསལ་རྣལ་འབྱོར་མཐའ། །དཔལ་མགོན་ལ་སོགས་སྲུང་མ་དམ་ཚིག་ཅན། །དམ་ཚིག་ཉམས་པར་གྱུར་ན་མཐོལ་ལོ་བཤགས། །ཡོག་རྣམ་པ་གསུམ་གྱི་བསྲུང་བྱ་ནི། །རྩ་བ་ཡན་ལག་བསྲུང་ན་རྣལ་འབྱོར་ཆེ། །སྒྲུབ་པ་ཁྱད་པར་དམ་ཚིག་ཨ་ནུའི་མཐའ། །ལྷག་པའི་དམ་ཚིག་རྣམ་བཞི་རྫོགས་ཆེན་པ། །ནང་དང་གསང་བའི་ལྷ་སྲིན་སྡེ་བརྒྱད་རྣམས། །དམ་ཚིག་ཉམས་པར་གྱུར་ན་མཐོལ་ལོ་བཤགས། །མཚན་ཉིད་སྡེ་སྣོད་གསུམ་ལ་ཐེག་པ་གསུམ། །ཕྱི་པ་ཐུབ་པའི་རྒྱུད་ལ་ཀྲི་ཡོག་གསུམ། །ནང་པ་ཐབས་ཀྱི་རྒྱུད་ལ་ཡོ་ག་གསུམ།ཐེག་པ་རིམ་པ་དགུ་ཡི་ལྟ་

ཚོགས་རྣམས། །ལྷ་སྤྱོད་འབྲེལ་བར་སྤྱོད་པའི་རྣལ་འབྱོར་ལ། །མཁའ་འགྲོ་བཀའ་ཡི་ཆད་པ་ཅི་སྟེ་གཅོད། །དབང་ཕྱུག་ཐུགས་ཀྱི་སྤྲུལ་པ་ཅི་སྟེ་འཕྲེད། །རྒྱུ་འབྲས་མ་སྤངས་དགེ་བ་དང་དུ་བླངས། །སྡིག་པ་མ་སྤྱད་རྣམ་པར་སྨིན་ལ་འཛེམས། །བཀའ་གཞུང་མ་བོར་རྒྱུད་ལུང་མན་ངག་འབྲེལ། །ཡལ་བར་མ་དོར་གཞུང་བཞིན་དང་དུ་བླངས། །ལུས་ངག་ཡིད་གསུམ་བཏུད་ནས་གསང་སྔགས་ཚོས། བསྒོམ་བསྒྲུབ་སྤྱོད་པའི་རྣལ་འབྱོར་དབང་ཕྱུག་ལ། །དམ་ཚིག་ཉམ་ཆགས་ཐམས་ཅད་སྐོང་གྱུར་ཅིག །རྩ་བ་ཡན་ལག་ཕམ་ལྟུང་ཉེས་བྱས་དང་། །སྡོམ་པོ་ཕྲ་མོ་ལ་སོགས་ཉེས་སྐྱོན་རྣམས། །སྐྱོན་དུ་གྱུར་པ་ཐམས་ཅད་ཚངས་པར་མཛོད། །མཆོག་དང་ཐུན་མོངས་དངོས་གྲུབ་སྩལ་དུ་གསོལ། །ཡེ་ཤེས་ལྷ་ལ་རྟོག་པ་མི་མངའ་ཡང་། །དེ་འཁོར་བཀའ་ཡི་བསྲུང་མ་དམ་ཚིག་ཅན། །ཐུགས་དང་འགལ་བར་གྱུར་ན་བཟོད་པར་གསོལ། །ཡུན་གྱི་སྒྲིབ་པ་མཆིས་ན་སྒྲིབ་པ་སྦྱོངས། །འཕྲུལ་གྱི་རྐྱེན་གེགས་མཆིས་ན་རྐྱེན་གེགས་བཟློག །ཚངས་པ་མཆོག་གི་དངོས་གྲུབ་སྩལ་དུ་གསོལ། །ཞེས་དྲི་མེད་བཤགས་རྒྱུད་ལས་བྱུང་བའི་ཐེག་པ་ལམ་ཞུགས་ཀྱི་བཤགས་པ་སྟེ། དང་པོ་ཆོས་སྒོར་ཞུགས་ནས་ཉ་སྟོང་བརྒྱད་གསུམ་གྱི་འདུལ་ཁྲིམས་བསྙེན་གནས་ཡན་ལག་བརྒྱད་ནས་དགེ་བསྙེན་དགེ་ཚུལ་གྱི་རྩ་བ་བཞི་དང་ཡན་ལག་དྲུག་སོགས་བསྲུང་བྱ་རྣམས་དང་། དགེ་སློང་གི་ཁྲིམས་ཉིས་བརྒྱ་ལྔ་བཅུ་རྣམས་ལ་སྐྱོན་དང་ཉེས་པར་གྱུར་ན་བཤགས་སོ། །དེ་ནས་རང་རྒྱལ་གྱི་སྒྲུབ་བྱའི་རྟེན་འབྲེལ་བཅུ་གཉིས་དང་། རང་རྒྱལ་གྱི་སྡོམ་པ་མནོས་ནས་འཁོར་བ་རང་བཞིན་མེད་པར་རྟོགས་ཤིང་སྣང་སྲིད་སྒྱུ་མ་ལྟར་དུ་ཤེས་དགོས་པ་ལ་ཉེས་སྐྱོན་དང་

འགལ་བར་གྱུར་པ་རྣམས་བཤགས་པ་དང་། དེ་ནས་བྱང་སེམས་ཀྱི་སྐོར་ཞུགས་ནས་བྱང་སེམས་ཀྱི་སྡོམ་པ་སློན་འཇུག་ཀུན་རྫོབ་དོན་དམ་སོགས་དང་། ཉེས་སྤྱོད་སྡོམ་པའི་ཚུལ་ཁྲིམས། དགེ་བ་ཆོས་སྡུད་ཀྱི་ཚུལ་ཁྲིམས། སེམས་ཅན་དོན་བྱེད་ཀྱི་ཚུལ་ཁྲིམས་དང་སྡོམ་པ་ཉི་ཤུའི་ཚུལ་ཁྲིམས་ལ་ཉེས་སྐྱོན་དུ་གྱུར་ན་བཤགས་པ་དང་། སྔགས་ཕྱི་པ་ཐུབ་པའི་རྒྱུད་ཀྱི་དང་པོ་ཀྲི་ཡའི་སྐོར་ཞུགས་ནས་དག་པ་རྣམ་པ་གསུམ་གྱི་སྤྱོད་པ་དང་། དཀོན་མཆོག་གསུམ་དང་རྡོ་རྗེ་སློབ་དཔོན་ལ་བླ་མར་འཛིན་པ་དང་། རྡོ་རྗེ་སྤྲུན་དང་མིང་སྲིང་ལ་དམ་ཚིག་ཚུལ་བཞིན་བསྲུང་བ་དང་། སྔགས་དང་ཕྱག་རྒྱ་ཏིང་ངེ་འཛིན་རྣམས་མ་ཉམས་པར་བསྲུང་དགོས་རྒྱུ་ལ་ཉེས་འགལ་དུ་གྱུར་ན་བཤགས་པ་དང་། གཉིས་པ་ཨུ་པ་ཡ་ཡི་ཐེག་པ་ལ་ཞུགས་ནས་ལྟ་སྤྱོད་རྣམ་པ་གཉིས་དང་། ཕྱག་རྒྱ་སྔགས་དང་མན་ངག་སྒྲུབ་པ་མཐའ་དག་ཉམས་སུ་ལེན་ཅིང་ཁོང་དུ་ཆུད་དགོས་པ་ལས་དེ་དག་ལ་ཉམས་པའི་སྐྱོན་མཆིས་ན་བཤགས་པ་དང་། གསུམ་པ་ཡོ་གའི་ཐེག་པ་ལ་ཞུགས་ནས་སྣང་སྲིད་ཀྱི་ཆོས་ཀུན་རྫོབ་ཀྱི་བདེན་པ་ཐམས་ཅད་དོན་དམ་སེམས་ཉིད་ཀྱི་ངང་དུ་སྒྲུངས་ནས་ལམ་མངོན་པར་བྱང་ཆུབ་པ་ལྔས་ལྷ་ཡི་དཀྱིལ་འཁོར་དུ་བསྐྱེད་ནས་བདག་དམ་ཚིག་པ་ལ་ལྷ་ཡེ་ཤེས་པ་འགུགས་བསྟིམ་བྱ་བ་དང་། རང་རྟགས་ཀྱི་ཕྱག་རྒྱ་རྟག་ཏུ་བསྲུང་དགོས་པ་ལ་མ་རྐོར་ཉམས་པར་གྱུར་ན་བཤགས་པ་དང་། ནང་པ་ཐབས་ཀྱི་རྒྱུད་གསུམ་ལས། དང་པོ་མ་ཧཱ་ཡོ་གའི་ཐེག་པར་ཞུགས་ནས་ཐབས་དང་ཤེས་རབ་གཉིས་ཀྱི་རང་བཞིན་འཁོར་བ་དང་མྱ་ངན་ལས་འདས་པའི་ཆོས་ཐམས་ཅད་ཡབ་ལྷ་དང་ཡུམ་ལྷའི་རང་བཞིན་དུ་ཤེས་ནས་རིགས་ལྔ་སོ་སོའི་དམ་ཚིག་རྣམས་བསྲུང་དགོས་རྒྱུ་ལ་མི་ཤེས་པའི་དབང་གིས་ཉེས་བྱས་སུ་གྱུར་ན་བཤགས་པ་དང་།

གཉིས་པ་ཨ་ནུ་ཡོ་གའི་རྒྱུད་ཀྱི་ཐེག་པར་ཞུགས་ནས་དབྱིངས་རིག་འདུ་འབྲལ་མེད་པའི་ངང་ནས་ཕྱི་ནང་སྣང་སྲིད་འདས་མ་འོངས་ད་ལྟའི་ཆོས་ཐམས་ཅད་རང་རིག་པའི་ཡེ་ཤེས་སུ་རྟོགས་ཤིང་རྡོ་རྗེ་དང་དྲིལ་བུའི་ཕྱག་རྒྱ་དུས་རྟག་ཏུ་འཆང་བར་བྱེད་དགོས་རྒྱུ་ལ། །དེ་ལྟར་མ་རྟོགས་པའི་ཉམས་པར་གྱུར་ན་བཤགས་པ་དང་། གསུམ་པ་ཨ་ཏི་ཡོ་ག་རྫོགས་པ་ཆེན་པོའི་ཐེག་པར་ཞུགས་ནས། ཆོས་ཐམས་ཅད་བྱང་ཆུབ་ཀྱི་སེམས་སུ་ཡེ་ནས་རྫོགས་ཤིང་། སྤངས་བླང་བྱ་རྩོལ་མེད་པའི་ཆོས་ཉིད་དུ་སྐུ་གསུམ་ལྷུན་གྲུབ་ཆེན་པོ་སྟེ། རང་བྱུང་ཡེ་ཤེས་ལ་ཕྱོགས་དང་རིས་མེད་རྟག་ཆད་འཕོ་འགྱུར་མེད་པ་ལ་བཟློས་ཏེ། གཞི་ལམ་འབྲས་བུའི་ཐ་སྙད་ལས་འདས་ནས་དུས་བཞི་ཆོས་ཉིད་ཀྱི་འཁོར་ལོ་དང་མི་འབྲལ་བས་ཆོས་ཉིད་ཁྱབ་བརྡལ་ཆེན་པོར་འུབ་ཆུད་ནས་འཁོར་འདས་སེམས་ལས་མེད་པར་ཐག་ཆོད། །རྟག་ཆད་མཐིག་ལས་འདས་པ་སྨུན་ཕྱུང་། གང་སྣང་ཐུག་འཕྲད་ཡེ་གྲོལ་དུ་དམིགས་རླེད། རང་ཤར་ཆོས་སྐུ་ཟང་མར་གདེངས་འཆོས། སྣང་སེམས་ཆོས་ཟད་བློ་འདས་སུ་གཟེར་ཐེབས་ཏེ། ཡུལ་ཉིད་ཀྱི་རོལ་པ་ལ་ཡུལ་ཅན་ཡེ་ཤེས་ཀྱི་ཀློང་རྡོལ་བས་འཁོར་འདས་བྱང་ཆུབ་སེམས་ཀྱི་དཀྱིལ་འཁོར་དུ་སངས་རྒྱས་པས་ན་མ་བསྒྱུང་བའི་ཡེ་བསྒྱུང་ཆེན་པོའི་དམ་ཚིག་ཏེ། མེད་པ་དང་། ཕྱལ་བ་དང་། གཅིག་པུའི་དམ་ཚིག་རྣམས་གཞི་ལ་རྫོགས་པའི་གྲངས་དང་ཕྱོགས་ལས་འདས་ཤིང་གཟུང་དང་འཛིན་པ་མེད་པ་ཐམས་ཅད་སེམས་སུ་འདུས་པ་གཅིག་པུ་ལྷག་མ་མེད་པ་ལྷུན་གྱིས་རྫོགས་པས་བསྒྱུང་མཚམས་མེད་པའི་དམ་ཚིག་ཅེས་རྒྱལ་བ་རྣམས་ཀྱི་དམ་ཚིག་མཆོག་ཡིན་པ་ལ། །དེ་ལྟར་མ་རྟོགས་ཏེ་ཡིད་གཉིས་དང་ཐེ་ཚོམ་ནེར་ནུར་དུ་གྱུར་པ་བཤགས་པར་བྱའོ། །དེ་ལྟར་ཐེག་པ་རིམ་པ་དགུ་ལ་ལེགས་པར་སྦྱངས་ཤིང་དེ་

དག་གི་བསྲུང་སྡོམ་ལ་ཉེས་འགལ་དུ་མ་གྱུར་ཞིང་ཚུལ་བཞིན་སྒྲུབ་པའི་རྣལ་འབྱོར་གྱི་དབང་ཕྱུག་རྣམས་ལ་བཀའ་ཆད་དང་ཉེས་སྐྱོན་སོགས་ཀྱིས་ནམ་ཡང་གོས་པར་མི་འགྱུར་རོ། །གོང་གི་བཞུགས་སྨོན་རྒྱས་པ་དེ་ལྟར་མི་སྤྲོ་ན།མདོར་བསྡུས་འདི་ལྟར་བྱའོ། །

ཨོཾ་རྗེ་བཙུན་བླ་མ་རྣམས་ཀྱི་སྤྱན་ལམ་དུ། །ཡོ་བྱད་འབྱོར་ཚོགས་ཆུང་བ་མཐོལ་ལོ་བཤགས། །ཡི་དམ་ལྷ་ཚོགས་རྣམས་ཀྱི་སྤྱན་ལམ་དུ། །མངོན་རྟོགས་སྤྱངས་ལེན་བྱས་པ་མཐོལ་ལོ་བཤགས། །མཁའ་འགྲོ་སྡེ་བཞི་རྣམས་ཀྱི་སྤྱན་ལམ་དུ། །ཁས་བླངས་དམ་བཅའ་ཉམས་པ་མཐོལ་ལོ་བཤགས། །ཆོས་སྐྱོང་སྲུང་མ་རྣམས་ཀྱི་སྤྱན་ལམ་དུ། །གཏོར་མ་ལོ་ཟླར་འགྱངས་པ་མཐོལ་ལོ་བཤགས།དུས་གསུམ་ཕ་མ་རྣམས་ཀྱི་སྤྱན་ལམ་དུ། །དྲིན་ལེན་ལན་གྱིས་མ་གློན་མཐོལ་ལོ་བཤགས།མཆེད་དང་ལྕམ་བྲལ་རྣམས་ཀྱི་སྤྱན་ལམ་དུ། །དམ་ཚིག་བརྩེ་གདུང་ཆུང་བ་མཐོལ་ལོ་བཤགས། །འགྲོ་དྲུག་སེམས་ཅན་རྣམས་ཀྱི་སྤྱན་ལམ་དུ། །སྙིང་རྗེ་ཕན་སེམས་ཆུང་བ་མཐོལ་ལོ་བཤགས། །སོ་སོར་ཐར་པ་རྣམས་ཀྱི་སྡོམ་པ་དང་། །བྱང་ཆུབ་སེམས་དཔའ་རྣམས་ཀྱི་བསླབ་པ་དང་། །རིག་པ་འཛིན་པ་སྔགས་ཀྱི་དམ་ཚིག་སོགས། །བསྲུང་སྒྲུབ་རྟོགས་པར་བྱ་བ་ཐམས་ཅད་ལས། །ཉམས་པར་གྱུར་པ་ཐམས་ཅད་མཐོལ་ལོ་བཤགས། །མི་འཆབ་མི་སྦེད་སླན་ཆད་སྡོམ་པར་བགྱིད། །དུས་གསུམ་བསགས་པའི་སྡིག་སྒྲིབ་མཐོལ་བཤགས་ན། །ཚངས་པར་མཛད་ནས་སྐུ་གསུང་ཐུགས་ལ་སོགས། །མཆོག་དང་ཐུན་མོང་དངོས་གྲུབ་སྩོལ་དུ་གསོལ། །ཞེས་པ་ལྟར་རྗེར་སེམས་བསྒོམ་བཟླས་ཀྱིས་སྡིག་སྒྲིབ་སྦྱངས་པ་དང་། སྔར་བྱས་ཀྱི་ལས་ལ་གནོང་འགྱོད་དྲག

པོས་བཞགས་སྤྲུངས་ལ་འབད་ན་སྡིག་སྒྲིབ་མ་ལུས་པ་བྱང་བར་གསུངས་ཏེ། དོན་དམ་གསལ་བའི་ཚིགས་བཅད་ལས། སྒྲིབ་པ་ཀུན་རྫོབ་ཉིད་ཡིན་ཕྱིར། །སྤྲུངས་ན་འདག་པར་གདོན་མི་ཟ། །ཞེས་གསུངས་པ་ལྟར། སྡིག་སྒྲིབ་བྱང་བའི་རྟགས་མ་བྱུང་གི་བར་འབད་པར་བྱའོ། །བྱང་བའི་རྟགས་ནི། ཁྲུས་བྱས་པ་དང་། ལུས་ལས་རྣག་ཁྲག་དང་འབུ་སྲིན་སྦོམ་སྡིག་ཐོན་པ་དང་། འཕྲུ་བ་དང་། སྐྱུགས་པ་དང་། གོས་སླེང་དོར་ཞིང་གོས་གསར་གྱོན་པ་དང་། གྲེན་ལ་འཛེགས་པ་དང་། ནམ་མཁའ་ལ་འཕུར་བ་དང་། མེ་ཏོག་གི་གླིང་ལ་ཕྱིན་པ་ལ་སོགས་པའོ། །

སྤྱི་དོན་ལྔ་པ་ཐར་བའི་ཕན་ཡོན་བསྟན་པ་ནི། འོད་ལམ་ཡང་ཁྲིད་རྣམས་ཀྱིས་སེམས་ཅན་ཐམས་ཅད་འཁོར་བ་སྡུག་བསྔལ་གྱི་རྒྱ་མཚོ་ཆེན་པོ་ལས་མྱུར་དུ་བསྒྲལ་ནས་རྣམ་པ་ཐམས་ཅད་མཁྱེན་པ་རྫོགས་པའི་སངས་རྒྱས་ཀྱི་ས་ལ་འགོད་པར་བྱ། དེའི་ཆེད་དུ་དམ་པའི་ཆོས་ཀྱི་རྣམ་གྲངས་ཟབ་མོ་ལ་འཇུག་པ་བླ་སླམ་པའི་འདུན་པ་དང་བཅས་ཏེ་མ་ཡེངས་པ་ལེགས་པར་གསན་འཚལ། དེ་ཡང་རྩལ་ཇི་ལྟ་བུ་དང་ལྡན་པས་ཉན་ཞེ་ན། ཡིད་བཞིན་རིན་པོ་ཆེའི་མཛོད་ལས། གང་ཚེ་ལེགས་པའི་རྩལ་གྱིས་ཉན་བྱ་བ། །ནོར་བུའི་འདུ་ཤེས་ལ་སོགས་གཅེས་པ་དྲུག །ཉོན་མོངས་བཟློད་སོགས་དཀའ་བ་སྤྱོད་པ་དྲུག །ཐོས་མང་གཉེར་སོགས་སྐྱོན་གྱིས་མི་འགྱུར་དྲུག །སློང་རྗེ་བསྐྱེད་སོགས་ཆེད་དུ་བྱ་བ་དྲུག །བྱེ་བྲག་ཤེས་སོགས་དགོས་པ་རྣམ་པ་དྲུག །ཆོས་ཚོལ་ལ་སོགས་འཚོལ་བ་རྣམ་པ་དྲུག །ཡོན་ཏན་སུམ་ཅུ་རྩ་དྲུག་ལྡན་པས་ཉོན། །ཞེས་གསུངས་པ་ལྟར། །ཆོས་སྨྲ་མའི་བླ་མ་ལ་རིན་པོ་ཆེའི་གཏེར་དུ་འདུ་ཤེས་པ་དང་། ཆོས་ལ་ཡིད་བཞིན་གྱི་ནོར་བུར་འདུ

ཞེས་པ་དང་། ཆོས་ཉན་པ་ལ་རབ་ཏུ་དཀོན་པར་འདུ་ཤེས་པ་དང་། ཆོས་འཛིན་ཅིང་བསམ་པ་ལ་གཅེས་པའི་དོན་ཡོད་པར་འདུ་ཤེས་པ་དང་། ཆོས་ལ་སོ་སོར་རྟོགས་པ་ལ་ཚེ་རབས་བརྒྱར་རྙེད་མི་པར་འདུ་ཤེས་པ་དང་། ཆོས་འཆོལ་བ་སྤྱོང་བ་རྣམས་ལ་བདུད་རྩི་བོར་ནས་དུག་ལ་སྤྱོད་པ་འདུ་ཤེས་པ་དང་། ཉན་ཞིང་སེམས་པ་རྣམས་ལ་དོན་དང་བཅས་པར་འགྱུར་བའི་འདུན་པ་བརྟེན་པར་བྱའོ། །དཀའ་བ་སྤྱོད་པ་དྲུག་བཟོད་པར་བསྟན་པ་ནི། དགེ་བའི་བཤེས་གཉེན་དང་ཆོས་ཀྱི་ཕྱོགས་སུ་ཚ་བ་དང་གྲང་བའི་ཉོན་མོངས་པ་བཟོད་པ་དང་། བཀྲེས་པ་དང་སྐོམ་པའི་ཉོན་མོངས་པ་བཟོད་པ་དང་། ངན་སྨྲས་དང་རྒྱགས་སྐྱད་ཀྱི་ཉོན་མོངས་པ་བཟོད་པ་དང་། ངལ་དུབ་འགྲོ་ལས་ཀྱི་ཉོན་མོངས་པ་བཟོད་པ་དང་། ཡོ་བྱད་གཏོང་བ་དང་། འཆོལ་བའི་ཉོན་མོངས་པ་བཟོད་པ་དང་། གཅེས་པར་བྱ་བའི་སྲོག་ལའང་རྟོས་ཏེ་བཟོད་པར་བྱ་བ་གཅེས་སོ། །རྐྱེན་གྱིས་མི་འགྱུར་བ་དྲུག་གི་གོ་ཆ་ནི། ཆོས་སྟོན་པ་དང་ཆོས་ཀྱི་ནན་ཏན་ལྷུར་བྱེད་པ་ལ་མདུང་ཐུང་གིས་ཀྱང་མི་བཟློག་པར་འབད་དོ། །ཐོས་པ་མང་དུ་འཛིན་པ་དང་། ཆོས་ཀྱི་དོན་ཤེས་པ་དང་། དེ་ཉིད་སྤྱོད་པ་དང་ལྡན་པ་དང་། གཞན་ཡང་དེ་ལྟ་བུ་ལ་བརྟེན་པ་དང་། དེ་ལྟ་བུ་ལ་བསྙེན་བཀུར་བྱེད་པའོ། །ཆེད་དུ་བྱ་བའི་ཁྱད་པར། དགེ་བའི་རྩ་བ་ཐམས་ཅད་སྒྲུབ་ཚུལ་ཤེས་པར་བྱ་བ་དང་། ཤེས་ནས་དེ་དག་ཚུལ་བཞིན་སྒྲུབ་པ་དང་། སེམས་ཅན་ལ་སྙིང་རྗེ་ཆེན་པོ་བསྐྱེད་པ་དང་། དམ་པའི་ཆོས་ཡོངས་སུ་བཟུང་བ་དང་། དཀོན་མཆོག་གསུམ་གྱི་གདུང་མི་གཅོད་པ་དང་། སེམས་ཅན་ཡོངས་སུ་སྨིན་པར་བྱ་བ་སྟེ། ཆེད་དུ་བྱ་བ་དེ་ལྟ་བུ་དང་ལྡན་པར་བྱའོ། །དགོས་པ་དྲུག་བསྒྲུབ་པ་ནི། ཐོས་ནས་ཆོས་ཀྱི་བྱེ་བྲག་ཤེས་པར་བྱ་བའི་དགོས་པ་དང་།

ཤེས་ནས་བྱ་བ་མ་ཡིན་པ་མི་བྱེད་པའི་དགོས་པ་དང་། གཞན་ལའང་དེ་ལྟར་བསྟན་པའི་དགོས་པ་དང་། དེ་ལྟར་བསྟན་པས་རང་གཞན་གྱིས་རྣམ་བར་གྲོལ་བ་ཐོབ་པའི་དགོས་པ་དང་། རང་དང་གཞན་གྱི་ཤེས་རབ་སྦྱོངས་པའི་དགོས་པ་དང་། ཕྱོགས་བཞི་ནས་ལྷགས་པ་རྣམས་ཀྱི་ཐེ་ཚོམ་གཅོད་པའི་དགོས་པ་སྟེ། དེ་ལྟར་དྲུག་གིས་ཉན་པ་ལ་བསྒྲོན་པར་བྱའོ། །འཚོལ་བ་དྲུག་ནི། གཡོ་དང་སྒྱུ་མེད་པ་བསམ་པ་ཐག་པ་ནས་ཆོས་འཚོལ་བ་དང་། རང་གི་ཆེད་མ་ཡིན་པར་ཀུན་ལ་ཕན་པའི་ཆེད་དུ་འཚོལ་བ་དང་། རྙེད་པ་དང་བཀུར་སྟི་མི་འདོད་པར་འགྲོ་བའི་ཉོན་མོངས་པ་སྤོང་བར་འདོད་པའི་འཚོལ་བ་དང་། གཟུ་ལུམ་མ་ཡིན་པར་ཤེས་རབ་ཀྱིས་འཇུག་པས་འཚོལ་བ་དང་། ཡིད་གཉིས་མེད་པར་ཀུན་གྱི་ཐེ་ཚོམ་གཅོད་པའི་ཕྱིར་འཚོལ་བ་དང་། རློམས་སེམས་དང་འདོད་པ་མེད་པར་སངས་རྒྱས་ཀྱི་ཆོས་རྫོགས་པར་བྱ་བའི་ཕྱིར་འཚོལ་བ་སྟེ། ཡོངས་སུ་འཚོལ་བ་དེ་ལྟ་བུས་བཙལ་བར་བྱའོ། །ཞེས་གསུངས་པ་ལྟར་ཡོན་ཏན་སུམ་ཅུ་རྩ་དྲུག་དང་ལྡན་པས་ལེགས་པར་གསན་ཅིང་། གང་གསན་པར་བྱ་བ་ཆོས་ཀྱི་རྣམ་གྲངས་ལ།

ཐར་བའི་ཕན་ཡོན་ལ་བསམ་སྟེ་བློ་སྦྱོངས་པ་ནི། དེ་ཡང་འོ་སྐོལ་རྣམས་ཆེ་རབས་འཁོར་བ་ཐོག་མ་མེད་པ་ནས་ཐ་མ་ད་ལྟ་ལ་ཐུག་གི་བར་དུ་མི་དགེ་སྡུག་བསྔལ་གྱི་ལས་མ་བསགས་པ་དང་། ངན་འགྲོ་སྣ་ཚོགས་ཀྱི་ལུས་མ་བླངས་པ་ནི་གཅིག་ཀྱང་ཡོད་པ་མ་ཡིན་པས་ན། དེ་ཕྱིར་སྡུག་བསྔལ་གྱི་ལས་ཁོ་ན་ལ་ཟད་པར་འདུག་ཅིང་། སྙིང་པོ་མེད་པའི་ལས་དེ་ལྟ་བུ་བསམ་སྟེ་སྐྱོ་ཤས་དྲག་པོ་དང་བཅས་ནས་ཐར་པ་བྱང་ཆུབ་སྒྲུབ་པའི་ལས་ལ་བསྒྲོན་པའི་ཕན་ཡོན་ཁོ་ན་ལ་སེམས་ཤིང་འབད་པར་བྱ་སྟེ། ཡིད་བཞིན་རིན་པོ་ཆེའི་མཛོད་ལས། སྙིང་པོ་མེད་པ་དེ་འདྲའི་

འཁོར་བ་ལས། །ཐར་པའི་ཕྱོགས་ནི་མྱ་ངན་འདས་པ་སྟེ། །ཞི་བདེ་བསིལ་བའི་བདུད་རྩི་བླ་ན་མེད། །ཅེས་གསུངས་པས་འཁོར་བ་ལ་མངོན་པར་སྐྱོ་ཞིང་སྐྱོན་དང་བཅས་པས་མེའི་འོབ་བཀྲལ་དཀའ་བ་ལས། །མྱ་ངན་ལས་འདས་པ་ཞི་བདེ་བསིལ་བའི་ནགས་ཚལ་ཡིད་དུ་འོང་བ་སྟོབས་དང་མི་འཇིགས་པ་སོགས་ལེགས་པའི་ཡོན་ཏན་གྱིས་འབྱོར་ཞིང་། ཀ་ཤི་མེད་པ་རྟག་པ་བརྟན་པ། སྒྲིབ་པ་མེད་པའི་གནས་བཟང་དམ་པ་དེར་རང་ཉིད་བསྒྲོད་ནས་གཞན་ཡང་དྲངས་པའི་ཐབས་ལ་བརྩོན་པར་བྱའོ། །དེ་ལ་བདག་བས་གཞན་གཅེས་ཀྱི་བསམ་པས་ཆོས་ལ་འཇུག་དགོས་ཏེ། བདག་གཞན་དོན་གཉིས་བསྒྲུབ་པའི་བསམ་པ་ཁྱད་པར་ཅན་གྱི་དགེ་བ་སྒྲུབ་པ་ལ་ཕན་ཡོན་དང་བསོད་ནམས་དཔག་ཏུ་མེད་པར་གསུངས་ཤིང་། དེ་ཡང་བཟང་པོ་སྤྱོད་པ་ལས། ལན་ཅིག་ཙམ་ཡང་དད་པ་སྐྱེས་པས་ན། །བསོད་ནམས་དམ་པའི་མཆོག་ཏུ་འདི་འགྱུར་རོ། །ཅེས་གསུངས་པ་ལྟར་གྱི་ཡང་དགེ་བ་བསོད་ནམས་ཆ་མཐུན་དང་ཐར་པ་ཆ་མཐུན་གཉིས་ལས། བསོད་ནམས་ཆ་མཐུན་གྱི་དགེ་བས་མངོན་པར་མཐོ་བའི་བདེ་འབྲས་ཐོབ་སྟེ། དེ་ཡང་དགེ་བའི་ལས་ཆེ་འབྲིང་ཆུང་གསུམ་ལས། དགེ་བ་ཆུང་ངུ་བྱས་པས་མི་ཕལ་བ་རྣམས་དང་། འབྲིང་རྒྱལ་པོ་དང་ཁྱིམ་བདག་འབྱོར་བ་ཅན་དུ་སྐྱེ་བ་དང་། ཆེན་པོ་བྱས་པས་ཆོས་ལྡན་གྱི་སྐྱེས་བུའམ་འཁོར་ལོའི་བསྒྱུར་བའི་རྒྱལ་པོར་སྐྱེས་པ་དང་། དེ་ལའང་སྔོན་བསོད་ནམས་བསགས་པའི་མཐུ་ལས་བྱུང་བའི་འཁོར་ལོས་བསྒྱུར་བའི་རྒྱལ་པོ་མིའི་ནང་ནས་མཆོག་ཏུ་གྱུར་པ་ཡིན་ཏེ། རྒྱལ་སྲིད་རིན་པོ་ཆེ་སྣ་བདུན་ཡང་རང་བཞིན་ཤུགས་ལས་བྱུང་བ་དང་། གླིང་བཞི་ལ་དབང་བསྒྱུར་ཞིང་རིན་པོ་ཆེ་དང་འདོད་ཡོན་གྱི་ལོངས་སྤྱོད་ཆར་འབེབས་ཤིང་། འབངས་འཁོར་རྣམས་དབུལ་

འཕོང་བཀྲེས་སྐྱོམ་གྱི་སྡུག་བསྔལ་ལས་བསྐྱབས་ཤིང་འབྱོར་པ་ཕུན་སུམ་ཚོགས་པའི་མཐུ་སྟོབས་དང་ལྡན་པ་རྣམས་ནི་སྔོན་དགེ་བ་བྱས་པའི་དོན་འབྲས་ལས་བྱུང་བ་ཡིན་ནོ། །མཐོ་རིས་ཀྱི་འགྲོ་བ་ལྷ་མིན་ཡང་རྒྱུ་དགེ་བ་སྤྱད་པའི་མཐུས་ཆེ་དཔལ་འབྱོར་བ་སྟོབས་རྩལ་རྣམས་ལྷ་དང་གནོད་སྦྱིན་ལ་འགྲན་ནུས་པའི་ཡོན་ཏན་ཡོད་ལ། རི་རབ་ཀྱི་ཁོང་སེང་དུ་རིམ་པར་གནས་པ་ལས་གསེར་གྱི་ས་གཞི་ལ་ལྷ་མ་ཡིན་གྱི་གྲོང་ཁྱེར་གསེར་ལྡན་ཞེས་པ། སུམ་ཅུ་རྩ་གསུམ་གྱི་གྲོང་ཁྱེར་ལྡ་ན་སྡུག་ལ་འགྲན་ནུས་པའི་ཡོན་ཏན་ཚང་ཞིང་དཔག་བསམ་གྱི་ཤིང་། བདུད་རྩིའི་ཆུ་མིག ལྷ་མ་ཡིན་གྱི་འདུན་ས་ནོར་བཟང་དང་། རྡོ་ལེབ་རབ་ཏུ་བཟང་པོ་གླང་ཆེན་གང་བརྩེགས་དང་སྐྱེད་མོའི་ཚལ་དང་། ཤིང་རྟ་དང་། རྟ་མཆོག་རབ་མྱུར། གཡུལ་གྱི་གླང་ཆེན་བཟོད་པར་དཀའ་བ། འདོད་ཡོན་ལོངས་སྤྱོད་ཕུན་སུམ་ཚོགས་པ་ལྷུན་གྲུབ་ཏུ་འབྱུང་བ་དེ་དག་ནི་དགེ་བའི་བསོད་ནམས་ཀྱི་མཐུ་ལས་བྱུང་བ་ཡིན་ནོ། གཞན་ཡང་འདོད་པའི་ལྷ་རིགས་དྲུག་ལ་ཡང་རྒྱལ་ཆེན་རིགས་བཞི་རི་རབ་ཀྱི་བང་རིམ་བཞི་ལ་གནས་པས་སྐྱེ་བ་བརྟུས་ཏེ་སྐྱེས་ཤིང་འདོད་ཡོན་ལོངས་སྤྱོད་རང་བཞིན་གྱིས་ལྷུན་གྲུབ་ཏུ་འབྱུང་བ་དང་། སུམ་ཅུ་རྩ་གསུམ་རི་རབ་ཀྱི་སྟེང་ན་རྣམ་པར་རྒྱལ་བའི་ཁང་བཟང་གྲོང་ཁྱེར་ལྡ་ན་སྡུག་པ་ལྷ་ཡི་གཞལ་མེད་ཁང་རྣམས་བསོད་ནམས་ཀྱི་མཐུ་ལས་རང་བྱུང་ཞིང་། ས་གཞི་ཡང་རིན་པོ་ཆེ་ལས་གྲུབ་པ་དང་ཚལ་བཞི་ནི། ཤར་ཤིང་རྟའི་ཚལ། ལྷོར་རྩུབ་འགྱུར་ཚལ། ནུབ་འདྲེས་པའི་ཚལ། བྱང་དགའ་བའི་ཚལ་དང་། དཔག་བསམ་གྱི་ཤིང་དང་། བདུད་རྩིའི་ཆུ་མིག་སོགས་འདོད་ཡོན་ལོངས་སྤྱོད་བསམ་པ་ཙམ་གྱིས་འབྱུང་བ་ན། བརྒྱ་བྱིན་དང་ཉེ་དབང་སོ་གཉིས་རྣམས་ལྷ་ཡི་བུ་དང་བུ་མོར་བཅས་རང་ལོ་སྟོང་གི་

བར་དུ་བདེ་སྐྱིད་ལྡན་པར་གནས་པ་ཡང་། སྔོན་གྱི་དགེ་བ་ཕུན་སུམ་ཚོགས་པ་ལས་བྱུང་བ་སྟེ། དེ་དག་ས་ལ་གནས་པའི་ལྷ་མིའི་བདེ་འབྱོར་རོ། །དེ་དག་ལས་ཀྱང་བསོད་ནམས་ཆེར་བསགས་པ་ནམ་མཁའ་ལ་གནས་པའི་འདོད་ལྷ་རིགས་བཞི་ནི་དཔག་བསམ་ཤིང་ཡིད་འགྱུར་བརྒྱན་པའི་གནས་དེར། འཐབ་བྲལ་ལྷ་གནས་བཀོད་པ་ཕུན་སུམ་ཚོགས་པ་སྐྱེ་བ་པདྨའི་སྟེང་དུ་བརྫུས་ཏེ་ཁྱེའུ་ཕོ་མོ་སྐྱེས་པ། ལྷ་མིན་དང་འཐབ་བརྩོད་བྲལ་བས་ན་འཐབ་བྲལ་ཞེས་ཀྱང་བྱ། ཕོ་མོ་གཉིས་ལྡན་དུ་སྐྱེས་བས་མཆེ་མ་ཞེས་ཀྱང་བྱ། འདོད་ཡོན་ལོངས་སྤྱོད་རྣམས་ཀྱང་ཡིད་ལ་བསམ་པ་ཙམ་གྱིས་འགྲུབ་པ་དེ་དག་ཀྱང་། ཚོགས་བསགས་པ་ལས་ཀྱང་བྱུང་བ་ཡིན་ཞིང་། དེའི་གོང་དུ་དཔག་བསམ་མིག་མཛེས་བརྒྱན་པའི་གནས་ན་དགའ་བ་དང་ལྡན་པའི་ཆོས་བཟང་མདུན་ས་ན་རྒྱལ་ཚབ་བྱམས་མགོན་བཞུགས་ཤིང་། ཆོས་ཀྱི་སྒྲ་དང་འདོད་ཡོན་ལོངས་སྤྱོད་རང་བཞིན་ཤུགས་ལས་བྱུང་བའི་བསོད་ནམས་ཚོགས་ཆེན་དགའ་བ་དང་ལྡན་པའི་གནས་ཡོད་ལ། དེའི་གོང་དུ་དཔག་བསམ་མཐོང་མཛེས་བརྒྱན་པའི་ཞིང་དུ་འཕྲུལ་དགའི་ལྷ་རིགས་ལོངས་སྤྱོད་རྣམས་ཀྱང་ཡིད་ལ་སྤྲུལ་ནས། རང་གཞན་གཉིས་ཀ་དགའ་བ་དང་བདེ་བའི་དཔལ་ལ་སྤྱོད་པའོ། །དེའི་གོང་དུ་དཔག་བསམ་རིན་ཆེན་བརྒྱན་པའི་ཞིང་ན་གཞན་འཕྲུལ་དབང་བྱེད་ཀྱི་ལྷ་རྣམས་འདོད་པའི་ཡོན་ཏན་བདེ་ལེགས་གཞན་གྱི་མཆོག་སྟེ་འདོད་ལྷ་དེ་དག་གི་འདོད་ཡོན་ལོངས་སྤྱོད་རྣམས་དགེ་བ་བཅུའི་བསོད་ནམས་ཆེ་འབྲིང་ཆུང་གསུམ་བསགས་པས་འདོད་ཁམས་མིའི་བདེ་འབྲས་དེ་དག་ཐོབ་པ་ཡིན་ནོ། །དགེ་བ་བཅུའི་བསོད་ནམས་ཚོགས་ཆེན་བསག་པ་དང་བསམ་གཏན་སྒོམ་པ་དང་འབྲེལ་བའི་ལྷ་རིགས་གཉིས་ལས་གཟུགས་ཁམས་གནས་རིས་བཅུ་བདུན་གནས་ཏེ། དེ་

ཡང་བསམ་གཏན་དང་པོ་ལ་གསུམ་ལས། རིན་ཆེན་པ་ཏིང་ཀའི་ནམ་མཁའ་ལ་གནས་པའི་ཚངས་རིས་དང་། དེའི་སྟེང་དུ་ས་མི་ཀའི་ནམ་མཁའ་ལ། ཚངས་པ་མདུན་ན་འདོན་དང་། དེའི་སྟེང་དུ་ཀེ་རུ་ཛའི་ནམ་མཁའ་ལ། ཚངས་ཆེན་གྱི་ལྷ་དང་གསུམ་ནི་བསམ་གཏན་དང་པོ་སྟེ། འདོད་ཡོན་ལོངས་སྤྱོད་ཀྱི་སྲེད་པ་སྤངས་ཏེ། རྩེ་གཅིག་བསམ་གཏན་ལ་གནས་པའོ། །བསམ་གཏན་གཉིས་པ་ནི། རིན་ཆེན་དཔལ་འབར་འོད་ཀྱི་ནམ་མཁའ་ལ་འོད་ཆུང་དང་། དེའི་སྟེང་དུ་ཀེ་ཀེ་རུས་སྤྲས་པའི་ནམ་མཁའ་ལ་ཚད་མེད་འོད་དང་། དེའི་སྟེང་དུ་ཤྲི་ཀུ་ཏའི་ནམ་མཁའ་ལ་འོད་གསལ་ཏེ། གསུམ་ནི་བསམ་གཏན་གཉིས་པ་སྟེ། དེ་དག་རྟག་ཏུ་མི་གཡོ་བའི་ཏིང་ངེ་འཛིན་གྱི་ཉམས་མྱོང་གི་དགའ་བདེ་ར་གནས་སོ། །བསམ་གཏན་གསུམ་པ་ནི། རིན་ཆེན་པ་ཏིང་ཀ་ལའི་ནམ་མཁའ་ལ་དགེ་ཆུང་དང་། དེའི་སྟེང་དུ་ཨིནྡྲ་ནི་ལའི་ནམ་མཁའ་ལ་ཚད་མེད་དགེ་དང་། དེའི་སྟེང་དུ་རིན་ཆེན་འོད་འཕྲིན་པའི་ནམ་མཁའ་ལ་དགེ་རྒྱས་དང་གསུམ་ནི་བསམ་གཏན་གསུམ་པ་སྟེ། དེ་དག་ཉམས་མྱོང་བདེ་གསལ་མི་རྟོག་པ་དབུགས་དབྱུང་རྗུབ་མི་གོ་བར་གནས་སོ། །བསམ་གཏན་བཞི་པ་ནི། རིན་ཆེན་སྤྲིན་ཚོགས་སྤུག་པོའི་ནམ་མཁའ་ལ་སྤྲིན་མེད་དང་། དེའི་སྟེང་ན་ཀ་ལི་གས་སྤྲས་པའི་ནམ་མཁའ་ལ་བསོད་ནམས་སྐྱེས་ལྷ་དང་། དེའི་སྟེང་ན་རབ་མཛེས་རྣམ་བརྡལ་གྱི་ནམ་མཁའ་ལ་འབྲས་བུ་ཆེ་ལྷ་དང་གསུམ་སྟེ་བསམ་གཏན་བཞི་པ་འདི་བསམ་གཏན་ཡང་དག་པར་གཞུང་དང་མཐུན་པར་གསུངས། དེའི་གོང་དུ་བསམ་གཏན་ཤིན་ཏུ་གོམས་པའི་གཙང་རིས་ཀྱི་ལྷ་ལྔ་སྟེ། རིན་ཆེན་ཤེལ་ཁང་བརྩེགས་པའི་ནམ་མཁའ་ལ་མི་ཆེ་བ་དང་། དེའི་གོང་དུ་རིན་ཆེན་ཟེ་བ་སྐྱུ་གུའི་ནམ་མཁའ་ལ་མི་

གདུང་བ་དང་། དེའི་གོང་དུ་རྣམ་མཛེས་ཀྱི་ནམ་མཁའ་ལ་གྱུ་ནོམ་སྣང་བ་དང་། དེའི་གོང་དུ་རིན་ཆེན་མཐོན་མཐིང་སྤྲས་པའི་ནམ་མཁའ་ལ་ཤིན་ཏུ་མཐོང་བ་དང་། དེའི་གོང་དུ་རིན་ཆེན་འཆིང་བུ་རྣམ་པར་བཀོད་པའི་ནམ་མཁའ་ལ་འོག་མིན་གྱི་ལྷ་སྟེ་བསམ་གཏན་ལྔུན་གྲུབ་འཕགས་པའི་གནས་ཀུང་གསུངས། འདི་དག་གཟུགས་ཁམས་གནས་རིས་བཅུ་བདུན་དེ་ཉིད་ངེ་འཛིན་མི་གཡོ་ཞིང་ཡོན་ཏན་མཐའ་ཡས་དེ་དག་ཀུང་མི་དགེ་སྤངས་ཤིང་དགེ་བ་བསྒྲུབ་པའི་འབྲས་བུའོ། །དེའི་གོང་དུ་གཟུགས་མེད་སྐྱེ་མཆེད་མུ་བཞི་ནི། སྤྲིན་ཆེན་རྣམ་རོལ་གྱི་ནམ་མཁའ་ལ། ནམ་མཁའ་མཐའ་ཡས་སྐྱེ་མཆེད་ལ་ཏིང་ངེ་འཛིན་གྱིས་བསྐལ་ཆེན་ཉི་ཁྲིའི་བར་དུ་གནས་སོ། །དེའི་གོང་དུ་རྣམ་རོལ་འཁོར་ལོ་འཁྲོ་བའི་ནམ་མཁའ་ལ། རྣམ་ཤེས་མཐའ་ཡས་སྐྱེ་མཆེད་བསྐལ་ཆེན་བཞི་ཁྲིའི་བར་དུ་ཏིང་ངེ་འཛིན་ལ་གནས་སོ། །དེའི་གོང་དུ་རྣམ་རོལ་འཁོར་ལོ་ཅན་གྱི་ནམ་མཁའ་ལ། །ཅི་ཡང་མེད་པའི་སྐྱེ་མཆེད་བསྐལ་ཆེན་དྲུག་ཁྲིའི་བར་དུ་ཏིང་ངེ་འཛིན་ལ་གནས་སོ། །དེའི་གོང་དུ་པདྨ་རྣམ་པར་བརྩེགས་པའི་ནམ་མཁའ་ལ། ཡོད་མིན་མེད་མིན་གྱི་ལྷ་རྣམས་བསྐལ་ཆེན་བརྒྱད་ཁྲིའི་བར་དུ་ཏིང་ངེ་འཛིན་ལ་གནས་སོ། །འདི་དག་ནི་སྲིད་པའི་རྩེ་མོ་ཞེས་གྲགས་པས་མནར་མེད་དམྱལ་ཁམས་ཡན་ཆད་འདི་དག་སྲིད་པ་གསུམ་སྟེ། བདེ་སྡུག་ལས་ཀྱི་འབྲས་བུ་སོ་སོར་མྱོང་བས། རྒྱུ་འབྲས་ཀྱི་ལས་ལ་ཡིད་ཆེས་པར་གྱིས་ཤིག འདི་དག་སྲིད་པའི་བདེ་འབྲས་ཕུན་སུམ་ཚོགས་པ་ཡང་མངོན་པར་མཐོབ་ལ་ཞུགས་པའི་ཡོན་ཏན་ཡིན་ནོ། །

གཉིས་པ་ངེས་པར་ལེགས་པའི་ཐར་བ་ཆ་མཐུན་གྱི་ཐེག་པའི་ཕན་ཡོན་ཡང་མདོར་བསྡུས་གཅིག་བརྗོད་ན། སྐྱེས་བུ་དམ་པ་བློ་ཆེན་ཐེག་པ་ཆེན་པོའི་སྤྱོད་དང་ལྡན་པ

བྱང་ཆུབ་སེམས་དཔའི་སྤྱོད་པ་རླབས་པོ་ཆེ་ལ་ཞུགས་པ་འཁོར་བ་ལ་ཡིད་དབྱུང་ཞིང་བདག་གཞན་དོན་གཉིས་བསྒྲུབ་པའི་བསམ་པ་སྐྱེས་པ་ལ་ཕན་ཡོན་དཔག་ཏུ་མེད་པར་གསུངས་ཏེ། དེ་ཡང་ཏིང་འཛིན་རྒྱལ་པོའི་མདོ་ལས། ཆོས་བདག་མེད་པ་ལ་མོས་ནས། དགོན་པའི་ཕྱོགས་སུ་གོམ་པ་བདུན་བོར་བ་ལ་ཁམས་གསུམ་སེམས་ཅན་ཐམས་ཅད་དགེ་བ་བཅུའི་ལམ་ལ་བཀོད་པ་བས་བསོད་ནམས་ཆེའོ། །ཞེས་གསུངས་པས། དཔེར་ན་ཡང་བསམ་པ་དེ་ཙམ་སྐྱེས་པ་ལ་ཕན་ཡོན་དེ་ཙམ་ཡོད་པར་གསུངས། རང་གི་བསམ་པ་བཟང་པོ་རྒྱུད་ལ་སྐྱེས་ནས་དགེ་བའི་བཤེས་གཉེན་ཁྱད་པར་ཅན་དང་མཇལ་ཞིང་སྡོམ་པ་ཐོབ་ནས་ཉམས་སུ་བླངས་པ་ལ་ཡོན་ཏན་ཐོབ་པ་ལྟ་སྨོས་ཀྱང་ཅི་དགོས་ཏེ། རང་རེ་ཆོས་སྒོར་ཞུགས་པ་རྣམས་ཀྱིས་བསླབ་པ་གསུམ་གྱི་གཞི་བཟུང་ཚད་མེད་བཞི་ལ་དམ་བཅས་ནས། དགེ་བ་བཅུ་དང་ཕ་རོལ་ཏུ་ཕྱིན་པ་དྲུག་ལ་གཅེས་པས་ནན་ཏན་དུ་བྱས་པ་རྣམས་ལ་ཕན་ཡོན་གྱི་ཚོགས་དཔག་ཏུ་མེད་པ་ཐོབ་སྟེ། སློབ་དཔོན་ཞི་བ་ལྷ་ཡི་ཞལ་ནས་ཀྱང་། དེ་བཞིན་གཤེགས་པ་འབྱུང་བ་དང་། དད་དང་མི་ལུས་ཐོབ་པ་དང་། །དགེ་གོམས་རུང་བ་དེ་ལྟ་བུར། །དཀོན་ན་ནམ་ཞིག་ཐོབ་པར་འགྱུར། །ཞེས་གསུངས་སོ། །གཞན་ཡང་འཁོར་བ་སྡུག་བསྔལ་གྱི་ནང་ནས་འཕགས་པ་དང་། མི་མཐུན་པའི་ཕྱོགས་ལས་རྣམ་པར་རྒྱལ་ཞིང་སྡིག་ཏོ་ཅན་ཟིལ་གྱིས་གནོན་པ་དང་། འཕགས་པའི་ནོར་བདུན་དང་ལྡན་ཞིང་ལྷ་མིས་མཆོད་འོས་སུ་གྱུར་པ་དང་། སྐྱབས་པ་དང་། འཆད་རྩོད་རྩོམ་པའི་གནས་ལ་མཁས་པ་དང་། སྟོབས་བཅུ་དང་། མི་འཇིགས་པ་བཞི་དང་། མཚན་དང་དཔེ་བྱད་ཀྱིས་བརྒྱན་པའི་སྐུ་མཆོག་རྙེད་པ་དང་། མཐར་ཐུག་སངས་རྒྱས་ཀྱི་གོ་འཕང་ཐོབ་པ་ཡང་དགེ་བ་དང་

ཉིང་ངེ་འཛིན་མཆོག་ཏུ་གྱུར་པ་ལས་བྱུང་ཞིང་། གནས་སྐབས་སུ་ཡང་ཐུན་མོང་གི་གྲུབ་པ་བརྒྱད་དང་། ཁྱད་པར་དུ་ཡང་བདག་གཞན་དོན་གཉིས་སྒྲུབ་པའི་མཐུ་སྟོབས་དང་ལྡན་ཞིང་བྱང་ཆུབ་སེམས་ཀྱི་རྗེ་ལ་ཞོན་ནས་བདེ་བ་ནས་བདེ་བར་འགྲོ་བའི་ཡོན་ཏན་ཕུན་སུམ་ཚོགས་པ་དང་ལྡན་ཞིང་། མཐར་གདོད་མ་ཆོས་ཀྱི་སྐུའམ་ཡང་ན་ལོངས་སྤྱོད་རྫོགས་སྐུ་ཐོབ་པ་དང་། ཐ་ན་ཡང་སྤྲུལ་སྐུ་ཐོབ་པར་གསུངས་ཏེ། དེ་ཡང་ཆོས་སྐུ་ནི་འཁོར་འདས་ཡོངས་ལ་ཁྱབ་པ། བདེ་བ་ཆེན་པོ་རྟག་པ་རྒྱུན་གྱི་འཁོར་ལོར་ཡེ་ནས་བཞུགས་པ་དང་། ལོངས་སྐུ་ནི་འགགས་མེད་རོལ་པ་ཆེན་པོར་དུས་གསུམ་གཡོ་བ་མེད་པར་བཞུགས་པ་དང་། སྤྲུལ་སྐུ་ནི་མཁྱེན་པ་གཉིས་ལྡན་དུ་འཁོར་བའི་སེམས་ཅན་བློས་མི་བཏང་བར་འགྲོ་བའི་དོན་མཛད་པ་སྟེ། དེ་ཡང་བླ་མེད་བྱང་ཆུབ་སྒྲུབ་པ་འདི་ཁོ་ན་རྩོལ་བས་ཉམས་སུ་བླངས་པ་ལས་འབྱུང་བར་ངེས་ཏེ། སྤྱོད་འཇུག་ལས། ཡིད་ལ་བསམ་པའི་དགེ་བྱས་པས། །གང་དུ་གང་དུ་འགྲོ་གྱུར་པ། །དེ་དང་དེར་ནི་བསོད་ནམས་དེས། །འབྲས་བུ་ཡོན་གྱིས་མངོན་མཆོད་འགྱུར། །ཞེས་གསུངས་པས་ན། དེ་བཞིན་གཤེགས་པ་མངོན་དུ་གྱུར་པས་མཐར་ཐུག་དེ་བཞིན་གཤེགས་པའི་ཡོན་ཏན་ཐོབ་པར་འགྱུར་རོ། །ད་ལྟ་སྐལ་ལྡན་སྐྱེས་བུ་ཐར་པ་དོན་དུ་གཉེར་བ་རྣམས་ཀྱིས་དེ་བཞིན་གྱི་ཐར་པ་ཕུན་སུམ་ཚོགས་པ་བྱང་ཆུབ་གསུམ་གྱི་འབྲས་བུ་ལ་ཡིད་ཆེས་ནས་རྒྱུ་ཚོགས་བསགས་ལ་བསླབ་པས་ཡོན་ཏན་མངོན་དུ་ཐོབ་པར་བྱའོ། །

དེའི་རྗེས་སུ་ཚོགས་བསགས་པ་མཎྜལ་གྱི་ཁྲིད་ལ་འཇུག་པར་བྱ་བ་ཡིན་པས། སྒྲུབ་པའི་མཎྜལ་དང་མཆོད་པའི་མཎྜལ་གཉིས་སུ་ཡོད་པ་ལས། །

དང་པོ་ནི། གོང་དུ་དཀྱིལ་འཁོར་གྱི་བཀོད་པ་ཕུན་སུམ་ཚོགས་པ་དང་རྟེན་གསུམ་སོགས་རྒྱས་པར་བཤམས། དེ་ལྟར་མ་གྲུབ་ན་མདུན་གྱི་ནམ་མཁར་ཚོགས་ཞིང་བླ་མ་སངས་རྒྱས་བྱང་སེམས་འཕགས་པའི་ཚོགས་དང་། ཡི་དམ་དཔའ་བོ་མཁའ་འགྲོ་ཆོས་སྐྱོང་སྲུང་མ་རྣམས་གསལ་གདབ་ལ། རིན་པོ་ཆེ་ལ་སོགས་པའི་མཎྜལ་ལག་ཏུ་བཟུང་སྟེ། བ་བྱུང་དང་དྲི་བཟང་གི་ཆུས་བྱུག་ཅིང་མེ་ཏོག་དང་བཅས་པས་བསྐོར་ལ། ཨོཾ་བཛྲ་བྷཱུ་མི་ཨཱཿཧཱུྃ། ཞེས་བརྗོད་པས་གསེར་གྱི་ས་གཞིར་བསམ་ཨོཾ་བཛྲ་རེ་ཁེ་ཨཱཿཧཱུྃ། ཞེས་པས་ལྕགས་རི་མུ་ཁྱུད་མེ་ཏོག་ཚོམ་བུ་རིམ་པ་བཞིན་བཀོད་པའི་དབུས་སུ་རི་རབ་ནས་བཟུང་གླིང་བཞི་གླིང་ཕྲན་སོགས་ཕྱོགས་ལས་རྣམ་པར་རྒྱལ་བའི་རྒྱལ་མཚན་བར་ཚོམ་བུ་རྣམས་བཀོད་པ་དེང་སང་གསར་རྙིང་ཡོངས་གྲགས་ཀྱི་མཎྜལ་སོ་བདུན་མ་ལྟར་ལག་ལེན་བྱས་ལ། སོ་སོའི་རྣམ་པ་གསལ་བ་ལྷ་མིའི་འདོད་ཡོན་མ་ཚང་མེད་པས་བཀང་བ་དང་། བདག་གི་ལུས་ལོངས་སྤྱོད་དུས་གསུམ་བསགས་ཡོད་ཀྱི་དགེ་ཚོགས་ཐམས་ཅད་ཕུལ་བར་བསམ་ཞིང་འབུལ་ལོ། །དེ་ལས་ཀྱང་བསྡུས་ཏེ་འདིར་བླ་མ་སྐུ་གསུམ་གྱི་མཎྜལ་འབུལ་བ་ནི། ཨོཾ་ཨཱཿཧཱུྃ། རིན་ཆེན་མཎྜལ་གསེར་གཡུས་བརྒྱན་པ་འདི། །བླ་མ་ཐུགས་རྗེ་སྤྲུལ་པའི་སྐུ་ལ་འབུལ། །རང་ལུས་མཎྜལ་དབང་པོས་བརྒྱན་པ་འདི། །བླ་མ་ལོངས་སྤྱོད་རྫོགས་པའི་སྐུ་ལ་འབུལ། །ཆོས་དབྱིངས་མཎྜལ་རིག་པས་བརྒྱན་པ་འདི། །བླ་མ་སངས་རྒྱས་ཆོས་ཀྱི་སྐུ་ལ་འབུལ། ཨོཾ་གུ་རུ་རཏྣ་མཎྜལ་ལ་པཱུ་ཛ་མེ་གྷ་ས་མུ་དྲ་སྥ་ར་ཎ་ས་མ་ཡེ་ཨཱཿཧཱུྃ། ཞེས་པས་མི་ཡི་རིན་པོ་ཆེ་གསེར་དངུལ་ཟངས་ལྕགས་གཡུ་བྱུ་རུ་མི་མེན་མུ་ཏིག་ཡིད་བཞིན་གྱི་ནོར་བུ་རིན་པོ་ཆེ་ལ་སོགས་དངོས་སུ་འབྱོར་བ་དང་། ལྷ་ཀླུ་གནོད་སྦྱིན་ནོར་བདག

རྣམས་ཀྱི་ལོངས་སྤྱོད་ཀྱི་དགོས་འདོད་སྣ་ཚོགས་ཡིད་ཀྱིས་སྤྲུལ་ནས་སྒོ་གསུམ་གུས་པའི་སྒོ་ནས་ལྷག་བསམ་རྣམ་དག་གིས་བླ་མ་ཐུགས་རྗེ་སྤྲུལ་པའི་སྐུ་ལ་འབུལ་བར་བྱ། དེ་ནས་གཅེས་པའི་སྒྱུ་ལུས་འབྱུང་བ་ཆེན་པོ་བཞི་ཡི་དྭངས་མ་ཕུང་པོ་ཁམས་དང་སྐྱེ་མཆེད་དྭངས་ཤིང་དབང་པོ་སྒོ་ལྔའི་མེ་ཏོག་བཀྲ་བ། ཡན་ལག་གླིང་བཞི་གླིང་ཕྲན་གྱིས་བརྒྱན་པ། འཁོར་ལོ་ལྷུ་རིན་པོ་ཆེ་ལྷུས་སྤྲས་པའི་རི་རབ། ཙིཏྟ་ཡིད་བཞིན་ནོར་བུ། མགོ་གཏེར་གྱི་བུམ་པ། ཚོགས་བརྒྱད་མཆོད་པའི་ལྷ་མོ་བརྒྱད་ཀྱིས་མཛེས་པའི་གཟར་བསྒྱུར་བ་འདི་ལྟོས་པ་མེད་པར་བླ་མ་ལོངས་སྤྱོད་རྫོགས་པའི་སྐུ་ལ་འབུལ་བར་བགྱི། ཆོས་ཀྱི་དབྱིངས་འདུས་མ་བྱས་ཤིང་ཀུན་ལ་ཁྱབ་པ་ཀུན་རྫོབ་ཀུན་ལས་འདས་པ། རང་བཞིན་རྣམ་པར་དག་པ་བྱང་ཆུབ་སེམས་དཔའི་རིག་པ་ཀུན་ནས་སློམས་པ། སྤྲུལ་པའི་སྐུའི་རིག་པ་བླ་ན་མེད་པ། མ་རིག་པའི་རིག་པ། དེ་ཁོ་ན་ཉིད་ཀྱི་རིག་པ། སོ་སོ་ཡང་དག་པའི་རིག་པ་བཞིས་བརྒྱན་པ། འཁོར་གསུམ་ཡོངས་རྫོགས་ཀྱི་མཎྜལ་ཆོས་སྐུ་ཡེ་ཤེས་རྒྱ་མཚོའི་ཚོགས་དང་བཅས་པ་རྣམས་དམིགས་མེད་བློ་འདས་ཁྱབ་བརྡལ་ཆེན་པོའི་ངང་དུ་འབུལ། དེ་ལྟར་ལུས་ལོངས་སྤྱོད་དགེ་བའི་རྩ་བ་འཁོར་གསུམ་ཡོངས་རྫོགས་སུ་ཕུལ་བའི་བསོད་ནམས་གཞལ་དུ་མེད་དེ། བཀོད་པ་ཆེན་པོ་ལས། རྣམ་དག་སེམས་ལྡན་མཎྜལ་ནི། །ཕུལ་བའི་བསོད་ནམས་གཞལ་དུ་མེད། །ཅེས་དང་། དེ་ལྟར་ཕུལ་བས་ཚོགས་གཉིས་རྫོགས་ཤིང་སྒྲིབ་གཉིས་བྱང་སྟེ་མཐར་ཐུག་འབྲས་བུ་ཆོས་ཀྱི་སྐུ་དང་གཟུགས་ཀྱི་སྐུ་ཐོབ་པའི་དགོས་པ་ཡོད་དེ། མཚན་བརྗོད་ལས། བསོད་ནམས་ལྡན་པ་བསོད་ནམས་ཚོགས། །ཡེ་ཤེས་ཡེ་ཤེས་འབྱུང་གནས་ཆེ། །ཡེ་ཤེས་ལྡན་པ་ཡོད་མེད་ཤེས། །ཚོགས་གཉིས་ཚོགས་ནི་བསགས་པ་

པོ། །ཅེས་གསུངས་པ་ལྟར་གྱི་རྒྱུ་བསོད་ནམས་ཀྱི་ཚོགས་རླབས་པོ་ཆེ་བསགས་
པར་བྱ་དགོས་ཏེ་གནས་སྐབས་མཐར་ཐུག་གི་ཕན་ཡོན་རྒྱ་ཆེན་པོ་དང་ལྡན་པ་སྟེ།
ཁྱེའུ་ལུང་བསྟན་པའི་མདོ་ལས།བཅོམ་ལྡན་འདས་མཉན་ཡོད་ན་བཞུགས་པའི་ཚེ།
བྱིས་པ་ཁྱེའུ་ཞིག་གིས་ས་སླིམ་པ་གང་སངས་རྒྱས་ལ་ཕུལ་བས་སངས་རྒྱས་ཀྱི་ཞལ་
ནས། འདིའི་བསོད་ནམས་འདི་ལ་བརྟེན་ནས། འཛམ་བུའི་གླིང་ལ་དབང་
བསྒྱུར་བའི་རྒྱལ་པོར་འགྱུར་ཞིང་། དེ་བཞིན་གཤེགས་པའི་སྐུ་གདུང་གི་མཆོད་
རྟེན་བྱེ་བ་བྱས་ནས་སངས་རྒྱས་པར་འགྱུར་རོ། །ཞེས་ལུང་བསྟན་པ་བཞིན་
ནོ། །དེ་ཡང་ཚོགས་མ་བསགས་སྒྲིབ་པ་མ་སྦྱངས་ན་ཡང་དག་པའི་དོན་རྟོགས་
པར་མི་འགྱུར་རོ། །ལུང་ལས། །ཇི་སྲིད་དགེ་བའི་རྩ་བ་མ་རྫོགས་
བར། །དེ་སྲིད་སྟོང་ཉིད་དམ་པ་རྟོགས་མི་འགྱུར། །ཞེས་པ་དང་། གཞན་
ཡང་ཆོས་སྤྱོད་རྣམ་པ་བཅུ་སོགས་སྒོ་གསུམ་གྱི་སྒོ་ནས་ཚོགས་བསགས་པ་ལ་འབད་
ན། སྔོན་གྱི་བདེ་བར་གཤེགས་པ་རྣམས་ཀྱི་གཤེགས་ཤུལ་ཡང་དག་པ་ཡིན་ཏེ།
ཆོས་སྤྱོད་མངོན་པར་རྟོགས་པའི་རྒྱུད་ལས། ཡི་གེ་འབྲི་མཆོད་སྦྱིན་པ་
དང་། །ཉན་དང་ཀློག་དང་འཛིན་པ་དང་། །འཆད་དང་ཁ་ཐོན་བྱེད་པ་
དང་། །དོན་སེམས་པ་དང་སྒོམ་པ་དང་། །འདི་བཅུ་ཆོས་ཀྱི་སྒོ་མོ་
ཡིན། །འདྲེན་པ་རྣམས་ཀྱི་གཤེགས་ཤུལ་ཡིན། །ཞེས་གསུངས་པ་
ལྟར། །སྒོ་གསུམ་གྱི་སྒོ་ནས་ཚོགས་གཉིས་རྫོགས་པར་བྱ་བའི་ཕྱིར་མཎྜལ་དང་
ཡན་ལག་བདུན་པ་གཞན་ཡང་མཆོད་པའི་དངོས་པོ་དངོས་སུ་འབྱོར་པ་དང་ཡིད་ཀྱིས་
སྤྲུལ་ཏེ་བདེ་གཤེགས་རྒྱལ་བ་སྲས་དང་བཅས་པ་བླ་མ་དང་དཀྱིལ་འཁོར་གྱི་ལྷ་
ཚོགས་རྣམས་ལ་འབུལ་བ་ནི་རྒྱུ་བསོད་ནམས་ཀྱི་ཚོགས་རྫོགས་ཏེ། འབྲས་བུ་ཡེ་

ཤེས་ཀྱི་ཚོགས་ཁྱད་པར་ཅན་ཐོབ་པའི་དགོས་ཆེད་ཡོད་པས་རྟག་ཏུ་བརྩོན་པར་བྱའོ། །

སྤྱི་དོན་དྲུག་པ་དད་པའི་རང་བཞིན་ལ་བརྟེན་ནས་འཁོར་བ་སྡུག་བསྔལ་གྱི་རྒྱ་མཚོ་ཆེན་པོ་ལས་སྒྲོལ་བའི་བསམ་བྱ་ནི། འོད་ལམ་ཁྱེད་རྣམས་ལ་གསང་སྔགས་རྡོ་རྗེ་ཐེག་པའི་གྲོལ་བྱེད་གདམས་པའི་སྒོ་ནས་ཁྲིད་པར་བྱེད་པ་ལ་ཡང་། ཇི་ལྟར་ཉན་པའི་ཚུལ་གསུམ་སྟེ། འཆད་པ་པོ་སློབ་དཔོན་གྱི་རང་བཞིན། ཉན་པ་པོ་སློབ་མའི་རང་བཞིན། ཐུན་མོང་དུ་བྱ་བའི་རང་བཞིན་ནོ། །

དང་པོ་འཆད་པ་པོ་སློབ་དཔོན་ནི། མདོ་སྡེ་རྒྱན་ལས། བཤེས་གཉེན་དུལ་བ་ཞི་བ་ཉེར་ཞི་བ། །ཡོན་ཏན་ལྷག་པ་བརྩོན་བཅས་ལུང་གིས་ཕྱུག །དེ་ཉིད་རབ་ཏུ་རྟོགས་ལ་སྨྲ་མཁས་ལྡན། །བརྩེ་བའི་བདག་ཉིད་སྐྱོ་ངལ་སྤངས་ལ་བསྟེན། །ཞེས་པ་ལྟར། སྐུ་གསུང་ཐུགས་ཞི་ཞིང་ལེགས་པར་བསྡམས་པ། ཡོན་ཏན་དང་བརྩོན་འགྲུས་ཆེ་བ། ཐོས་པ་ཆེ་བ། ཁྱད་པར་དུ་ལུང་གི་གནས་ལ་མཁས་ཤིང་། ཟབ་མོའི་དོན་སྟོན་པ་ལ་མཁས་པ། སྙིང་རྗེ་ཆེ་བ། ཆོས་སྟོན་པ་ལ་དགའ་བ་བཟོད་པ་དེ་ལྟ་བུའོ། །

གཉིས་པ་ཉན་པ་པོ་སློབ་མ་ནི། ཆོས་དང་བླ་མ་ལ་གུས་ཤིང་དོན་གཉེར་གྱི་འདུན་པ་ཁྱད་པར་ཅན་ཡོད་པས་ཆོས་ལ་སྒྲུབ་པར་ནུས་པ་སྟེ། སློབ་དཔོན་ཤཱཀྱ་འོད་ཀྱི་ཞལ་སྔ་ནས། བླ་མ་ལ་གུས་ཚུལ་ཁྲིམས་ཡང་དག་དང་། །བསམ་གཏན་དང་ནི་འདོན་ལ་རྟག་བརྩོན་དང་། །ཁྲིམས་ཤིང་དུལ་ལ་བཟོད་དང་ལྡན་པ་སྟེ། །སྦོམ་བརྩོན་གནས་པའི་ཆོས་ལྡན་ལགས་པར་གསུངས། །ཞེས་གསུངས་པ་ལྟར་མཚན་ཉིད་དེ་དང་ལྡན་པའི་སློབ་མས་ཀྱང་། སྣོད་ཀྱི་སྐྱོན་དང་དྲི་

མ་ལ་སོགས་པས་མ་གོས་པར། དགའ་བ་དང་། གུས་པ་དང་། དད་པ་བསྐྱེད་ནས། གཉིད་རྨུགས་ལ་སོགས་པའི་སྒྲིབ་པ་དང་། ང་རྒྱལ་ལ་སོགས་པའི་ཉོན་མོངས་པ་རྣམས་སྤངས་ལ། ཚེ་འདིའི་བློ་ངན་དྲི་མ་ཅན་ལས་འདས་པས་ཐར་བ་ཁོ་ན་ལ་དམིགས་ཏེ། སེམས་ཅན་གྱི་དོན་དུ་ངས་ཆོས་འདི་ཉན་ནས་རྒྱུད་ལ་ཕན་པ་ཞིག་བྱའོ་སྙམ་དུ་མོས་པ་དང་འདུན་པ་ཁྱད་པར་ཅན་དུང་དུང་བསྐྱེད་ནས་ཉན་པས་ཐོས་པ་དྲི་མ་མེད་པའི་གཟི་བརྗིད་དུ་འགྱུར་རོ། །འདི་གལ་པོ་ཆེ་ཡིན་ཏེ་ཆོས་ལམ་དུ་འགྲོ་བ་ཡང་དང་པོའི་བློ་ཐོས་པ་བྱེད་ནས་མ་འཆུགས་པ་ཞིག་དགོས་པའི་ཕྱིར་རོ། །དེ་ཡང་འཕགས་པ་ཡོན་ཏན་རིན་པོ་ཆེ་ཡང་དག་པར་སྡུད་པའི་མདོ་ལས། དགའ་དང་གུས་དང་དད་པའི་མཆོག་ནི་ཉེར་བཞག་སྟེ། །སྒྲིབ་པ་ཉོན་མོངས་བསལ་ནས་དྲི་མ་ལས་འདས་པ། །འགྲོ་དོན་མངོན་ཞུགས་དེ་བས་ཤེས་རབ་ཕ་རོལ་ཕྱིན། །གང་ལ་དཔའ་རྣམས་སྤྱོད་པ་འདི་ནི་མཉན་པར་གྱིས། ཞེས་གསུངས་པ་བཞིན་ནོ། །

གསུམ་པ་ཐུན་མོང་དུ་བྱ་བ་ནི། སེམས་ཅན་ཐམས་ཅད་ཀྱི་དོན་དུ་བྱང་ཆུབ་ཐོབ་པར་བྱ། དེའི་ཆེད་དུ་ཆོས་ཀྱི་འཆད་ཉན་ལ་བརྩོན་པར་སེམས་བསྐྱེད་ནས། སློབ་དཔོན་རིགས་དང་དཀྱིལ་འཁོར་ཀུན་གྱི་གཙོ་བོ་ཁྱབ་བདག་གདོད་མའི་མགོན་པོ་ཀུན་ཏུ་བཟང་པོར་གསལ་གདབ། སློབ་མ་འཛམ་དཔལ་ལམ་སྒྲོལ་མར་གསལ་བ་ལ། སློབ་དཔོན་གྱི་ཞལ་ནས་ཆོས་ཀྱི་འོད་ཟེར་འཕྲོས་པས་སློབ་མའི་རྣ་བ་ནས་ཚུར་ཐིམ་པར་བསམ་སྟེ། འཆད་པ་པོ་དང་ཉན་པ་པོ་གཉིས་ཀ་ཆོས་ཀྱི་ཚིག་དོན་ལ་འཇུག་པའི་ངང་ལས་མ་ཡེངས་པར་སེམས་རྩེ་གཅིག་ཏུ་ཉན་པའོ། །དེ་ཡང་འཆད་པ་པོའི་གསུངས་པ་ལ་ཕ་རོལ་དུ་ཕྱིན་པ་དྲུག་ཚང་སྟེ། ལེགས་པར་སྨྲ་བ་སྦྱིན་པ།

ཉོན་མོངས་པས་སྡོམ་པའི་ཚུལ་ཁྲིམས།   འཆད་པ་ལ་དཀའ་བ་མེད་པས་བཟོད་པ། འཆད་པར་འབད་པ་བརྩོན་འགྲུས།   དེ་ལ་མ་ཡེངས་པ་བསམ་གཏན།   དེའི་ ཚིག་དོན་གསལ་བར་བྱེད་པ་ཤེས་རབ་བོ།   །ཉན་པ་པོ་སློབ་མ་ལ་ཡང་ཕ་རོལ་དུ་ ཕྱིན་པ་དྲུག་ཚང་སྟེ།   གདན་དང་མཎྜལ་འབུལ་བ་སྦྱིན་པ།   ས་ཕྱོགས་སྤྱོད་ ལམ་སྡོམ་པ་ཚུལ་ཁྲིམས།   ཀུན་ལ་གནོད་འཚེ་མེད་པ་བཟོད་པ།   ཆོས་དོན་ གསོལ་བ་འདེབས་པ་བརྩོན་འགྲུབ།   མ་ཡེངས་པར་གདམས་ངག་འཛིན་པ་ བསམ་གཏན།   དོགས་སེལ་སྐྱོན་ཚིག་འདྲི་བ་ཤེས་རབ་སྟེ་ཕར་ཕྱིན་དྲུག་གམ་ཡན་ ལག་དྲུག་གི་རང་བཞིན་དང་ལྡན་པའོ།   །དེ་ལ་བཤད་ཅིང་ཉན་པའི་ཕན་ཡོན་ བསྟན་པ་ནི།   དེ་ལྟར་ཡང་དག་པའི་ཆོས་ལ་གང་གིས་བཤད་ན།   སྦྱིན་པ་ རྣམས་ཀྱི་ནང་ནས་ཆོས་ཀྱི་སྦྱིན་པ་མཆོག་ཏུ་འཕགས་པའི་ཕན་ཡོན་ཐོབ་སྟེ།   ཚེ་ རབས་ཐམས་ཅད་དུ་ཆོས་ཀྱི་མཛོད་འཛིན་པ་དང་།   དེ་བཞིན་གཤེགས་པ་སྲས་དང་ བཅས་པས་དགོངས་པར་འགྱུར་བ་དང་།   རྟག་ཏུ་ཚེ་རབས་དྲན་པ་དང་། སངས་རྒྱས་ལས་ཆོས་ཐོས་པར་འགྱུར་བ་དང་།   མྱུར་དུ་སངས་རྒྱས་ཐོབ་པ་ལ་ སོགས་པའོ།   །ཉན་པས་ནི་སེམས་ཀྱི་སྒྲིབ་པ་སྦྱོང་བ་དང་།   ཐེ་ཚོམ་གྱི་འཆིང་ བ་གཅོད་པ་དང་།   རྟག་ཏུ་དམ་པའི་ཆོས་དང་མི་འབྲལ་བ་དང་།   ཆོས་ཀྱི་ གཟུངས་ཐོབ་པ་དང་།   ངན་འགྲོ་ལ་སོགས་པར་ལྟུང་བར་མི་འགྱུར་བ་དང་། ལྷས་བསྲུངས་ཤིག་ནད་དང་འཚེ་བ་ཞུང་བ་དང་།   མྱུར་དུ་སངས་རྒྱས་ཐོབ་པ་ལ་ སོགས་ཏེ་ཤེས་རབ་ཀྱི་མིག་ཐོབ་པས་འཁོར་བ་ལས་འདས་པར་འགྱུར་ཏེ།   རྒྱུད་བླ་ མ་ལས།   ཤེས་རབ་མཆོག་ཡིན་དེ་གཞི་ནི།   །ཐོས་པ་དེ་ཕྱིར་ཐོས་པ་ མཆོག།   །ཞེས་པ་དང་།སྡུད་པ་ལས།   ཤེས་རབ་ཀྱིས་ནི་ཆོས་ཀྱི་རང་བཞིན་

ཡོངས་ཤེས་ནས། །ཁམས་གསུམ་མ་ལུས་པ་ལས་མྱུར་དུ་འདའ་བར་འགྱུར། །ཞེས་གསུངས་པ་ལྟར། ཆོས་ཀྱི་འབྱུང་ཁུངས་ནི་འཆད་ཉན་ཁོ་ན་ཡིན་པས་འཆད་ཉན་པ་ལ་བརྩོན་པར་བྱའོ། །

གང་འཆད་ཉན་པར་བྱ་བའི་ཆོས་ཀྱི་རིམ་པ་ལ། ཆོས་ཐམས་ཅད་ཀྱི་རྩ་བ་དད་པའི་རང་བཞིན་དུ་བསམ་ནས། ཐར་བའི་ལམ་དུ་བགྲོད་པ་ཁོ་ན་གལ་ཆེ་སྟེ། རིན་ཆེན་ཕྲེང་བ་ལས། དད་ཅིང་ཉན་ཕྱིར་ཆོས་ལ་བརྟེན། །ཤེས་རབ་ལྡན་ཕྱིར་ཡང་དག་རིག །འདི་གཉིས་གཙོ་བོ་ཤེས་རབ་སྟེ། །དེ་ཡི་སྔོན་འགྲོ་དད་པ་ཡིན། །ཞེས་པ་དང་། དཀོན་མཆོག་བརྩེགས་པ་ལས། དད་པ་མེད་པའི་མི་རྣམས་ལ། །དཀར་པོའི་ཆོས་རྣམས་མི་འབྱུང་སྟེ། །ས་བོན་མེ་ཡིས་ཚིག་པ་ལ། །མྱུ་གུ་སྔོན་པོ་ཇི་བཞིན་ནོ། །ཞེས་པ་དང་། རྒྱུད་བླ་མ་ལས། རང་བྱུང་ཉིད་ཀྱི་དོན་དམ་ནི། །དད་པ་ཉིད་ཀྱིས་རྟོགས་བྱ་ཡིན། །ཞེས་པ་ལྟར། དད་པའི་རང་བཞིན་རྒྱས་པར་བཤད་པ་ལས། དང་པོ་དད་པའི་ངོ་བོ་ནི། སྐྱོངས་བླང་གི་ཡུལ་ལ་འཇུག་ལྡོག་གིས་དམིགས་པའི་བློ་རབ་ཏུ་དང་བ་སྟེ། རྣམ་པ་སོ་སོར་ཕྱེ་སྟེ་དབྱེ་ན། ཡིད་བཞིན་རིན་པོ་ཆེའི་མཛོད་ལས། འདོད་པའི་དད་པས་རྒྱུ་འབྲས་བླང་དོར་བྱེད། །མོས་པའི་དད་པས་ཡུལ་མཆོག་སེམས་རབ་གཞོལ། །གུས་པའི་དད་པས་བག་ཡོད་མཆོག་དང་ལྡན། །དང་བའི་དད་པས་ཡོན་ཏན་སེམས་རབ་དང་། །ཡིད་ཆེས་དད་པས་ཆོས་ལ་ཐེ་ཚོམ་ཟད། །ངེས་སེམས་དད་པས་ཐོས་བསམ་བསྒོམ་པ་ཡི། །ཆོས་མཆོག་རྣམས་ལ་ལྷག་པར་དད་པའོ། །ཞེས་གསུངས་པ་ལྟར། འདོད་པ་དང་། མོས་པ་དང་། གུས་པ་དང་། དང་བ་དང་། ཡིད་ཆེས་དང་། ངེས་པར་སེམས་པའི་དད་པ་དང་

སྡུག་སྟེ། དེ་དག་ཀྱང་དབྱེ་བསྡུའི་ཁྱད་པར་མ་གཏོགས་པ་མེད་དེ། །དེ་ཡང་མོས་དང་། གུས་པ་དང་། དང་བའི་དད་པ་གསུམ་ནི། དང་བའི་དད་པའི་ནང་དུ་གཏོགས་ལ། འདོད་པའི་དད་པ་དང་། ཡིད་ཆེས་པའི་དད་པ་གཉིས་ནི་ཡིད་ཆེས་པའི་དད་པར་གཏོགས་པའོ། །ངེས་པར་སེམས་པའི་དད་པ་ནི། །འདོད་པ་ཉིད་དེ། ཆོས་ཀྱི་དེ་ཁོ་ན་ཉིད་འགོག་ལམ་མ་ནོར་བ་ལ་ཞུགས་པས་སྡུག་བསྔལ་ཀུན་འབྱུང་གཉིས་འདོར་ཞིང་ཐར་པར་འདོད་པས་ཕྱིར་རོ། །དེ་ཡང་དང་པོ་འདོད་པའི་དད་པ་ནི། འཁོར་འདས་བླང་དོར་དུ་འདོད་ནས་དཀར་པོའི་ཆོས་ལ་སྤྲོ་བའི་འདོད་པ་དང་ལྡན་པས་འཁོར་བའི་སྡུག་བསྔལ་སྤངས་བ་དང་། ཐར་པ་བྱང་ཆུབ་ཐོབ་པར་འདོད་པ་དེ་གཉིས་ཀྱི་རྒྱུ་ལ་བླང་དོར་གྱིས་འཇུག་པར་འདོད་པའོ། །དཔེར་ན་ནོར་འདོད་ཅན་ནོར་འདོད་པ་ལྟར་ཆོས་འཚོལ་བར་འདོད་པ་སྟེ། སྡུག་བསྔལ་དང་ཀུན་འབྱུང་བོར་ནས་ལམ་དང་འགོག་པ་ལ་འཇུག་པར་བྱེད་པའོ། །དེ་ཉིད་ཀྱི་དོན་ལ་གནས་པའི་རྟགས་ནི། འཇིག་རྟེན་གྱི་བྱ་བ་ལ་མི་མོས་ཞིང་ཐོས་བསམ་ཁོ་ན་ཡིད་ལ་བྱེད་པའོ། །དེ་ཡང་དཀོན་མཆོག་སྤྲིན་མེའི་མདོ་ལས། དད་པ་སྔོན་འགྲོ་མ་ལྟར་བསྐྱེད་པ་སྟེ། །ཡོན་ཏན་ཐམས་ཅད་སྐྱུང་ཞིང་འཕེལ་བར་བྱེད། །དོགས་པ་སེལ་ཞིང་ཆུ་བོ་རྣམས་ལས་སྒྲོལ། །དད་པ་བདེ་ལེགས་གྲོང་ཁྱེར་མཚོན་བྱེད་ཡིན། །ཞེས་སོ། །མོས་པའི་དད་པ་ནི། བླ་མ་དཀོན་མཆོག་ལ་སེམས་རབ་ཏུ་དགའ་བ་དང་། ཡུལ་དེ་དག་ལ་འཇུག་པར་མོས་པ་སྟེ། བླ་མ་ལ་བརྟེན་བྱར་མོས་པ། སངས་རྒྱས་ལ་སྒྲུབ་བྱར་མོས་པ། ཆོས་ལ་ལམ་དུ་མོས་པ། དགེ་འདུན་ལ་གྲོགས་སུ་མོས་པའོ། །དཔེར་ན་བུ་མ་ཡི་ཕྱིར་འབྲང་བ་ལྟར་འཇུག་པའོ། །དེ་ཉིད་རྒྱུད་ལ་སྐྱེས་པའི་རྟགས་སུ་ཐར་ལམ་

ལ་འགོད་པའི་བླ་མ་དཀོན་མཆོག་མཐོང་བ་དང་ཐོས་པ་དྲན་པ་ཙམ་གྱིས་ཡིད་གདུང་ཞིང་ངག་ཏུ་གསོལ་བ་འདེབས་པའོ། །དེའི་ཕན་ཡོན་ནི། དཀོན་མཆོག་སྤྲིན་མེའི་མདོ་ལས། སངས་རྒྱས་རྣམས་དང་ཆོས་ལ་དད་གྱུར་ཞིང་། །སངས་རྒྱས་སྲས་ཀྱི་སྤྱོད་ལ་དད་བྱེད་པ། །བྱང་ཆུབ་བླ་ན་མེད་ལ་དད་གྱུར་ན། །སྐྱེས་བུ་ཆེན་པོ་རྣམས་ཀྱི་སེམས་སྐྱེའོ། །ཞེས་པ་དང་། གསང་བ་བསམ་གྱིས་མི་ཁྱབ་པ་ལས། དད་པ་དང་ལྡན་ན་སངས་རྒྱས་མཐོང་བ་དང་། ཆོས་ཉན་པ་དང་། དགེ་འདུན་ལ་བསྙེན་བཀུར་བྱེད་པ་ལས་མི་ཉམས་ཤིང་། གང་དུ་སྐྱེས་པ་ཡང་དེ་དང་མི་འབྲལ་བར་འགྱུར་རོ། །ཞེས་སོ། །གུས་པའི་དད་པ་ནི། དང་བ་ལ་བརྟེན་ནས་བག་ཡོད་པར་དཀའ་ཐུབ་ལས་མི་འདའ་བ་དང་། ལུས་ངག་ཡིད་གསུམ་གོང་མ་ལ་གུས་པས་ན་གུས་པའི་དད་པའོ། །དེ་ཡང་ལུས་གུས་པས་ཕྱག་དང་བསྐོར་བ་ལ་སོགས་པ་དུལ་བའི་སྤྱོད་པ་དང་། ངག་གུས་པས་བསྟོད་པ་དང་། ཞེ་ས་བསྒྲི་བསྡུང་བྱེད་པ། སེམས་གུས་པས་མཆོད་འོས་སུ་མཐོང་ནས་ཞུ་དུད་བྱེད་པ་དང་གསུམ་མོ། །དཔེར་ན་རྒྱལ་པོ་ལ་འབངས་ཀྱིས་བཀུར་བ་ལྟར་འཇམ་དེས་ཀྱིས་བརྩོན་པའོ། །དེ་རྒྱུད་ལ་སྐྱེས་པའི་རྟགས་ནི། །གོང་མ་རྣམས་ཀྱི་སྤྱན་སྔར་ང་རྒྱལ་དང་ཁེངས་སེམས་ཀྱི་རྣམ་འགྱུར་མེད་པའོ། །ཕན་ཡོན་ནི། དཀོན་མཆོག་སྤྲིན་མེ་ལས། ང་རྒྱལ་སྤངས་ཤིང་གུས་པའི་རྩ་བ་ཡིད། །དད་པས་ལག་པ་བཞིན་དུ་དགེ་རྩ་སྡུད། །ཅེས་པ་དང་། ཡང་དཀོན་མཆོག་སྤྲིན་མེ་ལས། བག་ཡོད་པ་ལྷུར་བྱེད་པས་དབང་པོའི་སྒོ་སྡོམ་ཞིང་རང་གི་སེམས་དུལ་བར་བྱེད། གཞན་གྱི་སེམས་ཀྱང་བསྲུང་བར་བྱེད་དོ། །དེ་ལྟར་དད་པ་དང་བག་ཡོད་པ་གཉིས་དང་ལྡན་པས་ནི་རྟག་ཏུ་ཆོས་ལ་གཞོལ་བའི་ཚེ་ཕྱི

མ་ལ་ངན་འགྲོར་མི་འགྲོ་བས་མི་འཇིགས་སོ། །ཞེས་དང་། །དང་བའི་དད་པ་ཡུལ་གོང་མ་རྣམས་ཀྱི་ཡོན་ཏན་ལ་སེམས་མངོན་པར་དད་པ་དང་། གཡོ་སྒྱུའི་དྲི་མ་མེད་པར་དང་བའི་དགའ་བས་སང་ངེ་བར་གནས་པ་ནི་དང་བའོ། །དེ་ཡང་ཀུན་རྫོབ་སྣང་ཆའི་དགེ་བ་ལ་དང་བ་དང་། དོན་དམ་ཤེས་རབ་ཀྱི་དགེ་བ་ལ་དྭངས་བ་དང་། ཟུང་འཇུག་ཆ་མཉམ་གྱི་དགེ་བ་ལ་དྭངས་བའི་དད་པའོ། །དཔེར་ན་ནོར་བུ་ཆུ་དྭངས་ཀྱི་ཆུ་རྙོགས་སེལ་བ་ལྟར། བློའི་ཉེས་སྤྱོད་དྭངས་བར་བྱེད་པའོ། །དེ་ཉིད་ཀྱི་རྟགས་སྒོ་གསུམ་སྡིག་དང་མི་འདྲེ་བར་དགེ་བའི་བྱ་བ་ལ་སྦྱོར་བྱེད་པའོ། །ཕན་ཡོན་ནི། དཀོན་མཆོག་སྤྲིན་མེ་ལས། དད་པ་རྒྱལ་བའི་ཆོས་ལ་རབ་དགའ་སྐྱེ། །དད་པ་བདེ་ལེགས་གྲོང་ཁྱེར་མཆོན་བྱེད་ཡིན། །དད་པ་ཡོན་ཏན་ཡེ་ཤེས་ཁྱབ་པར་བྱེད། །ཅེས་སོ། །ཡིད་ཆེས་པའི་དད་པ་ནི། གཞི་ལམ་འབྲས་བུའི་ཆོས་རྣམས་ལ་ཐེ་ཚོམ་མེད་པ་དང་། དེའི་དོན་སྟོན་པའི་ལུང་རིགས་ཀྱི་ཚིག་དོན་མི་བསླུ་བར་ཤེས་ནས་འཇུག་པ་ཡིད་ཆེས་པའི་དད་པའོ། །དེ་ཡང་འཁོར་བའི་རྒྱུ་འབྲས་སྤང་བྱར་ཡིད་ཆེས་པ། མྱང་འདས་རྒྱུ་འབྲས་བླང་བྱར་ཡིད་ཆེས་པ། ལུང་མ་བསྟན་དགོས་མེད་དུ་ཡིད་ཆེས་པའོ། །དཔེར་ན་སྟོན་གྱི་ལོ་ཐོག་ལ་ཡིད་ཆེས་པས་སོ་ནམས་ལ་འཇུག་པ་ལྟར་དགེ་བ་ལ་འཇུག་པའོ། །དེ་རྒྱུད་ལ་སྐྱེས་པའི་རྟགས་སུ་སྟོན་པ་སངས་རྒྱས། བསྟན་པ་དམ་ཆོས་ཐེག་པ་ཆེ་ཆུང་། འཁོར་དགེ་འདུན་རྣམ་གཉིས་ཏེ། དེ་དག་རྟེན་དང་བཅས་པ་ལ་ཡིད་ཆེས་པའི་ངེས་ཤེས་ཐོབ་པའོ། །ཕན་ཡོན་ནི། དཀོན་མཆོག་སྤྲིན་མེ་ལས། དད་པས་དབང་པོ་རྣོ་ཞིང་གསལ་བར་བྱེད། །དད་པའི་སྟོབས་ལ་གཞན་གྱིས་མི་ཐུབ་ཞིང་། །ཉོན་མོངས་རྣམ་པར་སེལ་བའི་གཞི་རྟེན་

ཡིན། །ཞེས་པ་དང་། བྱང་ཆུབ་སེམས་དཔའི་སྡེ་སྣོད་ལས། དད་པ་ནི་དམ་པའི་ཆོས་ཉན་པར་འདོད་པ་དང་། ལས་དང་རྣམ་པར་སྨིན་པ་ཡིད་ཆེས་པ་དང་། དེ་ལ་བརྟེན་པར་བྱེད་ཅིང་མཉེས་པར་བྱེད་པའོ། །ཞེས་སོ། །ཆོས་ཟབ་མོ་ལ་ངེས་པར་སེམས་པའི་དད་པ་ནི། ངེས་དོན་ཆོས་ཉིད་ཀྱི་དོན་འདོད་པ་དང་། དེའི་དོན་མཐོང་ནས་ངང་ལ་འཇུག་པ་དང་། དོན་སྟོན་པའི་གཞུང་ཐོས་པ་དང་། བསམ་པ་དང་། བསྒོམ་པ་ལ་ངེས་པར་སེམས་པའི་དད་པ་གསུམ་མོ། །དཔེར་ན་ས་རྫིའི་ནང་ནས་གསེར་རྙེད་པ་འཆང་བ་ལྟར་ཡང་དག་གི་དོན་ལ་གཅེས་སྤྲས་སུ་བྱེད་པའོ། །དེའི་རྟགས་སུ་ཉིན་མཚན་དུ་ཉམས་ལེན་ལས་འབྲལ་མི་ཕོད་པའོ། །ཕན་ཡོན་ནི། དཀོན་མཆོག་སྤྲིན་མེ་ལས། དད་པས་སངས་རྒྱས་གོ་འཕང་ཐོབ་པར་བྱེད། །ཅེས་པ་དང་། ཟླ་བའི་སྙིང་པོའི་མདོ་ལས། དཀོན་མཆོག་གསུམ་ལ་ངེས་པར་སེམས་པའི་དད་པ་ནི། ཡིད་བཞིན་ནོར་བུ་ལྟ་བུའོ། །ཞེས་སོ། །གང་ལ་དད་པ་ཡོད་པ་དེའི་རང་བཞིན་བཤད་པ་ནི། ཡིད་བཞིན་རིན་པོ་ཆེའི་མཛོད་ལས། དད་པའི་རང་བཞིན་ས་གཞི་བཟང་པོ་འདྲ། ཆོས་ཀུན་གཞིར་གྱུར་དགེ་ཚོགས་རྣམ་འཕེལ་བྱེད། །དད་པ་གཟིངས་འདྲ་སྲིད་པའི་རྒྱ་བོ་སྒྲོལ། །སྐྱེལ་མ་དང་འདྲ་བདུད་དང་ཉོན་མོངས་སྐྱོབ། །བཞོན་པ་དང་འདྲ་ཐར་པའི་གླིང་དུ་འདྲེན། །ནོར་བུའི་རྒྱལ་བཞིན་ཅི་བསམ་འགྲུབ་པ་སྟེ། །དཔའ་བོ་དང་འདྲ་སྡིག་ཏོ་ཟིལ་གྱིས་གནོན། །ཚོགས་བསགས་དམ་པ་རྣམས་ཀྱི་ནོར་མཆོག་ལགས། །ཞེས་པས་དད་པ་ཞིང་ས་གཤིན་པོ་དང་འདྲ་སྟེ་བྱང་ཆུབ་ཀྱི་མྱུ་གུ་རྒྱས་པར་འཁྲུངས་པ་ནི། དཀོན་མཆོག་སྤྲིན་མེ་ལས། ས་བོན་མ་རུལ་ཡོན་ཏན་རྣམས་ཀྱི་རྒྱུ། །དད་པས་བྱང་ཆུབ་ཞིང་གི་

རྣམ་པར་སྐྱེ། །དད་པས་རང་བྱུང་ཡོན་ཏན་རྣམས་ཀྱང་འཚོལ། །ཞེས་སོ། །རྒྱ་མཚོའི་གཟིངས་ལྟར་དད་པས་འཁོར་བའི་ཆུ་བོ་ལས་སྒྲོལ་ཏེ། ཆོས་བཅུ་པའི་མདོ་ལས། གང་གི་འདྲེན་པ་ངེས་འབྱུང་བ། །དད་པ་ཐེག་པའི་མཆོག་ཡིན་ནོ། །དེ་ཕྱིར་བློ་དང་ལྡན་པའི་མིས། །དད་པའི་རྗེས་སུ་འབྲང་བ་ལྟར། །ཞེས་སོ། །སྐྱེལ་མ་བཟང་པོ་དང་འདྲ་བར་དད་པས་ཉོན་མོངས་ཀྱི་དགྲ་ལས་བསྐྱབས་ཏེ། གསང་བ་བསམ་གྱིས་མི་ཁྱབ་པའི་མདོ་ལས། དད་པ་དང་ལྡན་པ་རྣམས་ནི་སངས་རྒྱས་ཀྱི་སྤྱན་སྔར་སྐྱེས་ནས། དགེ་བ་གང་ཡིན་པ་ཡོངས་སུ་འཚོལ་བ་ལ་བརྟེན་པས། ཁྱིམ་དང་ཆུང་མ་དང་བུ་དང་བུ་མོ་ལ་སོགས་པ་དོན་དུ་མི་གཉེར་བར། གཞོན་པ་ན་ཡང་བརྩེ་བ་ལ་མི་དགའ་བས། དད་པས་རབ་ཏུ་བྱུང་སྟེ་དགེ་བའི་བཤེས་གཉེན་བརྟེན་ཞིང་། དགེ་བའི་བསམ་པས་ཆོས་ཉན་པ་དང་སྒྲུབ་པ་ནན་ཏན་སྙིང་པོར་བྱེད་ཀྱི་ཚིག་ལྷུར་ལེན་མི་བྱེད་དོ། །དེ་མང་དུ་ཐོས་པ་ལ་བརྩོན་པར་བྱེད་ཅིང་ཇི་ལྟར་ཐོས་པའི་ཆོས་རྣམས་ཀྱང་ཟང་ཟིང་ལ་མི་བལྟ་བར་སྙིང་རྗེས་གཞན་ལ་སྟོན་པར་བྱེད་དོ། །ཞེས་སོ། །དད་པ་བཞོན་པ་བཟང་པོ་དང་འདྲ་སྟེ་ཐར་པའི་གླིང་དུ་འདྲེན་པ་ཡང་། དཀོན་མཆོག་སྤྲིན་མེ་ལས། དད་པས་མི་ཁོམ་སྤངས་ཤིང་དལ་བའི་མཆོག །དད་པས་བདུད་ཀྱི་ལམ་ལས་འདའ་བྱེད་ཅིང་། །ཡེ་ཤེས་ཁྱད་པར་སྒོ་ནི་འཕེལ་བར་བྱེད། །ཐར་པའི་ལམ་མཆོག་སྟོན་པར་བྱེད་པ་ཡིན། །ཞེས་སོ། །དད་པ་འདོད་པའི་རེ་བ་འགྲུབ་པས་ནོར་བུ་དང་འདྲ་སྟེ། །དེ་ཉིད་ལས། དད་པ་གཏེར་དང་ནོར་དང་རྟེན་པའི་མཆོག། དད་པ་ཡོངས་སུ་གཏོང་ལ་དགའ་བར་བྱེད། །དད་པ་ཡིད་བཞིན་ནོར་འདྲ་དགོས་འདོད་སྟེར། །ཞེས་སོ། །དད་པ་དཔའ་བོ་དང་འདྲ་བར་མི་དགེ་བ་ཚར་གཅོད་

པ་སྟེ། རྒྱ་མཚོས་ཞུས་པ་ལས། དད་པ་ནི་སངས་རྒྱས་ལ་སོགས་པ་ལ་མོས་པའི་སྟོབས་དང་། ལས་ཀྱི་རྣམ་པར་སྨིན་པ་ལ་ཡིད་ཆེས་པས་འཇུག་པའི་སྟོབས་དང་། བྱང་ཆུབ་ཀྱི་སེམས་མི་འདོར་བའི་སྟོབས་དང་། ཡི་དམ་ཉམས་སུ་ལེན་པ་ལ་བརྟན་པའི་སྟོབས་དང་། མི་དགེ་བ་ཐམས་ཅད་སྤངས་ཏེ་ཉེས་པར་བྱས་པ་ཐམས་ཅད་བཟོད་པའི་སྟོབས་དང་ལྡན་པ་ཐོབ་བོ། །ཞེས་སོ། །དེས་ན་དད་པས་མི་ཁོམ་པ་སྤོང་ཞིང་དགེ་བ་སྤུད་པས་ན། །དད་པ་ཡོད་པའི་མི་དེ་ནི་གཞན་ལས་ཆེས་འཕགས་པས་དགོན་པ་སྟེ། དེ་ཉིད་ལས། དད་པ་ཆགས་པའི་སྒོ་ལ་ཆགས་པ་མེད། །མི་ཁོམ་སྤོང་ཤིང་དལ་བའི་མཆོག་གཅིག་ཡིན། །དད་པ་རྒྱལ་བའི་གོ་འཕང་ཐོབ་བྱེད་ཡིན། །གང་དག་འདི་འདྲའི་ཆོས་ལ་དད་བྱེད་པ། །དེ་དག་སོ་སོའི་སྐྱེ་བོའི་ཚོགས་ན་དགོན། །ཞེས་སོ། །དེས་ན་དད་པ་ནོར་བདུན་གྱི་དང་པོ་ཡིན་ལ། དེ་ཡོད་པ་མཆོག་ཡིན་ཏེ། གསང་བ་བསམ་གྱིས་མི་ཁྱབ་པ་ལས། དེ་ནི་དད་པ་དང་། དང་བ་དང་མོས་པ་དང་། རློགས་པ་མེད་པའི་སེམས་དང་ལྡན་པས། ལས་དང་རྣམ་པར་སྨིན་པ་ལ་སོམ་ཉི་མེད་པ་དང་། ཐེ་ཚོམ་དང་ཡིད་གཉིས་མེད་པ་དང་། མོས་པ་དང་རྟོག་པ་དང་ཡིད་ཆེས་པ་དང་ལྡན་པས། དགེ་སྡིག་གི་ལས་དང་རྣམ་པར་སྨིན་པ་ཆུད་མི་ཟ་བར་ཤེས་ནས། སྲོག་གི་ཕྱིར་ཡང་སྡིག་པའི་ལས་མི་བྱེད་དེ། དགེ་བའི་ལས་ཀྱི་ལམ་བཅུ་པོ་ལ་སྤྱོད་ཅིང་། སྦྱིན་པས་ལོངས་སྤྱོད་དང་། ཚུལ་ཁྲིམས་ཀྱིས་མཐོ་རིས་དང་། ཐོས་པས་ཤེས་རབ་དང་སྒོམ་པས་ཡོན་ཏན་ཐམས་ཅད་འཕེལ་བར་འགྱུར་རོ། ཞེས་སོ། ཆོས་ཀྱི་སྐལ་བ་མེད་པའི་མི་དད་པ་ཏིལ་ཙམ་ཡང་མེད་པ་ལ་སྐྱོན་དཔག་ཏུ་མེད་དེ་མདོར་བསྡུ་ན་རྒྱ་མཚོའི་གཏིང་གི་ཕ་ཤོང་སྟེང་དུ་མི་

འབྱུང་བ་ལྟར། དད་པ་མེད་ན་ཐར་བའི་སྐམ་སར་འབྱུང་བ་མི་སྲིད་དོ། གཉན་པ་མེད་པའི་གྲུས་ཕ་རོལ་ཏུ་མི་ཕྱིན་པ་ལྟར་དད་པ་མེད་ན་སྡུག་བསྔལ་གྱི་ཆུ་བོ་ལས་སྒྲོལ་མི་སྲིད། ལག་རྟུམ་གསེར་གླིང་དུ་ཕྱིན་ཡང་ལེན་མི་ཤེས་པ་ལྟར། དད་པ་མེད་ན་ཡོན་ཏན་རྒྱུད་ལ་ལེན་མི་སྲིད། ས་བོན་མེས་ཚིག་པ་ལ་མྱུ་གུ་མི་འབྱུང་བ་ལྟར། དད་པ་མེད་ན་བྱང་ཆུབ་ཀྱི་མྱུ་གུ་འཁྲུངས་མི་སྲིད། ལོང་བ་ལྷ་ཁང་དུ་ཕྱིན་པ་ལྟར། དད་པ་མེད་ན་ཆོས་ཀྱི་སྣང་བ་མཐོང་མི་སྲིད། སྦྲང་པོ་འཁོར་དོང་དུ་ཚུད་པ་ལྟར། དད་པ་མེད་ན་ཅི་བྱས་འཁོར་བའི་ལས་སུ་གྱུར་པས། ནམ་ཡང་ཐར་བ་བྱང་ཆུབ་ཐོབ་མི་སྲིད་པའི་སྐྱོན་ཡོད་དོ། ཆོས་བཅུ་པ་ལས། དད་པ་མེད་པའི་མི་དག་ལ། །དཀར་པོའི་ཆོས་རྣམས་མི་འབྱུང་ངོ་། ཞེས་སོ། །དེ་ཡང་དད་པ་མེད་ན་གྲོང་ཆེ་བས་དད་པ་སྐྱེ་དགོས། དེ་ལས་སྐྱེ་བའི་ཡུལ་ནི། འདོད་པའི་དད་པ་ནི་ཡུལ་འཁོར་བའི་རང་བཞིན་མཐོང་བས་སྐྱེའོ། །མོས་པའི་དད་པ་སྡིག་གྲོགས་ལ་སྐྱོ་བ་སྐྱེས་པ་ལས་སྐྱེའོ། །གུས་པའི་དད་པ་དཀོན་མཆོག་གི་རྟེན་ངོ་མཚར་ཅན་ལས་སྐྱེའོ། །དང་པའི་དད་པ་ཡུལ་མཆོག་གི་རྟེན་དང་གཏམ་རྒྱུད་ལས་སོ། །ཡིད་ཆེས་པའི་དད་པ་རྒྱུ་འབྲས་ཐོས་པ་ལས་སྐྱེའོ། །ཆོས་ལ་སེམས་པའི་དད་པ་ཟབ་མོ་ཐོས་པ་ལས་སོ། །དེ་དག་ལས་སྐྱེས་པས་ཡུལ་དེ་དག་གི་རང་བཞིན་ལ་དམིགས་སུ་བཅུག་ནས་སྐྱེར་གཞུག་གོ །བྱང་ཆུབ་སེམས་པའི་སྡེ་སྣོད་ལས། དད་པ་དང་ལྡན་པ་ཞེས་བྱ་བ་ནི། ཡུལ་གོང་མ་ལ་དད་པ་མང་བ་སྟེ། དགེ་བའི་བཤེས་གཉེན་ལ་བརྟེན་པ་དང་།འཕགས་པ་ལ་ལྟ་བར་འདོད་པ་དང་།དམ་པའི་ཆོས་ཉན་པ་འདོད་པ་དང་། ལས་དང་རྣམ་པར་སྨིན་པ་ལ་ཡིད་ཆེས་པ་དང་། སངས་རྒྱས་དང་བྱང་ཆུབ

སེམས་དཔའ་དང་ཉན་ཐོས་ལ་སོགས་པ་དགེ་བའི་བཤེས་གཉེན་དུ་ཤེས་ནས་ཡིད་ཆེས་པས་བསྟེན་པ་དང་མཉེས་པར་བྱེད་པའོ། །ཞེས་སོ། །དད་པ་འཕེལ་བའི་རྒྱུ་ནི། བླ་མ་དམ་པ་ལ་བསྟེན་ཏེ་མོས་གུས་སྙིང་ནས་བྱས་པ་ལས་འཕེལ། གྲོགས་ཁྱད་པར་ཅན་ཆོས་དང་རང་རྒྱུད་འདྲེས་པ་ལས་འཕེལ། མདོ་རྒྱུད་ཟབ་མོ་བལྟས་པ་ལས་འཕེལ། འཆི་བ་ངེས་མེད་དུ་བསམ་པ་ལས་འཕེལ། ལས་རྒྱུ་འབྲས་ཀྱི་གཏམ་རྒྱུད་མཐོང་ཐོས་ལས་འཕེལ། ཟབ་མོའི་སྒོམ་སྒྲུབ་སྤྱར་བས་ཐུན་ཆེར་བྱས་པ་ལས་འཕེལ་ཏེ། གསང་བ་བསམ་གྱིས་མི་ཁྱབ་པ་ལས། དེ་ནི་ཉེས་པའི་སྤྱོད་པ་རྣམས་ལ་མི་འཇུག་ཅིང་། འཕགས་པ་རྣམས་ཀྱིས་བསྔགས་པའི་ལས་བྱེད་པས་ཕྱིར་རོ། །ཞེས་སོ། །དེ་ལྟར་ཐམས་ཅད་དམ་རེ་རེའི་སྒོ་ནས་ཉིན་རེར་གོང་དུ་སྤེལ་དགོས་སོ། །དད་པ་འགྲིབ་པའི་སྐྱོན་སྤང་བ་ནི། རང་ལ་བདུད་ཞུགས་ནས་བྱིན་གྱིས་བརླབས་པའི་རྟགས་སུ་བླ་མ་དགེ་བའི་བཤེས་ཀྱི་སྐྱོན་ལ་རྟོག་པ་དང་། །ཆོས་བྱེད་སྤྱིའི་ངན་སྐྱོན་ལ་རྟོག་པ་དང་། ཐ་མལ་གྱི་གྲོགས་དང་འགྲོགས་པ་དང་། ཉམས་ལེན་གྱི་བརྩོན་འགྲུས་འགྲིབ་པ་དང་། འདོད་ཡོན་རང་གར་སྤྱོད་པ་དང་། དཀོན་མཆོག་ལ་མོས་གུས་མེད་པ་རྣམས་སོ། །དེ་བཟློག་པའི་ཐབས་ནི། བླ་མ་དང་དཀོན་མཆོག་མཆེད་གྲོགས་དང་བཅས་པའི་ཡོན་ཏན་བསམ་ཞིང་ཆོས་བྱེད་ཐམས་ཅད་ལ་དག་སྣང་དང་མོས་གུས་བསྐྱེད། ཕ་རོལ་ངན་པ་མཐོང་བ་དེ་རང་མ་དག་པའི་རྟགས་ཏེ་དུང་སེར་པོ་འཛིན་པ་བཞིན་ནོ་སྙམ་དུ་རང་ལ་གྲོས་གདབ། ཐ་མལ་བ་དང་མི་འགྲོགས། འདོད་ཡོན་གྱི་ཉེས་དམིགས་དྲན་པར་བྱས་ལ། དད་པ་འགྲིབ་པའི་སྐྱོན་དེ་དག་ལ་བདུད་དུ་ཤེས་པར་བྱའོ། །ཡུམ་ལས། བདུད་སྡིག་ཏོ་ཅན་གྱིས་ལས་དང་པོ་དག་གི་མདུན་དུ་

འོངས་ནས་མོས་པ་དག་ཀྱང་ཟློག་པར་བྱེད། བྱང་ཆུབ་སེམས་དཔའི་སྤྱོད་པ་དག་ཀྱང་ཕྱིར་བྱེད་དོ། །ཞེས་སོ། །དད་པ་སྐྱེ་བའི་རྒྱུན་ལ་བློ་རྒྱུན་མཐུད་པར་གདམས་པ་ནི། སྐྱེ་ཤི་འཕོ་འགྱུར་མཐོང་དུས་དད་པ་སྐྱེ་བའི་རྒྱུན་ཡིན་པས་གཞན་དག་ཤི་བ་བགྲངས་ལ་དད་པ་བསྐྱེད་དགོས། ནད་གདོན་བར་ཆད་བྱུང་དུས་དད་པ་སྐྱེ་བའི་རྒྱུན་ཡིན་པས་དགེ་བསྐུལ་གྱི་སློབ་དཔོན་དུ་ཤེས་པར་བྱས་ལ་བསྐྱེད་དགོས། །རྒྱུན་ངན་གྱི་སྡུག་བསྔལ་བྱུང་དུས་དད་པ་སྐྱེ་བའི་རྒྱུན་ཡིན་པས་བྱང་ཆུབ་ཀྱི་འདྲེན་པར་ཤེས་པས་དད་པ་བསྐྱེད་དགོས །གོང་མའི་རྣམ་ཐར་ཐོས་དུས་དད་པ་སྐྱེ་བའི་རྒྱུན་ཡིན་པས་དཀའ་སྤྱད་ཆོས་ལ་སྤྱོད་པས་དད་པ་བསྐྱེད་དགོས། སངས་རྒྱས་དང་བྱང་ཆུབ་སེམས་དཔའི་སྤྱོད་པ་རླབས་པོ་ཆེ་མདོ་སྡེ་སྐྱེས་རབས་ལྟ་བུ་ཐོས་དུས་དད་པ་སྐྱེ་བས། ཐེག་ཆེན་བྱང་ཆུབ་ལ་དམིགས་ནས་དད་པ་བསྐྱེད་དགོས་སོ། །དེ་ཡང་ཉིན་རེ་བཞིན་དུ་ཐམས་ཅད་དམ་གང་ཟུང་རེ་རེའི་སྒོ་ནས་དད་པ་སྐྱེད་པ་གལ་ཆེ་བས། གང་ལའང་སྣུམ་དྲེད་མ་ཁྲེར་པ་གཅེས་སོ། །དེ་ལྟར་བསྐྱེད་པ་ལ་སྐྱེས་པའི་རྟགས་འཁོར་བའི་འཁྲུལ་སྣང་ལ་ཡིད་དབྱུང་བ་སྐྱུགས་ནད་ཅན་ཟས་མཐོང་བ་ལྟ་བུ། བླ་མ་དཀོན་མཆོག་ལ་མོས་གུས་ཀྱི་གདུང་བ་བུ་ཆུང་མ་ལ་དང་བ་ལྟ་བུ། ཐོས་བསམ་ལ་ནན་ཏན་བྱེད་པ་སྐོམ་པས་ཆུ་ལ་གདུང་བ་ལྟ་བུ། །བསླབ་པ་ལ་གཅེས་སྤྲས་བྱེད་པ་དབུལ་པོས་གསེར་གཡུ་རྙེད་པ་ལྟ་བུ། དགེ་སྦྱོར་ཉམས་ལེན་ལ་སྦྲོ་བ་ཚོང་པ་གསེར་གླིང་དུ་ཕྱིན་པ་ལྟ་བུ། ཐེག་པ་ཐམས་ཅད་ལ་དད་པ་འདོད་པ་ཅན་ཚོང་དུས་སུ་ཕྱིན་པ་ལྟ་བུ་བྱུང་བ་ནི་དད་པ་སྐྱེས་པའི་ཚད་ཡིན་པས་མ་ཉམས་གོང་འཕེལ་དུ་བྱ་བ་གལ་ཆེའོ། །དེའི་དུས་སུ་རང་རྒྱུད་ཆོས་ཀྱིས་དུལ་བས་ཆོས་དང་གང་ཟག་མ་འཛོལ་པར་དད་པ་བསྐྱེད་པའི་ཐབས་ལ་འབད་

པར་བྱའོ། །དེ་ཡང་དད་པ་མེད་ན་ཡོན་ཏན་གཞན་མང་ཡང་ཕན་པ་མེད་དེ། གཟུགས་མཛེས་ཀྱང་མིག་མེད་པ་དང་འདྲ་བས་དད་པ་བསྐྱེད་དོ། །དེ་ཡང་སྐད་ཅིག་འཕྲིབ་ཏུ་འཕངས་པས་ཆོས་དང་བླ་མ་དང་མཆེད་གྲོགས་སངས་རྒྱས་ཀྱི་ཡོན་ཏན་ཐམས་ཅད་ངོ་མཚར་ཅན་ཤ་སྟུག་ཏུ་བསམ་ལ། མཐོ་དམན་དང་ཕྱོགས་རིས་མེད་པར་དད་པ་བསྒོམ་ཞིང་རང་རྒྱུད་འདུལ་བ་གཅེས་སོ། །དེ་ལ་དད་པ་ཡིན་ཡང་ཡང་དག་པའི་དད་པ་མ་སོང་བ་དྲུག་ཡོད་དེ། ཆོས་བྱེད་ལས་དང་པོ་ལ་ཁ་ཅིག་བླ་མ་དང་འགྲོགས་ཆེ་དད་པ་ཆེ་ཆེ་ལྟར་ལ་བླ་མ་དང་བྲལ་ནས་དད་པ་མེད་པ་དང་། ཁ་ཅིག་རྐྱེན་དང་འཕྲད་དུས་དད་པ་སྐྱེ་མྱུར་ཡང་བྲལ་ནས་དད་པ་མེད་པ་དང་། ཁ་ཅིག་རང་འདོད་པའི་ཆོས་ལ་སྤྱོད་དམ་ནད་གདོན་གྱིས་གཙོས་པ་མ་གྲོལ་བར་དད་པ་ཆེ་ཆེ་འདྲ་ལ། དེ་ཐོབ་པའམ་དྲག་དུས་ཕྱོགས་ནས་སྤོང་བ་དང་། ཁ་ཅིག་དགེ་སྦྱོར་གཅིག་བྱེད་འཕྲོ་ལ་གཅིག་བྱེད་པ་བཞིན་མང་པོ་བརྩམས་ཡང་གཅིག་མགོ་མི་ཐོན་པ་དང་། ཁ་ཅིག་ཆོས་ཟབ་མོ་གཅིག་དང་རྩ་བའི་བླ་མ་གཅིག་ལ་མི་ཕྱེད་པའི་དད་པ་མེད་པར་གང་བདེར་འཇུག་པ་དང་། ཁ་ཅིག་དད་པ་ཅུང་ཟད་སྐྱེས་ཀྱང་རྐྱེན་ཅུང་ཟད་རེས་འཕྲིབ་པ་གློ་བུར་ཡེ་འདྲོག་ཅན་དེ་རྣམས་སྤོང་བར་བྱས་ལ། དང་པོ་བརྟག་ནས་ཆོས་དང་བླ་མར་བཟུང་ནས་ཕྱིས་སྐྱོང་ལ་དང་འཕེལ་འཕྲིབ་གཡོ་སྒྱུ་སོགས་མེད་པས་རྟག་ཏུ་གུས་པས་དད་པ་སྐྱེ་བར་བྱའོ། །དད་པ་ཇི་ལྟར་བསྟེན་པར་བྱ་བ་ནི། སྐྱེས་བུ་དམ་པ་དག་གིས་དང་པོ་རྟོག་དཔྱོད་ཞིབ་པས་བླ་མ་དང་ཆོས་ཡང་དག་པ་རྙེད་ནས། །འགྱུར་ལྡོག་མེད་པའི་དད་པ་རི་རྒྱལ་ལྟ་བུ། འཕེལ་གྲིབ་མེད་པའི་དད་པ་ཉི་མ་ལྟ་བུ། ཁ་གཏིང་མེད་པའི་དད་པ་རྒྱ་མཚོ་ལྟ་བུ། བྱུས་ཡུས་མེད་པའི་དད་པ་མ་ལྟ་བུ། མཐའ་དབུས་མེད་པའི་དད་པ་ནམ་

མཁའ་ལྟ་བུ། ཐང་ལྷོད་མེད་པའི་དད་པ་གཞུ་བརྡུང་བའི་རྒྱུད་ལྟ་བུ། གཞན་གྱིས་བསྒྱུར་རམ་བཀའ་བཀྲོན་ལ་སོགས་པའི་རྐྱེན་གྱིས་མི་འཕྲོགས་པའི་དད་པ་ནམ་མཁའ་ལྟ་བུ། སྐྱོ་དུབ་མེད་པའི་དད་པ་གྲུ་ཟམ་ལྟ་བུ། རྒྱུན་ཆད་མེད་པའི་དད་པ་ཆུ་བོའི་གཞུང་ལྟ་བུ།གུས་ཤིང་མཉེན་ལྡུག་དང་ཞེ་སས་བརྒྱུན་པའི་དད་པ་དར་ཐག་ལྟ་བུ་སྟེ། བཅུ་དང་ལྡན་པས་བསྟེན་པར་བྱའོ། །དེ་ལྟར་བསྟེན་ཅིང་དད་པ་བསྐྱེད་པའི་ཡོན་ཏན་ཚད་མེད་པ་ཉིད་མཆིས་པ་དག་བསྡུ་ན། དཀར་པོའི་ཆོས་ཐམས་ཅད་ཀྱི་གཞིར་འགྱུར་བ་དང་། འཁོར་བའི་སྡུག་བསྔལ་སེལ་བ་དང་། ཐར་པའི་ལམ་སྣ་ཟིན་པ་དང་། སངས་རྒྱས་བྱང་ཆུབ་སེམས་དཔའ་རྣམས་ཀྱིས་རྟག་ཏུ་དགོངས་པ་དང་། ངོ་ཚ་ཤེས་པ་དང་། ཁྲེལ་ཡོད་པ་དང་། ཤེས་རབ་དང་ལྡན་པ་ལ་སོགས་པའི་ཡོན་ཏན་གྱི་ཚོགས་དང་ལྡན་ལ། སངས་རྒྱས་ཀྱི་ཞིང་ཁམས་དག་པར་སྐྱེ་བ་དང་། སྐྱེ་བ་ཀུན་ཏུ་བླ་མ་དམ་པ་དང་ཆོས་དམ་པ་དང་གྲོགས་དམ་པ་རྣམས་སྐྱེས་མ་ཐག་ནས་མཇལ་ཞིང་། ཆོས་ལ་སྤྱོད་པ་དང་དཀར་པོ་ལ་དགའ་བའི་ལྷས་བསྲུང་བ་དང་། བདེ་བར་གཉིད་དུ་འགྲོ་ཞིང་རྨི་ལམ་དུའང་བླ་མ་དང་དཀོན་མཆོག་དང་ཆོས་ལ་སྤྱོད་པའི་སྣང་བ་བཟང་པོ་རྨིས་ཤིང་བདེ་བར་སད་པ་དང་། ཅི་བསམ་པ་རྣམས་འགྲུབ་པ་དང་། བདེ་བར་ཆོའི་དུས་བྱེད་ཅིང་སངས་རྒྱས་དང་བྱང་ཆུབ་སེམས་དཔའ་རྣམས་ཀྱིས་ལམ་བདེ་བར་འདྲེན་པ་དང་། བར་དོའི་འཇིགས་པ་ཐམས་ཅད་མེད་པ་དང་། གང་དུ་སྨོན་པའི་གནས་སུ་སྐྱེ་བས་དཀོན་མཆོག་གི་གདུང་འཚོབ་པ་དང་། མྱུར་དུ་སངས་རྒྱས་ཀྱི་གོ་འཕང་ཐོབ་པའོ། །དེ་སྐད་དུ། འཕགས་པ་དཀོན་མཆོག་སྤྲིན་མེའི་མདོ་ལས། གང་གིས་ཞིང་བཅུའི་རྟུལ་སླེད་སེམས་ཅན་ལ། །བདེ་བ་ཀུན་གྱིས་སྐལ་བར་བསླེན་

བཀུར་བས། །ཆོས་འདིར་དད་པའི་བསོད་ནམས་ཅི་འདྲ་བ། །ཁྱད་པར་འཕགས་པ་དེ་ཉིད་དེ་ལ་མེད། །ཅེས་པ་སོགས་རྒྱ་ཆེར་གསུངས་པ་རྣམས་བརྗོད་ཀྱིས་མི་ལང་བར་ཡོད་ན་ཡང་། མདོར་བསྡུ་ན། དད་པས་ནི་རིང་པོར་མི་ཐོག་པར་སངས་རྒྱས་ཀྱི་ཡེ་ཤེས་ཐོབ་པར་བྱ་བ་ཡིན་ཏེ། འདུལ་བ་ལུང་ལས། དགེ་སློང་དངོས་པོ་མཆོག་ཏུ་བྱ་དཀའ་བས། དད་པས་དགེ་བའི་བཤེས་གཉེན་བསྟེན་བྱ་ཞིང་། །རྗེས་མཐུན་གྲོགས་བསྟེན་སྡིག་གྲོགས་ནམ་ཡང་སྤོང་། །དམ་པའི་ཆོས་བཙལ་དེ་ཡི་དོན་བསམ་ཞིང་། །ནོར་བུ་རིན་ཆེན་འདྲ་བའི་ཚུལ་ཁྲིམས་བསྲུང་། །བྱང་ཆུབ་མཆོག་སེམས་བསྐྱེད་ལ་བརྩོན་པས་འབད། །སངས་རྒྱས་ཡེ་ཤེས་རིང་པོར་མི་ཐོག་ཐོབ། །ཅེས་སོ། དེའི་ཕྱིར་སྔར་སྨོས་པའི་དད་པ་དྲུག་ལ་དམིགས་ནས་བརྒྱ་འགྱུར་དུ་བརྩོན་པ་དེ་ཡང་། དགེ་བ་བཅུ་དང་ཕ་རོལ་དུ་ཕྱིན་པ་བཅུ་དང་། ཕྱོགས་བཅུའི་བླ་མ་དང་དཀོན་མཆོག་དང་སེམས་ཅན་གྱི་ཚོགས་ལ་དམིགས་པར་འདྲེས་པས་དད་པའི་འདབ་སྟོང་བྱེ་བར་མཛོད་ཅིག དེ་ལྟར་སྐལ་ལྡན་ཐར་འདོད་རྣམས་ཀྱིས་དད་པའི་རང་བཞིན་བསམ་ཞིང་བླ་མའི་རྣལ་འབྱོར་བསྒོམ་པ་ལ་འཇུག་པར་བྱ་སྟེ། དེ་ཡང་བླ་མ་མཚན་ཉིད་དང་ལྡན་པ་ཐོས་བསམ་བསྒོམ་པ་མཐར་ཕྱིན་པའི་དགེ་བའི་བཤེས་གཉེན་ཁྱད་པར་ཅན་ལ་བསྟེན་དགོས་ཏེ། ཡིད་བཞིན་རིན་པོ་ཆེའི་མཛོད་ལས། དེ་ནས་འཁོར་བའི་སྡུག་བསྔལ་རྒྱ་མཚོ་ལས། བརྒལ་ཕྱིར་དེད་དཔོན་དཔལ་ལྡན་བླ་མར་བསྟེན། །ཞེས་གསུངས་པ་ལྟར་འཁོར་བ་ནི་རྒྱ་ཆེ་བས་ཐོག་མའི་ཕ་མཐའ་ཡས་པ་ཡིན་ནོ། །གཏིང་ཟབ་པས་འོག་ནས་འོག་ཏུ་ཟུག་ལ་ཐུག་པ་མེད་དོ། །ཤུགས་དྲག་པས་ལས་ཀྱི་འབབ་སྲོལ་གར་ཡང་འཇུག །བཟོད་པར་

དཀའ་བས་བྲ་གློང་འབྲུགས་པ་སྟེ། སྡུག་བསྔལ་གྱི་རིགས་རྣམ་པ་མང་པོས་གཙེས་པ་འདི་ལས། བླ་ན་མེད་པའི་ཆོས་ཀྱི་གྲུ་དེད་དཔོན་བླ་མའི་ཁ་ལོ་བས་བརྒྱུན་པར་ཞུགས་ཏེ། ད་རེས་མི་ལུས་འདི་ཐོབ་པའི་རྟེན་འདི་ལས་འཁོར་བའི་མཚོ་ལ་བརྒལ་བར་བྱ་དགོས་ཏེ། གལ་ཏེ་མ་འབད་ན་ཕྱིས་ནི་འཁོར་བ་ངན་སོང་གི་གློང་དུ་རྒུད་ནས་ཐར་བའི་དུས་མེད་དོ། །དེ་ལ་ཐར་པའི་བློ་བསྐྱེད་ནས་རྒྱ་ཡི་ཕ་རོལ་དུ་བརྒལ་བར་འདོད་པ་དག་ཀྱང་ཐོག་མར་གྲུ་དང་མཉེན་པ་བཟང་པོ་ལ་བརྟེན་དགོས། འཁོར་བའི་རྒྱ་བོ་གཏིང་མཐའ་མེད་པ་ལས་སྒྲོལ་བ་ལ། ཆོས་ཟབ་ཅིང་བླ་མ་མཁས་གྲུབ་ཀྱི་ཡོན་ཏན་མངའ་བ་ལ་བརྟེན་པ་ནི་ཐར་གླིང་འདོད་པ་རྣམས་ཀྱི་མཆོག་ཏུ་གཅེས་པའི་མན་ངག་དམ་པའོ། །དེ་ནས་ཡང་དག་པའི་བླ་མའི་མཚན་ཉིད་ནི་རྣམ་པ་མང་ཡང་། མདོར་བསྡུ་ན། རྫོགས་པ་ཆེན་པོ་སེམས་ཉིད་ངལ་གསོ་ལས། །ཞི་སྐུ་ཀུན་སྤྱོད་གཙང་ཞིང་སྐྱོན་མེད་ལ། །ཐེ་ཚོམ་གཅོད་མཁས་གསུང་སྣན་དྲི་མ་མེད། །ཐུགས་ནི་ཟབ་ཞི་ཀུན་མཁྱེན་ཡེ་ཤེས་མཛོད། །ཡོན་ཏན་མཐའ་ཡས་ཐོས་དང་སྙིང་རྗེ་ཆེ། །ཤེས་རབ་རྒྱ་ཆེ་དགོངས་སྤྱོད་ནམ་མཁའ་འདྲ། །ཕྲིན་ལས་ཚད་མེད་འབྲེལ་ཚད་དོན་དང་ལྡན། །བྱམས་ལྡན་སྐྱོ་ངལ་སྤངས་ཤིང་རྟག་ཏུ་བརྩོན། །འགྲོ་བའི་ཁ་ལོ་ཕྱིན་དུ་བསྒྱུར་ལ་བརྟེན། །ཞེས་གསུངས་པ་ལྟར་སྐུ་གསུང་ཐུགས་ཀྱི་ཡོན་ཏན་མང་པོས་སེམས་ཅན་ལ་ཕན་ཞིང་། ཤེས་རབ་དགོངས་པ་ནམ་མཁའ་ལྟར་ཟབ་པ། ཕྲིན་ལས་ཅི་བདེ་བརྩམས་པས་འབྲེལ་ཚད་ཐར་པའི་ས་བོན་འདེབས་ཤིང་། སྙིང་རྗེས་རྟག་ཏུ་བུ་གཅིག་པ་ལྟར་གཟིགས་ཤིང་ལུང་གི་ཡོན་ཏན་གྱིས་ཕྱུག་པས་ཐེག་པ་གང་ལ་གང་མོས་ཀྱི་འཁོར་ལོ་བསྐོར་བར་མཛད་པ་སྟེ་ཡོན་ཏན་དེ་དག་དང་ལྡན་པའི་

སྟེང་དུ་ཁྱད་པར་གསང་སྔགས་ཀྱི་བླ་མའི་མཚན་ཉིད་ནི། སེམས་ཉིད་ངལ་གསོ་ལས། དབང་དང་སྡོམ་པ་དམ་ཚིག་གཙང་ལྡན་ཞིང་། །རྒྱུད་ལྡན་མན་ངག་རྒྱ་མཚོའི་ཕ་རོལ་ཕྱིན། །བསྙེན་བསྒྲུབ་ལས་སྦྱོར་ཕྲིན་ལས་མངའ་བརྙེས་ཤིང་། །ལྟ་བསྒོམ་སྤྱོད་འབྲས་ཉམས་རྟོགས་དྲོད་ཚད་ཐོབ། །བརྩེ་ཆེན་ཐབས་མཁས་གདུལ་བྱ་སྨིན་གྲོལ་འགོད། །བརྒྱུད་པའི་བྱིན་རླབས་སྤྲིན་ཕུང་མ་ཡལ་བ། །དེ་འདྲའི་མཁས་གྲུབ་དཔལ་ལྡན་བླ་མ་བསྟེན། །ཞེས་དང་། སློབ་དཔོན་ཆེན་པོ་བྲི་མ་ལས་མཛད་པའི་སྒྱུ་འཕྲུལ་དྲ་བ་མེ་ལོང་ལྟ་བུའི་བགྲེལ་བར། བླ་མ་དེ་ཡང་དཀྱིལ་འཁོར་ཕྱི་ནང་གི་དབང་རྫོགས་པར་ཐོབ་པ། སྡོམ་པ་དང་དམ་ཚིག་དག་པ། རྒྱུད་སྡེ་སོ་སོའི་དོན་ལ་མཁས་པ། བསྙེན་བསྒྲུབ་ལས་སྦྱོར་དང་བཅས་པའི་དོན་ལ་སྦྱངས་པ། རྟོགས་པ་ལྟ་བ་ལ་མ་རྨོངས་པ། ཉམས་མྱོང་སྒོམ་པ་ལ་འདྲིས་པ། སྣ་ཚོགས་སྤྱོད་པ་དང་འབྲེལ་བ། སྙིང་རྗེས་གདུལ་བྱ་འདྲེན་པ་སྟེ། བརྒྱུད་དང་ལྡན་པའོ། །ཞེས་གསུངས་ལ། །བདག་གི་བླ་མ་ནི། དེའི་སྟེང་དུ་བརྒྱུད་པ་ལ་སེལ་མེད་ཅིང་བྱིན་རླབས་ཀྱི་ན་བུན་ཐུ་ལེ་བ་ཞིག་དང་། དགུ་ལྡན་དགོས་གསུངས་སོ། །དེ་ལྟ་བུའི་བླ་མ་ནི། ལེགས་པའི་ཡོན་ཏན་ཐམས་ཅད་ཀྱི་འབྱུང་གནས་ཡིན་ཏེ། ཤིན་ཏུ་རྒྱས་པ་སངས་རྒྱས་ཕལ་པོ་ཆེའི་མདོ་ལས། ཀྱེ་རྒྱལ་བའི་སྲས་དག འདི་ལྟར་དགེ་བའི་བཤེས་གཉེན་ལས་བྱུང་བའི་ཡོན་ཏན་ནི་ཚད་མེད་དེ། ཐུགས་རྗེའི་གོ་སྐབས་ཡངས་པ་ནམ་མཁའ་ལྟ་བུའོ། །གཟུངས་དང་ཏིང་ངེ་འཛིན་ཚོགས་མང་བ་གཟའ་སྐར་ལྟ་བུའོ། །སྙིང་རྗེ་དཔག་ཏུ་མེད་པ་གངས་ཆེན་མཚོ་ལྟ་བུའོ། །ཐུགས་རྗེ་ཚད་མེད་པ་ཆུ་ཀླུང་ལྟ་བུའོ། །རྣམ་པར་གཡེང་བས་མི་བསྒུལ་བ་གངས་ཀྱི་རི་བོ་ལྟ་

བུའོ། །དེ་བཞིན་ཉིད་ལས་མི་གཡོ་བ་ལྷུན་པོ་ལྟ་བུའོ། །སྲིད་པ་ན་གནས་ཀྱང་ཉེས་པས་མ་གོས་པ་པདྨ་ཆེན་པོ་ལྟ་བུའོ། །བྱམས་པ་སྙིང་བ་མེད་པར་སྙོམས་པས་ཕ་དང་མ་ལྟ་བུའོ། །ཡོན་ཏན་ཚད་མེད་པ་རིན་པོ་ཆེའི་འབྱུང་ཁུངས་ལྟ་བུའོ། །འཁོར་བ་ན་རྒྱུ་བ་ཐམས་ཅད་རྣམ་པར་སྒྲོལ་བས་དེ་བཞིན་གཤེགས་པ་ལྟ་བུ་སྟེ། །དེ་ལྟར་ཡོན་ཏན་གྱི་ཚོགས་ཚད་མེད་དཔག་ཏུ་མེད་དོ། །དེ་ལྟ་བུའི་ཡོན་ཏན་མངའ་བའི་བླ་མ་ནི་ཕྲིན་ལས་ཀྱི་ཚུལ་མཚུངས་པས་ཀྱང་སངས་རྒྱས་དང་མཉམ་ལ།རྒྱལ་བའི་སྤྲུལ་པ་ཡིན་པས་ཀྱང་མཉམ་པར་བཤད་དེ།ཛ་པོ་ཆེའི་མདོ་ལས། མྱ་ངན་མ་བྱེད་ཀུན་དགའ་བོ། །སླེ་ངག་མ་འདོན་ཀུན་དགའ་བོ། །ང་ནི་ཕྱི་མའི་དུས་ཀྱི་ཚེ། །དགེ་བའི་བཤེས་གཉེན་ཉིད་སྤྲུལ་ནས། །ཁྱོད་ལ་སོགས་པའི་དོན་བྱེད་འགྱུར། །ཞེས་དང་། རྡོ་རྗེ་མེ་ལོང་གི་རྒྱུད་ལས། རྡོ་རྗེ་སེམས་དཔའ་དཀྱིལ་འཁོར་གཙོ། །བླ་མ་སངས་རྒྱས་ཀུན་དང་མཉམ། །ཞེས་སོ། །དེ་ལྟ་བུའི་བླ་མ་དམ་པ་མཆོག་ཏུ་དད་པས་བསྟེན་དགོས་པ་ནི། དགོངས་འདུས་ལས། བླ་མེད་སྙིང་པོ་སྨིན་པའི་རྐྱེན། ལམ་སྟོར་ས་མཁན་བཤེས་གཉེན་མགོན། །སྨུན་སེལ་སྒྲོན་མེ་རིན་པོ་ཆེ། །མཐོང་མིག་དབང་པོ་ཡིད་རྣམ་ཤེས། །ཆུ་བོ་རབ་མེད་སྒྲོལ་བའི་གྲུ། །འཇིགས་པའི་ཐྫོང་ཆེན་བརྟེན་པའི་མཁར། །འཁོར་བའི་གཙོང་འཁྲིན་སྨན་པའི་མཆོག །མཆོ་གླིང་རིན་ཆེན་སྦྲིན་བྱེད་པའི། །དེད་དཔོན་བླ་མེད་དམ་པ་སྟེ། །སྔོན་དུ་ངེས་པར་ཤེས་པར་བྱ། །ཞེས་གསུངས་སོ། །དེ་དག་གི་དོན་ཡང་། ཡི་བཞིན་རིན་པོ་ཆེའི་མཛོད་ལས། ཇི་ལྟར་བཤད་པའི་ཡོན་ཏན་མཆོག་དག་ལས། །ཀུན་ལྡན་བླ་མ་ཨུ་དུམ་ཝ་ར་ཙམ།ཕལ་ཆེར་ལྡན་པའང་སངས་རྒྱས་དང་འདྲ་ཞིང་། །དུག་ཚན་

ཅོམ་ལྡན་དེ་ལའང་བསྙེན་ཟུང་སྟེ། །སྙིགས་མའི་དུས་འདིར་རབ་ཏུ་རྙེད་དཀའ་ཞིང་། །དད་དང་གུས་པ་ཆེན་པོས་བསྙེན་པར་བྱ། །ཞེས་གསུངས་པ་ལྟར། བཤད་པའི་ཡོན་ཏན་ཀུན་ཚང་བ་ནི་མེ་ཏོག་གི་རྒྱལ་པོ་ཨུ་དུམ་ཝ་ར་ལྟར་རྙེད་པར་དཀའ་ལ། ཡོན་ཏན་ཕལ་ཆེར་ལྡན་པའང་སངས་རྒྱས་དང་མཚུངས་པ་ཅོམ་སྟེ། དྲུག་ཚན་རེ་ཚང་བའང་དམ་པར་བཟུང་སྟེ་བསྙེན་པར་བྱའོ། །དེ་དག་གི་ནང་ནས་ལམ་ལ་མཁས་པ་དག་གཙོ་བོར་བསྙེན་ཏེ། ཡོན་ཏན་རིན་པོ་ཆེ་ཡོངས་སུ་སྡུད་པའི་མདོ་ལས། བླ་མ་མཁས་པ་རྣམས་ལ་རྟག་ཏུ་བསྙེན་པར་བྱ། །ཅིས་ཕྱིར་ཞེ་ན་མཁས་པའི་ཡོན་ཏན་དེ་ལས་འབྱུང་། །ཞེས་སོ།དེ་ལྟ་བུའི་བླ་མ་དམ་པ་འབྲལ་མེད་དུ་བསྙེན་པར་གདམས་པའི་གཏན་ཚིག་ལ་དྲུག་ལས། དང་པོ་གཏན་བདེ་བྱང་ཆུབ་སྒྲུབ་པའི་འདུན་གྲོས་དྲི་བའི་ཡུལ་བླ་མ་ལས་གཞན་མེད་པས་ཀྱང་བླ་མ་བརྟེན་དགོས་པར་གདམས་པ་ནི། སྒྱུ་འཕྲུལ་རྒྱལ་པོ་ལས། འཁོར་བའི་འཇིགས་ལས་ངེས་སྐྱོབ་ཅིང་། །མྱ་ངན་འདས་པར་འདྲེན་པའི་མཆོག །བླ་མ་ཉིད་ལས་གཞན་ཡོད་མིན། །ཞེས་སོ། །འོ་ན་ཐབས་མཁས་ཤིང་ཐུགས་རྗེ་མངའ་བའི་སངས་རྒྱས་ཡོད་པ་མ་ཡིན་ནམ་ཞེ་ན། དེ་ཡང་བླ་མ་མེད་པར་མི་འབྱུང་བས། དང་པོ་བླ་མ་ལ་བསྙེན་པ་དེའི་ཕྱིར་ཀུན་གྱི་སྐྱབས་མགོན་བླ་མ་དེ་ཉིད་དེ། དགོངས་འདུས་ལས། སྐལ་པ་སྟོང་གི་སངས་རྒྱས་བས། །བླ་མ་གཉན་པར་ཤེས་པར་བྱ། །ཅི་ཕྱིར་སྐལ་པའི་སངས་རྒྱས་རྣམས། །བླ་མ་དག་ལ་བསྙེན་ནས་འབྱུང་། །ཞེས་སོ། །བདག་ཅག་རྣམས་ཀྱི་སྟོན་པ་སངས་རྒྱས་བཅོམ་ལྡན་འདས་ཀྱང་བླ་མ་མེད་པར་མ་བྱོན་ཏེ། བླ་མ་ཁོ་ན་རྟག་ཏུ་བསྙེན་པར་རིགས་ཏེ། དགོངས་འདུས་ལས། སློབ་དཔོན་དག་ལ་མ་བསྙེན་

པར། །སངས་རྒྱས་ནམ་ཡང་མི་འབྱུང་སྟེ། །འབྱུང་བ་ཡང་དག་ངེས་མ་མཐོང་། །བྱུང་ན་དམ་པའི་ལུང་དང་འགལ། །ཞེས་པ་དང་། འཁོར་ལོ་བདེ་བའི་རྒྱུད་ལས། དེ་ཕྱིར་ཆོས་ཀུན་རྩ་བ་ནི། །བླ་མ་རྡོ་རྗེ་འཛིན་པར་བཤད། །བླ་མ་དག་ལས་མ་བྱུང་བའི། །དངོས་གྲུབ་རླེད་པར་འགྱུར་མི་སྲིད། །བླ་མ་ཉིད་ལས་མ་བྱུང་བའི། །སངས་རྒྱས་ཞེས་བྱ་འབྱུང་མི་སྲིད། །སྲིད་པའི་ཁ་ལོ་སྒྱེད་དུ་ནི། །བླ་མ་མཚན་ཉིད་ལྡན་པས་བསྒྱུར། །ཞེས་སོ། །དེ་ལྟར་ཡོན་ཏན་མཆོག་དང་ལྡན་པའི་བླ་མ་ཅུང་ཟད་དྲན་པས་རྣལ་འབྱོར་བ་བསྒོམ་པ་ལས་ཀྱང་བསོད་ནམས་དཔག་ཏུ་མེད་པ་ཐོབ་ཏེ། ཡིད་བཞིན་མཆོག་གི་རྒྱུད་ལས། གང་གིས་བླ་མ་འདུན་པའི་ལྷ། །སྤྱི་བོའི་གཙུག་ཏུ་བསྒོམ་པ་ཡིས། །སངས་རྒྱས་དཀྱིལ་འཁོར་སྟོང་ཕྲག་ཉིད། །ལག་མཐིལ་བཞག་ནས་སྟོང་གསུམ་བསྐོར། །སླིང་ཁར་ལན་སྟོང་བསྒོམ་བྱས་ན། །བརྒྱ་སྟོང་རྒྱུ་དང་ཆར་མི་ཐོབ། །དེས་ན་རྟག་ཏུ་དྲན་པ་ཡིས། །སྤྱི་གཙུག་འཁོར་ལོའི་རྒྱན་ཉིད་དུ། །དཔལ་ལྡན་བླ་མ་བསམ་པར་བྱ། །ཅེས་དང་། གཞུང་ལས། བླ་མ་སངས་རྒྱས་བླ་མ་ཆོས། །དེ་བཞིན་བླ་མ་དགེ་འདུན་ཏེ། །ཀུན་གྱི་བྱེད་པོ་བླ་མ་ཡིན། །བླ་མ་སངས་རྒྱས་ཀུན་དང་མཉམ། །བླ་མ་མི་སྣང་བླ་མ་སྒྲུབ། །མོས་དང་བསམ་པའི་བྱེ་བྲག་གིས། །བླ་མ་འགྲུབ་འགྱུར་ཐེ་ཚོམ་མེད། །བླ་མ་དང་ནི་རྡོ་རྗེ་འཆང་། ཐ་དད་པར་ནི་མི་བྱ་སྟེ། །དེ་ལས་བྱུང་བའི་བདུད་རྩི་ནི། །རྣལ་འབྱོར་དེ་ཡིས་མྱོང་བར་འགྱུར། །དངོས་གྲུབ་ཀུན་གྱི་ལས་ཀྱི་མཐའ། །བླ་མ་མཉེས་པ་ཉིད་ལས་འབྱུང་། །ཞེས་དང་། དགོངས་འདུས་ལས། གང་གིས་བསྐལ་པ

འབུམ་དག་ཏུ། །ལྷ་སྐུ་འབུམ་ཕྲག་བསྒོམ་པ་ལས། བླ་མ་གཅིག་པུ་བསྒོམ་པ་མཆོག །ཅེས་དང་། ཀུན་ཏུ་བཟང་པོ་ཆེ་བ་རང་ལ་གནས་པའི་རྒྱུད་ལས། ཛོགས་པ་ཆེན་པོ་ཨ་ཏི་ལས། །བྱུང་བའི་བླ་མ་དྲིན་ལྡན་ཉིད། །སྙིང་གི་དཀྱིལ་ལམ་ལག་པའི་མཐིལ། །སྤྱི་བོའི་གཙུག་ཏུ་སུས་བསྒོམ་པ། །སངས་རྒྱས་སྟོང་གི་ཡོན་ཏན་ཡང་། །གང་ཟག་དེ་ཡི་འཛིན་པར་འགྱུར། །ཞེས་གསུངས་པ་ལྟར་བླ་མའི་རྣལ་འབྱོར་དངོས་ནི། །རང་ཐམལ་བས་བླ་མའི་རྣལ་འབྱོར་བསྒོམ་དུ་མི་རུང་པས་ན། དེ་ཕྱིར་མ་དག་པ་སྦྱངས་ཤིང་འདི་སྐད་བརྗོད་དེ།

དངོས་འཛིན་བྲལ་བ་རང་བཞིན་སྟོང་པའི་ངང་། །རང་ཉིད་ཡི་དམ་ལྷར་གསལ་སྤྱི་བོའི་གཙུག །གེ་སར་པད་སྟོང་འདབ་མ་སྟོང་ལྡན་སྟེང་། །ཉི་ཟླའི་གདན་དབུས་བླ་མ་པདྨ་འབྱུང་། །སྐུ་གསུམ་ཀུན་བཟང་ངོ་བོར་བཞུགས་པ་ལ། །རྒྱལ་བ་དགོངས་བརྒྱུད་རིག་འཛིན་བརྡའ་བརྒྱུད་རྣམས། །ཐོ་བརྩེགས་རྣམ་པར་སྟེང་གི་ཆ་ལ་བཞུགས། །གང་ཟག་སྙན་བརྒྱུད་གཏེར་ཆོས་སྨོན་ལམ་བརྒྱུད། །མཁའ་འགྲོ་གཏད་རྒྱའི་བརྒྱུད་པ་ལ་སོགས་དང་། །རྒྱ་བོད་རིག་འཛིན་གྲུབ་ཐོབ་རྩ་གསུམ་རྣམས། །ཁྲིམ་འཚོགས་ལྟར་ལ་སྤྲིན་དཔུང་འཁྲིགས་པ་བཞིན། །གཟི་བརྗིད་འོད་ཟུང་འབར་ཞིང་བཞུགས་པ་ཡི། །གནས་གསུམ་ཨོཾ་ཨཱཿཧཱུྃ་གིས་མཚན་པ་ལས། །འོད་འཕྲོས་ཨོ་རྒྱན་སྐུ་གསུམ་བཀའ་བརྒྱུད་བཅས། །རེ་ལྟོས་མ་ལུས་སྤྱན་དྲངས་གཉིས་མེད་བསྟིམ། །གདུང་ཤུགས་དྲག་པོའི་རྩེ་གཅིག་གསོལ་བ་འདེབས། །ཅེས་སྟོང་པའི་ངང་ལས་རང་ཉིད་ཁྲོ་བོ་རྟ་མགྲིན་སྐུ་མདོག་དམར་པོ་ཞལ་གཅིག་ཕྱག་གཉིས་གཡས་དབྱུག་ཏོ། །གཡོན་ཐོད་ཁྲག ཞབས་གཉིས་འདོར་ཐབས་སུ་བསྒྲད་པ་སྤྱི་གཙུག་ཏུ་རྟ་མགོ་ལྗང་ཁུར

འཚེར་བ། །རལ་པ་དམར་སེར་གྱེན་དུ་བརྫེས་པ། ཞལ་གདངས་ཤིང་ལྕེ་གས་འཁྲིལ་བ། །མཆེ་བ་བཞི་བསྡིགས་པ། སྤྱན་གསུམ་དམར་ལ་ཟླུམ་པ། དུར་ཁྲོད་ཆས་བརྒྱད་ཀྱིས་བརྒྱན་པ། འབར་བའི་གར་དགུ་དང་ལྡན་པ། ཡུམ་རྡོ་རྗེ་ཕག་མོ་དང་གཉིས་མེད་དུ་འཁྲིལ་བར་གསལ་བའི་སྤྱི་གཙུག་ཏུ་གེ་སར་པདྨ་འདབ་མ་སྟོང་ལྡན་གྱི་སྟེང་དུ་ཉི་ཟླའི་གདན་ལ། ངོ་བོ་རྩ་བའི་བླ་མ་ལ་རྣམ་པ་ཨོ་རྒྱན་པདྨ་འབྱུང་གནས་སྤྲུལ་སྐུའི་ཆ་བྱད་ཅན་ཞལ་གཅིག་ཕྱག་གཉིས་སྐུ་མདོག་དཀར་ལ་དམར་བའི་མདངས་དང་ལྡན་པ་བསྒོམ། དེའི་དབུ་གཙུག་ཏུ་ཨོ་རྒྱན་ལོངས་སྐུ་ཚེ་དཔག་མེད་ཡབ་ཡུམ་སྐུ་མདོག་དམར་པོ་ཞལ་གཅིག་ཕྱག་གཉིས་ལོངས་སྤྱོད་རྫོགས་སྐུའི་ཆས་དང་ལྡན་པ། དེའི་དབུ་གཙུག་ཏུ་ཨོ་རྒྱན་ཆོས་སྐུ་སྐུ་མདོག་མཐིང་ཀ་རྡོ་རྗེ་དང་དྲིལ་བུ་འཛིན་པ་ཡུམ་ཡེ་ཤེས་ཀྱི་ཌཱ་ཀི་མ་དཀར་མོ་འཁྲིལ་སྦྱོར་དུ་མཛད་པ་རྡོ་རྗེ་འཆང་གི་ཆ་ལུགས་ཅན། དེའི་དབུ་གཙུག་ཏུ་ཀུན་བཟང་ཡབ་ཡུམ་དང་བཅས་པ་ཐོ་བརྩེགས་ལྟར་དུ་བསྒོམ། དེ་ཡང་ཆོས་སྐུ་ལ་ཡེ་ཤེས་རྒྱ་མཚོའི་ཚོགས་ཀྱིས་བསྐོར་བ། ལོངས་སྐུ་ལ་རྒྱལ་བ་དགོངས་བརྒྱུད་དང་རིག་འཛིན་བརྡའ་བརྒྱུད་ལ་སོགས་ལོངས་སྐུ་བྱང་ཆུབ་སེམས་དཔའི་ཚོགས་ཀྱིས་བསྐོར་བ། སྤྲུལ་སྐུ་ལ་གང་ཟག་སྙན་བརྒྱུད་གཏེར་ཆོས་སྨོན་ལམ་བརྒྱུད་པ། མཁའ་འགྲོ་གཏད་རྒྱའི་བརྒྱུད་པ། རྒྱ་བོད་རིག་འཛིན་རྣམས་དང་རྩ་གསུམ་མཁའ་འགྲོ་རྒྱ་མཚོའི་ཚོགས་བཅས་ཐམས་ཅད་ཁྲ་དཔྱང་ངེ་འོད་ཐིབས་སེ་བྲིན་ རླབས་འོད་ཕུང་འབར་བར་བསྒོམ་པའི་སྤྱི་བོར་ཨོཾ། མགྲིན་པར་ཨཱཿ ཐུགས་ཁར་ཧཱུྃ་ལས་འོད་ཟེར་དཀར་དམར་མཐིང་གསུམ་འཕྲོས་པས་རང་བཞིན་སྐུ་གསུམ་གྱི་ཞིང་ཁམས་རྣམ་པར་

དག་པ་ནས་ཡེ་ཤེས་པ་སྤྱན་དྲངས། གཉིས་མེད་དུ་བསྟིམ་ལ་མོས་གུས་དང་གདུང་ཤུགས་དྲག་པོ་རྩེ་གཅིག་ཏུ་བྱས་ལ་གསོལ་བ་འདེབས་པ་ནི།

ཨོཾ་ཨཱཿཧཱུྃ་ཆོས་སྐུ་ཀུན་བཟང་ཡབ་ཡུམ་ལ་གསོལ་བ་འདེབས། །གདོད་མའི་གནས་ལུགས་རྟོགས་པར་བྱིན་གྱིས་རློབས། །དྲུག་པ་རྡོ་རྗེ་འཆང་ཆེན་ལ་གསོལ་བ་འདེབས། །རང་བྱུང་ལྷུན་གྲུབ་རྟོགས་པར་བྱིན་གྱིས་རློབས། །སྟོན་པ་རྡོ་རྗེ་སེམས་དཔའ་ལ་གསོལ་བ་འདེབས། །སྐྱེ་འགག་སྤྲོས་དང་བྲལ་བར་བྱིན་གྱིས་རློབས། །རིག་འཛིན་དགའ་རབ་རྡོ་རྗེ་ལ་གསོལ་བ་འདེབས། །སྒྱུ་ལུས་འོད་གསལ་དུ་གྲོལ་བར་བྱིན་གྱིས་རློབས། །མཁས་པ་ཤྲཱི་སེང་ཧ་ལ་གསོལ་བ་འདེབས། །ཚད་བཞི་འཕར་རུ་ཕྱིན་པར་བྱིན་གྱིས་རློབས། །སློབ་དཔོན་པདྨ་ཡབ་ཡུམ་ལ་གསོལ་བ་འདེབས། །རིག་པའི་རྩལ་དབང་ཐོབ་པར་བྱིན་གྱིས་རློབས། །བི་མ་ལ་སོགས་རྒྱ་གར་རིག་འཛིན་བརྒྱད། །ཀ་ལྕོག་ཞང་སོགས་རྗེ་འབངས་ཉི་ཤུ་ལྔ། །གཏེར་སྟོན་བརྒྱ་རྩ་ཆོས་བདག་ལས་ཅན་ཚོགས། །རྩ་བརྒྱུད་བླ་མ་རྣམས་ལ་གསོལ་བ་འདེབས། །ཉམས་རྟོགས་ཡེ་ཤེས་སུ་སྐྱེ་བར་བྱིན་གྱིས་རློབས། །ན་མོ་རྗེ་བླ་མ་སངས་རྒྱས་ཆོས་ཀྱི་སྐུ་ལ་གསོལ་བ་འདེབས། །མ་རིག་མུན་པ་སེལ་བར་བྱིན་གྱིས་རློབས། །བླ་མ་ལོངས་སྤྱོད་རྫོགས་པའི་སྐུ་ལ་གསོལ་བ་འདེབས། །ཏིང་འཛིན་རྒྱུད་ལ་སྐྱེ་བར་བྱིན་གྱིས་རློབས། །བླ་མ་ཐུགས་རྗེ་སྤྲུལ་པའི་སྐུ་ལ་གསོལ་བ་འདེབས། །ཉམས་དང་རྟོགས་པ་འཆར་བར་བྱིན་གྱིས་རློབས། །བླ་མ་རྒྱལ་བ་རྒྱ་མཚོའི་སྐུ་ལ་གསོལ་བ་འདེབས། །བདག་གཞན་དོན་གཉིས་འགྲུབ་པར་བྱིན་གྱིས་རློབས། །བླ་མའི་སྐུ་ལ་གསོལ་བ་འདེབས། །ལུས་ལ་བདེ་དྲོད་འབར་བ་བྱིན་གྱིས་

རློབས། །འཆི་མེད་ཚེ་ཡི་དངོས་གྲུབ་སྩོལ། །བླ་མའི་གསུང་ལ་གསོལ་བ་འདེབས། །ངག་ལ་ནུས་པ་འབྱུང་བར་བྱིན་གྱིས་རློབས། །ཚངས་པའི་དབྱངས་ཀྱི་དངོས་གྲུབ་སྩོལ། །བླ་མའི་ཐུགས་ལ་གསོལ་བ་འདེབས། །སེམས་ལ་རྟོགས་པ་འཆར་བར་བྱིན་གྱིས་རློབས། །ཕྱག་རྒྱ་ཆེན་པོའི་དངོས་གྲུབ་སྩོལ། །ཡོན་ཏན་ཕྲིན་ལས་རྫོགས་ལ་གསོལ་བ་འདེབས། །དབང་བཞི་ཡོངས་རྫོགས་བྱིན་གྱིས་རློབས། །ཕྲིན་ལས་རྣམ་བཞིའི་དངོས་གྲུབ་སྩོལ། །ཨོཾ་ཨཱཿཧཱུྃ། ཆོས་སྐུ་སྣང་བ་མཐའ་ཡས་མཆོག་ལ་གསོལ་བ་འདེབས་སོ་བྱིན་གྱིས་རློབས་ཤིག །ལོངས་སྐུ་ཐུགས་རྗེ་ཆེན་པོ་མཆོག་ལ་གསོལ་བ་འདེབས་སོ་བྱིན་གྱིས་རློབས་ཤིག །སྤྲུལ་སྐུ་པདྨ་འབྱུང་གནས་མཆོག་ལ་གསོལ་བ་འདེབས་སོ་བྱིན་གྱིས་རློབས་ཤིག །མཁའ་འགྲོ་ཡེ་ཤེས་མཚོ་རྒྱལ་མཆོག་ལ་གསོལ་བ་འདེབས་སོ་བྱིན་གྱིས་རློབས་ཤིག །རིག་འཛིན་རྗེ་འབངས་ཉི་ཤུ་ལྔ་ལ་གསོལ་བ་འདེབས་སོ་བྱིན་གྱིས་རློབས་ཤིག །གཏེར་སྟོན་མཆོག་གཉིས་གླིང་པ་བརྒྱད་ལ་གསོལ་བ་འདེབས་སོ་བྱིན་གྱིས་རློབས་ཤིག །ཟབ་གཏེར་དབང་ཕྱུག་བརྒྱ་རྩ་བརྒྱད་ལ་གསོལ་བ་འདེབས་སོ་བྱིན་གྱིས་རློབས་ཤིག །གཏེར་སྟོན་རཏྣ་གླིང་པའི་ཞབས་ལ་གསོལ་བ་འདེབས་སོ་བྱིན་གྱིས་རློབས་ཤིག །རྒྱལ་སྲས་ཚེ་དབང་གྲགས་པ་རྗེ་ལ་གསོལ་བ་འདེབས་སོ་བྱིན་གྱིས་རློབས་ཤིག །སྲས་མཆོག་ངག་དབང་གྲགས་པ་རྗེ་ལ་གསོལ་བ་འདེབས་སོ་བྱིན་གྱིས་རློབས་ཤིག །རིག་འཛིན་ཀུན་དགའ་གྲགས་པ་རྗེ་ལ་གསོལ་བ་འདེབས་སོ་བྱིན་གྱིས་རློབས་ཤིག །གར་དབང་ཀུན་དགའ་བསྟན་འཛིན་ཞབས་ལ་གསོལ་བ་འདེབས་སོ་བྱིན་གྱིས་རློབས་ཤིག །སྔགས་འཆང་པདྨ་དབང་དྲག་ལ་གསོལ་བ་འདེབས་སོ་བྱིན་

གྱིས་རློབས་ཤིག །ཐུགས་ཆེན་ཀརྨ་ཆགས་མེད་ལ་གསོལ་བ་འདེབས་སོ་བྱིན་གྱིས་རློབས་ཤིག །བླ་མ་པདྨ་བིདྱ་དྷ་རའི་ཞབས་ལ་གསོལ་བ་འདེབས་སོ་བྱིན་གྱིས་རློབས་ཤིག །དྲིན་ཆེན་རྩ་བའི་བླ་མ་རྗེ་ལ་གསོལ་བ་འདེབས་སོ་བྱིན་གྱིས་རློབས་ཤིག །ཡི་དམ་ཞི་དྲག་དཀྱིལ་འཁོར་ལྷ་ལ་གསོལ་བ་འདེབས་སོ་བྱིན་གྱིས་རློབས་ཤིག །དཔའ་བོ་མཁའ་འགྲོ་བསྟན་སྲུང་རྣམས་ལ་གསོལ་བ་འདེབས་སོ་བྱིན་གྱིས་རློབས་ཤིག །ཨེ་མ་ཧོ། རྩ་གསུམ་དཀོན་མཆོག་ཀུན་རྣམས་འདུས་པའི་བདག །འགྱུར་མེད་རང་བྱུང་ཡེ་སངས་རྒྱས་པའི་མགོན། །ཡོན་ཏན་ལྷུན་གྲུབ་བླ་མ་དབང་གི་རྒྱལ། །སྐྱེ་འཆི་འཇིགས་བྲལ་གུ་རུ་པདྨ་འབྱུང་། བདག་གི་དད་པ་བརྟན་པོས་ཕྱིད་དྲན་ནས། གདུང་ཤུགས་དྲག་པོས་སྙིང་ནས་གསོལ་བ་འདེབས། །ཐུགས་རྗེ་མ་གཡེལ་བྱིན་རླབས་མཐུ་དཔུང་བསྐྱེད། །བྱིན་རླབས་དབང་དང་དངོས་གྲུབ་མ་ལུས་པ། །དུས་འདིར་དད་ལྡན་བུ་ལ་སྩོལ་དུ་གསོལ། །ཚེ་འདིར་འཁྲུལ་སྣང་སྒྱུ་མ་རྫུན་ཁྲུངས་རྗེབས། །ངེས་འབྱུང་སྐྱོ་ཤས་རང་སེམས་རིག་པ་སད། །ཉམས་རྟོགས་ཡེ་ཤེས་རང་རིག་ངོ་བོར་རྫོགས། །ཐུགས་ཡིད་གཅིག་ཏུ་འདྲེས་པར་བྱིན་གྱིས་རློབས། །སརྦ་སིདྡྷི་ཕ་ལ་ཨཱཿ ཅེས་དེ་ལྟར་རྩེ་གཅིག་ཏུ་མ་ཡེངས་གུས་པས་གསོལ་བ་གདབ་པར་བྱ་ཞིང་དབང་བཞི་ལེན་པ་ནི། སྐྱབས་ཡུལ་ཐམས་ཅད་རྩ་བའི་བླ་མར་ཐིམ། །བྱིན་རླབས་ཕུང་པོ་བླ་མའི་གནས་བཞི་ལས། །འོད་ཟེར་ཡེ་ཤེས་ཨོཾ་དཀར་ཨཱཿ དམར་དང་། །ཧཱུྃ་མཐིང་ཧྲཱི་ལྗང་ལ་སོགས་རྣམ་པར་འཕྲོས། །བདག་གི་གནས་བཞིར་ཐིམ་ནས་སྒྲིབ་བཞི་དག །དབང་བཞི་རྫོགས་ནས་དགའ་བཞི་ཡེ་ཤེས་སྐྱེས། །སངས་རྒྱས་སྐུ་བཞིའི་འབྲས་བུ་ཐོབ་གྱུར་

ཏེ། །བླ་མ་སྤྱི་བོར་བྱོན་ནས་རང་ལ་ཐིམ། །ཐུགས་ཡིད་དབྱེར་མེད་གྱུར་ཏེ་རང་གི་སེམས། །མ་བཅོས་སྤྲོས་བྲལ་ཆོས་སྐུ་སྐྱེ་མེད་ཨཱཿ །ཅེས་བརྗོད་ནས་སྐྱབས་ཡུལ་ཆོས་སྐུའི་འཁོར་ཡེ་ཤེས་རྒྱ་མཚོ་ཆོས་སྐུ་ལ་ཐིམ་པ་ནི་དཔེར་ན་ཉི་མ་རྒས་པའི་འོད་ལྟ་བུར་འདུས། ལོངས་སྐུའི་འཁོར་ཐམས་ཅད་ཚེ་དཔག་མེད་ཡབ་ཡུམ་ལ་ཐིམ་པ་ནི། །དཔེར་ན་ཆུ་ཕྲན་རྒྱ་མཚོ་ལ་ཐིམ་པ་ལྟ་བུ། སྤྲུལ་སྐུའི་འཁོར་ཚོགས་ཐམས་ཅད་སྤྲུལ་སྐུ་པདྨ་འབྱུང་གནས་ལ་ཐིམ་པ་ནི་དཔེར་ན་མཚོ་ལ་ཁ་བ་བབ་པ་ལྟ་བུ། དེ་བཞིན་དུ་ཆོས་སྐུ་ཀུན་བཟང་ཡབ་ཡུམ་ཨྱོན་ཆོས་སྐུ་ཡབ་ཡུམ་ལ་ཐིམ། ཨྱོན་ཆོས་སྐུ་ཡབ་ཡུམ་ལོངས་སྐུ་ཚེ་དཔག་མེད་ཡབ་ཡུམ་ལ་ཐིམ། ཚེ་དཔག་མེད་ཡབ་ཡུམ་སྤྲུལ་སྐུ་པདྨ་འབྱུང་གནས་ལ་ཐིམ། སྐུ་གསུམ་གྱི་ངོ་བོར་རྫུ་བའི་བླ་མ་དང་གཉིས་སུ་མེད་པ་པདྨ་འབྱུང་གནས་འོད་ཀྱི་ཕུང་པོ་བྱིན་རླབས་དང་ཡོན་ཏན་གྱི་གཏེར་མཛོད་དེ་ཉིད་སྐུ་གཟི་བྱིན་འོད་དུ་འབར་ཞིང་ཡེ་ཤེས་ཀྱི་དབང་མཆོག་བསྐུར་བའི་བདག་ཉིད་ཆེན་པོར་བསྒོམ་ཞིང་དབང་བཞི་ལེན་པ་ནི། བླ་མའི་སྐུའི་སྨིན་མཚམས་ནས་སྐུའི་ངོ་བོ་ཡེ་ཤེས་ཀྱི་ཨོཾ་འོད་ཟེར་དཀར་པོ་དང་བཅས་པ་འཕྲོས།རང་གི་སྨིན་མཚམས་སུ་ཐིམ།ལུས་ཀྱི་སྒྲིབ་པ་དག སྐུའི་དབང་ཐོབ། དགའ་བའི་ཡེ་ཤེས་རྒྱུད་ལ་སྐྱེས། ལུས་སྣང་སྟོང་དུ་གྲོལ། འབྲས་བུ་སྤྲུལ་སྐུ་ཐོབ་པའོ། །ཡང་བླ་མའི་མགུལ་གྱི་བུམ་པ་ནས་གསུང་གི་ངོ་བོ་ཡེ་ཤེས་ཀྱི་ཨཱཿའོད་ཟེར་དམར་པོ་དང་བཅས་པ་འཕྲོས་ནས། རང་གི་མགྲིན་པར་ཐིམ། ངག་གི་སྒྲིབ་པ་དག གསུང་གི་དབང་ཐོབ། མཆོག་དགའི་ཡེ་ཤེས་རྒྱུད་ལ་སྐྱེས། ངག་གྲགས་སྟོང་གི་འབྱུང་འཇུག་དབུ་མར་ཚུད། ངག་ལ་ནུས་པ་འབྱུང་། འབྲས་བུ་ལོངས་སྐུ་ཐོབ། ཡང་བླ་མའི་ཐུགས་ཀ་དཔལ་གྱི་བེའུ་ནས་

ཐུགས་ཀྱི་ངོ་བོ་ཡི་གེ་ཧཱུྃ་མཐིང་ག་འོད་ཟེར་མཐིང་ག་དང་བཅས་པ་རང་གི་སྙིང་གར་ཐིམ། སེམས་ཀྱི་སྒྲིབ་པ་དག ཐུགས་ཀྱི་དབང་ཐོབ། དགའ་བྲལ་གྱི་ཡེ་ཤེས་རྒྱུད་ལ་སྐྱེས། སེམས་གསལ་སྟོང་དུ་གྲོལ། རྟོགས་པ་རྒྱུད་ལ་སྐྱེས། འབྲས་བུ་ཆོས་སྐུ་ཐོབ། ཡང་བླ་མའི་ལྟེ་བ་བསྐྱེད་བྱེད་ཀྱི་འཁོར་ལོ་ནས་ཡི་གེ་ཧྲཱིཿ ལྷང་གུ་འོད་ཟེར་ལྷང་གུ་དང་བཅས་པ་འཕྲོས་ནས་རང་གི་ལྟེ་བར་ཐིམ། ཤེས་བྱའི་སྒྲིབ་པ་དག ཚིག་དབང་རིན་པོ་ཆེ་ཐོབ། ལྷན་ཅིག་སྐྱེས་དགའི་ཡེ་ཤེས་རྒྱུད་ལ་སྐྱེས། ཕུང་པོ་འཇའ་འོད་དུ་གྲོལ། བཟོད་པ་ཆོས་མཆོག་གི་ཡོན་ཏན་དང་ལྡན། འབྲས་བུ་ངོ་བོ་ཉིད་སྐུ་ཐོབ་པའོ། །དབང་ལ་རྣམ་པ་མང་དུ་ཡོད་ཀྱང་དོན་དམ་པའི་དབང་འདི་ཡིན་བས། ཡིད་གཉིས་ཐེ་ཚོམ་མེད་པར་དད་གུས་མོས་པའི་སྒོ་ནས་མ་ཡེངས་པ་རྩེ་གཅིག་ཏུ་བྱིན་རླབས་ཀྱི་ནུས་པ་ཐོབ་པའི་རྟགས་མ་བྱུང་གི་བར་དུ་འབད་པར་བྱའོ། །དེ་ལྟར་བླ་མ་དེ་ཉིད་དཀོན་མཆོག་ཀུན་འདུས་ཀྱི་ངོ་བོར་ངེས་ཤེས་བསྐྱེད་ནས་སྐྱོན་རྟོག་གི་བློ་ངན་སྤངས་ཏེ། ཡོན་ཏན་རྗེས་སུ་དྲན་པའི་སྒོ་ནས་ཚད་མེད་པའི་དད་པ་དང་མོས་གུས་མཆི་མ་འཁྲུགས་པ་ཙམ་དུ་བསྐྱེད་ནས་གསོལ་འདེབས་དང་དབང་བཞི་ལེན་པ་ཅི་མང་གི་མཐར། སྐུ་བཞིའི་བདག་ཉིད་དཔལ་ལྡན་བླ་མ་རང་གི་སྤྱི་བོར་བྱོན། ཚད་མེད་པའི་ཐུགས་རྗེས་འོད་དུ་ཞུ་ནས་རང་ལ་ཐིམ་པས། རང་གི་སྒོ་གསུམ་དང་བླ་མའི་སྐུ་གསུང་ཐུགས་རྡོ་རྗེ་གསུམ་དབྱེར་མི་ཕྱེད་པ་བདེ་སྟོང་ཟུང་འཇུག་གི་ངང་ལ་གནས་པར་བྱའོ། ། ཐུན་མཐའ་རྣམས་སུ་དགེ་རྩ་བྱང་ཆུབ་ཏུ་བསྔོ་བ་སྟེ། རྣམ་དཀར་དགེ་ཚོགས་བསོད་ནམས་སྙིང་པོ་འདི། །དམིགས་མཐའ་བྲལ་བའི་སེམས་ཅན་ཀུན་ལ་བསྔོ། །ཡང་གསང་རྡོ་རྗེ་ཐེག་པའི་དོན་རྟོགས་ནས། །རིགས་བདག་བླ་མའི་གོ་

འཕང་ཐོབ་པར་ཤོག   །དེ་ལྟར་དུ་རྣམ་པར་དཀར་བའི་དགེ་ཚོགས་ཅི་མཆིས་པ་ཐམས་ཅད་ཀྱི་སྙིང་པོ་བསོད་ནམས་བླ་ན་མེད་པ་དེ་ཉིད་མཁའ་ཁྱབ་ཀྱི་འགྲོ་བ་ཚད་དང་གྲངས་སུ་འཛིན་པའི་དམིགས་མཐའ་དང་བྲལ་བའི་སེམས་ཅན་ཡོངས་ལ་བསྔོ་བ་དང་།   སེམས་ཅན་དེ་དག་རྣམས་ཀྱང་རྒྱུ་མ་རིག་པ་ཨ་འཐས་ཀྱིས་བླང་དོར་འཁྲུལ་ཚོགས་ལས་བྱུང་བའི་ཉོན་མོངས་པ་བརྒྱད་ཁྲི་བཞི་སྟོང་དང་བཅས་པ་གྲོལ་ནས།   ཆོས་ཉིད་རིག་སྟོང་ཁྱབ་བདལ་ཆེན་པོ་རང་བྱུང་གི་ཡེ་ཤེས་མངོན་དུ་འགྱུར་ཞིང་།   བླ་མེད་ཡང་གསང་རྡོ་རྗེ་ཐེག་པའི་དོན་ཕྱིན་ཅི་མ་ལོག་པའི་བདེན་པ་མངོན་དུ་རྟོགས་ནས།   རིགས་རྣམས་ཀུན་གྱི་བདག་པོ་ཁྱབ་བདག་དཔལ་ལྡན་བླ་མ་རྡོ་རྗེ་འཛིན་པ་ཆེན་པོའི་གོ་འཕང་ངམ་རྒྱལ་བ་པདྨ་འབྱུང་གནས་ཀྱི་གོ་འཕང་རིན་པོ་ཆེ་ཐོབ་པར་ཤོག   ཅེས་པས་དོན་དང་ལྡན་པའི་དམིགས་འཛིན་དང་བྲལ་བའི་བསྔོ་བར་བྱའོ།   །

སྤྱི་དོན་བདུན་པ་ཁྱད་པར་གྱི་སྨོན་འགྲོ་རྟ་ཤན་དབྱེ་བའི་རིམ་པ་ནི།   འོད་ལམ་ཡང་ཁྱེད་རྣམས་ཀྱིས་ནམ་མཁའ་དང་མཉམ་པའི་སེམས་ཅན་ཐམས་ཅད་ཐར་པ་བླ་ན་མེད་པའི་བྱང་ཆུབ་རིན་པོ་ཆེ་ཐོབ་པར་བྱ།   དེའི་ཆེད་དུ་དམ་པའི་ཆོས་ཟབ་མོ་ཉན་ཞིང་ཚིག་དོན་ཡིད་ལ་བཟུང་སྟེ་ཉམས་སུ་བླང་བར་བགྱིའོ་སྙམ་པའི་བསམ་པ་བྱང་ཆུབ་མཆོག་ཏུ་སེམས་བསྐྱེད་པ་སྔོན་དུ་འགྲོ་བས་ལེགས་པར་གསན་འཚལ།   དེ་ཡང་གང་ཉན་པར་བྱ་བའི་ཆོས་ཀྱི་རྩ་བ་བླ་མ་དམ་པ་ལ་བསྟེན་ནས་འབྱུང་དགོས་པར་གསུངས་པ་ནི།   རྫོགས་པ་ཆེན་པོ་སེམས་ཉིད་ངལ་གསོ་ལས།   དེ་ལྟར་ལས་འབྲས་མ་ནོར་ལེགས་པའི་ལམ།   །དམ་པ་རྣམས་ལ་ཉེ་བར་བསྟེན་ནས་འབྱུང་།   །ཞེས་གསུངས་པ་ལྟར།   ཆོས་དང་ཆོས་མ་ཡིན་པ་དང་།   དགེ

དང་མི་དགེ་བ་ལེགས་པར་ཤེས་པ་ནི་དགེ་བའི་བཤེས་གཉེན་བསྟེན་པ་ལས་འབྱུང་ཞིང་། དེ་ཡང་ཚུལ་ཇི་ལྟ་བུའི་བསྟེན་ཞེ་ན། ཀུན་མཁྱེན་ཆོས་རྗེའི་ཞལ་ནས། ཇི་ལྟར་ནད་པས་སྨན་པའི་རྒྱལ་པོ་དང་། །དམངས་ཀྱིས་རྒྱལ་པོ་འགྲོན་པོས་སྐྱེལ་མ་དང་། ཚོང་པས་དེད་དཔོན་གྲུ་བས་གཟིན་པ་ལྟར། །ཉོན་མོངས་ཞི་ཕྱིར་ཉེས་ཀུན་གནོད་བྲལ་ཞིང་། །སྐྱེ་ཤིའི་འཇིགས་ཕྱིར་དོན་གཉིས་ལྷུན་གྲུབ་ཕྱིར། །སྲིད་མཚོ་བརྒལ་ཕྱིར་བླ་མ་བསྟེན་པར་བྱ། །ཞེས་གསུངས་སོ། །དེ་ཡང་ཉོན་མོངས་པའི་ནད་ཞི་བར་བྱེད་པའི་ཕྱིར་ནད་པས་སྨན་པ་བསྟེན་པ་དང་། ཉེས་པའི་འཇིགས་པ་སྐྱོབ་པའི་ཕྱིར་དམངས་ཀྱིས་རྒྱལ་པོ་བསྟེན་པ་དང་། སྐྱེ་ཤིའི་འཇིགས་པ་ལས་ཐར་བར་བྱ་བའི་ཕྱིར་འགྲོན་པོས་སྐྱེལ་མ་བསྟེན་པ་དང་། རང་གཞན་དོན་གཉིས་འགྲུབ་པར་བྱ་བའི་ཕྱིར་ཚོང་པས་དེད་དཔོན་བསྟེན་པ་ལྟ་བུ་དང་། འཁོར་བའི་ཆུ་བོ་ལས་བརྒལ་བའི་ཕྱིར་གྲུ་བས་གཟིན་པ་ལྟ་བུའི་སྒོ་ནས་བླ་མ་བསྟེན་པའི་ཚུལ་བཤད་པ་ལས། དང་པོ་ནད་པས་སྨན་པ་བསྟེན་པའི་ཚུལ་གྱིས་བླ་མ་བསྟེན་པ་ནི། སེམས་ཉིད་ངལ་གསོ་ལས། བླ་མ་སྨན་པ་གདམས་ངག་སྨན་དང་ནི། །རང་ལ་ནད་པའི་འདུ་ཤེས་ཉེར་བཞག་སྟེ། །ནན་ཏན་བརྩོན་པ་སྨན་ཉིད་བསྟེན་ཚུལ་དང་། །ཞི་བདེ་ནད་ལས་གྲོལ་བའི་འབྲས་ཐོབ་བཞིན། །བསྟེན་ཚུལ་གཞན་རྣམས་ཚུལ་དེས་དཔག་བྱས་ལ། །དག་པའི་འདུ་ཤེས་བཞི་ཡིས་བསྟེན་པར་བྱ། །ཞེས་དང་། སྡོང་པོ་བཀོད་པའི་མདོ་ལས། རིགས་ཀྱི་བུ་ཁྱོད་ཀྱིས་བདག་ཉིད་ལ་ནད་པའི་འདུ་ཤེས་བསྐྱེད་པར་བྱའོ། །ཆོས་ལ་སྨན་གྱི་འདུ་ཤེས་བསྐྱེད་པར་བྱའོ། །ནན་ཏན་ཉམས་སུ་ལེན་པ་ལ་ནད་ཉེ་བར་འཚོ་བའི་འདུ་ཤེས་བསྐྱེད་པར་བྱའོ། །དགེ་བའི་བཤེས་གཉེན་ལ་སྨན་པ་མཁས་

པའི་འདུ་ཤེས་བསྐྱེད་པར་བྱའོ། །ཡང་རིགས་ཀྱི་བུ་ཁྱེད་ཀྱིས་བདག་ཉིད་ལ་དམངས་ཀྱི་འདུ་ཤེས་བསྐྱེད་པ་བྱའོ། །ཆོས་ལ་འཇིགས་པ་མེད་པའི་འདུ་ཤེས་བསྐྱེད་པར་བྱའོ། །ནན་ཏན་ཉམས་སུ་ལེན་པ་ལ་འཚོ་བ་ཉེ་བར་ཞི་བའི་འདུ་ཤེས་བསྐྱེད་པར་བྱའོ། །དགེ་བའི་བཤེས་གཉེན་ལ་རྒྱལ་པོའི་འདུ་ཤེས་བསྐྱེད་པར་བྱའོ། །ཡང་རིགས་ཀྱི་བུ་ཁྱོད་ཀྱིས་བདག་ཉིད་ལ་མགྲོན་པོའི་འདུ་ཤེས་བསྐྱེད་པར་བྱའོ། །ཆོས་ལ་མི་འཇིགས་པ་སྦྱིན་པའི་འདུ་ཤེས་བསྐྱེད་པར་བྱའོ། །ནན་ཏན་ཉམས་སུ་ལེན་པ་ལ་འཇིགས་པ་ཐམས་ཅད་ལས་སྒྲོལ་བའི་འདུ་ཤེས་བསྐྱེད་པར་བྱའོ། །དགེ་བའི་བཤེས་གཉེན་ལ་སྐྱེལ་མ་དཔའ་བོའི་འདུ་ཤེས་བསྐྱེད་པར་བྱའོ། །ཡང་རིགས་ཀྱི་བུ་ཁྱོད་ཀྱིས་བདག་ཉིད་ལ་ཚོང་པའི་འདུ་ཤེས་བསྐྱེད་པར་བྱའོ། །ཆོས་ལ་ཚོང་ཟོང་ཉེ་བར་འདུ་བྱ་བའི་འདུ་ཤེས་བསྐྱེད་པར་བྱའོ། །ནན་ཏན་ཉམས་སུ་ལེན་པ་ལ་ཁེ་སྤོག་འགྲུབ་པའི་འདུ་ཤེས་བསྐྱེད་པར་བྱའོ། །དགེ་བའི་བཤེས་གཉེན་ལ་དེད་དཔོན་གྱི་འདུ་ཤེས་བསྐྱེད་པར་བྱའོ། །ཡང་རིགས་ཀྱི་བུ་ཁྱོད་ཀྱིས་བདག་ཉིད་ལ་གྲུ་པའི་འདུ་ཤེས་བསྐྱེད་པར་བྱའོ། །ཆོས་ལ་གྲུའི་འདུ་ཤེས་བསྐྱེད་པར་བྱའོ། །ནན་ཏན་ཉམས་སུ་ལེན་པ་ལ་ཆུའི་ཕ་རོལ་ཏུ་ཕྱིན་པའི་འདུ་ཤེས་བསྐྱེད་པར་བྱའོ། །དགེ་བའི་བཤེས་གཉེན་ལ་མཉན་པ་མཁས་པའི་འདུ་ཤེས་བསྐྱེད་པར་བྱའོ། །ཞེས་གསུངས་སོ། །གཞན་ཡང་དགེ་བའི་བཤེས་གཉེན་ནི་རྣམ་པ་ཐམས་ཅད་དུ་སྲོག་གི་ཕྱིར་ཡང་མི་གཏོང་བ་སྟེ། དེ་ཡང་སྤྱོད་འཇུག་ལས། རྟག་པར་དགེ་བའི་བཤེས་གཉེན་ནི། །ཐེག་ཆེན་དོན་ལ་མཁས་པ་དང་། །བྱང་ཆུབ་སེམས་དཔའི་བརྟུལ་ཞུགས་མཆོག །སྲོག་གི་ཕྱིར་ཡང་མི་གཏོང་ངོ་། །ཞེས་གསུངས་པ་ལྟར་དམ་པའི་ཆོས་དང་བླ་མ་ལ་དོན་གཉེར་འདོད་འདུན་

དང་བཅས་པས་ལེགས་པར་གསན་པ་ལ་བསླབ་པར་བྱའོ། །དེ་ཡང་གོང་དུ་མདོ་དང་ཐུན་མོང་དུ་བྱས་པའི་སྔོན་འགྲོའི་རིམ་པ་བསམ་བྱ་རྣམ་པ་ལྔ་སྟེ། དལ་འབྱོར་རྙེད་པར་དཀའ་བ། ཚེ་མི་རྟག་པ་དང་། ལས་རྒྱུ་འབྲས་དང་། འཁོར་བའི་སྡུག་བསྔལ་དང་། ཐར་བའི་ཕན་ཡོན་སོགས་ལ་བསམ་གཞིག་ལེགས་པར་བཏང་ནས། སྔར་ཐུན་མོང་གི་སྔོན་དུ་འགྲོ་བའི་རིམ་པ་སྦྱང་བྱ་དྲུག་ལས། སྐྱབས་སུ་འགྲོ་བ། སེམས་བསྐྱེད་པ། སྡོམ་པ་བཟུང་བ། སྡིག་སྒྲིབ་སྦྱོང་ཕྱིར་རྡོ་རྗེ་སེམས་དཔའི་བསྒོམ་བཟླས། ཚོགས་བསགས་པ་མཎྜལ། བྱིན་རླབས་འཇུག་པ་བླ་མའི་རྣལ་འབྱོར་གྱི་རིམ་པ་རྣམས་ནི། མདོ་སྔགས་གཉིས་ཀའི་ཐུན་མོང་གི་སྔོན་འགྲོའོ། །

ད་ནི་རྫོགས་པ་ཆེན་པོ་གསང་བ་བླ་ན་མེད་པ་སྙིང་ཐིག་གི་སྒོ་ནས་གཞན་དང་ཐུན་མོང་མ་ཡིན་པའི་ཁྱད་པར་གྱི་སྔོན་འགྲོའི་རིམ་པ་ལ། འཆད་ཡུལ་གྱི་སློབ་མའི་ཚུལ་དང་མཐུན་རྐྱེན་གྱི་གཞི་བཟུང་བ། འཆད་བྱེད་གདམས་ངག་གི་ཁྲིད་ཚུལ་སྟོན་པ་གཉིས་ལས། དང་པོ་ནི། རྒྱུད་དང་མན་ངག་གི་གཞུང་ཐམས་ཅད་ནས་གསུངས་ཀྱང་། མདོར་བསྡུ་ན། རང་ཤར་ལས། དད་པའི་སྟོབས་དང་བརྩོན་འགྲུས་ཆེ། །ཤེས་རབ་ཆེ་ཞིང་འཛིན་ཆགས་མེད། །ཞུ་དུད་ཆེ་ཞིང་གསང་སྔགས་སྤྱོད། །རྟོགས་མེད་སེམས་ལ་གཡེང་བ་མེད། །དམ་ཚིག་ལྡན་ཞིང་སྒྲུབ་ལ་བརྩོན། །ཞེས་གསུངས་པས། བླ་མ་དང་གདམས་ངག་ལ་ཡིད་རབ་ཏུ་སྤྲོ་ཞིང་དོན་དུ་གཉེར་བའི་དད་པ། སྒྲུབ་བྱའི་འབྲས་བུ་ལ་ཆེས་དང་བ་འདོད་པའི་དད་པ། དེའི་རྒྱུ་དང་འབྲས་བུ་ལ་ཐེ་ཚོམ་མེད་པ་ཡིད་ཆེས་ཀྱི་དད་པ། ཉེར་འཚོའི་རྐྱེན་གྱིས་མི་འཕྲོག་པ་མཐར་ཐུག་པའི་དད་པ་སྟེ་བྱིན་རླབས་མྱུར་དུ་འཇུག

པའི་རྒྱུ་ཚང་བ། བླ་ན་མེད་པའི་བྱང་ཆུབ་སྒྲུབ་པ་ལ་ཉམས་པ་མེད་པའི་བློ་སྟོབས་ཆེ་ཞིང་ཕྱི་བཤོལ་དང་ཐང་ལྷོད་མེད་པའི་བརྩོན་འགྲུས་ཀྱི་དམ་བཅའ་བརྟན་པོས་ཉམས་རྟོགས་སྐྱེ་སླ་བ། གནས་ལུགས་ཟབ་མོའི་དོན་ལ་དཔྱོད་པའི་ཤེས་རབ་གསལ་བས་གོལ་ས་ཆོད་པ། ཟས་གོས་སོགས་སྲིད་པའི་བདེ་བ་ལ་འཛིན་ཆགས་ཀྱི་ཞེན་པ་ལོག་པས་ཆེ་འདིའི་འཁྲི་བ་ཆོད་པ། བླ་མ་དང་ལྷ་ལ་རྩེ་གཅིག་པས་ཞུ་དུད་ཆེ་བས་བྱིན་རླབས་དང་གིས་འཇུག་པ། གསང་སྔགས་ཀྱི་ལམ་ལ་ཐེ་ཚོམ་གྱིས་སྒྲོ་འདོགས་ཆོད་པས་ཟབ་མོ་སྤྱོད་པ་ལ་འཇུག་པ། ཆགས་སྡང་སོགས་ཐ་མལ་གྱི་རྣམ་པར་རྟོག་པ་ལ་མི་འཇུག་པས་སེམས་གཡེངས་བ་མེད་པའི་བརྟན་པ། རྩ་བ་དང་ཡན་ལག་གི་དམ་ཚིག་གཉེར་དུ་བླང་བ་ལས་མི་འདའ་བའི་སྡོམ་པ་དང་ལྡན་པ། གནས་ལུགས་ཀྱི་དོན་བསྒོམ་ཞིང་སྒྲུབ་པ་ལ་སྐྱོ་དུབ་མེད་པའི་བརྩོན་འགྲུས་ལྡན་པ་སྟེ། ཡོན་ཏན་དེ་དག་དང་ལྡན་པ་ནི། ཟབ་མོའི་ལམ་འདིའི་སྣོད་ཡིན་པར་གསུངས་པའི་ཕྱིར་རོ། །མཚན་ཉིད་དེ་ལྡན་གྱི་སློབ་མ་དེས་གང་དུ་བསྒྲུབ་པའི་གནས་ནི། ཀློང་གསལ་ལས། གངས་ཁྲོད་ལུང་སྟོང་རི་རྩེ་དུར་ཁྲོད་དམ། །ཤིན་ཏུ་དབེན་པ་དྭངས་ཤིང་མཐོ་བའི་སར། །སྐལ་ལྡན་སྐྱེས་བུས་ཉམས་ལེན་བྱ་བའི་གནས། །ཞེས་གསུངས་པས། གནས་རང་བཞིན་ཤེས་ཤིང་སྐྱེ་བོས་རྒྱུ་འགྲུལ་དང་ཅ་ཅོ་ཉུང་བ། དགྲ་རྐུན་གྱི་འཇིགས་པ་སོགས་མེད་ཅིང་ས་ཆུ་འཕྲོད་པའི་བསམ་གཏན་དང་གིས་འཕེལ་བ་བརྟེན་པར་བྱའོ། །གང་གི་བྱ་བའི་དུས་ནི། དེ་ཉིད་ལས་དབྱར་མ་སྟོན་དང་དགུན་ཆུང་དཔྱིད་ཀྱི་དུས། །ཟེར་གཉིས་དུས་ནི་མཆོག་ཏུ་བཤད་པ་ཡིན། །ཞེས་གསུངས་པས་དུས་དེར་བསིལ་དྲོད་སྙོམས་པས་བྱིང་རྨུགས་ཀྱི་རྐྱེན་ཉུང་ཞིང་མངོན་སུམ་གྱི་ཡེ་ཤེས་འཆར་སླ་བ་དང་ངོ་སྤྲོད་བདེ་བའི་

དབང་དུ་བྱས་པའོ། །བསྙེན་པའི་གྲོགས་ནི། གླིང་གསལ་ལས། དམ་ཚིག་གཙང་ལྡན་དག་པའི་སྣང་བ་ཆེ། །དུག་ལྔའི་ཤུགས་ཆུང་བློ་བརྟན་ཁོག་ཡངས་པ། །ངང་རྒྱུད་རིང་ཞིང་བརྩེ་བའི་གྲོགས་དང་འགྲོགས། །ཞེས་གསུངས་པས་ཟབ་ལམ་གྱི་སློབ་ནས་ཉམས་ཅན་ནམ། མིན་ནའང་ཞི་དུལ་དང་ལྡན་ཞིང་དམ་ཚིག་གཙང་བ། དག་སྣང་འབྱོངས་ཞིང་ཉོན་མོངས་པ་ཤེས་ཆུང་བ། བརྩེ་སེམས་དང་ལྡན་པས་མཐུན་པའི་རྐྱེན་སྦྱོར་བ་ལ་སྐྱོ་ངལ་མེད་པར་བསྙེན་ནོ། །ཡོ་བྱད་ཀྱི་ཁྱད་པར་ནི། གླིང་གསལ་ལས། མེ་ཏོག་དབང་ཡོན་ཚོགས་འཁོར་གཏོར་ཚོགས་རྒྱུ། །ཉམས་ལེན་དུས་སུ་ཁམས་ཀྱི་རྟེན་གསོ་བཅལ། །མཐུན་པའི་ཡོ་བྱད་ཀུན་དང་ལྡན་པར་བྱ། །ཞེས་གསུངས་པས། བླ་མར་འབུལ་རྒྱུའི་དབང་ཡོན། མཁའ་འགྲོ་མཆོད་པའི་གཏོར་ཚོགས་ཀྱི་རྒྱུ། ཁམས་དང་མཐུན་པའི་བཟའ་བཏུང་གི་རྫས་སོགས་ཁ་ན་མ་ཐོ་བ་མེད་ཅིང་། དེ་དག་གི་ཆེད་དུ་བྲེལ་མི་དགོས་པ་ཚོགས་པར་བྱའོ། །

གཉིས་པ་འཆད་བྱའི་ཁྲིད་ཀྱི་རིམ་པ་ལ། ལོ་རྒྱུས་ཀྱི་སློབ་ནས་ངེས་ཤེས་བསྐྱེད་པ། དབང་གི་སློབ་ནས་སྨིན་པར་བྱ་བ། གདམས་ངག་གི་སློབ་ནས་ཉམས་ལེན་བརྟེན་པ། ཐྱིས་ཆེ་བར་བཀའ་རྒྱས་གདབ་པའོ། །དེ་ཡང་ལོ་རྒྱུས་དང་དབང་ནི་གོང་གི་ཐུན་མོང་གི་སྐབས་ལྟར་ཡིན་ནའང་། འདིར་ཅུང་ཟད་བརྗོད་དེ། ཆོས་སྐུ་ཀུན་ཏུ་བཟང་པོས་རྡོ་རྗེ་སེམས་དཔའ་སོགས་ཞི་ཁྲོའི་དཀྱིལ་འཁོར་གྲངས་མེད་པར་རྫོགས་པ་ཆེན་པོ་སྒྲ་ཚིག་བྱ་རྩོལ་ལས་འདས་པ་དུས་གསུམ་མཉམ་ཉིད་ཆེན་པོར་གསུངས་ཤིང་། རྡོ་རྗེ་སེམས་དཔས་རིག་འཛིན་དང་མཁའ་འགྲོ་སོགས་རང་གི་རྣམ་པར་འཕྲུལ་པ་བསམ་གྱིས་མི་ཁྱབ་པ་ལ་སྐུ་དང་ཡེ་ཤེས་འདུ་འབྲལ་མེད་པའི་དོན་

འགགས་མེད་རང་ཤར་སྒྲ་བརྙན་ལྷ་བུར་གསུངས་པ་ནི། རྒྱལ་བ་ཉིད་ཀྱིས་ཉིད་ལ་གསུངས་པའི་དགོངས་རྒྱུད་དང་། དེ་ལྟར་རྡོ་རྗེ་སེམས་དཔས་དགའ་རབ་རྡོ་རྗེ་དང་། དེ་ཉིད་ཀྱིས་ཤྲཱི་སེང་ཧ་ལ། དེས་པདྨ་འབྱུང་གནས་ལ་བཛ་དང་བཛའི་རིམ་པས་བསྟན་པ་ནི་བཛ་རྒྱུད་དང་། དེ་ཉིད་ཀྱིས་ཡེ་ཤེས་མཚོ་རྒྱལ་ལ་གསུངས་པ་ནི་སྙན་བརྒྱུད་དང་། སློབ་དཔོན་ཡབ་ཡུམ་གྱིས་སྐལ་ལྡན་ཆོས་ཀྱི་བདག་པོ་ལ་བྱིན་རླབས་འཕོ་བར་སྨོན་ལམ་དབང་བསྐུར་གྱི་རྒྱས་གདབ་པས། སྨོན་ལམ་དབང་བསྐུར་གྱི་བརྒྱུད་པ་དང་། སྙིང་ཐིག་གསང་བའི་ཚིག་རྒྱུད་ཡི་གེར་བཀོད་དེ་མཁའ་འགྲོ་གཏེར་བདག་ལ་གཉེར་དུ་གཏད་ནས་ཕྲ་མོ་བྲག་ཏུ་གཏེར་དུ་སྦས་པ་པདྨ་ལས་འབྲེལ་རྩལ་གྱིས་བཏོན་པ་ཤོག་སེར་ཚིག་བརྒྱུད་དང་། གཏེར་ལུང་ལྟར་གཏེར་སྟོན་ཉིད་བར་ཆད་ཀྱིས་འགྲོ་དོན་འཕྲོ་ཅན་དུ་གྱུར་པ་ལས། ལུང་བསྟན་པ་ལྟར། ཀུན་མཁྱེན་ཀློང་ཆེན་རབ་འབྱམས་ལ་སློབ་དཔོན་ཡབ་ཡུམ་གྱིས་དངོས་སུ་གསུངས་པ་སོགས་བཀའ་བབས་ལུང་བསྟན་གྱི་བརྒྱུད་པ་སྟེ། བརྒྱུད་པའི་ཁྱད་པར་དྲུག་ལྡན་པའི་ཆོས་ཚུལ་འདི་ནི། སྤྱིར་རྡོ་རྗེ་ཐེག་པའི་རྒྱུད་སྡེ་གཞན་རྣམས་སུ་རྡོ་རྗེའི་ཚིག་གི་སྦས་པའི་དོན། རྒྱུད་བཅུ་བདུན་དགོངས་འགྲེལ་དང་བཅས་པ་རྣམས་ལས་གསལ་བོར་བསྟན་ཅིང་། ཁྱད་པར་བཏགས་གྲོལ་སྙིང་པོའི་རྒྱུད་དྲུག་སངས་རྒྱས་ཀྱི་འདས་རྗེས་གསུམ།དེའི་མན་ངག་ཨོ་རྒྱན་ཆེན་པོ་ཡབ་ཡུམ་གྱིས་མཛད་པ་རྣམས་ཀྱིས་སངས་རྒྱས་ཐམས་ཅད་ཀྱི་དགོངས་པའི་ཞེ་ཕུགས་ཚིག་གཅིག་དང་དབྱངས་གཅིག་གིས་བསྟན་པའི་ལམ་མཆོག་ཕུལ་དུ་གྱུར་པ་རྫོགས་པ་ཆེན་པོ་ཟབ་གསང་མཁའ་འགྲོའི་སྙིང་ཐིག་ཅེས་བྱ་བ་མཚོན་བྱེད་བརྡ་ལ་བརྟེན་ནས་མཚོན་བྱ་དོན་གྱི་གནས་ལུགས་མྱུར་དུ་རྟོགས་པར་བྱེད་པ་སྐལ་བཟང་ལས་འཕྲོ་ཅན་རྣམས་ཀྱི་

འཇུག་ངོགས་བླ་ན་མེད་པའོ། །དེ་ལྟར་ཡང་སྒྲོན་མ་རྣམ་པར་བཀོད་པའི་རྒྱུད་ལས། དགོངས་པ་བརྡ་དང་སླན་བརྒྱུད་ནས། །གསང་སྔགས་དོན་གྱི་ཚད་མ་འབྱུང་། །དཔེ་ལ་བརྟེན་ནས་དོན་ངོ་ཤེས། །རྟགས་ལ་བརྟེན་ནས་ཡིད་ཆེས་འགྱུར། །ཞེས་པ་ནས། མ་བཅོལ་འབྲས་བུ་རང་གིས་མཐོང་། །ཞེས་པའི་བར་དུ་གསུངས་པ་བཞིན་ནོ། །

ད་ནི་གནས་ལུགས་གཏན་ལ་དབབ་པ་ལ་གསུམ་སྟེ། འཁོར་འདས་རུ་ཤན་དབྱེ་བ། སྒོ་གསུམ་གྱི་སྦྱོན་འགྲོ རྣལ་དུ་དབབ་པའོ། །དང་པོ་རུ་ཤན་དབྱེ་བ་བསྟན་པ་དང་། ཇི་ལྟར་དབྱེ་བའི་ཚུལ་ལོ། །དང་པོ་ནི་ཐལ་འགྱུར་ལས། འཁོར་འདས་རུ་ཤན་མ་ཕྱེ་ན། ཁམས་གསུམ་ལུས་ངག་ཡིད་ཀྱིས་ཀྱང་། །འབྲེལ་བ་ཆོད་པར་མི་འགྱུར་བས། །འཁོར་འདས་རུ་ཤན་དབྱེ་བར་བྱ། །ཞེས་གསུངས་པས། སེམས་ཅན་རྣམས་ཀྱི་ལུས་ངག་ཡིད་གསུམ་གྱི་ཆོས་ཉིད་ཡེ་ནས་རང་བཞིན་གྱི་རྣམ་པར་དག་ཀྱང་གནས་སྐབས་གློ་བུར་འཁྲུལ་བའི་སྣང་ཞེན་གྱིས་སྒྲིབ་པས་ཐོག་མ་མེད་པ་ནས་ད་ལྟ་ཡན་ཆད་རིགས་དྲུག་གི་གནས་སུ་བར་མེད་དུ་འཁོར་ཞིང་རིགས་དྲུག་སོ་སོའི་ལུས་ཀྱི་རྣམ་འགྱུར་ངག་གི་སྨྲ་བརྗོད། སེམས་ཀྱི་རྟོག་དཔྱོད། སྡུག་བསྔལ་གྱི་མྱོང་ཚུལ་གྲངས་ཀྱིས་མི་ཆོད་པ་ཞིག་བྱས་ཀྱང་དོན་མེད་པ་འབའ་ཞིག་ཏུ་སོང་མོད། ད་དུང་ཟིན་མེད་ཀྱི་ལས་ལ་ཞེན་ཞིང་ཆགས་པས་ཅི་ཞིག་བྱ། དེས་ན་ད་རེས་འཁོར་འདས་རུ་ཤན་འབྱེད་པར་བྱ་སྟེ། ཕྱིན་ཆད་འཁོར་བར་སྐྱེ་བའི་གཞི་རྩ་ཆོད་པ་ཞིག་བྱ་དགོས་ཏེ། ཇི་ལྟར་དབྱེ་ན། འཁོར་བའི་ལས་སྣང་དང་རྣམ་པར་མཐུན་པར་ལམ་དུ་བྱས་པས་ལས་ངན་གྱི་མཚང་རྟོགས་ནས་ཕྱིན་ཆད་འཛིན་ཞེན་ལས་གྲོལ་བར་བྱ་བའི་ཕྱིར། གསང་སྔགས་ཐུན་

སྔོང་པ་ལས་ཀྱང་། རྣམ་རྟོག་ལས་ནི་རྣམ་རྟོག་དང་། །སྲིད་པ་ཉིད་ཀྱིས་སྲིད་པ་དག །ཇི་ལྟར་རྣ་བར་ཆུ་བླུགས་པ། །ཆུ་གཞན་གྱིས་ནི་དགུགས་པར་བྱ། །དེ་བཞིན་དངོས་པོའི་རྣམ་རྟོག་ཀྱང་། །རྣམ་པར་ངེས་པས་སྦྱང་བར་བྱ། །ཞེས་སོགས་གསུངས་པ་དང་ཡང་གནད་གཅིག རྟེན་ཤན་དབྱེ་བ་ལ་ཕྱི་ནང་གཉིས་ལས། དང་པོ་ཕྱི་ལྟར་དབྱེ་བ་ལ། འདས་རྗེས་ལས། ངེས་པར་སངས་རྒྱས་ཐོབ་འདོད་ན། །སྔོན་དུ་འགྲོ་ལ་རྩལ་ཉིད་སྦྱངས། །ལུས་དང་ངག་དང་ཡིད་གསུམ་པོ། །རྟེན་ཤན་ལེགས་པར་མ་ཕྱེད་ན། །ཁམས་གསུམ་ཉིད་ལས་མི་བསྒྲོད་པའི། །སྔོན་འགྲོའི་གནད་ལ་མཁས་གྱུར་ན། །མཆོག་ཐུན་དགོངས་པ་ལ་གནས་འགྱུར། །དབེན་པའི་གནས་སུ་གཅིག་པུར་འདུག །ལུས་ཀྱི་སྔོན་འགྲོ་བྱ་བའི་ཕྱིར། །རིགས་དྲུག་སྤྱོད་པ་སྣ་ཚོགས་སྤྱད། །དཀོན་མཆོག་གསུམ་གྱི་སྤྱད་པ་སྤྱོད། །ཅེས་པ་དང་། ཡང་དེ་ཉིད་ལས། ངག་གི་སྔོན་འགྲོ་བྱ་བ་ནི། །རིགས་དྲུག་སྒྲ་སྐད་སྣ་ཚོགས་བརྗོད། །ཞི་ཁྲོའི་སྒྲ་དང་འབྱུང་བའི་སྒྲ། །རྣམ་པ་སྣ་ཚོགས་ཉིད་ལ་སྤྱད། །ཅེས་པ་དང་། ཡང་སྔ་མ་ལས། །ཡིད་ཀྱི་སྔོན་འགྲོ་བྱ་བའི་ཕྱིར། །རིགས་དྲུག་སྡུག་བསྔལ་བློ་ལ་སྦྱངས། །ཞེས་གསུངས་པ་ལྟར། ལུས་ངག་ཡིད་གསུམ་གྱི་རྟེན་ཤན་དབྱེ་བར་བྱེད་པ་སྟེ། དང་པོ་ལུས་འདི་རྒྱུ་མ་རིག་པ་ལས་བསྐྱེད་པས་ན། དུས་རྒྱུན་དུ་འཁོར་བར་འཁྱམས་པ་ཡིན་པས། ད་ཕྱིན་ཆད་འཁོར་བ་ལ་མི་འཁྱམས་པར་བྱ་བའི་ཕྱིར། ལུས་ངག་ཡིད་གསུམ་འཁོར་བ་དང་ཤན་དབྱེ་བའོ། །དེ་ཡང་འཁོར་བའི་ཆ་དང་མྱང་འདས་ཀྱི་ཆ་གཉིས་ལས། ཐོག་མར་མི་མེད་པའི་རི་ལ་ཕྱིན་ཏེ། ས་ཕྱོགས་དེའི་ལྷ་ཀླུ་གཞི་བདག་རྣམས་ལ་

གཏོར་མ་གཅིག་འབྲུ་གསུམ་གྱི་བྱིན་གྱིས་བརླབས་ནས་བསྔོས་ཏེ། བདག་ཅག་གིས་ས་ཕྱོགས་འདིར་འཁོར་འདས་རུ་ཤན་འབྱེད་པའི་སྤྱོད་པ་ལགས་པས། བྱ་བ་འདི་མཐར་མ་རྫོགས་ཀྱི་བར་དུ་རྐྱེན་ཕྱི་ནང་གི་བར་ཆད་གང་ཡང་མ་གཏང་བར་བདག་གི་དགེ་བའི་སྟོང་གྲོགས་རྒྱ་ཆེན་པོ་མཛོད་ཅིག་ཅེས་བཀའ་བསྒོ། དེ་ནས་འདི་སླམ་དུ་ཡང་། དུས་འདི་ནས་བཟུང་སྟེ་སེམས་ཅན་ཐམས་ཅད་སངས་རྒྱས་ཀྱི་གོ་འཕང་རིན་པོ་ཆེ་མ་ཐོབ་ཀྱི་བར་དུ་བདག་གི་ལུས་འཁོར་འདས་རུ་ཤན་དབྱེ་ནས་ད་ཕྱིར་མི་ལྡོག་པ་བྱ་སླམ་པས་སེམས་བསྐྱེད་དེ། འགྲོ་བ་རིགས་དྲུག་གི་ལུས་ངག་ཡིད་གསུམ་གྱི་སྤྱོད་པ་ཡིད་ལ་དྲན་ཚད་བྱ་སྟེ། ལྷའི་བདེ་བ་དང་ལོངས་སྤྱོད་ཀླུ་གར་རོལ་མོ་སྣ་ཚོགས་དང་། འཆི་འཕོ་ལྟུང་བའི་སྡུག་བསྔལ་གྱི་རྣམ་འགྱུར་རྣམས་བྱ། ལྷ་མ་ཡིན་འཐབ་རྩོད་དང་གསོད་གཅོད་དམག་འཁྲིན་གཡུལ་འཁྲུགས་པ་སོགས་བདེ་སྡུག་གི་སྤྱོད་པ་སྣ་ཚོགས་དང་གཞན་མི་བླ་དཔོན་སོགས་འབྱོར་བ་ཅན་གྱི་ལོངས་སྤྱོད་བདེ་དགའི་རྣམ་པ་དང་། བར་མ་རྣམས་ཀྱི་ཚོང་སོ་ནམ་དགྲ་འདུལ་གཉེན་སྐྱོང་གི་རྣམ་པ་དང་། དབུལ་པོ་ཉམ་ཐག་པའི་ཚུལ་དང་། སྐྱེ་ཁྲབ་ཏུ་སྐྱེ་རྒ་ན་འཆིའི་རྣམ་པ་དང་ཚུལ་བྱ། དེ་བཞིན་དུ་དུད་འགྲོ་གླེན་ལྐུག་བཀོལ་སྤྱོད། ཡི་དྭགས་བཀྲེས་སྐོམ་གྱིས་གདུང་བ། དམྱལ་བ་ཚ་གྲང་གི་སྡུག་བསྔལ་ཐམས་ཅད་སེམས་ཀྱིས་རང་རྒྱུད་ལ་སྨྱོང་བར་བསམ་ཞིང་། ལུས་ཀྱི་མཆོང་རྒྱུག་འགྲོ་འདུག་སོ་སོའི་འདིར་འཁོར་འདས་རུ་ཤན་དབྱེ་བ་ལ་རིགས་དྲུག་གི་ལུས་ཀྱི་སྤྱོད་པ་དང་། ཞི་ཁྲོའི་ལྷའི་བཞུགས་སྟངས། རིགས་དྲུག་གི་ངག་གི་སྒྲ་སྐད་སྔགས་དང་ཧཱུྃ་ཕཊ་ཀྱི་སྒྲ། རིགས་དྲུག་གི་སྡུག་བསྔལ་སེམས་ཐོག་ཏུ་ལོན་པ་སོགས་སྒོ་གསུམ་གྱི་བྱ་བ་སོ་སོར་ཕྲལ་ནས་ཆོས་ཐུན་གསུམ་དང་སྦྱངས་བྱ་སོ་སོར་བྱེད་པའི་ཕྱག་སྲོལ་ཡོད

ནའང་འདི་ར་ལྟོན་ཅིག་བྱས་ཏེ། རྒྱས་པར་སྤྲོ་ན་སོ་སོར་མཛོད་ཅིགམཆན། རྣམ་འགྱུར་ཐམས་ཅད་བྱ། ངག་གིས་དེ་དང་དེ་ཡི་སྒྲ་སྐད་སྣ་ཚོགས་བརྗོད་པ་སོགས་ཤུགས་འབྱུང་འགགས་མེད་དུ་སྤྱད་པས་ངག་དུབ་འགྱུར་བ་སྤྱན་དག་ཏུ་མ་གྱུར་གྱི་བར་དུ་བྱས་ནས་རྗེས་ཤེས་ཀྱི་རང་ངོ་ལ་ལྟ་ཞིང་ངལ་གསོ། །ཡང་ལུས་ཀྱི་བདེ་བར་གཤེགས་པ་ཞི་ཁྲོའི་རྣམ་འགྱུར། ངག་སྔགས་ཀྱི་སྒྲ་སྐད་སྣ་ཚོགས་པ་དང་། ཡིད་རང་གི་ཡི་དམ་གང་ཡིན་པའི་བསྐྱེད་རིམ་མམ། བདེ་གཤེགས་ཞི་ཁྲོའི་སྐུའི་རྣམ་འགྱུར་དང་མཐུན་པ། དེ་དག་གི་རྣམ་པ་གསལ་བ། རྣམ་དག་དྲན་པ། ང་རྒྱལ་བརྟན་པ་རྣམས་ཅི་ནུས་བྱས་ལ་རྗེས་ཤེས་ཀྱི་རང་ངོ་སྐྱོང་ངོ་། །དེ་ལྟར་བྱས་པས་ལུས་ལ་ཚ་གྲང་བཀྲེས་སྐོམ་ཆགས་ཞེན་དགག་སྒྲུབ་མེད་པ་དང་། ངག་བླ་མའི་གདམས་ངག་གི་ཚིག་དོན་སྒོམ་བྱུང་གི་ཤེས་རབ་འཆར་བ་དང་། སེམས་གསལ་སྟོང་འགག་མེད་བདེ་བའི་ཉམས་རྩོལ་མེད་དུ་འཆར་བ་རྣམས་མ་བྱུང་གི་བར་དུ་སྒོང་ངོ་། དེ་དག་གི་དགོས་པ་ནི། ལུས་ངག་ཡིད་གསུམ་གྱི་སྡིག་པ་འདག། བར་ཆད་ཞི། མངོན་ཞེན་ལྡོག འགྲོ་བ་རིགས་དྲུག་གི་འཇིག་རྟེན་འཁྲུལ་བའི་ བློས་བཟུང་དུ་གོ་སྟེ། སྡིག་སྒྲིབ་རྣམས་སྦྱབ། མཐར་ཐུག་སྐུ་གསུང་ཐུགས་རྡོ་རྗེའི་རང་བཞིན་དུ་འཚང་རྒྱ་བའི་དགོས་པ་ཡོད་དེ། གཞུང་རྩ་བར་ལུས་ངག་ཡིད་གསུམ་གྱི་རུ་ཤན་སོ་སོར་དབྱེ་བ་དང་། སྒོ་གསུམ་གྱི་སྦྱོན་འགྲོ་སྦྱིལ་ནས་བྱེད་པར་གསུངས་ཀྱང་། རུ་ཤན་དབྱེ་བ་ཁོ་ན་སུམ་ཕྲུགས་སུ་བྱས་ན་ཉམས་ལེན་གནད་དུ་འདྲིལ་ཞིང་རྒྱུན་ཆེ་བར་དགོངས་ནས། གོང་བཞིན་དུ་བླ་མ་རྣམས་ཀྱི་ཕྱག་ལེན་མཛད་དོ། །

སྤྱི་དོན་བརྒྱད་པ་ནང་ལྟར་འཁོར་འདས་རུ་ཤན་དབྱེ་བ་རིགས་དྲུག་སྒྲེག་སྦྱོང་གི་རིམ་པ་ནི། འོད་ལམ་ཡང་ཁྱེད་འདིར་འདུས་པ་རྣམས་ཀྱིས་སེམས་ཅན་ཐམས་ཅད་ཐར་བ་བླ་མེད་དོན་གྱི་གནས་ལུགས་མངོན་དུ་རྟོགས་པར་བྱ་སྙམ་པའི་ཕྱིར་ན་ཡང་མ་ཡེངས་པར་རྩེ་གཅིག་ཏུ་གསན་འཚལ། དེ་ཡང་ཚུལ་ཇི་ལྟར་ཉན་ཞེ་ན། ཡིད་བཞིན་རིན་པོ་ཆེའི་མཛོད་ལས། དེ་ཡང་རྣམ་གཡེང་འདུ་འཛི་རྣམས་སྤངས་ལ། །ཆོས་ཀྱི་མཆོད་པ་དངོས་དང་ཡིད་མཆོད་ནས། །ཕྱག་འཚལ་དྲང་པོར་འདུག་སྟེ་ཐལ་མོ་སྦྱར། །མ་ཡེངས་གུས་པའི་ཚུལ་གྱིས་ཉན་པར་བྱ། །ཞེས་གསུངས་པ་ལྟར། ཆོས་ཉན་པ་ནི། རྣམ་པར་གཡེང་བ་དང་། འདུ་འཛིར་གྱུར་པ་ཀུན་སྤངས་ལ་ཉན་དགོས། དེ་ཡང་འཇིག་རྟེན་གྱི་ཚོང་ལ་སོགས་པ་ནི་སྒོ་གསུམ་རྣམ་པར་གཡེང་བ་ཡིན་ལ། འཁོར་དང་ཡོ་བྱད་ནང་དུ་འདུ་བ་དང་། དེའི་དབང་དུ་སོང་བས་སྒོ་གསུམ་བྲེལ་བ་དང་འཛིངས་པ་ཞེས་བྱ་སྟེ། །ཆོས་ལ་བར་དུ་གཅོད་པའི་རྐྱེན་མེད་པའི་ཕྱོགས་སུ་འཆད་པ་པོའི་ཁྲི་བཤམས་ཏེ། དར་ཟབ་ལ་སོགས་པའི་གདན་ལ་བཞུགས་སུ་གསོལ་བ་ལ། སྤོས་དང་མེ་ཏོག་དང་མར་མེ་ལ་སོགས་པ་དངོས་སུ་མཆོད་པ་དང་། ནམ་མཁའི་དབྱིངས་སུ་བདག་པོའི་ཡོངས་སུ་བཟུང་བ་དང་། མ་བཟུང་བའི་མཆོད་པའི་སྤྲིན་ཕུང་འཁྲིགས་པར་བསམ་ལ་འབུལ་ཞིང་། རང་གི་སྙེག་ཆོས་གདུགས་དང་། མཁར་བ་དང་། མཚོན་ཆ་དང་། མགོ་གཡོགས་དང་། མཆིལ་ལྷམ་གྱོན་པ་རྣམས་སྤོང་ལ། རྒྱབ་དང་ཟུར་གྱིས་ལྟ་བ་རྣམས་མ་ཡིན་པར་སྐྱིལ་ཀྲུང་བྱེད་པའམ། ཙོག་པུར་འདུག་ལ། མིག་ཕབ་ཐལ་མོ་སྦྱར་ཏེ་འཁོད་ནས་ཆོས་ལས་སེམས་གཞན་དུ་མ་ཡེངས་པར་ཉན་པ་སྟེ། ཡུམ་བར་མ་ལས། རིགས་ཀྱི་བུའམ་རིགས་ཀྱི་བུ་མོ་

དག་གིས་སྐྱེས་བུ་དམ་པ་ལ་ཆོས་ཉན་པ་དང་། བསྙེན་བཀུར་དུ་བྱའོ། །དེ་ཐོས་ནས་རྗེས་སུ་སྒྲུབ་པ་མངོན་པར་རྫོགས་པར་སངས་རྒྱ་བའི་བར་དུ་བྱའོ། །ཞེས་པ་དང་ །ཡིད་བཞིན་རིན་པོ་ཆེའི་མཛོད་ལས། ཐོས་པ་རྣམ་པ་བརྒྱད་ཅུ་རྩ་བཞི་དང་། །ལྡན་བྱས་རབ་དང་གུས་པའི་ཡིད་ཀྱིས་ཉོན། །ཞེས་སོ། །ཆོས་ཉན་པའི་རྩེ་གཅིག་པ་དེའི་ཚེ་ཆོས་དང་བླ་མ་ལ་རབ་ཏུ་དང་བ་དང་གུས་པ་ཆེན་པོ་བསྐྱེད་དེ། ཡོན་ཏན་བརྒྱད་ཅུ་རྩ་བཞིར་ལྡན་པས་ཉན་ནོ། །དེ་ལ་རབ་ཏུ་དང་བ་ནི་སེམས་ཉོན་མོངས་པའི་རྟོག་པ་མེད་པར་དགའ་སྤྲོ་དང་བཅས་པས་རྩེ་གཅིག་ཏུ་དང་བ་ཡིན་ལ། གུས་པ་ནི་ངག་ཅ་ཅོ་མེད་པ་དང་། ལུས་དྲང་པོར་འདུག་སྟེ། ཐལ་མོ་སྦྱར་ཞིང་འཛུམ་པ་དང་བཅས་པ་དང་། ཐོས་པ་རྣམ་པ་བརྒྱད་ཅུ་རྩ་བཞི་ནི། མདོའི་གནས་ཇི་ལྟ་བ་བཞིན་རྟོགས་པར་བྱ་སྟེ། དེ་ཡང་འཕགས་པ་བློ་གྲོས་མི་ཟད་པའི་ཞུས་པའི་མདོ་ལས། འདུན་པའི་རྣམ་པ་དང་། བསམ་པའི་རྣམ་པ་དང་། དེ་བཞིན་དུ་ལྷག་པའི་རྣམ་པ་དང་ །སྦྱོར་བ་དང་། དགེ་བའི་བཤེས་གཉེན་གྱི་རྣམ་པ་དང་། ང་རྒྱལ་མེད་པའི་རྣམ་པ་དང་། བག་ཡོད་པའི་རྣམ་པ་དང་རི་མོར་བྱེད་པའི་རྣམ་པ་དང་། མཐུན་པའི་རྣམ་པ་དང་། བཀའ་བློ་བདེ་བའི་རྣམ་པ་དང་། བསྙེན་བཀུར་བའི་རྣམ་པ་དང་། རིམ་གྲོ་བསྐྱེད་པའི་རྣམ་པ་དང་། ཞུ་དུད་བྱ་བའི་རྣམ་པ་དང་། རྣ་བ་གཏད་དེ་ཉན་པ་དང་། ཡིད་ལ་བྱེད་པ་དང་། མི་གཡེང་བ་དང་། གནས་པ་དང་། ཡིད་ཀྱི་ནོར་བུ་དང་། སྨན་དུ་འདུ་ཤེས་པའི་རྣམ་པ་དང་། ཉོན་མོངས་པ་གཙོང་ནད་འབྲིན་པའི་རྣམ་པ་དང་། དྲན་པའི་སྣོད་ཀྱི་རྣམ་པ་དང་། རྟོགས་པ་ཤེས་པའི་རྣམ་པ་དང་། བློ་གྲོས་འདོད་པའི་རྣམ་པ་དང་། བློ་ལ་འཇུག་པའི་རྣམ་པ་དང་། ཆོས་ཉན་པས་མི་ངོམ་པའི་རྣམ་

པ་དང་། སྟོང་པ་སྤྲོལ་བའི་རྣམ་པ་དང་། དུལ་ཞིང་ཅང་ཤེས་པའི་རྣམ་པ་དང་། མང་དུ་ཐོས་པ་བརྟེན་པའི་རྣམ་པ་དང་། གུས་པས་དགའ་བའི་རྣམ་པ་དང་། ལུས་བདེ་བའི་རྣམ་པ་དང་། ངག་ཞི་བའི་རྣམ་པ་དང་། སེམས་རབ་ཏུ་དགའ་བའི་རྣམ་པ་དང་། མི་སྐྱོ་བར་ཉན་པའི་རྣམ་པ་དང་། ཚིག་ཉན་པའི་རྣམ་པ་དང་། དོན་སེམས་པའི་རྣམ་པ་དང་། ལེགས་པར་སྤྱོད་པ་ཉན་པའི་རྣམ་པ་དང་། ནན་ཏན་གྱིས་ཉན་པའི་རྣམ་པ་དང་། གཞན་གྱིས་བསྟན་པ་ཉན་པའི་རྣམ་པ་དང་། བསྒྱུ་བའི་དངོས་པོ་ཉན་པའི་རྣམ་པ་དང་། ཆོས་མ་ཐོས་པ་ཉན་པའི་རྣམ་པ་དང་། མངོན་པར་ཤེས་པ་ཉན་པའི་རྣམ་པ་དང་། ཐེག་པ་གཞན་མི་འདོད་པའི་རྣམ་པ་དང་། ཕ་རོལ་དུ་ཕྱིན་པ་ཉན་པའི་རྣམ་པ་དང་། བྱང་ཆུབ་སེམས་དཔའི་སྡེ་སྣོད་ཉན་པའི་རྣམ་པ་དང་། ཐབས་ལ་མཁས་པ་ཉན་པའི་རྣམ་པ་དང་། ཚངས་པའི་གནས་ཉན་པའི་རྣམ་པ་དང་། དྲན་པ་དང་ཤེས་བཞིན་ཉན་པའི་རྣམ་པ་དང་། སྐྱེ་བ་ལ་མཁས་པ་ཉན་པའི་རྣམ་པ་དང་། མི་སྐྱེ་བ་ལ་མཁས་པའི་རྣམ་པ་དང་། མི་སྡུག་པའི་རྣམ་པ་དང་། བྱམས་པའི་རྣམ་པ་དང་། རྟེན་འབྲེལ་གྱི་རྣམ་པ་དང་། མི་རྟག་པའི་རྣམ་པ་དང་། སྡུག་བསྔལ་གྱི་རྣམ་པ་དང་། བདག་མེད་པའི་རྣམ་པ་དང་། ཞི་བའི་རྣམ་པ་དང་། སྟོང་པ་ཉིད་ཀྱི་རྣམ་པ་དང་། མཚན་མ་མེད་པའི་རྣམ་པ་དང་། སྨོན་པ་མེད་པའི་རྣམ་པ་དང་། མངོན་པར་འདུ་མི་བྱེད་པའི་རྣམ་པ་དང་། དགེ་བ་འདུ་བྱེད་པའི་རྣམ་པ་དང་། བདེན་པས་བྱིན་གྱིས་རླབས་པའི་རྣམ་པ་དང་། ཆུད་མི་ཟོན་པའི་རྣམ་པ་དང་། རང་དབང་གི་རྣམ་པ་དང་། བདག་གི་སེམས་བསྲུང་བའི་རྣམ་པ་དང་། རང་གི་ཕྱོགས་སྲུང་བའི་རྣམ་པ་དང་། ཕ་རོལ་གྱི་ཕྱོགས་བདུད་དང་མུ་སྟེགས་དང་།

ཉོན་མོངས་པ་ཚར་གཅོད་པའི་རྣམ་པ་དང་། ནོར་བདུན་ལ་བརྟེན་པའི་རྣམ་པ་དང་། དབུལ་བ་ཚར་གཅོད་པའི་རྣམ་པ་དང་། མཁས་པས་བསྔགས་པའི་རྣམ་པ་དང་། མཁས་པས་མངོན་པར་དགའ་བའི་རྣམ་པ་དང་། འཕགས་པ་ཀུན་ཤེས་པའི་རྣམ་པ་དང་། འཕགས་པ་མ་ཡིན་པ་མོས་པར་བྱེད་པའི་རྣམ་པ་དང་། བདེན་པར་མཐོང་བའི་རྣམ་པ་དང་། ཕུང་པོའི་ཉེས་པ་སྤོང་བའི་རྣམ་པ་དང་། འདུས་བྱས་ཀྱི་ཉེས་པ་འཇལ་བའི་རྣམ་པ་དང་། དོན་ལ་རྟོན་པའི་རྣམ་པ་དང་། ཆོས་ལ་རྟོན་པའི་རྣམ་པའི་དང་། ཡེ་ཤེས་ལ་རྟོན་པའི་རྣམ་པ་དང་། ངེས་དོན་གྱི་མདོ་སྡེ་ལ་རྟོན་པའི་རྣམ་པ་དང་། སྡིག་པ་ཐམས་ཅད་མི་བྱ་བའི་རྣམ་པ་དང་། རང་གཞན་ལ་ཕན་པའི་རྣམ་པ་དང་། ལེགས་པར་བྱས་པའི་ལས་ཀྱི་རྣམ་པ་ལ་མི་འགྱོད་པའི་རྣམ་པ་དང་། བྱེ་བྲག་ཏུ་འགྲོ་བའི་རྣམ་པ་དང་། སངས་རྒྱས་ཀྱི་ཆོས་ཐམས་ཅད་ཐོབ་པའི་རྣམ་པ་དང་། འདི་དག་ནི་བྱང་ཆུབ་སེམས་དཔའ་རྣམས་ཀྱི་ཐོས་པའི་རྣམ་པ་བརྒྱད་ཅུ་རྩ་བཞིའོ། །ཞེས་གསུངས་སོ། །དེ་ལ་ཡོན་ཏན་དེ་དག་དང་ལྡན་པའི་སྒོ་ནས་གང་ཉན་པར་བྱ་བའི་ཆོས་ནི་གསང་སྔགས་རྡོ་རྗེ་ཐེག་པ་སྟེ། འཆད་པ་པོ་རྡོ་རྗེ་སློབ་དཔོན་བློ་གྲོས་ཀྱི་སྤྱན་དང་ལྡན་པ་རྣམས་ཀྱིས་རྒྱས་བཤད་སྒྲོན་མདོ་རྒྱུད་དང་མཐུན་པར་གང་འོས་གསུངས་ཀྱང་རུང་མོད། འདི་ནས་མར་ལ་ཡི་གེ་འཇིག་གི་དོགས་ནས་དམིགས་ཀྱང་ཆོས་ཐུན་རྩ་ཐོའི་ཐིན་རིས་ཙམ་ལས་རྒྱས་བཤད་ནི་མ་སྤྲོས་སོ། །ལམ་ཐམས་ཅད་ཡོངས་སུ་རྫོགས་ཤིང་སངས་རྒྱས་སྐུ་གསུམ་གྱི་དགོངས་པ་མངོན་དུ་གྱུར་ནས་འཚང་རྒྱ་བར་བཤད་པའོ།མཆན། །དེ་ཡང་བྱང་ཆུབ་ལམ་སྒྲོན་ལས། སངས་རྒྱས་བྱང་ཆུབ་ཡུན་མི་རིང་། །རང་བཞིན་སྒྲ་དོན་དབྱེ་བ་དང་། །རྣམ་བཞག་གྲངས་ངེས་མཚན་

ཉིད་དང་། །ཁྱད་པར་དང་ནི་དོན་བདུན་གྱིས། །རྫོགས་སངས་རྒྱས་ཀྱི་སྐུ་རྣམས་བསྡུས། །ཞེས་གསུངས་པའོ། །དེ་ལ་དང་པོ་ཡང་དག་པར་རྫོགས་པའི་སངས་རྒྱས་ཀྱི་རང་བཞིན་ནི། །སྤངས་པ་ཕུན་སུམ་ཚོགས་པ། ཡེ་ཤེས་ཕུན་སུམ་ཚོགས་པའོ། །དེ་ལ་སྤངས་པ་ཕུན་སུམ་ཚོགས་པ་ནི། ཉོན་མོངས་པའི་སྒྲིབ་པ་དང་། ཤེས་བྱའི་སྒྲིབ་པ་ལམ་རྣམས་ཀྱིས་སྲུན་ཕྱུང་ནས་རྡོ་རྗེ་ལྟ་བུའི་ཏིང་ངེ་འཛིན་གྱི་མཇུག་ཐོགས་སུ་མ་ལུས་པ་སྤངས་པ་སྟེ། །དེ་ཡང་སྙོམས་འཇུག་གི་སྒྲིབ་པ་ལ་སོགས་པ་ནི་སྒྲིབ་པ་གཉིས་པོ་དེ་ཡི་དབྱེ་བར་ཟད་པའི་གཉིས་པོ་དེ་སྤངས་པས་ན་སྒྲིབ་པ་ཐམས་ཅད་སྤོང་པ་ཡིན་ནོ། །རྟོགས་པ་ཕུན་སུམ་ཚོགས་པ་ནི་ཡེ་ཤེས་དང་ཐུགས་རྗེའི་རང་བཞིན་ཏེ། རྫོགས་པ་ཆེན་པོ་སེམས་ཉིད་ངལ་གསོ་ལས། རྟོགས་པའི་ཆོས་ནི་ས་ལམ་བསྐྱེད་རྫོགས་ཏེ། །གཟུང་དང་ཏིང་འཛིན་ཡེ་ཤེས་སྙིང་པོ་ཅན། །ཐུགས་རྗེའི་རང་བཞིན་ཐབས་ཚུལ་དཔག་མེད་དོ། །ཅེས་གསུངས་པ་ལྟར། སངས་རྒྱས་སྐུ་གསུམ་གྱི་བདག་ཉིད་ལ་ཡེ་ཤེས་ཀྱི་རྣམ་གྲངས་སོ་སོར་དབྱེ་ན་མང་དུ་སྣང་ཡང་འདིར་ཙུང་ཟད་ཙམ་བརྗོད་ན། དེ་ཡང་མདོ་དང་བསྟན་བཅོས་གཉིས་ཀར་གྱི་གཞུང་ལས་སངས་རྒྱས་ཀྱི་ཡེ་ཤེས་བཤད་ལ། ཇི་སྐད་དུ། འཕགས་པ་སྡུད་པ་ལས། དེ་ལྟ་བས་ན་གལ་ཏེ་སངས་རྒྱས་ཡེ་ཤེས་མཆོག །རིག་པ་འདོད་ན་རྒྱལ་བའི་ཡུམ་འདི་ར་དད་པར་གྱིས། །ཞེས་གསུངས་པ་དང་།ཡང་དེ་ཉིད་ཀྱི་ལེའུ་ཉེར་གཅིག་པ་ལས།བླ་ན་མེད་པའི་སངས་རྒྱས་ཀྱི་ཡེ་ཤེས་ཡོད་དོ། །ཆོས་ཀྱི་འཁོར་ལོ་བསྐོར་བ་ཡོད་དོ། །སེམས་ཅན་ཡོངས་སུ་སྨིན་པར་བྱེད་དོ། །ཞེས་གསུངས་པ་ལྟར་དེ་བཞིན་གཤེགས་པ་ལ་ཇི་ལྟ་བ་མཁྱེན་པའི་ཡེ་ཤེས་དང་། ཇི་སྙེད་པ་མཁྱེན་པའི་ཡེ་ཤེས་གཉིས་དང་། གཞན་

ཡང་ཆོས་ཀྱི་དབྱིངས་ཀྱི་ཡེ་ཤེས་སོགས་ཡེ་ཤེས་ལྔ་ལ་སོགས་པ་སྤངས་རྟོགས་ཀྱི་ཡོན་ཏན་ཕུན་སུམ་ཚོགས་ཤིང་། མ་རིག་པའི་སྒྲིབ་ཐམས་ཅད་སངས་པ། ཤེས་བྱའི་ཡོན་ཏན་ཐམས་ཅད་རྒྱས་པའི་བདག་ཉིད་ཆེན་པོའོ། །འོ་སྐོལ་གྱི་སྟོན་པ་མཉམ་མེད་ཤཱཀྱའི་རྒྱལ་པོའམ། ཤཱཀྱ་ཐུབ་པ་དེ་ཉིད་ཀྱིས་དང་པོ་བྱང་ཆུབ་མཆོག་ཏུ་སེམས་བསྐྱེད། བར་དུ་བསྐལ་བ་གྲངས་མེད་གསུམ་དུ་ཚོགས་བསགས། མཐར་མངོན་པར་རྫོགས་པ་སངས་རྒྱས་པའང་། དགའ་ལྡན་གྱི་ལྷའི་གནས་ནས་ལྷའི་བུ་དམ་པ་ཏོག་དཀར་པོས་གཟིགས་པ་རྣམ་པ་ལྔར་གཟིགས་ཏེ། ཉིད་ཀྱི་ཅོད་པཎ་བྱམས་པའི་དབུ་ལ་བཞག་ནས་རྒྱལ་ཚབ་ཏུ་བསྐོས། གླང་པོ་ཆེའི་གཟུགས་སུ་སྤྲུལ་ཏེ། ཡུམ་སྒྱུ་འཕྲུལ་མའི་ལྟུམས་སུ་ཞུགས་ཤིང་། ཟླ་བ་བཅུ་ལོན་པ་ན་ལུམ་བི་ནའི་ཚལ་དུ་སྐུ་བལྟམས་ཚེ་ལྷ་རྣམས་ཀྱིས་ཁྲུས་གསོལ། བལྟམས་ནས་ཞག་བདུན་ན་ཡུམ་འདས་ཏེ་སྐྱེ་དགུའི་བདག་མོ་ལ་སོགས་པ་མ་མ་སུམ་ཅུ་རྩ་གཉིས་ལ་གཏད་ནས་མཚོ་ཆེན་པོ་ལ་གནས་པའི་པདྨ་ལྟར་བསྐྱེད་དོ། །དེའི་ཚེ་རྒྱལ་པོས་དགོས་པ་ཐམས་ཅད་གྲུབ་པས་མཚན་ཡང་གཞོན་ནུ་དོན་ཐམས་ཅད་གྲུབ་པར་བཏགས། དེ་ནས་ཡི་གེ་དང་། རྩིས་དང་། འཕོངས་དང་། སྒྱུ་རྩལ་ལ་སོགས་པ་སློབ་པའི་ཚུལ་བསྟན་ནས་ཕོ་བྲང་ལ་བཞུགས་པ་ལས། ཡབ་ཀྱིས་ཤཱཀྱ་ལག་ན་བེ་ཆེན་གྱི་བུ་མོ་ས་མཚོ་མ། ལག་ན་དབྱིལ་བུ་སྦྲའི་བུ་མོ་གྲགས་འཛིན་མ། ཟས་དཀར་གྱི་བུ་མོ་རི་དྭགས་སྐྱེས་རྣམས་ལ་རེ་རེར་འཁོར་ཉི་ཁྲི་སྟེ། བཙུན་མོ་དྲུག་ཁྲི་ཁབ་ཏུ་བཞེས་ནས་འདོད་པའི་ཡོན་ཏན་ལྔ་ལ་སྤྱོད་ཅིང་ཕོ་བྲང་ན་བཞུགས་སོ། །དེའི་ཚེ་སིལ་སྙན་གྱི་སྒྲ་ལས། སྡུག་བསྔལ་བརྒྱུས་གང་སེམས་ཅན་མཐོང་ནས་ནི། འགྲོ་བའི་མགོན་དང་སྐྱབས་དང་གནས་གྱུར་ཅིང་། ཕན་བྱེད་

མགོན་དང་དཔུང་གཉེན་གྱུར་ཅིག་ཅེས། །ཁྱོད་ཀྱིས་སྟོན་གྱི་སྨོན་ལམ་དེ་སྐད་བཏབ། །དགེ་བ་དཔའ་བོ་སྟོན་གྱི་སྤྱོད་པ་དང་། །འགྲོ་ཕན་བྱ་ཞེས་སྨོན་བཏབ་དྲན་པར་གྱིས། །ཞེས་པ་དང་།འཆི་མེད་མྱ་ངན་མེད་ན་སངས་རྒྱས་ཏེ། །སྒོམ་པས་ཉམ་ཐག་བདུད་རྩིའི་ཚིམ་བྱ་ཞིང་། །ཁྱོད་ཀྱི་སྟོན་སླས་ཚིག་མཐོང་དྲན་བྱས་ནས། །གྲོང་ཁྱེར་དམ་པ་འདི་ནས་མྱུར་དུ་བྱུང་། །ཞེས་པས་བསྐུལ་བ་དང་། ངེས་པར་འབྱུང་བར་མོས་ཏེ། འདུན་པས་ཤིང་རྟའི་ཁ་ལོ་བྱས་ནས་གྲོང་ཁྱེར་གྱི་ཕྱོགས་བཞིར་བྱོན་པ་ལས། སྐྱེ་རྒ་ན་འཆིའི་རྒྱུ་བོ་བཞི་དང་། དེ་ལས་ཐར་བའི་ལམ་དུ་ཞུགས་པའི་དགེ་སྦྱོང་གི་གཟུགས་སུ་ཆས་པ་མཐོང་ནས། རྒ་དང་ན་དང་འཆི་འགྱུར་བ། །གལ་ཏེ་འདི་གསུམ་ཡོད་མིན་ན། །བདག་ཀྱང་ཤིན་ཏུ་ཡིད་འོང་བའི། །ཡུལ་རྣམས་ལ་ནི་དགའ་བར་བྱེད། །ཅེས་དེ་དག་གི་སྡུག་བསྔལ་སེམས་ཤིང་ངེས་པར་འབྱུང་བར་དམ་བཅས་ནས། ཡབ་ལ་ཞུས་བྱས་ཏེ། བསྡོགས་ལྡན་གྱི་སྟེང་དུ་ཆིབས་པས། རྟ་རྨིག་བཞི་ནས་རྒྱལ་ཆེན་བཞིས་བཏེགས་ནས་ནམ་མཁའ་ལ་བྱོན། མཆོད་རྟེན་རྣམ་དག་དྲུང་དུ་ཉིད་ལས་ཉིད་རབ་ཏུ་བྱུང་ནས། ཡངས་པ་ཅན་དུ་སྒྲུ་རྩལ་ཤེས་ཀྱི་བུ་རིངས་ཕུར་ལ་ཅི་ཡང་མེད་པ་མན་ཆད་ཀྱི་ཏིང་ངེ་འཛིན་བསླབ། རྒྱལ་པོའི་ཁབ་ཏུ་རིངས་བྱེད་ཀྱི་བུ་ལྷག་སྤྱོད་ལས་སྲིད་པའི་རྩེ་མོ་མན་ཆད་ཀྱི་ཏིང་ངེ་འཛིན་བསླབ་ཅིང་བསྒོམ་པའི་ཚུལ་བསྟན། ཆུ་ཀླུང་ནཻ་རཉྫའི་འགྲམ་དུ་མཁའ་ཁྱབ་ཀྱི་ཏིང་ངེ་འཛིན་ལ་མཉམ་པར་བཞག་ནས། ལོ་གཉིས་ལ་འབྲས་ཉག་མ་རེ། གཉིས་ལ་ཆུ་ཐིགས་པ་རེ། གཉིས་ལ་ཅི་ཡང་མ་གསོལ་བར་ལོ་དྲུག་ཏུ་དཀའ་བ་སྤྱོད་པའི་ཚུལ་བསྟན་ནས་བཞུགས་སོ། །དེ་ནས་རྡོ་རྗེ་གདན་དུ་བཞུད་པའི་ལམ་ན་བྲམ་ཟེའི་བུ་མོ་ལེགས་སྐྱེས་མས་བ་མེན་ལྔ་བརྒྱའི་འོ་

མ་རྒྱུད་དུ་བཤིང་བ་བསྐོལ་བ་དྲངས་ཏེ་སྐུ་ལུས་གསེར་ལྟར་གྱུར། དེ་ནས་རྩ་འཚོང་བཀྲ་ཤིས་ལྷུན་ལས། རྩྭ་བསླང་ནས་རྡོ་རྗེ་གདན་དུ་བྱོན་ཏེ། རྩྭ་དེ་དག་གདན་དུ་བཏིང་ནས་སྐྱིལ་མོ་ཀྲུང་མཛད་དེ། ཇི་སྲིད་ཟག་མེད་མ་ཐོབ་བར། །དེ་སྲིད་སྐྱིལ་ཀྲུང་བཤིག་མི་བྱ། །ཞེས་ཏིང་ངེ་འཛིན་ལ་མཉམ་པར་བཞག་ནས་བཞུགས་པ་ལས། བདུད་ཀྱིས་དམག་བྱེ་བ་དང་དུང་ཕྱུར་དྲངས་ཏེ། མཚོན་ཆ་སྣ་ཚོགས་འཕངས་པ་ན། བྱང་ཆུབ་སེམས་དཔའ་བྱམས་པའི་ཏིང་ངེ་འཛིན་ལ་མཉམ་པར་བཞག་པས། མཚོན་ཆ་སྣ་ཚོགས་མེ་ཏོག་གི་ཆར་དུ་བབ། མི་སྙན་པའི་སྒྲ་སྐད་རྣམས་བསྟོད་དབྱངས་སྙན་པའི་རང་བཞིན་དུ་གྱུར་ནས་བདུད་ཀྱི་རྒྱུད་ཐམས་ཅད་བཏུལ་བས་བདུད་དམག་རྣམས་སླར་ལོག་པ་དང་། བདུད་ཀྱི་བུ་མོ་བདུན་གྱིས་ཆགས་པའི་ཟོལ་གྱིས་བསླུ་བར་འོངས་པ་ལས། རྒན་མོ་བདུན་དུ་གྱུར་ནས་འགྱོད་བཤགས་ཕུལ་ནས་རང་རང་གི་གནས་སུ་སོང་ངོ་། །དེ་ནས་གྱང་གི་ཆ་ལ་བསམ་གཏན་བཞིའི་ཏིང་ངེ་འཛིན་ལ་མཉམ་པར་བཞག །ཐོ་རིངས་ཟད་པར་ཤེས་པ་དང་མི་སྐྱེ་བ་ཤེས་པའི་ཡེ་ཤེས་མངོན་དུ་མཛད་དེ་སངས་རྒྱས་ཀྱི་བྱང་ཆུབ་བརྙེས་སོ། །དེ་ནས་ཞག་བདུན་ཕྲག་བདུན་དུ་ཆོས་མི་གསུང་བར་བཞུགས་པ་ལས། བདུན་ཕྲག་དང་པོ་ལ་སྐྱིལ་ཀྲུང་མ་བཤིག་པར་བཞུགས། གཉིས་པ་ལ་འཛམ་གླིང་ཉེ་བར་བཙགས། གསུམ་པ་ལ་སྟོང་གསུམ་རིང་དུ་བཙགས། བཞི་པ་ལ་བྱང་ཆུབ་ཀྱི་ཤིང་ལ་གཟིགས། ལྔ་པ་ལ་ཀླུའི་རྒྱལ་པོ་བཏང་བཟུང་གི་གནས་སུ་གཤེགས། དྲུག་པ་ལ་ཀུན་ཏུ་རྒྱུ་རྣམས་བཏུལ། བདུན་པ་ལ་ཤིང་སྟྲོལ་རྒྱུའི་ཚལ་དུ་བཞུགས་ཏེ་ཚོང་དཔོན་ག་གོན་དང་བཟང་སྐྱོང་གིས་སྦྲང་རྩི་ཕུལ་བ་རྒྱལ་པོ་བཞིས་རྡོའི་ལྷུང་བཟེད་ཕུལ་བར་བཞེས་ཏེ་གསོལ་ནས་ཤིས་པ་བརྗོད་པ་གསུངས་

པའི་རྗེས་ལ། ཟབ་ཞི་སྤྲོས་བྲལ་འོད་གསལ་འདུས་མ་བྱས། བདུད་རྩི་ལྟ་བུའི་ཆོས་ཤིག་བདག་གིས་རྙེད། །སུ་ལ་བསྟན་ཀྱང་གོ་བར་མི་འདུག་པས། །མི་སྨྲ་ནགས་འདབས་ཉིད་དུ་གནས་པར་བྱ། །ཞེས་གསུངས་ཏེ། ཐུགས་ལས་ཆུང་ངུ་ལ་གཞོལ་བར་གྱུར་ཏོ། །དེའི་ཚེ་ཚངས་པས་སྟོན་གྱི་སྨོན་ལམ་རྗེས་སུ་དྲན་ནས་དེ་བཞིན་གཤེགས་པ་ལ་ཆོས་ཀྱི་འཁོར་ལོ་བསྐོར་བར་བསྐུལ་བ་དང་། བརྒྱ་བྱིན་གྱིས་ཀྱང་གསོལ་བ་བཏབ་པ་ལ་བརྟེན་ནས། ཡུལ་ཝཱ་ར་ཎ་སི་དྲང་སྲོང་ལྟུང་བ་རི་དྭགས་ཀྱི་ནགས་སུ་འཁོར་ལྔ་སྡེ་བཟང་པོ་ལྔ་བརྒྱད་ཁྲི་དང་བཅས་པ་ལ་བདེན་པ་བཞིའི་ཆོས་ཀྱི་འཁོར་ལོ་ལན་གསུམ་ལྡབ་པས་བཅུ་གཉིས་སུ་བསྐོར། གནས་ཕུན་སུམ་ཚོགས་པ་བྱ་རྒོད་ཕུང་པོའི་རིར་བཀའ་བར་བ་མཚན་ཉིད་མེད་པའི་ཆོས་ཀྱི་འཁོར་ལོ་དང་། གཞན་ཡང་ལྷ་ཀླུའི་གནས་ལ་སོགས་པ་ངེས་མེད་སྣ་ཚོགས་སུ་བཀའ་ཐ་མ་ངེས་པ་དོན་གྱི་ཆོས་ཀྱི་འཁོར་ལོ་རྣམས་གདུལ་བྱ་སོ་སོའི་དབང་པོའི་རིམ་པ་དང་འཚམས་པར་ཆོས་ཀྱི་འཁོར་ལོ་བསྐོར། དེ་ལྟར་གདུལ་བྱ་སྐྱེ་དགུ་ལ་ལ་ནི་ལྷ་དང་མི་ཡི་བདེ་བ་ལ་བཀོད། ལ་ལ་ནི་ཐེག་པ་གསུམ་གྱི་ལམ་དང་ལས་ཀྱི་འབྲས་བུ་ལ་བཀོད། དེ་ཡང་ལྷ་མིའི་བདེ་བ་ནི་མངོན་པར་མཐོ་བའི་ཐེག་པ་ཞེས་རྒྱུ་དགེ་བ་བཅུ་སྒྲུབ་ཅིང་མི་དགེ་བ་བཅུ་སྤངས་པའི་འབྲས་བུ་སྟེ། དཔལ་ལེའུ་ལག་ལས། དགེ་བཅུ་སྤྱོད་ཅིང་མི་དགེ་བཅུ་སྤོང་པ། །འདོད་ཁམས་ལྷ་དང་མི་རུ་སྐྱེ་བའི་རྒྱུ། །ཞེས་གསུངས་སོ། །ངེས་པར་ལེགས་པའི་ཐེག་པ་ལ་ཡང་གཉིས་ཏེ། རྒྱུ་ཕ་རོལ་ཏུ་ཕྱིན་པའི་ཐེག་པ་དང་། འབྲས་བུ་གསང་སྔགས་རྡོ་རྗེ་ཐེག་པའོ། །དེ་ལ་རྒྱུ་ཕ་རོལ་ཏུ་ཕྱིན་པའི་ཐེག་པ་ཡང་། ཉན་ཐོས་ཀྱི་ཐེག་པ་དང་། རང་སངས་རྒྱས་ཀྱི་ཐེག་པ་དང་། བྱང་ཆུབ་སེམས་པའི་ཐེག་པའོ། །འབྲས་བུ་

གསང་སྔགས་རྡོ་རྗེ་ཐེག་པ་ལ་ཡང་རྣམ་པ་དྲུག་སྟེ། ཀྲི་ཡ་ཨུ་པ་ཡོ་ག་གསུམ། མ་ཧཱ་ཨ་ནུ་ཨ་ཏི་གསུམ་སྟེ་རིམ་པ་དགུ་རུ་གསུངས་པ་ཡིན་ནོ། །དེ་ལྟར་གྱི་ཐེག་པ་སྣ་ཚོགས་སྟོན་པ་ཡང་། བློ་འདས་ཨ་ཏི་རྫོགས་པ་ཆེན་པོའི་དོན་ལ་འདུས་ཤིང་འདི་ཉིད་རྟོགས་པའི་ཐབས་ཁོ་ནར་གསུངས་པ་ཡིན་ཅིང་། ཀུན་བྱེད་ལས། སྤྱི་འདུས་དགོངས་པ་ཐམས་ཅད་འདུས། །རང་བཞིན་རྫོགས་པ་ཆེན་པོར་འདུས། །འདི་ཉིད་ཀུན་གྱི་སྙིང་པོ་སྟེ། །འདི་རུ་མ་འདུས་གང་ཡང་མེད། །ཅེས་གསུངས་པའི་དོན་ལ་འཇུག་པ་ནི། དེ་ཡང་ནང་ལྟར་འཁོར་འདས་རུ་ཤན་དབྱེ་བ་ལ། དབྱེ་བ་བསྟན་པ་དང་། ཇི་ལྟར་དབྱེ་བའི་ཚུལ་ལོ། །དང་པོ་ནི་ཀློང་གསལ་ལས། ནང་གི་འབྲུལ་རྒྱུ་ཟད་པའི་ཕྱིར། །འཁོར་འདས་རུ་ཤན་ནང་ལྟར་དབྱེ། །ཞེས་གསུངས་པས། ཕྱི་ལྟར་འཁོར་འདས་རུ་ཤན་དབྱེ་བས་ཕྱི་འབྲུལ་པའི་རྐྱེན་སྣང་ཟད་ཀྱང་། ནང་འབྲུལ་པའི་རྒྱུ་དང་ས་བོན་མ་ཟད་ན། ཞེ་སྡང་སོགས་ཉོན་མོངས་པ་ཀུན་སློང་གི་མི་དགེ་བའི་བག་ཆགས་ས་བོན་སོ་སོ་ལ་བཞག་པས། དེ་དང་དེའི་ནུས་པ་སད་པར་བྱས་ཏེ། འབྲས་བུ་རིགས་དྲུག་གི་འཁོར་བའི་རྒྱུན་ཆོད་པར་མི་འགྱུར་བས། དེ་ཆོད་པར་བྱ་བའི་ཕྱིར་ནང་ལྟར་འཁོར་འདས་རུ་ཤན་དབྱེ་བའོ། །གཉིས་པ་ཇི་ལྟར་དབྱེ་བའི་ཚུལ་ནི། སྦྱང་བྱ་དང་སྦྱོང་བྱེད་དང་མཚན་མ་དང་གསུམ་མོ། །

དང་པོ་ནི་འཁོར་བ་ཐོག་མ་མེད་པ་ནས་ད་ལྟ་ལ་ཐུག་གི་བར་དུ་ལུས་ངན་སྣ་ཚོགས་བླངས་ཤིང་ལས་ངན་བག་ཆགས་སྣ་ཚོགས་བསགས་པ་དེ་སྦྱངས་དགོས་པ་ཡིན་ཏེ། དེ་ཡང་འདས་རྗེས་ལས།ལུས་འདི་མ་རིག་རྒྱུས་བསྐྱེད་ཕྱིར། །རིགས་དྲུག་ས་བོན་ཉིད་དུ་གནས། །ཞེས་གསུངས་པ་དང་། ལུས་འདི་མ་རིག་འབྲུལ་པ་ལས

གྲུབ་པས། །དེའི་དབང་ལུས་ལ་རིགས་དྲུག་ས་བོན་ཏེ། །ཞེས་སོ། །ཀློང་གསལ་ལས། སྤྱི་བོ་མགྲིན་པ་སྙིང་ཁ་དང་། །ལྟེ་བ་གསང་གནས་རྐང་མཐིལ་དུ། །ཨ་སུ་ནི་ཏྲི་པྲེ་དུ་གནས། །ཞེས་གསུངས་པས་ས་བོན་དེ་རྣམས་མ་དག་པ་ལ་བརྟེན་ནས། དུས་རྟག་ཏུ་རིགས་དྲུག་གི་གནས་སུ་འཁྲམས་ཤིང་། །ཁམས་གསུམ་འཁོར་བའི་སྡུག་བསྔལ་སྨྱོང་བའི་ས་བོན་རྣམས་དག་པར་བྱ་ཞིང་ལུས་ངག་ཡིད་གསུམ་འཁྲུལ་པའི་རྒྱུ་དང་ས་བོན་དག་པར་བྱ་བའི་ཕྱིར་འཁོར་བ་དང་རྒྱུ་ཤན་དབྱེ་བར་བྱ་སྟེ། རང་གི་སྤྱི་བོར་ལྷའི་ས་བོན་ཨ་དཀར་པོ་བག་ཆགས་དང་བཅས་པ། །མགྲིན་པར་ལྷ་མ་ཡིན་གྱི་ས་བོན་སུ་སེར་པོ་བག་ཆགས་དང་བཅས་པ། སྙིང་གར་མིའི་ས་བོན་ནི་སྔོ་སྐྱ་བག་ཆགས་དང་བཅས་པ། ལྟེ་བར་དུད་འགྲོའི་ས་བོན་ཏྲི་དམར་ནག་བག་ཆགས་དང་བཅས་པ། གསང་གནས་སུ་ཡི་དྭགས་ཀྱི་ས་བོན་པྲེ་ལྗང་ཁུ་བག་ཆགས་དང་བཅས་པ། རྐང་མཐིལ་དུ་དམྱལ་བའི་ས་བོན་དུ་དུད་ཁ་བག་ཆགས་དང་བཅས་པ་གསལ་བ་རྣམས་ལའང་སོ་སོའི་བག་ཆགས་ཐམས་ཅད་འདུས་ཤིང་ཐིམ་པར་བསྒོམ་མོ། །དེ་ཡང་མ་དག་པའི་དུས་ན་ལས་དང་ཉོན་མོངས་པས་བྱས་པ་བག་ཆགས་གང་ཡིན་ཡི་གེ་དྲུག་པོའི་སྟེང་དུ་བསགས་ཏེ། ཞེ་སྡང་གིས་ལས་བྱས་པའི་འཁོར་ཁོང་ཁྲོ་ལ་སོགས་པ་ནི་དུ་ཡི་སྟེང་དུ་བསགས་གོ །འདོད་ཆགས་པྲེ། ང་རྒྱལ་ཨ་དང་ནི། ཕྲ་དོག་སུ། གཏི་མུག་ཏྲིའི་སྟེང་དུ་བསགས་གོ །དེ་ལྟར་ཡང་བླ་མ་ལ་ཡི་གསང་ཐིག་གི་འགྲེལ་པར། དེ་ཡང་ལྷ་དང་མི་གཉིས་སུ་སྐྱེ་བའི་ཁ་ཟིན་ནི་ཡིད་ཀྱི་རྣམ་པར་ཤེས་པས་བྱས་ནས་ས་བོན་ཨ་དང་ནི་ལ་བསགས་གོ །བྱོལ་སོང་དང་ལྷ་མ་ཡིན་དུ་སྐྱེ་བའི་ཁ་ཟིན་ནི་ཀུན་གཞིའི་རྣམ་པར་ཤེས་པས་བྱས་ནས་ས་བོན་སུ་དང་ཏྲི་ལ་བསགས་

གོ །ཡི་དྭགས་དང་དམྱལ་བར་སྐྱེ་བའི་ཁ་ཟེིན་ནི་སྒོ་ལྔའི་རྣམ་པར་ཤེས་པ་དང་ཉོན་མོངས་ཅན་གྱི་ཡིད་ཀྱིས་བྱས་ནས་ས་བོན་ཕྲེ་དང་དུ་ལ་བསོག་གོ །འདི་ལྟར་གནས་པ་དེ་ནི་འགྲོ་བ་རིགས་དྲུག་གི་སེམས་ཅན་ཐམས་ཅད་ལ་རང་རྒྱུད་དུ་གནས་སོ། །ཞེས་གསུངས་པ་ལྟར་དྲུག་ལྟ་སེར་སྣ་དང་བཅས་པའི་བག་ཆགས་ཉོན་མོངས་ཀྱིས་བོན་སྦྱངས་གཞིའོ། །གཉིས་པ་དེ་ཉིད་སྦྱོང་བར་བྱེད་པའི་སྐུ་གསུང་ཐུགས་ཀྱི་ཡི་གེ་གསུམ་དུ་བསྐྱེད་པར་བྱ་སྟེ། འདས་རྗེས་ལས། རིག་པ་སྐུ་གསུམ་དངོས་ཡིན་ཕྱིར། །སྐུ་གསུམ་ཡི་གེ་གསུམ་དུ་ཤར། །ཡི་གེ་རྩལ་སྦྱངས་རུ་ཤན་དབྱེ། །ཞེས་གསུངས་པ་ལྟར་གྱི། །སྤྱི་བོར་སྐུའི་ས་བོན་ཨོཾ་དཀར་པོ་རང་འོད་དང་བཅས་པ། །མགྲིན་པར་གསུང་གི་ས་བོན་ཨཱཿདམར་པོ་རང་འོད་དང་བཅས་པ། སྙིང་ཁར་ཐུགས་ཀྱིས་བོན་ཧཱུྃ་སྔོན་པོ་རང་འོད་དང་བཅས་པ་གསལ་གདབ། དེ་ཡང་ཀུན་མཁྱེན་ཆོས་རྗེའི་ཞལ་ནས། རྟོགས་པའི་དུས་ན་ཡེ་ཤེས་ཀྱི་རང་རྩལ་དགེ་བ་རྣམས་སྐུ་གསུང་ཐུགས་ཀྱི་ཡི་གེ་གསུམ་གྱི་སྟེང་དུ་བསོག་གོ །དེ་ལའང་སྐུ་དང་འབྲེལ་བར་ལྟ་བསྒོམ་པ་ལ་སོགས་ཨོཾ། སྤྱགས་བཟླས་པ་ལ་སོགས་པ་ཨཱཿརྣམ་པར་མི་རྟོག་པ་བསྒོམ་པ་ལ་སོགས་པ་ཧཱུྃ་གི་སྟེང་དུ་བཞག་པས་སྦྱང་གཞིའི་ཡི་གེ་དང་དེའི་སྟེང་གི་བག་ཆགས་དག་པར་བྱེད་དོ། །ཞེས་གསུངས་པ་ལྟར། རང་གི་ངག་ནས་ཨོཾ་ཨཱཿཧཱུྃ་ཞེས་བཟླས་པའི་དུས་སུ་གནས་གསུམ་ཡི་གེ་གསུམ་ལས་ཡེ་ཤེས་ཀྱི་མེ་ཁ་དོག་སུམ་ལྡན་དུ་འབར་བས། རིགས་དྲུག་གི་ས་བོན་བག་ཆགས་དང་བཅས་པ་ཐམས་ཅད་གཞོབ་ཐུལ་ཐུལ་བསྲེག་ནས་མི་གནས་པར་བྱས་ཏེ། ལུས་ངག་ཡིད་གསུམ་རྒྱལ་བའི་སྐུ་གསུང་ཐུགས་སུ་བྱིན་གྱིས་རླབས་ནས། སླར་ཡང་རིགས་དྲུག་གི་གནས་ཐམས་

ཅན་དུ་འོད་ཟེར་གྱིས་ཁྱབ་ཅིང་རིགས་དྲུག་སོ་སོའི་བག་ཆགས་དང་བཅས་པ་ཐམས་ཅད་དངོས་མེད་དུ་བསྲེགས། རང་གཞན་གྱི་འཁོར་བ་དང་ངན་སོང་གི་རྒྱུ་འབྲས་ཐམས་ཅད་སྦྱངས་ནས་ལུས་དྭངས་གསལ་ཤེལ་སྒོང་ཕྱིས་པ་ལྟར་བསམ་ཞིང་། ཨོཾ་ཨཱཿཧཱུྃ་འབྲུམ་ཚོ་བདུན་དབྱངས་སྙན་པོས་བཟླས་པར་བྱའོ། །དེ་ལྟར་རིགས་དྲུག་ས་བོན་ཡི་གེ་དྲུག་རྒྱལ་བའི་སྐུ་གསུང་ཐུགས་ཀྱི་ཡི་གེས་སྦྱངས་ནས། འཁོར་བ་བདེ་སྡུག་གི་ལས་སྣ་ཚོགས་པའི་སྒྲོག་ལས་གྲོལ་ནས་བར་ཆད་ཐམས་ཅད་ཞི་བར་འགྱུར་རོ། །གསུམ་པ་དེ་ལྟར་སྦྱངས་པས་སྡིག་སྒྲིབ་དག་པའི་རྟགས་མཚན་གྱི་རིམ་པ་ནི། ལུས་ཀྱི་སྒྲིབ་པ་བྱང་བའི་རྟགས་སུ། ཁྲུས་བྱེ་བ་དང་། གོས་དྲི་མ་མེད་པ་གྱོན་པ་དང་། ལུས་ཤེལ་གྱི་སྒོང་བུ་ལྟར་འགྱུར་བ་སོགས་འབྱུང་ངོ་། །ངག་གི་སྒྲིབ་པ་བྱང་བའི་རྟགས་ནི། དུང་འབུད་པ་དང་། རོལ་མོ་དང་། སྔགས་སྒྲ་སྒྲོག་པ་དང་། གྲི་ལྟེ་བདེ་བ་ལ་སོགས་བ་མང་དུ་འབྱུང་། ཡིད་ཀྱི་སྡིག་སྒྲིབ་བྱང་བའི་རྟགས་སུ། དབང་པོ་གསལ་བ། ཤེལ་དང་ནོར་བུ་དང་གཏེར་སོགས་རྙེད་པ་དང་། དགེ་སྦྱོར་ལ་སྤྲོ་བ་སོགས་མདོར་ན་ལུས་ངག་ཡིད་གསུམ་ཐ་མལ་གྱི་མངོན་ཞེན་རྣམས་འགག་ཅིང་བདེ་ལེགས་ཡོན་ཏན་གྱི་མཚན་མ་རྣམས། རབ་དངོས། འབྲིང་ཉམས་སྣང་། ཐ་མ་རྨི་ལམ་དུ་འབྱུང་བར་འགྱུར་རོ། །དེ་ལྟར་རྟགས་མཚན་སྣ་རེ་ཙམ་མ་བྱུང་གི་བར་དུ་ཡང་ཡང་འབད་པར་བྱའོ། །དེ་ཡང་དབང་ཉེ་བར་རྟོགས་པ་ལས། །ལུས་དང་ངག་ཡིད་རྣམ་པ་གསུམ། །རུ་ཤན་དབྱེ་བ་སུས་བྱས་པས། །དུས་གསུམ་སངས་རྒྱས་ཐམས་ཅད་ཀྱི། །སྐུ་གསུང་ཐུགས་དང་དབྱེར་མེད་དོ། །ཞེས་གསུངས་སོ། །དེ་ལྟར་གྱི་ལུས་ངག་ཡིད་གསུམ་འཁོར་འདས་རུ་ཤན་མ་ཕྱེད་ན། འཁོར་བའི་རྒྱུ

ཡོད་ཅིང་གོང་གི་ཡོན་ཏན་དེ་རྣམས་ལས་ལོག་པའི་སྐྱོན་ཡོད་དོ། །ཐལ་འགྱུར་ལས། འཁོར་འདས་རུ་ཤན་མ་ཕྱེས་ན། །ཁམས་གསུམ་ལུས་ངག་ཡིད་གསུམ་ཀྱང་། །འབྲེལ་བར་ཆོད་པར་མི་འགྱུར་བས། །འཁོར་འདས་རུ་ཤན་དབྱེ་བར་བཤད། །ཅེས་གསུངས་པས།དེ་བཞིན་དུ་བསྒོན་པར་བྱའོ། །

སྤྱི་དོན་དགུ་པ་སྒོ་གསུམ་གྱི་སྦྱོན་འགྲོའི་རིམ་པ་ལ་ཐོག་མར་ལུས་ཀྱི་སྦྱོན་དུ་འགྲོ་བ་རྡོ་རྗེའི་འདུག་སྟངས་ལམ་ཁྱེར་ནི། འོད་ལམ་ཡང་ཁྱེད་རྣམས་མ་ཡེངས་པར་རྩེ་གཅིག་ཏུ་གུས་པའི་ཚུལ་གྱིས་ལེགས་པར་གསན་འཚལ། དེ་ཡང་དམ་པའི་ཆོས་ཚུལ་བཞིན་དུ་ཉན་ཅིང་ཐོས་ནས་ཉམས་སུ་ལེན་དགོས་པ་ཡང་། །སྐྱེས་རབས་ལས།ཐོས་པ་གཏི་མུག་མུན་སེལ་སྒྲོན་མེ་ཡིན། །རྐུན་པོ་ལ་སོགས་མི་འཕྲོག་ནོར་གྱི་མཆོག །ཀུན་ནས་རྨོངས་པའི་དགྲ་འཇོམས་མཚོན་ཆ་སྟེ། །ཐབས་ཚུལ་མན་ངག་སྟོན་པ་གྲོགས་ཀྱི་མཆོག །ཡ་རབས་རྣམས་དང་འཕྲད་ན་སྐྱེས་ཀྱི་མཆོག །ཚོགས་ཀྱི་ནང་དུ་མཁས་པ་དགའ་བར་འགྱུར། །ཕས་ཀྱི་རྒོལ་བ་ཉི་མའི་འོད་དང་འདྲ། །འདྲེན་པ་རྣམས་ཀྱིས་སྤུགས་དང་དྲེགས་པ་སེལ། །ཞེས་གསུངས་པ་དང་། ཡང་དེ་ཉིད་ལས། དུལ་ཞིང་རབ་ཏུ་གསལ་བས་སྤོབས་པ་སྐྱེ། །གྲགས་པ་ཆེན་པོ་འཕྲལ་དུ་འབྱུང་བར་འགྱུར། །སླ་ལྡེ་བདེ་སྦྱུར་ཁྱད་པར་ཅན་གྱི་རྒྱུ། །ཐོས་པས་དཔལ་གོམས་དོན་གསལ་རྟོགས་པར་འགྱུར། །ཐོས་དང་ལྡན་ན་འགལ་བ་མེད་པ་ཡིན། །སྡེ་གསུམ་ལམ་ལ་རབ་ཏུ་གནས་པར་འགྱུར། །ཞེས་གསུངས་སོ། །དེ་ལྟར་ཡང་རྩེ་གཅིག་ཏུ་ཉན་པའི་ཕན་ཡོན་ནི། རྣམ་བཤད་རིག་པ་ལས། དད་པས་ཉན་པ་གང་གིས་ནི། །མཐོ་རིས་དགའ་བའི་བསོད་ནམས་དང་། གང་གིས་མྱ་ངན་འདས་ཐོབ་

པའི། །ཤེས་རབ་ས་བོན་བརྗོད་བར་འགྱུར། །ཞེས་པ་དང་། དེ་ཉིད་ལས།བཅོམ་ལྡན་འདས་ཀྱིས་ཆོས་ཉན་པའི་ཕན་ཡོན་ལྔ་གསུངས་ཏེ། མ་ཐོས་པ་ཐམས་ཅད་ཐོས་པར་འགྱུར་བ་དང་། ཐོས་པ་ཡོངས་སུ་བྱང་བར་འགྱུར་བ་དང་། སོམ་ཉི་སྤྲངས་པ་དང་། ལྟ་བ་དྲང་པོར་བྱེད་པ་དང་། ཤེས་རབ་ཀྱིས་ཚིག་དང་དོན་ཟབ་མོ་རྟོགས་པར་འགྱུར་བའོ། །ཞེས་གསུངས་སོ། །དེ་བཞིན་དུ་ཆོས་བཤད་པ་པོ་དེས་ཀྱང་བཤད་པའི་ཕན་ཡོན་ནི། སངས་རྒྱས་ལ་མཆོད་པའི་མཆོག་ཏུ་གྱུར་བ་དང་། སེམས་ཅན་ལ་སྦྱིན་པའི་མཆོག་ཏུ་གྱུར་པ་དང་། བསོད་ནམས་འཕེལ་ཞིང་མངོན་ཤེས་ཐོབ་པར་འགྱུར་བ་གསུམ་ལས། མཆོད་པའི་མཆོག་ཏུ་གྱུར་པ་ནི། མདོ་ལས། གང་ལ་ཕན་ཕྱིར་ང་ཡི་ཆོས། །ཚུལ་བཞིན་བསྟན་པས་མཆོག་འགྱུར་གྱི། །མེ་ཏོག་བྱུགས་པ་མར་མེ་ཡིས། །རྒྱལ་བ་ཡང་དག་མཆོད་མ་ཡིན། །ཞེས་གསུངས་སོ། །སྦྱིན་པ་མཆོག་ཏུ་གྱུར་པ་ནི། །བྱམས་པ་སེང་གེ་སྒྲའི་མདོ་ལས། །གང་གིས་གངྒཱའི་བྱེ་སྙེད་སངས་རྒྱས་ཞིང་། །རིན་ཆེན་བདུན་གྱིས་ཡོངས་སུ་བཀང་བྱས་ནས། །རབ་དགའི་སེམས་ཀྱིས་རྒྱལ་བར་འབུལ་བ་དང་། །གང་གིས་སེམས་ཅན་གཅིག་ལ་ཚིག་བཅད་སྦྱིན། །རིན་ཆེན་སྦྱིན་པ་ཤིན་ཏུ་རྒྱ་ཆེ་དེས། །ཚིག་བཅད་སྦྱིན་པ་སྙིང་རྗེའི་སྒྲུབ་དེ་ལ། །ཆར་ཡང་མི་ཕོད་གྲངས་སུ་མ་ཡིན་ན། །གཉིས་དང་གསུམ་ལ་བསམ་དུ་ག་ལ་ཡོད། །ཅེས་པས་ན་ཡང་། བསོད་ནམས་འཕེལ་ཞིང་མངོན་ཤེས་ཡང་དཔག་མེད་ཐོབ་པར་གསུངས་ཏེ། བསླབ་བཏུས་ལས། ཆོས་ཀྱི་སྦྱིན་པ་ཟང་ཟིང་མེད། །བསོད་ནམས་འཕེལ་བའི་རྒྱུ་ཡིན་ནོ། །ཞེས་གསུངས་པ་དང་། སེང་གེ་སྒྲའི་ཞུས་པ་ལས། ཆོས་ཀྱི་སྦྱིན་པས་སྐྱེ་བ་

དྲན། །ཞེས་པ་དང་། ཀླུའི་རྒྱལ་པོ་རྒྱ་མཚོས་ཞུས་པ་ལས། ཆོས་ཀྱི་སྤྲིན་པས་ནི་ཟབ་པ་ཟད་པ་མངོན་པར་ཤེས་པའི་རྣམ་པར་འགྱུར་རོ། །ཞེས་གསུངས་སོ། །དེ་ལྟར་ཡང་བཤད་པ་དེ་ཉན་ནས་ཡིད་ལ་བཟུང་བ་ནི་དཔག་ཏུ་མེད་པའི་ཕན་ཡོན་ཡོད་པར་གསུངས་ཏེ། བློ་གྲོས་རྒྱ་མཚོས་ཞུས་པའི་མདོ་ལས། དེ་བཞིན་གཤེགས་པའི་དམ་པའི་ཆོས་འཛིན་པ། །བརྒྱ་བྱིན་ཚངས་པ་དེ་བཞིན་འཇིག་རྟེན་སྐྱོང་། །འཁོར་ལོས་བསྒྱུར་དང་མི་ཡི་རྒྱལ་པོར་འགྱུར། །བདེ་དང་ཡིད་བདེ་བྱང་ཆུབ་དེར་སངས་རྒྱས། །དེ་ལ་ཡང་བཤད་ཅིང་ཉན་པའི་ཚུལ་ལ་གསུམ་གྱིས། དང་པོ་སངས་རྒྱས་ཀྱིས་ཆོས་གསུངས་པའི་ཚུལ་དང་། གཉིས་པ་དགྲ་བཅོམ་པས་ཆོས་གསུངས་པའི་ཚུལ་དང་། གསུམ་པ་པཎྜི་ཏས་ཆོས་གསུངས་པའི་ཚུལ་དང་གསུམ་ལས། དང་པོ་སངས་རྒྱས་ཀྱིས་ཆོས་གསུངས་པ་ནི། ཆོ་འཕྲུལ་གསུམ་ལ་བརྟེན་ནས་ཆོས་ཀྱི་འཁོར་ལོ་བསྐོར་བར་མཛད་དེ། རྫུ་འཕྲུལ་གྱི་ཆོ་འཕྲུལ་འོད་འགྱེད་པ་དང་། ཤིང་ཏ་ལ་བདུན་གྱི་སྲིད་ཙམ་དུ་ནམ་མཁའ་ལ་འཕགས་པ་ལ་སོགས་སྐུའི་ཆོ་འཕྲུལ་ཚད་མེད་པ་བསྟན་པས་གདུལ་བྱ་དད་ཅིང་འདུན་པར་མཛད་ནས། ཀུན་ཏུ་བརྗོད་པའི་ཆོ་འཕྲུལ་གདུལ་བྱའི་རིགས་དང་བསམ་པ་དང་། བག་ཉལ་མ་ལུས་པ་མངོན་པར་ཤེས་པས་གཟིགས་ཏེ། དེ་དང་མཐུན་པ་ཆོས་བསྟན་པར་དགོངས་ནས་འཁོར་གྱི་རྒྱུད་བྱིན་གྱིས་རླབས་པ་ནི་ཐུགས་ཀྱི་ཆོ་འཕྲུལ་ཏེ་རྒྱུད་དག་ཅིང་ལས་སུ་རུང་བར་བགོད་ནས། རྗེས་སུ་བསྟན་པའི་ཆོ་འཕྲུལ་གདུལ་བྱའི་མོས་པ་བཞིན་ཆོས་ཀྱི་ཆར་འབེབ་པར་མཛད་པས་འགྲོ་བ་རྣམས་མངོན་པར་མཐོ་བ་དང་ངེས་པར་ལེགས་པའི་གོ་འཕང་ལ་སྦྱོར་བ་མཛད་དོ། །འདི་ཆོ་འཕྲུལ་རྣམས་ལས་མཆོག་ཏུ་བཤད་དེ། མཛོད་ལས། ཆོ་འཕྲུལ་རྣམས

ལས་བསྟན་པ་མཆོག །མི་འཁྲུལ་ཕྱིར་དང་མཐུན་ཕྱིར་དང་། །ཡིད་འོང་འབྲས་ལ་སྦྱོར་བྱེད་ཕྱིར། །ཞེས་སོ། །ཚོ་འཕྲུལ་གསུམ་གྱི་འཐད་པ་ནི། །རྫུ་འཕྲུལ་གྱིས་གདུལ་བྱ་དང་བར་བྱེད་དེ་མ་དད་པ་ཆོས་ཀྱི་སྣོད་མ་ཡིན་པའི་ཕྱིར་རོ། །དེ་ཡང་སྤྱོད་འཇུག་ལས། མ་གུས་པ་ལ་ཆོས་མི་བཤད། །མི་ན་བཞིན་དུ་མགོ་གཡོག་དང་། གདུགས་དང་མཁར་བ་མཚོན་ཐོགས་དང་། །མགོ་བོ་དགྲིས་པ་དག་ལའང་མིན། །ཞེས་སོ། །ཀུན་ཏུ་བརྗོད་པས་སེམས་ལས་སུ་རུང་བ་དང་རྒྱུད་སོ་སོར་མཁྱེན་ནས། རྗེས་སུ་བསྟན་པས་མོས་པ་དང་སྐལ་བ་ཇི་ལྟ་བ་བཞིན་སྟོན་ཏེ། དེ་ལྟ་མ་ཡིན་ན་ཆོས་དེས་གདུལ་བྱ་ལ་ཕན་མི་ཐོགས་ཏེ་ནད་དང་སྨན་འཛོལ་བ་ལྟར་སྨན་ལ་དུག་ཏུ་འགྱུར་བའི་ཕྱིར་རོ། །ཡང་སྤྱོད་འཇུག་ལས། རྒྱ་ཆེན་ཆོས་ཀྱི་སྣོད་གྱུར་པ། །དམན་པའི་ཆོས་ལ་སྦྱར་མི་བྱ། །ཞེས་པ་དང་། རྒྱན་སྟུག་པོ་བཀོད་པའི་མདོ་ལས། རྣལ་འབྱོར་སྤྱོད་པ་སྟོང་པ་ཉིད། །གནས་མ་ཡིན་པར་སྦྱར་བྱས་ན། །བདུད་རྩི་དུག་ཏུ་འགྱུར་བ་བཞིན། །ཞེས་སོ། །དེ་ལྟར་ཐེག་པ་ཆེ་ཆུང་གི་ཆོས་རྣམས་ཀྱང་གདུལ་བྱ་རྣམས་ཀྱི་གོ་རིམ་དང་སྦྱར་ཏེ་གསུངས་པའོ། །དེ་ལ་གང་གསུངས་པའི་ཆོས་ནི་ཐོག་མར་དགེ་བ་བར་དུ་དགེ་བ་ཐ་མར་དགེ་བ་དོན་བཟང་པོ་ཚིག་འབྲུ་བཟང་པོ་མ་འདྲེས་པ་ཡོངས་སུ་རྫོགས་པ་ཡོངས་སུ་དག་པ་ཡོངས་སུ་བྱང་བ་ཞེས་གསུངས་པ་བཞིན། ཐོག་མ་དང་བར་མ་དང་ཐ་མར་དགེ་བ་ནི་ཚུལ་ཁྲིམས་དང་ཏིང་ངེ་འཛིན་ཤེས་རབ་ཀྱི་ཕུང་པོ་ཡོངས་སུ་ཉམས་པ་མེད་པས་དགེ་བའོ། །དོན་བཟང་པོ་ནི་ཕྱིན་ཅི་མ་ལོག་པའི་བརྗོད་བྱ། ཚིག་འབྲུ་བཟང་པོ་ནི་གོ་བར་བྱེད་པའི་བརྗོད་བྱེད། མ་འདྲེས་པ་ནི་གཞན་དང་ཐུན་མོང་མ་ཡིན་པ། ཡོངས་སུ་རྫོགས་

པ་ནི་ཉོན་མོངས་པ་ཐམས་ཅད་ཀྱི་གཉེན་པོ། །ཡོངས་སུ་དག་པ་ནི་རང་གི་ས་ཡི་ཉོན་མོངས་པ་ལས་རྣམ་པར་གྲོལ་བས་ངོ་བོ་ཉིད་རྣམ་པར་གྲོལ་བའོ། །ཡོངས་སུ་བྱང་བ་ནི་ས་གཞན་ཉོན་མོངས་ཀྱི་བག་ཉལ་སྤངས་བས་རྒྱུད་རྣམས་གྲོལ་བའོ། །དེ་ཡང་མཛོད་ལས། སྟོན་པའི་དམ་ཆོས་རྣམ་གཉིས་ཏེ། །ལུང་དང་རྟོགས་པའི་བདག་ཉིད་དེ། །ཅེས་གསུངས་པས། གསུངས་རབ་ལ་ལུང་གི་ཆོས་ཟེར། ལམ་དང་མྱ་ངན་ལས་འདས་པ་བསོད་ནམས་མཆོག་གི་གཞི་གསུམ་ལ་རྟོགས་པའི་ཆོས་ཟེར་ཏེ། དབྱིངས་རང་བཞིན་གྱིས་རྣམ་པར་དག་པ་གློ་བུར་དྲི་མ་ལས་གྲོལ་བ་དག་པ་གཉིས་དང་ལྡན་པ་རྟོགས་པར་བྱ་བ་ཡིན་ལ། ཡུལ་ཅན་སྣང་མེད་ཀྱི་ཤེས་རབ་རྟོགས་པར་བྱེད་པ་སྟེ། །རྟོགས་བྱ་རྟོགས་བྱེད་ཀྱིས་བསྡུས་པ་ལས། ཐ་སྙད་པའི་གློ་ངོ་ན་རྟོགས་པའི་ཆོས་ཞེས་བྱའོ། །འདོད་ཆགས་དང་བྲལ་བ་རྣམས་ཀྱི་མཆོག་དམ་པའི་ཆོས་ཞེས་ཀྱང་བྱའོ། །དེ་ལྟ་བུའི་དམ་པའི་ཆོས་ལའང་ཐེག་པའི་བྱེ་བྲག་ལམ་གྱི་འཇུག་སྒོ་མཐའ་ཡས་པ་ཞིག་ཡོད་མོད་ཀྱང་། ཀུན་གྱི་སྙིང་པོ་དོན་གྱི་མཐར་ཐུག་ནི་ཐེག་ཆེན་གསང་སྔགས་རྡོ་རྗེ་ཐེག་པ་ཡིན་ཏེ། ཚུལ་གསུམ་སྒྲོན་མེ་ལས། དོན་གཅིག་ན་ཡང་མ་རྨོངས་དང་། །ཐབས་མང་དཀའ་བ་མེད་པ་དང་། །དབང་པོ་རྣོན་པོའི་དབང་བྱས་ནས། །སྔགས་ཀྱི་ཐེག་པ་ཁྱད་པར་འཕགས། །ཞེས་གསུངས་པ་ལྟར་ཚེ་གཅིག་ལ་བྱང་ཆུབ་སྒྲུབ་པའི་ཐབས་ལམ་ཁྱད་པར་འཕགས་པའི་སྒོ་ནས་ཁྲིད་པར་བྱེད་པའོ། །གཉིས་པ་སྒོ་གསུམ་གྱི་སྔོན་འགྲོ་གསུམ་ལས། དང་པོ་ལུས་ཀྱི་སྔོན་འགྲོ་ནི། ཐལ་འགྱུར་ལས། རྡོ་རྗེ་སྐྱིལ་མོ་ཀྲུང་བཅས་ཏེ། ལུས་སྦྱངས་སེམས་ལ་ཕན་པའོ། །ཞེས་གསུང་པས། དེ་ཡང་ལུས་ལ་གནད་དུ་བསྣུན་ན

སེམས་ཀྱི་དྭངས་སྙིགས་ཕྱེད་པར་འགྱུར་བའི་ཕྱིར། དང་པོ་གདན་འབོལ་བའི་སྟེང་དུ་ཀཱང་མཐིལ་གཉིས་སྦྲད་དེ་ལུས་དྲང་པོར་བསྲངས། ཀཱང་པའི་སོར་མོ་བཅུ་ས་ལ་བཙུགས། །པུས་མོ་གཉིས་ཕྱིར་བརྐྱངས། ལག་པ་གཉིས་སྤྱི་བོར་མ་རེག་པར་ཐལ་མོ་སྦྱར་ཏེ། གྲུ་མོ་གིས་ཐད་སོར་ཕྱིར་བརྐྱངས། མགྲིན་པས་ཨོལ་མདུད་ནོན་པར་བྱས། ཉ་བཞི་ཤུགས་ཕྱུང་ནས་སྒྲིམས། ཡར་རྩེ་མར་རྩེ་གཉིས་རྡོ་རྗེའི་ར་གསུམ་པ་འདྲ་བ་ལ་ཉེན་མཚན་འབབ་པ་ནི་ལུས་རྡོ་རྗེའི་འདུག་སྟངས་སོ། །དེ་ཡང་དམིགས་པ་ནི་རྡོ་རྗེ་སྔོན་པོ་རྩེ་གསུམ་པ་མེ་འབར་བ་ཞིག་ཏུ་བསྒོམ། དེས་ལུས་ཁོལ་བུར་ན་ཞིང་རྩུགས་མི་ཐུབ་པ་དྲོད་སྐྱེ་ཞིང་སེམས་རྟོག་མེད་དུ་འགྱུར་རོ། །དེའི་ཚེ་ལུས་རང་བབས་སུ་ཁྲིས་སེ་སྐྱུར་ལ་སེམས་རྟོག་མེད་ཀྱི་རང་ངོ་སྐྱོང་ངོ་། །དེ་ཡང་ལུས་ཀྱི་སྦྱོད་པ་བྱས་པས་རུ་ཤན་འབྱེད་པ་གལ་ཆེ་སྟེ། བཀོད་པ་ཆེན་པོ་ལས། གང་གི་རུ་ཤན་འབྱེད་འདོད་པས། །ལུས་ཀྱི་བྱ་བ་རང་ལོག་ཕྱིར། །དེ་ལྟར་གོང་དུ་བཤད་པ་ཡིས། །ཕྱི་ནི་ཡང་དག་དེ་ལྟར་རོ། །འདི་ཉིད་བཟློག་པའི་དུས་ལ་ཡང་། །གནས་པ་མེད་པ་ཁམས་གསུམ་དུ། །ལུས་ནི་འཇུག་པ་མ་ཡིན་ནོ། །དེ་ཡང་གོང་གི་རྡོ་རྗེའི་འདུག་སྟངས་ཀྱི་ཡར་རྩེ་གསུམ་ནི་ངོ་བོ་རང་བཞིན་ཐུགས་རྗེ་གསུམ་མཚོན་ལ། མར་རྩེ་གསུམ་ནི་སྐུ་གསུམ་མཚོན་ཞིང་། ཀཱད་པ་གཅིག་ཏུ་འདྲིལ་བ་ནི་ཉམས་ལེན་ཁྲེག་ཆོད་ཐོད་རྒལ་གཉིས་ངོ་བོ་གཅིག་པ་ལམ་དུ་བྱེད་པ་མཚོན་པའོ། །དེ་ལྟར་ལུས་ཀྱི་སྔོན་འགྲོ་བྱས་པ་ལ་དགོས་པ་གསུམ་སྟེ། ཐུན་མོང་། ཁྱད་པར། མཐར་ཐུག་གོ །དང་པོ་ལུས་ཀྱི་སྡིག་པ་མ་ལུས་པ་འདག་པ་དང་། ལུས་རྡོ་རྗེ་མེ་འབར་བ་ལྟར་མཐོང་བས་ལུས་ཀྱི་གདོན་བགེགས་དང་བར་ཆད་ཞི་བ་དང་། ལུས་ཀྱི་ཞེན་པ་ལྡོག་པའི་

དགོས་པ་ཡོད་དོ། །གཉིས་པ་དེ་ལྟར་ཞེན་པ་ལོག་པས་ཕྱིན་ཆད་འཁོར་བར་མི་འཇུག་ཅིང་ལུས་སྤྲུལ་པའི་སྐུར་གྲོལ་བའི་དགོས་པ་ཡོད་དོ། །གསུམ་པ་ལུས་དེ་ཉིད་སངས་རྒྱས་ཐམས་ཅད་ཀྱི་སྐུ་རྡོ་རྗེ་དང་གཉིས་སུ་མེད་པར་གདོད་མའི་གནས་སུ་མྱུར་དུ་ལས་འདའ་བའི་དགོས་པ་ཡོད་དོ། །དེ་ལྟ་བུའི་དགོས་ཆེད་རྣམས་ཡིད་ལ་བཞག་ནས་བསྒོན་འགྲུས་དྲག་པོས་ཉིན་དང་མཚན་དུ་ཡང་ཡང་འབད་པར་བྱའོ། །

སྤྱི་དོན་བཅུ་པ་ངག་གི་སྔོན་དུ་འགྲོ་བ་ལ་རྒྱས་འདེབས་རིམ་པ་ནི། འོད་ལམ་ཡང་ཕྱིད་འདིར་འདུས་པ་རྣམས་ཀྱིས་སེམས་ཅན་ཐམས་ཅད་རྫོགས་པའི་སངས་རྒྱས་ཀྱིས་ལ་འགོད་པར་བྱ། དེའི་ཆེད་དུ་དམ་པའི་ཆོས་ཚུལ་བཞིན་དུ་ཉན་ནས་ཉམས་སུ་ལེན་པར་བྱ་སྙམ་པའི་ཐུགས་བསྐྱེད་རིན་པོ་ཆེ་མཛད་ནས་གསན་འཚལ། དེ་ཡང་ལུང་ལས། རྟོག་པ་ཐམས་ཅད་ལེགས་པར་བསྡུས་ནས་ནི། །ཤིན་ཏུ་བསམ་པ་བཟང་པོ་ལྡན་པས་ཉོན། །བརྗེད་ངེས་བློ་ལ་རྡོ་རྗེ་སེམས་དཔའ་སོགས། །བདེ་བར་གཤེགས་པ་རྣམས་ཀྱིས་བྱིན་མི་རློབས། །ཞེས་དང་། ཆོས་ཉན་པ་ལ་དགའ་བ་དང་དུ་ལེན་པའི་སྒོ་ནས་ཉན་ཚུལ་ཡང་། མདོ་སྡེ་མཛངས་བླུན་ལས་གསུངས་པ་ལྟར། སྔོན་རྒྱལ་པོ་བྲི་ལིང་གར་ལིང་ཞེས་བྱ་བས་ཆོས་ཚིག་བཞི་པ་གཅིག་རྣ་བར་ཐོས་པར་བྱ་བའི་ཕྱིར་དུ། ལུས་ལ་ལྕགས་གཟེར་སྟོང་བཏབ་པའི་ལོ་རྒྱུས་དང་། རྒྱལ་པོ་ཀ་ན་ཤི་ན་ས་ལི་ཞེས་བྱ་བས་ཆོས་ཚིག་བཞི་པ་གཅིག་ཐོས་པར་བྱ་བའི་ཕྱིར་དུ། ལུས་ལ་མར་མེ་སྟོང་བཙུགས་པའི་ལོ་རྒྱུས་ལ་སོགས་པ་དཀའ་བ་དཔག་ཏུ་མེད་པ་སྤྱོད་ནུས་པ་ཡིན། འོ་སྐོལ་ལ་ད་ལྟ་ཐེག་པ་ཆེན་པོའི་ཆོས་ཟབ་ལ་རྒྱ་ཆེ་བ་ལ་དཀའ་བ་མེད་པར་ཐོས་པ་བྱ་རུ་ཡོད་པ་འདི་ཨ་རེ་དགའ་སྙམ

དུ་བསམ་ལ། ཆོས་ཉིད་མཚན་བར་མ་ཆད་དུ་གསུངས་ཀྱང་དགའ་བ་དང་སྤྲོ་བས་ཉན་འཚོལ། རིན་ཆེན་ཆོས་ཀྱང་དགོན་ལ་རྟག་ཏུ་འཚེ་བ་མང་། །ཞེས་གསུངས་པས། འོ་སྐོལ་དུས་ཐམ་ཡུལ་མཐའ་འཁོབ་ཏུ་ཆོས་ཉན་ཞིང་ཐོས་པའི་སྐལ་བ་དང་ལྡན་པ་ཤིན་ཏུ་དཀའ་བ་ཞིག་གདའ། ཆོས་ལ་གོ་བ་ཆེར་མ་བྱུང་ཡང་། ཆོས་ཀྱི་སྒྲ་རྣ་བར་ཐོས་པ་ཙམ་ལ་ཡང་ཕན་ཡོན་མང་པོ་ཡོད་དེ།

སྔོན་དགེ་སློང་ཨུ་པ་ཀུ་ཏེ་ཞེས་བྱ་བས་ཆོས་འཆད་པའི་སྒྲ་ཁྲི་མོ་གཅིག་གི་རྣ་བར་ཐོས་པས་ཁྲི་མོའི་སྒྲིབ་པ་སྲབ་ནས། ཁྲི་མོ་ཆེའི་དུས་བྱས་ནས་གཞན་འཕྲུལ་དབང་བྱེད་ཀྱི་ལྷར་སྐྱེས་པའི་ལོ་རྒྱུས་དང་། ཡང་དགེ་སློང་གཅིག་གི་བྲང་ཁང་ག་གིའི་དྲུང་རྩ་ན་བྱ་ཐིབ་གཅིག་ཉལ་ཞིང་ཡོད་པས། དགེ་སློང་དེས་ཐོ་རངས་འཕགས་པ་སྟོང་པ་ཞལ་ཐོན་མཛད་པ་བྱ་ཐི་བའི་རྣ་བར་ཐོས་པ་ལ་དེར་སྟོང་པ་རེས་ཕྱེད་ཐོན་ཙམ་ན་ནམ་ལངས། རེས་སུམ་ཉིས་ཐོན་ཙམ་ན་ནམ་ལངས་ཀྱིན་འཕུར་ནས་འགྲོ་བས། འཕགས་པ་སྟོང་པའི་ཆོས་ཀྱི་སྒྲ་རྣ་བར་ཐོས་པ་ཙམ་གྱིས་བྱ་ཐི་བ་དེའི་སྒྲིབ་པ་སྲབ་ནས་བྱ་དེ་ཤི་མ་ཐག་མི་ལུས་ཐོབ་སྟེ་དགོན་མཆོག་གསུམ་ལ་དད་པ་ཞིག་བྱུང་ནས་རབ་ཏུ་བྱུང་། སྔར་གྱི་འཕགས་པ་སྟོང་པ་རྣ་བར་ཐོས་ཚད་བློ་ལ་བཟུང་མ་དགོས་པར་བལྟས་པ་ཙམ་གྱིས་ཤེས་པ་ཞིག་བྱུང་སྐད་དོ། །དེ་ལྟར་དུད་འགྲོའི་རྣ་བར་ཆོས་ཀྱི་སྒྲ་ཐོས་པ་ཙམ་ལ་ཕན་ཡོན་དེ་ལྟ་བུ་ཡོད་ན། རང་རེ་མིར་གྱུར་པ་ནི། སྒྲ་ཤེས་དོན་གོ་མི་ཡི་མཚན་ཉིད་ཡིན། །གསུངས་པ་ལྟར་འཆད་ཉན་གྱི་སྣོད་དུ་རུང་ཞིང་། ཉམས་སུ་ལེན་བྱར་ཡོད་པ་ནི་ཤིན་ཏུ་སྐལ་བ་བཟང་པོའོ། །དེ་ལ་ཆོས་འཆད་ཐབས་ཀྱི་ཚུལ་གསུམ་གྱི་དང་པོ་སངས་རྒྱས་ཀྱི་ཆོ་འཕྲུལ་གསུམ་ལ་བརྟེན་ནས་ཆོས་གསུང་ཚུལ་སྔ་ལྟར་དང་།

འདིར་དགྲ་བཅོམ་པས་ཆོས་གསུངས་པའི་ཚུལ་ནི། ཉན་པ་པོའི་སྣོད་དག་པ།
འཆད་པ་པོའི་ངག་དག་པ། གསུང་རབ་ཀྱི་བརྗོད་བྱ་དག་པ་དང་གསུམ་ལ་བརྟེན་
ནས་འཆད་དོ། །འཆད་པ་པོས་མངོན་ཤེས་ཀྱིས་བརྟགས་པས་ཆོས་ཀྱི་སྣོད་ཡིན་
མ་ཡིན་ཤེས་ཏེ། སྣོད་དང་ལྡན་པ་ཉིད་གདུལ་བྱའི་ཡུལ་དུ་བྱས་ནས། ངག་
དག་པ་རྣ་བར་སྙན་ཞིང་ངག་ཚིག་དྲི་མ་མེད་པས་མཚམས་སྦྱར་ཏེ། ཆོས་ཀྱི་དོན་
དག་པ་ནོར་བ་དང་འཁྲུལ་བ་མེད་པར་ཐར་བར་འདྲེན་པའི་སྒྲའི་རྣམ་གྲངས་ལ་སོགས་
བསྟན་པས་དོན་དུ་འགྱུར་བའོ། །འོ་ན་ཆོ་འཕྲུལ་གསུམ་ལ་བརྟེན་ནས་མི་འཆད་པ་
ཅི་ཡིན་ཞེ་ན། ཉན་ཐོས་རྣམས་མི་ཤེས་པའི་རྒྱུ་བཞི་ཡོད་པས་འཆད་པར་མི་ནུས་
པའི་ཕྱིར་རོ། །རྒྱུ་བཞི་ནི། ཡུལ་གྱི་བསྐལ་བས་མི་ཤེས་ཏེ། ཡུལ་ཧ་ཅང་
ཐག་རིང་དྲགས་པ་ན་འདུག་པས་མི་ཤེས་པ་མོའུ་གལ་གྱི་བུས་མ་གར་སྐྱེས་མ་ཤེས་པ་
ལྟ་བུའོ། །དུས་ཀྱི་བསྐལ་བས་མི་ཤེས་ཏེ་དུས་ཧ་ཅང་སྔ་དྲགས་པས་ན་ནམ་བྱུང་
མི་ཤེས་པ་ཤཱ་རིའི་བུས་ཁྱིམ་བདག་དཔལ་སྐྱེས་ཀྱི་ཐར་བའི་ས་བོན་མ་ཤེས་པ་ལྟ་
བུའོ། །མཚན་ཉིད་ཀྱི་བསྐལ་བས་མི་ཤེས་ཏེ། རྒྱུ་ཐུག་མེད་ཀྱི་འབྲས་བུ་ཇི་
ལྟར་ཡིན་པ་དང་། འབྲས་བུ་ཐུག་མེད་ཀྱི་རྒྱུ་ཇི་ལྟར་ཡིན་པ་ལ་སོགས་པ་སྟེ།
མདོ་ལས། རྨ་བྱའི་མདངས་ནི་གཅིག་པུ་ལ། །རྒྱུ་ཡི་དབྱེ་བ་ཐ་དད་
རྣམས། །དེ་མཁྱེན་པ་ནི་ཀུན་མཁྱེན་ཏེ། །ཀུན་མཁྱེན་ཡེ་ཤེས་མིན་པས་
མིན། །ཞེས་སོ། །སངས་རྒྱས་ཀྱི་ཆོས་རབ་ཏུ་མང་པོ་མི་ཤེས་ཏེ། སྟོབས་
བཅུ་དང་། མི་འཇིགས་པ་བཞི་དང་། སོ་སོ་ཡང་དག་པ་རིག་པ་བཞི་ལ་
སོགས་པ་བྱང་ཆུབ་ཆེན་པོའི་ཆོས་མ་ཐོབ་པས། ཁམས་བདེ་བར་གཤེགས་པའི་
སྙིང་པོ་ལ་སོགས་པ་ཀུན་ནས་སྒྲོའི་ཆོས་ཀྱི་རྣམ་གྲངས་བལྟ་བ་ལ་མི་དབང་བའི་ཕྱིར་

ཏེ། རྒྱུད་བླའི་འགྲེལ་པ་ལས། མདོར་བསྟུ་ན། གང་ཟག་བཞི་པོ་འདི་ནི་དེ་བཞིན་གཤེགས་པའི་སྙིང་པོ་མཐོང་བ་ལ་མིག་དང་མི་ལྡན་པར་རྣམ་པར་བཞག་སྟེ། བཞི་གང་ཞེ་ན། འདི་ལྟར་ཏེ། སོ་སོའི་སྐྱེ་བོ་དང་། ཉན་ཐོས་དང་། རང་སངས་རྒྱས་དང་། ཐེག་པ་ལ་གསར་དུ་ཞུགས་པའི་བྱང་ཆུབ་སེམས་དཔའ་སྟེ། ཞེས་གསུངས་པ་ལྟར་རོ། །ཕྱིར་ཉན་ཐོས་ཀྱི་ཐེག་པ་ནས་བཙམས་ཏེ། ཨ་ནུ་ཡོ་ག་མན་ཆད་ཀྱི་ཐེག་པ་བརྒྱད་ནི་ཨ་ཏི་ཡོ་གའི་ལམ་གྱི་གཞིའམ་ལམ་སྟེགས་ཀྱི་ཚུལ་ཙམ་ཡིན་ལ་ཨ་ཏི་ཡོ་ག་ནི་ལམ་དངོས་དང་འབྲས་བུ་ཉིད་ལ་སྦྱོར་བར་བྱེད་པ་སྟེ། སྐབས་འདིར་ཨ་ཏི་རྫོགས་པ་ཆེན་པོའི་ཁྲིད་ཀྱི་རིམ་པ་ལས། ངག་གི་སྔོན་དུ་འགྲོ་བ་ལ་བཞི་སྟེ། ཐལ་འགྱུར་ལས། ངག་ནི་ཧཱུྃ་ཞེས་གནས་པ་ལ། རྒྱས་གདབ་པ་དང་རྩལ་སྦྱངས་ཉིད། །གཉེན་བཙལ་ལམ་དུ་ཞུགས་པ་ཡིས། །ཞེས་གསུངས་པས། དང་པོ་ལ་གཉིས་ཀྱི་ཕྱི་སྣང་བ་ལ་རྒྱས་གདབ་པ་ནི། དབེན་པར་ལུས་གནད་ཆོས་བདུན་བཅས་ཏེ། སྙིང་གར་ཧཱུྃ་སྔོན་པོ་ཞིག་བསྒོམ་པ་གསལ་སྣང་ཐོན་པར་བྱས་ནས་སོ་དང་མཆུ་མ་རེག་ཙམ་དུ་རླུང་དང་ཤེས་པ་ཧཱུྃ་གསུམ་གཅིག་ཏུ་བསྲེས་ནས་ཧཱུྃ་གི་གླུ་སྙན་ལ་རིང་བར་བླངས་པས་སྙིང་གའི་ཧཱུྃ་ལས་ཧཱུྃ་ཡིག་མང་པོ་ཐོལ་ཐོལ་བྱུང་། སྣ་བུག་གཡས་ནས་ཐོན། ཕྱི་ཡི་སྣང་བ་ཐམས་ཅད་ཧཱུྃ་གི་མེ་རེ་རེ་ཁེངས་པས་སྣང་བ་ཐམས་ཅད་ཧཱུྃ་གི་རང་བཞིན་དུ་འཆར་བ་ནི་རྒྱས་ཐེབ་པའོ། །དེས་ནི་སྣང་བ་རང་བཞིན་མེད་པར་གྲོལ་བའི་དགོས་པ་ཡོད་དོ། །དེ་ནི་ཕྱི་སྣང་བ་ལ་རྒྱས་འདེབས་པའི་རིམ་པའོ། །དེ་ཡང་འདས་རྗེས་ལས།རྒྱས་གདབ་གནད་ལ་ཞག་གསུམ་བྱ། །ཞེས་གསུངས་པས།ཕྱི་སྣང་བ་རྒྱས་གདབ་པ་དང་། ནང་ཕུང་པོ་ལ་རྒྱས་གདབ་པ་གཉིས་སོ་སོར་ཕྱེ་སྟེ་ཆོས་ཐུན་

གཉིས་སུ་མཛད་སྒྲོལ་ཡོད་ཀྱང་གཉིས་ཀ་ལྷན་ཅིག་པར་བྱེད་པས། དེ་ལ་སྦྱངས་སྐབས་སུ་སྟ་གྲོ་ཕྱི་གྲོའམ་སྦར་ཉིན་ཕྱིར་ཉིན་དུ་སོ་སོར་ཕྲལ་ཏེ་སྦྱང་བར་བྱའོ། །

དེ་ནས་ནང་ཕྱུང་པོ་ལ་རྒྱས་གདབ་པ་ནི། གོང་ལྟར་དབེན་པར་ལུས་གནད་བཅས་ཏེ་སྙིང་ཁའི་ཧཱུྃ་སྔོན་པོ་ལས་ཧཱུྃ་ཡིག་འཕྲོས་པས་སྣ་བུག་གཡས་ནས་ཐོན། །ཕྱི་རོལ་ཧཱུྃ་གི་མེར་གྱི་གང་བ་རྣམས་རང་གི་སྣ་བུག་གཡོན་ནས་ཐོགས་པ་མེད་པར་ཞུགས་ལུས་ཀྱི་ནང་ཐམས་ཅད་མེ་རེ་རེ་གང་བར་བསམ་ཞིང་། དག་ཏུ་ཧཱུྃ་ཅི་མང་བརྗོད་པའི་མཐར་ཀླུང་བཟུང་། ལུས་ཧཱུྃ་གི་རོང་ངེ་གང་བར་རྩོལ་མེད་དུ་འཆར་ཞིང་མི་བདེ་བ་སྐམ་བྱེད་པ་ནི་ནང་ཕུང་པོ་ལ་རྒྱས་ཐེབ་པའི་གནད་ཡིན་ནོ། །དེས་ནི་ནང་ཤ་ཁྲག་བརྟེས་པའི་ཕུང་པོ་རང་བཞིན་མེད་པར་གྲོལ་བའི་དགོས་པ་ཡོད་དོ། །ཕྱི་ནང་གི་རྒྱས་འདེབས་གཉིས་ཀྱི་སྐབས་སུ་དབྱངས་ཧ་སྙན་པའི་ཧཱུྃ་ཤིན་ཏུ་རིང་བར་ཀླུང་དང་ཤེས་པ་ཧཱུྃ་གསུམ་བསྲེས་ནས་བརྩོན་པ་དྲག་པོས་བཟུང་བར་བྱའོ། །

སྤྱི་དོན་བཅུ་གཅིག་པ་རྩལ་སྦྱང་གི་ལམ་ཁྲིར་ནི། འོད་ལམ་ཡང་འདིར་འདུས་ཤིང་ཚོགས་པའི་འདུས་པ་རྒྱ་མཚོ་ཐམས་ཅད་བསམ་པ་ཕྱོགས་གཅིག་པས་བདག་གཞན་འགྲོ་བ་མཐའ་དག་རྣམ་པ་ཐམས་ཅད་མཁྱེན་པ་བླ་ན་མེད་པ་སངས་རྒྱས་ཀྱི་གོ་འཕང་ལ་འགོད་པར་བྱ། དེའི་ཆེད་དུ་དམ་པའི་ཆོས་ཚུལ་བཞིན་དུ་གསན་ནས་ཉམས་སུ་ལེན་པར་བྱའོ་སྙམ་པའི་བྱང་ཆུབ་མཆོག་ཏུ་སེམས་བསྐྱེད་པ་སྔོན་དུ་འགྲོ་བའི་སྒོ་ནས་ལེགས་པར་གསན་འཚལ། དེ་ཡང་ཆོས་ཐོས་པ་དང་ཉན་པ་ལ་ཕན་ཡོན་དཔག་ཏུ་མེད་པ་ཡོད་དེ། སྔོན་བྱུང་གི་གཏམ་རྒྱུད་དང་སྦྱར་ན། དགེ་སློང་ཆོས་སྨྲ་བ་གཅིག་ནེའུ་ཁ་ཞིག་ན་ཆོས་འཆད་པའི་རྩར་དེ་ན་སྤྲལ་བ་གཅིག་ཡོད

པའི་རྣ་བར་ཆོས་ཀྱི་སྒྲ་ཐོས་པ་ལ། དུས་གཅིག་གི་ཚེ། གནག་རྫི་དགའ་བོ་བྱ་བ་ཆོས་ཉན་དུ་སོང་ནས། ཁོའི་ཤེས་བཞིན་གྱིས་མ་ཟིན་པར་མཁར་བ་ཡོམ་ཚུགས་བྱས་པས་སྦྲུལ་བ་བརྫིས་ནས་ཤི་བས། སྔར་ཆོས་ཐོས་པ་དང་། དེའི་ཚེ་ཆོས་ཀྱི་སྒྲ་རྣ་བར་ལྷངས་ལྷངས་ཡོད་པའི་འཕྲོ་ལ་ཤི་བའི་སྐབས་ཀྱིས་སྦྲུལ་བ་དེ་ཚེ་འཕོས་མ་ཐག་ཏུ་སུམ་ཅུ་རྩ་གསུམ་གྱི་ལྷར་སྐྱེས། དེར་སྐྱེས་པ་དང་གནས་གསུམ་ལ་རྟོག་པ་བྱུང་སྟེ། གང་ནས་སྐྱེས་པ་དང་། གང་དུ་སྐྱེས་པ་དང་། ལས་གང་གིས་སྐྱེས་པ་དང་གསུམ་ལ་བརྟགས་པས། སྔར་སྦྲུལ་བ་གཅིག་ཏུ་ཡོད་པ་ལ་ཆོས་ཀྱི་སྒྲ་རྣ་བར་ཐོས་པ་ཙམ་གྱིས་ལྷར་སྐྱེས་པར་རྟོགས་ནས་ལྷའི་མེ་ཏོག་མང་པོ་ཁྱེར། ལྷའི་བུ་མང་པོ་དང་བཅས་པས་སངས་རྒྱས་ལ་ཕྱག་འཚལ་དུ་ཕྱིན་པས་སངས་རྒྱས་ཀྱིས་ཀྱང་འདུས་བྱས་ཐམས་ཅད་མི་རྟག་པ། ཟག་པ་དང་བཅས་པ་ཐམས་ཅད་སྡུག་བསྔལ་བ། ཆོས་ཐམས་ཅད་ནི་བདག་མེད་པ། མྱ་ངན་ལས་འདས་པ་ནི་ཞི་བའོ། །ཞེས་གསུངས་པས། ལྷའི་བུ་དེས་བདེན་པར་མཐོང་བར་གྱུར་ཏོ། །དེ་བཞིན་དུ་ཆོས་ཀྱི་སྒྲ་ཐོས་པ་ཙམ་གྱིས་ཀྱང་སྒྲིབ་པ་བྱང་ཞིང་ཕྱི་མ་ལ་ཆོས་ཀྱི་གཞི་འཛོམ་པ་ཡིན། །དེས་ན་ཐོས་བསམ་ལ་ནན་ཏན་ཡང་དང་ཡང་དུ་བྱ་བ་གལ་ཆེ་སྟེ། མདོ་ལས། ཐོས་པས་ཆོས་རྣམས་ཤེས་པར་བྱེད། །ཐོས་པས་སྡིག་ལས་ལྡོག་པར་འགྱུར། །ཐོས་པས་དོན་མ་ཡིན་པར་སྤོང་། །ཐོས་པས་མྱ་ངན་འདས་པ་ཐོབ། །ཅེས་གསུངས་པ་བཞིན་དམ་པའི་ཆོས་ལ་ཐོས་པ་ཕྱོགས་མེད་དུ་བྱེད་པ་ནི་གནད་དམ་པའོ། །དེ་ཡང་སངས་རྒྱས་ཀྱི་ཆོས་གསུངས་ཚུལ་དང་། དགྲ་བཅོམ་པས་ཆོས་གསུངས་ཚུལ་སྔར་བཤད་པ་ལྟར་རོ། །པཎྜི་ཏས་ཆོས་གསུངས་པའི་ཚུལ་ལ་གཉིས་ལས། དཔལ་ནཱ་ལནྡྲའི་གཙུག་ལག་ཁང་

ན་བཞུགས་པའི་པཎྜི་ཏ་རྣམས་ནི། བཀའ་ཐམས་ཅད་ཕུན་སུམ་ཚོགས་པ་ལྔས་འཆད། བསྟན་བཅོས་ཐམས་ཅད་རྩིས་མགོ་ཡན་ལག་ལྔས་འཆད་དོ། །ཕུན་སུམ་ཚོགས་པ་ལྔ་ལ། གནས་དང་། སྟོན་པ་དང་། ཆོས་དང་། འཁོར་དང་། དུས་ཕུན་སུམ་ཚོགས་པའོ། །འདི་དག་ཀྱང་ལོངས་སྤྱོད་རྫོགས་པའི་ཞིང་དང་། སྤྲུལ་པའི་གནས་ཀྱིས་མཚོན་པར་འདུ་མ་བྱས་པ་དང་། བྱས་པ་གཉིས་སུ་བསྟན་ཏོ། །ལོངས་སྐུ་གཞིར་གནས་ཀྱི་ཞིང་མཚོན་པར་འདུ་མ་བྱས་པ་ལ། གནས་ཕུན་སུམ་ཚོགས་པ་འོག་མིན་སྟུག་པོ་བཀོད་པའི་ཞིང་ཁམས། སྟོན་པ་ཕུན་སུམ་ཚོགས་པ་དཔལ་རྣམ་པར་སྣང་མཛད། །ཆོས་ཕུན་སུམ་ཚོགས་པ་ཐེག་པ་ཆེན་པོ་འབའ་ཞིག། འཁོར་ཕུན་སུམ་ཚོགས་པ་ས་ལ་གནས་པའི་བྱང་ཆུབ་སེམས་དཔའ།དུས་ཕུན་སུམ་ཚོགས་པ་རྟག་པ་རྒྱུན་གྱི་འཁོར་ལོའོ། །གཉིས་པ་འདུ་བྱས་པ་ནི་བཀའ་འཁོར་ལོ་གསུམ་གྱི་རིམ་པས། འཁོར་ལོ་དང་པོ་ལ། གནས་ཕུན་སུམ་ཚོགས་པ་ཝཱ་ར་ན་སི་དྲང་སྲོང་ལྷུང་བ་རི་དྭགས་མི་འཇིགས་པ་སྦྱིན་པའི་ནགས། སྟོན་པ་ཕུན་སུམ་ཚོགས་པ་ཤཱཀྱ་ཐུབ་པ། ཆོས་ཕུན་སུམ་ཚོགས་པ་བདེན་པ་བཞི། འཁོར་ཕུན་སུམ་ཚོགས་པ་ལྔ་སྡེ་བཟང་པོ་ལྷ་བརྒྱད་ཁྲི་དང་བཅས་པ། དུས་ཕུན་སུམ་ཚོགས་པ་སངས་རྒྱས་ནས་ཞག་བདུན་ཕྲག་བདུན་ལོན་པའི་དུས་སོ། །འཁོར་ལོ་བར་པ་ལ།གནས་ཕུན་སུམ་ཚོགས་པ་རྒྱལ་པོའི་ཁབ་བྱ་རྒོད་ཕུང་པོའི་རི། །སྟོན་པ་ཕུན་སུམ་ཚོགས་པ་ཤཱཀྱ་ཐུབ་པ། ཆོས་ཕུན་སུམ་ཚོགས་པ་བཀའ་རྒྱས་འབྲིང་བསྡུས་གསུམ་སྡེ་ཚན་དྲུག་ཏུ་གཏོགས་པ། འཁོར་ཕུན་སུམ་ཚོགས་པ་གཉིས་ལས། ཐུན་མོང་གི་འཁོར་ཤ་རིའི་བུ་དང་། མོདྒལ་གྱི་བུ་དང་། རབ་འབྱོར་ལ་སོགས་པ་དགེ་སློང་ལྔ་སྟོང་ཙམ་དང་། སྐྱེ་དགུའི

བདག་མོ་སོགས་དགེ་སློང་མ་ལྔ་བརྒྱ་ཙམ་དང་། ཁྱིམ་བདག་མགོན་མེད་ཟས་སྦྱིན་དང་། དགེ་བསྙེན་མ་ས་ག་ལ་སོགས་པ་དགེ་བསྙེན་དང་། དགེ་བསྙེན་མའི་ཚོགས་རབ་ཏུ་མང་པོ་རྣམས་དང་། ཐུན་མོང་མ་ཡིན་པའི་འཁོར་བྱང་ཆུབ་སེམས་དཔའ་བཟང་སྐྱོང་དང་། རིན་ཆེན་འབྱུང་གནས། དེད་དཔོན་དམ་པ་ལ་སོགས་པ་བྱེ་བ་ཁྲག་ཁྲིག་རབ་ཏུ་མང་པོ་རྣམས་སོ། །དུས་ཕུན་སུམ་ཚོགས་པ་ལོ་བཅུ་གཉིས་སུ་ཟླ་བ་གཉིས་ཀྱིས་མ་ཚོག་པའི་བར་དུ་གསུངས་སོ། །འཁོར་ལོ་ཐ་མ་ནི། གནས་ཕུན་སུམ་ཚོགས་པ་ལྷའི་གནས་དང་། ཀླུའི་གནས་དང་། རྒྱལ་པོའི་ཁབ་དང་། གྲོང་ཁྱེར་པདྨ་ཅན་ལ་སོགས་པའོ། །སྟོན་པ་ཕུན་སུམ་ཚོགས་པ་ཤཱཀྱ་ཐུབ་པའོ། །ཆོས་ཕུན་སུམ་ཚོགས་པ་ངེས་པ་དོན་གྱི་རྣམ་གྲངས་དེ་བཞིན་གཤེགས་པའི་སྙིང་པོ་བསྟན་པ་ལ་སོགས་པའོ། །འཁོར་ཕུན་སུམ་ཚོགས་པ་ཐུན་མོང་དང་ཐུན་མོང་མ་ཡིན་པའི་ཚོགས་རབ་ཏུ་མང་པོ་རྣམས་སོ། །དུས་ཕུན་སུམ་ཚོགས་པ་ལོ་སུམ་ཅུ་རྩ་གཉིས་བར་དུ་གསུངས་སོ། །དེ་དག་ནི་ལོངས་སྤྱོད་རྫོགས་པའི་ཞིང་དང་། སྤྲུལ་པའི་གནས་ཀྱི་ཁྱད་པར་མངོན་པར་འདུས་བྱས་པ་དང་མ་བྱས་པ་རྣམས་སོ། །འདིར་ཆོས་ཀྱི་སྐུའི་སྟོན་པ་ཆོམ་བུ་སྐུ་གསུམ་འདུ་འབྲལ་མེད་པའི་དགོངས་པ་ལ་བཞུགས་པ་ཐམས་ཅད་ཀྱང་ཕུན་སུམ་ཚོགས་པ་ལྔའི་རང་བཞིན་དུ་ལོངས་སྤྱོད་རྫོགས་ཏེ། གནས་ཕུན་སུམ་ཚོགས་པ་ཆོས་ཀྱི་དབྱིངས་རྣམ་པར་དག་པ་དཔག་ཏུ་མེད་ཅིང་དམིགས་སུ་མི་རུང་བ་ན། སྟོན་པ་ཕུན་སུམ་ཚོགས་པ་ཀུན་ཏུ་བཟང་པོ་རང་བཞིན་གྱི་མཛད་པ་མ་ལུས་པ་ལྷུན་གྱིས་གྲུབ་པར་མཛད་ཅིང་། འཁོར་ཕུན་སུམ་ཚོགས་པ་ཉིད་ལས་མི་གཞན་པའི་སྐུ་དང་ཡེ་ཤེས་ཀྱི་སྣང་ཆར་ལོངས་སྤྱོད་རྫོགས་པ་དང་དེའི་རྩལ་ལས་ལྷུན་གྱིས་གྲུབ་པ་རྡོ་རྗེ་འཆང་

འབུམ་ཕྲག་གྲངས་མེད་པ་ལ། ཆོས་ཐུན་སུམ་ཚོགས་པ་རང་བཞིན་ཆོས་ཉིད་ཀྱི་ངོ་ རྗེ་ སུས་ཀྱང་འདུ་མ་བྱས་པར་རང་བྱུང་འོད་གསལ་གྱི་དགོངས་པ་ཆེན་པོ། དུས་ ཐུན་སུམ་ཚོགས་པ་ཆོས་ཉིད་ལ་མཐོང་བ་རྣམ་པར་དག་པས་ཚིག་དང་ཡི་གེ་ལས་ འདས་པར་རང་བྱུང་རང་ཤར་དུ་གསུངས་ཏེ། སངས་རྒྱས་སྲས་གཅིག་གི་རྒྱུད་ ལས། སྟོན་པ་ཀུན་བཟང་ཡབ་ཡུམ་གྱིས། །རང་བཞིན་ཀློང་ནས་བཀའ་སྩལ་ པ། །གནས་ལུགས་རང་སྣང་འཁོར་རྣམས་གསོན། །ཉག་ཅིག་རང་བྱུང་ཡེ་ ཤེས་འདི། །སངས་རྒྱས་ཀུན་གྱི་སྲས་གཅིག་ཡིན། །ཞེས་གསུངས་པ་ལྟར་ རོ། །བསྟན་བཅོས་ལ་རྩིས་མགོ་ཡན་ལག་ལྔ་ནི། མཛད་པ་པོ་གང་གིས་ མཛད་པ། ལུང་གང་ནས་བཏུས་པ།ཕྱོགས་གང་དུ་གཏོགས་པ། དོན་སུ་ཡི་ ཆེད་དུ་མཛད་པ། དགུ་ནས་ཞབས་སུ་བསྡུས་པའི་དོན་བསྟན་པ་དང་ལྔའོ། །

དེ་ལྟར་བཀའ་དང་བསྟན་བཅོས་རྒྱུད་དང་མན་ངག་ཐམས་ཅད་ཀྱི་ཡང་རྩེར་གྱུར་པ་ ཆོས་སྐུའི་བསྟན་པ་རྫོགས་པ་ཆེན་པོའི་ཁྲིད་ཀྱི་རིམ་པ་ལ། ངག་གི་སྔོན་དུ་འགྲོ་ བའི་དང་པོ་རྒྱས་འདེབས་ཀྱི་རིམ་པ་སོང་ཞིང་། གཉིས་པ་རྩལ་སྦྱོང་གི་རིམ་པ་ལ་ གཉིས་ཏེ། ཕྱི་སྣང་བ་ལ་རྩལ་སྦྱོང་བ་དང་། ནང་ཕུང་པོ་ལ་རྩལ་སྦྱོང་ པའོ། །

དང་པོ་ཕྱི་སྣང་བ་ལ་རྩལ་སྦྱོང་པ་ནི། དབེན་པའི་གནས་སུ་ལུས་གནད་དྲང་པོར་ བཅས་ཏེ། སྙིང་གར་ཧཱུྃ་སྔོན་པོ་ཞིག་གསལ་བར་བསྒོམ། ངག་ནས་ཧཱུྃ་དྲག་པོ་ ཐུང་ལ་ངར་དང་ལྡན་པ་བརྗོད་པས་སྙིང་ཀའི་ཧཱུྃ་ལས་ཧཱུྃ་མཐིང་ནག་དྲག་ལ་རྩུབ་པ་རྣོ་ ཞིང་མྱུར་བའི་ཤུགས་དང་ལྡན་པ་ཕྱི་རོལ་གྱི་ཡུལ་ཆེ་ཆུང་གང་ལ་སྤྲོ་བ་དེ་དང་ འཚམས་པ་མང་པོ་ཐོལ་ཐོལ་བྱུང་བས་ཕྱི་རོལ་གྱི་སྣང་བ་ཐམས་ཅད་ཕར་ཐལ་ཆུར་

ཐལ་ཐལ་བྱུང་དུ་ཕུག་ནས་ཁྲལ་ཁྲོལ་དུ་སོང་བར་བསམ་ཞིང་མཐར་ཧཱུྃ་རིང་གཅིག་དང་མཉམ་དུ་ཕྱི་རོལ་གྱི་དངོས་པོ་ཐམས་ཅད་ཟང་ཐལ་གྱིས་སོང་བར་བསམ་ལ་ངལ་གསོའོ། །དེ་ལྟར་རྩ་སྦྱངས་པའི་རྟགས་ནི་སང་སེང་ངམ་ཁྲལ་ཁྲོལ་ལམ་འཇའ་ཚོན་ལྟར་སྣང་ལ་རང་བཞིན་མེད་པ་སྙམ་བྱེད་པ་ནི་རྩལ་འབྱོང་བའོ། །དེའི་དགོས་པ་ནི། སྔར་ཕན་ཆད་སྣང་བ་འདི་བདེན་བདེན་རྟག་རྟག་པོར་བཟུང་ནས་རང་བཞིན་མེད་པར་མ་ཤེས་ལ། ཕྱིན་ཆད་སྣང་བ་རང་བཞིན་མེད་པར་འབྱོང་བའི་དགོས་པ་ཡོད་དོ། །དེ་ལ་བརྟེན་ནས་དངོས་གཞིའི་དུས་སུ་སྣང་བ་ལ་བདེན་ཞེན་མི་སྐྱེ་བའི་གདེངས་ཐོབ་པའོ། །

དེ་ནས་གཉིས་པ་ནང་ཕུང་པོ་ལ་རྩལ་སྦྱོང་པ་ནི། ལུས་གནད་གོང་ལྟར་བཅས་ལ། ངག་ནས་ཧཱུྃ་ཞེས་དྲག་ཏུ་བརྗོད་པས་ཧཱུྃ་ཡིག་མཐིང་ནག་དྲག་ལ་རྩུབ་པ་རྣོ་ཞིང་མྱུར་བ་མཚན་ཉིད་བཞི་ལྡན་དེས་རང་གི་ལུས་རྒྱབ་མདུན་སྟོད་སྨད་ཐམས་ཅད་ནས་ཐོགས་པ་མེད་པར་ཐལ་ཐལ་ཕུག་པས་སང་སེང་ཁྲལ་ཁྲོལ་དུ་སོང་བར་བསམ་མཐར་ཧཱུྃ་རིང་གཅིག་དང་མཉམ་དུ་ལུས་ཕྱི་ནང་ཐམས་ཅད་ཁྲོལ་མ་ལྟར་སོང་བར་བསམ་ལ་ངལ་གསོའོ། །དེ་ལྟར་དམིགས་པ་ཐེབ་པའི་རྟགས་ནི་ལུས་ཀྱི་ཤ་ཁོལ་བུར་འཕར་ཞིང་ན་བ་དང་། ཁྲལ་ཁྲོལ་སང་སེང་དུ་གྱུར་བར་སྙམ་པ་དང་། ལུས་ཆུ་ཟླ་ལྟར་རང་བཞིན་མེད་པར་སྙམ་པའི་ཉམས་འཆར་ན་འབྱོང་བའོ། །དགོས་པ་ནི། སྔར་ཕན་ཆད་ཕུང་པོ་ལ་ཞེན་ཅིང་ཆགས་པས་ང་བདག་ཏུ་བཟུང་སྟེ་ལུས་རང་བཞིན་མེད་པར་མ་རྟོགས་པ་ལས། ཕྱིན་ཆད་ལུས་རང་བཞིན་མེད་པར་ཤེས་པའི་དགོས་པ་ཡོད་དོ། །དེ་ལ་བརྟེན་ནས་དངོས་གཞིའི་དུས་སུ་ལུས་ལ་ན་ཚ་སྡུག་བསྔལ་ཅི་བྱུང་ཡང་བདག་འཛིན་མེད་ཅིང་། བདག་མེད་དུ་ཤེས་པས་ལུས་ལ་ཆགས་ཞེན་

དང་བྲལ་བའི་གདེངས་ཐོབ་ཅིང་ནད་གདོན་གྱིས་མི་ཚུགས། མཐར་ཐུག་ཕུང་པོ་འཇའ་ལུས་འོད་གསལ་དུ་གྲོལ་བའི་དགོས་པ་ཡོད་པས་བསྒོན་འགྲུས་དྲག་པོས་འབད་པར་བྱའོ། །

སྤྱི་དོན་བཅུ་གཉིས་པ་གཉེན་བརྩོལ་གྱི་ལམ་ཁྱེར་ནི། འོད་ལམ་ཁྱེད་རྣམས་མ་ཡེངས་པར་རྩེ་གཅིག་གུས་པ་དང་བཅས་པས་ལེགས་པར་གསན་འཚལ། དེ་ལ་ཆོས་ཉན་པའི་ཀུན་སློང་ནི་ཐེག་པ་ཆེ་ཆུང་ནས་ཇི་ལྟར་བྱུང་བ་བཞིན་གསན་པ་ལ་བསླབ་པར་བྱ་སྟེ། དེ་ཡང་སྐྱེས་རབས་ལས། ཐོས་པ་གཏི་མུག་མུན་སེལ་སྒྲོན་མེ་ཡིན། །རྐུན་པོ་ལ་སོགས་མི་འཕྲོག་ནོར་གྱི་མཆོག །ཀུན་ནས་རྨོངས་པའི་དགྲ་འཛོམས་མཚོན་ཆ་སྟེ། ཐབས་ཚུལ་མན་ངག་བསྟན་པ་གྲོགས་ཀྱི་མཆོག །ཡ་རབ་རྣམས་དང་འཕྲད་ན་སྐྱེས་ཀྱི་མཆོག །ཚོགས་ཀྱི་នང་དུ་མཁས་པ་དགའ་བར་འགྱུར། །ཕས་ཀྱི་རྒོལ་བ་ཉི་མའི་འོད་དང་འདྲ། །འདྲེན་པ་རྣམས་ཀྱིས་སྤྱུགས་དང་དྲེགས་པ་སེལ། །ཞེས་གསུངས་པ་དང་། གཞན་ཡང་དམ་པའི་ཆོས་ཀྱི་ཆེད་དུ་དཀའ་བ་དང་དུ་བླངས་ཏེ་བརྩོན་པ་དྲག་པོས་ནན་ཏན་དུ་བསྒྲུབ་དགོས་པ་ཉིད་དེ། རྫོགས་པ་ཆེན་པོ་སེམས་ཉིད་ངལ་གསོ་ལས།ཐོག་མེད་དུས་ནས་ཉེ་བར་གོམས་པ་ཡི། །ཡིད་མཁར་ཉོན་མོངས་གདུང་བ་ཞི་བྱའི་ཕྱིར། །ནོར་བཟང་རྟག་ཏུ་ངུ་བཞིན་ཆོས་ཚོལ་བས། །སྐྱོ་ངལ་སྤངས་ལ་དགེ་བའི་བཤེས་གཉེན་བརྟེན། །ཞེས་གསུངས་པ་ལྟར། ལས་དང་ཉོན་མོངས་པ་མེད་པར་མ་གྱུར་གྱི་བར་དུ། དེ་དག་ཞི་བར་བྱ་བའི་ཕྱིར་རང་བས་ལྷག་པའི་བླ་མ་བསྟེན་དགོས་ཏེ་ཡོན་ཏན་ལྷག་པར་ཐོབ་པར་བྱ་དགོས་པའི་ཕྱིར་རོ། །དེ་ཚུལ་ཡང་། གྲོང་ཁྱེར་སྐྱིད་པའི་འབྱུང་གནས་ཀྱི་ཚོང་དཔོན་ནོར་རབ་ཏུ་བརྟན་པའི་བུ་

ནོར་བཟང་གིས་ལྷོ་ཕྱོགས་ཀྱི་རྒྱུད་ཀུན་ཏུ་སོང་སྟེ་རྟག་ཏུ་ཆོས་འཚོལ་བས་འཇམ་དཔལ་གཞོན་ནུར་གྱུར་པ་ལ་སོགས་པས་ལུང་བསྟན་ཅིང་བྱིན་གྱིས་བརླབས་པའི་བླ་མ་ལྔ་བཅུ་རྩ་བཞི། དེ་དག་གི་གདམས་པའི་རྗེས་སུ་བསྟན་པའི་བླ་མ་ལྔ་བཅུ་རྩ་བཞི་སྟེ་བརྒྱ་རྩ་བརྒྱད་བསྟེན་པའམ། བྱང་ཆུབ་སེམས་དཔའ་རྟག་ཏུ་ངུས་ཤེས་རབ་ཀྱི་ཕ་རོལ་དུ་ཕྱིན་པ་འཚོལ་བའི་ཚེ་ལུས་བཙོང་སྟེ། ཚོང་དཔོན་གྱི་བུ་མོ་འཁོར་ལྔ་བརྒྱ་དང་ལྷན་ཅིག་ཏུ་ཤིང་རྟར་ཞུགས་ཏེ་ཤར་ཕྱོགས་སུ་གྲོང་ཁྱེར་སྤོས་ལྡན་དུ་སོང་ནས། བྱང་ཆུབ་སེམས་དཔའ་ཆོས་འཕགས་ལ་མཆོད་ནས་བསྙེན་བཀུར་བ་བཞིན་འབད་དེ།ལྷུར་བླངས་པར་བྱའོ། །

དེ་ལའང་གདོད་མའི་གཞི་འཁོར་བ་དང་མྱང་འདས་གང་ཡང་རྒྱ་ཆད་ཕྱོགས་ལྷུང་མེད་པའི་སྔོན་རོལ་ནས། ཡུལ་ཆོས་ཀྱི་དབྱིངས་རང་བཞིན་གྱི་རྣམ་པར་དག་པ་སྟོང་ལ་གོ་འབྱེད་པ་ནམ་མཁའ་ཡངས་པའི་དཀྱིལ་ལྟ་བུ། དྭངས་ལ་མི་གཡོ་བ་རྒྱ་མཚོ་དྭངས་པའི་གཏིང་ལྟ་བུ། གསལ་ལ་སྒྲིབ་པ་མེད་པ་མེ་ལོང་གཡའ་དག་པའི་ངོས་ལྟ་བུ། ངོ་བོ་སྟོང་པ་རང་བཞིན་ཐུགས་རྗེ་གདངས་འགགས་པ་མེད་པར་བཞུགས་པ་ནི་གདོད་མའི་གནས་ལུགས་སོ། །དེའི་ངང་ལ་ཤེས་རབ་སྒྲོག་ཏུ་གྱུར་པའི་རླུང་ཡན་ལག་བཞིས་རྟ་བྱས་ཏེ་ཐུགས་རྗེ་རིག་པའི་སྙིང་པོ་ཁྱེར་གསལ་དུ་གཡོས་པ་ལས། ངོ་བོའི་ཆ་ལས་གོ་འབྱེད་པའི་ཡུལ་ལ། རང་བཞིན་གྱི་ཆས་ལྷུན་གྲུབ་ཡེ་ཤེས་ཀྱི་སྣང་བ་ཤར་དུས། ཐུགས་རྗེའི་ཆས་ཡུལ་འབྱེད་པའི་ཤེས་རབ་དཔྱོད་བྱེད་དུ་སྐྱེས་པའི་སྐད་ཅིག་ལ་རང་ཤར་དུ་ཤེས་པས་རང་ངོ་ཤེས་ཏེ་གདོད་མའི་གཞི་ཐོག་དེ་ཉིད་དུ་རང་གྲོལ་བ་ནི་ཀུན་ཏུ་བཟང་པོ་གཞི་ནས་མངོན་པར་བྱང་ཆུབ་པའོ། །འདི་ཡི་དུས་ན་ནང་གསལ་ཐམས་ཅད་མཁྱེན་པའི་ཡེ་ཤེས་སྒྲིབ་པའི་མཐའ་ཐམས་ཅད་དང་བྲལ་བ

ཆོས་ཀྱི་སྐུའི་ཞིང་ཁམས་ལྷུན་གྲུབ་རིན་པོ་ཆེའི་སྦུབས་ན་རང་རིག་པའི་ཡེ་ཤེས་ཤིན་ཏུ་ཕྲ་བའི་བདག་ཉིད་བཞུགས་པས་མཚན་མ་རིས་ཅན་གྱི་རྣམ་པའི་ཞལ་ཕྱག་ཏུ་གྲུབ་པ་ནི་མེད། དེ་འཆར་གཞིའི་གདངས་མ་འགགས་པ་ལས་རང་བཞིན་དང་ཐུགས་རྗེའི་སྣང་བ་འདུ་འབྲལ་མེད་པ་ཙམ་དུ་གནས་སོ། །དེའི་ཚེ་སྟོན་པ་ཕུན་སུམ་ཚོགས་པ་རང་ཤེས་རིག་པའི་རྒྱལ་པོ་ཀུན་ཏུ་བཟང་པོ་དང་། ཆོས་ཉིད་མཉམ་པ་ཉིད་ཀྱི་ཡེ་ཤེས་དུས་བཞིའི་འཕོ་འགྱུར་མེད་པའི་རང་བཞིན་ཀུན་ཏུ་བཟང་མོའི་བདག་ཉིད་གཉིས་སུ་མེད་པ་ཉིད་གཞོན་ནུ་བུམ་པ་སྐུའི་ཞིང་ཁམས་ཆོས་ཀྱི་དབྱིངས་ཀྱི་ཕོ་བྲང་ཆེན་པོ་ན་འཁོར་ཡེ་ཤེས་རྒྱ་མཚོའི་ཚོགས་ལ་སྐུ་གསུང་ཐུགས་བྱས་པ་མེད་པའི་བསྟན་པ་རིན་པོ་ཆེ་འཕོ་འགྱུར་མེད་པའི་ངང་ལས་མི་གཡོ། མི་འབྱུང་། མི་གནས། མི་ལེན། མི་འདོར། མི་བསྐྱོད་པ་ཉིད་དུ་བཞུགས་སོ། །དེ་ལྟར་གདོད་མའི་གཞི་ལ་རང་སྣང་འོད་གསལ་གྱི་ཞིང་ཁམས་སུ་བཞེངས་ཏེ། སྐུ་གསུམ་གྱི་སྣང་བ་མ་ལུས་པ་རྫོགས་པར་མཛད་པ་ནི་ཞི་བ་ཆོས་ཀྱི་སྐུ་ཡི་གནས་ལུགས་སོ། །དེ་ཉིད་ཆོས་སྐུ་ལ་བྱ་བ་དང་བྱེད་པའི་ཡུལ་ལས་འདས་པའི་རྩལ་དང་མཚོན་པའི་རིས་མེད་དོ། །ལོངས་སྐུ་དང་སྤྲུལ་སྐུ་ལས་རྣམ་པར་འཕྲུལ་ཏེ། འགྲོ་བའི་གནས་དང་། སྟོན་པའི་བྱོན་ཚུལ་ནི། དེ་ནས་ཟབ་པ་ལོངས་སྐུའི་སྣང་ཆའི་རྩལ་ལས་རྒྱ་ཆེ་བ་ལོངས་སྤྱོད་རྫོགས་པའི་སྐུར་བྱོན་པ་ནི། ཕུན་སུམ་ཚོགས་པ་ལྔའི་སྒོ་ནས་སྣང་ཏེ། གནས་ཕུན་སུམ་ཚོགས་པ། རྣམ་དག་སྟུག་པོ་བཀོད་པ། སྟོན་པ་ཕུན་སུམ་ཚོགས་པ་རྣམ་པར་སྣང་མཛད་གངས་ཅན་མཚོའི་བྱང་ཆུབ་མཆོག་གི་ཕྱག་རྒྱ་འཁོར་ལོ་རིན་པོ་ཆེའི་ཁོང་སེང་ལས་པདྨའི་སྡོང་པོ་ཆེན་པོའི་ཟེ་བ་དང་། ཕྲུམ་ཕྲུམ་དང་། སྙིང་པོ་རྣམས་ཀྱི་སྟེང་ན་སྟོང་གསུམ་གྱི་འཇིག་རྟེན་ཉི་ཤུ་རྩ་ལྔ་བརྩེགས་མར་གནས་

པའི་དབུས་སླིང་པོ་ལ་གནས་པའི་བཅུ་གསུམ་པ་ན་གཞི་དང་སླིང་པོ་མེ་ཏོག་གིས་བརྒྱན་པའི་འཇིག་རྟེན་གྱི་ཁམས་མི་མཇེད་ཅེས་བྱ་བ་གླིང་བཞི་རི་རབ་དང་བཅས་པ་བྱེ་བ་ཕྲག་བརྒྱ་ལེགས་པར་བཀོད་པ་འདི་ཉིད་གནས་སོ། །དེ་ལྟར་བརྩེགས་མའི་འཇིག་རྟེན་དེ་དག་ཀྱང་ཡས་མན་དུ་རྒྱ་ཐེབ་བརྩེགས་པ་ལྟ་བུ་ལ། ཕན་ཚུན་དུ་ཟ་འོག་གི་གུར་ཁྱིམ་བཀྲམ་པ་ལྟ་བུ་ན། སྟོན་པ་དང་། བསྟན་པ་དང་། འཁོར་དང་། ཆོས་དང་། དུས་ཕུན་སུམ་ཚོགས་པ་ལྔ་ལྔའི་རང་བཞིན་དཔག་ཏུ་མེད་པས་བརྒྱན་པའོ། །ཞབས་ཀྱི་སྐྱིལ་མོ་ཀྲུང་མན་ཆད་ལ་ཞིང་ཁམས་ཆེན་པོ་བཅུ་དྲུག་གནས་པ་ན་ཡས་མན་དུ་རིན་པོ་ཆེའི་གདུགས་རྣམ་པར་བརྩེགས་པ་ལྟ་བུ་ལ། ཕན་ཚུན་འབྲུའི་ཕུང་པོ་དཔག་ཏུ་མེད་པ་བཀྲམ་པ་ལྟ་བུ་གང་ལ་གང་འདུལ་གྱི་སྟོན་པ་དང་ཆོས་ཀྱིས་བརྒྱན་པའོ། །བ་སྤུའི་བུ་ག་ཐམས་ཅད་ནས་སྤྱོས་ཆུའི་རྒྱུན་གངས་ཆེན་མཚོ་འབབ་པ་ཐམས་ཅད་ལས་འཇིག་རྟེན་གྱི་ཁམས་གངས་ཆེན་མཚོའི་དབྱིབས་དང་། རྣམ་པ་དཔག་ཏུ་མེད་པས་བརྒྱན་པ་ན་རྣམ་པར་སྣང་མཛད་གངས་ཆེན་མཚོ་བཞུགས་པ་ཐམས་ཅད་ལས་སྒྱུ་མ་བཞིན་དུ་འཇིག་རྟེན་གྱི་ཁམས་གངས་ཆེན་མཚོ་རྣམ་པར་བཀོད་པ་ན། ཡང་རྣམ་པར་སྣང་མཛད་གངས་ཆེན་མཚོ་ལ་སྒྱུ་མ་བཞིན་བཀོད་པ་སྟེ། འཇིག་རྟེན་དང་སྟོན་པས་ནམ་མཁས་གར་ཁྱབ་པ་སྣང་བ་ན་སེམས་ཅན་ཡང་དེ་ཙམ་དུ་ཁྱབ་པ་རྣམས་འདུལ་བའི་ཕྱིར་སྣང་བ་ཁོ་ནར་ཟད་དོ། །དེ་བཞིན་དུ་ཤར་ཕྱོགས་སུ་རྡོ་རྗེ་མི་བསྐྱོད་པ་དང་། ལྷོ་ཕྱོགས་སུ་རིན་ཆེན་འབྱུང་ལྡན་དང་། ནུབ་ཕྱོགས་སུ་སྣང་བ་མཐའ་ཡས་དང་། བྱང་ཕྱོགས་སུ་དོན་ཡོད་གྲུབ་པ་རྣམས་སོ་སོའི་ཕྱག་མཚན་རྡོ་རྗེ་དང་རིན་པོ་ཆེ་དང་པདྨ་དང་རྒྱ་གྲམ་རྣམས་ཀྱི་ཁོང་སེང་ནས་པདྨའི་སྡོང་པོ་ལ་རྡོ་རྗེས་བརྒྱན་པའི་འཇིག་རྟེན་གྱི་ཁམས་

དང་། པདྨ་བརྩེགས་པའི་འཇིག་རྟེན་གྱི་ཁམས་དང་། ལས་རབ་གྲུབ་པའི་འཇིག་རྟེན་གྱི་ཁམས་རྣམས་སུ་ཞིང་ཁམས་ཉི་ཤུ་རྩ་ལྔ་རེ་སྟུ་མ་བཞིན་གནས་པས། ནམ་མཁའི་དབྱིངས་ཀྱི་མཐའ་ཀླས་པར་སེམས་ཅན་གྱི་ཁམས་ཀྱིས་རྣམ་པར་ཁྱབ་པ་ཐམས་ཅད་དུ། དེ་བཞིན་གཤེགས་པ་དེ་དག་གིས་ཁྱབ་ཅིང་གང་ལ་གང་འདུལ་གྱི་སྟོན་པ་དང་། འཁོར་དང་ཆོས་ལ་སོགས་ཕྱི་མའི་མུ་མཐར་ཐུག་པ་ཐམས་ཅད་དུ་གནས་པ་ནི་ཚངས་ཆེན་གྱི་བསྐལ་པ་ཆེན་པོ་གཅིག་སྟེ། དཔལ་ཀུན་ཏུ་བཟང་པོ་གཞི་ཐོག་ནས་བྱང་ཆུབ་པ་དེ་ཡི་གདུལ་ཞིང་ཆེན་པོ་གཅིག་ཏུ་ལྷུན་གྱིས་གྲུབ་པ། སེམས་ཅན་ཐམས་ཅད་འཁོར་བ་ལས་མ་གྲོལ་གྱི་བར་དུ་བཞུགས་ནས་སྐུ་གསུང་ཐུགས་མི་ཟད་པ་བརྒྱན་གྱི་འཁོར་ལོ་འཇིག་རྟེན་དང་བསྐལ་བ་ཆེན་པོ་དེ་དག་ཏུ་གང་གིས་འདུལ་བའི་སངས་རྒྱས་ཀྱི་རྣམ་པ་དང་། ཆོས་དང་དགེ་འདུན་དང་བྲང་སྲོང་དང་། བྲམ་ཟེ་དང་། ཚངས་པ་དང་། བརྒྱ་བྱིན་ལ་སོགས་པའི་རྣམ་པར་སྤྲུལ་ནས་རང་བཞིན་ཤུགས་ཀྱི་མཛད་པས་འཁོར་བ་སྟོང་པར་མཛད་པ་ནི། ཚངས་ཆེན་ལ་བརྟེན་པའི་འཇིག་རྟེན་ཞེས་བྱ་སྟེ་འདུལ་བྱེད་ཀྱི་སྟོན་པ་རྣམ་པར་དག་པས་ཁོལ་བུར་སེམས་ཅན་གྱི་དོན་བྱེད་པའོ། །འཇིག་རྟེན་གྱི་ཁམས་དང་སྟོན་པ་ཉིད་གནས་པའི་ཡུན་ལ་སེམས་ཅན་ཐམས་ཅད་ལ་ཐེག་པ་གསུམ་གྱིས་བཏུལ་ཏེ། མཐར་རྡོ་རྗེའི་སྙིང་པོའི་ཐེག་པར་བཀོད་ནས་སེམས་ཅན་གཅིག་ཙམ་ཡང་མི་གནས་པར་སངས་རྒྱས་པ་ན་ཀུན་ཏུ་བཟང་པོའི་མཛད་པ་མཐར་ཕྱིན་ཏེ། ཚངས་ཆེན་གྱི་བསྐལ་བ་ཆེན་པོ་སྟོང་པ་ཞེས་བྱའོ། །དེ་ལྟར་གངས་ཆེན་རིགས་ལྔ་སངས་རྒྱས་དེ་དག་གི་བསྟན་པ་ནི་རང་བྱུང་གི་ཡེ་ཤེས་ཆེན་པོ་སུས་ཀྱང་བཀོད་པ་མེད་པར་རང་སྣང་བ་ནི་ཐེག་པ་ཆེན་པོའི་ཆོས་ཀྱི་ཇ་སྦྲ་རྒྱུན་མི་འཆད་པའོ། །དུས་ཕུན་སུམ

རྫོགས་པ་ནི་ཆོས་ཉིད་འགྱུར་བ་མེད་པའོ། །འཁོར་ཕུན་སུམ་ཚོགས་པ་ནི་རིགས་ལྔའི་སངས་རྒྱས་དཔག་ཏུ་མེད་པ་རྣམས་སོ། །དེ་ལྟར་ཚངས་ཆེན་གྱི་བསྐལ་བ་ལ་རྣམ་དག་སྟུག་པོ་བཀོད་པའི་ཞིང་ན་བཞུགས་པའི་སྟོན་པ་གངས་ཆེན་མཚོ་ཧེ་སྙེད་པ་དེ་དག་ཀྱང་མཛད་པ་སུམ་ཅུ་རྩ་དྲུག་གི་ངོ་བོར་བཞུགས་ཏེ། འདི་དག་ཀྱང་བཟུང་བའི་ཡུལ་དུ་ནི་མ་ཡིན་ལ། མཁྱེན་པའི་ཆ་ཙམ་ལ་དགོངས་པའོ། །དེ་ལྟར་ལོངས་སྐུ་ལས་རྒྱལ་བ་སྤྲུལ་པའི་སྐུར་བྱོན་པ་ནི་རང་བྱུང་གི་ཡེ་ཤེས་དབྱིད་ཕྱིར་ཁ་ཕྱིར་བལྟས་པ་ལས་འགྲོ་བ་འདུལ་བྱེད་དུ་དཔལ་རྡོ་རྗེ་སེམས་དཔའ་ཉིད་ཞི་བ་དང་ཁྲོ་བོའི་རང་བཞིན་སྣ་ཚོགས་པའི་སངས་རྒྱས་ཐམས་ཅད་ཀྱི་མངའ་བདག་ཏུ་རང་བྱུང་སྟེ་སྟོན་པ་ཕུན་སུམ་ཚོགས་པར་ལྷུན་གྱིས་གྲུབ་པའོ། །བསྟན་པ་ཕུན་སུམ་ཚོགས་པ་ནི་རང་བཞིན་རྫོགས་པ་ཆེན་པོ་འོད་གསལ་བའི་དགོངས་པའོ། །འཁོར་ཕུན་སུམ་ཚོགས་པ་ནི་རང་གི་ཐུགས་རྗེ་ལས་འགྲོ་བ་འདུལ་བྱེད་དུ་སྤྲུལ་པ་ཕྱག་ན་རྡོ་རྗེ་ལ་སོགས་པའོ། །དུས་ཕུན་སུམ་ཚོགས་པ་ནི་གཉིས་མེད་རང་སྣང་ཆེན་པོའི་དུས་ནའོ། །གནས་ཕུན་སུམ་ཚོགས་པ་ནི་ཡེ་ཤེས་སྟུག་པོ་བཀོད་པའི་ཞིང་ནའོ། །སྟོན་པས་ཆོས་གསུང་ཚུལ་ནི་ཚིག་སྡེབ་སྦྱོར་ལེགས་པའི་སྒོ་ནས་སོ། །དེ་དག་གིས་སྐུ་གསུམ་ཇི་ལྟར་འཆར་བའི་ཚུལ་ཕུན་སུམ་ཚོགས་པ་ལྔའི་རང་བཞིན་སྦྱོར་བསྟན་ནས། དེ་ལྟར་སྐུ་གསུམ་གྱི་སྟོན་པ་རྣམས་ཀྱི་བསྟན་པ་དམ་པའི་ཆོས་ཀྱི་སྙིང་པོ་གསང་སྔགས་རྡོ་རྗེ་ཐེག་པའི་ཉེ་ལམ་མཆོག་ཏུ་གྱུར་པ་ནི་རྫོགས་པ་ཆེན་པོའི་ཁྲིད་ཀྱི་རིམ་པ་ལ། གསུམ་པ་གཉེན་བཅོལ་བ་ནི། མདུན་དུ་ཤིང་རིང་ལྷ་བུའི་དམིགས་རྟེན་མཚན་མ་གང་ཡང་རུང་བ་གཅིག་བཙུགས་ལ་ལུས་གནད་དང་ལྡན་པས་ངག་གིས་ཧཱུྃ་སྔན་ཞིང་རིང་པོར་བརྗོད་པས་སྙིང་ཁའི་ཧཱུྃ་ལས་ཧཱུྃ་གི་ཕྲེང་

བ་བར་མ་ཆད་པར་བྱུང་། དམིགས་རྟེན་གྱི་རྩ་བ་ནས་རིམ་པར་གྲུ་གུ་ལྟར་ཁྲིལ་ཁྲིལ་དཀྲིས་ཏེ་རྩེ་མོར་སླེབ་པ་དང་དེ་ཉིད་ལ་ཤེས་པ་གཏད་དེ་དལ་ཅིག་ལྷོད་ལ་ངལ་གསོ།དེས་ནི་ཤེས་པ་ལམ་མེ་བ་གཅིག་འོང་ངོ་། །དེ་ནས་ཡང་ཧཱུྃ་ཞེས་བརྗོད་པས་རིམ་བཞིན་ཧཱུྃ་གི་ཐག་པ་བཤིག་ནས་ཕྱིར་བཀྲོལ་བ་དེ་ཉིད་ནང་དུ་བསྡུས་ཏེ་རང་གི་སྙིང་ཁའི་ཧཱུྃ་ལ་ཐིམ་པར་དམིགས་ལ་ངལ་གསོ།ཡང་གནས་རི་མཐོན་པོ་དང་དེའི་རྩེ་མོའི་ཞིང་དང་ཁང་ཁྱིམ་དང་། ཤིང་སྡོང་པོ་ལ་སོགས་པ་རྣམས་ལ་སྔ་མ་བཞིན་དུ་དཀྲི་ཞིང་བཀྲོལ་བར་བྱ་བ་དང་། ཡང་མདུན་དུ་ཧཱུྃ་རིང་གཅིག་ལ་དམིགས་ཏེ། དེ་ལ་ཧཱུྃ་གི་ཐག་པ་དཀྲི་བཀྲོལ་གོང་བཞིན་བྱས་པའི་མཐར་ཤེས་པ་རང་མལ་དུ་བཞག་ནས་དལ་ཅིག་བློ་ངལ་གསོ་ཞིང་གློད་ལ་བཞག རྟགས་ནི་ལུས་ངག་ཡིད་གསུམ་ཞེན་པ་རང་ལོག་ནས་བསམ་བརྗོད་དང་བྲལ་བ་འབྱུང་ངོ་། །དགོས་པ་ནི་རླུང་སེམས་ཧཱུྃ་གསུམ་གཅིག་ཏུ་གྱུར་ནས་འགྲོ་ལྡོག་སྦྱངས་པ་བྱས་པས་སྔར་ཕན་ཆད་རིག་པ་ལ་རང་དབང་མ་ཐོབ་པ་དེང་ཕྱིན་ཆད་རང་དབང་ཐོབ་ཏེ།

དངོས་གཞིའི་དུས་སུ་རིག་པ་གར་ཡང་བསྒྱུར་དུ་གཏུབ་པའི་དགོས་པ་ཡོད་དོ།

།རྒྱས་པར་འདིར་གཉེན་བཙལ་བ་དང་། ལམ་དུ་ཞུགས་པ་གཉིས་སོ་སོར་ཕྲལ་ཏེ་ཚོས་ཐུན་གཉིས་མཛད་པའི་ཕྱག་སྲོལ་ཡོད་པས།དེ་བཞིན་དུ་མཛོད་ཅིག མཆན།

དེ་ནས་བཞི་པ་ལམ་དུ་ཞུགས་པ་ནི། ལུས་གནད་སྔར་ལྟར་བྱས་ལ་རང་གི་ལུས་དང་རླུང་སེམས་གཅིག་དྲིལ་ཧཱུྃ་ཡིག་སྔོན་པོ་ཁྲུ་གང་བའི་རྣམ་པ་ཅན་དུ་བྱས་ལ། ངག་ནས་ཧཱུྃ་ཞེས་སྙན་ལ་ཤིན་ཏུ་རིང་བར་བརྗོད་ཅིང་། གོང་གི་ཧཱུྃ་ཡིག་དེ་ཉིད་མདུན་ནས་ཕར་ལ་སྲིན་འགྲོས་ལྟ་བུའི་ལམ་དུ་ཞུགས་ནས་སོང་སྟེ་འཁྲིགས་མཚམས་སུ་ཙུང་ཟད་རེ་ངལ་གསོ་ཞིང་རྒྱངས་རིང་པོའི་མཐའ་ཚད་མེད་པའི་ཕ་རོལ་དུ་སོང་བར་

བསམ་ཞིང་ཧཱུྃ་རིང་པོར་བརྗོད་ལ་རང་བབས་སུ་ངལ་གསོ། ཡང་སྔར་བཞིན་ཧཱུྃར་ལོག་ནས་རང་སོར་གནས་པ་ངལ་གསོ། སླར་ཡང་ཧཱུ་ཡི་གཞུང་དང་རི་ལ་སོགས་པ་དང་སྣང་སྲིད་ཚད་ཀྱི་ཡུལ་རྣམས་སུ་ཡང་འགྲོ་ཞིང་འོང་བ་ལ་སེམས་བཟུང་། གཞན་ཡང་ལུང་པ་ཤིན་ཏུ་རིང་བ་འབབ་ཆུའི་རྒྱུན་དལ་གྱིས་འབབ་ཅིང་། ཤིང་དང་བྲག་དང་ནགས་འཐུག་པོས་གཏིབ་པ། ཆུ་འགྲམ་རྣམས་ན་ཁྲུས་ཀྱི་རྫིང་བུ་དང་། ནེའུ་སིང་དང་། ཤིང་ལྗོན་པ་དང་། མེ་ཏོག་ལ་སོགས་པ་སྣ་ཚོགས་པ་ཡོངས་སུ་རྒྱས་པ། བྱ་དང་རི་དྭགས་དུ་མ་གནས་པར་རང་ཉིད་ཧཱུྃ་གི་རྣམ་པ་ཅན་གཅིག་པུར་ཟླ་མེད་པར་འགྲོ་ཞིང་། སྐབས་སྐབས་སུ་ཆུ་དང་མེ་ཏོག་ལ་སོགས་པ་ཡོད་པའི་སར་ངལ་གསོ་ལ་དམིགས་པ་གཏད་དེ་ཧཱུྃ་གི་གླུ་རིང་ལ་སྙན་པ་བླང་ངོ་། །དེ་ལྟར་བྱས་པས་འཁོར་བ་ལ་སྐྱོ་ཤས་དྲག་པོ་གཏིང་ནས་སྐྱེ་བ་དང་། ཆོས་ཉིད་རྣམ་པར་མི་རྟོག་པའི་ཏིང་ངེ་འཛིན་རྒྱུད་ལ་སྐྱེ་བ་དང་། ཤེས་པ་འཕོལ་ཞིག་པ་འབྱུང་ངོ་། །དེས་ནི་རིག་པ་ཚད་ལ་ཕེབས་པའི་དགོས་པ་ཡོད་དོ། །

དེ་ལྟར་ངག་གི་སྔོན་འགྲོ་བྱས་པའི་དགོས་པ་གཉིས་ཏེ། ཐུན་མོང་དང་མཆོག་གོ། དང་པོ་ནི། ངག་གི་མངོན་ཞེན་བཟློག་པ་དང་། ངག་གི་བར་ཆད་ཞི་བ་དང་། དེ་གཉིས་ཀྱི་ཐུན་མོང་དུ་ངག་གི་སྒྲིབ་པ་མ་ལུས་པ་འདག་པའོ། །མཆོག་གི་དགོས་པ་ནི། ངག་འཁོར་བར་འཁྱམས་པ་མི་འཇུག་པ་དང་། ངག་ལོངས་སྐུར་གྲོལ་བ་དང་། དེ་གཉིས་ཀྱི་ཐུན་མོང་དུ་སངས་རྒྱས་ཐམས་ཅད་ཀྱི་གསུང་དང་གཉིས་སུ་མེད་པར་འགྱུར་བའི་དགོས་པ་ཡོད་དོ། །

སྤྱི་དོན་བཅུ་གསུམ་པ་སེམས་ཀྱི་སྨོན་དུ་འགྲོ་བའི་ལམ་ཁྱེར་ནི། འོ་ད་ལམ་ཡང་ཁྱེད་འདིར་ཚོགས་ཤིང་འདུས་པ་རྣམས་ཀྱིས་མ་གྱུར་ནམ་མཁའི་མཐའ་དང་མཉམ་པའི་སེམས་ཅན་ཐམས་ཅད་མྱུར་དུ་བླ་ན་མེད་པ་ཡང་དག་པར་རྫོགས་པའི་སངས་རྒྱས་ཀྱི་གོ་འཕང་རིན་པོ་ཆེ་ཐོབ་པར་བྱ། དེའི་ཆེད་དུ་གྲོལ་བྱེད་གནད་ཀྱི་མན་ངག་ཟབ་མོ་དོན་གྱི་གནས་ལུགས་མངོན་སུམ་དུ་སྟོན་པའི་དོན་ཁྲིད་ཁྱད་པར་ཅན་གྱི་ཆོས་ལ་འཇུག་པར་བྱ་སྙམ་པའི་སྒོ་ནས་མ་ཡེངས་པར་གསན་འཚལ། དེ་ཡང་རྣམ་པ་ཐམས་ཅད་མཁྱེན་པ་རྫོགས་པའི་སངས་རྒྱས་ཀྱི་གོ་འཕང་ཐོབ་པར་བྱ་བའི་རྟེན་ནི་བླ་མ་དགེ་བའི་བཤེས་གཉེན་ལ་རག་ལས་ཏེ། རྫོགས་པ་ཆེན་པོ་སེམས་ཉིད་ངལ་གསོ་ལས། དགེ་བའི་བཤེས་དང་དགེ་གྲོགས་བསྟེན་པ་ཡིས། །དགེ་ཚོགས་འཕེལ་ཞིང་འབྲས་བུ་བདེ་བ་ཐོབ། །སྲིད་ན་མི་འཇིགས་ཕན་བདེ་དཔག་མེད་ཅིང་། །འགྲོ་བའི་དོན་གཉིས་འབྱོར་པ་མཐའ་ཡས་འགྲུབ། །འདི་ནི་རྣམ་འདྲེན་རྒྱལ་བའི་སྤྲུལ་པ་སྟེ། །སྙིགས་མའི་དུས་སུ་དེ་ལྟར་སྣང་བ་ཡིན། །དེ་བས་ཇི་སྲིད་བྱང་ཆུབ་སྙིང་པོའི་བར། །སྐྱེས་བུ་དམ་པ་རྣམས་ལ་བསྟེན་པར་བྱ། །ཞེས་དང་། ཆོས་དྲན་འགྲོ་བའི་མདོ་ལས། དགེ་བའི་གྲོགས་ལ་བསྟེན་པ་ནི་དྲན་པ་དང་ཤེས་བཞིན་རྣམ་པར་དག་ཅིང་དགེ་བའི་རྩ་བ་ཡོངས་སུ་རྫོགས་པར་བྱེད་དོ། །ཞེས་སོ། །ཡུམ་བར་མ་ལས། རབ་འབྱོར་རྣམ་པ་ཐམས་ཅད་མཁྱེན་པ་ཉིད་ཐོབ་པར་འདོད་པས་དགེ་བའི་བཤེས་གཉེན་བསྟེན་པར་བྱའོ། །ཞེས་པ་དང་། སྡུད་པར། བླ་མ་མཁས་པ་དག་ལ་རྟག་ཏུ་བསྟེན་པར་བྱ། །ཅི་ཕྱིར་ཞེ་ན་མཁས་པའི་ཡོན་ཏན་དེ་ལས་འབྱུང་། །ཞེས་གསུངས་པ་ལྟར། དགེ་བའི་བཤེས་གཉེན་བསྟེན་པ་ལ་ཡོན་ཏན་ཕུན་སུམ་ཚོགས་པ་འབྱུང་

བ་ནི། གཙུག་ན་རིན་པོ་ཆེས་ཞུས་པའི་མདོ་ལས། ལྷའི་བུ་དགེ་བའི་བཤེས་གཉེན་བསྟེན་ཅིང་བཀུར་སྟི་བྱས་པ་ན་ཐམས་ཅད་དུ་སངས་རྒྱས་ཀྱི་ཞིང་དག་པ་མཐོང་བ་ཡིན་ནོ། །སྙིང་རྗེ་ཆེན་པོའི་ཏིང་ངེ་འཛིན་དམ་པ་ཐོབ་པ་ཡིན་ནོ། །ཤེས་རབ་ཀྱི་ཕ་རོལ་ཏུ་ཕྱིན་པ་དང་མི་འབྲལ་བ་ཡིན་ནོ། །སེམས་ཅན་རྣམས་ཡོངས་སུ་སྨིན་པ་འགྲུབ་པ་ཡིན་ནོ། །རེ་བ་ཐམས་ཅད་ཡོངས་སུ་རྫོགས་པ་ཐོབ་པ་ཡིན་ནོ། །ཞེས་གསུངས་པ་ལྟར། གསང་སྔགས་རྡོ་རྗེ་ཐེག་པའི་སྟོན་པ་བླ་ན་མེད་པ་སྤྱར་བྱོན་གྱི་རིག་འཛིན་གྲུབ་ཐོབ་རྣམས་ཀྱི་རྣམ་ཐར་ཅུང་ཟད་གླེང་ན། རྒྱ་གར་ཆོས་ཀྱི་འབྱུང་གནས་རྡོ་རྗེ་གདན་གྱི་ནུབ་བྱང་ཨོ་རྒྱན་ཐོར་ཅོག་གི་ཡུལ་ཧ་ན་ཀོ་ཤའི་གླིང་ཞེས་བྱ་བ་ན་བཀྲ་ཤིས་བདེ་བྱེད་བརྩེགས་པ་ཞེས་བྱ་བའི་གཙུག་ལག་ཁང་ལ་གཙུག་ལག་ཁང་ཕྲ་མོ་སྟོང་ཕྲག་དྲུག་བརྒྱ་དང་བརྒྱད་ཀྱིས་བསྐོར་བའི་བར་ན། གསེར་གྱི་ཐག་པ་ལ་དྲིལ་བུ་གཡེར་ཁའི་དྲྭ་བས་སྤྲས་ཤིང་མི་ཁྲིམ་འབུམ་ཕྲག་སུམ་ཅུ་རྩ་གཉིས་དང་ལྡན་པ་ན། རྒྱལ་པོ་ཨུ་པ་ར་ཛ་དང་བཙུན་མོ་འོད་ལྡན་མ་གཉིས་ཀྱི་སྲས་མོ་སུ་ཧཱ་ཞེས་བྱ་བའི་དགེ་སློང་མ་ཞིག་དེ་ལས་དཔག་ཚད་གཅིག་འདས་པའི་ནུབ་ཕྱོགས་གསེར་གྱི་བྱེ་མ་བདལ་བའི་རྒྱ་མཚོའི་གླིང་ན་གདན་ལ་བཞུགས་པའི་རྨི་ལམ་ན་ཤེལ་ལས་གྲུབ་པའི་མི་དཀར་པོ་གཅིག་གིས་ཤེལ་གྱི་བུམ་པ་བདུད་རྩིས་གང་བ་ཞིག་སྤྱི་བོར་བཞག་ནས་དབང་བསྐུར་བས་སྟོང་གསུམ་འཇིག་རྟེན་འོད་དུ་གསལ་བ་དུས་གཅིག་ལ་མཐོང་བ་རྨིས་སོ། །དེ་ཉིད་གཡོག་མོ་ལ་གསུངས་པས་ཉིད་ལ་སངས་རྒྱས་ཀྱི་སྲས་གཅིག་འབྱུངས་པའི་ལྟས་ལགས་ཟེར་རོ། །དེ་ནས་ཟླ་བ་དགུ་ དང་བཅུ་ན་རྩིབ་མ་གཡས་པའི་གོ་བར་ནས་ཁྱེའུ་མཚན་དང་དཔེ་བྱད་ཀྱིས་བརྒྱན་པ་ཞིག་བལྟམས་པ་དང་། ཡུམ་གྱིས་སྨྲས་པ། ཕ་མེད་བུ་འདི་འདྲེ་བས་གཞན་པ་

སུ། །གལ་ཏེ་ལྷ་དང་ལྷ་མིན་སྣ་ཚོགས་གཟུགས། །འདི་ལྟར་འབྱུང་བའི་དཔེ་ཉི་སུས་མཐོང་མེད། །འདི་ནི་ལོག་སྲིད་འགྲོ་བས་བཅས་གྱུར་སྡིག་རེ་ཆེ། །ཞེས་བརྗོད་ནས་ཐལ་བའི་ཁྲུང་བུར་བོར་བ་ལས་བར་སྣང་ལས་ལྷ་རྣམས་ཀྱི་སྐུ་ཁྲུས་གསོལ་ཞིང་། །མགོན་པོ་ཆེན་པོ་བཅོམ་ལྡན་འདས། རང་བཞིན་སྣང་མཛད་འཇིག་རྟེན་མགོན། །བདག་ཀྱང་རབ་ཏུ་སྐྱབས་པ་དང་། ནམ་མཁའི་རྡོ་རྗེའི་དེང་བདག་གསོལ། །ཞེས་བཀྲ་ཤིས་བརྗོད་ཅིང་མཁའ་འགྲོ་རྣམས་ཀྱིས་མཆོད་པའི་སྤྲིན་གཏིབ་ཏེ་ལྷ་དང་ཀླུ་དང་གནོད་སྦྱིན་ལ་སོགས་པས་ཙནྡན་དང་གུར་གུམ་གྱི་ཆར་འབེབས་བ་དང་། འཇིག་རྟེན་སྐྱོང་བ་རྣམས་ཀྱིས་ཧ་བོ་ཆེ་བརྡུང་བ་དང་། དུང་འབུད་པ་དང་། རྒྱལ་མཚན་འཛིན་པ་དང་། བ་དན་སློང་བ་དང་། དྲང་སྲོང་རྒྱལ་པོ་རྣམས་ཀྱིས་ཀྱང་སྨན་དང་སྤོས་སྣ་ཚོགས་ཀྱི་སྤྲིན་ཕུང་གཏིབ་པ་མཐོང་ནས་སླར་བླངས་ནས་བཟོད་པར་གསོལ་ཏེ་སྤོས་ཆུ་དང་འོ་མས་བཀྲུས་ཏེ་གསོས་པས་མཚོ་ཆེན་པོ་ལ་གནས་པའི་པདྨ་ལྟར་ཆེར་བསྐྱེད་དོ། །དེ་ནས་ལོ་བདུན་ནས་ཆོས་ཀྱི་ཚིག་དོན་ལ་མ་བསླབ་པར་ཐུགས་སུ་འབྲུངས་ཏེ། ཡུམ་ལ་པཎྜི་ཏའི་གནས་སུ་ཆོས་ཀྱི་གཏམ་གླེང་དུ་འགྲོ་བའི་སྐབས་དབྱེ་བར་ཞུས་པས་གནང་སྟེ། རྒྱལ་པོ་ཨུ་པ་རཱ་ཛའི་དྲུང་དུ་བྱོན་ནས་པཎྜི་ཏ་རྣམས་དང་མཇལ་བར་ཞུས་ཏེ་བྱོན་ནས་ཕན་ཚུན་ཕྱི་ནང་གི་ཆོས་ཐམས་ཅད་གཏན་ལ་ཕེབས་པས་པཎྜི་ཏ་རྣམས་ཀྱིས་ཕྱག་འཚལ་ཏེ་ཞབས་སྤྱི་བོར་བླངས་ནས་སློབ་དཔོན་ཆེན་པོ་པྲ་ཛྙ་ཤ་ཞེས་བྱ་བར་མཚན་གསོལ་ཏོ། །རྒྱལ་པོ་ཡང་ཤིན་ཏུ་དགྱེས་ཏེ་སློབ་དཔོན་ཆེན་པོ་དགའ་རབ་རྡོ་རྗེ་མཚན་གསོལ་ཏོ། །ཡུམ་གྱི་ཐལ་བའི་ཁྲུང་བུར་བོར་ཡང་མ་གཤེགས་པས་སློབ་དཔོན་ཆེན་པོ་རོ་ལངས་ཐལ་མདོག་ཅེས་མཚན་གསོལ་

ཏོ། །ཡུལ་མི་རྣམས་ཀྱིས་བསྒྲུངས་ཀྱང་མ་གཤེགས་པ་ངོ་མཚར་ཆེ་ཞེས་བརྗོད་ནས་སློབ་དཔོན་ཆེན་པོ་རོ་ལངས་བདེ་བར་མཚན་གསོལ་ཏོ། །དེ་ནས་བྱང་ཕྱོགས་ཉི་མ་རབ་ཏུ་སྣང་བྱེད་ལ་ལོ་སུམ་ཅུ་རྩ་གཉིས་ཀྱི་བར་ཏིང་ངེ་འཛིན་ལ་བཞུགས་པའི་ཚུལ་བསྟན་ནས་འོག་མིན་དུ་དཔལ་རྡོ་རྗེ་སེམས་དཔའ་ལ་རང་བཞིན་རྫོགས་པ་ཆེན་པོའི་དབང་ཡང་གསང་བླ་ན་མེད་པའི་གདམས་པ་དང་བཅས་པ་ཡོངས་སུ་རྫོགས་པར་ཞུས་ཏེ་གནས་པ་ལས། རི་བོ་དེ་ཉིད་ལ་མེ་ཏོག་གི་ཆར་འབེབས་ཤིང་མུ་སྟེགས་ཀྱི་བསྟན་པ་ཉམས་པར་བྱས་སོ། །ཞེས་པའི་སྒྲ་སྐབས་སུ་བྱུང་བས་དེ་དང་ཧ་ཅང་ཡང་མི་རིང་པ་ན་མུ་སྟེགས་ཀྱི་རྒྱལ་པོས་འདི་ཡི་རྒྱུ་ཅི་ཡིན་ཞེས་གྲོང་ཁྱེར་ཀུན་ཏུ་དྲིས་པས་བ་ལང་རྫི་བོ་གཅིག་ན་རེ་བྲག་རིའི་དྲུང་ན་དྲང་སྲོང་ཞིག་མཉམ་པར་བཞག་པའི་འཁོར་མེ་ཏོག་གི་ཆར་འབབ་ཅིང་རྣ་བར་རྔ་དྲུང་ཐུས་ཀྱང་མི་སད་པ་གཅིག་འདུག་པ་དེ་ཡིན་ལས་ཆེ་ཟེར་རོ། །དེའི་ཚེ་རྒྱལ་པོས་གཤེད་མ་ལ་བགོས་ནས་སློབ་དཔོན་གྱི་དྲུང་དུ་འོང་བ་དང་རེངས་ཏེ། སློབ་དཔོན་ཡང་ཏིང་ངེ་འཛིན་ལས་བཞེངས་ནས་སྤྲིན་པའི་གསེབ་ལ་ལམ་བྱུང་སྟེ་གཤེགས་པ་མཐོང་ནས་ཐམས་ཅད་དད་དེ་རྒྱལ་པོ་འཁོར་དང་བཅས་པས་བཟོད་པར་གསོལ། ལྷ་བ་ལོག་པ་དོར་ནས་སངས་རྒྱས་ཀྱི་བསྟན་པ་ལ་བཀོད་དོ། །དེ་ནས་སྤྱར་གྱི་སངས་རྒྱས་ཀྱི་གསུངས་པའི་སྤྱི་སྡོད་དང་ཁྱད་པར་དུ་རང་བཞིན་རྫོགས་པ་ཆེན་པོ་འབུམ་ཕྲག་དྲུག་ཅུ་རྩ་བཞི་ཐུགས་ལ་བཞུགས་པ་རྣམས་རི་བོ་མ་ལ་ཡ་རིན་པོ་ཆེའི་རྣམ་པར་སྤྱངས་པའི་རྩེ་མོར་རྡོ་རྗེ་དབྱིངས་ཀྱི་མཁའ་འགྲོ་མ་བདེ་བའི་རོ་ལྡན་མ་དང་། བདེ་བྱེད་སེར་མོ་ཡོན་ཏན་མཐའ་ཡས་པའི་མཁའ་འགྲོ་མ་གཉིས་ཀྱིས་ཞུས་ཏེ་ལོ་གསུམ་དུ་ཡི་གེར་བཀོད་ནས་མཁའ་འགྲོ་རྣམས་འདུ་བའི་བྲག་ཕུག་ཏུ་བཞུགས་སོ། །དེ་ནས་རྡོ་རྗེ་གདན་གྱི་བྱང་ཤར་དུར

ཁྲོད་ཆེན་པོ་བསིལ་བའི་ཚལ་འཇིག་རྟེན་དང་ལས་ལ་གྲུབ་པའི་མཁའ་འགྲོ་མི་སྨྲུན་པ་སྣ་ཚོགས་ཀྱིས་གང་ཞིང་གསེར་གྱི་མཆོད་རྟེན་ཁྲི་འཕངས་ལྔ་པ་དྲིལ་བུ་འཆར་སྣའི་སྒྲ་སྒྲོག་ཅིང་དབུས་ན་དག་བྱེད་ཀྱི་མཚོ་ཡོད་པར་སློབ་དཔོན་ཆེན་པོ་དགའ་རབ་རྡོ་རྗེ་ཉིད་དགོངས་པ་མཛད་ཅིང་བཞུགས་སོ། །དེའི་ཚེ་རྒྱ་ནག་པོའི་གྲོང་ཁྱེར་ཤོ་འཕྲུམ་ནག་པོ་ན་ཁྱིམ་བདག་དགེ་ལྡན་བཟང་པོ་དང་ཡུམ་སྣང་གསལ་ལྡན་མའི་སྲས་ཤྲཱི་སེང་ཧ་ཞེས་བྱ་བ་འཁྲུངས་ཏེ། ལོ་བཅོ་ལྔ་ན་སློབ་དཔོན་ཧ་ཏི་བྷ་ལའི་དྲུང་དུ་སྒྲ་དང་ཚད་མ་དང་རྩིས་ལ་སོགས་པ་རིག་པའི་གནས་ལྔ་ལ་ཤིན་ཏུ་མཁས་པར་བསླབས་ནས་གྲོང་ཁྱེར་གསེར་ལྡན་དུ་འགྲོ་བའི་ལམ་ཁར་ནམ་མཁའི་དཀྱིལ་ནས་འཕགས་པ་སྤྱན་རས་གཟིགས་བྱོན་ནས་ལུང་བསྟན་པ། ཀྱཻ་སྐལ་ལྡན་ཚེ་གཅིག་གིས་འབྲས་བུ་ངེས་པར་འདོད་ན་དུར་ཁྲོད་ཆེན་པོ་བསིལ་བའི་ཚལ་དུ་སོང་ཞིག་ཅེས་གསུངས་ནས་མི་སྣང་བར་གྱུར་ཏོ། །དེ་ནས་འབྲས་བུ་གསང་སྔགས་ཉིད་མྱུར་དུ་རྟོགས་པར་བྱ་བའི་ཕྱིར་ལོ་བདུན་དུ་སྔགས་ཕྱི་ནང་གི་དོན་ལ་ཐོས་པ་བྱའོ་སྙམ་ནས། རི་བོ་རྩེ་ལྔའི་ཤར་ཕྱོགས་ན་རྡོལ་བའི་སློབ་དཔོན་བྷེ་ལ་ཀཱིརྟི་ལ་སྔགས་ཕྱི་ནང་གི་རྒྱུད་ལུང་མན་ངག་ཐམས་ཅད་རྫོགས་པར་བསླབས་ཏེ་རེ་ཞིག་སྔ་དྲོའི་ཚེ་ཁྲུས་ཀྱི་རྫིང་བུར་ཞུགས་པ་ན་ཐུགས་རྗེ་ཆེན་པོས་ཡང་སྔ་མ་བཞིན་དུ་ལུང་བསྟན་ནས་མི་སྣང་བ་ན་རྒྱ་གར་ནི་ཤིན་ཏུ་བགྲོད་པར་དཀའ། ཧང་མགྲོགས་སྒྲུབ་ལ་འགྲོ་སྙམ་ནས་ལོ་གསུམ་སྒྲུབ་པས་གྲུབ་པའི་འོག་ཏུ་ཧང་མགྲོགས་ཀྱི་རྫུ་འཕྲུལ་ས་ལ་ཁྲུ་གང་གིས་མ་རེག་པར་བྱོན་ཏེ། ཉིན་མཚན་དགུ་ན་དུར་ཁྲོད་ཆེན་པོ་བསིལ་བའི་ཚལ་དུ་སློབ་དཔོན་ཆེན་པོ་དགའ་རབ་རྡོ་རྗེ་དང་མཇལ་ནས་ཕྱག་འཚལ་ཏེ་ཞབས་སྤྱི་བོར་བླངས་ཤིང་བདག་རྗེས་སུ་འཛིན་པར་ཞུས་པས་གནང་སྟེ་ཉི་ཤུ་རྩ་ལྔར་ཐིག་ལེ་མཆོག་གི་རྒྱུད་ལུང་མན་ངག་དང་བཅས་

པའི་དབང་ཁྲིད་ཞུས་ནས་ཉམས་སུ་བླངས་པས་འོད་གསལ་རྒྱུའི་རླབ་བ་ལྷ་བུའི་ལུས་ཐོབ་ནས་མཆོག་གི་དངོས་གྲུབ་མཉེས་པར་གྱུར་ཏོ། །དེའི་ཚེ་དུར་ཁྲོད་ན་གནས་པའི་མཁའ་འགྲོ་མ་རྣམས་དང་ཞིང་སྐྱོང་བ་ལང་ཀ་ཆེན་པོ་རྣམས་ཀྱིས་རང་རང་གི་སྲོག་གི་སྙིང་པོ་ཕུལ་ཞིང་བསྟན་པ་སྐྱོང་བར་ཁས་བླངས་ནས། །གདུགས་དང་རྒྱལ་མཚན་དང་བ་དན་ལ་སོགས་པ་མཆོད་པའི་སྤྲིན་ཕུང་ཆེན་པོ་བསམ་གྱིས་མི་ཁྱབ་པ་གཏིབས་སོ། དེ་ནས་སློབ་དཔོན་ཆེན་པོ་དཔལ་གྱི་སེང་གེ་ཉིད་དུར་ཁྲོད་དེ་ལས་ནུབ་བྱང་དུ་དཔག་ཚད་གསུམ་འདས་པ་ན་དུར་ཁྲོད་ཆེན་པོ་རྡུབ་འགྱུར་གྱི་ཚལ་ཞེས་བྱ་བ་ཉིན་བཞིན་དུ་རླུང་འཚུབ་ལ་མཚན་བཞིན་དུ་མེ་འབར་བ་འཇིག་རྟེན་གྱི་མ་མོ་དང་མཁའ་འགྲོ་མང་པོ་རྣམས་རྒྱ་བ་དགའ་བྱེད་ཀྱི་མཆོད་རྟེན་དང་། འཇིག་རྟེན་པའི་ལྷ་དགའ་བྱེད་དབང་ཕྱུག་གི་གནས་ཡོད་པར་བྱོན་ཏེ་བརྟུལ་ཞུགས་ཀྱི་སྤྱོད་པ་མཛད་ཅིང་མཁའ་འགྲོ་མ་རྣམས་ལ་ཆོས་སྟོན་པའི་ཕྱིར་བཞུགས་སོ། །དེའི་སྐབས་སུ་ཨོ་རྒྱན་གྱི་སློབ་དཔོན་པདྨ་འབྱུང་གནས་ལ་རྡོ་རྗེ་ཕག་མོས་ལུང་བསྟན་པ་ལྟར་རྡུབ་འགྱུར་ཚལ་གྱི་དུར་ཁྲོད་ཆེན་པོར་རྫུ་འཕྲུལ་གྱིས་བྱོན་ཏེ། སློབ་དཔོན་ཤྲཱི་སེངྷ་ལ་ཕྱག་དང་བསྐོར་བ་མཛད་ནས་རྗེས་སུ་བཟུང་བར་ཞུས་པས་གནང་སྟེ། རྫོགས་པ་ཆེན་པོ་ནམ་མཁའ་དང་མཉམ་པའི་རྒྱུད་ལ་སོགས་པ་སེམས་ཀློང་མན་ངག་གི་སྐོར་མཐའ་དག་གནང་བ་རྣམས་ཀྱི་གནད་མཁའ་འགྲོ་སྙིང་ཐིག་ཏུ་གཏན་ལ་ཕབ་ནས་མཁར་ཆེན་བཟའ་མཚོ་རྒྱལ་ལ་གནང་བའི་གདམས་པ་ཁྱད་པར་ཅན་གྱི་སྒོ་ནས་ཁྲིད་པར་བྱེད་པ་ལ། ད་ལམ་གྱི་སྐབས་སུ་སེམས་ཀྱི་སྡོན་འགྲོ་ལ་གསུམ་སྟེ། ཐལ་འགྱུར་ལས། སེམས་ནི་དང་པོ་བྱུང་ས་དང་། །བར་དུ་གནས་དང་ཐ་མར་འགྲོ། །དེ་ལྟར་གསུམ་ལ་བརྟག་དཔྱད་ན། །སེམས་སྦྱངས་སེམས་ཀྱི་གནས

ལུགས་ཤེས། །ཞེས་གསུངས་པས། དང་པོ་བྱུང་ས་ལ་བརྟག་པ་ནི། འཁྲུལ་བྱེད་རླུང་དང་འདྲ་བའི་རིག་པའམ་སེམས་ཞེས་བདེ་སྡུག་ཐམས་ཅད་སྐྱོང་བ་པོ་རིག་རིག་འཁྲུ་འཁྲུ་བ་འདི་དང་པོ་གང་ནས་བྱུང་སེམས་འདི་ཡོད་ནས་བྱུང་ངམ་མེད་ནས་བྱུང་། སྣང་བ་ལས་བྱུང་ངམ་སྟོང་པ་ལས་བྱུང་། ཕྱི་སྣོད་ལས་བྱུང་ངམ་ནང་བཅུད་ལས་བྱུང་། ཕྱི་འབྱུང་བ་བཞིའི་དངོས་པོ་གང་རུང་ལས་བྱུང་ངམ་སྙམ་ན། དེ་རེ་རེ་ལས་རྡུལ་ཕྲན་དུ་བཤིགས་ནས་བཙལ་བས་མི་རྙེད། ནང་རང་ལུས་ལས་བྱུང་ངམ་སྙམ་ན། དེ་ཡང་ཆ་ཤས་མགོ་དང་ཡན་ལག་སོ་སོར་བཙལ་ནས་རྙེད་དམ། གལ་སྲིད་སྟོང་པ་ལས་བྱུང་ངམ་སྙམ་ན་བྱུང་བའི་ཡུལ་ཨེ་གྲུབ། སྣང་བ་ལས་བྱུང་ངམ་སྙམ་ན་དེ་དམིགས་ཨེ་རྙེད། མདོར་ན་འཚོལ་བྱའི་སེམས་ལ་ཕར་དཔྱད། ཚོལ་མཁན་གྱི་སེམས་ལ་ཚུར་བལྟས་པས་ངོ་བོ་ངོས་བཟུང་ཐམས་ཅད་དང་བྲལ་བའི་རང་ངོ་མ་མཐོང་གི་བར་རྩད་གཅོད་ཅིང་བསྒྱུར་རོ། །གཉིས་པ་གནས་ས་ལ་བརྟགས་པ་ནི། ད་ལྟའི་ཤེས་རིག་གི་ངོ་བོ་འདི་ཕྱི་སྣོད་ལ་གནས་སམ། ནང་བཅུད་ལ་གནས་སམ། རང་གི་ལུས་ཀྱི་ཆ་ཤས་སོགས་གང་ལ་གནས། དབྱིབས་དང་ཁ་དོག་བྱེད་ལས་ངོ་བོ་གང་གིས་མཚོན། །བརྟགས་ཅིང་དཔྱད་པས་དེ་དག་གང་དུ་ཡང་མ་གྲུབ་ན། རྟོག་བྱེད་ཀྱི་ཤེས་པ་ལ་ཚུར་བལྟས་པས་ཤེས་པ་གསལ་ཞིང་སྣང་ཡང་རང་བཞིན་མ་གྲུབ་པ་གཞི་མེད་རྩ་བྲལ་དུ་གཏན་ལ་མ་ཕེབས་ཀྱི་བར་དུ་བསྒྱུར་རོ། །གསུམ་པ་འགྲོ་ས་ལ་བརྟགས་པ་ནི། དྲན་རིག་རླུང་དང་འདྲ་བ་འདི་ད་ལྟ་ལྷལ་གྱིས་ཤར་མ་ཐག་ལ་ཡལ་གྱི་སོང་བ་སྙམ་བྱེད་པ་འདི་གང་དུ་འགྲོ། ཕྱི་སྣོད་དང་ནང་བཅུད་དུ་འགྲོའམ། སྣང་བ་དང་སྟོང་པ་ཡོད་པ་དང་མེད་པ་སོགས་གང་དུ་འགྲོ་བ་ལ་བརྟགས་པས་འགྲོ་བའི་ཡུལ་

མེད། ཡུལ་ཅན་གྱི་སེམས་ཉིད་ཀྱང་འདི་ཞེས་ངོ་བོ་ངོས་བཟུང་ཐམས་ཅད་དང་བྲལ་བས་འགྲོ་བའི་ཡུལ་དང་། འགྲོ་མཁན་གྱི་སེམས་ཞེས་མ་གྲུབ་པས་རིག་སྟོང་འགྲོ་འོང་དང་བྲལ་བར་གཏན་ལ་མ་ཕེབས་ཀྱི་བར་དུ་བསྒྲུར་རོ། །དེ་ལྟར་སེམས་ཀྱི་སྔོན་འགྲོ་བྱས་པ་ལ་དགོས་པ་གསུམ་སྟེ། ཐུན་མོང་དང་མཆོག་དང་མཆོག་རབ་བོ། །དང་པོ་ནི། སེམས་ཐ་མལ་གྱི་མངོན་ཞེན་ལྡོག་པ་དང་། སེམས་ཀྱི་སྒྲིག་པ་འདུག་ཅིང་བར་ཆད་ཞི་བའོ། །གཉིས་པ་ནི། སེམས་འཁོར་བར་འཇུག་མི་སྲིད་པ་དང་། སེམས་ཆོས་ཀྱི་སྐུ་གཉིས་སུ་མེད་པར་གྲོལ་བར་འགྱུར་བའོ། །གསུམ་པ་ནི། སངས་རྒྱས་ཐམས་ཅད་ཀྱི་ཐུགས་དང་གཉིས་སུ་མེད་པར་གྱུར་ཏེ་འགྲོ་དོན་མཁའ་ཁྱབ་ཏུ་འབྱུང་བའོ། །དེ་ལྟར་ཡང་ཀློང་གསལ་ལས། ལུས་ངག་ཡིད་གསུམ་སྔོན་འགྲོ་ནི། །ཐུན་མོང་ཁྱད་པར་མཐར་ཐུག་གི། དགོས་པ་གསུམ་དུ་ཤེས་པར་བྱ། །ཞེས་གསུངས་པ་ལྟར་དང་། ཡང་བཤད་མ་ཐག་པའི་དགོས་པ་སྔ་མ་གཉིས་ཐུན་མོང་། ཕྱི་མ་མཆོག་ཏུ་བྱས་ནས་གཉིས་སུ་ཡང་བཤད་དེ། །ཐལ་འགྱུར་ལས། འདི་ལ་དགོས་པ་རྣམ་པ་གཉིས། ཐུན་མོང་མཆོག་གི་དབྱེ་བས་བརྟགས། །ཞེས་གསུངས་པ་བཞིན་ནོ། །དེ་ལྟ་བུའི་མཆོག་དང་ཐུན་མོང་གི་དགོས་པ་རྣམས་ཡིད་ལ་བཞག་པས་བྱུང་གནས་འགྲོ་གསུམ་བརྟག་པ་ལ་ནན་ཆགས་མཐར་ཐོན་པར་བྱའོ། །

སྤྱི་དོན་བཅུ་བཞི་པ་རྣལ་དུ་དབབ་པའི་རྣམ་པ་ནི། འོ་ནམ་མཁའ་དང་མཉམ་པའི་སེམས་ཅན་ཐམས་ཅད་ཀྱི་དོན་དུ་བླ་ན་མེད་པ་ཡང་དག་པར་རྫོགས་པའི་སངས་རྒྱས་ཀྱི་གོ་འཕང་ཐོབ་པར་བྱ། དེའི་ཆེད་དུ་དམ་པའི་ཆོས་ཟབ་མོ་གསན་ལ་རྐྱལ་བཞིན་

དུ་ཉམས་སུ་བླང་བར་བགྱིའོ་སྙམ་པའི་བྱང་ཆུབ་མཆོག་ཏུ་སེམས་བསྐྱེད་པ་སྔོན་དུ་འགྲོ་བའི་ངང་ནས་ལེགས་པར་གསན་འཚལ། །

དེ་ཡང་རྫོགས་པ་ཆེན་པོ་སྤྱི་གསུམ་ཀློང་དགུ་མན་ངག་མཐའ་དག་གི་དོན་གཅིག་དྲིལ་སྟོན་པ་ཁ་ཆེའི་པཎ་ཆེན་བི་མ་ལ་མི་ཏྲས་གསང་བ་སྙིང་ཐིག་ཏུ་གཏན་ལ་ཕབ་པ་རྒྱ་ཆེ་བ་བི་མའི་སྙིང་ཐིག་ཏུ་གྲགས་པ་དང་། དཔལ་ཨོ་རྒྱན་གྱི་སློབ་དཔོན་པདྨ་འབྱུང་གནས་ཀྱིས་མཁའ་འགྲོ་སྙིང་ཐིག་གཏན་ལ་ཕབ་པ་ཟབ་པ་པདྨའི་སྙིང་ཐིག་ཏུ་གྲགས་པ་དང་། གོང་མ་བསྡུས་འགྲེལ་དང་འོག་མ་ལ་རྒྱས་བཀོད་དུ་ཀུན་མཁྱེན་ཀློང་ཆེན་པས་མཛད་པ་ལ། ཡང་ཐིག་ཡིད་བཞིན་ནོར་བུའམ་བླ་མ་སྙིང་ཐིག་ཏུ་གྲགས་པ་དང་། མཁའ་འགྲོ་ཡང་ཐིག་སྐྱེ་བཀའ་གཏེར་སྟོམ་པས་སྙིང་ཐིག་ཡ་བཞིར་གསུངས་པ་ལས། འདི་ནི་ཟབ་གསང་མཁའ་འགྲོ་སྙིང་ཐིག་ཞེས་ཨོ་རྒྱན་གྱི་སློབ་དཔོན་སངས་རྒྱས་གཉིས་པ་པདྨ་འབྱུང་གནས་ཀྱིས་རྒྱུད་ལས་མན་ངག་ཏུ་བསྡུས། མན་ངག་ལག་ལེན་དུ་བཏབ་ནས་སྐལ་ལྡན་རྣམས་ལ་གནང་བའོ། །དེ་ལ་གུ་རུ་པདྨ་འབྱུང་གནས་ཀྱི་རྣམ་ཐར་ལ་སྦྱོར་ཏེ་ཅུང་ཟད་ཙམ་གླེང་ན། ཨོ་རྒྱན་གྱི་ཡུལ་རིན་ཆེན་འབར་བའི་གྲོང་ཁྱེར་ན་བཻ་ཌཱུཪྻའི་ཕོ་བྲང་ཕྱི་ནང་ཤིན་ཏུ་རྣམ་པར་དག་པ་ནོར་བུ་སྒྲོན་མའི་སྣང་བས་ཁྱབ་པ་ན། རྒྱལ་པོ་ཨིནྡྲ་བོ་དྷི་དེ་ཉིད་བཙུན་མོ་བརྒྱ་རྩ་བརྒྱད་དང་ལྷན་ཅིག་ཕྱི་ནང་གི་བློན་པོས་བསྐོར་ཏེ་བཞུགས་པ་ལ། སྲས་མི་མངའ་བས་དབྱར་ར་བའི་ཚོས་བཅོ་ལྔ་ལ་དཀོན་མཆོག་མཆོད་དེ། མདོ་སྡེ་ཆོས་ཀྱི་སྦྲིན་བཏོན་ནས་སྦྱིན་གཏོང་གི་ཁང་པ་བརྩིགས་ཤིང་སྐྱེ་དགུ་རྣམས་ལ་སྦྱིན་པ་བཏླབས་པོ་ཆེ་བཏང་བས་ལོ་མང་ཞིག་ལོན་པ་ན་དཀོར་མཛོད་ཐམས་ཅད་ཟད་ཀྱང་སློང་མོ་རྒྱུན་མ་ཆད་ནས་ལས་སུ་བསྒོས་པའི་མི་རྣམས་ཀྱིས་ད་ནི་བང་བཛོད་ཁང་ཐམས་ཅད་ཟད་

པས་ཁྱེད་ཅག་ལ་སྦྱིན་རྒྱུ་མེད་དོ་ཞེས་སྨྲ་བ་དང་། གློ་བུར་དུ་ལྷག་པ་ཁ་གཅིག་གིས་སྨྲས་པ། བདག་ཅག་རྣམས་ལ་མ་བྱིན་ན་སྟོར་བྱིན་པ་ཐམས་ཅད་དོན་མེད་ཞེས་བརྗོད་པས་རྒྱལ་པོའི་གསན་ཏེ་ཟད་མི་ཤེས་པའི་ཐབས་དྲིས་པས་ཕྱིའི་རྒྱ་མཚོའི་གླིང་ན་ཀླུའི་བུ་མོ་མཛེས་ལྡན་མ་ལ་ནོར་བུ་རིན་པོ་ཆེ་དགོས་འདོད་ཐམས་ཅད་འབྱུང་བ་ཡོད་དེ་བྱང་ཆུབ་སེམས་དཔའ་སེམས་ཅན་ལ་སྙིང་རྗེ་ལྡན་པས་བསླང་ན་སྟེར་བར་འགྱུར་རོ། །ཞེས་ཐོས་ནས་ཕྱིའི་རྒྱ་མཚོ་ལས་ནོར་བུ་ལན་མང་དུ་བླངས་པའི་དེད་དཔོན་ཞིག་དང་ལྷན་ཅིག་ཏུ་འགྲོ་བར་གྲོས་པ་ལ། བློན་པོ་རྣམས་ཀྱིས་མི་བཞུད་པར་གསོལ་ཀྱང་མ་གནང་སྟེ། ཚོང་པ་ལྔ་བརྒྱའི་འཁོར་དང་ལྷན་ཅིག་ཏུ་གཟིངས་ཀྱི་ནང་དུ་གཤེགས་སོ། །དེ་ནས་ཉིན་ཞག་འགའ་སོང་བ་ན་རིན་པོ་ཆེའི་གླིང་ནོར་བུ་སྣ་ཚོགས་ཀྱི་ཕྱེ་མ་བདལ་བར་ཕྱིན་ཏོ། །དེ་ཉིད་དུ་འཁོར་རྣམས་བཞག་སྟེ་རྒྱལ་པོ་དང་དེད་དཔོན་གཉིས་གྲུ་ཆུང་དུར་ཞུགས་ནས་ཉིན་ཞག་འགར་སོང་བ་ལས། དངུལ་གྱི་རི་དང་། བཻ་ཌཱུརྱའི་རི་སོགས་འདས་ཏེ་སོང་བའི་མཚམས་ན་སེར་པོ་ཞིག་སྣང་ནས་དྲིས་པས། འདི་ནི་གསེར་གྱི་རི་ཡིན་བདག་ཅག་དོང་བའི་གནས་ལགས་སོ། །ཞེས་སྨྲས་ཏེ་སོང་བ་ལས། རི་དེའི་དྲུང་ན་གསེར་གྱི་བྱེ་མ་བདལ་བའི་ས་གཞིའི་མཚམས་སུ་བསླེབས་པ་དང་། དེད་དཔོན་གྱིས་སྨྲས་པ་རིའི་སྟེང་ན་རིན་པོ་ཆེ་སྣ་བདུན་གྱི་ཁང་བུ་བརྩེགས་པ་ཞིག་ཡོད་དོ། །དེའི་སྒོ་དྲུང་ན་རྡོ་རྗེའི་གཏུན་བུ་གཅིག་ཡོད་ཀྱིས་དེ་ཡིས་སྒོ་བརྡུང་ལ་སེམས་ཅན་ལ་ཕན་པའི་ཕྱིར་ནོར་བུ་འདོད་དོ། །ཞེས་བརྡ་སྦྱར་ནས་ཅི་ཡང་མི་སྨྲ་བར་བཞུགས་ཤིག་དང་ཀླུའི་བུ་མོ་བརྒྱས་ནོར་བུ་འབུལ་དུ་འོང་གིས་དེ་དག་ལ་ཅི་ཡང་མ་སྨྲ་ཞིག་དེ་ནས་ཀླུའི་བུ་མོ་མཛེས་ལྡན་མས་ནོར་བུ་འབུལ་དུ་འོང་གིས་དེ་ཉིད་མྱུར་དུ་ལོང་ལ་གོས་ཀྱིས་དྲིལ་ཏེ་སྤྱི་བོར་

བསྒོམ་ལ་བརྩོན་ཅིག ཅེས་ལེགས་པར་གདམས་ཏེ་སོང་བ་ལས། སྤྱིར་དེད་དཔོན་གྱིས་སྨྲས་པ་བཞིན་ཀླུའི་བུ་མོ་མཛེས་ལྡན་མ་སྤྱོན་མོ་ཤིན་ཏུ་མཛེས་ཤིང་ལྷ་བས་མི་ངོམས་པ་ཞིག་ཕྱིར་བྱུང་ནས་སྤྱི་གཙུག་གི་ནོར་བུ་ཕུལ་བ་བླངས་ཏེ་མྱུར་བར་ལོག་ནས་དེད་དཔོན་དང་ལྷན་ཅིག་རང་གི་འཁོར་ཡོད་པའི་གླིང་དེར་ཕྱིན་ནས་ཁ་ལོ་བསྒྱུར་ཏེ་འོང་བ་དང་།རྒྱ་མཚོའི་གླིང་ཞིག་ན་པདྨའི་སྡོང་པོ་མཛེས་པའི་སྟེང་ན་ཕྲེའུ་མཚན་དང་དཔེ་བྱད་ཀྱིས་བརྒྱན་པ་ཞིག་མཐོང་བ་ལ་དེའི་དྲུང་དུ་སོང་ནས་རྒྱལ་པོས་སྨྲས་པ། ཕྲེའུ་ཕྲེད་ཀྱི་ཕ་དང་རིགས་ནི་གང་། མིང་ནི་ཅི། ཡུལ་དང་ཟས་ནི་གང་། འདིར་དོན་ཅི་སྤྱོད་དྲིས་པས། ཕྲེའུས་སྨྲས་པ། ཕ་ནི་རང་རིག་ཀུན་ཏུ་བཟང་། མ་ནི་ཆོས་དབྱིངས་ཀུན་བཟང་མོ། །རིགས་ནི་དབྱིངས་རིག་གཉིས་སུ་མེད། །མིང་ནི་པདྨ་འབྱུང་གནས་དཔལ། །ཡུལ་ནི་ཆོས་དབྱིངས་སྐྱེ་བ་མེད། ཟས་ནི་གཉིས་སྣང་རྟོག་པ་ཟ། །དུས་གསུམ་རྒྱལ་བའི་སྤྱོད་པ་སྤྱོད། །ཅེས་གསུངས་པས། རྒྱལ་པོ་དགྱེས་ཏེ་སྤྲུལ་པའི་སྐུ་ཞིག་ཡིན་པར་འདུག་པས་བདག་གི་བུར་གསོལ་བ་གདབ་བོ་སྙམ་ནས་སྨྲས་པ། བདག་གི་མཆོད་གནས་དང་སྲས་སུ་གཤེགས་པར་གསོལ་བས་དེ་ལྟར་བགྱིའོ། །ཞེས་གནང་བ་དང་པདྨའི་སྡོང་པོ་བཅད་དེ་ཕྲེའུ་དེ་ཉིད་ནོར་བུ་རིན་པོ་ཆེ་དང་བཅས་པ་རང་གི་འཁོར་གྱིས་བསྐོར་ཏེ། ཨོ་རྒྱན་གྱི་ཡུལ་དུ་ཕྱིན་པ་དང་། ཕོ་བྲང་འཁོར་གྱི་སྐྱེ་བོ་ཐམས་ཅད་ཀྱིས་བསུ་བ་རྒྱ་ཆེན་པོ་བྱས་ཏེ་རྒྱལ་པོས་ནོར་བུ་ལ་གསོལ་བ་བཏབ་པས་རིན་པོ་ཆེ་སྣ་བདུན་གྱི་ཁྲི་དང་གདུགས་བྱུང་བར་རྒྱལ་བུ་བཞུགས་ཏེ་རྒྱལ་སྲིད་ལ་མངའ་གསོལ་བས་པདྨ་རྒྱལ་པོ་ཞེས་གྲགས་སོ། །དེ་ནས་རྒྱལ་པོས་ནོར་བུ་ལ་གསོལ་བ་གདབ་ཅིང་སྨོན་ལམ་བཏབ་པས་དགོས་འདོད་ཀྱི་ཆར་ཆེན་པོ་བབས་པས་ཕྱོགས་ཐམས་ཅད་དུ་དྲིལ་

བསྒྲགས་ནས་རྒྱལ་པོ་ཨིནྡྲ་བོ་དྷིས་ནོར་བུ་ལས་དགོས་འདོད་བྱུང་བས་སུ་ཅི་འདོད་པ་རྣམས་ལོངས་ཤིག ཅེས་བརྗོད་ནས་ནོར་བུ་རྒྱལ་མཚན་གྱི་རྩེ་མོར་བཏགས་ཏེ་མཆོད་པས་མཆོད་ནས་རྒྱལ་པོས་ཁྲུས་བྱས་ཕྱག་དང་ཐལ་མོ་སྦྱར་ནས་ངས་རྙེད་པའི་ནོར་བུ་འདི་ཡང་དག་པ་ཡིན་ན་སེམས་ཅན་རྣམས་ལ་ཅི་འདོད་པ་དེ་ཡི་ཆར་ཕོབས་ཤིག ཅེས་བརྗོད་པས་ཕྱོགས་བཞི་ནས་རླུང་ལངས་ཏེ་ཡུལ་འཁོར་གྱི་མི་གཙང་བ་ཐམས་ཅད་ཕྱགས་ཏེ་ཆར་ཟིམ་བུ་བབས་པས་རྡུལ་མི་ལྡང་བར་མནན་ཏེ། དང་པོ་ཁ་ཟས་རོ་བརྒྱའི་ཆར་བབས། དེ་ནས་གོས་ཀྱི་ཆར་བབས། དེ་ནས་ནོར་གྱི་ཆར་བབས་པས་གང་ལ་ཅི་འདོད་པའི་རེ་བ་ཐམས་ཅད་ཡིད་བཞིན་དུ་འགྲུབ་ནས་དབུལ་ཕོངས་དང་བྲལ་བར་གྱུར་ཏོ། །དེ་ནས་སློབ་དཔོན་གྱིས་རྒྱལ་སྲིད་བཟུང་བས་སེམས་ཅན་གྱི་དོན་མི་འགྱུར་བར་དགོངས་ནས། རྒྱལ་པོ་དང་བློན་པོ་རྣམས་སུན་ཕྱུང་བའི་ཕྱིར་བརྟུལ་ཞུགས་ཀྱི་སྤྱོད་པ་མཛད་དེ། ཁ་ཊྭཱཾ་ག་ཕྱག་ནས་ཤོར་བའི་རྩལ་གྱིས་ནང་བློན་ཆེན་པོའི་བུའི་མགོ་ལ་བསྣུན་ནས་ཤི་བར་གྱུར་པ་དང་། རྒྱལ་པོའི་ཁྲིམས་ལ་སུས་འདས་ཀྱང་ཆད་པའི་ལས་གཅོད་པའི་བློན་པོ་ཀུན་འཚོགས་ཏེ་རྒྱལ་པོ་ལ་གསོལ་བ་ལྷ་རྒྱལ་བུར་མངའ་གསོལ་ཡང་བློན་པོའི་བུ་ཉེས་མེད་བསད་པས་གསལ་ཤིང་རྩེ་ལ་སྐྱོན་པར་འཚལ་ཞུས་ཏེ། རྒྱལ་པོ་ནན་གྱིས་བཅོས་ཀྱང་མ་ཉན་པར་འོ་ན་སྐྱུགས་པར་བྱའོ་ཞེས་གསུངས་པས་ལེགས་སོ་ཞེས་བརྗོད་དོ། །དེ་ནས་རྒྱལ་པོ་ཐུགས་མ་བདེ་བཞིན་དུ་སློབ་དཔོན་ལ་གསུངས་པ། རིན་ཆེན་མཆོ་དཀྱིལ་བདྨའི་སྡོང་པོ་ལ། །ཕ་དང་མ་མེད་རང་བྱུང་སྤྲུལ་པའི་སྐུ། །བརྟུལ་ཞུགས་སྤྱོད་པས་བློན་པོའི་ཕྲུག་གུ་བསྐྲུམ། །བློན་པོ་རྣམས་ཀྱིས་རྒྱལ་ཁྲིམས་ཆད་པས་གཅོད། །གསོད་ལ་སྐྲུགས་པར་གནང་བས་གང་དགར་བཞུད། །ཅེས་

བརྗོད་པ་དང་།   སློབ་དཔོན་གྱིས་གསུངས་པ།འཇིག་རྟེན་འདི་ན་ཕ་དང་མ་དགོན་ཡང་།   །ཡབ་དང་ཡུམ་གྱིས་རྒྱལ་སྲིད་ཉིད་ལ་བཀོད།   །ཡུལ་ལ་ཞེན་མེད་སྐྱུགས་ཀྱང་འཇིགས་པ་མེད།   །སྐྱེ་ཤི་གཉིས་མེད་བསད་ཀྱང་འཇིགས་པ་མེད།   །རྒྱལ་སྲིད་གཏན་པས་སྐྱུགས་ཀྱང་ཤིན་ཏུ་ལེགས།   །ཡབ་ཡུམ་དག་ཀྱང་ཡུན་དུ་བདེ་བར་བཞུགས།   །ལས་ཀྱི་འབྲེལ་བས་ཕྱི་ནས་མཇལ་བར་ངེས།   །ཞེས་བརྗོད་ནས་ཕྱག་འཚལ་ཏེ།   ཨོ་རྒྱན་ཡུལ་གྱི་ལྷོ་ཕྱོགས་དུར་ཁྲོད་བསིལ་བའི་ཚལ་མི་མ་ཡིན་དང་གཅན་གཟན་མ་རུང་བ་རྣམས་ཀྱིས་གང་བ་དེར་བཞུགས་སོ།   །ཡུལ་དེའི་མི་ཤི་ཚད་དུར་ཁྲོད་དེར་སྐྱེལ་བས་རོ་ཟས་དང་རོ་གོས་ལ་ལོངས་སྤྱོད་ཅིང་།   བརྟུལ་ཞུགས་མཛད་པས་མཁའ་འགྲོ་མ་ཐམས་ཅད་དབང་དུ་བསྡུས་ཏེ།   པདྨ་ཐོད་ཕྲེང་རྩལ་ཞེས་མཚན་གསོལ་ཏོ།   །དེ་ནས་དུར་ཁྲོད་ཆེན་པོ་དགའ་བའི་ཚལ་དུ་སྤྱོད་པ་མཛད་པས་ཡེ་ཤེས་ཀྱི་མཁའ་འགྲོ་མ་བདུད་འདུལ་མས་དབང་བསྐུར་བྱིན་བརླབས།   སོ་སའི་གླིང་དུ་ཞི་བ་འཚོས་དབང་བསྐུར་ཞིང་མཁའ་འགྲོ་མ་རྣམས་ཀྱིས་བསྟོད་དོ།   །རྒྱ་མཚོའི་གླིང་དུ་བྱོན་ནས་མཁའ་འགྲོ་མ་བཞི་དབང་དུ་བསྡུས།   རྡོ་རྗེ་ཕག་མོས་དབང་བསྐུར་ཞིང་རྒྱུད་དང་གདམས་པ་མཐའ་དག་གསུངས།   འཇིག་རྟེན་དང་འཇིག་རྟེན་ལས་འདས་པའི་མཁའ་འགྲོ་ཐམས་ཅད་འགྲུབ་ཅིང་དབང་དུ་མཛད་ནས་རྡོ་རྗེ་དྲག་པོ་རྩལ་ཏེ་མཚོ་སྐྱེས་རྡོ་རྗེ་ཞེས་མཚན་གསོལ་ཞིང་མཆོག་དང་ཐུན་མོང་གི་དངོས་གྲུབ་ཆེན་པོ་བརྙེས་སོ།   །དེ་ལྟར་གྲུབ་པ་ཐོབ་ཅིང་ཆོས་ཐམས་ཅད་ལ་མངའ་བརྙེས་ཏེ་རང་བཞིན་སྤྲུལ་པའི་སྐུ་ཆེན་པོར་བཞུགས་ཀྱང་འགྲོ་བའི་ཁམས་དང་མོས་པ་སྣ་ཚོགས་པས་དེ་དག་སློབ་དཔོན་མེད་པས་མི་དད་པ་ལྡོག་པའི་ཕྱིར་རྒྱ་གར་གྱི་མཁས་གྲུབ་རྣམས་ལས་ཐོས་བསམ་

མཛད་པའི་རྣམ་ཐར་ལས་སྐུ་ཆེ་བ་དྲིན་ཅན་གྱི་ཞལ་སྔ་ནས་ལུས་ཅན་གྱི་ཞབས། དེ་ནས་ཟ་ཧོར་གྱི་སློབ་དཔོན་ཆེན་པོ་པདྨ་ཀ་ར་སྡེའི་དྲུང་དུ་རབ་ཏུ་བྱུང་སྟེ་ཤཱཀྱ་སེང་གེར་མངའ་གསོལ་ནས་ཕྱི་ནང་གི་ཆོས་མཐའ་དག་མ་ལུས་པར་མཁྱེན་པར་མཛད་ཅིང་རྡོ་རྗེ་དབྱིངས་ཀྱི་དཀྱིལ་འཁོར་ཞལ་གཟིགས་ཡོ་ག་ཚེའི་རིག་འཛིན་ལ་མངའ་བརྙེས་སོ། །རྒྱ་གར་ལྷོ་ཕྱོགས་སུ་ཀླུ་སྒྲུབ་སྙིང་པོ་ལ་སྒྲ་དང་ཚད་མ་ནང་གི་དེ་ཁོ་ན་ཉིད་སོགས་རྒྱུ་མཚན་ཉིད་ཀྱི་ཐེག་པ་དང་། འབྲས་བུ་རྡོ་རྗེ་ཐེག་པ་མ་ལུས་པར་གསན་ནས་མཁྱེན་པར་མཛད་ཅིང་རྣལ་འབྱོར་ཆེན་པོའི་དཀྱིལ་འཁོར་དཔག་ཏུ་མེད་པའི་ཞལ་གཟིགས་སོ། །དེ་ནས་མུ་སྟེགས་པ་དང་རྩོད་པ་མཛད་པས་མུ་སྟེགས་པ་ཕམ་ནས་ནགས་ཚལ་དུ་མཐུ་བྱུས་པ་ན་ཇོ་འཕྲུལ་གྱིས་ནགས་ལ་མེ་སྦར་ཏེ་སངས་རྒྱས་ཀྱི་བསྟན་པ་ལ་བཀོད་པས་སེང་གེ་སྒྲ་སྒྲོགས་ཞེས་མཚན་གསོལ་ཏོ། །དེ་ནས་དགེ་སློང་མ་ཀུན་དགའ་མོའི་དྲུང་དུ་དབང་བསྐུར་བར་ཞུས་པས་ཞལ་དུ་གསོལ་ནས་གསང་བའི་པདྨོར་བཏོན་ཏེ་ཕྱི་ནང་གསང་བའི་དབང་དང་ཐུགས་རྗེ་ཆེན་པོ་ཡིད་བཞིན་འཁོར་ལོ་སོགས་པདྨ་གསུང་གི་སྒྲུབ་སྡེ་གསན་ཅིང་གྲུབ་པ་བརྙེས། འཇམ་དཔལ་བཤེས་གཉེན་གྱི་སྤྱན་སྔར་སྒྱུ་འཕྲུལ་དྲྭ་བ་ལ་སོགས་འཇམ་དཔལ་གྱི་རྒྱུད་ལུང་མན་ངག་རྣམས་གསན། ཧཱུྃ་ཀ་རའི་དྲུང་དུ་ཧེ་རུ་ཀ་གལ་པོའི་རྒྱུད་སོགས་ཡང་དག་ཐུགས་ཀྱི་རྒྱུད་ལུང་། པྲ་ཧྰ་ཏིའི་སྤྱན་སྔར་རྡོ་རྗེ་ཕུར་པའི་ཆོས་སྡེ་མཐའ་དག་དང་། སངས་རྒྱས་གསང་བའི་དྲུང་དུ་གསང་བའི་སྙིང་པོ་ལ་སོགས་པ་ཞི་ཁྲོ་སྒྱུ་འཕྲུལ་གྱི་རྒྱུད་དང་། སློབ་དཔོན་རྡོ་རྗེ་མི་འགྱུར་ལ་བདུད་རྩི་ཡོན་ཏན་གྱི་རྒྱུད། ཧཱུྃ་ན་སང་སྒྲི་ཏ་ལས་སྲིད་པ་མ་མོའི་རྒྱུད། རམྦུ་གུ་ཡར་དམོད་པ་དྲག་སྔགས་དང་འཇིག་རྟེན་མཆོད་བསྟོད་ཀྱི་རིམ་པ་སྟེ་རྒྱུད་སྡེ་མཐའ་དག་གསན་ཞིང་མཁྱེན་པར་མཛད་ནས་བསྒྲུབ་པས་དཀྱིལ་འཁོར་གྱི་ལྷ་དཔག་ཏུ་མེད་པའི་

ཞལ་གཟིགས་ཤིང་སློབ་དཔོན་ཆེན་པོ་བློ་ལྡན་མཆོག་སྲེད་དུ་མཚན་གསོལ། གཞན་ཡང་འཛམ་བུའི་གླིང་ན་ཧི་སླེད་པའི་ཆོས་མ་ལུས་པར་མཁྱེན་པར་མཛད་ནས། ས་ཡི་སྙིང་ན་འགྲན་ཟླ་དང་བྲལ་བའི་མཁས་ཤིང་གྲུབ་པ་བརྙེས་ཏེ། རྒྱ་གར་ཤར་ནུབ་ལ་སོགས་པའི་ཕྱོགས་གང་དང་གང་དུ་བཞུད་པ་ཐམས་ཅད་དུ་ཉི་མའི་ཟེར་ལ་བཅིབས་ནས་གཤེགས་པས་ཉི་མ་འོད་ཟེར་ཞེས་མཚན་གསོལ། ཟ་ཧོར་གྱི་རྒྱལ་པོ་གཙུག་ལག་འཛིན་གྱི་བུ་མོ་མནྡཱ་ར་བ་དབང་དུ་མཛད་ནས་ནགས་ལ་བཞུགས་པ་ལས་འགྲོ་བ་འདུལ་བའི་དུས་ལ་བབ་པས། ཡབ་ཡུམ་གཉིས་གྲོང་ཁྱེར་དུ་བསོད་སྙོམས་ལ་གཤེགས་པས་མི་རྣམས་མ་དད་དེ་དགེ་སྦྱོང་གི་གཟུགས་ཅན་འདིས་རྒྱལ་པོའི་རིགས་བསླད་ཅིང་སངས་རྒྱས་ཀྱི་བསྟན་པར་རྨ་ཕྱུང་བས་དུར་ཁྲོད་དུ་བསྲེགས་ཤིག་ཟེར་ནས་ཐམས་ཅད་ཀྱིས་ཙནྡན་ཁུར་རེ་དང་ཏིལ་མར་ཁལ་རེ་རེ་རས་ཡུག་རེས་དྲིལ་ནས་བསྲེགས་པས་ཞག་དགུར་དུ་བ་མ་ཆད་ནས་བལྟས་པས་མེ་ལྕེ་ཕྱིར་འབར་ནས་རྒྱལ་པོའི་ཕོ་བྲང་འཁོར་རྣམས་ཚིག་ཅིང་། ཏིལ་མར་རྒྱ་མཚོ་འཁྱིལ་བའི་དབུས་ན་པདྨའི་སྡོང་པོ་ལ་ཡབ་ཡུམ་གཉིས་བཞུགས་པ་མཐོང་ནས་འགྱོད་དེ་བཤགས་པ་བྱས་ནས་རྗེས་སུ་བཟུང་བར་ཞུས་པས་གྲོང་ཁྱེར་གྱི་མེ་ཞི་ཞིང་ཆོས་གསུངས་པས་ཐམས་ཅད་ཀྱིས་ཆོས་མིག་རྡུལ་དང་བྲལ་བ་རྙེད་ནས་པདྨ་འབྱུང་གནས་ཞེས་བསྟོད་ཅིང་འདུད་དོ། །དེ་ནས་ཨོ་རྒྱན་གྱི་ཡུལ་དུ་བྱོན་པ་ན་སྔར་གྱི་མི་ཀུན་གྱི་ངོ་ཤེས་ཏེ་བློན་པོའི་བུ་གསོད་པ་དེ་གནོད་པ་སྐྱེལ་དུ་བྱུང་གི་བསྲེགས་ཤིག་ཅེས་བསྒྲགས་ཏེ་སྔ་མ་བཞིན་བསྲེགས་པས་ཞག་ཉི་ཤུ་རྩ་གཅིག་ཏུ་དུ་བ་མ་ཆད་ནས་བལྟས་པས་སྔ་མ་ལྟར་འདུག་པ་མཐོང་ནས་བཟོད་པར་གསོལ་ནས་པདྨ་ཐོད་ཕྲེང་རྩལ་ཞེས་བསྟོད་ཅིང་རྗེས་སུ་བཟུང་བར་ཞུས་པས་ལོ་བརྒྱད་བཞུགས་ཏེ་གསང་

ཕྱོགས་ཀྱི་དཀྱིལ་འཁོར་དུ་དབང་བསྐུར་ཞིང་ཆོས་གསུངས་ཨོ་རྒྱན་གྱི་ཡུལ་ཁམས་ཐམས་ཅད་ཆོས་ལ་བཀོད། རྒྱལ་པོ་ཨིནྡྲ་བོ་དྷི་འཁོར་ཆོམ་བུ་དང་བཅས་པས་གྲུབ་པ་ཐོབ་ནས་མཁའ་སྤྱོད་དུ་གཤེགས་སོ། །དེ་ནས་རྡོ་རྗེ་ཕག་མོས་ལུང་བསྟན་པ། །སྐལ་ལྡན་འབྲས་བུ་ཚེ་གཅིག་ངེས་པའི་ལུང་། །གང་དང་མི་འདྲ་ཀུན་གྱིས་མ་རྟོགས་པ། །ཤྲཱི་སེང་ཧ་རྡོ་རྗེའི་ཐུགས་ལ་གནས། རྫུབ་འགྱུར་ཚལ་དུ་དགོངས་པ་སྐྱེད་པར་འགྱུར། །ཞེས་གསུངས་པ་དང་། སྐད་ཅིག་གིས་རྫུབ་འགྱུར་ཚལ་གྱི་དུར་ཁྲོད་ཆེན་པོར་རྫུ་འཕྲུལ་གྱིས་བྱོན། སློབ་དཔོན་ཆེན་པོ་ཤྲཱི་སེང་ཧ་ལ་ཕྱག་དང་བསྐོར་བ་མཛད་ནས་རྗེས་སུ་བཟུང་བར་ཞུས་པས་གནང་སྟེ། རྫོགས་པ་ཆེན་པོ་ནམ་མཁའ་དང་མཉམ་པའི་རྒྱུད་ལ་སོགས་པ་སེམས་ཀློང་མན་ངག་གི་སྐོར་མཐའ་དག་གསུངས་ཤིང་། ཁྱད་པར་དུ་ཕྱི་ནང་གསང་བའི་སྐོར་མ་ལུས་པ་གསན་དུས། ཡང་ཞུས་པ། སློབ་དཔོན་ཆེན་པོ་ལགས། ཚེ་འདི་ཉིད་ལ་ཟག་བཅས་ཀྱི་ཕུང་པོ་མི་སྣང་བར་ལོངས་སྤྱོད་རྫོགས་སྐུའི་ཞིང་ཁམས་མཐོང་ཞིང་། ཆོས་སྐུའི་ཞིང་ཁམས་སུ་སངས་རྒྱས་པའི་གདམས་ངག་གཅིག་གནང་བར་ཞུ་འཚལ་གསོལ་པ་དང་། ཤྲཱི་སེང་ཧས་གསུངས་པ། རིགས་ཀྱི་བུ་ཤིན་ཏུ་ལེགས་ཀྱིས་ཆོས་ཐམས་ཅད་ཀྱི་ཡང་རྩེ། ལྟ་བ་ཐམས་ཅད་ཀྱི་ཞེ་ཕུག ཐེག་པ་ཐམས་ཅད་ལས་འདས་ཤིང་མཁའ་འགྲོ་ཐམས་ཅད་ཀྱི་སྙིང་ཐིག་གསང་བ་བས་ཀྱང་ཆེས་གསང་བའི་དོན།འོད་གསལ་རྡོ་རྗེ་སྙིང་པོའི་ཐེག་པ་ཆེན་པོ་སེམས་ལས་འདས་པ།ཡིད་དང་བྲལ་བ། རྣམ་པར་ཤེས་པ་ཐམས་ཅད་ཀྱི་ཡུལ་དུ་མ་གྱུར་པ། ཡིན་མིན་གྱི་མཐའ་ལ་མི་གནས་ཤིང་ལྟ་བསྒོམ་བསྐྱེད་རྫོགས་ཀྱི་ཡུལ་ལས་འདས་པ། དུས་གསུམ་སངས་རྒྱས་ཐམས་ཅད་ཀྱི་ཡུམ། རིག་འཛིན་ཆེན་པོ་རྣམས་ཀྱི་ཉེ་ལམ།

མཐར་ཐུག་པའི་མན་ངག་བླ་ན་མེད་པ་ལོ་གསུམ་གྱིས་སངས་རྒྱས་ཀྱི་བྱང་ཆུབ་འགྲུབ་པའི་གདམས་པ་ཞིག་ཡོད་ཀྱི་བསྟན་པར་བྱ་ཞེས་གསུངས་ནས། རྫོགས་པ་ཆེན་པོ་མཁའ་འགྲོ་སྙིང་ཐིག་གི་དབང་དང་། དེའི་ཉམས་ལེན་མན་ངག་གི་ཡི་གེ་རབ་ཏུ་མང་པོ་དང་། དེའི་རྒྱབ་བརྟེན་དུ་སྒྲ་ཐལ་འགྱུར་གྱི་རྒྱུད་ལ་སོགས་པ་རྒྱུད་སྡེ་བཅོ་བརྒྱད་ཡོངས་སུ་རྫོགས་པར་གསུངས་ཤིང་བསྟན་པ་གཏད་དེ། ལོ་ཉི་ཤུ་རྩ་ལྔའི་བར་དུ་གདམས་པ་ཐོས་བསམ་མཛད་ཅིང་བཞུགས་སོ། །དེ་ནས་དུར་ཁྲོད་ཆེན་པོ་སོ་སའི་གླིང་དུ་ལོ་གསུམ་ཉམས་སུ་བླངས་པས་སྐྱེ་ཤི་གཉིས་སྤངས་ཆུ་ཡི་ཟླ་བ་ལྟ་བུའི་སྐུ་གྲུབ་ནས་རྫུ་འཕྲུལ་གྱིས་གནས་རྣམས་པ་སྣ་ཚོགས་སུ་མི་དང་མི་མ་ཡིན་གྱི་འགྲོ་བ་རབ་ཏུ་མང་པོ་ལ་ཕན་པར་མཛད་ཅིང་། ཁྱད་པར་དུ་རྒྱ་གར་གྱི་རྒྱལ་པོ་ཧྲྀཾ་པ་ལའི་མཆོད་གནས་སུ་ཉིན་པར་བཞུགས་ཤིང་། མཚན་མོ་དུར་ཁྲོད་བསིལ་བའི་ཚལ་དང་། སོ་ས་གླིང་དང་། རབ་ཏུ་སྣང་བྱེད་དང་། དགའ་བྱེད་དང་། ལྷ་སིང་དང་། འཇིགས་བྱེད་ལ་སོགས་པར་བྱོན་ཏེ། མཁའ་འགྲོ་འབར་བའི་སྤྲིན་ཕུང་དང་ལྷན་ཅིག་གསང་སྔགས་ཀུན་ཏུ་སྤྱོད་པས་གནས་པར་མཛད་དོ། །དེའི་ཚེ་བོད་ཆོས་བཞིན་དུ་སྐྱོང་བའི་རྒྱལ་པོ་ཁྲི་སྲོང་ལྡེའུ་བཙན་གྱིས་སྤྱན་དྲངས་ཏེ་དམ་པའི་ཆོས་ཀྱི་གདམས་པ་རྒྱ་ཆེར་གནང་སྐབས་ཡང་གསང་རྫོགས་པ་ཆེན་པོའི་ཆོས་སྐོར་འདི་རྣམས་གསུངས་སོ། །

སྐབས་འདིར་རྣལ་དུ་དབབ་པ་ལ་གཉིས་ལས། རྣལ་དབབ་དངོས་དང་། སོར་འཇུག་པའོ། །དང་པོ་རྣལ་དུ་དབབ་དགོས་པ་བསྟན་པ་དང་ཇི་ལྟར་དབབ་པའི་ཚུལ་ལོ། །དང་པོ་ནི། གློང་གསལ་ལས། ལུས་ངག་ཡིད་གསུམ་འབྱུང་འབྲུགས་པ། དེ་དག་གྲོལ་བྱེད་རྣལ་དུ་དབབ། ཅེས་གསུངས་པས། གོང་

དུ་ལུས་ངག་ཡིད་གསུམ་གྱི་སྒོར་དུ་འགྲོ་བའི་ལས་བྱས་པས་ཆད་པ་ངལ་གསོ་བ་སྟེ། རྟོག་རྩེ་པའི་ཞལ་སྔ་ནས། དུབ་པ་སེམས་ཉིད་མགྲོན་པོ་དག །སྦྲོས་དང་བྲལ་བར་ངལ་གསོ་ཞིང་། །སོ་མ་གཉུག་མ་རང་བབ་དང་། །མ་བཅོས་ཕྱག་རྒྱ་ཆེན་པོའོ། ཞེས་སོ། །གཞན་ཡང་རྩ་ཁམས་འབྱུང་བ་འཁྲུགས་པས་ལུས་ངག་ཡིད་གསུམ་འཁྲུགས་ཞིང་དེ་བོན་ཉིད་ཀྱི་དགེ་སྦྱོར་ལ་མི་འཇུག་པས་ངལ་གསོ་ཞིང་སྒོ་གསུམ་རྣལ་དུ་དབབ་པ་ནི། འདས་རྗེས་ལས། དེ་ནས་ལུས་ངག་ཡིད་གསུམ་པོ། །རྣལ་དུ་དབབ་ལ་མཁས་པར་བྱ། །ཞེས་པས། དེ་ཡང་འཁོར་བའི་ཆོས་སྤྱངས་བྱའི་རྣམ་རྟོག་དང་། གཉེན་པོའི་ཆོས་དགེ་བའི་རྣམ་རྟོག་གང་ཤར་ཡང་རྣམ་པ་གང་གསལ་བ་དེ་ལ་ཤེས་པ་རྩེ་གཅིག་ཏུ་གཏད་ནས་བསྒོམ་པས་རྣམ་པར་རྟོག་པ་གནས་འགྱུར་ནས་རྣམ་པར་མི་རྟོག་པར་འགྱུར་ཏེ། དཔེར་ན་རྩུ་ རླུགས་མ་ཅན་དེ་ཉིད་གཡོ་མེད་དུ་བཞག་པས་དྭངས་པར་འགྱུར་བ་བཞིན་ནོ། །དེ་ཡང་རྟོག་པ་ནན་གྱིས་བཀག་ན་སེམས་མི་གནས་པའི་ཁར་སླར་གེགས་སུ་འགྲོ་ཞིང་ཏེང་དེ་འཛིན་སྐྱོ་དཀའ་བར་དགོངས་ནས། མདོ་སྡེ་རྒྱན་ལས་ཀྱང་། གང་ཕྱིར་ཆགས་སོགས་དེ་ཉིད་ལ། །ཚུལ་བཞིན་འཇུག་པ་དེ་ཡི་ཕྱིར། །དེ་ཡིས་རྣམ་གྲོལ་འགྱུར་དེས་ན། །དེ་ཡང་དེ་དག་ལས་ངེས་འབྱུང་། །ཞེས་དང་། རྟགས་གཉིས་ལས། ཆགས་པས་འཇིག་རྟེན་འཆིང་གྱུར་ན། །འདོད་ཆགས་ཉིད་ཀྱིས་རྣམ་གྲོལ་འགྱུར། །ཞེས་ཐབས་ལ་མཁས་པར་གསུངས་པ་དང་། དམིགས་པ་དག་ལ་བརྟེན་ནས་སུ། །མི་དམིགས་པ་ནི་རབ་ཏུ་སྐྱེ། །མི་དམིགས་པ་ལ་བརྟེན་ནས་སུ། །མི་དམིགས་པ་ནི་རབ་ཏུ་སྐྱེ། །དེ་ཡི་ཕྱིར་ན་དམིགས་པ་ནི། །མི་དམིགས་ངོ་བོ་ཉིད་དུ་འགྲུབ། །དེ་ལྟ་བས་ན་དམིགས་པ་

དང་། །མི་དམིགས་མཉམ་པར་ཤེས་པར་བྱ། །ཞེས་དབུས་མཐའ་ལས་ཀྱང་
གསུངས་པ་བཞིན་ཏེ། དེ་ལྟར་སྔར་བཤད་པའི་འཁོར་འདས་རུ་ཤན་དབྱེ་བ་སོང་།
ཐ་མལ་གྱི་སྣང་བ་བག་ཆགས་སོགས་ཀྱི་ཞེན་སྣང་རགས་པ་བློ་ལ་འཆར་བདེ་བ་
རྣམས་དང་། དེ་ནས་ནང་གི་ཤན་འབྱེད་དང་རྒྱས་གདབ་རྩལ་སྦྱོངས་སོགས་ཕྱེ་བ་
རྣམས་ལ་རིམ་གྱིས་བསྡུས་པའི་དབང་ཤེས་གཞན་དུ་མ་ཡེངས་པར་འཆར་ཞིང་།
དེས་ཡིད་ཤེས་ཚོགས་དྲུག་གཅིག་ཏུ་འདུས་ཤིང་ཡུལ་གཞན་ལ་འཕྲོ་བའི་སེམས་ཉེ་
བར་ཞི་བར་བྱེད། དེ་ནས་ཆོས་འདུས་མ་བྱས་པ་དང་འབྲེལ་བ་ཡུལ་དྲུག་དམིགས་
པའི་རྟེན་དེ་ཡིད་ལ་མི་བྱེད་པར་རང་ལུགས་སུ་སྣང་བ་དང་སྟོང་པ་དང་སྤངས་བྱ་དང་
གཉེན་པོའི་མཚན་མ་གང་ལ་ཡང་མི་རྟོག་པར་འཇོག་པ་སྟེ། རྣལ་མ་ནི་མ་བཅོས་
པའི་དོན་དང་། དབབ་པ་ནི་དེ་ལ་རང་བབས་སུ་འཇོག་པའི་ཕྱིར་རྣལ་དུ་དབབ་
པའོ། །གཉིས་པ་ནི། ཐལ་འགྱུར་ལས། འདི་དུས་ལུས་ངག་སེམས་ཀྱི་
གནས། །རྣལ་འབྱོར་ལྡན་པས་རྣལ་དབབ་བྱ། །ཞེས་གསུངས་པས། བདེ་
བའི་མལ་དུ་ལུས་སེམས་དཔའི་སྐྱིལ་ཀྲུང་ངམ་ཅོག་པུ་གང་བདེར་རང་བབས་སུ་ལུས་
ཀྱི་ཆ་རྣམས་གློད་དེ། །སྒྲུལ་བསྐྱོད་མེད་པར་བདེ་བར་གློད་དེ་གནས་པར་
བྱའོ། །ངག་སྨྲ་བརྗོད་བཟང་ངན་ཅི་ཡང་མི་སྨྲ་ཞིང་དབུགས་ཀྱི་རྒྱུ་བ་བཟོ་གློད།
ཅ་ཅོ་མེད་པར་བཟླས་བརྗོད་སོགས་སྤངས་ལ་ལྷུང་ཡང་བཟོ་བཅོས་མེད་པར་བཞག་
གོ །སེམས་མི་དགེ་བ་དང་ལུང་མ་བསྟན་ལ་སོགས་དུས་གསུམ་རྟོག་པའི་རྗེས་
ཕྱིར་མི་སྦྲོ། གཞན་ཡང་དགེ་བའི་ཆར་གཏོགས་པའི་རྣམ་པར་རྟོག་པ་ཙམ་ཡང་
བཏང་ནས་རང་བབས་སུ་འཇོག་སྟེ་ཆུ་མ་རྙོགས་ན་དྭངས་པ་ལྟར་སྒོ་གསུམ་གཞི་ཐོག་
ཏུ་དྭངས་པར་འགྱུར་བས་བསམ་གཏན་དང་ཞི་གནས་ཀྱི་རྒྱུ་ཕུན་སུམ་ཚོགས་པ་ཡིན་

ནོ། །གཉིས་པ་རྟགས་ནི། ལུས་རྣལ་དུ་ཕེབས་ན་ལུས་སྒྱུལ་བསྐྱོད་བྱེད་སྙིང་མི་འདོད་པ་འབྱུང་། ངག་རྣལ་དུ་ཕེབས་ན་སྨྲ་སྙིང་མི་འདོད་པ་འབྱུང་། ཡིད་རྣལ་དུ་ཕེབས་པས་འཕྲོ་འདུས་རྟོག་པ་ཐམས་ཅད་རང་སར་དག་ནས་འགྲོ་སྟེ། རྟགས་དེ་ལྟར་མ་བྱུང་གི་བར་དུ་འབད་དེ་ཉམས་སུ་བླངས་སོ། །དེ་ལྟར་ཡང་ཤེར་ཕྱིན་ལས། ཤེས་རབ་ཀྱི་ཕ་རོལ་ཏུ་ཕྱིན་པ་ལ་རྣལ་འབྱོར་དུ་བྱེད་པ་ནི་ནམ་མཁའ་ལ་རྣལ་འབྱོར་དུ་བྱེད་པའོ། །ཞེས་གསུངས་པ་དང་གནད་གཅིག་གོ །དེ་ལྟར་རྣལ་དུ་ཕེབས་པའི་ཕན་ཡོན་ནི། ཀློང་གསལ་ལས། འདི་ལྟར་རྣལ་དུ་སུས་དབབ་པ། འབྱུང་འབྲུགས་ནད་རྐྱེན་ཞི་བ་དང་། །འཛིན་པ་རང་གྲོལ་ཉིད་དུ་འགྱུར། །ཞེས་སོ། །དེ་ལྟར་ལུས་ངག་ཡིད་གསུམ་རྣལ་དུ་དབབ་པ་ལ། གནས་སྐབས་དང་མཐར་ཐུག་གི་དགོས་ཆེད་གཉིས་ལས། གནས་སྐབས་སུ་ལུས་ངག་ཡིད་གསུམ་རྣལ་དུ་ཕེབས་ཙེང་འབྱུང་བ་མི་འཁྲུགས་པ་སྟེ། ནད་རྐྱེན་མི་འབྱུང་ཞིང་བསམ་གཏན་གྱི་དང་ལ་རང་བཞིན་གྱིས་གནས་པ་དང་། ཕུང་པོ་ཁམས་དང་སྐྱེ་མཆེད་རྣམས་རང་སོར་གནས་པས་བྱང་སེམས་རྒྱས་པའི་དགོས་པ་ཡོད་དོ། །ངག་རྣལ་དུ་ཕེབས་པས་བརྗོད་པའི་ཚིག་རང་དག་སྟེ་བརྗོད་དུ་མེད་པའི་དོན་རྒྱུད་ལ་སྐྱེ་བའི་དགོས་པ་ཡོད་དོ། །སེམས་རྣལ་དུ་ཕེབས་པས་རྟོག་པ་ཐམས་ཅད་རང་སར་གྲོལ་ནས་རང་བཞིན་རྫོགས་པ་ཆེན་པོ་བསམ་བརྗོད་ལས་འདས་པའི་ངང་དུ་རང་བབས་སུ་གནས་པའི་དགོས་པ་ཡོད་དོ། །མཐར་ཐུག་མཆོག་གི་དགོས་པ་ནི། ལུས་ངག་ཡིད་གསུམ་གྱི་འཛིན་པ་རང་དག་ཏུ་འགྲོ་བའི་དགོས་པ་ཡོད་དོ། །དེ་ཡང་ལུས་རྣལ་དུ་ཕེབས་པས་སྤྲུལ་པའི་སྐུ་ལ་རེག་པ་ཡིན་ནོ། །ངག་རྣལ་དུ་ཕེབས་པས་ལོངས་སྤྱོད་རྫོགས་པའི་སྐུ་ལ་རེག་པ་ཡིན་

ནོ། །ཡིད་རྣལ་དུ་ཕེབས་པས་ཆོས་ཀྱི་སྐུ་ལ་རེག་པ་ཡིན་ནོ། །དེ་ལྟར་ལུས་ངག་ཡིད་གསུམ་དབྱེར་མེད་པས་སྐུ་གསུམ་འདུ་འབྲལ་མེད་པའི་ངང་ལ་གནས་པ་ཡིན་ནོ། །དེ་ཡང་འདས་རྗེས་ལས།རིགས་ཀྱི་བུ་ལུས་ཀྱི་དལ་བ་ལ་བརྟེན་ནས་སྤྲུལ་པའི་སྐུ་ལ་རེག་པ་ཡིན་ནོ། །ངག་གི་དལ་བ་ལ་བརྟེན་ནས་ལོངས་སྐུ་ལ་རེག་པ་ཡིན་ནོ། །སེམས་ཀྱི་དལ་བ་ལ་བརྟེན་ནས་ཆོས་སྐུ་ལ་རེག་པ་ཡིན་ནོ། །ཞེས་གསུངས་སོ། །དེ་ལྟར་རྣལ་དུ་མ་ཕེབས་ན་གོང་གི་ཡོན་ཏན་དེ་རྣམས་ལས་བཟློག་པའི་སྐྱོན་ཡོད་དོ། །དེ་ལྟར་གོང་གི་རྣལ་དུ་ཕེབས་པའི་རྟགས་རྣམས་མ་བྱུང་གི་བར་དུ་བརྩོན་པར་གྱིས་ཤིག

སྤྱི་དོན་བཅོ་ལྔ་པ་སོར་འཇུག་པའི་རིམ་པ་ནི། ཨོ་ནམ་མཁའ་དང་མཉམ་པའི་སེམས་ཅན་ཐམས་ཅད་ཐར་པ་དང་ཐམས་ཅད་མཁྱེན་པ་བླ་ན་མེད་པ་ཡང་དག་པར་རྫོགས་པའི་སངས་རྒྱས་ཀྱི་གོ་འཕང་ཐོབ་པར་བྱ། དེའི་ཆེད་དུ་གསང་སྔགས་རྡོ་རྗེ་ཐེག་པའི་གདམས་པ་རྣམས་ཉན་ནས་ཚུལ་བཞིན་དུ་ཉམས་སུ་བླང་བར་བགྱིའོ་སྙམ་པའི་བྱང་ཆུབ་མཆོག་ཏུ་སེམས་བསྐྱེད་པ་སྔོན་དུ་འགྲོ་བས་ལེགས་པར་གསན་འཚལ། དེ་ཡང་ཇི་སྐད་དུ། ཐང་ཡིག་ལས།མིག་གི་དབང་པོས་ཆོས་སྐུའི་ཞལ་ལ་བལྟ། རྣ་བའི་དབང་པོས་མ་ཡེངས་གསུངས་ལ་ཉན། །ཡིད་ཀྱི་དབང་པོས་ཚིག་བཟུང་དོན་ལ་བརྟགས། །ཞེས་གསུངས་པ་ལྟར།སྒོ་གསུམ་མ་ཡེངས་པར་དོན་གཉེར་འདོད་འདུན་དང་བཅས་པས་ཉན་པ་ལ་བསླབ་པར་བྱའོ། །

དེ་ལ་སྐབས་འདིར་སྙིང་ཐིག་གི་གཏེར་འབྱུང་ལས་སྤྲོས་པས་བོད་འདིར་ཆོས་ཀྱི་བྱུང་ཚུལ་ཅུང་ཟད་བརྗོད་ན། གངས་ཅན་བོད་ཀྱི་ལྗོངས་འདིར་ཐུགས་རྗེ་ཆེན་པོའི་གདུལ་ཞིང་དུ་བྱིན་གྱིས་བརླབས་ནས་འཕགས་པའི་སྤྲུལ་པ་སྤྲེའུ་བྱང་ཆུབ་སེམས

དཔའ་དང་སྒྲོལ་མའི་སྤྲུལ་པ་བྲག་སྲིན་མོ་གཉིས་བསྡེབས་པ་ལས། བོད་ཀྱི་མི་དང་ཡུལ་གྲུ་རྣམས་ཆགས་པ་ལས། སྤྱན་རས་གཟིགས་ཀྱིས་བྱིན་གྱིས་བརླབས་པའི་རྒྱ་གར་ནས་རྒྱལ་རིགས་ནམ་མཁའ་ལས་བབས་པའི་བོད་ཀྱི་རྗེ་ཡི་སྔ་བ་གཉའ་ཁྲི་བཙན་པོ། དེའི་གདུང་རབས་གནམ་ལ་ཁྲི་བདུན་ས་ལ་ལེགས་དྲུག་སོལ་མ་བདུན་སོགས་ལ་བཙན་ལྷ་རིམ་པར་བྱོན་པ་ལས། རྒྱལ་པོ་ཐོ་ཐོ་རི་སྙན་བཙན་ཕོ་བྲང་ཡུམ་བུ་བླ་སྒང་ན་བཞུགས་དུས། རྒྱ་གར་དུ་རྒྱལ་པོ་ཛ་ཡི་ཁང་སྟེང་དུ་ཏཀྐ་སྡེ་བཅོ་བརྒྱད་ཆར་བབས་པའི་དུས་སུ། ཐུགས་རྗེ་ཆེན་པོའི་བྱིན་བརླབས་ལས་བོད་ཀྱི་ཆོས་སྐལ་ལ་ཉི་མ་ཤར་བ་དང་དུས་མཉམ་དུ་ཟ་མ་ཏོག་སྤང་སྐོང་ཕྱག་རྒྱ་དང་། ཙིནྟཱ་མ་ཎིའི་སྐོས་ཕོར་རྣམས་འཛའ་འོད་ཀྱི་གུར་ཕུབ། མེ་ཏོག་གི་ཆར་བབས། །ཕྱུན་སུམ་ཚོགས་པའི་ལྟས་བཟང་པོ་དང་བཅས་པས་ཕོ་བྲང་ཡུམ་བུ་བླ་སྒང་དུ་བབས། ཡི་གེ་དང་དགེ་བའི་སྲོལ་མེད་པས་དོན་མ་ཤེས། རྒྱལ་རབས་ལྔ་ནས་འདི་ཡི་དོན་ཤེས་པ་འབྱུང་བའི་ལུང་བསྟན་ཐོབ་ནས། གཉན་པོ་གསང་བའི་མཚན་གསོལ་ནས་རྒྱལ་པོའི་གཙུག་ཏུ་འཆང་བ་ལས། དམ་པའི་ཆོས་ཀྱི་དབུ་བརྙེས། དེའི་རྒྱལ་རབས་ལྔ་ནས་འཇིག་རྟེན་དབང་ཕྱུག་གི་སྤྲུལ་པ་རྒྱལ་པོ་སྲོང་བཙན་སྒམ་པོས་དེའི་དོན་རྣམས་དགོངས་ཤིང་། རྒྱ་གར་ནས་མདོ་རྒྱུད་འགའ་ཞིག་བསྒྱུར་ཞིང་དགེ་བ་བཅུའི་སྲོལ་གཏོད། དེ་ནས་རྒྱལ་རབས་བཞི་ན་རྒྱལ་པོ་ཁྲི་སྡེ་གཙུག་རྟེན་དང་བཙུན་མོ་གྱིམ་ཤིང་ཀོང་ཇོ་གཉིས་རིན་པོ་ཆེའི་ཁྲི་ལ་གཟིམས་པའི་རྨི་ལམ་དུ་རྒྱ་ནག་པོའི་རི་བོ་རྩེ་ལྔ་ནས་འོད་ཉི་མ་ཤར་བ་ལྟ་བུའི་རྩེ་ལས་ཕྲེའུ་ཞིག་བྱུང་ནས་བཙུན་མོའི་ལྟུམས་སུ་ཞུགས་པ་རྨིས་ཏེ་རྒྱལ་པོ་ལ་བཤད་པས། ཏ་ཤང་མཐོང་ཤེས་མཁན་ཞིག་བཞུགས་པ་ལ་དྲིས་པས། སྲས་བྱང་ཆུབ་སེམས་དཔའ་

འཇམ་དཔལ་གྱི་སྤྲུལ་པ་ཅིག་འཁྲུངས་པའི་ལྟས་ལགས་པས་རིམ་གྲོ་ཆེར་སྐྱེད་ཅིག་ཅེས་ཟེར་རོ། །དེ་ནས་ཟླ་བ་དགུ་ངོ་དང་བཅུ་ན་རྟའི་ལོ་དཔྱིད་ཟླ་ར་བའི་སྐར་མ་རྒྱལ་གྱི་ཉིན་པར་སྐུ་བལྟམས་པའི་བཙས་སྟོན་རྒྱ་ཆེན་པོ་མཛད་ནས་མཚོ་ཆེན་པོའི་པདྨ་ལྟར་ཆེར་བསྐྱེད་པ་ལོ་དུས་སུ་ཞབས་འཛུགས་པ་དང་། མཚན་གསོལ་བའི་དགའ་སྟོན་གྱི་ཚེ་མིང་ཅི་གདགས་བཀའ་བགྲོས་པ་ལས། རྒྱལ་བུ་ཉིད་བཞེངས་ནས་གནམ་ལྷ་བབ་ཀྱི་རྒྱལ་པོ། ས་ལྷུན་གྲུབ་ཀྱི་མངའ་བདག་མགོ་ནག་ཡོངས་ཀྱི་སྤྱི་རྗེ་སྤྲུལ་པའི་རྒྱལ་པོ་ཁྲི་སྲོང་ལྡེ་བཙན་ལགས་སོ་ཞེས་གསུངས་པས། བོད་འབངས་ཐམས་ཅད་ཡ་མཚན་སྐྱེས་ནས་ཕྱག་འཚལ་ཞིང་འདུན་ཏོ། །དེ་ནས་དགུང་ལོ་བཅུ་གསུམ་ལ་ཡབ་དགུང་དུ་གཤེགས་ནས་རྒྱལ་སྲིད་ལ་མངའ་གསོལ་ཞིང་བཞུགས་པ་ལ། བློན་པོ་ཆེན་པོ་མ་ཞང་གྲོམ་པ་སྐྱེས་དབང་ཆེ་བས་ཆོས་དར་དུ་ནི་མ་གཏུབ། ཐམས་ཅད་བོན་ལ་བཀོད་ནས་ཆབ་འཛིན་པའི་ཚེ་རྒྱལ་པོ་ཐུགས་མ་བདེ་ནས། བློན་པོ་ཆེན་པོ་འགོས་ལ་བོད་ཐམས་ཅད་ཆོས་ལ་འགོད་པའི་ཐབས་དྲིས་པས། འགོས་ཀྱི་མཆིད་ནས་དེ་ཤིན་ཏུ་ལེགས་པས་རྒྱལ་པོ་སྐུ་ཆག་ཆེ་བས་གླུད་དུ་བློན་པོ་གཉིས་ལོ་གསུམ་ཚད་པར་བཅུག་ན་ཕན་ཞེས་སྒྲོག་ཏུ་གཞུག་གིས། དེ་དུས་དེ་ལྟར་མཛད་པར་ཞུ་ཞེས་གླེང་ནས་མོ་རྩིས་པ་རྣམས་ལ་བརྙན་པ་བྱིན་སྒྲོགས་སུ་བཅུག་པས་རྒྱལ་ཁམས་ཐམས་ཅད་དུ་བསྒྲགས་པའི་ཚེ། །རྒྱལ་པོས་བློན་འཁོར་བསགས་ནས་ང་ཡི་གླུད་འགྲོ་ནུས་པ་སུ་ཡོད་དྲིས་པས། འགོས་རྒན་པོ་ལངས་ཏེ་ངས་གཅིག་འགྲོ་བར་ཞུ་ཟེར་བ་དང་། མ་ཞང་ཡང་འགྲན་མར་ལངས་ཏེ་ངས་ཀྱང་འགྲོ་བ་ཞུ་ཟེར་རོ། །དེ་ནས་སྟོད་ལུང་བྲང་མདར་ཚད་པ་བརྐིགས་སྟེ་ལོ་གསུམ་གྱི་ཡོ་བྱད་དང་བློན་པོ་ཆེན་པོ་གཉིས་བཅུག་ཕྱིས་ནི་འགོས་རྒན་ཕྱུར་བཏོན།

མ་ཞང་ཚད་པས་སྒོ་བཅད་དེ་བསྲུང་མི་བཞག གཞན་ཡང་བློན་པོ་ཆོས་ལ་མི་དགའ་བ་རྣམས་ཕྱོགས་གཞན་དང་གཞན་དུ་བཏང་། དེ་ནས་འགོས་དང་རྒྱལ་པོ་བཀའ་བགྲོས་ཏེ་གཙུག་ལག་ཁང་བཞེངས་པའི་ཐབས་བྱས་ནས་བློན་འབངས་ལ་འདམ་ཀ་བཀུར་ཏེ་གྲོས་བྱས་པས་གཙུག་ལག་བྲི་ཞབས་ཙམ་བཞེངས་པར་འཆམས་ཏེ། མཁན་པོ་ཞི་བ་འཚོ་གདན་འདྲེན་པར་བཏང་བས་མཁན་པོས་ཞལ་ནས་ཁྱེད་རེ་འཕྲིས་ངས་ལོ་དགུ་བརྒྱ་བསྒུགས་པ་ལས་ད་བར་མ་བྱུང་། རྒྱལ་པོ་བཙས་པའི་ཚེ་ཡང་ངའི་སོ་མེད་པ་ལས་གཅིག་པོ་འདི་ཕྱིས་སྐྱེས་སོ། །ཞེས་གསུངས་ཏེ། བོད་ཡུལ་དུ་བྱོན་པས་རྒྱ་བློན་ཀུན་གྱིས་བསུ་བ་མཛད་ནས་གཙུག་ལག་ཁང་བརྩིགས་པའི་རྨང་འདིང་བ་ན་ལྷ་འདྲེ་རྣམས་ཀྱིས་བརྩིགས་སུ་མ་སྟེར་བས་སློབ་དཔོན་པདྨ་སྤྱན་དྲངས་ནས་ས་འདུལ་མཛད་ན་གཙུག་ལག་ཁང་འབྱོངས་པར་མཁན་པོས་ལུང་བསྟན་པ་ལྟར་རྒྱ་གར་གྱི་ཡུལ་ནས་རྒྱལ་པོ་ཛྷྨ་པ་ལའི་མཆོད་གནས་སུ་ཨོ་རྒྱན་གྱི་སློབ་དཔོན་ཆེན་པོ་པདྨ་འབྱུང་གནས་ཞེས་བྱ་བ་མཁས་ཤིང་གྲུབ་པ་བརྙེས་པ། མཐུ་དང་རྫུ་འཕྲུལ་ཐོགས་པ་མེད་པ་ཞིག་བཞུགས་པ་དེ་སྤྱན་དྲངས་ནས་བོད་ཀྱི་ལྷ་འདྲེ་གདུག་པ་ཅན་རྣམས་དམ་ལ་བཏགས། སློབ་དཔོན་གྱིས་ཧེ་རུ་ཀའི་གར་དང་རྡོ་རྗེའི་འགྲོས་ཀྱིས་ས་བཏུལ་བས་ཕྱི་བཞིན་རྨང་བཏིང་བས་ཕྱིའི་ལྕགས་རི་མུ་ཁྱུད་རྡོ་རྗེའི་འགྲོས་ཟུར་མང་རིས་སུ་བྱུང་ངོ་། །དེའི་ཚེ་ལས་དཔོན་ཆེན་པོ་བཞི་བསྐོས་ཏེ། ཕྱོགས་བགོས་ནས་རྒྱ་གར་ནག ཞང་ཞུང་སུམ་པ། ལྷོ་བལ་གར་ལོག ལི་མང་ཡུལ་ལ་སོགས་པའི་བཟོ་བོ་མཁས་པ་མང་པོས་ཉིན་པར་བཞེངས་ཤིང་། མཚན་མོ་ལྷ་སྲིན་སྡེ་བརྒྱད་ཀྱིས་ལས་དཔོན་བྱས་ཏེ་མི་མ་ཡིན་པ་རྣམས་ཀྱིས་བཞེངས་པས་ཉིན་བརྩིགས་པ་བས་ནུབ་བརྩིགས་པས་མཐོ་ཞིང་། རི་མོ་དང་ཞིང་

བཟོ་དང་། ལྷེར་བཟོ་ཡང་མཚན་མོའི་ལེགས་པ་བྱུང་། དེ་ལྟར་བསམ་ཡས་མི་འགྱུར་ལྷུན་གྱིས་གྲུབ་པའི་གཙུག་ལག་ཁང་ཆེན་པོ་གླིང་བཞི་གླིང་ཕྲན་བརྒྱད་ཉི་ཟླའི་གླིང་གཉིས་དང་ཇོ་མོ་གླིང་གསུམ་སོགས་ཕྱི་རྟེན་དང་། ནང་རྟེན་རྣམས་ལེགས་པར་གྲུབ་ནས་མཁན་པོ་བོ་དྷི་ས་ཏྭ་དང་སློབ་དཔོན་པདྨ་འབྱུང་གནས་གཉིས་ཀྱིས་རབ་ཏུ་གནས་པ་མཛད་ཆེ་ཡ་མཚན་པའི་ལྟས་དཔག་ཏུ་མེད་པ་བྱུང་ཞིང་མི་ལོ་བཅུ་གསུམ་དུ་བཀྲ་ཤིས་པའི་དགའ་སྟོན་དང་ལྟད་མོའི་རིགས་མཐའ་དག་བགྱིས་ཏེ་རྒྱལ་འབངས་ཐམས་ཅད་བདེ་སྐྱིད་ཀྱི་ཉི་མ་ཤར་བར་གྱུར་ཏོ། །དེ་ནས་མཁན་སློབ་གཉིས་ཀྱིས་རྒྱུ་མཚན་ཉིད་ཀྱི་ཐེག་པ་དང་། འབྲས་བུ་གསང་སྔགས་རྡོ་རྗེ་ཐེག་པའི་ཆོས་བཀའ་རྒྱ་ཆེ་བ་རྣམས་གནང་ཞིང་རྗེ་འབངས་ཐམས་ཅད་སྨིན་པར་མཛད། གཞན་ཡང་རྒྱ་གར་ནས་པཎྜི་ཏ་མང་པོ་སྤྱན་དྲངས་ཤིང་མཁན་སློབ་རྣམ་གཉིས་དང་བཅས་པས་མདོ་སྔགས་ཀྱི་ཆོས་རྒྱ་ཆེ་ཞིང་གྲངས་མང་བར་བསྒྱུར་ཞིང་གཏན་ལ་ཕབ་པར་མཛད་དོ། །གཞན་ཡང་སློབ་དཔོན་པདྨ་འབྱུང་གནས་ཀྱིས་རྒྱུད་ལ་བརྟེན་པའི་སྒྲུབ་ཐབས། སྒྲུབ་ཐབས་མན་ངག མན་ངག་ལག་ལེན་དུ་གདབ་ནས་རྗེ་འབངས་འཁོར་བཅས་སྨིན་པར་མཛད་ཅིང་རི་བྲག་ཐམས་ཅད་སྒྲུབ་གནས་སུ་བྱིན་གྱིས་བརླབས་ཤིང་ས་སྟེང་ཐམས་ཅད་གཏེར་གྱིས་བཀང་། དེའི་ཆེ་སློབ་དཔོན་པདྨ་མཁར་ཆེན་བཟའ་མཚོ་རྒྱལ་ཡབ་ཡུམ་གཉིས་གཞོ་སྟོད་ཏི་སྒྲོ་བྲག་ཏུ་སྒྲུབ་པ་ལ་བཞུགས་པའི་ཆེ་ཡེ་ཤེས་མཁའ་འགྲོ་རྣམས་ཀྱིས་མཚོ་རྒྱལ་ལ་བསྐུལ་བ། སློབ་དཔོན་ཆེན་པོ་སྤྲུལ་པའི་སྐུའི་ཐུགས་ལ་ཆེ་འདི་ཉིད་ལ་གདོས་བཅས་ཀྱི་ཕུང་པོ་མི་སྣང་བར་ལོ་གསུམ་གྱིས་སངས་རྒྱས་པའི་གདམས་པ་མངོན་སུམ་མཁའ་འགྲོ་སྙིང་ཐིག་གི་མན་ངག་ཟབ་མོ་བཞུགས་པས་གསོལ་བ་ཐོབ་ཅིག ཅེས་ལུང་བསྟན་

ཏོ། །དེའི་ཚེ་ཚོགས་ཀྱི་འཁོར་ལོ་རྒྱ་ཆེན་པོས་མཆོད་དེ་ཞུས་པ། སློབ་དཔོན་ཆེན་པོ་ལགས། ཚེ་འདི་ཉིད་ལ་ཕུང་པོ་མི་སྣང་བར་སངས་རྒྱ་བའི་གདམས་པ་མངོན་སུམ་སླེབ་ཐེག་གི་མན་ངག་གདམས་པ་གནང་བར་ཞུ་འཚལ། ཞེས་གསོལ་བ་བཏབ་སྐྱེ་ཕྱག་དང་བསྐོར་བ་གྲངས་མེད་པ་མཛད་དུས་སློབ་དཔོན་ཆེན་པོའི་གསུངས་པ། མཚོ་རྒྱལ་ཁྱོད་ཀྱིས་ཞུས་པ་དེ་ཤིན་ཏུ་ལེགས། སྤྲུར་དང་མི་འདྲ་བའི་གདམས་པ་ཐེག་པ་རིམ་དགུ་ཀུན་ལས་འདས་པའི་རྩེ་མོ། གནད་མཐོང་བས་གློས་བུས་ཀྱི་ལྷ་སྒོམ་འཛིག་པ། འབད་མི་དགོས་པར་ས་ལམ་རྫོགས་པ། བཙོས་བསྒྱུར་དང་གཉེན་པོ་མི་དགོས་པར་ཉོན་མོངས་པ་རང་སར་གྲོལ་བ། རྒྱུས་མ་བསྐྱེད་པར་འབྲས་བུ་རང་ལ་རྫོགས་པ། ལྷུན་གྱིས་གྲུབ་པའི་དགོངས་པ་སྐད་ཅིག་ལ་འཆར་བ། གདོས་བཅས་ཤ་ཁྲག་གི་ཕུང་པོ་ཚེ་འདི་ཉིད་ལ་འོད་གསལ་ལོངས་སྤྱོད་རྫོགས་པའི་སྐུར་གྲོལ་བ། འོག་མིན་གྱི་གནས་སུ་ལོ་གསུམ་གྱིས་བགྲོད་ནས་ཆོས་སྐུ་ལྷུན་གྲུབ་ཆེན་པོའི་ཞིང་དུ་གཏན་སྲིད་ཟིན་པར་བྱེད་པའི་གདམས་པ་ཡོད་ཀྱིས་བསྟན་པར་བྱའོ་གསུངས་ནས། ཚོགས་ཁང་ཆེན་མོར་ཞི་ཁྲོ་དོན་གྱི་དཀྱིལ་འཁོར་ཞལ་ཕྱེས་ནས་ཇོ་མོ་མཁར་ཆེན་བཟའི་ཐོག་དྲངས་ཡེ་ཤེས་ཀྱི་མཁའ་འགྲོ་མ་འབུམ་ཕྲག་གཅིག་ལ་དབང་བསྐུར་ནས་ཁྲིད་པར་མཛད་ནས་རྒྱུད་བཅུ་བདུན་གློང་གསལ་ཉི་མའི་རྒྱུད་དང་བཙོ་བརྒྱད་དེའི་མན་ངག་རབ་ཏུ་མང་པོ་དང་བཅས་པ་རྣམས་གསུངས་སོ། །དེ་ནས་དེ་རྣམས་ལས་རྒྱུད་རབ་ཏུ་རྒྱས་པའི་མན་ངག་རྣམས་གཅིག་ཏུ་བསྡུས་ཏེ་སློབ་དཔོན་ཉིད་ཀྱིས་མཛད་པ་ཀུ་སུ་ལུའི་སྐོར་རྣམས་གཅིག་ཏུ་ཕྱེས་ཏེ་སོ་སོར་སློབ་དཔོན་དང་མཚོ་རྒྱལ་གཉིས་ཀྱིས་ཡི་གེར་བྲིས་ཏེ་དཀར་ཆག་ལ་མཐན་ནོ། །དེའི་ཚེ་རྒྱལ་པོས་སྤྱན་དྲངས་ནས་སློབ་དཔོན་དང་རྒྱལ་པོ་ཡབ་ཡུམ་

སྲས་རྣམས་མཆིམས་ཕུར་གཤེགས་ཏེ་ཚོགས་ཀྱི་འཁོར་ལོ་བརྒྱ་རྩ་བརྒྱད་མཛད་པའི་དུས་སུ་བཙུན་མོ་དམ་པ་འབྲོམ་བཟ་བྱང་ཆུབ་སྨན་ལ་འཁྲུངས་པའི་སྲས་མོ་ལྷ་ལྕམ་པདྨ་གསལ་ཞེས་བྱ་བ་དགུང་ལོ་བརྒྱད་ལོན་པ་ཞིག་ཤི་བས་ལྷ་སྲས་བུ་མོའི་རོ་ལ་གཟིགས་ཤིང་བཞུགས་ཏེ་དོགས་པ་ལ་འགྲོལ་བ་དང༌། མཚོ་རྒྱལ་གྱིས་དར་དཀར་གྱི་སླེའུའི་བསླངས་ཏེ་ཙནྡན་གྱིས་ཆུས་གཏོར་བ་དང་བརྒྱལ་སངས་ཏེ། སློབ་དཔོན་གྱིས་བཀའ་བསྐུལ་བ། ཀྱེ་མ་མངའ་བདག་རྗེ། སྤྱིར་འཇིག་རྟེན་གྱི་བྱ་བ་རྨི་ལམ་དང་འདྲ། འདུས་བྱས་ཀྱི་མཚན་ཉིད་སྒྱུ་མ་ཡིན། རྒྱལ་སྲིད་མདང་གི་རྨི་ལམ་འདྲ། ནོར་འབངས་རྩྭ་ཁའི་ཟིལ་བ་འདྲ། ཚེ་མི་རྟག་ཆུ་ཡི་ལྦུབ་འདྲ། འདུས་བྱས་ཐམས་ཅད་འཇིག་པ་ཡིན། འདུས་པའི་ཐ་མ་འབྲལ་བས་ན། འདུས་བྱས་ཐམས་ཅད་འདི་དང་འདྲ། རྟག་ཅིང་བརྟན་པ་གཅིག་ཀྱང་མེད། མི་རྟག་རྟག་པར་མི་འཛིན་པར། སྐྱེ་མེད་ཆོས་སྐུའི་དོན་ལ་སྒྲུངས། །ཞེས་གསུངས་ཤིང་གཞན་ཡང་དུས་ཕྱི་མར་འབྱུང་འགྱུར་གྱི་ལུང་བསྟན་མང་པོ་དང༌། ལྷ་ལྕམ་པདྨ་གསལ་གྱི་སྤུ་ཕྱིའི་སྐྱེ་འཕྲེང་མང་པོ་རྒྱལ་པོ་ལ་གསུངས་པའི་མཐར་ཚུལ་ཁྲིམས་རྡོ་རྗེ་དང་དྲི་མེད་འོད་ཟེར་དུ་ལུང་བསྟན་ཞིང་ཟབ་ཆོས་སྙིང་ཐིག་གི་བདག་པོར་བཀའ་གཏད་ནས་ཟབ་གཏེར་དུ་སྦས་པ་བཞིན་ཀུན་མཁྱེན་ཚུལ་རྡོར་བས་གཏེར་ནས་སྤྱན་དྲངས་ཤིང་དྲི་མེད་འོད་ཟེར་གྱིས་རྒྱ་ཆེར་སྤེལ་བར་མཛད་པའོ། །

དེ་ལྟ་བུའི་གདམས་པའི་སྒོ་ནས་འཁྲིད་པར་བྱེད་པ་ལ་སྐབས་འདིར་སོར་གཞུག་བསྟན་པ་དང་གཞུག་པའི་ཚུལ་ལོ། །དང་པོ་ནི། ཀློང་གསལ་ལས། ཀ་དག་དོན་ནི་རྟོགས་བྱའི་ཕྱིར། །རྣལ་དུ་ཕབ་ནས་སོར་ནི་འཛུག །ཅེས་གསུངས་པས། སྔར་རྣལ་དུ་ཕབ་པའི་སེམས་ཉིད་གསལ་ལ་མི་རྟོག་པར་གནས་པ་དེ་ཉིད་སྐྱོང་ལམ་ཞི་

བ་དང་བར་མ་རྒྱབ་མོའི་རྐྱེན་གྱིས་རིམ་པ་བཞིན་ཁྲིད་ནས་གོམས་པ་ལ་བསླབ་པར་བྱ་བ་ཡིན་ཏེ། རལ་གྲིའི་འཁྲུལ་འཁོར་ཤེས་པར་འདོད་པས་དང་པོར་ཤིང་གི་རལ་གྲི་ལ་བསླབ་པ་བཞིན་ནོ། །གཉིས་པ་གཞུག་པའི་ཚུལ་ནི། ལུས་ངག་ཡིད་གསུམ་ལྷ་སྣངས་ཀྱིས་སོར་གཞུག་ན་གནས་ལུགས་ཁྲེགས་ཆོད་ཀྱི་དོན་རྟོགས་པར་འགྱུར་བས། འདས་རྗེས་ལས། ཉན་ཐོས་བྱང་སེམས་ཁྲོ་བོ་ཡི། །ལྷ་སྣངས་ཉིད་ཀྱིས་སོར་ཡང་གཞུག །ཅེས་གསུང་པས། དང་པོ་ཉན་ཐོས་ཀྱི་ལྷ་སྣངས་ལུས་གནད་ཆོས་བདུན་དང་ལྡན་པ་སྟེ། རྐང་པ་སྐྱིལ་ཀྲུང་། ལག་པ་མཉམ་གཞག སྒལ་ཚིགས་དྲང་པོ། ལྕེ་ཡ་ཀན། དབུགས་དལ་བ། མིག་སྣ་རྩེ། མགྲིན་པ་ཡུད་ཙམ་དགུགས་ཏེ་མཉམ་པར་གཞག་གོ །དེ་ཡང་རྫོགས་པ་ཆེན་པོ་སེམས་ཉིད་ངལ་གསོ་ལས། ལུས་ནི་ཆོས་བདུན་རི་རྒྱལ་ལྷ་བུ་ལ། །ཞེས་གསུངས་པ་ལྟར་ལུས་དང་དབང་པོ་རྣམས་མི་འགུལ་ཞིང་མི་གཡོ་བ་སྟེ། དེ་ཡང་མིག་མི་འགུལ། རྣ་བ་སྣ་ལྕེ་ལུས་ཡིད་རྣམས་གཟུགས་སྒྲ་དྲི་རོ་རེག་བྱ་རྟོག་ཚོགས་གང་བྱུང་ཡང་རྗེས་ཕྱིར་མི་འབྲང་། ངག་སྨྲ་བའི་རྒྱུན་བཅད་དེ། རླུང་གི་འགྲོ་འོང་རང་ཞུགས་སུ་དལ་བར་བཞག མིག་སྣ་རྩེ་ལ་ཧྲིག་གེ་གཏད་ནས། ཚོགས་དྲུག་གི་ཤེས་པ་ཇི་ལྟར་ཤར་བ་ལས་མི་སྤྲོ་མི་སྡུད་པར་རང་སོར་བཞག་པས་རྐྱེན་སྣང་རང་གི་ངོ་བོས་གསལ་ཡང་མི་རྟོག་པའི་ངང་མ་ཤོར་བ་ཉིད་ལ་བསླབ་པར་བྱ་སྟེ། གློང་གསལ་ལས། ཉན་ཐོས་ཞི་བའི་ལྷ་སྣངས་ཀྱིས། །ལུས་ངག་ཡིད་གསུམ་རྣལ་དུ་ཕེབས། །ཞེས་གསུངས་པ་ལྟར་རོ། །གཉིས་པ་བྱང་སེམས་ཀྱི་ལྷ་སྣངས་ནི། གཞན་སྔར་ལྟར་ལས་མིག་བར་སྣང་ལ་ཧྲིག་གེ་བསྒྱུར་ནས་ཧད་པོར་བལྟས་པས་རྐྱེན་དེས་བསྐྱེད་པའི་ཤེས་པ་སྐད་

ཅིག་མ་དེ་ཡང་གསལ་ལ་མ་འགག་པ་ཤར། ཤར་ཙམ་ཉིད་ནས་རང་བཞིན་གྱིས་མ་གྲུབ་པ་སྣང་སྟོང་དབྱེར་མེད་ཆུ་ཟླ་ལྟར་རྟོགས་པར་བྱ་སྟེ། ཀློང་གསལ་ལས། བོ་དྷི་ས་ཏྭའི་ལྟ་སྟངས་ཀྱིས། །རྣལ་ཕེབས་བདེ་བ་ཉིད་ཐོབ་འགྱུར། །ཞེས་གསུངས་པ་ལྟར་རོ། །གསུམ་པ་ཁྲོ་བོའི་ལྟ་སྟངས་ནི། བསམ་གཏན་གྱི་དང་མ་ཤོར་བ་ཉིད་ལས་ལངས་ཏེ་གོམས་པ་གྱ་ཚོམ་སུ་དོར། མིག་གཡོ་ཞིང་བལྟ། ངག་ཧ་ཧ་ཧི་ཧི་ཞེས་སོགས་བརྗོད་ཅིང་རིག་པ་ཧུར་ཕྱུང་སྟེ་རྩལ་སྦྱངས་པས་རང་བྱུང་རང་ཤར་སྤྲོས་བྲལ་བསལ་བཞག་མེད་པ་ཆུ་རླབས་རྒྱ་མཚོར་ཐིམ་པ་ལྟར་རྟོགས་པ་ལ་བསླབ་པར་བྱ་སྟེ། དེས་ནི་སྣང་རྐྱེན་ཇི་ཙམ་མང་བ་ཙམ་དུ་སྟོང་ཉིད་ཡེ་ཤེས་ཀྱང་འཕེལ་བར་འགྱུར་ཏེ་བུད་ཤིང་མང་ན་མེ་ལྕེ་མང་བ་བཞིན་ནོ། །དེ་ལྟར་ཡང་། ཁྲོ་བོ་ཉིད་ཀྱི་ལྟ་སྟངས་ཀྱིས། །རྣལ་ཕེབས་ཡོན་ཏན་གསུམ་ཡང་འགྲུབ། །ཅེས་གསུངས་པས་དེ་ལྟར་ཉན་ཐོས་ཀྱི་ལྟ་སྟངས་མིག་རྩེ་སྣ་རྩེ་སེམས་རྩེ་གསུམ་རྩེ་གཅིག་ཏུ་དྲིལ་ལ། གཡོ་འགུལ་མེད་པར་རང་སོར་བཞག་པས་ལུས་ངག་ཡིད་གསུམ་མི་གནས་པ་རང་བཞིན་དུ་གནས་པར་བྱེད། བྱང་ཆུབ་སེམས་དཔའི་ལྟ་སྟངས་མིག་བར་སྣང་ལ་ཧྲིག་གེ་བསྒྱུར་ཧྲད་པོར་བལྟ་ཞིང་སྒོ་གསུམ་རང་བཞིན་དུ་བཞག་པས་གནས་པ་བརྟན་པར་བྱེད། ཁྲོ་བོའི་ལྟ་སྟངས་གོང་ལྟར་དུ་བྱས་པས་བརྟན་པ་མཐར་ཕྱིན་ནས་གྲོལ་བར་བྱེད་ཅིང་། དེ་དག་གནས་སྐབས་སུ་བདེ་གསལ་མི་རྟོགས་པའི་ཉམས་དང་ལྡན་པས་ཞི་གནས་ཁྱད་པར་ཅན་སྐྱེ་བས་སྡུག་བསྔལ་དང་ཉོན་མོངས་རགས་པ་གནོན་ནོ། །མཐར་ཐུག་ལྷག་མཐོང་ག་དག་གི་དོན་རྟོགས་པས་ཉོན་མོངས་པ་རགས་པ་རྣམས་འཇོམས་ཤིང་ཡང་དག་པའི་ལམ་ལ་སྒྲོལ་དུ་འཇུག་པ་ཡིན་ནོ། །འདས་རྗེས་དོན་ཁྲིད་ལས་སྨོན་འགྲོ་གཞན་རྣམས་སྤར་

ལྟར་བྱས་ནས། རྣལ་དབབ་སོར་འཇུག་དངོས་གཞིའི་ཁོངས་སུ་བསྡུས་ཏེ་གསུངས་པ་ནི་བཞག་ཐབས་ཀྱི་རྩ་བ་ལྟ་བུ་ཡིན་པས་སྐབས་སུ་བབས་པར་འགྱུར་མོད། འདིར་ནི་ཁྲིད་གཞུངས་གཞན་རྣམས་དང་མཐུངས་པར་བྱས་སོ། །དེ་ལྟར་སྒོམ་པའི་ཚེ་ཡིད་སྤྲོ་ཞིང་འཇུག་ན་གེགས་ཆུང་ལ་བོགས་ཆེ་བས་སྒོམས། སུན་ཅིང་མི་སྤྲོ་ན་སྒོམ་གེགས་སུ་འགྱུར་ཏེ། རྟ་གདོང་འདྲེག་ཅན་བཞིན་ཕྱིས་སྒོམ་གྱི་སྣ་སུན་ནས་ངན་སོང་དུ་འགྲོ་བས་ཙུང་ཟད་ངལ་གསོས་ནས་རིམ་གྱིས་གོམས་པ་ལ་འཇུག་པར་བྱའོ། །སྔོན་འགྲོ་དང་དངོས་གཞིའི་ས་བཅད་ཀྱི་ཡིག་ཆུང་འདི་ཨོ་རྒྱན་གཏེར་བདག་གླིང་པས་མཛད་པའི་ཁྲིད་ཡིག་ལས་བྱུང་བའོ། །

སྤྱི་དོན་བཅུ་དྲུག་པ་དངོས་གཞི་རྫོགས་པ་རྩད་བཅད་པ་དང་མཚང་བཙལ་བའི་རིམ་པ་ནི། འོ་ནམ་མཁའ་དང་མཉམ་པའི་སེམས་ཅན་ཐམས་ཅད་བླ་ན་མེད་པ་ཡང་དག་པར་རྫོགས་པའི་སངས་རྒྱས་ཀྱི་གོ་འཕང་རིན་པོ་ཆེ་ཐོབ་པར་བྱའོ། །དེའི་ཆེད་དུ་ཟབ་གསང་བླ་ན་མེད་པའི་ཁྲིད་ཀྱི་རིམ་པ་ལ་ཚུལ་བཞིན་དུ་ཉན་ནས་ཉམས་སུ་བླང་བར་བྱའོ་སྙམ་པའི་བྱང་ཆུབ་མཆོག་ཏུ་སེམས་བསྐྱེད་དེ་གསན་འཚལ། །དེ་ཡང་ཡིད་བཞིན་རིན་པོ་ཆེའི་མཛོད་ལས། དེ་ནས་ཉན་བཤད་སློབ་མའི་ཆོས་ཚུལ་ནི། སྐྱོན་རྣམས་སྤངས་ལ་གུས་པས་ཉན་པར་བྱ། །ཞེས་གསུངས་པ་ལྟར། ཆོས་ཉན་པའི་ཚེ་སྣོད་ཀྱི་སྐྱོན་གསུམ་དྲི་མ་དྲུག་ལ་སོགས་པ་སྤངས་ཏེ་ལེགས་ཚོགས་ཀྱི་ཡོན་ཏན་ཐམས་ཅད་སྤྱིལ་ལ་གུས་པ་དང་བཅས་པས་གསན་པ་ལ་བསླབ་པར་བྱའོ། །

དེ་ཡང་གོང་གི་གཏེར་བྱུང་ལོ་རྒྱུས་ཀྱི་འཕྲོས་ལས་ལྷ་ལྕམ་པདྨ་གསལ་གྱི་ཕྱི་མའི་སྐྱེ་འཕྲེང་ཙུང་ཟད་བརྗོད་ན། ཆོས་སྐྱོང་བའི་རྒྱལ་པོ་ཁྲི་སྲོང་ལྡེའུ་བཙན་གྱིས་སློབ་

དཔོན་ཆེན་པོ་ལ་ཕྱག་དབུ་ཐོད་བུད་བུད་བཙལ་ནས་གསེར་སྐྱོག་གཡུས་བཀང་ནས་སློབ་དཔོན་ལ་ཕུལ་ཏེ། སློབ་དཔོན་ཆེན་པོ་ལགས། བདག་གི་བུ་མོ་འདིས་མི་ལུས་ནམ་ཐོབ། ཆོས་གང་ལ་སྤྱོད། དེས་ན་སྐྱེ་བ་དུ་ན་སངས་རྒྱས། འགྲོ་དོན་གང་དུ་སྤྱོད། ཅེས་ཞུས་སོ། །སློབ་དཔོན་གྱིས་གསུངས་པ། ཡབ་རྒྱལ་པོ་གསོན་ཅིག ལས་ངན་དེ་རྣམས་བྱང་ནས་བསྒྲག་གྲོང་གསར་དུ་བུད་མེད་དབང་པོ་ཚང་ལ་དད་པ་དང་ལྡན་པར་སྐྱེས་ནས་ངའི་གདམས་པ་དང་ལས་འབྲེལ་ཐོགས་པ་ཙམ་དུ་འབྱུང་ངོ་། །དེ་ནས་ལྷོ་ལ་ཡག་ཏུ་བུ་མོ་སྤྲུལ་ལོ་མ་ཤེས་རབ་ཆེ་བ་གཅིག་ཏུ་སྐྱེས་ནས་མངའ་བདག་སྐུ་ཡི་སྤྲུལ་པ་ཉང་རལ་གྱིས་རྗེས་སུ་བཟུང་ནས་ལམ་ཟིན་པར་འགྱུར་རོ། །དེ་ནས་གཡས་རུ་གྲོང་དམར་དུ་སྐྱེས་པའི་ལུས་ཐོབ་སྟེ་སྔར་རབ་ཏུ་བྱུང་བའི་བག་ཆགས་ཀྱིས་དེར་ཡང་རབ་ཏུ་བྱུང་སྟེ་ངའི་སྤྲུལ་པ་ཆོས་དབང་དང་འཕྲད་ནས་གདམས་པ་ཐྲིན་པས་རིག་པའི་ངོ་བོ་མཐོང་སྟེ་མཁའ་འགྲོས་རྗེས་སུ་འཛིན་པར་འགྱུར་རོ། །སྐྱེ་བ་དེའི་འོག་ཏུ་རྗེ་དང་མོན་བོད་ཀྱི་མཚམས་འབྲི་ཐང་ཞེས་བྱ་བར་སྐྱེས་ཏེ་སྔ་མའི་བག་ཆགས་ཀྱིས་རབ་ཏུ་འབྱིན་པར་འགྱུར་རོ། །དེའི་ཚེ་འཁའ་འགྲོ་མ་རྣམས་ཀྱིས་བར་ཆད་བསྲུང་ཞིང་ལུང་བསྟན་ནས་ང་ཡི་ཟབ་གཏེར་དང་འཕྲད་དེ་གཏེར་སྒོ་གསུམ་འབྱེད་པར་འགྱུར་རོ། །དེའི་དུས་སུ་སྙིང་ཐིག་ཟབ་མོའི་གདམས་ངག་དང་འཕྲད་ཀྱང་འགྲོ་དོན་མི་འབྱུང་སྟེ་སྦས་པའི་རྩལ་གྱིས་ཉམས་སུ་ལེན་པའི་དུས་ཡིན་ནོ། །དེའི་ཚེ་ང་ཡི་ཟབ་ཆོས་ཀྱི་བདག་པོར་གྱུར་ནས་ལས་དང་ལྡན་པ་དང་མི་ལྡན་པའི་སློབ་མ་བདུན་འབྱུང་སྟེ་དེ་རྣམས་ལས་གདུལ་བྱ་ལས་ཅན་རྣམས་བདེ་བ་ཅན་དུ་སྐྱེ་ཞིང་ལས་མེད་ལ་ལ་ངན་སོང་དུ་སྐྱེའོ། །དེ་དུས་མཁའ་འགྲོས་ལུང་བསྟན་ཅིང་མཚན་དང་ལྡན་པའི་སློབ་མ་ཉི་ཤུ་རྩ་གཅིག

འབྱུང་། ཁྱད་པར་དུ་ཟབ་མོ་སྙིང་ཐིག་གསན་པའི་གཏེར་འདིའི་བདག་པོ་བསྒྲག་ཟུང་མཁར་གྱི་བུ་མོ་སྤྲེལ་ལོ་མ་ལུས་འཕྲུལ་རྣམ་བཞག་ཚང་བ། ཤེས་རབ་ཆེ་ལ་ཆོས་ལ་མོས་པ། ཡིད་དུ་འོང་ཞིང་སོ་ཉེ་ཡོད་པ། སྨིན་མཚམས་ན་སྨེ་བ་པདྨ་དང་འདྲ་བ་ཡོད་པ། མཚོ་རྒྱལ་གྱིས་བྱིན་གྱིས་བརླབས་པ་ཞིག་འབྱུང་བས་དེ་ལ་གདམས་པ་རྣམས་བྱིན་ན་ཁ་རག་གི་ཕུར་ལྷག་མེད་ལ་སངས་རྒྱ་ཞིང་དར་ཆ་ཡང་བག་ཙམ་འབྱུང་ངོ་། །དེ་མིན་འགྲོ་དོན་མི་འབྱུང་ཞིང་ཐམས་ཅད་ཀྱི་བསམ་པ་བསྒྱུར་པས་དེ་ལ་མོས་པ་ཤིན་ཏུ་ཆུང་ངོ་། །དེ་ཡང་འབྲེལ་ཚད་དོན་དང་ལྡན་པས་ཐར་བའི་ལམ་སྣ་ཟིན་པར་འགྱུར་རོ། །དེའི་ཚེ་ཚད་དགུང་ལོ་ལྔ་བཅུ་རྩ་དགུ་སྟེ་ཚེའི་སྒྲུབ་པ་བྱས་ན་དར་ཅིག་ཕྱི་ནུར་ཞིང་གཞན་དུ་བར་ཆད་ཀྱིས་ལྔ་བཅུ་རྩ་དགུའི་གོང་དུ་འདའ་བའང་སྲིད། དེ་ནས་དམ་སེལ་གྱིས་འདའ་བའི་རྩུལ་སྟོན་པས་དམ་སེལ་ཕཤགས་པ་ལ་འབྱུངས། དེ་ལྟར་བྱས་ན་དགུང་ལོ་ཚད་དུ་བཞུགས་པས་དེའི་དུས་སུ་མཁའ་འགྲོ་སྡེ་ལྔས་བྱིན་གྱིས་བརླབས་པའི་བུད་མེད་གཅིག་འབྱུང་སྟེ། དེས་ཕྱག་རྒྱ་བྱས་པས་ཚེ་ལ་གསོས་ཐེབས་ཏེ་ཚེ་ཚད་ལས་ལྷག་པར་བཞུགས་སོ། །དེ་དུས་ཟབ་གཏེར་རྣམས་བུམ་ཐང་སྨད་དུ་སྤྲུལ་ལོ། །གལ་ཏེ་མ་འཕྲོལ་ན་སྔར་གྱི་གཏེར་ཤུལ་ལམ་ལྷ་འདྲེ་མི་འཕོ་བའི་བྲག་ལ་སྦས་ན་སྐྱེ་བ་ཕྱི་མར་ཐོབ་པར་འགྱུར་རོ། །སྐྱེ་བ་དེ་འདས་ནས་ལོངས་སྐུའི་ཞིང་ཁམས་དར་ཅིག་ཉུལ་ལོ། །དེ་ནས་བུམ་ཐང་ཐར་བ་གླིང་དུ་སྐྱེས་ནས་ལོ་བཅོ་ལྔ་ན་བུམ་ཐང་སྨན་ཀྱི་བྲག་སེང་གེ་འདྲ་བ་ལ་སྙིང་ཐིག་གི་རྒྱུད་མན་ངག་དང་བཅས་པ་ཐོན་ནས་འགྲོ་དོན་བྱེད་དོ། །དེ་ནས་གཏེར་སྒོ་མང་བར་འབྱེད་ཅིང་ཟུ་འཕྲུལ་ཡ་མ་ཟུང་བསྟན་ཏེ་བུད་མེད་ཀྱི་ལུས་བཟུང་བའི་མཁའ་འགྲོ་ལྔས་ཡུམ་བྱས་ནས་འགྲོ་དོན་འདུ་བར་འགྱུར་རོ། །དྲི་མེད་འོད་

ཟེར་ཞེས་བྱུར་གྲགས་ཏེ་ཏྟ་མགྲིན་གྱི་སྤྲུལ་པ་སྲས་ཟླ་བ་གྲགས་པ་ཞེས་བྱ་བ་གཅིག་ཀྱང་འཁྲུངས་ཤིང་། སློབ་མའང་ཟབ་མོ་གཏད་ཀྱིས་ཐེབས་པ་བརྒྱ་རྩ་བརྒྱད། ཆོས་ཀྱི་འབྲེལ་བ་སྟོང་རྩ་བརྒྱད། འགྲོ་དོན་ནུས་པ་སུམ་ཅུ་འབྱུང་ངོ་། །སྤྲིན་བདག་ལ་སོགས་ཟས་ནོར་གྱི་འབྲེལ་བ་ནི་ཤིན་ཏུ་མང་ངོ་། །དེའང་ལྷོ་བྲག་དང་མཁར་ཆུ་ལ་ཛོགས་ཆེན་གྱི་བསྟན་པ་དར་ཞིང་རྒྱས་པར་བྱེད་དོ། །དེ་དུས་ལྷོ་བྲག་གི་བྲག་སེང་གེའི་གདོང་པ་ཅན་ནས་སེམས་ཕྱོགས་ཀྱི་ཆོས་སྡེ་ཐམས་ཅད་ཐོན་པར་འགྱུར་རོ། །མོན་མཁར་སྙེང་ནས་བདག་གི་ངན་སྔགས་ཟབ་མོ་ཆེ་ཐོན་ཞིང་འཆིམས་ཕུ་འདི་ཉིད་དུ་སྦྲིད་པའི་ལྷ་ལུམ་མོ་རང་གི་ཟབ་བེར་བསྒྲུབ་མེད་དང་། གཡུ་གཞུང་རི་ཁ་དམར་དང་གཟི་མཆོང་སྦྲེལ་མའི་ལན་ཚར་དང་དངུལ་དཀར་གྱི་མེ་ལོང་རྒྱངས་གསལ་དང་། ཨོ་རྒྱན་བདག་གི་ཆོས་གོས་གསེར་གྱི་ཀ་རིས་ཅན་དང་། ཐོད་པ་སྨུག་འཁྲིགས་ལེ་ཁ་བའི་ནང་དུ་ཚེ་གཅིག་གི་སངས་རྒྱ་བའི་ཆོས་དབང་བཞིའི་གདམས་པ་རྒྱུད་དང་བཅས་པ་སྦས་པས་འདི་རྣམས་ལྷ་ལུམ་སྐྱེ་བ་འཕོས་ཏེ་བུམ་ཐང་དུ་སྐྱེས་པའི་དུས་སུ་ཐོན་ནས་འགྲོ་དོན་དཔག་ཏུ་མེད་པ་བྱས་ཏེ་སྐྱེ་བ་དེ་ལ་མངོན་པར་རྫོགས་པ་སངས་རྒྱས་ནས་ཡོངས་སྐུའི་ཞིང་དུ་འགྲོ་དོན་བྱེད་ཅིང་སྐྱེ་བ་མི་ལེན་ནོ། །ཟངས་མདོག་དཔལ་རིར་རྒྱལ་པོ་ཉིད་དང་། མཆོ་རྒྱལ་དང་ལྷ་ལུམ་དང་། པདྨ་འོ་སྐྱོལ་ཞལ་མཇལ་གསུངས་སོ། །དེར་རྒྱལ་པོ་དགྱེས་ཏེ་ཕྱག་དང་བསྐོར་བ་མང་པོ་མཛད་ནས་སློབ་དཔོན་ཆེན་པོ་ལགས། འཁོར་བའི་ཆོས་ལ་སྙིང་པོ་མི་གདའ་བས་ཚེ་འདིར་བདེ་ཞིང་ཕྱི་མར་སྐྱིད་ལ་ནམ་ཕུག་སངས་རྒྱས་པའི་གདམས་ངག་ཅིག་ཞུ་འཚལ་ཞུས་པས། །སློབ་དཔོན་གྱིས་རྒྱལ་པོ་ལ་ཡང་གསུངས་པ། ཨེ་མ་ཧོ། མངའ་བདག་རྒྱལ་པོ་ཆེན་པོ་ཡང་གསོན་

ཅིག ། འཛིག་རྟེན་ཆོས་ལ་སྙིང་པོ་མེད་པས་ན། །སྒྱུ་མཐར་འཁོར་ཞིང་ཡང་ཡང་སྡུག་བསྔལ་བས། །ཆོས་སྐུ་རྒྱལ་པོའི་གཏན་སྲིད་ཟིན་པར་མཛོད། །ཡུལ་གྱི་སྙིང་པོར་ཆོས་དབྱིངས་སྐྱེ་མེད་བཟུང་། །གནས་ཀྱི་སྙིང་པོར་ནགས་ཁྲོད་དབེན་པ་བརྟེན། །དགོན་པའི་སྙིང་པོར་ཆོས་ཉིད་སྟོང་གསལ་ལྟོས། །ཁང་པའི་སྙིང་པོར་སེམས་ཉིད་གཙུག་མར་ཞོག །ཅེས་པ་ལ་སོགས་པའི་ཞལ་གདམས་སྙིང་པོ་དྲིལ་བ་མང་དུ་གསུངས་ཤིང་། སླར་ཡང་། ལྟ་བའི་སྙིང་པོར་སྟོང་གསལ་འགྱུར་མེད་ལྟོས། །བསྒོམ་པའི་སྙིང་པོར་སེམས་ཉིད་ཅི་བཞིན་ལྟོས། །སྤྱོད་པའི་སྙིང་པོར་གཉིས་འཛིན་འཁྲུལ་པ་གཞིག །འབྲས་བུའི་སྙིང་པོར་མ་རྩལ་ལྷུན་གྱིས་གྲུབ། །དེ་ལྟར་མཛད་ན་འདི་ར་བདེ་ཕྱི་མར་སྐྱིད། །མྱུར་དུ་རྫོགས་པའི་སངས་རྒྱས་ཐོབ་པར་འགྱུར། །ཞེས་གསུངས་པས། རྒྱལ་པོ་དགྱེས་ཏེ་ཕྱག་དང་བསྐོར་བ་མང་དུ་མཛད་དོ། །དེ་ནས་ལྷ་ལྕམ་གྱི་ཟླ་བེར་གདམས་ངག་དང་བཅས་པ་བསེ་སྒྲོམ་བ་གམ་སྨུག་པོར་བཅུག་སྟེ་གཏེར་དུ་སྦས་ནས་ལྷ་ལྕམ་ཉིད་དང་འཕྲད་པའི་སྨོན་ལམ་བཏབ་ནས་སློབ་དཔོན་གྱིས་ལྷ་ལྕམ་གྱི་རོ་ཡི་སྙིང་གར་ཤེལ་རབ་མཚལ་གྱི་ཧྲཱི་གཅིག་བྲིས་ཏེ་རྣམ་ཤེས་བཀུགས་པས་དབུགས་བྱུང་སྟེ་སྨྲ་ཞེས་པ་བྱུང་ངོ་། །དེ་ནས་མཁའ་འགྲོ་སྙིང་ཐིག་གི་དབང་བསྐུར་ཏེ་གསང་མཚན་པདྨ་ལས་འབྲེལ་དུ་བཏགས་ཤིང་བུ་མོས་དཔེ་སྒྲོམ་སྤྱི་བོར་བཟུང་ནས་མ་འོངས་པའི་དུས་སུ་ཆོས་འདི་དང་འཕྲད་དེ་སེམས་ཅན་ལ་ཕན་པར་ཤོག་ཅིག་ཅེས་སྨོན་ལམ་བཏབ་བོ། །དེ་ནས་སློབ་དཔོན་གྱིས་ལྷ་ལྕམ་ལ་ཚེ་སྔོན་གྱི་ལས་སད་པ་དང་ཡབ་སྲས་སློབ་དཔོན་དང་བཅས་ཏེ་འཕྲད་དོ། །ཞེས་གསུངས་ནས་སླར་རྣམ་ཤེས་དོན་པ་དང་རོ་དེ་ཉིད་དུ་བསྲེགས་པའི་ཚུལ་བསྟན་ཅིང་བུ་མོའི་སྒྲིབ་

པ་སྤྲུངས་ཕྱིར་སློབ་དཔོན་གྱི་རྣམ་ཤེས་སྐད་ཅིག་ལ་ཨོ་རྒྱན་དུ་གཤེགས་ནས་ཚོགས་ཀྱི་འཁོར་ལོ་མཛད་དོ། །ཡང་སྐད་ཅིག་ལ་བྱོན་ཏེ་གསུངས་པ། མཚོ་རྒྱལ་ཐེ་ལྟར་བྱུང་བ་འདི་རྣམས་དཀར་ཆག་ལ་ཐོབ་ཅིག་ཟབ་གཏེར་གྱི་ཆླ་ལ་སྦས་པས་ཕྱིས་མོ་རང་དང་འཕྲད་དུས་ཡིད་ཆེས་པའི་དགོས་པ་ཡོད་དོ་གསུངས་ནས་ཇོ་མོས་ཡི་གེར་བཏབ། སླེང་ཐེག་གསང་བའི་གདམས་པ་འདི་རྣམས་སྤེལ་ལམ་སྤྲེད་པར་བྱ་ཞུས་པས་སློབ་དཔོན་གྱི་ཞལ་ནས་འདི་རྣམས་ད་ལྟ་སྤེལ་བའི་དུས་ལ་མ་བབ་པས་གཏེར་དུ་སྦེད་དགོས། ལྔ་ལྔམ་དཔེ་སྒྲོམ་སྤྱི་བོར་བཞག་ནས་སྨོན་ལམ་བཏབ་པས་མོ་ཡི་ཚོས་སྐལ་ཡིན་མོད། ད་སྟེ་ལོ་འགའ་ན་སློབ་དཔོན་ཆེན་པོ་བི་མ་ལ་མི་ཏྲ་འབྱོན་པས་ཁོང་གི་གདུལ་བྱ་དུས་ལ་བབ་ཏེ་སླེང་ཐེག་གི་བསྟན་པ་རྒྱས་པར་འགྱུར་རོ། །བདག་གི་མཁའ་འགྲོ་སླེང་ཐེག་གི་བསྟན་པ་འདི་སླེང་ཐེག་སྡེ་འགྱུར་འཆལ་ཏེ་ནུབ་ཏུ་ཉེ་བའི་དུས་སུ་བསྟན་པ་ནུབ་ཁར་གསལ་ཏེ་རྒྱས་ལ་དྲག་པ་ཡུན་ལ་མར་མེ་འཆི་ཁར་གསལ་བ་ལྟ་བུ་འབྱུང་ངོ་། །ཞེས་པ་ལ་སོགས་རྒྱ་ཆེར་གསུངས་ནས་ཕྱི་རབས་ཀྱི་དོན་དུ་གཏེར་དུ་སྦས་སོ། །དེ་ལྟར་སློབ་དཔོན་ཆེན་པོས་ལུང་བསྟན་པ་བཞིན་ལྔ་ལྔམ་པདྨ་གསལ་ཉིད་རིམ་གྱིས་སྐྱེ་བ་བརྒྱུད་པ་ལས། ཚེ་ལོ་ལྔ་བཅུ་ཁ་རལ་ཏེ་མི་རྣམས་ཕལ་གྱིས་བཞི་བཅུ་རྩ་ཤས་ལས་མི་ཐུབ་པའི་དུས་ན། གསལ་རྗེ་གངས་ཀྱི་ཤར་ཕྱོགས་ལྕུགས་སྦྲམ་འབབ་བ་ལྟ་བུའི་ཡུལ་དུ་སྤྲ་ཆང་བ་རིན་ཆེན་དོ་རྗེ་ཞེས་བྱ་བར་སྐྱེས་དགས་པོ་དང་ལུང་ཁྲ་མོ་བྲག་ནས་ཟབ་གཏེར་རྣམས་གླང་གི་ལོ་ལ་གདན་དྲངས་ཏེ་གནས་པ་ལས་དེ་དུས་ཉམས་སུ་མ་བླངས་པར་འཁྲུམས་པས་མཁའ་འགྲོའི་བཀའ་ཆད་ཀྱིས་ཚེའི་ཚད་མཐར་མ་སྐྱོལ་བར་གཤེགས་སོ། །དེ་ཡང་ཞུས་ལེན་གསེར་འཕྲེང་ལས། སྐྱེ་བ་དེ་འདས་ནས་ལོངས་སྐུའི་ཞིང་ཁམས་དར་ཅིག

ཅུལ་ཞེས་གསུང་པའི་དོན་ཐོག་ཏུ་བབས་ཏེ། མངོན་སུམ་འོད་གསལ་གྱི་སྣང་བ་ལྷ་ལྷུན་འོད་ཀྱི་དཀྱིལ་འཁོར་བསྒོམ་པའི་རྣལ་འབྱོར་བ་རྣམས་ལམ་སྣང་བའི་འོག་མིན་དུ་གནས་པའོ། །དེ་ནས་གཡུ་རུ་གྲ་ཡི་ཕུ་སྟོད་གྲོང་ཞེས་བྱ་བར་ཡབ་སློབ་དཔོན་བསྟན་པ་སྲུང་བ་དང་། ཡུམ་འབྲོམ་ཟ་བསོད་ནམས་རྒྱན་གཉིས་ཀྱི་སྲས་སུ་འཁྲུངས་ཤིང་ལོ་བདུན་ནས་ཀློག་བྱང་བར་ཤེས་ཏེ། བདེ་གཤེགས་འདུས་པ་དང་ཕུར་བ་དང་། གུ་རུའི་ལས་བྱང་ཕྲིན་བསྒྲུབ་དང་བཅས་པ་ལ་སྦྱངས་པས་ལོ་བཅུ་ནས་ཤེས་པར་གྱུར་ཅིང་རྩིས་དང་མདོས་ལ་སོགས་པ་ཡང་བསླབ་བོ། །དེ་ནས་ལོ་བཅུ་གསུམ་ནས་རབ་ཏུ་བྱུང་སྟེ། མཁན་པོ་བསམ་འགྲུབ་རིན་ཆེན་གྱི་དྲུང་དུ་དམ་པའི་ཆོས་འདུལ་བ་ལ་སྦྱངས་ཤིང་། འདུལ་བ་ལུང་དང་། སོ་སོ་ཐར་བའི་མདོ་དང་འོད་ལྡན་ལ་སོགས་པ་རྣམས་ལ་གསན་པ་མཛད་དེ། དེ་ནས་བཟུང་སྟེ་མཚན་ཉིད་ཀྱི་གཞུང་དང་དབུ་མ་ལ་འཇུག་པ། གཞན་ཡང་རྒྱུད་དང་མན་ངག་ལམ་འབྲས་སྦྱོར་དྲུག་ཞི་བྱེད་གཅོད་ཡུལ་ཕྱག་ཆེན་རྫོགས་ཆེན་སེམས་ཕྱོགས་རྗེ་བོའི་ཆོས་སྐོར་བཀའ་མདམས་ལུགས་དང་། གཞན་ཡང་ཐུན་མོང་གི་སྒྲུབ་སྡེ་སྣ་ཚོགས་པ་སློབ་དཔོན་དུ་མ་ལས་གསན་ཞིང་ཐོས་བསམ་སྒོམ་པ་ལ་ལེགས་པར་སྦྱངས་ཤིང་ཐུགས་སུ་ཆུད་ནས་རྣམ་པ་ཐམས་ཅད་མཁྱེན་པར་མཛད་དོ། །ཁྱད་པར་དུ་བླ་མ་དམ་པ་ཀུ་མ་ར་ཛའི་དྲུང་དུ་རྫོགས་པ་ཆེན་པོ་སྙིང་ཐིག་གི་དབང་ཁྲིད་རྒྱུད་ལུང་མན་ངག་དང་བཅས་པ་དུ་མ་དང་། གུ་རུའི་གཏེར་ལུང་ཕྲན་ཚེག་མང་པོའི་དོན་གསན་ཅིང་ཐུགས་ཉམས་སུ་བཞེས་སོ། །དེ་ནས་ཤིང་མོ་ཡོས་ཀྱི་ལོའི་དགུན་ཞིག་མཆིམས་ཕུའི་རི་ལ་སྒྲུབ་པ་མཛད་ཅིང་རི་མོ་ཅན་གྱི་གནས་སུ་སྐལ་ལྡན་ཕོ་མོ་བརྒྱ་ལ་གསང་བ་སྙིང་ཐིག་གི་དབང་ཁྲིད་བྱེད་དུས་སློ་བུར་དུ། མཁའ་འགྲོ་བཀའ་སྲུང་

མང་པོ་བབ་ཏེ་མཁའ་འགྲོ་སྙིང་ཐིག་གི་ཆོས་སྒོ་འབྱེད་པར་བསྐུལ་ནས། རྣམ་འབྱོར་པ་འོད་ཟེར་གོ་ཆ་དཔལ་ལེན་དུ་བཏང་སྟེ་འཁོར་དུས། མཁའ་འགྲོའི་འདུ་བ་དཔག་ཏུ་མེད་པ་དེ་ན་ཡོད་པ་རྣལ་འབྱོར་བ་ཀུན་གྱིས་མཐོང་ཞིང་མཚན་མོ་ཕྱོགས་ཀུན་ཏུ་མཁའ་འགྲོའི་རང་སྒྲ་དི་རི་རི་བ་དང་། རོལ་མོའི་སྒྲ་མང་པོ་ཡང་ཐོས་ཤིང་། རྣལ་འབྱོར་ཕོ་མོ་ཀུན་གཉིད་དུ་སོང་བྱས་པའི་རྨི་ལམ་མེད་ཅིང་མ་སོང་བྱས་པའི་སད་རྒྱུ་ཡང་བྱུང་སྟེ། བདེ་གསལ་རྣམ་པར་མི་རྟོག་པའི་ཡེ་ཤེས་ལ་ཉིན་མཚན་འཁོར་བར་གནས་པ་སླ་བ་གཅིག་ཏུ་བྱུང་ཞིང་། ངོ་སྤྲོད་ཀྱི་དུས་སུ་མཐིང་ཁ་ཁྱབ་པ་ཆེན་པོའི་འོད་དང་། ལྷ་ལྷན་ཡེ་ཤེས་ཀྱི་འོད་ཀྱང་ཀུན་གྱིས་མཐོང་ཞིང་། ཁྲིད་པའི་དུས་དང་རྒྱབ་ཆོས་ཐམས་ཅད་ཀྱི་ཚེ་ནམ་མཁའ་འཇའ་ཁེངས་པ་སླ་བ་གཅིག་ཏུ་བྱུང་ངོ་། །གཞན་ཡང་སྙིང་ཐིག་གི་བཤད་འགྲེལ་ཆེན་མོ་མཁའ་འགྲོ་ཡང་ཐིག་ཏུ་གྲགས་པའི་བསྟན་བཅོས་མཛད་པའི་ཚེ་ན་ཡ་མཚན་པའི་ལྟས་དུ་མ་བྱུང་ཞིང་སྙིང་ཐིག་གི་སྒོ་ནས་དབང་ཁྲིད་གདམས་པ་དང་བཅས་པས་འགྲོ་རྣམས་ཐར་བ་དང་ཐམས་ཅད་མཁྱེན་པའི་གོ་འཕང་ལ་བཀོད་པ་ཆེས་མང་ངོ་། །དེ་ལྟ་བུའི་བརྒྱུད་པ་ལས་བྱུང་བའི་གདམས་པ་ཁྱད་པར་གྱི་སྒོ་ནས་ཁྲིད་པར་བྱེད་པ་ལ།

དོན་གཉིས་པ་ཟབ་ལམ་སྒོམ་པ་དངོས་གཞིའི་ཁྲིད་ལ། ཀ་དག་གི་གནས་ལུགས་སྤྲོས་བྲལ་དུ་སྟོན་པ་ཁྲེགས་ཆོད་ཀྱི་ལམ་དང་། ལྷུན་གྲུབ་ཀྱི་ཡེ་ཤེས་མངོན་སུམ་དུ་སྟོན་པ་ཐོད་རྒལ་གྱི་ལམ་གཉིས། དང་པོ་ལ་གནས་ལུགས་གཏན་ལ་འབེབས་པ་དང་། རིག་པའི་རང་ངོ་སྤྲོད་པའོ། །དང་པོ་ལ་གསུམ་སྟེ། བཏགས་གྲོལ་སྙིང་པོའི་དོན་ཁྲིད་ལས། དང་པོ་རྟོག་པ་རྩད་བཅད། དེ་ནས་སེམས་ཀྱི་མཚང་བཙལ། དེ་ནས་བྱུང་གནས་འགྲོ་གསུམ་ལ་བརྟག ཞེས་གསུངས་པས།

ཐོག་མར་དབེན་པའི་གནས་སུ་ལུས་རྣམ་སྣང་གི་ཆོས་བདུན་དང་ལྡན་པ་སྟེ། དེ་ཡང་རྐང་པ་རྡོ་རྗེའི་སྐྱིལ་ཀྲུང་། ལག་པ་གཉིས་ལྟེ་འོག་མཉམ་བཞག་གི་ཕྱག་རྒྱ། དཔུང་པ་རྒོད་གཤོག་ལྟར་བརྒྱངས། སྒལ་ཚིགས་མདའ་ལྟར་བསྲངས། མིག་སྣ་རྩེ་ལ་ཕབ། །ལྕེ་ཡ་རྐན་ལ་སྦྱར། འགྲིན་པ་ཡུད་ཙམ་འགུགས། ལུས་དཔེ་རྒྱུ་འཁྱུག་འཁྱོག་མེད་པ། དཔེར་ན་ལྷ་ཁང་ནང་ལ་མདར་སོ་བཞག་པ་བཞིན། དབང་པོ་རྣམས་རང་ལུགས་སུ་ལྷོད་པ། མིག་གཡས་གཡོན་དང་གཡོན་གཡོན་མེད་པ། ཚབ་ཚུབ་ཁྱུག་ཁྱོག་མེད་པ། ཧར་ཧར་གདངས་ཆེ་བ་མ་ཡིན། བཙུམ་པ་མ་ཡིན། ཁ་མིག་བཀྲ་ལམ་མེ་བ་དབང་པོའི་སྒོ་རྣམས་མ་འགགས་པ། ལུས་ཀྱི་ཆ་ནས་གློད་པ། སོག་མའི་ཕོན་ཐག་གཞིགས་པ་བཞིན། འབོལ་ཤིག་གེ་གནས་པར་བྱ་སྟེ། བདེ་དང་ལྷོད་དང་ཡང་དང་གསུམ། ཕྱི་འབྱུང་བཞི་ལུས་ཀྱི་ལྷོད་ཐབས་ཡིན་ཏེ། གློང་གསལ་ལས། ལུས་མི་འགུལ་བ་དལ་བར་བྱ། །ངག་ནི་མི་སྨྲ་རང་སར་བཞག །སེམས་ནི་མི་འཕྲོ་ངང་ལ་གློད། །མིག་གཉིས་ཟིམ་བུས་མཁའ་ལ་གཏད། །ཁ་ནི་ཡུད་ཙམ་གདངས་པ་ལས། །སོ་ཡི་བར་དུ་ནས་ཐར་ཙམ། །སྒོ་གསུམ་ཀླུང་གིས་དལ་བ་ལས། །ཡུད་ཙམ་ཕྱིར་ལ་འདུར་བའོ། །ཡང་དེ་ཉིད་ལས། སེམས་ནི་དྲན་བསམ་མི་སྤྲོ་ཞིང་། །མིག་གཉིས་སྣ་ཡི་རྩེ་ལ་གཏད། སྣ་ཡང་སེམས་ཀྱི་རྩེ་ལ་གཏད། །གཅིག་ཏུ་དྲིལ་ལ་མཉམ་པར་བཞག །ཅེས་དེ་ལྟར་མཉམ་པར་བཞག་པའི་ཚེ་ན་གཞག་བྱ་འཛོག་བྱེད་ཀྱི་ངོ་བོ་ཇི་ལྟར་བརྟག་པར་བྱ་སྟེ། དང་པོ་རྩད་བཅད་པ་ནི། དེ་ལྟར་བཟང་ངན་སྐྱིད་སྡུག་གི་བྱེད་པ་པོ་བྱ་བྱེད་ཐམས་ཅད་ཀྱི་གཞི་སྒོ་གསུམ་ལ་རག་ལས་པས། དེ་ཡང་ལུས་ངག་ཡིད་གསུམ་པོ་གཙོ་གང་ཆེ་

བར་འདུག་ལེགས་པར་བརྟག་པས་ལུས་ཀྱི་བདེ་སྡུག་གྲང་དྲོ་བཀྲུག་ལྡོག་དང་། ངག་གི་བཟང་ངན་གྱི་སྨྲ་བརྗོད། ཡིད་ཀྱི་སྒོ་ལྔའི་འཛིན་པ་བཟང་ངན་གྱི་བླང་དོར་སོགས་གང་ས་ནས་གཙོ་གང་ཆེ་བར་འདུག་བརྟགས་ཤིང་དཔྱད། གཞན་ཡང་འཁོར་བར་འཁྲམས་མཁན་དང་སངས་རྒྱས་སུ་འགྱུར་བ་པོ་དེ་གང་། བདེ་སྡུག་གི་རྟེན་དང་དགག་སྒྲུབ་བྱེད་པ་པོ་དེ་སུ། སྐྱེ་བ་སྔ་ཕྱི་བརྒྱུད་ནས་ལས་བཟང་ངན་དགེ་སྡིག་གི་འབྲས་བུ་ལས་བདེ་སྡུག་སོ་སོར་མྱོང་མཁན་དེ་ལུས་ངག་ཡིད་གསུམ་སོ་སོར་ནས་བསམ་གཞིག་ལེགས་པར་བཏང་ལ་སོ་སོར་རེད་དམ། གསུམ་ཀ་ཚོགས་པ་གཅིག་གིས་བྱེད་བརྟགས་ཤིང་དཔྱད་པས་དེ་ཐམས་ཅད་ཀྱི་རྩ་བ་སེམས་སུ་ཐག་ཆོད་པ་བྱུང་ན་རྐྱེན་པོ་ངོས་ཟིན་པ་ལྟ་བུའོ། །སློང་གསལ་ལས། ཉག་གཅིག་འཁོར་འདས་ཀུན་གྱི་གཞི། །ཞེས་དང་། །གསང་བ་སྙིང་པོ་ལས། གཞི་རྩ་མེད་པའི་སེམས་ཉིད་ནི། །ཆོས་རྣམས་ཀུན་གྱི་རྩ་བ་ཡིན། །ཞེས་དང་། །དོ་ཧ་ལས་ཀྱང་། །སེམས་ཉིད་གཅིག་པུ་ཀུན་གྱི་ས་བོན་ཏེ། །གང་ལས་སྲིད་དང་མྱ་ངན་འདས་འགྲོ་བར། །ཞེས་སོགས་གསུངས་པའང་དོན་འདི་ལ་དགོངས་པའོ། །གཉིས་པ་མཚང་བཙལ་བ་ནི། དེ་ལྟར་འཁོར་འདས་ཐམས་ཅད་ཀྱི་རྩ་བ་སེམས་འདིའི་དབྱིབས་ཁ་དོག་མཚན་མ་ལ་བརྟག་དགོས་པ་སྟེ། དེ་ཡང་ཟླུམ་པོ་དང་། གྲུ་བཞི་དང་། ཟླ་གམ་དང་། གྲུ་གསུམ་དང་། ནར་མོའི་གཟུགས་ཅན་སོགས་དངོས་པོར་འཛིན་དུ་རུང་བ་དང་མི་རུང་བར་བརྟག་དཔྱད་ལེགས་པར་བཏང་། དེ་བཞིན་དུ་དཀར་སེར་དམར་ལྗང་མཐིང་ཁ་སོགས་ཁ་དོག་ལ་བརྟག་པ་དང་། གཞན་ཡང་སེམས་དང་ལུས་ངག་ཡིད་གསུམ་གཅིག་ཏུ་འདུག་གམ་ཐ་དད་དུ་འདུག དགའ་མི་དགའ་སྐྱན་མི་སྐྱན་སྐྱིད་སྡུག་སྣ་ཚོགས་སུ་བྱུང་

དུས་སེམས་དང་དེ་དག་གཅིག་ཏུ་འདུག་གམ་ཐ་དད་དུ་འདུག   གཅིག་ན་སེམས་ལ་ཁ་དོག་ཡོད་པར་འགྱུར་ཏེ་ལུས་དང་གཅིག་པའི་ཕྱིར་རོ། །ཐ་དད་ན་སོ་སོར་གང་ལ་འདུག་བརྟགས་ཤིང་དཔྱད་པས་གཅིག་དང་ཐ་དད་གང་དུ་ཡང་གྲུབ་པ་མེད་པས་ལུས་རྡུལ་ཕྲན་ཆ་མེད་དང་རྗེས་མེད་རང་ཡལ། སེམས་བྱ་ལམ་རྗེས་མེད་དུ་སོང་བ་ནི་སེམས་ཀྱི་མཚངས་རིག་པ་སྟེ། དེ་ཡང་ཡུལ་དང་ཡུལ་ཅན་སྐྱེ་འགག་དང་རྟག་ཆད་ལ་སོགས་པ་གང་གི་ཡང་ཕྱོགས་སུ་མ་ལྷུང་བ། ཅི་ཡང་མ་ཡིན་པའི་རིག་པ་གསལ་དྭངས་ཧྲིག་གེ་བ། ཇི་ལྟ་བ་བཞིན་བརྗོད་པའི་ཡུལ་ལས་འདས་པ་ཉིད་འཁྲུལ་པའི་མཚན་མ་ལས་གདོད་ནས་གྲོལ་བའི་ཕྱིར། མུ་ཏིག་ཕྲེང་བ་ལས། ཐོག་མ་ཉིད་ཀྱི་ཀ་དག་ལ། །འཁྲུལ་ཞེས་ཚམ་དུ་བརྗོད་དུ་མེད། །དེ་བཞིན་མ་འཁྲུལ་པ་ཡང་ཅི། །དེ་ཕྱིར་འཁྲུལ་པ་གདོད་ནས་དག།ཅེས་པ་ལྟར་རོ། །གསུམ་པ་བྱུང་གནས་འགྲོ་གསུམ་ལ་བརྟག་པ་ནི། དེ་ལྟར་གཞིའི་མཚངས་མ་རྙེད་ཀྱང་བདག་མེད་པ་བདག་ཏུ་འཛིན་པའི་སེམས་ཀྱི་ངོ་བོ་འདི་དང་པོ་གང་ནས་བྱུང་། བར་དུ་གང་ན་གནས། མཐར་གང་དུ་འགྲོ། དེ་ཡང་ཇི་ལྟར་བྱུང་། ཇི་ལྟར་གནས། ཇི་ལྟར་འགགས་སོགས་བརྟགས་ཤིང་དཔྱད་པར་བྱའོ། །དེ་ཡང་ཀློང་གསལ་ལས། དེ་ནས་སེམས་ཀྱི་གནས་པ་ཅི། །ཡོད་དམ་ཞེ་ན་དངོས་པོ་སྟོང་། །མེད་དམ་ཞེ་ན་བརྟག་དཔྱད་གསལ། །སྟོང་གསལ་ངོས་བཟུང་བྲལ་བའོ། །ཞེས་དེ་ལྟར་སེམས་རང་གནས་སུ་བཞག་ཅིང་སེམས་ཕྱི་ནང་གི་གནས་ས་བཙལ་ཀྱང་གནས་མཁན་གྱི་ངོ་བོ་མ་རྙེད་ཀྱང་རྣམ་པར་རྟོག་པ་མི་འཕྲོ་དགུ་འཕྲོ་འདི་འདས་མ་འོངས་ད་ལྟར་རྗེས་སུ་འབྲང་བས་ཤེས་པ་འགྱུ་འགྱུ་བ་འདི་ཇི་ལྟར་འགྱུ་གང་དུ་འགྲོ་འགྲོ་མཁན་གྱི་ངོ་བོ་ཡོད་

ནས་འགྲོའམ་མེད་ནས་འགྲོ། མེད་ནས་འགྲོ་ན་འགྲོ་མཁན་དོན་མ་མཆིས། འགྲོ་མཁན་གྱི་ངོ་བོ་བྱེད་པ་པོ་དེ། འགྲོ་བ་ལྟ་མི་ལྟར་དུ་འགྲོའམ། ས་ལ་འཛུལ་ལམ། གནམ་ལ་འཕུར་རམ། འགྲོ་བ་རིགས་དྲུག་གི་གཟུགས་ལྟར་འགྲོའམ། མཚན་མ་ཁ་དོག་ཆེ་ཆུང་ཇི་ལྟར་འདུག་བརྟག་པ་ནི་སེམས་ཚོལ་གྱི་མན་ངག་གལ་པོ་ཆེ་ཡིན་པས་ནན་ཏན་དུ་བྱས་ཏེ་ཉིན་མཚན་དུ་འབད་ནས་བརྟག་པར་བྱའོ། །དེ་ཡང་སེམས་ཀྱིས་སེམས་ཚོལ་བ། སེམས་ཀྱིས་སེམས་འདུལ་བ།སེམས་ཀྱི་མཚོངས་བཙལ་བ། །སེམས་ཀྱི་ཁང་བུ་བཤིགས་པ། སེམས་ཀྱི་རྫུན་ཁུང་སྣེབ་པ་ཞེས། དཔེར་ན་བདེན་རྫུན་ཁྲིམས་རར་གཏུག་པ་བཞིན་དུ་ཕུ་དེད་མདའ་དེད་ཕུབ་ཐོག་ཏུ་མདུང་སྒྲོལ་བའམ་ཁབ་མིག་ཏུ་སྲད་བུ་འཛུད་པ་བཞིན་སེམས་ཀྱི་མཚན་ཉིད་ཞིབ་མོར་བརྟག་པར་བྱའོ། །དེ་ཡང་སེམས་ཀྱིས་སེམས་འདུལ་བ་རྫོས་རྫོ་བཙགས་པ་ལྕགས་ཀྱིས་ལྕགས་གཅོད་པ་བཞིན་ནོ། །དེ་ལྟར་གོང་དུ་བརྟགས་ཤིང་དཔྱད་པས་མཚན་མ་དངོས་ཅན་གང་དུ་ཡང་མ་གྲུབ་པའི་ལྟ་བྱེད་ཀྱི་གཉེན་པོས་སླེབ་ཆེ་བལྟ་བྱའི་ཡུལ་ཉིད་རང་བཞིན་སྟོང་པ་རྩ་བྲལ་དུ་དག་པས་སྟོང་པོ་རྩ་བ་བཅད་ན་ལོ་འདབ་དང་གིས་སྐམ་པ་བཞིན། །ལྟ་བྱེད་ཀྱི་རིག་པ་ཉིད་ཀྱང་འདི་ཞེས་མི་མཚོན་པ་སོ་སོ་རང་རིག་གི་ངོ་བོ་གདོད་ནས་དག་ཅིང་ལྷུན་གྱིས་གྲུབ་པའི་ཡེ་ཤེས་སུ་རང་ཤར། དེའི་ཚེ་གནས་ན་གནས་པའི་ངོ་བོ་ལ་བལྟ་ཞིང་། འཕྲོ་ན་འཕྲོ་བའི་ངོ་བོ་ལ་བལྟས་པས་རིག་བྱ་རིག་བྱེད་དང་བྲལ་བའི་རང་རྩལ་འགག་མེད་ཀྱི་རིག་པ་རང་བབས་སུ་བསྐྱངས་པས་ཡེ་སྟོང་ཀ་དག་གི་གནས་ལུགས་མངོན་དུ་གྱུར་པ་སྟེ། བཏགས་གྲོལ་ལས། ཕྱི་ནང་ཀུན་བརྟགས་ཡེ་སྟོང་གྲོལ། །ཞེས་དང་། གཞན་ཡང་། ཀུན་གཞི་རྣམ་པར་དག་ཤེས་ན། །གཞི་དོན་མངོན་

གྱུར་རང་སར་གྲོལ། །ཞེས་གསུངས་པ་བཞིན་ནོ། །འོ་ན་བྱུང་གནས་འགྲོ་གསུམ་སྔར་ཡང་བྱུང་བས་སོ་སྙམ་ན། སྔ་མ་ནི། ཡུལ་ལ་བརྟགས་ནས་མ་གྲུབ་པར་གཏན་ལ་འབེབས་བྱེད་ཡིན་ལ། འདིར་ནི་ཡུལ་ཅན་ལ་བརྟག་ནས་ངོ་བོའི་ཐོག་ཏུ་འབེབས་པ་ཡིན་ནོ། །ཞེས་ཆོས་རྗེ་ཀུན་མཁྱེན་པས་གསུངས་པ་ལྟར་སྔ་མ་ནི་སེམས་གཞི་མེད་རྩ་བྲལ་དུ་གཏན་ལ་འབེབས་པ་དང་།ཕྱི་མ་ནི་ཐབ་པའི་དོན་ལ་མཉམ་པར་འཇོག་པའི་གནས་ལུགས་སྟོན་པ་ཡིན་ནོ། །ཞེས་གསུངས་པ་ལྟར་བརྟག་དཔྱད་ཞིབ་མོས་ཡང་དང་ཡང་དུ་ནན་ཏན་མཐར་ཆགས་སུ་མཛོད་ཅིག།

སྤྱི་དོན་བཅུ་བདུན་པ་རིག་པའི་རྩལ་དབང་དང་ངོ་སྤྲོད་ཀྱི་རིམ་པ་ལ་འཇུག་པ་སྟེ། གོང་དུ་སྤྲོས་བཅས་བུམ་དབང་བསྐུར་ནས་ཁྲིད་ཀྱི་རིམ་པ་དཔལ་འབྱོར་རླེད་དཀའ་ནས་བཟུང་སྟེ། ལུས་ཀྱི་སྟོན་འགྲོའི་འདུག་སྟངས་བར་དུ་སྦྱངས་པ་དང་། དེ་ནས་སྤྲོས་མེད་གསང་དབང་བསྐུར་ནས་ངག་གི་སྟོན་འགྲོ་རྣམས་དང་། དེ་རྗེས་ཤེས་རབ་ཡེ་ཤེས་ཀྱི་དབང་བསྐུར་ནས་སེམས་ཀྱི་སྟོན་དུ་འགྲོ་བ་དང་། དེ་ནས་ཚིག་དབང་བསྐུར་ལ་རྟོག་པ་རྩད་བཅད་དང་མཚངས་བཙལ་ལ་སྦྱངས་པ་བྱ་བ་སྟེ་འདི་དག་ནི་ཀུན་མཁྱེན་ཆོས་རྗེས་ཕྱག་ལེན་མཁའ་འགྲོ་ཡང་ཐིག་ལས་གསུངས་ལྟར་ཡིན་པས་དེ་ལྟར་དགོས་པ་དང་། སྐབས་འདིར་ངོ་སྤྲོད་ཀྱི་གོང་དུ་རྩལ་དབང་བསྐུར་བར་གསུངས་ཏེ། གོང་གི་སྤྲོས་བཅས་བུམ་དབང་སོགས་དབང་ཁྲིད་བསྡུགས་མར་མ་གྲུབ་ན་སྐབས་འདིར་ཁྱད་པར་རིག་པའི་དབང་ལྟ་བསྐུར་སྲོལ་ཡང་ཡོད། གང་ལྟར་རྩལ་དབང་ས་བཅད་ཙམ་བརྗོད་པར་བྱ་སྟེ། །འོ་ནམ་མཁའ་དང་མཉམ་པའི་སེམས་ཅན་ཐམས་ཅད་མྱུར་དུ་བླ་ན་མེད་པ་ཡང་དག་པར་རྫོགས་པའི་སངས་རྒྱས་ཀྱི་གོ་འཕང་ཐོབ་པར་བྱ་བའི་ཕྱིར་དུ་དམ་པའི་ཆོས་གསན་ཅིང་ཉམས་སུ་བླང་བར་བགྱི་

སླམ་པའི་ཐུགས་བསྐྱེད་དང་བཅས་པས་གསན་འཚལ། དེ་ཡང་ལུང་ལས། སངས་རྒྱས་འབྱུང་བ་བརྒྱ་ལ་རྙེད་པར་དཀའ། །མིར་སྐྱེ་བ་ཡང་ཤིན་ཏུ་དཀའ་བ་སྟེ། །གྲོགས་པོ་གང་དག་དད་དང་ཆོས་ཉན་པ། །འདི་འདྲ་བསྐལ་བ་བརྒྱར་ཡང་རྙེད་མི་འགྱུར། །ཞེས་གསུངས་པ་ལྟར། སྒོ་གསུམ་གུས་པ་དང་བཅས་པས་ཉན་པ་ལ་བསླབ་པར་བྱའོ། །དེ་ཡང་མ་གུས་པ་དང༌། མ་དད་པ་དང༌། ལུས་ངག་ཡིད་གསུམ་སྒེག་ཆོས་ཀྱི་སྤྱོད་པ་ལྡན་པ་རྣམས་ལ་ཆོས་བཤད་པའི་ཡུལ་མ་ཡིན་ཏེ། སྤྱོད་འཇུག་ལས། མ་གུས་པ་ལ་ཆོས་མི་བཤད། །མི་ན་བཞིན་དུ་མགོ་གཡོག་དང༌། །གདུགས་དང་མཁར་བ་མཚོན་ཐོགས་དང༌། མགོ་བོ་དཀྲིས་པ་དག་ལའང་མིན། །ཞེས་པས་ཚུལ་མིན་གྱི་བྱ་བ་རྣམས་སྤངས་ཚུལ་དང་ལྡན་པས་དམ་པའི་ཆོས་དང་བླ་མ་ལ་དོན་གཉེར་དད་འདུན་དང་བཅས་པས་ཉན་དགོས་པའོ། །

སྐབས་འདིར་རིག་པའི་རྩལ་དབང་བསྐུར་བར་བྱ་བ་སྟེ། དེ་ཡང་གོང་དུ་རྟོག་པ་རྩད་བཅད་དང༌། མཚངས་བཙལ་བ་རྣམས་ལ་གོ་ཡུལ་དུ་མ་ལུས་པར་ཉམས་ལེན་ཚིག་ཐྲིལ་དུ་བྱས་ཤིང་གནས་ཚུལ་གྱི་ཞུན་ཐར་ཆོད་པ་རྣམས་ལ་རྩལ་དབང་དང་ངོ་སྤྲོད་ཀྱི་རིམ་པ་རྣམས་བྱེད་པ་ཡིན་ལ། དེ་ལྟར་མ་ཡིན་པའི་ཚིག་ཙམ་གྱིས་ཤེས་སློན་དུ་རེ་ནས་ཐོས་ལོར་སོང་བ་རྣམས་ལ་བསྟན་ཀྱང་ཕན་པ་ཆེན་པོ་མི་འགྲུབ་སྟེ། ཕལ་པོ་ཆེ་ལས། དཔེར་ན་འོན་པ་རོལ་མོ་མཁན། །གཞན་དག་དེ་ཡི་དགའ་བྱེད་ཀྱང༌། །བདག་ཉིད་ཀྱིས་ནི་མ་ཐོས་པ། །མ་བསྒོམ་ཆོས་ཀྱང་དེ་བཞིན་ནོ། །དཔེར་ན་བུ་རམ་མངར་བའི་རོ། །བརྗོད་པས་རོ་ནི་མི་མྱོང་སྟེ། །མྱོང་བས་རོ་ནི་མྱོང་བར་འགྱུར། །དེ་བཞིན་སྟོང་པ་ཉིད་ཀྱི་རོ། །བརྗོད་པས་རོ་ནི་མི་

སྒྲོང་སྟེ། །བསྒོམ་པས་རོ་ནི་སྦྱོང་བར་འགྱུར། །ཞེས་པས་ཡང་དག་པའི་ཡེ་ཤེས་རྒྱུད་ལ་འཁྲུངས་བ་རྣམས་ལ་གདམས་ངག་ཚངས་སྤྲུགས་སུ་གདབ་དགོས་པ་ལས། སྙིང་ཐིག་རང་གཞུང་ནས་གསུང་པ། དེ་ནས་ཀུན་བཟང་ཡབ་ཡུམ་གྱིས། །སྨིན་བྱེད་རིག་པའི་རྩལ་དབང་བཤད། །ཅེས་པས། །སྟོན་འགྲོ་དངོས་གཞི་རྗེས་གསུམ་དང་ལྡན་པའི་བཀའ་རབ་འབྲུམས་རིག་པའི་རྩལ་དབང་བསྐུར་བ་ལ། དེ་ཉིད་ལས། མཚན་ཉིད་ལྡན་པའི་བླ་མ་ཡིས། །སྐལ་བ་ལྡན་པའི་སློབ་བུ་ལ། །རབ་འབྲུམས་དབང་བསྐུར་གསུམ་དུ་བསྟན། །ཞེས་གསུངས་པ་ལྟར་རང་གཞུང་ལས་བྱུང་བ་བཞིན་རྩལ་དབང་བསྐུར་བར་བྱའོ། །དེ་ཡང་རིག་པའི་རྩལ་དབང་ཞེས་པའི་དོན་ནི་རང་གི་རིག་པ་དྲི་མ་མེད་པ་ཡེ་སངས་རྒྱས་པའི་སྙིང་པོ་རང་ལ་ཡེ་ནས་གནས་པ་བླ་མས་བསྟན་པ་ཙམ་གྱིས་ཡང་དག་པའི་དོན་ལ་རང་ངོ་རང་གིས་ཤེས་ཤིང་གང་ཤར་རིག་པའི་རྩལ་དུ་གྲོལ་ཞིང་སྣང་སྲིད་འཁོར་འདས་ཀྱི་ཆོས་ཐམས་ཅད་རང་གི་རིག་པའི་རྩལ་དུ་ངོ་ཤེས། རང་རིག་པ་རང་ལ་དབང་ཐོབ་ཙམ་ན་དབང་ཐམས་ཅད་ཀྱི་མཆོག་ཏུ་གྱུར་པ་ཡིན་ནོ། །དེ་ཡང་གཞུང་ལས། ཧི་ལ་མངོན་སུམ་རྩལ་དབང་ཐོབ། །ངང་མདངས་རང་བཞིན་བདག་ཉིད་ཐོབ། །རིག་པའི་རྩལ་དབང་མ་ཐོབ་ན། །འདུས་བྱས་ཚོགས་གྲོལ་མི་སྲིད། །ཅེས་པས་རིག་པའི་རྩལ་དབང་སེམས་ཀྱིས་མ་ཐོབ་ན་གང་ཟག་དེ་ལ་རིན་པོ་ཆེ་སྣ་ལྔའི་དཀྱིལ་འཁོར་མང་པོ་བསྟན། བུམ་ཆུའི་གཞལ་དུ་བསྐུར། ཅོད་པཎ་གྱི་ཐིབས་སུ་བཙུག། ཚོགས་འཁོར་གྱི་འདམ་དུ་བཙུད་ཀྱང་རིག་པ་རྩལ་གྱི་དབང་མ་ཐོབ་ན་སངས་རྒྱས་པ་ཉིད་དུ་མ་སོང་སྟེ། ཀློང་གསལ་ལས། རབ་འབྲུམས་རིག་པའི་དབང་མེད་ན། །འདུས་བྱས་དབང་གིས་སྨིན་མི་

སྲིད། །ཅེས་པས། དེ་ལྟར་རིག་པའི་རྩལ་དབང་ཐོབ་ན་མ་རིག་པའི་སྒྲིབ་པ་ཐམས་ཅད་དབང་གིས་དག་ཅིང་བོག་འབྱིན་པར་བྱེད་དོ། །ཡང་ན་ཁྱད་པར་རིག་པའི་དབང་ལྔ་བསྐུར་བ་ལ་གཉིས་ལས། དེ་མ་ཐོབ་པ་ཐོབ་པར་བྱ་བ་དང་། དེ་ཉིད་རྒྱུད་ལ་བརྟེན་པའི་ཚུལ་དང་གཉིས་ལས། དང་པོ་ལ་སྦྱོར་བ་དངོས་གཞི་རྗེས་གསུམ་ལས། དང་པོ་མཎྜལ་ཕུལ་བས་རིག་པ་མེ་ལོང་ལྟ་བུའི་དོན་རྟོགས་པའི་དགོས་པ་ཡོད་དོ། །གཉིས་པ་ལ་གཉིས་ལས། སྨིན་བྱེད་རིག་པའི་རྩལ་དབང་ནི། གནས་ལྔར་ཡི་གེ་བཀོད་པའི་འཕྲོ་འདུ་ལས་བཟླས་པ་བྱ་བ་ནི།

སྤྱི་བོར་ཨོཾ་དཀར་པོ། མགྲིན་པར་ཨཱཿདམར་པོ། སྙིང་ཁར་ཧཱུྃ་སྔོན་པོ། ལྟེ་བར་སྭཱ་སེར་པོ། གསང་གནས་སུ་ཧཱ་ལྗང་གུ་རྣམས་བཀོད་པར་བྱའོ། །མཆན། འཁོར་ལོ་ལྔ་སྐུ་ལྔ་ཡེ་ཤེས་ལྔར་གསལ་བས། ཉོན་མོངས་པ་ལྔ་དག་པའི་དགོས་པ་ཡོད་དོ། །གཉིས་པ་མངོན་སུམ་རིག་པའི་རྩལ་དབང་གིས་འོད་གསལ་སྙིང་པོའི་དཀྱིལ་འཁོར་མཐོང་བས་ཆོས་ཉིད་ཟད་པའི་ས་ལ་ཕྱིན་པའི་དགོས་པ་ཡོད་དོ། །གསུམ་པ་རྗེས་དགའ་སྟོན་བྱས་པས་བླ་མ་མཁའ་འགྲོ་མཉེས་ནས་དངོས་གྲུབ་ཆེན་པོ་ཐོབ་པའི་དགོས་པ་ཡོད་དོ། །གཉིས་པ་དེ་ཉིད་རྒྱུད་ལ་བརྟེན་པའི་ཚུལ་ནི། སྣང་བ་བཞིའི་དོན་ལ་གོམ་པར་བྱེད་པའོ། །ད་ནི་རིག་པའི་རང་ངོ་སྤྲད་པ་ནི། །བྱིན་རླབས་འཕོ་བའི་ཐབས་ཀྱིས་ངོ་སྤྲད་པ། གནས་ལུགས་ལྟ་བའི་ཐོག་ཏུ་ངོ་སྤྲད་པ། ཉམས་མྱོང་བསྒོམ་པའི་ཐོག་ཏུ་ངོ་སྤྲད་པ་དང་གསུམ་མོ། །དང་པོ་ནི། ཚོགས་འཁོར་རྒྱ་ཆེ་བཤམས་པས་མཆོད་ཅིང་གསོལ་བ་བཏབ་ལ། སློབ་མ་རྣམས་ཀྱིས་མཎྜལ་ཕུལ། ལུས་གནད་ལེགས་པར་བཅའ་དགོས་པ་སྟེ། རྫོགས་པ་ཆེན་པོ་སེམས་ཉིད་ངལ་གསོ་ལས། ཞི་གནས་ལུས་ངག་ཡིད་གསུམ

དལ་བས་འགྲུབ། །དེ་ཡང་ཆོས་ཀུན་རང་བཞིན་མཉམ་པའི་ངང་། །དམིགས་པ་རབ་ཞི་གཙོ་བོའི་ཡན་ལག་ཡིན། །དམིགས་པ་གཅིག་ལ་སེམས་འཛིན་འཁོར་གྱི་ཚུལ། །ཞེ་གསུངས་པས། འདི་ལྟར་ཏིང་འཛིན་རྣམ་པར་མི་རྟོག་པ་ནི་སྒོ་གསུམ་དལ་བས་འགྲུབ་སྟེ། ལུས་དལ་བས་རྩ་དལ། རྩ་དལ་བས་རླུང་དལ། རླུང་དལ་བས་ཁམས་དལ། འཁོར་ལོ་བཞིའི་འདབ་མ་ལ་སོགས་པ་རང་གནས་སུ་སྡོད་པས། སེམས་གནས་ཀྱི་ཞི་གནས་ངང་གིས་འགྲུབ་སྟེ། སེམས་ཀྱི་རྟེན་ཁམས་དྭངས་མ་མི་གཡོ་བར་ས་གཅིག་ཏུ་སྡོད་པའི་ཕྱིར་རོ། །དེ་ལྟར་དལ་བུས་བསྒོམ་དུས་སེམས་སྤྲོ་བསྡུ་མེད་པའི་རང་བཞིན་དེ་ཉིད་ཞི་གནས་ཀྱི་ངོ་བོ་དང་གཙོ་བོ་ཡིན་ལ། དེ་བརྟན་པར་བྱ་བའི་དོན་དུ་དམིགས་ཡུལ་གཅིག་ལ་སེམས་བཟུང་བས་ཅུང་ཟད་མི་རྟོག་པར་འཁོར་གྱི་ཚུལ་དུ་གནས་སོ། །དེའང་གཞིས་ཀྱི་སེམས་འདིའི་རང་བཞིན་གང་ནས་ཀྱང་མ་འོངས་མི་འགྲོ་མི་གནས་པའི་རང་ལུགས་ཕྲུམ་ཆལ་ལེ་བ་ཞིག་ཏུ་རྒྱུན་དུ་ཡོད་དེ། གསལ་དྭངས་ཕྱེད་པའི་ཆ་དེ་ནི་ལྷག་མཐོང་། གནས་ཆ་དེ་ནི་ཞི་གནས། གཉིས་སུ་མེད་པ་ཟུང་འབྲེལ་ཞེས་སྨོས་ཏེ་ཡོད་ནི་སེམས་ཅན་ཀུན་ལ་དུས་རྟག་ཏུ་ཡོད་ཅིང་། གསལ་བ་ནི་ངང་གིས་མི་གཡོ་ངལ་སོས་པ་ལ་སོགས་པའི་དུས་སུ་ངོ་འཕྲོད་པ་སླ་བ་ཡིན་ནོ། །རྣལ་འབྱོར་པས་ནི་འཕྲོས་སམ་གནས་ཀྱང་རང་བབས་སུ་བཅོས་སླད་མེད་པའི་ཞི་ལྷག་ཤེས་པས་གྲོལ་བ་ཡིན་ནོ། །ངོ་སྤྲོད་དངོས་ལ་འཇུག་པ་ནི། ངོ་སྤྲོད་འདེབས་པ་པོ་བསྒོམ་གཞིར་བྲིས་ནས་སྟར་བླ་མའི་རྣལ་འབྱོར་དུ་བཤད་པའི་དམིགས་རིམ་ཐོག་ལ། དེ་ཡང་སྐྱོན་ཀུན་ཟད་ཡོན་ཏན་ཀུན་རྫོགས་དགོས་འདོད་ཀུན་སྐྱོལ། དཀོན་མཆོག་ཀུན་འདུས་ཀྱི་ངོ་བོར་ངེས་ཤེས་བསྐྱེད་ནས་ཅི་མཛད་ཁྱེད་ཤེས་ཀྱི་བློ་གཏད་ལིང་བསྐྱུར་ཏེ། རྩ་

བརྒྱུད་བླ་མ་དམ་པ་རྣམས་ཀྱི་ཚད་མེད་པའི་ཐུགས་རྗེས་དགོངས་ནས་བདག་གི་རྒྱུད་བྱིན་གྱིས་རློབས་ཤིག ཟབ་ལམ་གྱི་རྟོགས་པ་ཁྱད་པར་ཅན་རྒྱུད་ལ་སྐྱེ་བར་བྱིན་གྱིས་བརླབ་ཏུ་གསོལ་སྙམ་དུ་བཟོད་མེད་མོས་གུས་ཀྱི་གདུང་ཤུགས་མཆི་མ་འཁྲུགས་པ་ཙམ་དུ་བསྐྱེད་ཅིག་གྲུས་ལ། བླ་མས། ཆོས་སྐུ་ཀུན་ཏུ་བཟང་པོ་ལ་གསོལ་བ་འདེབས། ཟབ་ལམ་གྱི་ཉམས་རྟོགས་རྒྱུད་ལ་སྐྱེ་བར་བྱིན་གྱིས་རློབས་ཤིག ཅེས་སོགས་བརྒྱུད་པའི་བཤར་འདེབས་ཀྱིས་བྱིན་ཕེབས་པའི་རྗེས་ལ། བླ་མ་ཉིད་ཚད་མེད་པའི་ཐུགས་རྗེས་འོད་དུ་ཞུ། སློབ་མའི་སྤྱི་བོ་ནས་ཐིམ་པས་སློབ་མའི་སྒོ་གསུམ་དང་བླ་མའི་རྡོ་རྗེ་གསུམ་དབྱེར་མེད་སྤྲོས་བྲལ་གྱི་ངང་ལ་ཤེས་པ་ལྷོད་ནས་འཇོག་ཏུ་བཅུག་པས་བྱིན་རླབས་ཀྱི་འུར་ལངས། སྒོ་གསུམ་གྱི་སྣང་བ་བླ་མར་ཤེས། རྣམ་རྟོག་མོས་གུས་སུ་ཤར། དེའི་ངང་ལ་ལྷོད་ཀྱིས་གློད་པས་རིག་མདངས་མོས་གུས་སུ་ལམ་མེ། གཤིས་འཛིན་མེད་དུ་ཁྲོལ་ལེར་ཤར་བས་མོས་གུས་རང་རིག་ཏུ་གྲོལ། རང་རིག་སྐྱེ་མེད་ཀ་དག་གི་དབྱིངས་སུ་གྲོལ་བ་ཞེས་བྱ་སྟེ། དེའི་ངང་ལ་བསལ་བཞག་མེད་པ་རང་བབས་སུ་བསྐྱང་དུ་གཞུག་གོ །འདི་ནི་རྩ་བའི་དངོས་བསྟན་ལ་མེད་ཀྱང་བླ་མ་རྣམས་ཀྱི་ཕྱག་བཞེས་ཉམས་མྱོང་བོགས་ཆོད་དུ་སྐྱེ་བ་ལ་བྱིན་རླབས་ཤིན་ཏུ་ཆེ་བ་ཡིན་ནོ། །

གཉིས་པ་གནས་ལུགས་ལྟ་བའི་ཐོག་ཏུ་ངོ་སྤྲོད་པ་ནི། དོན་ཁྲིད་ལས། དེ་ནས་རྣམ་རྟོག་སེམས་སུ་ངོ་སྤྲད། སེམས་སྟོང་པར། སྟོང་པ་སྣང་བར། སྣང་སྟོང་གཉིས་མེད་དུ། གཉིས་མེད་རང་གྲོལ་དུ། དུག་ལྔ་རང་གྲོལ་དུ། ཚོགས་དྲུག་རང་གྲོལ་དུ་ངོ་སྤྲད་དོ། ཅེས་རྣམ་གྲངས་བདུན་དུ་བསྟན་པ་ལས། དང་པོ་རྣམ་རྟོག་སེམས་སུ་ངོ་སྤྲད་པ་ནི། སྒོ་གསུམ་རང་བབས་སུ་བཞག་པ་ལས།

རྣམ་གྲངས་ཀྱི་ཆོས་གང་ཡང་རུང་བ་ཞིག་ཡིད་ལ་ཤར་ཝ་གྱིས་འཆར་དུ་བཅུག་ནས། འདི་ལྟར་སྣ་ཚོགས་སུ་སྣང་བའི་ཆོས་ཐམས་ཅད་རྨི་ལམ་གྱི་སྣང་བ་ལྟར་རང་གི་རྣམ་པར་རྟོག་པའི་འཕྲུལ་ངོ་ཙམ་ལས་ཕྱི་རོལ་ན་བདེན་པར་གྲུབ་པ་རྡུལ་ཙམ་ཡང་མེད་དེ། གཞི་གཅིག་ལའང་རིགས་དྲུག་སོགས་ལས་མི་མཐུན་པའི་འགྲོ་བ་སོ་སོ་ལ་སྣང་བ་རིས་མེད་ཐ་དད་དུ་སྣང་བ་དང་། སྐྱེས་བུ་གཅིག་ཉིད་ཀྱང་རྣམ་རྟོག་ཐ་དད་པས་དགྲ་གཉེན་དུ་མར་ངེས་པའི་ཕྱིར་སེམས་ལ་རྣམ་རྟོག་ཇི་ལྟར་ཤར་ཡང་སེམས་ཉིད་ལས་མི་གཡོ་ཞིང་ཡུལ་དང་ཡུལ་ཅན་གཉིས་སུ་མེད་པའི་ཕྱིར་རྣམ་རྟོག་སེམས་སུ་ཐག་ཆོད་པ་སྟེ། དེ་ཡང་སེམས་ཀྱི་ངོ་བོ་ནི་སངས་རྒྱས་ཀྱིས་ཀྱང་མ་གཟིགས། མི་གཟིགས་གཟིགས་པར་མི་འགྱུར་འགྱུར་ན་མཚན་ཉིད་མཚོན་པར་བྱེད་པ་རྣམ་རྟོག་ལམ་མེར་འཆར་བ་འདི་ལས་ཅི་ཞིག གླིང་གསལ་ལས། སེམས་ཀྱི་དྲན་བསམ་རིག་པའི་རྩལ། །སྣང་ཤེས་དག་ཏུ་འགྱུར་བ་ཀུན། །རིག་པ་དག་ལས་ལོག་པ་མེད། །ཅེས་དང་། གུར་ལས། རིན་ཆེན་སེམས་ལས་ཕྱིར་གྱུར་པའི། །སངས་རྒྱས་མེད་ཅིང་སེམས་ཅན་མེད། །ཅེས་གསུངས་པ་ལྟར་རོ། །གཉིས་པ་སེམས་སྟོང་པར་ངོ་སྤྲོད་པ་ནི། སེམས་དེ་ཡང་། ཡོད་མེད་སྐྱེ་འགག་རྟག་ཆད་ལ་སོགས་པ་གང་དུ་ཡང་མ་གྲུབ་ཅིང་། སྤྲོས་པ་ཐམས་ཅད་དང་བྲལ་བས་འདི་ཞེས་མཚོན་དུ་མེད་པའི་ཕྱིར། སྟོང་པ་ཉིད་དུ་ཐག་ཆད་པ་སྟེ། རྒྱུད་ལས། འགྱུ་བྱེད་ཉིད་ལ་རྩུར་བལྟས་པས། མ་སྐྱངས་རང་གྲོལ་སིལ་བུ་འདྲ། །ཞེས་དང་།བདེ་བ་རབ་འབྱམས་ལས། རྩ་བ་མེད་པའི་སེམས་ཉིད་ནི། །བཅལ་བས་མ་རྙེད་ངོས་བཟུང་མེད། །ཇི་བཞིན་ཡེ་བཞིན་སྟོང་པའི་ངང་། །བརྗོད་བྲལ་རང་བྱུང་ཡེ་ཤེས་སོ། ཞེས་གསུངས་པ་ལྟར་

རོ། །གསུམ་པ་སྟོང་པ་སྣང་བར་ངོ་སྤྲོད་པ་ནི། ངོ་བོ་སྟོང་པ་ཉིད་ལ་འགྱུར་བ་མེད་ཀྱང་། རང་རྩལ་མ་འགགས་པའི་འཆར་སྒོ་ཅིར་ཡང་སྣང་བའི་ཕྱིར། རྒྱུད་ལས། འགགས་མེད་རྩལ་ནི་ཅི་ཡང་འཆར། །སྟོང་གསལ་རིག་ཅིང་འགྱུར་བ་མེད། །ཅེས་དང་། སྟོང་པའི་རང་བཞིན་ཅིར་ཡང་སྣང་། །སྣང་བའི་མཚན་ཉིད་སྐྱེ་བ་མེད། །ཅེས་གསུངས་པ་ལྟར་རོ། །བཞི་པ་སྣང་སྟོང་གཉིས་མེད་དུ་ངོ་སྤྲོད་པ་ནི། དེ་ཡང་སྣང་བ་ཡང་རྒྱུ་རྐྱེན་གཞན་མེད་དེ། སྟོང་ཉིད་རང་རྩལ་ཆུའི་ཟླ་གཟུགས་བཞིན་སྣང་སྟོང་གཉིས་མེད་སོ་སོ་རང་གི་ངོ་བོར་གནས་པ་སྟེ། ཉི་ཟླ་ཁ་སྦྱོར་ལས། དམིགས་པས་སྣང་བའི་ཡུལ་རྣམས་ལ། །རང་བཞིན་མེད་པར་སུས་རྟོགས་པའི། །འདི་ལ་སྣང་སྟོང་གཉིས་སུ་མེད། །ཅེས་གསུངས་པ་ལྟར་རོ། །ལྔ་པ་གཉིས་མེད་རང་གྲོལ་དུ་ངོ་སྤྲོད་པ་ནི། དེ་ལྟར་སྣང་སྟོང་གཉིས་མེད་རང་བྱུང་གི་རིག་པ་ཧྲིག་གེ་བ་སྤྲོས་བྲལ་འདུས་མ་བྱས་ཤིང་ལྷུན་གྱིས་གྲུབ་པ་ནས། སྐུ་གསུམ་གྱི་དབྱིངས་སུ་རང་གྲོལ་བ་སྟེ། ཐ་བཀོད་ལས། རྫོགས་སངས་རྒྱས་ནི་རང་རིག་ཉིད། །ངོ་བོ་དུས་གསུམ་འགྱུར་བ་མེད། ཅེས་གསུངས་པ་ལྟར་རོ། །དྲུག་པ་དུག་ལྔ་རང་གྲོལ་དུ་ངོ་སྤྲོད་པ་ནི། །ཞེ་སྡང་ལ་སོགས་དུག་ལྔའི་རྣམ་པར་རྟོག་པ་གང་ཤར་ཡང་དེ་ཉིད་ཀྱི་ངོ་བོ་ལ་ཅེར་གྱིས་བལྟས་ནས་ཆམ་གྱིས་བཞག་པས་ཞེ་སྡང་མ་སྤངས་གསལ་སྟོང་ཡེ་ཤེས་སུ་རང་གྲོལ། དེ་བཞིན་དུ་འདོད་ཆགས་བདེ་སྟོང་དང་། གཏི་མུག་མི་རྟོག་པ། ང་རྒྱལ་དང་ཕྲག་དོག་རང་གསལ་གཅུག་མའི་ངོ་བོ་རྣམས་སུ་འཆར་ཞིང་ཡེ་ཤེས་ལྔའི་ངང་དུ་གྲོལ། དེས་མཚོན་ནས། རྩ་བའི་ཉོན་མོངས་པ་ལྔ་དང་། ཉེ་བའི་ཉོན་མོངས་པ་ཉི་ཤུ་སོགས་མི་དགེ་བའི་རྟོག་པ་གང་སྐྱེས་ཀྱང་ཐམས་ཅད་རང་ཤར་

རང་གྲོལ་དུ་ཤེས་པར་བྱ་སྟེ། ཀློང་གསལ་ལས། ཉག་གཅིག་འཁོར་འདས་ཀུན་གྱི་གཞི། །རང་བྱུང་ཡེ་ཤེས་རང་ལས་བྱུང་། །དེ་ཤེས་ཡེ་ཤེས་ཙམ་དུ་བརྗོད། །ཅེས་གསུངས་པ་ལྟར་རོ། །བདུན་པ་ཚོགས་དྲུག་རང་གྲོལ་དུ་ངོ་སྤྲོད་པ་ནི། དེ་བཞིན་དུ་གཟུགས་ལ་སོགས་པ་ཚོགས་དྲུག་གི་ཡུལ་དང་ཡུལ་ཅན་གྱི་སྣང་བ་དང་རྟོག་པ་ཕྲ་རག་གང་ཤར་ལ་བལྟས་པས་རང་བཞིན་མེད་པ་ཡེ་སྟོང་རྩ་བྲལ་ཆེན་པོར་རང་གྲོལ་བ་སྟེ། ཉི་ཟླ་ཁ་སྦྱོར་ལས། དམིགས་པས་སྣང་བའི་ཡུལ་རྣམས་ལ། །རང་བཞིན་མེད་པར་སུས་རྟོགས་པ། །འདི་ལ་སྣང་སྟོང་གཉིས་སུ་མེད། །ཅེས་གསུངས་པ་ལྟར་རོ། །མདོར་ན་གང་ཤར་གྱི་རིག་པ་བཅིང་གྲོལ་ལས་འདས་པའི་རང་བཞིན་སྤྲོས་བྲལ་ཀ་དག་གི་དབྱིངས་སུ་རང་གྲོལ་བས། བསྒོམ་བྱ་སྒོམ་བྱེད་ལས་འདས་པའི་གནས་ལུགས་མཐར་ཕྱིན་པ་སྟེ། ཐལ་འགྱུར་ལས། རང་རིག་རྟོག་པ་ཀུན་བྲལ་ནས། །གྲོལ་ལུགས་ཆེན་པོ་བཞི་དང་བཅས། །ཡེ་ནས་གྲོལ་བས་བསྒྱུར་གཞི་མེད། །རང་གི་གྲོལ་བས་གཉེན་པོ་མེད། །ཅེར་གྱིས་གྲོལ་བས་མཐོང་སར་གྲོལ། ཡོངས་སུ་གྲོལ་བས་འབད་རྩོལ་མེད། །ཅེས་གསུངས་པ་བཞིན་ནོ། །དེ་ཡང་སྐྱེ་མེད་དུ་རྩད་བཅད་ནས་ངོ་རང་ཐོག་ཏུ་སྤྲོད་པ་དང་། འགགས་མེད་དུ་གཏན་ལ་ཕབ་ནས་ཐག་གཅིག་ཐོག་ཏུ་བཅད་པ། གཉིས་མེད་དུ་ཐག་བཅད་ནས་རྩལ་གྲོལ་ཐོག་ཏུ་སྦྱངས་པ་ཞེས་གསུངས་པ་རྣམས་ཀྱང་ཆ་ཤས་མ་ཐག་པའི་དོན་ལས་གཞན་མེད་དོ། །

གཉིས་པ་ཉམས་མྱོང་བསྒོམ་པའི་ཐོག་ཏུ་ངོ་སྤྲོད་པ་ལ། རང་གནས་བསམ་གཏན་གྱི་ངང་ལ་ངོ་སྤྲོད་པ་དང་། རག་མདངས་ཡེ་ཤེས་ཀྱི་རོལ་པ་ལ་ངོ་སྤྲོད་པའོ། །དང་པོ་ནི། རིན་ཆེན་སྤྲིན་མ་ལས། ཅོག་བཞག་གསུམ་གྱིས་རང་

བཞིན་ལས། ཀ་དག་དོན་ཉིད་མངོན་དུ་གྱུར། །ཞེས་གསུངས་པས། རི་བོ་ཅོག་བཞག་ལུས་རྣམ་སྣང་གི་ཆོས་བདུན་མི་གཡོ་བར་འཆིང་། རྒྱ་མཚོ་ཅོག་བཞག་མིག་མདའ་གང་ཙམ་གྱི་ཐད་ཀར་མིག་འབྲས་མི་འགུལ་བར་ཧྲིག་གེ་བལྟ། རིག་པ་ཅོག་བཞག་སེམས་དུས་གསུམ་གྱི་རྣམ་པར་རྟོག་པ་གང་གིས་ཀྱང་མ་བསླད་པ་ད་ལྟའི་ཤེས་པ་གསལ་ལ་ངོས་བཟུང་མེད་པ་རང་བབ་ཆོས་ཉིད་ཀྱི་ངང་ལ་བསལ་བཞག་མེད་པར་འཇོག་ཏུ་བཅུག་ལ། ཀྱེ་སྐལ་ལྡན་རྣམས་ད་ལྟའི་རིག་པ་རང་གསལ་རྗེན་པ་འདི་ལ་མ་ཡེངས་པར་ལྟོས་དང་། རྟོག་པ་མ་འཕྲོ། རྩེ་གཅིག་ཏུ་མ་བཟུང་། སྤྱངས་བླང་དང་རེ་དོགས་ཀྱིས་མ་བསླད་པ། གསལ་བ་ལ་འཛིན་པ་མེད་པ། དྭངས་བ་ལ་ཕྱི་ནང་མེད་པ། ཡངས་པ་ལ་ཕྱལ་བར་མ་ཤོར་པ། ངང་མདངས་ལ་ངོས་བཟུང་མེད་པ། ཟང་ཐལ་ལ་ཕྱམ་བརྡལ་བ། རང་བབས་རྗེན་པ་འདི་ཉིད་རང་བཞིན་གྱི་འོད་གསལ་བ་ཆོས་སྐུ་འགྱུར་བ་མེད་པའི་རང་བཞིན་དུ་ངོ་ཤེས་པར་གྱིས་ལ། རང་མདངས་འཛིན་མེད་ཆེན་པོར་སྐྱོངས་ཤིག དྲི་མེད་དག་པའི་སངས་རྒྱས་ནི། །རང་རིག་ཆོས་སྐུ་འགྱུར་བ་མེད། །ས་ལེ་སེང་ངེ་ཨ་ལེ་བ། །སྤྲིན་མེད་སྟོན་ཀའི་ནམ་མཁའ་བཞིན། །མི་འགྱུར་བརྟན་པ་རི་བོ་བཞིན་དུ་ཞོག །མི་གཡོ་དྭངས་བ་རྒྱ་མཚོ་བཞིན་དུ་ཞོག །ཡངས་དོགས་བྲལ་བ་ནམ་མཁའ་བཞིན་དུ་ཞོག །གང་ལྟར་ཤར་ཡང་རིག་པའི་ངང་ཡིན་ཞོག །གང་ལྟར་ཤར་ཡང་རིག་པའི་མདངས་ཡིན་ཞོག །འཕྲོ་གནས་རང་རིག་དྭངས་སངས་ཕྱེད་པར་ཞོག །ཇི་ལྟར་བྱ་རྣམས་གང་དུ་འཕུར་ན་ཡང་། །མཁའ་ལས་མ་འདས་དེ་བཞིན་རིག་པའི་ངང་། །ཆོས་རྣམས་རང་གསལ་གཡོ་བ་མེད་པར་ཞོག །ཅེས་པས། སེམས་གསལ་དྭངས་ཀྱི་ངང་ལ་

གནས་པ་དེ་ཉིད། ཕཏ་ཅེས་ཡེངས་ལ་བོར་བའི་རྐྱེན་གྱིས་སྣང་གྱི་མི་རྟོག་པའི་གདངས་དེ་ཞིག་ཀྱང་བྱུང་ཚོར་གྱི་རྟོག་པ་དང་དེར་འཛིན་གྱི་གཉེན་པོ་མེད་པའི་ཤེས་པ་རང་གསལ་རྒྱ་ཡན་གཞི་འཕྲུལ་བ་གཅིག་འཆར་ཏེ། འདི་ཉིད་རིག་པ་རང་གནས་ཀྱི་བསམ་གཏན་ཡིན་པས་ངོ་ཤེས་པར་གྱིས་ཤིག འདི་ངོས་བཟུང་ཕན་ཆད་ཤེས་པ་གནས་འགྱུ་དགག་སྒྲུབ་བཟང་རྟོག་ངན་རྟོག་གི་དུས་སུ་ཡང་རང་རིག་རང་བབས་ལ་ཅེར་གྱིས་བལྟས་པས་འཛིན་མེད་རང་གནས་ཀྱི་བསམ་གཏན་ཐེན་སངས་ཀྱིས་འཆར་ཏེ། འདི་ཁོན་ལ་རྩོལ་མེད་ལྷུན་གྲུབ་ཀྱི་སྒོམ་པ་ཆུ་བོ་ལྟ་བུ་ཡིན་ནོ། །དེ་ལ་ཅུང་ཟད་བརྟན་པ་ཐོབ་ནས་སྤྱོད་ལམ་འཇམ་རྩུབ་བར་མ་རང་ཉམས་དང་སྦྱར་བའི་རྐྱེན་གྱིས་བསམ་གཏན་དང་བསྲེས་པས་བྱ་བརྗོད་དྲན་རྟོག་ཐམས་ཅད་ཆོས་ཉིད་ཀྱི་རོལ་པར་ཤར་ཏེ། མཉམ་རྗེས་ཀྱི་རིས་མེད། ཉིན་མཚན་གྱི་བར་མེད། ཐུན་དོར་གྱི་ཆོས་མེད། བསྒོམ་བྱ་སྒོམ་བྱེད་ཀྱི་རྩིས་མེད་པར་ཐམས་ཅད་རིག་པའི་རང་མདངས་ཆོས་ཟད་ཀ་དག་གི་དགོངས་པ་ལ་ཐློས་པའོ། །དེ་ལྟར་ཡང་ཐལ་འགྱུར་ལས། །ངོ་བོ་ཀ་དག་ཡེ་ཤེས་ལ། །མ་རིག་པ་ཞེས་སྒྲིབ་མེད་པས། །གཅིག་དང་གཉིས་ཞེས་གྲངས་མེད་དེ། །ཡེ་ཤེས་ཙམ་དུའང་གྲུབ་པ་མེད། །ཅེས་གསུངས་པ་བཞིན་ནོ། །

གཉིས་པ་རང་མདངས་ཡེ་ཤེས་ཀྱི་རོལ་པར་ངོ་སྤྲོད་པ་ལ་གསུམ་ལས། དང་པོ་གནས་པ་སེམས་ཀྱི་རྒྱན་དུ་ངོ་སྤྲོད་པ་ནི། སྒོ་གསུམ་རང་བབས་སུ་ལྷུག་པར་བཞག་ལ། དགག་སྒྲུབ་ཀྱི་རྟོག་པ་སྣ་ཚོགས་སྤྲོས་ནས་ཆམས་ཀྱིས་བཞག་པས་རྣམ་རྟོག་གི་སྤྲོས་པ་ཐམས་ཅད་ཉེ་བར་ཞི་བ་གསལ་སྟོང་ལྷན་ཅིག་སྐྱེས་པའི་ཡེ་ཤེས་གདོད་མའི་གནས་ལུགས་ལ་རང་སོར་གནས་པ་རྒྱ་མཚོ་ལ་རླབས་ཞི་བས་དྭངས་ལ

མི་གཡོ་བར་གནས་པ་བཞིན་ཏེ། རང་ཤར་ལས། རྟག་ཆད་གཉིས་ཀྱི་མཐའ་ལས་འདས། །མཐའ་བཞིའི་དྲི་མ་རང་སངས་ཉིད། །ཅེས་གསུངས་ཤིང་། དེའི་ཚེ་སེམས་སྤྲོས་པ་དང་བྲལ་བ་ཆོས་སྐུ། གསལ་ལ་འཛིན་པ་མེད་པ་ལོངས་སྐུ། སྣ་ཚོགས་འཆར་གཞི་མ་འགགས་པ་སྤྲུལ་པའི་སྐུ་སྟེ་ངོ་བོ་རང་བཞིན་ཐུགས་རྗེ་གསུམ་དབྱེར་མེད་པའི་ཕྱིར། ནོར་བུ་ཁྲ་བཀོད་ལས། རྫོགས་སངས་རྒྱས་ནི་རང་རིག་ཉིད། །ངོ་བོ་དུས་གསུམ་འགྱུར་བ་མེད། །རང་བཞིན་རྟག་ཏུ་འགགས་པ་མེད། །ཐུགས་རྗེ་ཀུན་ལ་རབ་སྣང་ཅིང་། །ཞེས་དང་། ཐལ་འགྱུར་ལས། ཡེ་ཤེས་རང་སོར་གནས་པ་ལ། །གསུམ་གྱི་ཚུལ་དུ་དབྱེར་མེད་པའོ། །ཞེས་སོ། །གཉིས་པ་འགྲོ་བ་སེམས་ཀྱི་རོལ་བར་ངོ་སྤྲོད་པ་ནི། སེམས་གསལ་ལ་མི་རྟོག་པའི་ངང་ལས་མ་འགགས་པའི་རྩལ་གང་ཤར་གྱི་སྣང་བའི་སྟེང་དུ་དགག་སྒྲུབ་བླང་དོར་མེད་པར་རང་བབས་སུ་བསྐྱངས་པས་རྒྱ་མཚོར་རླབས་ཇི་ལྟར་ཤར་ཡང་རྒྱ་མཚོའི་ངང་ལས་མ་གཡོས་པ་ལྟར། གང་ཤར་གྱི་རྟོག་པ་ཆོས་ཉིད་ཀྱི་རོལ་པ་ལས་མི་གཡོ་བ་སྟེ། ཁྲ་བཀོད་ལས། འགགས་མེད་རྩལ་ནི་ཅིར་ཡང་འཆར། །ཤར་བ་ཉིད་ནས་རང་སར་གྲོལ། །གྲོལ་ཞེས་ཙམ་དུ་བརྗོད་པ་མེད། །དེ་ཕྱིར་མ་གྲོལ་པ་ཡང་ཅི། །ཞེས་པ་དང་།ཤར་དུས་ཉིད་ནས་གཉེན་པོ་ལ་མི་ལྟོས་པ་རང་གྲོལ་བ་སྦྲུལ་མདུད་བཞིན་ཏེ། ཐལ་འགྱུར་ལས། ཇི་ལྟར་ཤར་བའི་རིག་པ་ནི། །སྦྲུལ་མདུད་བཞིན་དུ་རང་གྲོལ་ལོ། །ཞེས་གསུངས་པ་བཞིན་ནོ། །གསུམ་པ་འགྲོ་གནས་གཉིས་མེད་དུ་ངོ་སྤྲད་པ་ནི། སེམས་ཉིད་མི་རྟོག་པའི་ངང་ལས་མ་འགགས་པའི་རྣམ་རྟོག་སྣ་ཚོགས་སུ་ཤར་ཡང་དགག་སྒྲུབ་བླང་དོར་མེད་པ་རང་བབས་སུ་བཞག་པས་ཆོས་ཉིད་ངང་དུ་མི་གཡོ་བར་

གནས་ཤིང་གནས་པའི་རང་རྩལ་འགགས་མེད་དུ་འགྲོ་བའི་ཕྱིར་འགྲོ་བ་དང་གནས་པའི་རང་བཞིན་གཉིས་སུ་མེད་པ་རྒྱ་མཚོ་ལ་རླབས་ཇི་ལྟར་ཤར་ཡང་རྒྱ་མཚོའི་ངང་དུ་ཞི་ཞིང་དབྱེར་མི་ཕྱེད་པ་ལྟར། རྣམ་རྟོག་ཇི་ལྟར་ཤར་ཡང་གྲོལ་སྐྱེས་གྲོལ་ནུབ་ཆོས་ཉིད་ཀྱི་ངང་ལས་མི་འདའ་བའི་ཕྱིར་དེ་ལྟར་ཤེས་པར་བྱ་སྟེ། རྨད་བྱུང་ལས། ཇི་ལྟར་རྒྱ་མཚོ་ཐ་རླབས་ལྟར། །སེམས་ཀྱི་ཐ་རླབས་གཡོ་བ་ཀུན། །གདོད་མ་གཞི་ཡི་རྒྱ་མཚོར་ཐིམ། །ཞེས་དང་། །དོ་ཧ་ལས་ཀྱང་། ཇི་སྲིད་སེམས་ལས་རྣམ་འགྲོས་པས། །དེ་ཉིད་མགོན་པོའི་བདག་ཉིད་དེ། །ཆུ་དང་རླབས་དག་གཞན་ཡིན་ནམ། །ཞེས་གསུངས་པ་བཞིན་ཏེ། །དེ་ལྟར་ཡང་སེམས་གནས་ན་གདོད་མའི་ངང་དུ་གནས། འགྲོ་ན་སེམས་ཀྱི་རོལ་པར་འཆར། མཉམ་ན་གཉིས་མེད་ཀྱི་ངང་དུ་ཡིན་པས་ཇི་ལྟར་བྱུས་ཀྱང་ཆོས་ཉིད་ཀྱི་རོལ་པ་ལས་མི་འདའ་བའི་ཕྱིར། གནས་པ་མི་བསང་། འགྲོ་བ་མི་དགག མཉམ་པ་མི་སྒྲུབ་སྟེ། ཇི་ལྟར་ཤར་ཡང་དེ་ལྟར་མི་འཛིན་པའི་དགག་སྒྲུབ་བླང་དོར་ལས་འདས་པའི་ཆོས་ཉིད་རང་བཞིན་རྫོགས་པ་ཆེན་པོའི་དགོངས་པ་ལ་ངོ་སྤྲོད་པའོ། །དེ་ཡང་། སྔར་སྐབས་དེ་དང་དེར་བསྒོམ་བྱའི་དོན་ལ་རིག་ཐོག་ཏུ་ཉམས་མྱོང་སྐྱེས་པ་དེ་ཉིད་ངོ་སྤྲོད་བཏབ་པས་གནས་ལུགས་ཀྱི་ཐོག་ཏུ་སྒྲོ་འདོགས་ཆོད་ན་དེའི་རྒྱུན་མ་ཉམས་པར་བསྐྱངས་པས་རིམ་གྱིས་བརྟན་པ་ཐོབ་པར་འགྱུར་ཞིང་། ཡང་དུས་དེར་བསྒོམ་དོན་ལ་མྱོང་བ་མ་སྐྱེས་པར་གོ་ཡུལ་དུ་སོང་ན་སྐབས་འདིར་ངོ་སྤྲོད་བཏབ་ཀྱང་བྱ་ཤོར་དུ་འགྲོ་བས་སྔར་བཤད་པའི་དམིགས་རིམ་རྣམས་སླར་ཡང་འབད་པས་བསྒོམ་ཞིང་། ཕྱིས་ཉམས་མྱོང་སྐྱེས་ཚུལ་གྱི་ཐོག་ཏུ་ངོ་སྤྲོད་སྦྱར་ནས་བསྟན་ཅིང་ཉམས་སུ་བླངས་པས་རིམ་གྱིས་དོན་ལ་མྱོང་བའི་སྣེ་ཐེན་པར་འགྱུར་རོ། །དེ་ལྟར་ཡང་ཀུན་བྱེད་

ལས། གཉིས་དང་གཉིས་མེད་དག་པའི་ཡེ་ཤེས་ནི། །བསྒོམ་དང་མི་བསྒོམ་མེད་དུ་བཏགས་པ་སྟེ། །ཞེས་སོ། །སྒོམ་པས་འཐད་པར་རང་ཤར་རང་གྲོལ་དུ་མ་སོང་བའི་ཚེ་ཐམས་རང་གཞི་རྟོག་པ་ཡིན་པས་ན། རྫོགས་པ་ཆེན་པོ་སེམས་ཉིད་ངལ་བསོ་ལས། ཁྱད་པར་རྣམ་རྟོག་ངན་པས་སྲིད་པར་འཁྲིད། །དེ་ཕྱིར་གྲོལ་བྱེད་བསམ་གཏན་ཐབས་ལ་བརྟེན། ཕྱི་ནས་ཤེས་རབ་མཐའ་གྲོལ་ཀློང་ཡང་འཆར། །ཞེས་དང་། དེ་ཡང་རྣམ་པར་རྟོག་པས་འཁོར་བར་ལྷུང་བ་ནི། ཕྱོགས་ཀྱི་གླང་པོས་འཇམ་དཔལ་ལ་བསྟོད་པ་ལས། རྣམ་རྟོག་མ་རིག་ཆེན་པོ་སྟེ། །འཁོར་བའི་རྒྱ་མཚོར་ལྷུང་བྱེད་ཡིན། །རྣམ་རྟོག་དེ་དང་བྲལ་བས་ན། །ཁྱེད་ནི་རྟག་ཏུ་མྱ་ངན་འདས། །ཞེས་དང་། དགོན་བརྩེགས་ལས། རྟོག་པས་འཁོར་བ་སྲིད་པའི་དགོན་པར་འཁྱམས། །རྟག་ཏུ་ལས་དང་ཉོན་མོངས་འདུ་བྱེད་ཅིང་། །སྡུག་བསྔལ་བརྒྱ་ཕྲག་མངོན་པར་བསྒྲུབ་པར་བྱེད། །ཅེས་སོ། །དེ་ལྟ་བུའི་རྟོག་པ་ཉེ་བར་ཞི་བར་བྱ་བའི་ཕྱིར་བསྒོམ་པས་དུས་ཕྱིས་ཆོས་ཐམས་ཅད་ཡོངས་སུ་གྲོལ་བའི་ཤེས་རབ་འཆར་བར་ངེས་པ་ཡིན་ནོ། །དེ་ཡང་དམིགས་བསམ་ཆོས་ཉིད་དུ་འདས་པས་ཀུན་རྟོག་དབྱིངས་སུ་ཐིམ་ནས་ཆོས་སྐུར་རོ་མཉམ་གྱི་དགོངས་པ་འོད་གསལ་རྫོགས་ཆེན་པོ་བདེ་གསལ་མི་རྟོག་པའི་ཉམས་དང་བཅས་པ་དཔེ་དོན་མཚོན་འདས་ཆེན་པོར་འཆར་ཏེ། ཀུན་བྱེད་ལས། དུས་གསུམ་གཅིག་སྟེ་ཁྱད་པར་མེད། སྟོན་མེད་ཕྱིས་མེད་གདོད་ནས་འབྱུང་། །ཆོས་སྐུ་ཁྱབ་པ་གཅིག་པའི་ཕྱིར། །ཆེ་བའི་ཆེན་པོར་རང་བཞིན་གནས། །ཞེས་པ་དང་། ངོ་མཚར་རྨད་བྱུང་རོལ་པ་འདི། བྱ་བྲལ་ནམ་མཁའ་བཞིན་དུ་གནས། །ཅེར་ཡང་མི་དམིགས་གཏི་མུག་ལས། །དེ་མ་ཐག་

ཏུ་རང་ལས་བྱུང་། །ཞེས་པ་དང་། དོ་ཧ་ལས། བླ་མའི་ལུང་ལ་བསྒྲིམས་ཏེ་རབ་འབད་ན། །ལྷན་ཅིག་སྐྱེས་པ་འབྱུང་བར་ཐེ་ཚོམ་མེད། །ཁ་དོག་ཡོན་ཏན་ཡི་གེ་དཔེ་བྲལ་བ། །སྨྲ་རུ་མི་གཏུབ་དེ་ནི་ཁྱི་ན་མཚོན། །གཞོན་ནུ་མ་ཡི་བདེ་བ་སློང་ལ་ཞེན་པ་བཞིན། །དབང་ཕྱུག་དམ་པ་དེ་ནི་སུ་ལའང་བསྟན་ནུས་སམ། །ཞེས་པ་དང་། ཏིང་འཛིན་དམ་པའི་མདོ་ལས། བསམ་གྱིས་མི་ཁྱབ་ཆོས་ཉིད་ལ། །བསམ་དུ་མེད་པའི་བློ་བཞག་ན། །ཕྱོགས་མེད་ལྟ་བའི་ཉམས་མྱོང་འབྱུང་། །དེས་ན་ཏིང་ངེ་འཛིན་ཞེས་བྱ། །ཞེས་གསུངས་སོ། །དེ་ལྟར་རང་བྱུང་ལྷན་ཅིག་སྐྱེས་པའི་ཡེ་ཤེས་ཤར་བ་དེའི་ཚེ། །རྣལ་འབྱོར་པ་དེས་བླང་དོར་སྣང་བ་དང་སྟོང་པ། ཡོད་པ་དང་མེད་པ། སྲིད་པ་དང་ཞི་བ། ཤེས་དང་ཤེས་བྱ་ཐམས་ཅད་མཉམ་པ་ཉིད་དུ་མཐོང་ཞིང་། གཞན་ཡང་ཕྱི་ནང་གི་ཆོས་ཅན་སྒྱུ་མའི་དཔེ་བརྒྱད་ཆོས་ཉིད་རང་བཞིན་གྱིས་མ་སྐྱེས་པས་ངོ་བོ་ཐ་མི་དད་པས་སྣང་སྟོང་ཟུང་གཅིག་ཏུ་མཐོང་བ་སྟེ། རྫོགས་པ་ཆེན་པོ་སེམས་ཉིད་ངལ་གསོ་ལས། སྣང་དང་སྟོང་པ་ཐམས་ཅད་ཟུང་གཅིག་ལ། །ཡོད་དང་མེད་པ་ཀུན་གྱི་མཐའ་ལས་འདས། །སྲིད་དང་ཞི་བ་གཉིས་སུ་མི་རྟོག་པ། །ཤེས་དང་ཤེས་བྱ་གཅིག་པའི་ངོ་བོ་ཉིད། །མཉམ་དང་མི་མཉམ་མེད་པའི་ཆོས་མཐོང་ངོ་། །ཞེས་དང་། ཀུན་བྱེད་ལས། ཇི་ལྟར་སྣང་བ་དེ་བཞིན་ཉིད་དུ་གཅིག །མ་བཅོས་མཉམ་པའི་རྒྱལ་པོ་དེ་ལ་ནི། །མི་རྟོག་ཆོས་སྐུའི་དགོངས་པ་ཁོང་ནས་འཆར། །ཞེས་གསུངས་པ་ལྟར། །སེམས་ཉིད་ཡོད་མེད་ཀྱི་མཐའ་དང་འདས་པ་དྭངས་གསལ་ལེ་བའི་ཡེ་ཤེས་འཁོར་འདས་གཉིས་མེད་ཀྱི་རོལ་པར་འཆར་བའོ། །དེ་ལྟ་བུའི་ཚེ་མཉམ་བཞག་ཡེངས་མེད་སྤྲོ་བསྡུ་མེད་པར་རང་སོར་

བཞག་པས་དེངས་བ་སྤྲིན་ཡལ་བ་ལྟ་བུ་ལྟ་བའི་ངང་དེར་མ་ཡེངས་པར་མཉམ་པར་བཞག་པ་ནི། ཀུན་བྱེད་ལས། ཀྱེ་སེམས་དཔའ་རྡོ་རྗེ་ཇི་བཞིན་ཉིད་བསྒོམ་ཅིག །རྟོགས་པས་རང་སར་གྲོལ་བའི་ལྟ་བ་ལ། །མ་ཡེངས་རང་བཞིན་བཞག་པས་བྱ་རྩོལ་མེད། །ཀུན་ཀྱང་རང་བྱུང་རང་སར་གྲོལ་བ་ཡིན། །ཞེས་པ་དང་། མ་སྐྱེས་ནམ་མཁའ་ལྟ་བུའི་སེམས་ཉིད་འདི། །མི་སྐྱེ་འགགས་པ་མེད་པའི་ངང་དུ་ཞོག །ཅེས་སོ། །གཞན་ཡང་རྫོགས་པ་ཆེན་པོ་སེམས་ཉིད་ངལ་གསོ་ལས། །ཡེངས་མེད་སྤྲོ་བསྡུ་བྲལ་བར་བཞག་པ་ནི། །སེམས་ཉིད་མ་སྐྱེས་མཁའ་ལྟར་དག་པའི་ངང་། །སེམས་བྱུང་མི་དམིགས་སྤྲིན་ཚོགས་དེངས་པ་བཞིན། །ཡེངས་མེད་སྤྲིན་དང་བྲལ་བའི་ཤེས་པ་ཡིས། །ཇི་བཞིན་ངང་ལ་ཡེ་བཞིན་མཉམ་པར་བཞག །ཅེས་གསུངས་པ་བཞིན་ནོ། །གཞན་ཡང་སྐབས་འདིར་ཤེས་པར་བྱ་བ་ནི། དེ་ལྟར་ལམ་ཉམས་སུ་ལེན་པའི་ཚེ་སྤྱིར་བསམ་གཏན་གྱི་གེགས་ནི། ཇི་སྐད་དུ། ལེ་ལོ་དང་ནི་གདམས་ངག་རྣམས། བརྗེད་དང་བྱིང་དང་རྒོད་པ་དང་། འདུ་མི་བྱེད་དང་འདུ་བྱེད་དེ། །དེ་དག་ཉེས་པ་ལྔ་ཡིན་ནོ། །ཞེས་དང་། དེའི་གཉེན་པོ་ནི། དེ་སྤོང་འདུ་བྱེད་རྣམ་པ་བརྒྱད། །གནས་དང་དེ་ལ་གནས་པ་དང་། །རྒྱུ་དང་འབྲས་བུ་ཉིད་དུའོ། །དམིགས་པ་བརྗེད་པར་མ་གྱུར་དང་། །བྱིང་དང་རྒོད་དང་རྟོགས་པ་དང་། །དེ་སྤོང་མངོན་པར་འདུ་བྱེད་དང་། །ཞི་ཚེ་རྣལ་དུ་འདུག་པའོ། །ཞེས་རྗེ་བཙུན་བྱམས་པས་གསུངས་པ་ཉིད་འདིར་ཡང་ཤེས་པར་བྱ་བ་ཡིན་ནོ། །དེ་ཡང་། གང་ལ་མཉམ་པར་བཞག་པའི་ཚེ་སྔར་ལས་རྣམ་རྟོག་མང་དུ་སོང་བ་དང་། ཡང་རེས་འགའ་ཧ་ཅད་དེ་བ་ལ་གནས་ཤིང་། རས་མི་གནས་

པ་དང་གནས་ཀྱང་གཏིང་ན་ཡིད་བྱེད་ཕྲ་མོ་མི་ཁེག་པ་ཞིག་འབྱུང་བས། དེ་གསུམ་ག་ཡང་གནས་པར་རྩོམ་པ་ཡིན་ཞིང་། འོན་ཀྱང་རྟོག་པ་འཕྲོ་བ་བཀག་པས་མི་ཁེག་པས། དེ་ལ་ཤེས་པ་མཐའ་མེད་དུ་སྦྲོས་ནས་ཨར་ལ་གཏད་པའི་མཐར་ཀྱང་རྟོག་པ་མཐུ་བརྟུག་ནས་གནས་པའི་རང་སོ་ཟིན་པ་ཞིག་འོངས་བས་དེའི་ངང་ལ་འཛོག་པ་སྟེ། ཇི་ལྟར་ཐེང་ལས་འཕུར་བའི་བྱ་རོག་བཞིན། །སྐོར་ཞིང་སྐོར་ཞིང་སླར་ཡང་དེ་རུ་བབ། །ཅེས་པ་ལྟར་རོ། །དེ་ཡང་གནས་འགྱུ་ལྟོས་བཞག་ཅན་མ་ཡིན་པའི་ཕྱིར། ཚོགས་དྲུག་དང་ནང་ཤེས་པ་གཉིས་ཀའི་ཕྱོགས་སུ་མ་ལྷུང་ཞིང་སྐྱེ་འགགས་རྟག་ཆད་ལས་འདས་པའི་ཤེས་པ་རང་རིག་རང་གསལ་གྱི་ངོ་བོ་རྩལ་མདངས་འགགས་མེད་ཀྱི་སྣང་བ་གུ་ཡངས་ཆད་དེ་བ། གསལ་ཧྲིག་སྨྲ་བརྗོད་ཀྱི་ཡུལ་ལས་འདས་པ་དེའི་རང་ངོ་ཡེངས་མེད་དུ་བསྐྱངས་པ་ལས་གནས་ལུགས་ཀྱི་རྟོགས་པ་ཇེ་འཕེལ་ཇེ་བརྟན་དུ་འགྱུར་རོ། །ཡང་བྱིང་བ་ཤས་ཆེ་ན་རླུང་རོ་བསལ། ལུས་གནད་སྒྲིམ་ཤིང་ལྟ་སྟངས་སྟོད་ཤེས་པ་ལ་ངར་བཏགས། རིད་པ་རྟུར་བསྒོན་པས་ཨར་ལ་གཏད། འཕྲོ་ཞིང་རྒོད་ན་ལྟ་སྟངས་སྨད། ལུས་གནད་ལྷོད་ཆ་འཚོལ། མིག་ཕབ། ཞེ་གཏིང་ནས་ལྷོད་ལ་རང་བབས་སུ་འཇོག་གོ། ཡང་། སྐབས་རེ་ནམ་མཁའ་དྭངས་ཤིང་སྤྲིན་མེད་པའི་ཚེ། །ཉི་མ་ལ་རྒྱབ་ཕྱོགས་པས་ནམ་མཁའི་མཐོངས་སུ་ལྟ་སྟངས་གཙུན་ནས་བལྟས་པས། དཔེ་ཕྱིའི་ནམ་མཁའི་སྟོང་མདངས་ཀྱི་གོ་ཕྱེ་ནས། དཔེ་ཅན་ནང་ཤེས་པའི་ནམ་མཁའ་རྣམ་པར་དག་པ་ལས། གསང་བ་འོད་གསལ་སྙིང་པོའི་ནམ་མཁའ་གསལ་སྟོང་མཐའ་དབུས་ཐམས་ཅད་ལས་འདས་པའི་ཆོས་ཉིད་སྐད་ཅིག་ལ་འཆར་རོ། །དེ་ལྟར་ཉམས་སུ་ལེན་པའི་ཚེ་ན་བྱིང་རྒོད་གཉིས་སོགས། སྒྲིབ་པ་

ལྷ་ཡི་དབང་དུ་མ་ཤོར་བར་བཙོན་པས་བསྒྲུབ་དགོས་པ་སྟེ། རྫོགས་པ་ཆེན་པོ་སེམས་ཉིད་ངལ་གསོ་ལས། ཇི་ལྟར་སྒྲུབ་པ་ཐབས་ཀྱི་ཡན་ལག་ཀྱང་། །གཉིད་རྨུག་རྒོད་འགྱོད་ཐེ་ཚོམ་སྒྲིབ་པ་ལྔ། །སྤང་ནས་ཏེ་ཞི་ལྷག་ཟུང་འབྲེལ་ཚུལ་གྱིས་བསྒྲུབ། །གཉིད་རྨུག་གཉིས་ཀྱིས་ཞི་གནས་རབ་ཏུ་སྒྲིབ། །རྒོད་འགྱོད་གཉིས་ཀྱིས་ལྷག་མཐོང་རྣམ་པར་གཡེངས། །ཐེ་ཚོམ་གཉིས་ཀའི་གནོད་བྱེད་མི་མཐུན་ཕྱོགས། །ཞེས་སོ། །འདིར་རྣལ་འབྱོར་སྤྱོད་པ་པ་དག་གིས་བསམ་གཏན་ལ་སྒྲིབ་པ་ནི་ལྔ་སྟེ། ཡང་དག་པའི་ཞི་གནས་གསལ་དྭངས་བྱེད་པ་ནི་གཉིད་དང་རྨུགས་པས་བྱིང་བར་བྱེད་ལ། ལྷག་མཐོང་དྭངས་ལ་རྩེ་གཅིག་པ་ནི་རྒོད་པ་དང་འགྱོད་པས་འཕྲོ་བར་བྱེད་ཅིང་། ཐེ་ཚོམ་གཉིས་ཀའི་དུས་སུ་མི་འགྲུབ་པའི་རྒྱུའོ། །གཉིད་ནི་འཇུག་པ་རང་དབང་མེད་པར་སེམས་ནང་དུ་བསྡུད་ལ། རྨུག་པ་ནི་ཡུལ་མི་གསལ་བའི་ཤེས་པ་ལུང་མ་བསྟན་པ་དང་། རྒོད་པ་ནི་ཡུལ་གྱི་ཕྱིར་སེམས་འཕྲོ་བ་ཡིན་ལ། འགྱོད་པ་ནི་བྱ་བ་འགའ་ཞིག་ཡིད་ལ་བཅགས་པས་མངོན་པར་མི་དགའ་བའི་ཤེས་པ། ཐེ་ཚོམ་ནི་གཉིས་བཅས་ཀྱི་བློས་ཟིན་མེད་པའི་བྱ་བ་སྒྲུབ་པ་ལ་བར་དུ་གཅོད་པའོ། །འདི་དག་སྤངས་བླང་དགོས་པ་ཉིད། །བཤེས་སྤྲིང་ལས། རྒོད་དང་འགྱོད་དང་གནོད་སེམས་རྨུག་པ་དང་། །གཉིད་དང་འདོད་ལ་འདུན་དང་ཐེ་ཚོམ་སྟེ།།སྒྲིབ་པ་ལྔ་པོ་འདི་དག་དགེ་བའི་ནོར། །འཕྲོག་པའི་ཆོམ་རྐུན་ལགས་པར་མཁྱེན་པར་མཛོད། །ཅེས་སོ། །དེ་ཡང་རྒོད་འགྱོད་གཉིས་གཅིག་གཉིད་རྨུག་གཉིས་གཅིག འདོད་པ་ལ་འདུན་པ། གནོད་སེམས་ཐེ་ཚོམ་སྟེ་ལྔའོ། །དེ་ཡང་གཡེང་ན་ཞི་ལྷག་སོ་སོར་རྩལ་སྦྱངས། །བྱིང་ན་བསེང་། རྒོད་ན་དབབ། སྤྱོད་ལམ་ཀུན་དང་བསྲེ་

ལ་རྩལ་སྦྱངས་བོགས་འདོན་གྱི་གནད་ཡིན་ནོ། །ཞེས་ཆོས་རྗེ་ཀུན་མཁྱེན་ཆེན་པོའི་གསུངས་ལས་སོ། །དེ་བཞིན་བོགས་ཐོན་ཞིང་གོལ་ས་དང་བྲལ་བའི་ཚེ་དངོས་པོ་དངོས་མེད་གང་ལ་ཡང་མི་རྟོག་པའི་ཀུན་རྟོག་མ་ལུས་པ་སེམས་གཞི་ཡི་ངང་དུ་ཐིམ་པས་སེམས་མི་གཡོ་ཞིང་བརྟན་པ་ན་འཁོར་བ་ལས་གྲོལ་ཏེ་གཉིས་འཛིན་བདག་གཞན་དུ་ཞེན་པ་མེད་པའི་བླ་ན་མེད་པའི་ཆོས་སྐུའི་ལུས་སྦྲིས་བསམ་བརྗོད་འདས་ཆེན་པོ་ཐོབ་པར་འགྱུར་ཏེ། དོ་ཧ་ལས། དངོས་དང་དངོས་མེད་ཡོངས་སུ་དཔྱད་པས་ན། །དེར་ནི་འགྲོ་བ་མ་ལུས་རབ་ཏུ་ཐིམ་འགྱུར་རོ། །གང་ཚེ་ཡིད་ནི་མི་གཡོ་རང་གནས་བརྟན་པ་དེར། །དེ་ཚེ་འཁོར་བའི་དངོས་པོ་ལས་ནི་རང་གྲོལ་འགྱུར། །གང་ཚེ་བདག་གཞན་ཡོངས་སུ་ཤེས་མེད་ན། །དེ་ཚེ་བླ་མེད་ལུས་ནི་ཐོབ་པར་འགྱུར། །ཞེས་པ་དང་། ཀུན་བྱེད་ལས། ཀྱཻ་ཧཱི་བཞིན་རྩོལ་བྲལ་བདེ་བ་ཆེན་པོ་ལ། །སྒོ་གསུམ་མ་རྩོལ་བཅོས་ཤིང་དམིགས་མི་བྱེད། །ཡིད་ལ་མི་བྱེད་མཚན་མའི་རྗེས་མི་འབྲང་། །རང་བྱུང་ཡེ་ཤེས་བདེ་བའི་དོན་ལ་བཞག །འདི་ནི་རང་བྱུང་འོད་གསལ་དགོངས་པ་སྟེ། །ཀུན་བྱེད་རྒྱལ་པོའི་དགོངས་པའི་ཕྱིན་ལས་སོ། །ཞེས་སོ། །དེ་ལྟར་མཉམ་པར་བཞག་པ་ན་ཤིན་ཏུ་སྦྲིས་པ་དང་བྲལ་བ་སྟོང་གསལ་མཐའ་དབུས་མེད་པའི་ཉམས་འཆར་བ་སྟེ། རྫོགས་པ་ཆེན་པོ་སེམས་ཉིད་ངལ་གསོ་ལས། དེ་ཚེ་རང་བཞིན་གཅིག་སྟེ་གདོད་མའི་ངང་། །གཟུང་དང་འཛིན་པ་མི་དམིགས་ཆོས་ཀྱི་སྐུ། དྲི་མེད་འོད་གསལ་ཉི་མའི་སྙིང་པོ་ནི། །བདེ་གསལ་མི་རྟོག་མཐའ་དབུས་མེད་པ་འཆར། །ཞེས་གསུངས་པ་བཞིན་ཡང་དག་པའི་དོན་ཕྱིན་ཅི་མ་ལོག་པ་ལ་བརྟན་པ་ཐོབ་ཅིང་ཆོས་སྐུ་རྒྱལ་པོའི་གདན་སྲིད་མ་ཟིན་གྱི་བར་དུ་ཐུན་བཞིའི་རྣལ་འབྱོར་གྱིས་

ཉམས་སུ་ལེན་པར་བྱ་སྟེ། ཐོ་རངས་དང་སྔ་དྲོ་དང་། ཕྱི་དྲོ་དང་། སྲོད་དང་བཞིའོ། །དེ་དག་གི་ཐུན་མགོར་སྐྱབས་འགྲོ་སེམས་བསྐྱེད་དང་། ཐུན་གཞུང་རྣམས་སུ་བདེན་མེད་སྒྱུ་མ་ལྟ་བུའི་ངང་ནས་མཉམ་བཞག་དང་རྗེས་ཐོབ་ཀྱིས་གོམས་ཤིང་ཚོག་ཏུ་ཚུད་པར་བྱའོ། །ཐུན་མཐར་བསྔོ་བ་དང་སྨོན་ལམ་གྱི་རྒྱས་གདབ་ཅིང་མཉམ་རྗེས་གཉིས་མེད་སྣང་སྟོང་རོལ་པ་ཆེན་པོར་བལྟའོ། །ཐུན་མཚམས་རྣམས་སུའང་སྒོ་གསུམ་རྣམ་གཡེངས་དང་དོན་མེད་ཀྱི་བྱ་བར་མི་འཇུག་ཅིང་། ཆོས་སྤྱོད་བཅུའི་དུས་འདའ་བར་བྱེད་པ་སྟེ། ཆོས་སྤྱོད་ཐམས་ཅད་ཀྱི་མན་ངག་མདོན་པར་རྟོགས་པའི་རྒྱུད་ལས།ཡི་གེ་འབྲི་མཆོད་སྦྱིན་པ་དང་། །ཉན་དང་ཀློག་དང་འཛིན་པ་དང་།འཆད་དང་ཁ་ཏོན་བྱེད་པ་དང་། །དོན་སེམས་པ་དང་བསྒོམ་པ་སྟེ། །ཆོས་སྤྱོད་བཅུ་ཡི་བདག་ཉིད་འདི། །བསོད་ནམས་ཕུང་པོ་དཔག་ཏུ་མེད། །ཅེས་པ་བཞིན་དེ་དག་ཀྱང་ཉམས་མྱོང་སྐྱེ་བའི་རྒྱུར་འགྱུར་བས་ཀུན་ཏུ་བཟང་པོའི་སྤྱོད་པ་ཞེས་བྱའོ། །ཅེས་པ་དེ་དག་ནི་ཁྲེག་ཆོད་ཀྱི་རིམ་པའོ། །ལྷུན་གྲུབ་ཐོད་རྒལ་གྱི་ཁྲིད་ཀྱི་རིམ་པ་བྱེད་པར་སྨྲོན། གཏེར་སྟོན་རིན་པོ་ཆེའི་ཁྲིད་ཡིག་གམ། རྗེ་བླ་མ་གོང་མས་མཛད་པའི་ཁྲིད་ཡིག་སོགས་ལ་བལྟ་ཞིང་སྙིང་ཐིག་ཡང་ཐིག་རྣམས་དང་སྦྱར་ཏེ་སྤེལ་བར་བྱའོ། །སཱ་མཱ་ཡཱ། ། ། ། མཛུག་བྱུང་། དེ་ལྟར་ཟབ་ཅིང་རྒྱ་ཆེན་སྨིན་གྲོལ་ལམ། །མཁའ་འགྲོ་སྙིང་ཐིག་བཀའ་གསང་རྨད་བྱུང་གི། །བཏགས་གྲོལ་དང་ནི་འདས་རྗེས་དོན་ཁྲིད་ཀྱི། །ཀ་དག་ཁྲིད་ཡིག་བལྟས་གསལ་བསླུག་ཆོག་འདི། །དད་ལྡན་བློ་གསལ་སྙིང་མའི་རྣལ་འབྱོར་པ། །བླ་མ་པདྨ་སེང་གེས་བསྐུལ་བའི་ངོར། །ཨོ་རྒྱན་སངས་རྒྱས་གཉིས་པས་ཞབས་བཅགས་གནས། །དཀར་ཕྱོགས་གནས་བདག་རྗེ

ཛཱེ་གཡུང་དྲུང་ཞོལ། །དབེན་ཞིང་ཉམས་དགའ་སྨན་ལྗོངས་ནགས་ཚལ་
རྒྱས། །བསམ་གཏན་སྒྲུབ་པའི་ཆོས་གྲྭ་དར་བའི་གླིང་། །ཕུན་ཚོགས་ལྷ་ལྡན་
དགེ་བའི་བསྟི་གནས་སུ། །ཤཱཀྱའི་བསྟན་ལ་རབ་བྱུང་དགེ་བློ་ཅན། །ཐེག་
མཆོག་སྙིང་པོར་མོས་པ་ལམ་བྱེད་པ། །བྱེ་བྲལ་འདུ་ཤེས་གསུམ་པས་སྒྲུར་བ་
སྟེ། །གསང་སྔགས་སྔ་འོས་གསལ་བཀོད་ཉེས་པ་དང་། །ཕྱུག་ལེན་ས་བཅད་
གོང་འོག་སྐྱོན་སོང་ན། །བླ་མ་ལྷ་དང་མཁའ་འགྲོ་ཆོས་སྐྱོང་ཚོགས། །ཁྱད་
པར་སྲོག་སྒྲུབ་དྲང་སྲོང་ཤན་དམར་དང་། །ཛོ་ཛཱེ་གཡུ་སྒྲོན་ལྷང་ལྷར་བཅས་ལ་
བཤགས། །འཕྲུལ་གྱི་རྐྱེན་དང་ཡུན་སྒྲིབ་མ་གྱུར་ཅིག །ལྷག་བསམ་དག་
པས་སྒོ་གསུམ་དགེ་བསྐུལ་ཞིང་། །གསང་སྔགས་ལམ་བཟང་བསྟན་པའི་དགེ་རྩ་
དང་། །གཞན་ཡང་འདུས་བྱས་འདུས་མ་བྱས་པ་ཡི། །བྱས་དང་བྱེད་འགྱུར་
དགེ་ཚོགས་རྒྱ་མཚོ་རྣམས། །འགྲོ་ཀུན་རྫོགས་བྱང་ཐོབ་པའི་རྒྱུ་རུ་
བསྔོ། །འདི་ལྟར་ལེགས་བྱས་དགེ་བའི་བསོད་ནམས་ཀྱིས། །བདག་དང་སྲིད་
མཚོར་འཁྱམས་པའི་འགྲོ་བ་རྣམས། །སྙིགས་དུས་ཀྱི་དལ་འབྱོར་རྟེན་བཟང་འདི་ཉིད་
ལ། །མི་རྟག་སྐྱོ་ཤེས་དྲན་པའི་བརྩོན་འགྲུས་ཀྱིས། །ཡོང་མེད་རྒྱུད་སྐྱེས་ལས་
འབྲས་ཡིད་ཆེས་ནས། །ཐོས་བསམ་བསྒོམ་པས་ཉིན་མཚན་འདའ་བར་
ཤོག །རྒྱལ་ཁམས་ཀུན་ཏུ་ལོ་ཕྱུགས་ལེགས་པ་དང་། །མི་ནད་ཕྱུགས་ནད་དུས་
འཁྲུགས་ཀུན་ཞི་ནས། །བསམ་སྦྱོར་ཆོས་དང་མཐུན་པ་ཡོངས་འགྲུབ་
སྟེ། །དགེ་ལེགས་ཞི་བདེའི་དཔལ་ལ་སྤྱོད་པར་ཤོག །རྒྱལ་བསྟན་སྤྱི་དང་
པདྨ་ཀ་ར་ཡི། །རིང་ལུགས་འཛིན་པའི་འདུས་སྡེ་ཐམས་ཅད་ཀྱིས། །འཆད་
ཉན་བཤད་སྒྲུབ་བསྟན་པ་དར་རྒྱས་ནས། །ལུང་རྟོགས་དམ་པའི་མཛོད་ལ་དབང་

འགྱུར་ཤོག །རང་བྱུང་པདྨའི་ཐུགས་བཅུད་བླ་མེད་ཆོས། །ཡང་གསང་སྙིང་ཐིག་བསྟན་པ་དར་རྒྱས་ཤོག །འབྲེལ་ཐོག་མཐོང་ཐོས་གྱུར་པའི་འགྲོ་བ་རྣམས། །སྐུ་བཞིའི་དབང་ཕྱུག་རྡོ་རྗེ་འཆང་འགྲུབ་ཤོག །ཅེས་རྫོགས་པ་ཆེན་པོ་མཁའ་འགྲོ་སྙིང་གི་ཁྲིད་ཡིག་ཐར་ལམ་བགྲོད་བྱེད་ཤིང་རྟ་བཟང་པོ་ཞེས་བྱ་བའི་ཟབ་ཁྲིད་འདི་དམངས་ཁྲོད་དུ་རྫོགས་ཆེན་རིན་པོ་ཆེ་ངེས་དོན་བསྟན་འཛིན་བཟང་པོའི་གསུངས་ཡིན་པར་གྲགས་ཆེར་ཡང་། གོང་དུ་གཞུང་ནས་འབྱུང་བའི་ལོ་རྒྱུས་ཀྱི་བརྒྱུད་རིམ་དང་མཐུན་པར་རྫོགས་ཆེན་ཆོས་འབྱུང་ཆེན་པོ་སོགས་ལས་གསུངས་པ་བཞིན་རྫོགས་ཆེན་སྐུ་ཕྲེང་གཉིས་པ་འགྱུར་མེད་ཐེག་མཆོག་བསྟན་འཛིན་གྱིས་མཛད་པར་བཟུང་ན་ཁུངས་བཙུན་ཅིང་དོན་ལ་གནས་པ་སྙམ། ཞེས་དཔེ་བསྒྲུན་བྱེད་པོས་སོ།

ཨོཾ་སྭ་སྟི། གང་ཞིག་དྲན་པས་གནས་སྐབས་མཐར་ཐུག་གི། །དགེ་ལེགས་ཡོན་ཏན་མ་ལུས་རབ་གྲུབ་པ། །མཉམ་མེད་རྒྱལ་བ་ཆོས་དང་དགེ་འདུན་ཏེ། །རིན་ཆེན་རྣམ་གསུམ་གྲགས་པས་དགེ་ལེགས་སྩོལ། ༡ །དུས་གསུམ་སངས་རྒྱས་ཀུན་དངོས་པདྨ་འབྱུང་། །བསྟན་པའི་མངའ་བདག་མཁན་ཆེན་ཞི་བ་འཚོ། །གངས་ཅན་ཕན་བདེའི་མངའ་བདག་ཁྲི་སྲོང་རྗེ། །མཚུངས་མེད་མགོན་པོ་གསུམ་ལ་གསོལ་ཕྱག་འཚལ། ༢ །རྒྱལ་ཀུན་མཁྱེན་རབ་བདག་པོ་འཇམ་པའི་དབྱངས། །སྙིང་རྗེའི་གཏེར་ཆེན་ཕྱག་ན་པད་དཀར་འཆང་། །མཐུ་སྟོབས་དབང་ཕྱུག་དཔལ་ལྡན་རྡོ་རྗེ་འཛིན། །རིགས་གསུམ་སེམས་དཔས་སྲིད་འདིར་བཀྲ་ཤིས་མཛོད། ༣ །གྲགས་སྙན་གདུགས་དཀར་གཅིག་གིས་ས་སྟེང་ཀུན། །མངོན་མཐོར་བྱེད་པ་གྲུབ་དབང་རྫོགས་ཆེན་

པ། །ཡབ་སྲས་བརྒྱུད་པར་བཅས་པའི་ཞབས་ཀྱི་རྡུལ། །ས་གསུམ་ཀུན་
དཀར་བྱེད་པས་ཤིས་གྱུར་ཅིག། ༤ །འདི་ན་ཐར་དང་ཐམས་ཅད་མཁྱེན་པའི་
ལམ། །དོན་གཉེར་སྐལ་བཟང་སྐྱེ་བོའི་ཚོགས་རྣམས་ཀྱིས། །དོན་ཀུན་ཡིད་
བཞིན་རྗེས་སུ་འཛིན་པ་ཡི། །སྟོན་འགྲོའི་ངག་འདོན་ཐར་ལམ་དཀར་པོ་ཞེས།
༥ །གྲུབ་དབང་རྫོགས་ཆེན་པ་དེས་རྡོ་རྗེའི་གསུང་། །ལེགས་བསྒྲིགས་མཐོང་
ཐོས་དྲན་རེག་དོན་ལྡན་ཉིད། །མཐའ་ཡས་གདུལ་བྱའི་བསོད་ནམས་ཞིང་གི་
ཁྱོན། །དགེ་བའི་འབྲས་བུར་རྒྱས་པར་འགོངས་པའི་ཕྱིར། ༦ །གང་
འདིར་མཁྱེན་པའི་བློ་དང་བརྩེ་བའི་ཤུགས། །སྟོན་ཀའི་ཟླ་བ་ལྟ་བུར་རབ་གསལ་
བ། །སྤྲུལ་པའི་སྐུ་མཆོག་གང་གི་ཐུགས་བསྐྱེད་ལས། །ངོ་མཚར་སྤར་གྱི་
གཞི་རུ་ལེགས་པར་བསྒྲུབ། ༧ །བསོད་ནམས་དགེ་བའི་འབྲས་བུ་ཅི་ཡང་
རུང་། །ཐབས་ཆེན་བྱང་ཆུབ་སེམས་དང་དམིགས་མེད་བློས། །ལེགས་པར་
བཟུང་བ་གང་ཞིག་མཐའ་ཡས་པའི། །འགྲོ་བའི་མཆོད་སྡོང་བྱང་ཆེན་འབྲས་བུར་
ངེས། ༨ །དེ་ཕྱིར་དགེ་ཚོགས་དྲི་མེད་ཟླ་འདྲ་བ། །བླ་མེད་འབྲས་བུར་བསྔོས་པའི་
ཐབས་མཁས་དང་། །རང་བཞིན་དམིགས་པ་མེད་པའི་ཤེས་རབ་ཀྱིས། །ཀུན་
ཏུ་བཟང་པོའི་རྗེས་སུ་བསྔོ་བགྱིད་ན། ༩ །རབ་དགེ་དྲི་མེད་གང་དེས་འགྲོ་བ་
ཀུན། །བྱང་ཆུབ་མཆོག་གི་ལམ་ལ་འཇུག་པ་དང་། །བར་ཆད་བདུད་ཀྱི་
ཚོགས་ལས་རྣམ་རྒྱལ་ནས། །ཐེག་ཆེན་ལམ་གྱི་ཡོན་ཏན་རྫོགས་པར་ཤོག
༡༠ །སྙིགས་མར་གྱུར་པའི་སྐྱེ་དགུའི་ཉེས་ཚོགས་རྒྱུན། །སྟོན་གྱི་མིག་སྨན་
མདངས་ཅན་ལྟར་བདོ་བ། །དེ་ཀུན་དགེ་ཚོགས་ཉི་མའི་སྣང་བ་ཡིས། །རྨང་
མེད་རབ་ཞི་བདེ་སྐྱིད་དཔལ་འཕེལ་ཤོག ༡༡ །ལྗོངས་འདིར་བཤད་སྒྲུབ་

བསྟན་པ་རིན་ཆེན་དང་། །འགྲོ་བ་ཀུན་གྱི་ཕན་བདེའི་གཉེན་གྱུར་པ། །སྤྲུལ་
པའི་སྐུ་མཆོག་ཟུང་གིས་མཚོན་པ་ཡི། །བསྟན་འཛིན་ཚོགས་ཀུན་བསྐལ་བརྒྱར་
འཚོ་གཞེས་ཤོག ༡༢ །ཐེག་པ་གསུམ་དང་རིག་འཛིན་སྡེ་སྣོད་
དང་། །ཁྱད་པར་སྡེ་གསུམ་རྫོགས་པ་ཆེན་པོ་ཡི། །བཤད་སྒྲུབ་ཉི་ཟླའི་སྣང་
བས་འཛམ་གླིང་ཀུན། །ཡོངས་ཁྱབ་བཀྲ་ཤིས་དཔལ་དུ་འབར་བར་ཤོག
༡༣ །གང་ན་བསྟན་པ་རིན་ཆེན་གུས་མཆོད་ཅིང་། །བསྟན་འཛིན་རྣམས་ལ་
མཐུན་པ་སྒྲུབ་པ་ཡི། །བསྟན་པའི་སྦྱིན་བདག་ཚོགས་ཀྱི་ཚེ་བསོད་
དང་། །དཔལ་འབྱོར་དབྱར་གྱི་ཆུ་ལྟར་གོང་འཕེལ་ཤོག ༡༤ །གངས་
ཅན་འདི་དང་འཛམ་གླིང་གིས་མཚོན་པའི། །ཡངས་པའི་རྒྱལ་ཁམས་ཀུན་ཏུ་ནད་
མཚོན་སོགས། །མི་ཤེས་རྒུད་པ་མིང་ཡང་མི་གྲགས་པར། །བདེ་སྐྱིད་ཆོས་
འབྱོར་རྟག་ཏུ་འཕེལ་གྱུར་ཅིག ༡༥ །མ་ལུས་ཞིང་གི་རྒྱལ་བ་སྲས་བཅས་
ཀྱི། །ཡེ་ཤེས་བྱིན་རླབས་ཐོགས་མེད་རྡོ་རྗེའི་སྟོབས། །དེ་ཡིས་གང་འདིར་ཇི་
ལྟར་སྨོན་པ་ཡི། །རེ་འབྲས་མཐའ་དག་ཡིད་བཞིན་འགྲུབ་གྱུར་ཅིག
༡༦ །ཁྱད་པར་བསྟན་འགྲོའི་དོན་ལ་ཐུགས་བསྐྱེད་ཀྱི། །ཕྲིན་ལས་རབ་དཀར་
སྤར་འདི་བསྒྲུབ་པ་པོ། །སྤྲུལ་པའི་སྐུ་མཆོག་ཉིད་ཀྱི་ཐུགས་བཞེད་
ཀུན། །གེགས་མེད་ཡིད་བཞིན་འགྲུབ་པ་ཉིད་གྱུར་ཅིག ༡༧ །ད་དུང་དུ་
ཡང་བསྐལ་པའི་མུ་སྟེད་དུ། །རླབས་ཆེན་འཁོར་ལོ་གསུམ་གྱི་མཛད་བཟང་
རྒྱུན། །ཆུ་ཀླུང་རྣམ་བཞིའི་འགྲོས་ལྟར་ཆད་མེད་ཅིང་། །བསྟན་འགྲོའི་ཕན་
བདེ་ཕྱོགས་མཐར་སྤེལ་གྱུར་ཅིག ༡༨ །མདོ་རྒྱུད་རིག་གནས་བཅས་པའི་
གཞུང་ལུགས་ཀྱི། །ཆོས་ཀྱི་ཛ་ཆེན་ལེགས་པར་སྒྲོག་པ་ཡི། །ཆོས་སྡེ་ཆེ་

འདིར་ཆོས་དང་སྲིད་ཀྱི་དཔལ། །ཐམས་ཅད་ཡིད་བཞིན་ལྷུན་གྱིས་གྲུབ་གྱུར་ཅིག
༡༩ །རྒྱལ་བའི་བྱིན་རླབས་ཡེ་ཤེས་ཉི་མ་ཆེ། །རྟག་བརྟན་བྱང་ཆུབ་ནམ་
མཁའི་མུར་ཁྱབ་པ། །དེས་ནི་དེང་འདིར་སྲིད་དང་ཞི་བ་ཡི། །བཀྲ་ཤིས་འདོད་
དགུ་ཕུན་ཚོགས་འབྱུང་གྱུར་ཅིག ༢༠ །ཅེས་པ་འདི་ནི་བསླབ་གསུམ་ཡོན་ཏན་
གྱི་དབང་ཕྱུག་དགེ་མང་སྐུ་ཞབས་སྤྲུལ་བའི་སྐུ་རིན་པོ་ཆེ་ཐུབ་དབང་བསྟན་པའི་ཉི་མ་
ཕྱོགས་ལས་རྣམ་པར་རྒྱལ་བའི་དཔལ་གྱིས་སྔོན་འགྲོ་ཐར་ལམ་དཀར་པོའི་སྤར་འདི་
བསྒྲུབ་པའི་ཚེ། སྤར་བྱང་ཚིག་བཅད་ཉི་ཤུའི་གྲངས་ལྡན་དགོས་ཞེས་ལྷ་རྫས་དང་
བཅས་ཏེ་བཀའ་བསྩལ་པ་བཞིན་ལྷ་རིག་སློབ་མི་ཕམ་རྣམ་པར་རྒྱལ་བས་འཕྲལ་དུ་
བྲིས་ཏེ་ཕུལ་བ་དགེ་ལེགས་སུ་གྱུར་ཅིག། མངྒ་ལཾ། ༎ །

༄༅། །བདུད་འདུལ་སེང་གདོང་དྲག་མོའི་ཉམས་ལེན་རྒྱུན་ཁྱེར་སྙིང་པོར་དྲིལ་བ་བཞུགས་སོ།།

སྐྱབས་སེམས་ནི། ན་མོ། །མཆོག་གསུམ་རྩ་གསུམ་མ་ལུས་དང་། །ཡེ་ཤེས་མཁའ་འགྲོར་སྐྱབས་སུ་མཆི། །དབང་དྲག་ལས་ཀྱི་བྱང་ཆུབ་སེམས། །འགྲོ་བའི་དོན་དུ་བསྐྱེད་པར་བགྱི། །རང་བཞིན་དག་པའི་སྔགས་ཀྱིས་སྦྱངས། སྟོང་ཉིད་བརྗོད་བྲལ་རིག་པའི་རང་མདངས་ལས། །སྣོད་ཀྱིས་འཇིག་རྟེན་དག་པ་གཞལ་ཡས་ཁང་། །གསང་ཆེན་མཁའ་འགྲོའི་ཕོ་བྲང་ཆེན་པོའི་དབུས། །པད་ཉི་བམ་རོའི་སྟེང་དུ་རང་རིག་ཧཱུྃ། །འོད་འཕྲོས་དོན་གཉིས་ལས་སྒྲུབ་ཚུར་འདུས་པས། །བདག་ཉིད་ཟིལ་གནོན་མཁའ་འགྲོ་ཆེན་མོའི་སྐུ། །དམར་ནག་བསྐལ་མེ་ལྟར་འབར་གཏུམ་བརྗིད་གཟུགས། །སེང་ཞལ་རབ་ཁྲོས་གར་དགུའི་ཚུལ་དང་ལྡན། །ཕྱག་གཡས་གྲི་གུག་གཡོན་པས་ཐོད་ཁྲག་བསྣམས། །ཁྲོ་མོའི་ཆས་རྫོགས་མཆན་དུ་ཁ་ཏཾ་བརྟེན། །བསྐལ་མེའི་ཀློང་དུ་བརྐྱང་སྐུམ་གར་གྱིས་རོལ། །འཁོར་དུ་མཁའ་འགྲོ་རྒྱ་མཚོའི་ཚོགས་བཅས་གསལ། །གནས་གསུམ་འབྲུ་གསུམ་འོད་འཕྲོས་ཡེ་ཤེས་ཚོགས། །སྤྱན་དྲངས་དབྱེར་མེད་རོ་གཅིག་བརྟན་པར་གྱུར། །བཛྲ་ས་མ་ཛཿཛཿཧཱུྃ་བཾ་ཧོཿབཛྲ་ཨཀྵཾ་སོགས། སྨན་རག་གཏོར་མས་མཆོད། ཧཱུྃ། །རང་བཞིན་གསང་ཆེན་རོལ་པའི་དུར་ཁྲོད་ནས། །སྐྱེ

མེད་དབྱིངས་ལས་གང་འདུལ་སྤྲུལ་པའི་ལྷར། །ཡོངས་ཤར་མཁའ་འགྲོ་ཆེན་མོ་སེང་གེའི་གདོང་། །སྤྲུལ་འཁོར་རྒྱ་མཚོའི་ཚོགས་ལ་ཕྱག་འཚལ་བསྟོད། །སྙིང་དབུས་རང་འདྲའི་ཁྲོ་མོའི་ཐུགས་དཀྱིལ་ཉི། །དེ་དབུས་ཧཱུྃ་དམར་སྔགས་ཀྱིས་གཡོན་དུ་བསྐོར། །འོད་འཕྲོས་འཕགས་མཆོད་སེམས་ཅན་སྒྲིབ་གཉིས་སྦྱངས། །དགྲ་བགེགས་ཚར་བཅད་འོད་ཟེར་ཚུར་འདུས་བསྟིམ། །སྣང་གྲགས་དག་པ་ལྷ་སྔགས་རབ་འབྱམས་དང་། །རང་རིག་ཡེ་ཤེས་མཁའ་འགྲོའི་ངོ་བོར་གྱུར། །ཨོཾ་བཾ་སེང་ཧ་ཝཀྟ་ཀེ་ཧ་རི་ནི་ས་ཧཱུྃ་ཛཿ ཨ་ཀ་ས་མ་ར་ཙ་ཤ་ད་ར་ས་མ་ར་ཡ་ཕཊཿ ཞེས་བསྙེན་སྒྲུབ་དང་སྲུང་བཟློག་གམ་སྔགས་དམིགས་འཕྲུལ་ཤེས་པར་བྱའོ། །ཐུན་མཐར། སྣང་སྲིད་སྣོད་བཅུད་འོད་ཞུ་རང་ལ་བསྟིམ། །བདག་གི་ཐུགས་ཀའི་ཧཱུྃ་ལས་གྱེན་རྫོགས་སུ། །མི་དམིགས་སྤྲོས་ཀུན་ཞི་བའི་ངང་དུ་བཞག །ཧཱུྃ་ཕཊ་རྟག་ཆད་ལྟ་བའི་མཐའ་ཀུན་བསལ། །སླར་ཡང་ཐུན་མཚམས་ལྷ་དང་གཞལ་ཡས་ཁང་། །སྣོད་བཅུད་དག་པ་རབ་འབྱམས་འཁོར་ལོས་སྦྱངས། །འདི་སྒྲུབ་དགེ་ཚོགས་ཉིན་བྱེད་རབ་འབར་བས། །ཕ་རོལ་བདུད་སྡེའི་སྨག་རུམ་ཀུན་ཟློས་ནས། །དགེ་ལེགས་སྣང་བ་རྒྱས་པའི་སྐལ་བཟང་ལ། །མ་གྱུར་འགྲོ་རྣམས་རྟག་པར་སྤྱོད་གྱུར་ཅིག། ཅེས་པ་འདི་ཡང་དགེ་སློང་ཕྲིན་ལས་པས་བསྐུལ་ངོར། འགྱུར་མེད་ཐེག་མཆོག་བསྟན་འཛིན་གྱིས་དབེན་གནས་ནགས་ཁྲོད་དུ་བྲིས་པ་དགེའོ། །

༄༅། །གཉེན་ཆེན་ཐང་ལྷའི་བསྐུལ་བ།།

ཧཱུྃ། གཡས་རུ་རི་རྒྱལ་བཀྲ་བཟང་རྩེར། །རིག་འཛིན་རྡོ་རྗེ་དྲག་པོ་རྩལ། །བཀའ་ཉན་ལྷ་སྲིན་ཀུན་འདུས་ཆེ། །ཁྲི་སྲོང་ལྡེའུ་བཙན་སྐུ་ལྷ་ཁྱེད། །ལྷ་བྲག་ཐུགས་གཏེར་བདག་པོ་བསྔགས། །རྟོགས་པ་ཆེན་པོའི་རྣལ་འབྱོར་སྐྱོངས། །སླིགས་དུས་རྒྱལ་འགོང་དམ་སྲི་ཡི། །གཉེན་པོ་སྲོག་གི་གཤེད་མར་བསྒོས། །རྒྱལ་བའི་བསྟན་པ་གསུམ་མཆོད་ཅིང་། །དཀར་ཕྱོགས་སྐྱོང་བའི་ལས་ལ་བརྩོན། །གསུམ་པས་བསྟན་ལ་སྙིང་ཉེ་ཞིང་། །མགོན་སྐྱབས་དཔུང་གཉེན་མི་འབྲལ་ཞིང་། །མདོར་ན་བདག་སོགས་འཁོར་བཅས་ཀྱི། །བྱང་ཆུབ་སྒྲུབ་ལ་གེགས་མེད་ཅིང་། །བསམ་དགུ་ཆོས་བཞིན་འགྲུབ་པ་དང་། །འདོད་རྒུ་ཡིད་བཞིན་འཇོ་བ་ཡི། །མཆོག་ཐུན་དངོས་གྲུབ་མ་ལུས་རྣམས། །འབད་མེད་ལྷུན་གྲུབ་ཕྲིན་ལས་མཛོད། །ཅེས་རྟོགས་ཆེན་སྐུ་འཕྲེང་གཉིས་པ་འགྱུར་མེད་ཐེག་མཆོག་བསྟན་འཛིན་པས་བྲིས་པ་དགེ། །།

ཆོས་རྩལ་འདི་ཡང་ཉི་ཟླའི་དཀྱིལ་འཁོར་བཞིན།
ཕྱོགས་ཀྱི་ཐ་གྲུ་ཀུན་ཏུ་གྲགས་གྱུར་ཏེ།
བློ་གྲོས་པད་མོ་རབ་ཏུ་རྒྱས་བྱེད་ཅིང་།
སངས་རྒྱས་བསྟན་པ་དར་ཞིང་རྒྱས་པར་ཤོག
རྒྱལ་དབང་ཀློང་ཆེན་པས།

མདོ་སྔགས་ཆོས་རྩལ་ཚང་ལ་མ་ནོར་བ།
མཁས་ཤིང་གྲུབ་བརྙེས་རིག་འཛིན་བརྒྱུད་པའི་སྲོལ།
ཐུབ་བསྟན་སྙིང་པོ་གསང་སྔགས་སྔ་འགྱུར་པའི།
བསྟན་པ་འཕེལ་རྒྱས་འཛམ་གླིང་ཁྱབ་གྱུར་ཅིག
འཇམ་མགོན་མི་ཕམ་པས།

དགེ་ལེགས་ངོ་མཚར་བྱེ་བ་འབྱུང་བའི་གཞི།
ཐུབ་བསྟན་ཡོངས་རྫོགས་པཎྜི་རྒྱས་པའི་གཉེན།
སྨྲ་བའི་ཉིན་བྱེད་གྲུབ་དབང་རྫོགས་ཆེན་པའི།
ཐུགས་བསྐྱེད་བསྟན་པ་མཐར་རྒྱས་བཀྲ་ཤིས་ཤོག
མཁན་ཆེན་པདྨ་བཛྲ་གྱིས།

དཔེ་སྒྲིག་ལས་ཁང་།	སྔ་འགྱུར་རྫོགས་ཆེན་དཔེ་ཚོགས་བསྡུ་སྒྲིག་ཁང་།
སྤྱི་ཁྱབ་བསྡུ་སྒྲིག་དག་ཞུས་པ།	གྲུབ་དབང་རྫོགས་ཆེན་བདུན་པ་བསྟན་འཛིན་ལུང་རྟོགས་ཉི་མ།
ཆེད་འགན་དག་ཞུས་པ།	སྨྱོ་ཤུལ་མཁན་པོ་འཆི་མེད་བཟོད་པ།
	རྫོགས་ཆེན་སློབ་དཔོན་བསོད་སྤྱིན།
	རྫོགས་ཆེན་སློབ་དཔོན་པདྨ་སྣང་བ།
བསྐྱར་ཞུས་པ།	སྤྲུལ་སྐུ་གྲགས་པ་རྒྱལ་མཚན།
	ར་ཕྱིས་སྤྲུལ་སྐུ་ཐུབ་འོད།
	བྲག་མཁར་སྤྲུལ་སྐུ་ཚུལ་ཁྲིམས་རྒྱལ་མཚན།
ཡིག་གཏག་པ།	བསྟན་འཛིན་ཚེ་དབང་། བསྟན་འཛིན་ཤེས་རབ། པདྨ་གྲགས་པ།
དཔེ་སྒྲིག་པ།	དབྱིན་ཧྲི་བ་པདྨ་མཐུ་སྟོབས།
མདུན་ཤོག་མཛེས་རིས་པ།	ཕུར་བཟང་། ཡུས་ཁྲེ་ཡུས།

图书在版编目（CIP）数据

藏传佛教大圆满文集：藏文 / 佐钦寺整理编著 .
—拉萨：西藏藏文古籍出版社，2016. 7
ISBN 978-7-80589-818-6

Ⅰ . ①藏… Ⅱ . ①佐… Ⅲ . ①喇嘛宗—文集—藏语 Ⅳ . ① B946. 6-53

中国版本图书馆 CIP 数据核字（2016）第 150552 号

藏传佛教大圆满文集

编　　者　大圆满丛书整编室
责任编辑　次　巴
出　　版　西藏藏文古籍出版社（拉萨市色拉路 22 号）邮政编码：850000
第二编辑部（北京）：100013 北京市东土城路 8 号林达大厦 A 座 13 层
电话：010-64466847
打击盗版：0891-6649998　13908990085
印　　刷　北京谊兴印刷有限公司
经　　销　全国新华书店
开　　本　16 开（710×1 000）
印　　张　118
版　　次　2016 年 7 月第 1 版第 1 次印刷
标准书号　ISBN 978-7-80589-818-6
定　　价　290.00 元（全 6 册）

སྐུ་རབས་གསུམ་པ་ངེས་དོན་བསྟན་འཛིན་བཟང་པོ།

སྤྱི་འགྱུར་༧རྒྱལ་བ་རྫོགས་ཆེན་པའི་དགེ་ཚོགས།

༄༅། །གྲུབ་དབང་རྫོགས་ཆེན་པ་རིམ་བྱོན་གྱི་གསུང་འབུམ་བཞུགས་སོ།།

གླེགས་བམ་གསུམ་པ།

བོད་ལྗོངས་བོད་ཡིག་དཔེ་རྙིང་དཔེ་སྐྲུན་ཁང་།

གྲུབ་དབང་རྫོགས་ཆེན་པ་རིམ་བྱོན་གྱི་གསུང་འབུམ་བཞུགས་སོ།།

ཏྲུས་འགོད། བོད་ལྗོངས་ཞིན་ལི་དཔལ་འབྱོར་རིག་གནས་འཕེལ་རྒྱས་ཚད་ཡོད་ཀུང་སི།

དཔེ་སྐྲུན། བོད་ལྗོངས་བོད་ཡིག་དཔེ་རྙིང་དཔེ་སྐྲུན་ཁང་།

སྦྲག་ཨང་850000

བརྒྱུད་འཚོང་། ཤིན་ཧྭ་དཔེ་ཚོང་ཁང་།

དེབ་ཚད། 710mm×1 000mm 1/16

པར་ཐོག 118

པར་གཞི། 2016ལོའི་ཟླ་7པར་པར་གཞི་དང་པོ་བསྒྲིགས།

པར་ཐེངས། 2016ལོའི་ཟླ་7པར་པར་ཐེངས་དང་པོ་དཔར།

དཔེ་རྟགས། ISBN 978-7-80589-818-6

རིན་གོང་། སྒོར་290.00 (དེབ་དྲུག)

དཔེ་སྐྲུན་སྔོན་འགྲོའི་གཏམ་ཐུང་།

གྲུབ་པའི་དབང་ཕྱུག་རྫོགས་ཆེན་པ་པདྨ་རིག་འཛིན་ནི། དུས་རབས་བཅུ་གཅིག་པའི་ནང་སྔ་འགྱུར་རྙིང་མའི་ཟབ་ཆོས་རྫོགས་པ་ཆེན་པོའི་ཆོས་མིང་གང་ཟག་ལ་ཐོག་པའི་འཚབ་བྱེད་སྐྱེས་ཆེན་ཡོངས་གྲགས་ཤིག་སྟེ། རྗེ་འདི་ཉིད་ཀྱི་སྐུ་ཚེ་གང་པོར་བྱ་བཏང་སྤྲོས་པའི་རྣལ་འབྱོར་བའི་ཚུལ་གྱིས་འོད་གསལ་རྫོགས་པ་ཆེན་པོའི་ཉམས་བཞེས་ལ་གནད་དུ་སྟུན་པས་རིག་པ་ཚད་ཕེབས་ཀྱི་སར་ཕྱིན་ཏེ་གྲུབ་ཐོབ་པདྨ་རིག་འཛིན་ཞེས་མཚན་དུ་གྲགས་པ་བྱུང་། རྗེ་གང་ཉིད་དང་རྒྱལ་མཆོག་ལྔ་པ་ཆེན་པོ་བཀའ་བགྲོས་ནས་ཁམས་ཕྱོགས་སུ་རྫོགས་ཆེན་དགོན་པ་ཕྱག་བཏབ་པ་ནི་དབུས་གཙང་དུ་ཉམས་རྒུད་ཐེབ་པའི་སྔ་འགྱུར་རྙིང་མའི་ཆོས་བརྒྱུད་གནས་དུས་འདིར་དམིགས་ཀྱིས་སླར་གསོ་མཛད་པའི་ལོ་རྒྱུས་ཀྱི་རྒྱབ་ལྗོངས་མཚོན་ཞིང་། སྐུ་དངོས་ཀྱིས་སྐྱེ་དགེའི་མངའ་ཁྱོན་གཙོ་བོར་བྱས་པའི་ཁམས་ཕྱོགས་ཀྱི་ཀཿདཔལ་སོགས་རྙིང་དགོན་མང་པོར་ཕེབས་ཏེ་རྫོགས་པ་ཆེན་པོའི་ལྟ་སྒོམ་ལ་དག་ཐེར་མཛད་ཅིང་ཐུགས་བཞེད་བཞིན་ཨ་མདོ་དང་ཁམས་ཕྱོགས་སུ་ཆོས་བརྒྱུད་དགོན་སྡེ་བརྒྱ་ཕྲག་མང་པོ་འཕེལ། ཕྱི་དུས་འདིར་གངས་རིའི་ལྗོངས་སུ་རྫོགས་པ་ཆེན་པོའི་བསྟན་པ་མཐར་རྒྱས་སུ་འཕེལ་བའི་རྒྱུ་འགོའམ་ཤིང་རྟའི་སྲོལ་འབྱེད་མཆོག་གཅིག་ཏུ་ཡོངས་སུ་གྲགས། རྗེ་གང་གི་སྤྲུལ་རབས་སྐུ་ཕྲེང་རིམ་བྱོན་ནི་ཐོས་བསམ་སྒོམ་

གསུམ། མཁས་བཙུན་བཟང་གསུམ། འཆད་རྩོད་རྩོམ་གསུམ་སྐྱེ་རྒྱལ་དགུའི་ཡོན་ཏན་གྱི་མངའ་བདག་ཤ་སྟག་བྱོན་པས་སྤྱི་འགྱུར་སྙིང་མའི་བསྟན་པའི་གཙུག་རྒྱན་ལྟ་བུར་ཆགས་ཤིང་། གཞུང་ས་དགའ་ལྡན་ཕོ་བྲང་ནས་མ་ཧཱ་པཎྜི་ཏ་ཨེར་ཏེ་ནི་ཧོ་ཐོག་ཐུའི་ཆོ་ལོ་ཐེངས་མང་བསྩལ་བའི་མཚན་ཐོབ་ལྡན། སློབ་བུ་ཉི་ཟླ་སྐར་གསུམ་དང་འཇིགས་མེད་རྣམ་བཞི་སོགས་སྐུ་རབས་རིམ་བྱོན་གྱི་ཐུགས་སྲས་མཁས་བཙུན་གྲུབ་པའི་སྐྱེས་བུ་བཟང་ལ་མང་བ་བྱོན་པས་ཆོས་རྒྱུན་ཕྲིན་ལས་ཕྱོགས་བརྒྱར་འཕེལ། གྲུབ་དབང་སྐུ་རབས་རིམ་བྱོན་གྱི་ཞལ་གསུང་བསྟན་བཅོས་མང་རབ་བཞུགས་རྒྱལ་ཆོས་འབྱུང་རྣམ་ཐར་དག་ན་གསལ་ཡང་སྤྱིར་དུས་བཀའ་རྒྱ་དམ་པོར་མཛད་དེ་ཤིང་པར་དུ་མ་བཀོད་པ་དང་། སྤྱི་ཕྱིར་བླ་བྲང་ལ་མེ་སྐྱོན་དང་ས་འགུལ་གྱི་གནོད་འཚེ་ཐེབ་པས་སྐབས་དེ་དག་ཏུ་རྩ་འཕོར་སོང་ཕྱིར་དེང་དུས་མཇལ་དུ་བཞུགས་པ་ཤིན་ཏུ་ཉུང་། སྔར་ལམ་གྲུབ་དབང་པདྨ་རིག་འཛིན་གྱི་གསུང་ཚན་ཐོར་བུ་བསྡུ་སྒྲིག་དཔེ་སྐྲུན་ཐེངས་གཅིག་བྱས་པ་དང་། ད་ལམ་གྲུབ་དབང་སྐུ་རབས་རིམ་བྱོན་གྱི་ཆོས་སྲིད་མཛད་ཕྲིན་བསྐྱངས་པའི་ལྟེ་གནས་ཕོ་བྲང་ཆེན་མོ་ཁམས་གསུམ་ཟིལ་གནོན་བསྐྱར་བཞེངས་ལེགས་གྲུབ་ཀྱི་ལས་སྨོན་མངོན་དུ་གྱུར་བ་མ་ཟད། ནང་བཞུགས་སྐུ་ཐུགས་ཀྱི་རྟེན་མཆོག་སྐུ་རབས་རིམ་བྱོན་གྱི་སྐུ་བརྙན་བྱོན་ལེགས་དང་གསེར་གདུང་ཁྱད་འཕགས་བྱིན་རླབས་ཀྱི་གཟི་འོད་འབར་བ་བཞུགས་སུ་གསོལ་བ་དང་། གསུང་རྟེན་དུ་སྐུ་རབས་རིམ་བྱོན་གྱི་གསུང་འབུམ་འདི་བཞིན་འཚོལ་བསྡུད་དག་ཞུས་དཔེ་སྐྲུན་གྱིས་གསུང་གི་ཕྲིན་ལས་རྒྱུན་མི་ཆད་པའི་སྲི་ཞུ་སྒྲུབ་པ་ན། རྟེན་འབྱུང་ཆུད་མི་ཟ་བའི་བདེན་མཐུས་གནའ་དུས་ནས་ལག་བྲིས་དཔེ་སྙིང་གཅིག་ཁོ་ན་ལས་མི་བཞུགས་པའི་ཕྱི་མོ་དག་ཀྱང་ངོ་མཚར་ཆེན་

དཔེ་སྐྲུན་སྔོན་འགྲོའི་གཏམ་ཐུང་།

པོས་ལག་འབྱོར་བྱུང་བ་དད་སྤྲོ་རབ་ཏུ་འཕེལ་བ་དང་བཅས་འགྲེམ་སྤེལ་བགྱིས་པ་སྟེ། འདིས་མཚོན་རྣམ་པར་དཀར་བའི་དགེ་རྩ་གང་མཆིས་མཁའ་མཐས་ཁྱབ་པའི་འགྲོ་བ་ཀུན་ལ་རྟུལ་བྲལ་ཆོས་རབ་རྣམ་འབྱེད་ཀྱི་ཡེ་ཤེས་ཐོབ་པའི་རྒྱུར་ཡོངས་སུ་བསྔོ་བ་དང་། ཐོག་མཐའི་བྱ་བར་དངོས་སུ་ཞུགས་པ་དང་བསམ་སྦྱོར་གང་ཐད་ནས་རྒྱབ་སྐྱོར་རོགས་དན་མཛད་པོ་ཡོངས་ལ་བཀའ་དྲིན་རྗེས་དྲན་ཞུ་བ་དང་བཅས།

མཁྱེན་གཟིགས་དམ་པའི་ཞལ་སྔ་ནས་གྲུབ་དབང་རྫོགས་ཆེན་པའི་མཚན་གྱི་ཅོད་པཎ་གྱིས་མངོན་པར་བསྟོད་པ་བསྟན་འཛིན་ལུང་རྟོགས་ཉི་མས་མི་སྤྱོལ་ས་ཟླའི་ཡར་ཚེས་ལ་སྦྱར་བ་དགེ།

སྐུ་རབས་གསུམ་པའི་གསུང་ཚན་དཀར་ཆག

སྐུ་རབས་དྲུག་པའི་གསུང་ཚན་དཀར་ཆག

༄༅། །གྲུབ་དབང་རྟོགས་ཆེན་པ་སྐུ་རབས་གསུམ་པ། ངེས་དོན་བསྟན་འཛིན་བཟང་པོའི་རྣམ་ཐར་མདོར་བསྡུས།།

ངེས་དོན་བསྟན་འཛིན་བཟང་པོ་ཨ་ཧྲི་བསྟན་པའི་རྒྱལ་མཚན་མཆོག་ནི། སྤྱི་ལོ་༡༧༥༩ པ་རབ་བྱུང་བཅུ་གསུམ་པའི་མེ་ཡོས་ལོར། བྱང་ཟླ་ཀླུང་སྔོན་མོ་དལ་གྱིས་འབབ་པའི་ཡུལ་གྱི་བྱེ་བྲག་རྫ་བརྒྱུད་རྫོར་པ་ཞེས་པའི་ཆར་ཡབ་ཚོའི་རིག་བྱེད་ལ་བྱང་ཆུབ་པ་འགའ་ཞིག་བྱོན་པའི་རྒྱུད་ལས་བཀྲ་ཤིས་འབུམ་བྱ་བའི་སྲས་སུ་སྐུ་འཁྲུངས། གསུང་ངག་བྱེ་བ་ཉིད་ནས་རྗེ་གོང་མའི་ཐུགས་ཀྱི་བག་ཆགས་མ་བརྗེད་པར་རྟོགས་ཆེན་མཆོག་སྤྲུལ་ཡིན་ཚུལ་དང་། སྐུ་འཁོར་གྲྭ་པ་པདྨའི་མིང་འཛིན་གསུམ་ཡོད་ཚུལ་སོགས་ཡང་ཡང་གསུངས་ཤིང་། དབུས་གཙང་ལྷ་ཟླའི་གསུང་རྟགས་དང་དམ་ཅན་སྐྱེས་བུའི་ལུང་བསྟན། རྗེ་དབོན་བླ་མའི་གསུང་ལུང་རྣམས་གཅིག་མཐུན་བྱུང་བ་ལྟར་ངེས་འཛིན་ཐུབ། སྤྲུལ་བའི་སྐུས་སྔོན་གནས་རྗེས་སུ་དྲན་པའི་རྣམ་ཐར་བཟང་པོས་གོང་མའི་ཕྱག་དཔེ་དང་། རྡོར་དྲིལ། ཕྱག་ཕྲེང་། གསོལ་ཞལ་སོགས་ཉེར་སྤྱོད་རྣམས་ངོས་འཛིན་གནང་བ་དང་། སྔོན་གྱི་མཛད་ཚུལ་སོགས་ངེས་ཤེས་འདྲོངས་པའི་གསུང་འཕྲོས་མང་པོ་བསྐུལ་བས་ཐམས་ཅད་ཡང་དུ

ཡིད་ཆེས་ཀྱི་ས་ལ་བཀོད་དེ་དད་པའི་སོར་འདབ་དབང་མེད་དུ་ཟུམ་པར་བྱས།
དགུང་གྲངས་བཞི་ལ་སོན་པ་སྣ་ཚོགས་ཞེས་པ་ཚུ་རྟ་ལོར་རྗེ་དབོན་རིན་པོ་ཆེ་དང་ས་
སྐྱོང་ཆོས་རྒྱལ་ཆེན་མོ་གཙོས་ཡུལ་སྤྱི་དགོན་འབངས་ཡོངས་ཀྱིས་ཕྱུན་སུམ་ཚོགས་
པའི་ཆིབས་བསུ་དང་བཅས་གདན་སར་སྤྱན་དྲངས། ཉི་སྤྲུལ་བསྟན་པའི་རྒྱལ་
མཚན་གྱིས་གཙུག་ཕུད་བཞེས་པའི་མཚན་ལ་ཀུན་བཟང་ཐེག་མཆོག་བསྟན་པའི་
མགོན་པོ་ཞེས་དང་། རྗེ་དབོན་རིན་པོ་ཆེས་གསེར་ཁྲིར་བཀོད་པའི་མཚན་ལ་ངག་
དབང་པདྨ་རྣམ་རྒྱལ་དུ་གསོལ། ས་སྐྱོང་གོང་མ་ངག་དབང་ཀུན་དགའ་བློ་གྲོས་
ཀྱིས་ཀྱང་ཆབ་ཤོག་གི་ལམ་ནས་ཞབས་བརྟན་དང་བཅས་རིག་འཛིན་ཕྲིན་ལས་དབང་
ཕྱུག་ཨ་ཧི་བསྟན་པའི་རྒྱལ་མཚན་ཞེས་མཚན་འབུལ་གནང་། དགུང་ལོ་བདུན་
པར་སྐུ་རྒྱབ་སློབ་དཔོན་ཐེག་མཆོག་ལས་ལྷགས་གློག་དང་འདོན་ཆོག་མ་ལུས་པ་བྱང་
ཆུབ་པར་མཛད་པ་དང་། དེ་ནས་ཡིད་བཞིན་མཛོད་དང་སྡོམ་གསུམ་སོགས་
ཐུགས་འཛིན་གནང་ཞིང་རིམ་པར་ཉི་སྤྲུལ་རྡོ་རྗེ་འཆང་ལས་བླ་མ་དགོངས་འདུས་དང་
ཉི་གྲགས་གཏེར་ཆོས་སོགས་བཀའ་གཏེར་ཆོས་ཚུལ་དུ་མའི་སྨིན་དབང་གྲོལ་ཁྲིད་སྣ་
ཚོགས་གསན། ཁྱད་པར་ཉི་སྤྲུལ་རིན་པོ་ཆེས་མཁན་པོ་དང་རྗེ་དབོན་མཆོག་ནས་
ལས་ཀྱི་སློབ་དཔོན་མཛད་དེ་དགེ་འདུན་ལྔ་ཚོགས་ཀྱི་དབུས་སུ་རབ་ཏུ་བྱུང་།
མཚན་ངེས་དོན་བསྟན་འཛིན་བཟང་པོར་གསོལ། གཞན་ཡང་རྗེ་དབོན་རིན་པོ་ཆེ་
ལས་སླེང་ཐིག་གོང་འོག་གི་ཉམས་ཁྲིད་གནད་ཡིག་སོགས་གོང་མའི་ཞལ་ཤེས་
ཐམས་ཅད་བུམ་པ་གང་བྱོའི་ཚུལ་དུ་བསྒྱུར་བས་ཐུན་མིན་རིགས་བདག་ཏུ་གྱུར།
ཀཿ ཐོག་དྲི་མེད་ཞིང་སྐྱོང་ལས་བདུད་འདུལ་གཏེར་ཆོས་ཆ་ཚང་བ་དང་། འབར་
ཚུང་བཀྲ་ཤིས་རྒྱ་མཚོ་ལས་རྒྱལ་བཀའ་རིན་པོ་ཆེའི་བཀླག་ལུང་། ཉི་གྲགས་

གདན་ཚབ་སྐལ་བཟང་དོན་ཡོད་ལས་སླིང་ཐེག་ཉམས་ཁྲིད་ཟབ་རྒྱས་བཞེས། དེ་མཚུངས་དཔའ་བོ་ལས་རབ་རྩལ། གུ་གུ་བླ་མ་བསྟན་འཛིན་སླིང་པོ། མཁས་བཙུན་ནམ་མཁའ་མཆོག་གྲུབ་སོགས་དགེ་བའི་བཤེས་གཉེན་དུ་མ་ལས་བཀའ་ཆོས་གྲངས་མང་གསན། དགུང་གྲངས་ཉི་ཤུ་པ་ས་ཁྲི་ལོར་སྐུ་རབས་གོང་མའི་མཛད་སྲོལ་ལྟར་དབུས་ཕྱོགས་སུ་ཆིབས་བསྐྱོད་མཛད། ཇོ་ཤཱཀ་གཉིས་གཙོ་བོར་གྱུར་པའི་ལྷོ་བྲག་ཚུན་གྱི་གཙུག་ལག་ཁང་རྣམས་སུ་མཆོད་སྤྲིན་རྒྱས་སྤྲོས་དང་བསྟན་འགྲོར་ཕན་བདེ་སྤེལ་བར་འགྲན་ཟླ་མེད་པ་ཡིད་བཞིན་ནོར་བུ་དང་འདྲ་བ་ཞིག་འབྱུང་ངེས་ཡིན་ཞེས་བཀའ་ལུང་གནང་བ་དོན་སྨིན་དུ་བྱུང་ཞེས་ཀུན་གྱིས་བསྔགས་བརྗོད་ཀྱི་མེ་ཏོག་འཐོར་བར་མཛད་པ་སྟེ་ཐུན་མོང་ཕྱི་ཡི་རྣམ་ཐར་སྤྱི་དང་། བྱེ་བྲག་ཐུན་མིན་གྱི་རྣམ་ཐར་ལྷག་པའི་ལྷས་ཞལ་གཟིགས་ལུང་བསྟན་ཐོབ་པ། ཆོས་སྐྱོང་བྲན་དུ་བཀོལ་བ། ས་ལམ་གྱི་མངོན་རྟོགས་རྫོགས་ཚུལ་སོགས་གསང་བའི་རྣམ་ཐར་ཤིན་ཏུ་མང་བ་སྟེ། དགུང་གྲངས་བཞི་པར་གདན་སར་ཐོག་མར་ཞབས་འཁོད་ཉིན་པོ་བྲང་དབུ་རྩེའི་སྟེང་ན་དཔལ་མགོན་མ་ནིང་དང་སྔགས་སྲུང་མ་བཞུགས་པ་དངོས་སུ་གཟིགས་ཤིང་། དེ་ནས་སྐབས་དང་སྐབས་སུ་དམ་ཅན་སྐུ་ཆུང་ངུ་ཞིག་གིས་སྲུང་མའི་ཚུལ་གྱིས་ཡང་ཡང་སྐོར་བ་བྱེད། ཡོངས་འཛིན་སློབ་དཔོན་པདྨ་མཆོག་ལས་ལྷུགས་ཀློག་སྦྱོང་སྐབས། གཟིམས་ལམ་དུ་གཞི་བདག་ཀུ་ར་ཡིན་ཟེར་བའི་གཡག་དཀར་ཞོན་པའི་མི་དཀར་པོན་ཞྭ་གྱོན་པ་ཞིག་ཡང་ཡང་འོང་བ་གཟིགས། རྗེ་དཔོན་བླ་མར་ཞུས་པས་དེ་ཡུལ་ལྷ་ཡིན་ཞིང་ཁྱེད་ལ་འཁོར་བར་སྣང་ཡང་མི་ལེགས་པས་ངས་ཐབས་བྱའོ་གསུངས་ཏེ་ཐུགས་དམིགས་གནང་བས་དེ་ཕྱིན་འོང་རྒྱུ་མེད་པར་གྱུར། སྐབས་ཤིག་མི་མང་ཚོགས་པའི་ཁྲོམ་གསེབ་ཞིག་ཏུ་འདུག་པ་

ལན་གཅིག་གཟིགས་གསུངས། ཡང་སྐབས་ཤིག་དཔལ་མགོན་མ་ནིང་མངོན་རྟོགས་དང་མཐུན་པ་ཞིག་གིས་ཞལ་གཟིགས་པ་དང་། གྲུབ་དབང་པདྨ་བཞེས་གཉེན་ལ་དབང་གསུང་སྐབས་སྨན་ཐོད་ལས་བདུད་རྩི་དངོས་སུ་འཁོལ་བ་དེར་གནས་ཀུན་གྱིས་མངོན་སུམ་དུ་མཐོང་། དགུང་གྲངས་ཉེར་གཉིས་དུས་མཚོ་རྒྱལ་དཀར་མོ་ཕྲུག་ན་མདའ་དར་དང་ཚེ་བུམ་ཐོགས་པ་ཞིག་གིས་འབྱུང་འགྱུར་ལུང་བསྟན་དང་། ཆོས་བཀའ་མང་པོ་འབེབས་རྒྱུའི་བརྡ་འགྲོལ་བྱུང་ཡང་བདག་གིར་མ་མཛད། ཁྱད་པར་ཨོ་རྒྱན་ཆེན་པོས་ཞལ་གཟིགས་ཐེངས་མང་གནང་བ་དང་། དེ་མཚུངས་པཎ་ཆེན་བི་མ་ཏྲ། ཀླངས་ཆེན་དཔལ་གྱི་སེང་གེ། གཏོད་ཚང་སྣ་ཚོགས་རྣམས་གྱིས་ཀྱང་ཞལ་གཟིགས་ཡང་ཡང་ཐོབ་ཅིང་གསུང་གླེང་མང་པོ་མཛད། ལྷ་ལྡན་དུ་ཇོ་བོ་མཇལ་དུས་ཤཱཀྱ་ཐུབ་པ་དངོས་ཞལ་འཛུམ་པར་གཟིགས་ཤིང་འཁོར་གྱི་ལྷ་རྣམས་ཀུན་དེ་དང་དེར་མངོན་སུམ་དུ་གཟིགས། ཁྲ་འབྲུག་ཏུ་སྒྲོལ་མ་ཞལ་ཟས་མ་ཞལ་འཛུམ་པར་མཛད་པ་དང་། ཁྲོ་བོ་མི་གཡོ་བའི་རལ་གྲི་ལས་མེ་འབར་བ་སོགས་གཟིགས་སྣང་ཁྱད་པར་ཅན་སྣ་ཚོགས་བྱུང་། དེ་བཞིན་གདན་སར་སྒྲུབ་ཆེན་གྱི་ཚོགས་དབྱར་བཞུགས་དུས་རྒྱུད་མགོན་ལེགས་ལྡན་དང་ཚེ་རིང་མཆེད་ལྔས་རང་གཟུགས་དངོས་སུ་བསྟན་པ་དང་། རྒྱུན་དུ་མ་གཟའ་དམ་གསུམ། བཙན་གཏོད་ཆེན་པོ་སོགས་སྐུ་མདུན་དུ་མི་དང་མི་བཞིན་འོང་སྟེ་ཅི་བཅོལ་གྱི་ཕྲིན་ལས་སྒྲུབ་པ་སོགས་ངོ་མཚར་བའི་རྣམ་ཐར་མཐའ་ཡས། དེ་ལྟར་ཕྱི་ནང་གསང་བའི་མཛད་པས་བསྟན་འགྲོའི་གཞན་དོན་རྒྱ་ཆེར་བསྒྲུབས་ནས། དགུང་ལོ་སུམ་ཅུ་ལ་སོན་སྐབས་མཁའ་འགྲོས་བསུ་བའི་ལྟས་མང་པོ་རིམ་པར་བྱུང་ཞིང་། རྗེ་ནམ་མཁའ་ཚེ་དབང་མཆོག་གྲུབ་ནས་བསྙུན་བཟློག་མཛད་པས་མཚམས་རེར་བཟློག་པ་ལྟར་སྣང་

ཡང་། སླར་ཡང་སྔར་ལྟར་བྱུང་བར་གསུངས་ཤིང་། རེ་ཞིག་གདུལ་བྱ་དེ་ཙམ་དུ་དགོངས་ནས་དགུང་ལོ་སོ་བཞི་པ་རྒྱ་ཕོ་བྱི་བའི་ལོར་དགོངས་པ་ཆོས་དབྱིངས་སུ་བསྡུ་བའི་ཚུལ་བསྟན། གསུང་ལས་སྐྱེས་པའི་ཞལ་སློབ་ཀྱི་གཙོ་བོ་རྗེ་གྲུབ་འཇིགས་མེད་ཕྲིན་ལས་འོད་ཟེར། མཆིམས་པ་འཇིགས་མེད་རྒྱལ་བའི་མྱུ་གུ འབར་རྒྱུད་འཇིགས་མེད་གོ་ཆ། དགེ་རྩེ་བླ་མ་འཇིགས་མེད་ངོ་མཚར་རྒྱ་མཚོ། སེང་ཕྲུག་པདྨ་བཀྲ་ཤིས། འཛམ་བླ་སངས་རྒྱས་འོད་ཟེར་སོགས་སྒྲུབ་གྲྭའི་འཛའ་ལུས་པ་བཅུ་གསུམ། ཉི་གྲགས་སྤྲུལ་སྐུ་ཨོ་རྒྱན་བསྟན་འཛིན། རབ་འབྱམས་གཉིས་པ་ཀུན་བཟང་རྣམ་རྒྱལ། རྒྱལ་ཚབ་མཆོག་སྤྲུལ། དཔོན་སྤྲུལ་བསྟན་པའི་ཉི་མ། གུ་གུ་བླ་མ་བསྟན་འཛིན་སྙིང་པོ། གནས་མདོའི་ཆགས་མེད་སྤྲུལ་སྐུ། རྡོ་བྲག་མཆོག་སྤྲུལ། ཡོལ་མོ་སྤྲུལ་སྐུ། ལྷུགས་ལའི་རྒྱལ་སྲས། གྲུབ་ཆེན་པདྨ་བཤེས་གཉེན་སོགས་ས་ཐོབ་ཀྱི་སེམས་དཔའ་མིའི་བརྫུ་ལ་བྲོན་པ་གྲངས་མེད་པ་བྱོན། དམ་པ་འདི་འཆད་རྩོམ་ལ་རང་དབང་འབྱོར་ཞིང་རྒྱལ་བསྟན་བཤད་སྒྲུབ་ཀྱི་འཁོར་ལོ་མཁས་ཚུལ་གསུམ་གྱི་མཛད་པས་བསྐྱོང་བའི་དན་རྟགས་ཞལ་སློབ་དག་གི་རྣམ་ཐར་ན་གསལ་ཡང་། དགུང་གྲངས་གཞོན་དུས་སུ་ཞི་བར་གཤེགས་པས་གསུང་རྩོམ་ཅུང་ཟད་ལས་མི་བཞུགས་ཤིང་། ད་ལམ་གྲུབ་དབང་གོང་མ་རིམ་བྱོན་གྱི་གསུང་གི་གསང་བ་ཟབ་མོའི་ཕྲིན་ལས་ལ་སྤྱི་ཞུའི་བགྱི་བ་རྩོམ་སྐབས་གང་འབྱོར་དཔེ་ཚོགས་སུ་བཀོད་པ་དང་བསྟུན། སྔར་ལམ་རྫོགས་ཆེན་ཆོས་འབྱུང་ཆེན་མོར་བྲིས་པའི་རྣམ་ཐར་ལ་དག་ཞུས་དང་བཅས། མཁྱེན་གཟིགས་དམ་པའི་ཞལ་སྔ་ནས་གྲུབ་དབང་རྫོགས་ཆེན་པའི་མཚན་གྱི་ཅོད་པན་གྱི་བྱིན་གྱིས་བརླབས་པ་བསྟན་འཛིན་ལུང་རྟོགས་ཉི་མས་མེ་སྤྲེལ་ས་ཟླའི་ཡར་ཚེས་ལ་བྲིས་པ་དགེ།

༄༅། །དགོངས་འདུས་བརྒྱུད་འདེབས་བསྡུས་པ་བྱིན་རླབས་ཆར་འབེབས་བཞུགས་སོ།།

གདོད་མའི་མགོན་པོ་ཀུན་བཟང་སྣང་མཐའ་ཡས། །རྒྱལ་བ་རིགས་ལྔ་དྲུག་པ་རྡོ་རྗེ་འཆང་། །རྡོ་རྗེ་སེམས་དཔའ་སྤྱན་རས་གཟིགས་དབང་ལ། །གསོལ་བ་འདེབས་སོ་མཆོག་ཐུན་དངོས་གྲུབ་སྩོལ། །དགའ་རབ་འཇམ་དཔལ་བཤེས་གཉེན་ཤྲཱི་སེང་ཧ། །རྒྱལ་ཀུན་སྤྱི་གཟུགས་མཚོ་སྐྱེས་རྡོ་རྗེ་དང་། །གཉིས་མེད་ཡུམ་ཆེན་ལྷ་ལྕམ་མནྡ་རར། །གསོལ་བ་འདེབས་སོ་མཆོག་ཐུན་དངོས་གྲུབ་སྩོལ། །ཁྲི་སྲོང་ཡབ་སྲས་ལོ་པཎ་སྐྱེས་མཆོག་འཛིན། །ཤེས་རབ་རྗེ་མོ་ཡེ་ཤེས་མཚོ་རྒྱལ་དང་། །ཟབ་གཏེར་མཛོད་འཛིན་སངས་རྒྱས་གླིང་པ་ལ། །གསོལ་བ་འདེབས་སོ་མཆོག་ཐུན་དངོས་གྲུབ་སྩོལ། །ཡེ་ཤེས་རྡོ་རྗེ་བློ་གྲོས་འགྲོ་བའི་མགོན། །པདྨ་རཏྣ་ཀརྨ་བྷ་དྲའི་མཚན། །གྲུབ་མཆོག་བཟང་པོ་རིག་འཛིན་སྙིང་པོ་ལ། །གསོལ་བ་འདེབས་སོ་མཆོག་ཐུན་དངོས་གྲུབ་སྩོལ། །བདེ་ཆེན་དར་རྒྱས་ཀུན་བཟང་རང་གྲོལ་རྩལ། །ཕྲིན་ལས་རྡོ་རྗེ་བསྟན་པའི་རྒྱལ་མཚན་ཞབས། །འཁོར་ལོའི་མགོན་པོ་ངེས་དོན་བསྟན་འཛིན་བཟང་། །གསོལ་བ་འདེབས་སོ་མཆོག་ཐུན་དངོས་གྲུབ་སྩོལ། །ནམ་མཁའ་ཚེ་དབང་རིག་འཛིན་བཟང་པོའི་ཞབས། །པདྨ་འགྲོ་འདུལ་པདྨ་མདྲ་

ལམ། །དུས་གསུམ་དངོས་བརྒྱུད་བླ་མའི་ཚོགས་རྣམས་ལ། །གསོལ་བ་འདེབས་སོ་མཆོག་ཐུན་དངོས་གྲུབ་སྩོལ། །ཞི་དང་ཁྲོ་གར་སྟོན་མཛད་ཡི་དམ་ལྷ། །དགོངས་པ་ཀུན་འདུས་དཀྱིལ་འཁོར་ལྷ་ཚོགས་དང་། །ཕྲིན་ལས་མྱུར་མགྱོགས་མཁའ་འགྲོ་ཆོས་སྐྱོང་ལ། །གསོལ་བ་འདེབས་སོ་མཆོག་ཐུན་དངོས་གྲུབ་སྩོལ། །དེ་ལྟར་གསོལ་བ་བཏབ་པའི་བྱིན་རླབས་ཀྱིས། །དབང་བཞི་ཆུ་བོས་བདག་རྒྱུད་ཡོངས་སྨིན་ཞིང་། །རིམ་པ་གཉིས་ཀྱི་ལམ་བཟང་མཐར་ཕྱིན་ནས། །སྐུ་བཞིའི་འབྲས་བུ་མྱུར་དུ་འགྲུབ་པར་ཤོག །གདོད་ནས་འཕོ་འགྱུར་མེད་པའི་རིག་རྩལ་ལྟར། །ཡོངས་ཤར་སྣང་སྲིད་དག་པ་རབ་འབྱམས་སུ། །རྒྱས་ཐེབས་ཕྲིན་ལས་རྣམ་བཞིའི་བསྟན་འགྲོ་ཡི། །ཕན་བདེ་ཕྱོགས་བཅུར་རྒྱས་པར་བྱེད་ནུས་ཤོག །ཅེས་པའང་ངེས་དོན་བསྟན་འཛིན་བཟང་པོས་སྨྲས་པའོ། །འདི་ཉིད་སླན་མཆོད་དུ་བསྒྱུར་ན་གོང་གི་ཚིག་རྐང་བཞི་པ་རྣམས་「སླན་མཆོད་འབུལ་ལོ་མཆོག་ཐུན་དངོས་གྲུབ་སྩོལ།」ཅེས་བསྒྱུར། མངྒ་ལམ།

༄༅། །ཐེག་པ་ལམ་ཞུགས་ཀྱི་བཤགས་པའི་རྩ་འགྲེལ་བསྡུས་པ་ཐར་ལམ་སྒྲོན་མེ་ཞེས་བྱ་བ་བཞུགས་སོ།།

ཨོཾ་སྭ་སྟི། མཁའ་ཁྱབ་ཡེ་ཤེས་སྒྱུ་འཕྲུལ་རྒྱ་མཚོ་ཡི། །གསང་གསུམ་ཡོན་ཏན་ཕུང་པོ་རྡུལ་སྙེད་སྤྲིན། །རྣམ་རོལ་ཨོ་ཌྱི་ཡ་ནའི་སངས་རྒྱས་དང་། །དབྱེར་མེད་དཔལ་ལྡན་བླ་མའི་ཞབས་ལ་འདུད། །གསང་ཆེན་རྒྱུད་སྡེ་ཚངས་པའི་རལ་ཀླུང་ལས། །ཉེར་བབས་ཉམས་ཆགས་སྦྱོང་བྱེད་གཏྣའི་ཆབ། །དྲི་མེད་བཤགས་རྒྱུད་ལས་འཕྲོས་དག་བྱེད་རྒྱུན། །ཐེག་དགུའི་བཤགས་པའི་དཀའ་གནད་བརྡ་ཙམ་དགྲོལ། །དེ་ཡང་སྤྱིར་བཤགས་བྱ་བཤགས་བྱེད་དགོས་ཆེད་སོགས་དང་། རིམ་དགུ་སོ་སོར་བཤགས་པ། ཐུན་མོང་དུ་བཤགས་པ་སྡེ་གསུམ་ལས། དང་པོ་ནི། བདག་དང་སེམས་ཅན་རྣམས་མ་རིག་པའི་དབང་གིས་ཡུལ་ལ་ཆགས་པ་བསྐྱེད་པའི་རྐྱེན་གྱི་ཕ་མའི་ཁུ་རྡུལ་ལ་རླུང་སེམས་བརྟེན་ནས་གཟུགས་སུ་གྲུབ་སྟེ་བག་ཆགས་བརྟས་པས་འཇིག་རྟེན་གྱི་འཁྲུལ་སྣང་མཐོང་ཞིང་དུག་གསུམ་གྱི་དབང་གིས་དགེ་སྡིག་གི་དོན་མ་རྟོགས་ཤིང་འཁོར་བར་འཁྱམས་པས་སྡིག་པའི་ལས་མང་དུ་བགྱིས་ཏེ་ངན་སོང་གསུམ་དུ་འགྲོ་བའི་རྒྱུ་དཔག་ཏུ་མེད་པ་ཞིག་བསགས་སོང་སྙམ་པ་ཙི་ཙུག་བྱེད་ཨང་སྐམ་པའི་གནོད་འགྲོད་དྲག་པོ་དང་། དེ་ལྟར་སྤྱོད་བཞིན་པའི་སེམས་ཅན་ཐམས་ཅད་ལ་ཀུན་སློང་སྙིང་རྗེ

ཆེན་པོ་བསྐྱེད་དགོས་པའི་རྩ་ཚིག་ཏུ་བསྟན་པ་དང་། དེ་ནས་སངས་རྒྱས་ཀྱི་བསྟན་
པ་རིན་པོ་ཆེ་དང་། བསྟན་འཛིན་དགེ་བའི་བཤེས་ཀྱི་བདག་རྐྱེན་ལ་བརྟེན་ནས་
དགེ་སྡིག་རྒྱུ་འབྲས་ཀྱི་བླང་དོར་ཚུལ་བཞིན་དཔྱོད་པའི་མནོ་བསམ་ལེགས་པར་ཤེས་
ནས་སྐལ་བ་བཟང་པོར་སྤྱོད་པའི་སྐབས་འདིར་ཐར་བ་དང་ཐམས་ཅད་མཁྱེན་པའི་གོ་
འཕང་བདེ་བླག་ཏུ་འགྲུབ་པར་བྱེད་པ་དམ་པའི་ཆོས་ལ་རག་ལས་ཕྱིར་དེ་དག་ཚུལ་
བཞིན་སྤྱོད་ནས་དཀོན་མཆོག་གསུམ་ལ་སྐྱབས་སུ་མཆི་སླམ་པ་སྟེ་ཡུལ་ཁྱད་པར་ཅན་
གྱི་ཕན་ཡོན་དེ་དག་དྲན་པས་སྐྱབས་སུ་འགྲོ་བའི་རྩ་ཚིག་ཏུ་བསྟན་པའོ། །གཉིས་
པ་ནི། དེ་ཡང་ཐེག་པ་ལམ་ཞུགས་བཞགས་པ་འདི། དུས་ཁྲིམས་བསྲུང་བ་
དགེ་བསྙེན་དང་། གཞན་འདུལ་ཁྲིམས་ལ་ཞུགས་སོ་ཅོག་མཆོག་དམན་ཐམས་
ཅད་དགེ་ཚུལ་དུ་བསྡུས་ནས། བྱང་ཆུབ་སེམས་དཔའི་སྡོམ་ལྡན་དགེ་སློང་ཞེས་
མིང་གི་རྣམ་གྲངས་འཆད་ཚུལ་གཞན་དང་མི་མཚུངས་བ་ཙམ་སྣང་ཡང་དོན་གྱི་
གནད་ཕྱོགས་གཅིག་ཏུ་འདུ་བར་སྣང་མོད། དེ་ལྟར་དང་བའི་དད་པས་ཉ་སྟོང་དུས་
ཁྲིམས་ཀྱི་སྒོར་ཞུགས་ནས་བསྙེན་གནས་ཡན་ལག་བརྒྱད་ཉིན་ཞག་ཕྲུགས་གཅིག་ཏུ་
ཉ་སྟོང་ཆོས་བརྒྱད་སོགས་ལ་བླང་བའི་སྡོམ་པར་ཉམས་པའི་སྐྱོན་དུ་ལྟ་བ་དངོས་སུ་མ་
མཆིས་ནའང་མི་ཤེས་པའི་དབང་གི་ཚུལ་བཞིན་བསྲུང་བའི་དགེ་བསྙེན་ལ་ཉམས་པའི་
བཀའ་ཆད་བྱུང་བ་ཡོད་ན་བཤགས་པ་དང་། དེ་ནས་ཡར་ལ་བློ་སེམས་བསྒྱུར་ཏེ་
རྩལ་ཆེར་བསྐྱེད་ནས། ཉན་ཐོས་ཀྱི་ཟས་ཉིན་གཅིག་འཚོ་བའི་བསོད་སློམས་པ་
དང་། ཉིན་རེ་ལ་མང་པོ་མི་ཟ་བའི་སྟན་གཅིག་པ་དང་། ཚོག་བཞིན་སླར་ཡང་
འདོད་པ་མི་བྱེད་པས་ཕྱིས་མི་ལེན་པ་སྟེ་ཟས་ཀྱི་སྦྱངས་ཡོན་གསུམ་དང་། གོས་
གསར་བ་འཕྱོར་པོ་སོགས་ཀྱི་ཞེན་འདོད་སྤངས་ཕྱིར་ཕྲུག་དར་ཁྲོད་པ་དང་། སྤྱི་

ཅན་དང་། འཇམ་པོ་སྤྱང་བ་ཕྱིང་བ་དང་། གོས་ཐེབ་ལྷག་མང་བོ་མི་འཛིན་པའི་ཕྱིར་ཆོས་གོས་གསུམ་པ་སྟེ་གོས་ཀྱི་སྦྱངས་ཡོན་གསུམ། གནས་རྣམ་གཡེང་འདུ་ཡོང་ཅན་སོགས་སྤྱངས་བ་དགོན་པ་བ་དང་། སྟེང་ནས་ཐོག་འབུབ་མཐའ་བསྐོར་བསྐྱིགས་པ་དང་གྲུང་དང་ལྷུགས་རི་སོགས་བཞམས་ཞིང་བཙན་པའི་ཞེན་པ་སྤྱངས་པའི་ཕྱིར་བླ་གབ་མེད་པ་དང་། ཤིང་དྲུང་པ་གཉིས། གནས་སྐྱིད་པོ་ལ་ཞེན་ཆགས་བདག་བཟུང་སྤྱངས་ཕྱིར་དུར་ཁྲོད་པ་སྟེ་གནས་ཀྱི་སྦྱངས་ཡོན་བཞི། ཉལ་བ་ཁོ་ན་ལ་ཞེན་པ་སྤྱངས་བ་ཙོག་པུ་བ་དང་། མལ་གདན་སོགས་འཇམ་པ་དང་དྲོ་བའི་བདེ་བ་སོགས་ཀྱི་རྩོལ་ཞེན་སྤྱངས་པ་གཞི་ཇི་བཞིན་པ་སྟེ་མལ་གདན་གྱི་སྦྱངས་ཡོན་གཉིས་རྣམས་སྡོམ་པས་སྦྱང་བའི་ཡོན་ཏན་བཅུ་གཉིས་ཀྱི་སྒོར་ཞུགས་ནས་རྟག་ཏུ་སྤྱོད་པ་ཉན་ཐོས་ཀྱི་སྡོམ་པ་མནོས་ཏེ་རྩ་བ་བཞི་དང་ཡན་ལག་དྲུག་སོགས་ཏེ་དེ་ཡང་དམན་མཆོག་གི་དབང་གིས་ཉེས་བྱས་སམ་ཕམ་པ་བཞི། ལྷག་མ་བཅུ་གསུམ། སྤང་ལྟུང་སུམ་ཅུ། འབའ་ཞིག་པ་དགུ་བཅུ། སོར་བཤགས་བཞི། ཉེས་བྱས་བརྒྱ་དང་བཅུ་གཉིས་ཏེ་ཉིས་བརྒྱ་དང་ལྔ་བཅུ་རྩ་གསུམ་གྱི་ལྡོག་ཕྱོགས་སོ་ཐར་གྱི་འདུལ་ཁྲིམས་རྣམས་བསྲུང་བའི་དགེ་ཚུལ་ལ་ཉམས་པ་བྱུང་ན་བཤགས་པ་དང་། རྟེན་འབྲེལ་བཅུ་གཉིས་རྒ་ཤི་ནས་མ་རིག་པའི་བར་གྱི་ལུགས་འབྱུང་དུ་ཤེས་པས་འཁོར་བའི་མཚང་རྟོགས་ཤིང་མ་རིག་པ་ནས་རྒ་ཤིའི་བར་ལུགས་ལྡོག་ཏུ་བཤིག་པས་རང་གི་ཡེ་ཤེས་སྐྱེ་བའི་ཐབས་ཀྱི་སྒོར་ཞུགས་ནས་རང་སངས་རྒྱས་ཀྱི་སྡོམ་པ་མནོས་པས། འཁོར་བའི་ཆོས་ཐམས་ཅད་རྟེན་ཅིང་འབྲེལ་བར་འབྱུང་བ་ཙམ་ལས་རང་བཞིན་མེད་པ་དང་། སྣང་སྲིད་ཀྱིས་བསྡུས་པའི་ཕྱི་ནང་གི་རྟེན་འབྲེལ་ཐམས་ཅད་སྒྱུ་མ་མིག་ཡོར་ལྟ་བུར་ཤེས་པས་གང་ཟག་གི་བདག་མེད་རྟོགས་

ཤིང་ཆོས་ཀྱི་བདག་མེད་ཕྱེད་ཙམ་རྟོགས་ཏེ། རྟེན་དགེ་བའི་བཤེས་ལ་མི་ལྟོས་པར་རང་གི་རང་རིག་རྟོགས་པར་བྱེད་པའི་རང་རྒྱལ་གྱི་སྡོམ་པ་ལ་ཉམས་པ་བྱུང་ན་བཤགས་པ་དང་། ཐེག་མཆོག་ཟབ་མོ་གཞན་ཕན་མཐའ་ཡས་སྤྱོད་པར་སྐྱོ་དུབ་མེད་པའི་སྐྱེས་བུ་ཆེན་པོའི་ལམ་གྱི་སྒོར་ཞུགས་ཏེ་བྱང་ཆུབ་སེམས་དཔའི་སྡོམ་པ་སྲོལ་གཉིས་གང་རུང་མནོས་ནས། ཚོ་གའི་བརྡ་ལས་བྱུང་བ་གཞན་དོན་དུ་བྱང་ཆུབ་ཐོབ་པར་འདུན་པ་ནི་དཔེར་ན་སྐྱེས་བུ་ལམ་དུ་འགྲོ་འདོད་པ་ལྟ་བུའི་སྨོན་པ། བྱང་ཆུབ་ཀྱི་ཆེད་དུ་དེའི་ཆོས་ཕ་རོལ་ཏུ་ཕྱིན་པ་དྲུག་ལ་འཇུག་པས་སྤྱོད་པའི་ཕྱིར་ལམ་དུ་ཞུགས་ནས་འགྲོ་བཞིན་པ་ལྟ་བུའི་འཇུག་པ་སྟེ་ཀུན་རྫོབ་བྱང་ཆུབ་ཀྱི་སེམས་སྨོན་འཇུག་གཉིས་དང་། ཆོས་ཉིད་སྤྲོས་བྲལ་གྱི་དོན་ཞི་ལྷག་གི་རྣལ་འབྱོར་གོམས་པ་ལས་མཐོང་བ་ནི་དོན་དམ་བྱང་ཆུབ་ཀྱི་སེམས་ཏེ་དེ་དག་གི་མི་མཐུན་ཕྱོགས་ཀྱི་རྩ་ལྟུང་ཉི་ཤུ། རྒྱལ་པོ་ལ་ངེས་པ་ལྔ། བློན་པོར་ངེས་པ་ལྔ། ལས་དང་པོ་ལ་འབྱུང་བ་བརྒྱད་དང་ཐུན་མོང་དུ་སྨོན་འཇུག་གཉིས་བཏང་བའི་ལྟོག་ཕྱོགས་ཀྱི་སྡོམ་པ་ཉི་ཤུ་དང་དགེ་བ་ཆོས་སྡུད་སེམས་ཅན་དོན་བྱེད་ཀྱི་ཚུལ་ཁྲིམས་རྣམས་འགལ་རྐྱེན་རང་གཞན་གྱི་སྤྱོད་པ་ཉམས་པའི་སྐྱོན་བདུན་མ་མཆིས་པ་དང་། སྡོམ་པ་མི་ཉམས་པའི་རྒྱུ་གསུམ་དང་འཕེལ་བའི་རྐྱེན་དགུ་ལ་བརྟེན་པའི་དགེ་སློང་ལ་ཉམས་པ་བྱུང་ན་བཤགས་པ་དང་། ལུས་དག་པ་ཁྲུས་དང་གཙང་སྦྲ། ངག་དག་པ་གཟུང་སྔགས་དང་བཟླས་བརྗོད་བསྔོད་པ། སེམས་དག་པ་མཚན་མེད་མཚན་བཅས་ཀྱི་ཏིང་འཛིན་ཡེ་ཤེས་སེམས་དཔའ་རྗེ་དང་དམ་ཚིག་སེམས་དཔའ་འབབས་ཀྱི་ཚུལ་དུ་སྒོམ་པ་ཐུན་མོང་དུ་གསོ་སྦྱོང་བླང་བ་སྟེ། དག་པ་རྣམ་པ་གསུམ་གྱི་སྒོར་ཞུགས་ནས། ལུས་ངག་གི་བྱ་བ་གཙོ་བོར་བཏོན་པ་ཀྲི་ཡའི་དམ་ཚིག་མནོས་པ་ལས།

དཀོན་མཆོག་ལ་དད་པ་རྡོ་རྗེ་སློབ་དཔོན་དང་མཆེད་གྲོགས་མིང་སྲིང་ལ་གུས་པ། རང་གི་ལྷ་དུས་ཚིགས་སུ་མཆོད་ཅིང་། རང་གི་སྔགས་རྒྱུད་བསྲུང་ཞིང་རྟོགས་པར་བྱ་བ་དང་། སྟོད་མིན་ལ་སྔགས་དང་ཕྱག་རྒྱ་མི་སྦྱིན་པ་སོགས་བྱ་རྒྱུད་ཀྱི་རྩ་ལྟུང་བཅུ་བཞིའི་ལྟོག་ཕྱོགས་ཀྱི་དམ་ཚིག་ལ་ཉམས་པ་བྱུང་ན་བཤགས་པ་དང་། ལྟ་བ་ཡོག་དང་། སྤྱོད་པ་ཀྲི་ཡ་ལྟར་རྣམ་པ་གཉིས་སྤྱོད་ཅིང་། སྒོམ་པ་རང་ཉིད་དམ་ཚིག་པར་བསྐྱེད་པའི་མདུན་དུ་ལྷ་ཡེ་ཤེས་པ་སྤྱན་དྲངས་གྲོགས་པོའི་ཚུལ་གྱིས་སྒྲུབ་པའི་སྒོར་ཞུགས་ནས། ལྟ་སྤྱོད་ཆ་མཉམ་དུ་སྤྱོད་པ་ཨུ་པ་ཡའི་དམ་ཚིག་མནོས་པ་ལས་འཇུག་པའི་སྤྱོད་པ་ཕྱག་རྒྱ་མཚན་བཅས་དང་མཚན་མེད་ཀྱི་རྣལ་འབྱོར་སྒོམ་པ་ལ་བརྟེན་ནས་ཏིང་ངེ་འཛིན་བརྟན་ཅིང་དངོས་གྲུབ་འགྲུབ་པར་བྱེད་པ། སྦྱོར་བའི་སྤྱོད་པ་སྔགས་བཟླས་བརྗོད་ཀྱི་མན་ངག་ཕྱི་ནང་གཉིས་ལ་བརྟེན་ནས་བསྙེན་ཅིང་སྒྲུབ་པར་བྱེད་པ་དང་། གྲུབ་པའི་སྤྱོད་པ་ཐུན་མོང་པ་རིག་འཛིན་སྒྲུབ་པ་དང་། ཐུན་མོང་མ་ཡིན་པ་རྫུ་འཕྲུལ་དང་མངོན་ཤེས་བསྒྲུབས་ཏེ་རིག་པ་འཛིན་པའི་ནང་དུ་འགྲོ་བ་སོགས་མཐའ་གཉིས་གང་རུང་ལ་སྤྱོད་པར་བྱེད་པའི་དམ་ཚིག་གི་རིམ་པ་ཐབས་ཀྱིས་བཟུང་བའི་ཁྱད་པར་གྱི་དགེ་བ་བཅུ་དང་། དམ་ཆོས་འཛིན་པ་སོགས་བཞི་སྟེ་ཨུ་པའི་རྩ་ལྟུང་བཅུ་བཞི་བསྲུང་བའི་རྣལ་འབྱོར་ལ་ཉམས་པ་བྱུང་ན་བཤགས་པ་དང་། སྐུ་ཕྱག་རྒྱ་ཆེན་པོ། ཐུགས་དམ་ཚིག་གི་ཕྱག་རྒྱ། གསུང་ཆོས་ཀྱི་ཕྱག་རྒྱ། ཕྲིན་ལས་ལས་ཀྱི་ཕྱག་རྒྱ་རྣམ་པ་བཞི་དང་འབྲེལ་བའི་ལྷའི་རྣལ་འབྱོར་སྒོམ་པ་འཁོར་བཅས་ཏེ་ཐབས་ཀྱི་རྣལ་འབྱོར་དང་སེམས་ཀྱི་དེ་ཁོ་ན་ཉིད་མངོན་དུ་རྟོགས་པ་སོ་སོ་རང་གི་རིག་པའི་ཡེ་ཤེས་མངོན་དུ་བྱེད་པ་ཤེས་རབ་ཀྱི་རྣལ་འབྱོར་གཉིས་ཀྱི་སྒོར་ཞུགས་ནས། ནང་གི་ཏིང་འཛིན་ལ་གཙོ་བོར་འདོན་ཞིང་།

གཙང་སྦྲ་སོགས་ཕྱིའི་སྤྱོད་པའང་གྲོགས་སུ་བརྟེན་པ་རྣལ་འབྱོར་སྤྱི་ཡོ་གའི་དམ་ཚིག་མནོས་པ་ལས། གཙོ་བོར་དཀོན་མཆོག་གསུམ་སྐྱབས་གནས་སུ་འཛིན་པ་དེ་བཞིན་གཤེགས་པའི་རིགས་ཀྱི་དམ་ཚིག་དང་། དེའི་འཁོར་དུ་སྨོན་འཇུག་གཉིས་དང་ཚུལ་ཁྲིམས་གསུམ་སོགས་བྱང་ཆུབ་ཀྱི་སེམས་བཟུང་བ་དང་། རྡོ་རྗེ་སློབ་དཔོན་བསྙེན་བཀུར་གྱིས་བརྟེན་པ། སྤྱི་རིང་ཉེ་བ་ནང་འདྲེས་སོགས་ཀྱི་མཆེད་དང་ཕོ་མོས་དབྱེ་བའི་ལྷུམ་དྲལ་དང་དབང་ཐོབ་ཚུལ་གྱི་སྤྱུན་དང་མཆེ་མ་ལྷ་བུའི་རྣལ་འབྱོར་གཞན་ལ་ཁྲོས་ཤིང་འཁོན་འཛིན་ཕྲག་དོག་གིས་བརླས་ཤིང་སྐྱོན་བརྗོད་པས་མི་སྨོད་ཅིང་། རང་རྟགས་སུ་ཕྱི་རྫས་ཀྱི་རྡོ་རྗེ་དང་དྲིལ་བུ་ཚད་དང་ལྡན་པ་བཟུང་ནས་རང་ཉིད་ལྷ་སྐུ་ཕྱག་རྒྱ་ཆེན་པོར་རྟག་ཏུ་འཛིན་པ་སོགས་ཡོ་གའི་རྩ་ལྟུང་བཅུ་བཞི་བསྲུང་བ་ལ་ཉམས་པ་བྱུང་ན་བཤགས་པ་དང་། ཕྱི་བསྐྱེད་རིམ་ལ་ལྷ་དང་རྟོག་པ་དབྱེར་མེད་ཀྱི་ཐབས་ཤེས། ནང་རྫོགས་རིམ་ལ་རྩ་དང་རླུང་དང་ཐིག་ལེ་འབར་འཛག་གི་ཐབས་ཤེས། གསང་བ་ཡབ་ཡུམ་མཉམ་སྦྱོར་གྱི་ཐབས་ཤེས་ཏེ། ཐབས་ཤེས་གཉིས་སུ་མེད་པ་རྣལ་འབྱོར་བླ་མེད་ཕ་མ་གཉིས་མེད་ཀྱི་རྒྱུད་གསུམ་གྱི་སྒོར་ཞུགས་ནས། མ་ཧཱ་ཡོ་ག་ཞེས་རྣལ་འབྱོར་ཆེན་པོའི་དམ་ཚིག་མནོས་པ་ལས། འཁོར་འདས་ཐམས་ཅད་ལྷའི་རང་བཞིན། དུག་ལྔ་ཡེ་ཤེས་ལྔ། ཕུང་ལྔ་རིགས་ལྔ། འབྱུང་ལྔ་ཡུམ་ལྔར་སྦྱོར་བ་ལས། ཤེས་དང་མི་སྤང་དང་དུ་བླང་བ་སོགས་རྒྱལ་བའི་དམ་ཚིག་མཆོག་ཏུ་བསྲུང་བ་ལ་ཉམས་པ་བྱུང་ན་བཤགས་པ་དང་། ཀུན་རྫོབ་ཐིག་ལེ་དང་དོན་དམ་བྱང་སེམས་ལ་བརྟེན་ནས་ཡུལ་དང་ཡུལ་ཅན་དབྱེར་མེད་པའི་རིག་པ་དབྱིངས་དང་ཡེ་ཤེས་ཟུང་འཇུག་རྩ་བ་བྱང་ཆུབ་སེམས་ཀྱི་དཀྱིལ་འཁོར་མངོན་དུ་རྟོགས་པའི་ཐབས་དོན་གྱི་རྗེས་སུ་འཇུག་པའི་སྒོར་ཞུགས་ནས།

ཨ་ནུ་ཡོ་ག་ཞེས་རྗེས་སུ་རྣལ་འབྱོར་གྱི་དམ་ཚིག་མདོས་པ་ལས། ཕྱི་ནང་གི་ཐེག་པ་དང་། སྣང་སྲིད་གཉིས་བསྡུས་ཀྱི་ཆོས། འདས་མ་འོངས་ད་ལྟར་གྱི་དུས་གསུམ་ཐམས་ཅད་ཀུན་ཀྱང་རང་རིག་ཡེ་ཤེས་འགགས་པ་མེད་པ་ཀུན་ཏུ་བཟང་པོ། ཆོས་དབྱིངས་སྐྱེ་བ་མེད་པ་ཀུན་ཏུ་བཟང་མོ་དང་གཉིས་མེད་མཉམ་པར་སྦྱོར་བའི་མཁའ་ཀློང་ལས་གཞན་དུ་མེད་པར་འུབ་ཆུབ་པའི་དགོངས་པ་དང་ལྡན་པས་སྤྱི་དང་བྱེ་བྲག་ཕྱི་རྫས་ཀྱི་རྡོ་རྗེ་དྲིལ་བུ་དང་ཟུང་འཇུག་གི་ཕྱག་རྒྱ་བཟུང་བ། ནང་ཐབས་ཤེས་ཡབ་ཡུམ་གྱི་ནོར་བུ་པདྨ་རྡོར་དྲིལ་དང་། ཕྱག་རྒྱ་མཉམ་པར་སྦྱོར་བ། གསང་བ་ཁམས་དཀར་དམར་གཉིས་རྡོར་དྲིལ་དང་ཕྱག་རྒྱ་འབར་འཛག དེ་ཁོ་ན་ཉིད་མི་འགྱུར་བའི་བདེ་ཆེན་རྡོ་རྗེ་དང་། རྣམ་ཀུན་མཆོག་ལྡན་གྱི་སྟོང་ཉིད་ནི་དྲིལ་བུ་སྟེ། དེ་དག་ཟུང་དུ་འཇུག་པ་ཡེ་ཤེས་ཀྱི་སྐུ་ནི་ཕྱག་རྒྱ་ཆེན་པོ་དང་། དེ་ལྟར་ཕྱི་ནང་གསང་བ་དེ་ཁོ་ན་ཉིད་བཞིའི་རྡོ་རྗེ་དྲིལ་བུའི་ཕྱག་རྒྱ་འཆང་བ་སོགས་དམ་ཚིག་བསྲུང་བར་ཉམས་པ་བྱུང་ན་བཤགས་པ་དང་། ཆོས་དབྱིངས་ཁྱབ་གདལ་ཡངས་པ་འོད་གསལ་བྱང་ཆུབ་ཀྱི་སེམས་སྟོང་གསལ་འགག་མེད་ཀྱི་གནས་ལུགས་ཡེ་ཤེས་གསུམ་ལྡན་དུ་ཡེ་ནས་བཞུགས་པ་མངོན་དུ་བྱེད་པའི་ཐབས་ཟབ་གསང་རྫོགས་པ་ཆེན་པོའི་ཐེག་པའི་སྒོར་ཞུགས་ནས། ཨ་ཏི་ཡོ་ག་ཞེས་ཤིན་ཏུ་རྣལ་འབྱོར་གྱི་དམ་ཚིག་མདོས་པ་ལས། སྤྱིར་བསྲུང་མཚམས་ཅན་རིམ་གྱིས་པ་དང་། ཁྱད་པར་བསྲུང་དུ་མེད་པ་གཅིག་ཆར་བའི་ཆོས་ཐམས་ཅད་ཡེ་ནས་བླང་དོར་མེད་པར་རྟོགས་པས་སྤངས་བླང་བསྲུང་མཚམས་ལས་འདས་པ་ཁྱད་པར་བཞི་ལྡན་གྱི་དམ་ཚིག་རྨད་དུ་བྱུང་བ་ཆེན་པོ་ལ་ཡིད་དཔྱོད་བློའི་བཟུང་བའི་ཉམས་ཆགས་བྱུང་ན་བཤགས་པའོ། །གསུམ་པ་ནི། སྡེ་སྣོད་གསུམ་གྱི་སོ་ཐར་གྱི་ཚུལ་ཁྲིམས་རྣམ་པར་དག་

པ་བསྲུང་བ་དང་མངོན་པའི་ ༼འདི་དྲངས་དོན་གྱི་མངོན་པ་སྟེ་ང་རྒྱལ་
དགོངས།༽ ལམ་མཐའི་རང་དབང་ཟད་པ་ཤེས་པ་དང་མི་སྐྱེ་བ་ཤེས་པའི་ཡེ་ཤེས་
གཉིས་པོ་མངོན་དུ་གྱུར་བར་བྱེད་བ་དང་། མདོ་སྡེའི་ཤེས་རབ་རྣམ་དག་གྲུབ་པའི་
མཐའ་བརྒྱད་དང་བྲལ་བའི་དབུ་མ་རབ་ཏུ་མི་གནས་པ་ཆེན་པོ་མངོན་དུ་བྱེད་པ་སྟེ་
མཚན་ཉིད་སྡེ་གསུམ་གྱི་ལམ་འཐར་ཕྱིན་ཏུ་སྒྲུབ་པར་མ་ནུས་པས་ཕྱིའི་སྲུང་མ་ལྷ་སྲིན་
སྡེ་བརྒྱད་དང་འགལ་བའི་དམ་ཚིག་ཉམས་ཆགས་བཤགས་པ་དང་། སྒོམ་
གསུམ་དག་པ་གསུམ་དུ་སྤྱོད་པ་ཀྲི་ཡ། ལྷ་སྤྱོད་མཆོག་དམན་གཉིས་འབྲེལ་དུ་
སྤྱོད་པ་ཨུ་པ། དག་པ་གསུམ་དང་མངོན་བྱང་ལྔས་བསྐྱེད་པའི་དཀྱིལ་འཁོར་གྱི་
ལྷ་སུམ་ཅུ་རྩ་བདུན་དུ་གསལ་བ་ཡོ་ག་སྟེ་ཕྱི་རྒྱུད་གསུམ་གྱི་དམ་ཚིག་མཐར་ཕྱིན་ཏུ་མ་
བསྲུང་བས། དཔལ་མགོན་བདུན་ཅུ་སོགས་དེ་དག་གི་སྲུང་མ་དམ་ཚིག་ཅན་
རྣམས་དང་འགལ་བའི་ཉམས་ཆགས་བཤགས་པ་དང་།རྩ་ལྟུང་བཅུ་བཞི་དང་ཡན་
ལག་སྦོམ་པོ་བརྒྱད་སོགས་བསྲུང་བ་རྣལ་འབྱོར་ཆེན་པོ། སྒྲུབ་པ་ལ་སོགས་པའི་
སྐབས་སུ་ལྷག་པར་བསྲུང་བའི་དམ་ཚིག་ཉི་ཤུ་དང་།རྩ་བ་སྐུ་གསུང་ཐུགས་དང་ཡན་
ལག་ལྔ་ཚན་ལྔ་སོགས་ཁྱད་པར་གྱི་དམ་ཚིག་ལ་སྤྱོད་པ་ཨ་ནུ། ལྷག་པའི་དམ་
ཚིག་མེད་པ། ཕྱལ་བ། གཅིག་པུ། ལྷུན་གྲུབ་སྟེ་རྣམ་བཞི་བསྲུངས་
མཚམས་ལས་འདས་པར་སྤྱོད་པ་རྫོགས་ཆེན་ཏེ་དེ་དག་ལས་ཉམས་པས་ནང་བླ་མེད།
གསང་བ་ཨ་ནུ་དང་། ཨ་ཏིའི་སྲུང་མ་ལྷ་སྲིན་སྡེ་བརྒྱད་དང་འགལ་བའི་དམ་ཚིག
ཉམས་ཆགས་བཤགས་པ་དང་། དེ་ལྟར་ཐེག་རིམ་དགུའི་དམ་ཚིག་རྣམས་ཀྱི་ལྟ་
སྤྱོད་ཚུལ་བཞིན་འབྲེལ་བར་སྤྱོད་པ་དག་ལ་ཡེ་ཤེས་དང་ལས་ལ་གྲུབ་པའི་མཁའ་
འགྲོའི་བཀའ་ཆད་འབེབས་པ་དང་། དབང་ཕྱུག་དམ་ཅན་རྣམས་ཀྱི་སྤྲུལ་པས་

གླགས་ལྟ་འཕྲེད་པའི་སྐབས་མ་མཆིས་ཤིང་། རྒྱུ་དགེ་སྡིག་ལས་འབྲས་བུ་བདེ་སྡུག་འབྱུང་བར་ངེས་པའི་བླང་དོར་མ་ནོར་བ་དང་། བཀའ་གཞུང་རྣམ་དག་གཡས་ཆུང་དུ་མ་བོར་ཞིང་སྔགས་ཀྱི་རྒྱུད། མཚན་ཉིད་ཀྱི་ལུང་དགོངས་འགྲེལ་གྱི་མན་ངག་རྣམས་ལ་བརྟེན་པ་དང་། དེ་དག་གི་དོན་ཀུན་རང་བཟོའི་གཟུ་ལུམ་སྤྱོད་པས་ཡལ་བར་མ་དོར་ཏེ་གཞུང་བཞིན་དང་དུ་བླང་བ་དང་། ལུས་ངག་ཡིད་གསུམ་གུས་རྟག་གི་སྒོར་བས། བཀུད་ནས་སྤྱིར་ཕྱི་ནང་གི་ཐེག་རིམ་དགུར་ཕྱེ་ཡང་དོན་དུ་གསང་བ་ཟབ་དོན་བླ་ན་མེད་པའི་ཐབས་མཆོག་གིས་བཟུང་བས་ན་སྔགས་ཕོ་ནར་འདུ་བའི་ཆོས་ལམ་རིམ་པ་གཉིས་ལ་ཞུགས་ཤིང་སྒོམ་པས་བོག་བཏོན་སྒྲུབ་པས་མཐར་དབྱུང་ཞིང་། དུས་ཚོད་དང་འབྲེལ་བའི་སྤྱོད་པ་གྲོགས་སུ་བརྟེན་པས་ཆོས་ཉིད་རྣལ་མའི་དོན་ལ་བློ་འགྱུར་ནས་ནུས་པ་ལ་དབང་ཞིང་ཡོན་ཏན་གྱི་འགྱུར་བས་ཕྱུག་པ་ལ། དམ་ཚིག་ཉམས་ཆགས་ཐམས་ཅད་སོར་ཆུད་པར་གྱུར་ཅིག་པའི་སྨོན་བཞགས་དང་། རྩ་བ་དང་ཡན་ལག་གི་དབྱེ་བས། ཀུན་སློང་ཉོན་མོངས་དང་། གང་འགལ་དེར་ཤེས་བཞིན་པ་དང་། ལུས་ངག་སྒྱུར་བ་དང་ཡིད་ཀྱིས་འགྲུབ་པའི་དངོས་གཞི་ཉིན་མཚན་གྱི་དུག་ཆའི་ནང་དུ་གཉེན་པོས་མ་སླེབ་པར་ཐུན་ཚོད་ཀྱི་བར་ཆོད་པ་དང་། འདུ་ཤེས་མ་འཁྲུལ་བས་སྤྱད་པ་དང་། དེས་མགུ་བས་འགྱོད་པ་མེད་པ་དང་། བཞགས་ཆད་རང་རང་གི་དུས་ལས་འདས་པ་སྟེ། དེ་ལྟར་རྩ་བ་བཞི་ལས་གང་རུང་ལ་ཡན་ལག་བདུན་ཚང་བར་སྤྱོད་པ་ཕམ་པ་དང་། རྩ་ལྟུང་གང་རུང་གཉེན་པོ་དང་སྦྲེལ་ནས་སྐྱེས་པ་ལྟ་བུ་དངོས་གཞི་མ་ཚང་ཞིང་མ་བཞགས་པར་ཐུན་ཚོད་འདས་པའི་ལྟུང་བ་ཡན་ལག་གི་ལྟུང་བ་གཞན་བྱུང་བའི་ལྕི་བ་དང་ཉེས་བྱས། ཕམ་པའི་སྟེར་གཏོགས་ཡན་ལག་མ་ཚང་བ་ཉོན་མོངས་བ་ཅན་གྱི

སྨོན་པོ། ཕྱོགས་མཐུན་གྱི་ཉེས་པ་ཕྲ་མོ་ཉེས་བྱས་ཀྱི་ཆར་གཏོགས་རྣམས་ལ་སྐྱོན་དུ་གྱུར་པ་ཐམས་ཅད་བཤགས་པར་བགྱིས་ན་ཚངས་པར་མཛད་ནས་ཁ་སྐོར་ཡན་ལག་བདུན་དང་ལྡན་པའི་མཆོག་དང་། གྲུབ་པ་དང་དབང་ཕྱུག་བརྒྱད་ལ་སོགས་པ་ཐུན་མོང་གི་དངོས་གྲུབ་རྣམས་སྩོལ་ཞེས་འདོད་དོན་གསོལ་བ་དང་། གཙོ་བོ་ཡེ་ཤེས་ཀྱི་ལྷ་རྣམས་ལ་རྟོག་པ་མི་མངའ་ན་ཡང་། དེ་དག་གི་འཁོར་དུ་མིའི་སྐྱོན་མཐོང་ཙམ་ཡང་མྱུར་དུ་བརླག་པར་བྱེད་པའི་བཀའ་སྲུང་དམ་ཅན་རྣམས་ཀྱི་ཐུགས་དང་འགལ་བར་གྱུར་པ་ཡོད་ན་བཟོད་པར་གསོལ་ཞིང་ཡུན་གྱི་སྒྲིབ་པར་འགྱུར་བ་སྲུངས་པ་དང་། འཕྲུལ་གྱི་རྐྱེན་གེགས་སུ་མཆིས་པ་ཡོད་ན་ཚངས་པ་མཆོག་གི་དངོས་གྲུབ་སྩོལ་ཞེས་པའོ། །ཟབ་དོན་རྡོ་རྗེའི་གནས་རྣམས་རྟོགས་དཀའ་ཡང་། །མོས་པ་ཁོ་ནས་རྩོལ་འདི་བརྗོད་པར་བྱས། །གང་དེའི་དགེ་བ་ཉིན་བྱེད་སྣང་བའི་དཔལ། །མ་ལུས་འགྲོ་བའི་གསོས་སུ་འགྱུར་བར་སྨོན། །ཞེས་གླང་པོ་ཆེ་རབ་འབོག་གི་བཀོལ་རྒྱུད་དྲི་མེད་བཤགས་པའི་རྒྱུད་ལས་ཁོལ་དུ་བཏོན་པ་ཐེག་པ་ལམ་ཞུགས་ཀྱི་བཤགས་པའི་རྩ་འགྲེལ་བསྡུས་པ་འདི་ཡང་ཁྲིད་འཆད་པའི་སྐབས་རང་གི་བརྗོད་པའི་ས་བོན་དུ་ཤཱཀྱའི་དགེ་སློང་ངེས་དོན་བསྟན་འཛིན་བཟང་པོས་ཨོ་རྒྱན་བསམ་གཏན་ཆོས་གླིང་ངེས་པ་དོན་གྱི་བསྒྲུབ་གནས་སུ་སྦྱར་བའོ། ། ། །མངྒ་ལཾ་དགེའོ། །

༄༅། །ངེས་དོན་བསྟན་འཛིན་བཟང་པོའི་གསུང་ཅོག་བཞག་གསུམ་གྱིས་རིག་པ་ངོ་སྤྲོད་བཞུགས།།

རིན་ཆེན་སྤྲོན་མ་ལས། ཅོག་བཞག་གསུམ་གྱི་རང་བཞིན་ལས། །ཀ་དག་དོན་ཉིད་མངོན་དུ་གྱུར། །ཞེས་གསུངས་པས། རི་བོ་ཅོག་བཞག་ལུས་རྣམ་སྣང་གི་ཆོས་བདུན་ལས་མི་གཡོ་བར་འཆིང་། རྒྱ་མཚོ་ཅོག་བཞག་མིག་མདའ་གང་ཙམ་གྱི་ཐད་ཀར་མིག་འབྲས་མི་འགུལ་བར་ཧྲིག་གེ་བལྟ། རིག་པ་ཅོག་བཞག་སེམས་དུས་གསུམ་གྱི་རྣམ་པར་རྟོག་པ་གང་གིས་ཀྱང་མ་བསླད་པ་ད་ལྟའི་ཤེས་པ་གསལ་ལ་ངོས་བཟུང་མེད་པ་རང་བབ་ཆོས་ཉིད་ཀྱི་ངང་ལ་བསལ་བཞག་མེད་པར་འཛོག་ཏུ་བཅུག་ལ། ཀྱེ་སྐལ་ལྡན་རྣམས་ད་ལྟའི་རིག་པ་རང་གསལ་རྗེན་པ་འདི་ལ་མ་ཡེངས་པར་ལྟོས་དང་། རྟོག་པ་མ་འཕྲོ། རྩེ་གཅིག་ཏུ་མ་བཟུང་། སྤྱངས་བླང་དང་རེ་དོགས་ཀྱིས་མ་བསླད་པ། གསལ་བ་ལ་འཛིན་པ་མེད་པ། དྭངས་བ་ལ་ཕྱི་ནང་མེད་པ། ཡངས་པ་ལ་ཕྱུལ་བར་མ་ཤོར་པ། ངང་མདངས་ལ་ངོས་ཟུང་མེད་པ། ཟང་ཐལ་ལ་ཕྱམ་བརྡལ་བ། རང་བབས་རྗེན་པ་འདི་ཉིད་རང་བཞིན་གྱི་འོད་གསལ་བ་ཆོས་སྐུ་འགྱུར་བ་མེད་པའི་རང་བཞིན་དུ་ངོ་ཤེས་པར་གྱིས་ལ། རང་མདངས་འཛིན་མེད་ཆེན་པོར་སྐྱོངས་ཤིག དྲི་མེད་དག་པའི་སངས་རྒྱས་ནི། རང་རིག་ཆོས་སྐུ་འགྱུར་བ་མེད། །ས་ལེ་སེང་ངེ་ལྷ་ལེ་

བ། །སྤྲིན་མེད་སྟོན་ཀའི་ནམ་མཁའ་བཞིན། །མི་འགྱུར་བརྟན་པ་རི་བོ་བཞིན་དུ་ཤོག །མི་གཡོ་དྭངས་བ་རྒྱ་མཚོ་བཞིན་དུ་ཤོག །ཡངས་དོག་བྲལ་བ་ནམ་མཁའ་བཞིན་དུ་ཤོག །གང་ལྟར་ཤར་ཡང་རིག་པའི་ངང་ཡིན་ཤོག །གང་ལྟར་ཤར་ཡང་རིག་པའི་མདངས་ཡིན་ཤོག །འཁྲོ་གནས་རང་རིག་དྭངས་སངས་ཕྱེད་པར་ཤོག །ཇི་ལྟར་བྱ་རྣམས་གང་དུ་འཕུར་ན་ཡང་། །མཁའ་ལས་མ་འདས་དེ་བཞིན་རིག་པའི་ངང་། །ཆོས་རྣམས་རང་གསལ་གཡོ་བ་མེད་པར་ཤོག །

༄༅། །འཕགས་མ་སྒྲོལ་མ་ལ་གསོལ་བ་གདབ་པའི་ཚིག་མཚུལ་བཞི་པའི་ངག་འདོན་ཀླག་ཚོག་ཏུ་བཀོད་པ་འདོད་དོན་མྱུར་འགྲུབ་ཅེས་བྱ་བཞུགས་སོ།།

ཨོཾ་སྭ་སྟི། རྒྱལ་ཡུམ་སྒྲོལ་མ་ལ་བཏུད་ནས། །གང་དེར་གསོལ་བ་གདབ་པའི་ཚུལ། །མཚུལ་བཞི་པའི་ཚིག་ནི། །ཤུན་ཏུ་ཟབ་ཕྱིར་གསལ་བར་བཀོད། །དེ་ལའང་སྦྱོར་བ་ཡོ་བྱད་ཀྱི་ཕྲེང་དང་། དངོས་གཞིའི་ཚིག་གཉིས་ལས། དང་པོ་ནི། གནས་ཁང་ཕྱི་དོར་བྱས་ཤིང་རྒྱན་གྱིས་བརྒྱན་པའི་དབུས་སུ་ཁྲི་བཀོད་ལེགས་པ་ལ་དཀོན་མཆོག་གི་རྟེན་སྒྲི་དང་། ཁྱད་པར་རྗེ་བཙུན་མའི་སྐུ་རབ་གནས་ཅན་བཞུགས་སུ་གསོལ། དེའི་དྲུང་དུ་དྲིའི་མཚུལ་རེ་ཁྲ་ཉིད་རིམ་པ་བཞི་པ་འབྲི། དེ་རེ་རེའི་སྟེང་དུ་རྣམ་ལྔ་ཚང་བའི་མཆོད་པ་ཚར་བཞི་བཤམས། གཉིས་པ་ནི། གསོལ་བ་འདེབས་མི་རྒྱུད་དག་པའི་དགེ་སློང་བཞིས་བསྙེན་གནས་ན་ཤིན་ཏུ་མྱུར་ལ། དེ་ལྟར་མ་གྲུབ་ན་རང་གཅིག་པུས་གསོལ་བ་བཏབ་ཀྱང་འགྲུབ་པས། དེའི་རིམ་པ་ནི། སངས་རྒྱས་ཆོས་དང་ཚོགས་ཀྱི་མཆོག་རྣམས་ལ། །བྱང་ཆུབ་བར་དུ་བདག་ནི་སྐྱབས་སུ་མཆི། །བདག་གི་སྦྱིན་སོགས་བགྱིས་པའི་བསོད་ནམས་ཀྱིས། །འགྲོ་ལ་ཕན་ཕྱིར་སངས་རྒྱས་འགྲུབ་པར་ཤོག །ཞེས་ལན་བདུན་གྱི་སྐྱབས་སེམས་དང་། སེམས་ཅན་ཐམས་ཅད་བདེ་བ་དང་བདེ་བའི་རྒྱུ་དང་ལྡན་པར་གྱུར་ཅིག སྡུག་བསྔལ་དང་སྡུག་བསྔལ་གྱི་རྒྱུ་དང་བྲལ་བར་

གྱུར་ཅིག སྡུག་བསྔལ་མེད་པའི་བདེ་བ་དང་མི་འབྲལ་བར་གྱུར་ཅིག ཉེ་རིང་ཆགས་སྡང་དང་བྲལ་བའི་བཏང་སྙོམས་ཚད་མེད་པ་ལ་གནས་པར་གྱུར་ཅིག ཅེས་པས་ཚད་མེད་བཞི་བསྒོམས་པ་སྔོན་དུ་འགྲོ་བས། དཀོན་མཆོག་གསུམ་གྱི་བདེན་པ་དང་སངས་རྒྱས་དང་བྱང་ཆུབ་སེམས་དཔའ་ཐམས་ཅད་ཀྱི་བྱིན་གྱིས་བརླབས་པ་དང་། ཚོགས་གཉིས་ཡོངས་སུ་རྫོགས་པའི་མངའ་ཐང་ཆེན་པོ་དང་། ཆོས་ཀྱི་དབྱིངས་རྣམ་པར་དག་ཅིང་བསམ་གྱིས་མི་ཁྱབ་པའི་སྟོབས་ཀྱིས་དེང་འདིར་འཁོར་ཡུག་གི་ས་གཞི་འདི་དག་བདེ་བ་ཅན་གྱི་ཞིང་གི་བཀོད་པ་ལྟ་བུ་ཕུན་སུམ་ཚོགས་པའི་རྒྱན་ཐམས་ཅད་ཀྱིས་རྣམ་པར་བརྒྱན་པས་མཛེས་ཤིང་ཡིད་དུ་འོང་བ་བསམ་གྱིས་མི་ཁྱབ་པར་གྱུར། ཞེས་པས་གནས་དང་། ཕུན་སུམ་ཚོགས་པའི་ཞིང་འདི་དག་ཏུ་ལྷ་དང་མིའི་ལོ་བྱད་དམ་པ་གཟུགས་དང་། སྒྲ་དང་། དྲི་དང་། རོ་དང་། རེག་བྱ་ལ་སོགས་པ་རྣམ་པར་དག་ཅིང་ཡིད་དུ་འོང་བའི་མཆོད་པའི་སྤྲིན་རྒྱ་མཚོ་བསམ་གྱིས་མི་ཁྱབ་པས་ནམ་མཁའི་ཁམས་ཐམས་ཅད་གང་བར་གྱུར། ཞེས་པས་མཆོད་པ་བྱིན་གྱིས་བརླབས། སྦྱོས་བརྟུལ་ཞིང་སྙིམ་པ་མེ་ཏོག་དང་བཅས་པས་ཐལ་མོ་སྦྱར་ཏེ་འདུན་པ་རྩེ་གཅིག་པས། ཕྱོགས་དུས་ཀུན་ནས་སྐྱབས་གསུམ་བཀའ་སྲུང་བཅས། །ཉོན་མོངས་འགྲོ་ལ་མཁྱེན་བརྩེས་རབ་དགོངས་ཏེ། །དཔག་མེད་ཞིང་ནས་ཐོགས་མེད་རྫུ་འཕྲུལ་གྱིས། །འདིར་གཤེགས་མཆོད་སྤྲིན་རྒྱ་མཚོའི་དབུས་བཞུགས་གསོལ། །ཞེས་པ་དཀོན་མཆོག་སྤྱི་དང་། མ་ལུས་སེམས་ཅན་ཀུན་གྱི་མགོན་གྱུར་ཅིང་། །བདུད་སྡེ་དཔུང་བཅས་མི་བཟད་འཇོམས་མཛད་ལྷ། །དངོས་རྣམས་མ་ལུས་ཇི་བཞིན་མཁྱེན་གྱུར་པའི། །བཅོམ་ལྡན་འཁོར་བཅས་གནས་འདིར་གཤེགས་སུ་གསོལ། །ཞེས་སམ་ཡང་ན། པོ་ཏ་ལ་ཡི་གནས་མཆོག་

ནས། །ཧཱུྃ་ཡིག་ལྟུང་གུ་ལས་འཕྲུངས་ཤིང་། །ཧཱུྃ་ཡིག་འོད་ཀྱིས་འགྲོ་བ་སྒྲོལ། །སྒྲོལ་མ་འཁོར་བཅས་གཤེགས་སུ་གསོལ། །ལྷ་དང་ལྷ་མིན་ཅོད་པན་གྱིས། །ཞབས་ཀྱི་པདྨོ་ལ་བཏུད་དེ། །ཕོངས་པ་ཀུན་ལས་སྒྲོལ་མཛད་མ། །སྒྲོལ་མ་འཁོར་བཅས་གཤེགས་སུ་གསོལ། །ཞེས་སྤྱན་དྲངས། མདུན་གྱི་ནམ་མཁར་བླ་མ་དང་སངས་རྒྱས་བྱང་ཆུབ་སེམས་དཔའི་ཚོགས་དང་། ཁྱད་པར་རྗེ་བཙུན་མ་སེང་ལྡེང་ནགས་ཀྱི་སྒྲོལ་མ་ལ་སྒྲོལ་མ་ཉི་ཤུའི་འཁོར་གྱིས་བསྐོར་བ་དང་བཅས་པ་བྱོན་ནས་སྐུ་གཟུགས་དང་ཐ་མི་དད་པས་བཞུགས་པར་གྱུར། དེ་ནས། སངས་རྒྱས་ཐམས་ཅད་འདུས་པའི་སྐུ། །རྡོ་རྗེ་འཛིན་པའི་ངོ་བོ་ཉིད། །དཀོན་མཆོག་གསུམ་གྱི་རྩ་བ་སྟེ། །བླ་མ་རྣམས་ལ་ཕྱག་འཚལ་ལོ། །ཞེས་པས་བླ་མ་དང་། མགོན་པོ་ཐུགས་རྗེ་ཆེ་ལྡན་པ། །ཐམས་ཅད་མཁྱེན་པ་སྟོན་པ་པོ། །བསོད་ནམས་ཡོན་ཏན་རྒྱ་མཚོའི་ཞིང་། །དེ་བཞིན་གཤེགས་ལ་ཕྱག་འཚལ་ལོ། །དག་པ་འདོད་ཆགས་བྲལ་བའི་རྒྱུ། །དགེ་བས་ངན་སོང་ལས་སྒྲོལ་ཞིང་། །གཅིག་ཏུ་དོན་དམ་མཆོག་གྱུར་པའི། །ཞི་གྱུར་ཆོས་ལ་ཕྱག་འཚལ་ལོ། །གྲོལ་ནས་གྲོལ་བའི་ལམ་ཡང་སྟོན། །བསླབ་པ་དག་ལ་རབ་ཏུ་གུས། །ཞིང་གི་དམ་པ་ཡོན་ཏན་ཞིང་། །དགེ་འདུན་ལ་ཡང་ཕྱག་འཚལ་ལོ། །ཞེས་པས་མཆོག་གསུམ་ལ་བསྟོད་ཅིང་། རེ་རེ་ལ་ཕྱག་གསུམ་གསུམ་སྟེ་བཅུ་གཉིས་འཚལ་ལ། དཀོན་མཆོག་གི་རྟེན་སྤྱི་ལ་མེ་ཏོག་གཏོར་ནས་ས་ལ་འདུག་སྟེ་བཟང་སྤྱོད་ལྟར། ཇི་སྙེད་སུ་དག་ཕྱོགས་བཅུའི་འཇིག་རྟེན་ན། །དུས་གསུམ་གཤེགས་པ་མི་ཡི་སེངྒེ་ཀུན། །བདག་གིས་མ་ལུས་དེ་དག་ཐམས་ཅད་ལ། །ལུས་དང་ངག་ཡིད་དང་བས་ཕྱག་བགྱིའོ། །བཟང་པོ་སྤྱོད་པའི་སྨོན་ལམ་སྟོབས་དག་གིས། །རྒྱལ་བ་

ཐམས་ཅད་ཡིད་ཀྱི་མངོན་སུམ་དུ། །ཞིང་གི་རྡུལ་སྙེད་ལུས་རབ་བཏུད་པ་ཡིས། །རྒྱལ་བ་ཀུན་ལ་རབ་ཏུ་ཕྱག་འཚལ་ལོ། །རྡུལ་གཅིག་སྟེང་ན་རྡུལ་སྙེད་སངས་རྒྱས་རྣམས། །སངས་རྒྱས་སྲས་ཀྱི་དབུས་ན་བཞུགས་པ་དག །དེ་ལྟར་ཆོས་ཀྱི་དབྱིངས་རྣམས་མ་ལུས་པར། །ཐམས་ཅད་རྒྱལ་བ་དག་གིས་གང་བར་མོས། །དེ་དག་བསྔགས་པ་མི་ཟད་རྒྱ་མཚོ་རྣམས། །དབྱངས་ཀྱི་ཡན་ལག་རྒྱ་མཚོའི་སྒྲ་ཀུན་གྱིས། །རྒྱལ་བ་ཀུན་གྱི་ཡོན་ཏན་རབ་བརྗོད་ཅིང་། །བདེ་བར་གཤེགས་པ་ཐམས་ཅད་བདག་གིས་བསྟོད། །མེ་ཏོག་དམ་པ་ཕྲེང་བ་དམ་པ་དང་། །སིལ་སྙན་རྣམས་དང་བྱུག་པ་གདུགས་མཆོག་དང་། །མར་མེ་མཆོག་དང་བདུག་སྤོས་དམ་པ་ཡིས། །རྒྱལ་བ་དེ་དག་ལ་ནི་མཆོད་པར་བགྱི། །ན་བཟའ་དམ་པ་རྣམས་དང་དྲི་མཆོག་དང་། །ཕྱེ་མའི་ཕུར་མ་རི་རབ་མཉམ་པ་དང་། །བཀོད་པ་ཁྱད་པར་འཕགས་པའི་མཆོག་ཀུན་གྱིས། །རྒྱལ་བ་དེ་དག་ལ་ནི་མཆོད་པར་བགྱི། །མཆོད་པ་གང་རྣམས་བླ་མེད་རྒྱ་ཆེ་བ། །དེ་དག་རྒྱལ་བ་ཐམས་ཅད་ལ་ཡང་མོས། །བཟང་པོ་སྤྱོད་ལ་དད་པའི་སྟོབས་དག་གིས། །རྒྱལ་བ་ཀུན་ལ་ཕྱག་འཚལ་མཆོད་པར་བགྱི། །འདོད་ཆགས་ཞེ་སྡང་གཏི་མུག་དབང་གིས་ནི། །ལུས་དང་ངག་དང་དེ་བཞིན་ཡིད་ཀྱིས་ཀྱང་། །སྡིག་པ་བདག་གིས་བགྱིས་པ་ཅི་མཆིས་པ། །དེ་དག་ཐམས་ཅད་བདག་གིས་སོ་སོར་བཤགས། །ཕྱོགས་བཅུའི་རྒྱལ་བ་ཀུན་དང་སངས་རྒྱས་སྲས། །རང་རྒྱལ་རྣམས་དང་སློབ་དང་མི་སློབ་དང་། །འགྲོ་བ་ཀུན་གྱི་བསོད་ནམས་གང་ལ་ཡང་། །དེ་དག་ཀུན་གྱི་རྗེས་སུ་བདག་ཡི་རང་། །གང་རྣམས་ཕྱོགས་བཅུའི་འཇིག་རྟེན་སྒྲོན་མ་རྣམས། །བྱང་ཆུབ་རིམ་པར་སངས་རྒྱས་

མ་ཆགས་བརྙེས། །མགོན་པོ་དེ་དག་བདག་གིས་ཐམས་ཅད་ལ། །འཁོར་ལོ་བླ་ན་མེད་པ་བསྐོར་བར་བསྐུལ། །མྱ་ངན་འདའ་སྟོན་གང་བཞེད་དེ་དག་ལ། །འགྲོ་བ་ཀུན་ལ་ཕན་ཞིང་བདེ་བའི་ཕྱིར། །བསྐལ་པ་ཞིང་གི་རྡུལ་སྙེད་བཞུགས་པར་ཡང་། །བདག་གིས་ཐལ་མོ་རབ་སྦྱར་གསོལ་བར་བགྱི། །ཕྱག་འཚལ་བ་དང་མཆོད་ཅིང་བཤགས་པ་དང་། །རྗེས་སུ་ཡི་རང་བསྐུལ་ཞིང་གསོལ་བ་ཡི། །དགེ་བ་ཅུང་ཟད་བདག་གིས་ཅི་བསགས་པ། །ཐམས་ཅད་བདག་གིས་བྱང་ཆུབ་ཕྱིར་བསྔོའོ། །ཞེས་ཡན་ལག་བདུན་པ་ཚར་གཅིག་གི་རྗེས་སུ་སྤྱོད་འཇུག་ལྟར། བྱང་ཆུབ་སྙིང་པོར་མཆིས་ཀྱི་བར། །སངས་རྒྱས་རྣམས་ལ་སྐྱབས་སུ་མཆི། །ཆོས་དང་བྱང་ཆུབ་སེམས་དཔའ་ཡི། །ཚོགས་ལའང་དེ་བཞིན་སྐྱབས་སུ་མཆི། །ཞེས་ལན་གསུམ་གྱིས་སྐྱབས་སུ་འགྲོ་བ་སྔོན་དུ་བཏང་ནས། ཇི་ལྟར་སྔོན་གྱི་བདེ་གཤེགས་ཀྱིས། །བྱང་ཆུབ་ཐུགས་ནི་བསྐྱེད་པ་དང་། །བྱང་ཆུབ་སེམས་དཔའི་བསླབ་པ་ལ། །དེ་དག་རིམ་བཞིན་གནས་པ་ལྟར། །དེ་བཞིན་འགྲོ་ལ་ཕན་དོན་དུ། །བྱང་ཆུབ་སེམས་ནི་བསྐྱེད་བགྱི་ཞིང་། །དེ་བཞིན་དུ་ནི་བསླབ་པ་ལའང་། །རིམ་པ་བཞིན་དུ་བསླབ་པར་བགྱི། །ཞེས་ལན་གསུམ་གྱིས་སེམས་བསྐྱེད་བླངས་ལ། མཎྜལ་དང་པོའི་མཆོད་པ་དཀོན་མཆོག་སྤྱི་ལ་འབུལ་བའི་འདུན་པས། རབ་འབྱམས་རྒྱ་མཚོ་དཔག་མེད་ན། །མཆོད་ཡོན་ཞབས་བསིལ་མེ་ཏོག་དང་། །བདུག་སྤོས་སྣང་གསལ་དྲི་མཆོག་དང་། །ཞལ་ཟས་སིལ་སྙན་ལ་སོགས་པ། །མཆོད་རྫས་ཇི་སྙེད་ཡོད་པ་དང་། །བདག་གིས་གུས་པས་བཤམས་པ་འདི། །ཇི་སྙེད་རྒྱལ་བ་སྲས་དང་བཅས། །དེ་སྙེད་རྣམས་ལ་བདག་འབུལ་ན། །ཐུགས་རྗེ་མངའ་བ་ཁྱེད་རྣམས་ཀྱིས། །ཅི་བདེ་བར་ནི་

བཞེས་ནས་ཀྱང་། །སེམས་ཅན་དོན་ཀུན་མཛད་དུ་གསོལ། །ཨོཾ་སརྦ་བུདྡྷ་བོ་དྷི་ས་ཏྭ་ཨརྒྷཾ་པྲ་ཏི་ཙྪ་སྭཱ་ཧཱ། ཨོཾ་སརྦ་བུདྡྷ་བོ་དྷི་ས་ཏྭ་པཱདྱཾ་པྲ་ཏི་ཙྪ་སྭཱ་ཧཱ། ཨོཾ་སརྦ་བུདྡྷ་བོ་དྷི་ས་ཏྭ་པུཥྤེ་པྲ་ཏི་ཙྪ་སྭཱ་ཧཱ། ཨོཾ་སརྦ་བུདྡྷ་བོ་དྷི་ས་ཏྭ་དྷཱུ་པེ་པྲ་ཏི་ཙྪ་སྭཱ། ཨོཾ་སརྦ་བུདྡྷ་བོ་དྷི་ས་ཏྭ་ཨཱ་ལོ་ཀེ་པྲ་ཏི་ཙྪ་སྭཱ་ཧཱ། ཨོཾ་སརྦ་བུདྡྷ་བོ་དྷི་ས་ཏྭ་གནྡྷེ་པྲ་ཏི་ཙྪ་སྭཱ་ཧཱ། ཨོཾ་སརྦ་བུདྡྷ་བོ་དྷི་ས་ཏྭ་ནེ་ཝིདྱ་པྲ་ཏི་ཙྪ་སྭཱ་ཧཱ། ཨོཾ་སརྦ་བུདྡྷ་བོ་དྷི་ས་ཏྭ་ཤབྡ་པྲ་ཏི་ཙྪ་སྭཱ་ཧཱ། ཞེས་མཆོད་ལ། སངས་རྒྱས་དང་བྱང་ཆུབ་སེམས་དཔའ་ཐམས་ཅད་བདག་ལ་དགོངས་སུ་གསོལ། ཁྱེད་རྣམས་མཁྱེན་པའི་ཡེ་ཤེས་བརྩེ་བའི་ཐུགས་རྗེ་མཛད་པའི་ཕྲིན་ལས་བསམ་གྱིས་མི་ཁྱབ་པ་མངའ་བས། སྤྱིར་སངས་རྒྱས་ཀྱི་བསྟན་པ་དར་ཞིང་རྒྱས་པ་དང་། བསྟན་འཛིན་གྱི་སྐྱེས་བུ་སྤྱི་དང་ཁྱད་པར་དཔལ་ལྡན་བླ་མ་དམ་པ་༼འདི་ཞེས་བྱ་བ་༽སྐུ་ཚེ་བརྟན་ཞིང་ཐུགས་ཀྱི་བཞེད་དོན་ལྷུན་གྱིས་གྲུབ་པ་དང་། ཕྱོགས་བཅུའི་དགེ་འདུན་གྱི་སྡེ་སྤྱི་དང་། ཁྱད་པར་༼འདི་ཞེས་བྱ་བའི་༽སྡེ་འདིར་འདུས་པའི་དགེ་འདུན་ཐམས་ཅད་མཐུན་ཞིང་ཆོས་སྤྱོད་བཅུའི་སྒྲུབ་པ་གོང་ནས་གོང་དུ་འཕེལ་ཞིང་རྒྱས་པ་དང་། སྦྱིན་པའི་བདག་པོས་ཐོག་དྲངས་བདག་སོགས་སེམས་ཅན་ཐམས་ཅད་ཀྱི་རྒྱུད་ལ་བྱམས་སྙིང་རྗེ་བྱང་ཆུབ་ཀྱི་སེམས་རིན་པོ་ཆེ་དང་ཡང་དག་པའི་ལྟ་བ་ཕྱིན་ཅི་མ་ལོག་པ་སྐྱེ་བར་བྱིན་གྱིས་བརླབ་ཏུ་གསོལ། དེ་དག་སྒྲུབ་པ་ལ་གནས་སྐབས་ཀྱི་འགལ་རྐྱེན་མི་མཐུན་པའི་ཕྱོགས་ཀུན་ཞི་ཞིང་མཐུན་རྐྱེན་ལེགས་ཚོགས་ཐམས་ཅད་ཚང་བར་བྱིན་གྱིས་བརླབ་ཏུ་གསོལ། ཞེས་འདོད་དོན་ལ་གསོལ་བ་ལན་གསུམ་གདབ། དེ་ནས། ལྷ་དང་ལྷ་མིན་ཅན་པན་གྱིས། །ཞབས་ཀྱི་པདྨོ་ལ་བཏུད་དེ། །ཕོངས་པ་ཀུན་ལས་སྒྲོལ་མཛད་མ། །སྒྲོལ་མ་ཡུམ་ལ་ཕྱག་འཚལ་ལོ། །ཞེས་ཕྱག་དང་བཅས་པ་ལན་བདུན་བྱས་རྗེས།

སྐུ་རབས་གསུམ་པ་ངེས་དོན་བསྟན་འཛིན་བཟང་པོའི་གསུང་ཚན།

ཧཱུཾ་བཙུན་མ་ལ་མེ་ཏོག་གཏོར་ནས་ས་ལ་འདུག་སྟེ། མཎྜལ་གཉིས་པའི་མཆོད་པ་འཕགས་མ་ལ་འབུལ་བའི་རྣོས། རབ་འབྱམས་རྒྱ་མཚོ་དཔག་མེད་ན། །མཆོད་ཡོན་ཞབས་བསིལ་མེ་ཏོག་དང་། །བདུག་སྤོས་སྣང་གསལ་དྲི་མཆོག་དང་། །ཞལ་ཟས་སིལ་སྙན་ལ་སོགས་དང་། །མཆོད་རྫས་ཇི་སྙེད་ཡོད་པ་དང་། །བདག་གིས་གུས་པས་བཤམས་པ་འདི། །ཐུགས་རྗེ་ཆེ་མངའ་རྗེ་བཙུན་མ། །འཕགས་མ་སྒྲོལ་མ་ལ་ཕུལ་ན། །བཞེས་ནས་བྱིན་གྱིས་བརླབ་ཏུ་གསོལ། །ཨོཾ་ཨཱརྻ་ཏཱ་རེ་པ་རི་ཝཱ་ར་ཨརྒྷཾ་པྲ་ཏཱི་ཙྪ་སྭཱ་ཧཱ། ཨོཾ་ཨཱརྻ་ཏཱ་རེ་ས་པ་རི་ཝཱ་ར་པཱདྱཾ་པྲ་ཏཱི་ཙྪ་སྭཱ་ཧཱ། ཨོཾ་ཨཱརྻ་ཏཱ་རེ་ས་པ་རི་ཝཱ་ར་པུཥྤེ་པྲ་ཏཱི་ཙྪ་སྭཱ་ཧཱ། ཨོཾ་ཨཱརྻ་ཏཱ་རེ་ས་པ་རི་ཝཱ་ར་དྷཱུ་པེ་པྲ་ཏཱི་ཙྪ་སྭཱ་ཧཱ། ཨོཾ་ཨཱརྻ་ཏཱ་རེ་ས་པ་རི་ཝཱ་ར་ཨཱ་ལོ་ཀེ་པྲ་ཏཱི་ཙྪ་སྭཱ་ཧཱ། ཨོཾ་ཨཱརྻ་ཏཱ་རེ་ས་པ་རི་ཝཱ་ར་གནྡྷེ་པྲ་ཏཱི་ཙྪ་སྭཱ་ཧཱ། ཨོཾ་ཨཱརྻ་ཏཱ་རེ་ས་པ་རི་ཝཱ་ར་ནེ་ཝིདྱ་པྲ་ཏཱི་ཙྪ་སྭཱ་ཧཱ། ཨོཾ་ཨཱརྻ་ཏཱ་རེ་ས་པ་རི་ཝཱ་ར་ཤབྡ་པྲ་ཏཱི་ཙྪ་སྭཱ་ཧཱ། ཞེས་ཕུལ་ལ། རྗེ་བཙུན་འཕགས་མ་སྒྲོལ་མ་དང་། །ཕྱོགས་བཅུ་དུས་གསུམ་བཞུགས་པ་ཡི། །རྒྱལ་བ་སྲས་བཅས་ཐམས་ཅད་ལ། །ཀུན་ནས་དད་པས་ཕྱག་བགྱིའོ། །མེ་ཏོག་བདུག་སྤོས་མར་མེ་དྲི། །ཞལ་ཟས་རོལ་མོ་ལ་སོགས་པ། །དངོས་འབྱོར་ཡིད་ཀྱིས་སྤྲུལ་ནས་འབུལ། །འཕགས་མའི་ཚོགས་རྣམས་བཞེས་སུ་གསོལ། །ཐོག་མ་མེད་ནས་ད་ལྟའི་བར། །མི་དགེ་བཅུ་དང་མཚམས་མེད་ལྔ། །སེམས་ནི་ཉོན་མོངས་དབང་གྱུར་པའི། །སྡིག་པ་ཐམས་ཅད་བཤགས་པར་བགྱི། །ཉན་ཐོས་རང་རྒྱལ་བྱང་ཆུབ་སེམས། །སོ་སོའི་སྐྱེ་བོ་ལ་སོགས་པས། །དུས་གསུམ་དགེ་བ་ཅི་བསགས་པའི། །བསོད་ནམས་ལ་ནི་བདག་ཡི་རང་། །སེམས་ཅན་རྣམས་ཀྱི་བསམ་པ་དང་། །བློ་ཡི་བྱེ་བྲག་ཇི་ལྟ་བར། །ཆེ་ཆུང་ཐུན་མོང་ཐེག་པ་

ཡི། །ཆོས་ཀྱི་འཁོར་ལོ་བསྐོར་དུ་གསོལ། །འཁོར་བ་ཇི་སྲིད་མ་སྟོང་
བར། །མྱ་ངན་མི་འདའ་ཐུགས་རྗེ་ཡིས། །སྡུག་བསྔལ་རྒྱ་མཚོར་བྱིང་བ་
ཡི། །སེམས་ཅན་རྣམས་ལ་གཟིགས་སུ་གསོལ། །བདག་གིས་བསོད་ནམས་
ཅི་བསགས་པ། །ཐམས་ཅད་བྱང་ཆུབ་རྒྱུར་གྱུར་ནས། །རིང་པོར་མི་ཐོགས་
འགྲོ་བ་ཡི། །འདྲེན་པའི་དཔལ་དུ་བདག་གྱུར་ཅིག །ཅེས་ཡན་ལག་བདུན་པ་དང་།
སྔར་ལྟར་སྐྱབས་སེམས་བླངས་བ་ནི། ཇི་སྙེད་སུ་དག་ཕྱོགས་བཅུའི་འཇིག་རྟེན་
ན། །དུས་གསུམ་གཤེགས་པ་མི་ཡི་སེངྒེ་ཀུན། །བདག་གིས་མ་ལུས་དེ་དག་
ཐམས་ཅད་ལ། །ལུས་དང་ངག་ཡིད་དང་བས་ཕྱག་བགྱིའོ། །བཟང་པོ་སྤྱོད་
པའི་སྨོན་ལམ་སྟོབས་དག་གིས། །རྒྱལ་བ་ཐམས་ཅད་ཡིད་ཀྱི་མངོན་སུམ་
དུ། །ཞིང་གི་རྡུལ་སྙེད་ལུས་རབ་བཏུད་པ་ཡིས། །རྒྱལ་བ་ཀུན་ལ་རབ་ཏུ་ཕྱག་
འཚལ་ལོ། །རྡུལ་གཅིག་སྟེང་ན་རྡུལ་སྙེད་སངས་རྒྱས་རྣམས། །སངས་རྒྱས་
སྲས་ཀྱི་དབུས་ན་བཞུགས་པ་དག །དེ་ལྟར་ཆོས་ཀྱི་དབྱིངས་རྣམས་མ་ལུས་
པར། །ཐམས་ཅད་རྒྱལ་བ་དག་གིས་གང་བར་མོས། །དེ་དག་བསྔགས་པ་མི་
ཟད་རྒྱ་མཚོ་རྣམས། །དབྱངས་ཀྱི་ཡན་ལག་རྒྱ་མཚོའི་སྒྲ་ཀུན་གྱིས། །རྒྱལ་
བ་ཀུན་གྱི་ཡོན་ཏན་རབ་བརྗོད་ཅིང་། །བདེ་བར་གཤེགས་པ་ཐམས་ཅད་བདག་
གིས་བསྟོད། །མེ་ཏོག་དམ་པ་ཕྲེང་བ་དམ་པ་དང་། །སིལ་སྙན་རྣམས་དང་
བྱུག་པ་གདུགས་མཆོག་དང་། །མར་མེ་མཆོག་དང་བདུག་སྤོས་དམ་པ་
ཡིས། །རྒྱལ་བ་དེ་དག་ལ་ནི་མཆོད་པར་བགྱི། །ན་བཟའ་དམ་པ་རྣམས་དང་
དྲི་མཆོག་དང་། །ཕྱེ་མའི་ཕུར་མ་རི་རབ་མཉམ་པ་དང་། །བཀོད་པ་ཁྱད་པར་
འཕགས་པའི་མཆོག་ཀུན་གྱིས། །རྒྱལ་བ་དེ་དག་ལ་ནི་མཆོད་པར་

བགྱི། །མཆོད་པ་གང་རྣམས་བླ་མེད་རྒྱ་ཆེ་བ། །དེ་དག་རྒྱལ་བ་ཐམས་ཅད་ལ་ཡང་མོས། །བཟང་པོ་སྤྱོད་ལ་དད་པའི་སྟོབས་དག་གིས། །རྒྱལ་བ་ཀུན་ལ་ཕྱག་འཚལ་མཆོད་པར་བགྱི། །འདོད་ཆགས་ཞེ་སྡང་གཏི་མུག་དབང་གིས་ནི། །ལུས་དང་ངག་དང་དེ་བཞིན་ཡིད་ཀྱིས་ཀྱང་། །སྡིག་པ་བདག་གིས་བགྱིས་པ་ཅི་མཆིས་པ། །དེ་དག་ཐམས་ཅད་བདག་གིས་སོ་སོར་བཤགས། །ཕྱོགས་བཅུའི་རྒྱལ་བ་ཀུན་དང་སངས་རྒྱས་སྲས། །རང་རྒྱལ་རྣམས་དང་སློབ་དང་མི་སློབ་དང་། །འགྲོ་བ་ཀུན་གྱི་བསོད་ནམས་གང་ལ་ཡང་། །དེ་དག་ཀུན་གྱི་རྗེས་སུ་བདག་ཡི་རང་། །གང་རྣམས་ཕྱོགས་བཅུའི་འཇིག་རྟེན་སྒྲོན་མ་རྣམས། །བྱང་ཆུབ་རིམ་པར་སངས་རྒྱས་མ་ཆགས་བརྙེས། །མགོན་པོ་དེ་དག་བདག་གིས་ཐམས་ཅད་ལ། །འཁོར་ལོ་བླ་ན་མེད་པ་བསྐོར་བར་བསྐུལ། །མྱ་ངན་འདའ་སྟོན་གང་བཞེད་དེ་དག་ལ། །འགྲོ་བ་ཀུན་ལ་ཕན་ཞིང་བདེ་བའི་ཕྱིར། །བསྐལ་པ་ཞིང་གི་རྡུལ་སྙེད་བཞུགས་པར་ཡང་། །བདག་གིས་ཐལ་མོ་རབ་སྦྱར་གསོལ་བར་བགྱི། །ཕྱག་འཚལ་བ་དང་མཆོད་ཅིང་བཤགས་པ་དང་། །རྗེས་སུ་ཡི་རང་བསྐུལ་ཞིང་གསོལ་བ་ཡི། །དགེ་བ་ཅུང་ཟད་བདག་གིས་ཅི་བསགས་པ། །ཐམས་ཅད་བདག་གིས་བྱང་ཆུབ་ཕྱིར་བསྔོའོ། །ཞེས་ཡན་ལག་བདུན་པ་ཚར་གཅིག་གི་རྗེས་སུ་སྤྱོད་འཇུག་ལྟར། བྱང་ཆུབ་སྙིང་པོར་མཆིས་ཀྱི་བར། །སངས་རྒྱས་རྣམས་ལ་སྐྱབས་སུ་མཆི། །ཆོས་དང་བྱང་ཆུབ་སེམས་དཔའ་ཡི། །ཚོགས་ལའང་དེ་བཞིན་སྐྱབས་སུ་མཆི། །ཞེས་ལན་གསུམ་གྱིས་སྐྱབས་སུ་འགྲོ་བ་སྟོན་དུ་བཏང་ནས། ཇི་ལྟར་སྔོན་གྱི་བདེ་གཤེགས་ཀྱིས། །བྱང་ཆུབ་ཐུགས་ནི་བསྐྱེད་པ་དང་། །བྱང་ཆུབ་སེམས

དཔའི་བསླབ་པ་ལ། །དེ་དག་རིམ་བཞིན་གནས་པ་ལྟར། །དེ་བཞིན་འགྲོ་ལ་
ཕན་དོན་དུ། །བྱང་ཆུབ་སེམས་ནི་བསྐྱེད་བགྱི་ཞིང་། །དེ་བཞིན་དུ་ནི་བསླབ་པ་
ལའང་། །རིམ་པ་བཞིན་དུ་བསླབ་པར་བགྱི། །ཞེས་ལན་གསུམ་གྱིས་སེམས་བསྐྱེད་
བླངས་ལ། དེ་ནས་གང་གི་དོན་དུ་བྱ་བའི་བསྒྲུབ་བྱ་ཇི་སྙེད་ཡོད་པ་དེ་དག་ཐམས་ཅད་
རྗེ་བཙུན་མའི་ཕྱག་གཡས་པའི་སྐྱབས་འོག་ཏུ་ཚུད་པར་བསམ་ལ། ཨོཾ་རྗེ་བཙུན་མ་
འཕགས་མ་སྒྲོལ་མ་ལ་ཕྱག་འཚལ་ལོ། །ཕྱག་འཚལ་ཏཱ་རེ་མྱུར་མ་དཔའ་
མོ། །ཏུཏྟཱ་ར་ཡིས་འཇིགས་པ་སེལ་མ། །ཏུ་རས་དོན་ཀུན་སྦྱིན་པས་སྒྲོལ་
མ། །སྭཱ་ཧཱའི་ཡི་གེ་ཁྱོད་ལ་འདུད་དོ། །ཕྱག་འཚལ་སྒྲོལ་མ་མྱུར་མ་དཔའ་
མོ། །སྤྱན་ནི་སྐད་ཅིག་གློག་དང་འདྲ་མ། །འཇིག་རྟེན་གསུམ་མགོན་ཆུ་སྐྱེས་
ཞལ་གྱི། །གེ་སར་བྱེ་བ་ལས་ནི་བྱུང་མ། །ཕྱག་འཚལ་སྟོན་ཀའི་ཟླ་བ་ཀུན་
ཏུ། །གང་བ་བརྒྱ་ནི་བརྩེགས་པའི་ཞལ་མ། །སྐར་མ་སྟོང་ཕྲག་ཚོགས་པ་
རྣམས་ཀྱིས། །རབ་ཏུ་ཕྱེ་བའི་འོད་རབ་འབར་མ། །ཕྱག་འཚལ་སེར་སྔོ་ཆུ་ནས་
སྐྱེས་ཀྱི། །པདྨས་ཕྱག་ནི་རྣམ་པར་བརྒྱན་མ། །སྦྱིན་པ་བརྩོན་འགྲུས་དཀའ་
ཐུབ་ཞི་བ། །བཟོད་པ་བསམ་གཏན་སྤྱོད་ཡུལ་ཉིད་མ། །ཕྱག་འཚལ་དེ་བཞིན་
གཤེགས་པའི་གཙུག་ཏོར། །མཐའ་ཡས་རྣམ་པར་རྒྱལ་བར་སྤྱོད་མ། །མ་
ལུས་ཕ་རོལ་ཕྱིན་པ་ཐོབ་པའི། །རྒྱལ་བའི་སྲས་ཀྱིས་ཤིན་ཏུ་བསྟེན་མ། །ཕྱག་
འཚལ་ཏུཏྟཱ་ར་ཧཱུྃ་ཡི་གེ །འདོད་དང་ཕྱོགས་དང་ནམ་མཁའ་གང་མ། །འཇིག་
རྟེན་བདུན་པོ་ཞབས་ཀྱིས་མནན་ཏེ། །ལུས་པ་མེད་པར་འགུགས་པར་ནུས་
མ། །ཕྱག་འཚལ་བརྒྱ་བྱིན་མེ་ལྷ་ཚངས་པ། །རླུང་ལྷ་སྣ་ཚོགས་དབང་ཕྱུག་
མཆོད་མ། །འབྱུང་པོ་རོ་ལངས་དྲི་ཟ་རྣམས་དང་། །གནོད་སྦྱིན་ཚོགས་ཀྱིས་

མདུན་ནས་བསྐོར་མ། །ཕྱག་འཚལ་ཏྲཊ་ཅེས་བྱ་དང་ཕཊ་ཀྱིས། །ཕ་རོལ་
འཁྲུལ་འཁོར་རབ་ཏུ་འཇོམས་མ། །གཡས་བསྐུམ་གཡོན་བརྐྱང་ཞབས་ཀྱིས་
མནན་ཏེ། །མེ་འབར་འཁྲུགས་པ་ཤིན་ཏུ་འབར་མ། །ཕྱག་འཚལ་ཏུ་རེའི་
འཇིགས་པ་ཆེན་པོས། །བདུད་ཀྱི་དཔའ་བོ་རྣམ་པར་འཇོམས་མ། །ཆུ་སྐྱེས་
ཞལ་ནི་ཁྲོ་གཉེར་ལྡན་མཛད། །དགྲ་བོ་ཐམས་ཅད་མ་ལུས་གསོད་མ། །ཕྱག་
འཚལ་དཀོན་མཆོག་གསུམ་མཚོན་ཕྱག་རྒྱའི། །སོར་མོས་ཐུགས་ཀར་རྣམ་པར་
བརྒྱན་མ། །མ་ལུས་ཕྱོགས་ཀྱི་འཁོར་ལོས་བརྒྱན་པའི། །རང་གི་འོད་ཀྱི་
ཚོགས་རྣམས་འཁྲུགས་མ། །ཕྱག་འཚལ་རབ་ཏུ་དགའ་བ་བརྗིད་པའི། །དབུ་
རྒྱན་འོད་ཀྱི་ཕྲེང་བ་སྤེལ་མ། །བཞད་པ་རབ་བཞད་ཏུཏྟཱ་ར་ཡིས། །བདུད་དང་
འཇིག་རྟེན་དབང་དུ་མཛད་མ། །ཕྱག་འཚལ་ས་གཞི་སྐྱོང་བའི་ཚོགས་
རྣམས། །ཐམས་ཅད་འགུགས་པར་ནུས་པ་ཉིད་མ། །ཁྲོ་གཉེར་གཡོ་བའི་ཡི་
གེ་ཧཱུྃ་གིས། །ཕོངས་པ་ཐམས་ཅད་རྣམ་པར་སྒྲོལ་མ། །ཕྱག་འཚལ་ཟླ་བའི་
དུམ་བུས་དབུ་བརྒྱན། །བརྒྱན་པ་ཐམས་ཅད་ཤིན་ཏུ་འབར་མ། །རལ་པའི་
ཁྲོད་ན་འོད་དཔག་མེད་ལས། །རྟག་པར་ཤིན་ཏུ་འོད་རབ་མཛད་མ། །ཕྱག་
འཚལ་བསྐལ་བ་ཐ་མའི་མེ་ལྟར། །འབར་བའི་ཕྲེང་བའི་དབུས་ན་གནས་
མ། །གཡས་བརྐྱང་གཡོན་བསྐུར་ཀུན་ནས་བསྐོར་དགའི། །དགྲ་ཡི་དཔུང་ནི་
རྣམ་པར་འཇོམས་མ། །ཕྱག་འཚལ་ས་གཞིའི་ངོས་ལ་ཕྱག་གི །མཐིལ་གྱིས་
བསྣུན་ཅིང་ཞབས་ཀྱིས་བརྡུང་མ། །ཁྲོ་གཉེར་ཅན་མཛད་ཡི་གེ་ཧཱུྃ་གིས། །རིམ་
པ་བདུན་པོ་རྣམས་ནི་འགེམས་མ། །ཕྱག་འཚལ་བདེ་མ་དགེ་མ་ཞི་མ། །མྱ་
ངན་འདས་ཞི་སྤྱོད་ཡུལ་ཉིད་མ། །སྭཱ་ཧཱ་ཨོཾ་དང་ཡང་དག་ལྡན་པས། །སྡིག་པ་

ཆེན་པོ་འཇོམས་པ་ཉིད་མ། །ཕྱག་འཚལ་ཀུན་ནས་བསྐོར་རབ་དགའ་བའི། །དགྲ་ཡི་ལུས་ནི་རབ་ཏུ་འགེམས་མ། །ཡི་གེ་བཅུ་པའི་ངག་ནི་བཀོད་པའི། །རིག་པ་ཧཱུྃ་ལས་སྒྲོལ་མ་ཉིད་མ། །ཕྱག་འཚལ་ཏུ་རེའི་ཞབས་ནི་བརྡབས་པས། །ཧཱུྃ་གི་རྣམ་པའི་ས་བོན་ཉིད་མ། །རི་རབ་མནྡྷ་ར་དང་འབིགས་བྱེད། །འཇིག་རྟེན་གསུམ་རྣམས་གཡོ་བ་ཉིད་མ། །ཕྱག་འཚལ་ལྷ་ཡི་མཚོ་ཡི་རྣམ་པའི། །རི་དྭགས་རྟགས་ཅན་ཕྱག་ན་བསྣམས་མ། །ཏཱ་ར་གཉིས་བརྗོད་ཕཊ་ཀྱི་ཡི་གེས། །དུག་རྣམས་མ་ལུས་པར་ནི་སེལ་མ། །ཕྱག་འཚལ་ལྷ་ཡི་ཚོགས་རྣམས་རྒྱལ་པོ། །ལྷ་དང་མི་འམ་ཅི་ཡིས་བསྟེན་མ། །ཀུན་ནས་གོ་ཆ་དགའ་བའི་བརྗིད་ཀྱིས། །རྩོད་དང་རྨི་ལམ་ངན་པ་སེལ་མ། །ཕྱག་འཚལ་ཉི་མ་ཟླ་བ་རྒྱས་པའི། །སྤྱན་གཉིས་པོ་ལ་འོད་རབ་གསལ་མ། །ཧ་ར་གཉིས་བརྗོད་ཏུཏྟཱ་ར་ཡིས། །ཤིན་ཏུ་དྲག་པོའི་རིམས་ནད་སེལ་མ། །ཕྱག་འཚལ་དེ་ཉིད་གསུམ་རྣམས་བཀོད་པས། །ཞི་བའི་མཐུ་དང་ཡང་དག་ལྡན་མ། །གདོན་དང་རོ་ལངས་གནོད་སྦྱིན་ཚོགས་རྣམས། །འཇོམས་པ་ཏུ་རེ་རབ་མཆོག་ཉིད་མ། །རྩ་བའི་སྔགས་ཀྱི་བསྟོད་པ་འདི་དང་། །ཕྱག་འཚལ་བ་ནི་ཉི་ཤུ་རྩ་གཅིག །ཞེས་ཕྱག་འཚལ་ཉེར་གཅིག་བསྟོད་པ་ཚར་གཉིས་བརྗོད། རྗེ་བཙུན་བཅོམ་ལྡན་འདས་མ་ཐུགས་རྗེ་ཅན། །བདག་དང་མཐའ་ཡས་སེམས་ཅན་ཐམས་ཅད་ཀྱི། །སྒྲིབ་གཉིས་བྱང་ཞིང་ཚོགས་གཉིས་མྱུར་རྫོགས་ནས། །རྫོགས་པའི་སངས་རྒྱས་ཐོབ་པར་མཛད་དུ་གསོལ། །དེ་མ་ཐོབ་ཀྱི་ཚེ་རབས་ཀུན་ཏུ་ཡང་། །ལྷ་དང་མི་ཡི་བདེ་བ་མཆོག་ཐོབ་ནས། །ཐམས་ཅད་མཁྱེན་པ་སྒྲུབ་པར་བྱེད་པ་ལ། །བར་ཆད་གདོན་བགེགས་རིམས་དང་ནད་ལ་སོགས། །དུས་

མིན་འཆི་བར་གྱུར་པ་སྣ་ཚོགས་དང་། །རྨི་ལམ་ངན་དང་མཚན་མ་ངན་པ་དང་། །འཇིགས་པ་བརྒྱད་སོགས་ཉེ་བར་འཚེ་བ་རྣམས། །མྱུར་དུ་ཞི་ཞིང་མེད་པར་མཛོད་དུ་གསོལ། །འཇིག་རྟེན་འཇིག་རྟེན་ལས་ནི་འདས་པ་ཡི། །བཀྲ་ཤིས་བདེ་ལེགས་ཕུན་སུམ་ཚོགས་པ་རྣམས། །འཕེལ་ཞིང་རྒྱས་པའི་དོན་རྣམས་མ་ལུས་པ། །འབད་མེད་ལྷུན་གྱིས་འགྲུབ་པར་མཛོད་དུ་གསོལ། །སྒྲུབ་ལ་བརྩོན་ཞིང་དམ་ཆོས་འཕེལ་བ་དང་། །རྟག་ཏུ་ཁྱོད་སྒྲུབ་ཞལ་མཆོག་མཐོང་བ་དང་། །སྟོང་ཉིད་དོན་རྟོགས་བྱང་སེམས་རིན་པོ་ཆེ། །ཡར་ངོའི་ཟླ་ལྟར་འཕེལ་ཞིང་རྒྱས་པར་མཛོད། །ཞེས་ཚར་གསུམ་དང་། རྗེ་བཙུན་འཕགས་མ་སྒྲོལ་མ་བདག་ལ་དགོངས་སུ་གསོལ། ཁྱེད་རྣམས་མཁྱེན་པའི་ཡེ་ཤེས་བརྩེ་བའི་ཐུགས་རྗེ་མཛད་པའི་ཕྲིན་ལས་བསམ་གྱིས་མི་ཁྱབ་པ་མངའ་བས། སྤྱིར་སངས་རྒྱས་ཀྱི་བསྟན་པར་དར་ཞིང་རྒྱས་པ་དང་། བསྟན་འཛིན་གྱི་སྐྱེས་བུ་སྤྱི་དང་ཁྱད་པར་དཔལ་ལྡན་བླ་མ་དམ་པ་༼འདི་ཞེས་བྱ་བའི་༽སྐུ་ཚེ་བརྟན་ཞིང་ཐུགས་ཀྱི་བཞེད་དོན་ལྷུན་གྱིས་གྲུབ་པ་དང་། ཕྱོགས་བཅུའི་དགེ་འདུན་གྱི་སྡེ་སྤྱི་དང་ཁྱད་པར་༼འདི་ཞེས་བྱ་བའི་༽སྡེ་འདིར་འདུ་བའི་དགེ་འདུན་ཐམས་ཅད་མཐུན་ཞིང་ཆོས་སྤྱོད་བཅུའི་སྒྲུབ་པ་གོང་ནས་གོང་དུ་འཕེལ་ཞིང་རྒྱས་པ་དང་། སྦྱིན་པའི་བདག་པོས་ཐོག་དྲངས་བདག་སོགས་སེམས་ཅན་ཐམས་ཅད་ཀྱི་རྒྱུད་ལ་བྱམས་སྙིང་རྗེ་བྱང་ཆུབ་ཀྱི་སེམས་རིན་པོ་ཆེ་དང་ཡང་དག་པའི་ལྟ་བ་ཕྱིན་ཅི་མ་ལོག་པ་སྐྱེ་བར་བྱིན་གྱིས་བརླབ་ཏུ་གསོལ། དེ་དག་སྒྲུབ་པ་ལ་གནས་སྐབས་ཀྱི་འགལ་རྐྱེན་མི་མཐུན་པའི་ཕྱོགས་ཀུན་ཞི་ཞིང་མཐུན་རྐྱེན་ལེགས་ཚོགས་ཐམས་ཅད་ཚང་བར་བྱིན་གྱིས་བརླབ་ཏུ་གསོལ། ཞེས་ཚར་གསུམ་གྱིས་འདོད་དོན་གསོལ། དེ་ནས་སྔར་ལྟར་ཕྱག་བདུན་འཚལ་ཏེ།

མཎྜལ་གསུམ་པའི་མཆོད་པ་འབུལ། ཡན་ལག་བདུན་པ་བྱས་ཏེ། བསྟོད་པ་ཚར་གསུམ་གསོལ་འདེབས་དང་བཅས། ཇི་སྙེད་སུ་དག་ཕྱོགས་བཅུའི་འཇིག་རྟེན་ན། །དུས་གསུམ་གཤེགས་པ་མི་ཡི་སེངྒེ་ཀུན། །བདག་གིས་མ་ལུས་དེ་དག་ཐམས་ཅད་ལ། །ལུས་དང་ངག་ཡིད་དང་བས་ཕྱག་བགྱིའོ། །བཟང་པོ་སྤྱོད་པའི་སྨོན་ལམ་སྟོབས་དག་གིས། །རྒྱལ་བ་ཐམས་ཅད་ཡིད་ཀྱི་མངོན་སུམ་དུ། །ཞིང་གི་རྡུལ་སྙེད་ལུས་རབ་བཏུད་པ་ཡིས། །རྒྱལ་བ་ཀུན་ལ་རབ་ཏུ་ཕྱག་འཚལ་ལོ། །རྡུལ་གཅིག་སྟེང་ན་རྡུལ་སྙེད་སངས་རྒྱས་རྣམས། །སངས་རྒྱས་སྲས་ཀྱི་དབུས་ན་བཞུགས་པ་དག །དེ་ལྟར་ཆོས་ཀྱི་དབྱིངས་རྣམས་མ་ལུས་པར། །ཐམས་ཅད་རྒྱལ་བ་དག་གིས་གང་བར་མོས། །དེ་དག་བསྔགས་པ་མི་ཟད་རྒྱ་མཚོ་རྣམས། །དབྱངས་ཀྱི་ཡན་ལག་རྒྱ་མཚོའི་སྒྲ་ཀུན་གྱིས། །རྒྱལ་བ་ཀུན་གྱི་ཡོན་ཏན་རབ་བརྗོད་ཅིང་། །བདེ་བར་གཤེགས་པ་ཐམས་ཅད་བདག་གིས་བསྟོད། །མེ་ཏོག་དམ་པ་ཕྲེང་བ་དམ་པ་དང་། །སིལ་སྙན་རྣམས་དང་བྱུག་པ་གདུགས་མཆོག་དང་། །མར་མེ་མཆོག་དང་བདུག་སྤོས་དམ་པ་ཡིས། །རྒྱལ་བ་དེ་དག་ལ་ནི་མཆོད་པར་བགྱི། །ན་བཟའ་དམ་པ་རྣམས་དང་དྲི་མཆོག་དང་། །ཕྱེ་མའི་ཕུར་མ་རི་རབ་མཉམ་པ་དང་། །བཀོད་པ་ཁྱད་པར་འཕགས་པའི་མཆོག་ཀུན་གྱིས། །རྒྱལ་བ་དེ་དག་ལ་ནི་མཆོད་པར་བགྱི། །མཆོད་པ་གང་རྣམས་བླ་མེད་རྒྱ་ཆེ་བ། །དེ་དག་རྒྱལ་བ་ཐམས་ཅད་ལ་ཡང་མོས། །བཟང་པོ་སྤྱོད་ལ་དད་པའི་སྟོབས་དག་གིས། །རྒྱལ་བ་ཀུན་ལ་ཕྱག་འཚལ་མཆོད་པར་བགྱི། །འདོད་ཆགས་ཞེ་སྡང་གཏི་མུག་དབང་གིས་ནི། །ལུས་དང་ངག་དང་དེ་བཞིན་ཡིད་ཀྱིས་ཀྱང་། །སྡིག་པ་བདག་གིས

བགྱིས་པ་ཅི་མཆིས་པ། །དེ་དག་ཐམས་ཅད་བདག་གིས་སོ་སོར་བཤགས། །ཕྱོགས་བཅུའི་རྒྱལ་བ་ཀུན་དང་སངས་རྒྱས་སྲས། །རང་རྒྱལ་རྣམས་དང་སློབ་དང་མི་སློབ་དང་། །འགྲོ་བ་ཀུན་གྱི་བསོད་ནམས་གང་ལ་ཡང་། །དེ་དག་ཀུན་གྱི་རྗེས་སུ་བདག་ཡི་རང་། །གང་རྣམས་ཕྱོགས་བཅུའི་འཇིག་རྟེན་སྒྲོན་མ་རྣམས། །བྱང་ཆུབ་རིམ་པར་སངས་རྒྱས་མ་ཆགས་བརྙེས། །མགོན་པོ་དེ་དག་བདག་གིས་ཐམས་ཅད་ལ། །འཁོར་ལོ་བླ་ན་མེད་པ་བསྐོར་བར་བསྐུལ། །མྱ་ངན་འདའ་སྟོན་གང་བཞེད་དེ་དག་ལ། །འགྲོ་བ་ཀུན་ལ་ཕན་ཞིང་བདེ་བའི་ཕྱིར། །བསྐལ་པ་ཞིང་གི་རྡུལ་སྙེད་བཞུགས་པར་ཡང་། །བདག་གིས་ཐལ་མོ་རབ་སྦྱར་གསོལ་བར་བགྱི། །ཕྱག་འཚལ་བ་དང་མཆོད་ཅིང་བཤགས་པ་དང་། །རྗེས་སུ་ཡི་རང་བསྐུལ་ཞིང་གསོལ་བ་ཡི། །དགེ་བ་ཅུང་ཟད་བདག་གིས་ཅི་བསགས་པ། །ཐམས་ཅད་བདག་གིས་བྱང་ཆུབ་ཕྱིར་བསྔོའོ། །ཞེས་ཡག་བདུན་པ་ཚར་གཅིག་གི་རྗེས་སུ་སྤྱོད་འཇུག་ལྟར། བྱང་ཆུབ་སྙིང་པོར་མཆིས་ཀྱི་བར། །སངས་རྒྱས་རྣམས་ལ་སྐྱབས་སུ་མཆི། །ཆོས་དང་བྱང་ཆུབ་སེམས་དཔའ་ཡི། །ཚོགས་ལའང་དེ་བཞིན་སྐྱབས་སུ་མཆི། །ཞེས་ལན་གསུམ་གྱིས་སྐྱབས་སུ་འགྲོ་བ་སྔོན་དུ་བཏང་ནས། ཇི་ལྟར་སྔོན་གྱི་བདེ་གཤེགས་ཀྱིས། །བྱང་ཆུབ་ཐུགས་ནི་བསྐྱེད་པ་དང་། །བྱང་ཆུབ་སེམས་དཔའི་བསླབ་པ་ལ། །དེ་དག་རིམ་བཞིན་གནས་པ་ལྟར། །དེ་བཞིན་འགྲོ་ལ་ཕན་དོན་དུ། །བྱང་ཆུབ་སེམས་ནི་བསྐྱེད་བགྱི་ཞིང་། །དེ་བཞིན་དུ་ནི་བསླབ་པ་ལའང་། །རིམ་པ་བཞིན་དུ་བསླབ་པར་བགྱི། །ཞེས་ལན་གསུམ་གྱིས་སེམས་བསྐྱེད་བླངས་ལ། དེ་ནས་གང་གི་དོན་དུ་བྱ་བའི་བསྒྲུབ་བྱ་ཇི་སྙེད་ཡོད་པ་དེ་དག་ཐམས་ཅད་རྗེ་བཙུན་མའི་ཕྱག

གཡས་པའི་སྐྱབས་འོག་ཏུ་རྩུད་པར་བསམ་ལ། ཨོཾ་རྗེ་བཙུན་མ་འཕགས་མ་སྒྲོལ་མ་ལ་ཕྱག་
འཚལ་ལོ། །ཕྱག་འཚལ་ཏཱ་རེ་མྱུར་མ་དཔའ་མོ། །ཏུཏྟཱ་ར་ཡིས་འཇིགས་པ་
སེལ་མ། །ཏུ་རས་དོན་ཀུན་སྦྱིན་པས་སྒྲོལ་མ། །སྭཱ་ཧཱའི་ཡི་གེ་ཁྱོད་ལ་འདུད་
དོ། །ཕྱག་འཚལ་སྒྲོལ་མ་མྱུར་མ་དཔའ་མོ། །སྤྱན་ནི་སྐད་ཅིག་གློག་དང་འདྲ་
མ། །འཇིག་རྟེན་གསུམ་མགོན་ཆུ་སྐྱེས་ཞལ་གྱི། །གེ་སར་བྱེ་བ་ལས་ནི་བྱུང་
མ། །ཕྱག་འཚལ་སྟོན་ཀའི་ཟླ་བ་ཀུན་ཏུ། །གང་བ་བརྒྱ་ནི་བརྩེགས་པའི་ཞལ་
མ། །སྐར་མ་སྟོང་ཕྲག་ཚོགས་པ་རྣམས་ཀྱིས། །རབ་ཏུ་ཕྱེ་བའི་འོད་རབ་
འབར་མ། །ཕྱག་འཚལ་སེར་སྔོ་ཆུ་ནས་སྐྱེས་ཀྱི། །པདྨས་ཕྱག་ནི་རྣམ་པར་
བརྒྱན་མ། །སྦྱིན་པ་བརྩོན་འགྲུས་དཀའ་ཐུབ་ཞི་བ། །བཟོད་པ་བསམ་གཏན་
སྤྱོད་ཡུལ་ཉིད་མ། །ཕྱག་འཚལ་དེ་བཞིན་གཤེགས་པའི་གཙུག་ཏོར། །མཐའ་
ཡས་རྣམ་པར་རྒྱལ་བར་སྤྱོད་མ། །མ་ལུས་ཕ་རོལ་ཕྱིན་པ་ཐོབ་པའི། །རྒྱལ་
བའི་སྲས་ཀྱིས་ཤིན་ཏུ་བསྟེན་མ། །ཕྱག་འཚལ་ཏུཏྟཱ་ར་ཧཱུྃ་ཡི་གེ །འདོད་དང་
ཕྱོགས་དང་ནམ་མཁའ་གང་མ། །འཇིག་རྟེན་བདུན་པོ་ཞབས་ཀྱིས་མནན་
ཏེ། །ལུས་པ་མེད་པར་འགུགས་པར་ནུས་མ། །ཕྱག་འཚལ་བརྒྱ་བྱིན་མེ་ལྷ་
ཚངས་པ། །རླུང་ལྷ་སྣ་ཚོགས་དབང་ཕྱུག་མཆོད་མ། །འབྱུང་པོ་རོ་ལངས་དྲི་
ཟ་རྣམས་དང་། །གནོད་སྦྱིན་ཚོགས་ཀྱིས་མདུན་ནས་བསྟོད་མ། །ཕྱག་འཚལ་
ཏྲཊ་ཅེས་བྱ་དང་ཕཊ་ཀྱིས། །ཕ་རོལ་འཁྲུལ་འཁོར་རབ་ཏུ་འཇོམས་
མ། །གཡས་བསྐུམ་གཡོན་བརྐྱང་ཞབས་ཀྱིས་མནན་ཏེ། །མེ་འབར་འཁྲུགས་
པ་ཤིན་ཏུ་འབར་མ། །ཕྱག་འཚལ་ཏུ་རེའི་འཇིགས་པ་ཆེན་པོས། །བདུད་ཀྱི་
དཔའ་བོ་རྣམ་པར་འཇོམས་མ། །ཆུ་སྐྱེས་ཞལ་ནི་ཁྲོ་གཉེར་ལྡན་མཛད། །དགྲ་

བོ་ཐམས་ཅད་མ་ལུས་གསོད་མ། །ཕྱག་འཚལ་དཀོན་མཆོག་གསུམ་མཚོན་ཕྱག་རྒྱའི། །སོར་མོས་ཐུགས་ཀར་རྣམ་པར་བརྒྱན་མ། །མ་ལུས་ཕྱོགས་ཀྱི་འཁོར་ལོས་བརྒྱན་པའི། །རང་གི་འོད་ཀྱི་ཚོགས་རྣམས་འཁྲུགས་མ། །ཕྱག་འཚལ་རབ་ཏུ་དགའ་བ་བརྗིད་པའི། །དབུ་རྒྱན་འོད་ཀྱི་ཕྲེང་བ་སྤེལ་མ། །བཞད་པ་རབ་བཞད་ཏུཏྟཱ་ར་ཡིས། །བདུད་དང་འཇིག་རྟེན་དབང་དུ་མཛད་མ། །ཕྱག་འཚལ་ས་གཞི་སྐྱོང་བའི་ཚོགས་རྣམས། །ཐམས་ཅད་འགུགས་པར་ནུས་པ་ཉིད་མ། །ཁྲོ་གཉེར་གཡོ་བའི་ཡི་གེ་ཧཱུྃ་གིས། །ཕོངས་པ་ཐམས་ཅད་རྣམ་པར་སྒྲོལ་མ། །ཕྱག་འཚལ་ཟླ་བའི་དུམ་བུས་དབུ་བརྒྱན། །བརྒྱན་པ་ཐམས་ཅད་ཤིན་ཏུ་འབར་མ། །རལ་པའི་ཁྲོད་ན་འོད་དཔག་མེད་ལས། །རྟག་པར་ཤིན་ཏུ་འོད་རབ་མཛད་མ། །ཕྱག་འཚལ་བསྐལ་པ་ཐ་མའི་མེ་ལྟར། །འབར་བའི་ཕྲེང་བའི་དབུས་ན་གནས་མ། །གཡས་བརྐྱང་གཡོན་བསྐུར་ཀུན་ནས་བསྐོར་དགའི། །དགྲ་ཡི་དཔུང་ནི་རྣམ་པར་འཇོམས་མ། །ཕྱག་འཚལ་ས་གཞིའི་ངོས་ལ་ཕྱག་གི །མཐིལ་གྱིས་བསྣུན་ཅིང་ཞབས་ཀྱིས་བརྡུང་མ། །ཁྲོ་གཉེར་ཅན་མཛད་ཡི་གེ་ཧཱུྃ་གིས། །རིམ་པ་བདུན་པོ་རྣམས་ནི་འགེམས་མ། །ཕྱག་འཚལ་བདེ་མ་དགེ་མ་ཞི་མ། །མྱ་ངན་འདས་ཞི་སྤྱོད་ཡུལ་ཉིད་མ། །སྭཱ་ཧཱ་ཨོཾ་དང་ཡང་དག་ལྡན་པས། །སྡིག་པ་ཆེན་པོ་འཇོམས་པ་ཉིད་མ། །ཕྱག་འཚལ་ཀུན་ནས་བསྐོར་རབ་དགའ་བའི། །དགྲ་ཡི་ལུས་ནི་རབ་ཏུ་འགེམས་མ། །ཡི་གེ་བཅུ་པའི་ངག་ནི་བཀོད་པའི། །རིག་པ་ཧཱུྃ་ལས་སྒྲོལ་མ་ཉིད་མ། །ཕྱག་འཚལ་ཏུ་རེའི་ཞབས་ནི་བརྡབས་པས། །ཧཱུྃ་གི་རྣམ་པའི་ས་བོན་ཉིད་མ། །རི་རབ་མནྡ་ར་དང་འབིགས་བྱེད། །འཇིག་རྟེན་གསུམ་རྣམས་གཡོ་བ་ཉིད་མ། །ཕྱག་

འཚལ་ལྷ་ཡི་མཚོ་ཡི་རྣམ་པའི། །རི་དྭགས་རྟགས་ཅན་ཕྱག་ན་བསྣམས་མ། །ཏཱ་ར་གཉིས་བརྗོད་ཕཊ་ཀྱི་ཡི་གེས། །དུག་རྣམས་མ་ལུས་པར་ནི་སེལ་མ། །ཕྱག་འཚལ་ལྷ་ཡི་ཚོགས་རྣམས་རྒྱལ་པོ། །ལྷ་དང་མི་འམ་ཅི་ཡིས་བསྟེན་མ། །ཀུན་ནས་གོ་ཆ་དགའ་བའི་བརྗིད་ཀྱིས། །རྩོད་དང་རྨི་ལམ་ངན་པ་སེལ་མ། །ཕྱག་འཚལ་ཉི་མ་ཟླ་བ་རྒྱས་པའི། །སྤྱན་གཉིས་པོ་ལ་འོད་རབ་གསལ་མ། །ཧ་ར་གཉིས་བརྗོད་ཏུཏྟཱ་ར་ཡིས། །ཤིན་ཏུ་དྲག་པོའི་རིམས་ནད་སེལ་མ། །ཕྱག་འཚལ་དེ་ཉིད་གསུམ་རྣམས་བཀོད་པས། །ཞི་བའི་མཐུ་དང་ཡང་དག་ལྡན་མ། །གདོན་དང་རོ་ལངས་གནོད་སྦྱིན་ཚོགས་རྣམས། །འཇོམས་པ་ཏུ་རེ་རབ་མཆོག་ཉིད་མ། །རྩ་བའི་སྔགས་ཀྱི་བསྟོད་པ་འདི་དང་། །ཕྱག་འཚལ་བ་ནི་ཉི་ཤུ་རྩ་གཅིག །ཞེས་ཕྱག་འཚལ་ཉེར་གཅིག་བསྟོད་པ་ཚར་གཉིས་བརྗོད། རྗེ་བཙུན་བཅོམ་ལྡན་འདས་མ་ཐུགས་རྗེ་ཅན། །བདག་དང་མཐའ་ཡས་སེམས་ཅན་ཐམས་ཅད་ཀྱི། །སྒྲིབ་གཉིས་བྱང་ཞིང་ཚོགས་གཉིས་མྱུར་རྫོགས་ནས། །རྫོགས་པའི་སངས་རྒྱས་ཐོབ་པར་མཛད་དུ་གསོལ། །དེ་མ་ཐོབ་ཀྱི་ཚེ་རབས་ཀུན་ཏུ་ཡང་། །ལྷ་དང་མི་ཡི་བདེ་བ་མཆོག་ཐོབ་ནས། །ཐམས་ཅད་མཁྱེན་པ་སྒྲུབ་པར་བྱེད་པ་ལ། །བར་ཆད་གདོན་བགེགས་རིམས་དང་ནད་ལ་སོགས། །དུས་མིན་འཆི་བར་གྱུར་པ་སྣ་ཚོགས་དང་། །རྨི་ལམ་ངན་དང་མཚན་མ་ངན་པ་དང་། །འཇིགས་པ་བརྒྱད་སོགས་ཉེ་བར་འཚེ་བ་རྣམས། །མྱུར་དུ་ཞི་ཞིང་མེད་པར་མཛད་དུ་གསོལ། །འཇིག་རྟེན་འཇིག་རྟེན་ལས་ནི་འདས་པ་ཡི། །བཀྲ་ཤིས་བདེ་ལེགས་ཕུན་སུམ་ཚོགས་པ་རྣམས། །འཕེལ་ཞིང་རྒྱས་པའི་དོན་རྣམས་མ་ལུས་པ། །འབད་མེད་ལྷུན་གྱིས་

འགྲུབ་པར་མཛད་དུ་གསོལ། །སྒྲུབ་ལ་བརྩོན་ཞིང་དམ་ཚིག་འཕེལ་བ་དང་། །རྟག་ཏུ་ཁྱོད་སྒྲུབ་ཞལ་མཆོག་མཐོང་བ་དང་། །སྟོང་ཉིད་དོན་རྟོགས་བྱང་སེམས་རིན་པོ་ཆེ། །ཡར་ངོའི་ཟླ་ལྟར་འཕེལ་ཞིང་རྒྱས་པར་མཛོད། །ཞེས་ཚར་གསུམ་དང་། རྗེ་བཙུན་འཕགས་མ་སྒྲོལ་མ་བདག་ལ་དགོངས་སུ་གསོལ། ཁྱེད་རྣམས་མཁྱེན་པའི་ཡེ་ཤེས་བརྩེ་བའི་ཐུགས་རྗེ་མཛད་པའི་ཕྲིན་ལས་བསམ་གྱིས་མི་ཁྱབ་པ་མངའ་བས། སྤྱིར་སངས་རྒྱས་ཀྱི་བསྟན་པར་དར་ཞིང་རྒྱས་པ་དང་། བསྟན་འཛིན་གྱི་སྐྱེས་བུ་སྤྱི་དང་ཁྱད་པར་དཔལ་ལྡན་བླ་མ་དམ་པ་ (འདི་ཞེས་བྱ་བའི་) སྐུ་ཚེ་བརྟན་ཞིང་ཐུགས་ཀྱི་བཞེད་དོན་ལྷུན་གྱིས་གྲུབ་པ་དང་། ཕྱོགས་བཅུའི་དགེ་འདུན་གྱི་སྡེ་སྤྱི་དང་ཁྱད་པར་ (འདི་ཞེས་བྱ་བའི་) སྡེ་འདིར་འདུ་བའི་དགེ་འདུན་ཐམས་ཅད་མཐུན་ཞིང་ཆོས་སྤྱོད་བཅུའི་སྒྲུབ་པ་གོང་ནས་གོང་དུ་འཕེལ་ཞིང་རྒྱས་པ་དང་། སྦྱིན་པའི་བདག་པོས་ཐོག་དྲངས་བདག་སོགས་སེམས་ཅན་ཐམས་ཅད་ཀྱི་རྒྱུད་ལ་བྱམས་སྙིང་རྗེ་བྱང་ཆུབ་ཀྱི་སེམས་རིན་པོ་ཆེ་དང་ཡང་དག་པའི་ལྟ་བ་ཕྱིན་ཅི་མ་ལོག་པ་སྐྱེ་བར་བྱིན་གྱིས་བརླབ་ཏུ་གསོལ། དེ་དག་སྒྲུབ་པ་ལ་གནས་སྐབས་ཀྱི་འགལ་རྐྱེན་མི་མཐུན་པའི་ཕྱོགས་ཀུན་ཞི་ཞིང་མཐུན་རྐྱེན་ལེགས་ཚོགས་ཐམས་ཅད་ཚང་བར་བྱིན་གྱིས་བརླབ་ཏུ་གསོལ། ཡང་ཕྱག་བདུན་དང་མཎྜལ་བཞི་པའི་མཆོད་པ་འབུལ། ཡན་ལག་བདུན་པ་བྱ། བསྟོད་པ་ཚར་བདུན་གསོལ་འདེབས་དང་བཅས་པ་བྱའོ། །རྗེས་སུ། མ་སྐྱེད་ཡོངས་སུ་མ་ཚང་དང་། །གང་ཡང་ནུས་པ་མ་མཆིས་པས། །འདིར་ནི་བགྱི་བ་གང་ནོངས་པ། །དེ་ཀུན་ཁྱོད་ཀྱིས་བཟོད་མཛད་རིགས། །ཞེས་པས་བཟོད་པར་གསོལ་ལ། བཅོམ་ལྡན་འདས་མ་བདག་སོགས་སེམས་ཅན་ཐམས་ཅད་ཀྱི་སྡིག་སྒྲིབ་ཉེས་ལྟུང་སྦྱངས་ཤིང་བསོད་ནམས་ཀྱི་

ཚོགས་སྤེལ་བའི་སླད་དུ། སྐུ་འདི་ཉིད་ལ་བརྟན་པར་བཞུགས་སུ་གསོལ། བཞུགས་ནས་ཀྱང་བདག་སོགས་རྣམས་ཀྱི་ཆོས་དང་མཐུན་པའི་དོན། ཇི་ལྟར་བསམ་པ་ཡིད་བཞིན་འགྲུབ་པ་དང་། ནད་གདོན་བགེགས་དང་བར་དུ་གཅོད་པའི་ཚོགས། ཉེ་བར་ཞི་བར་བྱིན་གྱིས་བརླབ་ཏུ་གསོལ། དེ་ནས། ཕུན་སུམ་ཚོགས་པ་མངའ་བ་གསེར་གྱི་རི་བོ་འདྲ། །འཇིག་རྟེན་གསུམ་གྱི་མགོན་པོ་དྲི་མ་གསུམ་སྤངས་པ། །སངས་རྒྱས་པདྨ་རྣམ་རྒྱས་འདབ་འདྲའི་སྤྱན་མངའ་བ། །དེས་ནི་ཁྱོད་ལ་དེ་རིང་ཞི་བྱེད་བཀྲ་ཤིས་ཤོག །དེ་ཡིས་ཉེ་བར་བསྟན་པའི་མཆོག་རབ་གཡོ་མེད་པ། །འཇིག་རྟེན་གསུམ་ན་གྲགས་ཤིང་ལྷ་དང་མིས་མཆོད་པ། །ཆོས་ཀྱི་དམ་པ་སྐྱེ་རྒུ་རྣམས་ལ་ཞི་བྱེད་པ། །དེས་ནི་ཁྱོད་ལ་དེ་རིང་ཞི་བྱེད་བཀྲ་ཤིས་ཤོག །དམ་ཆོས་ལྡན་པ་ཐོས་པའི་བཀྲ་ཤིས་ཀྱིས་ཕྱུག་ཅིང་། །དགེ་འདུན་མི་དང་ལྷ་དང་ལྷ་མིན་ཡོན་གྱི་གནས། །ཚོགས་ཀྱི་མཆོག་རབ་ངོ་ཚ་ཤེས་དང་དཔལ་གྱི་གཞི། །དེས་ནི་ཁྱོད་ལ་དེ་རིང་ཞི་བྱེད་བཀྲ་ཤིས་ཤོག །ཅེས་དཀོན་མཆོག་གསུམ་གྱི་བཀྲ་ཤིས་དང་། བདག་གིས་ཚེ་རབས་སྔོན་ནས་བསྒྲུབས་པའི་ལྷ། །དུས་གསུམ་སངས་རྒྱས་ཀུན་གྱི་ཕྲིན་ལས་མ། །སྒྲོ་ལྗང་ཞལ་གཅིག་ཕྱག་གཉིས་མྱུར་ཞི་མ། །ཡུམ་གྱུར་ཨུཏྤལ་བསྣམས་པའི་བཀྲ་ཤིས་ཤོག །ཅེས་རྗེ་བཙུན་མའི་བཀྲ་ཤིས་དང་། འགྲོ་བའི་སྡུག་བསྔལ་སྨན་གཅིག་ཕུ། །བདེ་བ་ཐམས་ཅད་འབྱུང་བའི་གནས། །བསྟན་པ་རྙེད་དང་བཀུར་སྟི་དང་། །བཅས་ཏེ་ཡུན་རིང་གནས་གྱུར་ཅིག །བསྟན་འགྲོའི་དཔལ་གྱུར་བླ་མའི་ཞབས་པད་བརྟན། །བསྟན་འཛིན་སྐྱེས་བུ་ས་སྟེང་ཡོངས་ལ་ཁྱབ། །བསྟན་པའི་སྦྱིན་བདག་མངའ་ཐང་འབྱོར་བ་རྒྱས། །བསྟན་པ་ཡུན་

རིང་གནས་པའི་བཀྲ་ཤིས་ཤོག །བསོད་ནམས་རི་བོ་བཞིན་དུ་བརྟན་པ་དང་། །བརྒྱུད་འཛིན་ཉི་ཟླ་བཞིན་དུ་གསལ་བ་དང་། །སྙན་པས་ནམ་མཁའ་བཞིན་དུ་ཁྱབ་པ་སྟེ། །བཀྲ་ཤིས་དེས་ཀྱང་དེང་འདིར་བདེ་ལེགས་ཤོག །བགེགས་རིགས་སྟོང་ཕྲག་བརྒྱད་ཅུ་ཞི་བ་དང་། །མི་མཐུན་གནོད་པའི་རྐྱེན་དང་བྲལ་བ་དང་། །འདོད་པ་འགྲུབ་ཅིང་ཕུན་སུམ་ཚོགས་པ་སྟེ། །བཀྲ་ཤིས་དེས་ཀྱང་དེང་འདིར་བདེ་ལེགས་ཤོག །འཇིག་རྟེན་བདེ་ཞིང་ལོ་ལེགས་ཤིང་། །འབྲུ་རྣམས་འཕེལ་ཞིང་ཆོས་འཕེལ་དང་། །བདེ་ལེགས་ཐམས་ཅད་འགྲུབ་པ་ཡི། །ཡིད་ལ་འདོད་པ་ཀུན་གྲུབ་ཤོག །འབྱུང་པོ་གང་དག་འདིར་ནི་ལྷགས་གྱུར་ཏེ། །ས་འམ་འོན་ཏེ་བར་སྣང་འཁོད་ཀྱང་རུང་། །སྐྱེ་དགུ་རྣམས་ལ་རྟག་ཏུ་བྱམས་བྱེད་ཅིང་། །ཉིན་དང་མཚན་དུ་ཆོས་ལ་སྤྱོད་པར་ཤོག །ཅེས་བརྗོད། དགེ་བ་འདི་ཡི་མྱུར་དུ་བདག །རྗེ་བཙུན་སྒྲོལ་མ་འགྲུབ་གྱུར་ནས། །འགྲོ་བ་གཅིག་ཀྱང་མ་ལུས་པ། །དེ་ཡི་ས་ལ་འགོད་པར་ཤོག །ཅེས་དང་། བསོད་ནམས་འདི་ཡིས་ཐམས་ཅད་གཟིགས་པ་ཉིད། །ཐོབ་ནས་ཉེས་པའི་དགྲ་རྣམས་ཕམ་བྱས་ཏེ། །སྐྱེ་རྒ་ན་འཆིའི་རྦ་རློང་འཁྲུགས་པ་ཡི། །སྲིད་པའི་མཚོ་ལས་འགྲོ་བ་སྒྲོལ་བར་ཤོག །ཅེས་སོགས་ཀྱི་བསྔོ་སྨོན་ཇི་ལྟར་རིགས་པར་བྱའོ། །དེ་ལྟ་བུའི་སྒྲོལ་མ་མཎྜལ་བཞི་པའི་ཆོ་ག་བགྱིས་པའི་ཕན་ཡོན་ནི་གནས་སྐབས་འཇིགས་པ་བརྒྱད་སོགས་མི་མཐུན་པའི་ཕྱོགས་ཐམས་ཅད་ཞི་བ་དང་། མཐུན་རྐྱེན་ཚེ་དཔལ་སྟོབས་འབྱོར་སོགས་ལེགས་ཚོགས་ཐམས་ཅད་ཡར་ངོའི་ཟླ་ལྟར་འཕེལ་ཞིང་རྒྱས་པ་དང་ཁྱད་པར་ཆོས་དང་མཐུན་པའི་བསམ་པ་ཐམས་ཅད་ཡིད་བཞིན་དུ་འགྲུབ་ཅིང་། བྱང་ཆུབ་ཀྱི་སེམས་རིན་པོ་ཆེ་རྒྱུད་ལ་སྐྱེས་ནས་མྱུར་དུ་རྣམ་པ་ཐམས་ཅད་མཁྱེན་པའི་གོ་འཕང་རིན་པོ་ཆེ་ཐོབ་པར་འགྱུར་བས་ན་འདི་བོ

སྐུ་རབས་གསུམ་པ་ངེས་དོན་བསྟན་འཛིན་བཟང་པོའི་གསུང་ཚན།

ན་ལ་བཅོས་པར་བྱའོ། །ཞེས་པའང་མཁས་གྲུབ་ཡོངས་ཀྱི་གཙུག་རྒྱན་ལོ་ཆེན་དྷརྨ་ཤྲཱིས་མཛད་པ་ཉིད་ལ་གཞི་བྱས་ཏེ་ཁ་འཕང་དགོས་རིགས་ནག་འགྲོས་གླག་ཚོག་ཏུ་བཀོད་པ་འདི་ནི་རང་གཞན་མང་པོ་ལ་ཕན་པའི་བསམ་པས་ཀུན་ནས་བསླངས་ཏེ། ཤཱཀྱའི་དགེ་སློང་ངེས་དོན་བསྟན་འཛིན་བཟང་པོས་རྭ་དམ་བསམ་གཏན་ཆོས་གླིང་གི་དགོན་གནས་སུ་སྦྱར་བའོ། །མཆུལ་བཞི་བའི་ཚོ་ག་ཉིད། །གཅིག་ལས་དུ་མར་འཆར་བའི་ཕྱིར། །སྦྱར་དུ་བསྒྲུབ་པའི་དགེ་བ་ཡིས། །འགྲོ་ཀུན་ནམ་མཁྱེན་མྱུར་ཐོབ་ཤོག །ཅེས་པའང་ངེས་དོན་བསྟན་འཛིན་བཟང་པོས་སོ། ། ། །

༄༅། །ཞི་ཁྲོ་ན་རག་དོང་སྤྲུག་གི་དཀྱིལ་འཁོར་ལ་ཉེ་བར་མཁོ་བའི་མཆོག་གི་སྦྱིན་སྲེག་བཞུགས་སོ།།

ཞི་ཁྲོ་ན་རག་དོང་སྤྲུག་གི་དཀྱིལ་འཁོར་ལ་ཉེ་བར་མཁོ་བའི་མཆོག་གི་སྦྱིན་སྲེག་བྱ་བ་ནི། ཧཱུྃ་ཧཱུྃ་ཧཱུྃ་བཛྲ་ཙིཏྟ་ཨོཾ་ཕཊ་ཛཿ རང་ཉིད་དཀྱིལ་འཁོར་གྱི་གཙོ་བོ་ལས་མར་མེ་གཅིག་ལས་གཉིས་མཆེད་ཀྱི་ཚུལ་དུ་གཙོ་བོ་གཉིས་པའི་རྣམ་པས་འཐོན་ནས་དཀྱིལ་འཁོར་གྱི་ཤར་སྒོའི་ཐད་དུ་འཁོད་དེ་སྦྱིན་སྲེག་གི་ལས་རིམ་ལ་འཇུག་པར་མོས། གཡས་རྡོ་རྗེ་གསོར་ཞིང་ཐུགས་ཀར་འཛིན། གཡོན་དྲིལ་བུ་དཀུར་བསྟེན་ཏེ། རྡོ་རྗེ་ཐབས་ཀྱི་རང་བཞིན་ཡེ་ཤེས་ལྷའི་ངོ་བོ། དྲིལ་བུ་ཤེས་རབ་ཀྱི་རང་བཞིན་སྟོང་ཉིད་ཆོས་ཀྱི་སྒྲ་དབྱངས་སྒྲོག་པ། གཉིས་ཀ་འང་དོན་དམ་པ་བྱང་ཆུབ་སེམས་ཀྱི་རང་བཞིན་དུ་གྱུར། བའི་མོས་པ་བསྟན་བྱས་ལ། ལག་གཉིས་འཁྱུད་རྒྱ་བྱས་ཏེ། ཨོཾ་སརྦ་ཏ་ཐཱ་ག་ཏ་མ་ཧཱ་ཨ་ནུ་ར་ག་ཎ་བཛྲ་སྭ་བྷ་ཝ་ཨཏྨ་ཀོ྅ཧཾ། ཞེས་དམ་ཚིག་གསུམ་དྲན་པར་བྱའོ། །ལས་བུམ་གྱི་ཆུས་མཆོད་རྫས་རྣམས་ལ་འཐོར་ཏེ། ཨོཾ་མ་ཧཱ་ཀྲོ་དྷི་ཤྭ་རི་སརྦ་སོགས་དང་། རཾ་ཡཾ་ཁཾ། སྟོང་པའི་ངང་ལས་རིན་ཆེན་སྣོད་ཡངས་པར། །འབྲུ་གསུམ་ཞུ་བས་མཆོད་རྫས་བསྒྲེགས་རྫས་སོགས། །ངོ་བོ་ཟག་མེད་བདུད་རྩིའི་རང་བཞིན་ཅན། །རྣམ་པར་འདོད་པའི་ཡོན་ཏན་སྣ་ཚོགས་པ། །འཆར་བས་ནམ་མཁའི་ཁམས་ཀུན་གང་བར་གྱུར། །ཨོཾ་ཨཱཿཧཱུྃ། ཨོཾ་ཨགྣེ་ཛྭ་ལ་རཾ། གྱིས་མེ་སྦར། ཧཱུྃ་ཧཱུྃ་ཧཱུྃ། ཞེས

བླུད་གཡབ། ཨོཾ་ཨགྣེ་སྭཱ་ཧཱ། མར་ཁུ་ཕུལ། ལས་བུམ་གྱི་ཆུས་ཐབ་བསངས་ཏེ། ཨོཾ་མ་ཧཱ་ཀྲོ་དྷི་ཤྭ་རིས་བསངས། སྭ་བྷཱ་ཝས་སྦྱངས། མེ་ཐབ་མི་དམིགས་སྟོང་པའི་ངང་ཉིད་ལས། །མཚན་ཉིད་ཡོངས་རྫོགས་ཐབ་ཀྱི་མེ་དབུས་སུ། །ཉི་སྟེང་ར་སྐྱེས་སྟེང་དུ་རཾ་ཡིག་ལས། །མེ་ལྷ་ཞལ་གཅིག་ཕྱག་གཉིས་དྲང་སྲོང་གི །ཆས་ཅན་བྲཧྨེ་བགྲང་ཕྲེང་འཛིན་པར་གྱུར། །ཨོཾ་མ་ཧཱ་ཤུ་ཏྲ་ཧཿ ཨོཾ་མ་ཧཱ་ཨ་དཀྐཿ ཨོཾ་མ་ཧཱ་ས་མ་ཏཿ ཨོཾ་མ་ཧཱ་པྲེ་ཏྲེཿ ཨོཾ་མ་ཧཱ་ཀྲཱི་ཏྲཿ ཨོཾ་སརྦ་ཏ་ཐཱ་ག་ཏཱ་མ་ཧཱ་ཀཱ་ཡ། དེ་བཞིན་དུ། ཨཱཧཱཿ ཙིཏྟ་བཛྲ་སྭ་བྷཱ་ཝ་ཨཏྨ་ཀོ྅ཧཾ། ཞེས་སོ་སོའི་རྒྱུ་བཅས་དབང་བསྐུར། རང་གི་སྙིང་ག་ནས་འོད་ཟེར་འཕྲོས་པས་ཤར་ལྷོ་ནས་མེ་ལྷ་འཁོར་བཅས་སྤྱན་དྲངས་པར་གྱུར། ཨགྣེ་ཡེ་དེ་ཝ་ས་མ་ཡ་ཧཱུྃ་ཛཿ མེ་དར་ཐོགས་ཏེ། ཧཱུྃ། དད་པ་དང་ནི་དམ་ཚིག་གིས། །ཚུར་གཤེགས་ཚུར་གཤེགས་འབྱུང་པོ་ཆེ། །མེ་ལྷ་དྲང་སྲོང་བྲམ་ཟེ་ཆེ། །འདི་ཉིད་དུ་ནི་གཤེགས་སུ་གསོལ། །ཨོཾ་ཨགྣེ་དེ་ཝ་རི་ཥི་ཛཿཛཿ ས་སྤྱན་དྲངས། རྒྱུ་དང་བཅས། ཛཿཧཱུྃ་བཾ་ཧོཿ དེ་ནས་རྒྱུ་དང་དཔལ་བུས། ཨོཾ་ན་མཿསརྦ་ཏ་ཐཱ་ག་ཏ་བྷྱོ་བི་ཤྭ་མིཿ ཨོཾ་ཨཱ་ཏ་ར་སརྦ་བིདྱཱ་ར་པུཥྚེ་ཏེ་ན་མཿས་མནྟ་བུདྡྷ་ནཾ་ག་ག་ན་ཁཾ་ས་མ་ཡེ་སྭཱ་ཧཱ། ཨོཾ་ཤྲཱི་བཛྲ་ར་ག་དྷུ་པེ་དྷུཿ པུཥྤེཿ ཨཱ་ལོ་ཀེཿ གནྡྷེཿ སོགས་བཞི་བསྡོལ་གྱིས་མཆོད། བསྟོད་པ་ནི་ཕྱེད་ཕྱག་བཅས། ཧཱུྃ། མེ་ལྷའི་རྒྱལ་པོ་དྲང་སྲོང་མཆོག །ཞི་ལ་སོགས་པའི་ལྷ་དཔལ་ཏེ། །ཇི་ལྟར་འདོད་པའི་དོན་སྒྲུབ་པ། །གཟི་བརྗིད་རྒྱལ་པོར་ཕྱག་འཚལ་བསྟོད། ། དགང་གཟར་བླུགས་ཐོགས་ལ། མེ་ལྷའི་ཞལ་ཙུང་ཟད་གདང་པའི་བསྲེགས་བླུགས་ཀྱི་བདུད་རྩིའི་རྒྱུན་དྲངས་ནས་གསོལ་བར་གྱུར། ཨོཾ་ཨགྣེ་ཡེ་སྭཱ་ཧཱ། ཞེས་ལན་བདུན་རེའི་མཚམས་སུ།

ཨོཾ་ཨཕྣེ་རི་ཧྲི་ཧ་བྲཱུ་ན་མ་ཧཱ་ཡ་ན་དི་བྲཱུ་བདག་དང་སེམས་ཅན་ཐམས་ཅད་ཕྱུག་རྒྱ་ཆེན་པོ་མཆོག་གི་དངོས་གྲུབ་མྱུར་དུ་ཐོབ་པར་མཛོད་ཅིག་སྭཱ་ཧཱ། ཞེས་འདོད་དོན་གསོལ་བ་བཅས་ལན་གསུམ་དབུལ་ནས་དགང་བླུགས་བཞག ཨོཾ་ཨཕྣེའི་སྔགས་ཀྱིས་ཡམ་ཤིང་བདུན་རེ་རེ་བཞིན་གྱི་རྗེས་སུ། ཨོཾ་ཨཕྣེ་དེ་ཤ་རི་ཧྲི་ཧ་བྲཱུ་ཀ་བྲཱུ་དི་བྲཱུ་མ་ཡ་ན་དི་བྲཱུ་ཧྨ་ཧྨཏུ་ཧྨོ་ན་སཏྲ་སིདྡྷི་ཕ་ལ་ཧཱུཾ། དེ་བཞིན་དུ་བླུག་གཟར་གྱིས་མར་ཁུ་བདུན་རྫས་རྣམས་བདུན་རེ་རེ་བཞག་སོང་ནས། ཐལ་སྦྱར་བཅས། ན་མོ། རིག་པའི་རྒྱལ་པོ་ཁྲོད་ཀྱི་ལས་ཐམས་ཅད་བྱེད་པའི་བསྲེགས་རྫས་ལྷའི་ཞལ་དུ་འབུལ་བ་དང་། མེ་ཉིད་ཡེ་ཤེས་ཀྱི་མེར་བྱིན་གྱིས་བརླབས་ནས་བདག་ཅག་གི་ཕྲིན་ལས་མཛད་དུ་གསོལ། ཞེས་འདོད་དོན་གསོལ། དེ་དག་ནི་སྦྱིན་ལྷ་སྟེ་འཇིག་རྟེན་པའི་མཆོད་པའོ། །དེ་ནས་བསྲེག་ལྷ་ཞེས་འདས་པའི་མེ་ལྷ་མཆོད་པ་ནི་བླུགས་གཟར་གྱིས་མར་ཁུས་མེ་བསོས་ཏེ། ཨོཾ་བཛྲ་ཧྨོ་ན་ཧྲ་ལ་རཾ། ཞེས་བརྗོད་པས་མེ་ལྷ་ཉིད་ཐུགས་རྗེས་ཡེ་ཤེས་ཀྱི་མེ་འབར་བའི་རྣམ་པར་གྱུར་པའི་གློང་དུ་ཧཱུཾ་བི་ཤྭ་བི་ཤུདྡྷེ་བཛྲ་ཧྨོ་ན་ཙཀྲ་མཎྜལ་ལ་ཧཱུཾ། ཞེས་བརྗོད་པས་ཡེ་ཤེས་ཀྱི་རིན་པོ་ཆེ་འབར་བའི་གཞལ་ཡས་ཁང་ཕྱི་ནང་གཉིས་རིམ། ནང་མ་གྲུ་ཆད་དང་བཅས་པའི་ལྟེ་བ་རེ་མིག་དགུ་པ་འཁོར་ལོ་སུམ་རིམ་མུ་ཁྱུད་དང་ལྡན་པའི་ལྷ་གནས་རྣམས་སུ་སོ་སོའི་གདན་དང་བཅས་པ་གསལ་བར་གྱུར། རྡོ་གསོལ་དྲིལ་འཛིན་གྱིས། ཨོཾ། བསོད་ནམས་ཡེ་ཤེས་ཚོགས་རྫོགས་ཤིང་། །རང་རིག་མཐའ་དབུས་མེད་པའི་དཀྱིལ། །ཡེ་ཤེས་བཞི་འཁྲོ་འཁོར་ལོའི་རྒྱལ། །ཚོགས་མཆོག་དཀྱིལ་འཁོར་གཤེགས་སུ་གསོལ། །ཨེ་ཧྱེ་ཧི་བྷ་ག་ཝཱན་མ་ཧཱ་ཀཱ་རུ་ཎི་ཀ་དྲི་ཤྱ་ཧོ། ས་མ་ཡ་སྟྭཾ། ཨོཾ་རུ་ལུ་རུ་ལུ་ཧཱུཾ། ཨེ་ཧྱ་ཧི་ཨ་ན་ཡ། ཛཿཧཱུཾ་བཾ་ཧོཿ ཞེས་པས་སྤྲུལ་པའི་དཀྱིལ་འཁོར་གྱི་ལྷ་ཚོགས་ཐམས་ཅད་ལས་ཀྱི་རྡོ་རྗེས་སོ་སོའི་སྔགས་བརྗོད་ཅིང་མཎྜལ་མེ་ཏོག་གིས་

མཆོད་པར་སློབ་དཔོན་ལ་གཡས་སུ་བསྐོར་ཏེ། གཡོན་ཕྱོགས་སུ་ཕུལ་བ་ལས། མེ་ཏོག་ཐབ་ཏུ་དོར་བ་དང་མཉམ་དུ། ཧཱུྃ་ཧཱུྃ་ཧཱུྃ་བཛྲ་ཙིཏྟ་ཨོཾ་སོགས། ཨོཾ་མ་ཧཱ་ཤྲཱི་ཧེ་རུ་ཀཿ ཨོཾ་རཏྣ་ཤྲཱིཿ ཀླཱི་ཧཱི་ནྲྀ་ཛ་ཡཿ ཧཱུྃ་ལ་སེ་ས་མ་སྨྲྀ་སོགས། མེ་ཧཱ་ར་ཊེ་སྭཱ་ཧཱ། ཛཿ ཧཱུྃ་པེ་པྲ་བེ་ཤ་ཡ་སོགས། ཨོཾ་བཛྲ་གོ་རི་ཧ་སོགས། ཨོཾ་བཛྲ་སིདྡྷ་མི་ཁྲ་ཧེ་སོགས། ཨོཾ་མུ་ནེ་ཀྲཱྃ་སྭཱ་ཧཱ། སོགས། ཧཱུྃ་ཡ་མནྟ་ཀྲྀ་ཏ་ཕཊ྄། ཨོཾ་མ་ཧཱ་བཛྲ་ཧཱ་ར་སོགས། མ་ནུ་རཏྣ་སི་དྡྷི་སོགས། བཅོམ་ལྡན་འདས་དཔལ་ཀུན་ཏུ་བཟང་པོ་ལ་སོགས་ཏེ་ཞི་ཁྲོ་རིགས་བརྒྱའི་དཀྱིལ་འཁོར་གྱི་ལྷ་ཚོགས་ཐམས་ཅད་གནས་སོ་སོ་རང་རང་གི་གདན་ལ་བཞུགས་པའི་སྐུ་ལས་སངས་རྒྱས་ཀྱི་སྤྲིན་ཕུང་མཐའ་ཡས་པར་འཆར་བའི་འོད་ཟེར་ཁ་དོག་དྲུག་གི་སྣང་བ་རེ་རེ་ཡང་བྱེ་བ་ཕྲག་དྲུག་དྲུག་ཏུ་འཕྲོ་ཞིང་འབར་བའི་ཕྲིན་ལས་རྣམ་པ་བཞི་སྒྲུབ་ཅིང་མཆོག་གི་དངོས་གྲུབ་སྩོལ་བའི་ལས་མཛད་དུ་གསོལ་བར་བསམ། ཨོཾ་ན་མཿ སརྦ་ཏ་ཐཱ་ག་ཏེ་བྷྱོ་བི་ཤྭ་སོགས། ཨོཾ་ཨཱ་ཀ་ར་ཨཱ་ཀ་ར་སརྦ་བིདྱཱ་དྷ་ར་པུ་ཛི་ཏེ་ན་མཿ ས་མནྟ་བུདྡྷཱ་ནཾ་ག་ག་ཁཾ་ས་མ་ཡེ་སྭཱ་ཧཱ། ཨོཾ་ཤྲཱི་བཛྲ་ར་ག་ཧྲི་པེ་ཧྲི་སོགས། ཀུན་བཟང་བཞི་བསྐོལ་གྱིས་མཆོད། བསྟོད་པ་ནི། ཨོཾ། ཕྱོགས་བཅུ་དུས་བཞི་རྫོགས་པ་ཡིས། །ཡེ་ཤེས་དཀྱིལ་འཁོར་ཐིག་ལེ་ཆེ། །བསོད་ནམས་དཀྱིལ་འཁོར་སྐུ་ཡི་ཚོགས། །སྣང་སྟོང་ཐིག་ལེ་ཀུན་ཏུ་རྫོགས། །ཧོཿ ཨོཾ། རྡོ་རྗེ་བསོད་ནམས་ཐིག་ལེ་ཆེ། །རྡོ་རྗེ་ཡེ་ཤེས་དཀྱིལ་འཁོར་ལྡན། །རྡོ་རྗེ་སྒྲ་ཆེན་མཐའ་ཡས་པ། །རྡོ་རྗེ་རྒྱལ་པོ་ཐིག་ལེ་ཆེ། །ཧོཿ ཨོཾ། སྐུ་གསུང་ཐུགས་ཀྱི་རྫོགས་པ་ཆེ། །ཡོན་ཏན་ཕྲིན་ལས་ཀུན་ཏུ་རྫོགས། །ཡེ་ནས་ལྷུན་རྫོགས་ཀུན་ཏུ་བཟང་། །འདུས་པའི་ཚོགས་ཆེན་ཐིག་ལེ་ཆེ། །ཧོཿ ཨོཾ། མི་དམིགས་སྒྱུ་འཕྲུལ་མཉམ་པའི་

དབྱིངས། །མཐའ་ཡས་ཀུན་ནས་སྣ་ཚོགས་སྤྲོ། །མཐའ་ཡས་ཀུན་ནས་ལྷུན་གྱིས་གྲུབ། །སྣ་ཚོགས་སྐུ་གསུང་ཐུགས་ཆེན་པོ། །ཧོཿ ཨོཾ། ཕྱོགས་བཅུའི་འཇིག་རྟེན་རྡུལ་སྙེད་དུ། །རྒྱལ་བའི་དོན་རྣམས་རྡུལ་ཕྲན་སྟེང་། །སྤྲུལ་པ་རྡུལ་ཕྲན་བསམ་ཡས་ཀྱིས། །སྐད་ཅིག་ཡུད་ལ་ལྷུན་གྱིས་གྲུབ། །ཧོཿ ཨོཾ། ཐམས་ཅད་མ་ལུས་སྐུ་གསུང་ཐུགས། །སྐུ་གསུང་ཐུགས་ཀྱི་བདག་ཉིད་ཆེ། །སྐུ་གསུང་ཐུགས་ཀྱི་ཀུན་ཏུ་ཁྱབ། །སྐུ་གསུང་ཐུགས་ཀྱི་ཐིག་ལེ་ཆེ། །ཧོཿ ཞེས་ཞི་བ་དང་། ཧཱུྃ། གཏུམ་ཆེན་དུས་མཐའི་མེ་ལྟར་འབར། །འོད་ཟེར་ཉི་མ་འབུམ་གྱི་གཟི། །ཁྲོ་གཉེར་གློག་སྟོང་འགྱུ་བ་བཞིན། །མཆེ་བ་ཟངས་ཡག་ཟ་བྱེད་ཆེ། །ཧོཿ ཧཱུྃ་རྔམ་པའི་ང་རོ་འབྲུག་སྟོང་ལྡིར། །གཏུམ་ཆེན་རི་རབ་འབུམ་བསྒྲིལ་སྐད། །ཨ་ལ་ཧ་ལའི་གད་རྒྱང་ཆེ། །སྤྲུགས་པའི་འཐོར་རླུང་གཡེང་བ་ཆེ། །ཧོཿ ཧཱུྃ་ཁྲོ་བོ་ཤེས་རབ་འོད་པོ་ཆེ། །ཡེ་ཤེས་དཀྱིལ་འཁོར་ཀུན་ཏུ་གསལ། །འབར་བའི་ཡེ་ཤེས་ཀུན་ཏུ་འཇོམས། །སྣ་ཚོགས་ཡེ་ཤེས་ཐིག་ལེ་ཆེ། །ཧོཿ ཧཱུྃ་ཁྲོ་བོ་རྒྱལ་པོ་སྤྲིན་ཆེན་པོ། །ཁྲོས་པའི་དཀྱིལ་འཁོར་ཆར་ཆེན་འབེབས། །དཀྱིལ་འཁོར་ཡིད་བཞིན་འབྱུང་བའི་གཏེར། །སྣ་ཚོགས་ཁྲོས་པའི་ཐིག་ལེ་ཆེ། །ཧོཿ ཧཱུྃ་བདུད་ཀུན་གྱི་བདག་ཆེན་པོ། །བདུད་ཀྱི་བདུད་དེ་བདུད་རྣམས་འཇོམས། །འཇིགས་པའི་ཚོགས་ཀྱང་འཇིགས་བྱེད་པ། །འཇིགས་བྱེད་ཆེན་པོ་ཐིག་ལེ་ཆེ། །ཧོཿ ཧཱུྃ་རྡོ་རྗེ་བྲག་ཆེན་སྲ་བ་པོ། །རྡོ་རྗེ་ཆུ་སྟེ་སྟུད་ཆེན་པོ། །རྡོ་རྗེ་མེ་སྟེ་ཀུན་འབར་ཆེ། །རྡོ་རྗེ་རླུང་སྟེ་འཐོར་རླུང་ཆེ། །ཧོཿ ཞེས་བསྟོད། དེ་ནས་དགང་བླུགས་ཕུལ་ཏེ། དཀྱིལ་འཁོར་གྱི་ལྷ་རྣམས་ཀྱི་ལྡུགས་རྡོ་

རྗེའི་སྦྲུ་གུ་ཅན་གྱིས་བསྒེགས་བླུགས་ཀྱི་བདུད་རྩིའི་བཅུད་དྲངས་ནས་གསོལ་བར་
གྱུར། ཧཱུྃ་ཧཱུྃ་ཧཱུྃ་བཛྲ་ཙིཏྟ་ཨོཾ། ལན་བདུན་གྱིས་མཐར། དགང་བླུགས་ཁ་སྦྱོར་བས།
ཧཱཾ་ཧཱཏྟ་ཧཱོཾ་ན་སརྦ་སིདྡྷི་ཕ་ལ་ཧཱུྃ། དེ་ལྟར་ལན་ཉེར་གཅིག་སོགས་ནས། དེ་ནས་ཡམ་
ཤིང་། མར་ཁྲོ། རྫས་ལྔ་ཚན་རྣམས་སོ་སོར་རིམ་བཞིན། ཨོཾ་བོ་དྷི་ཙིཏྟ་མ་ཧཱ་སུ་ཁ་
སོགས་དང་། ཨོཾ་རུ་ལུ་རུ་ལུ་གཉིས་སྦྲེལ་བ་བཅུ་རེའི་མཐར། བདག་དང་སེམས་
ཅན་ཐམས་ཅད་ཕྱུག་རྒྱ་ཆེན་པོ་མཆོག་གི་དངོས་གྲུབ་མྱུར་དུ་ཐོབ་པར་མཛོད་ཅིག་སྭཱ་
ཧཱ། རྫས་རྣམས་རྫོགས་མཐར། དཀྱིལ་འཁོར་གྱི་ལྷའི་ཞལ་ནས་ཐུགས་ཀྱི་སྦྲ་དང་
སོགས་ནས་བསྒྲལ་བར་གྱུར། མིང་བྱང་ཡོད་ན་བསྲེག ཨོཾ་ད་ཧ་ད་ཧ༔ ཨོཾ་པ་
ཙ༔ ཨོཾ་མཱ་ཐ༔ དེ་ནས་བླུག་གཟར་དུ་གཏོར་མ་ཕུལ་བར་སྔོན་བྲན་ཏེ། མ་ཧཱ་པཉྩ་ཨ་
མྲི་ཏ་ཁ་ཧི། ཨོཾ་བོ་དྷི་ཙིཏྟ༔ ཨོཾ་རུ་ལུ༔འི་སྔགས་བརྗོད། མ་ཧཱ་བ་ལིཾ་ཏ་བྲ་ཏི་ཙྪ་
ཁ་ཧི། རཀྟ་བྲན་ལ། མ་ཧཱ་རཀྟ་བྲ་ཏི་ཙྪ་ཁ་ཧི། ཞེས་གཏོར་མ་ཐབ་ཏུ་དོར། ཙ་
ཏྲེ་ལ། ཨོཾ། ཀློང་ཡངས་འཁྲིལ་བའི་ཧོམ་ཁུང་དུ། །དམ་རྫས་བདུད་རྩི་འདི་
ཕུལ་བས། །བདག་ཅག་འཁོར་དང་བཅས་རྣམས་ཀྱི། །ཕྲིན་ལས་རྣམ་བཞི་
འགྲུབ་པ་དང་། །མཆོག་གི་དངོས་གྲུབ་མཐར་ཕྱིན་ནས། །མྱུར་དུ་སངས་
རྒྱས་འགྲུབ་པར་ཤོག །ལྷ་ཚོགས་རྣམས་ཀྱི་སྐུ་ལས་འོད་ཟེར་ལྔ་ལྡན་འཇའ་ཚོན་
ལྟ་བུ་འཕྲོས་པ་ལས་ཚད་མེད་པའི་སངས་རྒྱས་བདུད་རྩིའི་བུམ་པ་འཛིན་པ་རྣམས་
ཀྱིས་དབང་བསྐུར་ཞིང་བྱིན་གྱིས་བརླབས་པར་གྱུར། ལས་བུམ་གྱི་བསངས་ཆུ་
མཆོད་རྫས་རྣམས་ལ་འཐོར་ཏེ། ཨོཾ་མ་ཧཱ་ཀྲོ་དྷི་ཤྭ་རི་སོགས། ཨོཾ་མ་ཧཱ་ཤཱུནྱ་ཏ་
སོགས། སྟོང་པའི་ངང་ལས་རང་ཉིད་རྡོར་སེམས་སུ་གསལ་བའི་ཐུགས་ཀའི་ཧཱུྃ་
ལས། ཨ་ཧྲུ་བྲུ་ཨ་གན་རྣམས་འཕྲོས། སྥ་ར་ཎ་ཕཏ༔ ནམ་མཁའི་

།ཁམས་ཐམས་ཅད་ཁྱབ། སཾ་ཧ་ར་ཎ་ཧཱུྃ། འཁོར་འདས་ཀྱི་སྙིང་བཅུད་ཐམས་ཅད་བསྡུས་ནས་མཆོད་རྫས་རྣམས་ལ་ཐིམ་པར་གྱུར། ན་མཿས་མནྟ་ཏ་བུདྡྷ་ནཱི་ག་ག་ན་ཁཾ་ས་མ་ཡ་སྭཱ་ཧཱ། ཨོཾ་ཤྲཱི་བཛྲ་ནཱ་ག་ཧཱུ་པེ་ཧཱུ་སོགས་ནས་གཙྪེ་གན། བདེ་མཆོག་སྒྲུ་འཕྲུལ་དྲྭ་བ་ཆེན་པོའི་རོལ་བ་ལས། དོ་རྗེ་ཞབས་བསིལ་ལ་སོགས་མཆོད་པའི་ལྷ་མོ་ཁྲུས་གཞོང་དང་། སྤོས་ཁང་མཆུ་རའི་མེ་ཏོག་ལ་སོགས་པ་ཐོགས་པ་ནམ་མཁར་གང་བ་རྣམས་སུ་གྱུར། ཨོཾ་ན་མཿསརྦ་ཏ་ཐཱ་ག་ཏ་ཧྲྀ་བི་ཤྭ་སོགས། ཨོཾ་ཨཱ་ཧ་ར་ཨཱ་ཧ་ར་སརྦ་བིདྱ་དྷ་ར་པཱུ་ཛི་ཏེ་ན་མཿསོགས། ཨོཾ་ཤྲཱི་བཛྲ་ནཱ་ག་ཧཱུ་པེ་ཧཱུ་སོགས་བཞི་བསྔོལ་གྱིས་མཆོད་པ་དང་། ཨོཾ་སརྦ་ཏ་ཐཱ་ག་ཏ་མ་ཧཱ་པཉྩ་ཨ་མྲྀ་ཏ་ཁ་རམ་ཁཱ་ཧི། དེ་བཞིན་དུ། རཀྟ་དང་། གཏོར་མར་སྦྱར་བས་མཆོད་ནས། བཟོད་མེད་ཤེས་རབ་སོགས་ཤོ་ལོ་ཀས་བསྟོད། ཡེ་ནས་གཉིས་མེད་ཆོས་སྐུར་དག་པ་ལས། །མ་རིག་དབང་གིས་སྒྲོ་དང་སྐུར་བཏབ་སྟེ། །བདེ་དང་སྡུག་བསྔལ་སྣ་ཚོགས་ငོ་བོར་སྨིན། །དེ་ལྡོག་དོན་ཕྱིར་རྒྱལ་བའི་དམ་མནོས་ཏེ། །བདག་ཅག་མ་རིག་ལུས་དང་ငག་སེམས་ཀྱིས། །བག་མེད་རྩོལ་གྱིས་དམ་ལས་འགལ་གྱུར་པས། །རྒྱལ་བ་འཁོར་བཅས་ཐུགས་དང་ཅི་འགལ་བ། །ཐུགས་རྗེ་ཆེ་མཁའ་ཁྱེད་ལ་བཟོད་པར་གསོལ། །ཨོཾ་བཛྲ་ས་ཏྭ་ས་མ་ཡ་སོགས། ཡིག་བརྒྱ་ལན་གསུམ་བཟོད། དཀྱིལ་འཁོར་བའི་ལྷ་རྣམས་སྒྲུབ་པའི་དཀྱིལ་འཁོར་ལ་གཤེགས་པར་གྱུར། །གཞལ་ཡས་ཁང་གདན་དང་བཅས་པ་རང་ལ་ཐིམ་པར་གྱུར། མར་ཁྲུ་ གླུག་གཟར་གང་གིས་མེ་གསོས་ཏེ། ཨགྣེ་ཛྭ་ལ་རཾ་ཛྭ་ལ་ཧཱུྃ་ཕཊ༔ འཇིག་རྟེན་པའི་མེ་ལྷ་སྔར་བཞིན་གསལ་བར་གྱུར། དཀར་གླུག་གིས། ཨོཾ་ཨགྣེ་ཡེ་སྭཱ་ཧཱ། ལན་བདུན། གསུམ་མམ་ཉེར་གཅིག་སོང་ནས། ཡམ་ཤིང་། མར་ཁུ། རྫས་བདུན་པོ་རྣམས

སྐུ་རབས་གསུམ་པ་ངེས་དོན་བསྟན་འཛིན་བཟང་པོའི་གསུང་ཚན།

ལན་རེ་རྫོགས་ནས། ཨོཾ་ན་མཿསརྦ་ཏ་ཐཱ་ག་ཏ་བྷྱོ་བི་ཤྭ་སོགས། ཨོཾ་ ཨཱ་ཀ་ར་སོགས་གོང་བཞིན། ཨོཾ་ཤྲཱི་བཛྲ་ར་ག་ཧྲུ་པེ་སོགས་བཞི་བསྟོལ་གྱིས་མཆོད། ཧཱུྃ། མེ་ལྷའི་རྒྱལ་པོ་དྲང་སྲོང་མཆོག །ཞི་ལ་སོགས་པའི་ལྷ་དཔལ་སྐྱེ། །ཇི་ལྷ་འདོད་པའི་དོན་སྒྲུབ་པ། །གཟི་བརྗིད་རྒྱལ་པོར་ཕྱག་འཚལ་བསྟོད། ཅེས་བསྟོད། དེ་ནས་གླུགས་གཟར་དུ་གཤེགས། གཏོར་མ་ཕུལ་ལ། ཨོཾ་ཨགྣེ་དེ་ཝ་རི་ཥི་མ་ཧཱ་བ་ལིཾ་ཏ་ཁཱ་ཧི། ལན་གསུམ་གྱིས་མཆོད་ལ། མཆོད་སྦྱིན་གཏོར་མ་འདི་བཞེས་ལ་སོགས་ཀྱིས་འདོད་དོན་གསོལ། ཨོཾ་བཛྲ་ས་ཏྭ་སོགས་ཡིག་བརྒྱ་ཚར་གཅིག་བརྗོད། བཛྲ་མུཿ མེ་ལྷ་ཡེ་ཤེས་པ་རང་གནས་སུ་གཤེགས། དམ་ཚིག་པ་འབར་བའི་རྣམ་པར་གྱུར། བླ་མ་ཡི་དམ་ལྷ་ཚོགས་སོགས་ཀྱི་སྨོན་ལམ་གདབ་ཅིང་ཕུན་སུམ་ཚོགས་པ་སོགས་ཀྱིས་ཤིས་བརྗོད་རྒྱ་ཆེར་བྱའོ།། རྫོགས་ཆེན་གསུམ་པ་ངེས་དོན་བསྟན་འཛིན་བཟང་པོས་མཛད་པ་ཡིན་སྣང་ཞེས་ཤིང་པར་དཔེ་སློང་དུ་གསལ།

༄༅། །དྲག་པོའི་སྦྱིན་སྲེག་བསྡུས་པ་བདུད་དཔུང་སྲེག་པའི་མེ་ཆེན་བཞུགས་སོ།།

ཨོཾ་སྭ་སྟི། རྒྱལ་བ་ཀུན་གྱི་ཡེ་ཤེས་ནི། །གདུག་པ་འདུལ་ཕྱིར་དྲག་པོའི་སྐུར། །ཡོངས་ཤར་ཁྲག་འཐུང་དཔལ་པོ་ཆེ། །བཏུད་ནས་སྦྱིན་སྲེག་ཚིག་བཤད། །དེ་ཡང་དབང་ཐོབ་དམ་ཚིག་ལྡན་ཞིང་བསྙེན་སྒྲུབ་ལས་གསུམ་གྱི་མན་ངག་ལ་མཁས་པའི་སྔགས་པས།ཕུང་གསུམ་བདུད་ཀྱི་ཉི་མཐའམ། །ཡང་ན་དགུ་མཚམས་གཟའ་ཟིན་སོགས། །དྲག་པོའི་འགྲུབ་སྦྱོར་ལྡན་པའི་ཚེ། །དུར་ཁྲོད་འདྲེ་འཚུབས་ཕུང་ཤུལ་སར། །དྲག་པོའི་མེ་ཡི་སྟེགས་བུ་བརྩིགས། །དུག་དང་ཁྲག་གིས་ཚག་ཚག་གདབ། །ཅེས་གསུངས་པ་ལྟར། དུར་ཁྲོད་དམ་ལྷོ་ཕྱོགས་ས་དྲག་པོའི་གཞི་ནག་ཅིང་རྩུབ་པའི་གནས་སུ་ལོ་ཟླ་ཚེས་གྲངས་དུས་ཚོད་རྩུབ་ཅིང་གཟའ་སྐར་འཕྲོད་སྦྱོར་ངན་པའི་དུས། གདུག་པའི་ས་སྣ་གསུམ་གྱི་སྟེགས། རྒྱུར་མདའ་གང་དཔངས་སུ་གྲུ་གང་བའི་ཁར། ཐབ་ཁྲུང་གྲུ་གསུམ། རྒྱུར་སོར་ཉི་ཤུ། དཔངས་སུ་སོར་བཅུ་གཅིག་གིས་དམན་པ་རོ་སོལ་དང་དུག་ཁྲག་གིས་བྱུག་པའི་ཁ་ཕྱིར་ལ་མཚོན་ཆ་དང་། མུ་རན་ལ་མེ་རིས་མཚན་པ།དབུས་སུ་རཾ་ཡིག་བྲིས་པའི་ཁར་ལྷ་གྲངས་ཀྱི་ཚོམ་བུ་བཞུགས་ཚུལ་དང་མཐུན་པར་བཀོད།ཐབ་ནང་དུ་སྐྱེར་པ་སོགས་དུག་ཤིང་ཚེར་མ་ཅན་དུག་ཁྲག་གིས་སྦགས་པའི་རྫོམ། མེ་ཚང་ཧྲིང་ལོ་སོགས་ཚད་དང་ལྡན་པ་བཅའ། གཡས་ངོས་སུ་མེ་སྒྲོག་འཛིན་པའི་རྫས་ཚེར་མ་ཅན་གྱི་ཡཾ་ཤིང་ཟུར་གསུམ་པ་སོར་བཅུ་གཅིག །སྦྲོམ་ཕྲ་མཐེའུ་ཆུང་ཙམ་དུ་བཞོགས་པ་ལ། དུག་ཁྲག་གིས་གནོད་བྱེད་དགྲ་བགེགས་ཐམས་ཅད་མཱ་ར་ཡ་ཕད། ཅེས་བྲིས་པ་

རྩ་རྩེར་མར་ནག་ཀྱིལ་ཆེན་གྱི་སྣྲགས་པ་གང་ཡང་། རྩ་བའི་རྫས་དགྲ་བགེགས་གང་ལ་བྱེད་པའི་གཟུགས་མིང་རུས་ཅན། དགྲ་ཡིན་ན་ཟག་རྫས་དྲི་མ་དྲུག་གིས་ནོགས་པ་བརྒྱ་རྩ་བརྒྱད་སོགས་གྲངས་ལྡན་དྲག་པོའི་རྫས་དམིགས། མི་ཏྲ་ཁྲི་གསུམ་སོགས་ཤ་སྣ་བག་ཕྱེ་དང་བསྲེས་པའི་རིལ་བུའི་ནང་དུ་གནོད་བྱེད་ཀྱི་མིང་རུས་དུག་ཤོག་ལ་བྲིས་ནས་བཅུག་པ། གནད་ཀྱི་རྫས་སྤྲལ་སྤྱུལ་ཉ་ཁྲི་སོགས་ཀྱི་ཤ་ར་དུག ཐང་ཁྲིམ། བཙན་དུག ཐར་ནུ་པ་སོགས་དུག་སྣ་རྣམས་དང་བསྲེས་པ། གསོད་པའི་རྫས། ཁྲི་ལྷུགས། ཟངས་ཕྱེ། བྲག་ཐོག་གིས་བཞིགས་པ། གནམ་ནས་བབ་པ། མཁར་ཟངས་བརྡར་བའི་ཕྱེ་མ་སྨྱོས་པའི་རྫས་མར་ནག་དམེ་བསྡོལ་གྱིས་ཁྲག་དང་སྦྱར་བ། ཚ་བའི་རྫས། ཏིལ་ནག ཡུངས་ནག ཡུངས་ཀར་ལྷེ་ཚ་དབྱི་མོང་བྲུབ་ཀ་སྐྱེ་ཚ་བ་གསུམ་གྱི་རྫས་དེ་རྣམས་ལྷུགས་སམ་ བླཱཧྨའི་སྣོད་དུ་རིམ་པར་བཀོད་པ་དང་། རྡོ་ཐལ་མར་དང་སྦྱར་བའི་སོ་རྩི། ལས་མཐུན་གྱི་གོས་ཟུང་རྣམས་བཤམས། གཡོན་ངོས་སུ་ཆུ་གཉིས་སྟོན་དུ་འགྲོ་བའི་ཕྱི་ནང་གི་ཉེར་སྤྱོད་གཏོར་མ་སྨན་རཀ་དང་བཅས་པ་བཤམས། མདུན་དུ་རྡོ་དྲིལ་དགང་གཟར། མེ་ཡོལ། ཀླུང་གཡབ། མེ་ཏོག་ལས་བུམ་སོགས་ཉེ་བར་མཁོ་བ་རྣམས་འདུ་བྱས་ཤིང་། ཡི་དམ་གྱི་ལས་གཞུང་ཚོགས་ལྷག་ཡན་འགྲུབ་ནས། ལས་བུམ་གྱི་ཁར་གཟུགས་ཐག་བཀོད་དེ། ཨོཾ་སྭ་བྷཱ་ཝས་སྟོང་པར་སྦྱངས། སྟོང་པ་ཆེན་པོའི་ངང་ཉིད་ལས། །ལས་བུམ་ཁྲོ་བོའི་གཞལ་ཡས་ཁང་། །པད་ཉི་ཧཱུྃ་ལྷུང་འཕྲོ་འདུ་ལས། །བདུད་རྩི་འཁྱིལ་བ་ཧམ་ཞིང་ཁྲོ། །གཡས་གཡོན་རྒྱ་གྲམ་སྡིགས་མཛུབ་བསྣྲེངས། །རབ་འཛིགས་ཁྲོ་བོའི་ཆ་ལུགས་རྫོགས། །སྐུ་ལས་ཁྲོ་ཆུང་དཔག་མེད་འཕྲོ། །ལྷ་སྦྱིན་སྡེ་བརྒྱད་མི་སྲུན་སོགས། །བསྐྲད་གཟིར་མནན་བསྲེགས་རྡུལ་དུ་བརླག །ཚུར་འདུས་བུམ་པའི་ཆུ་དང་འདྲེས། །ཨོཾ་བཛྲ་ཨ་མྲི་ཏ་ཀུཎྜ་ལི་ཧ་ན་ཧ་ན་ཧཱུྃ་ཕཊ༔ ཅི་འགྲུབ་བཟླས་རྗེས། ཁྲོ་བོའི་དབང་པོ་འོད་དུ་ཞུ།བདུད་རྩི་བུམ་ཆུའི་རྣམ་པར་གྱུར། ཞེས་བསྒྲུབས།

རྒྱུ་དུས་ཀྱི་ཀུན་སློང་སྙིང་རྗེ་བསྐྱེད་ཅིང་། དེ་དུས་ཀྱི་ཀུན་སློང་ཞིང་བཅུ་སྒྲོལ་བའི་ཞེ་སྡང་དང་ལྡན་པས་ཆས་གོས་ནག་པོ་གྱོན། རག་ཤའི་ཕྲེང་བ་སེ་རལ་ཁ་བྱ། ཞིང་གི་གདན་ལ་ངག་བཅད་ནས་ཁ་ལྷོར་ཕྱོགས་པར་འཁོད་དེ་གུ་གུལ་བདུག་པ་དང་བཅས་ཁྲོ་བོའི་དྲག་སྔགས་དང་། སུམ་བྷ་ནི། བགེགས་བསྐྲད། ཨོཾ་བཛྲ་རཀྵ་ཛྭ་ལ་རཾ་རཾ་ཧཱུྃ་ཕཊ྄ཿ ཅེས་པས་བསྲུང་བའི་འཁོར་ལོས་བཅིང་བར་བསམ། དེ་ནས་མཆོད་བསྲེག་གི་རྫས་རྣམས་ལ་ལས་བུམ་གྱི་ཆུ་འཐོར་ཞིང་། རཾ་ཡཾ་ཁཾ་གིས་བསང་། སྭ་བྷཱ་ཝས་སྦྱངས། སྟོང་པའི་ངང་ལས་ཨ་ལས་བྱུང་བའི་ཡེ་ཤེས་ཀྱི་ཀ་པཱ་ལ་སྟོང་གསུམ་དང་མཉམ་པའི་ནང་དུ་ཐྲི་དང་ཊྲི་ལས་དགྲ་བགེགས་ཀྱི་ཤ་ཁྲག་ཕུང་ཁམས་སྐྱེ་མཆེད་ལས་བྱུང་བའི་མཆོད་རྫས་དང་བསྲེག་རྫས་རྣམས་ངོ་བོ་ཟག་པ་མེད་པའི་ཡེ་ཤེས་ཀྱི་བདུད་རྩི་ལ་རྣམ་པ་སོ་སོའི་མཚན་ཉིད་ཡོངས་སུ་རྫོགས་པས་ནམ་མཁའ་གང་བར་གྱུར་བར་བསམ་ལ། ཨོཾ་བཛྲ་ཨརྒྷཾ་ནས་ཤབྡ་པུ་ཙེ་ཨཱཿ ཧཱུྃ་གིས་མཆོད་རྫས་དང་། ཨོཾ་བཛྲ་ཀྲོ་དྷ་ཀྲི་ཏི་མ་ར་ཡ་ཛཿཛཿ ཞེས་ལན་གསུམ་གྱིས་བསྲེག་རྫས་རྣམས་བྱིན་གྱིས་བརླབས་ལ་གདོལ་བཤན་དམེ་ཡུག་གི་མེས་ཏིང་ལོ་སྦར་བ་དང་བཅས། ཨོཾ་ཨཀྟེ་ཡེ་གནོད་བྱེད་དགྲ་བགེགས་ཛྭ་ལ་རཾ། ཞེས་མར་ནག་ཁྱུག་གཟར་བདུན་གྱིས་གསོ། མེ་ཐབ་ལ་བསང་ཆུ་གཏོར་ཞིང་། ཨོཾ་བཛྲ་ཨ་མྲྀ་ཏ་ཀུཎྜ་ལི་ཧ་ན་ཧ་ན་ཧཱུྃ་ཕཊ་གྱིས་བསང་། སྭ་བྷཱ་ཝས་སྦྱངས། སྟོང་པའི་ངང་ལས་ཧཱུྃ་ལས་དྲག་པོའི་ཐབས་ཁྲུང་ནག་པོ་གྲུ་གསུམ་པ་བང་རིམ་གསུམ་ལྡན་ཆོས་ཀྱི་དབྱིངས་དང་མཉམ་པའི་ནང་དུ་རཾ་ལས་བསྐལ་པའི་མེ་དཔུང་འབར་བའི་དབུས་སུ་པདྨ་ཟླ་ཉི་དྲེགས་པ་ཕོ་མོའི་གདན་ལ་ཧཱུྃ་ལས་ཁྲག་འཐུང་འདུས་པའི་སྤྱི་གཟུགས་དཔལ་ཆེན་པོ་ཆེ་གེ་མོའི་ལྷ་ཚོགས་གཙོ་འཁོར་བཀའ་སྲུང་དྲེགས་པའི་ཚོགས་དང་བཅས་པ་རྫོགས་བསྐྱེད་གཏུམ་པའི་རྣམ་རོལ་མཐའ་ཡས་པའི་བདག་ཉིད་དུ་གསལ་བའི་སྤྱི་བོར་ཨོཾ། མགྲིན་པ་ཨཱཿ ཐུགས་ཀར་

ཧཱུྃ་ལས་འོད་ཟེར་འཕྲོས་པས་ཡེ་ཤེས་ཀྱི་འཁོར་སྤྱན་དྲངས་པར་གྱུར༔ ཧཱུྃ། དམིགས་མེད་མཁའ་ལྟར་ཁྱབ་ཅིང་དག་པའི་སྐུ། །སྤྱན་འདྲེན་གཤེགས་སུ་གསོལ་བར་མི་དམིགས་ཀྱང་། །ཐུགས་རྗེའི་ངང་ཉིད་ཆོས་སྐུར་དག་པ་ལས། །ཡེ་ཤེས་སྒྱུ་མར་རོལ་ཅིང་གཤེགས་སུ་གསོལ། །ཨོཾ་ཨེ་ཧྱེ་ཧི་བྷ་ག་ཝཱན་མ་ཧཱ་ཀཱ་རུ་ཎི་ཀ་དྲྀ་ཤྱ་ཧོ། ས་མ་ཡ་སྟྭཾ། ཛཿཧཱུྃ་བཾ་ཧོ། ཞེས་སྤྱན་དྲངས། བཞུགས་གསོལ་ནི། ཧཱུྃ། རབ་འཇིགས་དུས་མཐའི་མེ་ལྟར་འཁྲུགས་པའི་གློང་། །འབར་བའི་དུར་ཁྲོད་གཞལ་ཡས་ཆེན་པོའི་དབུས། །པདྨ་ཉི་ཟླ་དབུགས་ཐལ་བརྩེགས་པའི་ཁྲིར། །དཔལ་ཆེན་དཀྱིལ་འཁོར་འཁོར་བཅས་བཞུགས་སུ་གསོལ། །པདྨ་ཀ་མ་ལ་ཡེ་སྟྭཾ། ཕྱག་བྱ་བ་ནི། ཧཱུྃ། མི་འགྱུར་རྣམ་དག་ཆོས་དབྱིངས་ངང་ཉིད་ལས། །ཡེ་ཤེས་ཆེན་པོ་ཐུགས་རྗེའི་སྐུར་སྤྲུལ་པ། །གདུག་པ་འདུལ་མཛད་དཔལ་ཆེན་གཙོ། །དྲག་པོའི་སྐུ་སྟོབས་ལྡན་ཁྱོད་ལ་ཕྱག་འཚལ་བསྟོད། །ཧཱུྃ། གདུགས་པའི་སྙིང་ཁྲག་མཆོད་ཡོན་མཚོ་ལྟར་བསྐྱིལ། །སྨྱོས་བྱེད་དུག་ཁྲག་ཞབས་བསིལ་ཛམ་ཞིང་བརྗིད། །དབང་པོ་རྣམ་ལྔའི་མེ་ཏོག་ཚལ་དུ་དངར། །ཤ་ཆེན་དུད་པའི་སྤྲིན་ཕུང་ལང་ལོངས་གཡོ། །ཞུན་ཆེན་མར་མེ་བསྐལ་པའི་མེ་ལྟར་འབར། །ཁྲག་ཞགས་བདུད་རྩིའི་དྲི་ཆབ་ལྦུ་འཁྲེང་གཡོ། །ཤ་ཁྲག་རུས་པའི་ཞལ་ཟས་ཆེ་བརྗིད་ཛམ། །དྲག་པོའི་རོལ་མོས་ས་གསུམ་འདར་ཞིང་གཡོ། །དུར་ཁྲོད་ནང་གི་མཆོད་སྤྲིན་བསམ་མི་ཁྱབ། །འབུལ་གྱིས་ཆོམ་ཞིང་དགྱེས་ནས་དགྲ་བགེགས་སྒྲོལ། །བཛྲ་ཨརྒྷཾ་ནས་ཤབྡའི་བར་བརྗོད། སྨན་མཆོད་ནི། མ་ཧཱ་པཉྩ་ཨ་མྲི་ཏ་ཁ་རཾ་ཁ་ཧི། རཀྟའི་མཆོད་པ་ནི། མ་ཧཱ་རཀྟ་ཁ་རཾ་ཁ་ཧི། གཏོར་མའི་མཆོད་པ་ནི། མ་ཧཱ་བྷ་ལིང་ཏ་ཁ་ཁ་ཁཱ་ཧི་ཁཱ་ཧི།

བསྟོད་པ་ནི། ཧཱུྃ། མི་བཟད་ཞིང་དུ་འཇིགས་པའི་གཟུགས། །གར་དགུའི་ཉམས་ལྡན་ཧྲམས་ཤིང་ཁྲོ། །གཏུམ་ཆེན་ཉི་མ་འབུམ་གྱི་གཟི། །རྡོ་རྗེའི་སྐུ་ལ་ཕྱག་འཚལ་བསྟོད། །རབ་འཇིགས་ཧ་ཧ་ཧཱུྃ་ཕཊཿ གྱིས། །ཧྲམ་པའི་ང་རོ་འབྲུག་སྟོང་ལྡིར། །རྡོ་རྗེ་གད་མོའི་ས་གསུམ་གཡོ། །དཔལ་ཆེན་གསུང་ལ་ཕྱག་འཚལ་བསྟོད། །མི་དམིགས་ཁྱབ་བརྡལ་ཟབ་གསལ་བ། །སྤྲོས་པ་ཀུན་བྲལ་ཡེ་ཤེས་ཆེ། །སྨྲ་བསམ་བརྗོད་མེད་རྡོ་རྗེའི་ཐུགས། །དཔལ་ཆེན་ཐུགས་ལ་ཕྱག་འཚལ་བསྟོད། །དེ་ནས་ལྷ་ཚོགས་ཐམས་ཅད་སྐུ་མདོག་ཆར་སྤྲིན་གནག་ཅིང་བཟློད་པར་དཀའ་བའི་གཟི་བརྗིད་ཅན། དྲག་པོའི་བསྲེག་བྱ་ཟ་བའི་ལས་ལ་ཧྲམས་པར་གྱུར་པར་བསམ་ལ། བྱོན་སྐྱེམས་ནི། ལྷ་ཚོགས་རྣམས་ཀྱིས་ལྗགས་རྡོ་རྗེ་རྩེ་མོ་གཅིག་པར་རཾ་དང་དགང་ལྷུགས་ཀྱི་རྩེར་ཧཱུྃ་མཐིང་ནག་འབར་བ་རེས་མཚན་པར་གྱུར་པར་བསམ་ནས་གང་ཡིན་གྱི་རྩ་བའི་སྔགས་བདུན་གྱིས་བཀང་བའི་གཟར་བུ་གཉིས་ཁ་སྦྱོར་བ་ཁྲོ་བོའི་ཁུ་རྫུར་གྱིས་བཟུང་ནས་ཕུས་མོ་ལས་ནང་དུ་མི་འདའ་བར་གཡོན་དུ་བསྐོར་ཞིང་། ཨོཾ་ཨགྣེ་ཡེ་དེ་བྱ་དེ་བྱ་བི་ཤུཥྚི་མ་ཧཱ་ཤྲཱི་ཧ་བྱ་ཀ་བྱ་ཝ་ཧ་ན་ཡེ་བདག་ཅག་དཔོན་སློབ་མི་ནོར་འཁོར་དང་བཅས་པ་རྣམས་ལ་གནོད་ཅིང་འཚེ་བར་བྱེད་པའི་དགྲ་བགེགས་ལོག་འདྲེན་བསམ་ངན་སྦྱོར་རྩུབ་འཆང་བའི་དགྲ་བོ་བྱད་མ་རྦོད་གཏོང་ཐམས་ཅད་མཱ་ར་ཡ་ཕཊ།

ཅེས་ལན་གསུམ་གྱིས་ཕུལ་ལ། དེ་ནས་གསེར་སྐྱེམས་གཟི་དཔང་འགུག་འདྲེན་བསྐུལ་བ་དང་བཅས་གདབ་ལས་ཀྱི་རིམ་པ་གཞུང་བཞིན་བྱས་ནས། ཡིང་རོར་བདུད་རྩི་བྲན་བྱིན་གྱིས་བརླབས། དེ་ནས་བསྐུལ་ཐུང་ཡོད་ན་འདིའི་མཐར་རམ། ཡང་ན། ཧོཿ དགྲ་བགེགས་བདུད་དཔུང་འདུལ་མཛད་པའི། །དཀྱིལ་འཁོར་ལྷ་ཚོགས་འཁོར་བཅས་རྣམས། །དྲག་པོའི་དམ་ཚིག་དུས་ལ་བབ། །དགྲ་བགེགས་བསྒྲལ་བའི་དུས་ལ་བབ། །སྤྲུལ་

པའི་དམག་ཚོགས་དགྲ་ལ་གྲིས། །ལས་ངན་གདུག་ཅན་དགྲ་བགེགས་
རྣམས། །སྟོང་གསུམ་འཇིག་རྟེན་གར་ནས་ཀྱང་། །རིང་བར་ཁྲུག་ལ་དམ་དུ་
ཆིངས། །མྱུར་བར་སོད་ལ་རྡུལ་དུ་རློགས། །ཤ་ཟ་ཁྲག་འཐུང་རུས་པ་
འཆོས། །སྲོག་རྩ་ཆོད་ལ་དུས་མཐའ་བསྡུངས། །བཞེས་ཤིག་ལྷག་མ་མེད་
པར་མཛོད། །ཧཱུྃ། གདུག་རྩུབ་དྲག་པོའི་ཧོམ་ཁུང་དུ། །དཀྱིལ་འཁོར་ལྷ་
ཚོགས་ཐམས་ཅད་ལ། །སྣང་དགྲ་གནོད་པའི་བགེགས་ཚོགས་ཀྱི། །ཕྱི་ཡི་
ཕུང་ཁམས་སྐྱེ་མཆེད་འབུལ། །ནང་གི་བླ་ཚེ་སྲོག་དབུགས་འབུལ། །ཁ་རྗེ་
དབང་ཐང་རླུང་རྟ་འབུལ། །བཞེས་ཤིག་རོལ་ཅིག་ཁ་རཾ་ཁྲཾ་ཧི། །ལས་ངན་
གདུག་པའི་དགྲ་བགེགས་འདི། །དཀྱིལ་འཁོར་ལྷ་ཚོགས་ཞལ་དུ་
བསྟབས། །འཁོར་ཚོགས་རྒྱ་མཚོའི་ཞལ་དུ་བསྟབས། །བཞེས་ཤིག་རོལ་ཅིག་
ཁྲཾ་རཾ་ཁྲཾ་ཧི། །འཁོར་བཅས་དགྱེས་ཤིང་ཆེམ་ཀྱུར་ནས། །དགྲ་བགེགས་
བརླག་པའི་ཕྲིན་ལས་མཛོད། །ཛཿ སྲིད་པའི་བརྩོན་ཁང་དྲག་པོའི་
ཨེ། །བསྐལ་བའི་མེ་དཔུང་འབར་བའི་ཀློང་། །གདུག་པའི་ཡམ་ཤིང་མར་
ནག་ཆིལ། །དམིགས་པའི་གཟུགས་རྟེན་དྲག་པོའི་རྫས། །གནད་འབེབས་
མྱོས་བྱེད་གསོད་པའི་མཚོན། །ཚ་བའི་ནད་སྐྱེད་རྫས་གྲོད་རྣམས། །ཕུལ་བས་
དགྲ་བགེགས་གདུག་པའི་ཚོགས། །ལུས་ངག་རྡུལ་དུ་བསྲེགས་ནས་
ཀྱང་། །རྗེས་ཤུལ་ལྷག་མ་མེད་པར་མཛོད། །ཅེས་རྩ་སྔགས་མཐར། གནོད་
བྱེད་དགྲ་བགེགས་སྲི་ངན་བྱད་མ་ལྷ་སྲུང་དང་བཅས་པའི་བླ་ཚེ་སྲོག་གསུམ་ཤ་ཁྲག་
དབང་པོ་དོན་སྙིང་དང་བཅས་པ་ལ་ཁྲཾ་ཧི་རཾ་རཾ། ཨ་ཡ་མ་དུ་རུ་ཙ་ཤ་ན་སཏྲ་ས་མ་
ཡ་ཏྲི་ཊི་ཤ་ཧུན་ཧུར་ཧཱུཾ་ཛཿ མ་ར་ཡ་ཕཊ། ཅེས་པའི་མེ་སྲོག་འཛིན་པའི་རྫས་ཀྱི་

བར། སྤྱོགས་རྫས་བསྟུན་པའི་བརྒྱ་རྩ་བརྒྱད་སོགས་གཙོ་འཁོར་ཐམས་ཅད་ལ་ཐུན་མོང་དུ་འབུལ། འདིར་འཇུག་པ་བདེ་བའི་དབང་དུ་བྱས་ཀྱིས་རྒྱས་པར་སྤྲོ་ན་གཙོ་བོ་ལ་བརྒྱ་རྩ་འཁོར་རྣམས་ཉེར་གཅིག་རེ་སོགས་སོ་སོར་འབུལ་བའི་ཚུལ་ཤེས་པར་བྱའོ། ། དམིགས་བསལ་བགེགས་ལྷ་བུ་ལ་རྫས་གཞན་རྣམས་རྫོགས་ནས་ལྷུགས་སླང་དུ་མར་ནག་བསྐོལ་བའི་མེ་ལྕེ་སླེབ་པའི་བར་ཡིདྷ་བཀྲམ་ལ་གསེར་སྐྱེམས་འགྱུག་འདྲེན་དྲག་བསྐུལ་རྣམས་བྱས་ནས་བཞེས་སྒྲ་དྲག་པོ་དང་བཅས་ཛ་གད་རྫས་ལྡན་གྱི་མེ་སྦར་ཏེ་ རྣམ་མཆོད་བྱ་བ་ཡིན་ནོ། ། བྲོན་ཟས་ཧེ་ལྷ་བུའི་གཤེགས་སྐྱེམས་ཕུལ་ལ་སླར་ཡང་ཨོཾ་བཛྲ་པུཥྤེ་དྷཱུ་པེ་ནས་ཤབྡ་ཨ་མྲྀ་ཏ་རཀྟ་བཱ་ལིངྟ་མ་ཧཱ་སརྦ་པཉྩ་ཙོ་ས་མ་ཡ་ཁཱ་ཧི་ཁཱ་ཧི། ཞེས་མཆོད་ཅིང་བཛྲ་ཏཀྵུ་ལ་ཡེ་སྭཱ་ཧཱ། སོ་ཏྲི་དང་། ཨོཾ་བཛྲ་ཤབྡ་ཡེ་སྭཱ་ཧཱས་གོས་ཟུང་ཕུལ་བསྟོད་པ་ལས་བྱུང་བཞིན་བྱ། འདོད་དོན་གསོལ་བ་ནི། ཧོཿ དུས་གསུམ་སངས་རྒྱས་ཐམས་ཅད་ཀྱི་སྐུ་གསུང་ཐུགས་མི་ཟད་པ་རྒྱན་གྱི་འཁོར་ལོའི་བདག་ཉིད་ཁྲག་འཐུང་ཁྲོ་བོ་ཁྲོ་མོ་ཐམས་ཅད་ཀྱི་སྤྱི་རྗེ། དོན་ཅན་རྒྱ་མཚོའི་ཚོགས་ཀྱི་ཡང་རྗེ། འཁོར་འདས་ཀུན་གྱི་སྤྱི་དཔལ་ཆེན་པོ་ཆེ་མཆོག་ཧེ་རུ་ཀ་སོགས་དཀྱིལ་འཁོར་གྱི་ལྷ་ཚོགས་བཀའ་སྲུང་དམ་ཅན་རྒྱ་མཚོའི་ཚོགས་དང་བཅས་པ་ཁྱེད་རྣམས་ལ་ཕྲིན་ལས་སུ་བཅོལ་བ་ནི། སྤྱི་དགོས་བསྟན་པའི་རྣ་ཧྲ་སྡང་དགྲ་དམག་ཧག་ཚོམ་རྐུན་བསམ་ངན་དུག་སྦྱོར་མི་ཁ་གྲོད་བྱུར་ཕྱོགས་བཅུ་གང་དུ་མཆིས་ཀྱང་ཐལ་བ་རྡུལ་དུ་རློག་ཅིག་གནོད་བྱེད་ལོག་འདྲེན་འབྱུང་པོ་སུ་དང་གང་གིས་གནོད་ཀྱང་མིང་ཙམ་མེད་པར་མཛོད་ཅིག བྱད་དང་སྦྲད་འདྲེ་རྦོད་གཏོང་བན་བོན་གང་གིས་བཏང་ཡང་རང་གཤེད་རང་ལ་ཕོབ་ཅིག ཟ་འདྲེ་གོད་འདྲེའི་རྫུན་ལམ་མི་ནོར་གང་ལ་ཟུག་ཀྱང་གནོད་པའི་རྫུན་ལམ་ཆོད་ཅིག མདོར་ན་སྔོན་ལས་འཁྲུལ་རྐྱེན་ལས་གྱུར་པའི་གནོད་ཅིང་འཚེ་བར་བྱེད་པའི་དགྲ་བགེགས་དམ་སྲི་བདུད་སྡེ་དཔུང་དང་བཅས་པ་ཐམས་ཅད་ལོ་དང་ཟླ་བ་ཞག་དང་ཟ

སྐུ་རབས་གསུམ་པ་ངེས་དོན་བསྟན་འཛིན་བཟང་པོའི་གསུང་ཚན།

མར་མ་འགྱུར་བར་སྨུར་བ་ཉིད་དུ་སོད་ལ་མིང་ཙམ་བཏྲ་ཙམ་མ་ལུས་པ་ཐལ་བ་རྡུལ་དུ་བརླག་པའི་ཕྲིན་ལས་མཛོད་ཅིག ཅེས་འདོད་དོན་གསོལ། ཡི་གེ་བརྒྱ་པས་ལྷག་ཆད་བསྐངས་ཏེ་ནོངས་པ་བཟོད་པར་གསོལ། ཡེ་ཤེས་པ་ཆོས་ཀྱི་དབྱིངས་སུ་གཤེགས་ཤིང་། དམ་ཚིག་པ་བདག་ལ་ཐིམ་པར་བསམ། ཤེས་པ་བརྗོད་ཅིང་བསྔོ་བ་སྨོན་ལམ་གྱིས་རྒྱས་གདབ། མེ་དུག་ཁྲག་གིས་གཞལ་ནས་ཐལ་སོལ་རྣམས་མཆོད་རྟེན་ནམ་ལམ་རྒྱ་ གྲམ་དུ་སྦས་ལ་མནན་གཟིར་གྱིས་ཏྲ་བྲོ་གཞུང་བཞིན་བྱའོ། །ཞེས་པའང་གཏེར་ཆེན་རིན་པོ་ཆེའི་གསུང་དང་། དྲག་དམར་གློ་བུར་རྐྱེན་བསྲེག་དང་ཕྱོགས་མཐུན་པར་ཁྲེབ་བདག་བློ་མ་མཆོག་གིས་མཛད་པའི་དྲག་པོའི་སྦྱིན་བསྲེགས་ལ་སོགས་ལས་འོས་འཐད་ཀྱིས་བརྒྱན་ཏེ་ངེས་དོན་བསྟན་འཛིན་བཟང་པོས་བྲིས་པའོ། །དགེའོ། །

༄༅། །དྲག་པོའི་གཏོར་བཟློག་ཕྱི་ལ་སྒྱུར་ཚོག་པའི་ཁོག་དབུབ་མན་ངག་ལས་རིམ་དགྲ་བགེགས་དཔུང་འཇོམས་བཞུགས་སོ།།

ན་མོ་གུ་རུ་བཛྲ་ཀྲོ་དྷ་ཡེ། རྒྱལ་བ་ཀུན་གྱི་གསང་གསུམ་རྡོ་རྗེའི་ཁམས། །ཡོག་འདྲེན་འདུལ་ཕྱིར་དྲག་པོའི་སྐུ་བཞེངས་པ། །ཧེ་རུ་ཀ་དཔལ་ཁྲོ་བོའི་རྒྱལ་རྣམས་དང་། །དབྱེར་མེད་དྲིན་ཆེན་བླ་མར་ཕྱག་བགྱིའོ། །སངས་རྒྱས་བསྟན་དང་འགྲོ་བའི་བདེ་སྐྱིད་ལ། །རྣམ་པར་འཚེ་བའི་མ་རུང་དགྲ་བགེགས་དཔུང་། །འཇོམས་བྱེད་མན་ངག་ལས་ཀྱི་སྦྱོར་བའི་ཚུལ། །ཚིག་ཉུང་དོན་ཟབ་གོ་བདེ་འདིར་གསལ་བྱ། །དེ་ཡང་བསྙེན་བསྒྲུབས་ཐེམས་ཤིང་དམ་ཚིག་དང་ལྡན་པའི་སྔགས་པས་ཚུལ་འདི་ལ་འཇུག་པར་བྱ་སྟེ། དེ་ལ་ཡོ་བྱད་ཀྱི་བཤམས་ཚུལ། ཚོ་ག་དངོས་སོ། །དང་པོ་ནི་དྲག་པོའི་ལས་དང་མཐུན་པའི་གནས་སམ། སྒྲུབ་ཁང་སོགས་ཡིད་དང་མཐུན་པའི་ཕྱོགས་སུ་སྟེགས་བུ་དུག་ཁྲག་གིས་ཆག་ཆག་གདབ་སྟེ་བཟློག་དཀྱིལ་གང་ཡིན་རང་གཞུང་སོ་སོ་ལྟར་རྡུལ་ཚོན་ལྟར་གྱི་བྲི་བའམ། མ་འབྱོར་ན་ཞིང་ལྤགས་སོགས་ལ་ཁྲག་གིས་སྤགས་པའི་འབྲུ་ཚོམ་ལྷ་གྲངས་ལྟར་བཀོད་པའི་དབུས་སུ་མཐཱའི་ཁར་ཁྲོ་ལྕུགས་ཟངས་ལ་སོགས་པའི་སྣོད་གཙང་མར་འབྲུ་ནག་གི་ངར་ཕྱེ་དུག་ཁྲག་གིས་སྦྲུས་པའི་དཔལ་གྱི་གཏོར་མ་ཟུར་གསུམ་རྣོ་དབལ་ཅན་ལ་འཁོར་ལྷ་གྲངས་གང་ཡོད་ཀྱི་གཏོར་མས་བསྐོར་བ་ལ་མཆོད་དང་ཡུངས་དཀར་གྱི་གོང་བུ། སྐྱེར་བའི་ཕུང་དམར་དང་ཁྲམ་བྱང་སོགས་དྲག་རྒྱན་རྣམས་བརྗིད་

དང་ལྡན་པའི་རྩེར་སྐུ་རྟེན་ཙཀླི་དར་རེ་ནག་པོའི་གུར་ཕུབ་པ་སོགས་ཀྱིས་བརྒྱན། དཀྱིལ་འཁོར་གྱི་མཐའ་རྡོ་རའི་ཁར་ཟོར་རྟས་གང་འོས་བསྐོར་བཞམས་བྱས་པའི་མཐར། ཁྲག་གི་ཨརྒྷཾ་སོགས་དྲག་པོའི་མཆོད་པས་གཡས་སུ་བསྐོར། ཇི་ལྟར་བདེ་བའི་སྟེགས་ཀྱི་ཁར་བླ་མ་ཡི་དམ་མཁའ་འགྲོ་ཆོས་སྐྱོང་གི་གཏོར་མ་སྦྲང་ཆར་སྨན་རཀ་མཆོད་པ་དང་བཅས་པ་དགོད། མདུན་ངོས་སུ་བྲུབ་ཁུང་ཡིང་ག་ཅན་དང་ཕུར་ཁ་ཐུན་རྫས་སོགས་ཉེ་བར་མཁོ་བའི་ཡོ་བྱད་ཐམས་ཅད་མཐོང་བརྒྱུད་ལྟར་ཚོགས་པར་བཤམ་མོ། །གཉིས་པ་སྔོན་འགྲོ་དངོས་གཞི་རྗེས་ཆོག་སྟེ་གསུམ་ལས། དང་པོ་ནི་སྐྱབས་སེམས་ཚོགས་བསགས་གསོལ་འདེབས་ནས་བཟུང་མཆོད་པ་བྱིན་རླབས་པར་ལས་བྱང་བཞིན་བྱའོ། །གཉིས་པ་རྣམ་འབྱོར་བསྒྲུབ་པ་དང་། ལས་ལ་སྦྱོར་བ་གཉིས་ལས་དང་པོ་ནི་ཏིང་འཛིན་གསུམ་ལས་བརླམས་པའི་བར་དེ་བདག་མདུན་གྱི་དཀྱིལ་འཁོར་མེ་རི་འདབ་འབྱར་གྱི་ཚུལ་དུ་གསལ་བཏབ་ནས་སྤྱན་འདྲེན་མཆོད་བསྟོད་བསྙེན་སྒྲུབ་བསྲུང་བཟློག་གི་བཟླས་པ་སོགས་མན་ངག་བཞིན་དང་། ཚོགས་མཆོད་བསྐང་བཤགས་བཅས་བྱའོ། །གཉིས་པ་ལས་སྦྱོར་ལ། བསད་ལས་ཀྱི་རིམ་པ་དང་། བཟློག་པའི་ལས་སྦྱོར་གཉིས་ཏེ་བསད་པའི་ལས་སྦྱོར་ལ་ཡང་བཅུ་གཉིས་ཏེ། དང་པོ་ནི་སྒྲུབ་པ་པོ་དྲག་པོའི་ཆས་སུ་ཞུགས་དྲག་ལས་ཀྱི་ཀུན་སློང་གསལ་བཏབ་ཏེ་ཡི་དམ་ལྷའི་མཆོག་ཏུ་བསྒོམས་པ་བརྟན་པོའི་ཐོག་མར་དཔུང་བསྡུ་ཕྱིར་ཐུགས་དམ་བསྐུལ་བའི་ལས་རིམ་རྣམས་རང་གཞུང་གང་ཡིན་ལྟར་གདུང་ཤུགས་དྲག་པོས་ཕྱེར་ཞིང་ལས་སྟགས་བཟླ་བ་ལ་སོགས་པའང་བྱའོ། །གཉིས་པ་གསེར་སྐྱེམས་ནི། རཾ་ཡཾ་ཁཾ། གསེར་སྐྱེམས་ཟག་པ་མེད་པ་ཡེ་ཤེས་ཀྱི་བདུད་རྩིའི་རྒྱ་མཚོ་ཆེན་པོར་གྱུར། ཨོཾ་ཨཱཿཧཱུཾཿཧཱུཾ། རིག་འཛིན་རྩ་བརྒྱུད་བླ་མ་དམ་པ་དང་། །ཡི་དམ་ཞི་ཁྲོ་གསང་བདག་ཕྱག་རྡོར་ལྷ། །སངས་རྒྱས་བྱང་སེམས་དཔའ་བོ་མཁའ་འགྲོ་ལ། །གསེར་སྐྱེམས་མཆོད་པ་འབུལ་ལོ་ཕྲིན་ལས་མཛོད། །མཐུ་སྟོབས་དབང་ཕྱུག་དཔལ་མགོན་ལྷ་མ་དྲལ་དང་། །དྲེགས་པའི་སྡེ་དཔོན་ཆེན་པོ་སུམ་ཅུ་

སོགས། །ཡེ་ཤེས་ལས་ལ་གྲུབ་པའི་དམ་ཅན་ལ། །གསེར་སྐྱེམས་མཆོད་པ་འབུལ་ལོ་ཕྲིན་ལས་མཛོད། །སྟོགས་འཆང་བདག་གི་རིགས་ཀྱི་བསྲུང་མ་དང་། །ས་ཕྱོགས་འདི་ཡི་ཡུལ་གཞིའི་གནས་ཀྱི་བདག །ལོ་ཟླ་ཞག་དུས་ཚེ་ལ་དབང་བའི་ལྷ། །གསེར་སྐྱེམས་མཆོད་པ་འབུལ་ལོ་ཕྲིན་ལས་མཛོད། །གསུམ་པ་གཟུ་དཔང་གསོལ་བ་ནི། ཧཱུྃ། དཀྱིལ་འཁོར་ཀུན་བདག་མཆོག་གསུམ་བླ་མ་དང་། །ཡི་དམ་ཞི་ཁྲོ་རབ་འབྱམས་བསྲུང་མའི་ཚོགས། །ཁྱད་པར་དཔལ་ཆེན་གསང་བདག་ཕྱག་རྡོར་ལྷ། །འཁོར་བཅས་བདག་ལ་དགོངས་ཤིང་གསན་དུ་གསོལ། །སྣང་སྲིད་འཁོར་འདས་ཆོས་སྐུར་རོ་གཅིག་ལ། །མ་རྟོག་སྒྲིབ་བསལ་འགྲོ་ཀུན་བསྒྲལ་སེམས་ཀྱང་། །དམ་ཉམས་དགྲ་བོས་བྱེད་དུ་མ་སྟེར་རོ། །རྩ་བརྒྱུད་བླ་མས་གཟི་དང་དཔང་མཛོད་ཅིག །སྨིན་གྲོལ་ལམ་ཞུགས་བསྐྱེད་རྫོགས་ཟབ་མོའི་དོན། །ཚུལ་བཞིན་ཉམས་བླང་དངོས་གྲུབ་བླང་སེམས་ཀྱང་། །དམ་ཉམས་དགྲ་བོས་བྱེད་དུ་མ་སྟེར་རོ། །ཡི་དམ་ལྷ་ཚོགས་གཟུ་དང་དཔང་མཛོད་ཅིག །བླ་མེད་བྱང་ཆུབ་མཆོག་ཏུ་སེམས་བསྐྱེད་ནས། །འགྲོ་ལ་ཕན་བདེའི་དགའ་སྟོན་སྤེལ་སེམས་ཀྱང་། །དམ་ཉམས་དགྲ་བོས་བྱེད་དུ་མ་སྟེར་རོ། །དཔའ་བོ་མཁའ་འགྲོ་གཟུ་དང་དཔང་མཛོད་ཅིག །ཚེ་འདི་བློ་བཏང་དབེན་པའི་གནས་རྣམས་སུ། །བདེ་ཆེན་བྱང་ཆུབ་སྒྲུབ་པར་སེམས་ན་ཡང་། །དམ་ཉམས་དགྲ་བོས་བྱེད་དུ་མ་སྟེར་རོ། །དམ་ཅན་ཆོས་སྐྱོང་གཟུ་དང་དཔང་མཛོད་ཅིག །མ་ཉེས་མ་ལན་ཡེ་ཤེས་ལྷ་ཡི་ཚོགས། །སྡིག་ཅན་ལས་ངན་བསྟན་པའི་སྤྱི་དགྲ་འདི། །སངས་རྒྱས་བསྟན་བཞིགས་དཀོན་མཆོག་དབུ་འཕང་སྨད། །བླ་མའི་ཐུགས་དཀྲུགས་དགེ་

འདུན་སྟེ་ལ་བཀླས། །ཁྱེད་པར་རྣལ་འབྱོར་བདག་ཅག་འཁོར་བཅས་ལ། །དེ་ལྟར་ལྡིད་ཅིང་རྟུང་ལྟར་འཇོགས་པ་དང་། །མདུན་ནས་སྒྲུག་ཅིང་རྒྱབ་འདེད་ཟུར་ནས་གསོད། །ལུས་ཀྱི་བརྡུང་བརྡེག་དཀོར་རྫས་ཕྲུ་ཞིང་འཕྲོག །ངག་གི་ཡ་གས་གཞན་གྱི་ནུས་མཐུ་བསྐུལ། །ཡིད་ཀྱི་བསམ་ངན་དུག་ལྟར་གཡོ་བྱེད་པའི། །སྡུ་དགྲ་ལག་བརྡར་ཕྱི་དགྲ་ཡིད་སེམས་དང་། །ད་དགྲ་བསྡོ་བའི་དགྲ་བགེགས་གར་གནས་ཀྱང་། །རྩ་གསུམ་དམ་ཅན་བསྲུང་མ་འཁོར་བཅས་ཀྱིས། །སྐད་ཅིག་འདིར་ཁྲུག་མངོན་སྤྱོད་ལས་མཛོད་ཅིག །ཞེས་དང་། གཞན་ཡང་། ཧཱུྃ། ཕྱོགས་བཅུ་ནམ་མཁའ་ཡངས་པའི་དཀྱིལ་འཁོར་ནས༔ བླ་མ་རིག་འཛིན་རྒྱལ་བ་སྲས་དང་བཅས༔ ཡི་དམ་རྒྱལ་བའི་དཀྱིལ་འཁོར་ལྷ་ཚོགས་རྣམས༔ བརྩེ་བའི་ཐུགས་རྗེས་བདག་ལ་དགོངས་སུ་གསོལ༔ བདག་ནི་རྣལ་འབྱོར་རིག་འཛིན་སྒྲུབ་པ་པོ༔ གསང་སྔགས་སྒྲུབ་པ་པོ་ལ་དགྲ་བྱུང་ན༔ བདག་གི་མ་ཉེས་མ་ཡོ་བསྲུང་མ་མཁྱེན༔ གཟུ་དང་དཔང་དུ་དཀོན་མཆོག་བཞུགས༔ ཞལ་ལྕེ་སྣང་སྲིད་ལྷ་འདྲེས་མཛོད༔ དམ་ཉམས་དགྲ་བོ་སྡིག་ཅན་འདིས༔ དང་པོ་སངས་རྒྱས་བསྟན་པ་བཤིགས༔ བར་དུ་དཀོན་མཆོག་དབུ་འཕང་སྨད༔ ཐ་མ་གསང་སྔགས་སླེ་པོ་ཕྲལ༔ ད་ལྟ་རྣལ་འབྱོར་བདག་ལ་བསྡོས༔ ལས་དགེ་བ་བཅུ་ནི་ཁྱད་དུ་བསད༔ མི་དགེ་བཅུ་ནི་དང་དུ་བླངས༔ མཚམས་མེད་ལྔ་ནི་འབྲུས་བུ་སྨིན༔ འདི་ནི་བསྒྲལ་བའི་ཞིང་ཡིན་པས༔ ཡི་དམ་ཞི་ཁྲོའི་ལྷ་ཚོགས་འཁོར་དང་བཅས༔ ཆོས་ཉིད་ཞི་བའི་ངང་ལས་མ་གཡོས་ཀྱང་༔ རྔམས་བརྗིད་ཚུལ་དུ་ཁྲོ་བོའི་སྐུར་བཞེངས་ལ༔ བསྒྲལ་བའི་ཞིང་བཅུ་འདུལ་བའི་དུས་ལ་བབས༔ མ་གཡེལ་མ་གཡེལ་ཡི་དམ་ལྷ་ཚོགས་རྣམས༔

དམ་ཉམས་དགྲ་བོ་སྒྲོལ་བའི་ཕྲིན་ལས་མཛད༔ ཅེས་གསོལ་བས་སྣོད་བཅུད་ལྷར་གསལ་བ་ཐམས་ཅད་སྔོན་གྱི་ཐུགས་དམ་ལས་བཞེངས་ཏེ་རང་ལ་གནང་བ་རྩོལ་ཞིང་དགྲ་བགེགས་ལ་ཐུགས་ཆེར་འཁྲུགས་པའི་དྲག་པོའི་ལས་ལ་རྔམས་ཤིང་རེངས་པའི་ཚུལ་དུ་བཞུགས་པར་བསམ་མོ། །བཞི་བ་དམིགས་བྱ་བསྐྱེད་པ་ནི། ཨོ་སྭ་ར་ཀྵ་ཕཊ༔ བདག་ཉིད་དཔལ་ཆེན་པོ་གསང་བདག་རྡོ་རྗེ་གཏུམ་པོར་གསལ་བའི་མདུན་དུ་དམ་ཉམས་པའི་དགྲ་བགེགས་ཀྱི་ལས་ངན་པའི་རྣམ་སྨིན་ལས་གྲུབ་པའི་གནམ་ལྕགས་འབར་བའི་ཁང་སྒྲོམ་ཟུར་གསུམ་པ་མཚན་ཉིད་དང་ལྡན་པའི་ནང་དུ་ནྲྀ་དང་ཏྲི་ལས་སྐྱེས་པའི་དགྲ་བགེགས་དེ་ཉིད་ཉམ་ཐག་པའི་གཟུགས་ཅན། སྐྲ་ལ་ཧམ་པ། སྤོ་ལ་རིད་པ། མྱ་ངན་གྱི་ཕྱུག་རྒྱུ་བྱེད་ཅིང་ངོ་འདོད་ཀྱི་སྨྲེ་སྔགས་འདོན་པ། མགོན་སྐྱབས་ཀྱི་ལྷ་ཐམས་ཅད་དང་བྲལ་ཞིང་འདར་ཕྲི་ལི་ལི་བྱེད་པ་གཅིག་ཏུ་གྱུར་བར་དམིགས་ཤིང་གསལ་གདབ་བོ། །ལྔ་བ་རྣམ་ཤེས་འགུགས་པ་ནི། བདག་དང་མདུན་བསྐྱེད་ཀྱི་ཐུགས་ཀ་ནས་སྤྲུལ་པའི་ཕོ་ཉ་འགུགས་པར་བྱེད་པའི་ལྕགས་ཀྱུ་ཅན་དང་། རིང་ནས་འཆང་བྱེད་ཞགས་པ་ཅན་དང་། ཡན་ལག་སྡོམ་པའི་ལྕགས་སྒྲོག་ཅན་དང་། མྱོས་ཤིང་བརྒྱལ་བྱེད་དྲིལ་བུ་མ་དང་། ལས་རླུང་བསྐུལ་ནས་སྐྱོད་བྱེད་མ་དང་། སྤོབས་ནུས་འཇོམས་པའི་ཐོབ་ཅན་དང་། འདེད་པར་བྱེད་པའི་དབྱུག་པ་ཅན་དང་། ལྷ་དང་འབྱེད་པའི་ཕྲ་མ་མཁན་དང་། ལྷ་སྲུང་སྤྲོད་པའི་རྫུ་འཕྲུལ་ཅན་ལ་སོགས་པ་གཟུགས་དང་ཁ་དོག་སྣ་ཚོགས་པ་གཏུམ་དྲག་འཇིགས་པའི་ཉམས་ཅན། རྣམ་པར་འགྱུར་བའི་སྤྲུལ་འཕྲུར་ཅིར་ཡང་སྟོན་པ་གྲངས་ལས་འདས་པ། བྱ་ཡུག་འཚུབས་པ་ལྟར་འཇིག་རྟེན་གྱི་ཁམས་ཐམས་ཅད་ཁྱབ་པར་སྤྲོས་པས་དམ་ཉམས་པའི་དགྲ་བགེགས་འཁོར་བཅས་ལྕགས་ཀྱུས་བཟུང་། ཞགས་པས་བཅིངས་ལྕགས་

སྒྲོག་གིས་བསྡམས་དྲིལ་བུས་སྒྲོས། ཐོ་བས་གཟིར། མཚོན་ཆ་སྣ་ཚོགས་ཀྱིས་དེད། ལས་ཀྱི་ཀླུང་དམར་གྱི་རྟ་ལ་བསྐྱོན་ནས་སྦྲུར་མ་ཀླུང་གིས་དེད་པ་བཞིན་རང་དབང་མེད་པར་བཀུག་ནས་བྲུབ་ཁུང་གི་ལིང་ག་ལ་ཐིམ་པར་བསམ་ཞིང་། ཧཱུྃ་མཛད་ཀྱི་ཕྱག་རྒྱ་བཅིང་སྟེ། ན་མོ། རིག་འཛིན་རྩ་བརྒྱུད་ཀྱི་དཔལ་ལྡན་བླ་མ་རྣམས་ཀྱི་བཀའ་བདེན་པ་དང་། སངས་རྒྱས་ཀྱི་བཀའ་བདེན་པ་དང་། ཆོས་ཀྱི་བཀའ་བདེན་པ་དང་། དགེ་འདུན་གྱི་བཀའ་བདེན་པ་དང་། གསང་སྔགས་དང་། རིགས་སྔགས་དང་། གཟུངས་སྔགས་དང་། སྙིང་པོ་དང་། ཕྱག་རྒྱ་དང་། ཏིང་ངེ་འཛིན་རྣམས་ཀྱི་བདེན་པ་དང་། ཆོས་ཉིད་གདོད་ནས་དག་ཀྱང་ཆོས་ཅན་བསླུ་བ་མེད་པའི་བདེན་པ་དང་། ཁྱད་པར་དུ་འབྱུང་བོ་འདུལ་བར་བྱེད་པའི་དཔལ་ཆེན་པོ་གསང་བདག་ཕྱག་ན་རྡོ་རྗེ་དྲེགས་པ་ཀུན་འདུལ་གྱི་དཀྱིལ་འཁོར་ལྷ་ཚོགས་བཀའ་སྡོད་དམ་ཅན་རྒྱ་མཚོའི་ཚོགས་དང་བཅས་པ་རྣམས་ཀྱི་བདེན་པ་དང་། བདེན་པ་ཆེན་པོའི་མཐུ་ལ་བརྟེན་ནས། བསྟན་དང་འགྲོ་བའི་སྤྱི་དགྲ། ཁྱད་པར་རིག་པ་འཛིན་པ་བདག་ཅག་དཔོན་སློབ་ཡོན་མཆོད་འཁོར་དང་བཅས་པ་རྣམས་ལ་སྡང་དགྲ་ལག་གིས་བཏར་བ། ཕྱི་དགྲ་ཡིད་ལ་སེམས་པ། ད་དགྲ་ཐད་དུ་འཛོམས་པའི་གཟུགས་ཅན་སྣང་བའི་དགྲ་བོ་ལུས་སྲོག་ལོངས་སྤྱོད་ལ་བར་དུ་གཅོད་པའི་གཟུགས་མེད་གནོད་བྱེད་བགེགས་ཀྱི་ཚོགས་དང་བཅས་པ་ཐམས་ཅད་སྲིད་པ་གསུམ་གྱི་ཁོང་། གནས་གར་བྲོས་ཀྱང་སྐད་ཅིག་ཡུད་ཙམ་ལ་དམིགས་རྟེན་གཟུགས་ལིང་ག་འདི་ལ་ཁྲུག་ཅིག སྒྲུབ་ཐུགས་ཀྱི་ཤམ་བུ། ཏྲཱི་ཊི་སརྦ་ཤ་ཏྲུམ་ཕུར་ཁྲུམ་ཛཿ ཛཿཧཱུྃ་བཾ་ཧོཿ ཨ་ལེ་ཤ་ཡ་ཨ་ཨཱུཿ ཞེས་རོལ་མོའི་སྒྲ་དྲག་པོ་དང་བཅས་ཏེ་འགུགས་གཞུག་མང་དུ་བྱའོ། །འགུགས་ཐུགས་ནི།ཛྫ་ཐུགས་ཀྱི་མཐར། ཨ་ཀྲུ

ཀ་ཀྲི་ཏི་ཤ་ཏྲུ་སརྦ་ཏྲུར་ཧཱུྃ་ཛཿཛཿ ཧཱུྃ་བཾ་ཧོཿ ཨ་ལེ་ཤ་ཡ་ཨ་ཨཿ སྣང་བྱེད་དགྲ་རྐུན་ཇག་གསུམ། གནོད་བྱེད་གདོན་བགེགས་འབྱུང་པོ། ཟ་འདྲེ་ཕུང་སྲི་གོད་སྲི་གོད་འདྲེ་ཐམས་ཅད་ཀྱི་བླ་ཤ་རེ་མ་འགྲིམ་འགྲིམས། ཤ་མ་ར་ཏུ་ཧི་ཧྲུཾ་ཧྲུཾ། སྒྲོག་སྒྲོག ཡེད་ཡེད། ཤ་མ་ར་ཏུ་ཧི། ཁྲུག་ཁྲུག ཡིང་སྒྲོག ཡིང་ཤག ཡིང་ཧྲུཾ། ཙ་སྨུན་དྲི་ཧྲཱུྃ་ཛཿ ཛཿ ཧཱུྃ་བཾ་ཧོཿ ཞེས་བརྗོད་པའི་ཚེ། སྤྲུལ་པའི་ཕོ་ཉ་རྣམས་ཀྱིས་དམིགས་བྱ་རྣམས་ཅིར་གྱིས་བཟུང་ནས་འགུགས་འཆིང་སྡོམ་སྒྲོས་ཀྱི་ལས་མཛད་དེ། མཚོན་ཆ་སྣ་ཚོགས་ཀྱིས་གཟིར་ཞིང་དེད། ལས་ཀྱི་རླུང་དམར་གྱི་སྟེང་དུ་བཞག་ནས་མགོན་སྐྱབས་བྱེད་པའི་ལྷ་ཐམས་ཅད་དང་བྲལ་ནས་འདར་ཆུམ་ཆུམ། བསྡངས་ཡེད་ཡེད་བྱེད་བཞིན་སྐད་ཅིག་ཐང་ཅིག ཡུད་ཙམ་ཅིག་གིས་བསད་ཁང་ནང་གི་ཡིང་གའི་སྦྲུ་བོའི་ནས། བྱེ་ཚན་ལ་མར་ཐིམ་པ་བཞིན་བསྡིམ་པས་གནོད་བྱེད་ཟ་འདྲེ་ཤི་གཤེད་གསོན་བདུད་གཤིན་ལྕགས་རྣམས་དངོས་སུ་གྱུར་པའི་སྟེང་དུ་ནད་མཚོན་དུག་གི་ཐོག་སེར་དྲག་པོ་སི་ལི་ལི་ཕབ་པས་རེངས་ཤིང་འགྱུལ་མི་ནུས་པར་བྱས་ཏེ་ཉམ་ཐག་པའི་རང་བཞིན་དུ་སོང་བར་གྱུར་པར་བསམ་ལ། ཧཱུྃ། མཐིང་ནག་གྲུ་གསུམ་འབར་བའི་སོགས། ༼ དྲུག་པ་ཕོ་ཉ་འགྱེད་པ་ནི།

ཧཱུྃ༔ མཐིང་ནག་གྲུ་གསུམ་འབར་བའི་གློང་དཀྱིལ་ནས༔ གསང་བདག་ཕྱག་རྡོར་ལྷ་ཚོགས་དབྱིངས་ནས་བཞེངས༔ སྤྲུལ་པ་ཡང་སྤྲུལ་སྣ་ཚོགས་ཕྱོགས་བཅུར་སྤྲོས༔ དགྲ་དང་བགེགས་ལ་དྲག་པོའི་ཕྲིན་ལས་མཛོད༔ ཧཱུྃ། དཔལ་ཆེན་སྐུ་ལས་སྤྲུལ་པའི་ཕོ་ཉ་ནི༔ ལྕགས་ཀྱུ་དཀར་མོའི་ཚོགས་ནི་སྐར་ལྟར་འཁྲུགས༔ ཞགས་པ་སེར་མོའི་ཚོགས་ནི་སྤྲིན་ལྟར་འཁྲིགས༔ ལྕགས་སྒྲོག་དམར་མོའི་ཚོགས་ནི་གློག་ལྟར་འཁྱུག༔ དྲིལ་བུ་ལྗང་མོའི་ཚོགས་ནི་ཐོག་ལྟར་འབེབས༔

ཁྱེད་རྣམས་དཔལ་གྱི་ཕོ་ཉ་སྟེ༔ ཐད་ཅིག་བཏང་བ་ང་ཡིས་བྱེད༔ འགུགས་ཤིང་བཛེགས་པ་ཁྱེད་ཀྱིས་གྱིས༔ གང་ལ་བྱ་བ་ཁྱེད་ཀྱི་ཤེས༔ ཡིད་ལ་བརྣག་པའི་དགྲ་བགེགས་རྣམས༔ ལྕགས་ཀྱུ་ཅན་གྱིས་སྙིང་ནས་ཟུངས༔ ཞགས་པ་ཅན་གྱིས་མགུལ་ནས་ཆིངས༔ ལྕགས་སྒྲོག་ཅན་གྱིས་དབང་པོ་སྡོམས༔ དྲིལ་བུ་ཅན་གྱིས་མྱོས་སུ་ཆུགས༔ རང་དབང་མེད་པར་འདིར་ཁྱུག་ལ༔ གཟུགས་དང་ལིང་ག་འདི་ལ་བསྟིམས༔ མིང་བྱང་འདི་ལ་གནས་པར་མཛོད༔ སྒྲུབ་སྔགས་ཀྱི་ཤམ་དུ། གནོད་བྱེད་དགྲ་བགེགས་ཐམས་ཅད་ཨོཾ་ཀ་ཤ་ཡ་ཛཿ༔ བཛྲ་པཱ་ཤ་ཧཱུྃ༔ བཛྲ་སྥོ་ཊ་བཾ༔ བཛྲ་གྷཎྜེ་ཧོཿ༔ བཛྲ་ཨ་ཝེ་ཤ་ཡ་ཨཱཿ༔ སྤྲུལ་པའི་ཕོ་ཉ་རྣམས་ཀྱིས་དམིགས་བྱ་འགུགས་འཆིང་སྡོམ་མྱོས་གཟིར་ཞིང་མཚོན་ཆ་སྣ་ཚོགས་ཀྱིས་དེད་ནས་ཀླུང་གི་སྟེང་དུ་བཞག་ནས་རང་དབང་མེད་པར་ལིང་གའི་སྤྱི་བོ་ནས་ཕྱེ་ཚན་ལ་མར་ཐིམ་པ་བཞིན་ཐིམ་ནས་རེངས་ཤིང་འགྱུལ་མི་ནུས་པར་བསམ་མོ། །དེ་ལྟར་འགུགས་འདྲེན་ཕོ་ཉ་འཇུག་པ་ལ་ཁྱུག་རྟགས་མ་བྱུང་བར་ནན་ཏན་དུ་བྱའོ། །བདུན་པ་ལྷ་དང་དབྱེ་བ་ནི་ལིང་གར་དབྱེ་རྫས་ཀྱིས་བདུག་ཅིང་སྒྲོ་གཉིས་ཀྱིས་ཕྱེར་འབྱེད་པས། བདག་མདུན་གྱི་ཤངས་སྒྲོམ་དང་བ་སྤུའི་བུ་ག་ཐམས་ཅད་ནས་སྤྲུལ་པའི་ཁྲོ་ཚོགས་ནམ་མཁའ་གང་བར་སྤྲོས་ཕོའི་མགོན་སྐྱབས་ཀྱི་ལྷ་སྲུང་ཐམས་ཅད་བྱ་སྤུ་ཀླུང་གི་ཁྱེར་བ་ལྟར་བསྒྲད་པར་བསམ་ལ། ཧཱུྃ༔ དམ་ཉམས་དགྲ་བོ་སྡིག་ཅན་ལ༔ འགོ་བར་བྱེད་པའི་ལྷ་ཁྲོད་ཉོན༔ དམ་ཉམས་དགྲ་བོ་སྡིག་ཅན་འདིས༔ དང་པོ་སངས་རྒྱས་བསྟན་པ་བཤིགས༔ བར་དུ་དཀོན་མཆོག་དབུ་འཕང་སྨད༔ ཐ་མ་གསང་སྔགས་སྙིང་པོ་ཕྲལ༔ དགེ་བ་བཅུ་ནི་ཁྱད་དུ་བསད༔ མི་དགེ་བཅུ་ནི་དང་དུ་བླངས༔ མཚམས་མེད་ལྔ་ནི་འབྲས་བུ་སྨིན༔ འདི་ནི་བསྒྲལ་བའི་ཞིང་ཡིན་ཕྱིར༔ འདི་ཡི་མགོན་སྐྱབས་མ་མཛད་པར༔ ཡེ་ཤེས་ལྷ་ནི་དབྱིངས་སུ་

གཤེགས༔ འཇིག་རྟེན་ལྷ་རྣམས་རང་གནས་སོང༔ གལ་ཏེ་མི་འགྲོ་འདི་ཡི་སྐྱབས་མཛད་ན༔ ཡེ་ཤེས་ལྷ་ནི་ཐུགས་དམ་ཉམས་པར་འགྱུར༔ འཇིག་རྟེན་ལྷ་རྣམས་རྡུལ་དུ་བརླག་པར་བྱེད༔ དེ་བས་འདི་ཡི་མགོན་སྐྱབས་མ་མཛད་ཅིག༔ ཧཱུྃ་ཧཱུྃ་ཧཱུྃ་བི་ཤྭ་བཛྲ་ཀྲོ་ཏ་ཛྭཱ་ལ་མཎྜལ་ཧཱུྃ་ཕཊ༔ རྩ་སྔགས་ཀྱི་མཐར། ཏྲཱི་ཧྲི་ས་ཏྲ་ཧྲེ་ཕ་ཨུ་ཙ་ཏ་ཡ་ཕཊ༔ ཅེས་བསྲུང་བྱ་དང་སྲུང་བྱེད་ཁ་སྒྱུར་དབྱེའོ། །དེའི་ཞོར་ཉེས་པ་བསྒྲགས་པ་ནི༔ ཧཱུྃ། སེམས་ཅན་ཆེན་པོ་ཁྱོད་ཉོན་ཅིག༔ ཁྱོད་ནི་གཏི་མུག་དབང་གྱུར་པས༔ དགེ་བ་སྤངས་ནས་མི་དགེ་སྒྲུབ༔ ཁྱོད་ནི་ཞེ་སྡང་དབང་གྱུར་པས༔ སྙིང་རྗེ་མེད་པར་གསོད་ལ་དགའ༔ ཁྱོད་ནི་ང་རྒྱལ་དབང་གྱུར་པས༔ བདག་བསྟོད་གཞན་གྱི་ཡོན་ཏན་སྨད༔ ཁྱོད་ནི་འདོད་ཆགས་དབང་གྱུར་པས༔ མ་བྱིན་ལེན་དང་མི་ཚངས་སྤྱོད༔ ཁྱོད་ནི་ཕྲག་དོག་དབང་གྱུར་པས༔ དུས་གསུམ་སངས་རྒྱས་ཡོན་ཏན་སྨོད༔ ལས་དགེ་བ་བཅུ་ནི་ཁྱད་དུ་བསད༔ མི་དགེ་བཅུ་ནི་དང་དུ་བླང༔ མཚམས་མེད་ལྔ་པོ་འབྲུས་བུ་སྨིན༔ དང་པོ་སངས་རྒྱས་བསྟན་པ་བཞིགས༔ བར་དུ་དཀོན་མཆོག་དབུ་འཕང་སྨད༔ ཐ་མ་གསང་སྔགས་སྙིང་པོ་ཕྲལ༔ དེ་ནས་སློབ་དཔོན་སྐུ་ལ་བསྒོས༔ ཁྱོད་ནི་བསྒྲལ་བའི་ཞིང་ཡིན་པས༔ ཐུགས་རྗེ་ཐབས་ཀྱིས་བསྒྲལ་བར་བྱ༔ ཞེས་ཕྲག་འཐུང་གི་ལྷ་ཚོགས་རྣམས་ཅི་སྒྲུང་ཤ་ལ་རྫམས་པའམ་ཕྲག་ལ་དགའ་བ་ལྷར་ཞིང་བཅུ་བསྒྲལ་བའི་ལས་ལ་རྫམས་པར་བསམ་ལ། བརྒྱུད་པ་གནད་དབབ་པ་ལ་གསུམ་སྟེ། དང་པོ་བསད་པ་ནི། བསད་མནན་གང་ཡིན་སྨིན་སྒྲུབ་ཡིན་ན། བསད་པའི་སྔགས་དམིགས་ནི། ཁྱད་པར་ཁྲོའི་སྙིང་ནང་དུ་ངན་སེམས་གདུག་པའི་རྣམ་སྨིན་དེ་ཉིད་ལྕགས་བསྲེགས་ཀྱི་འཁོར་ལོ་རྩིབས་དྲུག་པ་དྲག་སྔགས་དང་བཅས་པ་གཡོན་དུ་འཁོར་བས་སྙིང་ཕྲག་དམར་ཐོ་རེ་རེ་གཏོར་ཞིང་

སྲོག་རྩ་ཐད་ཐད་བཅད། རྣམ་ཤེས་མར་མེ་བསད་པ་ལྟར་ནག་སྐྱེམ་སྐྱེམ་སོང་ནས་དྲེགས་པ་སྡེ་བརྒྱད་དམག་ཚོགས་རྣམས་ཀྱི་ཤ་ཟོས། ཁྲག་འཐུང་། རུས་པ་འཆོས་པས་རྡུལ་ཕྲན་ཙམ་ཡང་མ་ལུས་པར་བསམ་ཞིང་། དམིགས་པ་བརྟན་པོས།ཐུན་དྲུག་ལ་སོགས་པར་བཅད་དེ་བསད་སྔགས། གང་ཡིན་རྟགས་མ་བྱུང་བར་བཟླའོ། ། ༈ བསད་སྔགས་ནི། རྩ་སྔགས་ཀྱི་ཞམ་དུ། ཨ་མུ་ཀ་ཤྲཱི་ཊི་ཤ་ཧུཾ་སརྦ་ཧ་ཏུར་ཐུམ་ཛཿ མ་ར་ཡ་ཐུམ་རིལ་བྱོ་ཐད༔ ལམ་གཏུམ། ཁཾ་འཐུང་། རཾ་གཏོར། གཾ་ཚོམས། ཡཾ་ཚོད། ཀ་ལ་ཙི་ཏྲོག མ་ར་ཡ་ཐད་བྱོ་ཐད། སྟོང་བྱེད་དགྲ་ཧག་ཆོམ་རྐུན་གནོད་བྱེད་གདོན་བགེགས་འབྱུང་པོ་རྒྱབ་འདྲེ་བསེ་རག་ཟ་འདྲེ་ཕུང་སྲི་གོད་སྲི་ཐམས་ཅད་ཀྱི་སྲོག་རྩ་ལ་ཡཾ་ཡཾ་སྙིང་རྩ་ལ་ཐད་ཐད། ཁྲག་རྩ་ལ་ཐུད་ཐུད། བླ་ཚེ་སྲོག་དབུགས་ཐམས་ཅད་ཨེ་ཧ་ཏུར་ཐུམ་ཛ་མ་ར་ཡ་ཐད་ཐད༔ ཅེས་བཟླའོ། ། ༈ གཉིས་པ་མནན་སྔགས་དམིགས་པ་ནི། སྣར་ཡང་བདག་མདུན་ལྷ་ཚོགས་ཐམས་ཅད་གཏུམ་དྲག་ཉམས་བརྒྱར་འབར་བས་དགྲ་བགེགས་ཀྱི་ལུས་ངག་ཡིད་གསུམ་མནན་པའི་ལས་མཛད་པར་གྱུར། མདུན་གྱི་ལིང་ག་དགྲ་བགེགས་བྱད་མ་དངོས་སུ་གསལ་བའི་སྤྱི་བོ་མགྲིན་པ་སྙིང་ག་ལྟེ་བ་གསང་གནས་རྣམས་སུ་གནམ་ལྕགས་ཀྱི་འཁོར་ལོ་རྩིབས་བཞི་བ་ལྟེ་བར་སྣ་ཚོགས་རྡོ་རྗེས་མཚན་པ་ལྟེ་ཞིང་སྲ་འཐས་པ་རེ་རེས་མནན་ཅིང་ཡན་ལག་དང་ཚིགས་བཞི་ཐམས་ཅད་རྡོ་རྗེ་རྒྱ་གྲམ་རེས་གཟིར་བས་ཉམས་ཐག་ཅིང་གཡོ་འགུལ་མི་ཤེས་པར་གྱུར་བར་བསམ་ལ། རྩ་སྔགས་ཞམ་དུ་མནན་སྔགས་གང་ཡིན་བཏགས་ལ་རྟགས་མཐོང་གི་བར་བཟླའོ། ། ༈ མནན་སྔགས་ནི།རྩ་སྔགས་ཀྱི་ཞམ་དུ། ཨ་མུ་ཀ་ཤྲཱི་ཊི་ཤ་ཧུཾ་སརྦ་ཧ་ཏུར་ཐུཾ་ཛ། མ་ར་ཡ་བྱོ་ཐད། ཐུམ་རིལ། ཨོཾ་སརྦ་ཧཱི་ན་ཧཱུཾ་ཛ། ཊི་ཛ་ཊིག་ནན། ཤྲཱི་ཊི་མུ་དྲི་ལམ་ནན།

ཤན་ཊི་གན་དྷི་ནན་ཕུང་སྲི་གུམ་གུམ་སྭཱ་ཧཱ་ནན། སྤུང་བྱེད་དགྲ་རྐུན་ཇག་གསུམ་གནོད་བྱེད་གདོན་བགེགས་འབྱུང་པོ། ཟ་འདྲེ་ཕུང་སྲི། གོད་སྲི་གོད་འདྲེ་ཐམས་ཅད་ཀྱི་ལུས་སྟོབས་སྟམ་བྷ་ཡ་ནན། ངག་ནུས་སྟམ་བྷ་ཡ་ནན། ཡིད་འཕྲུ་སྟམ་བྷ་ཡ་ནན། ན་ཤ་ཡ་ནན། མ་ར་ཡ་ནན། ཆིངས་ཤིག ཅེས་བཟློའོ། །༄ གསུམ་པ་མཐུ་དང་རྫུ་འཕྲུལ་གནོམ་ཕྱིར། ཐུན་བཏེག་པ་ནི། བསད་མནན་གྱི་སྔགས་ཀྱི་ཐུན་རྫས་རྣམས་ལ་བསྔགས་པའི་ཚེ། ཐུན་རྫས་རྣམས་དྲེགས་པ་ལྷ་སྲིན་སྡེ་བརྒྱད་འདུས་པའི་དམག་ཚོགས་ནད་མཚོན་དུག་གི་ཐོག་སེར་དམིགས་བྱའི་ཁར་གཟིར་ཞིང་བརྡེག་པས་གཟུགས་ཕུང་བྱེ་མའི་མཁར་རྒྱུས་བཤིག་པ་ལྟར་རྡུལ་དུ་བརྩམ་ནས་མཐར་རྣམ་ཤེས་ཀྱི་ངོ་བོ་ཧྲི་དུ་ཁ་མར་མེ་འཆི་ཀའི་འོད་ལྟ་བུ་དེ་ཡང་ནག་ཐིབས་ཀྱིས་བསད་པར་བསམ་ལ། ༄ གཏུམ་པོའི་སྔགས་ཤམ་ནི། ཐུན་ཟོར། ཨོཾ་ཧྲི་ཀ་ཙ་ཧྲི་བི་ཙ་ཧྲི༔ ཧུ་ཡ་ཧུ་ཡ༔ ཧུ་ལུ་ཧུ་ལུ༔ སུ་རི་ཧྲི་སྭཱ་ཧཱ༔ ཐུན་ཟོར་གང་གནོད་པ་རུ་འཕང་ངོ། །༄ ཧཱུྃ་ཧྲོཾ༔ ཁྲག་འཐུང་ཁྲོས་པ་དྲག་པོའི་མཚོན༔ གཏུམ་དྲག་ཕོ་ཉ་འབར་བའི་ཐུན༔ རྡོ་མྱུར་ཤུགས་དྲག་རྡོ་རྗེའི་མེ༔ མི་བཟད་མཚོན་ཆའི་འཁྲུལ་འཁོར་ནི༔ གནམ་ས་འཁྲུགས་པའི་ཐོག་སེར་བཞིན༔ དགྲ་བགེགས་གཟུགས་ཕུང་རྟེན་ལ་ཡ༔ རྡུལ་ཕྲན་བཞིན་དུ་བརླག་པར་མཛོད༔ དུས་ལ་བབ་པོ་ས་མ་ཡ༔ ༄ སྒྲུབ་སྔགས་ནི། རྩ་སྔགས་ཀྱི་ཤམ་དུ། ཨོཾ་ཀྲི་ལི་མ་ས་ལ་ནན༔ ཡཀྵ་ཙིཏྟ་མ་དྲ་བཟློག་བྱེད༔ ནུ་ག་ཤིག༔ ཤ་ག་བཟློག༔ ནུ་ག་བྱེར༔ ནུ་གའི་སྙིང་ལ་ནན༔ ནུ་གའི་མགོ་ལ་ནན༔ ཨོཾ་ཁྲོཾ་ག་རུ་ཌ་ཙ་ལེ་ཙ་ལེ་ཧཱུྃ༔ ནུ་ག་ར་ཙ་མ་ར་ཡ་ཧཱུྃ༔ ཅེས་དང་། ༄ སྒྲུབ་སྔགས་ཤམ་དུ། དགྲ་བགེགས་གནོད་བྱེད་སརྦ་ས་ཧཱུྃ་ཧུར་ཐུམ་ཛ༔ ཏྲ་ཊི་མ་ར་ཡ་ཕཊ་ཕཊ༔ ཅེས་ཐུན་

སྐུ་རབས་གསུམ་པ་ངེས་དོན་བསྟན་འཛིན་བཟང་པོའི་གསུང་ཚན།

རྫས་སྣ་ཚོགས་ཀྱིས་བྲབ་བོ། །བདེན་བདར་ནས་བཟུང་ལས་སྦྱོར་འདི་དག་གི་སྐབས་སུ། སྔོང་ནས་རིག་འཛིན་བརྒྱུད་པ་རྣམས་ཀྱང་སྐུ་ཞི་དྲུལ་བཙེ་ཉམས་ཅན་མ་ཡིན་པར། སྐུ་ཐམས་ཅད་རིགས་སྔགས་དམོད་པའི་ལས་ཆས་ལས་ཐོག་དང་མཚོན་ཆར་འཁྲོ་བ། གསུང་ཐམས་ཅད་དྲག་སྔགས་དམོད་པའི་ང་རོས་སྣང་སྲིད་འགོངས་པར་བྱེད་པ། ཐུགས་ཐམས་ཅད་དགུག་གསུང་གཟིར་དམོད་པའི་ཏིང་འཛིན་གོ་མ་འགགས་པར་ཐོགས་མེད་དུ་སྤྲོ་ཞིང་མཐུ་སྟོབས་མྱུར་བར་གསལ། དེ་བཞིན་བདག་ཉིད་དཔལ་ཆེན་ཡི་དམ་མཁའ་འགྲོ་རྒྱ་མཚོ་རྣམས་སྐུ་ཡི་རྣམས་བཞེད་སྲིད་པའི་རྒྱ་ཁྲོན་གཅིག་ཆར་གང་བའི་སྟོབས་ཤུགས་ཀྱིས་བཙུད་འབྱུང་ལྔའི་ཁམས་ཐམས་ཅད་དྲག་པོར་འཁྲུགས་པའི་རྒྱུད་ལས་དམོད་པའི་ཕོ་ཉ་དང་མཚོན་ཐོགས་དཔག་ཏུ་མེད་པ་སྤྲུ་གྲིའི་རང་བཞིན་ཅན་གྱི་བདུད་ཚོགས་ཐམས་ཅད་རྡུལ་ཕྲན་སིལ་བུར་གཞོམས་ཤིང་གནད་ལ་བོར་བ་སོགས་ཀྱི་དགོངས་དོན་ནི་སེལ་དགོས་ཤིང་ཐུན་མཐར་འགུགས་རྟགས་གསལ་ནས་བདུད་བཞིའི་དམིགས་པ་དང་སྦྱར་ནས་ཐུན་སོགས་ཀྱིས་བྲབ་ཡིང་ཆུང་རེ་བསྒྲལ་བསྟབས་ལས་བྱུང་བཞིན་བྱ༔ དུས་རྒྱུན་དུ་ཐུན་གཏོར་བསྒོ་ཞིང་བསྐུལ་བ་གཏོངས༔ དེ་ནས་བསྙེན་སྒྲུབ་ཀྱི་རྟགས་ཐེམས་ན་གདབ་ལས་རྒྱས་པར་བྱ་བ་དང་། རྣལ་འབྱོར་བའི་སྟོབས་བསྐྱེད། སྒྲིབ་པ་འདག་པར་བྱ་བའི་ཕྱིར་ཚོ་ཁྲུས་ཀྱི་དགོངས་པ་ཤེས་པར་བྱའོ། །དགུ་པ་ཟུར་གདབ་གཉིས་ཀྱི།དང་པོ་ཐུགས་རྗེས་རྗེས་འཛིན་གྱི་ཟུར་བུས། བརྟེན་པ་དབྱིངས་སུ་བསྒྲལ་བ་ནི༔ ཟུར་བའི་ཐལ་མོ་སྦྱར་བའི་བར་བཟུང་ལ། རང་གི་སོར་མོ་བཅུ་རིགས་ལྔ་ཡབ་ཡུམ་བཅུར་གྱུར་པ་རྣམས་ཀྱིས་ས་མ་ཡ་ཧོ།ས་མ་ཡ།ཞེས་བརྗོད་པས་རྗེས་སུ་ཆགས་པའི་སྦྱོར་བས་སྙོམས་པར་ཞུགས་པའི་མཁའ་ལ་སྲས་མཆོག་བཛྲ་ཀཱི་ལ་ཡ་སྐུ་སྟོད་སྲིན་པོ་ཁྲོས་པའི་ཉམས་ཅན་མཐིང་ནག་ཟུར་བུ་བསྒྲིལ་བ་ལྟེ་བ་མན་ཆད་ཆུ་སྲིན་གྱི་ཁ་ནས་གནམ་ལྕགས་འབར་བ་དབལ་སོ་ཟུར་གསུམ་དམར་ཟང་ངེ་བ་རྣོ་བའི་ཁོང་གསེང་དུ་ལྷའི་ཕོ་བྲང་དང་བཅས་པ་རྩེ་མོར་དྲེགས་པའི་དམགས་ཚོགས་ལས་ལ་རྣམས་ཤིང་དུས་མེའི་ཚ་ཚ་འཁྲོ་བར་གྱུར།

ཨོཾ་བཛྲ་ཀི་ལི་ཀི་ལི་ཡ་ཀ་ཡ་ཕཊ྄་ཙིཏྟ་ཨ་བྷ་ཥིཉྩ་མཾ། ཕུར་བའི་ལས་བྱུང་བའི་འོད་
ཟེར་གྱིས་རྒྱལ་བ་སྲས་དང་བཅས་པའི་བྱིན་རླབས་ནུས་མཐུ་འོད་ཟེར་གྱི་རྣམ་པར་སྤྱན་
དྲངས་ཕུར་བུ་ལ་ཐིམ་པས་ཁམས་གསུམ་དུས་གཅིག་ལ་སྒྲོལ་བའི་མཐུ་དང་ལྡན་པར་
གྱུར། ཕུར་བུ་བསྒྲིལ་ཞིང་འདེབ་ལ། ཧཱུྃ༔ ཁྲོ་རྒྱལ་ཁྲག་འཐུང་ཆེན་པོ་ཡི༔
སྲས་མཆོག་བཛྲ་ཀཱི་ལ་ཡ༔ བསྒྲིལ་བས་ལྷ་ཡང་སྐྲག་བྱེད་ཅིང༔ ཕྱུར་བས་
ཁམས་གསུམ་བསྡུངས་བྱེད་ན༔ བཏབ་པས་དགྲ་བགེགས་སྨྱོས་ཅི་དགོས༔
ཞིང་བཅུ་ཚང་བའི་ལོག་འདྲེན་འདི༔ སྒྲོལ་ཅིག་ཡེ་ཤེས་ཀློང་དུ་སྒྲོལ༔ ཨོཾ་
བཛྲ་ཀཱི་ལ་ཀཱི་ཡ་ཧཱུྃ་ཕཊ༔ ཅེས་གསལ་བ་གསུམ་གྱི་གསལ་བརྟན་པོས་དྲག་སྔགས་སོ་ལྔ་པ་
ཕུར་སྒོར་དང་སྦྲུར་བས། ༼ དེ་ནས་བསྒྲལ་བའི་ལས་བྱང་ལ། ཕུར་བུ་གཟི་བྱིན་བསྐྱེད་པ་ནི། གུ་
གུལ་གྱིས་བདུག་ཅིང་། ཨོཾ་བཛྲ་ཀི་ལི་ཀི་ལ་ཡ་སུ་རུ་སུ་རུ་པྲ་སུ་རུ་པྲ་སུ་རུ་ཨ་ཧྲི་སྷི་ཥྛ་
མུག་མུག་ཧ་ལ་ཧ་ལ་དགྲ་བགེགས་འབྱུང་པོའི་ཙིཏྟ་སྲོག་མ་ར་ཡ་ཧཱུྃ་ཕཊ༔ ཡུངས་
ཀར་གྱིས་བྲབ་ཅིང་། ཨོཾ་བཛྲ་ཀཱི་ལི་ཀཱི་ལ་ཡ་མ་གུ་ཏ་ལ་པྲ་ཏ་ལ་པྲ་ཏ་ལ་ཤ་ཏ་ར་ཙ་ཧཱུྃ་
དགྲ་བགེགས་འབྱུང་པོ་མ་ར་ཡ་ཧཱུྃ་ཕཊ༔ རཀྟ་བྱུག་ཅིང་། ཨོཾ་བཛྲ་ཀཱི་ལི་ཀཱི་ལ་ཡ་
རཀྟ་ཧྨོ་ལ་མཏྲལ་དགྲ་བགེགས་གནོད་བྱེད་ཕ་ཤཾ་ཀུ་རུ་མ་ར་ཡ་ཧཱུྃ་ཕཊ༔ ཞེས་
བརྗོད་པས་རྫས་དུག་གི་དུད་སྤྲིན་གསེབ་ན་ཁྲོ་ཆུང་མང་པོ་ཐོག་སེར་ལྟར་འཕྲོས་པས་
དགྲ་བགེགས་ཐལ་བར་བརླགས་ཤིང་རྣམ་ཤེས་དབང་དུ་བསྡུས་པར་བསམ་མོ། །དེ་ན་
ཕུར་བུ་ཐལ་མོའི་བར་བཟུང་ཞིང་ཕུར་སྒོར་བྱ་བ་ནི། ཕུར་བ་ཐལ་མོ་བཅས། ཨོཾ་མོ་བཛྲ།
མ་ཧ་ཀྲོ་ཏ། སྟོང་ཕྱིར་སྐད་ལ་ལན་གསུམ་བསྒོར། པད། མ་ཀྲོ་ཏི་ཤྭ་རི། མི་
ཀློག་ཕྱིར་སྐེད་ལ་ལན་གསུམ་བསྒོར། བད། རྡོ་ཀི་ལི་ཤི་ལ་ཡ། མདུན་དུ་ལན་གསུམ
དྲིལ། མ་ཧཱ་ཡཀྵ། ཡོ་རྒྱུད་འགུགས་ཕྱིར་གཡས་སུ་མཚམས་རྫམས་ལན་གསུམ། ཀ་ལ་

རྡུ་པ། གཡས་སུ་ལན་གསུམ་དྲིལ། ཀརྨ་རྃ་རྃ། མོ་རྒྱུད་འགུགས་ཕྱིར་གཡས་སུ་
མཚམས་ཇམས་ལན་གསུམ། ཛྭ་ལ་རྃ་ཧཱུྃ་ཕཊ༔ གཡོན་དུ་ལན་གསུམ་དྲིལ། དགྲ་
བགེགས་གནོད་བྱེད་འབྱུང་པོ་ཐམས་མ་ཅད་མ་ར་ཡ་ཧཱུྃ་ཕཊ༔ གར་པད་ཀྱིས་ཕུར་དར་
ཕྱུར་ཞིང་བསྒྲིལ་ལ་གདབ། དེ་ཡང་མི་ལྡོག་ཕྱིར་རང་ལྷར་གསལ། མི་འབྲུམས་པའི་ཕྱིར་ཉ་བོ་
དམ་ཉམས་པའི་དགྲ་བོར་གསལ། མི་སྡུག་པའི་ཕྱིར་ཕུར་བུ་སྲས་མཆོག་བཛྲ་ཀི་ལ་ཡ་
གསལ། ༈ ཕུར་བུ་ཡིད་གའི་སྙིང་དཀར་ནག་མཚམས་སུ་བསྒྲིལ་ཞིང་བཏབ་པས་སྲས་
མཆོག་གི་འོད་ཟེར་ཁོ་ལ་ཐོག་པས་ལུས་ལ་ལྷན་སྐྱེས་སུ་གནས་པའི་བདུད་བཞིའི་དྲན་
པ་ལངས་ཏེ་རང་གཤེད་དུ་ཕབ་ནས་འཁོར་ལོ་བཞིའི་རྩ་རྣམས་བཅད་ཀླད་ཁྲག་ཁྲུག་
གིས་འདྲེས། གཟུགས་ཕུང་གི་འབྱུང་ལྔའི་དྭངས་མ་རིམ་བཞིན་དུ་འདུས་ནས་
ཡལ། ཁོ་ཡི་ཚེ་དཔལ་བསྒྲག་དང་གཟི་མདངས་ཐམས་ཅད་ཡི་གེ་ཨ་ཡི་རྣམ་པར་
བསྡུས་ནས་རང་ལ་བསྟིམ་པས་བདག་ཉིད་རྡོ་རྗེའི་ཚེ་སྲོག་དང་གཉིས་སུ་མེད་པར་
བསམ་བྱང་ཆུབ་ཀྱི་སེམས་སུ་གྱུར་པར་བསམ་པ་ནི་ཚེ་ལུང་དང་། ཀུན་གཞི་ཧྲཱི་ཡི་རྣམ་པ་
ཕུར་རྩེའི་ཧཱུྃ་གིས་བླངས་ཏེ་ཁོང་གསེང་གི་ལམ་ནས་བརྒྱུད་ལས་ངན་གྱི་རྣམ་སྨིན་
སྦྱངས་ནས་རྣམ་ཤེས་དྭངས་མའི་ཐིག་ལེ་ཧཱུྃ༔ སྔོན་པོར་གྱུར་པ་རྒྱ་མདུད་ཀྱི་རྩེ་
ནས་ཐོན་ཏེ་འོག་མིན་དུ་རྡོ་རྗེ་སེམས་དཔའི་ཐུགས་ཀར་ཐིམ་པར་བསམ་པ་ནི་ཁྲུས་ལུང་སྟེ།
སྐྱེ་མེད་ཀྱི་དབྱིངས་སུ་སྒྲོལ་བའི་དགོངས་པ་བསྟན་པ་ནི། ཧཱུྃ༔ སྙིང་རྗེའི་ཡུལ་གྱུར་ལས་
ངན་ཁྱོད༔ གཟུང་འཛིན་བདག་ཅག་རྒྱུན་གཅོད་ཕྱིར༔ ཐུགས་རྗེ་ཐབས་ཀྱིས་
བསྒྲལ་བྱས་ན༔ ཕུང་པོའི་ཞེན་པ་ཡོངས་དོར་ལ༔ རྣམ་ཤེས་དྭངས་མའི་ཡི་
གེ་འབྲུ༔ ཡེ་ཤེས་ལྷ་ཡི་ཐུགས་ཀར་ཐིམ༔ སྐྱེ་མེད་ཆོས་སྐུའི་ཀློང་ཡངས་སུ༔
འཛིན་མེད་དམིགས་པའི་རྒྱ་ཡི་ཐོབ༔ ཕཊ༔ ཅེས་བརྗོད་ཅིང་སྦྱར་ལ་དམིགས་མེད་དུ་

དར་ཅིག་མཉམ་པར་བཞག་གོ༔ གཉིས་པ་ལས་བྱུར་གྱིས་བག་ཆགས་འཁྲུལ་བའི་སེམས་ཅན་གྱི་རྟེན་གཞི་སྒྲིབས་མའི་ལུས་བསྒྲལ་བ་ནི། གདབ་བྱུར་ཡིང་གའི་གནས་སོ་སོར་གདབ་ཅིང་། ཧཱུྃ༔ ནོ་སྦྱུར་ཞུགས་དྲག་བྱུར་བུ་འདེབས༔ དགྲ་བགེགས་སྤྱི་བོ་མགྲིན་པ་དང༔ སྙིང་ཀ་ལྟེ་བ་གསང་གནས་ལྷུར༔ གཟིར་ཅིག་བཛྲ་ཀཱི་ལ་ཡ༔ མིག་དང་རྣ་བ་སྣ་དང་ལྕེ༔ དོན་ལྔ་སྣོད་དྲུག་ཡན་ལག་ལྔ༔ ཤ་རུས་པགས་པ་རྩ་རྒྱུས་ལ༔ གཟིར་ཅིག་བཛྲ་ཀཱི་ལ་ཡ༔ གཞན་ཡང་མཛའ་བཤེས་གཉེན་འཁོར་དཔུང༔ ཡུལ་མཁར་དབང་ཐང་ལོངས་སྤྱོད་སོགས༔ དགྲ་བགེགས་སྡེ་དང་བཅས་པ་ལ༔ གཟིར་ཅིག་བཛྲ་ཀཱི་ལ་ཡ༔ ཨོཾ་བཛྲ་ཀཱི་ལི་ཀཱི་ལ་ཡ་དགྲ་བགེགས་ཏྲི་ཧྲི་ཤ་ཧཱུྃ་མཱ་ར་ཡ་ཕཊ་ཕཊ༔ ཅེས་བྱུར་བའི་དཔལ་ལས་མཚོན་ཆའི་ཆར་བབ་པས་གཟུགས་ཕུང་དེ་ཕྱེ་མ་དུམ་བུ་བཏང་བར་བསམ་ཞིང༔ལུས་གནས་སོ་སོར་འདེབས་སོ། །བཅུ་པ་མཚོན་ཆས་བསྒྲལ་བ་ནི་རལ་གྲི་ཐོགས་ལ། ཧཱུྃ༔ གནམ་ལྕགས་རལ་གྲི་གདུག་པའི་དཔལ༔ ནོ་ངར་རེག་གཅོད་མཚོན་རྣོན་པོས༔ ཞིང་བཅུ་ཚང་བའི་དགྲ་བགེགས་ཀྱིས༔ གཟུགས་ཕུང་དུམ་བུ་སིལ་བུར་གཏུབས༔ ཐལ་བའི་རྡུལ་བཞིན་བརླགས་པར་མཛོད༔ རྩ་སྔགས་ཤམ་དུ། དགྲ་བགེགས་གནོད་བྱེད་སཏྲ་ཤ་ཧུཾ་ཕུར་ཕྲུཾ་ཛ༔ ཏྲི་ཧྲི་མ་ར་ཡ་ཕཊ༔ ཅེས་བསད་སྔགས་བཟླ་ཞིང་མཚོན་ཆས་དུམ་བུར་གཏུབས་སོ༔ བཅུ་གཅིག་པ་གཏུན་དུ་བརྡུང་བ་ནི། གཏུན་ཁུང་གྲུ་གསུམ་ཤེས་རབ་ཀྱི་བྷ་གར་ཐོ་བ་ཐབས་ཀྱི་རྡོ་རྗེས་བརྡུང་བས་གང་ལ་བྱ་བའི་གཟུགས་ཕུང་དེ་ཉིད་ཏིལ་གཏུན་དུ་ཏིལ་བརྡུང་བ་ལྟར་ཤ་རུས་དམར་ཧྲོག་གིས་སོང་བར་བསམ། ཧཱུྃ༔ བརྡུངས་ཤིག་རྡོ་རྗེ་འབར་བའི་གཏུན༔ བཀའ་ལས་འདའ་བྱེད་སྡིག་ཅན་རྣམས༔ རྡོ་རྗེ་མཚོན་ཆས་བསྒྲལ་ནས་ཀྱང༔ ལུས་ངག་རྡུལ་ཕྲན་བཞིན་དུ་བརླགས༔ ཁྲོ་མོ་འབར་བའི་གཏུན་ཁོང་དུ༔ རྡོ་རྗེ་ཐོ་བས་བརྡུང་བྱས་ནས༔

ལྷ་ཡང་རུང་སྟེ་བརྟག་བྱེད་ནཿ དགྲ་དང་བགེགས་ལ་སྨྲོས་ཅི་དགོསཿ ཨོཾ་
བཛྲ་པདྨ་ཨ་ཀོ་ཊཡ་ཁ་ཁཾ་ཁ་ཁཾ་ཧཱུྃ་ཕཊཿ བཅུ་གཉིས་པ་ཞལ་བསྐྱབས་ནི་གཏོར་བཟློག་གི་
སྐབས་ཡིན་ན། ཡིང་རེའི་ཆ་ཤས་ཙམ་བཟློག་པའི་སྐབས་འབུལ་རྒྱུ་དང་། ལྷག་གཏོར་ལ་བསྲེ་རྒྱུ་
ཡང་བཞག་མགོ་སོགས་གཞན་ཆ་ཤས་ཧོམ་གཟར་དུ་ཕྱེར་བ་རཀྟ་བྲན་ལ་དགྲ་བགེགས་བསྒྲལ་བའི་ཤ་
ཁྲག་འདོད་ཡོན་གྱི་ཕུང་པོ་ཟད་མི་ཤེས་པར་སྤེལ་ལ། ཧཱུྃཿ ཕྱེས་ཤིག་ཕྱེས་ཤིག་ཞལ་
ཕྱེས་ཤིགཿ གསང་བདག་ཕྱག་རྡོར་ལྷ་ཚོགས་ཞལ་ཕྱེས་ཤིགཿ དམ་ཉམས་
དགྲ་བགེགས་བསྒྲལ་བ་ཡིཿ ཤ་ཁྲག་རུས་པའི་མཆོད་པ་དངཿ དབང་པོ་ནང་
རོལ་བཅས་པ་རྣམསཿ ཞལ་དུ་བསྐྱབས་སོ་ཁ་རཾ་ཁ་ཧིཿ མགུལ་དུ་བསྒྲེང་ངོ་
ཨ་ར་ལིཿ དབྱིངས་སུ་བསྟིམ་མོ་ས་མ་ཡཿ བཞེས་ཤིག་ལྷག་མ་མེད་པར་
མཛོདཿ མ་ཧཱ་མཾ་ས་ལ་ཁ་ཧིཿ མ་ཧཱ་རཀྟ་ལ་ཁ་ཧིཿ མ་ཧཱ་གོཾ་ནི་རི་ཧི་ལ་
ཁ་ཧིཿ མ་ཧཱ་ཙིཏྟ་ལ་ཁ་ཧིཿ མ་ཧཱ་བ་སུ་ཏ་ལ་ཁ་ཧིཿ མ་ཧཱ་གོ་རོ་ཙ་ན་ལ་
ཁ་ཧིཿ དབང་པོ་ལྔ་ལ་ཁ་ཧིཿ སྐྱེ་མཆེད་དྲུག་ལ་ཁ་ཧིཿ རྣམ་ཤེས་ཚོགས་
བརྒྱད་ལ་ཁ་ཧིཿ ཞེས་བསྐྱབ་པས་ལྷ་ཚོགས་རྣམས་ཀྱིས་སྐན་སྒྲ་དང་བཅས་གསོལ་བས་དགྱེས་
ཤིང་ཚིམ་ནས་ཅི་བཅོལ་བའི་ཕྲིན་ལས་མཛད་པར་བསམ་ལ། ཡིང་རོ་སྒྲུབ་གཏོར་སོགས་གཏོར་མ་
ཐམས་ཅད་ལ་བྲན་ནོ། །གཉིས་པ་བཟློག་པའི་ལས་སྦྱོར་ནི། རང་གཞུང་གང་ཡིན་ལྟར་བཟློག་པའི་
ཕྲིན་ལས་བཟློག་སྔགས་དང་བཅས་སྦྱོར་བའི་མཇུག་ཏུ་ཐོལ་མོ་རྡེབ་ཅིང་། དེའི་མཐར་ཕྱུང་བཟློག་དང་
རྫང་བཟློག་སོགས་ཡོད་ན་འདོན། དེ་ནས་སྦྱིན་གཏོར་ནི། འགུག་ནས་མནན་བཟློག་གང་གཙོའམ།
ཡོངས་རྫོགས་སྐབས་ཐོབ་ཀྱི་མཐར་དམར་གྱི་གཏོར་མ་རཀྟས་བྲན་ཏེ་འགུག་གཞུགས་ལན་གསུམ་བྱས་
མཐར་བདུད་རྩི་བྲན་ལ། རཾ་ཡཾ་ཁཾ། སྟོང་པའི་ངང་ལས་བྷྲཱུྃའི་སྣོད་དུ་དམར་གཏོར་
དགྲ་བགེགས་བསྒྲལ་བའི་ཤ་ཁྲག་རུས་པ་ནང་ཁྲོལ་གྱི་རྣམ་པ་ལྷུན་པོར་སྤུངས་པ་ངོ་

ངོ་ཡེ་ཤེས་ཀྱི་བདུད་རྩིའི་རྒྱ་མཚོ་ཆེན་པོར་གྱུར། ཨོཾ་ཨཿཧཱུྃཿ ཞེས་ལན་གསུམ་གྱིས་བདུད་རྩིར་བྱིན་གྱིས་རླབས་ལ། རྩ་སྔགས་མཐར། ཨེ་དམ་བླ་ཡིདྷ་ཁ་ཁ་ཁཱ་ཧི་ཁཱ་ཧིཿ ཞེས་ལན་གསུམ་གྱིས་ཕུལ་ལ། བཛྲ་པུཥྤེ་སོགས་ནས་ཤབྡ་ཨ་མྲི་ཏ་རཀྟ་བླ་ལདྷ་མ་ཧཱ་སརྦ་པཉྩ་ཛཿས་མ་ཡ་ཁཱ་ཧི་ཁཱ་ཧིཿ ཞེས་མཆོད། རང་གཞུང་གང་ཡིན་ལྟར་བསྟོད་པ་ནི། ཧཱུྃཿ སྟེང་འོག་ཕྱོགས་མཚམས་དགྲ་བགེགས་སྒྲོལ་མཛད་པ། །རྡོ་རྗེ་གཏུམ་པོ་བྱ་ཁྱུང་རིགས་ལྔའི་ཚོགས། །ཡེ་ཤེས་ཁྲོ་བོ་བཅུ་དང་སྒོ་མ་བཞི། །དཀྱིལ་འཁོར་ཡོངས་རྫོགས་ལྷ་ལ་ཕྱག་འཚལ་ལོ། །ཧཱུྃ། གསང་བདག་དྲེགས་འདུལ་ལྷ་ཚོགས་འཁོར་བཅས་ལ། །དགྲ་བགེགས་ཤ་ཁྲག་རུས་པ་ནང་ཁྲོལ་ཚོགསཿ ལྷུན་པོར་སྤུངས་པའི་འདོད་རྒྱུའི་བླ་ཡིདྷ། །ཕྱི་ནང་ཉེར་སྤྱོད་སྨན་རཀ་བདུད་རྩིའི་ཚོགསཿ འབུལ་ལོ་དགྱེས་པར་རོལ་ལ་བདག་ཅག་གི །ནད་གདོན་ཀུན་ཞི་ཚེ་དཔལ་ལོངས་སྤྱོད་སྤེལ། །ཁམས་གསུམ་དབང་བསྡུས་དགྲ་བགེགས་བདུད་སྡེའི་དཔུང་། །ཐམས་ཅད་མིང་གི་ལྷག་མར་ཆར་ཆོད་ཅིག །ཕས་རྒོལ་བསམ་ངན་སྦྱོར་རྩུབ་བྱ་སྟེམས་དཔུང་། །ཐམས་ཅད་རང་གཤེད་ཕོབ་ལ་མཐུ་ནུས་ཤིག །མནན་པའི་སྐབས་ཡིན་ན། ལུས་ངག་ཡིད་གསུམ་མཐུ་རྩལ་ནུས་པ་རྣམས། །ནམ་ཡང་ལྡང་མེད་མནན་པའི་ལས་མཛོད་ཅིག །ཞེས་བརྗོད། གང་ལྟར་ཡང་། མདོར་ན་བདག་གི་རེ་འབྲས་གང་ཡིན་པ། །འབད་མེད་ལྷུན་གྱིས་འགྲུབ་པའི་ཕྲིན་ལས་མཛོད། །ཅེས་བཟློག་སྔགས་དང་བཅས་ཐུན་གཏོར་གཏོར་ཆེན་དུ་འབུལ།དགྲ་ཕྱོགས་སུ་འཕེན་པ་རྫོམ་ཁྱུང་དུ་བརྟེགས་པ་རྣམས་སྐབས་ཐོབ་ལྟར་བྱ་ཞིང་། ཐུན་གཏོར་གསར་བ་རེ་དེ་མ་ཐག་ཏུ་བཤམས་ལ་བཞག་གོ །སྒྲུབ་པ་ཉིན་སྤེལ་གྱི་ སྐབས་ཐུབ་པ་ཉིན་སྤེལ་གྱི་སྦྱོར་ལ་སྐབས་

ལྷག་གཏོར། ཆད་ཐོ། བརྟན་སྐྱོང་། ཐོ་བཙུང་། གཏང་རག་མཆོད་བསྟོད། བཟོད་

སྐུ་རབས་གསུམ་པ་ངེས་དོན་བསྟན་འཛིན་བཟང་པོའི་གསུང་ཚན།

གསོལ། བརྟན་བཞུགས། ཉེར་བསྡུ། རྒྱུན་སྤྱོད་བསྔོ་སྨོན་ཤིས་བརྗོད་རྣམས་གཞུང་གང་ཡིན་ལྟར་བྱའོ། །གསུམ་པ་རྗེས་ཀྱི་ལས་རིམ་ལ་བསྡེབ་འཕང་མནན་གསུམ་ལས། དང་པོ་ནི། དྲག་པོའི་སྦྱིན་བསྲེགས་ཀྱི་གང་རུང་ལྟར་བྱ། གཉིས་པ་ལ། དང་པོ་ཟོར་སྒྲུབ་པ་ནི། སྒྲུབ་ཞག་རྫོགས་པའི་ཉིན་རྗེས་མ་ལ། བཟློག་པའི་ཐུན་གཏོར་ཡན་གྲུབ་ནས་གཏོར་མའི་ལྷ་ཚོགས་རྣམས་ལ་མཆོད་བསྟོད་དང་བཟོད་གསོལ་བྱ། ཁྱུང་སྐུ་དང་ཙཀླི་སོགས་ལས་དབང་བཞི་བླངས། གཏོར་ཆེན་གྱི་ཡེ་ཤེས་པ་མདུན་གྱི་ནམ་མཁར། ཨོཾ་བཛྲ་ཨུ་ཏི་ཥྛ། ཞེས་པས་བཏེགས་པའམ་ཡང་ན་ཙཀླི་སོགས་རྟེན་ལ་བསྟིམ། དམ་ཚིག་པ་རྣམས་འོད་དུ་ཞུ་ནས་བདག་ལ་ཐིམ་པར་བསམ་ནས། སླར་ཡང་གཏོར་ཆེན་ཟོར་རྫས་དང་བཅས་པ་སྐད་ཅིག་གིས་གསང་བདག་དྲེགས་པ་ཀུན་འདུལ་གྱི་དཀྱིལ་འཁོར་ལྷ་ཚོགས་བཀའ་སྲུང་དྲེགས་པ་ལྷ་སྲིན་སྡེ་བརྒྱད་ཀྱི་དམག་དཔུང་བསམ་གྱིས་མི་ཁྱབ་པ་དང་བཅས་པ་ཐམས་ཅད་ཁྲོ་གཏུམ་འཇིགས་པའི་གཟུགས་ཅན་སྲིད་གསུམ་གང་བ། ནད་མཚོན་དུག་གི་ཆར་འབེབས་པའི་དགྲ་བགེགས་སྒྲོལ་བའི་ལས་ལ་ཧམས་པའི་སྐུར་བཞེངས་པར་གྱུར་པར་བསམ་ཞིང་། གཙོ་འཁོར་ཐམས་ཅད་ཀྱི་རྩ་སྔགས་སྙིལ་ཚིག་ཅན་དང་། བསད་བཟློག་གི་སྔགས་མང་དུ་བཟླས་པས་ཟོར་ནུས་ལྡན་དུ་བསྒྲུབ། དམར་གཏོར་ཁྲག་སྐྱེམས་དང་བཅས་པ་ལ། དམིགས་བྱ་འགུག་བསྟིམ་བྱས་པའི་གཏོར་མ་སྙིལ་བ་དམག་ལྟོའི་རྩལ་དུ་གོང་གི་གཏོར་སྔགས་ཀྱིས་ཕུལ་ནས་ཕྲིན་ལས་འདོད་དོན་གསོལ། གོང་དུ་ཚོགས་ལྷག་བཅོལ་འཛིན་བྱས་ན་མཚམས་འདིར་གཏོང་། དེ་ནས་ཟོར་སྒོ་དབྱེ་བ་ནི། ཟོར་ལམ་ན་གནས་པའི་དྲེགས་པ་རྣམས་གསེར་སྐྱེམས་ཀྱི་ཕུད་མཆོད་ཅིང་། ཧཱུྃ། ཕྱོགས་བཞི་མཚམས་བརྒྱད་སྟེང་འོག་ན། །གནས་པའི་སྣང་སྲིད་ལྷ་འདྲེའི་ཚོགས། །གསེར་སྐྱེམས་མཆོད་པ་འདི་བཞེས་ལ། །རིག་འཛིན་བདག་གི་བཀའ་ལ་ཉོན། །དམར་ཆེན་དྲག་པོའི་གཏོར་ཟོར་འདི། །ལྷ་སྲིན་ཚོགས་ལ་

འཕེན་སླམ་ཏེ། །དཀར་པོའི་ཕྱོགས་ལ་མི་འཕེན་ནོ། །ཁྱེད་རྣམས་རང་རང་
གནས་སུ་གཤེགས། །ཧཱུྃ། རྣལ་འབྱོར་ཟོར་འཕེན་གང་དུ་ཕེན། །སྡང་
དགྲ་གདོན་བགེགས་ཕྱོགས་སུ་འཕེན། །ཕྱོགས་དེར་གནས་པའི་གཞི་བདག
རྣམས། །སྐུ་བཟུར་དབུ་སྐྱོད་ཞབས་བསྡུས་ལ། །དོ་ནུབ་ཟོར་གྱི་ཟོར་ལམ
ཕྱེས། །འཁོར་བཅས་དྲག་པོའི་དམག་སྣ་དྲོངས། །སྡང་དགྲ་གནོད་བགེགས
ཕྱོགས་སུ་ཁྱེར༔ དཔའ་བའི་འཁྲུལ་འཁོར་དེར་ཤོམས་ཤིག །ཅེས་རིག་པ་ངར་དང་ལྡན
བས་བརྗོད། དེ་ནས་སྐབས་འདིར་མདོས་ལམ་འཐེན། གཏོར་མ་རྣམས་སྣེགས་ལས་བསྐྱུལ་ཞིང
སྒྲུབ་ཁང་གི་སྒོའི་ནང་རོལ་ཙམ་མོ། །དཀྱིལ་འཁོར་ལས་འགྲོ་ཕྱོགས་སུ་དཔག་སྟེ་སྨན་རཀ་གིས་བྲན།
ཞུན་ཆེན་གྱི་མར་མེ་དང་ཚིལ་ཆེན་གྱི་དཔལ་འབར་རྣམས་བཙུགས་ལ་ལས་བྱུང་གི་ཚད་ཐོ་བསྒྲགས་ཚད
ཐོའི་གཏོར་མ་གཏོར་ཆེན་འབུལ། དེ་ནས་ཟོར་འཕེན་པ་ནི། ཕྱུར་དར་དང་སྤྱོས་སོགས་རྣ་འདྲེན
རྣམས་ཀྱིས་རྣམ་པ་དུ་མས་སྣ་དྲངས་པའི་ཕྱི་བཞིན་ཏུ་དཀར་གཏོར་དང་ཟོར་རྫས་རྣམས། དེ་རྗེས་དམ
ཙན་བཀའ་གཏེར་གྱི་གཏོར་ཟོར་ཡོད་ན་དེ་དང་། དེ་རྗེས་དཔལ་གྱི་གཏོར་ཆེན་རྣམས་རིམ་པ་བཞིན
འཁྱེར་བའི་ཕྱི་ནས་སྒྲུབ་པ་པོ་རྣམས་ལྷ་བའི་གདངས་སྒོམ་པའི་གསལ་སྣང་དང་མ་བྲལ་བའི་རིག་པ་རྩལ
ཕྱུངས་ཏེ། ཨོཾ་བཛྲ་ཙཎྜ་སརྦ་ཏྲིཾ་ཤེ་ཛ་བྷྲཱུཾ་ཧཱུྃ༔ ཞེས་སྣགས་སྒྲ་དི་རི་རི་སྒྲོག་བཞིན་རོལ་མོ
དང་བཅས་པས་འགྲོ་ཞིང་གང་དུ་འཕེན་པའི་ས་དེར་གཏོར་ཟོར་རྣམས་སྣེགས་ལ་བཀོད། དཀར་གཏོར
དང་གསེར་སྐྱེམས་མཆོད། དཀར་གཏོར་གྱི་རྒྱབ་ཡིག་ཡོད་ན་བསྒྲག སླར་ཡང་དགྲ་བགེགས
འགུགས་གཞུག་བྲུས་ལ་དམིགས་པའི་འབེན་དུ་བཙུགས་ནས་ཟོར་འཕེན་པ་ནི། ཧཱུྃ། ང་ནི
དཔལ་ཆེན་ཁྲོ་བོའི་རྒྱལ། །ཁམས་གསུམ་ཀུན་གྱི་དབང་ཕྱུག
ཡིན། །འཇིགས་རྟེན་འདས་དང་མ་འདས་པའི། །དྲེགས་པ་ཕོ་རྒྱུད་མོ་རྒྱུད
ཀུན། །རང་རང་ཕོ་ཉའི་དམག་བསྡུས་ལ། །དེ་རིང་དགྲ་བགེགས་སྙེང་དུ

རྫོགས། །ཐོད་དོ་བསྐུལ་ལོ་དྲེགས་པའི་ཚོགས། །དྲེགས་རྩལ་མཐུ་དང་དཔུང་བསྐྱེད་ལ། །དགྲ་བགེགས་སྡིག་ཅན་འཁོར་བཅས་ཀྱི། །གཟུགས་ཕུང་ཐལ་བ་རྡུལ་བཞིན་ཤིག །རྣམ་ཤེས་ཚངས་པའི་ལམ་ནས་གྲོངས། །རིག་པ་སྐྱེ་མེད་དབྱིངས་སུ་སྒྲོར། །དུས་ལ་བབ་པོ་མཐུ་རྩལ་བསྐྱེད། །ཞེས་བརྗོད་ཅིང་།ཟོར་འཕེན་དུས་ཀྱི་སྔགས་ལྷེབ་ནི། ཐོད་ཐུམ་རི་ལི་ལི། བར་འདིར་རང་གཞུང་གང་ཡིན་གྱི་བཟློགས་སྔགས་བཙུག་པ་ནི། ཨོཾ་བཛྲ་ཙཎྜ་མ་ཧཱ་རོ་ཥ་ཎ་ཧཱུྃ་ཕཊ༔ ཧཱུྃ་ཕྲིཾ་བཛྲ་ག་རུ་ཌ་ཧྲོ་བཟློག༔ ཧ་རི་མ་ཧ་རི་ས་ལ་ཡ་མ་ཧཱ་ཧ་རི་ནི་ཧཱུྃ་ཕཊ༔ ཧྲོ་ཧྲོ་ས་མ་ཡ་བཟློག་བཟློག༔ ཨ་ལ་ལ་པྲ་མ་ཏུ་རུ་ཀ་ཧྲོ་མ་ཧཱ་རི་ནི་སྲོག་ཤ་ཐོད་ཐུན་ཧྲོ༔ ཞེས་དང་། ཁྱད་པར་སྒྲུབ་གྲི་རེག་གཅོད་ནི༔ ཨོཾ་ཨཱཿ ཧཱུྃ་ཡ་མ་ཐ་དུ་ར་ཤ་པ་ས་ཧི་ཕུ་ནི་ཊི་ག་ཀྵཿཨ་ཧྲོ་ཛ་ཛ༔ ཨ་ཥཱ་ཀ་ཙིཏྟ་སྟྭཾ་ཧྲ་ཡ་ནན༔ ཨ་ཤིག་ཤིག་ཕྱུང་ཕྱུང་ཁྲོལ་ཁྲོལ་སྨ་ཧཱ༔ གནོད་བྱེད་དགྲ་བགེགས་འབྱུང་པོ་ཐམས་ཅད་མཱ་ར་ཡ་བཟློག་བཟློག་ཧྲོ༔ གནོད་བྱེད་དགྲ་བགེགས་འབྱུང་པོའི་སྲོག་རྩ་དམར་པོ་ལ་མ་ར་ཡ་ཐོད་ཐོད༔ ཞེས་དང་། མཚན། རིལ་ཤག་སྲོག་ཁྱེར་ཧྲོ་ཊིག་མྱུག་ཀ་ལ་ཡེ་དགྲ་བགེགས་ལ་ཐུན་ཧྲོ་ཐོད༔ ཞེས་རོལ་མོའི་སྒྲ་དྲག་པོ་དང་བཅས་པས་ཟོར་རྣམས་རིམ་པར་འཕང་བའི་རྗེས་སུ། གཏོར་ཆེན་ཟོར་སྐབས་སུ་འཕང་བའི་རྗེས་སུ་གཏོར་ཆེན་ཟོར་སྐབས་སུ་འཕང་བས་དགྲ་བོའི་རྣམ་ཤེས་མར་མེ་བསད་པ་ལྟར་སོང་། གནས་ལུས་ལོངས་སྤྱོད་དང་བཅས་པ་ཐལ་བ་རྗེས་མེད་དུ་བརླག་པར་བསམ་ཞིང་ཐལ་མོ་དང་དུལ་མོ་རྡེབ། ཟོར་རྗེས་གཅོད་པ་ནི། ཡེ་ཤེས་ཀྱི་བྱ་ཁྱུང་འཇིགས་སུ་རུང་བ་གཅིག་གིས་མཚམས་བཅད་པར་བསམ་ལ། ཧཱུྃ་ཕྲིཾ་བཛྲ་ག་རུ་ཌ་ཧྲོ་བཟློག ཅེས་བཟླས་རྡོ་རྗེ་སློབ་དཔོན་གྱིས་སྣེགས་མནན་ཏེ་ཚུར་ལོག་རྡོ་རྗེའི་གུར་ཁང་གི་ནང་དུ་བདག་གཞན་བསྲུང་བྱ་ཐམས་ཅད་ཚུད་པར་བསམ་ལ་བསྲུང་འཁོར་གསལ་བཏབ། ཕྱི་སྣེགས་གཅོད་ཕྱིར་གདོང་ཕྱིར་བལྟས་ཏེ། རྩ་

སྔགས་གང་ཡིན་བཟློག་ཞིང་། ཧཱུྃ་ཧཱུྃ་ཧཱུྃ་བདུད་པྲ་མ་ཏྲ་ཡ་ཕད་ནན༔ ཁ་ལ་ཛ་མ་ལི་ཕད་ནན༔ ནྟ་ཙ་དུན་ལིང་ཤག་ཕད་ནན༔ ཤིག་ཤིག་དུམ་དུམ་ཕད་ནན༔ ཚལ་བ་ཚལ་བ་ཕད་ནན༔ ཕྲིཾ་ཕྲིཾ་ཕྲོཾ་ཕད་ནན༔ རྨུག་རྨུག་ཕད་ནན༔ ཏིར་ཏིར་ཕད་ནན༔ ཚལ་ཚལ་ཕད་ནན༔ བདུན་ནམ་ཉེར་གཅིག་བཟླའོ། །སྒྲུབ་ཁང་གི་སྒོ་དྲུང་དུ་གཏོར་གཞུང་རྣམས་ཀྱི་ཞལ་ཆུ་བཏན་མའི་གཏོར་མ་ལ་བྲན་པ་བྱིན་རླབས་བྱས་ནས་ལས་བྱང་བཞིན་འབུལ། གཏོར་གཞུང་ཐམས་ཅད་ཁ་སྒྲུབ་པ་རི་རབ་ཏུ་གྱུར་བའི་ཕྱིར་འབྲང་ནི་དམ་སྲི་ཐམས་ཅད་མནན་པར་བསམ་ལ་བྲོ་བརྡུང་བྱ། ནང་དུ་ལོག་ནས་མཆོད་པ་རྣམས་ཁ་གསོ། ཚེ་འགུག་བྱ། སྒྲུབ་གཏོར་ལྷར་གསལ་བ་ལ་དབང་བཞི་བླངས་པས་སྐུ་གསུང་ཐུགས་ཀྱི་དངོས་གྲུབ་ཐོབ་པར་བསམ་ལ། ཆོས་སྐྱོང་བཀའ་གཏེར་བསྲུང་མའི་གཏོར་མ་རྣམས་འབུལ། གཏང་རག་མཆོད་བསྟོད་བཟོད་གསོལ་བྱ། ནམ་མཁར་བཏེགས་པའི་ཡེ་ཤེས་པ། ཨོཾ། ཁྱེད་ཀྱིས་སེམས་ཅན་དོན་ཀུན་མཛད། །སོགས་ཀྱིས་གཤེགས་སུ་གསོལ་བའམ། ཕྱིས་སྐུ་སོགས་ལ་བརྟན་བཞུགས་བྱ། དམ་ཚིག་པ་རྣམས་རང་ལ་བསྡུ་ཞིང་རྒྱུན་སྤྱོད་བསྔོ་སྨོན་དང་ཤིས་བརྗོད་རྣམས་ལས་བྱང་གི་གཞུང་ལྟར་བྱ་ཞིང་མེ་ཏོག་གི་ཆར་འབབ་པོ། །གསུམ་པ་མནན་པ་བྱེད་པ་ཡིན་ན། མནན་རྟགས་མངོན་དུ་གྱུར་ནས་དགྲ་འདྲེའི་ཁྱད་པར་གྱི་ལྡེབས་ཚུལ་འདང་། མནན་སྤྱོད་དོང་ཚད། མནན་པའི་འདོན་ཆ་སོགས་ཟུར་གསལ་གྱི་ཡིག་ཆ་ལས་ཤེས་པར་བྱའོ། །སྨྲས་པ། ཕས་རྒོལ་ལོག་འདྲེན་དགྲ་སྡེའི་ཁྲག་རི་ལ། །དྲག་སྔགས་དམོད་ཟོར་གནམ་ལྕགས་རྡོ་རྗེའི་ཐོག །བརྒྱབ་ཚེ་གཏན་མེད་ཕྱེ་མར་འཐག་པ་ནི། །རྒྱལ་བའི་མཐུ་དང་ལས་ཀྱི་གཤིས་སུ་གྲུབ། །སླིགས་དུས་ལྷགས་བསམ་བཟང་པོས་བསྟན་འགྲོའི་དོན། །སྒྲུབ་པ་ཉེར་འཚོའི་དགྲ་གདོན་བྱུང་བའི་དུས། །མངོན་སྤྱོད་ཟབ་མོའི་ལས་སྦྱོར་འདི་བརྩམ་ཚེ། །ཐོག་མེད་མྱུར་དུ་འཇོམས་ལ་ཡིད་གཉིས་སྤོངས། །འདི་ཡི་དགེ་ཚོགས་ལྷ་དབང་རྡོ་རྗེ་ཡིས། །བདུད་དཔུང་རི་བོའི་རྐང་པ་ཉེར་བཅག་ནས། །སྟ་འགྱུར་བསྟན་པའི་ཉི་མ་རིན་པོ་

སྐུ་རབས་གསུམ་པ་ངེས་དོན་བསྟན་འཛིན་བཟང་པོའི་གསུང་ཚན།

ཆེའི། །འོད་སྣང་ཕྱོགས་བཅུར་རྒྱ་འཆར་ཤོག །ཅེས་ངེས་དོན་བསྟན་འཛིན་བཟང་པོས་སྨྲས་པ་དགེ་བར་གྱུར་ཅིག །

༄༅། །ནོར་བདག་ཡིད་བཞིན་ནོར་བུའི་བསྐང་བ་དངོས་གྲུབ་ཆར་འབེབས་བཞུགས་སོ། །

ཨོཾ་སྭསྟི། བླ་མ་མཆོག་དང་གསང་བའི་བདག །རྩ་གསུམ་ནོར་ལྷ་རྒྱ་མཚོ་ལ། །བྱང་ཆུབ་བར་དུ་གུས་བཏུད་ནས། །ཐུགས་དམ་བསྐང་བའི་ཚིག་སྤེལ། །འདིར་དབང་ཕྱོགཕྱོགཕྱོག་ཅིང་དམ་ཚིག་ལ་གནས་པའི་སྔགས་པས་བདེ་ཞིང་ཡིད་དང་མཐུན་པའི་གནས་སུ་སྐྱ་རེན་རབ་གནས་ཅན་བཀྲམ་པའི་སྤྱན་སྔར་ཕྱི་ནང་གསང་བའི་མཆོད་ཚོགས་རྣམས་གཙང་ཞིང་བཀོད་ལེགས་པར་བཤམས་ནས་ལྷ་སྒོམ་གྱི་རྩལ་དང་ལྡན་པས་འདི་སྐད་དོ། །ཨོཾ་ཨཱཿཧཱུྃ། དངོས་སུ་འབྱོར་བཤམས་ཡིད་ཀྱིས་སྤྲུལ་པའི་བསྐང་རྫས་ཀ་ཆ་དཀོར་རྟེན་དང་བཅས་པ་འདི་རྣམས་ནོར་ལྷ་རྒྱ་མཚོའི་ལྷ་ཚོགས་ཐམས་ཅད། མཆོད་པའི་རྫས། མཉེས་པའི་རྫས། བརྟེན་པའི་རྫས། སྒྲུབ་པའི་རྫས། བསྐང་བའི་རྫས། གཟུགས་སྒྲ་དྲི་རོ་རེག་བྱ་ཕུན་སུམ་ཚོགས་པ་དང་ལྡན་པའི་རང་བཞིན་དུ་གྱུར། ཨོཾ་ཨཱཿཧཱུྃ། ན་མཿསརྦ་ཏ་ཐཱ་ག་ཏ་བྷྱོ་བི་ཤྭ་མུ་ཁེ་བྷྱཿ སོགས་དང་། ནམ་མཁའ་མཛོད་ཀྱི་སྔགས་རྒྱས་བརླབས་ནས། ཧཱུྃ། འོག་མིན་ལྷུང་པོ་ཅན་དང་པདྨ་འོད། །ངོ་མཚར་དཔལ་གྱི་བརྒྱན་པའི་གཞལ་ཡས་ནས། །རྡོ་རྗེ་འཆང་དང་གསང་བདག་པདྨ་འབྱུང་། །སྐུ་གསུམ་ལྷ་ཚོགས་མ་ལུས་འཁོར་གྱིས་བསྐོར། །ཐུགས་རྗེ་དབང་གིས་བསྐང་བའི་གནས་འདིར་གཤེགས། །རིན་ཆེན་རི་རབ་ལྷུན་པོའི་བྱང་གི་ཕྱོགས། །ནོར་མང་རྣམ

ཐོས་རྒྱལ་པོའི་ཕོ་བྲང་ནས། །ནོར་བདག་ཡིད་བཞིན་ནོར་བུའི་ལྷ་ཚོགས་རྣམས། །ཐུགས་བསྐྱེད་སྨོན་ལམ་དགོངས་ལ་གནས་འདིར་གཤེགས། །ཚོགས་ཁང་རིན་ཆེན་དབང་གི་གཞལ་ཡས་འདིར། །མི་གཡོ་དགྱེས་ཤིང་བརྟན་པར་བཞུགས་སུ་གསོལ། །འདུ་འབྲལ་མེད་པའི་དབྱིངས་སུ་ཕྱག་བགྱིད་དོ། །ཕྱི་ནང་གསང་གསུམ་བསྐང་རྫས་རྣམས་ཀྱིས་མཆོད། །ལུས་ངག་ཡིད་གསུམ་དད་གུས་ལྡན་པས་བསྟོད། །མཆོག་དང་ཐུན་མོང་དངོས་གྲུབ་སྩལ་དུ་གསོལ། །ཧཱུྃ། སྐུ་གསུམ་སངས་རྒྱས་རྩ་གསུམ་བརྒྱུད་པར་བཅས། །དུས་གསུམ་རྒྱལ་བའི་དཀྱིལ་འཁོར་ལྷ་ཡི་ཚོགས། །ཕྱོགས་བཅུའི་སངས་རྒྱས་བདེ་གཤེགས་བཅོམ་ལྡན་འདས། །མ་ལུས་འཁོར་དང་བཅས་པའི་ཐུགས་དམ་བསྐང་། །ཧཱུྃ། སྟོན་ཆེ་བསྐལ་བ་བརྒྱད་ཁྲིའི་གོང་རོལ་ནས། །ཡང་དག་རྫོགས་པའི་བྱང་ཆུབ་མངོན་གྱུར་ཀྱང་། །རིགས་ལྔའི་ཚངས་ཆེན་བསྐལ་བ་མ་སྟོང་བར། །ས་བརྒྱད་ངལ་བསོས་དགེ་བའི་སྟོབས་པོ་ཆེ། །མགོན་པོ་རྣམ་མང་ཐོས་སྲས་ཐུགས་དམ་བསྐང་། །རིགས་བདག་བཛྲ་པཱ་ཎིའི་ཐུགས་དམ་བསྐང་། །ཐུགས་འཛིན་ཡུམ་མཆོག་བཞི་ཡི་ཐུགས་དམ་བསྐང་། །རྒྱལ་ཆེན་རྣམ་སྲས་རིགས་བཞིའི་ཐུགས་དམ་བསྐང་། །སྲས་མཆོག་ཛམ་ལྷ་རིགས་བཞིའི་ཐུགས་དམ་བསྐང་། །གནོད་སྦྱིན་རྟ་བདག་བརྒྱད་ཀྱི་ཐུགས་དམ་བསྐང་། །ནོར་བདག་ཀླུ་ཆེན་བརྒྱད་ཀྱི་ཐུགས་དམ་བསྐང་། །བཀའ་སྐྱོང་སྒོ་བ་བཞི་ཡི་ཐུགས་དམ་བསྐང་། །འཁོར་ཚོགས་བྱེ་བ་འབུམ་སྡེའི་ཐུགས་དམ་བསྐང་། །མཆོད་འོས་བསྟོད་འོས་རྣམས་ཀྱི་ཐུགས་དམ་བསྐང་། །བཀའ་གཏེར་ཆོས་སྐྱོང་སྲུང་མའི་ཐུགས་དམ་བསྐང་། །ཧཱུྃ།

ཐུགས་དམ་གཉེན་པོ་བསྐང་བའི་དམ་རྫས་ནི། །ཕྱི་མཆོད་འདོད་ཡོན་རྣམ་ལྔས་ཐུགས་དམ་བསྐང་། །ནང་མཆོད་སྨན་གཏོར་རཀྟས་ཐུགས་དམ་བསྐང་། །གསང་མཆོད་ཛྙ་ན་པཱུ་ཙོས་ཐུགས་དམ་བསྐང་། །རིན་ཆེན་རི་རབ་ཆེན་པོས་ཐུགས་དམ་བསྐང་། །གླིང་དང་གླིང་ཕྲན་ཚོགས་ཀྱིས་ཐུགས་དམ་བསྐང་། །གསེར་རི་རོལ་མཚོ་རྣམས་ཀྱིས་ཐུགས་དམ་བསྐང་། །ཉི་ཟླ་རྒྱུ་སྐར་ཕྲེང་བས་ཐུགས་དམ་བསྐང་། །ལྷུགས་རི་མུ་ཁྱུད་རྒྱ་མཚོའི་ཐུགས་དམ་བསྐང་། །བཀྲ་ཤིས་རྫས་བརྒྱད་དཔལ་གྱིས་ཐུགས་དམ་བསྐང་། །རྒྱལ་སྲིད་རིན་ཆེན་བདུན་གྱིས་ཐུགས་དམ་བསྐང་། །དཔག་བསམ་ཤིང་ཆེན་རྣམས་ཀྱིས་ཐུགས་དམ་བསྐང་། །ཡན་ལག་བརྒྱད་ལྡན་རྫིང་བུའི་ཐུགས་དམ་བསྐང་། །འདོད་འབྱུང་གཏེར་གྱི་བུམ་པས་ཐུགས་དམ་བསྐང་། །མ་རྨོས་ལོ་ཏོག་འབྲུ་སྨན་ཐུགས་དམ་བསྐང་། །ནོར་འཛིན་ནེ་ཙུ་ལེ་ཡིས་ཐུགས་དམ་བསྐང་། །གཞལ་ཡས་ཁང་པའི་ཚོགས་ཀྱིས་ཐུགས་དམ་བསྐང་། །སྤྱན་གཟིགས་ཀ་ཆ་དཀོར་ཆའི་ཐུགས་དམ་བསྐང་། །ཡོལ་བ་བླ་བྲེ་ལྡ་ལྡིས་ཐུགས་དམ་བསྐང་། །ཕན་དང་གྲྭ་ཕྱམ་ཕྲེང་བས་ཐུགས་དམ་བསྐང་། །ཕོ་ཆས་མོ་ཆས་རྒྱན་གྱི་ཐུགས་དམ་བསྐང་། །སར་སིར་ཆ་ལང་ཕེབ་རྫོས་ཐུགས་དམ་བསྐང་། །ད་དིར་རྫ་ཟངས་ཛ་ཆེན་ཐུགས་དམ་བསྐང་། །འ་ཙུར་ཟངས་དུང་དཀར་གྱིས་ཐུགས་དམ་བསྐང་། །ཙར་རྩིར་སིལ་སྙན་ཏིང་གིས་ཐུགས་དམ་བསྐང་། །ཀྲུར་ཀྲུར་པི་ཝང་གླིང་བུས་ཐུགས་དམ་བསྐང་། །ཟང་ཟིང་གོ་ཁྲབ་མཚོན་ཆས་ཐུགས་དམ་བསྐང་། །ཕུར་ཕུར་དྲི་ཞིམ་དུད་པས་ཐུགས་དམ་བསྐང་། །ཐུགས་དམ་བསྐང་ལ་མཆོག་ཐུན་དངོས་གྲུབ་སྩོལ། །བཤགས་པ་

ཏེ། ཧཱུྃ། ཐོག་མེད་དུས་ནས་དེ་རིང་ཡན་ཆད་དུ། །ཀུ་འཁྲོག་རློམ་སེམས་སེ་ར་སྨྲ་ཅི་བགྱིད་དང་། །བླ་མ་དཀོན་མཆོག་མཆོད་པའི་དཀོར་ལ་འབགས། །དགེ་བཅུའི་ལམ་བཅད་དགེ་འདུན་དཀོར་ཁ་བགགས། །གཏོར་ཚོགས་མཆོད་ལ་འབབ་རྩོག་ཕུད་ལྷག་གཞོལ། །ཉ་སྟོང་དུས་ཀྱི་མཆོད་པ་འགྱུར་བ་དང་། །འཁྲོག་མའི་ཟན་དང་ཛམ་ལྷའི་ཆུ་རྒྱུན་ཆད། །མདོར་ན་ཉེས་བྱས་བསེ་རག་ཡི་དྭགས་ཀྱིས། །རྒྱུ་བསགས་ཅི་མཆིས་རྣམ་དག་གློང་དུ་བཤགས། །གནོང་འགྱོད་ཉེས་ཚོགས་མ་ལུས་བཟོད་པར་གསོལ། །ཚངས་པ་མཆོག་ཐུན་དངོས་གྲུབ་སྩོལ་དུ་གསོལ། །ཞེས་ཡི་གེ་བརྒྱ་པས་ནོངས་པ་བཤགས། དེ་ལྟར་ནོར་བདག་ཡིད་བཞིན་ནོར་བུའི་བསྐང་མདོས་ལས་ཚུང་ཟད་ཉེ་བར་བསྡུས་པ་འདི་ནི་གནས་སྐབས་རྒྱུན་གསོལ་ལྷ་བུར་འདོན་བདེ་བའི་ཆེད་དུ། ངེས་དོན་བསྟན་འཛིན་བཟང་པོས་སྦྱར་བའོ། ། ། །མངྒ་ལཾ། །

༄༅། ཟིལ་ཁྲོམ་རྡོ་རྗེ་གཡུང་དྲུང་གི་བསང་མཆོད་དངོས་གྲུབ་ཆར་འབེབས་བཞུགས་སོ།།

ན་མོ་གུ་རུ། ཟིལ་ཁྲོམ་རྡོ་རྗེ་གཡུང་དྲུང་གི་བསང་མཆོད། རང་གི་ཡུལ་གྱི་ལྷ་གང་ཡིན་གཏོང་སྲོལ་ལ་ད་ལམ་གནས་མཆོག་འདིའི་མཚོན་པའི་ཡུལ་སྐྱོང་ཟིལ་ཁྲོམ་རྡོ་རྗེ་གཡུང་དྲུང་གི་བསང་མཆོད་ལ། ཡོ་བྱད་རྣམས་སྤེལ་ཏེ་འདི་སྐད་དོ། །ཀྱཻ། མདོ་ཁམས་སྨད་ཀྱི་ཟློ་དོར་ནི། །ལྷ་ནི་རྒྱལ་ཆེན་བཞི་ཡི་རིགས། །གནས་ནི་ཤེལ་བྲག་གངས་ཀྱི་རི། །ས་ལ་གནས་པའི་རྫུ་འཕྲུལ་ཅན། །བོད་ཁམས་ཡོངས་ཀྱིས་མཚན་གསོལ་བ། །གཉན་ཆེན་ཟིལ་ཁྲོམ་ཟློ་དོར་གཙོ། །སློབ་དཔོན་པདྨས་དབང་བསྒྱུར་ནས། །གསང་མཚན་རྡོ་རྗེ་གཡུང་དྲུང་རྩལ། །ལྷ་ཡི་དགེ་བསྙེན་ཆེན་པོ་ནི། །རྣལ་འབྱོར་བདག་གིས་སྤྱན་འདྲེན་གྱི། །མཆོད་པའི་གནས་འདིར་གཤེགས་སུ་གསོལ། །གཉན་ཆེན་ཁྱེད་ཀྱི་ཕོ་བྲང་ནི། །རིན་ཆེན་དྲུང་གི་སྐུ་མཁར་ལ། །ཁ་བད་དངུལ་ལ་བ་གམ་ཤེལ། །མུ་ཏིག་ཕྲེང་བས་བད་ཆར་བྱས། །གསེར་ག་གཡུ་གདུང་མིག་མང་རས། །འཆོང་སྒོ་དངུལ་གྱི་པ་ཏ་ཅན། །སྐར་ཁུང་གཡུ་ཡི་དྲྭ་མིག་ཅན། །ལྷབ་ལྷུབ་དར་གྱི་འཕན་གདུག་ཅན། །འདོད་དགུའི་ལོངས་སྤྱོད་ཕུན་སུམ་ཚོགས། །རྩེ་མོ་མཐོན་པོ་དགུང་དང་མཉམ། །ཐད་ནས་ཉི་མ་ཟླ་བ་ཤར། །མགུལ་དུ་ལྷོ་སྤྲིན་འབྲུག་མོ་

འཁྲིགས། །ཞོལ་དུ་མེ་ཏོག་རྩི་ཐོག་བཀྲ། །གསེར་ཁྲི་གཡུ་ཡི་པ་ཏྲ་ཅན། །ལྷབ་ལྷུབ་དར་གྱི་གདན་སྟེང་ན། །གཉན་ཆེན་ཟིལ་ཁྲོམ་སྐུ་མདོག་དཀར། །དབུ་ལ་དར་དཀར་ལ་ཐོད་དང་། །སྐུ་ལ་དར་དཀར་ཐུམ་ཆེ་མནབས། །རིན་ཆེན་སྣ་ཚོགས་རྒྱན་གྱིས་བརྒྱན། །བཙུན་མོ་སྲས་བཅས་འཁོར་གྱིས་བསྐོར། །འཁོར་བཅས་མ་ལུས་གཤེགས་སུ་གསོལ། །གཞི་ནས་བྱེས་སུ་བྱོན་པའི་ཚེ། །མི་དཀར་དུང་གི་རྨོག་ཞུ་ཅན། །དར་འཕྲུ་རྒོད་འཕྲུ་དགུང་དུ་འཕྱུར། །དུང་ཁྲབ་དར་དཀར་ན་བཟའ་མནབ། །གཡས་ཀྱི་སྟག་དོང་ཁྲ་བོ་ལ། །ཤེས་རབ་ལྷ་མདའ་སྐར་ལྟར་འབྲུགས། །གཡོན་གྱི་གཟིག་ཤུབས་ཐིག་ལེ་ལ། །ཐབས་ཀྱི་གཞུ་བརྡུང་ཙོགས་སེ་ཙོག །དེ་མཚན་དངུལ་ཤུབས་ཟབ་བཀྲ་ལ། །ཡ་ཚ་སྐར་ཕྲན་གློག་ལྟར་འཁྱུགས། །གཡས་པས་བ་དན་དཀར་པོ་ཕྱར། །གཡོན་པས་སྦྲ་ལྕུག་གླད་ལ་གཡུགས། །ཆིབས་སུ་དང་པ་གཡུ་རྟོག་བཅིབས། །རོལ་དུ་ཁམས་པ་ཤལ་མིག་ཁྲིད། །གསེར་སྲབ་གཡུ་མཐུར་སི་ལི་ལི། །གསེར་སྒ་གཡུ་ཡི་ཨ་འཛོག་ཅན། །སྟ་རྟ་མེ་ཤེལ་ཉི་མ་རིས། །ཕྱི་རྟ་ཆུ་ཤེལ་ཟླ་བ་རིས། །འཇའ་ཚོན་གོང་སླེད་འཁྱུགས་སེ་འཁྱུག །འབྲུལ་གྱི་ཡོབ་ཆེན་ཞངས་སེ་ཞང་། །སྟག་གཟར་གཟིག་གཟར་ལྷབས་སེ་ལྷབ། །དར་གྱི་འཕྲུལ་ལྕེ་པུ་རུ་རུ། །སྐྱེས་མཆོག་ཁྱེད་ཀྱི་གཡས་ཕྱོགས་ན། །སྐྱེས་ཕྲན་ཧྲ་བ་སྟོང་ཕྲག་གཅིག །ཁྲབ་གྱོན་མདུང་རྩེ་ལྡིབས་སེ་ལྡིབ། །ལྷ་གཉན་ཁྱེད་ཀྱི་གཡོན་ཕྱོགས་ན། །སྐྱེས་ཕྲན་པེར་གྱོན་སྟོང་ཕྲག་གཅིག །མདའ་འཕེན་ལེན་མ་ཤ་ར་ར། །རྒྱལ་ཆེན་ཁྱེད་ཀྱི་མདུན་ཕྱོགས་ན། །མི་དཀར་ཧྲ་དཀར་སྟོང་ཕྲག་གཅིག །བ་དན་རྩེ་བརྒྱད་པུ་རུ་

ཧཱུ། །སྐྱེས་མཆོག་ཁྲིད་ཀྱི་རྒྱབ་ཕྱོགས་ན། །ལྷ་དམག་གཉན་དམག་དཔུངས་སེ་དཔུང་། །སྐྱེས་མཆོག་ཁྲིད་ཀྱི་སྟེང་ཕྱོགས་ན། །ཁྱུ་ཁྲ་ཁྱུ་རྒོད་ཤ་ར་ར། །མཚམས་ཀྱི་བར་སྣང་ཐམས་ཅད་ལ། །དུང་སེང་མཆོང་བ་རྒྱངས་སེ་རྒྱང་། །སྟག་གཟིག་དོམ་དྲེད་ཐད་དེ་ཐད། །ལྷ་གཡག་དུར་གདང་ཆེམས་སེ་ཆེམ། །ལྷ་ཧྲ་སྣ་བཅས་སི་ལི་ལི། །མ་སྲིང་ལྷམ་དྲལ་བཙུན་མོའི་ཚོགས། །ཆིབས་སུ་ཤ་རྐྱང་རྩོད་རྒོ་བཅིབས། །མཚར་སྡུག་འོད་ཆགས་མཛེས་མ་རྣམས། །གསེར་གཡུ་མུ་ཏིག་ལན་ཚར་སྤྲས། །དར་ཟབ་ས་ཁར་ཞོམ་ཞིང་ལྡེམ། །མདའ་དར་མེ་ལོང་བུམ་པ་འཛིན། །འཁོར་བཅས་མ་ལུས་ཐམས་ཅད་ལ། །འདོད་དགུའི་ལོངས་སྤྱོད་སྣ་ཚོགས་འབུལ། །སྲིད་པ་གངས་ཀྱི་མཆོན་པའི་ཕྱིར། །རི་དབང་རྒྱལ་པོ་ཆེན་པོ་བསང་། །རི་གཉན་འོག་ཏུ་འཁོད་པའི་ཕྱིར། །གོང་ན་མེད་པའི་ཟེ་དོར་བསང་། །ཞལ་རས་ཤར་དུ་གྲུ་བའི་ཕྱིར། །ལྷ་ཡི་སྲིད་སྐྱོང་དགྲ་ལྷ་བསང་། །ཕྲག་པ་ཙམ་ལས་མི་མཐོ་བའི། །འབྲི་ལུང་རྒྱུད་ཀྱི་ཟེ་དོར་བསང་། །བཀའ་ཉན་གཡས་ནས་བསྐོར་བ་བསང་། །སྐེད་པ་ཙམ་ལས་མི་མཐོ་བའི། །ཟླ་ཤོད་རྒྱུད་ཀྱི་ཟེ་དོར་བསང་། །བཀའ་ཉན་གཡོན་ནས་བསྐོར་བ་བསང་། །ང་འདྲ་མོ་རྣམས་གཙང་དཀར་སོགས། །ཀློན་ཆེན་མདུན་ནས་འཁོར་བ་བསང་། །ཞུལ་ཡག་ཞུལ་ཕྲན་ལ་སོགས་པའི། །སྲུས་འཁོར་རྗེས་སུ་འབྲང་བ་བསང་། །བཙུན་མོ་མུ་ཏིག་ཤེལ་ཧུ་སྨན། །རྒོད་ལྷམ་ཁ་རག་ལ་སོགས་པའི། །ལྷམ་སྨན་མཆན་དུ་འཁོད་པ་བསང་། །བྲག་དཀར་མདུང་རྩེ་གཞིབ་འདྲས་བསྐོར། །ལྷ་དམག་གཉན་དམག་འཁོར་བཅས་བསང་། །སྐྲུབ་གནས་བརྒྱ་ཡིས་བསྐོར་བ་དེ། །དགེ་བའི་

སྒོང་གྲོགས་མཛད་ཕྱིར་བསང་། །གཏེར་ཁ་བརྒྱ་ཡིས་བསྐོར་བ་དེ། །བདེ་
ལེགས་འགྱུར་བ་རྒྱས་ཕྱིར་བསང་། །མདུན་གྱི་ལྷ་མཆོད་ཀར་མོ་དེ། །ལྷ་སྨན་
ཡུལ་དུ་རོལ་ཕྱིར་བསང་། །མཚོ་མོ་བརྒྱ་ཡིས་བསྐོར་བ་དེ། །ཀླུ་ཆེན་འཁོར་དུ་
རོལ་ཕྱིར་བསང་། །ཆུ་མིག་འབུམ་གྱིས་བསྐོར་བ་དེ། །ཀླུ་ཕྲན་བྲན་དུ་འཁོར་
ཕྱིར་བསང་། །ངམ་འབྲོག་ནགས་ཚལ་བསྐོར་བ་དེ། །ཤ་ཟའི་ཚོགས་ཀྱིས་
བསྐོར་བ་བསང་། །གཡང་ཤལ་གངས་ཤལ་མང་བ་དེ། །ལྷ་སྨན་རྣམས་ཀྱི་
བསྐོར་བ་བསང་། །བྲག་ནག་རོམ་ནག་ཁྲོས་འདྲས་བསྐོར། །བདུད་དམག་
མང་པོས་བསྐོར་བ་བསང་། །བྲག་དམར་སྤྲེལ་དམར་ཁྲོས་འདྲས་
བསྐོར། །བཙན་དམག་མང་པོས་བསྐོར་བ་བསང་། །བྲག་ནག་མཚོན་ཆ་ཕྲུར་
འདྲས་བསྐོར། །ཕོ་ཉ་མང་པོས་བསྐོར་བ་བསང་། །མདའ་མདོ་རི་བྲག་མང་
པོས་བསྐོར། །སྒོ་སྲུང་མང་པོས་བསྐོར་བ་བསང་། །འཁོར་དང་བཅས་པ་ཁྱེད་
རྣམས་ལ། །ཤིང་སྤྱི་སྨན་བཟང་ཕྱེ་མར་དང་། །སྲ་སྐྱུག་དར་སྣས་བརྒྱན་པས་
མཆོད། །འབྲས་ཀྱི་གཡག་ལུག་ར་གསུམ་དང་། །དཀར་གསུམ་མངར་
གསུམ་ཞིམ་དགུའི་མཆོད། །ཤ་ཁུད་ཚང་ཁུད་ཛ་ཁུད་དང་། །འདོད་དགུའི་
ལོངས་སྤྱོད་སྣ་ཚོགས་འབུལ། །བདག་ཅག་ཡོན་མཆོད་འཁོར་བཅས་
ལ། །ནད་མེད་ཚེ་དང་ལོངས་སྤྱོད་དང་། །དཔལ་དང་འབྱོར་བ་རྒྱས་པ་
དང་། །གྲགས་དང་སྙན་པས་ཁྱབ་པ་དང་། །ལོ་འབྲས་རྟག་ཏུ་ཡག་པར་
མཛོད། །མི་མཐུན་ཕྱོགས་རྣམས་ཞི་བ་དང་། །འགྲོ་ན་མ་བཅག་སྐྱེལ་མ་
དང་། །འདུག་ན་མ་སྡང་འཚོ་བ་སྐྱོར། །མཐུ་དཔུང་མགོན་སྐྱབས་སྒོང་
གྲོགས་མཛོད། །བསྟོད་པ་ནི། ཧཱུྃ་ཧྲཱིཿ ཆེ་བཙན་ཟླ་བྲལ་རི་དབང་སྤྱན་དགུ

པོ། །པཎྜིའི་བཀའ་འབངས་གང་འདུལ་རྟུལ་བརྟུལ་མཛད། །བཤད་སྒྲུབ་སྡེ་སྐྱོངས་ལེགས་ཉེས་ཀུན་འབྱེད་པ། །ཆབ་སྲིད་རིགས་རྒྱུད་སྐྱོང་མཛད་ཁྱོད་ལ་བསྟོད།། འདི་ཉིད་ཀྱི་མཛད་བྱུང་མི་གསལ་ཡང་སྤྱར་ནས་ངེས་དོན་བསྟན་འཛིན་བཟང་པོའི་གསུང་ཡིན་པ་སོར་བཞག་བྱས་པ་དེ་བཞིན་དུ་ལམ་གསུང་ཆོས་སུ་བཀོད་པའོ།།

༄༅། །བསྟན་རྒྱས་སྨོན་ལམ་བཞུགས་སོ།།

ཨོཾ་རྒྱན་མཁན་པོའི་རིང་ལུགས་བཀའ་གཏེར་གྱི། །སྙིང་པོའི་ཡང་ཞུན་ཟབ་དོན་བསམ་གཏན་མཆོག །རྩོལ་བཞིན་སྒྲུབ་པའི་ཆོས་སྒྲ་ངེས་དོན་གླིང་། །ལུང་རྟོགས་ཡོན་ཏན་རྣམ་དཀར་ཉིན་བྱེད་དབང་། །ཕུན་ཚོགས་ཕན་བདེའི་སྣང་བ་དམ་པ་ཡིས། །འཛིགས་རུང་སྲིད་པའི་མུན་ཁམས་མཐར་བྱས་ནས། །གསང་ཆེན་པད་ཚལ་ཀུན་ནས་རབ་རྒྱས་ཤིང་། །བསྟན་འགྲོའི་མཁའ་ལ་ནུབ་མེད་རྟག་འཆར་ཤོག །སྡེ་བཞིའི་དཔལ་དང་འཁོར་བས་མངོན་མཐོ་ཞིང་། །བསྟན་ལ་གུས་མཆོད་དགེ་བཅུའི་བཀའ་ཁྲིམས་ཀྱིས། །ཡངས་པའི་རྒྱལ་ཁམས་མངའ་བསྐྱུར་མི་བདག་གི །ཆབ་སྲིད་དབྱར་གྱི་མཚོ་ལྟར་འཕེལ་རྒྱས་ཤོག །བསྟན་འཛིན་ཞབས་བརྟན་བསྟན་པ་དར་ཞིང་རྒྱས། །སྐྱེ་རྒུ་བདེ་ཞིང་ནད་མུག་མཚོན་འཁྲུགས་ཞི། །ཐམས་ཅད་གསང་ཆེན་ཐེག་པའི་ཆོས་ལ་སྤྱོད། །ཚོགས་གཉིས་མཐར་སོན་རྡོ་རྗེ་འཆང་འགྲུབ་ཤོག །འདི་ཡང་རྫོགས་སྤྲུལ་གསུམ་པས་སོ། །

༄༅། །བདེན་གསོལ་སྨོན་ལམ། །

ཨོཾ་སྭ་སྟི་སིདྡྷི། བླ་མེད་སྟོན་པ་དཀོན་མཆོག་རྣམ་གསུམ་དང་། །རྒྱལ་བ་སྤྱན་རས་གཟིགས་སོགས་འཕགས་པའི་ཚོགས། །སྐྱབས་ཀུན་གཅིག་བསྡུས་པདྨ་འོད་ཕྲེང་རྩལ། །རྩ་བརྒྱུད་བླ་མ་ཡི་དམ་ཆོས་སྐྱོང་བཅས། །ལྷ་དང་དྲང་སྲོང་བདེན་པ་གྲུབ་ཀུན་གྱིས། །བདག་གི་སྨོན་ལམ་འགྲུབ་པར་མཛད་དུ་གསོལ། །དཀར་ཕྱོགས་གཞི་བདག་ལྷ་ཀླུ་བཅས་ཀུན་གྱིས། །བྱིན་རླབས་དངོས་གྲུབ་ཕྲིན་ལས་ཆར་རྒྱུན་ཕོབས། །ནད་དང་རིམས་དང་བཙའ་སད་སེར་བ་སོགས། །ཕྱུགས་ཀྱི་ནད་དང་འཐབ་འཁྲུག་རྩོད་པའི་རིགས། །ཕ་རོལ་མཐའ་ཡི་དམག་དཔུང་ལ་སོགས་པ། །ཉེ་བར་འཚེ་ཀུན་གཏན་དུ་མི་འབྱུང་ཤོག །མ་རུང་བདུད་འགོང་དམ་སྲིའི་མཐུ་སྟོབས་ཀུན། །དཀོན་མཆོག་བདེན་པའི་སྟོབས་ཀྱིས་འདུལ་བར་ཤོག །འབྱུང་བའི་གཡོ་འཁྲུག་མཚན་ལྟས་ངན་པ་སོགས། །བཀྲ་མི་ཤིས་པ་ཐམས་ཅད་ཞི་བར་ཤོག །ཆར་ཆུ་དུས་འབེབས་ལོ་ཕྱུགས་རྟག་ཏུ་ལེགས། །ཚེ་རིང་འབྱོར་བ་འཕེལ་དང་བདེ་ཞིང་སྐྱིད། །བསྟན་དང་དམ་ཆོས་དར་ཞིང་རྒྱས་པ་དང་། །འགྲོ་ཀུན་རྣམ་མཁྱེན་གོ་འཕང་མྱུར་ཐོབ་ཤོག །ངེས་དོན་བསྟན་འཛིན་བཟང་པོས་སོ། །

སྐུ་རབས་དྲུག་པ་འཇིགས་བྲལ་བྱང་ཆུབ་རྡོ་རྗེ།

༄༅། །གྲུབ་དབང་རྫོགས་ཆེན་པ་སྐུ་རབས་དྲུག་པ། འཇིགས་བྲལ་བྱང་ཆུབ་རྡོ་རྗེའི་རྣམ་ཐར་མདོར་བསྡུས།།

རྫོགས་ཆེན་སྐུ་རབས་དྲུག་པ་འཇིགས་བྲལ་བྱང་ཆུབ་རྡོ་རྗེ་ནི། རྗེ་གོང་མའི་ལུང་བསྟན་ལས། ཁྱད་པར་གནས་མཆོག་དཔལ་གྱི་བསམ་ཡས་ཀྱི། །བྱང་ནས་བྱང་དུ་བསྐྱོགས་པའི་གྲོང་ཁྱེར་དུ། །ཐབས་ཤེས་ཨེ་ཝཾ་ཞུགས་པའི་མིང་ཡིག་དང་། །པདྨ་ཧྲཱི་ཕ་ཞེས་གྲགས་གཙང་མའི་རིགས། །ཞུགས་དང་བལྟམས་པའི་མཚན་ལྟས་གསར་དུ་ངོམས། །སྐྱེ་ཀུན་འབྲེལ་བའི་ལྷ་མཆོག་དྲེགས་པའི་རྗེ། །མཐུ་ཆེན་སྲུང་མའི་དབང་པོ་སྲོ་བཞི་ཡི། །མི་འདའ་རྡོ་རྗེ་ཐ་ཚིག་གཉན་པོ་ཡིས། །མི་རིང་གདན་ས་འཛིན་པའི་དཔལ་དུ་ཤར། །ཞེས་གསུངས་པ་ལྟར། སྤྱི་ལོ་༡༩༣༥ པ་སྟེ་རབ་བྱུང་བཅུ་དྲུག་པའི་ཤིང་ཕག་ལོར་དྭགས་པོ་ཨེ་ལུང་པའི་ཆོས་རྒྱལ་གདུང་རིགས་ཨེ་ལྷ་རྒྱལ་རི་ཚང་གི་སྒྲིང་ཁར་གུར་ཆུང་ཞིག་ཏུ་སྐུ་བལྟམས་པ་སྟེ། འཁྲུངས་མ་ཐག་ཏུ་འབྲུག་སྒྲ་གྲགས་ཤིང་ཆར་འོད་ཆེན་པོ་བབ་པས་སྐུ་ཁྲུས་གསོལ་བ་བཅས་ངོ་མཚར་བའི་ལྟས་བཟང་དུ་མ་བྱུང་། ས་སྐྱ་གོང་མ་བདག་ཆེན་པའི་ངོས་འཛིན་ལུང་བྱང་དུ། ཨེ་དབང་ཆེན་གསེར་གྱི་ས་གཞིའི་སྟེང་། ཚེ་འཆི་བ་མེད་པའི་ལྷ་མོ་ནི་སོགས་ཀྱིས་བསྟན་པ་དང་མཐུན་པ་བྱུང་། སྐྱིད་ཡབ་གྲུབ་དབང་གོང་མའི་ཐུགས་སྲས་མཁས་ཤིང་གྲུབ་པ་བརྙེས་པའི་རིག་སྔགས་འཆང་

ཆེན་པོ་ཨ་གྲོ་ངག་དབང་ནོར་བུ་དང་། ཡུམ་མཁའ་འགྲོའི་མཚན་ལྡན་དཔལ་གྱི་ཙླ་རི་ཏུ་པ་ཚེ་རིང་ཆོས་སྒྲོན་ཏེ། སྔར་རྗེ་གོང་མ་ཞིང་དུ་མ་གཤེགས་པའི་ཡང་སྔོན་གཟིམ་ཁང་རབ་གསལ་ནས་དབྱར་གནས་པ་སེར་ཕྲེང་བྱོན་པར་གཟིགས་ཚེ། ངག་དབང་ནོར་བུ་འདི་དེང་དུས་བཙུན་ཚུལ་འདྲ་བ་ལ་ཉིན་ཞིག་ཕ་རྒན་དུ་འགྱུར་ན་མི་ཤེས་ཞེས་གསུངས་འཕྲོས་བསྟུལ་བ་གྲགས་པ་དང་། ཁྱད་པར་ཞིང་དུ་མ་གཤེགས་པའི་སྔ་རོལ་ལོ་འགའི་ཡང་སྔོན་ཙམ་ན་བསམ་ཡས་རབ་བྱུང་གྲྭ་ཚང་གི་བདག་པོ་སྐུ་ངོ་དགེ་སློང་སེང་གེ་ཤག་ནས་གྲུབ་དབང་ལྔ་བའི་མདུན་དུ་མཁན་པོ་གདན་ཞུས་བྱུང་བ་བཞིན་ཡབ་རྗེ་ངག་དབང་ནོར་བུ་བསམ་ཡས་སུ་མཁན་པོར་ཕེབས་དགོས་པའི་བཀའ་བསྟུལ་བ་དང་ཟངས་སྡོད་ཆེན་པོ་ཞིག་ཧ་སྐོལ་ས་གནང་བར་འདི་འདྲ་ཞིག་མི་གཅིག་ལ་ཆེ་ནས་འདུག་ཅེས་ཡར་ཞུས་སྐབས། ཆེ་རྒྱུ་མེད་མི་རིང་བར་ང་ཡང་ལྷ་སར་སླེབས་ཡོང་བས་མར་ལམ་ངེད་ཚོ་ལ་དགོས་མཁོ་ཡོད་གསུངས་ཞེས་ངག་རྒྱུན་དུ་གྲགས། མཁན་པོ་ངག་དབང་ནོར་བུ་དབུས་ཕྱོགས་སུ་ཕེབས་ནས་ལོ་འགར་བསམ་ཡས་དང་ཚེ་རིང་ལྗོངས་སོགས་སུ་མཁན་པོ་མཛད་དེ་མདོ་སྔགས་ཀྱི་གཞུང་བཤད་དང་དབང་ལུང་ཟབ་ཁྲིད་ཀྱི་ཆོས་འཁོར་རྒྱ་ཆེར་བསྐོར། རིམ་པས་དཔལ་གྱི་ཙླ་རི་ཏུར་གནས་འབྲེལ་དུ་ཕེབས་ཤིང་དེ་གའི་དགོན་གནས་ཀྱི་བདག་པོ་མཁའ་འགྲོའི་རིགས་བརྒྱུད་མ་ཆད་པར་གྲགས་པ་ཚེ་རིང་ཆོས་སྒྲོན་དགོས་གནད་ཁྱད་པར་བ་ལ་གཟིགས་ཏེ་ལས་རྒྱར་བཞེས་པ་ལས་མཆོག་སྤྲུལ་རིན་པོ་ཆེ་སྐུ་འཁྲུངས། དེ་ཙམ་ན་རྗོགས་ཆེན་སྤྲུལ་སྐུ་དྲི་མེད་དབུས་ཕྱོགས་སུ་གནས་མཇལ་དུ་ཕེབས་པ་དང་མཇལ་མ་ཐག་ཏུ་གུས་ཕྱག་བཅས་ངོས་འཛིན་མཛད། རུ་དམ་གདན་སའི་བླ་བྲང་ཕྱག་མཛོད་སོགས་ནས་བསམ་ཡས་ཆོས་རྒྱལ་སྐུ་རྟེན་པའི་སྲུས་

དགུང་མཉམ་ཅན་དེ་ཡིན་རེའི་གོང་མའི་ལུང་དོན་དང་མཐུན་པ་སོགས་ལབ་གླེང་སྣ་ཚོགས་བྱུང་། ཉི་སྤྲུལ་དྲུག་པ་རིན་པོ་ཆེས་སྲིད་རྫོང་ཆགས་རིའི་གདན་སར་སྤྱན་དྲངས་ནས་ཁྲི་གསོལ་མཛད་ཅིང་གདན་ས་དེར་སྐུ་བདག་མཛད་རྒྱུའི་ཐུགས་བཀོད་མཛད། མི་རིང་བར་རུ་དམ་གདན་ས་ནས་ས་སྐྱ་གོང་མ་དང་གཙང་པ་གྲུབ་ཆེན་སོགས་ལྷ་བླར་གསང་ལུང་བརྟགས་ཞུས་བགྲོས་པ་གཅིག་མཐུན་བྱུང་བས་ཞུན་མཐར་ཚོད་དེ་གདན་ཞུས་བང་མི་འགྱོར་བ་བཞིན་ཆིབས་ཞལ་མདོ་ཁམས་རུ་དམ་གདན་སར་བསྒྱུར། འདི་དུས་རྒྱ་ཧག་གི་འཚོ་བས་རྫོགས་ཆེན་དགོན་སྡེའི་བླ་གྲྭ་ཡོངས་འབམ་ཁོག་ཏུ་བྱོལ་ཏེ་བཀའ་མའི་སྒྲུབ་མཆོད་ཀུར་ནང་དུ་འཚོགས་པ་དང་ཁེལ་བས་དེར་ཁྲི་གསོལ་མཛད། ཡབ་རྒན་ངག་དབང་ནོར་བུས་སྔར་གྱི་ལབ་གླེང་བྱས་ཡུས་ལྟ་བུས་ཕྱིན་ཆད་ཁོང་ཡབ་ཡུམ་སྲས་བཅས་རྫོགས་ཆེན་བླ་བྲང་ནས་མ་གསོས་ཆེ་ཡང་སྲིད་སྲིན་ཐབས་མེད་རྩུལ་གསུང་པ་ལྟར་བླ་བྲང་ནས་ཁས་ལེན་མཛད་དགོས་བྱུང་། མི་རིང་བར་དུས་བྲེང་ཞི་འཛམ་དུ་སོང་བ་བསྟུན་སྟོན་འཁོར་ལྷན་རྒྱས་རུ་དམ་གདན་ས་ཆེན་མོར་ཞབས་པད་འཁོད། ཐོག་མར་མཁན་ཆེན་པདྨ་ཆོས་དབང་ཡོངས་འཛིན་དུ་བསྐོས་ཤིང་སྐུ་བྱིས་པའི་དུས་ནས་མཁྱེན་རབ་དང་རྣམ་དཔྱོད་འགྲན་ཟླ་བྲལ་བས་འབྲི་གློག་ནས་བཅུ་ཕྲག་རིག་པའི་གནས་ཡན་ལག་དང་བཅས་པ་དུས་ཡུན་རིང་པོའི་ངལ་བ་ལ་མ་ལྟོས་པར་དགོངས་དབྱིངས་སུ་ཆུབ་པ་བྱུང་། དགུང་ལོ་བརྒྱད་པར་དམ་ཆོས་འདུལ་བ་ལས་རབ་ཏུ་བྱུང་ནས་ཐོག་མར་དགེ་འདུན་འདུས་པ་སྟོང་ཕྲག་འཚོགས་པའི་བུམ་སྒྲུབ་ཆེན་མོའི་རྡོ་རྗེ་སློབ་དཔོན་གྱི་ཁྲིར་ཕེབས། རྡོ་རྗེ་ཐེག་པ་རང་གཞུང་ནས་ཇི་ལྟར་འབྱུང་བ་བཞིན་དེ་ཉིད་བཅུ་དང་རང་བཞིན་བརྒྱད་སོགས་ཡོན་ཏན་དང་མཚན་ཉིད་ཐམས་ཅད་མ་ཚང་བ་མེད་པས་སྐལ་ལྡན་ལས་ཅན་འདུས་པ་དང་པོའི་

འཁོར་གྱི་གདུལ་བྱ་རྣམས་སྨིན་གྲོལ་གྱི་ལམ་ལ་བཀོད། དགུན་གྲང་བའི་སྒང་ཡིན་ཡང་དབྱར་རྔའི་སྒྲ་ལྡིར་ཞིང་ཨུག་ཆོས་མེ་ཏོག་བཞད་པ་སོགས་གནས་དུས་སྟོན་འཁོར་ཕུན་སུམ་ཚོགས་པ་དགེ་ཞིང་ཤིས་པའི་ལྟས་དུ་མ་མངོན་དུ་གྱུར། སྐུ་ནར་ཙུང་ཟད་སོན་སྐབས་ངེས་པ་དོན་གྱི་རྡོ་རྗེ་འཆང་ཆེན་པོ་འཇིགས་མེད་རྟ་མགྲིན་ཡོན་ཏན་མགོན་པོ་དུས་ཀུན་འབྲལ་བ་མེད་པར་ཡོངས་འཛིན་དུ་བཞུགས་ཤིང་། རྗེ་དེ་ཉིད་ཀྱི་ཞལ་སྔ་ནས་སྔོན་འགྲོ་ཀུན་བཟང་བླ་མའི་ཞལ་ལུང་དང་། ཀློང་ཆེན་མཛོད་བདུན། སྙིང་ཐིག་དུམ་གཉིས་དང་ཡ་བཞི། གཅོད་ཡུལ་འཛིན་པ་རང་གྲོལ་སོགས་སྨིན་གྲོལ་མན་ངག་ཟབ་ཁྲིད་ཀྱི་སྐོར་མཐའ་ཡས་པ་གསན་བཞེས་མཛད་དེ་རྟོགས་པ་ཀློང་དུ་གྱུར། གཞན་ཡང་སྔ་ཕྱིར་རྫོགས་ཆེན་སྙིང་ཐན་རིན་པོ་ཆེ་ཐུབ་བསྟན་བཤད་སྒྲུབ་ཕྲིན་ལས་རྒྱ་མཚོ་ལས་གྲུབ་དབང་གོང་མ་ཐུབ་བསྟན་ཆོས་ཀྱི་རྡོ་རྗེ་ལས་བརྒྱུད་པའི་བཀའ་མ་པོད་དགུ་དང་། རིན་ཆེན་གཏེར་མཛོད་ཆེན་མོའི་སྨིན་དབང་གྲོལ་ཁྲིད་ལྷགས་ལུང་དང་བཅས་པ། འཇའ་ཚོན་པོད་དྲུག་སོགས་སྨིན་དབང་དུ་མ། ཉི་སྤྲུལ་དྲུག་པ་ཐུབ་བསྟན་འོད་གསལ་བསྟན་པའི་ཉི་མ་ལས་ཉི་གྲགས་གཏེར་ཆོས་ཆ་ཚང་བ། རྫོགས་ཆེན་ཀོང་སྤྲུལ་ལས་སྙིང་ཐིག་ཡ་བཞི་དང་དུམ་གཉིས་ཀྱི་སྨིན་དབང་། མཁན་ཆེན་པདྨ་ཐེག་མཆོག་བློ་ལྡན་གཤིན་རྗེ་སྒྲུབ་ཕུག་ཏུ་བཞུགས་པའི་མདུན་སར་དབྱར་ལོ་འགར་ཆེད་བཅར་གཟིམ་གུར་དུ་བཞུགས་ཏེ་སྙིང་ཐིག་གོང་འོག་གི་ཟབ་ཁྲིད་སྔོན་འགྲོ་དངོས་གཞི་དང་བཅས་པ། གཞན་ཉི་སྤྲུལ་རིན་པོ་ཆེ་དང་མཉམ་དུ་མི་ཕམ་བཀའ་འབུམ་དང་དཔལ་སྤྲུལ་བཀའ་འབུམ་གྱི་ལུང་། རྫ་ལྷུང་མའི་མཁན་པོ་ཐུབ་དགའི་མདུན་སར་ཆེད་ཕེབས་ཀྱིས་སྒྱུ་འཕྲུལ་གསང་སྙིང་འགྲེལ་བ་ཕྱོགས་བཅུའི་མུན་སེལ་རྒྱས་ཁྲིད། ཡབ་རྗེ་དགེ་དབང་ནོར་

བུ་ལས་གསང་སྙིང་རྒྱ་བོད་ཀྱི་འགྲེལ་བ་ཁག་དང་ཡོན་ཏན་མཛོད། རྙིང་མ་རྒྱུད་འབུམ་དང་འཇིགས་གླིང་པོད་དགུའི་ལུང་། རྒྱ་རོང་ནམ་སྤྲུལ་ལས་དགོངས་འདུས་དབང་ལུང་དང་བྱུད་གྲོལ་སོགས། ཁྱད་པར་དུ་དགུང་ལོ་བཅུ་གཅིག་ནས་འཇམ་མགོན་ཆོས་ཀྱི་བློ་གྲོས་རིགས་ཀྱི་བདག་པོར་བཀུར་ཞིང་རྫོང་སར་དུ་སྤྱི་རྗེས་ཐེངས་བཞིར་ཕེབས་ཏེ་རིན་ཆེན་གཏེར་མཛོད་ཆེན་མོ་བཀའ་རྒྱ་དང་བཅས་པ། གདམས་ངག་མཛོད། སྒྲུབ་ཐབས་ཀུན་བཏུས། ལྷ་བ་ཆེན་པོའི་རྒྱ་ཅན་ཉེར་ལྔ་སོགས་རྒྱུད་སྡེ་ཕྱི་ནང་དང་སྤྱི་འགྱུར་བཀའ་གཏེར་གྱི་སྨིན་དབང་མ་ཚང་བ་མེད་པ་གསན་ཏེ་ཐུན་མིན་རིགས་ཀྱི་བདག་པོར་བཀུར། རྗེ་གང་ལ་ཕར་ལའང་ཉེ་གྲགས་གཏེར་ཆོས་སོགས་དབང་ལུང་འགའ་ཕུལ། གཞན་ཡང་འབྲུལ་ཞིག་ཀུན་དགའ་དཔལ་ལྡན། མཁན་ཟུར་ཐུབ་བསྟན་སྐལ་གྲགས། མཁན་ཟུར་པདྨ་ཚེ་དབང་། མུ་ར་པདྨ་ནོར་བུ། དགེ་བའི་བཤེས་གཉེན་ཚུལ་ཁྲིམས་བློ་གྲོས། འབྲི་གུང་གཏེར་ཆེན་སོགས་དམ་པ་དུ་མའི་ཞབས་པད་མཉེས་པ་གསུམ་གྱིས་བསྟེན་ནས་གསར་རྙིང་རིས་སུ་མ་ཆད་པའི་ཆོས་བཀའ་རྒྱ་མཚོའི་སྨིན་གྲོལ་རྒྱབ་བརྟེན་དང་བཅས་པ་བུམ་པ་གང་བྱོའི་ཚུལ་དུ་ཐུགས་ཉམས་སུ་བཞེས། ཡི་དམ་སོ་སོའི་བསྟེན་སྒྲུབ་མཐར་ཆགས་སུ་མཛད་སྐབས་སྒྲུབ་པའི་རྟགས་མཚན་མང་པོ་མངོན་དུ་གྱུར་པ་དང་། སྣང་སེམས་ལ་རང་དབང་འགྱུར་བས་གདུལ་བྱ་ཐུན་མོང་གི་སྣང་ངོར་རྡོ་ལ་ཞབས་རྗེས་བཞག་པ། གཞན་སེམས་མངོན་པར་མཁྱེན་པ། ན་བཟའི་དུམ་བུ་ཙམ་གྱིས་ཀྱང་ནད་མཚོན་གྱི་འཇིགས་པ་འགོག་པ། གཞན་སྣང་དབང་དུ་བསྡུ་བའི་ཏིང་འཛིན་གྱིས་སྡེ་བརྒྱད་ལས་ལ་འདུ་བས་ཅི་བཅོལ་གྱི་ཕྲིན་ལས་སྒྲུབ་པ་སོགས་ཐུན་མོང་དང་ཐུན་མོང་མ་ཡིན་པའི་མཛད་པ་ངོ་མཚར་བ་བསམ་གྱིས་མི་ཁྱབ་པར་གྲགས།

དགུང་ལོ་བཅུ་བདུན་ནས་བསྟན་སྲིད་ཀྱི་ཐུགས་འགན་བཞེས་ཏེ་གྲུབ་དབང་ལྷ་པ་ཆེན་པོ་ཞིང་དུ་གཤེགས་རྗེས་རྟེན་གཞི་གཙུག་ལག་ཁང་ལ་མེ་སྐྱོན་ཤོར་བ་དང་བསྟན་འགན་པ་དག་ཐུགས་མཐུན་མ་བྱུང་བའི་རྐྱེན་གྱིས་བསྟན་དགོན་ཉམས་དམས་སུ་ཕྱིན་པ་སོར་ཆུད་པར་མཛད་པ་སྟེ། ཆོས་ཁྲིམས་དར་གྱི་མདུད་པ་སྡོམ་གསུམ་གནང་བཀག་གི་བཅའ་ཁྲིམས་གཙང་མའི་རིང་ལུགས་སྔར་ལམ་བཞིན་དམ་དུ་བཏང་བ་དང་། ཤྲཱི་སེང་ཆོས་གྲྭ་དང་སྒྲུབ་གྲྭ་བའི་ཕོགས་ཐོབ་འདུས་པ་མང་དུ་བཏང་བ་སོགས་མཛད་ཕྱིན་ཕྱོགས་སུ་བརྡལ། འདི་ཙམ་ན་ལོ་གཉིས་བསྟུད་མར་མགོ་ལོག་རྡོར་སྒོར་དང་རྫ་ཆུ་ཁའི་ཕྱོགས་སུ་གདུལ་བྱར་ཕེབས་ཤིང་འབྲེལ་ཐོག་སྐྱ་སེར་ཡོངས་སྨིན་གྲོལ་ལ་འགོད་པར་མཛད། དགུང་ལོ་ཉི་ཤུ་བཞེས་པ་ཤིང་རྟ་ལོའི་དབྱིད་ཀར་ད་བཞུགས་སྐབས་རྗེ་པདྨ་སྐལ་བཟང་དང་གཟན་དཀར་རིན་པོ་ཆེའི་དབུས་ཕྱོགས་འདུས་ཀྱི་མཁན་སྤྲུལ་འདུས་ཚོགས་ལ་ཕོ་བྲང་ཆེན་མོའི་དབང་ཁང་དུ་དབྱར་ཐོག་གཅིག་རིང་ཐོག་མར་སྒྲུབ་ཐབས་འདོད་འཇོའི་བུམ་བཟང་དབང་ལུང་གཉིས་ཀ་ནས་དབུ་རྩོམས་ཏེ། རིམ་པས་སྙིང་ཐིག་དུམ་གཉིས་ཀྱི་དབང་ལུང་ཆ་ཚང་། འདུས་མདོ་དབུས་ལུགས་སེམས་སྡེ་ཨ་དོན་བཅོ་བརྒྱད་དང་བཅས་པའི་སྨིན་དབང་རྒྱ་ཆེར་བསྐྱལ་ཏེ་ཆོས་རྒྱུན་ཕྱི་མཐར་མི་ཉམས་པར་མཛད། ཕྱི་ལོ་༡༩༥༥ པ་ཤིང་ལུགས་ལོའི་སོས་ཀར་གོང་ས་སྐྱབས་མགོན་མཆོག་རྒྱ་ནག་ནས་བོད་དུ་ཕེབས་པའི་ལམ་བར་དགོན་ཁག་ཆོས་སྡེ་ལྷན་འདུས་ལ་མཇལ་ཁ་དབང་ཆོས་གནང་བས། ཡིད་ལྷུང་ལྷ་རུའི་བྲ་ཆོད་ཕོ་བྲང་དུ་གདན་ཞུས་བྲ་སྒྲིག་གཙོ་སྐྱོང་མཛད་དེ་ཐུགས་རྗེ་ཆེན་པོའི་རྗེས་གནང་གསུང་པའི་མཇལ་ཚོགས་བཤད་ཁྲིམ་ཐོག་ཆོད་པར་མཛད། ཕྱི་ལོ་༡༩༥༦ ལོའི་སྤྲེལ་ལོའི་འགོར་སྟོན་འཁོར་ལྷན་རྒྱས་དབུས་ཕྱོགས་སུ་ཆིབས་ཁ་

བསྒྱུར་བའི་ཡར་ལམ་དགེ་རྒྱས་རྫོགས་དགོན་དུ་ཕེབས་ནས་ཉིན་གྲངས་མང་པོར་བཞུགས་ཤིང་དེར་ཟླ་མཚན་འབྲུག་པ་སྐུ་ཆེན་རིན་པོ་ཆེས་སྤྱི་འཕྲུལ་ཞི་ཁྲོའི་དབང་གསུངས། དགེ་རྒྱས་དང་འབྲོང་པ་ལྷ་སྡེར་གདུལ་བྱར་ཕེབས་ཏེ་འགྲོ་དོན་མཐའ་རྒྱས་སུ་བསྐྱངས། སྤྲུལ་ཟླའི་ཚེས་བཅུའི་ཚོགས་མཆོད་བསམ་ཡས་སུ་མཛད་ཅིང་བསྟན་འགྲོའི་རྒྱུད་མུན་སེལ་བའི་ཐུགས་སྨོན་རྒྱ་ཆེར་མཛད། རྡོ་ཤཱཀྱ་རྣམ་གཉིས་ཀྱིས་གཙོས་པའི་སྐུ་གསུང་ཐུགས་རྟེན་དང་། ལྷ་ཁང་། དགོན་སྡེ། སྒྲུབ་གནས། མཐའ་འདུལ་ཡང་འདུལ་རུ་གནོན་གྱི་གཙུག་ལག་ཁང་ལ་སོགས་པར་མཆོད་འབུལ་དང་འབྲེལ་ཐུབ་བསྟན་དར་ཞིང་རྒྱལ་ཁམས་བདེ་བའི་ཐུགས་སྨོན་མཛད། ཕོ་བྲང་པོ་ཏ་ལའི་ཚོམས་ཆེན་དུ་གོང་ས་ཐམས་ཅད་མཁྱེན་པ་དབུ་བཞུགས་དང་བཀའི་མདུན་ན་འདོན་ལྷན་རྒྱས་པའི་མདུན་སར་མ་ཧཱ་པཎྜི་ཏ་ཨེར་ཧེ་ནི་ཧོ་ཐོག་ཐུ་ཞེས་པའི་མཚན་གནས་དང་ཆབ་བྲག་ལྷ་བུའི་གདན་ཐོབ་བཀའ་ཐམ་བསྩལ་ཞིང་། བཀའ་ཤེལ་བམ་སོགས་ཆེན་པོར་འོས་པའི་ཡོ་བྱད་སྣ་ཚོགས་པས་ཆོས་སྲིད་ཀྱི་ཁྲི་འཕང་མཐོན་པོར་གཟེངས་སུ་བསྟོད་པ་བདག་གིར་བཞེས། ཕྱི་ཉིན་གོང་ས་མཆོག་ལ་བརྟན་བཞུགས་དངོས་འབུལ་རྒྱ་ཆེན་མཛད་ཅིང་མཇལ་ཚོགས་བཤད་ཐུགས་ཐོག་ནས་རྒྱས་སྤྲོས་མཛད། འདི་དུས་སྐུ་རབས་གོང་མ་དག་གི་མཛད་སྲོལ་བཞིན་གོང་ས་མཆོག་ལས་བསྙེན་རྫོགས་སྒྲུབ་རྒྱུའི་ཐུགས་འདུན་གནང་བར་བསྙེན་རྫོགས་ལོ་བཅུ་མ་ལོན་ཕྱིར་ཡོངས་འཛིན་གླིང་རིན་པོ་ཆེ་ལས་སྒྲུབ་པར་བསྐུལ་ཡང་། གྲུབ་དབང་རིན་པོ་ཆེ་ཉིད་ནས་མཁན་ཆེན་ཡོན་ཏན་མགོན་པོ་ལས་སྒྲུབ་རྒྱུའི་ཐུགས་ཐག་བཅད། མེ་བྱ་ལོའི་ལོ་གསར་དུས་སྟོན་སྨིན་གྲོལ་གླིང་ནས་མཛད་ཅིང་ཟླ་ཕྱེད་ཙམ་དུ་དབང་ཆོས་གནང་སྟེ་བཞུགས། དཔལ་རི་ཐེག་མཆོག་གླིང་གི་

ཆོས་སྡེ་ཉམས་པ་གཞུང་ས་ཆེན་མོར་སྙན་ཞུ་ཕུལ་ཏེ་སླར་གསོའི་ཐུགས་བཀོད་དང་རྟེན་རྩ་རྒྱ་ཆེར་གནང་། རིམ་པས་མ་ཡུམ་གྱི་སྐུ་ཡུལ་ཙཱ་རིར་གནས་གཟིགས་སུ་ཕེབས་ནས་ལོ་གཅིག་ཙམ་སྐུ་མཚམས་ལ་བཞུགས་རྒྱུའི་ཐུགས་འདུན་གནང་ཡང་གཞིས་དགོན་ནས་བང་ཆེན་ཆེད་བཏང་གིས་ནན་བསྐུལ་དང་། ཕྱིར་ལམ་མཁྱེན་བརྩེ་ཆོས་ཀྱི་བློ་གྲོས་ཀྱི་བཀའ་ལུང་སོགས་ལ་རྟེན་ཕྱིར་གདན་སར་ཆིབས་ཀྱི་ཁ་ལོ་བསྒྱུར། མར་ལམ་ཉི་གྲགས་གདན་ས་ཆགས་རིར་གདན་ཞུས་བཞིན་སྐུ་འཁོར་ཉི་ཤུ་ཙམ་ཕེབས་ནས་ཉིན་གྲངས་བཅུ་ཙམ་ལ་བཞུགས་ཤིང་སྤྱི་འདུས་དང་ཀློང་ཐིག་རྩ་གསུམ་དབང་གནང་བ་དང་། ཉི་སྦྲུལ་རིན་པོ་ཆེས་གུ་རུའི་སྐུ་བརྙན་སྟོང་སྐུ་ཁྲི་ཚོད་བྲིན་སྦྱུས་ལེགས་པ་བཞེངས་པར་རབ་གནས་མཛད། གཞན་ལམ་བར་གྱི་རིས་མེད་དགོན་ཁག་དང་ཆོས་སྡེ་ཁག་གི་གདན་ཞུས་བཞིན་ཕེབས་ཤིང་ཚོང་མར་སྐུ་འགྱེད་དང་། གསོལ་འདྲེན། རྟེན་བཞེག་སོགས་གྲུ་ནོམ་པའི་ལེགས་འབུལ་སྨོན་ལམ་དང་ཐུགས་དམིགས་རྣམ་པར་དག་པས་ཕྱི་ཕྱུག་མཛད་བཞིན་སྟོན་ཁར་གདན་སར་ཞབས་སོར་བཀོད། དགུང་ལོ་ཉེར་གསུམ་པར་ཡོངས་འཛིན་མཁན་ཆེན་འཇིགས་མེད་ཡོན་ཏན་མགོན་པོའི་ཞལ་སྔ་ནས་བསྙེན་པར་རྫོགས་ཏེ་ཕྱི་སོ་སོར་ཐར་པ་འདུལ་བ་རང་གཞུང་ལྟར་ཉེས་ལྟུང་གནང་བཀག་གི་གནས་ཕྲ་མོས་ཀྱང་མ་གོས་པར་མཛད། འདི་ལོའི་དགུན་ཁར་སྲིད་གཞུང་གིས་བླ་ཆེན་མི་དཔོན་རྣམས་རྒྱ་ནག་ཁྲིན་ཏུའུ་གྲོང་ཁྱེར་དང་། ཁྲིན་ཏུའུ་ནས་ཁྲུང་ཆིང་དུ་མར་ལམ་མེ་འཁོར་དང་ཡར་ལམ་གནམ་གྲུར་བཞུགས་ཏེ་བལྟ་བསྐོར་ལ་ཕེབས་བསྐུལ་བཞིན་ཡོངས་འཛིན་མཁན་ཆེན་དང་ཞབས་གྲྭ་མགོན་པོ་ཐུབ་བསྟན་བཅས་ཕེབས། ཡར་མར་གྱི་ལམ་བར་ནས་མི་ཉག་དགོན་ལག་འགའ་ལ་ཕེབས་བཞུགས་ཀྱིས་ཆོས་འབྲེལ་འགྲོ་

དོན་རྒྱ་ཆེར་མཛད་ཅིང་རྗེ་ར་དཀར་མོར་རྒྱང་གཟིགས་ཐུགས་སྨོན་གནང་ནས་ཡར་ཕེབས། གདན་སར་ཞབས་པད་བཀོད་ནས་བསགས་མཐའ་འཛད་ཅིང་འདུས་མཐའ་འབྲལ་བའི་གསུངས་འཁྲོས་ཡང་ཡང་བསྐུལ་ཏེ་བླ་བྲང་གི་དངོས་ནོར་རྣམས་དང་སྐུ་རབས་དྲུག་རིང་གི་འཚོགས་འཇོགས་ཀྱི་རྟེན་རྫ་རྣམས་ཆ་གསུམ་དུ་བགོས་པ་ལས། ཆ་གཅིག་གདན་ས་རང་གི་དགེ་འདུན་པ་རྣམས་ལ་གནང་སྟེ་ཕྱིན་ཆད་དུས་མཆོད་འཚོགས་རྒྱུ་བྱུང་ཆེ་གསོལ་ཆས་རང་རང་གིས་ཁྱེར་རྒྱུའི་ཐུགས་བཀོད་དང་། ཆ་གཅིག་མར་མེ་འབུམ་ཕྲག་མང་པོ་གཙོ་བོར་བྱས་པའི་མཆོད་སྤྲིན་རབ་འབྱམས་སྤྲོས་པས་དཀོན་མཆོག་མཆོད་པ་དང་། རྒྱལ་བཀའ་རིན་པོ་ཆེ་དང་གསོལ་འདེབས་བསམ་པ་ལྷུན་གྲུབ་མ་ཉིན་ཞག་མང་པོར་ཐུན་སྤྲེལ་གྱིས་ཞལ་འདོན་དུ་བསྒྲགས་པའི་སྐུ་ཡོན་དུ་ཕུལ། ཆ་གཅིག་ཕྱོགས་ཀྱི་དགོན་ཁག་ཆོས་སྡེ་མང་པོའི་དགེ་འདུན་པར་སྐུ་འགྱེད་དང་། དབུལ་ཕོངས་མགོན་མེད་ལ་སྦྱིན་པ་བསྐྱལ་བ་སོགས་གཏོང་བ་ཆེན་པོའི་མཆོད་སྤྲིན་གྱི་སྒོ་འཕར་རྒྱ་ཆེན་པོ་དབྱེ་བར་མཛད། ཆོས་སྲིད་ཀྱི་བཀའ་འབངས་སུ་མཆིས་པའི་སེར་སྐྱ་མཆོག་དམན་ཕོ་མོ་རྒན་གཞོན་ཀུན་བསྡུས་ནས་འདི་དང་ཕྱི་མར་ཕན་པའི་ལུགས་གཉིས་ཀྱི་བསླབ་བྱ་དམ་ཆོས་ཀྱི་སྙིང་པོ་ཅན་དག་རྣ་བའི་བདུད་རྩིར་བསྐུལ་ཞིང་། ཕྱིར་དུས་མཇལ་བར་དཀའ་བའི་རྟེན་གསུམ་བཀའ་དམ་མ་ཀུན་ཀྱང་འདི་དུས་ཞལ་ཕྱེས་ཏེ་ཁྲིམ་དབང་དུ་བསྐུར་བ་སོགས་འབྲེལ་ཚད་དོན་ལྡན་དུ་མཛད། གཞོན་པར་ཆེ་འགུག་དང་རྒན་པར་འཕོ་བའི་གདམས་པ་ཕོག་སྟེ་ཐམས་ཅད་དཀྱིལ་འཁོར་གཅིག་ཏུ་ཚོགས་པའི་རྟེན་འབྱུང་གིས་ཕྱི་མར་ཚོམ་བུ་གཅིག་ཏུ་མཇལ་བའི་ཐུགས་སྨོན་མཛད། ས་ཁྲི་ལོ་འདི་ནས་བཅོས་བསྒྱུར་དུས་ཟིང་གི་བྱེད་འགྱུལ་ཚོགས་འདུ་སོགས་ཛ་དྲག་ཏུ་ཕྱིན་སྐབས་མཁྱེན་

བློ་ཡངས་པའི་ཐབས་མཁས་ཀྱི་མཛད་པས་རྒྱ་བོད་ཀུན་ལ་མཉེས་གཤིན་པར་མཛད་ཅིང་། འདི་དུས་ཙམ་ན་ཉིན་ཞིག་གི་ཕྱི་དྲོར་གློ་བུར་དུ་ཞབས་གྲལ་པ་དོན་གྲུབ་ཕུན་ཚོགས་དང་ཡོངས་འཛིན་མཁན་ཆེན་གྱི་སྐུ་ཚ་བསོད་ནམས་སྟོབས་ལྡན་གཉིས་ལ་ཚོགས་རྫས་ཙུང་ངུ་ཞིག་གྲ་སྒྲིགས་གྱིས་དང་མཆོ་བར་མའི་གུ་རུའི་སྒྲུབ་ཕུག་ཏུ་འགྲོ་དགོས་ཞེས་བཀའ་བསྩལ། ཞབས་གྲལ་གཉིས་ནས་དོ་ནུབ་ཉི་མ་ཕྱི་དྲོར་གྱུར་པ་དང་ཆིབས་རྟ་སོགས་གྲ་སྒྲིགས་མེད་པས་སང་ཉིན་ཕེབས་ན་ལེགས་ཀྱང་། དོ་ནུབ་མ་སོང་ཐབས་མེད་ཡིན་པས་ཆིབས་རྟ་མེད་ཀྱང་རྐང་ཐང་དུ་འགྲོ་ཆོག་ཅེས་གསུངས་ནས་དཔོན་འཁོར་རྣམས་ཞབས་ཐང་གིས་སྒྲུབ་མཆོ་བར་མར་ཕེབས། དེར་གུ་རུ་ང་འདྲ་མའི་སྐུ་དྲུང་ནས་ཚོགས་བསྡུས་ཤིག་གསུངས་པའི་བར་ཞིག་ན་ཡིད་བཞིན་ནོར་བུ་མཆོག་དབུ་གཟན་གྱིས་གཏུམ་ནས་གཤམ་ཧེ་ཐུང་ཙམ་བཞུགས་རྗེས་ཕྱག་བྲིས་ཤོག་བྱང་ཞིག་མཛད་འདུག་པ་གུ་རུའི་ན་བཟའ་ནང་མའི་ཐུགས་ཀར་འཇོག་པར་མཛད། དེ་འཕྲལ་ཕྱིར་ཕེབས་སྐབས་མུན་རུབ་པས་དམ་ཅན་སྒང་དུ་ཡབ་རྒྱན་ངག་དབང་ནོར་བུ་བཞུགས་པའི་སྐུ་དྲུང་དུ་བྱོན། ཡབ་རྒྱན་མཆོག་ནས་ཁྱེད་རྣམས་འདི་འདྲའི་གློ་བུར་དུ་ཕེབས་དགོས་དོན་ཅི་ཡིན་ཞེས་ནན་འདྲི་གནང་བར་ཡིད་བཞིན་ནོར་བུས་ཚོགས་འཁོར་འབུལ་དུ་སོང་བ་ཡིན་ཞེས་པ་ཙམ་ལས་ཞིབ་གསུངས་མ་མཛད། ཡང་དུ་ཚོགས་འཁོར་དོ་ནུབ་འབུལ་དགོས་པ་ཅིའི་ཕྱིར་སོགས་ཞབས་གྲྭ་པ་བསོད་སྟོབས་ལ་ནན་འདྲི་གནང་བས། ཡིད་བཞིན་ནོར་བུས་ཕྱག་བྲིས་ཤོག་བྱང་ཞིག་གུ་རུའི་ཐུགས་ཀར་འཇོག་པར་མཛད་སོང་སོགས་ཞིབ་གསལ་ཞུས། ཡབ་རྒྱན་མཆོག་ནས་དེ་མ་ཐག་ཏུ་ཉེ་གནས་གླིང་དཀར་བཤེས་པ་བསམ་གཏན་ལ་ཁྱེད་ད་ལྟ་མྱུར་བར་སོང་སྟེ་ཕྱག་བྲིས་དེ་ཁྱེར་ཤོག་གསུངས། གླིང་དཀར་བསམ་

གཏན་གོམ་བགྲོད་ཤིན་ཏུ་མྱུར་བ་ཞིག་ཡིན་པས་ཕལ་ཆེར་དེང་དུས་ཀྱི་ཆུ་ཚོད་གཅིག་མ་ཐིམ་ཙམ་གྱིས་ཚུར་སླེབ། ཡབ་རྗེ་མཆོག་ནས་ཕྱུག་ཁྲིམས་ལ་གཟིགས་ཆེ་དུས་ཀྱི་རྒྱུད་པ་སྤོབས་སུ་བདོ་བས་སྤྱི་ཁྱེའི་བསྟན་འགྲོ་ལ་སྨན་པ་ཞིག་སྐུ་ཆེ་འདིར་མ་བྱུང་ཡང་། སྐུ་ཕྲེང་རྗེས་མ་མཁས་བཙུན་བཟང་གསུམ་གྱི་ཡོན་ཏན་འདི་ལས་ལྷག་པ་ཞིག་གི་སྐྱེ་སྲིད་བཞེས་ཏེ་སྤྱི་དང་བྱེ་བྲག་གི་བསྟན་འགྲོར་སྨན་པའི་ཐུགས་དམ་སྨོན་ལམ་རྒྱ་ཆེར་མཛད་འདུག་པར། ཡབ་རྗེ་མཆོག་ནས་ཨ་ཙི་ཙི་གསུང་པ་ཡིན་ན། དཔལ་ཆེན་བྱང་ཆུབ་སེམས་དཔའི་ཐུགས་བསྐྱེད་ཅེས་པ་གང་དུ་ཙི་ཙམ་རྒྱུད་ཅིང་ཙི་ཙམ་ཉམ་ཐག་པ་དེ་ཙམ་དུ་ཐུགས་སྤོབས་ལྷག་པར་བསྐྱེད་དགོས་པ་ལས་འདི་འདྲའི་གསུང་འཕྲིན་པ་ཙི་ལ་སྲིད་སོགས་ཐུགས་ཁྲོ་ཉམས་དང་བཅས་སྐུ་འཚོ་བཞུགས་དགོས་པའི་ཞུ་བསྐུལ་གྱི་གསུང་མཛད་མང་དུ་གནང་ཡང་། ཡིད་བཞིན་ནོར་བུ་མཆོག་ནས་ཞལ་རས་འཛུམ་ཙམ་མཛད་པ་ལས་གསུང་ལན་གང་ཡང་གནང་མ་སོང་བ་ཞེས་སྐབས་དེའི་ཞབས་གྲལ་ད་ལྟ་འཚོ་བཞུགས་པ་བསོད་ནམས་སྤོབས་ལྡན་གྱི་ངག་ལམ་དུ་གསལ། ས་ཁྲི་ལོའི་སྟོན་ཁར་ཆབ་སྲིད་སློབ་སྦྱོང་དུ་བསྐྱོད་དེ་གྲུབ་དབང་མཆོག་གི་དབུས་བླ་སྤྱིལ་ཆེ་གྲས་དཔོན་འཁོར་རྣམས་སྡེ་དགེའི་རྫོང་མཁར་དུ་ཕེབས་ཞུས་ལྷར་རླ་བ་བཞི་ལྷག་ལ་བཞུགས། དེར་རྒྱུན་པས་དམངས་གཙོ་བཙོས་སྒྱུར་གྱི་ཆབ་སྲིད་ལྟ་གྲུབ་ལ་སློབ་སྦྱོང་དང་ལོ་ངོ་སུམ་བཅུའི་རིང་རྫོགས་ཆེན་དགོན་གྱི་ཆོས་སྲིད་ལམ་ལུགས་ལ་སྐྱོན་འདོན་ངོས་ལེན་ཐེངས་འགར་མཛད། དེ་ནས་ཕྱིར་རྫོགས་ཆེན་དུ་མི་དམངས་ཚོགས་ཆེན་ཁྲིད་སྐྱོན་འདོན་ངོས་ལེན་ཆེད་ཕེབས་དགོས་པའི་བཀོད་འདོམས་བྱུང་བས། སྡེ་དགེ་ནས་ཞབས་བཏེགས་པའི་ནང་མོ་མནབས་གོས་བརྗེ་སྐབས་བླ་བྲང་གི་གཉེར་གཉེན་ཞབས་གྲས་བསོད་རྒྱལ་ལ་ཁྲིད་

ཀྱིས་ཕྱིན་ཆད་སྤྲུལ་སྐུ་སྐལ་བཟང་འདི་བདག་སྐྱོང་ལེགས་པོ་བྱོས་དང་འུ་ཅག་མྱུར་དུ་འཕྲད་ཡོང་ཞེས་ཞལ་བགོས་ནན་མོ་མཛད་པ་དང་། ཡང་ཉིན་ཞིག་ང་ལ་ཡང་མཚོན་ཟུག་པ་སྲིད་སོགས་ཕྱི་མཐའ་གཟིགས་པའི་གསུངས་བྱོན། ཡོངས་འཛིན་མཁན་ཆེན་དང་རྣམ་གཉིས་སྐུ་སྲུང་དམག་མི་བདུན་བཅས་ཆིབས་སྐྱོད་ཀྱིས་ཕེབས་པས་དགུང་ཁ་ས་རུབ་ཙམ་ན་རྫོགས་ཆེན་དུ་ཕེབས། དགོན་འདབས་ནས་སྐྱེ་བོ་འགའ་ཞིག་གིས་ངན་སྨོད་བཅས་རྗེས་འདེད་བྱུང་ཡང་སྐུ་སྲུང་དམག་མི་ཡོད་པས་དེ་ནུབ་མ་སྐྱོན་ཙམ་བྱུང་ཞེས་ཕྱིས་སུ་ཡོངས་འཛིན་མཁན་ཆེན་ནས་གསུངས། དེ་མུར་ཕོ་བྲང་དུ་དོ་དམ་མཛད་ནས་ཞག་འགའ་བཞུགས་པའི་ནུབ་མོ་སྟེ་དགུང་ལོ་ཉེར་ལྔ་པ་རབ་རྒྱལ་ས་ཕག་ཧོར་ཟླ་དང་པོའི་ཚེས་གཅིག་གི་མཚན་མོར་གློ་བུར་དུ་ངོ་ལོག་དུས་འཁྲུགས་ཀྱི་འགལ་རྐྱེན་བྱུང་ཚེ། སྐས་ཐོག་ནས་སྐུ་རྒྱང་དུ་མར་ཕེབས་སྐབས་ཤིག་ན་ངོ་ཐག་མ་ཆོད་པ་ལྟ་བུས་སྐུ་ལ་མཚོན་བཞེས་མོད་སྐུ་ཁྲག་ཙུང་ཟད་བྱུང་བ་ཙམ་ལས་སྐྱོན་ཆེར་མ་བྱུང་བ་ལྟར་སྣང་ཞེས་དེར་ཡོད་ཀུན་མགྲིན་གཅིག་ཏུ་གླེང་། ཕེབས་ལམ་གྲྭ་ཁང་ཞིག་ནས་རྨ་བཅོས་དང་བཅས་མནབས་གོས་བརྗེས་ཏེ་གདན་ཞུས་བྱས། ཤྲཱི་སེང་མདུན་ཐང་དུ་སླེབ་པ་ཙམ་ན་མེ་ཕུང་དུ་འབར་བའི་གཙུག་ལག་ཁང་སོགས་ལ་ཞལ་ཕྱིར་ཕྱོགས་ཏེ་གཟིགས་ཤིང་བསུར་བསྔོ་སྨོན་ལམ་གསུངས། དེ་ནུབ་མཚན་ཐོག་ཐག་ཏུ་ཕེབས་པས་གདོང་ཕུ་ཞེས་པའི་ས་ཆར་སླེབ་སྐབས་ནམ་ལངས། ཆིབས་ལས་བབ་ཏེ་སྐུ་ངལ་གསོ་རྩོལ་དང་བཅས་ཡོངས་འཛིན་མཁན་ཆེན་དང་དེ་ནུབ་ཞལ་གྲོས་སོང་སྐབས་ཉེ་ཕྱོགས་སུ་ཕེབས་ཡོད་མེད་བལྟོས་ཤོག་གསུངས། ད་དུང་ཕེབས་མི་འདུག་ཞུས་པ་དང་འཕོ་ལུང་གསུངས་བར་མཛད་ཚེ་ཞེ་ཆེན་རབས་འབྱམས་རིན་པོ་ཆེ་སྐུ་དྲུང་དུ་བཞུགས་པས་བཞུགས་ཞུས་

ཞུལ་བ་ན། ཁྱེད་ཀྱིས་ཀྱང་ང་ལ་རམ་འདེགས་ཤིག་མཛད་ན་དེས་དགའ་གསུངས་ཏེ་དེ་ཉིད་དུ་གཟུགས་སྐུའི་བཀོད་པ་ཞི་བའི་དབྱིངས་སུ་བསྡུས་པར་མཛད། ཤུལ་ལུས་པ་དག་སྨྱུ་ངན་ཆེན་པོས་ནོན་ཏེ་ཅི་བྱེད་བྲལ་ཞིང་། ཞེ་ཆེན་རབ་འབྱམས་རིན་པོ་ཆེས་སྐུ་གདུང་སྐབས་ཤིག་དེ་གར་ས་སྦས་བྱས་ཏེ་དུས་འཇག་བར་ངང་སྒྲུགས་བྱས་ན་གསུངས། དེ་རྩལ་ཡོངས་འཛིན་མཁན་ཆེན་མཆོག་གིས་གསན་པས་གསུང་ཆ་བྱུང་བ་ལྟར་སྐུ་གདུང་རིན་པོ་ཆེ་ཧོར་རྒྱུད་ཁྲོམ་བཟའི་ས་ཆར་སྤྱན་དྲངས། ཆོས་ལྷ་ཉིན་ཡོངས་འཛིན་མཁན་ཆེན་མཆོག་དང་འབྲུག་པ་སྐུ་ཆེན། མ་ཡུམ་ལྷུམ་སྲིང་སོགས་ཤུལ་ལུས་སྐུ་སེར་རྣམས་ལྷན་འཛོམས་ཀྱིས་ཧོར་ཉིན་ཁྲོམ་གཟའི་ས་ཆ་སྒོའི་བྲག་ལུང་མདོར་སྐུ་གདུང་རིན་པོ་ཆེ་ཞུགས་ལ་ཕུལ། དུས་དེར་ནམ་མཁའ་མཐིང་ཤུན་ལྟར་གཡའ་དག་པའི་ངོས་ཀུན་ཏུ་སྤྲིན་དཀར་གྱི་འཇའ་རིས་སྲབ་མོའི་སྐུ་གཟུགས་དང་ཕྱག་མཚན་བཀྲ་ལམ་མེ་མངོན་པ་དང་། ཨ་ཡིག་རང་གྲོན་དོད་པའི་དབུ་ཐོད་དང་ཐུགས་ལྟེགས་སྤྱན་གསུམ་མེས་མ་རྨུས་པ་དང་། གདུང་ཆེན་རིང་སྲེལ་གྲངས་མེད་པ་ཆར་ལྟར་བབས་པ་བཅས་ཐ་མའི་མཛད་པ་མཐོང་ཞིང་ཐོས་པ་དག་ཀྱང་རྣམ་གྲོལ་ཞི་བའི་གོ་འཕང་ལ་དབུགས་འབྱིན་པའི་ས་བོན་ཐེབ་པར་མཛད་ཅིང་ཐམས་ཅད་སྐྱོ་གདུང་སངས་ལྷ་བུ་བྱུང་། དེ་ཉིན་ཡོངས་འཛིན་མཁན་ཆེན་རིན་པོ་ཆེ་མཆོག་ནས་མི་རིང་བར་རྒྱལ་བསྟན་ཡང་དར་གྱི་དུས་བཟང་གསར་དུ་འཆར་སྲིད་པ་དང་གྲུབ་དབང་རིན་པོ་ཆེའི་ཡང་སྲིད་གདན་སར་འཁོར་པར་འགྱུར་སོགས་ཀྱི་བཀའ་སློབ་འཆི་སོས་ཀྱི་བདུད་རྩི་ལྟ་བུ་བསྩལ་ཞིང་མྱུར་འབྱོན་གསོལ་འདེབས་ཀྱང་མཛད་པ་ནི། ཐུགས་དམ་རྒྱུད་བསྐུལ་མྱུར་འབྱོན་གསོལ་འདེབས་དོན་ཀུན་འགྲུབ་པའི་དབྱངས་སྙན་ཞེས་བྱ་བ་བཞུགས་སོ། །ཨོཾ་སྭ་སྟི། རྒྱལ་ཀུན་སྤྱི་གཟུགས

ཨོ་རྒྱན་རྡོ་རྗེ་འཆང་། །སྲིད་ཞིའི་འཇིགས་བྲལ་བྱང་ཆུབ་རྡོ་རྗེའི་ཞབས། །མི་ཕྱེད་དད་པའི་སྙིང་ནས་གསོལ་བ་འདེབས། །བདག་སོགས་གདུལ་བྱར་ད་དྲུང་ཐུགས་རྗེའི་དགོངས། །སླིགས་འགྲོའི་སྡུག་བསྔལ་ཤིན་ཏུ་བཟོད་དཀའ་བའི། །དུས་འདིར་དཔའ་ཆེན་ཐུགས་བསྐྱེད་ཤུགས་ཆེན་པོའི། །གདུལ་དཀའ་གདུལ་ཐབས་བསམ་གྱིས་མི་ཁྱབ་པའི། །ཐབས་མཁས་སྟོང་གི་གཟི་བྱིན་རྩལ་ཆེན་བསྐྱེད། །མགོན་ཁྱོད་རེ་ཞིག་ཞི་བའི་དབྱིངས་བཞུགས་ཀྱང་། །མྱུར་འགྲོགས་འཕྲིན་ལས་མཆོག་གི་ཐབས་ཆེན་པོའི། །གང་དུ་སྤྲུལ་བའི་སྒྱུ་འཕྲུལ་རྡོ་རྗེས་གར། །ནུབ་པ་མེད་པར་རྟག་ཏུ་སྣང་བར་མཛོད། །ཡེ་ཤེས་སྒྱུ་མའི་མཚན་དཔེ་སྤྲོ་དང་བསྡུ། །རྣམ་རོལ་འདོད་དགུ་བསྒྱུར་བའི་མངའ་བདག་ཁྱེད། །ཐུགས་དམ་རྒྱུད་བསྐུལ་གསོལ་འདེབས་བུ་སློབ་རྣམས། །ནམ་ཡང་མི་འདོར་ཐུགས་བསྐྱེད་དམ་བཅའ་དགོངས། །མགོན་ཁྱོད་ཞི་བདེའི་དབྱིངས་སུ་ཐུགས་གཞོལ་ན། །ཉམས་ཐག་གདུལ་བྱའི་སྐྱབས་གནས་སུ་ལ་རེ། །སྨོངས་པའི་ལམ་སྟོན་རེ་ལྟོས་སུ་ལ་བྱེད། །དེ་ཕྱིར་མྱུར་འགྲོགས་ཐུགས་རྗེའི་རྗེས་བཟུང་མཛོད། །དེང་ནས་སྐྱེ་དང་ཚེ་རབས་ཐམས་ཅད་དུ། །རྡོ་རྗེ་འཆང་དངོས་བསྟན་འགྲོའི་མགོན་ཁྱོད་ཀྱིས། །རྗེས་བཟུང་བཤད་སྒྲུབ་སྨིན་གྲོལ་བདུད་རྩི་ཡིས། །བདག་སོགས་གདུལ་བྱ་སྨིན་ཞིང་གྲོལ་བར་མཛོད། །མགོན་ཁྱོད་ཡེ་ཤེས་སྒྱུ་འཕྲུལ་ཆུ་ཟླའི་གར། །མི་ཕྱེད་རྡོ་རྗེའི་མཚན་དཔེ་དབང་འགྱུར་ཏེ། །ཐུན་མོང་ཐུན་མིན་ཡོན་ཏན་རྩ་རྫོགས་ནས། །བསྟན་འགྲོར་སྨོན་པའི་འཕྲིན་ལས་རྒྱས་གྱུར་ཅིག །མཆོག་གསུམ་རྒྱལ་བ་སྲས་བཅས་ཐུགས་རྗེ་དང་། །ཆོས་ཉིད་ཆོས་ཅན་བསླུ་མེད་བདེན་པའི་སྟོབས། །བདག་ཅག་དད་

གུས་མོས་པའི་གསོལ་བཏབ་མཐུས། །རེ་བའི་འབྲས་བུ་བསླུ་མེད་འགྲུབ་གྱུར་ཅིག །ཅེས་མཆོག་གི་སྤྲུལ་བའི་སྐུ་དམ་པ་དེ་ཉིད་ལ་དད་དམ་མི་ཕྱེད་པ་མཁན་མིང་ཡོན་ཏན་མགོན་པོས་བྲིས་ནས་གསོལ་བ་བཏབ་པ་དེ་བཞིན་དུ་འགྲུབ་པར་གྱུར་ཅིག །ཅེས་གསུངས། ཟླ་དེའི་ཚེས་བརྒྱད་ཉིན་གྱི་ནུབ་མོ་ཡོངས་འཛིན་མཁན་ཆེན་འཇིགས་མེད་ཡོན་ཏན་མགོན་པོ་མཆོག་དང་། རྗེ་ཉིད་ཀྱི་སྐུ་ཚ་བསོད་ནམས་སྟོབས་ལྡན། དོན་གྲུབ་ཕུན་ཚོགས། འཇམ་དབྱངས་རྒྱ་གྲོལ་བཅས་རས་གུར་ཞིག་ཏུ་གཟིམས་པའི་ནམ་གུང་ཙམ་ན་མཁན་ཆེན་རིན་པོ་ཆེས་དབུ་གཏེགས་ཏེ་མར་མེའི་འོད་ནས་ཕྱག་བྲིས་ཤིག་མཛད་བཞིན་འདུག་པ། ཕྱི་ཉིན་སྔ་མོ་སྐུ་ཚ་བསོད་ནམས་སྟོབས་ལྡན་ལ་མཚལ་སྨྱུག་གིས་བྲིས་པའི་ཤོག་བྱང་བརྟ་ཡིག །རྗེ་སངས་རྒྱས་ཀུན་དངོས་རྡོ་རྗེ་འཆང༔ དྲིན་འཁོར་མེད་མཚོ་སྐྱེས་རྡོ་རྗེ་ལ༔ སྙིང་རུས་པའི་གཏིང་ནས་གསོལ་བ་འདེབས༔ བློ་བསམ་དོན་ཆོས་བཞིན་འགྲུབ་པར་ཤོག༔ ཤར་ཆུ་འཛིན་དཀར་པོའི་འོག་ཤེད་ན༔ སྙིང་དམར་པོའི་དྭངས་བཅུད་ཐིགས་པ་ཞིག༔ མིང་ཧྲྀ་ཛ་ཧཱ་རེའི་སྙིད་ཁྲིམ་དུ༔ ཡ་མཚན་གྱི་ཐིག་ལེར་སྨིན་པའི་ཚུལ༔ སེམས་དགའ་སྐྱོ་འདྲེས་པའི་སྣང་ཉམས་སུ༔ འལ་འོལ་གྱི་ཀུན་རྟོག་ཐོལ་ཐོལ་སྐྱེས༔ སྙིང་དམར་པོའི་བཅུད་དུ་རྒྱས་བཏབ་སྟེ༔ དུས་རེ་ཞིག་སྤྱིར་གྱི་ཁ་བཞིན་སྦོམས༔ ཞེས་གསུངས་པ་ཤིག་གནང་སྟེ་ཁྱོད་ཀྱིས་འདི་ཉར་ཚགས་ལེགས་པོ་གྱིས་ཞེས་ཞལ་བསྒོས་མཛད། དེ་རྗེས་ཟླ་བ་གསུམ་ཙམ་རིང་དཔོན་འཁོར་རྣམས་ཐ་བརྒྱུད་ཁྲིམ་བཟའ་དང་དཔོན་པོ་སོགས་ཀྱི་རི་ལུང་འགར་སྒྲུབ་སྐུང་གིས་ཕེབས་པར་མཛད་ཅིང་ས་ག་ཟླ་བའི་ཚེས་ཉེར་ལྔ་ཉིན་ཡོངས་འཛིན་མཁན་ཆེན་རིན་པོ་ཆེ་ཡང་དུས་འཁྲུགས་ཀྱིས་རྐྱེན་པས་དགོངས་པ་རྫོགས། མི་རིང་བར་

སྐྱབས་རྗེ་པདྨ་སྐལ་བཟང་རིན་པོ་ཆེ་མཆོག་སྟེ་དགེའི་དོ་དམ་ཁང་ནས་རྩུར་རྫོགས་ཆེན་ལ་ཕེབས་རྗེས། སྤྱི་ལོ་༡༩༦༨་པ་ཞིང་འབྲུག་ལོར་བསོད་ནམས་སྟོབས་ལྡན་གྱིས་བརྡ་ལུང་ཕྲུག་བྲིས་འཁྲུལ་མེད་ཕྲུག་ཏུ་ཕུལ། སྐྱབས་རྗེ་མཆོག་ནས་ཡིད་བཞིན་ནོར་བུའི་གདུང་རུས་ཆ་ཚང་དང་ལུང་བསྟན་ཤོག་བྱང་གཉིས་སྐུ་སྒྲིག་དང་བསྒོས་ཏེ་ཉར་སྲུང་མཛད་ཅིང་། ཞུལ་ལུས་བླ་གྲྭ་ལྷག་བསམ་ཅན་ཀུན་གྱིས་བརྡ་ལུང་བློར་བསྐྱུར་ཞིང་ཡང་སྲིད་ངེས་རྙེད་གདན་སར་འཁོད་རེ་དང་བསྟན་དགོན་སླར་གསོ་འབྱུང་རེའི་ལོ་རྒྱའི་འཁོར་ལོ་ཇི་སྙེད་ཅིག་བསྐྱུལ་བར་མཛད་དོ། གྲུབ་དབང་དྲུག་པ་རིན་པོ་ཆེ་ཉིད་སྐྱེས་སྦྱང་མཁྱེན་རབ་ཕུལ་དུ་ཕྱིན་ནའང་སྐུ་ན་གཞོན་ནུ་ནས་དགོངས་པ་རྫོགས་པས་གསུང་ཆོས་ལྷུགས་རྩོམ་ཉུང་ངུ་ལས་མི་བཞུགས་ཤིང་། ད་ལམ་གང་འགྲོར་བ་དག་ཕྱོགས་གཅིག་ཏུ་བཀོད་པ་དང་བསྟུན། སྔར་སོར་རྫོགས་ཆེན་ཆོས་འབྱུང་དུ་བྲིས་པའི་རྣམ་ཐར་ལ་ཡང་དུ་རྗེ་ཉིད་ཀྱི་ཞལ་ཟིན་ཐུགས་སྲས་སྐྱབས་རྗེ་པདྨ་སྐལ་བཟང་དང་། སྐྱབས་རྗེ་གཟན་དཀར་རིན་པོ་ཆེ་རྣམ་གཉིས་ལ་བཀའ་འདྲི་དང་། དེང་དུས་འཚོ་བཞུགས་ཡོངས་འཛིན་མཁན་ཆེན་རིན་པོ་ཆེའི་སྐུ་ཚ་ཞབས་གྲྭ་ནང་མ་བསོད་ནམས་སྟོབས་ལྡན་གྱི་ངག་རྒྱུན་བཅས་ཁུངས་ལྡན་རྣམ་ཐར་མདོར་བསྡུས་སུ་བཀོད་པ་པོ་ནི། མཁྱེན་གཟིགས་དམ་པ་དག་གི་ཞལ་སྔ་ནས་ཡོངས་འཛིན་མཁན་ཆེན་བླ་མའི་བརྡ་ལུང་གིས་བསྟན་དོན་གྲུབ་དབང་རྫོགས་ཆེན་པའི་མཚན་གྱི་ཅོད་པན་གྱིས་མངོན་པར་བསྟོད་པ་བསྟན་འཛིན་ལུང་རྟོགས་ཉི་མས་མེ་སྤྲེལ་ས་ག་ཟླའི་ཡར་ཚེས་ལ་བྲིས་པ་དགེ།

༄༅། །ཨོ་རྒྱན་རིག་འཛིན་བརྒྱུད་པའི་ཐུགས་དམ་རྒྱུད་བསྐུལ་འཕྲིན་ལས་གློག་ཞགས་བཞུགས་སོ།།

ཧཱུྃ༔ ཧཱུྃ༔ ཧཱུྃ༔ རྗེ་བཙུན་ཨོ་རྒྱན་ཐོད་ཕྲེང་རྩལ། །རྩ་གསུམ་དཀྱིལ་འཁོར་ཀུན་གྱི་བདག །བདེ་གློང་ཐུགས་རྗེའི་རྩལ་ཕྱུངས་ཏེ། །སྐལ་ངན་དུས་ཀྱི་རྒུད་པ་བཟློག །བྱིན་རླབས་མཆོག་གི་དངོས་གྲུབ་བསྩོལ། ཧཱུྃ༔ ཧཱུྃ༔ ཧཱུྃ༔ འོག་མིན་བདེ་བ་ཆེན་པོའི་ཞིང་། །རང་སྣང་པདྨ་དྲྭ་བ་ནས། །གུ་རུ་རྡོ་སྐྱུ་ཐོད་ཕྲེང་རྩལ། །དྲག་གཏུམ་ཁྲོས་པའི་འཁོར་གྱིས་བསྐོར། །སྐལ་ངན་དུས་ཀྱི་རྒུད་པ་བཟློག །བྱིན་རླབས་མཆོག་གི་དངོས་གྲུབ་བསྩོལ། ཧཱུྃ༔ ཧཱུྃ༔ ཧཱུྃ༔ གསང་མཆོག་ལྷུན་གྲུབ་དུར་ཁྲོད་བརྒྱད། །མངོན་སྤྱོད་རོལ་པའི་ཞིང་ཀུན་ནས། །གུ་རུ་རིག་འཛིན་མཆོག་བརྒྱད་པོ། །སྒྲུབ་སྡེ་བརྒྱད་ཀྱི་རང་རྟགས་བཅས། །སྐལ་ངན་དུས་ཀྱི་རྒུད་པ་བཟློག །བྱིན་རླབས་མཆོག་གི་དངོས་གྲུབ་བསྩོལ། ཧཱུྃ༔ ཧཱུྃ༔ ཧཱུྃ༔ རྣམ་གྲོལ་དག་ཆེན་རྡོ་རྗེའི་གྲོང་། །མཁའ་སྤྱོད་ལ་སོགས་ཞིང་ཀུན་ནས། །གྲུབ་ཐོབ་རྗེ་འབང་ཉེར་ལྔ་པོ། །ཡ་མཚན་གྲུབ་བརྙེས་རང་རྟགས་བཅས། །སྐལ་ངན་དུས་ཀྱི་རྒུད་པ་བཟློག །བྱིན་རླབས་མཆོག་གི་དངོས་གྲུབ་བསྩོལ། ཧཱུྃ༔ ཧཱུྃ༔ ཧཱུྃ༔ འོག་མིན་མཁའ་སྤྱོད་ས་འོག་སྤྱོད། གནས་ཡུལ་དག་པའི་གྲོང་ཁྱེར་ནས། །རབ་འབྱམས་རྩ་གསུམ་དཀྱིལ་འཁོར་ཀུན། འབུམ་ཕྲག་ཚོམ་བུའི་འཁོར་དང་བཅས། །སྐལ་ངན་དུས་ཀྱི་རྒུད་པ་བཟློག །བྱིན་རླབས་མཆོག་གི་དངོས་གྲུབ་བསྩོལ། ཧཱུྃ༔ ཧཱུྃ༔ ཧཱུྃ༔ རིག་

འདུས་བདེ་གཤེགས་དཀྱིལ་འཁོར་དུ། བསྙེན་ཅིང་སྒྲུབ་པའི་རྣལ་འབྱོར་པ། །བདག་ཅག་མཆེད་ལྕམ་ཐམས་ཅད་ཀྱི། རྟོགས་པ་སྤྱོར་ལ་བྱིན་ཆེན་ཕོབས། གདན་གསུམ་ལྷ་སྐུའི་དངོས་གྲུབ་བསྩོལ། །གསང་གསུམ་རོ་གཅིག་བྱིན་གྱིས་རློབས། ཧཱུྃ༔ ཧཱུྃ༔ ཧཱུྃ༔ གནས་ཡུལ་སྣང་སྲིད་གང་ཤར་ཀུན། །རབ་འབྱམས་དག་པའི་བརྟེན་གཡོ་བསྒྱུར། །སྣང་ཞེན་ལོག་པའི་རུ་ཏྲ་ཀུན། །མྱིང་མེད་ཀ་དག་ཆེན་མོར་བསྒྲལ། །གདོད་ནས་ལྷུན་གྲུབ་དག་པ་བསྩོལ། གཞི་གྲོལ་ཆེན་པོ་བྱིན་གྱིས་རློབས། །གུ་རུ་དྷེ་ཝ་ཌཱ་ཀི་ནི་སརྦ་ཧྲ་ན་ཀ་ཡ་ཨཱཀྲཱ་ཙིཏྟ་སིདྡྷི་ཕ་ལ་ཧཱུྃ༔ ཧཱུྃ༔ ཧཱུྃ༔ དད་དམ་ལྡན་པའི་རིག་པ་འཛིན་པ་དག་གིས་འདི་ལྟར་བརྩོན་ན་བྱིན་རླབས་དགེ་མཚན་འབྱུང་ངེས་སོ། ཅེས་པ་འདི་ལྟར་ཕྱུག་ཚྭོ་དགོན་དུ་དུས་མཆོད་གསར་འཛུགས་སྐབས་འདོན་རྒྱུའི་གསོལ་འདེབས་རྒྱུད་བསྐུལ་ཞིག་འབྲི་དགོས་ཀྱི་བསྐུལ་མ་བླ་མ་ཀུན་རྣམ་ནས་བྱས་བཞིན། སྔ་འགྱུར་རིག་འཛིན་བརྒྱུད་པའི་ཆོས་བྲལ་ལ་ཡིད་ཆེས་ཀྱི་སྐྱོ་བ་མཆོག་དང་ལྡན་པའི་དུས་མཐའི་སྤྲུལ་ཟློབ་གཞོན་ནུ་འཇིགས་བྲལ་བྱང་ཆུབ་རྡོ་རྗེས་མཚོ་སྣའི་སིདྡྷིའི་ཕུག་སྒྲུབ་ཆེན་མོའི་ཡར་ངོའི་ཚེས་བཅུ་ལ་ཤུགས་འབྱུང་དུ་བྲིས་པ་དགེ།།

༄༅། །སློབ་དཔོན་ཆེན་པོར་གསོལ་བ་འདེབས་པ།།

དུས་གསུམ་བདེ་གཤེགས་རྩ་གསུམ་རབ་འབྱམས་ཀྱི། །ཡེ་ཤེས་གཅིག་བསྡུས་གདུལ་དཀའི་སྐྱབས་གཅིག་པུ་ཝུ། རྗེ་བཙུན་ཆེན་པོ་པདྨ་འབྱུང་གནས་ལ། །གསོལ་བ་འདེབས་སོ་མཆོག་ཐུན་དངོས་གྲུབ་བསྩོལ། །རྗེ་ཆེན་པོ་སྤྲུལ་

འཁོར་ཐམས་ཅད་ཀྱིས། །སྣོད་བཅུད་རྒྱུད་པའི་བལྟས་མཚན་ཀུན་བསལ་ཏེ། །དག་ཆེན་རྒྱལ་བའི་ཞིང་དང་ཡེ་ཤེས་ཀྱི། །མ་ལུས་འགྲོ་ཀུན་གྲོལ་བར་བྱིན་གྱིས་རློབས། །ཁྱད་པར་བདག་ཅག་འབྲེལ་བས་བསྡུས་པ་ཡི། །བཟང་ངན་སྐྱེ་བོ་གཟུགས་ཅན་གཟུགས་མེད་ཀུན། །གནས་སྐབས་མཐར་ཐུག་མི་མཐུན་ཀུན་ཞི་ནས། །རྗེ་བཙུན་གུ་རུའི་རྗེས་སུ་བཟུང་དུ་གསོལ། ཞེས་མོས་གུས་ཀྱིས་བློ་གྲོས་ཡངས་པ་གཞོན་ནུ་བྱང་ཆུབ་རྡོ་རྗེས་གསོལ་བ་བཏབ་པ་དགེ།། །།

༄༅། །རྗེ་ཉིད་དང་ཡོངས་འཛིན་མཁན་ཆེན་ལ་གསོལ་འདེབས་ཞལ་གསུང་མ།།

ཤེས་བྱ་ཀུན་གཟིགས་གཞན་ཕན་སྣང་བ་ཡིས། །རྗེས་བཟུང་སྨིན་གྲོལ་བདུད་རྩིས་རྒྱུད་གཏམས་པ། །མངོན་སུམ་ཆོས་ཉིད་དོན་གོམས་རྣལ་འབྱོར་པ། །འཇིགས་མེད་ཡོན་ཏན་མགོན་པོར་གསོལ་བ་འདེབས། །ཨོ་རྒྱན་སློབ་དཔོན་པདྨ་ཀ་ར་དང་། །འཇིགས་བྲལ་ཐེག་མཆོག་ཤིང་རྟ་བློ་མ་ལ། །དབྱེར་མེད་བྱང་ཆུབ་རྡོ་རྗེ་སྤྲུལ་བའི་སྐུར། །གསོལ་བ་འདེབས་སོ་བདག་རྒྱུད་བྱིན་གྱིས་རློབས། །རྒྱལ་ཀུན་སྤྱི་གཟུགས་ཨོ་རྒྱན་ཐོད་ཕྲེང་རྩལ། །གདུང་དཀའི་འགྲོ་ངོར་འཇིགས་བྲལ་བསྟན་པའི་བདག །ཐེག་མཆོག་ཨ་ཏིའི་རང་ལུགས་གསལ་མཛད་རྗེ། །བྱང་ཆུབ་རྡོ་རྗེའི་ཞབས་ལ་གསོལ་བ་འདེབས། །དེ་སྐད་མཐུན་གྲོགས

སྐུ་རབས་དྲུག་པ་འཇིགས་བྲལ་བྱང་ཆུབ་རྡོ་རྗེའི་གསུང་ཚན།

དམ་པའི་ངོར། །རང་ལ་མངོན་པར་རང་བསྟོད་མཁན། །རང་མཐོང་ཅན་གྱི་མདོ་ཁམས་པ། །བན་རྒྱལ་བློ་གྲོའི་མིང་གིས་བྲིས།།

༄༅། །འཇིགས་བྲལ་བྱང་ཆུབ་རྡོ་རྗེའི་གསོལ་འདེབས་ཞལ་གསུང་མ།།

དུས་གསུམ་ཀུན་མཁྱེན་པདྨ་འབྱུང་གནས་དང་། ཐེག་མཆོག་བསྟན་པའི་བདག་པོ་བློ་མ་ལ། དབྱེར་མེད་རྡོ་རྗེ་འཛིན་པའི་སྤྲུལ་བའི་སྐུ། འཇིགས་བྲལ་བྱང་ཆུབ་རྡོ་རྗེར་གསོལ་བ་འདེབས། གསོལ་འདེབས་འདི་ཉིད་ལྷ་སར་ཕེབས་སྐབས་ཞབས་ཆེན་ཕ་ཕང་རྟར་སྒར་བཞུགས་ཚིབས་སྐྱེལ་དུས། གཟན་དཀར་མཆོག་སྤྲུལ་རིན་པོ་ཆེས་བསྐུལ་ངོར་འཕྲལ་མར་ཕྱག་བྲིས་མཛད་དེ་གནང་བྱུང་གསུངས་སོ།

༄༅། །ཉི་གྲགས་རྒྱལ་སྲས་ཀུན་བཟང་བསྟན་འཛིན་ལ་གནང་བའི་ཞལ་ལུང་།།

གདོད་མའི་སྟོན་པ་ཀུན་ཏུ་བཟང་། །དབྱིངས་རིག་ལྷ་བའི་ཕྱག་གིས་འདུད། །གསང་ཆེན་ཐེག་རྩེའི་བསྟན་པ་མཆོག །འཛིན་མཁན་ཆོས་ཀྱི་དབང་

ཕྱུག་ཕྱོད། །གངས་ལྗོངས་ཤར་རིའི་ཕྲག་པ་རུ། །ཐུགས་བསྐྱེད་རྟ་བདུན་གྱིས་དྲངས་པའི། །མཛེས་སྐུ་ཉིན་བྱེད་དབང་པོ་ལ། །བློ་བུར་རྐྱེན་གྱིས་སྒྲིབ་ཉེས་ཡོད། །དེ་ཚེ་མཐུན་རྐྱེན་འཚོ་བའི་ཐབས། །ཡི་དམ་དབང་དྲག་པདྨ་ཁྲོས། །གསང་གསུམ་ད་ལའི་གསལ་རྟེན་བསྒོམ། །དུས་མིན་རྐྱེན་གྱིས་བསྣུག་མི་ཀླེད། །བར་སྐབས་དུག་ལྔའི་ཆོ་འཕྲུལ་གྱིས། །ཆགས་སྡང་ཆོས་བརྒྱུད་གཡེངས་ཉེན་ལ། །རྐྱེན་སེལ་བླ་མ་དཀོན་མཆོག་དང་། །ཀུན་འདུས་བླ་མར་གསོལ་འདེབས་མཛོད། །ཐུགས་དམ་རྟོགས་པའི་བོགས་འདོན་དང་། །གཉེན་པོ་ལྟ་བའི་གདེངས་ཞིག་དགོས། །རང་གནས་ཡེ་ཤེས་རྫོགས་པ་ཆེ། །མ་འཁྲུལ་དགོངས་པ་ཉམས་བཞེས་མཛོད། །ཅེས་པ་སོགས། སྐྱབས་དབང་དྲུག་པ་འཛིགས་བྲལ་བྱང་ཆུབ་རྡོ་རྗེ་ཉིད་གྲགས་གདན་སར་ཕེབས་སྐབས་རྒྱལ་སྲས་རིན་པོ་ཆེས་ཞུ་བསྐུལ་ངོར་གནང་བ་དེ་མན་ཐུགས་བརྗེད་དུ་སོང་བས་མི་དྲན་གསུངས།

༄༅། །ཐུབ་བསྟན་འཛམ་དབྱངས་ལ་བསྩལ་བའི་ཞལ་གདམས།།

དུས་གསུམ་བདེ་གཤེགས་འགྲོ་བའི་མགོན་མཆོག་རྣམས། །ཟག་མེད་ཞི་བའི་དགོངས་ཀློང་དམ་པ་ནས། །གདུལ་དཀའི་སྐྱབས་སུ་ཡོངས་ཤར་སྒྱུ་མའི་འཕྲུལ། །དམ་པའི་སྐྱེས་མཆོག་དེ་རྣམས་ཕྱག་བགྱིའོ། །སྨོན་རབས་སྨིན་པའི་གོང་ནས་ད་བར་དུ། །ལས་ཉོན་ཚད་པས་གདུང་བའི་སྡུག་བསྔལ་ནད། །ད་རེས་རིན་ཆེན་དལ་འབྱོར་རྟེན་འདི་ལ། །ཐབས་མཁས་སྨན་གྱིས་གཅོང་ནད་ཅིས

མི་འབྲིན། །ཚད་མེད་ཐུགས་རྗེ་གཏེར་མངའ་བླ་མ་རྗེ། །སྐྱབས་ཀུན་འདུས་པའི་ངོ་བོར་ཡོངས་ཤེས་པས། །རྣམ་གྲོལ་ཐར་གླིང་དམ་པར་བཀྲི་བའི་ཆེད། །མཉེས་པ་གསུམ་གྱིས་སྤྱི་བོར་བསྟེན་པར་མཛོད། །ཟབ་ཞི་འོད་གསལ་དམ་ཆོས་བདུད་རྩིའི་མཆོག །མདོ་སྔགས་ཐེག་པའི་སྙིང་པོ་མ་ཤར་བར། །བླ་མའི་ཞལ་གྱི་མན་ངག་ཇི་བཞིན་དུ། །ཐོས་བསམ་སྒོམ་པའི་ཉམས་མྱོང་མཐར་ཕྱིན་མཛོད། །ལྟ་བའི་ངོ་བོ་རྒྱུ་ཡི་ཐེག་པ་ལས། །སྤྲོས་བྲལ་དོན་དམ་བདེན་པའི་མིང་མཚོན་པ། །འབྲས་བུའི་སྐབས་འདིར་ལྷན་སྐྱེས་ཡེ་ཤེས་སུ། །ངོ་སྤྲོད་རྣོན་པོའི་ངོས་ཟིན་འཁྲུགས་མེད་མཛོད། །སྒོམ་པའི་མཚན་ཉིད་ཞེན་བློའི་འཁྲིས་ཟད་པའི། །རྣམ་པར་མི་རྟོག་རང་བབས་གཤིས་ཀྱི་རྩལ། །ཞི་ལྷག་ཚུལ་གྱིས་དབང་པོའི་རིམ་བཞིན་དུ། །ཉམས་མྱོང་ཟབ་མོས་དབེན་པ་མཐའ་སྐྱེལ་མཛོད། །སྤྱོད་པ་རྒྱུ་འབྲས་ཐེག་པའི་གནད་གཅིག་པ། །སྡོམ་གསུམ་ཡོན་ཏན་ཉེས་བྲལ་ལྷུར་ལེན་ནས། །རྒྱལ་བའི་འཕྲིན་ལས་འགྲོ་བའི་ཁམས་བཞིན་དུ། །རླབས་ཆེན་སྙིང་སྟོབས་མཐའ་རུ་ཕྱིན་པར་མཛོད། །འབྲས་བུ་རང་དོན་གཏིང་ནས་ཟད་པ་དང་། །གཞན་དོན་འཕྲིན་ལས་བསྐལ་མང་ཚོགས་ཆེན་ལམ། །ཐབས་ཆེན་ལམ་གྱི་ཚོགས་མེད་འདུམ་པ་ལས། །ཚེ་གཅིག་སངས་རྒྱས་རྫོགས་ཆེན་རྣལ་འབྱོར་མཛོད། །མདོར་ན་ལྟ་སྒོམ་སྤྱོད་པའི་གནད་རྣམས་ཀུན། །བླ་མ་སངས་རྒྱས་ཞབས་པད་ཟིན་དུས་འདིར། །བཏང་སྙོམས་གཡས་ཆུང་རས་སུ་མི་བོར་བ། །ཚེ་གཅིག་དོན་ལྡན་ཆོས་ཀྱི་ཚུལ་ལ་སློབས། །རྒྱུ་འབྲས་ཐེག་པའི་ལམ་གནད་ཐམས་ཅད་ཀུན། །བླ་མའི་ཞལ་ལས་མ་བྱུང་སྲིད་མིན་པས། །དགེ་བའི་བཤེས་གཉེན་ཇི་ལྟར་བསྟེན་པའི་ཚུལ། །མདོ་སྔགས་

ལམ་ལས་གསུངས་བཞིན་ནན་ཏན་མཛོད། །བླ་མའི་ཐུགས་ཀྱིས་བྱིན་པའི་སྐལ་ལྡན་རྣམས། །ཡང་དག་ལམ་ལས་ཐར་བའི་གླིང་མཆོག་ཏུ། ། སྔར་ཡང་བྱོན་ལ་ཕྱིས་ཀྱང་འབྱོན་འགྱུར་བས། །ཆོས་ལྡན་ཁྱེད་ཀྱང་ལམ་འདིའི་ཞུལ་ལ་གཤེགས། །ཆོས་མེད་མིང་ཆེན་སླིགས་མའི་མི་དགེའི་བཤེས། །བདག་འདྲའི་ལད་མོ་མ་མཛད་དམ་པའི་ཚུལ། །ཁྲིམས་གཙང་བསྲུན་པའི་སྒྲོན་མེ་ཆེན་པོ་རུ། །རིང་མིན་འབྱོན་པའི་རྣམ་ཐར་ཁྱེད་ཀྱིས་བཟུང་། །འདོད་ཆུང་ཆོག་ཤེས་རང་གཤིས་བཙོས་མི་དགོས། །དམ་པའི་ངང་ཚུལ་ངམ་ངམ་ཤུགས་ཀྱིས་སྤྱོད། །ཐོས་བསམ་སྒོམ་པའི་ཤེས་རབ་ཕུལ་བྱུང་བ། །དེ་འདྲ་དེ་ནི་ཐུབ་པའི་སྲས་མཆོག་ལགས། །དེང་སང་གང་སྣང་འཇིག་རྟེན་ཆོས་ལུགས་ཀུན། །ལོག་ལམ་འཁྲིད་པའི་རྒྱུ་ཚོགས་འབའ་ཞིག་པས། །གང་ལའང་ཞེན་མེད་འཕགས་པའི་རྣམ་ཐར་ལ། །ཅིས་ཀྱང་བརྩོན་ཞེས་སྙིང་ནས་ཞུ་བ་ལགས། །རང་ལ་མེད་པའི་ཆོས་གཏམ་དུམ་བུའི་ཚིག །འདི་འདྲའི་ཚུལ་ལ་སྙིང་པོ་སྟོང་ལགས་ཀྱང་། །ལྷག་བསམ་དཀར་པོའི་བློ་ཡིས་ཞུ་བ་འདི། །ཐུགས་ལ་སྙིམ་པ་འགལ་བ་མེད་སྲིད་སྙམ། །ཉེས་བྲལ་སྒོ་གསུམ་སྡོམ་པའི་རྣམ་ཐར་བཟང་། །དགེ་ཆེན་ཡེ་ཤེས་མཆོག་གི་དོན་མཐོང་ནས། །ཐུབ་བསྟན་མདོ་སྔགས་བཤད་དང་སྒྲུབ་པ་ཡི། །རྣམ་ཐར་མཐའ་དག་ཁྱེད་ཀྱིས་འཛིན་གྱུར་ཅིག །ཁོ་བོའི་རང་གཤིས་སྡིག་པས་ནོན་ན་ཡང་། །ཆོས་ལྡན་ཁྱེད་འདྲའི་ཚུལ་ལ་སྙིང་ནས་སྤྲོ། །མཆོག་གསུམ་ཐུགས་རྗེ་སྐྱབས་གསོལ་ཡིད་སྨོན་གྱིས། །ནམ་ཡང་བརྗེད་མེད་ཞུ་དང་ཞུ་བཞིན་ལགས། །ཕུལ་བྱུང་དགེ་ལེགས་ཀུན་གྱི་འབྱུང་གནས་ནི། །སྲས་བཅས་རྒྱལ་བ་དགྱེས་པའི་མཆོད་པ་

ལགས། །དམ་པའི་རྣམ་ཐར་ལྷུར་ལེན་ཁྱེད་ཀྱི་རྩུལ། །གེགས་བྲལ་ལེགས་དོན་འགྲུབ་པའི་བཀྲ་ཤིས་ཤོག། །ཞེས་འདི་ལྷ་བུའི་ཆོས་ཀྱི་ཚིག་ཐལ་ཐོལ་གང་ཤེས་བྲིས་ཞེས་བློ་ལྡན་ཐུབ་བསྟན་འཇམ་དབྱངས་གང་དེས་བཞེད་བསྐང་ཙམ་དུ་གཞོན་ནུ་འཇིགས་བྲལ་བྱང་ཆུབ་རྡོ་རྗེས་གང་དྲན་ནང་ཞུས་སུ་ཕུལ་བ་དབྱིངས་ཁྱིལ་མི་བཞེས་པར་ཞུ་ཞུ། །

༄༅། །གཉན་ཆེན་ཐང་ལྷའི་གསོལ་བསྐུས་དགོས་འདོད་ཆར་འབེབས་བཞུགས།།

ཀྱཻ། ས་བརྒྱུད་སེམས་དཔའ་ཡུལ་ལྷའི་རྩལ། །གཉན་ཆེན་རྡོ་རྗེ་འབར་བ་རྩལ། །འཁོར་བཅས་མཆོད་པ་འདི་བཞེས་ལ། །བསམ་དོན་ལྷུན་གྲིས་འགྲུབ་པར་མཛོད། །ཅེས་པའང་གྲངས་བསོག་ཉེར་མཁོའི་སླད་དུ་རྫོགས་སྤྲུལ་དྲུག་པའི་མིང་དེས་བྲིས་པ་དགེ །

ཟིལ་ཁྲོམ་བསྐང་བ་ནི།

ཧཱུྃ། གཉན་ཆེན་ཟིལ་ཁྲོམ་འབར་བ་རྩལ། །དགྲེས་ཡུམ་རྒོད་ལྕམ་ཤེལ་རྡུ་སྨན། །འཁོར་བཅས་མཆོད་པ་འདི་བཞེས་ལ། །འདོད་དོན་ཕྲིན་ལས་མྱུར་དུ་སྒྲུབ། །རྫོགས་སྤྲུལ་དྲུག་པས་སོ། །

༄༅། །མགོན་ཁང་གསར་པ་དབང་དྲག་རོལ་བའི་རྒྱུན་ཆོགས་འདོན་ཁྲིགས་ཟིན་ཐོ།

དུས་གསུམ་རྒྱལ་བའི་ཕྲིན་ལས་གཅིག་བསྡུས་གཟུགས། །གདུལ་དཀའི་གཤེད་ཁྲོས་མ་རུང་དྲེགས་པའི་སྲོ། །རྒྱལ་བསྟན་བསྲུང་བའི་ཐ་ཚིག་དམ་ཅན་ཚོགས། །གཡེལ་མེད་རྣམ་བཞིའི་ལས་ལ་དགྱེས་དགོངས་ཤིག །ཅེས་ཕྲིན་ལས་བསྐུལ་བའི་སྨོན་ཚིག་གིས་མདུན་བསུས་ཏེ། ད་ལམ་མགོན་ཁང་གསར་པ་དབང་དྲག་རོལ་བའི་རྒྱུན་ཆོགས་ཆག་མེད་གསུང་རྒྱུའི་ཁྲིགས་རིམ་སྔོ་ལམ་ལ་གསར་སྟོན་ཁ་ཤས་བཀྲིས་པའི་ཟིན་ཐོ། ཐོག་མར་གསོལ་འདེབས་ཚིག་བདུན་མ་འདོན་བཞིན་ཚོགས་འཚོགས། ལེའུ་བདུན་རེས་བསྐོར། བླ་མ་སྐུ་གསུམ་དང་བསམ་ལྷུན་ཆག་མེད། བཀའ་དགོངས་ཕུར་གསུམ་རེས་མོས། སླར་ཡང་ཚིག་བདུན་མ། སྨོན་ཚེ་འཕགས་པ། འོག་མིན་ཆོས་ཀྱི་དབྱིངས། དྲེགས་ཟིལ་བརྒྱུད་འདེབས། དྲེགས་ཟིལ་ལས་བྱང་། བསྐྲེན་བསྡོད་མཇུག་སྡིུ་གཏོར། གསོལ་ཀ་ཆ་ཚང་ཉིན་བཅུ་རེའི་ཞོག་རྒྱུའི་རེས་མོས། རྒྱུན་འདོན་མ་ནིང་། ལྷ་མོ་སྤྱགས་བདག གཟའ། དམ་ཅན་རྡོར་ལེགས། ཕུར་སྲུང་། ཙིའུ་དམར། ཉི་གྲགས་རྒྱལ་ཆེན། རྡོ་རྗེ་གྲགས་ལྡན་ལེ་ཚན་གསུམ། གྲི་བཙན། གེ་སར་བཅས་གསོལ་ཀ་དང་། ཟ་དྲེ་ཚར་གསུམ། གསང་སྔགས་སྲུང་པོ།

གང་ཞིག་ཡིད་ལ་སོགས་ཀྱིས་མཇུག་བཞག་རེས། རྒྱབ་ཆོག་རིགས་འདོན། གཏུགས་དཀར་མཆོག་གྲུབ་ཆག་མེད། ལོ་གྲོན་མ་ཚར་གསུམ། ཕྱག་འཚལ་ཉི་མ་ཚར་གསུམ། ཧཱུྃ་ཧཱུྃ་ཧཱུྃ༔ རྗེ་བཙུན་ཆེན་པོ་དང་། མཁྱེན་བརྩེའི་བསམ་ལྷུན་དང་། བར་ཆད་ལམ་སེལ་བསྡུས་པ། ཚིག་བདུན་གསོལ་འདེབས་། སིདྡྷི་བཟླ། བདུད་དཔུང་འཇོམས་མཛོད་ཚར་གསུམ། གཞི་ཐོག་དང་པོ་འདོན་ནས་སྟ་དྲེའི་ཚོགས་གྲོལ། ཕྱི་དྲོ་ཡར་འཚོགས་བཞིན་ཚིག་བདུན་མ་འདོན། གསེར་སྐྱེམས་རིག་འཛིན་རྩ་བརྒྱུད། མཆོག་གསུམ་རྩ་གསུམ་འདོན་རེས། མ་ནིང་། སྟགས་བདག་མ། གཟའ། དམ་ཅན་ར་ཞོན། ཙིའུ་དམར། ཉི་གྲགས་རྒྱལ་པོ། རྡོ་གྲགས། གྲི་བཙན། གེ་སར་བཅས་ཀྱི་གསེར་སྐྱེམས། སྡེ་བརྒྱད་གསེར་སྐྱེམས། སངས་རྒྱས་བསྟན་བསྲུང་བཅས་འདོན། བཀའ་གསང་རྨད་བྱུང་གི་བསྐང་བཤགས་མཐར། དྲེགས་ཐིལ་ཚོགས་བསྐང་ཞལ་བསྡུབ་མཐར་སྤྱི་བསྐང་། མནོལ་བསང་ཞི་བ་ལྷ་ཆབ། མ་ནིང་བསྐང་ཆུང་ཚར་གཅིག ལྷ་མོའི་བསྐང་ཆུང་ཚར་གསུམ། འབྲུགས་བསྐང་ཚར་གསུམ། གཟའི་བསྐང་ཆུང་ཚར་གཅིག དམ་ཅན་ར་ཞོན་བསྐང་ཆུང་ཚར་གཅིག ཞུར་སྲུང་བསྐང་བསྡུས་ཚར་གསུམ། ཙིའུ་དམར་བསྐང་ཆུང་ཚར་གསུམ། ཉི་གྲགས་རྒྱལ་པོའི་བསྐང་ཆུང་ཚར་གསུམ། རྡོ་གྲགས་བསྐང་ཆུང་ཚར་གསུམ། གྲི་བཙན་བསྐང་ཆུང་ཚར་གསུམ། གེ་སར་བསྐང་ཆུང་ཚར་གསུམ། མ་ནིང་སོགས་རྒྱུན་གསོལ་སྐོང་བསྡུས་དང་འབྲུགས་བསྐང་བསྡུས་པ་དགུ་ཚིག་ཅན་རྣམས་ཚར་གསུམ་རེ་བདུན་ཚིག་ཅན་ཚར་བདུན་རེ་གསུང་ན་ལེགས། རྒྱལ་བཙན་གཉིས་ཀྱི་བསྐང་བསྡུས་དེ་ལྷག་རེ་བསོགས་རྒྱུ་མཛད་ན་ལེགས།

གསོལ་ཀ་རྒྱབ་ཆོག་རིགས་དང་། བྱང་ཆུབ་སེམས་ལྡན་ཚར་གསུམ། སྤེ་གསེར། རིག་འཛིན་རྩ་བརྒྱུད། འདོད་གསོལ། སྟོང་གསུམ་སྟོང་གི་ཚར་གཅིག སྤུགས་ཚར་གསུམ། སྐུ་གསུམ་རྒྱལ་བ་ཚར་གསུམ། ཀ་དག་སྐྱེ་མེད་ཚར་གསུམ། འཁོར་སྦྱོང་བསྡུས་པ། ཡིག་བརྒྱ། དྲེགས་ཟིལ་བཀྱོག་པ། སྤུགས་ཚར་གསུམ། ཚོགས་དྲངས། རྒྱབ་ཆོག་བསྔོ་ཡིག་བཅས་འདོན། དུས་ངན་སླིགས་མ། གནས་མཆོད་གཉིས་རེས་བསྐོར། ལྷག་མ་དང་གཏོར་འབུལ། ཆད་བརྟན། རྒྱལ་རྫོངས་། སྐབ་འདྲེ་མནན་པ། རྟ་བྲོ། མཆོད་བསྟོད། ནོང་བཤགས། བརྟན་བཞུགས་། བསྡུ་རིམ། བསྔོ་སྨོན། བཀྲ་ཤིས་བཅས་དང་། བླ་མ་ཡི་དམ་སོགས་བཀྲ་ཤིས་འཇམ་རོལ་གྱིས་མཐའ་རྒྱན་པར་བྱ། བསྟན་རྒྱས་སྨོན་ལམ་བཞི་རེས་མོས། སྤུ་དྲི་ལྟར་ནད་རིམ་ཞི་བའི་གསོལ་འདེབས་རྣམས་འདོན། མཐར་རྒྱལ་བ་ཀུན་གྱིས་གསུང་བཞིན་ཚོགས་གྲོལ། དེ་ལྟར་རྒྱུན་དུ་ཚོགས་བཞུགས་སོ་སོའི་རང་འདོད་མི་བྱེད་པར་ཟིན་བྲིས་འདི་བཞིན་ལག་ལེན་མཛད་པ་གལ་ཆེ། སྤྱིར་བསྟན་སྲུང་རྣམས་ཀྱི་གསོལ་ཁྭ་༸སྐྱབས་རྗེ་ལྟ་བུའི་ཐུགས་བསྐྱེད་ཀྱི་ཕྲིན་ལས་རྨད་དུ་བྱུང་བ་ཡོད་མོད། བར་སྐབས་བསྟན་པའི་ཆག་སྒོ་ཆེ་བས་རེ་ཞིག་དེ་ལུགས་ཀྱི་སྲོལ་ཀ་ནུབ་པ། དེང་ངོས་ཕྲན་གྱིས་ཉམས་གསོས་ཞིག་སྒྲུབ་འདུན་གྱིས་ན་ལོར་ནས་རྒྱུན་ཚོགས་ཉུང་དུ་བཙུགས་པ་འདི་བཞིན། སླད་མར་གསོལ་ཁྭའི་སྟོད་བཅུད་གཉིས་ཆར་ལེགས་གསོའི་རེ་འདུན་ཉིད་བཞིན་ཡོད་པ་ཚོགས་ཞུགས་གསར་རྙིང་ཀུན་གྱིས་ཚོགས་པ་ཕྱི་ནང་གི་ཀུན་སྤྱོད་སྒྲིག་ཁྲིམས། ཕྱག་ལེན་དབྱངས་རོལ་ཐབས་ཅད་ལྷོད་མེད་སྦྱང་བརྩོན་རང་དྲིན་རང་ལ་ཆེ་བ་རེ་ཅི་ནས་མཛད་རྒྱུ་གལ་ཆེ། རྒྱུན་གསོལ་ནང་གི་མ་

ཉིང་དང་། གཟའ་དམ་གཉིས། ཕུར་བསྒྲུང་། གེ་སར་འདི་རྣམས་རང་དགོན་བསྟན་པའི་གཉེར་འཛིན་ཡིན་རྒྱུ་དང་། གསང་བ་སྙིང་ཐིག་གི་བཀའ་བསྒྲུང་ཐུན་ཡིན་པས་གནད་ཆེ་མཛད་ན་ཞིན་ཏུ་གལ་ཆེའི་འདུན་པ་བྱུང་བས་དེ་ལུགས་ཕྱིན་ཆད་རྒྱུན་གསུང་ཆག་མེད་དགོས་ཐུགས་ངེས་ཞུ། མི་བྱ་ཟླ་ཚེས་བཟང་པོར་རྫོགས་སྤྲུལ་དྲུག་པའི་མིང་དེས་བྲིས། །

ཆོས་རྒྱལ་འདི་ཡང་ཉི་ཟླའི་དཀྱིལ་འཁོར་བཞིན།
ཕྱོགས་ཀྱི་ཐགྲུ་ཀུན་ཏུ་གྲགས་གྱུར་ཏེ།
བློ་གྲོས་པད་མོ་རབ་ཏུ་རྒྱས་བྱེད་ཅིང་།
སངས་རྒྱས་བསྟན་པ་དར་ཞིང་རྒྱས་པར་ཤོག
རྒྱལ་དབང་ཀློང་ཆེན་པས།

མདོ་སྔགས་ཆོས་རྒྱལ་ཚང་ལ་མ་ནོར་བ།
མཁས་ཤིང་གྲུབ་བརྙེས་རིག་འཛིན་བརྒྱུད་པའི་སྲོལ།
ཐུབ་བསྟན་སྙིང་པོ་གསང་སྔགས་སྔ་འགྱུར་པའི།
བསྟན་པ་འཕེལ་རྒྱས་འཛམ་གླིང་ཁྱབ་གྱུར་ཅིག
འཇམ་མགོན་མི་ཕམ་པས།

ཐེག་པའི་ཡང་རྩེ་ཤིན་ཏུ་རྣལ་འབྱོར་སྡེ་གསུམ་ཀློང་དགུའི་ཤིང་རྟ་ཆེ།
རྫོགས་ཆེན་པ་ཞེས་མཚན་གྱི་གྲགས་པས་ཁོར་ཡུག་རི་བོའི་ཁོངས་ཁྱབ་པ།
ཡབ་སྲས་བརྒྱུད་པར་བཅས་པ་ཀུན་གྱི་བཞེད་དོན་ཕྲིན་ལས་ལྷུན་གྲུབ་ཅིང་།
བསྟན་འཛིན་འདུས་པའི་སྡེ་ཚོགས་རྣམས་ཀྱང་དབྱར་གྱི་མཚོ་ལྟར་རྒྱས་གྱུར་ཅིག
མཁན་ཆེན་པདྨ་བཛྲ་གྱིས།

དཔེ་སྒྲིག་ལས་ཁང་།	སྔ་འགྱུར་རྫོགས་ཆེན་དཔེ་ཚོགས་བསྡུ་སྒྲིག་ཁང་།
སྤྱི་ཁྱབ་བསྡུ་སྒྲིག་དག་ཞུས་པ།	གྲུབ་དབང་རྫོགས་ཆེན་བདུན་པ་བསྟན་འཛིན་ལུང་རྟོགས་ཉི་མ།
ཆེད་འགན་དག་ཞུས་པ།	སྨྱོ་ཤུལ་མཁན་པོ་འཆི་མེད་བཟོད་པ།
	རྫོགས་ཆེན་སློབ་དཔོན་བསོད་སྒྲོན།
	རྫོགས་ཆེན་སློབ་དཔོན་པདྨ་སྣང་བ།
བསྐྱར་ཞུས་པ།	སྤྲུལ་སྐུ་གྲགས་པ་རྒྱལ་མཚན།
	ར་ཕྲིས་སྤྲུལ་སྐུ་ཐུབ་འོད།
	བྲག་མཁར་སྤྲུལ་སྐུ་ཚུལ་ཁྲིམས་རྒྱལ་མཚན།
ཡིག་གཏག་པ།	བསྟན་འཛིན་ཚེ་དབང་། བསྟན་འཛིན་ཤེས་རབ། པདྨ་གྲགས་པ།
དཔེ་སྒྲིག་པ།	དབྱིན་ཇི་བ་པདྨ་མཐུ་སྟོབས།
མདུན་ཤོག་མཛེས་རིས་པ།	ཕུར་བཟང་། ཡུས་ཁྲེ་ཡུས།

图书在版编目（CIP）数据

藏传佛教大圆满文集：藏文 / 佐钦寺整理编著 .
—拉萨：西藏藏文古籍出版社，2016. 7
ISBN 978-7-80589-818-6

Ⅰ . ①藏… Ⅱ . ①佐… Ⅲ . ①喇嘛宗—文集—藏语 Ⅳ . ① B946. 6-53

中国版本图书馆 CIP 数据核字（2016）第 150552 号

藏传佛教大圆满文集

编　　者　大圆满丛书整编室

责任编辑　次　巴

出　　版　西藏藏文古籍出版社（拉萨市色拉路 22 号）邮政编码：850000
第二编辑部（北京）：100013 北京市东土城路 8 号林达大厦 A 座 13 层
电话：010-64466847
打击盗版：0891-6649998　13908990085

印　　刷　北京谊兴印刷有限公司

经　　销　全国新华书店

开　　本　16 开（710×1 000）

印　　张　118

版　　次　2016 年 7 月第 1 版第 1 次印刷

标准书号　ISBN 978-7-80589-818-6

定　　价　290.00 元（全 6 册）

སྐུ་རབས་བཞི་པ་མི་འགྱུར་ནམ་མཁའི་རྡོ་རྗེ།

སྤྱི་འགྱུར་༧རྒྱལ་བ་རྫོགས་ཆེན་པའི་དགེ་ཚོགས།

༄། །གྲུབ་དབང་རྫོགས་ཆེན་པ་རིམ་བྱོན་གྱི་གསུང་འབུམ་བཞུགས་སོ།།

གླེགས་བམ་བཞི་པ།

བོད་ལྗོངས་བོད་ཡིག་དཔེ་རྙིང་དཔེ་སྐྲུན་ཁང་།

ཁྱབ་དབང་རྫོགས་ཆེན་པ་རིམ་བྱོན་གྱི་གསུང་འབུམ་བཞུགས་སོ།།

རྩོམ་འགོད། བོད་ལྗོངས་ཐེན་ལི་དཔལ་འབྱོར་རིག་གནས་འཕེལ་རྒྱས་ཚད་ཡོད་ཀུང་སི།

དཔེ་སྐྲུན། བོད་ལྗོངས་བོད་ཡིག་དཔེ་རྙིང་དཔེ་སྐྲུན་ཁང་།

སྦྲག་ཨང་850000

བརྒྱུད་འཚོང་། ཞིན་ཧྭ་དཔེ་ཚོང་ཁང་།

ཆེ་ཚད། 710mm×1 000mm 1/16

པར་ཤོག 118

པར་གཞི། 2016ལོའི་ཟླ་7པར་པར་གཞི་དང་པོ་བསྒྲིགས།

པར་ཐེངས། 2016ལོའི་ཟླ་7པར་པར་ཐེངས་དང་པོ་དཔར།

དཔེ་རྟགས། ISBN 978-7-80589-818-6

རིན་གོང་། སྒོར་290.00 (དེབ་དྲུག)

དཔེ་སྐྲུན་སྔོན་འགྲོའི་གཏམ་བྱང་།

གྲུབ་པའི་དབང་ཕྱུག་རྫོགས་ཆེན་པ་པདྨ་རིག་འཛིན་ནི། དུས་རབས་བཅུ་གཅིག་པའི་ནང་སྤྱི་འགྱུར་རྙིང་མའི་ཟབ་ཆོས་རྫོགས་པ་ཆེན་པོའི་ཆོས་མིང་གང་ཟག་ལ་ཐོག་པའི་འཚབ་བྱེད་སྐྱེས་ཆེན་ཡོངས་གྲགས་ཤིག་སྟེ། རྗེ་འདི་ཉིད་ཀྱི་སྐུ་ཚེ་གང་པོར་བྱ་བཏང་སྙམས་པའི་རྣལ་འབྱོར་བའི་ཚུལ་གྱིས་འོད་གསལ་རྫོགས་པ་ཆེན་པོའི་ཉམས་བཞེས་ལ་གནད་དུ་སྨུན་པས་རིག་པ་ཚད་ཕེབས་ཀྱི་སར་ཕྱིན་ཏེ་གྲུབ་ཐོབ་པདྨ་རིག་འཛིན་ཞེས་མཚན་དུ་གྲགས་པ་བྱུང་། རྗེ་གང་ཉིད་དང་རྒྱལ་མཆོག་ལྔ་པ་ཆེན་པོ་བཀའ་བགྲོས་ནས་ཁམས་ཕྱོགས་སུ་རྫོགས་ཆེན་དགོན་པ་ཕྱག་བཏབ་པ་ནི་དབུས་གཙང་དུ་ཉམས་རྒུད་ཐེབ་པའི་སྤྱི་འགྱུར་རྙིང་མའི་ཆོས་བརྒྱུད་གནས་དུས་འདིར་དམིགས་ཀྱིས་སླར་གསོ་མཛད་པའི་ལོ་རྒྱུས་ཀྱི་རྒྱབ་ལྗོངས་མངོན་ཞིང་། སྐུ་དངོས་ཀྱིས་སྤྱི་དགེའི་མངའ་ཁྲུལ་གཙོ་བོར་བྱས་པའི་ཁམས་ཕྱོགས་ཀྱི་ཀཿདཔལ་སོགས་རྙིང་དགོན་མང་པོར་ཕེབས་ཏེ་རྫོགས་པ་ཆེན་པོའི་ལྷ་སྒྲོམ་ལ་དག་ཐེར་མཛད་ཅིང་ཐུགས་བཞེད་བཞིན་ཨ་མདོ་དང་ཁམས་ཕྱོགས་སུ་ཆོས་བརྒྱུད་དགོན་སྡེ་བཀྲ་ཤྲག་མང་པོ་འཕེལ། ཕྱི་དུས་འདིར་གངས་རིའི་ལྗོངས་སུ་རྫོགས་པ་ཆེན་པོའི་བསྟན་པ་མཐར་རྒྱས་སུ་འཕེལ་བའི་རྒྱུ་འགོའམ་ཤིང་རྟའི་སྲོལ་འབྱེད་མཆོག་གཅིག་ཏུ་ཡོངས་སུ་གྲགས། རྗེ་གང་གི་སྤྲུལ་རབས་སྐུ་ཕྲེང་རིམ་བྱོན་ནི་ཐོས་བསམ་སྒོམ་

གསུམ། མཁས་བཙུན་བཟང་གསུམ། འཆད་རྩོད་རྩོམ་གསུམ་སྟེ་ཚུལ་དགུའི་ཡོན་ཏན་གྱི་མངའ་བདག་ཤ་སྟག་བྱོན་པས་སྔ་འགྱུར་སྙིང་མའི་བསྟན་པའི་གཙུག་རྒྱན་ལྟ་བུར་ཆགས་ཤིང་། གཞུང་ས་དགའ་ལྡན་ཕོ་བྲང་ནས་མ་ཧཱ་པཎ་ཊི་ཏ་ཨེར་ཏེ་ནི་ཧོ་ཐོག་ཐུའི་ཆོ་ལོ་ཐེངས་མང་བསྐུལ་བའི་མཚན་ཐོབ་ལྡན། སློབ་བུ་ནི་ཟླ་སྐར་གསུམ་དང་འཇིགས་མེད་རྣམ་བཞི་སོགས་སྐུ་རབས་རིམ་བྱོན་གྱི་ཐུགས་སྲས་མཁས་བཙུན་གྲུབ་པའི་སྐྱེས་བུ་བཟང་ལ་མང་བ་བྱོན་པས་ཆོས་རྒྱུན་ཕྲིན་ལས་ཕྱོགས་བརྒྱར་འཕེལ། གྲུབ་དབང་སྐུ་རབས་རིམ་བྱོན་གྱི་ཞལ་གསུང་བསྟན་བཅོས་མང་རབ་བཞུགས་ཚུལ་ཆོས་འབྱུང་རྣམ་ཐར་དག་ན་གསལ་ཡང་སྤྱར་དུས་བཀའ་རྒྱ་དམ་པོར་མཛད་དེ་ཤིང་པར་དུ་མ་བཀོད་པ་དང་། སྤྱི་ཕྱིར་བླ་བྲང་ལ་མི་སྨིན་དང་ས་འགུལ་གྱི་གནོད་འཚེ་ཐེབ་པས་སྐབས་དེ་དག་ཏུ་རྩ་འཕོར་སོང་ཕྱིར་དེང་དུས་མཇལ་དུ་བཞུགས་པ་ཤིན་ཏུ་ཉུང་། སྤར་ལམ་གྲུབ་དབང་པདྨ་རིག་འཛིན་གྱི་གསུང་ཚན་ཐོར་བུ་བསྡུ་སྒྲིག་དཔེ་སྐྲུན་ཐེངས་གཅིག་བྱས་པ་དང་། ད་ལམ་གྲུབ་དབང་སྐུ་རབས་རིམ་བྱོན་གྱི་ཆོས་སྲིད་མཛད་ཕྲིན་བསྐྱངས་པའི་ལྟེ་གནས་ཕོ་བྲང་ཆེན་མོ་ཁམས་གསུམ་ཟིལ་གནོན་བསྐྱར་བཞེངས་ལེགས་གྲུབ་ཀྱི་ལས་སྨོན་མངོན་དུ་གྱུར་བ་མ་ཟད། ནང་བཞུགས་སྐུ་ཐུགས་ཀྱི་རྟེན་མཆོག་སྐུ་རབས་རིམ་བྱོན་གྱི་སྐུ་བརྙན་བྱོན་ལེགས་དང་གསེར་གདུང་ཁྲིད་འཕགས་བྱིན་རླབས་ཀྱི་གཟི་འོད་འབར་བ་བཞུགས་སུ་གསོལ་བ་དང་། གསུང་རྟེན་དུ་སྐུ་རབས་རིམ་བྱོན་གྱི་གསུང་འབུམ་འདི་བཞིན་འཚོལ་བསྡུད་དག་ཞུས་དཔེ་སྐྲུན་གྱིས་གསུང་གི་ཕྲིན་ལས་རྒྱུན་མི་ཆད་པའི་སྲི་ཞུ་སྒྲུབ་པ་ན། རྟེན་འབྱུང་ཆུད་མི་ཟ་བའི་བདེན་མཐུས་གནའ་དུས་ནས་ལག་བྲིས་དཔེ་སྙིང་གཅིག་ཁོ་ན་ལས་མི་བཞུགས་པའི་ཕྱི་མོ་དག་ཀྱང་ངོ་མཚར་ཆེན་

ཕོས་ལག་འཁྱེར་བྱུང་བ་དང་སྤྱི་རབ་ཏུ་འཕེལ་བ་དང་བཅས་འགྲེམ་སྤེལ་བགྱིས་པ་སྟེ། འདིས་མཚོན་རྣམ་པར་དཀར་བའི་དགེ་རྩ་གང་མཆིས་མཁའ་མཐས་ཁྱབ་པའི་འགྲོ་བ་ཀུན་ལ་རྟུལ་ཐལ་ཆོས་རབ་རྣམ་འབྱེད་ཀྱི་ཡེ་ཤེས་ཐོབ་པའི་རྒྱུར་ཡོངས་སུ་བསྔོ་བ་དང་། ཐོག་མཐའི་བྱ་བར་དངོས་སུ་ཞུགས་པ་དང་བསམ་སྦྱོར་གང་ཐད་ནས་རྒྱབ་སྐྱོར་རོགས་དན་མཛད་པོ་ཡོངས་ལ་བཀའ་དྲིན་རྗེས་དྲན་ཞུ་བ་དང་བཅས།

མཁྱེན་གཟིགས་དམ་པའི་ཞལ་སྔ་ནས་གསུང་དབང་རྗོགས་ཆེན་པའི་མཚན་གྱི་ཅོད་པཎ་གྱིས་མངོན་པར་བསྔོད་པ་བསྟན་འཛིན་ལུང་རྟོགས་ཉི་མས་མེ་སྤྲེལ་ས་ཟླའི་ཡར་ཚེས་ལ་སྦྱར་བ་དགེ།

སྐུ་རབས་བཞི་པའི་གསུང་ཚན་དཀར་ཆག

དཀར་ཆག

༄༅། །གྲུབ་དབང་རྟོགས་ཆེན་པ་སྐུ་རབས་བཞི་པ། མི་འགྱུར་ནམ་མཁའི་རྡོ་རྗེའི་རྣམ་ཐར་མདོར་བསྡུས།།

འོད་གསང་བ་སྙིང་ཐིག་གི་བསྟན་པའི་བཀའ་བབས་མི་འགྱུར་ནམ་མཁའི་རྡོ་རྗེ་ཆོ་དབང་གྲུབ་པ་རྩལ་ནི། སྤྱི་ལོ་༡༧༩༣ལ་སྐྱེ་རབ་བྱུང་བཅུ་གསུམ་པའི་ནང་ཚན་ཆུ་མོ་གླང་གི་ལོར། ཡབ་བསོད་ནམས་རབ་བརྟན་དང་ཡུམ་ནམ་མཁའ་ནོར་འཛིན་དབང་མོ་གཉིས་ཀྱི་སྲས་སུ་ངོ་མཚར་བའི་མཚན་ལྟས་དུ་མ་དང་བཅས་སྐུ་བལྟམས་པ་སྟེ། ཇི་སྐད་དུ། ཀུན་མཁྱེན་འཇིགས་མེད་གླིང་པའི་རྡོ་རྗེའི་ལུང་བྱང་ལས། གནས་དང་འབྲེལ་བ་གངས་ཀྱི་མཚམས༔ ཞུལ་གསུམ་བགྲོད་ལ་བལྟ་རྟོག་གྱིས༔ ཨེ་ཀ་ཛ་ཏིའི་སྙིང་སྟོང་འབུངས༔ ཞེས་དང་། ལྐོག་གྱུར་འདི་དོན་ལྐོག་ཏུ་མ་གྱུར་ཏེ༔ རྡོ་རྗེ་གསུམ་སྤྲུལ་གཉིས་ནི་དབུས་མཐར་གབ༔ འགྲོ་དོན་དུས་བབ་དག་ཆེན་ཐུགས་ཀྱི་སྤྲུལ༔ གནས་དེའི་ནུབ་ཕྱོགས་གནས་དང་ཉེ་བའི་ཆར༔ གངས་རི་ཡིས་མཚན་གསེར་ལྡན་གླང་ཆེན་འགྲམ༔ ཆེ་བཙན་རིགས་བརྩུན་གསུམ་ཞུལ་གཙང་མའི་རྒྱུད༔ བསོད་ནམས་ཕ་ལ་ནོར་འཛིན་མ་ཐོགས་པར༔ ཡོད་ཅེས་སྣང་ཤེས་འདྲེས་པའི་ངང་ནས་གོ༔ ཞེས་ཤིན་ཏུ་གསལ་བར་གསུངས་པ་དང་། དེ་མཚུངས་སྐུ་གོང་མ་ངེས་དོན་བསྟན་འཛིན་བཟང་པོའི་ཞལ་ནས། ཁོ་བོ་ཡུན་རིང་འཚོ་དཀའ་ཡང་སྤྲུལ་པ་གསུམ་འབྱུང་བའི་གཉིས་མངའ

རིས་དང་དབུས་ཕྱོགས། གཅིག་ཕྱོགས་འདི་དང་མི་རིང་བའི་སར་ཤིང་སྡོང་ཆེན་པོ་ཡོད་པ་ཞིག་གི་རྩར་འབྲུངས་ལ། དེ་ཉིད་ཀྱིས་བསྟན་པ་ལ་ཕན་པ་འོང་ཞེས་ཞབས་གྲས་ནང་མ་རྣམས་ལ་གསུང་འཕྲོས་སུ་བསྐུལ་བ་ལྟར། གདན་ས་ཆེན་པོ་ཟུ་དམ་ཨོ་རྒྱན་བསམ་གཏན་གླིང་གི་ནུབ་ཕྱོགས་ཉིན་ཞག་གསུམ་གྱིས་ཆོད་པའི་སའི་ཆ། སྔོན་ཡིག་མཁན་ལྷུན་མ་རྩེ་མང་དང་། པཎ་ཆེན་སླི་ཏི་ཛྙཱ་ན། འབྲོམ་སྟོན་པ་རྒྱལ་བའི་འབྱུང་གནས་སོགས་འཕགས་བོད་ཀྱི་སྐྱེས་བུ་དུ་མས་ཞབས་ཀྱིས་བཅགས་པའི་གནས། དགེ་བཅུ་སའི་དཔྱད་ཡོངས་སུ་རྫོགས་པའི་ལྗོངས་ཆེན་མོ་འདན་ཡུལ་ཞེས་གྲགས་པའི་ནོར་འཛིན་གྱི་ཐིག་ལེ། གཞིའི་བདག་པོ་གངས་རི་མཆེད་བརྒྱད་ཀྱིས་སྐྱོང་བས་གངས་རི་ཞེས་པའི་སའི་མཚམས་གནས་ཆེན་སེང་གེ་གནམ་རྫོང་དང་མཐའ་འདུལ་གྱི་གཙུག་ལག་ཁང་གླང་ཐང་སྒྲོལ་མ་ལྷ་ཁང་ཞེས་གྲགས་པའི་ཉེ་འདབས་གསེར་ལྷུན་འབྲི་ཆུའི་གླུང་ཆེན་དལ་གྱིས་འབབ་པའི་གཡས་ཟུར། འདན་ར་ཁོ་དཔོན་ཚང་ཞེས་ཆེ་བ་བཙན་གྱི་རིགས་རྒྱུད་མ་ཉམས་ཤིང་དམ་པའི་སྐྱེས་བུ་བརྒྱུད་མར་བྱོན་པའི་ལྷ་ཁྲིམ་ཁང་རྒྱབ་ཏུ་ལྷུང་མའི་སྡོང་པོ་ཆེན་པོ་གདུགས་ལྟར་མཛེས་པ་ཟུ་སྐྱ་འབྲུངས་ནས་རིང་པོར་མ་ལོན་པར་རྫོགས་ཆེན་རྫོགས་ཆེན་ཞེས་ཡང་ཡང་གསུངས་པ་དང་། ཇ་པོ་ཆེ་ཞིག་ཡོད་པ་རྟུང་བཞིན་བཛྲ་གུ་རུའི་འཛབ་དབྱངས་སྒྲོག་པ་དང་། དེ་བཞིན་དབང་སྐུར་ཆོས་བཤད་ཀྱི་ཚུལ་མཛད་པ་སོགས་དམ་པའི་བག་ཆགས་གསལ་བར་སད། དགུང་ལོ་ལྔ་ལ་སོན་སྐབས་ཁྲིའུ་ཡོལ་རིག་འཛིན་ཆེན་མོའམ་དཔའ་བོ་ལས་རབ་རྩལ་ལྷུན་ཁོག་ལོ་ཆུང་ནང་དུ་སྤྱི་དགེའི་གཉེར་ཆེན་གཤེན་རབ་སྟག་རྒྱལ་གྱིས་གདན་དྲངས་པ་ལྟར་ཕེབས་ནས་ཆོ་སྒྲུབ་བདུད་བཞི་རྣམ་རྒྱལ་གྱི་སྒྲུབ་ཆེན་མཛད། དེ་སྐབས་རིག་འཛིན་ཆེན་པོས།

ད་རེས་ར་ཁོ་དཔོན་ཚང་གི་བུ་ཆུང་བ་དེ་འདི་ར་མ་འབྱོར་ཐབས་མེད་ཡིན་ཞེས་ནན་གསུང་གནང་། བཀའ་ལྟར་སྐུ་མདུན་དུ་ཁྲིད་པས་སྐྱབས་དབང་རྒྱས་པ་སྐུ་རྒྱུད་ལ་བསྟུལ་བ་དང་། ཚེ་སྒྲུབ་ཀྱི་ཕྱག་དཔེ་ཞིག་ཀྱང་གནང་ནས་ལྷགས་གློག་མཁྱེན་པ་དང་ཐུགས་འཛིན་ཞལ་འདེབས་ཆད་མེད་གནང་དགོས་ཚུལ་སོགས་ཐུགས་ཤིན་ཏུ་དགྱེས་པས་དོན་གྱི་ངོས་འཛིན་མཛད། དགུང་ལོ་བདུན་བཞེས་པ་ས་མོ་ལུག་གི་ལོར་རྫོགས་ཆེན་གདན་ཚབ་སྤྲུལ་སྐུ་ནམ་མཁའ་ཆོས་དབང་མཆོག་གྲུབ་དང་། སྡེ་དགེ་ཆོས་རྒྱལ་ཆེན་པོ་སོགས་མཆོད་ཡོན་རྣམས་ཀྱི་ཐུགས་དགོངས་ལྟར། རྒྱལ་རོང་སྤྲུལ་སྐུ་བསྟན་པའི་ཉི་མ། དབོན་ཨོ་རྒྱན་བསམ་འགྲུབ། བླ་མ་རིག་འཛིན་བཟང་པོ་སོགས་དབུ་ཆེ་དྲགས་རིམ་དཔོན་སློབ་སུམ་ཅུ་སྐོར་ཡབ་གཞིས་སུ་བྱོན་པ་ན། སྤྲུལ་པའི་སྐུས་སྔོན་གནས་རྗེས་དྲན་དང་དགྱེས་པའི་རྣམ་འགྱུར་དུ་མ་མཛད་པས་བླ་བྲ་ཀུན་ཡིད་ཆེས་ཀྱི་ངེས་ཤེས་འཁྲུངས་ཤིང་དད་པའི་མཆི་མ་དབང་མེད་དུ་འཁྲོར་བ་དང་བཅས་གྲུབ་དབང་རྫོགས་ཆེན་པའི་ཡང་སྲིད་བཞི་པར་ཐུགས་ཐག་ཆོད། དེ་ནས་ཡབ་ཡུམ་སྐུ་འཁོར་དང་ས་དབང་སྡེ་དགེའི་ཆིབས་ཁ་བ་སོགས་དཔོན་འཁོར་སུམ་ཅུའི་ཚོགས་དང་བཅས་པ་དཔལ་འབབ་གསེར་ལྡན་གྱི་ཆུ་བོ་བརྒལ་ཏེ་རུ་དམ་སྐྱིད་ཁྲམ་ལུང་དུ་ཆིབས་ཀྱི་ཁ་ལོ་བསྒྱུར། རིམ་པར་ཆུ་སྟོད་ཟླ་བའི་ཚེས་བཅུའི་སྤྱི་ཆ་ཉི་ཤར་གྱི་དུས་སུ། ཞེ་ཆེན། རྒྱ་རོང་། སྟག་མོ་སྣང་སོགས་རྫ་བའི་དགོན་ལག་ཁག་དང་། སྡེ་གླིང་གི་མི་ཆེན་དཔོན་མགོ་སྐྱ་སེར་བཅས་སྐྱེ་བོའི་འདུ་ཚོགས་ས་གཞི་མི་མངོན་པ་ཙམ་གྱིས། ཆིབས་བསུ་རིང་ཐུང་དང་སེར་ཕྲེང་བཀོད་བཤམས་སོགས་ལྷ་མིའི་དཔལ་གྱི་འབྱོར་བ་བློའི་ར་བ་ལས་འདས་པའི་མཆོད་སྤྲིན་དང་བཅས། གོང་མའི་གདན་ས་རུ་དམ་ཨོ་རྒྱན་བསམ་གཏན་ཆོས་གླིང་གི་

སྐུ་རབས་བཞི་པ་མི་འགྱུར་ནམ་མཁའི་རྡོ་རྗེའི་གསུང་ཚན།

གཙུག་ལག་ཁང་ཐུབ་བསྟན་ཡོངས་སུ་འདུས་པའི་དགའ་བའི་ཚལ་ཆེན་པོར་ཞབས་སེན་ནོར་བུའི་ཕྲེང་བ་མི་འཇིགས་སྡེར་ལྷུས་བཏེགས་པའི་ཁྲི་ལ་མངའ་གསོལ། གཙང་ཁང་ཐུབ་ཆེན་གྱི་སྤྱན་སྔར་མཁས་གྲུབ་ཆེན་པོ་ནམ་མཁའ་ཆོ་དབང་མཆོག་གྲུབ་ཀྱིས་གཙུག་ཕུད་བཞེས་ཏེ་མཚན་འཇིགས་མེད་མཁྱེན་བརྩེའི་དབང་ཕྱུག་རྣམ་རྒྱལ་རྡོ་རྗེ་ཞེས་གསོལ། སྣར་གསེར་ཁྲིར་ཞབས་པད་བཀོད་པ་དང་ཆབས་ཅིག་ཆོ་སྒྲུབ་འཆི་མེད་ཡང་སྙིང་གི་བརྟན་བཞུགས་དང་འབྲེལ་རྫོགས་ཆེན་གཞུང་གིས་ཁྲི་འབུལ་དང་། དེ་རྗེས་སྡེ་དགེ་ཆོས་རྒྱལ་ཆེན་པོས་སྐུ་ཚབ་གཉེར་ཆེན་ཆེད་མངགས་ཀྱིས་ཁྲི་འབུལ་ཕུལ། རིམ་པར་རྒྱ་རོང་། གཡག་ཟེ། ཨོ་གྱུར་སོགས་ཡུལ་དགོན་ཐམས་ཅད་ནས་ཁྲི་འབུལ་དང་སྦྲགས། རྒྱ་རོང་དབོན་བསམ་འགྲུབ་ནས་གསུང་བཤད་ཁྲིམ་ཐོག་ཆོད་པ་མཛད། ཕྱི་ཉིན་ཞེ་ཆེན་རིག་འཛིན་དཔལ་འབྱོར་རྒྱ་མཚོ་དབུ་བཞུགས་ཀྱིས་ཆོ་ཆོག་དང་འབྲེལ་ཞབས་བརྟན་ལེགས་འབུལ་རྒྱ་ཆེར་སྤྲོས་པ་དང་ཆབས་ཅིག་དབོན་སྤྲུལ་མཐུ་སྟོབས་རྣམ་རྒྱལ་དགུང་ལོ་བཅུ་གསུམ་དུ་སོན་པས་ཕུན་སུམ་ཚོགས་པ་ལྷ་ལྷན་གྱི་ལྷུགས་བཤད་རྒྱ་ཆེར་སྤྲོས། རྒྱལ་ཚབ་པདྨ་གསང་སྔགས་བསྟན་འཛིན་གྱིས་སྔ་འགྱུར་བསྟན་པའི་བབ་ལུགས་ཀྱིས་དབུ་དྲངས་ཏེ་སྐབས་སུ་བབས་པའི་འབེལ་གཏམ་འབྲུམས་གླུས་པ་གནང་། དེ་འབྲེལ་སྟག་དགོན་གདན་ས་ནས་དབོན་སྤྲུལ་ཨོ་རྒྱན་ཉི་མ་དང་ཁང་དམར་སྤྲུལ་སྐུ་སོགས་དང་རྫོགས་ཆེན་ཕྱོགས་ཀྱི་ཡུལ་སྡེ། གཞན་ཡང་གྲུབ་མཐའ་རིས་མེད་ཀྱི་དགོན་སྡེ་འབྲེལ་ཅན། གླིང་ཚང་རྒྱལ་པོ་སོགས་ལྷ་སྡེ་མི་སྡེ་ཀུན་གྱིས་ཁྲི་སྟོན་དཔང་བསྟོད་དེ་ཕུལ། ཉིན་གསུམ་པར་སུ་ར་ཏོ་བཅུ་དྲུག་གི་མཆོད་གར་སོགས་དགའ་སྟོན་མཐའ་རྒྱས་ཀྱིས་མཇུག་བསྡུ་བར་མཛད། ཡབ་ཚང་ལ་དངུལ་སྲང་ཉིས་

བརྒྱུས་གཙོས་རྣམ་གྲངས་སུམ་བརྒྱ་ལྷག་གི་བླུ་ཡོན་གནང་སྐྱེས་དང་། དེ་བཞིན་ཕྱོགས་འབྱོར་ལྷ་མིའི་སྡེ་ཚོགས་ཀུན་ལ་སྟོན་ཆེན་གསོལ་མགྲོན་འབུལ་འགྱེད་སོགས་ཕུན་སུམ་ཚོགས་པའི་མཛད་སྒོ་སྤེལ། དེ་ནས་བཟུང་ཉེ་བར་གནས་པའི་སློབ་དཔོན་དབོན་པོ་ཆོས་གྲགས་བཟང་པོས་མཛད་དེ་བགྲང་བྱ་བཞིའི་བར་དུ་ཡི་གེའི་ཕྱི་མོ་ནས་ཐུན་མོང་རིག་གནས་ལ་བསླབ་སྦྱང་ནན་ཏན་མཛད་པས་མཁས་པར་མཁྱེན། བར་སྐབས་རྣམས་སུ་དབང་ལུང་གསན་བཞེས་དང་བསླེན་སྒྲུབ་སོགས་ཅི་རིགས་མཛད། དགུང་ལོ་བཅུ་གཅིག་པར་ཡོངས་འཛིན་ཞི་བར་གཤེགས་པའི་ཚབ་ཏུ་མཁས་དབང་ཐུགས་རྗེ་བཀྲ་ཤིས་བཞུགས། འདི་ལོར་རྒྱ་རོང་དུ་ཆིབས་བསྐྱོད་ནས་ཉི་སྤྲུལ་གསུམ་པ་མི་འགྱུར་ཕན་བདེ་རྒྱ་མཚོ་ལས། ལྷ་བཙུན་རིག་འཛིན་སྲོག་སྒྲུབ། ལྔ་པའི་རྒྱ་ཅན་ཉེར་ལྔ། ཉི་གྲགས་ཆོས་སྐོར་ཡོངས་རྫོགས། འཇིགས་གླིང་པོད་དགུ། ཐུགས་མཆོག་རྡོ་རྗེའི་ཏྟ་ཀ་རཀྟ་སོགས་ཀྱི་དབང་ལུང་ཁྲིད་གསུམ་མ་ལུས་པ་གསན། དགུང་ལོ་བཅུ་གཉིས་པ་ལོ་གསར་ཚེ་འཕྲུལ་ཟླ་བར་ལོ་དར་གྱི་བུམ་སྒྲུབ་ཆོས་བཅུའི་ཚོགས་དབུར་ཕེབས་ཏེ་ཕྱི་ནང་གི་ཞལ་བཀོད་སྟོང་ཐུན་ཤར་མར་ཐུགས་ཐོག་ནས་གནང་བས་མཁན་སྤྲུལ་འདུས་སྡེ་ཡོངས་ཀྱིས་བསྔགས་བརྗོད་ཀྱི་མེ་ཏོག་འཐོར། དགུང་གྲངས་བཅོ་ལྔ་པར་མཁས་གྲུབ་མཚུངས་མེད་དཔོན་གུར་བླ་མ་ངག་དབང་བློ་གྲོས་གདན་དྲངས་ནས་བཀའ་བརྒྱུད་གསང་རྫོགས། ཚེ་བདག་ལྕགས་འདྲ་ལྕགས་སྒྲིག རྫོགས་ཆེན་སྙན་བརྒྱུད། པད་གླིང་བླ་མ་ནོར་རྒྱམ། དྲི་མེད་ལྷུན་པོའི་དོན་ཏིག་སོགས་དབང་ལུང་གི་རྒྱུན་དཀོན་རིགས་མང་པོ་གསན་བཞེས་གནང་། ལོ་དེར་ཞེ་ཆེན་རབ་འབྱམས་གསུམ་པ་རིག་འཛིན་དཔལ་འབྱོར་རྒྱ་མཚོ་ལས་དགེ་ཚུལ་གྱི་སྡོམ་པ་བཞེས་པས་རིག་འཛིན་

འགྱུར་མེད་ཀུན་བཟང་ཐེག་མཆོག་བསྟན་འཛིན་དཔལ་བཟང་པོར་མཚན་འབུལ་དང་སྦྲགས་སྟོན་མཆོག་ཤཱཀྱ་སེངྒེའི་རྒྱལ་ཚབ་ཏུ་མངའ་གསོལ། དེ་ནས་བཟུང་སྐུ་ཚེ་གང་པོར་ཕམ་ལྷུང་གི་སྡེ་ཚན་རགས་པས་ལྟ་ཅི་ཐན་ཕྱི་དྲིའི་ཁ་ཟས་སོགས་ཉེས་ལྷུང་གི་ཆ་ཕྲ་མོས་ཀྱང་མ་གོས་པར་གནས་བརྟན་འདུལ་འཛིན་ཆེན་པོའི་ངོ་བོར་བཞུགས། གདོད་མའི་མགོན་པོ་ནམ་མཁའ་ཚེ་དབང་མཆོག་གྲུབ་ཐུན་མིན་རིགས་བདག་ཏུ་བསྟེན་ཏེ་མཁའ་འགྲོ་སྙིང་ཐིག་དང་། གསང་བ་སྙིང་ཐིག རྡོར་སེམས་སྙིང་ཐིག་རྣམས་ཀྱི་ཉམས་ཁྲིད་གསན་ནས་སྟོན་འགྲོའི་ཐུགས་སྦྱོང་མཛད་པས་དད་དང་ངེས་འབྱུང་བྱང་སེམས་རྣམས་བཅོས་མིན་ཐུགས་ལ་འཁྲུངས། ཁྱད་པར་གྱི་སྟོན་འགྲོ་འཁོར་འདས་རུ་ཤན་སྐབས་སྒོ་གསུམ་སྦྱོང་བ་དང་སེམས་རིག་ཤན་འབྱེད་ལ་རྫོ་རུས་ཐུག་པ་མཛད་པས། དངོས་གཞིའི་ཉམས་ཁྲིད་ལ་མ་ལྟོས་པར་རིག་སྟོང་རྗེན་པར་ངོ་འཕྲོད་དེ་ཀུན་བཟང་གདོད་མའི་རྒྱལ་སར་དབང་བསྒྱུར་བས་མདོ་ཁམས་རྫོགས་ཆེན་པ་ཞེས་གྲགས་པ་དོན་ལྡན་དུ་མཛད། དེ་མཚུངས་དགུང་ལོ་ཉི་ཤུ་བཞེས་པ་རྒྱ་བྱ་ཡོར་ཡར་ལུང་པདྨ་བཀོད་དུ་ཆེད་ཕེབས་ཀྱིས། ལྷ་སྲས་མཆོག་གྲུབ་རྒྱལ་པོའི་རྣམ་སྤྲུལ་གྲུབ་དབང་འཇིགས་མེད་ཕྲིན་ལས་འོད་ཟེར་ལས་ཀུན་མཁྱེན་ཡབ་སྲས་ཀྱི་བཀའ་གཏེར་དག་སྣང་བསྟན་བཅོས་སྐོར་དང་། སྙན་བརྒྱུད་རྡོ་རྗེ་ཟམ་པ་སོགས་ཀྱི་དབང་ལུང་ཁྲིད་གསུམ་ཡོངས་རྫོགས་གསན། རྗེ་འདི་ཐོག་མར་ཞལ་མཇལ་སྐབས་གཟིམས་ཁང་ཕྱིའི་ཉི་རའི་ནང་དུ་སྐུ་ན་ཤིན་ཏུ་བགྲེས་པའི་བླ་མ་ཞིག་བཞེངས་འདུག་པའི་ཞལ་ནས་ངས་ཁྱོད་ད་བར་བསྒུགས་པ་ཡིན་ཞེས་དགྱེས་ཚོར་ཆེན་པོ་གནང་སྟེ་མི་སྣང་བར་གྱུར། རིམ་པར་གཟིམས་ཁང་དུ་ཕེབས་པ་ན་ད་ཅིའི་བླ་མ་དེ་ཁྲི་མཐོན་པོ་ཞིག་གི་སྟེང་ན་ཆང་ཐོད་པ་གང་གསོལ་བཞིན་ཡོད་པ་མཇལ།

ཕྱག་འབུལ་ཞུས་ཏེ་སྐུ་དྲུང་དུ་བཅར་བས། དེ་མ་ཐག་ཆང་ཐོད་པ་གང་གནང་ནས་རོལ་ཅིག་གསུངས། ཡོངས་འཛིན་གྱིས་སྤྲུལ་སྐུ་རྟེན་དགེ་ཚུལ་ཡིན་ལགས་ཞུས་པར། དགེ་ཚུལ་ཡིན་ནའང་གསོལ་ཅིག་གསུངས་པས། བཀའ་གསུང་ལྟར་གསོལ་བས་སྐད་ཅིག་དེ་ཉིད་དུ་ཐ་མལ་གྱི་སྣང་ཞེན་ཐམས་ཅད་རང་བཞིན་གྱིས་འགགས་ཏེ། གང་སྣང་བདེ་སྟོང་གི་རོལ་པར་འབྱམས་སུ་ཀླུས་ཤིང་བླ་སློབ་དགོངས་པ་གཅིག་ཏུ་འདྲེས་ནས་བྱིན་བརྒྱུད་ཀྱི་རྟོགས་པ་ཅར་ཕོག་ཏུ་འཕོས་པས་མཐོང་ལམ་དོན་དམ་གྱི་བདེན་པ་མངོན་དུ་གྱུར། རྗེ་འདི་གཉིས་བཀའ་དྲིན་འགྲན་མེད་ཀྱི་རྩ་བའི་བླ་མ་ཡིན་ཞེས་རྒྱུན་དུ་དད་གུས་ཚད་མེད་མཛད། གོང་གསལ་སྙིང་ཐིག་རྣམ་གཉིས་ཀྱི་དབང་ལུང་དང་། ཉང་གཏེར་ཏྲ་ནག མགོན་པོ་ཕྱག་བཞི་སོགས་ཉང་གཏེར་དང་། རྫོགས་ཆེན་ལྟ་བ་ཀློང་ཡངས་སོགས་རྡོར་གླིང་ཆོས་སྐོར། སངས་རྒྱས་གླིང་པའི་དགོངས་འདུས། ཀར་གླིང་ཞི་ཁྲོ། རཏྣའི་ཕུར་པ། དཔའ་བོ་ལས་རབ་རྩལ་གྱི་ཟབ་གཏེར་ཕལ་ཆེར་སོགས་དབང་ཁྲིད་ཀྱི་རྒྱུན་དཀོན་རིགས་རྣམས་གསན་བཞེས་དང་། གཏེར་ཆེན་ཀློང་ཆེན་རོལ་པ་རྩལ་གྱིས་རང་གཏེར་པདྨ་རྒྱལ་པོའི་ཆོས་སྐོར་ཤིན་ཏུ་ཟབ་པ་གཙོ་བོ་གྱུར་པའི་སྨིན་གྲོལ་གྱི་གདམས་པ་བསྩལ་ཅིང་། ལྷག་པར་རྫོགས་ཆེན་སྙིང་ཐིག་གི་ཐུན་མིན་ཁྲིད་ཆོས་ཐོད་རྒལ་ཉམས་ཁྲིད་བསྩལ་བ་ཐུགས་ཉམས་སུ་བཞེས་པས་རིག་པ་ཚད་ཕེབས་ཀྱི་རྟགས་སྣང་མངོན་དུ་གྱུར། མཁན་རིག་འཛིན་བཟང་པོའི་མདུན་ནས་ཉང་གཏེར་བཀའ་བརྒྱད། དགེ་རྩེ་བླ་མ་འཇིགས་མེད་དོ་མཚར་རྒྱ་མཚོ་ལས་འདུས་པ་མདོ་དབང་ཆེན་མོ་དང་སྙིང་ཐིག་སྐོར། རྒྱལ་བའི་སྲས་པོ་གཞན་ཕན་མཐའ་ཡས་ལས་བཀའ་བསྟན་གྱི་ལུང་རྒྱུན་གང་ཡོད་དང་། སྔ་འགྱུར་རྙིང་མ་བཀའ་མའི་རྒྱུད

གཞུང་རྒྱ་འགྲེལ་གྱི་བཤད་རྒྱུན་འཕགས་བོད་པཎ་གྲུབ་ཀྱི་ཞལ་ཤེས་འཁྲུལ་མེད་རྣམས་གསན། དེ་མཚུངས་ཕྱག་ན་པད་མོ་འཇིགས་མེད་རྒྱལ་བའི་མྱུ་གུ་དང་། འབར་ཆུང་བཀྲ་ཤིས་རྒྱ་མཚོ། ཉི་སྤྲུལ་ཕན་བདེ་རྒྱ་མཚོ། རྒྱལ་དབང་དགུ་པ་ལུང་རྟོགས་རྒྱ་མཚོ། རྒྱལ་ཚབ་དེ་མོ། གྲུབ་མཆོག་འཇིགས་མེད་གོ་ཆ། མཁས་གྲུབ་ཕྲིན་ལས་དར་རྒྱས། ཞིང་སྐྱོང་འཇིགས་མེད་མགོན་པོ། རྨོག་སྟོན་ཆོས་དབྱིངས་རྡོ་རྗེ། ངོར་ཐར་རྩེ་མཁན་ཆེན་སོགས་མདོར་ན་གངས་རིའི་ལྗོངས་འདིར་སྐབས་དེར་འཚོ་གཞེས་ཀྱི་བསྟན་འཛིན་མཁས་གྲུབ་ཡོད་དོ་ཅོག་གི་ཞབས་ལ་གཏུགས་ནས་སྨྲུབ་བརྒྱུད་ཤིང་རྟ་བརྒྱད་ཀྱི་མན་ངག་ཆོས་ཚུལ་ཐམས་ཅད་མ་གསན་པ་མེད་པས་གསན་ཡིག་རྒྱང་པ་པོད་ཆེན་གསུམ་ལྷག་བཞུགས་པར་གྲགས། ཁྱད་པར་འོད་གསལ་གསང་བ་སྙིང་ཐིག་གི་བརྒྱུད་པའི་བཀའ་སྲོལ་ཐམས་ཅད་ཡོངས་སུ་རྫོགས་པའི་གསང་མཛོད་འཛིན་པ་ཆེན་པོ་སྟེ། ཨོ་རྒྱན་སངས་རྒྱས་གཉིས་པས་གཞི་སྟོད་ཏི་སྒྲོ་མཁའ་འགྲོའི་ཚོགས་ཁང་ཆེན་མོར་ཞི་ཁྲོ་དོན་གྱི་དཀྱིལ་འཁོར་གྱི་རང་ཞལ་ཕྱེས་ནས། མཁའ་འགྲོ་ཡེ་ཤེས་མཚོ་རྒྱལ་སོགས་ཡེ་ཤེས་ཀྱི་མཁའ་འགྲོ་མ་འབུམ་ཕྲག་གཅིག་ལ་རིམ་དགུ་ཐེག་པའི་རྩེ་རྒྱལ་གསང་བ་སྙིང་ཐིག་གི་སྙིན་ཁྲིད་མཆོག་ཆོས་སུ་བསྐུལ་བ། ཨོ་རྒྱན་ཡབ་ཡུམ་གྱིས་ཕྱི་རབས་ཀྱི་གདུལ་བྱའི་དོན་དུ་དགོངས་ཏེ་ཡི་གེར་ཕབ་ཅིང་ལྷ་ལྕམ་པདྨ་གསལ་ལ་སྨོན་ལམ་གཏད་རྒྱ་དང་བཅས་དྭགས་ལུང་ཁྲ་མོའི་བྲག་ལ་གཏེར་དུ་སྦས་པ། ཕྱིས་སུ་སྨོན་ལམ་ལུང་བསྟན་དུས་སུ་སྨིན་པ་ལྷ་ལྕམ་སྤྲུལ་པ་པདྨ་ལས་འབྲེལ་རྩལ་གྱིས་གཏེར་གནས་ནས་སྤྱན་དྲངས་ཏེ་རྒྱལ་སྲས་ལེགས་ལྡན་རྡོ་རྗེ་ལ་བསྐུལ་བ་དང་། དེ་ལས་ཀུན་མཁྱེན་ཆོས་ཀྱི་རྒྱལ་པོ་དང་རྒྱལ་བ་ཡེ་ཤེས་རབ་འབྱམས་སོགས་བླ་

རབས་བརྒྱུད་ནས་གྲུབ་དབང་པདྨ་རིག་འཛིན་ལ་བཀའ་བབ། དེ་ལས་དཔོན་སློབ་ནམ་མཁའ་འོད་གསལ། རྗེ་དབོན་པདྨ་ཀུན་གྲོལ། ནམ་མཁའ་ཚེ་དབང་མཆོག་གྲུབ་ནས། མི་འགྱུར་ནམ་མཁའི་རྡོ་རྗེ་ལ་བསྟུལ་བའི་རྫོགས་ཆེན་མཁའ་འགྲོ་སྙིང་ཐིག་ཐུན་མིན་རང་རྐང་གི་བརྒྱུད་པ་གཅིག་དང་། གཞན་ཡང་ཀུན་མཁྱེན་ཆེན་པོ་ནས་མཁན་ཆེན་ཁྲབ་གདལ་ལྷུན་གྲུབ་སོགས་ལ་རིམ་པར་བརྒྱུད་དེ། ཕྱིས་སུ་སྨིན་གླིང་གཏེར་ཆེན་ནས་ངེས་དོན་བསྟན་འཛིན་བཟང་པོ་སོགས་སུ་བརྒྱུད་པའི་ཐུན་མོང་རིང་བརྒྱུད། ཁྱད་པར་ཀུན་མཁྱེན་ཆེན་པོས་རིག་འཛིན་འཇིགས་མེད་གླིང་པ་ཡེ་ཤེས་སྒྱུ་མའི་སྐུས་ལན་གསུམ་རྗེས་སུ་བཟུང་སྟེ་བསྟུལ་བའི་ཉེ་བརྒྱུད་རྡོ་གྲུབ་འཇིགས་མེད་འཕྲིན་འོད་ཟེར་ལས་ཆིག་བརྒྱུད་དུ་གསན་པ་དང་། དེ་བཞིན་མི་འགྱུར་ནམ་མཁའི་རྡོ་རྗེ་ཉིད་མགོན་ཁང་དབང་དྲག་རོལ་བར་དགོངས་པ་འོད་གསལ་གྱི་ངང་དེ་འཛིན་ལ་བཞུགས་སྐབས་ཀུན་མཁྱེན་ཆོས་ཀྱི་རྒྱལ་པོས་ཞལ་དངོས་སུ་བསྟན་ནས་ཡེ་ཤེས་ཀྱི་སྐུས་བྱིན་གྱིས་བརླབས་ཏེ། ཡང་ཏིག་ཡིད་བཞིན་ནོར་བུའི་དབང་ཁྲིད་གདམས་ངག་དང་བཅས་པ་གནང་བའི་ཟབ་པ་ཤིན་ཏུ་ཉེ་བརྒྱུད་དེ་བརྒྱུད་པའི་ཆུ་བོ་ཆེན་པོ་བཞི་འདུས་ཀྱི་བཀའ་བབ་པ་ཡིན་ལ། གྲུབ་པའི་དབང་ཕྱུག་ཆེན་པོ་འདི་ཉིད་ངེས་པའི་དོན་དུ་ན་རྒྱལ་བའི་དཀྱིལ་འཁོར་མ་ལུས་པའི་དབང་ཕྱུག་ཁྱབ་བདག་གདོད་མའི་མགོན་པོ་དང་ཐ་མི་དད་པའི་ངོ་བོར་སངས་རྒྱས་སུ་ཟིན་ཀྱང་། ཚུར་མཐོང་གདུལ་བྱའི་མོས་ངོར་ས་ལམ་རིམ་བགྲོད་ཐོས་བསམ་སྒོམ་པའི་གནས་ལ་རྩེ་གཅིག་ཏུ་བརྩོན་ཏེ་གྲུབ་བརྙེས་མཐོན་པོའི་རྒྱལ་སར་གཤེགས་པ་སྟེ། གང་གསན་བཞེས་གནང་བའི་ཆོས་ཚུལ་ཐམས་ཅད་རྣམ་གཡེང་དང་ཕྱི་བཤོལ་གྱི་དབང་དུ་མ་སོང་བར་སྐུ་ཚེ་གང་པོར་བསྐྱེད་རྫོགས་ལྷ་སྒོམ་གྱི་ཉམས་ལེན་དང་།

བསྙེན་སྒྲུབ་ཏིང་འཛིན་གྱི་རྣལ་འབྱོར་ལས་མི་འདའ་བས་ལྟ་བའི་ཕུ་ཐག་ཆོད་དེ་ཆོས་ཉིད་ཟད་སར་འཁྱོལ། སྒོམ་པ་ཀློང་དུ་གྱུར་པས་འོད་གསལ་ལ་གཡོ་འགྱུལ་བྲལ། སྤྱོད་པ་ཚད་དུ་ཕྱིན་པས་ཚོགས་དྲུག་རང་སར་གྲོལ། རྟོགས་པས་རང་རྒྱུད་གྲོལ་བས་ཆོས་བརྒྱད་འདོར་ལེན་དང་བྲལ། ཐུགས་རྗེས་གཞན་རྒྱུད་གྲོལ་བས་འབྲེལ་ཚད་དོན་ལྡན་དུ་བྱོན་པས། ཆོས་རྗེ་དཔལ་སྤྲུལ་རིན་པོ་ཆེའི་ཞལ་ནས། སྙིགས་དུས་འདིར་རྫོགས་པ་ཆེན་པོའི་སྣང་བཞི་མཐར་ཏུ་ཕྱིན་ནས་ཆོས་ཉིད་ཟད་ས་ལ་སྒྲ་ཧེ་བཞིན་སྤྱོད་པ་སྐྱེས་མཆོག་འདི་ཉིད་ཁོ་ན་ཡིན་ཞེས། ཉིན་ལྟར་གཤིན་རྗེ་སྒྲུབ་ཕུག་ནས་རྫོགས་དགོན་ལ་ཞབས་ཐང་གིས་ཕེབས་ཏེ་སྐུ་མདུན་རང་དུ་ཕྱག་འབུམ་ཕྲག་གཅིག་འཚལ་བར་མཛད། གཞན་ཡང་རྟུལ་བྲལ་སྟོབས་བཅུ་མངའ་བའི་ཡེ་ཤེས་ཀྱི་གཟིགས་པས་མཐའ་དག་ཤེས་བྱ་རབ་འབྱམས་ཀྱི་ཆོས་ཚུལ་ཐམས་ཅད་མ་འདྲིས་ཅིག་ཅར་ཉིད་དུ་མཁྱེན་ཅིང་ཆུབ་པས། སྐབས་དེའི་མདོ་ཁམས་ཕྱོགས་ཀྱི་ཡང་སྲིད་ངོས་འཛིན་ཐམས་ཅད་རྗེ་འདི་ཁོ་ནས་མཛད་ཅིང་། ཐན་དགོན་འདབས་ཀྱི་ཕྱུགས་རྫི་བྱིས་པ་ཆོས་ཀྱང་དཀྱང་ཁ་གྲུབ་དབང་མཆོག་ལ་དགོངས་བརྟག་ཞུས་ཏེ་ཕྱུགས་གང་ཡོད་ཤེས་རྗེས་འདེད་དུ་འགྲོ་བ་དང་། སྐབས་ཤིག་ཨ་མདོ་བཀྲ་ཤིས་འཁྱིལ་གྱི་སློབ་གཉེར་གྲྭ་གཞོན་གསུམ་དབུས་ཕྱོགས་ལ་མཇལ་སྐོར་དུ་སོང་ནས་ཕྱིར་ལོག་པའི་ལམ་ཞོར་རྫོགས་ཆེན་ལ་སླེབས་ཤིང་། དེ་ལས་གཅིག་གིས་རྫོགས་ཆེན་རིན་པོ་ཆེ་ལ་མངོན་ཤེས་ཆགས་ཐོགས་མེད་ཅེས་ཀུན་ལ་ལྷུང་ལྷར་གྲགས་འདུག་པས། འུ་ཅག་གི་སྣད་རྒྱལ་བུག་རལ་འདི་གནས་རིགས་ནད་པ་ཞིག་ཡིན་ཁྱེད་ཀྱིས་ཁོང་ལ་དགོངས་བརྟག་མཛད་རོགས་ཞེས་ཉམས་སད་ཅིག་ཨེ་བྱེད་ཟེར་བར། གཅིག་ཤོས་གཉིས་ཀྱང་མཐུན་ཏེ་ཕྱི་ཉིན་གྲུབ་དབང་རིན་པོ་ཆེའི་སྐུ་མདུན་བཅར་ནས།

ངེད་ཚོ་མི་བཞི་ལྷ་སར་སོང་བ་ལས་བཀྲ་ཤིས་ཚེ་རིང་ཟེར་བའི་གནས་གྲོགས་དེ་ཕྱིར་འོང་བའི་ལམ་ཁ་ནས་ནད་ཀྱིས་མནར་ཞིང་། ད་ལྷ་དབུགས་འབྱིན་རྟུབ་ཡང་དཀའ་བ་འདུག་ན་སྨན་དཔྱད་ཇི་དགོས་དང་སྲོག་སྐྱོན་ཡོད་མེད་སོགས་ལ་ཐུགས་བརྟག་ཞིག་གནང་རོགས་ཞེས་ཞུས་པར། ཆོས་ཀུན་རྒྱལ་བའི་ཡེ་ཤེས་ལ་མཉམ་རྗེས་རེས་འཛོག་གི་རྩོལ་སྒྲུབ་དང་བྲལ་ཡང་དལ་གཅིག་དགོངས་པ་གཏད་པའི་ཚུལ་དང་བཅས་ཞལ་ནས། བུ་སྨྲད་པ་ཚེ་རིང་ནད་ཀྱིས་ཐེབས་པར། སྨན་ལྷ་རྗེ་མི་དགོས་ཁབ་སྐུད་ཚོལ། ཅེས་གསལ་བར་གསུངས་པས་ཁོང་ཚོ་ཡིད་འཁྲོད་སྐྲག་སྔངས་དང་བཅས་ཕྱིར་ལོག ། གཞན་ཡང་དུས་དེར་ཉག་སྐད་མགོན་པོ་རྣམ་རྒྱལ་ཞེས་མི་སྲུན་ཧྲང་པོར་སྤྱོད་པ་དད་དང་སྙིང་རྗེའི་རྩ་བ་ཆད་པས་དགོན་སྡེ་དང་དཀོན་མཆོག་གི་རྟེན་གྱི་ཆོམ་དུ་མེར་སྲེག་ཅིང་། ཀུ་རེ་ཙམ་གྱི་ཆེད་དུའང་ཡུལ་མི་གསོད་བཅོམ་བྱེད་པ་སོགས་སྡིག་པའི་ལས་ལ་འཛེམ་མེད་དུ་སྤྱོད་པ་དེ་རྫོགས་ཆེན་དགོན་དུ་འོང་བ་ཐོས་པས་ཐམས་ཅད་འཇིགས་སྐྲག་གིས་མནར་ཞིང་། གཉེར་ཆེན་སོགས་ཆེ་རིམ་པ་འགའ་སྐྱབས་དབང་མཆོག་གི་སྐུ་དྲུང་དུ་སྔོན་བཅར་བྱས་ཏེ། ད་རེས་དུས་རྒྱུན་ལྟར་གང་བྱུང་འཁྲུལ་ཞིག་གི་བཀའ་གསུང་མི་ཐེབས་པར་མཐུན་འཇུག་མི་ཆོས་ཤིག་མ་མཛད་ཕྱིན་བསྟན་དགོན་ལ་བར་ཆད་ཆེ་ཚུལ་བཅས་བསྐུལ་ཞུས་ཞིབ་ཕྲ་བྱས། ཕྱི་ཉིན་ཉག་སྐད་དཔོན་འཁོར་རྣམས་དགོན་ཐོག་ཏུ་འབྱོར་མ་ཐག་མགྲོན་གཉེར་སོགས་ཀྱིས་དར་བཏང་གུས་འདུད་ཀྱིས་སྣ་ལེན་བྱས་པར་གཏམ་ལན་ཙམ་ཡང་མི་བྱེད་པར་ཤར་རྒྱུག་གཟིམས་ཁང་དུ་ཤོར། སྐྱབས་དབང་མཆོག་གི་མདུན་དུ་བསྡད་དེ་ང་ཤི་རྗེས་གང་དུ་སྐྱེ་ས་འདུག་ཅེས་དྲིས་པར། ཁྱོད་ཤི་མ་ཐག་དམྱལ་བ་རྡོ་རྗེ་གདན་ལས་འགྲོ་ས་མི་འདུག་ཅེས་བཀའ་ལན་གནང་། འོན་ངའི་དཔུང་གིས་གཞུང་ས

དགའ་ལྡན་ཕོ་བྲང་གི་སྲིད་དབང་འཕྲོག་ཐུབ་ས་ཨེ་འདུག་ཞུས་པར། ལྷ་ལྡན་ཕར་ཞོག་ཆབ་མདོ་ལ་འང་སླེབ་ཐུབ་ས་མ་རེད་ཅེས་གསུངས་པས། ཁོས་ཡི་རང་དང་བཅས་བླ་མ་ཟེར་བ་ཆོས་བརྒྱུད་མཐུན་འཇུག་དང་བྲལ་བ་ཁྱེད་འདྲ་བ་དགོས། ད་སྔོན་འཕྲད་པའི་བླ་མ་ཐམས་ཅད་ངོ་དགའ་ཁ་ཡག་ཅན་འབའ་ཞིག་ལས་དངོས་དོན་གསུང་མཁན་སུ་ཡང་མ་བྱུང་ཞེས་ཞབས་སྤྱི་བོར་བླངས། ཕྱིན་ཆད་ཁོ་པ་དམྱལ་པར་མི་གཏོང་རྒྱུའི་ཞལ་བཞེས་མ་གནང་ཐབས་མེད་ཡིན་ཞེས་བཙན་གྱིས་ཞུས་པར། འོ་ན་སྐྱེ་རིས་གསུམ་དུ་ངན་འགྲོར་མི་གཏོང་། ཞེས་ཞལ་བཞེས་གནང་བ་སོགས་འབྲེལ་ཚད་ལོག་པར་མི་ལྟུང་བ་འཕགས་ཆེན་དམ་པའི་ངོ་མཚར་རྣམ་ཐར་བརྗོད་ཀྱིས་མི་ལང་བ་དང་། དེ་ལས་གཞན་བྱ་བ་ལས་ཀྱི་འཁོར་ལོས་བསྡུན་འགྲོའི་མཛད་བཟང་ཕྱོགས་བརྒྱར་སྤེལ་བའི་ཚུལ་ནི། སྐུ་ན་ཕྲ་མོའི་དུས་མཁན་སློབ་ཆོས་གསུམ་གྱི་སྐུ་བརྙན་གསེར་ཟངས་ལས་གྲུབ་པ་ཐོག་ཚད་བཞེངས་པ་ནས་བཟུང་རྒྱུན་དུ་སྐུ་གསུང་ཐུགས་རྟེན་དང་། དུས་མཆོད་སྒྲུབ་ཁག་གི་མཆོད་རྫས་ཡོ་བྱད་སོགས་ཚད་མེད་པ་གསར་བཞེངས་མཛད། དགུང་གྲངས་ཉེར་གཉིས་པ་ཤིང་ཁྱི་ལོར་དབུས་ཕྱོགས་སུ་ཆིབས་བསྐྱོད་མཛད་དེ་རྩེ་ཤོད་ཆོས་འཁོར་གསུམ་དང་རྡོར་སྨིན་གཉིས་སོགས་སུ་མཆོད་སྤྲིན་རྒྱས་སྤྲོས་དང་། ཁྱད་པར་ལྷ་ལྡན་སྨོན་ལམ་ཆེན་མོའི་ཚོགས་དབུར་རྒྱལ་མཆོག་དགུ་པ་སྔོན་འཁོར་སྤྱན་དྲངས་ཏེ་མཆོད་པའི་སྤྲིན་ཕུང་སྤྲོས་པ་དང་འབྲེལ་མཇལ་ཚོགས་བཤད་རྗེ་ཉིད་ཀྱིས་མཛད་པས་གདན་ས་གསུམ་གྱི་དགེ་བཤེས་འདུས་ཚོགས་ཐམས་ཅད་ཐུགས་ཡིད་འཕྲོག་སྙེ་གྲགས་པའི་ཇ་ཆེན་ཕྱོགས་ཀུན་ཁྱེར་བར་བྱུས། རྒྱལ་དབང་ལུང་རྟོགས་རྒྱ་མཚོ་འདན་ཡུལ་དུ་འབྱོངས་ཤིང་ར་ཁོ་ཚང་དང་སྐུ་རིགས་གཅིག་པའི་དབོན་དུ་སོང་བས་ནང་བསྟེའི་གཟིགས་པ་ཚད་

མེད་པས་རྟོ་གོག་ཐུའི་འཇའ་ས་ཕུལ་བ་དང་བཅས་སྤྲུལ་འགྱུར་བསྟན་པའི་བདག་པོར་མངའ་གསོལ། དགུང་གྲངས་ལྔ་བཅུར་ཕེབས་པ་ཆུ་སྟག་དབྱུག་ཟླའི་ཚེས་དྲུག་གི་སྤྱི་ཆར་བསྟན་པའི་གེགས་ཆག་སྟོབས་སུ་བདོ་བས་རྟོར་ཁོག་ནས་བརྩམས་ཏེ་ས་གཡོས་ཀྱི་འཇིག་པ་ཆེན་པོ་བྱུང་བས་དགོན་གནས་རྨང་མེད་དུ་གྱུར། སྐབས་དེར་རྗེ་ཉིད་སྤྱི་དགེའི་རྒྱལ་ཁབ་ཏུ་བཞུགས་ཀྱང་སྒྲིབ་བྲལ་ཡེ་ཤེས་ཀྱི་གཟིགས་པས་ཇི་བཞིན་མཁྱེན་པས་ཐུགས་དབྱུང་སྔེ་བྲུ་བཏང་སྒྲོང་བ་པའི་བརྟུལ་ཞུགས་ལ་ཐུགས་གཏད་པ་ན། ཆོས་རྒྱལ་དམ་ཆོག་རྡོ་རྗེས་ཐུགས་གསོའི་ཞུ་བསྐུལ་དང་དགོན་གཞིས་ཉམས་གསོ་སོར་ཆུད་བྱེད་རྒྱུའི་ཁས་ལེན་ནན་ཞུ་ཡང་ཡང་ཕུལ་བས། སླར་གདན་སར་ཞབས་པད་བཀོད་དེ་གཙུག་ལག་ཁང་བླ་བྲང་བཅས་པ་སྔར་ལས་ལྷག་པའི་བཞེངས་བཀོད་གྲུབ། དུས་མཚུངས་ཁྲིབ་བདག་བཀའ་འགྱུར་པ་རྒྱལ་སྲས་གཞན་ཕན་མཐའ་ཡས་དང་སེང་ཕྲུག་པདྨ་བཀྲ་ཤིས་ཟུང་ལ་བཀའ་བགྲོས་ཏེ། དགོན་ལས་རྒྱང་གྲགས་གཅིག་གིས་ཆོད་པའི་མཁས་པའི་ལྷུགས་སམ་ཤེས་རབ་ཀྱི་རལ་གྲིའི་དབྱིབས་དང་མཚུངས་པའི་རི་ཕྲན་གྱི་སྟེང་དུ། གངས་ལྗོངས་མཁས་པའི་འབྱུང་གནས་ཤྲཱི་སེང་ཆོས་གྲྭ་ཆེན་མོ་གཙུག་ལག་ཁང་གྲྭ་ཤག་དང་བཅས་པ་གསར་དུ་བསྐྲུན། ཡུལ་མདོ་སྨད་ཀྱི་ལྗོངས་སུ་བསྟན་རྩ་ཆོས་འདུལ་རིན་པོ་ཆེ་གཞི་གསུམ་གྱི་ཕྲུག་བཞེས་གཙང་མའི་སྒོ་འཕར་གསར་དུ་ཕྱེས། གཞུང་ཆེན་བཀའ་པོད་ལྔ་དང་རྒྱུད་རྒྱལ་གསང་བ་སྙིང་པོའི་གཙོས་སྤྱི་འགྱུར་ཆེ་བ་དྲུག་ལྡན་གྱི་མདོ་སྔགས་དགོངས་འགྲེལ་དང་བཅས་པའི་བཤད་པའི་བཀའ་སྲོལ་ཐོག་མར་ཕྱེས་པས་ད་ལྟའི་བར་དུ་ཆོས་བརྒྱུད་སློབ་ཚོགས་དང་བཅས་པས་ཕྱོགས་ཀུན་ཡོངས་སུ་ཁྱབ་པས་རྒྱལ་བསྟན་སྤྱི་དང་བྱེ་བྲག་ལ་བཀའ་དྲིན་དང་ཕྲིན་ལས་རྨད་དུ་བྱུང་བ་ཉིད་

ངོ། གསུང་གི་བདུད་རྩི་བཞེས་པའི་བསྟན་འཛིན་གྱི་སྐྱེས་བུ་ནམ་མཁའི་སྐར་ཚོགས་ལྟར་བྱོན་པ་ལས་གཙོ་བོའི་མཚན་ཙམ་སྨོས་ན། དཔོན་སློབ་སྐུ་ཕྲེང་གསུམ་པ་ནམ་མཁའ་ཆོས་ཀྱི་རྒྱ་མཚོ། བཞི་པ་འཇིགས་མེད་ཆོས་དབྱིངས་འོད་གསལ། ཀུན་མཁྱེན་རྒྱལ་བའི་སྲས་པོ་གཞན་ཕན་མཐའ་ཡས་འོད་ཟེར་ཧེ་སྐྱེས་མཆོག་བསྟན་འཛིན་ཆེན་པོ་གསུམ། ཉི་གྲགས་བཞི་པ་དཀོན་མཆོག་འཇིགས་མེད་རྒྱལ་མཚན། རབ་འབྱམས་བཞི་པ་མི་མཇེད་ཞིང་མགོན། རྒྱལ་ཚབ་མི་བསྐྱོད་མཁས་གྲུབ། རྗེ་དབོན་གསུམ་པ་གར་དབང་ཐུགས་མཆོག་རྡོ་རྗེ། ནམ་སྤྲུལ་གཉིས་པ་ཀུན་བཟང་ཐུགས་མཆོག་རྡོ་རྗེ་སྡེ་བརྒྱུད་འཛིན་གདམས་པའི་གཏེར་མཛོད་འཛིན་པ་ལྷ་རིག་འཛིན་འཇིགས་མེད་གླིང་པའི་ཐུགས་སྤྲུལ་མཁྱེན་བརྩེ་ཡེ་ཤེས་རྡོ་རྗེ། གླིང་ཚང་གཏེར་སྟོན་པདྨ་འགྲོ་འདུལ། མཆོག་གྱུར་བདེ་ཆེན་གླིང་པ་སྡེ་སྤྲུལ་པའི་གཏེར་ཆེན་རྣམ་གསུམ། སྨྱོན་རས་གཟིགས་དབང་རྒྱལ་བའི་མྱུ་གུ། རྡོ་གྲུབ་གཉིས་པ་བསྟན་པའི་རྒྱལ་མཚན། ཨོ་རྒྱན་འཇིགས་མེད་ཕྲིན་ལས་འགྲོ་འདུལ། མཆོག་སྤྲུལ་པདྨ་བདེ་ཆེན་བཟང་པོ་སྡེ་མཁྱེན་བརྩེ་ནུས་ལྡན་གྱི་བརྒྱུད་འཛིན་གསུམ། མཁས་གྲུབ་འཇིགས་མེད་སྐལ་བཟང་། དཔལ་སྤྲུལ་འཇིགས་མེད་ཆོས་ཀྱི་དབང་པོ་སྡེ་ཀུན་སྤང་རྟོགས་པའི་དབང་ཕྱུག་ཆེན་པོ་གཉིས། མཁན་ཆེན་སེང་ཕྱུག་པདྨ་བཀྲ་ཤིས། མཁན་ཆེན་པདྨ་བཛྲ་སོགས་རང་དགོན་གྱི་མཁན་རབས་པདྨའི་མཚན་འཆང་ཆེན་པོ་བཅུ། དེ་ལས་པདྨ་འོད་ཟེར་དང་། གླིང་སྤྲུལ་ཐུབ་བསྟན་པདྨ་རྒྱལ་མཚན་ཧེ་ནང་གི་ཐུགས་སྲས་ཐུ་བོ་གཉིས། དགེ་མང་དབོན་པོ་བསྟན་འཛིན་ནོར་བུ་དང་། བཀའ་བབ་བདུན་ལྡན་མཁྱེན་བརྩེའི་དབང་པོ་སྡེ་དགོངས་བརྒྱུད་བྱིན་རླབས་འཕོས་པའི་ཐུགས་སྲས་ཉི་ཟླ་ཟུང་། ཉག་བླ་པདྨ་བདུད་འདུལ།

འཇུ་བླ་སངས་རྒྱས་འོད་ཟེར་སོགས་འོད་ལུས་གྲུབ་པ་བཅུ་གསུམ། ཀཿཐོག་ཞིང་སྐྱོང་གོང་འོག་དང་རྫོག་སྟོན་གོང་འོག་སྐྱེ་བཀའ་གཏེར་གྱི་བསྟན་འཛིན་ཆེན་པོ་བཞི། ཞེ་ཆེན་མ་ཧཱ་པཎ་ཆེན་དཔོན་སློབ་མཐུ་སྟོབས་རྣམ་རྒྱལ། མཁས་མཆོག་གུ་རུ་བཀྲ་ཤིས་སོགས་བཤེས་གཉེན་ཆེན་པོ་བཅུ། ཨ་འཛོམས་འབྲུག་པ་འགྲོ་འདུལ་དཔའ་བོ་རྡོ་རྗེ། རྫོགས་ཆེན་འབྲུག་པ་ཆོས་དབྱིངས་རོལ་བའི་རྡོ་རྗེ་སོགས་རྟོགས་གྲོལ་ལུང་ཟིན་གྱི་སྐྱེས་བུ་གསུམ། ཡི་ཐང་དགེ་བཤེས་བྱམས་པ་ཕུན་ཚོགས། ལྷ་རམ་དགེ་བཤེས་ཀུན་བཟང་བསྟན་དར། མི་ཉག་ཀུན་བཟང་བསོད་ནམས་སོགས་མདོ་སྔགས་འཆད་པའི་བཀའ་བབ་ཆེན་པོ་ཉེར་བདུན། མཛོད་ལྔའི་ཤིང་རྟ་གོང་སྤྲུལ་ཡོན་ཏན་རྒྱ་མཚོ། ནཱ་ལེནྡྲའི་གཟིམས་འོག །ཐམས་ཅད་མཁྱེན་པ་ངག་དབང་བསྟན་འཛིན་སྙན་གྲགས། མཁས་གྲུབ་ཆེན་པོ་ཀྲྀ་ཡིང་ཐུགས་མཆོག་རྡོ་རྗེ་སོགས་ཕྱོགས་ཀྱི་བསྟན་འཛིན་ཆེན་པོ་བཅུ། རིགས་དབོན་འཇིགས་མེད་སོགས་ཕྲུག་བཞེས་འཕྲིན་སྒྲུབ་ཀྱི་རྒྱལ་ཚབ་རྩེ་མོ་དགུ། ཁམས་སྤྲུལ་སྒྲུབ་བརྒྱུད་ཉི་མ་གོང་འོག་སྐྱེ་སྒྲུབ་བརྒྱུད་བསྟན་འཛིན་མཆོག་ཟུང་། མང་བཟའ་བླ་མ་དཔལ་གྱི་སེང་གེ། རོག་བཟའ་དཔལ་དགེ་སོགས་སྒྲུབ་པའི་རྒྱལ་མཚན་འཛིན་པའི་སྲོང་བ་པ་ཆེན་པོ་ཉེར་བདུན། མ་ཅིག་མཁའ་འགྲོས་བྱིན་རླབས་ཐོབ་པ་གཡག་ཟེ་བ་དགོངས་གཅོད་བསོད་ནམས་ནོར་བུ་སོགས་གཅོད་ཡུལ་བཀའ་བབ་ཀྱི་ལུང་ཟིན་སྐྱེས་བུ་བཞི། དགེ་རྒྱས་གཅོད་པ་སོགས་བརྟུལ་ཞུགས་སྤྱོད་པའི་རྣལ་འབྱོར་ཆེན་པོ་བརྒྱད། རས་སྤྲུལ་འཕྲུལ་སྣང་སྣ་ཚོགས་རང་གྲོལ། ཁྲུང་ལུང་རས་པ་དམ་ཚིགས་རྡོ་རྗེ་སོགས་ཕྱོགས་མེད་འགྲོ་དོན་མཛད་པའི་རྣལ་འབྱོར་པ་དགུ། ཉི་གྲགས་དཔོན་སྤྲུལ། དཔལ་སྤུངས་དཔོན་སྤྲུལ། དཔལ་ཡུལ་དཔོན་སྤྲུལ།

ཛོར་ཀ་དབོན་པོ། གསེར་ཏོག་དབོན་པོ། སྟོང་དཔོན་རྡོར་ལྷུན། ཆོས་སྐོར་གླིང་གསལ། གཞི་ཆེན་སྤྲུལ་སྐུ་སོགས་ས་ཐོབ་སེམས་དཔའ་ཆེན་པོ་བཅུ། ཁྲོ་ཟུར་གཏེར་སྟོན་སྐྱེ་ཆེན་རང་གྲོལ། གཏེར་སྟོན་ཚེ་དབང་ནོར་བུ་སོགས་ཟབ་གཏེར་བཀའ་བབ་ལྔ། གྲུབ་བརྙེས་རིག་འཛིན་ཆོས་དབྱིངས་སྟོབས་ལྡན་གོང་འོག །ཨ་ལགས་ནམ་མཁའ་རྒྱ་མཚོ་སྟེ་རྡོ་རྗེ་འཛིན་པ་དྲུག་སྔགས་བཀའ་བབ་ཆེན་པོ་གསུམ། ཡང་སློབ་ཕུར་ཐོག་སྟོང་དང་དགུ་བརྒྱ། རབ་འབྱམས་ལྔ་པ། སྐུ་ཞབས་གཉིས་པ། གྲུབ་ཆེན་གསུམ་པ། ཀུན་བཟང་སྤྲུལ་སྐུ། འབྲུག་སྤྲུལ་གོང་འོག ནོར་གླིང་སྤྲུལ་སྐུ། གཡག་ཟེ་མཆོག་སྤྲུལ་རྣམ་གཉིས། ལེ་དགོན་སྤྲུལ་སྐུ། འཇམ་སྤྲུལ་པདྨ་བསྟན་འཛིན། ཨ་གྲོ་བླ་མ། སྡེ་དགེ་རྒྱལ་སྲས་བླ་མ་སོགས་སྨིན་གྲོལ་ཕྱོགས་བརྒྱར་སྤེལ་བའི་བླ་སྤྲུལ་ལྔ་བཅུ་བཅས་མདོར་ན་དུས་དེར་བོད་ཆེན་པོའི་ལྗོངས་སུ་སྤྱི་འགྱུར་རྙིང་མ་གཙོ་བོ་གྱུར་པའི་སྒྲུབ་བརྒྱུད་ཤིང་རྟ་བརྒྱད་ཀྱི་རིང་ལུགས་འཛིན་པའི་བསྟན་འཛིན་སྐྱེས་ཆེན་ཕལ་མོ་ཆེ་རྗེ་འདིའི་ཞལ་མཇལ་ཆོས་འབྲེལ་མ་ནོས་པ་འགའ་ཡང་མེད་པ་ལྟ་བུར་གྱུར་པས་གྲོལ་བ་བཞི་ལྡན་གྱི་ཕྲིན་ལས་ཡངས་པའི་རྒྱལ་ཁམས་ཀུན་ལ་མ་ཁྱབ་པ་མེད་པ་དང་། དེ་བཞིན་བསྟན་པ་སྟོབས་ཀྱིས་འདེགས་པའི་སྦྱིན་བདག་ཀྱང་། སྡེ་དགེ་ཆོས་རྒྱལ་ཡབ་སྲས། ལྕགས་ལ་མི་ཆེན་རྒྱལ་པོ། ཡིད་ལྷུང་ལྷ་རིགས་ཆོས་རྒྱལ། གླིང་ཚང་རྒྱལ་པོ་བཅས་གཙོ་གྱུར་ཐུ་མི་ཁག་ཉི་ཤུ། དེམ་ཕྱི་ཉེར་ལྔར་གྲགས་པ་ཕལ་ཆེར་དང་། གཞུང་ས་དགའ་ལྡན་ཕོ་བྲང་གི་བཀའི་བློན་པོ་འགའ་དང་ཞབས་པད་ས་དབང་ཕུ་ལུང་པ་སོགས་མི་ཆེན་ཐམས་ཅད་ཀྱིས་གུས་པས་སྤྱི་བོས་བཏུད་ཅིང་མི་ཕྱེད་དད་པས་བཀུར་ཞིང་མཆོད་པ་སོགས། མདོར་ན་ལུགས་གཉིས་ཀྱི་སྒོ་ནས་

ཕྱི་མའི་དུས་འདིར་རྗེ་འདི་ཁོ་ན་ཕྲིན་ལས་འགྲན་ཟླ་དང་བྲལ་ཞིང་། དཀྱུང་གྲངས་བདུན་ཙུ་ཏྲ་བརྒྱད་བཞེས་པ་རབ་བྱུང་བཅོ་ལྔ་པའི་ལྕགས་ཕོ་རྟའི་ལོའི་སྨིན་དྲུག་ཟླ་བའི་དམར་ཕྱོགས་ཀྱི་རྒྱལ་བ་དང་པོའི་ཚེས་ལ་གཟུགས་སྐུའི་བཀོད་པ་གདོད་མའི་གཞི་དབྱིངས་ནང་གསལ་ཆེན་པོར་བསྡུ་བའི་ཚུལ་བསྟན་ཏོ། རྗེ་འདི་ཉིད་ཀྱི་ཞལ་སྔ་ནས་མཛད་པའི་གསུང་ཆོས་དང་ལུང་བསྟན་བཀའ་རྒྱ་མ་སོགས་སྔར་ནས་ཤིང་པར་དུ་མ་འཁོད་སྐབས་ཕྱོགས་སུ་འཐོར་ཞིང་དུས་ཀྱི་བརྒྱུད་རིམ་ཁྲོད་རྩ་མེད་དུ་ཕྱིན་པར་མཐོང་ལ། ཉིད་ཀྱི་ཉམས་སྣང་གསང་བའི་རྣམ་ཐར་འཇམ་དབྱངས་མཁྱེན་བརྩེ་དབང་པོའི་མདུན་དཔེ་ངོ་མ་ལག་སོན་བྱུང་ཡང་རེ་ཞིག་བཀའ་རྒྱ་བྱས་ཏེ་ད་ལམ་མ་སྤེལ། གཞན་གསུང་ཐོར་བུའི་རིགས་སྔར་ཡོད་དང་ད་ལམ་གསར་དུ་འབྱོར་བའི་ཕྱི་མོའི་དཔེ་རྙིང་ལག་བྲིས་བསྐྱར་བྲིས་བྱས་པ་ཆད་ལྷག་ཡིག་ནོར་ཆེས་མང་བའི་ཚད་དུ་འདུག་ཀྱང་ནན་ཏན་བརྩོན་པ་ཆེན་པོས་བསྒྲིགས་ཞུས་འགྲེམ་སྤེལ་གྱི་བགྱི་བ་འདི་དང་བསྟུན། སྔར་ལམ་རྫོགས་ཆེན་ཆོས་འབྱུང་ཆེན་མོར་བྲིས་པའི་རྣམ་ཐར་ལ་བསྐྱར་ཞུས་དང་བཅས། མཁྱེན་གཟིགས་དམ་པ་དག་གི་ཞལ་སྔ་ནས་གྲུབ་དབང་རྫོགས་ཆེན་པའི་མཚན་གྱི་ཅོད་པན་གྱིས་བྱིན་གྱིས་བརླབས་པ་བསྟན་འཛིན་ལུང་རྟོགས་ཉི་མས་བྲིས་པ་དགེ།

༄༅། །བླ་མ་བརྒྱུད་པའི་རིམ་པ་ལ་གསོལ་བ་འདེབས་པ་བྱིན་རླབས་མཆོག་སྩོལ་ཞེས་བྱ་བ་བཞུགས་སོ། །

ཨེ་མ་ཧོ། །སངས་རྒྱས་སྐུ་གསུམ་རྒྱལ་བ་དགོངས་བརྡའི་བརྒྱུད། །སྨོན་ལམ་གཏད་རྒྱས་བདུད་རྩིའི་འཛིང་ཐབ་རྒྱུན། །ཁྱད་མེད་བཀའ་གཏེར་དག་སྣང་རྒྱ་བ་གསུམ། །བསྐྱེད་རྫོགས་བསྒྲུབ་པའི་མདོ་སྔགས་མཁན་པོ་དང་། །རྣལ་འབྱོར་བླ་མ་དམ་པ་མཆོག་རྣམས་ལ། །གསོལ་བ་འདེབས་སོ་བདག་རྒྱུད་བྱིན་གྱིས་རློབས། །གནས་གསུམ་དཔའ་བོ་མཁའ་འགྲོ་ཡེ་ཤེས་པ། །དམ་ཚིག་སེལ་མེད་བརྒྱུད་པའི་བླ་མ་ལ། །གསོལ་བ་འདེབས་སོ་བདག་རྒྱུད་བྱིན་གྱིས་རློབས། །རྒྱལ་བ་ཞི་ཁྲོ་ཕྱི་ནང་གསང་གསུམ་གྱི། །བསྐྱེད་རྫོགས་བསྒོམས་བཟླས་བསྒྲུབ་པའི་རྣལ་འབྱོར་པ། །ཚེ་དབང་ཕྱག་རྒྱ་རྣམ་སྨིན་ལྷུན་གྱིས་གྲུབ། །དྲི་མེད་བཤེས་གཉེན་སྙིགས་དུས་མི་གཟུགས་སྤྲུལ། །ཀློང་ཆེན་རབ་འབྱམས་དྲི་མེད་འོད་ཟེར་དང་། །པདྨ་རིག་འཛིན་ཀུན་མཁྱེན་འཇིགས་མེད་གླིང་། །མི་འགྱུར་ནམ་མཁའི་རྡོ་རྗེ་ལ་སོགས་ལ། །གདུལ་བྱའི་རྒྱུ་སྤྱོད་ནམ་མཁའི་གཟུགས་བརྙན་བཞིན། །གང་འདུལ་མོས་ངོར་སྟོན་ལ་གསོལ་བ་འདེབས། །ཕྱི་སྤྱོད་འབྲུང་ལྷ་ལྷུན་གྲུབ་དཔལ་དང་ལྡན། །ཡུམ་ཆེན་ལྷ་ཡི་བྱིན་རླབས་ལེགས་ཞུགས་པས། །བོད་ཡུལ་དབུས་གཙང་རུ་བཞིའི་གནས་བྱིན་

ཆེན། །བཤད་སྒྲུབ་དགེ་འདུན་འདུས་པའི་སྡེ་རྣམས་དང་། །གནས་ཡུལ་བྱིན་ཆེན་དཔའ་བོ་མཁའ་འགྲོ་ལ། །གསོལ་བ་འདེབས་སོ་བདག་རྒྱུད་བྱིན་གྱིས་རློབས། །རུ་དམ་ཨོ་རྒྱན་བསམ་གཏན་ཆོས་གླིང་འདིའི། །སྟེང་ན་སྐུ་གསུམ་རྩ་གསུམ་དཀྱིལ་འཁོར་གསལ། །བར་ན་ཡི་དམ་ཞི་ཁྲོའི་མཆྲལ་ལམ། །དྲང་སྲོང་རྒྱལ་མཚན་ཕྱི་ཚུལ་སྐུ་ལ་འཆང་། །ཐོས་བསམ་བསྒོམ་གསུམ་འཆད་རྩོད་རྩོམ་གསུམ་དང་། །མཁས་བཙུན་བཟང་གསུམ་འཛོམ་པའི་བྱང་ཆུབ་སེམས། །དགེ་བའི་བཤེས་གཉེན་འགྲོ་དོན་མཛད་པ་དང་། །བསོད་ནམས་ཚོགས་གཉིས་བསགས་པའི་སྐུ་གསུང་ཐུགས། །རྟེན་གསུམ་རབ་གནས་བྱིན་རླབས་ཁྱད་འཕགས་ཅན། །སྒྱུ་ལུས་གདོས་བཅས་ལུས་མེད་རྒྱལ་བསྟན་བསྲུང་། །རིམ་གཉིས་བསྒོམ་པའི་བཛ་མཆོན་དངོས་མེད་དང་། །དངོས་སྣང་ཚོགས་ཞིང་རྣམས་ལ་གསོལ་བ་འདེབས། །དེ་ལྟར་གསོལ་བ་བཏབ་པའི་བྱིན་བརླབས་ཀྱིས། །ཚེ་འདིར་འགལ་རྐྱེན་ཟུག་རྔུས་འཚེ་བ་དང་། །འཇིགས་བརྒྱད་ཤི་འདྲེའི་ཚེ་འཕྲུལ་དངོས་མེད་རྡུབ། །ཀུན་ཞི་དགེ་བ་བཅུ་དང་ཆོས་སྤྱོད་བཅུ། །དཔལ་དང་ཡོན་ཏན་གོང་ནས་གོང་འཕེལ་ཤོག །ནམ་མཁའ་ཆོས་དབྱིངས་དང་འདུན་མི་ལྡོག་ཙམ། །ཨོ་རྒྱན་ཆེ་མཆོག་དེ་ཡི་སྨྲས་པ་དགེ། །མངྒ་ལཾ། །

༄༅། །རིག་འཛིན་འཇིགས་མེད་གླིང་པ་ལ་བརྟེན་པའི་བླ་མའི་རྣལ་འབྱོར་ཟབ་རྒྱ་ཅན་བཞུགས་སོ། །

ཨེ་མ་ཧོ། དད་དང་ངེས་འབྱུང་བྱང་སེམས་ལྡན། །ཤེས་རབ་བརྩོན་འགྲུས་ཆེ་བ་ཡིས། །ཚེ་འདིར་གྲོལ་བ་དོན་གཉེར་རྣམས། །ཟབ་ལམ་བླ་མའི་རྣལ་འབྱོར་བསྒོམ། །བདེ་བའི་སྟན་ལ་ལུས་གནད་བསྲང་། །རླུང་རོ་བསལ་ཞིང་ཐ་མལ་གྱི། །རྣམ་པར་རྟོག་པའི་རྒྱུན་བཅད་ནས། །བླ་མར་མོས་གུས་ཞུགས་དྲག་བསྐྱེད། །ཧོཿ རང་སྣང་དག་པའི་མདུན་གྱི་མཁར། །འཇའ་སྤྲིན་འོད་ཀྱི་གུར་ཁྱིམ་དབུས། །ཆུ་སྐྱེས་ཉི་ཟླའི་གདན་གྱི་སྟེང་། །ཁྱབ་བདག་གདོད་མའི་མགོན་པོ་དང་། །དབྱེར་མེད་རིག་འཛིན་འཇིགས་མེད་གླིང་། །སྐུ་མདོག་དཀར་དམར་ཞི་འཛུམ་ཉམས། །མཐོན་མཐིང་དབུ་སྐྲའི་ཐོར་ཚུགས་རྩེར། །ཟབ་མོའི་རྒྱུད་ཀྱི་གླེགས་བམ་འཆང་། །དར་དཀར་དྲི་མེད་གསང་གོས་སྟེང་། །རིང་འགག་སྔོན་པོ་དར་ཤམ་དཀར། །དགུ་ལྡན་རྩ་བརྒྱུད་བླ་མ་རྣམས། །མདུན་གྱི་ནམ་མཁར་ཚོགས་ཞིང་བསྐྱེད། །ཕྱག་འཚལ་མཆོད་པ་ཀུན་གྱིས་མཆོད། །སྒོ་གསུམ་ཉེས་བསགས་མཐོལ་ལོ་བཤགས། །དུས་གསུམ་དོན་མཛད་རྗེས་ཡི་རང་། །འཁོར་བ་དོང་སྤྲུག་ཆོས་འཁོར་བསྐོར། །མྱ་ངན་མི་འདའ་བཞུགས་གསོལ་འདེབས། །དགེ་ཚོགས་ཀུན་ལ་དམ་པ་གསུམ། །བསྔོ་བས་འབྲེལ་ཐོགས་སེམས་ཅན་ཀུན། །རྣམ་མཁྱེན་རྫོགས་བྱང་ཐོབ་པར་ཤོག །བགེགས་བཀྲད་ནི། ཧཱུྃ། འདོད་ཡོན་ཀུན་ཚང་ཧིང་ངེ་

འཛིན། །ཕྱོགས་དང་ཕྱག་རྒྱས་བྱིན་བརླབས་པའི། །གཏོར་མ་འདྲེ་བགེགས་རྣམས་ལ་བསྔོ། །བསྐྱེན་སྐྲག་བར་ཆད་མེད་པ་ཡིས། །གནས་འདི་བདེ་ཆེན་ཞིང་དུ་བསྒྱུར། །ཨོཾ་སུམྦྷ་ནི་སོགས། ཧཱུྃ་བཞིའི་ཕྱོགས་བརྗོད་སྦྱོས་རོལ་དྲག་ཏུ་བྱ། ཧཱུྃ། སྣང་སྲིད་རྣམ་དག་དཀྱིལ་འཁོར་འདིར། །ཡེ་ཤེས་རོལ་པ་ལྷ་ཡི་གང་། །རྡོ་རྗེ་འཁོར་ལོ་མཚོན་ཆ་མེའི། །གུར་ཕུབ་རླུང་ཡང་རྒྱུ་མི་ནུས། །གནོད་བྱེད་བགེགས་ཀྱི་གླགས་མི་རྙེད། །ཧྐྵྨ་ཧྐྵྨྟུ་བཛྲ་རཀྵ་རཀྵ་ཡེ་སྭཱ་ཧཱ། མཆོད་པ་བྱིན་བརླབ་ནི། ཨོཾ་ཨཱཿཧཱུྃ། ཀ་དག་བདེ་བ་ཆེན་པོའི་གཞོང་པ་རུ། །དྲན་རིག་ཡིད་བཞིན་ནོར་བུའི་མཆོད་པས་ཁེངས། །ལྷུན་གྲུབ་གསང་བ་ཆེན་པོའི་ལྷ་ཚོགས་རྣམས། །སྐུ་གསུམ་ཀློང་དུ་དགྱེས་པའི་རྫས་སུ་གྱུར། །ཨོཾ་བཛྲ་ཨརྒྷཾ་པཱདྱཾ་པུཥྤེ་དྷཱུ་པེ་ཨཱ་ལོ་ཀེ་གནྡྷེ་ནེ་ཝི་དྱ་ཤབྡ་མ་ཧཱ་པཉྩ་ར་ཀྟ་བ་ལིཾ་ཏ་མ་ཧཱ་སུ་ཁ་པཱུཛ་ཧོཿ དངོས་གཞི་ལྷ་བསྐྱེད་པ་ནི། ཧཱུྃ། སྟོང་གསལ་སྲིད་ཞིའི་ཁམས་ཀུན་ཡུལ་ལྡིའི་ཀློང་། །རྣམ་ཐར་སྒོ་གསུམ་བདེ་ཆེན་གཞལ་ཡས་དབུས། །རང་སྣང་བདེ་ཆེན་པདྨ་འོད་ཀྱི་ཞིང་། །ཉམས་དགའ་ཡིད་འོང་རྒྱན་བཀོད་ཕུན་སུམ་ཚོགས། །ཡེ་ཤེས་ལྷུ་ལྷུན་པོ་བྲང་རྒྱ་ཆེའི་འབུས། །ཐབས་ཤེས་པདྨ་ཉི་ཟླའི་གདན་གྱི་སྟེང་། །རྩ་བའི་བླ་མ་བདེ་གཤེགས་འདུས་པའི་སྐུ། །མཚན་དང་དཔེ་བྱད་ཆ་ལུགས་པདྨ་འབྱུང་། །སྡོམ་གསུམ་ཡོངས་སུ་རྫོགས་པའི་བརྡ་རྟགས་དང་། །གསང་སྔགས་ཐེག་པ་ཆེན་པོའི་འཁོར་ལོས་བསྒྱུར། །རྒྱལ་པོའི་ཆས་རྣམས་ཡོངས་རྫོགས་ཟབ་བེར་མཐིང་། །འདུད་མ་ཟ་ཧོར་ནཱ་ཛའི་ཆས་རྣམས་རྫོགས། །དབུ་ཞྭ་པདྨ་མཐོང་གྲོལ་འདབ་བཞིའི་རྩེར། །ལྷུ་བ་ཡས་འབེབ་རྒོད་ཀྱི་ལྡེ་མ་འཕྲུ་མཛེས། །ཕྱག་གཡས་ཆོས་ཉིད་མི་འགྱུར་བརྡ་རྟགས་

ཀྱཻ། །གསེར་གྱི་རྡོ་རྗེ་རྩེ་ལྔ་ཐུགས་ཀར་འཛིན། །གཡོན་པས་བྷནྡྷ་ཚེ་བུམ་བདུད་རྩིས་བཀང་། །དགེ་སློང་རྡོ་རྗེ་འཛིན་པའི་ཆོས་གོས་གསོལ། །གན་དར་ལྷུང་གུའི་སྐུ་ཆིངས་འཕོར་གཅིག་དཀྲིས། །ཕེར་ཕྲུམས་དམར་སྨུག་གསེར་གྱི་ཧ་རིས་བཀྲ། །ཕྱིར་གསོལ་སྣང་སྲིད་ཟིལ་གནོན་རྣལ་འབྱོར་ཆས། །ཞབས་གཉིས་མཉམ་ཉིད་རྡོ་རྗེའི་སྐྱིལ་མོ་ཀྲུང་། །རྫུ་འཕྲུལ་རླུང་གིས་བཏེགས་པས་རེག་ཐོགས་མེད། །ནམ་མཁར་སྤྲིན་དང་འཇའ་འོད་རྒྱ་སྐར་དབུས། །འོད་ཟེར་བརྒྱ་སྟོང་ཉིད་ཟླའི་གཟི་བརྗིད་འབར། །འཕྲུལ་སྣང་འཁོར་བའི་སྨག་རུམ་མུན་པ་སེལ། །གནས་གསུམ་ཨོཾ་དཀར་ཨཱ་དམར་ཧཱུྃ་མཐིང་བཀྲ། །འོད་ཟེར་སྤྲོས་རིང་དུད་པ་ཕྲུ་ར་བ་ལྟར། །སྐུ་གསུམ་ཞིང་གི་ལྷ་ཚོགས་ཐུགས་རྒྱུད་བསྐུལ། །སྤྱན་འདྲེན་པ་ནི། ཧཱུྃ། ཡེ་ཤེས་ལྷ་ལྷུན་བདེ་ཆེན་དག་པའི་ཞིང་། །དྲི་མེད་ཤེལ་ལ་ཉི་ཟེར་འཕྲོད་པ་བཞིན། །སྐུ་གསུམ་ཕྱོགས་བཅུའི་རྒྱལ་བ་སྲས་དང་བཅས། །རང་སྣང་པདྨ་འོད་ཀྱི་ཞིང་དུ་འདུས། །ཙིཏྟ་དམར་པོ་ཟངས་མདོག་དཔལ་གྱི་རི། །རྣམ་ཤེས་ཚོགས་བརྒྱད་སྲིན་པོའི་གྲོང་ཁྱེར་བཀྲ། །དྲན་རིག་མ་ཧཱ་གུ་རུ་སྐུར་བཞེངས་ཤིག །ཨོཾ་ཨཱཿཧཱུྃ་བཛྲ་གུ་རུ་པདྨ་ཐོད་ཕྲེང་རྩལ་བཛྲ་ས་མ་ཡ་ཛ་སིདྡྷི་ཕ་ལ་ཧཱུྃ། ཨེ་ཨ་ར་ལི་ཧྲིཾ་ཧྲིཾ་ཕེཾ་ཕེཾ་ཛ་ཛཿ བཞུགས་སུ་གསོལ་བ་ནི། ཧཱུྃ། སྒྱུ་འཕྲུལ་ཟག་བྲལ་རྡོ་རྗེ་ལུས་ཀྱི་སྤྲུབས། །འོད་ཀྱི་རྩ་དང་ཡེ་ཤེས་རླུང་ལྷུའི་ཞིང་། །དམ་ཡེ་དབྱེར་མེད་བཞུགས་པའི་དཀྱིལ་འཁོར་ལ། །དགའ་བ་གསུམ་གྱི་ལུས་འབུལ་ཕྱག་གིས་འདུད། །ཨ་ཏི་པཱུ་ཧོཿ པྲ་ཏི་ཙྪ་ཧོཿ མཆོད་པ་ནི། ཧཱུྃ། རབ་འབྱམས་སྲིད་ཞིའི་ཕྲིན་རྣམས་ཡོངས་ཁེངས་པའི། །འདོད་ཡོན་ལྷ་ལྷུན་ཟག་མེད་བདུད་རྩིའི་སྤྲིན། །ནམ་མཁའ་

མཛོད་ཀྱི་སྣོ་འཕར་ཡོངས་ཕྲེ་སྟེ། །འབུལ་གྱིས་བཞེས་ལ་མཆོག་ཐུན་དངོས་གྲུབ་སྩོལ། ཨོཾ་བཛྲ་ཨརྒྷཾ་ནས་པདྱཾ་པུཥྤེ་དྷཱུ་པེ་ཨཱ་ལོ་ཀེ་གནྡྷེ་ནཻ་ཝི་དྱ་ཤབྡ་མ་ཧཱ་སུ་ཁ་པཱུ་ཛ་ཧོཿ་བསྟོད་པ་ནི། ཧྲཱིཿ་མ་བཅོས་སྤྲོས་བྲལ་བླ་མ་ཆོས་ཀྱི་སྐུ། །བདེ་ཆེན་ལོངས་སྤྱོད་བླ་མ་ཆོས་ཀྱི་རྗེ། །པད་སྡོང་ལས་འཁྲུངས་བླ་མ་སྤྲུལ་པའི་སྐུ། །སྐུ་གསུམ་རྡོ་རྗེ་འཆང་ལ་ཕྱག་འཚལ་བསྟོད། །འགྲོ་བ་རིགས་དྲུག་སེམས་ཅན་འདྲེན་པའི་ཕྱིར། །མདོ་སྔགས་ཐུབ་པ་དྲུག་དང་གཟུགས་སྐུའི་ཚུལ། །བཟོ་དང་སྐྱེ་བ་མཆོག་གི་སྤྲུལ་པའི་སྐུ། །སྟོབས་བཅུ་མི་འཇིགས་རྣམ་བཞིའི་རྫོགས་སངས་རྒྱས། །བདེ་གཤེགས་དོན་ཀུན་འགྲུབ་དང་པདྨ་འབྱུང་། །རྗེ་བཙུན་སྒྲོལ་མ་ཉེ་བའི་སྲས་ཆེན་བརྒྱད། །ཡེ་ཤེས་འཇིག་རྟེན་སྣ་ཚོགས་སྤྲུལ་པ་ཡིས། །སྒྱུ་འཕྲུལ་དཀྱིལ་འཁོར་ཡོངས་རྫོགས་ཕྱག་འཚལ་བསྟོད། །འཛབ་དམིགས་ནི། །རང་ཉིད་པད་འབྱུང་གུ་རུ་གསལ་བ་ཡིས། །ཐུགས་ཀྱི་ཙིཏྟ་དྭངས་ཤེལ་ནོར་བུའི་དབྱིབས། །ལྟེ་བར་ཧྲཱིཿ་དཀར་བཀྲ་བའི་མཐར་བསྐོར་དུ། །མ་རིག་ཙམ་ལས་མཐའ་བསྐོར་སྔགས་འཕྲེང་འཁོར། །འོད་ཟེར་སྤྲོ་བསྡུས་དོན་གཉིས་ལྷུན་གྲུབ་གྱུར། །ཨོཾ་ཨཱཿཧཱུྃ་བཛྲ་གུ་རུ་པདྨ་སིདྡྷི་ཧཱུྃ། །བསྒྲུབ་སྔགས་ནི། ཨོཾ་ཨཱཿཧཱུྃ་བཛྲ་གུ་རུ་པདྨ་ཐོད་འཕྲེང་རྩལ་བཛྲ་ས་མ་ཡ་ཛཿ་སིདྡྷི་ཕ་ལ་ཧཱུྃ། རང་གི་བླ་མའི་བསྙེན་སྔགས་ནི། །ཨོཾ་ཨཱཿཧཱུྃ་བཛྲ་མ་ཧཱ་གུ་རུ་སིདྡྷ་ཀ་ཨཱ་ཀཱ་ཡ་ཝཱཀྐ་ཙིཏྟ་སརྦ་སིདྡྷི་ཕ་ལ་ཧཱུྃ། །མཆོད་བསྟོད་སྤྱི་ཁྱབ་ལྷུར་བྱ། །གྲངས་དང་རྟགས་ཀྱི་བསྙེན་སྒྲུབ་རྫོགས་པའི་ཚེ། །སྐབས་སུ་དྲག་པོ་ཧཱུྃ་གི་སྣང་གླུ་ལེན། །ཧཱུྃ་གྲངས་མང་བརྗོད། རྗེས་ལ། བསོད་ནམས་ཚོགས་གཉིས་རྫོགས་པའི་བརྡ་རྟགས་ཕྱིར། །གཟུགས་སྒྲ་དྲི་རོ་རེག་བྱ་ལ་སོགས་

པའི། །འདོད་ཡོན་ཅི་འབྱོར་བཟའ་བཏུང་མཆོད་པ་བཤམས། །ཧཱུྃ། བདག་ཉིད་རྩ་གསུམ་རྒྱལ་བ་ཡི། །ལྷུན་གྲུབ་བདེ་ཆེན་འོད་ལྔ་འཕྲོས། །རྟོག་འཛིན་ཚོགས་ཀྱི་ཡོ་བྱད་སྦྱངས། །ཡེ་ཤེས་འོད་ལྔ་ལྷུན་གྱིས་གྲུབ། །རཾ་ཡཾ་ཁཾ། ཨོཾ་ཨཱཿཧཱུྃ། ཚོགས་ཕུད་འབུལ་བ་ནི། ཧཱུྃ། ཀུན་བཟང་འོད་ལྔའི་ལྷ་ཚོགས་ལ། །ཀུན་ཏུ་བཟང་པོའི་རྣམ་སྤྲུལ་གྱིས། །ཀུན་བཟང་མཆོད་སྤྲིན་རྒྱ་མཚོའི་ཚོགས། །ཀུན་ཏུ་དགྱེས་པའི་མདངས་ཀྱིས་བཞེས། །མ་ཧཱ་སྐཱ་ན་ཙཀྲ་པཱུ་ཛ་ཧོཿ དེ་ནས་བསྐང་བ་ནི། ཧོཿ བདག་དང་མཐའ་ཡས་སེམས་ཅན་རྣམས། །ཡེ་ནས་སངས་རྒྱས་ཡིན་པ་ལ། །ཡིན་པར་ཤེས་པས་ཐུགས་དམ་བསྐངས། །རྟགས་ཀྱི་དཀྱིལ་འཁོར་ཆེན་པོ་ཡང་། །དོན་གྱི་འོག་མིན་ཉིད་ཡིན་ཕྱིར། །དེ་ན་བཞུགས་པའི་ལྷ་ཚོགས་རྣམས། །ངང་གི་སེམས་སུ་ཤེས་པས་བསྐངས། །སེམས་ཉིད་ཨར་སྣང་ཆོས་ཀྱི་དབྱིངས། །བརྒྱུད་ཁྲི་བཞི་སྟོང་ཟབ་དོན་འདུས། །མ་གཡོས་སྐྱེ་མེད་ཆོས་ཀྱི་སྐུ། །རྒྱལ་གསུང་ཀུན་འདུས་ཐུགས་དམ་བསྐངས། །རང་བྱུང་ཡེ་ཤེས་མངོན་བྱུང་སྐུ། །ཆོས་ཉིད་ཟད་པས་ཐུགས་དམ་བསྐངས། །བར་དོ་བཞི་སྦྱོར་རྒྱལ་བའི་སྐུ། །འགྱུ་འཕྲིགས་འོད་ལྔའི་ཐུགས་དམ་བསྐངས། ཧོཿ བདག་སོགས་འདུས་པ་རྒྱ་མཚོ་དང་། །གསང་སྔགས་སྒོར་ཞུགས་ཐམས་ཅད་ཀྱི། །ཉམས་ཆགས་ཐམས་ཅད་བསྐང་གྱུར་ཅིག །རྟོག་སྒྲིབ་ཐམས་ཅད་བྱང་གྱུར་ཅིག །ལས་ངན་སྡིག་སྒྲིབ་དག་གྱུར་ཅིག །ཁམས་གསུམ་འཁོར་བ་སྟོང་གྱུར་ཅིག །འབྲས་བུ་སྐུ་གསུམ་ཐོབ་གྱུར་ཅིག །བསྐང་གྱུར་དབང་དང་དངོས་གྲུབ་སྩོལ། །བཤགས་པ་ནི། ཧཱུྃ། སེམས་ཅན་ཐ་མལ་ཉོན་མོངས་པའི། །དུག་ལྔའི་གདོན་གྱིས་མྱོས་པ་

ཡིས། །སྨོན་གསུམ་དམ་ཚིག་ཉམས་ཆགས་རྣམས། །ཚོགས་ཀྱི་མཆོད་པས་
བསྐངས་ཤིང་བཤགས། །ཚོགས་བསྒྲལ་ནི། ཨེཿ མ་རིག་གཉིས་འཛིན་
གདོན་བགེགས་རྣམས། །གཉིས་མེད་ཡེ་ཤེས་མཚོན་གྱིས་གཏུབ། །རྣམ་
ཤེས་ཆོས་དབྱིངས་ཀློང་དུ་ཐཏ། །གཟུགས་ཕུང་ཚོགས་ཀྱི་འཁོར་ལོར་
རོལ། །ཧཱུ་ཙྪ་སརྦ་ཏ་ལ་པཉྩ་པཱུ་ཛ་ཁཱ་ཧི། །ལྷག་མ་ནི། ཨ་ཀ་རོ་དང་བཤུག་གླུ་
ཐེམ་སྒྲ་དང་བཅས་པར་ལྷག་མ་ཁ་རྒྱས་དྲན་ནས་བྱིན་གྱིས་རློབས། །ཧཱུྃ། ཐིག་ལེ་མི་འགྱུར་
དཔལ་གྱི་ལྷ། །དབྱིངས་ལས་གཡོ་བ་མེད་མོད་ཀྱང་། །རྩལ་ལས་ཆོ་འཕྲུལ་
གར་བསྒྱུར་ཞིང་། །དཔལ་གྱི་བཀའ་ཉན་རིག་རྩལ་རྣམས། །ཀ་དག་དབྱེར་
མེད་ལྷག་མ་ཡོང་། །ཟག་པ་ཟད་པའི་ཕྲིན་ལས་མཛོད། །མ་རིག་འཁྲུལ་སྣང་
ལྷག་མ་བཞེས། །ཉམས་རྟོགས་གོང་འཕེལ་ཕྲིན་ལས་མཛོད། །འདོད་ཡོན་
སྲིད་འཛིན་ལྷག་མ་བཞེས། །དམ་ཚིག་བསྲུང་བའི་ཕྲིན་ལས་མཛོད། །ཧྲཱིཿ མ་
ཧ་རི་ཉི་ས་ར་ཙ་ཧྲི་ཡན་ཤ་ལོ་ཀ་སརྦ་ས་མ་ཡ་ཨེ་དཾ་བྷྱ་ལི་ཧྣ་ཁ་ཁ་ཁཱ་ཧི་ཁཱ་ཧི།
བསྐུལ་བ་ནི། ཧཱུྃ་སྐུ་གསུམ་རྩ་གསུམ་རྒྱལ་བའི་ཚོགས། །མི་མངོན་དབྱིངས་
ནས་ཐུགས་དམ་བསྐུལ། །དུས་ངན་སྙིགས་མའི་སེམས་ཅན་རྣམས། །འགོང་
པོ་སྲུན་དགུའི་དབང་སོང་ཏེ། །ནད་མཚོན་མུ་གེའི་བསྐལ་པ་བསླེབ། །མི་
འདོད་རྐྱེན་ངན་ཐོག་བབ་ཚེ། །གདུང་བའི་ང་རོས་ཁྲེད་འབོད་ན། །ཐུགས་རྗེས་
གཟིགས་ཤིག་མཐུ་མ་ཆུང་། །མཛོད་ཅིག་ཕྲིན་ལས་རྣམ་བཞི་མཛོད། །བཟློག་
ཅིག་གཉིས་འཛིན་རྣམ་རྟོག་བཟློག །བསྒྱུར་རོ་རྐྱེན་ངན་བར་ཆད་བསྒྱུར། །སྐྱེ་
མེད་དབྱིངས་སུ་ཆ་ལ་ལ། །འགགས་མེད་ཀློང་དུ་ཁྲོ་ལོ་ལོ། །ཧྲཱུ་ཧྲཱུ་བཟློག་
བཟློག་མ་ར་ཡ་ཕཊ། །ཆད་པོ་ནི། ཧཱུྃ། སྔོན་ཆེ་འོག་མིན་ཆོས་ཀྱི་

དབྱིངས། །རྒྱ་ཆད་ཕྱོགས་བྲལ་ཞིང་ཁམས་སུ། །རང་བྱུང་སྟོན་པ་ཀུན་བཟང་
གིས། ། ། །རིགས་ལྔ་ཞི་ཁྲོ་འཁོར་ཚོགས་ལ། །དགོང་བརྒྱུད་ཆོས་
འཁོར་བསྐོར་བའི་ཚེ། །ཡེ་ཤེས་དབྱིངས་ཀྱི་སྒྲུང་མ་ཡིས། །ཕྲིན་ལས་བྱེད་པ་
དམ་མནོས་ལྟར། །ཨོ་རྒྱན་རྗེས་འཇུག་དཔོན་སློབ་དང་། །བསྟན་པ་མཆོད་
པའི་སྦྱིན་བདག་རྣམས། །མཐོ་མཐོ་དགོངས་ལ་རེག་པ་དང་། །དམའ་དམའ་
བུ་བཞིན་སྐྱོང་བ་ཡིས། །རྒྱལ་བསྟན་ཕྲིན་ལས་རྣམ་བཞི་མཛོད། །བསྟན་མ་ནི།
ཧཱུྃ། རྟེན་འབྲེལ་བཅུ་གཉིས་བསྟན་མའི་ཚོགས། །ནག་མོ་དམར་མོ་དཀར་མོ་
འབུམ། །མཆོད་གཏོར་འདིར་བཞེས་བསྒྲུབ་པ་པོའི། །འཕྲིན་ལས་ཐོགས་མེད་
འགྲུབ་པར་མཛོད། །ཨུཙྪིཥྚ་བ་ལིཾ་ཏ་བྷཀྵ་ཧི། ཧ་བྲོ་ནི། ཧཱུྃ། གསང་ཆེན་
ལྷུན་གྲུབ་ཆོས་ཀྱི་དབྱིངས། །རྣམ་རྟོག་ཡིད་ཀྱི་རང་གཟུགས་འདྲེ། །ཡིངས་
མེད་ཧིང་འཛིན་རྒྱལ་པོ་ངས། །འགྱུ་བྱེད་ཕྲ་རགས་ཐམས་ཅད་ནོན། །ཧཱུྃ་ཧཱུྃ་ནན་
ནན་སྨྲྀཾ་ཧླ་ཡ་ནན། །དངོས་གྲུབ་ལེན་པ་ནི། ཧཱུྃ། རྡོ་རྗེའི་ཕུང་ཁམས་སྐྱེ་མཆེད་
ལ། །རང་རིག་བྱང་ཆུབ་སེམས་ཀྱི་ལྷ། །དམིགས་མེད་རང་གསལ་འདུས་མ་
བྱས། །རྒྱུ་རྐྱེན་ལས་འདས་ཞི་ཁྲོའི་སྐུ། །ཐོག་མཐའ་བར་མེད་སྤྲོས་དང་
བྲལ། །སྟོང་གསལ་མཐའ་དབུས་ལས་འདས་པ། །ལྟ་བ་ཆོས་སྐུའི་དབང་
ཐོབ་ཤོག །སེམས་ཉིད་གསལ་དག་ཉམས་སུ་མྱོང་། །རང་བཞིན་མི་གཡོ་
སྤྲོས་དང་བྲལ། །རྣམ་རྟོག་མི་གཡོ་ཆོས་ཉིད་དང་། །སྒོམ་པ་ལོངས་སྐུའི་
དབང་ཐོབ་ཤོག །སྤྱོད་པ་སྣང་བཞི་སྤྲོས་དང་བྲལ། །ཉི་ཟླའི་འོད་བཞིན་
གསལ་འགྲིབ་མེད། །འགགས་མེད་སྟོང་གཟུགས་འོད་དུ་གསལ། །སྤྱོད་པ་
རྣམ་བཞིའི་དབང་ཐོབ་ཤོག །དུག་ལྔ་ཡེ་ཤེས་གློང་རྡོལ་བྲལ། །རྟོག་མེད་དང་

ལས་དགོས་འདོད་འབྱུང་། །འབྲས་བུ་རིག་རྩལ་ལྷུན་གྱིས་གྲུབ། །དུས་གསུམ་སངས་རྒྱས་ཀུན་གྱི་དབང་། །ལྷ་སྒོམ་སྐྱོད་པའི་ངོ་བོ་རྫོགས། །འཕོ་ཆེན་འཇའ་ལུས་རྡོ་རྗེའི་སྐུ། །སྐད་ཅིག་ཉིད་དུ་འགྲུབ་པར་ཤོག །མ་རྟོགས་ཁམས་གསུམ་སེམས་ཅན་ལ། །རྩོལ་བྲལ་ཐུགས་རྗེ་སྣང་བའི་ཆ། །ཅིར་ཡང་ཐོགས་མེད་ལྷུན་གྲུབ་ནས། །འཁོར་བ་དོང་སྤྲུག་དབང་ཐོབ་ཤོག །ཧྲྀ་ཀཱ་ཡ། སཾ་བྷོ་ཀཱ་ཡ། ནི་རྨ་ཀཱ་ཡ། སརྦ་སིདྡྷི་ཨ་ལ་ལ་ཧོ། མཆོད་བསྟོད་སྤྱི་ཧཱུར་བྱུ། བསྟུ་རིམ་ནི། ཨ། འོད་གསལ་ཐིག་ལེ་ཡུང་འབྲུ་ཙམ། །དཀར་གསལ་དྭངས་པ་འོད་ལྔས་བསྐོར། །རྒྱུན་དུ་མཉམ་བཞག་རྟག་ཆད་བྲལ། །སྙིང་ལ་གནས་པའི་ཡེ་ཤེས་སེམས། །སྟོང་གསལ་ནམ་མཁའ་འབར་བའི་དོན། །སྒོམ་མེད་བསྐྱོང་དུ་ཅི་ཡང་མེད། །དོན་གྱི་སངས་རྒྱས་སྐུ་རུ་ལྡང་། །བསྔོ་བ་ནི། ཧོ། རྒྱུ་འབྲས་ཐིག་ལེ་གཅིག་གི་ངང་། །སེམས་ཉིད་རང་བཞིན་ནམ་མཁའ་ལྟར། །བཅིང་གྲོལ་བྲི་གང་མེད་པ་ཡི། །ཀ་དག་ཁྱབ་གདལ་ཀློང་དུ་བསྔོ། །བཀྲ་ཤིས་ནི། ཧཱུྃ། རྟེན་འབྲེལ་ཆོས་ཀུན་མ་འགགས་པའི། །བྱས་དང་བྱེད་འགྱུར་ཆོས་སྐུའི་རྩལ། །འཁོར་བ་མིང་དུ་ཟད་པ་ཡིས། །འབྲེལ་ཚད་དོན་ལྡན་བཀྲ་ཤིས་ཤོག །རྣལ་འབྱོར་ནམ་མཁའ་ཆོས་དབྱིངས་ཀྱིས། །དད་མོས་འདུན་པ་མི་ལྡོག་ཙམ། །བཀའ་གཏེར་དག་སྣང་མང་མོད་ཀྱང་། །བླ་སྒྲུབ་ཉུང་དུར་དྲིལ་བ་འདི། །ཨོ་རྒྱན་ཆེ་མཆོག་དེས་སྨྲས་པ། འཕྲུལ་ཐུགས་དགེ་ལེགས་ཀུན་ཁྱབ་ཤོག །སརྦ་མངྒ་ལཾ། །དགེའོ། །

༄༅། །འཇིགས་མེད་རྒྱལ་བའི་མྱུ་གུའི་འདས་རྗེས་ཞལ་ཆེམས། །

ཆུ་ཡོས་ཟླ་བ་དང་པོའི་ཚེས་ཉེར་ལྔ་ལ་བདག་སྤྲུལ་མིང་ཚོགས་དྲུག་རང་གྲོལ་ས་སྐྱོངས་རྒྱལ་པོའི་ཚེ་སྒྲུབ་བསྙེན་སྐབས། ནང་པར་ཐོ་རངས་ཀྱི་ཆར་ཐུན་གྱི་འོད་གསལ་གྱི་ངང་ནས་བདག་མཆོད་རྟེན་བདེ་བྱེད་བརྩེགས་པར་སླེབ་འདུག ཁོ་བོ་མཆོད་རྟེན་གྱི་བུམ་པའི་ནང་དུ་འདུག་སྐབས་མདུན་གྱི་ནམ་མཁའ་ནས་དཔའ་བོ་མཁའ་འགྲོ་རྣམས་ཀྱིས་རོལ་མོའི་སྒྲ་མང་དུ་བསྒྲགས་ཤིང་དྲི་བཟང་གི་དུད་པས་ཕྱོགས་ཀུན་ཁྱབ་པར་བྱས་ཤིང་། བདག་ལ་མཁའ་འགྲོ་ཞིག་གིས་ཕ་གི་རིག་འཛིན་ཆེན་པོ་འཇིགས་མེད་རྒྱལ་བའི་མྱུ་གུ་འཇིག་རྟེན་མི་ཡུལ་ནས་ཨོ་རྒྱན་མཁའ་འགྲོའི་ཚོགས་དཔོན་གཤེགས་སོ་ཟེར་བའི་དཔའ་བོ་མཁའ་འགྲོའི་ཚོགས་ཀྱི་དབུས་སུ། མཁའ་འགྲོ་མ་བཞིས་དར་གྱི་མདོ་ལི་ཕྱོགས་བཞིར་རྡོ་རྗེ་ཕྱེད་པས་མཚན་པའི་སྟེང་དུ་སེང་གེའི་ཁྲི་པདྨ་ཉི་ཟླའི་གདན་གྱི་སྟེང་དུ་དྲིན་ཅན་རྩ་བའི་བླ་མ་དེ་ཉིད་རྣལ་འབྱོར་པའི་ཆ་བྱད་ཅན་གཟི་བརྗིད་སྤུར་ལས་ཆེས་ཆེར་ལྷག་པ། ཕྱག་གཉིས་རྡོ་རྗེ་དྲིལ་བུ་འཛིན་ཞིང་ཐུགས་ཀར་བསྣོལ་ཏེ་བཞུགས་པ། དར་གྱི་གྲྭ་བཞིར་ཤར་ལྷོ་ནུབ་བྱང་ནས་མཁའ་འགྲོ་མ་དཀར་སེར་དམར་ལྗང་བཞིས་ཕྱག་གཡས་རང་རྟགས་དང་གཡོན་དར་གྱི་གྲྭ་བཞིའི་རྡོ་རྗེ་བཟུང་ལ་བཏེགས་པ། མཁའ་འགྲོ་མ་བཞིས་གླང་ཆེན་རྟ་མཆོག་རྨ་བྱ་ཤང་ཤང་རྣམས་ལ་ཞོན་པ། འཇའ་སྤྲིན་འོད་ལྔའི་ཀློང་ན་དཔའ་བོ་མཁའ་འགྲོ་རྣམས་ཀྱིས་གདུགས་དང་རྒྱལ་མཚན་གླུ་གར་རོལ་མོའི་བྱེ་བྲག

སྣ་ཚོགས་བྱེད་འདུག་པའི་མོད་ལ་ཁོ་བོས་མི་ཡུལ་དུ་འགྲོ་དོན་མཛད་པར་ཞུ་ཞུས་པའི་ལན་དུ། རྗེ་སྒྲོང་བཙན་ནས་ད་ལྟའི་བར་དག་ཏུ། །འགྲོ་དྲུག་གི་གདུལ་བྱ་བྱས་ཟིན་ཏེ། །ཕྱིད་པར་མི་ལུས་འདི་ཉིད་དུ། །ཁམས་གསུམ་གྱི་སེམས་ཅན་ཐམས་ཅད་ལ། །དཀར་ནག་གི་ལས་འབྲས་བླང་དོར་དང་། །རྫོགས་ཆེན་གྱི་ཕྱིད་ཆོས་ཨ་ཏི་ཡིས། །ཐམས་ཅད་ལ་འགྲོ་དོན་བྱས་ཟིན་ཏེ། །རྗེས་འཇུག་གི་བུ་སློབ་ཐམས་ཅད་ལ། །ཁོ་བོ་ཡི་རིག་འཛིན་ཆེན་པོའི་གསུངས། །དོན་མ་ནོར་བ་ཕྱེད་ལ་གདམས་པར་བྱ། །གདོད་ནས་རྣམ་དག་བསམ་ཡུལ་འདས་པའི་ཀློང་། །སེམས་ཉིད་རྒྱལ་པོ་རང་བཞིན་རྫོགས་པ་ཆེ། །གང་ཡང་མ་སྤང་ཀུན་ལས་འདས་པའི་དོན། །གང་ཤར་ཞེན་མེད་ལྷུན་འབྱམས་རིག་པའི་ཀློང་། །ཅིག་བཞག་རང་གྲོལ་གཅེར་མཐོང་བསམ་ཡུལ་མེད། །རང་བཞིན་བབ་ཡིན་བཅོས་ལྷད་མ་བྱེད་ཅིག །རྨོངས་པ་གང་གི་ངོ་བོ་དེ་བོར་ནས། །གཉུག་མའི་སེམས་ལ་སྒྲིམ་པོའི་གཟེབ་བསྐུལ་ནས། །བཅོས་ཤིང་བཅོས་ཤིང་སྙིང་པོའི་དོན་ལ་སྒྲིབ། །གྲོལ་བ་མེད་པར་དེ་ཡིས་སྣར་འཆིང་བྱེད། །གང་ལ་བློ་ཡི་ཁོང་ན་ལྷོད་ཡོད་པ། །རང་བཞིན་ཉིད་དེ་དེ་ལ་བཅོས་མི་དགོས། །འཁྲུ་མཐོང་རང་དག་གཉེན་པོས་མ་ལྷད་ཅིག ། །སྤང་བྱས་མ་བསྒྱུར་གཞིས་ཏེ་རྫོགས་པ་ཆེ། །ཡོད་ཉིད་མེད་ལ་མེད་ཉིད་ཡོད་པའི་མཐའ། །དངོས་ཀུན་བཞིག་པའི་སྟོང་པ་རྫོགས་པ་ཆེ། །བཅོས་ཤིང་བཅོས་ཤིང་གྲོལ་བ་འདོད་པའི་མི། །རྟག་ཆད་གཉིས་ལས་ཐར་བ་ཡོད་དམ་ཅི། །གཞི་མེད་རྩལ་བྲལ་ཡེ་ནས་རྫོགས་པ་ཆེ། །སྟོང་དང་སྣང་དང་ཡོད་དང་མེད་པའི་སྒོམ། །གང་ལ་སྒོམ་ཡོད་ལྟ་དང་སྤྱོད་པ་ཡོད། །དེ་ལ་སྲིད་ཡོད་

འཁོར་བའི་སྡུག་བསྔལ་ཡོད། །གང་ལ་ཆོས་ཡོད་ཐེག་པའི་ཞེ་འདོད་ཡོད། །དེ་ལ་ཉོན་མོངས་གཟེབ་ཡོད་འཆིང་བ་ཡོད། །གཞི་བྲལ་ལམ་འགགས་འབྲས་བུའི་ཞེ་འདོད་ཟད། །ཐེག་པའི་འདོད་ཞེན་རྡུལ་ཙམ་མི་གནས་ལ། །དེ་ལ་ལས་མེད་རྣམ་སྨིན་གོས་པ་མེད། །སྲིད་ཞིར་མི་གནས་ནམ་མཁའི་ངང་དུ་གྲོལ། །ཡུལ་གྱི་མཁའ་ལ་རིག་པའི་རྩལ་འཕྱོ་བ། །གཏད་མེད་རྒྱལ་པོ་འཛིན་མེད་ཤར་བའི་མི། །ཡུལ་དང་ཡུལ་ཅན་སྲིད་ལས་རང་གྲོལ་ནས། །དུས་གསུམ་འཕོ་འགྱུར་མེད་པའི་ངང་དུ་གནས། །རིག་པའི་རྒྱལ་པོ་སྟོང་གསལ་ཆོས་སྐུའི་གདངས། །མི་འགྱུར་ལྷུན་གྲུབ་གཞི་རྩ་བྲལ་བའི་གདངས། །གདེངས་དང་ལྡན་པས་གདོད་མའི་ཀློང་དུ་ཨཿ ཞེས་གསུངས་ཤིང་སྐད་ཅིག་ཉིད་ལ་ཛ་ཡབ་དཔལ་རིའི་ཕོ་བྲང་ཆེན་པོའི་དབུས་སུ་རིག་འཛིན་བླ་མ་དེ་ཉིད་གནས་འགྱུར་ནས་ཆེ་མཆོག་ཧེ་རུ་ཀ་སྐུ་མདོག་མཐིང་ནག་ཞལ་གསུམ་ཕྱག་དྲུག་ཞབས་བཞི་བརྒྱད་པ། །གར་གྱི་ཉམས་དགུ་དུར་ཁྲོད་ཀྱི་ཆས་བརྒྱད་དང་ལྡན་པ། །འཁོར་དུ་བདུན་བརྒྱ་ཉེར་ལྔའི་ལྷ་ཚོགས་ཐམས་ཅད་བཀྲ་ལམ་གྱིས་ཤར་བའི་ཉམས་བྱུང་། ཁོ་བོ་དབང་བསྐུར་བའི་གསོལ་བ་བཏབ་པས་དབང་ཐོབ་པའི་ཉམས་བྱུང་། ཡང་བདུན་བརྒྱ་ཉེར་ལྔའི་ལྷ་ཚོགས་ཐམས་ཅད་གཙོ་བོ་ལ་ཐིམ། དཔལ་ཆེན་པོ་འོད་སྔོན་པོའི་རྣམ་པར་གྱུར་ཏེ་གུ་རུ་རིན་པོ་ཆེའི་ཐུགས་ཀར་ཐིམ། དེ་མ་ཐག་ཏུ་དཔའ་བོ་མཁའ་འགྲོ་རྣམས་ཀྱིས་བརྫ་གུ་རུའི་སྒྲ་འབར་འབིར་བཞླས་པའི་རྐྱེན་གྱིས་མནལ་སད་པས་ཁོ་བོ་རང་མལ་ན་ཡོད་འདུགཉེར་ལྔའི་ཉིན་རིག་འཛིན་བླ་མའི་དུས་དྲན་གྱི་ཚུལ་དུ་བླ་སྒྲུབ་རིག་འཛིན་འདུས་པའི་ཚོགས་བརྒྱ་ཞིག་ཕུལ་ལོ། །

༄༅། །འཇིགས་མེད་རྒྱལ་བའི་མྱུ་གུའི་འདས་རྗེས་ཞལ་ཆེམས་ཀྱི་འགྲེལ་པ་སེམས་ཉིད་གཅེར་མཐོང་། །

སངས་རྒྱས་ཀུན་འདུས་ཀྱི་ངོ་བོ་དྲིན་ཅན་རྩ་བའི་བླ་མ་ལ་ཕྱག་འཚལ་ལོ། །འདིར་རང་བཞིན་རྫོགས་པ་ཆེན་པོའི་ལམ་ནས་གྲུབ་པ་བརྙེས་པའི་སྔོན་གྱི་སློབ་དཔོན་ཆེན་པོ་དགའ་རབ་རྡོ་རྗེ་ལ་སོགས་པ་རྣམས་ཀྱིས་ཀྱང་རྫོགས་དོན་ཉམས་ལེན་གྱི་གནད་མཐར་ཐུག་པ་སྲས་ཀྱི་ཐུ་བོ་རྣམས་ལ་འདས་རྗེས་ཞལ་ཆེམས་ཀྱི་ཚུལ་དུ་གདམས་པས་རྟོགས་གྲོལ་དུས་མཉམ་ཞིང་སློབ་དཔོན་དང་དགོངས་པ་མཉམ་པར་གྱུར་པ་ཤ་སྟག་ཡིན་ལ། དེ་བཞིན་དུ་དེང་གི་སྐབས་སུ་ཡང་མཚུངས་མེད་ཆོས་རྗེ་ཁྱབ་བདག་འཁོར་ལོའི་མགོན་པོ་འཇིགས་མེད་རྒྱལ་བའི་མྱུ་གུ་ཞེས་ཡོངས་སུ་གྲགས་པ་དེ་ཉིད་དགོངས་པ་ཆོས་དབྱིངས་སུ་ཐིམ་པའི་སྐབས་སུ་ཐུགས་ཀྱི་སྲས་མཚུངས་པ་མེད་པ་སྤྲུལ་པའི་སྐུ་རིན་པོ་ཆེ་མི་འགྱུར་ནམ་མཁའི་རྡོ་རྗེ་ལ་འོད་གསལ་ཡེ་ཤེས་ཀྱི་སྣང་ཆ་རྫོགས་པ་ཆེན་པོ་ཉམས་ལེན་གྱི་གནད་མཐར་ཐུག་པ་ཞལ་ཆེམས་འདས་རྗེས་ཀྱི་ཚུལ་དུ་གསུངས་པ་འདིའི་དོན་ཅུང་ཟད་བཀྲལ་ནས་འཆད་པ་ལ་གསུམ། གཞི་མ་འཁྲུལ་བའི་ཆོས་ཉིད་གཉུག་མ་རང་གི་ངོ་བོ་བསྟན་པ། ལམ་མ་བཅོས་པའི་སེམས་ཉིད་རིག་སྟོང་རྗེན་པར་ཉམས་སུ་བླང་ཚུལ། འབྲས་བུ་བླང་དོར་བྲལ་བའི་ངང་དུ་འཁྲུལ་རྟོག་གི་གྲོལ་ས་བསྟན་པའོ། དང་པོ་ནི། འདི་ལྟར་གདོད་མའི་

གཞིས་ཀྱི་གནས་ལུགས་སྤྲོས་པ་ཐམས་ཅད་དང་བྲལ་བའི་ཡེ་ཤེས་བདེ་གཤེགས་སྙིང་པོ་རང་གི་ངོ་བོ་གང་ཡིན་པ། རྟོགས་ཏེ་སངས་རྒྱས་མ་བྱུང་། མ་རྟོགས་ཏེ་སེམས་ཅན་མ་བྱུང་བའི་དུས་ཙམ་ན་འཁོར་འདས་ཀྱི་སྤྱི་གཞི་སྟེ་ཆོས་ཉིད་རང་གི་ངོ་བོ་སྒྲིབ་གཉིས་ཀྱི་དྲི་མས་བསླད་མ་མྱོང་བའི་གཞི་ཀ་དག་ཆེན་པོ་དེ་ལ་གདོད་ནས་རྣམ་དག་ཅེས་བྱ། དེ་ལྟ་བུའི་ཆོས་ཉིད་དེ་བློས་རྟོག་དཔྱོད་ཚིག་གིས་བརྗོད་པ་ལ་སོགས་པས་ཤེས་པར་མི་ནུས་ཤིང་བསམ་པའི་ཡུལ་ལས་འདས་པས་ན་བསམ་ཡུལ་འདས་པའི་ཀློང་། དེ་ཡང་དོན་དུ་ན་དབྱིངས་སྟོང་པ་ཉིད་ཆོས་ཉིད་སྤྲོས་པའི་མཐའ་ཐམས་ཅད་དང་བྲལ་བ་ནི་བསམ་བརྗོད་ཀྱི་ཡུལ་འདས་པ་ཡིན་ནོ་ཞེས་བསྟན། དེ་ལྟ་བུའི་ཆོས་ཉིད་དེའང་གཞན་ན་མེད་དེ་རང་གི་སེམས་ཀྱི་རང་བཞིན་འོད་གསལ་བ་དང་གཉིས་སུ་མེད་པས་ན་སེམས་ཉིད། །སེམས་ཀྱི་གཙུག་མ་དེ་ནི་འཁོར་འདས་ཀྱི་ཆོས་ཐམས་ཅད་ཀྱི་བྱེད་པོ་ཡིན་ཞིང་ཆོས་ཐམས་ཅད་ལ་དབང་བསྒྱུར་བས་ན་རྒྱལ་པོ། དེ་ཡང་ཆོས་ཐམས་ཅད་ཀྱི་རང་བཞིན་སྟོང་པ་ཉིད་དབྱེར་མེད་པས་ན་རང་བཞིན་ཆོས་ཉིད་དེའི་ཀློང་དབྱིངས་དོན་དམ་པའི་ངང་དུ་སྣང་སྲིད་གཞི་ལས་མ་གཡོས་པར་རྫོགས་པས་ན་རྫོགས་པ་ཆེན་པོ། དཔེར་ན་དངོས་པོ་ཐམས་ཅད་ལ་ནམ་མཁས་ཁྱབ་ཅིང་ནམ་མཁས་དངོས་པོ་ཐམས་ཅད་མ་སྤང་བ་ལྟར་ཆོས་ཐམས་ཅད་ལ་ཆོས་ཉིད་རྫོགས་པ་ཆེན་པོས་ཁྱབ་ཅིང་། རྫོགས་པ་ཆེན་པོས་ཆོས་གང་ཡང་མ་སྤང་བས་ན་གང་ཡང་མ་སྤང་། དངོས་པོའི་མཚན་ཉིད་དབྱིབས་དང་ཁ་དོག་ལ་སོགས་པ་ཐམས་ཅད་ནམ་མཁའ་ལ་མེད་ཀྱང་ནམ་མཁའ་དེ་དག་གི་ཡུལ་ལས་འདས་པ་ལྟར་ཆོས་ཅན་ཐམས་ཅད་ལ་ཡོད་པའི་དངོས་པོ་དང་མཚན་མ་དང་སྒྲ་བརྗོད་ལ་སོགས་པ་ཐམས་ཅད་ཆོས་ཉིད་རྫོགས་པ་ཆེན་པོ་ལ་མེད་ཀྱང་རྫོགས་པ་ཆེན་པོ་དེ་དག་གི་ཡུལ་ལས་འདས

པས་ན་ཀུན་ལས་འདས་པའི་དོན། དེ་ལྟར་དབྱིངས་ཆོས་ཉིད་རྫོགས་པ་ཆེན་པོས་གཞིའི་གནས་ལུགས་གཅིག་མའི་གནས་ལུགས་ཡེ་ཤེས་རང་གི་ངོ་བོ་བསྟན་ནས། དེ་ཉིད་ཤར་གྲོལ་གཉིས་མེད་ཀྱི་ཆོས་སྐུ་ཀ་དག་ཁྲེགས་ཆོད་ཀྱི་ལྟ་བར་ཐག་བཅད་པ་ནི། བློལ་སྐྱེས་ཀྱི་རྣམ་རྟོག་ཡུལ་ལ་ཤར་བའི་ཚེ། ཤར་བའི་ཡུལ་དང་ཤར་བའི་རྣམ་རྟོག་གཉིས་ཀ་ལ་ཞེན་འཛིན་གྱི་སྤང་བླང་ཙུང་ཟད་ཀྱང་མི་བྱེད་པར་གང་ཤར་གྱི་ངོ་བོ་ལ་བལྟས་པས་རྣམ་རྟོག་རང་དག་སྟེ་རང་བཞིན་མ་བཅོས་པ་ཤར་བ་དེ་ལྷུན་གྲུབ་སྐུ་གསུམ་གྱི་ངང་དུ་འབྱམས་པའི་རིག་པ་ཡེ་ཤེས་ཀྱི་ཀློང་ཆེན་པོ་ཡིན་པས་ན་གང་ཤར་ཞེན་མེད་ལྷུན་འབྱམས་རིག་པའི་ཀློང་། དེ་ལྟར་ལྟ་བའི་རང་ངོ་མཐོང་བ་དེའི་ངང་དུ་སེམས་མ་བཅོས་པར་ཅོག་གེ་བཞག་པས་རྣམ་རྟོག་རང་དག་སྟེ་རང་བཞིན་བབ་ཀྱི་བསམ་གཏན་ལ་གནས་པ་ནི་ཅོག་བཞག་དེའི་ཚེ་སྐྱེ་མེད་ཀྱི་ངང་ནས་འགགས་མེད་ཀྱི་རིག་རྩལ་སྣ་ཚོགས་སུ་ཤར་ཡང་ཞེན་མེད་ཀྱི་ངང་དུ་རོལ་བས་ན་རང་གྲོལ། རྣམ་རྟོག་གང་སྐྱེས་ཀྱི་ངོ་བོ་ལ་ཅེར་གྱིས་བལྟས་པས་རྣམ་རྟོག་རང་ཡལ་ཚེ་གཅིག་མའི་ངོ་བོ་ལྷག་གིས་མཐོང་བ་ནི་ཅེར་མཐོང་། དེ་ལྟ་བུའི་ལྟ་སྒོམ་དེའང་བདེ་གསལ་མི་རྟོག་པ་ལ་སོགས་པའི་ཉམས་ཀྱི་ཞེན་པ་ཐམས་ཅད་དང་བྲལ་སྟེ་རང་བཞིན་འདི་ལྟ་བུ་ཞིག་གོ་ཞེས་བློས་བསམ་པའི་ཡུལ་ལས་འདས་པས་ན་བསམ་ཡུལ་མེད། ཡེ་ནས་མ་བཅོས་པ་འདི་རང་ངོ་རང་ཤེས་དྲན་པས་སྐྱོངས་ཙམ་ཉམས་ལེན་གྱི་གནད་འགག་ཡིན་པས་ན་རང་བཞིན་བབ་ཡིན། བློས་ནན་གྱི་བཟུང་ནས་སེམས་ལ་བཟོ་བཅོས་ན་ཅི་ཙམ་བཅོས་ན་དེ་ཙམ་ལམ་གོལ་དུ་འགྲོ་བས་ན་བཅོས་ལྷད་མ་བྱེད་ཅིག དེ་ལྟར་མ་བཅོས་པའི་ཆོས་ཉིད་རང་ངོ་མ་ཤེས་པ་རྣམས་ནི་རང་བཞིན་རྫོགས་པ་ཆེན་པོའི་ལམ་ལ་རྨོངས་པ་ཡིན་པས་ན་རྨོངས་པ་གང་གིས། དེ་ལྟ་བུའི་རྨོངས་པ

རྣམས་ཀྱིས་སེམས་ཀྱི་ངོ་བོ་མ་བཙོས་པ་དེ་བོར་ནས་བཙོས་མ་ལ་ལམ་དུ་བྱེད་པས་ན་ངོ་བོ་དེ་བོར་ནས་གཉུག་མའི་སེམས་ཡེ་གྲོལ་དུ་གནས་པ་ཉིད་ལ་རིག་པ་སྒྲིམ་པོའི་རྟོག་དཔྱོད་སྣ་ཚོགས་བཏང་ནས་རེ་དོགས་ཀྱི་གཟེབ་དུ་ཚུད་པས་ན་གཉུག་མའི་སེམས་ལ་སྒྲིམ་པོའི་གཟེབ་བསྐྱལ་ནས། དེ་ལྟར་རེ་དོགས་ཀྱི་གཟེབ་དུ་ཚུད་པས་འདི་ནི་ཡིན་ནོ་འདི་ནི་མིན་ནོ་སྙམ་དུ་བློས་ཡང་དང་ཡང་དུ་བཙོས་པས་ན་བཙོས་ཤིང་བཙོས་ཤིང་འདི་ཙམ་བཙོས་པས་དེ་ཙམ་དུ་སྙིང་པོའི་དོན་མི་མཐོང་ཞིང་བློས་བྱས་ཀྱི་ལྟ་སྒོམ་གྱིས་ས་མི་ཚོད་པས་ན་སྙིང་པོའི་དོན་ལ་སྒྲིབ། ནམ་མཁའ་ལ་ཡེ་ནས་མདུད་པ་བྱུར་མེད་པས་ན་དེ་ལ་བཀྲོལ་རྒྱུའང་མེད་པ་ལྟར་སེམས་ཉིད་ཡེ་གྲོལ་དུ་གནས་པ་ལ་གཟོད་འབད་པས་གྲོལ་བར་སློམ་པས་མི་གྲོལ་བས་ན་གྲོལ་བར་མེད་པར། དེ་ལྟར་འབད་ནས་བཙོས་པས་གྲོལ་བར་འདོད་པ་རྣམས་ནི་སྲིན་བུའི་ཁ་རྒྱུས་རང་ཉིད་བཅིང་པ་ལྟར་ཞེ་འདོད་ཀྱི་གྲུབ་མཐས་སྣར་ལ་འཆིང་བས་ན་དེ་ཡིས་སྣར་འཆིང་བྱེད། དེ་དག་གི་གནད་དོན་རྟེལ་དྲིལ་ན་ད་ལྟ་ཐ་མལ་གྱི་ཤེས་པ་བློས་བཟོ་བཙོས་གང་ཡང་མ་སོང་བར་འདི་ཀ་ལ་གཞི་གནས་ཀྱི་རིག་པ་ཡང་ཟེར། རྫོགས་པ་ཆེན་པོ་ཡང་ཟེར། དེ་བཞིན་དུ་ཕྱག་རྒྱ་ཆེན་པོ། དབུ་མ་ཆེན་མོ། སྤྲོས་པ་དང་བྲལ་བ་སྐྱེ་བ་མེད་པ་ལ་སོགས་མིང་བཏགས་ཀྱང་། དོན་དུ་ཐ་མལ་གྱི་ཤེས་པ་རང་རིག་རྗེན་པ་འདི་ཀ་ཡིན་པས་དེ་རང་ངོ་ཤེས་པ་ལ་ལྟ་བ་ཟེར་བ་ཡིན་པས་དེ་ཡན་ཆོད་ཀྱིས་བཅད་དང་པོའོ། གཉིས་པ་ནི། དེ་ལྟར་རང་ངོ་ཤེས་པའི་ལྟ་བའི་གནས་ཚུལ་མ་བཙོས་པ་དེ་ཀའི་ངང་དུ་སེམས་བཙོས་མ་དང་བྲལ་བ་ལྷོད་དེ་འཇོག་པ་ནི་སྒོམ་པ་ཡིན་པས་ན་གང་ལ་བློ་ཡི་ཁུང་ན་ལྷོད་ཡོད་ན། དེ་ལྟར་རང་བབ་ཀྱི་ངང་དུ་མ་ཡེངས་ཙམ་དུ་བཞག་ན་རིག་པ་ལ་རང་གནས་ཀྱི་བསམ་གཏན་ཡོད་པས་རང་བབ་ཀྱི་ཏིང་

འཛིན་དང་བྲལ་མི་སྲིད་པས་དེ་ལ་བཅས་བཅོས་དང་བླང་དོར་གཞན་གང་ཡང་མི་དགོས་པས་ན་རང་བཞིན་ཉིད་དེ་དེ་ལ་བཅོས་མི་དགོས། དེ་ལ་རང་བབས་སུ་བཞག་པའི་ཚེ་རྩལ་གྱི་རྣམ་རྟོག་སྣ་ཚོགས་ཡུལ་ལ་འཕྲོ་ཞིང་འགྱུ་བའི་ཚེ་དང་པོ་རྣམ་རྟོག་འགྱུ་བ་དེ་ངོ་ཤེས། དེ་ནས་རང་ངོ་མཐོང་བའི་ངང་དུ་བཞག་པས་རྣམ་རྟོག་རང་སར་དག་སྟེ་ཤར་གྲོལ་རྗེས་མེད་དུ་འགྲོ་བས་ན་འགྱུ་མཐོང་རང་དག་དེ་ཡང་བཟང་རྟོག་དགེ་བའི་རྣམ་པར་ཤར་ཡང་འདི་ནི་བཟང་པོ་ཡིན་ནོ་སྙམ་དུ་དེ་ལ་ཞེན་འཛིན་གྱི་འཁྲིས་མི་གདགས་པར་ཞེན་མེད་དུ་བཞག་པས་རང་ཡལ་བས་ན་གཉེན་པོས་མ་བསླད་ཅིང་། ངན་རྟོག་ཆགས་སྡང་དང་ཆོས་བརྒྱད་ཀྱི་རྟོག་པ་ཤར་ཡང་འདི་ནི་ངན་པ་ཡིན་ནོ་སྙམ་ནས་འཇོག་པ་དང་དགག་པ་སོགས་མི་བྱ་བར་རང་གྲོལ་གྱིས་གཤིས་ལ་བཞག་པས་རང་དག་པས་ན་སྤང་བྱས་མ་བསྒྱུར། དེ་ལྟར་བཟང་རྟོག་དགེ་བའི་རྣམ་པར་ཤར་ཡང་སེམས་ཀྱི་རང་ངོ་ལ་བཟང་པོ་བསྒྱུར་དུ་མེད་ཅིང། ངན་རྟོག་མི་དགེ་བའི་རྣམ་པར་ཤར་ཡང་ངན་པ་བསྒྱུར་དུ་མེད་ལ་སེམས་ཅན་སངས་རྒྱས་ཀྱི་བར་དུ་སེམས་ཀྱི་གཤིས་ལ་ཁྱད་པར་མེད་པས་ན་གཤིས་ཧེ་རྫོགས་པ་ཆེ། དེ་ལྟ་བུའི་རང་བཞིན་རྟོགས་ན་གང་ཡང་སྤང་བླང་མེད་པའི་ངང་དུ་རོ་མཉམ་སྟེ་ད་ལྟའི་བླང་དོར་དང་རེ་དོགས་དགག་སྒྲུབ་དང་ཆགས་སྡང་། འདི་ནི་ཡིན་ནོ་འདི་ནི་མིན་ནོ་སྙམ་དུ་བདེན་ཞེན་གྱིས་བཅིངས་པའི་ཆོས་དང་ཁྲིག་ཆགས་སྣ་ཚོགས་སུ་ཡོད་པར་དེ་ཐམས་ཅད་མེད་པ་རང་རིག་ཟང་ཐལ་ཡུག་འབྱམས་ཀྱི་ངང་དུ་ཐམས་ཅད་སྤང་བླང་མེད་པར་དག་པས་ན་ཡོད་ནི་མེད་ལ། དེའི་ཚེ་ཉམས་ལེན་རང་རིག་རྗེན་པ་དེ་ཡང་དེའི་རང་བཞིན་འདི་དང་འདི་ལྟ་བུ་ཡིན་ནོ་ཞེས་བདེ་ལྟང་ངེ་བ་དང་གསལ་སང་ངེ་བ་དང་། མི་རྟོག་པའི་ངང་དུ་ཚམས་སེ་ཞེས་པ་ལ་སོགས་པ་གང་ཡང་མིན་པའི་

ཚིག་གི་བརྗོད་པ་དང་། བློས་བསམ་པའི་ཡུལ་དུ་མེད་ལ་རྣམ་འགྱུར་པ་ལ་དུས་ཐམས་ཅད་དུ་རང་རིག་ཟང་མ་ཐལ་བྱུང་དུ་ལྷག་གེར་ཤར་བ་ཉིད་སོ་སོར་རང་རིག་པའི་ཡེ་ཤེས་སྤྱོད་ཡུལ་དུ་ཡོད་པས་ན་མེད་ལ་ཡོད་པའི་མཐའ། དེ་ལྟར་སེམས་ཉིད་མ་བཅོས་པའི་ངང་དུ་དངོས་པོ་བདེན་ཞེན་གྱི་ཆ་ཐམས་ཅད་རང་ཞིག་པས་ན་དངོས་ཀུན་བཞིག་པའི་བདེན་ཞེན་གྱི་འཆིང་བ་དང་བྲལ་བའི་རང་བབ་དེ་རིག་སྟོང་གཉིས་སུ་མེད་པའི་སྟོང་ཉིད་ཡིན་པས་བློས་ཡུལ་དུ་བྱས་པའི་སྟོང་ཉིད་ལོག་ནས་འཆོལ་མི་དགོས་པས་ན་སྟོང་པ་རྫོགས་པ་ཆེ། དེ་ལྟར་མ་ཤེས་པར་ཡིད་དཔྱོད་ཀྱི་སྟོང་པ་ལ་རེ་བ་རྣམས་སྣང་ཐོག་ཏུ་སྟོང་པ་ལོག་ནས་རྩལ་ཏེ་སྟོང་འཛིན་གྱི་ཞེན་པས་བཅིངས་ནས་བཅོས་ཤིང་བཅོས་ཤིང་བརྟག་པའི་སྟོང་པ་ཡིན་ནོ་སྙམ་པས་བློ་གྲོལ་བ་འདོད་པས་ན་བཅོས་ཤིང་བཅོས་ཤིང་གྲོལ་བ་འདོད་པའི་མི་དེ་ལྟ་བུའི་སྣང་ཚད་ལ་སྐུར་པ་བཏབ་ནས་སྟོང་པར་ཞེན་པའི་ཆད་པའི་མཐར་ལྷུང་ལ། སྟོང་པ་ལ་མཆོག་ཏུ་བཟུང་ནས་བདེན་པར་ཞེན་པས་རྟག་པའི་མཐར་ལྷུང་སྟེ་རྟག་ཆད་ཀྱི་གཡང་ས་ལས་མི་ཐར་བས་ན་རྟག་ཆད་གཉིས་ལ་ཐར་བ་ཡོད་དམ་ཅི། དཔེར་ན་འབྱུང་བཞིའི་བསྡུས་པའི་སྣོད་བཅུད་ཐམས་ཅད་ནམ་མཁའ་ལ་བརྟེན་ནས་གནས་ཀྱང་ནམ་མཁའ་གང་ལའང་བརྟེན་པ་མེད་པ་ལྟར་ཆོས་ཐམས་ཅད་ཆོས་ཉིད་རྫོགས་པ་ཆེན་པོ་ལ་བརྟེན་ཀྱང་ཆོས་ཉིད་རྫོགས་པ་ཆེན་པོ་ནི་གང་ལ་ཡང་མི་བརྟེན་ཏེ། བརྟེན་པའི་གཞི་མེད་པས་ན་གཞི་མེད། འཁོར་འདས་ཀྱི་ཆོས་ཐམས་ཅད་རྒྱུ་དང་རྐྱེན་གྱིས་མ་བསྐྱེད་པ་མེད་ཀྱང་ཆོས་ཉིད་རྫོགས་པ་ཆེན་པོ་ནི་གང་གིས་ཀྱང་བསྐྱེད་པའི་རྩ་བ་མེད་པས་ན་རྩ་བྲལ། གཞི་རྩ་མེད་པའི་ཆོས་ཉིད་དེ་ནི་དུས་ཐམས་ཅད་དུ་བཅོས་ལྷད་མེད་པར་ཡེ་ནས་གནས་པས་ན་ཡེ་གནས་རྫོགས་པ་ཆེ། དེ་ལྟར་ཡེ་གནས་གཉུག་མའི་ཆོས་ཉིད་རང་

བབས་སུ་གནས་པ་མི་ཤེས་པ་རྣམས། ཁ་ཅིག་ནི་ཆོས་ཐམས་ཅད་སྟོང་པ་ཉིད་ཡིན་ནོ་སྙམ་དུ་སྟོང་འཛིན་ལ་ཆེད་དུ་གཉེར་ནས་སྒོམ། ཁ་ཅིག་ནི་སྣང་ཆ་གཟུགས་ཀྱི་རྣམ་པ་ལ་དོན་དུ་འཛིན་ཞིང་ལྷ་དང་ཐིག་ལེ་ལ་སོགས་མཚན་བཅས་ཀྱི་སྒོམ་ལ་རེ། ཁ་ཅིག་ནི་ཆོས་ཉིད་དོན་དམ་པ་དེ་ནི་འདི་དང་འདི་ལྟ་བུ་ཡིན་ནོ་ཞེས་བདེན་བརྟག་ཨ་འཐས་སུ་བཟུང་ནས་བློས་གཏད་སོ་ལ་སྒོམ་དུ་བཟུང་ནས་ཡོད་པར་སྒྲོ་འདོགས། ཁ་ཅིག་ནི་ཆོས་ཐམས་ཅད་ལ་སྟོང་པ་ཉིད་ཡིན་པས་འཁོར་བ་མེད་མྱང་འདས་མེད། ལས་འབྲས་སོགས་ཅང་མེད་ཆད་པར་སྒོམ་ཞིང་མེད་པར་སྐུར་པ་འདེབས། དེ་ལྟར་མ་རྟོག་པ་རྣམས་རང་རང་གི་ཞེ་འདོད་སྣ་ཚོགས་ལ་དམ་པའི་དོན་དུ་འཛིན་ཞིང་སྒོམ་པས་ན་སྟོང་དང་སྣང་དང་ཡོད་དང་མེད་པའི་སྒོམ། དེ་ལྟར་བློས་བྱས་གཉིས་འཛིན་གྱི་སྒོམ་པ་སུ་ལ་ཡོད་པ་དེ་ལ་ཞེ་འདོད་གྲུབ་མཐའི་ལྟ་བའང་ཡོད་ཅིང་། བླང་དོར་ཕྱོགས་རིས་ཀྱི་སྤྱོད་པའང་ཡོད་པས་ན་གང་ལ་སྒོམ་ཡོད་ལྟ་དང་སྤྱོད་པ་ཡོད། དེ་ལྟར་བློས་བྱས་བཅོས་མའི་ལྟ་སྒོམ་ལ་རེ་བ་རྣམས་ལ་ཡེ་གྲོལ་སྤང་བླང་དང་བྲལ་བའི་གནད་མེད་པས་འཁོར་འདས་ལ་བཟང་ངན་དུ་འཛིན་པས་ན་དེ་ལ་སྲིད་ཡོད། དེ་ལྟར་སྲིད་པ་བདེན་པར་བཟུང་ནས་སྤང་བྱར་བྱེད་པ་དེས་ནི་སྲིད་པ་སྤང་མི་ནུས་སྟེ། དཔེར་ན་ལུས་མ་སྤང་བར་གྲིབ་མ་སྤང་མི་ནུས་པ་ལྟར་འཁོར་བའི་རྩ་བ་བདེན་ཞེན་མ་སྤང་བར་འཁོར་བའི་སྡུག་བསྔལ་སྤང་མི་ནུས་པས་ན་འཁོར་བའི་སྡུག་བསྔལ་ཡོད། དེབཞིན་དུ་གཉིས་འཛིན་ཕྱོགས་རིས་ལ་ཞེན་པ་རྣམས་ཆོས་དང་ཐེག་པའི་ཞེན་འདོད་སྣ་ཚོགས་ཀྱིས་བཅིངས་ཏེ་འདི་ནི་བཟང་པོའོ། འདི་ནི་ངན་པའོ། འདི་ནི་རང་ལུགས་སོ། འདི་ནི་གཞན་ལུགས་སོ། ངེད་ནི་མཆོག་གོ ། གཞན་ནི་དམན་នོ། ཞེས་ཆགས་སྡང་དང་རྩོད་པ་མདོན་པར

འཕེལ་བས་ན་གང་ལ་ཆོས་ཡོད་ཐེག་པའི་ཞེན་འདོད་ཡོད། དེ་ལྟ་བུ་དེ་ནི་རང་གཞན་གཉིས་འཛིན་གྱི་རྗེས་སུ་འབྲང་ནས་ཉོན་མོངས་པའི་གཟེབ་ཏུ་ཆུད་ཅིང་འཁོར་བའི་འཆིང་བ་ཐམས་ཅད་ཀྱིས་བཅིངས་པ་ཡིན་པས་ན་དེ་ལ་ཉོན་མོངས་གཟེབ་ཡོད་འཆིང་བ་ཡོད། འདི་ལྟ་བུའི་དོན་འདི་རྣམས་ནི་མགོན་པོ་ཀླུ་སྒྲུབ་ཀྱིས་དབུ་མ་རིན་ཆེན་ཕྲེང་བ་ལས་ཀྱང་གསུངས་ཏེ། ཇི་སྲིད་ཕུང་པོར་འཛིན་ཡོད་པ། །དེ་སྲིད་དེ་ལ་ངར་འཛིན་ཡོད། །ངར་འཛིན་ཡོད་ན་ཡང་ལས་སྐྱེ།ཞེས་སོགས་གསུངས་པ་ལྟར་རོ། །གཤིས་ཀ་དག་གི་ངང་དུ་ཡེ་སྟོང་རྩ་བ་བྲལ་བའི་གཞི་འཛིན་པ་དང་བྲལ། རང་རིག་ཟང་ཐལ་རྗེན་པ་རྩོལ་སྒྲུབ་ཀྱི་སྒྲོག་ལ་གྲོལ་བས་ལམ་གྱི་གོ་རིམ་འགག་ཐམས་ཅད་ཡེ་གྲོལ་དུ་ཤེས་པས་སྒྲུབ་བྱའི་འདོད་པ་མེད་པས་འབྲས་བུ་ཞེ་འདོད་ཟད་པས་ན་གཞི་བྲལ་ལམ་འགག་འབྲས་བུའི་ཞེ་འདོད་ཟད། །ཆོས་ཉིད་ཀྱི་རིག་པ་མངོན་བརྗོད་ལས་འདས་པ་ཐེག་པའི་ཚིག་གི་ཇི་བཞིན་པར་མཚོན་མི་ནུས་ཤིང་ཕྱོགས་རེ་ནས་གཞལ་ན་ཐེག་པ་ཐམས་ཅད་ཀྱང་འཐད་པས་ཐེག་པ་དང་གྲུབ་མཐའི་ལྟ་གྲུབ་ལ་མཆོག་དམན་གྱི་འདོད་ཞེན་དང་བྲལ་བས་ན་ཐེག་པ་འདོད་ཞེན་རྡུལ་ཙམ་མི་གནས་པ་དེ་ལྟ་བུའི་རྣལ་འབྱོར་པ་དེ་རང་རིག་ཟང་ཐལ་དུ་རྟོགས་པས་རྣམ་རྟོག་ཐམས་ཅད་ཤར་གྲོལ་དུས་མཉམ་དུ་དག་སྟེ་ཆུ་ལ་རི་མོ་བྲིས་པ་ལྟར་སྐད་ཅིག་གིས་ཞིག་པས་ལས་མི་བསགས་པས་ན་དེ་ལ་ལས་མེད། །ལས་མི་བསགས་པས་ལྟར་སྣང་གི་རྟོག་པ་ཆགས་སྡང་ལྟར་སྣང་ཡང་དེའི་ཕན་གནོད་གང་ཡང་མེད་པས་ན་རྣམ་སྨིན་གྱིས་གོས་པ་མེད། འཁོར་བ་མེད་སྣང་དུ་ཤེས་པས་སྲིད་པའི་མཐའ་ལ་མི་གནས་ཤིང་། སྐུ་གསུམ་ལམ་སྣང་དུ་རྫོགས་པས་ཞི་བ་ཕྱོགས་གཅིག་ཏུ་མི་ལྷུང་བས་ན་སྲིད་ཞིར་མི་གནས། ཆོས་ཉིད་ནམ་མཁའ་ལྟ་བུའི་ངང་དུ་གཉུག་མ་རྒྱུན་ཆད་མེད་

པས་ན་ནམ་མཁའི་ངང་དུ་གྲོལ། ཕྱི་ཡུལ་འཁྲུལ་བའི་སྣོད་བཅུད་ལྟར་སྣང་བ་ཐམས་ཅད་ཀྱང་སྟོང་གཟུགས་སྒྱུ་མའི་རྣམ་པར་ཤར་བས་ན་ཡུལ་གྱི་མཁའ་ལ་རིག་རྩལ་སེམས་ཀྱི་རྣམ་རྟོག་ཡད་ཡུད་དུ་འཕྲོ་བ་ཡང་ཤར་གྲོལ་རྒྱུན་མི་འཆད་པས་ན་རིག་པའི་རྩལ་འཕྲོ་བ། །འདི་ཡིན་གྱི་གཏད་སོ་དང་བྲལ་བས་རིག་པའི་རྒྱལ་པོ་ཟང་མ་ཐལ་བྱུང་གི་ཀློང་དུ་ཇི་ལྟར་ཤར་ཡང་དེ་ལྟར་མི་འཛིན་ཅིང་འཛིན་མེད་གཅིག་མར་དག་པས་ན་གཏད་མེད་རྒྱལ་པོ་འཛིན་མེད་ཤར་བའི་མི། །དེ་ལྟར་ཡུལ་གཏད་མེད་ལ་བློ་འཛིན་མེད་དུ་ཤར་བས་ན་གཟུང་བ་དང་། ཡུལ་ཅན་འཛིན་པའི་རྣལ་རྟོག་གཟུང་འཛིན་སྲིད་པའི་འཁྲུལ་སྣང་ཐམས་ཅད་ལས་རྣམ་པར་གྲོལ་བས་ན་ཡུལ་དང་ཡུལ་ཅན་སྲིད་ལས་རང་གྲོལ་ནས། དེ་ལྟར་རང་གྲོལ་གནས་ལུགས་མངོན་དུ་གྱུར་པ་དེ་ཉིད་དུས་དང་རྣམ་པ་ཐམས་ཅད་དུ་འབྲལ་མི་ཤེས་ཤིང་གཅིག་མ་རྒྱུན་ཆད་མེད་པར་འཆར་བས་ན་དུས་གསུམ་འདུ་འབྲལ་མེད་པའི་ངང་དུ་གནས། དེ་ལྟར་གཅིག་མ་མ་བཅོས་པའི་ཆོས་སྐུ་ཟང་ཐལ་རྗེན་པའི་ཀློང་དུ་རང་གནས་སུ་འཇོག་པ་ནི་སྒོམ་པ་དང་། རང་གྲོལ་དུ་སྤྱོད་པའི་འབྲས་བུ་ཡིན་པས་དེ་ཡན་ཆད་ཀྱིས་ས་བཅད་གཉིས་པ་སོང་། །གསུམ་པ་ནི། དེ་ལྟར་ཀ་དག་གི་རིག་པའི་ཡེ་ཤེས་སྟོང་གསལ་ཆོས་སྐུའི་དགོངས་པ་མ་བཅོས་པར་གནས་པའི་སྟོང་གདངས་རིག་རྩལ་ཡེ་ཤེས་ཀྱི་རྣམ་རོལ་སྤྲུལ་པའི་སྐུ་རུ་འཆར་བས་ན་རིག་པའི་རྒྱལ་པོ་སྟོང་གསལ་ཆོས་སྐུའི་གདངས་ལྷུན་གྲུབ་སྣང་ཆའི་འཆར་གཞི་མི་འགྱུར་གཞི་རྩལ་བྲལ་བའི་འོད་གདངས་ལོངས་སྤྱོད་རྫོགས་སྐུའི་སྣང་བ་འཆར་བས་ན། །མི་འགྱུར་ལྷུན་གྲུབ་གཞི་རྩ་བྲལ་བའི་གདངས། གདངས་ཐམས་ཅད་ཀྱི་འཆར་གཞི་གདོད་མའི་ཆོས་ཉིད་སྤྲོས་བརྗོད་ལས་འདས་པ་ཆོས་སྐུའི་དགོངས་པ་འགྱུར་བ་མེད་པ་སྐྱེ་མེད་གཅིག་

མའི་གཏན་སྲིད་ཟིན་པས། གདེངས་དང་ལྡན་པ་གདོད་མའི་ཀློང་དུ་ཨཿ ཞེས་སོ། །ཐམས་ཅད་ཆོས་སྐུའི་དགོངས་པར་འཕོ་འགྱུར་མེད། །འོད་གསལ་ལོངས་སྐུའི་ཞིང་སྣང་རྟག་པར་གཟིགས། །ཐུགས་རྗེ་སྤྲུལ་པས་སྲིད་ན་འགྲོ་དོན་མཛད། །དྲིན་ཅན་བླ་མའི་ཞབས་ལ་གུས་ཕྱག་འཚལ། །སྙིང་ནས་གུས་པས་གསོལ་བ་འདེབས་པའི་བདག །ཚེ་རབས་ཀུན་ཏུ་མཚུངས་མེད་བླ་མ་དང་། །མཇལ་ནས་ཅི་གསུངས་སྒྲུབ་ཅིང་གུས་པས་བསྟེན། །ཕྲིན་ལས་འགྲོ་བ་འདྲེན་པའི་ཁོལ་པོར་ཤོག །ཟབ་མོའི་ཚིག་དོན་རྟོགས་པར་དཀའ་བའི་གནས། །བཀྲལ་ལ་དབང་བ་ཁོ་བོ་མ་ཡིན་ཡང་། །ཀུན་མཁྱེན་བླ་མའི་གཞུང་ལ་རྟོས་བསམ་གྱིས། །ཅུང་ཟད་འབྲིས་པའི་དབང་བྱས་འདིར་བཀོད་དོ། །དགེ་བ་དེ་ཡང་འགྲོ་བ་མ་ལུས་པ། །ཟབ་མོའི་ལམ་འདི་བརྟེན་ནས་འབད་མེད་དུ། །རྣམ་གྲོལ་རྒྱལ་བའི་འབྱོར་པ་ཐོབ་པ་དང་། །གནས་སྐབས་ཆགས་སྡང་སྣང་བ་ཞི་ཕྱིར་བསྔོ། །དགེའོ། །དགེའོ། །དགེའོ།

༄༅། །བཀའ་རྫོགས་པ་ཆེན་པོ་ཡང་གསང་བླ་ན་མེད་པའི་སྙིང་ཐིག་དོན་ཁྲིད་གསལ་བའི་མེ་ལོང་བཞུགས་སོ། །

ན་མོ་མ་ཧཱ་སིདྡྷ་གུ་རུ་ཡེ། །རྣམ་དག་སྤྲོས་བྲལ་ཆོས་དབྱིངས་འདུས་མ་བྱས། །དག་པ་རབ་འབྱམས་ཡེ་ཤེས་འཁོར་མོ་ཡུག །ཕན་བདེའི་འབྱུང་གནས་མཐའ་ཡས་བསམ་མི་ཁྱབ། །ཀུན་བཟང་ཆོས་ཀྱི་སྐུ་ཡི་ཞབས་ལ་འདུད། །རང་སྣང་རང་ཤར་སྣ་ཚོགས་གཞལ་ཡས་ཁང་། །ཡེ་ཤེས་ལྷ་ལྷན་རྨད་བྱུང་མཚན་དཔེས་བརྒྱན། །ངེས་པ་ལྔ་ལྡན་ལྷུན་གྲུབ་ཕུན་སུམ་ཚོགས། །རིགས་ལྔ་བདེ་གཤེགས་དག་པ་ལྔ་ཚོགས་མཆོད། །མ་འགགས་ཐུགས་རྗེའི་བྱིན་རླབས་སྤོང་པོ་ལས། །ཚད་མེད་མཁྱེན་བརྩེ་ཡལ་འདབ་རྣམ་མཛེས་ཤིང་། །མཐའ་ཡས་འགྲོ་ལ་འདོད་སྟེར་རབ་འཕྲོ་བ། །འགྲོ་འདུལ་སྤྲུལ་པའི་སྐུ་ལ་ཕྱག་འཚལ་བསྟོད། །སྐུ་གསུམ་ངོ་བོ་དྲུག་པ་རྡོ་རྗེ་འཆང་། །འཁྲུན་གྱི་ཟླ་མེད་པདྨ་ཐོད་ཕྲེང་རྩལ། །རྩ་གསུམ་ཀུན་འདུས་རྩ་བརྒྱུད་བླ་མ་སོགས། །འདྲེན་མཆོག་དེད་དཔོན་དམ་པ་རྣམས་ལ་བསྟོད། །དེ་ལྟར་འགྲོ་མགོན་ཐུགས་རྗེ་ཆེན་པོ་རྣམས་ལ་གུས་པས་མཆོད་པ་བརྗོད་ནས། སྐུ་གསུམ་སྟོན་པ་རྣམས་ཀྱིས་ཆོས་ཀྱི་འཁོར་ལོ་གསུང་རྒྱུད་དགོས་པ་གསུམ་དང་ལྡན་པའི་སྒོ་ནས་གསུངས་པ་ལས། དེ་ཡང་རྒྱུ་མཚན་ཉིད་ཀྱི་ཐེག་པ་དང་འབྲས་བུ

གསང་སྔགས་ཀྱི་ཐེག་པ་གསུངས་པ་ལས། འདིར་གསང་སྔགས་རྡོ་རྗེ་ཐེག་པའི་དོན་བླ་ན་མེད་པའི་འོད་གསལ་རྡོ་རྗེའི་སྙིང་པོའི་ཁྲིད་ཀྱི་རིམ་པ་གཏན་ལ་དབབ་པར་བྱེད་པ་ལ། དེ་ཡང་བླ་མ་བརྒྱུད་པའི་རིམ་པ་དང་དེ་ལས་བྱུང་བའི་གདམས་པ་དང་གཉིས་ལས། ཐོག་མར་བླ་མ་བརྒྱུད་པའི་ལོ་རྒྱུས་ནི། ཉི་ཟླ་ཁ་སྦྱོར་ལས། ལོ་རྒྱུས་དོན་གྱིས་མ་བཤད་ན། །གསང་ཆེན་ངེས་པའི་བཀའ་འདི་ལ། །ཡིད་མི་ཆེས་པའི་སྐྱོན་དུ་འགྱུར། །ཞེས་དང་། བཤད་དགོས་པ་ཡང་ཀློང་གསལ་ལས། སྐལ་ལྡན་ངེས་ཤེས་བསྐྱེད་པའི་ཕྱིར། །ལོ་རྒྱུས་གསལ་བར་བཤད་པར་བྱ། །ཞེས་སོ། དང་པོ་ནི། གནས་ཕུན་སུམ་ཚོགས་པ་ཆོས་ཀྱི་དབྱིངས་ཀྱི་ཕོ་བྲང་རྣམ་དག་སྟུག་པོ་བཀོད་པའི་ཞིང་ན། སྟོན་པ་ཕུན་སུམ་ཚོགས་པ་དཔལ་ཀུན་ཏུ་བཟང་པོ་ཡབ་ཡུམ་ཆོས་སྐུ་སྤྲོས་པ་དང་བྲལ་བའི་ངང་ལས་ལོངས་སྐུ་རིགས་ལྔ་ལྷུན་གྲུབ་རྫོགས་པའི་རྣམ་པར་བཞེངས་ཏེ། ཆོས་ཕུན་སུམ་ཚོགས་པ་རང་བཞིན་རྫོགས་པ་ཆེན་པོ་འོད་ལྔ་ལྷུན་གྲུབ་ཀྱིས་བསྟན་པ། འཁོར་ཕུན་སུམ་ཚོགས་པ་ལོངས་སྐུ་རྡོ་རྗེ་སེམས་དཔའ། དུས་ཕུན་སུམ་ཚོགས་པ་གཞི་རྫོགས་འཕོ་འགྱུར་མེད་པའི་ཚེ། རང་བཞིན་བྱིན་གྱིས་རླབས་ཀྱིས་གསུང་། དེས་དུར་ཁྲོད་མེ་རི་འབར་བའི་གཞལ་ཡས་སུ་སྤྲུལ་པའི་སྐུ་དགའ་རབ་རྡོ་རྗེ་ལ་ཚིག་སྙེབ་སྦྱོར་ལེགས་པའི་སྒོ་ནས་གསུངས། དེས་རྒྱབ་འགྱུར་ཚལ་གྱི་དུར་ཁྲོད་དུ་སློབ་དཔོན་ཆེན་པོ་ཤྲཱི་སེངྷ་ལ་གསུངས། དེས་དུར་ཁྲོད་ཆེན་པོ་སོ་སའི་གླིང་དུ་ཨོ་རྒྱན་པདྨ་ཐོད་ཕྲེང་རྩལ་ལ་གསུངས། དེས་གཞོན་སྣོད་ཏི་སྒྲོ་བྲག་དཀར་དུ་རྡོ་རྗེ་ཕག་མོ་དང་དབྱེར་མེད་པའི་མཁའ་འགྲོ་ཡེ་ཤེས་མཚོ་རྒྱལ་ལ་མདོན་སུམ་གཏན་ལ་ཕབ་ནས་གསུངས། ཡེ་ཤེས་མཚོ་རྒྱལ་གྱིས་བསྡུད་བ་པོ་མཛད་ནས་མ་འོངས་ལས་འཕྲོ་ཅན་གྱི་ཐུགས་སུ

བརྒྱུད་པར་བྱིན་གྱིས་བརླབས་ཏེ་ཌཱཀྐི་མ་ལ་གཏད་དེ་རིན་ཆེན་སའི་གཏེར་དུ་སྦས་སོ། །དེ་སྤྲུལ་པའི་སྐུ་པདྨ་ལས་འབྲེལ་རྩལ་གྱིས་དིང་ལྕུང་ཁྲ་མོ་བྲག་ལས་གཏེར་ནས་གདན་དྲངས་པའོ། །དེས་ཐམས་ཅད་མཁྱེན་པ་ཀློང་ཆེན་རབ་འབྱམས། ཡེ་ཤེས་རབ་འབྱམས། མཁས་གྲུབ་བསམ་གཏན་པ། གྲུབ་ཆེན་སྨིན་པ་བཟང་པོ། རྟོགས་ཆེན་ཤཱཀྱའི་མཚན་ཅན། བསོད་ནམས་རིན་ཆེན། གྲུབ་ཆེན་ངག་དབང་པདྨ། །རྟོགས་ཆེན་བསོད་ནམས་དབང་པོ། །རིག་འཛིན་ཆོས་ཀྱི་རྒྱ་མཚོ། གྲུབ་ཐོབ་པདྨ་རིག་འཛིན་སོགས་རང་བཞིན་རྟོགས་པ་ཆེན་པོའི་ཆོས་སྐྱེ་མཐའ་དག་གི་སྙིང་པོ་ཡང་ཞུན་བཅུད་དུ་དྲིལ་པའི་སྙིང་ཏིག་གསལ་བའི་ཉམས་ལེན་གྱི་སྐོར་རྣམས་ཆ་ལག་ཚང་ཞིང་། རྒྱུད་མན་ངག བཀའ་ལུང་རྗེས་གནང་། ཆིངས་དང་བཅས་པ་ཡོངས་རྫོགས་རྣམས་ཐུམ་པ་ཚད་ལྡན་ནས་ཚད་ལྡན་དུ་ཆུ་བྲོས་ཞིང་མ་ཟགས་པའི་ཚུལ་གྱིས་རྩ་བའི་བླ་མའི་བར་རོ། །གཉིས་པ་དེ་ལས་བྱུང་བའི་གདམས་པ་ནི། ཆོས་སྐུའི་སྟོན་པ་ཕུན་སུམ་ཚོགས་པ་སྟེ། ཆོས་སྐུ་དག་པ་གཉིས་ལྡན་ནི། དབྱིངས་རྣམ་པར་དག་པའི་སྟོན་པ་གློ་བུར་དྲི་མས་མ་གོས་པའོ། །ལོངས་སྐུ་ངེས་པ་ལྔ་ལྡན་ནི། གནས་འོག་མིན་སྟུག་པོ་བཀོད་པ། སྟོན་པ་རིགས་ལྔའི་སངས་རྒྱས། འཁོར་ས་བཅུའི་སེམས་དཔའ། ཆོས་གསང་སྔགས་བླ་མེད་ཐེག་ཆེན་འབའ་ཞིག དུས་ཐོག་མཐའ་མེད་པའོ། །སྤྲུལ་སྐུ་མ་ངེས་པ་ལྔ་ལྡན་ལས། གནས་སྟོང་གསུམ་གྱི་སྟོང་ཆེན་པོ། སྟོན་པ་ཐུབ་པ་དྲུག འཁོར་འགྲོ་བ་རིགས་དྲུག ཆོས་ཐེག་པ་སྣ་ཚོགས། དུས་མ་ངེས་པའོ། །སྐུ་གསུམ་བསྟན་པའི་གཞུང་ལུགས་ལས། བསྐྱེད་རྫོགས་ཉམས་སུ་ལེན་པའི་བཤད་པ་ལ། སྨིན་བྱེད་དབང་དང་གྲོལ་བྱེད་ཀྱི་གདམས་པ་ཐོབ་དགོས

པར་བཤད་པ་ལས། ཐོག་མར་སྨིན་བྱེད་ཀྱི་དབང་བསྐུར་དགོས་ཏེ། མ་སྨིན་པ་སྨིན་པར་བྱེད་པའི་དབང་གི་རིམ་པ་ནི། རྒྱུད་རྣམ་བཀོད་ལས། གསང་སྔགས་དབང་ལ་མ་བརྟེན་འགྲུབ་པར་ག་ལ་འགྱུར། དཔེར་ན་མཉན་པ་ལག་སྐྱ་མེད་པ་བཞིན། །ཕ་རོལ་བསྒྲོལ་བར་ག་ལ་ནུས། དབང་རྣམས་རབ་ཏུ་ཐོབ་བྱས་ནས། །གསང་སྔགས་ཐམས་ཅད་མ་བསྒྲུབས་འགྲུབ། །ཅེས་གསུངས། ཀློང་གསལ་ལས། དཔེར་ན་ཞིང་ས་གཤིན་པོ་ཡོད་གྱུར་ཀྱང་། །སོ་ནམ་རིམ་པར་མ་བྱས་ན། །འབྲས་བུ་སྨིན་པར་མི་འགྱུར་ལྟར། །སེམས་ལ་ཆོས་ཉིད་གནས་གྱུར་ཀྱང་། །དབང་གིས་སྨིན་པར་མ་བྱས་ན། །རྣལ་འབྱོར་དངོས་གྲུབ་ག་ལ་ཐོབ། །ཅེས་གསུངས་པས། དེ་ཡང་སྤྲོས་བཅས་དང་། སྤྲོས་མེད་དང་། ཤིན་ཏུ་སྤྲོས་མེད་དང་། ཡོངས་སུ་སྤྲོས་མེད་དང་། རབ་ཏུ་སྤྲོས་མེད་དང་། རིག་པའི་རྩལ་དབང་ལ་སོགས་པ་བསྐུར་ལ་རྒྱུད་ཡོངས་སུ་སྨིན་པར་བྱའོ། །དེ་ལྟར་དབང་བསྐུར་བར་དགོས་ཆེད་གཉིས་ཏེ། གནས་སྐབས་དང་མཐར་ཐུག་གོ །གནས་སྐབས་སུ་རྒྱུད་གསང་སྔགས་ཀྱི་སྣོད་དུ་རུང་བ་ལས། མཐར་ཐུག་གསང་སྔགས་ཀྱི་ཡོན་ཏན་ཐམས་ཅད་འཐོབ་བོ། །དབང་མ་བསྐུར་ན་ཡོན་ཏན་དེ་ལས་བཟློག་པའི་སྐྱོན་ཡོད་དོ། །དེ་ཡང་སྨིན་པར་བྱེད་པའི་དབང་བསྐུར་ནས། གྲོལ་བར་བྱེད་པའི་གདམས་པ་སྟོན་པ་ལ། རྒྱ་ཕ་རོལ་ཕྱིན་པའི་ཐེག་པ་ལས། སངས་རྒྱས་འཇིག་རྟེན་དུ་བྱོན་ཚུལ་དང་། དགྲ་བཅོམ་པ་རྣམས་ཀྱིས་བཀའི་བསྡུ་བ་མཛད་ཚུལ། པཎྜི་ཏ་རྣམས་ཀྱིས་བསྟན་བཅོས་མཛད་ཚུལ། འཆད་པ་པོ་སློབ་དཔོན་གྱི་མཚན་ཉིད། ཉན་པ་པོ་སློབ་བུའི་མཚན་ཉིད། ཐུན་མོང་དུ་དོན་བྱ་བའི་རང་བཞིན། ཉན་པ་ལ་མི་སྐྱོ་ཞིང་སྤྲོ་བ་བསྐྱེད་པའི་ཆེད་དུ་

ཆོས་འབྱུང་དང་གཏམ་རྒྱུད་ཁྱད་པར་ཅན་སྐབས་སུ་བཤད་པར་གསུངས། འདིར་གསང་སྔགས་རྡོ་རྗེ་ཐེག་པའི་ཁྲིད་ཀྱི་རིམ་པ་ལས། སྔོན་འགྲོ་དངོས་གཞི་རྗེས་དང་གསུམ་ལས། དང་པོ་ལ་གསུམ། ཐུན་མོང་དང་། ཐུན་མོང་མ་ཡིན་པའི་ཁྱད་པར་རོ། །དང་པོ་ལ་དྲུག་དལ་འབྱོར་རྙེད་དཀའ་བ། འཆི་བ་མི་རྟག་པ། ལས་རྒྱུ་འབྲས། འཁོར་བའི་ཉེས་དམིགས། ཐར་པའི་ཕན་ཡོན། ཡང་དག་པའི་དད་པ་བསྐྱེད་པའོ། །གཉིས་པ་ཐུན་མོང་མ་ཡིན་པ་ལ་དྲུག སྐྱབས་སུ་འགྲོ་བ། སེམས་བསྐྱེད་པ། སྡོམ་པ་བཟུང་བ། སྒྲིབ་པ་སྦྱོང་བ་རྡོ་རྗེ་སེམས་དཔའི་སྒོམ་བཟླས་ཀྱི་ཁྲིད། ཚོགས་བསགས་པའི་མཎྜལ་གྱི་ཁྲིད། བྱིན་རླབས་འཇུག་པའི་བླ་མའི་རྣལ་འབྱོར་གྱི་ཁྲིད་དོ། །གསུམ་པ་ཁྱད་པར་གྱི་སྔོན་འགྲོ་ལ་གསུམ། ཕྱི་དང་། ནང་དང་། གསང་བ། དེ་ཡང་དང་པོ་ཉན་པ་པོ་སྣོད་དུ་རུང་བར་བྱ་བའི་ཕྱིར་བྱང་ཆུབ་མཆོག་ཏུ་སེམས་བསྐྱེད་ཅིང་མ་ཡེངས་པར་ཉན་དགོས་ཏེ། རྒྱ་ཆེན་རོལ་པ་ལས། དེ་ལ་དད་པ་ནི། ཆོས་སྣང་བའི་སྒོ་སྟེ། སེམས་ལས་སུ་རུང་བར་བྱེད་པའོ། །ཞེས་གསུངས། དེ་ཡང་སྐྱོན་གསུམ་དང་དྲི་མ་དྲུག་ལས་འདས་ཤིང་ཡོན་ཏན་དྲུག་དང་ལྡན་པའི་སྒོ་ནས་གསན་འཚལ། སྐྱོན་གསུམ་ནི། སྣོད་ཁ་སྦུབ་ལྟར། །ཚིག་དོན་ལ་རྣ་བས་མི་གཏད་པས་ཅུང་ཟད་ཀྱང་མི་འཛིན་པ་དང་། །ཞབས་རྟོལ་ལྟར་བཟུང་ཡང་ནན་ཏན་མཐར་ཆགས་སུ་མི་བྱེད་པས་རྟོགས་པ་མི་བརྟན་པ་དང་། དུག་ཅན་ལྟ་བུའི་ཟིན་ཡང་ངེས་འབྱུང་གི་བློ་དང་སེམས་བསྐྱེད་ཀྱིས་མ་ཟིན་པས་ཉོན་མོངས་པའི་གཉེན་པོར་མི་འགྲོ་བ་གྲོགས་སུ་འགྲོ་བ་རྣམས་སྤངས་ཏེ་ཉན་པ་ནི། མདོ་ལས། དགེ་སློང་དག་ལེགས་པར་རབ་ཏུ་ཉོན་ལ་ཡིད་ལ་ཟུངས་ཤིག་དང་། ངས་ཁྱེད་ལ་

བསྟན་པར་བྱའོ། །ཞེས་གསུངས་པ་ལྟར་རོ། །ལེགས་པར་ཉན་པས་ནི་དུག་ཅན་གྱི་སྐྱོན་སེལ་བའོ། །རབ་ཏུ་ཉན་པས་ནི་ཁ་སྦུབ་གྱི་སྐྱོན་སེལ་བའོ། །ཡིད་ལ་བཟུང་བས་ནི་ཞབས་རྡོལ་གྱི་སྐྱོན་སེལ་བའོ།།དྲི་མ་དྲུག་ནི། རྣམ་བཤད་རིག་པ་ལས། ང་རྒྱལ་དང་ནི་མ་དད་དང་། །དོན་དུ་གཉེར་བ་མེད་ཉིད་དང་། །ཕྱི་རོལ་རྣམ་གཡེང་ནང་དུ་སྡུད། །སྐྱོ་བས་ཉན་པ་དྲི་མ་ཡིན། །ཞེས་སོ། །ཆོས་ཉན་དུས་ཆེས་ཁྱད་ཀྱིང་རྒྱལ་དང་སྙིག་ཚོས། མཐོ་བར་སྡོད་པ་ལ་སོགས་པ་དང་། ཆོས་དང་། གྲོགས་དང་། བླ་མ་ལ་མ་དད་བཞིན་དུ་ཉན་པ་དང་། ཆོས་ལ་དོན་གཉེར་འདོད་འདུན་མེད་པ་དང་། མིག་དང་རྣ་བ་ཡིད་ལ་སོགས་པ་དབང་པོ་ཕྱིའི་ཡུལ་ལ་འཆོར་འཇུག་པ་དང་། གཉིད་རྨུགས་ལ་སོགས་པའི་སེམས་ནང་དུ་བསྡུད་པ་དང་། ཆོས་འདི་བྱ་སླམ་པ་ལ་སོགས་པ་ཆོས་ལ་བར་དུ་གཅོད་པའི་སྐྱོ་བ་རྣམས་སྤངས་ལ་མཉན་ནོ། །དེ་ཡང་དགའ་བ་དང་། གུས་པ་དང་། དད་པ་བསྐྱེད་ནས། གཉིད་རྨུགས་ལ་སོགས་པའི་སྒྲིབ་པ་དང་། ང་རྒྱལ་ལ་སོགས་པའི་ཉོན་མོངས་པ་རྣམས་སྤངས་ལ་ཚེ་འདི་ཡི་བློ་ངན་དྲི་མ་ཅན་ལས་འདས་པ་ཐར་བ་ཁོ་ན་ལ་དམིགས་པ། སེམས་ཅན་གྱི་དོན་དུ་ངས་ཆོས་འདི་ཉན་ལ་རྒྱུད་ལ་ཕན་པ་ཞིག་བྱ་སླམ་དུ་མོས་པ་དང་འདུན་པ་ཁྱད་པར་ཅན་དུ་དྭངས་བ་བསྐྱེད་ནས་ཉན་པས་ཐོས་པ་དྲི་མེད་གཟི་བརྗིད་དུ་འགྱུར་རོ། གཉིས་པ་སངས་རྒྱས་བྱོན་ཚུལ་ནི། ཐེག་པ་ཆེ་ཆུང་གཉིས་ལས། ཉན་ཐོས་པ་ལྟར་ན་བདག་ཅག་གི་སྟོན་པ་བསྐལ་བ་གྲངས་མེད་པ་གསུམ་འདས་པའི་སྔོན་རོལ་དུ་སངས་རྒྱས་ཐུབ་པ་ཆེན་པོའི་དྲུང་དུ་སེམས་བསྐྱེད་ནས། ཚོགས་ལམ་ཆུང་ངུའི་རྟེན་དེ་ཉིད་ལ་ཚོགས་གཉིས་བསགས་པས་མཐར་དགའ་ལྡན་ནས་འཛམ་བུ་གླིང་དུ་གཤེགས་ཏེ་

ལམ་ལྔ་མངོན་དུ་མཛད་ནས་སངས་རྒྱས་ཏེ་ཆོས་ཀྱི་འཁོར་ལོ་རིམ་པ་གསུམ་དུ་བསྐོར་ནས། དགུང་ལོ་བརྒྱད་བཅུ་ལ་མྱ་ངན་ལས་འདས་ཏེ་ད་ལྟ་ལྷག་མ་མེད་པའི་དབྱིངས་ན་བཞུགས་པར་འདོད་དོ། །དེ་ལ་སེམས་བསྐྱེད་ནས་རྡོ་རྗེ་གདན་དུ་མཉམ་པར་བཞག་པའི་བར་ལ་སོ་སོའི་སྐྱེ་བོ་དབང་པོ་རྣོན་པོ་བརྩོན་འགྲུས་ཕུན་སུམ་ཚོགས་པ་ཞིག །བསམ་གཏན་བཞི་པའི་ཏིང་འཛིན་མངོན་དུ་མཛད་པའི་མཐར་སངས་རྒྱས་པ་ལས་ སོ་སོའི་སྐྱེ་བོ་ཡིན་པ། མཛོད་ལས། འཕགས་པ་མིན་ཡང་ཕ་མ་དང་། །ནད་པ་དང་ནི་ཆོས་སྨྲ་དང་། །སྐྱེ་མཐའི་བྱང་ཆུབ་སེམས་དཔའ་ལ། །ཡོན་ནི་གཞལ་དུ་མེད་པར་གསུངས། །ཞེས་སོ། །བསྟན་ཐོག་གཅིག་ཏུ་ལམ་ལྔ་མངོན་ཏུ་མཛད་པ་ཡང་། དེ་ཉིད་ལས། སྟོན་དང་བསེ་རུ་བྱང་ཆུབ་པ། །བསམ་གཏན་མཐའ་རྟེན་གཅིག་ལ་ཀུན། །ཅེས་སོ། །ཐེག་པ་ཆེན་པོ་ལའང་ཁ་ཅིག་ལྟར་ན་གྲངས་མེད་གསུམ་གྱི་སྔོན་རོལ་དུ་སངས་རྒྱས་ཐུབ་པ་ཆེན་པོ་དང་། དཀོན་མཆོག་ཡང་དག་དང་། རིན་ཆེན་ཏོག་རྣམས་རིམ་གྱིས་བྱོན་པ་ལ་སེམས་བསྐྱེད་དེ། གྲངས་མེད་དང་པོ་ལ་ཚོགས་སྦྱོར་གཉིས་སུ་སོ་སོའི་སྐྱེ་བོའི་སར་བསྡུས་པའི་ཚོགས་གཉིས་དང་། ས་དང་པོ་ནས་གཉིས་པའི་བར་གྲངས་མེད་གཉིས་པ་དང་། དག་པ་ས་གསུམ་ལས་གྲངས་མེད་ཐ་མ་སྟེ་འཕགས་པ་སློབ་ལམ་གྱིས་བསྡུས་པའི་ཚོགས་གཉིས་རྫོགས་པའི་མཐར་འོག་མིན་ཏུ་སངས་རྒྱས་ཏེ་སྤྲུལ་པའི་མཛད་པ་བཅུ་གཉིས་བསྟན་པ་མཛད་པར་འདོད་དོ། །དེ་ཡང་འོག་མིན་དུ་སངས་རྒྱས་པར་ཆོས་དང་ལོངས་སྤྱོད་མངོན་པར་སངས་རྒྱས་པའི་མདོ་ལས། རིན་ཆེན་སྣ་ཚོགས་མཛེས་པ་ཡི། །འོག་མིན་གནས་ནི་ཉམས་དགའ་བར། །གཙང་མའི་གནས་ཀྱི་སྟེང་བཞག་སྟེ། །ཡང་

དག་སངས་རྒྱས་དེར་སངས་རྒྱས། །སྤྲུལ་པ་པོ་ཞིག་འདིར་འཚང་རྒྱ། །ཞེས་སོ། །ཁ་ཅིག་གི་ལྟར་ན་བསྐལ་བ་གྲངས་མེད་བསམ་གྱིས་མི་ཁྱབ་པའི་སྔོན་རོལ་དུ་སངས་རྒྱས་ནས། སླར་ཡང་གདུལ་བྱའི་དོན་དུ་སེམས་བསྐྱེད་པ་དང་། ཚོགས་བསགས་པ་དང་མཛད་པ་བཅུ་གཉིས་ཀྱི་ཚུལ་དུ་སྟོན་པར་འདོད་དེ། ཡབ་སྲས་མཇལ་བའི་མདོ་ལས། སྔོན་འདས་པའི་དུས་བསྐལ་པ་དཔག་ཏུ་མེད་པའི་གོང་རོལ་དུ་འཇིག་རྟེན་གྱིས་ཁམས་གཏྲུའི་གླིང་གི་བྱེ་མ་སྙེད་ཀྱི་ཞིང་གཅིག་དུ་གྱུར་པ་དེས། དེ་བཞིན་གཤེགས་པའི་དབང་པོ་ཏོག་ཅེས་བྱ་བར་སངས་རྒྱས་ནས་དོན་མཛད་དེ་ཞེས་པ་ནས། དཔའ་བོ་ཆེན་པོ་ཐབས་མཁས་ཆེ། །སེམས་ཅན་ཡོངས་སུ་སྨིན་མཛད་ཕྱིར། །བྱེ་བ་ཕྲག་བརྒྱར་རྒྱལ་བ་ཉིད། །སངས་རྒྱས་ཉིད་དུ་གྱུར་ནས་ཀྱང་། །ད་དུང་ཡང་ནི་འདྲེན་པ་ཁྱོད། །སངས་རྒྱས་མང་པོ་སྟོན་པར་མཛད། །ཅེས་པའི་བར་དུ་གསུངས་སོ། །ལུགས་འདི་གཉིས་ཐུན་མོང་དང་ཐུན་མོང་མ་ཡིན་པའི་ཚུལ་དུ་གནས་ཤིང་ངེས་པ་དོན་ལ་ཕྱི་མ་ལྟར་ཡིན་ཏེ། པད་མ་དཀར་པོ་ལས་ཀྱང་། རིགས་ཀྱི་བུ་ང་ནི་བསྐལ་བ་བྱེ་བ་ཁྲག་ཁྲིག་བརྒྱ་སྟོང་མང་པོའི་གོང་རོལ་དུ། མངོན་པར་རྫོགས་པར་སངས་རྒྱས་སོ་ཞེས་དང་། བསྐལ་བ་བྱེ་སྟོང་བསམ་གྱིས་མི་ཁྱབ་པ། །དེ་ཡི་ཚད་ནི་ནམ་ཡང་མེད་པ་ནས། །བྱང་ཆུབ་མཆོག་རབ་འདི་ནི་ངེས་ཐོབ་སྟེ། །ང་ནི་རྟག་ཏུ་ཆོས་ཀྱང་རབ་འཆད་དོ། །ཞེས་གསུངས་སོ། །དེ་ལ་སྐབས་འདིར་མཛད་པ་བཅུ་གཉིས་ཀྱིས་སངས་རྒྱ་བའི་ཚུལ་ནི། རྒྱུད་བླ་མ་ལས། ཆོས་ཀྱི་སྐུ་ལས་མ་གཡོས་པར། །སྤྲུལ་པའི་རང་བཞིན་སྣ་ཚོགས་ཀྱིས། །སྐྱེ་བ་མངོན་པར་སྐྱེ་བ་དང་། །དགའ་ལྡན་གནས་ན་འཕོ་བ་དང་། །ལྷུམས་སུ་ཞུགས་དང་བལྟམས་

པ་དང་། །བཟོ་ཡི་གནས་ན་མཁས་པ་དང་། །བཙུན་མོ་འཁོར་གྱིས་རོལ་བ་དང་། །ངེས་འབྱུང་དཀའ་བ་སྤྱད་པ་དང་། །བྱང་ཆུབ་སྙིང་པོ་གཤེགས་པ་དང་། །བདུད་སྡེ་འཇོམས་དང་རྫོགས་པ་ནི། །བྱང་ཆུབ་ཆོས་ཀྱི་འཁོར་ལོར་དང་། །མྱ་ངན་འདའ་བར་གཤེགས་མཛད་རྣམས། །ཡོངས་སུ་མ་དག་ཞིང་རྣམས་སུ། །སྲིད་པ་ཇི་སྲིད་གནས་པར་སྟོན། །ཞེས་ཡོངས་སུ་མྱ་ངན་འདའ་བའི་ཚུལ་བསྟན། འཁོར་རྣམ་བཞིའི་བསྟན་པ་འོད་སྲུང་དང་ཀུན་དགའ་བོ་ལ་གཏད་པ་ལས། དེ་ལྟར་སངས་རྒྱས་ཀྱི་མཛད་པ་མདོ་ཙམ་བསྟན་ནས། །གཉིས་པ་དགྲ་བཅོམ་པ་རྣམས་ཀྱིས་བཀའི་བསྡུ་བ་མཛད་ཚུལ་ནི་གསུམ་ལས། བསྡུ་བ་དང་པོ་ལ། སྡོམ་ནི། དུས་དང་འདུས་པ་གནས་དང་ནི། །གསོལ་འདེབས་དངོས་པོ་སྡུད་བདག་དང་། །དགོས་པ་བསལ་བྱ་བསྡུས་ཚུལ་གཙོ། །རྣམ་པ་དགུ་ནི་མཁས་རྣམས་བཞེད། །དུས་ནི་སངས་རྒྱས་མྱ་ངན་ལས་འདས་པའི་ཕྱི་ལོ་ལའོ། །ཚོགས་འདུས་པ་ནི་དགྲ་བཅོམ་པ་ལྔ་བརྒྱའོ། །གནས་ནི་རྒྱལ་པོའི་ཁབ་བྱ་རྒོད་ཕུང་པོ་རིའི་ཕྱོགས་ཤིག་ན་ཨ་སུ་ར་གསང་བའི་བྲག་ཕུག་བྱ་བ་ཡོད་པ་དེར། གསོལ་འདེབས་མཁན་འཕགས་པ་འོད་སྲུང་ཆེན་པོ་སྟེ། སྣམ་སྦྱར་ལྔ་བརྒྱ་སྟན་དུ་བཏིང་ནས་ཉེ་བ་འཁོར་ཞུས་པ་ལས། སྟོན་པ་འཇིག་རྟེན་ཕན་བཞེད་པ། །རྒྱལ་བས་གསུང་པ་ཆོས་རྣམས་ཀྱི། །རྣམ་པ་མཆོག་ནི་གང་བཤད་པ། །ཚེ་དང་ལྡན་པ་འདུལ་བ་གསུངས། །ཞེས་གསོལ་བ་བཏབ་དུས་འདུལ་བ་ལུང་སྡེ་བཞི་འབྲས་བུ་དྲུག་གིས་ཚད་དུ་ལོངས་པ་རྣམས་ཁ་ཏོན་དུ་གསུངས་པ་དང་། དེ་བཞིན་དུ་ཀུན་དགའ་བོས་མདོ་སྡེ་དང་། འོད་སྲུང་ཉིད་ཀྱིས་མངོན་པ་གསུངས་སོ། །བསྡུ་བར་བྱ་བའི་ཆོས་ནི་དེ་ལྟར་སྡེ་

སྟོད་གསུམ་མོ། །སྨིན་བདག་ནི་རྒྱལ་པོ་མ་སྐྱེས་དགྲའོ། །དགོས་པ་ནི་མ་འོངས་པའི་གདུལ་བྱ་ལུང་དང་མངོན་པར་རྟོགས་པ་མེད་པ་དག་སློབ་འདོགས་པ་དང་སྐུར་བ་འདེབས་པ་སྤངས་ནས་སངས་རྒྱས་བསྟན་པ་ཡུན་རིང་དུ་གནས་པར་བྱ་བའི་ཕྱིར་རོ། །བསལ་བྱ་ནི་ལྷའི་བུ་ཚོ་བསྐལ་བར་ཐུབ་པ་དག་ན་རེ། །སངས་རྒྱས་མྱ་ངན་ལས་འདས་ནས་རིང་པོར་མ་ལོན་པར་བཀའི་བསྡུ་བར་མ་བྱུང་བ་ལས། ཤཱཀྱ་ཐུབ་པ་འདས་ནས་ད་རུང་མ་བྱུང་བ་འདི། ད་ནི་སངས་རྒྱས་ཀྱི་བསྟན་པ་མེ་ཤི་བའི་དུ་བ་ལང་ཙམ་དུ་འགྱུར་རོ། །ཞེས་འཕྱ་བ་བསལ་བའི་ཕྱིར་རོ། །སྟོད་པ་པོའི་གཙོ་བོ་ནི་གནས་བརྟན་འོད་སྲུང་ཆེན་པོ་དང་། ཉེ་བ་འཁོར་དང་། ཀུན་དགའ་བོ་རྣམས་སོ། །དེ་ནས་གནས་བརྟན་འོད་སྲུང་ཆེན་པོ་མྱ་ངན་ལས་འདའ་བར་བཞེད་ནས། བསྟན་པ་ཀུན་དགའ་བོ་ལ་གཏད་དེ། ལྷ་དང་ཀླུའི་གནས་ནས་སངས་རྒྱས་ཀྱི་ཚེམས་མཆེ་བ་གཡས་དང་གཡོན་བཞུགས་པ་ལ་ཕྱག་འཚལ་ནས། སླར་བྱོན་ཏེ་རི་བོ་བྱ་རྐང་ཅན་གྱི་ནང་དུ་སྐྱ་གདུང་མི་འཇིག་པར་བྱིན་གྱིས་བརླབས་ཏེ་མྱ་ངན་ལས་འདས་སོ། །དེའི་དགོས་པ་ནི། མ་འོངས་པ་ན་བྱམས་པའི་འཁོར་དུང་ཕྱུར་དང་བཅས་པ་ཚེ་ལོ་བརྒྱད་ཁྲིའི་དུས་དེར་བྱོན་དུས། རི་ཁ་ཕྱེ་ནས་སྤུར་དེ་གཟིགས་ནས། འཁོར་རྣམས་ཀྱིས་དྲིས་པས། བྱམས་པས་དེའི་དོན་རྒྱ་ཆེར་གསུངས་དུས་ཐམས་ཅད་སྤྲོངས་པའི་ཡོན་ཏན་དང་ལྡན་པར་གྱུར་པ་ལ་དགོས་པ་ཡོད་དོ། །དེ་ནས་ཀུན་དགའ་བོ་ཡང་མྱ་ངན་ལས་འདའ་བར་དགོངས་ཏེ། རྒྱལ་པོའི་ཁབ་དང་ཡངས་པ་ཅན་བསྟུམ་པའི་ཕྱིར་དེ་གཉིས་ཀྱི་བར་ཆུ་བོ་གང་གཱའི་དབུས་སར་བྱིན་གྱིས་བརླབས་ནས་བཞུགས་ཏེ། སྐྱེ་བོ་མང་པོ་རབ་ཏུ་བྱུང་ནས། ཆུ་དབུས་པ་དང་། ཉི་ཟླ་གུང་པ་ལ་སོགས་པ་མིང་བཏགས།

དེ་དག་གིས་བསྒྲུབས་པས་དགྲ་བཅོམ་པ་ཐོབ་ནས་མཁན་པོའི་སྟོན་ཏུ་མྱ་ངན་ལས་འདའ་བར་བཞེད་པ་ལས། ཀུན་དགའ་བོས་ཉི་ཟླ་གུང་པ་ལ་ཁྱོད་ཁ་ཆེའི་ཡུལ་དུ་སངས་རྒྱས་ཀྱི་བསྟན་པ་འཛིན་པར་སླིང་རྗེ་པདྨ་དཀར་པོ་ལས་གསུངས་པས་དེར་སོང་ལ་བསྟན་པ་ཟུངས་ཤིག ཅེས་གཏད་དེ་ཀུན་དགའ་བོའི་སྐུ་གདུང་ཚལ་གཉིས་སུ་འགྲོ་བར་བྱིན་གྱིས་བརླབས་ཏེ་མྱ་ངན་ལས་འདས་སོ། །བསྡུ་བ་གཉིས་པ་ལ་ཡང་དག་ལས། དུས་ནི་སངས་རྒྱས་མྱ་ངན་ལས་འདས་ནས་ལོ་བརྒྱད་ཅུ་ལོན་པ་ནའོ། །འདུས་པ་འཕགས་པ་ཟླ་སྒྲུ་ར་དང་བཅས་པ་དགྲ་བཅོམ་པ་ལྔ་བརྒྱའོ། །གནས་ནི་ཡངས་པ་ཅན་གྱི་གྲོང་ཁྱེར་ཀུསྨ་པུ་རིའི་གཙུག་ལག་ཁང་ངོ་། །གསོལ་བ་འདེབས་པ་པོ་ནི་ཚེ་དང་ལྡན་པ་གྲགས་པའོ། །བསྡུ་བར་བྱ་བའི་ཆོས་ནི་སྡེ་སྣོད་གསུམ་སྟེ། ཆོས་རྒྱལ་འདས་ནས་དགེ་འདུན་འཕྱེད་པའི་ཕྱིར་རྩོད་པ་འགའ་ཞིག་བྱུང་བ་ལས་བརྩམས་ཏེ་རྩ་བའི་སྡེ་བཞིར་ཕྱེས་པའི་བསྡུ་བ་ཡང་བྱས་སོ། །སྦྱིན་བདག་ཧྨ་ཨ་ཤྭ་ཀ་སྟེ་ཆོས་རྒྱལ་མྱ་ངན་མེད་དོ། །དགོས་པ་སྔར་བཞིན་ལ་ཁྱད་པར་དུ་སྐད་གཞན་ལ་མོས་པའི་གདུལ་བྱ་རྣམས་ཀྱིས་ཚིགས་རྒྱང་དུས་རྟོགས་པར་བྱ་བའི་ཆེད་དུའོ། །བསལ་བྱ་ནི་དེའི་ཚེ་ཡངས་པ་ཅན་དུ་དགེ་སློང་ལྷ་ཆེན་པོས་རུང་བ་མ་ཡིན་པའི་གཞི་བཅུ་ཆོས་སུ་མཐུན་པར་བྱས་པ་རྣམས་སོ། །བསྡུ་བ་གསུམ་པ་ལ་འང་དག་ལས། དུས་ནི་སངས་རྒྱས་མྱ་ངན་ལས་འདས་ནས་ལོ་སུམ་བརྒྱ་ནའོ། །འདུས་པ་ནི་དགྲ་བཅོམ་པ་ལྔ་བརྒྱ། སོ་སོའི་སྐྱེ་བོ་དགེ་སློང་ཁྲི་དྲུག་སྟོང་ངོ་། །གནས་ནི་ཁ་ཆེ་མེ་ཏོག་བརྩེགས་པའི་ཀུན་དགའ་ར་བའོ། །གསོལ་བ་འདེབས་པ་དང་སྦྱིན་བདག་ནི་རྒྱལ་པོ་ཀ་ནིཥྐའོ། །བསྡུ་བར་བྱ་བའི་ཆོས་ནི་སྡེ་སྣོད་གསུམ་དང་ཕྱེས་པའི་བཅོ་བརྒྱད་ཆོས་

སུ་མཐུན་པར་བསྒྱུ་བའོ། །དེ་ཡང་སྐྱེ་བ་ཐ་དད་པར་ལྡོག་པའི་འཁོར་ལོ་ལས། ཤཱཀྱ་སེངྒེའི་བསྟན་པ་ནི། ཐ་དད་རྣམ་པ་བཅོ་བརྒྱད་དུ། །འགྱུར་ཏེ་འགྲོ་བའི་བླ་མ་དེ། །སྔོན་གྱི་འཕྲིན་ལས་དབང་གིས་ཡིན། །ཞེས་བཤད་པ་ལྟར་དེའི་ཚེ་བདུད་སྡིག་ཏོ་ཅན་གྱིས་དགེ་སློང་དུ་སྤྲུལ་ཏེ་དབྱེན་བྱས་པས། ཐམས་ཅད་དུ་གློང་གློང་པོར་གྱུར་ཅིང་མདོའི་གནས་སོ་སོ་དང་སློབ་བརྒྱུད་སོ་སོའི་ཚན་ཚན་དུ་ཆད་དེ། ལྟ་བ་དང་ཚིག་མི་མཐུན་པ་ངེད་ཀྱི་ལྟར་གྱིས། ཁྱེད་ཀྱི་ལྟར་མ་ཡིན་ཞེས་སྐྱུར་པ་འདེབས་པ་ན། དེ་དག་དང་པོ་གང་ལས་འཕྲོས་པའི་སྡེ་བ་དེ་དང་དེར་བསྡུས་ནས་ཁ་འཆམས་པར་སངས་རྒྱས་ཀྱི་ཆོས་དང་བསྟན་པའི་སྒྲོལ་ཡིན་པར་བཅད་པ་ལ། ནང་ཚན་གྱི་རྩ་བའི་སྡེ་པ་བཞི། དེ་ལས་ཕྱེས་པ་བཅོ་བརྒྱད་དུ་གྲགས་པ་ནི། གཞི་ཐམས་ཅད་ཡོད་པར་སྨྲ་བ་ལས་དབྱེ་ན། གཞི་ཡོད་པ། འོད་སྲུང་བ། ཆོས་སྲུང་བ། མང་དུ་ཐོས་པར་སྨྲ་བ། ས་སྟོན་པར། གོས་དམར་ཅན། རྣམ་པར་ཕྱེ་སྟེ་སྨྲ་བའི་སྡེ་དང་། སྔོན་འདི་དག་རྒྱལ་རིགས་སྒྲ་གཅན་འཛིན་རབ་ཏུ་བཟང་པོ་བཙོམ་ལྡན་འདས་ཀྱིས་བསླབ་པ་ལ་གུས་པའི་མཆོག་ཏུ་ལུང་བསྟན་པ་དེའི་སློབ་བརྒྱུད་དོ། །སྐད་ནི་ལེགས་པར་སྦྱར་བ་སྟེ། སཾསྐྲི་ཏ་ལྟའི་སྐད་དང་མཐུན་པ། སྣམ་སྦྱར་གྱི་སྣམ་ཕྲན་ནི་དགུ་ཡན་ཆད་ཉི་ཤུ་རྩ་ལྔ་མན་ཆད་དེ་ཟུང་མ་གཏོགས། རྟགས་ནི་ཨུཏྤལ་ལ་དང་། པདྨ་དང་། རིན་པོ་ཆེ་དང་། ཤིང་ལོ་འབྱུང་བའོ། །ཕལ་ཆེར་སྐྱེ་བ་ལ་དབྱེ་ན། ཤར་གྱི་རི་བོའི་སྡེ། ནུབ་ཀྱི་རི་བོའི་སྡེ། གངས་རིར་གནས་པའི་སྡེ། རྟག་པར་སྨྲ་བའི་སྡེ། འཇིག་རྟེན་ལས་འདས་པ་སྨྲ་བའི་སྡེ་དང་ལྔའོ། །འདི་དག་བྲམ་ཟེའི་རིགས་ལས་རབ་ཏུ་བྱུང་བ་གནས་བརྟན་འོད་སྲུང་ཆེན་པོ་བཙོམ་ལྡན་འདས་ཀྱིས་སྦྱངས་པའི་ཡོན་ཏན

དང་ལྡན་པའི་མཆོག་ཏུ་ལུང་བསྟན་པ་དེའི་སློབ་བརྒྱུད་དོ། །སྐད་ནི་པྲ་ཀྲི་ཏ་སྐེ་འོད་གསལ་གྱི་ལྷ་རྣམས་དང་མཐུན་པར་སྨྲ་བ། སྣམ་ཕྲན་ནི་དགུ་ཡན་ཆད་ཉི་ཤུ་རྩ་གསུམ་མན་ཆད་དེ་ཟླུང་མ་གཏོགས། རྟགས་ནི་གཡུང་དྲུང་འཁྱིལ་བ་དཔལ་བེའུའོ། །གནས་བརྟན་པ་ལ་དབྱེ་ན། རྒྱལ་བྱེད་ཚལ་ན་གནས་པའི་སྡེ། འཇིག་མེད་རི་ལ་གནས་པའི་སྡེ། གཙུག་ལག་ན་གནས་པའི་སྡེ་དང་གསུམ་མོ། །འདི་དག་སློབ་མ་མཁན་གྱི་རིགས་ལས་རབ་ཏུ་བྱུང་བའི་འཕགས་པ་ཀཱ་ཏྱཱ་ན་ཆེན་པོ་བཅོམ་ལྡན་འདས་ཀྱིས་མཐའ་འཁོབ་འདུལ་བའི་མཆོག་ཏུ་ལུང་བསྟན་པ་དེའི་སློབ་བརྒྱུད་དོ། །སྐད་ནི་ཨ་པ་བྷྲཾ་ཤ་སྟེ་ཟུར་ཆགས་པ་ཤ་ཟ་རྣམས་དང་མཐུན་པ། སྣམ་ཕྲན་དགུ་ཡན་ཆད་ཉི་ཤུ་རྩ་གཅིག་མན་ཆད་དེ་ཟླུང་མ་གཏོགས། རྟགས་སུ་དུང་འབྱུང་བའོ། །མང་པོ་བཀུར་བ་ལ་དབྱེ་ན། ས་སྒྲོག་རི་པའི་སྡེ། བསྲུང་བ་ས་ཡི་སྡེ། གནས་མ་བུའི་སྡེ་དང་གསུམ་མོ། །འདི་དག་འབྲེགས་མཁན་རིགས་ལས་རབ་ཏུ་བྱུང་བ་འཕགས་པ་ཉེ་བ་འཁོར་བཅོམ་ལྡན་འདས་ཀྱིས་འདུལ་བ་འཛིན་པ་རྣམས་ཀྱི་ནང་ནས་མཆོག་ཏུ་ལུང་བསྟན་པ་དེའི་སློབ་བརྒྱུད་དོ། །སྐད་ནི་པི་ཤ་ཙཱི་སྟེ་ཐ་མལ་པ་གནས་གཙང་མའི་ལྷ་རྣམས་དང་མཐུན་པ། སྣམ་ཕྲན་ནི་གནས་བརྟན་པ་དང་མཐུན། རྟགས་ནི་དུང་ངོ་། །དགོས་པ་ནི། བསྟན་པ་ནང་མཐུན་པ་དང་ཡུན་རིང་དུ་གནས་པའི་དགོས་པ་ཡོད་དོ། །བསལ་བྱ་ནི། གྱེས་པ་བཅོ་བརྒྱད་ཆོས་མ་ཡིན་པར་འདོད་པ་རྣམས་སོ། །སྡུད་པ་པོའི་གཙོ་བོ་ནི། སྲིད་པ་ཐ་མལ་པ་བྱང་ཆུབ་སེམས་དཔའ་ས་མི་ཏྲ་དང་། དགྲ་བཅོམ་པ་པུཎྜི་ཀའོ། །གསུམ་པ་པཎྜི་ཏ་རྣམས་ཀྱིས་བསྟན་བཅོས་མཛད་ཚུལ་ལ་གསུམ། སློབ་དཔོན་གྱི་མཚན་ཉིད། བསྟན་བཅོས་ཀྱི་རང་བཞིན། ཇི་ལྟར

མཛད་པའི་ཚུལ་དང་གསུམ་ལས། དང་པོ་ནི། རབ་ཆོས་ཉིད་ཀྱི་བདེན་པ་མངོན་སུམ་དུ་རྟོགས་པ། འབྲིང་ཡི་དམ་ལྷའི་ཞལ་མཐོང་ཞིང་གནང་བ་ཐོབ་པ། ཐ་མ་རིག་པའི་གནས་ལྔར་ཤེས་པའོ། །གནས་ལྔ་ནི། སྒྲ་དང་། ཚད་མ། བཟོ། གསོ་བ། ནང་གི་དེ་ཁོ་ན་ཉིད་ཀྱི་གནས་སོ། །གཉིས་པ་བསྟན་བཅོས་ཀྱི་རང་བཞིན་ནི། རྩོམ་པ་པོ་མཚན་ཉིད་དང་ལྡན་པའི་བཀའི་དགོངས་འགྲེལ་དུ་བརྩམས་ཤིང་ཐར་པའི་ལམ་སྟོན་པས་འཆོས་སྐྱོབ་གཉིས་ཀྱི་ཡོན་ཏན་དང་ལྡན་པ་སྟེ། མགོན་པོ་བྱམས་པས། ཉོན་མོངས་དགྲ་རྣམས་མ་ལུས་འཆོས་པ་དང་། །ངན་འགྲོའི་སྲིད་ལས་སྐྱོབ་པ་གང་ཡིན་པ། །འཆོས་སྐྱོབ་ཡོན་ཏན་ཕྱིར་ན་བསྟན་བཅོས་ཏེ། །གཉིས་པོ་འདི་དག་གཞན་གྱི་ལུགས་ལ་མེད། །ཅེས་གསུངས་པ་བཞིན་ནོ། །གསུམ་པ་ཇི་ལྟར་མཛད་པའི་ཚུལ་ལ་སངས་རྒྱས་ཞལ་བཞུགས་པ་ན་དགྲ་བཅོམ་པ་བདུན་བརྒྱུས་བསྟན་བཅོས་མངོན་པ་སྡེ་བདུན་མཛད་པ་དང་། བསྡུ་བ་གཉིས་ཀྱི་དུས་སུ་དགྲ་བཅོམ་པ་ཉེར་སྦས་ཀྱིས་བྱེ་བྲག་བཤད་མཛོད་ཆེན་མོ་མཛད་པ་དང་། སངས་རྒྱས་འདས་ནས་ལོ་བཞི་བརྒྱ་ན། སློབ་དཔོན་ཀླུ་སྒྲུབ་ཡབ་སྲས་བྱོན་ཏེ། དབུ་མའི་ལུགས་རྒྱ་ཆེར་གསལ་བར་མཛད་པ་བཀའ་གསུམ་གྱི་དོན་འགྲེལ་བ། གཏམ་གྱི་ཚོགས་བཀའ་དང་པོ་འགྲེལ་བ་དང་། རིགས་པའི་ཚོགས་བར་པའི་འགྲེལ་བ་དང་། བསྟོད་པའི་ཚོགས་ཐ་མའི་འགྲེལ་བ་མཛད་པ་དང་། འཕགས་པ་ལྷས་བཞི་བརྒྱ་པ་ལ་སོགས་པར་མཛད་པ་དང་། ལེགས་ལྡན་འབྱེད་ཀྱིས་སྙིན་རས་གཟིགས་བརྟུལ་ཞུགས་ལ་སོགས་པ་དང་། ཟླ་བ་གྲགས་པས་མཛད་པའི་ཚིག་གསལ་དང་། །དབུ་མ་འཇུག་པ་ལ་སོགས་པ་དང་། ལོ་དགུ་བརྒྱ་ལྷག་སོང་དུ་ཉེ་བ་ན་སློབ་དཔོན་ཐོགས་མེད་སྐུ་མཆེད་ལ་

སོགས་པ་བྲོན་ཏེ། ཐོགས་མེད་ཀྱིས་བྱམས་པ་བསྙྲུབས་ནས་དགའ་ལྡན་དུ་བྲོན་ཏེ། ལྷའི་དྲྀ་སྐད་ཅིག་གནས་པ་ལ། འཕགས་པ་བྱམས་པས་བཀའ་སྩྀའི་འགྲེལ་པར། རྒྱན་གཉིས། འབྱེད་གཉིས། ཐེག་པ་ཆེན་པོའི་རྒྱུད་བླ་མའི་བསྟན་བཅོས་དང་ལྔ་མཛད། དེས་གསུངས་པ་རྣམས་འཛམ་བུ་གླིང་དུ་དར་བར་བྱས་ཏེ། སློབ་དཔོན་སོ་སོའི་འགྲེལ་བ་དུ་མ་མཛད་པ་དང། ཁྱད་པར་དུ་སློབ་དཔོན་ཐོགས་མེད་ཀྱི་ས་སྡེ་ལྔ་སྡོམ་རྣམ་གཉིས་ལ་སོགས་པ་བྱམས་པ་དང་འབྲེལ་བའི་ཆོས་ཉི་ཤུར་གྲགས་པ་རྣམས་མཛད་པ་དང་། དབྱིག་གཉེན་གྱིས་དེ་དག་གི་འགྲེལ་བའི་རིགས་དུ་མ་དང་། ཁྱད་པར་དུ་ཆོས་མངོན་པ་མཛོད་རང་འགྲེལ་དང་བཅས་པ་ལ་སོགས་དུ་མ་མཛད་པ་དང་། ཕྱོགས་ཀྱི་གླང་པོས་བརྒྱད་སྟོང་དོན་བསྡུས་དང་། ཚད་མ་ཀུན་བཏུས་ལ་སོགས་པ་དུ་མ་མཛད་པ་དང་། ཆོས་ཀྱི་གྲགས་པས་ཚད་མ་སྡེ་བདུན་ལ་སོགས་པ་མཛད་པ་དང་། ཙནྡྲ་གོ་མིས་སྒྲའི་བསྟན་བཅོས་ཙནྡྲ་པ་ལ་སོགས་པ་དུ་མ་མཛད་པ་དང་། དཔའ་བོས་སྐྱེས་རབས་ཀྱི་སྡེ་ལ་སོགས་པ་དུ་མ་མཛད་པ་དང་། སློབ་དཔོན་ཡོན་ཏན་འོད་ཀྱིས་མདོ་རྩ་བའི་བམ་པོ་དང་། ཀརྨ་ཤ་ཏམ་བམ་པོ་དགུ་ལ་སོགས་པ་མཛད་པ་དང་། ཤཱཀྱ་འོད་ཀྱིས་སུམ་བརྒྱ་བ་ལ་སོགས་པ་མཛད་པ་དང་། ཆོས་ཀྱི་བཤེས་གཉེན་གྱིས་རྒྱ་ཆེར་འགྲེལ་བ་ལ་སོགས་པ་དང་། སློབ་དཔོན་བྲི་མ་ལས་ལུང་སྡེ་བཞིའི་གནས་སྟོན་པ་དགའ་བ་བསྐྱེད་པ་དང་། དགེ་སློང་ཆུ་འཐུང་ལ་སོགས་དུ་མ་མཛད་པ་དང་། མཁན་པོ་ཞི་བ་འཚོས་དབུ་མ་སྣང་བ་ལ་སོགས་པ་དང་། ཀ་མ་ལ་ཤཱི་ལས་སྒོམ་རིམ་རྣམ་གསུམ་ལ་སོགས་པ་མཛད་པ་དང་། ཤཱནྟི་པས་ཉི་ཁྲི་དག་ལྡན་པ་ལ་སོགས་མཛད་པ་དང་། ཇོ་བོ་རྗེས་བྱང་ཆུབ་ལམ་གྱི་སྒྲོན་མེ་ལ་སོགས་པ་མཛད་དེ། མདོར་ན་རྒྱ་གར་གྱི་

པཎྜིཏ་དེ་དག་དང་གཞན་ཡང་དཔག་ཏུ་མེད་པ་ཕྱི་ནང་གི་གནས་གསལ་བར་བྱེད་པའི་བསྟན་བཅོས་དུ་མ་མཛད་དེ། འཛམ་བུ་གླིང་དུ་དར་ཞིང་རྒྱས་པར་སངས་རྒྱས་ཀྱི་མཛད་པ་ཡུན་རིང་དུ་གནས་པར་མཛད་པ་ཡིན་ཏེ། ཆོས་རྣམས་ཐམས་ཅད་བཀའ་དང་བསྟན་བཅོས་ཏེ། །ལེགས་པར་གསུངས་དང་དེ་ཡི་དགོངས་འགྲེལ་བ། །དེ་ཡི་དབང་གིས་ཤཱཀྱའི་བསྟན་པ་ནི། །འཇིག་རྟེན་ཁམས་སུ་ཡུན་རིང་གནས་པར་འགྱུར། །ཞེས་གསུངས་པ་བཞིན་ནོ། །དེ་ལ་གསང་སྔགས་ཀྱི་བསྟན་བཅོས་ནི། དཔལ་འཁོར་ལོ་སྡོམ་པའི་རྒྱུད་ཕྱི་མ་ལས།ང་ནི་འདི་ནས་མི་སྣང་ནས། །ལོ་ནི་བརྒྱད་དང་ཉི་ཤུ་ན། །བསྟན་པའི་སྙིང་པོ་དམ་པ་ཞིག །ལྷ་གནས་གསུམ་དུ་གྲགས་པ་དེ། །འཛམ་གླིང་ཤར་གྱི་ཕྱོགས་མཚམས་ཀྱི། །དཔལ་ཞེས་བྱ་བའི་རི་བོ་ལ། །ཐུགས་རྗེ་མཐུན་པའི་བྱིན་རླབས་ཀྱིས། རྒྱལ་པོ་ཛཿ ཞེས་བྱ་བ་ལ། ལག་ན་རྡོ་རྗེས་སྟོན་པར་བྱེད། མི་ལས་སྐལ་ལྡན་དམ་པ་རྣམས། །བྱང་ཆུབ་མཆོག་ཏུ་གྲུབ་གྱུར་པས། །དེ་ལ་རྟག་ཏུ་གུས་པར་གྱིས། །ཞེས་དང་། མདོ་སྡེ་གདམས་ངག་འབོག་པའི་རྒྱལ་པོ་ལས། རྒྱ་ལ་མོས་པ་རྒྱུའི་ཆོས་ཀྱི། །འཁོར་ལོ་རབ་ཏུ་བསྐོར་བྱས་ནས། །རྡོ་རྗེ་ཐེག་པའི་ཉེ་ལམ་ཞིག །མ་འོངས་དུས་ན་འབྱུང་བར་འགྱུར། །ཞེས་ ཞལ་ཆེམས་བཞིན་ཏན་ཏྲའི་སྡེ་རྣམས་རྒྱལ་པོ་ཛའི་ཁང་ཐོག་ཏུ་བབས། དེ་རྣམས་ལ་བརྟེན་ནས་མཁས་པ་རྣམས་ཀྱིས་སྒྲུབ་ཐབས་མང་དུ་མཛད་པ་ནི། སྒྱུ་འཕྲུལ་སྡེ་བཞིའི་རྒྱུད་ལ་བརྟེན་ནས། སློབ་དཔོན་སངས་རྒྱས་གསང་བས་བུདྡྷ་བཞི་བཅུ་རྩ་གཉིས་ཀྱི་སྒྲུབ་ཐབས་རྣམས་མཛད། སློབ་དཔོན་འཇམ་དཔལ་བཤེས་གཉེན་གྱིས་གཤིན་རྗེ་ནག་པོའི་རྒྱུད་སྡེ་རྣམས་ལ་བརྟེན་ནས། འཇམ་དཔལ་སྐུའི་སྒྲུབ་ཐབས་

རྣམས་མཛད། སློབ་དཔོན་ཀླུ་སྒྲུབ་ཀྱིས་ཏྲ་མཆོག་རོལ་པའི་རྒྱུད་ལ་བརྟེན་ནས། པདྨ་གསུང་གི་སྒྲུབ་ཐབས་རྣམས་མཛད། སློབ་དཔོན་ཧཱུྃ་ཆེན་ཀ་རས་ཧེ་རུ་ཀའི་གལ་པོའི་རྒྱུད་ལ་བརྟེན་ནས། ཡང་དག་ཐུགས་ཀྱི་སྒྲུབ་ཐབས་རྣམས་མཛད། སློབ་དཔོན་བི་མ་ལ་མི་ཏྲས་བམ་པོ་བརྒྱད་པ་ལ་བརྟེན་ནས། བདུད་རྩི་ཡོན་ཏན་གྱི་སྒྲུབ་ཐབས་རྣམས་མཛད། བདག་ཉིད་པདྨ་རྣལ་འབྱོར་མས་དམ་པ་གསང་ཆེན་དང་། བི་ཧོ་ཏ་མ་འབུམ་སྡེ་ལ་བརྟེན་ནས། ཕུར་པ་ཕྲིན་ལས་ཀྱི་སྒྲུབ་ཐབས་རྣམས་མཛད། སློབ་དཔོན་དྷ་ན་སཾ་སྐྲི་ཏས། སྲིད་པའི་བམ་རིག་སྐོར་གསུམ་ལ་བརྟེན་ནས། མ་མོ་རྦོད་གཏོང་གི་སྒྲུབ་ཐབས་རྣམས་མཛད། སློབ་དཔོན་རམ་བུ་གུ་ཡ་དེ་ཝ་ཙནྡྲས་དྲེགས་པ་སྐུ་གསུང་ཐུགས་ཀྱི་རྒྱུད་ལ་བརྟེན་ནས། འཇིག་རྟེན་མཆོད་བསྟོད་ཀྱི་སྒྲུབ་ཐབས་རྣམས་མཛད། སློབ་དཔོན་ཕུང་བྱེད་ཤཱནྟིང་གརྦྷས། །དྲག་པོ་ངན་སྔགས་ཀྱི་རྒྱུད་ལ་བརྟེན་ནས། །དམོད་པ་དྲག་སྔགས་ཀྱི་སྒྲུབ་ཐབས་རྣམས་མཛད། །བསྟན་བཅོས་ཀྱི་དགོས་པ་ནི། གཞུང་གི་མཛེས་རྒྱན་ཆེ། གདུལ་བྱའི་མོས་པ་སྐྱེ། གཞུང་འཕོར་བ་བསྡུས། ཉམས་པ་གསོས། ཆོས་བྱེད་དང་བ་འདྲེན་པ་ལ་སོགས་པ་དགོས་པ་ཡོད་དོ། །

བཞི་པ་བོད་དུ་ཆོས་འབྱུང་བའི་གཏམ་རྒྱུད་ནི། དེ་ཡང་གངས་ཅན་བོད་ཀྱི་ཡུལ་འདིར་ཐུགས་རྗེ་ཆེན་པོའི་གདུལ་ཞིང་དུ་བྱིན་གྱིས་བརླབས་པས་འཕགས་པའི་སྤྲུལ་པ་སྤྲེའུ་བྱང་ཆུབ་དང་། སྒྲོལ་མའི་སྤྲུལ་པ་བྲག་སྲིན་མོ་གཉིས་བསྡུད་པ་ལས་བོད་ཀྱི་མི་དང་ཡུལ་གྲུ་རྣམས་ཆགས་པ་ལས་སྔོན་རས་གཟིགས་ཀྱིས་བྱིན་གྱིས་བརླབས་པའི་རྒྱ་གར་ནས་རྒྱལ་རིགས་སམ་མཁའ་ལས་བབས་པའི་བོད་ཀྱི་རྗེ་བོའི་སྤུ་བ་གཉའ་ཁྲི་བཙན་པོ་ཡིན། དེའི་གདུང་རབས་གནམ་ལ་ཁྲི་བདུན་ས་ལ་ལེགས་དྲུག

ཚིག་ལ་བཙན་ལྷ་རིམ་པར་བྱོན་པ་ལས། རྒྱལ་པོ་ཐོ་ཐོ་རི་སྙན་བཙན་ཕོ་བྲང་ཡུམ་བུ་བླ་མཁར་དུ་བཞུགས་དུས། རྒྱ་གར་དུ་རྒྱལ་པོ་ཛའི་ཁང་སྟེང་དུ་ཏན་ཏྲ་སྡེ་བཅོ་བརྒྱད་ཆར་འབབ་པའི་དུས་སུ། ཐུགས་རྗེ་ཆེན་པོའི་བྱིན་རླབས་ལས། བོད་ཀྱི་ཆོས་སྐལ་ལ་ཉི་མ་ཤར་བ་དང་། དུས་མཉམ་དུ་ཟ་མ་ཏོག་སྤང་སྐོང་ཕྱག་རྒྱ་དང་། ཙིནྟ་མ་ཎི་སྐོས་ཕོར་དང་། སུ་ཏྲ་ཕྱག་རྒྱ་རྣམས་འཇའ་འོད་ཀྱི་གུར་ཕུབ། མེ་ཏོག་གི་ཆར་ཕབས། ཕུན་སུམ་ཚོགས་པའི་ལྷས་བཟང་པོ་དང་བཅས་པས་ཕོ་བྲང་ཡུམ་བུ་བླ་སྒང་དུ་བབས། ཡི་གེ་དང་དགེ་བའི་སྲོལ་མེད་པས་དོན་མ་ཤེས། རྒྱལ་རབས་ལྷ་ནས་འདི་ཡི་དོན་ཤེས་པར་འགྱུར་བའི་ལུང་བསྟན་ཐོབ་ནས་གཉན་པོ་གསང་བ་ཞེས་མཚན་གསོལ་ནས་རྒྱལ་པོའི་གཙུག་ལག་ཁང་དུ་འཆང་བ་ནས་དམ་པའི་ཆོས་ཀྱི་དབུ་བརྙེས། དེའི་རྒྱལ་རབས་ལྷ་ནས་འཇིག་རྟེན་དབང་ཕྱུག་གི་སྤྲུལ་པ་སྲོང་བཙན་སྒམ་པོའི་དུས་དེའི་དོན་རྣམས་དགོངས་ཤིང་རྒྱ་གར་ནས་མདོ་རྒྱུད་འགའ་ཞིག་བསྒྱུར་ཅིང་དགེ་བ་བཅུའི་སྲོལ་བཏོད། དེ་ནས་རྒྱལ་རབས་ལྷ་ནས་འཇམ་དབྱངས་ཀྱི་སྤྲུལ་པ་ཁྲི་སྲོང་ལྡེའུ་བཙན་བྱོན་ནས་བོད་དུ་གཙུག་ལག་ཁང་བཞེངས་ཤིང་རྒྱ་གར་ནས་མཁན་སློབ་གཙོས་པའི་པཎ་ཆེན་རྣམས་སྤྱན་དྲངས། དགེ་འདུན་གྱི་སྡེ་བཙུགས། མདོ་སྔགས་ཀྱི་ཆོས་བསྒྱུར་ཅིང་མཐའ་རྒྱས་པར་མཛད་པས་མེས་དབོན་རྣམ་གསུམ་བོད་ལ་བཀའ་དྲིན་ཆེ་བར་གྲགས། བོད་འདིར་ཆོས་ལ་དར་རྒུད་ཀྱིས་སྔ་དར་དང་ཕྱི་དར་གྱི་ལོ་རྒྱུས་མང་དུ་ཡོད་ཀྱང་འདིར་མ་སྨོས། ལྷ་པ་འཆད་པ་པོ་སློབ་དཔོན་གྱི་མཚན་ཉིད་ནི། འདིར་ཡང་བླ་མའི་མཚན་ཉིད་དང་མི་ལྡན་པ་ཆོ་འདི་དོན་དུ་གཉེར་བ། ཟང་ཟིང་དང་འདོད་ཡོན་ལ་སྲེད་པ་ཆེ་བ། དད་ལྡན་ཆོས་ལ་མོས་པ་རྣམས་ལོག་པའི་ལམ་དུ་ཁྲིད་པ། ཕ་རོལ་ཐབས་ཀྱིས་

བསླུས་ཤིང་ཡང་དག་གི་དོན་ལ་ཕྱོགས་ཙམ་ཡང་མ་གཏོགས་པ། ཁ་ལྟས་བྲེ་སྐམས་ཆེ་ཞིང་སྟོང་སྐད་མང་པོ་འདོན་ནས་རང་རྒྱུད་མ་གྲོལ་བ་གྲུབ་ཐོབ་ཏུ་ཁས་ལེན་པ། དེ་ལྟ་བུའི་གང་ཟག་ཐོ་ཅོ་ཅན་གྱིས་ཨ་ཧི་བློ་འདས་ཀྱི་དོན་སྟོན་མི་ནུས་ཏེ། སྤྱིར་ནམ་མཁའ་དང་མཉམ་པའི་རྒྱུད་ལས་འདི་སྐད་དུ། གདམས་ངག་མེད་པར་རྩལ་འཆོས་བྱེད། །མི་སྨོན་འདོད་ན་གཞན་སེམས་འཛིན། །དོན་བོར་བདག་འཛིན་ཕྲག་དོག་ཅན། །རྫུན་ཞེན་ཆགས་མེད་དོན་གྱིས་འཛིན། །ལོངས་སྤྱོད་རང་གྲོལ་ལོག་པར་རྟོགས། །རྣལ་འབྱོར་རང་བྱུང་ཞེས་བྱ་སྟེ། །དགོན་པར་གནས་ནས་དད་ལྡན་བསྲུས། །རྩུལ་བཅོས་ཁ་གསག་མི་རྣམས་བསྟེན། །ཁ་ལེན་ཟས་ནི་ཀུན་ལ་སྟེར། །འདུ་འཛི་ལོངས་སྤྱོད་བདུད་ཞུགས་ཏེ། །ཏིང་འཛིན་དོར་ནས་གཞན་སེམས་འཛིན། །འབུལ་དུ་རེ་ནས་མཐོ་ས་མཆོང་། །ཆོས་པ་ཡིན་ཟེར་སྨོན་འདོད་ནས། །འདོན་གློག་མཚན་མའི་ཆོས་ལ་དགའ། །བསྒོམ་པའི་དོན་བོར་གཡེང་བར་བསྒྲུབ། །ཡོན་ཏན་རྣམས་ལ་ང་བདག་འཛིན། །འདུ་འཛི་ཆེ་བ་རང་བསླུས་སྡུག །ཅེས་པ་དང་། ཡང་འདི་སྐད་དུ། རྣལ་འབྱོར་ཆོས་ལ་མི་ལྡན་པས། ཡོན་ཏན་སྣ་ཚོགས་ཤེས་པ་ཡི། །རིག་པ་ཅུང་ཟད་ལྡན་པས་ཀྱང་། །ཆེད་དུ་བྱས་པའི་གཞན་དོན་བྱེད། །གཡེང་བ་བདུད་ནི་ཁོང་དུ་ཞུགས། །གཞན་གྱིས་བསྟོད་པའི་ཏིང་འཛིན་བཏང་། །ཆོས་འཆད་སྨན་དང་བཟོ་རྣམས་བྱེད། །གཞན་དོན་བྱུང་རྒྱབ་ཟེར་ཡིན་པ། །འདོད་པའི་རྫས་ལ་ཞེན་པ་བསྐྱེད། །བྱ་བ་ལས་ཀུན་ཆེད་དུ་བྱས། །གཡེང་བ་རང་སེམས་བདུད་དུ་ལང་། །དོན་དང་བྲལ་ནས་རང་བསླུས་ལྟུང་། །ཞེས་པའི་བླ་མར་ཁས་འཆེ་ཞིང་རིག་གནས་ཀྱི་རྣམ་གཡེང་གིས་དུས་

འདའ་བར་བྱེད་ཅིང་། ངེས་པའི་དོན་མཆོག་ཡལ་བར་དོར་བའི་སློབ་དཔོན་དང་། ཟས་ནོར་འདོད་སྲེད་གདུང་ནས་རྩུལ་འཆོས་གཡོ་སྒྱུ་ཁ་གསག་གིས་བླུན་པོ་བསླུ་བར་བྱེད་པ་སློབ་དཔོན་བདུད་ཀྱི་བྱིན་རླབས་ཞུགས་པ་དག་ཀྱང་འབྱུང་བར་འགྱུར་ཏེ། སྔ་མ་ལས། ངེས་པའི་གདམས་ངག་མེད་པར་ནི། གདིང་མེད་རྩུལ་འཆོས་ཟོར་ཅན་དེས། གཡོ་སྒྱུ་ཅན་ལ་འཕགས་ལམ་རིང་། །ཁ་གསག་དོན་ཁྲིད་བདུད་ཞུགས་ཏེ། །དད་ལྡན་གླེན་པའི་གང་ཟག་ལས། །གདམས་ངག་མེད་པར་ཡིད་ཆེས་ནས། །རྩུལ་འཆོས་བྱེད་ཅིང་ཆོས་པར་འཆོས། །གདམས་ངག་མེད་ཀྱང་གསུང་བ་སྐད། །བསྟན་རྒྱུ་ཡོད་ཀྱིས་ཕྱི་ནས་བཤད། །ཟེར་ཞིང་ཟས་ནོར་སྲེད་པ་ཆེ། །རང་གི་རང་བསླུས་སླིང་རྗེའི་གནས། །ཕྱི་མ་ཡི་དྭགས་ལྷ་ཕྱིར་སྐྱེས། །ཞེས་སོ། །གཞན་ཡང་སླིགས་དུས་སུ་རང་འདོད་ཀྱི་ཁེངས་པ་བསྐྱུངས་ནས། ཆོས་ལ་ཕག་ཆོལ་ཞིང་། བླ་མའི་གསོབ་ཏུ་ཞུགས་ཏེ་འགྲོ་བ་བསླུ་བའི་ལོག་ཆོས་སྟོན་པར་བྱེད་པ་མང་དུ་འབྱུང་བ་ཡང་། སྤྱི་རྒྱུད་ལས། ལན་གཅིག་དུས་ཀྱི་དེང་སང་ན། །འདྲ་མིན་བསླུ་ཆོས་དར་བའི་ཚེ། །དམ་ཉམས་ཁ་གསག་ཅན་གྱིས་བསླུས། །གསུང་བཤད་མ་ནོར་ཡོད་ཟེར་ནས། །གཞི་འབོལ་ཆགས་ཆུང་རྩུལ་འཆོས་ཏེ། །སྡོད་དང་ལྡན་པ་སྤྲིན་གྱི་ཟེར། །རང་ལ་ངེས་པར་ཕུགས་མེད་པ། །མཁན་ཆེན་དག་ལ་ཁྲུང་ཕྱུང་སྟེ། །ནོར་ཟས་དཔག་མེད་ངེས་ཕུལ་བས། །རྫུན་གྱི་དཔེའུ་ཆུང་འབྲི་བགྲམ་ནས། །འཁོར་ཚོད་ཕུལ་ན་ཟེར་ནས་བསླུས། །མཁས་པ་རྣམས་ནི་བསླུ་མི་ཚུགས། །བླུན་པོ་ཀུན་བསླུས་སླིང་རེ་རྗེ། །ཁ་གསག་རྫུན་ཚིག་སྨྲས་ནས་ཀྱང་། །བསྟན་རྒྱུད་མེད་པར་ཕྱི་དུས་འདེབས། །རང་མེད་གདམས་ངག

གཞན་འཚོལ་འགྲོ། །མ་རྙེད་འཕྲུས་ཀ་བཏང་ཞིང་འཕྲུ། །རྙེད་ནས་སྟོན་གྱི་ནོར་འབུལ་ཟེར། །ཀུན་བསླུས་སུན་ཐོན་ཆོས་དང་བྲལ། །གཅིག་བསླུས་སེམས་ཅན་བརྒྱ་བསད་ལས། །སྡིག་པ་ཤིན་ཏུ་ཆེ་བ་ཡིན། །དེ་ཕྱིར་འདོད་ཆོས་མི་བཤད་དོ། །ཞེས་དེ་ལྟ་བུ་ཚུལ་འཆོས་བསླུ་བའི་བྱ་བ་ཐམས་ཅད་སྤངས་ནས་མཚན་ཉིད་བཟང་ལྡན་གྱི་བླ་མ་བསྟེན་པ་གལ་ཆེ་སྟེ། སྡོང་པོ་བཀོད་པ་ལས། དགེ་བའི་བཤེས་གཉེན་ནི་བྱ་བ་དང་མི་བྱ་བ་ཐམས་ཅད་སྟོན་པ། འཇིག་རྟེན་གྱི་ན་ཙམ་འདོར་བ། སྡིག་པ་དང་བག་མེད་པའི་གནས་ལས་བཟློག་པ། སྒྲིབ་པ་ཐམས་ཅད་སྤོང་བ། འཁོར་བའི་གྲོང་ཁྱེར་ནས་འདོན་པ། བདུད་ཀྱི་ཞགས་པ་གཅོད་པ། མ་རིག་པའི་མུན་པ་སེལ་བ། ལྟ་བའི་འཆིང་བ་གཅོད་པ། སྡུག་བསྔལ་གྱི་ཟུག་རྔུ་འབྱིན་པ། མི་ཤེས་པའི་འདུན་པ་སེལ་བ། སྲིད་པའི་ཆུ་བོ་སྒྲོལ་བ། འདོད་པའི་འདམ་དུ་བྱིང་བར་བྱང་ཆུབ་སེམས་དཔའི་ལམ་སྟོན་པ། ཡིད་ལ་འཇོག་ཅིང་ནན་ཏན་ལ་འགོད་པ། རྣམ་པ་ཐམས་ཅད་མཁྱེན་པའི་སར་འགྲོ་བར་ལམ་སྟོན་པ། སྙིང་རྗེ་ཆེན་པོ་བསྐྱེད་པ། ཤེས་རབ་ཀྱི་མིག་སྦྱངས་པ། བྱང་ཆུབ་ཀྱི་སེམས་སྤེལ་བ། བྱང་ཆུབ་སེམས་དཔའི་སྤྱོད་པ་ལ་བརྟེན་པ། ཕ་རོལ་ཕྱིན་པའི་གདམས་པར་སྟོན་པ། ས་བཅུའི་གནས་ལ་འགོད་པ། སངས་རྒྱས་ཀྱི་ཆོས་ཐམས་ཅད་ལ་གནས་པར་བྱེད་པའོ། །ཞེས་སོ། དེ་ལྟ་བུའི་བདེ་ལེགས་ཀྱི་ལམ་ལ་འགོད་པར་བྱེད་པའི་བཤེས་གཉེན་བསྟེན་པ་ཤིན་ཏུ་གནད་ཆེ། ཁྱད་པར་དུ་འདིར་གསང་སྔགས་རྙིང་མའི་རྣམ་བཞག་ཚེ་གཅིག་ལུས་གཅིག་ཏུ་ཐར་པ་སྟོན་པ་ཡིན་པས་ལེགས་པར་བརྟགས་པ་ཤིན་ཏུ་གནད་ཆེ་བའོ། །དྲུག་པ་ཉན་པ་པོ་སློབ་མ་སྣོད་དང་ལྡན་པ་དགོས་ཏེ། སློབ་མ་ཡང་སྤྱི་རྒྱུད་ནམ་མཁའ་དང་

མཉམ་པའི་རྒྱུད་ལས། ཡང་དག་ངེས་དོན་ཁྱད་པར་ཅན། །འབྲས་བུ་ངེས་པའི་དོན་ཆེ་ནི། །བླ་མར་མི་གུས་ང་རྒྱལ་ཅན། །ཚུལ་འཆོས་བྱེད་ཅིང་བླ་མར་སྨོད། །འབྱུལ་བ་མེད་ཕྱིར་གདམས་ངག་མེད། །བཀའ་རྐྱེན་བྱེད་ཅིང་ཕྱི་ཐག་ཐུང་། །དོན་ལ་མི་གུས་ཆོས་ལ་ཡང་། །འགྲན་སེམས་བཅུག་པ་མཆེད་དང་འཁོན། །ལྟ་བ་མེད་པ་གཟུང་འཛིན་ཆེ། །བདག་མེད་མ་ཤེས་རང་མཐོང་བྱེད། །ང་རང་མཁས་ཟེར་བླ་མར་སྨོད། །སྦྱོན་ནས་ཡོད་ཟེར་ང་རྒྱལ་ཆེ། །གཞན་སྐྱེད་ཟེར་ཞིང་བཀའ་རྐྱེན་བྱེད། །གདམས་ངག་མེད་པའི་ཚུལ་འཆོས་སྟོན། །ཕྱི་ནས་འབྱུལ་ཟེར་ཐབས་ཀྱིས་བྲིད། །ནོར་འཕོངས་བཞོག་རོམ་ཁ་གསག་ཅན། །གཡོ་སྒྱུ་ཐབས་ཀྱིས་ཆོས་འདོད་པས། །ངེས་དོན་གནད་ཀྱི་མན་ངག་ནི། །ནམ་ཡང་བསྟན་པར་མ་གསུངས་སོ། །ཞེས་རྒྱས་པ་མང་དུ་གསུངས་ན་ཡང་མདོར་བསྡུས་ན། དད་པ་དང་མོས་གུས་ཆེ་བ། བྱ་བ་ཉུང་ཞིང་བསྒྲུབ་ལ་བརྩོན་པ། ཞི་དུལ་དང་ལྡན་ཞིང་ངང་རྒྱུད་རིང་བ། བག་ཡོད་ཅིང་བཀའ་བཞིན་དུ་བསྒྲུབ་པ་ཞིག་དགོས་ཏེ། དེ་ཡང་ཀློང་གསལ་ལས། དམ་ཚིག་གཙང་ལྡན་དག་སྣང་ཆེ། །དུག་ལྔ་ཉུགས་ཆུང་བློ་ཁོག་ཡངས། །དད་ལྡན་སྙིང་རྗེ་གཏོང་ཕོད་ཆེ། །རྒྱུད་དུལ་སྤྱིག་འཛེམས་དབང་པོ་རྣོ། །གསང་ཐུབ་ཉམས་མྱོང་བརྟུལ་ཞུགས་ཆེ། །སྐྲུ་ཤས་སྤྱུག་སྲན་སྙིང་རུས་ཆེ། །ངང་རྒྱུད་དལ་ཞིང་སློབ་དཔོན་བསྟེན། །དེ་ལྟ་བུ་ཡི་བློ་གྲོས་ཆེ། །གསང་སྔགས་སྙིང་པོའི་སྣོད་དུ་རུང་། །ཞེས་གསུངས་སོ། །གཉིས་པ་གྲོགས་བསྟན་པ་ནི། དེ་ཡང་མཛོད་ལས། བསྟན་པའི་རྩ་བ་བསླབ་གསུམ་སྲུང་བ་དང་། །ཐོས་པ་ཕྱོགས་མེད་སྣ་ཚོགས་བྱ་བ་དང་། །སྒོ་གསུམ་ཞི་ཞིང་

རང་རྒྱུད་དུལ་བ་དང་། །དགེ་བ་སྤེལ་ཞིང་སྡིག་ལ་འཛེམས་པ་དང་། །ངོ་ཚ་ཁྲེལ་ཡོད་དད་པ་བསྐྱེད་པ་དང་། །དགེ་བའི་བཤེས་གཉེན་དགེ་གྲོགས་བསྟེན་པ་དང་། །དང་པོའི་ལས་ཅན་རྣམས་ལ་ཤིན་ཏུ་གཅེས། །ཞེས་པའི་སློབ་དཔོན་ཤཱ་ཀྱཱ་འོད་ཀྱི་ཞལ་སྔ་ནས། །བླ་མ་ལ་གུས་ཚུལ་ཁྲིམས་ཡང་དག་དང་། །བསམ་གཏན་ལ་ནི་དོན་ལ་རྟག་བརྩོན་དང་། །སྒྲིམ་ཞིང་དུལ་ལ་བཟོད་དང་ལྡན་པ་སྟེ། །སྡོམ་བརྩོན་གནས་པ་ཆོས་ལྡན་ལེགས་པར་གསུངས། །ཞེས་གལ་ཏེ་ཐར་བ་འདོད་པ་རྣམས་ཀྱིས་སྡིག་པའི་གྲོགས་པོ་སྤངས་ཤིང་དགེ་བའི་བཤེས་གཉེན་བསྟེན་པ་གལ་ཆེ་སྟེ། སྡིག་པའི་གྲོགས་པོ་ནི་དུག་གི་སྡོང་པོ་དང་འདྲ་སྟེ་འབྲེལ་ཚད་ཉོན་མོངས་པའི་དུག་གིས་གོས་ནས་སྡུག་བསྔལ་བར་འགྱུར། ཁེ་དྲག་ཆེ་བཙན་དང་འགྲོགས་ནས་གཏུམ་ཐུང་བརྟེགས་བཙོག་གི་ཉེས་པ་འགོས། དེ་ལ་སོགས་པའི་ལེ་ལོ་རྣམ་གཡེང་ཚོང་ཁེ་སྤྱོགས་སོ་ནམ་ལས་ཀ་ཚེ་འདིའི་བྱ་བྱེད་གང་དང་གང་བྱས་པ་དེ་དང་འགྲོགས་ནས་གང་ཡིན་དེའི་ཉེས་པ་འགོས་ན་མར་ཐེན་གྱི་ཐག་པ་ཐར་པའི་གེགས་བྱས་པ་ཡིན་ཏེ། དེ་དག་རིང་དུ་སྤང་དགོས། དེ་ཡང་སྡིག་གྲོགས་ཀྱི་ཉེས་པའི་སྐྱོན་གྱིས་གོས་པ་དེ་ནི། རླུང་ལ་དྲི་བཟང་ངན་གང་ཡང་མེད་ཀྱང་རོ་རུལ་དང་མི་གཙང་བའི་ཁྲོད་ནས་བྱུང་བའི་རླུང་ལ་དྲི་ངན་གྱི་གོས་པ་དང་། སྨན་དང་སྤོས་དང་དྲི་བཟང་གི་ཕྱོགས་ནས་བྱུང་བའི་རླུང་དྲི་བཟང་པོ་དང་འགྲོགས་པ་ལྟར་སྐྱོན་དང་ཡོན་ཏན་གྱི་དཔེ་ཡང་དེ་དང་མཚུངས་པ་རྟག་ཏུ་དགེ་བའི་གྲོགས་ལ་བསྟེན་པར་འཚལ། སྤྲོ་ན་འདི་དག་སྐབས་སུ་བཤད་པ་དང་། གཞན་མདོ་རྒྱུད་བསྟན་བཅོས་རྣམས་ལེགས་པར་བཀྲམ་སྟེ་བཤད་པར་བྱ། བརྒྱད་པ་བླ་སློབ་ཐུན་མོང་དུ་དོན་བྱ་བའི་རང་བཞིན་ནི་གསུམ་ལས། སྦྱོར་བ། དངོས་

གཞི། རྗེས། དང་པོ་ནི། སྤྱོར་བ་སེམས་ཅན་གྱི་དོན་དུ་བྱང་ཆུབ་ཐོབ་པར་བྱ། དེའི་ཆེད་དུ་ཆོས་ཉན་སྙམ་དུ་སེམས་བསྐྱེད་ནས། ཕ་རོལ་ཏུ་ཕྱིན་པའི་ཆོས་སྟོན་པ་དེ་ཐུབ་པ་དང་། འཁོར་རྣམས་ལ་འཁོར་རྣམ་བཞིའི་སོ་སོར་ཤེས་པར་ཉོན། སྔགས་ལ་དཀྱིལ་འཁོར་གཅིག་ཏུ་ཤེས་པའི་གཙོ་འཁོར་གསལ་བཏབ་ནས་ཉོན། ཡང་ན་སློབ་དཔོན་འཇམ་དཔལ་དུ་བསམ་པའི་ཞལ་ནས་ཆོས་ཀྱི་འོད་ཟེར་འཕྲོས་པས། སློབ་མ་སྒྲོལ་བར་བསམ་པའི་རྣ་བར་ཚུར་ཐིམ་པར་བསམ་པའོ། །དེ་ཡང་དཔེ་དོན་ཀློག་མཁན་གྱི་ཚུལ་དུ་མི་བཤད་པར། ཚིག་གསལ་ཞིང་དོན་གོ་བ། ངེས་དོན་གྱི་སྙེབ་ལེགས་པར་བཤད་ཅིང་། ཀློང་གསལ་ལས། རྒྱུད་འགྲུབ་པ་རྣམས་བསྡེབ་ལ་བཤད། །རྡོ་རྗེའི་ཚིག་རྐང་བཀྲོལ་ལ་བཤད། །ཅེས་གསུངས་པས། དེ་ཡང་བཤད་ལུགས་ཀྱི་རྣམ་གྲངས་ཉེར་དགུ་བསྟན་ཏེ། རིག་པ་རང་གྲོལ་ལས། སྟག་མོ་མཆོང་སྟབས་ལྟ་བུའི་ཚློས། །དོན་གྱི་ས་མཚམས་བཅད་དེ་བཤད། །མཁའ་ལྡིང་ཁྱུང་ཆེན་ལྟ་བུའི་ཚློས། །དོན་གྱི་ཁོག་ནས་ཕྱུང་སྟེ་བཤད། །སེང་གེའི་གདངས་སྐད་ལྟ་བུའི་ཚློས། །ཐེག་དམན་ཟིལ་གྱིས་མནན་ཏེ་བཤད། །རུས་སྦལ་འགྲོས་པ་ལྟ་བུའི་ཚློས། །ཡི་གེའི་འབྲུ་རྣམས་ཆམ་པར་བཤད། །ཕོ་རོག་སོ་བརྟགས་ལྟ་བུའི་ཚློས། །གོལ་སྒྲིབ་གདར་ཤ་བཅད་དེ་བཤད། །ཁྱུང་གྱི་མདོར་ཐབས་ལྟ་བུའི་ཚློས། །རྒྱས་པའི་དོན་ལ་བསྡུས་པར་བཤད། །གླང་ཆེན་ཉལ་བ་ལྟ་བུའི་ཚློས། །ལྟ་བའི་མིག་ལ་བཙུག་སྟེ་བཤད། །མཁའ་ལྡིང་ཁྲུམ་ཐུན་ལྟ་བུའི་ཚློས། །དོན་གྱི་དམིགས་ལ་བཙལ་ཏེ་བཤད། །གླག་མོ་གཟན་འཇུས་ལྟ་བུའི་ཚློས། །དོན་ལ་ཐེ་ཚོམ་མེད་པར་བཤད། །རྣ་ཕྲུག་ཁྲག་འཛོགས་ལྟ་བུའི་ཚློས། །མི་འཚམ་པ་ཡང་འཚོས

པར་བཤད། །མུ་ཏིག་བསྐྲར་རྒྱུས་ལྟ་བུའི་ཀློས། །མན་ངག་མདོར་དུ་སྡེབ་སྟེ་བཤད། །དུས་ཀྱི་འབྲུག་ཆར་ལྟ་བུའི་ཀློས། །ཕ་རོལ་སུན་རྣམས་ཕྱུང་སྟེ་བཤད། །མཚན་མ་བུ་བ་ལྟ་བུའི་ཀློས། །ཀ་མོ་ཀུན་ན་བསྒྱུར་ཏེ་བཤད། །དཔག་བསམ་ལྗོན་ཤིང་ལྟ་བུའི་ཀློས། །ཤིན་ཏུ་རྒྱས་པ་ཆེན་པོ་བཤད། །མཁའ་གསལ་ཉི་མ་ལྟ་བུའི་ཀློས། །ཐམས་ཅད་ཡོངས་ལ་ཁྱབ་པར་བཤད། །གཏིང་གསལ་ཟླ་བ་ལྟ་བུའི་ཀློས། །འཁོར་བ་མྱ་ངན་འདས་པར་བཤད། །སེང་གེའི་བཞུགས་ཚུལ་ལྟ་བུའི་ཀློས། །བསྒོམ་པའི་དོན་དང་བསྟུན་ཏེ་བཤད། །ངང་མོ་མཐུན་འགྲོས་ལྟ་བུའི་ཀློས། །དོན་གྱི་ཁོག་ཕུབ་སྡེབ་སྟེ་བཤད། །བར་སྣང་འཇའ་ཚོན་ལྟ་བུའི་ཀློས། །ཆོས་ཉིད་རྒྱན་དང་བཅས་པར་བཤད། །སྦྲུལ་གྱི་སོ་འདེབས་ལྟ་བུའི་ཀློས། །ལྟ་བ་ལ་ཤན་ཕྱེ་སྟེ་བཤད། །མེ་ལོང་དཀྱིལ་འཁོར་ལྟ་བུའི་ཀློས། །རྒྱུ་རྐྱེན་གཉིས་དང་བཅས་ཏེ་བཤད། །བར་ཆད་གློག་འགྱུ་ལྟ་བུའི་ཀློས། །ཚིག་རེ་དོན་རེ་སྦྱར་བར་བཤད། །ནམ་མཁའ་སྟོང་པ་ལྟ་བུའི་ཀློས། །རྒྱ་ཆེ་མཐར་ཐུག་མེད་པར་བཤད། །ཐུགས་པའི་རྩ་བ་ལྟ་བུའི་ཀློས། །རིག་པ་དངོས་པོས་བསྟན་ཏེ་བཤད། །དྲིལ་བ་སྟོང་པོ་ལྟ་བུའི་ཀློས། །ཆོས་རྣམས་དོན་ལ་དྲིལ་སྟེ་བཤད། །ཁྱེས་པ་ཡལ་ག་ལྟ་བུའི་ཀློས། །མན་ངག་དོན་གྱིས་བཏབ་ཏེ་བཤད། །རྒྱས་པ་ལོ་འདབ་ལྟ་བུའི་ཀློས། །ཉི་ཤུ་རྩ་གཅིག་ལྟ་བར་བཤད། །གསལ་བ་མེ་ལོང་ལྟ་བུའི་ཀློས། །སྒྲོན་མ་རྣམ་གཉིས་ལྡན་པར་བཤད། །སྨིན་པའི་འབྲས་བུ་ལྟ་བུའི་ཀློས། །འབྲས་བུ་རྒྱུར་མི་ལྡོག་པར་བཤད། །དེ་ལ་སོགས་པའི་བཤད་ཐབས་རྣམས། །རིམ་པ་བཞིན་དུ་ཤེས་པར་བྱ། །ཞེས་སོ། །གཉིས་པ་དངོས་གཞི་ནི། འཆད་པ་པོ་དང་ཉན་པ་པོ་

གཉིས་ཀ་ཆོས་ཀྱི་ཚིག་དོན་ལ་འཇལ་བའི་ངང་ལ་མ་ཡེངས་པར་སེམས་རྩེ་གཅིག་ཏུ་འཛིན་པའོ། །དེ་ལྟར་བཤད་ཅིང་ཉན་པ་ལ་ཕ་རོལ་ཏུ་ཕྱིན་པ་དྲུག་ཚང་བ་ནི། ཆོས་ཀྱི་བསྟན་དང་མཆོད་པ་བཤམ་པ་ནི་སྦྱིན་པ། སྒོ་གསུམ་བསྡམས་ནས་ཉན་པ་ནི་ཚུལ་ཁྲིམས། དེའི་དུས་སྲོག་ཆགས་ལ་མི་འཚེ་བ་ནི་བཟོད་པ། བླ་མ་ལ་ཆོས་གསུངས་པར་བསྐུལ་བ་ནི་བརྩོན་འགྲུས། མ་ཡེངས་པར་ཉན་པ་བསམ་གཏན། ཐེ་ཚོམ་གྱི་གནས་རྣམས་བཀྲལ་རྟགས་ཀྱི་འདྲི་བ་ཤེས་རབ་སྟེ། ཆོས་སྤྱོད་མན་ངག་མདོར་རྟོགས་ལས། མེ་ཏོག་སྣན་སོགས་མཆོད་འབུལ་བ། །ས་ཕྱོགས་སྤྱོད་ལམ་བསྡོམ་པ་དང་། །སྲོག་ཆགས་ཀུན་ལ་འཚེ་མི་བྱེད། །བླ་མ་ལ་ནི་གསོལ་བ་འདེབས། །མ་ཡེངས་བླ་མའི་གདམས་ངག་འཛིན། །དོགས་བསལ་ཕྱིར་ལ་སྐྱོན་ཚིག་འདྲི། །སྦྲོལ་མ་ཡན་ལག་དྲུག་དང་ལྡན། །ཞེས་གསུངས་སོ། །གློང་གསལ་ལས། བདེ་བའི་ས་ལ་སྐྱིལ་ཀྲུང་བཅའ། །ལག་གཉིས་མཉམ་བཞག་ཕྱག་རྒྱ་བཅའ། །མིག་གཉིས་བླ་མའི་ཞལ་ལ་བལྟ། །རྣ་བས་ཚིག་གི་སྒྲ་ལ་ཉོན། །ཚིག་དོན་རེ་རེ་བཞིན་འགྲེལ་བྱ། །ཞེས་གསུངས། ཞར་ལ་སློབ་དཔོན་གྱི་དྲུག་ཀྱང་། །ཆོས་སྤྱོད་མདོར་རྟོགས་ལས། ལེགས་པར་སྨྲ་བ་སྦྱིན་པ་སྟེ། །ཉོན་མོངས་བསྡོམ་པ་ཚུལ་ཁྲིམས་ཉིད། །སྐྱོ་ངལ་བཟོད་པ་བཟོད་པ་སྟེ། །འཆད་ལ་བརྩོན་པ་བརྩོན་འགྲུས་ཉིད། །དེ་ལ་མ་གཡེང་བསམ་གཏན་ལས། །ཚིག་དོན་འབྱེད་མཁས་ཤེས་རབ་ཉིད། །འཇམ་དཔལ་ཡན་ལག་དྲུག་དང་ལྡན། །ཞེས་བྱ་བ་ནི་བསྡུས་པའི་ཚིགས་སུ་བཅད་པའོ། །གསུམ་པ་རྗེས་ཀྱི་བྱ་བ་ལ་གཉིས། དང་པོ་ནི། རྗེས་ལ་དགེ་བ་སེམས་ཅན་གྱི་དོན་དུ་བསྔོས་ནས་མི་རྟག་པ་དང་རྨི་ལམ་སྒྱུ་མ་ཙམ་དུ་

ཞེས་པའི་ཆོས་དང་སྟོན་པའི་བཀའ་དྲིན་རྗེས་སུ་དྲན་པར་བྱའོ། །གཉིས་པ་དེ་ལྟར་བཤད་ཅིང་ཉན་པས་ཕན་ཡོན་བསྟན་པ་ནི། །དེ་ལྟར་ཡང་དག་པའི་ཆོས་གང་གིས་བཤད་ན་སྦྱིན་པ་རྣམས་ཀྱི་ནང་ནས་ཆོས་ཀྱི་སྦྱིན་པ་མཆོག་ཏུ་འཕགས་པའི་ཕན་ཡོན་འཐོབ་སྟེ། ཚེ་རབས་ཐམས་ཅད་དུ་ཆོས་ཀྱི་མཛོད་འཛིན་པ་དང་། དེ་བཞིན་གཤེགས་པ་སྲས་དང་བཅས་པ་དགོངས་པར་འགྱུར་བ་དང་། རྟག་ཏུ་ཚེ་རབས་དྲན་པ་དང་། སངས་རྒྱས་ལས་ཆོས་ཐོས་པར་འགྱུར་བ་དང་། མྱུར་དུ་སངས་རྒྱས་ཐོབ་པ་ལ་སོགས་པ་དང་། ཉན་པ་ནི་སེམས་ཀྱི་སྒྲིབ་པ་སྦྱོང་བ་དང་། ཐེ་ཚོམ་གྱི་འཆིང་བ་གཅོད་པ་དང་། །རྟག་ཏུ་དམ་པའི་ཆོས་དང་མི་འབྲལ་བ་དང་། ཆོས་ཀྱི་གཟུངས་འཐོབ་པ་དང་། ངན་འགྲོ་ལ་སོགས་པར་ལྟུང་བར་མི་འགྱུར་བ་དང་། ལྷས་བསྲུང་ཞིང་ནད་དང་འཆི་བ་ཉུང་བ་དང་། མྱུར་དུ་སངས་རྒྱས་ཐོབ་པ་ལ་སོགས་ཏེ། ཤེས་རབ་ཀྱི་མིག་ཀླེད་པས་འཁོར་བ་ལས་འདའ་བར་འགྱུར་རོ། །བརྒྱུད་པ་སྔགས་དང་ཕ་རོལ་ཏུ་ཕྱིན་པའི་རང་བཞིན་ནི། ཁྱད་པར་འཕགས་ཚུལ་གཞིའི་དབྱེ་ཚུལ་ལོ། །དང་པོ་སྔགས་དང་ཕ་རོལ་ཏུ་ཕྱིན་པའི་ཐེག་པ་མཐའ་དག་མཐར་ཐུག་གི་འབྲས་བུ་སངས་རྒྱས་སྒྲུབ་པར་དོན་གཅིག་ཀྱང་། དེ་སྒྲུབ་པར་བྱེད་པའི་ལམ་དུས་ཀྱི་ཐབས་ལ་ཁྱད་པར་ཞུགས་པའི་འཕགས་ཆོས་བཞིས་འཕགས་པའི་ཚུལ་ལ། མ་རྨོངས་པ་དང་། ཐབས་མང་བ་དང་། དཀའ་ལས་ཆུང་བ་དང་། དབང་པོ་ཤིན་ཏུ་རྣོན་པོའི་དབང་དུ་བྱས་པ་སྟེ། མ་རྨོངས་པ་ནི་འདི་ལྟར་ཟབ་པ་དང་རྒྱ་ཆེ་བའི་གནས་དག་མཇལ་བ་ན། མཚན་ཉིད་ཐེག་པའི་གཏན་ཚིགས་ཀྱི་སྒོ་ནས་གཞིགས་ཏེ་རྗེས་དཔག་ངེས་པའི་ཚད་མས་གཞལ་བའི་དོན་དམ་བདེན་པ་བློས་བྱས་ཀྱི་གཞིར་གཏན་ལ་ཕབ་ནས་དེའི་ངང་ལས་འབད་པས་

འཇོག་པ་ནི་ལམ་ཞི་ལྷག་ཙམ་ངེས། དུས་བསྐལ་བ་མང་པོ་ནས་བདེན་མཐོང་ཐར་པའི་འབྲས་བུ་ལ་དམིགས་པ་ཟབ་པ་ཙམ་དང་། རྒྱ་ཆེ་བ་ཕྱི་ནང་གི་ཆོས་རྣམས་ཕུང་པོ་ཁམས་དང་སྐྱེ་མཆེད་ཀྱི་རྣམ་པ་ཀུན་རྫོབ་ཀྱི་བདེན་པར་གཞལ་ནས་བླང་དོར་གྱི་དམིགས་རྣམ་ངེས་པར་བྱེད་པ་ཙམ་ལས་མེད་དོ། །གཉིས་པ་གསང་སྔགས་ནི། ཟབ་པའི་གནས་གང་གིས་འཇལ་བ་ན་ཡིད་དཔྱོད་ལ་མ་ལྟོས་པར་ལུས་ངག་གི་གནད་རྩ་རླུང་ཐིག་ལེའི་འཁྲུལ་འདུ་ཁྱད་པར་ཅན་དང་བསྟུན་པ་ཙམ་གྱིས་སྐད་ཅིག་ལས་རྣམ་པར་མི་རྟོག་པའི་ཡེ་ཤེས་ཆོས་སྐུའི་གཞི་དོན་བདེན་པ་གཏན་ལ་ཕབ་ནས། དེའི་ངང་ལ་ཐབས་ཁྱད་པར་ཅན་གྱི་བློར་གནས་པས། ཚེ་འདི་ཉིད་ལ་སོགས་པར་དབྱིངས་དོན་དམ་པའི་བདེན་པ་རྟོགས་ནས་བྱང་ཆུབ་མངོན་དུ་བྱས་པས་ཟབ་པའི་ཁྱད་པར་དུ་འཕགས་པ་དང་། རྒྱ་ཆེ་བའང་སེམས་ཉིད་རང་བཞིན་གྱིས་རྣམ་པར་དག་པ་དབྱིངས་འོད་གསལ་གྱི་རིམ་པ་དང་། ཐམས་ཅད་ངོ་བོ་ཉིད་ཀྱིས་དག་པ་རྫོགས་པའི་རིམ་པ་སྟེ། རིམ་པ་གཉིས་པོ་བདེན་པ་གཉིས་སུ་ངེས་པའི་ཐབས་དང་ཤེས་རབ་མཆོག་ཏུ་གྱུར་པ་ལམ་ཁྱད་པར་ཅན་སྒོམ་པས་གནས་སྐབས་སུ་གྲུབ་པ་བརྒྱད་དང་། ཕྲིན་ལས་བཞི་དང་། གཞན་གྱི་རེ་བ་བསྒྲུབ་པ་དང་། མཐར་ཐུག་ཚེ་གཅིག་གམ་བར་དོའམ། སྐྱེ་བ་བཅུ་དྲུག་ལས་མི་འགྱུར་བར་བྱང་ཆུབ་མངོན་དུ་བྱེད་པའི་འབྲས་བུ་མཆོག་ཏུ་གྱུར་པའི་གནས་བསྟན་པ་རྒྱ་ཆེ་བའི་ཁྱད་པར་དུ་འཕགས་པའི་ཕྱིར། གསང་སྔགས་རྡོ་རྗེ་ཐེག་པའི་ཟབ་པ་དང་རྒྱ་ཆེ་བའི་གནས་ལ་མ་རྨོངས་པས་ཀྱང་མཚན་ཉིད་ཀྱི་ཐེག་པ་ལས་ཆེས་ཁྱད་པར་འཕགས་སོ། །ཐབས་མང་བས་ཀྱང་འཕགས་ཏེ། སྣང་བྱ་འདོད་ཆགས་ལྷ་བུ་ཞིག་སྣང་བ་ལའང་། མཚན་ཉིད་ཀྱི་ཡུལ་དང་ཡུལ་ཅན་སྣང་འགགས་བྱེད་པ་དེ། སྔགས་ཀྱིས་བསྐྱེད་

རིམ་ལྔའི་རྣལ་འབྱོར་དུ་བསྒྲུབ་པ་དང་། ཕྱི་ནོམ་གྱི་འདོད་ཆགས་དགའ་བ་བཞིའི་ཡེ་ཤེས་སུ་འཆར་བའི་གཞིར་གཏན་ལ་འབེབས་པ་དང་། ཐུན་མོང་གི་སྤྱོད་པ་ཞིག་ལའང་། མཚན་ཉིད་ཀྱིས་རང་རང་གིས་སྔོན་ལས་སྨིན་འབྲས་སུ་བྱས་ཏེ། རྒྱན་ཐམལ་པས་ཚོང་དང་སོ་ནམ་སོགས་འབད་པས་བསྒྲུབ་པ་ལྟ་བུ་ཉིད། སྔགས་ཀྱིས་ཆུ་དབང་སྟོད་གནས་ལ་སོགས་པའི་སྒྲུབ་ཐབས་ཀྱིས་དངོས་སུ་འབྱོར་བ་སྤེལ་དུ་ཡོད་པས་འཕགས་སོ། །དཀའ་བ་མེད་པ་ལས་ཀྱང་འཕགས་ཏེ། མཚན་ཉིད་ཀྱི་ལམ་སྤང་ལེན་དཀའ་སྤྱད་ཀྱི་མཐར་ངལ་ཞིང་དུབ་པ་ལས། སྔགས་ནི་ཐབས་ཁྱད་པར་ཅན་གྱིས་གང་ཡང་གྲོགས་སུ་འཆར་བའི་འདོད་པའི་ཡོན་ཏན་མ་སྤངས་རྒྱན་དུ་བྱེད་པས་འཕགས་སོ། །དབང་པོ་རྣོན་པོའི་ལམ་ཡིན་པས་ཀྱང་འཕགས་ཏེ། ཚོགས་ཆུང་ངུ་ལ་བྱུན་ཆེ་བ་མན་ངག་དམ་པའི་མཐར་ཐུག་ཡིན་པའི་ཕྱིར་རོ། །དེ་སྐད་དུའང་ཚུལ་གསུམ་སྒྲོན་མེ་ལས། དོན་གཅིག་ན་ཡང་མ་རྨོངས་དང་། །ཐབས་མང་དཀའ་བ་མེད་པ་དང་། །དབང་པོ་རྣོན་པོའི་དབང་བྱས་པས། །སྔགས་ཀྱི་ཐེག་པ་ཁྱད་པར་འཕགས། །ཞེས་སོ། །དེ་ཡང་འབྲས་བུ་བཞག་ཚུལ་ལ་གསུམ་ལས། དུས་མྱུར་བ་ལ་ལྟོས་ནས་འབྲས་བུ་ཐེག་པ་ལ་བཞག་སྟེ། དཔེར་ན་མཆོན་རྣོ་རྟུལ་གཉིས་ཀྱིས་ཤིང་ལྟ་བུ་ཞིག་གཅོད་པ་ལས། རྟུལ་བ་དེ་ལ་འདིས་མི་ཆོད་ཟེར། རྣོ་བ་ལ་འདིས་ཆོད་རེག་པས་མཆོག་ཟེར་བ་ལས། མཚན་ཉིད་ཀྱི་ཐེག་པས་དུས་རིང་པོར་ཐོགས་པས་བྱང་ཆུབ། སྔགས་ཀྱིས་ཚེ་བཅུ་དྲུག་གམ་གཅིག་གིས་ཐོབ་པས། དུས་ཉེ་རིང་ལ་ལྟོས་ནས་ཀྱང་འབྲས་བུར་བཤད། སམྦུ་ཊི་ལས། བསྐལ་བ་བྱེ་བ་དུ་མ་རུ། །བསྒྲུབ་པར་དཀའ་བའི་སངས་རྒྱས་ཀྱང་། །ཚེ་འདི་ཉིད་ལ་སྟེར་བ་ན། །འབྲས་བུའི་ཐེག་པ

ཞེས་བྱའོ། །ཞེས་སོ། །དེ་ཡང་བརྩོན་པ་རབ་ཀྱིས་ཚེ་གཅིག་གིས་འགྲུབ་པར། སངས་རྒྱས་མཉམ་སྦྱོར་ལས། བསྐལ་བ་བྱེ་བ་དུ་མ་རུ། །སངས་རྒྱས་ཀུན་དངོས་མི་མཐོང་བས། །གསང་སྔགས་ཚེ་འདིའི་ཚོ་ག་ཡི། །ཚེ་འདི་ཉིད་ལ་ཐོབ་པར་འགྱུར། །ཞེས་སོ། །བརྩོན་པ་འབྲིང་གིས་ལུས་སེམས་བྲལ་མ་ཐག་བར་དོ་གྲོལ་བར་བཤད་དོ། །རྡོ་རྗེ་གདན་བཞི་ལས། །བུ་ག་དགུ་ཡི་སྟེང་ཕྱོགས་ནས། །འཕྲུལ་དུ་ཡིད་ཀྱི་འཕོ་བྱུས་ནས། །ཉིན་བཞིན་བྲམ་ཟེ་གསོད་པ་དང་། །མཚམས་མེད་ལྔ་པོ་བྱེད་པ་དང་། །ཆོམ་རྐུན་ལས་ཀྱིས་ལོངས་སྤྱོད་པས། །འདི་ཡི་ལམ་གྱིས་གྲོལ་གྱུར་ཏེ། །སྡིག་གིས་གོས་པར་མི་འགྱུར་རོ། །ཞེས་པ་དང་། འཇམ་དཔལ་ཞལ་ལུང་ལས། གཟུགས་ཅན་ཕུང་པོ་རང་ལུས་འདི། །ཚེ་འདི་ཉིད་ལ་མ་གྲུབ་ཀྱང་། །ཡིད་ནི་རྡོ་རྗེའི་སྐུར་གྲུབ་ནས། །བར་དོ་ཡང་དག་འགྲུབ་པར་འགྱུར། །ཞེས་པ་དང་། ཡེ་ཤེས་ཐིག་ཆེན་ལས། ཡང་ན་ལུས་འདི་སྤངས་མ་ཐག །བླ་ན་མེད་པ་ཡེ་ཤེས་སྐུ། །བརྩོན་པ་མི་ལྡན་པས་ཀྱང་འགྲུབ། །བརྩོན་འགྲུས་ལྡན་པས་སྨོས་ཅི་དགོས། །ཞེས་སོ། །དབང་པོ་ཐ་མའི་རབ་རྣམས་ཕྱི་མ་ལ་གྲོལ་བ། མཚན་བརྗོད་ལས། སྐྱེ་མ་ཐག་ཏུ་འགྲོ་བར་བཏགས་ཞེས་པ་དང་། སངས་རྒྱས་ཐོད་པའི་རྒྱུད་ལས། དེ་ཕྱིར་རྣལ་འབྱོར་བློ་ལྡན་གྱིས། །ཤིན་ཏུ་སྦྱོར་བའི་སེམས་ཀྱིས་ནི། །སྐྱེ་འདིར་དངོས་གྲུབ་མ་ཐོབ་ཀྱང་། །སྐྱེ་གཞན་སྲིད་པར་དངོས་གྲུབ་ཐོབ། །ཅེས་སོ། །ཐ་མའི་འབྲིང་རྣམས་སྐྱེ་བ་བདུན་ནས་གྲོལ་ཏེ། །གསང་བའི་མཛོད་ལས། དབང་སྐུར་ཡང་དག་སྨིན་ལྡན་ནས། །སྐྱེ་ཞིང་སྐྱེ་བར་དབང་སྐུར་གྱུར། །དེ་ཡི་སྐྱེ་བ་བདུན་ནས་ནི། །མ་བསྒོམས་ཀྱང་

ནི་འགྲུབ་པར་འགྱུར། །ཞེས་སོ། །ཐ་མའི་ཐ་མས་ཀྱང་སྐྱེ་བ་བཅུ་དྲུག་ནས་གྲོལ་བར་རྡོ་རྗེ་རྩེ་མོ་ལས། ཕ་རོལ་ཕྱིན་པའི་ཐེག་པ་ནི། །བསྐལ་པ་གྲངས་མེད་མི་ཐོབ་པས། །གལ་ཏེ་རྣལ་འབྱོར་བ་དེ་བསྒོམ། །ཚེ་འདི་ཉིད་ལ་མྱ་ངན་འདའ། །ཡང་ན་མཐོང་བ་ཙམ་གྱིས་ནི། །སྐྱེ་བ་བཅུ་དྲུག་མྱ་ངན་འདའ། །སོ་སོའི་སྐྱེ་བོ་སངས་རྒྱས་ཉིད། །འགྲུབ་པར་འགྱུར་གྱི་གཞན་དུ་མིན། །ཞེས་སོ། །ཐབས་མཆོག་ཏུ་གྱུར་པས་ཀྱང་འབྲས་བུ་བཞག་པ་ནི། དཔེར་ན་བྱ་བ་གཅིག་བསྒྲུབ་པ་ལྟ་བུ་ལ། མི་གཅིག་གིས་ཉིན་བདུན་འབད་པས་མི་ཐིན་པ་དེ། གཅིག་གིས་འཁྲུལ་བྱས་པའི་ཉིན་གཅིག་ཐིན་པ་ལྟར། མཚན་ཉིད་ཀྱིས་ལོ་དང་ཟླ་བ་དུ་མར་འབད་པས་འགྲུབ་པའི་ཞི་ལྷག་ཙམ་སྟེ། སྔགས་ཀྱིས་རྩ་རླུང་གིས་གནད་དུ་བསྣུན་པས་སྐད་ཅིག་ལས་འགྲུབ་པ་ལ་སོགས་པའི་ཕྱིར་ཡང་འབྲས་བུ་ཆེ་བར་འབྲས་བུར་བཞག་སྟེ། པདྨ་རྩེ་མོ་ལས། ཤིན་དུ་དཀའ་བ་མི་འགྲུབ་པས། །སྐད་ཅིག་ཡང་དག་འབྱོར་བའི་ཕྱིར། །རྒྱུ་སྟོན་སོང་ལ་མ་ལྟོས་པར། །གནད་ལ་འབྲས་བུ་འབྱིན་པའི་ཕྱིར། །འབྲས་བུའི་ཐེག་པ་ཞེས་བྱའོ། །ཞེས་སོ། །འབྲས་བུ་དང་འདྲ་བ་ལམ་དུ་བྱེད་པས་ཀྱང་འབྲས་བུའི་ཐེག་པ་བཞག་པ་ནི་སངས་རྒྱས་དུས་ཀྱི་འབྲས་བུ་གཟུགས་སྐུ་གཉིས་ལྟར་ཐབས་བསྐྱེད་པའི་འཁོར་ལོ་ལྟའི་རང་བཞིན་གསང་སྔགས་ཀྱི་འཁོར་ལོར་ངེས་པ་དང་། ཆོས་སྐུར་ལྟར་ཤེས་རབ་རྫོགས་པའི་རིམ་པ་བསམ་མི་ཁྱབ་པའི་ཡེ་ཤེས་ཀྱི་འཁོར་ལོ་ལམ་དུ་བྱེད་པས། འབྲས་བུ་ཆ་འདྲ་ལམ་དུ་བྱེད་པའི་ཕྱིར་དེ་སྐད་བརྗོད་དེ། སྡོམ་ལས། འདྲ་བའི་ལམ་དུ་བྱེད་པའི་ཕྱིར། །འབྲས་བུ་ཐེག་པ་ཡང་དག་བརྗོད། །ཅེས་སོ། །གསུམ་པ་དེ་ཉིད་སྟོན་པ་ཐུན་མོང་དང་ཐུན་མོང་མ་ཡིན་

པའི་བྱོན་ཚུལ་མང་ན་ཡང་། འདིར་ཐེག་ཆེན་ངེས་དོན་བླ་མེད་ཀྱི་ལུགས་ལ། སྐུ་གསུམ་སྟོན་པ་ཡང་ཕྱི་ལྟར་ན་ཤཱཀྱ་ཐུབ་པ། ནང་ལྟར་ན་རྡོ་རྗེ་འཆང་ཆེན་པོ། གསང་བ་ལྟར་ན་ཀུན་ཏུ་བཟང་པོའི་ངོ་བོར་འདོད། ཞོར་དུ་གསང་བ་སྔགས་ཀྱི་རང་བཞིན་ལས། གསུང་ཚུལ་གསུམ་གྱི་སྤྱིར་དབྱེ་བ། རིམ་པ་དགུ་ངེས་པར་དབྱེ་བ། ཕྱི་ནང་བཤད་པའི་འགགས་བསྡུས་པ་དང་གསུམ་ལས། དང་པོ་ནི། སྐུ་གསུམ་སོ་སོའི་སྟོན་པས་ཆོས་བསྟན་པ་ཐམས་ཅད་དབང་པོའི་རིམ་པ་དང་སྦྱར་ཏེ་གསུངས་པ་ལས། སྙིང་པོའི་དོན་རྣམས་བསྡུས་ཏེ་གསུངས་པ་དང་། དུས་གསུམ་སྤྱི་དང་། བྱེ་བྲག་གཉེན་པོར་གསུངས་པ་དང་གསུམ་དུ་ངེས་སྟེ། ཨ་ཏི་བཀོད་པ་ཆེན་པོ་ལས། བསྟན་པའི་ལུགས་ནི་རྣམ་པ་གསུམ། །ཇི་ལྟར་སྐས་ཀྱི་རིམ་པ་བཞིན། །དབང་པོའི་དོན་དུ་བསྟན་པ་དང་། །འོ་མ་ལ་ནི་མར་བཞིན་དུ། །བསྡུ་བའི་དོན་དུ་བསྟན་པ་དང་། །ཚ་བའི་ནད་ལ་ག་བུར་བཞིན། །གཉེན་པོའི་དོན་དུ་བསྟན་པའོ། །ཞེས་པ་དང་། ཐལ་འགྱུར་ལས། གསུང་ཚུལ་དགོངས་པ་གསུམ་དུ་བཅས། །གཉེན་པོའི་བསྡུས་དང་དབང་པོའི་དོན། །ཚིག་རྣམས་བསྡུས་ཏེ་བསྟན་པར་བྱ། །ཞེས་སོ། །དེ་ཡང་གཉེན་པོའི་དོན་དུ་གསུང་པ་ནི། ཆོས་ཀྱི་ཕུང་པོ་བརྒྱད་ཁྲི་བཞི་སྟོང་སྟེ། འདོད་ཆགས་ཞེ་སྡང་གཏི་མུག་དེ་དག་ཆ་མཉམ་པའི་ཉོན་མོངས་པ་ཉི་ཁྲི་ཆིག་སྟོང་གི་གཉེན་པོར་འདུལ་བ། མདོ་སྡེ། མངོན་པ། སྡེ་སྣོད་གསུམ་ཆ་མཉམ་པའི་ཉི་ཁྲི་ཆིག་སྟོང་ཏེ་ཆོས་ཀྱི་སྒོ་མོ་བརྒྱད་ཁྲི་བཞི་སྟོང་ངོ་། །དབང་པོའི་དོན་དུ་གསུངས་པ་ནི། ཐེག་པ་རིམ་པ་དགུའོ། །བསྡུས་པའི་དོན་དུ་གསུངས་པ་ནི། གསང་སྔགས་ཕྱི་ནང་གཉིས་སོ། །གཉིས་པ་རིམ་དགུའི་ངེས་པར་དབྱེ་བ་ནི། དེ་ཡང་

ཆུང་ངུའི་ཆུང་ངུ་ཉན་ཐོས་ཀྱི་ཐེག་པ། ཆུང་ངུའི་འབྲིང་རང་སངས་རྒྱས་ཀྱི་ཐེག་པ། ཆུང་ངུའི་ཆེན་པོ་བྱང་ཆུབ་སེམས་དཔའི་ཐེག་པ། འབྲིང་གི་ཆུང་ངུ་ཀྲི་ཡའི་ཐེག་པ། འབྲིང་གི་འབྲིང་ཨུ་པ་ཡའི་ཐེག་པ། འབྲིང་གི་ཆེན་པོ་ཡོ་གའི་ཐེག་པ། ཆེན་པོའི་ཆུང་ངུ་མ་ཧཱའི་ཐེག་པ། ཆེན་པོའི་འབྲིང་ཨ་ནུའི་ཐེག་པ། ཆེན་པོའི་ཆེན་པོ་ཨ་ཏིའི་ཐེག་པ་སྟེ་རིམ་པ་དགུ་སྟེ། ཐལ་འགྱུར་ལས། དེ་ལྟར་དགུ་ལ་བསྟན་པ་ནི། །ཁམས་གསུམ་པོ་ཡང་ཡང་དག་གི །ལམ་དུ་འཇུག་པར་བྱེད་པའོ། །ཞེས་དང་། བཀོད་པ་ཆེན་པོ་ལས། ཆུང་ངུ་གསུམ་ལ་བསྟན་པ་ནི། །མཚན་མ་འཛིན་ལས་ཉན་ཐོས་ཏེ། །འདུ་ཤེས་ཅན་ལ་རང་རྒྱལ་ཉིད། །རྟོགས་འཇུག་ཅན་ལ་བྱང་སེམས་སོ། །འབྲིང་པོ་གསུམ་ལ་བསྟན་པ་ནི། །རབ་ཏུ་དམན་ལ་བྱ་བ་སྟེ། །དམན་པ་རྣམས་ལ་སྤྱོད་པའོ། །རྣམ་གཡེང་ཅན་ལ་རྣལ་འབྱོར་ཉིད། །ཆེན་པོ་གསུམ་ལ་བསྟན་པ་ནི། །སེམས་ཡས་པ་ལ་བསྐྱེད་པ་སྟེ། །སེམས་བཙུ་པ་ལ་རྫོགས་པ་ཉིད། །མཆོག་གསུང་རབ་ལ་རྫོགས་པ་ཆེ། །ཞེས་སོ། དེ་ཡང་དང་པོ་ཉན་ཐོས་ཀྱི་ཐེག་པ་བཤད་པ་ལ་ལྔ་ལས། ངོ་བོ། ངེས་ཚིག དབྱེ་བ། ལྡང་ཚད། དེའི་འཐད་པའོ། །ངོ་བོ་ནི། འཁོར་བ་ལས་རང་ཉིད་གཅིག་པུ་ཐར་བར་འདོད་པའི་བློ་གང་ཟག་གི་བདག་མེད་རྟོགས་པའི་ཐབས་སུ་གྱུར་པའོ། །ངེས་ཚིག་ནི། སྟོན་པ་ལས་ཆོས་ཉན་ནས་གཞན་ལ་སྒྲོགས་ཤིང་སྲིད་པ་ཐ་མའི་བྱང་ཆུབ་འགྲུབ་པ་སློབ་དཔོན་ལ་ལྟོས་པའི་ཕྱིར་ཉན་ཐོས་སོ། །དགོས་པ་ནི། འཁོར་བ་ལས་ངེས་པར་འབྱིན་པའོ། །འབྲས་བུ་ལྷག་བཅས་ལྷག་མེད་ཀྱི་དགྲ་བཅོམ་འཐོབ་པའོ། །དབྱེ་ན། བྱེ་བྲག་ཏུ་སྨྲ་བ་དང་མདོ་སྡེ་པ་གཉིས་ལས། བྱེ་བྲག་སྨྲ་བ

ནི། རགས་པ་ཀུན་རྫོབ་ཀྱི་བདེན་པ་འདི་གཡག་རྭ་དང་ནེའུ་སིང་ལྟར་ཚོགས་པ་གཅིག་སྣང་བ་ཡང་། དོན་དམ་པར་རྫུལ་ཕྲན་ཆ་ལྡན་སིལ་བུར་འདོད་པ། ཞེས་པའི་རྒྱུ་ཀུན་རྫོབ་སྐད་ཅིག་དོན་དམ་ཆ་མེད་པ་བུམ་རྒྱུ་ལྟ་བུ་སྟེ། ཕུང་པོ་ཁམས་དང་སྐྱེ་མཆེད་ལ། རགས་སྣང་རྫུལ་ཕྲན་བར་བསྐོར་བ་དང་བཅས་པར་འདོད་ལ། གང་ཟག་གི་བདག་མེད་པར་ཁས་བླངས་ཀྱང་ཆོས་ཀྱི་བདག་རྫུལ་ཕྲན་དང་སྐད་ཅིག་ཡོད་པར་ཁས་བླངས་སོ། །དེ་ཡང་བདེན་པ་བཞིས་བསྡུས་པའི་ཆོས་ལ་རྒྱུ་འབྲས་སྤང་བླང་དུ་ཞེས་ནས། སྡུག་བསྔལ། ཀུན་འབྱུང་བ། འགོག་པ། ལམ་རྐྱེན་གྱིས་རྣམ་པ་བཞི་ལ་དམིགས་ནས་ཞེས་པའི་རྣམ་པ་སྡུག་བསྔལ་ཞེས་པ། ཀུན་འབྱུང་སྤང་བྱ། ལམ་བསྟེན་བྱ། འགོགས་པ་ཐོབ་བྱའི་ཚུལ་གྱིས་ཤེས་པར་བྱ་བ་དང་། སྡུག་བསྔལ་བ་སྤང་བྱ་དང་། སྟོང་པ་དང་བདག་མེད་པ་རྟོགས་པའི་རྣམ་པས། ལམ། རིག་པ། བསྒྲུབ་པ། ངེས་པར་འབྱིན་པ། འགོག་པ། ཞི་བ། གྱ་ནོམ་པ། བདག་མེད་པའི་ཚུལ་སྒོམ་པས་ཁམས་གསུམ་གྱི་མཐོང་བ་དང་སྒོམ་པའི་སྤང་བར་བྱ་བ་བཞི་དང་བརྒྱད་དང་བཞི་བཅུ་སྤངས་ནས། ཟད་པ་ཤེས་པ་དང་། མི་སྐྱེ་བའི་ཤེས་པ་ཡེ་ཤེས་དམ་པ་མངོན་དུ་གྱུར་ཏེ་གྲོལ་བར་འདོད་དོ། །མདོ་སྡེ་པ་ནི། དམིགས་པར་བྱ་བའི་ཡུལ་བདེན་པ་བཞི་ལས། དམིགས་པར་བྱ་བའི་ཤེས་པ་བཅུ་གཉིས་སུ་ཞེས་པའམ། ཉོན་མོངས་པ་ཕྲག་བརྒྱད་བཅུ་རྩ་བརྒྱད་སྤངས་ཏེ། ཡེ་ཤེས་དམ་པ་རྟོགས་པར་འདོད་དོ། །དེ་ཡང་གང་ཟག་གི་བདག་མེད་སྟོམ་དང་འདྲ་ལ། དེའི་སྟེང་དུ་ཆོས་ཀྱི་ཁམས་ཕྱོགས་གཅིག་དུ་འཕགས་ཏེ། དེ་ཡང་ཆ་དང་བཅས་པའི་རྫུལ་ཕྲན་ཞེས་བྱའི་གཞི་ལྟ་གཙོ་བོ་ཁིག་ལ། གཙོ་བོ་སེམས་ཀྱི་གཞི།

འཁོར་སེམས་བྱུང་གི་གཞི། ལྡན་པ་མིན་པའི་འདུ་བྱེད། ཕུང་པོའི་གཞི། འདུས་མ་བྱས་རྟག་པའི་གཞི། སྣང་བ་གཟུགས་ཀྱི་གཞི་དང་ལྔའི་ཆོས་ཉིད་རྟོགས་པས་ཆ་མེད་ཀྱི་རྡུལ་ཕྲན་ཙམ་མ་ཁེགས་སྟེ། ཆོས་ཁམས་ཀྱི་ཕྱོགས་ཕྱེད་གཟུང་ཡུལ་རགས་སྣང་རྡུལ་ཕྲན་བར་རེག་ལ་མ་འབྱར་བའི་བརྩམ་པ་དེ་ཡང་། ཆ་མེད་དུ་རྟོགས་པས་སྤྱིར་བས་འཕགས་སྟེ། དོན་གྱི་ལྟར་མེད་པའི་རྡུལ་ཕྲན་ཁས་མ་བླངས་པ་དང་འདྲའོ། །འདི་གཉིས་ཀའང་ལམ་སྒོམ་དུས། ལམ་ལྔ་སྐྱེ་བའི་རིམ་པ་ནན་ཏན་དུ་བྱེད་པ་ནས་དུས་གསུམ་སྐྱེའི་གཉེན་པོ་བདག་མེད་པ་དང་སྒྱུ་མ་སྒོམ་པ་ལས། སོ་སོའི་གཉེན་པོར་འདོད་ཆགས་ལ་མི་གཙང་བའི་རྫས་བརྒྱད་དང་། ཀེང་རུས་སྒོམ་པ། ཞེ་སྡང་ལ་བྱམས་པ་དང་། གཏི་མུག་ལ་རྟེན་འབྲེལ་ལུགས་བཟློག་སྒོམ་ཞིང་། རྣམ་རྟོག་གི་གཉེན་པོར་དབུགས་འབྱུང་རྔུབ་གྲངས་གཞལ་དུ་སྒོམ་མོ། །བདག་མེད་སྒོམ་པའང་ཡུལ་དང་ཡུལ་ཅན་འགག་པའི་འགོག་པ་ཙམ་ཡང་མི་དམིགས་པས་དོན་བསྒོམ་ཞིང་བྱིང་ནས་རྨུགས་པའི་གཏི་མུག་གི་གཉེན་པོར་སྤྱི་གཙུག་ཏུ་མེར་འབར་བ་ལ་སེམས་གཏད་པར་བྱེད་དོ། །དེ་ལྟར་བྱས་པའི་དབང་པོ་རྟུལ་བ་དང་། འབྲིང་བརྩོན་འགྲུས་ཅན་ཁ་ཅིག་གིས་ཚེ་དེ་ཉིད་ཀྱི་འབྲས་བུ་ཐོབ་ལ། རྣོན་པོ་དང་བྱང་ཆུབ་སེམས་དཔའ་ཁ་ཅིག་གིས་ལམ་ལྔ་སྔོན་སོང་གི་ཚོགས་མང་དུ་བསགས་པའི་རྟེན་ལ་སྟན་ཐོག་གཅིག་ཏུ་ལམ་ལྔ་རྫོགས་ནས་གྲོལ་བར་འདོད་དོ། །དེ་ཡང་ཉན་ཐོས་ཀྱི་ཐེག་པ་ནས། བློ་ཆུང་དང་། འབྲིང་དང་། ཆེ་བའི་ཉན་ཐོས་དང་། རང་སངས་རྒྱས། སངས་རྒྱས་ཀྱི་བྱང་ཆུབ་གསུམ་འགྲུབ་བར་འདོད་ཀྱི། ཐེག་ཆེན་དང་། སྔགས་ཀྱི་ལམ་བྱ་བ་མི་འདོད་དོ། །དེ་ཡང་ཉན་རང་ལ་དཀར་པོ་རྣམ་པར་མཐོང་བའི་ས་ལ་སོགས་པ་

དམན་པའི་ས་བརྒྱད་བཤད་དེ། དེ་ལ་བརྟེན་ནས་རྒྱུན་དུ་ཞུགས་པ་དང་། ལན་གཅིག་ཕྱིར་འོང་བ་དང་། ཕྱིར་མི་འོང་བ་དང་། དགྲ་བཅོམ་པ་སྟེ་རེ་རེ་ལ་ཞུགས་པ་དང་། གནས་པ་གཉིས་གཉིས་སུ་ཕྱེད་པའི་སྐྱེས་བུ་ཆེན་པོའི་རིམ་པ་བརྒྱད་ཅེས་བྱའོ། །བྱང་ཆུབ་ལ་རབ་ཏུ་དགའ་བ་ལ་སོགས་པའི་ས་བཅུ་ལ་དགེ་སྦྱོང་གི་འབྲས་བུ་བཞི་ཡོད་པར་བཤད་དོ། །དེ་དག་ཀྱང་རིག་པ་རང་ཤར་ལས་འདི་སྐད་དུ། ཉན་ཐོས་ཐེག་པ་འདི་ལྟ་སྟེ། འཇུག་པའི་སྒོ་ནི་བདེན་པ་བཞི་ཉན་ཐོས་སྤྱིའི་འཇུག་སྒོ་འང་དབྱེ་བ་རྣམ་པ་གཉིས་འདོད་དེ། བྱེ་བྲག་པ་དང་མདོ་སྡེ་པའོ། །བྱེ་བྲག་པའི་ལྟ་བ་ནི། ཕུང་པོ་ཁམས་དང་སྐྱེ་མཆེད་ལ། །གཡག་རྔ་ཉེའུ་སིང་ཚུལ་དུ་འདོད། །རང་གི་བློ་ཡིས་ལྟས་གྱུར་ན། །རྡུལ་དང་རྡུལ་ཕྲན་རབ་ཏུ་འདོད། །དེ་བཞིན་རྣམ་པར་གཞིགས་ནས་ནི། །སྟོང་པ་ཉིད་དུ་སྒོམ་པའོ། །མདོ་སྡེ་པ་ཡི་ལྟ་བ་ནི། །ཁ་ཧོན་བྱས་པའི་རང་གཞིན་དང་། །ཐོས་པ་བསམ་པ་སྒོམ་པ་གསུམ། །ཤེས་རབ་རྣམ་གསུམ་སྒོམ་པ་ཡིས། །ས་བཅུའི་འབྲས་བུ་ཐོབ་པར་འདོད། །ཉན་ཐོས་སྤྱི་ཡི་རྣམ་པ་ནི། །བདེན་པ་རྣམ་པ་བཞི་སྒོམ་ཞིང་། །འབྲས་བུ་རྣམ་པ་བཞིར་འདོད་དོ། །དེ་ཡང་སྒོམ་ལུགས་འདི་ལྟ་སྟེ། །འགོག་པ་སྒོམ་པ་འདོད་པ་ལས། །ཀུན་འབྱུང་སྤང་བར་འདོད་པའོ། །འགོག་པའི་སྒོམ་ལུགས་འདི་ལྟ་སྟེ། །ཕྱི་ཡི་འབྱུང་བ་དེ་དག་ལ། །མི་ཆགས་གནས་སུ་ཞུགས་ནས་ནི། །དང་པོ་ཟས་ལ་གོམས་པར་བྱེད། །ཟས་ལ་གོམས་པར་འགྱུར་བ་དང་། །བསམ་གཏན་ཏིང་འཛིན་སྒོམ་བྱེད་དེ། །བསམ་གཏན་མི་རྟོག་ཙི་ཚུགས་སྒོམ། །རྒྱལ་བ་བྱམས་པའི་བསྟན་པ་ལ། །འབྲས་བུ་ཐོབ་པར་འདོད་

པའོ། །ཀུན་འབྱུང་སྣང་བ་འདི་ལྟ་སྟེ། །ཟས་ཀྱི་འདུ་ཤེས་བྲལ་བ་
དང་། །ཀུན་འབྱུང་རྒྱུན་ཐག་ཆོད་པར་འདོད། །དེ་ཡང་ཞེ་སྡང་གཉེན་པོར་
སྒོམ། །ཉོན་མོངས་ཐམས་ཅད་སྣང་པའོ། །ས་ལམ་སྒོམ་པ་འདི་ལྟ་
སྟེ། །འདོད་ཆགས་གཉེན་པོར་སྒོམ་པ་དང་། །གཏི་མུག་གཉེན་པོར་སྒོམ་པ་
དང་། །དེ་བཞིན་ལམ་གྱི་སྒོམ་པ་ནི། །སྡུག་བསྔལ་སྣང་བར་འདོད་
པའོ། །ལམ་གྱི་སྒོམ་ལུགས་འདི་ལྟ་སྟེ། །འདོད་ཆགས་དག་གི་གཉེན་པོ་
རུ། །རང་གི་དཔྲལ་བའི་དཀྱིལ་འཁོར་དུ། །ཀེང་རུས་དཀར་པོ་མཐེ་བོང་
ཙམ། །དཀར་པོ་འདོད་ཆགས་སྒོམ་པ་ལས། །དེ་ལ་བསྐྱེད་ན་མགོ་བོ་
ཙམ། །དེ་ལ་ལུས་པོ་ཙམ་སྒོམ་སྟེ། །དེ་ནས་རང་གི་ཁྲོ་ཡོར་ཙམ། །དེ་ནས་
ཅི་སྣང་ཐམས་ཅད་སྒོམ། །དེ་ལྟར་སྟོང་གསུམ་དཀར་བོ་སྟེ། །དེ་ལྟར་དཀར་པོ་
གོམས་གྱུར་ནས། །འདོད་ཆགས་སྡུག་བསྔལ་སྣང་པའོ། །གཏི་མུག་སྡུག་
བསྔལ་སྣང་པ་ནི། །རང་གི་སྤྱི་བོའི་གཙུག་ཏུ་ཡང་། །མར་མེ་གསལ་ལ་
གདོང་པ་གཅིག །སྒོམ་པ་ཤེས་པ་གསལ་བ་དང་། །སེམས་ནི་སྟོང་བར་
འདོད་པའོ། །དེ་ནི་གཏི་མུག་སྡུག་བསྔལ་སྣང་། །དེ་ལྟར་རྣམ་བཞི་སྒོམ་པ་
ཡིས། །འབྲས་བུ་རྣམ་པ་བཞི་འཐོབ་བོ། །འབྲས་བུ་བཞི་པོ་གང་ཞེ་
ན། །འགོག་པ་སྒོམ་པས་འབྲས་བུ་ནི། །རྒྱུན་དུ་ཞུགས་པ་ཐོབ་པ་
སྟེ། །རབ་ཏུ་དགའ་བ་ཐོབ་པ་ནི། །དེ་བཞིན་ས་བདུན་མན་ཆད་དོ། །ཀུན་
འབྱུང་སྒོམ་པའི་རང་བཞིན་ནི། །ལན་གཅིག་ཕྱིར་མི་འོང་བ་ཐོབ། །ས་བརྒྱད་
མན་ཆད་ཐོབ་པའོ། །ལམ་སྒོམ་པ་ཡི་ཡོན་ཏན་གྱིས། །དགྲ་བཅོམ་འབྲས་བུ་
ཐོབ་པ་ནི། །ས་བཅུ་མཐར་ཕྱིན་ཐོབ་པའོ། །ས་དང་ལམ་ལ་གནས་པའི་

ཚོ། །ཉན་ཅིང་ཐོས་པར་བྱེད་པའོ། །ས་བདུན་མན་ཆད་སེམས་དཔའ་ནི། །རང་རང་དཔོན་ལ་ཉན་པའོ། །ས་བརྒྱད་མན་ཆད་སེམས་དཔའ་ནི། །སྤྲུལ་པའི་སྐུ་ལས་ཉན་པར་འདོད། །དེ་ཡང་དངོས་པོར་མཐོང་མེད་དོ། །བྱིན་རླབས་ཀྱིས་ནི་ཐོབ་པའོ། །ཉན་ཐོས་ཐེག་པ་དེ་ལྟར་འདོད། །ཅེས་སོ། །གཉིས་པ་རང་སངས་རྒྱས་ཀྱི་ཐེག་པ་ལ་འང་ལྔ་ལས། ངོ་བོ་ནི་རང་དོན་ཕྱོགས་གཅིག་པ་བྱང་ཆུབ་སློབ་དཔོན་ལ་མ་བསྟེན་པར་སྲིད་པ་ཐ་མའི་ཚེ་མངོན་དུ་བྱེད་པའི་ཐབས་བདག་མེད་ཕྱེད་དང་གཉིས་རྟོགས་པའི་རང་བཞིན་ནོ། །ངེས་ཚིག་ནི་རང་ཉིད་གཅིག་པུ་སངས་རྒྱས་སུ་འདོད་པའོ། །དགོས་པ་ནི། འཁོར་བ་ལས་ཐར་བ་བྱང་ཆུབ་འབྲིང་ཐོབ་པོ། །འབྲས་བུ་ནི་དགྲ་བཅོམ་པ་གཉིས་སོ། །དབྱེ་ན་ནི་ཙོ་ལྟར་ཁྱུ་ལྡིང་བ་དང་། བསེ་རུ་ལྟར་གཅིག་པུར་གནས་པ་གཉིས་ལས། བསེ་རུ་ནི་དམིགས་ཡུལ་བདེན་པ་བཞིས་བསྡུས་པའི་ཆོས་རྣམས་ལ། རྟེན་འབྲེལ་བཅུ་གཉིས་ལུགས་འབྱུང་དུ་སྒོམ་པའི་ཁམས་གསུམ་པའི་ཕྲ་རྒྱས་ཐམས་ཅད་སྤྱང་པར་འདོད་དོ། །དེ་ཡང་མ་རིག་པའི་རྒྱུ་ལས་འདུ་བྱེད། དེ་ལས་རྣམ་པར་ཤེས་པ་ནས་རྒ་ཤིའི་བར་ལ་སྔ་ཕྱི་རྒྱུ་འབྲས་སུ་ཤེས་ཤིང་། ལྟ་བ་གང་ཟག་གི་བདག་དང་ཆོས་བདག་གི་ཕྱེད་ཕྱི་གཟུང་བའི་རྡུལ་ཕྲན་ཆ་བཅས་དང་ཆ་མེད་གཉིས་ཀ་མེད་པར་གཟུགས་བརྙན་ལྟར་རང་བཞིན་གྱིས་ངོ་བོ་མེད་ཅིང་མ་སྐྱེས་པར་རྟོགས་པའོ། །དེ་ལ་ཆོས་བདག་ལ་ཕྱི་གཟུང་བ་དང་། ནང་གཉེན་པོར་འཛིན་པའི་ཤེས་པ་གཉིས་སྒྲོ་བཏགས་པ་ཡིན་ལ། གང་ཟག་གི་བདག་ནི་ཕུང་པོ་ལྔས་བསྡུས་པའི་ཆོས་ལ་སྤྱང་བྱར་ཤེས་པ་དང་ངར་འཛིན་པ་སྟེ། གང་ཟག་དང་ཆོས་བདག་ཅེས་བྱའོ། །འཕགས་པ་ཉན་ཐོས་ཀྱིས་གང་ཟག་གི་བདག་མེད་རྟོགས་ཀྱང་ཆོས་ཀྱི

བདག་མེད་མ་རྟོགས། རང་སངས་རྒྱས་ཀྱིས་དེའི་སྟེང་དུ་ཆོས་ཀྱི་ཕྱེད་ཕྱི་གཟུང་བ་མེད་པར་རྟོགས་ཀྱང་། ནང་འཛིན་པ་མེད་པར་མ་རྟོགས་སྟེ། མངོན་རྟོགས་རྒྱན་ལས། གཟུང་དོན་རྟོག་པ་སྤོང་ཕྱིར་དང་། །འཛིན་པ་མི་སྤོང་ཕྱིར་དང་ནི། །རྟེན་གྱི་བསེ་རུ་ལྟ་བུའི་ལམ། །ཡང་དག་བསྡུས་པར་ཤེས་པར་བྱ། །ཞེས་སོ། །དེ་ཡང་དུས་ནི་བསྐལ་བ་ཆེན་པོར་བརྒྱར་ཚོགས་ལམ་གྱི་བསྡུས་པའི་ཚོགས་བསགས་པ་ལས་བྱུང་སྟེ། བསེ་རུ་བསྐལ་བ་བརྒྱ་ཡི་རྒྱུས། །ཞེས་གསུངས་པ་ལྟར་རོ། །ནེ་ཙོ་ལྟ་བུ་ནི། རྟེན་འབྲེལ་ལུགས་བཟློག་ཏུ་སྒོམ་སྟེ། དུར་ཁྲོད་དུ་སོང་ནས་རོ་འདི་ཅི་ལས་བྱུང་། ཤི་བ་ལས་བྱུང་ཞེས་པ་ནས་མ་རིག་པའི་བར་དུ་བརྟགས་ནས་བདག་མེད་ཕྱེད་དང་གཉིས་རྟོགས་པའི་གཞིར་བྱས་ཏེ་ལམ་ལྔ་སྒོམ་པས་ཟད་པ་དང་མི་སྐྱེ་བའི་ཤེས་པ་བྱང་ཆུབ་མངོན་དུ་བྱེད་དོ། །དེ་གཉིས་ཀ་འང་ལུས་ཀྱི་བརྡ་ཡི་སྒོ་ནས་ཆོས་སྟོན་གྱི། ངག་གི་སྒོ་ནས་མི་སྟོན་པ་ཡིན་ནོ། །འདི་དག་ཀྱང་། རང་ཤར་ལས། ཨ་ཧོ་གསང་བའི་བདག་པོ་ཉོན། །རང་རྒྱལ་མདོ་སྡེའི་ཐེག་པ་ནི། །འཇུག་པའི་སྒོ་ནི་རྟེན་འབྲེལ་བཅུ་གཉིས་སོ། །རྟོགས་པའི་ལྟ་བ་གང་ཟག་བདག་མེད་ལ། །ཆོས་ཀྱི་བདག་ཕྱེད་ཡོད་པར་ལྟ་བུའོ། །འབྲས་བུ་ཚུལ་ཁྲིམས་ཉིས་བརྒྱ་ལྔ་བཅུ་བསྲུང་། །སྒོམ་པ་རིམ་པ་མི་རྟོགས་ཆོས་ཉིད་སྒོམ། །ཕྱི་དང་ནང་གི་རྟེན་འབྲེལ་རྣམས། །གོམས་ནས་སྤོབས་སུ་འགྱུར་བ་དང་། །འབྲས་བུ་མཐར་ཕྱིན་ཚད་དུ་འདོད། །དེ་ཡང་དཔེ་མཚོན་འདི་ལྟ་སྟེ། །དཔེར་ན་དུར་ཁྲོད་རོ་བཞིན་ཏེ། །དུར་ཁྲོད་དག་ཏུ་སོང་ནས་ནི། །རོ་འདི་དང་པོ་གང་ནས་བྱུང་། །ད་ལྟ་འདི་ཡི་དངོས་པོ་ཅི། །སླམ་དུ་དཔེ་ཡིས་མཚོན་པར་བྱེད། །དེ་ཡང་མ་རིག་པ

ལས་བྱུང་། །མ་རིག་པ་ལས་འདུ་བྱེད་དོ། །འདུ་བྱེད་རྣམ་པར་ཤེས་པའོ། །རྣམ་པར་ཤེས་པས་མིང་འབྱུང་ཞིང་། །མིང་དང་གཟུགས་ཀྱི་རང་བཞིན་བྱུང་། །གཟུགས་ཀྱིས་སྐྱེ་མཆེད་རྣམ་དྲུག་འབྱུང་། །སྐྱེ་མཆེད་དྲུག་ལས་རེག་པ་བྱུང་། །རེག་ལས་ཚོར་བ་འབྱུང་བར་འབྱུང་། །ཚོར་བས་སྲེད་པ་འབྱུང་བར་འགྱུར། །སྲེད་པ་ལས་ནི་ལེན་པ་འབྱུང་། །ལེན་པ་ལས་ནི་སྲིད་པ་འབྱུང་། །སྲིད་པ་ལས་ནི་སྐྱེ་བ་འབྱུང་། །སྐྱེ་བ་ལས་ནི་རྒས་པ་འབྱུང་། །ན་བ་ལས་ནི་ཤི་བ་འབྱུང་། །དེ་བཞིན་རྟེན་འབྲེལ་བཅུ་གཉིས་སྒོམ། །དེ་ལྟར་བསྒོམ་པའི་ཡོན་ཏན་གྱིས། །ས་བཅུ་པ་ཡི་འབྲས་བུ་ཐོབ། །མི་སྡུག་རྣམ་པ་བརྒྱད་སྒོམ་སྟེ། །དུར་ཁྲོད་ཕྱོགས་སུ་ཕྱིན་ནས་ནི། །རང་གི་ལུས་ལ་འདི་ལྟར་བརྟགས། །དང་པོ་རྣམ་པར་སྔོ་བར་འདོད། །དེ་ནས་རྣམ་པར་དམར་བ་དང་། །རྣམ་པར་ནག་པ་དག་དང་ནི། །དེ་བཞིན་རྣམ་པར་བམ་པ་དང་། །དེ་བཞིན་རྣམ་པར་འབུ་ཞུགས་དང་། །རྣམ་པར་འཐོར་བ་དག་ཏུ་འདོད། །དེ་བཞིན་རྣམ་པར་དཀར་བའོ། །དེ་ནས་འདོད་ཆགས་གཉེན་པོ་རུ། །མི་སྡུག་རྣམ་བརྒྱད་བསྒོམ་པའོ། །ཉན་དང་ཐོས་པ་མེད་པ་སྟེ། །དེ་ཕྱིར་རང་རྒྱལ་ཐེག་པ་འདོད། །ཅེས་གསུངས་སོ། །གསུམ་པ་བྱང་ཆུབ་སེམས་དཔའི་ཐེག་པ་ནི། ཐེག་དམན་ལས་ཇི་ལྟར་འཕགས་པའི་ཚུལ་དང་། ཁྱད་པར་འཕགས་པའི་ཐེག་པ་ཉིད་དོ། །དང་པོ་ནི། ཐབས་སྙིང་རྗེ་ཆེན་པོ་དང་ཤེས་རབ་བདག་མེད་གཉིས་རྫོགས་པ་ཁྱད་པར་དུ་བྱས་ཏེ། རིན་ཆེན་ཕྲེང་བ་ལས། སྟོང་ཉིད་སྙིང་རྗེའི་སྙིང་པོ་ཅན། །བྱང་ཆུབ་བསྒྲུབ་པ་ཁ་ཅིག་ལའོ། །ཞེས་པ་དང་། དེ་ཡང་སྙིང་རྗེ་འབའ་ཞིག་གིས། །བྱང་ཆུབ་བར་དུ་སྲིད་མཚམས་

སྦྱོར། །ཉན་ཐོས་ཐེག་པ་དེ་ལ་ནི། །བྱང་ཆུབ་བདེ་བའི་སྨོན་ལམ་དང་། །སྦྱོད་པ་ཡོངས་བསྔོ་མ་བཤད་དེས། །ཐེག་པ་ཆེན་པོ་ག་ལ་འགྱུར། །ཞེས་པ་དང་། བསྡུད་པ་ལས། ཐབས་མེད་ཤེས་རབ་བྲལ་བས་ཉན་ཐོས་ཉིད་དུ་ལྟུང་། །ཞེས་གསུངས། གཉིས་པ་ལ་ལྔ་ལས། བྱང་ཆུབ་སེམས་དཔའི་ཐེག་པའི་ངོ་བོ་ནི། ཆོས་ཐམས་ཅད་ནམ་མཁའ་ལྟར་རྟོགས་ཤིང་སྙིང་རྗེ་ཆེན་པོས་གཞན་དོན་རླབས་པོ་ཆེ་སྦྱོད་པ་རྒྱུའི་ཐབས་དམ་པར་གྱུར་ཏེ། དེ་ཉིད་ལས། ཅི་ཕྱིར་འདི་ནི་བྱང་ཆུབ་ཐེག་ཆེན་བྱ་ཞེ་ན། །དེ་གང་ཞོན་ནས་སེམས་ཅན་ཐམས་ཅད་མྱ་ངན་ན་ལྡོག། །ཐེག་པ་འདི་ནི་མཁའ་འདྲ་གཞལ་མེད་ཁང་ཆེན་ཏེ། །དགའ་སྐྱིད་བདེ་བ་མངོན་པར་ཐོབ་བྱེད་ཐེག་པའི་མཆོག །དེ་གང་ཞོན་ནས་ཕྱོགས་སུ་འགྲོ་བ་དམིགས་སུ་མེད། །མྱ་ངན་འདས་པར་འགྲོ་བར་གསུངས་པ་འགྲོ་མི་དམིགས། །དཔེར་ན་མེ་ཤི་དེ་ཡི་འགྲོ་རྒྱུ་མེད་པ་བཞིན། །རྒྱུ་དེས་དེ་ནི་མྱ་ངན་འདས་ཞེས་རབ་ཏུ་བརྗོད། །ཅེས་སོ། །ངེས་ཚིག་ནི། ཐབས་གང་ལ་བསྟེན་ནས་ཐར་པ་ཆེན་པོའི་གྲོང་ཁྱེར་དམ་པར་ཁྲིད་པས་ན་ཐེག་པ་ཆེན་པོའོ། །དགོས་པ་ནི། བློ་མཆོག་ཏུ་གྱུར་པ་རྣམས་སངས་རྒྱས་ཐོབ་པར་བྱེད་པའོ། །འབྲས་བུ་ནི། བཅུ་གཅིག་ཀུན་ཏུ་འོད་ཀྱིས་འགྲུབ་པའོ། །འདི་དག་དབྱེ་ན་མང་ཡང་། སྐབས་འདིར་ལམ་སྤྱིའི་ངོ་བོ་མདོར་བསྟན་པ་དང་། གྲུབ་པའི་མཐའ་སོ་སོར་རྒྱས་པར་བཤད་པ་གཉིས་ལས། དང་པོ་ནི་མཚན་ཉིད་ཀྱི་ཐེག་པའི་ལུགས་ཀྱི་དབང་པོ་རྣོན་པོ་སེམས་སྟོབས་ཆེན་པོ་དག་གི་ལམ་སྟེ། དེ་ཡང་གཞི་བདེན་པ་གཉིས་ཀྱི་རང་བཞིན་ཤེས་པར་བྱ་བ། ཤེས་ནས་ཇི་ལྟར་ཉམས་སུ་བླང་བ། ལམ་མཐར་ཕྱིན་པའི་འབྲས་བུ་བསྟན་པ་དང་གསུམ་ལས། དང་པོ་

སྣང་སྲིད་འཁོར་འདས་ཀྱིས་བསྡུས་པའི་ཆོས་ཐམས་ཅད་བདེན་པ་གཉིས་ཀྱི་རང་བཞིན་དུ་འདུས་ཏེ། རྩ་བ་ཤེས་རབ་ལས། སངས་རྒྱས་རྣམས་ཀྱིས་ཆོས་བསྟན་པ། །བདེན་པ་གཉིས་ལ་ཡང་དག་བརྟེན། །འཇིག་རྟེན་ཀུན་རྫོབ་བདེན་པ་དང་། །དམ་པའི་དོན་གྱི་བདེན་པའོ། །ཞེས་པ་དང་། བདེན་པ་གཉིས་ཀྱི་ཚུལ་ལ་གནས། །ཞེས་སོ། །དེ་ལ་ཆོས་ཅན་མཚན་མར་སྣང་བའི་བློས་ཡུལ་དུ་སྣང་རུང་རྣམས་ནི་ཀུན་རྫོབ་ཀྱི་བདེན་པ་སྟེ། དབྱེ་ན་ལོག་པ་དང་ཡང་དག་ཀུན་རྫོབ་གཉིས་ལས། དང་པོ་ནི། སྣང་སྲིད་སྣོད་བཅུད་བློའི་བཀོད་པའི་ཆོས་སོ་ཚོག་དང་བཅས་པ་ཐམས་ཅད་ལོག་པའི་ཀུན་རྫོབ་ཡིན་ཏེ། ཡུལ་འཁྲུལ་སྣང་བློ་རྫུན་པའི་ངོ་ལ་སྣང་བ་ཡིན་པའི་ཕྱིར་རོ། །དེ་ཡང་རྟག་པར་སྣང་བ་འདི་དག་བློ་འཁྲུལ་ངོ་ན་མཐུན་པར་སྣང་བ། དོན་བྱེད་ནུས་པ། བརྟགས་ན་ངོ་བོ་ཉིད་ཀྱིས་དབེན་པ། སྒྱུ་མའི་དཔེ་བརྒྱད་ཀྱི་ཚུལ་སྟེ། མེད་པ་གསལ་སྣང་ཙམ་དུ་ཤར་བ་ནི། ཕྱི་མ་ལས། རྨི་ལམ་ཇི་བཞིན་སྒྱུ་མ་བཞིན། །དྲི་ཟའི་གྲོང་ཁྱེར་ཇི་བཞིན་དུ། །དེ་བཞིན་སྐྱེ་དང་དེ་བཞིན་གནས། །དེ་བཞིན་དུའང་འཇིག་པར་གསུངས། །ཞེས་སོ། །ཡང་དག་ཀུན་རྫོབ་ནི་འཁྲུལ་པར་སྣང་ཡང་བདེ་འགྲོ་དང་ཐར་པའི་རྒྱུ་བྱེད་པ། དགེ་བ་བཅུའི་ལས་རྣམ་པར་དཀར་བ། སྦྱིན་པ་ལ་སོགས་པའི་བསོད་ནམས་ཀྱི་ཚོགས་དང་། ཚོགས་སྦྱོར། མཐོང་སྒོམ་བཞིའི་སེམས་ཀྱི་ཏིང་ངེ་འཛིན་ལམ་བདེན་གྱིས་བསྡུས་པ་རྣམས་ཏེ། རྒྱུད་བླ་མའི་འགྲེལ་བར། ལམ་བདེན་ཐམས་ཅད་ནི་འདུས་བྱས། འདུས་བྱས་ཐམས་ཅད་ནི་ཀུན་རྫོབ་སྟེ། ཞེས་སོ། །ཆོས་ཉིད་རང་བཞིན་གྱི་གནས་པ་སྟོང་པ་ཉིད་ཀྱི་ངོ་བོ་དང་རྗེས་སུ་མཐུན་པའི་ཤེས་རབ་སྦྱོར་བ་ཞི་བའི་རྣམ་པ་དང་བཅས་པ་ནི་དོན་དམ་བདེན་པ་

སྟེ། དབྱེ་ན་རྣམ་གྲངས་པ་མཚན་མའི་ཚིག་གི་དོན་དམ་དང་། རྣམ་གྲངས་མ་ཡིན་པ་ཡང་དག་གཤིས་ཀྱི་དོན་དམ་གཉིས་ལས། དང་པོ་ནི་རིགས་པས་ཕྱེ་ཞིང་གཞིགས་ན། གང་དུའང་མ་གྲུབ་པའི་ཆོས་ཉིད་དུ་ཐམས་ཅད་ཡེ་ནས་གནས་པ་རྟོགས་པའི་ཤེས་རབ་གཤིས་དང་མཐུན་པར་སྐྱེ་བ་སྟེ། བདེན་པ་གཉིས་ལས། སྐྱེ་བ་བཀག་པ་དོན་དམ་དང་། །མཐུན་པའི་ཕྱིར་ཡང་འདོད་པ་ཡིན། །སྐྱེ་མེད་སྤྲོས་ཀུན་ཞི་བ་ལས། །དོན་དམ་ཞེས་པའི་བརྡ་མཛད་དོ། །གཉིས་པ་ནི་ཆོས་རྣམས་གདོད་མ་ཉིད་ནས་ཡོད་མེད་ཀྱི་སྤྲོས་པ་ལས་འདས་པ་དབྱིངས་རང་བཞིན་གྱི་རྣམ་པར་དག་པ་སྟེ། རྩ་བ་ཤེས་རབ་ལས། གཞན་ལ་ཤེས་མིན་ཞི་བ་དང་། །རྣམ་རྟོག་མེད་དོན་ཐ་དད་མིན། །སྤྲོས་པ་རྣམས་ཀྱི་མ་སྤྲོས་པ། །དེ་ནི་དེ་ཡི་མཚན་ཉིད་དོ། །ཞེས་སོ། །གཉིས་པ་ཤེས་ནས་ཉམས་སུ་བླང་བའི་རིམ་པ་ནི། །བྱང་ཆུབ་སེམས་དཔའ་ཁྱིམ་པ་ཡིན་པ་དགེ་བསྙེན་གྱི་སྡོམ་པ་བླངས་པའམ་མ་བླངས་ཀྱང་རུང་ལ། རབ་ཏུ་བྱུང་བ་ཡིན་ན་དགེ་ཚུལ་གྱི་བསླབ་པ་ལ་གནས་པ་བཅུ། དགེ་སློང་གི་ཁྲིམས་གཉིས་བརྒྱ་ལྔ་བཅུ། དགེ་སློང་མའི་སུམ་བརྒྱ་དྲུག་བཅུ་རྩ་གསུམ་གྱི་གཞིར་བྱས་པའི་སྟེང་དུ། ཐེག་པ་ཆེན་པོའི་སྨོན་འཇུག་གི་སེམས་བསྐྱེད་ནས། བསླབ་མདོ་བརྒྱད་ཅུ་རྩ་ལྔ་ལ་གནས་པ། ཚོགས་ལམ་ཆུང་དུ་དྲན་པ་ཉེར་བཞག་བཞི། འབྲིང་དུ་ཡང་དག་སྤོང་བ་བཞི། ཆེན་པོ་རྫུ་འཕྲུལ་རྐང་བ་བཞི། སྦྱོར་ལམ་དྲོད་རྩེར་དབང་པོ་ལྔ། བཟོད་པ་ཆོས་མཆོག་སྟོབས་ལྔ། མཐོང་ལམ་དུ་བྱང་ཆུབ་ཀྱི་ལམ་ཡང་དག་བདུན། བསྒོམ་ལམ་ས་དགུར་འཕགས་ལམ་བརྒྱད་སྒོམ་པ། རབ་ཏུ་དགའ་བ་ལ་སོགས་པའི་ས་ལམ་གྱི་དྲོད་ཚད་རྟགས་དང་བཅས་པ་རྫོགས་སྟེ། མི་སློབ་པའི་ལམ་མངོན་དུ་བྱེད་

པའོ། །གསུམ་པ་མཐར་ཕྱིན་པའི་འབྲས་བུ་ནི། ཀུན་ཏུ་འོད་ཀྱིས་ལ་རང་དོན་ཆོས་སྐུ་དང་། གཞན་དོན་གཟུགས་སྐུ་དམ་པ་གཉིས་ཐོབ་ནས། ཇི་ལྟ་བ་དང་ཇི་སྙེད་པ་མཁྱེན་པའི་ཡེ་ཤེས་གཉིས་ཀྱིས་གཟིགས་སྟེ། སེམས་ཅན་གྱི་དོན་འཁོར་བ་མ་སྟོང་གི་བར་དུ་མཛད་དེ། འཇུག་པ་ལས། ཞི་སྐུ་དཔག་བསམ་ཤིང་ལྟར་གསལ་གྱུར་ཅིང་། །ཡིད་བཞིན་ནོར་བུ་ཇི་བཞིན་རྣམ་མི་རྟོག །འགྲོ་བསྒྲོལ་བར་དུ་འཇིག་རྟེན་འབྱོར་སླད་རྟག །འདི་ནི་སྤྲོས་དང་བྲལ་ལ་སྣང་བར་འགྱུར། །ཞེས་གསུངས་སོ། །འདི་དག་ཀྱང་རིག་པ་རང་ཤར་ལས། བྱང་ཆུབ་སེམས་དཔའི་ཐེག་པ་ནི། །འཇུག་པའི་སྒོ་ནས་བདེན་པ་གཉིས། །དོན་དམ་དང་ནི་ཀུན་རྫོབ་བོ། །བསྲུངས་པའི་ཚུལ་ཁྲིམས་ཡང་དག་ནི། །སྡོམ་པ་བརྒྱད་ཅུ་རྩ་ལྔའོ། །ལྟ་བ་སྟོང་ཉིད་ཡེ་ཤེས་སོ། །དོན་དམ་ཀུན་རྫོབ་འདི་ལྟ་སྟེ། །ཀུན་རྫོབ་རྣམ་པ་གཉིས་སུ་འདོད། །ལོག་པ་དང་ནི་ཡང་དག་གོ། །ལོག་པའི་ཀུན་རྫོབ་འདི་ལྟ་སྟེ། །རྟག་པར་སྣང་བ་ཐམས་ཅད་ཀུན། །མཐུན་པར་སྣང་ལ་དོན་བྱེད་ནུས། །བརྟགས་ན་ངོ་བོ་ཉིད་ཀྱིས་དབེན། །དོན་ནི་མེད་པ་ལྟར་སྣང་ངོ་། །དེ་ནི་ལོག་པའི་ཀུན་རྫོབ་བོ། །ཡང་དག་ཀུན་རྫོབ་འདི་ལྟ་སྟེ། །དགེ་བ་བཅུ་ཡི་ལས་རྣམས་དང་། །དཀར་པོ་འགྱུར་བའི་བསམ་པ་དང་། །མོས་པའི་བསམ་པ་ཇི་སྙེད་པ། །ཡང་དག་ཀུན་རྫོབ་ཆེན་པོ་འདོད། །སྦྱིན་པ་ལ་སོགས་ཚུལ་ཁྲིམས་དང་། །དེ་བཞིན་ཏིང་འཛིན་ལ་སོགས་རྣམས། །ཡང་དག་ཀུན་རྫོབ་ཆེན་པོའོ། །དོན་དམ་པ་ལ་རྣམ་པ་གཉིས། །མཚན་མ་ཅོག་གི་དོན་དམ་དང་། །ཡང་དག་སེམས་ཀྱི་དོན་དམ་དང་། །མཚན་མ་ཅོག་གི་དོན་དམ་གྱིས། །ཐམས་ཅད་སུན་འབྱིན་རྩོད་

པའོ། །དེ་ཡང་ཚད་མའི་རིགས་པ་ནི། །གང་དེ་ཉིད་ལ་དེ་ལྟར་སྣང་། །ཚིག་གི་སྟོང་པ་ཆེན་པོ་ལས། །དོན་ལ་སྟོང་ཞིང་མ་རྟོགས་པའོ། །མཚན་མའི་ཚིག་གི་དོན་དམ་མོ། །ཡང་དག་སེམས་ཀྱི་དོན་དམ་ནི། །སྟོང་པ་ཅང་མེད་སྒོམ་པར་འདོད། །དཔེར་ན་ནམ་མཁའ་སྟོང་བ་བཞིན། །སྟོང་པའི་དོན་དམ་དེ་བཞིན་ཉིད། །སྟོང་ཉིད་ཕྱང་ཆད་སྨུ་མེད་དོ། །ཞེས་ནི་སྨྲོད་ཅིང་ཆགས་པའོ། །ལམ་ནི་འདི་ལྟར་འདོད་པའོ། །ས་ལ་སྦྱང་པའི་འདོད་པའོ། །དེ་ཡང་ཁྲོད་སྐྱེ་བཟློད་པ་དང་། །རྩེ་མོ་འཇིག་རྟེན་ཆོས་མཆོག་གོ །ཁྲོད་ལ་རྣམ་པ་གཉིས་ཀྱིས་བསྟན། །ཕྱི་དང་ནང་དང་གཉིས་ཀའོ། །ཕྱི་ནི་ཁྲོད་སྐྱེ་འདི་ལྟ་སྟེ། །གཉིས་པ་དྲི་མ་མེད་པ་ལ། །དངོས་པོ་སྣང་བ་སྟོང་པ་སྐྱེས། །དེ་ནི་ཏིང་འཛིན་ཉམས་ལེན་ཏེ། །ས་གཉིས་དག་ལས་སྐྱེ་བར་གསུངས། །ནང་གི་ཁྲོད་ནི་དྲུག་པ་ལ། །སྟོང་པ་རིག་བྱེད་དག་དུ་རྟོགས། །གཉིས་ཀའི་ཁྲོད་ནི་འདི་ལྟ་སྟེ། །བདུན་པ་དག་ལས་སྐྱེ་བར་གསུངས། །བརྒྱད་པ་བཟློད་པ་ཐོབ་པ་སྟེ། །དགུ་པ་རྩེ་མོ་མཐར་ཕྱིན་ནོ། །བཅུ་པ་འཇིག་རྟེན་ཆོས་ཀྱི་མཆོག །དེ་བཞིན་ས་བཅུ་ཐོབ་པར་འདོད། །དེ་ནི་བྱང་ཆུབ་ཐེག་པ་སྟེ། །སྟོང་པའི་ཚིག་མེད་ཡི་གེ་མེད། །ཅང་མེད་སྟོང་པར་འདོད་པའོ། །ཞེས་གསུངས་སོ། །བཞི་པ་བྱ་བའི་རྒྱུད་ཀྱི་ཐེག་པ་གཏན་ལ་དབབ་པ་ལ་ལྔ་ལས། ངོ་བོ་ནི། རང་བྱུང་གི་ཡེ་ཤེས་དབྱིངས་འོད་གསལ་གྱི་བདེན་པ་ཐད་དྲང་དུ་རྟོགས་པའི་ཐབས་མཆོག་ཏུ་གསལ་བ་བསྐྱེད་རྫོགས་ལྷུན་གྲུབ་ཀྱི་དབྱིངས་ལ་འཇལ་བའི་རྣམ་གྲངས་སོ། །ངེས་ཚིག་ནི། ཉོན་མོངས་པ་ལས་སྐྱོབ་པ་དང་བྱང་ཆུབ་མྱུར་དུ་འགྲུབ་པ་ལ་མཆོག་ཏུ་བསྔགས་པས་

སྤྱུགས་སོ། །དགོས་པ་ནི། དབང་པོ་རྣོན་པོས་རྣོན་པོ་མྱུར་དུ་གྲོལ་བར་བྱེད་པའོ། །འབྲས་བུ་ནི་ཚེ་གཅིག་གམ་བར་དོའམ་རྒྱུད་ནས་མགོན་པོ་རྡོ་རྗེ་འཆང་གི་མཆོག་འགྲུབ་པའོ། །དབྱེ་ན་གཉིས། ཕྱི་ཐུབ་པ་རྒྱུད་ཀྱི་ཐེག་པ་དང་། ནང་ཐབས་ཀྱི་རྒྱུད་ཀྱི་ཐེག་པའོ། །དེ་སྐད་རིག་པ་རང་ཤར་ལས། རྡོ་རྗེའི་ཐེག་པ་རྣམ་པ་གཉིས། །ཕྱི་མ་ཐུབ་པའི་རྒྱུད་དང་ནི། །ནང་པ་ཐབས་ཀྱི་རྒྱུད་དུ་གསུངས། །ཞེས་སྤྱུགས་ལ་རྒྱུད་དུ་འདོག་པ་ཅི་ཡིན་ཞེ་ན། གཙོ་བོར་གང་ཟག་གི་རྒྱུད་དབྱིངས་ཀྱི་འོད་གསལ་མཇལ་བ་ན། དེ་སྐད་ཅེས་བརྗོད་པ་ཡིན་ནོ། །དང་པོ་ལའང་དབྱེ་ན་གསུམ་སྟེ། བྱ་བ་རྒྱུད་ཀྱི་ཐེག་པ་ཀྲི་ཡ་དང་། སྤྱོད་པ་རྒྱུད་ཀྱི་ཐེག་པ་ཨུ་པ་ཡ་དང་། རྣལ་འབྱོར་རྒྱུད་ཀྱི་ཐེག་པ་ཡོ་གའོ། །རང་ཤར་ལས། ཕྱི་བའི་རྒྱུད་ལ་རྣམ་གསུམ་སྟེ། །ཀྲི་ཡ་ཨུ་པ་ཡོ་གའོ། །ཞེས་སོ། །དང་པོ་ནི་དག་པ་གསུམ་དང་། གཙང་སྦྲ་སྤྱོད་པའི་བདག་དང་ལྷ་གཉིས་རྗེ་དང་འབངས་ཀྱིས་ཚུལ་དུ་བསྒྲུབ་པས་དངོས་གྲུབ་ཐོབ་པར་འདོད་པའོ། །འདི་ལ་གཉིས། དག་པ་གཙོ་བོར་བྱེད་པ་དང་། དམིགས་པ་གཙོ་བོར་བྱེད་པའོ། །དང་པོ་ནི་ཁྲུས་དང་གཙང་སྦྲ་ལ་ལྟུགས་ནས། ལུས་དག་པ་སྐུའི་ལྷ་སྒོམ་སྟེ། ཁྲུས་གསུམ་བྱེད་པ་དང་། གོས་གསུམ་བརྗེ་བ་དང་། དཀར་གསུམ་ལ་བསྟེན་པ་དང་། མངར་གསུམ་ལ་བསྟེན་པ་ལ་སོགས་པའོ། །འོག་མ་ལས་འདི་འཕགས་ཚུལ་ནི། ཀུན་རྫོབ་སྣང་ཆོད་དུ་བརྟེན་པར་མི་འདོག་པར་དམིགས་པ་གསུམ་སྟེ་སྐུ་གཟུགས་བརྟེན་ལ་དམིགས་པའི་སྣང་བ་ཐམས་ཅད་གཟུགས་ཀྱི་ལྷར་གསལ་བཏབ་སྟེ། གཟུགས་མ་སྤྱངས་པའི་གཅིག་དང་དུ་མའི་མཐའ་ལ་མི་གནས། གསུང་ཡིག་འབྲུ་ལ་དམིགས་པའི་གྲགས་པ་

ཐམས་ཅད་ལྷའི་གསལ་བའི་སྣང་ཆོག་བརླམས་པར་གྱུར་ཏེ། མུ་བཞི་སྐྱེ་བ་འགོག་པ་ལ་མི་གནས་ཏེ་གྲགས་ཚད་ལྷའི་སྒྲའི་ལྷ་ལས་གཞན་མ་ཡིན། ཐུགས་ཕྱག་མཚན་ལ་དམིགས་པའི་དྲན་བསམ་ཐམས་ཅད་ཉིང་ངེ་འཛིན་གྱི་ལྷར་གསལ་བས། རྟོག་པ་ཐམས་ཅད་བསམ་གཏན་ལས་མི་འདའ་བས་རྟེན་འབྲེལ་ཆེན་པོ་ལ་མི་གནས་པས། ཀུན་རྫོབ་ཙམ་དུ་ཡང་མ་བྱུང་མ་སྐྱེས་པའོ། །དོན་དམ་པར་ཡི་དམ་གྱི་ལྷ་ཡེ་ཤེས་སེམས་དཔའ་དང་། བདག་དམ་ཚིག་སེམས་དཔའ་གཉིས་རྗེ་ཁོལ་གྱི་རྣམ་པ་ལྟར་བལྟས་པས། བར་ཆད་ཞི་ཞིང་དངོས་གྲུབ་ཐོབ་སྟེ། ཐུན་མོང་གིས་དངོས་གྲུབ་ལ་བརྟེན་ནས་ཀུན་རྫོབ་མི་སྤྱངས། མཆོག་གི་དངོས་གྲུབ་ལ་བརྟེན་ནས་དོན་དམ་པ་མི་བསླུབ་པའི་ཁྱད་པར་དུ་འཕགས་སོ། །དམིགས་པ་གཙོ་བོར་བྱེད་པ་ནི། བསྐྱེད་རིམ་དང་རྫོགས་རིམ་ཕྲ་མོ་འཕྲོ་འདུས་དམིགས་པ་ལྷ་སྒོམ་པ་སྟེ། གཟུགས་དང་། སྣང་དང་། རྟོག་ཚོགས་ལྷའི་སྐུ་གསུང་ཐུགས་སུ་དམིགས་པའོ། །དག་པའི་ལུས་ཡང་དག་གི་གཙང་སྣང་གཙོ་བོར་བྱེད་པ་ལས། དམིགས་པ་སེམས་ཀྱི་སྒོམ་པ་གཙོ་བོར་བྱེད་པ་ཡིན་ནོ། །དེ་ཡང་རིག་པ་རང་ཤར་ལས། ཀྲི་ཡ་ཐེག་པའི་གྲུབ་མཐའ་ནི། འཇུག་པའི་སྒོ་ནས་དག་པ་གསུམ། ཁྲུས་དང་གཙང་སྦྲ་འཇུག་པའོ། །བསྲུང་བའི་དམ་ཚིག་འདི་ལྟ་སྟེ། །ལུང་གཅིག་རྒྱུ་ལ་མི་བཏུང་ཞིང་། །མ་ཡེངས་དང་ལ་སྤྱོད་པའོ། །བྱ་བ་དག་པ་རྣམས་སུ་བྱེད། །དག་པ་རྣམས་སུ་གང་ཞེ་ན། །ལྷ་དང་དཀྱིལ་འཁོར་དག་པ་དང་། །རྫས་དང་ལོངས་སྤྱོད་དག་པ་དང་། །སྔགས་དང་ཉིང་འཛིན་དག་པ་འམ། །རྟོགས་པའི་ལྟ་བ་འདི་ལྟ་སྟེ། །ལྷ་དང་རྣལ་འབྱོར་དག་པ་གཉིས། །རྗེ་དང་འབངས་ཀྱིས་རྩལ་དུ་ལྟ། །སྤྱངས་བའི་རིམ་པ་འདི་ལྟ་

སྟེ། །ཤ་དང་ཉ་དང་སྒོག་པ་དང་། །དེ་བཞིན་ཆང་ལ་སོགས་པ་སྤངས། །ཏིང་ངེ་འཛིན་ལ་ཞེན་པའོ། །ཀྲི་ཡའི་ཐེག་པ་དེ་བཞིན་ནོ། །ཞེས་སོ། །ལྟ་བ་གཉིས་ཀའི་རྒྱུད་ཀྱི་ཐེག་པ་ཨུ་པ་ཡ་ན་ནི། སྤྱོད་པ་ཀྲི་ཡ་ལྟར་བྱེད་ལ། ལྟ་བ་ཡོ་ག་ལྟར་འདོད་པ་ནི། མ་ནིང་གི་ཐེག་པ་ཞེས་བྱའོ། །དེ་ཡང་ཁྲུས་དང་གཙང་སྦྲ་ལ་གནས་པ་སྒོ་གསུམ་དག་པར་བྱས་ནས་དམིགས་པ་མངོན་བྱང་ལྔ་ལ་སོགས་པའི་དཀྱིལ་འཁོར་རྒྱལ་མཆོག་ལ་སོགས་པ་བསྒྲུབ་པའོ། །དེ་ཡང་རིག་པ་རང་ཤར་ལས། ཨུ་པ་ཡ་ན་འདི་ལྟ་སྟེ། །ལྟ་བ་ཡོ་གར་ལྟ་བ་ལས། །སྤྱོད་པ་ཀྲི་ཡར་སྤྱོད་པའོ། །དེ་ཕྱིར་གཉིས་ཀ་རྒྱུད་ཅེས་གྲགས། །ཞེས་སོ། །དྲུག་པ་རྣལ་འབྱོར་རྒྱུད་ཀྱི་ཐེག་པ་ཡོ་ག་ནི། མངོན་བྱང་ལྔའི་སྒོ་ནས་བདག་དང་ལྷ་གཉིས་སྤུན་དང་གྲོགས་ལྟར་ལྟ་བའི་དམ་ཚིག་དང་གཙང་སྦྲར་སྤྱོད་པ་སྟེ། འབྲས་བུ་འཁོར་ལོ་ཚོགས་ཆེན་གྱི་ས་ཐོབ་པར་འདོད་པའོ། །དབྱེ་ན་ལས་གཙོ་བོར་བྱེད་པ་དང་། །ཏིང་འཛིན་གཙོ་བོར་བྱེད་པའོ། །དང་པོ་ནི་ཆོ་ག་བྱ་བའི་ལས་བྱེད་པ་སྟེ། ལས་རྒྱལ་ཆོག་དང་། དཀྱིལ་འཁོར་རྒྱལ་ཆོག་གཉིས་ལས། ལས་ལ། ལས་ཐོར་བུ་པ་དང་། ལས་རྒྱལ་ཆོག་ལ་བསྙེན་པ་གཉིས་ལས། འཐོར་བུ་པ་ནི་ཆོ་གའི་ཡན་ལག་གང་རུང་གཅིག་ལ་བསྙེན་ནས། བྱང་ཆུབ་འདོད་པ་སྟེ། མཆོད་པ་དང་གཏོར་མ་དང་། སྦྱིན་སྲེག་དང་། བསླེན་པ་ལྟ་བུ་གཅིག་ལ་རྒྱུན་དུ་འབད་པའོ། །ལས་རྒྱལ་མཆོག་ནི། དེ་ཐམས་ཅད་དཀྱིལ་འཁོར་བསྒྲུབ་པའི་ཡན་ལག་ཏུ་ཉམས་སུ་ལེན་པ་སྟེ། གཏོར་མ་དང་སྦྱིན་སྲེག་ལ་སོགས་པ་ལྔའམ་དྲུག་གིས་བྱང་ཆུབ་ཐོབ་པར་འདོད་པའོ། །དཀྱིལ་འཁོར་རྒྱལ་མཆོག་ནི། སའི་ཆོ་

ག་ནས་དབང་སྐུར་བའི་ཡན་ལ་བརྟེན་ནས་གང་ཟག་གཅིག་སངས་རྒྱས་བར་འདོད་པའོ། །ཏིང་འཛིན་གཙོ་བོར་བྱེད་པ་ནི། སྦྱོར་བ་དང་པོ་ཏིང་འཛིན་དང་། ཡོངས་སུ་དག་པའི་ཏིང་འཛིན་ལ་བསྟེན་ནས། ལྷ་གཅིག་སྒོམ་ཡང་རུང་། དཀྱིལ་འཁོར་འཁོར་ལོ་ཡང་རུང་སྟེ། མངོན་བྱང་ལྔས་བསྐྱེད་པ་ནི། གདན་ཉི་མ་དང་ཟླ་བ་ལ་བསྟེན་ནས། ཐབས་དང་ཤེས་རབ་མངོན་པར་བྱང་ཆུབ་པ་ནི། པདྨའི་སྟེང་དུ་བརྩེགས་མར་བསྒོམས་པ་ལས་བྱུང་བ་དང་། སྐུ་ཡོངས་སུ་རྫོགས་པར་རྒྱན་ཆའི་སྒོ་ནས་སྐྱེ་མཆེད་རྣམ་པར་དག་པར་མངོན་པར་བྱང་ཆུབ་པ་དང་། གསུང་ཡིག་འབྲུ་ཨ་ལི་ཀ་ལིའི་འཁོར་ལོ་ལ་བསྟེན་ནས། སྒྲ་ཚིག་མིང་གི་རྣམ་པ་མངོན་པར་བྱང་ཆུབ་པ་དང་། ཐུགས་ཕྱག་མཚན་རྡོ་རྗེ་དང་། འཁོར་ལོ་དང་རིན་པོ་ཆེ་ལ་སོགས་པའི་སྒོ་ནས་སོ་སོའི་རིགས་ཀྱི་སངས་རྒྱས་སུ་མངོན་པར་བྱང་ཆུབ་པ་དང་། རྣམ་དག་ཡེ་ཤེས་སེམས་དཔའི་སྒོ་ནས་ཆོས་ཉིད་རྣམ་པར་དག་པ་མངོན་པར་བྱང་ཆུབ་པ་དང་ལྷ་བསྒོམས་པ་ལས། ཕྱི་ཕུང་པོ་དང་འབྱུང་བ་ལྷ་རྣམ་པར་དག་པ་དང་། ནང་དུ་ལས་དང་ཉོན་མོངས་པ་ལྷ་རྣམ་པར་དག་པ་དང་། །གསང་བ་ཡུལ་དང་དབང་པོ་ལྷ་རྣམ་པར་དག་པ་ནས་རིགས་ལྔའི་སངས་རྒྱས་སུ་བདག་ཉིད་གྱུར་པ་ནི། ཡི་དམ་གྱི་ལྷ་དང་བདག་གཉིས་སྤྱན་དང་གྲོགས་པོ་ལྟར་བསྒོམས་པས་ལྷ་ལ་བཟང་རྒྱུ་མེད་པར་ཤེས་ཏེ། དངོས་གྲུབ་རང་ལ་བྱུང་བ་དང་། བདག་ལ་ངན་རྒྱུ་མེད་པར་རྟོགས་པས་ད་ལྟ་ཉིད་དུ་སྒྲུ་ལུས་ལྷའི་སྐུར་གསལ་བར་ནུས་པས་འོག་མ་ལས་ཁྱད་པར་འཕགས་སོ། །དེ་ཡང་སྐྱེ་རྒྱུའི་ལྷ་དང་བདག་གཉིས་སུ་མེད་པར་རྟོགས་པས། དོན་དམ་དང་ཀུན་རྫོབ་ཀྱི་མིང་མེད་པའོ། །དེ་ཡང་རང་ཤར་ལས། ཡོ་གའི་གྲུབ་མཐའ་འདི་ལྟ་སྟེ། འཇུག

པའི་སྒོ་ནི་མངོན་པར་བྱང་ཆུབ་ལྔ། །རྫོགས་པའི་ལྷ་བ་ལྷ་དང་གྲོགས་པོའི་ཚུལ། །བསྟུང་བའི་དམ་ཚིག་མ་ཁྲིལ་རྣམས་སུ་བསྟུངས། །སྤྱོད་པ་དག་ནི་དགག་སྒྲུབ་མེད་པའོ། །བྱང་ཆུབ་ལྔ་པོ་འདི་ལྟ་སྟེ། །གདན་གྱི་སྒོ་ནས་བྱང་ཆུབ་དང་། །སྐུ་ཡི་སྒོ་ནས་བྱང་ཆུབ་དང་། །ཕྱག་མཚན་སྒོ་ནས་བྱང་ཆུབ་དང་། །ཡིག་འབྲུའི་སྒོ་ནས་བྱང་ཆུབ་དང་། །ཚོས་ཉིད་རྣམ་དག་བྱང་ཆུབ་བོ། །དེ་ལྟར་བྱང་ཆུབ་ལྔ་པོ་སྤྱོད། །མ་ཁྲིལ་གསུམ་པོ་གང་ཞེ་ན། །ཡིད་དམ་ལྷ་ཡི་མ་ཁྲིལ་དང་། །སློབ་དཔོན་མཆེད་ཀྱི་མ་ཁྲིལ་དང་། །རང་གི་སེམས་ཀྱི་མ་ཁྲིལ་བའོ། །ལྷ་དང་རྣལ་འབྱོར་བདག་ཉིད་ཀྱང་། །སྤྱུན་དང་གྲོགས་པོའི་ཚུལ་དུ་འདོད། །ལྷ་ཡི་དཀྱིལ་འཁོར་བདག་དང་གཉིས་མེད་སྒོམ། །ལྷ་ཡང་བདག་ལས་བྱུང་ཞིང་ཐིམ་པར་འདོད། །བདག་དང་ལྷ་ཡི་འགྲོ་འདུས་འདོད་པའོ། །དོན་བདུན་པ་རྒྱུད་མ་ཧཱ་ཡོ་གའི་ཐེག་པ་ལས། འོག་མ་ལས་འཕགས་པའི་ཚུལ་དང་། འཕགས་ཚོས་ཀྱི་ཐེག་པ་ཉིད་བཤད་པ་གཉིས་ལས། དང་པོ་ནི། ཕྱི་བ་གསུམ་གྱི་དཀར་གསུམ་ལ་སོགས་པ་བསྟེན་ཞིང་ཁྲུས་དང་གཙང་སྦྲ་སྤྱོད་ཅིང་སྲུང་པར་གནས་པ་ལ་སོགས་པའི་བསྟུངས་ལ། ནང་བ་ཤ་ལྔ་བདུད་རྩི་ལ་སོགས་པ་སྤྱོད་ཅིང་རིག་མ་བརྟེན་པ་ལ་སོགས་པ་བླང་དོར་གཙང་སྨེ་མེད་པ་འཕགས་པ་དང་། འོག་མས་ལྷ་ཞལ་སྦྱོར་དུ་བསྒོམ་པར་མི་ནུས་ལ། ནང་བ་ནུས་པས་ཀྱང་འཕགས་པ་དང་། ཕྱིའི་ལྟ་བ་དབྱེར་མེད་མ་རྟོགས་ལ། ནང་པ་རྟོགས་པས་ཀྱང་འཕགས་པ་ཡིན་ནོ། །གཉིས་པ་ལ་ལྔ་ལས། ངོ་བོ་ནི་བདེན་པ་དབྱེར་མེད་དམ། དག་མཉམ་ཡེ་ཤེས་ཀྱི་རོལ་པ་ཚེ་གཅིག་གིས་གྲོལ་བ་འཐོབ་པའི་རང་བཞིན་ནོ། །ངེས་ཚིག་ནི། ཚོགས་ཆུང་ངུའི་ཐབས་ཀྱིས་དོན

ཆེན་པོ་འགྲུབ་པའི་ཕྱིར་ནང་བ་ཐབས་ཀྱི་ཐེག་པའོ། །དགོས་པ་ནི་ཚེ་གཅིག་གིས་དངོས་གྲུབ་གཉིས་ཐོབ་པར་བྱེད་པའོ། །འབྲས་བུ་ནི་ཚེ་འདི་ཉིད་དུ་རྡོ་རྗེ་འཆང་གི་སར་བགྲོད་པའོ། །དེ་ཡང་དབྱེ་ན། རྒྱུད་མ་ཧཱ་ཡོ་ག ལུང་ཨ་ནུ་ཡོ་ག རྫོགས་པ་ཨ་ཏི་ཡོ་ག་དང་གསུམ་སྟེ། རང་ཤར་ལས། ནང་པ་པ་ནི་གསུམ་དུ་འདོད། མ་ཧཱ་ཨ་ནུ་ཨ་ཏིའོ། །ཞེས་སོ། །དེ་ལ་རྒྱུད་ལ་མ་ཧཱ་ཡོ་གའི་ཐེག་པ་ནི། ཐབས་བསྐྱེད་པའི་རིམ་པ་གཙོ་བོ་ཏིང་འཛིན་གསུམ་གྱི་སྒོ་ནས་བདེན་པ་དབྱེར་མེད་ཆེན་པོ་གསལ་སྟོང་འོད་གསལ་གྱི་ཡེ་ཤེས་སྒོམ་པའོ། །དབྱེ་ན་གཞི་ལམ་འབྲས་བུ་གཙོ་བོ་དང་། སྣ་ཚོགས་ལམ་འགྱུར་དུ་འདོད་པའི་ལུགས་དང་གསུམ་ལས། དང་པོ་ནི། གཞི་བསལ་བར་བྱ་བའི་རྒྱུད་ཡིན་པས། སེམས་ཉིད་དོན་དམ་སྤྲོས་བྲལ་ཆེན་པོ་ཁྱད་པར་དུ་བྱས་པའི་འབད་རྩོལ་བྱར་མེད་པ་ཆེ་བ་ཉིད་དོ། །དེ་ཡང་ངོ་བོའི་གཞིའི་སེམས་དང་གཉིས་སུ་མེད་པ་གསེར་དང་དེའི་སེར་པོ་གཉིས་སུ་མེད་པ་བཞིན། བརྟགས་གཞིའི་མིང་གི་རྣམ་གྲངས་ལ་བརྟེན་ནས་གནས་སྐབས་གཏན་ལ་འབེབས་པར་བྱེད་པའོ། །གཞིའི་བསྒྲུབ་བྱ་སྟེ་སྒྲུབ་པ་སེམས་ཀྱི་མཚན་ཉིད་ཉེ་བར་རྟོགས་པའོ། །དེ་ཡང་གཞིའི་གནས་དང་། རང་གྲོལ་གྱི་ཏིང་ངེ་འཛིན་གྱི་ཁྱད་པར་བྱས་པའོ། །ལམ་གསལ་བར་བྱེད་པ་སྟེ། མངོན་པར་རྟོགས་པའི་ལམ་གནས་པས་གྲུབ་ལ། གྲུབ་པས་སྒྲུབ་པ་སྟེ། ཏིང་ངེ་འཛིན་རྣམ་འགྱུར་གྱི་ལམ་ཞེས་བྱའོ། །གོ་རིམ་འཇུག་པའི་རྣམ་གྲོལ་གྱི་ལམ་ནི། མཐུན་བྱ་རྣལ་འབྱོར་ཀྱི་ལམ་སྐྱེ་པའི་རིམ་པ་ལ་བརྟེན་ནས། རྣལ་འབྱོར་ཆེན་པོའི་ལུགས་སུ་འཇུག་པ་དང་རྟོགས་པ་དང་གྲོལ་བར་འདོད་པའོ། །འབྲས་བུ་གསལ་བར་བྱས་པ་སྟེ། སྨིན་པ་སེམས་ཀྱི་འབྲས་བུ་སྣ་ཚོགས་སུ་སྣང་ལ་སྣ་ཚོགས་སུ་

གྲོལ་བ། རང་བྱུང་གི་ཡེ་ཤེས་ཞེས་བྱའོ། །སྨིན་པ་ཆོས་ཉིད་ཀྱི་འབྲས་བུ་འབད་རྩོལ་གྱིས་བསྒྲུབ་ཏུ་མེད་པ། སངས་རྒྱས་ཀྱི་རྣམ་པ་ཐམས་ཅད་མཁྱེན་པའི་ཡེ་ཤེས་ཞེས་བྱའོ། །དེ་ཡང་གཞིའི་བསྒྲུབ་བྱ་ལ་བརྟེན་ནས། བསྒྲུབ་པ་ལམ་སྒྲུབ་བྱེད་མངོན་དུ་གྱུར་པ་ན་རྟོགས་པ་ཆེན་པོ་སྦྱོར་ཞེས་བྱ་ལ། འབྲས་བུ་རང་བསྒྲུབ་པའི་སངས་རྒྱས་ཀྱི་ཐུགས་རྣམ་པར་དག་པའི་ཡེ་ཤེས་ཞེས་བྱའོ། །བསྒྲུབ་པ་གཙོ་བོ་འདོད་པའི་ལུགས་ནི། དབྱེ་བ་སྐུའི་བསྒྲུབས་པའི་འཇམ་དཔལ་གྱི་དཀྱིལ་འཁོར་གྱི་འཁོར་ལོ་ལམ་དུ་འཁྱེར་བ་དང་། གསུང་གི་བསྒྲུབ་པའི་པདྨའི་རིགས་ཀྱི་སངས་རྒྱས་སུ་བྱེད་པ་དང་། ཐུགས་ཀྱི་བསྒྲུབ་པ་ཁྲག་འཐུང་རྡོ་རྗེའི་རིགས་ཀྱི་སངས་རྒྱས་སུ་བྱེད་པ་དང་། ཡོན་ཏན་བསྒྲུབ་པ་རིན་པོ་ཆེའི་རིགས་ཀྱི་སངས་རྒྱས་སུ་བྱེད་པ་དང་། འཕྲིན་ལས་ཀྱི་བསྒྲུབ་པ་ལས་ཀྱི་རིགས་ཀྱི་སངས་རྒྱས་སུ་བསྒྲུབ་པའོ། །དེ་དག་གི་ངོ་བོ་བསྒྲུབ་པ་སོ་སོའི་ལྷ་དང་གཉིས་སུ་མེད་པར་ཏིང་འཛིན་གསུམ་གྱིས་འཇུག་པར་བྱེད་པའོ། །ངེས་ཚིག བསྒྲུབ་པ་ལ་བསྟེན་ནས་དཔལ་བོ་གཅིག་གི་དཀྱིལ་འཁོར་གྱི་འཁོར་ལོ་མངོན་པར་བསྒྲུབ་པར་བྱེད་པ་ལས། དགོངས་པ་ལམ་བསྒྲུབ་པར་འབྲས་བུ་མངོན་དུ་བྱེད་པའོ། འབྲས་བུ་སོ་སོའི་རིགས་ཀྱི་སངས་རྒྱས་སུ་འགྱུར་བའོ། །སྔ་ཚོགས་ལམ་གྱུར་དུ་འདོད་པ་ནི། ཐོར་བུ་པ་དང་། ཕྲ་མོ་དང་། དྲ་བ་བསྟེན་པ་ལུགས་མང་ཡང་རྒྱུད་དང་ནོ་བི་ཀ་གཉིས་སུ་འདུ་བ་ཡིན་ནོ། །རྒྱུད་ལ་བསྐྱེད་པའི་རིམ་པ་གཙོ་བོ་དང་། རྫོགས་རིམ་གཙོ་བོ་དང་། ཟུང་འཇུག་གཙོ་བོར་འདོད་པ་སྟེ། ཆ་རྫོགས་སུ་འདོད་པ་དང་། ཆ་ཤས་དུམ་བུར་འདོད་པ་ལ་སོགས་པ་མང་ངོ་། །ནོ་བི་ཀ་ལ་གཉིས་ལས། སྭ་ཏྲ་ནོ་བི་སེམས་གཙོ་བ། ཡན་ལག་དང་བཅས་ནས་བསྒྲུབ་པ་

དང་། མ་ཧྨལ་ཎོ་ཐི་ཀ་དཀྱིལ་འཁོར་གྱི་འཇུག་པ་དང་བཅས་ནས་བསྒྲུབ་པའོ། །དེ་དག་གི་ངོ་བོ་ཀུན་རྫོབ་ཙམ་དུ་ཡང་དག་པའི་ཀུན་རྫོབ་ཀྱི་གནས་སྐབས་ཙམ་དུ་ཡང་དག་པའི་ཀུན་རྫོབ་ཀྱི་གནས་སྐབས་ཀྱི་ཕྱི་སྣོད་ཀྱི་འཇིག་རྟེན་གཞལ་ཡས་ཁང་དུ་བལྟ་ལ། རྟེན་པ་བཅུད་ཀྱི་སེམས་ཅན་ལྷ་དང་ལྷ་མོའི་དཀྱིལ་འཁོར་དུ་བལྟས་པས། འགྲོ་བ་ཐམས་ཅད་ལྷ་དང་ལྷ་མོའི་གཟུགས་སུ་མཐོང་ནས། ཡི་དམ་གྱི་ལྷ་ལ་སྲོག་གཅོད་པ་དང་། རྫུན་ལ་སོགས་མི་དགེ་བ་མི་བྱེད་པའི་དགོས་པ་ཡོད་པ་དང་། ཆེད་དུ་ཡིད་ལ་བྱ་བའི་ཆོས་མེད་པ་དང་། དོན་དམ་པར་ཅིའི་ངོ་བོར་ཡང་མ་གྲུབ་དང་། བདེན་པ་ཡ་བྲལ་དུ་མ་སོང་བ་དང་། ཟུང་འཇུག་དབྱེར་མེད་དུ་རྟོགས་པའི་ཕྱི་བ་ལས་འཕགས་ཏེ་དོན་དམ་པར་ལྷ་ཡང་མེད་པས་དངོས་པོ་དང་མཚན་མ་མེད་ལ། ཀུན་རྫོབ་ཙམ་དུ་སྣང་བྱ་ཕུང་པོ་དང་ཁམས་ལ་སོགས་པ་ལྷ་དང་ལྷ་མོའི་དཀྱིལ་འཁོར་དུ་བྱས་པས། ཕུང་པོ་ལྔ་དང་། འབྱུང་བ་ལྔ་དང་། ཡུལ་ལྔ་དང་། དབང་པོ་ལྔ་དང་། ཉོན་མོངས་པ་ལྔ་ལ་སོགས་པ་སྦྱང་ལ། དོན་ལ་སྦྱང་གཞི་དབྱིངས་རང་བཞིན་རྣམ་དག་གི་སྟེང་ནས། །སྦྱང་བྱ་ཕུང་པོའི་ཁམས་དང་གཟུང་འཛིན་ལ་སོགས་པ། །སྦྱོང་བྱེད་བསྐྱེད་རྫོགས་ཐབས་ཀྱི་རིམ་པ། སྦྱང་འབྲས་སྐུ་དང་ཡེ་ཤེས་སུ་གྲུབ་པ་ཙམ་ཡང་མེད་པར་རྟོགས་པ་ཡིན་ནོ། །འདི་དག་ཀྱང་རང་ཤར་ལས། ཀྱེ་མ་གསང་བདག་ངེས་པར་ཟུང་། །མ་ཧཱའི་གྲུབ་མཐའ་འདི་ལྟ་སྟེ། །འཇུག་པའི་སྒོ་ནི་ཏིང་འཛིན་རྣམ་པ་གསུམ། །རྟོགས་པའི་ལྟ་བ་ཅིར་སྣང་ལྷ་རུ་རྟོགས། །བསྒྲུབ་པའི་དམ་ཚིག་རྩ་བ་སྐུ་གསུང་ཐུགས། །འབྲས་བུ་ཐབས་དང་ཤེས་རབ་འདུ་བྲལ་མེད། །ཏིང་འཛིན་རྣམ་གསུམ་འདི་ལྟ་སྟེ། །དེ་བཞིན་ཉིད་ཀྱི་ཏིང་ངེ་འཛིན། །རྟོག་མེད་ས་

ལེ་སང་ངེའོ། །ཀུན་ཏུ་སྣང་བའི་ཏིང་ངེ་འཛིན། །གསལ་ལ་མ་ཡེང་རྩོལ་དུ་སྒོམ། །དེ་བཞིན་རྒྱུ་ཡི་ཏིང་ངེ་འཛིན། །ཧཱུྃ་ལ་སེམས་དཔའ་སུམ་བརྩེགས་སྒོམ། །བདག་ཉིད་དམ་ཚིག་སེམས་དཔའ་ལ། །ཕུན་སུམ་ཚོགས་པའི་གཞི་དང་ལྡན། །ཏིང་འཛིན་ཡིག་འབྲུ་སེམས་དཔའ་ལ། །གསལ་བ་རྣམ་པ་གསུམ་དང་ལྡན། །ཡེ་ཤེས་སེམས་དཔའ་རྣམ་གཉིས་སྟེ། །ཞི་བ་དང་ནི་ཁྲོ་བོའོ། །རྒྱུ་ཡི་ཏིང་འཛིན་འདི་ལྟ་སྟེ། །ཡཾ་དང་རཾ་དང་ཁཾ་དང་ནི། །ར་དང་སུཾ་དང་གཾ་དང་ནི། །སཾ་དང་ཨ་དང་མ་དང་ནི། །ཧཱུྃ་དང་ཕཊཿ ལ་སོགས་པ་ཡི། །ཡིག་འབྲུའི་འོད་ཟེར་བསམ་མི་ཁྱབ། །རབ་ཏུ་སྤྲུལ་ནས་ང་རྒྱལ་ལྡན། །རྣམ་པ་ལྔ་དང་སྡོང་པའོ། །དེ་ནི་ཏིང་འཛིན་གསུམ་དུ་འདོད། །དམ་ཚིག་རྣམ་གསུམ་འདི་ལྟ་སྟེ། །སྐུ་ཡི་སྒོ་ནས་སྲོག་གཅོད་སྤང་བར་བྱ། །མ་བྱིན་ལེན་དང་མི་ཚངས་སྤྱོད་པ་སྤངས། །གསུང་གི་སྒོ་ནས་རྫུན་དང་ཕྲ་མ་སྤངས། །ཚིག་རྩུབ་དང་ནི་དེ་བཞིན་འཁྱལ་པ་སྤངས། །ཐུགས་ཀྱི་སྒོ་ནས་བརྣབ་སེམས་གནོད་སེམས་སྤངས། །ལོག་པར་ལྟ་བ་རབ་ཏུ་སྤང་བར་བྱ། །ཐབས་དང་ཤེས་རབ་འདུ་བྲལ་མེད་པར་རྟོགས། །མ་ཧཱ་ཡོ་གའི་གྲུབ་མཐའ་དེ་བཞིན་འདོད། །ཅེས་སོ། །བརྒྱད་པ་ལུང་ཨ་ནུའི་ཡོ་གའི་ཐེག་པ་ནི། །དབྱིངས་དང་ཡེ་ཤེས་གཉིས་སུ་མེད་པ་སྤྲོས་བྲལ་མཐའ་གང་དུ་ཡང་མི་གནས་པས་རྫོགས་རིམ་ཤེས་རབ་གཙོ་བོའི་སྒོ་ནས་བསྒྲུབ་པའོ། །དབྱེ་ན་ལུང་དང་། མདོ་གཉིས་ལས། ལུང་ལ་བསྟེན་པའི་ལུང་། སེམས་དང་སེམས་ལས་བྱུང་བར་འདོད་པ་དང་། བརྗོད་པའི་ལུང་། ཚིག་དང་ཐ་སྙད་ཀྱི་གཞི་མར་འདོད་པའོ། །མདོ་ནི་སྒྱུ་འཕྲུལ་གཞི་ལམ་ལས་ཁྱད་པར་དུ་གྱུར་པ་ཡེ་ཤེས་རྣམ་པ་

གློག་གི་འཁོར་ལོ་ལྟ་པ་གཞི་ལམ་དག་ཏུ་སྨྲ་བ། ཕུར་བ་ཐལ་འབྱིན་གྱི་དོན་ངེས་པར་མཆོན་པ་དུར་ཁྲོད་ཁྲ་བྱུག་རོལ་པ་ཡེ་ཤེས་ཐོད་རྒྱལ་དུ་སྨྲ་བ་དང་། དཔལ་ཆེན་པོའི་ཕྱག་རྒྱ་ཡང་དག་པ་ལས་ཁྱད་པར་འཕགས་པ་ཀུན་འདུས་རིག་པའི་མདོ་ལས། ཡང་དག་པ་ལམ་གྱུར་དབྱིངས་སུ་སྨྲ་བ་དང་། ཨ་ནུའི་རང་གཞུང་མངོན་པར་རྫོགས་པའི་སངས་རྒྱས་ཐམས་ཅད་ཀྱི་དགོངས་པ་འདུས་པའི་མདོ་དབྱིངས་དང་ཡེ་ཤེས་གཉིས་མེད་དུ་སྨྲ་བ་དང་། སེམས་དང་ཡེ་ཤེས་ཀྱི་མཚན་ལས་ཁྱད་པར་དུ་སེམས་ལུང་ཆེན་པོ་ཡི་གེ་རྣམ་དག་གི་མདོ་དབྱིངས་དང་ཡེ་ཤེས་གཅིག་ཆར་དང་། རིམ་གྱིས་དང་། ཐར་ཆགས་དང་། ཐོད་རྒྱལ་དུ་སྨྲ་བ་དང་ལྔའོ། །དེ་ལྟར་བློ་བྲལ་ཕྱག་རྒྱ་ཆེན་པོ་དབྱིངས་དང་ཡེ་ཤེས་བདེ་སྟོང་བྱང་ཆུབ་སེམས་དཔའི་ཐེག་པའོ། །འདི་དག་ཀྱང་། རིག་པ་རང་ཤར་ལས། ཀྱེ་མ་རྡོ་རྗེ་འཛིན་པ་ཉོན། །ལུང་ཆེན་ཨ་ནུའི་ཐེག་པ་ནི། དབྱིངས་དང་ཡེ་ཤེས་རྣམ་པ་གཉིས། །འདུ་བྲལ་མེད་པའི་རྡོ་རྗེ་འདོད། །འཇུག་པའི་སྒོ་ནི་གཅིག་ཆར་རིམ་པའོ། །རྫོགས་པའི་ལྟ་བ་འདུ་བྲལ་མེད་པའོ། །གཅིག་ཆར་འཇུག་པ་གང་ཞེ་ན། །ལྷ་རྣམས་མ་བསྐྱེད་སླེང་པོ་དྲན་པས་རྫོགས། །རིམ་གྱིས་འཇུག་པ་གང་ཞེ་ན། །དབྱིངས་དང་ཡེ་ཤེས་རིམ་བཞིན་ཞུགས་ནས་ནི། །རྡོ་རྗེ་འཛིན་གྱིས་ལ་འབྲས་བུ་ཐོབ། །བསྒྱུངས་བའི་དམ་ཚིག་འདི་ལྟ་སྟེ། །གསང་སྔགས་དོན་སྟོན་རྟག་ཏུ་བཀུར་བར་བྱ། །གསང་སྔགས་སྟོན་པའི་སློབ་དཔོན་ལ། །ཅིས་ཀྱང་འགྲོར་བའི་མཆོད་པར་འབུལ། །སློབ་དཔོན་དང་ནི་དེ་བཞིན་དག །ཁྱད་མེད་གཅིག་གི་ངོ་བོར་བསྟེན། །མདོར་བསྡུས་དབྱིངས་དང་ཡེ་ཤེས་སོ། །ལུང་ཆེན་ཨ་ནུའི་གྲུབ་མཐའོ། །ཞེས་ཆོས་ཐམས་ཅད་ཡེ་ནས་

དཀྱིལ་འཁོར་དུ་སངས་རྒྱས་པའི་དབྱིངས་དང་ཡེ་ཤེས་བདེན་པ་དབྱེར་མེད་གཅིག་གི་ངང་ནས་ཁམས་བདེ་བ་ཆེན་པོ་ཁྲ་མོའི་རྣལ་འབྱོར་ལ་དངོས་གྲུབ་འདོད་པའོ། །དགུ་པ་ཨ་ཏི་ཡོ་གའི་ཏན་ཏྲ་སྡེ་གཉིས་མེད་རྫོགས་པ་ཆེན་པོ་ནི། ཆོས་ཐམས་ཅད་ཡེ་ནས་བྱང་ཆུབ་ཀྱི་སེམས་སུ་རྫོགས་པའི་སྤང་བླང་བྱ་རྩོལ་མེད་པའི་ཆོས་ཉིད་སྐུ་གསུམ་ལྷུན་གྲུབ་ཆེན་པོར་ཡེ་ནས་གྲོལ་ཏེ། རང་བྱུང་གི་ཡེ་ཤེས་ལ་ཕྱོགས་དང་རིས་མེད། རྟག་ཆད་འཕོ་འགྱུར་མེད་པ་ལ་ཟློས་པ། གཞི་ལམ་འབྲས་བུའི་ཐ་སྙད་ལས་འདས་ཏེ། དུས་བཞི་ཆོས་ཉིད་ཀྱི་འཁོར་ལོ་དང་མི་འབྲལ་བའི་ཆོས་ཉིད་ཀྱི་ཕྱོགས་ཡན་ཆེན་པོ་རང་ཤར་ཏེ། འཁོར་འདས་སེམས་ལས་མེད་པར་ཐག་ཆོད། རྟག་ཆད་ཀྱིག་ལས་འདས་པར་སྨུན་ཕྱུང་། ཁམས་གསུམ་ཡང་གྲོལ་ཆེན་པོ་འུབ་ཆུབ། གང་སྣང་ཐུག་ཕྲད་ཡེ་གྲོལ་དུ་དམིགས་རྐྱེན། རང་ཤར་ཆོས་སྐུ་ཟང་མར་གདིངས་ཆོས། སྣང་སེམས་ཆོས་ཟད་བློ་འདས་གཟེར་ཐེབ་སྟེ། ཡུལ་ཆོས་ཉིད་ཀྱི་རོལ་པ་ལས། ཡུལ་ཅན་ཡེ་ཤེས་ཀློང་རྡོལ་བའི་འཁོར་འདས་བྱང་ཆུབ་སེམས་ཀྱི་དཀྱིལ་འཁོར་དུ་སངས་རྒྱས་པའི་དོན་ལ་གཞན་དུ་མི་འགྱུར་བའི་ཡེ་ཤེས་སུ་འགག་བཅིངས་པས། མ་བྱས་པའི་ཡེ་བསྒྲོད། རྒྱུ་འབྲས་ལ་བཟློས་པ་ཆོས་ཉིད་དུ་བཟུང་སྟེ། དངོས་གྲུབ་རང་ཆས་ཆོས་སྐུ་ལས་མི་འདའ་བར་འདོད་ལ། དེ་དག་ཀྱང་སེམས་སྡེ། ཀློང་སྡེ། མན་ངག་གི་སྡེའི་གནས་ཆེན་པོ་གསུམ་གྱིས་བཅིངས་པའི་རང་བཞིན་དུ་བཞག་གོ གསང་སྔགས་ནང་པ་གསུམ་པོ་དེ་ཡང་དང་པོ་དང་བར་པ་ཡོངས་སུ་རྫོགས་པའི་ཚུལ་གྱིས་གཞི་ལམ་འབྲས་བུའི་ཚུལ་གྱི་བདག་ཉིད་ཆེན་པོ་གཅིག་ཏུ་གཞུགས་པ་ནི། སེནྡྷི་རྩལ་རྫོགས་ལས། བསྐྱེད་པ་མ་ཧཱ་ཡོ་ག་ནི་ཆོས་ཐམས་ཅད་ཀྱི་གཞི་ལྟ་བུའོ། །ལུང་

ཨ་ནུ་ཡོ་ག་ནི་ཆོས་ཐམས་ཅད་ཀྱི་ལམ་ལྟ་བུའོ། །རྫོགས་པ་ཨ་ཏི་ཡོ་ག་ནི་ཆོས་ཐམས་ཅད་ཀྱི་འབྲས་བུ་ལྟ་བུའོ། །ཞེས་སོ། །དེ་དག་ནི་ཐེག་པ་སྤྱི་དང་བྱེ་བྲག་གི་བཤད་པ་སྟེ། སྐྱེས་བུ་བློ་དང་ལྡན་པ་རྣམས་ཀྱིས་ཐོས་པ་ཡང་དག་པ་སྒྲུང་དགོས་སྟེ། ཐོས་པ་མེད་པའི་བསྒོམ་པ་དེ། །ལག་རྡུམ་བྲག་ལ་འཛེགས་པ་དང་། །མ་ལག་རྡུམ་གྱི་བུ་རྒྱུས་འཁྲེར་བ་བཞིན། བསམ་པ་ཡོད་ཀྱང་སྒྲུབ་པར་དཀའ། དེ་ཡང་ཐོས་པའི་ཚོམས་ལས། ཐོས་པ་མང་ཞིང་འཛིན་པ་དང་། །ཤེས་རབ་ལྡན་ཞིང་མཉམ་བཞག་པ། །འཛམ་བུ་གླིང་གི་གསེར་རྒྱན་བཞིན། །དེ་དག་སུས་ཀྱང་སྨད་འོས་མིན། །ཞེས་དང་། སྐྱེས་རབས་ལས། ཐོས་པ་མ་རིག་མུན་སེལ་སྒྲོན་མེ་སྟེ། །རྐུན་པོ་ལ་སོགས་མི་འཕྲོག་ནོར་གྱི་མཆོག །ཀུན་ནས་རྨོངས་པའི་དགྲ་འཛོམས་མཚོན་ཆ་སྟེ། །ཐབས་ཚུལ་མན་ངག་སྟོན་པ་གྲོགས་ཀྱི་མཆོག །དཔལ་དང་གྲོགས་དང་གཏེར་གྱི་མཆོག་ཀྱང་ཡིན། །ཡ་རབ་རྣམས་དང་འཕྲད་ན་སྐྱེས་ཀྱི་མཆོག །ཚོགས་ཀྱི་ནང་ན་མཁས་པ་དགའ་བར་བྱེད། །ཕས་ཀྱི་རྒོལ་བར་ཉི་མའི་དཀྱིལ་འཁོར་བཞིན། །ཞེས་དང་། སློབ་དཔོན་དབྱིག་གཉེན་གྱི་ཞལ་སྔ་ནས། ཚུལ་གནས་ཐོས་དང་བསམ་ལྡན་པས། །སྒོམ་པ་ལ་ནི་རབ་ཏུ་སྦྱོར། །ཞེས་དང་། ཐོས་པ་དྲི་མེད་སྒྲུང་དགོས་ཏེ། ཐོས་པས་སྡིག་ལས་ལྡོག་དགོས་དགེ་ལ་སྦྱོར། དགེ་བ་དང་ནི་སྡིག་པའི་ལས་རྣམས་མ་ཐོས་པས་ཤེས་པར་མི་ནུས། ཐོས་པས་མྱ་ངན་ལས་འདའ་བར་སྟོན། དེ་ལ་སོགས་པའི་ཡོན་ཏན་མཐའ་ཡས་པར་གསུངས་སོ། །གཉིས་པ་གསང་སྔགས་རྡོ་རྗེ་ཐེག་པའི་ཁྲིད་ཀྱི་རིམ་པ་ལ་དྲུག དེ་ཡང་དང་པོ་ནི་དཔལ་འབྱོར་རྙེད་དཀའི་བསམ་པ་ནི། གང་ཞིག་མཐའ་མེད་པའི་འཁོར་

བར་སྐྱེ་ཤིའི་རྒྱུ་བོས་འཁྲིར་བ་ལས། ད་རེས་དལ་འབྱོར་གྱི་གྲུ་རྙེད་ནས་འཁོར་བའི་ཕ་རོལ་དུ་ཕྱིན་པ་ཡོད་པ་འདི་ཤིན་ཏུ་རྙེད་དཀའ་བ་ཞིག་རྙེད་པས་སྤྲོ་བ་ཆེར་བྱས་ཏེ། ཆོས་ལ་སྦྱོང་བ་རིགས་སོ། །དེ་ཡང་མི་ཁོམ་བརྒྱད་ལས་ལོག་པའི་དལ་བ་རྙེད་པར་དཀའ་ཞིང་མིར་གྱུར་པ་དང་དབང་པོ་ཚང་བ་ཡང་རྙེད་དཀའ་སྟེ། བྲམ་ཟེ་རྒྱལ་བ་དྲོད་ཀྱི་སྐྱེ་མེད་ཀྱི་རྣམ་པར་ཐར་པ་ལས། མི་ཁོམ་པ་བརྒྱད་ལས་ལོག་པ་ཡང་རྙེད་པར་དཀའོ། །དལ་བ་ཕུན་སུམ་ཚོགས་པ་ཡང་རྙེད་པར་དཀའོ། །མིར་གྱུར་པ་ཡང་རྙེད་དཀའོ། །དབང་པོ་ཚང་བ་ཡང་རྙེད་པར་དཀའོ། །ཞེས་སོ། །མཐུན་པར་གྱུར་པའི་ཡུལ་བཟང་པོ་ཆོས་དར་བའི་ས་ཕྱོགས་དང་། བདག་ནི་སྟོན་སྨོན་པའི་ཆོས་ལ་གྱུར་པ་དང་། བསོད་ནམས་སྟོབས་སྦྱང་པའི་ལས་འཕྲོ་ཆོས་ལ་སད་པ་དང་། བླ་མ་དགེ་བའི་བཤེས་གཉེན་དམ་པར་འཕྲད་ནས་དེ་ལ་བསྟེན་ནས་ཡོད་པ་རྣམས་ནི་འཁོར་ལོ་ཆེན་པོ་རྙེད་པར་དཀའོ། །བཤེས་སྤྲིང་ལས། མཐུན་པར་གྱུར་པའི་ཡུལ་དུ་གནས་པ་དང་། །སྐྱེས་བུ་དམ་པ་ལ་ནི་བསྟེན་པ་དང་། །བདག་ཉིད་ལེགས་སྨོན་སྟོན་ཡང་བསོད་ནམས་བགྱིས། །འཁོར་ལོ་ཆེན་པོ་བཞི་ནི་ཁྱོད་ལ་མངའ། །ཞེས་སོ། །ལས་ཀྱི་མཐའ་མ་ལོག་པར་རྟག་ཏུ་དགེ་བ་བྱེད་པ་ཡང་རྙེད་པར་དཀའ། བསྟན་པ་གནས་པ་ལ་དད་པས་ཞུགས་པ་ཡང་རྙེད་པར་དཀའོ། །གྲོགས་དམ་པ་ཆོས་བཞིན་སྤྱོད་པ་མང་པོ་དང་འགྲོགས་སུ་ཡོད་པ་ཡང་རྙེད་པར་དཀའ། དེས་ན་དེ་ལྟ་བུའི་དལ་བ་རྙེད་དུས་འདིར་ཆོས་མ་བྱས་ན། ཕྱི་མ་ལ་འདི་ལྟ་བུའི་དལ་བ་རྙེད་པར་དཀའ་ཞིང་། ཆོས་དང་འཕྲད་པར་ཡང་དཀོན་པར་འགྱུར་ཏེ། སྤྱོད་འཇུག་ལས། དལ་འབྱོར་འདི་ནི་ཤིན་ཏུ་རྙེད་པར་དཀའ། །སྐྱེས་བུའི་དོན་སྒྲུབ

ཐོབ་པར་གྱུར་པ་ལ། །གལ་ཏེ་འདི་ལ་ཕན་པ་མ་བསྒྲུབས་ན། །ཕྱིས་འདི་ཡང་དག་འགྱོར་པར་ག་ལ་འགྱུར། །ཅེས་སོ། །དེ་དག་རྙེད་དཀའ་བའི་རྒྱུ་མཚན་བསམ་པ་ལ། དང་པོ་མི་ཁོམ་པ་ལ་བསམ་ཞིང་རྙེད་དཀའ་བ་ནི། ཡིད་བཞིན་རིན་པོ་ཆེའི་མཛོད་ལས། དམྱལ་བ་ཡི་དྭགས་དུད་འགྲོ་ཚེ་རིང་ལྷ། །ཀླ་ཀློ་ལོག་ལྟ་སངས་རྒྱས་ཀྱིས་སྟོང་པ། །ལྐུག་པ་འདི་བརྒྱད་ཆོས་ཀྱི་སྐྱོད་མ་གྱུར། །ཅེས་དེ་ཡང་ཆོས་བྱ་བར་མི་ཁོམ་པས་མི་ཁོམ་པའི་གནས་ཞེས་བྱའོ། །འདི་ལ་རང་རྒྱུད་རྐྱེན་གྱི་མི་ཁོམ་པའི་གནས་བརྒྱད་དང་། འཕྲལ་བྱུང་རྐྱེན་གྱི་མི་ཁོམ་པའི་གནས་བརྒྱད་ཡོད་པ་ལས། དང་པོ་བརྒྱད་ནི། དམྱལ་བ་དང་། ཡི་དྭགས་དང་། དུད་འགྲོ་གསུམ་ནི་རང་རང་གི་སྡུག་བསྔལ་གྱིས་མནར་ནས་བྲེལ་བས་མི་ཁོམ་ལ། ལྷ་ཚེ་རིང་པོ་ནི་ཐོས་བསམ་གྱི་རྐྱེན་འགག་པས་མི་ཁོམ། ཀླ་ཀློ་ནི་ཆོས་ཀྱི་སྣང་བ་མེད་པས་མི་ཁོམ། །ལོག་པར་ལྟ་བ་མུ་སྟེགས་ཅན་གྱི་ལྟ་བ་ལོག་པས་མི་ཁོམ། སངས་རྒྱས་ཀྱིས་སྟོང་པ་མུན་པའི་བསྐལ་བ་ལ་སྐྱེ་བ་རྣམས་ནི་དཀོན་མཆོག་གསུམ་གྱི་སྒྲ་ཙམ་ཡང་མི་གྲགས་པས་མི་ཁོམ། ལྐུག་པ་ནི་ཆོས་ལ་བློ་ཁ་མི་ཕྱོགས་པས་མི་ཁོམ་པའོ། །འཕྲལ་བྱུང་རྐྱེན་གྱི་མི་ཁོམ་པ་བརྒྱད་ནི། ཡིད་བཞིན་རིན་པོ་ཆེའི་མཛོད་ལས། དུག་ལྔ་འཁྲུགས་དང་བླུན་རྨོངས་བདུད་ཀྱིས་ཟིན། །ལེ་ལོ་ཅན་དང་ལས་ངན་མཚོ་ཆེན་རྫོལ། །གཞན་དབང་འཇིགས་སྐྱབ་ཆོས་ལྟར་བཅོས་པ་སྟེ། །འཕྲལ་བྱུང་རྐྱེན་གྱི་མི་ཁོམ་རྣམ་པ་བརྒྱད། །ཐར་ལམ་ཆོས་ཀྱི་སྐྱོད་མིན་ཕྱིན་ཅི་ལོག །ཅེས་གསུངས་སོ། །མིར་གྱུར་པ་གང་ཞིག་ཆོས་སྤྱོད་པའི་ཡུལ་དུ་སྐྱེས་ཀྱང་། དུག་ལྔ་ཤིན་ཏུ་རགས་པའི་དབང་གིས་རྒྱུད་རྟག་ཏུ་འཁྲུགས་པ་རྣམས་དང་། སྡིག་པའི་

གྲོགས་པོས་ཁྲིད་པའི་བློན་རྨོངས་རྣམས་དང་། ལྷ་སྤྱོད་ཕྱིན་ཅི་ལོག་པའི་ལམ་ནོར་བའི་བདུད་ཀྱིས་ཟིན་པ་རྣམས་དང་། ཆོས་ལ་སློབ་པར་འདོད་ཀྱང་བརྩོན་འགྲུས་མེད་པའི་ལེ་ལོ་ཅན་རྣམས་དང་། བརྩོན་ཀྱང་ཡོན་ཏན་མི་སྐྱེ་བའི་སྡིག་སྒྲིབ་ཅན་ལས་ངན་གྱི་མཚོ་ཆེན་རྡོལ་བ་རྣམས་དང་། །རང་དབང་མེད་པར་གཞན་གྱིས་བཀོལ་བ་བྲན་གྱི་རིགས་རྣམས་དང་། ཚེ་འདིའི་ལྟོ་གོས་ཀྱི་ཆེད་དམ་འཚོ་བས་འཇིགས་ནས་དེའི་ཆེད་དུ་ཆོས་ལ་ཞུགས་ནའང་སྔོན་གྱི་བག་ཆགས་རྙིང་བས་ཆོས་མིན་སྤྱོད་པ་རྣམས་དང་། ཆོས་སུ་བཅོས་ནས་ཡོད་བྱད་དང་། རྙེད་བཀུར་དང་། བསྙེན་བཀུར་དང་། སྙན་གྲགས་བསྒྲུབ་པའི་གཟུགས་ཅན་པ་རྣམས་ཏེ། བརྒྱད་པོ་དེ་ཡང་དམ་ཆོས་བསྒྲུབ་པའི་གནས་སུ་མི་ཁོམ་པ་ཡིན་ནོ། །དེ་ནས་ཐར་བའི་ལམ་དང་ལས་འབྲེལ་མེད་པས་དལ་བ་ཆུད་གསོན་པའི་ཕྱིར་ཕྱིན་ཅི་ལོག་ཅེས་བྱའོ། །རིས་ཆད་བློའི་མི་ཁོམ་པ་རྣམ་པ་བརྒྱད་ནི། དེ་ཉིད་ལས། འཆིང་བ་དམ་ལྡན་ཀུན་སྤྱོད་ཤིན་ཏུ་ངན། །འཁོར་བས་མི་སྐྲག་དད་པ་ཅུང་ཟད་མེད། །མི་དགེ་སྡིག་སྤྱོད་ཆོས་ལ་སེམས་པ་མེད། །སྡོམ་དང་དམ་ཚིག་ཉམས་པ་ཞེས་བྱ་བ། །རིས་ཆད་བློ་ཡིས་མི་ཁོམ་རྣམ་པ་བརྒྱད། །ཆོས་ལས་རིང་གྱུར་ཐར་ལམ་སྒྲོན་མེ་ནུབ། །ཞེས་གསུངས་པ་ལྟར། ཚེ་འདིའི་རྫས་ཡོ་བྱད་བུ་ནོར་གཉེན་འདུན་ལ་སོགས་པའི་འཆིང་བ་དམ་པོས་བཅིངས་པ་དང་། རང་རྒྱུད་ངན་པའི་མི་གཞི་ཏིལ་འབྲུ་ཙམ་མེད་ཅིང་ཀུན་ལ་སྤྱོད་པ་སྐྱེད་འདོན་དུ་མེད་པ་དང་། ངན་སོང་དང་འཁོར་བའི་ཉེས་པ་བཤད་དམ། ཚེ་འདིའི་སྡུག་བསྔལ་ཇི་ལྟ་བུ་ལའང་སྐྲག་པའི་བློ་གཏན་ནས་མི་སྐྱེ་བ་དང་། ཐར་པ་དང་དཀོན་མཆོག་གི་བསྔགས་པ་བརྗོད་དམ་ཡུལ་ཡོན་ཏན་ཅན་མཐོང་ཡང་དད་པ་ཅུང་ཟད་མེད་པ་དང་།

མི་དགེ་བའི་སྡིག་སྤྱོད་ལ་དགའ་བས་སྒོ་གསུམ་ཉེ་བར་མ་ཞི་བ་དང་། ཡོན་ཏན་དང་དགེ་བ་དམ་པའི་ཆོས་ཀྱི་སྣང་བ་མེད་པ་ཁྲིའི་མདུན་དུ་རྟ་བཞག་པ་ལྟ་བུ་དང་། ཐུན་མོང་གི་ཐེག་པ་ལ་ཞུགས་ནས་སེམས་བསྐྱེད་དང་སྡོམ་པ་རལ་བས་ངན་སོང་ལས་འགྲོ་ས་མེད་པ་དང་། གསང་སྔགས་ཀྱི་ཐེག་པ་ལ་ཞུགས་ནས་བླ་མ་དང་མཆེད་གྲོགས་ལ་དམ་ཚིག་ཉམས་པ་སྟེ། བརྒྱད་པོ་འདི་དག་ནི་དམ་པའི་ཆོས་ལ་རིང་ཞིང་ཐར་བའི་སྐྲོན་མི་ནུབ་པ་ཞེས་བྱའོ། །སྡོམ་པ་ཉམས་པ་ནི། ཏིང་འཛིན་རྒྱལ་པོ་ལས། ཚུལ་ཁྲིམས་འཆལ་བས་ངན་འགྲོ་དེར་འགྲོ་སྟེ། །དེ་ལ་ཐོས་པ་མང་པོས་སྐྱོབ་མི་ནུས། །ཞེས་སོ། །དམ་ཚིག་ཉམས་པ་ནི། རྡོ་ཧ་ལས། ཀྱེ་མ་བསྟན་པའི་ས་ལ་ཕྱིན་ནས་དམ་ཚིག་མི་ལྡན་ན། །རྒྱལ་པོས་ཆད་པ་གཅོད་པའི་མི་ནི་བཟུང་བ་ལྟར། །རྣམ་སྨིན་ལྕགས་ཀྱུས་སྲོག་གི་རླུང་ནི་བཟུང་བྱས་ནས། །ཁྲོ་རྒྱུ་ཁོལ་མར་ཁར་བླུག་པ་ནི་ཤིན་ཏུ་བཟོད་པར་དཀའ། །ཞེས་སོ། །དོན་བསྡུ་བ་ནི། དེ་ལྟར་མི་ཁོམ་པའི་གནས་སུ་ཉེ་ཤུ་རྩ་བཞི་པོ་དེར་བདག་མ་སྐྱེས་ཞིང་དམ་པའི་བླ་མར་བསྟེན་ནས་ཟབ་མོའི་ཆོས་བསྒྲུབ་ཏུ་ཡོད་པ་འདི་རེ་དགའ་སྙམ་དུ་བསམ་ལ་རྟག་ཏུ་ལེགས་པའི་ཆོས་ལ་བརྩོན་པས་ཉིན་མཚན་དུས་འདའ་བར་བྱའོ། །མི་ལུས་རྙེད་དཀའི་གཏན་ཚིགས་གཉིས་པ་ནི། ཡིད་བཞིན་རིན་པོ་ཆེའི་མཛོད་ལས། འདི་ལྟར་སེམས་ཅན་ཙམ་གྱི་ལུས་མཐོང་ན། །མི་ལུས་ཐོབ་པ་འཁོར་ཡོས་བསྒྲུར་རྙེད་འདྲ། །ཞེས་གསུངས་པ་ལྟར་སེམས་ཅན་སྤྱི་ཙམ་ལ་བསམ་ན། ནམ་མཁའི་དབྱིངས་དང་མཉམ་པ་ལས་འཛམ་བུ་གླིང་པའི་སེམས་ཅན་ཁབ་མིག་གི་ནམ་མཁའི་ཆ་ཙམ་འཛམ་བུ་གླིང་པའི་ཡུལ་གཞན་རྣམས་པར་ཞོག ནགས་ཚལ་གཅིག་གམ། རྩ་ལྫིང་གཅིག་གམ། འཁྱིལ་རྩུ་

གཅིག་ན་སྣང་བའི་སྤྲོག་ཆགས་ལ་ལྟོས་ན། མི་ལུས་ཐོབ་པ་འཁོར་ལོས་བསྒྱུར་བའི་རྒྱལ་པོ་ཐོབ་པའི་མང་ཉུང་དང་མཚོད་མཉམ། མི་རྣམས་ལ་བསམ་ན་རྒྱ་དཀར་ནག་ལྟོ་བྲང་། མོན་ལྟོ་བལ། རྡོ་སོག་རིགས་ལ་སོགས་པའི་ཡུལ་དང་། ཚོང་འདུས་རེ་རེ་ན་ཚོགས་པ་མང་ཡང་། སངས་རྒྱས་བསྟན་པ་ལ་ཞུགས་ནས་རྗེས་སུ་སློབ་པའི་དད་པ་ཅན་ནི། སངས་རྒྱས་འཇིག་རྟེན་དུ་བྱོན་པ་ལས་ཀྱང་དཀོན་པར་བསམ་ལ། རང་གིས་རང་ལ་སྤྲོ་བ་བསྐྱེད་དེ་དལ་འབྱོར་ཆུད་མ་ཟོས་པར་བྱའོ། །དེ་བཞིན་དུ་གཏན་ཚིགས་ལྷག་མ་རྣམས་ལ་བསམ་ནས་རྙེད་དཀའ་བར་བསྟན་པ་ཡང་དེ་ཉིད་ལས། དེ་བཞིན་དབང་པོ་མ་ཚང་མཐའ་འཁོབ་སྐྱེས། །ཆོས་ལ་ལས་མེད་ལས་ཀྱི་མཐའ་ལོག་ཅིང་། །བསྟན་ལ་མ་དད་ཆོས་མིན་སྡིག་པའི་གྲོགས། །ཤིན་ཏུ་གྲངས་མང་རབ་ཏུ་བསམ་བྱས་ནས། །དེ་དག་མ་གྱུར་ཆོས་ལྡན་ལུས་རྙེད་འདི། །ཉིན་མཚན་ཀུན་ཏུ་ངེས་པར་བསམ་བྱས་ནས། །ཞེས་དེ་ལྟར་མིག་ལོང་པ་ལ་སོགས་པ་དབང་པོ་མ་ཚང་བ་རྣམས་བསམ་ལ། བདག་ནི་དབང་པོ་ཚང་བ་འདི་འཚོངས་ཆོས་བྱའོ་སྙམ་དུ་བསམ་ནས། ལྷོ་འཛམ་བུ་གླིང་འདི་ཉིད་ཀྱི་མཐའ་འཁོབ་བར་ཡུལ་དཀོན་མཆོག་གི་སྒྲ་མི་གྲགས་པ་ཀླ་ཀློ་སོགས་ལ་བསམ་ནས་ཀྱང་རང་ལ་སྤྲོ་དགའ་བསྐྱེད་དེ་ཆོས་ལ་བརྩོན་པར་བྱའོ། །ཆོས་དང་ལས་འབྲས་ཙམ་ཡང་མེད་པའི་མི། ཟ་ཉལ་འགྲོ་འདུག་ཙི་བྱས་ཀྱང་། དཀོན་མཆོག་གསུམ་སྐད་ཅིག་ཀྱང་མི་དྲན་ཞིང་སྐྱབས་སུ་མཆི་ཞེས་ལན་གཅིག་ཀྱང་ཁར་འདོན་མ་མྱོང་བ་རྣམས་དང་། ལས་ཀྱི་མཐའ་ལོག་པ་སྟོན་ལ་ཆོས་སྒོར་ཞུགས་ཀྱང་ལོག་ནས་སྡིག་པ་སྣ་དགུ་བྱེད་པ་རྣམས་དང་། སངས་རྒྱས་ཀྱི་བསྟན་པ་ལ་མ་དད་པའི་མི་རིགས་རྣམས་དང་། སྡིག་པ་འབའ་ཞིག་བྱེད་

པ་རྣམས་ལ་བསམ་ནས། འདི་ལྷ་བུས་ཡུལ་གཞན་ནའང་ཁེངས་ཡོད་ངེས། བདག་ཀྱང་དེའི་རིགས་ཅན་དུ་མ་སྐྱེ་པ་འདི་རེ་འཚོངས་སླམ་དུ་སྤྲོ་དགའ་དང་བཅས་པ་ཆོས་ལ་བརྩོན་པར་བྱའོ། །བདག་རྐྱེན་འབྱོར་བ་ཚང་ན་ཆོས་ཀྱི་ལས་འགྲོ་ཡོད་པར་ཐག་བཅད་པ་ནི། འདི་སྐད་དུ་ཡང་ སྔ་མ་ལས། ཆོས་ལ་སྤྱོད་པའི་འབྱོར་བ་ལེགས་ཚང་བ། །དཀར་པོ་ལས་འགྲོ་སད་པར་བསྟན་པ་ཡང་། །མིར་གྱུར་དབུས་སྐྱེས་དབང་པོ་ཚང་ཞིང་དད། །ལས་མཐའ་མ་ལོག་ཡང་དག་ལྷ་བ་ཅན། །དེ་དག་ཐོབ་དཀའ་ལས་འཕྲོར་ལྡན་པ་ཡིན། །ཞེས་གསུངས་པ་ལྟར་སྤྱིར་ལས་འགྲོ་ཅན་ཞེས་བྱ་བ་ལས་བྱ་བ་གང་ཞིག་བྱེད་འཕྲོར་ཡོད་པ་ལ་ཟེར་བས། འདིར་ཡང་སྐྱེ་བ་སྔ་མ་ལ་ཆོས་བྱེད་པའི་འགྲོ་ཡོད་པ་དེ་སྐྱེས་དུས་སྔོན་གྱི་བྱ་བ་བཟང་པོ་ལ་གོམས་པའི་བག་ཆགས་ཀྱི་རྐྱེན་ཇི་འདྲ་བ་ལ་བརྟེན་ནས་སད་དེ་སྟར་གྱི་འགྲོ་གང་ཡོད་ཀྱི་ཆོས་ལ་སྤྱོད་པ་ནི། རྒྱུ་འབྲས་བསླུས་བ་མེད་པའི་རིགས་པས་ཐོབ་པ་སྟེ། དཀར་པོའི་ལས་སད་པའི་རྟགས་སུ་ལྷ་ཆོས་ཀྱི་རྟེན་མི་ལུས་ཐོབ་པའི་འབྱོར་བ། བསྟན་པ་གནས་པའི་ཡུལ་དབུས་སུ་སྐྱེས་བས་འབྱོར་བ། ཐོས་བསམ་གྱི་རྟེན་དབང་པོ་ཚང་བས་འབྱོར་བ། ཐར་བའི་ལམ་ཡང་དག་གི་གནས་ལ་དད་པས་འབྱོར་བ། འཇུག་པའི་སྒོ་ལས་ཀྱི་མཐའ་མ་ལོག་པས་འབྱོར་བ། གྲུབ་པའི་མཐའ་ལོག་ལྟའི་རིགས་སུ་མ་སྐྱེས་པས་འབྱོར་བའོ། །དེ་དག་ལས་སྔོན་དཀར་པོ་དགེ་བའི་ལས་བྱེད་པའི་རྒྱུས། ཚེ་འདིར་ཐོབ་པའི་སྒོ་མིའི་ལུས་ལ་སོགས་པ་རྙེད་པས་ལས་ཀྱི་འགྲོ་ཡོད་པ་ཐག་ཆོད་པའོ། །གང་དག་འདིར་མི་ཉིད་ཐོབ་ཀྱང་ཕྱི་མ་ལ་མི་ལུས་གཏན་ནས་མི་ཐོབ་པའི་རྟགས་ནི། སའི་སྙིང་པོའི་མདོ་ལས། འཁོར་བ་མི་ཉིད་རྙེད་པར་དཀའ་བའི་གང་ཟག་བཅུ་ཡོད་དེ། གང་ཞེ་ན། དགེ

བའི་རྩ་བ་མི་བསྐྱེད་པ་དང་། བསོད་ནམས་ཀྱི་ཚོགས་མི་གསོག་པ་དང་། སྡིག་པའི་གྲོགས་པོའི་རྗེས་སུ་སྤྱོད་པ་དང་། ཉོན་མོངས་པ་ཉིད་མཚམས་སྦྱོར་བ་དང་། ཚེ་ཕྱི་མའི་སྡུག་བསྔལ་ལ་མི་འཇིགས་པ་དང་། ཉོན་མོངས་པས་སེམས་འཁྲུགས་པ་དང་། ལེ་ལོ་དང་གཡེང་བས་ཆོས་ལ་རྟག་ཏུ་གཡེལ་བ་དང་། སངས་རྒྱས་ཀྱི་བཀའ་ལ་ཞུགས་ཀྱང་རྗེས་སུ་མི་སྤྱོད་པ་དང་། ལོག་པར་ལྟ་བའི་རྗེས་སུ་འཇུག་པའོ། །ཞེས་སོ། །དེ་དག་སྤྱོད་འཇུག་ཏུ། བདག་གི་སྤྱོད་པ་འདི་འདྲས་ནི། །མི་ཡི་ལུས་ཀྱང་རྙེད་མི་འགྱུར། །མི་ལུས་ཐོབ་པ་མ་གྱུར་ན། །སྡིག་པ་འབའ་ཞིག་དགེ་བ་མེད། །གང་ཚེ་དགེ་སྤྱད་སྐལ་ལྡན་ཡང་། །དེ་ཚེ་བདག་གིས་མ་བྱས་སོ། །ཞེས་སོ། །དེས་ན་ད་ལྟ་བྱེད་པ་ངན་པའི་རྒྱུ་དང་ལས་ཀྱི་འཕྲོས་ངན་སོང་དུ་སྡུག་བསྔལ་བ་ལ། ད་ལྟར་དཀར་པོ་དགེ་བ་བྱས་པའི་ལས་ཀྱི་འཕྲོས་མཐོ་རིས་ཀྱི་བདེ་དཔལ་ལ་སྤྱོད་པ་ཡིན་ནོ། །དེས་ན་དལ་འབྱོར་ཐོབ་དུས་ཆོས་ལ་སྤྱོད་པར་རིགས་པ་ཉིད། ཡབ་སྲས་མཇལ་བའི་མདོ་ལས། མི་ཁོམ་བརྒྱད་པོ་ཐམས་ཅད་རབ་སྤངས་ཤིང་། །དལ་བ་ཕུན་ཚོགས་རྙེད་དཀའ་ཐོབ་འགྱུར་ནས། །བདེ་གཤེགས་བསྟན་ལ་དད་པ་རྙེད་གྱུར་པའི། །མཁས་པ་རྣམས་ཀྱིས་རིགས་པའི་རྣལ་འབྱོར་སྤྱོད། །ཅེས་སོ། །མཐུན་རྐྱེན་གཞན་ཚང་བའི་ཆོས་ལ་བརྩོན་པར་རིགས་པ་ནི། ཡིད་བཞིན་རིན་པོ་ཆེའི་མཛོད་ལས། གཞན་འབྱོར་ཚང་བའི་རྙེད་དཀའ་བརྩོན་པ་ཡང་། །སྟོན་བྱོན་ཆོས་གསུངས་བསྟན་པ་གནས་རྗེས་འཇུག །བརྩེ་ལྡན་བཤེས་དང་མཐུན་པའི་རྐྱེན་འབྱོར་བ། །རབ་ཏུ་དཀོན་ཕྱིར་བརྩོན་འགྲུས་རྩོམ་འཚལ་ལོ། །ཞེས་གསུངས་པ་ལྟར་བདག་ཅག་ཐར་བའི་ཆོས་སྒྲུབ་པ་ལ་མཐུན

རྐྱེན་གཞན་གྱི་འགྱོར་བ་བདག་ལ་སྡུག་བསྔལ་ཞིང་ལོག་པར་བྱེད་པའི་སྐབས་འདིར་དམ་པའི་ཆོས་ལ་བརྩོན་པར་བསྒྲུབ་དགོས་སོ། །དེ་ལ་དང་པོ་ཐུགས་རྗེ་དང་ལྡན་པའི་སངས་རྒྱས་འཇིག་རྟེན་དུ་བྱོན་པའི་དུས་འདིར་རྟེན་སྟོན་པ་གཞན་ལས་འཕགས་པ་ཡོད་པའི་ཕྱིར་རོ། །སྤྱིར་བསྐལ་བ་ལ་གཉིས་ཏེ། སངས་རྒྱས་འཇིག་རྟེན་དུ་མ་བྱོན་པ་མུན་པའི་བསྐལ་བ་དང་། བྱོན་པ་སྒྲོན་མེའི་བསྐལ་བའོ། །དགོངས་འདུས་ལས། སྒྲོན་མེའི་བསྐལ་བ་ནི་སྟོན་འདས་པའི་དུས་ན། བསྐལ་བ་ཆེན་པོ་མངོན་པར་དགའ་བ་ཞེས་བྱ་བ་ལས། སངས་རྒྱས་སུམ་ཁྲི་སུམ་སྟོང་བྱོན། དེའི་འོག་དུ་མུན་པའི་བསྐལ་བ་བརྒྱ་ཞིག་བྱུང་ངོ་། །དེ་ནས་བསྐལ་བ་རྫོགས་ལྡན་ཞེས་བྱ་བ་ལ། སངས་རྒྱས་བྱེ་བ་ཕྲག་བརྒྱ་བཅུ་བྱུང་ངོ་། །དེའི་འོག་དུ་མཐའ་འཁོབ་ཀྱི་བསྐལ་བ་བརྒྱ་བྱུང་ངོ་། །དེའི་འོག་དུ་བཟོད་ལྡན་ཞེས་བྱ་བ་ལ། སངས་རྒྱས་བྱེ་བ་ཕྲག་བརྒྱ་བཅུ་རྩ་བཞི་བྱུང་། དེའི་འོག་དུ་མུན་པའི་བསྐལ་བ་ལྔ་བརྒྱ་བྱུང་ངོ་། །དེ་ནས་བསྐལ་བ་མཐོང་ན་དགའ་བ་ལ། སངས་རྒྱས་ཕྲག་བརྒྱ་བཅུ་བྱུང་ངོ་། །དེ་ནས་མུན་པའི་བསྐལ་བ་ལྔ་བརྒྱ་བྱུང་ངོ་། །དེ་ནས་བསྐལ་བ་དགའ་བ་དང་ལྡན་པའི་སངས་རྒྱས་སྟོང་ཕྲག་དྲུག་བརྒྱ་བྱུང་ངོ་། །དེའི་རྗེས་ལ་བསྐལ་བ་བཟང་པོ་འདི་ཉིད་ལ། སངས་རྒྱས་སྟོང་ཕྲག་མངོན་པར་བྱུང་བའོ། །དེའི་འོག་དུ་མཐའ་འཁོབ་ཀྱི་བསྐལ་བ་རིགས་ངན་དྲུག་ཅུ་འབྱུང་ངོ་། །དེའི་འོག་ཏུ་བསྐལ་བ་གྲངས་ལྡན་ལ་སངས་རྒྱས་སྟོང་ཕྲག་བཅུ་འབྱུང་ངོ་། །དེའི་འོག་ཏུ་རིགས་ངན་གྱི་བསྐལ་བ་སྟོང་ཕྲག་བཅུ་འབྱུང་ངོ་། །དེ་དག་ལ་སོགས་པའི་མུན་པ་དང་སྒྲོན་མེའི་བསྐལ་བ་དུ་མ་འབྱུང་བ་ལས། མུན་པའི་བསྐལ་བ་དང་འཕྲད་པའི་དུས་སུ་སངས་རྒྱས་མིང་ཡང་མེད་དོ། །ཞེས་པ་དང་།

མྱ་ངན་ལས་འདས་པའི་མདོ་ལས། །སངས་རྒྱས་འབྱུང་བ་ཤིན་ཏུ་རྒྱ་ལམ་རེ་འགའ་སྟེ་མཆོག་ཏུ་རྙེད་པར་དཀའོ། །ཞེས་དེ་ལྟར་སངས་རྒྱས་རྒྱ་ལམ་ཞིག་ནས་འབྱུང་བ་ལས། ད་རེས་སངས་རྒྱས་བྱོན་པས་འབྱོར་པའོ། །སངས་རྒྱས་བྱོན་ཡང་ཆོས་གསུངས་པ་དཀོན་པ་ལས། བཀའ་མདོ་སྡེ་དང་རྒྱུད་སྡེས་བསྡུས་པའི་ཆོས་གསུངས་པས་ལམ་ཐར་བ་དམ་པའི་འབྱོར་བ་ཚང་སྟེ། རྣམ་སྣང་མངོན་བྱང་ལས། འཇིག་རྟེན་འདི་ནི་ཀུན་འཕྱིན་དག །ཨུ་དུམ་ཝ་རི་མེ་ཏོག་བཞིན། །རྒྱ་ལམ་ཡང་ནི་རེ་འགའ་ཞིག །འབྱུང་འགྱུར་ཡང་ནི་མི་འབྱུང་ངོ་། །གསང་སྔགས་སྤྱོད་པའི་ཚུལ་འབྱུང་བ། །དེ་བས་ཀྱང་ནི་དཀོན་པ་སྟེ། །གང་གིས་སེམས་ཅན་མཉམ་མེད་དོན། །བླ་མེད་བྱེད་པར་ནུས་པ་ཡིན། །ཞེས་གསུངས་པ་དེ་ལྟར་ཆོས་གསུངས་ཀྱང་བསྟན་པ་ནུབ་ན་ཕན་མེད་པ་ལས། ད་ལྟར་སངས་རྒྱས་ཀྱི་བསྟན་པའི་ཉི་མ་ནུབ་ཀྱི་རི་འགོར་ལྷུང་དུ་ཉེ་བའི་དུས་ལ་བབ་པས་བསྟན་པ་དམ་པའི་འབྱོར་བ་ཚང་ཞིང་ཐེག་པ་ཆེ་ཆུང་གིས་བསྡུས་པའི་བསྟན་པ་མ་ནུབ་ཙམ་དུ་གནས། བསྟན་པ་ཡོད་ཀྱང་བདག་ཉིད་ལ་འདོམས་ཤིང་རྗེས་སུ་ཕན་བདེ་བྱེད་པའི་གྲོགས་མེད་ན་ཕན་མེད་པ་ལས། བཀའ་ལུང་རྗེས་སུ་མཐུན་པའི་ཆོས་ཀྱི་གྲོགས་ཁྱད་པར་ཅན་ཡོད་པས་ཐོས་བསམ་དང་སྒོམ་སྒྲུབ་བྱེད་པའི་འབྱོར་བ་ཚང་སྟེ། ཟླ་བའི་སྙིང་པོས་ཞུས་པའི་མདོ་ལས། འཇིག་རྟེན་ན་ཆོས་དང་རྗེས་སུ་མཐུན་པའི་ནན་ཏན་བྱེད་པ་ཡང་རྙེད་པར་དཀའོ། །དེ་དག་ཡོད་ཀྱང་དགེ་བའི་བཤེས་གཉེན་མེད་ན་ཐར་ལམ་མི་རྙེད་པས། ཞེས་དེང་སང་ན་མདོ་རྒྱུད་ཀྱི་གཞུང་ལམ་ཕྱིན་ཅི་མ་ལོག་པ་མཁྱེན་ཅིང་དགོངས་པ་ནམ་མཁའ་ལྟར་ཡངས་པས་གཞན་དོན་མཛད་པའི་བླ་མ་དགེ་བའི་བཤེས་གཉེན་ཆེན་པོ་རྣམས་ཞལ་བཞུགས

པས་བསྟན་ས་གཞན་ལས་ཕུལ་དུ་བྱུང་བས་འགྱོར་ཏེ། དེ་ཉིད་ལས། ཡང་དག་པ་དགེ་བའི་བཤེས་གཉེན་ཕུན་སུམ་ཚོགས་པ་ཡང་རྙེད་པར་དཀོན། །ཞེས་སོ། །དེ་ལྟར་ཚང་བའི་ཆོས་ལ་སྤྱོད་པས་ན་མཐུན་རྐྱེན་མཐའ་གཉིས་སུ་མ་ལྷུང་བ་རྙེད་པར་དཀའ་སྟེ། འཚོ་གོས་ཀྱི་ཕྱིར་ཁྲོལ་བས་ཆོས་ལ་ནན་ཏན་སྤྱོད་པ་རྩོམ་པ་ལྡོད་པར་གྱུར་པ་ལས། དེང་སང་ནི་སྙིང་ནས་ཆོས་སྒྲུབ་པ་ལ་སྦྱིན་བདག་དད་པ་ཅན་རྣམས་ཀྱི་ཡོན་སྦྱོར་བ་དང་། གོང་མ་རྣམས་ཀྱི་གདམས་པ་ཁྱད་པར་ཅན་དཀའ་ཐུབ་དང་བཅུད་ཀྱིས་ལེན་དམ་པ་དང་། སྔོན་གྱི་བླ་བ་ལ་སྟེར་སློངས་ཀྱི་སྲོལ་ཁ་མ་ནུབ་དུ་ཡོད་པ་རྣམས་ལ་བརྟེན་པས་སྲོག་འཚོ་བའི་ཕྱིར་མཐུན་རྐྱེན་གྱི་འབྱོར་བ་ཚང་བའི་དུས་འདི་ཉིད་དུ། ནམ་ཞིག་གཏན་གྱི་འདུན་མ་ད་རེས་ལ་རག་ལས་པས། ཐར་བའི་ལམ་སྣ་ཟིན་ནས་བདེ་ཆེན་གྱི་གླིང་དུ་བགྲོད་པར་བྱ་བའི་ཕྱིར། ཚེ་འདིའི་སྣང་བ་ཐས་དང་ཡོ་བྱད་འཁོར་འདབ་གཉེན་འདུན་ལ་སོགས་པ་ལ་མ་ཆགས་པར། སྙིག་མོའི་མགོ་ལ་མེ་ཤོར་བའམ། སྟར་མའི་པང་དུ་སྦྲུལ་ཞུགས་པ་ལྟར་རབ་ཏུ་འབད་པ་གཅེས་ཏེ། །པདྨ་དཀར་པོ་ལས། མི་ཁོམ་པ་བརྒྱད་སྤངས་ཏེ་དལ་བ་ཕུན་སུམ་ཚོགས་པ་ཐོབ་པ་ནི་རྒྱ་ལམ་དུ་ཟད་པ་ན། བག་ཡོད་པར་ལེགས་པར་བརྩོན་འགྲུས་བརྩམ་པར་གྱིས་ཤིག་ཕྱིས་འགྱོད་པ་གྱུར་ཏ་རེ། ཞེས་པ་དང་། ཡུལ་འཁོར་སྐྱོང་གིས་ཞུས་པའི་མདོ་ལས། སངས་རྒྱས་འཇིག་རྟེན་ཕན་པ་དྲང་སྲོང་ཆེ། །བསྐལ་བ་བྱེ་བ་རྒྱ་ལམ་འབྱུང་བར་འགྱུར། །ད་ལྟར་དལ་བ་དམ་པ་རྙེད་པ་ལ། །གལ་ཏེ་ཐར་འདོད་བག་མེད་སྤང་བར་གྱིས། །ཞེས་པ་དང་། ཚུལ་ཁྲིམས་ཡོངས་སུ་དག་པའི་མདོ་ལས། དགེ་སློང་དག་དེ་ཐོབ་ནས་དེ་རྙེད་དེ་རྒྱལ་བའི་བསྟན་པ་ལས་རབ་ཏུ་བྱུང་བ་རྙེད་དཀའ་ན།

ཅིའི་ཕྱིར་བརྗོན་འགྲུས་དང་། བརྟུལ་བ་བརྟན་པོས་བསྒྲུབ་པར་མི་བྱེད། རྒས་པ་དང་། ན་བ་དང་། འཆི་བ་ནི་མངོན་པར་འོང་ཞིང་། ཐུབ་པའི་བསྟན་པ་ཡང་ནུབ་པར་འགྱུར་ན། ཕྱིས་འགྱོད་པར་འགྱུར་ཏ་རེ། ཞེས་གསུངས་པ་ལྟར་དལ་འབྱོར་དཔེས་མཚོན་རྙེད་པར་དཀའ་བ་ཡང་། ཡིད་བཞིན་རིན་པོ་ཆེའི་མཛོད་ལས། མཚོ་དབུས་གཡེང་བའི་གཉའ་ཤིང་བུ་ག་རུ། །རུས་སྦལ་མགྲིན་ཆུད་སྲིད་ཀྱི་ངན་སོང་ལས། །མིར་གྱུར་རྙེད་དཀའ་དེ་བཞིན་ཅིག་ཅར་ཀྱི། །ཞལ་ཞལ་ལོག་ལ་སྲུན་མ་ཆགས་སྲིད་ཀྱི། །མི་ར་གྱུར་ན་ཡང་ཡུལ་དབུས་སྐྱེ་བ་དཀོན། །ཅེས་གསུངས་པ་ལྟར་རྒྱ་མཚོའི་གཏིང་ན་རུས་སྦལ་ཞར་བ་ཞིག་ལོ་བརྒྱ་བརྒྱ་ན་ཆུའི་སྟེང་དུ་འོང་བ་དེ་དང་། གཉའ་ཤིང་བུ་ག་གཅིག་པ་དེ་སྐད་ཅིག་ཀྱང་ས་གཅིག་ཏུ་མི་སྡོད་པར་རླུང་གིས་ཕྱོགས་བཅུར་བསྐྱོད་པ་དེ་གཉིས་འཕྲད་དེ་མགུལ་བ་བུ་ག་དེའི་ནང་དུ་ཆུད་པ་སྲིད་ཀྱི། ངན་སོང་ནང་དུ་སྐྱེ་བ་ལས་སླར་མི་ལུས་ཐོབ་པ་དེ་བས་ཀྱང་དཀོན་ཏེ། སྤྱོད་འཇུག་ལས། དེ་ཉིད་ཕྱིར་ན་བཅོམ་ལྡན་གྱིས། །རྒྱ་མཚོ་ཆེར་གཡེང་གཉའ་ཤིང་གི །བུ་གར་རུས་སྦལ་མགྲིན་ཆུད་ལས། །མི་ཉིད་ཤིན་ཏུ་རྙེད་དཀའ་གསུངས། །ཞེས་སོ། །ཡང་འཁོར་བ་རྒྱུད་ནས་འཁོར་བ་ལས་ད་རེས་མི་ལུས་ཐོབ་པ་འདི་ཅིག་ཅར་ཀྱི་ཞལ་བ་འཇམ་པོ་ལ་སྲུན་མ་གཏོར་བས་ཆགས་པ་ལས་ཀྱང་དཀའ་སྟེ། ཟླ་སྒྲོན་ཞུས་པ་ལས། མི་ཁོམ་པ་བརྒྱད་ལས་ལོག་ནས་མི་ར་གྱུར་པ་ཡང་རྙེད་པར་དཀའོ། །ཞེས་སོ། །དལ་འབྱོར་མི་ལུས་ཐོབ་པ་མང་ཡང་། དེའི་ནང་ན་དམ་པའི་ཆོས་ལ་ཞུགས་པ་རྙེད་པར་དཀའ་བ་ནི། འཁོར་ལོས་བསྒྱུར་བའི་རྒྱལ་པོ་འབྱུང་དཀའ་བ་དང་མཚུངས་སོ། །རྟོགས་པ་བརྗོད་པའི་མདོ་ལས། ཆོས་དང་འཕྲད་ནས་རྣལ་

འཁོར་དུ་བྱེད་པ་ཡང་རྙེད་པར་དཀའོ། །ཞེས་སོ། །སངས་རྒྱས་འཇིག་རྟེན་དུ་བྱོན་པ་ཨུ་དུམ་ཝཱ་རའི་མེ་ཏོག་བས་དཀོན་པར་བསམ་ལ་ཆོས་ལ་འཇུག་ཅིང་བརྩོན་དགོས་ཏེ། མྱ་ངན་ལས་འདས་པའི་མདོ་ལས། ཨུ་དུམ་ཝཱ་རའི་མེ་ཏོག་དེ་ནི་གནས་ཐམས་ཅད་དུ་མི་སྐྱེ་སྟེ། མཚོ་མ་དྲོས་པའི་བྱང་ཕྱོགས་རིའི་རྩེ་ན་དེའི་ཚལ་ཡོད་པ་དེར་སྐྱེ་ཞིང་དུས་ཐམས་ཅད་དུ་མི་སྐྱེ་སྟེ། ནམ་སངས་རྒྱས་འཇིག་རྟེན་དུ་བྱོན་པ་དེའི་ཚེ་སྐྱེའོ། །སྐྱེ་ནས་ཀྱང་སངས་རྒྱས་ཀྱིས་ཆོས་ཀྱི་འཁོར་ལོ་བསྐོར་བ་ན་ཤིན་ཏུ་རྒྱས་པར་གྱུར་ལ། མྱ་ངན་ལས་འདའ་བའི་ཚེ་རླངས་ཤིང་ས་ལ་ལྷུགས་པར་འགྱུར་རོ། །དེའི་ཕྱིར་སངས་རྒྱས་འབྱུང་བར་ཤིན་ཏུ་རྙེད་པར་དཀའོ། །སྡོང་པོ་བཀོད་པ་ལས། །འཇིག་རྟེན་འདྲེན་པ་འཇིག་རྟེན་ན། །བསྐལ་པ་བྱེ་བ་རྙེད་པར་དཀའ། །ཞེས་སོ། །ཆོས་ཐོས་པའི་དོན་ཚུལ་བཞིན་ཉམས་སུ་ལེན་པར་དཀའ་བ་ལ་སོགས་པ་ནི། མདོ་ལས། ཨུ་དུམ་ཝཱ་ར་འཇིག་རྟེན་འབྱུང་དཀའ་བ། །དེ་བས་ཆོས་ཞུགས་ཡང་དག་ལམ་འཕྲད་དཀོན། །ཁབ་མིག་རས་ཡུག་ཆུད་པ་དཀའ་བས་ཀྱང་། །ལམ་རྙེད་དེ་དག་ཚུལ་བཞིན་འགྲུབ་པར་དཀོན། །མཚོ་གླིང་དག་ལ་ཡིད་བཞིན་རྙེད་པས་ཀྱང་། །ཡང་དག་བླ་མ་རྙེད་པར་དཀའ་བས་ན། །དེ་དག་བསམ་ལ་བརྩོན་པས་སྒྲུབ་འཚལ་ལོ། །ཞེས་ཨུ་དུམ་ཝཱ་རའི་དཔེ་འདི་ནི་སྐབས་འདིར་བར་གྱི་གསལ་བྱེད་དུ་བལྟ་སྟེ། དོན་སྔ་མ་སངས་རྒྱས་འབྱུང་དཀའ་བ་ལ་ཡང་སྦྱོར་ལ། དོན་ཕྱི་མ་དམ་པའི་ཆོས་ལ་ཚུལ་བཞིན་བསྒྲུབ་པ་དང་ཞུགས་དཀའ་བ་ལ་ཡང་སྦྱར་རོ། །དེ་ཡང་ངས་ཆོས་ཞིག་བྱའོ་སྙམ་པའི་བསོད་ནམས་ཀྱི་བློ་སྐད་ཅིག་ཙམ་ཡང་སྐྱེ་བ་དཀའོ། །སྐྱེས་པ་དེ་ནི་སངས་རྒྱས་ཀྱི་ཐུགས་རྗེ་ཡིན་པར་ཤེས་པར་བྱ་སྟེ།

དཔེར་ན་མཚན་མོ་མུན་པའི་ནང་དུ་གློག་འབྱུང་བ་དཀའ་བ་བཞིན་ནོ། །སྤྱོད་འཇུག་ལས། ཇི་ལྟར་མཚན་མོ་མུ་ནག་སྤྲིན་རུམ་ན། །གློག་འགྱུ་སྐད་ཅིག་རབ་སྣང་སྟོན་པ་ལྟར། །དེ་བཞིན་སངས་རྒྱས་མཐུ་ཡི་རྒྱ་ལམ་ན། །འཇིག་རྟེན་བསོད་ནམས་བློ་གྲོས་ཐེངས་འགའ་འབྱུང་། །ཞེས་གསུངས་པས་དེ་བས་ཀྱང་ཐེག་པ་ཆེ་ཆུང་གི་ཆོས་སྒོར་ཞུགས་པ་དཀོན་པ་ནི། ཨུ་དུམ་ཝ་རའི་མེ་ཏོག་བཞིན་ནོ། །དེ་བས་ཀྱང་ཐར་བའི་ལམ་མ་ནོར་བ་དང་འཕྲད་པ་དཀོན་ཏེ། ཕལ་ཆེར་ལས་ཀྱི་སྒྲིབ་པ་དང་། བདུད་ཀྱིས་བསླུས་པའི་དབང་དུ་སོང་བས་ལམ་ལོག་པའམ་དམན་པར་ཞུགས་པ་མང་བའི་ཕྱིར་ཏེ། སྡོང་པོ་བཀོད་པ་ལས། ཡང་དག་པའི་ཆོས་དང་འཕྲད་པ་ཡང་ཤིན་ཏུ་རྙེད་པར་དཀའོ། །ཞེས་སོ། །དེ་བས་ཀྱང་ཐོས་པ་བཞིན་ཉམས་སུ་ལེན་པ་ལ་བརྩོན་པའི་ཚུལ་དཀོན་ཏེ། ཁབ་ཕྲ་མོའི་མིག་ཏུ་རས་ཡུག་ཤོང་བར་དཀའ་བས་ཀྱང་རྙེད་པར་དཀའོ། །སངས་རྒྱས་འགྲོ་བའི་མདོ་ལས། སྙིང་རྗེས་བྱང་ཆུབ་ཏུ་སེམས་བསྐྱེད་པ་དང་། བསླབ་པ་ལ་གུས་པས་སྲོག་དང་བསྡོས་ཏེ་བསྲུང་བ་དང་། སྟོང་པ་ཉིད་ཀྱི་དོན་ལ་ཡིད་ཆེས་ཤིང་མོས་པ་དང་། དེ་དག་ལ་ནན་ཏན་གྱིས་སྤྱོད་པ་ཡང་ཤིན་ཏུ་དཀོན་ནོ། །ཞེས་སོ། །དེ་ཐམས་ཅད་ཕྱོགས་གཅིག་ཏུ་བཞག་པ་ལས་ལྷུར་སྨོས་པའི་མཚན་ཉིད་ཅན་གྱི་བླ་མ་དམ་པ་དང་མཇལ་ནས་སྙིང་པོའི་ཆོས་ཐོས་པ་ནི་དེད་དཔོན་མཚོ་གླིང་ནས་ནོར་བུ་རྙེད་པ་བས་ཀྱང་དཀའ་བས། རྟག་ཏུ་བསྟེན་པ་དང་། བཀའ་མི་བཅོག་པ་དང་། གསུང་བཞིན་བསྒྲུབ་པ་དང་། མི་མཉེས་པ་སྐད་ཅིག་ཀྱང་མེད་པ་དང་། ཐབས་དང་རྣམ་པ་ཐམས་ཅད་ཀྱི་སྒོ་ནས་མཉེས་པ་བསྒྲུབ་པ་ལ་འབད་པར་བྱའོ། །སྡོང་པོ་བཀོད་པ་ལས། རིགས་ཀྱི་བུ་ཁྱོད་ཀྱི་དགེ་བའི

ཆོས་ཐམས་ཅད་ནི་དགེ་བའི་བཤེས་གཉེན་ལ་བརྟེན་ནས་འབྱུང་ངོ་། །དགེ་བའི་བཤེས་གཉེན་དེ་ནི་བསྐལ་བ་རྒྱ་མཚོ་ཐམས་ཅད་ནས་བསོད་ནམས་དང་ཡེ་ཤེས་ཀྱི་ཚོགས་བསགས་པ་དག་གིས་རྙེད་ནས་ཆོས་ཐོབ་པར་འགྱུར་གྱི། གཞན་དུ་ནོར་བུའི་མཆོག་རྙེད་པ་ལས་ཀྱང་འཕྲད་པ་ཤིན་ཏུ་དཀའོ། །དེའི་ཕྱིར་རྟག་ཏུ་གུས་པས་བསྙེན་བཀུར་བ་ལ་མི་སྐྱོ་བར་བྱའོ། །ཞེས་མཐུན་རྐྱེན་ཚོགས་པས་རང་གི་བློ་ཐར་བ་ལ་སྦྱོ་བ་ཡོད་པ་དེའི་ཚེ། འདི་སྐད་དུ་ཡང་ཡིད་བཞིན་མཛོད་ལས། དོན་མེད་བྱ་བ་དོར་ནས་སྒྲུབ་པ་ཡང་། །ཐར་བའི་རྒྱུར་གྱུར་དགེ་བ་མ་གཏོགས་པ། །གང་ཡང་དོར་ནས་ཆོས་ལ་བརྩོན་དགོས་ཏེ། །འཁྲུལ་བའི་བྱ་བ་དོན་མེད་སྡུག་བསྔལ་རྒྱུ། །འཆི་དུས་མི་ཕན་སྙིང་པོ་མེད་དེའི་ཕྱིར། །དུག་སྦྲུལ་གཟེབ་བཞིན་ངེས་པར་སྤང་འཚལ་ལོ། །ཞེས་གསུངས་པ་ལྟར་ཆོས་ཀྱི་བྱ་བ་དགེ་བ་མ་གཏོགས་པ་ཐམས་ཅད་ལིངས་ཀྱིས་སྤངས་ནས་དམ་པའི་ཆོས་བསྒྲུབ་པ་ལ་བརྩོན་དགོས་ཏེ། འཇིག་རྟེན་གྱི་བྱ་བ་གང་བྱས་ཀྱང་སྙིང་པོ་མེད་པ་འཆི་བའི་དུས་སུ་མི་ཕན་པ་སེམས་ཀྱི་གཟེར་རེ་རྒྱུན་མི་ཆད་པས་རང་བཞིན་རྣམས་དང་། དུག་སྦྲུལ་གྱི་གཟེབ་རྙེད་པའམ། རིམས་ནད་ཀྱིས་ཤི་བའི་གོས་རྙེད་པའམ། དུག་གི་སྦགས་པའི་ཟས་རྙེད་པ་ལྟར་དེའི་རང་བཞིན་ཚོར་མ་ཐག་ལ་ལིངས་ཀྱིས་འདོར་དགོས་ཏེ། འཇིག་རྟེན་གྱི་སྣང་བ་དག་ལ་ཕར་བལྟས་ན། ཐམས་ཅད་འཁྲུལ་བའི་ཡོ་ལང་ལ་སྤྱོད་པ་མཐོང་སྟེ། རང་གི་ལྟ་བའི་ཆོས་གོམས་པ་ལ་བསྐུལ་བ་ནི། འཁོར་བ་ལ་ཡིད་ངེས་པར་འབྱུང་བའི་ཆེད་དུ། ཡིད་བཞིན་མཛོད་ལས། འཇིག་རྟེན་སྤྱོད་པ་དག་ལ་ཕར་བལྟས་པས། །བྱས་པ་ཐམས་ཅད་དོན་མེད་སྡུག་བསྔལ་རྒྱུ། །ཅི་ལ་བསམ་པ་ཕན་པར་མི་གདའ་བས། །རང་གི་སེམས་ལ་ལྟ

བས་གོམས་པར་གྱིས། །ཞེས་དང་ཆོས་མིན་གྱི་བྱ་བ་འདོར་ཚུལ་ནི། སྒྱུ་དྲན་ལས་འདས་པའི་མདོ་ལས། གང་ཡང་མི་དགེ་བའི་ཕྱོགས་ཀྱི་ཆོས་རྣམས་ཡོངས་སུ་འདོར་བ་ནི། རྗེ་རིགས་ལ་སོགས་པས་མི་གཙང་བ་ལ་འཛེམ་དགོས་པ་ལྟར་འདོར་དགོས་སོ། །མེ་དཔུང་ཆེན་པོ་རབ་ཏུ་འབར་བ་ལ་ལག་གིས་ལེན་པ་མི་འབྱུང་བ་ལྟར་འདོར་དགོས་སོ། །བྲམ་ཟེའི་རིགས་བ་གླང་གི་ཤ་མི་ཟ་བ་ལྟར་འདོར་དགོས་སོ། །ཟས་བཟང་པོས་འགྲངས་པའི་མིས་ཟས་ངན་པ་མི་འདོད་པ་ལྟར་འདོར་དགོས་སོ། འཁོར་ལོས་བསྒྱུར་བའི་རྒྱལ་པོ་རིགས་ངན་དང་ལྷན་ཅིག་མི་ཁྲད་པ་ལྟར་འདོར་དགོས་སོ། །དགེ་སློང་གཙང་མས་མི་རོ་རུལ་བ་ལ་མི་རེག་པ་ལྟར་འདོར་དགོས་སོ། །ཞེས་སོ། །འཇིག་རྟེན་གྱི་བྱ་བ་ལ་བློ་མི་འཇུག་པར་ཆོས་ལ་བརྩོན་པར་གདམས་པ་ནི། ཡིད་བཞིན་མཛོད་ལས། ཚེ་འདིའི་སོ་ཀློས་གྲོགས་དང་གྲོས་འདུན་དང་། །ཡོངས་སྤྱོད་ཕྱོགས་རིས་གྲུབ་མཐའ་ངན་པ་རྣམས། །དལ་འབྱོར་རྒྱུད་གསོན་ཕུང་ཁྲོལ་ལགས་པས་སྤང་། །ཞེས་སོ། །འཇིག་རྟེན་གྱི་བྱ་བ་ཅི་བྱས་ཀྱང་ཕྱི་མ་ཕན་ཆད་ཀྱི་དོན་ཆེན་པོ་མེད་ཅིང་འཁོར་བའི་འདམ་དུ་བྱིང་བ་ལས་མེད་པར་ཐག་བཅད་ནས་ཆོས་ལ་བརྩོན་དགོས་སོ། །དེ་ཡང་སོ་ནམ་ཡུན་གྱི་དོན་སྙིད་མེད་པ་ཡུལ་ཞིང་གི་སོ་ཀློས། གྲོགས་ཡུན་གྱི་དོན་སྙིད་མེད་པ་ཁྲོ་ཤུག་དང་ཉེ་འབྲེལ། ལོངས་སྤྱོད་ཡུན་གྱི་དོན་སྙིད་མེད་པ་ཟས་ནོར་གྱི་གཉེར་བ། གྲོས་མདུན་ཡུན་གྱི་དོན་སྙིད་མེད་པ་ཚེ་འདིའི་ཆེ་ཐབས། འཁྲུག་པ་ཡུན་གྱི་དོན་སྙིད་མེད་པ་དགྲ་གཉེན་གྱི་ཕྱོགས་རིས། གྲུབ་མཐའ་ཡུན་གྱི་དོན་སྙིད་མེད་པ་མཐར་འཛིན་ལྟ་བ་རྣམས་སྤངས་ལ། དལ་འབྱོར་རྒྱུད་མི་ཟློན་པར་སྙིང་ནས་དམ་པའི་ཆོས་ལ་བརྩོན་པར་བྱའོ། །དེ་ཡང་ཁྲིམ་གཉིས་ན་གནས་

པ་ནི་གྲོལ་བ་མང་ཞིང་། ཆོས་ལས་ཉམས་པའི་གཞི་ཡིན་པས་ཡུན་གྱི་དོན་སྲིད་མི་འགྲུབ་སྟེ། ཐོག་མ་འཇིག་རྟེན་པའི་ཁྱིམ་ན་དགྲ་གཉེན་གྱི་ཕྱོགས་རིས། བུ་ཚ་དང་ཁྱིམ་ཐབ་ཀྱི་གཉེར་བ། ཁྲེལ་དང་གཙེར་བའི་སེམས་ལས། ནང་ནུབ་ལྷོ་གོས་ཀྱི་ཁོལ་པོ། གང་བྱས་ཀྱང་མ་ཟིན། ཅི་བྱུང་ཡང་མི་འདོད། ཇི་ལྟར་བྱས་ཀྱང་མི་མགུ། ཉིན་མི་དལ་མཚན་མི་གཉིད་པར་བྱས་ཀྱང་གྲོལ་ཧ་ལ་ཟིན་པའི་དུས་མེད། ཆོས་ལ་སེམས་པའི་བློ་དཀོན། གང་བྱས་ཀྱང་སྡིག་པ་དང་འབྲེས་པའི་གཞི་ཆེ། ཁྱིམ་མཆེས་ཆགས་སྡང་གི་མེ་དཔུང་དབལ་ཚ། བུ་ཚ་ལན་ཆགས་ཀྱི་གདོས་ཐག་ཞུགས་དྲགས། ཅི་བྱས་སྡུག་བསྔལ་གྱིས་བསྒོན་པ་ཁུར་ཆེ། རང་སྡུག་བསྔལ་བ་བས་གཞན་ཕུན་སུམ་ཚོགས་པ་ལ་མི་བཟོད་པར་གྲངས་མང་བའི་ཕྱིར་ཆོས་དང་རིང་བ་ཡིན་ནོ། །བྱང་ཆུབ་སེམས་དཔའ་སེཏྲི་སྦྲུས་ཞུས་པའི་མདོ་ལས། ཁྱིམ་ན་ཉོན་མོངས་གནས་པ་སྟེ། །དཀར་པོའི་ཆོས་རྣམས་འཇིག་པར་བྱེད། །ཅེས་སོ། །ཁྱིམ་གཉིས་པ་རབ་དུ་བྱུང་བས་བཟུང་བ་ཡང་སྡུག་བསྔལ་གྱི་རང་བཞིན་ཡིན་ཏེ། ཁྱིམ་ཆུང་སྦྱང་པའི་ཁྱིམ་ཆེན། ཚོང་དང་སོ་ནམ་གྱིས་གཉེར་བ། རྟ་བོང་ཁལ་ཕྱུགས་ཀྱི་བྲན་གཡོག ནོར་རྫས་སྐྱེད་འཕེལ་གྱི་བྲེལ་དོ། །རྒས་ཁ་ཚེ་གཞུག་གི་སོ་ཚིས། ཉེ་དུ་འབྲེལ་བའི་གྲོས་འདུན། འདོད་ཡོན་སྲེད་པའི་ཞེན་ཆགས། བཟའ་བཏུང་ལོངས་སྤྱོད་ཀྱི་སྐྱིད་འདོད། གནས་དང་མཁར་ལས་ཀྱི་བྱ་བཞག ཟིན་མེད་བྲེལ་དོའི་རྣམ་གཡེང་། ཉིན་མཚན་ཆགས་སྡང་གི་འཁོར་ཡུག གོང་འོག་སེམས་འཛིན་གྱི་ཁུར་ལས། ལོ་འདོད་འཇིག་རྟེན་ཀྱི་སྣང་ཤེས། ཐོས་བསམ་གཟུགས་བརྙན་གྱི་ཁ་ཆོས། ཆགས་སྡང་འགྲན་སེམས་ཀྱི་མེ་དཔུང་། རྟག་ཏུ་ཟུག་རྔུའི་ཚེར་མ། ཅི་བྱས་ཚེ་

འདིའི་བྱ་བ། རྟག་ཏུ་རེ་བའི་སོ་ཚིས། སློབ་དཔོན་དད་མེད་ཀྱི་འཆད་རེས། གྲོགས་མཆེད་འགྲན་སེམས་ཀྱི་ཕྲག་དོག དྲག་ཤོས་ཆོས་བརྒྱུད་ཀྱི་རི་བོ། ཞན་ཤོས་ཐོས་མེད་ཀྱི་ཀུན་སྤྱོད། ཆོས་དང་རང་རྒྱུད་འཛོལ་བའི་ཉེས་པ་ཤུན་ཏུ་མང་བས་ཐར་པ་དམ་པ་ལྷ་ཆོས་རབ་ཏུ་དཀའ་སྟེ། འདུལ་བ་ལུང་ལས། ཁྲིམ་དོན་ཆེ་ཆུང་སྲུངས་ནས་ཐོག་མར་རབ་བྱུང་དཀའ། ཞེས་པ་དང་། གང་ཞིག་རབ་ཏུ་བྱུང་ཡང་ཡོན་ཏན་སྟོད་མ་གྱུར། །སྐྲ་དང་ཁ་སྤུ་བྲེགས་ཀྱང་དགེ་སྦྱོང་ཚུལ་མ་ཞུགས། །རབ་བྱུང་དེ་ནི་རབ་བྱུང་མ་ཡིན་ཁྲིམ་པའང་མིན། །ཆུ་མེད་ཁྲོམ་པ་རི་མོའི་མར་མེ་བཞིན། །ཞེས་པ་དང་། སྡུ་མ་ལས། ཁྲིམ་ནས་གནས་པ་འདོད་པ་ཡི། །མི་ངོམས་བཞིན་དུ་འཆི་བར་འགྱུར། །ཞེས་སོ། །དེ་ན་ཆོས་ཚུལ་བཞིན་དུ་བྱེད་ནས་འཇིག་རྟེན་གྱི་སྣང་བ་ལས་བཟློག་པ་གལ་ཆེའོ། །དྲན་ཤེས་བཞིན་གྱིས་བཟུང་ནས་ཡེངས་མེད་དུ་བཞེངས་བསྐུལ་གདབ་པ་ནི། ཡིད་བཞིན་རིན་པོ་ཆེའི་མཛོད་ལས། རྟག་ཏུ་དྲན་དང་ཤེས་བཞིན་བག་ཡོད་པས། །དལ་འབྱོར་བསམ་སྟེ་ཐར་བའི་བྱང་ཆུབ་བསྒྲུབ། །ཞེས་དེ་ལྟར་རྙེད་དཀའི་དལ་འབྱོར་ཐོབ་ནས་ད་རེས་ཐར་བའི་ལམ་སྣ་མ་ཟིན་ན། གསེར་གླིང་དུ་ཕྱིན་ནས་སྟོང་པར་ལོག་པ་བས་ཀྱང་མདོ་ཆུང་བས་ཟབ་མོ་ཆོས་ཤིག་བསྒྲུབས་ཏེ་ལམ་སྣ་ཅི་ཟིན་བྱ། སྤྱོད་ལམ་དུས་དྲུག་ཐམས་ཅད་དུ་འདྲིས་པས་དངོས་པོ་མི་བརྗེད་པའི་དྲན་པ་དང་། དོན་ཡོད་མེད་ཀྱི་བྱ་བ་ངོས་ཟིན་པས་ཤེས་བཞིན་གྱི་བྱ་རས་ཟིན་པར་བྱས་ཏེ། ཚོགས་དྲུག་ཡུལ་ལ་མ་ཡེང་པར་རང་གིས་རང་ལ་བསྐུལ་བ་ནི། དཔེར་ན་གྲུ་ཡོད་དུས་ཆུ་ལས་མ་སྒྲོལ་ན། དེ་ནས་མི་སྒྲོལ་བས་དེ་དུས་ཅི་སྒྲོལ་བྱེད་པ་ལྟར། དལ་འབྱོར་གྱི་གྲུ་རྙེད་དུས་འབད་དགོས་ཏེ། སྤྱོད་འཇུག

ལས། གྲུ་འདི་ཕྱི་ནས་རྙེད་དཀའ་བས། །རྨོངས་པའི་དུས་སུ་གཉིད་མ་ལོག །ཅེས་སོ། །དེ་བཞིན་དུ་ཅང་ཤེས་ཀྱི་རྟ་མཆོག་ཡོད་དུས་སུ་ཤུལ་རིང་གི་ལམ་བགྲོད་དགོས་པ་དང་། རྡོད་གཤེར་དང་ཆུ་ལུད་འཛོམ་དུས་སུ་ས་བོན་ཅི་ཐེབས་བྱེད་པ་དང་། དཔའ་བོ་དཔུང་ཚོགས་ཡོད་དུས་སུ་དགྲ་འདུལ་བ་དང་། གསེར་དངུལ་གྱི་གཏེར་ཁ་རྡོལ་དུས་སུ་ཐབས་ཅི་ལོན་བྱེད་པ་དང་། སྟོན་ཁའི་ལོ་ཏོག་སྨིན་དུས་སུ་ཅི་འདུས་བྱེད་པ་དང་། འཇིགས་སར་སྐྱེལ་མ་ཡོད་དུས་སུ་ཅི་སྒྲོལ་བྱེད་པ་དང་། གཡར་པོའི་ཀ་ཆ་ཡོད་དུས་སུ་བཙོན་པ་ཆེར་བསྐྱེད་པ་དང་། བྲན་གཡོག་གི་བྱ་བཞག་བྱེད་དུས་སུ་ལས་བསྒྲུབས་པ་ལྟར། དལ་འབྱོར་གྱི་མི་ལུས་རིན་པོ་ཆེ་རྙེད་དུས་འདིར་དལ་ཁོམ་མེད་པར་ཆོས་ལ་བརྩོན་པར་བྱ་དགོས་ཏེ། མི་རྟག་པ་མྱུར་དུ་འོང་བའི་ཕྱིར་རོ། །འདི་ལ་བསམ་ན་གཉིད་ལོག་པ་དང་། དབུགས་འབྱུང་རྔུབ་ཙམ་ཡང་ཁོམ་གླགས་མེད་པར་ཆོས་ལ་བརྩོན་པར་རིགས་ཏེ། དཔལ་མར་མེ་མཛད་ཡེ་ཤེས་ཀྱི་ཞལ་སྔ་ནས། ཚེ་འདི་གནོད་མང་རླུང་གིས་བཏབ་པ་ལྟའི། །ཆུ་ཡི་ཆུ་བུར་བས་ཀྱང་མི་རྟག་ན། །དབུགས་རྔུབ་དབུགས་དབྱུང་གཉིད་ཀྱི་ལོག་པ་ལས། །སད་ཁོམ་གང་ལགས་དེ་ནི་ངོ་མཚར་ཆེ། །ཞེས་གསུངས་པ་ལྟར་རོ། །དོན་ཅན་གྱི་ལས་ལ་བརྩོན་པར་འོས་པའི་ཚུལ་བསྟན་པ་ནི་འདི་སྐད་དུ། ཡིད་བཞིན་མཛོད་ལས། །འགྲོ་ཉལ་འདུག་དང་ཟས་ལ་སོགས་པ་ནའང་། །ལེ་ལོ་ལ་སོགས་སྒྲིན་དྲུག་རྣམས་སྤངས་ནས། །མངོན་མཐོ་ངེས་ལེགས་དོན་ཆེན་བསྒྲུབ་པ་ན། །བཀྲེས་པས་ཟས་མཐོང་ལ་སོགས་དཔེས་འཇུག་སྟེ། །ཉིན་མཚན་ཀུན་ཏུ་དགེ་ལ་བརྩོན་པར་བྱ། ཞེས་འགྲོ་བ་དང་། ལྡང་བ་དང་། འཆགས་པ་དང་། ཉལ་བ་དང་།

སད་པ་དང་། ཁ་ཟས་ཟ་བ་དང་། ཕྱི་ཡུལ་གྱི་སྣང་བ་དགག་སྒྲུབ་འཁྲུལ་བ་མཐོང་བ་དང་། གཏམ་སྒླུ་ལ་སོགས་པའི་གནས་སྐབས་ཐམས་ཅད་དུ་ལེ་ལོ་དང་། སྙོམ་ལས་དང་། བཏང་སྙོམས་དང་། གཡེང་བ་དང་། འདུ་འཛི་དང་། ལུས་ངག་ཡིད་གསུམ་མ་ཞི་བའི་ཆ་ལུང་མ་བསྟན་དང་བཅས་པ་རྣམས་བསྡམས་ཏེ། ང་ཐེག་པ་ཆེན་པོ་དམ་པའི་ཆོས་ལ་ཞུགས་པ་ཡིན་གྱི་ཐ་མལ་པ་འདི་དག་དང་མི་མཚུངས་ཏེ་སེམས་ཤིན་ཏུ་བསྲུང་དགོས་པའོ། །ད་ཅི་ནས་མི་དགེ་བ་འདི་ལྟ་བུ་ཞིག་བྱུང་ངམ་སྙམ་དུ་སེར་བཏབ་ལ། བྱུང་འདུག་ན་བཤགས་བསྡོམ་བྱ། མ་བྱུང་ན་དགའ་བ་བསྒོམ་མོ། །དེ་ལྟར་ཡིད་ལ་བྱེད་པ་དེས་མཚན་བཅས་མཚན་མེད་ཀྱི་དགེ་སྦྱོར་ལ་སྐབས་སུ་གང་བབ་ལས་གདམ་ག་མེད་པར་བྱ་བའི་དཔེ་ནི། བཀྲེས་པའི་མིས་ཟས་བཟང་ངན་གང་བྱུང་ཟ་བའམ། སྐམ་པས་གདུང་བ་སྐོམ་གང་རྙེད་འཐུང་བའམ། དབུལ་པོས་ནོར་རྫས་གང་རྙེད་འཆང་བའམ། སྨན་པ་མཁས་པས་སྨན་གང་རྙེད་བསགས་པའམ། རྨོངས་པོའི་མི་བུ་ཚ་གང་བྱུང་གཅེས་པར་གསོ་བའམ། ཉེན་པའི་མི་སྐྱབས་གང་རྙེད་འཚོལ་བ་ལྟར། དགེ་སྦྱོར་གང་ལ་ཡང་བརྩོན་པས་འཇུག་པར་བྱའོ། །འདི་ནི་མཚན་བཅས་ཏེ། བདག་ནི་སྒོམ་ཆེན་པ་ཡིན་པས་མི་རུང་ངོ་། །ཆོས་ལ་བྱར་མེད་དོ་ཞེས་སོས་དལ་གྱིས་དུས་མི་འདའ་ཞིང་། རྟག་ཏུ་ཉལ་བ་ལ་མི་དགའ་བས། ཕྱག་བསྐོར་བ། མདོ་ཁ་ཏོན་སྔགས་ཏིང་འཛིན། དཀོན་མཆོག་མཆོད་པ་ལ་སོགས་པ་ལ་བརྩོན་པར་བྱ་སྟེ། ཁྲིའུ་སྣང་བྱེད་ཀྱིས་ཞུས་པའི་མདོ་ལས། འཇིག་རྟེན་ཁམས་ན་བདེ་ཞིང་སྐྱིད་པ་ཀུན། །དེ་ཀུན་དཀོན་མཆོག་མཆོད་ལས་བྱུང་བས་ན། །རྟག་ཏུ་དཀོན་མཆོག་མཆོད་ལ་བརྩོན་པར་བྱ། །ཞེས་ཐན་རྒྱ་ཡོར་བ་རེ་ནང་མ་རེ་ལ་འབུལ་བས་ཀྱང་

མཆོད་པར་བྱའོ། །དཀོན་མཆོག་ཕྱི་ནང་བཞུགས་པ་ལ་ཡིད་ཆེས་པར་བྱའོ། །དེའང་དགེ་སྦྱོར་གྱི་རྣམ་གྲངས་མི་འདྲ་བ་ཆོས་སྤྱོད་བཅུ་ལ་སོགས་པའམ། བྱེད་པའི་དུས་མི་འདྲ་བ་སྐད་ཅིག་ཐང་གཅིག་ལོ་ཟླ་བ་ལ་སོགས་པའམ། བྱ་རྒྱུ་ངོ་བོ་མི་འདྲ་བ་མཚན་བཅས་དང་མཚན་མེད་དམ། བྱེད་པའི་ཐབས་མི་འདྲ་བ་དཀའ་སླ་དུ་མའམ། བྱ་བའི་གནས་མི་འདྲ་བ་དབེན་པ་དང་། མི་དབེན་པ་ཐམས་ཅད་དུ་དགེ་སྦྱོར་ལ་གདམ་ག་དང་། ཚོག་ཤེས་དང་། བཟང་ངན་མེད་པར་ཉམས་སུ་བླང་བར་བྱའོ། །ཕྱུག་པོ་ལ་གང་ཡང་ནོར་དུ་རུང་བ་ལྟར། རྣལ་འབྱོར་པ་ལ་གང་ཡང་ཆོས་སུ་འགྱུར་བས་བརྩོན་པར་བྱའོ། །མཚན་བཅས་མཚན་མེད་ཀྱང་རང་གི་བློ་ལ་རག་ལས་པས། བློ་ཨ་འཐས་ཀྱིས་སྟོང་ཉིད་བསྒོམས་ཀྱང་སྟོང་ཉིད་ཀྱི་མཚན་མས་འཆིངས་ལ། བློ་ཡངས་ཆེན་གྱིས་ཕྱག་མཆོད་བྱས་ཀྱང་གཞི་མེད་སྒྱུ་མའི་རང་བཞིན་དུ་རྟོགས་པས་ཆོས་ཉིད་ཀྱི་གྲོགས་སུ་འགྱུར་བའི་ཕྱིར། རྟག་ཏུ་དགེ་བས་དུས་འདའ་བར་བྱའོ། །ད་ནི་དཔལ་འབྲོར་རླེད་དཀའ་བ་བསམ་པ་ལས་བྱུང་བས་འདི་སྐད་དུ་ཡང་། ཡིད་བཞིན་རིན་པོ་ཆེའི་མཛོད་ལས། དེ་ཡི་ཕན་ཡོན་ཚེ་འདི་བློས་ཐོངས་ཤིག །ཕྱི་མའི་དོན་གཉེར་བརྩོན་འགྲུས་མེ་བཞིན་འབར། །དལ་ཁོམ་མེད་པར་དགེ་བས་དུས་འདའ་ཞིང་། །མྱུར་དུ་སྲིད་གསུམ་རྒྱ་མཚོའི་ཕ་རོལ་འགྲོ། །ཞེས་དེ་ལྟར་ཉིན་མཚན་དུ་དལ་འབྱོར་རླེད་དཀའ་བ་བསམ་པ་དེའི་ཕན་ཡོན་ཚད་མེད་ཀྱང་བསྡུ་ན། ཚེ་འདིའི་བྱ་བ་ཐམས་ཅད་དོན་མེད་དུ་འདུ་ཤེས་ནས་མི་འཇུག་པ། ཕྱི་མའི་འདོད་དོན་དང་དུ་ལེན་པས་ཅི་བྱས་ལས་འབྲས་དང་མི་འགལ་བར་སྤྱོད་པ། དལ་ཁོམ་རེས་འཇོག་མེད་པར་བརྩོན་འགྲུས་མེ་བཞིན་འབར་བས་ཐོས་བསམ་སྒོམ་པའི་དོན་ལ་བརྩོན་པ། སྡིག་པའི་གྲོགས་པོ

སྤྱངས་ནས་རྟག་ཏུ་དགེ་བ་ལ་སྤྱོད་པས་རང་ཉིད་དམ་པར་གནས་པ། འཁོར་བའི་འདུན་པ་བོར་ནས་དལ་བ་ཆུད་མི་གསོན་པས་འཆི་དུས་སྤྲོ་དགའ་དང་བཅས་པ། སེར་སྣའི་མདུད་པ་གྲོལ་བས་སྦྱིན་པའི་ལམ་བརྒྱགས་སོགས་ནས་གར་སྐྱེ་དབུལ་ཕོངས་དང་བྲལ་བ། རྟག་ཏུ་ཆོག་ཤེས་ཡོད་པས་ནོར་རྫས་ལ་ཞེན་པ་མེད་ཅིང་། སྒོ་གསུམ་ཆོས་དང་མཐུན་པ། གང་ཡང་སྙིང་པོ་མེད་པས་བྱས་པ་དོན་མེད་དུ་རྟོགས་ཏེ་ཆགས་ཞེན་གྱི་འཁྲི་བ་ཆོད་པ། ཐམས་ཅད་འགྲོ་བར་ཤེས་པས་འཐབ་རྩོད་ཀྱི་ཟུག་རྔུ་མེད་ཅིང་དང་རྒྱུད་ཁོང་ནས་དགེ་བ། ཅི་བྱས་དགོས་མེད་དུ་མཐོང་བས་མཐུན་འཛུག་གི་རྩིག་པ་འགྲེལ་ཞིང་། ཆོས་བརྒྱད་ཀྱི་རི་བོ་ཞིག་པ། ཐར་བའི་ལམ་སྣ་ཟིན་པས་དམ་ཆོས་ཚུལ་བཞིན་དུ་བསྒྲུབ་ཅིང་མྱུར་དུ་སངས་རྒྱས་འགྲུབ་པའོ། །གཉིས་པ་དཔེ་མི་རྟག་པར་བསམ་པའི་ཆོས་ལ་བསྐུལ་བ་ནི། ཇི་ལྟར་བཤད་པའི་ཚུལ་ནི། ཡིད་བཞིན་རིན་པོ་ཆེའི་མཛོད་ལས། དེ་ལྟར་རྙེད་དཀའ་དལ་བ་རྙེད་གྱུར་ཀྱང་། །སྐད་ཅིག་མི་རྟག་འཇིག་པའི་ཆོས་ཅན་ཏེ། །སྲིད་གསུམ་སྒྱུ་མའི་རང་བཞིན་བསླུ་བར་འགྱུར། །ཞེས་གསུངས་པས། སྔོན་ལེགས་པར་སྤྱད་པའི་དབང་གིས་ཐོབ་པའི་དལ་འབྱོར་འདི་ཡང་རྒྱ་ལམ་རེས་འགའ་ཞིག་ལ། དེ་ཐོབ་ཀྱང་ཡིད་བརྟན་མི་རུང་བས་མྱུར་དུ་འཆི་བ་ལས་མ་འདས་ཏེ། མི་རྟག་པའི་གཏམ་ལས། འདི་ལྟར་སྐྱེས་པ་ཐམས་ཅད་ཀྱི། །མདུན་ན་གནས་པ་འཆི་བ་སྟེ། །བདག་ཀྱང་དེ་ལས་མ་འདས་པས། །དེ་རིང་ཉིད་དུ་ཆོས་མཛོད་ཅིག །ཅེས་ཁམས་གསུམ་རིགས་དྲུག་གང་དུ་སྐྱེས་ཀྱང་ཐམས་ཅད་སྐྱེ་ཤིའི་ཆུ་བོར་བྱིང་བ། སྡུག་བསྔལ་གྱི་ཐ་རྒྱལ་ཆེ་བ། མི་རྟག་པའི་སྲིན་པོས་བཟུང་བ་སྟེ། རྒྱ་ཆེར་རོལ་པ་ལས། སྲིད་གསུམ་མི་རྟག་སྟོན་ཀའི་སྤྲིན་དང་

འདྲ། །འགྲོ་བ་གཡོ་བ་ཆུ་ཡི་རླབ་བཞིན། །སྐྱེས་བུའི་ཚེ་འགྲོ་རི་གཟར་འབབ་ཆུ་འདྲ། །འདུ་ཤེས་རྣམས་ནི་གར་ལ་ལྟ་དང་མཚུངས། །ཞེས་སོ། །དེ་ནི་མི་རྟག་པའི་རང་བཞིན་རྒྱས་པར་བསྟན་པ་ལས། །གང་མི་རྟག་པའི་ངོ་བོ་ངོས་བཟུང་བ་ནི། ཡིད་བཞིན་རིན་པོ་ཆེའི་མཛོད་ལས། འདི་ལྟར་གླིང་བཞི་འཁོར་བས་བརྒྱན་པ་ཡི། །སྟོང་གི་འཇིག་རྟེན་མི་རྟག་འཇིག་པའི་དཔེས། །བློ་བ་རྫོས་འདྲའི་ལུས་ཀྱང་ཤེས་པར་གྱིས། །ཞེས་རེ་ཞིག་རགས་པར་སྣང་བའི་རྣམ་པ་སྣ་ཚོགས་སྣོད་ཀྱི་འཇིག་རྟེན་ཏེ། ཕྱིར་ནམ་མཁའི་མཐའ་དང་མཉམ། ཐེ་བྲག་ཏུ་རི་རབ་གླིང་བཞི་དང་བཅས་པའི་འཁོར་བས་བརྒྱན་པ་སྟོང་གསུམ་གྱི་སྟོང་ཆེན་པོའི་འཇིག་རྟེན་གྱི་ཁམས་སུ་སྣང་བ་འདི་ཡང་། ཕྲ་བ་སྐད་ཅིག་གིས་མི་རྟག་པས་བསྐལ་བའི་ཡ་མཐའ་ནས་མར་འཁྲིབ་པས་དུས་འགྱུར། རགས་པར་སྣང་བ་འདི་ཡང་མཐར་མི་སྣང་ཞིང་ནམ་མཁའ་གཅིག་ཏུ་འགྱུར་བའི་སྐབས་ཡོད་ན། ཞིང་ཁང་གཞིས། རྫས་ཡོ་བྱད། ཉེ་དུ་འབྲེལ་བ། རྣམ་སྨིན་ཤ་ཁྲག་གི་ལུས་ལྟ་བ་སྦྱངས་པ་དང་འདྲ་བ་དང་བཙོས་པ་འདི་ཅིའི་ཕྱིར་མི་འཇིག་སླམ་དུ་སླིང་ནས་ངེས་པར་བསམ་དགོས་ཏེ། མྱ་ངན་ལས་འདས་པ་ཆུང་ངུའི་མདོ་ལས། འདུས་བྱས་རྟག་པར་འགྱུར་བ་ཡི། །གནས་ནི་རྙེད་པར་མི་འགྱུར་རོ། །ཞེས་པ་དང་། ཏིང་འཛིན་རྒྱལ་པོའི་མདོ་ལས། ནམ་ཞིག་འཇིག་རྟེན་ཁམས་འདི་འབྱུང་བ་དང་། །བྱུང་ནས་ཞིག་སྟེ་འཇིག་རྟེན་ཁམས་འདི་མེད། །ཇི་ལྟར་སྔོན་བཞིན་ཕྱིས་ཀྱང་དེ་བཞིན་ཏེ། །ཆོས་རྣམས་ཐམས་ཅད་དེ་བཞིན་ཤེས་པར་གྱིས། །ཞེས་སོ། །ཡིད་བཞིན་རིན་པོ་ཆེའི་མཛོད་ལས། གླིང་བཞིས་བརྒྱན་པའི་རིན་ཆེན་ཕོ་བྲང་ན། །རྣམ་བཀྲ་ཡུལ་གྱི་སྣང་བ་བཀོད་ལེགས

ཀྱང་། །རྟུལ་ཕྲན་ཆ་ཤས་མེད་པར་ཞིག་གྱུར་ནས། །ཅི་ཡང་མེད་པའི་རང་བཞིན་གྱུར་ལ་ལྟོས། །ཉེ་བར་ལེན་པའི་ལུས་དང་ལོངས་སྤྱོད་དང་། །ཚེ་འདིའི་སྣང་བ་མ་ལུས་ཐམས་ཅད་ཀུན། །མི་རྟག་སྒྱུ་མའི་རང་བཞིན་བསླུ་བར་འགྱུར། །གང་ལ་བསམམས་ཀྱང་སྙིང་པོ་འགའ་མེད་ལ། །ཅི་ལ་བསམམས་ཀྱང་ཕན་པར་མི་འགྱུར་བས། །ངེས་འབྱུང་སྐྱོ་ཤས་བློ་སྣ་བསྟུང་མཛོད་ལ། །དེ་རིང་ཉིད་ནས་དམ་པའི་ཆོས་མཛོད་ཀྱི། །ཞེས་སོ། །དེས་ན་འདི་ལྟར་སྣང་བའི་ཡུལ་ལ་ཕར་ལྟོས་ཤིག་དང་། བསགས་པ་ཐམས་ཅད་མི་རྟག་སྟེ་འཛད་པར་འགྱུར། མཐོ་བར་སྣང་བ་མི་རྟག་སྟེ་དམའ་བར་འགྱུར། དར་བ་ཐམས་ཅད་མི་རྟག་སྟེ་རྒུད་པར་འགྱུར། འདུས་པ་ཐམས་ཅད་མི་རྟག་སྟེ་འབྲལ་བར་འགྱུར། བཟང་པོ་ཐམས་ཅད་མི་རྟག་སྟེ་ངན་པར་འགྱུར། གསོན་པོ་ཐམས་ཅད་མི་རྟག་སྟེ་འཆི་བར་འགྱུར་བའི་ཚུལ་ལ་བསམ་ལ་རང་གི་ལུས་ལོངས་སྤྱོད་སྣང་བ་ཐམས་ཅད་མི་རྟག་པར་ནང་དུ་སྒྱུར་ཏེ། འདུལ་བ་ལུང་ལས། བསགས་པ་ཀུན་གྱི་མཐའ་མཛད་ཅིང་། །འཐོན་པོ་རྣམས་ཀྱི་མཐའ་ལྟུང་འགྱུར། །སྐྱེ་བའི་མཐའ་ནི་འཆི་བ་སྟེ། །འདུས་པའི་མཐའ་ནི་འབྲལ་བ་ཡིན། །ཞེས་སོ། །རྒྱ་ཆེར་རོལ་བ་ལས། །འདུས་བྱས་ཐམས་ཅད་འཇིག་པའི་ཆོས་ཅན་ཏེ། །དབྱར་གྱི་ཞལ་ཞལ་ཇི་ལྟར་གོམས་པ་འདམ། །རྒྱུ་རྐྱེན་ཚོགས་ཐྲེ་མ་ཡོད་པ་འདྲ་བ་སྟེ། །རྐྱེན་ལ་རག་ལས་འགྱུར་བས་ཉམ་ཆུང་ཉིད། །ཅེས་སོ། །དེས་ན་འཁྲུལ་སྣང་ལ་བདེན་པར་འཛིན་པའི་བློ་ངོར་བས། གང་སྣང་ཡང་མི་རྟག་ཅིང་སྙིང་པོ་མེད་པའི་འདུ་ཤེས་ཉེ་བར་བཞག་གོ །གཡོ་བ་བཅུད་ཀྱི་སེམས་ཅན་མི་རྟག་པས་སྐྱོ་ཤས་བསྐྱེད་པར་གདམས་པ་ནི། ཡིད་བཞིན་རིན་པོ་ཆེའི་མཛོད་ལས། ད་ལྟའི་ས་སྟེང་འགྲོ་བ

འདི་ཀུན་ཀྱང་། །ལོ་བརྒྱའི་ནང་དུ་ངེས་པར་མེད་པར་འགྱུར། །སྐྱེ་བ་ཐམས་ཅད་རིམ་བཞིན་འཆི་བས་ཀྱང་། །བདག་གི་ཚེ་འགྲོ་འཆི་བར་འགྱུར་བ་སོམས། །ཞེས་དེ་ལྟར་འཛམ་བུ་གླིང་དུ་ཚེ་ལོ་མ་ངེས། དེའི་ནང་ནས་ཀྱང་ད་ལྟ་ལྟ་བཙུ་ཁ་རལ་ལ་སོང་བས་ཚེ་ཐུང་བ་སྟེ། ད་ལྟ་ས་སྟེང་ན་ཡོད་པའི་མི་དང་དུད་འགྲོ་ལ་སོགས་པར་སྣང་བའི་འགྲོ་བ་འདི་དག ད་ལྟའི་ལོ་བརྒྱའི་ནང་ནས་ཐམས་ཅད་ཀྱང་མ་ལུས་པར་འཆི་ངེས་ན། བདག་རྟག་འཛིན་གྱི་སེམས་བོར་ལ་སྙིང་ནས་དམ་པའི་ཆོས་ལ་བརྩོན་དགོས་སོ། །ཡང་ཁམས་གསུམ་རིགས་དྲུག་གིས་བསྡུས་པའི་སེམས་ཅན་ཐམས་ཅད་རང་རང་གི་ལས་ཀྱིས་ལུས་བླངས་ནས། ཆེ་བ་དང་། ཆུང་བ་དང༌། བདེ་བ་དང་། སྡུག་བསྔལ་བ་དང་། དགེ་བ་དང་། མི་དགེ་བ་དང་། འབྱོར་བ་དང་། ཕྲུད་པ་དང་། མཐོ་བ་དང་། དམའ་བ་ལ་སོགས་པར་བཟང་ངན་དུ་སྣང་བ་ཐམས་ཅད་ཚེ་རིང་བ་བསྐལ་བར་ཐུབ་ཀྱང་མཐར་འཆི། ཐུང་བ་སྐད་ཅིག་ལས་མེད་ཀྱང་མཐར་འཆི། བར་མ་ལོ་ཟླ་ཞག་ལ་སོགས་པ་ཐུབ་ཀྱང་མཐར་འཆི་སྟེ། མྱ་ངན་ལས་འདས་པའི་མདོ་ལས། འཇིག་རྟེན་བཅས་པ་ཐམས་ཅད་ནི། །སྐྱེ་བ་ཡོད་ན་འཆི་བ་ཡོད། །འདུས་པ་ཡོད་ན་འབྲལ་བ་ཡོད། །ཚེ་ལོ་གྲངས་མེད་ཐུབ་པ་ཡང་། །ཐམ་ཟད་པར་ཤེས་པར་བྱ། །ཞེས་སོ། །དེ་ལྟར་སེམས་ཅན་ཐམས་ཅད་མི་རྟག་ཅིང་འཕོ་བ་ལ་བདག་གཅིག་པུར་རྟག་པར་རེ་བ་འདུ་ཤེས་སྐྱོར་བ་ཡིན་པས་འཆི་ངེས་སྙམ་དུ་བསམས་ནས་གང་ལའང་ཡིད་བརྟན་མེད་པས་མ་ཆགས་པའི་འདུ་ཤེས་སྒོམ་སྟེ། འདའ་ཀ་ཡེ་ཤེས་ལས། འདུས་བྱས་ཐམས་ཅད་མི་རྟག་པའི་རང་བཞིན་ཡིན་པས་དངོས་པོ་ཅི་ལའང་མི་ཆགས་པའི་འདུ་ཤེས་རབ་ཏུ་བསྒོམ་པར་བྱའོ། །ཞེས་

སོ། །དཔེ་དུ་མ་ལ་བསམས་ཏེ་མི་རྟག་པར་བསྟན་པ་ནི། སྒྱུ་མ་ལས། ཚོང་འདུས་བཞི་མདོ་མགྲོན་ཁང་གནས་རྣམས་སུ། ཕྱོགས་ཀྱི་སྐྱེ་བོ་འདུས་ཤིང་གྱེས་པའི་དཔེས། འདུས་པ་འབྲལ་བ་ངེས་པར་སླེང་ནས་བསམ། ཞེས་ཏེ་ཚོང་གིས་ཕྱིར་མང་པོ་འདུས་པའི་ས་དང་། ལམ་གྱི་བཞི་མདོ་དང་། མགྲོན་ཁང་རྣམས་སུ་སྐྱེ་བོ་མང་པོ་འདུས་པ་ཐམས་ཅད་དར་ཅིག་རྟག་རྟག་འདྲ་ཡང་། མྱུར་དུ་ཕྱོགས་ཕྱོགས་སོ་སོར་གྱེས་པ་བཞིན་དུ་ད་ལྟ་བདག་དང་དགྲ་གཉེན་དང་། བར་མའི་སེམས་ཅན་རྣམས་གནས་གཅིག་ཏུ་འདུས་སམ། འདུས་པ་མཐོང་བ་དེ་ཐམས་ཅད་མི་རྟག་པར་བསམ་ལ། རང་གི་ཕ་མ་གཉེན་འདུན་མཁན་སློབ་གྲོགས་མཆེད་ཕལ་བ་སྟེ། གང་དུ་ལྷན་ཅིག་ཚོགས་ཀྱང་རུང་། དེར་ཡོད་རིང་ལ་གཅིག་གིས་གཅིག་ལ་མི་འཐབ། མི་འཚེ། ངན་མི་སྨྲ། གཤེ་སྐུར་མི་གདབ་སྟེ། འབྲལ་བ་ན་འགྱོད་པ་མི་སྐྱེ་བ་ཡིན་ནོ། །ཐན་གྲུ་གཅིག་ཏུ་ཞུགས་ཀྱང་འབྲལ་བའི་བློ་བཞག་ནས་མི་འཐབ་ཅིང་། ཡིད་དགའ་བར་བྱའོ། །གཞན་ལྟ་ཞོག་རང་གིའང་ཚེ་སྟོད་ཁང་བ་གཅིག་ཏུ་འདུས་པའི་ཕ་མ་དང་། བཟའ་ཚང་དང་། ཕྱུགས་ལུག་དང་། སྒོ་ཁྱི་དང་། སྤྱད་ཆ་རྣམས་ལ་སོགས་དང་། དེའི་དུས་ན་རྟག་རྟག་འདྲ་བས། བདག་ཏུ་འཛིན་ཞིང་། འཐབ་རྩོད་དང་། དགག་སྒྲུབ་བྱེད་ཀྱང་། ད་ལྟ་གང་ན་ཡོད། གཅིག་ཏུ་མེད་དེ། ལ་ལ་ཤི། ལ་ལ་སོང་། ལ་ལ་འདུ། ལ་ལ་འབྲལ་བ་ལ་ལྟོས། དེས་ན་གར་སྡོད་སུ་དང་འགྲོགས་ཀྱི་བྱེད་ཀྱང་འབྲལ་བའི་འདུ་ཤེས་འབའ་ཞིག་ཡིད་ལ་བཞག་ལ། སུ་དང་ཡང་མི་འཐབ། མི་འཚེ་བཟོས་བླང་བ་ལ་འབད་པར་བྱའོ། །མི་རྟག་པའི་ཚོམས་ལས། འདུས་པ་ཐམས་ཅད་འབྲལ་བས་ན། །གང་ལའང་ཡིད་བརྟན་

མི་རུང་བས། །སྐྱེ་བོ་རྣམས་དང་བདག་ཉིད་ལ། །ཞེན་ཅིང་ཆགས་པ་མེད་པར་བྱ། །ཞེས་སོ། །གཞན་ཡང་ལོངས་སྤྱོད་འབྱོར་བ་ཕུན་སུམ་ཚོགས་པ་དང་ལྡན་པའོ། །དེ་ཡང་སྡུ་མ་ལས། གྲོང་རྣམས་སྟོང་ཞིང་མེད་པར་གྱུར་པའི་དཔེས། །བསགས་པ་འཛད་ཅིང་ནོར་རྣམས་གང་ལའང་། །མི་རྟག་སྙིང་པོ་མེད་པས་མ་ཆགས་བྱ། །ཞེས་རང་གི་ཚེ་སྟོད་དང་བར་དང་། དེའི་གོང་ནས་སྟོང་པའི་གྲོང་རླིང་པ་དག་ལ་བསམ་ནས། འདི་དག་ནའང་སྔོན་འབྱོར་བ་དང་། བདེ་བ་དང་སྐྱིད་ཅིང་ཉམས་དགའ་བའི་ལོངས་སྤྱོད་ཡོད་ཀྱང་། མཐར་འདི་ལྟར་གྱུར། བདག་གིས་ནོར་དང་ཁང་བ་དང་རྫས་ཀྱང་འདི་ལས་མ་འདས། གཞན་ཡང་འདི་ལས་མ་འདས་པས་བདག་གི་ནོར་དང་རྫས་རྣམས་ཀྱང་འདོར་བས། བདག་གིས་འདི་འདོར། འདིས་བདག་འདོར་བས། འདི་དག་རང་དབང་ཡོད་རིང་ལ་ཆོས་ཕྱོགས་སུ་གཏོང་བར་བྱའོ། །ཆོས་ལ་བཏང་བས་ཐར་བ་འགྲུབ་ངེས་སྙམ་དུ་བསམ་ལ་ལོངས་སྤྱོད་གཡོ་བ་སྙིང་པོ་མེད་པ་ལས་སྙིང་པོ་བླང་བར་བྱའོ། །སྤྱོད་འཇུག་ལས། ཐམས་ཅད་བཏང་བས་མྱ་ངན་འདའ། །བདག་བློ་མྱ་ངན་འདས་པ་སྒྲུབ། །ཐམས་ཅད་སྟོང་པར་ཆབས་གཅིག་ལ། །སེམས་ཅན་རྣམས་ལ་བཏང་བ་མཆོག །ཅེས་སོ། །དེའང་ནོར་རྫས་གང་ལའང་སྤྱད་དབང་མེད་པར་ཡོང་བས་ད་ལྟ་སྤྱོད་དབང་ཡོད་དུས་དགེ་བ་ལ་རང་གིས་བཏང་ན་དགེ་བ་ཆེར་ཐོབ་ཀྱི། ཤི་དུས་གཞན་ལ་ཁ་ཆེམས་བཞག་པའི་ལུགས་བཞིན་བསྒྲུབས་ཀྱང་ཕན་པ་ཆུང་ལ། མལ་གྱི་མཐའ་མར་ལྷུང་དུས། རང་གི་རྫས་ལ་གཞན་གྱིས་བགོ་བཤའ་མི་འཆམ་པ་ནི་སྡིག་པའི་རྒྱ་བར་གྱུར་པ་ཡིན་ནོ། །དེས་ན་རབ་ཏུ་བྱུང་ནས་ཆོས་ལ་སེམས་པ་རྣམས་ཀྱིས་ཆོས་ཀྱི་ཐོག་མར་རང་

སེམས་འདོད་པ་ཆུང་བ་ལ་བསླབ་དགོས་ཏེ། སྔོན་གྱི་སློབ་དཔོན་མཁས་གྲུབ་དག་གི་གསུང་ལས། འདོད་པ་ཆུང་ན་འཕགས་པའི་རིགས་ཡིན་ཞིང་། །འདོད་པ་ཟད་ན་འཕགས་པ་དངོས་ཡིན་པས། །རྟག་ཏུ་འདོད་པ་ཆུང་ལ་བསླབ་པར་བྱ། །ཞེས་པ་བཞིན་ནོ། །འགྱུར་ཞིང་མི་རྟག་པས་ཀྱང་སྐྱོ་ཤས་བསྐྱེད་པར་གདམས་པ་ནི། ཡིད་བཞིན་རིན་པོ་ཆེའི་མཛོད་ལས། མཐོ་རིས་གྲོང་གི་འབྱོར་བས་མངོན་མཐོང་བ། །ཤི་བའི་འོག་ཏུ་ངན་འགྲོར་ལྟུང་བའི་དཔེས། །འབྱོར་ཚེ་དྲེགས་པས་སླེམས་པ་མེད་པར་མཛོད། །ཅེས་གསུངས་པ་ལྟའི་བདེ་བ་ལ་སྤྱོད་ནས་དམྱལ་བར་ལྟུང་བ་དང་། འཁོར་ལོས་བསྒྱུར་བ་ཐོབ་ནས་ཡང་བྲན་དུ་སྐྱེ་བ་དང་། ལྷ་མིའི་དགའ་བ་ཐོབ་ནས་ངན་སོང་དུ་ལྟུང་བ་ལ་སོགས་པ་བསམ་སྟེ་རང་གི་འབྱོར་བ་ཙུང་ཟད་ལ་དྲེགས་ཤིང་རློམ་སེམས་མི་བྱ་བར། མི་རྟག་པར་འདུ་ཤེས་འབབ་ཞིག་ཉེ་བར་བཞག་དགོས་ཏེ། སློབ་དཔོན་ཀླུ་སྒྲུབ་ཀྱི་ཞལ་སྔ་ནས། ཚངས་རིས་ལ་སོགས་བསམ་གཏན་ལྷུན་གྲུབ་ཀུན། །བདག་རྟག་བག་ལ་ཉལ་བ་མ་གཟིགས་པས། །ཕྱི་ནས་དམྱལ་བར་སྐྱེ་བའི་ཆ་མེད་དོ། །ཞེས་པ་དང་། འཁོར་ལོས་བསྒྱུར་རྒྱལ་ཉིད་དུ་གྱུར་ནས་ཀྱང་། །སླར་ཡང་ས་སྟེང་ཉིད་དུ་ལྟུང་འགྱུར་ཞིང་། །འཁོར་བ་ཡང་བྲན་ཉིད་དུ་སྐྱེ་བར་འགྱུར། །ཞེས་སོ། །དྲེགས་པ་སྤང་པའང་། སྐྱེ་བོ་གསོ་བའི་ཐིགས་པ་ཞེས་བྱ་བ་འཇིག་རྟེན་གྱི་ལུགས་ལས། ཐར་བ་སྒྲུབ་པ་དེ་དག་ལས། །ལས་ཀྱིས་འཕེན་པ་རྒྱུང་རིང་བས། །སྐྱིད་སྡུག་སྣ་ཚོགས་ད་གདོད་འབྱུང་། །འབྱོར་ཡང་དྲེགས་པ་མི་བྱ་ཞིང་། །རྒུད་ཀྱང་ཞུམ་པར་མི་བྱའོ། །ཞེས་སོ། དེའི་ཕྱིར་ཚེ་འདི་ཉིད་ལའང་། ཚེ་སྟོད་སྐྱིད་པ། ཚེ་སྨད་སྡུག་པར་འགྱུར་བ་ལ་སོགས་པ་བསམ་སྟེ།

འཁོར་བ་རྒུད་པའི་ཆོས་ཅན་ལང་ཚོ་མི་རྟག་པའི་རང་བཞིན། གཉེན་གྲོགས་བྲལ་བའི་ཆོས་ཅན། ཐམས་ཅད་ཡིད་བརྟན་མེད་པར་ཤེས་ནས། མི་རྟག་པའི་སྐྱོ་ཤས་བསྐྱེད་དེ། རྒྱ་ཆེར་རོལ་བ་ལས། འདོད་པའི་ཡོན་ཏན་འདི་དག་ཆུ་ཟླ་འདྲ། །གཟུགས་བརྙན་མཚུངས་ཤིང་བྲག་ཆ་འདྲ་བ་དང་། །མིག་ཡོར་དག་དང་གར་ལ་བལྟ་བ་དང་། །རྨི་ལམ་མཉམ་པར་སྐྱེས་པར་ཤེས་པར་གྱིས། །ཞེས་པ་དང་། མྱ་ངན་ལས་འདས་པ་ལས། དར་བ་ཡོད་ན་རྒུད་པ་ཡོད། །འདུས་པ་ཡོད་ན་འབྲལ་བར་འགྱུར། །ལང་ཚོ་དེ་ཡང་མི་རྟག་སྟེ། །དར་བའི་མདོག་ཀྱང་ནད་ཀྱིས་འཕྲོག །རྟག་པའི་ཆོས་ནི་གང་ཡང་མེད། །ཅེས་པ་དང་། རྒྱ་མཚོས་ཞུས་པའི་མདོ་ལས། འཁོར་བ་ཐམས་ཅད་ནི་མཐར་རྒུད་པའོ། །རྒྱལ་པོའི་ལོངས་སྤྱོད་དང་དབང་ཕྱུག་ཐམས་ཅད་ཀྱང་མི་རྟག་གོ །ཞེས་པ་དང་། སྣོད་བཅུད་ཀྱི་སྣང་བ་གནས་སྐབས་མི་རྟག་པ་ལ་བསམ་ནས་སྐྱོ་ཤས་བསྐྱེད་པ་ནི། ཡིད་བཞིན་རིན་པོ་ཆེའི་མཛོད་ལས། ཕྱི་ནང་དུས་བཞི་ན་ཚོད་འགྱུར་བས་ཀྱང་། །མི་རྟག་འཆི་བར་ངེས་ཀྱིས་རྟག་འཛིན་སྤོངས། །ཞེས་གསུངས་པ་ལྟར་སྣོད་བཅུད་ཀྱི་སྣང་བ་མི་རྟག་པ་ལ་བསམ་ནས་སྐྱོ་ཤས་བསྐྱེད་པ་ནི། འཛམ་བུ་གླིང་འདིར་ཡང་བསྐལ་བ་རྫོགས་ལྡན་གྱི་དུས་དང་། གཉིས་ལྡན་དང་། གསུམ་ལྡན་དང་། ཐ་མ་རྩོད་ལྡན་གྱི་དུས་བཞི་འགྱུར་བ་དང་། མི་ཚེ་གཅིག་ལའང་བཙས་པ་བུ་ཆུང་གི་དུས་དང་། བྱིས་པ་གཞོན་པའི་དུས་དང་། དར་ལ་བབ་པའི་དུས་དང་། རྒས་ཤིང་འཁོགས་པའི་དུས་དང་བཞིར་འགྱུར་བ་དང་། ལོ་གཅིག་ལ་ཡང་དཔྱིད་ས་བོན་རྨོ་སློའི་དུས་དང་། དབྱར་ལོ་འདབ་བརྒྱན་རྒྱས་ཀྱི་དུས་དང་། སྟོན་འབྲས་བུ་བཅུད་རྫོགས་ཀྱི་དུས་

དང་། དགུན་ས་སྐམ་རྡོ་འཁྲུགས་ཀྱི་དུས་དང་བཞིར་འགྱུར་བས་མི་རྟག་སྟེ། མི་རྟག་པའི་གཏམ་ལས། སོས་ཀ་ཟླ་བ་བསིལ་བས་མཆོན་པའི་སྟོན་དུས་འདི་འབྱུང་ཞེས། །རབ་ཏུ་དགའ་འགྱུར་སྐྱེ་བོ་ཐམས་ཅད་དག་གི་ཚེ་འདི་ནི། །ཟད་པར་འགྱུར་ཞེས་ཤིན་ཏུ་མི་དགའ་སེམས་པའང་མེད། ཅེས་པ་དང་། རྒྱ་ཆེར་རོལ་བ་ལས། སྲིད་གསུམ་མི་རྟག་སྟོན་ཀའི་སྤྲིན་དང་འདྲ། །འགྲོ་བའི་སྐྱེ་འཆི་གར་ལ་བལྟ་དང་མཚུངས། །ཞེས་པ་དང་། ཡུལ་འཁོར་སྐྱོང་གིས་ཞུས་པའི་མདོ་ལས། འདི་དག་སྒྱུ་མ་ལྟ་བུའི་བདེན་པ་མིན། །འདུས་བྱས་རྨི་ལམ་མཚུངས་པ་བཏགས་ནས་ནི། །ཕ་རོལ་ཕྱིན་དང་ས་དང་སྟོབས་རྣམས་དང་། །བྱང་ཆུབ་ཡན་ལག་རྒྱལ་བའི་ཆོས་རྣམས་ལ། །རྟག་ཏུ་བརྩོན་པས་རབ་ཏུ་འབད་པར་གྱིས། །ཞེས་སོ། །ཕྲ་བ་སྐད་ཅིག་གིས་འགྱུར་བས་མི་རྟག་པའི་སྐྱོ་ཤས་བསྐྱེད་པ་ནི། འདི་སྐད་དུ་ཡིད་བཞིན་རིན་པོ་ཆེའི་མཛོད་ལས། གཟུགས་ནི་རྡུལ་ཕྲན་དུ་མ་སྐད་ཅིག་མ། །བར་སྣང་གློག་འགྱུ་བཞིན་དུ་མི་རྟག་པས། །སྒྱུར་བ་ཉིད་དུ་དམ་པའི་ཆོས་སྒྲུབས་ཤིག །ཅེས་རགས་པར་སྣང་བ་ལ་བདེན་པར་མི་འཐད་དེ། རྡུལ་ཕྲན་ཆ་མེད་དུ་གནས་པས། རགས་པར་མ་གྲུབ་པའི་ཕྱིར། ཕྱི་ཡུལ་ལ་ཞེན་པའི་བློ་མ་གཏད། ལུས་ཀྱང་རྡུལ་ཆར་ཆ་ཤས་མེད་ཅིང་། སེམས་ཀྱང་སྐད་ཅིག་ཆ་ཤས་མེད་པས་ན་ཉེ་བར་ལེན་པའི་ལུས་སེམས་ལ་གཅེས་སྤྲས་ཀྱི་གཟེབ་མ་བཅད། བར་ལོངས་སྤྱོད་སྒྱུ་མའི་སྣང་བ་ལ་བདེན་ཞེན་གྱི་འཁྲིས་མི་གདགས། འཁོར་བ་སྣ་ཚོགས་ཀྱི་འཁྲུལ་བ་ལ་བག་ཆགས་ངན་པའི་གདེང་མ་འཆའ། གང་ལའང་སྙིང་པོ་མེད་པས་མི་རྟག་པའི་སྐྱོ་ཤས་དྲག་པོ་བསྐྱེད་པར་བྱ་སྟེ། རྒྱ་ཆེར་རོལ་པ་ལས། འགྲོ་བའི་ཚེ་འགྲོ་ནམ་མཁའི་གློག་འདྲ་

སྟེ། །རི་གཟར་འབབ་ཆུ་ལྟ་བུར་མྱུར་མགྱོགས་འགྲོ། །ཞེས་པ་དང་། མྱ་ངན་ལས་འདས་པའི་མདོ་ལས། སྲོག་ནི་རྟག་ཏུ་དགྲ་དུ་མས་བསྐོར་ཏེ་སྐད་ཅིག་རེ་རེས་ཉམས་པར་བྱས་ཀྱི་འཕེལ་བར་བྱེད་པ་ནི་གང་ཡང་མེད་དོ་ཞེས་པ་དང་། སྡུ་མ་ལས། ལྟག་ཆུ་ཆད་པའི་རྫིང་བཞིན་དུ། །སྣོན་མེད་གོད་པ་དང་བཅས་པ། །བདག་གི་ཚེ་འདི་རྟག་གོ་ཞེས། །ཇི་ལྟ་བུར་ན་བདེན་པར་རུང་། ཞེས་སོ། །འཁོར་བར་སྣང་དུས་ནས་འདུས་བྱས་མི་རྟག་པའི་རང་བཞིན་དུ་གྲུབ་ཟིན་པས། སྐྱོ་ཤས་བསྐྱེད་པར་གདམས་པ་ནི། ཡིད་བཞིན་རིན་པོ་ཆེའི་མཛོད་ལས། སྣ་ཚོགས་སྣོད་དང་འགྲོ་བ་ཡོད་གྱུར་ཀྱང་། །སྒྱུ་མ་ཆུ་ཤིང་བཞིན་དུ་སྙིང་པོ་མེད། །དེ་ཕྱིར་མི་རྟག་ཅེས་བྱ་འཁོར་བ་འདི། །བདག་བྱས་བཟུང་སྟེ་བཏང་བ་འགའ་ཡང་མེད། །ཅེས་སྣོད་བཅུད་དུ་སྣང་བའི་སྐྱེ་འགྲོ་ཐམས་ཅད་རྫས་དང་ཡོ་བྱད་འཁོར་བའི་འཁྲུལ་སྣང་བདེ་སྡུག་ཐམས་ཅད་མི་རྟག་སྟེ། རྒྱ་ཆེར་རོལ་བ་ལས། འདུ་བྱེད་བརྟན་པ་མ་ཡིན་མི་རྟག་སྟེ། །རྫ་སོ་མ་བཏང་ལྟ་བུར་འཇིག་པའི་བདག །གཞན་གྱི་རྫས་ལ་གཉེར་པོ་བྱས་དང་མཚུངས། །གྲེ་མའི་ཁང་བུ་འདྲ་བ་མི་རྟག་སྟེ། །ཞེས་པ་དང་། ཡུལ་འཁོར་སྐྱོང་གིས་ཞུས་པའི་མདོ་ལས། སྲོག་ནི་བརྟེན་པ་མེད་པར་མི་རྟག་གཡོ། །འཛུམ་པའི་བུམ་པ་ལྟ་བུ་འཇིག་པ་ཅན། །ཞེས་སོ། །དེས་ན་འདུས་བྱས་འཁོར་བའི་ཆོས་ཐམས་ཅད་མི་རྟག་ཅིང་སྙིང་པོ་མེད་དེ། །རྒྱ་ཆེར་རོལ་བ་ལས། འདོད་པའི་ཡོན་ཏན་སྐད་ཅིག་ཡ་མ་བརླ། །སྒྱུ་མ་སྨིག་རྒྱུ་འདྲ་ཞིང་རྫུན་པ་ཅན། །ཆུ་ཡི་ལྦུ་བ་ལྟ་བུར་སྙིང་པོ་མེད། །ཡོངས་སུ་བརྟགས་ལས་བྱུང་བ་ཤེས་པར་གྱིས། །ཞེས་སོ། །དེས་ན་འཇིག་པར་ངེས་པའི་ཚུལ་ལ་སྐྱོ་བ་བསྐྱེད་པ་ནི། མཛོད་ལས། མི་རྟག

གཤིན་རྗེའི་ལྷོ་ན་སྲིད་པ་གསུམ། །གནས་བཅས་དེ་ཡི་དབང་བསྒྱུར་བརྒྱུད་མར་འཁོར། །གཞན་དུ་མི་འགྲོ་གནས་དེར་ཆགས་ཞིང་ཞེན། །འཆི་བདག་དེས་ཀོ་རྟག་ཏུ་དམ་དུ་བཟུང་། །སྐྱེ་བ་ཉིད་ནས་འཆི་བར་སྐྱེས་པ་ཅན། །བརྒྱུད་མར་འཁོར་བའི་གྲོགས་པོ་འགྲོ་དྲུག་ཀུན། །ད་ནི་འདི་ནས་ཕྱིན་པ་མི་ལེགས་སམ། །བདག་དང་ལྷན་ཅིག་ཐར་བའི་གྲོང་དུ་འདེང་། །དེར་ནི་འཆི་མེད་རྒྱལ་བའི་འབྱོར་བས་མཛེས། །རྟག་ཏུ་ཞི་བདེ་རང་བཞིན་ལྷུན་གྱིས་གྲུབ། །ཅེས་གསུངས་པས་སྲིད་པ་འཁོར་བའི་དཔེ་ཆུང་གི་སྐབས་སུ་འདུལ་བ་ལས། དེ་ཐམས་ཅད་མི་རྟག་པའི་སྲིན་པོས་བཟུང་བའོ། །ཞེས་སོ། །རྒྱུ་མཚན་ငེས་པས་སྐྱོ་ཤས་བསྐྱེད་པ་ནི། སྡུ་མ་ལས། འབྱུང་བཞི་འདུས་ཕྱིར་སྡོད་བཅུད་འཇིག་པ་ཅན། །ལུས་ཅན་གཡོ་བའི་གྲོང་ཁྱེར་སྙིང་བར་འགྱུར། །ཞེས་གསུངས་པས་བྱས་པ་མི་རྟག་པ་རྒྱུ་རྐྱེན་ལས་འདུས་པ་རྣམས་དང་། སྐྱེས་བུས་མ་བྱས་ཀྱང་མི་རྟག་པ་ཆུའི་ལྦུ་བ་ལ་སོགས་པ་སྣོད་དུ་སྣང་བ་རྣམས་དང་། མི་རྟག་པ་འགྱུར་བའི་དཔེར། སྐྱེས་པ་སྤྲིན་དང་། གློག་དང་། འཇའ་དང་། བྲག་ཅ་ལ་སོགས་པ་དང་། སྐྱེས་པས་མི་རྟག་པ་འགྲོ་བ་རྣམས་དང་། ཐང་ཅིག་ཡུད་ཙམ་མི་རྟག་པ་སྒྱུ་མ་མིག་འཕྲུལ་དང་། དྲི་ཟའི་གྲོང་ལ་སོགས་པ་ལྟ་བུ་དང་། ངེས་པའི་དུས་མེད་པར་མི་རྟག་པ་རང་གི་ཚེ་ལ་བསམ་ནས་སྐད་ཅིག་ཀྱང་མི་དལ་བར་ཆོས་ལ་བརྩོན་པར་རིགས་ཏེ། རྒྱ་ཆེར་རོལ་བ་ལས། འདུ་བྱེད་མི་རྟག་མར་མེའི་འོད་དང་འདྲ། །སྒྱུར་དུ་འབྱུང་ཞིང་འགག་པའི་ཆོས་ཅན་ཏེ། །རླུང་དང་མཚུངས་པར་རིང་དུ་མི་གནས་ཤིང་། །ཆུ་བུར་ལྟ་བུར་ཉམ་ཆུང་སྙིང་པོ་མེད། །གཡོ་བ་མེད་ཅིང་བརྟགས་ན་ཆུ་ཤིང་འདྲ། །སྒྱུ་མ་ལྟ་བུར་སེམས་ནི་

བསླུ་བར་བྱེད། །རྟུལ་མེད་སངས་རྒྱས་བྱང་ཆུབ་མ་ཐོབ་པར། །བརྩོན་འགྲུས་ནམ་ཡང་ཉམས་པར་འགྱུར་ཏ་རེ། །ཞེས་སོ། །ངེས་པར་མི་རྟག་པའི་ཚུལ་བསམ་པ་ནི། འདི་སྐད་དུ་ཡང་ཡིད་བཞིན་རིན་པོ་ཆེའི་མཛོད་ལས། མཐའ་བཞིས་བསྡུས་ཕྱིར་རྟག་པ་འགའ་ཡང་མེད། །ཚེ་ལ་ངེས་མེད་ནམ་འཆི་ཆ་མེད་པས། །ངེས་པར་འཆི་ཞེས་སྙིང་ནས་བསམ་པར་བྱ། །ཞེས་གསུངས་པ་ལྟར་མི་ལུས་ཐོབ་པ་རྟེན་འདི་ལ་མཐའ་བཞིའི་རྒྱུ་བཅིངས་ཏེ། བདེ་བའི་སྐབས་མེད་པས་དམ་པའི་ཆོས་བྱ་དགོས། དེ་ཡང་སྐྱེ་བའི་མཐའ་འཆི། འདུས་པའི་མཐའ་འབྲལ། བསགས་པའི་མཐའ་འཛད། མཐོན་པོའི་མཐའ་ལྟུང་བས་ཡིད་བརྟན་མེད་དེ་འདོར་ངེས། ཁྱད་པར་རང་གི་ལུས་ལྷུ་བ་ལྷ་བུ་འདི་འཇིག་ངེས། ནམ་འཆི་ཆ་མེད་དེ་རིང་ཕོ་ནའང་འཆིའམ། སང་འཆིའམ། དོ་ནུབ་འཆིའམ། མལ་འདིར་ཉལ་བ་འདི་ལས་ཤི་ནས་སང་ནི་ལྡང་བ་མེད་པ་ཞིག་འབྱུང་ངམ་སྙམ་དུ་བསམ་སྟེ། མཆན་བཟང་མདོ་ལས། སང་ཙམ་འཆི་འམ་སུས་ཤེས་ཀྱིས། །དེ་རིང་ཉིད་དུ་བསྟུན་ཏེ་བྱ། །འཆི་བདག་སྡེ་ཆེན་དེ་དང་ནི། །ཁྱེད་ཀུན་ཤེས་པ་མ་ཡིན་ནོ། །ཞེས་པ་དང་། སྤྱོད་འཇུག་ལས། དེ་རིང་ཁོ་ན་མི་འཆི་ཞེས། །བདེ་བར་འདུག་པ་རིགས་མ་ཡིན། །འཆི་བདག་སྡེ་ཆེན་དེ་དང་ནི། །བདག་ཅག་ཚཤེས་པ་མ་ཡིན་ནོ། །ཞེས་པ་དང་། མྱང་ན་ལས་འདས་པའི་མདོ་ལས། ཉམ་ཆུང་གྱི་ནི་ཕུང་པོ་འདི། །སྐྱོན་མང་འཇིག་པའི་ཆོས་ཅན་ཏེ། །རྒ་དང་ནད་འཆིས་རྟག་ཏུ་གཙེས། །སྲིད་པའི་ཆོས་ནི་མཐའ་ཡས་པ། །འགྱུར་ཞིང་འཕོ་བའི་སྦྲ་དང་བཅས། །བདག་ལྟ་འཆི་བར་ཅིས་མི་འགྱུར། །ཞེས་སོ། །དེ་ཡང་རྟ་འདྲོག་པའམ། ལུག་ཡར་བའམ།

ཕྱུགས་རྒྱུག་པའམ། བྱ་འཕུར་བ་ལྟར་གློ་བུར་ཐོག་རྒྱུགས་སུ་འཆི་བ་འོང་བས་སྐྱེ་དགུ་འདི་ཐམས་ཅད་བཟུང་བ་ནི། མཛངས་བླུན་ལས། བསགས་པའི་མཐའ་འཛད་འདུས་པ་འབྲལ། བྱས་པ་འཇིག་ཅིང་གསོན་པོ་འཆི། ཞེས་པ་དང་། རྒྱ་ཆེར་རོལ་བ་ལས། འཆི་བས་སྲོག་ཆགས་བརྒྱ་ཕྲག་མང་འཛིན་ཏེ། །འབྱུང་པོའི་ཚོགས་ལ་རྒྱ་མཚོའི་ཆུ་སྲིན་བཞིན། །ཀླུ་ལ་མཁའ་ལྡིང་གླང་ཆེན་སེང་གེ་དང་། །རྩ་རྩི་འབྱུང་པོའི་ཚོགས་ལ་མེ་དང་མཚུངས། །འཆི་བས་དབང་ཡོད་དག་ལ་དབང་མེད་བྱས། །འཆི་བས་སྲོག་འཕྲོག་ཆུ་བོས་ཤིང་དེད་འདྲ། །མི་ནི་གཉིས་མིན་གྲོགས་མེད་གཅིག་པུར་འགྲོ། །རང་ལ་འབྲས་བུ་སྨིན་པས་རང་དབང་མེད། །ཅེས་པ་དང་། མྱ་ངན་ལས་འདས་པའི་མདོ་ལས། ཚེ་ནི་རིང་ཡང་མཐར་ནི་འཇིག་ངེས་པས། །འདི་ར་ནི་ཐམས་ཅད་ངེས་པར་འཆི་བར་འགྱུར། །འབྱོར་བ་རྒུད་ཅིང་ལང་ཚོ་རྒས་པས་འཇོམས། །གཟུགས་བཟང་ནད་དང་སྲོག་ནི་འཆི་བས་གཅོད། །ཅེས་སོ། །དེ་ཡང་ནམ་འཆི་ཆ་མེད་པས་འཆི་བ་ངེས་པར་བསམ་དགོས་ཏེ། འགྲིབ་ཅིང་འཕེལ་བ་མེད་པས་ནམ་འཆི་ཆ་མེད་པ་ཡིན་ཏེ། ཉིན་ཞག་དང་ལོ་ཟླ་སྔ་དྲོ་དང་ཕྱི་དྲོ་སོང་བ་ཙམ་གྱིས་འཆི་བ་ལ་ཉེར་སོང་སྟེ། རྒྱུད་ནས་ཚེ་ལ་སྣོན་པ་ནི་མེད་དེ། །འགྲིབ་པ་ནི་ཡོད་དོ། །ཉི་མ་ནུབ་པའི་གྲིབ་སོ་ལྟར་ཚེ་འགྲིབ། འབྲས་བུའི་བང་མཛོད་བཅུས་པ་ལྟར་ཚེ་འཛད། ཐིང་གི་ཞ་རྗོལ་བ་ལྟར་ཚེ་འཛད། དེ་བཞིན་དུ་བར་སྣང་གི་སྤྲིན་ཡལ་བ་ལྟར་རི་གཟར་གྱི་ཆུ་འབབ་པ་གཤེད་མའི་གྲོང་དུ་སླེབ་པ། ཆུ་ཕྲན་རྒྱ་མཚོར་འབབ་པ། གྱད་ཀྱིས་མདའ་འཕོང་བ། གསོད་སར་སེམས་ཅན་ཁྲིད་པ་ལྟར་ཚེ་འགྲིབ་ཅིང་འཆི་བ་ངེས་ཏེ། སྤྱོད་འཇུག་ལས། ཚེ་འདི་རྟག་ཏུ་གོད་འགྱུར་

ཞིང་། །སྐྱོན་མེད་འཁྲིབ་པ་དང་བཅས་པ། །བདག་ལྟ་འཆི་བར་ཅིས་མི་འགྱུར། །ཞེས་སོ། །དེའང་རས་བལ་གྱི་གྲུ་གུ་འཕྲུལ་བ་ལྟར་སྐད་ཅིག་ཐང་ཅིག་གིས་འཇོམ་པ་དང་། སླེམ་པའི་ཆུ་ཟགས་པ་ལྟར་ཟད་ཀྱང་མ་ཚོར་བ་འདི་མཚང་ཆེ་སྟེ། བྲམ་ཟེ་ཆེན་པོས་ར་ཧུའི་ཞལ་སྔ་ནས། ཀྱེ་ཧོ་བཞིན་བཟང་སླེམ་པ་རུས་བཀང་བ། །ཟགས་པ་བཞིན་དུ་ཉམས་པ་མ་ཚོར་རོ། །ཞེས་སོ། །དེ་ཡང་ཚེ་ལ་དུས་ངེས་པའི་ཚད་མེད་པས་ཀྱང་འཆི་ལ། རྐྱེན་གཡང་དང་། ཐབ་དང་། མཚོན་དང་། དུག་དང་། འདྲེ་ལ་སོགས་པས་བར་དུ་གཅོད་ལས་ཀྱང་འཆི་དུས་མ་ངེས། བར་ཆད་མེད་ཀྱང་སྐད་ཅིག་གིས་ཐུང་དུ་འགྲོ་བས་འཆི་ངེས་ཏེ། །ཆེད་དུ་བརྗོད་པའི་ཚོམས་ལས། །ཁ་ཅིག་མ་ཡི་མངལ་དུ་འཆི། །ཁ་ཅིག་བཙས་མ་ཐག་ཏུ་འཆི། །ཁ་ཅིག་གོགས་པོར་འགྲོ་ཙམ་ན། །དེ་བཞིན་ཁ་ཅིག་རྒྱུགས་ཙམ་ན། །ལ་ལ་རྒས་དང་ལ་ལ་གཞོན། །ལ་ལ་དར་ལ་བབ་པའི་མི། །དེ་དག་རིམ་གྱིས་འཆི་འགྱུར་ཏེ། །དེ་ལ་མི་འདི་གཞོན་ཞེས་ནི། །གསོན་པའི་གདེང་ནི་སུ་ཞིག་འཆའ། །འབྲས་བུ་སྨིན་པའི་ཤིང་ཐོག་བཞིན། །ལུས་ཅན་རྣམས་ནི་འཆི་བར་འགྱུར། །ཞེས་པ་དང་། འདས་པ་ལས། འཚོ་བའི་ཚེ་ནི་བདུད་ཀྱིས་འཇོམས། །རྟག་པའི་ཆོས་ནི་གང་ཡང་མེད། །ཅེས་པ་དང་། སྡུ་མ་ལས། རྒྱུན་དུ་ནད་ཀྱིས་མངོན་གདུང་ཞིང་། །རྟག་ཏུ་མི་གཙང་འཇིགས་པ་ལྟར། །རྒ་དང་ཤི་བའི་ཚེ་འཁྲིབ་པས། །ལུས་ནི་ངན་པ་ཅིར་མི་རུང་། །ཞེས་པ་དང་། བྱང་ཆུབ་སེམས་དཔའི་སྐྱེ་སྐྱོད་ལས། གློ་བུར་འཆི་བའི་རྒྱུ་དགུ་སྟེ། །མི་འཕྲོད་པའི་ཟས་ཟ་བ་དང་། ཟས་འགྲངས་ཀྱང་མང་དུ་ཟ་བ་དང་། སྡུ་མ་མ་ཞུ་བར་ཡི་

མ་ཟ་བ་དང་། བཤང་གཅི་དུས་སུ་མི་འདོར་བར་བསྡམས་པ་དང་། ནད་པས་སྨན་པ་དང་ནད་གཡོག་གི་ངག་ལ་མི་ཉན་པ་དང་། མཚན་མོ་འགྲོ་བས་གདོན་དང་འབྱུང་པོ་དྲག་པོས་བཏབ་པ་དང་། སྐྱུགས་སྨན་བཏང་བ་མནན་ནས་མི་སྐྱུགས་པ་དང་། མ་བརྟགས་པས་དྲག་ཤུལ་སྤྱོད་པ་དང་། བག་མེད་པར་བུད་མེད་ལ་འཁྲིག་པ་སྤྱོད་པའོ། །ཞེས་སོ། །སྨན་གྱི་མདོ་ལས། སྨན་པས་སྨན་མ་ཡིན་པ་སྦྱོར་བ་ལ་སོགས་པ་གཞན་དགུ་གསུང་པའང་འདིར་འདུའོ། །དེ་ནས་འཆི་བའི་རྐྱེན་མང་ཞིང་བྱ་བྱེད་བྱེད་འཕྲོ་ལ་འཆི་བས་འདིའི་ཚེ་མི་འཆི་སྙམ་དུ་བློས་ལྷོད་མི་ཐུབ་ལ། འཆི་དུས་དགེ་སྡིག་གཉིས་ལས་གཞན་རྗེས་སུ་མི་འབྲང་བས་སུས་ཀྱང་སྐྱོང་པ་མེད་དེ། །རྒྱལ་པོ་ལ་གདམས་པའི་མདོ་ལས། རྒྱལ་པོ་ཆེན་པོ་མི་རྣམས་ཀྱི་ཚེ་སྲོག་ནི་ཡུན་ཐུང་ཞིང་འཕོ་བས་ན། ཁྱོད་ཀྱིས་འཇིག་རྟེན་ཕ་རོལ་ལ་འཇིགས་པ་ལྟ་བར་གྱིས་ཤིག དུས་ཀྱིས་གཉེན་ཏེ་རྒྱལ་པོ་འགྲོ་གྱུར་ན། །ལོངས་སྤྱོད་མཛའ་དང་གཉེན་བཤེས་རྗེས་མི་འབྲང་། །སྐྱེ་བོ་དག་ནི་གང་ནས་གར་འགྲོ་ཡང་། །ལས་ནི་གྲིབ་མ་བཞིན་དུ་རྗེས་སུ་འབྲང་། །ཞེས་པ་དང་། ཚེད་དུ་བརྗོད་པའི་ཚོམས་ལས། བྱ་བ་འདི་ནི་བྱས་ཟིན་ད་འདི་ཟླ། །དེ་དག་ཟློགས་ནས་བདག་གིས་འདི་བྱ་ཞེས། །དེ་ལྟར་མི་ཡིས་ཡོངས་སུ་སེམས་པ་ན། །རྒ་དང་ན་དང་འཆི་བས་མངོན་པར་འཇོམས། །ཞེས་སོ། །དེའི་ཚེ་ཚེ་འདིའི་སྣང་བ་གང་གིས་ཀྱང་མི་བསྐྱོངས་པས་སྐྱོ་བར་བསྟན་པ་ནི། ཡིད་བཞིན་རིན་པོ་ཆེའི་མཛོད་ལས། འཆི་བར་གྱུར་ཚེ་གནས་དང་ལོངས་སྤྱོད་དང་། །གཉེན་དང་དཔའ་རྩལ་དཔུང་གཉེན་ལ་སོགས་ཀྱིས། །བསྐྱོངས་པ་འགག་མེད་དམ་པའི་ཆོས་སྐྱབས་ཤིག །ཅེས་གསུངས་པ་དེ་ཡང་འཆི་བའི་ཚེ་

བརྟེན་པའི་གནས་ཀྱིས་མི་བསྒྲོངས་ཏེ། ལྷའི་གཞལ་ཡས་ཁང་ཡང་བཞག་ནས་འགྲོ། ས་བཙན་པོར་གབ་པས་ཀྱང་ཐུབ་པའི་གནས་མེད་དེ། འདུལ་བ་ལས། གང་དུ་གནས་ན་འཆི་བས་མི་ཚུགས་པའི། །ས་ཕྱོགས་དེ་ཡི་གང་ནའང་ཡོད་མིན་ཏེ། །བར་སྣང་ན་མེད་རྒྱ་མཚོའི་ནང་ནའང་མེད། །ལྷ་ཡུལ་ན་མེད་རི་ཡི་སུལ་ནའང་མེད། །ཅེས་སོ། །བསགས་པའི་ནོར་གྱི་མི་བསྒྲོངས་ཏེ། ལྷ་རྫས་ཀྱི་རིན་པོ་ཆེ། འཁོར་ལོས་བསྒྱུར་བའི་རྒྱལ་སྲིད། ཕྱུག་པོའི་བང་མཛོད་ཐམས་ཅད་བཞག་ནས་འགྲོ་སྟེ། དེ་ཉིད་ལས། ལྡོན་ཤིང་རྫིབ་པར་གྱུར་པའི་ཚེ། །ཡལ་ག་ལོ་མས་ཅི་ཞིག་བྱ། །དེ་བཞིན་སྐྱེས་བུ་འཆི་བའི་ཚེ། །ཡོངས་སུ་བཟུང་བས་ཅི་ཞིག་བྱ། །ཞེས་སོ། །འབྲེལ་བའི་གཉེན་གྱིས་མི་བསྒྲོངས་ཏེ། གྲོགས་འཁོར་ལོས་བསྒྱུར་བའི་རྒྱལ་པོ་ཀླེད་ཀྱང་། ཀུང་མ་ལྷའི་བུ་མོ་ལྷུ་བརྒྱས་བསྐོར་ཀྱང་། བུ་ཚ་ལྷའི་ཕྲུའུ་སྟོང་གིས་རྩེ་ཡང་། ཚ་ཞང་ལྷའི་དབང་པོ་ཡོད་ཀྱང་། སྲིད་སྡེ་ལྷ་མིན་དམག་མི་ཡོད་ཀྱང་། རྒྱལ་འབངས་གླིང་བཞི་ལྷ་ཡུལ་ཡོད་ཀྱང་། ནོར་རྫས་རིན་ཆེན་སྣ་བདུན་ཡོད་ཀྱང་། ཕ་ཁུ་ཚངས་པ་བརྒྱ་བྱིན་ཡོད་ཀྱང་། མཛའ་གྲོགས་རྒྱལ་ཆེན་རིགས་བཞི་ཡོད་ཀྱང་། བྲན་གཡོག་ལྷ་བྲན་སྟོང་ཕྲག་ཡོད་ཀྱང་། དེ་དག་གིས་སྲོག་བཟུང་བའམ། ཕན་གདག་པའམ། ཚེ་མཐུད་པའམ། ར་མདའ་སླེགས་པའམ། གྲོགས་བྱེར་མེད་པ་གཅིག་པུར་མར་གྱི་གསེབ་ནས་སྤྱུ་བརྟེན་པ་ལྷུར་བར་དོའི་འཕྲང་ལ་སུ་དང་འགྲོགས་སུ་མེད་པར་འགྲོ་དགོས་ཏེ། བུ་མོ་རིན་ཆེན་གྱིས་ཞུས་པའི་མདོ་ལས། འཆི་བའི་དུས་ལ་བབ་པ་ན། །ཕ་མ་མ་ཡིན་གཉེན་འདུན་མིན། །བུ་དག་སྐྱབས་སུ་མི་འགྱུར་ཞིང་། །ལང་ཚོ་མ་ཡིན་སྟོབས་ཀྱང་

མིན། །ཞེས་པ་དང་། རྒྱ་ཆེར་རོལ་བ་ལས། འདི་ནས་གཞན་དུ་འཆི་འཕོས་དུས་བྱེད་ཆོ། །འཕངས་ཤིང་སྡུག་པའི་སྐྱེ་བོ་རྣམས་དང་འབྲལ། །ཤི་ནས་ཕྱིར་མི་འོང་ཞིང་འཕྲད་མི་འགྱུར། །ཤིང་ལས་ལོ་འབྱུལ་འདྲ་ཞིང་ཆུ་རྒྱུན་འདྲ། །ཞེས་པ་དང་། ཡུལ་འཁོར་སྐྱོང་གིས་ཞུས་པའི་མདོ་ལས། འདི་ན་རྟག་ཏུ་སྡིག་པ་ཐམས་ཅད་དང་། །མྱུར་དུ་འབྲལ་བར་མི་འགྱུར་གང་ཡང་མེད། །ཅེས་དང་། འཇམ་དཔལ་རྣམ་རོལ་ལས། ཕ་མ་ཁྱེད་ཀྱི་སྐྱབས་མ་ཡིན། །མཛའ་བཤེས་སྤུ་ལག་རྣམས་ཀྱང་མིན། །དེ་དག་གིས་ཀྱང་ཁྱེད་བོར་ནས། །རང་ཉིད་གཅིག་པུར་ཕྱི་མར་འགྲོ། །ཞེས་སོ། །ལས་ཀྱི་དཔའ་སྟལ་གྱིས་མི་བསྟོངས་ཏེ། འཆི་བའི་ཚེ་ཅིས་ཀྱང་མི་ཕན་པར་འགྲོ་དགོས་ཏེ། གཙོ་བོའི་གྲོས་ཀྱི་མི་བསྟོངས་པས་གཏམ་དང་། ཤགས་ཀྱིས་ལན་གདབས་པ་མེད། དཔའ་བོའི་སྟལ་གྱིས་མི་བསྟོངས་པས་འཐབ་ས་མེད། མགྱོགས་པའི་བང་གིས་མི་བསྟོངས་པས་འབྲོས་ས་མེད། མཚར་མོའི་བྱད་ཀྱིས་མི་བསྟོངས་པས་བསླུ་ས་མེད། དྲག་པོ་ལས་ཀྱིས་མི་བསྟོངས་པས་བསྒམ་ས་མེད། ངན་པའི་གཡོ་སྒྱུས་མི་བསྟོངས་པས་འཁྱོལ་ས་མེད་པར་གཅིག་པུར་འགྲོ་དགོས་ཏེ། འདུལ་བ་ལུང་ལས། འདི་ནི་མཐུ་ཆེན་གནས་མཐོ་བར། །གནས་པའི་ལྷ་ཚེ་རིང་པོ་ཡང་། །ཚེ་ཟད་ཉམས་པར་འགྱུར་བས་ན། །འཆི་ལས་དེ་རིང་སུ་ཞིག་ཐར། །དཔའ་བརྟུལ་གྱིས་ཀྱང་སྐྱོབ་ནུས་མིན། །རྒྱལ་པོ་སྟོམ་བརྩོན་དགའ་ཐུབ་དང་། །ལས་དང་བརྩོན་འགྲུས་རྟུལ་ཕོད་དང་། །འཁོར་ཚོགས་རྒྱ་ཆེན་བློ་གྲོས་ཀྱིས། །འཆི་ལས་ཇི་ལྟར་ཐར་མི་ནུས། །ཞེས་སོ། །མཐུ་སྟོབས་ཀྱི་དཔུང་གཉེན་གྱིས་མི་བསྟོངས་ཏེ། ཚངས་པ་དང་། རྒྱལ་ཆེན་དང་།

དབང་ཕྱུག་དང་། ཁྱབ་འཇུག་དང་། བྲང་སྲོང་དང་། སྲེད་མེད་ཀྱི་བུ་ལ་སོགས་པ་མཐུ་སྟོབས་ཅན་རྣམས་ཀྱང་འཆི་བ་ལས་མ་འདས། གནོད་སྦྱིན་དང་། སྲིན་པོ་དང་། བདུད་དང་ཀླུ་ལ་སོགས་པ་རྣམས་ཀྱི་སྟོབས་ཀྱིས་འཆི་བ་ལས་མི་ཐར། སྨན་པ་དང་གཙུག་ལག་དང་མོ་པྲ་ལ་སོགས་པའི་ཐབས་ཀྱིས་མི་ཐར། གསང་སྔགས་རིགས་སྔགས་རྫུ་འཕྲུལ་དང་མངོན་ཤེས་ལ་སོགས་པའི་ནུས་པས་མི་བཟློངས། ཕོ་ལྷ་དང་། ཆོས་སྐྱོང་དང་། མཁའ་འགྲོ་ལ་སོགས་པའི་སྲུང་མས་མི་སྐྱོབ། བཙུད་ལེན་རྫས་དང་སྨན་གྱི་ནུས་པས་མི་ཕན་པར་འཆི་བ་ཡིན་ཏེ། དེ་ཉིད་ལས། མཐུ་ཆེན་ནོར་ལྡན་གྲགས་འབར་བ། །ཚངས་དང་བརྒྱ་བྱིན་ཁྱབ་འཇུག་དང་། །སྨུན་བྱེད་སྒྲ་ངན་སྐྱ་སེང་བུ། །དེས་ཀྱང་འཆི་བ་བཟློག་མི་ནུས། །མཐར་བྱེད་པ་ལས་སྨན་དག་དང་། །རིག་སྔགས་ཀུན་དང་དཔུང་དག་དང་། །ལྷ་དང་སྲུང་མ་རྟེན་འབྲེལ་དང་། །ནོར་དང་ཉེ་དུས་སྐྱོབ་མི་ནུས། །ཞེས་སོ། །ཟས་གོས་ལོངས་སྤྱོད་ཀྱིས་མི་བཟློངས་ཏེ། །ལྷའི་བདུད་རྩི་ཟིལ་མངར། པཉྩ་ལི་ཀའི་གོས་མཆོག །མིའི་ཟས་མཆོག་རོ་བརྒྱ། དར་ཟབ་རས་མཆོག་སྣ་ཚོགས་ཏེ། མདོར་ན་གཟུགས་མཛེས་སྒྲ་སྙན་དང་། དྲི་ཞིམ། རོ་བྲོ། རེག་བྱ་འཇམ་པོ་སྣ་ཚོགས་ཀྱིས་མི་བཟློངས་པར་ཚེའི་དུས་བྱེད་པ་ཉིད། རྒྱ་ཆེར་རོལ་བ་ལས། རྟག་ཏུ་གཟུགས་སྡུག་མཆོག་དང་སྒྲ་སྙན་དང་། །དྲི་ཞིམ་རོ་མཆོག་རེག་ན་བདེ་བྱེད་དང་། །དུས་ངན་ཀླེ་ལ་འགྲོ་བ་འདི་དག་ཐོགས། །དཔེར་ན་རྗོན་པའི་ཀླེ་ལ་སྤྲེའུ་ཐོགས་བཞིན། །འདོད་པའི་ཡོན་ཏན་སྒྱུ་ངན་གནོད་པ་མང་། །འཇིགས་བཅས་རྟག་ཏུ་དགྲ་བྱེད་ཉོན་མོངས་བཅས། །རལ་གྲིའི་སོ་དང་དུག་གི་ལོ་མ་འདྲ། །ཞེས་པ་དང་། རྒྱལ་པོ་ལ་

གདམས་པའི་མདོ་ལས། རྒྱལ་པོ་ཆེན་པོ་འདི་ལྟ་སྟེ་དཔེར་ན། བདག་གི་ཕྱོགས་བཞི་ནས་རི་ཆེན་པོ་སྲ་བ་བརྟན་པ་སྙིང་པོ་དང་ལྡན་པ་མ་གསས་པ། མ་ཞིག་པ་ཤིན་ཏུ་མཁྲེགས་པ་ལྷུན་མཐོ་བ་བཞིས་བསྐོར་ཏེ། རྩིབ་ནས་དུས་གཅིག་ལ་རྩྭ་དང་། ཤིང་དང་། ནགས་ཚལ་དང་། སྲོག་ཆགས་ཐམས་ཅད་ཕྱེ་མར་འཐག་ཅིང་འོང་ན། དེ་དག་ལ་མགྱོགས་པས་འབྲོས་པའམ། ནོར་གྱིས་བསླུ་བའམ། སྟོབས་ཀྱིས་བཟློག་པའམ། ཐབས་ཀྱིས་ཐར་བའམ། སྨན་དང་། སྔགས་དང་། རྫས་ཀྱི་ནུས་པས་བཟློག་པའི་གོ་སྐབས་མེད་དོ། །རྒྱལ་པོ་ཆེན་པོ་དེ་བཞིན་དུ་སྐྱེ་བ་དང་། རྒ་བ་དང། ན་བ་དང་། འཆི་བའི་འཇིགས་པ་ཆེན་པོ་འདི་འོང་སྟེ། དེ་དག་ལ་མགྱོགས་པས་འབྲོས་པའམ། ནོར་དང་སྟོབས་ལ་སོགས་པས་བཟློག་པའི་གོ་སྐབས་མེད་དོ། །དེ་ཡང་རྒས་པས་ནི་དར་ལ་བབ་པ་འཇོམས་ཤིང་འོང་ངོ་། །ན་བས་ནི་ནད་མེད་པར་བདེ་བ་འཇོམས་ཤིང་འོང་ངོ་། །རྒུད་པས་ནི་ཕུན་སུམ་ཚོགས་པ་ཐམས་ཅད་འཇོམས་ཤིང་འོང་ངོ་། འཆི་བས་ནི་ཚེ་དང་སྲོག་འཇོམས་ཤིང་འོང་སྟེ། ཅིས་ཀྱང་བཟློག་པའི་ནུས་པ་མེད་དོ། །མི་རྟག་པའི་དཔེ་དུ་མ་ལ་བསམ་ནས་སྐྱོ་ཤས་བསྐྱེད་པ་ནི། ཡིད་བཞིན་རིན་པོ་ཆེའི་མཛོད་ལས། སྟོང་འདུས་མགྲོན་དང་ཆུ་འགྲམ་ལྗོན་ཤིང་དང་། །འབྲུག་སྒྲ་སྤྲིན་དང་འགྲོ་བ་ཉི་ཟླའི་འགྲོས། །མི་རྟག་གཡོ་བས་མྱུར་དུ་འཆི་བར་སེམས། །ཞེས་གསུངས་པ་སྟོང་འདུས་ཀྱི་འགྲོན་པོ་རྣམས་དར་ཅིག་ཚོགས་ཀྱང་ཕྱེས་ནས་འགྲོ་ལ། ལམ་དུའང་འཇིགས་པའི་དགྲ་ཡོད་པ་ལྟར་རང་ཅག་སོ་སོར་ཕྱེས་པའི་ཚེ་ནའང་། འཆི་བདག་གི་བདུད་དང་བར་དོའི་སྣང་བས་འཇིགས་ལ། ལམ་དུ་ལ་འཕྲང་བརྒལ་དགོས་པ་ལྟར་འཆི་བའི་ལ་འཕྲང་ལ་འགྲོ།

ལམ་ན་གཡང་ས་དང་བདེ་སྡུག་ཡོད་པར་ལྟར་མགོ་རིས་དང་ངན་སོང་གི་གནས་སུ་སོ་སོར་འགྲོ། མགྲོན་པོ་རྣམས་བདེ་སྡུག་སོ་སོར་མྱོང་བ་ལྟར། རིགས་དྲུག་སོ་སོའི་སྡུག་བསྔལ་ལ་སྤྱོད་པའོ། །དེ་སྐད་དུའང་མྱ་ངན་ལས་འདས་པའི་མདོ་ལས། བྱིས་པ་མ་རབས་རྣམས་ཚོང་འདུས་ཀྱི་མགྲོན་པོ་ལྟར་གྱེས་ནས་གཡང་ས་ཆེན་པོར་འཇུག་སྟེ། གྲོགས་མེད་གཅིག་པུ། ལམ་ཞིན་ཏུ་རིང་བོ། ཉིན་མཚན་དུ་མ་ཕྱིན་ཡང་མཐའ་མི་ཤེས་པར་འཇིགས་པའི་མུན་ནག་འཐོམ་པས། སྣང་བ་དང་སྒྲོན་མེ་མེད་པ། འགྲོ་བ་ལ་བར་ཆད་མང་བ། ཐབས་མེད་པའི་གནས་སུ་འགྲོ་བ། མཐོང་བ་ཙམ་གྱིས་མྱ་ངན་གྱིས་གདུང་བ། ལུས་ལ་ཁྲིད་པར་ཡོད་ཀྱང་གར་འགྲོ་དོ་མི་ཤེས་པའི་གཡང་སར་འགྲོའོ། །ཞེས་སོ། །ཡང་རང་གི་ལུས་འདི་ནི་རྒྱུ་འབྲམ་གྱི་གད་པ་ལ་སྐྱེ་བའི་ལྗོན་ཤིང་འདྲ་ལ། འཆི་བདག་གི་བདུད་རྒྱུ་བོ་འདྲ་བས་བརྫོའོ། །ལུས་དབྱུར་ཀའི་ཁྲུང་རྡུལ་དང་འདྲ་བ་ལ། འཆི་བདག་གི་བདུད་ཆར་དང་འདྲ་བས་རྡིབ། ལུས་གཡང་ཁའི་སྡོང་རྐན་དང་འདྲ་བ་ལ། འཆི་བདག་འབྲུང་བོའི་རླུང་ནག་དང་འདྲ་བས་སྒྱེལ། ལུས་ཤིང་སྐམ་མམ་རྩི་སྦྲུར་འདྲ་བ་ལ། འཆི་བདག་མེ་དཔུང་གི་ཚོགས་དང་འདྲ་བས་བསྲེགས། ལུས་སྡོན་ཁའི་མེ་ཏོག་དང་འདྲ་བ་ལ་འཆི་བདག་དུས་ཀྱི་ལྷག་པ་དང་འདྲ་བས་སྐེམས་པའི་ཕྱིར་རྟག་ཏུ་སྒོ་ཤས་སྐྱེད་དགོས་ཏེ། དཔལ་སྤྲིན་ཞུས་པའི་མདོ་ལས། ལུས་ནི་རྒྱུ་འབྲམ་ཤིང་ལྟར་གཡོ་ཞིང་འགྱུལ། །ཁང་ཆེན་ལྟར་བུར་བཙོས་ལེགས་ཀྱིས་བརྟེན་དགོས། །རྒྱུ་སྐྱང་རྒྱུན་ལྟར་འཁྲིལ་བའི་རྒྱ་མཚོར་སློགས། །སྦྲུ་བ་རྒྱ་བུར་རྒྱུ་ཤིང་སྨིག་རྒྱུ་འདྲ། །དེ་ལྟར་བརྟགས་ནས་ཉེས་མང་ལུས་འདི་ལ། །ལུས་སུ་བདག་འཛིན་སྲེད་ཞེན་ཀུན་ལྡོག་ཅིང་། །སྲོག་ཏུ་འདུན་པ་ལ་

སོགས་ཀུན་དོར་ནས། །དེ་ལ་མི་བལྟ་ཕ་རོལ་ཕྱིན་རྫོགས་སྤྱོད། །ཅེས་སོ། །འབྲུག་དང་བྲག་ཆའི་སྒྲ་ཆེར་གྲགས་ཀྱང་རྗེས་མེད་པ་ལྟར། གཞན་གྱི་བདག་ལ་སྙན་མི་སྙན་བརྗོད་སྨད་ཅི་བྱས་ཀྱང་དགག་སྒྲུབ་ཅི་ཡང་མི་བྱ་ཞིང་། རང་གི་ངག་ལའང་བྲག་ཆ་འདྲ་བར་རྟོགས་ནས། ཆོས་ཐམས་ཅད་དེ་ལྟར་ཤེས་པས། དགའ་མི་དགའི་འདུན་པ་བཟློག་སྟེ། རྒྱ་ཆེར་རོལ་བ་ལས། འདོད་པའི་ཡོན་ཏན་སྒྲ་སྙན་བྲག་ཅ་འདྲ། །ཐོས་ཀྱང་མཚན་མར་མི་འཛིན་རང་སར་ལྟོས། །ཞེས་སོ། །སྤྲིན་དང་། ན་བུན་དང་། བར་སྣང་གི་འཇའ་ཚོན་རྣམས་རེ་ཞིག་སྣང་ཡང་ཡལ་ནས་འགྲོ་བ་ལྟར། ཕྱི་སྣང་བའི་ཡུལ་དང་། ནང་དགག་སྒྲུབ་ཀྱི་སེམས་ཐམས་ཅད་གློ་བུར་དུ་སྣང་ལ། གློ་བུར་དུ་ཡལ་ནས་འགྲོ་བས་དེ་ལ་བདེན་ཞེན་མེད་པ་བསླབ་སྟེ། དབུགས་འགྲོ་འོང་དེ་དང་ཆོས་མཚུངས་པར་ལྟ་བ་ནི། དགོངས་པ་ངེས་པར་འགྲེལ་བ་ལས། དབུགས་ཀྱི་འགྲོ་འོང་གནས་པ་མི་རྟག་སྟེ། །སྤྲིན་དང་ན་བུན་སེར་བུ་དུད་པ་འདྲ། །རྐྱེན་མེད་རང་སར་ཡལ་བར་འགྱུར་ལ་ལྟོས། །ཞེས་སོ། །མི་དང་དུད་འགྲོ་ལ་སོགས་སྔར་ཤི་བ། ད་ལྟ་ཤི་བ་ཐོས་པ་རྣམས་ལ་བསམ་སྟེ་རང་ལ་ནང་དུ་སྒྱུར་བ་ནི། སྡོམ་ལས། སེམས་ཅན་གཞན་དང་ཁྱད་པར་མི་ཡི་ལུས། །རྒྱལ་ཁམས་གཞན་དང་རང་གི་ཡུལ་རྣམས་སུ། །ཉེ་རིང་དགྲ་གཉེན་ཤི་བའི་དཔེ་མཐོང་ནས། །བདག་ཉིད་འཆི་བར་མི་ཤེས་འགྲོ་བ་བླུན། །ཞེས་སོ། །ཉི་ཟླ་དང་། མར་མེ་ཤི་བ་ལ་སོགས་ལ་བལྟས་ནས། ཚེ་འདིའི་སྣང་བ་ནུབ་ཀྱང་སེམས་རང་གསལ་གྱི་འཛིན་པ་ཡལ་ནས་མི་རྟག་པ་བསམ་སྟེ། དེ་ཉིད་ལས། ཉི་ཟླ་གཟའ་སྐར་ལྷུང་གིས་བསྒྲོད་པ་དང་། །མར་མེའི་མེ་ལྕེ་ལྷུང་གིས་བསྒྲོད་པ་ལྟར། །ཚེ་

འདིར་སྐད་ཅིག་ཡུད་ཙམ་མི་སྡོད་པས། །དོན་ཆེན་གྲུབ་བ་གང་ཡང་བསྒྲུབ་པར་འཐད། །ཅེས་སོ། །ཆོས་ཉིད་དཔུང་གཉེན་ཡིན་པས་བརྟེན་པར་གདམས་པ་ནི། ཡོན་ཏན་རིན་པོ་ཆེའི་མཛོད་ལས། འཆི་དུས་དཔུང་གཉེན་མཆོག་གསུམ་དགེ་ཚོགས་ཏེ། དམ་པ་བསྟེན་ཞིང་སྙིང་པོའི་དོན་བསྒྲུབ་འཚལ། འཆི་བའི་དུས་དང་བར་དོའི་འཕྲང་ལ་སྐྱབས་དང་དཔུང་གཉེན་ནི་བླ་མ་དམ་པ་སྨར་བཤད་པའི་མཚན་ཉིད་ཅན། དཀོན་མཆོག་དམ་པ་སངས་རྒྱས་ཆོས་དང་དགེ་འདུན་གསུམ། ཡི་དམ་དམ་པ་ཞི་ཁྲོ་ལ་སོགས་དཀྱིལ་འཁོར་དང་མཁའ་འགྲོའི་ཚོགས་ཏེ་ལམ་སྣ་འདྲེན་ཞིང་བར་ཆད་སེལ་བས་བདེ་ཆེན་ཐར་བའི་གོ་འཕང་ལ་འགོད་པའི་ཕྱིར་རོ། །དེས་ན་ད་ལྟ་ཉིད་ནས་དམ་པ་དེ་གསུམ་བསྟེན་པ་ལ་བརྩོན་པ་ཆེན་པོས་འཐད་དོ། །དེ་ཡང་བསྟེན་པས་བསྡོངས་ངེས་པ་དགེ་བའི་བཤེས་གཉེན་ཡིན་པས། བླ་མ་དམ་པ་དང་འབྲལ་མེད་དུ་བསྟེན་དགོས། སྐྱབས་གནས་ཀྱིས་བསྡོངས་ངེས་པ་དཀོན་མཆོག་ཡིན་པས་དེ་གསུམ་ལ་སྐྱབས་སུ་འགྲོ་དགོས། སོ་ནམ་གྱིས་བསྡོངས་ངེས་པ་ཆོས་སྤྱོད་ཡིན་པས་དགེ་སྦྱོར་ཕྱོགས་མེད་དུ་བྱེད་དགོས། ཡོ་བྱད་ཀྱིས་བསྡོངས་ངེས་པ་ཚོགས་གཉིས་ཡིན་པས་རྒྱུན་དུ་གཡེལ་བ་མེད་པར་བསགས་དགོས། གནས་ཁང་གིས་བསྡོངས་ངེས་པ་བསམ་གཏན་ཡིན་པས་ཞི་ལྷག་གི་མཁར་པོ་བརྩིག་དགོས། གྲོགས་ཀྱིས་བསྡོངས་ངེས་པ་ཆོས་ལྡན་གྱི་སྐྱེས་བུ་ཡིན་པས་མཆེད་གྲོགས་ལ་གུས་པས་འགྲོགས་དགོས། འབྲས་བུས་བསྡོངས་ངེས་པ་སྐུ་གསུམ་ཡིན་པས་སངས་རྒྱས་བརྩོན་པས་བསྒྲུབ་དགོས་ཏེ། རྒྱལ་པོ་ལ་གདམས་པའི་མདོ་ལས། རྒྱལ་པོ་ཆེན་པོ་དེའི་ཚེ་དེའི་དུས་ན་ཆོས་ནི་གླིང་དང་གནས་དང་མགོན་དང་བསྐྱབ་པར་འགྱུར་རོ། །དཔེར་ན་གྲང་བས་ཉེན་པ་ལ་མེ་

དང་། ཚ་བས་ཉེན་པ་ལ་བསིལ་ཁང་དང་། སྐོམ་པས་ཉེན་པ་ལ་ཆུ་བསིལ་དང་། མགྲོན་པོ་ངལ་ཞིང་དུབ་པ་ལ་གྲིབ་མ་དང་། ལམ་རིང་པོར་ཞུགས་པ་ལ་བཞོན་པ་དང་། ཉལ་བ་ལ་གནས་མལ་བཟང་པོ་དང་། བཀྲེས་པ་ལ་ཟས་བཟང་པོ་དང་། གདུང་བ་ལ་ཚིམས་པར་བྱེད་པ་དང་། ལམ་སྟོར་བ་ལ་ས་མཁན་དང་། ནད་ཀྱིས་བཏབ་པ་ལ་སྨན་པ་དང་། འདམ་དུ་བྱིང་བ་ལ་འཛུ་ཐག་དང་། ཆུ་བོས་ཁྱེར་བ་ལ་གྲུ་ཟིངས་དང་། བརྒལ་བར་དཀའ་བ་ལ་ཟམ་པ་དང་། ཉམ་ང་བ་ལ་འབབ་སྟེགས་དང་། མུན་ཁུང་དུ་སྒྲོན་མེ་དང་། རྒྱ་འཚོ་ཆེན་པོ་ལ་གྲུ་དང་། དབུལ་པོ་ལ་ནོར་དང་། ལས་བྱེད་པ་ལ་གྲོགས་དང་། གཅོད་པ་ལ་ལག་ཆ་དང་། གཡུལ་ངོར་འཇུག་པ་ལ་གོ་ཆ་དང་། འཇིགས་པ་ལ་སྐྱེལ་མ་བཟང་པོ་དང་། འཐབ་པ་ལ་དཔུང་གཉེན་དང་། སྨུ་གེ་ལ་འབྲུ་དང་། ངོགས་པ་ལ་གོ་འབྱེད་པ་དང་། འཁྱམ་པ་ལ་གནས་དང་། ཉེས་པ་ལ་མགོན་སྐྱབས་བྱེད་པ་ལྟ་བུའོ། །ཞེས་སོ། །དེ་ལྟ་བུའི་དཔེ་དང་གཏན་ཚིགས་ཀྱི་སྒོ་ནས་འགྲོ་འཆག་ཉལ་འདུག་ལ་སོགས་པའི་སྤྱོད་ལམ་ཀུན་ཏུ་འཆི་བ་དྲན་པར་བྱ། ཟ་འཆག་ཉལ་འདུག་ལ་སོགས་པ་སྤྱོད་ལམ་ཐམས་ཅད་དུ་སེམས་ཀྱིས་འཆི་བ་འབའ་ཞིག་དྲན་པར་བྱ་སྟེ། འགྲོ་ན་གོམ་པ་འདོར་བ་མི་རྟག་པས་སངས་རྒྱས་ཀྱིས་ལ་གནས་པར་བསྐུལ་མ་གདབ། འདུག་ན་གནས་མི་རྟག་པས་འགྱུར་མེད་ཀྱིས་ལ་གནས་པར་བསྐུལ་མ་གདབ། ལངས་ན་འགྲེངས་བར་མི་རྟག་པར་མཉམ་ཉིད་ཀྱི་ངང་ལ་ལངས་པར་བསྐུལ་མ་གདབ། བཟའ་བཏུང་སྤྱོད་ལམ་མི་རྟག་པ་ཏིང་ངེ་འཛིན་གྱི་ཟས་སུ་བསྐུལ་མ་གདབ། གནས་ཁང་མི་རྟག་པ་ཆོས་སྐུ་མཉམ་ཉིད་ཀྱི་ཕོ་བྲང་དུ་གནས་པར་བསྐུལ་མ་གདབ། བསྐུམས་པ་མི་རྟག་པས

འདུ་བྱེད་ཀྱི་བྱ་བ་བསྐྱུམས་པར་བསྐུལ་མ་གདབ། རྐྱང་བ་མི་རྟག་པས་འཇིག་རྟེན་ལས་འདས་པའི་སྣང་བ་བག་ཡངས་སུ་སྤྱོད་པ་བསྐུལ་མ་གདབ། ཉལ་བ་མི་རྟག་པས་གནས་ལུགས་ཀྱི་ངང་ལ་ཉལ་བར་སྐུལ་མ་གདབ། བགྲོད་ན་ལམ་མི་རྟག་པས་བྱང་ཆུབ་ཀྱི་ལམ་ལ་འཇུག་པར་བསྐུལ་མ་གདབ། འཇིགས་པའི་སྒྲ་མི་རྟག་པས་ཉོན་མོངས་པའི་དགྲ་ལས་རྒྱལ་བར་བསྐུལ་མ་གདབ། སྨྲ་བའི་ཚིག་མི་རྟག་པས་བཟླས་བརྗོད་ཁ་ཏོན་ལ་བསྐུལ་མ་གདབ། བྱ་བྱེད་ཀྱི་སོ་ནམ་མི་རྟག་པས་རྟག་ཏུ་ཆོས་སྤྱོད་ལ་གནས་པར་བསྐུལ་མ་གདབ། ཁ་ཟས་བཏུང་བ་མི་རྟག་པས་ལྷའི་དཀྱིལ་འཁོར་མཆོད་པར་བསྐུལ་མ་གདབ། ནོར་རྫས་མི་རྟག་པས་འཕགས་པའི་ནོར་བདུན་བསོག་པར་བསྐུལ་མ་གདབ། ཆེ་བཙན་གྱི་སྙན་གྲགས་མི་རྟག་པས་རྟག་དུ་དམའ་སར་བཟུང་བར་བསྐུལ་མ་གདབ། འདོད་ཡོན་མི་རྟག་པས་ཚོགས་གཉིས་ཀྱི་ལས་ལ་བསྐུལ་མ་གདབ། སེམས་ཅན་སྐྱེ་འགྲོ་མི་རྟག་པས་བྱང་ཆུབ་ཀྱི་ལམ་ལ་འགོད་པར་བསྐུལ་མ་གདབ། གློ་བུར་གྱི་འཆི་རྐྱེན་མི་རྟག་པས་འཆི་མེད་ཀྱི་བཙན་ས་བཟུང་བར་བསྐུལ་མ་གདབ། ཁྲུས་དང་གཙང་སྦྲ་མི་རྟག་པས་སྦྱོབས་བཞིས་སྡིག་སྒྲིབ་སྦྱང་བར་བསྐུལ་མ་གདབ། དུག་ལྔ་ཉོན་མོངས་མི་རྟག་པས་རང་བྱུང་གི་ཡེ་ཤེས་རྟོགས་པར་བསྐུལ་མ་གདབ། སྣང་བ་འཇིག་རྟེན་མི་རྟག་པས་སངས་རྒྱས་ཀྱི་ཞིང་དག་པར་བསྐུལ་མ་གདབ། གྲགས་པའི་སྒྲ་སྐད་མི་རྟག་པས་ཆོས་ཀྱི་སྒྲ་དབྱངས་སྒྲོག་པར་བསྐུལ་མ་གདབ། དྲན་རིག་གི་རྣམ་རྟོག་མི་རྟག་པས་སྤངས་རྟོགས་ཀྱི་ཡེ་ཤེས་རྒྱས་པར་བསྐུལ་མ་གདབ། ལས་བརྒྱ་པ་ལས། རྟག་ཏུ་སྤྱོད་ཡུལ་ཐམས་ཅད་དུ། །འཆི་བདག་རྗེས་སུ་དྲན་པར་བྱ། །ཞེས་པ་དང་། སྤྱོད་འཇུག་ལས། ཉིན་མཚན་ཀུན་ཏུ་བདག་གིས

ནི། །འདི་ཉིད་འབའ་ཞིག་བསམ་པར་རིགས། །ཞེས་པ་དང་། མྱ་ངན་འདས་མདོ་ལས། ཞིང་རྨོ་བ་རྣམས་ཀྱི་ནང་ནས་སྟོན་གྱི་ལོ་ཏོག་རླེད་པ་འདི་ཉིད་མཆོག་གོ རྗེས་ཐམས་ཅད་ཀྱི་ནང་ནས་ཁྱུ་མཆོག་གི་རྗེས་མཆོག་གོ འདུ་ཤེས་ཐམས་ཅད་ཀྱི་ནང་ནས་མི་རྟག་པ་དང་འཆི་བའི་འདུ་ཤེས་མཆོག་གོ །འདིས་ནི་ཁམས་གསུམ་གྱི་འདུ་ཤེས་ཐམས་ཅད་བཟློག་པར་བྱེད་དོ། །ཞེས་པ་དང་། འདུལ་བ་ལས། དགེ་སློང་བརྒྱ་ལ་གདུགས་ཚོད་ཡོན་དང་བཅས་པ་སྦྱིན་པ་བས། འདུས་བྱས་མི་རྟག་པར་སེམས་པའི་སྐད་ཅིག་མ་མཆོག་གོ །ཞེས་སོ། །ད་ནི་དེ་གོམས་པའི་རྟགས་ཚད་བསྟན་པ་ནི། ཡིད་བཞིན་རིན་པོ་ཆེའི་མཛོད་ལས། གོམས་པའི་ཚད་ནི་འདུས་བྱས་འཇིག་པར་མཐོང་། །བརྩོན་ལྡན་འཇིགས་དང་ཚེ་འདིའི་བྱ་བ་དོར། །སྐད་ཅིག་ཙམ་ཡང་ཐ་མལ་མི་སྤྱོད་ཅིང་། །ངེས་འབྱུང་སྐྱོ་ཤས་བློ་སྣ་ཐུང་བ་འབྱུང་། །ཞེས་པས་མི་རྟག་པ་ཉིན་མཚན་དུ་བསམ་པ་ལས། སྣང་བ་གང་ཡང་འཇིག་པར་མཐོང་བས་ཕྱི་ཡུལ་ལ་མི་ཞེན་པའི་བློ་གཏིང་ནས་སྐྱེ་བ་དང་། དགེ་བ་ལ་བརྩོན་འགྲུས་མེ་འབར་བ་འདྲ་བའི་བློ་སྐྱེ་བ་དང་། འཁོར་བའི་སྡུག་བསྔལ་ལ་འཇིགས་སྔངས་སྐྲག་པ་ཐུན་མོང་མ་ཡིན་པ་སྙིང་ནས་སྐྱེ་བ་དང་། འཆི་བའི་ཚེ་ཅིས་ཀྱང་མི་བསྙོངས་པར་ཤེས་ནས་ཚེ་འདིའི་བྱ་བ་འདོར་བ་དང་། སྐད་ཅིག་ཙམ་ཡང་ཐ་མལ་སོས་དལ་དུ་མི་སྤྱོད་པར་སྒོ་གསུམ་ཆོས་ལ་སྤྱོད་པ་དང་། ལས་འབྲས་ཀྱི་སྨིན་སོ་མཐོང་བས་ངེས་འབྱུང་སྐྱོ་ཤས་སྐྱེས་བ་དང་། ནམ་འཆི་ངེས་མེད་དུ་ཤེས་པས་གང་ལ་ཡང་བློ་ལྟོས་མི་འཆའ་བ་རྣམས་ནི། མི་རྟག་པ་སྙིང་ནས་གོམས་པའི་རྟགས་དང་ཚད་དོ། །ད་ནི་དེ་ལྟར་གོམས་པའི་ཕན་ཡོན་གྱིས་མཇུག་བསྡུ་བ་ནི། དེ་ཉིད་ལས། དེ་ཡི་ཕན་ཡོན་ཤིན་ཏུ་མཐའ་ཡས་

ཏེ། །འཁོར་བའི་ཉེས་སྡུངས་ཡོན་ཏན་དང་གིས་འདུ། །རྟག་འཛིན་ལས་གྲོལ་དགྲ་གཉེན་ཆགས་སྡང་ཞི། །དགེ་ལ་རབ་བརྩོན་ཚེ་འདི་འཁྲུལ་བར་ཤེས། །ཚོགས་གཉིས་རབ་རྫོགས་གྲགས་ལྡན་ལྷུས་གཟིགས་ཤིང་། །བདེ་བར་ཚེ་ཡི་དུས་བྱེད་མཐོ་རིས་འགྲོ། །མྱུར་དུ་འཆི་མེད་བདུད་རྩིའི་གོ་འཕང་ཐོབ། །ཅེས་མི་རྟག་པ་རྒྱུད་ལ་ལེགས་པར་སྐྱེས་པ་ན་འཁོར་བའི་ཆོས་ལ་སྐྱོ་ཤས་དང་ཡིད་འབྱུང་གཏིང་ནས་སྐྱེ་བས་ཚེ་འདིའི་ཆོས་ལས་བློ་ལྡོག་པའི་ཕན་ཡོན་ཡོད་དོ། ཞེན་པ་ལོག་པའི་ལུགས་ནི་ཅེས་ཀྱང་མི་ཕན་འཆི་ངེས་སླམ་པ་ཕ་བསད་ཀྱི་བུས་བཟུང་བ་ལྟ་བུའམ། ཉ་མོ་རྒྱ་ལ་ཟིན་པ་ལྟ་བུའམ། ཆད་པས་ཐོགས་པ་གཤེད་མའི་ལག་ཏུ་གཏད་པ་ལྟ་བུའམ། དུག་སྦྲུལ་གྱི་ཚང་དུ་ཚུད་པ་ལྟ་བུའམ། སྲིན་པོའི་ཁ་ནང་དུ་ཕྱིན་པ་ལྟ་བུའམ། སྲིན་མོའི་གླིང་དུ་ཚུད་པ་ལྟ་བུའམ། ཆུ་སྲིན་གྱི་ཁ་ནང་དུ་ཚུད་པ་ལྟ་བུའམ། རྒྱ་མཚོའི་རྡིངས་ཞིག་པ་ལྟ་བུའམ། ཆུ་བོའི་གྲུ་བྲིང་བ་ལྟ་བུའམ། འཇིགས་སར་བསྐྱོལ་མས་བསླུས་པ་ལྟ་བུའམ། ཐར་མེད་ཀྱི་གཡང་སར་ལྷུང་བ་ལྟ་བུའམ། སླིང་ལ་མདས་ཟིན་པ་ལྟ་བུ་སྟེ། ཅེས་ཀྱང་ཕན་མེད་དུ་ཤེས་ནས་འཁོར་བའི་བྱ་བ་སྤང་བ་སྟེ། མྱུ་ངན་ལས་འདས་པའི་མདོ་ལས། རྟག་ཏུ་དགྲ་ལྟར་སྡུག་བསྔལ་འཕྲེལ་བ་གང་། །མི་གཙང་ལུས་དང་འདོད་པ་དེ་དག་ལ། །ཕན་འདོད་སྡུག་བསྔལ་བསལ་འདོད་སུ་ཞིག་དགའ། །མི་རྟག་འདོད་པ་རྣམས་ལ་ཆགས་པ་མེད། །ཅེས་སོ། །སྤང་མེད་པའི་ཡོན་ཏན་མང་པོའམ་རྒྱུད་ལ་སྐྱེ་བ་དང་། རྟག་འཛིན་གྱི་བློ་ལས་ལོག་པ་དང་། དགྲ་གཉེན་ལ་ཆགས་སྡང་མེད་པ་དང་། རྟག་ཏུ་དགེ་བ་ལ་བརྩོན་པ་དང༌། ཚེ་འདི་འཁྲུལ་སྣང་དུ་ཤེས་པ་དང་། བསོད་ནམས་དང་ཡེ་ཤེས་ཀྱི་ཚོགས་གཉིས་རྫོགས་པ་དང་།

ཆོས་དང་མཐུན་པའི་གྲགས་པ་དང་ལྡན་པ་དང་། སངས་རྒྱས་དང་བྱང་ཆུབ་སེམས་དཔའ་རྣམས་ཀྱི་དགོངས་པ་དང་། དགའ་བ་དང་། སྤྲོ་བ་དང་བཅས་ནས་ཆོའི་དུས་བྱེད་ཅིང་བདེ་འགྲོ་མཐོ་རིས་ཀྱི་འཇིག་རྟེན་དུ་སྐྱེ་བ་དང་། སྐྱེས་མ་ཐག་ནས་དམ་པའི་ཆོས་དང་། བླ་མ་དགེ་བའི་བཤེས་གཉེན་དང་འཕྲད་པ་དང་། རྟག་ཏུ་རང་དབང་ཡོད་པ་དང་། སངས་རྒྱས་ཀྱི་བསྟན་པ་ལ་རབ་ཏུ་འབྱུང་བ་དང་། ཚངས་པར་སྤྱོད་པ་ཆོའི་མཐའ་ཐུག་པར་ཐུབ་པ་དང་། ཉིན་མཚན་ཆོས་ཀྱིས་འདའ་བ་དང་། ཐེག་པ་ཆེན་པོའི་ཆོས་ལ་སྤྱོད་པ་དང་། སྐྱེ་བུ་དམ་པ་རྣམས་དང་འགྲོགས་པ་དང་། མྱུར་དུ་རྫོགས་པའི་སངས་རྒྱས་འགྲུབ་པ་ལ་སོགས་པ་ཕན་ཡོན་གྱི་སྒོ་དཔག་ཏུ་མེད་པ་གསུངས་སོ། །གསུམ་པ་དེ་ལྟར་ཆོས་རྣམས་ཀྱི་ནང་ནས་ལས་རྒྱུ་འབྲས་ནི། དེ་ཡང་། ཡིད་བཞིན་རིན་པོ་ཆེའི་མཛོད་ལས། དེ་ནས་དད་ལྡན་རྣམས་ཀྱི་བསམ་བྱ་བ། །རྒྱུ་འབྲས་ལས་དེ་དགེ་སྡིག་བླང་དོར་བྱ། ཞེས་གསུངས་པས། དེ་ཡང་བདེ་བ་དང་སྡུག་བསྔལ་གྱི་རྒྱུ་ནི་ལས་དགེ་བ་དང་མི་དགེ་བ་གཉིས་ཡིན་པས་འདི་ར་ཐར་བ་འདོད་པ་དག་གིས་བླང་དོར་དུ་བྱ་བའོ། །ལས་ཀྱི་རྣམ་གྲངས་ལས། གཅིག་ཏུ་དཀར་བའི་ལས། ནག་པའི་ལས། འདྲེས་པའི་ལས། བསམ་པ་དཀར་ལ་སྦྱོར་བ་ནག་པ། བསམ་པ་ནག་ལ་སྦྱོར་བ་དཀར་བའམ། བསམ་སྦྱོར་གཉིས་ཀ་ནག་པ། མཐོང་ཐོས་འབྲས་བུ་ཅན། སྐྱེས་ནས་མྱོང་འགྱུར། ལན་གྲངས་གཞན་ལ་མྱོང་བ། ལས་དཀར་རྣམ་སྨིན་དཀར་བ་ལ། ལས་ནག་རྣམ་སྨིན་ནག་པ། འཕེན་བྱེད་དགེ་བ་ལས་རྫོགས་བྱེད་དགེ་བ། འཕེན་བྱེད་མི་དགེ་བ་ལས་རྫོགས་བྱེད་མི་དགེ་བ། འཕེན་བྱེད་མི་དགེ་བ་ལས་རྫོགས་བྱེད་དགེ་བ་དང་། རྫོགས་བྱེད་མི་དགེ

བ་ལས་འཕེན་བྱེད་དགེ་བ་ཡང་ཡོད་དོ། །དེ་ཡང་སྤྱོད་འཇུག་ལས། རེ་ཞིག་གསོན་ཚེ་འདི་ཉིད་ལའང་། །མཇལ་དང་མི་མཇལ་དུ་མ་འདས། །དེ་དག་དོན་དུ་བྱས་པའི་སྡུག །མི་བཟད་གང་ཡིན་མདུན་ན་གནས། །ཞེས་གསུངས་པ་ལྟར་བདག་གིས་བྱས་པའི་ལས་གཞན་ལ་མི་སྨིན། གཞན་གྱིས་བྱས་པའི་ལས་བདག་ལ་མི་སྨིན། ལས་མ་བྱས་དང་མི་འཕྲད། བྱས་པའི་ལས་ཆུད་མི་ཟ། དཀར་ནག་གི་ལས་མི་འཚོལ་བས་ཤིན་ཏུ་ཕྲ་བ་ནས་འདོར་ལེན་བྱའོ། །བྱམས་པ་ཆེན་པོའི་མདོ་ལས། རྣམ་རྟོག་མ་ཟད་བར་དུ་ལས་ཡོད་པས། །ལས་ཀྱི་རྣམ་པར་སྨིན་པ་ཡིད་ཆེས་བྱ། །སྡིག་པ་ཆུང་ཡང་མི་བརླས་སྲུང་ཞིང་བཞགས། །ཆུ་ཐིག་བསགས་པའི་རྒྱ་མཚོ་ཆེན་པོ་བཞིན། །དགེ་བ་ཆུང་ཡང་མི་བརྙས་དང་དུ་བླང་། །རྡུལ་ཕྲན་བསགས་པས་རི་རབ་གླིང་ཁམས་བཞིན། །སྟོང་པ་ཉིད་ཀྱི་རྩི་ཡིས་ཟིན་གྱུར་ན། །དུག་ལ་སྔགས་ཀྱིས་ཟིན་པ་ཇི་བཞིན་ནོ། །ཞེས་གསུངས། སྤྱོད་འཇུག་ལས། དགེ་བ་དག་ཀྱང་མ་བྱས་ལ། །སྡིག་པ་དག་ཀྱང་ཉེར་བསགས་ན། །བསྐལ་བ་བྱེ་བ་བརྒྱར་ཡང་ནི། །བདེ་འགྲོའི་སྒྲ་ཡང་ཐོས་མི་འགྱུར། །ཞེས་པ་དང་། སོ་སོར་ཐར་པ་ལས། སྡིག་པ་ཅི་ཡང་མི་བྱ་སྟེ། །དགེ་བ་ཕུན་སུམ་ཚོགས་པ་སྤྱོད། །རང་གིས་སེམས་ནི་ཡོངས་སུ་འདུལ། །འདི་ནི་སངས་རྒྱས་བསྟན་པ་ཡིན། །ཞེས་གསུངས་པ་བཞིན་ནོ། །འོ་ན་གང་ཞིག་དགེ་བ་ཡིན་ཞེ་ན། འདི་སྐད་དུ་ཡིད་བཞིན་རིན་པོ་ཆེའི་མཛོད་ལས། དགེ་བའི་ལས་ནི་བསོད་ནམས་ཆ་མཐུན་དང་། །ཐར་བ་ཆ་མཐུན་རྣམ་པ་གཉིས་དག་ལས། །ཞེས་དང་པོ་གང་ཡིན་ཞེ་ན། དེ་ཉིད་ལས། སྲིད་པ་བདེན་འབྲས་བསྐྱེད་པ་དགེ་བ་རྣམས། །བསོད་

ནམས་ཆ་མཐུན་ལེགས་པར་ཐུབ་པས་གསུངས། །རྣམ་གྲངས་མང་ཡང་བསྡུ་ན་དགེ་བ་བཅུ། །ཞེས་དེ་ལ་སྤྱིར་དགེ་བ་ནི་འབྲས་བུ་བདེ་བ་སྐྱེད་པ་ཙམ་གྱི་རྒྱུ་ཐམས་ཅད་དེ། སྲིད་པ་དང་ཞི་བ་གཉིས་ཆར་གྱི་མངོན་པར་མཐོ་བ་དང་ངེས་པ་ལེགས་པར་བསྐྱེད་པའོ། །སྡུག་བསྔལ་གྱི་རྒྱུ་མི་དགེ་བས་ནི་ངན་འགྲོ་དང་སྡུག་བསྔལ་ཐམས་ཅད་བསྐྱེད་པ་ཡིན་པར་ཤེས་པར་བྱ་སྟེ། རིན་ཆེན་འཕྲེང་བ་ལས། དགེ་བ་ལས་ནི་བདེ་བ་དང་། །དེ་བཞིན་བདེ་འགྲོ་ཐམས་ཅད་དོ། །མི་དགེ་བ་ལས་སྡུག་བསྔལ་དང་། །དེ་བཞིན་ངན་འགྲོ་ཐམས་ཅད་དོ། །ཞེས་སོ། །དེ་ལ་དགེ་བ་ནི་གཉིས་ཏེ། བསོད་ནམས་ཆ་མཐུན་སྲིད་པའི་བདེ་འབྲས་ཙམ་བསྐྱེད་ནས་ཟད་པར་འགྱུར་བ་དགེ་བ་བཅུ་དང་། བསམ་གཏན་བཞི་དང་། གཟུགས་མེད་བཞི་སྟེ་ཐར་བ་དང་མ་འབྲེལ་བ་རྣམས་དང་། ཐར་པ་ཆ་མཐུན་མྱ་ངན་ལས་འདས་པའི་རྒྱུར་མཐུན་པ་རྣམས་སོ། །དང་པོ་བསོད་ནམས་ཆ་མཐུན་གྱི་དགེ་བ་བཅུ་ནི། ཡིད་བཞིན་རིན་པོ་ཆེའི་མཛོད་ལས། ལུས་གསུམ་ངག་བཞི་ཡིད་ཀྱི་གསུམ་དག་སྟེ། །འདི་བཅུ་བསམ་གཏན་གཟུགས་མེད་མ་འབྲེལ་པས། །འདོད་པའི་ལྷ་མིར་བདེ་འབྲས་བསྐྱེད་པ་ཉིད། །ཅེས་གསུངས་པ་ལྟར་སྲོག་བཅོད་པ། མ་བྱིན་པ་ལེན་པ། འདོད་པས་ལོག་པར་གཡེམ་པ་གསུམ་སྤངས་པ་ནི། ལུས་ཀྱི་དགེ་བའི་ལས་གསུམ་མོ། །རྫུན་དང་ཕྲ་མ་ངག་འཁྱལ་ཚིག་རྩུབ་བཞི་སྤངས་བ་ནི་ངག་གི་ལས་དགེ་བ་བཞིའོ། །བརྣབ་སེམས། །གནོད་སེམས། །ལོག་ལྟ་སྟེ་གསུམ་སྤངས་པ་ནི་ཡིད་ཀྱི་ལས་དགེ་བ་གསུམ་མོ། །དགེ་བ་བཅུ་པོ་འདི་ཉིད་སྤྱད་པའི་རང་བཞིན་བསམ་གཏན་གཟུགས་མེད་སྒོམ་པ་དང་མ་འབྲེལ་ན་རྣམ་སྨིན་གྱི་འབྲས་བུ་མཐོ་རིས་ལྷ་མིའི་བདེ་བ་ལ་ལོངས་སྤྱོད་པའོ། །དེ་ཡང་གླིང་བཞི་གླིང་

ཕྲན་གྱི་མི་དང་འདོད་ལྷ་དྲུག་པོ་ཐོབ་པའོ། །དགེ་བ་བཅུ། ཡིད་བཞིན་རིན་པོ་ཆེའི་མཛོད་ལས། བསམ་གཏན་གཟུགས་མེད་དང་འབྲེལ་གོང་མ་གཉིས། །དགེ་བས་བདེ་འགྲོ་བདེ་བའི་རིགས་ཀུན་བསྐྱེད། །ཅེས་དགེ་བ་བཅུ་དང་བསམ་གཏན་བཞི་སྦྲེལ་ནས། འབྲིངས་ན་གཟུགས་ཀྱི་ཁམས་སུ་སྐྱེ་ལ། དགེ་བ་བཅུ་དང་གཟུགས་མེད་བཞི་འབྲེལ་བ་ཚད་དུ་ཕྱིན་པས་སྐྱེ་མཆེད་མུ་བཞི་ཐོབ་པའོ། །དེ་ཡང་འཕེན་བྱེད་དང་བདེ་བའི་ཆར་རྫོགས་བྱེད་ཀྱི་ལས་དགེ་བ་བཅུས་བྱེད་ལ། བསམ་གཏན་གཟུགས་མེད་ཀྱི་རང་སའི་སེམས་སུ་འགྲུབ་པ་བསམ་གཏན་གཟུགས་མེད་བསྒོམས་པ་གྲུབ་པ་དེས་བྱེད་དོ། །དེ་ལྟར་ན་དགེ་བས་བདེ་བའི་རིགས་དང་མཐོ་རིས་སུ་སྐྱེ་བའི་ལུས་མངོན་པར་འགྲུབ་པ་ཡིན་ནོ། །དགེ་བ་བཅུའི་རྣམ་སྨིན་གྱི་འབྲས་བུ་མཐོ་རིས་ལྷ་མི་ཡིན་ལ། བདག་པོའི་འབྲས་བུ་ཡུལ་ལ་སྨིན་པའི་ཆ་མེ་ཏོག་དང་འབྲས་བུས་བརྒྱན་ཞིང་འཚེ་བ་མེད་ལ་བགྲོད་བདེ་བ་ལ་སོགས་པའོ། །རྒྱུ་མཐུན་གྱི་འབྲས་བུ་ལ་བྱེད་པ་རྒྱུ་མཐུན་དགེ་བ་བཅུ་བྱེད་པར་སྤྲོ་ཞིང་། མྱོང་བ་རྒྱུ་མཐུན་གྱིས་ཚེ་རིང་བ་དང་ནད་མེད་པ་དང་ལོངས་སྤྱོད་དང་ལྡན་པ་ལ་སོགས་པའོ། །དེ་དག་ཆ་ཤས་དབྱེ་བས་བསྟན་པ་ནི། ཡིད་བཞིན་རིན་པོ་ཆེའི་མཛོད་ལས། སྲོག་གཅོད་སྤངས་པས་ཚེ་རིང་ནད་མེད་ཅིང་། །མ་བྱིན་ལེན་སྤངས་འབྱོར་བ་ཕུན་སུམ་ཚོགས། །ལོག་པར་གཡེམ་སྤངས་ཁྱིམ་ཐབ་དགྲ་ཟླ་མེད། །ཅེས་གསུངས་པ་ལྟར་ལུས་ཀྱི་ལས་མི་དགེ་བ་གསུམ་སྤངས་ཏེ་དགེ་བར་སྤྱད་པས། ཚེ་རིང་བ་དང་། ནོར་འབྱོར་བ་དང་། ཁྱིམ་ཐབ་རང་དབང་དང་བཅས་པ་ཐོབ་ལ། ངག་གི་ལས་ནི། ཡིད་བཞིན་རིན་པོ་ཆེའི་མཛོད་ལས། རྫུན་དུ་སྨྲ་སྤངས་གཞན་གྱི་བསྟོད་པ་སྨྲེ། །རྩུབ་མོ་རྣམས་སྤངས་སྙན་པར་སྨྲ་བས་

བདེ། །ཕྲ་མ་རྣམས་སྤངས་མཐོང་ན་མི་མཐུན་མེད། །བཀྱལ་བ་སྤངས་བས་ཚིག་བཙུན་འོས་པར་འགྱུར། །ཞེས་གསུངས་པས་ངག་གི་ལས་མི་དགེ་བ་བཞི་སྤངས་པ་ལས་ནི་ཀུན་གྱི་བསྔོད་པ་དང་། སྙན་པར་གྲགས་པ་དང་། མཐོང་ན་ཡིད་དུ་འོང་ཞིང་འཁོར་འདུན་པ་དང་། ཚིག་ཡིད་ཆེས་པའི་གནས་སུ་འཛིན་པ་ཐོབ་པའོ། །ཡིད་ཀྱི་ལས་ནི། དེ་ཉིད་ལས། བརྣབ་སེམས་སྤངས་བས་རེ་བ་འགྲུབ་པ་སྟེ། །གནོད་སེམས་སྤངས་བས་ཡིད་འོང་མཐོང་ན་ཞི། །ལོག་པར་ལྟ་སྤངས་ལྟ་བ་བཟང་པོ་དེ། །མཐོ་རིས་བསྒྲོད་པའི་ཤིང་རྟ་དགེ་བ་བཅུ། །མངོན་མཐོ་བདེ་འདོད་རྣམས་ཀྱིས་དང་དུ་བླངས། །ཞེས་གསུངས་པས་ཡིད་ཀྱི་ལས་མི་དགེ་བ་གསུམ་སྤངས་བ་ལས། བསམ་པ་བཞིན་དོན་ཐམས་ཅད་འགྲུབ་པ་དང་། ཕ་རོལ་གྱིས་མཐོང་ན་ཞི་ཞིང་དེས་ལ་ཡིད་དུ་འོང་བ་དང་། སྐྱེས་མ་ཐག་ནས་སྲིད་པ་དང་སྐྱེ་བ་ཀུན་ཏུ་རྒྱུ་འབྲས་ལ་ཡིད་ཆེས་པའི་ལྟ་བ་དང་ལྡན་པའོ། །རིན་ཆེན་འཕྲེང་བ་ལས། འཇིག་རྟེན་པ་ཡི་ཡང་དག་ལྟ། །ཆེན་པོ་སུ་ལ་ཡོད་གྱུར་པ། །དེ་ནི་ཚེ་རབས་སྟོང་དུ་ཡང་། །ངན་འགྲོར་འགྲོ་བ་མི་འགྱུར་རོ། །ཞེས་གསུངས་པ་བཞིན། འདི་བཅུ་ནི་བདེ་འགྲོ་དང་བདེ་བ་འདོད་པས་སྤྱད་དོ། །དེ་ཡང་སྤྱོད་འཇུག་ལས། མི་ཡི་གྲུ་ལ་བརྟེན་ནས་སུ། །སྡུག་བསྔལ་ཆུ་བོ་ཆེ་ལས་སྒྲོལ། །གྲུ་འདི་ཕྱི་ནས་རྙེད་དཀའ་བས། །རྨོངས་པ་དུས་སུ་གཉིད་མ་ལོག །ཅེས་གསུངས་པ་ལྟར་རོ། །ད་ནི་དགེ་བའི་མི་མཐུན་པའི་ཕྱོགས་ནི། དེ་ཡང་ཡིད་བཞིན་རིན་པོ་ཆེའི་མཛོད་ལས། མི་དགེ་ལས་བཅུ་ངན་འགྲོར་སྡུག་བསྔལ་རྒྱུ། ཆེ་འབྲིང་ཆུང་དུ་དམྱལ་བ་ཡི་དྭགས་དང་། །དུད་འགྲོར་ལྟུང་གྱུར་སྣ་ཚོགས་སྡུག་བསྔལ་ལྡན། །ཞེས་དེ་

ཡང་སྲོག་གཅོད་པ་དང་། མ་བྱིན་པ་ལེན་པ་དང་། ལོག་པར་གཡེམ་པ་དང་། རྫུན་དུ་སྨྲ་བ་དང་། ཕྲ་མ་དང་། ངག་འཁྱལ་དང་། ཚིག་རྩུབ་མོ་དང་། བརྣབ་སེམས་དང་། གནོད་སེམས་དང་། ལོག་པར་ལྟ་བ་སྟེ། མི་དགེ་བ་བཅུ་ནི། མཛོད་ལས། སྲོག་གཅོད་པ་ནི་བསམ་བཞིན་དུ། །མ་ནོར་བ་ནི་གཞན་གསད་པའོ། །མ་བྱིན་ལེན་པར་གཞན་གྱི་ནོར། །མཐུ་དང་འཇབ་བུས་བདག་གིར་བྱེད། །བགྲོད་མིན་བགྲོད་པར་འདོད་པ་ཡི། །ལོག་པར་གཡེམ་པ་རྣམ་པ་བཞི། །རྫུན་ཚིག་འདུ་ཤེས་གཞན་བསྒྱུར་བའི། །ཚིག་དོན་མངོན་པར་གོ་བའོ། །ཕྲ་མ་ཕ་རོལ་དབྱེ་བའི་ཚིག །མི་སྙན་བརྗོད་པ་རྩུབ་མོ་སྟེ། །ཉོན་མོངས་ཅན་ཀུན་བཀྱལ་བ་ཡིན། །བསྟན་ཆོས་ངན་བཞིན་བརྣབ་སེམས་ནི། །ལོག་པས་གཞན་གྱི་ནོར་ལ་ཆགས། །གནོད་སེམས་སེམས་ཅན་ལ་སྡང་བ། །དགེ་དང་མི་དགེ་མེད་ལྟ་བ། །ལོག་པར་ལྟ་བ་ཡིན་འདི་ལ། །ཞེས་པ་བཞིན་ནོ། །དེ་ལྟ་བུའི་མི་དགེ་བ་བཅུ་ཆུང་ངུར་སྤྱད་པས་དུད་འགྲོ། འབྲིང་གིས་ཡི་དྭགས། ཆེན་པོས་དམྱལ་བ་མྱོང་བ་ནི། རྣམ་པར་སྨིན་པའི་འབྲས་བུའོ། །རྒྱུ་མཐུན་པའི་འབྲས་བུའི་བྱེད་པ་རྒྱུ་མཐུན་ནི། མི་དགེ་བ་གང་བྱེད་དེར་སྐྱེ་ལ། མྱོང་བས་ཚེ་ཐུང་བ་ལ་སོགས་པའོ། །དབང་གི་འབྲས་བུ་ཡུལ་ལ་ཚེར་མ་དང་ལོ་འབྲས་མ་སྨིན་པ་ལ་སོགས་པའོ། །དེ་དག་ཀྱང་ཆ་ཤས་བརྗོད་ན། རྣམ་སྨིན་སྲབ་ནས་ངན་སོང་ལས་ཐར་ཏེ། རྒྱ་ལམ་ཞིག་མཐོ་རིས་ཐོབ་ཀྱང་དེའི་སྡུག་བསྔལ་འགྱུབ། དེ་ཡང་སྡུ་མ་ལས། སྲོག་གཅོད་པས་ནི་ཚེ་ཐུང་ནད་མང་ཞིང་། །མ་བྱིན་ལེན་པས་དབུལ་ཞིང་ཕོངས་བར་འགྱུར། །ལོག་པར་གཡེམ་པས་ཁྲིམ་ཐབ་དགྲ་ཟླར་བཅས། །ཞེས་པས་ལས་ཀྱི་ལྷག་མ་དེས་མཐོ་རིས་སུ་

སྐྱེས་ནའང་། ཚེ་ཐུང་ཞིང་ནད་མང་བ་དང་། དབུལ་བ་དང་། ཁྲིམ་ཐབ་འཐུལ་བའམ་གཡེམ་ལ་དགའ་བར་འགྱུར་རོ། །ངག་གི་ལས་ནི། དེ་ཉིད་ལས། རྫུན་དུ་སྨྲ་བས་སྐུར་བ་མང་འགྱུར་ཞིང་། །ཕྲ་མས་བཤེས་འབྲལ་ཕན་ཚུན་མི་མཐུན་འགྱུར། །རྩུབ་མོས་མི་སྙན་བཀྱལ་བས་ངག་མི་བཙུན། །ཞེས་གསུངས་པ་ལྟར། རང་ལ་སྐྱོན་མེད་ཀྱང་སྐུར་བ་མང་བ་དང་། མཛའ་བཤེས་དང་འབྲལ་ལ་འཁོར་མི་མཐུན་པ་དང་། མི་སྙན་པ་ཤ་སྟག་ཐོས་པ་དང་། སུས་ཀྱང་ངག་བདེན་པར་མི་འཛིན་པ་ནི་ངག་གི་ལས་ངན་པ་བཞིའི་འབྲས་བུའོ། །ཡིད་ཀྱི་ལས་ནི། དེ་ཉིད་ལས། བརྣབ་སེམས་ཡིད་ལ་རེ་བ་མི་འགྲུབ་ཅིང་། །གནོད་སེམས་འཇིགས་བཅས་ལོག་ལྟས་ལྟ་ངན་ཉིད། །ཅེས་གང་བསམ་པ་མི་འགྲུབ་པ་དང་། རྟག་ཏུ་འཇིགས་ཤིང་བག་ཚ་བ་དང་། ལས་འབྲས་ལ་སྐུར་བ་འདེབས་པའི་རིགས་སུ་སྐྱེ་བ་ནི་ཡིད་ཀྱི་མི་དགེ་བའི་འབྲས་བུའོ། །རིན་ཆེན་འཕྲེང་བ་ལས། སྲོག་གཅོད་པས་ནི་ཚེ་ཐུང་འགྱུར། །མ་བྱིན་བླངས་པས་ནོར་དང་འབྲལ། །བྱི་བོ་བྱས་པས་དགྲ་དང་བཅས། །རྫུན་དུ་སྨྲ་བས་སྐུར་བ་མང་། །ཕྲ་མ་ཡིས་ནི་བཤེས་དང་འབྲལ། །ཚིག་རྩུབ་པས་ནི་མི་སྙན་ཐོས། །བཀྱལ་བ་ཡིས་ནི་ངག་མི་བཙུན། །བརྣབ་སེམས་ཡིད་ལ་རེ་བ་འཇོམས། །གནོད་སེམས་འཇིགས་པ་སྦྱིན་པར་བྱེད། །ལོག་པར་ལྟ་བས་ལྟ་ངན་ཉིད། །ཅེས་སོ། །སྡུ་མ་ལས། དེ་ལྟར་མི་དགེ་བཅུ་པོ་དུག་འདྲ་བས། །སེམས་ཤེས་རྣམས་ཀྱིས་རབ་ཏུ་སྤང་འཚལ་ལོ། །མི་དགེ་བ་ནི་གང་གིས་སྤྱད་པའི་འབྲས་བུ་རྣམ་སྨིན་རྩུབ་མོ་མྱོང་བའི་ཕྱིར་ངོ་ལྐོག་གང་དུའང་སྤང་དགོས་ཏེ། སྤྱོད་འཇུག་ལས། མ་མཐོང་བར་ནི་སྡིག་པ་བྱས་པ་དག །ཁོང་

ཏུ་དུག་སོང་བདེ་བར་མི་འགྱུར་བཞིན། །ལྷ་དང་རྣལ་འབྱོར་ཅན་དང་དེ་བཞིན་དུ། །རྣམ་དག་མིག་གིས་མི་མཐོང་མི་སྲིད་དོ། །ཞེས་སོ། །ད་ནི་ཐར་བ་ཆ་མཐུན་གྱི་དགེ་བ་བཤད་པ་ནི། སྒྲོ་མ་དེ་ཉིད་ལས། ཐར་བའི་ལམ་ནི་བྱང་ཆུབ་ཞི་བ་སྒྲུབ། སྲིད་ལས་འདའ་བྱེད་སྡུག་བསྔལ་སྤོང་བར་བྱེད། །ཅེས་ཐར་བའི་རྒྱུ་བྱེད་པའི་དགེ་བ་འཁོར་བ་ལས་འདའ་ཞིང་སྡུག་བསྔལ་སྤོང་བར་བྱེད་པ་དེ་ནི། དེ་ཉིད་ལས། གང་ཞིག་ཐེག་པ་གསུམ་གྱི་ལམ་ཞུགས་པའི། །འགྲོ་བ་རྣམས་ཀྱིས་ལེགས་པར་སྒྲུབ་པ་ནི། །སོ་སོའི་སེམས་བསྐྱེད་ཚད་མེད་བཞི་སྒོམ་ཞིང་། །ཕར་ཕྱིན་དྲུག་སྤྱོད་བྱང་ཆུབ་ཕྱོགས་ཆོས་སྒྲུབ། །ཉིན་མཚན་བརྩོན་པས་དགེ་བར་འགྱུར་རྣམས་ཡིན། ཉན་ཐོས་ཀྱི་ལམ་ཞོལ་བར་སེམས་བསྐྱེད་ནས་ལམ་དང་པོ་དྲན་པ་ཉེར་བཞག་བསྒོམ་པ་ནས་ཡོངས་རྫོགས་ཀྱི་བར་སྤྱོད་པའི་གང་ཟག་ནི་སྐྱེས་བུ་ཆུང་ངུའོ། །རང་སངས་རྒྱས་ནི་ལམ་དུ་ཞུགས་པ་འབྲིང་ངོ་། །ཐེག་པ་ཆེན་པོར་སེམས་བསྐྱེད་ནས་ལམ་སྒྲུབ་པ་ཆེན་པོ་སྟེ། སྐྱེས་བུ་གསུམ་གྱི་སོ་སོའི་སེམས་བསྐྱེད་ནས་ཆོས་སུམ་ཅུ་རྩ་བདུན་སྤྱོད་ཅིང་། ཚད་མེད་པ་བཞི་དང་། ཕ་རོལ་དུ་ཕྱིན་པ་དྲུག་གིས་བསྡུས་པའི་ཉིན་མཚན་དགེ་བ་ལ་བརྩོན་པ་བསྒོ་བས་ཟིན་པ་རྣམས་ནི་ཐར་བ་ཆ་མཐུན་གྱི་དགེ་བ་ཞེས་བྱའོ། །དེ་ལ་ཚད་མེད་པ་བཞི་ནི། སེམས་ཅན་ཐམས་ཅད་བདེ་བ་མི་ལྡན་པ་བདེ་བ་དང་འཕྲད་པར་འདོད་པ་བྱམས་པ། སྡུག་བསྔལ་གྱིས་ཉམ་ཐག་པ་དེ་དང་འབྲལ་བར་འདོད་པའི་སྙིང་རྗེ། བདེ་བ་དང་ལྡན་པ་དེ་ལས་མི་འབྲལ་བར་འདོད་པའི་དགའ་བ། ཉེ་རིང་ཆགས་སྡང་ཅན་རྣམས་སེམས་སྙོམ་པ་ལ་སེམས་པ་བཏང་སྙོམས་ཏེ། མདོ་སྡེ་རྒྱན་ལས། སེམས་ཅན་རྣམས་ལ་བརྩེ་བ་ཅན། །འཕྲད་དང་བྲལ་བའི་

དགོངས་པ་ཅན། །མི་འབྲལ་བ་ཡི་དགོངས་པ་ཅན། །ཕན་བདེའི་དགོངས་ཁྱོད་ལ་ཕྱག་འཚལ། །ཞེས་སོ། །ཕ་རོལ་དུ་ཕྱིན་པ་དྲུག་ནི། རང་ལ་བདོག་པ་གཞན་ལ་སྦྱིན་པར་འདོད་པའི་གཏོང་སེམས་དགེ་བ་བྱེད་ལས་དང་བཅས་པ། ཚུལ་ཁྲིམས་ནི། མི་དགེ་བའི་ཕྱོགས་སྤོང་སེམས་དགེ་བ་བྱེད་ལས་དང་བཅས་པ། བཟོད་པ་ནི། ཕ་རོལ་གྱི་འཚེ་བ་ལ་སོགས་པ་ལ་མི་ཁྲོ་བར་བསྲན་སེམས་དགེ་བ་བྱེད་ལས་དང་བཅས་པ །བརྩོན་འགྲུས་ནི། དགེ་བའི་བྱ་བ་ལ་སྤྲོ་བ་བྱེད་ལས་དང་བཅས་པ། བསམ་གཏན་ནི། དམིགས་པ་ལ་སེམས་རྩེ་གཅིག་ཏུ་གནས་པ་བྱེད་ལས་དང་བཅས་པ། ཤེས་རབ་ནི། ཆོས་ཀྱི་ཚིག་དོན་རྟོགས་པ་བྱེད་ལས་དང་བཅས་པ། དེ་ཐམས་ཅད་སྣང་ལ་རང་བཞིན་མེད་པའི་ངང་ནས་སྤྱོད་པ་ནི་ཕ་རོལ་ཏུ་ཕྱིན་པའོ། །སྦྱིན་པའི་བྱེད་ལས་ཟས་དེ་དག་གཞན་གྱིས་ཐོབ་པའོ། །དེ་བཞིན་དུ་གཞན་ལ་མི་འཚེ་བ་དང་། ལན་དུ་མི་ཁྲོ་བ་དང་། དགེ་བ་སྤྱོད་པ་དང་། སེམས་གནས་པས་ཞི་ལྷག་སྐྱེད་པ་དང་། རྟོགས་ནས་ཐེ་ཚོམ་མེད་པ་རྣམས་བྱེད་ལས་སོ། །གང་ཡང་མ་གྲུབ་པར་ཤེས་ནས་སྣང་བའི་ཚོགས་ལ་སྤྱོད་པ་ནི། ཕ་རོལ་ཏུ་ཕྱིན་པ་བྱེད་ལས་ངོ་མཚར་ཅན་ཏེ། བྱང་ཆུབ་སེམས་འགྲེལ་ལས། ཆོས་རྣམས་སྟོང་པ་ཉིད་ཤེས་ནས། །དགེ་བའི་ལས་འབྲས་རྟེན་བྱས་པ། །ངོ་མཚར་བས་ཀྱང་འདི་ངོ་མཚར། །རྨད་བྱུང་བས་ཀྱང་འདི་རྨད་བྱུང་། །ཞེས་སོ། །དེས་ནི་འཁོར་བ་སེམས་ཅན་གྱི་དོན་རྒྱ་ཆེན་པོ་ཡང་འགྲུབ་སྟེ། འོད་སྲུངས་ཀྱིས་ཞུས་པའི་མདོ་ལས། བདག་མེད་བཟོད་པ་མཉམ་པ་ཉིད་གནས་ཀྱང་། །སེམས་ཅན་རྣམས་ལ་སྙིང་རྗེ་ཆེན་པོ་བསྐྱེད། །ཡོངས་སྨིན་བྱ་ཕྱིར་སྨིན་པ་སྨིན་བྱེད་ཀྱང་། །ལས་ཀྱི་རྣམ་པར་སྨིན་ལ་རེ་བ་མེད། །བསམ་

པས་རྟག་ཏུ་མྱ་ངན་འདས་ལ་གནས། །དེ་ཡི་སྦྱོར་བ་འཁོར་བ་གནས་པ་ཡིན། །ཆོས་རྣམས་སྟོང་པ་ཉིད་དུ་རྟོགས་མོད་ཀྱང་། །ལས་ཀྱི་རྣམ་པར་སྨིན་ལ་ཡིད་ཆེས་སོ། །ཞེས་སོ། །དེ་ཡང་ཕ་རོལ་ཏུ་ཕྱིན་པ་དང་པོ་ལྔ་བསོད་ནམས་དང་། །ཕྱི་མ་ཡེ་ཤེས་ཀྱི་ཚོགས་ཡིན་ལ། དང་པོ་གསུམ་ཚུལ་ཁྲིམས་ཀྱི་བསླབ་པའི་རྒྱུ་ངོ་བོ་བྱེད་ལས་ཡིན་ཞིང་། བསམ་གཏན་སེམས་དང་། ཤེས་རབ་ཤེས་རབ་ཀྱི་བསླབ་པ། བརྩོན་འགྲུས་ཐམས་ཅད་ཀྱི་གྲོགས་ཡིན་པར། མདོ་སྡེ་རྒྱན་ལས། བསླབ་གསུམ་དབང་དུ་མཛད་ནས་ནི། །རྒྱལ་བས་ཕ་རོལ་ཕྱིན་པ་དྲུག །ཡང་དག་བཤད་དེ་དང་པོ་གསུམ། །ཕྱི་མ་གཉིས་ཀྱིས་རྣམ་པ་གཉིས། །གཅིག་ནི་གསུམ་ཆར་ལ་ཡང་གཏོགས། །སྦྱིན་པ་ཚུལ་ཁྲིམས་བསོད་ནམས་ཀྱི། ཚོགས་ཡིན་ཤེས་རབ་ཡེ་ཤེས་ཀྱི། །གསུམ་པོ་གཞན་ནི་གཉིས་ཀ་སྟེ། །ལྔ་ཆར་ཡང་ནི་ཡེ་ཤེས་ཚོགས། །ཞེས་པ་དང་། སྤྱོད་འཇུག་ལས། ཡན་ལག་འདི་དག་ཐམས་ཅད་ནི། །ཐུབ་པས་ཤེས་རབ་དོན་དུ་གསུངས། །ཞེས་སོ། །མདོ་སྡེ་རྒྱན་ལས། སྦྱིན་པ་བསོད་ནམས། ཤེས་རབ་ཡེ་ཤེས། གཞན་བཞི་གཉིས་ཀའམ། ཡང་ན་དང་པོ་བསོད་ནམས། ལྷག་མ་ལྔ་ཡེ་ཤེས་སོ་ཞེས་འདོད་ཀྱང་། འདིར་སྤྱོད་འཇུག་ལྟར་རོ། །དེའང་དགེ་བ་གང་བྱེད་ཀྱང་སྦྱོར་བ་སེམས་བསྐྱེད། དངོས་གཞི་རང་བཞིན་མེད་རྟོགས། རྗེས་བསྔོ་བ་གསུམ་གྱིས་ཟིན་ན་ཐར་བ་ཆ་མཐུན་ནོ། །མ་ཟིན་ན་མོས་པས་སྤྱོད་པའི་ས་འདིར་ཐར་བའི་རྒྱུར་དཀའ་སྟེ། མདོ་སྡེ་རྒྱན་ལས། ཕལ་ཆེར་དོན་མེད་དོན་ཡོད་དང་། །རྣམ་ཀུན་དོན་ཡོད་ཤེས་བྱ་སྟེ། །ཞེས་བཤད་པས། ཚོགས་སྦྱོར་དུ་དེ་གསུམ་གྱིས་མ་ཟིན་ན། ཕ་ཆེར་དོན་མེད་ལ། ས་དང་པོ་ནས

བདུན་པའི་བར་དོན་ཡོད་པའོ། །དག་པ་ས་གསུམ་དུ་རྣམ་ཀུན་དོན་ཡོད་པས་ཚོགས་གཉིས་རླབས་པོ་ཆེ་རྫོགས་པའོ། །དེ་ཡང་ས་དང་པོ་ཡན་ཆད་དུ་དབང་བཙོ་ཐོབ་པས་ཚོགས་དཔག་ཏུ་མེད་པ་རྫོགས་ལ། མན་ཆད་དུ་འབད་ཀྱང་ཆེར་རྫོགས་པ་མ་ཡིན་ནོ། །ཡིད་བཞིན་རིན་པོ་ཆེའི་མཛོད་ལས། ཁྱད་པར་ཐེག་ཆེན་དགེ་བ་རླབས་པོ་ཆེ། །སྦྱོར་བ་སེམས་བསྐྱེད་དངོས་གཞི་དམིགས་པ་མེད། །རྗེས་ལ་བསྔོ་བས་ཡོངས་སུ་ཟིན་པ་ནི། །ཐར་ལམ་བགྲོད་པའི་གཅེས་པ་རྣམ་གསུམ་ཉིད། །ཅེས་པ་འདིར་ཐབས་སླིང་རྗེ་ནི། དགེ་བ་གང་བྱེད་དེའི་དུས་ན་ཡོད་པ་དེ་དང་། ཤེས་རབ་སྟོང་པ་ཉིད་དུས་མཉམ་དུ་ཟུང་དུ་འཇུག་པས་སྤྱི་ཕྱི་མེད་དོ། །ཁ་ཅིག་ཆོས་ཉིད་སྒོམ་དུས་སྦྱོར་བའི་སླིང་རྗེ་དང་། དངོས་གཞིའི་སྟོང་པ་ཟུང་འཇུག་ཏུ་འདོད་པ་ནི་ཕྱོགས་མ་གོ་བར་ཟད་དེ། འདས་པ་དངོས་མེད་དང་། ད་ལྟ་བ་དངོས་པོ་ཟུང་དུ་འཇུག་པ་ནི་བཤད་གད་ཀྱི་གནས་སོ། །དེ་ཡང་སེམས་བསྐྱེད་ཐོབ་ལ་མ་ཉམས་པའི་བློ་རྟས་ནི་སླིང་རྗེ། ངོ་བོ་གང་དུའང་མི་དམིགས་པ་ནི་སྟོང་པ། དེ་གཉིས་བློ་རྟས་ངོ་བོ་གཅིག་པ་ལ་ལྡོག་པ་སོ་སོ་བ་ཟུང་འཇུག་གམ་དམིགས་མེད་དེ་ཉིད་སྟོང་པ་ཡིན་ལ། དམིགས་པ་མེད་པ་སླིང་རྗེར་གྱུར་པ་གཉིས་རོ་གཅིག་པས། ངོ་བོ་ཐ་དད་མེད་པའི་ཟུང་འཇུག་ཅེས་འདོད་པ་ཡིན་ནོ། །འདི་ནི་གནད་གལ་པོ་ཆེའོ། །བྱང་སེམས་ཀྱི་ལམ་འབྲས་བུ་མདོར་བསྡུ་བ་ནི། དེ་ཡང་སྤྱི་མ་ལས། བརྩོན་པ་ཐམས་ཅད་གཞན་དོན་འབའ་ཞིག་སྤྱོད། །ལྟ་བ་མཁའ་འདྲ་སྟོང་ཉིད་བཙོ་བརྒྱད་དང་། །སྒོམ་པ་འོད་གསལ་ཕྱོགས་ཆོས་སུམ་ཅུ་བདུན། །སྤྱོད་པ་སྐྱོན་མེད་ཕ་རོལ་ཕྱིན་པ་དྲུག །འབྲས་བུ་བླ་མེད་བྱང་ཆུབ་འགྲུབ་པ་ཡིན། །ཞེས་གང་ཅི་བརྩོན་པ་ཐམས་ཅད་གཞན་གྱི་དོན་དུ་བྱེད་པ་དེ་ནི

ཐེག་པ་ཆེན་པོ་ཞེས་བྱ་ལ། དེའི་གཞུང་ལམ་ཐམས་ཅད་བསྡུ་ན་ལྟ་བ་སྟོང་པ་ཉིད་བཅོ་བརྒྱད་དམ་ཉི་ཤུ་སྟེ། མངོན་རྟོགས་རྒྱན་གྱི་འགྲེལ་ཆུང་དུ། ནང་དང་ཕྱི་རོལ་རྣམས་དང་ནི། །གཉིས་དང་སྟོང་པའི་དངོས་པོ་དང་། །ཕྱོགས་དང་སྐྱ་དན་འདས་ལམ་དུ། །རྐྱེན་ལས་རྐྱེན་དང་གཅིག་ཤོས་དང་། །མཐའ་འདས་ཐོག་མ་དོར་བ་མེད། །རང་བཞིན་དང་ནི་ཆོས་ཀུན་དང་། །ཆོས་སྐྱེ་ལ་སོགས་འདས་སོགས་དང་། །ལྡན་དང་ཅིག་ཤོས་ངོ་བོ་དང་། །མཁའ་དང་སྟོང་པ་ཞེས་བྱ་བ། །ཆོས་ཀྱི་གཞན་གྱི་ངོ་བོ་ཉིད། །རང་རང་ངོ་བོ་སྟོང་པའི་ཕྱིར། །སྟོང་པ་ཉིད་ནི་ཉི་ཤུར་འདོད། །ཅེས་པ་ལྟ་བུ་ལམ་སྒྲུབ་པའི་ལྟ་བའོ། །བསྒོམ་པ་ནི་ཕྱར་སློས་པ་བཞིན་ཆོས་སུམ་ཅུ་རྩ་བདུན་ནོ། །སྤྱོད་པ་ནི་ཕ་རོལ་ཏུ་ཕྱིན་པ་དྲུག་གོ །འབྲས་བུ་ནི་སངས་རྒྱས་ཀྱི་སའི་སྤོང་རྟོགས་ཀྱི་ཡོན་ཏན་ཇི་སྙེད་པ་རྣམས་ཏེ། ཐེག་པ་ཆེན་པོ་ལ་ཞུགས་པ་དག་གི་གཞི་ལམ་འབྲས་བུའི་ཆོས་ཚང་ལ་མ་ནོར་བ་ནི། དེ་ཙམ་ཞིག་ཏུ་འདུས་པར་བསྟན་ཏོ། །དེ་ཡང་སྤྱོད་འཇུག་ལས། ཀུན་ནས་དྲན་པའི་ཐག་པ་ཡིས། །སེམས་ཀྱི་གླང་པོ་དམ་བཏགས་ན། །འཇིགས་པ་ཐམས་ཅད་མེད་འགྱུར་ཞིང་། །དགེ་བ་ཐམས་ཅད་ལག་ཏུ་འོང་། །ཞེས་སོ། །ད་ནི་ལས་ཀྱི་མཇུག་བསྡུ་བ་ལ་གཉིས་ལས། དང་པོ་འཁོར་བའི་རྒྱུ་འབྲས་ལས་བཟློག་ཚུལ་ངེས་པར་བསྡུ་བ་ནི། དེ་ཡང་ཡིད་བཞིན་རིན་པོ་ཆེའི་མཛོད་ལས། འདི་ལྟར་སྣང་སྲིད་འཁོར་བའི་ཆོས་རྣམས་ཀུན། །དགེ་དང་མི་དགེ་བག་ཆགས་ལས་བྱུང་སྟེ། །ལས་མ་ཟད་པར་འཁྲུལ་སྣང་སྟོང་མི་སྲིད། །དེ་ཡི་ཕྱིར་ན་མི་དགེ་སྤང་ལ་འབད། །ཅེས་གསུངས་པས་ཁམས་གསུམ་རིགས་དྲུག་གིས་བསྡུས་པའི་གནས་དང་བདེ་སྡུག་སོ་སོའི་སྣང་ཚུལ་

མི་འདྲ་བ་ཅི་སྣང་བ་འདི་ཐམས་ཅད་ཀུན་གཞི་ལ་བག་ཆགས་འཁྲུལ་བ་བཞག་པའི་སྣང་གཟུགས་ཏེ། དགེ་བ་བསོད་ནམས་ཆ་མཐུན་གྱིས་བདེ་བའི་རིགས་རིགས་དྲུག་ན་ཡོད་དོ་ཅོག་དང་ལྷ་མི་བསྐྱེད་ལ། མི་དགེ་བས་སྡུག་བསྔལ་གྱི་རིགས་ཐམས་ཅད་དང་ངན་འགྲོ་བསྐྱེད་ནས། སྣང་བ་མི་འདྲ་བ་དཔག་ཏུ་མེད་པར་ཡོད་ཀྱང་སྣང་ཚུལ་དྲུག་དུ་འདུས་པར་སྣང་བ་འདི་ཐམས་ཅད་ལ་འཁྲུལ་སྣང་ཞེས་བྱ་སྟེ། བག་ཆགས་མ་ཟད་ཀྱི་རིང་ལ་སྟོང་མི་སྲིད་པ། རྨི་ལམ་རབ་རིབ་ཡོད་རིང་ལ་འཁྲུལ་སྣང་ཤར་བ་བཞིན་ཏེ། དྲན་པ་ཉེ་བར་བཞག་པ་ལས། འཇིག་རྟེན་དག་ན་ཇི་སྙེད་སྣང་བ་ཀུན། །ཐམས་ཅད་རང་གི་ལས་ལས་ཉེ་བར་བྱུང་། །ཞེས་པ་དེ་ཡང་སྤྱང་དགོས་ཏེ། སྤྱོད་འཇུག་ལས། སྐད་ཅིག་གཅིག་བྱས་སྡིག་པས་ཀྱང་། །བསྐལ་པ་མནར་མེད་གནས་འགྱུར་ན། །ཐོག་མེད་འཁོར་བ་བསགས་སྡིག་གིས། །བདེ་འགྲོར་མི་འགྲོ་སྨོས་ཅི་དགོས། །ཞེས་པ་དང་། ཧ་དབྱངས་ཀྱིས། སྡིག་པའི་སྡུག་བསྔལ་བསོད་ནམས་ཀྱིས། །བདེ་འོ་འདྲེས་མས་འདྲེས་མ་སྟེ། །ལས་རྣམས་ཀྱི་ནི་རྣམ་པར་སྨིན། །འདྲ་བའི་རྒྱུ་མཚན་ཡིན་པར་རྟོགས། །ཞེས་པ་དང་། ཏིང་འཛིན་རྒྱལ་པོ་ལས། ལས་བསགས་པ་ན་ནམ་ཡང་མེད་མི་འགྱུར། །འཁོར་བ་ན་ཡང་དཀར་ནག་འབྲས་བུ་སྨིན། །ཞེས་པའི་ཚུལ་གྱིས་ལས་ངན་སྤང་དགོས་སོ། །སེམས་ཉིད་རྟོགས་པས་ཚོག་གི །ལས་འབྲས་མི་དགོས་སོ་ཞེས་ནམ་ཡང་སྨྲ་བར་མི་བྱ་སྟེ། རིན་ཆེན་ཕྲེང་བ་ལས། ལས་ཀྱི་འབྲས་བུ་མེད་ཅེས་པས། །མདོར་ན་མེད་པའི་ལྟ་བ་ཉིད། །བསོད་ནམས་མ་ཡིན་ངན་སོང་པ། །ཞེས་གསུངས་པ་ཡིན་པའི་ཕྱིར་རོ། །གཉིས་པ་མྱུ་ངན་ལས་འདས་པ་རྒྱུ་འབྲས་ལ་ནན་ཏན་དུ་བྱ་བར་ངེས་པས་

དགེ་བའི་ཕྱོགས་བླང་བྱར་དོན་བསྡུ་བ་ནི། ཡིད་བཞིན་རིན་པོ་ཆེའི་མཛོད་ལས། དག་པའི་རྒྱལ་སྲས་ལམ་གྱི་ཡོན་ཏན་དང་། །རྣམ་གྲོལ་རྒྱལ་བའི་འབྲོར་བ་ཕུན་ཚོགས་ཀུན། །ཚོགས་གཉིས་བསགས་པའི་ཁམས་ལ་སྒྲིབ་གཉིས་བྲལ། །དགེ་ཚོགས་ལས་བྱུང་ཤེས་ནས་འབད་པར་མཛོད། །ཅེས་པ་དགེ་བའི་འབྲས་བུ་ནི་མངོན་པ་མཐོ་བའི་བདེ་བ་ཐམས་ཅད་དང་། ཁྱད་པར་དུ་བྱང་ཆུབ་སེམས་དཔའ་རྣམས་ཀྱི་སའི་ཡོན་ཏན་དང་སྨིན་དང་མངོན་པར་ཤེས་པ་རྒྱ་མཚོ་ཐམས་ཅད་དང་། སངས་རྒྱས་ཀྱི་ཡོན་ཏན་ཇི་སྙེད་པ་ཐམས་ཅད་རྒྱུ་དགེ་བ་ལས་བྱུང་བའི་འབྲས་བུ་ཡིན་པས་ཚོགས་གཉིས་བསགས་པ་ལ་འབད་པར་བྱའོ། །དེ་ཡང་སེམས་སྟོབས་ཆེན་པོས་ཡུན་རིང་དུ་སྲིད་པར་སེམས་ཅན་གྱི་དོན་དུ་ཚོགས་གཉིས་གསོག་དུས་བདེ་བ་དུ་མར་བརྒྱུད་པས་སྐྱོ་བར་བྱ་མི་དགོས་ཏེ། དགེ་བའི་གནས་སྐབས་ཀྱི་འབྲས་བུས་རང་ཉིད་བདེ་བའི་ཕྱིར་དང་། བྱང་ཆུབ་ཀྱི་སེམས་རྟ་བཟང་པོར་ཞོན་ནས་འགྲོ་བའི་ཕྱིར་རོ། །སྤྱོད་འཇུག་ལས། འབྲས་བུའི་ཡོན་གྱིས་མངོན་མཆོད་འགྱུར། །ཞེས་པ་དང་། བསོད་ནམས་ཀྱིས་ནི་ལུས་བདེ་ལ། །མཁས་པ་ཡིས་ནི་སེམས་བདེ་ན། །གཞན་དོན་འཁོར་བར་གནས་ཀྱང་ནི། །སྙིང་རྗེ་ཅན་དག་ཅི་སྟེ་སྐྱོ། ཞེས་པ་དང་། བྱང་ཆུབ་སེམས་ཀྱི་རྟ་ཞོན་ནས། །བདེ་ནས་བདེ་བར་འགྲོ་བ་ལ། །སེམས་ཡོད་སུ་ཞིག་སྙིད་ལུག་འགྱུར། །ཞེས་སོ། །འདིར་བསོད་ནམས་ཆ་མཐུན་ཐར་བ་ཆ་མཐུན་དུ་བསྔུར་དགོས་པར་གདམས་པ་ནི། དེ་སྐད་དུ་ཡང་ཡིད་བཞིན་རིན་པོ་ཆེའི་མཛོད་ལས། དགེ་བའམ་བསོད་ནམས་ཆ་མཐུན་འཁོར་བའི་རྒྱུ། །དེ་ལས་ལོག་སྟེ་ཐར་བ་ཆ་མཐུན་སྒྲུབ། །འཁོར་བ་སྤང་ཕྱིར་དེ་ཡི་རྒྱུ་སྤང་འཚལ། །ཞེས་གང་ཞིག

འཁོར་བ་མི་འདོད་ན་དེའི་རྒྱུ་སྤང་དགོས་པས། སྲིད་པ་དབང་མེད་དུ་འཇུག་པ་ལས་མི་དགེ་བ་དང་། དགེ་བ་བསོད་ནམས་ཆ་མཐུན་གཉིས་སྤངས་ཏེ། ཐར་བ་ཆ་མཐུན་ཁོ་ན་ལ་འབད་དོ། །བསོད་ནམས་ཆ་མཐུན་ནི་སྲིད་པའི་རྒྱུ་བྱེད་པས། དོན་གྱིས་མི་དགེ་བའི་ཕྱོགས་སུ་གཏོགས་པའི་ཕྱིར་རོ། །སློབ་དཔོན་ཀླུ་སྒྲུབ་ཀྱི་ཞལ་སྔ་ནས། དགེ་བ་ལས་ནི་བདེ་འགྲོ་དང་། །མི་དགེ་བ་ལས་ངན་འགྲོ་སྟེ། །གཉིས་ལ་མི་རྟེན་ཐར་བ་ལགས། །ཞེས་གསུངས། ཐར་བ་ཆ་མཐུན་གྱི་དགེ་བ་སྒྲུབ་པར་གདམས་པས་མཛུག་བསྡུ་བ་ནི། དེ་ཉིད་ལས། ཕ་རོལ་ཕྱིན་ལྔ་སྔང་བཅས་བསོད་ནམས་དང་། །ཤེས་རབ་ཡེ་ཤེས་ཚོགས་གཉིས་བསྟེན་པར་མཛོད། །ཅེས་མྱུར་དུ་སངས་རྒྱས་འདོད་པས་དེའི་རྒྱུ་སྔང་བཅས་ཐབས་ཀྱི་ཕ་རོལ་དུ་ཕྱིན་པ་བསོད་ནམས་ཀྱི་ཚོགས་སྦྱིན་པ་ལ་སོགས་པ་ལྔ་དང་། སྔང་མེད་ཤེས་རབ་ཀྱི་ཕ་རོལ་ཏུ་ཕྱིན་པ་ཡེ་ཤེས་ཀྱི་ཚོགས་ཆོས་ཉིད་སྟོང་པ་ཉིད་བསྒོམ་པར་བྱ་སྟེ། རིན་ཆེན་ཕྲེང་བ་ལས། དེ་ལྟར་བས་ན་ཚོགས་འདི་གཉིས། །སངས་རྒྱས་ཉིད་ནི་ཐོབ་པའི་རྒྱུ། །དེ་ལྟས་དེ་ནི་རྟག་བསྟེན་མཛོད། །ཅེས་གསུངས་པས། ཐབས་ཤེས་རབ་ཟུང་དུ་འཇུག་དགོས་ཏེ། སེམས་ཉིད་སྟོང་པ་འབའ་ཞིག་གིས་ཚོག་པར་འཛིན་པ་ལམ་བཟང་པོ་མ་ཡིན་པའི་ཕྱིར་རོ། །རྣམ་པར་འཐག་པ་ཐམས་ཅད་སྡུད་པའི་མདོ་ལས། བྱམས་པ་མི་བླུན་པོ་དག་ནི་ཤེས་རབ་ཁོ་ན་ལམ་དུ་སྨྲ་བ་དེ་ལྟར་ན་ངས་བསྐལ་བ་དུ་མར་ཕ་རོལ་ཏུ་ཕྱིན་པ་ལྔ་སྒྲུབ་པ་དོན་མེད་པར་འགྱུར་རོ། །ཞེས་པ་དང་། མ་དྲོས་པས་ཞུས་པའི་མདོ་ལས། བྱང་ཆུབ་སེམས་དཔའི་བདུད་ཀྱི་ལས་ནི་ཐབས་དང་བྲལ་བའི་ཤེས་རབ། ཤེས་རབ་དང་བྲལ་བའི་ཐབས་སོ་ཞེས་པ་དང་། བློ་གྲོས་རྒྱ་མཚོས་ཞུས་པའི་མདོ་ལས།

རྒྱུ་མ་མཚེས་པ་དང་། རྒྱུ་དང་བྲལ་བའི་མངོན་པར་འདུ་མི་བགྱི་བ་མ་མཚེས་པར་འགྱུར་ཏེ། ཕ་རོལ་དུ་ཕྱིན་པ་ལྔ་ལ་མི་བརྟེན་ན་ཤེས་རབ་དང་རབ་ཏུ་ལྡན་པས་བདུད་ཀྱི་ལྟུགས་ཀྱུ་སྟེ་དྲུག་པའོ། །བདུད་ཀྱི་ལྟུགས་ཀྱུ་དེ་ལས་མ་འདས་ན་མངོན་པར་རྫོགས་པར་འཚང་རྒྱ་བར་ལྟ་སྨོས་ཀྱང་ཅི་དགོས་ཏེ། གནས་མ་མཆིས་སོ། །ཞེས་པ་དང་། དྲི་མེད་གྲགས་པའི་མདོ་ལས། བྱང་ཆུབ་སེམས་དཔའ་ཤེས་རབ་ཙམ་བསྟེན་པ་ནི་ཉན་ཐོས་ཀྱི་མྱ་ངན་ལས་འདས་པར་ལྟུང་སྟེ། མི་གནས་པའི་མྱ་ངན་ལས་འདའ་བར་འགྲོ་བར་མི་འགྱུར་རོ། །དེ་བས་ན་ཐབས་དང་བྲལ་བའི་ཤེས་རབ་ནི་བྱང་ཆུབ་སེམས་དཔའ་རྣམས་ཀྱི་འཆིང་བའོ། །སྡུད་པ་ལས། ཐབས་མེད་ཤེས་རབ་འབྲལ་བས་ཉན་ཐོས་ཉིད་དུ་ལྟུང་། །ཞེས་པ་དང་། ག་ཡ་གོ་རིའི་མདོ་ལས། ཐབས་དང་བྲལ་བའི་ཤེས་རབ་ནི་གོལ་སའོ། །ཤེས་རབ་དང་བྲལ་བའི་ཐབས་ནི་གོལ་སའོ། །ཞེས་པ་དང་། རབ་རྩལ་གྱིས་ཞུས་པའི་མདོ་ལས། ཐབས་དང་བྲལ་བའི་ཤེས་རབ་ཀྱིས། །མ་བྱུང་འབྱུང་བ་མི་འགྱུར་ཏེ། །ཤེས་རབ་བྲལ་བའི་ཐབས་ཀྱིས་ཀྱང་། །མཁས་པ་རབ་ཏུ་ཞི་མི་འགྱུར། །ཞེས་པ་དང་། དོ་ཧ་ལས། སྙིང་རྗེ་དང་བྲལ་སྟོང་པ་ཉིད་ཞུགས་གང་། །དེས་ནི་ལམ་མཆོག་རྙེད་པ་མ་ཡིན་ནོ། །འོན་ཏེ་སྙིང་རྗེ་འབའ་ཞིག་བསྒོམས་ན་ཡང་། །འཁོར་བ་འདི་ནས་ཐར་བ་ཐོབ་མི་འགྱུར། །གང་ཡང་གཉིས་པོ་སྦྱོར་བར་ནུས་པ་ཡིས། །འཁོར་བ་མི་གནས་མྱ་ངན་འདས་མི་གནས། །ཞེས་པས་མདོ་རྒྱུད་ཀྱི་ལུང་དཔག་ཏུ་མེད་པ་རྣམས་ལ་ཡིད་ཆེས་པར་བྱས་ཏེ་ཚོགས་གཉིས་དྲི་མ་མེད་པར་ངོམས་མི་ཤེས་པ་བསྐལ་བ་རྒྱ་མཚོ་ཀུན་ཏུ་བསགས་པ་སྦྱོ་བས་བརྩོན་འགྲུས་ཀྱི་གོ་ཆ་ཆེན་པོ་བགོ་བར་བྱའོ། །བཞི་པ་འཁོར་

བའི་རང་བཞིན་ལ་བསམ་པས་ཐར་བ་ལ་སྤྲོ་བར་འགྱུར་པ་ནི། འདི་སྐད་དུ། ཡིད་བཞིན་རིན་པོ་ཆེའི་མཛོད་ལས། དེ་ནས་འཁོར་བའི་སྡུག་བསྔལ་བསམ་བྱ་སྟེ། །སྙིང་པོ་མེད་ཅིང་རྟག་མི་ཐུབ་དེའི་ཕྱིར། །ཁམས་གསུམ་རིགས་དྲུག་སྲིད་པའི་སྡུག་བསྔལ་ལས། །མྱུར་དུ་འདའ་བའི་ཐབས་ལ་འབད་པར་བྱ། །ཞེས་ལས་དང་ཉོན་མོངས་པའི་རང་བཞིན་གྱིས་རང་དབང་མེད་པ་གཅིག་ནས་གཅིག་ཏུ་བརྒྱུད་ཅིང་འཁོར་བ་ཁམས་གསུམ་རིགས་དྲུག་གི་སེམས་ཅན་རྣམས་ལ་བདེ་བ་མེད་ཅིང་སྡུག་བསྔལ་གྱི་ཆུ་བོར་བྱིང་བའི་བློས་བཟོད་དཀའ་ཞིང་རྟག་མི་ཐུབ་པ་སྙིང་པོ་མེད་པའི་ཕྱིར་རོ། །གནས་འདི་ལས་མྱུར་དུ་འདའ་བར་བྱ་དགོས་ཏེ། ཚཀྲ་པས། མི་གཙང་བ་ལ་དྲི་ཞིམ་མེད་པ་ལྟར། །དེ་བཞིན་འགྲོ་ལྔ་དག་ནའང་བདེ་བ་མེད། །ཅེས་གསུངས། མུ་ཏིག་ཕྲེང་བ་ལས། ཕུང་པོ་ཁམས་དང་སྐྱེ་མཆེད་ལས། གཟུང་འཛིན་དག་གིས་བཟུང་ནས་ནི། །འཁོར་བ་ཉིད་ལ་ཡུན་རིང་གནས། །ཁམས་གསུམ་པ་ཡི་ཁང་པ་རུ། །མིང་དང་གཟུགས་ཀྱི་བརྩོན་རར་ཚུད། །མ་རིག་ལ་སོགས་ལྕུགས་ཀྱིས་བསྡམས། །འཁོར་བའི་མུན་ནག་འཐུག་པོས་གཡོག །འདོད་ཆགས་ཚྭ་ཡི་རོ་ལ་ཆགས། །གཏི་མུག་ཞགས་པས་དམ་དུ་བཅིངས། །ང་རྒྱལ་དག་གིས་མགོ་གཏུམས་ཏེ། །ཕྲག་དོག་ཉིད་ཀྱིས་སྙོ་མོ་འཁྲིགས། །ཁོང་ཁྲོ་ལ་སོགས་དམག་གིས་བསྐོར། །གཟུང་འཛིན་ཞགས་པས་སྐེ་ནས་བཅིངས། །སྡུ་ཕྱི་བག་ཆགས་འདམ་དུ་བྱིང་། །རྣམ་སྨིན་ཉིད་དང་ལག་སྦྲེལ་ཏེ། །ལས་ཀྱི་མ་བུས་མཚམས་སྦྱར་ནས། །གཅིག་ནས་གཅིག་ཏུ་ཟོ་ཆུན་བཞིན། །བཟང་ངན་རིམ་པར་ལུས་བླངས་ཏེ། །སོ་སོའི་གཟུགས་སུ་སྐྱེ་བ་བྱེད། །ངར་འཛིན་རབ་ལ་འབོག་ནས

ནི། །སྡུག་བསྔལ་རྒྱ་མཚོའི་གཏིང་དུ་བྱིང་། །ངན་སོང་ལྟུགས་ཀྱུས་སླིང་ནས་བཟུང་། །རང་གིས་རང་བཅིངས་ཉོན་མོངས་དགྲའི། །དམྱལ་བ་ལ་སོགས་མེ་ཆུར་སྣང་། །ཡི་དྭགས་རྣམས་ལ་བཀྲེས་དང་སྐོམ། །བྱོལ་སོང་རྣམས་ལ་ན་བུན་ལྟར། །མི་རྣམས་ཕུང་པོ་ཁམས་དང་ནི། །སྐྱེ་མཆེད་འབྱུང་བ་ལྷ་རུ་སྣང་། །དེ་ཡང་བདེ་སྡུག་བཏང་སྙོམ་མོ། །ལྷ་མིན་རྣམས་ལ་གོ་མཚོན་ཏེ། །ལྷ་རྣམས་འདོད་པའི་ཡོན་ཏན་ཏེ། །དཔེར་ན་མྱུར་འགྲོའི་འཁོར་ལོ་བཞིན། །རྒྱུན་ཆགས་འཁོར་བ་ཡུན་རིང་གནས། །དེ་ལྟར་སྣང་བ་སྣ་ཚོགས་ཀུན། །ཐག་པ་ལ་ནི་སྦྲུལ་མཐོང་བཞིན། །དེ་མ་ཡིན་ལ་དེ་བཟུང་ནས། །ཕྱི་ནང་སྣོད་བཅུད་གཉིས་སུ་ཆགས། །དེ་ཡང་བརྟགས་ན་ཐག་པ་ཉིད། །སྣོད་བཅུད་ཡེ་ནས་སྟོང་པ་ཉིད། །དོན་དམ་ཀུན་རྫོབ་གཟུགས་ཅན་ནོ། །ཞེས་སོ། །མཛོད་ལས། ས་གཞི་ཡུལ་མཁར་འཛིན་པ་དམྱལ་བ་ལྟུགས་བསྲེགས་ཁང་། །བུ་དང་ཆུང་མ་རལ་གྲི་ལོ་མའི་ནགས་ཚལ་བཞིན། །རྒྱན་དང་གོས་བཟང་མེ་ལྕེ་འབར་བ་འདྲ། །བཟའ་བཏུང་སྲེད་པ་ལྟུགས་ཀྱི་ཐོ་ལུམ་འདྲ། །ཁྲོ་དང་འཐབ་རྩོད་བདག་ཉིད་སེར་བ་འདྲ། །འཁོར་གཡོག་དག་ནི་དམྱལ་བའི་སྲུང་མ་བཞིན། །རང་དགྲ་རང་གཤེད་རང་ལས་བྱུང་བ་ཡིན། །ཞེས་དང་། སྤྱོད་འཇུག་ལས། འགྲོ་བ་ཉོན་མོངས་ལས་སྒྲོལ་བར། །དམ་བཅས་གང་ཚེ་བདག་ཉིད་ཀྱང་། །ཉོན་མོངས་རྣམས་ལས་མ་གྲོལ་ན། །བདག་གིས་ཚོད་ཀྱང་མི་ཤེས་པར། །སྨྱ་བ་ཇི་ལྟར་སྨྲོན་པ་མིན། །ཞེས་པ་དང་། མདོ་སྡེ་རྒྱན་ལས། སེམས་ཅན་ཁུར་ཆེན་མགོ་ལ་ཁྱེར་བ་ཡི། །སེམས་དཔའ་མཆོག་རྣམས་དལ་གྱིས་འགྲོ་མི་མཛེས། །བདག་

གཞན་འཆིང་བ་སྣ་ཚོགས་རབ་བཅིང་པས། །བསྟོན་པ་བརྒྱ་འགྱུར་དེ་ནི་བྱ་བར་རིགས། །ཞེས་སོ། །ད་ནི་སྡུག་བསྔལ་གྱི་རྣམ་གྲངས་རྒྱས་པར་བཤད་པ་ལས། དང་པོ་དམྱལ་བའི་ནང་ནས་ཚ་བའི་དམྱལ་བའི་སྡུག་བསྔལ་ནི། ཡིད་བཞིན་མཛོད་ལས། དམྱལ་བ་ན་ཡང་སྡུག་བསྔལ་དཔག་ཏུ་མེད། །ཡང་སོས་ཕན་ཚུན་མཚོན་གྱིས་འདེབས་པ་ལས། །ཡང་ཡང་སྐྱེ་ཤིའི་སྡུག་བསྔལ་བཟོད་གླགས་མེད། །དེ་ཡང་ཚ་བའི་གནས་བརྒྱད་ཀྱི་དང་པོ་ཡང་སོས་ན་གནས་པ་དེ་དག་ཕན་ཚུན་གཅིག་གིས་གཅིག་ལ་དགྲ་མཐོང་བ་ལྟར་ཞེ་སྡང་སྐྱེ་བའི་ཚེ་ལག་ཏུ་མཚོན་ཆ་སྣ་ཚོགས་པ་རང་བྱུང་བ་བསྣུན་རེས་བྱས་ཏེ་ཤི་བ་ལས། ནམ་མཁའ་ནས་ཡང་སོས་པ་གྱུར་ཅིག་ཅེས་པའི་སྒྲ་བྱུང་མ་ཐག་ཏུ་སྔར་བཞིན་སོས་ནས་ཡང་མཚོན་གྱིས་སྐྱེ་ཤི་འབབ་ཞིག་བྱེད་དེ། བཤེས་སྤྲིང་ལས། འདི་ན་ཉིན་གཅིག་མདུང་ཐུང་སུམ་བརྒྱ་ཡི། །རབ་ཏུ་དྲག་བཏབ་སྡུག་བསྔལ་གང་ལགས་པ། །དེ་ཡི་དམྱལ་བ་སྡུག་བསྔལ་ཆུང་ངུ་ཡང་། །འོལ་ཡང་མི་བཟོད་ཆར་ཡང་མི་ཕོད་དོ། །ཞེས་སོ། །དེ་ལས་བདུན་འགྱུར་གྱིས་སྡུག་བསྔལ་ཆེ་བའི་དམྱལ་བ། ཐིག་ནག་ཞེས་བྱ་བ་ལུགས་ཀྱི་སོག་ལེས་གཤོག་པ་སྟེ། སྡོམ་ལས། བསྡུས་འཇོམས་རི་དང་གཏུན་དང་ལྡོངས་སུ་འཐགས། །དུ་འབོད་ལྕགས་ཁྲིམ་འབར་བ་སྲེག་བྱེད་ཅིང་། །དུ་འབོད་ཆེན་པོ་ལྕགས་ཁྲིམ་ཉིས་རིམ་བསྲེགས། །ཞེས་པ་ལྕགས་ཀྱི་སོག་ལེ་མེ་འབར་བས་ལུས་ལ་ཐིག་ནག་པོ་བཏབ་པའི་རྗེས་སུ་གཤོག་ཅིང་སྔར་བཞིན་དུ་འགྱུར་བ་ལ་ཡང་གཤོག་པ་ནི་དམྱལ་བ་ཐིག་ནག་གོ །རིའི་བར་བཙིར་བ་དང་། གཏུན་ཏུ་བརྡུངས་བ་དང་། ལྡོངས་སུ་བཞག་ནས་ནམ་མཁའ་ནས་ལྕགས་ཀྱི་ཐོ་བ་མེ་འབར་བས་རྡུང་བཞིན་འཐག་པ་ནི་

བསྡུས་འཇོམས་ཏེ་སླར་ཡང་སོས་སོ། །ལྷུགས་ཀྱི་ཁང་པ་སྒོ་མེད་ལ་མེ་རབ་ཏུ་འབར་བས་སྲེག་པར་བྱེད་པ་ནི་ཏུ་འབོད་དོ། །ལྷུགས་ཁྱིམ་གཉིས་རིམ་སྲེག་པ་ནི་ཏུ་འབོད་ཆེན་པོའོ། །དེ་དག་ལས་ཀྱང་བདུན་འགྱུར་གྱི་སྡུག་བསྔལ་ཆེ་བའི་ཚ་བ་ནི། ལྷུགས་ཀྱི་ས་གཞི་མེ་འབར་བ་ལ་ལུས་ཀྱི་པགས་པ་བཤུས་ཏེ་ཕུར་བས་བརྒྱངས་བའི་སྟེང་ཐོབས་བརྡུངས་ལ། རབ་ཏུ་ཚ་བ་ཕྱི་ནས་སྟེང་འོག་ཕྱོགས་བཞི་མཚམས་བརྒྱད་ཀྱི་མེ་དང་། ནང་ནས་སྒོ་སྣིང་ལ་སོགས་མེ་འབར་བས་ན་མེའི་ཕུང་པོ་བཅུ་གཅིག་གིས་བསྲེག་གོ །གཞན་ཡང་ལྷུགས་ཀྱི་ཐུ་ལུམ་མེ་འབར་བ་དང་། ལྷུགས་ཞུན་དང་ཟངས་ཞུན་སྐོལ་མ་ཁ་རུ་དབང་མེད་དུ་བླུག་པས་ལུས་རྡུལ་དུ་བུན་གྱིས་ཚིག་པའོ། །དེ་ཐམས་ཅད་ལས་སྡུག་བསྔལ་བདུན་འགྱུར་གྱིས་ཆེ་བ་ནི། གནས་ཐ་མ་ལ་ཡང་། ཡིད་བཞིན་རིན་པོ་ཆེའི་མཛོད་ལས། མནར་མེད་ལྷུགས་ཁང་འབར་བར་བཟོད་གླགས་མེད། །བརྡུངས་དང་འཚོག་དང་གཤོག་དང་བྱེ་མར་འཐག །ཅེས་འཚེད་དང་འབིགས་དང་ལྷུགས་ལེབ་འབར་བས་དཀྲི། །སྡུག་བསྔལ་དེ་ལས་ཆེར་མེད་ཅིང་མནར་དུ་བྱུར་མེད་པས་ན་མནར་མེད་ཅེས་བྱའོ། །ལྷུགས་ཁང་མེ་འབར་བའི་ནང་དུ་གཤིན་རྗེའི་སྐྱེས་བུ་རྣམས་ཀྱིས་ཐོ་བས་བརྡུང་བ་དང་། དགྲ་སྟས་འཚོག་པ་དང་། སོག་ལེས་གཤོག་པ་དང་། གཏུན་དུ་འཐག་པ་དང་། ཟངས་ཆེན་ཁོལ་མར་འཚེད་པ་དང་། མདུང་དང་རྩེ་གསུམ་ལ་སོགས་པའི་མཚོན་གྱིས་འབིགས་པ་དང་། ལྷུགས་ལྷུང་མེ་འབར་བས་ལུས་མགོ་མཇུག་ཐག་པས་འཆིང་བ་ལྷར་དཀྲི་བ་ལ་སོགས་སྡུག་བསྔལ་དཔག་ཏུ་མེད་དོ། །གནས་དེའི། ཕྱི་རོལ་ཕྱོགས་བཞིར་ཉེ་འཁོར་བཅུ་དྲུག་ནི། །རོ་མྱགས་འདམ་དང་ཆུ་བོ་རབ་མེད་དང་། །སྤུ་གྲིའི་ཐང་དང་རལ་གྲི་ལོ་མའི་

ཚལ། །ཞལ་མའི་སྟོང་བོའི་ཀུན་ནས་འཁོར་བ་ལ། །དམྱལ་བ་པ་རྣམས་སྣ་ཚོགས་སྡུག་བསྔལ་སྤྱོད། །མནར་མེད་ཀྱི་ཕྱོགས་འཁོར་བ་རོ་མྱགས་ཀྱི་འདམ་རོ་རུལ་བ་ཅན་དུ་སྦར་གྱི་དམྱལ་བ་པ་དག་སྐྲོ་དབྱེ་བ་ཕྱིར་ཐོན་ནས་ཞུགས་པ་ལས། སྤྲིན་བུ་ལྕགས་དང་ཟངས་ཀྱི་མཆུ་ཅན་མང་པོས་འབིགས་ཤིང་ཤ་རུས་ཟའོ། །དེ་ལས་རྒྱ་ལམ་ཐར་བ་སླམ་བྱེད་པས་ཕྱིར་སོང་བ་ལས། ཐལ་ཚན་གྱི་ཆུ་བོ་རབ་མེད་ཚ་བ་དེར་ཤ་རུས་ཚིག་སྟེ། སྤྱོད་འཇུག་ལས། ཆུ་བོར་རབ་མེད་མེ་དོང་འདྲ་ནང་བྱིང་བ་དག །ཤ་ཀུན་ཞིག་གྱུར་རུས་གོང་མེ་ཏོག་ཀུནྡའི་མདོག །ཅེས་སོ། །འབྲམ་གཉིས་སུ་གཤིན་རྗེའི་སྐྱེས་བུས་སྲུང་བར་སྣང་བས་མི་ཐར་རོ། །རྒྱ་ལམ་ཐར་བའི་མཐར། སྤྱི་གྲིའི་ཐང་ལ་རྐང་པ་བཞག་དུས་གཤོག་ཅིང་བཏེགས་ན་སླར་འཚོ་བ་ལ་འགྲོའོ། །རལ་གྲི་ལོ་མའི་ཚལ་ཤིང་སྡོང་གི་ཡལ་ག་ལོ་མ་ཐམས་ཅད་རལ་གྲི་རུ་གྱུར་པས་ལུས་གཅོད་པ་དང་། ཤལ་མ་རི་ལྕགས་ཀྱི་ཐུར་མ་གྱེན་མཐུར་ལ་བརྟེན་པས་འཛེགས་ཤིང་འབབས་པ་དེར་ཁྱི་དང་བྱ་ལ་སོགས་པས་ཟའོ། །དེ་དག་ཕྱོགས་བཞི་ན་བཞི་བཞི་འཁོར་བ་གནས་པས་འཁོར་ལྷག་མ་བཅུ་དྲུག་ཅེས་བྱའོ། །བར་སྐབས་བྱེད་དུ་སྡུག་བསྔལ་བ་དྲན་པ་ཉེར་བཞག་ལས་གསུངས་སོ། །ཉི་ཚེ་བའི་གནས་དང་གཟུགས་ལ་ངེས་པ་མེད་དེ། རྒྱ་མཚོ་དང་། རི་དང་། ཤིང་དང་། བར་སྣང་དང་། ཁང་པ་དང་། གྲག་རི་ལ་སོགས་པ་ན། སྲོག་ཆགས་ཀྱི་གཟུགས་དང་། རྡོ་དང་ཤིང་དང་། ཕྱགས་མ་དང་། སྣོད་སྤྱད་དང་། སེག་དང་། རེ་ལྡེ་ལ་སོགས་པ་བཀོལ་སྤྱད་བྱེད་པའི་སྡུག་བསྔལ་མྱོང་བའོ། །རྩྭ་མི་གཅོད་པ་ཡང་འདི་ལ་དགོངས་པའོ། །དམྱལ་བ་དེ་དག་གི་ཚེ་ཚད་ནི། ཚེ་ཚད་ཡང་སོས་ལ་སོགས་དྲུག་པོ་

ན། །འདོད་ལྷའི་ཚེ་དང་ཉིན་ཞག་མཉམ་པ་ཡིས། །རང་ལོ་དེ་ཉིད་བར་དུ་ཐུབ་པ་སྟེ། །རབ་ཏུ་ཚ་བས་བར་བསྐལ་ཕྱེད་ཐུབ་ཅིང་། །མནར་མེད་བར་བསྐལ་གཅིག་ཏུ་གནས་པར་གསུངས། །སྔར་སྨོས་པའི་རིམ་པས་འདོད་ལྷ་དྲུག་པོའི་ཚེ་རིལ་གྱི་ལོ་དེ་དག་གཅིག་ཏུ་བསྡོམས་པ་དྲུག་པོ་ཡང་སོས་ལ་སོགས་པ་དྲུག་གི་ཞག་གཅིག་ཏུ་བརྩིས་པའི་རང་ལོ་དེ་ཉིད་རེ་རེ་ཐུབ་སྟེ། དཔེར་ན་རྒྱ་ཆེན་བཞིས་རང་ལོ་ལྔ་བརྒྱ་ཡང་སོས་ཀྱི་ཞག་གཅིག་ཏུ་བརྩིས་པའི་རང་ལོ་ལྔ་བརྒྱ་ཐུབ་པོ། །སུམ་ཅུ་རྩ་གསུམ་པའི་ལོ་སྟོང་དང་། མཆེ་མའི་ཉིས་སྟོང་དང་། དགའ་ལྡན་པའི་བཞི་སྟོང་དང་། འཕྲུལ་དགའི་བརྒྱད་སྟོང་དང་། གཞན་འཕྲུལ་དབང་བྱེད་པས་ཁྲི་དྲུག་སྟོང་རྣམས་ཉིན་ཞག་རེ་རེ་བྱས་པའི་ཐིག་ནག་གིས་རང་ལོ་སྟོང་དང་། བསྡུས་འཇོམས་ཀྱིས་ཉིས་སྟོང་དང་། ངུ་འབོད་ཀྱིས་བཞི་སྟོང་དང་། ངུ་འབོད་ཆེན་པོས་བརྒྱད་སྟོང་དང་། ཚ་བས་རང་ལོ་ཁྲི་དྲུག་སྟོང་ཐུབ་ཅིང་། རབ་ཏུ་ཚ་བས་བར་བསྐལ་ཕྱེད། མནར་མེད་ཀྱིས་བར་བསྐལ་གཅིག་ཐུབ་སྟེ། མཛོད་ལས། ཡང་སོས་ལ་སོགས་དྲུག་རིམ་བཞིན། འདོད་ལྷའི་ཚེ་དང་ཉིན་ཞག་མཉམ། ཞེས་པ་ལ་སོགས་པ་བཞིན་ནོ། །གྲང་བའི་དམྱལ་བ་ནི་དེ་དང་འདབ་འབྱོར་དུ་གནས་པར་གསུངས་ཏེ། གངས་དང་ཁ་བའི་བྲུ་ཡུག་འདངས་པ་ཡིས། །རབ་ཏུ་སྒྲིབ་པའི་ལུས་ཅན་རྣམ་བརྒྱད་ནི། །ཆུ་བུར་ཅན་དང་ཆུ་བུར་རྡོལ་བ་ཅན། །ཨ་ཆུ་ཟེར་དང་ཀྱི་ཧུད་སོ་འཐམས་དང་། །པདྨ་ལྟར་གས་ཨུཏྤལ་པདྨ་ཆེ། །གྲང་བས་ཉམ་ཐག་སྡུག་བསྔལ་ཕ་མཐའ་ཡས། །གངས་དང་ཁ་བའི་བྲུ་ཡུག་གིས་སྒྲིབ་ཅིང་གངས་བར་ཤིན་ཏུ་གྲང་བ་ན་གནས་པའི་དམྱལ་བ་བརྒྱད་ལས། གྲང་བས་ཆུ་བུར་མཐེབ་ཚོག་ཙམ་ཡོད་པ་ནི་ཆུ་བུར་ཅན་ནོ། །དེ་དག་རྡོལ་ནས་རྨར་

སོང་བ་ནི་ཆུ་བུར་རྡོལ་བ་ཙམ་ནོ། །ཨ་ཆུ་ཆུ་ཟེར་བས་ཨ་ཆུ་ཟེར་བའོ། །ཀྱི་ཧུད་ཀྱི་སྒྲ་ཙམ་ལས་མི་ཐོན་པས་ཀྱི་ཧུད་ཟེར་བའོ། །སྐད་མི་ཐོན་པས་རེངས་ཤིང་སོ་འཐམས་པས་སོ་ཐམ་ཐམ་པའོ། །ལུས་ཚོར་བ་བཞིར་གས་པས་པདྨ་ལྟར་གས་པའོ། །ཆུ་དེ་དག་ཕྱི་ནང་འོག་ནས་ཆུ་རྒྱུས་ཀྱི་གཟུགས་ཕྲ་མོས་སྦྲེལ་བས་ཨུཏྤལ་ལྟར་གས་པའོ། །ཚ་བ་བཅུ་དྲུག་གམ་སུམ་ཅུ་རྩ་གཉིས་སམ་བརྒྱ་སྟོང་དུ་གས་པས་པདྨ་ཆེན་པོ་ལྟར་གས་པའོ། །དེ་དག་གི །ཚེ་ཚད་ཁལ་བརྒྱ་ཤོང་བའི་ཏིལ་སྒྲུང་ནས། །ལོ་བརྒྱ་ཏིལ་གཅིག་ཕྱུང་བས་ཟད་གྱུར་པ། །ཆུ་བུར་ཅན་ཚེ་ལྷག་མ་ཉི་ཤུ་འགྱུར། །ཀོས་ལས་ཏིལ་ཁལ་བརྒྱ་ཤོང་བའི་ཏིལ་སྒྲུང་ནས་ཏིལ་ཉག་མ་རེ་ལོ་བརྒྱ་བརྒྱ་སོང་དུས་ཕྱིར་བོར་བས་ཏིལ་སྒྲུང་ཟད་པ་ནི་ཆུ་བུར་ཅན་གྱི་ཚེ་ཚད་ཡིན་ལ། ལྷག་མ་རྣམས་ཉི་ཤུར་འགྱུར་གྱིས་རིང་བར་འདོད་དེ། མཛོད་ལས། ཏིལ་སྒྲུང་ནང་ནས་ལོ་བརྒྱ་ཞིང་། །ཏིལ་གཅིག་ཕྱུང་བས་ཟད་གྱུར་པ། །ཆུ་བུར་ཅན་གྱི་ཚེ་ཚད་དོ། །གཞན་གྱི་ཚེ་ནི་ཉི་ཤུར་འགྱུར། །ཞེས་སོ། །དེ་ནས་ངན་སོང་གི་གནས་གཉིས་པ། ཡི་དྭགས་བཀྲེས་སྐོམ་འཚེ་བས་སྡུག་བསྔལ་བ། །ཕྱི་ཡི་སྒྲིབ་ཅན་བཟང་དགུ་མཐོང་ནའང་སྐོམ། །ནང་གི་སྒྲིབ་ཅན་གློ་སྙིང་མེ་འབར་ཞིང་། །སྤྱི་མཐུན་སྒྲིབ་པ་ཟས་སྐོམ་ཡིད་ལ་བཏགས། །བཅུ་གཉིས་ལོར་ཡང་ཆུ་ཡི་སྒྲ་མི་ཐོས། །གཞན་གྱིས་འཚེ་དང་བསྲུང་བར་སྣང་བའོ། །རྟག་ཏུ་བཀྲེས་པས་ཟས་སྐོམ་འབའ་ཞིག་ཡིད་ལ་འདོད་པས་ན་ཡི་དྭགས་ཏེ། དཔྱེ་ན་གསུམ་ལས། ཕྱིའི་སྒྲིབ་པ་ཅན་ཡུལ་ཡིད་དུ་འོང་བ་ཡང་མི་འོང་བ་ཉིད་དུ་འགྱུར་བར་སྣང་སྟེ། སྨན་ཤིང་ནགས་འདབ་ཆུ་ཀླུང་ཆེན་པོའང་མཐོང་བ་ཙམ་གྱིས་སྐོམ་ཞིང་མགལ་དུམ་ལ་སོགས་པ་རད་རོད་དུ་སྣང་བ་དང་།

དུས་ཚིགས་ཀྱང་ཕྱིན་ཅི་ལོག་པ་ཉིད་དུ། བཞེས་སྤྲིང་ལས། ཡི་དྭགས་རྣམས་ལ་སོས་ཀའི་དུས་སུ་ནི། །ཟླ་བའང་ཚ་ཞིང་དགུན་ནི་ཉི་མའང་བསིལ། །ཞེས་སོ། །ནང་གི་སྒྲིབ་པ་ཅན་ལ་ཁོང་པ་ནས་མེ་འབར་བས་ནང་ཁྲོལ་ཀུན་སྲེག་ཅིང་ཁ་ནས་དུད་པ་མེ་ལྕེར་བཅས་པ་འཐུལ་ལ། སྤྱི་མཐུན་པར་ཐུན་མོང་དུ་ཡོད་པའི་སྒྲིབ་པ་ནི་བྲས་སྐོམ་འདོད་པས་ལྟོག་པ་ལ་བཟོད་གླགས་མེད་ཀྱང་ལོ་བཅུ་གཉིས་སུ་ཆུའི་སྒྲ་མི་ཐོས་པ་དང་ཆུ་མཐོང་ཡང་སྐོམ་པའང་། བསྲུང་བ་སྣང་བས་སྤྱོད་དབང་མེད་དོ། །ལུས་རི་རབ་ཙམ་ལ་ཁ་ཁབ་མིག་ཙམ་ཡོད་པ། དགེ་སྦྱོང་དང་བྲམ་ཟེ་རྣམས་ཀྱིས་སྣ་ལུད་དང་མི་གཙང་བ་དོར་བ་ལ་སྣུགས་ཀྱིས་བྱིན་པ་ཙུང་ཙམ་ཁར་སོང་ནའང་། དང་པོ་མི་ཚུད་པའི་སྡུག་བསྔལ། ཚུད་ནས་མེ་འབར་བ་ལ་སོགས་པའི་སྡུག་བསྔལ་དུ་འགྱུར་ཞིང་། རྒྱ་མཚོ་ཆེན་པོ་འཐུངས་ཀྱང་མགུལ་པར་མ་སླེབས་པ་ནས་ཁའི་དུག་གིས་སྐམ་པ་ལ་སོགས་པ་སྡུག་བསྔལ་དཔག་ཏུ་མེད་པའི་སྟེང་དུ་གཞན་གྱིས་འཚེ་ཞིང་ལུས་སེམས་ལ་གནོད་པ་མང་སྟེ། སློབ་སྤྲིང་ལས། ཁབ་མིག་ཙམ་གྱི་ཁ་ལ་དཔག་ཚད་མང་འཇོག་པའི། །ལྟོ་ཆེན་ཉམ་ཐག་རྒྱ་མཚོ་ཆེན་པོའི་ཆུ་འཐུངས་ཀྱང་། །མགུལ་ཞུགས་ཡངས་པ་ཉིད་དུ་ཕྱིན་པ་མ་གྱུར་པ། །ཁ་ཡི་དུག་གིས་ཆུ་ཡི་ཐིགས་ཡང་སྐམ་པར་འགྱུར། །ཞེས་སོ། །དེ་དག་གི་ཚེ་ཚད་ནི་མིའི་ལོ་བརྒྱ་ཡི་དྭགས་ཀྱི་ཞག་གཅིག་ཏུ་བརྩི་བའི་རང་ལོ་ལྔ་བརྒྱར་སྡུག་བསྔལ་མྱོང་བ་ཡིན། མི་རྣམས་ཀྱི་ལོ་བརྒྱ་ལ་ཡི་དྭགས་ཀྱི་ཞག་གཅིག་ཏུ་བརྩིས་པས་རང་ལོ་ལྔ་བརྒྱ་ཐུབ་སྟེ། བཞེས་སྤྲིང་ལས། ཉེས་པར་སྤྱོད་པའི་ལས་ཀྱི་ཞགས་པ་ནི། །སྲ་བས་བཅིངས་པའི་ལུས་ཅན་ཁ་ཅིག་ལོ། །ལྔ་སྟོང་དག་དང་ཁྲིར་ཡང་འཆི་མི་འགྱུར། །ཞེས་པ་དེ་ཡང་མི་ལོ་བསྐྱེ་བའོ། །ངན

སོང་གི་གནས་གསུམ་པ་དུད་འགྲོ་ནི། ཡིད་བཞིན་རིན་པོ་ཆེའི་མཛོད་ལས། དུད་འགྲོ་རྣམས་ལའང་གཅིག་གིས་གཅིག་ཟ་ཞིང་། །འཆི་དང་བཀོལ་སྤྱོད་གསོད་གཙོད་སྡུག་བསྔལ་མང་། །ཚེ་ལོ་མ་ངེས་བསྐལ་བ་ལ་སོགས་སོ། །ཞེས་པས། དུད་འགྲོ་གླིངས་ན་གནས་པ་རྒྱ་མཚོའི་ནང་ན་གཟུགས་དང་རྣམ་པ་མི་འདྲ་བ་ཆང་དར་མའི་སྦྲང་མ་ཙམ་དང་། ཁ་འཐོར་པ་ལྷ་མིའི་གནས་ན་བྱ་དང་རི་དྭགས་རྟ་གླང་ཕྱུགས་ལུག་ལ་སོགས་པ་འདི་དག་གཅིག་གིས་གཅིག་ཟ་བ་དང་། འཆི་བ་དང་། པགས་པ་དང་། རུས་པ་དང་། ཤའི་ཕྱིར་གསོད་པ་དང་། རྨོ་དང་ཞོ་བཞོ་བ་དང་སྒྲུ་བལ་ལ་སོགས་པ་སྤྱོད་ཅིང་ཁལ་མི་ཐེགས་བཞིན་དུ་འགེལ་བ་ལ་སོགས་པ་སྡུག་བསྔལ་མཐའ་མེད་དོ། །ཚེ་ཡང་ཀླུ་ཁ་ཅིག་ལ་བསྐལ་བ་རེ་ཙམ་དང་། གཞན་རྣམས་ལ་སྐད་ཅིག་ཙམ་གྱི་ཚེ་མ་ངེས་པ་ཡིན་ནོ། །མཐོ་རིས་ནའང་བདེ་བ་མེད་དེ་རེ་ཞིག་གླིང་བཞི་སོ་སོའི། མི་རྣམས་ལ་ཡང་བདེ་བའི་གོ་སྐབས་མེད་དེ། །དེ་ཉིད་ལས། སྐྱེ་རྒས་ན་འཆི་དགྲ་དང་འཚེ་བ་མང་། །བཤེས་བྲལ་འདོད་པས་ཕོངས་དང་མི་འདོད་སྤྱོད། །འདོད་པ་མ་གྲུབ་ཚ་གྲང་ངལ་དུབ་དང་། །ཕན་པའི་ལན་དུ་གནོད་དང་དྲིན་མི་བཟོ། །འཁོར་གྱིས་ལོག་སྒྲུབ་དོན་མེད་ཕྲག་དོག་དང་། །མི་བསྟུགས་དོན་མེད་སྒྲོ་སྐུར་དཔག་ཏུ་མེད། །ཅེས་པས་མིའི་གནས་ནའང་ཆེ་ཆུང་ཐམས་ཅད་ལ་རང་རང་གི་བོངས་དང་སྦྱར་བའི་འཚེ་བ་ཐུག་པ་མེད་ཅིང་ཁྱད་པར་དུ་སྐྱི་མཐུན་ལ་སྐྱེ་བ་དང་། རྒས་པ་དང་། ནད་དྲག་པོས་བཏབ་པ་དང་། འཆི་བ་དང་། དགྲ་སྡང་བ་དང་འཕྲད་ནས་བཙོམ་འཕྲོག་དང་སྲོག་ལ་རྒོལ་བ་དང་། འཚེ་བ་དང་། གཉེན་བྱམས་པ་དང་བྲལ་བ་དང་། ཡོ་བྱད་དང་བུ་ལ་སོགས་པའི་འདོད་པས་མི་འགྲོར

ཞིང་ཕོངས་པ་དང་། ནད་གདོན་ལ་སོགས་པ་མི་འདོད་པ་ཕོག་ཏུ་བབས་པ་དང་། ཡོ་བྱད་དང་གནས་དང་སྙན་གྲགས་ལ་སོགས་པ་འདོད་པ་མ་གྲུབ་པ་དང་། ལས་དང་ལམ་ལ་སོགས་པར་ཚ་གྲང་དང་། ཁུར་དང་། བྱ་བས་ངལ་ཞིང་དུབ་པ་དང་། རང་གི་ཕན་བཏགས་པ་དེས་གནོད་པ་བྱེད་ཅིང་བྱེད་པ་དྲིན་དུ་མི་བཟོ་པ་དང་། མི་ཆེ་བ་དང་། དགེ་བའི་བཤེས་གཉེན་རྣམས་ལ་འཁོར་སློབ་ཀྱིས་ཀྱང་མི་མཐུན་པ་སྣ་ཚོགས་བྱེད་པས་ཐུགས་དཀྲུག་པ་དང་། དོན་མེད་གཞན་ཕྲག་དོག་ཅན་གྱིས་ངན་དུ་སྒྲོག་པས་སྐུར་བ་གྲགས་པའི་སེམས་ཁྲལ་ལ་སོགས་པ་སྡུག་བསྔལ་དཔག་ཏུ་མེད་པ་ཡོད་དོ། །ཚེ་མ་ངེས་ཏེ་སྒྲ་མི་སྙན་པ་ན་ལོ་སྟོང་། གླིང་གཞན་གསུམ་ན་ཕལ་ཆེར་དུས་མ་ཡིན་པའི་འཆི་བ་དང་། ཁྱད་པར་དུ་འཛམ་བུ་གླིང་པ་ལ་གློ་བུར་དུ་འཆི་བ་གྲངས་མང་པས་ནམ་འཆི་ཆ་མེད་པ་ཡིན་ནོ། །རི་རབ་ཀྱི་ཁོང་སེང་ན་གནས་པའི་ལྷ་མིན་རྣམས་ལའང་ཁྲོ་དང་འཁྲུགས་པ་དང་། མི་འདོད་ཕོག་ཏུ་བབ་དང་འཆི་ལ་སོགས། །སྣ་ཚོགས་སྡུག་བསྔལ་མང་ལྡན་བདེ་བ་མེད། །ལྷ་མ་ཡིན་རྩོད་པ་དང་ཕན་ཚུན་འཁྲུགས་པ་དང་། ཕྲག་དོག་གི་རླུང་འཚུབ་ཅིང་ཞེ་སྡང་གི་མེ་འབར་བས་ཟུག་རྔུ་སྣ་ཚོགས་པ་དང་། འཆི་བ་དང་། འདོད་པ་མ་གྲུབ་ལ་མི་འདོད་པ་ཕོག་ཏུ་བྱུང་བ་ལ་སོགས་པའི་སྡུག་བསྔལ་དཔག་ཏུ་མེད་དོ། །ཚེ་མ་ངེས་ཏེ་འདོད་པའི་ཁམས་ཡིན་པའི་ཕྱིར་དང་། །སྐྱོབས་ཆེན་གནོད་སྦྱིན་གྱི་རིགས་ལ་སོགས་པ་ཁ་ཅིག་རྒྱལ་ཆེན་བཞི་དང་མཉམ་ལ། མཐུ་དཔལ་ལྷའི་རིགས་ལ་སོགས་པ་ཁ་ཅིག་སུམ་ཅུ་རྩ་གསུམ་དང་མཉམ་ལ། གསོད་བྱེད་སྲིན་པོའི་རིགས་ལ་སོགས་པ་ཁ་ཅིག་ཡི་དྭགས་དང་མཉམ་ལ། རྨོངས་བྱེད་དུད་འགྲོའི་རིགས་ལ་སོགས་པ་ཁ་ཅིག་དུད་འགྲོ་དང་མཉམ་པའི་ཕྱིར་རོ། །མཐོ

རིས་ཀྱི་ལྷ་རྣམས་ལ་ཡང་འཆི་འཕོ་ལྟུང་བ་ལ་སོགས་པའི་སྡུག་བསྔལ་རྒྱ་མཚོ་མཐའ་ཡས་དཔག་ཏུ་མེད་པ་སྟེ། སུམ་ཅུ་རྩ་གསུམ་ལ་སོགས་པའི་འདོད་ལྷ་དྲུག་ན་འདོད་པས་མྱོས་ཤིང་བག་མེད་པས་འཆི་བའི་ཚེ་གང་དུ་སྐྱེ་བའི་ས་ལ་འཇིགས་པའི་སྡུག་བསྔལ་ཉ་བྱེ་ཚན་ལ་བསྲེགས་པ་ལྟ་བུ་ལྷའི་ཞག་བདུན་མྱོང་ནས་འཕོ་བ་དང་། འཐབ་རྩོད་དང་། མྱ་ངན་ལ་སོགས་པ་མང་ཞིང་། གོང་མ་གཉིས་ནའང་སྲིད་པ་ཉིང་མཚམས་སྦྱོར་བའི་སྡུག་བསྔལ་དཔག་ཏུ་མེད་དོ། །ཚེ་ཚད་ནི་སྔར་བཤད་ཟིན་ཏོ། །ད་ནི་སྦྲང་བུ་འཁོར་བའི་རང་བཞིན་ལ་སྐྱོ་བར་གདམས་པ་ནི། སྔ་མ་ལས། དེ་ལྟར་འཁོར་བ་མེ་ཡི་འོབས་འདྲ་སྟེ། །བདེ་བའི་སྐབས་མེད་ཟོ་ཆུའི་འཁྲུད་མོ་བཞིན། །གཅིག་ནས་གཅིག་བརྒྱུད་ཐོག་མཐའ་མེད་པ་ལས། །བློ་བཟང་རྣམས་ཀྱིས་ཐར་ཕྱིར་སྤྲོ་བ་བསྐྱེད། །ཅེས་གསུངས་པ་ལྟར། ཁམས་གསུམ་རིགས་དྲུག་གང་ནའང་བདེ་བ་མེད་པ་སྟེ་མེའི་འོབས་ན་བསིལ་བ་མེད་པ་བཞིན་ནོ། །དེ་ཡང་ལྷའི་དགའ་བ་ལ་སྤྱད་ནས་སླར་ཡང་དམྱལ་བ་ཁྲོ་ཆུ་ལ་སོགས་པ་ལ་སྤྱོད་ཅིང་། གཅིག་ནས་གཅིག་ཏུ་བརྒྱུད་པའི་ཚེ་རབས་སུ་བདེ་སྡུག་འདི་རྣམས་ལ་བདག་གིས་མ་སྤྱད་པ་དང་། གནས་དེ་དག་སུ་མ་བསྡད་པ་དང་། སེམས་ཅན་ཀྱི་མངལ་དུ་མ་བསྡད་པ་དང་། ནུ་ཞོ་རྒྱ་མཚོ་ལས་ལྷག་པ་མ་བཏུང་ཞེས་བསམ་དུ་མི་རུང་པ་དེ་སྙེད་དུ་འཁོར་ཡང་། ད་དུང་འདི་ཙམ་ན་ཐར་མེད་པས་སྔ་མ་བཞིན་དུ་འཁོར་བའི་ཕྱིར་སྐྱོ་བ་བསྐྱེད་དགོས་ཏེ། སློབ་སྤྲིང་ལས། ཡུལ་ཕྱོགས་གང་དུ་གནས་མ་བཅས་པའི་གནས་དེ་མེད། །གང་དུ་མ་སོང་ནམ་མཁའི་ཕྱོགས་དེའང་ཡོད་མ་ཡིན། །འོན་ཀྱང་འདོད་ཆགས་སྲེད་པ་འཕེལ་བར་འགྱུར་བ་ཉིད། །སྔོན་ཆད་ལན་མང་མ་མྱོང་སྡུག་བསྔལ་དེ་ཡོད་མིན། །འགྲོ་བ་གང་

གིས་ཆོམ་གྱུར་འདོད་པ་དེ་དག་མེད། །གང་གི་ལྟོ་བར་མ་ཉལ་སེམས་ཅན་དེ་མེད་ན། །འོན་ཀྱང་ཇི་ལྟར་འཁོར་བ་ཅན་ལ་ཆགས་བྲལ་མེད། །འགྲོ་བ་ལན་བརྒྱ་མ་སོང་འགྲོ་དེ་གང་ཞིག་ཡོད། །སྔོན་ཆད་ལན་མང་མ་མྱོང་བདེ་བ་དེ་གང་ཞིག །ཅེས་པ་དང་། བཤེས་སྤྲིང་ལས། རེ་རེ་རྒྱ་མཚོ་བཞི་པས་ལྷག་པ་ཡི། །འོ་མ་འཐུང་སྟེ་དུང་སོ་སོ་ཡི། །སྐྱེས་བོའི་རྗེས་སུ་འབྲང་བའི་འཁོར་བ་པས། །དེ་བས་ཆེས་མང་རླེད་ཅིག་བཏུང་འཚལ་ལོ། །ཞེས་སོ། །ལྔ་བ་ཐར་བའི་ཕན་ཡོན་བསམ་སྟེ་འཁོར་བ་ལས་ངེས་པར་འབྱུང་དགོས་པར་གདམས་པ་ནི། དེ་ཡང་ཡིད་བཞིན་རིན་པོ་ཆེའི་མཛོད་ལས། སྙིང་པོ་མེད་པ་དེ་འདྲའི་འཁོར་བ་ལས། །ཐར་བའི་ཕྱོགས་ནི་མྱ་ངན་འདས་པ་སྟེ། །ཞི་བདེ་བསིལ་བའི་བདུད་རྩི་བླ་ན་མེད། །རྟག་བརྟན་འཕོ་འགྱུར་མེད་ཅིང་སྤྲོས་དང་བྲལ། །ཡོན་ཏན་རང་བཞིན་ལྷུན་རྫོགས་རྒྱ་ཤེ་མེད། །སྒྲིབ་བྲལ་རློག་པ་མེད་ཅིང་ཕན་བདེའི་གནས། །འགྲོ་བའི་སྐྱབས་དང་དཔུང་གཉེན་གྱུར་པ་དེར། །བློ་བཟང་རྣམས་ཀྱིས་བགྲོད་ཕྱིར་བརྩོན་པར་བྱ། །ཞེས་པས་འཁོར་བ་མངོན་པར་སྐྱོ་ཞིང་སྐྱོན་དང་བཅས་པས་མི་འོབས་བརྒྱལ་དཀའ་བ་ལས། མྱ་ངན་ལས་འདས་པ་ཞི་བདེ་བསིལ་བའི་ནགས་ཚལ་ཡིད་དུ་འོང་བ་སྟོབས་དང་མི་འཇིགས་པ་ལ་སོགས་པའི་ཡོན་ཏན་གྱིས་འབྱོར་ཞིང་། རྒྱ་ཤེ་མེད་པས་རྟག་པ་བརྟན་པ་སྒྲིབ་པ་མེད་པའི་གནས་བཟང་དམ་པ་དེར་རང་ཉིད་བགྲོད་ནས། གཞན་ཡང་དྲང་བའི་ཐབས་ལ་བརྩོན་པས་སྤྲོ་བར་གདམས་པའོ། །བདག་ལས་གཞན་གཅེས་ཀྱི་བསམ་པའི་ཆོས་བརྩོན་དགོས་ཏེ། བདག་གཞན་དོན་གཉིས་སྒྲུབ་པའི་བསམ་པ་ཁྱད་པར་ཅན་གྱི་དགེ་བ་བསྒྲུབས་པ་ལ་ཕན་ཡོན་དང་བསོད་ནམས་དཔག་ཏུ་མེད་པ་ཡོད་པར་གསུངས་ཏེ།

བཟང་པོ་སྤྱོད་པ་ལས། ལན་གཅིག་ཙམ་ཡང་དད་པ་སྐྱེད་པ་ན། །བསོད་ནམས་དམ་པའི་མཆོག་ཏུ་འདི་འགྱུར་རོ། །ཞེས་པ་དང་། དེ་ཡང་དགེ་བ་བསོད་ནམས་ཆ་མཐུན་དང་ཐར་བ་ཆ་མཐུན་གཉིས་ལས། བསོད་ནམས་ཆ་མཐུན་གྱི་དགེ་བས་མངོན་པར་མཐོ་བའི་བདེ་འབྲས་ཐོབ་སྟེ། དེ་ཡང་དགེ་བའི་ལས་ཆེ་འབྲིང་ཆུང་གསུམ་ལས། དགེ་བ་ཆུང་དུ་བྱས་པས་མི་ཕལ་བ་རྣམས་དང་། འབྲིང་རྒྱལ་པོ་དང་། བློན་པོ་དང་། ཁྱིམ་བདག་འབྱོར་བ་ཅན་དུ་སྐྱེ་བ་དང་། ཆེན་པོ་བྱས་པས་ཆོས་ལྡན་དང་། འཁོར་ལོས་བསྒྱུར་བའི་རྒྱལ་པོ་སྐྱེ་བ་དང་། སྔོན་གྱི་བསོད་ནམས་མཐུ་རྩལ་ལས་བྱུང་བའི་འཁོར་ལོས་བསྒྱུར་བའི་རྒྱལ་པོ་དེ་ཡང་གླིང་གཅིག་ལ་གནས་པ་དང་། གསུམ་ལ་དབང་བ་དང་། གླིང་བཞི་ལ་དབང་བའི་འཁོར་ལོས་བསྒྱུར་བའི་རྒྱལ་པོ་དེ་ཡང་མིའི་ནང་ནས་བསོད་ནམས་མཆོག་ཏུ་གྱུར་བ་ཡིན་པས། རྒྱལ་སྲིད་རིན་ཆེན་སྣ་བདུན་རང་བཞིན་ཤུགས་ལས་བྱུང་བ་དང་། གླིང་བཞི་ལ་དབང་བསྒྱུར་ཞིང་རིན་པོ་ཆེ་དང་། འདོད་ཡོན་ལོངས་སྤྱོད་ཆར་འབེབས་ཤིང་འབངས་འཁོར་རྣམས་ཀྱི་དཔྱལ་ཕོངས་བཀྲེས་སྐོམ་གྱི་སྡུག་བསྔལ་ལས་སྐྱོབ་ཅིང་འབྱོར་བ་ཕུན་སུམ་ཚོགས་པའི་མཐུ་སྟོབས་དང་ལྡན་པ་རྣམས་ནི་སྔོན་དགེ་བ་བྱས་པའི་མཐུ་སྟོབས་ལས་བྱུང་བ་ཡིན་ནོ། །མཐོ་རིས་ཀྱི་འགྲོ་བ་ལྷ་མིན་ཡང་དགེ་བ་སྤྱད་པའི་མཐུས་ཆེ་དཔལ་ལོངས་སྤྱོད་མཐུ་རྩལ་རྣམས་ལྷ་དང་གནོད་སྦྱིན་ལ་འགྲན་ནུས་པའི་ཡོན་ཏན་ཡོད་པ་རི་རབ་ཀྱི་ཁོང་སེང་ན་རིམ་པར་གནས་པ་ལས་གསེར་གྱི་ས་གཞི་ལ་ལྷ་མ་ཡིན་གྱི་གྲོང་ཁྱེར་གསེར་ལྡན་ཡང་སུམ་བཅུ་རྩ་གསུམ་གྱི་གྲོང་ཁྱེར་ལྷ་ན་སྡུག་པ་ལ་འགྲན་ནུས་པའི་ཡོན་ཏན་ཚང་ཞིང་དཔག་བསམ་གྱི་ཤིང་དང་བདུད་རྩི་ཡི་ཆུ་མིག ལྷ་མ་ཡིན་མདུན་ས་ནོར་བཟང་དང་། རྡོ་རྗེ

ལེགས་གླང་ཆེན་གངས་བརྩེགས་དང་། སྐྱེད་མོའི་ཚལ་དང་ཤིང་རྟ་དང་། རྟ་མཆོག་སྤྲིན་གྱི་ཤུགས་ཅན་དང་། གླང་པོས་བསྲུང་གི་བྱ། འདོད་ཡོན་ལོངས་སྤྱོད་ཕུན་སུམ་ཚོགས་པ་ལྷུན་གྲུབ་དུ་འབྱུང་བ་དེ་དག་ནི་དགེ་བའི་བསོད་ནམས་ཀྱི་མཐུ་ལས་བྱུང་བ་ཡིན། འདོད་པའི་ལྷ་རིགས་དྲུག་ལས་ཡང་། རྒྱལ་ཆེན་རིགས་བཞི་རི་རབ་བང་རིམ་བཞི་ལ་གནས། དེ་ཡང་སྐྱེ་བ་བརྙས་ཏེ་སྐྱེ་ཞིང་འདོད་ཡོན་ལོངས་སྤྱོད་རང་བཞིན་ལྷུན་གྲུབ་ཏུ་འབྱུང་བ་དང་། སུམ་ཅུ་རྩ་གསུམ་རི་རབ་སྟེང་ན་གནས་ཏེ་རྣམ་པར་རྒྱལ་བའི་ཁང་བཟང་གྲོང་ཁྱེར་ལྟ་ན་སྡུག་པ་ལྷའི་གཞལ་མེད་ཁང་རྣམས་བསོད་ནམས་ཀྱི་མཐུ་ལས་རང་བཞིན་གྱིས་གྲུབ་པོ། །དེ་ཡང་ས་གཞི་རིན་པོ་ཆེ་ལས་གྲུབ་པ། ཕྱོགས་བཞི་ཚལ་བཞི་ནི། ཤར་ན་ཤིང་རྟའི་ཚལ། ལྷོར་རྩུབ་འགྱུར་ཚལ། ནུབ་ཏུ་འདྲེས་པའི་ཚལ། བྱང་དགའ་བའི་ཚལ། དཔག་བསམ་གྱི་ཤིང་དང་། བདུད་རྩིའི་ཆུ་མིག་ལ་སོགས་པ་འདོད་ཡོན་ལོངས་སྤྱོད་ཐམས་ཅད་བསམ་པ་ཙམ་གྱིས་རང་བཞིན་འབྱུང་བ་དང་། ཉེ་དབང་སུམ་ཅུ་རྩ་གསུམ་དང་། ལྷའི་བུ་དང་བུ་མོ་རྣམས་རང་ལོ་སྟོང་གི་བར་དུ་ལོངས་སྤྱོད་ཅིང་གནས་པ་ཡང་དགེ་བ་ཕུན་སུམ་ཚོགས་པ་ལས་བྱུང་། །དེ་ལས་བསོད་ནམས་ཆེ་བསགས་པ་ནི་ནམ་མཁའ་ལ་གནས་པའི་འདོད་ལྷ་དྲུག་དཔག་བསམ་ཡིད་འགྱུར་བརྒྱན་པའི་གནས་དེར། འཐབ་བྲལ་ལྷ་གནས་བཀོད་པ་ཕུན་སུམ་ཚོགས་པ་སྐྱེ་བ་པདྨའི་སྟེང་དུ་ཁྱེའུ་ཕོ་མོ་གཉིས་བརྫུས་ཏེ་སྐྱེ་བའོ། །ལྷ་མིན་དང་འཐབ་རྩོད་བྲལ་བས་འཐབ་བྲལ་ཞེས་ཀྱང་བྱ། མཆོ་མ་ཞེས་ཀྱང་བྱ། འདོད་ཡོན་ལོངས་སྤྱོད་རྣམས་ཀྱང་ཡིད་ལ་བསམ་པ་འགྲུབ་པ་དེ་དག་ཀྱང་ཚོགས་བསགས་པ་ལས་བྱུང་བའོ། །དེའི་གོང་དུ་དཔག་བསམ་མིག་མཛེས་བརྒྱན་པའི་གནས་ནས་དགའ་ལྡན་

ཆོས་བཟང་འདུན་ས་ན། རྒྱལ་ཚབ་བྱམས་མགོན་བཞུགས་ཤིང་ཆོས་ཀྱི་སྒྲ་དང་འདོད་ཡོན་ལོངས་སྤྱོད་རང་བཞིན་ཤུགས་ལས་བྱུང་བ། བསོད་ནམས་ཚོགས་ཆེན་པོ་དག་དང་ལྡན་པའི་ཞིང་། དེའི་གོང་དུ་དཔག་བསམ་མཐོང་མཛེས་ཀྱི་ཞིང་དུ་འཕྲུལ་དགའ་ལྷའི་རིགས་འདོད་ཡོན་ལོངས་སྤྱོད་རྣམས་ཀྱང་ཤུགས་ལས་འགྲུབ། རང་གཞན་གཉིས་ཀ་དགའ་དང་བདེ་བའི་དཔལ་ལ་སྤྱོད་པར་བྱེད། །དེའི་གོང་དུ་དཔག་བསམ་རིན་ཆེན་བརྒྱན་པའི་ཞིང་དུ་གཞན་འཕྲུལ་དབང་བྱེད་རྣམས་འདོད་པའི་ཡོན་ཏན་བདེ་ལེགས་གཞན་གྱིས་མཆོད་དོ། །འདོད་ལྷ་དེ་དག་གི་འདོད་ཡོན་ལོངས་སྤྱོད་རྣམས་བསོད་ནམས་མཐུ་ལས་གྲུབ་བོ། །དགེ་བ་བཅུའི་བསོད་ནམས་ཆེ་འབྲིང་ཆུང་གསུམ་བསགས་པའི་འདོད་ཁམས་ལྷ་མིའི་བདེ་འབྲས་དེ་དག་ཐོབ་པ་ཡིན་ནོ། །དགེ་བ་བཅུའི་བསོད་ནམས་ཚོགས་ཆེན་དང་བསམ་གཏན་འབྲེལ་བས། ལྷ་རིགས་གཉིས་ལས། གཟུགས་ཁམས་གནས་རིས་བཅུ་བདུན་གནས་ཏེ། དེ་ཡང་བསམ་གཏན་དང་པོ་ལ་གསུམ་ལས། རིན་ཆེན་པི་ཏིང་ཀི་ལིང་གི་ནམ་མཁའ་ལ་གནས་པའི་ཚངས་རིས་དང་། དེའི་སྟེང་དུ་ས་མི་ཀའི་ནམ་མཁའ་ལ་ཚངས་པ་མདུན་ན་འདོན་དང་། དེའི་སྟེང་ཀ་རུ་ཛའི་ནམ་མཁའ་ལ་ཚངས་ཆེན་གྱི་ལྷ་རིས་པ་གསུམ་ནི་བསམ་གཏན་དང་པོ་སྟེ། འདོད་ཡོན་ལོངས་སྤྱོད་ཀྱི་སྲེད་པ་སྤངས་ཏེ། རྩེ་གཅིག་དུ་བསམ་གཏན་ལ་གནས་པའོ། །གཉིས་པ་ནི་རིན་ཆེན་དཔའ་བར་འོད་ཀྱི་ནམ་མཁའ་ལ་འོད་ཆུང་དང་། དེའི་སྟེང་དུ་ཀེ་ཀེ་རུས་སྦྲུས་པའི་ནམ་མཁའ་ལ་ཚད་མེད་འོད་དང་། དེའི་སྟེང་དུ་ཤེས་རབ་ཀུ་དྲའི་ནམ་མཁའ་ལ་འོད་གསལ་ཏེ་དེ་གསུམ་ནི་བསམ་གཏན་གཉིས་པ་སྟེ། དེ་དག་རྟག་ཏུ་ཏིང་འཛིན་མི་གཡོ་བ་ཉམས་མྱོང་དགའ་བདེ་ལ་གནས་སོ། །གསུམ་པ་ནི་རིན་ཆེན་ས་ཏིམ་

ཀ་ལིང་ནམ་མཁའ་ལ་དགེ་རྒྱུད་དང་། དེའི་སྟེང་དུ་ཨིནྡྲ་ནི་ལའི་ནམ་མཁའ་ལ་ཚད་མེད་དགེ་དང་། དེའི་སྟེང་རིན་ཆེན་སྣ་ཚོགས་འབྱིན་པའི་ནམ་མཁའ་ལ་དགེ་རྒྱས་དང་གསུམ་ནི་བསམ་གཏན་གསུམ་པ་སྟེ། དེ་དག་ཉམས་མྱོང་བདེ་གསལ་མི་ཆགས། འབྱུང་རྟུབ་མི་འགོགས་པ་གནས་སོ། །བཞི་བ་ནི། དེའི་སྟེང་ན་སྤྲིན་ཚོགས་སྟུག་པོའི་ནམ་མཁའ་ལ་སྤྲིན་མེད་འོད་དང་། དེའི་སྟེང་ཀ་ལིའི་སྤྲུས་པའི་ནམ་མཁའ་ལ་བསོད་ནམས་བསྐྱེད་ལྷ་དང་། དེའི་སྟེང་ན་རབ་མཛེས་རྣམ་གསལ་གྱི་ནམ་མཁའ་ལ་འབྲས་བུ་ཆེ་བའི་ལྷ་དང་གསུམ་སྟེ། བསམ་གཏན་བཞི་བ་ནི་བསམ་གཏན་ཡང་དག་ཤེས་རབ་གཞུང་དང་མཐུན་པ་གསུངས། དེའི་སྟེང་དུ་བསམ་གཏན་ཤིན་ཏུ་གང་བའི་གཙང་རིས་ལྷ་སྟེ། རིན་ཆེན་ཤེལ་ཁང་བརྩེགས་པའི་ནམ་མཁའ་ལ་མི་ཆེ་བ་དང་། དེའི་སྟེང་རིན་ཆེན་ཟླ་བ་སྨུག་གུའི་ནམ་མཁའ་ལ་མི་གདུང་བ་དང་། དེའི་གོང་དུ་རྣམ་མཛེས་ནམ་མཁའ་ལ་གྱ་ནོམ་སྣང་བ་དང་། དེའི་གོང་དུ་རིན་ཆེན་མཐོན་མཐིངས་སྤྲུས་པའི་ནམ་མཁའ་ལ་ཤིན་ཏུ་མཐོང་བ་དང་། དེའི་སྟེང་དུ་རིན་ཆེན་མཆིང་བུ་རྣམ་པར་བཀོད་པའི་ནམ་མཁའ་ལ་འདོད་ཡོན་ལྷ་སྟེ་བསམ་གཏན་ལྷུན་གྲུབ་འཕགས་པའི་གནས་ཀྱང་གསུངས། འདི་དག་གཟུགས་ཁམས་གནས་རིས་བཅུ་བདུན་ཏིང་འཛིན་གྱིས་གཡོ་ཞིང་། ཡོན་ཏན་མཐའ་ཡས་པ་དེ་དག་ཀྱང་མི་དགེ་སྤངས་ཤིང་དགེ་བ་བསྒྲུབ་པའི་འབྲས་བུའོ། །དེའི་གོང་དུ་གཟུགས་མེད་སྐྱེ་མཆེད་མུ་བཞི་ནི་སྤྲིན་ཆེན་རྣམ་རོལ་གྱི་ནམ་མཁའ་ལ་ནམ་མཁའ་མཐའ་ཡས་སྐྱེ་མཆེད་ལ་ཏིང་འཛིན་བསྐལ་ཆེན་ཉི་ཁྲིའི་བར་དུ་གནས་སོ། །དེའི་གོང་དུ་རྣམ་རོལ་འཁོར་ལོ་འཁྲོས་པའི་ནམ་མཁའ་ལ་རྣམ་ཤེས་མཐའ་ཡས་བསྐལ་ཆེན་བཞི་ཁྲིའི་ཏིང་ངེ་འཛིན་ལ་གནས་སོ། །དེའི་སྟེང་དུ་རྣམ

རོལ་འཁོར་ལོ་ཅན་གྱི་ནམ་མཁའ་ལ་ཅི་ཡང་མེད་པའི་སྐྱེད་མཆེད་བསྐལ་ཆེན་བརྒྱད་ཁྲིའི་བར་དུ་ཏིང་འཛིན་ལ་གནས་སོ། །དེའི་གོང་དུ་པདྨ་རྣམ་པར་བརྩེགས་པའི་ནམ་མཁའ་ལ་ཡོད་མིན་མེད་མིན་གྱི་ལྷ་རྣམས་བསྐལ་ཆེན་བརྒྱད་ཁྲིའི་བར་དུ་ཏིང་ངེ་འཛིན་ལ་གནས་སོ། །འདི་དག་སྲིད་པའི་རྩེ་མོ་ཞེས་གྲགས་པ་དང་མནར་མེད་དམྱལ་ཁམས་ཡན་ཆད་སྲིད་པ་གསུམ་སྟེ། བདེ་སྡུག་ལས་ཀྱི་འབྲས་བུ་སོ་སོར་མྱོང་བས་རྒྱུ་འབྲས་ཀྱི་ལས་ལ་ཡིད་ཆེས་པར་གྱིས། འདི་དག་སྲིད་པའི་བདེ་འབྲས་ཕུན་སུམ་ཚོགས་པ་ཡང་མངོན་པར་མཐོ་བ་ཐེག་པའི་ཡོན་ཏན་ནོ། །གཉིས་པ་ངེས་པར་ལེགས་པ་ཐར་བ་ཆ་མཐུན་གྱི་ཐེག་པའི་ཕན་ཡོན་མདོ་བསྡུས་བརྗོད་ན། སྐྱེས་བུ་དམ་པ་བློ་ཆེན་ཐེག་པ་ཆེན་པོའི་སྣོད་དང་ལྡན་པའི་བྱང་ཆུབ་སེམས་དཔའ་སྤྱོད་པ་བརླབས་པོ་ཆེ་ལ་ཞུགས་པ་ལ། འཁོར་བ་ལས་བྱུང་ཞིང་བདག་གཞན་དོན་གཉིས་སྒྲུབ་པ་ལ་བསམ་པ་བཟང་པོ་སྐྱེ་བ་ལ་ཕན་ཡོན་དཔག་ཏུ་མེད་པ་གསུངས་ཏེ། དེ་ཡང་ཏིང་འཛིན་རྒྱལ་པོའི་མདོ་ལས། ཁམས་གསུམ་གྱི་སེམས་ཅན་ཐམས་ཅད་དགེ་བ་བཅུའི་ལམ་ལ་བཀོད་པ་ལས། ཆོས་བདག་མེད་པ་ལ་མོས་པ་བྱས་ནས་དགོན་པའི་ཕྱོགས་སུ་གོམ་པ་བདུན་བོར་བའི་བསོད་ནམས་ཆེའོ། །ཞེས་གསུངས། བསམ་པ་དེ་ཙམ་སྐྱེས་པ་ལ་ཕན་ཡོན་དེ་ལྟ་བུ་ཡོད་པར་གསུངས་ན་ད་རེས་བསམ་པ་བཟང་པོ་རྒྱུད་ལ་སྐྱེས་ནས་དགེ་བའི་བཤེས་གཉེན་ཁྱད་པར་ཅན་དང་མཇལ་ནས་སྦྱོམ་པ་ཐོབ་ཅིང་ཉམས་སུ་བླངས་ན་ཡོན་ཏན་ཐོབ་པ་ལྟ་ཅི་སྨོས། དེས་ན་རང་རེས་ཆོས་སྒོར་ཞུགས་ནས་བསླབ་པ་གསུམ་གྱི་གཞི་བསྲུངས། ཚད་མེད་པ་བཞི་ལ་དམ་བཅས། དགེ་བ་བཅུ་དང་ཕ་རོལ་ཏུ་ཕྱིན་པ་དྲུག་གཅེས་པས་ནན་ཏན་བྱས་པ་རྣམས་ལ་ཡོན་ཏན་གྱི་ཚོགས་དཔག་ཏུ་མེད་པ་ཐོབ་སྟེ། སློབ་དཔོན་ཞི་བ་ལྷའི་སྤྱོད་

འཇུག་ལས། དེ་བཞིན་གཤེགས་པ་འབྱུང་བ་དང་། །དད་དང་མི་ལུས་ཐོབ་པ་དང་། །དགེ་གོམས་རུང་བ་དེ་ལྟ་བུ། དཀོན་པ་ནམ་ཞིག་ཐོབ་པར་འགྱུར། །ཞེས་སོ། །འཁོར་བའི་སྡུག་བསྔལ་གྱི་ནང་ནས་འཕགས་པ་དང་མི་མཐུན་པའི་ཕྱོགས་ལས་རྒྱལ་ཞིང་སྡིག་ཏོ་ཟིལ་གྱིས་གནོན་པ་དང་། འཕགས་པའི་ནོར་བདུན་དང་ལྡན་ཞིང་ལྷ་མིའི་མཆོད་འོས་སུ་གྱུར་པ་དང་། སྤོབས་པ་དང་འཆད་རྩོད་རྩོམ་པའི་གནས་ལ་མཁས་པ་དང་། སྟོབས་བཅུ་དང་མི་འཇིགས་པ་བཞི་དང་། མཚན་དང་དཔེ་བྱད་ཀྱིས་བརྒྱན་པ་མཐར་ཐུག་སངས་རྒྱས་ཀྱི་གོ་འཕང་ཐོབ་པ་ཡང་དགེ་བ་དང་ཏིང་ངེ་འཛིན་མཆོག་ཏུ་གྲུབ་པ་ལས། དད་དང་ལྡན་པ་ནི། སངས་རྒྱས་རྣམས་ནི་སྤྱན་སྔར་བྱུང་བའོ། །གནས་སྐབས་སུ་ཐུན་མོང་གི་གྲུབ་པ་བརྒྱད། བདག་གཞན་དོན་གཉིས་བསྒྲུབ་པའི་མཐུ་སྟོབས་དང་ལྡན་ཞིང་བྱང་ཆུབ་སེམས་ཀྱི་རྟ་ཞོན་ནས་བདེ་ནས་བདེ་བར་འགྲོ་བ། ཡོན་ཏན་ཕུན་སུམ་ཚོགས་པ་ཐམས་ཅད་རྩོལ་བས་ཉམས་སུ་བླངས་པ་ལས་འབྱུང་བར་ངེས་ཏེ། སྤྱོད་འཇུག་ལས། ཡིད་ལ་བསམ་པའི་དགེ་བྱས་པས། །གང་དང་གང་དུ་འགྲོ་འགྱུར་བ། །དེ་དང་དེར་ནི་བསོད་ནམས་དེས། །འབྲས་བུའི་ཡོན་གྱིས་མངོན་མཆོད་འགྱུར། །ཞེས་གསུངས་པ་དེ་བཞིན་དུ་མངོན་དུ་གྱུར་པའི་མཐར་ཐུག་བདེ་བར་གཤེགས་པའི་ཡོན་ཏན་ཐམས་ཅད་ཐོབ་པར་འགྱུར་རོ། །སྐལ་ལྡན་སྐྱེས་བུ་ཐར་བ་དོན་དུ་གཉེར་བ་རྣམས་ཀྱིས་དཀར་པོའི་ཡོན་ཏན་ལ་ཡིད་ཆེས་པར་བྱའོ། །དྲུག་པ་ཆོས་ཐམས་ཅད་ཀྱི་རྩ་བ་དད་པའི་རང་བཞིན་དུ་བསམ་པ་ལ་འཇུག་པ་ནི། ཐར་པའི་ལམ་དུ་བགྲོད་པ་ལ་དད་པ་ཁོན་གལ་ཆེ་སྟེ། རིན་ཆེན་ཕྲེང་བ་ལས། དད་ཅན་ཉིད་ཕྱིར་ཆོས་ལ་བསྟེན། །ཤེས་རབ་ལྡན་ཕྱིར་ཡང་དག་

རིགས། །འདི་གཉིས་གཙོ་བོ་ཤེས་རབ་སྟེ། །དེ་ཡི་སྔོན་འགྲོ་དད་པ་ཡིན། །ཞེས་པ་དང་། དཀོན་མཆོག་བརྩེགས་པ་ལས། དད་པ་མེད་པའི་མི་རྣམས་ལ། །དཀར་པོ་ཆོས་རྣམས་མི་འབྱུང་སྟེ། །ས་བོན་མེ་ཡིས་ཚིག་པ་ལ། །མྱུར་གུ་སྔོན་པོ་ཇི་བཞིན་ནོ། །ཞེས་པ་དང་། དེ་ཡང་དད་པའི་རང་བཞིན་ལ་དྲུག་སྟེ། འདོད་པ་དང་། མོས་པ་དང་། གུས་པ་དང་། དང་བ་དང་། ཡིད་ཆེས་པ་དང་། ངེས་པ་སེམས་པའི་དད་པ་སྟེ། དེ་དག་ཀྱང་དབྱེ་བསྡུའི་ཁྱད་པར་ལ། །དེ་ཡང་མོས་པ་དང་། གུས་པ་དང་། དང་བའི་དད་པ་གསུམ་ནི། དང་བའི་དད་པའི་ནང་དུ་གཏོགས་ལ། འདོད་པ་དང་། ཡིད་ཆེས་པའི་དད་པ་གཉིས་ནི་ཡིད་ཆེས་པའི་དད་པར་གཏོགས་ལ། ངེས་པར་སེམས་པ་ནི་འདོད་པའི་དད་པ་ཉིད་ཡིན་ཞིང་། ཆོས་ཀྱི་དེ་ཁོ་ན་ཉིད་འགོག་ལམ་མ་ནོར་པ་ལ་ཞུགས་པས་སྡུག་ཀུན་གཉིས་འདོར་ཞིང་ཐར་བ་འདོད་པའི་ཕྱིར་རོ། དེ་ཡང་དང་པོ་འདོད་པའི་དད་པའི་ངོ་བོ་ནི། འཁོར་འདས་བླང་དོར་དུ་འདོད་པའོ། །ངེས་ཚིག་ནི། དཀར་པོའི་ཆོས་ལ་འདོད་ཅིང་སྤྲོ་བའི་ཕྱིར་འདོད་པའི་དད་པའོ། །དབྱེ་ན་འཁོར་བའི་སྡུག་བསྔལ་སྤང་བར་འདོད་པ། ཐར་བའི་བྱང་ཆུབ་འདོད་པའོ། །དེ་གཉིས་ཀྱི་རྒྱུ་ལ་བླང་དོར་གྱིས་འཇུག་པ་འདོད་པ་གསུམ་མོ། །མཚན་དཔེ་ནི་ནོར་འདོད་ཅན་ནོར་འདོད་པ་ལྟར་ཆོས་འཚོལ་བར་འདོད་པ་སྟེ། སྡུག་བསྔལ་དང་ཀུན་འབྱུང་བོར་ནས། ལམ་དང་འགོག་པ་ལ་འཇུག་པར་བྱེད་པའོ། །རྟགས་ནི་འཇིག་རྟེན་གྱི་བྱ་བ་ལ་མི་མོས་ཤིང་ཐོས་བསམ་སྒོམ་པ་ལ་འཇུག་པའོ། །ཕན་ཡོན་ནི། དཀོན་མཆོག་སྒྲོན་མེ་ལས། དད་པ་སྔོན་འགྲོ་མ་ལྟར་བསྐྱེད་པ་སྟེ། ཡོན་ཏན་ཐམས་ཅད་སྲུང་ཞིང་འཕེལ་བར་བྱེད། །དོགས་པ་

སེལ་ཞིང་ཆུ་བོ་རྣམས་ལས་སྒྲོལ། །དད་པ་བདེ་ལེགས་གྲོང་ཁྱེར་མཚོན་བྱེད་ཡིན། །ཞེས་སོ། །གཉིས་པ་མོས་པའི་དད་པའི་ངོ་བོ་ནི། བླ་མ་དང་དཀོན་མཆོག་ལ་སེམས་རབ་ཏུ་དགའ་བའོ། །ངེས་ཚིག་ནི། ཡུལ་དེ་དག་གི་རྗེས་སུ་འཇུག་པར་མོས་པའོ། །དབྱེ་ན་བླ་མ་ལ་བསྙེན་བྱར་མོས་པ་དང་། སངས་རྒྱས་ལ་བསྒྲུབ་བྱར་མོས་པ་དང་། ཆོས་ལ་ལམ་དུ་མོས་པ་དང་། དགེ་འདུན་ལ་གྲོགས་སུ་མོས་པ་སྟེ་བཞིའོ། །མཐུན་དཔེ་ནི་བུ་མའི་ཕྱིར་འབྲང་བ་ལྟར་འཇུག་པའོ། །རྒྱུད་ལ་སྐྱེས་པའི་རྟགས་སུ་ཐར་ལམ་ལ་འགོད་པའི་བླ་མ་དཀོན་མཆོག་མཐོང་བ་དང་། ཐོས་པ་དང་། དྲན་པ་ཙམ་གྱིས་ཡིད་གདུང་ཞིང་ངག་ཏུ་འཕྱིན་པའོ། །ཕན་ཡོན་ནི་དེ་ཉིད་ལས། སངས་རྒྱས་རྣམས་དང་ཆོས་ལ་དད་གྱུར་ཅིང་། །སངས་རྒྱས་སྲས་ཀྱི་སྤྱོད་ལ་དད་བྱེད་པ། །བྱང་ཆུབ་བླ་ན་མེད་ལ་དད་གྱུར་ན། །སྐྱེས་བུ་ཆེན་པོ་རྣམས་ཀྱི་སེམས་སྐྱེའོ། །ཞེས་སོ། །གསུམ་པ་གུས་པའི་དད་པའི་ངོ་བོ་ནི། དང་བ་ལ་བརྟེན་ནས་བག་ཡོད་པར་བཀའ་ལས་མི་འདའ་བའོ། །ངེས་ཚིག་ནི། ལུས་ངག་ཡིད་གསུམ་གོང་མ་ལ་འདུད་པས་ན་གུས་པའི་དད་པའོ། །དབྱེ་ན་ལུས་ངག་ཡིད་གསུམ་གུས་པས་ཕུད་དུད་བྱེད་པ་གསུམ་མོ། མཐུན་དཔེ་ནི་རྒྱལ་པོ་ལ་འབངས་ཀྱིས་བཀུར་བ་ལྟར་འཇམ་དེས་ཀྱིས་བརྩོན་པའོ། །དེ་རྒྱུད་ལ་སྐྱེས་པའི་རྟགས་ནི། གོང་མ་རྣམས་ཀྱི་སྤྱན་སྔར་ང་རྒྱལ་དང་ཁེངས་སེམས་ཀྱི་རྣམ་འགྱུར་མེད་པའོ། །ཕན་ཡོན་ནི། དཀོན་མཆོག་སྒྲོན་མེ་ལས། ང་རྒྱལ་སྤངས་ཤིང་གུས་པའི་རྩ་བ་ཡིན། །དད་པས་ལག་པ་བཞིན་དུ་དགེ་རྩ་བསྡུད། །ཞེས་པ་དང་། སྡོམ་ལས། བག་ཡོད་པ་ལྟར་བྱེད་པའི་དབང་པོའི་སྒོ་བསྡམས་ཤིང་རང་གིས་སེམས་དུལ་བ་བྱེད།

གཞན་གྱི་སེམས་ཀྱང་སྒྲུང་བར་བྱེད་དོ། །དེ་ལྟར་དད་པ་དང་བག་ཡོད་པ་གཉིས་དང་ལྡན་པས་ནི། རྟག་ཏུ་ཆོས་ལ་གཞོལ་བས་ཚེ་ཕྱི་མ་ལ་ངན་འགྲོར་འགྲོ་བས་མི་འཇིགས་སོ། །ཞེས་སོ། །བཞི་པ་དང་བའི་དད་པའི་ངོ་བོ་ཡུལ་གོང་མ་རྣམས་ཀྱི་ཡོན་ཏན་ལ་སེམས་མངོན་པར་དད་པའོ། །ངེས་ཚིག གཡོ་སྒྱུའི་དྲི་མ་མེད་པར་དད་པའི་དགའ་བ་སང་ངེ་བ་གནས་པས་དང་བའོ། །དབྱེ་ན་ཀུན་རྫོབ་སྣང་ཆའི་དགེ་བ་ལ་དང་བ་དང་། དོན་དམ་ཤེས་རབ་ཀྱི་དགེ་བ་ལ་དང་བ་དང་། ཟུང་འཇུག་ཆ་མཉམ་གྱི་དགེ་བ་ལ་དད་པའི་དང་བ་དང་གསུམ་མོ། མཐུན་དཔེ་ནི་ནོ་ར་བུ་ཆུ་དྭངས་ཀྱིས་ཆུ་རྙོག་སེལ་བ་ལྟར་བློའི་ཉེས་སྤྱོད་དྭངས་བ་བྱེད་པའོ། །རྟགས་ནི། སྒོ་གསུམ་སྡིག་དང་མི་འདྲེས་པར་དགེ་བའི་བྱ་བ་ལ་སྤྲོ་བར་བྱེད་པའོ། །ཕན་ཡོན་ནི་དཀོན་མཆོག་སྒྲོན་མེ་ལས། དད་པ་རྒྱལ་བའི་ཆོས་ལ་རབ་དགའ་བྱེད། །དད་པ་བདེ་ལེགས་གྲང་ཁྱེར་མཆོན་བྱེད་ཡིན། །དད་པ་ཡོན་ཏན་ཡེ་ཤེས་བྱ་བར་བྱེད། །ཅེས་སོ། །ལྔ་བ་ཡིད་ཆེས་པའི་དད་པའི་ངོ་བོ་ནི། གཞི་ལམ་འབྲས་བུའི་ཆོས་རྣམས་ལ་ཐེ་ཚོམ་མེད་པའོ། །ངེས་ཚིག །དེའི་དོན་སྟོན་པའི་ལུང་རིགས་ཀྱི་ཚིག་དོན་མི་བསླུ་བ་ཤེས་ནས་འཇུག་པ་ཡིད་ཆེས་པའི་དད་པའོ། །དབྱེ་ན་འཁོར་བ་རྒྱུ་འབྲས་སྤང་བྱར་ཡིད་ཆེས་པ། འདས་པ་རྒྱུ་འབྲས་བླང་བྱར་ཡིད་ཆེས་པ། ལུང་མ་བསྟན་རྣམས་དགོས་མེད་དུ་ཡིད་ཆེས་པ་གསུམ་མོ། །མཐུན་དཔེ་ནི་སྟོན་གྱི་ལོ་ཐོག་ལ་ཡིད་ཆེས་པས་སོ་ནམ་ལ་འཇུག་པ་ལྟར་དགེ་བ་ལ་འཇུག་པའོ། །དེ་རྒྱུད་ལ་སྐྱེས་པའི་རྟགས་སུ་སྟོན་པ་སངས་རྒྱས། བསྟན་པ་དམ་ཆོས། ཐེག་པ་ཆེ་ཆུང་གི་འཁོར་དགེ་འདུན་རྣམ་གཉིས་ཏེ། དེ་དག་རྟེན་དང་བཅས་པ་ལ་ཡིད་ཆེས་པའི་ངེས་ཤེས་

ཐོབ་པའོ། །དཀོན་མཆོག་སྒྲོན་མེ་ལས། དད་པའི་དབང་པོ་རྣོ་ཞིང་གསལ་བར་བྱེད། །དད་པའི་སྟོབས་ལ་གཞན་གྱིས་མི་ཕྱེ་ཞིང་། །ཉོན་མོངས་རྣམ་པར་སེལ་བའི་གཞི་རྟེན་ཡིན། །ཞེས་པ་དང་། བྱང་ཆུབ་སེམས་དཔའི་སྡེ་སྣོད་ལས། དད་པ་ནི་དམ་པའི་ཆོས་ཉན་པར་འདོད་པ་དང་། ལས་དང་རྣམ་པར་སྨིན་པ་ལ་ཡིད་ཆེས་པ་དང་། དེ་ལ་བསྙེན་པར་བྱེད། མཉེས་པ་བྱེད་པའོ། །ཞེས་སོ། །ཆོས་ཟབ་མོར་ངེས་པ་སེམས་པའི་དད་པ་ངོ་བོ་ནི། ངེས་དོན་ཆོས་ཉིད་ཀྱི་དོན་འདོད་པའོ། །ངེས་ཚིག་དེའི་དོན་མཐོང་ནས་ངང་ལ་འཇོག་པའོ། །དབྱེ་ན་དེའི་དོན་སྟོན་པའི་གཞུང་ཐོས་པ་དང་། བསམ་པ་དང་། སྒོམ་པ་ལ་ངེས་པར་སེམས་པའི་དད་པ་དང་གསུམ་མོ། །མཐུན་དཔེ་རྡོའི་ནང་ནས་གསེར་རྐྱེད་པ་འཆང་བ་ལྟར་ཡང་དག་པའི་དོན་ལ་གཅེས་སྤྲས་སུ་བྱེད་པའོ། །རྟགས་ནི་ཉིན་མཚན་ཀུན་ཏུ་ཉམས་ལེན་དང་མི་འབྲལ་བའོ། །ཕན་ཡོན་ནི། དཀོན་མཆོག་སྒྲོན་མེ་ལས། དད་པས་སངས་རྒྱས་གོ་འཕང་ཐོབ་པར་བྱེད། །ཅེས་པ་དང་། ཟླ་སྒྲོན་གྱིས་ཞུས་པའི་མདོ་ལས། དཀོན་མཆོག་གསུམ་ལ་ངེས་པར་སེམས་པའི་དད་པ་ནི་ཡིད་བཞིན་གྱི་ནོར་བུ་ལྟ་བུའོ། །ཞེས་སོ། །གང་ལ་དད་པ་ཡོད་པ་དེའི་རང་བཞིན་བཤད་པ་ནི། དད་པ་ཞིང་ས་གཤིན་པོ་དང་འདྲ་སྟེ་བྱང་ཆུབ་ཀྱི་སྨྱུ་གུ་རྒྱས་པ་འབྲུངས་པ་ནི། དཀོན་མཆོག་སྒྲོན་མེ་ལས། ས་བོན་མ་རུལ་ཡོན་ཏན་རྣམས་ཀྱི་རྒྱུ། །དད་པས་བྱང་ཆུབ་ཞིང་ནི་རྣམ་པར་བསྐྱེད། །དད་པས་རང་བྱུང་ཡོན་ཏན་རྣམས་ཀྱང་འཚོལ། །ཞེས་སོ། །རྒྱ་མཚོ་ཡི་རྫིངས་ལྟར་དད་པས་འཁོར་བའི་ཆུ་བོ་ལས་སྒྲོལ་ཏེ། ཆོས་བཅུ་ལས། གང་གི་འདྲེན་པ་ངེས་འབྱུང་བ། །དད་པ་ཐེག

པའི་མཆོག་ཡིན་ཏེ། །དེ་ཕྱིར་བློ་དང་ལྡན་པའི་མིས། །དད་པའི་རྗེས་སུ་འབྲང་བ་བརྟེན། །ཞེས་སོ། །འཇིགས་སར་སྐྱོལ་མ་བཟང་པོ་དང་འདྲ་བས་ན་དད་པས་ཉོན་མོངས་ཀྱི་དགྲ་ལས་སྐྱོབ་པ་སྟེ། གསང་བ་བསམ་གྱིས་མི་ཁྱབ་པ་ལས། དད་པ་དང་ལྡན་པ་ནི། སངས་རྒྱས་རྣམས་ཀྱི་སྤྱན་སྔར་བསྐྱོད་ནས་དགེ་བ་གང་ཡིན་པ་ཡོངས་སུ་འཚོལ་བ་ལ་བརྩོན་པས། ཁྱིམ་དང་ཆུང་མ་དང་བུ་དང་བུ་མོ་ལ་སོགས་པ་དོན་དུ་མི་གཉེར་བ། གཞོན་པ་ན་ཡང་བརྩེ་བ་ལ་མི་དགའ་བས་དད་པས་རབ་ཏུ་བྱུང་སྟེ་དགེ་བའི་བཤེས་གཉེན་བསྟེན་ཅིང་དགེ་བའི་བསམ་པས་ཆོས་ཉན་པ་དང་སྒྲུབ་པ་ལ་ནན་ཏན་སྙིང་པོར་བྱེད་ཀྱི་ཚིག་ལྷུར་ལེན་པ་མི་བྱེད་དོ། །དེ་ཡང་མང་དུ་ཐོས་པ་ལ་བརྩོན་པར་བྱེད་ཅིང་ཇི་ལྟར་མང་དུ་ཐོས་པའི་ཆོས་རྣམས་ཀྱང་ཟང་ཟིང་ལ་མི་ལྟ་བར་སྙིང་རྗེས་གཞན་ལ་སྟོན་པར་བྱེད་དོ། །ཞེས་སོ། །དད་པ་བཞོན་པ་བཟང་པོ་དང་འདྲ་སྟེ་ཐར་པའི་གླིང་དུ་འདྲེན་པ་ཡང་། དཀོན་མཆོག་སྤྲིན་མེ་ལས། དད་པས་མི་ཁོམ་སྤངས་ཤིང་དལ་བའི་མཆོག །དད་པས་བདུད་ཀྱི་ལམ་ལས་འདའ་བྱེད་ཅིང་། །ཡེ་ཤེས་ཁྱད་པར་སྒྲོ་ནི་འཕེལ་བར་བྱེད། །ཐར་བའི་ལམ་མཆོག་སྟོན་པར་བྱེད་པ་ཡིན། །ཞེས་སོ། །དད་པས་འདོད་པའི་རེ་བ་འགྲུབ་པས་ནོར་བུ་དང་འདྲ་སྟེ། དེ་ཉིད་ལས། དད་པ་གཏེར་དང་ནོར་དང་རྐང་བའི་མཆོག །དད་པ་ཡོངས་སུ་བཏོང་ལ་དགའ་བར་བྱེད། །དད་པ་ཡིད་བཞིན་ནོར་འདྲ་དགོས་འདོད་སྟེར། །ཞེས་སོ། །དད་པ་དཔའ་བོ་དང་འདྲ་བར་མི་དགེ་བ་ཆར་གཅོད་པ་སྟེ། རྒྱ་མཚོས་ཞུས་པའི་མདོ་ལས། དད་པས་ནི་སངས་རྒྱས་ལ་སོགས་པ་ལ་མོས་པའི་སྟོབས་དང་། ལས་དང་རྣམ་སྨིན་ལ་ཡིད་ཆེས་པའི་འཇུག་པའི་སྟོབས་དང་། བྱང་ཆུབ་ཀྱི་སེམས་མི་འདོར་བའི་སྟོབས་དང་།

ཡི་དམ་ཉམས་སུ་ལེན་པ་ལ་རྟེན་གྱི་སྟོབས་དང་། མི་དགེ་བ་ཐམས་ཅད་སྤྲངས་ཏེ་ཉེས་པ་བྱེད་པ་ཐམས་ཅད་བཟློད་པའི་སྟོབས་དང་ལྡན་པ་ཐོབ་བོ། །ཞེས་སོ། དད་པས་མི་ཁོམ་པ་སྤྲངས་ཤིང་དགེ་བའི་ཆོས་བསྒྲུབ་པས་ན། དད་པ་ཡོད་པའི་མི་དེ་ནི་གཞན་ལས་ཆེར་འཕགས་པས་དགོན་ཏེ། དེ་ཉིད་ལས། དད་པ་ཆགས་པའི་སྣོ་ལ་ཆགས་པ་མེད། །མི་ཁོམ་སྤྲངས་ཤིང་དལ་བའི་མཆོག་གཅིག་ཡིན། །དད་པ་རྒྱལ་བའི་བོ་འཕང་ཐོབ་བྱེད་ཡིན། །གང་དག་འདི་འདྲའི་ཆོས་ལ་དད་གྱུར་པ། །དེ་དག་སོ་སོའི་སྐྱེས་བོའི་ཚོགས་ན་དགོན། །ཞེས་སོ། །དེས་ན་དད་པ་འཕགས་པའི་ནོར་བདུན་གྱི་དང་པོ་ཡིན་ལ། དེ་ཡོད་པ་མཆོག་ཡིན་ཏེ། གསང་བ་བསམ་གྱིས་མི་ཁྱབ་པའི་མདོ་ལས། དེ་ནི་དད་པ་དང་། དང་བ་དང་། མོས་པ་དང་། སློག་པ་མེད་པའི་སེམས་དང་ལྡན་པས། ལས་དང་རྣམ་པར་སྨིན་པ་ལ་སོམ་ཉི་མེད་པ་དང་། ཐེ་ཚོམ་དང་ཡིད་གཉིས་མེད་པ་དང་། མོས་པ་དང་། རྟོགས་པ་དང་། ཡིད་ཆེས་པ་དང་ལྡན་པས་དགེ་སྡིག་གི་ལས་དང་རྣམ་པར་སྨིན་པ་ཆུད་མི་ཟ་བ་ཤེས་ནས། སྲོག་གི་ཕྱིར་ཡང་སྡིག་པའི་ལས་མི་བྱེད་དེ། དགེ་བའི་ལས་ཀྱི་ལམ་བཅུ་པོ་ལ་སྤྱོད་ཅིང་སྦྱིན་པས་ལོངས་སྤྱོད་དང་། ཚུལ་ཁྲིམས་ཀྱིས་མཐོ་རིས་དང་། ཐོས་པས་ཤེས་རབ་དང་། བསྒོམ་པས་ཡོན་ཏན་ཐམས་ཅད་འཕེལ་བར་འགྱུར་རོ། །ཞེས་སོ། །དད་པ་མེད་པའི་སྐྱོན་ནི་ཐར་བ་ཡི། །སྐལ་མེད་རྣམས་ལ་དད་པ་ཙུང་ཟད་མེད། །དེ་ཡི་སྐྱོན་ནི་ཤིན་ཏུ་མཐའ་ཡས་ལྡན། །ཆོས་ཀྱི་སྐལ་བ་མེད་པའི་མི་དད་པ་ཏིལ་འབྲུ་ཙམ་ཡང་མེད་པ་ནི་སྐྱོན་དཔག་ཏུ་མེད་ཀྱང་། རེ་ཞིག་བསྡུ་ན་རྒྱ་མཚོ་ཡི་གཏིང་གི་ཕ་ཤོང་སྟེང་དུ་མི་འབྱུང་བ་ལྟར། དད་པ་མེད་ན་ཐར་བའི་

སྒམ་སར་ཕྱིན་པ་མི་སྲིད་དོ། །མཉན་པ་མེད་པའི་གྲུས་ཕ་རོལ་ཏུ་མི་ཕྱིན་པ་ལྟར་དད་པ་མེད་ན་སྡུག་བསྔལ་གྱི་རྒྱ་མཚོ་ལས་སྒྲོལ་མི་སྲིད། ལག་རྡུམ་གསེར་གླིང་དུ་ཕྱིན་ཡང་ལེན་མི་ཤེས་པ་ལྟར། དད་པ་མེད་ན་ཡོན་ཏན་རྒྱུད་ལ་ལོན་མི་སྲིད། དེ་བཞིན་དུ་ས་བོན་མེས་ཚིག་པ་ལ་མྱུ་གུ་མི་འབྱུང་བ་ལྟར་དད་པ་མེད་ན་བྱང་ཆུབ་ཀྱི་མྱུ་གུ་འབྲུངས་མི་སྲིད། ལོང་པ་ལྟ་ཁང་ནང་དུ་ཕྱིན་པ་ལྟར། དད་པ་མེད་ན་ཆོས་ཀྱི་སྣང་བ་མཐོང་མི་སྲིད། སྤྱང་མོ་འཁོར་དུང་དུ་ཚུད་པ་ལྟར། དད་པ་མེད་ན་ཅི་བྱས་ཀྱང་འཁོར་བའི་ལས་སུ་འགྱུར་པས་ནམ་ཡང་ཐར་བའི་བྱང་ཆུབ་ཐོབ་མི་སྲིད་པའི་སྐྱོན་ཡོད་དོ། །ཆོས་བཅུ་ལས། དད་པ་མེད་པའི་མི་དག་ལ། །དཀར་པོའི་ཆོས་རྣམས་མི་འབྱུང་ངོ་། །ཞེས་སོ། །དེ་ཡང་དད་པ་མེད་ན་གྱོང་ཆེ་བས་དད་པ་སྐྱེ་དགོས། དེ་ལ་སྐྱེ་བའི་ཡུལ་ནི། །ཆོས་དཀར་དད་པ་སྐྱེ་བའི་ཡུལ་དྲུག་ནི། འདོད་པའི་དད་པ་ནི་ཡུལ་འཁོར་བའི་རང་བཞིན་མཐོང་བས་སྐྱེ་བའོ། །མོས་པའི་དད་པ་སྡིག་གྲོགས་ལ་སྐྱོ་བ་སྐྱེས་བ་ལས་སྐྱེའོ། །གུས་པའི་དད་པ་དཀོན་མཆོག་གི་རྟེན་ངོ་མཚར་ཅན་ལས་སྐྱེའོ། །དང་བའི་དད་པ་ཡུལ་མཆོག་གི་རྟེན་ནམ་གཏམ་རྒྱུད་ཐོས་པ་ལས་སོ། །ཡིད་ཆེས་པའི་དད་པ་རྒྱུ་འབྲས་ཐོས་པ་ལས་སོ། །ཆོས་ལ་སེམས་པའི་དད་པ་ཟབ་མོ་ཐོས་པ་ལས་སོ། །དེ་དག་མ་སྐྱེས་ན་ཡུལ་དེ་དག་གི་རང་བཞིན་ལ་དམིགས་སུ་བཅུག་ནས་སྐྱེར་གཞུག་གོ། དད་པ་རྒྱུད་ལ་བསྟེན་ནས་གོང་དུ་སྤེལ་བ་ནི། བླ་མ་དམ་པ་ལ་བསྟེན་ཏེ་མོས་གུས་སྒྲིང་ནས་བྱས་པ་ལས་འཕེལ་ལོ། །གྲོགས་ཁྱད་པར་ཅན་ཆོས་དང་རང་རྒྱུད་འདྲེས་པ་ལ་བསྟེན་ནས་འཕེལ། མདོ་རྒྱུད་ཟབ་མོ་བལྟས་པ་ལས་འཕེལ། འཆི་བ་ཡིད་མེད་དུ་བསམ་པ་ལས་འཕེལ། ལས་རྒྱུ་འབྲས་

ཀྱི་གཏམ་རྒྱུད་མཐོང་ཐོས་ལས་འཕེལ། ཟབ་མོ་སྒོམ་སྒྲུབ་སྦྱར་བས་ཐུན་ཆེར་བྱས་པ་ལས་འཕེལ། གསང་བ་བསམ་གྱིས་མི་ཁྱབ་པ་ལས། དེ་ནི་ཉེས་པ་སྤྱོད་པ་རྣམས་ལ་མི་འཇུག་ཅིང་འཕགས་པ་རྣམས་ཀྱིས་བསྔགས་པའི་ལས་བྱེད་པའི་ཕྱིར་རོ། །ཞེས་སོ། །དེ་ལྟར་ཐམས་ཅད་རེ་རེའི་སྒོ་ནས་ཉིན་རེ་བས་ཉིན་རེ་གོང་དུ་སྤེལ་དགོས་སོ། །དད་པ་འགྲིབ་པའི་རྐྱེན་ཤེས་པར་བྱས་ནས་སྤང་དགོས་སྟེ། དེ་ཡང་རང་ལ་བདུད་ཞུགས་ནས་བྱིན་རླབས་པའི་རྟགས་སུ་ བླ་མ་དགེ་བའི་བཤེས་གཉེན་གྱི་སྐྱོན་ལ་བརྟགས་པ་དང་། ཆོས་བྱེད་སྤྱིའི་ངན་སྤྱོད་ལ་བརྟགས་པ་དང་། ཐམལ་གྱི་གྲོགས་དང་འགྲོགས་པ་དང་། ཉམས་ལེན་གྱི་བརྩོན་འགྲུས་འགྲིབ་པ་དང་། འདོད་ཡོན་རང་དགར་སྤྱོད་པ་དང་། དཀོན་མཆོག་ལ་མོས་གུས་མེད་པ་དང་། དེ་ལྟ་བུ་འབྱུང་ན་དེའི་དུས་སུ་བཟློག་པའི་ཐབས་ནི། བླ་མ་དཀོན་མཆོག་མཆེད་གྲོགས་དང་བཅས་པའི་ཡོན་ཏན་བསམ་ཞིང་ཆོས་བྱས་ཐམས་ཅད་ལ་དག་སྣང་དང་མོས་གུས་བསྐྱེད། ཕ་རོལ་ངན་སྐྱོན་མཐོང་བ་དེ་རང་མ་དག་པའི་རྟགས་ཏེ། དཔེར་ན་མིག་སེར་ཅན་གྱིས་དུང་སེར་པོ་མཐོང་བ་བཞིན་ནོ་སྙམ་དུ་རང་ལ་གྲོས་གདབ། གྲོགས་ཐམལ་དང་མི་འགྲོགས། འདོད་ཡོན་གྱི་ཉེས་དམིགས་དྲན་པར་བྱས་ལ། དད་པ་འགྲིབ་པའི་རྐྱེན་དེ་བདུད་དུ་ཤེས་པར་བྱའོ། །དེ་ཡང་ཡུམ་ལས། བདུད་སྡིག་ཏོ་ཅན་ནི་ལས་དང་པོ་པ་དག་གི་མདུན་དུ་འོང་ནས་མོས་པ་དག་ཀྱང་བཟློག་པར་བྱེད། བྱང་ཆུབ་སེམས་དཔའ་སྤྱོད་པ་དག་ཀྱང་ཕྱིར་ཕྱོགས་པར་བྱེད་དོ། །ཞེས་སོ། །དད་པ་སྐྱེ་བའི་རྐྱེན་ལ་བློ་རྒྱུན་མཐུད་པར་གདམས་པ་ནི། རྐྱེན་ལས་བསྐྱེད་པའི་སྐྱེ་བ་ནི་སྐྱེ་ཤི་འཕོ་འགྱུར་མཐོང་དུས་དད་པ་སྐྱེ་བའི་རྐྱེན་ཡིན་པས་གཞན་དག་ཤི་བ་བགྲངས་ལ་དད་པ་སྐྱེ་དགོས།

ནད་གདོན་གྱི་བར་ཆད་བྱུང་དུས་དད་པ་སྐྱེ་བའི་རྐྱེན་ཡིན་པས་དེ་ཉིད་དགེ་བསྐུལ་གྱི་སློབ་དཔོན་དུ་ཤེས་པར་བྱས་ལ་དད་པ་སྐྱེད་དགོས། རྐྱེན་ངན་གྱི་སྡུག་བསྔལ་བྱུང་དུས་དད་པ་སྐྱེ་བའི་རྐྱེན་ཡིན་པས་བྱང་ཆུབ་ཀྱི་འདྲེན་པ་ཤེས་པས་དད་པ་སྐྱེད་དགོས། དམ་པའི་ཆོས་ཐོས་དུས་དད་པ་སྐྱེ་བའི་རྐྱེན་ཡིན་པས་ཡང་དག་པའི་འཇུག་ལྡོག་དམིགས་པའི་དད་པ་སྐྱེད་དགོས། གོང་མའི་རྣམ་ཐར་ཐོས་དུས་དད་པ་སྐྱེ་བའི་རྐྱེན་ཡིན་པས་དཀའ་སྤྱོད་ཆོས་ལ་སྤྱོད་པའི་དད་པ་སྐྱེ་དགོས། སངས་རྒྱས་དང་བྱང་ཆུབ་སེམས་དཔའི་སྤྱོད་པ་རླབས་པོ་ཆེའི་མདོ་སྡེ་སྐྱེས་རབས་ལྟ་བུ་ཐོས་དུས་དད་པ་སྐྱེས་བས། ཐེག་ཆེན་གྱི་བྱང་ཆུབ་ལ་དམིགས་ནས་དད་པ་སྐྱེ་དགོས་སོ། །དེ་ཡང་ཉིན་རེ་བཞིན་དེ་ཐམས་ཅད་དམ་ཡང་ན་རེ་རེའི་སྒོ་ནས་དད་པ་སྐྱེད་པའི་ཐབས་ལ་འབད་པ་གལ་ཆེ་བས་གང་ལའང་སྣུམ་དྲེད་ཀྱིས་མ་ཁྱེར་པ་གཅེས་སོ། །དེ་ལྟར་བསྐྱེད་པ་ལས་སྐྱེས་པའི་ཚད་ནི། འཁོར་བའི་འབྲུལ་སྣང་ལ་སྐྱོ་བ་སྐྱེས་ནས་ཡིད་དབྱུང་བ་སྐྲག་ནད་ཅན་གྱིས་ཟ་བ་མཐོང་བ་ལྟ་བུ། བླ་མ་དང་དཀོན་མཆོག་ལ་མོས་གུས་ཀྱིས་གདུང་བ་བུ་ཆུང་མ་ལ་གདུང་བ་ལྟ་བུ། ཐོས་བསམ་ལ་ནན་ཏན་བྱེད་པ་སྐོམ་པ་ཆུ་ལ་གདུང་བ་ལྟ་བུའོ། །བསླབ་པ་ལ་གཅེས་སྤྲས་སུ་བྱེད་པ་དབུལ་པོས་གསེར་གཡུ་རྙེད་པ་ལྟ་བུའོ། །དགེ་སྦྱོར་ལ་ཉམས་ལེན་སྒྲོ་བ་ཆོང་བ་གསེར་གླིང་དུ་ཕྱིན་པ་ལྟ་བུ། སྡིག་པ་ལ་འཛེམ་བག་ཆེ་བ་མིག་ཏུ་རྡུལ་སྤྲང་བ་ལྟ་བུ། ཐེག་པ་ཐམས་ཅད་ལ་དད་པ་འདོད་པ་ཅན་ཚོང་འདུས་སུ་ཕྱིན་པ་ལྟ་བུ་བྱུང་བ་ནི་དད་པ་སྐྱེས་བའི་ཚད་ཡིན་པས། སྐྱེས་བ་དེ་དག་མ་ཉམས་ཤིང་གོང་འཕེལ་དུ་བྱ་བ་གལ་ཆེའོ། །དེའི་དུས་སུ་རང་རྒྱུད་ཆོས་ཀྱིས་ཐུལ་བས་ཆོས་དང་གང་ཟག་མ་འཇོལ་བ་ཡིན་ནོ། །དད་པ་འགྲིབ་ན་བསྐྱེད་པའི་ཐབས་ཀྱིས་ཉིན་

མཚན་དུ་བསྐུལ་བ་ནི། འདི་སྐད་དུ་ཡང་ཡིད་བཞིན་རིན་པོ་ཆེའི་མཛོད་ལས། བཙལ་བའི་ཐབས་ཀྱིས་དད་པ་མ་བསྐྱེད་ན། །དགེ་ལེགས་མི་གྲུབ་གཏན་དུ་སྲིད་པར་འཁྱམས། །དེ་ཕྱིར་གང་དུ་གང་ལ་བསྟེན་ནས་ཀྱང་། །དད་པ་བསྐྱེད་པའི་ཐབས་ལ་འབད་པར་བྱ། །ཞེས་སོ། །དད་པ་མེད་ན་ཡོན་ཏན་གཞན་མང་ཡང་ཕན་པ་མེད་དེ། གཟུགས་མཛེས་ཀྱང་མིག་མེད་པ་དང་འདྲ་བས་དད་པ་བསྐྱེད་དོ། །དེའང་དུས་བཞིར་མི་རྟག་པ་བསྒོམས་ལ་དད་པ་བསྐྱེད། ལས་འབྲས་ཕྲ་མོ་བསམ་ལ་དད་པ་བསྐྱེད། གང་ལའང་ཡོན་ཏན་བསམ་ནས་དད་པ་བསྐྱེད། ཆོས་ཀྱི་དཀོན་པ་བསམ་ནས་དད་པ་བསྐྱེད། བླ་མའི་བཀའ་དྲིན་བསམ་ནས་དད་པ་བསྐྱེད། མཆེད་གྲོགས་ཀྱི་དག་སྣང་བསམ་ནས་དད་པ་བསྐྱེད། །སངས་རྒྱས་ཀྱི་ཡོན་ཏན་བསམ་ནས་དད་པ་བསྐྱེད། ཅེས་སྐད་ཅིག་ཀྱང་འགྲིབ་ཏུ་ཕངས་པས་རང་ལས་གཞན་པ་ཐམས་ཅད་ངོ་མཚར་ཅན་ཤ་སྟག་ཏུ་བསམ་ལ་མཐོ་དམན་དང་ཕྱོགས་རིས་མེད་པར་དད་པ་བསྒོམ་ཞིང་རང་རྒྱུད་གདུལ་བ་གཅེས་ཏེ། བཤེས་སྤྲིང་ལས། སྙོམས་དང་བྲལ་ལ་མང་དུ་གསོལ་ཅི་འཚལ། །ཕན་པའི་གདམས་ངག་དོན་པོ་འདི་ལགས་ཏེ། །ཉིད་ཀྱིས་ཐུགས་དུལ་མཛོད་ཅིག་བཅོམ་ལྡན་གྱིས། །སེམས་ནི་ཆོས་ཀྱི་རྩ་བ་ལགས་པར་གསུངས། །ཞེས་སོ། །འདྲ་མིན་གོལ་སར་གྱུར་པའི་དད་པ་རེ་འགའ་བ་སྤྱངས་ལ། ཟུང་ཐུབ་པར་བྱ་བ་ལ་གདམས་པ་ནི། དེ་ཉིད་ལས། དད་པའི་གོལ་ས་ཤེས་ནས་སྤང་བ་བྱ། ཞེས་པ་ཡང་དག་པའི་དད་པར་མ་སོང་བ་དྲུག་ཡོད་པས་སྤངས་བར་བྱས་ལ། གཡོ་སྒྱུ་མེད་པས་རྟག་ཏུ་གུས་པའི་དད་པ་བསྐྱེད་པར་བྱའོ། །གང་ཞེ་ན་འདི་ལྟ་སྟེ། ཆོས་བྱེད་ལས་དང་པོ་བ་ཁ་ཅིག་བླ་མ་དང་འགྲོགས་པའི་དུས་སུ་དད་པ་ཧེ་ཆེར་ལྷུར་

བྱེད་ཅིང་། བླ་མ་དང་བྲལ་ནས་ཐ་མལ་ལས་ཀྱང་ངན་པ་ཡོད་པས་དེ་སྤང་པར་བྱའོ། །ཁ་ཅིག་རྐྱེན་དང་འཕྲད་པའི་དུས་ན་དད་པ་སྐྱེ་བ་མྱུར་ཡང་ཅིག་ཅར་ཡལ་ནས་མེད་པར་གྱུར་བས་དེ་ཡང་སྤང་བར་བྱའོ། །ཁ་ཅིག་རང་འདོད་པའི་ཆོས་ལ་སྤྱོད་དམ་ནད་གདོན་གྱིས་གཙེས་པ་མ་གྲོལ་བར་དད་པ་ཆེ་ཆེ་འདྲ་ལ། དེ་དག་པའམ་ཐོབ་ཟིན་དུས་བྱོལ་ནས་སྤོང་བ་དེ་ཡང་སྤོང་ངོ་། །ཁ་ཅིག་དགེ་སྦྱོར་གཅིག་བྱེད་འཕྲོ་ལ་གཅིག་བྱེད་པར་ཞུགས་ནས་གཉིས་ཀ་མགོ་མི་ཐོན་པ་དེ་ཡང་སྤང་ངོ་། །ཁ་ཅིག་ཆོས་ཟབ་མོ་གཅིག་དང་རྫ་བའི་བླ་མ་གཅིག་ལ་མི་བྱེད་པའི་དད་པ་མེད་པར་གང་བདེ་བདེར་འཇུག་པ་ཡང་སྤང་ངོ་། །ཁ་ཅིག་དད་པ་ཅུང་ཙམ་ཞིག་རྐྱེན་གྱིས་སྐྱེས་པ་ལས་རྐྱེན་ཅུང་ཟད་རེས་འགྲིབ་པ་གློ་བུར་ཡེ་འདྲོག་ཅན་དེ་ཡང་སྤང་ལ། དང་པོ་བརྟགས་ནས་ཆོས་དང་བླ་མར་བཟུང་ཟིན་ནས་ཕྱིའི་སྐྱོ་ངལ་དང་འཕེལ་འགྲིབ་མེད་པའི་དད་གུས་བྱའོ། །ཇི་ལྟར་དད་པ་བརྟན་པར་བྱ་བ་ནི། དེ་ཡང་ཡིད་བཞིན་རིན་པོ་ཆེའི་མཛོད་ལས། དང་པོ་རབ་བརྟགས་དད་པའི་ཡུལ་རྣམས་ལ། །ཕྱི་ནས་མི་འགྱུར་རི་རྒྱལ་ལྟ་བུ་དང་། །འཕེལ་འགྲིབ་གཉིས་མེད་ཉི་མཁའ་རྒྱ་མཚོ་ལ། །ཐང་ལྷོད་གཉིས་མེད་གཞུ་མོའི་རྒྱུད་དང་མཚུངས། །སྐྱོ་དུབ་མེད་པ་གྲུ་ཟམ་ལྟ་བུ་ལ། །རྒྱུན་ཆད་མེད་པ་ཆུ་བོའི་གཞུང་ཆེན་བཞིན། །མཉེན་ལྡུག་ལྡན་པ་དར་ཐག་ལྟ་བུ་ལ། །རྐྱེན་གྱིས་མི་འཕྲོག་ནམ་མཁའ་ལྟ་བུར་བསྟེན། །ཞེས་པ་སྨྲོས་བྱ་དམ་པ་དག་གིས་ནི་དང་པོ་བརྟགས་པ་དང་དཔྱོད་པ་སྔོན་དུ་འགྲོ་བས་བླ་མ་དང་ཆོས་འཚོལ་བ་ཡིན་ལ། སྙེད་ནས་འགྱུར་ལྡོག་མེད་པའི་དད་པ་རི་རྒྱལ་ལྟ་བུ་ཡིན་ལ། འཕེལ་འགྲིབ་མེད་པའི་དད་པ་ཉི་མ་ལྟ་བུ། ཁ་གཉིང་མེད་པའི་དད་པ་རྒྱ་མཚོ་ལྟ་བུ། བྲུས་ཡུས་མེད་པའི་

དད་པ་མ་ལྷ་བུ། མཐའ་དབུས་མེད་པ་དད་པ་ནམ་མཁའ་ལྟ་བུ། ཐང་ལྷོད་མེད་པའི་དད་པ་གཞུ་བརྟངས་པའི་རྒྱུད་ལྟ་བུ། གཞན་གྱིས་བསྒྱུར་རམ་བཀའ་བཀྱོན་ལ་སོགས་པའི་རྐྱེན་གྱིས་མི་འགྲོག་པའི་དད་པ་ནམ་མཁའ་ལྟ་བུ། སྒྱོ་དུབ་མེད་པ་དད་པ་གྲུ་ཟམ་ལྟ་བུ། རྒྱུན་ཆད་མེད་པའི་དད་པ་ཆུ་བོའི་གཞུང་ལྟ་བུ། །གུས་ཤིང་མཉེན་ལྷུག་དང་ཞེ་སས་བརྒྱན་པའི་དད་པ་དར་ཐག་ལྟ་བུ་སྟེ་བཅུ་དང་ལྡན་པས་བསྟེན་པར་བྱའོ། །དེ་ལྟ་བུའི་དད་པ་ལ་ཡོན་ཏན་ཚད་མེད་པ་ཇི་སྙེད་མཆིས་པ་དག་བསྡུ་ན། དཀར་པོའི་ཆོས་ཐམས་ཅད་ཀྱི་གཞིར་གྱུར་པ་དང་། འཁོར་བའི་སྡུག་བསྔལ་ཐམས་ཅད་སེལ་བ་དང་། ཐར་བའི་ལམ་སྣ་ཟིན་པ་དང་། ཆོས་ཟབ་མོའི་སྣོད་དུ་གྱུར་པ་དང་། སངས་རྒྱས་དང་བྱང་ཆུབ་སེམས་དཔའ་རྣམས་ཀྱིས་རྟག་ཏུ་དགོངས་པ་དང་། ངོ་ཚ་ཤེས་པ་དང་། ཁྲེལ་ཡོད་པ་དང་། ཤེས་རབ་དང་ལྡན་པ་ལ་སོགས་པའི་ཡོན་ཏན་གྱི་ཚོགས་དང་ལྡན་པ་དང་། སངས་རྒྱས་ཀྱི་ཞིང་ཁམས་དག་པར་སྐྱེ་བ་དང་། སྐྱེ་བ་ཀུན་ཏུ་བླ་མ་དམ་པ་དང་། ཆོས་དམ་པ་དང་། གྲོགས་དམ་པ་རྣམས་སྐྱེ་མ་ཐག་ཏུ་མཇལ་ཞིང་། ཆོས་ལ་སྤྱོད་པ་དང་། དཀར་པོའི་ཕྱོགས་ལ་དགའ་བའི་ལྷས་བསྲུང་བ་དང་། བདེ་བར་གཤེད་དུ་འགྲོ་ཞིང་རྗེ་ལམ་དུ་ཡང་བླ་མ་དང་དཀོན་མཆོག་དང་ཆོས་ལ་སྤྱོད་པའི་སྣང་བ་བཟང་པོ་རྨི་ཞིང་བདེ་བར་སད་པ་དང་། ཅི་བསམ་པ་རྣམས་འགྲུབ་པ་དང་། བདེ་བར་ཆིའི་དུས་བྱེད་ཅིང་སངས་རྒྱས་དང་བྱང་ཆུབ་སེམས་དཔའ་རྣམས་ཀྱིས་ལམ་བདེ་བར་འདྲེན་པ་དང་། བར་དོའི་འཇིགས་པ་ཐམས་ཅད་མེད་པ་དང་། གང་དུ་སྨོན་པའི་གནས་སུ་སྐྱེ་བས་དཀོན་མཆོག་གི་གདུང་འཚོབ་པ་དང་། མྱུར་དུ་སངས་རྒྱས་པའི་གོ་འཕང་ཐོབ་པ་སྟེ། ཕན་ཡོན་རྒྱས་པ་ནི་བསྐལ་བ་མཐའ་ཡས

པ་སླེད་བརྗོད་ཀྱང་ཟད་མི་ཤེས་པའོ། །དཀོན་མཆོག་སྒྲོན་མེ་ལས། གང་གི་ཞིང་བཅུ་རྡུལ་སླེད་སེམས་ཅན་ལ། །བདེ་བ་ཀུན་གྱི་བསྐལ་པ་བསླེན་བཀུར་བས། །ཆོས་འདིར་དད་པའི་བསོད་ནམས་ཅི་འདྲ་བ། །ཁྱད་པར་འཕགས་པ་འདི་ཉིད་དེ་ལ་མེད། །ཅེས་པའི་ཕྱིར་སྤུར་སློས་པའི་དད་པ་དྲུག་པོ་ཡུལ་དྲུག་ལ་དམིགས་ནས་བརྒྱ་འགྱུར་དུ་བརྩོན་པར་དེ་ཡང་། དགེ་བ་བཅུ་དང་ཕ་རོལ་ཏུ་ཕྱིན་པ་བཅུ་དང་ཕྱོགས་བཅུའི་བླ་མ་དང་དཀོན་མཆོག་དང་སེམས་ཅན་གྱི་ཚོགས་ལ་དམིགས་པར་འགྲེས་པས་དད་པའི་འདབ་མ་སྟོང་དུ་རྒྱས་པར་མཛོད་ཅིག གཉིས་པ་ཐུན་མོང་མ་ཡིན་པ་ལ། དང་པོ་སྐྱབས་སུ་འགྲོ་བ་ལ། སྐྱབས་ཡུལ་ངོས་བཟུང་བ་དང་། སྐྱབས་སུ་འགྲོ་བ་དང་། ཕན་ཡོན། སྤང་བྱ། བླང་བྱའི་བསླབ་བྱ་དང་ལྔ། དང་པོ་ལ་བཞི། ཕྱི་དང་། ནང་དང་། གསང་བ་དང་། དེ་ཁོ་ནའོ། །དེ་ཡང་དང་པོ་ལ་གསུམ། སངས་རྒྱས་ཆོས་དང་དགེ་འདུན་ཏེ། སངས་རྒྱས་ལ་ཡང་ངེས་ཚིག་འབྲུལ་བ་སངས་ལ་ངོ་བོ་གནས་ལུགས་མངོན་དུ་བྱས་ཤིང་ཡེ་ཤེས་རྒྱས་པའི་ཐུགས་རྗེ་ཐབས་ལ་མཁས་པ་དང་། གཉིས་པ་ཆོས་ལ་གསུམ་ཏེ། ངོ་བོ་རྣམ་པར་དཀར་བ། མཚན་ཉིད་ལྡང་བ་ལས་འཛིན་པ། དབྱེ་བ་ནི་རྒྱུ་འབྲས་གཉིས་སམ། སྡེ་སྣོད་གསུམ་མམ། ཐེག་པ་དགུའོ། །གསུམ་པ་དགེ་འདུན་ལ་ཡང་གསུམ་སྟེ། ངོ་བོ་མི་དགེ་བས་དབེན་པ། ངེས་ཚིག་དགེ་བའི་འདུན་པ། དབྱེ་ན་ཕྱི་གཟུགས་རྟགས་ཀྱི་དགེ་འདུན། གཞན་དོན་སེམས་བསྐྱེད་ཀྱི་དགེ་འདུན། ཡང་དག་དོན་གྱི་དགེ་འདུན་ནོ། །ལུང་ལས། སངས་རྒྱས་སྟོན་པ་ཆོས་ལ་ལམ་དང་ནི། །དགེ་འདུན་གྲོགས་ཀྱི་ཚུལ་དུ་སྐྱབས་སུ་འགྲོ། །ཞེས་སོ། །གཉིས་པ་ནང་གི་ནི། བླ་མ

ཡི་དམ་མཁའ་འགྲོ་གསུམ་ལས། དེ་ཡང་བླ་མ་ནི། རང་རྒྱུད་གྲོལ་ཞིང་གཞན་རྒྱུད་སྨིན་ཐབས་ལ་མཁས་པ་ཨོ་རྒྱན་པདྨ་ལྷ་བུ་སྟེ་བྱིན་རླབས་ཐམས་ཅད་ཀྱི་འབྱུང་གནས་སོ། །གསུམ་པ། གསང་བ་ཆོས་སྐུ་ལོངས་སྐུ་སྤྲུལ་སྐུ་གསུམ་སྟེ། ཆོས་སྐུ་ཀུན་ཏུ་བཟང་པོ་ལ་ཡེ་ཤེས་རྒྱ་མཚོའི་ཚོགས་ཀྱིས་བསྐོར་བ་ནི། བདེ་བར་གཤེགས་པ་ཐམས་ཅད་བསྐྱེད་པའི་ཡབ་བོ། །ལོངས་སྐུ་རྒྱལ་བ་རིགས་ལྔ་ཡབ་ཡུམ་ལ་འཁོར་བྱང་ཆུབ་སེམས་དཔས་བསྐོར་བ་ནི། ཡེ་ཤེས་ལྔ་ལྡན་དོན་གྱི་ལྷའོ། །སྤྲུལ་སྐུ་རྡོ་རྗེ་འཆང་ལ་འཁོར་སྤྲུལ་པ་སྐུ་ཡི་ཚོགས་ཀྱིས་བསྐོར་བ་ནི། ཐུགས་རྗེས་འགྲོ་བར་བརྩེ་བ་ཅན་ནོ། །བཞི་པ། དེ་ཁོ་ན་ཉིད་ངོ་བོ་རང་བཞིན་ཐུགས་རྗེ་གསུམ་སྟེ། ངོ་བོ་ཀ་དག་སྤྲོས་དང་བྲལ་ཞིང་གྲོལ་བ་ཆེན་པོ་བཞི་དང་། རང་བཞིན་ལྷུན་གྲུབ་ཡོན་ཏན་འཚོགས་ཤིང་རང་གསལ་འོད་ལྔའི་མདངས་དང་ལྡན་ནོ། །ཐུགས་རྗེ་མ་འགགས་ཀུན་ཁྱབ་སྣ་ཚོགས་རང་གྲོལ་འདུས་མ་བྱས་སོ། །མདོ་སྡེ་འདས་གྱུར་ལས། རང་ཉིད་སྐྱབས་སུ་ལེགས་ཏེ། དེ་ནས་རང་ཉིད་ལ་སྐྱབས་སུ་མཆིས་པར་བགྱིའོ། །གནས་གསུམ་པོ་ལས་སྐྱབས་སུ་འགྲོ་མི་དགོས་པ་ལེགས་སོ། །ཞེས་གསུངས་སོ། །སྐྱེས་བུ་དད་ལྡན་འཁོར་བ་སྡུག་བསྔལ་དུ་ཤེས་ཤིང་ཐར་བ་དོན་དུ་གཉེར་བ་རྣམས་ཀྱིས་དེ་ལྟར་སྐྱབས་གནས་དགུ་ཕྲུགས་སུ་འགྲོ་སྟེ། རྫུ་འཕྲུལ་མཐའ་དག་སྐྱོབ་པའི་ཐུགས་རྗེ་དང་ལྡན་ཏེ། ཕག་མོའི་རྟོགས་བརྗོད་ལས། དཀོན་མཆོག་གསུམ་ལ་སྐྱབས་སོང་ན། །འཇིགས་པ་མེད་པར་འཐོབ་པར་འགྱུར། །གང་ཞིག་དཀོན་མཆོག་སྐྱབས་སོང་ན། །མི་དེ་ངན་འགྲོར་མི་ལྟུང་ཞིང་། །མི་ཡི་ལུས་དག་བོར་ནས་ནི། །དེ་ནི་ལྷ་ཡི་ལུས་ཐོབ་ནས། །ལྷ་ཡི་ལུས་དག་བོར་ནས་ནི། །དེ་ནས

སངས་རྒྱས་བྱང་ཆུབ་འགྲུབ། །ཅེས་པ་དང་། ངན་སོང་གསུམ་དང་ཐབས་མིན་དང་། །འཇིགས་ཚོགས་ལྟ་བ་དམན་པ་ལས། །སྐྱོབས་ཕྱིར་སྐྱབས་ཀྱི་དམ་པར་འདོད། །ཅེས་སོ། །ཀུན་དགའ་བོས་ཞུས་པ། སངས་རྒྱས་ཆོས་དང་འཕགས་པ་གསུམ། །འཇིག་རྟེན་ཀུན་གྱི་སྐྱབས་ཡིན་ཏེ། །སུ་ཞིག་འཕགས་པར་འདོད་པ་རྣམས། །དཀོན་མཆོག་གསུམ་ལ་སྐྱབས་སུ་སོང་། །ཞེས་པ་དང་། སྐྱབས་འགྲོ་བདུན་བཅུ་པ་ལས། སྡོམ་པ་ཀུན་ལ་ཡོད་མོད་ཀྱང་། །སྐྱབས་སུ་མ་སོང་པ་ལ་མེད། །ཅེས་སོ། །དེ་ཉིད་ལས། གང་ཞིག་དཀོན་མཆོག་གསུམ་ལ་སྐྱབས་སུ་འགྲོ་བ་དེ་ཡིས་མྱུར་དུ་སངས་རྒྱས་འཐོབ། ཅེས་གསུངས་སོ། །དེ་ལྟར་སྐྱབས་ཡུལ་གྱི་རྒྱ་མཚན་ཡང་དག་པར་ཤེས་ནས་གསལ་གདབ་པ་ནི། ཨོཾ་ཨཱཿཧཱུཾ། མདུན་གྱི་ནམ་མཁར་རྣམ་དག་ཞིང་ཁམས་མཆོག །ངོ་མཚར་བཀོད་རབ་འབར་བ་ཀློང་ཡངས་དབུས། །རིན་ཆེན་ཁྲི་ཀ་པད་ཉི་ཟླ་གདན་སྟེང་། །བླ་མ་ཨོ་རྒྱན་སྐུ་གསུམ་ཀུན་བཟང་ལ། །སྐྱབས་གནས་མ་ལུས་རྣམས་ཀྱིས་བསྐོར་བར་དམིགས། །མགོན་པོ་དེ་དག་མདུན་དུ་བདག་ཉིད་བཅས། །འགྲོ་རྣམས་བྱང་ཆུབ་བར་དུ་གུས་སྐྱབས་མཆི། །ཞེས་ཡི་གེ་གསུམ་གྱིས་མ་དག་པ་སྦྱངས། དག་པའི་རང་བཞིན་ཞིང་ཁམས་རྒྱ་ཆད་ཕྱོགས་ལྷུང་མེད་པ་མཆོག་ཏུ་གྱུར་པ་ངོ་མཚར་རྨད་དུ་བྱུང་བ་བཀོད་པ་ཕུན་སུམ་ཚོགས་པ་འོད་དང་འོད་ཟེར་འབར་བ། ཀློང་ཡངས་པའི་དབུས་སུ་རིན་པོ་ཆེ་སྣ་ཚོགས་ལས་གྲུབ་པའི་ཁྲི་ཀ་སེང་གེ་གླང་ཆེན་རྟ་མཆོག་རྨ་བྱ་ཤང་ཤང་བརྒྱད་ཀྱིས་བཏེགས་པའི་ཁྲི་སྟེང་དུ། པདྨ་དང་ཉི་ཟླའི་གདན་ལ། ཨོ་རྒྱན་སྤྲུལ་པའི་སྐུ་རྩ་བའི་བླ་མ་དང་དབྱེར་མེད་པ་ཞལ་གཅིག་ཕྱག་གཉིས་སྐུ་མདོག་དཀར་ལ་ཅུང་

ཟད་དམར་བ་ཕྱུག་གཡས་གསེར་གྱི་རྡོ་རྗེ་རྩེ་ལྔ་པ་ཐུགས་ཀར་འཛིན་པ། གཡོན་པས་ཀ་པ་ལ་ཡེ་ཤེས་ཀྱི་བདུད་རྩིས་བཀང་བ་ལྟེ་བའི་ཐད་དུ་འཛིན་པ། གྲུ་མོར་ཁ་ཊཾ་ག་ཐོད་མཁར་སུམ་བརྩེགས་ཌ་མ་རུ་དང་ཧྲིང་ཧྲིང་ཤག་གིས་བརྒྱན་པ། ཞབས་རྡོ་རྗེ་དཀྱིལ་ཀྲུང་དུ་བཞུགས་པ། དབུ་ལ་པད་ཞྭ་ཀྲོད་ལྕེམ་དར་སྣས་བརྒྱན་པ། སྐུ་ལ་དར་དམར་གྱི་ཐོད་ཀ་ཆོས་གོས་དང་བེར་ཕྱུམས་གསོལ་བ། འཁོར་དུ་སྐྱབས་གནས་སྤྲུལ་པའི་སྐུའི་ཚོགས་ཀྱིས་བསྐོར་བར་དམིགས། དེའི་སྤྱི་གཙུག་ཏུ་ཨོ་རྒྱན་ལོངས་སྐུ་ཚེ་དཔག་མེད་པ་སྐུ་མདོག་དམར་པོ་ཞལ་གཅིག་ཕྱག་གཉིས་པ། སྐྱིལ་ཀྲུང་མཉམ་བཞག་གི་སྟེང་ན་བུམ་པ་བདུད་རྩི་ཡིས་བཀང་བ་བསྣམས་པ། ལོངས་སྤྱོད་རྫོགས་པའི་ཆས་ཀྱིས་བརྒྱན་པ། ཡུམ་གསང་བ་ཡེ་ཤེས་སྐུ་མདོག་དམར་མོ་ཞལ་གཅིག་ཕྱག་གཉིས་ཐབས་ཤེས་གཉིས་སུ་མེད་པར་ཡབ་ལ་འཁྲིལ་བ། འཁོར་དུ་ལོངས་སྐུའི་ཚོགས་ཀྱིས་བསྐོར་བ། དེའི་སྤྱི་གཙུག་ཏུ་ཨོ་རྒྱན་ཆོས་སྐུ་སྐུ་མདོག་མཐིང་ཀ་ཞལ་གཅིག་ཕྱག་གཉིས་པ་ཡུམ་ཡེ་ཤེས་ཀྱི་མཁའ་འགྲོ་མ་དང་གཉིས་སུ་མེད་པར་འཁྲིལ་སྦྱོར་དུ་བཞུགས་པ། དེའི་སྤྱི་གཙུག་ཏུ་ཀུན་བཟང་ཡབ་ཡུམ་འཁོར་ཡེ་ཤེས་རྒྱ་མཚོའི་ཚོགས་ཀྱིས་བསྐོར་བ། དེ་ལྟར་སྐུ་གསུམ་འཁོར་བཅས་གསལ་བར་བསྐྱེད། སྐྱབས་ཡུལ་དེ་དག་གི་མདུན་དུ་བདག་ཉིད་དབུ་མཛད་ལྟ་བུར་བསམ་ཞིང་ཕ་མའི་གཙོར་བྱས་པ་ཐམས་ཅད་ཁྲོམ་འཚོགས་པ་ལྟར་དུ་བསམ་ཞིང་། སྐྱབས་གནས་རྣམས་ལ་དད་གུས་མོས་པ་དང་ལྡན་པས་འགྲོ་རྣམས་བྱང་ཆུབ་མ་ཐོབ་པར་དུ་སྐྱབས་པར་བྱ་སྙམ་དུ་སྐྱབས་འགྲོའི་སྒྲ་འུར་ཧྲི་རི་རི་སྒྲོག་པར་བསམ་ལ། གཉིས་པ་སྐྱབས་སུ་འགྲོ་བ་ནི། ན་མོ། སངས་རྒྱས་ཆོས་དང་དགེ་འདུན་གསུམ་ལ་སྐྱབས་སུ་མཆིའོ། །བླ་མ་ཡི་དམ་མཁའ་འགྲོ་

གསུམ་ལ་སྐྱབས་སུ་མཆིའོ། །ཆོས་སྐུ་ལོངས་སྐུ་སྤྲུལ་སྐུ་གསུམ་ལ་སྐྱབས་སུ་མཆིའོ། །ངོ་བོ་རང་བཞིན་ཐུགས་རྗེ་གསུམ་ལ་སྐྱབས་སུ་མཆིའོ། །བླ་མ་སངས་རྒྱས་ཆོས་ཀྱི་སྐུ་ལ་སྐྱབས་སུ་མཆིའོ། །བླ་མ་ལོངས་སྤྱོད་རྫོགས་པའི་སྐུ་ལ་སྐྱབས་སུ་མཆིའོ། །བླ་མ་ཐུགས་རྗེ་སྤྲུལ་པའི་སྐུ་ལ་སྐྱབས་སུ་མཆིའོ། །རྩ་བའི་བླ་མ་བཀའ་དྲིན་ཅན་ལ་སྐྱབས་སུ་མཆིའོ། །བརྒྱུད་པའི་བླ་མ་བྱིན་རླབས་ཅན་ལ་སྐྱབས་སུ་མཆིའོ། །འདྲེན་པའི་བླ་མ་ཐུགས་རྗེ་ཅན་ལ་སྐྱབས་སུ་མཆིའོ། །ཡི་དམ་དཀྱིལ་འཁོར་ལྷ་ཚོགས་རྣམས་ལ་སྐྱབས་སུ་མཆིའོ། །དཔའ་བོ་མཁའ་འགྲོ་ཆོས་སྐྱོང་རྣམས་ལ་སྐྱབས་སུ་མཆིའོ། །ཞེས་མ་ཡེངས་གསལ་བའི་ངང་ནས་བརྒྱ་སྟོང་ཁྲི་འབུམ་ཅི་ནུས་འབད་པར་བྱ། གསུམ་པ་དེའི་ཕན་ཡོན་ནི། གནས་སྐབས་སུ་བསམ་པ་འགྲུབ་ཅིང་ནང་པ་སངས་རྒྱས་པའི་ཁོངས་སུ་ཚུད་པ་དང་། ཡོན་ཏན་གྱི་བརྟེན་དུ་རུང་བ་དང་། མི་དང་མི་མ་ཡིན་གྱིས་གནོད་པས་མི་ཐེ་ཞིང་གང་དུ་སྐྱེས་པ་ཐམས་ཅད་བླ་མ་དམ་པ་དང་། དཀོན་མཆོག་གི་ཞབས་དྲུང་དུ་སྐྱེས་ཤིང་མཐར་ཐུག་སངས་རྒྱས་ཐོབ་སྟེ། མདོ་སྡེ་རྒྱལ་མཚན་ལས། གང་ཞིག་གསུམ་ལ་སྐྱབས་འགྲོ་བ། །དེ་ཡིས་མྱུར་དུ་སངས་རྒྱས་ཐོབ། །ཅེས་སོ། །ལུང་ལས། སངས་རྒྱས་ཡོན་ཏན་བསམ་མི་ཁྱབ། །དམ་པའི་ཆོས་ཀྱང་བསམ་མི་ཁྱབ། །འཕགས་པའི་དགེ་འདུན་བསམ་མི་ཁྱབ། །བསམ་མི་ཁྱབ་ལ་དད་བྱས་ནས། །རྣམ་པར་སྨིན་པའང་བསམ་མི་ཁྱབ། །རྣམ་དག་ཞིང་དུ་སྐྱེ་བར་འགྱུར། །ཞེས་སོ། །སྐྱབས་སུ་འགྲོ་བའི་ཕན་ཡོན་ནི་སངས་རྒྱས་ཀྱི་ལྷུགས་ཀྱིས་ཀྱང་བགྲང་བར་མི་ནུས་པར་གསུངས། དེ་ལས་གཞན་སྐྱབས་མེད་པ་ཡིན་ནམ་ཞེ་ན་འཇིག་རྟེན་གྱི་

ལྷ་དང་། ཕ་མ་དང་། བུ་དང་། རྒྱལ་པོ་གཉེན་འདུན་སོགས་སྐྱབས་མ་ཡིན་ནམ་ཞེ་ན་མ་ཡིན་ཏེ། གནས་སྐབས་ཙམ་ལས་མཐར་ཐུག་གི་སྐྱོབ་པའི་ཐུགས་རྗེ་ནུས་པ་མེད་དེ། འཇིག་རྟེན་པ་ཡིན་པས་བློ་ངན་ལམ་སྟོན་མི་ནུས་པ་དང་མཚུངས། འཇིག་རྟེན་གྱི་ལྷ་བརྒྱ་སྦྱིན་དང་། ཚངས་པ་དང་། ཁྱབ་འཇུག་དང་། དབང་ཕྱུག་སོགས་ལྷ་ཆེན་པོ་བཞི་ཡང་དོན་གྱི་སྐྱབས་གནས་མ་ཡིན་ཏེ། ཇི་ལྟར་གསུངས་ན། རི་དང་བྲག་དང་ནགས་ཚལ་དང་། །ཀུན་དགའ་ར་བ་ལྗོན་ཤིང་དང་། །མཆོད་རྟེན་དག་ལ་སྐྱབས་སོང་ན། །སྐྱབས་ཀྱི་མཆོག་གྱུར་མ་ཡིན་ཏེ། །སྐྱབས་དེ་དག་ལ་བརྟེན་ནས་ནི། །འཁོར་བའི་གནས་ལས་ཐར་མི་ནུས། །སྡུག་བསྔལ་ཟུག་རྒུ་ཞི་མི་འགྱུར། །དཀོན་མཆོག་གསུམ་ལ་སྐྱབས་སོང་ན། །འཇིགས་པ་མེད་པ་ཐོབ་པར་འགྱུར། །བདེ་ལེགས་ཐམས་ཅད་འབྱུང་ངོ་ཞེས། །ཞེས་དང་། བུ་མོ་རིན་ཆེན་གྱིས་ཞུས་པའི་མདོ་ལས། འཆི་བའི་དུས་ལ་བབས་ཙ་ན། །བུ་དག་སྐྱབས་སུ་མི་འགྱུར་སྟེ། །ཡང་ཚོམ་ཡིན་སྟོབས་ཀྱང་མིན། །ཇི་ལྟར་འདོད་པ་བཞིན་དུ་འགྲོ། །ཞེས་དང་། ལུང་ལས། གཤིན་རྗེའི་ཕོ་ཉ་བྱུང་བའི་ཚེ། །ཕ་མ་ཁྱེད་ཀྱི་སྐྱབས་མ་ཡིན། །གཉེན་འདུན་རྩ་ལག་ཀུན་ཀྱང་མིན། །དེ་དག་ཀུན་གྱིས་ཁྱེད་བོར་ནས། །རང་ཉིད་གཅིག་པུ་ཕྱི་མར་འགྲོ། །ཞེས་པས་སྐྱབས་གནས་མི་བསླུ་དཀོན་མཆོག་གསུམ་པོའོ། །བཞི་པ་སྤང་བྱ་ནི། དཀོན་མཆོག་གསུམ་ལ་སྐྱབས་སོང་བས་བླང་དོར་གྱི་བྱེ་བྲག་ཤེས་པར་བྱ་སྟེ། དེ་ཡང་བླ་མ་ལ་སྐྱབས་སུ་སོང་བས་དགེ་བའི་བཤེས་གཉེན་ལ་གུས་ཤིང་སྡིག་པའི་གྲོགས་ལ་མི་བསྟེན། སངས་རྒྱས་ལ་སྐྱབས་སུ་སོང་བས་ཕྱི་རོལ་པའི་ལྷ་དབང་ཕྱུག་སོགས་འཇིག་རྟེན་པའི་

ལྷ་ལ་ཕྱག་མི་འཚལ། ཆོས་ལ་སྐྱབས་སུ་སོང་བས་སེམས་ཅན་ལ་འཚེ་བ་མི་བྱ། དགེ་འདུན་ལ་སྐྱབས་སུ་སོང་བས་མུ་སྟེགས་བྱེད་དམ་རྒྱུ་འབྲས་ལ་སྐུར་བ་འདེབས་པ་དང་མི་འགྲོགས་ཏེ། མདོ་རྒྱལ་མཚན་ལས། གང་དག་སངས་རྒྱས་སྐྱབས་སོང་བས། །ནམ་དུའང་ལྷ་ནི་གཞན་དག་ལ། །བསྟེན་ཅིང་སྐྱབས་སུ་འགྲོ་མི་བྱ། །གང་དག་ཆོས་ལ་སྐྱབས་སོང་བས། །གནོད་ཅིང་འཚེ་བའི་སེམས་དང་བྲལ། །གང་དག་དགེ་འདུན་སྐྱབས་སོང་བས། །མུ་སྟེགས་ཅན་དང་འགྲོགས་མི་བྱ། །ཞེས་སོ། ལྷག་པ་བླང་བྱའི་བསླབ་བྱ་ནི། སངས་རྒྱས་ལ་སྐྱབས་སུ་སོང་ནས་སངས་རྒྱས་ཀྱི་སྐུ་གཟུགས་ལུགས་སུ་བླུག་པ་རིས་སུ་བྲིས་པ་དང་། མཆོད་རྟེན་ཚ་ཚ་ཆག་དུམ་ཡན་ཆད་སངས་རྒྱས་ཀྱི་སྐུའི་འདུ་ཤེས་དང་དད་གུས་མོས་པ་བྱའོ། །ཆོས་ལ་སྐྱབས་སུ་སོང་ནས་པོ་ཏི་གླེགས་བམ་བཀའ་འགྱུར་རོ་ཅོག་མན་ཆད་ནས་ཡི་གེ་ཆད་གྲོ་ཡན་ཆད་ལ་དམ་པའི་ཆོས་ཀྱི་འདུ་ཤེས་བཞག་ཅིང་དོན་གཉེར་མཆོད་བསྟོད་བྱ། དགེ་འདུན་ལ་སྐྱབས་སུ་སོང་ནས་དགེ་བའི་བཤེས་གཉེན་དམ་པ་དགེ་འདུན་གྱི་སྡེ་ཆེན་པོ་མན་ཆད་དང་། གོས་སེར་གྱོན་པ་ཡན་ཆད་ལ་དགེ་འདུན་གྱི་འདུ་ཤེས་བྱས་ནས་བཀུར་སྟི་རིམ་གྲོ་ཕུ་དུད་སྟི་སྟང་བྱ་བ་ལས་མ་དད་མ་གུས་བརྙས་ལས་དང་ཚོད་ཡོད་མི་བྱ་ཞིང་ཡི་དམ་དུ་བྱའོ། །གཉིས་པ་སེམས་བསྐྱེད་པ་ནི། དེ་ཡང་རྒྱུད་ལས། བྱམས་དང་སྙིང་རྗེ་ཆོས་སྤྱིའི་ལམ། །ཐེག་པ་ཆེན་པོ་འཇུག་ཕྱིར་རོ། །ཞེས་པ་འདི་ལ་ལྔ་སྟེ། སྨོན་པ་དང་། འཇུག་པ་དང་། སེམས་བསྐྱེད་དངོས། བསླབ་པ། ཕན་ཡོན་ནོ། །དང་པོ་ལ་གསུམ་སྟེ། སྨོན་པ་དང་། བསླབ་པ། ཕན་ཡོན་ནོ། །དང་པོ་སྨོན་པ་ནི། སེམས་ཅན་ཐམས་ཅད་ཕ་མར་མ་གྱུར་པ་མེད་

དོ། །མ་འདི་དག་བདེ་བར་འདོད། སྡུག་བསྔལ་མི་འདོད། བདེ་བ་འདོད་བཞིན་དུ་བདེ་བ་དགྲ་ལྟར་བོར། སྡུག་བསྔལ་མི་འདོད་བཞིན་དུ་སྡུག་བསྔལ་གྱི་རྒྱུ་སྒྲུབ་པ་འདི་རྣམས་སྙིང་རེ་རྗེ། བདེ་བ་དང་ལྡན་པར་བྱ། སྡུག་བསྔལ་དང་བྲལ་བར་བྱ། སྡུག་བསྔལ་མེད་པའི་བདེ་བ་དང་ལྡན་པར་བྱ་སྙམ་པའི་བྱམས་པ་ཚད་མེད་པ་བཞི་རྒྱུད་ལ་སྐྱེས་པའི་སྨོན་པ་སྟེ། པདྨའི་སྙིང་གུར་ལས། སེམས་ཅན་དོན་ལ་སྨོན་བྱེད་པ། །རྫོགས་པའི་སངས་རྒྱས་སྒྱུར་པའི་ལམ། །ཞེས་གསུངས་སོ། །སེམས་ཅན་འདི་དག་ཕ་མར་མ་གྱུར་པ་མེད་དོ། །འདི་དག་གི་ལྟོ་བར་མ་ཉལ་བ་དང་། ནུ་ཞོ་མ་འཐུངས་བ་མེད་པའི་སེམས་ཅན་གཅིག་གི་ལུས་བླངས་པས། དྲི་མེད་བཤགས་རྒྱུད་ལས། ཤ་རུས་བསགས་ན་འཛིག་རྟེན་གཏོས་དང་མཉམ། །རྣག་ཁྲག་བསགས་ན་རྒྱ་མཚོ་ཆེན་པོ་ཙམ། །ལས་འགྲོ་བསགས་ནས་བསམ་འདས་བརྗོད་མི་ལང་། །ཁམས་གསུམ་བགྲངས་ཤིང་སྐྱེ་ཤིའི་ཁ་བརྒྱུད་ཅིང་། །ཞེས་གསུངས། སེམས་ཅན་འདི་དག་ལ་ཕན་པ་རྒྱ་ཆེན་པོ་བསྒྲུབས་སྙམ་པས་བསམ་པ་བཟང་པོས་འགྲོ་དྲུག་སེམས་ཅན་སྡུག་བསྔལ་གྱིས་མནར་བ་འདི་དག་ཐར་བ་བླ་ན་མེད་པའི་བྱང་ཆུབ་ཀྱི་གོ་འཕང་བདག་ཁོ་ནས་འགོད་པར་བྱ་སྙམ་པའི་བདག་ལས་གཞན་གཅེས་ཀྱི་བསམ་པས་རིགས་དྲུག་གི་སྡུག་བསྔལ་སྦྱངས་བར་ཁུར་ལྟེ་ཁུར་བར་དམ་བཅས་ནས་སྙིང་རྗེ་ཆེན་པོའི་བསམ་གཏན་ལ་གནས་པར་བྱ་སྟེ། སྟན་བདེ་བ་ལ་འདུག་ནས་དབུག་གཏོང་ལེན་ཟབ་མོའི་སྦྱོང་བར་བྱ་བ་ལ། དབུག་ཕྱིར་རྡུབ་དུས་རིགས་དྲུག་གི་སྡུག་བསྔལ་ཐམས་ཅད་རང་གི་རྒྱུད་ལ་ལེན་པ་དང་། ཕར་བཏང་པས་རང་གི་བསོད་ནམས་བདེ་སྐྱིད་ཐམས་ཅད་སེམས་ཅན་རྣམས་ཀྱི་རྒྱུད་ལ་སྦྱོར་བར་བསམས་ཤིང་། དམྱལ་བ་ཚ་གྲང་གི་སྡུག་བསྔལ་

དང་བྲལ་ནས་ཚ་བ་ལ་བསིལ་བའི་བདུད་རྩིའི་ཆུ་རྒྱུན་དང་། གྲང་བ་ལ་གནས་ཁང་གོས་སོགས་སོ་སོར་གང་འདོད་ཐོབ་པའི་སེམས་བསྐྱེད་དང་། ཡི་དྭགས་བཀྲེས་སྐོམ་གྱི་སྡུག་བསྔལ་དང་བྲལ་ཞིང་འདོད་ཡོན་གྱི་གཏེར་རྙེད་པ་དང་། དུད་འགྲོ་བཀོལ་སྤྱོད་དང་གཏི་མུག་གི་སྡུག་བསྔལ་བྱང་ཞིང་བདེ་བ་དང་ལྡན་པ་སོགས་མདོར་ན་རིགས་དྲུག་སོ་སོའི་སྡུག་བསྔལ་ཐམས་ཅད་བྱང་ཞིང་། གང་ལ་གང་འདོད་ཀྱི་འདོད་པ་ཐམས་ཅད་འགྲུབ་ཅིང་སྨོན་སེམས་བླ་ན་མེད་པ་བསྐྱེད་པར་བྱ། གཉིས་པ་སྨོན་པའི་བསླབ་པ་ནི། བློ་གྲོས་མི་ཟད་པས་ཞུས་པའི་མདོ་ལས། བྱམས་དང་སྙིང་རྗེ་ལྡན་པའི་གཞན་དོན་བརྩོན། །དགའ་དང་ལྡན་པའི་ཕ་རོལ་ཆོས་ལ་སྦྱོར། །བཏང་སྙོམས་ལྡན་པའི་ཆོས་མཆོག་འཚེ་བ་མེད། །འདི་ནི་ཐམས་ཅད་མཁྱེན་པའི་སེམས་སྦྱངས་ཡིན། །ཞེས་སོ། །དེ་ལྟར་བྱང་ཆུབ་ཏུ་སྨོན་པ་གལ་ཆེ་སྟེ། འཇུག་པ་ཤུགས་ལ་འབྱུང་བ་ཡིན། །སྤྱོད་འཇུག་ལས། བྱང་ཆུབ་སེམས་དེ་མདོར་བསྡུ་ན། །རྣམ་པ་གཉིས་སུ་ཤེས་བྱ་སྟེ། །བྱང་ཆུབ་སྨོན་པའི་སེམས་དང་ནི། །བྱང་ཆུབ་འཇུག་པ་ཉིད་ཡིན་ནོ། །འགྲོ་བར་འདོད་དང་འགྲོ་བ་ཡིས། །བྱེ་བྲག་ཇི་ལྟར་ཤེས་པ་ལྟར། །དེ་བཞིན་མཁས་པས་འདི་ཉིད་ཀྱི། །བྱེ་བྲག་རིམ་བཞིན་ཤེས་པར་བྱ། །ཞེས་སོ། །གསུམ་པ་སྨོན་པའི་ཕན་ཡོན་ནི། བྱམས་པ་འཇུག་པའི་མདོ་ལས། གང་གིས་སྟོང་གསུམ་རིན་ཆེན་བཀང་བྱས་ཏེ། །སྟོབས་བཅུ་མངའ་བ་རྣམས་ལ་འབུལ་བར་བྱས། །དེ་བས་བྱང་ཆུབ་ཏུ་ནི་སྨོན་བྱེད་པ། །བསོད་ནམས་ཤིན་ཏུ་མང་པོ་འཕེལ་བར་འགྱུར། །གང་གི་ཞིང་རྣམས་གངྒཱའི་བྱེ་མ་སྙེད། །རིན་ཆེན་གང་བར་བྱས་དེར་སྦྱིན་པ་སྦྱིན། །དེ་བས་བྱང་ཆུབ་ཏུ་ནི་སྨོན་བྱེད་པ། །བསོད་

ནམས་ཤིན་ཏུ་མང་པོ་འཕེལ་བར་འགྱུར། །ཞེས་སྨོན་པ་ཡང་དག་རྒྱུད་ལ་སྐྱེས་ནས་འཇུག་པ་ཤུགས་ཀྱིས་འབྱུང་བས་སྨོན་པ་ཡང་དག་དང་ལྡན་ནས་འཇུག་པར་བྱ་སྟེ། གཉིས་པ་འཇུག་པ་ལ། འཇུག་པ་དང་། བསླབ་པ་དང་། ཕན་ཡོན་ནོ། །དང་པོ་ནི། པདྨའི་སྙིང་གུར་ལས། གཞན་དག་སྲིད་ལས་གྲོལ་བར་བཙོན། །སེམས་དཔའ་འགྲོ་བའི་དོན་ལ་འཇུག །ཕ་རོལ་ཕྱིན་དྲུག་སྤྱོད་པར་བྱ། །ཞེས་བསྡུ་བའི་དངོས་པོ་བཞི་དང་། སྦྱིན་པ་རྣམ་པ་བཞི་རྟག་ཏུ་སྦྱིན་ཏེ་ཟང་ཟིང་གི་སྦྱིན་པ་ཟས་གོས་དང་གསེར་དངུལ་ཟངས་ལྕགས་ནོར་བུ་རིན་པོ་ཆེ་རྟ་གླང་ལ་སོགས་རྐང་བཞི་རྣམས་དང་། ཞིང་ཁང་ལ་སོགས་མཁོ་བའི་ཡོ་བྱད་རྣམས་དང་། བུ་དང་ཆུང་མ་ཡིད་འཐད་ནོར་གྱི་བྱིན་ལེན་དང་རེ་བ་མེད་པར་ཕྱོགས་མེད་དུ་བཏང་བར་བྱ། ནང་སེམས་ཅན་ཀྱི་སྦྱིན་པ་སྙིང་རྗེ་ཚད་མེད་པ་སྨོན་པ་ལྟར་རོ། །ལུས་ཤ་ཁྲག་གི་སྦྱིན་པ་མགོ་དང་ཡན་ལག་ཤ་དང་ཁྲག་དབང་པོའི་དྭངས་མ་སོགས་བཏང་ནུས་པས་མཐུ་སྟོབས་དང་ལྡན་ཞིང་གཞན་ལ་ཕན་པ་རྣམས་ཡིན་ལ། དེ་ལྟར་བཏང་བའི་ནུས་པ་དང་མི་ལྡན་ནའང་མཆོད་སྦྱིན་གཅེས་འཛིན་བཞིགས་ཤིང་བདག་འཛིན་ཐོང་བའི་ངང་ནས་ཡར་མཆོད་མར་སྦྱིན་དམིགས་པས་གར་རྒྱུར་གཞུང་ལུགས་ལྟར་དུ་བྱ། སྦྱིན་པ་བཏང་བར་རུང་མི་རུང་གི་བྱེ་བྲག་ལ་གཞན་གྱིས་གསོད་ངེས་པའི་སེམས་ཅན་སྦྱིན་པ་མི་གཏོང་། མཚོན་ཆ་ལ་སོགས་གཞན་ལ་གནོད་པའི་རྫས། ནད་པ་ལ་མི་འཕྲོད་པའི་ཟས། རབ་དུ་བྱུང་བ་ལ་ཕྱི་དྲོའི་ཁ་ཟས་དང་། ཤ་ཆང་སྒོག་པ་ལ་སོགས་མི་གཙང་གོས་པའི་ཉེས་བྱས་སུ་མི་གཏོང་། སྨྱོན་པ་ལ་སོགས་པར་ཕ་རོལ་གྱིས་ཐོ་འཚམས་པའི་ལས་ཀྱི་སྦྱིན་པ་མི་བཏང་བར། ཆོས་ཀྱི་སྦྱིན་པ་ཆོས་སྒྲུབ་པའི་ཡོ་བྱད་མཐུན་རྐྱེན་དང་། པོ་ཏི་

སྦྱིན་པ་དང་། གསེར་དངུལ་མཚལ་སྣུག་ཞོག་གྱུ། བྲིས་སླུག །ལུང་དང་བསླབ་པ་འབོག་པ། འཆད་པ་དང་ཡང་དག་པའི་ཆོས་སྟོན་པ་ལ་སོགས་པ་སྦྱིན་པ་རྣམས་ཀྱིས་ནང་ནས་ཆོས་ཀྱི་སྦྱིན་པ་མཆོག །སྐྱོ་དུབ་མེད་པ་གང་ལ་གང་འཚམས་སྦྱིན་པར་བྱ། གཞན་ཡང་མི་འཇིགས་པའི་སྦྱིན་པ་ནད་གདོན། མེ་ཆུ། མཚོན། རྒྱལ་པོའི་ཆད་པ། འཇིགས་པའི་སྐྱིལ་མ། མུ་གེའི་འཇིགས་པ་ལ་སོགས་པ་མདོར་ན་འཇིགས་པ་མཐའ་དག་ལས་སྐྱོབས་པ་སྟེ། སྟོབས་ནུས་ཅི་ཡོད་ཀྱི་སྒོ་ནས་ཕར་ཕྱིན་བཅུ་ལ་སོགས་པ་ལ་བསླབ་པར་བྱ། དེ་ལྟར་འཇུག་པའི་བྱང་ཆུབ་ཀྱི་སེམས་སྦྱང་བར་བྱ་སྟེ། གཉིས་པ་འཇུག་པའི་བསླབ་པ་ནི། བློ་གྲོས་མི་ཟད་པས་ཞུས་པའི་མདོ་ལས། བྱ་བ་རབ་ཏུ་བོར་བ་འདི་ནི་སྦྱིན་པ་དག །བྱམས་པ་ཡིད་དུ་གྱུར་པ་འདི་ནི་ཚུལ་ཁྲིམས་དག །བཟོད་པ་སྟོབས་བསྐྱེད་འདི་ནི་བཟོད་པ་དག །སངས་རྒྱས་ཡེ་ཤེས་འདི་ནི་བརྩོན་འགྲུས་དག །ཡིད་རབ་ཞི་བ་འདི་ནི་བསམ་གཏན་དག །སྨྲ་ཚིག་མེད་པ་འདི་ནི་ཤེས་རབ་དག །ཅེས་པ་དེ་ལྟར་དགེ་བ་ཆོས་བྱེད་ཀྱིས་བསྡུ་བ་དང་། སྣན་གྲགས་ཡོ་བྱད་ཀྱིས་བསྡུ་བ་དང་། མཐུན་པ་གང་འཚམས་ཀྱིས་བསྡུ་བ་དང་། སྤྱོད་པ་ཕར་ཕྱིན་དྲུག་དང་། འཇུག་པ་ཕུན་སུམ་ཚོགས་པ་ལ་བསླབ་པར་བྱའོ། །གསུམ་པ་འཇུག་པའི་ཕན་ཡོན་ནི། འདུས་བྱས་ཀྱི་ལུས་ལོངས་སྤྱོད་ཐམས་ཅད་ཆུད་མི་ཟ་ཞིང་དོན་དང་ལྡན་པ་དང་། གནས་སྐབས་སུ་ཡང་བསམ་པ་འགྲུབ་པ་དང་། ཀུན་ཀྱིས་ཡིད་དུ་འོང་ཞིང་བསྟོད་པ་དང་། མི་མ་ཡིན་ཡིད་གཟུགས་རྣམས་ཀྱིས་ཀྱང་མཐུན་རྐྱེན་བསྒྲུབས་པ་དང་། ལྷ་རྣམས་ཀྱིས་སྔན་པར་བརྗོད་པ་དང་། བཀའ་སྲུང་དམ་ཅན་རྒྱ་མཚོ་རྣམས་ཀྱིས་ལས་བྱེད་པ་དང་།

ཕྲིན་ལས་རྣམ་བཞི་འགྲུབ་པ་དང་། གནོད་སྦྱིན་གཏེར་བདག་རྣམས་ཀྱིས་འདོད་ཡོན་ལོངས་སྤྱོད་གཏེར་ཁ་བཙོལ་བ་ལ་སོགས་བསོད་ནམས་དཔག་ཏུ་མེད་པ་འབྱུང་སྟེ། གསང་བ་བསམ་གྱིས་མི་ཁྱབ་པའི་མདོ་ལས། བྱང་ཆུབ་སེམས་ཀྱི་བསོད་ནམས་གང་། །གལ་ཏེ་དེ་ལ་གཟུགས་མཆིས་ན། །ནམ་མཁའི་ཁམས་ནི་ཀུན་བཀང་ནས། །དེ་ནི་དེ་ལས་ལྷག་པར་འགྱུར། །ཞེས་སོ། །བྱང་ཆུབ་སེམས་དཔའ་དང་རིག་པ་འཛིན་པ་རྣམས་ཀྱིས་རྟག་ཏུ་བསྲུང་བ་དང་། སངས་རྒྱས་ལས་ཆོས་ཐོབ་པ་དང་ནམ་ཞིག་ཚེ་འཕོས་པའི་ཚེ་ན། བྱང་ཆུབ་སེམས་ཀྱི་རྟ་ཞོན་ནས་བདེ་བ་ནས་བདེ་བར་འགྲོ་ཞིང་། མཐར་ཐུག་བླ་མེད་བྱང་ཆུབ་ཐོབ་པའི་ཕན་ཡོན་གཞལ་དུ་མེད་དོ། །གསུམ་པ་སེམས་བསྐྱེད་པ་དངོས་ནི། དེང་བཟུང་བྱང་ཆུབ་མ་ཐོབ་བར། །འགྲོ་དྲུག་སེམས་ཅན་ཐམས་ཅད་ལ། །མ་དང་བུ་ཡི་འདུ་ཤེས་ཀྱིས། །མ་བསྒྲལ་བསྒྲལ་དང་མ་གྲོལ་གྲོལ། །དབུགས་དབྱུང་མྱ་ངན་འདས་ལ་འགོད། །སྨོན་འཇུག་བྱང་ཆུབ་སེམས་བསྐྱེད་དོ། །ཞེས་པ་དང་། བཞི་བ་བསླབ་བྱ་ནི། དེང་ནས་བཟུང་སྟེ་འགྲོ་དྲུག་སེམས་ཅན་ཐམས་ཅད་བྱང་ཆུབ་མ་ཐོབ་པར་དུ་ཚད་མེད་པ་བཞི་བསྒོམ་ཏེ། སྙིང་རྗེ་ཚད་མེད་པ་བུའི་མདུན་དུ་མ་བཞག་པ་ལྟ་བུ་དང་། བྱམས་པ་ཚད་མེད་པ་མས་བུ་སྐྱོངས་བ་ལྟ་བུ་དང་། དགའ་བ་ཚད་མེད་པ་ཡིད་བཞིན་ནོར་བུའི་གཏེར་རྙེད་པ་ལྟ་བུ་དང་། བཏང་སྙོམས་ཚད་མེད་བྱང་ཆུབ་སེམས་དཔས་སྦྱིན་པ་བཏང་བ་ལྟ་བུ་དང་། ཚད་མེད་པ་བཞི་ཁ་ཙམ་ཚིག་ཙམ་མ་ཡིན་པ་སྙིང་ཐག་པ་ནས་བསྒོམ་བར་བྱའོ། །སྟོན་གྱི་རྒྱལ་བ་རྣམས་ཀྱིས་བསྒྲོལ་མ་ཐུབ་པའི་སེམས་ཅན་ལས་ངན་པ་རྣམས་བདག་གིས་བསྒྲལ་བ་དང་། གྲོལ་མ་ནུས་པ་རྣམས་བདག་གིས་གྲོལ་བར

བྱ་སླམ་པའི་སེམས་བསྐྱེད་དང་། ས་བཅུའི་བྱང་ཆུབ་སེམས་དཔའ་རྣམས་ཀྱིས་དབུགས་མ་དབྱུང་བ་རྣམས་དབུགས་དབྱུང་ཞིང་མྱ་ངན་ལས་འདའ་བར་བྱ་སླམ་པའི་སེམས་སྟོབས་ཆེན་པོ་དང་ལྡན་པར་བྱ་ཞིང་། ལྔ་པ་ཕན་ཡོན་ནི། སྤྱོད་འཇུག་ལས། བྱང་ཆུབ་སེམས་སྐྱེས་གྱུར་ན་སྐད་ཅིག་གིས། །འཁོར་བའི་བཙོན་རར་བསྡམས་པའི་ཉམ་ཐག་རྣམས། །བདེ་གཤེགས་རྣམས་ཀྱི་སྲས་ཞེས་བརྗོད་བྱ་ཞིང་། །འཇིག་རྟེན་ལྷ་མིར་བཅས་པས་ཕྱག་བྱར་འགྱུར། །ཞེས་སོ། །དེ་ལྟར་སྨོན་འཇུག་གི་སེམས་བསྐྱེད་དོ། །མངོན་མཐོ་ངེས་ལེགས་ཀྱི་ཐེག་པ་མཐའ་དག་གི་གཞི་རྟེན་ཡིན་པ་དང་། ཐར་བ་ཆ་མཐུན་གྱི་ཡོན་ཏན། བསོད་ནམས་ཡེ་ཤེས་ཀྱི་འབྲས་བུ་མངོན་དུ་གྱུར་པའི་དགོས་ཆེད་ཡོད་དོ། །སྐྱེས་བུ་དམ་པ་ཐར་བ་དོན་དུ་གཉེར་བ་རྣམས་ཀྱིས་བྱང་ཆུབ་མཆོག་ཏུ་སེམས་བསྐྱེད་དོ། །གསུམ་པ་སྡོམ་པ་བཟུང་བ་ལ་གསུམ། སོ་སོར་ཐར་བའི་སྡོམ་པ་དང་། བྱང་ཆུབ་སེམས་དཔའི་སྡོམ་པ་དང་། སྔགས་ཀྱི་སྡོམ་པ་དང་གསུམ་མོ། །དང་པོ་སོ་སོར་ཐར་བའི་སྡོམ་པ་ལ་གསུམ། འདུལ་བ་ལུང་ལས། བརྩམ་པར་བྱ་ཞིང་དབྱུང་བར་བྱ། །སངས་རྒྱས་བསྟན་ལ་འཇུག་པར་བྱ། །འདམས་བུའི་ཁྱིམ་དུ་གླང་ཆེན་བཞིན། །འཆི་བདག་སྡེ་ནི་གཞོམ་པར་བྱ། །བག་མེད་འཁོར་བའི་གནས་ཡིན་ཞེས། །བག་དང་ལྡན་པ་ཐར་བའི་ཞིང་། །ཞེས་སོ། །འདི་ལ་གསུམ་ལས། དང་པོ་དགེ་བསྙེན་གྱི་བསྲུང་བྱ་ལ། སྲོག་གཅོད་པ། མ་བྱིན་པ་ལེན། མི་ཚངས་སྤྱོད། རྫུན་སྨྲ། ཆང་དང་ལྔ་གཞི་རྟེན་གྱི་རྩ་བ་ཡིན་པས་མ་ཉམས་ལེགས་པར་བསྲུང་། གཉིས་པ་དགེ་ཚུལ་ཕྱིའི་བསྲུང་བྱའི་རྣམ་གྲངས་ལས་རྩ་བ་བཞི་དང་ཡན་ལག་དྲུག་དགེ་ཚུལ་རྣམ་དག་མིག་ལྟར་བསྲུང་།

གསུམ་པ་དགེ་སློང་གི་སྡོམ་པའི་རྣམ་གྲངས་ཕམ་པ་བཞི། ལྷག་མ་བཅུ་གསུམ། སྤང་ལྟུང་སུམ་བཅུ། ལྟུང་བྱེད་འབའ་ཞིག་པ་དགུ་བཅུ། སོ་སོར་བཤགས་པ་བཞི། ཉེས་བྱས་བརྒྱ་དང་བཅུ་གཉིས། དགེ་སློང་བཅས་ལྡན་རྣམས་ཀྱི་བསྲུང་བྱ་ཉིས་བརྒྱ་ལྔ་བཅུ་རྩ་གསུམ་རྣམ་པར་དག་པ་གསུམ་ལྡན་དགེ་བའི་བཤེས་གཉེན་གྱིས་ནོད་དོ། །སོ་སོར་ཐར་པའི་བསླབ་པ་གསུམ་མ་ཉམས་པར་བསྲུང་དགོས་ཏེ། བསྟན་པ་སྤྱི་ལུང་ཞེས་པའི་བསྡོམ་པ་ལས། སྲོག་གཙོད་མ་བྱིན་ལེན་དང་འདོད་ལོག་གཡེམ། །རྫུན་དུ་སྨྲ་དང་བག་མེད་ཆང་རྣམས་ནི། །རྩ་བ་ཡན་ལག་ཕྲ་མོར་བྱས་པ་སྤངས། །ཞེས་དང་། སློབ་དཔོན་ཀླུ་སྒྲུབ་ཀྱི་ཞལ་སྔ་ནས། ཁྲིམས་ནི་རྒྱུ་དང་མི་རྒྱུའི་ས་བཞིན་དུ། །ཡོན་ཏན་ཀུན་གྱི་གཞི་རྟེན་ཐུབ་པས་གསུངས། །ཞེས་སོ། །ཁྲིམས་ནས་ཁྲིམས་མེད་པར་རབ་དུ་བྱུང་ཞིང་། གཙང་ཞིང་གཙང་མར་གནས་པའི་འཕགས་པའི་དགེ་འདུན་རྣམས་ལུས་ངག་ཡིད་གསུམ་སྡོམ་པ་ལ་གནས་པ་ནི་སྡུག་བསྔལ་ཀུན་ལས་གྲོལ་བར་བྱེད། གཉིས་པ་བྱང་ཆུབ་སེམས་དཔའི་སྡོམ་པ་ནི། བྱང་ཆུབ་སེམས་དཔའི་བློ་དང་ལྡན་པ་དག་གིས་བག་མེད་པའི་གནས་མཐར་དག་རིང་དུ་སྤངས་ཏེ། འཇིག་རྟེན་དབང་ཕྱུག་བློ་གྲོས་རྣམས་ཀྱིས་བདག་ལས་གཞན་གཅེས་བསམ་པས་ཉམ་ཐག་པའི་སེམས་ཅན་ཐམས་ཅད་དོན་དུ་ཁུར། གསང་སྔགས་ཐེག་ཆེན་ཆོས་ཀྱི་སྤྱོད་པ་སྤྱད་ཅིང་བདག་གཞན་དོན་གཉིས་བསྒྲུབ་པའི་དོན་ལ་རབ་ཏུ་བརྩོན་ཏེ་མཐར་ཐུག་འབྲས་བུ་ཐོབ་བར་བྱེད་པའི་སེམས་ཅན་གྱི་དོན་ནི་ནམ་ཡང་དོར་བར་མི་བྱ་སྟེ། དབང་ཆེན་རྒྱ་མཚོ་མཐའ་ཡས་ཀྱི་རྒྱུད་ལས། སྲོག་འདོན་སྦྱིན་པ་བཏང་བ་དང་། །ཚངས་སྤྱོད་སྐྱོངས་ཤིང་ཆོས་ཀྱང་བསྟན། །རྟག་ཏུ་བག་ཡོད་བསྟེན་པར་བྱ། །གཞན་ལ་

ཕན་ན་རྟོག་པའང་སྣང་། །ཞེས་སོ། །གོང་མའི་འདྲེན་པ་རྣམས་ལ་མོས་གུས་གདུང་སེམས་དང་། འོག་མ་སེམས་ཅན་རྣམས་ལ་བརྩེ་བའི་གདུང་སེམས་དང་། རྟག་ཏུ་བྱང་ཆུབ་སེམས་ཀྱི་བསླབ་པ་མཆོག་དང་ལྡན་པར་བྱའོ། །གསུམ་པ་སྔགས་ཀྱི་དམ་ཚིག་ནི། སྨིན་བྱེད་དབང་དང་གྲོལ་བྱེད་གདམས་པ་ལས་བྱུང་བའི་དམ་ཚིག་སྟེ། བསྐྱེད་པ་དང་རྫོགས་པ་གཉིས་ཏེ། བསྐྱེད་རིམ་མངོན་བྱང་ལྔའི་དོན་ལ་བསྒོམས། ཕྱི་སྣོད་གཞལ་ཡས་ནང་བཅུད་སེམས་ཅན་ལྷའི་རང་བཞིན་དང་སྒྲ་གྲགས་སྔགས་ཀྱི་རང་བཞིན་དུ་འཁྱེར་བ་དང་། སྤྱིར་རྣམ་པར་གསལ་བ། རྣམ་དག་དྲན་པ། ང་རྒྱལ་བརྟན་པ་དང་གསུམ་ཡིན་ལ། དག་པ་རབ་འབྱམས་ལྷ་སྐུ་ཕྱག་རྒྱ་ཆེན་པོ་རྟོགས་པར་བྱའོ། །སྣང་སྟོང་སྒྱུ་མ་ལྟ་བུར་ཞེན་ཆགས་འཛིན་པ་མེད་པར་བཅས་དོན་དམ་རྫོགས་པའི་རིམ་པ་སྟེ། གསང་བ་ཤེས་རབ་ཀྱི་བསླབ་པ་སྟེ། ནང་གི་དེ་ཁོ་ན་ཉིད་གནས་ལུགས་སྤྲོས་པ་ཐམས་ཅད་དང་བྲལ་བ་བསྲུང་བྱ་སྲུང་བྱེད་མཚམས་དང་བྲལ་བ་ཡིན་ཏེ། དེ་ཡང་ཏིང་ངེ་འཛིན་རྒྱལ་པོའི་མདོ་ལས། ངོ་བོ་ཉིད་དང་རང་བཞིན་འོད་གསལ་བ། །བདག་མེད་ཆོས་རྣམས་དེ་ཡིས་ནམ་རྟོགས་ན། །དེ་ལ་ནམ་ཡང་སྡོམ་པ་མེད་མི་འགྱུར། །ཞེས་དང་ནང་རིག་པའི་གནས་ལུགས་ལ་ལྟ་བ་བསླབ་པ་བླ་ན་མེད་པ་མཐའ་དབུས་དང་བྲལ་བ་ཡིན་པས་མི་གཡོ་ཏིང་འཛིན་ལ་གནས་པར་བྱའོ། །སྡོམ་པ་བཟུང་བ་དངོས་ནི། ཧོ། སྔོན་གྱི་རྒྱལ་བ་ཐམས་ཅད་ཀྱིས། །སྡོམ་པ་ལ་ནི་གནས་པ་ལྟར། །བདག་གི་ལུས་ངག་ཡིད་གསུམ་གྱིས། །གནོད་པ་སྤངས་ཤིང་དགེ་བ་བསྒྲུབ། །དགེ་བསྙེན་དགེ་ཚུལ་དགེ་སློང་སོགས། །སོ་སོར་ཐར་པའི་སྡོམ་པ་ལ། །བདག་ནི་རྒྱུན་དུ་གནས་ཤིང་

བསྲུང་། །སྡོམ་པ་ཡི་ནི་ཚུལ་ཁྲིམས་དང་། །དགེ་བའི་ཆོས་ནི་བསྡུད་པ་དང་། །སེམས་ཅན་དོན་བྱེད་རྣམ་པ་གསུམ། །ནམ་ཡང་བདག་གིས་མི་སྤང་ངོ་། །ཞེས་པ་བསྡུ་བ་བཞི་དང་། བསླབ་པ་གསུམ་ནི་ནམ་ཡང་མི་སྤང་བར་དམ་བཅས་ཏེ། དཀོན་མཆོག་གསུམ་བཟུང་མི་བཏང་བསྒྲུབ། །བླ་མ་ཡི་དམ་མི་སྤང་ངོ་། །ཞེས་དཀོན་མཆོག་གསུམ་ནི་སྡོམ་པ་ཐམས་ཅད་ཀྱི་གཞི་རྟེན་དང་སྐྱབས་གནས་ཀྱི་གཙོ་བོ་ཡིན་པས་མི་སྤང་ངོ་། །བླ་མ་ནི་བྱིན་རླབས་ཀྱི་འབྱུང་གནས་དང་། ཡི་དམ་དངོས་གྲུབ་ཀྱི་གཏེར་མཛོད་ཡིན་པས་མི་སྤངས་ཤིང་། པདྨའི་སྙིང་གུར་ལས། ཟབ་མོའི་དོན་ལ་ཐོས་བསམ་བསྒོམ་གསུམ་ནི། །དམ་དུ་བཅས་ཏེ་ཡེངས་བ་མེད་པར་སྐྱོང་། །ཞེས་སོ། །སངས་རྒྱས་དཀོན་མཆོག་དམ་ཚིག་ཏུ། །ཡང་དག་སྙིང་པོའི་དོན་ལ་འཇུག །དམ་ཆོས་དཀོན་མཆོག་དམ་ཚིག་ཏུ། །ཐེག་པའི་ཆོས་རྣམས་ངོ་བོར་དྲིལ། །དགེ་འདུན་དཀོན་མཆོག་དམ་ཚིག་ཏུ། །རིག་པ་དྲི་མེད་དོན་ལ་བལྟ། །བླ་མ་ཡི་དམ་དམ་ཚིག་ཏུ། །རང་སེམས་གཙང་མ་དཔང་པོར་བཙུག །ཡང་དག་སྙིང་པོའི་དོན་ལ་འཇུག །ཅེས་པའི་འཇིག་ཚོགས་ཀྱི་ལྟ་བ་དམན་པ་དང་། ཕྱིན་ཅི་ལོག་གི་ལམ་དང་། ཐེག་ཆུང་ཉན་རང་གི་ལམ་མ་ཡིན་པ་སྐུ་གསུམ་སྟོན་པའི་གཞུང་བཟང་དམ་པར་འཇུག །ཐེག་པའི་ཆོས་རྣམས་ངོ་བོར་དྲིལ་ཞེས་པས། ཐེག་པ་སྣ་ཚོགས་ཐབས་ཀྱིས་བསྟན་པ་དང་། ཕ་རོལ་ཕྱིན་པའི་ཐེག་པ་དང་། རྡོ་རྗེ་ཐེག་པ་དང་། ཐེག་པ་ཆེ་ཆུང་གི་ཆོས་རྣམས་རྟོགས་པར་བྱ། རིག་པ་དྲི་མ་མེད་པའི་དོན་ལ་བལྟ་ཞེས་པས་བདག་ཏུ་མི་བལྟ། དངོས་པོར་མི་བལྟ། མཚན་མར་མི་བལྟ། གང་ཟག་ཏུ་མི་བལྟ། ཡང་དག་པའི་ལྟ་བ་ཕྱུལ་དུ་ཕྱིན་པར་བལྟ། རང་སེམས

གཙང་མའི་དབང་པོར་ཞེས་པས་བླ་མའི་མན་ངག་གསུངས་པ་དང་། ཡི་དམ་ངོ་སྤྲོད་བསྟན་པ་རྣམས་རང་སེམས་དབང་དུ་བཙུགས་ནས་སྤྱང་བྱ་མི་མཐུན་ཕྱོགས་རྣམས་སྤྱངས་པ་དང་། བླང་བྱ་མ་ནོར་ཡང་དག་བསྒྲུབ་པ་དང་། ཡང་དག་པའི་སྤྱང་བ་བཞི་ལ་འདོར་ལེན་བྱ། རྡོ་རྗེ་རིགས་ཀྱི་དམ་ཚིག་ཏུ། །རྡོ་རྗེ་དྲིལ་བུའི་ཕྱག་རྒྱ་དང་། །བྱང་ཆུབ་སེམས་ནི་སྤྱངས་མི་བྱ། །ཐབས་ཤེས་གཉིས་མེད་དེ་རྣམ་པར་ཤེས་པ་མི་སྐྱོད་པ་ཆུའི་ངོ་བོ་མེ་ལོང་ཡེ་ཤེས་ཞི་བྱེད་རྡོ་རྗེ་དྲིལ་བུ་འཆང་བ། སྟོང་ཉིད་དང་སྙིང་རྗེ་གཉིས་སུ་མེད་པ་སྟེ། དོན་དམ་གྱི་ངོ་བོ་སྤྲོས་དང་བྲལ་ཏེ་ཀུན་རྫོབ་འགྲོ་བའི་དོན་ལ་བརྩོན་པས་ནམ་ཡང་མི་འབྲལ་དོན་གཉིས་འགྲུབ་པའོ། །རིན་ཆེན་རིགས་ཀྱི་དམ་ཚིག་ཏུ། །སྦྱིན་པ་རྣམ་བཞི་རྟག་ཏུ་སྦྱིན། །དགོས་འདོད་གཏེར་མཛོད་ཁ་ཏོག་སེར་པོ་སྟེ་ཚོར་བའི་ཕུང་པོ་རིན་ཆེན་འབྱུང་ལྡན་ས་ཁམས་རྣམ་པར་དག་པ་མཉམ་པ་ཉིད་ཀྱི་ཡེ་ཤེས་རྒྱས་བྱེད་རིན་ཆེན་འབར་བ་ཕྱག་ན་བསྣམས་པ། ཟང་ཟིང་གི་ལུས་ཀྱི་སྦྱིན་པ་དང་། སེམས་ཉིད་མི་འཇིགས་པའི་སྦྱིན་པ་དང་། ཆོས་འཁོར་ཡང་དག་སྦྱིན་པ་དང་། གཏོང་བ་ཕུན་སུམ་ཚོགས་པ་ལ་བསླབ་པར་བྱའོ། །པདྨ་རིགས་ཀྱི་དམ་ཚིག་ཏུ། །ཐེག་པ་གསུམ་གྱི་ཆོས་རྣམས་བཤད། །དྲི་མེད་མདངས་གསལ་པདྨ་རཱ་གའི་མདོག་ཅན་འདུ་ཤེས་ཀྱི་ཕུང་པོ་སྣང་བ་མཐའ་ཡས་ཀྱི་མེ་ཁམས་རྣམ་པར་དག་པ་སོ་སོར་རྟོགས་པའི་ཡེ་ཤེས་དབང་བསྡུད་ཕྱག་ན་པདྨ་བསྣམས་པ་མ་ཧཱ་ཨ་ནུ་ཨ་ཏི་སྟེ་ཆོས་རྣམས་བཤད། ཐེག་ཆེན་བླ་ན་མེད་པའི་ཆོས་ཀྱི་འཁོར་ལོ་རྟག་ཏུ་བསྐོར། ལས་ཀྱི་རིགས་ཀྱི་དམ་ཚིག་ཏུ། །འགྲོ་བའི་དོན་ལ་བརྩོན་པར་བྱ། །རང་བཞིན་ལྗང་གྲུབ་ཨིནྡྲའི་མདོག་ཅན་འདུ་བྱེད་ཕུང་པོ་དོན་ཡོད་གྲུབ་པ་སྟེ། རླུང་ཁམས

རྣམ་པར་དག་པ་བྱ་བ་གྲུབ་པའི་ཡེ་ཤེས་མངོན་སྤྱོད་ཕྱག་ན་རྒྱ་གྲམ་བསྣམས་པ། རང་དོན་འགྲུབ་ཅིང་བརྩེ་བའི་སེམས་དང་ལྡན་པས་གཞན་དོན་ལ་སྐྱོ་ངལ་མེད་ཅིང་རྟག་ཏུ་བརྩོན་པར་བྱ། དེ་བཞིན་རིགས་ཀྱི་དམ་ཚིག་ཏུ། །དཀྱིལ་འཁོར་གསུམ་དང་འབྲལ་མི་བྱ། །ཇི་བཞིན་དབང་བསྐུར་མཐིང་གསལ་མདོག་གཟུགས་ཀྱི་ཕུང་པོ་རྣམ་པར་སྣང་མཛད་དེ་ནམ་མཁའི་རྣམ་པར་དག་པ་ཆོས་ཀྱི་དབྱིངས་ཀྱི་ཡེ་ཤེས་མ་རིག་པ་རང་གསལ་འཁོར་ལོ་བསྣམས་པ། ལུས་སྐུའི་དཀྱིལ་འཁོར། ངག་སྔགས་ཀྱི་དཀྱིལ་འཁོར། ཡིད་ཐུགས་ཀྱི་དཀྱིལ་འཁོར་ཏེ་རང་བཞིན་དཀྱིལ་འཁོར་གསུམ་དང་ནམ་ཡང་འབྲལ་བ་མེད། བདག་ནི་དཔལ་ཆེན་རིགས་མཆོག་སྟེ། མི་འདའ་རྡོ་རྗེའི་དམ་ལ་གནས། །སེམས་ཅན་ཀུན་གྱི་དོན་གྱི་ཕྱིར། །བདག་གི་སྡོམ་པ་རྣམ་དག་ཤོག །རིགས་རྣམས་ཀུན་གྱི་བདག་པོ་ཆེ་བའི་མཆོག་སྟེ་རིག་པ་འགྱུར་བ་མེད་པའི་ཐམས་ཅད་མ་ལུས་ཟིལ་གྱིས་གནོན་པས་ཆོས་ཉིད་རྡོ་རྗེ་བླ་ན་མེད་པ། མི་ཆོད་མི་ཤིགས་རྡོ་རྗེ་ཕ་ལམ་ལྟ་བུར་བརྟན་པར་བྱ། སེམས་ཅན་མ་ལུས་གྲོལ་བའི་ཕྱིར་དུ་བློ་གྲོས་ཀྱི་འཕགས་པའི་ནོར་བདུན་བསགས་པ་འདི་དག་འགྲོ་ཀུན་དོན་དུ་སྨོན་ལམ་གདབ་བོ། །བཞི་པ་སྒྲིབ་པ་སྦྱོང་བ་རྡོ་རྗེ་སེམས་དཔའི་བསྒོམ་བཟླས་ནི། སྡིག་པ་སྟོབས་བཞི་ཡི་སྒོ་ནས་བཤགས་པར་བྱ་སྟེ། སྡིག་པ་མ་སྦྱངས་ན་མི་འདག་སྟེ། མདོ་སྡེ་ལས་བརྒྱ་པ་ལས། ལུས་ཅན་རྣམས་ཀྱི་ལས་རྣམས་ནི། །བསྐལ་བ་བརྒྱར་ཡང་ཆུད་མི་ཟ། །ཚོགས་ཤིང་དུས་ལ་བབ་པའི་ཚེ། །འབྲས་བུ་ཉིད་དུ་སྨིན་པར་འགྱུར། །ཞེས་སོ། །འོ་སྐོལ་ཚེ་རབས་འཁོར་བ་ཐོག་མ་མེད་པ་ནས་ད་ལྟ་ལ་ཐུག་གི་བར་དུ་རྒྱུ་མ་རིག་པས་བསྒྲིབས་ནས་ཉོན་མོངས་པའི་སྡིག་སྒྲིབ་མི་བཟད་སྟོབས་ཆེན་བསགས་པ་

རྣམས་སྦྱངས་དགོས་ཏེ། སྤྱོད་འཇུག་ལས། ཉོན་མོངས་སྒོ་ནས་ལུས་ངག་དང་། །ཡིད་ཀྱིས་གནོང་བགྱིས་གང་ལགས་དང་། །ཉེས་པ་དུ་མས་སྐྱོན་ཆགས་པའི། །སྡིག་ལྡན་བདག་གིས་སྡིག་པ་གང་། །ཤིན་ཏུ་མི་བཟད་བགྱིས་པ་དེ། །ཐམས་ཅད་འདྲེན་པ་རྣམས་ལ་བཤགས། །ཅེས་སོ། །རྟེན་གྱི་སྟོབས་བླ་མ་རྡོ་རྗེ་སེམས་དཔའི་བསྒོམ་བཟླས་བྱ་སྟེ། བཀོད་པ་ཆེན་པོ་ལས། བླ་མ་རྡོ་རྗེ་སེམས་དཔའ་བསྒོམ། རང་བྱུང་ཡི་གེ་བརྒྱ་པའི་མཐུས། །སྒྲིབ་པ་རྣམ་གཉིས་བྱང་བར་འགྱུར། །ཞེས་སོ། །བདག་གི་སྤྱི་གཙུག་པད་དཀར་ཟླ་གདན་སྟེང་དུ་ཧཱུྃ་དཀར་ལས་བྱུང་རྡོ་རྗེ་སེམས། །དཀར་གསལ་ཞལ་མདོག་ཞལ་གཅིག་འཛུམས་བཅས་རྡོ་རྗེ་དྲིལ་བུ་འཛིན་ཞིང་སྐྱིལ་ཀྲུང་བཞུགས། ཐོར་གཙུག་རིན་ཆེན་རྒྱན་ལྡན་གནས་གསུམ་འབྲུ་གསུམ་ཐུགས་ཀར་ཟླ་དཀྱིལ་ཧཱུྃ་དཀར་མཐར། ཡིག་བརྒྱའི་སྔགས་འཁོར་དང་བཅས་བདུད་རྩི་བབ་པས་རང་གི་ནད་གདོན་སྡིག་སྒྲིབ་དག་པར་གྱུར། ཀ་བ་ཙ་ཀྲཱ་བསྟན་པའི་རྒྱུད་ལས། སངས་རྒྱས་མ་ལུས་ཐམས་ཅད་ཀྱིས། །རེ་རེའི་བསྐྱེད་རྫོགས་བསམ་ལས་འདས། །མ་ལུས་ཀུན་འགྲུབ་འདི་ལྟར་བྱ། །ཧཱུྃ་ལས་བླ་མ་རྡོ་རྗེའི་སེམས། །ཞེས་སོ། །རང་ཉིད་ཐ་མལ་སྤྱི་གཙུག་ཏུ་པདྨ་འདབ་མ་སྟོང་དང་ལྡན་པའི་སྟེང་དུ་ཟླ་བའི་དཀྱིལ་འཁོར་ཉ་གང་བའི་དབུས་སུ་ཧཱུྃ་དཀར་པོ་ལས་འོད་ཟེར་འཕྲོས། འཕགས་པ་མཆོད་སེམས་ཅན་གྱི་དོན་བྱས་ཚུར་འདུས་ཡོངས་སུ་གྱུར་པ་ལས་བླ་མ་རྡོ་རྗེ་སེམས་དཔའ་སྐུ་མདོག་དཀར་པོ་ཞལ་གཅིག་ཕྱག་གཉིས་ཞལ་འཛུམ་བག་དང་ལྡན་པ་ཕྱག་གཡས་རིག་སྟོང་རྡོ་རྗེ་ཐུགས་ཀར་འཛིན་པ། གཡོན་པས་སྣང་སྟོང་དྲིལ་བུ་དཀུར་བརྟེན་པ། ཞབས་རྡོ་རྗེ་དཀྱིལ་ཀྲུང་གིས་བཞུགས་པ། དབུ་ཐོར་ཚུགས་རིན་པོ་ཆེ་ཡིས་བརྒྱན་

ཞིང་སྦྲུས་པ། སྙན་བཀྲུན། མགུལ་བཀྲུན། དཔུང་བཀྲུན། ཕྱག་གདུབ། ཞབས་གདུབ། དོ་ཤལ། དར་གྱི་སྟོད་གཡོག་དང་སྨད་དཀྲིས། དར་དཔྱངས་ལ་སོགས་པ་ལོངས་སྤྱོད་རྫོགས་སྐུའི་ཆས་གསལ་བར་བསྒོམ་པའི་སྤྱི་བོར་འཁོར་ལོ་དཀར་པོ་ཨོཾ་གྱིས་མཚན་པ། མགྲིན་པར་པདྨ་དམར་པོ་ཨཱཿཡིས་མཚན་པ། ཐུགས་ཀར་ཟླ་བའི་སྟེང་དུ་ཧཱུྃ་དཀར་པོ་གྱེན་དུ་འགྲེང་བའི་མཐར་ཡི་གེ་བརྒྱ་བ་མར་མེའི་ཕྲེང་བ་ལྟར་གཡས་སྐོར་དུ་དཀར་ཕྲམ་ཕྲམ་འཁོར་བ། དེ་ཡིག་འབྲུའི་རྣམ་པ་ལས་འོད་ཟེར་ཕྲེང་ཐག་གི་ཚུལ་དུ་གཡོན་བསྐོར་དུ་འཁོར་བར་དམིགས་ལ་བཟླ་སྟེ། དེ་ཡང་རྡོ་རྗེ་སེམས་དཔའ་ཀླུའི་རྒྱུད་ལས། རང་བྱུང་ཐིག་ལེ་ཡི་གེ་བརྒྱ། །སངས་རྒྱས་ཀུན་གྱིས་ས་བོན་ཏེ། །ཉམས་ཆག་ཐམས་ཅད་འཇོམས་པར་བྱེད། །ཞེས་སོ། །སྙིང་པོ་བཀྲུན་ལས། སངས་རྒྱས་ཀུན་གྱི་སྐུ་གཅིག་པུ། །པད་དཀར་ཟླ་བའི་དབུས་གནས་ཤིང་། །རྡོ་རྗེ་དྲིལ་བུས་རྒྱན་སྤྲས་པ། །རྡོ་རྗེ་སེམས་དཔའ་ལེགས་དམིགས་ཤིང་། །ཡི་གེ་བརྒྱ་པའི་ཚིག་བཞིན། །ཉི་ཤུ་རྩ་ནི་རེ་རེ་བཟླས། །ལྟུང་སོགས་བྱིན་གྱིས་བརླབས་གྱུར་པས། །འཕེལ་བ་རྒྱུ་ནི་མི་འགྱུར་ཞིང་། །གྲུབ་པ་མཆོག་རྣམས་ཀྱིས་བཤད་པ། །ཐུན་མཚམས་རྣམས་སུ་དཔྱད་པར་བྱ། །འབྲུ་དྲུག་གཅིག་ཏུ་བཟླས་གྱུར་ན། །རྣམ་པར་དག་པའི་བདག་ཉིད་འགྱུར། །ཞེས་སོ། །ཨོཾ་བཛྲ་ས་ཏྭ་ས་མ་ཡ། མ་ནུ་པ་ལ་ཡ། བཛྲ་ས་ཏྭ་ཏྭེ་ནོ་པ། ཏིཥྛ་དྲི་ཌྷོ་མེ་བྷ་ཝ། སུ་ཏོ་ཥྱོ་མེ་བྷ་ཝ། སུ་པོ་ཥྱོ་མེ་བྷ་ཝ། ཨ་ནུ་རཀྟོ་མེ་བྷ་ཝ། སརྦ་སིདྡྷིམྨེ་པྲ་ཡཙྪ། སརྦ་ཀརྨ་སུ་ཙ་མེ། ཙིཏྟཾ་ཤྲི་ཡཾཿ ཀུ་རུ་ཧཱུྃ། ཧ་ཧ་ཧ་ཧ་ཧོ། བྷ་ག་ཝཱན། སརྦ་ཏ་ཐཱ་ག་ཏ། བཛྲ་མ་མེ་མུཉྩ། བཛྲཱི་བྷ་ཝ་མ་ཧཱ་ས་མ་ཡ་ས་ཏྭ་ཨཱཿ ཨོཾ

བཛྲ་ས་ཏྭ་ཧཱུྃ༔ ཞེས་བཟླས་པས་སྤྱགས་འཁོར་ལས་བདུད་རྩིའི་རྒྱུན་འོ་མ་ལྟར་བབ་རྡོ་རྗེ་སེམས་དཔའི་སྐུ་གང་། རྡོ་རྗེ་སེམས་དཔའི་ཕྱག་ཞབས་དང་། སྐུ་ལས་བདུད་རྩིའི་རྒྱུན་བབ་རང་གི་ཚངས་པའི་བུ་ག་ནས་མར་བབ་པས་ཚེ་རབས་ཐོག་མ་མེད་པ་ནས་ད་ལྟར་ཐུག་གི་བར་དུ་བསགས་པའི་སྡིག་སྒྲིབ་ཉེས་ལྟུང་དྲི་མའི་ཚོགས་ཐམས་ཅད་ཆུ་སྣུམ་སྦུར་མ་དེད་པ་ལྟ་བུ། དུད་ཁུ་སོལ་ཁུའི་རྣམ་པ་ནག་ནུ་རུ་རུ་འོག་སྒོ་གཞང་ལམ་བ་སྤུའི་བུ་ག་རྣམས་ལས་ཐོན་ནས་དབང་ཆེན་གསེར་གྱིས་གཞིར་ཐིམ་པར་བསམ། རྡོ་རྗེ་སེམས་དཔའི་སྐུ་ལས་བདུད་རྩིའི་ཆར་བབ་པ་བཞིན་དུ་རང་གི་ལུས་ཕྱི་ནང་ནད་གདོན་སྡིག་སྒྲིབ་བག་ཆགས་ཐམས་ཅད་བྱང་ཞིང་དག་ནས་རང་གི་ལུས་ཤེལ་བུམ་ཞོས་གང་བ་ལྟར་དཀར་ལྷེམ་གྱིས་གང་ནས་རྡོ་རྗེ་སེམས་དཔའི་ཞབས་ལ་ཐུག་པར་བསྒོམ་ཞིང་། ཕར་འཕྲོས་པས་མར་འགྲོ་བ་རིགས་དྲུག་གི་ནད་གདོན་སྡིག་སྒྲིབ་ཉོན་མོངས་བག་ཆགས་ཐམས་ཅད་བྱང་ཞིང་དག་ནས་བདེ་བ་དང་ལྡན་པར་བསྒོམ། དེ་ལྟར་སྒྲིབ་པ་སྦྱངས་པ་དང་བཤགས་པར་འབད་དགོས་ཏེ། དོན་དམ་གསང་བའི་ཚིགས་བཅད་ལས། སྒྲིབ་པ་ཀུན་རྫོབ་ཉིད་ཡིན་ཕྱིར། །སྦྱངས་ན་འདགས་པར་གདོན་མི་ཟ། །ཞེས་སོ། །དྲི་མེད་བཤགས་རྒྱུད་ལས། འདི་དག་དུས་གཅིག་ལ་མཚན་བརྒྱ་རྩ་བརྒྱད་བཟླས་ནས་ཉམས་ཆགས་ཐམས་ཅད་བསྐང་སྟེ། ངན་སོང་གསུམ་དུ་ལྟུང་བ་ལས་ཐར་བར་འགྱུར་རོ། །རྣལ་འབྱོར་པ་གང་གིས་ཡི་དམ་དུ་བཅངས་ནས་འདོན་ན་མི་དེ་ནི་ཚེ་འདི་ཉིད་ལ་ཡང་དུས་གསུམ་གྱི་སངས་རྒྱས་ཐམས་ཅད་ཀྱིས་སྲས་ཀྱི་དམ་པར་དགོངས་ནས་བསྲུངས་སྐྱོབས་མཛད་ལ། ཚེ་འཕོས་ནས་ཀྱང་བདེ་བར་གཤེགས་པ་རྣམས་ཀྱི་སྲས་ཉིད་དུ་གདོན་མི་ཟ་བ་འགྱུར་རོ། །ཞེས་གསུངས། སྐལ་ལྡན་ཐར་བ་དོན

དུ་གཉེར་བ་རྣམས་ཀྱིས་དེ་ལྟར་སྦྱིན་པ་སྦྱངས་བ་ལ་འབད་རྗེས་སུ་རྣམ་པ་སུན་འབྱིན་པའི་སྟོབས་སྤྱོད་པར་བྱ་སྟེ། ཨོཾ། དང་པོ་བདག་དང་ཁམས་གསུམ་སེམས་ཅན་རྣམས། །ཡུལ་ལ་ཆགས་པ་བསྐྱེད་པར་མི་བགྱིད་དེ། །ཕ་དང་མ་ལ་བསྟེན་ནས་གཟུགས་སུ་སྣང་། །རང་དབང་མེད་པ་འཇིག་རྟེན་གནས་འདིར་མཐོང་། །མ་རིག་ཆུང་ཞིང་གཞོན་པའི་དུས་མཚམས་ནས། །གཏི་མུག་དབང་གིས་དགེ་སྡིག་དོན་མ་རྟོགས། །འདོད་ཆགས་དབང་གིས་ཕ་རོལ་འཁོར་བར་འཁྲུམས། །ཞེ་སྡང་དབང་གིས་སྡིག་པའི་ལས་རྣམས་བགྱིས། །ངན་སོང་གསུམ་དུ་འགྲོ་བའི་རྒྱུ་བསགས་པས། །མནོ་བསམ་ཤེས་ནས་ཆོས་ལ་སྐྱབས་སུ་མཆི། །དྭངས་བས་ཉ་སྟོང་དུས་དྲུག་སྒོར་ཞུགས་ཏེ། །ཉ་སྟོང་ཆོས་བརྒྱད་འདུལ་ཁྲིམས་མནོས་པ་ལས། །དེ་ལ་ཉམས་པའི་སྐྱོན་ལྟ་མ་མཆིས་ན། །ཉ་སྟོང་ཚུལ་བཞིན་བསྲུང་བའི་དགེ་བསླེན་ལ། །ཉམས་པ་བཀའ་ཡི་ཆད་པ་བྱུང་ན་བཤགས། །དེ་ནས་ཡར་ལ་བློ་སེམས་ཆེར་བསྐྱེད་ནས། །སྦྱངས་པའི་ཡོན་ཏན་བཅུ་གཉིས་སྒོར་ཞུགས་ཏེ། །ཉན་ཐོས་སྡོམ་པ་ཚུལ་བཞིན་མནོས་པ་ལས། །རྩ་བ་བཞི་དང་ཡན་ལག་དྲུག་ལ་སོགས། །གཉིས་བརྒྱ་ལྔ་བཅུའི་ཁྲིམས་ལ་སྐྱོན་མ་མཆིས། །དེ་ལ་ཉམས་པའི་སྐྱོན་ལྟ་མ་མཆིས་ན། །ཉན་ཐོས་འདུལ་ཁྲིམས་སྲུང་བའི་དགེ་ཚུལ་ལ། །ཉམས་པ་བཀའ་ཡི་ཆད་པ་བྱུང་ན་བཤགས། །དེ་ནས་ཡར་ལ་བློ་སེམས་ཆེར་བསྐྱེད་ནས། །རྟེན་འབྲེལ་བཅུ་གཉིས་བསྒྲུབ་པའི་སྒོར་ཞུགས་ནས། །རང་རྒྱལ་སྡོམ་པ་ཚུལ་བཞིན་མནོས་པ་ལས། །འཁོར་བ་རང་བཞིན་མེད་པར་མངོན་རྟོགས་ཤིང་། །སྣང་སྲིད་སྒྱུ་མ་ལྟ་བུར་ཤེས་པ་ན། །དེ་ལ་ཉམས་པའི་སྐྱོན་ལྟ་མ་མཆིས་ན། །རང་རྒྱལ་སྡོམ་

པ་སྲུང་བའི་གང་ཟག་ལ། །ཉམས་པ་བཀའ་ཡི་ཆད་པ་བྱུང་ན་བཤགས། །དེ་ནས་ཡར་ལ་བློ་སེམས་ཆེར་བསྐྱེད་ནས། །ཐེག་ཆེན་བྱང་ཆུབ་སེམས་ཀྱི་སྒོར་ཞུགས་ཏེ། །བྱང་ཆུབ་སེམས་དཔའི་སྡོམ་པ་མནོས་པ་ལས། །སྨོན་འཇུག་ཀུན་རྫོབ་དོན་དམ་བྱང་ཆུབ་སེམས། སྡོམ་པ་ཉི་ཤུ་ཚུལ་ཁྲིམས་སྐྱོན་མ་མཆིས། །དེ་ལ་ཉམས་པའི་སྐྱོན་ལྟ་མ་མཆིས་ན། །སྡོམ་བརྩོན་ཚུལ་ཁྲིམས་སྲུང་བའི་དགེ་སློང་ལ། །ཉམས་པ་བཀའ་ཡི་ཆད་པ་བྱུང་ན་བཤགས། །དེ་ནས་ཡར་ལ་བློ་སེམས་ཆེར་བསྐྱེད་ནས། །དག་པ་རྣམ་པ་གསུམ་གྱི་སྒོར་ཞུགས་སྟེ། །ཀྲི་ཡའི་དམ་ཚིག་ཚུལ་བཞིན་མནོས་པ་ལས། །དཀོན་མཆོག་གསུམ་དང་རྡོ་རྗེ་སློབ་དཔོན་དང་། །རྡོ་རྗེ་སྤུན་དང་རྡོ་རྗེ་མིང་སྲིང་དང་། །དེ་བཞིན་རང་གི་སྔགས་དང་ཕྱག་རྒྱ་དང་། །དེ་ལ་ཉམས་པའི་སྐྱོན་ལྟ་མ་མཆིས་ན། །ཀྲི་ཡའི་དམ་ཚིག་སྲུང་བའི་རྣལ་འབྱོར་ལ། །དམ་ཉམས་བཀའ་ཡི་ཆད་པ་བྱུང་ན་བཤགས། །དེ་ནས་ཡར་ལ་བློ་སེམས་ཆེར་བསྐྱེད་ནས། །ལྟ་སྤྱོད་རྣམ་པ་གཉིས་ཀྱི་སྒོར་ཞུགས་ཏེ། །ཨུ་པ་ཡ་ཡི་དམ་ཚིག་མནོས་པ་ལས། །ཕྱག་རྒྱ་སྔགས་དང་མན་ངག་བསྒྲུབ་པའི་མཐའ། །དེ་ལ་ཉམས་པའི་སྐྱོན་ལྟ་མ་མཆིས་ན། །ལྟ་སྤྱོད་ཨུ་པ་སྲུང་བའི་རྣལ་འབྱོར་ལ། །དམ་ཉམས་བཀའ་ཡི་ཆད་པ་བྱུང་ན་བཤགས། །དེ་ནས་ཡར་ལ་བློ་སེམས་ཆེར་བསྐྱེད་ནས། །ཕྱག་རྒྱ་རྣམ་པ་བཞི་ཡི་སྒོར་ཞུགས་ཏེ། །ཡོ་གའི་དམ་ཚིག་ཚུལ་བཞིན་མནོས་པ་ལས། །དཀོན་མཆོག་གསུམ་དང་དེའི་འཁོར་བྱང་ཆུབ་སེམས། །རྡོ་རྗེ་སློབ་དཔོན་མཆེད་དང་ལྷམ་དྲལ་དང་། །དབང་ཐོབ་རྣལ་འབྱོར་གཞན་ལ་མི་སྨོད་ཅིང་། །རང་རྟགས་ཕྱག་རྒྱ་རྟག་ཏུ་སྲུང་བ་ལ། །དེ་ལ་ཉམས་པའི་སྐྱོན་ལྟ་

ཅི་མཆིས་ན། །ཡོ་གའི་དམ་ཚིག་སྲུང་བའི་རྣལ་འབྱོར་ལ། །དམ་ཉམས་བཀའ་ཡི་ཆད་པ་བྱུང་ན་བཤགས། །དེ་ནས་ཡར་ལ་བློ་སེམས་ཆེར་བསྐྱེད་ནས། །ཐབས་དང་ཤེས་རབ་གཉིས་ཀྱི་སྦྱོར་ཞུགས་ཏེ། །མ་ཧཱ་ཡོ་གའི་དམ་ཚིག་མནོས་པ་ལས། །འཁོར་བ་དང་ནི་མྱ་ངན་འདས་པའི་ཆོས། །ཡབ་ལྷ་དང་ནི་ཡུམ་ལྷར་སྦྱོར་བ་ལས། །རྒྱལ་བའི་དམ་ཚིག་མཆོག་ཏུ་བསྲུང་བ་ལས། །དེ་ལ་ཉམས་པའི་སྐྱོན་ལྟ་མ་མཆིས་ན། །མ་ཧཱ་ཡོ་ག་སྲུང་བའི་རྣལ་འབྱོར་ལ། །དམ་ཉམས་བཀའ་ཡི་ཆད་པ་བྱུང་ན་བཤགས། །དེ་ནས་ཡར་ལ་བློ་སེམས་ཆེར་བསྐྱེད་ནས། །དབྱིངས་དང་ཡེ་ཤེས་གཉིས་ཀྱི་སྦྱོར་ཞུགས་ཏེ། །ཨ་ནུ་ཡོ་གའི་དམ་ཚིག་མནོས་པ་ལས། །ཕྱི་ནང་སྣང་སྲིད་དུས་གསུམ་ཐམས་ཅད་ཀུན། །རང་རིག་ཡེ་ཤེས་དབྱིངས་ལས་མི་གཞན་ཏེ། །རྡོ་རྗེ་དྲིལ་བུ་ཕྱག་རྒྱ་འཆང་བྱེད་ཅིང་། །དེ་ལ་ཉམས་པའི་སྐྱོན་ལྟ་མ་མཆིས་ན། །ཨ་ནུ་ཡོ་ག་བསྲུང་བའི་རྣལ་འབྱོར་ལ། །དམ་ཉམས་བཀའ་ཡི་ཆད་པ་བྱུང་ན་བཤགས། །དེ་ནས་ཡར་ལ་བློ་སེམས་ཆེར་བསྐྱེད་ནས། །ཁྲབ་བརྡལ་ཆེན་པོ་ཐེག་པའི་སྦྱོར་ཞུགས་ཏེ། །ཨ་ཏི་ཡོ་གའི་དམ་ཚིག་མནོས་པ་ལས། །མེད་པའི་དམ་ཚིག་དང་ནི་ཕྱལ་བ་དང་། །གཅིག་པུ་དམ་ཚིག་དང་ནི་ལྷུན་གྱིས་རྫོགས། །གྲངས་དང་ཕྱོགས་ལས་འདས་པའི་དམ་ཚིག་ལས། །རྒྱལ་བ་རྣམས་ཀྱི་དམ་ཚིག་མཆོག་ཏུ་གསུངས། །བསྲུངས་མཚམས་མེད་པ་མེད་པའི་དམ་ཚིག་ལ། །གཟུང་དང་འཛིན་པ་མེད་པས་ཕྱལ་བ་ཡིན། །ཐམས་ཅད་སེམས་སུ་འདུས་པ་གཅིག་པུ་ཡིན། །ལྷག་མ་མེད་པ་རྫོགས་པ་ལྷུན་གྱིས་རྫོགས། །དེ་ལ་ཉམས་པའི་སྐྱོན་ལྟ་མ་མཆིས་ན། །ཨ་ཏི་ཡོ་ག་བསྲུང་བའི་

རྣལ་འབྱོར་ལ། །དམ་ཉམས་བཀའ་ཡི་ཆད་པ་བྱུང་ན་བཤགས། །སྡེ་སྣོད་རྣམ་པ་གསུམ་གྱི་བསྲུང་བྱ་ནི། །ཚུལ་ཁྲིམས་རྣམ་པར་དག་པ་འདུལ་མཐར་ཕྱིན། །རང་དབང་མངོན་ཏུ་གྱུར་བ་མངོན་མཐར་ཕྱིན། །ཤེས་རབ་རྣམ་དག་མདོ་སྡེ་མཐའ་རུ་ཕྱིན། །ཕྱི་ཡི་ལྷ་སྲིན་སྡེ་བརྒྱད་སྲུང་མ་རྣམས། །དམ་ཚིག་ཉམས་པར་གྱུར་ན་མཐོལ་ལོ་བཤགས། །ཀྲི་ཡ་རྣམ་པ་གསུམ་གྱི་བསྲུང་བྱ་ནི། །དག་པ་རྣམ་གསུམ་ཀྲི་ཡ་མཐའ་རུ་ཕྱིན། །ལྷ་སྤྱོད་རྣམ་གཉིས་ཨུ་པ་མཐའ་རུ་ཕྱིན། །སུམ་ཅུ་ལྷ་ཡི་སྐར་གསལ་རྣལ་འབྱོར་མཐའ། །དཔལ་མགོན་ལ་སོགས་སྲུང་མ་དམ་ཚིག་ཅན། །དམ་ཚིག་ཉམས་པར་གྱུར་ན་མཐོལ་ལོ་བཤགས། །ཡོ་ག་རྣམ་པ་གསུམ་གྱི་བསྲུང་བྱ་ནི། །རྩ་བ་ཡན་ལག་སྲུང་བའི་རྣལ་འབྱོར་ཆེ། །བསྒྲུབ་པ་ཁྱད་པར་དམ་ཚིག་ཨ་ནུའི་མཐའ། །ལྷག་པའི་དམ་ཚིག་རྣམ་བཞི་རྫོགས་ཆེན་པ། །ནང་དང་གསང་བའི་ལྷ་སྲིན་སྡེ་བརྒྱད་རྣམས། །དག་ཚིག་ཉམས་པར་གྱུར་ན་མཐོལ་ལོ་བཤགས། །མཚན་ཉིད་སྡེ་སྣོད་གསུམ་དང་ཐེག་པ་གསུམ། །ཕྱི་བ་ཐུབ་པའི་རྒྱུད་ལ་ཀྲི་ཡོག་གསུམ། །ནང་བ་ཐབས་ཀྱི་རྒྱུད་ལ་ཡོ་ག་གསུམ། །ཐེག་པ་རིམ་པ་དགུ་ཡི་དམ་ཚིག་རྣམས། །ལྷ་སྤྱོད་འབྲེལ་བར་སྤྱོད་པའི་རྣལ་འབྱོར་ལ། །མཁའ་འགྲོ་བཀའ་ཡི་ཆད་པ་ཅི་སྟེ་གཅོད། །དབང་ཕྱུག་ཐུགས་ཀྱི་སྤྲུལ་པ་ཅི་སྟེ་འགྱེད། །རྒྱུ་འབྲས་མ་སྤང་དགེ་བ་དང་དུ་བླང་། །སྡིག་པ་མ་སྤྱད་རྣམ་པར་སྨིན་ལ་འཛེམས། །བཀའ་གཞུང་མ་བོར་རྒྱུད་ལུང་མན་ངག་འབྲེལ། །ཡལ་བར་མ་དོར་གཞུང་བཞིན་དང་དུ་བླང་། །ལུས་ངག་ཡིད་གསུམ་བཏུད་ནས་གསང་སྔགས་ཆོས། །བསྒོམས་བསྒྲུབ་སྤྱོད་པའི་རྣལ་འབྱོར་དབང་ཕྱུག་ལ། །དམ་

ཚིག་ཉམས་ཆགས་ཐམས་ཅད་བསྐང་གྱུར་ཅིག ། རྩ་བ་ཡན་ལག་ཕམ་ལྟུང་ཉེས་བྱས་དང་། །སྡོམ་པོ་ཕྲ་མོ་ལ་སོགས་ཉེས་སྐྱོན་རྣམས། །སྐྱོན་དུ་གྱུར་པ་ཐམས་ཅད་ཚངས་པར་མཛོད། །མཆོག་དང་ཐུན་མོང་དངོས་གྲུབ་སྩལ་དུ་གསོལ། །ཡེ་ཤེས་ལྷ་ལ་རྟོག་པ་མི་མངའ་ཡང་། །དེ་འཁོར་བཀའ་ཡི་སྲུང་མ་དམ་ཚིག་ཅན། །ཐུགས་དང་འགལ་བར་གྱུར་ན་བཟོད་པར་གསོལ། །ཡུན་གྱི་སྒྲིབ་པ་མཆིས་ན་སྒྲིབ་པ་སྦྱོངས། །ཁྲལ་གྱི་རྐྱེན་བགེགས་མཆིས་ན་རྐྱེན་བགེགས་བཟློག ། ཚངས་པ་མཆོག་གི་དངོས་གྲུབ་སྩལ་དུ་གསོལ། །ཞེས་ཨོཾ་ནི་ཐོག་མར་འབོད་པའི་གཏམ་སྟེ། སྐུ་ལྷ་ཡེ་ཤེས་ལྷ་དང་ལྡན་པ་འགྲོ་དྲུག་སེམས་ཅན་སྐྱོབ་པའི་མགོན་པོའོ། །དང་པོ་ཀུན་གཞི་མ་རིག་འཁྲུལ་བ་བྱུང་བའི་གཟུང་བ་ཡུལ་ལ་འཛིན་པ་སེམས། གཟུང་འཛིན་གཉིས་ཀྱི་སྒྲོག་གིས་བཅིང་བ་དེའི་ཕྱིར་གཟུང་བ་དང་འཛིན་པས་སྲིད་པའི་རྣམ་ཤེས་གཟུགས་སུ་འདོད་པའི་ཕོ་མོ་ཆགས་པ་བསྐྱེད་པའི་མངལ་དུ་ཚུད་པའི་རྣམ་པར་ཤེས་པ་ཁུ་ཁྲག་དང་འདྲེས་པའི་གཟུགས་སུ་སྣང་ཞིང་རྟེན་འབྲེལ་བཅུ་གཉིས་ལུགས་སུ་འབྱུང་བས་མ་ཡི་མངལ་ནས་ཐོན་ཏེ་མི་ཤེས་རྨོངས་པའི་རིགས་དྲུག་སོ་སོའི་ལས་ལ་སྤྱོད་ཅིང་འདོད་སྲེད་ཀྱིས་ལེན་པའི་འདམས་སུ་ཚུད། ཁེངས་སེམས་གཏུམ་ཐུང་དྲག་པོའི་རྒྱ་འཁྲོག་བཅོམ་གསུམ་གྱིས་སྒྲོག་ལ་རྒོལ་བས་ཞེ་སྡང་གི་མེས་བསྲེགས་པར་བྱེད་ཅིང་ངན་སོང་གསུམ་གྱི་སྡུག་བསྔལ་བཟོད་གླགས་མེད་པས། དྲི་མེད་བཤགས་རྒྱུད་ལས། འཁོར་བའི་སྡུག་བསྔལ་རྒྱ་མཚོ་བྲིང་གྱུར་སྟེ། །ཞེ་སྡང་འབར་བའི་མེས་ནི་རང་རྒྱུད་བསྲེགས། །གཏི་མུག་མུན་པ་འཐིབ་པས་ཤེས་རབ་རྨོངས། །འདོད་ཆགས་རྒྱ་མཚོའི་འགྲམ་དུ་རྣམ་ཤེས་གཡེང་། །བདག་ཏུ་ལྟ་བའི་མདུད་པ་དམ་པོས་

བཅིང་། །འདོད་པ་མེ་དོང་འདྲ་བའི་འོབས་སུ་ལྟུང་། །སྡུག་བསྔལ་དྲག་པོའི་མི་བཟད་ཆར་ལྟར་འབབ། །ཅེས་ད་ལམ་འོ་སྐོལ་འཁོར་ལྡན་གྱི་མི་ལུས་ཡང་དག་པ་ཐོབ་པའི་སྐྱེས་བུ་སྨྱོས་པ་གདོན་ལས་གྲོལ་བ་ལྟ་བུ་དང་། ཆང་རག་དང་ཧྲ་དུ་རས་སྨྱོས་པ་དྭངས་བའི་གཏམ་དང་འཕྲུལ་སྣང་གི་བྱ་བྱེད་ཐམས་ཅད་དོན་མེད་དུ་ཤེས་པ་ལྟར། གཏན་བདེའི་དོན་འབྲས་སྒྲུབ་པ་རྣམས་སྐབས་སུ་བསྟན་པའི་གཞུང་བཟང་དམ་པར་གཞུག་པར་བྱ་སྟེ། ཐེག་པ་ཐུན་མོང་ཆེ་ཆུང་སྔོར་ཞུགས་པ་རྣམས་ཀྱིས་མ་ཉམས་ཡང་དག་བསྲུངས་བར་དགོས། གལ་ཏེ་མ་ཆོར་ཉམས་པར་གྱུར་ན་གསོ་ཞིང་སྡོམ་བ་ལ་འབད་པར་བྱའོ། །ཉ་སྟོང་ཆོས་བརྒྱད་བྱ་བ་བསྙེན་གནས་ཡན་ལག་བརྒྱད་པ་མ་ཉམས་པ་ཡང་དག་བསྲུངས། ཉན་ཐོས་འདུལ་ཁྲིམས་ཀྱི་རྩ་བ་བཞི། ཡན་ལག་ཕྲ་སོགས་སྲུངས་བའི་ཡོན་ཏན་བཅུ་གཉིས་དཀའ་སྤྱོད་དོན་ལ་བརྩོན། རང་རྒྱལ་གྱི་ཐེག་པས་བསླབ་པ་ལ་རྟེན་འབྲེལ་བཅུ་གཉིས་ཀྱི་ལུགས་སུ་འབྱུང་བ་ལུགས་སུ་ལྡོག་ཅིང་ཏིང་འཛིན་མི་གཡོ་རྩེ་གཅིག་གནས། སྟེན་པ་མེད་པར་རང་བྱུང་ངོ་། །བྱང་ཆུབ་སེམས་དཔའི་བསླབ་པ་དག་ལས་གཞན་གཅེས་ཀྱི་བསམ་པའི་སྨོན་འཇུག་གཉིས་ཀྱི་སྡོ་ནས་ཚད་མེད་བཞི་ལ་བསླབ་ཅིང་ཉེས་བརྒྱ་ལྔ་བཅུ་རྩ་གསུམ་གྱི་ཁྲིམས་དང་ཡང་དག་པར་ལྡན་ནས་ལུས་ངག་ཡིད་གསུམ་ཁྲིམས་དང་ལྡན་ན་སྡུག་བསྔལ་ཀུན་ལས་གྲོལ་བར་བཞེད། གསང་སྔགས་ཐེག་པའི་སྔོར་ཞུགས་པའི་ཕྱི་ནང་གཉིས་ལས། དང་པོ། ཕྱི་པ་ཐུབ་པའི་རྒྱུད་ལ་གསུམ་ལས། དང་པོ་ཀྲི་ཡ་ཏནྟྲ་ཏེ་བྱ་བ་རྒྱུད་ཀྱི་རང་བཞིན་ནི་ཀུན་རྫོབ་འཕྲུལ་ངོར་སྣང་བའི་ཕུང་པོ་ཁམས་དང་སྐྱེ་མཆེད་ཀྱི་ཆོས་རྣམས་སྦྱང་བྱའི་དྲི་མར་ཤེས་ཏེ། དབྱིངས་རང་བཞིན་གྱིས་དག་པའི་སེམས་ཉིད་སྦྱང་བཞིར་བྱས་ནས་ལམ་གཙང་སྦྲ

དང་ལྷའི་དེ་ཉིད་བསྒོམས་པའང་བདག་དང་ལྷ་ཡེ་ཤེས་སེམས་དཔའ་རྗེ་དང་ཁོལ་པོའི་ཚུལ་དུ་ལྟ་བའི་དངོས་གྲུབ་འདོད་པའོ། །ཨུ་པ་ཏནྟྲ་ཏེ་སྤྱོད་པའི་རྒྱུད་ཀྱི་རང་བཞིན་ནི། ལྟ་བ་ཡོ་ག་ལྟར་བྱེད་ཅིང་སྤྱོད་པ་ཀྲི་ཡ་ལྟར་བྱེད་ལ་བདག་དམ་ཚིག་པའི་མདུན་དུ་ལྷ་ཡེ་ཤེས་སེམས་དཔའ་སྤྱུན་ནམ་གྲོགས་པོའི་ཚུལ་དུ་བསྒོམས་པ་ལ་དངོས་གྲུབ་འདོད་པའོ། །ཡོ་ག་ཏནྟྲ་ཏེ་རྣལ་འབྱོར་གྱི་རྒྱུད་ཀྱི་རང་བཞིན་ནི་སྣང་སྲིད་ཀྱི་ཆོས་ཀུན་རྫོབ་ཀྱི་བདེན་པ་ཐམས་ཅད་དོན་དམ་སེམས་ཉིད་ཀྱི་ངང་དུ་སྦྱང་ནས། ལམ་མངོན་བྱང་ལྔའི་ལྷའི་དཀྱིལ་འཁོར་བསྐྱེད་དུས་བདག་དམ་ཚིག་པའམ་ལྷ་ཡེ་ཤེས་པ་འཁྲུག་གཤེགས་བྱས་པ་ལས་དངོས་གྲུབ་འདོད་པའོ། །མངོན་བྱང་ལྔ་ནི། གདན་པདྨ་ལ་མངོན་པར་བྱང་ཆུབ་པ། གསུང་ཡིག་འབྲུ། ཐུགས་ཕྱག་མཚན། སྐུ་ཡོངས་སུ་རྫོགས་པ་ལྷ་ཡེ་ཤེས་སེམས་དཔའ་ལས་མངོན་པར་བྱང་ཆུབ་པ་སྟེ། གནས་དང་། ཆོས་དང་། དུས་དང་། འཁོར་དང་། སྟོན་པ་ཕུན་སུམ་ཚོགས་པ་ལྔའི་བཀོད་པ་རྫོགས་པར་བྱེད་པའོ། །ནང་པ་ཐབས་ཀྱི་རྒྱུད་གསུམ་དང་། མ་ཧཱ་ཡོ་ག་ཏནྟྲ་ཏེ་ཐབས་ཆེན་པོ་ཕའི་རྒྱུད་ཀྱི་རང་བཞིན་ནི། ཆོས་ཐམས་ཅད་ཡེ་ནས་སངས་རྒྱས་པའི་སྐུ་དང་ཡེ་ཤེས་ཀྱི་རོལ་བར་གཏན་ལ་ཕབ་ནས། བསྐྱེད་པའི་རིམ་པ་ཐབས་གཙོ་བོས་བདག་དང་ལྷ་ཡེ་ཤེས་པ་དག་མཉམ་གཅིག་གི་ངང་ནས་སྒོ་གསུམ་དཀྱིལ་འཁོར་གསུམ་གྱི་རང་བཞིན་མི་འབྲལ་ཞིང་རླུང་ཕྲ་མོའི་རྣམ་འབྱོར་ལམ་དུ་བྱེད་པས་དངོས་གྲུབ་འདོད་པའོ། །ཨ་ནུ་ཡོ་ག་ཏནྟྲ་ཏེ་ཤེས་རབ་མའི་རྒྱུད་ཀྱི་རང་བཞིན་ནི། ཆོས་ཐམས་ཅད་ཡེ་ནས་དཀྱིལ་འཁོར་དུ་སངས་རྒྱས་པའི་དབྱིངས་དང་ཡེ་ཤེས་བདེན་པ་དབྱེར་མེད་གཅིག་གི་ངང་ནས་ཁམས་བདེ་བ་ཆེན་པོ་ཕྲ་མོའི་རྣམ་འབྱོར་ལས་དངོས་གྲུབ་འདོད་པའོ། །ཨ་ཏི་རྫོགས་པ

ཆེན་པོ་ནི་ཆོས་ཐམས་ཅད་ཡེ་ནས་བྱང་ཆུབ་ཀྱི་སེམས་སུ་རྫོགས་པས་སྤངས་བླང་བྱ་རྩོལ་མེད་པའི་ཆོས་ཉིད་སྐུ་གསུམ་ལྷུན་གྲུབ་ཆེན་པོ་ཡེ་ནས་གྲོལ་ཏེ་རང་བྱུང་ཡེ་ཤེས་ལ་ཕྱོགས་དང་རིས་མེད། རྟག་ཆད་དང་འཕོ་འགྱུར་མེད་པ་ལ་བརླིས་པས། གཞི་ལམ་འབྲས་བུའི་ཐ་སྙད་ལས་འདས་ཏེ་དུས་བཞི་ཆོས་ཉིད་ཀྱི་འཁོར་ལོ་དང་མི་འབྲལ་བས་ཆོས་ཉིད་ཕྱོགས་ཡན་ཆེན་པོ་རང་ཤར་ཏེ། འཁོར་འདས་སེམས་ལས་མེད་པར་ཐག་ཆོད། རྟག་ཆད་ཀྱིག་ལས་འདས་པར་སུན་ཕྱུང་། ཁམས་སུམ་ཡོངས་གྲོལ་ཆེན་པོར་འུབ་ཆུབ། གང་སྣང་ཐུག་ཕྲད་ཡེ་གྲོལ་དུ་དམིགས་རྐྱེད། རང་ཤར་ཆོས་སྐུ་ཟང་མར་གདིངས་ཆོས། སྣང་སེམས་ཆོས་ཟད་བློ་འདས་སུ་གཟེར་ཐེབས་ཏེ། ཡུལ་ཆོས་ཉིད་ཀྱི་རོལ་བ་ལས་ཡུལ་ཅན་ཡེ་ཤེས་ཀྱི་ཀློང་བརྡོལ་བས་འཁོར་འདས་བྱང་ཆུབ་ཀྱི་དཀྱིལ་འཁོར་དུ་སངས་རྒྱས་པའི་དོན་ལ་གཞན་དུ་མི་འགྱུར་བའི་འགག་བཅིང་བས། མ་བྱས་པས་ཡེ་ཟིན། མ་ཕྱིན་པས་ཡེ་བགྲོད། རྒྱུ་འབྲས་ལ་བརླིས་པས་ཆོས་ཉིད་དུ་ས་བཟུང་སྟེ། དངོས་གྲུབ་དང་ཆོས་སྐུ་ལས་མི་འདའ་བར་འདོད་པའོ། །རྫོགས་ཆེན་བྱ་བྲལ་ལྷུན་རྫོགས་ལ་གཟུང་བ་དང་འཛིན་པ་རྣམ་པར་དག་པ་ཐམས་ཅད་ངོ་བོར་འདུས་པ་གཅིག་པུ་ལ་ལྷག་པ་དང་ཆད་པ་མེད་པར་ཡོངས་སུ་རྫོགས་པ་ཡེ་གྲོལ་ཀ་དག་ངོ་བོ་ལ་ཡིད་གཉིས་དང་ཐེ་ཚོམ་བྱུང་ན་མཐོལ་ལོ་བཤགས། འདུལ་བ་འཛིན་པ། མདོ་སྡེ་འཛིན་པ། མ་མོ་འཛིན་པའི་དགེ་བའི་བཤེས་གཉེན་དམ་པས་རང་སེམས་དཔྱད་དུ་བཙུག་སྟེ། མ་ཚོར་བ་གྱུར་ན་མཐོལ་ལོ་བཤགས། གསང་སྔགས་ཕྱི་ནང་སོ་སོའི་རིམ་པ་རྣམས་ལ་གཞུང་བཞིན་མ་འགལ་བ་བསྒྲུབ་པ་རྣམས་ལ་མ་ཤེས་པའི་ཉེས་པ་བྱུང་ན་བཤགས། རིམ་པ་དགུ་ལ་ལེགས་པར་སྦྱངས་པའི་རྣལ་འབྱོར་དབང་ཕྱུག་ལ་བཀའ་ཆད་ཉེས་

ལྟུང་ནམ་ཡང་འོང་མི་སྲིད་ཅིང་གཏིང་ལྷན་བག་ཆ་ནམ་ཡང་འབྱུང་མི་འགྱུར། དེ་ལྟར་མ་ནུས་བློ་ཆུང་རྣམས་ལ་ཁ་གསལ་མདོར་བསྡུས་འདི་ལྟར་བྱ། ཨོཾ། རྗེ་བཙུན་བླ་མ་རྣམས་ཀྱི་སྤྱན་ལམ་དུ། །ཡོ་བྱད་འབྱོར་ཚོགས་ཆུང་བ་མཐོལ་ལོ་བཤགས། །ཡི་དམ་ལྷ་ཚོགས་རྣམས་ཀྱི་སྤྱན་ལམ་དུ། །མངོན་རྟོགས་སྒྲུངས་ལེན་བྱས་པ་མཐོལ་ལོ་བཤགས། །མཁའ་འགྲོ་སྡེ་བཞི་རྣམས་ཀྱི་སྤྱན་ལམ་དུ། །ཁས་བླངས་དམ་བཅའ་ཉམས་པ་མཐོལ་ལོ་བཤགས། །ཆོས་སྐྱོང་སྲུང་མ་རྣམས་ཀྱི་སྤྱན་ལམ་དུ། །གཏོར་མ་ལོ་ཟླ་འགྱངས་བ་མཐོལ་ལོ་བཤགས། །དུས་གསུམ་ཕ་མ་རྣམས་ཀྱི་སྤྱན་ལམ་དུ། །དྲིན་ལ་ལན་གྱིས་མ་ལོན་མཐོལ་ལོ་བཤགས། །མཆེད་དང་ལྕམ་དྲལ་རྣམས་ཀྱི་སྤྱན་ལམ་དུ། །དམ་ཚིག་བརྩེ་གདུང་ཆུང་བ་མཐོལ་ལོ་བཤགས། །འགྲོ་དྲུག་སེམས་ཅན་རྣམས་ཀྱི་སྤྱན་ལམ་དུ། །སྙིང་རྗེ་ཕན་སེམས་ཆུང་བ་མཐོལ་ལོ་བཤགས། །སོ་སོར་ཐར་བ་རྣམས་ཀྱི་སྡོམ་པ་དང་། །བྱང་ཆུབ་སེམས་དཔའ་རྣམས་ཀྱི་བསླབ་པ་དང་། །རིག་པ་འཛིན་པ་སྔགས་ཀྱི་དམ་ཚིག་སོགས། །བསྲུངས་བསྒྲུབ་རྟོགས་པར་བྱ་བ་ཐམས་ཅད་ལས། །ཉམས་པར་གྱུར་པ་ཐམས་ཅད་མཐོལ་ལོ་བཤགས། །མི་འཆབ་མི་སྦེད་སླན་ཆད་སྡོམ་པར་བགྱི། །དུས་གསུམ་བསགས་པའི་སྡིག་སྒྲིབ་མཐོལ་ལོ་བཤགས། །ཚངས་པར་མཛད་ནས་སྐུ་གསུང་ཐུགས་ལ་སོགས། །མཆོག་དང་ཐུན་མོང་དངོས་གྲུབ་སྩལ་དུ་གསོལ། །ཞེས་ལུས་ངག་ཡིད་གསུམ་གྱི་སྒོ་ནས་ཉེས་ལྟུང་སྡིག་པ་མི་དགེ་བའི་ལས་བགྱིས་པ་དང་། བགྱིད་པ་ལ་རྗེས་སུ་ཡི་རང་བ་ཉེས་ལྟུང་དྲི་མའི་ཚོགས་ཐམས་ཅད་གནོང་འགྱོད་དྲག་པོའི་བཤགས་པ་བྱ། ཕྱིས་མི་བྱ་བར་དམ་བཅའ་ཞིང་བཤགས་པས་འབད་པར་བྱ། བྱང་བའི་རྟགས་

ཁྲུས་བྱུས་པ་དང་། ལུས་ལས་རྣག་ཁྲག་དང་འབུ་སྲིན་སྦོམ་སྤྱིག་འབོན་པ་དང་། འབྲུ་བ་དང་། སྐྱུགས་པ་དང་། གོས་སླིང་དོར་ཞིང་གོས་གསར་གྱོན་པ་དང་། གྲིབ་ལ་འཛེགས་པ་དང་། ནམ་མཁའ་ལ་འཕུར་བ་དང་། གཞལ་ཡས་ཁང་དང་མེ་ཏོག་གི་གླིང་ལ་ཕྱིན་པ་སོགས་བཟང་པོའི་རྟགས་མ་བྱུང་གི་བར་ལ་འབད་ཅིང་སོར་ཆུད་པར་བྱའོ། །ལྷག་པ་ཚོགས་བསགས་མཎྜལ་གྱི་ཁྲིད་ལ། བསྐྲུབ་པའི་མཎྜལ་དཀོད་པ་དང་། མཆོད་པའི་མཎྜལ་འབུལ་བར་བྱ། ཇི་སྲིད་དགེ་བའི་རྩ་བ་མ་རྫོགས་ཀྱི་བར་དེ་སྲིད་དུ་སྟོང་ཉིད་དམ་པར་མ་རྟོགས་པའི་ཚོགས་བསགས་དགོས་ཏེ། ཆོས་སྤྱོད་མངོན་པར་རྟོགས་པའི་རྒྱུད་ལས། ཡི་གེ་བྲི་མཆོད་སྦྱིན་པ་དང་། །ཉན་དང་ཀློག་དང་འཛིན་པ་དང་། །འཆད་དང་ཁ་དོན་བྱས་པ་དང་། །དོན་སེམས་པ་དང་བསྒོམས་པ་སྟེ། །འདི་བཅུ་ཆོས་ཀྱི་སྒོ་མོ་ལས། །འདྲེན་པ་རྣམས་ཀྱི་གཤེགས་ཤུལ་ཡིན། །ཞེས་ལུས་ལོངས་སྤྱོད་ལྷ་མིའི་འདོད་ཡོན་ནོར་བུ་ཡོ་བྱད་རྣམ་པ་སྣ་ཚོགས་དངོས་སུ་འབྱོར་པ་དང་ཡིད་ཀྱིས་སྤྲུལ་ནས་འབུལ། སྦྱིན་པ་རྣམ་བཞི་རྟག་ཏུ་སྦྱིན་པ་དང་། ཐབས་ཀྱི་ཕ་རོལ་ཏུ་ཕྱིན་པ་རྣམས་ལ་བསྲུང་བར་བྱ། མཚན་བརྗོད་ལས། བསོད་ནམས་ལྡན་པ་བསོད་ནམས་ཚོགས། །ཡེ་ཤེས་ཡེ་ཤེས་འབྱུང་གནས་ཚོགས། །ཡེ་ཤེས་ལྡན་པ་ཡོད་མེད་ཤེས། །ཚོགས་གཉིས་ཚོགས་ནི་བསགས་པའོ། །ཞེས་རྒྱུ་བསོད་ནམས་ཀྱི་ཚོགས་རླབས་པོ་ཆེ་བསགས་པར་བྱ་དགོས་ཏེ་གནས་སྐབས་དང་མཐར་ཐུག་གི་ཕན་པ་རྒྱ་ཆེན་པོར་འགྱུར་ཏེ། དཀོད་པ་ཆེན་པོ་ལས། རྣམ་དག་སེམས་ལྡན་མཎྜལ་ནི། །ཕུལ་བའི་བསོད་ནམས་གཞལ་དུ་མེད། །ཅེས་སོ། །མཎྜལ་སོ་བདུན་མ་སོགས་མང་དུ་གསུངས་ཀྱང་འདིར་བླ་མ་སྐུ་གསུམ་གྱི་

མཎྜལ་འབུལ་བ་ནི། ཨོཾ་ཨཱཿཧཱུྃ། རིན་ཆེན་མཎྜལ་གསེར་གཡུས་བརྒྱན་པ་ནི། །བླ་མ་ཐུགས་རྗེ་སྤྲུལ་པའི་སྐུ་ལ་འབུལ། །རང་ལུས་མཎྜལ་དབང་པོས་བརྒྱན་པ་འདི། །བླ་མ་ལོངས་སྤྱོད་རྫོགས་པའི་སྐུ་ལ་འབུལ། །ཆོས་དབྱིངས་མཎྜལ་རིག་པས་བརྒྱན་པ་འདི། །བླ་མ་སངས་རྒྱས་ཆོས་ཀྱི་སྐུ་ལ་འབུལ། །ཨོཾ་གུ་རུ་རཏྣ་མཎྜལ་པུཛཱ་མེ་གྷ་ས་མུ་ཏ་སྥ་ར་ཎ་ས་མ་ཡེ་ཨ་ཧཱུྃཿ ཞེས་ཐོག་མར་བླ་མ་སྤྲུལ་པའི་སྐུ་ལ་མཉེས་པའི་ཡོ་བྱད་མིའི་རིན་པོ་ཆེའི་གསེར་དངུལ་ཟངས་ལྕགས་གཡུ་བྱུར་མུ་ཏིག་ཡིད་བཞིན་གྱི་ནོར་བུ་རིན་པོ་ཆེ་སོགས་དངོས་སུ་འབྱོར་བ་དང་། །ལྷ་ཀླུ་གནོད་སྦྱིན་བདག་རྣམས་ཀྱི་ཡོ་བྱེད་དགོས་འདོད་ཡིད་ཀྱིས་སྤྲུལ་ནས་ལྷག་བསམ་རྣམ་དག་གི་སྒོ་ནས་འབུལ་བར་བྱ། ཡོ་བྱད་དངོས་འབྱོར་ཡིད་སྤྲུལ་ཡོངས་རྫོགས་འབུལ་ནས། དེ་ནས་གཉིས་པའི་ལུས་ཆེན་པོ་བཞིའི་དྭངས་མ་ཕུང་པོ་ཁམས་དང་སྐྱེས་མཆེད་དྭངས་ཤིང་དབང་པོའི་སྒོ་ལྔ་མེ་ཏོག་བཀྲ་བ། ཡན་ལག་ཉིང་ལག་གླིང་ཕྲན་གྱིས་བརྒྱན་པ། འཁོར་ལོ་ལྔ་རིན་ཆེན་སྣ་ལྔས་སྤྲས་པའི་རི་རབ། ཙིཏྟ་ཡིད་བཞིན་ནོར་བུ། མགོ་བོ་གཏེར་གྱི་བུམ་པ། ཚོགས་བརྒྱད་མཆོད་པའི་ལྷ་མོ་བརྒྱད་ཀྱིས་མཛེས་པ་ལྟོས་པ་མེད་པར་བླ་མ་ལོངས་སྤྱོད་རྫོགས་པའི་སྐུ་ལ་འབུལ་བར་བགྱི། ཆོས་ཀྱི་དབྱིངས་འདུས་མ་བྱས་ཀུན་ལ་ཁྱབ་པ་ཀུན་རྫོབ་ལས་འདས་པ་རང་བཞིན་གྱི་རྣམ་པར་དག་པ་བྱང་ཆུབ་སེམས་དཔའི་རིག་པ་སྒོམ་པ། སྤྲུལ་པའི་སྐུའི་རིག་པ་བླ་ན་མེད་པ། དེ་ཁོ་ན་ཉིད་ཀྱི་རིག་པ། སོ་སོ་ཡང་དག་པར་རིག་པ་བཞིའི་བརྒྱན་པ། འཁོར་གསུམ་ཡང་དག་ཡོངས་རྫོགས་ཀྱི་མཎྜལ། ཆོས་སྐུ་ཡེ་ཤེས་རྒྱ་མཚོའི་ཚོགས་དང་བཅས་པ་རྣམས་ལ་དམིགས་མེད་བློ་འདས་ཁྱབ་བརྡལ་ཆེན་པོའི་ངང་དུ་འབུལ། དེ་ལྟར་བླ་མ་སྐུ་

གསུམ་གྱི་སྡོན་པ་ལུས་ལོངས་སྤྱོད་དགེ་བའི་རྩ་བ་འཁོར་གསུམ་ཡོངས་རྫོགས་སུ་ཕུལ་བས་བསོད་ནམས་གཞལ་དུ་མེད་དེ། ཁྱིའུ་ལུང་བསྟན་པའི་མདོ་ལས། བཅོམ་ལྡན་འདས་མཉན་ཡོད་ན་བྱོན་པའི་ཚེ་བྱིས་པ་ཁྱིའུ་ཞིག་གིས་ས་སླིམ་པ་གང་སངས་རྒྱས་ལ་ཕུལ་བས་སངས་རྒྱས་ཀྱི་ཞལ་ནས། འདིའི་བསོད་ནམས་འདི་ལ་བསྟེན་ནས་འཛམ་བུ་གླིང་ལ་དབང་བའི་རྒྱལ་པོར་འགྱུར་ཞིང་དེ་བཞིན་གཤེགས་པའི་སྐུ་གདུང་གི་མཆོད་རྟེན་བྱེ་བ་བྱས་ནས་སངས་རྒྱས་པར་འགྱུར་རོ། །ཞེས་ལུང་བསྟན་ཏོ། །དེ་ནས་མཇལ་དང་ཡན་ལག་བདུན་པ་ནི། བསམ་གྱིས་མི་ཁྱབ་པའི་བསོད་ནམས་ཁྱད་པར་ཅན་རྒྱུད་ལ་སྐྱེ་བའི་དགོས་ཆེད་ཡོད་དོ། །དྲུག་པ་བྱིན་རླབས་འཇུག་པ་བླ་མའི་རྣལ་འབྱོར་གྱི་ཁྲིད་ལ། བླ་མའི་མཚན་ཉིད། བླ་མའི་རྣལ་འབྱོར་བསྒོམ་པ། གསོལ་བ་འདེབས་པ། དབང་བཞི་ལེན་པ། ཐུགས་ཡིད་བསྲེ་བ། རྗེས་ལ་ཡོངས་སུ་བསྔོ་བ་དང་དྲུག་གོ །དེ་ཡང་དང་པོ་བླ་མ་མཚན་ཉིད་དང་ལྡན་པ་ཐོས་བསམ་སྒོམ་གསུམ་མཐར་ཕྱིན་པའི་དགེ་བའི་བཤེས་གཉེན་ཁྱད་པར་ཅན་བསྟེན་དགོས་ཏེ། དེ་ཡང་ལུང་ལས། དེ་ནས་འཁོར་བའི་སྡུག་བསྔལ་རྒྱ་མཚོ་ལས། །རྒྱལ་ཕྱིར་དེད་དཔོན་དཔལ་ལྡན་བླ་མར་བསྟེན། །ཞེས་འཁོར་བ་རྒྱ་ཆེ་བ་ཐོག་མའི་ཕ་མཐའ་མི་མངོན། གཏིང་ཟབ་པ་འོག་ནས་འོག་ཏུ་ཟབ་ལ་ཐུག་པ་མེད་དོ། །ཤུགས་དྲག་པ་ལས་ཀྱི་འབབ་སྟོལ་གར་ཡང་འཇུག །བཟོད་པར་དཀའ་བ་ཐ་ཁྲལ་གྱི་གློང་འཁོར་འཁྲུག་པ་སྟེ། སྲིད་པའི་རྩེ་མོ་ལ་མཚོ་ཡང་སྟེ་བྱས་པ། མར་མཐར་མེད་ཀྱི་གཞི་ལ་མཚོ་ཡང་གཏིང་ཟུགས་པ། བར་ལྷ་མ་ཡིན་ཁོང་སེང་ལ་མཚོའི་དབྱིངས་འཁྱིལ་པ། གང་གིས་ཀྱང་ཐར་བར་དཀའ་ཞིང་སྡུག་བསྔལ་གྱི་རིགས་མི་འདྲ་བ་མང་པོ་ཆུ་སྲིན་

གདུག་པའི་རྩེན་པ་འདི་ལས་བླ་ན་མེད་པའི་ཆོས་ཀྱི་གྲུ་དེད་དཔོན་བླ་མའི་ཁ་ལོ་བསྒྱུར་བར་བཞུགས་ཏེ། རེས་ཀྱི་མི་ལུས་རིན་པོ་ཆེ་ཐོབ་པའི་རྟེན་འདི་ལས་བརྒྱལ་བར་བྱ་དགོས་ཏེ། གལ་ཏེ་མ་འབད་ན་ཕྱི་ནས་འཁོར་བ་ངན་སོང་གི་གླུང་དུ་ཚུད་ནས་གཏན་དུ་ཐར་བའི་དུས་མེད་དོ། །དེ་ལྟར་ཐར་བའི་བློ་བསྐྱེད་ནས་རྒྱ་བོའི་ཕ་རོལ་ཏུ་བརྒྱལ་བར་འདོད་པའི་ཐོག་མར་གྲུ་བ་ལ་གསོལ་བ་འདེབས་པ་ལྟར། ཆོས་ཀྱི་གྲུར་ཞུགས་ཏེ་སྲིད་པའི་མཚོ་ལས་བརྒྱལ་བ་རྣམས་ཀྱང་ཐོག་མར་བླ་མ་གྲུ་འཛིན་ཁ་ལོ་པ་ལ་བསྟེན་དགོས་པས་དེ་མཉེས་པའི་རིམ་པ་ལ་འབད་པར་བྱའོ། །བླ་མ་དེ་ཡང་མཚན་ཉིད་དང་ལྡན་པ་ལ་བསྟེན་དགོས་ཏེ། རྒྱའི་ཕ་རོལ་སྒྲོལ་བ་ཙམ་ལ་ཡང་གྲུ་བཟང་པོ་དང་མཉན་པ་མཁས་ཤིང་སྟོབས་དང་ལྡན་པ་ལ་བསྟེན་དགོས་པ་ལྟར། འཁོར་བའི་རྒྱ་བོ་གཏིང་མཐའ་མེད་པ་ལས་བསྒྲོལ་བ་ལ་ཆོས་ཟབ་ཅིང་བླ་མ་མཁས་གྲུབ་ཡོན་ཏན་མངའ་བ་ལ་བསྟེན་པ་ནི་ཐར་གླིང་འདོད་པ་རྣམས་ཀྱི་མཆོག་ཏུ་གཅེས་པའི་མན་ངག་གོ །དེ་ལ་ཡང་དག་པའི་བླ་མའི་མཚན་ཉིད་ནི་རྣམ་པ་མང་ཡང་འདིར་འདུས་ཏེ། སྙིགས་མའི་དུས་འདིར་ཡོན་ཏན་ཀུན་ཚང་བའི་བླ་མ་ནི་ཨུ་དུམ་ཝ་རའི་མེ་ཏོག་དང་འདྲ་སྟེ་རྙེད་པར་དཀའ་བའི་ཡོན་ཏན་ཕལ་ཆེར་ཙམ་ཡང་ཚང་ཞིང་གདམས་པ་མ་ནོར་བར་བསྟེན་དགོས་ཏེ། ཟ་མ་ཏོག་བཀོད་པ་ལས། བཅོམ་ལྡན་འདས་གྲངས་མེད་གསུམ་དུ་ཚོགས་བསགས་པའི་ཚེ་ན་གསུང་རྡོ་རྗེའི་འབྲུག་སྒྲ་སྟོན་པའི་དགེ་བའི་བཤེས་གཉེན་བཙལ་བའི་ཆེད་དུ་ཀང་པ་དཔྱི་ལ་ཐུག་པར་ཟད་པའི་བར་དུ་འཇིག་རྟེན་གྱི་ཁམས་ཐམས་ཅད་དུ་ཕྱིན་པར་གསུངས་པ་དང་། འཛངས་བླུན་ལས། ཆོས་ཀྱི་ཕྱིར་རྒྱལ་པོས་རང་གི་ལུས་ལ་མར་མེའི་སྡོང་བུ་སྟོང་བཙུག་ནས་འབུལ་བ་ལ་སོགས་པ་དཀའ་བ་དུ་མ་སྤྱད་ནས་དགེ་བའི་བཤེས་གཉེན

བཅོལ་བ་དྲན་པར་བྱ་སྟེ། བདག་གིས་ཅིའི་ཕྱིར་མི་བཅོལ་སླམ་དུ་བསམ་ལ་བླ་མ་ཡང་དག་པར་བཅོལ་བར་བྱའོ། །བླ་མ་དེ་ཡང་སངས་རྒྱས་ཀྱི་འདུ་ཤེས་བཞག་ནས་བསྟེན་ན་ཡིད་བཞིན་ནོར་བུ་དང་འདྲ་སྟེ་དགོས་འདོད་ཐམས་ཅད་འབྱུང་བའི་གནས་ཡིན། སྨན་པའི་རྒྱལ་པོ་དང་འདྲ་སྟེ་འཁོར་བའི་གཅོང་ནད་འབྱིན། ཕ་མ་དང་འདྲ་སྟེ་ཕན་པ་རྒྱ་ཆེར་འདོགས། །དཔའ་བོ་དང་འདྲ་སྟེ་སྡིག་ཏོ་ཟིལ་གྱིས་གནོན། མཉན་པ་དང་འདྲ་སྟེ་སྲིད་པའི་མཚོ་ལས་སྒྲོལ། དེད་དཔོན་དམ་པ་དང་འདྲ་སྟེ་ཐར་པའི་ལམ་སྟོན། དེ་ལ་སོགས་ཏེ་ཡོན་ཏན་དཔག་ཏུ་མེད་པ་གསུངས་ཏེ། གཞུང་ལས། བླ་མ་སངས་རྒྱས་བླ་མ་ཆོས། །དེ་བཞིན་བླ་མ་དགེ་འདུན་ཏེ། །བླ་མ་སངས་རྒྱས་ཀུན་དང་མཉམ། །བླ་མ་མི་སྤངས་བླ་མ་བསྒྲུབ། །མོས་དང་བསམ་པའི་བྱེ་བྲག་གིས། །བླ་མ་འགྲུབ་འགྱུར་ཐེ་ཚོམ་མེད། །བླ་མ་དང་ནི་རྡོ་རྗེ་འཆང་། །ཐ་དད་པར་ནི་མི་བྱ་སྟེ། །དེ་ལས་བྱུང་བའི་བདུད་རྩི་ནི། །རྣལ་འབྱོར་དེ་ཡིས་མྱོང་བར་འགྱུར། །དངོས་གྲུབ་ཀུན་གྱི་ལས་ཀྱི་མཐའ། །བླ་མ་མཉེས་པ་ཉིད་ལས་འབྱུང་། །ཞེས་དགོངས་པ་འདུས་པ་ལས། བླ་མ་དག་ལ་མ་བསྟེན་པར། །སངས་རྒྱས་ནམ་ཡང་འབྱུང་མི་འགྱུར། །བྱུང་བ་གང་དག་སུ་མ་མཐོང་། །བྱུང་ན་གདམས་པའི་ལུང་དང་འགལ། །ལྷ་སྐྱ་འབུམ་ཕྲག་བསྒོམས་པ་ལས། །བླ་མ་གཅིག་པུ་བསྒོམ་པ་མཆོག །ཅེས་དང་། སློབ་དཔོན་ཤཱཀྱ་འོད་ཀྱི་ཞལ་ནས། བཤེས་གཉེན་ཞི་བ་དུལ་བ་ཉེར་ཞི་བ། །ཡོན་ཏན་མཆོག་ལྡན་བརྩོན་བཅས་ལུང་གི་ཕྱུག །རྟོགས་དཀའི་དེ་ཉིད་ཤིན་ཏུ་སྨྲ་མཁས་ལྡན། །བརྩེ་བའི་བདག་ཉིད་སྐྱོ་ངལ་སྤང་ལ་བསྟེན། །ཞེས་སངས་རྒྱས་ལས་ལྷག་པའི་བཀའ་དྲིན་ལ་བསམ་ཞིང་

སྲི་ཞུ་དང་རིམ་གྲོ་བཀུར་སྟི་ཕུ་དུད་བྱ་ཞིང་བླ་མའི་རྣལ་འབྱོར་བསྒོམ་པར་བྱ། དེ་ཡང་བཀོད་པ་ཆེན་པོ་ལས། འབྱུང་བའི་བླ་མ་དྲིན་ལྡན་ཏེ། །སྙིང་གི་དཀྱིལ་ལམ་ལག་པའི་མཐིལ། །སྤྱི་བོའི་གཙུག་ཏུ་སུས་བསྒོམས་པ། །ཡོན་ཏན་མ་ལུས་དེ་ཡིས་འཛིན། །ཞེས་སོ། །གཉིས་པ་བླ་མའི་རྣལ་འབྱོར་བསྒོམས་པ་ལ། རང་ཐམལ་བས་བླ་མའི་རྣལ་འབྱོར་བསྒོམ་དུ་མི་རུང་བས་ན། དེ་ཕྱིར་མ་དག་པ་སྣང་ཞིང་འདི་སྐད་བརྗོད་དེ། དངོས་འཛིན་ཁྲོལ་བ་རང་བཞིན་སྟོང་པའི་ངང་། །རང་ཉིད་ཡི་དམ་ལྷར་གསལ་སྤྱི་བོའི་གཙུག །གེ་སར་པད་སྟོང་འདབ་མ་སྟོང་ལྡན་སྟེང་། །ཉི་ཟླའི་གདན་དབུས་བླ་མ་པདྨ་འབྱུང་། །སྐུ་གསུམ་ཀུན་བཟང་དོ་བོར་བཞུགས་པ་ལ། །རྒྱལ་བ་དགོངས་བརྒྱུད་རིག་འཛིན་བརྡ་བརྒྱུད་རྣམས། །ཐོག་བརྩེགས་རྣམ་པར་སྟེང་གི་ཆ་ལ་བཞུགས། །གང་ཟག་སྙན་བརྒྱུད་གཏེར་ཆོས་སྨོན་ལམ་བརྒྱུད། །མཁའ་འགྲོ་གཏད་རྒྱའི་བརྒྱུད་པ་ལ་སོགས་དང་། །རྒྱ་བོད་རིག་འཛིན་གྲུབ་ཐོབ་རྩ་གསུམ་རྣམས། །ཁྲིམ་ཚོགས་ལྷར་ལ་སྤྲིན་དཔུང་འཁྲིགས་པ་བཞིན། །གཟི་བརྗིད་འོད་དཔུང་འབར་ཞིང་བཞུགས་པ་ཡི། །གནས་གསུམ་ཨོཾ་ཨཱཿཧཱུྃ་གིས་མཚན་པ་ལས། །འོད་འཕྲོས་ཨོ་རྒྱན་སྐུ་གསུམ་བཀའ་བརྒྱུད་བཅས། །རི་ལྟོས་མ་ལུས་སྤྱན་དྲངས་གཉིས་མེད་བསྟིམ། །གདུང་ཤུགས་དྲག་པོའི་རྩེ་གཅིག་གསོལ་བ་འདེབས། །ཞེས་སྟོང་པའི་ངང་ལས་རང་ཉིད་ཁྲོ་བོ་རྟ་མགྲིན་སྐུ་མདོག་དམར་པོ་ཞལ་གཅིག་ཕྱག་གཉིས་གཡས་དབྱུག་ཏོ་གཡོན་ཐོད་ཁྲག །ཞབས་གཉིས་འདོར་སྟབས་སུ་བགྲད་པ། སྤྱི་གཙུག་ཏུ་རྟ་མགོ་ལྗང་ཞུར་འཚེར་བ། རལ་བ་དམར་སེར་ཅན་གྱེན་དུ་བརྫེས་པ། ཞལ་གདངས་ཤིང་ལྕགས་འཛིལ་བ། མཆེ་བ་བཞི་གཙིགས་པ། སྤྱན་གསུམ་

དམར་ལ་རླུམ་པ། དུར་ཁྲོད་ཆས་བརྒྱད་ཀྱིས་བརྒྱན་པ། འབར་བའི་གར་དགུ་དང་ལྡན་པ། ཡུམ་རྡོ་རྗེ་ཕག་མོ་དང་གཉིས་མེད་དུ་འཁྲིལ་བར་གསལ་བའི་སྤྱི་གཙུག་ཏུ་གེ་སར་པདྨ་འདབ་མ་སྟོང་དང་ལྡན་པའི་སྟེང་དུ་ཉི་མ་ཟླ་བའི་གདན་ལ། རྩ་བ་རྩ་བའི་བླ་མ་ལ་རྣམ་པ་ཨོ་རྒྱན་པདྨ་འབྱུང་གནས་སྤྲུལ་སྐུའི་ཆ་བྱད་ཅན་ཞལ་གཅིག་ཕྱག་གཉིས་སྐུ་མདོག་དཀར་ལ་དམར་བའི་མདངས་དང་ལྡན་པར་བསྒོམ། དེའི་སྤྱི་གཙུག་ཏུ་ཨོ་རྒྱན་ལོངས་སྐུ་ཚེ་དཔག་མེད་ཡབ་ཡུམ་སྐུ་མདོག་དམར་པོ་ཞལ་གཅིག་ཕྱག་གཉིས་ལོངས་སྤྱོད་རྫོགས་སྐུའི་ཆས་དང་ལྡན་པ། དེའི་དབུ་གཙུག་ཏུ་ཨོ་རྒྱན་ཆོས་སྐུ་སྐུ་མདོག་མཐིང་ག་རྡོ་རྗེ་དང་དྲིལ་བུ་འཛིན་པ་ཡུམ་ཡེ་ཤེས་ཀྱི་ཌཱ་ཀི་མ་དཀར་མོ་འཁྲིལ་སྦྱོར་མཉམ་བཞག་གི་ཕྱག་རྒྱ། དེའི་དབུ་གཙུག་ཏུ་ཀུན་བཟང་ཡབ་ཡུམ་དང་བཅས་པ་ཐོག་བརྩེགས་ལྟར་ཏུ་བསྒོམ། ཆོས་ཀྱི་སྐུ་ལ་འཁོར་ཡེ་ཤེས་རྒྱ་མཚོའི་ཚོགས་ཀྱིས་བསྐོར་བ། ལོངས་སྐུ་ལ་རྒྱལ་བ་དགོངས་བརྒྱུད་ལོངས་སྤྱོད་རྫོགས་སྐུ་བྱང་ཆུབ་སེམས་དཔའ་དང་སེམས་མའི་ཚོགས་ཀྱིས་བསྐོར་བ། སྤྲུལ་སྐུ་ལ་གང་ཟག་སྙན་བརྒྱུད་གཏེར་ཆོས་སྨོན་ལམ་བརྒྱུད་པ་དང་མཁའ་འགྲོ་གཏད་རྒྱའི་བརྒྱུད་པ་རྒྱ་བོད་ཀྱི་རིག་པ་འཛིན་པ་དང་གྲུབ་ཐོབ་སོགས་རྩ་བ་གསུམ་གྱི་ལྷ་ཚོགས་རྣམས་བྱིན་གྱིས་རླབས་འོད་ཕུང་འབར་བར་བསྒོམ་པའི་སྤྱི་བོར་ཨོཾ། མགྲིན་པར་ཨཱཿ ཐུགས་ཀར་ཧཱུྃ་ལས་འོད་ཟེར་དཀར་དམར་མཐིང་གསུམ་འཕྲོས་པས་རང་བཞིན་སྐུ་གསུམ་གྱི་ཞིང་ཁམས་རྣམ་པར་དག་པ་ནས་ཡེ་ཤེས་པ་སྤྱན་དྲངས་གཉིས་སུ་མེད་པར་བསྟིམ་ལ་མོས་གུས་གདུང་ཤུགས་མོས་པ་རྩེ་གཅིག་ཏུ་བྱའོ། །གསུམ་པ་གསོལ་བ་གདབ་པ་ནི། ཨོཾ་ཨ་ཧཱུྃ། ཆོས་སྐུ་ཀུན་བཟང་ཡབ་ཡུམ་ལ་གསོལ་བ་འདེབས། །གདོད་མའི་གནས་ལུགས་རྟོགས་པར་བྱིན་

གྱིས་རློབས། །དྲུག་པ་རྡོ་རྗེ་འཆང་ཆེན་ལ་གསོལ་བ་འདེབས། །རང་བྱུང་ལྷུན་གྲུབ་རྟོགས་པར་བྱིན་གྱིས་རློབས། །སྟོན་པ་རྡོ་རྗེ་སེམས་དཔའ་ལ་གསོལ་བ་འདེབས། །སྐྱེ་འགགས་སྤྲོས་དང་བྲལ་བར་བྱིན་གྱིས་རློབས། །རིག་འཛིན་དགའ་རབ་རྡོ་རྗེ་ལ་གསོལ་བ་འདེབས། །སྒྱུ་ལུས་འོད་གསལ་དུ་གྲོལ་བར་བྱིན་གྱིས་རློབས། །མཁས་པ་ཤྲཱི་སེང་ཧ་ལ་གསོལ་བ་འདེབས། །ཚད་བཞི་མཐའ་རུ་ཕྱིན་པར་བྱིན་གྱིས་རློབས། །སློབ་དཔོན་པདྨ་ཡབ་ཡུམ་ལ་གསོལ་བ་འདེབས། །རིག་པའི་རྩལ་དབང་ཐོབ་པར་བྱིན་གྱིས་རློབས། །བི་མ་ལ་སོགས་རྒྱ་གར་རིག་འཛིན་བརྒྱད། །སྣ་ཚོགས་ཞང་སོགས་རྗེ་འབངས་ཉི་ཤུ་ལྔ། །གཏེར་སྟོན་བརྒྱ་རྩ་ཆོས་བདག་ལས་ཅན་ཚོགས། །རྩ་བརྒྱུད་བླ་མ་རྣམས་ལ་གསོལ་བ་འདེབས། །ཉམས་རྟོགས་ཡེ་ཤེས་སུ་སྐྱེ་བར་བྱིན་གྱིས་རློབས། །ན་མོ། རྗེ་བླ་མ་སངས་རྒྱས་ཆོས་ཀྱི་སྐུ་ལ་གསོལ་བ་འདེབས། །མ་རིག་མུན་པ་སེལ་བར་བྱིན་གྱིས་རློབས། །བླ་མ་ལོངས་སྤྱོད་རྫོགས་པའི་སྐུ་ལ་གསོལ་བ་འདེབས། །ཏིང་འཛིན་རྒྱུད་ལ་སྐྱེ་བར་བྱིན་གྱིས་རློབས། །བླ་མ་ཐུགས་རྗེ་སྤྲུལ་པའི་སྐུ་ལ་གསོལ་བ་འདེབས། །ཉམས་དང་རྟོགས་པ་འཆར་བར་བྱིན་གྱིས་རློབས། །བླ་མ་རྒྱལ་བ་རྒྱ་མཚོའི་སྐུ་ལ་གསོལ་བ་འདེབས། །བདག་གཞན་དོན་གཉིས་འགྲུབ་པར་བྱིན་གྱིས་རློབས། །བླ་མའི་སྐུ་ལ་གསོལ་བ་འདེབས། །ལུས་ལ་བདེ་དྲོད་འབར་བར་བྱིན་གྱིས་རློབས། །འཆི་མེད་ཚེ་ཡི་དངོས་གྲུབ་སྩོལ། །བླ་མའི་གསུང་ལ་གསོལ་བ་འདེབས། །ངག་ལ་ནུས་པ་འབྱུང་བར་བྱིན་གྱིས་རློབས། །ཚངས་པའི་དབྱངས་ཀྱི་དངོས་གྲུབ་སྩོལ། །བླ་མའི་ཐུགས་ལ་གསོལ་བ་འདེབས། །སེམས་ལ་རྟོགས་པ་འཆར་བར་བྱིན་གྱིས་

རློབས། །ཕྱག་རྒྱ་ཆེན་པོའི་དངོས་གྲུབ་སྩོལ། །ཡོན་ཏན་ཕྲིན་ལས་རྫོགས་ལ་གསོལ་བ་འདེབས། །དབང་བཞི་ཡོངས་རྫོགས་བྱིན་གྱིས་རློབས། །ཕྲིན་ལས་རྣམ་བཞིའི་དངོས་གྲུབ་སྩོལ། །ཨོཾ་ཨཱཿཧཱུྃ། ཆོས་སྐུ་སྣང་བ་མཐའ་ཡས་མཆོག་ལ་གསོལ་བ་འདེབས་སོ་བྱིན་གྱིས་རློབས་ཤིག །ལོངས་སྐུ་ཐུགས་རྗེ་ཆེན་པོ་མཆོག་ལ་གསོལ་བ་འདེབས་སོ་བྱིན་གྱིས་རློབས་ཤིག །སྤྲུལ་སྐུ་པདྨ་འབྱུང་གནས་མཆོག་ལ་གསོལ་བ་འདེབས་སོ་བྱིན་གྱིས་རློབས་ཤིག །མཁའ་འགྲོ་ཡེ་ཤེས་མཚོ་རྒྱལ་ལ་གསོལ་བ་འདེབས་སོ་བྱིན་གྱིས་རློབས་ཤིག །རིག་འཛིན་རྗེ་འབངས་ཉི་ཤུ་ལྔ་ལ་གསོལ་བ་འདེབས་སོ་བྱིན་གྱིས་རློབས་ཤིག །གཏེར་སྟོན་མཆོག་གཉིས་གླིང་པ་བརྒྱད་ལ་གསོལ་བ་འདེབས་སོ་བྱིན་གྱིས་རློབས་ཤིག །ཟབ་གཏེར་དབང་ཕྱུག་བརྒྱ་རྩ་བརྒྱད་ལ་གསོལ་བ་འདེབས་སོ་བྱིན་གྱིས་རློབས་ཤིག །གཏེར་སྟོན་རཏྣ་གླིང་པའི་ཞབས་ལ་གསོལ་བ་འདེབས་སོ་བྱིན་གྱིས་རློབས་ཤིག །རྒྱལ་སྲས་ཚེ་དབང་གྲགས་པ་རྗེ་ལ་གསོལ་བ་འདེབས་སོ་བྱིན་གྱིས་རློབས་ཤིག །སྲས་མཆོག་ངག་དབང་གྲགས་པ་ལ་གསོལ་བ་འདེབས་སོ་བྱིན་གྱིས་རློབས་ཤིག །རིག་འཛིན་ཀུན་དགའ་གྲགས་པ་རྗེ་ལ་གསོལ་བ་འདེབས་སོ་བྱིན་གྱིས་རློབས་ཤིག །གར་དབང་ཀུན་དགའ་བསྟན་འཛིན་ཞབས་ལ་གསོལ་བ་འདེབས་སོ་བྱིན་གྱིས་རློབས་ཤིག །སྔགས་འཆང་པདྨ་དབང་དྲག་ཞབས་ལ་གསོལ་བ་འདེབས་སོ་བྱིན་གྱིས་རློབས་ཤིག །མཚུངས་མེད་ཀརྨ་ཆགས་མེད་ཞབས་ལ་གསོལ་བ་འདེབས་སོ་བྱིན་གྱིས་རློབས་ཤིག །བླ་མ་པུཎྱ་བིཛྙ་རའི་ཞབས་ལ་གསོལ་བ་འདེབས་སོ་བྱིན་གྱིས་རློབས་ཤིག །དྲིན་ཆེན་རྩ་བའི་བླ་མ་རྗེ་ལ་གསོལ་བ་འདེབས་སོ་བྱིན་གྱིས་རློབས་ཤིག །ཡི་དམ་ཞི་དྲག་དཀྱིལ་འཁོར་ལྷ

ལ་གསོལ་བ་འདེབས་སོ་བྱིན་གྱིས་རློབས་ཤིག །མཁའ་འགྲོ་དཔའ་བོ་བསྟན་སྲུང་རྣམས་ལ་གསོལ་བ་འདེབས་སོ་བྱིན་གྱིས་རློབས་ཤིག །ཨེ་མ་ཧོ། རྩ་གསུམ་དཀོན་མཆོག་ཀུན་རྣམས་འདུས་པའི་བདག །འཁྲུལ་མེད་རང་བྱུང་ཡེ་སངས་རྒྱས་པའི་མགོན། །ཡོན་ཏན་ལྷུན་གྲུབ་བླ་མ་དབང་གི་རྒྱལ། །སྐྱེ་འཆི་འཇིག་བྲལ་གུ་རུ་པདྨ་འབྱུང་། །བདག་གི་དད་པ་བརྟན་པོས་ཕྱེད་དྲན་ནས། །གདུང་ཤུགས་དྲག་པོའི་སྙིང་ནས་གསོལ་བ་འདེབས། །ཐུགས་རྗེ་མ་གཡེལ་བྱིན་རླབས་མཐུ་དཔུང་བསྐྱེད། །བྱིན་རླབས་དབང་དང་དངོས་གྲུབ་མ་ལུས་པ། །དུས་འདིར་དད་ལྡན་བུ་ལ་སྩོལ་དུ་གསོལ། །ཚེ་འདིའི་འཁྲུལ་སྣང་སྒྱུ་མའི་རྫུན་ཁྲུངས་ཐིབས། །ངེས་འབྱུང་སྐྱོ་ཤས་རང་སེམས་རིག་པ་སད། །ཉམས་རྟོགས་ཡེ་ཤེས་རང་རིག་ངོ་བོ་རྫོགས། །ཐུགས་ཡིད་གཅིག་ཏུ་འདྲེས་པར་བྱིན་གྱིས་རློབས། །སརྦ་སིདྡྷི་ཕ་ལ་ཧཱུྃ་ཨཱ། ཞེས་དེ་ལྟར་རྩེ་གཅིག་མ་ཡེངས་གུས་པས་གསོལ་བ་གདབ་པར་བྱའོ། །བཞི་པ་དབང་བཞི་ལེན་པ་ནི། སྐྱབས་ཡུལ་ཐམས་ཅད་རྩ་བའི་བླ་མར་ཐིམ། །བྱིན་རླབས་ཕུང་པོ་བླ་མའི་གནས་བཞི་ལས། །འོད་ཟེར་ཡེ་ཤེས་ཨོཾ་དཀར་ཨཱ་དམར་དང་། །ཧཱུྃ་མཐིང་ཧྲཱིཿལྗང་ལ་སོགས་རྣམ་པར་བྲོན། །བདག་གི་གནས་བཞིར་ཐིམ་ནས་སྒྲིབ་བཞི་དག །དབང་བཞི་རྫོགས་ནས་དགའ་བཞི་ཡེ་ཤེས་སྐྱེས། །སངས་རྒྱས་སྐུ་བཞིའི་འབྲས་བུ་ཐོབ་གྱུར་ཏེ། །བླ་མ་སྤྱི་བོར་བྲོན་ནས་རང་ལ་ཐིམ། །ཐུགས་ཡིད་དབྱེར་མེད་གྱུར་ཏེ་རང་གི་སེམས། །མ་བཅོས་སྤྲོས་བྲལ་ཆོས་སྐུ་སྐྱེ་མེད་ཨ། །ཞེས་པས་སྐྱབས་ཡུལ་ཆོས་སྐུའི་འཁོར་ཡེ་ཤེས་རྒྱ་མཚོ་ཆོས་སྐུ་ལ་ཐིམ་པ་ནི་དཔེར་ན་ཉི་མ་ཤར་བའི་འོད་ལྟ་བུར་འདུས། ལོངས་སྐུའི་འཁོར་ཚོགས་ཆེ་

དཔག་མེད་ཡབ་ཡུམ་ལ་ཐིམ་པ་ནི། དཔེར་ན་ཆུ་ཕྲན་རྒྱ་མཚོར་ཐིམ་པ་ལྟ་བུའོ། །སྤྲུལ་སྐུའི་འཁོར་ཚོགས་སྤྲུལ་སྐུ་པདྨ་འབྱུང་གནས་ལ་ཐིམ་པ་ནི། དཔེར་ན་རྡོ་ཚན་ལ་ཁ་བ་བབ་པ་ལྟ་བུ། དེ་བཞིན་དུ་ཆོས་སྐུ་ཀུན་བཟང་ཡབ་ཡུམ་ཨོ་རྒྱན་ཆོས་སྐུ་ཡབ་ཡུམ་ལ་ཐིམ། ཨོ་རྒྱན་ཆོས་སྐུ་ཡབ་ཡུམ་ལོངས་སྐུ་ཚེ་དཔག་མེད་ཡབ་ཡུམ་ལ་ཐིམ། ཚེ་དཔག་མེད་ཡབ་ཡུམ་སྤྲུལ་སྐུ་པདྨ་འབྱུང་གནས་ལ་ཐིམ། སྐུ་གསུམ་གྱི་ངོ་བོ་རྩ་བའི་བླ་མ་དང་གཉིས་སུ་མེད་པ་པདྨ་འབྱུང་གནས་འོད་ཀྱི་ཕུང་པོ་ཡོན་ཏན་གྱི་གཏེར་མཛོད། བྱིན་བརླབས་ཀྱི་འབྱུང་གནས་གཟི་བརྗིད་འོད་དུ་འབར་ཞིང་ཡེ་ཤེས་ཀྱི་དབང་མཆོག་བསྐུར་བའི་བདག་ཉིད་ཆེན་པོར་བཞུགས་པར་བསྒོམ་ཞིང་དབང་བཞི་ལེན་པ་ནི། བླ་མའི་སྐུའི་སྨིན་མཚམས་ནས་སྐུའི་ངོ་བོ་ཡེ་ཤེས་ཀྱི་ཨོཾ་འོད་ཟེར་དཀར་པོ་དང་བཅས་པ་འཕྲོས། རང་གི་སྨིན་མཚམས་སུ་ཐིམ། ལུས་ཀྱི་སྒྲིབ་པ་དག །སྐུའི་དབང་ཐོབ། དགའ་བའི་ཡེ་ཤེས་རྒྱུད་ལ་སྐྱེས། ལུས་བདེ་སྟོང་དུ་གྲོལ། འབྲས་བུ་སྤྲུལ་སྐུ་ཐོབ་པའོ། །ཡང་བླ་མའི་མགྲིན་གྱི་བུམ་པ་ནས་གསུང་གི་ངོ་བོ་ཡེ་ཤེས་ཀྱི་ཨཱཿའོད་ཟེར་དམར་པོ་དང་བཅས་པ་འཕྲོས་ནས་རང་གི་མགྲིན་པར་ཐིམ། ངག་གི་སྒྲིབ་པ་དག །གསུང་གི་དབང་ཐོབ། མཆོག་དགའི་ཡེ་ཤེས་རྒྱུད་ལ་སྐྱེས། ངག་གྲགས་སྟོང་གི་འབྱུང་འཇུག་དབུ་མར་ཚུད། ངག་ལ་ནུས་པ་འབྱུང་། འབྲས་བུ་ལོངས་སྐུ་ཐོབ། ཡང་བླ་མའི་ཐུགས་ཀ་དཔལ་གྱི་བེའུ་ནས་ཐུགས་ཀྱི་ངོ་བོ་ཡེ་ཤེས་ཀྱི་ཧཱུྃ་མཐིང་ཀ་འོད་ཟེར་མཐིང་ཀ་དང་བཅས་པ་རང་གི་སྙིང་ཀར་ཐིམ། སེམས་ཀྱི་སྒྲིབ་པ་དག །ཐུགས་ཀྱི་དབང་ཐོབ། དགའ་བྲལ་གྱི་ཡེ་ཤེས་རྒྱུད་ལ་སྐྱེས། སེམས་གསལ་སྟོང་དུ་གྲོལ། རྟོགས་པ་རྒྱུད་ལ་སྐྱེས། འབྲས་བུ་

ཆོས་སྐུ་ཐོབ། ཡང་བླ་མའི་ལྟེ་བ་བསྐྱེད་བྱེད་ཀྱི་འཁོར་ལོ་ནས་ཡི་གེ་ཧྲཱི་ལྷུང་ཀུ་དང་བཅས་པ་འཕྲོས་ནས་རང་གི་ལྟེ་བར་ཐིམ། ང་རྒྱལ་ཕྲག་དོག་གི་སྒྲིབ་པ་དག །ཚིག་དབང་རིན་པོ་ཆེ་ཐོབ། ལྷན་ཅིག་སྐྱེས་དགའི་ཡེ་ཤེས་རྒྱུད་ལ་སྐྱེས། ཕུང་པོ་འཇའ་འོད་དུ་གྲོལ། བཟོད་པ་ཆོས་མཆོག་གི་ཡོན་ཏན་དང་ལྡན། འབྲས་བུ་ངོ་བོ་ཉིད་སྐུ་ཐོབ་པའོ། །དབང་ལ་རྣམ་པ་མང་ཡང་དོན་དམ་པའི་དབང་མཆོག་འདི་ཉིད་ཡིན་པས། ཡིད་གཉིས་དང་ཐེ་ཚོམ་མེད་པར་དད་གུས་མོས་པའི་སྒོ་ནས་མ་ཡེངས་པ་རྩེ་གཅིག་ཏུ་དབང་རྣམས་བླང་བ་དེ་བཞིན་ཐོབ་པར་མོས་པ་བྱའོ། །ལྟ་བ་ཐུགས་ཡིད་བསྲེ་བ་ནི། བླ་མ་འོད་དུ་ཞུ་ནས་རང་ལ་ཐིམ་པས་ཆུ་ལ་ཆུ་ཐིམ་པ་དང་མར་ལ་མར་བཞག་པ་ལྟར་གཉིས་མེད་མཐའ་བྲལ་བྱར་མེད་སྤྲོས་བྲལ་གྱི་ངང་ལ་གནས་པར་བྱའོ། །ཞེས་སོ། །དྲུག་པ་ཡོངས་སུ་བསྔོ་བ་ནི། དེ་ལྟ་བུའི་ཟག་བཅས་ཟག་མེད་ཀྱི་དགེ་བའི་རྩ་བ་བྱང་ཆུབ་ཏུ་བསྔོ་དགོས་ཏེ། བློ་གྲོས་རྒྱ་མཚོས་ཞུས་པའི་མདོ་ལས། ཇི་ལྟར་ཆུ་ཐིགས་རྒྱ་མཚོའི་ཆུ་ནང་སོང་། །རྒྱ་མཚོ་མ་སྐམ་བར་དུ་དེ་མི་སྐམ། །དེ་བཞིན་བྱང་ཆུབ་ཡོངས་བསྔོས་དགེ་བ་རྣམས། །བྱང་ཆུབ་མ་ཐོབ་བར་དུ་དེ་མི་ཟད། །ཞེས་དང་། བསྐལ་བར་བསགས་པའི་དགེ་རྩ་ཡང་། །ཁོང་ཁྲོ་གཅིག་གིས་འཇོམས་པར་འགྱུར། །ཞེས་དང་། དེ་ཡང་བསྔོ་བ་ཡང་དག་པར་བསྔོ་དགོས་ཏེ། མ་བསྔོས་ཡང་ན་ལོག་པར་བསྔོས། །འགྱོད་པ་སྐྱེས་དང་གཞན་ལ་བསྒྲག །དགེ་རྩ་འཛད་པའི་རྒྱུ་བཞིར་གསུངས། །བཟང་སྤྱོད་ལས། འཇམ་དཔལ་དཔའ་བོས་ཇི་ལྟར་མཁྱེན་པ་དང་། །ཀུན་ཏུ་བཟང་པོ་དེ་ཡང་དེ་བཞིན་ཏེ། །དེ་དག་ཀུན་གྱི་རྗེས་སུ་བདག་སློབ་ཅིང་། །དགེ་བ་འདི་དག་ཐམས་ཅད་རབ་ཏུ་

བསྔོ། །ཞེས་དང་། བསྔོ་བ་མི་ཟད་འཕེལ་བ་སྟེ། །འཕེལ་བ་འགྱུར་དང་བཅས་པའོ། །བསྔོ་བ་མི་ཟད་གཏེར་དུ་སྒྲུབ། །ཞེས་པས་སོ། །བསྔོ་བ་དངོས་ནི། རྣམ་དཀར་དགེ་ཚོགས་བསོད་ནམས་སྙིང་པོ་འདི། །དམིགས་མཐའ་བྲལ་བའི་སེམས་ཅན་ཡོངས་ལ་བསྔོ། །ཡང་གསང་རྡོ་རྗེ་ཐེག་པའི་དོན་རྟོགས་ནས། །རིགས་བདག་བླ་མའི་གོ་འཕང་ཐོབ་པར་ཤོག །གསུམ་པ་ཁྱད་པར་གྱི་སྨོན་འགྲོ་ལ་བཞི་ལས། སྨོན་འགྲོ་སྤྱིར་བསྟན་པ་དང་། ཕྱི་དང་ནང་དང་གསང་བ་དང་བཞི་སྟེ། དང་པོ་ལ་བརྒྱད་དེ། སྟོན་པ་བསྟན་པ། གནས་བསྟན་པ། དུས་བསྟན་པ། གྲོགས་བསྟན་པ། ཡོ་བྱད་བསྟན་པ། ལོ་རྒྱུས་བཤད་པ། དབང་བསྐུར་བ་དང་། སྨོན་འགྲོ་བསྟན་པ། དང་པོ་སྟོན་བསྟན་པ་ནི། རང་ཤར་ལས། དད་པའི་སྟོབས་དང་བརྩོན་འགྲུས་ཆེ། །ཤེས་རབ་ཆེ་ཞིང་འཛིན་ཆགས་མེད། །ཞུ་དུད་ཆེ་ཞིང་གསང་སྔགས་སྤྱོད། །རྟོག་མེད་སེམས་ལ་གཡེང་བ་མེད། །དམ་ཚིག་ལྡན་ཞིང་བསྒྲུབ་ལ་བརྩོན། །ཞེས་དང་། གློང་གསལ་ལས། དད་ལྡན་སྙིང་རྗེ་གཏོང་ཕོད་ཆེ། །རྒྱུད་དུལ་སྡིག་འཛེམ་དབང་པོ་རྣོ། །གསང་ཐུབ་བརྟུལ་ཞུགས་འགྱུར་བ་མེད། །སྐྱོ་ཤས་སྡུག་སྲན་སྙིང་རུས་ཆེ། །དེ་ནི་གསང་སྔགས་སྤྱོད་ཡིན་པས། །བདུད་རྩིའི་སྙིང་གི་ཡང་ཞུན་འདི། །བུ་མཆོག་དེ་ལ་བསྟན་པར་བྱ། །ཞེས་སོ། །གནས་བསྟན་པ་ནི། གློང་གསལ་ལས། གངས་ཁྲོད་ལུང་སྟོང་རི་རྩེར་དུར་ཁྲོད་དམ། །ཤིན་ཏུ་དབེན་པ་དྭངས་ཤིང་མཐོ་བའི་སར། །སྐལ་ལྡན་སྐྱེས་བུ་ཉམས་ལེན་བྱ་བའི་གནས། །ཞེས་སོ། །དུས་བསྟན་པ་ནི། ཡང་དེ་ཉིད་ལས། དབྱར་མ་སྟོན་དང་དགུན་ཆུང་དཔྱིད་ཀྱི་

དུས། །ཟེར་གཉིས་དུས་སུ་མཆོག་ཏུ་བཤད་པ་ཡིན། །གྲོགས་བསྟན་པ་ནི། ཀློང་གསལ་ལས། དམ་ཚིག་གཙང་ལྡན་དག་པའི་སྣང་བ་ཆེ། །དུག་ལྔའི་ཤུགས་ཆུང་བློ་བརྟན་ཁོག་ཡངས་པ། །ངང་རྒྱུད་རིང་ཞིང་བརྩེ་བའི་གྲོགས་དང་འགྲོགས། །ཞེས་སོ། །ཡོ་བྱད་བསྟན་པ་ནི། ཀློང་གསལ་ལས། མེ་ཏོག་དབང་ཡོན་ཚོགས་འཁོར་གཏོར་ཚོགས་རྒྱུ། །ཉམས་ལེན་དུས་སུ་ཁམས་ཀྱི་རྟེན་གསོ་བཙལ། །མཐུན་པའི་ཡོ་བྱད་ཀུན་དང་ལྡན་པར་བྱ། །ཞེས་སོ། །ལོ་རྒྱུས་བསྟན་པ་ནི། ཉི་ཟླ་ཁ་སྦྱོར་ལས། ལོ་རྒྱུས་དོན་གྱི་མ་བཤད་ན། །གསང་ཆེན་ངེས་པའི་བཀའ་འདི་ལ། །ཡིད་མི་ཆེས་པའི་སྐྱོན་དུ་འགྱུར། །ཞེས་སོ། །དེ་ནས་སྨིན་པའི་དབང་བསྐུར་བ་ནི། ཐལ་འགྱུར་ལས། དབང་ནི་རྣམ་པ་བཞི་ཡིས་ཀྱང་། །སྐལ་བ་ལྡན་པ་སྨིན་པར་བྱ། །ཞེས་སོ། །དེ་ནས་སྔོན་འགྲོ་བསྟན་པ་ནི། འདས་རྗེས་ལས། མི་རྟག་སྙིང་རྗེ་བྱང་སེམས་སྦྱང་། །ཞེས་པ་ལ་སོགས་པས་ཐུན་མོང་དུ་སློབ་པ་ལྟར་རོ། །གཉིས་པ་འཁོར་འདས་རུ་ཤན་དབྱེ་བ་ལ་གཉིས། ཕྱིའི་འཁོར་འདས་རུ་ཤན་དབྱེ་བ་དང་། ནང་གི་འཁོར་འདས་རུ་ཤན་དབྱེ་བ་ལས། །དང་པོ་ལ་གསུམ། ལུས་དང་། ངག་དང་། ཡིད་འཁོར་འདས་རུ་ཤན་དབྱེ་བའོ། །དང་པོ་ལུས་འཁོར་འདས་རུ་ཤན་དབྱེ་བ་ནི། ལུས་འདི་རྒྱུ་མ་རིག་པ་ལས་བསྐྱེད་པ། དུས་རྒྱུན་དུ་འཁོར་བར་འཁྱམས་ཏེ། ད་ཕན་ཆད་ལུས་འདི་འཁོར་བར་མི་འཁྱམས་པར་བྱ་བའི་ཕྱིར། ལུས་དང་འཁོར་བ་གཉིས་སུ་ཤན་དབྱེ་བའོ། །དབྱེ་བ་དངོས་ནི། འཁོར་བའི་ཆ་དང་མྱང་འདས་ཀྱི་ཆ་སྟེ། འདི་སྐད་དུ། འདས་རྗེས་ལས། ལུས་ཀྱི་སྔོན་འགྲོ་བྱ་བའི་ཕྱིར། །རིགས་དྲུག་

སྤྱོད་པ་སྣ་ཚོགས་སྤྱོད། །ཅེས་དང་། །དཀོན་མཆོག་གསུམ་གྱི་སྤྱོད་པ་སྤྱད། །ཅེས་སོ། །ཐལ་འགྱུར་ལས། རྡོ་རྗེ་དཀྱིལ་ཀྲུང་དང་བཅས་ཏེ། ལུས་སྦྱང་སེམས་ཕན་འུབ་ཆུབ་བོ། །དེའང་དང་པོའི་ཆ་ནི། མི་མེད་པའི་རི་ལ་ཕྱིན་ཏེ་ས་ཕྱོགས་དེའི་གཞི་བདག་ལྷ་ཀླུ་རྣམས་ལ་གཏོར་མ་གཅིག་འབྲུ་གསུམ་གྱིས་བྱིན་གྱིས་རླབས་ནས་བསྔོས་ཏེ་བདག་ལུང་པ་ས་ཕྱོགས་འདིར། འཁོར་འདས་རུ་ཤན་འབྱེ་བའི་སྤྱོད་པ་ལགས་པས་འདི་མ་རྫོགས་ཀྱི་བར་དུ་རྐྱེན་ཕྱི་ནང་གིས་བར་དུ་གཅོད་པ་གང་ཡང་མ་གཏོང་བར་བདག་གི་དགེ་བའི་སྟོང་གྲོགས་མཛོད་ཅིག་ཅེས་བཀའ་བསྒོ། དེ་ནས་འདི་སྙམ་དུ་ད་ནི་སེམས་ཅན་ཐམས་ཅད་ཀྱི་དོན་དུ་ལུས་འཁོར་བ་དང་རུ་ཤན་དབྱེ་བས་མི་བཟློག་པར་བྱ་སྙམ་དུ་སེམས་བསྐྱེད་དོ། །དེ་ནས་དམྱལ་བ་དང་། ཡི་དྭགས་དང་། དུད་འགྲོ་དང་། ལྷ་མ་ཡིན་དང་། ལྷ་དང་། མིའི་སྤྱོད་པ་དྲན་ཚད་དུ་བྱའོ། །དེ་ནས་མྱུ་ངན་ལས་འདས་པའི་ཚོ་དེ་བཞིན་གཤེགས་པའི་བཞུགས་སྟངས་ལ་སོགས་པ་བྱའོ། །དེའི་རྗེས་ཀྱི་ཤེས་པ་ཡང་རྒྱུ་ལ་བཀལ་ལ་ལྟའོ། །དེ་ནས་རྡོ་རྗེའི་དཀྱིལ་ཀྲུང་ལ་རྐང་མཐིལ་གཉིས་སྦྲད་དེ། ལུས་དྲང་པོར་བསྲངས། ལག་པ་གཉིས་སྤྱི་བོར་ཐལ་མོ་སྦྱར་ལ་ཉིན་མཚན་མེད་པར་གནས་པར་བྱའོ། །དེ་ལྟར་ལུས་ཀྱི་སྤྱོད་པ་བྱས་པས་རུ་ཤན་འབྱེད་པ་གལ་ཆེ་སྟེ། བཀོད་པ་ཆེན་པོ་ལས། གང་གིས་རུ་ཤན་འབྱེད་འདོད་པས། །ལུས་ཀྱི་བྱ་བ་རང་ལོག་ཕྱིར། །དེ་ལྟར་གོང་དུ་བཤད་པ་ཡི། །ཕྱི་ནི་ཡང་དག་དེ་ལྟར་རོ། །འདི་ཉིད་བཟློག་པའི་ལུས་ལ་ཡང་། གནས་པ་མེད་པར་ཁམས་གསུམ་དུ། ལུས་ནི་འཇུག་པ་མ་ཡིན་ནོ། །ཞེས་སོ། །དེ་ལྟར་ལུས་ཀྱི་སྤྱོད་པ་བྱས་པ་ལ་དགོས་པ་རྣམ་པ་གསུམ་སྟེ། ཐུན་མོང་གི་དགོས་པ་དང་།

ཁྱད་པར་གྱི་དགོས་པ་དང་། མཐར་ཐུག་གི་དགོས་པའོ། །ཐུན་མོང་གི་དགོས་པ་ནི། ལུས་ཀྱི་སྡིག་པ་མ་ལུས་པ་དག་པ་དང་། ལུས་རྡོ་རྗེ་མེ་འབར་བ་ལྟར་མཐོང་བས་ལུས་ཀྱི་བར་ཆད་ཞི་བ་དང་། ལུས་ཀྱི་ཞེན་པ་བཟློག་པའི་དགོས་པ་ཡོད་དོ། །ཁྱད་པར་གྱི་དགོས་པ་ལུས་ཀྱི་ཞེན་པ་ལོག་པ་ལ་བརྟེན་ནས་ད་ཕྱིན་ཆད་ལུས་འཁོར་བར་མི་བཟློག་པའི་དགོས་པ་ཡོད། ལུས་དེ་སྤྲུལ་པའི་སྐུར་གྲོལ་བའི་དགོས་པ་ཡོད་པའོ། །མཐར་ཐུག་གི་དགོས་པ་ནི་ལུས་དེ་སངས་རྒྱས་སྤྲུལ་པའི་སྐུ་དང་གཉིས་སུ་མེད་པར་སྨིན་ལས་འདས་པའི་དགོས་པ་ཡོད་དོ། །དེ་ལྟར་ལུས་འཁོར་འདས་རུ་ཤན་མ་དབྱེ་ན། ཡོན་ཏན་དེ་རྣམས་ལས་བཟློག་པའི་སྐྱོན་ཡོད་དོ། །གཉིས་པ་ངག་འཁོར་འདས་རུ་ཤན་དབྱེ་བ་ངག་གི་སྒོ་ནས་དུ་འགྲོ་བ། རྒྱུ་མ་རིག་པ་ལས་གྲུབ་པའི་ལུས་འདི་ལ་ངག་བྱ་བའི་ལུས་འདིས་འཁོར་བར་འཁྲམས་པས་ཕྱིན་ཆད་འཁོར་བར་མི་འཁྲམས་པའི་ཕྱིར། ངག་དང་འཁོར་བར་གཉིས་རུ་ཤན་དབྱེ་དགོས་པའོ། །དབྱེ་བ་དངོས་ནི། སྨྱང་འདས་ཀྱི་ཆའོ། །དེ་ཡང་འདས་རྗེས་ལས། །ངག་གི་སྒོན་འགྲོ་བྱ་བའི་ཕྱིར། །རིགས་དྲུག་སྒྲ་སྐད་སྣ་ཚོགས་བརྗོད། །ཞི་ཁྲོའི་སྒྲ་དང་འབྱུང་བའི་སྒྲ། །རྣམ་པ་སྣ་ཚོགས་ཉིད་ལ་སྦྱོད། །ཞེས་པ་དང་། ཐལ་འགྱུར་ལས། ངག་གི་ཧཱུྃ་ཞེས་བྱས་པ་ལས། །རྒྱས་གདབ་པ་དང་རྩལ་སྦྱང་ཉིད། །གཉན་བཙལ་ལམ་དུ་ཞུགས་པ་ཡི། །དེ་ལྟར་ངག་སྦྱང་སེམས་ལ་ཕན། །ཞེས་གསུངས་པས་ད་ནི་སེམས་ཅན་ཐམས་ཅད་ངག་འཁོར་བ་དང་རུ་ཤན་ཕྱེ་ལ་མི་བཟློག་པར་བྱ་སླམ་དུ་བསམ་ལ། དེ་ནས་དམྱལ་བ་དང་། ཡི་དྭགས་དང་། དུད་འགྲོ་དང་། ལྷ་མ་ཡིན་དང་། ལྷ་དང་མི་དག་གི་སྐད་རིགས་དྲན་ཚད་བརྗོད་

དོ། །དབང་བསྐུར་མཆོག་གི་རྒྱུད་ལས། སྐད་དང་མཐུན་པའི་རིགས་དྲུག་སྐད། །རང་དང་མཐུན་པར་བརྗོད་པ་ལས། །འགྲོ་བ་དྲུག་གི་འཁོར་ལོ་འཆད། །ཅེས་སོ། །སྐབས་འདིར་ཞི་ཁྲོའི་གསུང་དབྱངས་དང་འབྱུང་བའི་སྒྲ་སྣ་ཚོགས་པ་ཡང་བསྒྲགས་པར་བྱའོ། །སྦྱུང་འདས་ཀྱི་ཆ་ལས་བཞི་རྒྱས་གདབ་པ་དང་རྩལ་སྦྱོང་བ་དང་གཉེན་བཙལ་བ་དང་ལམ་དུ་ཞུགས་པའོ། །དང་པོ་རྒྱས་གདབ་པ་ལ་གཉིས། ཕྱི་སྣང་བ་རྒྱས་གདབ་པ་དང་། ནང་ཕུང་པོ་ལའོ། །དང་པོ་ཕྱི་སྣང་བ་ལ་རྒྱས་གདབ་པ་ནི། ངག་ཏུ་ཧཱུྃ་ཧཱུྃ་ཧཱུྃ་བརྗོད་པས། སྣང་བ་ཧཱུྃ་དུ་རོང་ངེ་བ་ལ་ཤེས་པ་གཏད་དོ། །སོ་དང་མཆུ་ལ་རེག་ཙམ་བྱས་ཏེ། རླུང་དང་སྣང་བ་རྟོག་པ་གསུམ་གཅིག་ཏུ་གཏད་དོ། །དེ་ལྟར་བྱས་པའི་ཕྱིའི་སྣང་བ་ཐམས་ཅད་རང་བཞིན་མེད་པར་གྲོལ་བའི་དགོས་པ་ཡོད་དོ། །གཉིས་པ་ནང་ཕུང་པོ་ལ་རྒྱས་གདབ་པ་ནི། ལུས་དཀྱིལ་ཀྱང་དྲང་པོར་བསྲངས་ལ། ངག་ཏུ་ཧཱུྃ་བརྗོད་ཅིང་ཕུང་པོའི་ནང་དུ་ཧཱུྃ་གཅིག་བྱུང་གཉིས་བྱུང་ཧཱུྃ་དུ་རོང་ངེ་བ་ལ་ཤེས་པ་གཏད། ནང་དུ་ཧཱུྃ་དུ་རོང་ངེ་ཡོད་སྙམ་པའི་སྣང་བ་བྱུང་ན་རླུང་བསྡམས་པའི་གནད་ཡིན་ནོ། །དེ་ལྟར་བྱས་པའི་ཕུང་པོ་རང་བཞིན་མེད་པར་གྲོལ་བའི་དགོས་པ་ཡོད་དོ། །གཉིས་པ་རྩལ་སྦྱོང་བ་ལ་གཉིས་ཏེ། ཕྱི་སྣང་བ་ལ་རྩལ་སྦྱོང་བ་དང་། ནང་ཕུང་པོ་ལ་རྩལ་སྦྱོང་བའོ། །དང་པོ་ཕྱི་སྣང་བ་ལ་སེམས་སྦྱོང་བ་ནི། ངག་ཏུ་ཧཱུྃ་དྲག་ལ་ཐུང་བར་བརྗོད། ཅི་སྣང་བ་ཐམས་ཅད་ལ་ཐལ་ཐལ་འགྲོ་བར་རྩལ་སྦྱོང་ངོ་། །དེ་ལྟར་བྱས་པའི་ཕྱིའི་སྣང་བ་ཐམས་ཅད་བདེ་གསལ་དུ་འགྲོ་བའི་དགོས་པ་ཡོད་དོ། །གཉིས་པ་ནང་ཕུང་པོ་ལ་རྩལ་སྦྱོང་བ་ནི། ངག་ཏུ་ཧཱུྃ་དྲག་པོར་བརྗོད་ལ། ཧཱུྃ་དེ་དག་ལུས་ལ་ཕྱི་ཐལ་ནང་ཐལ་དུ་འདོན་ནོ། །དེ་ལྟར་བྱས་

པའི་ཕུང་པོའི་རྟུལ་སྦྱོང་ནད་གདོན་ཞི་བ་དང་ཕུང་པོ་འོད་གསལ་དུ་གྲོལ་བའི་དགོས་པ་ཡོད། གསུམ་པ་གཉན་བཙལ་བ་ནི། རང་གི་མདུན་དུ་མཚན་མ་གང་ཡང་རུང་བ་གཅིག་ལ་ངག་ཏུ་ཧཱུྃ་ཞེས་བརྗོད་ཅིང་ཧཱུྃ་གི་ཐག་པ་གྲུ་གུ་ལྟར་དཀྲིས་པ་ལ་ཤེས་པ་གཏད། དེ་ལྟར་གཏད་པའི་ཤེས་པ་ལྷམ་མེ་བ་འོང་ངོ་། །དེ་ནས་ཡང་ཧཱུྃ་ཞེས་བརྗོད་པས་ཕྱིར་ཧཱུྃ་གི་ཐག་པ་ལས་གྲོལ་བ་ལ་ཤེས་པ་གཏད་པས་དེ་དག་གྲོལ་བ་སླམ་བྱེད་པ་འོང་ངོ་། །དེ་ལྟར་བྱས་པའི་དམིགས་པ་གང་དུ་ཡང་བསྒྱུར་དུ་གཏུབ་པའི་དགོས་པ་ཡོད་དོ། །བཞི་པ་ལམ་དུ་ཞུགས་པ་ནི་རང་གི་ངག་ཏུ་ཧཱུྃ་ཞེས་བརྗོད་དེ། མདུན་དུ་ཁྲུ་གང་བ་ཙམ་ཞིག་ལ་ཤེས་པ་གཏད་དོ། །དེ་ལྟར་ནང་ངག་གི་སྦྱོང་པ་ལ་གསུམ་སྟེ། ཐུན་མོང་དང་། ཁྱད་པར་དང་། མཐར་ཐུག་གི་དགོས་པའོ། །ཐུན་མོང་གི་དགོས་པ་ནི། ངག་གི་སྡིག་པ་མ་ལུས་པ་དག་པ་དང་། ངག་གི་བྱ་བ་གོང་གི་ཡོན་ཏན་དེ་རྣམས་ཐོབ་བ་དང་། ངག་གི་ཞེན་པ་བཟློག་པའི་དགོས་པ་ཡོད་དོ། །ཁྱད་པར་གྱི་དགོས་པ་ནི། ངག་གི་ཞེན་པ་བཟློག་པ་ལ་བརྟེན་ནས་ད་ཕྱིན་ཆད་ངག་འཁོར་བ་ལ་མི་བཟློག་པའི་དགོས་པ་ཡོད་དོ། །ངག་དེ་ལོངས་སྤྱོད་རྫོགས་པའི་སྐུ་གྲོལ་བའི་དགོས་པ་ཡོད་དོ། །མཐར་ཐུག་གི་དགོས་པ་ནི། ངག་དེ་སངས་རྒྱས་ཐམས་ཅད་ཀྱི་གསུངས་དང་གཉིས་སུ་མེད་པར་མྱ་ངན་ལས་འདའ་བར་འགྱུར་བའི་དགོས་པ་ཡོད་དོ། །དེ་ལྟར་ངག་འཁོར་བ་དང་རྣ་ཤན་མ་ཕྱེ་ན་དེ་ལས་བཟློག་པའི་སྐྱོན་ཡོད་དོ། །གསུམ་པ་ཡིད་འཁོར་བ་དང་རྣ་ཤན་དབྱེ་བ་ཡིད་ཀྱི་སྐྱོན་དུ་འགྲོ་བ་ལ་གཉིས་ཏེ། འཁོར་བའི་ཆ་དང་། མྱང་འདས་ཀྱི་ཆའོ། །དེ་ཡང་འདས་རྗེས་ལས། ཡིད་ཀྱི་སྐྱོན་འགྲོ་བྱ་བའི་ཕྱིར། རིགས་དྲུག་སྡུག་བསྔལ་བློ་ལ་སྦྱང་། ཞེས་པ་དང་། ཐལ་

འགྱུར་ལས། སེམས་ནི་ཐོག་མར་བྱུང་བ་དང་། །བར་དུ་གནས་དང་ཐ་མར་འགྲོ། །དེ་ལྟར་གསུམ་ལས་བརྟག་དཔྱད་ནས། །སེམས་སྦྱོང་སེམས་ལ་ཕན་པ་འོང་། །ཞེས་པ་དང་། དེ་ཡང་དང་པོ་འཁོར་བའི་ཆ་ནི། དང་པོ་སེམས་འདི་ཆོས་སྐུ་ཡིན་ཡང་ཡིན་པར་མ་རྟོགས་པས་འཁོར་བར་འཁྲུམས་པ་ཡིན་ཏེ། ད་ཕྱིན་ཆད་སེམས་འཁོར་བར་མི་འཁྲུམས་པར་བྱ་བའི་ཕྱིར་སེམས་ཅན་ཐམས་ཅད་ཀྱི་དོན་དུ་སེམས་འཁོར་བ་དང་རྣ་ཤན་ཕྱེ་ལ་མི་རྟོག་པར་བྱ་སླམ་ལ་སེམས་བསྐྱེད། དེ་ནས་དམྱལ་བ་ཚ་གྲང་གི་སྡུག་བསྔལ་དང་། ཡི་དྭགས་བཀྲེས་སྐོམ་གྱི་སྡུག་བསྔལ་དང་། བྱོལ་སོང་བཀོལ་སྤྱོད་ཀྱི་སྡུག་བསྔལ་དང་། མི་སྐྱེ་རྒས་ན་འཆིའི་སྡུག་བསྔལ་དང་། ལྷ་མ་ཡིན་འཐབ་རྩོད་ཀྱི་སྡུག་བསྔལ་དང་། ལྷ་འཆི་འཕོ་ལྟུང་བའི་སྡུག་བསྔལ་དང་། དེ་རྣམས་ཀྱི་སྡུག་བསྔལ་ཐམས་ཅད་ཉམས་སུ་མྱོང་བའི་ཚུལ་དུ་བསམ། དེ་དག་གི་རྗེས་ཀྱི་ཤེས་པ་ཡང་རང་གི་རྒྱུད་ལ་བཀལ་ཞིང་ལྷ་བར་བྱའོ། །དེའི་ཕྱིའི་འཁོར་བ་ལ་སེམས་སུ་མི་འཛུག་པ་སྟེ། རྡོ་རྗེ་ཁང་བུ་བརྩེགས་པ་ལས། གང་གི་བསམ་པའི་འཁོར་ལོ་ཉིད། །སུ་ཡིས་བསྐོར་བར་ནུས་པ་ལས། །ཕྱིས་ནི་དེ་དག་སེམས་རྒྱུད་འགགས། །ཞེས་པ་དང་། གང་གིས་རྣ་ཤན་ཕྱེད་པ་ཉིད། བར་དུ་གནས་ས་ཐ་མ་འགྲོ་ས་བརྟགས་པའོ། །དང་པོ་ནི་བདེ་བའི་གདན་ལ་བསམ་གཏན་གྱི་ཆོས་བདུན་བཅས་ཏེ། སེམས་བྱུང་བ་ལ་བརྟགས་པ་དང་། བྱུང་མཁན་ལ་བརྟགས་པའོ། །དང་པོ་ནི། ཡོད་པ་ལས་བྱུང་ངམ་མེད་པ་ལས་བྱུང་། སྣང་བ་ལས་བྱུང་ངམ་སྟོང་པ་ལས་བྱུང་ལེགས་པར་བརྟག་གོ །བྱུང་མཁན་གྱི་དབྱིབས་དང་ཁ་དོག་དངོས་པོ། རིང་ཐུང་། སྒོམ་ཁྲ་ལ་སོགས་པར་བརྟག་གོ །བྱུང་བ་དང་རྒྱུ་མཚན་བཙལ་

ཀུན་མ་རྟེན་པ་ནི། སེམས་ཆོས་ཉིད་སྟོང་པ་ངོས་བཟུང་དང་བྲལ་བར་གཏན་ལ་ཕེབ་པ་ཡིན་ཏེ། དེ་ནི་ཆོས་སྐུ་རང་ངོ་འཕྲོད་པ་ཡིན་ནོ། །དེ་ནས་སེམས་ཀྱི་གནས་ལ་བརྟག་སྟེ། ཕྱི་ནང་སྣོད་བཅུད་ལུས་མགོ་མཇུག་གང་དུ་གནས་བརྟགས་པས་བརྟག་བྱེད་ཀྱི་ཤེས་པ་གསལ་ཡང་སྣང་ལ་རང་བཞིན་མ་གྲུབ། གཞི་མེད་རྩ་བྲལ་དུ་གཏན་ལ་ཕེབ་པ་ཡིན། དེ་ནི་ལོངས་སྐུར་ངོ་སྤྲོད་པ་ཡིན་ནོ། །དེ་ནས་སེམས་ཀྱི་འགྲོ་ས་བརྟགས་ཏེ། ཕྱི་ནང་སྣོད་བཅུད་ཡོད་མེད་སྣང་སྟོང་གང་དུ་འགྲོ་བརྟག་པས་གང་དུའང་འགྲོ་བྱ་འགྲོ་བྱེད་ཀྱི་མཁན་པོ་མ་རྟེན་པ་ནི། སེམས་སྐྱེ་བ་མེད་པར་གཏན་ལ་ཕེབ་པ་ཡིན་ཏེ། དེ་ནི་སྤྲུལ་པའི་སྐུར་རང་ངོ་འཕྲོད་པ་ཡིན་ནོ། །དེ་ལྟར་སེམས་ཀྱི་སྤྱོད་པ་འདོད་པ་འདག་པ་དང་། བྱས་པ་ལ་དགོས་པ་རྣམ་པ་གསུམ་སྟེ། ཐུན་མོང་ཁྱད་པར་མཐར་ཐུག་གི་དགོས་པའོ། །ཐུན་མོང་གི་དགོས་པ་ནི། སེམས་ཀྱི་དགོས་པ་མ་ལུས་པ་འདག་པ་དང་། སེམས་ཀྱི་བར་ཆད་ཞི་བ་དང་། སེམས་ཀྱི་ཞེན་པ་བཟློག་པའི་དགོས་པ་ཡོད་དོ། །ཁྱད་པར་གྱི་དགོས་པ་ནི། སེམས་ཀྱི་ཞེན་པ་ལོག་པ་ལ་བརྟེན་ནས་ད་ཕྱིན་ཆད་སེམས་འཁོར་བར་མི་ལྡོག་པའི་དགོས་པ་ཡོད་དོ། །སེམས་དེ་ཆོས་སྐུར་གྲོལ་བའི་དགོས་པ་ཡོད་དོ། །མཐར་ཐུག་གི་དགོས་པ་ནི། སེམས་དེ་སངས་རྒྱས་ཐམས་ཅད་ཀྱི་དགོངས་པའི་ཐུགས་དང་གཉིས་སུ་མེད་པར་མྱ་ངན་ལས་འདས་པའི་དགོས་པ་ཡོད་དོ། །དེ་ལྟར་སེམས་འཁོར་བ་དང་རྟ་ཤན་མ་ཕྱེས་ན། གོང་གི་ཡོན་ཏན་དེ་ལས་བཟློགས་པའི་སྐྱོན་ཡོད་དོ། །དེ་ལྟར་ལུས་ངག་ཡིད་གསུམ་གྱི་སྤྱོད་པ་མཐར་ཕྱིན་པ་དེ་ནི། ཕྱི་འབྲུལ་བའི་རྐྱེན་སྣང་ཟད་པར་བྱེད་པ་ཡིན་ནོ། །གཉིས་པ་ནང་གི་འཁོར་འདས་རྟ་ཤན་དབྱེ་བ་ལ། སྒྲུང་བྱ་དང་། སྒྲོང་བྱེད་དང་།

མཚན་མ་དང་གསུམ་མོ། །དང་པོ་ནི་འཁོར་བ་ཐོག་མ་མེད་པ་ནས་ད་ལྟ་ལ་ཐུག་གི་བར་དུ་ལུས་ངན་བླངས་ཤིང་ལས་ངན་བག་ཆགས་རྣམ་པ་སྣ་ཚོགས་བླང་བ་དེ་སྦྱང་བ་ཡིན་ཏེ། དེ་ཡང་འདས་རྗེས་ལས། ལུས་འདི་མ་རིག་རྒྱུས་བསྐྱེད་ཕྱིར། །རིགས་དྲུག་ས་བོན་ཉིད་དུ་གནས། །ཞེས་པའི་ལུས་འདི་མ་རིག་འཁྲུལ་བ་ལས་གྲུབ་པས། དེའི་དབང་གིས་ལུས་ལ་རིགས་དྲུག་གི་ས་བོན་གནས་ཏེ། ཀློང་གསལ་ལས། སྤྱི་བོར་མགྲིན་པ་སྙིང་ག་དང་། །ལྟེ་བ་གསང་གནས་རྐང་མཐིལ་དུ། །ཨ་སུ་ནྲི་ཏྲི་པྲེ་དུ་གནས། །ཞེས་པའི་ས་བོན་དེ་རྣམས་མ་དག་པ་ལ་བརྟེན་ནས་དུས་རྟག་ཏུ་རིགས་དྲུག་གི་གནས་སུ་འཁྱམས་ཞིང་། ཁམས་གསུམ་འཁོར་བའི་སྡུག་བསྔལ་མྱོང་བས་ས་བོན་རྣམས་དག་པར་བྱ་ཞིང་ལུས་ངག་ཡིད་གསུམ་འཁྲུལ་བའི་རྒྱུ་དང་ས་བོན་དག་པར་བྱ་བའི་ཕྱིར་འཁོར་བ་དང་རུ་ཤན་འབྱེད་དགོས་ཏེ། རང་གི་སྤྱི་བོར་ལྷའི་ས་བོན་ཨཿདཀར་པོ་གཅིག་བག་ཆགས་དང་བཅས་པ། མགྲིན་པར་ལྷ་མ་ཡིན་གྱི་ས་བོན་སུ་སེར་པོ་བག་ཆགས་དང་བཅས་པ། སྙིང་ཁར་མིའི་ས་བོན་ནྲི་སྔོ་སྐྱ་བག་ཆགས་དང་བཅས་པ། ལྟེ་བར་དུད་འགྲོའི་ས་བོན་ཏྲི་དམར་ནག་བག་ཆགས་དང་བཅས་པ། གསང་གནས་སུ་ཡི་དྭགས་ཀྱི་ས་བོན་པྲེ་ལྗང་ཀུ་བག་ཆགས་དང་བཅས་པ། རྐང་མཐིལ་དུ་དམྱལ་བའི་ས་བོན་དུ་དུད་ཁ་བག་ཆགས་དང་བཅས་པ་གསལ་བ་རྣམས་ལའང་སོ་སོའི་བག་ཆགས་ཐམས་ཅད་འདུས་ཤིང་ཐིམ་པར་བསྒོམ་མོ། །གཉིས་པ་དེ་ལྟར་སྦྱང་བྱ་རྣམས་སྦྱོང་བར་བྱེད་པའི་སྐུ་གསུང་ཐུགས་ཀྱི་ཡི་གེ་གསུམ་དུ་བསྐྱེད་པར་བྱ་སྟེ། འདས་རྗེས་ལས། རིག་པ་སྐུ་གསུམ་དངོས་ཡིན་ཕྱིར། །སྐུ་གསུམ་ཡི་གེ་གསུམ་དུ་ཤར། །ཡི་གེ་རྩལ་སྦྱངས་རུ་ཤན་དབྱེ། །ཞེས་པས། སྤྱི་

བོར་སྐུའི་ས་བོན་ཨོཾ་དཀར་པོ་རང་འོད་དང་བཅས་པ།   མགྲིན་པར་གསུང་གི་ས་བོན་ཨཱ་དམར་པོ་རང་འོད་དང་བཅས་པ།   སྙིང་ཀར་ཐུགས་ཀྱི་ས་བོན་ཧཱུྃ་སྔོན་པོ་རང་འོད་བཅས་པ་བསྐྱེད་པ་རྣམས་ལས་འོད་ཟེར་མེ་ལྕེ་ཕྲེང་བ་ལྟར་འཕྲོས་པས་ལུས་ངག་ཡིད་གསུམ་གྱི་སྡིག་སྒྲིབ།   རིགས་དྲུག་གི་ས་བོན།   མ་རིག་འཁྲུལ་བའི་བག་ཆགས་དང་བཅས་པ་ཐམས་ཅད་གཞོབ་ཐུལ་ཐུལ་བསྲེགས་ནས་མི་གནས་པར་བྱས་ཏེ།   ལུས་ངག་ཡིད་གསུམ་རྒྱལ་བའི་སྐུ་གསུང་ཐུགས་སུ་བྱིན་གྱིས་རླབས། རིགས་དྲུག་གི་གནས་ཐམས་ཅད་དུ་འོད་ཟེར་གྱིས་འདུ་འཕྲོས་ཁྱབ་ཅིང་རིགས་དྲུག་སོ་སོའི་སྒྲིབ་གཉིས་ས་བོན་བག་ཆགས་དང་བཅས་པ་ཐམས་ཅད་ཀྱང་ཐུལ་ཐུལ་བསྲེགས་ནས་རྒྱལ་བ་ཐམས་ཅད་ཀྱི་ཡོན་ཏན་ཡོངས་སུ་རྫོགས་པར་བསྒོམས་ཤིང་དབྱངས་དང་བཅས་པའམ།   མེད་ནའང་རུང་སྟེ།   འབྲུ་གསུམ་ལ་སོགས་པའི་མཚན་མ་མ་བྱུང་གི་བར་བཟླས་པར་བྱའོ།   །དེ་ལྟར་བྱས་པའི་རིགས་དྲུག་གི་ས་བོན་ཡི་གེ་དྲུག་རྒྱལ་བའི་སྐུ་གསུང་ཐུགས་ཀྱིས་ཡི་གེ་སྦྱང་ནས་འཁོར་བ་བདེ་སྡུག་གི་ལས་སྣ་ཚོགས་ཀྱི་སྒྲོག་ལས་གྲོལ་བར་འགྱུར་རོ།   །གསུམ་པ་མཚན་མ་བརྟགས་པ་ནི།   ལུས་ཀྱི་སྡིག་སྒྲིབ་བྱང་བའི་རྟགས་སུ་ཁྲུས་བྱ་བ་དང་།   གོས་དྲི་མ་མེད་པ་གྱོན་པ་དང་།   ལུས་ཤེལ་གྱི་གོང་བུ་ལྟར་གྱུར་བ་ལ་སོགས་རྣམས་འབྱུང་ངོ་།   །ངག་གི་སྡིག་སྒྲིབ་བྱང་བའི་རྟགས་མཚན།   དུང་འབུད་པ་དང་།   རོལ་མོ་དང་།   སྔགས་སྒྲ་སྒྲོགས་པ་དང་།   གྲི་ལྕེ་བདེ་བ་ལ་སོགས་པ་མང་དུ་འབྱུང་།   ཡིད་ཀྱི་སྡིག་སྒྲིབ་བྱང་བའི་རྟགས་དབང་པོ་གསལ་བ།   ཤེལ་ལ་སོགས་པ་ནོར་བུ་དང་བུམ་གཏེར་རྙེད་པ།   དགེ་སྦྱོར་སྒྲོ་བ་ལ་སོགས་པ་འབྱུང་སྟེ།   མདོར་ན་ལུས་ངག་ཡིད་གསུམ་ཐ་མལ་གྱི་མངོན་ཞེན་རྣམས་འགགས་ཤིང་ཡོན་ཏན་བདེ་ལེགས་ཡོད་པའི་

མཚན་མ་རྣམས། རབ་མངོན་སུམ། འབྲིང་ཉམས་སྣང་། ཐ་མ་རྨི་ལམ་དུ་འབྱུང་བར་འགྱུར་རོ། །དེ་ལྟར་མཚན་མ་སྣ་རེ་ཙམ་མ་བྱུང་གི་བར་དུ་ཡང་ཡང་འབད་པར་བྱའོ། །དབང་ཉེ་བར་རྟོག་པ་ལས་ཀྱང་། ལུས་དང་ངག་ཡིད་རྣམ་པ་གསུམ་རུ་ཤན་ཕྱེད་པར་སུས་བྱས་པ་དུས་གསུམ་སངས་རྒྱས་ཐམས་ཅད་ཀྱི་སྐུ་གསུང་ཐུགས་དང་དབྱེར་མེད་དོ། །ཞེས་སོ། །དེ་ལྟར་ལུས་ངག་ཡིད་གསུམ་འཁོར་འདས་རུ་ཤན་མ་ཕྱེད་ན་འཁོར་བའི་རྒྱུ་ཡོད་ཀྱང་གོང་གི་ཡོན་ཏན་རྣམས་ལས་ལྡོག་པའི་སྐྱོན་ཡོད་དོ། །ཐལ་འགྱུར་ལས། འཁོར་འདས་རུ་ཤན་མ་ཕྱེད་ན། །ཁམས་གསུམ་ལུས་ངག་ཡིད་གསུམ་ཡང་། །འབྲེལ་བ་ཆོད་པར་མི་འགྱུར་བས། །འཁོར་འདས་རུ་ཤན་དབྱེ་བར་བཤད། །ཅེས་སོ། །གསུམ་པ་གསང་བའི་སྔོན་འགྲོ་ལ། རྣལ་དུ་དབབ་པ་དང་། སོར་འཇུག་པའོ། དང་པོ་རྣལ་དུ་དབབ་པ་ལ་གསུམ་སྟེ། དངོས་པོ། རྟགས་དང་། ཕན་ཡོན་དང་གསུམ་མོ། །དེ་ཡང་དང་པོ་ནི། སྒྲ་ཐལ་འགྱུར་ལས། འདི་དུས་ལུས་ངག་སེམས་ཀྱི་གནད། །རྣལ་འབྱོར་ལྡན་པའི་རྣལ་དབབ་བྱ། །ཞེས་པ་དང་། སྒྲོན་མ་འབར་བ་ལས། འཁོར་འདས་རུ་ཤན་ཕྱེད་ན་ནི། །ལུས་ངག་རྣམས་ནི་རྣལ་དུ་དབབ། །ཅེས་གསུངས་པས། དཔེར་ན་ངལ་ཞིང་དུབ་པས་ངལ་གསོ་བ་དང་འདྲ་སྟེ། ཉི་ཁྲི་སྣང་བའི་མཛུག་དང་། མངོན་རྟོགས་རྒྱན་གྱི་འགྲེལ་ཆུང་ལས། གཞུང་ལུགས་དང་ནི་ཐམས་ཅད་ལས། །དུབ་པ་དག་གི་ངལ་གསོ་བྱས། །ཤེས་རབ་ཕ་རོལ་ཕྱིན་པའི་ལུགས། །རིང་མོ་ཞིག་ནས་མཐོང་བ་ཡིན། །ཞེས་དང་། ཏོག་རྩེ་པའི་ཞལ་སྔ་ནས། དུབ་པ་སེམས་ཉིད་ཀྱི་མགྲོན་པོ་དག །སྒྲོ་དང་བྲལ་བར་ངལ་གསོ་ཞིང་། །སོ་མ་གཙུག་མ་རང་བབ་

ངང་། །མ་བཅོས་ཕྱག་རྒྱ་ཆེན་པོའོ། །ཞེས་དང་། གོང་གི་སྔོན་དུ་འགྲོ་བའི་སྦྱོད་པ་རྣམས་བྱས་པས། རྩ་ཁམས་འབྱུང་བ་འཁྲུགས་ནས་ལུས་ངག་ཡིད་གསུམ་འཁྲུགས་ཤིང་དེ་ཁོན་ཉིད་ཀྱི་དགེ་སྦྱོར་ལ་མི་འཇུག་པ་དགེ་སྦྱོར་ལ་འཇུག་པར་བྱ་བའི་ཕྱིར། སྒོ་གསུམ་རྣལ་དུ་དབབ་པ་ནི། འདས་རྗེས་ལས། དེ་ནས་ལུས་ངག་ཡིད་གསུམ་པོ་རྣལ་དུ་དབབ་ལ་མཁས་པར་བྱ། ཞེས་སོ། །ལུས་རྣལ་དུ་དབབ་པ་བདེ་པའི་གདན་ལ་ལུས་ཀྱི་ཆ་གློད་དེ། བསྐྱུལ་བསྐྱོད་མེད་པར་རང་བབས་སུ་ལྷོད་དེ་ཙི་བདེར་བཞག །ངག་བཟང་ངན་གྱི་བརྗོད་པ་ཙི་ཡང་མི་སྨྲ་ཞིང་། དབུགས་གི་རྒྱུ་བ་ཟེ་གློད། ཙ་ཙོ་མེད་པར་གནས་པར་བྱའོ། །ཡིད་ནི་དུས་གསུམ་རྟོག་པའི་རྗེས་ཕྱིར་མི་སྦྲོ་ཞིང་དྲན་བསམ་བཀག་ནས་འབོལ་ལེ་ཤིགས་སེ་ལྷོད་དེ་གནས་པར་བྱའོ། །གཉིས་པ་རྟགས་ནི། ལུས་རྣལ་དུ་ཕེབ་པའི་རྟགས་ནི། ལུས་བསྐྱུལ་སྐྱོད་བྱེད་མི་འདོད་པ་འབྱུང་། ངག་རྣལ་དུ་ཕེབ་པའི་རྟགས་ནི། སྨྲ་སླེང་མི་འདོད་པ་འབྱུང་། ཡིད་རྣལ་དུ་ཕེབ་པའི་རྟགས་ནི། འཕྲོ་འདུའི་རྟོག་པ་ཐམས་ཅད་རང་སར་དག་པར་འགྲོ་སྟེ། རྟགས་དེ་ལྟར་མ་བྱུང་གི་བར་དུ་འབད་དེ་ཉམས་སུ་ལོངས། གསུམ་པ་ཕན་ཡོན་ནི། གློང་གསལ་ལས། འདི་ལྟར་རྣལ་དུ་སུས་དབབ་པས། །འབྱུང་འཁྲུགས་ནད་རྐྱེན་ཞི་བ་དང་། །འཛིན་པ་རང་གྲོལ་ཉིད་དུ་འགྱུར། །ཞེས་པ་དང་། མ་ཕེབ་པའི་སྐྱོན་ནི། དེ་ཉིད་ལས། ཡོན་ཏན་དེ་རྣམས་ལས་བཟློགས་པའི་སྐྱོན་ཡོད་དོ། །ཞེས་སོ། །དེ་ལྟར་ལུས་ངག་ཡིད་གསུམ་རྣལ་དུ་དབབ་པ་ལ་གནས་སྐབས་དང་མཐར་ཐུག་གི་དགོས་ཆེད་གཉིས། གནས་སྐབས་སུ་ལུས་ངག་ཡིད་གསུམ་རྣལ་དུ་ཕེབ་སྟེ་འབྱུང་བ་མི་འཁྲུག་སྟེ། ནད་རྐྱེན་མི་འབྱུང་ཞིང་བསམ

གཏན་གྱི་ངང་ལ་རང་བཞིན་གྱིས་གནས་པའི་དགོས་པ་དང་། མཐར་ཐུག་ལུས་ངག་ཡིད་གསུམ་བདག་འཛིན་རང་དག་ཏུ་འགྲོ་བའི་དགོས་པ་ཡོད་དོ། །འདས་རྗེས་ལས། རིགས་ཀྱི་བུ་ལུས་དལ་བ་ལ་བརྟེན་ནས་སྤྲུལ་པའི་སྐུ་ལ་རེག་པ་ཡིན་ནོ། །ངག་གི་དལ་བ་ལ་བརྟེན་ནས་ལོངས་སྐུ་ལ་རེག་པ་ཡིན་ནོ། །སེམས་ཀྱི་དལ་བ་ལ་བརྟེན་ནས་ཆོས་སྐུ་ལ་རེག་པ་ཡིན་ནོ། །ཞེས་གསུངས་སོ། །དེ་ལྟར་རྣལ་དུ་མ་ཕེབ་ན་གོང་གི་ཡོན་ཏན་རྣམས་བཟློག་པའི་སྐྱོན་ཡོད་དོ། །གཉིས་པ་སོར་འཇུག་པ་ནི། ཀློང་གསལ་ལས། ཀ་དག་དེ་ནི་རྟོགས་བྱའི་ཕྱིར། །རྣལ་དུ་དབབ་ནས་སོར་ཆུད་ནས། །ཞེས་པ་དང་། གཞན་ཡང་། ལུས་དང་ངག་དང་སེམས་ཡིད་ལས། །རྣལ་དུ་དབབ་ལ་མཁས་པར་བྱ། །དེ་ནི་ལུས་ངག་སོར་ཆུད་ནས། །ཉམས་ལེན་ཉིད་ལ་བརྩོན་པར་འགྱུར། །ཞེས་པའི་སོར་འཇུག་པ་གལ་ཆེ་སྟེ། ལུས་ངག་ཡིད་གསུམ་ལྟ་སྟངས་ཀྱི་སོར་ཆུད་ནས་གནས་ལུགས་ཁྲེགས་ཆོད་ཀྱི་དོན་རྟོགས་པར་འགྱུར་བའི་ཕྱིར། སོར་འཇུག་པ་ནི་གསུམ་སྟེ། འདས་རྗེས་ལས། ཉན་ཐོས་བྱང་སེམས་ཁྲི་བོ་ཡི། །ལྟ་སྟངས་ཉིད་ཀྱི་སོར་ཡང་འཇུག །དེ་ནས་གསུམ་པོ་སོར་ཆུད་ན། །ཉམས་ལེན་ཉིད་ལ་བརྩོན་པར་འགྱུར། །ཞེས་པ་དང་། ཉན་ཐོས་ཀྱི་ལྟ་སྟངས་དང་ལུས་ཅོག་པུར་སོར་བཞག་ཅིང་རྣལ་དུ་ཕབ། ངག་སླ་བའི་རྒྱུན་བཅད། རང་བབས་སུ་སོར་བཞག་ཅིང་རྣལ་དུ་དབབ། ཡིད་མིག་རྟེན་མཁན་ལ་གཏད་དེ། ཞེས་པ་རང་བབས་སུ་སོར་བཞག་ཅིང་རྣལ་དུ་དབབ་པར་བྱ་སྟེ། ཀློང་གསལ་ལས། ཉན་ཐོས་ཞི་བའི་ལྟ་སྟངས་ཀྱིས། །ལུས་ངག་ཡིད་གསུམ་རྣལ་དུ་ཕེབས། །ཞེས་སོ། །དེ་ནས་བྱང་སེམས་ལྟ་སྟངས་ནི། །ལུས་ནི་

རྣམ་སྣང་ཆོས་བདུན་བཅས། ལུས་གཡོ་འགུལ་མེད་པར་རྩེ་གཅིག་ཏུ་དྲིལ་ལ་དྲང་པོར་མཉམ་པར་བཞག་ཅིང་རླུང་ལ་དུ་དབབ་པར་བྱ་སྟེ། སྒྲོན་གསལ་ལས། བྱང་ཆུབ་སེམས་དཔའི་ལྷ་སྟངས་ནི། །རླུང་ཕེབས་བདེ་བ་ཐོབ་པར་འགྱུར། །ཅེས་སོ། །དེ་ནས་ཁྲོ་བོའི་ལྟ་སྟངས་ནི་སོར་བཞག་ཅིང་རླུང་ལ་དུ་དབབ་སྟེ། ལུས་ཁྲོ་བོའི་ལྟ་སྟངས་ནི་མིག་བསྒྲད་པ་ལ་སོགས་པའི་ངང་ནས་སོར་བཞག་ཅིང་རླུང་ལ་དུ་དབབ། ངག་ཏུ་ཧ་ཧ་ཧི་ཧི། ཧཱུྃ་ཧཱུྃ། ཕཊ་ཕཊ། ལ་སོགས་པ་དྲག་ལ་མྱུར་བ་བསྒྲགས་པའི་ངང་ནས་སོར་བཞག་ཅིང་རླུང་ལ་དུ་དབབ། ཡིད་ནི་ལུས་ཀྱི་མིག་བར་སྣང་ལ་བསྒྲད་དེ་མི་འགུལ་བར་དྲང་པོར་བཞག །ངག་ལྐུག་པ་ལྟར་སྨྲ་བརྗོད་དང་བྲལ་བའི་ངང་ལས་རང་སར་བཞག །ཡིད་ཡ་ང་བག་ཚ་མེད་པར་ཁྲོམ་མེ་པའི་ངང་ནས་རང་སར་བཞག་ཅིང་ལུས་ངག་ཡིད་གསུམ་རླུང་དུ་ཕབ་པའི་གསལ་སྟོང་གི་ཉམས་སྐྱེ་བར་འགྱུར་ཏེ། སྒྲོན་གསལ་ལས། ཁྲོ་བོ་ཉིད་ཀྱི་ལྟ་སྟངས་ནི། །རླུང་ཕབ་ཡོན་ཏན་གསུམ་ཀྱང་འགྲུབ། །ཅེས་སོ། །དེ་ལྟར་ཉན་ཐོས་ཀྱི་ལྟ་སྟངས་ནི་ལུས་ངག་ཡིད་གསུམ་མི་གནས་པ་གནས་པར་བྱ། བྱང་ཆུབ་སེམས་དཔའི་ལྟ་སྟངས་ནི་གནས་པ་བརྟན་པར་བྱ། ཁྲོ་བོའི་ལྟ་སྟངས་ནི་བརྟན་པ་གྲོལ་བར་བྱའོ། །དེ་ལྟར་སོར་ཆུད་པ་ལ་དགོས་ཆེད་གཉིས་ཏེ། གནས་སྐབས་སུ་ལུས་ངག་ཡིད་གསུམ་ལ་བདེ་གསལ་མི་རྟོག་པའི་ཉམས་བཟང་པོ་སྐྱེས། མཐར་ཐུག་ལྷག་མཐོང་ཀ་དག་གི་དགོངས་པ་རྟོགས་པར་འགྱུར་རོ། །དེ་ལྟར་སོར་མ་ཆུད་ན་གོང་གི་ཡོན་ཏན་དེ་རྣམས་ལས་བཟློག་པའི་སྐྱོན་ཡོད་དོ། །གཉིས་པ་དངོས་གཞི་ནི་ཟག་པ་མེད་པའི་ཡེ་ཤེས་རྒྱུད་ལ་སྐྱེ་བར་བྱེད་བ་ལ་གཉིས་ཏེ། ཁྲེགས་ཆོད་དང་། ཐོད་རྒལ་ལོ། །དང་པོ་ལ་གསུམ་སྟེ། འཁྲུལ་གཞི

དང་། གྲོལ་གཞི། ཁྲིགས་ཆོད་ཀྱི་ངོ་སྤྲོད་དོ། །དེ་ལ་དང་པོ་འཁྲུལ་གཞི་ནི། དང་པོ་འཁོར་འདས་གཉིས་གཞི་གཅིག་ལ་གནས་པ་ལས་རིག་མ་རིག་གི་ཁྱད་པར་ལས་ལམ་གཉིས་དང་འབྲས་བུ་གཉིས་བྱུང་སྟེ། བཀྲ་ཤིས་མཛོས་ལྡན་ལས། རྫོགས་པའི་སངས་རྒྱས་མ་བྱུང་མ་རྫོགས་པའི་སེམས་མ་བྱུང་བའི་སྔོན་རོལ་ནས་རིག་པ་རང་བྱུང་གི་ཡེ་ཤེས་གཞི་ལས་མ་གཡོས་ཏེ། རྐྱེན་མེད་པའི་སྣང་བ་གསུམ་དང་ཐབས་ཅིག་ཏུ་བཞུགས་སོ། །དེས་ན་རིག་པ་རང་བྱུང་གི་ཡེ་ཤེས་རང་གི་འདུག་ཚུལ་གྱི་གནས་ལུགས་འདི་གསུངས་སོ། །ཀྱེ་སྣང་བ་ཆེན་པོ་ཡངས་པའི་ཀློང་འདི་ནི། མ་གཡོ་བ་ཆེན་པོ་ལས་མ་འཁྲུལ་བའི་སངས་རྒྱས་ཆེན་པོ་ཞེས་བྱའོ། །ངོ་བོའི་སྐུ་མ་འགགས་པར་གནས་ཏེ། ངོ་བོ་མི་འགྱུར་ཐབས་གསང་བ། མ་གཡོས། མི་གཡོས། མི་སྤྲོད་པ། སྣང་བ་ཐམས་ཅད་དུས་གཅིག་ལ་རྫོགས་པ། ཡེ་ཤེས་ཐམས་ཅད་སྐད་ཅིག་ལ་རྫོགས་པ། སྐུ་ཐམས་ཅད་སྨིན་པར་གནས་པ་འོད་ཀྱི་སྣང་བ་ཐམས་ཅད་མ་སྒྲིབ་པར་གསལ་བ། གནས་ལུགས་ཀྱི་སྣང་བ་ལ། སྣང་ཐབས་ཀྱི་མ་བསྒྲིབས་པའི་ངོ་བོ་རང་བཞིན་ཐུགས་རྗེ་གསུམ་རྒྱ་མ་ཆད་པར་ཡོངས་སུ་རྫོགས་པ་ཆེན་པོའོ། །དེ་ལྟར་འཁོར་འདས་མཉམ་པ་ཉིད་གཞན་དུའང་ཞེ་ན། རང་གི་རང་མ་རིག་སྟེ། དཔེར་ན་རང་གི་ཁྱད་མེ་ལོང་ལ་ཤར་བ་བཞིན་དུ་བཟུང་བ་ལྟར་གཞི་ལ་འོད་ཁྲིམ་ལྟ་བུར་ཤར་བ་ལས། ཕ་གི་ལ་ང་བྱུང་ངམ་ང་ལ་ཕ་གི་བྱུང་སྙམ་པའི་ཤེས་པ་ཕྲ་མོ་འགྱུས་པ་ལས་འཁྲུལ་ཏེ། ངོ་བོ་ལས་འཁྲུལ་རྒྱུ་མེད་ཀྱང་སྙམ་མམ་རྣམ་པ་ལས་འཁྲུལ་བ་ནམ་མཁའ་ལ་སྤྲིན་ཡང་དག་པ་མེད་ཀྱང་གློ་བུར་དུ་བྱུང་བ་བཞིན། དེ་ཡང་རྒྱུ་མ་རིག་པ་སྟེ། མ་རིག་པ་ལས་འདུ་ཤེས། འདུ་ཤེས་ལས་རྣམ་ཤེས། དེ་ལས་མིང་། དེ་

ལས་གཟུགས། དེ་ལས་སྐྱེ་མཆེད་དྲུག །དེ་ལས་རེག་པ། དེ་ལས་ཚོར་བ། དེ་ལས་སྲེད་པ། དེ་ལས་ལེན་པ། ལེན་པ་ནས་སྲིད་པ། སྲིད་པ་ལས་སྐྱེ་བ། སྐྱེ་བ་ལས་རྒ་ཤི་སྟེ། རྟེན་འབྲེལ་བཅུ་གཉིས་ལུགས་འབྱུང་དུ་འཁྲུལ། དེ་བཞིན་དུ་གཞི་དེ་ལས་ལམ་འཁོར་བ་བྱུང་སྟེ་འབྲས་བུ་སྡུག་བསྔལ་འབའ་ཞིག་མྱོང་དུ་འབྱུང་སྟེ། རིགས་དྲུག་སོ་སོའི་སྡུག་བསྔལ་མཐའ་ཡས་པ་ནི་རང་ངོ་མ་ཤེས་པ་ལས་བྱུང་ངོ་། །ཡེ་ནས་རང་ལ་ཡོད་པའི་ཀ་དག་གི་ཡེ་ཤེས་རང་ལ་ཡོད་ཅིང་གཞན་ལ་མི་ལྟོས་པས་ས་ལེ་སྦྲམ་ཡེ་ནས་གསེར་ཡིན་པ་དང་། ཉིལ་དང་འོ་མ་ལ་མར་གྱིས་ཁྱབ་པ་བཞིན་བདེ་གཤེགས་སྙིང་པོ་འགྲོ་ཀུན་ཡོངས་ལ་ཁྱབ་པར་གནས་པའི་རང་ངོ་ཤེས་པར་བྱ་དགོས་སོ། །གཉིས་པ་གྲོལ་གཞི་ནི། ཀུན་ཏུ་བཟང་པོའི་གཞི་ཐོག་ཏུ་སྐད་ཅིག་ལ་གཞི་སྣང་ལྷུན་གྲུབ་ཀྱི་སྒོ་བརྒྱ་རང་སྣང་དུ་ཤར་བ་དེ། གཞན་དུ་མ་བཟུང་བར་གཟུ་བོའི་བློས་རང་གདངས་སུ་ངོ་ཤེས་པས་འགྱུ་བ་རང་ཐག་ཏུ་ཆོད་དེ། སྐད་ཅིག་དང་པོ་ལ་རང་སྣང་དུ་ཤར་བ་རང་ངོ་ཤེས་པའི་རྟོག་པ་སྐྱེས་ཏེ། ཁྲེ་ཁྲག་བུམ་སྐུར་གནས་པ་ལས། ཡེ་ཤེས་ཀྱི་མེ་ལྕེ་གཡོས་པའི་རང་སྣང་རང་མདངས་སུ་ཤར་བ་ལས་གྲོལ་གཞི་དང་འཁྲུལ་གཞི་གཉིས་བྱུང་སྟེ། དང་པོ་གཞོན་ནུ་བུམ་པའི་སྐུའི་རྒྱ་ཁ་རལ་ཏེ། གཞི་མི་འགྱུར་བ་ལས་རང་བཞིན་མ་འགགས་པར་ཤར་ནས་ཐུགས་རྗེ་མ་ངེས་པ་ལས་མ་རིག་པ་རང་བྱུང་སྟེ། དཔེར་ན་ནམ་མཁའི་སྤྲིན་ཡང་དག་པར་ཡོད་པ་མ་ཡིན་ཏེ་གློ་བུར་དུ་སྤྲིན་འབྱུང་བ་དང་འདྲ་བར་གཞི་ལས་མ་རིག་པ་ཡོད་པ་ཅང་མ་ཡིན་ཏེ། ཐུགས་རྗེ་ཤར་བ་ལ་མ་རིག་པ་བྱུང་སྟེ་གཞི་ལྷུན་གྲུབ་ཀྱི་གནས་ལུགས་ཞེས་བྱ་བ་ཆགས་སོ། །དེ་ཡང་མ་ངེས་པའི་སྣང་བ་ཆེན་པོ་ཞིག་ཏུ་གནས་སོ། །དེ་ཡང་འཆར་ལུགས་རྣམ་པ་བརྒྱད་

དང་ལྡན་པ་རིན་པོ་ཆེ་གཏུ་གནས་ལུགས་ཞེས་བྱ་སྟེ་འདོད་ཡོན་གྱི་གོ་མ་འགགས་པའོ། །མ་གྲུབ་པའི་གྲུབ་པ་ཆེན་པོར་གནས་པ་ཐུགས་རྗེ་ལྷུར་འཆར་བའི་གོ་མ་འགགས་པའོ། །འོད་འཆར་བས་སྣང་བ་གོ་སྣང་བ་མ་འགགས་པ། ཡེ་ཤེས་ལྷུ་ར་འཆར་བའི་ལོངས་སྤྱོད་མ་འགགས་པ། སྐུ་ལྷུར་འཆར་བའི་ངོ་བོ་མ་འགགས་པ། གཉིས་མེད་ལྷུར་འཆར་བའི་ལྷུ་བ་མ་འགགས་པ། མཐའ་གྲོལ་ལྷུར་འཆར་བའི་ཐབས་མ་འགགས་པའོ། །དག་པ་ཡེ་ཤེས་ཀྱི་འཇུག་སྒོ་མཐར་ཕྱིན་པ། མ་དག་པའི་ཐུགས་རྗེ་མ་འགགས་པ། འདོད་ཡོན་གྱི་ནོར་བུ་རིན་པོ་ཆེ་ལྷུ་བུའོ། །ཞེས་སོ། །འཁོར་འདས་ཀྱི་སྣང་བ་དུས་གཅིག་ལ་ཤར་བས་སེམས་རང་མདངས་རང་ངོ་མ་ཤེས་པར་འཁྲུལ་ཏེ། དེ་ཡང་མ་རིག་པ་གང་མ་རིག་བྱེད་ཅིང་འཁྲུལ་བ་སངས། ཡེ་ཤེས་རྒྱས་པས་གཞི་འབྲས་སུ་སྨིན་ཏེ། ངོ་བོ་ཡེ་སངས་རྒྱས་པ་རྟོགས་པས་ཡང་སངས་རྒྱས་ཞེས་བྱ་སྟེ། རང་སྣང་ཀ་དག་ཏུ་ཐིམ་ནས་གཞི་ཐོག་ཏུ་ཀུན་གྱི་སྔོན་རོལ་དུ་སངས་རྒྱས་པའི་སྟོན་པ་ཀུན་ཏུ་བཟང་པོ་ཞེས་བྱ་སྟེ། ཐུགས་ཀར་ལས། དེ་ལྟར་འཁོར་འདས་ཐོག་མཐའ་ལ། །སངས་རྒྱས་འཁྲུལ་བར་མ་གྱུར་པས། །གཞི་ལས་འཕགས་པའི་དབང་པོ་ཡིས། །རང་སྣང་རང་བཞིན་མེད་པར་ཤེས། །རྟོགས་དཔྱོད་ཡིད་ནམ་ཕྱིར་མ་ཤོར། །འགྱུབ་རང་ཐག་ཆོད་པའོ། །ཞེས་སོ། །དཔལ་ཀུན་ཏུ་བཟང་པོ་ལ་རང་བྱུང་གི་ཆོས་གསུམ་ཡོད་དེ། མ་ཆོས་ཉིད་ཀྱི་དཀྱིལ་འཁོར་ལ་བུ་རང་བྱུང་གི་ཡེ་ཤེས་ཤར་ཏེ། ལུང་ལས་མ་བྱུང་བའི་མན་ངག་རང་ལ་ཤར་ཏེ། ལུང་སྟོན་པའི་བླ་མ་མེད་པར་སངས་རྒྱས་སོ། །སེམས་ལས་མ་བྱུང་བའི་ཡེ་ཤེས་རང་གིས་རིག་སྟེ་སངས་རྒྱས་སོ། །རྒྱུ་ལས་མ་བྱུང་བའི་འབྲས་བུ་རང་ལ་བཀླེས་ནས་

སངས་རྒྱས་སོ། །དེ་ཡང་སངས་རྒྱས་སེམས་ལ་མི་རེ། ལམ་སྒོམ་པ་ལ་མི་ལྟོས། འབྲས་བུ་ཕྱི་དུས་ལ་མི་འཇོག །ཅེས་པ་དང་། ཡེ་ཤེས་ནམ་མཁའ་དང་མཉམ་པའི་རྒྱུད་ལས། སེམས་ལ་མ་བྱུང་སངས་རྒྱས་ནི། །རང་བྱུང་ཡེ་ཤེས་ཆོས་སྐུ་སྟེ། །སངས་རྒྱས་ཡིན་གྱི་ངེས་པའི་དོན། །རྣལ་འབྱོར་ཀུན་གྱི་དམ་པའི་ལམ། །མ་བྱུང་མཁྱེན་པའི་ཡེ་ཤེས་མཆོག །ཅེས་པ་དང་། དེ་བཞིན་དུ་འཁོར་འདས་གཉིས་ངོ་བོ་གཅིག་ཀྱང་རིག་དང་མ་རིག་གི་ཁྱད་པར་ལས། རིག་པས་སངས་རྒྱས་བདེ་བ་ཆེན་པོ་དང་། མ་རིག་པས་སེམས་ཅན་སྡུག་བསྔལ་སྣ་ཚོགས་མྱོང་བ་འདི་དག་བྱུང་ངོ་། །ད་ནི་འཁོར་བ་ལ་རྒྱབ་ཕྱོགས་ཤིང་སྡུག་བསྔལ་སྤངས་ནས་བདེ་བ་བསྒྲུབ་དགོས་ཏེ། དེ་ཡང་། སེམས་ཀྱང་འབྲིང་དང་མཆོག་གྱུར་པ། །མ་རིག་ལས་བྱུང་རྒྱལ་བས་གསུངས། །རྩ་བ་སེམས་ཀྱི་མ་རིག་པ་འདི་ལས་སེམས་སེམས་བྱུང་འདིས་འཁོར་བའི་རྒྱུ་ཐམས་ཅད་བསྐྱེད་དེ། དེ་ཡང་སངས་རྒྱས་ངོ་སྤྲོད་རིན་པོ་ཆེའི་གསང་པའི་རྒྱུད་ལས། ཀྱེ་གསང་བའི་བདག་པོ་སེམས་དང་སེམས་ལས་བྱུང་བའི་ཆོས་ཐམས་ཅད་ནི་འཁོར་བའོ། །ཞེས་པ་དང་། སེམས་བྱ་བའི་མི་དྲན་དགུ་དྲན་འདིས་འཇིག་རྟེན་གྱི་བྱ་བྱེད་དགེ་སྡིག་དགྲ་གཉེན་དོན་ཡོད་མེད་ལུང་མ་བསྟན་གྱི་ལས་ཐམས་ཅད་འདིས་བསགས་པ་ཡིན་ཏེ། རྟགས་གཉིས་ལས། སེམས་དང་སེམས་བྱུང་ཁམས་གསུམ་པོ། །སྒྲོ་བཏགས་རྣམ་པ་ཅན་རྟོག་ཡིན། །ཞེས་དང་། མདོ་ལས། ཀྱེ་རྒྱལ་བའི་སྲས་དག །ཁམས་གསུམ་ནི་སེམས་ཙམ་མོ། །ཞེས་སོ། །སེམས་ནི་རི་མོ་མཁན་དང་འདྲ་སྟེ། འཇིག་རྟེན་གྱི་ཁམས་མ་ལུས་པ་ཐམས་ཅད་སེམས་ཀྱིས་བྲིས་པའོ། །དེ་བཞིན་དུ་སེམས་མི་འགྱུ་དགུ་འགྱུ་འདིས་རྣམ་ཤེས་ཚོགས་དང་

སེམས་བྱུང་ལྔ་བཅུ་རྩ་གཅིག་ལ་སོགས་པའི་འཁོར་བ་ཟག་པ་དང་བཅས་པའི་བག་ཆགས་ཐམས་ཅད་བསགས་ནས་རང་རིག་པ་སྒྲིབ་པར་བྱེད་པས། འདིའི་མཚན་ཉིད་ཀྱི་མཚང་རྣམས་རིག་པར་བྱ་ཞིང་སངས་རྒྱས་སུ་དགོས་རྒྱུ་ཡིན་པས། སེམས་སངས་ན་སངས་རྒྱས་ཏེ། འདའ་ཀ་ཡེ་ཤེས་ལས། སེམས་ནི་སངས་རྒྱས་འབྱུང་བའི་རྒྱུ་ཡིན་ཞིང་སེམས་རྟོགས་ན་སངས་རྒྱས་ཡིན་པས་སངས་རྒྱས་གཞན་དུ་མི་འཚོལ་བའི་འདུ་ཤེས་རབ་ཏུ་བསྒོམ་པར་བྱའོ། །ཞེས་དང་། མདོ་ལས། སེམས་ལ་སེམས་མ་མཆིས་ཏེ་སེམས་ཀྱི་རང་བཞིན་ནི་འོད་གསལ་བའོ། །ཞེས་དང་། སེམས་གློ་བུར་གྱི་དྲི་མས་ཡེ་ཤེས་སྒྲིབ་པར་བྱེད་པ་དཔེར་ན་མེ་ལོང་གི་གཡའ་དང་། གཟར་སྒྲིབ་པའི་སྤྲིན་ཕུང་བཞིན་སེམས་གློ་བུར་གྱི་དྲི་མ་བསལ་དགོས་ཏེ། དེ་ཡང་ལུང་ལས། སེམས་ཅན་ཐམས་ཅད་སངས་རྒྱས་ཉིད། །འོན་ཀྱང་གློ་བུར་དྲི་མས་སྒྲིབ། །དྲི་མ་དེ་བསལ་སངས་རྒྱས་ཉིད། །ཅེས་སོ། །གསུམ་པ་ཁྲིགས་ཆོད་དངོས་ལ་གསུམ་སྟེ། བྱུང་གནས་འགྲོ་གསུམ་བརྟག་པ། གཞི་རྩ་བཅད་པ། ངོ་སྤྲོད་པ་དང་གསུམ་མོ། །དེ་ཡང་དང་པོ་ནི། ཡེ་ནས་ཡོད་པའི་གནས་ལུགས་ཆེ་གཅིག་ལུས་གཅིག་ལ་རྟོགས་པར་བྱེད་པ་ལ་བླ་མ་ཉམས་མྱོང་ཅན་སློབ་མ་དད་པ་དང་ལྡན་པས་རྟོགས་པ་ཡིན་ཏེ། གོང་མ་རྣམས་ཀྱི་ཞལ་རྒྱུན་ལས། གཞན་གྱིས་བརྗོད་མིན་ལྷན་ཅིག་སྐྱེས། །གང་དུ་ཡང་ནི་མི་རྙེད་དེ། །བླ་མས་དུས་ཐབས་བསྟན་པ་དང་། །རང་གི་བསོད་ནམས་ལས་ཤེས་བྱ། །ཞེས་དང་། དེ་ཡང་བླ་མས་དུས་ཐབས་ཟབ་མོ་གལ་ཆེ། སློབ་མ་སྣོད་དང་ལྡན་པ་ལ་གདམས་པ་གང་གྲོས་ཀྱི་ཚུལ་དུ་བླུག་པས་དོན་དཀའ་ཚེགས་མེད་པར་འགྲུབ་སྟེ། དེ་ཡང་ལུང་ལས།

དུ་བ་ལས་ནི་མེར་ཤེས་དང་། །ཆུ་སྐྱར་ལས་ནི་ཆུར་ཤེས་བཞིན། །བྱང་ཆུབ་སེམས་དཔའ་བློ་ལྡན་གྱི། །རིགས་ནི་མཚན་མ་དག་ལས་ཤེས། །ཉི་མའི་དཀྱིལ་འཁོར་འོད་འབར་ཞིང་། །མེ་ཤེལ་མིན་པས་མེ་མི་འབྱུང་། །ཞེས་སོ། །དེས་ན་བླ་མའི་གདམས་ངག་ལ་བསྟེན་ནས་མེ་ཆ་དང་སྦྲ་བ་འཕྲད་པ་ལྟར་རྟེན་འབྲེལ་འགྲིགས་དགོས་ཏེ། བླ་མའི་གསུང་ལ་བསྟེན་པ་དང་། །བྱིན་རླབས་ཅན་གྱི་ལམ་གནས་ཡིན། །དད་པ་ཅན་གྱི་རྟོགས་བྱ་ཡིན། །ཐ་སྙད་ཅན་གྱི་གོ་བ་མིན། །རྟོག་གེ་ཅན་གྱིས་ཤེས་པ་མིན། །ཞེས་སོགས་ལུང་མང་པོར་གསུངས། ད་རང་བྱུང་གི་ཡེ་ཤེས་རྟོགས་པར་བྱེད་པ་ལ། དབེན་པའི་གནས་སུ་ཕྱི་ནང་གི་བྱ་བ་བཏང་ནས་བདེ་བའི་གདན་ལ་ལུས་རྣམ་སྣང་གི་ཆོས་བདུན་བཅས་ནས། གསར་རྙིང་གི་ཁྲིད་གཞུང་རྣམས་མན་ངག་ཡོངས་སུ་གྲགས་པ་ལས། འདས་པའི་རྗེས་མི་གཅོད། མ་འོངས་པའི་མདུན་མི་བསུ། ད་ལྟའི་ཤེས་པ་ལ་བཟོ་མི་བྱ། ལུས་ངག་ཡིད་གསུམ་རྣལ་དུ་ཕབ་ནས་ལུས་ཀྱི་འཕྲུལ་འཁོར་རྣམ་སྣང་གི་ཆོས་བདུན། ངག་གི་སྨྲ་བཅད་ཀླུག་པ་ལྟ་བུ། ཡིད་ཀྱི་བཞག་ཐབས་རང་ཐག་གི་ཆུ་བཅད་པ་ལྟ་བུའོ། །དེ་ཡང་ལུས་རྣམ་སྣང་གི་ཆོས་བདུན་ནི། ཀང་བ་རྡོ་རྗེའི་སྐྱིལ་ཀྲུང་། ལག་པ་གཉིས་ལྟེ་འོག་མཉམ་བཞག་གི་ཕྱག་རྒྱ། དཔུང་བ་རྒོད་གཤོག་ལྟར་བརྒྱང་བ། སྒལ་ཚིགས་མདའ་ལྟར་བསྲངས། མིག་སྣ་རྩེ་ལ་དབབ། ལྕེ་ཡར་ཀན་ལ་སྦྱར། མགྲིན་པ་ཡུད་ཙམ་དགུག །ལུས་དགྱེ་རྒྱ་འཁྲུག་འཁྱོག་མེད་པ་དཔེར་ན་ལྷ་ཁང་ནང་ལ་འདེར་སོ་བཞག་པ་བཞིན། དབང་པོ་རྣམས་རང་ལུགས་སུ་ལྷོད་ཆགས་པ། མིག་གཡས་གཙུས་དང་གཡོན་གཙུས་མེད་པ། ཚབ་ཚུབ་དང་ཁྲུག་ཁྱོག་མེད་པ།

རྟར་རྟར་གདངས་ཆེ་བ་ཡང་མ་ཡིན། བརྩམ་པ་ཡང་མ་ཡིན། ཁ་མིག་བཀྲ་ལམ་མེ་བ་དབང་པོའི་སྒོ་རྣམས་མ་འགགས་པ། ལུས་ཀྱི་ཆ་ནས་སྐྱོད་པ། སོག་མའི་ཡོན་ཐག་བཞིགས་པ་བཞིན་འཁོལ་ཤིགས་སེ་གནས་པར་བྱ་སྟེ། བདེ་དང་ལྷོད་དང་ཡང་དང་གསུམ། ཁྲི་འབྱུང་བཞི་ལུས་ཀྱི་བཞག་ཐབས་ཡིན་ཏེ། སྐྱོང་གསལ་ལས། ལུས་མི་འགུལ་བར་དལ་བར་བྱ། །ངག་ནི་མི་སྨྲ་རང་སར་བཞག །སེམས་ནི་མི་འགྲོ་ངང་ལ་སྐྱོད། །མིག་གཉིས་ཟིམ་བུས་མཁའ་ལ་གཏད། །ཁ་ནི་ཡུད་ཙམ་གདངས་པ་ལས། །སོ་ཡི་བར་དུ་ནས་ཐར་ཙམ། །སྒོ་གསུམ་རླུང་གི་དལ་བ་ལས། །ཡིད་ཙམ་ཕྱིར་ལ་འདུར་བཙོ། །ཡང་དེ་ཉིད་ལས། སེམས་ནི་དྲན་བསམ་མི་སྤྲོ་ཞིང་། །མིག་གཉིས་སྣ་ཡི་རྩེ་ལ་གཏད། སེམས་ཡང་སྣ་ཡི་རྩེ་ལ་གཏད། །གཅིག་ཏུ་དྲིལ་ལ་མཉམ་པར་བཞག །ཅེས་མཉམ་པར་བཞག་པའི་ཚེ་ན་གཞག་བྱ་དང་འཛོག་བྱེད་ཀྱི་ངོ་བོ་ཅི་ལྟར་བརྟགས་པར་བྱ་སྟེ། ཡོད་པ་དང་མེད་པའི་རྩ་བ་ལེགས་པར་བཅད་དོ། །སེམས་འདི་ཐམས་ཅད་བྱེད་པ་པོ་ལུས་ངག་ཡིད་གསུམ་གཙོ་གང་ཆེ་བར་འདུག་ལེགས་པར་བརྟག་པས་ལུས་ཀྱི་བདེ་སྡུག །གྲང་དྲོད། བཀྲེས་ལྟོགས། །སྒོ་ལྔའི་འཛིན་པ་ཐམས་ཅད་ཡིད་ཀྱི་བྱས་པ་དང་ངག་གི་སྨྲ་བརྗོད་གླང་དོར་བྱེད་པ་པོ་ཡིད་ལ་འདུས་པས་ཡིད་གཙོ་ཆེ་བར་ཐག་ཆོད་ནས་ཡར་ཐར་བ་ཐོབ་ན་བདེ་བ་འབྱུང་བ་དང་། མར་འཁོར་བར་འཁྲམས་པའི་སྡུག་བསྔལ་མྱོང་མཁན་བྱེད་པ་པོ་འདི་ཅི་ལྟ་བུ་ཞིག་འདུག་བརྟགས་ཏེ། ལུས་མགོ་མཇུག་གང་དུ་གནས། གནས་མཁན་དང་གནས་ས་བརྟགས། འདི་ན་གནས་སྐམ་པའི་ཤེས་པ་བྱུང་ཚེ་གནས་མཁན་ཁ་དོག་དང་དབྱིབས་རྒྱུ་རྐྱེན་ཆེ་ཆུང་ཅི་ལྟར་འདུག་ལེགས་པར་བརྟགས་

ཏེ། ནང་ལ་འདི་ན་གནས་ཞེས་བྱ་བར་གནས་ས་མ་སྐྱེད། གནས་མཁན་གྱི་ངོ་བོ་དང་པོ་འདི་ནས་བྱུང་ད་ལྟར་འདི་ན་གནས་ཞེས་བྱ་བའི་ཁ་དོག་དབྱིབས་དངོས་པོ་ངོས་བཟུང་དང་བྲལ་ནས་མ་སྐྱེད་པར། ཕྱིའི་འབྱུང་བ་ཆེན་པོ་ལྔ་དང་རི་རབ་ཁང་ཁྱིམ་ནམ་མཁའ་ས་གཞི་བར་སྣང་གང་ན་གནས་ལེགས་པར་བརྟགས། གནས་ས་དང་གནས་མཁན་སྔ་མ་ལྟར་ངོ་བོ་དང་ངོས་བཟུང་མ་སྐྱེད་ཚེ། གནས་མེད་གནས་ཡིན་རྒྱལ་བའི་གནས་སར་གསུངས། །གང་ན་མི་གནས་པ་དེའང་གནས་པའི་མཆོག །ཞེས་པ་སྟེ། གློང་གསལ་ལས། དེ་ནས་སེམས་ཀྱི་གནས་པ་ཅི། །ཡོད་དམ་ཞེ་ན་ངོ་བོ་སྟོང་། །མེད་དམ་ཞེ་ན་བརྟག་བྱེད་གསལ། །སྟོང་གསལ་ངོས་བཟུང་བྲལ་བའོ། །ཞེས་དེ་ལྟར་སེམས་རང་གནས་སུ་བཞག་ཅིང་སེམས་ཕྱི་ནང་གི་གནས་ས་བཙལ་ཀྱང་གནས་མཁན་གྱི་ངོ་བོ་མ་སྐྱེད་ཀྱང་རྣམ་པར་རྟོག་པ་མི་འཕྲོ་དགུ་འཕྲོ་འདི་འདས་མ་འོངས་ད་ལྟའི་རྗེས་སུ་འབྲང་བའི་ཤེས་པ་ཁྱུ་ཁྱུ་བ་འདི་ཅི་ལྟར་འགྱུ་གང་ནས་འགྲོ། འགྲོ་མཁན་གྱི་ངོ་བོ་ཡོད་ཀྱི་འགྲོའམ་མེད་ནས་འགྲོ། མེད་ནས་འགྲོ་ན་འགྲོ་མཁན་དོན་མ་མཆིས། ཡོད་ནས་འགྲོ་ན་འགྲོ་མཁན་གྱི་ངོ་བོ་བྱེད་པ་པོ་དེ་འགྲོ་བ་ལྟ་མི་ཁྲིད་པར་དུ་འགྲོ། ས་ལ་འཛུལ་བ། ནམ་མཁའ་ལ་འཕུར་བ། འགྲོ་བ་རིགས་དྲུག་གི་གཟུགས་ལྟར་འགྲོ། མཚན་མ་ཁ་དོག་ཆེ་ཆུང་ཇི་ལྟར་འགྲོ་ལེགས་པར་བརྟག །དེ་ཡང་འདི་ལྟར་སེམས་འཚོལ་གྱི་མན་ངག་གལ་པོ་ཆེ་ཡིན་པས་ནན་ཏན་དུ་བྱས་ཏེ། རྒྱུན་མ་ནས་རྒྱུན་མར་ཉིན་མཚན་བརྟག་པ་ལ་འབད་པར་བྱའོ། །སེམས་ཀྱི་སེམས་འཚོལ་བ། སེམས་ཀྱི་སེམས་འདུལ་བ། སེམས་ཀྱི་མཚང་བཙལ་བ། སེམས་ཀྱི་ཁང་བུར་བཤིག་པ། སེམས་ཀྱི་རྫུན་ཁུང་བརྡིབས་པ། བདེན་རྫུན་

ཁྲིམས་རར་གཏུག་པ་བཞིན་ཕུ་དེད་མདའ་དེད། ཕུབ་ཐོག་ཏུ་མདུང་དྲིལ་བ་བཞིན།
ཁབ་མིག་ཏུ་སྲད་བུ་འཇུག་པ་བཞིན། སེམས་ཀྱི་མཚན་ཉིད་ཞིབ་མོར་བརྟགས་
པར་བྱ། དེ་ཡང་སེམས་ཀྱིས་སེམས་འདུལ་བ། རྡོས་རྡོ་བཅག་པ་བཞིན།
ལྕགས་ཀྱིས་ལྕགས་རྡོ་གཅོད་པར་བྱེད་པ་དང་། ཤིང་གི་མེས་ཤིང་རྣམས་
བསྲེགས་པར་བྱེད་པ་དང་། དྲི་མས་དྲི་མ་འཁྲུ་བ་དང་། དག་པས་དག་པ་
མཚོན་པ་དང་། ཚང་ནད་ཚང་གིས་སེལ་བ་དང་། དུག་ནད་དུག་གིས་སེལ་བ་
བཞིན། རིག་ནི་མཐུན་པས་འདུལ་བ་ཡིན། རང་རང་དགྲ་ནི་རང་རང་བྱེད།
ཞེས་པའི་སེམས་ཀྱིས་སེམས་ལ་བརྟགས་ཞིབ་ཡང་ཡང་བྱ། འགྲོ་མཁན་གྱི་
སེམས་ལ་བརྟག་ཞིབ་བྱས་ཀྱང་འགྲོ་མཁན་འདི་ལྟ་བུ། ཁ་དོག་དབྱིབས་སུ་གྲུབ་
པ་གང་ཡང་མ་མཐོང་། སྣར་ཕྱིན་པའི་ཡུལ་ལ་འདི་ལྟར་ཕྱིན་སླམ་པའི་ངེས་པ་མ་
སྐྱེད། ཡུལ་དེ་ཕྱིར་བྱུང་བ་ཡང་མ་ཡིན། རང་ཉིད་ཡེང་ཞིང་འཁྲུལ་བའི་རྣམ་
རྟོག་འཕྲོས་པ་མ་གཏོགས་ངོས་བཟུང་གང་ཡང་མ་བྱུང་བས། ཀུན་ཏུ་བཟང་མོ་
ཀློང་གསལ་འབར་མ་ཉི་མའི་གསང་རྒྱུད་ལས། དེ་ལྟར་སྒོམ་པའི་རྣམ་རྟོག་
ཀུན། །ཐམས་ཅད་ལུས་དང་སེམས་ལས་འབྱུང་། །ལེགས་པར་ཐག་བཅད་
སེམས་སུ་དྲིལ། །ཞེས་དེ་ལྟར་ཐམས་ཅད་སེམས་སུ་འདུས་ཤིང་བརྟག་པའི་ཚེ།
གནས་མཁན་སེམས། འགྲོ་མཁན་ཡང་སེམས། ལྟ་མཁན་ནི་སེམས།
ཐམས་ཅད་བྱེད་པ་པོ་སེམས་ཉིད་དེ། ཁོ་རང་གཞི་གཅད་པར་བྱ་སྟེ། སེམས་
འདི་ཡོད་པ་ཡིན་ནམ་མེད་པ་ཡིན། གཉིས་ཀ་ཡིན་ནམ་གཉིས་ཀ་མ་ཡིན།
གཅིག་ཡིན་ནམ་བརྟག་ཞིབ་དང་། ཐམས་ཅད་སེམས་ཀྱི་བྱེད་ན། རྣ་བའི་སྒྲ།
མིག་གི་གཟུགས། སྣའི་དྲི། ལྕེའི་རོ། ལུས་ཀྱི་རེག་བྱ། འདི་དག

སེམས་གཅིག་པུས་བྱེད་ན་འོན་ལོང་ཁ་ལྐུག་སོགས་ཡོང་མི་སྲིད་དེ་ཡིན་པའི་ཕྱིར་རོ། །དེ་དག་སོ་སོས་བྱེད་ན་ཤི་བའི་ཚེ་ན་དབང་པོ་ཐམས་ཅད་རོ་ལ་ཚང་། འདི་དག་མཚན་ཉིད་ལེགས་པར་བརྟག་པས་སེམས་ནི་ཁ་དོག་དངོས་པོ་མཚན་མར་མ་མཐོང་ངོ། ལུང་ལས། མ་མཐོང་མཐོང་ཕྱིར་མཐོང་བའི་ལམ། །ཅི་ཡང་མ་མཐོང་དེ་མཐོང་ཡིན། ཞེས་དང་། གླིང་གསལ་ལས། སེམས་མེད་ལུས་འདི་ཅི་འདྲ་བརྟག །ཤི་རོ་འདྲ་བ་ཐག་ཀྱང་བཅད། །ལུས་མེད་སེམས་འདི་ཅི་འདྲ་བརྟག །རླུང་དང་ནམ་མཁར་ངེས་ཀྱང་བཟུང་། །སེམས་སུ་ཐག་བཅད་ཚར་རྗེས་སུ། །རྣམ་རྟོག་ཐམས་ཅད་སེམས་ལ་སྦྱར། །སེམས་དང་རྣམ་རྟོག་གཅིག་ཏུ་དྲིལ། །ཞེས་སོ། །གཉིས་པ་གཞི་རྩ་བཅད་པ་ནི། དེ་ཡང་ཞི་གནས་ཀྱི་ཏིང་ངེ་འཛིན་ལ་མཉམ་པར་གཞག་པར་བྱ་སྟེ། སྤྱོད་འཇུག་ལས། རྣམ་རྟོག་ཉེ་བར་ཞི་བའི་ཕྱིར། །བྱང་ཆུབ་སེམས་ནི་བསྒོམ་པར་བྱ། །ཞེས་དང་། རྡོ་རྗེ་བརྩེགས་པའི་རྒྱུད་ལས། ཆོས་སྒོ་བརྒྱད་ཁྲི་བཞི་སྟོང་ཡང་། །རྩ་བ་བྱང་ཆུབ་སེམས་སུ་འདུས། །ཞེས་པས་ལུས་རྣམ་སྣང་ཆོས་བདུན་དང་ལྡན་པའི་ངང་ནས་སེམས་བཅའ་བཅོས་དགག་སྒྲུབ་མེད་པར་རང་མལ་དུ་ཕྲུམས་ཀྱིས་བཞག་པར་བྱ། དེ་ཡང་སེམས་རྟོགས་དྲུག་གི་ཡུལ་དུ་འཕྲོ་བ་འདྲ་བར་འདུག་ན་དགག་སྒྲུབ་མེད་པར་བར་མེད་དུ་ཧ་རེ་བཞག །ནང་རིག་པ་རང་གནས་སུ་འདུག་ན་ལྷན་ནེ་བཞག །རིག་པའི་ངོ་བོ་ལ་ཅེར་གྱིས་ལྷ་ཞིང་ཅོག་གིས་འཇོག །གྲིམ་གྱིས་སྒྲིམ་ནས་ལྷོད་ཀྱིས་ལྷོད། སྒྲིམ་ལྷོད་རན་པའི་ངང་ནས་བཞག་པར་བྱ། དེ་ལྟར་བཞག་པའི་ཚེ་ན་རྣམ་རྟོག་མི་འགྱུ་དགུ་འགྱུ་འདས་པ་དང་མ་འོངས་པ་དང་། ད་ལྟ་ཡི་རྟོག་པའི་དབང་དུ་མི་གཏོང་ཞིང་རྣམ་རྟོག་གི་ངོ་བོ་ལ་བལྟ་ཞིང་རང་ཞིར་འགྲོ་

བའི་གནད་ཡིན་ཏེ། དེ་ཡང་ཕྱོགས་ཀྱི་གླང་པོའི་འཇམ་དཔལ་ལ་བསྟོད་པ་ལས། རྣམ་རྟོག་མ་རིག་ཆེན་པོ་སྟེ། །སྲིད་པའི་རྒྱ་མཚོ་ལྟུང་བྱེད་ཡིན། །རྣམ་རྟོག་དེ་དང་བྲལ་བས་ན། །ཐོད་ནི་རྟག་ཏུ་མྱ་ངན་འདས། །ཞེས་སོ། །དེས་ན་ཡེ་ནས་ཡོད་པའི་གནས་ལུགས་ཀ་དག་ཆེན་པོ་དེ་རྒྱུན་དུ་འགྲོགས་ཀྱང་ངོ་མ་ཤེས། མཉམ་པོར་གནས་ཀྱང་རྩ་ར་མ་ཚོད། རྣམ་རྟོག་ཉོན་མོངས་ཆེན་པོ་འདིའི་དབང་དུ་སོང་བས་ད་ནི་རྣམ་རྟོག་ཞི་བར་བྱ་དགོས། དེ་ཡང་རྣམ་རྟོག་ཞི་བར་བྱེད་པ་ལ། སྤྲངས་པའི་སྤྲངས་པ་མ་ཡིན་ཏེ། །སྒོམ་པའི་སྤྲངས་པ་ཉིད་ཀྱང་ཡིན། །ཞེས་ལུས་ངག་ཡིད་གསུམ་རྩེ་གཅིག་ཏུ་མ་ཡེངས་བར་བྱས་ནས་གཉེན་པོར་བསྟེན་ཅིང་དྲན་པ་རྒྱ་མཚོའི་ཆུ་བོའི་རྒྱུན་བཞིན་དུ་འཕྲོ་མཐུད་དགོས། རྣམ་རྟོག་གང་ཤར་གྱི་ངོ་བོ་ལ་ཅེར་གྱིས་བལྟས་པས་རང་ཞིར་འགྲོ་སྟེ་འོ་ཐོལ་ནང་དུ་ཆུ་བླུག་པ་ལྟར། རྣམ་རྟོག་འབུར་འཇོམས་སུ་བྱ་བ་ཡིན། དེ་ཡང་རྣམ་རྟོག་དང་མི་རྟོག་པ་སོ་སོར་འདུག་གམ། བརྟགས་པའི་རྣམ་རྟོག་སྤྲང་དུ་མེད་པ་མི་རྟོག་བླང་དུ་མེད་པ་གཉིས་མེད་ངོ་བོ་གཅིག་ཏུ་བརྟག་པ་ཆུའི་རླབས་ཆུར་གྲོལ་བ་དང་། ལན་ཚྭ་ཆུ་རུ་བཞག་པ་དང་། ཆབ་རོམ་ཆུ་རུ་ཞུ་བ་ལྟར། གཉིས་མེད་གཅིག་ཏུ་འདྲེས་ནས་ཐ་དད་མེད་པར་ཤེས་ཏེ། དེ་ཡང་སློབ་དཔོན་ཞི་བ་འཚོའི་ཞལ་སྔ་ནས། མཉམ་ཉིད་དབྱིངས་ལས་མ་གཡོས་ཆོ་འཕྲུལ་སྣ་ཚོགས་སྟོན། །ཆུ་ཕྲན་སྣ་ཚོགས་རྒྱ་མཚོའི་རོ་གཅིག་བ་རྩྭའི་རོ། །དུ་མ་རོ་གཅིག་འདི་ལ་ཐ་དད་ཡོད་མ་ཡིན། །ཐམས་ཅད་ཐམས་ཅད་གཉུག་མ་རོ་ཡི་ཁྱབ་པས་བདེ། །ཞེས་དང་། སློབ་དཔོན་ནི་རུ་པའི་ཞལ་ནས། མེད་པར་རང་སར་གཅིག་པུར་ཞོག །ཆུ་དང་རླན་ནི་ཐ་དད་མེད། །ནམ་མཁའི་བྱ་རྗེས་བཙལ་མི་དགོས། །གཉིད་སད་སྐྱེས་བུ་བློ་བདེར

གནས། །ཞེས་དང་། དེས་ན་ད་ལྟར་གྱི་རྟོག་ཚོགས་ཐམས་ཅད་བདེན་མེད་སྒྱུ་མ་རྨི་ལམ་སྤྲུལ་པ་ཆུ་ཟླ་བྲག་ཆ་དྲི་ཟའི་གྲོང་ཁྱེར་ལྟ་བུ་ཡིན་ཏེ། དེ་ལྟར་མ་ཤེས་གཟུང་འཛིན་དུ་ཨ་འཐས་ནས་རི་དྭགས་སྨིག་སྒྱུ་ལ་ཆུ་བོར་མཐོང་ནས་སླེགས་པའི་བསླུས་པ་ལྟར་གཟུང་འཛིན་གྱི་ཁམས་གསུམ་དུ་འཁོར་ཞིང་རང་རེ་རྣམ་བསླུས་པ་ཡིན་ཏེ། དེ་ཡང་རྒྱུད་ལས། འདི་ལྟར་རྣམ་པ་སྣ་ཚོགས་ཡང་། །ཐག་པ་ལ་ནི་སྦྲུལ་མཐོང་བཞིན། །དེ་མ་ཡིན་པར་དེར་བཟུང་བས། །ཕྱི་ནང་སྣོད་བཅུད་གཉིས་སུ་ཆགས། །ཆོས་ཉིད་སྟོང་པའི་རང་རྩལ་ལས། །ཆོས་ཅན་སྒྱུ་མ་རྨི་ལམ་བཞིན། །སྦྲུལ་མཐོང་དེ་ཉིད་མཐོང་པའི་བདེན། །ཐག་མཐོང་ཡང་དག་ཉིད་དུ་བདེན། །དཔེར་ན་ཐོ་ལ་མིར་སྣང་བཞིན། །བདེན་པ་ཉིད་ཀྱི་རང་བཞིན་ནི། །ཀུན་རྫོབ་སྒྱུ་མ་ཙམ་དུ་ཡང་། །སྟོང་པ་ཉིད་ཀྱི་དབྱིངས་སུ་ནི། །དེ་ཡི་ངོ་བོར་ཐམས་ཅད་གྲོལ། །ཞེས་སོ། །དེས་ན་ཀུན་རྫོབ་འཁྲུལ་སྣང་གི་ཆོས་ཀྱིས་སེམས་ཅན་ཐམས་ཅད་བསླུས་ནས་བཟུང་བ་ཡུལ་ལ་འཛིན་པ་སེམས་གཟུང་འཛིན་གཉིས་ཀྱིས་རང་ཉིད་བཅིང་ནས་འཁྲུལ་ཏེ། སྐྱོན་གྱི་རྩ་བ་བདག་འཛིན་བློས་ཐོངས། ཞེས། སེམས་འདུལ་ཞིང་གནས་པའི་ཐབས་རྣམ་པ་སྣ་ཚོགས་ལ་འབད་པར་བྱ་སྟེ། དེ་ཡང་སེམས་གནས་ཀྱི་མན་ངག་ལ་མཚན་བཅས་དམིགས་པ་ལ་བརྟེན་ནས་འཛིན་པ་དང་། རྟེན་མེད་སྟོང་པ་ལ་སེམས་འཛིན་པའི་ལུགས་ལས། མཚན་བཅས་དམིགས་པ་ལས་ཕྱི་དང་ནང་ངོ་། །ཕྱི་མ་དག་ཤིང་བུ་རྡེང་བུ་ལ་སེམས་འཛིན་པ་དང་། དག་པ་བདེ་བར་གཤེགས་པའི་སྐུ་ལ་སེམས་འཛིན་པ་དང་། ནང་ལྷ་དང་བླ་མ་ལ་སེམས་འཛིན་པ་དང་། ཐིག་ལེ་ཡིག་འབྲུ་ལ་སེམས་འཛིན་པ་དང་། འབྱུང་རྔུབ་རླུང་ལ་སེམས་འཛིན་པ་

སོགས་མང་ཞིག་གསུངས་ཀྱང་འདིར་མི་སྤྲོས། ལམ་རྟེན་མེད་སྟོང་ཆེན་ལ་སེམས་འཛིན་པ་དང་ཁོ་རང་གི་ངོ་བོ་ཅི་ལྟར་འདུག་པ་དེའི་སྟེང་དུ་ཐོག་དབབ་དུ་བལྟ་བར་བྱ། དེ་ལྟར་བལྟས་པས་གནས་མཁན་དང་འགྲོ་མཁན་ལྟ་མཁན་གསུམ་དུ་ཡོད་པ་འདྲ་བ་བྱུང་བས། ཕྱག་ཆེན་པ་རྣམས་ཀྱིས་གནས་འགྱུ་རིག་གསུམ་དུ་འདོད། ཆོས་སྤྱིའི་གཞུང་ལས་ཞི་གནས་ཀྱི་ཏིང་འཛིན་ཞེས་དང་པོ་ཞི་གནས་ཀྱི་བསམ་གཏན་འགྲུབ་དགོས་ཏེ། ཞི་མ་གནས་ན་ལྷག་མི་མཐོང་། །ཞི་གནས་རྒྱ་མཚོ་མེར་བ་ལ། །ལྷག་མཐོང་ཉ་མོ་འཕར་བ་ལྟར། །ཞི་ལྷག་ཟུང་འབྲེལ་ཉམས་རྟོགས་གོང་དུ་འཕེལ། །ཞེས་པས། ཕྱི་ནང་གི་བྱ་བ་རྣམས་བཏང་ནས་དྲན་པ་མངོན་དུ་བཞག་སྟེ་ཏིང་འཛིན་བསྒོམས། དེ་ཡང་བྱ་བྱེད་ཐམས་ཅད་སྤངས་ནས་དུས་གསུམ་གྱི་རྟོག་པ་ཐམས་ཅད་འཕྲོ་བཅད་ངང་ལ་གནས་པར་བྱ། དེ་ཡང་སློབ་དཔོན་ཆེན་པོ་པདྨ་བཛྲ་གྱིས། བྱ་བ་ཡང་བཏང་ནས། སེམས་ཀྱི་གློང་རང་སར་ཞོག །གཉིས་མེད་ཡེ་ཤེས་བསམ་དུ་མེད། །ཐམས་ཅད་ཐམས་ཅད་དེ་དེ་བཞིན། །ཞེས་གསུངས། དེ་བཞིན་མཉམ་བཞག་ལ་གནས་པའི་ངང་ནས་དྲན་རྟོག་རྣམ་པ་སྣ་ཚོགས་སུ་འཆར་བ་དང་། ཉམས་ཀྱི་རྣམ་པ་བདེ་གསལ་མི་རྟོག་པའི་ཉམས་དང་བྱིང་རྒོད་རྨུགས་གསུམ་གྱི་ཉམས་བཟང་ངན་སྣ་ཚོགས་ཇི་ལྟར་ཤར་ཡང་ཉམས་བཟང་ངན་ལ་སྤངས་བླང་རེ་དོགས་གང་ཡང་མི་བྱ་བའི་ངང་ལ་བསྒོམ། བཟང་པོའི་ངོ་བོ་བཟང་རྒྱུ་གྲུད་ན་མེད། ངན་པའི་ངོ་བོ་ངན་རྒྱུ་གྲུད་ན་མེད་པས་ངོ་བོ་གཅིག་པར་གནས་པ་རྣམ་འགྱུར་པའི་ངང་བསྒོམ་བྱ་བ་ཡིན། རྟག་ཏུ་མ་ཡེངས་པས་དྲན་རྫི་དགོས་ཏེ། གོང་མ་རྣམས་ཀྱི་ཞལ་རྒྱུན་ལས། དྲན་པ་ཡོད་ན་བསྒོམ་ཡོད། དྲན་པ་མེད་ན་སྒོམ་མེད། དྲན་པ་སྒོམ་གྱི་རྫི་བོ་དང་འདྲ།

དྲན་པ་ཆུ་བོའི་རྒྱུན་བཞིན་མཐུད། དེ་ཡང་དྲན་པ་རྒྱུང་སོ་དང་། རྐན་མོས་ལྕུ་གུ་འཚོ་བ་བཞིན། མ་ཡེངས་རྒྱུང་སོ་ཡོད་པར་བྱེད། ཐུན་ཆུང་གྲངས་མང་ཁང་སྟོང་ཐིག་པ་བཞིན། དྲན་པ་སྨུ་མཐུད་ནས་སྨུ་མཐུད་བྱེད་པ་གལ་ཆེ། དེ་ལྟར་གནས་པ་ལ་ཉམས་ཀྱི་རྣམ་པ་དང་ལས་དང་པོ་པ་ལ་ཚབ་ཚུབ་ཟང་ཟིང་ལོང་ལོང་མང་པོ་འཁྲོས་པས། ངས་སྒོམ་བྱས་པས་རྣམ་རྟོག་མང་ཞིང་སེམས་འཁྲུགས་པས་ཤེས་རྒྱུ་མ་རེད་ཉམས་པའི་དཔའ་འཁྲུམ་ཞིང་སྐྱིད་ལུག་པས་ཉམས་ལེན་བྱེད་དུ་མི་འདོད་པ་འོང་བས། དེ་ལྟར་མ་ཡིན་པ་དང་པོ་སེམས་ལ་བརྟག་ཞིབ་མ་བྱས་དུས། སེམས་གནས་པ་དང་། འགྲོ་བ་དང་། དགེ་བ་དང་། མི་དགེ་བའི་བརྟག་ཞིབ་མེད་པའི་མ་རིག་པ་ཡིན། དཔེར་ན་ལམ་པོ་ཆེའི་བཞི་མདོར། ཡར་འགྲོ་མར་འགྲོའི་བརྟག་ཞིབ་མ་བྱས་ཚེ་མི་མངོན། བརྟག་ཞིབ་བྱས་ཚེ་མི་ནོར་ཕོ་མོ་སོགས་ཡར་འགྲོ་མར་འགྲོ་མང་བར་མཐོང་བ་དང་། ཆུ་ཀློག་མ་དང་ལྡན་པའི་ཚེ་གཟུགས་བརྙན་འབུ་སྲིན་སོགས་མི་མཐོང་སྟེ། ཙུང་ཟད་དྭངས་བས་གཟུགས་བརྙན་མངོན་པ་ལྟར། སེམས་ཀྱི་མཚན་ཉིད་ཀྱང་བརྟག་ཞིབ་མ་བྱས་ཚེ་དེ་དག་གི་མཚན་ཉིད་མ་བཤད་ཅིང་སེམས་ཀྱི་འཁྲུལ་བ་ཙུང་ཟད་བྱུང་ཚེ་མཐོང་བས་འདི་ནི་དགེ་བའོ། །འདི་ནི་མི་དགེ་བའོ། །འདི་ནི་ལུང་དུ་མ་བསྟན་པའོ། །འདི་ནི་ཐོག་མའོ། །ཐམ་དང་བར་མ་སོགས་རྣམ་རྟོག་རྩི་ཡིས་ཟིན་པ་བྱུང་ན་མི་རྟོག་པ་སྐྱེད་པ་ཡིན། དེ་ཡང་གནས་པ་དང་པོ་རི་གཟར་གྱི་འབབ་ཆུ་བཞིན་ཚབ་ཚུབ་ལོང་ལོང་དུ་འབྱུང་ངོ་། །བར་དུ་ཆུ་ཆེན་དལ་དུ་འབབ་པ་ལྟར། ཐ་མ་ཆུ་ཕྲན་རྒྱ་མཚོར་ཐིམ་པ་བཞིན་ཞི་གནས་ཀྱི་བསམ་གཏན་ལ་གནས་པར་འགྱུར་། ཞི་གནས་ལ་སྐྱོན་ཡོད་མེད་གཉིས་སུ་བཤད། སྐྱོན་ཅན་ཞི་གནས་འཐུམ་པོ་རྨོངས

ཞིང་གཉིད་རྨུགས་ཀྱིས་ནོན་པ་ལྟ་བུ་དང་། འཐུམ་པོ་དང་རྨིང་པོ་བྲུ་བ་རྒྱུ་མཐུན་ཏེ། དེ་ལ་རིག་པ་བསྒྲིམ་ཞིང་གསལ་གདབ་པས་སེལ་ལོ། །རིག་པ་རྒོད་ཅིང་འཕྲོ་བ་རྣམས་ལ་ལུས་སེམས་ཆ་ནས་གློད་པ་གྲོལ། ཞི་བའི་ལྟ་སྟངས་ཀྱིས་ལྷོད་ཀྱི་གློད་ལ་བལྟ། འཇུར་བུས་བཅིང་བའི་སེམས་ཉིད་འདི། །ལྷོད་ཀྱིས་ལྷོད་ནས་གྲོལ་བ་ཐོབ། །ཕྲུན་པོ་གང་གི་འཆིང་བྱེད་པ། །མཁས་པ་དེ་ཡི་ཡོངས་སུ་གྲོལ། །ཞེས་བྱིང་རྒོད་ཉམས་དང་བསྟུན་ཅིང་བསྒྲིམ་ལྷོད་དེ་བཞིན་བསྟུན། བཟང་པོའི་ཉམས་བདེ་བ་གསལ་བ་མི་རྟོག་པ་ཤེས་ཉམས་དང་། སྣང་ཉམས། མཐོང་ཉམས་དང་། སྟོང་ཉམས་དང་། ཉམས་སྣ་ཚོགས་གོང་ལྟར་ཤར་ཀྱང་སྣ་ཚོགས་སེམས་ཀྱི་ཆོ་འཕྲུལ་ཡིན་ཏེ། ནམ་མཁའི་བདག་པོས་སྣ་ཚོགས་སྟོན། །དགྱེར་གྱི་སྤྱང་ལ་ཅི་ཡང་སྐྱེ། །རྣལ་འབྱོར་ཉམས་ལ་ཅི་ཡང་འཆར། །ཉམས་བཟང་པོ་ལ་མ་ཆགས་མ་ཞེན། སེམས་ཀྱི་རྩལ་དང་རོལ་བ་བདེན་མེད་དུ་རྟོགས་པར་དགོས། དེ་ཡང་ཕག་མོའི་རྟོགས་བརྗོད་ལས། ལྟོས་ཤིག་རང་གི་སེམས་ལ་ལྟོས། །སེམས་ཉིད་ཅི་ཡང་གྲུབ་པ་མེད། །གྲུབ་པ་མེད་པའི་སེམས་ཉིད་ལ། །སྣ་ཚོགས་སྣང་བ་ངོ་མཚར་ཆེ། །སྣང་ཙམ་ཉིད་ནས་སེམས་སུ་འདུས། །སེམས་ཅན་ཀུན་གྱི་སེམས་ཉིད་འདི། །རྣལ་འབྱོར་མི་རྟོག་བསམ་མི་ཁྱབ། །གསལ་བ་དེ་ཡི་ངོ་བོར་སྣང་། །ཞེས་སོ། །དེ་ལྟར་ཕྱི་སྣང་བའི་ཡུལ་དང་ནང་ཉམས་ཀྱི་འཛིན་པ་སེམས་ཡིན་པས། དེ་ཡང་ལུང་ལས། སེམས་ཉིད་ཀུན་གྱི་ས་བོན་ཏེ། །མྱ་ངན་འདས་དང་སྲིད་འགྲོ་བ། །འདོད་པའི་འབྲས་བུ་སྟེར་བར་བྱེད་པ་ཡི། །ཡིད་བཞིན་ནོར་འདྲའི་སེམས་ལ་ཕྱག་འཚལ་ལོ། །ཞེས་སོ། །བྲམ་ཟེ་ཆེན་པོ་ས་ར་ཧའི་ཞལ་ནས།

འཁོར་འདས་ཀུན་གྱི་རྩ་བར་གྱུར་བའི་སེམས། །རྟོགས་ན་བསྒོམ་དུ་མེད་དེ་ལྷུག་པར་ཞོག །རང་ལ་བཞག་ནས་གཞན་དུ་རྩོལ་བ་ཨ་རེ་སྡུག །འདི་ཡིན་འདི་མིན་མེད་དོ་གཉུག་མའི་ངང་། །ཞེས་དང་། ཏེ་བཙྫ་ལས། རང་བཞིན་གདོད་ནས་མ་སྐྱེད་པ། །བདེན་མེད་རྫུན་མེད་དེ་བཞིན་ནོ། །ཐམས་ཅད་རྒྱ་ཡི་ཟླ་བ་ལྟར། །འདོད་པའི་རྣལ་འབྱོར་ངེས་ཤེས་སྐྱེས། །ཞེས་དང་། ཉམས་ཀྱི་རྣམ་པ་གང་ལ་ཡང་རེ་དོགས་དང་ཆ་འཛིན་མི་བྱ་བར་ཡོད་མེད་ཞེན་འཛིན་བྱུང་ན་གོལ་སའོ། །གསུམ་པ་ལ་གཉིས་སྟེ། ངོ་སྤྲོད་པ་དང་། གོལ་ས་གཅོད་པ་དང་གཉིས་ལས། དང་པོ་ནི། དེ་ལྟར་གདམས་པ་ཕྱི་ནང་གསང་གསུམ་དེ་ཁོ་ན་ཉིད་ཀྱི་བསླབ་བྱ་ལ་སྐྱོང་ལ་མེད་པར་ལེགས་པར་སྦྱང་བས་ཆོས་ཐམས་ཅད་སྟོང་པ་ཉིད་དུ་ཤེས་པ་ཙམ་དུ་སེམས་ཉིད་སྟོང་པར་རྟོགས་པ་ཙམ་གྱིས་མཐར་ཐུག་གི་དོན་རྟོགས་པར་མི་ནུས་པས། གཉིས་མེད་ཟུང་འཇུག་བློ་འདས་ཆེན་པོ་ལ་བཟླ་ཞིང་ངོ་སྤྲད་དགོས་ཏེ། མདོ་ལས། གདམས་པ་ཟབ་མོ་ངོ་སྤྲད་བཅས་པ་དགོས་སོ། །ངོ་སྤྲོད་དེ་ཡང་ཕྱུག་ལེན་བཅས་པ་དགོས། ཞལ་ཤེས་དེ་ཡང་ཉམས་མྱོང་བཅས་པ་དགོས། ཉམས་མྱོང་དེ་ཡང་གཞན་དོན་འབྲེལ་བ་དགོས། སློབ་མ་རྗེས་འཇུག་རྣམས་ལ་བྱུང་གནས་འགྲོ་གསུམ་སོགས་གནས་ལུགས་རིག་པའི་རྩ་བདར་ལེགས་པར་བཅད་ནས་དྲིལ་བས་ཐབས་ལ་མཁས་པར་བྱ། མདོ་ལས། །ཁམས་གསུམ་ནི་སེམས་ཙམ་མོ། །ཞེས་པས། སེམས་ཡོད་པ་ལྟར་བྱས་ནས་ལས་དང་པོ་པ་རྣམས་ལ་ཡང་ནས་ཡང་དུ་བརྟག་ཞིབ་བྱེད་དུ་བཙུག་ནས། རྟོགས་འབྱུལ་རིམ་པར་བྱས་པས་དབང་པོ་རབ་ཀྱི་རང་ངོ་རང་གིས་ཤེས་ཤིང་ཐག་ཆོད་པའོ། །གཞན་རྣམས་ལ་བསླབ་བྱ་ཉམས་རྟོགས་རྒྱུད་ཚོད་དང་བསྟུན་ནས་གེགས་

སེལ་བོག་འདོན་ཉམས་བཟང་ངན་ཐམས་ཅད་ལམ་དུ་བླངས་ཤིང་གནད་དུ་འགྲོ་བར་བྱས་ལ་ཐམས་ཅད་སེམས་སུ་འདུས་ཤིང་ཐག་ཆོད་བྱུང་ན་ངོ་སྤྲོད་རན་པའི་སྐབས་ཡིན། དེ་ལྟར་མ་བྱུང་ན་ངོ་སྤྲད་ཀྱང་ཕན་མི་ཐོགས་ཏེ། མི་མ་མཐོང་བ་ལ་མིང་བརྗོད་ཀྱི་མེད་པ་དང་ཡི་གེ་མ་མཐོང་བ་ལ་བརྡ་དོན་སྤྲད་ཀྱི་མེད་པ་ལྟར། ཉམས་སུ་མ་ལེན་པ་ལ་ངོ་སྤྲད་ཀྱང་མུན་ནག་གི་ཟས་ལ་བཤད་པ་དང་འདྲའོ། །དོན་མི་གོ །གནས་སྐབས་སུ་དུས་ལ་བབ་ཚེ་ངོ་སྤྲད་ཀྱང་དེ་ཡང་གཞན་དུ་ན་ཉམས་བཟང་ངན་དང་མཐོ་དམན་རྣམས་ལ་ངོ་སྤྲོད་པར་འདུག་ཀྱང་ཉམས་ཀྱི་རྣམ་པར་འགྱུར་ནས་ངེས་པ་མེད་པའི་ཉམས་སྣ་ཚོགས་སུ་ངོ་སྤྲད་ཀྱང་། ངོ་བོ་ཡེ་ནས་ཡོད་པ་ཀ་དག་ཏུ་ངོ་སྤྲད། དེ་ཡང་རང་ངོ་རང་ཐག་ཏུ་བཅད་དེ། དེ་ཡང་སྔ་སོར་སེམས་ལ་རྩ་བདར་བཅད་ཀྱང་དང་པོ་བྱུང་ས། བར་དུ་གནས་ས། ཐ་མ་འགྲོ་མཁན་མ་རྙེད། གཟུགས་ཁ་དོག་དབྱིབས་སུ་གྲུབ་པ་གང་ཡང་མ་མཐོང་བ་དེ་ནི་སེམས་ཀྱི་མཚང་རིག །སེམས་ཀྱི་རྫུན་ཁུང་བརྡིབས་ནས་རང་སེམས་སྟོང་པར་རིག་པ་ཡིན། བྱང་ཆུབ་སེམས་ནི་དཀར་པོ་མ་ཡིན། སེར་པོ་མ་ཡིན། དམར་པོ་མ་ཡིན། ལྗང་ཀུ་སོགས་གང་ཡང་མ་གྲུབ། དེ་ལྟར་རིང་པོ་ཐུང་དུ་སྦོམ་པོ་ཕྲ་མོ་ཆེན་པོ་ཆུང་དུ་གང་ཡང་མ་གྲུབ། འདི་ནི་བྱང་ཆུབ་སེམས་ཀྱི་མཚན་ཉིད་དོ། །སེམས་ཉིད་ཡེ་ནས་སྟོང་པ་སྟེ། དེ་ཡང་ཡུམ་ལས། ཕྱི་སྟོང་པ་ཉིད་ནང་སྟོང་པ་ཉིད། ཕྱི་ནང་སྟོང་པ་ཉིད། ཅེས་པའོ། །འོན་ཀྱང་ཁྱོད་ཀྱིས་སྔ་སོར་དེ་ལྟར་མི་སླུ་བར་སེམས་ལ་ཁ་དོག་དང་ཆེ་ཆུང་དང་དབྱིབས་ལ་བརྟགས་པ་དེ་དག་ཅི་ཡིན་སྙམས་ན། འོ་སྐོལ་བྱིས་པ་ལས་དང་པོ་བ་ལ་ཨ་འཐས་པས་མེད་པ་ལ་ཡོད་པར་འཛིན་པ་དང་། སྟོང་པ་ཉིད་ལ་དངོས་པོར་འཛིན་པས་

རང་གི་དེའི་མཚན་ཉིད་མ་རིག་ན་ཕན་མེད་པས་ཞུན་འཐར་བཏང་དགོས་པ་ཡིན། བཅོམ་ལྡན་འདས་ཀྱིས་ང་ཡི་ཆོས་ནི་བསྲེགས་བཅད་བརྡར་བའི་གསེར་བཞིན་དུ་ཞེས་པས། རང་ཐག་རང་གིས་ཆོད་པར་འགྱུར། ཞེས་དང་། རྣམ་རྟོག་སེམས་སུ་ངོ་སྤྲོད་པ་ནི། རིག་པ་རང་རྩལ་མི་དྲན་དགུ་དྲན་འདི་ལ་སེམས་ཞེས་བྱ་སྟེ། རག་པ་དང་། ཕྲ་བ་དང་། ལུང་མ་བསྟན་པའི་རྟོག་པ་ཐམས་ཅད་རང་སྣང་རིག་པའི་འཆར་རྩལ་ལས་མ་འདུས་པ་མེད་དོ། །དེ་ཡང་ངོ་བོ་ཉིད་རིག་སྟོང་ཕྱལ་པོ་རྗེས་མེད། རང་ཤར་རང་གྲོལ། ངོ་བོ་སྟོང་གསལ་ལས་མ་འདས་ཏེ། དཔེར་ན་རྒྱ་མཚོ་ལ་རླབས་ཤར་བའམ་ནམ་མཁའ་ལ་རླུང་གཡོ་བ་ལྟ་བུའོ། །ཀློང་གསལ་ལས། སེམས་ནི་དྲན་བསམ་རིག་པའི་རྩལ། །སྣང་ཤེས་དག་ཏུ་འགྱུར་ཚད་ཀུན། །རིག་པ་ཉིད་ལས་གཡོས་པ་མེད། །ཅེས་པ་དང་། སྣང་བ་དཀར་དམར་ཕྱིའི་སེམས། །སྒོ་ལྔ་རྣམ་ཤེས་བར་གྱི་སེམས། །རིག་པ་འགྱུ་བྱེད་ནང་གི་སེམས། །ཞེས་སོ། །སྲིད་འདས་བྱ་བ་གཅིག་སེམས་ལས་བྱུང་དེའི་རྩ་བ་འཁོར་བ་བྱ་བ་ཡང་སེམས་ལས་བྱུང་། དེ་བཞིན་དུ་གཉིས་འཛིན་ལྟ་འདྲེ། ལེགས་ཉེས་སྒྲ་སྙན་མི་སྙན་དྲི་ཞིམ་མི་ཞིམ། རོ་ཁ་མངར། རེག་འཇམ་རྩུབ། སེམས་དགའ་མི་དགའ། བདེ་སྡུག་ཡོད་མེད། སྐྱེ་འཆི་ཕྱི་ནང་། ཉེ་རིང་། དགྲ་གཉེན། དཔོན་གཡོག །ཆེ་ཆུང་རིང་ཐུང་ལ་སོགས་མདོར་ན་གཉིས་སྣང་ཐམས་ཅད་དང་པོ་སྣང་སེམས་འཁྲུལ་བ་ལས་བྱུང་། བར་དུ་རང་སེམས་ཀྱི་བྱ་ཞིང་མིང་དུ་བཏགས། ད་ལྟར་རང་སེམས་ཀྱི་ངང་དུ་ཡོད་དོ། །འཇམ་དཔལ་རྩ་རྒྱུད་ལས། སེམས་ནི་སྐད་ཅིག་དོན་ཀུན་རིགས། །བསམ་གཏན་བསམ་བྱ་བློ་ལྡན་མཆོག །ཅེས་པས་སྣང་སྲིད་འཁོར་འདས་ཀྱི་ཆོས་ཐམས་ཅད་རང་སེམས

སུ་ངོ་སྤྲོད་དེ་ཐག་བཅད་དོ། །སེམས་སྟོང་པ་ངོ་སྤྲོད་པ་ནི། དེ་ལྟར་འཁྲོ་མཁན་གྱི་སེམས་དེ་ཡེ་ནས་མེད་དེ། དེ་ལྟར་བརྟགས་ཀྱང་ངོ་བོ་འདི་ལྟར་ཡིན་ཞེས་བསྟན་དུ་མ་རྙེད་ལ། གསལ་ཙམ་རིག་ཙམ་སྣང་ཙམ་ཡང་དཔེ་མཚོན་དུ་མེད་དེ། དངོས་སུ་བསྟན་དུ་མེད། ཚིག་འདི་ཞེས་བསྟན་དུ་མ་རྙེད་དེ། དཔེར་ན་འདུས་མ་བྱས་ཀྱི་ནམ་མཁའ་དང་འདྲ་བར་བྱང་ཆུབ་སེམས་ཀྱི་མཚན་ཉིད་ལ་སུས་ཀྱང་མཚོན་དུ་མི་བཏུབ། ལུང་ལས། འགྱུ་བྱེད་ཉིད་ལ་ཚུར་བལྟས་པས། །མ་སྤངས་རང་གྲོལ་སེར་བུ་འདྲ། །ཞེས་པ་དང་། ཡི་གེ་མེད་པ་ལས། རང་བྱུང་ཡེ་ཤེས་ཀྱི་ལྟ་བ་ལ་དཔྱད་པའི་ཡུལ་མེད་དོ། །སྔར་འདས་པ་མེད་དོ། །ཕྱིས་འབྱུང་བ་མེད་དོ། །ད་ལྟ་གནས་པ་གར་ཡང་མེད་དོ། །ལས་མེད་དོ། །བག་ཆགས་མེད་དོ། །མ་རིག་པ་མེད་དོ། །སེམས་མེད་དོ། །ཤེས་པ་མེད་དོ། །འཁོར་བ་མེད་དོ། །མྱ་ངན་ལས་འདས་པ་མེད་དོ། །རིག་པ་ཉིད་ཀྱང་ཡོད་པ་མ་ཡིན་ནོ། །ཡེ་ཤེས་སྣང་བ་གང་ཡང་མེད་དོ། །དེ་དག་ཐམས་ཅད་འཛིན་པ་མེད་པ་ལས་བྱུང་ངོ་། །ཞེས་གསུངས་སོ། །སྣང་བ་སྣང་བར་ངོ་སྤྲོད་པ་ནི། དེ་ལྟར་མེད་བཞིན་དུ་འགྱུར་བ་མེད་དོ། །རྒྱ་མ་ཆད་ཕྱོགས་སུ་མ་ལྷུང་ཆོས་སྐུའི་ངོ་བོ་ཉིད་དུ་འགྱུར་བ་མེད་ཅིང་ཅིར་ཡང་སྣང་བའོ། །རྒྱུད་ལུང་ལས། །འགག་མེད་རྩལ་ནི་ཅིར་ཡང་འཆར། །སྟོང་གསལ་རིག་ཅིང་འགྱུར་བ་མེད། །ཅེས་གསུངས་སོ། །སྣང་སྟོང་གཉིས་མེད་དུ་ངོ་སྤྲོད་པ་ནི། དེ་ལྟར་སྣང་བ་ཐམས་ཅད་ནི། རྒྱུ་མེད་རྐྱེན་མེད་ཡིན། བཙལ་བས་མི་རྙེད་ལ། འདི་ལ་སྣང་བར་བྱ་བ་མེད། ཕྱོགས་རིས་མེད་པ་སེམས་ཀྱི་ཀློང་དུ་བརྟགས་པ་སྟེ། གང་ལྟར་སྣང་ཡང་རང་གི་ངོ་བོ

སྟོང་པ། རྒྱ་མཚོའི་ནང་གི་གཟའ་སྐར་བཞིན་དུ་ཡེ་ནས་སྣང་སྟོང་གཉིས་མེད་དུ་གནས་པའོ། །རིག་པ་རང་ཤར་ལས། སྣོད་བཅུད་ཡེ་ནས་སྟོང་པ་ཉིད། །དོན་དམ་ཀུན་རྫོབ་གཟུགས་ཅན་ནོ། །ཞེས་པ་དང་། ཉི་ཟླ་ཁ་སྦྱོར་ལས། མིག་ལ་སྣང་བའི་ཡུལ་རྣམས་ལ། །རང་བཞིན་མེད་པར་སུས་རྟོགས་པས། །འདི་ལ་སྣང་སྟོང་གཉིས་སུ་མེད། །ཅེས་གསུངས་སོ། །གཉིས་མེད་རང་གྲོལ་དུ་ངོ་སྤྲད་པ་ནི། དོན་རང་བྱུང་གི་རིག་པ་གསལ་སྟོང་གཉིས་མེད། རང་གྲོལ་སངས་རྒྱས་ཀྱི་དགོངས་པ་ངོ་སྤྲད་དེ། རང་གི་རིག་པ་དངོས་པོ་དང་མཚན་མར་གྲུབ་པ་མེད་དེ། ངོ་བོ་སྟོང་པ་ངོས་བཟུང་མེད། འདི་ནི་ཆོས་ཉིད་ཀུན་ཏུ་བཟང་མོ་ཡིན། སྟོང་ལ་སྟོང་པ་ཕྱུར་མ་ཆད་དེ། རང་ས་ནས་ས་ལེ་ཧྲིག་གེ་བ་འདི་ཆོས་སྐུ་ཀུན་ཏུ་བཟང་པོ་ཡིན་ནོ། །དེ་ལྟར་གསལ་སྟོང་གཉིས་སུ་མེད་པ་དེ་རང་བྱུང་གི་ཡེ་ཤེས་སོ། །དེ་ངོ་ཤེས་པ་ནི། རང་རིག་སྤྲོས་བྲལ་ཆོས་སྐུར་གྲོལ་ལོ། །རིག་པའི་རྩལ་འགགས་པ་མེད་པ་ནི། ལོངས་སྤྱོད་རྫོགས་པའི་སྐུར་གྲོལ་ལོ། །ཅིར་སྣང་རང་ཤར་རང་གྲོལ་དུ་ཤེས་པ་ནི། སྤྲུལ་པའི་སྐུར་གྲོལ་བའོ། །འཕྲ་བཀོད་ལས། རྫོགས་སངས་རྒྱས་ནས་རང་རིག་ཉིད། །ངོ་བོ་དུས་གསུམ་འགྱུར་བ་མེད། །ཅེས་སོ། །ཐལ་འགྱུར་ལས། རང་སེམས་གྲོལ་བ་ཞེས་བྱ་བ། །གཅིག་ནས་གཅིག་ཏུ་སོང་བ་མེད། །གང་གིས་བཀྲོལ་བ་མེད་པའི་སེམས། །གཞི་ནས་རྫོགས་པ་འགྲོ་འོང་མེད། །བརྟག་པས་མ་རྙེད་རྒྱུ་མཚན་མེད། །གཞི་རྩ་མེད་པའི་སྟོང་གསལ་གནས། །ཞེས་སོ། །དུག་ལྔ་རང་གྲོལ་དུ་ངོ་སྤྲད་པ་ནི། ད་ལྟའི་དུག་ལྔའི་རྣམ་རྟོག་དང་རང་གྲོལ་ཡེ་ཤེས་ཀྱི་རོལ་བར་ངོ་སྤྲད་པ་ཞེས། ནང་དུག་ལྔའི་

སེམས་ལ་མ་ཡེངས་པར་བལྟས་པས་ཉོན་མོངས་པ་མ་སྤངས་ཡེ་ཤེས་ཀྱི་ངང་དུ་རང་དག་སྟེ་གྲོལ་བའོ། །གཏི་མུག་མི་རྟག་པ་སྟེ། ངོ་བོ་སྟོང་པ་ཅིར་ཡང་མ་གྲུབ་པ་དེ་ལས་མ་གཡོས་པའི་ཆོས་ཀྱི་དབྱིངས་ཀྱི་ཡེ་ཤེས་སུ་རང་གྲོལ་ལོ། །ཞེ་སྡང་གསལ་བའི་མེ་ལོང་ལྟ་བུའི་ཡེ་ཤེས་རང་གྲོལ་ལོ། །ང་རྒྱལ་ནི་ཀུན་ལ་ང་རྒྱལ་བ་སྟེ། མཉམ་པ་ཉིད་ཀྱི་ཡེ་ཤེས་འོད་གསལ་དུ་རང་གྲོལ་ལོ། །འདོད་ཆགས་ནི་མ་འགགས་པའི་ངང་ནས་སོ་སོར་རྟོགས་པའི་ཡེ་ཤེས་ཏེ་བདེ་སྟོང་དུ་རང་གྲོལ་ལོ། །ཕྲག་དོག་ནི། ཐོགས་རྡུག་མེད་པའི་ངོ་བོ་ནི་བྱ་བ་གྲུབ་པའི་ཡེ་ཤེས་སུ་རང་གྲོལ་བའོ། །དེ་ལྟར་རྩ་བའི་ཉོན་མོངས་དུག་ལྔ་ལས། ཉོན་མོངས་བརྒྱ་ཁྲི་བཞི་སྟོང་ལ་སོགས་པ་ཐམས་ཅད་རང་ཞིག་ཏུ་གྲོལ། རྩ་བ་ཡེ་ཤེས་ལྔ་ལས་ཆོས་སྒོ་བརྒྱད་ཁྲི་བཞི་སྟོང་དུ་གྱེས་པ་ཐམས་ཅད་གཅིག་ཤེས་ཀུན་ལ་མཁས་ཤིང་ཀུན་ཤེས་གཅིག་ལ་གྲོལ་ལོ། །ཀློང་གསལ་ལས། ཉག་གཅིག་འཁོར་འདས་ཀུན་གྱི་གཞི། །རང་བྱུང་ཡེ་ཤེས་རང་ལས་བྱུང་། །དེ་ཤེས་ཡེ་ཤེས་རྩལ་དུ་བརྗོད། །ཅེས་སོ། །དེ་ཉིད་ལས། སྣ་ཚོགས་རིག་པའི་རྩལ་ཡིན་ཕྱིར། །རིག་རྩལ་སྟོང་པ་ཉིད་དུ་གྲོལ། །འབངས་དང་རྒྱལ་པོ་ཇི་བཞིན་ནོ། །ཞེས་འབྱུང་བའོ། །ཚོགས་དྲུག་རང་གྲོལ་དུ་ངོ་སྤྲོད་པ་ནི། དེ་ལྟར་ཚོགས་དྲུག་གིས་བསྡུས་པའི་ཡུལ་ཡུལ་ཅན་གྱི་སྣང་བ་དང་རྟོག་པ་ཕྲ་རགས་ལ་བལྟས་པས་རང་བཞིན་མེད་དེ་ནམ་མཁའི་འཇའ་ཚོན་ལྟར་གྲོལ། རྩ་བ་གཅིག་ལས་མ་འདས་པར་སོ་སོར་ཤར་ཡང་ངོ་བོ་རང་བྱུང་གི་ཡེ་ཤེས་ནམ་མཁའ་ལྟ་བུ་ལ་གཡོ་བ་མེད་སྟེ་འགྱུ་བྱེད་ཐམས་ཅད་རང་སར་དག་སྟེ་གྲོལ་ལོ། །ཉི་ཟླ་ཁ་སྦྱོར་ལས། དམིགས་པར་སྣང་བའི་ཡུལ་རྣམས་ལ། །རང་བཞིན་མེད་པར་སུས

རྟོགས་པ། །འདི་ལ་དག་སྣང་གཉིས་སུ་མེད། །ཚོགས་དྲུག་མ་འགག་ལྷུག་པའོ། །ཞེས་སོ། །དེ་ལྟར་བསམ་འདས་བརྗོད་མེད་ཀྱི་ངང་ནས་མ་ཡེངས་བར་བལྟས་པའི་ཆོས་སུ་འཛིན་པ་ཐམས་ཅད་ལས་གྲོལ་ནས་གདོད་མ་ཀ་དག་གི་གཞིར་རང་གྲོལ། དེ་ལྟར་རིག་དུས་དོན་ལ་བློ་གཏད་མེད་དེ་བསྒོམ་མེད་བསྒོམ་གྱིས་འཛིན་པ་ལས་རང་གྲོལ། མ་བསྒོམ་དོན་དང་མི་འབྲལ་བའི་གདེང་ཆོས། རང་གི་ངོ་བོ་རང་གསལ་བ་རྣམ་རྟོག་གིས་གོལ་ས་མེད་དེ། ཐམས་ཅད་ཡེ་ཤེས་སུ་ཆེན་པོ་རོལ་པ་རང་གྲོལ་ལོ། །ཕྱི་ནང་མེད་པ་ཡེ་ཤེས་ཆེན་པོའི་འོད་དུ་ཤར་བ་སྟེ། དེ་ཡེངས་བ་མེད་པར་གདེང་ཐག་ཆོད་པའོ། །ཡི་གེ་མེད་པ་ལས། བལྟ་བ་མེད་པ་དེ་ལ་བལྟ་རྒྱུ་མེད། །ལྟ་བ་བྱར་མེད་ངང་དུ་ཤེས་པར་བྱ། །དེ་ལྟར་སྐྱེ་བ་མེད་པའི་དོན་རྟོགས་ནས། །ལྟ་བའི་དོན་ལ་མི་འདའ་ལྟ་བ་དང་གིས་མེད། །དེ་ཡོད་མ་ཡིན་དེ་ཡི་ངང་ལ་གནས་པར་བྱ། །ཞེས་སོ། །དེ་ལྟར་ངོ་ཤེས་པར་དོན་རང་གནས། སྤྲོས་པ་རང་ཆོད། མཚན་མ་རང་སར་གྲོལ་བ་ཞེས་ཁྲུང་དུ་ཆུད་པ་དང་རིག་པ་ཁྲེགས་ཆོད་འབྲས་བུ་རང་རྫོགས་གཅིག་ཤེས་ཀུན་གྲོལ་ལོ། །ཐལ་འགྱུར་ལས། རང་རིག་རྟོག་པ་ཀུན་བྲལ་བས། །གྲོལ་ལུགས་ཆེན་པོ་བཞི་དང་བཅས། །ཡེ་ནས་གྲོལ་བའི་བསྒྱུར་གཞི་མེད། །རང་གི་གྲོལ་བའི་གཉེན་པོ་མེད། །ཅེར་གྱིས་གྲོལ་བའི་མཐོང་བར་ཡལ། །ཡོངས་སུ་གྲོལ་བའི་འབད་པ་མེད། །ཅེས་པ་དང་། ཡང་དེ་ཉིད་ལས། དེ་ལྟར་རང་སེམས་གྲོལ་གྱུར་ན། །བར་དོ་མེད་པར་འཚང་རྒྱའོ། །ཞེས་པས། དེ་ལྟར་རང་རིག་མངོན་དུ་གྱུར་བ་ལས། བློ་འདས་ཨ་ཏིའི་དགོངས་པ་བླ་ན་མེད་པ་དོན་དམ་པའི་གནས་ལུགས་ཕྱིན་ཅི་མ་ལོག་པ་བློ་ལས་འདས་པ་འདི་ཞེས་བརྗོད་དུ་

མེད་པ་ཚིག་དང་ཡི་གེ་ལས་འདས་པ་རང་རིག་པ་ཡེ་ཤེས་ཏེ། སེང་གེ་རྩལ་
རྫོགས་ལས། གྲྀ་མ་ཡེ་ཤེས་ཚིག་ལས་འདས་པ་ལས། །ཚིག་དང་ཡི་གེ་ང་མི་
མཐོང་། །ཡེ་ཤེས་རང་སྣང་ཐབས་ཀྱི་ཕ་རོལ་ཕྱིན། །ཅེས་གསུངས། བློ་
ཡང་རབ་ཨ་ཏི་རྫོགས་པ་ཆེན་པོའི་རྣལ་འབྱོར་པ་ལ་ཚེ་གཅིག་ལུས་གཅིག་ཆོས་ཉིད་ཀྱི་
བདེན་པ་མཐོང་བས་རྒྱ་ཆད་ཕྱོགས་ལྷུང་དང་བྲལ་ཞིང་ས་ལམ་རིམ་པ་བགྲོད་དུ་མེད་
དེ་བདེན་པ་དང་ངེས་པར་མཐོང་བའི་སྐྱེས་བུ་ལ་ས་དང་ལམ་དང་ཕ་རོལ་ཏུ་ཕྱིན་པ་
བཅུ་རྫོགས་ཏེ། དེ་ཡང་སྤུ་མ་ལས། ལྟ་བའི་ངང་ལ་མཉམ་བཞག་པས། །སེར་སྣ་
འཛིན་པའི་སེམས་མེད་པས། །ཆོས་དང་བདག་ཏུ་མ་མཐོང་ཕྱིར། །སྦྱིན་པའི་
ཕ་རོལ་ཕྱིན་པ་རྫོགས། །ངེས་དོན་རྟོགས་པའི་རྣལ་འབྱོར་པའི། །ལུས་ངག་
ཡིད་ཀྱི་སྤྱོད་པ་ཡི། །མི་དགེའི་ཉེས་པ་མི་འབྱུང་བས། །ཚུལ་ཁྲིམས་ཕ་རོལ་
ཕྱིན་པ་རྫོགས། །རང་བྱུང་རིག་པ་རྣལ་འབྱོར་པ། །ལྟ་བ་ངེས་པའི་གདེངས་
ཟིན་པས། །ཆོས་ཀྱི་དབྱིངས་སུ་ཀུན་ཤོང་ཕྱིར། །བཟང་པོའི་ཕ་རོལ་ཕྱིན་པ་
རྫོགས། །ངེས་པའི་ལུང་ལས་ཡིད་ཆེས་པས། །རང་བྱུང་རིག་པས་ཤེས་པ་
ཡིས། །ལྟ་བའི་དོན་ལ་མ་ཡེངས་པས། །བརྩོན་འགྲུས་ཕ་རོལ་ཕྱིན་པ་
རྫོགས། །སྤུ་གྲི་མ་བསླད་གཉུག་མ་ལ། །གཞན་དུ་འཛིན་བྲལ་རང་བྱུང་
སྐུ། །ཆོས་ཉིད་དོན་ལ་མ་གཡོའི་ཕྱིར། །བསམ་གཏན་ཕ་རོལ་ཕྱིན་པ་
རྫོགས། །ཐོས་པས་ཤེས་རབ་བློ་སྦྱངས་ནས། །ངེས་པས་དོན་ནི་མཐར་ཕྱིན་
པས། །ཆོས་རྣམས་ལྟ་བ་ཐག་ཆོད་ནས། །ཤེས་རབ་ཕ་རོལ་ཕྱིན་པ་
རྫོགས། །ལུང་བསྟན་ངེས་པའི་གདམས་ངག་གིས། །ཆོས་ཀྱི་སྐུ་རུ་ཤེས་པའི་
ཕྱིར། །སྣང་བ་གང་ཡང་མ་འགག་པས། །ཐབས་ཀྱི་ཕ་རོལ་ཕྱིན་པ་

རྫོགས། །སྨོན་ལ་དགེ་བའི་ཚོགས་བསགས་པས། །བླ་མ་སངས་རྒྱས་ཀུན་དང་འཕྲད། །མི་གནས་བླ་མེད་དོན་རྟོགས་པས། །སྨོན་ལམ་ཕ་རོལ་ཕྱིན་པ་རྫོགས། །ཐོག་མཐའ་མ་རིག་སངས་པའི་ཕྱིར། །ལྷུང་ལྷུན་རང་རིག་དོན་ཤེས་པས། །མ་རིག་མུན་པ་ཀུན་བཅོམ་ཕྱིར། །སྟོབས་ཀྱི་ཕ་རོལ་ཕྱིན་པ་རྫོགས། །རང་བྱུང་ངོ་བོ་ཉིད་ཀྱི་སྐུ། །ཆོས་སྐུའི་རྩ་བ་རང་རྟོགས་པས། །ཡོན་ཏན་མ་ལུས་ཀུན་འདུས་ཕྱིར། །ཡེ་ཤེས་ཕ་རོལ་ཕྱིན་པ་རྫོགས། །སངས་རྒྱས་ཀུན་གྱི་མཛད་སྤྱོད་བླང་། །ཐམལ་སྤྱོད་པ་མི་བྱེད་པ། །ལུས་ངག་དགེ་བ་མ་ཉམས་ཕྱིར། །རྫོགས་ཆེན་རྣམ་གཉིས་མ་ལུས་རྫོགས། །ཡང་དེ་ཉིད་ལས། དེ་བཞིན་ཕ་རོལ་ཕྱིན་པའི་དོན། །རང་བཞིན་ཀུན་ཁྱབ་ཡེ་ཤེས་སོ། །དེ་བཞིན་དུ་རང་རིག་པའི་ངོ་བོ་ལ་གཞི་རྫོགས། ལམ་རྫོགས། འབྲས་བུ་རྫོགས། ལྟ་བསྒོམས་སྤྱོད་པས་གནས་འགག་རྫོགས། འཁོར་འདས་གཉིས་མེད་ཆོས་སྐུའི་ཀློང་། ཡི་གེ་མེད་པ་ལས་ཀྱང་འདི་སྐད་དུ། ཀྱེ་མ་བསད་བཅད་ལས་ལ་དགའ་ན་སྣང་བ་ཆེན་པོར་གསལ། །ཐམས་ཅད་བསྒྲལ་ནས་རང་སྣང་མ་དང་འཕྲད། །རྒྱུ་འབྲས་རྩད་ནས་བཅད་ན་རྒྱུ་དྲུག་རྩལ་གསུམ་འབྱོངས། ། དགེ་བའི་རྒྱུན་ཐག་བཅད་ན་ལུ་གུ་རྒྱུད་དང་ཉེ། །ཕྱི་ནང་བྱ་བ་ཐེང་ན་སྣང་བ་རྒྱ་ཡི་ཐེབས། །སེམས་འཛིན་བལྟ་བསྒོམ་མེད་ན་ཆོས་སྐུའི་ངོ་བོ་ཡིན། །ལྟ་བ་རྩལ་གསུམ་འབྱུང་ན་སྣང་བ་ཆོས་ཀྱི་ཀློང་། །བྱ་བྱེད་གཡེང་བ་མེད་ན་ཆོས་ཉིད་བདེ་བ་ཡིན། །གཅིག་པུ་དལ་བར་འདུག་ན་རྩལ་གསུམ་ལུས་ལ་འབྱུང་། །ཐད་ཀ་གྲོགས་སུ་ཤེས་ན་ཅོག་བཞག་གཅིག་གི་ངང་། །དེ་དང་རྒྱུན་དུ་གནས་ན་དེ་ལ་ཅི་ཞིག་བྱ། །སྣང་བ་ཆེན་པོ་ཀུན་ལ་ཡང་དག་གནས། །གསང་བ་སྔགས་ཀྱིས

དངོས་པོ་དེ་ཉིད་དོ། །ཞེས་སོ། །གཉིས་པ་གོལ་ས་གཅོད་པ་ནི། དེ་ཡང་སྤྱིའི་གོལ་ས་རྟག་ཆད་ཡིན་ལ། ནང་ཉམས་ལེན་གྱི་གོལ་ས་ཆགས་ཞེན་ཡིན་པས་བདེ་གསལ་མི་རྟོག་པའི་ཉམས་བཟང་པོ་ལ་ཆགས་ཁམས་གསུམ་དུ་གོལ་སའི་བདེ་བ་ལ་ཆགས་ན་འདོད་ཁམས་སུ་གོལ། གསལ་བར་ཆགས་ན་གཟུགས་ཁམས་སུ་གོལ། མི་རྟོག་ལ་ཆགས་ན་གཟུགས་མེད་ཁམས་སུ་གོལ། བདེ་དང་གསལ་དང་མི་རྟོག་གསུམ་སྒོམ་གྱི་ཡང་རྩེ་ཡིན། ཆགས་ན་འཆིང་བ་ཡིན་ཏེ། བདེ་དང་གསལ་དང་མི་རྟོག་གསུམ། དེ་གསུམ་བསྒོམ་པའི་གོལ་ས་ཡིན་པས། བདེ་བ་ལ་མ་ཆགས་པ་སྨྱོན་པའི་སྤྱོད་པ་ལྟ་བུ། གསལ་བ་ལ་མ་ཆགས་པ་བུ་ཆུང་གི་རྨི་ལམ་ལྟ་བུ། མི་རྟོག་པ་ལ་མ་ཆགས་པ་བརྟུལ་ཞུགས་མཐར་ཕྱིན་གྱི་རྣལ་འབྱོར་པ་ལྟ་བུའོ། །བདེ་གསལ་མི་རྟོག་གི་ཉམས་ཀྱིས་མ་བསླད་པའི་ལྟ་བ་རྟོགས་དགོས། དེ་ཡང་མཚན་མར་སྐྱེས་པས་རྣམ་རྟོག་འདི་ཆོས་སྐུ་ཡིན་ཏེ་ཅེར་གྱིས་ཟུང་། དམིགས་པ་དང་གཏད་པ་འཛིན་པ་གང་ཡང་མེད་པའི་ངང་ནས་རང་བབས་སུ་བཞག་བྱ་འཇོག་བྱེད་མེད་པར་གནས་ཏེ། མ་བཅོས་མཆོག་ཡིན་ལྷུག་པའི་ངང་། །སོ་མ་ཉིད་ཡིན་གཉུག་མའི་ངང་། །བཅོམ་ལྡན་འདས་ཀྱིས་ང་ཡི་ཆོས་ནི་གནས་མེད་རྟེན་མེད་ཡིན། །སེམས་ཅན་རྣམས་ནི་གནས་དང་རྟེན་ལ་དགའ། །ཞེས་དང་། ཟབ་ཞི་སྤྲོས་བྲལ་འོད་གསལ་འདུས་མ་བྱས། །བདུད་རྩི་ལྟ་བུའི་ཆོས་ཤིག་བདག་གིས་རྙེད། །སུ་ལ་བསྟན་ཀྱང་གོ་བར་མི་འདུག་པས། །མི་སྨྲ་ནགས་འདབས་ཉིད་དུ་གནས་པར་བྱ། །ཞེས་དང་། དེ་ནས་རྫོགས་པ་ཆེན་པོ་གནས་ལུགས་དོན་ཕྱིན་ཅི་མ་ལོག་པ་དེ་ཁོ་ན་ཉིད་བླ་ན་མེད་པ་འདི་ལ། ངག་གིས་བརྗོད་དམ། བློའི་ཡུལ་ལས་འདས་པ་འདི་ལ་

བློ་བྲལ་གྱི་བསྒོམ་རྒྱུ་གང་ཡང་མེད་དེ། བསྒོམ་རྒྱུ་མེད་ཀྱང་གོམས་འདྲིས་དགོས་པས་བསྒོམས་པ་མ་ཡིན་གོམས་པ་ཡིན། གོམས་པ་གློང་དུ་གྱུར་བ་ཡིན། ཞེས་པས། སེམས་མ་བཅོས་ན་གསལ། ཆུ་མ་བསྙོག་ན་དྭངས། དཔེར་ན་ཆུ་མིག་སྙམ་པ་སྙོགས་པས་དྭངས་བར་འདོད་ཀྱང་རྙོག་པ་བཞིན། གནས་ལུགས་བསྒོམ་པས་ངན་པ་སྤང་བཟང་པོ་བླང་ཞིང་། བསྒོམ་ཉམས་རྟོགས་བཟང་པོ་ཞིག་འདོད་ཀྱང་སེམས་འཁྲུགས་ནས་འདི་ཡང་རྣམ་རྟོག་ཉོན་མོངས་རེད་སྙམ་པ་དང་བྱིང་རྨུགས་འཐིབ་གསུམ་དང་། ཞི་གནས་རྟིང་པོ་དང་སྟོང་ལྷ་ཧད་པོ་རེད་སྙམ་ནས་བདེ་བའི་གོ་སྐབས་ནི་མི་རྙེད་དོ། །དཔེར་ན་གཅེར་བུ་ཚེར་མའི་གསེབ་ཏུ་ཞུགས་པ་བཞིན་ངེས་པ་རྙེད་པའི་དུས་མི་ཡོང་བས་བཅའ་བཅོས་དགག་སྒྲུབ་སྤང་བླང་རེ་དོགས་ཐམས་ཅད་དང་བྲལ་བ་དང་བསྒོམ་བྱ་སྒོམ་བྱེད་ཀྱི་རྟོག་པ་དང་བྲལ་བའི་ངང་ནས། ངོ་བོའི་གཉུག་མ་སྐྱོན་གྱི་དྲི་མས་མ་གོས་པར་རང་མལ་དུ་གནས་པ་གནད་ཡིན། དེ་ཡང་སློབ་དཔོན་ཀླུ་སྒྲུབ་ཀྱིས། རྟོགས་ན་གང་གིས་འཆིང་བར་ནུས་པ་ཁྱོད་ཀྱིས་སློས། །འཆིང་བ་གང་ཡིན་དེ་ནི་གྲོལ་བ་ཉིད། །བཅིང་དང་འཆིང་བར་གྲོལ་བ་མ་གྲུབ་པས། །ནགས་ལ་གནས་པའི་གླང་ཆེན་ནགས་དེ་ར་ཡན་དུ་ཆུགས། །ཞེས་དང་། ཏཻ་ལོ་པ་ཡི་ཞལ་སྔ་ནས། ཀྱེ་ཧོ་འདི་ནི་རང་རིག་ཡེ་ཤེས་ཏེ། །ངག་གི་ལ་བཟླས་ཡིད་ཀྱི་སྤྱོད་ཡུལ་མིན། །ཏཻ་ལོ་ངས་ནི་ཅི་ཡང་གཏན་དུ་མེད། །རང་གིས་རང་ཉིད་མཚོན་ཏེ་མཁྱེན་པར་མཛོད། །ཅེས་དང་། ན་རོ་པའི་ཚིག་བསྡུས་ལས། ཆོས་རྣམས་ཐམས་ཅད་རང་གི་སེམས། །ཕྱི་རོལ་དོན་མཐོང་འཁྲུལ་བའི་བློ། །ཞེས་སོ། །དེ་ནས་སྣང་སྲིད་འཁོར་འདས་ཀྱིས་བསྡུས་པའི་ཆོས་ཐམས་ཅད་རང་གི་རིག་པའི་རྩལ་དང་རོལ་བའི་ཚོ་འཕྲུལ་ཡིན་

པ་ལས་གཞན་སོ་སོར་བསྒྲུབ་པ་གང་ཡང་མ་གྲུབ་པས་གཉིས་སུ་མེད་པ། གཉིས་སུ་བྱར་མེད་པ། སོ་སོ་མ་ཡིན་པ། ཐ་མི་དད་པ། རང་ཤར་བ། རང་གྲོལ་བ། གང་ཤར་ལ་སྤང་བླང་མེད་པ། རྣམ་རྟོག་ངོ་བོ་ཆོས་སྐུར་གྲོལ་བ། རྐྱེན་ངན་གྲོགས་སུ་འཆར་བ། ལྷ་ངན་གཡང་དུ་བཀུགས་པ། རྣམ་རྟོག་ངོ་བོ་ཕྱལ་པོ་རྗེས་མེད། རྣམ་རྟོག་བདེན་པར་གྲུབ་པ་མེད། རྣམ་རྟོག་གི་ཕ་འཆེར་བཟུང་བ་མེད། རྣམ་རྟོག་ཤེས་རབ་ཀྱི་འབྱུད་ཤིང་། རྣམ་རྟོག་ཡེ་ཤེས་ཀྱི་གསལ་གདབ་ཡིན་ཏེ། གློང་གསལ་ལས། ཕྱི་ནང་ཀུན་བཏགས་ཡེ་སྟོང་གྲོལ། །ཞེས་པའི་གནད་ཤེས་ན་རྟོག་ཚོགས་ཐམས་ཅད་ཡེ་ཤེས་སུ་གྲོལ་བའོ། །ངོ་བོ་གསལ་འདེབས་གྲོགས་སུ་འགྱུར་བ་ནི། མེར་ཆུང་བའི་དུས་སུ་སེར་བུ་ཆུང་ཡང་སྐྱོན་དུ་འགྱུར། ནགས་ལ་མེ་ཆེན་མཆེད་ཙམ་ན་རླུང་ཆེན་ཀུན་ཀྱང་གྲོགས་སུ་འགྱུར། རྡོ་སོལ་གྱི་རི་ལ་མེ་མཆེད་ན་ཆར་བ་བབ་པ་གྲོགས་སུ་འགྱུར་ཞིང་ཐམས་ཅད་མཉམ་པ་ཉིད་རོ་གཅིག་ཏུ་འདུས་པ་སྟེ། དེ་ཡང་རོ་བརྒྱ་གཤའ་མ་གཅིག་གིས་འདེད་པ་ལྟར་དང་། བྱ་བརྒྱ་འུར་རྡེ་གཅིག་གིས་འདེད་པ་ལྟར་དང་། ཆུ་བརྒྱ་ཟམ་པ་གཅིག་གིས་སྒྲོལ་བ་ལྟར་དོན་ངོ་བོ་དུ་མ་རོ་གཅིག་ཏུ་འདུས་ཏེ་རྣམ་རྟོག་སྒོམ་པོ་དང་ཕྲ་མོ་རགས་པ་སོགས་ཅི་ཤར་ཀྱང་གཉེན་པོས་ཟིན་ན་རང་ཞི་རང་དག་དུ་འགྲོ་སྟེ། རྟོག་པ་གཅིག་གི་ངོ་བོ་བལྟས་ནས་ཞི་བ་ལྟར་རྣམ་རྟོག་མཐའ་དག་དེ་དང་མཚུངས། དཔེར་ན་ཚྭ་གཅིག་གི་རོ་མྱོང་བས་ཚྭ་ཐམས་ཅད་ཀྱི་རོ་གཅིག་པ་ཤེས་པ་དང་། རྒྱ་མཚོ་ཤར་ནུབ་ཀྱི་ཆུ་གཅིག་གི་མཚན་ཉིད་ཤེས་པས་ཆུ་ཀུན་གྱི་དོན་ཤེས་པ་དང་འདྲ། དེ་ལྟར་རྟོག་པ་ཐམས་ཅད་རང་ཞི་ནས་ཞི་གནས་ཀྱི་ཏིང་ངེ་འཛིན་རྐྱེན་གང་གིས་མི་གཡོ་བའི་ངང་ནས་ལྷག་མཐོང་གི་ངོ་བོ

ལྷག་གིས་མཐོང་སྟེ། ཞི་ལྷག་ཟུང་དུ་འཇུག་པ། ངོ་བོ་གཅིག་ཏུ་གནས་ཏེ། ཞི་བ་ནི་ཉོན་མོངས་པ་དང་རྣམ་རྟོག་ཐམས་ཅད་ཞི། གནས་པ་ནི་རང་བཞིན་གྱི་ངང་ལ་གནས་ཏེ་གནས་པ་ངོས་བཟུང་དང་བྲལ་བ་གང་ན་མི་གནས་པ་ནི་གནས་པའི་མཆོག །ལྷག་མཐོང་གི་ངོ་བོ་ནི། དངོས་པོ་དང་མཚན་མ་རིས་སུ་བཅད་པའི་ཁ་དོག་གང་ཡང་མ་གྲུབ་སྟེ། ངོ་བོ་སྟོང་པ། རང་བཞིན་གསལ་བ། རྣམ་པ་མ་འགག་འདི་ཞེས་བརྗོད་དུ་མེད་པ་དོན་སྨྲ་བསམ་བརྗོད་འདས་ཀྱི་ངང་ལ་གནས་པ་ལ་ཞི་ལྷག་ཟུང་འབྲེལ་གྱི་ཏིང་ངེ་འཛིན་ཞེས་བྱ་སྟེ། དེའི་ཚེ་རྟགས་ནི་འཁོར་བ་ལ་བློ་ལོག་ནས་ཚེ་འདིའི་བྱ་བར་མི་འཇུག་ཅིང་བྱམས་དང་སྙིང་རྗེས་བརླན་པས་བདག་གཞན་དོན་གཉིས་བསྒྲུབ་པ་ལ་རྒྱུན་མི་གཅོད། གདམས་པ་ལ་ངེས་ཤེས་སྐྱེས་པས་ཉིན་མཚན་ཏིང་ངེ་འཛིན་གྱིས་དུས་འདས་ཤིང་འཁོར་མོ་ཡུག་ཏུ་གནས་པའི་ལུས་ལ་བདེ་དྲོད་སྐྱེས། སེམས་ལ་རྟོགས་པ་འཆར། འདོད་ཡོན་ལ་སྲེད་པ་ཆུང་། ལུས་ཡོད་པ་མི་ཚོར་བ་དང་དབུགས་འབྱུང་རྔུབ་མི་ཚོར་བའི་ཉམས་བཟང་པོ་རྒྱུད་ལ་སྐྱེས་ཤིང་རང་གཅིག་པུར་དབེན་པའི་གནས་ལས་འབྲལ་མི་ཕོད་པའི་རྟགས་རྣམས་འབྱུང་ཞིང་མཉམ་བཞག་དེའི་ངང་ནས་རྗེས་ཐོབ་ཀྱི་བྱ་བ་ཤེས་མེད་རྗོ་ཚན་ལ་ཁ་བ་བབ་པ་བཞིན་མཉམ་རྗེས་གཉིས་མེད་དུ་གྲོལ་ནས་བསོད་ནམས་ཀྱི་བྲི་ཁ་གང་། བློ་བདེ་ཁོང་ནས་ཤར། ཉམས་མྱོང་ཆང་གི་གླུམ་ལྡངས་པ་བཞིན་རང་རྒྱུད་གྲོལ། གནས་ལུགས་ངང་ཆེན་གྱི་དེད་དཔོན་ཡུལ་དུ་སླེབ་པ་ལྟར་ཞི་ལྷག་ཟུང་འབྲེལ་གྱི་ཉམས་རྟོགས་གོང་དུ་འཕེལ་ཞིང་ཡོན་ཏན་རྒྱུད་ལ་སྐྱེས་པ་ནི། ཡེ་ནས་རང་ལ་གནས་པའི་རང་བྱུང་གི་ཡེ་ཤེས་རང་ངོར་གནས་པ། བཏང་བཞག་དང་འཆར་ནུས་མེད་པ་སྤྱོད་ལམ་རྣམ་བཞི་ལྷ་ཐོག་ནས་འཁྱེར་ཞིང་རྟག་པ་འཕྲུ་ལྡོག

གི་རྣལ་འབྱོར་ཞེས་བྱའོ། །དེ་ལ་འཕྲུལ་དུ་ཉམས་བཟང་པོ་བྱུང་ཚེ། རྒྱུན་དུ་འཕྲོ་མ་མཐུད་ལ་འགྲོ་བ་ཡི། །བཟང་པོ་ལས་ཀྱི་འཕྲོ་ལ་ནན་གྱིས་མཐུད། །དུས་གཅིག་ཚོགས་རྫོགས་མིན་པས་རིམ་གྱིས་སློབ། །བསྒྲུབ་པ་གནད་སྣུན་ལེ་ལོའི་བདུད་མ་བསྐྱུར། །ཞེས་པས། ཆོས་བསྒྲུབ་པ་ལ་བདུད་ཀྱི་གེགས་བྱུང་བའི་བདུད་ངོས་ཟིན་ཞིང་བདུད་དབང་དུ་མ་ཤོར་བར་དགོས། དེ་ཡང་འདིའི་དུས་སུ་སྟོང་པ་དགྲར་ལངས་ཀྱི་བདུད་དང་། སྙིང་རྗེ་དགྲར་ལངས་དང་། བརྟུལ་ཞུགས་ལ་སོགས་ཀྱི་གེགས་འབྱུང་སྟེ། ཐམས་ཅད་མ་གྲུབ་སྟོང་པ་ཡིན། བསྒོམ་དུ་མེད། བསྒྲུབ་དུ་མེད་ཟེར་ནས་སྟོང་སྐད་དང་ཁ་ལྟའི་བྲི་ཁམས་མང་དུ་བརྗོད་ཅིང་རྒྱུ་འབྲས་ཁྱད་དུ་གསོད། དགེ་སྡིག་གི་ཕན་གནོད་དང་སྤང་བླང་མེད་པར་བརྗོད་པ་ནི་ནག་པོ་ཁ་འབྱམས་བདུད་ཀྱི་ལྟ་བ་ཡིན་པས་ངོ་ཟིན་པར་བྱ་ཞིང་རྒྱུ་འབྲས་མི་བསླུ་བ་ལ་ཡིད་ཆེས་བྱ། རང་རིག་དབང་པོར་བཙུགས་ཤིང་ཉམས་ལེན་ལ་འབྲང་ངོ་། །རྣམ་རྟོག་རྐུན་བུ་ངོས་ཟིན་པར་བྱ་ཞིང་འོག་འགྱུ་དང་བཏང་སྙོམ་ལ་མོས་པར་བྱ། ཉོན་མོངས་ཆོམ་རྐུན་འདི་ཡིས་ནི། །ཕུག་ལྷེད་ཕྱུར་ནས་དགེ་འཕྲོ་བཅད། །ཐར་བའི་སྲོག་ཀྱུང་གཅོད་པར་བྱེད། །སེམས་ནི་ཁྲི་མོ་རྐུན་མ་འདྲ། །ཞེས་པས། ངོས་ཟིན་ཞིང་ངང་ལ་གནས་པར་བྱ། དེ་ཡང་སློབ་དཔོན་ཉི་མ་རྩལ་གྱི་ཞལ་སྔ་ནས། སྣ་ཚོགས་སེམས་ཀྱི་ཆོ་འཕྲུལ་ཏེ། །སེམས་ལ་འདི་ཞེས་མཚོན་དུ་མེད། །གདོས་བཅས་འཁོར་འདས་རྩ་བ་བྲལ། །དེ་ཉིད་ཆོས་སྐུར་ཤེས་པར་གྱིས། །ཞེས་པའི་མི་མཐུན་ཕྱོགས་རྣམས་སྤང་ཞིང་ཆོས་ཉིད་རྣལ་མའི་ངང་ལ་གནས་པར་བྱ། སྙིང་རྗེ་དགྲར་ལངས་གེགས་འབྱུང་སྟེ་བསྒྲུབ་པ་བྱས་པའི་ཚེ་ན་སེམས་ལ་སྙིང་བརྩེ་ཞིང་གཞན་དོན་བྱ་དགོས་སྙམ་ནས་རང་གི་བསྒྲུབ་

པ་ཤོར་ནས་གཞན་དོན་ལ་རིང་ནས་ལྟ་བའི་གདེང་དང་བྲལ་ཏེ། དེ་ཡང་སེང་གེ་རྩལ་རྫོགས་ལས། རྣལ་འབྱོར་དམ་པའི་མཉམ་བཞག་ཚེ། །མཚན་མོ་མུན་ནག་སྒྲིབ་རུབ་ནས། །ནམ་ལང་ཉི་ཤར་བཞིན་དུ་གསལ། །ཉམས་རྒྱུད་འོད་གསལ་ཡིན་སླམ་ནས། །རྣམ་འབྱོར་པ་ནི་ང་འཕང་སྐྱེས། །དེ་ཚེ་འགྲོ་དྲུག་སེམས་ཅན་གྱི། །དགེ་སྡིག་མ་ལུས་སྤྱི་ཕྱི་ཤེས། །འཕྲུལ་བའི་སྡུག་བསྔལ་སྣ་ཚོགས་མཐོང་། །དེ་ཚེ་སྙིང་རྗེའི་བདུད་ཞུགས་ནས། །སེམས་ཅན་སྙིང་རྗེའི་གདུང་སེམས་སྐྱེས། །བྱམས་དང་སྙིང་རྗེ་བྱ་དགོས་ན། །ཧིང་འཛིན་བཏང་ནས་གཞན་དོན་བྱེད། །དེ་ཕྱིར་གཏིང་བྲལ་ཤེས་པར་དེས། །མཆི་མ་འདོན་ཅིང་སེམས་མི་དགའ། །ཧིང་འཛིན་བྲལ་ནས་ཤེས་པ་འཕྱོ། །དེ་ཕྱིར་བདུད་ཀྱིས་དབང་བསྒྱུར་ཏུ། །ཞེས་གསུངས་པས་དེའི་དབང་དུ་མ་སོང་བར་བྱ། རང་དོན་མ་འགྲུབ་པར་གཞན་དོན་མི་འབྱུང་་རང་དོན་འཚོར་བས་གཞན་དོན་མི་འགྲུབ་སྟེ། མ་ལང་པས་ཆང་ལ་རྒྱུ་ བླུག་པ་དང་འདྲ། དམ་བཅས་ཡུན་བསྲིང་གདམས་ངག་ལ་ངེས་ཤེས་བསྐྱེད། རྣམ་གཡེང་བདུད་དུ་ཤེས་པར་བྱ་ཞིང་རང་རིག་མངོན་དུ་མ་གྱུར་བར་དབེན་པར་གནས་པར་བྱའོ། །དེ་ཡང་ཐར་བ་བྱུང་རྒྱུབ་མ་ཐོབ་གྱི་བར་དུ་བདུད་ཀྱིས་རྗེས་སླེག་ཡོང་བས་བདུད་ཀྱིས་བསླུས་པ་ནི་བསམ་གྱིས་མི་ཁྱབ་བརྗོད་ཀྱིས་མི་ལང་ཡང་འདིར་མདོར་བསྡུས་པས། བྱ་བ་འདུ་འཛི་ལོངས་སྤྱོད་བདུད། ཅེས་ཕྱིའི་བདུད་ཐམས་ཅད་དེར་འདུས། ཉམས་དགའ་ཞེན་པ་གནས་ཀྱི་བདུད། ཅེས་ནང་གི་བདུད་དེར་འདུས། བསླབ་ཤེས་ཡོན་ཏན་གཡེང་བའི་བདུད། ཅེས་གསང་བའི་བདུད་ཐམས་ཅད་དེར་འདུས། འཁོར་རྣམས་སེམས་འཁྲུག་བདུད་རྣམས་འབྱུང་། ཞེས་གནས་སྐབས་ཀྱི་བདུད་ཐམས་ཅད་དེར་འདུས་ཤིང་། དེ་

ཡང་སེང་གེ་རྩལ་རྫོགས་ལས། ཐོས་ཚུང་རྣམ་འགྱུར་ཞེན་པ་ཅན། །འཁོར་ངན་གཉེན་ལ་གདུང་དྲགས་པའི། །བཟུང་འཛིན་ཞེན་པ་རང་རྒྱུད་ཅན། །རྟག་ཏུ་བསགས་ནས་ནོར་རྣམས་ཏེ། །དེ་ལ་སེམས་འཁྲུག་བདུད་ཞུགས་ཏེ། །གསང་ཞིང་ཉེ་འཁོར་རྣམས་ལ་བྱིན། །འཁོར་ངན་གཅིག་ལ་གཅིག་འཁྲན་ནས། །ཚིག་ཤེས་མེད་པར་རྟག་ཏུ་འདོད། །དེ་ཚེ་ཡོན་བདག་དད་པ་ལོག །སྒྲོ་བཀུར་བཏགས་པས་ཞེ་སྡང་སྐྱེས། །དྲིན་དུ་མི་བཟོ་འཕྲུ་ཀ་གཏོང་། །འཁོར་ངན་བདུད་ཀྱི་རང་བསླུས་ལྟུང་། །སྤྱོད་པ་དག་ནི་དེ་དག་ཀྱང་། །འཇིག་རྟེན་ཆོས་བརྒྱད་ཞེན་ལས་བྱུང་། །དེ་ཕྱིར་གཡེང་བའི་དོན་དུ་གཉེར། །འཁོར་བ་དང་བླང་རང་བསླུས་ལྟུང་། །ཞེས་གསུངས། དེ་ལྟར་བདུད་ངོས་འཛིན་ཞིང་མཉམ་ཉིད་ཡེ་གྲོལ་དུ་བོགས་འདོན་སྟེ། སློབ་དཔོན་ནཱ་སྨྲྀ་ཏེ་ཏུ་ཀའི་ཞལ་ནས། སྲིད་ཞི་མཉམ་ཉིད་སྤྲོས་བྲལ་ལས། །རྩོལ་བསྒྲུབ་བྱེད་པ་ཤ་ཐང་ཆད། །ཡུལ་འཛིན་གཉིས་མེད་ཟང་ཐལ་ལས། །ཐ་དད་འཛིན་པ་ཉོན་རེ་མོངས། །བདག་གཞན་གཉིས་མེད་ཆོས་སྐུ་ལ། །བཟང་ངན་འཛིན་པ་སྙིང་རེ་རྗེ། །ཞེས་གསུངས། དེ་ཡང་གོལ་ས་ཆོད་པ་ལ། དང་པོ་ཐོས་པའི་རྒྱུ་བསྐྱེད། བར་དུ་ངོ་སྤྲོད་དང་གདམས་པ་རྣམས་གནད་དུ་ཚུད་པར་བྱ། ཐ་མ་ཉམས་ལེན་གྱི་དུས་སུ་ཡང་གོལ་ས་རྣམས་བསམ་གཏན་གྱི་རོ་ལ་ཆགས་པ་ཡིན་ཏེ། དཔེར་ན་རི་བོང་དང་ཁྲ་ཚང་ཉལ་དང་། མདའ་མཁན་གྱི་བསམ་གཏན་དང་འདྲ་བར་གྲོལ་རྒྱུ་མེད། ཉམས་ཀྱི་སྣང་བ་ལ་ཅི་ཤར་གང་ཤར་གྱི་སྟེང་དུ་བཅོས་སླད་དང་རེ་དོགས་དགག་སྒྲུབ་མེད་པར། དེ་རང་གི་ཐོག་ཏུ་གློད་ན་བཞག་པ་གང་ཤར་གྱི་ངོ་བོ་ལ་འཛིན་པ་མི་འདུག་སྟེ། གོལ་མི་སྲིད་དོ། །དེ་ཡང་སེང་གེ་རྩལ་

རྫོགས་ལས། འདུ་འཛི་ཡོངས་སྤྱོད་བདུད་བྱུང་ནས། །ཏིང་འཛིན་དགྲ་རུ་ཤེས་པའི་སེམས། །འདོད་ཆུང་ཆོག་ཤེས་ཟིལ་གྱིས་གནོན། །ཞེན་པ་གནད་ཀྱི་བདུད་བྱུང་ན། །ཡུལ་ལ་ངེས་མེད་ཆགས་པ་ཡི། །ལྷ་བ་རང་གི་ཡུལ་མེད་ཕྱིར། །ཞེན་པ་མེད་པའི་ཟིལ་གྱིས་གནོན། །ཡོན་ཏན་གཡེང་བའི་བདུད་བྱུང་ན། །བདག་དོན་མ་འགྲུབ་བར་དུ་ཡང་། །མི་དབང་མི་བཏང་དོན་དྲན་པས། །གཞན་དོན་མི་བྱ་ཟིལ་གྱིས་གནོན། །འཁོར་འདས་སེམས་འཁྲུག་བདུད་བྱུང་ན། །མཐར་ཐུག་འབྲེལ་བ་མེད་པའི་ཕྱིར། །གནས་སྐབས་འཁོར་བའི་ཏིང་འཛིན་དགྲ། །གདུང་སེམས་བསྐྱུང་ལ་ཟིལ་གྱིས་གནོན། །མཁའ་འགྲོ་ལུང་བསྟན་བདུད་བྱུང་ན། །རང་རིག་མི་འགྱུར་རྟོག་པ་ལ། །གཞན་དུ་ལུང་བསྟན་བསླུ་བར་ཤེས། །རེ་དོགས་མེད་པ་ཟིལ་གྱིས་གནོན། །ཉམས་མྱོང་ཞེན་པའི་བདུད་བྱུང་ན། །སྤྲོ་ཕྱི་མེད་པའི་ཆོས་སྐུ་འདི། །ཏིང་འཛིན་རྐྱེན་གྱིས་མི་འགྱུར་ཕྱིར། །ཞེན་མེད་ལྷ་བས་ཟིལ་གྱིས་གནོན། །ཞེ་འདོད་རྩོལ་འཚོས་དགྲ་བྱུང་ན། །གང་ཡང་མ་བཙོས་དོན་དྲན་པས། །རང་བྱུང་ཆོས་སྐུའི་དོན་དྲན་ཕྱིར། །རྟོག་པ་དྲང་པོར་ཟིལ་གྱིས་གནོན། །བདེ་བ་བགོས་མེད་བདུད་བྱུང་ན། །རང་བྱུང་ཡེ་ཤེས་རྟེན་མེད་ཕྱིར། །དབང་ལ་མི་བརྟེན་འཕེལ་འགྲིབ་མེད། །རྒྱུ་རྐྱེན་འབྱུང་འདོད་ཟིལ་གྱིས་གནོན། །གཏིང་མེད་སྐྱུར་འདེབས་བདུད་བྱུང་ན། །ཆོས་སྐུར་སྒྲོ་བཀུར་བྲལ་བའི་ཕྱིར། །ལུང་བསྟན་ཅན་ལ་གནོད་མི་ཚུགས། །ལྟ་སྤྱོད་ལམ་གྱི་ཟིལ་གྱིས་གནོན། །ང་རྒྱལ་སྒྲོ་འདོགས་བདུད་བྱུང་ན། །རང་བྱུང་དོན་འདི་རྐྱེན་བྲལ་བ། །དེ་དོན་ངེས་དོན་གདམས་ངག་གིས། །སྟོད་ངན་གསང་ལ་ཟིལ་གྱིས་གནོན། །ཟིལ་གྱིས་གནོན་ཐབས་

དེ་དག་ཀྱང་། །སྤང་བླང་དགག་སྒྲུབ་མེད་པར་འདུས། །དེ་ཕྱིར་དོན་འདུས་དམ་པའི་ལམ། །དེར་གནས་སངས་རྒྱས་དགོངས་པ་ཡིན། །ཞེས་དང་། ཡང་དེ་ཉིད་ལས། རྩ་བའི་བདུད་བཞི་བཅོམ་གྱུར་ན། །བདུད་རྣམས་གཞན་གྱིས་གླགས་མི་རྙེད། །ཅེས་སོ། །སྦྱི་མ་ལས། དེ་རྣམས་དབང་དུ་མ་གྱུར་པས། །རིག་པ་ཡེ་ཤེས་ཆེན་པོ་ནི། །ནམ་མཁའི་ངང་ལས་ཤར་བར་བྱ། །གང་གི་ཕྱོགས་སུ་ཤར་བ་མེད། །རང་ཉིད་ཆོས་སྐུར་རྟོགས་གྱུར་ན། །བདུད་ཞེས་བྱ་བ་ཡོགས་ན་མེད། །ཆོས་སྐུ་གཟུང་འཛིན་བྲལ་བ་ལ། །མཚན་མ་བདུད་ཀྱི་ཕྱོགས་རིས་བྲལ། །སྤྱོད་པ་ངེས་པའི་ལུང་ཉིད་ལས། །བདུད་ལས་ཐར་པའི་མན་ངག་བསྟན། །ཡེ་ཤེས་སྣང་བ་འཛིན་མེད་དུ། །ཕྱོགས་ལས་གནས་པ་མེད་པར་ཤར། །ལམ་ལ་ཞུགས་པ་མེད་པར་གྲོལ། །འབྲས་བུ་དེ་བཞིན་མཁའ་ལ་རོལ། །ཞེས་སོ། །ཡང་འདི་སྐད་དུ། དེ་བཞིན་བློ་དང་ཆོས་རྣམས་ཀུན། །བྱར་མེད་སྟོང་པའི་ངང་དུ་གྲོལ། །འཛིན་མེད་རང་སྣང་ཆོས་རྣམས་དང་། །རྣམ་རྟོག་སྟོང་པའི་མཁའ་ལ་རོལ། །ཞེས་དང་། དེ་ཡང་སློབ་དཔོན་ཆེན་པོ་གུ་རུ་དེ་བའི་ཞལ་སྔ་ནས་ཀྱང་། སྣང་སྲིད་ཡེ་ནས་ཆོས་ཀྱི་དབྱིངས། །ཕྱག་རྒྱ་ཆེ་ལ་སྤང་རྟོགས་མེད། །ནམ་མཁའི་བྱ་ནི་གར་མ་ཕྱིན། །བྲིས་པའི་རྩོལ་བས་ཤ་ཐང་ཆད། །རྩོལ་མེད་ངང་དུ་ལྷུག་པར་ཞོག །ཞེན་པ་ས་ལེ་ཧྲིག་གེ་རེ་དོགས་མེད་པར་བསྒོམས། དེ་ལྟར་གཞི་ཁྲེགས་ཆོད་ཀྱི་ལྟ་བ་ལ་ལེགས་པར་སྦྱངས་ནས་ངེས་པའི་གདེངས་རྙེད་པར་བྱའོ། །གཉིས་པ་ལམ་ཐོད་རྒལ་ལ་འཇུག་པ་ནི། དེ་ཡང་དོན་རྣམ་པ་བཞི་སྟེ། ལུས་ངག་ཡིད་གསུམ་ཕྱི་ནང་གསང་བའི་བྱ་བ་དགུ་ཕྲུགས་སུ་བཏང་། ལུས་ངག

ཡིད་གསུམ་གནད་ལ་གཟིར་བ་དང་། གནད་རྣམ་པ་གསུམ་ལ་བརྟེན་ནས་མངོན་སུམ་རང་གྲོལ་ཏུ་དབབ་པ་དང་། ཉམས་ཀྱི་རིམ་པ་ཇི་ལྟར་འཆར་བ་དང་བཞིའོ། །དེ་ཡང་དང་པོ་ལུས་ངག་ཡིད་གསུམ་གྱི་བྱ་བ་བཏང་བ་གལ་ཆེ་སྟེ། བྱ་བ་མ་བཏང་ན་ཉམས་ལ་མི་གནས་པས་བྱ་བ་དགུ་ཕྱུགས་སུ་བཏང་དགོས་ཏེ། འདས་རྗེས་ལས། གནས་བརྟེན་གྲོལ་བའི་གདེངས་ཐོབ་ནས། །ཕྱི་ནང་བྱ་བ་ཀུན་བཏང་སྟེ། །ཞེས་དང་། དང་པོ་ལུས་ཀྱི་བྱ་བ་ཕྱི་ནང་གསང་གསུམ་དུ་བཏང་བ་ནི། ལུས་ཕྱིའི་བྱ་བ་ལས་ཀའི་བྱ་བ་མཐའ་དག་བཏང་། ལུས་ཀྱི་ནང་གི་བྱ་བ་ཆོས་སྤྱོད་ཐམས་ཅད་བཏང་། ལུས་གསང་བའི་བྱ་བ་གྲོགས་མེད་གཅིག་པུར་སྡོད་པའོ། །ངག་གི་བྱ་བ་བཏང་བ་ལ་ཡང་གསུམ། ངག་ཕྱིའི་བྱ་བ་ལས་ཀའི་གཏམ་ཐམས་ཅད་སྤང་། ངག་ནང་གི་བྱ་བ་ཆོས་སྤྱོད་ཀྱི་བཟླས་བརྗོད་ཐམས་ཅད་སྤངས། ངག་གསང་བའི་བྱ་བ་ལྐུག་པ་ལྟ་བུ་གནས་པར་བྱའོ། །ཡིད་ཀྱི་བྱ་བ་བཏང་བ་ལ་ཡང་གསུམ། ཡིད་ཕྱིའི་བྱ་བ་ལས་ཀའི་འཁྲུལ་བ་རྟོགས་པ་ཐམས་ཅད་སྤངས། ཡིད་ནང་གི་བྱ་བ་ཐམས་ཅད་སྤངས། ཡིད་གསང་བའི་བྱ་བ་སྔ་ཕྱིའི་བསམ་མནོ་ཐམས་ཅད་སྤངས། དེ་ལྟར་བྱ་བ་བཏང་པའི་དགོས་ཆེད་ནི་གཉིས་ཏེ། གནས་སྐབས་དང་མཐར་ཐུག་གོ །གནས་སྐབས་སུ་ལུས་ངག་ཡིད་གསུམ་གྱི་བྱ་བ་ཐོང་པས་ལུས་ངག་ཡིད་གསུམ་འཁྲུལ་ཕྱིར་མི་འབྲང་བའི་དགོས་པ་ཡོད། མཐར་ཐུག་ཟག་མེད་ཡེ་ཤེས་མྱུར་དུ་འཆར་བའི་དགོས་པ་ཡོད། འདི་ལྟར་བྱ་བ་མ་བཏང་ན་དེའི་ཡོན་ཏན་ལས་བཟློག་པའི་སྐྱོན་ཡོད་དོ། །གཉིས་པ་ཟག་མེད་ཡེ་ཤེས་དངོས་སུ་རང་གྲོལ་ཏུ་དབབ་པ་ལ་གནད་རྣམ་པ་གསུམ་ལས། ལུས་ཀྱི་གནད་དང་། ངག་གི་གནད་དང་། སེམས་ཀྱི་གནད་གཟིར་

བའོ། །དང་པོ་ལུས་ཀྱི་གནད་གཟིར་དགོས་ཏེ། ཐལ་འགྱུར་ལས། དེ་ཡང་ལུས་ནི་སྐུ་གསུམ་ལུས། །རྒྱུན་དུ་འདའ་བར་མི་བྱའོ། །ཞེས་སོ། །དེ་ཡང་དཔེར་ན་སྦྲུལ་རྐང་ལག་ཚང་བར་ཡོད་ཀྱང་མ་གཙེར་ན་མི་གསལ་བ་ལྟར་རིག་པ་ཡེ་ཤེས་ལུས་ལ་གནས་ཀྱང་ཐབས་ཀྱིས་འཁྲུལ་འཁོར་གྱི་གནད་མ་གཟིར་ན་དངོས་སུ་སྣང་མི་នུས། ལུས་ཀྱི་གནད་གཟིར་བ་ཤིན་ཏུ་གལ་ཆེའོ། །ཀློང་གསལ་ལས། རིག་པ་ལུས་ལ་གནས་གྱུར་ཀྱང་། །འཁྲུལ་འཁོར་དག་གིས་མ་གཙུན་ན། །ཡེ་ཤེས་དབང་པོ་སྣང་མི་ནུས། །ཞེས་སོ། །ད་ལུས་ཀྱི་གནད་གཟིར་བ་དངོས་ནི། མུ་ཏིག་འཕྲེང་བ་ལས། ལུས་ཀྱི་གནད་ནི་རྣམ་གསུམ་སྟེ། །སེང་གེའི་ཚུལ་དང་གླང་ཆེན་ཚུལ། །དྲང་སྲོང་ཚུལ་དུ་གནས་པར་བྱ། དེ་ཡང་བཞུགས་སྟངས་གསུམ་ལས། དང་པོ་ཆོས་སྐུའི་བཞུགས་སྟངས་ནི། སེང་གེའི་བཞུགས་སྟངས་ལྟ་བུར་བྱ་སྟེ། དེ་ཡང་གདན་གྱི་ཐོག་ཏུ་ཁྲི་ཚུགས་ལྟ་བུ་ལ། རྐང་མཐིལ་ས་ལ་གཙར། པུས་མོ་ཕྱིར་བསྒྲད་ལ། ལག་མཐིལ་ས་ལ་བཙུགས་སྟེ། མཐེ་བོང་བཅང་ངོ་། །རོ་སྟོད་སེང་གེ་ལྟར་ཤིག་གེ་བྱས་པ་སྟེ། འཛིང་པ་ཡུད་ཙམ་གྱིན་དུ་སྟོད་ལ་སྨིན་ཕྲག་གི་ནམ་མཁའ་ལ་མིག་མ་འགུལ་བར་བལྟའོ། །ལུས་ཀྱི་གནད་གཟིར་བའི་ཡོན་ཏན་ནི། ཐལ་འགྱུར་ལས། ཆོས་ཀྱི་སྐུ་ཡི་བཞུགས་སྟངས་ཀྱིས། །སེང་གེ་འདུག་ཚུལ་ལ་བརྟེན་ནས། །འཁྲུལ་བའི་འཇིགས་པ་ཀུན་བྲལ་དེ། །རྡོ་རྗེའི་མིག་གིས་མཐོང་བར་འགྱུར། །ཞེས་པས། དེ་ལྟར་བྱས་པས་ནང་གི་འགྱུ་བ་རྣམས་འཇམ་ཞིང་རྣམ་རྟོག་ཟིལ་གྱིས་གནོན་པའི་དགོས་པ་ཡོད་དོ། །བཞུགས་སྟངས་དེས་སངས་རྒྱས་ཀྱི་མཁྱེན་པ་འདི་ཉིད་ལ་རྫོགས་པར་བྱེད། དེ་ཡང་ལུས་སེང་གེའི་ཚུལ་དུ་འདུག་པའི་དབྱིངས

དང་རིག་པ་འཕྲོད་པར་བྱེད། ཧཱུྃ་མཐིལ་ས་ལ་བཙར་བས་རྣམ་རྟོག་མཐར་འགག་པར་བྱེད། ལག་པའི་སོར་མོ་ནང་དུ་བཀུམ་ནས་ནང་དུ་བཙུག་པས་ལས་དང་ཉོན་མོངས་པའི་འགྱུ་བ་སྡོང་པར་བྱེད། རོ་སྟོད་སྟེང་ལ་བོར་བའི་རྟགས་སུ་ཆོས་ཉིད་དང་མི་འབྲལ་བར་བྱེད། རྩལ་འཛིངས་པ་ལ་བསྐུར་བས་ཆོས་ཉིད་ལ་འཛིགས་པ་མེད་པའི་རྟེན་ཁྱད་པར་ཅན་བྱེད་པའོ། །ལུང་ལས་ཀྱང་། གང་གིས་ཆོས་སྐུར་བཞུགས་པའི་ཚུལ། །གང་ཟག་གང་གི་ལུས་ཀྱི་གནད། །དེ་དང་མཐུན་པར་སུས་ཤེས་པས། །འདི་ནི་ཆོས་སྐུ་བདེ་ཆེན་ལ། །རྣལ་འབྱོར་རྟག་ཏུ་བྱེད་པའོ། །ཞེས་པས། དེ་ལྟར་ཤེས་པར་བྱའོ། །གཉིས་པ་ལོངས་སྤྱོད་རྫོགས་པའི་བཞུགས་སྟངས་ནི། གླང་པོ་ཆེ་ཉལ་བ་ལྟ་བུ་སྟེ། དེ་ཡང་གདན་གྱི་ཐོག་ཏུ་ལུས་ཁ་སྦུབ་ཏུ་འདུག་སྟེ། པུས་མོ་བྲང་ལ་སྦྱར། གྲུ་མོ་ས་ལ་བཙུག་སྟེ། ལག་མཐིལ་གཉིས་ཀྱིས་ཨོལ་ཀོ་རྟེན་ཏེ། སོར་མོ་འཁྲམ་པར་སྦྱར་ལ་སྣལ་པ་བསྲང་སྟེ། མིག་གིས་ནམ་མཁའ་ལ་ཟུར་གྱི་རྩིག་པོར་བལྟའོ། །དེ་ལྟར་བྱས་པའི་ཡོན་ཏན་ནི །གཡོ་བྱེད་ཀྱི་རླུང་ཟིན་པའི་དགོས་པ་ཡོད་ཅིང་། ཐལ་འགྱུར་ལས། ལོངས་སྤྱོད་རྫོགས་སྐུའི་བཞུགས་སྟངས་ནི། །གླང་ཆེན་ཉལ་བ་ལ་བརྟེན་ནས། །ཆོས་ཉིད་རྣམས་ལ་ལོངས་སྤྱོད་དོ། །པདྨའི་སྤྱན་གྱིས་མཐོང་བར་འགྱུར། །ཞེས་པའི་ལོངས་སྐུའི་འདུག་སྟངས་ཀྱིས་གཟིར་བས་ཚེ་འདི་ཉིད་ལ་སངས་རྒྱས་ཀྱི་ཞིང་ཁམས་མངོན་སུམ་དུ་མཐོང་བར་འགྱུར། ལུས་ཁ་སྦུབ་ཏུ་ཉལ་བས་སྲིད་པ་གསུམ་ཟིལ་གྱིས་གནོན་པའི་སྟོབས་བྱེད། པུས་མོ་བྲང་ལ་སྦྱར་བས་འབྲུལ་བ་ཡེ་ཤེས་སུ་འཆར་བའི་རྒྱུ་བྱེད། མཐེ་བོང་ས་ལ་ཕྱིར་ཕྱུལ་བས་གཡོ་བྱེད་ལས་ཀྱི་རླུང་གནོན་པར་བྱེད། ལག་པའི་གྲུ་མོ་ས་ལ་སྦྱར་བས་ཆོས་ཉིད་

མངོན་སུམ་དུ་འཆར་བར་བྱེད། འཛིངས་པ་གྲོལ་བ་ཡུད་ཙམ་བཏེགས་པས་རྣམ་རྟོག་ཡེ་ཤེས་སུ་འཆར་བར་བྱེད་པ་སྟེ། མཁའ་ལྡིང་ལས། ཆོས་ཀྱི་དབྱིངས་ལས་ལོངས་སྤྱོད་ཅིང་། །ལོངས་སྐུའི་བཞུགས་སྟངས་བསྟན་བྱས་ནས། །འདི་ནི་སྐུ་གསུམ་ཞིང་ལ་སྤྱོད། །དཔེར་ན་མཆོག་ཏུ་ལུས་ཀྱི་གནད། །རྣམ་འབྱོར་ཆེ་མཆོག་གཙོ་བོ་སྟེ། །ཞེས་གསུངས་སོ། །གསུམ་པ་སྤྲུལ་སྐུའི་བཞུགས་སྟངས་ནི། དྲང་སྲོང་ཙོག་པུར་བྱ་སྟེ། དེ་ཡང་གདན་གྱི་ཐོག་ཏུ་རྐང་པའི་ལོང་བུ་གཉིས་གཤིབ་ལ་ཙོག་པོར་འདུག་སྟེ། ལག་པ་གཉིས་མཁལ་ཁྲུང་ངམ་པུས་མོ་ལ་བཀལ་ཞིང་། སྣལ་ཟིགས་དྲང་པོར་བསྲངས་ཏེ་མིག་ཟིམ་བུས་བར་སྣང་ལ་གཏད་པར་བྱའོ། །དེ་ལྟར་གཟིར་བའི་ཡོན་ཏན་ནི། ལུས་ལ་དྲོད་སྐྱེས་ཤིང་རྣམ་རྟོག་རྒྱུན་ཆད་པའི་དགོས་པ་ཡོད་དོ། །ཐལ་འགྱུར་ལས། སྤྲུལ་པ་སྐུའི་བཞུགས་སྟངས་ནི། དྲང་སྲོང་ཙོག་པུ་ལ་བརྟེན་ནས། །ཆོས་ཉིད་རྣལ་འབྱོར་དང་སྤྲུལ་པས། །ཆོས་ཀྱི་མིག་གིས་མཐོང་བར་འགྱུར། །ཞེས་སོ། །སྤྲུལ་སྐུ་དྲང་སྲོང་བཞུགས་སྟངས་ཀྱིས་གཟིར་བས་སེམས་ཅན་གྱི་དོན་ཐོགས་པ་མེད་པར་འགྱུར་། རྐང་བའི་ལོང་བུ་གཉིས་གཤིབ་པས་ཐབས་ཤེས་ཀྱི་བཅུད་འབྱིན་པར་བྱེད། རྐང་མཐིལ་ས་ལ་བཙར་བས་རླུང་འཕེལ་སྣུད་ཀྱི་ལས་སྟོང་པ་བྱེད་ཅིང་ལུས་ལ་ཡེ་ཤེས་ཀྱི་དྲོད་འབབ་པར་བྱེད་དོ། །ལུས་ཙོག་པུར་འདུག་པས་རྣམ་ཤེས་འགྱུ་བས་རྩ་ཁམས་འཚུ་པར་བྱེད། པུས་མོ་བྲང་ལ་སྦྱར་བས་ཡིད་ཀྱི་རྣམ་པར་ཤེས་པ་དལ་བ་ལ་བརྟེན་པར་བྱེད་ཅིང་ལུས་ཀྱི་འབྱུང་བ་སློམས་ཤིང་ཡེ་ཤེས་ཀྱི་རྩལ་འབྱིན་པར་བྱེད། ལག་པ་གཉིས་བསྣོལ་ནས་པུས་མོ་ལ་བཀབ་པས་ལས་དང་བག་ཆགས་ཀྱི་མཐར་ཟད་པར་བྱེད

དོ། །གསེར་གྱི་མཁའ་ལྡིང་ལས། ལུས་ཀྱི་ཙོག་པུ་དག་བྱེད་པ། །སྤྲུལ་པའི་སྐུ་ཡི་བཞུགས་སྟངས་ཉིད། །སུ་ཡིས་ཤེས་པའི་གནད་དེ་བསྟན། །དེ་ཉིད་ལས་གྲོལ་སངས་རྒྱ་འོ། །ཞེས་ཞོར་ལ་གསུངས་སོ་ལ་བ་ནི། །ཚོ་བ་ཤས་ཆེ་བ་ལ་ཆོས་སྐུའི་བཞུགས་སྟངས་བྱ། བགྲང་ཤས་ཆེ་ན་སྤྲུལ་སྐུའི་བཞུགས་སྟངས་བྱ། ཚ་གྲང་སྙོམ་པ་ལ་ལོངས་སྐུའི་བཞུགས་སྟངས་བྱ། འདས་རྗེས་ལས། དེ་ལྟར་སུ་ཡི་བྱས་པ་ལས། །དུས་གསུམ་སངས་རྒྱས་ཐམས་ཅད་ཀྱི། །སྐུ་ཡི་གློང་དུ་མྱུར་འདའ། །ཞེས་དང་། དེ་ལྟར་ལུས་ཀྱི་འདུག་སྟངས་གཟེར་བ་ལ་དགོས་ཆེད་གཉིས་ཏེ། གནས་སྐབས་དང་མཐར་ཐུག་གོ །གནས་སྐབས་ཀྱི་དགོས་ཆེད་ནི། ཆོས་སྐུའི་བཞུགས་སྟངས་བྱས་པས་ནང་གི་འབྱུང་བ་རྣམས་འཛོད་པའི་དགོས་པ་ཡོད། ལོངས་སྐུའི་བཞུགས་སྟངས་བྱས་པས་གཡོ་བྱེད་ཀྱི་རླུང་ཟིན་པའི་དགོས་པ་ཡོད་དོ། །སྤྲུལ་སྐུའི་བཞུགས་སྟངས་བྱས་པས་ལུས་ལ་དྲོད་སྐྱེས་ཤིང་འབྱུང་བ་ཚ་སྙོམས་པའི་དགོས་པ་ཡོད་དོ། །མཐར་ཐུག་གི་དགོས་པ་ནི། ཀ་དག་གི་དོན་རྟོགས་པ་དང་ལྷུན་གྲུབ་ཀྱི་དོན་འཆར་བ་དང་། འཁྲུལ་སྣང་ཞིང་ཁམས་སུ་འཆར་བས། འདི་སྐད་དུ། ལུས་གནད་སྐུ་གསུམ་འདུ་འབྲལ་མེད། །ཞིང་ཁམས་གསུམ་ལས་འདས་མི་སྲིད། །ཅེས་པས། དེ་ལྟར་གྱི་གནད་མ་གཟེར་བའི་སྐྱོན་ནི། གློང་གསལ་ལས། ལུས་ཀྱི་གནད་ནི་མ་གཟེར་ན། །འབྱུང་ཟད་རླུང་ནི་མི་ཟིན་ཞིང་། །དེ་བཞིན་ལུས་ལ་དྲོད་མི་སྐྱེས། །རིག་པ་མངོན་སུམ་སྣང་མི་ནུས། །ཞེས་པས། ལུས་ཀྱི་གནད་རྣམས་མ་གཟེར་ན། གོང་གི་ཡོན་ཏན་དེ་དག་ལས་བཟློག་པའི་སྐྱོན་ཡོད་པའོ། །དེ་ལྟར་ལུས་ཀྱི་གནད་ལ་བརྟེན་ནས་གཉིས་པ་ངག་གི་གནད་གཟེར་བ་

གལ་ཆེ་སྟེ། འདས་རྗེས་ལས། ངག་གི་བསླབ་བྱའི་རིག་པ་དང་། །གནས་པ་བརྟེན་ཞིང་ལ་ཡང་བཟླ། །ཞེས་དང་། ཐལ་འགྱུར་ལས། ངག་གི་བསླབ་དང་གནས་པ་དང་། །ཡི་ཟླ་བ་ཉིད་བརྟེན་པར་བྱ། །ཞེས་གསུངས་པས་ངག་སྨྲ་རྒྱུན་བཅད་དགོས་ཏེ། སྨྲ་བའི་རྒྱུན་མ་བཅད་ན། བརྗོད་མེད་ཀྱི་དོན་རྒྱུད་ལ་མི་སྐྱེ་ཞིང་འཆལ་བའི་གཏམ་གྱི་ཉོན་མོངས་པ་སྐྱེ་བས་ངག་སྨྲ་བ་བཅད་པ་གལ་ཆེའོ། །དེ་ལའང་དང་པོ་སྨྲ་བཅད་ཡུན་ཐུང་བ་ལ་བསླབ། དེ་ནས་ཡུན་རིང་བ་བསླབ། དེ་ནས་གནས་སྐབས་སུ་ངག་གནས་པའི་རིམ་པ་རང་གིས་ཚོས་སྤྱོད་རྣམས་གསལ་པོ་རེ་བརྗོད། གཞན་དང་ཚིག་གཅིག་ཀྱང་མི་སྨྲ། གཞན་ལ་ལུས་ཀྱི་བརྡ་བྱའོ། །དེ་ནས་བརྗོད་པའི་བཟླ་བ་མཐའ་དག་བཀག་ལ་ལྐུག་པ་ལྟ་བུར་གནས་པར་བྱའོ། །དེ་ལྟར་ངག་གནད་གཟིར་བ་ལ་དགོས་ཆེད་གཉིས་ཏེ། གནས་སྐབས་དང་མཐར་ཐུག་གོ །གནས་སྐབས་སུ་ཉོན་མོངས་པ་མི་འཕེལ། མཐར་ཐུག་རིག་པའི་དོན་ལ་སྨྱུར་དུ་རེག་ཅིང་སངས་རྒྱས་ཐམས་ཅད་ཀྱི་གསུང་གི་གློང་དུ་སྨྱུངན་ལས་འདས་པའི་དགོས་པ་ཡོད་དེ། འདས་རྗེས་ལས། དེ་ལས་མི་འདའ་སུས་བྱས་པས། །དུས་གསུམ་སངས་རྒྱས་ཐམས་ཅད་ཀྱི། །གསུང་གི་གློང་དུ་མྱུངན་འདའ། །ཞེས་པས། ངག་གི་གནད་མ་གཟིར་བའི་ཉེས་སྐྱོན་ནི། གློང་གསལ་ལས། དེ་ལྟར་ངག་གནད་མ་གཟིར་ན། །བརྗོད་མེད་དོན་ནི་མི་རྟོགས་ཤིང་། །འཁྲུལ་བའི་གཏམ་གྱིས་དོན་ལ་སྒྲིབ། །ངག་གི་གནད་གཟིར་མཆོག་ཏུ་གཅེས། །དེ་ཉིད་ལས། ངག་གི་གནད་ནི་མ་གཟིར་ན། །ཡོན་ཏན་ཉིད་ལས་བཟློག་ས་སྐྱོན་སྨིན། །ཞེས་སོ། །གསུམ་པ་སེམས་ཀྱི་གནད་གཟིར་བ་ནི། འདས་རྗེས་ལས། སེམས་ནི་སྨིན་ཕྲག་མཁའ་

ལ་གཏད། །སྐུ་གསུམ་རིག་པ་སྟོང་པ་འཆར། །ཞེས་པས། སེམས་ནི་དབྱིངས་ལ་གཏད་པས་འགྲུབ། །ཅེས་པས། གཞན་ཡང་སེམས་ཡོངས་སུ་མྱ་ངན་ལས་འདའ་བར་འདོད་ན། ཡུལ་ནམ་འཁའ་སྟོང་པ་དང་མི་འབྲལ་བར་བྱ་སྟེ། དེ་ལ་གཉིས་ཏེ། རིག་པ་དབྱིངས་ལ་གཏད་པ་དང་། འབེན་ལ་གཏད་པ། དབྱིངས་ལ་གཏད་པ་ནི། ཡུལ་ཕྱིའི་དབྱིངས་ནམ་མཁའ་སྟོང་པ་ལ་གཏད། དེའི་ཡུལ་སྟོང་པ་ལ་རིག་པ་སྟོང་ན་འཆར་བའི་གནད་ཡིན་ནོ། །སེམས་གཏད་པའི་འབེན་ནི། གློང་གསལ་ལས། སེམས་ཀྱི་གནད་ཉིད་མ་གཟིར་ན། །དབྱིངས་དང་རིག་པ་མི་མཐོང་བས། །གནད་གཟིར་གཏད་པའི་འབེན་ཉིད་བྱ། །ཞེས་སོ། །ཕྱིའི་དབྱིངས་ནམ་མཁའ་སྟོང་པ་ལ་སེམས་མ་ཡེངས་པར་གཏད་པས་ཡུལ་སྟོང་པ་དེ་ལ་ནང་དབྱིངས་རྣམ་པར་དག་པའི་སྒྲོན་མ་རིག་པ་སྟོང་གསལ་དུ་འཆར་རོ། །ནང་གི་དབྱིངས་རྣམ་པར་དག་པའི་སྒྲོན་མ་ལ་གཏད་དོ། །སེམས་གཏད་པའི་འབེན་དང་མ་བྲལ་བར་གལ་ཆེའོ། །འབེན་ལ་མ་གཏད་ན་དབྱིངས་རིག་པ་མི་མཐོང་བས་དེ་ལྟར་གཏད་པ་ཤིན་ཏུ་གལ་ཆེའོ། །དེ་ལ་དགོས་ཆེད་གཉིས་ཏེ། གནས་སྐབས་སུ་རིག་པ་མངོན་སུམ་གསལ་ནུས་ལ་མཐར་ཐུག་ལྷག་མེད་དུ་སངས་རྒྱས་པའི་དགོས་པ་ཡོད་དོ། །གློང་གསལ་ལས། འདི་ལྟར་སེམས་ཀྱི་གནད་གཟིར་བས་སྐུ་གསུམ་རིག་པ་སྟོང་གསལ་འཆར། ཞེས་དང་། རྒྱུད་ལས། རང་རིག་དངོས་སུ་ཟིན་པ་དང་། །ཐམ་ལྷག་མེད་འགྲུབ་པར་འགྱུར། །ཞེས་དང་། མ་གཟིར་བའི་སྐྱོན་ནི། །ཡི་གེ་མེད་པ་ལས། །དེ་ལྟར་སེམས་ཀྱི་གནད་མེད་ན། །རིག་པའི་དོན་ལ་བསློག་པར་འགྱུར། །ཞེས་སོ། །གསུམ་པ་གནད་རྣམ་པ་གསུམ་ལ་བརྟེན་ནས་མངོན་

སུམ་རང་ཐོག་ཏུ་མ་ཕེབ་ན། ཡིད་དཔྱོད་འཛིན་པའི་ལྟ་བསྒོམ་དང་ཁྲད་མེད་དེ་ཟབ་མོའི་གནད་མི་ཤེས་པས་མངོན་སུམ་རང་ཐོག་ཏུ་དབབ་པ་གལ་ཆེའོ། །དེ་ཡང་ཀློང་གསལ་ལས། གནད་གསུམ་མངོན་དུ་མ་གཟིར་ན། །དངོས་སུ་རང་ཐོག་མི་ཕེབ་སྟེ། །ཡིད་དཔྱོད་འཛིན་དང་ཁྲད་མེད་པས། །གནད་གསུམ་བཙལ་བ་མཆོག་ཏུ་གཅེས། །ཞེས་སོ། ཐལ་འགྱུར་ལས། གནད་གསུམ་མན་ངག་འབྲལ་མི་བྱ། །དེ་ཡང་སྒོ་དང་ཡུལ་གནད་དང་། །རླུང་དང་རིག་པའི་གནད་ཉིད་བསྟུན། །ཞེས་པས། དེ་ལ་དང་པོ་སྒོའི་གནད་གལ་ཆེ་སྟེ། དཔེར་ན་ལྟ་ཁང་ལ་སྒོ་མེད་ན། ནང་ན་རྟེན་མང་ཡང་མི་མཐོང་སྟེ། ཡིད་དཔྱོད་དུ་ལུས་པ་ལྟར་ལུས་ཙིཏྟ་རིན་པོ་ཆེའི་ནང་ན་རིག་པ་ཡེ་ཤེས་གནས་ཀྱང་སྒོ་ཡི་གནད་མ་ཤེས་ན་དབང་པོས་མངོན་སུམ་དུ་མི་མཐོང་སྟེ། ཆོས་རྣམས་ཡིད་དཔྱོད་དུ་ལུས་པའོ། །འདས་རྗེས་ལས། སྒོ་གནད་བཟློག་ཐབ་ཟུར་གྱིས་བལྟ། །ཐལ་འགྱུར་ལས། སྒོ་ནི་སྐུ་གསུམ་མིག་གིས་བལྟ། །ཡུལ་ནི་སྤྲིབ་མེད་བྲལ་བ་ལས། །རླུང་རིག་བྲལ་བའི་ཡེ་ཤེས་འགྲུབ། །གཞན་ཡང་རྩ་དང་འཁྲུལ་འཁོར་གྱི། །རང་བཞིན་སྣང་བ་ཡེ་ཤེས་ལྟ། །ཆུ་བུར་མིག་གིས་མཐོང་བར་འགྱུར། །ཞེས་པས། དེ་ཡང་ཡེ་ཤེས་འཆར་བར་བྱེད་པའི་ལམ་ནི། རྩ་དར་དཀར་གྱིས་ཉག་སྐུད་ཙམ་ལས་ཁྲག་དང་ཆུ་སེར་མེད་པ་སྟེ། མཁྲིན་པའི་གྲེ་བ་ལ་ཐོན་ནས་ཀླད་པའི་གོང་མ་ནས་ཚུར་འབྱུང་སྟེ། རྩ་དེ་ཡང་རྩ་བ་ཕྲ་ལ་རྩེ་མོ་ཆེ་བ་བ་མིན་གྱི་རྣ་ལྟ་བུ་མིག་གཉིས་ལ་ཟུག་པའོ། །དེ་ལ་ཡེ་ཤེས་ཀྱི་སྣང་བ་རྒྱུ་སྐར་གྱི་ཉི་ཞུར་ལྟར་འཆར་བའོ། །ཀློང་གསལ་ལས། རྩའི་གཙོ་བོ་གསུམ་ལ་ནི། ཡན་ལག་གྲངས་ལས་འདས་པ་གྱེས། །སོ་སོའི་དབང་པོ་སྒོ་རྟེན་

བྱེད། །དེ་ཡིས་ཆོས་ཀུན་སྟོན་པར་བྱེད། །ཁྱད་པར་སྙིང་ནས་འབྲེལ་བ་ཡི། །དར་སྐུད་བ་མིན་རྣ་འདྲའི་ཁ། །དབང་པོ་མིག་ལ་ཟུག་པ་སྟེ། །དེ་ནི་ཆོས་ཉིད་གསལ་བའི་ལམ། །ཡིད་དཔྱོད་ཚིག་ཕྱིར་མ་ལུས་པ། །མངོན་སུམ་འཆར་བའི་སྒོ་ནི་མིག །ཅེས་གསུངས་སོ། །དེ་ཉིད་ལས། ཡེ་ཤེས་སྙིང་གི་དཀྱིལ་ན་གནས། །དར་དཀར་སྐུད་པ་ལྟ་བུ་ཡི། །རྩ་ཡི་ལམ་ལ་སྣང་བར་བྱེད། །ཅེས་སོ། ཐལ་འགྱུར་ལས། ཡེ་ཤེས་འཆར་བའི་སྒོ་ཉིད་ནི། །ལུས་བཅུད་དྭངས་མ་ཀུན་འདུས་པའི། །ཙཀྲ་ཞེས་པའི་སྒོ་ནས་ཐོན། །དེ་ལྟར་ཡེ་ཤེས་འགྱུ་བར་བྱེད་པའི་སྒོ་ཡི་གནད་དོ། །རིག་པ་རང་ཤར་ལས། གནས་པ་ཙིཏྟའི་ནང་ན་གནས། །རང་བཞིན་འདི་ནི་ནམ་མཁའི་མཐོངས་སུ་གསལ། །ཞེས་གསུངས་པ་སྟེ། དེ་ཡང་འདི་སྐད་དུ། སྒོ་ནི་བལྟོག་ཐབ་ཟུར་གྱིས་ནི། །གཟིགས་སྟངས་རྣམ་པ་གསུམ་དུ་གྲགས། །ཆོས་སྐུ་ལོངས་སྐུ་སྤྲུལ་སྐུ་ཡི། །གཟིགས་སྟངས་གསུམ་ལས་འདའ་བ་མེད། །ཞེས་གསུངས་པས་ཆོས་སྐུའི་གཟིགས་སྟངས་ཀྱིས་གྱེན་ལ་མི་འགུལ་བར་བལྟའོ། །དེ་ལྟར་བྱས་པས་མཚན་མ་དང་བྲལ་བའི་ཀློང་དུ་མྱུ་ངན་ལས་འདས་པའི་དགོས་པ་ཡོད་དོ། །ལོངས་སྐུའི་གཟིགས་སྟངས་ཀྱིས་གཡོན་དུ་ཟུར་གྱིས་ཧིལ་པོར་བལྟའོ། །དེ་ལྟར་བྱས་པའི་དབྱིངས་རིག་མྱུར་དུ་མཐོང་པའི་དགོས་པ་ཡོད་དོ། །སྤྲུལ་སྐུའི་གཟིགས་སྟངས་ཀྱིས་ཡུལ་ཙམ་ཐབ་སྟེ་བར་སྣང་ལ་བལྟའོ། །དེ་ནས་འཁྲུལ་སྣང་ཞིང་ཁམས་སུ་འཆར་བའི་དགོས་པ་ཡོད་དོ། །རྡོ་རྗེ་གཅོད་པ་ལས། ལུས་དང་ངག་དང་ཡིད་ཀྱི་གནད་ཤེས་ཤིང་། །བསྟུན་པས་འཁོར་བ་ལས་གྲོལ་འགྱུར། ཞེས་པ་དང་། དཔལ་ནམ་མཁའ་མཉམ་པའི་

རྒྱུད་ལས། ཆོས་ཀྱི་སྐུ་ཡི་གཟིགས་སྣང་གིས། །ཁམས་གསུམ་འཁོར་བ་དབྱིངས་ནས་འདོན། །ལོངས་སྐུས་སྤྱོད་པའི་གཞི་མ་འཇིག །སྤྲུལ་སྐུས་སངས་རྒྱས་ཞིང་དུ་གྲོལ། །ཞེས་པ་དང་། ཐལ་འགྱུར་ལས། དབྱིངས་ནི་ཕྱི་དང་ནང་དུ་སྟེ། །ཕྱི་ནི་ནམ་མཁའ་སྤྲིན་བྲལ་འཛིན། །ནང་ནི་སྒྲོན་མ་ལམ་དུའོ། །ཞེས་གསུངས་སོ། །ངོ་བོ་ཉིད་ཀྱི་དབྱིངས། རང་བཞིན་ལྷུན་གྱིས་གྲུབ་པའི་དབྱིངས་དང་། ཐུགས་རྗེ་ཀུན་ཁྱབ་ཀྱི་དབྱིངས་སོ། །ཕྱི་ཡི་དབྱིངས་ནམ་མཁའ་སྤྲིན་དང་བྲལ་བའོ། །བསྟན་པ་བུ་གཅིག་ལས། དབྱིངས་དང་རིག་པའི་ལྷ་སྣང་ནི། །སྤྲིན་བྲེད་བྲལ་བའི་ནམ་མཁའ་ལྟར། །དབྱིངས་ནི་ནང་དུ་ལུ་གུ་རྒྱུད། །རྣམ་པར་བཞག་ཅིང་འབྲལ་མི་བྱ། །འདི་ལྟར་སུ་ཡིས་མཐོང་བའི་མི། །ཐོག་མའི་ཀུན་ཏུ་བཟང་པོ་དང་། །བསྐལ་བ་ཉིད་ནི་མཉམ་པའོ། །ཞེས་པ་དང་། དེ་ཡང་རིག་ན་ཕྱིའི་ཡུལ་དུ་མཉམ་པས་ནང་དབྱིངས་རང་སར་དག་སྟེ་ནང་དབྱིངས་ཀྱི་རང་བཞིན་འོད་ཀྱི་ཁྲིམ། ཞེས་པས། ཡུལ་ནི་ནམ་མཁའ་སྤྲིན་བྲལ་ལ། །རིག་པ་སྟོང་བར་འཆར་བའོ། །ཞེས་འབྱུང་སྟེ། ཕྱིའི་དབྱིངས་ནམ་མཁའ་སྟོང་པའི་ཡུལ་དུ་འདྲ། ནང་གི་དབྱིངས་རྣམ་པར་དག་པ་ཁྲིམ་དང་འདྲ་ལ་དེའི་ནང་གི་རིག་པ་རྡོ་རྗེ་ལུ་གུ་རྒྱུད་དེ་བདག་པོ་དང་འདྲ་བས་བཙོན་དུ་བཟུང་བའོ། །བཙོན་དུ་བཟུང་བའི་མན་ངག་ནི། མ་ནིང་རླུང་གི་འགྱུ་བ་མེད་པའི་འགྱུ་བ་ཕྱིའི་སྣང་བ་སྐུ་དང་ཡེ་ཤེས་སུ་འཆར་བའི་འཁྲུལ་བ་རང་བཞིན་གྱི་དག་པ་ནི། རྒྱུ་སེམས་ཅན་ལ་འབྲས་བུ་སངས་རྒྱས་ཞེས་བྱའོ། །དེ་ལ་ཡིད་མ་འགྱུ་བའི་རིག་པ་རང་སར་གནས་པ་ནི་ཆོས་ཉིད་མངོན་དུ་གྱུར་པའོ། །བསམ་པ་དང་བྲལ་བའི་སེམས་ནི་རླུང་གིས་མ་བསྐྱོད་པའི་ཡིད་འགྱུ་བ་མེད་པ་གློ་བུར་གྱི་དྲི་མ

སངས་པ་ནི་ཡེ་ནས་རྣམ་རྟོག་དང་བྲལ་བའོ། །རིག་པ་དེ་ཉིད་དབུགས་དང་བྲལ་བས་མི་འགྱུར་བ་ནི། འབྲས་བུ་སྐུ་གསུམ་རང་ལས་གསལ་བ་རང་ལས་བྱུང་བའི་གནད་དོ། །ཡིད་ཀྱི་དལ་བ་ཡུན་དུ་མ་བཟུང་བས་རྣམ་རྟོག་ལས་ཀྱི་རླུང་དེ་ཉིད་ལས་འགགས་པས་ཅིར་སྣང་ཡང་ཆོས་ཉིད་དུ་འཆར་བའོ། །རིག་པ་རྡོ་རྗེ་ལུ་གུ་རྒྱུད་ཨར་ལ་གཏད་ཅིང་བཙོན་དུ་བཟུང་བས་རྣམ་རྟོག་ཁུང་ཟད་ནས་འཁྲུལ་བའི་གཞི་ལ་ལོག་ནས་ཡེ་ཤེས་མ་བུ་འཕྲད་པའོ། །དེ་ཡང་མུ་ཏིག་འཕྲེང་བ་ལས། རིག་པ་རྟོགས་མེད་ལུ་གུ་རྒྱུད། །བདེ་དོན་ཚངས་པའི་སྒོ་ནས་སྣང་། །ཞེས་སོ། །གློང་གསལ་ལས། །ཡེ་ཤེས་འཆར་བའི་སྒོ་ནི་མིག །འཆར་གནད་དབབ་བཟློག་ཟུར་ལ་མནན། །ཞེས་སོ། །དེ་ནས་གཟིགས་སྟངས་ཀྱི་གནད་བསྟུན་གལ་ཆེའོ། །གཉིས་པ་ཡུལ་གྱི་གནད་ནི། འདས་རྗེས་ལས། ཡུལ་གནད་ནམ་མཁའ་སྒྲོན་བྲལ་ལ། །སྒོ་གནད་བཟློག་ཕབ་ཟུར་གྱིས་བལྟ། །ཞེས་དང་། ཐལ་འགྱུར་ལས། སྒོ་ནི་སྤྲིབ་བྱེད་བྲལ་བ་ལ། །ནམ་མཁའ་སྒྲོན་བྲལ་ཡུལ་དུ་འདུས། །ཞེས་པ་དང་། ཡི་གེ་མེད་པ་ལས། མིག་ནི་ནམ་མཁའི་ཁམས་སུ་བལྟ། །འོད་ནི་ཕྲ་ལ་འཁྲིལ་བ་འབྱུང་། །ཞེས་པ་དང་། ནང་གི་ལུ་གུ་རྒྱུད་ནམ་མཁའ་སྤྲིན་དང་བྲལ་བ་ལས་འཆར་བ་ཡིན་ཏེ། དཔེར་ན་ཕྱིའི་དབྱིངས་ནམ་མཁའ་རྟུལ་བྲལ་མེ་ལོང་དང་འདྲ་བ་ལས་ནང་གི་དབྱིངས་རྣམ་དག་སྒྲོན་མ་རྒྱ་བྱའི་མདངས་དང་འདྲ་བ་བདག་པོ་ལྷར་གསལ་བའི་སྤྲིབ་གཡོག་མེད་པར་འཆར་ཞིང་། དེའི་ནང་གི་རིག་པ་རྡོ་རྗེའི་ལུ་གུ་རྒྱུད་བདག་པོའི་སེམས་དང་འདྲ་བ་ཞིག་འཆར་ཏེ། སྒྲོན་མ་འབར་བའི་རྒྱུད་ལས། རིག་པ་ཕྱི་ཡི་དབྱིངས་བཞག་པས། །ནང་དབྱིངས་རང་སར་དག་སྟེ་

གནས། །ཞེས་རིག་པ་ཡེ་ཤེས་ཀྱི་གནས་སྙིང་གི་ནང་དུ་ཞུགས་ཀྱང་ཇི་ལྟར་གསལ་བ་ནི། སྒོ་མིག་ལ་གསལ་ཞིང་ཡིད་ནམ་མཁའ་རྐྱེན་དང་བྲལ་བ་ལ་འཆར་ཏེ། རིག་པ་རང་ཤར་ལས། ཡེ་ཤེས་ལྷ་ལྷན་འོད་ཀྱི་སྐུ། །ལུ་གུ་རྒྱུད་དུ་རབ་ཏུ་གསལ། །དེ་ཡང་འོང་དང་འགྲོ་བ་དང་། །འགྱུལ་བ་དང་ནི་འཕྲིག་པའོ། །ཞེས་པ་དང་། སེང་གེ་རྩལ་རྫོགས་ལས། རང་སྣང་རིག་པའི་ངོ་བོ་དེ། །ཡེ་ཤེས་ལུ་གུ་རྒྱུད་དུ་གནས། །ཞེས་པ་དང་། ཁྲ་བཀོད་ལས། རྒྱང་ཞགས་ཆུ་ཡི་སྒྲོན་མ་ལས་རིག་པ་ལུ་གུ་རྒྱུད་ཀྱི་སྐུ་ཡོངས་སུ་གསལ་ལོ། །དེ་ཡང་དབྱིངས་དང་རིག་པ་འདུ་འབྲལ་མེད་པར་གནས་ཏེ། དབྱིངས་ཀྱི་རང་བཞིན་ཤེས་རབ་སྐུ། །རིག་པའི་རང་བཞིན་ཐབས་ཀྱི་སྐུ། །འདུ་འབྲལ་མེད་པའི་ཚུལ་དུ་གནས། །ཞེས་པ་དང་། གཞན་ཡང་འདི་སྐད་དུ། སྟོང་གསལ་འགག་མེད་ལུ་གུ་རྒྱུད། །བདེ་གསལ་རང་རིག་སྟོང་པ་ཉིད། །དབྱེར་མེད་གསལ་བ་མ་འདྲེས་གནད། །ཅེས་གསུངས་སོ། །དབྱིངས་རིག་འདུ་འབྲལ་མེད་དེ། བཙོན་དུ་བཟུང་དགོས་ཏེ་གོང་དུ་ཡང་བསྟན་ལ། འདིར་ཡང་འདི་སྐད་ཅེས། ལུག་རྒྱུད་རིག་པ་བཙོན་དུ་བཟུང་། །མངོན་སུམ་གནད་ལ་འབྲལ་མི་བྱ། །ཞེས་པ་དང་། སྒྲོན་མ་འབར་བའི་རྒྱུད་ལས། དབྱིངས་ཀྱི་རིག་པ་རང་གཡུལ་འགྱེད། །རྡོ་རྗེ་ཉིད་ནི་ལུ་གུ་རྒྱུད། །འདི་ཉིད་ནང་དུ་འཛུག་པར་བྱེད། །ཅེས་པས་མངོན་སུམ་རང་སྣང་དབྱིངས་རིག་འདུ་འབྲལ་མེད་པ་སྟེ། ལུས་བཞུགས་སྟངས་གསུམ། སྒོ་གཟིགས་སྟངས་གསུམ། ཡུལ་ནམ་མཁའ་སྒྲོན་དང་བྲལ་བ་གསུམ་བསྟུན་ཅིང་རིག་པ་མངོན་སུམ་གྱི་སྣང་བ་ལ་མི་འབྲལ་བར་བྱེད་པ་གལ་ཆེ་སྟེ། འདས་རྗེས་ལས། སེམས་གནད་གཟིགས་སྟངས

ཀུན་བསྟན་ཏེ། །ཡུལ་གནད་ནམ་མཁའ་རྐྱེན་བྲལ་ལ། །སྒོ་གནད་བརྫོགས་པབ་ཟུར་གྱིས་བལྟ། །ཞེས་སོ། །ཡང་དེ་ཉིད་ལས། སྐུ་གསུམ་རིག་པ་སྟོང་པར་འཆར། །ལུག་རྒྱུད་རིག་པ་བཙོན་དུ་བཟུང་། །མངོན་སུམ་གནད་མཐོང་ལྡོག་པ་མེད། །ཅེས་པས། དཔེར་ན་ལྷ་ཁང་ལ་སྒོ་མེད་ན་ལྷ་མཁན་ལ་མིག་ཡོད་ཀྱང་མི་མཐོང་། ལྷ་ཁང་གི་ནང་དུ་ལྷ་མེད་ན་སྒོ་དང་མིག་ཡོད་ཀྱང་མཐོང་རྒྱུ་མེད་དེ་དོན་མེད་པའོ། །དཔེ་དེ་བཞིན་དུ་ཡེ་ཤེས་འཆར་བའི་ཡུལ་མེད་ན། སྒོ་དང་གཟིགས་སྟངས་གཙུན་ཀྱང་མཐོང་ཡུལ་མེད་དོ། །མུ་ཏིག་འཕྲེང་བ་ལས། ནམ་མཁའ་རྐྱེན་བྲལ་ཡུལ་དུ་འདུས། །ཞེས་པ་དང་། ཐལ་འགྱུར་ལས། སྒོ་ནི་སྦྲིབ་བྱེད་བྲལ་བ་ལས། ཞེས་པ་དང་། གློང་གསལ་ལས། རྐྱེན་བྲལ་གསུམ་ལ་འཆར་བར་འགྱུར། །ཞེས་པས། དབང་པོའི་རྐྱེན་དང་བྲལ་བ། ཡུལ་རྐྱེན་དང་བྲལ་བ། གནས་རྐྱེན་དང་བྲལ་བར་འཆར་རོ། །ཕར་ཕྱིན་ལས། དོན་དེ་གང་ཡིན་ནམ་མཁའ་དག་ལ་བལྟ་བར་གྱིས། ཞེས་པ་དང་། ཡི་གེ་མེད་པ་ལས། དེ་ཡང་ནམ་མཁའི་ངང་ལས་རྣམ་པར་གསལ། །ཞེས་པ་དང་། ནམ་མཁའ་ཆེ་ལས། རྣལ་འབྱོར་ནམ་མཁའི་བྱ་ལམ་བཞིན། །ཞེས་པ་དང་། སེང་གེ་རྩལ་རྫོགས་ལས། དབྱིངས་ཀྱི་མཚན་ཉིད་འདི་ལྟ་སྟེ། །ཡངས་དང་ལྷུན་སྡུག་གཏིང་མཐའ་ཡས། །གསལ་དང་དྭོད་དང་བསིལ་བ་དང་། །ཡངས་ཤིང་གཡོ་བའི་བདག་ཉིད་འཛིན། །ཁྱབ་དང་མུ་ཁྱུད་ར་བའོ། །ཞེས་སོ། །དེ་ཡང་རིག་པའི་ཡེ་ཤེས་གནས་པའི་གཞི། འགྱུ་བའི་ལམ། གསལ་བའི་སྒོ། འཆར་བའི་ཡུལ་གསུམ་པོ་ཡ་བྲལ་བ་མ་ཡིན་ཞིང་འབྲེལ་བ་སྟེ། དཔེར་ན་རིག་པའི་ཡེ་ཤེས་བུམ་

པའི་ནང་གི་མར་མེ་ལྟ་བུ་སྟེ། བུམ་པའི་མར་མེ་བུམ་པའི་ཁ་གསལ་བའམ། ཉི་མ་ཤར་ཕྱོགས་ནས་འབྱུང་བའི་འོད་ནུབ་ཕྱོགས་སུ་འབྱུང་བ་ལྟར། རིག་པ་ཡེ་ཤེས་སྙིང་གི་དཀྱིལ་ན་ཡོད་པ་དེ་ལམ་རྩ་ལ་ཞུགས་ནས་སྒོ་ལ་འཆར་ཞིང་ཡུལ་རྐྱེན་བྲལ་གྱི་ནམ་མཁའ་ལ་སྣང་སྟེ། ཉིན་མོ་འཛིག་རྟེན་ལས་འདས་པ་ཡེ་ཤེས་ཀྱི་སྣང་བ་འཆར་བ་ལ་ནུབ་མོ་ནག་པོའི་ཆ་ནས་འཁོར་བའི་སྣང་བ་འཆར་བར་བྱེད། དེ་ལྟར་འཆར་བའི་སྒོ་ནི་རྒྱང་ཞགས་ཆུ་ཡི་སྒྲོན་མ་ཡིན་ཏེ། ཐིག་ལེ་སྟོང་པའི་སྒྲོན་མ་ནི། དེ་ལ་བརྟེན་ནས་རྨ་བྱའི་མདངས་ལྟར་འཆར་ཚུལ་ལ་སོགས་པ་བཞི་པོ་གོང་དུ་བསྟན་པ་སྟེ། རྒྱུད་རྣམས་ནས་སྒྲོན་མའི་མཚན་ཉིད་རྣམས་དབྱེ་བ་མང་དུ་གསུངས་ཀྱང་ཆོས་ཉིད་མངོན་སུམ་གྱི་སྣང་བ་ད་ལྟ་གཏན་ལ་དབབ་ཏུ་ཡོད་པས། སྒོ་ཡུལ་ཡ་མ་བྲལ་བ་ལས་འབྱུང་སྟེ། འདི་སྐད་དུ། ཡུལ་ནི་ནམ་མཁའ་སྟོང་པ་ལ། །རིག་པ་སྟོང་གསལ་འཆར་བར་འགྱུར། །ཇི་ལྟར་འཆར་ན། འདས་རྗེས་ལས། །མིག་ནི་ནམ་མཁའི་ཁམས་སུ་བཏེགས། །འོད་ནི་ཕྲ་ལ་འཁྲིལ་བ་འབྱུང་། །དངོས་སུ་གསལ་བ་ན་དབྱིངས་རིག་འདུ་འབྲལ་མེད་པ་སྟོང་གསལ་གཉིས་མེད་སྐུ་མཐའ་བྲལ་བ་ནི། རིག་པ་རྡོ་རྗེ་ལུ་གུ་རྒྱུད་དང་དབྱིངས་རྣམ་པ་དག་པའི་སྒྲོན་མ་འདུ་འབྲལ་མེད། མིག་གི་དབང་པོ་ལ་མངོན་སུམ་དུ་གསལ་ཞིང་ཤེས་རབ་ཀྱིས་བཤད་པ་མ་ཡིན་ཏེ། ཐལ་འགྱུར་ལས། དེ་ཡང་མཚན་ཉིད་མངོན་སུམ་དུ། །གནད་མཐོང་ཙམ་གྱིས་ཤེས་པ་དང་། ཤེས་པ་ཙམ་གྱིས་རྟོགས་པ་དང་། རྟོགས་པ་ཙམ་གྱིས་གྲོལ་བར་འགྱུར། །ཞེས་པས་ཡུལ་གྱི་གནད་ཤིན་ཏུ་གལ་ཆེའོ། །གསུམ་པ་རླུང་གནད་ཤིན་ཏུ་དལ་བ་མ་བརྟེན་ནས། རླུང་གིས་རིག་པ་དཔྱུར་བས་རིག་པ་མི་ཟིན་པས། འདས་རྗེས་ལས།

རླུང་གནད་ཤིན་ཏུ་དགོས་ཏེ་རླུང་གནད་དལ་བ་ལ་བསླབ། ཐལ་འགྱུར་ལས། རྣམ་ཤེས་རླུང་རིག་དལ་བས་ཡེ་ཤེས་འགྲུབ། ཀློང་གསལ་ལས། ཕྱི་ནང་རླུང་གིས་དལ་ཞིང་སློམས། །ཡིད་ཙམ་ཕྱི་རུ་འདོར་བ་ཡིས། །རླུང་གི་འགྲོ་འོང་ཆད་པར་འགྱུར། །ཞེས་གསུངས། རླུང་དལ་བ་ལ་བསླབ་པ་ནི། མཆུ་དང་སོ་གཉིས་བག་ཙམ་མ་རེག་པར་བྱ། རླུང་སྣ་ལ་མི་བཏང་བར་ཁ་ལ་བཏང་། རླུང་ཕྱི་འགྱུ་ནང་འགྱུ་གཉིས་པོ་མཉམ་ཞིང་ཕྱིར་བག་ཙམ་འདོར་རོ། །དེ་ལྟར་རླུང་དལ་བ་ལ་བརྟེན་ཞིང་ཕྱིར་རྒྱུང་རིང་དུ་སང་སང་འཕེན་པའི་གནད་ཡིན་ནོ། །ཐལ་འགྱུར་ལས། རླུང་གནད་ནང་ནས་དལ་བར་བྱས་ཏེ། །རབ་ཏུ་འཕེན་པ་ལས་བྱུང་བ། །ལུས་དང་སེམས་ཀྱི་འབྲེལ་ཆད་དེ། །ཁམས་གསུམ་དུ་ཡང་ལྡོག་པ་མེད། །ཞེས་དང་། ཀློང་གསལ་ལས། ཁྱད་པར་རླུང་གནད་དལ་བ་གཅེས། ཞེས་དེ་ལྟར་བྱས་པའི་རླུང་གི་འགྲོ་འོང་ཆད། རྟོག་པའི་འགྲོ་འོང་ཟད་ནས་དབྱིངས་རིག་གཡོ་འགྱུལ་མེད་པར་བསྡུད་དོ། །འདས་རྗེས་ལས། དེ་ལྟར་གནད་བཞི་གཟེར་བ་ཡི། །སྐུ་གསུམ་རིག་པ་སྟོང་པར་འཆར། །ཞེས་སོ། །དེ་ལྟར་གནད་གསུམ་བརྟེན་ནས་བླ་མས་ངོ་སྤྲོད་པའི་དབྱིངས་རིག་གསལ་སྟོང་དབང་པོའི་ཡུལ་དུ་མངོན་སུམ་དུ་གསལ། ལྟག་གི་མཐོང་བས་ཆོས་ཉིད་མངོན་སུམ་དུ་མཐོང་བ་ཞེས་བྱའོ། །བཞི་པ་རིག་པའི་གནད་ནི། ལུ་གུ་རྒྱུད་བཙོན་དུ་བཟུང་དགོས་ཏེ། དེ་མ་བཟུང་ན་རིག་པ་མི་གསལ་བའི་བཟུང་བ་གལ་ཤིན་ཏུ་ཆེ་སྟེ། འདས་རྗེས་ལས། ལུག་རྒྱུད་རིག་པ་བཙོན་དུ་བཟུང་། ཞེས་པ་དང་། སྒྲོན་མ་འབར་བ་ལས། དབྱིངས་ཀྱི་རིག་པ་རང་ཡུལ་བྱེད། །རྡོ་རྗེ་ཉིད་ནི་ལུ་གུ་རྒྱུད། །འདི་ཉིད་དང་དུ་བཞག་པར་བྱ། །ཞེས་པ་དང་།

རིག་པའི་གནད་ནི། ཁྲེགས་ཆོད་བདུན་པ་ལས་ཀྱང་། །རིག་པ་དབྱིངས་དང་འབྲེལ་བ་ནི། །ཡིད་ལ་རྣམ་པར་དབྱེ་བ་ཡིས། །གཞི་ཡི་མིག་འཁྱུར་མིག་དང་བྲལ། །ལམ་ནི་འཁྲིག་པའི་རྩ་ལ་ཡང་། །དུམ་བུ་བརྩེགས་པའི་རིམ་པ་ཅན། །འདིས་ནི་འཁོར་བའི་མུན་པ་སེལ། །དང་པོ་ཡིད་ལ་མེད་པ་སྣང་། །བར་དུ་འོད་དང་ཐིག་ལེ་ཉིད། །ཐ་མ་སྐུ་དང་ཡེ་ཤེས་སོ། །ཞེས་སོ། །བསམ་པའི་རྣམ་རྟོག་རྒྱུད་བཅད་ནས་རིག་པ་རྡོ་རྗེའི་ལུ་གུ་རྒྱུད་བཙོན་དུ་བཟུང་བའོ། །འདི་སྐད་དུ་ཡང་། མདོན་སུམ་གནད་འདི་སུས་ཤེས་པ། །ཁམས་གསུམ་ལྡོག་པ་མ་ཡིན་ནོ། །ཞེས་པ་དང་། ཐུགས་ཀར་ལས། རང་ངོ་རིག་པ་ལུ་གུ་རྒྱུད། །འགྲོ་འོང་བྲལ་ཏེ་མཁའ་ལའོ། །ཡེ་ཤེས་ལྷ་ལྷུན་འོད་ཀྱི་སྐུ། །ལུ་གུ་རྒྱུད་དུ་རབ་ཏུ་གསལ། །དེ་ཡང་འགྲོ་དང་འོང་བ་དང་། །འགུལ་བ་དང་ནི་འཕྲིག་པའོ། །ཞེས་དང་། འཕྲ་བཀོད་ལས། རྒྱང་ཞགས་ཆུའི་སྒྲོན་མ་ལས། ཡང་དག་པར་རྫོགས་པའི་སངས་རྒྱས་རྡོ་རྗེ་ལུ་གུ་རྒྱུད་ཀྱི་སྐུར་གསལ་ལོ། །ཞེས་པ་དང་། དེ་ཡང་ཕྱིའི་དབྱིངས་ནམ་མཁའ་སྟོང་པ་ཡུལ་དང་འདྲ་བ་མེད་ལ་ནང་གི་དབྱིངས་རྣམ་པར་དག་པའི་སྒྲོན་མ་ཁྲིམ་དེ་དང་འདྲ་བ་དེའི་ནང་དུ་རིག་པ་རྡོ་རྗེ་ལུ་གུ་རྒྱུད་བདག་པོ་དང་འདྲ་བ་བཙོན་དུ་བཟུང་བའོ། །དེ་ཡང་འབེན་ལ་གཏད་དགོས་ཏེ། ཆོས་སྐུའི་འབེན་ཉི་མ། ལོངས་སྐུའི་འབེན་ཟླ་བ། སྤྲུལ་སྐུའི་འབེན་མར་མེ་ལ་གཏད་ཅིང་ལུ་གུ་རྒྱུད་དེ་གང་དུ་ཡང་མི་གཏོང་བར་རྩེ་གཅིག་བཟུང་བར་བྱ། རྒྱུད་ལས། རང་ངོ་རིག་པ་ལུ་གུ་རྒྱུད། །འགྲོ་འོང་བྲལ་ཏེ་མཁའ་ལའོ། །ཞེས་སོ། །ཀློང་གསལ་ལས། རིག་གནད་ལུག་རྒྱུད་བཙོན་དུ་བཟུང་། །མདོན་སྣང་དཔལ་བ་ཉིད་དུ་

བརྗེན། །ཞེས་པ་དང་། གཞན་ཡང་ལུ་གུ་རྒྱུད་ཀྱི་རང་བཞིན་ནི། །རྣམ་པར་རྟོག་པ་ཀུན་དག་ནས། །མ་འབྲུལ་བ་ཡི་སངས་རྒྱས་སོ། །ཞེས་དང་། ཡི་གེ་མེད་པ་ལས། དེ་ངོ་ལུ་གུ་རྒྱུད་ལྟར་འབྱུང་། །འཕྲིགས་དང་འཕྲིག་པ་འགྱུལ་བའོ། །ཞེས་དང་། རང་ཤར་ལས། ཡེ་ཤེས་ལྷ་ལྷུན་འོད་ཀྱི་སྐུ། །ལུ་གུ་རྒྱུད་དུ་རབ་ཏུ་གསལ། །དེ་ཡང་འགྲོ་དང་འོང་བ་དང་། །འགྱུལ་བ་དང་ནི་འཕྲིགས་པ་དང་། ཞེས་དང་། སེང་གེ་རྩལ་རྫོགས་ལས། རང་རིག་རིག་པའི་ངོ་བོ་དེ། །ཡེ་ཤེས་ལུ་གུ་རྒྱུད་དུ་གནས། །ཞེས་སོ། །ལུ་གུ་རྒྱུད་དེ་གང་དུ་ཡང་མི་བཏང་བར་འདུན་པ་རྩེ་གཅིག་གིས་བཟུང་ངོ་། །དེ་ལྟར་གནད་རྣམ་པ་གསུམ་ལ་བརྗེན་ནས་བསྟན་པ་ལ་དགོས་ཆེད་གཉིས་ཏེ། གནས་སྐབས་དང་མཐར་ཐུག་གོ །གནས་སྐབས་སུ་གནད་གསུམ་བསྟུན་པས་རིག་པ་ཡེ་ཤེས་དབང་པོའི་མདོན་གསུམ་དུ་གསལ་ནུས་ལ་དེ་གསལ་བའི་མ་རིག་པ་དང་བྲལ་ཏེ། ཚོའི་དུས་བྱས་ཀྱང་བདེན་པ་མཐོང་བའི་གནད་ཀྱིས་རང་བཞིན་སྤྲུལ་སྐུའི་ས་རུ་གྲོལ་བའི་དགོས་ཆེད་ཡོད་དོ། །མཐར་ཐུག་གི་དགོས་པ་ནི། །མངོན་སུམ་གྱི་རིག་པ་དེ་ཉམས་སུ་བླང་བས་སྣང་བ་རྣམ་བཞི་ཟད་དེ་ལྷུག་མེད་དུ་སངས་རྒྱས་སོ། །དེ་ཡང་འདས་རྗེས་ལས། སྒོ་ཡུལ་རླུང་གི་གནད་བསྟུན་པས་ཡུལ་ལ་ཡེ་ཤེས་སྐུ་ལྷ་མངོན་དུ་སྣང་། ཞེས་སོ། །དེ་ལྟར་མངོན་སུམ་གྱི་གནད་རང་ཐོག་ཏུ་མ་ཕེབ་པའི་སྐྱོན་ནི། གློང་གསལ་ལས། གནད་གསུམ་བསྟུན་པར་མ་བྱས་ན། །རིག་པའི་དོན་ལ་རེག་མི་འགྱུར། །ཅེས་པའི་གནད་མ་ཕེབ་ན་གོང་གི་ཡོན་ཏན་དེ་རྣམས་ལས་བཟློག་པའོ། །བཞི་པ་ཉམས་རྟོགས་ཀྱི་རིམ་པ་འཆར་བའི་གནད་ནི། སྣང་བ་བཞིའི་

འཆར་ཚུལ་གཏན་ལ་དབབ་དགོས་ཏེ། དེ་གཏན་ལ་མ་ཕེབ་ན་སྣང་བའི་སོ་མཚམས་མི་ཤེས་པའོ། །དེ་ཡང་ཀློང་གསལ་ལས། སྣང་བཞིའི་འཆར་ཚུལ་མ་ཤེས་ན། །ས་ཟིན་མེད་པའི་སྐྱོན་ཉིད་འབྱུང་། །སྣང་བ་བཞི་རུ་ཤེས་པར་བྱ། །ཞེས་གསུངས་སོ། །འདི་གཏན་ལ་དབབ་པ་ནི། ཐུགས་ཀར་ལས། དེ་ལ་སྣང་བ་བཞི་འགྱུར་ཏེ། །ཆོས་ཉིད་མངོན་སུམ་སྣང་བ་ཡི། །ཡིད་དཔྱོད་འཛིན་པའི་ལྟ་བ་ནུབ། །ཉམས་སྣང་གོང་དུ་འཕེལ་བ་ཡི། །བར་དོ་ཡེ་ཤེས་དངོས་སུ་གནས། །རིག་པ་ཚད་ཕེབ་སྣང་བ་ཡི། །ལོངས་སྤྱོད་རྫོགས་པའི་སྐུ་དངོས་ཟིན། །ཆོས་ཉིད་ཟད་པའི་སྣང་བ་ཡིས། །རྫོགས་ཆེན་བྱ་བྲལ་འབྲས་བུ་ཐོབ། །འདི་ལྟར་བཞི་ལ་མཐར་ཕྱིན་ནས། །སྐྱུར་འདས་གཞན་དུ་བཙལ་དུ་མེད། །ཅེས་གསུངས་པས་དེ་ཡང་ཆོས་ཉིད་མངོན་སུམ་གྱི་སྣང་བ་དང་། ཉམས་གོང་འཕེལ་གྱི་སྣང་བ་དང་། རིག་པ་ཚད་ཀྱི་སྣང་བ་དང་། ཆོས་ཉིད་ཟད་པའི་སྣང་བ་དང་བཞིའོ། །དང་པོ་ཆོས་ཉིད་མངོན་སུམ་སྣང་བ་ནི། མིག་དང་རིག་པ་ནམ་མཁའ་གསུམ། །དུས་གཅིག་དུ་ནི་འཛོམས་པ་སྟེ། །ཟང་ཐལ་ཉིད་དུ་མཐོང་བའོ། །ཞེས་སོ། །མངོན་ཞེས་པ་ནི་གནས་ལུགས་དེ་ཉིད་ཡིན་སྙམས་པའམ་ཡིད་དཔྱོད་ལ་རག་མ་ལས་པ་ཚིག་དང་ཡི་གེ་ལ་མ་བརྟེན་པར་དབང་པོའི་སྤྱོད་ཡུལ་དུ་གཏན་ལ་ཕབ་པའོ། །ཉམས་རྟོགས་གང་གིས་ཀྱང་མ་བསླད་པར་མཐོང་བ་ཉིད་དོ། །སུམ་ཞེས་པ་རིག་པ་དེ་ཉིད་དཔེ་ལ་མ་བརྟེན་པར་བརྒྱུད་པ་མ་ཡིན་པ་དང་། རྟག་པ་ལ་བརྟེན་པར་མངོན་སུམ་དུ་གཏན་ལ་ཕེབ་པ་སྟེ། གོང་གི་གཟིགས་སྟངས་ཀྱི་གནད་གཙུན་ཏེ། ལྟ་མས་ངོ་སྤྲད་པས་རང་གི་སྨིན་མཚམས་སུ་དབྱིངས་རྣམ་པར་དག་པའི་སྒྲོན་མ་ཞེས་བྱ་བ་བར་སྣང་གི་འཇའ་ལྟ་

བུའོ། །རྨ་བྱའི་མདངས་ལྟ་བུར་འཆར་རོ། །དེའི་ནང་དུ་ཐིག་ལེ་སྒྲོན་མ་ཞེས་བྱ་བ། ཚུ་གོར་མོའི་ནང་དུ་རྡོ་བསྐྱུར་བ་ལྟ་བུའམ། ཐུབ་ཀྱི་སྦྲ་འཁོར་ལྟ་བུ་ལ་ཉུང་གི་འབྲས་བུའམ་སྲན་མ་རྫོག་འབྲུ་ཙམ་འཆར་བ་ཡིན་ནོ། །དེའི་ནང་དུ་རང་གི་རིག་པ་རྡོ་རྗེ་ལུ་གུ་རྒྱུད་ཅེས་བྱ་བ་ཕྲ་བ་ལ་རྟ་རྔ་ལ་མདུད་པ་བྱས་པ་ལྟ་བུའོ། །སྨུ་ཏིག་རྩ་ལ་བརྒྱུས་པ་ལྟ་བུའམ། ལྕུགས་ཐག་བསྐྱང་བ་ལྟ་བུའམ། མེ་ཏོག་དྭ་བ་དྭ་ཕྲེད་ལྟར་ལ་རླུང་གི་བསྐྱོད་པ་ལྟ་བུ་གཅིག་ལ་གཉིས་སྦྲེལ་གསུམ་སྦྲེལ་ལ་སོགས་པ་འཆར་ཏེ། དེ་ནི་རང་གི་ངོ་བོ་ཐིག་ལེ་ཉག་གཅིག་ཅེས་བྱ་བ་ཡོད་དོ། །དེ་ཡང་དབྱིངས་དང་རིག་པ་འདུ་འབྲལ་མེད་པར་ཉི་ཟླ་དང་ཟེར་གྱི་ཚུལ་དུ་གནས་སོ། །དེ་ཡང་དབྱིངས་ཀྱི་རྟགས་སུ་འོད་དང་འོད་ཁྱིམ། ཡེ་ཤེས་ཀྱི་རྟགས་སུ་ཐིག་ལེ། སྐུའི་རྟགས་སུ་ལུ་གུ་རྒྱུད་དོ། །དེ་ཡང་ཀློང་གསལ་ལས། མངོན་སུམ་དེ་ལ་བསྟན་པའི་ཐབས། །བླ་མས་གཞུང་ལྟར་ངོ་སྤྲད་པས། །རྒྱང་ཞགས་ལ་ནི་སྒྲོན་མ་ཤར། །ཡུལ་སྣང་རང་མདངས་ཉིད་དུ་གསལ། །དེ་ཉིད་ཤེས་རབ་སྒྲོན་མ་ཡིས། །ཡིད་དཔྱོད་ཐེག་པའི་སྒྲོ་འདོགས་ཆོད། །དངོས་སུ་ཐིག་ལེའི་སྒྲོན་མ་ཤར། །འཁོར་འདས་ཟང་ཐལ་ཉིད་དུ་ཆོད། །རྣམ་དག་དབྱིངས་ཀྱི་སྒྲོན་མ་ཡིས། །ཉམས་ཀྱི་སྣང་བ་གོང་འཕེལ་ལོ། །ཡུལ་དུ་སྒྲོན་མ་དག་ལ་ནི། །ལམ་སྣང་རིག་པ་ལུ་གུ་རྒྱུད། །ལམ་མདངས་ལྷུན་གྲུབ་འབྲས་བུ་ལྟ། །ལམ་སྣང་ཐུགས་རྗེའི་དབང་པོར་གསལ། །དེ་ལྟར་དབང་པོའི་མངོན་གསུམ་དུ། །གང་གི་གོམས་པའི་སངས་རྒྱའོ། །རྒྱང་ཞགས་ཚུའི་སྒྲོན་མ་ཞེས་བྱ་བ་མིག་གཉིས་ཡིན་ཞིང་། ཐུ་མ་ལས། མིག་གཉིས་སྐྱིན་ཕྲག་མཁའ་ལ་གཏད། འགྱུར་ཐོག་མེད་པར་ཧ་རེ་བལྟ། །ལུས་ངག་ཡིད་གསུམ་གཅིག་ཏུ་

ཏྲི་ལ། །དེ་ལྟར་བྱས་པའི་ཡོན་ཏན་ནི། །འཁྲུལ་སྣང་འཛིན་པ་ཀུན་བྲལ་ནས། །དབྱིངས་རིག་འདུ་འབྲལ་མེད་པའི་ཉམས། །མངོན་གསུམ་རང་ཐོག་འཕེབས་པར་འགྱུར། །ཞེས་སོ། །དེ་ཡང་དཀར་ནག་འབྱེད་པ་ཆུའི་རང་བཞིན་དུ་འབྱུང་བའི་རྒྱུད་ཞགས་ཆུའི་སྒྲོན་མ་ཞེས་བྱ་བ་མིག་གི་དྭངས་མ་ལ་བྱས་ཏེ། སྒྲོན་མ་འབར་བ་ལས། རྒྱུད་ཞགས་ཆུ་ཡི་སྒྲོན་མ་ནི། གསུམ་གྱི་ལྟ་བ་འཛིན་པར་བྱེད། །ཅེས་པ་འདིའི་ངེས་ཚིག་ནི། དེ་ཉིད་ལས། རྒྱུད་ནི་རིང་བའི་ལམ་རྒྱུད་པས། །གཟུགས་སུ་སྣང་བ་འཛིན་པ་དང་། །ཁ་དོག་ལ་སོགས་སྡུད་པ་དང་། །རིག་པའི་སྐུ་ཡང་རྒྱུད་རིང་ན། །མཐོང་བྱེད་འཛིན་པར་བྱེད་པ་དང་། །ཞེས་དང་། ཞགས་ཞེས་བྱ་བ་རྒྱུད་ནས་འཛིན། །དེ་བཞིན་ནམ་མཁའི་སྤྲིན་བྲལ་ནས། །རིག་པ་བདག་མེད་སྐུར་སྣང་བ། །སྣང་བ་ཡས་སུ་མི་འཇུག་པར། །དེ་ཡིས་འཛིན་པས་ཞགས་ཞེས་བྱ། །ཞེས་དང་། ཆུ་ནི་སྣང་བ་དེ་དག་ལ། །ཞེན་པ་རང་སར་ལོག་ན་ནི། །ཀུན་ལ་ཆགས་པའི་སེམས་མེད་པར། །སྣང་བ་རང་སར་བཞག་པ་ནི། །བདག་འཛིན་བྲལ་བའི་ཆུ་ཞེས་བྱ། །ཞེས་དང་། སྒྲོན་ནི་རང་རིག་སྣང་བ་ཀུན། །གོང་ནས་གོང་དུ་འཕེལ་བ་ཡི། །རིག་པ་ཡེ་ཤེས་གསལ་བའི་སྒྲོན། །ཞེས་པ་དང་། ཉམས་ཀྱི་སྣང་བ་འདི་བསྐྱེད་པས། །དབྱིངས་རིག་འདྲེས་པ་མ་ཡང་ཡིན། །དབང་པོ་ཀུན་གྱི་དྭངས་མ་ཡང་། །འཆར་བྱེད་སྒོ་ནི་མིག་ཡིན་པས། །ཀུན་གྱི་གཞི་འཛིན་མ་ཞེས་བྱ། །ཞེས་སོ། །གཞན་ཡང་། རྒྱུད་ཞགས་ཆུ་ཡི་སྒྲོན་མ་དང་། །ཡེ་ཤེས་འདུས་པའི་རྒྱུད་ཞགས་དང་། །དབང་པོ་འདུས་པའི་རྒྱུད་ཞགས་སོ། །ཞེས་དབྱེ་བ་དང་། འཆར་བྱེད་འགགས་པ་མེད་པ་

ཡི། །དབང་པོ་དྭངས་མ་མིག་གི་སྒོ། །བསྐྱེད་པ་པདྨའི་སྤྱན་དུ་གནས། །ཞེས་མཚན་ཉིད་དང་། འདི་ཡི་གནས་ནི་མིག་ཡིན་ཏེ། །མཐོང་བྱེད་འགགས་པ་མེད་པ་ཡིས། །ཡུལ་རྣམས་འཛིན་པར་བྱེད་པ་ཡིན། །ཞེས་བཞུགས་ཚུལ་ལ་སོགས་པ་སྒྲོན་མ་འབར་བ་ནས་གསུངས་སོ། །དེ་ལྟ་བུའི་སྒྲོན་མ་ལ་བརྟེན་ནས་ཐིག་ལེ་སྟོང་པའི་སྒྲོན་མ་རྨ་བྱའི་མདངས་ལྟ་བུར་འཆར་རོ། །དེའི་མདངས་དབྱིངས་རྣམ་པར་དག་པའི་སྒྲོན་མ་ཡི་གེ་ན་རོ་ལྟར་འཆར་རོ། །དེའི་རྒྱལ་ཤེས་རབ་རང་བྱུང་གི་སྒྲོམ་མ་ཤེས་པའི་རྒྱལ་སྣ་ཚོགས་པ་འཆར་རོ། །སྒྲོན་མ་འབར་བ་ལས། རྒྱང་ཞགས་ཆུ་ཡི་སྒྲོན་མ་ཡིས། །གཟུགས་སུ་ངོ་བོ་ཉིད་དུ་བསྟུས། །ཤེས་རབ་རང་བྱུང་སྒྲོལ་མ་ཡིས། །ཐེག་པ་རྣམས་ཀྱི་ཐེ་ཚོམ་གཅོད། །ཐིག་ལེ་སྟོང་པའི་སྒྲོན་མ་ཡིས། །འཁོར་འདས་བསྲེས་པའི་མཚམས་སྦྱོར་བྱེད། །དག་པ་དབྱིངས་ཀྱི་སྒྲོན་མ་ཡིས། །རྣལ་འབྱོར་ཉམས་ཀྱིས་བོན་འདེབས། །ཞེས་སོ། །མུ་ཏིག་འཕྲེང་བ་ལས། འགྲོ་བའི་ལམ་ནི་མཐོང་བྱེད་སྒོ། །དེ་ཉིད་གཡས་དང་གཡོན་གྱི་དབུ། །སྒྲོན་མ་འབར་བ་ཚུལ་དུ་གནས། །ཐིག་ལེ་སྟོང་པའི་སྒྲོན་མ་དང་། །དག་པ་དབྱིངས་ཀྱི་སྒྲོན་མ་དང་། །ཤེས་རབ་རང་བྱུང་ཉིད་དང་ནི། །རྒྱང་ཞགས་ཆུ་ཡི་སྒྲོན་མ་ཡིས། །མཐོང་བྱེད་ཡུལ་ལ་སྣང་བའོ། །རིག་པ་རྟོག་མེད་ལུ་གུ་རྒྱུད། །བདེ་ཆེན་ཚངས་པའི་སྒོ་ནས་ནི། །དཔེར་ན་གསེར་གྱི་ལུ་གུ་རྒྱུད། །བཟོ་བོ་མཁས་པའི་ལག་བརྒྱུས་ལྟར། །ལུ་གུ་རྒྱུད་ནི་འབྲེལ་ཆགས་སོ། །ཞེས་གསུངས་པ་དང་། སློབ་དཔོན་ཆེན་པོ་བི་མ་མི་ཏྲའི་ཞལ་ནས། གསལ་བར་དྲང་འཐད་ཨ་ཨ་ཧྲཱུ་ཏི་ནི། །མུ་ཏིག་ཕྲེང་བརྒྱུས་བཞིན་དུ་ཡུལ་ལས་

སྐྱེ། །ཞེས་གསུངས་པའི་དེ་དག་གི་གནས་ལུགས་ཨོྃ་རིན་པོ་ཆེ་ནི། ངོ་བོ་ཀ་ནས་དག་པ་རང་བཞིན་སྐྱུ་དང་། འོད་དུ་གསལ་བ་ཐུགས་རྗེ་ཀུན་ཁྱབ་དུ་གཞུགས་སོ། །དེ་དག་གི་ལམ་མངོན་སུམ་ཡོད་པའོ། །ཡིད་དཔྱོད་འཛིན་པའི་ལྟ་བའི་ཚིག་དང་བློ་ཤེས་རབ་ཀྱི་རྟོག་དཔྱོད་ཀྱི་ལྟ་བ་བསླབ་པ་དང་བྲལ་ཏེ། ཐུགས་ཀར་ལས། ཆོས་ཉིད་མངོན་སུམ་སྣང་བ་ནི། །དབང་པོའི་སྣོ་ལ་ངེས་ཐོན་ཏེ། །སྤྲིན་མེད་པ་ཡི་མཁའ་ལ་གསལ། །ཞེས་སོ། །ཆོས་ཉིད་མངོན་སུམ་གྱི་སྣང་བ་དེ་མཐོང་ཕན་ཆད་ཁམས་གསུམ་དུ་མི་ལྡོག་ཏེ། འདས་རྗེས་ལས། རིག་པ་མངོན་སུམ་གནད་འདི་སུས་མཐོང་བས། །ཁམས་གསུམ་ལྡོག་པ་མ་ཡིན་ནོ། །ཞེས་དང་། ཀློང་གསལ་ལས། རིག་པ་མངོན་སུམ་མཐོང་བ་ནི། །བདེན་པ་མཐོང་བའི་གནད་ཀྱིས་སོ། །ཁམས་གསུམ་ལྡོག་པ་མ་ཡིན་ནོ། །ཞེས་དགེ་སྡིག་གིས་མི་གོས་ཤིང་ཕྱིར་མི་ལྡོག་པའོ། །ཆོས་ཉིད་མངོན་སུམ་གྱི་གནད་དེ་མ་མཐོང་ན། སྦྲ་མ་ལས། དངོས་སུ་རིག་པ་མ་མཐོང་ན། །ཡིད་དཔྱོད་མུན་པའི་མཐའ་འཁོར་ནས། །འཁོར་བ་ཉིད་དུ་ནམ་པར་རྒྱུ། །ཞེས་སོ། །རིག་འཛིན་དགའ་རབ་རྡོ་རྗེའི་ཞལ་ནས། ཡིད་དཔྱོད་འཛིན་པའི་ལྟ་བ་ཉོན་རེ་མོངས། །དེ་ལ་བརྟེན་པའི་བསྒོམས་པ་ཡིད་རེ་མུག །དེ་ལས་བྱུང་བའི་སྤྱོད་པ་ཐང་རེ་ཆད། །དེ་ལ་འབྲས་བུ་རེ་བ་ཡོང་རེ་འཁྲུལ། །ཞེས་གསུངས་སོ། །དེ་ལྟར་ཆོས་ཉིད་མངོན་གསུམ་གྱི་གནད་དེ་མ་མཐོང་ན་གོང་གི་ཡོན་ཏན་དེ་ལས་ལོག་པའི་སྐྱོན་ཡོད་དོ། །གཉིས་པ་ཉམས་གོང་འཕེལ་གྱི་སྣང་བ་ནི། ནམ་མཁའ་དང་རིག་པ་དབྱེར་མི་ཕྱེད་པ་དེ་ཉིད་གོམས་པ་ལས་བྱུང་བའོ། །ཉམས་གཉིས་ཤེས་པའི་ཉམས་དང་སྣང་བའི་ཉམས

སོ། །ཤེས་པའི་ཉམས་ནི་བློའི་འཛིན་ཆགས་ཡིན་ཏེ། བདེ་དང་གསལ་དང་སྟོང་པ་སྣ་ཚོགས་སུ་འཆར་ཞིང་གཏད་པའི་དུས་ན་མི་རྟག་པ་ན་བུན་དང་འདྲ་བར་གཙོ་མི་བྱེད། ཀློང་གསལ་ལས། བློ་ནི་ཀུན་རྫོབ་འཁྲུལ་བར་བཤད། ཅེས་སོ། །སྣང་བའི་ཉམས་ནི་འཁྲུལ་བའི་སྣང་བ་ནུབ་ནས་དག་པ་ཡེ་ཤེས་ཀྱི་སྣང་བ་འཆར་ཏེ། དེ་ལྟར་ཉམས་སུ་བླང་བས་དབྱིངས་དང་རིག་པ་རེ་གསལ་རེ་མི་གསལ་བ་འབྱུང་། འཁོར་འདས་ཀྱི་སྣང་བ་དེ་ཡང་རྨིབ་ཤར་འབྱུང་། གྲེན་འཕྲེང་མདུང་རྩེ་ལྟ་བུ་དང་རེ་ལྷེའི་རྣམ་པ་ལྟ་བུར་འགྱུར་ཞིང་། འོད་སྣང་དེ་དག་རང་གི་དེ་དག་རང་གི་མདུན་ཙམ་ཁྱབ་པར་འཆར། ཐིག་ལེ་མེ་ལོང་ཙམ་དུ་འགྲོའོ། །རིག་པ་ནི་འདབ་འཆགས་འཕུར་སྐྱེན་དུ་འགྲོའོ། །དེ་ཡང་ཉམས་སུ་བླང་བའི་དབྱིངས་ཀྱི་སྣང་བ་དེ་ལ་རིན་པོ་ཆེའི་དྲ་བ་དང་འོད་ཀྱི་དྲྭ་བ་དྲྭ་ཕྱེད་དང་འདྲ་བ། མིག་མང་རིས་དང་། མིགས་ཚགས་ལྟ་བུ་དང་། མདུང་རྩེ་ལྟ་བུ་དང་། མདའ་ལྟ་བུ་དང་། པདྨ་སྡོང་ལྡན་ལྟ་བུ་དང་། ཉི་ཟླ་ལྟ་བུ་དང་། ཡེ་ཤེས་མཁར་ཐབ་ལྟ་བུ་དང་། རལ་གྲི་ལྟ་བུ་དང་། རྡོ་རྗེ་དང་། འཁོར་ལོ་དང་། གྲི་གུག་དང་། མེ་ལྕེ་དང་། ཉ་མིག་གི་རྣམ་པ་ལྟ་བུར་འཆར་བར་འགྱུར་རོ། །འོད་ཟེར་དེ་ཡང་རང་གནས་པའི་ལྕུང་པ་འགེང་བར་འགྱུར་རོ། །ཐིག་ལེ་ཡང་འཁར་པོར་ཙམ་དུ་འགྱུར་རོ། །རིག་པ་རི་དྭགས་སྤྲང་རྨིབ་ལ་རྒྱུག་པ་ཙམ་དུ་འགྲོའོ། །དེ་ནས་ཡང་ཉམས་སུ་བླང་བས་འོད་ནི་ཡུལ་ཁམས་ཙམ་དུ་འཆར། ཐིག་ལེ་བསེ་ཐབ་ཙམ་དུ་འགྲོའོ། །རིག་པ་ནི་བུང་བ་བཅུད་ལ་ལྡིང་བ་ཙམ་དུ་འགྲོའོ། །དེ་ནས་ཡང་ཉམས་སུ་བླང་བས་ནི། འོད་ནི་སྟོང་གསུམ་གང་བལྟས་ཚད་ལྡན་ཁྱབ། དབྱིངས་རིག་ཉིན་མཚན་མེད་བར་གསལ། ཐིག་

ལེའི་ནང་དུ་སྐུ་རྒྱུད་པ་རེ་སྣང་ལ་རིག་པའི་བར་དུ་སྐུ་འཁྲོ་འབྱུང་། རིག་པ་ནི་འགག་འཁྲིགས་མེད་པར་སྤྱོད་པའོ། །སྒྲ་ཐལ་འགྱུར་ལས། ཉམས་ཀྱི་སྣང་བ་གོང་འཕེལ་ནི། ཡེ་ཤེས་ཁ་དོག་ཕྱིར་དབྱུང་ནས་གྲེན་འགྲེང་བ་དང་། རྩིབ་ཤར་བ་དང་། ཐིག་ལེ་སྣ་ཚོགས་སྐུ་ཉིད་དུ་རིག་པ་སྣང་བའི་ཡུལ་དུ་གསལ། ཞེས་སོ། །དེ་ལྟར་ཤར་བའི་དུས་ནས་བར་དོའི་སྣང་བ་དེ་ཉིད་གཏན་ལ་ཕེབ་པའི་ཕྱིར་བར་དོ་མེད་དོ། །ཀློང་གསལ་ལས། ཉམས་སྣང་གང་དུ་འཕེལ་བ་ཡི། །འོད་ནི་སྣ་ཚོགས་འགྱུར་འཕེལ་དང་། །ཐིག་ལེ་འཕེལ་ཞིང་རིག་བསྟན་ཚད། །ས་བོན་འབྲས་བུའི་བར་བཞིན་འབྱུང་། །ཞེས་སོ། འདི་ལྟར་ཉམས་སྣང་གོང་དུ་འཕེལ་བ་ལ་དགོས་ཆེད་གཉིས་སྟེ། གནས་སྐབས་དང་མཐར་ཐུག་གོ །གནས་སྐབས་སུ་ཉམས་སྣང་གི་རིམ་པའི་ཡོན་ཏན་རྣམས་ཐོབ་ལ། མཐར་ཐུག་ཏུ་བར་དོའི་སྣང་བ་རང་སར་གྲོལ་བའོ། །དེ་ཡང་ཀློང་གསལ་ལས། སྐུ་ཤར་ཉམས་ཀྱི་འཕེལ་རྫོགས་ནས། །བར་དོའི་སྣང་ཚུལ་འདི་ར་ཆོད་པས། །ལོངས་སྤྱོད་དངོས་ཟིན་བར་དོ་སྟོང་། །ཞེས་སོ། །ཉམས་སྣང་གོང་དུ་མ་འཕེལ་ན་གོང་གི་ཡོན་ཏན་དེ་ལས་བཟློག་པའི་སྐྱོན་ཡོད་དེ། སུ་མ་ལས། ཉམས་སྣང་གོང་དུ་མ་འཕེལ་ན། །བར་དོ་ལས་ནི་གྲོལ་མི་འགྱུར། །ཞེས་སོ། །གསུམ་པ་རིག་པ་ཚད་ཕེབ་ཀྱི་སྣང་བ་ནི། ཀློང་གསལ་ལས། རིག་པ་ཚད་ལ་མ་ཕེབ་ན། །རྣལ་འབྱོར་དྲོད་ཚད་རྙེད་མི་འགྱུར། །ཞེས་གང་གིས། ཐིག་ལེ་དེ་དག་རེ་རེའི་ནང་དུ་སྐུ་ལྔ་ཡབ་ཡུམ་ལྔ་ལྔ་ཤར་ཏེ། ཐལ་འགྱུར་ལས། རིག་པ་ཚད་ཕེབ་སྣང་བ་ཡི། །ལོངས་སྐུའི་མཚན་དཔེར་གསལ་བ་ནི། །མ་འདྲེས་ཁ་དོག་འཛོམས་པ་ལས། །རིག་ལྔ

ཡབ་དང་ཡུམ་དུ་སྣང་། །དེ་ནས་ལྷ་ལྷ་ཟུང་དུ་བཅས། །རབ་ཏུ་གསལ་བའི་ཐིག་ལེ་འཁྱིལ། །ཡབ་ཡུམ་སྐུ་ཡི་རྣམ་པ་ཅན། །འཁྲུལ་སྣང་ཟད་ནས་ཞིང་ཁམས་སོ། །ཞེས་སོ། །དེ་དག་ཀྱང་གྲངས་ལས་འདས་པ་ལས་བྲི་དང་སྤྲང་ཚད་ལ་ཕེབ་པ་ལྟར་ཚད་ལ་ཕེབ་སྟེ།དེ་ནས་མ་བསྒོམས་ཀྱང་ཚོགས་པའོ། །དེ་ལྟར་ཚད་ལ་ཕེབ་པའི་དུས་ན་ལུས་འོད་གསལ་དུ་གྲོལ། འབྱུང་བ་རང་དག་ལ་སོང་བས་གདོས་བཅས་ཀྱི་ཕུང་པོ་རང་སར་གྲོལ་ཏེ། སྣང་ལ་རང་བཞིན་མ་གྲུབ་པའི་ལོངས་སྤྱོད་པའི་སྐུ་རང་གྲོལ་བའོ། །དེ་ལྟར་ཚད་ལ་ཕེབ་པ་ལ་དགོས་ཆེད་གཉིས་ཏེ། གནས་སྐབས་དང་མཐར་ཐུག་གོ །གནས་སྐབས་རིག་པ་ཚད་ལ་ཕེབ་པས་མ་བསྒོམས་ཀྱང་ཚོགས་པར་གོ་ལ། མཐར་ཐུག་ལོངས་སྤྱོད་རྫོགས་སྐུ་ངོས་ཟིན་ཏེ་སྐུའི་འཛིན་པ་མཚན་མ་རང་གྲོལ་བའོ། །དེ་ཡང་རྒྱུད་ལས། རིག་པ་ཚད་ལ་ཕེབ་པ་ཡིས། །ལོངས་སྤྱོད་སྐུ་ཉིད་མངོན་དུ་གྱུར། །ཅེས་སོ། །དེ་ལྟར་ཚད་ལ་མ་ཕེབ་ན་གོང་གི་ཡོན་ཏན་དེ་ལས་བཟློག་པའི་སྐྱོན་ཡོད་དོ། །རྒྱུད་ལས། །དེ་ལྟར་ཚད་ལ་མ་ཕེབ་ན། །ཕུང་པོའི་སྣང་འཛིན་དག་མི་འགྱུར། །ཞེས་གསུངས་སོ། །བཞི་པ་ཆོས་ཉིད་ཟད་པའི་སྣང་བ་ནི། དེ་ཡང་ཉམས་འཕེལ་ཟད་ནི་སྣང་བའི་ཉམས་དེ་དག་ལ་སྣང་དང་མི་སྣང་འཛིན་པའི་ངོ་བོ་མེད་པས་ཆོས་ཉིད་ཟད་པ་ཞེས་ཐ་སྙད་དུ་བཏགས་པའོ། །ཐལ་འགྱུར་ལས། ཆོས་ཉིད་ཟད་པའི་སྣང་བ་ནི། །ཉམས་ཀྱི་སྣང་བ་སྟོང་ནས་ནི། །ལུས་ཟད་དབང་པོ་ཡུལ་ཡང་ཟད། །རྟོགས་ཚོགས་ཕུང་པོ་རང་གྲོལ་ནས། །བརྗོད་གཞི་ཚིག་དང་བྲལ་བའོ། །ཞེས་ཉམས་དང་ལུས་དབང་པོ་དང་རྟོག་ཚོགས་དང་ཚིག་དང་འབྲེལ་བ་ཐམས་ཅད་ཟད་ནས་ཟག་པའི་ཕུང་པོ་མི་སྣང་བར་སངས་རྒྱས་པར་

འགྱུར་རོ། །ཀློང་གསལ་ལས། ཆོས་ཟད་བློ་ཟད་འབྲས་བུ་ཟད། །གནས་ལུགས་ལམ་གྱི་མཐའ་ཡང་ཟད། །དེ་ལྟར་ཆོས་ཉིད་ཟད་པའི་སྣང་བ་མཐོང་བ་ལ་གནས་སྐབས་དང་མཐར་ཐུག་གོ །གནས་སྐབས་སུ་སྣང་བ་བཞིའི་ཆོས་ཉིད་ཟིན་པའི་སོ་མཚམས་ཕྱེད་ལ།མཐར་ཐུག་ཆོས་ཟད་ཀྱི་སྣང་བ་མཐོང་ནས་ལྷག་མེད་དུ་སངས་རྒྱས་པར་ཐག་ཆོད་དོ། །ཐལ་འགྱུར་ལས། དེ་ལྟར་ལུས་འབྱུང་རྒྱུད་ཆད་ནས། །ཟག་བཅས་ཕུང་པོ་མི་སྣང་བར། །འདི་ལ་མངོན་པར་སངས་རྒྱའོ། །ཞེས་སོ། །དེ་ལྟར་ཆོས་ཉིད་ཟད་པར་མ་སྐྱོལ་ན་གོང་གི་ཡོན་ཏན་དེ་ལས་ལོག་པའི་སྐྱོན་ཡོད་དོ། །རྒྱུད་ལས། ཆོས་ཉིད་ཟད་པར་མ་གྱུར་ན། །ལྷག་མེད་ཉིད་དུ་འགྱུར་བ་མེད། །ཅེས་གསུངས་སོ། །གསུམ་པ་རྗེས་ཀྱི་རིམ་པ་མཐའ་རྟེན་གྱི་མན་ངག་ནི། ཀློང་གསལ་ལས། མཐའ་རྟེན་མན་ངག་རྣམ་པ་བཞི། །གོང་མའི་རྒྱབ་དུ་མེད་ཀླུགས་ཤིང་། །ཞེས་སོ། །འདས་རྗེས་ལས། མི་འགྱུལ་གསུམ་ལ་གཞི་བཅས་པས། །སྡོད་པ་གསུམ་གྱི་ཚད་ཟིན་ཏེ། །རྟགས་ནི་ལུས་ངག་ཡིད་ལ་འབྱུང་། །ཐོབ་པ་གསུམ་གྱི་གཟེར་ཐོབ་བོ། །ཞེས་པས་དེ་ཡང་མི་འགྱུལ་བ་གསུམ། སྡོད་པ་གསུམ།ཐོབ་པ་གསུམ་ལས། དེ་ཡང་མི་འགྱུལ་བ་ལ་གསུམ་ལས། གཞི་མ་བཅོས་ན་ཆོས་ཉིད་དོན་ལ་ཁ་འཕྲང་བ་མི་འགྱུལ་གསུམ་ལས་གཞི་བཅའ་བ་གལ་ཆེ་སྟེ། ཐལ་འགྱུར་ལས། དེ་ལ་མཐའ་རྟེན་ཡིད་ཆེས་གཉིས། །མི་འགྱུལ་གསུམ་ལ་གཞི་བྱས་པས། །རླུང་སེམས་གནད་ལ་ཕེབ་པའོ། །ཞེས་སོ། །སྡོད་པ་གསུམ་གྱིས་ཚད་མ་བཟུང་ནས་བསྒྲུབ་པའི་འབྲས་བུ་ལ་ཡིད་བཟུང་ནས་སྡོད་པ་གསུམ་གྱི་ཚད་བཟུང་བ་གལ་ཆེ་སྟེ། ཞེས་གསུངས་སོ། །སྡུ་མ་

ལས། སྡོད་པ་གསུམ་གྱི་ཚད་བཟུང་ནི། །རྨི་ལམ་བཟློགས་ཀྱང་ལུས་ངག་ཡིད། །རྟགས་དང་ཚད་ནི་དེའི་བཟུང་བའོ། །ཞེས་གསུངས་སོ། །ཐོབ་པ་གསུམ་གྱིས་གཟེར་མ་བཏབ་ན་ཕུང་པོ་གདོས་པས་འཆིང་བར་གྱུར་བས་ཐོབ་པ་གསུམ་གྱིས་གཟེར་གདག་པ་གལ་ཆེ། ཐལ་འགྱུར་ལས། ཐོབ་པ་གསུམ་གྱི་གཟེར་བཏབ་པས། །ཟག་བཅས་ཕུང་པོ་མི་སྣང་བའོ། །འདི་གསུམ་པོ་ནི་མེད་ཐབས་མེད་དོ། །དོན་གྱི་ཟིན་པ་མེད་ཀྱང་གོང་མའི་རྒྱབ་རྟེན་དུ་འབྱུང་བས་སོ། །དང་པོ་མི་འགུལ་བ་གསུམ་ལ་གཞི་བཅའ་བ་ནི། དུས་རྒྱུན་དུ་འདུག་སྟངས་གསུམ་ལས་མི་འགུལ་བར་བྱའོ། །དེ་ཡང་ལུས་མི་འགུལ་བས་རྩ་མི་འགུལ། རྩ་མི་འགུལ་བས་མིག་མི་འགུལ། མིག་མི་འགུལ་བས་རླུང་མི་འགུལ། རླུང་མི་འགུལ་བས་སེམས་མི་འགུལ། དེ་ནི་འགྱུ་བྱེད་རྒྱུན་ཆད་ནས་རིག་པ་གནས་པའི་དགོས་པ་ཡོད་དོ། །མིག་གི་གཟིགས་སྟངས་གསུམ་ལ་མི་འགུལ་བས་སེམས་མི་འགུལ་བར་བྱ་སྟེ། དེ་ཡང་རིག་པའི་གནད་རྩ། རྩའི་གནད་སྒོ། སྒོའི་གནད་སྒྲོན་མའོ། །དེ་ཡང་རྩ་མི་འགུལ་བས་མིག་མི་འགུལ། མིག་མི་འགུལ་བས་སྒྲོན་མ་མི་འགུལ། དེ་སེམས་མི་འགུལ་བས་རྟོག་པ་མི་འབྱུང་བའོ། །དེ་ཡང་རྟོག་པ་ཐམས་ཅད་ཀྱི་རྩ་བ་སྙིང་ལས་བྱུང་། སྙིང་གི་རྩ་བ་མིག་ལ་ཟུག་པས་གནད་ཐམས་ཅད་མིག་ལ་ཡོད་པས་ན་མིག་མི་འགུལ་བ་གལ་ཆེའོ། །དེའི་དབྱིངས་རིག་འདུ་འབྲལ་མེད་པའི་དགོས་པ་ཡོད་དོ། །སྡོད་པ་གསུམ་གྱི་ཚད་བཟུང་བ་ནི། དབྱིངས་རིག་ལ་ཡུན་རིང་པར་གནས་པས་བསྟན་པའི་ཚད་སྡོམ་པ་གསུམ་འབྱུང་སྟེ། ཕྱི་སྣང་བ་སྐྱོད་པའི་རླུང་ཟད་པས་དབྱིངས་རིག་འགྲོ་འོང་མེད་པར་སྡོད། ནང་ཕུང་པོ་སྐྱོད་བྱེད་ཀྱི་རླུང་ཟད་པས་ལུས་འགུལ་

བ་མེད་པར་སྟོད། གསང་བ་འགྱུ་བྱེད་ཀྱི་རླུང་ཟད་པས་སེམས་ལ་རྟོག་པ་འགྱུ་མི་སྲིད་པའོ། །སྐབས་འདིར་ཚད་རྩི་ལམ་གྱིས་བཟུང་བ་དང་རྟགས་ལུས་ངག་ཡིད་གསུམ་ལ་འཆར་བ་གཉིས་འབྱུང་སྟེ། འདས་རྗེས་ལས། སྟོད་པ་གསུམ་གྱིས་ཚད་ཡིན་ཏེ། །རྟགས་ནི་ལུས་ངག་ཡིད་ལ་འབྱུང་། །ཞེས་དང་། ཐལ་འགྱུར་ལས། རབ་ལ་ཚད་དང་འབྲིང་གི་ཤེས། །ཐ་མ་བཟང་པོ་འགྱུར་བའོ། །ཞེས་པས། བརྩོན་འགྲུས་རབ་ལ་རྩི་ལམ་དབྱིངས་སུ་ཐིམ་པར་འགྱུར། འབྲིང་ལ་འོད་གསལ་དུ་འཆར་བར་འགྱུར་རོ། །ཐ་མ་རྣམས་ལ་རྩི་ལམ་རྩི་ལམ་དུ་ཤེས་པ་དང་རྩི་ལམ་བཟང་པོར་འགྱུར་རོ། །རྟགས་ལུས་ངག་ཡིད་གསུམ་ལ་འཆར་བ་ནི། སྣང་བ་བཞི་པོ་རེ་རེ་ལའང་རྟགས་གསུམ་གསུམ་སྟེ་བཅུ་གཉིས་འཆར་བར་འགྱུར་རོ། །དེ་ལ་དང་པོ་ཆོས་ཉིད་མངོན་སུམ་ལ་མཐོང་བའི་རྟགས་གསུམ་ལས་རུས་སྦལ་མཁར་གཞོང་དུ་བཙུགས་པ་ལྟར་འགྲོ་སྟེ། དཔེར་ན་མཁར་གཞོང་འཇམ་པ་དང་རུས་སྦལ་རྐང་པ་འགྱུལ་འགྱུལ་མི་ཤེས་པ་བཞིན་དུ་ལུས་འགྱུལ་འགྱུལ་མེད་པར་བྱ་བྱེད་དང་བྲལ་བར་འགྱུར་རོ། །ངག་ལྐུག་པ་ལྟ་བུར་འགྱུར་ཏེ། དཔེར་ན་ལྐུག་པ་ལ་སྨྲ་རྒྱུ་མེད་པ་ལྟར་ངག་སྨྲ་སླིང་མི་འདོད་པས་གཏམ་གྱི་ཟུང་ཟད་པ་འབྱུང་། སེམས་མཁའ་འགྲོ་རླི་ལ་ཟིན་པ་ལྟར་འགྱུར་ཏེ། དཔེར་ན་བྱ་རླི་ལ་ཟིན་ན་འཕུར་བར་འདོད་ཀྱང་འཕུར་རྒྱུ་མེད་པ་ལྟར་སེམས་འཕྲོ་བ་ལྟར་འདུག་ཀྱང་གར་གཏད་དུ་ལྡན་ནེ་སྟོད་དོ། །གཉིས་པ་ཉམས་གོང་འཕེལ་གྱི་སྣང་བ་མཐོང་བའི་དུས་སུ། ལུས་ངག་ཡིད་གསུམ་ལ་རྟགས་གསུམ་འབྱུང་བ་ནི། ལུས་སྐྱེས་བུ་ནད་ཀྱི་བཏབ་པའི་རྣམ་པར་འགྱུར་བ་ནི་ལུས་ཀྱི་རྒྱན་དང་ཕྱི་དོར་ལ་སོགས་པ་དང་བྲལ་ཞིང་ངོ་ཚ་མེད་པར་འགྱུར་རོ། །ངག་སྨྱོན་པའི་ཁ་ཚིག་རྟོལ་བ

ལྟར་འབྱུང་སྟེ་ངག་འབྲེལ་མ་ཆགས་པའི་གཏམ་ཅལ་ཅོལ་དུ་སྨྲས་པ་འབྱུང་ངོ་། །སེམས་སྐྱེས་བུ་རྩི་དུག་གིས་ཐེབ་པ་ལྟར་འགྱུར་ཏེ་དུག་ལན་བདུན་ཁོང་དུ་ཕེབ་པན་ཆད་ཅིས་ཀྱང་འཆི་བར་ཐག་ཆོད་པ་ལྟར་ད་ཕྱིན་ཆད་ཁམས་གསུམ་ན་མི་ལྡོག་ཐག་ཆོད་པའོ། །གསུམ་པ་རིག་པ་ཚད་ཕེབ་ནི། སྣང་བ་མཐོང་བའི་རྟགས་གསུམ་ནི། ལུས་གླང་ཆེན་འདམ་ལ་ཚུད་པ་ལྟར་འབྱུང་སྟེ། དཔེར་ན་གླང་ཆེན་འདམ་དུ་ཚུད་ཀྱང་སྟོབས་ཆེ་བས་སྐད་ཅིག་མ་ལ་ཐོན་པ་ལྟར། ལུས་ནམ་མཁའ་ལ་འཕུར་བ་ལྟ་བུ་དང་ས་ཞབས་སུ་འཛུལ་བ་དང་། རྒྱ་ལ་མི་ཐྲིང་བ་དང་མེས་མི་ཚིག་པ་དང་། རླུང་གི་བསྐྱོད་པ་མི་ནུས་པ་ལ་སོགས་པས་རྫུ་འཕྲུལ་གྱིས་ཤུགས་དང་ལྡན་པར་འགྱུར་རོ། །ངག་གྲུལ་བུམ་གྱི་ཕྲུ་གུ་བྲག་བར་ནས་ཐོན་པ་ལྟར་འབྱུང་སྟེ། དཔེར་ན་གྲུལ་བུམ་གྱི་ཕྲུ་གུ་སྐད་སྙན་པ་གཞན་གྱི་ཡིད་འཕྲོག་པ་ལྟར་རྣལ་འབྱོར་བས་ངག་གི་ཅི་སྨྲ་བ་ཐམས་ཅད་ལ་ཁར་ཉན་ཅིང་སེམས་ཅན་ལ་ཕན་ཐོགས་པ་འབྱུང་ངོ་། །སེམས་སྐྱེས་བུའི་འབྲུམ་ནད་བྱུང་བ་ལྟར་འགྱུར་རོ། །དཔེར་ན་འབྲུམ་ནད་འབྱུང་མ་ཐག་བསྐྱུར་ནས་མི་འབྱུང་བ་ལྟར་མ་རིག་པ་སངས་ཤིང་ད་ཁམས་གསུམ་དུ་མི་ལྡོག་པར་ཡིད་ཆེས་པའོ། །བཞི་པ་ཆོས་ཉིད་ཟད་པའི་སྣང་བར་རྟགས་གསུམ་ནི། ལུས་དུར་ཁྲོད་ཀྱི་རོ་ལྟར་གཤེད་མ་མཚོན་ཐོགས་པ་བརྒྱ་སྟོང་གིས་བསྐོར་ཡང་ཉམས་མེད་པར་འགྱུར། ངག་བྲག་ཆ་ལྟར་གཏམ་གྱི་ཟུར་ཟད་པ་གཞན་པས་ཅི་སྨྲས་པ་དེའི་ལད་མོ་ཟློས་པ་འབྱུང་། སེམས་བར་སྣང་གི་ན་བུན་ལྟར་སྐད་ཅིག་མ་ལ་བག་ཆགས་ཀྱི་ཕུང་པོར་མི་སྣང་བར་སངས་རྒྱས་སོ། །དེ་ཡང་ལུས་བཞི་ནི་འབྱུང་བ་བཞིའི་བཅིངས་བ་ལས་བྱུང་བ་ན་ད་འབྱུང་རང་རྒྱུད་དུ་ལྡོག་མི་སྲིད། ངག་བཞི་ནི་བརྗོད་གཞིའི་རྗོད་བྱེད་བརྗོད་རྐྱེན།

བརྗོད་བྱ་གཞིའི་བཅིངས་པ་ལས་གྲོལ། བརྗོད་གཞིས་རང་རྒྱུད་དུ་སླུ་མི་སྲིད་དོ། །སེམས་ཀྱི་གཞི་ནི་དྲན་མེད། སྐྱེ་མེད་བློ་འདས་བཅིངས་པ་ལས་གྲོལ་ནས་དྲན་པ་ཡིད་ཀྱི་འཁོར་ལོ་འཇུག་མི་སྲིད་དོ། །ཞར་ལ་ཐོབ་པ་གསུམ་གྱི་གཟེར་གདབ་པ་ནི། ཕྱི་སྣང་བར་རང་དབང་ཐོབ་པ་དང་། འཇུག་པ་ལ་རང་དབང་ཐོབ་པ་དང་། རླུང་སེམས་ལ་རང་དབང་ཐོབ་པར་འགྱུར་ཏེ། ཐལ་འགྱུར་ལས། ཐོབ་པ་གསུམ་གྱི་གཟེར་གདབ་པས། །ཟག་བཅས་ཕུང་པོ་མི་སྣང་བའོ། །ཞེས་སོ། །སྐྱེ་བ་ལ་རང་དབང་ཐོབ་པ་འདིའི་དུས་སུ་ཕུང་པོའི་སྣང་བ་འགགས་ན་གདོས་བཅས་སུ་མི་སྣང་བའི་དུས་སུ། སེམས་ཅན་གྱི་དོན་བྱེད་པར་འདོད་ནས་རང་གི་ལག་པའི་སོར་མོ་ལ་གཏད་ཅིང་བལྟས་པས་སྣང་བ་ཐམས་ཅད་རང་ལ་ཡོགས་ཏེ་སྐབས་སུ་བེམ་པོ་འགྱུལ་ཞིང་སྒྲ་ཐོས་པར་འབྱུང་སྟེ། སྣང་བ་ལ་རང་ཡོག་སྟེ་སེམས་ཅན་ཀྱི་དོན་བྱེད་པའི་མི་ལ་སོགས་སེམས་ཅན་ལ་རིག་པ་བཙུག་ནས་དེ་ལ་ཡང་རིག་པ་རང་བྱུང་གིས་ཡེ་ཤེས་གནས་པའི་གནད་ཀྱི་ལས་ལ་བཟང་ངན་མེད། མཚམས་མེད་པའི་ལས་བྱས་པ་གཅིག་ཡིན་ཀྱང་འདི་ཉིད་ལ་འབྱུང་བ་རང་ས་རང་དག་ནས་སངས་རྒྱས་བར་གྱུར་ནས་གཞན་ལ་ནི་སློབ་ཅི་འཚལ་ཏེ་ངེས་པར་སངས་རྒྱས་སོ། །འདིའི་དུས་སུ་རིག་པ་བཙུགས་ཅིང་དེ་ཉིད་འགྱུལ་བ་དང་སྐད་འབྱིན་ནུས་སོ། །འཇུག་པ་རང་དབང་ཐོབ་པ་ནི། སོར་མོ་ལ་རིག་པ་གཏད་ཅིང་རང་ལུགས་སུ་བཞག་ནས་དེ་ཉིད་ལ་ནི་མི་སྣང་བར་སངས་རྒྱའོ། །རླུང་སེམས་ལ་རང་དབང་ཐོབ་པས་རླུང་སེམས་ལས་སུ་རུང་ཞིང་རླུང་གི་ཡོན་ཏན་ཐོབ་པ་འབྱུང་། སེམས་ཅན་གཞན་ཚེ་འཕོས་པའི་དུས་སུ་དེ་ལ་རང་གི་རིག་པ་གཟུགས་པས་མི་དགེ་བའི་སྡིག་པ་རྣམས་རང་དང་ལྷན་ཅིག་སངས་རྒྱས་པར་འགྱུར་རོ། །ལས་ལ་བཟང་

ངན་མེད་པས་བེམ་པོ་རྣམས་ལ་ཐོགས་པ་མེད་ཅིང་མངོན་པར་ཤེས་པ་ཐོགས་མེད་དུ་འཆར་རོ། །དེ་ལྟར་ཉམས་སུ་བླང་བ་ལ་བརྟེན་ནས་གདེང་བཞི་ཐོབ་པར་འགྱུར་ཏེ། མུ་ཏིག་འཕྲེང་བ་ལས། ཚད་ནི་གདེང་བཞིའི་རྣལ་འབྱོར་ཉིད། །ཅེས་དང་། རིན་ཆེན་སྤུངས་པ་ལས། མི་འགྱུར་ལྷ་བའི་གདེང་ཆེན་བཞི། །མི་རྟོག་ཡེ་ཤེས་ཚད་བཟུང་ཀྱང་། །ཞེས་སོ། །ཀློང་གསལ་ལས། ཇི་ལྟར་རྟགས་ཚད་བསམ་འདས་ཀྱང་། །མི་འགྱུར་གདེང་ཆེན་བཞི་རུ་འདུས། །མི་རྟོག་ཡེ་ཤེས་ཚད་བཟུང་བས། །ཡར་མར་གདེང་ཆེན་བཞི་རུ་འདུས། །ཞེས་གདེང་བཞི་ནི་ཡར་གྱི་གདེང་གཉིས་དང་། མར་གྱི་གདེང་གཉིས་སོ། །དེ་ཡང་གོང་ལྟར་རིམ་པ་བཞིན་ཉམས་སུ་བླང་བའི་རྟགས་ཚད་ཀྱི་རིམ་པ་བསམ་གྱིས་མི་ཁྱབ་བ་ཐོབ་ཀྱང་། འདི་ལྟར་གདེང་བཞི་ལ་འདུས་ཏེ་ཡར་ཀྱི་གདེང་ལ་ནི། དཀོན་མཆོག་གསུམ་གྱི་ཡོན་ཏན་བསམ་གྱིས་མི་ཁྱབ་བ་ཐོབ་ཀྱང་བྲོད་པ་མི་སྐྱེའོ། །དེ་རང་གི་རིག་པ་ལས་གཞན་མེད་པ་རྟོགས་པའི་ཕྱིར་རོ། །རིག་པ་ལས་གཞན་པའི་སངས་རྒྱས་ཀྱི་རྒྱུ་མེད་པར་རྟོགས་པའི་སངས་རྒྱས་ལ་རེ་བ་མེད་པའི་གདེང་ངོ་། །མར་གྱི་གདེང་གཉིས་ནི་རང་རིག་ལ་ཡེ་ནས་འཁྲུལ་བ་མེད་པར་ཤེས་པའི་ཕྱིར་ན་འགྲོ་བ་རིགས་དྲུག་གི་སྡུག་བསྔལ་དང་ཚེ་ཚད་ལ་སོགས་པ་ཐོས་ཀྱང་འཇིགས་སྐྲག་མེད་པའི་གདེང་དང་ལྡན་ནོ། །དེ་ལྟར་འཁྲུལ་བ་མེད་ཕན་ཆད་འཁོར་བར་གཏོང་མཁན་མ་གྲུབ་པར་ཤེས་པའི་ཕྱིར་ན་འཁོར་བར་འཁྱམ་མཁན་མེད་པར་ཐག་ཆོད་པའི་གདེང་དང་ལྡན་ནོ། །རྟགས་ཚད་ཀྱི་རྣམ་གྲངས་མང་དུ་བཤད་ཀྱང་གདེང་ཚད་བཞི་པོ་དེ་ལ་འདུས་སོ། །དེ་ལྟར་རྗེས་མཐའ་རྟེན་གྱི་མན་ངག་ཐོབ་པ་གསུམ་གྱིས་གཟེར་གདེང་དང་བཅས་པ་དགོས་ཆེད་གཉིས་ཏེ། གནས་སྐབས་ཀྱི་དགོས་ཆེད་ཚད་

བཟུང་ངོས་ཟིན་ཏེ་ཐ་དད་དུ་ཡོད་ཅིང་མཐར་ཐུག་ཏུ་གོང་མའི་ཚད་དང་རྒྱབ་རྟེན་དུ་འགྱུར་བའི་དགོས་ཆེད་ཡོད། དེ་ལྟར་རྒྱབ་རྟེན་མེད་ན་དེ་དག་གི་ཡོན་ཏན་ལས་ལོག་པའི་སྐྱོན་ཡོད་དོ། །ཀློང་གསལ་ལས། མཐའ་བརྟེན་གནད་ཀྱི་རྒྱབ་མེད་ན། །རྫོགས་ཆེན་ཉམས་ལེན་མཐར་མི་ཕྱིན། །ཅེས་སོ། །གདེང་ཆེན་ཐོབ་པའི་མཐར་ཐུག་ནི། །ཕྱི་ནང་གསང་བའི་རྟགས་དང་བཅས། །ས་གཡོས་སྒྲ་འོད་ཟེར་ལ་སོགས། །སྐུ་གདུང་རིང་སྲེལ་ཡིག་འབྲུ་དང་། །རྟུལ་ཞུགས་གཡའ་དག་བརྡལ་བ་བྱུང་། །ཞེས་སོ། །དེ་ལྟར་ཁྲིད་ཀྱི་རིམ་པ་རྣམས་ཁྲིད་གཞུང་རྒྱས་བསྡུས་རྣམས་འབྲིང་བར་བཀོད་པ་ཐེག་པ་ཆུང་ངུ་དང་ཆེན་པོའི་དོན་འཇུག་སྒོ་གཅིག་པ་སྙིང་ཐིག་སྐུ་གསུམ་དོན་ཁྲིད་ལ་ཁོག་ཕུབ་ནས་རྗེ་བཙུན་བླ་མ་དམ་པའི་ཞལ་ཁྲིད་གཙོར་བྱས་ཤིང་རྒྱུད་ལུང་མན་ངག་ཐམས་ཅད་ཀྱི་སྙིང་པོ་གསང་སྔགས་བླ་ན་མེད་པའི་ཟབ་ཁྲིད་འདི་ཉིད་བསྟན་འཛིན་བཤེས་གཉེན་དམ་པ་རང་རྒྱུད་གྲོལ་ཞིང་གཞན་རྒྱུད་ཐབས་ལ་མཁས་པའི་དོན་ལྡན་གྱི་སློབ་མ་འཁོར་བ་ལས་མྱུར་འདས་སུ་ཁྲིད་པར་བྱེད་པའི་ལུགས་ལ་ཐུན་མོང་དང་ཁྱད་པར་གཉིས་ལས། དབང་པོའི་རིམ་པ་དང་བློའི་བྱེ་བྲག་ལ་བསྟུན་ནས་འཆད་པ་ལ་མཁས་པར་བྱེད་པ་གལ་ཆེ། དཔེར་ན་སྨན་པ་མཁས་པས་ནད་ཚ་གྲང་ལ་སྨན་གང་འཚམས་སུ་བཏང་བ་ལྟར་རྒྱུད་ཚོད་སྣོད་དང་བསྟུན་ནས་གདམས་པ་སྟོན་པར་བྱ་དགོས་པས། བླ་མའི་རྣལ་འབྱོར་ཡན་ཆད་ཐེག་པ་ཐུན་མོང་བ་དང་ཆ་མཐུན་པའི་གང་ཟག་བློ་ཆུང་དང་སྐྱེ་བོ་ཕོ་མོ་ན་སོ་རྒས་པ་ལ་སོགས་མདོར་ན་དབང་པོ་དམན་པའི་རིགས་ལ་སྟོན་ཅིང་བྱུང་གནས་འགྲོ་གསུམ་དང་སེམས་གནས་ཀྱི་མན་ངག་རྣམས་སྟོན་ཞིང་ཉམས་མྱོང་དང་མཐུན་པའི་བསླབ་བྱ་རྣམས་བྱས་ན་འཐད་དོ། །ཁྱད་པར་གྱི་ཁྲིད་ལ་སྐྱེས་བུ་བློ་དང་

ལྡན་པ་བརྟེན་པའི་རྒྱུན་མི་གཙོད་ཅིང་རྐྱེན་གང་གིས་ཡང་མི་འཕྲོག་ཅིང་། ལས་སད་ཅིག་འཆར་བ་དང་གྲོལ་རྒྱལ་བ་རྣམས་ལ་གདམས་པ་ཟབ་མོ་སྨྲ་གསང་མེད་པར་རིམ་པར་བུམ་པ་གང་གྲོས་ཀྱི་རྩོལ་དུ་བཤད། དེ་ལྟར་ཁྲིད་ངོ་སྤྲོད་དང་བཅས་པ་ཚར་བའི་རྗེས་ལ་འཆུག་མེད་ཡིད་ཆེས་པའི་རྒྱས་གདབ་པར་བྱ། འདི་དག་ནི་གོང་དུ་བཤད་པ་ལྟར་གང་ཟག་བློ་དང་ལྡན་པ་མ་གཏོགས་གདམས་པ་འདི་གང་ཟུང་གིས་བློར་མི་ཤོང་བས། འདི་སྐད་དུ་ཡང་རིན་ཆེན་སྤུངས་པ་ལས། ཚིག་འདི་དག་ནི་ཉན་ཐོས་དང་རང་སངས་རྒྱས་ལ་སོགས་པའི་ནང་རྣལ་ཙམ་ཡང་བརྗོད་པར་མ་བྱེད་ཅིག །དེ་ཅིའི་ཕྱིར་ཞེ་ན། དེ་དག་རྣམས་ཀྱི་ཚིག་འདི་དག་ཐོས་པས་སྐྲག་པ་དང་། བསྔང་བ་དང་། བརྒྱལ་བར་འགྱུར་ཏེ། གསང་སྔགས་རྣམས་ལ་མི་མོས་ཏེ་ཡིད་ཕྱུང་ནས་རྣམ་པར་སྨིན་པའི་སེམས་ཅན་དམྱལ་བ་ཆེན་པོ་དེ་ཉམས་སུ་མྱོང་བར་གྱུར་བས་ན། བསྟན་ཅིང་ཐོས་པ་ལྟ་ཅི་སྨོས་ཏེ། རླུང་ཕྱོགས་ཙམ་དུ་ཡང་བརྗོད་པར་མི་བྱའོ། །བཀའ་བསྩལ་བ། ཉན་ཐོས་དང་རང་སངས་རྒྱས་སྐལ་བ་མེད་པ་གསང་སྔགས་ཀྱི་སྣོད་དུ་མ་གྱུར་པའི་བློ་ཆུང་བའི་ཕྱིར་དེ། དཔེར་ན་ཁབ་ཀྱི་མིག་དུ་རས་ཡུག་རྫོང་བ་དེར་འགྲོ་བ་མེད་ཅིང་ཤོང་བའི་སྐབས་མེད་པ་དང་འདྲའོ། །ཞེས་དང་། སེང་གེ་རྩལ་རྫོགས་ལས། རྫོགས་ཆེན་ཨ་ཏི་གསང་དོན་ནི། །བློ་དམན་རྣམས་ལ་བསྒྲགས་གྱུར་ན། །དཔེར་ན་རྒྱབ་ཤིང་མེར་བཙུགས་ནས། །རྒྱབ་ཤིང་ཉིད་ཀྱང་ཚིག་པ་ལྟར། །གཞན་ཡང་ཚིག་པར་གྱུར་བ་བཞིན། །གསང་སྔགས་ངེས་དོན་མེ་དང་འདྲ། །སྐལ་བ་ཆུང་ཞིང་ཤེས་རབ་དམན། །བློ་ངན་རྒྱུ་འབྲས་རྨོངས་པ་རྣམས། །རྫོགས་ཆེན་དོན་ལ་སྐུར་འདེབས་ན། །ངན་སོང་གསུམ་ལ་འཁོར་བར་འགྱུར། །ངེས་དོན་མི་རྟོགས

སྡུག་བསྔལ་སྤྱོད༌། །ཞེས་བློ་ཡངས་པ། བརྩོན་འགྲུས་ཆེ་བ། དམ་ཚིག་ལ་གནས་པ། གསང་ཐུབ་པ། གཏོང་ཕོད་ཆེ་བ། བློ་བརྟན་པ་ལ་སོགས་པ་ལ་བསྟན་པར་གསུངས་པའོ། །དེ་བཞིན་སློབ་དཔོན་མ་ལུས་འཁོར་འདས་ཀྱི། །མི་མཐུན་ཉེས་ཚོགས་རིང་དུ་སྤངས་གྱུར་ནས། །མཐུན་པའི་ཡོན་ཏན་དོན་འབྲས་བསྒྲུབ་ལ་སྦྲོ། །ཚེ་གཅིག་བྱང་ཆུབ་སྒྲུབ་པའི་སེམས་གཉིས་བྲལ། །རྟེན་འབྲེལ་ཕུན་སུམ་ཚོགས་པའི་ལེགས་ཚོགས་འགྲུབ། །རྫོགས་ཆེན་ཁྱབ་བརྡལ་འུབ་ཆུབ་ཕྱིར་མི་ལྡོག །ཐེག་པ་སྣ་ཚོགས་ཆོས་རྣམས་ཀུན་གྱི་གཞི། །ཨ་ཏི་རང་ཤུགས་སེང་གེའི་སྒྲ་དང་ལྡན། །ལྟ་བའི་རྫོགས་ཆེན་དམན་ས་ཟིལ་གྱིས་གནོན། །ངོ་མཚར་རྨད་བྱུང་རྩོལ་སྒྲུབ་ཀུན་དང་བྲལ། །ཡེ་བབ་ཡོངས་གྲོལ་གཅིག་བཞག་གཅིག་གིས་ངང༌། །ཁམས་གསུམ་ཡོངས་གྲོལ་གསང་བ་ཡུམ་གྱི་གློང༌། །མ་འགག་རོལ་བ་སྣ་ཚོགས་ཅི་ཡང་འཆར། །རང་བྱུང་རང་ཤར་རང་རིག་སྤྲོས་དང་བྲལ། །རང་བཞིན་ལྷུན་གྲུབ་ཡོན་ཏན་ཀུན་གྱི་གཞི། །མཐའ་ཡས་སྐུ་དང་ཡེ་ཤེས་བསམ་མི་ཁྱབ། །ཡིད་དཔྱོད་ཚིག་ཏུ་མ་ལུས་མངོན་སུམ་མཐོང༌། །དུས་གསུམ་བདེ་གཤེགས་ཀུན་གྱི་དགོངས་པ་འདྲིལ། །ཡང་གསང་བླ་ན་མེད་པའི་ཐེག་པའི་མཆོག །ཚེ་གཅིག་སངས་རྒྱས་ལེགས་འཆང་ཨེ་མ་ཧོ། ཨཱ་ཧཱུྃ༔ ལྷག་བསམ་རྣམ་དག་འགྲོ་བའི་དོན་ལ་བརྩོན། །དོན་དམ་མཁའ་དབྱིངས་ནོར་བུ་འབར་བའི་འོད། །དུག་གསུམ་མ་རིག་འཐིབ་པོ་ཀུན་སངས་ནས། །སྐུ་གསུམ་འབྲས་བུ་མྱུར་དུ་ཐོབ་པར་ཤོག །ཧྲཱི༔ དྲི་མེད་རྣམ་དག་སྐྱོན་གྱིས་མ་གོས་ཤིང༌། །འགགས་མེད་རང་ཤར་ཆོས་སྐུ་རྒྱུན་མི་ཆད། །ཐོགས་མེད་བདེ་བ་ཡང་དག་སོ་སོར་

རྟོགས། །དམིགས་མེད་སྣང་མཐའི་གོ་འཕང་ཐོབ་པར་ཤོག །ཧཱུྃ༔ མི་ཤིགས་རྡོ་རྗེའི་ཆོས་ཉིད་འགྱུར་བ་མེད། །མི་དམིགས་ཀུན་ཁྱབ་ཡེ་ཤེས་སྙིང་པོ་ཅན། །མི་སྒྲིབ་རང་བྱུང་ལྷུང་ངེ་ལྷན་ནེ་གསལ། །མི་སྐྱོད་རྡོ་རྗེའི་གོ་འཕང་ཐོབ་པར་ཤོག །སྭཱ༔ ཀུན་གྱི་འབྱུང་གནས་ཡིད་བཞིན་དཔལ་གྱི་མཆོག །ཀུན་འབྱུང་དགོས་འདོད་ཡོན་ཏན་བསམ་མི་ཁྱབ། །ཀུན་མཁྱེན་རང་བྱུང་མཉམ་ཉིད་ཡེ་ཤེས་དང་། །ཀུན་ཀྱང་རིན་ཆེན་འབྱུང་གནས་ཐོབ་པར་ཤོག །ཧཱ༔ བྱར་མེད་རང་བཞིན་ལྷུན་གྱིས་གྲུབ་པའི་ཞིང་། །བྱ་རྩོལ་གཉིས་འཛིན་ས་ལམ་རང་སར་ཞི། །བྱ་གྲུབ་ཡེ་ཤེས་སྤྲོས་པ་ཀུན་དང་བྲལ། །བྱ་བ་གཏན་གྱི་དོན་རྣམས་འགྲུབ་པར་ཤོག །ཨོཾ། རྣམ་མཁྱེན་རྣམ་གཟིགས་རྣམ་མང་འདྲེན་པའི་གཙོ། །རྣམ་དབྱིངས་རྣམ་དག་ཆོས་དབྱིངས་ཡེ་ཤེས་དང་། །རྣམ་རོལ་རྣམ་དཀར་ཚོགས་གཉིས་ལས་བྱུང་བ། །རྣམ་མང་ཚང་ཆེན་གོ་འཕང་ཐོབ་པར་ཤོག །ཡེ་གྲོལ་མཐའ་བྲལ་འདུས་མ་བྱས་པའི་ཞིང་། །ངོ་བོ་ཀ་དག་མཚན་མ་ཀུན་ལས་འདས། །མཐའ་བཞི་རྒྱ་གྲོལ་རང་རིག་ཡེ་ཤེས་དང་། །ཁྱབ་བདག་གདོད་མའི་མགོན་དང་ལྷན་ཅིག་སྤྱོར། །བསྔོ་བྱ་བསྔོ་བྱེད་མི་དམིགས་མཐའ་ཡས་དང་། །ཡང་ཟབ་གདམས་པའི་བཅུད་ཀྱི་སྙིང་པོ་འདི། །སློབ་དཔོན་སངས་རྒྱས་གཉིས་པས་ཞབས་བཅགས་པའི། །གནས་མཆོག་ཆེན་པོ་ཟིལ་ཁྲོམ་རྡོ་རྗེའི་མགུལ། །ཧུ་དམ་བསམ་གཏན་ཆོས་གླིང་དབེན་འཚམས་སུ། །ཧྲེ་མོར་བླ་མ་མཁྱེན་ལྡན་ཉི་མ་སོགས། །དད་ལྡན་སློབ་མ་འགའ་ཡིས་བསྐུལ་བའི་ངོར། །ཡང་གསང་ཐེག་པ་མཆོག་གི་རྣལ་འབྱོར་པ། །ནམ་མཁའི་མིང་ཅན་ཁྲིད་ཡིག་བསྒྲིག་ཆགས་སུ། །བཀོད་པ་འདི་ལ་མི་རུང་ཉམས་ཆག་

དང་། །འགལ་འཁྲུལ་ནོངས་པར་གྱུར་བ་ཅི་མཆིས་པ། །ཀུན་བཟང་ཡངས་
པའི་ཀློང་དུ་བཤགས་པར་བགྱི། །དམ་ཅན་རྒྱ་མཚོའི་ཚོགས་ལ་བཟོད་པར་
གསོལ། །ཟབ་ཁྲིད་འདི་ཉིད་ཀྱི་མ་ཕྱིའི་ཡི་གེ་ལག་བྲིས་མ་ཤིན་ཏུ་རྙིང་པ་སྐྱུང་
ཡིག་དང་ཆད་ལྷག་ཡིག་ནོར་མང་པོ་ཅན་གཅིག་ཁོ་ན་ལས་མ་རྙེད་ཕྱིར་དཔེ་བཤུ་དག་
ཞུས་སྐབས་ཤིན་ཏུ་དཀའ་བ་བྱུང་ནའང་། དམ་པའི་གསུང་རབ་གསར་རྙེད་བྱུང་
བའི་སྤྲོ་དགའ་དང་ཕྱིན་ཆད་དཔེ་རྒྱུན་རྩད་ནས་ཆད་པར་དོགས་པས་ད་ལམ་འགྲེམ་
སྤེལ་བྱས་མོད་ཀྱང་། མ་ཕྱིའི་དབང་གིས་ཆད་ལྷག་ནོར་བ་ཅི་རིགས་མཆིས་ངེས་
པ་ལྷ་སྲུང་དམ་ཅན་རྒྱ་མཚོའི་མདུན་དུ་འཆགས་ན་དག་ཚང་བསྐུལ་ཞིང་། ཕྱིན་
ཆད་མ་དཔེ་གཞན་དག་གསར་བརྙེད་བྱུང་ཚེ་ཡང་དུ་ཞིབ་བསྡུར་བྱེད་འོས་བསྐུལ་མ་
དང་། ཟབ་ཁྲིད་འདི་ཉིད་མཛད་པ་པོ་ཡང་གསང་ཐེག་པ་མཆོག་གི་རྣལ་འབྱོར་པ་
ནམ་མཁའི་མིང་ཅན་ཞེས་པ་ཙམ་ལས་མི་གསལ་ཡང་། སྦྱོར་རྟུ་དམ་བསམ་
གཏན་ཆོས་གླིང་གི་གདན་སར་ཐེག་པ་མཆོག་གི་རྣལ་འབྱོར་ནམ་མཁའི་མཚན་ཅན་
སྔ་ཕྱིར་བྱོན་པ་དཔོན་སློབ་ནམ་མཁའ་འོད་གསལ་དང་། ནམ་མཁའ་ཚེ་དབང་
མཆོག་གྲུབ། གྲུབ་དབང་རྫོགས་ཆེན་བཞི་པ་མི་འགྱུར་ནམ་མཁའི་རྡོ་རྗེ་བཅས་
བྱོན་པ་ལས། འདིའི་གཞུང་གི་བླ་བརྒྱུད་འདྲེན་སྐབས་གྲུབ་ཐོབ་པདྨ་རིག་འཛིན་གྱི་
དངོས་སློབ་མིན་པ་ལྟ་བུའི་ཚུལ་དང་། སྤྲོས་མེད་རང་བབས་ཀྱི་ཚིག་དོན་མི་
འགྱུར་ནམ་མཁའི་རྡོ་རྗེའི་གསུང་དང་མཚུངས་ཤིང་ངག་རྒྱུན་དུའང་དེ་ལྟར་གྲགས་
པས། ད་ལམ་གྲུབ་དབང་རྫོགས་ཆེན་པ་སྐུ་རབས་རིམ་བྱོན་གྱི་གསུང་འབུམ་དུ་
བསྡུ་སྒྲིག་བྱས་པ་གསལ་བཤད་དང་བཅས་དཔེ་སྒྲིག་ཚོགས་པ་ནས། །

༄༅༔ མ་འོངས་ལུང་བསྟན་དངུལ་དཀར་མེ་ལོང་བཞུགས་སོ༔

རང་རིག་དངུལ་དཀར་མེ་ལོང་ཕྱེས་པ་འདྲ༔ ལུང་ཚིག་གཟུགས་བརྙན་གབ་སྦྲས་
མེད་པར་འཆར༔ སྤྱི་བཞིའི་ས་སྟོན་ཁྲ་མོའི་ཁང་བཟང་ནི༔ དེའི་བཅུད་དཔལ་
གྱིས་དབང་བཅུའི་ཞལ་བྱུམ་མཛེས༔ བསོད་ནམས་ཡེ་ཤེས་ཨ་མྲྀ་ཏ་ཡི་ཟང༔
ར་སྦྲུས་དུས་ན་དགེ་མཛད་མཁའ་ལས་མཐོ༔ མ་འོངས་འབྱུང་འགྱུར་ས་སྟོན་ཁང་
བཟང་དེ༔ ཕོ་བྲང་ཕྱོགས་བཞིའི་སྤྱི་བཞིའི་རྨུས་རྗེ་བཞི༔ མི་སྲིད་རླུང་གིས་
བསྐྱོད་པས་ཞལ་བྱུམ་ཆག༔ དབང་བཅུའི་དབང་ཕྱུག་སྟོབས་བཅུའི་ཚོགས་གཉིས་
ཀྱིས༔ ཨ་མྲིར་ཏ་ཟག་རཀྟར་འགྱུར་ཉེན་ཡོད༔ དགེ་བཅུའི་གང་ཟག་མི་དགེ་
ལྟུགས་སྒྲིག་བསྡམ༔ ཕྱུ་གཡང་དགེ་བཅུའི་དཔལ་འབྱོར་དེ་རུ་ཉམས༔
སྟོབས་ལྡན་དམ་སྲིས་དཀྲུགས་པའི་རཀྟ་འཕྱུར༔ ཤར་ཕྱོགས་ཙི་ནའི་རྒྱ་མཚོའི་བྲ་
ཀླུང་ཁོལ༔ བསིལ་ལྡན་ལྗོངས་ཀྱི་ཡིད་བཞིན་དབང་གི་རྒྱལ༔ རུ་བཞི་གསེར་
གྱི་སེང་གེ་སིག་སིག་འདར༔ ཚག་སྦྲུས་གངས་རི་ཉིལ་བས་བོད་ཁམས་བཀང༔
འུར་སྦྲུས་ཅང་ཤེས་བདུན་དང་སེང་གེ་དེ༔ ས་བུ་བྱི་ལོང་སྟོན་མོའི་ཡུལ་དེར་
འགྲོགས༔ ས་སྐྱོང་ར་ཙ་རྣམས་ཀྱི་དབུ་ཀླད་ལ༔ དམུ་བདུད་བཙན་གསུམ་
སྤྲུལ་བའི་ཞལ་ཧོག་ཅན༔ མཚོའི་གདུགས་ཕུབ་བོད་ཁམས་ཀུན་དབང་བསྒྱུར༔

མང་ཐོས་གང་འབྲེལ་སྨྲིའུ་རྩུགས་ཞིང་དེར་འགྲོ༔ གནམ་གྱི་བུ་ཡི་གཟུགས་བརྙན་རྫོགས་པའི་དུས༔ ར་ཙ་རྣམས་ཀྱིས་ཙིཏྟ་གཟིར་བཞིན་དུ༔ སྲིད་ནོར་དབང་གི་ཏོག་རྣམས་མཆྲལ་ཕུལ༔ དེ་དུས་ཁོ་ཡི་ཁ་རྗེ་དབང་ཐང་དཔལ༔ ཙུང་ཞིག་ཉམས་ཆོ་ཤ་ཟ་ཁ་མི་ཆེས༔ ས་ན་བཅིངས་ཏེ་ཨོཾ་ཀཱ་ཤ་ཡིས་བསྒྲལ༔ ལྷ་ལྷན་གཙང་པོ་ཙྭོ་ཚུ་ཧི་བཞིན་པ༔ ཐ་མ་མཐའ་མིས་གནས་མལ་དེ་རུ་བཙའ༔ ཕྱོགས་བཅུའི་འདུས་སྡེ་འོ་མའི་བཅུད་ཀྱིས་གཏམས༔ འབད་རྩོལ་མཛོད་པའི་གློག་པ་ཐོས་བསམ་སྡེ༔ གོས་ནག་ལྷག་བཀྲ་ཅན་གྱི་དམག་འདུས་སྐབས༔ རྒྱ་འདྲེ་འགོང་པོའི་སྙིང་ལ་གདོན་ཞུགས་ནས༔ དུར་སྨྱིག་འཛིན་རྣམས་བསྐྱོད་པའི་བླ་བཙོང་ནས༔ ཉིན་མཚན་མེད་པར་འཁྲུག་རྩོད་ལས་ལ་བརྩོན༔ ནམ་མཁའི་ན་བུན་འཁྲིགས་པས་ནོར་བུ་སྒྲིབ༔ ཤེས་རབ་གསེར་གྱི་ཉ་མོ་བྱེ་ཚན་ལྷུང༔ འབའ་དང་ལི་ཐང་ཁྲག་གི་ཆར་བ་འབབས༔ ནོར་སྲུང་ཀུ་ཀུའི་དགྲ་བྱེ་ཤར་བའི་ཚེ༔ ས་མདོ་རི་ལ་ཁང་བཟང་ཟམ་ཐོར་རོ༔ སྙིང་མེད་མི་རྒྱུད་རྣམས་ཀྱང་རྗེ་སར་ཐོན༔ ཆབ་མདོ་གན་རྫོང་ལ་དང་སྐུ་སྣང་བརྙན༔ འདི་སྣང་བགོད་པ་གོས་དཀར་དབྱིངས་སུ་ཐིམ༔ ཤར་ཕྱོགས་ཨ་ཡུལ་ཛ་ཡི་མིང་ཅན་གྱིས༔ དམར་དར་རྫོགས་ནས་ཧ་མོང་གཙོ་ཞགས་འཕེན༔ དེའི་རྐྱེན་བྱུས་པས་ཤར་སླེ་སེམས་ཅན་འཁྲུག༔ མགོ་ལོག་ལ་ཡང་བདུད་པོ་བདུད་མོ་ཡིས༔ མདའ་དང་མཚོན་ཆའི་ཁྲུར་བོ་རྫོགས་ཉི་ལ༔ མཚོན་ཆའི་སྐལ་བ་ཙུང་ཞིག་འབྱུང་བར་འགྱུར༔ ཁ་སར་བྱེད་པའི་གེ་སར་འབྱུང་དུས་ལ༔ མི་བདེ་སྡུག་བསྔལ་སྣ་ཚོགས་འབྱུང་བར་འགྱུར༔ རྫུ་འཕྲུལ་ཅན་གྱི་གཡུ་འབྲུག་སྔོན་མོ་དེ༔ སྤྲིན་གྱིས་བརྒྱན་ཏེ་ཕྱོགས་བཞིར་དགྲ་སྡེ་ཡང༔ ནོར་བུ་གཏོར་ནས་ས་ལ་ལྷུང་ཉིན་ལ༔ ས་ཡི་བུ་ཡིས་དེ་

དུས་ནོར་བུ་རླེད༔ ཀོ་མོག་ནང་དུ་གཡུ་འབྲུག་ཉལ་བའི་ཚེ༔ ཀུ་ཀུ་ར་ཙའི་དབྱངས་ཀྱིས་སྐད་འགྱུར་བསྒྲགས༔ ཅང་ཞིག་སྒྲག་སྤྱངས་བྱས་པས་དུག་སྦྲུལ་འགྱུར༔ འཚོ་བ་བྱེད་པའི་ཟླ་རྩི་དེ་དུས་མཁོ༔ ཚངས་པའི་བུ་མོ་ཉི་སྒྲོན་ཟླ་སྒྲོན་གྱིས༔ སྐད་འགྱུར་པི་ཝཾ་བརྡུང་བས་ཀླུ་དབྱངས་ལེན༔ བོད་ཁམས་འཇིག་རྟེན་ཀུན་གྱི་རྣ་བར་སྙན༔ ཤ་ཟ་སྤྲང་གིའི་སྐད་དང་མཉམ་དུ་འདྲེས༔ གངས་ཅན་བོད་འདི་དུག་སྦྲུལ་མུ་ཁྱུད་བསྐོར༔ པདྨ་ཕྲིན་ལས་སྤྲུལ་བ་བརྒྱ་ཕྲག་བརྒྱ༔ ལྷ་བདོའི་དུས་འདིར་ཕྲིན་ལས་གློག་ལས་མྱུར༔ ཁྲོཾ་གྱི་ཡུལ་དུ་སྐྱེས་བུ་གཡུ་འབྲུག་མིང་༔ ཞལ་མཛལ་གསུང་ཐོས་ཧ་ཡབ་གླིང་དུ་སྐྱེ༔ སྡེ་གཉིས་འདུ་བའི་མཚན་སྐད་སྲིད་རྩེར་བསྒྲེང་༔ རུ་དམ་ལུང་དུ་བསོད་ནམས་མགོན་གྱི་བུ༔ སྤྲེལ་ལོ་ཧཱུྃ་བཛྲ་མིང་ཅན་འབྱུང་༔ སྤོང་དང་གློག་པའི་བསྟན་པ་རྒྱ་ཆེར་སྤེལ༔ རིགས་པ་སྡེ་བརྒྱད་སྟོབས་ལྡན་རྩལ་དུ་བསྒྲུབ༔ དམ་ཉམས་ཞིང་བཅུ་སྒྲོལ་བའི་ཤན་པར་བསྐོས༔ བདུད་འགོང་ཀླུ་གློས་འཚོ་བ་ལན་ཅིག་བཟློག༔ ཀུན་གྱིས་ཤེས་ན་སེམས་ཅན་བདེ་སྐྱིད་ཡིན༔ པདྨ་རྣ་གའི་མཆོད་རྟེན་གཟི་འོད་འབར༔ འབྱུང་བྱ་འུག་པའི་མིག་གཟན་འུག་སྒྲ་སྒྲོགས༔ སླིགས་མའི་སེམས་ཅན་བདེ་སྡུག་སྣ་ཚོགས་དང༔ མཐའ་བཞིའི་དམག་དཔུང་རྩི་ནས་མཚོན་ཁ་རྣམས༔ གདོང་ནས་རྣམ་དག་རྒྱུད་པ་མི་མངའ་ཡང་༔ འཁྲུལ་སྣང་སྐྱེ་འགྲོའི་བདེ་སྡུག་སྣང་ངོར་ཤར༔ གང་ཤར་རང་གྲོལ་ཚིག་སྟེ་ཤར་མར་བྲིས༔ ཨོ་རྒྱན་ཆེ་མཆོག་དེ་ཡིས་སྨྲས་པ་དགེ༔ བསྟན་དང་འགྲོ་ལ་ཕན་པའི་རྒྱུར་གྱུར་ཅིག༔ དགེའོ༔

རང་རིག་སྐུ་གསུམ་མེ་ལོང་འཆར་སྒོ་དང༔ ལྷ་ལྷུན་ས་དེར་ཕག་མང་ཁྲི་དང་འཐབ༔ སེར་བའི་ཁྲོད་ནས་འཇའ་ཚོན་སྣ་ལྔ་ཤར༔ ལུག་མང་བཞོས་པའི་འོ་མ་རབ་མངར་ཡང༔ ཧ་ལའི་ཟས་ངན་སེལ་རྒྱལ་ལྔ་དང་འདྲེས༔ མི་གཙང་འདམ་རྙོག་དུས་སྙིགས་དྲོད་ཀྱིས་ཁོལ༔ མདོ་ཁམས་སྨད་ནས་སྤྲིན་པོ་མི་བརྫུ་དགུས༔ ཡུལ་དགུ་དཀྲུགས་པའི་གཡུལ་ངོས་སྣ་འདྲེན་བྱེད༔ སྤེ་བཞིའི་དཔལ་འཁོར་དགེ་ལེགས་རྣ་ཛ་ཆེ༔ དངུལ་དཀར་མེ་ལོང་བྱུད་གདོན་གྲིབ་ཀྱིས་གཡའ༔ སྤུར་མེད་ཁྲ་ཡི་སྒྲོ་ཐུལ་ཅན་ཅིག་འབྱུང༔ ལྷོ་བྱང་གོས་ཆེན་སེར་པོའི་ཡོལ་བས་སྤྲེལ༔ ཡོལ་ཐག་གསེར་གྱི་ཨ་ལོང་ནང་དུ་དྲང༔ ཅི་ནས་མཚོ་ཁྱུར་ཚག་ཁོབ་སྤྲ་སྒྲོགས་པའི༔ སྨད་ཀྱི་ས་གཞི་ཕལ་ཆེན་འདར་སྙམ་བྱེད༔ རྟ་དམ་ལུང་བའི་ངང་བ་གསེར་མདོག་ཉམས༔ བྱི་ལ་མིག་སེར་ཅན་ལ་སྐབས་གཟབ་དགོས༔ ལུག་གི་རིལ་མ་གསེར་དངུལ་མང་འགྱུར་ཡང༔ ཕལ་ཆེར་ཆུ་ཆུང་ཐླབས་ཀྱིས་ཁྱེར་ཡང་སྲིད༔ བྱ་དང་སྤྲེའུ་གཉིས་མཆོང་རྩེད་མོས་འབྲེལ༔ ཙནྡན་ཇ་ཆུང་ཕལ་ཆེར་དེ་དུས་ཆག༔ ལུག་བལ་སྤྲིན་གྱི་སྤུ་ལྷུར་འཇམ་པ་དེའི༔ སྤུར་མེད་ཟ་འོག་བླ་བྲེ་འཐག་ཀྱང་སྲིད༔ འཇའ་ཚོན་སྣ་ལྔ་འཆར་གཞིའི་ཤེལ་སྒོ་དེ༔ ནུབ་ཀྱི་ཕྱོགས་འདྲིལ་ཤར་ནས་ཉི་ཟེར་འཁྲུད༔ ལོ་གྲངས་རྩེ་མོའི་མཚམས་ནས་གས་ཆག་ངོ་༔ ཤར་ནས་གསེར་མདོག་ཅན་གྱི་ཇ་དེར་སྒྲོག༔ དེ་བསྐུལ་དབུ་དགུ་ཆུ་ཤིང་ནག་པོ་རྫུན༔ རྟ་དམ་ལུང་བར་སྐྱེས་པའི་ཙནྡན་ལྗོན༔ ཡལ་འདབ་ཕལ་ཆེར་རླུང་གིས་བསྐྱོད་དེ་འགྲོ༔ གང་ཤར་ཅིག་འདི་ཤར་མར་བྲིས་པ་དགེ༔

ཀྱཻ་ཧོ༔ ཉོན་ཅིག་སྙིགས་མའི་འགྲོ་བ་རྣམས༔ བླང་དོར་བཤད་ཀྱི་སྙིང་གི་བྱམ་པར་སྨུམས༔ སྡོན་ཚེ་ཐར་ལྷག་ལྷས་སྦྱིན་ལོག་སྨོན་མཐུས༔ རྒྱལ་བསྟན་འཇོམས་བྱེད་གཞལ་འཕྲུལ་དབང་བྱེད་ནས༔ ཕྱི་ནང་དཔེ་མེད་སྤྱོད་ཚུལ་ཧི་ལྷར་སྲིད༔ སངས་རྒྱས་ལྷ་བྱིན་དུས་མཚུངས་སྲིད་མཐའི་བར༔ ཡང་དག་རེ་དང་ཕུང་སྦྱོར་བདུད་རེ་འབྱུང༔ ཕྱི་དཀར་ནང་ནག་ཏ་ལོའི་སར་བུ་འདྲ༔ མ་ཞག་བསྟན་པར་ཀླུ་གོང་གླིང་དར་མ༔ དམར་རྒྱན་ཤག་སྣ་ལ་སོགས་ལྷ་ཡི་ཚུལ༔ སྦྱར་བའི་དུག་ལྟར་ཤུགས་ཀྱིས་བསྟན་པ་བཤིག༔ ཨོ་ར་རྒོད་ཅིང་ཧམ་སེམས་མེ་ལྟར་འབར༔ དེ་གང་ཞེ་ན་ཆོས་རྒྱལ་ཁྲི་སྲོང་གིས༔ བསྟན་གཉིས་སྤྱན་དབྲེ་ནོན་གྱི་མིག་སྒྲོང་ནུས༔ བོན་རྫོས་སྨོན་ལམ་ལོག་པའི་རིང་དུས་ཚེ༔ ཡུལ་དབུས་བོས་སྡུག་འཚོ་མང་དབུས་རིས་སྡོན༔ བསམ་ཡས་མཆོ་མོ་གང་གི་མཆོ་ཉམས་ན༔ གཟུགས་བརྙན་ཙམ་ལས་འདུལ་བསྟན་རིན་ཆེན་ནུབ༔ བླ་རིའི་རྩེ་མོ་མནོན་བྱེད་མེ་ཏོག་ཡང༔ ཧེ་མེན་བསྟན་ཅིང་རྒྱལ་ཁྲིམས་ཡལ་བའི་ཐབས༔ སྒྲག་མདའ་བླ་མཆོ་ཉམས་དུས་གསང་ཆེན་ཉམས༔ དངོས་གཏེར་མི་འགྱུར་གཏེར་རྫུན་འགྲོ་བ་བསླུ༔ མཐའ་འདུལ་ཐམས་ཅད་ཞིག་ཉམས་མང་ཞིག་འབྱུང༔ ཆོས་སྐུ་ཡོངས་བབ་སྟེང་ནས་མཆོད་རྟེན་གནོན༔ དགོའོ༔

མ་མ་གཱི་ཡི་རང་བཞིན་ཆུ་རླབས་འཁྲུག༔ ལྷ་བདོས་སྡིག་སྦྲིབ་ཁྲག་གི་ཉོག་དང་འདྲ༔ ན་གི་མདོག་ནི་དུད་ཁ་སླེ་མ་འདྲ༔ མ་ཧི་སྦྲས་འདི་ས་ནག་གོང་བུ་འདྲ༔ འདོན་བྱེད་སྐྱེས་བུ་བྱ་སྒྲོ་རླུང་ཁྱེར་འདྲ༔ དམག་འཁྲུག་དཔོན་པོ་ཧ་མོང་མགོ་གསུམ་པོས༔ མུ་གེའི་སྣ་འདྲེན་ཚ་ཟེར་བརྒྱ་བ་འབར༔ སྦྲུལ་གྱི་ཁྲག་ཐང་ཁ་འཕྲུ་དམར་རྩུབ་འཐོར༔ བྱ་རྒོད་གཤོག་ཡས་མེ་ལྕེ་ལྷབས་སེ་ལྷབ༔ ཁྲི་ཡིས་

མཆེ་གཙིགས་མི་ཆེན་རོ་ལ་ཐག༔ ཨོཾ་རྒྱན་ཆེ་མཆོག་དེ་ཡིས་སླུས་པ་དགེ༔ སྤྱང་ལྗོངས་མེ་ཏོག་བཀྲ་བ་རི་བོའི་འདབས༔ ཛ་བྲག་ཁང་བུ་ཞིག་ཏུ་དུག་སྦྲུལ་ཉལ༔ ཤུན་ལྤགས་བརྗེ་དུས་རྨོག་རྒྱན་ནོར་བུ་དོར༔ སྦྲུལ་མང་སྤྱིར་མོས་ཟིན་ན་གནས་འདིར་འབྱོར༔

ཨེ་མ་ཧོ༔ སེམས་ཀྱི་མེ་ལོང་འཕྲུལ་སྣང་གསལ་དྭངས་ཀྱི༔ ལུང་ཅིག་གཟུགས་བརྙན་འདི་འཆར་ཤར་ལྷོ་ཡི༔ མེ་ལྷུས་མེ་འཁོར་བསྐོར་ལ་འཆར་བའི་ཚེ༔ རོང་གི་ནགས་ཚལ་གཙན་གཟན་བྱུང་ཤར་ཕྱི༔ མེ་སྐྱོང་ཉག་ཕྲན་ལྟུགས་ཀྱི་མེ་མདངས་སྨུས༔ ལུགས་ཟུང་མེ་ཏོག་དར་རྒྱུད་ཆར་བས་གསོ༔ བྱིས་པའི་ཚང་ལ་ནོར་བུ་སྦྲས་གབ་ཡོད༔ འགའ་རེས་མཐོང་ལ་འོད་འབར་ལྡང་མོ་བལྟ༔ བདེ་དྲོད་འབར་བའི་ཉི་མ་མེ་ཞལ་དང༔ འཕྲད་པའི་ལྟོ་ཕྱི་སྦྲུ་ལམ་མེ་སྣག་ཟིན༔ ཚེར་མ་བསྲེགས་པས་སྤང་ལྗོངས་པུཎྜའི་ཚལ༔ བུང་བ་དམར་སེར་རྒྱི་བཅུད་མཆོ་གར་རྒྱེ༔ ཀླུང་དང་སེར་ཆོ་འཚུབ་ཀྱང་ནམ་མཁའ་དྭངས༔ ཆར་ཟིམ་སྤྲིན་གསེབ་འོག་ཏུ་འཇའ་ཚོན་ཤར༔ ཀླུང་གི་རྒྱལ་མཚན་མ་རིག་ཡལ་ནས་འགྲོ༔ ལྷོ་འགྲོས་ལྟེ་བརྒྱུད་དཀར་ནག་རླངས་པ་འཕྱུར༔ སྨན་དྲི་འཚུབ་འཚུབ་དུག་སྐྱོན་ཆེར་མི་ལྡང༔ ད་ལྟ་ཟླ་བའི་འཕེལ་འགྲིབ་བཅོ་ལྔ་ལ༔ རི་བོང་འཛིན་པའི་བསིལ་ཟེར་རབ་འཕྲོས་པས༔ རྒྱ་མཚོ་ཆེ་ཡང་འཕྲུག་པས་སྨོམ་པར་བྱེད༔ ཕག་གི་མཇུག་མ་ཐབ་མེས་ཙང་ཟད་ཟིན༔ བཞོབ་དྲི་འཐུལ་ཡང་ཁ་བའི་རྡུལ་གྱིས་གསོད༔ བྱི་བའི་མགོ་ལ་ཚ་ཟེར་སྣོང་གིས་བྲོས༔ ཟླ་བའི་འོད་ཀྱིས་འཕྲུག་སྟེ་ཚ་གྲང་གཉིས༔ རི་མོའི་ཟླ་གཉིས་མཇུག་ནས་ཤར་གྱིས་ཕྱོགས༔ ཁྲི་རྒོད་མཆེ་བ་གཙིགས་པས་རབ་ཏུ་འུར༔ གནས་འདིའི་ཁྲིམ་དབུས་ཡོལ་གོ་ཙང་གིས་

འགོང༔ བྲི་བའི་རིལ་མ་ཙུང་ཟད་འབྲིལ་དོགས་ཡོད༔ དཔལ་ལྡན་ལྷ་མོའི་བསུ་རིས་སྐྱེས་བཟང་གསོལ༔ བན་བཙུན་གཞོན་ནུས་དུང་དཀར་འུར་འུར་འབུད༔ ཁྲི་སྤྱོང་ཧམ་པས་ཀུ་ཅོ་འུར་འུར་འདོན༔ ཆུ་ཆེན་སྨྲ་སྒྲོགས་རྒྱ་གླིང་སྐད་སྙན་སྒྲོགས༔ རལ་བ་ཅན་གྱི་མགོ་ལ་སྤྱོས་མེས་རེག༔ མཆོད་རྫས་ཞལ་ཟས་མཛེས་ཀྱང་ཉི་མེ་མཆོན༔ རོལ་མོའི་ལོང་ཆད་ས་དྲིལ་ཆག་དོགས་མེད༔ དཀར་ཡོལ་ཞོ་ཡིས་འགོང་བ་བླ་ཟེར་ཐོག༔ ཁྲིམ་མུན་གསལ་བའི་ཐབས་ཤེས་བདེ་དྲོད་འབར༔ ཨོ་རྒྱན་ཆེ་མཆོག་དེ་ཡིས་གང་ཤར་སྨྲས༔

༄༅། །གཡུ་ཁོག་རྒྱ་སྤྲུལ་ངོས་འཛིན་ལུང་བྱང་། །

སློབ་དཔོན་པད་འབྱུང་སློབ་མ་རྗེ་འབངས་གྲལ། །ཉེར་ལྔའི་ནང་ཚན་དཔལ་གྱི་དབང་ཕྱུག་མཚན། །རྡོ་རྗེ་ཕུར་པའི་གྲུབ་ཐོབ་སྟོབས་ནུས་ཅན། །འཁོན་ཆེན་ཀླུ་ཡི་དབང་པོ་ཉི་མ་གྲགས། །སྤྲུལ་པའི་ཆ་ཤས་ལུས་སྨིན་ཚུལ་ཁྲིམས་བསྲུང་། །སེམས་སྨིན་རིག་པའི་ཡེ་ཤེས་སྒྲོན་མེ་སྦར། །མ་རིག་མུན་པའི་སྨག་རུམ་བསལ་བར་བྱས། །བྲི་བའི་ཚངས་ཁང་ཀུ་ཤ་སྤོ་ལྡང་སྟེང་། ཆུ་ཤེལ་ནོར་བུ་དེ་ལ་མཛལ་བས་ལྡོས། མི་འགྱུར་ནམ་རྡོར་གསུངས།

༄༅། །གཡང་འགུགས་བཞུགས་སོ།།

ཧྲཱིཿ སྐུ་གསུམ་རྒྱལ་བས་གང་ལ་གང་འདུལ་ཞིང་། །འཕགས་པ་དྲི་མེད་དུང་མདོག་ཞི་བའི་ལྷ། །དབང་ཆེན་པདྨ་ནཱ་གའི་གཟི་མདངས་ཅན། །འོད་ཟེར་སྟོང་གི་སྟོབས་དཔལ་ནུས་པ་ཡིས། །འཁོར་འདས་སྲིད་པའི་དཔལ་གཡང་འདིར་ཁུག་ཅིག །རྒྱལ་བ་རིན་ཆེན་མང་གི་འོད་ཟེར་སེར། །དཔལ་བསྐྱེད་བཻ་ལས་སྤྲུལ་པའི་གཡང་གི་ལྷ། །ནམ་མཁའ་དྭངས་མའི་གཟི་བྱིན་རབ་སྐྱེད་ཅིག །བསེ་རག་འགོང་པོའི་གཡུལ་ངོ་ལས་རྒྱལ་བའི། །རྒྱལ་མཚན་འཛིན་པའི་ལྷ་དེས་འདིར་དགོངས་ཤིག །རྒྱས་པའི་ལྷ་ནི་རྒྱལ་མཆོག་ཤཱཀྱ་ཐུབ། །རིན་ཆེན་འབྱུང་ལྡན་རྣམ་པར་རོལ་པའི་གར། །གསེར་མདོག་ཅན་གྱི་ལྷ་ནི་སྟོབས་དཔལ་ཆེ། །སྲིད་པའི་ཕྱྭ་གཡང་འདི་ན་ལེགས་བསྡུས་ཤིག །ཤར་ཕྱོགས་དྲི་ཟའི་རྒྱལ་པོ་ཡུལ་འཁོར་སྲུང་། །དོན་ལ་སྨྲུན་རས་གཟིགས་དང་དབྱེ་བ་མེད། །རྣམ་པ་ཟློ་དོར་འབྱུང་བཞིའི་ཁམས་ལ་གནས། །རི་དབང་རྒྱལ་པོ་གཉན་ཆེན་ཐང་ལྷ་གངས། །དབུས་གཙང་རུ་བཞིའི་དགྲ་ལྷ་ཆེན་པོ་ཡིས། །སྲིད་པའི་ཕྱྭ་གཡང་དཔལ་རྣམས་འདིར་བསྡུས་ཤིག །རྣམ་ཐོས་སྲས་དེ་བྱང་གི་ཕྱོགས་ལ་གནས། །ས་བརྒྱད་སེམས་དཔའ་སྡེ་བརྒྱད་ཚུལ་བསྟན་པ། །རྨ་ཆེན་སྤོམ་ར་མདོ་ཁམས་དགྲ་བླ་ཡིས། །སྲིད་པའི་ཕྱྭ་གཡང་ཐམས་ཅད་འདིར་བསྡུས་ཤིག །མདོ་སྔགས་བསྟན་པ་འཛིན་པའི་

སྐུ་རབས་བཞི་པ་མི་འགྱུར་ནམ་མཁའི་རྡོ་རྗེའི་གསུང་ཚན།

སྐྱེས་བུ་རྣམས། །རྒྱལ་བའི་ཕྲིན་ལས་རྨད་བྱུང་མཛད་པ་རྒྱས། །རྒྱལ་བསྟན་རིན་ཆེན་གསེར་གྱི་རི་བོ་ལ། །འོད་ཟེར་འབུམ་ཕྲག་འཁྲོ་བའི་གཡང་ཁྲུ་ཤིག །རང་སེམས་མ་འབྲེལ་དོན་གྱི་ཡེ་ཤེས་ལྷ། །སེམས་ཉིད་བདེ་ཆེན་རྒྱལ་བ་ཀུན་ཏུ་བཟང་། །འཁོར་འདས་ཀུན་ལ་དབང་བསྒྱུར་སྟོབས་དཔལ་ཆེ། །རིམ་གཉིས་འབྲེལ་བ་མེད་པའི་རྩ་གསུམ་བསྒྲུབས། །དཔའ་བོ་བསྟན་སྲུང་ཕྱི་ནང་སྐྱོང་བཙུད་གནས། །བསམ་གཏན་ཆོས་གླིང་གནས་བདག་དགོར་སྲུང་ལྷ། །རྣལ་འབྱོར་གང་ལ་འགོ་བའི་སྲུང་མ་རྣམས། །ནུས་པའི་སྟོབས་ཀྱིས་ཆེ་གཡང་དཔལ་སྐྱེད་ཤིག །མི་འགྱུར་ཆེ་དབང་རེ་སྐོང་ཙམ་དུ། །ཨོ་རྒྱན་ཆེ་མཆོག་དེས་སྨྲས་དགེ་གྱུར་ཤིག །སརྦ་མངྒ་ལཾ། །

༄༅། །རྒྱལ་གདོན་བཟློག་ཐབས་དག་སྣང་མ་བཞུགས་སོ། །

སྣང་ཅིག་རིག་པ་མ་བཅོས་གཞི་ཀ་དག །རྩལ་སྣང་མ་འགགས་དྭངས་ཤེལ་འཇའ་ཚོན་བཞིན། །ཡེ་ཤེས་རང་སྣང་རོལ་པ་དངོས་མེད་ལྷ། །གུ་རུ་ཞི་བ་དཀར་པོ་ཟླ་ཤེལ་འདྲ། །སྐུ་མདོག་ཕྱག་མཚན་ཆ་ལུགས་ཡོངས་སུ་རྫོགས། །རྒྱས་པའི་ལྷ་ནི་འཛམ་བུའི་ཆུ་གསེར་མདོག །ཉི་མའི་འོད་ཟེར་འབར་བས་འཕྲུལ་མྱུར་སེལ། །འགྲོ་རྣམས་ཐར་ལམ་བདེར་བཀོད་འདྲེན་པར་མཛད། །ཁྲོ་འཛུམ་ཡེ་ཤེས་སྤྲུལ་གྱིས་འཁོར་འདས་གཟིགས། །སྟོབས་ལྡན་ཁ་ཊྭཱཾ་ཉི་ཟེར་ཕྱག་མཚན་བསྣམས། །བདུད་འདུལ་དཔའ་བོ་ཧེ་རུ་ཀ་ཡི་ཆས། །དབང་ལྷ་དམར་པོ་སོར་རྟོག་ཡེ་ཤེས་ཀྱི། །མདངས་ལྡན་པདྨ་རཱ་གའི་ལྷུན་པོ་ལ། །ཉི་ཟེར་འཕྲུད་བཞིན་བཀྲག་སྟུམ་ལམ་མེ་བ། །ཁྲོ་འཛུམ་གཟི་བརྗིད་ངོམ་པས་སྣང་སྲིད་རྣམས། །ཟིལ་གནོན་འཁོར་ལོའི་བསྒྱུར་བའི་ཆ་ལུགས་ཅན། །ཧྲ་རུ་ལྕུགས་སྒྲོག་བསྣམས་པས་དབང་སྡུད་ཅིང་། །སྐྱེ་འགྲོ་འཆིང་ཚུལ་མདུན་དུ་ཀྲོང་ངེ་གཟིགས། །ཐར་ལམ་བདེ་ལ་བཀོད་པའི་དོན་མཛད་ཕྱིར། །གཟུང་འཛིན་མདུད་དགྲོལ་རིག་པའི་རང་ངོ་སྤྲོད། །སྐུ་གསུམ་བརྡ་མཚོན་དངུལ་དཀར་མེ་ལོང་བསྟན། །སེང་གེ་སྒྲ་སྒྲོག་ཨིནྡྲ་ནཱི་ལའི་མདོག །དཔའ་བོ་བགེགས་འདུལ་ཆས་རྣམས་ཡོངས་རྫོགས་ཤིང་། །རྣ་ལྷག་གཡས་ན་སེང་གེའི་དབྱུ་ངོམས་ཤིང་། །ང་རོ་ལྡིར་བས་མུ་སྟེགས་ཕ་ཞུམ་

འདྲ། །ཕྱག་གཡས་སྡིགས་འཛུབ་ནམ་མཁར་གདེངས་པའི་ཚུལ། །བྱ་ཁྱུང་ཁྲ་ཐབས་སྤྲུལ་པ་བཀྱེ་བ་ཡིས། །ཀླུ་གདོན་འདུལ་ཞིང་ཤ་ཁྲག་ཞལ་དུ་གསོལ། །ཤཱཀྱ་སེང་གེ་གསེར་མདོག་མཚན་བཟང་པོ། །སུམ་ཅུ་རྩ་གཉིས་དཔེ་བྱད་བརྒྱད་ཅུ་རྫོགས། །སྐུ་དབུས་རྩ་བཟང་གཙུག་ཏོར་རྩེ་མོ་མཐོ། །ཡེ་ཤེས་སྙིང་ཞོན་མཁའ་ལ་བྱ་ལྟར་འཕུར། །སྤྲུལ་སྐུ་ཚངས་པར་སྤྱོད་པའི་ཆ་ལུགས་ཅན། །རྒྱལ་ཀུན་མཁྱེན་བརྩེའི་བྱིན་རླབས་ནུས་སྟོབས་ཐིམ། །འགྲོ་བའི་དུག་ལྔའི་ནད་རྣམས་འཇོམས་མཛད་པའི། །ཡེ་ཤེས་བདུད་རྩིས་བཀང་བའི་ལྷུང་བཟེད་བསྣམས། །རིན་ཆེན་བཻཌཱུརྻ་ལས་གྲུབ་པའི་ཚུལ། །ཕྱག་གཡས་ས་གནོན་ས་འགུལ་འཇིགས་སྐྱོབས་མཛད། །བློ་ལྡན་མཆོག་སྲེད་འཇམ་དཔལ་དབྱངས་ཀྱིས་འཕྲུལ། །གུར་གུམ་མེ་ཏོག་མདངས་ལྡན་ཞི་འཛུམ་མཛེས། །དེ་ཡང་འཁོར་ལོས་བསྒྱུར་བའི་རྒྱལ་པོའི་ཆས། །ཐབས་ཤེས་བཛ་མཆོད་ཌ་མ་རུ་འཁྲོལ་བས། །ཆོས་ཀྱི་སྒྲ་བརྒྱ་འུར་བས་འགྲོ་སེམས་རྨོངས། །གཏི་མུག་གཉིད་ལས་སད་པའི་འདྲེན་མཆོག་ལྷ། །རྡོ་རྗེ་གྲོ་ལོད་དམར་སྨུག་ཇམས་གཏུམ་ཁྲོའི། །དབང་དྲག་གཉིས་འཇོམས་ལྟོབས་ལྡན་དཔའ་བོའི་ཆས། །མདོ་སྔགས་ཟུང་འཇུག་བཛ་སྟོན་ན་བཟའ་གསོལ། །ཕྱག་གཡས་གསེར་གྱི་རྡོ་རྗེ་རྩེ་ལྔ་གསོལ། །བདུད་བགེགས་ཡུལ་རྣམས་ཡམ་ཡམ་ཤིག་ཤིག་འདར། །གཡུལ་ངོའི་མཚོན་ཆ་ཆག་འཐོར་དཔའ་སྟོབས་ཞུམ། །ཞབས་གཉིས་རྒྱ་ལྐམ་སྟག་ཆེན་ངར་མའི་སྟེང་། །གོམ་སྟབས་གསུམ་གྱིས་ས་གསུམ་ནོན་པར་མཛད། །ཕྱག་གཡོན་གནམ་ལྕགས་སྡིག་པ་ཁྲུ་གང་པ། །མགོ་དགུ་མིག་རྣམས་ཁྲ་ཅེམ་ར་རྣམས་གཟེང་། །རྒྱལ་འགོང་བགེགས་ཀྱི་སྲ་རྟེན་དེར་འདུས་ཐིམ། །འདྲེ་

འཇིགས་གྲུ་གྲུལ་དུད་པའི་དྲི་འཐུལ་ཞིང་། །དེ་ལས་སྤྲུལ་པ་སྐར་མདའ་ཆད་པ་ལྟར། །དུང་སྡིག་དཀར་པོ་གསེར་སྡིག་སེར་པོ་དང་། །ཟངས་སྡིག་དམར་པོ་གཡུ་སྡིག་ལྗང་ཁུ་རྣམས། །ཐོར་ཐོར་བྱ་འཕུར་བཞིན་དུ་གྲོགས་པ་མེད། །རྒྱལ་འགོང་བགེགས་ཀྱི་སྙིང་ལ་ཐུལ་གྱིས་ཟུགས། །སྙིང་ཁྲག་འཐུང་ཞིང་རྣམ་ཤེས་བདེ་ཆེན་སྦྱོར། །གང་དེ་སྲིན་པོའི་རྒྱལ་པོའི་སྐུ་རུ་གྱུར། །སྟོབས་དང་ནུས་པ་གཟི་བརྗིད་མེ་ལྟར་འབར། །འགལ་རྐྱེན་འཇིགས་བརྒྱད་ཤིང་ཚེར་བསྲེགས་པ་འདྲ། །བསྟན་འགྲོའི་བདེ་སྐྱིད་འཇོམས་པའི་ངན་སེམས་ཅན། །འདྲེ་བགེགས་མི་ཡི་ཁོག་ཏུ་ཞུགས་པ་ལ། །ཞི་དུལ་འཕགས་མཆོག་ཐུགས་ཆེན་སྤྱན་རས་གཟིགས། །སྐུ་གསུམ་རྒྱལ་བའི་ཐུགས་རྗེའི་སྤྱན་གྱིས་གཟིགས། །འཇིགས་བརྒྱད་སྡུག་བསྔལ་ཞི་བའི་སྐྱབས་མགོན་མཛོད། །ཨོཾ་མ་ཎི་པདྨེ་ཧཱུྃ་ཧྲཱིཿ ཡིག་དྲུག་ཅི་ནུས་བཟླས་རྗེས་དགེ་བསྔོ་བྱ། ཞེས་དམག་འཁྲུག་ནད་ཡམས་རྒྱལ་འཁྲུམས་ཤི་འདྲེས་འཚེ་བས་ཉེན་འཚོ། དེ་ཉིད་བཟློག་ཐབས་ཀྱི་ལས་ཚོགས་འདི། མདོ་ཁམས་རྫོགས་ཆེན་པདྨ་རིག་འཛིན་གྱི་སྐུ་ཕྲེང་བཞི་པའི་མིང་འཛིན་པ་དུས་མཐའི་བཙུན་པ་ཨོ་རྒྱན་ཆེ་མཆོག་དཔལ་གྱི་རྡོ་རྗེ་ལ་དག་སྣང་དུ་ཤར་བ་བྱིན་བརླབས་ཀྱི་ཚན་ཁ་ལྷག་པར་སྨྱུར་བས་ཉམས་སུ་ལོངས་ཤིག །སརྦ་དཱ་ཀ་ལྱཱ་ཎཾ་བྷ་ཝ་ཏུ།

༄༅། །བྱད་ཕུར་བཟློག་ཐབས་བཞུགས་སོ།།

སྐུ་གསུམ་རྒྱལ་བ་རིགས་ལྔའི་རྣམ་འཕྲུལ་གྱིས། །གང་ལ་གང་འདུལ་སྤྲུལ་པའི་དོན་མཛད་པ། །ཞི་ཁྲོའི་དཀྱིལ་འཁོར་ནམ་མཁའི་ཁྱབ་བརྡལ་གྱི། །ཚེ་མཆོག་དཔལ་དགུ་གནས་གསུམ་དཔའ་བོ་དང་། །ཆོས་སྐྱོང་སྲུང་མས་དབྱིངས་ནས་ཐུགས་རྒྱུད་བསྐུལ། །འབྱུང་བ་ལྔ་ལས་གྲུབ་པའི་བདུད་བགེགས་རྣམས། །དངོས་དང་དངོས་མིན་བསམ་ངན་སྦྱོར་རྩུབ་ཞེམས། །རྒྱལ་བ་ཞི་ཁྲོའི་ནུས་མཐུའི་སྟོབས་ཀྱིས་སྒྲོལ། །བྱད་ཕུར་རྦོད་གཏོང་འཆེ་བ་མེད་ཕྱིར་དུ། །ཕྱི་ནང་གསང་གསུམ་བར་ཆད་དབྱིངས་སུ་སྒྲོལ། །བདུད་བགེགས་སཏྲ་མི་ལྡང་སྟམྦྷ་ཡ། །ནོར་ལྷ་གཏེར་བདག་དཔའ་བོ་མཁའ་འགྲོ་ཡིས། །སྲིད་ཞིའི་ཕྱྭ་གཡང་ཐམས་ཅད་དབང་དུ་བསྡུས། །འདོད་དགུའི་དངོས་གྲུབ་ཟག་མེད་སྤེལ་དུ་གསོལ། །གནས་སྐབས་བསོད་ནམས་ཚོགས་གཉིས་ལེགས་རྫོགས་ཤིང་། །སྒྲིབ་གཉིས་བྱང་སྟེ་རྣམ་མཁྱེན་སྐུ་བཞི་ཡི། །གོ་འཕང་ཐོབ་པའི་སྨོན་ལམ་འགྲུབ་པར་ཤོག །འཛམ་གླིང་བོད་ཁམས་སྟོད་སྨད་གནས་བཟང་ལ། །ཟོ་དོར་གཉན་ཆེན་ཐང་ལྷ་སྡེ་བརྒྱད་ཚུལ། །དོན་ལ་སྐུ་གསུམ་རྒྱལ་བ་རིགས་ལྔའི་སྤྲུལ། །བསྐྱེད་རྫོགས་ལམ་སྦྱངས་ཅན་གྱི་རྣལ་འབྱོར་པའི། །མཆོག་ཐུན་དངོས་གྲུབ་ཐུགས་རྗེའི་སྟོབས་ཀྱིས་སྩོལ། །བཤད་སྒྲུབ་དགེ་འདུན་འདུས་པའི་སྡེ་ཚོགས་རྣམས། །ཕྲིན་ལས་བཞི་ཡི་སྟོབས་དཔལ་གོང་འཕེལ་ཤོག །ས་ཆུ་མེ་རླུང་ལ་སོགས་འཇིགས་པ་བརྒྱད། །ཞི་ཞིང་བདེ་སྐྱིད་རྫོགས་ལྡན་ལྷ་བུ་ཡིས། །དགེ་བཅུའི་དཔལ་ཡོན་གོང་ནས་གོང་འཕེལ་

སྐུ་རབས་བཞི་པ་མི་འགྱུར་ནམ་མཁའི་རྡོ་རྗེའི་གསུང་ཚན།

ཤོག །ཅེས་ཆོས་རྒྱལ་གྱིས་བསྐུལ་བའི་ངོར། ཨོ་རྒྱན་ཆེ་མཆོག་དེ་ཡིས་སྨྲས་པ་དགེ། །མངྒ་ལཾ། །

༄༅། །དུས་ཀྱི་འཁྲུག་རྩོད་ཞི་བའི་གསོལ་འདེབས།།

དུས་ངན་སྙིགས་མའི་འཇིགས་བརྒྱད་སྐྱོབ་པའི་ལྷ། །སངས་རྒྱས་ཀུན་འདུས་གུ་རུ་རིན་པོ་ཆེ། །རྗེ་བཙུན་འཕགས་མ་སྒྲོལ་མ་སྤྱན་རས་གཟིགས། །མདོ་སྔགས་སྟོན་པ་སྐྱེས་མཆོག་རིན་པོ་ཆེར། །དཔའ་བོ་མཁའ་འགྲོ་ཆོས་སྐྱོང་སྲུང་མ་མཁྱེན། །ཚེས་བཅུ་ཉེར་ལྔ་ཚོགས་འཁོར་གསོལ་བ་ཐེབ། །དུས་ཀྱི་ཡོ་ལངས་འཁྲུག་རྩོད་ཞི་བར་ཤོག །རང་རིག་ངོས་བཟུང་བྲལ་བ་སྟོང་པའི་ངང་། །བཟང་ངན་འཛམ་རྒྱབ་རྣམ་རྟོག་རང་གྲོལ་ཤོག །ཐམས་ཅད་བདེ་ཆེན་ཞིང་དུ་འདྲེན་པར་ཤོག །སྡོམ་གསུམ་དཔལ་ཡོན་གོང་ནས་གོང་དུ་འཕེལ། །ཉམས་ཆགས་ཉེས་ལྟུང་སྟོང་པའི་ངང་དུ་བཤགས། །བདེ་གཤེགས་སྙིང་པོའི་ཁྱབ་པའི་འགྲོ་བ་རྣམས། །རང་ངོ་ཤེས་པའི་རང་གྲོལ་རྣལ་འབྱོར་ཤོག །ཐམལ་སྐྱེ་བོའི་སེམས་ངོར་ནང་སྣང་ཞིང་། །ཕྱི་རྩོལ་དགྲ་འདུལ་གཉེན་སྐྱོང་སྤྱོད་ལམ་རྣམས། །བསྟན་འགྲོའི་དོན་ལ་ཕན་པའི་སྟོབས་རྒྱས་ཤིང་། །དུག་ལྔ་དཔེར་ན་སྲ་མཐྲེགས་ལུགས་ཀྱི་ཁམས། །གསེར་འགྱུར་ཐབས་བཞིན་ཡེ་ཤེས་ལྔ་ལྡན་དང་། །མ་དག་དག་པ་སེམས་ཅན་ཐམས་ཅད་

ཀུན། །བདེ་ཆེན་ཞིང་དུ་འདྲེན་པའི་སྨོན་ལམ་འདེབས། །བྱང་ཆུབ་སེམས་དང་ལྡན་པའི་སྐྱེས་བུ་རྣམས། །ཐུགས་བསྐྱེད་དམ་བཅའ་མི་ཉམས་བསྟན་འགྲོའི་དོན། །དཔེར་ན་དབྱར་དུས་དངོས་གྲུབ་ཆར་པ་ཡིས། །མེ་ཏོག་སྨིན་བཞིན་སྨོན་བཙུད་བཀྲག་མདངས་རྒྱས། །རྒུད་པ་ཐམས་ཅད་གསོས་ཏེ་བདེ་སྐྱིད་ཤོག །ཅེས་ཨོ་རྒྱན་ཆེ་མཆོག་དེ་ཡིས་སྨྲས་པ་དགེ་ཞིང་བཀྲ་ཤིས་པར་གྱུར་ཅིག །

༄༅། །འབྱུང་བཞིའི་ཉེར་འཚེ་ཞི་བའི་གསོལ་འདེབས་བཞུགས་སོ། །

རྒྱལ་བ་ཀུན་གྱི་མཁྱེན་བརྩེ་ནུས་གསུམ་གྱི། །དཔལ་ཡོན་གཅིག་བསྡུས་པདྨ་འབྱུང་གནས་ལ། །གསོལ་བ་འདེབས་སོ་འགལ་རྐྱེན་ཀུན་སོལ་ཅིག །འབྱུང་བ་བཞི་ཡི་ཉེར་འཚེ་ཞི་བར་མཛོད། །ས་བདག་འཁྲུགས་པའི་ཕྱི་སྣོད་གཡོ་འགུལ་བཟློག །རྒྱལ་བསྟན་ཉམས་རྒུད་མེད་པར་བདེ་ལེགས་ཤོག །སེམས་ཅན་ཐམས་ཅད་བདེ་སྐྱིད་ལྡན་པར་ཤོག །མདོ་སྔགས་ཉི་ཟླ་ཟུང་འབྲེལ་འཆར་བར་ཤོག །བདེ་ཆེན་ཞིང་ཁམས་གཡུ་ལོ་བཀོད་ལེགས་ན། །རྒྱལ་យུམ་རྗེ་བཙུན་འཕགས་མ་སྒྲོལ་མ་བཞུགས། །ཁྱེད་ལ་གསོལ་འདེབས་ཐུགས་རྗེའི་སྤྱན་གྱིས་གཟིགས། །ཕྱི་སྣོད་འབྱུང་བཞིའི་ཉེར་འཚེ་ཞི་བར་མཛོད། །ས་བདག་འཁྲུགས་པའི་གཡོ་འགུལ་མེད་པར་ཤོག །རང་སྣང་བདག་པའི་གནས་ཡུལ་བྱིན་ཅན་ན། །རྩ་གསུམ་དཔའ་བོ་མཁའ་འགྲོ་གྲངས་མེད་བཞུགས། །སྤྲུལ་པའི་གཏེར་སྟོན་བརྒྱ་རྩའི་རྣལ་འབྱོར་མཆོག །གསོལ་བ་འདེབས་སོ་འབྱུང་བཞིའི་ཉེར་འཚེ་

བཟློག ། ས་བདག་འབྲུགས་པའི་གཡོ་འགྱུལ་མེད་པར་ཞོག ། ཁམས་སྟོད་སྤྲིན་མོ་རྫོང་གི་གཞལ་ཡས་ནས། ། རིག་འཛིན་ཆེན་པོ་ཉི་མ་གྲགས་པ་ལ། ། གསོལ་བ་འདེབས་སོ་འབྱུང་བཞིའི་ཉེར་འཚེ་བཟློག ། ས་བདག་འབྲུགས་པའི་གཡོ་འགྱུལ་ཞི་བར་མཛོད། ། ཡེ་ཤེས་ལྷ་ལྷན་ལས་བཞི་ལྷུན་གྱིས་གྲུབ། ། ཡི་དམ་ཞི་ཁྲོ་བསྙན་སྲུང་དམ་ཅན་ཚོགས། ། ནུས་སྟོབས་གློག་ལྟར་འབྲུགས་པའི་རྫུ་འཕྲུལ་ཅན། ། ཕྱི་སྣོད་འབྱུང་བཞིའི་ཉེར་འཚེ་བཟློག་ཏུ་གསོལ། ། ས་བདག་འབྲུགས་པའི་གཡོ་འགྱུལ་མེད་པར་ཞོག ། སློབ་དཔོན་པདྨ་སྐུ་གཅིག་མཚན་བརྒྱད་སྤྲུལ། ། ལས་ལྷན་རྗེ་འབངས་ཉེར་ལྔའི་འཁོར་གྱིས་བསྐོར། ། དཔལ་རི་བདེ་བ་ཆེན་པོའི་ཞིང་ན་བཞུགས། ། བདག་སོགས་རྣམས་ཀྱི་སྙིང་ནས་གསོལ་བ་འདེབས། ། འབྱུང་བཞིའི་ཉེར་འཚེ་ཞི་བར་མཛོད། ། ས་བདག་འབྲུགས་པའི་གཡོ་འགྱུལ་མེད་པར་ཞོག ། རྒྱལ་བ་མཆོག་རྣམས་ཐུགས་བསྐྱེད་སྤྲུལ་པའི་མཐུས། ། ལས་ངན་སྐྱེ་འགྲོའི་འཇིགས་བརྒྱད་ཞི་བར་ཞོག ། སྲིད་པའི་བདེ་དཔལ་ཕྱུག་ཡང་དགེ་བ་བཅུ། ། གོང་ནས་གོང་འཕེལ་ཁྱད་པར་ཐེག་ཆེན་གྱི། ། ཨ་ཏིའི་སྒྲུབ་བརྒྱུད་དབྱར་མཚོ་ལྟར་རྒྱས་ཤོག ། ཅེས་འབྲུག་ལོ་ཟླ་བ་བཅུ་གཅིག་པའི་ཚེས་སྐད་ལ་ས་གཡོས་ཅུང་ཟད་འོང་འདུག་ཅེས་དགོན་སྡེ་ཕལ་ཆེར་སྐྲགས་པ་ལས། ། དེ་ཉིད་ཞི་བའི་ཆེད་དུ་གསོལ་འདེབས་སྨོན་ཚིག་འདི་རྫོགས་སྤྲུལ་བཞི་བས་སོ། ། དགེའོ། ། དགེའོ། །

༄༅། །འཕོན་སྤྲུང་བསྡུས་པ་བཞུགས་སོ།།

རང་གི་ཐུགས་ཀའི་ཧཱུྃ་ལས་འོད་ཟེར་འཕྲོས་པས་རྡོ་རྗེ་གསུམ་གྱི་ལྷ་ཚོགས་སྤྱན་དྲངས། དེ་རྣམས་ཀྱི་གནས་གསུམ་ནས་ཡི་གེ་བརྒྱ་པ་དཀར་དམར་མཐིང་གསུམ་བྱུང་། རང་དང་དབང་ཆེན་ཧ་མགྲིན་ནག་པོ་སོགས་བསྟན་སྲུང་དམ་ཅན་རྒྱ་མཚོའི་ཚོགས་རྣམས་ཀྱི་གནས་གསུམ་དུ་ཐིམ་པས་རང་གི་དམ་ཚིག་ཉམས་ཆགས་ཐམས་ཅད་དང་བསྟན་སྲུང་དམ་ཅན་རྒྱ་མཚོའི་ཚོགས་རྣམས་ཀྱི་སྐུ་གསུང་ཐུགས་ལ་གྲིབ་ཕོག་པ་ཐམས་ཅད་བྱང་ཞིང་དག་པར་བསམ་ལ། ཡིག་བརྒྱ་སོགས་བཟླས་པ་བྱའོ། །རྫོགས་ཆེན་བཞི་པ་མི་འགྱུར་ནམ་མཁའི་རྡོ་རྗེས་གསུངས་སོ།། །།

༄༅། །འདོད་ཁམས་ལྷ་མོའི་མངའ་གསོལ་བཞུགས།།

འདོད་པའི་ཁམས་ཀྱི་དབང་ཕྱུག་འཁྲུལ། འབར་མ་ཆེན་མོར་གུས་པས་འདུད། ༈ ཨཱ། བརྗོད་བྲལ་ཀ་དག་ཆེན་པོའི་དབྱིངས་ཉིད་ལ། །ཕན་གནོད་ལྷ་འདྲེའི་ཀུན་རྟོག་རྣམ་དག་ཀྱང་། །རོལ་རྩལ་ཐུགས་རྗེའི་རྣམ་འཕྲུལ་བསྟན་སྲུང་ཚུལ། །རཀྵ་སྲིན་མོའི་གདོང་ཅན་དགོངས་སུ་གསོལ། །རྣལ་འབྱོར་དཔའ་བོ་མིང་པོས་འབོད་ལགས་ཀྱིས། །སྲིང་མོ་དམ་ཅན་ལྷ་མོ་ད་ཚུར་བྱོན། །ཇི་ལྟར་སྣང་བའི་འཁྲུལ་སྣང་སད་པའི་ཆོས། །ཆོས་ཉིད་རྩལ་ལས་ཤར་བའི་དངོས་འབྱོར་རྫས། །མཆོད་ཡོན་མེ་ཏོག་བདུག་སྤོས་མར་མེ་དང་། །ཞལ་ཟས་དྲི་ཆབ་སིལ་

སྨན་རོལ་མོའི་སྒྲ། །གཟུགས་སྒྲ་དྲི་རོ་རེག་བྱ་འདོད་ཡོན་ཚོགས། །ལྷ་ཆེན་འཕྲུལ་དགའི་ལོངས་སྤྱོད་ཇི་བཞིན་པ། །ཡིད་སྤྲུལ་ཀུན་ཏུ་བཟང་པོའི་མཆོད་སྤྲིན་གྱིས། །ནམ་མཁའི་ཁམས་ཀུན་གང་བས་ཕྱོད་གསོལ་མཆོད། །ལྷ་མིའི་སྟོན་པར་མངའ་གསོལ་བཀྲ་ཤིས་པའི། །རྫས་བརྒྱད་དང་ནི་རྒྱལ་སྲིད་རིན་ཆེན་བདུན། །དཔའ་བོ་ཡབ་ཡུམ་ཟུང་འཇུག་མཉམ་སྦྱོར་བའི། །ཐབས་ཤེས་བདུད་རྩི་བདེ་སྟོང་སྟོད་དུ་བསྐྱིལ། །ཏ་ན་ག་ན་སྦྱོར་སྒྲོལ་རྨད་དུ་བྱུང་། །སྨྲ་བསམ་བརྗོད་འདས་ཡང་དག་ཏིང་འཛིན་གྱིས། །བསྟན་སྲུང་ལྷ་མོ་ཆེན་མོ་མངའ་གསོལ་ལོ། །དགོངས་བརྡ་སྙན་བརྒྱུད་མདོ་སྔགས་ཐེག་པ་ཆེའི། །བསྟན་དང་བསྟན་པ་འཛིན་པའི་སྐྱེས་བུ་ལ། །ཤུན་ཏུ་བརྩེ་ཞིང་ལས་བཞིའི་དངོས་གྲུབ་ཀྱི། །འདོད་འབྱུང་ལྷ་མོ་ཆེན་མོར་མངའ་གསོལ་ལོ། །མི་མཐུན་མཚོན་རྣོན་ཐྲག་རི་ཤུགས་ཆེ་ཡང་། །ཐུགས་རྗེའི་ནུས་མཐུ་གནམ་ལྕགས་ཐོག་ཆེན་གྱིས། །སྐད་ཅིག་ཉིད་ལ་བྲེ་མར་གཞོམ་མཛད་པ། །བདུད་སྡེའི་གཤེད་མ་ཆེན་མོར་མངའ་གསོལ་ལོ། །དེ་ལྟར་མཆོད་ཅིང་བསྟོད་པའི་བྱིན་རླབས་ཀྱིས། །སྟོད་བཅུད་རྒུད་པ་ཀུན་ཞི་ལེགས་ཚོགས་རྒྱས། །རྒྱལ་བསྟན་མདོ་སྔགས་བསྟན་པ་ཕུན་སུམ་ཚོགས། །རྣམ་ཁྲིན་ལམ་ལ་འགོད་པའི་ཕྲིན་ལས་མཛོད། །ཅེས་ཕྲུག་ཚའི་ཆོས་ཁྲིམས་པདྨ་དབང་ལྡན་དང་དགེ་མཛད་བློ་གྲོས་གཉིས་ཀྱི་བསྐུལ་ངོར་རྫོགས་སྤྲུལ་བཞི་པས་སྨྲས་པ་དགེའོ། ། ། །

༄༅། །ལྷ་མོ་སྔགས་བདག་མའི་མངའ་གསོལ་བསྡུས་པ་བཞུགས་སོ།།

ཧྲཱིཿ དབྱིངས་ནས་ཐབས་ཤེས་རང་བྱུང་གྲུབ་པའི་ལྷ། །དཔལ་ལྡན་སྔགས་ཀྱི་རྒྱལ་མོ་ནམ་མཁའི་མདོག །ཡེ་ཤེས་འཇིག་རྟེན་གང་འདུལ་སྤྲུལ་བསྒྱུར་བ། །ནུས་སྟོབས་ཚ་ཟེར་བརྒྱ་བའི་འོད་འཕྲོ་བཞིན། །འདོད་པ་ཁམས་ཀྱི་མུན་སེལ་དཔལ་གཡང་སྤེལ། །དཔལ་ལྡན་ལྷ་མོ་ཆེན་མོ་མངའ་གསོལ་ལོ། །གདོས་བཅས་ལུས་མེད་འབྱུང་བ་ཆུ་རླུང་ལ། །སྤྲུལ་བསྒྱུར་མ་མ་གི་དང་དམ་ཚིག་སྒྲོལ། །ལྷ་མོའི་བཞུགས་གནས་དངོས་ནི་སྲིན་ཡུལ་གླིང་། །ཟངས་མདོག་དཔལ་རིའི་སྒོ་དྲུང་མུ་ལེ་མཚོ། །ཡོངས་འདུས་ཤིང་གི་རྩ་བ་དུར་ཁྲོད་དངོས། །སྡེ་བརྒྱད་དྲེགས་པ་མོ་ཡི་ཚུལ་བསྟན་པ། །ཨོ་རྒྱན་པདྨའི་བསྟན་བསྲུང་མངའ་གསོལ་ལོ། །རིགས་ལྔའི་མཁའ་འགྲོས་དབང་བསྐུར་བྱིན་རླབས་ཐོབ། །རྒྱན་དང་ཆ་ལུགས་རྫས་བརྗིད་ཡ་མཚན་ངོམས། དྲེལ་རྟ་རླུང་གི་གཞོག་པ་ཅན་ལ་ཆིབས། གོམ་སྟབས་གཅིག་གིས་ས་གསུམ་སྐྱོད་པར་བྱེད། །རྫུ་འཕྲུལ་སྟོབས་ལྡན་ལྷ་མོར་མངའ་གསོལ་ལོ། །སེམས་ཉིད་རིག་པའི་གཞིས་ལ་ངོས་བཟུང་མེད། །ཡེངས་འཁྲུལ་དྲན་པ་གསལ་བའི་སྐད་ཅིག་མར། །རིག་པའི་རང་ཞལ་མཇལ་བའི་སྣང་སྟོང་གཉིས། །ཐབས་དང་ཤེས་རབ་ཟུང་འཇུག་མངའ་གསོལ་ལོ། །དེ་ལྟར་མངའ་གསོལ་བྱས་པའི་བྱིན་རླབས་ཀྱིས། རྣལ་འབྱོར་སྒྲུབ་པའི་འགལ་རྐྱེན་ཀུན་ཞི་ཞིང་། མཐུན་རྐྱེན་དོན་གཉིས་ལྷུན་གྲུབ་དགེ་

སྐུ་རབས་བཞི་པ་མི་འགྱུར་ནམ་མཁའི་རྡོ་རྗེའི་གསུང་ཚན།

ལེགས་བསྒྲོལ། ། འདི་ནི་ཉི་གྲགས་གྲྭ་ཨོ་རྒྱན་མི་འགྱུར་རྡོར་རྫོགས་སྤྲུལ་བཞི་པ་ཨོ་རྒྱན་ཆེ་མཆོག་དཔལ་གྱི་རྡོ་རྗེས་ཐུབ་བསྟན་ཡོངས་འདུས་དགའ་ཚལ་དུ་སྦྱར་བས་བསྟན་འགྲོ་ཡོངས་ལ་ཕན་པའི་རྒྱུར་གྱུར་ཅིག ། སརྦ་དཱ་ཀཱ་ལྱཱ་ཎཾ་བྷ་ཝ་ཏུ།

༄༅། །ལྷ་མོའི་གསོལ་ཀ་བཞུགས་སོ། །

ལྷ་མོའི་གསོལ་ཀ་འདི་ཉིད་ཀྱི་ཞལ་བྱང་དབུ་ཤོག་ལྷེབ་དང་པོ་མ་རྙེད་པས་ཅུང་ཟད་ཆད་ཡོད།

དུར་ཁྲོད་རྟག༔ རྫུབ་གྱུར་ཚལ་དེ་འཇིགས་སུ་རུང༔ མཁའ་འགྲོ་སྤྲིན་མོ་ནམ་མཁའི་མདོག༔ དཔའ་སྟོབས་རྒྱས་པའི་རྣམས་བརྗིད་ངོམ༔ ཐོད་སྐམ་བརྒྱན་པའི་ཐོར་གཙུག་མཛེས༔ ལན་ཚར་ལྕུང་ལོའི་ཟར་བུ་འཁྱུལ༔ སྤྱན་གསུམ་སྲིད་གསུམ་ས་ལེར་གཟིགས༔ དབང་པོ་སྒྲོ་ལྷུའི་མངོན་ཤེས་ཀྱིས༔ འཁོར་བའི་ལེགས་ཉེས་ཐམས་ཅད་མཁྱེན༔ དུར་ཁྲོད་དཔའ་མོའི་བརྒྱན་གོས་གསོལ༔ ཆིབས་སུ་ཤུག་ལྤན་དྲེའུའི་སྟེང༔ ཕྱེད་སྐྱིལ་རྐྱང་གི་རྫུ་འཕྲུལ་ཅན༔ གོམ་སྟབས་ཤུག་འགྲོས་ས་སྟོང་སྤྱོ༔ འཕོངས་སྟེང་མིག་གཉིས་ཁྲ་རྡིག་གེ༔ མཁའ་འགྲོའི་སྟོབས་རྒྱས་རྒྱན་ཆ་མཛེས༔ ལྷ་མོའི་ཕྱག་གཡས་དར་མདུང་ཕྱར༔ གཡོན་པས་ནད་ཀྱི་རྐྱལ་པ་འཛིན༔ དགྲ་ལ་འཚེ་བ་གཏོང་བྱེད་རྟགས༔ འཁོར་དུ་ལྷ་མོ་ཀླུ་མོ་དང༔ བདུད་མོ་བཙན་མོ་མང་པོས་བསྐོར༔ རྣལ་འབྱོར་བསྒྲུབ་པ་དམ་ཚིག་ཅན༔ སྲིང་མོ་ལྷ་བུའི་བསྟེ་གདུང་གྱིས༔ མ་ཐོགས་མྱུར་དུ་གཤེགས་སུ་གསོལ༔ རོལ་མོའི་སྒྲ་དང་གསུར་ཆེན་དུང་པ་བཏང༔ བཞུགས་སུ་

གསོལ་བ་ནི༔ ཧཱུྃ༔ དྲེགས་པ་དཔལ་ལྡན་ལྷ་མོ་མཛེས༔ རྫུ་འཕྲུལ་སྟོབས་ཆེན་གར་བསྒྱུར་བ༔ བསྟན་བསྲུང་ཆེན་མོ་བཞུགས་སུ་གསོལ༔ སེམས་ཉིད་མ་བཅོས་སྟོང་པ་ཡང༔ དྲན་པས་རྩིས་ཟིན་ལྡོད་ཆགས་པ༔ རྒྱལ་བསྟན་སྲུང་མའི་དོན་དེ་ཡིན༔ ཨ་ཧི་པུ་ཧོ༔ པྲ་ཧི་ཛ་ཧོ༔ མཆོད་པ་ནི༔ ཨོཾ་ཨཱཿ ཧཱུྃ༔ ཡུལ་སྣང་འགགས་མེད་དབང་པོ་ལྔའི༔ རྒྱན་དང་ལྟད་མོ་རོལ་པའི་ཚུལ༔ རྩ་རླུང་ཐིག་ལེའི་རྣལ་འབྱོར་པས༔ མཁའ་འགྲོ་ཞུགས་འགྲོ་ཕྲུག་རྒྱ་མོ༔ གསལ་སྟོང་ཐབས་ཤེས་བདེ་བ་ཆེ༔ བཟའ་བཏུང་ཚོགས་ཀྱི་འཁོར་ལོར་རོལ། ཨོཾ་བཛྲ་ཨརྒྷཾ་པཱདྱཾ་པུཥྤེ་དྷཱུ་པེ་ཨཱ་ལོ་ཀེ་གནྡྷེ་ནེ་ཝིདྱ་ཤབྡ་པྲ་ཏཱིཙྪ་སྭཱ་ཧཱ། ཨ་མྲྀ་ཏ་རཀྟ་བ་ལིཾ་ཏ་པཱུ་ཛ་ཞ་མ་ཡ་ཁ་ཧི་ཁ་ཧི༔ བསྟོད་པ་ནི༔ ཧཱུྃ་ཧྲཱིཿ དབྱིངས་ཡུམ་ཀུན་ཏུ་བཟང་མོ་དང༔ ཡེ་ཤེས་འཛིག་རྟེན་སྣ་ཚོགས་སྤྲུལ༔ ཟངས་མདོག་དཔལ་རིའི་སྲུང་མ་དང༔ རྒྱ་གར་འོད་གསལ་ལྷ་ཡི་རིགས༔ ཕྱ་ག་ལ་ཡི་རྒྱལ་སྲིད་འཕྲོག༔ སློབ་དཔོན་པདྨའི་སྔོན་འབྱུང་དུས༔ མཐུ་སྟོབས་དཔལ་མོའི་བྱིན་གྱིས་བརླབས༔ འཁོར་དང་བཅས་ལ་བསྟོད་པར་བགྱི༔ ཨོཾ་བཛྲ་ཌཱ་ཀི་མ་ཧཱ་ཀཱ་ལི་རེ་མ་ཏི་ཧྲཱིཾ་ཧཱུྃ་ཕཊ༔ མཆོད་བསྟོད་སྤྱི་ཁྲབ་ལྷར་བྲ༔ ཧཱུྃ་ཧོ༔ དགོངས་སུ་གསོལ་ལོ་སེམས་ཅན་མ་ལྷ་བྱ༔ གསན་དུ་གསོལ་ལོ་བདུད་འདུལ་རེ་མ་ཏི༔ སྔོན་དུས་བར་སྐབས་དེང་སང་ལྔ་བདོའི་ཚེ༔ རྒྱལ་བའི་ཐུགས་རྗེས་ཡལ་དོར་མེད་ན་ཡང༔ འཁོར་བའི་སྡིག་སྤྱོད་རྒྱུ་འབྲས་བསླུ་བ་མེད༔ སྨོན་པ་དམ་ཚིག་ཉམས་པའི་རྐྱེན་བྱུས་ཏེ༔ སྡུག་བསྔལ་མཚོ་རྡོལ་ཐ་རླབས་གཡོ་བའི་དུས༔ བླ་མ་ཡི་དམ་དཔའ་བོ་མཁའ་འགྲོ་ཡིས༔ ཐུགས་རྗེའི་ནུས་སྟོབས་ཚ་ཟེར་སྟོང་འབར་འདྲས༔ ཀུན་ཏུ་ཁྱབ་པ་ཐར་ལམ་སྣང་གསལ་ཤོག༔ མདོ་སྔགས་བཤད་

བསྒྲུབ་ཆོས་སྒྲ་སྒྲོགས་པ་ཡིས༔ ངུར་སྨྲིག་རྒྱ་མཚན་འཛིན་པའི་རྣལ་འབྱོར་པ༔
ཆོས་མཐུན་བསམ་པའི་དོན་ཀུན་འགྲུབ་པར་ཤོག༔ ཡེ་ཤེས་ལྷ་རྣམས་སྤྱན་
གཟིགས་གསལ་འགྲིབ་མེད༔ བསྒྲུབ་པོས་འབོད་དུས་སྐད་ཀྱིས་ཐོགས་མེད་
གསོན༔ བསྐུལ་བའི་ཚེ་ན་བང་མ་བུལ་བ་དང་༔ རྣལ་འབྱོར་པ་རྣམས་བསྐྱེད་
རྫོགས་ནུས་སྟོབས་སྤྱོར༔ ཐྭ་ལིང་ཏ་དང་དམར་ཆེན་ཨཀྵོཾ་བཞེས༔ ཞིང་
བཅུའི་འཁོར་བ་སྐྱོང་པའི་ཕྲིན་ལས་མཛོད༔ དགེ་བཅུའི་དཔལ་ལྡན་ཕུན་ཚོགས་
དགེ་ལེགས་ཤོག༔ཐ་མལ་འཁྲུལ་སྣང་གཟུང་འཛིན་གདོན་ཞི་ནས༔ མ་ཡེང་མི་
བསྒོམ་ཉིན་མཚན་འཁོར་ཡུག་འདྲེས༔ བདེ་ལེགས་ཀུན་ཏུ་ཁྱབ་པའི་བཀྲ་ཤིས་
ཤོག༔ རྩ་བ་གསུམ་གྱིས་ཐུགས་དམ་བསྐུལ་ལོ༔ ཕྲིན་བཅོལ་ཚིག་ཉུང་དོན་
འདུས་འདི་སླུས་དགེ༔ ལྷ་མོའི་བསྐང་བ་ནི༔ སྐུ་གསུམ་ལྷུན་གྲུབ་དཔལ་ལྡན་
ལྷ་མོ་མཆོག༔ རང་རིག་རང་གསལ་ཐུགས་དམ་བསྐང་བྱེད་ནི༔ མཆོད་པ་
དངོས་གཙང་རོ་བརྒྱ་ལྡན་པའི་ཟས༔ གདོས་བཅས་མེད་པས་ལྷ་ཁྱོད་ཐུགས་དམ་
བསྐང་༔ སེམས་ཉིད་རང་ངོ་ཤེས་པའི་ཐུགས་དམ་བསྐང་༔ རྐྱེན་ངན་ཀུན་ཞི་
ཕྲིན་ལས་བཞི་འགྲུབ་པའི༔ སྟོང་གྲོགས་མ་གཡེལ་བརྫས་མ་ཡ༔ མཆོད་བ་
གཙང་སར་འབུལ་ལོ༔ རྫོགས་སྤྲུལ་བཞི་པ་མི་འགྱུར་ནམ་མཁའི་རྡོ་རྗེའི་དགོངས་
གཏེར་ལས་བྱོན་པའོ།། ༎ མངྒ་ལཾ། །བཀྲ་ཤིས་ཤོག དགེའོ།།

༄༅། །དཔལ་ལྷའི་གསོལ་བསྡུས།།

ཡེ་ཤེས་འཇིག་རྟེན་རིག་པའི་གླིང་ནས་སྤྲུལ། །དཔལ་གྱི་ལྷ་མོ་དཔལ་གྱི་མཛེས་བརྗིད་ལྡན། །ཏིང་ངེ་འཛིན་གྱི་སྤྲུལ་པའི་སྲིད་ཞིའི་དཔལ། །ལེགས་པར་དགྱེས་བཞེས་ཐུགས་དམ་སྐོང་གྱུར་ཅིག །འཁོར་འདས་ཐམས་ཅད་རིག་པའི་གླིང་དུ་གྲོལ། །ཅི་ཤར་ཆོས་ཉིད་རྩལ་གྱིས་ཐུགས་དམ་བསྐང་། །གཉིས་འཛིན་འཁྲུལ་པའི་དབང་གྱུར་མཐོལ་ཞིང་བཤགས། །སྲིད་ཞིའི་དཔལ་ཡོན་འབད་མེད་ལྷུན་གྲུབ་སྩོལ། །ཅེས་འདི་ལྷ་རིགས་ཉི་སྤྲུལ་པས་བསྐུལ་ངོར་གྲུབ་པའི་དབང་པོ་རྫོགས་ཆེན་པ༴མི་འགྱུར་ནམ་མཁའི་རྡོ་རྗེས་གསུངས་པའོ། ། ། །

༄༅། །ཞིང་སྐྱོངས་མ་མོའི་འཁྲུགས་བསྐང་ནི།

ཧཱུྃ༔ རྒྱལ་བའི་བསྟན་སྲུང་འཇིག་རྟེན་མཆོད་བསྟོད་ཀྱི། །དྲེགས་པ་སྡེ་བརྒྱད་སྟོབས་ལྡན་ཚུལ་དུ་སྤྲུལ། །དོན་དམ་དབྱིངས་ཀྱི་མཁའ་འགྲོ་ཀུན་ཏུ་བཟང་མོ། །རྒྱལ་ཀུན་ཕྲིན་ལས་ཐབས་དང་ཤེས་རབ་ཀྱི། །དཔའ་བོ་དཔའ་མོ་བདེ་སྟོང་ཟུང་དུ་འཇུག །ཕྱི་ལྟར་གནས་གསུམ་འབྱུང་ལྔའི་ཁམས་ཀུན་ལ། །ཡུམ་ལྔའི་བྱིན་རླབས་སྟོབས་དཔལ་ལེགས་རྒྱས་པའི། །དུར་ཁྲོད་མ་མོ་དམ་ལྡན་རྣལ

འགྲོར་བསྒྱུར། །དམ་ཉམས་ཞིང་བཅུ་སྒྲོལ་བའི་མཐུ་མོ་ཆེ། །སློགས་མ་ལྔ་བདོའི་དུས་བསྐལ་ངོམ་པའི་ཚེ། །ཐུབ་བསྟན་རྗེས་འཇུག་རྣལ་འབྱོར་བརྩུན་པ་རྣམས། །དུག་ལྔའི་དབང་གིས་ལུས་སེམས་སྨྱོས་པ་ཡིས། །སྡོམ་པ་དམ་ཚིག་ཉམས་ཆགས་ཉེས་ལྟུང་ཤོར། །མཁའ་འགྲོའི་ཐུགས་དང་འགལ་བ་མཐོལ་ལོ་བཤགས། །ཕྱི་མཆོད་ཚོགས་བསྐང་ཚོ་ག་ཆགས་པ་དང་། །ནང་དོན་ཕུང་ཁམས་སྐྱེ་མཆེད་རྩ་ཐིག་རླུང་། །གནད་དུ་མ་སྨིན་བསྐྱེད་རྫོགས་བཟླས་བརྗོད་གཡེལ། །ཐ་མལ་འཆོལ་སྤྱོད་གཅིང་བའི་སེམས་ཅན་གྱིས། །གཡོ་སྒྱུའི་བསླུས་བ་ལ་སོགས་ཉེས་ལྟུང་ཀུན། །དོན་ལ་བཤགས་བྱ་བཤགས་བྱེད་མེད་པ་ཡི། །དེ་ངོགས་མཐའ་བརྒྱད་སྤྲོས་བྲལ་ཀུན་ཞི་ཡང་། །གློ་བུར་འཁྲུལ་སྣང་རྟོག་ཚོགས་གཟུང་འཛིན་གྱིས། །ལྷ་དང་བླ་མ་དཀོན་མཆོག་གསུམ་པོ་ལ། །མ་གུས་མ་དད་ཆོས་ལ་ལོག་ལྟ་སྐྱེས། །ལྷ་མོ་འཁྲུགས་པའི་རྟགས་རྣམས་ཡུལ་ལ་སྨིན། །འཇིགས་བརྒྱད་འགལ་རྐྱེན་སྣོད་བཅུད་ཕྱྭ་གཡང་ཉམས། །མི་ནད་ཕྱུགས་ནད་ལ་སོགས་ཉེར་འཚེ་ཀུན། །ཐམས་ཅད་མིང་གི་ལྷག་མར་ཞི་བར་མཛོད། །མཆོག་གསུམ་རྩ་གསུམ་བསྟན་སྲུང་གསོལ་མཆོད་ཀྱིས། །སྣོད་བཅུད་ཕྱྭ་གཡང་ཚེ་བསོད་དཔལ་འབྱོར་རྣམས། །ནུས་སྟོབས་བསྐྱེད་ཅིག་གེགས་ཞི་དགེ་ལེགས་འཕེལ། །བསམ་དོན་ལྷུན་གྱིས་གྲུབ་པའི་ཕྲིན་ལས་མཛོད། །ཅེས་པའང་མི་འགྱུར་ནམ་མཁའི་རྡོ་རྗེས་སྨྲས་པའོ། །

དགེའོ། །དགེའོ། །དགེའོ། །

༄༅། །གྲི་བཙན་གསོལ་མཆོད།།

ཧཱུྃ་ཧྲཱིཿ དབང་གི་ལྷ་དམར་འདོད་འབྱུང་རིན་པོ་ཆེ། །པདྨ་ར་ག་བྲེ་རུའི་མདངས་འདྲ་བ། །རིགས་པ་སྡེ་བརྒྱད་བཙན་གྱི་རྩལ་དུ་སྤྲུལ། །གྲིབ་ལ་འབྲུ་ལྡོག་ཆེ་བ་ཤ་བའི་དབྱུ། །རྩ་གསུམ་རྒྱལ་བའི་བསྟན་སྲུང་འཁོར་དང་བཅས། །རྣལ་འབྱོར་བདག་གི་སྒྲུབ་པའི་རྟེན་འབྲེལ་ལ། །གཟུགས་སྒྲ་དྲི་རོ་རེག་བྱ་ཕུན་སུམ་ཚོགས། །ཤ་ཁྲག་མཆོན་བྲེད་གཏོར་མ་རི་ལྟར་དམིགས། །བཟའ་བཅའ་གསེར་སྐྱེམས་སྣ་ཚོགས་མཆོད་པ་བཤམས། །ལྷ་ཀླུ་མི་ལ་རྫུ་བ་ཐོགས་པ་མེད། །དྲག་རྩལ་ཅན་རྣམས་ཐུགས་དམ་བསྐང་གྱུར་ཅིག །རིགས་པ་ཟིལ་གནོན་དཀྱིལ་འཁོར་བསྟན་པ་སྲུངས། །དཔའ་བོ་མཁའ་འགྲོ་ཐུགས་དམ་བསྐང་གྱུར་ཅིག །རང་སེམས་རང་ངོ་ཤེས་པའི་འཁྲུལ་སྣང་ལ། །དྲན་པའི་རྩིས་ཟིན་སྲུང་མའི་ལྷ་ཤར་བ། །ཕྱི་ནང་གསང་གསུམ་ཐུགས་དམ་བསྐང་གྱུར་ཅིག །འདོད་པའི་དོན་ཀུན་འགྲུབ་པའི་ཕྲིན་ལས་མཛོད། །ཅེས་པའང་དོན་གཉེར་ཅན་རྣམས་ཀྱིས་བསྐུལ་ངོར་རྫོགས་སྤྲུལ་བཞི་པས་སྨྲས་པའོ།། །།

༄༅། །ལྷ་མཆོག་རྡོ་རྗེ་གྲགས་ལྡན་གྱི་འཕྲིན་བཅོལ་དང་ཉམས་མགུར་བསྒྲགས་མ་ཡིད་ཀྱི་པད་ཚལ་ཞེས་བྱ་བ་བཞུགས་སོ།།

ཨ་ཧོ། ཁྲག་ཞག་རྒྱ་མཚོ་ཐ་གླིང་འཁྲིགས་པ་ཡི་གླིང་ན། །པདྨའི་བཀའ་ཉན་འཇིག་རྟེན་དྲེགས་པ་ཡི་གཙོ་བོ། །ཤིན་ཏུ་གདུལ་དཀའ་མ་རུང་ལོག་འདྲེན་གྱི་གཤེད་པོ། །གསུང་གི་རྒྱལ་པོ་དགྲ་ལྷ་སྐྱེས་གཅིག་གི་བཀའ་སྡོད། །རྡོ་རྗེ་གྲགས་ལྡན་མཐུ་སྟོབས་དབང་ཕྱུག་གི་མངའ་བདག །སྐུ་མདོག་དམར་པོ་ཁྲག་མདོག་བཟོད་དཀའ་ཡི་ལང་ཚོ། །འོད་དང་འོད་ཟེར་ཉི་མ་སྟོང་ཕྲག་ལས་ལྷག་པ། །དྲན་པ་ཙམ་གྱིས་ཡི་བསམ་ཡིད་བཞིན་དུ་བསྒྲུབ་མཛད། །ཕྱག་གཡས་བསེ་ཡི་རུ་མཚོན་ནམ་མཁའ་ལ་ཕྱར་ཞིང་། །གཡོན་པས་དམ་ཉམས་འཆིང་བྱེད་བཙན་ཞགས་ནི་བསྣམས་པ། །གར་དགུའི་ཉམ་རོལ་ཁྲོས་པའི་དཔལ་འབར་གྱི་དབང་ཕྱུག །ཟ་འོག་བེར་གསོལ་ཉམ་ལྡའི་རྒྱལ་མཚན་གྱིས་བརྒྱན་ཏེ། །འཇའ་རིས་འཁྱིལ་བའི་སག་ལྷམ་ཡུ་རིང་ནི་གསོལ་ཏེ། །ཆུ་སྐྱེས་ཉི་ཟླ་བམ་རོ་ཕོ་མོ་ཡི་གདན་ལ། །ཐབས་ཤེས་འདུ་འབྲལ་མེད་པའི་འདོར་སྟབས་སུ་བཞུགས་པ། །བསྐལ་པའི་མེ་དཔུང་དམར་ནག་འཁྲིགས་པ་ཡི་གླིང་ན། །གསང་ཡུམ་གཟི་བརྗིད་ཆེན་

མོ་ཟླ་བ་ཡི་མདོག་འདྲ། །རྟག་ཏུ་ཡབ་ལ་རྗེས་སུ་ཆགས་པ་ཡི་ཚུལ་གྱི། །ལུས་དང་གྲིབ་བཞིན་མི་འབྲལ་བདེ་དགའ་ཡི་དཔལ་སྟེར། །དྲན་པ་ཙམ་གྱི་བདེ་ཆེན་དངོས་གྲུབ་ཀྱི་འབྱུང་གནས། །ཡིད་ལ་ཅི་འདོད་འབད་མེད་དངོས་གྲུབ་ནི་རྩོལ་བ། །ཀ་དག་དོན་དམ་དབྱིངས་སུ་ཆོས་སྐྱོང་ཞེས་མེད་ཀྱང་། །ཁ་དོག་བདེན་གྲུབ་འཛིན་པ་ཀུན་རྫོབ་ཀྱི་ཚུལ་དུ། །ག་ལེ་རང་རིག་རྩིས་ཟིན་ཆོས་སྐྱོང་གི་ངོ་བོ། །ང་བདག་གཟུང་འཛིན་བྲལ་བའི་དགྲ་ལྷ་ཡི་རྒྱལ་པོ། །ཅ་ག་སྨྲན་གཟིགས་རྣམ་མང་ལྷུན་པོ་ལྟར་སྤུངས་པ། །ཆ་བྱད་སྣ་ཚོགས་སྟོན་པ་ཆུ་ཟླ་ཡི་གར་བཞིན། །ཇ་རིལ་མི་མགོ་བརྩེགས་པའི་དུར་ཁྲོད་ཀྱི་ཞིང་འདིར། །ཉ་རྒྱས་འདིར་གཤེགས་དགྱེས་པ་ཆེན་པོ་ཡི་བཞུགས་ལ། །ཏ་ཐུག་ཏའི་བསྟན་པ་ཡིད་བཞིན་གྱི་ནོར་བུ། །ཐ་མལ་མི་ཡི་རྫུ་འཕྲུལ་གྲུབ་བརླས་ཀྱི་ཚོགས་ལ། །ད་ལྟ་གནོད་སེམས་འཆང་བའི་མ་རུང་པའི་ཚོགས་རྣམས། །ན་ཚ་འཆི་བ་དྲག་པོའི་སྡུག་བསྔལ་ལ་སྦྱོར་ཅིག །པ་སངས་མིག་དམར་ལ་སོགས་སྤྱི་བརྒྱད་ཀྱི་ཚོགས་དཔོན། །ཕ་རོལ་ཕམ་ལ་བསྐུར་མཛད་དགྲ་ལྷ་ཡི་རྒྱལ་པོ། །བ་ལང་སྐྱོད་སོགས་གླིང་བཞི་སྐད་ཅིག་ལ་འགྲོད་པ། །མ་ལྟར་བྱམས་པའི་དགྲ་ལྷ་ཁྱོད་ཉིད་ལ་བསྟོད་དོ། །ཙ་ར་མཁའ་ལྡིང་དུད་འགྲོ་རྐང་བཞི་ཡི་ཚོགས་དང་། །ཚ་ཏམ་ཀ་དང་རྒྱལ་མཚན་འཕན་འཕུར་གྱི་བྱེ་བྲག །ཛ་རུའི་རྒྱན་བཞིན་བཀུང་བ་རྒྱ་མཚོ་ཡི་རིགས་བྱེད། །ཝ་སྤྱང་ལ་སོགས་མཐུན་རྫས་སྣ་ཚོགས་ཀྱི་རོལ་མོ། །ཞ་ལྟར་བརྟེན་པའི་དགྲ་ལྷ་ཁྱོད་ཉིད་ལ་འབུལ་ན། །ཟ་འདྲེ་ཕུང་སྲི་མི་མཐུན་རྐྱེན་ངན་གྱི་ཚོགས་རྣམས། །འ་འུར་ཧཱུྃ་ཕཊ་ཛ་ཕྱོ་རུ་ལུ་ཡི་སྒྲ་ཡིས། །ཡ་མཚ་ལྟར་འཚེར་མེད་མངོན་སྤྱོད་ཀྱིས་སྒྲོལ་ཅིག །ར་ས་འབྲུལ་

སྣང་བོད་ཁམས་གནས་ཡུལ་གྱི་ཚོགས་རྣམས། །ལ་ལ་ཙམ་མིན་ཆོས་འཁོར་ཐམས་ཅད་ཀྱི་མངའ་བདག །ཤ་སྟག་ཉིན་མཚན་དུས་དྲུག་མེལ་ཚེ་ཡི་བྱ་རའི། །ས་ཕྱོགས་གང་དུ་གནས་ཀྱང་གློག་རྟར་ལས་མྱུར་པའི། །ཏུ་སྤྲི་ཞའི་སྐྱོན་གྱི་ཐ་ཚིག་ལ་དགོངས་ཏེ། །ཨ་ལ་ལ་ཞེས་དགའ་བའི་རྣམ་འགྱུར······ འདི་ཉིད་ཀྱི་མཇུག་ནས་མ་དཔེ་མ་བརྙེད།

༄༅། །གནོད་སྦྱིན་ཙིཏྟ་དམར་པོའི་བསྐང་བ་དགོས་འདོད་རེ་སྐོང་བཞུགས་སོ།།

རཾ་ཡཾ་ཁཾ། ཨོཾ་སྭཱ་བྷཱ་ཝ་ཤུདྡྷཱ་སརྦ་དྷརྨཱ་སྭཱ་བྷཱ་ཝ་ཤུདྡྷོ྅ཧཾ། ཨོཾ་ཨཱཿཧཱུྃཿཧོཿསྐུ་གསུང་ཐུགས་ཀྱི་དྲེགས་ཆེན་སྲུལ། །མཐུ་ཆེན་སྟོབས་ལྡན་ཙིཏྟ་དམར། །འཁོར་བཅས་ཐུགས་དམ་དགྱེས་བསྐང་རྫས། །ཞིང་བཅུ་ཉམས་པ་བསྒྲལ་བ་ཡི། །ཕུང་ཁམས་ལས་བྱུང་མཾ་ས་ནི། །རི་བོ་ལྷུར་བརྩེགས་ཁྲག་གི་མཚོ། །ཀེང་རུས་མཁར་དང་དབང་པོ་ལྷུའི། །མེ་ཏོག་སྤྲུངས་པ་འདི་དག་གིས། །གནོད་སྦྱིན་ཆེན་པོའི་ཐུགས་དམ་བསྐང་། །སྲིད་པའི་དཔལ་འབྱོར་བཀྲ་ཤིས་པའི། །རྟགས་བརྒྱད་རྒྱལ་སྲིད་རིན་ཆེན་བདུན། །ལེགས་པར་བཤམས་པའི་ཡོན་ཏན་འདིས། །གནོད་སྦྱིན་ཆེན་པོའི་ཐུགས་དམ་བསྐང་། །བྱི་རུའི་མདངས་འབྲའི་འདབ་ཆགས་བྱ། །དེ་བཞིན་ཁྱི་དམར་དཔའ་

གཏུམ་སྒྲོད། །ཅང་ཤེས་རྟ་སོགས་མང་པོ་ཡིས། །གནོད་སྦྱིན་འཁོར་བཅས་ཐུགས་དམ་བསྐང་། །ཚོགས་དྲུག་ཡུལ་གྱི་སྣང་བ་ལ། །འདོད་ཡོན་མཛེས་བརྒྱན་བསམ་མི་ཁྱབ། །ཐམས་ཅད་རང་ཤར་རང་གྲོལ་གྱིས། །རྟོགས་ཐྲིན་དྲན་ཤེས་རིག་པ་དེ། །ཆོས་སྐུ་ངོ་བོ་ཡིན་པའི་ཕྱིར། །གནོད་སྦྱིན་ཆེན་པོ་འཁོར་བཅས་ཀྱི། །ཡེ་ཤེས་དབྱིངས་སུ་ཐུགས་དམ་བསྐང་། །མ་རིག་སེམས་ཅན་ལས་དབང་གི། །ཉེས་ལྟུང་འགལ་ཀུན་བཤགས་པར་བགྱི། །ལས་བཞིའི་དབང་ཆེན་བཙན་རྒོད་ཆེས། །རྣལ་འབྱོར་བསྒྲུབ་པའི་གེགས་སོལ་ཅིག །དོན་འགྲུབ་དགེ་ལེགས་ཀུན་འཕེལ་ཤོག །མི་འགྱུར་ཆོ་དབང་གིས་ངོར་རྫོགས་སྤྲུལ་བཞི་པས་སྨྲས་པ་དགེ། །སརྦ་མངྒ་ལཾ། །

༄༅། །དྲག་ཤུལ་སྟོབས་ལྡན་དབང་པོའི་གསོལ་མཆོད་ཕྲིན་ལས་སྒྲོག་ཞགས་བཞུགས་སོ། །

ཧཱུྃ། རབ་འཇིགས་དུར་ཁྲོད་འབར་བའི་གཞལ་ཡས་ནས། །རྒྱལ་བསྟེན་རྟུལ་དུ་བརྟུལ་པའི་མཐུ་བོ་ཆེ། །དྲག་ཤུལ་སྟོབས་ལྡན་དབང་པོ་ཡབ་ཡུམ་དང་། །རུ་འདྲེན་སྡེ་བཞི་འཁོར་བཅས་གནས་འདིར་གཤེགས། །བཛྲ་ས་མ་ཛཿ པདྨ་ཉི་ཟླ་ཆེན་བསྒྱོལ་བའི་གདན་ཁྲི་ལ། །བཞུགས་སུ་གསོལ་ལོ་ལས་བཞིའི་ཕྲིན་ལས་སྒྲུབ། །ཕྱི་ནང་གསང་བའི་མཆོད་པ་དམ་པ་ཀུན། །འབུལ་ལོ་

རྒྱལ་བའི་བསྟན་པ་སྲུང་བར་མཛོད། །སྲིད་ཞིའི་བདེ་ལེགས་མ་ལུས་འབྱུང་བའི་གཞི། །རྨད་བྱུང་དྲི་མེད་བསླབ་གསུམ་རྫོགས་པའི་མཛོད། །བསྟན་པའི་ཡོངས་སྙིང་སྡེ་འགྱུར་སྨན་པའི་གཞི། །ས་སྟེང་ཡོངས་ཁྱབ་བསྟན་སྲུང་མདའ་གསོལ་ལོ། །དྲེགས་པའི་ཡོངས་རྗེ་དྲག་ཤུལ་མཐུ་བོ་ཆེ། །རྣལ་འབྱོར་བསམ་པའི་དོན་རྣམས་འགྲུབ་པར་མཛོད། །ཅེས་པ་འདི་ནི་མེ་ཁྲི་ལྷ་ཆོས་གཟའ་ཟླ་བའི་ཉིན་གཟིམ་དཀྱིལ་འཆི་མེད་གྲུབ་པའི་དགའ་ཚལ་ནས་ཨོ་རྒྱན་ཐེག་མཆོག་རྡོ་རྗེའི་གང་ཤར་སྤེལ་བའོ། །

༄༅། །ཟིལ་གྲོམ་གསོལ་མཆོད་བསྡུས་པ་བཞུགས་སོ། །

རཾ་ཡཾ་ཁཾ། ཨོཾ་ཨཱཿཧཱུྃ། སྐུ་གསུམ་རོལ་གར་ཐུགས་རྗེས་ཡུལ་སྐྱོང་རྩལ། །ཞི་བའི་ཉམས་སྟོན་ཚངས་མཛེས་ཞལ་དཀྱིལ་ནི། །ཉ་རྒྱས་ཟླ་བ་ལྟ་བུའི་གཟི་བྱིན་ཅན། །ཟིལ་གྲོམ་རྡོ་རྗེ་གཡུང་དྲུང་གཏོར་མགྲོན་གཤེགས། །བཛྲ་ས་མ་ཡ་ཛཿ ཛཿ། ཡ་མཚན་ཡུལ་བཟང་རྟ་དམ་ལུང་པ་དེར། སྟེང་ན་རྩ་གསུམ་དཀྱིལ་འཁོར་བླ་བྲེའི་འོག །བར་ན་དཔའ་བོ་མཁའ་འགྲོ་ཉི་རྟུལ་འདྲ། །ས་གཞི་རྟེན་ཁང་གཙུག་ལག་འགྱུར་བ་མེད། །བསྟན་སྲུང་ཆོས་སྐྱོང་རྣམས་ནི་འདུ་ཚོགས་འདྲ། །གླིང་བཟང་ལེགས་སྐྱོང་རྡོ་རྗེ་གཡུང་དྲུང་རྩལ། །སྣོད་བཅུད་བཀོད་ལེགས་ཐམས་ཅད་མཆོད་པའི་རྫས། །ལྷ་ལིང་དཀར་དམར་དངོས་འབྱོར་གཙང་ལ་མཛེས། །ཡིད་སྤྲུལ་རི་བོ་ལྟ་བུའི་བཅུད་ཆེན་འབུལ། །བསམ་གཏན་ཆོས་གླིང་སྣོད་བཅུད་ཟས་ཀྱི་ཕུལ། །དཀོར་ཆ་ལོངས་

སྤྱོད་ཕྲོད་ལ་སྤྱན་གཟིགས་འབུལ། །ཚངས་པ་ལྷ་མཛེས་ཡབ་ཡུམ་བདེ་སྟོང་སྦྱོར། །རྒྱན་ཆ་ཆིབས་སོགས་མཐོང་ན་མི་མཐུན་མེད། །ལྷ་ཀླུ་གཉན་གཙན་རྣམས་ཀྱིས་མཐའ་ནས་བསྐོར། །ཡུལ་ལྷའི་རང་བཞིན་ས་རྒྱུ་མེ་རླུང་ཁམས། །རྒྱལ་བ་ཞི་ཁྲོའི་དཀྱིལ་འཁོར་བཀྲ་ལམ་མེར། །རྒྱལ་བསྟན་སྲུང་མ་ཡེ་ཤེས་འཇིག་རྟེན་གཉིས། །ཚངས་པ་གཞོན་ནུ་གདོས་བཅས་ལུས་དངོས་མེད། །དག་པའི་སྣང་ངོར་བྱམས་མགོན་སྤྱན་རས་གཟིགས། །ཚོགས་གཉིས་རྫོགས་ཕྱིར་བཞམས་པའི་མཆོད་འདི་བཞེས། །བཅོས་པའི་ཕྲིན་ལས་མ་ལུས་འགྲུབ་པར་མཛོད། །རཾ་ཡཾ་ཁཾ། ཨོཾ་ཨཱཿཧཱུྃ། ངོ་མཚར་གནས་མཆོག་སྦས་ཡུལ་རོང་མོ་ལྗོངས། །སྐྱོང་མཛད་དཀར་ཕྱོགས་རྡོ་རྗེ་གཡུང་དྲུང་རྩལ། །ཕུན་ཚོགས་འདོད་དགུའི་མཆོད་པས་དགྱེས་བཞིན་ཆིམས། །བསམ་དོན་ཀུན་འགྲུབ་བཀྲ་ཤིས་འཕེལ་རྒྱས་མཛོད། །བསང་མཆོད་སྐབས་ཕུན་ཚོགས་འདོད་དགུ་མཆོད་པས་བསང་ཞིང་བརྟན་ཞེས་བསུངས་སོ། །ཞེས་ཟིལ་ཁྲོམ་རྡོ་རྗེ་གཡུང་དྲུང་གསོལ་མཆོད་འདོད་དོན་ཀུན་འགྲུབ་འདི་རྫོགས་སྤྲུལ་བཞི་པ་མི་འགྱུར་ནམ་མཁའི་རྡོ་རྗེས་གསུངས་སོ། །ཤུན་ཏུ་བསྡུས་པ་འདིའང་སྡེ་དགེའི་རྒྱལ་ཁབ་ལྷུང་རིའི་བུམ་སྒྲུབ་སྐབས་མི་འགྱུར་ནམ་མཁའི་རྡོ་རྗེས་གསུང་བ་དགེ་ཞིང་བཀྲ་ཤིས་པར་གྱུར་ཅིག །སརྦ་མངྒ་ལཾ། །

༄༅། །རུ་དམ་པདྨ་བཀོད་ཀྱི་ཡུལ་ལྷའི་བསང་མཆོད་བཞུགས་སོ།།

ཨོཾ་ཨཱཿཧཱུྃ། །རང་སེམས་འཕྲུལ་པ་དག་པའི་སེམས་ཉིད་དང་། །སྐུ་གསུམ་ལྷུན་གྲུབ་པདྨ་རྒྱལ་པོར་སམ། །སྐུ་གཅིག་མཚན་བརྒྱད་རྣམ་འཕྲུལ་སྣ་ཚོགས་ཀྱིས། །འགྲོ་བ་སེམས་ཅན་མ་ལུས་བདེ་བ་བཀོད། །སྡེ་བརྒྱད་དབང་བསྡུས་བྲན་ཁོལ་ཟིལ་གནོན་ལྷས། །འོད་ཟེར་སྤྲོས་བསྡུས་དོན་གཉིས་ལྷུན་གྲུབ་གྱུར། །ཨོཾ་ཨཱཿཧཱུྃ་བཛྲ་གུ་རུ་སིདྡྷི་ཧཱུྃཿ གྲངས་བསོགས། ཨེ་མ་ཧོ། །འབྱུང་ལྔ་ལྷུན་གྲུབ་ཡུམ་ཆེན་རང་བཞིན་ལ། །རྟོག་ཚོགས་ཐམས་ཅད་སྐུ་གསུམ་ལྷུན་གྲུབ་རྩལ། །རང་ཤར་རང་གྲོལ་ཀུན་ཏུ་དག་སྣང་ཐེབས། །རྩ་གསུམ་ལས་བཞིའི་ཡ་མཚན་སྤྲུལ་བསྒྱུར་ངོམ། །གནས་ཡུལ་བྱིན་ཆེན་རུ་དམ་པདྨ་བཀོད། །གནས་སྲུང་ཆ་ཤས་ཡུལ་གླིང་བཀོད་པ་ལས། །ལྷོ་ཕྱོགས་གངས་དཀར་ཛྷ་རི་ལེགས་པར་མཛེས། །དབང་ཆེན་རྒྱལ་པོ་གདན་ལ་བཞུགས་པ་འདྲ། །བློན་འཁོར་ས་བདག་ལྷ་དང་ཀླུ་གཉན་ཚོགས། །སྨན་མོ་ཞི་དྲག་གྲོང་ཁྱེར་ཆེན་པོའི་དབུས། །ནོར་བུ་འབར་བའི་རི་དབྱིབས་རྫ་སྨུག་མཐོ། །དབྱར་སོས་རིན་ཆེན་སྣ་ལྔའི་མེ་ཏོག་བཀྲ། །དོན་ལ་ལྷ་ཡི་ཕོ་བྲང་ཉམས་དགའ་བར། །དར་ཟབ་འབོལ་བརྩེགས་སྟག་གཟིགས་ལྤགས་པའི་སྟེང་། །གནས་བདག་ལྷ་དེ་སྐྱེས་པ་གཞོན་ནུའི་ཚུལ། །པ་སྤུ་སྤོ་ནག་དྲི་བྲལ་མཛེས་པར་གསོལ། །སླན་རྒྱན་གསེར་གྱི་ཐྭ་དཀོར་མཛེས་པ་འཁྱིལ། །དོན་

ལ་ཡིད་གཟུགས་དངོས་མེད་རྫུ་འཕྲུལ་ཅན། །རིག་པའི་ཡེ་ཤེས་སྟོང་གསལ་རྒྱས་ཐེབ་ན། །སྤྲུལ་རས་གཟིགས་དབང་ཟླ་དོར་ཡུལ་སྐྱོང་རྩལ། །མོས་གུས་ཅན་གྱི་སྣང་ངོར་ཞལ་སྟོན་ཅིག །ཧཱུྃ། མེ་ཐབ་སངས་རྒྱས་སྤྱན་མའི་མཁའ་ཀློང་ལ། །ན་བཟའ་དཀར་མོའི་བྱིན་ནུས་མེ་དྲོད་འབར། །གསེར་འཛིན་ཡ་མཚན་རྩེ་ཤིང་སྨན་གྱི་འབྲུ། །སྣ་ཚོགས་རཾ་གྱིས་བསྲེགས་པའི་དྲི་ཞིམ་དུད། །བར་སྣང་ལྷ་ལམ་ངོས་ལ་མཛེས་པ་འཁྲུལ། །དམ་ཚིག་སྒྲོལ་མའི་ཡཾ་གྱིས་རབ་ཏུ་བསྐྱོད། །ནམ་མཁའ་དབྱིངས་ཕྱུག་མ་ཡི་དགོངས་པས་ཁྱབ། །མ་གཱིའི་ཆབ་ཀྱིས་བྲན་པའི་བྱིན་ནུས་ཀྱིས། །འདོད་དགུའི་ལོངས་སྤྱོད་དཔལ་འབྱོར་རྫལ་མང་འཚུབ། །བསང་གི་མཆོད་པ་དྲི་ཙམ་ཚོར་བ་ཡིས། །ལྷ་མི་ཀུན་གྱི་མི་གཙང་གྲིང་འཐིབས་གསལ། །ནམ་མཁའ་ལ་གནས་སྣ་ཚོགས་རྒྱུ་སྐར་བཀྲ། །ས་ལ་ལེགས་འཕོས་འདྲ་བའི་དཔལ་འབྱོར་ཚོགས། །སྣ་ཚོགས་ཡུལ་འདིའི་འདོད་ཡོན་མཆོད་པའི་ཕུད། །མཆོད་པར་བཤམས་པའི་དངོས་འབྱོར་ཡིད་སྤྲུལ་འདིས། །སྟེང་ཕྱོགས་དབྱིངས་ལ་གསལ་བཏབ་རྩ་བ་གསུམ། །བསང་གི་མཆོད་པ་འབུལ་ལོ་མཉེས་གྱུར་ཅིག །བར་སྣང་ལྷ་གནས་གསུམ་གྱི་ཕོ་བྲང་མཛེས། །གཙོ་བོ་ཚངས་པ་བརྒྱ་བྱིན་སྟོབས་དཔལ་ཆེ། །དཀར་ཕྱོགས་ལྷ་ཡི་གཙོ་འཁོར་ཐམས་ཅད་བསང་། །བསང་གི་མཆོད་པ་འབུལ་ལོ་མཉེས་གྱུར་ཅིག །ས་གཞི་ལ་གནས་འགྲོ་བ་སེམས་ཅན་རྣམས། །བདེ་གཤེགས་སྙིང་པོའི་མ་ཁྱབ་མེད་པ་ལ། །རག་རང་ཕོ་ལྷ་དགྲ་ལྷ་མགོ་བའི་ལྷ། །ས་རྡོ་རི་བྲག་ཆུ་མཚོ་ལ་གནས་པའི། །ལྷ་ཀླུ་གཉན་གསུམ་འཁོར་དང་བཅས་པ་ལ། །བསང་གི་མཆོད་པ་འབུལ་ལོ་གཉེས་གྱུར་ཅིག །ཨོ་རྒྱན་བསམ་གཏན་ཆོས་གླིང་གཙུག

ལག་ཁང་། །རྩ་གསུམ་རྟགས་ཀྱི་དཀྱིལ་འཁོར་བཀོད་རེ་ལེགས། །དོན་གྱི་
འོག་མིན་ཡེ་ཤེས་རང་སྣང་ལྟར། །དངོས་འབྱོར་ཡིད་སྤྲུལ་བསང་གི་མཆོད་པ་
འབུལ། །གནས་སྲུང་དངོས་མེད་དཀོར་བདག་ཐམས་ཅད་བསང་། །རྟ་ནོར་
ལུག་གསུམ་རྐང་བཞིའི་ཕྱྭ་གཡང་ལྷ། །རིན་ཆེན་དྲི་མེད་བཻ་ཌཱུར་སྨུ་མེན་
དང་། །གསེར་སྦྱངས་བཙོ་མའི་མདངས་འདྲའི་དཔལ་སྐྱེར་ལྷ། །གཙོ་དང་
འཁོར་གཡོག་མ་ལུས་ཐམས་ཅད་ལ། །དྲི་བཟང་བསང་དང་མཆོད་པ་སྣ་ཚོགས་
འབུལ། །སྤྱན་རས་གཟིགས་སྤྲུལ་པདྨ་རཱ་གའི་མདངས། །ཁམས་གསུམ་
དབང་བསྡུད་ཡེ་ཤེས་ལྷ་ཡབ་ཡུམ། །ཐུགས་ཀྱི་ཞགས་པ་འཛིན་པ་འཁོར་བཅས་
བསང་། །དེ་ལྟར་མཆོད་པ་ཕུལ་བས་ལེགས་མཉེས་པས། །སྣོད་བཅུད་ཕྱྭ་
གཡང་དཔལ་འབྱོར་ལེགས་སོས་ཤིང་། །རྟ་ཅན་ནོར་གྱི་གོད་ཁ་ཞི་གྱུར་
ཅིག །ནད་མུག་མཚོན་གསུམ་མི་བདེའི་ལྟས་ངན་རིགས། །ཐམས་ཅད་
འཁྲུལ་སྣང་བདེན་སྒྲུབ་བཟུང་བ་རྣམས། །རིག་པའི་ཡེ་ཤེས་ངང་དུ་ཞི་དག་
ཤོག །ལས་བཞིའི་ཕྱྭ་གཡང་དངོས་གྲུབ་འདོད་འབྱུང་བུམ། །རྩ་གསུམ་ལྷ་ཡི་
ཕྱུག་བསྣམས་བདུད་རྩིའི་རྒྱུན། །ཟག་མེད་དགའ་སྟོན་ཀུན་ལ་དཔལ་སྐྱེར་
ཞིང་། །བསམ་དོན་ལྷུན་གྱིས་འགྲུབ་པའི་བཀྲ་ཤིས་ཤོག །རང་གི་ཉེ་གནས་མཆོད་
དཔོན་པྲཛྙེན་ཐས་བསྐུལ་ངོར། །ཡུལ་ལྷའི་བསང་མཆོད་འདི་རྫོགས་སྤྲུལ་བཞི་པ་ཨོ་རྒྱན་ཆེ་མཆོག་དེ་
ཡིས་སྨྲས་པ་དགེ།

༄༅། །གནས་བདག་ནོར་བུ་གཡུ་ལ་རྒྱལ་མཆོད་པའི་སྒྲུབ་ཐབས་བཞུགས་སོ།།

གནས་བདག་ནོར་བུ་གཡུ་ལ་རྒྱལ་མཆོད་པའི་སྒྲུབ་ཐབས་འདི་ལྟར་ལྷ་གསོལ་མཉེས་ཐབས་མཆོད་བཤམས་བྱས་ལ། །ཨོཾ་ཨཱཿཧཱུྃ། ཡེ་ཤེས་ལྷ་ལྡན་རྒྱལ་བའི་ཞིང་ཁམས་ཕྱོགས། །མཉམ་ཉིད་ལྷ་མཆོག་རིན་ཆེན་འབྱུང་ལྡན་འོག །འབྱུང་བ་ལྔ་པོའི་ཕྱི་ནང་ལེགས་བསྡུས་པའི། །གནས་བདག་ནོར་བུ་གཡུ་ལ་རྒྱལ་བཞུགས་པའི་ཁང་། །ས་རྡོ་ཤིང་བྲག་ལྗོང་སེར་གསེར་གཡུའི་མདངས། །རབ་མཛེས་ཕོ་བྲང་དབུས་ལ་སྟག་གཟིག་ལྤགས། །དར་ཟབ་འབོལ་བརྩེགས་སྟེང་ལ་ཡུལ་བདག་པོ། །ཤ་མདངས་དམར་སྨུག་ཁྲོ་འཛུམ་རྣམས་བརྗིད་ལྡན། །གོས་ཆེན་དམར་པོའི་སྟོད་ལེ་ལྷ་ལྷུབ་གསོལ། །ཐེར་མས་གཟན་དང་ནང་བ་ན་བཟའ་སྒོ། །བན་བོན་སྔོན་གྱི་སྲུང་མར་མངའ་གསོལ་རྟགས། །སྐྱེས་མཆོག་དམ་པ་རྣམས་ཀྱི་བཀའ་ཉན་པ། །ཞྭ་དཀར་ཞྭ་དམར་རེས་མོའི་མགོ་བོས་མཛེས། །དྲིལ་བུ་རོལ་མོ་བོན་གཤང་མཁར་རྔ་འཁྲོལ། །མ་ཧྲི་མུ་ཡེ་ས་ལེ་འདུ་དང་ནི། །མ་ཏི་པདྨེ་བན་བོན་སྔགས་སྒྲ་སྒྲོགས། །ཐབས་ཤེས་དཔའ་བོ་དཔའ་མོ་འཁོར་ལྷ་ཀླུ། །སྨན་མོ་བདུད་བཙན་སྣ་ཚོགས་དྲེགས་པ་འཚོགས། །ནོར་སྲུང་སྟོབས་ལྡན་ཀུ་ཀུ་སྡོ་ནག་ཕྱི། །ཁ་རླང་སྣ་རླུང་ཁ་བ་བུ་ཡུག་འཚུབས། །ཡུལ་འདིའི་སྐྱེས་པ་ཕོ་མོ་གཞོན་ནུ་དང་། །བན་བཙུན་ལ་སོགས་མི་བརྫུ་དགུ་རུ་བརྫུ། །སྐྱེས་བུའི་གོ་མཆོན་ཞོན་པ་བསྐྱོད་འགྲོས་

དང་། །བཙུན་མའི་རོལ་མོ་འཁྲོལ་དང་ཟ་བཏུང་སོགས། །དེ་དག་རྣལ་འབྱོར་སྤྲུལ་པ་འགོ་བའི་ལྷ། །དངོས་མེད་དངོས་སྣང་བྱིན་རླབས་ནུས་སྟོབས་ཅན། །སྤྱན་འདྲེན་བཞུགས་གསོལ་གུས་འདུད་མཆོད་པས་མཆོད། །རང་སེམས་རང་རིག་ངོ་འཕྲོད་ཉམས་ལེན་ཅན། །སྣ་ཚོགས་སྣང་བ་རང་ཤར་རང་གྲོལ་དང་། །སྲིད་ཞིའི་དཔལ་ཡོན་འབྱོར་པའི་ཐུགས་དམ་བསྐང་། །དགེ་སྒྲུབ་སྡིག་སྤང་ཆོས་མཐུན་སྤྱོད་གྲོགས་ཀྱིས། །གཡུལ་འཁྲུག་ནད་མུག་ཉེར་འཚེ་ཀུན་ཞི་ནས། །འཕྲུལ་ཕྱུགས་དགེ་ལེགས་གེགས་མེད་མངྒ་ལཾ། །འཇིགས་མེད་ཆོས་འཕེལ་དེ་ཡིས་བསྐུལ་བའི་ངོར། །ཨོ་རྒྱན་ཆེ་མཆོག་དེ་ཡིས་སྨྲས་པ་དགེ། ། ། །

༄ ཐེལ་ཁྲིམ་བསང་བསྡུས།

ཀྱཻ། །ངོ་མཚར་གནས་མཆོད་སྨན་ཡུལ་རོང་མོ་ལྗོངས། །སྐྱོང་མཛད་དཀར་ཕྱོགས་རྡོ་རྗེ་གཡུང་དྲུང་རྩལ། །ཞུན་ཚོགས་འདོད་རྒུའི་མཆོད་པས་བསང་ཞིང་བཏན། །བསམ་དོན་ལྷུན་གྱིས་འགྲུབ་པའི་ཕྲིན་ལས་མཛོད། །རྫོགས་སྤྲུལ་བཞི་པ་ཨོ་རྒྱན་ཆེན་མཆོག་དཔལ་གྱི་རྡོ་རྗེས་སོ།

སྐུ་རབས་བཞི་པ་མི་འགྱུར་ནམ་མཁའི་རྡོ་རྗེའི་གསུང་ཚན།

༄༅། །གནས་བདག་ནོར་བུ་གཡུལ་རྒྱལ་བསང་བསྡུས།།

ཀྱཱྀ། ནོར་བུ་གཡུལ་རྒྱལ་གནས་འདིའི་ལྷོ་ཕྱོགས་སུ། །རྒྱལ་པོ་འཕགས་སྐྱེས་པོ་ཡི་ཡང་སྤྲུལ་གང་། །ལྷ་ཀླུ་མི་བཙན་སྣ་ཚོགས་སྤྲུལ་བསྒྱུར་བྱེད། །བསང་རྫས་འདོད་དགུ་ཕུན་སུམ་ཚོགས་པ་ཡིས། །གཉེས་ཀྱིམ་དགྱེས་ལ་གེགས་ཞི་ཕྲིན་ལས་མཛོད། །ཨོ་རྒྱན་ཆེ་མཆོག་དཔལ་གྱི་རྡོ་རྗེས་སོ།

༄༅། །སྐྱུལ་བྲག་བསང་བསྡུས་བཞུགས་སོ།།

སྐྱུ་བྲག་ལྷ་ཡི་དགེ་བསྙེན་བོན་ཞྭ་ཅན། །བན་དེ་ཞྭ་དམར་གཉིས་བརྩེགས་གསོལ་བ་ཡི། །གནས་ཀྱི་སྒྲོ་སྲུང་བསང་གསོལ་མཆོད་བསྟོད་ཀྱིས། །བསྟན་འགྲོའི་དོན་གཉིས་ཆོ་གཡང་གོང་འཕེལ་ཤོག །ཅེས་པ་འདི་ཡང་མི་འགྱུར་ནམ་མཁའི་རྡོ་རྗེས་གསུངས་སོ། །དགེའོ། །

ཆོས་རྒྱལ་འདི་ཡང་ཉི་ཟླའི་དཀྱིལ་འཁོར་བཞིན།
ཕྱོགས་ཀྱི་ཐ་གྲུ་ཀུན་ཏུ་གྲགས་གྱུར་ཏེ།
བློ་གྲོས་པད་མོ་རབ་ཏུ་རྒྱས་བྱེད་ཅིང་།
སངས་རྒྱས་བསྟན་པ་དར་ཞིང་རྒྱས་པར་ཤོག
རྒྱལ་དབང་གླིང་ཆེན་པས།

མདོ་སྔགས་ཆོས་རྒྱལ་ཚང་ལ་མངོན་བ།
མཁས་ཤིང་གྲུབ་བརྙེས་རིག་འཛིན་བརྒྱུད་པའི་སྲོལ།
ཐུབ་བསྟན་སྙིང་པོ་གསང་སྔགས་སྔ་འགྱུར་པའི།
བསྟན་པ་འཕེལ་རྒྱས་འཛམ་གླིང་ཁྱབ་གྱུར་ཅིག
འཇམ་མགོན་མི་ཕམ་པས།

གྲགས་སྙན་གདུགས་དཀར་གཅིག་གིས་ས་སྟེང་ཀུན།
མངོན་མཐོར་བྱེད་པ་གྲུབ་དབང་རྫོགས་ཆེན་པ།
ཡབ་སྲས་བརྒྱུད་པར་བཅས་པའི་ཞབས་ཀྱི་རྟུལ།
ས་གསུམ་ཀུན་དགར་བྱེད་པས་ཤིས་གྱུར་ཅིག
འཇམ་མགོན་མི་ཕམ་པས།

དཔེ་སྒྲིག་ལས་ཁང་།	སྡེ་འགྱུར་རྫོགས་ཆེན་དཔེ་ཚོགས་བསྡུ་སྒྲིག་ཁང་།
སྤྱི་ཁྱབ་བསྡུ་སྒྲིག་དག་ཞུས་པ།	གྲུབ་དབང་རྫོགས་ཆེན་བདུན་པ་བསྟན་འཛིན་ལུང་རྟོགས་ཉི་མ།
ཆེད་འགན་དག་ཞུས་པ།	སྨྱོ་ཤུལ་མཁན་པོ་འཆི་མེད་བཟོད་པ།
	རྫོགས་ཆེན་སློབ་དཔོན་བསོད་སྦྱིན།
	རྫོགས་ཆེན་སློབ་དཔོན་པདྨ་སྣང་བ།
བསྐྱར་ཞུས་པ།	སྤྱིལ་སྐྱ་གྲགས་པ་རྒྱལ་མཚན།
	ར་ཕྱིས་སྤྱིལ་སྐྱ་ཕུབ་འོད།
	བྲག་མཁར་སྤྱིལ་སྐྱ་ཚུལ་ཁྲིམས་རྒྱལ་མཚན།
ཡིག་གཏག་པ།	བསྟན་འཛིན་ཚེ་དབང་། བསྟན་འཛིན་ཤེས་རབ། པདྨ་གྲགས་པ།
དཔེ་སྒྲིག་པ།	དབྱིན་ཇི་བ་པདྨ་མཐུ་སྟོབས།
མདུན་ཤོག་མཛེས་རིས་པ།	ཕུར་བཟང་། ཡུས་ཁྲུ་ཡུས།

图书在版编目（CIP）数据

藏传佛教大圆满文集：藏文／佐钦寺整理编著．
—拉萨：西藏藏文古籍出版社，2016.7

ISBN 978-7-80589-818-6

Ⅰ．①藏… Ⅱ．①佐… Ⅲ．①喇嘛宗—文集—藏语 Ⅳ．①B946.6-53

中国版本图书馆 CIP 数据核字（2016）第 150552 号

藏传佛教大圆满文集

编　　者　大圆满丛书整编室

责任编辑　次　巴

出　　版　西藏藏文古籍出版社（拉萨市色拉路 22 号）　邮政编码：850000

第二编辑部（北京）：100013 北京市东土城路 8 号林达大厦 A 座 13 层

电话：010-64466847

打击盗版：0891-6649998　13908990085

印　　刷　北京谊兴印刷有限公司

经　　销　全国新华书店

开　　本　16 开（710×1 000）

印　　张　118

版　　次　2016 年 7 月第 1 版第 1 次印刷

标准书号　ISBN 978-7-80589-818-6

定　　价　290.00 元（全 6 册）

སྐུ་རབས་ལྔ་པ་ཐུབ་བསྟན་ཆོས་ཀྱི་རྡོ་རྗེ།

སྔ་འགྱུར་༧རྒྱལ་བ་རྫོགས་ཆེན་པའི་དཔེ་ཚོགས།

༄། །གྲུབ་དབང་རྫོགས་ཆེན་པ་རིམ་བྱོན་གྱི་གསུང་འབུམ་བཞུགས་སོ།།

གླེགས་བམ་ལྔ་པ།

བོད་ལྗོངས་བོད་ཡིག་དཔེ་རྙིང་དཔེ་སྐྲུན་ཁང་།

ཀྱབ་དབང་རྫོགས་ཆེན་པ་རིམ་བྱོན་གྱི་གསུང་འབུམ་བཞུགས་སོ།།

རྩོམ་འགོད། བོད་ལྗོངས་ཞིན་ལི་དཔལ་འབྱོར་རིག་གནས་འཕེལ་རྒྱས་ཚད་ཡོད་ཀུང་སི།

དཔེ་སྐྲུན། བོད་ལྗོངས་བོད་ཡིག་དཔེ་རྙིང་དཔེ་སྐྲུན་ཁང་།

སྦྲག་ཨང་850000

བརྒྱུད་འཚོང་། ཤིན་ཧྭ་དཔེ་ཚོང་ཁང་།

དེབ་ཚད། 710mm×1 000mm 1/16

པར་ཤོག 118

པར་གཞི། 2016ལོའི་ཟླ་7པར་པར་གཞི་དང་པོ་བསྒྲིགས།

པར་ཐེངས། 2016ལོའི་ཟླ་7པར་པར་ཐེངས་དང་པོ་དཔར།

དཔེ་རྟགས། ISBN 978-7-80589-818-6

རིན་གོང་། སྒོར་290.00 (དེབ་དྲུག)

དཔེ་སྐྲུན་སྔོན་འགྲོའི་གཏམ་ཐུང་།

གྲུབ་པའི་དབང་ཕྱུག་རྫོགས་ཆེན་པ་པདྨ་རིག་འཛིན་ནི། དུས་རབས་བཅུ་གཅིག་པའི་ནང་སྤྱི་འགྱུར་རྙིང་མའི་ཟབ་ཆོས་རྫོགས་པ་ཆེན་པོའི་ཆོས་མིང་གང་ཟག་ལ་ཐོག་པའི་འཚབ་བྱེད་སྐྱེས་ཆེན་ཡོངས་གྲགས་ཤིག་སྟེ། རྗེ་འདི་ཉིད་ཀྱིས་སྐུ་ཚེ་གང་པོར་བྱ་བཏང་སྒྲུབ་པའི་རྣལ་འབྱོར་བའི་ཚུལ་གྱིས་འོད་གསལ་རྫོགས་པ་ཆེན་པོའི་ཉམས་བཞེས་ལ་གནད་དུ་སྟུན་པས་རིག་པ་ཚད་ཕེབས་ཀྱི་སར་ཕྱིན་ཏེ་གྲུབ་ཐོབ་པདྨ་རིག་འཛིན་ཞེས་མཚན་དུ་གྲགས་པ་བྱུང་། རྗེ་གང་ཉིད་དང་རྒྱལ་མཆོག་ལྔ་བ་ཆེན་པོ་བཀའ་བགྲོས་ནས་ཁམས་ཕྱོགས་སུ་རྫོགས་ཆེན་དགོན་པ་ཕྱག་བཏབ་པ་ནི་དབུས་གཙང་དུ་ཉམས་རྒུད་ཐེབ་པའི་སྤྱི་འགྱུར་རྙིང་མའི་ཆོས་བརྒྱུད་གནས་དུས་འདིར་དམིགས་ཀྱིས་སླར་གསོ་མཛད་པའི་ལོ་རྒྱུས་ཀྱི་རྒྱབ་ལྗོངས་མདོན་ཞིང་། སྐུ་དངོས་ཀྱིས་སྤྱི་དགེའི་མངའ་ཁུལ་གཙོ་བོར་བྱས་པའི་ཁམས་ཕྱོགས་ཀྱི་ཀཿདཔལ་སོགས་རྙིང་དགོན་མང་པོར་ཕེབས་ཏེ་རྫོགས་པ་ཆེན་པོའི་ལྟ་སྒོམ་ལ་དག་ཐེར་མཛད་ཅིང་ཐུགས་བཞེད་བཞིན་ཨ་མདོ་དང་ཁམས་ཕྱོགས་སུ་ཆོས་བརྒྱུད་དགོན་སྡེ་བརྒྱ་ཕྲག་མང་པོ་འཕེལ། ཕྱི་དུས་འདི་ར་གངས་རིའི་ལྗོངས་སུ་རྫོགས་པ་ཆེན་པོའི་བསྟན་པ་མཐར་རྒྱས་སུ་འཕེལ་བའི་རྒྱུ་འགོའམ་ཤིང་རྟའི་སྲོལ་འབྱེད་མཆོག་གཅིག་ཏུ་ཡོངས་སུ་གྲགས། རྗེ་གང་གི་སྤྲུལ་རབས་སྐུ་ཕྲེང་རིམ་བྱོན་ནི་ཐོས་བསམ་སྒོམ

གསུམ། མཁས་བཙུན་བཟང་གསུམ། འཆད་རྩོད་རྩོམ་གསུམ་སྟེ་ཚུལ་དགུའི་ཡོན་ཏན་གྱི་མངའ་བདག་ཤ་སྟག་བྱོན་པས་སྤྱི་འགྱུར་རྙིང་མའི་བསྟན་པའི་གཙུག་རྒྱན་ལྟ་བུར་ཆགས་ཤིང་། གཞུང་ས་དགའ་ལྡན་ཕོ་བྲང་ནས་མ་ཧཱ་པཎྜི་ཏ་ཨེར་ཏི་ནི་ཧོ་ཐོག་ཐུའི་ཆོ་ལོ་ཐེངས་མང་བསྐུལ་བའི་མཚན་ཐོབ་ལྡན། སློབ་བུ་ཉི་ཟླ་སྐར་གསུམ་དང་འཇིགས་མེད་རྣམ་བཞི་སོགས་སྐུ་རབས་རིམ་བྱོན་གྱི་ཐུགས་སྲས་མཁས་བཙུན་གྲུབ་པའི་སྐྱེས་བུ་བཟང་ལ་མང་བ་བྱོན་པས་ཆོས་རྒྱུན་ཕྲིན་ལས་ཕྱོགས་བཅུར་འཕེལ། གྲུབ་དབང་སྐུ་རབས་རིམ་བྱོན་གྱི་ཞལ་གསུང་བསྟན་བཅོས་མང་རབ་བཞུགས་ཚུལ་ཆོས་འབྱུང་རྣམ་ཐར་དག་ན་གསལ་ཡང་སྔར་དུས་བཀའ་རྒྱ་དམ་པོར་མཛད་དེ་ཤིང་པར་དུ་མ་བཀོད་པ་དང་། སྔ་ཕྱིར་བླ་བྲང་ལ་མེ་སྐྱོན་དང་ས་འགྱུལ་གྱི་གནོད་འཚེ་ཐེབ་པས་སྐབས་དེ་དག་ཏུ་རྩ་འཕོར་སོང་ཕྱིར་དེང་དུས་མཇལ་དུ་བཞུགས་པ་ཤིན་ཏུ་ཉུང་། སྔར་ལམ་གྲུབ་དབང་པདྨ་རིག་འཛིན་གྱི་གསུང་ཚན་ཐོར་བུ་བསྡུ་སྒྲིག་དཔེ་སྐྲུན་ཐེངས་གཅིག་བྱས་པ་དང་། ད་ལམ་གྲུབ་དབང་སྐུ་རབས་རིམ་བྱོན་གྱི་ཆོས་སྲིད་མཛད་ཕྲིན་བསྐྱངས་པའི་ལྟེ་གནས་ཕོ་བྲང་ཆེན་མོ་ཁམས་གསུམ་ཟིལ་གནོན་བསྐྱར་བཞེངས་ལེགས་གྲུབ་ཀྱི་ལས་སྣོན་མཛོད་དུ་གྱུར་བ་མ་ཟད། ནང་བཞུགས་སྐུ་ཐུགས་ཀྱི་རྟེན་མཆོག་སྐུ་རབས་རིམ་བྱོན་གྱི་སྐུ་བརྙན་བྱོན་ལེགས་དང་གསེར་གདུང་ཁྲོད་འཕགས་བྱིན་རླབས་ཀྱི་གཟི་འོད་འབར་བ་བཞུགས་སུ་གསོལ་བ་དང་། གསུང་རྟེན་དུ་སྐུ་རབས་རིམ་བྱོན་གྱི་གསུང་འབུམ་འདི་བཞིན་འཚོལ་བསྡུད་དག་ཞུས་དཔེ་སྐྲུན་གྱིས་གསུང་གི་ཕྲིན་ལས་རྒྱུན་མི་ཆད་པའི་སྲི་ཞུ་སྒྲུབ་པ་ན། རྟེན་འབྱུང་ཆུད་མི་ཟ་བའི་བདེན་མཐུས་གནའ་དུས་ནས་ལག་བྲིས་དཔེ་རྙིང་གཅིག་ཁོ་ན་ལས་མི་བཞུགས་པའི་ཕྱི་མོ་དག་ཀྱང་ངོ་མཚར་ཆེན་

པོས་ལག་འབྱོར་བྱུང་བ་དང་སྤྲོ་རབ་ཏུ་འཕེལ་བ་དང་བཅས་འགྲེམ་སྤེལ་བགྱིས་པ་སྟེ། འདིས་མཚོན་རྣམ་པར་དཀར་བའི་དགེ་རྩ་གང་མཆིས་མཁའ་མཐས་ཁྱབ་པའི་འགྲོ་བ་ཀུན་ལ་རྟུལ་བྲལ་ཆོས་རབ་རྣམ་འབྱེད་ཀྱི་ཡེ་ཤེས་ཐོབ་པའི་རྒྱུར་ཡོངས་སུ་བསྔོ་བ་དང་། ཐོག་མཐའི་བྱ་བར་དངོས་སུ་ཞུགས་པ་དང་བསམ་སྦྱོར་གང་ཐད་ནས་རྒྱབ་སྐྱོར་རོགས་དན་མཛད་པོ་ཡོངས་ལ་བཀའ་དྲིན་རྗེས་དྲན་ཞུ་བ་དང་བཅས།

མཁྱེན་གཟིགས་དམ་པའི་ཞལ་སྔ་ནས་གྲུབ་དབང་རྫོགས་ཆེན་པའི་མཚན་གྱི་ཅོད་པཎ་གྱིས་མངོན་པར་བསྟོད་པ་བསྟན་འཛིན་ལུང་རྟོགས་ཉི་མས་མི་སྤེལ་ས་ཟླའི་ཡར་ཚེས་ལ་སྦྱར་བ་དགེ།

སྐྱ་རབས་ལྷ་བའི་གསུང་ཚན་དཀར་ཆག

དཀར་ཆག

དཀར་ཆག

དཀར་ཆག

དཀར་ཆག

༄༅། །གྲུབ་དབང་རྟོགས་ཆེན་པ་སྐུ་རབས་ལྔ་པ། ཐུབ་བསྟན་ཆོས་ཀྱི་རྡོ་རྗེའི་རྣམ་ཐར་ མདོར་བསྡུས། །

གྲུབ་དབང་ལྔ་པ་ཐུབ་བསྟན་ཆོས་ཀྱི་རྡོ་རྗེ་བསྟན་འཛིན་འཇིགས་མེད་དབང་པོ་མཆོག་ནི། རྩོད་བྲལ་སྤྲུལ་བའི་གཏེར་ཆེན་མཆོག་གྱུར་བདེ་ཆེན་གླིང་པས་སྤྱན་དྲངས་པའི་ཨོ་རྒྱན་ཆེན་པོའི་གསང་བའི་བརྡ་ལུང་གིས་བསྟན་པ་ཉིད། བཀའ་བབ་བདུན་ལྡན་མཁྱེན་བརྩེའི་དབང་པོའི་ཞལ་སྔ་ནས་གསལ་བར་བྱུས་པ་ལས། བྲི་མ་མི་ཏྲ་ཁམས་ཀྱི་ལྷོ་ཕྱོགས་སུ༔ སྤྲུལ་ལོ་དྲྨ་བཛྲའི་མིང་ཅན་འབྱུང་༔ བར་ཆད་བདུད་ཀྱི་གཡུལ་ལས་རྒྱལ་གྱུར་ན༔ སྙིང་པོའི་བསྟན་ལ་བྱ་བ་མཆོག་ཏུ་བྱེད༔ ཅེས་དང་། ཀློག་ཡིག་སྙིང་བྱང་ཐུགས་ཀྱི་ཆ་ལག་ལས། སྤྲུལ་ལོར་དྲྨ་བཛྲ་ཞེས་བྱ་འབྱུང་༔ རྡུ་དམ་ལུང་ལ་བསྟན་པའི་སྒྲོག་ཤིང་བཙུགས༔ བཤད་དང་སྒྲུབ་པའི་བསྟན་པ་རྒྱ་ཆེར་སྤེལ༔ ཞེས་སོགས་སྒྲིབ་བྲལ་ཡེ་ཤེས་ཀྱི་གཟིགས་པ་མངའ་བའི་ལྷ་བླའི་བརྟག་ལུང་ཐམས་ཅད་གཅིག་ཏུ་མཐུན་པར། སྤྱི་ལོ་༡༨༧༣པ་སྟེ་རབ་བྱུང་བཅོ་ལྔ་པའི་ལྕགས་སྤྲེལ་ལོར། སྐུ་ཕྲེང་དང་པོའི་འཁྲུངས་ཡུལ་དང་གཅིག་པར་ཁམས་ཀྱི་རི་བོ་ཆེའི་ཕྱོགས་སུ་ཡབ་མགོན་པོ་རྒྱལ་དང་། ཡུམ་བསོད་

ནམས་གཡང་མཆོ་གཉིས་ཀྱི་སྲས་སུ་བཀྲ་ཤིས་ངོ་མཚར་གྱི་མཚན་མ་བརྒྱ་ཕྲག་དང་བཅས་མཚན་དཔེའི་འདབ་སྟོང་གསར་དུ་གྲོལ། ཐོག་མ་ཉིད་ནས་བྱང་ཆུབ་ཀྱི་སེམས་དང་སྐྱེས་ནས་ཐོབ་པའི་ཤེས་རབ་སོགས་རྒྱལ་བའི་སྲས་ཀྱི་མངོན་རྟགས་མཐའ་ཡས་པ་མི་རྟོག་དང་དྲི་བསུང་བཞིན་ལྷན་སྐྱེས་སུ་མངའ། དགུང་གྲངས་བཞི་ལ་སོན་པ་འཛིན་བྱེད་ན་ཚོད་ལྡན་ཞེས་པ་ཤིང་མོ་ཕག་གི་ལོའི། སྟོན་པ་ཐུབ་པའི་དབང་པོས་ཟླ་འཕྲུལ་གྱི་ཆོ་འཕྲུལ་ཆེན་པོས་མུ་སྟེགས་ཀྱི་སྡེ་ཚོགས་ཕམ་པར་མཛད་པའི་བཀྲ་ཤིས་ཀྱི་ཟླ་བ། ཨོ་རྒྱན་ཆེན་པོས་དཔལ་གྱི་བསམ་ཡས་མཆིམས་ཕུར་ལྷ་སྲིན་དབང་དུ་བསྡུས་ནས་ཟབ་མོ་གཏེར་གྱི་གཉེར་བྱང་གཏད་ཅིང་བོད་ཡུལ་གཏེར་གྱིས་བཀང་བའི་དུས་ཆེན་ཡར་ངོའི་ཚེས་བཅུའི་སྟ་ཆར། ཀུན་ཕན་ཉིན་བྱེད་ཀྱི་དཀྱིལ་འཁོར་ཤར་རིའི་རྩེ་མོར་མངོན་པར་འཕགས་པ་དང་མཉམ་དུ་ཞབས་ཟུང་རྩིབས་སྟོང་གི་འཁོར་ལོ་རྡུ་དམ་གདན་ས་ཆེན་མོར་ཐོག་མར་བཀོད་ཅིང་། དེ་ན་གནས་པའི་སྐྱེ་བོའི་རྟ་ཚོགས་ཕྲེང་བསྒྲིགས་ཤིང་གདུགས་དང་། རྒྱལ་མཚན། འཕན་འཕྱུར་བཅས་སྣ་ཚོགས་པའི་དར་དང་། རྒྱལ་སྲིད་རིན་པོ་ཆེ་སྣ་བདུན། བཀྲ་ཤིས་པའི་རྫས་རྟགས་བརྒྱད་སོགས་མཆོད་པའི་ཡོ་བྱད་མཐའ་ཡས་པ་མ་ཚང་བ་མེད་པ་ཐོགས་ཏེ་གཙུག་ལག་ཁང་ཆེན་མོ་ཐུབ་བསྟན་ཡོངས་སུ་འདུས་པའི་དགའ་ཚལ་དུ་སྤྱན་དྲངས། དཔོན་སློབ་སྐུ་རབས་བཞི་པ་འཇིགས་མེད་ཆོས་དབྱིངས་འོད་གསལ་དང་། མཁན་ཆེན་པདྨ་བཟོད། ཞེ་ཆེན་པདྨ་འགྱུར་མེད་རྒྱ་མཚོ། རྒྱ་རོང་མཆོག་སྤྲུལ་ཀུན་བཟང་ཐེག་མཆོག་རྡོ་རྗེ་སོགས་བསྟན་པ་འཛིན་པའི་སྐྱེས་ཆེན་རྣམས་དང་། སྡེ་དགེ་ཆོས་རྒྱལ་ཆེན་མོའི་གཉེར་ཆེན་དཔོན་འཁོར། ཆབ་མདོ་རྒྱལ་བ་མཆོག་གི་ཞལ་སྔ་ནས་དྲུང་འཁོར་ལྷན་རྒྱས་གཙོས་ལྷ་མིའི་སྡེ་ཚོགས་ཀུན་

ཀྱིས་འཇིགས་མེད་གསེར་གྱི་ཁྲི་འཕང་མཐོན་པོར་མངའ་གསོལ། ལྔ་རིག་མཁས་པའི་དབང་ཕྱུག་སྡེ་སྣོད་འཛིན་པ་མང་པོས་ཕུན་སུམ་ཚོགས་པ་ལྔ་དང་འབྲེལ་བའི་མཐྲལ་གྱི་རྣམ་བཤད་དང་། མདོ་རྒྱུད་གཞུང་ལུགས་ཀྱི་ཚོགས་གཏམ་སྣ་ཚོགས་སྤྲེལ་ཏེ་མཁས་པའི་བསླབ་གྲལ་མཛེས་པར་བྱས་པ་དང་། དེ་མཚུངས་མང་འགྱེད་དངོས་འབུལ་སོགས་ཕུན་སུམ་ཚོགས་པའི་གཏོང་བའི་སྒོ་འཕར་ཡངས་པོར་ཕྱེས་ཏེ། སྡེ་འབངས་དགྱེས་པའི་སྟོན་ཆེན་ཉིན་འགར་བཤམས་ནས་ཐམས་ཅད་སྤྲོ་དགའི་དཔལ་ལ་བཀོད། དེ་ནས་རིམ་པར་ཡོངས་འཛིན་དགེ་བའི་བཤེས་གཉེན་ཆེན་པོ་དཔལ་སྤྲུལ་འཇིགས་མེད་ཆོས་ཀྱི་དབང་པོ་ལས་བྱང་སེམས་སྤྱོད་འཇུག་ཆེན་མོ་ནས་སྒྱུ་འཕྲུལ་གསང་བ་སྙིང་པོའི་མཆོན་ཟབ་ཆོས་མང་དུ་བཞེས། མཁན་ཆེན་པདྨ་བཛྲ་ལས་རྗེ་གོང་མ་དང་རྒྱལ་སྲས་གཞན་ཕན་པའི་ཞལ་སྔ་ནས་བརྒྱུད་པའི་སྔ་འགྱུར་བཀའ་མ་གཙོ་སྒྱུར་དབང་དང་རྒྱུད་བཤད་དུ་མ། འཇམ་མགོན་བློ་གྲོས་མཐའ་ཡས་ལས་རིན་ཆེན་གཏེར་མཛོད་ཆེན་མོ། ཨ་འཛོམས་འབྲུག་ཆན་འགྲོ་འདུལ་དཔའ་བོ་རྡོ་རྗེ་ལས་མན་ངག་གསང་བ་སྙིང་ཐིག་གི་ཟབ་ཁྲིད། རྒྱ་རོང་ཀུན་བཟང་ཐེག་མཆོག་རྡོ་རྗེ་ལས་རྗེ་གོང་མ་ནས་བརྒྱུད་པའི་བཀའ་གཏེར་གསར་སྙིང་གི་དབང་ཁྲིད་གསན་པ་སོགས་མདོར་ན་ཐུན་མོང་གི་གཙུག་ལག་སྒྲ་ཚད་བཟོ་གསོ་ནས། ཐུན་མིན་སྡེ་སྣོད་གསུམ་དང་རྒྱུད་སྡེ་བཞི་དྲུག་གི་འགྲེལ་ཊཱི་ཀ་སྟོང་ཐུན་དང་བཅས་པ་གསན་བཞེས་མཛད། རྗེ་གོང་མའི་ཐུགས་རིག་གསལ་བས་བརྩོན་པ་ཆེན་པོའི་སྒྲུང་པ་ལ་མ་ལྟོས་པར་རྟོགས་པའི་གླིང་བརྗོད་བས་དགོངས་གཏེར་ནམ་མཁའ་མཛོད་ཀྱི་ཆོས་སྡེ་ཆེན་མོར་མངའ་དབང་མཛད། ཁྱད་པར་འཇམ་དབྱངས་མཁྱེན་བརྩེའི་དབང་པོ་གཙུག་གི་རྒྱན་གཅིག་ཏུ་བསྟེན་ནས་སྨིན་གྲོལ་ཉམས་ཁྲིད་ཀྱི་ཟབ་

ཆོས་སྒྲི་དང་། ཁྲི་ཐུབ་འོད་གསལ་རྫོགས་པ་ཆེན་པོ་སྙིང་ཐིག་གོང་འོག་གི་
གདམས་གནད་ཐམས་ཅད་ཆིག་རྫོགས་སུ་བསྐུལ་བས་ཡིད་དཔྱོད་རྩོལ་བཅས་ཀྱི་
ལམ་ལ་མ་ལྟོས་པར་ས་ལམ་གདན་ཐོག་གཅིག་ཏུ་གཅོད་པའི་གྲུབ་བརྙེས་ཡིད་བཞིན་
གྱི་རྒྱལ་སར་ཕེབས་པས་འབྱུང་འགྱུར་གྱི་ཆོས་སྣ་ཚོགས་པ་ཆགས་ཐོག་མེད་པར་
མཁྱེན་པ་དང་། ནམ་མཁར་བྱ་བཞིན་འཕུར་བ། སྒྲུབ་གཏོར་འོད་དུ་ཞུ་ནས་
བདུད་རྩིར་གྱུར་པ། ཐོད་སྙོད་ལས་སྨན་རག་ཁོལ་བ། ཉི་མ་རྟེད་ལ་མནན་པ།
ཐུམ་པ་བར་སྣང་དུ་བཞག་པ། ཐུམ་རྒྱུ་ཟད་མེད་དུ་བསྒྱུར་བ། ཞབས་རྗེས་རྡོ་
ལ་མངོན་པ། སྐུ་གཟན་ཉི་ཟེར་ལ་འགེལ་བ། མྱུངམ་གྱི་ཐང་ལས་རྒྱུ་གཏེར་
བཏོན་པ། ཤང་ཁྲབ་རས་དཀར་དུ་བསྒྱུགས་ནས་དྲིལ་ཏེ་གནང་བ་ཕྱིས་ཞལ་ཕྱེས་ཚེ་
ཨོ་རྒྱན་ཆེན་པོའི་ཐང་སྐུར་གྱུར་ཅིང་རིང་བསྲེལ་གྱིས་གང་བ་སོགས། ངོ་མཚར་
གྲུབ་རྟགས་ཀྱི་མཛད་པ་ཕལ་པའི་བློའི་ཡུལ་ལས་རྣམ་པར་འགོང་པ་སྣ་ཚོགས་པ་
མཐུན་སྣང་མཐོང་ཆོས་སུ་བསྟན་པ་དང་། དངོས་ཉམས་འོད་གསལ་གྱི་སྣང་ཆར་
དཔལ་རི་པདྨ་འོད་གླིང་དུ་རིག་འཛིན་འདུས་པའི་ཚོགས་གྲལ་དུ་ལན་གཉིས་སུ་ཕེབས་
པ་སོགས་དག་པའི་སྣང་ཆ་འབབ་ཞིག་འབྱམས་སུ་གླུས། ཀུན་གཟིགས་བླ་མ་
འཇམ་དབྱངས་མཁྱེན་བརྩེའི་དབང་པོས་རྡོ་རྗེ་སློབ་དཔོན་བཀའ་རབ་འབྱམས་ཀྱི་སྙིན་
དབང་བསྐུལ་ཞིང་འབོར་གདན་དགུ་བརྩེགས་ཀྱི་ཁྲི་ལ་བཞུགས་སུ་གསོལ་ཏེ་ཕྱིན་
ཆད་མདོ་ཁམས་སྟོད་སྨད་ཀྱི་ཡང་སྲིད་སྤྲུལ་པའི་སྐུ་ཐམས་ཅད་ཉིད་ནས་ངོས་འཛིན་
མཛད་དགོས་པའི་བཀའ་བསྐུལ་གཟེངས་བསྟོད་མཛད་པས། ཕྱི་དུས་སུ་ས་བཀའ་
རྙིང་གསུམ་གྱི་བསྟན་འཛིན་ཕལ་མོ་ཆེའི་ཡང་སྲིད་རྗེ་འདེས་ངོས་འཛིན་མཛད་པ་བརྒྱ་
ཕྲག་ལྷག་ཏུ་བཀྲལ་བར་གྲགས་ཤིང་། འབྲུངས་ཡུལ་དང་ཡབ་ཡུམ་མཚན་སྒྲ་

སོགས་ལྐོག་གྱུར་གྱི་ཆོས་ཀུན་སྒྲིབ་མེད་དུ་གཟིགས་པ་རྡོ་རྗེའི་ལུང་གིས་བསྟན་པས་ཐམས་ཅད་ངོ་མཚར་བའི་གནས་ལ་བཀོད་ཅིང་། རྗེ་འདི་ཉིད་ཀྱིས་ངོས་འཛིན་མཛད་པའི་སྐྱེས་ཆེན་དག་ནི་གངས་ལྗོངས་རྒྱལ་བསྟན་སྤྱར་གསོ་ལ་མཛད་རྗེས་ཕྲིན་ལས་གཞན་མཚུངས་དང་བྲལ་བ་རྨད་དུ་བྱུང་བ་ཤ་སྟག་བྱུང་། རང་དགོན་དུ་བདེ་ཀོང་མཁྱེན་གསུམ་སོགས་སར་གནས་འཕགས་ཆེན་མང་པོའི་སྐྱེ་སྲིད་ངོས་འཛིན་སྐུ་བདག་མཛད་པས་རྫོགས་ཆེན་སྤྲུལ་བརྒྱ་མ་ཞེས་ཡོངས་སུ་གྲགས་པ་བྱུང་། གཞན་ཕན་ཕྲིན་ལས་ཀྱི་མཛད་པ་རྒྱ་ཆེ་བ་དུས་སྐབས་དེའི་བསྟན་འཛིན་སྐྱེས་ཆེན་ཀུན་ལས་ཆེས་ཁྱད་དུ་འཕགས་པ་སྟེ། འཇམ་མགོན་མི་ཕམ་རིན་པོ་ཆེས། འཕྲིན་ལས་དོན་ཡོད་ཞགས་པས་བསྟན་འགྲོའི་དགེ་མཚན་རླབས་པོ་ཆེ་དང་གིས་བསྐྱོད་པ་རྫོགས་ཆེན་མཆོག་སྤྲུལ་རིན་པོ་ཆེ་ཞེས་བསྔགས་བརྗོད་མཛད། དབུས་འགྱུར་ཆོས་ཀྱི་ཞིང་སར་སྔ་ཕྱིར་ལན་གཉིས་ཕེབས་ཤིང་དེ་དག་གི་སྐབས་སུ་རིས་མེད་ཆོས་སྡེ་ཀུན་ལ་མཆོད་འབུལ་མང་འགྱེད་སོགས་ཟང་ཟིང་གི་དངོས་པོའི་མཆོད་སྤྲིན་རྒྱ་ཆེར་སྤེལ་ཞིང་། དཔལ་གྱི་བསམ་ཡས་སུ་ཕེབས་སྐབས་ཆོས་རྒྱལ་ཆེན་པོའི་སྐུ་རྟེན་པ་ལ་ཆོས་སྐྱོང་ཐོག་བབ་ཀྱིས་ཅི་བཅོལ་ཕྲིན་ལས་སྒྲུབ་པའི་གཡར་དམ་བཅས་ཤིང་རོལ་ཆེན་པེ་ཧར་དགྱེས་བླ་རྟེན་སྐལ་དུ་ཕུལ། གཞུང་ས་དགའ་ལྡན་ཕོ་བྲང་ནས་མ་ཧཱ་པཎ་ཏི་ཏ་ཧོ་ཐོག་ཐུ་ཞེས་པའི་ཆབ་ཤོག་དང་གསེར་ཐམ་སོགས་ཆེན་པོར་འོས་པའི་ཡོ་བྱད་སྣ་ཚོགས་པའི་གནང་སྐྱེས་རྨད་དུ་བྱུང་བ་མཛད། དེ་བཞིན་བཤད་སྒྲུབ་ལས་གསུམ་གྱི་ཕྲིན་ལས་ཀྱི་སྣང་བས་ཕྱོགས་ཀྱི་ཐ་གྲུ་ཀུན་ཏུ་ཁྱབ་པར་སྤེལ་བ་སྟེ། གདན་ས་ཆེན་མོ་གང་དུ་སྡེར་ཡོད་ཀྱི་སྒྲུབ་སྡེ་པ་བཅུ་གསུམ་དེ་བཅུ་ཕྲག་གསུམ་གྱི་གྲངས་སུ་སྤེལ། སྐུལ་གྱི་བྲག་དཀར་ལ་ཚེ་སྒྲུབ་རྒྱུན་མཚམས་པ་

བཅུ་གསུམ་ཡོད་པའི་སྒྲུབ་སྡེ་གསར་དུ་བཏབ། ཞྭ་སེང་གི་ཆོས་གྲྭར་རྒྱུན་
བཞུགས་ཀྱི་བཤད་གྲྭ་བ་སྟོར་ཡོད་ཀྱི་སྟེང་བཅུ་ཕྲག་ལྔ་རུ་སྤེལ་བ་དང་། གང་གི་
ཐུགས་བསྐྱེད་ཀྱི་མཐུས་བསྐུལ་ཏེ་མཁན་ཆེན་གཞན་དགའ་རིན་པོ་ཆེས་གཞུང་ཆེན་
བཅུ་གསུམ་རྒྱ་མཆན་གྱིས་འགྲེལ་པ་དང་། འཇམ་མགོན་མི་ཕམ་རིན་པོ་ཆེས་
རང་ལུགས་དྲི་མ་མེད་པ་གཙོར་འདོན་གྱིས་དགོངས་འགྲེལ་བསྟན་བཅོས་སྣ་ཚོགས་
པ་ལྷུགས་རྩོམ་མཛད་ཅིང་དེ་དག་པར་དུ་བསྒྲུན་པ་སོགས་དགོན་ཡར་མར་གཉིས་སུ་
པར་ལྡེབ་ཁྲི་ཕྲག་བཅུ་ལས་མི་ཉུང་བ་གསར་བཞེངས་མཛད། བཤད་སྒྲུབ་ལུང་
རྟོགས་ཀྱི་བསྟན་པ་དར་བར་མཛད་པའི་མཐུ་ལས་ཕྱོགས་ཀྱི་བུ་དགོན་སུམ་བརྒྱ་ལྷག་
ཏུ་འཕེལ་ཞིང་། གཉུག་མར་གནས་པའི་འདུས་སྡེ་ཞལ་གྲངས་སྟོང་ཕྲག་ལས
བརྒལ་བར་གྱུར། གཞན་ཡང་སྟོང་མཆོད་ཀུན་བཟང་མཆོད་སྤྲིན་དང་།
མགོན་ཁང་དབང་དྲག་རོལ་པ། ལྷ་གསར་ཐོག་བརྩེགས་ལྔ་པ་སོགས་རྟེན་བརྟེན་
པ་དང་བཅས་པ་གསར་དུ་བཞེངས། དེ་མཚུངས་ལོ་དར་གྱི་དུས་མཆོད་བཀའ་
གཏེར་ཚུ་བོ་ཟུང་འབྲེལ་གྱི་མཆོད་ཁག་བརྒྱད་ཅུ་ཐམ་པ་དང་། ཚེ་སྒྲུབ་བདུད་བཞི་
རྣམ་རྒྱལ་ཚེ་གཡང་ཁ་སྦྱོར་དུ་སྒྲུབ་པ་ལས་ཀྱི་ཁ་ཚར་དང་བཅས་པ། ཕུར་ཆེན་
དགྲ་བགེགས་ཀུན་སྒྲོལ་སྨད་ལས་གར་འཆམ་དང་བཅས་པ། འཛམ་གླིང་གེ་སར་
རྒྱལ་པོ་དཔའ་ཐུལ་ཕུ་ནུའི་འཁོར་ཚོགས་དགྲ་བླ་རླུང་རྟའི་ལྷ་ཚོགས་དང་བཅས་པའི་
གར་འཆམ་གསར་བརྩིགས་མཛད་པས་མཐའ་དམག་གི་གཡུལ་ངོ་ལན་གཅིག་ལ་
བཟློག་པར་གྲགས། གསོལ་ཁ་གྲྭ་ཚང་བརྒྱད་ཅུས་སྤྱི་དགོང་རྒྱུན་ཆགས་སུ་སྐོང་
གསོལ་ཆད་མེད་དང་། མར་མེ་ཚེ་འབར་གྲངས་མེད་རྒྱུན་འཛུགས་གནང་བ་
སོགས་རྣམ་དཀར་དགེ་བའི་སྒོ་འཕར་རྒྱ་ཆེ་བ་མང་པོ་གསར་དུ་ཕྱེས། དམ་པ་

གང་གི་གསུང་གི་བདུད་རྩིས་དབུགས་དབྱུང་ཐོབ་པའི་ཞལ་སློབ་གྲུབ་པའི་ས་མཐོར་གཤེགས་ཤིང་མཁས་པའི་ཡང་རྩེར་སོན་པ་གྲངས་ལས་འདས་པ་བྱོན་ཞིང་གཙོ་བོའི་མཚན་ཙམ་སྨོས་ན། ཉི་སྤྲུལ་དྲུག་པ་རིན་པོ་ཆེ། རབ་འབྱམས་དྲུག་པ་སྣང་མཛད་གྲུབ་པའི་རྡོ་རྗེ། མདོ་རིན་པོ་ཆེ་ཟིལ་གནོན་དགྱེས་པ་རྡོ་རྗེ། རྫོང་སར་མཁྱེན་སྤྲུལ་ཆོས་ཀྱི་བློ་གྲོས། གླིང་སྤྲུལ་ཐུབ་བསྟན་ཕྲིན་ལས་རྒྱ་མཚོ། རྫོགས་ཆེན་འབྲུག་པ་སྐུ་ཆེན། རྒྱ་རོང་ནམ་སྤྲུལ། མཁན་ཆེན་གཞན་ཕན་སྣང་བ། གླག་བླ་བསོད་ནམས་ཆོས་འགྲུབ། མཁན་པོ་ཀུན་དཔལ། ལྕུང་མའི་ཐུབ་དགའ། སྨྱོ་ཤུལ་མཁན་པོ་ངག་ཆུང་། ཡིད་ལྷུང་འཇའ་ལུས་པ་བསོད་ནམས་རྣམ་རྒྱལ། བོད་སྤྲུལ་མདོ་སྔགས་བསྟན་པའི་ཉི་མ། རྨེ་བ་མཁན་ཆེན་ཚེ་དབང་རིག་འཛིན་དང་ནོར་བུ་བསྟན་འཛིན། མི་ཕམ་མཆོག་སྤྲུལ་དགུ་རོང་རྒྱལ་སྲས། ཨུ་ར་པདྨ་ནོར་བུ། རྡོ་གྲུབ་བཞི་པ་ཐུབ་བསྟན་ཕྲིན་ལས་དཔལ་བཟང་། སྤྲུལ་སྐུ་དྲི་མེད། ཞེ་ཆེན་རྒྱལ་ཚབ། བདེ་གོང་མཁྱེན་གསུམ་གྱི་ཡང་སྲིད་དང་། བདག་ཅག་གི་བླ་མ་དམ་པ་འབྲུག་སྤྲུལ་ཐུབ་བསྟན་ཉི་མ་སོགས་རང་དགོན་གྱི་མཁན་སྤྲུལ་བརྒྱད་ཅུ་ལྷག་བཅས་བསྟན་པ་འཛིན་པའི་སྐྱེས་ཆེན། རྟོགས་པ་བརྙེས་པའི་གྲུབ་མཆོག གཞུང་ལུགས་འཆད་པའི་མཁན་པོ་སོགས་གྲངས་ལས་འདས་པ་བྱོན་ཞིང་དེ་དག་རེ་རེས་ཀྱང་བུ་སློབ་ནམ་མཁའི་སྐར་ཚོགས་ལྟར་བསྐྱངས་པས་འཛམ་གླིང་ཆོས་ལྡན་གྱི་ཡུལ་གྲུ་མང་པོར་གང་གི་ཕྲིན་ལས་ཀྱི་གདུགས་དཀར་ཡངས་པོས་ཁྱབ་པར་གྱུར། མཐར་དགུང་གྲངས་དྲུག་ཅུ་རེ་གཅིག་བཞེས་པ་རབ་བྱུང་བཅུ་དྲུག་པའི་ཤིང་ཕག་ལོར་རྟག་འཛིན་ཅན་གྱི་སྐྱེ་བོ་དག་མཐའ་བཞིའི་བསྡུས་པའི་ཆོས་ལ་ངེས་པ་འབྱུང་ཕྱིར་སྐུ་ཚེ་དེའི་འགྲོ་དོན་མཐའ་རུ་ཕྱིན་

ཧ་རེ་ཞིག་ཞི་བར་གཤེགས་པའི་ཚུལ་བསྟན་ཏོ། རྗེ་ཉིད་སྐྱེ་བརྒྱད་བྲན་བཀོལ་དྲེགས་པའི་བཀའ་བབ་ཆེན་མོར་བྱོན་པས་བསང་མཆོད་གསོལ་ཀའི་ཆོས་ཚན་དག་སྣང་དགོངས་གཏེར་གྱི་ཚུལ་དུ་བབ་པ་མང་དུ་བཞུགས་པ་དང་། གཞན་གསུང་ཚན་ཐོར་བུའི་རིགས་བཅས་ཕྱོགས་ཀུན་ནས་འཚོལ་བསྡུ་དག་སྒྲིག་བྱུང་བས་རྗེ་གང་གི་གསུང་གི་ཕྲིན་ལས་རྒྱུན་མི་ཆད་པར་སྲི་ཞུ་ལེགས་གྲུབ་བྱུང་བའི་སྒྲོ་བ་དང་བསྟུན། རྫོགས་ཆེན་ཆོས་འབྱུང་ཆེན་མོར་བྲིས་པའི་རྣམ་ཐར་ལ་ཡང་དུ་དག་ཞུས་དང་བཅས། མཁྱེན་གཟིགས་དམ་པ་དག་གི་ཞལ་སྔ་ནས་གྲུབ་དབང་རྫོགས་ཆེན་པའི་མཚན་གྱི་ཅོད་པན་གྱི་བྱིན་གྱིས་བརླབས་པ་བསྟན་འཛིན་ལུང་རྟོགས་ཉི་མས་མེ་སྤྲེལ་ས་ཟླའི་ཡར་ཚེས་ལ་བྲིས་པ་དགེ།

༄༅། །ཟངས་མདོག་དཔལ་རིར་བགྲོད་པའི་ལོ་རྒྱུས་འབྲེལ་ཚོད་ཐར་ལམ་འདྲེན་པའི་ལམ་སྒྲོན་ཞེས་བྱ་བ་བཞུགས་སོ། །

ལྕགས་སྤྲེལ་ལོ་མཚམས་སྤྲུལ་རིན་པོ་ཆེས་ལུང་བསྟན་ལ། ད་ལོའི་རང་ལོའི་སྙིང་འདུན་སེང་གེ་གནམ་རྫོང་ལྟ་བུ་ཞིག་ལ་བསྐྱོད་ན་གསུངས་པ་ལྟར། སེང་གེ་གནམ་རྫོང་དང་པདྨ་རི་མཐོ་གཉིས་ཀྱི་མདུན་ཞོལ་དུ་གནས་འབྲེལ་བསྐྱོད་སྐབས། སྤྲེལ་ལོ་སྤྲེལ་ཟླ་ར་བའི་ཚེས་བཅུའི་ནུབ་མོའི་མནལ་ལམ་དུ་སྐད་ཅིག་གིས་རོལ་བའི་མཚོ་བདུན་ཞིག་གི་མཚོ་འགྲམ། རི་དང་བྱེ་མ་ཐམས་ཅད་གསེར་ཅན་རེད་ཡོད་པ་ཞིག་ཏུ་ཤར་ཕྱོགས་སུ་བྲག་ཕུག་ཤིན་ཏུ་ཆེ་བ་ཡོད་པའི་ནང་དུ་གུ་རུ་རིན་པོ་ཆེ་བདེ་བ་ཆེན་པོའི་ཆས་ཅན་གྱི་མདུན་དུ་སླེབས། དེའི་མདུན་ན་གཡས་སུ་འཇམ་མགོན་བླ་མ་འཇམ་དབྱངས་མཁྱེན་བརྩེ་དབང་པོ། གཡོན་དུ་ཀོང་སྤྲུལ་ཡོན་ཏན་རྒྱ་མཚོ་སོགས། གཞན་ཡང་འཇམ་མགོན་མི་ཕམ་རིན་པོ་ཆེ། དཔལ་སྤྲུལ་འཇིགས་མེད་ཆོས་ཀྱི་དབང་པོ། ཀུན་བཟང་ཐེག་མཆོག་རྡོ་རྗེ། འཇིགས་མེད་ཆོས་དབྱིངས་འོད་གསལ། མཁན་ཆེན་པདྨ་བཛྲ། དགེ་བཤེས་ལུང་རྟོགས་རྒྱ་མཚོ། རྡོ་གྲུབ་ཀུན་བཟང་གཞན་ཕན། རྫ་རྒྱལ་མཚམས་སྤྲུལ་པདྨ་ཀུན་བཟང་སོགས་བདག་ཅག་གི་རྩ་བའི་བླ་མ་རྣམས་ཀྱིས་གཙོས་པའི་བླ་སྤྲུལ་ངོ་མི་ཤེས་པ་མང་པོ་བཞུགས་པའི་གྲལ་མཐར་རང་འདུག བླ་མ་བདེ་མཆོག་འཁོར་ལོའི་ཚོགས་

གསུངས་ནས་ཚོགས་ཀྱི་འཁོར་ལོ་རྒྱ་ཆེན་བསྐོར། དེ་ནས་ཡང་རོལ་མཚོའི་གླིང་བར་ཞིག་གི་མཚོ་འགྲམ་དུ་བྲག་ཕུག་ཅིག་གི་ནང་རིན་པོ་ཆེའི་ཁྲི་སྟེང་དུ་འཇམ་དབྱངས་མཁྱེན་བརྩེ་དབང་པོ་རབ་བྱུང་གི་ཆས་ཅན་བཞུགས། མདུན་ངོས་སུ་གུ་རུའི་ཞལ་ཐང་ཞིག་བཀྲམས། དེའི་མདུན་ནས་བླ་མ་སླེང་ཐིག་གི་དབང་ཞིག་ཐོབ་པ་རྨིས། དེ་ནས་རིགས་ཀྱི་བུ་ཁྱོད་རང་ལྷོ་ནུབ་པདྨ་འོད་ཀྱི་ཕོ་བྲང་དུ་ཨོ་རྒྱན་གྱི་སློབ་དཔོན་ཆེན་པོ་པདྨ་འབྱུང་གནས་མཇལ་བར་འདོད་ན་ད་ལྟ་འགྲོ་གསུངས། བདག་གིས་ཀྱང་དེ་ལྟར་གསོལ་བ་འདེབས་པར་ཞུ་ཞེས་པས། དེ་མ་ཐག་ཏུ་སེང་གེ་དཀར་མོ་སྣ་སྲབ་དང་ལྡན་པ་ཞིག་དང་རྟ་དཀར་ཞིག་བཅས་མཁའ་འགྲོ་དཀར་སེར་དམར་ལྗང་མཐིང་བཅུ་དྲུག་སྤྲིན་གཉིབས་པ་ལྟར་ཕེབས་ནས། འཇམ་མགོན་བླ་མས་སེང་གེ་བཅིབས་ནས་མཁའ་འགྲོ་མཐིང་ཀ་གཅིག་གིས་ཁིབས་ཁ་ཁྲིད། བདག་ཀྱང་རྟ་དཀར་པོ་ལ་ཞོན་ནས་མཁའ་འགྲོ་རྣམས་སྤྲིན་གཉིབས་པ་ལྟར་དང་མཉམ་དུ་ལྷོ་ནུབ་ཀྱི་ནམ་མཁར་ཕྱིན་ཏེ། སྐད་ཅིག་གིས་བྲག་རི་དམར་པོ་སླེང་གི་དབྱིབས་ཅན་རྩེ་མོ་གནམ་དུ་ཟུག་པ་དེའི་སྟེང་དུ་ཕོ་བྲང་སུམ་བརྩེགས་གཡས་གཡོན་དུ་ཉི་མ་ཟླ་བ་ཤར་བ། སྐྱེད་པར་གཡུ་ཡི་ན་བུན་འཁྲིགས་པ། རྩ་བར་རྒྱ་མཚོ་ཆེན་པོས་བསྐོར་བ། མེ་ཏོག་སྣ་ཚོགས་ཀྱི་ཆར་འབེབས་པ། དེའི་ཕྱི་རོལ་ཏུ་སྲིན་པོའི་གྲོང་ཁྱེར་མ་ཡིན་པའི་གྲོང་ཁྱེར་མང་པོས་བསྐོར་བ། དེའི་ཕྱི་རོལ་ཏུ་རྒྱ་མཚོས་བསྐོར་བ། དེའི་ཕྱི་རོལ་ཏུ་བྲག་རི་དམར་པོས་བསྐོར་བ། དེའི་ཕྱི་རོལ་ཏུ་སྲིན་པོའི་གྲོང་ཁྱེར་ཉེར་གཅིག དེའི་ཕྱི་རོལ་ཏུ་བྲག་རི་དམར་པོས་བསྐོར་བ། ཆུའི་བར་མཚམས་སུ་རི་རྒྱལ་གྱི་རྩ་བའི་བར་ལྕགས་ཀྱི་ཟམ་པ་ཡོད་པ་ཟམ་སྲུང་ཐམས་ཅད་སྲིན་པོ་མགོ་དགུ་པ་ཅན་མགོ་གསུམ་པ་ཅན་སོགས་སྣ་ཚོགས་ཡོད་པ།

ལག་ན་སྣ་རེ། རལ་གྲི། ཐོབ་སོགས་འཛིན་པ་སྣ་ཚོགས་ཡོད། ལྷོ་ནུབ་ཀྱི་ནམ་མཁའ་ནས་མར་བབ་སྟེ་ཕོ་བྲང་གཡས་བསྐོར་གྱིས་འཇམ་མགོན་བླ་མ་དང་ལྷན་ཅིག་ཏུ་པདྨ་འོད་ཀྱི་གཞལ་ཡས་ཁང་ཆེན་པོའི་ཤར་ཕྱོགས་སུ་ཐོན། ཐོག་མ་ཕོ་བྲང་ཆེན་པོའི་ཕྱི་རོལ་ནས་གཡས་བསྐོར་གྱིས་གཡུ་འབྲུག་ལྡིར་བཞིན་པ་ནམ་མཁའ་ནས་འཁྲུགས་ཏེ་འོང་བ་དང་། ཁྲུང་སྔོན་པོ་འཕུར་སྟབས་དང་། གངས་ཀྱི་སེང་གེ་དཀར་མོ་ཇམས་སྟབས། རྒྱ་སྟག་འཆོང་སྟབས་ཀྱིས་ཐོན་ཏེ་ཕོ་བྲང་ཤར་ཕྱོགས་སུ་ཐོན། ཕོ་བྲང་གི་འགོ་ཁང་གི་ཤར་སྒོ་ནས་རིམ་བཞིན་སོག་པོ་གཉིས། རྒྱ་གཉིས། ཁ་ཆེ་གཉིས། བལ་པོ་གཉིས། གནོད་སྦྱིན་གཉིས། ཨ་ཙ་ར་གཉིས། ཐོར་ཅོག་ཅན། དགེ་སློང་རྩེ་དྲུང་ཆས་ཅན་གཉིས། རྒྱ་གར་ཨ་ཙ་ར་གོས་སེར་པོ་ཅན་གཅིག གཟན་དམར་པོ། ཞྭ་སེར་པོ། མི་ཚེ་རིང་སྐྲ་དང་རྒྱ་དཀར་པོ། སྟོད་གོས་སྔོན་པོ། སྨད་ཤམ་དམར་པོ་ཅན་བཅས་རིམ་བཞིན་སེར་ཕྲེང་གིས་ཕེབས། ཤར་དུ་སོག་པོ་གཉིས། ལྷོར་རྒྱ་གཉིས། ནུབ་ཏུ་ཨ་ཙ་ར་གཉིས། བྱང་དུ་གནོད་སྦྱིན་གཉིས། ཤར་ལྷོར་ཁ་ཆེ་གཉིས། ལྷོ་ནུབ་བལ་པོ་གཉིས། ནུབ་བྱང་དགེ་སློང་གཉིས། བྱང་ཤར་མོན་པ་གཉིས། ཐམས་ཅད་འགྲེངས་ཏེ་ཁ་ནང་དུ་ཕྱོགས་པ། དེའི་ཕྱི་རོལ་ཕྱོགས་བཞིར་ཤར་དུ་སེང་གེ་ཇམས་སྟབས། ལྷོར་གཡུ་འབྲུག་འཁྲུགས་སྟབས། ནུབ་ཏུ་ཁྲུང་འཕུར་སྟབས། བྱང་དུ་སྟག་འཆོང་སྟབས་བྱེད་པ། དབུས་སུ་ཨ་ཙ་ར། དེའི་མདུན་དུ་མི་ཚེ་རིང་གཉིས་དྲི་བ་དྲིས་ལན་སྣ་ཚོགས་མཛད་པ། དེ་ནས་སེང་གེ་འབྲུག་ཁྲུང་སྟག་རྣམས་གཡས་བསྐོར་གྱིས་ཕྱི་རོལ་གྱི་བྲག་རི་དམར་པོའི་ནང་། ཤར་སེང་གེ ལྷོར་གཡུ་འབྲུག ནུབ་ཏུ་ཁྲུང་། བྱང་དུ་སྟག་རྣམས་འཁོད།

དེ་ནས་རིམ་བཞིན་ཤར་གྱི་སོག་པོ་ནས་རིམ་བཞིན་གཡས་སྐོར་གྱིས་སྒོ་ནང་ཡར་ཐེབས། དེ་མ་ཐག་ཏུ་ཕོ་བྲང་རིམ་པ་གསུམ་གྱི་ཁང་སྟེང་ནས་དར། གདུགས། འཕན། རྒྱལ་མཚན། ཕྱེ་ཕུར། བ་དན། ཙ་ཡབ་ནོར་བུའི་ཡུ་བ་ཅན། ལ་ཤགས། ཙ། རོལ་མོ། བསིལ་སྙན། དུང་དཀར། དུང་དམར། རྒྱ་གླིང་། འཕྲེད་གླིང་། བུར་ཧིང་། མཁའ་ཙ། ཙ་ལྷུམ། ཛ་ཙ། ཧིང་ཤག དྲིལ་བུ་སོགས་སྲིད་ན་མཆོད་པར་འོས་པའི་རྒྱན་སྣ་ཚོགས་པ་དང་ཡོ་བྱད་སྣ་ཚོགས་པ་བསྒྲིགས་པ། ཕོ་བྲང་ཤར་སྒོ་ནས་རིམ་བཞིན་རྒྱ་ཧ་ཤང་། ཧ་སྦྲུག་བཅུ། གནོད་སྦྱིན་ཆས་ཅན་ཞིག་གིས་རྨ་བྱའི་གདུགས་ཐོགས་པ། ཚངས་པ་གདོང་བཞིས་གསེར་འཁོར། བརྒྱ་བྱིན་དུང་དཀར་པོ། ཁྱབ་འཇུག་གསེར་གྱི་མེ་ཏོག ལྷོན་པ་ཧྲ་མགོས་ནོར་གཞོང་། གྲུལ་བུམ་གཡུའི་རི་བོ། ཁ་ཆེས་བྲུ་ཧུའི་སྡོང་པོ། བལ་པོས་གླང་ཆེན་མཆེ་བ། དྲི་ཟས་པི་ཝང་། རྒྱ་མིས་ནོར་བུ་དོན་ཡོད་ཞགས་པ། བོད་པས་གཟི་དབྱུག ཤང་ཤང་གིས་ཕག་ལྦེབ་སོགས་དང་། རྒྱ་གླིང་། དུང་དཀར། དུང་དམར། འཕྲེད་གླིང་། རོལ་མོ། སིལ་སྙན། ཙ། བུར་ཧིང་། མཁར་ཙ། ཙ་ལྷུམ། ཛ་ཙ། ཧིང་ཤག དྲིལ་བུ་སོགས། བ་དན། རྒྱལ་མཚན། ཕྱེ་ཕུར། འཕན་ཤར། ལ་ཤག རྨ་བྱའི་གདུགས་སོགས་མཆོད་རྫས་སྣ་ཚོགས་པས་སྣ་དྲངས་ཏེ། གུ་རུ་རིན་པོ་ཆེ་ཤིང་རྟ་འཁོར་ལོའི་སྟེང་དུ་བཞུགས་ནས་རྒྱལ་ཆེན་སྡེ་བཞི་སོགས་འཇིག་རྟེན་སྐྱོང་བའི་མཐུ་ཆེན་མགོན་པོ་རྣམས་ཀྱིས་ཤིང་རྟ་དྲངས། གཡས་གཡོན་གྱི་ཟུར་དུ་ལྷ་ལྕམ་མནྡཱ་ར་བ། ཡེ་ཤེས་མཚོ་རྒྱལ། གཡས་སུ་མཁན་ཆེན་བོདྷི་ས་ཏྭ། གཡོན་ཏུ་ཆོས་རྒྱལ་ཁྲི་སྲོང་ལྡེའུ་བཙན། དེའི་གཡས་

གཡོན་དུ་གུ་རུ་མཚན་བརྒྱད་འཆམ་སྟབས་ཀྱིས་ཕེབས་ནས། དབུས་སུ་རིན་པོ་ཆེའི་ཁྲིའི་སྟེང་ན་གུ་རུ་སྣང་སྲིད་ཟིལ་གནོན། གཡས་སུ་མནྡཱ་ར་བ། གཡོན་དུ་ཡེ་ཤེས་མཚོ་རྒྱལ། གཡས་ཕྱོགས་སུ་ཁྲི་སྟེང་ན་མཁན་ཆེན་ཞི་བ་འཚོ། གཡོན་ཕྱོགས་སུ་ཁྲི་སྟེང་ན་ཆོས་རྒྱལ་ཁྲི་སྲོང་ལྡེའུ་བཙན། གཡས་ཕྱོགས་སུ་ཉི་མ་འོད་ཟེར། བློ་ལྡན་མཆོག་སྲེད། པདྨ་འབྱུང་གནས། སེང་གེ་སྒྲ་སྒྲོག གཡོན་དུ་ཤཱཀྱ་སེང་གེ པདྨ་རྒྱལ་པོ། །པདྨ་སཾ་བྷ། རྡོ་རྗེ་གྲོ་ལོད། གུ་རུའི་མདུན་ཁྲིའུ་ཁར་ཏ་ཤང་། ཏ་སྦྲུག་དཀར་གཉིས། སེར་གཉིས། དམར་གཉིས། ལྗང་གཉིས། སྔོ་གཉིས། གུ་རུའི་མདུན་ནས་ཞལ་ཡར་སྒྱུ་ལ། ཚངས་པ། བརྒྱ་བྱིན། མིའམ་ཅི། ལྷ། ཀླུ། དྲི་ཟ། གྲུལ་བུམ། གཡས་གཡོན་དུ་རྡོ་རྗེ་ལྷ་མོ་བཅུ་དྲུག་རྣམས་འགྲེངས་ཏེ་རང་རང་གི་ཕྱག་མཚན་ཐོགས་པ། གཞན་ལྷ་མོ་སྣ་ཚོགས་ཀྱིས་བསིལ་གཡབ་བསྣམས་པ། མེ་ཏོག་འཐོར་བ་སོགས་མཆོད་རྫས་སྣ་ཚོགས་ཀྱིས་མཆོད། དེའི་ཕྱི་རོལ་ཏུ་སྔར་གྱི་སེར་ཕྲེང་ཡོ་བྱད་སྣ་ཚོགས་ཐོགས་པ་རྣམས་ཀྱིས་བསྐོར་བ། དེའི་ཕྱི་རོལ་གཡས་ཕྱོགས་སུ་དཔའ་བོ་བཅུ་དྲུག གར་ཆས་རུས་རྒྱན་ཅན་འཆམ་སྟབས་ཀྱིས་ལག་ན་ཌཱ་དྲིལ་ཐོགས་པ། སྨོན་ལམ་འདེབས་ཚུལ་དང་ཞི་བའི་སྟངས་སྟབས་ཅན། གཡོན་ཕྱོགས་དཔའ་མོ་བཅུ་དྲུག ཞི་བའི་ཆས་བཅུ་གསུམ་གྱིས་བརྒྱན་པ། ལག་ན་ཌ་ཐོགས་ནས་ཞི་བའི་སྟངས་སྟབས་ཅན། དེའི་ཕྱི་རོལ་གྱི་གཡས་ཕྱོགས་སུ་ལས་བྱེད་ཀྱི་ཁྲོ་བོ་གིང་ཀ་ར་ཞེས་པ་སྒྲོལ་གིང་གཅེར་བུ་དམར་པོ་ལྔ། ནག་པོ་ལྔ། དྲག་པོ་ཨམ་གཅིགས་བསྣམས་པ། ཞིང་ལྤགས་ཀྱི་སྟོད་གཡོག སྟག་ལྤགས་ཀྱི་ཤམ་ཐབས། ལག་ན་རལ་གྲི་ཐོགས་པ། རུས་པའི་སེ་རལ་

ཁེས་བརྒྱན་པ། སྐྲ་ཐུར་དུ་འཕྱུངས་པ། ཤིན་ཏུ་ཁྲོ་བའི་ཉམས་ཅན། དགྲ་བོ་སྒྲོལ་བའི་ཚུལ་གྱི་འཆམ་སྟབས་ཅན། ཕྱི་རོལ་གྱི་གཡོན་ཕྱོགས་སུ་དུར་ཁྲོད་ཀྱི་གླིང་ཆེན་པོར་མཆོད་རྟེན། དུར་ཤིང་། དུར་རྩྭ། དུར་བྱ་སྣ་ཚོགས་ཡོད་པ་དེའི་ཐད་དཀྱིལ་དུ། གིང་ཆེན་བཅོ་བརྒྱད་ཀིང་རུས་ཀྱི་གཟུགས་ཅན་ལྷག་སྤྱོད་ཀྱི་ཕོ་ཉའི་ཚུལ་མཛད་པ། སྤྱི་གཙུག་ཏུ་རྡོ་རྗེ་ཕྱེད་པས་མཚན་པ། དེ་དག་རྣམས་ཀྱི་ཕྱོགས་སུ་འཆམ་སྟབས་ཅན་ནི། འོག་ཁང་ཕོ་བྲང་ཆེན་པོའི་ཕྱི་རོལ་ཏུ་མགོན་པོ་མ་ནིང་གིས་འཆམ་དཔོན་གྱིས། ལེགས་ལྡན། ཕྱག་བཞི། སྔགས་སྲུང་མ། ཚེ་རིང་མ། ལྷ་ཆེན། གཟའ། དམ་ཅན་སེང་ཞོན། ར་ཞོན། ལྷ་བཙན། ནོར་སྒྲུབ། དགོངས་བཙན། ལྷང་ལྷ། ཙེའུ་དམར། རྒྱལ་པོ་སྐུ་ལྔ། ཉི་གྲགས་རྒྱལ་པོ། རྡོ་རྗེ་གྲགས་ལྡན། གྲི་བཙན། ནོར་བདག ཐང་ལྷ། ཟེ་ཁྲོམ། ཀུན་གྱི་མཐའ་ལ་ཉི་གྲགས་ལྷ་མོ་སྔགས་བདག་མ། ཐམས་ཅད་ཀྱང་གཡས་ན་ཞུར་བུ། གཡོན་ན་བྷནྡྷ་བསྣམས་པ། གིང་ཆེན་ཉེར་གཅིག་མདོག་སྣ་ཚོགས་ཀུན་ཀྱང་ཧྭ་ཁྲ། རུ་དར་ཅན། ཕྱག་ན་ཧེའུ་ཆུང་བསྣམས་པ། གར་སྟབས་ཅན། ཁྲོ་བོ་རི་དང་གིང་ཆེན་རེ་སྦྱོལ་མར་གར་སྟབས་མཛད་ནས་འོག་ཁང་ཕོ་བྲང་ཆེན་པོའི་ཕྱི་རོལ་འཁོར་ཡུག་ཏུ་འཁོར་བ། འོག་ཁང་དེའི་ཕྱི་རོལ་ཤར་ལྷོའི་ཕྱོགས་སྔགས་པ་ཉེར་ལྔ། བེར་ནག་པོ་ཞྭ་ནག་ཅན། ཕུད་ཕོར་བསྣམས་པ་ཉེར་ལྔ་འཆམ་སྟབས་ཅན། ལྷོ་ཕྱོགས་སུ་འཆམ་དཔོན་ཕྱག་ན་རྡོ་རྗེ། ཚེ་མཆོག ཡང་དག གཤིན་རྗེ། རྟ་མགྲིན། རྡོ་རྗེ་གཞོན་ནུ། མ་མོ། རིག་འཛིན། དྲེགས་འདུལ། དྲག་སྔགས་ཐམས་ཅད་ཁྲོ་བོ་མཐིང་ནག་རྡོ་རྗེ་བྷནྡྷ་བསྣམས་པ་བགེགས་སྐྲད་པའི་ཚུལ་གྱིས་

འཆམ་སྟབས་ཅན། ནུབ་ཕྱོགས་འཆམ་དཔོན་བླ་མ་དགོངས་འདུས། ཞེ་སྡང་རྡོ་རྗེ། ང་རྒྱལ་རྡོ་རྗེ། འདོད་ཆགས་རྡོ་རྗེ། ཕྲག་དོག་རྡོ་རྗེ། གཏི་མུག་རྡོ་རྗེ། བདེ་བའི་རྡོ་རྗེ། མཚོ་སྐྱེས་རྡོ་རྗེ། ཁྲག་འཐུང་རྡོ་རྗེ། བུདྡྷ་ཐོད་ཕྲེང་། བཛྲ་ཐོད་ཕྲེང་། རཏྣ་ཐོད་ཕྲེང་། པདྨ་ཐོད་ཕྲེང་། ཀརྨ་ཐོད་ཕྲེང་། རྡོ་རྗེ་མཐོང་བ། རྡོ་རྗེ་སྨྱུ་གུ། རྡོ་རྗེ་བཞད་པ། གར་གྱི་དབང་ཕྱུག་འབར་བའི་ཕྲེང་འཛིན། སངས་རྒྱས་དཔའ་བོ། སྟོབས་ཆེན་རྒྱལ་མཚན། གུར་དྲག ཧ་མགྲིན་དམར་པོ། དྲག་པོ་ཧ་ཁྱུང་། ཡཀྵ་མེ་དཔལ། འདོད་པའི་རྒྱལ་པོ་བཅས་ཉེར་ལྔ་ཐམས་ཅད་སྐུ་མདོག་དམར་པོ་ཌམྲུ་ཞུར་བུ་བསྣམས་པ་འཆམ་སྟབས་ཅན། བྱང་ཕྱོགས་སུ་ཧ་མགྲིན་ལྷུགས་རལ་གྱིས་འཆམ་དཔོན་གཙོས་ཁྲོ་བོ་མཐིང་ག་ཉེར་ལྔ་གཡས་པ་རལ་གྲི་གཡོན་པ་ཌམྲུ་བསྣམས་པ་ཉེར་ལྔ་འཆམ་སྟབས་ཀྱི་ཚུལ། ཤར་སྒོ་གིང་ཆེན་ཉེར་ལྔ། མཐིང་ལྔ། དཀར་ལྔ། སེར་ལྔ། དམར་ལྔ། ལྗང་ལྔ། ཕྱ་ཁྲ་རུ་དར་ཕྱུག་ཏུ་ཛ་བསྣམས་པ་གར་སྟབས་བསྒྱུར་བ། ལྷོ་ནུབ་ཀྱི་ནམ་མཁའ་ལ་གནམ་གིང་ཉེར་ལྔ་རིགས་ཀྱི་ཁ་དོག་ཅན་ལྔ་ལྔ་རེ་དར་ཕྱ་ཁྲ་ལག་ན་ཛ་བཟུང་བ་གར་སྟབས་བསྒྱུར་བ། ནུབ་བྱང་གི་ནམ་མཁའ་ལ་དཔའ་བོ་དཔའ་མོ་ཉེར་ལྔ་ཁ་དོག་སྣ་ཚོགས་པ་རིགས་ལྔ་ཐོར་ཚུགས་ནོར་བུའི་བརྒྱན་ཅན་ཕྱག་ན་ཌ་དྲིལ་བསྣམས་པ་གར་སྟབས་ཀྱིས། བྱང་ཤར་དུ་དཔའ་བོའི་ཚོགས་རུས་རྒྱན་ཉེར་ལྔ་ཐོར་ཚུགས་ཅན། ཞི་བ་ཉེར་ལྔ་ཌ་དྲིལ་བསྣམས་པ་དར་སྣ་ཚོགས་ཀྱི་གོས་ཅན་ཞི་བའི་འཆམ་སྟབས་ཅན། ཕོ་བྲང་ཆེན་པོའི་ཕྱིའི་འཁོར་ཡུག་ཏུ་ཤར་གྱི་སྒོ་དྲུང་སླེབས་པ་ན། སྒོ་སྲུང་རྒྱལ་ཆེན་ཡུལ་འཁོར་སྲུང་དྲི་ཟའི་དམག་ཚོགས་ཀྱིས་བསྐོར་བ། དེ་ནས་མར་ཕྱིན་པ་ན། ཤར་དུ་རིན་པོ་ཆེའི་

ཁྲི་སྟེང་ན་གུ་རུ་རྒྱ་གར་མས་སྲིན་པོ་རྣམས་ལ་ཆོས་སྟོན་པ། དེ་ནས་གཡས་སྐོར་དུ་ལྷོ་སྒོའི་དྲུང་དུ་སླེབས་པ་ན། རྒྱལ་ཆེན་འཕགས་སྐྱེས་པོ་གྲུལ་བུམ་གྱི་འཁོར་གྱིས་བསྐོར་བ། ནང་དུ་རིན་པོ་ཆེའི་ཁྲི་སྟེང་ན་ཨོ་རྒྱན་ཚེ་དཔག་མེད་པའི་ཚུལ་གྱིས་གསང་སྔགས་ཀྱི་ཆོས་གསུངས་པ། ནུབ་སྒོའི་དྲུང་དུ་སླེབས་པ་ན། རྒྱལ་ཆེན་སྤྱན་མི་བཟང་འཁོར་དུ་ཀླུ་ཡི་དམག་ཚོགས་ཀྱིས་བསྐོར་བ། ནང་དུ་ཕྱིན་པ་ན་པད་ཉི་བམ་རོ་བརྒྱལ་བའི་ཁྲི་སྟེང་དབང་ཆེན་རྟ་མགྲིན་དམར་པོའི་སྐུར་བཞེངས་ནས་རང་རང་གི་འཁོར་རྣམས་ལ་ཆོས་སྟོན་པ། དེ་ནས་གཡས་སྐོར་དུ་ཕྱིན་པ་ན། བྱང་ཕྱོགས་ཀྱི་འཁོར་ཡུག་བྱང་སྒོའི་དྲུང་དུ་སླེབས་ན། བྱང་ཕྱོགས་ཀྱི་རྒྱལ་ཆེན་རྣམ་ཐོས་སྲས་གནོད་སྦྱིན་དམག་ཚོགས་ཀྱིས་བསྐོར་བ། དེའི་ནང་དུ་ཁྲིའུ་ཁར་སྟག་ལྤགས་ཀྱི་སྟེང་དུ་གུ་རུ་དྲག་པོ་དམར་པོའི་སྐུར་བཞེངས་ཏེ་མངོན་སྤྱོད་དྲག་པོའི་ཆོས་ཀྱིས་སྨིན་པར་མཛད། དེ་ནས་ཡར་ཕྱིན་པ་འོག་ཁང་གི་ཕྱི་ཁྱམས་སུ་དབུས་སུ་རིན་པོ་ཆེའི་ཁྲི་སྟེང་ན་གཏེར་སྟོན་སངས་རྒྱས་བླ་མ། དབུ་སྐྲ་དཀར་པོ་སྐུ་ལུས་ཆུང་བ་རབ་བྱུང་གི་ཆས་ཅན། རྡོར་དྲིལ་བསྣམས་པ། གཡས་ཕྱོགས་གྲལ་མགོར་ཉང་ཉི་མ་འོད་ཟེར། ཨོ་རྒྱན་གླིང་པ། རྡོ་རྗེ་གླིང་པ། རཏྣ་གླིང་པ། པདྨ་གླིང་པ། ཀརྨ་གླིང་པ། སངས་རྒྱས་གླིང་པ་སོགས་ཉེར་ལྔ། གཡོན་ཕྱོགས་གྲལ་མགོར་གུ་རུ་ཆོས་ཀྱི་དབང་ཕྱུག ཀུན་སྐྱོང་གླིང་པ། རིན་ཆེན་གླིང་པ། ལས་འཕྲོ་གླིང་པ། བསམ་གཏན་གླིང་པ། བསྟན་གཉིས་གླིང་པ། གྲྭ་བ་མངོན་ཤེས་སོགས་ཉེར་ལྔ། རྒྱབ་གྲལ་གཡས་ཀྱི་གྲལ་མགོར་གཏེར་ཆེན་རྒྱ་ལོ་ཙྭ་བ། རིག་འཛིན་གོད་ལྡེམ། གུ་རུ་ཚེ་བརྟན་རྒྱལ་མཚན། རྒྱ་ཞང་ཁྲོམ། ཉི་མ་སེངྒེ། དུང་མཚོ་རས་པ། ར་མོ་ཤེལ་སྨན་སོགས་གྲལ་གཅིག

རྒྱབ་གྲལ་གཡོན་ཕྱོགས་གྲལ་མགོར་གཏེར་སྟོན་བཟང་པོ་གྲགས་པ། གྲུ་གུ་ཡང་དབང་། བལ་པོ་ཨ་ཧཱུྃ་འབར། ཉི་ཟླ་སངས་རྒྱས། པདྨ་ལས་འབྲེལ་རྩལ། དྲི་མེད་ལྷུན་པོ་སོགས་གྲལ་གཅིག་བཞུགས་ནས་འཕྲིན་ལས་སྒྲུབ། རིན་ཆེན་སྒྲོན་མེ་ཞེས་པའི་ཚོགས་འཁོར་གསུང་བའི་ཚུལ། དེ་ནས་གཡས་སྐོར་གྱིས་ཡར་ཕྱིན་པ་ན་ཁྲག་ཞག་གི་རྒྱལ་མཚོ་འཁྱིལ་བའི་དབུས་སུ་པད་ཉིའི་གདན་སྟེང་དུ་སྲིན་པོ་ཕོ་མོ་ཁ་སྦྱབ་གན་རྐྱལ་དུ་བསྒྱེལ་བའི་སྟེང་ན་སྲིན་པོའི་རྒྱལ་པོ་རཀྵ་ཐོད་ཕྲེང་དབུ་དགུ་སྤྱན་གསུམ་གསུམ་དང་ལྡན་པ་ཤིན་ཏུ་ཁྲོས་པའི་ཉམས་དང་ལྡན་པ། དབུ་སྐྲ་དམར་སེར་རལ་གསེབ་ཀྱི་དབུས་སུ་རྟ་མགོ་ལྗང་ཞུར་རྟ་སྐད་དྲག་པོས་སྒྲེད་གསུམ་གཡོ་ཞིང་འདར་བར་བྱེད་པ། སྐུ་མདོག་སྨུག་ནག་ཕྱག་བཅོ་བརྒྱད། གཡས་དགུ་དུག་ཕུར་ནག་པོ། གཡོན་དགུ་དགྲ་བོའི་སྙིང་འཛིན་པ། སྐུ་སྟོད་མི་ལྤགས་གཡང་གཞི། སྐུ་སྨད་སྟག་གི་ཤམ་ཐབས། མགོ་རློན་ཕྲེང་བའི་དོ་ཤལ་ཇམ་བརྗིད་བཟོད་པར་དཀའ་བ། གཡས་ཕྱོགས་སུ་ཁྲི་སྟེང་ན་རྒྱ་གར་མཁན་ཆེན་བི་མ་མི་ཏྲ། པྲ་བྷ་ཧསྟི རོམ་བུ་གུ་ཧྱ་སོགས་རྒྱ་གར་གྱི་པཎྜི་ཏ་ཉེར་ལྔ། གཡོན་ཕྱོགས་གྲལ་མགོའི་ཁྲི་སྟེང་ན་སློབ་དཔོན་ཧཱུྃ་ཆེན་ཀ་ར། འཇམ་དཔལ་བཤེས་གཉེན། དྷ་ན་སཾ་ཀྲི་ཏ། ཤཱནྟིཾ་གརྦྷ་སོགས་རྒྱ་གར་གྱི་པཎྜི་ཏ་ཉེར་ལྔ། རྒྱབ་གྲལ་གཡས་ཕྱོགས་ཀྱི་གྲལ་མགོར་ཁྲི་སྟེང་ན། བཻ་རོ། ནམ་མཁའི་སྙིང་པོ། སངས་རྒྱས་ཡེ་ཤེས། རྒྱལ་བ་མཆོག་དབྱངས་གཙོས་བོད་ཀྱི་ལོ་ཙཱ་བའི་ཚོགས་ཉེར་ལྔ། རྒྱབ་གྲལ་གཡོན་གྱི་གྲལ་མགོར་རླངས་ཆེན་དཔལ་གྱི་སེངྒེ། དཔལ་གྱི་ཡེ་ཤེས། ཀ་བ་དཔལ་བརྩེགས། ཤུད་བུ་དཔལ་གྱི་སེངྒེ་སོགས་བོད་ཀྱི་ལོ་ཙཱའི་ཚོགས་ཉེར་ལྔ། ཀུན་གྱིས་ཆོས་ཀྱི་བགྲོ་གླེང་མཛད་ནས་བཞུགས་

པའི་ཚུལ། བར་ཁང་དུ་ལོངས་སྐུ་སྤྱན་རས་གཟིགས་ལ་གཡས་སུ་འཇམ་དབྱངས། ས་སྙིང་། སྒྲིབ་སེལ། ནམ་མཁའི་སྙིང་པོ། གཡོན་དུ་ཕྱག་ན་རྡོ་རྗེ། བྱམས་པ། ཀུན་ཏུ་བཟང་པོ། མཐའ་བསྐོར་དུ་རྒྱལ་སྲས་སེམས་དཔའ་སེམས་མའི་ཚོགས་སྤྲིན་གཏིབས་པ་ལྟར་བཞུགས་པ་ལ་ཐུགས་རྗེ་ཆེན་པོ་འཁོར་བ་དོང་སྤྲུགས་ཀྱི་རྒྱུད་གསུངས། སྟེང་ཁང་ཆུ་བྲུས་བརྟེགས་པའི་ཁྲི་སྟེང་དུ་ཆོས་སྐུ་སྣང་བ་མཐའ་ཡས་ལ། འཁོར་རྫོགས་ཆེན་སྟོན་པ་བཅུ་གཉིས་སོགས་རྫོགས་ཆེན་བརྒྱུད་པའི་བླ་མ་གྲངས་མེད་པ་ལ། རྫོགས་པ་ཆེན་པོ་ལྟ་བ་ཀློང་ཡངས་ཞེས་པའི་རྒྱུད་གསུངས། ནུབ་བྱང་གི་མཚམས་ཀྱི་ནམ་མཁའ་ནས་གཏེར་སྟོན་བླ་སྤྲུལ་སོགས་བོད་འདིར་འགྲོ་དོན་གདུལ་བྱ་རྫོགས་པ་རྣམས་པཎྜི་ཏ། རྣལ་འབྱོར་བ། སྔགས་པའི་ཚུལ་སོགས་རྣམ་འགྱུར་སྣ་ཚོགས་པ་སེར་སྦྲང་གི་ཚུལ་གྱིས་འོག་ཁང་ཐོ་བྲང་ཆེན་པོའི་ནུབ་སྒོ་ནས་ཡར་ཕེབས། བྱང་སྒོ་ནས་གུ་རུ་རིན་པོ་ཆེ་ཉིད་དང་། ལོ་པཎ་རྗེ་འབངས་རྣམས་ཀྱི་སྤྲུལ་པ་སྣ་ཚོགས་པ་དཔེར་ན་རྒྱལ་པོ་ཆེན་པོ་རྣམས་ཀྱིས་རྫོང་དཔོན་བརྫེ་གྲོལ་བྱེད་ནས་གསར་དུ་རྫོང་དཔོན་སོ་སོར་བསྐོས་བཞག་བྱེད་པ་ལྟར་གུ་རུ་ཉིད་ཀྱིས་རེ་རེ་བཞིན་བཀའ་བསྒོ་མཛད་ནས་བོད་ཡུལ་དུ་ཕེབས་མཛད་པ་ལ། ལ་ལ་རབ་བྱུང་གི་ཆས་ཅན། ལ་ལ་རྣལ་འབྱོར་བའི་ཆས་ཅན། གཅེར་བུ་ཐོར་ཅོག་ཨང་རག་སྒོམ་ཐག་ཅན། ལ་ལ་སྔགས་པའི་ཚུལ། བེར་དང་ཞྭ་ནག་ཅན། ལ་ལ་སྔགས་པ་རལ་བ་ཅན་ཤམ་ཐབས་སྔོན་པོ་གཟན་དཀར་པོ་ཅན། ལྷོ་ནུབ་ཀྱི་ནམ་མཁའ་ནས་སྤྲིན་གཏིབས་པ་ལྟར་སེར་སྦྲང་གི་ཚུལ་གྱིས་བོད་དུ་བྱོན། རི་རྒྱལ་དེའི་རྩ་བ་རྒྱ་མཚོ་ཆེན་པོའི་ཕྱི་རོལ་ཏུ་བྲག་རི་དམར་པོས་བསྐོར་བ། དེའི་ཕྱི་རོལ་ཏུ་སྲིན་པོའི་གྲོང་ཁྱེར་མ་ཡིན་པ་ཕྱོགས་

མཚམས་བརྒྱད་དུ་གྲོང་ཁྱེར་ཆེན་པོ་བརྒྱད། ཤར་གྱི་གྲོང་ཁྱེར་དབུས་སུ་སྐྱེས་བུ་ཡེ་ཤེས་རྡོ་རྗེ་ཧེ་རུ་ཀའི་ཆས་ཅན། གཡས་རལ་གྲི། གཡོན་ཐོད་ཕོར་བསྣམས་པ། ཡང་དག་ཧཱུྃ་གམ་དགུ་བའི་དཀྱིལ་འཁོར་ཞལ་ཕྱེས། ལྷོ་ཕྱོགས་ཀྱི་གྲོང་ཁྱེར་དབུས་སུ་སྨིན་གླིང་གཏེར་ཆེན་ཨོ་རྒྱན་གཏེར་བདག་གླིང་པ་པད་ཞྭ་ཁྲི་བེར་མནབས་པ། ཕྱག་གཡས་ས་གནོན་གཡོན་མཉམ་བཞག་གི་སྟེང་གསེར་སྒྲོམ་བསྣམས་པ། འཇམ་དཔལ་གཤིན་རྗེའི་གཤེད་པོའི་དཀྱིལ་འཁོར་ཞལ་ཕྱེས། ནུབ་ཀྱི་གྲོང་ཁྱེར་དབུས་སུ་གོང་ས་ལྔ་པ་རིན་པོ་ཆེ་ངག་དབང་བློ་བཟང་རྒྱ་མཚོ་རབ་བྱུང་གི་ཆས་ཅན་ལ་ཁྲི་བེར་སེར་པོ་དབུ་ཞྭ་པཎ་ཞུ་རྣ་རིང་རྡོ་དྲིལ་འཁྲིལ་འཛིན་ཅན། དབང་ཆེན་རྟ་མགྲིན་དཀྱིལ་འཁོར་ཞལ་ཕྱེས། བྱང་གི་གྲོང་ཁྱེར་གྱི་དབུས་སུ་གཏེར་ཆེན་ཉི་མ་གྲགས་པ་སྔགས་པའི་ཆ་བྱད་ཅན། དབུ་སྐྲ་ཐོར་ཅོག་ཕྱག་གཡས་མཆོད་སྦྱིན་གཡོན་མཉམ་བཞག་གི་སྟེང་ན་གཏེར་སྒྲོམ་དང་། སྐུ་ལ་གཟིག་ཐུལ་མནབས་པ། ཕུར་པ་ཕྲིན་ལས་ཀྱི་དཀྱིལ་འཁོར་ཞལ་ཕྱེས། ཤར་ལྷོའི་གྲོང་ཁྱེར་གྱི་དབུས་སུ་མཆོག་གྱུར་བདེ་ཆེན་གླིང་པ་སྔགས་པ་གཟན་དཀར་ཤམ་ཐབས་དཀར་པོ་དབུ་སྐྲ་རལ་བ་ཅན། ཕྱག་ན་རྡོར་དྲིལ་བསྣམས་པ། མ་མོ་རྦོད་གཏོང་གི་དཀྱིལ་འཁོར་ཞལ་ཕྱེས། ལྷོ་ནུབ་གྲོང་ཁྱེར་གྱི་དབུས་སུ་ལྷ་བཙུན་ནམ་མཁའ་འཇིགས་མེད་སྔགས་པ་ཞྭ་ནག་ཅན། ཕྱག་ན་ཐྟན་ཕུར་བསྣམས་པ། ཁྲིའུ་ཁར་སྟག་ལྤགས་སྟེང་བཞུགས་པ། རིག་འཛིན་སློབ་དཔོན་གྱི་དཀྱིལ་འཁོར་ཞལ་ཕྱེས། ནུབ་བྱང་གྲོང་ཁྱེར་དབུས་སུ་ཀུན་མཁྱེན་འཇིགས་མེད་གླིང་པ་སྐུ་འགག་སྔོན་པོ་དང་དུལ་ལེན་ལྷུང་གུ་མནབས་པ། གཟན་དཀར་ཤམ་ཐབས་དཀར་པོ་དབུ་སྐྲ་ཐོར་ཚུགས་ཕྱག་རལ་པོད་འཁྲིལ་འཛིན། རིགས་པ་ཀུན་འདུས་ཀྱི་

དཀྱིལ་འཁོར་ཞལ་ཕྱེས། བྱང་ཤར་གྲོང་ཁྱེར་དབུས་སུ་ཆེ་ཡོལ་ལས་རབ་རྩལ་རབ་བྱུང་བགྲེས་ཉམས་ཅན་དབུ་སྐྲ་མེད་པ་ཕྱག་གཡས་གནམ་ལྕགས་ཀྱི་ཕུར་བུ་གཡོན་དྲིལ་བུ་བསྣམས་པ། དམོད་པ་དྲག་སྔགས་ཀྱི་དཀྱིལ་འཁོར་ཞལ་ཕྱེས། འཁོར་ཐམས་ཅད་ནི་བོད་ཀྱི་བླ་གྲྭ་སྔགས་པ་ཕོ་མོ་མཐའ་དག་གིས་བསྐོར་བ། དེའི་ཕྱི་རོལ་དུ་རྒྱ་མཚོས་བསྐོར་བ། དེའི་ཕྱི་རོལ་དུ་སྲིན་པོའི་གྲོང་ཁྱེར་གྱིས་བསྐོར་བ། དབུས་སུ་ཤ་ཁྲག་ཟ་བྱེད་ཀྱི་གྲོང་ཁྱེར་ན་སྲིན་རྒྱལ་བདུད་འདུལ་ཧེ་རུ་ཀའི་ཆས་ཅན། སྲིན་པོ་ཕོ་མོ་རྣམས་ལ་ཆོས་སྟོན་པ། དེའི་ཕྱི་རོལ་དུ་རྒྱ་མཚོས་བསྐོར་བ། དེའི་ཕྱི་རོལ་དུ་སྲིན་པོའི་གྲོང་ཁྱེར་ཉི་ཤུ་ཐམ་པ་ལ་ཤར་སྟོད་ཛ་ཧིའི་ནགས་གླིང་དུ་སློབ་དཔོན་ཉིད་ཧྲེ་ཡ་ཀྲ་ཛའི་སྐུར་བཞེངས་ནས་སྲིན་པོ་ཕོ་མོ་རྣམས་ལ་ཆོས་སྟོན། ཤར་དབུས་བདེ་བ་ཆེན་པོའི་ཕོ་བྲང་དུ་སློབ་དཔོན་ཉིད་པདྨ་འབྱུང་གནས་སྐུར་བཞེངས་ནས་སྲིན་པོ་ཕོ་མོ་རྣམས་ལ་ཆོས་སྟོན་པ། ཤར་སྲིབ་འདོད་འབྱུང་གཏེར་གྱི་ཕོ་བྲང་དུ་སློབ་དཔོན་ཉིད་པདྨ་སཾ་བྷའི་སྐུར་བཞེངས་ནས་སྲིན་པོ་ཕོ་མོ་རྣམས་ལ་ཆོས་སྟོན་པ། ཤར་སྨད་ན་བུན་འཐིབས་པའི་ཀློང་དཀྱིལ་དུ་སློབ་དཔོན་ཉིད་སྨྲ་བའི་སེང་གེའི་སྐུར་བཞེངས་ནས་སྲིན་པོ་ཕོ་མོ་རྣམས་ལ་ཆོས་སྟོན་པ། ཤར་ལྷོ་འབར་བ་གློག་ཕྲེང་གི་གཞལ་ཡས་ན་སློབ་དཔོན་ཉིད་ཟིལ་གནོན་མེ་འོད་ཀྱི་སྐུར་བཞེངས་ནས་སྲིན་པོ་ཕོ་མོ་རྣམས་ལ་ཆོས་སྟོན་པ། ལྷོ་སྟོད་མུན་སེལ་ཉི་མའི་འོད་འཁྲིག་གི་གཞལ་ཡས་ན་སློབ་དཔོན་ཉིད་བློ་ལྡན་མཆོག་སྲེད་ཀྱི་སྐུར་བཞེངས་ནས་སྲིན་པོ་ཕོ་མོ་རྣམས་ལ་ཆོས་སྟོན་པ། ལྷོ་དབུས་ཀང་རུས་བརྩེགས་པའི་ཞལ་ཡས་ན་སློབ་དཔོན་ཉིད་ཀརྨ་ཐོད་ཕྲེང་གི་སྐུར་བཞེངས་ནས་སྲིན་པོ་ཕོ་མོ་རྣམས་ལ་ཆོས་སྟོན་པ། ལྷོ་སྲིབ་འདོད་འབྱུང་གཏེར་གྱི་གཞལ་ཡས་ན་སློབ་དཔོན་ཉིད་པདྨ་རྒྱལ་པོའི་སྐུར་བཞེངས་ནས་སྲིན

པོ་ཕོ་མོ་རྣམས་ལ་ཆོས་སྟོན་པ། ལྷོ་སྨད་དགའ་བ་ཚལ་གྱི་ཕོ་བྲང་ན་སློབ་དཔོན་ཉིད་ཉི་མ་འོད་ཟེར་གྱི་སྐུར་བཞེངས་ནས་སྲིན་པོ་ཕོ་མོ་རྣམས་ལ་ཆོས་སྟོན་པ། ལྷོ་ནུབ་རཀྴ་འཁྲུགས་པའི་གཞལ་ཡས་ན་སློབ་དཔོན་ཉིད་རཀྴ་ཐོད་ཕྲེང་གི་སྐུར་བཞེངས་ནས་སྲིན་པོ་ཕོ་མོ་རྣམས་ལ་ཆོས་སྟོན་པ། ནུབ་སྟོད་ཤ་མཁར་ཅན་གྱི་གཞལ་ཡས་ན་སློབ་དཔོན་ཉིད་ཁྱུང་ཆེན་འབར་བའི་སྐུར་བཞེངས་ནས་སྲིན་པོ་ཕོ་མོ་རྣམས་ལ་ཆོས་སྟོན་པ། ནུབ་དབུས་ཇམས་པ་སྲྲ་སྲྲོག་གཞལ་ཡས་ན་སློབ་དཔོན་ཉིད་ཤཱཀྱ་སེངྒེའི་སྐུར་བཞེངས་ནས་སྲིན་པོ་ཕོ་མོ་རྣམས་ལ་ཆོས་སྟོན་པ། ནུབ་སྲིབ་མེ་ཀླུང་དམར་ནག་འཚུབས་པའི་གླིང་དཀྱིལ་ན་སློབ་དཔོན་ཉིད་རྡོ་རྗེ་གྲོ་ལོད་སྐུར་བཞེངས་ནས་སྲིན་པོ་ཕོ་མོ་རྣམས་ལ་ཆོས་སྟོན་པ། ནུབ་སྨད་ཁྲག་མཚོ་ཁོལ་མའི་གཞལ་ཡས་ན་སློབ་དཔོན་ཉིད་ཆོས་ཀྱི་འབྱུང་གནས་སྐུར་བཞེངས་ནས་སྲིན་པོ་ཕོ་མོ་རྣམས་ལ་ཆོས་སྟོན་པ། ནུབ་བྱང་ཀླུང་ནག་འཚུབས་མའི་གཞལ་ཡས་ན་སློབ་དཔོན་ཉིད་སེངྒེ་སྲྲ་སྲྲོག་སྐུར་བཞེངས་ནས་སྲིན་པོ་ཕོ་མོ་རྣམས་ལ་ཆོས་སྟོན་པ། བྱང་སྟོད་ཇམས་པ་སྲྲ་སྲྲོག་གི་གཞལ་ཡས་ན་སློབ་དཔོན་ཉིད་གཡུལ་ལས་རྣམ་རྒྱལ་གྱི་སྐུར་བཞེངས་ནས་སྲིན་པོ་ཕོ་མོ་རྣམས་ལ་ཆོས་སྟོན་པ། བྱང་དབུས་འདོད་འབྱུང་ནོར་བུའི་གཞལ་ཡས་ན་སློབ་དཔོན་ཉིད་བཛྲ་པ་ཎིའི་སྐུར་བཞེངས་ནས་སྲིན་པོ་ཕོ་མོ་རྣམས་ལ་ཆོས་སྟོན་པ། བྱང་སྲིབ་ཧ་ཧ་དགོད་པའི་གཞལ་ཡས་ན་སློབ་དཔོན་ཉིད་མཐོན་མཐིང་ལྷབ་ལྷུབ་ཀྱི་སྐུར་བཞེངས་ནས་སྲིན་པོ་ཕོ་མོ་རྣམས་ལ་ཆོས་སྟོན་པ། བྱང་སྨད་མངོན་སྤྱོད་དྲག་པོའི་གཞལ་ཡས་ན་སློབ་དཔོན་ཉིད་ནག་པོ་སྤྱོད་པའི་སྐུར་བཞེངས་ནས་སྲིན་པོ་ཕོ་མོ་རྣམས་ལ་ཆོས་སྟོན་པ། བྱང་ཤར་མུན་ནག་འཁྲིགས་པའི་གཞལ་ཡས་ན་སློབ་དཔོན་ཉིད་གཙུག་ན་མེ་འབར་གྱི་སྐུར་བཞེངས་ནས་སྲིན་པོ་ཕོ

མོ་རྣམས་ལ་ཆོས་སྟོན་པ། དེའི་ཕྱི་རོལ་ཏུ་རྒྱ་མཚོ་ཆེན་པོས་བསྐོར་བ། དེའི་ཕྱི་རོལ་གྱི་ཐག་རིང་པོ་ན་རྒྱ་གར་གྱི་གྲོང་ཁྱེར་མང་པོ་ཡོད་པ། ཤར་ལྷོའི་མཚམས་སུ་དཔལ་ནཱ་ལེནྡྲའི་གཙུག་ལག་ཁང་སོགས་གཞན་ཡང་རྨི་ལམ་འཁྲུལ་བ་སྣ་ཚོགས་ཡོད་ཀྱང་དོན་ཆེར་མེད་པས་མ་བྲིས། སྐབས་ཤིག་ན་རང་སྤྱིལ་འཆི་མེད་གྲུབ་པའི་དགའ་ཚལ་གྱི་ཤར་ཕྱོགས་ཉི་འོད་འཕྲོ་བའི་ནང་དུ་བདག་གནས་པའི་ཚེ། རྒྱལ་ཆེན་རྡོ་རྗེ་གྲགས་ལྡན་ཡུམ་སྲས་བློན་པོ་སྤྲུལ་པ་དང་རྒྱལ་མཚན་རྣམ་དགུ་ཐོགས་པ་རང་རང་གི་མགོ་ཅན་དགུ་དང་རུ་འདྲེན་སྡེ་བཞིའི་ཚོགས། གནོད་སྦྱིན་ཙིའུ་དམར་པོ་རོལ་བ་རྒྱ་བདུན། སྦྲ། སྤྲེལ། བྱི་ལ། གར་མཁན། མོན་པ། ཨ་ཙ་ར་སོགས་དང་། འཛམ་གླིང་གི་སར་ནོར་བུ་དགྲ་འདུལ་ལྷ་ཀླུ་གཉན་གསུམ་གཙོས་ཕུ་ནུ་སུམ་ཅུའི་ཚོགས་དང་བཅས་པ་སྐད་ཅིག་གིས་ལྷོ་ནུབ་ཀྱི་ནམ་མཁའ་ནས་སྤྲིན་ཕུང་གཏིབས་པ་བཞིན་དུ་བྱོན་ནས་བདག་དྲུང་སླེབས་པ་ན། ལྷོ་ནུབ་ཛ་ཡབ་གླིང་ན་གུ་རུ་རིན་པོ་ཆེ་ནས་དེ་རིང་སྔགས་ཀྱི་གསོ་སྦྱོང་མཛད་ནས་བཞུགས་ཡོད་པ་ཁྱེད་རང་གིས་ཨེ་ཐོས་ཟེར་འདུག ཕྲན་ནས་མ་ཐོས་སྔགས་ཀྱི་གསོ་སྦྱོང་གི་ཚོགས་པ་རྒྱ་བོད་ཀྱི་པཎ་གྲུབ་རྣམས་ཨེ་རེད་དྲིས་པས། དེ་ན་མ་རེད་སྲིན་པོ་ཤ་སྔག་རེད་འདུག འོ་ན་ཁྱེད་རང་ལྟ་བར་ཕྱིན་ན་རང་ཅག་རྣམས་ད་འགྲོ་ཟེར། དེ་མ་ཐག་ཆོས་སྐྱོང་རྣམས་ཀྱིས་སྣ་དྲངས་ཏེ་བདག་ཀྱང་ཕྱི་བཞིན་འབྲང་ནས། ལྷོ་ནུབ་ཀྱི་ནམ་མཁའི་དབྱིངས་ནས་སྐད་ཅིག་གི་ལྷོ་ནུབ་པདྨ་འོད་ཀྱི་གཞལ་ཡས་ཀྱི་བྱང་ཤར་དུ་རིན་པོ་ཆེའི་ཕོ་བྲང་གི་དབུས་སུ་ཁྲི་སྟེང་ན་གུ་རུ་ཟ་ཧོར་མའི་ཚུལ་བཞུགས་ནས། འཁོར་དུ་སྲིན་པོ་ཕོ་མོ་མགོ་དགུ་པ། མགོ་ལྔ་པ། མགོ་གསུམ་པ་ཅན་དང་། མགོ་གཅིག་པ་བཅས་གྲངས་མེད་པ་ལ་སྔགས་ཀྱི་གསོ་སྦྱོང་མཛད་

ནས་བཞུགས་པ་མཐོང་། ཤར་ལྷོའི་ཕྱོགས་སུ་ཀུན་དགའ་ར་བ་ལྷ་བུའི་ནང་དུ་རིན་པོ་ཆེའི་ཁྲིའི་སྟེང་ན་སློབ་དཔོན་ཉིད་གུ་རུ་རྒྱ་གར་མའི་ལུགས་ཀྱི་སྐུར་བཞུགས་ནས་རྒྱ་བོད་ཀྱི་པཎ་གྲུབ་རྣམས་དང་རིག་འཛིན་གྱི་འཁོར་ཚོགས་བསམ་གྱིས་མི་ཁྱབ་པ་བཞུགས་ནས་གསོ་སྦྱོང་མཛད། ཟངས་མདོག་དཔལ་རིའི་མཐོང་སྣང་རྨི་ལྟས་འདི་ལྷ་བུ་མཁན་སློབ་ཆོས་གསུམ་ལྷ་ཁང་ཆེན་མོའི་ནང་ས་སྤྲུལ་ཟླ་བའི་ཆོས་བཅུ་ལ་ལོགས་བྲིས་བྲི་སྐབས། གོང་སྤྲུལ་ཡོན་ཏན་རྒྱ་མཚོའི་ཡང་སྲིད་དཀོན་མཆོག་བསྟན་པའི་རྒྱལ་མཚན་ནས་ཡི་གེ་འགོད་རྒྱུ་རེད་ན་ཞེས་ཡང་ཡང་བསྐུལ་ཡང་འདི་ལ་གནད་དོན་ཆེར་མེད་ཀྱང་སྐུ་ངོ་མི་ཟློག་ཙམ་དུ། རྫོགས་སྤྲུལ་ལྔ་པ་ཐུབ་བསྟན་ཆོས་ཀྱི་རྡོ་རྗེས་གང་ཤར་འཁྲུལ་བའི་བློ་མཚོ་ལས་ཤར་བ་ཐོལ་བྱུང་དུ་སྨྲས་པ་འདིས་ཀྱང་བདག་སོགས་སེམས་ཅན་ཐམས་ཅད་མཐར་ཐུག་ཇ་ཡབ་པདྨ་འོད་ཀྱི་ཕོ་བྲང་དུ་ཨོ་རྒྱན་གྱི་སློབ་དཔོན་ཆེན་པོ་པདྨ་འབྱུང་གནས་ཀྱི་དྲུང་རིག་འཛིན་འདུས་པའི་ཚོགས་དང་ལྷན་གཅིག་ཏུ་ཆོམ་བུ་གཅིག་ཏུ་འཚོགས་པའི་རྟེན་འབྲེལ་སྨོན་ལམ་རྒྱལ་བ་སྲས་དང་བཅས་པས་འགྲུབ་པར་མཛད་དུ་གསོལ། །སརྦ་མངྒ་ལཾ། །

༄༅། །རྫོགས་པ་ཆེན་པོའི་ཉམས་ལེན་ཐར་པའི་ལམ་བཟང་ཞེས་བྱ་བ་བཞུགས་སོ།།

རྗེ་དྲིན་ཆེན་བླ་མ་རྡོ་རྗེ་འཆང་། །མགོན་འཇམ་དབྱངས་མཁྱེན་བརྩེ་དབང་པོ་དེ། །བུ་བདག་གི་བདེ་ཆེན་འཁོར་ལོ་རུ། །མི་འབྲལ་རྒྱུན་གྱི་ཚུལ་དུ་བཞུགས། །ད་ལྟ་མི་ལུས་རིན་ཆེན་ཐོབ། །ཕྱི་འདི་འདྲ་ཡང་ཡང་རྙེད་པར་དཀའ། །དེ་བས་ཐོག་མ་ཉིད་དུ་ནི། །བློ་ལྡོག་རྣམ་བཞི་ཡང་ཡང་སྒོམས། །དེ་ནས་ཐུན་མིན་སྔོན་འགྲོ་ལ། །རིམ་པ་བཞིན་དུ་བསྒྲུབ་པར་མཛོད། ཁྱད་པར་བླ་མའི་རྣལ་འབྱོར་འདི། །ཉམས་ལེན་ཐམས་ཅད་ཀྱི་རྟེན་གཞི་ཡིན། །ཐོག་མར་དཔལ་ལྡན་བླ་མ་དེ། །བརྟན་བསྟེན་དགོངས་སྤྱོད་བསླབ་པར་མཛོད། །སྤྱིར་ཀུན་གྱི་རྩ་བ་དད་པ་སྟེ། །དད་པའི་རྣམ་གྲངས་འགའ་མཆིས་ཀྱང་། །དང་འདོད་ཡིད་ཆེས་དད་པ་དང་། །གཞན་ཡང་དད་པ་བརྟན་པའི་ཚུལ། །འགྱུར་ལྡོག་མེད་པ་རི་རྒྱལ་ལྟར། །འཕེལ་འགྲིབ་མེད་པ་ཉི་མ་ལྟར། །ཁ་གཏིང་མེད་པ་རྒྱ་མཚོ་ལྟར། །བྱུས་ཡུས་མེད་པ་མ་ལྟ་བུ། །མཐའ་དབུས་མེད་པ་ནམ་མཁའ་ལྟར། །སྐྱོ་དུབ་མེད་པ་གྲུ་ཟམ་ལྟར། །དེ་ལ་སོགས་པ་ཚུལ་བཅུ་ཡིས། །དུས་རྟག་ཏུ་དད་པ་འབྲལ་མེད་དགོས། །གལ་ཏེ་དད་པ་མེད་པའི་མི། །གཟུགས་མཛེས་མིག་མེད་འདྲ་བ་

སྟེ། །ངེས་ན་དད་པ་བརྟན་པ་ནི། །ཤིན་ཏུ་གནད་དོན་ཆེ་བ་ལགས། །འཁོར་བའི་རྒྱ་མཚོ་ཆེན་པོ་ལས། །སྒྲོལ་བར་མཛད་པའི་དེད་དཔོན་ཚུལ། །བཀའ་དྲིན་ཅན་གྱི་བླ་མ་དེ། །གནས་སྤྱི་གཙུག་ཉི་ཟླའི་གདན་སྟེང་དུ། །རིགས་བདག་རྒྱན་གྱི་ཚུལ་དུ་སྒོམས། །བླ་མའི་སྐུ་ཡི་གནས་བཞི་ལས། །ཨོཾ་དཀར་ཨཱཿདམར་ཧཱུཾ་མཐིང་ལས། །དཀར་དམར་མཐིང་གསུམ་གྱི་འོད་ཟེར་ཚོགས། །བཀྲག་མདངས་ལྡན་པར་འཕྲོས་པ་ལས། །བུ་ཁྱོད་ཀྱི་གནས་བཞི་ཐིམ་པ་ཡིས། །སྒྲིབ་བཞི་བག་ཆགས་དག་ནས་སུ། །ལམ་རྣམ་པ་བཞི་པོ་སྒོམ་ལ་དབང་། །འབྲས་བུ་སྐུ་བཞི་ཐོབ་པར་བསམ། །མཐར་ནི་བླ་མའི་ཐུགས་ཉིད་དང་། །རང་གི་སེམས་ཉིད་དབྱེར་མེད་པར། །མཉམ་ཉིད་ངང་དུ་མཉམ་པར་བཞག །བུས་རེ་འགའ་བླ་མ་མགྲིན་པར་སྒོམས། །བཟའ་བཏུང་ཚོགས་ཀྱི་ཚུལ་དུ་མཆོད། །དེ་ལྟར་མཛད་ན་ཐམལ་གྱི། །ཟས་ཀྱི་དབང་དུ་མི་འགྲོ་བར། །ཚོགས་གཉིས་ཀྱི་བསོད་ནམས་དཔག་ཏུ་མེད། །ལོངས་སྤྱོད་ནོར་སྒྲུབ་མཆོག་ཏུ་ལགས། །བུ་གང་དུ་འགྲོ་བའི་གནས་དག་ཏུ། །བཀའ་དྲིན་ཅན་གྱི་བླ་མ་དེ། །ཕྲག་པ་གཡས་ཀྱི་ཕྱོགས་སུ་སྒོམས། །བདག་སོགས་སེམས་ཅན་ཐམས་ཅད་ཀྱི། །བསྐོར་བ་བྱེད་ཅིང་སྒྲིབ་དག་བསམ། །ཉལ་བའི་རྣལ་འབྱོར་ལ་བརྩོན་ཆེ། །བླ་མ་སྙིང་གི་དབུས་སུ་སྒོམས། །སེམས་ཉིད་མ་བཅོས་རྟོག་བྲལ་ངང་། །ཆོས་ཉིད་ངང་དུ་ཉལ་བ་ན། །འོད་གསལ་གྱི་འཆར་སྒོ་ཤར་བའི་ཆེ། །རྨི་ལམ་སྦྱོང་བསྒྱུར་ལ་བརྩོན་པར་མཛོད། །སྤྱིར་འཛམ་གླིང་ལས་ཀྱིས་པ་སྟེ། །ཚེ་ལ་ངེས་པ་མེད་པའི་ཕྱིར། །མ་བསྒོམས་འཕོ་བའི་གདམས་པ་ལ། །ཡང་ཡང་བརྩོན་ཞིང་འབད་པར་རིགས། །སྤྱིར་འཕོ་བ་རྣམ་གྲངས་མང་

མཆིས་ཏེ། །རབ་ཆོས་སྐུ་ལྟ་བ་རྒྱས་འདེབས་དང་། །འབྲིང་ལོངས་སྐུ་བསྐྱེད་རྫོགས་ཟུང་འཇུག་དང་། །ཐ་མ་སྤྲུལ་སྐུ་ཚད་མེད་ཐུགས་རྗེའི་འཕོ་བ་ཞེས། །ཐ་མལ་འདུ་ཤེས་སུམ་ལྡན་གྱི་འཕོ་བ་སྟེ། །འཕོ་བའི་རྣམ་གྲངས་མང་ལགས་ཀྱང་། །སྐབས་འདིར་འདུ་ཤེས་གསུམ་ལྡན་གྱི་འཕོ་བ་སྟེ། །རྩ་དབུ་མ་ལམ་གྱི་འདུ་ཤེས་དང་། །སེམས་རྣམ་ཤེས་མགྲོན་པོའི་འདུ་ཤེས་ཏེ། །གནས་བདེ་ཆེན་དག་པའི་ཞིང་ཁམས་ལ། །འགྲོ་བ་སླམ་པའི་འདུ་ཤེས་ཏེ། །དེ་ཡང་རང་ལུས་རྣལ་འབྱོར་མ། །དམར་ལ་ཞི་མ་ཁྲོ་ཡི་ཉམས། །དེ་སྣང་ལ་རང་བཞིན་མེད་པ་སྟེ། །དར་དམར་གྱི་གུར་ཕུབ་ལྟ་བུར་གསལ། །དེ་ཕྱི་ལུས་ཀྱི་སྟོང་ར་ལགས། །དེའི་ལུས་དབུས་དྲང་མོ་རྩ་དབུ་མ། །སྦོམ་ཕྲ་མདའ་སྨྱུག་འབྲིང་པོ་ཙམ། །དེ་ཡང་མཚན་ཉིད་བཞི་དང་ལྡན། །སྔོ་བ་མཐིང་ཤུན་དྭངས་བའི་མདོག །གསལ་བ་ཏིལ་གྱི་མར་མེ་ལྟར། །དྲང་བ་ཆུ་ཤིང་འདྲ་བ་སྟེ། །སྟོང་པ་ཤུབ་བུ་ཁོང་སྟོང་བ། །མཐོ་རིས་ཐར་བའི་ལམ་མཆོན་ཕྱིར། །སྤྱི་བོ་ཚངས་པའི་བུ་ག་རུ། །ཧི་ལྟར་རྒྱ་མཐོང་ཁ་ཕྱེ་ལྟར། །འཕོ་བ་ངན་སོང་སྒོ་འགག་ཕྱིར། །མར་སྣེ་ལྟེ་འོག་ཁ་ཟུམ་པ། །དེ་ནང་རྩ་ཡི་སྟོང་ར་ལགས། །སྙིང་ཁ་སྨྱུག་ཚིགས་འགག་པ་ལྟར། །དེ་སྟེང་པད་ཀར་འདབ་བརྒྱད་སྟེང་། །རྣམ་པར་ཤེས་པའི་ངོ་བོ་དེ། །དཀར་ལ་དམར་བའི་མདངས་ཆགས་པ། །བྱ་མ་སར་གྱི་སྒོང་ང་ལྟ་བུ་ཞིག །སྐུམ་ལ་འདྲིལ་བའི་རྣམ་པར་ཅན། །ནམ་ཐོ་རིངས་ཀྱི་སྐར་ཆེན་ཤར་བ་ལྟར། །འདར་ཞིང་གཡོ་བའི་རྣམ་པར་གསལ། །སྤྱི་བོ་གྲུ་གང་མ་རེག་ཙམ། །རྨ་བྱས་བཏེགས་པའི་ཁྲི་སྟེང་དུ། །ངོ་བོ་རྩ་བའི་བླ་མ་ལ། །རྣམ་པ་སངས་རྒྱས་འོད་དཔག་

མེད། །མཆོག་གི་སྤྲུལ་སྐུའི་ཆ་བྱད་ཅན། །མཐའ་སྐོར་བརྒྱུད་པའི་བླ་མ་རྣམས། །སྔགས་འཆང་པཎྜི་ཏ་ཡི་ཆས། །གཞན་ཡང་རྣམ་འགྱུར་སྤྱོད་པའི་ཚུལ། །འོད་དང་འོད་ཟེར་འཁྲོ་བར་གསལ། །ཡིད་ཕྱེད་ཤེས་ཀྱི་མོས་གུས་དྲག་པོ་ཡིས། །གསོལ་འདེབས་སྨོན་ལམ་མཚམས་སྦྱར་ནས། །ཧཱུྃ་གི་སྒྲ་ཡིས་བསྐུལ་བའི་ཚེ། །ཇི་ལྟར་དཔག་ཆེན་མདའ་འཕང་ལྟར། །རིག་པ་སེམས་ཀྱི་རྟེན་གཞི་དེ། །དྭངས་མའི་ཐིག་ལེ་དཀར་པོ་ཉིད། །འོད་དཔག་མེད་ཀྱི་ཐུགས་ཀར་འཕོ། །བླ་མའི་ཐུགས་དང་རང་གི་སེམས། །དབྱེར་མེད་གཅིག་ཏུ་རོ་གཅིག་བསམ། །མཐར་ནི་སྤྱི་བོའི་འོད་དཔག་མེད། །ཚེ་དཔག་མེད་ཀྱི་སྐུར་གྱུར་ནས། །སྤྱི་བོའི་གནས་ནས་མར་ཐོན་ལ། །སྙིང་གི་དབུས་སུ་བཞུགས་པར་གྱུར། །མ་བསྒོམས་འཕོ་བའི་གདམས་པ་ལ། །གོམས་འདྲིས་བརྟན་ཆ་ཐོབ་པར་མཛོད། །དེ་དག་ལ་རིམ་གྱིས་སྦྱངས་ནས་སུ། །འཁོར་འདས་རུ་ཤན་དབྱེ་བ་སྟེ། །རང་གཅིག་པུ་མི་མེད་དབེན་པའི་སར། །གངས་ཁྲོད་རི་རྩེ་དུར་ཁྲོད་སར། །ཤིན་ཏུ་མཐོ་བའི་གནས་མཆོག་ཏུ། །སེམས་བསྐྱེད་དམ་བཅའ་བརྟན་པོ་ཡིས། །རིགས་དྲུག་ལུས་ཀྱི་སྤྱོད་པ་དང་། །ཡི་དམ་ལྷ་ཡི་བཞུགས་སྟངས་དང་། །རིགས་དྲུག་ངག་གི་སྒྲ་སྐད་དང་། །རིགས་དྲུག་སོ་སོའི་སྡུག་བསྔལ་སོགས། །སེམས་ཐོག་ལ་ཡང་ཡང་བླངས་ནས་སུ། །རྗེས་ཤེས་ཀྱི་རང་ངོ་བསྒྲུང་བར་བྱ། །རིགས་དྲུག་སྲིག་སྦྱང་གི་རིམ་པ་སོགས། །སྔོན་འགྲོའི་ཆོས་རྣམས་ཐམས་ཅད་ལ། །རྩེ་གཅིག་མ་ཡེངས་བརྩོན་པར་མཛོད། །ལར་ད་ལྟའི་སྣང་བ་འདི་དག་ཀུན། །སྒྱུ་མ་ཙམ་དུ་གོ་ན་ཡང་། །བདེ་བའི་སྣང་བ་ཤར་བ་ན། །དེ་ལ་དགའ་ཞིང་ཞེན་པ་

དང་། །སྡུག་བསྔལ་གྱི་སྣང་བ་ཤར་བའི་ཚེ། །དེ་ལ་མི་དགའ་སྡུག་བསྔལ་ན། །དེ་ལྟ་བུ་ཡི་རྣལ་འབྱོར་ཏེ། །སྟོང་ཉིད་རྟོགས་པ་མ་ལགས་སོ། །སྤྱིར་སྟོང་ཉིད་རྟོགས་པའི་རྣལ་འབྱོར་དེ། །རི་བྲག་ཟང་ཐལ་འགྲོ་བ་དང་། །ཆུ་བོའི་གཏིང་ལ་མི་བྱིང་བར། །ཀ་བ་བུམ་པ་ལ་སོགས་པ། །སྣང་ཙམ་ལས་རང་བཞིན་མེད་པ་སྟེ། །མདོར་ན་དངོས་པོ་ཐམས་ཅད་ལ། །བློ་ཐེ་ཚོམ་གྱི་དྭ་བ་ཆོད་ནས་སུ། །ངེས་པར་སྟོང་ཉིད་རྟོགས་གྱུར་ན། །ཚེ་ཕྱི་མ་གཤིན་རྗེའི་འཁྲུལ་སྣང་སོགས། །ཚ་གྲང་བཀྲེས་སྐོམ་སྡུག་བསྔལ་དང་། །བཀོལ་སྤྱོད་འཐབ་རྩོད་འཆི་འཕོ་ལྟུང་། །སྐྱེ་རྒ་ན་འཆིའི་སྡུག་བསྔལ་སོགས། །སེམས་ཅན་རང་རང་ལས་སྣང་ཀུན། །འཁྲུལ་བའི་སྣང་བ་ཅི་ཤར་ཡང་། །དེ་དག་སེམས་ཀྱི་ཆོ་འཕྲུལ་སྟེ། །དཔེ་སྒྱུ་མའི་སྐྱེས་བུ་ཏྲ་གྲུ་དང་། །རྨི་ལམ་མིག་ཡོར་བྲག་ཆ་ལྟར། །སྣང་ཡང་བདེན་པ་མེད་པ་ལགས། །ཀྱེ་ཧོ། ཡང་གསོན་དང་ལྟ་བ་ཞེས་བྱ་བ། །ལར་ད་ལྟ་གཟུགས་སྒྲ་དྲི་རོ་རེག །ཡུལ་ལྔ་པོ་མཐོང་དང་ཐོས་པ་དང་། །རྣམ་པར་སྨྱོང་དང་ཚོར་བྱེད་པ། །དེ་ནི་སེམས་སམ་རྣམ་རྟོག་ལགས། །དེ་དག་རྣམས་ལ་མ་ལྟོས་པར། །ཅི་ཡང་དྲན་མེད་ཐོམ་མེ་བ། །དེ་ལ་ཀུན་གཞི་ཡིན་པར་བརྗོད། །ཀུན་གཞིར་དྲི་མས་མ་གོས་པར། །གསལ་ཤིང་ས་ལེ་ཧྲིག་གེ་བར། །འདི་ཞེས་བརྗོད་དུ་མ་བཏུབ་པ། །ཐེ་ཚོམ་མེད་པར་རྟོགས་གྱུར་ན། །དེ་ལ་རིག་པ་ཡེ་ཤེས་འདོད། །དེ་ལྟ་བུའི་རིག་པའི་ཡེ་ཤེས་ཏེ། །སྟོང་ཉིད་ནམ་མཁའ་ལྟ་བུ་དེ། །དངོས་པོའི་ཆོས་ལ་ཉམས་ང་མེད། །གསལ་བ་ཉི་ཟླའི་དཀྱིལ་འཁོར་བཞིན། །བྱིང་རྒོད་གཉིས་ལ་ཉམས་ང་མེད། །འགྱུར་མེད་རི་རྒྱལ་ལྟ་བུ་སྟེ། །འཕོ་འགྱུར་གཉིས་

ལ་ཉམས་ང་མེད། །ཉམས་མྱོང་ཡེ་ཤེས་རྒྱུན་ཆད་མེད། །རྣམ་རྟོག་ཚོགས་ལ་ཉམས་ང་མེད། །དཔེར་ན་ནམ་མཁའི་སྤྲིན་ཚོགས་དེ། །བྱུང་ཡང་ནམ་མཁའི་ངང་ལས་བྱུང་། །ཐིམ་ཡང་ནམ་མཁའི་ངང་ལ་ཐིམ། །ནམ་མཁའི་དབྱིངས་ལ་འཕོ་འགྱུར་བྲལ། །བར་སྣང་འཇའ་ཚོན་བཀྲ་བ་དེ། །བྱུང་ཡང་བར་སྣང་དག་ལས་བྱུང་། །ཐིམ་ཡང་བར་སྣང་ངང་ལ་ཐིམ། །བར་སྣང་སྟོང་པ་གཡོ་བ་མེད། །རྩི་བཅུད་མེ་ཏོག་སྣ་ཚོགས་ཀུན། །བྱུང་ཡང་ས་གཞི་རང་ལས་བྱུང་། །ཐིམ་ཡང་ས་གཞི་རང་ལ་ཐིམ། །ས་གཞིའི་ཁམས་ལ་འགྱུར་བ་མེད། །ནགས་ཚལ་འབྲས་བུ་སྣ་ཚོགས་པ། །བྱུང་ཡང་རི་བོའི་རྩལ་ལས་བྱུང་། །ཐིམ་ཡང་རི་བོ་རང་ལ་ཐིམ། །རི་རྒྱལ་རང་ལ་འཕོ་འགྱུར་མེད། །ཆུ་ལས་ཆུ་རླབས་བྱུང་བ་དེ། །དེ་དང་པོ་བྱུང་ཡང་ཆུ་ལས་བྱུང་། །ཐིམ་ཡང་ཆུ་བོ་ཉིད་ལ་ཐིམ། །ཆུ་བོ་རང་ལ་འཕོ་འགྱུར་མེད། །ཚོགས་དྲུག་གི་སྣང་བ་འདི་དག་ཀུན། །བྱུང་ཡང་རིག་པའི་རྩལ་ལས་བྱུང་། །གནས་ཀྱང་རིག་པའི་ངང་དུ་གནས། །ཐིམ་ཡང་རིག་པ་རང་ལ་ཐིམ། །རིག་པ་བདེ་གཤེགས་སྙིང་པོ་ལ། །སྤྲོས་པའི་མཚན་མ་ཀུན་དང་བྲལ། །སྤྲོས་དང་བྲལ་བ་ཆོས་ཀྱི་སྐུ། །གསལ་ལ་འཛིན་མེད་ལོངས་སྤྱོད་རྫོགས། །སྣ་ཚོགས་འཆར་གཞི་སྤྲུལ་སྐུ་སྟེ། །རང་བབས་གཤིས་ཀྱི་གནས་ལུགས་དེ། །རྟག་ཏུ་མ་ཡེངས་སྐྱོང་བར་མཛོད། །ལར་དོན་དམ་སྐྱེ་བ་མེད་པ་ལ། །སྐྱོང་དང་བསྐྱང་བྱ་མ་གྲུབ་ཀྱང་། །སྣང་བཅས་ཀུན་རྫོབ་བདེན་པའི་ངོར། །དྲན་པའི་རྒྱང་སོ་ཟིན་པར་མཛོད། །དེ་ལྟ་བུའི་གནས་ལུགས་དོན་དེ་ཉིད། །བུ་རང་གི་ཚོགས་བསགས་བསོད་ནམས་སྟོབས། །རྗེ་བླ་མའི་བྱིན་རླབས་ཁོ་ན་དང་། །ཡིད་ཆེས་མོས་

གུས་དྲག་པོ་ཡིས། །གནས་ལུགས་ཇི་བཞིན་རྟོགས་པ་སྩོལ། །ཆོས་ཉིད་མངོན་གསུམ་མཐོང་བར་ལགས། །གོམས་འདྲིས་ཡིད་ཆེས་བརྟན་ཐོབ་སྩོལ། །ཉམས་མྱོང་སྣ་ཚོགས་ཤར་བ་ན། །དེ་ལ་ཉམས་སྣང་གོང་འཕེལ་གྲགས། །རིག་པ་ལ་བརྟན་ཆ་ཐོབ་པ་དེ། །རིག་པ་ཚད་ལ་ཕེབས་པའོ། །བློ་སྣང་བཞི་མཐར་ཏུ་ཕྱིན་ཙ་ན། །ཆོས་ཉིད་ཟད་སར་ཞེས་བྱའོ། །ད་ལྟའི་རྟོགས་ལྡན་ཁ་ཅིག་གིས། །འདོན་སྒོམ་ཡ་བྲལ་གྱི་སྲོལ་མཆིས་ཀྱང་། །རྗེ་སུམ་ལྡན་བླ་མ་རིན་པོ་ཆེའི། །ཞལ་གྱི་བུམ་བཟང་དྲི་མེད་ལས། །ཉམས་ལེན་ལ་བཙོན་པར་བྱས་ན་ཡང་། །འདོན་སྒོམ་སྦྲག་མ་མཛད་ཙ་ན། །དེ་ལ་འགལ་བ་མ་མཆིས་ཤིང་། །གཅིག་གྲོགས་གཅིག་གིས་བྱེད་འགྱུར་གསུངས། །ལར་ལྟ་བ་ཇི་ལྟར་མཐོ་ན་ཡང་། །རྒྱུ་འབྲས་ལ་བླང་དོར་ཞིབ་པར་མཛོད། །བློ་རིག་པ་བདེ་གཤེགས་སྙིང་པོ་འདི། །མཆོག་གསུམ་རྩ་གསུམ་སྐུ་གསུམ་སྩོལ། །སྐྱབས་ཡུལ་ཀུན་འདུས་ངོ་བོ་ལགས། །བློ་ཡིད་དཔྱོད་སྤྱགས་ཀྱི་ཐེག་པ་སྩོལ། །སྐྱོབ་བྱེད་རིག་པའི་ཡེ་ཤེས་ཀྱིས། །བསྐྱབ་བྱ་རྣམ་རྟོག་ཀུན་བསྐྱབས་པ། །གནས་ལུགས་རྡོ་རྗེའི་སྐྱབས་འགྲོ་ལགས། །སེམས་བསྐྱེད་ཀྱི་ངོ་བོ་མཐར་ཐུག་པ། །མཉམ་བཞག་གི་ཡེ་ཤེས་འདི་ཉིད་ལགས། །སྒྲིབ་སྦྱོང་གི་གཉེན་པོ་མཆོག་གྱུར་པ། །གཉེན་པོ་ཀུན་ཏུ་སྤྱོད་པའི་སྟོབས། །དོན་གྱི་རྡོ་རྗེ་སེམས་དཔའ་ལགས། །ཚོགས་གཉིས་ལས་དམིགས་མེད་ཡེ་ཤེས་ཚོགས། །མཆོད་པ་ཀུན་གྱི་མཆོག་གྱུར་པ། །དེ་ཁོ་ན་ཉིད་ཀྱི་མཆོད་པ་ལགས། །བློ་བླ་མའི་རྣལ་འབྱོར་མཆོག་གྱུར་པ། །ཟུང་འཇུག་དོན་གྱི་བླ་མ་ཉིད། །རིག་པ་རང་བབས་སྐྱོང་བ་ནི། །བླ་སྒྲུབ་ཀུན་གྱི་ཡང་སྙིང་མཆོག །རྩེ་རྒྱལ་དུ་གྱུར་བ་རྒྱལ་

བས་གསུངས། །ལམ་བསྐྱེད་པའི་རིམ་པ་གཙོ་བོ་སྟེ། །ཆོས་ཉིད་དོན་གྱི་ལྷ་
ཡིན་ནོ། །ཤེས་རབ་རྫོགས་པའི་རིམ་པ་གཙོ་བོ་སྟེ། །རྩ་རླུང་ཐིག་ལེའི་བྱེད་པ་
རབ་བཅིངས་ཏེ། །ངོ་མཚར་བའི་ཐབས་མཆོག་ལ་བརྟེན་ནས། །དོན་གྱི་འོད་
གསལ་མཐར་ཕྱུག་ལགས། །མདོ་ར་དྲིལ་ན་མཉམ་བཞག་ཡེ་ཤེས་
ལས། །ཐབས་གཞན་ཆོལ་བར་སྨོངས་པར་ཟད། །འདི་ཡོན་ཉིད་ཀྱིས་སངས་
རྒྱས་ཀྱི། །གོ་འཕངས་མཆོག་ཏུ་འཐོབ་པ་ལགས། །ཨ་ཏི་ཡེ་གསོན་དང་ཀུན་
གཞི་ཆོས་སྐུ་ཡི་དབྱེ་བ། །སེམས་དང་རིག་པ་རྣམ་ཤེས་ཡེ་ཤེས་ཀྱི་ཤན་
འབྱེད། །ཡིད་ཤེས་དང་ཤེས་རབ་དབྱེ་བ་ཇི་བཞིན་རྟོགས་དགོས། །ཆོས་ཉིད་
དོན་གྱི་རིག་པའི་ཡེ་ཤེས་ཀྱི་རྩལ་ལས། །ཀུན་བྱུང་འཁོར་འདས་རྟོག་ཚོགས་
ཐམས་ཅད་ཀུན་བྱུང་བ། །འོན་ཀྱང་སེམས་དང་ཆོས་སྐུ་རིག་པ་ཡི་དབྱེ་
བ། །སྣང་དང་སྣང་བྱུར་འཛིན་པ་ཙུང་ཟད་ཀྱང་མི་འཚལ། །གཉིས་མེད་
མཉམ་པ་ཆེན་པོར་ལ་བཟླ་རུ་མཛོད་ཅིག །ནམ་ཞིག་ཀ་དག་སྟོང་ཉིད་ཆེན་པོ་ཡི་
ངང་དུ། །སེམས་དང་སེམས་བྱུང་རྣམ་རྟོག་རང་སར་དུ་གྲོལ་ནས། །སྒྲིབ་
གཉིས་བག་ཆགས་དང་བཅས་ལྷག་མེད་དུ་སངས་ཏེ། །དག་པ་གཉིས་ལྡན་འབྲས་
བུ་མངོན་སུམ་དུ་རྟོགས་པ། །ཀ་དག་གདོད་མའི་གཞི་དབྱིངས་ཆོས་སྐུ་ཡི་ཀློང་
ནས། །ལྷུན་གྲུབ་གཟུགས་སྐུའི་རོལ་མོ་སྣ་ཚོགས་སུ་ཤར་བ། །འཕྲིན་ལས་
རྣམ་བཞིའི་འགྲོ་དོན་ཁྱབ་བརྡལ་དུ་མཛོད་ཅིག །ཀྱེ་མ་ཡོན་ཏན་ཀུན་གྱི་གཞི་རྟེན་
ཚུལ་ཁྲིམས་རྣམ་དག་ཅིག་མེད་ན། །གང་ཞིག་སེམས་པ་མེད་པའི་ཏིང་འཛིན་གྱི་
བསླབ་པ། །སྲིད་རྩ་བདག་འཛིན་གཅོད་པ་ཤེས་རབ་ཀྱི་བསླབ་པ། །དེ་གསུམ་
རྟེན་དང་བརྟེན་པའི་ཚུལ་ཅན་དུ་ཤར་བ། །ཚུལ་ཁྲིམས་འདི་ནི་ཡོན་ཏན་ཐམས་ཅད་

ཀྱི་གཞི་མ། །དེས་ན་འགྲོད་མེད་རྩོལ་ཁྲིམས་རྣམ་དག་ཅིག་མེད་ན། །ཨ་ཏི་
རྫོགས་ཆེན་རྣོམ་པ་ཡི་གང་ཟག །གང་ཞིག་ནམ་མཁའི་པདྨོ་སྐྱེ་བ་དང་མཚུངས་
ཏེ། །ཇི་བཞིན་མདོན་གསུམ་མཐོང་བ་ནི་མ་ལགས། །མདོར་ན་ཕྱི་ལྟར་འདུལ་
བ་སོ་ཐར་གྱི་ལུགས་དང་། །ནང་ལྟར་གསང་སྔགས་རྡོ་རྗེ་ཐེག་པ་ལ་བསླབ་
ཅིང་། །གསང་བ་ཨ་ཏི་རྫོགས་པ་ཆེན་པོ་དང་མཐུན་པར། །ཉམས་ལེན་རྩེ་
གཅིག་མ་ཡེངས་བརྩོན་པ་རུ་མཛོད་ཅིག །ཀྱེ་ཧོ་ཡང་གསོན་དང་སྐལ་ལྡན་
རྣམས། །རྗེ་བཀའ་དྲིན་ཅན་གྱི་བླ་མ་ཡི། །ཞལ་རྒྱུན་དྲི་མ་མེད་པ་དེ། །མི་
བདག་གི་བློ་ལ་སིམ་པ་དང་། །བློ་ཐེ་ཚོམ་གྱི་དྭ་བ་ཆོད་ན་ཡང་། །བདག་འདྲ་
རྨོངས་པའི་གང་ཟག་གིས། །གནས་ལུགས་ཇི་བཞིན་མ་རྟོགས་
པས། །ཉམས་ལེན་གྱི་དོན་རྣམས་བཤད་པ་འདི། །ཁ་ཏ་སྙིང་སྐད་ལྟ་བུ་
ཡི། །ཧ་ཅང་བཞད་གད་ཀྱི་གནས་སུ་གྱུར་ན་ཡང་། །གཞན་སྐལ་བ་ལྡན་པའི་
གང་ཟག་ཚོགས། །བདག་དང་བདག་འདྲའི་སེམས་ཅན་རྣམས། །གནས་
ལུགས་ཀྱི་རང་ཞལ་མཇལ་ནས་སུ། །གདོན་མའི་དབྱིངས་སུ་གྲོལ་གྱུར་
ནས། །མི་བདག་ལ་ཉམས་མྱོང་མེད་ན་ཡང་། །དད་ལྡན་དོན་གཉེར་ཅན་
རྣམས་ཀྱིས། །ཡང་ཡང་བསྐུལ་ཞིང་གསོལ་བའི་ངོར། །ཅུང་ཟད་ཞུས་པ་འདི་
དག་གིས། །ཚིག་ལ་སྙན་ཆ་མེད་ན་ཡང་། །དོན་ལ་འགལ་བ་མེད་སྙམ་
རློམ། །དང་པོའི་ལས་ཅན་གང་ཟག་རྣམས། །ཟབ་མོའི་དོན་ལ་ཁ་ཕྲིད་
ཕྱིར། །ཐེག་པ་ཀུན་གྱི་ཡང་རྒྱལ་མཆོག །ཨ་ཏི་རྫོགས་པ་ཆེན་པོ་
འདི། །ཐེག་དམན་ལོག་ལྟ་ཅན་གྱི་རིགས། །ཀུན་གྱི་སྤྱོད་ཡུལ་མ་ཡིན་
ཏེ། །སྐལ་བ་ལྡན་པའི་གང་ཟག་ངོར། །བསྟན་པས་དོན་གསལ་གོ་བདེ་

བ། །ཅུང་ཟད་བྲིས་པ་འདི་དག་ལ། །གལ་ཏེ་ནོངས་པ་མཆིས་གྱུར་
ན། །ལྷ་དང་མཁའ་འགྲོ་སྲུང་མའི་ཚོགས། །ཁྱད་པར་དཔལ་མགོན་མ་ནིང་
ནག །སྲོག་སྒྲུབ་གཟའ་བདུད་ར་ཧུ་ལ། །ཤན་པ་དམར་ནག་ཚོགས་ལ་
བཤགས། །དགེ་བས་སེམས་ཅན་ཐམས་ཅད་ཀུན། །ཀུན་བཟང་གདོད་མའི་
མགོན་པོ་ཡི། །དཀའ་བ་མེད་པའི་གོ་འཕང་མཆོག །ཚེ་འདི་ཉིད་ལ་མངོན་
གྱུར་ཤོག །ཅེས་པ་འདིའང་སྐྱབས་མགོན་རྡོ་རྗེ་འཆང་ཞབས་དཀར་བ་དང་རྗེ་དབོན་མཆོག་གི་སྤྲུལ་པའི་སྐུ་རིན་པོ་ཆེ་རྣམ་གཉིས་ཀྱི་བཀའ་གསུང་སྤྱི་བོར་ཕེབས་པ་དང་། མཁན་ཆེན་པདྨ་བཛྲའི་རིགས་དབོན་དམ་པ་ཚུལ་ཁྲིམས་བསྟན་འཛིན་དང་། ཕྱག་མཛོད་དཀོན་མཆོག་རྒྱ་མཚོ། ཆོས་དབྱིངས་རང་གྲོལ། ཐུབ་བསྟན་བློ་གྲོས། ཨ་སྒྲིམ་ནོར་བུ་ཚེ་རིང་སོགས་དང་། གཞན་ཡང་དོན་གཉེར་ཅན་འགའ་ཡིས་ཡང་ཡང་བསྐུལ་བའི་ངོར་དང་། མ་ཟད་ལམ་མཆོག་འདི་ལ་མོས་པ་ཡིད་བྱེད་ཀྱི་གང་ཟག་རྣམས་ཀྱི་ངོར་རང་ལ་འདི་ལྟར་རྩོམ་པའི་ཡོན་ཏན་ཕྲ་མོ་ཙམ་ཞིག་མེད་ན་ཡང་ཐུགས་ཀྱི་བཞེད་དོན་བསྐང་བའི་ཕྱིར་དུ་སྙིགས་དུས་ཀྱི་བཙུན་གཟུགས་འཆང་བ་ལམ་འདི་ལ་མོས་པའི་གང་ཟག་རྫོགས་ཆེན་སྨྱོ་སྨྱིད་ལྔ་པའི་མིང་འཛིན་ཐུབ་བསྟན་ཆོས་ཀྱི་རྡོ་རྗེའམ་ཀུན་བཟང་ནམ་མཁའ་རང་གྲོལ་གྱིས་ཀྲོ་དྷི་ཞེས་པ་ཤིང་ཕོ་འབྲུག་ལོའི་བསྐལ་བཟང་རྣམ་འདྲེན་བཞི་པའི་ཆོ་འཕྲུལ་ཆེན་པོའི་མུ་སྟེགས་བྱེད་སོགས་བདུད་སྡེ་ཕམ་པར་མཛད་ཅིང་། སངས་རྒྱས་གཉིས་པ་པདྨ་ཀཱ་རའི་གདུལ་བྱ་གཞན་སྣང་དུ་གཟིགས་ཏེ་རྒྱལ་སྲིད་ཐབས་ཀྱིས་སྤངས་ནས་བསིལ་བ་ཚལ་གྱི་དུར་ཁྲོད་དུ་བརྟུལ་ཞུགས་ཀྱི་སྤྱོད་པ་མཛད་ཅིང་སློབ་དཔོན་ཤཱནྟ་རཀྵི་ཏ་གྲགས་པའི་དུས་ཆེན་བཟང་པོར་ཆོས་བཅུའི་ཐུན་མཚམས་ཤིག་ལ་རྟ་དམ་ཨོ་རྒྱན་བསམ་གཏན་ཆོས་གླིང་གི་ཕོ་བྲང་ཆེན་པོའི་ཡང་རྩེར་འཆི་མེད་གྲུབ་པའི་དགའ་ཚལ་དུ་ཤར་མར་བྲིས་པ་འདིས་ཀྱང་འགྲོ་བ་སེམས་ཅན་ཐམས་ཅད་གདོད་མའི་མགོན་པོའི་གོ་འཕང་རིན་པོ་ཆེ་ཚེ་འདི་ཉིད་ལ་མྱུར་དུ་རྫོགས་པར་གྱུར་ཅིག སརྦ་མངྒ་ལཾ། དགེའོ། །

༄༅། །འཇམ་མགོན་མི་ཕམ་རིན་པོ་ཆེའི་བླ་སྒྲུབ་བྱིན་རླབས་མཆོག་སྩོལ་བཞུགས་སོ། །

སྐྱབས་སུ་འགྲོ་བ་ནི། ན་མོ། སྐྱབས་ཀྱི་མཆོག་གྱུར་དཀོན་མཆོག་རྣམ་གསུམ་ལ། །བདག་དང་མར་གྱུར་སེམས་ཅན་ཐམས་ཅད་ཀུན། །འདི་ནས་བྱང་ཆུབ་སྙིང་པོ་མ་ཐོབ་པར། །སྒོ་གསུམ་གུས་པའི་སྒོ་ནས་སྐྱབས་སུ་མཆི། །སེམས་བསྐྱེད་ནི། ཧཱུྃ། དུས་འདི་ནས་བཟུང་བྱང་ཆུབ་མ་ཐོབ་པར། །རྗེ་བཙུན་བླ་མ་ཁྱེད་ཉིད་སྒྲུབ་ནས་ནི། །མཁའ་ཁྱབ་ཞིང་གི་སེམས་ཅན་ཐམས་ཅད་ཀུན། །རྫོགས་པའི་སངས་རྒྱས་བསྒྲུབ་པར་སེམས་བསྐྱེད་དོ། །ཡན་ལག་བདུན་པ་ནི། བདེ་གཤེགས་རྒྱལ་བ་སྲས་དང་བཅས་པ་ལ། །སྒོ་གསུམ་གུས་པའི་སྒོ་ནས་ཕྱག་འཚལ་ལོ། །ཕྱི་ནང་གསང་བ་བླ་ན་མེད་པ་ཡི། །རབ་འབྱམས་ནམ་མཁའ་གང་བའི་མཆོད་པ་འབུལ། །ཐོག་མེད་དུས་ནས་ད་ལ་ཐུག་གི་བར། །བཅས་དང་རང་བཞིན་འགལ་བའི་ཉེས་པ་བཤགས། །བདག་གཞན་དུས་གསུམ་དགེ་བ་ཅི་བསགས་པ། །དགའ་བ་ཆེན་པོས་རྗེས་སུ་ཡི་རང་ངོ་། །ཕྱོགས་བཅུར་བཞུགས་པའི་རྒྱལ་སྲས་ཚོགས་རྣམས་ཀྱིས། །འགྲོ་བའི་དོན་དུ་ཆོས་འཁོར་བསྐོར་དུ་གསོལ། །རྒྱལ་བ་མྱ་ངན་འདའ་བར་བཞེད་པ་

རྣམས། །སྤྱི་དང་མི་འདའ་ཡུན་དུ་བཞུགས་སུ་གསོལ། །དུས་གསུམ་བསགས་པའི་དགེ་ཚོགས་ཅི་བསགས་པ། །ཀུན་ཀྱང་བྱང་ཆུབ་ཐོབ་པའི་རྒྱུ་རུ་བསྔོ། །བགེགས་ལ་བཀའ་བསྒོ་བ་ནི། ཧཱུྃ། རིག་འཛིན་འདུས་པ་བླ་མའི་དཀྱིལ་འཁོར་འདིར། །སྒྲུབ་ལ་བར་དུ་གཅོད་པའི་གདོན་བགེགས་རྣམས། །གཏོར་མ་ལོངས་ལ་གནས་འདིར་མ་འདུག་པར། །རང་རང་སོ་སོའི་གནས་སུ་བདེ་བར་དེངས། །གལ་ཏེ་མི་འགྲོ་འདི་རུ་འདུག་གྱུར་ན། །ཡེ་ཤེས་ཁྲོ་རྒྱལ་འབར་བ་ཐུགས་ཁྲོས་ནས། །ལུས་ངག་རྡུལ་ཕྲན་བཞིན་དུ་བརླག་པར་འགྱུར། །ཨོཾ་སུཾ་བྷ་ནི་སོགས། མཚམས་བཅད་པ་ནི། ཧཱུྃ། དག་པ་རབ་འབྱམས་རྒྱལ་བའི་དཀྱིལ་འཁོར་འདིར། །བགེགས་དང་བར་དུ་གཅོད་པ་མ་གྲུབ་ཀྱང་། །འོན་ཀྱང་བློ་བུར་རྣམ་རྟོག་འཕྲུལ་བའི་གདོན། །སྤྲོས་བྲལ་ཆོས་དབྱིངས་ངང་དུ་མཚམས་བཅད་དོ། །ཨོཾ་བཛྲ་རཀྵ་རཀྵ་ཧཱུྃ། བྱིན་འབེབས་ནི། ཧཱུྃ། སྤྲོས་བྲལ་ཆོས་དབྱིངས་དག་པའི་ཞིང་ཁམས་ནས། །རྩ་བརྒྱུད་བླ་མ་རྒྱལ་བ་སྲས་དང་བཅས། །ཡི་དམ་ཞི་ཁྲོ་མཁའ་འགྲོ་ཆོས་སྐྱོང་རྣམས། །དཀྱིལ་འཁོར་ལྷ་ཚོགས་མ་ལུས་ཐམས་ཅད་ཀྱིས། །རིག་འཛིན་འདུས་པ་བླ་མའི་དཀྱིལ་འཁོར་འདིར། །བྱིན་ཆེན་བྱིན་ཐོབ་དབང་ཆེན་དབང་བསྐུར་ཅིག །སྒྲུབ་རྫས་གཙན་པོ་འདི་ལ་མདངས་ཕྱུང་སྟེ། །བླ་མའི་སྐུ་གསུང་ཐུགས་ཀྱི་དངོས་གྲུབ་སྩོལ། །བཛྲ་ཛྙཱ་ན་ཨ་ཝེ་ཤ་ཡ་ཨཱཿ ལྷ་བསྐྱེད་ནི། ཧཱུྃ། སྣང་སྲིད་དག་པ་རབ་འབྱམས་བཀོད་པའི་དབུས། །རང་སྣང་ཡེ་ཤེས་ལས་གྲུབ་གཞལ་ཡས་དབུས། །འཇའ་ཟེར་འོད་ཕུང་འཁྲིགས་པའི་ཀློང་ཡངས་སུ། །ཕྱོགས་བཅུ་དུས་གསུམ་རྒྱལ་བ་ཐམས་ཅད་ཀྱི། །མཁྱེན་བརྩེ་ནུས་པའི་ཡོན་ཏན་གཅིག

བསྡུས་པ། །འཇམ་དཔལ་དབྱིངས་དངོས་མི་ཡི་ཐྲོལ་འཛིན་པ། །ངོ་བོ་མི་ཕམ་དགྱེས་པའི་རྡོ་རྗེ་ལས། །རྣམ་པ་རྗེ་བཙུན་འཇམ་དཔལ་གཞོན་ནུ་ནི། །སྐུ་མདོག་མཚམས་སྤྲིན་གསར་བའི་ལང་ཚོ་ཅན། །ཞལ་གཅིག་ཕྱག་གཉིས་རྡོ་རྗེ་སྐྱིལ་ཀྲུང་ཅན། །ཕྱག་གཡས་རལ་གྲི་གཡོན་པས་པུ་ཏི་བསྣམས། །ཞལ་འཛུམ་མཚན་དཔེའི་ལང་ཚོ་དཔལ་དུ་འབར། །ཞི་བའི་རྒྱན་ཆས་བཅུ་གསུམ་དག་གིས་སྤྲས། །སྣང་སྟོང་སྒྲིབ་གཡོག་བྲལ་བའི་ངོ་བོར་གསལ། །གནས་གསུམ་ཨོཾ་ཨཱཿཧཱུྃ་གིས་མཚན་པ་ལས། །རང་བཞིན་ཆོས་ཀྱི་དབྱིངས་ནས་སྤྱན་འདྲེན་གཤེགས། །སྤྱན་འདྲེན་ནི། ཧཱུྃ་ཧྲཱིཿ ཕྱོགས་བཅུའི་ཞིང་ཁམས་རབ་འབྱམས་ཐམས་ཅད་དང་། །ཁྱད་པར་རྒྱ་ནག་རི་བོ་རྩེ་ལྔ་ནས། །འགྲོ་བའི་མ་རིག་མུན་པ་བསལ་བའི་ཕྱིར། །བརྩེ་བའི་ཐུགས་རྗེས་གནས་འདིར་གཤེགས་སུ་གསོལ། །བཞུགས་སུ་གསོལ་བ་ནི། ཧཱུྃ། ཡེ་ཤེས་དབྱིངས་ཀྱི་ལྷ་ཚོགས་ཐམས་ཅད་ཀྱང་། །ཇི་ལྟར་མཁའ་ལ་ཆར་སྤྲིན་གཏིབས་པ་བཞིན། །དམ་ཚིག་སེམས་དཔའི་སྐུ་ལ་སིབ་ཀྱིས་ཐིམ། །ཆུ་ལ་ཆུ་བཞག་ལྟ་བུར་དགྱེས་པར་བཞུགས། །ས་མ་ཡ་ཏིཥྛ་ལྷན། ཕྱག་འཚལ་བ་ནི། ཧཱུྃ། གང་གི་མཁྱེན་བརྩེ་ནུས་པའི་རང་བཞིན་གྱིས། །འགྲོ་བའི་སྒྲིབ་གཉིས་ཀུན་བཅོམ་བཅོམ་ལྡན་འདས། །གདོད་ནས་དག་པའི་ས་བཅུ་ལ་གནས་པ། །ཡེ་ཤེས་སྒྲོན་མེ་ཁྱེད་ལ་ཕྱག་འཚལ་ལོ། །མཆོད་པ་ནི། ཧཱུྃ། འཇིག་རྟེན་འདི་དང་འཇིག་རྟེན་གཞན་དག་ཏུ། །དངོས་འབྱོར་ཡིད་སྤྲུལ་མཆོད་པ་ཇི་སྙེད་ཀུན། །ནམ་མཁའ་མཛོད་ཀྱི་འཁོར་ལོ་འབུལ་ལགས་ན། །བཞེས་ནས་མཆོག་དང་ཐུན་མོང་དངོས་གྲུབ་སྩོལ། །ཨོཾ་བཛྲ་ཨརྒྷཾ་སོགས་ནས་ཤབྡ་སྭ་པཉྩ་ཨ་ལིང་ཏ་རཀྟ་པཱུ་ཛ་ཧོཿ བསྟོད་པ

ནི། གང་གི་མཁྱེན་རབ་འོད་སྟོང་བཀྱེ་བ་ཡིས། །བདག་བློའི་པད་ཚལ་ཀུན་ནས་རབ་རྒྱས་ཏེ། །བློ་གྲོས་སྤོབས་པའི་སྣང་བ་བསྐྱེད་མཛད་པའི། །འཇམ་དཔལ་དགྱེས་པའི་རྡོ་རྗེར་ཕྱག་འཚལ་བསྟོད། །བཟླས་པ་ནི། འཇམ་པའི་དབྱངས་དངོས་རྗེ་བཙུན་བླ་མ་ལ། །སྙིང་ནས་གདུང་ཤུགས་དྲག་པོའི་གསོལ་བཏབ་པས། །ཐུགས་ལས་འོད་ཟེར་སྣ་ཚོགས་འཕྲོས་པ་ཡིས། །མཁྱེན་བརྩེ་ནུས་པའི་བྱིན་རླབས་མཐའ་དག་ཀུན། །འོད་ཀྱི་རྣམ་པ་གཅིག་ཏུ་རབ་བསྡུས་ནས། །བདག་ལ་ཐིམ་པས་བློ་གྲོས་རྒྱས་པར་གྱུར། །ཨོཾ་བཛྲ་མ་ཧཱ་གུ་རུ་ཨ་ཧཱི་ཏེ་སྨྲ་ག་ར་སརྦ་སིདྡྷི་ཧཱུྃ༔ དབྱངས་གསལ་རྟེན་སྙིང་ཡིག་བརྒྱ་བརྗོད། ཚོགས་བྱིན་རླབས་ནི། ཚོགས་ཀྱི་དམ་རྫས་བཟའ་བ་རི་ལྟར་སྤུངས། །བཏུང་བ་རྒྱ་མཚོ་ལྟ་བུ་བསྐྱིལ་བ་ལས། །ནམ་མཁའི་སྐར་ལྟར་བཀྲ་བ་བཞམས་པ་འདིར། །འབག་བཙོག་ཉེས་སྐྱོན་ཐམས་ཅད་སྦྱངས་བར་གྱུར། །རཾ་ཡཾ་ཁཾ། ཨོཾ་ཨཱཿཧཱུྃ། ཚོགས་ཞིང་སྤྱན་འདྲེན། འཇལ་དཔལ་དབྱངས་དངོས་སྐྱབས་མཆོག་རྡོ་རྗེ་འཆང་། །འཁོར་དུ་རིག་འཛིན་དཔའ་བོའི་ཚོགས་དང་བཅས། །ཡེ་ཤེས་ཚོགས་ལ་སྤྱན་འདྲེན་གཤེགས་ནས་ཀྱང་། །མཁྱེན་བརྩེ་ནུས་པའི་དངོས་གྲུབ་སྩོལ་དུ་གསོལ། །ཚོགས་མཆོད་ནི། ཞལ་ཟས་ཚོགས་ཀྱི་དམ་རྫས་བླ་ན་མེད། །བཅུད་ལྡན་མི་ཟད་དངོས་གྲུབ་ཀུན་ལྡན་འདི། །འཇམ་མགོན་བླ་མ་མཆོག་ལ་ཕུལ་བ་ཡིས། །དབང་དང་བྱིན་རླབས་དངོས་གྲུབ་སྩོལ་དུ་གསོལ། །བཤགས་པ་ནི། ཐོག་མ་མེད་ནས་ད་ལྟ་ཡན་ཆད་དུ། །སོ་ཐར་ཕྱི་ཡི་སྡོམ་པ་ཉམས་པ་དང་། །བྱང་སེམས་ནང་གི་བསླབ་བྱ་འགལ་བ་དང་། །གསང་བ་སྔགས་ཀྱི་དམ་ལས་ཅི་འགལ་བ། །ཚོགས་ཀྱི་འཁོར་ལོས་

བྱང་ཞིང་དག་པར་མཛོད། །བྲུབ་ཁུང་བསྐྱེད་པ་དང་འགུགས་པ་ནི། འཇམ་དཔལ་ཐུགས་ལས་ཡ་མནྟ་ཀའི་སྐུ། །ལས་བྱེད་ཕོ་ཉ་གྲངས་མེད་ཚོགས་དང་བཅས། །འཕྲོས་པས་དགྲ་བགེགས་ལུས་ཀྱི་བྲུབ་ཁུང་དུ། །སྐྱབས་དང་མགོན་བྲལ་ཉམ་ཐག་རྩུལ་དུ་བཀུག །བསྒྲལ་བ་དངོས་ནི། ཧཱུྃ། ལོག་པར་ལྟ་བའི་དགྲ་བགེགས་མཐའ་དག་ཀུན། །རྡོ་དང་ལྡན་པའི་མཚོན་ཆ་སྣ་ཚོགས་ཀྱིས། །གཟུགས་ཕུང་སྐྱེ་བ་མེད་པའི་དབྱིངས་སུ་བསྒྲལ། །རྣམ་པར་ཤེས་པ་ཆོས་ཀྱི་དབྱིངས་སུ་སྦྱོར། །སརྦ་ཤ་ཏྲཱུྃ་མཱ་ར་ཡ་ཕཊ། ཞལ་དུ་བསྟབ་པ་ནི། དགྲ་བགེགས་བསྒྲལ་བ་ལས་བྱུང་དམ་རྫས་དང་། །དུག་གསུམ་མཆོད་པ་བླ་ན་མེད་པ་འདི། །དགྱེས་པའི་ཚུལ་གྱིས་མཆོད་པ་འདི་བཞེས་ལ། །སྐུ་གསུང་ཐུགས་ཀྱི་དངོས་གྲུབ་སྩལ་དུ་གསོལ། །མ་ཧཱ་མཱཾ་ས་རཀྟ་ཙིཏྟ་བ་སུ་ཁ་ཁ་ཁཱ་ཧི། ཚོགས་ལ་རོལ། ལྷག་མ་ནི། ཧཱུྃ། བླ་མ་རིག་འཛིན་འདུས་པའི་དཀྱིལ་འཁོར་འདིར། །བཀའ་འཁོར་སྐྱོང་བའི་ལས་བྱེད་ཕོ་ཉའི་ཚོགས། །དམ་རྫས་ལྷག་མའི་གཏོར་མ་འདི་ལོངས་ལ། །བྱང་ཆུབ་སྒྲུབ་པའི་བར་ཆད་བཟློག་ཏུ་གསོལ། །ཨུཙྪིཥྚ་བ་ལིཾ་ཏ་ཁཱ་ཧི། ཆད་ཐོ་ནི། སྔོན་ཆེ་བར་དང་ཐ་མའི་བསྐལ་བ་ལ། །ཀུན་བཟང་པད་འབྱུང་གྲུབ་བརྙེས་ཚོགས་རྣམས་ཀྱིས། །གསང་སྔགས་གཉན་པོའི་དཀྱིལ་འཁོར་ཞལ་ཕྱེས་ཚེ། །སྣང་སྲིད་དྲེགས་པ་ཕོ་མོའི་ཚོགས་རྣམས་ཀྱིས། །ཇི་ལྟར་ཞལ་བཞེས་དམ་ལས་མ་གཡེལ་བར། །ཤ་ཁྲག་དམར་གྱི་གཏོར་མ་འདི་བཞེས་ལ། །ཕྲིན་ལས་རྣམ་བཞི་ལྷུན་གྱིས་གྲུབ་པར་མཛོད། །བརྟན་མ་ནི། བྷྱོཿ སློབ་དཔོན་ཆེན་མོ་པདྨ་འབྱུང་གནས་ཀྱི། །བཀའ་ཉན་བོད་ཁམས་སྐྱོང་བ་བརྟན་མའི་ཚོགས། །དམ་རྫས་བཤལ་

ཆུའི་གཏོར་མ་འདི་བཞེས་ལ། །ཇི་ལྟར་བཅོལ་བའི་ཕྲིན་ལས་གྲུབ་པར་མཛོད། །ཙ་གྲོ་ཎི། ཧཱུྃ། འགྲོ་བ་ཡོངས་ཀྱི་རྒྱུད་ལ་རྒོལ་བ་ཡི། །ཡ་མ་བྲུ་བའི་དམ་སྲི་སྡིག་ཅན་རྣམས། །གཏོར་གཞོང་རི་རབ་འབར་བའི་འོག་ཏུ་མནན། །བྱང་ཆུབ་མ་ཐོབ་བར་དུ་མི་བཏང་ངོ་། །དབང་བཞི་ལེན་ཅིང་དངོས་གྲུབ་བླངས་པ་ནི། ཧཱུྃ་ཧྲཱིཿ བྱིན་རླབས་དངོས་གྲུབ་ཐམས་ཅད་འབྱུང་བའི་གནས། །རིགས་འདུས་བླ་མའི་སྐུ་ཡི་སྨིན་མཚམས་ནས། །ཨོཾ་ཡིག་དཀར་པོ་འོད་ཟེར་འཕྲོས་པ་ལས། །བདག་ལ་ཐིམ་པས་ལུས་ཀྱི་སྒྲིབ་པ་སྦྱངས། །བུམ་དབང་ཐོབ་ནས་སྐུ་ཡི་བྱིན་རླབས་ཞུགས། །འབྲས་བུ་སྤྲུལ་སྐུའི་གོ་འཕང་ཐོབ་པར་ཤོག །མགྲིན་པར་ཨཱཿལས་འོད་དམར་འཕྲོས་པ་ལས། །བདག་ལ་ཐིམ་པས་ངག་གི་སྒྲིབ་པ་དག །གསང་དབང་ཐོབ་ནས་གསུང་གི་བྱིན་རླབས་ཞུགས། །འབྲས་བུ་ལོངས་སྐུའི་གོ་འཕང་ཐོབ་པར་ཤོག །ཐུགས་ཀའི་ཧཱུྃ་ལས་འོད་ཟེར་སྔོན་པོ་འཕྲོས། །བདག་ལ་ཐིམ་པས་ཡིད་ཀྱི་སྒྲིབ་པ་དག །ཤེར་དབང་ཐོབ་ནས་ཐུགས་ཀྱི་བྱིན་རླབས་ཞུགས། །འབྲས་བུ་ཆོས་སྐུའི་གོ་འཕང་ཐོབ་པར་ཤོག །ལྟེ་བའི་ཧྲཱིཿལས་འོད་ཟེར་ལྗང་གུ་འཕྲོས། །བདག་ཐིམ་ཤེས་སྒྲིབ་དག་ནས་ཚིག་དབང་ཐོབ། །གཉུག་མའི་ཡེ་ཤེས་རྡོ་རྗེ་མངོན་དུ་གྱུར། །འབྲས་བུ་ངོ་བོ་ཉིད་སྐུ་ཐོབ་པར་ཤོག །གཏང་རག་མཆོད་བསྟོད། ཡིག་བརྒྱ། མ་ལྟེང་ཡོངས་སུ་སོགས། འདིར་ནི་རྟེན་དང་སོགས། བསྡུ་རིམ་ནི། སྣོད་བཅུད་འོད་ཞུ་རིམ་བཞིན་བླ་མར་ཐིམ། །དེ་ཡང་མི་དམིགས་འཇའ་ཚོན་ལྟ་བུར་ཡལ། །སྤྲོས་བྲལ་ནམ་མཁའ་ལྟ་བུའི་རང་བཞིན་ལ། །སྐྱེ་མེད་ཆོས་ཀྱི་དབྱིངས་ཀྱི་ཀློང་དུ་ཨཱཿ བསྔོ་བ་ནི། རྣམ་དག་རིག་འཛིན་བླ་མའི་དཀྱིལ་འཁོར་དུ། །རྣམ་པ་བསྐྱེད་རྫོགས་

བཀླུས་བརྗོད་བགྱིས་པ་ཡི། །རྣམ་ཀུན་དགེ་བའི་རྩ་བ་ཇི་སྙེད་ཀུན། །རྣམ་མཁྱེན་གོ་འཕང་ཐོབ་པའི་རྒྱུ་རུ་བསྔོ། །སྨོན་ལམ་ནི། རང་སྣང་རྣམ་དག་འོག་མིན་ཞིང་ཁམས་སུ། །རང་རིག་འཇམ་དཔལ་དཔའ་བོའི་ཞལ་མཐོང་ནས། །རང་གཞན་མཁའ་ཁྱབ་སེམས་ཅན་ཐམས་ཅད་ཀུན། །རང་བཞིན་གདོད་མའི་དབྱིངས་སུ་སངས་རྒྱ་ཤོག །བཀྲིས་ནི། བྱིན་རླབས་མཆོག་སྩོལ་རྩ་བརྒྱུད་བླ་མ་དང་། །དངོས་གྲུབ་འབྱུང་གནས་ཡི་དམ་ཞི་དང་ཁྲོ། །བར་ཆད་ཀུན་སེལ་དཔའ་བོ་མཁའ་འགྲོ་དང་། །ཕྲིན་ལས་མཐར་ཕྱིན་དམ་ཅན་ཆོས་སྐྱོང་ཚོགས། །དཀྱིལ་འཁོར་ལྷ་ཚོགས་རྣམས་ཀྱིས་བཀྲ་ཤིས་ཤོག །ཅེས་པ་འདི་ནི་ལྕང་རའི་ཁྲུམ་སྒྲུབ་ཆེན་མོའི་སྐབས། ཉག་རོང་རྒྱལ་ཁྲི་ཚེ་བརྟན་ནས་བསྐུལ་ངོར་ལྕང་ར་དགོན་ཐུབ་བསྟན་ནོར་བུའི་གླིང་གི་མདུན་ཐང་དུ་བསྟན་ལ་ཕན་པའི་ལྷག་བསམ་དཀར་པོས་རྫོགས་སྤྲུལ་ལྔ་པ་ཐུབ་བསྟན་ཆོས་ཀྱི་རྡོ་རྗེས་བྲིས་པ་དགེའོ། །མངྒ་ལཾ། །

༄༅། །བླ་མའི་རྣལ་འབྱོར་བྱིན་རླབས་ཆར་འབེབས་བཞུགས་སོ།།

ན་མོ་གུ་རུ། བདག་ལུས་འཛིན་མེད་མདུན་གྱི་ནམ་མཁའི་དབུས། །མི་འཇིགས་སེང་ཁྲི་པདྨ་ཟླ་བའི་སྟེང་། །སྐྱབས་གནས་ཀུན་འདུས་རྩ་བའི་བླ་མ་ནི། །ཐུབ་བསྟན་ཆོས་ཀྱི་རྡོ་རྗེ་སྤྲུལ་པའི་སྐུ། །ཞལ་གཅིག་ཕྱག་གཉིས་རབ་

བྱུང་ཆ་ལུགས་ཅན། །ཞི་འཛུམ་སེམས་ཉིད་ངལ་གསོའི་ཕྱག་རྒྱ་ཅན། །གཡས་སུ་རི་དྭགས་ཀྱི་ཙ་སྣ་རའི་སྟེང་། །གྲུབ་བརྒྱའི་གཙུག་རྒྱན་བཞད་པ་རྡོ་རྗེ་འཆང་། །གཡོན་དུ་གཙན་གཟན་སྟག་གི་པགས་པའི་སྟེང་། །ཧེ་རུ་ཀ་དཔལ་རིག་པའི་རྡོ་རྗེ་རྩལ། །གཉིས་ཀ་རྣལ་འབྱོར་སྤྱོད་པའི་ཆ་ལུགས་ཅན། །དེ་ཡང་སྣང་ལ་རང་བཞིན་མ་གྲུབ་པ། །འཇའ་ཚོན་བཞིན་དུ་མ་འདྲེས་ལྷུན་གྱིས་གྲུབ། །སྐུ་བཞིའི་དབང་ཕྱུག་དཔལ་ལྡན་བླ་མ་ལ། །སྒོ་གསུམ་གུས་པ་ཆེན་པོས་གསོལ་བཏབ་པས། །ཚེ་འདིའི་མི་མཐུན་རྐྱེན་ངན་ཀུན་བྲལ་ནས། །ས་ལམ་ཡོན་ཏན་ཡར་ངོའི་ཟླ་བ་ལྟར། །གོང་ནས་གོང་དུ་འཕེལ་བར་བྱིན་གྱིས་རློབས། །ཨོཾ་ཨཱཿཧཱུྃ་བཛྲ་མ་ཧཱ་གུ་རུ་སརྦ་སིདྡྷི་ཕ་ལ་ཧཱུྃ། གསོལ་འདེབས་རྩོལ་དུ་བཟླས། ཐུན་མཐར། བདག་ཉིད་ཆེན་པོ་དཔལ་ལྡན་བླ་མ་ཡི། །སྐུ་ཡི་གནས་གསུམ་ཨོཾ་དཀར་ཨཱཿདམར་དང་། །ཧཱུྃ་མཐིང་ཧྲཱིཿལྗང་ལ་སོགས་རང་མདངས་ཅན། །བདག་གི་གནས་བཞིར་ཐིམ་པས་སྒྲིབ་བཞི་དག །བུམ་གསང་ཤེས་རབ་ཡེ་ཤེས་བཞི་པའི་དབང་། །རིམ་གྱིས་ཐོབ་ནས་དགའ་བཞིའི་ཡེ་ཤེས་བསྐྱེས། །སྐུ་བཞིའི་འབྲས་བུ་སྨྱུར་དུ་ཐོབ་ནས་ཀྱང་། །མཐར་ནི་བླ་མའི་ཐུགས་དང་རང་གི་སེམས། །དབྱེར་མེད་གཅིག་འདྲེས་སྐྱེ་མེད་ཀློང་དུ་ཨཱཿ འདི་ནས་བྱང་ཆུབ་སྙིང་པོ་མ་ཐོབ་བར། །མཐར་ཐུག་པདྨ་འོད་ཀྱི་ཕོ་བྲང་དུ། །རིག་འཛིན་རྒྱ་མཚོའི་ཚོགས་དང་ལྷན་ཅིག་ཏུ། །རྗེ་བཙུན་ཆེན་པོ་པདྨའི་ཞབས་དྲུང་དུ། །སྐད་ཅིག་ཉིད་དུ་སྐྱེ་བར་བྱིན་གྱིས་རློབས། །ཞེས་འདི་ལྟ་བུ་ཞིག་དགོས་ཞེས་རྒྱ་རོང་ནམ་སྤྲུལ་རིན་པོ་ཆེ་ནས་ཡང་ཡང་བཀའ་ཕེབ་པའི་ངོར་མི་ལྡོག་ཙམ་དུ་སྤྲུལ་པའི་གཏེར་ཆེན་འཇམ་དབྱངས་མཁྱེན་བརྩེ་དབང་པོའི་སློབ་འབངས་ཐ་ཤལ་དུ་གཏོགས་པ་རྫོགས་སྤྲུལ་ལྔ་པའི་མིང་འཛིན་གྱི་ཅོད་

སྐུ་རབས་ལྔ་པ་ཐུབ་བསྟན་ཆོས་ཀྱི་རྡོ་རྗེའི་གསུང་ཚན།

པན་སྒྲི་བོར་བཏགས་པ་ཐུབ་བསྟན་ཆོས་ཀྱི་རྡོ་རྗེའམ་མིང་གཞན་པདྨ་ཐེག་མཆོག་བསྟན་འཛིན་གྱིས་མགོན་ཁང་དབང་དྲག་རོལ་བའི་ཞིང་ཁམས་ཆེན་པོ་ནས་བྲིས་པ་དགེ་ལེགས་སུ་གྱུར་ཅིག །

དགེའོ། །དགེའོ། །དགེའོ། །

༄༅། །བླ་མ་རྒྱུད་འབོད་འཕོ་བའི་གདམས་པ་བཅས་སླིང་པོར་དྲིལ་བ་ཐུགས་རྗེའི་ལྕུགས་ཀྱུ་ཞེས་བྱ་བ་བཞུགས་སོ།།

བདེ་གཤེགས་རིན་ཆེན་གཙུག་གཏོར་ཅན་ཞེས་པའི། །མཚན་ཙམ་ཐོས་པས་ངན་འགྲོའི་འཇིགས་པ་ཀུན། །སྐྱོབ་མཛད་རྫོགས་པའི་སངས་རྒྱས་དེ་ཉིད་དང་། །དབྱེར་མེད་བླ་མ་ཆོས་ཀྱི་རྡོ་རྗེ་མཁྱེན། །ད་ནི་བཟོད་དཀའ་འཆི་བའི་དུས་ལ་བབ། །འཇིགས་རུང་བར་དོའི་སྣང་བ་འཆར་ལ་ཉེ། །ལས་ངན་དབང་གིས་ངན་འགྲོར་སྐྱེ་ཡང་སྲིད། །དཀོན་མཆོག་ཀུན་འདུས་བླ་མར་སྐྱབས་སུ་འགྲོ། །རང་སེམས་ཧྲཱིཿཡིག་དམར་པོའི་རྣམ་པ་དེ། །བླ་མའི་ཐུགས་ཀར་འཕོ་བའི་འདུན་པ་ཡིས། །བར་དོའི་སྣང་བ་རྨི་ལམ་སད་པ་བཞིན། །དག་པའི་ཞིང་དུ་ཁྲིད་པ་མཛད་དུ་གསོལ། །ལན་གསུམ་སོགས་འདོན། ཨླཿ ལན་གསུམ་སོགས་བརྗོད་ཅིང་རིགས་པ་ཧྲཱིཿཡིག་གི་རྣམ་པ་བླ་མའི་ཐུགས་ཀར་འཕོ་བའི་འདུན་པ་གཉིད་ཁ་སོགས་དུས་ཀུན་ཏུ་བྱའོ། །བཀྲ་ཤིས། །དགེའོ། །

༄༅། །མདོ་ཁམས་གངས་ར་ཉེར་ལྔའི་ཡ་གྱལ་ཡོན་ཏན་གནས་ཀྱི་གཙོ་བོ་རྟ་དམ་ལྗང་གི་གནས་ཡིག་ཕན་ཡོན་བཞུགས་སོ།།

སྨོན་ཆེ་སློབ་དཔོན་པདྨ་འབྱུང་གནས་ཀྱིས། །བདེ་ཆེན་བསམ་འགྲུབ་ཤེལ་གྱི་ཕུག་པ་རུ། །བདུད་རྩི་སྨན་གྱི་དཀྱིལ་འཁོར་ཞལ་ཕྱེས་ཀོ། །ཐུགས་རྗེ་ཆེན་པོས་བྱིན་ཀྱིས་བརླབས་པའི་གནས། །དབུས་ཕྱོགས་རྟ་ཡི་ལྗང་པ་ཞེས་བྱ་བར། །རིག་འཛིན་བླ་མའི་ཚོགས་རྣམས་སྤྲིན་ལྟར་གཏིབས། །བསྒྲུབས་ན་བསྐྱེད་རིམ་ལྷག་པར་འཕེལ་བའི་གནས། །རབ་མཛེས་ནེའུ་སེང་པདྨས་བརྒྱན་པ་ཡི། །དབུས་ཀྱི་ལྟེ་བ་པདྨ་དགྱེས་པའི་ཐང་། །རིན་ཆེན་ཁྲི་ལ་དར་ཟབ་གདན་སྟེང་དུ། །རྒྱལ་བ་ཀུན་འདུས་པདྨ་ཐོད་ཕྲེང་དང་། །ལས་ཅན་དག་པའི་འཁོར་ཚོགས་རྒྱ་མཚོའི་ཚོགས། །ནམ་མཁའི་སྐར་ཚོགས་ལྟ་བུར་བཞུགས་པ་ལ། །མཁའ་འགྲོའི་གཙོ་མོ་ཡེ་ཤེས་མཚོ་རྒྱལ་མས། །གསེར་དངུལ་གཡུ་ཡི་མཎྜལ་ཕུལ་ནས་ཀྱང་། །གནས་འདིར་བྱིན་གྱིས་བརླབ་པར་གསོལ་བཏབ་ཞིང་། །གནས་ཀྱི་ཆེ་བའི་ཡོན་ཏན་གསུང་དུ་གསོལ། །དེ་སྐད་ཞུས་པས་དགྱེས་པའི་ཞལ་བསྟན་ནས། །དབུས་ཕྱོགས་སྲ་འཁྲིགས་རྡོ་ཡི་ལྡིང་ཁང་དུ། །གཤིན་རྗེའི་བསྙེན་པ་ལ་སོགས་རང་བྱུང་ཡོད། །སྒྲུབ་ཆེ་ཡེ་ཤེས་མི་རྟོག་འཕེལ་བ་དང་། །གཡས་ཕྱོགས་བྲག་ལ་པདྨ་ཊ་སྐུ་བཞུགས། །ལྷ་ཀླུ་མི་ཡི་

རིན་ཆེན་སྣ་ཚོགས་ཀྱི། །བཟོ་བོའི་རྒྱལ་པོ་བི་ཤྭ་ཀརྨ་ཡིས། །བཞེངས་པའི་སྐུ་ཚབ་མི་ཡི་ལུས་ཚད་ཙམ། །བྱིན་རླབས་སྤྲིན་འཁྲིགས་མཐོང་བ་དོན་ལྡན་ཡོད། །གནས་དུས་རྟེན་འབྲེལ་མངོན་དུ་གྱུར་པའི་ཚེ། །གཏེར་ཆེན་ལས་རབ་གླིང་པས་དྲངས་བར་འགྱུར། །ལྷོ་ཕྱོགས་དབང་ཆེན་རྟ་ཡི་ལུང་བ་རུ། །བདུད་དཔུང་རུ་ཏྲ་བསྒྲལ་བའི་བཀོད་པ་དང་། །ནུབ་ཕྱོགས་མགོན་པོ་ཤྭ་ནའི་ལུང་བ་རུ། །བདུད་མགོན་ཞིང་སྐྱོང་སེང་གེའི་གདོང་ཅན་གནས། །བྱང་ཤར་བདེ་གཤེགས་སྨན་གྱི་རྒྱལ་པོའི་རི། །ཆུ་ཀླུང་ཆྭ་ཁ་རྫ་ཡི་རང་སྒྲ་སྒྲོག །ཤར་ཕྱོགས་དཔལ་ཆེན་སྒྲུབ་སྡེ་བརྒྱད་ཀྱི་ལྷ། །པདྨའི་སྒྲུབ་མཚོ་སློབ་དཔོན་ཕྱག་རྗེས་ཡོད། །ལྷོ་ནུབ་མཚམས་སུ་རྗེ་བཙུན་སྒྲོལ་མའི་གནས། །ངོ་མཚར་བྱིན་ལྡན་སྐུ་ཡི་རང་བྱོན་ཡོད། །ལྷོ་ནུབ་བྲག་རི་རིན་ཆེན་སྤུངས་པ་ལ། །དབང་ཕྱུག་ཉེར་བརྒྱད་ཞལ་འབབ་གཏེར་དུ་སྦས། །ནུབ་བྱང་ནོར་བུ་འབར་བའི་རི་དབྱིབས་ལ། །འདོད་འབྱུང་རིན་ཆེན་སྣ་ཚོགས་གཏེར་གྱིས་གཏམས། །དེ་སོགས་གནས་ཀྱི་ལོ་རྒྱུས་གསུངས་ནས་ཀྱང་། །བདེ་གཤེགས་འདུས་པའི་དཀྱིལ་འཁོར་ཞལ་ཕྱེས་ཆོ། །སྣང་སྲིད་ར་སཱ་ཡ་ནར་བྱིན་གྱིས་རླབས། །གཞན་ཡང་མཚོ་དང་གངས་བྲག་ལ་སོགས་པ། །མ་འོངས་དོན་དུ་ཟབ་གཏེར་སྣ་ཚོགས་སྦས། །ཡོན་ཏན་གནས་མཆོག་རུ་དམ་ལུང་པ་ཡི། །ཁྱད་པར་གནོད་སྦྱིན་དབང་པོའི་ཕྱོགས་སྐྱོང་བའི། །སྐུལ་གྱི་བྲག་དཀར་རིན་ཆེན་སྤུངས་པའི་དབྱིབས། །དོན་ལ་ཟངས་མདོག་དཔལ་གྱི་རི་བོ་སྟེ། །རྣམ་པ་སྒྲུབ་སྡེ་བརྒྱད་ཀྱི་ལྷ་ཚོགས་དང་། །སྤྱན་རས་གཟིགས་དང་རི་བོ་རྩེ་ལྔ་ཡི། །བཀོད་པའི་བྱེ་བྲག་མ་ལུས་ཡོངས་སུ་རྫོགས། །ཁམས་ཀྱི་རི་བོ་རྩེ་ལྔ་ཞེས་བྱ་སྟེ། །གནས་

བདག་ཆེན་པོ་ལྷུམ་དྲལ་རྣམ་པ་གཉིས། །སྟོན་ཆེ་སློབ་དཔོན་པདྨ་འབྱུང་གནས་ཉིད། །ཡོ་གསུམ་བར་དུ་རྡོ་རྗེ་སྙིང་པོ་ཡི། །སྒྲུབ་པ་མཛོད་ཅིང་སྨིན་གྲོལ་ལམ་ལ་བཀོད། །བར་དུ་ཨོ་རྒྱན་རྒྱལ་ཚབ་བསམ་གཏན་གླིང་། །རྡོ་བྲག་སྐལ་བཟང་པདྨ་དབང་ཕྱུག་དང་། །ཐ་མ་བསྟན་འཛིན་ཉི་མ་གྲགས་པ་སོགས། །གྲུབ་བརྙེས་རིག་འཛིན་རིམ་པར་བྱོན་རྣམས་ཀྱིས། །ཞབས་ཀྱིས་བཅགས་ཤིང་བྱིན་གྱིས་བརླབས་པའི་གནས། །མ་འོངས་གཏེར་སྟོན་རྡོ་རྗེ་རྒྱལ་མཚན་གྱིས། །ཟབ་གཏེར་འབྱིན་ཅིང་སྨིན་གྲོལ་ལམ་ལ་བཀོད། །གཞན་ཡང་སློབ་དཔོན་པདྨ་འབྱུང་གནས་དང་། །རྒྱ་བོད་རིག་འཛིན་བཀའ་བབས་མི་དགུ་བཅས། །སྐལ་ལྡན་སྙིང་གི་བུ་དགུ་ལ་སོགས་པ། །སྐུ་དང་གསུང་དང་ཐུགས་ཀྱི་རྟགས་ཀྱིས་སྤྲས། །ཁྱད་པར་ཀུན་འདུས་ཨོ་རྒྱན་ཆེན་པོ་ཡིས། །ཞབས་རྗེས་མཐོང་བ་རང་གྲོལ་ལ་སོགས་པ། །ངོ་མཚར་རང་བྱུང་རྟགས་ཀྱི་རི་མོ་བཀྲ། །ཁྱད་པར་འཆི་མེད་ཚེ་ཡི་གནས་མཆོག་ཏུ། །གྲུབ་པའི་སྤྱི་མེས་པཎ་ཆེན་བི་མ་ལས། །བདུད་རྩི་སྨན་དང་ཚེ་ལྷ་རབ་འབྱམས་ཀྱི། །གསང་བའི་དཀྱིལ་འཁོར་གཉན་པོ་ཞལ་ཕྱེས་ཆེ། །ཚེ་ཡི་བུམ་པ་འཆི་མེད་ཚེ་ཡི་མདའ། །ཚེ་ཡི་སྙིང་པོ་རང་བྱུང་ཚེ་ཆུ་སོགས། །དུས་བཟང་ཆོས་བཟང་ཧ་དུང་རོལ་མོའི་སྒྲ། །སྤོས་དང་དྲི་བཟང་འཇའ་འོད་གུར་ཁང་འཁྱིལ། །གཞན་ཡང་མེ་ཏོག་ཆར་བ་སིལ་མ་བབ། །འདུ་བ་ཆེན་པོ་ཡོས་སྤྲེལ་ཁྱི་ཡི་ལོ། །འོན་ཀྱང་ལོ་འདིར་གནས་དུས་རྟེན་འབྲེལ་འཛོམས། །གཏེར་ཆེན་རྣམ་གཉིས་ཆོས་ཀྱི་བདག་པོ་སོགས། །མཁས་གྲུབ་སྐྱེས་བུ་འདུ་བའི་ཚོགས་རྣམས་ཀྱིས། །འབད་པ་དྲག་པོས་རྩེ་གཅིག་གསོལ་བཏབ་ཆེ། །དཔག་བསམ་ཤིང་

དང་བུམ་པ་བཟང་པོ་ལས། །ཅི་ལྟར་རེ་བ་སྐོང་བ་དེ་བཞིན་དུ། །ཧོར་ཟླ་བདུན་པའི་ཡར་ཚེས་བཅོ་ལྔ་ལ། །ཁྱད་པར་འདུ་བའི་གནས་ནི་རྡོ་རྗེ་གདན། །དུར་ཁྲོད་བརྒྱད་དང་གནས་ཡུལ་ཉེར་བཞི་དང་། །སོ་གཉིས་གནས་དང་བལ་ཡུལ་སེང་གེ་རྫོང་། །པདྨ་བཀོད་དང་ཙཱ་རི་ཙཱ་གོང་གནས། །རྒྱ་ནག་གླང་ཆེན་རི་བོ་བྱ་རྐང་ཅན། །སྤྱི་གྲོ་སྟག་ཚང་འཆིམས་ཕུ་ཤེལ་བྲག་གནས། །རི་བོ་རྩེ་ལྔ་ཡེ་ར་བ་ལ་སོགས་པ། །གཞན་ཡང་འཕགས་བོད་གནས་ཆེན་གནས་ཕྲན་དང་། །ཁ་བ་དཀར་དང་ནོར་བུ་ཡང་རྩེ་དང་། །ཁ་བ་ལུང་རི་ཀཿཐོག་ཀ་འབུར་གནས། །ཤིང་སྐྱ་གངས་ར་མཆོད་དང་གངས་གནས་དང་། །ཁྲོ་རི་ཟིལ་ཁྲོམ་འབྲོང་རིལ་ལ་སོགས་པ། །དཀྱིལ་འཁོར་ལྷ་ཚོགས་དཔའ་བོ་མཁའ་འགྲོའི་ཚོགས། །སྙིགས་དུས་འགྲོ་བའི་དོན་དུ་རྗེས་དགོངས་ནས། །ཉི་ཟེར་རྡུལ་དང་ནམ་མཁའི་སྐར་ལྟར་བྱོན། །གནས་པའི་ཚད་ནི་དགུ་བའི་བཅོ་ལྔའི་བར། །རྩེ་སྐོར་དཔལ་བྲག་རིན་ཆེན་སྤུངས་འདྲ་ལ། །གནས་ཀྱི་གཙོ་བོ་ཉིད་ནས་སྤང་བྲག་མཚམས། །བར་སྐོར་དཔལ་བྲག་གནས་ཀྱི་གཙོ་བོ་དང་། །རི་བོ་བྱ་རྐང་ཅན་དང་གླང་ཆེན་རི། །གཞན་ཡང་རི་བོ་རྩེ་ལྔ་དྲལ་པོ་གཉིས། །ནང་དུ་བཙུད་དེ་དཔྱལ་མོའི་མདུན་ལུང་མདོ། །དེ་ནས་རིམ་བཞིན་ལ་གཉིས་ལ་བརྒྱལ་ཏེ། །ལྷ་ཤུལ་ཡར་ཁྱུག་དགོང་གི་བྲག་སྒྲོམ་ནས། །རིམ་བརྒྱུད་ཐུགས་ཀྱིས་བོན་རང་བྱོན་བཅས། །ནང་དུ་ཚུད་ནས་དཔྱལ་མོའི་གཏེར་གཞོང་ཞོལ། །གསུང་མཆོག་ཡི་གེ་བདུན་མ་རང་བྱུང་བཅས། །དྲལ་པོའི་གནས་ཀྱི་འདབ་ནས་རིམ་བཞིན་བསྐོར། །མཐའ་བསྐོར་ནང་གི་རི་བོ་རྩེ་ལྔ་དང་། །རྒྱ་ནག་གླང་ཆེན་རི་བོ་བྱ་རྐང་ཅན། །ཕྱི་ཡི་རི་བོ་རྩེ་ལྔ་རི་ཕྲན་བཅས། །ཛ་དར་

ཅན་དང་ཁྲུག་ཆུང་སུམ་མདོའི་རི། །གདོང་ཁྲམ་བཀྲ་ཡི་རི་ཆེན་རྣམ་པ་བཞི། །མཆོད་རྟེན་གནས་དང་གུར་ལི་དཀར་ལུང་གནས། །པདྨ་རི་དང་སེང་གེ་གནམ་རྫོང་བྲག །ཨོ་རྒྱན་རྫོང་དང་མདོ་སྨད་ཁྲུང་ཆེན་བྲག །བདེ་གཤེགས་སྨན་པའི་རྒྱལ་པོའི་རི་བོ་དང་། །གཞན་ཡང་ཞབས་ཆེན་ཞབས་ཆུང་ལ་སོགས་པ། །ནང་དུ་བཞག་སྟེ་མཐའ་བསྐོར་བྱ་བའི་ལམ། །གདུང་ལུང་འདབ་དང་ཟང་རོག་སུམ་མདོ་ནས། །སྒོམ་ལུང་བརྒྱུད་དེ་སྣང་ཐྲན་སྲིབ་ཆེན་འདབ། །རྒྱ་འོབ་སུམ་མདོ་ནས་བཟུང་དམར་འགུའི་ལ། །བརྒྱལ་ཏེ་རྡག་ལུང་ནས་ཐོན་རིམ་པ་བཞིན། །འབོས་ཆེན་གཡས་ལག་ནས་བཟུང་ཟེ་ཆེན་གྱི། །རྫམ་ཆེན་ལུང་བ་བཟང་ལུང་ལ་བརྒྱལ་ཏེ། །ལྷ་ཆེན་དབང་ཕྱུག་བྲག་གི་གཡས་ཞོལ་ནས། །འགམ་ཆེམ་ལུང་པ་ནམ་མཁའ་ཟེ་མདའི་བར། །བཀྲ་ལུང་ནས་བཟུང་རྒྱ་བཞིའི་སྒོང་མ་དང་། །བཀྲ་ཁོག་ལམ་བརྒྱུད་ཕུག་ལུང་ལ་བརྒྱལ་ཏེ། །འབྲང་ངེར་ནས་ཐོན་ཞབས་ཆུང་གཡས་ཟུར་ནས། །དགོན་གྱི་མདུན་རིའི་ལམ་བརྒྱུད་དུར་ཁྲོད་ཉག །ཕྱིན་ཏེ་དམ་སྣང་བར་དུ་མཐའ་སྐོར་ལམ། །རྩེ་སྐོར་སི་ཧྲི་དུང་ཆེན་བཅུ་གསུམ་དང་། །བར་སྐོར་སི་ཧྲི་དུང་ཆེན་སུམ་ཅུ་དང་། །མཐའ་སྐོར་སི་ཧྲི་དུང་ཆེན་བཅུ་ཕྲག་ལྔ། །རྒྱུན་དུ་རྩེ་སྐོར་སི་ཧྲི་དུང་གཅིག་དང་། །བར་སྐོར་དུང་གཉིས་མཐའ་སྐོར་དུང་ཕྱུར་བདུན། །དད་དང་དག་སྣང་དམ་ཚིག་གཙང་གྱུར་ན། །གནས་སྐབས་འཇིགས་པ་བརྒྱད་སོགས་ཞི་བ་དང་། །ཚེ་རབས་ལས་ཀྱི་ནད་ལས་གྲོལ་བར་འགྱུར། །མཐར་ཐུག་འདུས་པའི་མཆེད་ལྷུམ་ཕོ་མོ་རྣམས། །ཛ་ཡབ་གླིང་ཕྲན་ཟངས་མདོག་དཔལ་རིའི་རྩེར། །པདྨ་འོད་ཀྱི་གཞལ་ཡས་ཉམས་དགའ་བར། །རིག་འཛིན་སློབ་དཔོན་

པདྨ་འབྱུང་གནས་འདུན། །ནམ་ཞིག་ཚེ་འཕོས་ལུས་བརྗེས་གྱུར་མ་ཐག །ཞལ་མཐོང་གསུང་ཐོས་དབུགས་དབྱུང་གཟེངས་བསྟོད་དེ། །འགྲོ་བ་འདྲེན་པའི་དེད་དཔོན་བྱེད་པར་འགྱུར། །དེ་ལྟར་གནས་ཡིག་མདོ་ཙམ་བྲིས་པ་འདི། །གསང་བདག་སྤྲུལ་པ་ཧཱུྃ་རལ་རྡོ་རྗེ་ཡིས། །ཟབ་མོའི་བཀའ་ལུང་སྤྱི་བོར་ཕེབས་པ་དང་། །གཞན་ཡང་དོན་གཉེར་ལྡན་པ་འགའ་ཞིག་གིས། །བསྐུལ་ངོར་རྫོགས་སྤྲུལ་ལྔ་པའི་མིང་འཛིན་པ། །ཐུབ་བསྟན་ཆོས་ཀྱི་རྡོ་རྗེ་འབོད་པ་དེས། །སྤྲུལ་པའི་གཏེར་ཆེན་མཆོག་གྱུར་གླིང་པ་དང་། །ཨོ་རྒྱན་ཆེ་མཆོག་དཔལ་གྱི་རྡོ་རྗེ་སོགས། །སྔོན་བྱོན་གོང་མའི་རྡོ་རྗེའི་ལུང་བཞིན་ལས། །རང་བཟོས་བློ་ཡིས་བཅོས་བསླད་མ་བྱས་པར། །ཤིང་གླང་ཧོར་ཟླའི་མར་ངོའི་བཅོ་ལྔའི་ཉིན། །མ་དང་མཁའ་འགྲོ་འདུ་བའི་གནས་མཆོག་ནས། །བྲིས་པ་ནོངས་གང་རྩ་གསུམ་ཚོགས་ལ་བཤགས། །སརྦ་མངྒ་ལཾ།

༄༅། །དཔལ་ཡུལ་གྲུབ་དབང་པདྨ་ནོར་བུ་ངོས་འཛིན་ལུང་བྱང་། །

གནས་མཆོག་སྤོ་བོ་སྟོད་ཀྱི་ཕྱོགས་ཤིག་ན། །རིན་ཆེན་བྲག་རི་ལྷུན་སྟུག་མཛེས་པའི་རྩར། །ལྗོན་ཤིང་སྣ་ཚོགས་མཚོ་དང་གདེངས་ཀས་བརྒྱན། །བསིལ་ལྡན་ཆུ་བོ་ཆེན་པོ་ལྷོ་ནས་འདྲེན། །ཐབས་ཤེས་བསོད་ནམས་སྙིང་གྱི་མིང་ཅན་ལ། །རིགས་ལྡན་ཁྲེའུ་རྒྱ་སྒྲོལ་ལོ་བ་འབྱུང་། །བསྟན་འགྲོར་སྨན་པའི་དགེ་མཚན་བཟང་པོ་ཤར། །རྫོགས་སྤྲུལ་ལྔ་པ་ཐུབ་བསྟན་ཆོས་ཀྱི་རྡོ་རྗེས་སོ། །

༄༅། །རྡོ་གྲུབ་མཆོག་སྤྲུལ་ངོར་འཛིན་བཛྲ་ལྕང་།།

རིགས་ཀུན་ཁྱབ་བདག་རྡོ་རྗེ་སློབ་དཔོན་གྱི། །སྤྲུལ་གཞི་ཧ་ཡབ་དཔལ་གྱི་རི་བོ་དང་། །དབུས་འགྱུར་ལོངས་སྐུའི་ཞིང་ཁམས་ཆེན་པོ་རུ། །སྐུ་གསུང་ཐུགས་དང་ཡོན་ཏན་སྤྲུལ་པ་བཞི། །ཁྱད་པར་ཕྲིན་ལས་སྤྲུལ་པའི་ཟློས་གར་ནི། །དགོན་གནས་དེ་ཡི་གཤིན་རྗེར་ཕྱོགས་པའི་སར། །རིན་ཆེན་ལྷོན་ཤིང་བྲག་རི་འཛོམས་པའི་གནས། །ཐབས་ཤེས་ཀ་དང་ད་ཡི་མིང་ཅན་ལས། །རིགས་ལྡན་ཁྱེའུ་མེ་ཡོས་ལོ་པ་ཡིས། །བསྟན་དང་འགྲོ་ལ་སྨན་པའི་བལྟས་བཟང་འབྱུང་། །དེ་ལྟར་དད་ལྡན་གཞན་གྱིས་བསྐུལ་བའི་ངོར། །རྫོགས་སྤྲུལ་ལྷ་པ་ཧཱུྃ་བཛྲ་གྱིས། །རང་སེམས་འཕྲུལ་བའི་བློ་ལ་གང་དྲན་བྲིས། །དགེ་ལེགས་སྣང་བས་ས་སྟེང་ཁྱབ་གྱུར་ཅིག །

༄༅། །ཚེ་རབས་རྗེས་འཛིན་སྨོན་ལམ་བསྡུས་པ་བཞུགས།།

དེང་ནས་ཚེ་རབས་ཐམས་ཅད་དུ། །བླ་མ་མཆོག་དང་མི་འབྲལ་ཞིང་། །དབང་བཞིའི་ཆུ་བོས་རྒྱུད་སྨིན་ཅིང་། །སྡོམ་དང་དམ་ཚིག་རྣམ་པར་དག །རིམ་གཉིས་ལམ་ལ་རབ་བསྙེན་ནས། །མཐར་ཐུག་ཧ་ཡབ་དཔལ་རིའི་རྩེར། །ཨོ་རྒྱན་སློབ་དཔོན་པདྨའི་དྲུང་། །རིག་འཛིན་མཁའ་འགྲོའི་ཚོགས་ཁང་དུ། །ཚོམ་བུ་གཅིག་ཏུ་སངས་རྒྱས་ཤོག །འདི་ཡང་རྫོགས་སྤྲུལ་ལྷ་པས་སོ། །

༄༅། །ལུང་ཨ་ནུ་ཡོ་ག་མདོ་ཚོགས་ཆེན་འདུས་པ་དང་འབྲེལ་བའི་ སྨན་སྒྲུབ་ཀྱི་ངག་འདོན་སྙིང་པོ་ཉུང་དུར་བསྡུས་པ་བསམ་འཕེལ་ ནོར་བུའི་བང་མཛོད་ཅེས་བྱ་བ་བཞུགས་སོ།།

བླ་མ་དང་དཔལ་ཆེན་པོ་དབྱེར་མེད་པ་ལ་ཕྱག་འཚལ་ལོ། །ལུང་ཨ་ནུ་ཡོ་ག་མདོ་ཚོགས་ཆེན་འདུས་པ་དང་འབྲེལ་བའི་སྨན་སྒྲུབ་ཇི་ལྟར་བྱེད་ཚུལ་ལ་སྨན་ཁྲོལ་བུར་བསྡུས་པའི་ཐོ། སྨན་ཁྲོལ་སྒྲུབ། རྟགས་གདབ་དང་། བརྟགས་བཙགས་སྦྱལ་གསུམ། སྨན་ཕྱེ་སྒྲུབ། དངོས་གྲུབ་ལེན་ཚོག་དང་ས་བཅད་དྲུག་ལས། དང་པོ། སྨན་ཁྲོལ་བུ་བསྡུས་པའི་ཐོ་ལ། སྨན་གྱི་གཞི་ཨ་རུ་གསེར་མདོག་རུས་གསུམ་དང་བྲལ་བ་ཉག་བཅུ། བ་རུ་ར་ཉག་བཞི། སྐྱུ་རུ་ར་ཉག་བཅུ། ཙཱནྡན་དཀར་དམར་ཨ་རུ་ར་རིགས་གསུམ་སོགས་སྦྱོམ་པ་ཉག་བརྒྱད། ལི་ག་དུར་ཉག་བདུན་ནམ་བཅུ་གཅིག མངར་གསུམ་ཉག་བཅུ་གསུམ། ཁ་ཆེ་སྲང་ཕྱེད་གསུམ།༢༥༠ བལ་གུར་སྲང་།༥༠༠ རྡོ་དྷི་སྲང་།༠༧༥ ལི་ཁྲི་སྲང་།༢༠༠ གི་ཝཾ།༠༦༠ ཅུ་གང་།༢༠༠ ན་གི༢༠༠ ཀ་ཀོ་ལ།༧༥༠ སུག་སྨེལ།༢༠༠ ལི་ཁྲི།༠༦༠ གསེར་དངུལ་ཟངས་ལྕགས་བཙས།༠༣༠ གླ་རྩི།༠༧༠ གཞན་ཡང་དུག་རིགས་མིན་པའི་སྨན་སྣ་ཚོགས་བསྡོམས་པའི་ཉག་ཉི་ཤུ་ཐམ་པ་བྱས་པ། ཕྱིན་ཆད་ཆག་ཕྲི་མེད་པར་དགོས། གཞན་ཡང་སྨན་བསྡུ་ཚུལ་དང་། སྨན་སྦྱོ་ཁ་དོག་ལྟར་བླུག་ཚུལ་འདི་ལྟར། སྦྱོ་དཀར་པོར། བྱང་སེམས་དཀར་པོ། མི་ཤ གླད་པ། རྒྱུངས་པ། སྒྲོག་

སྐུ་རབས་ལྔ་པ་ཐུབ་བསྟན་ཆོས་ཀྱི་རྡོ་རྗེའི་གསུང་ཚོམ།

ཆགས་དཀར་པོ་རྣམས་ཀྱི་ཤ་ཁྲག་སྙིང་སྣ། སྡེར་ཆགས་ཀྱི་ཤ་སྙེ་བྱུང་སེམས་དཀར་པོ་ནས། སྡེར་ཆགས་ཤའི་བར་དངོས་སྐྱེད་ན་རབ། ཡང་ན་སྦྱོན་སེལ་མེད་ཀྱི་ཐབ་རྒྱུན་བཟང་པོ་བཏང་། ཆོས་སྨན་ག་བུར་རིང་བསྲེལ། ཙུ་གང་། ཐལ་དཀར་རྡོ་རྗེ། ཙནྡན་དཀར་པོ་སོགས་སྨན་ཁ་དོག་དཀར་པོའི་རིགས། དུང་མུ་ཏིག་སོགས་རིན་པོ་ཆེ་དཀར་པོའི་རིགས། འབྲས་ནས་དཀར་པོ་སོགས་འབྲུ་དང་མེ་ཏོག་དཀར་པོའི་རིགས། སྤྲིས་དཀར། ཤེལ་དཀར། དཀར་གསུམ་སོགས་དཀར་པོའི་རིགས་ཐམས་ཅད། ཨ་རུ་ར་སོགས་སྣ་བའི་རིགས། བུ་རམ་སྦྲང་རྩི། རྒུན་འབྲུམ་སོགས་མངར་རིགས་ཐམས་ཅད། སྨན་ཁ་དོག་དཀར་ཤས་ཅན་དང་རྩ་བའི་རིགས་རྣམས་འབྲས་བུ་སོགས་སྨན་རྣམས་བསགས། སྦྱི་སེར་པོར་དྲི་ཆེན། བ་ལང་གི་ཤ སྲོག་ཆགས་དམར་སེར་གྱི་ཤ་ཁྲག་སྙིང་སྣ། རྨིག་པ་ཁ་སྦྲག་ཅན་གྱི་ཤ་སྦྱི་དྲི་ཆེན་ནས་འདིའི་བར་དངོས་སམ་ཡང་ན་སེལ་མེད་ཀྱི་རྒྱུན། དནྟི། ཨ་རུ་ར། ཨ་ག་རུ། ཨར་ནག་གཉིས། དུ་རུ་ཀ། ཤིང་མངར་སོགས་ཁ་དོག་དམར་སེར་གྱི་སྨན་རྣམས། གསེར་དང་སྦྱུར་ལེན་སོགས་རིན་ཆེན་སེར་པོའི་རིགས། གྲོ་དང་འབྲུ་སོགས་མེ་ཏོག་དམར་སེར་རིགས། ཤིང་ཏོག་སེར་པོའི་རིགས། སྤང་སྤྱིས་སོགས་དམར་སེར་རིགས་སུ་གྱུར་པ་ཐམས་ཅད། འཛིན་པ་ཏིག་ཏ་སོགས་རོ་ཁ་བའི་སྨན་ཐམས་ཅད་བསགས། སྦྱི་སྔོན་པོར། ཤ་སྣ་ཚོགས་ཁྱིའི་ཤ་སྐང་དམར་ཚིལ་དང་། ཀླད་དཀྲུད་ས་སྣ་ཚོགས། སྲོག་ཆགས་སྔོན་པོའི་རིགས་ཀྱི་ཤ་སྣ་སྙིང་སྣ་སོགས། ཤ་སྣ་འདི་བར་དངོས་སམ། ཡང་ན་སེལ་མེད་ཀྱི་ཐབ་རྒྱུན། སྙིང་ཞོ་ཤམ་ཁལ་མ་ཞོ་ཤ གླ་གོར་ཞོ་ཤ་ཅི་རྒ། ཀ་ཀོ་ལ་སོགས་ཁ་དོག་སྔོ་བའི་སྨན་རིགས། ཨུཏྤ་ལ། མུ་མེན་སོགས་རིན་ཆེན་སྔོན་པོའི་རིགས། འབྲུ་དང་མེ་ཏོག་ཤིང་ཏོག་སོགས་སྔོན་པོའི་རིགས། སེ་འབྲུ། སྟར་བུ། སེ་ཐང་། སྐྱུ་རུ་ར་སོགས་སྨན་སྐྱུར་བའི་རིགས་ཐམས་ཅད་བསག་གོ །སྦྱི་དམར་པོར། པདྨའི་རཀྟ། ཁྲག་སྣའི་རིགས། རྟ་དང་། རྨ་བྱའི་ཤ སྲོག་ཆགས་དམར་པོའི་རིགས་ཀྱི་ཤ་ཁྲག་སྙིང་སྣ་སྣེ་པད་རག་ནས་འདི་བར་སོགས།

སྐུ་རབས་ལྔ་པ་ཐུབ་བསྟན་ཆོས་ཀྱི་རྡོ་རྗེའི་གསུང་རྩོམ།

ཙནྡན་སྨུག་པོ། ལི་ཤི་སྐྱུ་རུ་ར། རྒུན་འབྲུམ། སྤང་སྤྲུ། སེ་རྒྱུ་ར། གཙྪ་རྩ་དྲ། རྩ་འབྲས་སོགས་ཁ་དོག་དམར་པོའི་སྨན་གྱི་རིགས། སྨ་སྐྱུ་ན་ལེ་ཤམ། པི་པི་ལིང་སོགས་རོ་ཚ་བའི་སྨན་རིགས། བྱུ་རུ། པདྨ་ར་ག་སོགས་རིན་ཆེན་དམར་པོའི་རིགས། འབྲུ་དང་མེ་ཏོག་དམར་པོ། ཤིང་ཏོག་དམར་པོ་སོགས་དམར་པོའི་རིགས་ཐམས་ཅད་བསགས། སྤྱི་ལྡང་གུར། དྲི་ཆུ་སྣ་ཚོགས། གླང་པོ་ཆེའི་ཤ གདོང་ཅན་གྱི་ཤ་རིགས། ཤང་ཤང་དམ་པ་ཕྱི་ཤ་སྣེ་དྲི་ཆུ་ནས་འདི་བར་དངོས་སམ་སོགས་འོ་མ། ཅང་ཞི། བྲག་ཞུན། གུར་གུམ། ལྕི་ལྕི་སོགས་དཀར་པོའི་དཔྱད་གུ་གུལ་དཀར་པོ། ཁ་དོག་ལྡང་བའི་རིགས། གཡུ་དང་མར་གད་སོགས་རིན་པོ་ཆེ་ལྡང་བའི་རིགས། འབྲུ་དང་མེ་ཏོག་ཤིང་ཏོག་སོགས་ལྡང་བའི་རིགས་ཐམས་ཅད་བསོག་གོ ། གཞན་ཡང་ཀཱཏྲ་རི་ཀ སློ་ཏི། དབང་ལག རྒྱ་མཚོའི་ལྦུ་བ། ལི་ག་དུར་སོགས་སྨན་དྲི་བཟང་པོ་ཧི་སླེད་དང་། དོང་གར་མཉེ། ཉེ་ཤིང་། ལྕུ་བ། དཀར་གསུམ། སེ་འབྲུ། རྒྱ་ཤུག ད་ཏྲིག་སོགས། ཞོ་དར། རྒྱ་སྤོས། རྒྱམ་སྤོས། ལྕེ་སྒྲོང་སྤོས། རྣ་སྤོས། ཁ་རུ་སྤོས། ཙབ་རུ་སྤོས། ཟེ་སྤོས། ཐལ་སྤོས། མཛེ་སྤོས། ཐལ་སྤོས། ཤིང་སྤོས། ཡ་བགླ་ར། བུལ་ཏོག བོང་ང་དཀར་པོ། རྡོང་ལེན། གསེར་མེ། དུག་མོ་ཉུང་། མཁྲིས་པ། སྐྱེར་པ། བ་ཤ་ཟ། བྲག་ཞུན། ཀྱི་ལྕེ། རེ་བཙའ་ལྒ། སྨ་གཤེར། ཤིང་ཀུན། སྤུབས་ཀ ལྕེ་སྤོས། རྣ་བ། ཙོང་། སྒོག་སྐྱ། ཨུ་ཏྤལ། ག་དུར། སྨུག་མོན། ཆ་ར། འོལ་བུམ། ཆུ་མ་རྩི། གཞན་ཡང་སྣང་ཞིང་སྲིད་པའི་སྨན་དང་། བཅུད་སོགས་བཟང་ཞན་མེད་པར་ཐམས་ཅད་བདུད་རྩི་སྨན་གྱི་རྫས་སུ་སྒྱུར་རུང་ངོ་། །ཞེས་གསུངས་པ་ལྟར་དགོས་འཚལ་ལོ། །དེ་ལས་ཀྱང་སྤྱང་ཀིའི་རིགས་རྣམས་མང་ཆེས་པ་མི་ལེགས་པར་གསུངས་པ་ནི ། སྤྱང་ཀིའི་རིགས་ནི ། སྒོག་པ། ཤིང་ཀུན། ཤུ་དག་ནག་པོ། བྱི་རུག་པ །རྩ་སླ་བ། རྩ་ཁྲེ་བྲུག ཟེར་བོང་གི་ཤ སོག་ཏོ་རོག་པོའི་ཤ མཛོ་དྲིལ་གྱི་ཤ མེ་ཏོག་སླུ་མ། མེ་ཏོག རི་ཤུ

སྨན་མའི་མེ་ཏོག གཞན་ཡང་དུག་རིགས་སྣ་ཚོགས། གཉན་གྱི་རིགས། ཐལ་ཚྭ། བ་ཚྭ། བོང་ང་ནག་པོ། དཀར་པོ། རྟོང་ལེན། སྤང་རྒྱན་སྔོན་པོའི་མེ་ཏོག་རྣམས་ཆེན་པོ་མི་བཏང་ཞིང་། སྤང་སྤོས་གླ་རྩི་ཡང་མ་མང་ན་དགའ་ཞིང་། བཟང་སྨན་ཁ་ཆེ་སོགས་ཅི་མང་གིས་བཟང་ངོ་། །ཁ་དོག་སེར་པོ་བསྒྱུར་ཚེ་ཡུངས་བ་ཞིབ་བཏགས་དང་དམ་རྩི་ཆེ་ཆུང་ཚོད་དང་བསྟུན་པས་དབང་ལག་གི་ཕྱེ་མ་ཡང་འདེབས་ཚོད་དགོས་ཤིང་། ཕབ་རྩི་ཞིམ་པོ་ཆང་ལྟར་འདེབས་རྒྱུ་དགོས་པ་གལ་ཆེ། ། ༄ གཉིས་པ་སྨན་ཁྲོལ་བུར་སྦྱབ་པ་ལ། རིགས་བརྒྱའི་སྦྱོང་བ་དང་། རིགས་ལྔའི་སྦྱོང་བ་དང་། རིགས་གཅིག་གི་སྦྱོང་བ་དང་གསུམ་ལས། ཐོག་མར་དམ་པ་རིགས་བརྒྱའི་སྦྱོང་བ་ནི ། དཀྱིལ་འཁོར་གྲུ་བཞི་སྒོ་བཞི་རྟ་བབ་ཅན། ཁྲམས་གྲུ་ཚད་གློ་འབུར་དང་བཅས་པའི་ནང་དུ་པདྨ་དམར་པོ་འདབས་བཞིའི་ལྟེ་བར། ཐྲགམ་ཡོག་མདུན་བསྟན་དང་། འདབས་བཞིར་ཡོག་ནང་བསྟན། ཕྱིའི་འཁོར་ཡུག་པད་རྡོར་མེའི་ར་བས་བསྐོར་བ་བྲིས་ལ། དེའི་སྟེང་དུ་སྨན་སྤྱོད་ནི ། དབུས་སུ་ཐོད་པ་སྐྱུབ་མེད་ཚངས་སྐུད་ཅན། ཤར་དུ་དཀར་ཐྲུམ་སུམ་འགྲེང་མཛོད་སྤུ་ཅན། ལྷོར་དུམ་གསུམ་ཤིང་ལོ་རྒྱས་པ། ནུབ་ཏུ་དུམ་གཉིས་སྨིན་མཚམས་གཉིས་ན་འབུར་ཡོད་པ། བྱང་དུ་དུམ་བཞི་སྦུབས་རྒྱ་གྲམ་ཅན། དེ་དག་གི་སྨན་ནི ། དབུས་སུ་དྲི་ཆེན། ཁྲི་ཤ དབང་པོ་ལྔ་ལས་སྙིང་། ཨ་རུ་ར། ཀ་ཀོ་ལ་སོགས་བཞག ཤར་དུ་བྱང་སེམས། བ་ལང་གི་ཤ མིག ག་བུར། དུ་རུ་ཀ་སོགས། ལྷོར་ཤའི་དྭངས་མ་གསུམ། རྟ་ཤ རྣ་བ། གུར་གུམ། རྡོ་རྗེ་སོགས། ནུབ་དུ། པད་རཀ ། བྲ་སྣ་ཚོགས་ཀྱི་ཤ ལྕེ། པདྨ། ཙནྡན་སོགས། བྱང་དུ། དྲི་ཆུ། རི་དྭགས་སྣ་ཚོགས་ཀྱི་ཤ སྣ། ལི་ག་དུར། གུ་གུལ་ལ་སོགས་ཏེ། སྨན་གཞན་རྣམས་རིགས་ལྔའི་ཕྱག་རྒྱའི་དབྱིབས་དང་ཁ་དོག་རོ་ནུས་སོགས། སོ་སོའི་ལས་ཀྱི་ཕྱེ་ནས་སྦྱོད་ལྟར་བཀོད་ཅིང་། མཚམས་བཞིར་ཡང་ཐོད་པའམ་སྣོད་ཇི་ལྟར་རིག་པ་ཤར་ལྷོ་ནས་རིམ་བཞིན། འོ་མ་དང་། རིན་པོ་ཆེ་དང་། ཆང་དང་། ཆུ་

རྣམས་བཞག དེ་རྣམས་ཀྱི་སྟེང་ནས་དར་གྱིས་གཡོགས་ཤིང་ཚོན་སྐུད་ཀྱིས་རྒྱ་གྲམ་དུ་བཏབ་པའི་སྟེ་ནས་གཟུངས་ཐག་འདྲེན་སོགས་སྤྱི་ལྟར་བྱའོ། །དེ་ནས་བདག་དང་མདུན་གྱི་སྨན་དཀྱིལ་དབྱེར་མེད་དུ་བསྒོམ་པ་ནི ། རྡོ་རྗེ་སློབ་དཔོན་སོགས། རཾ་ཡཾ་ཁཾ། ཐམས་ཅད་སྟོང་ཉིད་ནམ་མཁའི་ངང་། །བྷྲཱུཾ་ལས་རིན་ཆེན་སྣོད་ནང་དུ། །ཨོཾ་ལས་ཕྱི་ནང་མཆོད་པའི་ཚོགས། །སོ་སོའི་ལྷ་མོའི་རོལ་བ་བཅས། །རབ་འབྱམས་ནམ་མཁའ་གང་བར་གྱུར། །བཛྲ་ཨམྲྀཏ་སོགས་ནས་ཤབྡ་པྲ་ཏཱིཙྪ་ཨཱཿ ཧཱུྃ། ཧཱུྃ། ཨོ་རྒྱན་ཡུལ་གྱི་སོགས། གདོད་ནས་རྣམ་དག་སོགས། དུས་གསུམ་རྒྱལ་ཀུན་སོགས། དྲི་མེད་མཁྱེན་པའི་སོགས། ཨོཾ་སྭ་བྷཱ་ཝ་སོགས། སྟོང་པའི་ངང་ལས་དབྱིངས་དང་ཡེ་ཤེས་གཉིས་སུ་མེད་པའི་རྩ་བ་བྱང་ཆུབ་ཀྱི་སེམས་ཉིད་བསྐྱེད་པ་ཅན་གྱི་ཐུགས་ཨེ་ཡཾ་རཾ་སུཾ་ཀཾ་རཾ་ཞེས་བརྗོད་པའི་རྐྱེན་གྱིས་རྟེན་གཞལ་ཡས་ཁང་མཚན་ཉིད་རྫོགས་པའི་ནང་དུ་བརྟེན་པ་ལྷའི་ངོ་བོ། ཧཱུྃ་ཧཱུྃ་ཧཱུྃ་བཛྲ་ཙིཏྟ། ཨ་ཨ་ཨ་བཛྲ་ཀླ་ཏྲས་མནྟྲ་ཨ། ཞེས་བརྗོད་པའི་རྐྱེན་གྱིས་དབུས་སུ་དཀྱིལ་འཁོར་གྱི་བདག་པོ་ཀུན་ཏུ་བཟང་པོ་ཡབ་ཡུམ་མཐིང་ག དེའི་མདུན་དུ་མི་བསྐྱོད་པ་ཡབ་ཡུམ་མཐིང་ག པད་འདབས་བཞིར་རིགས་བཞི། སྒོ་འབུར་དང་གྲུ་ཆད་ལ་སེམས་དཔའ་ཡབ་ཡུམ། ཁྱམས་ཀྱི་ཤར་ནུབ་ཏུ་ཀུན་བཟང་ཡབ་ཡུམ། ཁྱམས་ཀྱི་ཕྱོགས་མཚམས་རང་རང་གི་གནས་རྣམས་སུ་ཐུབ་པ་དྲུག སྒོ་བཞིར་མཐར་བྱེད་ཡབ་ཡུམ་བཅས་བཞི་བཅུ་རྩ་གཉིས་ཞི་བའི་དཀྱིལ་འཁོར་བཀྲ་ལམ་གྱིས་གསལ་བར་གྱུར། ཨོཾ་མ་ཧཱ་ཤཱུ་ནྱ་ཏ་ཛྙཱ་ནཿ ཨ་དརྴཿ ས་མ་ཏཿ པྲ་ཏེ་བེ་ཀྵཿ ཀྲི་ཏེ་ནུཥྛ་སོགས། ཨོཾ་སརྦ་ཏ་ཐཱ་ག་ཏ་མ་ཧཱ་ཀཱ་ཡ་བཛྲ་སོགས། ཙཀྲ་སོགས། ཙིཏྟ་སོགས། བཛྲ་ས་མ་ཡ་ཛཿ། ཨོཾ་ཨེ་ཧྱེ་ཧི། ཛཿཧཱུྃ་བཾ་ཧོཿ ཀཱ་ཡ་ཝཱཀ་ཙིཏྟ་ཏིཥྛ་བཛྲ། ཨོཾ་ན་མ་སརྦ་ཏ་ཐཱ་ག་ཏ་བྷྱོ་སོགས། ཨོཾ་ཨ་ཧ་ར་ཨ་ཧ་ར་སོགས་དང་། ཨོཾ་ཤྲཱི་བཛྲ་ར་ག་ཧཱུྃ་བེ་ཤྲུ།

དེ་བཞིན་ལ། པུཥྤེ་པུ། ཨཱ་ལོ་ཀེ་ཧྲཱིཿ གནྡྷེ་གན། ཧཱུྃ། གསལ་འཚེར་ལྷུན་སྟུག་གཟི་བརྗིད་འོད་ཟེར་འབར། །མཉེན་ལྷུག་འཁྲིལ་ལྡེམ་གཞོན་ཚུལ་ཞི་བའི་སྐུ། །མཚན་དང་དཔེ་བྱད་རྒྱན་རྣམས་མཛེས་ཚུལ་ལྡན། །ཞི་བ་བཞི་བཅུ་གཉིས་ལ་ཕྱག་འཚལ་བསྟོད། །འགྲེལ་ཆུང་ལས་ཁྲུས་བྱ་བ་ནི་སྨན་གྱི་སྲུང་མ་རྣམས་དགའ་བར་བྱས་ནས་རྟོག་པ་གསོལ་བའོ་ཞེས་པས་སྨན་སྲུང་སྤྱན་འདྲེན་ནི་དར་སྣས་གཡབ་ཅིང་སྤོས་རོལ་དང་བཅས་པས། ཧཱུྃ། རྩི་དང་སྨན་གྱི་བདག་པོ་དང་། །རྟགས་ལྡན་རིག་འཛིན་བྲན་མོ་དག །རོལ་མོའི་ཆ་བྱད་མང་པོས་འབོད། །འདིར་གཤེགས་བཅུད་ལེན་དངོས་གྲུབ་སྩོལ། །ཞེས་སྤྱན་དྲངས་པས་སྨན་གྱི་ཕོ་བྲང་སྟེང་གི་ནམ་མཁར་སྤྲིན་འཁྲིགས་པ་ལྟར་བྱོན་ནས་བཞུགས་པར་མོས་ལ། རྟོག་བསལ་ནི། བྱིན་གྱིས་བརླབས་པའི་བདུད་རྩི་འཁོར་ཞིང་། ཧཱུྃ། ཚངས་དང་དྲང་སྲོང་གཙང་མ་ཟ། །ལྷ་ཀླུ་བྲམ་ཟེའང་གཙང་མ་ཟ། །དེ་དག་གྲོལ་བར་ངས་མ་བཤད། །བདུད་རྩི་དག་པ་ཡེ་ཤེས་ལྔ། །རིགས་ལྔ་སྐུ་ལྔ་ལྷུན་གྲུབ་ཡིན། །གཉིས་མེད་རྟོགས་པའི་ཐབས་མཁས་ཀྱིས། །གཙང་དམེ་མེད་པར་ཀུན་སྤྱོད་ན། །དེ་དག་གྲོལ་བར་ངས་བཤད་དོ། །ཅེས་པས་གཙང་དམེའི་གཉིས་འཛིན་དག་ནས་སྨན་སྲུང་རྣམས་དངོས་གྲུབ་སྩོལ་བར་དགྱེས་བཞིན་དུ་བཞུགས་པར་གྱུར། འཛབ་ཁང་དབྱེ་བ་ནི། ཧཱུྃ་བི་ཤྭ་བི་ཤུདྡྷེ་ཀ་པ་ལ་ཧཱུྃ་ཕཊ་ཛཿ ཧཱུྃ་ཨོཾ་སྭཱ་ཨཱཾ་ཧཱ་ཕཊ་ཛཿ ཧཱུྃ་ཧ་ཧེ་ཕཊ་ཧྲཱི་ར་ཕཊ་ཛཿ ཧིང་ངེ་འཛིན་གྱི་དཀྱིལ་འཁོར་ལས་རང་བཞིན་གྱི་དཀྱིལ་འཁོར་བརྟེན་པར་བཅས་པ་ཡོངས་སུ་ཕྱེ་ནས་མདུན་གྱི་ནམ་མཁར་མེ་རི་འདབས་འབྱར་གྱི་ཚུལ་དུ་བཞུགས་པར་གྱུར། ལྷ་འཛབ་ནི། གསང་ཆེན་སྨུར་ལམ་ལས། ལྷ་ཚོགས་ཐུགས་ཀར་རང་འདྲའི་ཡེ་ཤེས་སེམས། །གསལ་བརྟན་འགྱུར་མེད་ཐུགས་ཀྱི་དཔལ་

ཐེའུར། །ཀླུ་སྟེང་ཏིང་འཛིན་སེམས་དཔའ་ཡིག་འབྲུའི་གཟུགས། །དྭངས་གསལ་འོད་འཕྲོས་སྔགས་ཀྱི་ཕྲེང་བས་བསྐོར། །རང་སྒྲོག་ཡིག་འབྲུའི་ཟེར་གྱིས་ཐུགས་རྒྱུད་བསྐུལ། །ལྷ་ཚོགས་ཐུགས་ལས་འོད་འཕྲོས་རྒྱལ་བ་མཆོད། །སྐུ་གསུང་ཐུགས་ཀྱི་བྱིན་རླབས་དངོས་གྲུབ་བསྡུས། །མདུན་བསྐྱེད་ལྷར་ཐིམ་གཟི་བྱིན་མཆོག་ཏུ་འབར། །དྭངས་མའི་འོད་ཟེར་འཁོར་འདས་ཁྱབ་པར་བརྡལ། །མ་དག་དངོས་འཛིན་ཡེ་ཤེས་འཁོར་ལོར་བསྒྱུར། །ཞེས་དམིགས་པའི་འཕྲོ་འདུ་དང་སྦྱར་ཏེ་ཞི་བ་བཞི་བཅུའི་སྔགས་འཛབ་དང་། སྤྱི་འཛབ། ཨོཾ་བོ་དྷི་ཙིཏྟ་མ་ཧཱ་སུ་ཁ་ཛྙཱ་ན་དྷཱ་ཏུ་ཨཱ། ཞེས་བརྒྱ་རྩ་བརྒྱད་བཟླས། དེ་ནས་བསྡུ་རིམ་ནི། ཧཱུྃ། ཞེས་བརྗོད་པའི་བདག་མདུན་གྱི་ཐུབ་པ་དྲུག་བྱ་བྱེད་གཉིས་ལ་ཐིམ། བྱ་བྱེད་གཉིས་མི་བསྐྱོད་པ་ལ་ཐིམ། རིགས་ལྔ་ཡབ་ཡུམ་སེམས་དཔའ་ཡབ་ཡུམ་དང་། མཐར་བྱེད་བཞི་བཅས་རང་རང་གི་ཡུམ་ལ་ཐིམ་ཏེ་ཐམས་ཅད་གཙོ་བོ་ཀུན་བཟང་ཡབ་ཡུམ་ལ་ཐིམ་ཀུན་བཟང་ཡབ་ཡུམ་ཀྱང་མཐར་མི་དམིགས་སྤྲོས་བྲལ་གྱི་ངང་ལ་མཉམ་པར་བཞག སླར་ཡང་སྐད་ཅིག་གིས་རྟེན་འབར་བའི་གཞལ་ཡས་ཁང་ཁྱམས་ཉིས་རིམ་ཅན་དང་། བརྟེན་པ་ཞི་བའི་ལྷ་ཚོགས་ཁྲག་འཐུང་ཁྲོ་བོ་ངོ་མཚར་ཚོགས་ཀྱི་ལྷར་གསལ་བ་ནི། སྤྲོ་ཞིང་ནུས་ན་ཞི་བའི་ལྷ་ཚོགས་ཐམས་ཅད་ཀྱི་བསྐྱེད་སྔགས་ལན་རེ་བརྗོད་པར་གསུངས་ཀྱང་། འདི་སྐབས་སུ་གཙོ་བོའི་བསྐྱེད་སྔགས་བརྗོད་པ་ཙམ་གྱིས་ཆོག་ཤེས་པའི་དབང་དུ་བྱས་ཏེ། ཨོཾ་ཨ་ཀྲ་མ་ཧཱ་ཤྲཱི་ཧེ་རུ་ཀ་ཧཱུྃ། ཀ་ཏ་མ་ཧཱ་ཀྲོ་དྷི་ཤྭ་རུ་ཧཱུྃ་ཕཊ༔ ཞེས་བརྗོད་པའི་རྐྱེན་གྱིས། ཧཱུྃ། ཞི་བ་གནས་གྱུར་ཆེ་མཆོག་ཧེ་རུ་ཀ །གནམ་ཞལ་ཡུམ་དང་དབང་མཆོག་ཡབ་དང་ཡུམ། །རྒྱུད་ལུང་ཁྲག་འཐུང་ཁྲོ་བོ་ཡབ་ཡུམ་དགུ། །གནས་ཡུལ་མ་མོ་དབང་ཕྱུག་སྒོ་སྐྱོང་སོགས། །ཁྲག་འཐུང་ཁྲོ་བོའི་

དཀྱིལ་འཁོར་ལྷ་ཚོགས་ནི ། །གར་དགུའི་ཉམས་ལྡན་དུར་ཁྲོད་ཆས་ཀྱིས་བརྒྱན། །བསྐལ་པའི་མེ་བཞིན་བཟོད་དཀའི་གཟི་བརྗིད་འབར། །ཁྲག་འཐུང་དཀྱིལ་འཁོར་ཆེན་པོར་ལྷུན་གྱིས་གྲུབ། །ཧཱུྃ་ཨོཾ་སྭཱ་ཨཾཿཧཱ། ཨོཾ་ཨཱཿཧཱུྃ། བཛྲ་ས་མ་ཛཿ ཛཿཧཱུྃ་བཾ་ཧོཿ མཆོད་པ་ནི། ཧཱུྃ། བླ་མེད་མཆོག་གི་མཆོད་པ་དམ་པ་འདི། །ཡེ་ཤེས་ལྷ་ཡི་འོད་ཟེར་རྣམ་པར་འཕྲོ། །འདོད་པའི་ཡོན་ཏན་ལྷ་ཡི་རབ་བརྒྱན་ཏེ། །དམ་ཚིག་རྒྱན་གྱི་གཏོར་མ་བཞེས་སུ་གསོལ། །བསྟོད་པ་ནི། ཧཱུྃ། སྒེག་པ་དཔའ་བ་འཇིགས་སུ་རུང་བ་དང་། །རྒོད་དང་གཤེ་དང་འཇིགས་པར་སྟོན་པ་དང་། །སྙིང་རྗེ་རྔམས་དང་ཞི་བ་གར་དགུ་ལྡན། །ཁྲག་འཐུང་ཁྲོ་བོའི་ཚོགས་ལ་ཕྱག་འཚལ་བསྟོད། །འཛབ་ནི། ལྷ་ཚོགས་ཐུགས་ཀར་རང་འདྲའི་ཡེ་ཤེས་སེམས། །གསལ་བརྟན་འགྱུར་མེད་ཐུགས་ཀྱི་དཔལ་བེའུར། །ཉི་སྟེང་ཏིང་འཛིན་སེམས་དཔའ་ཡིག་འབྲུའི་གཟུགས། །སྔགས་གསལ་འོད་འཕྲོ་སྔགས་ཀྱི་ཕྲེང་བས་བསྐོར། །རང་སྒྲོག་ཡིག་འབྲུའི་ཟེར་གྱིས་ཐུགས་རྒྱུད་བསྐུལ། །ལྷ་ཚོགས་ཐུགས་ལས་འོད་འཕྲོས་རྒྱལ་བ་མཆོད། །སྐུ་གསུང་ཐུགས་ཀྱི་བྱིན་རླབས་དངོས་གྲུབ་བསྡུས། །མདུན་བསྐྱེད་ལྷ་ཐིམ་གཟི་བྱིན་མཆོག་ཏུ་འབར། །སྔགས་མའི་འོད་ཟེར་འཁོར་འདས་ཁྱབ་པར་བརྡལ། །མ་དག་དངོས་འཛིན་ཡེ་ཤེས་འཁོར་ལོར་བསྒྱུར། །ཁྲོ་འཛབ་ནི། ཨོཾ་རུ་ལུ་རུ་ལུ་ཧཱུྃ་བྷྱོ་ཧཱུྃ། ཞེས་བརྒྱ་རྩ་བརྒྱད་བཟླའོ། །དེ་ནས། བདག་བསྐྱེད་ཀྱི་ཐུགས་ཀ་ནས་སྔགས་ཀྱི་འོད་ཟེར་གཟུངས་ཐག་ལ་འཁྲིལ་ཏེ་སོང་བས་ལྷ་རྣམས་ཀྱི་ཐུགས་བརྒྱུད་བསྐུལ། །དེ་དག་གི་སྐུ་ལས་འཕྲོས་པའི་འོད་ཟེར་དང་། སྔན་སྲུང་རྣམས་ཀྱིས་ཀྱང་བརྟན་གཡོའི་འཁོར་འདས་ཀྱི་རྩི་བཅུད་ཐམས་ཅད་བསྡུས་པ་བྱང་སེམས་བདུད་

སྤྱིའི་ཆུ་རྒྱུན་དུ་ཞུ་བ་བདུད་རྩིའི་དཀྱིལ་འཁོར་ལ་ཐིམ་པར་མོས་ལ། གཟུངས་ཐག་ལ་འཛུམ་ཏེ། ཁྲོལ་བུར་སྒྲི་སྒྲོང་གི་སྙིང་པོ། ཨོཾ་ཨཱཿཧཱུྃ་སརྦ་པཉྩ་ཨ་མྲྀ་ཏ་ར་ས་ཡ་ན་ཏ་ན་ཛ་ཡ་གུ་ཧྱ་སིདྡྷི་ཧཱུྃ་ཧྲཱིཿ B། ཞེས་སྟོང་ཚར་བར་བཟླས་མཐར། ཀུན་བཟང་ཞབས་བསིལ་བཞི་བསྐོལ་གྱིས་མཆོད། ཐུན་བསྡུ་བ་ནི། འཁོར་རྣམས་འོད་དུ་ཞུ་ནས་རིགས་ལྔ་ལ་ཐིམ། རིགས་ལྔ་ཡབ་ཡུམ་རྗེས་ཆགས་ཀྱིས་བདེ་བ་ཆེན་པོའི་ངོ་བོར་ཞུ་བ་དམ་རྫས་དང་རོ་གཅིག་ཏུ་གྱུར་པར་བསམ་མོ། གཉིས་པ་དེ་ཉིད་རིགས་ལྔའི་འཇུ་འདུལ་བྱ་བ་ནི་སྣན་རྣམས་ཕྱོགས་བཞི་དབུས་དང་ལྔའི་སྣོད་དུ་བསྡུས་ཏེ། དབྱིངས་ཡེ་གཉིས་མེད་ལས་རྟེན་གཞལ་ཡས་ཁང་གི་དབུས་སུ་སྣོད་ཀ་པཱ་ལ་ལྔའི་ནང་དུ་པད་ཟླ་ཉི་མ་ལ་གནས་པའི་དམ་རྫས་བདུད་རྩི་ལྔ་པོ་དཔའ་བོ་འབྲུ་ལྔར་གྱུར་པ་སྤྲོ་བསྡུས་དེ་བཞིན་གཤེགས་པ་རིགས་ལྔ་ཡབ་ཡུམ་གྱི་སྐུ་བཀྲ་ལམ་གྱིས་གསལ་བར་མོས་ལ། བསྐུར། རླབས། དབབ། དྲངས། བསྟིམ། བརྟན། མཆོད་ནས། ཧཱུྃ་བི་ཤྭ་བི་ཤུདྡྷེ་ཕཊ་ཛ། ཧཱུྃ་ཨོཾ་སྭཱ་ཨཱཾ་ཧཱ་ཕཊ་ཛ། ཧཱུྃ་ཧ་ཧེ་ཕཊ་བྷྲཱུྃ་རཾ་ཕཊ་ཛཿ བཟླས་དམིགས། ལྷ་ཚོགས་རྣམས་ཀྱིས་ཐུགས་སྒྲོག་སྔགས་ཕྲེང་ལས་འོད་ཟེར་འཕྲོས་རྒྱལ་བ་རྣམས་མཆོད། སྐུ་གསུང་ཐུགས་ཀྱི་བྱིན་རླབས་དངོས་གྲུབ་ཐམས་ཅད་བསྡུས། མདུན་བསྐྱེད་ཀྱི་ལྷར་ཐིམ་གཟི་བྱིན་མཆོག་ཏུ་འབར་དྭངས་མའི་འོད་ཟེར་འཁོར་འདས་ཀུན་ལ་ཁྱབ་པས་མ་དག་པའི་དངོས་འཛིན་ཐམས་ཅད་ཡེ་ཤེས་འཁོར་ལོར་བསྒྱུར་བར་གྱུར། ཧཱུྃ་བཛྲ་ཧྲིཀ། སུཾ་བྷ་ཏུ་ཤྭ་རི། ཨོཾ་ཛི་ན་ཛིཀ། ལམ་ཏེ་ཤྭ་ར་ཏི། སྭཱ་རཏྣ་ཧྲིཀ། མཾ་མོ་ཧྲ་ར་ཏི། ཨཱཾ་ཨ་རོ་ལིཀ། པཾ་ར་ག་ར་ཏི། ཧྲ་པྲཀྵཱ་ཧྲིཀ། ཏཾ་བཛྲ་ར་ཏི། ཞེས་རིགས་ལྔའི་འཛབ་བརྒྱ་རྩ་བརྒྱད་བཟླས་རྗེས། བདག་གི་ཐུགས་ཀའི་འོད་ཀྱི་བསྐུལ་བས་མདུན་བསྐྱེད་ཀྱི་རིགས་ལྔ་ཡབ་ཡུམ་མཉམ་པར་སྦྱོར་བའི་བདེ་

བའི་སྒྲ་དང་འོད་ཟེར་གྱིས་དོན་གཉིས་བྱས། ཡེ་ཤེས་ལྷའི་བཅུད་བསྡུས་པ་ཡབ་ཡུམ་གྱི་སྦྱོར་མཚམས་ནས་བབས་ཏེ་ཡེ་ཤེས་ཀྱི་བདུད་རྩི་མུ་ཏིག་དཀར་པོ་དྲི་མ་མེད་པ་ལྟར་འཁྱིལ་བར་མོས་ལ། ཨོཾ་ཨཱཿཧཱུྃ་སྭཱ་ཧཱ་ཛྙཱ་ན་པཉྩ་སྭ་ར་ཋ་ཕཊ། སཾ་ཧ་ར་ཋ་ཧཱུྃ། ཞེས་སྟོང་བཟླ་ཞིང་། ཐུན་བསྡུ་བ་ནི། རིགས་ལྔ་ཡབ་ཡུམ་རྗེས་ཆགས་བདེ་བ་ཆེན་པོའི་ངོ་བོར་ཞུ་བ་དམ་རྫས་དང་རོ་གཅིག་ཏུ་གྱུར། དེ་ནས་གསང་ཆེན་རིགས་གཅིག་གི་སྨན་ཐམས་ཅད་སྣོད་གཅིག་ཏུ་བསྡུས་ཏེ། དབྱིངས་དང་ཡེ་ཤེས་གཉིས་མེད་ལས་ཧཱུྃ་ཞེས་བརྗོད་པས་རྡོ་རྗེ་སེམས་དཔའ་ཡབ་ཡུམ་དུ་བསྒོམས་ལ། བསྐུར། རླབས། དབབ་དྲངས། བསྟིམ། བརྟན། མཆོད། ཧཱུྃ་བི་ཤྭ་བི་ཤུདྡྷེ་ཕཊ་ཛཿཧཱུྃ་ཨོཾ་སྭཱ་ཨཱཾ་ཧཱ་ཕཊ་ཛ། ཧཱུྃ་ཧ་ཧེ་ཕཊ་བྷྲཱུྃ་ཕཊ་ཛཿ རྡོ་རྗེ་སེམས་དཔའ་ཡབ་ཡུམ་གྱི་ཐུགས་སྲོག་སྔགས་ཕྲེང་ལས་འོད་ཟེར་འཕྲོས་དོན་གཉིས་བྱས་སྐུ་གསུང་ཐུགས་ཀྱི་བྱིན་རླབས་བསྡུས། མདུན་བསྐྱེད་ཀྱི་ལྟར་ཐིམ་པས་གཟི་བྱིན་མཆོག་ཏུ་འབར། དྭངས་མའི་འོད་ཟེར་འཁོར་འདས་ལ་ཁྱབ་པས་མ་དག་པའི་དངོས་འཛིན་ཡེ་ཤེས་ཀྱི་འཁོར་ལོར་བསྒྱུར་བར་གྱུར། ཧཱུྃ་བཛྲ་ཧྲིཏྲཿ མཱུྃ་ཧྲཱ་ཏུ་ཤྭ་རིཿ ཨོཾ་བཛྲ་སཏྭ་ཨཱཿ བརྒྱ་རྩ་བཟླའོ། །དེ་ནས། བདག་བསྐྱེད་ཀྱི་ཐུགས་ཀ་ནས་སྔགས་ཀྱི་འོད་ཟེར་འཕྲོས་དོན་གཉིས་བྱས་སྐུ་གསུང་ཐུགས་ཀྱི་གཟུངས་ཐག་ལ་འཁྲིལ་ཏེ་སོང་བས་ལྷ་རྣམས་ཀྱི་ཐུགས་བརྒྱུད་བསྐུལ། དེ་དག་གི་སྐུ་ལས་འཕྲོས་པའི་འོད་ཟེར་དང་། སྨན་སྲུང་རྣམས་ཀྱིས་ཀྱང་བརྟན་གཡོ་འཁོར་འདས་ཀྱི་རྩི་བཅུད་ཐམས་ཅད་བསྡུས་པ་བྱང་སེམས་བདུད་རྩིའི་ཆུ་རྒྱུན་དུ་ཞུ་བ་བདུད་རྩིའི་དཀྱིལ་འཁོར་ལ་ཐིམ་པར་མོས་ལ། ཨོཾ་ཨཱཿཧཱུྃ་སྭཱ་ཧཱ་ཛྙཱ་ན་བཛྲ་ཨ་མྲྀ་ཏ་ས་མ་ཡ་སྭཱ་ཧཱ། ཞེས་སྟོང་བཟླས་ལ། ཐུན་བསྡུ་བ་ནི། རྡོ་རྗེ་སེམས་དཔའ་ཡབ་ཡུམ་རྗེས་ཆགས་ཀྱི་བདེ་བ་ཆེན་པོའི་ངོ་བོར་ཞུ་བ་དམ་རྫས་

དང་རོ་གཅིག་ཏུ་གྱུར། དེ་ནས་ཚོགས་གྲྭ་སོ་སོའི་འདུས་པ་རྣམས་ཚོགས་ཐུལ། ༼ཛ༽ རྒྱུན་བཀོད་བསྐོར་བ་ལན་གསུམ། རྒྱུན་བཀོད།བྱིན་འབེབས། མ་ཏྃ་བསྒྲལ་བ། གསུམ་པ། རྟགས་གདབ་ལ་སྔོང་ཐུན་དང་། རྟགས་གདབ་དངོས་གཉིས་ལས། དང་པོ་ནི། སྔོན་དཔལ་ཆེན་པོས་བདུད་དཔུང་རུ་ཏྲ་སྡེ་དང་བཅས་པ་བསྒྲལ་ཏེ་ཁོ་རང་གི་ཆས་རྣམས་རྒྱལ་བྱེད་དཔའ་རྟགས་སུ་སྐུ་ལ་གསོལ་བས་དཔལ་དང་། དུར་ཁྲོད་ཀྱི་ཆས་འདི་དག་དཔའ་བོ་རྡོ་རྗེ་རྒྱལ་པོའི་སྐུ་ལ་བཞེངས་པས་མ་མོ་མཁའ་འགྲོ་དཔའ་བོ་དམ་ཅན་རྒྱ་མཚོའི་ཚོགས་ཀྱི་རྗེ་དཔོན་དང་། རང་རང་གི་སྡེ་ཚན་དུ་ཞེས་ནས་གུས་ཤིང་གཙུག་ཏུ་བཀུར་བའི་དགོས་པ་ཡོད་པས་བཞེས་པར་ཞུ། རྟགས་གདབ་དངོས་ནི། འདུས་མདོའི་སྐབས་ཁོག་ཏུ་ཡོད་པ། ཐོག་མར་མགྲིན་པར་ཞག་གི་ཐྲེ་རིས་ལྷ་གམ་དུ་གདབ་ཅིང་། ཧཱུྃ། ཆོས་རྣམས་ཡེ་ནས་གཉིས་མེད་པའི། །བྱང་ཆུབ་སེམས་སུ་གཅིག་པའི་ཕྱིར། །ཞག་གི་ཐྲེ་རིས་མཚན་མ་ནི། །ཧེ་རུ་ཀ་ཡི་གནས་བཅུ་དང་། །དུར་ཁྲོད་ཆེན་པོའི་གནས་བརྒྱད་དུ། །སངས་རྒྱས་ཀུན་དང་གཅིག་པའི་ཕྱིར། །འདི་ཡང་སྔོན་གྱི་དམ་ཚིག་ལགས། །འདི་ཡང་རྟགས་ཀྱི་ཕྱག་རྒྱའོ། །ཨོཾ་མ་ཧཱ་སྨྲི་ཏི་མཏྲ་ལ་ཧཱུྃ། དཔྲལ་བར་ཐལ་ཆེན་གྱི་ཚོམ་བུས་རྩེ་གསུམ་རིས་སུ། ཧཱུྃ། ཆོས་རྣམས་ཡེ་ནས་གཉིས་མེད་པའི། །བྱང་ཆུབ་སེམས་སུ་གཅིག་པའི་ཕྱིར། །ཐལ་ཆེན་ཚོམ་བུའི་མཚན་མ་ནི། །ཧེ་རུ་ཀ་ཡི་གནས་བཅུ་དང་། །དུར་ཁྲོད་ཆེན་པོའི་གནས་བརྒྱད་དུ། །གིང་ཆེན་ཀུན་དང་གཅིག་པའི་ཕྱིར། །འདི་ཡང་སྔོན་གྱི་དམ་ཚིག་ལགས། །འདི་ཡང་རྟགས་ཀྱི་ཕྱག་རྒྱའོ། །མ་ཧཱ་གཱིཾ་ནི་རི་ཏི་རྗྭ་ལ་མཏྲ་ལ་ཧཱུྃ། དཔྲལ་གོས་མཁྱུར་ཚོམ་བཞིར་རཀྟའི་ཐིག་ལེ། ཧཱུྃ། ཆོས་རྣམས་ཡེ་ནས་གཉིས་མེད་པའི། །བྱང་ཆུབ་སེམས་སུ་གཅིག་

པའི་ཕྱིར། །རཏྣའི་ཐིག་ལེའི་མཚན་མ་ནི། །ཧེ་རུ་ཀ་ཡི་གནས་བཅུ་དང་། །དུར་ཁྲོད་ཆེན་པོའི་གནས་བརྒྱད་དུ། །མཁའ་འགྲོ་ཀུན་དང་གཅིག་པའི་ཕྱིར། །འདི་ཡང་སྔོན་གྱི་དམ་ཚིག་ལགས། །འདི་ཡང་རྟགས་ཀྱི་ཕྱག་རྒྱའོ། །ཨོཾ་མ་ཧཱ་རཏྣ་ཧི་ལ་ཀ་མནྟྲ་ལ་ཧཱུྃ། ཞེས་རྗེས་ཟློས་ཀྱིས་བྱུག་པའི་རྫི་གསུམ་སློབ་དཔོན་ལ་ཕུལ་ཞིང་། མཐར་བྱང་འདྲེན་པས་འཇམ་རོལ་ནང་རྒྱལ་ཐེབས་ལས་རྫོར་བཅས་ཀྱི་སྒྲུབ་པ་པོ་རྣམས་ལ་རྟགས་གདབ། བཞི་པ་རྟགས་བཙོགས་སྦྲུལ་གསུམ་ནི། དཔོན་སློབ་ཀུན་གྱིས་ཞྭ་བཞེས། བྱང་འདྲེན་སིལ་སྙན། མཆོད་ཟ།གཞན་རྣམས་དྲིལ་བཅས་བཞེངས། རྡོ་རྗེ་རྒྱལ་པོའི་ཕྱག་གིས་གཡས་མཆོག་གི་རྣམ་སྣ་དང་། གཡོན་དྲིལ་རྒྱལ་ཐེབ་རྣམས་དང་ལས་རྫོར་བཅས་གཡབ་དྲིལ་ཐོགས་ཏེ་དཀྱིལ་འཁོར་ཤར་ནས་བཞེངས། མཆོད་གཡོག་གིས་སྤྲུར་སྤོས་བསྒྲིགས་ཅིང་། ཨོཾ་རུ་ལུ་རུ་ལུ་ཧཱུྃ་བྷྱོ་ཧཱུྃ་ཕཊ༔ ཞུགས་དབྱངས་ལན་གསུམ་མཐར། འཇམ་རོལ། བཤུག་པ་བཞི་འབུད་འཁྲུག་ཅན་བཅས། སློབ་དཔོན་དང་རྒྱལ་ཐེབ་རྣམས་ཀྱི་རྣམ་སྣ་དང་གཡབ་དར་གཡབ་ཅིང་དཀྱིལ་འཁོར་ལ་གཡས་སུ་ལན་གསུམ་བསྐོར་ནས།སློབ་དཔོན་དཀྱིལ་འཁོར་གྱི་མདུན་ཁྲིའུ་ཁར་བཞུགས། གཞན་ཡང་རྒྱལ་ཐེབ་རྣམས་དང་ལས་རྫོར་བཅས་གཡས་གཡོན་དུ་བཞེངས་ལ་འདུས་པ་རྣམས་རང་གྲལ་དུ་བཞེངས། དུང་ཆེན། རོལ་ཐང་། རྐང་གསུམ་ནས་རྣམ་སྣ་སོགས་གཡབ་ཅིང་ཟིལ་འབེབས་མཐར་སུམ་བརྡུང་གྱིས། ཧཱུྃ། མི་མཇེད་དབྱིངས་ན་བཞུགས་པ་ཞི་ཁྲོའི་ཚོགས༔ བཞེངས་ཤིག་བཞེངས་ཤིག་ཆོས་ཀྱི་དབྱིངས་ནས་བཞེངས༔ བསྐྱལ་ལོ་བསྐྱལ་ལོ་སེམས་ཅན་དོན་ལ་བསྐྱལ༔ མཇོད་ཅིག་མཇོད་ཅིག་དྲག་པོའི་འཕྲིན་ལས་མཇོད༔ ཆོས་སྐུ་ཞི་བའི་ངང་ལས་མ་གཡོས་ཀྱང་༔ གཟུགས་སྐུ་འཇིགས་པའི་ཆ་ལུགས་རྗོགས་མཛད་ཅིང་༔ ཕྱོགས་བཅུ་དུས་གསུམ་བདེ་གཤེགས་ཞི་ཁྲོ་དང་༔ སྒྲུབ་པ་བཀའ་བརྒྱད་ལྷ་ཚོགས་ཐུགས་དམ་ཅན༔ མི་

མངོན་དབྱིངས་ནས་འདིར་གཤེགས་ཐུགས་དམ་བསྐུལ༔དྲག་པོའི་ཕྲིན་ལས་མཛད་པའི་དུས་ལ་བབ༔ ཐུགས་དམ་ཐུགས་རྗེས་དགྲ་བགེགས་མྱུར་དུ་སྒྲོལ༔ ཅེས་བཏང་བའི་མཐར་རོལ་ཐེལ་འབེབ་བཞག་རོལ་བྱ། སློབ་དཔོན་རྒྱལ་ཐེབ་རྣམས་ཀྱི་གཡབ་དྲིལ་སོགས་ཞུ་ནས། དཀྱིལ་འཁོར་གྱི་ཤར་ནས་ཞལ་དཀྱིལ་འཁོར་ལ་ཕྱོགས་པར་གདན་ལ་བཞུགས། གཡས་གཡོན་དུ་རྒྱལ་ཐེབ་རྣམས་གདན་ལ་འཁོད། འདུས་པ་རྣམས་ཇ་རོལ་བཞག་ནས་རང་གྲལ་དུ་འཁོད་ཞྭ་བཞག སློབ་དཔོན་གྱི་མདུན་དུ་ཞིང་ལྷགས་བཀོད་པའི་སྟེང་དུ་གཏན་གཙུན་བཞག སློབ་མ་སློབ་དཔོན་དང་ཉེ་བར་ཡབ་ཡུམ་གྱི་ཞབས་གཉིས་སྨན་གཞོང་གི་འགྲམ་གཉིས་སུ་ཕན་ཚུན་བསྐོལ་ཏེ་བསྐྱུང་བའམ། ཞལ་སྦྲོད་ཀྱི་ཚུལ་དུ་འཁོད། སློབ་དཔོན་གྱི་ཕྱག་གཉིས་སོར་མོ་བསྣོལ། མཛུབ་མོ་སྒྲེང་། མཐེ་བོང་བཀུག་པའི་བྱིན་དབབ་པའི་རྒྱས་གཏུན་བུ་བཟུང་། སློབ་མས་མཁའ་དབྱིངས་ཀྱི་རྒྱས་གཏུན་ཁུང་བཟུང་སྟེ་གཙོ་བོ་ཡབ་ཡུམ་གྱི་ང་རྒྱལ་གྱིས། གཏན་པ་ཡུམ་གྱི་མཁའ། གཙུན་བུ་ཡབ་ཀྱི་རྡོ་རྗེ་སྨན་བྱང་སེམས་དཀར་དམར་གྱི་རང་བཞིན་དུ་གྱུར། ཨོཾ་ཨཱཿ ཧཱུྃ་སརྦ་པཉྩ་ཨ་མྲྀ་ཏ་མུ་ས་ལ་གྲ་ཧཀྵ་ཧ་ན་ཧ་ན་ཧཱུྃ་ཕཊ༔ ཞེས་བཟླ་ཞིང་། བཙགས་པའི་དགོངས་པ་ནི། དཀྱིལ་འཁོར་གྱི་ལྷོར། སློབ་དཔོན་གོང་བཞིན་འཁོད་ལ། གཏན་གཙུན་ཞིང་ལྷགས་ཀྱི་སྟེང་དུ་བཞག་དར་སྣེ་གཉིས་སློབ་དཔོན་གྱི་རྐེད་དང་། ཡུམ་གྱི་རྐེད་དུ་མདུད་པའི་དབུས་ལྡིང་ཐབས་སུ་དཔྱང་ཞིང་།ཡུམ་གྱི་དར་ཚགས་བཟེད། ཡབ་ཀྱི་སྨན་ཕྱེ་བླུག་ཅིང་། ཆོས་ཉིད་ཀྱི་ཀློང་དུ་མཚན་རྟོག་རྡུལ་ཙམ་ཡང་མི་གནས་པར་གྱུར། ཨོཾ་ཨཱཿ ཧཱུྃ། སརྦ་པཉྩ་ཨ་མྲྀ་ཏ་ཧོ་ཏ་བི་ཤུདྡྷེ་ཧཱུྃ་ཧྲཱིཿ B། ཞེས་བརྗོད་ཅིང་འཚག་གོ །བསྲེ་སྦྱལ་གྱི་དགོངས་པ་ནི། དཀྱིལ་འཁོར་ནུབ་ཏུ་ཡབ་ཡུམ་གོང་བཞིན་འཁོད་ལ། ཞིང་ལྷགས་བཏིང་བའི་སྟེང་ལྷུགས་གཡའི་དྲི་མེད་པའི་ཤིང་གཞོང་སྣོད་དུ་སྦྱོར་ཚད་སོགས་ཕྱག་བཞེངས་མཐོང་བརྒྱུད་ལྟར་ངེས་པར་དྲི་བཟང་རྣམས་དང་དམ་རྫིའི་དབང་ལག་མ་གཏོགས་ཐམས་ཅད་འདྲེས་པར་བསམ་ཞིང་འབྲུམ་མེད་

པར་སྦྱོལ་བའི་སྟེང་དུ། ཆང་། ཨོཾ་བཛྲ་ཨ་མྲྀ་ཏ་ཛ་གད་པྲ་ཥ་ཡ་སྭཱ་ཧཱ། འོ་མ། ཨོཾ་གི་ཏྲིཾ་པཾ་ཤྭ་དྷ་ཡ་གྲོ་དྷི་ཤྭ་རི་སྭཱ་ཧཱ། རིན་པོ་ཆེ། ཨོཾ་སརྦ་པཉྩ་ཨ་མྲྀ་ཏ་རཏྣ་ཙིཏྟ་ཧཱུྃ་ཧྲཱིཿ ཋ། ཆུར། ཨོཾ་ཨ་མྲྀ་ཏ་བི་ཤུདྡྷེ་ཀུཎྜ་ལི་སྭཱ་ཧཱ། དབང་ལག་གི་ཕྱེ་མ་མདངས་སྒྱུར་བྱེད་རྣམས་བཏབ་ལ་དབྱིངས་དང་ཡེ་ཤེས་གཉིས་མེད་དུ་གྱུར་པར་མོས་ཏེ། ཨོཾ་བཛྲ་ཨ་མྲྀ་ཏ་མུ་ས་ལ་མུ་ས་ལ་ཧཱུྃ་ཕཊ༔ བཟླས་བཞིན་སྦྱོལ་ལ་འདྲེས་པར་སྦྱོལ་བའི་གལ་སྐབའི་ཚད་ནི་སླིམ་པར་བཅང་ནས་ཆག་གང་དུ་བསྒྱུར་བས་བམ་པོ་འཛིག་ཅིང་ཕྱེ་མར་མི་འདལ་བ་ཙམ་བྱའོ། །དེ་ནས་དཀྱིལ་འཁོར་གྱི་བྱང་དུ་ནམ་ལྷ་དང་བསྟུན་པས་ཐབ་རྩི་བཏབ་ལ། ཡུམ་གྱི།

ཀུན་ཏུ་བཟང་མོའི་གཞལ་ཡས་སུ། །ཐབས་དང་ཤེས་རབ་ལྡན་པ་ལས། །འཁོར་བའི་བདུད་རྩིའི་སྨན་དུ་སྦྱར། །ཡེ་ཤེས་ལྔ་རུ་གསལ་བ་ལས། །འབྲས་བུས་སྐུ་གསུང་ཐུགས་སུ་རྫོགས། །འཆི་མེད་བདུད་རྩིའི་གཙོད་སླིང་སྦྱངས།

།ཞེས་གླུ་ལེན་ཞིང་འཁོར་འདས་བདེ་བ་ཆེན་པོ་རོ་གཅིག་ཏུ་གྱུར་པར་བསམ་ནས་མི་རྐང་ངམ་རྡོ་རྗེས་དཀྲུག་གོ །མཚན་མ་རྟགས་ཕྱིར་གཞལ་བ་ནི། འདུས་པ་རྣམས་ནས། ཨོཾ་ཨཱཿ ཧཱུྃ་སརྦ་པཉྩ་ཨ་མྲྀ་ཏ་ཛྭ་ཀྲཱི་ཥ་ཏུ་ལུ་ཏུ་ལུ་ཧཱུྃ་ཧྲཱིཿ ཋ། ཞེས་བཟླ་ཞིང་སྨན་ཐོད་པའམ་དྲིལ་བུར་གཞལ་བས་གྲངས་ངེས་པར་བྱས་ཏེ། དར་དམར་གྱི་ཁྱུག་མར་བླུག མོ་ཐོད་ལ་རཀྟས་འཁོར་ལོ་རྩིབས་བཞིར་རིགས་ལྔ་ཡབ་ཡུམ་གྱི་ས་བོན་བྲིས་པས་ནང་དུ་སྨན་གྱི་སྙེ་བཙུགས། ཕོ་ཐོད་ལ་བདུད་རྩིས་འཁོར་ལོ་རྩིབས་བཞི་ཡབ་ལྔའི་ས་བོན་བྲིས་པའི་ནང་དུ་སྨན་གྱི་སྙེ་བཙུག སྟེང་ནས་བཀབ་ཏེ་ཁ་སྦྱར། དར་མཐིང་ཁྲའམ། དར་ཚོན་སྣ་ལྔས་དྲིལ། མཆོག་གི་རྒྱུ། ཚོན་སྐུད་སྣ་ལྔ་བསྒྲིལ་ཞིང་བཅིང་བའི་སྟེང་གི་མདུད་ཁར། སློབ་དཔོན་གྱིས་རྡོ་རྗེ་རྒྱ་གྲམ་གྱི་རྒྱུས་བཏབ་ཅིང་། སློབ་དཔོན་ཀུན་གྱིས་ཞ་བཞེས། འདུས་པ་བྱིངས་ཀྱི་དྲིལ་འཛིན་བཅས། ཧཱུྃ་ཧཱུྃ་ཧཱུྃ་བི་ཤྭ་བཛྲ་ཀྲོ་ཏ་སོགས། སྦྱོས་བདུག འཇམ་རོལ་དང་བཅས་པས་བགེགས་བསྐྲད་ལ། སྨན་དབུས་ཀྱི་གཙོ

བོར་མངའ་གསོལ་ཏེ། ཨོཾ་ཨ་ཀྲ་མ་ཧཱ་ཤྲཱི་ཧེ་རུ་ཀ་སོགས་བརྗོད་པས་འཇམ་རོལ་རིང་བོའི་ནང་ལྷིང་ཁྲི་བར་མའི་དབུས་སུ་རུས་སྦལ་གྱི་ཁོག་པར་ཧྲཱིཿ ཡིག་བྲིས་པའི་སྟེང་དུ་བཀོད། ཨོཾ་མ་ཧཱ་ཤུ་ནྱ་ཏ་སོགས། ཨ་དྷཱཿ ས་མ་ཏཿ ཕྲ་ཏེ་བེ་ཀླཱཿ ཀླཱི་ཊྲ་ནུཥྛཿ སོགས་རིགས་ལྔའི་སྙིང་པོ་བརྗོད་ཅིང་སྨན་གྱི་སྟེང་དབུ་བརྒྱན་བཅིང་། གཟུངས་ཐག་བཏགས་ལ་སྲད་བུ་ཕྱིར་དྲངས་ཏེ་བཞག་གོ །གཟུངས་རྫོར་སྟེང་དུ་བཞག་པའི་སྲད་བུ་སྣ་ལྔ་པ་དང་། དཀར་སེར་དམར་ལྗང་བཞི་བཅས་ལྔ་སོ་སོར་ཕྱིར་དྲངས་ཤིང་། ཚངས་པ་བརྒྱ་བྱིན་གྱི་སྐུ་དང་དམུ་ཐག་སྦྲེལ། འོག་ཏུ་དྲོད་འབེབས་ཀྱིས་མར་མེ་བལྟམས་པ་སོགས་བྱའོ། །དྲིལ་འཛིན་རྩ་གདངས་ཀྱིས། གསང་ཆེན་སྨུར་ལམ་ལས། རང་བྱུང་གདོད་ནས་རྣམ་པར་དག །རྩ་བརྒྱད་སྟོང་ལ་སྦྱར་བའི་སྨན། །རྩ་བ་འབུམ་ཕྲག་ཡོངས་པའི་བཅུད། །ར་ས་ཡ་ན་ལ་སོགས་སྨན། །རིགས་ལྔ་དམ་ཚིག་ལྔ་ཡི་དངོས། །ཡེ་ཤེས་ལྔ་རྫོགས་གྲུབ་པའི་རྫས། །རྒྱུད་དྲུག་སེམས་ཅན་ཀུན་སྒྲོལ་བའི། །དུག་ལྔ་སེལ་བའི་སྨན་གྱི་མཆོག །དཔའ་བོའི་རོ་དང་མཉམ་སྦྱར་ནས། །རྒྱལ་བའི་དཀྱིལ་འཁོར་ཡོངས་ལ་འབུལ། །བླ་མེད་འགྲུབ་ཀྱི་དངོས་གྲུབ་སྩོལ། །སྨན་གྱི་ཆེ་བའི་ཡོན་ཏན་བརྗོད་པ་འདོན་བཞིན། སློབ་དཔོན་རྒྱལ་ཐབ་སོགས་ཀྱིས་དཀྱིལ་འཁོར་ལ་གཡས་བསྐོར་གཅིག་དཔལ་བུས་བྱ། མཐར་རྒྱ་གླིང་། དཀར་དུང་། འཇམ་རོལ་བཅས་སློབ་དཔོན་རྒྱལ་ཐབ་སོགས་རང་གྲལ་དུ་ཕྱིན་ནས་དཔོན་སློབ་ཐམས་ཅད་སོ་སོའི་གདན་ལ་བཞུགས། ཞྭ་ཕུད་ཁྲིལ་སོགས་བཞག ཧཱུྃ། རབ་ཡངས་བདུད་རྩིའི་སྣོད་དུ་དམ་རྫས་ལྔའི། །ས་བོན་ལྔ་ལས་ཕྲུག་མཚན་ས་བོན་གྱིས། །ཡོངས་མཚན་འཁྲོས་འདུས་བདེ་གཤེགས་རིགས་ལྔར་གྱུར། །བདག་ཐུགས་ཐུགས་ཀྱི་རྒྱུད་བསྐུལ་འཁོར་འདས་ཀྱི། །དངོས་གྲུབ་བཅུད་བསྡུས་མཉམ་སྦྱོར་བྱང་ཆུབ་སེམས། །བདུད་རྩི་རབ་འབྲས་ཡབ་ཡུམ་འོད་

ཧུ་ལུ། །འཆི་མེད་དམ་རྫས་རྒྱལ་མཆོག་འཁྱིལ་བའི་ཞག །རབ་འབར་དཔའ་བོ་འབྲུ་ལྔས་མཚན་པར་གྱུར། །ཧཱུྃ་ཨོཾ་སྭཱ་ཨཱཾ་ཧཱ། ཨོཾ་ཨཱཿཧཱུྃ་བཛྲ་ཨ་མྲྀ་ཏ་ཧཱུྃ་ཧྲཱིཿB། ཞེས་བརྒྱ་རྩ་བཟླ་བར་བྱའོ། །བཞི་པ་ཉེར་ལྔ་ནས་གནམ་གང་བར་སྨན་ཕྱེ་སྒྲུབ་ནི། གསོལ་འདེབས་ནས་བཟུང་ལས་བྱང་གཞུང་བསྲུངས་ཏེ་འཇབ་ཁང་དབྱེ་བའི་མགོ་བར་འདོན། དེ་ནས་སྨན་སྲུང་སྤྱན་པ་ནི། དར་སྣམས་གཡབ་ཅིང་སྤོས་རོལ་དང་བཅས་པས། ཧཱུྃ། རྗེ་དང་སྨན་གྱི་བདག་པོ་དང་། །རྟགས་ལྡན་རིག་འཛིན་བྲན་མོ་དག །རོལ་མོའི་ཆ་བྱད་མང་པོས་འབོད། །འདིར་གཤེགས་བཅུད་ལེན་དངོས་གྲུབ་སྩོལ། །ཞེས་སྤྱན་དྲངས་པས་སྨན་གྱི་ཕོ་བྲང་སྟེང་གི་ནམ་མཁར་སྤྲིན་འཐིབས་པ་ལྟར་བྱོན་ནས་བཞུགས་པར་མོས་ལ། རྟོག་བསལ་ནི། བྱིན་གྱིས་བརླབས་པའི་བདུད་རྩི་འཐོར་ཞིང་། ཧཱུྃ། ཚངས་དང་དྲང་སྲོང་གཙང་མ་ཟ། །ལྷ་ཀླུ་བྲམ་ཟེའང་གཙང་མ་ཟ། །དེ་དག་གྲོལ་བར་ངས་མ་བཤད། །བདུད་རྩི་དག་པ་ཡེ་ཤེས་ལྔ། །རིགས་ལྔ་སྐུ་ལྔ་ལྷུན་གྲུབ་ཡིན། །གཉིས་མེད་རྟོགས་པའི་ཐབས་མཁས་ཀྱི། །གཙང་དམེ་མེད་པར་ཀུན་སྤྱོད་ན། །དེ་དག་གྲོལ་བར་ངས་བཤད་དོ། །ཅེས་པས། གཙང་དམེའི་གཉིས་འཛིན་དག་ནས་སྨན་སྲུང་རྣམས་དངོས་གྲུབ་སྩོལ་བར་དགྱེས་བཞིན་བཞུགས་པར་གྱུར། དེ་ནས་རང་གཞུང་གི་འཇབ་ཁང་དབྱེ་བ་ནི། བྷྲཱུྃ་བི་ཤྭ་བི་ཤུདྡྷེ་སོགས་ནས། སྤྱལ་ཞིང་ཐིམ་པར་གྱུར། བར། ཧཱུྃ་བཛྲ་ཙིཏྟ་སོགས་ནས། གི་ལི་ཧཱུྃ། བར། འཁོར་བ་ཆོས་ཀྱི་དབྱིངས་སོགས། ཨོཾ་གུ་ཧྱ་ཛྙཱ་ན་སོགས། དེ་ནས་སྨན་འཇབ། བྷྲཱུྃ་བི་ཤྭ་བི་ཤུདྡྷེ་ཀ་པ་ལ་བྷྲཱུྃ་ཕཊ་ཛཿ ཧཱུྃ་ཨོཾ་སྭཱ་ཨཱཾ་ཧཱ་ཕཊ་ཛཿ མདུན་བསྐྱེད་ཡེ་ཤེས་ཀྱི་འཁོར་ལོའི་དབུས་ཀྱི་སྙིང་པོའི་དཀྱིལ་འཁོར་རྣམས་བདུད་རྩི་བདེ་བ་ཆེན་པོའི་དཀྱིལ་འཁོར་དུ་གྱུར་པ་ནི། ཕོ་བྲང་འོག་མའི་དབུས་ཀྱི་གྲུ་ཆད་

བཞི་སྒོ་འབུར་གྱིས་མཛེས་པའི་སྟེང་འཁོར་ལོ་རྩིབས་བརྒྱད་པའི་སྟེ་བར། བདུད་རྩིའི་སྟོད་པདྨ་འབར་བར་བཅུད་ཤ་ལྔ་བདུད་རྩི་ལྔ་ཡེ་ཤེས་ལྔ་ཡི་ངོ་བོར་གནས་པའི་ཁྲི་རོལ་རྩིབས་བརྒྱད་ལ་མཐར་བྱེད་བརྒྱད། དེའི་སྟེང་གི་ཕྱོགས་བཞིར་རིགས་ཀྱི་ཧེ་རུ་ཀ་བཞིར་གནས་པའི་དབུར་བཛྲ་ཧེ་རུ་ཀའི་ཞབས་བཞིས་བརྫིས་པ། དེའི་སྟེང་ན་ཡུམ་གནམ་ཞལ་མ་དབུ་དགུ་ཕྱག་བཅོ་བརྒྱད་པ་ཞབས་བཞིས་བརྫི་ཧེ་རུ་ཀའི་གཡས་གཡོན་གྱི་དབུར་བརྫིས་ཤིང་རྩ་ཞལ་གྱི་དབུ་མའི་སྤྱན་ལྷ་གར་ཕྱེད་ནུབ་ཙམ་དུ་རྫུད་པ། དེའི་སྟེང་དུ་ཆེ་མཆོག་ཧེ་རུ་ཀ་དབུ་ཉི་ཤུ་རྩ་གཅིག་རྩེ་མོ་རྟ་ཞལ་གྱི་རྣམ་པར་སྡོན་པ། ཕྱག་ཞེ་གཉིས་ཀྱི་ཞི་བའི་ལྷ་ཚོགས་བསྣམས་པ། གསང་བའི་རྡོ་རྗེ་དང་ཞབས་བརྒྱད་ཡུམ་གྱི་ཞལ་དགུ་དང་སྦྱོར་བ། དེ་ནས་ཞལ་བྱུང་གིས་གསལ་གདབ་པ་ནི། ཨེ་མ་ཧོ། དཔལ་ཆེན་ཆེ་མཆོག་ཧེ་རུ་ཀ །ཉི་ཤུ་རྩ་གཅིག་དབུ་ཡི་ས་རྣམས་ལྷུན་གྱིས་གྲུབ། །སྒྲིབ་བྲལ་ཡེ་ཤེས་དབུ་ནི་ཁྲོ་ཆེན་སྟོབས་པོ་ཆེ། །དང་པོ་རབ་ཏུ་དགའ་བའི་ས་ནི་གནོན་པའོ། །སྐྱོན་མེད་ཡེ་ཤེས་དབུ་ནི་ཁྲོ་ཆེན་ཁམས་གསུམ་རྒྱལ། །གཉིས་པ་དྲི་མ་མེད་པའི་ས་ནི་གནོན་པའོ། །བདུད་འཇོམས་ཡེ་ཤེས་དབུ་ནི་ཁྲོ་ཆེན་བདུད་རྩི་འཁྱིལ། །གསུམ་པ་འོད་འཕྲོ་བ་ཡི་ས་ནི་གནོན་པའོ། །རྟོག་འཇོམས་ཡེ་ཤེས་དབུ་ནི་ཁྲོ་ཆེན་འདོད་པའི་རྒྱལ། །བཞི་པ་འོད་བྱེད་པ་ཡི་ས་ནི་གནོན་པའོ། །གཟི་མནན་ཡེ་ཤེས་དབུ་ནི་ཁྲོ་ཆེན་རྟ་མཆོག་དཔལ། །ལྔ་པ་སྦྱངས་དཀའ་བ་ཡི་ས་ནི་གནོན་པའོ། །རྣམ་དག་ཡེ་ཤེས་དབུ་ནི་ཁྲོ་ཆེན་མི་གཡོ་མགོན། །དྲུག་པ་མངོན་གྱུར་པ་ཡི་ས་ནི་གནོན་པའོ། །ཐབས་མཁས་ཡེ་ཤེས་དབུ་ནི་ཁྲོ་ཆེན་གཤིན་རྗེའི་གཤེད། །བདུན་པ་རིང་དུ་སོང་བའི་ས་ནི་གནོན་པའོ། །སྟོབས་ལྡན་ཡེ་ཤེས་དབུ་ནི་ཁྲོ་ཆེན་དབྱུག

སྨོན་ཅན། །བརྒྱད་པ་མི་གཡོ་བ་ཡི་ས་ནི་གནོན་པའོ། །མཁྱེན་ལྡན་ཡེ་ཤེས་དབུ་ནི་ཁྲོ་ཆེན་རྣམ་པར་རྒྱལ། །དགུ་པ་ལེགས་པའི་བློ་གྲོས་ས་ནི་གནོན་པའོ། །བརྗིད་ལྡན་ཡེ་ཤེས་དབུ་ནི་ཁྲོ་ཆེན་ཧཱུྃ་ཀཱ་ར། །བཅུ་པ་ཆོས་ཀྱི་སྤྲིན་གྱིས་ནི་གནོན་པའོ། །མངོན་ཤེས་ཡེ་ཤེས་དབུ་ནི་ཡཀྵ་ཧེ་རུ་ཀ། །བཅུ་གཅིག་ཀུན་ཏུ་འོད་ཀྱིས་ནི་གནོན་པའོ། །ཀུན་མཁྱེན་ཡེ་ཤེས་དབུ་ནི་གུ་ཧྱ་ཧེ་རུ་ཀ། །བཅུ་གཉིས་རྡོ་རྗེ་འཛིན་པའི་ས་ནི་གནོན་པའོ། །བྱམས་མགོན་ཡེ་ཤེས་དབུ་ནི་ཨ་ནུ་ཧེ་རུ་ཀ། །བཅུ་གསུམ་རྡོ་རྗེ་འཆང་གི་ས་ནི་གནོན་པའོ། །རྔམས་བརྗིད་ཡེ་ཤེས་དབུ་ནི་རཏྣ་ཧེ་རུ་ཀ། །བཅུ་བཞི་སྟུག་པོ་བཀོད་པའི་ས་ནི་གནོན་པའོ། །སྤྲུལ་པ་ཡེ་ཤེས་དབུ་ནི་ཀརྨ་ཧེ་རུ་ཀ། །བཅོ་ལྔ་པདྨ་ཅན་གྱིས་ས་ནི་གནོན་པའོ། །ཆགས་མེད་ཡེ་ཤེས་དབུ་ནི་པདྨ་ཧེ་རུ་ཀ། །བཅུ་དྲུག་འཁོར་ལོ་ཚོགས་ཆེན་ས་ནི་གནོན་པའོ། །ཡིད་བཞིན་ཡེ་ཤེས་དབུ་ནི་རཏྣ་ཧེ་རུ་ཀ། །བཅུ་བདུན་དེ་བ་ཀོ་ཤའི་ས་ནི་གནོན་པའོ། །འབར་འཕྲོ་ཡེ་ཤེས་དབུ་ནི་བུདྡྷ་ཧེ་རུ་ཀ། །བཅོ་བརྒྱད་ཀུན་བཟང་དབྱེ་བ་མེད་པའི་ས་ནི་གནོན་པའོ། །སྟོབས་ལྡན་ཡེ་ཤེས་དབུ་ནི་བཛྲ་ཧེ་རུ་ཀ། །བཅུ་དགུ་རྫོགས་པ་བླ་མེད་ས་ནི་གནོན་པའོ། །ཁྱབ་བརྡལ་ཡེ་ཤེས་དབུ་ནི་ཆེ་མཆོག་ཉིད་ཀྱི་དབུ། །ཉི་ཤུ་སྲིད་གསུམ་དང་རྫོགས་ས་ནི་གནོན་པའོ། །ཁུབ་ཆུབ་ཡེ་ཤེས་དབུ་ནི་ཧྲ་སྐད་ནམ་མཁར་འཆོར། །རྩ་གཅིག་ཡེ་ཤེས་བླ་མའི་ས་ནི་གནོན་པའོ། །གཡས་ཀྱི་ཞལ་གདངས་མཆེ་བ་གཙིགས་པ་ཡིས། །འཁོར་བའི་སྐྱེ་ཤི་རྩད་ནས་གཅོད་པར་མཛད། །གཡོན་གྱི་ཞལ་གདངས་མཆེ་བ་གཙིགས་པ་ཡི། །འཁོར་བའི་ཉོན་མོངས་སྡུག་བསྔལ་ཟད་པར་བྱེད། །དབུས་ཀྱི་དབུ་རྣམས་ཞལ་གདངས་མཆེ་བ་གཙིགས། །ཆོས་ཉིད་ཀློང་དུ་ཐམས་ཅད་རྡུབ་པར

མཛད། །གཡས་སྤྱན་བཟློག་པས་བདུད་བགེགས་ཐལ་བར་རློག །གཡོན་སྤྱན་བཟློག་པས་ངན་སོང་སྡུག་བསྔལ་བསལ། །དབུས་སྤྱན་བཟློག་པས་ཆོས་དབྱིངས་ས་ལེར་གཟིགས། །མཆེ་བ་དཀར་པོ་ཟངས་ཡག་གཙིགས་པ་ཡིས། །འཁོར་བའི་བག་ཆགས་སྐྱེ་ཤི་རྩད་ནས་གཅོད། །རལ་བ་དམར་པོ་གྱེན་དུ་བརྫེས་པ་ཡི། །ཆོས་དབྱིངས་ཡེ་ཤེས་མཐར་ཐུག་འཁྲུན་ཟླ་མེད། །བཞི་བཅུ་རྩ་གཉིས་ཕྱག་ནི་མངོན་སངས་རྒྱས། །བཞི་བཅུ་རྩ་གཉིས་གཡས་ཀྱི་དང་པོ་ན། །ཀུན་ཏུ་བཟང་པོ་མཉམ་པའི་ཕྱག་རྒྱ་ཅན། །བཞི་བཅུ་རྩ་གཉིས་གཡོན་གྱི་དང་པོ་ན། །ཀུན་ཏུ་བཟང་མོ་ཐལ་མོ་མཉམ་སྦྱོར་ཕྱག །བཞི་བཅུ་རྩ་གཉིས་གཡས་ཀྱི་གཉིས་པ་ན། །རྣམ་པར་སྣང་མཛད་གསེར་གྱི་འཁོར་ལོ་བསྣམས། །བཞི་བཅུ་རྩ་གཉིས་གཡོན་གྱི་གཉིས་པ་ན། །སངས་རྒྱས་སྤྱན་མ་གསེར་གྱི་དྲིལ་བུ་བསྣམས། །བཞི་བཅུ་རྩ་གཉིས་གཡས་ཀྱི་གསུམ་པ་ན། །རྡོ་རྗེ་སེམས་དཔའ་རྡོ་རྗེ་རྩེ་ལྔ་བསྣམས། །བཞི་བཅུ་རྩ་གཉིས་གཡོན་གྱི་གསུམ་པ་ན། །རྡོ་རྗེ་དབྱིངས་ཕྱུག་ཞལ་གྱི་དྲིལ་བུ་བསྣམས། །བཞི་བཅུ་རྩ་གཉིས་གཡས་ཀྱི་བཞི་པ་ན། །རིན་ཆེན་འབྱུང་ལྡན་རིན་ཆེན་ཟུར་བརྒྱད་བསྣམས། །བཞི་བཅུ་རྩ་གཉིས་གཡོན་གྱི་བཞི་པ་ན། །མཱ་མ་ཀཱི་ནི་གཡུ་ཡི་དྲིལ་བུ་བསྣམས། །བཞི་བཅུ་རྩ་གཉིས་གཡས་ཀྱི་ལྔ་པ་ན། །སྣང་བ་མཐའ་ཡས་པདྨ་འདབ་བརྒྱད་བསྣམས། །བཞི་བཅུ་རྩ་གཉིས་གཡོན་གྱི་ལྔ་པ་ན། །ན་བཟའ་དཀར་མོ་བྱུ་རུའི་དྲིལ་བུ་བསྣམས། །བཞི་བཅུ་རྩ་གཉིས་གཡས་ཀྱི་དྲུག་པ་ན། །དོན་ཡོད་གྲུབ་པ་རྡོ་རྗེ་རྒྱ་གྲམ་བསྣམས། །བཞི་བཅུ་རྩ་གཉིས་གཡོན་གྱི་དྲུག་པ་ན། །དམ་ཚིག་སྒྲོལ་མ་མཐིང་གི་དྲིལ་བུ་བསྣམས། །བཞི

བཅུ་རྩ་གཉིས་གཡས་ཀྱི་བདུན་པ་ན། །ས་ཡི་སྙིང་པོ་རིན་ཆེན་སྨྱུ་གུ་བསྣམས། །བཞི་བཅུ་རྩ་གཉིས་གཡོན་གྱི་བདུན་པ་ན། །ལཱ་སྱེ་དཀར་མོ་མེ་ལོང་ཀྱུ་ཁྲམ་བསྣམས། །བཞི་བཅུ་རྩ་གཉིས་གཡས་ཀྱི་བརྒྱད་པ་ན། །ནམ་མཁའི་སྙིང་པོ་གཅོད་བྱེད་རལ་གྲི་བསྣམས། །བཞི་བཅུ་རྩ་གཉིས་གཡོན་གྱི་བརྒྱད་པ་ན། །མཱ་ལྱེ་སྔོན་མོ་རིན་ཆེན་ཕྲེང་བ་བསྣམས། །བཞི་བཅུ་རྩ་གཉིས་གཡས་ཀྱི་དགུ་པ་ན། །སྤྱན་རས་གཟིགས་དབང་པདྨ་དཀར་པོ་བསྣམས། །བཞི་བཅུ་རྩ་གཉིས་གཡོན་གྱི་དགུ་པ་ན། །གཱི་ཏཱི་དམར་མོ་ལྦུགས་སྒྲོག་པི་ཝང་བསྣམས། །བཞི་བཅུ་རྩ་གཉིས་གཡས་ཀྱི་བཅུ་པ་ན། །ཕྱག་ན་རྡོ་རྗེ་རྡོ་རྗེ་རྩེ་ལྔ་བསྣམས། །བཞི་བཅུ་རྩ་གཉིས་གཡོན་གྱི་བཅུ་པ་ན། །ནྲྀ་ཏྱེ་ལྗང་གུ་དར་གྱི་ཅོད་པཎ་བསྣམས། །བཞི་བཅུ་རྩ་གཉིས་གཡས་ཀྱི་བཅུ་གཅིག་ན། །མགོན་པོ་བྱམས་པ་ཀླུ་ཤིང་གུན་ཌྷེ་བསྣམས། །བཞི་བཅུ་རྩ་གཉིས་གཡོན་གྱི་བཅུ་གཅིག་ན། །ལྷ་མོ་དྷཱུ་པེ་མ་ནི་བདུག་སྤོས་བསྣམས། །བཞི་བཅུ་རྩ་གཉིས་གཡས་ཀྱི་བཅུ་གཉིས་ན། །སྒྲིབ་པ་རྣམ་སེལ་གསུང་རབ་པུསྟི་བསྣམས། །བཞི་བཅུ་རྩ་གཉིས་གཡོན་གྱི་བཅུ་གཉིས་ན། །ལྷ་མོ་པུཥྤེ་མ་ནི་མེ་ཏོག་བསྣམས། །བཞི་བཅུ་རྩ་གཉིས་གཡས་ཀྱི་བཅུ་གསུམ་ན། །ཀུན་ཏུ་བཟང་པོ་རིན་ཆེན་སྙེ་མ་བསྣམས། །བཞི་བཅུ་རྩ་གཉིས་གཡོན་གྱི་བཅུ་གསུམ་ན། །ལྷ་མོ་ཨཱ་ལོ་ཀེ་ནི་མར་མེ་བསྣམས། །བཞི་བཅུ་རྩ་གཉིས་གཡས་ཀྱི་བཅུ་བཞི་ན། །འཇམ་དཔལ་གཞོན་ནུ་མེ་ཏོག་ཨུཏྤལ་བསྣམས། །བཞི་བཅུ་རྩ་གཉིས་གཡོན་གྱི་བཅུ་བཞི་ན། །ལྷ་མོ་གནྡྷེ་མ་ནི་དྲི་ཆབ་བསྣམས། །བཞི་བཅུ་རྩ་གཉིས་གཡས་ཀྱི་བཅོ་ལྔ་ན། །གཤིན་རྗེ་གཤེད་པོ་ཐོད་དབྱུག་གདེངས་པ་

བསྣམས། །བཞི་བཅུ་རྩ་གཉིས་གཡོན་གྱི་བཅོ་ལྔ་ན། །འགུག་བྱེད་ལྕགས་ཀྱུ་མ་ནི་ལྕགས་ཀྱུ་བསྣམས། །བཞི་བཅུ་རྩ་གཉིས་གཡས་ཀྱི་བཅུ་དྲུག་ན། །ཞགས་རབ་མཐར་བྱེད་རྡོ་རྗེ་རྩེ་ལྔ་བསྣམས། །བཞི་བཅུ་རྩ་གཉིས་གཡོན་གྱི་བཅུ་དྲུག་ན། །འཆིང་བྱེད་ཞགས་པ་མ་ནི་ཞགས་པ་བསྣམས། །བཞི་བཅུ་རྩ་གཉིས་གཡས་ཀྱི་བཅུ་བདུན་ན། །པདྨ་མཐར་བྱེད་ཐོད་དབྱུག་སྦྲུལ་དགྲིས་བསྣམས། །བཞི་བཅུ་རྩ་གཉིས་གཡོན་གྱི་བཅུ་བདུན་ན། །སྡོམ་བྱེད་ཉི་ཟླ་མ་ནི་ལྕགས་སྒྲོག་བསྣམས། །བཞི་བཅུ་རྩ་གཉིས་གཡས་ཀྱི་བཅོ་བརྒྱད་ན། །བགེགས་རྣམས་མཐར་བྱེད་རྡོ་རྗེ་རྒྱ་གྲམ་བསྣམས། །བཞི་བཅུ་རྩ་གཉིས་གཡོན་གྱི་བཅོ་བརྒྱད་ན། །ཐལ་བྱེད་དྲིལ་བུ་མ་ནི་དྲིལ་བུ་བསྣམས། །བཞི་བཅུ་རྩ་གཉིས་གཡས་ཀྱི་བཅུ་དགུ་ན། །ལྷ་དབང་བརྒྱ་བྱིན་སྒྲ་སྙན་པི་ཝཾ་བསྣམས། །བཞི་བཅུ་རྩ་གཉིས་གཡོན་གྱི་བཅུ་དགུ་ན། །པདྨ་ཤ་བ་རི་ནི་པུསྟི་བསྣམས། །བཞི་བཅུ་རྩ་གཉིས་གཡས་ཀྱི་ཉི་ཤུ་ན། །ཤཱཀྱ་ཐུབ་པ་གསེག་ཤང་པར་བུ་བསྣམས། །བཞི་བཅུ་རྩ་གཉིས་གཡོན་གྱི་ཉི་ཤུ་ན། །ཁ་འབར་དེ་བ་རིན་ཆེན་སྒྲོམ་བུ་འཛིན། །བཞི་བཅུ་རྩ་གཉིས་གཡས་ཀྱི་ཐ་མ་ན། །ལྷ་མིན་ཐགས་བཟང་རིས་ནི་གོ་ཆ་བསྣམས། །བཞི་བཅུ་རྩ་གཉིས་གཡོན་གྱི་ཐ་མ་ན། །ཨ་ཕ་སླང་མགོ་བསིལ་ཐྲོད་མེ་ཆུ་བསྣམས། །ཏིང་འཛིན་ཞབས་ཀྱི་ཁྲོ་མོའི་དབུ་བརྒྱད་བརྫིས། །ཞབས་བརྒྱད་གཡས་ཀྱི་དང་པོ་བཀྲད་པ་ཡི། །ཐིག་ལེ་ཆེན་པོའི་ཏིང་འཛིན་ཆེན་པོ་དང་། །ཡེངས་པ་མེད་པ་ཆོས་ཀྱི་དབྱིངས་སུ་སྦྱོར། །ཞབས་བརྒྱད་གཡས་ཀྱི་གཉིས་པ་བཀྲད་པ་ཡི། །བདེ་བ་ཆེན་པོའི་ཏིང་འཛིན་ཆེན་པོ་དང་། །སྟོང་དུ་གྱུར་པའི་ཆོས་ཀྱི་དབྱིངས་སུ་སྦྱོར། །ཞབས་

བརྒྱད་གཡས་ཀྱི་གསུམ་པ་བཤད་པ་ཡི། །རྡོ་རྗེ་ལྟ་བུའི་ཏིང་འཛིན་ཆེན་པོ་དང་། །སྐྱེ་འཆི་མེད་པའི་ཆོས་ཀྱི་དབྱིངས་སུ་སྦྱོར། །ཞབས་བརྒྱད་གཡས་ཀྱི་ཐ་མ་བཤད་པ་ཡི། །ཐམས་ཅད་འབྱུང་གནས་ཏིང་འཛིན་ཆེན་པོ་དང་། །ཟད་པ་མེད་པའི་ཆོས་ཀྱི་དབྱིངས་སུ་སྦྱོར། །ཞབས་བརྒྱད་གཡོན་གྱི་དང་པོ་བཤད་པ་ཡི། །ཆགས་པ་མེད་པའི་ཏིང་འཛིན་ཆེན་པོ་དང་། །ཡེ་ནས་དག་པའི་ཆོས་ཀྱི་དབྱིངས་སུ་སྦྱོར། །ཞབས་བརྒྱད་གཡོན་གྱི་གཉིས་པ་བཤད་པ་ཡི། །འདའ་བར་དཀའ་བའི་ཏིང་འཛིན་ཆེན་པོ་དང་། །མཐོང་བ་མེད་པའི་ཆོས་ཀྱི་དབྱིངས་སུ་སྦྱོར། །ཞབས་བརྒྱད་གཡོན་གྱི་གསུམ་པ་བཤད་པ་ཡི། །དམིགས་སུ་མེད་པའི་ཏིང་འཛིན་ཆེན་པོ་དང་། །རང་བཞིན་མེད་པའི་ཆོས་ཀྱི་དབྱིངས་སུ་སྦྱོར། །ཞབས་བརྒྱད་གཡོན་གྱི་ཐ་མ་བཤད་པ་ཡི། །སྐྱེ་ཤི་མེད་པའི་ཏིང་འཛིན་ཆེན་པོ་དང་། །འདུ་འབྲལ་མེད་པའི་ཆོས་ཀྱི་དབྱིངས་སུ་སྦྱོར། །དབུ་སྐྲ་ཁམ་ནག་གྱེན་དུ་འཁྱིལ་བ་ནི། །སྲིད་པ་གསུམ་ལས་རྣམ་པར་རྒྱལ་བའི་རྒྱན། །ཏྲ་མགོ་ལྗང་གུ་ཏྲ་སྐད་སྒྲོག་པ་ནི། །སྣང་སྲིད་ཐམས་ཅད་དབང་དུ་སྡུད་པའི་རྟགས། །སྨིན་མཚམས་ཁྲོ་གཉེར་གློག་ལྟར་འགྱུ་བ་ནི། །མ་རིག་རྨོངས་པའི་མུན་པ་སེལ་བའི་རྟགས། །ཚངས་པའི་གཡང་གཞི་ན་བཟའ་གསོལ་བ་ནི། །ལོངས་སྤྱོད་རྫོགས་སྐུ་མངོན་དུ་བསྟན་པའི་རྟགས། །སྐུ་མདོག་མཐིང་ནག་འཇིགས་པར་བསྟན་པ་ནི། །ཆོས་ཀྱི་སྐུ་ལ་འགྱུར་བ་མེད་པའི་རྟགས། །སྐུ་སྨད་སྟག་གི་ཤམ་ཐབས་མནབས་པ་ནི། །སྤྲུལ་པ་སྐུ་ཡིས་ཅིར་ཡང་དོན་མཛད་རྟགས། །སྐུ་སྟོད་གླང་ཆེན་ཀོ་རློན་གསོལ་བ་ནི། །ཐེག་པ་རིམ་དགུས་འགྲོ་དོན་མཛད་པའི་རྟགས། །ཞིང་ཆེན་གཡང་གཞི་སྐུ་ལ་གསོལ་བ

ནི། །ཐུགས་རྗེ་ཚད་མེད་བཞི་དང་ལྡན་པའི་རྟགས། །ཐོད་པ་སྐམ་པོས་དབུ་ལ་བརྒྱན་པ་ནི། །དུས་གསུམ་རྒྱལ་བས་བསྙེན་བསྐུར་མཛད་པའི་རྟགས། །སྦྲུལ་ནག་སྟོང་གི་གདེངས་ཀས་བརྒྱན་པ་ནི། །ཀླུ་རྒྱལ་རིགས་བཞི་དབང་དུ་སྡུད་པའི་རྟགས། །ཁྲག་ཞལ་ཐལ་བའི་ཐིག་ལེས་བརྒྱན་པ་ནི། །མ་མོ་མཁའ་འགྲོ་དབང་དུ་སྡུད་པའི་རྟགས། །བསྐལ་བའི་མེ་དཔུང་ཀློང་ན་བཞུགས་པ་ནི། །ཡེ་ཤེས་ལྔ་ཡི་འོད་ཟེར་འཕྲོ་བའི་རྟགས། །རྡོ་རྗེ་གཤོག་པ་ནམ་མཁར་གདེང་པ་ནི། །སྟོང་གསུམ་འཇིག་རྟེན་ཟིལ་གྱིས་གནོན་པའི་རྟགས། །འབར་བ་ཆེན་པོ་གར་དགུས་སྒེག་པ་ནི། །ཆེ་བཙན་དཔེར་བྱ་ཀུན་ལས་འདས་པའི་རྟགས། །ཁྲོ་ཆེན་ཆེ་མཆོག་འབར་བའི་ཞབས་འོག་ན། །ཤིན་ཏུ་རྔམས་པའི་ཁྲོ་མོ་གནམ་ཞལ་མ། །སྐུ་མདོག་དུད་ཁ་སྣ་ཚོགས་ཅིར་ཡང་སྟོན། །དབུ་དགུ་ཕྱག་ནི་བཅོ་བརྒྱད་ཞབས་བཞི་བགྲད། །རྣམ་ཐར་དགུ་བརྒྱད་གྱེན་དུ་བྱུང་བ་ནི། །གསང་བའི་ཐུགས་རྗེ་ཐབས་དང་ཤེས་རབ་ལྡན། །བྱང་ཆུབ་སེམས་ནི་བདུད་རྩིའི་ག་བུར་བསྐྱིལ། །འཇམ་དཔལ་གཞོན་ནུ་བདུད་རྩིའི་ཕོ་བྲང་བསྣམས། །རྟ་མགྲིན་ཡབ་ཡུམ་བདུད་རྩིའི་ཕོ་བྲང་བསྐྱིལ། །སྟོང་པ་བཅོ་བརྒྱད་ཕྱག་ནི་སྨྱུ་ངན་འདས། །བཅོ་བརྒྱད་ཕྱག་གི་གཡས་གཡོན་དང་པོ་གཉིས། །ཧྲཀྵ་རཀྵས་བཀང་བ་རྡོ་རྗེས་དཀྲུག །བཅོ་བརྒྱད་ཕྱག་གི་གཡས་ཀྱི་དང་འོག་ན། །ཀཱྃ་ཧྲི་སྣན་དམར་ཞིང་གི་དབྱུག་ཏོ་ཕྱར། །བཅོ་བརྒྱད་ཕྱག་གི་གཡོན་གྱི་དང་འོག་ན། །སེང་ཧ་སྨུ་ཁ་ཁ་རོ་སེང་གདོང་མགོ །བཅོ་བརྒྱད་ཕྱག་གི་གཡས་ཀྱི་གསུམ་པ་ན། །ཧཱུྃ་ཧྲི་སེར་མོ་མདའ་གཞུ་འགེངས་པའི་ཚུལ། །བཅོ་བརྒྱད་ཕྱག་གི་གཡོན་གྱི་གསུམ་པ་ན། །བྲུ་གྲི་སྨུ་ཁ་གནས་ལྷ་རྟ་མགོ་ཅན། །བཅོ་

བརྒྱད་ཕྲུག་གི་གཡས་ཀྱི་བཞི་པ་ན། །བྲ་མོ་དམར་མོ་ཆུ་སྲིན་རྒྱལ་མཚན་ཕྲུར། །བཅོ་བརྒྱད་ཕྲུག་གི་གཡོན་གྱི་བཞི་པ་ན། །ཤྲཱི་གལ་བྱིས་རོ་ལྕེས་ལྡུག་ལྷ་མགོ་ཅན། །བཅོ་བརྒྱད་ཕྲུག་གི་གཡས་ཀྱི་ལྔ་པ་ན། །བེ་ཏ་བྱིས་ཟ་རྡོ་རྗེ་རྩེ་དགུ་ཕྲུར། །བཅོ་བརྒྱད་ཕྲུག་གི་གཡོན་གྱི་ལྔ་པ་ན། །ཤྭ་ན་འདྲལ་ལྷ་སྦྲང་གིའི་མགོ་བོ་ཅན། །བཅོ་བརྒྱད་ཕྲུག་གི་གཡས་ཀྱི་དྲུག་པ་ན། །པུཀྐ་དམར་སེར་ཞིང་ཆུང་རྒྱུ་མ་འདྲེན། །བཅོ་བརྒྱད་ཕྲུག་གི་གཡོན་གྱི་དྲུག་པ་ན། །ཤྲཱི་ཧྲ་དམར་མོ་རྒྱུ་འདྲེན་རྐོད་མགོ་ཅན། །བཅོ་བརྒྱད་ཕྲུག་གི་གཡས་ཀྱི་བདུན་པ་ན། །གསྨ་ལྷང་གུ་དུང་ཁྲག་རྡོ་རྗེས་དཀྲུག །བཅོ་བརྒྱད་ཕྲུག་གི་གཡོན་གྱི་བདུན་པ་ན། །ཀཾ་ཀ་ཞིང་ཕྲག་དུར་བྱའི་མགོ་ཅན་དམར། །བཅོ་བརྒྱད་ཕྲུག་གི་གཡས་ཀྱི་བརྒྱད་པ་ན། །སྨེ་ཤ་མཐིང་ནག་བྱིས་རོའི་སྙིང་ཟ་མ། །བཅོ་བརྒྱད་ཕྲུག་གི་གཡོན་གྱི་བརྒྱད་པ་ན། །ཀཱ་ཀ་ཁ་རོ་ལྡན་གྲི་བྲུ་རོག་མགོ །བཅོ་བརྒྱད་ཕྲུག་གི་གཡས་ཀྱི་ཐ་མ་ན། །ཙཎྜ་སེར་སྐྱ་མཆོག་ལུས་འདྲལ་བར་བྱེད། །བཅོ་བརྒྱད་ཕྲུག་གི་གཡོན་གྱི་ཐ་མ་ན། །ཨུ་ལུ་ཀཱ་མཐིང་འུག་གདོང་ལྕགས་ཀྱུ་བསྣམས། །ཞབས་བཞི་བགྲད་པས་རིགས་བཞིའི་དབུ་ནས་བརྫིས། །ཞབས་བཞི་གཡས་ཀྱི་དང་པོ་བགྲད་པ་ཡི། །གློང་དུ་གྱུར་པ་གསང་བའི་ལྷ་ག་དང་། །བདེ་བ་ཆེན་པོའི་བྱང་ཆུབ་སེམས་སུ་སྦྱོར། །ཞབས་བཞི་གཡོན་གྱི་དང་པོ་བགྲད་པ་ཡི། །ཟད་སྟོང་མེད་པ་གསང་བའི་ལྷ་ག་དང་། །ཐམས་ཅད་འབྱུང་བའི་བྱང་ཆུབ་སེམས་སུ་སྦྱོར། །ཞབས་བཞི་གཡས་ཀྱི་གཉིས་པ་བགྲད་པ་ཡི། །འདུ་འབྲལ་མེད་པ་གསང་བའི་ལྷ་ག་དང་། །སྐྱེ་ཤི་མེད་པའི་བྱང་ཆུབ་སེམས་སུ་སྦྱོར། །ཞབས་བཞི་གཡོན་གྱི་གཉིས་པ་བགྲད་པ་ཡི། །གདོད་ནས་

དག་པ་གསང་བའི་སྔགས་དང་། །རྡོ་རྗེ་ལྷ་བུའི་བྱང་ཆུབ་སེམས་སུ་སྒྱུར། །ཁྲོ་མོ་གནམ་ཞལ་འབར་བའི་ཞབས་འོག་ན། །སྐུ་གདུང་འབར་བའི་དཔལ་ཆེན་ཡབ་ཡུམ་བཅུ། །སྔོ་ནག་སྨུག་ནག་སེར་ནག་དམར་ནག་དང་། །ལྗང་ནག་ཞལ་གསུམ་ཕྱག་དྲུག་ཞབས་བཞི་བསྒྲད། །རྡོ་རྗེ་ཁོར་ཡུག་དུང་ཆེན་གང་བ་དང་། །རལ་གྲི་ཐོད་གཞོལ་དགྲ་སྟ་ལ་སོགས་བསྣམས། །སྦྲུལ་དང་ཐོད་ཕྲེང་གླང་ཆེན་ཀོ་རློན་དང་། །ཞིང་ཆེན་གཡང་གཞི་སྟག་ལྤགས་ཤམ་ཐབས་དང་། །ཐལ་ཆེན་ཞག་དང་རཀྟའི་ཐིག་ལེས་བརྒྱན། །བསྐལ་པའི་མེ་དཔུང་འབར་བའི་ཀློང་ན་བཞུགས། །གནས་ཡུལ་ཁྲོ་མོ་བཅུ་དྲུག་བརྗིད་པའི་ཚུལ། །ཕྱག་རྒྱའི་ཁྲོ་མོ་བཞི་ཡིས་སྒོ་བཞི་སྲུང་། །སྒོར་མ་བརྒྱད་དང་དབང་མོ་ཉི་ཤུ་བརྒྱད། །རང་རང་སྟན་དང་ལག་ཆ་སྣ་ཚོགས་ཐོགས། །ཅི་བགྱི་ཞེས་གསོལ་ཆས་ཏེ་གནས་པར་གྱུར། །དེ་ལྟར་རྩ་བའི་དཀྱིལ་འཁོར་གསལ་བཀོད་ནས། །ཌཱཀི་མ་སྲིང་གིང་དང་ཕོ་ཉར་བཅས། །སྣང་སྲིད་ཐམས་ཅད་འབར་བའི་དཀྱིལ་འཁོར་གསལ། །ཕྱོགས་བཅུ་རྒྱལ་བའི་འཁོར་ལོར་སངས་རྒྱས་ནས། །འཇིགས་བྱེད་ཆེན་པོའི་དཀྱིལ་འཁོར་བཞུགས་སོ་འཚལ། །སྐད་ཅིག་གཅིག་ལ་བདེ་གཤེགས་སྐུར་སྟོན་ལ། །བྱིན་རླབས་མཆོག་དང་ལྡན་པར་མཛད་དུ་གསོལ། །སྐབས་འཇུག་ལས། རང་གི་ཐུགས་ཀའི་སྔགས་ཕྲེང་ལས་བྱུང་བའི་འོད་ཟེར་དང་། འཐེབ་སྲིན་རྟ་མགྲིན་ཡབ་ཡུམ་དུ་མཉམ་པར་རོལ་བའི་བྱང་ཆུབ་སེམས་ཀྱི་འོད་ཟེར་གཟུངས་ཐག་རྡོ་རྗེ་ལུ་གུ་རྒྱུད་ཀྱི་ཁོང་སེང་ནས་སོང་བ་བདུད་རྩིའི་ཕོ་བྲང་ལ་ཕོག་དེས་བདུད་རྩི་སྦྲུངས་ཞུ་སྦར་བའི་རླངས་པའི་དཀྱིལ་འཁོར་གྱི་ལྷ་ཚོགས་ཐམས་ཅད་ཀྱི་ཐུགས་རྒྱུད་བསྐུལ། རྗེས་ཆགས་ཀྱི་རོལ་བའི་བྱང་ཆུབ་

སེམས་ཀྱི་འོད་ཟེར་ཕྱོགས་བཅུར་འཕྲོས་པས་འཁོར་འདས་ཀྱི་བདུད་རྩི་ཐམས་ཅད་བསྡུས་ནས། ཡབ་ཡུམ་དགྱེས་པར་རོལ་བའི་བྱང་ཆུབ་ཀྱི་སེམས་རྒྱུན་བབས་པ་དང་ལྷན་ཅིག་བདུད་རྩི་ལ་ཐིམ་པས་ཞུ་ཞིང་འདྲེས་ནས་ཡེ་ཤེས་ཀྱི་བདུད་རྩིའི་རྒྱ་མཚོར་འཁྱིལ་བར་གྱུར། ཨོཾ། རྫོགས་པའི་ཡེ་ཤེས་རྨད་པོ་ཆེ། །ཐླ་གམ་དཀྱིལ་འཁོར་རིན་ཆེན་དབང་། །ཤར་གྱི་ཕྱོགས་སུ་ཁ་བལྟས་ནས། །འདས་པའི་བུདྡྷ་སྤྱན་ཡང་འདྲེན། །མཆོད་ཁང་ཡིད་བཞིན་རིན་པོ་ཆེ། །རུ་ལུ་འབྲུ་བརྒྱད་ཡེ་ཤེས་ཕྲེང་། །ཕར་འཕྲོས་པས་ནི་ཐུགས་དམ་བསྐུལ། །སླར་འདུས་པས་ནི་དངོས་གྲུབ་སྩོལ། །འདི་ཡང་བསྙེན་པའི་མཆོག་ཡིན་ཏེ། །ནམ་ཡང་ཉམས་པའི་དུས་མཐའ་མེད། །དུག་གསུམ་དབྱིངས་སུ་སྦྱོང་བར་མཛོད། །ཅེས་བསྐུལ་ནས། གཡོན་པའི་མཐེབ་སྲིན་གྱིས་གཟུངས་ཐག་ལ་འཛུས་ཏེ། ཨོཾ་གུ་རུ་ཛྙཱ་ན་བོ་དྷི་ཙིཏྟ་མ་ཧཱ་སུ་ཁ་ཧཱུྃ་ཧཱུྃ། ཞེས་འབྲུ་བཅོ་ལྔ་པ་དང་། ཨོཾ་རུ་ལུ་རུ་ལུ་ཧཱུྃ་བྷྱོ་ཧཱུྃ། འབྲུ་བརྒྱད་པ་གཉིས་གཙོ་བོར་བཟླ། མཇུག་ཏུ། བཛྲ་ཨ་མྲྀ་ཏ་ཨོཾ་ཨཱཿ ཧཱུྃ་ཧྲཱིཿ ༔ ཞེས་པའང་ཅུང་ཟད་བཟླས་ལ། ཨོཾ་ཨཱཿ ཧཱུྃ་སརྦ་པཉྩ་ཨ་མྲྀ་ཏ་ཧཱུྃ་ཧྲཱིཿ ༔ ཞེས་དགུ་པའི་འཛབ་འདི་ཉིད་ཚིག་དྲིལ་དུ་བཟླས་རྗེས། ཚེ་སྒྲུབ་པ་ནི། བྷྲཱུྃ་བཛྲ་ཨ་ཡུ་ཥེ་ཧཱུྃ་ཨཿ ཞེས་བརྒྱ་རྩ་བརྒྱད་བཟླས་ལ། ཧྲཱིཿ ནུབ་ཕྱོགས་པདྨ་དབང་གི་གཞལ་ཡས་ནས། །བཅོམ་ལྡན་རིགས་ལྔ་ཡབ་ཡུམ་ཚེ་དཔག་མེད། །སེམས་དཔའ་སེམས་མ་སྒོ་མ་བཅས་རྣམས་ཀྱིས། །ཚེ་དང་ཡེ་ཤེས་འགུགས་པའི་ལས་མཛོད་ཅིག །ཨོཾ་ཏྲཱ་བྷྲཱུྃ་ཧཱ་ཨ་ཡུ་ཥེ་ཛ་ཛཿ ཧཱུྃ་ཨཱཿ ཞེས་ཚེ་བཀུག དེ་ནས་དབང་བསྐུར་བ་ནི། ཨཱུྃ་བཛྲ་ཨཱ་ཡུ་ཥེ་ཨ་བྷི་ཥིཉྩ་ཧཱུྃ། ཨོཾ་བཛྲ་ཨཱ་ཡུ་ཥེ་ཨ་བྷི་ཥིཉྩ་ཧཱུྃ། སྭཱ་བཛྲ་ཨཿ ཧཱུྃ་བཛྲ་ཨཱཿ ཧཱ་བཛྲ་ཨཱ་ཡུཿ ཞེས་ཚེ་དབང་བསྐུར་རོ། །དེ་ནས་འཛབ་མཇུག

བསྡུ་བ་ནི། ཧཱུྃ། རྒྱུ་འབྲས་སྤྱོལ་བའི་སོགས། ཨེ་མ། རང་སྣང་སོགས། ཡེ་ནས་གཉིས་མེད་སོགས། བཛྲ་ས་མ་ཡ་མུ་དྲ་སོགས། རང་བཞིན་གྱི་དཀྱིལ་འཁོར་སོགས་ཡིག་བརྒྱ་བཟློད། ཁམས་གསེང་། དེ་ནས་ཕྱི་ཚོགས་ལ་འཇུག མི་གནས་མི་རྟོག་སོགས་ནས་འཇབ་ཁང་དབྱེ་བའི་བར། སྨན་སྲུང་སྦྱིན་འདྲེན། རྟོག་བསལ། འཇབ་ཁང་དབྱེ། འཁོར་བ་ཆོས་སོགས། ཨོཾ་གུ་རུ་རཏྣ་ན་སོགས། སྨན་འཇབ། ཧཱུྃ་པི་ཤུ་པི་ཤུདྡྷེ་སོགས། གསང་བའི་རྡོ་རྗེ་དང་ཞབས་བརྒྱད། ཡུམ་གྱི་ཞལ་དགུ་དང་སྦྱོར་བ། ཞར་བྱུང་། ཨེ་མ་ཧོ་དཔལ་ཆེན་ཆེ་མཆོག་སོགས་ནས། སྨན་འཇབ་ལས། རང་གི་ཐུགས་ཀར་སོགས་ནས་ཚིག་མཐར་དབྱུང་བར་བྱའོ། །དེ་ལྟར་ཉེར་ལྔ་ནས་གནམ་གང་བར་ཕྱེ་སྒྲུབ་དེ་ལྟར་བྱ་བ་དང་། ཚེས་གཅིག་ཉིན། བཞི་པ་དངོས་གྲུབ་བླང་བ་ནི། མཚམས་བཤགས་དམ་བཅའ་བྱིན་དབབ་རྣམས་སྔོན་དུ་འགྲོ་བས་དངོས་གྲུབ་བསྐུལ་བའི་འཇབ་ནི། དེ་ནས་བདུད་རྩི་སྒྲོལ་བའི་དགོངས་པ་ནི་རྟགས་མཚན་ཇི་ལྟར་རིགས་པ་བྱུང་བ་དང་། སྟོད་བྷནྡྷ་འབར་བའི་གཞལ་ཡས་ཁང་དུ་བཅུད་བདུད་རྩིའི་རྒྱ་མཚོར་བསྒྲིལ་བ་ལ་སྨན་སྲུང་རྣམས་ཀྱིས་ཀྱང་མཆོལ་སྦྲང་ཆར་བབ་པ་བཞིན་དུ་ཕབ་པས་དངོས་གྲུབ་གསོལ་བཏབ་པར་མོས་ལ། ཨོཾ་ཨཱཿཧཱུྃ་སརྦ་པཉྩ་ཨ་མྲྀ་ཏ་ཀུཎྜ་ལི་ཧཱུྃ་ཧྲཱིཿB། ཞེས་བཟླས་ནས་བསྐྱིལ་བས་དབབ་པ་ནི། སྨན་སྲུང་རྣམས་བསྐུལ་ཞིང་། བདག་ཅག་སྐལ་ལྡན་སྒྲུབ་པ་པོའི། །ལོངས་སྤྱོད་བདུད་རྩི་རྫས་མཆོག་གིས། །རྒྱལ་བ་ཞི་ཁྲོའི་ཐུགས་དམ་བསྐང་། །དམ་བཅའ་མ་གཡེལ་དམ་ལ་འདུས། །སྨན་གྱི་སྲུང་མ་དམ་ཚིག་ཅན། །བདུད་རྩི་སྨན་གྱི་གཡབ་དར་ན། །རྟགས་དང་མཚན་མ་བསྟན་པ་དང་། །སྒྲུབ་པ་པོ་ཡི་ཕྲིན་ལས་མཛོད། །ཨོཾ་ཨཱཿཧཱུྃ་སརྦ་པཉྩ་ཨ་མྲྀ་ཏ་མེ་ཕྲ་བེ་ཤ་ཡ་ཕྲ་བེ་ཤ་ཡ་ཧཱུྃ་ཧྲཱིཿB། ཞེས་བཟླ་ཞིང་དབབ་པའི་ཕྱག་རྒྱ་སྨན་ལ་གཏུག་གོ །དེ་ནས་

དབང་དུ་བྱ་བའི་དགོངས་པ་ནི་རྟགས་བསྟན་ནས་དངོས་གྲུབ་བླང་རན་པ་དང་བྱ་སྟེ། སྨན་གྱི་ཕོ་བྲང་ནང་དུ་རྟ་མགྲིན་ཡབ་ཡུམ་གསལ་བའི་བྱང་སེམས་སྨན་དང་འདྲེས་ནས་གཟུངས་ཐག་ཁོང་སེང་གི་ལམ་རྒྱུད་དེ་བྱུང་བ་བདག་ལ་ཐིམ་པར་བསམ་ཞིང་། ཨོཾ་ཨཱཿཧཱུྃ་སརྦ་པཉྩ་ཨ་མྲྀ་ཏ་ཧྱ་གྲཱི་ཝ་ཧུ་ལུ་ཧུ་ལུ་ཧྲཀྵ་ཧྲཀྵ་ཧཱུྃ་ཧྲཱིཿ B། ཞེས་དངོས་གྲུབ་གཞན་གྱིས་མི་འཕྲོག་པར་བདག་གིས་ཐོབ་པར་བསམ་མོ། །སླར་ཡང་སྨན་གྱི་ལྷ་ཚོགས་རྣམས་ཀྱི་གནས་ལྔ་ནས་རྡོ་རྗེ་རྩེ་ལྔའི་དངོས་གྲུབ་ཐམས་ཅད་འཆི་མེད་བདུད་རྩིའི་རྣམ་པར་བྱུང་བ་རང་ལ་ཐིམ་པར་བསམ་ལ། ཨོཾ་ཨཱཿཧཱུྃ་སརྦ་པཉྩ་ཨ་མྲྀ་ཏ་མཧཱ་ཤྲཱི་བྷུ་བ་ལོ་ཀི་ཏེ་ཧཱུྃ་ཧྲཱི B། ཞེས་བཟླ་དེ་ནས་གཡོན་པའི་མཐེབ་སྲིན་རྩེ་སྦྲད་པས་བདུད་རྩིའི་སྟེང་ནས་མནན་ཏེ། ཨ་ཧོ་སུ་ཁ་ཙྪྨ་ཀཱ་ཡ་ནི་ཨ་མྲྀ་ཏ་སིདྡྷི་ཧཱུྃ་ཧྲཱིཿ B། ཞེས་བཟླ་ནས་སྦྲུབ་ཁོག་ཏུ་གཏད་ནས་ཚིག ཧཱུྃ། ནམ་མཁའི་མཐའ་ཀླས་ཆོས་ཀྱི་དབྱིངས་ཀྱིས་ཁྱབ། །མ་ཆགས་སྤྲུལ་མངའ་མ་སྒྲིབ་ཡེ་ཤེས་གསལ། །ཀུན་ནས་ཀུན་ཏུ་དངོས་གྲུབ་སྩོལ་དུ་གསོལ། །རྡོ་རྗེའི་ཞག་གིས་ཚང་ལགས་སོ། །བཟླས་བརྗོད་གྲངས་ཀྱང་ཐེབ་ལགས་སོ། །དངོས་གྲུབ་སྩོལ་བའི་དུས་འདི་ལགས། །འགྲོ་བ་མང་པོ་བདག་གིས་སྒྲོལ། །བླ་མེད་བྱང་ཆུབ་བདག་གིས་སྒྲུབས། །མཐུ་ཆེན་མཐུ་ཆེན་བཅོམ་ལྡན་འདས། །དངོས་གྲུབ་མཆོག་སྩོལ་བཅོམ་ལྡན་འདས། །བདག་གི་ལས་འབྲས་མཆིས་པར་མཛོད། །ཞེས་པའི་བར་གྱིས་བསྐུལ། རྗེས་མེ་ཏོག་དོར་ནས་སྨན་གྱི་དངོས་གྲུབ་བླངས་ཤིང་དབང་ནོད་པ་སོགས་བྱའོ། །ལྔ་པ་མེ་ཏོག་དོར་བ་ནི། ཧཱུྃ། འཆི་མེད་བདུད་རྩིའི་དཀྱིལ་འཁོར་ལ། །ཇི་ལྟར་མཆོད་ཅིང་བསྟོད་པ་ལྟར། །བདག་ཀྱང་རབ་ཏུ་བསྒྲལ་བའི་ཕྱིར། །མཆོད་སྦྲིན་མེ་ཏོག་འབུལ་ལགས་ན། །སྐུ་གསུང་ཐུགས་ཀྱི་དངོས་གྲུབ་སྩོལ། །ཨོཾ་བོ་དྷི་ཙིཏྟ་ཀཱ་ཡ་ཕཊ

ཙིཏྟ་མ་ཧཱ་ས་མ་ཡ་ཨཱཿ ཞེས་མེ་ཏོག་དོར། ཐུག་པ་དབང་ནོད་ཅིང་བསྐུར་བ་ནི། སྨན་
སློབ་དཔོན་གྱི་སྤྱི་བོར་བཞག་ལ། ཧཱུྃ། བདུད་རྩིའི་ལྷ་ཚོགས་རང་བཞིན་དཀྱིལ་འཁོར་
དང་། །གཉིས་སུ་མེད་པར་ལྷུན་གྱིས་གྲུབ་ནས་ཀྱང་། །བདག་ཉིད་སྒོ་གསུམ་
དཔལ་ཆེན་འཁོར་བཅས་ཀྱི། །སྐུ་གསུང་ཐུགས་དང་དབྱེར་མེད་བྱིན་དབང་
བསྐུར། །ཨ་མྲྀ་ཏ་ཀཱ་ཡ་ཝཱཀྐཱ་ཙིཏྟ་ཨ་བྷི་ཥིཉྩ་སིདྡྷི་ཕ་ལ་ཧོཿ ཞེས་དབང་བསྐུར་
གོང་རྟུ་ལུའི་འཛབ་བཟླ་ཞིང་མེ་ཏོག་ཕུལ་ཏེ། ཧཱུྃ། དུར་ཁྲོད་གསང་བ་མཆོག་གི་དཀྱིལ་
འཁོར་དུ། །ཀུན་ཏུ་བཟང་པོའི་ངང་དུ་ལྷོས་བཅའ་ན། །སྐུ་གསུང་ཐུགས་ཀྱི་
དངོས་གྲུབ་དམ་པ་དེ། །རྡོ་རྗེ་རྒྱལ་པོས་དབང་བསྐུར་བྱིན་གྱིས་རློབས། །ཞེས་
གསོལ་བ་གདབ། སློབ་མ་རྣམས་ལ་སྨན་གྱི་ཕོ་བྲང་གིས་དབང་བསྐུར་བ་ནི། གདོད་ནས་མ་
སྐྱེས་རྣམ་རྟོག་ཆོས་ཀྱི་དབྱིངས། །དག་དང་མ་དག་མི་རྟོག་རྟོག་ལས་
འདས། །དུས་གསུམ་གཅིག་ལ་སྐུར་བསྟན་ཕྱིར་བཟློག་མེད། །དངོས་གྲུབ་
སྣ་ཚོགས་རླབས་ཆེན་འབར་བ་ཅན། །སུ་འདོད་སྨིན་གྱིས་ད་ལྟ་ང་ལས་
ལོངས། །བསྐལ་བ་སྒྲིབ་པའི་གཏི་མུག་མུན་པ་ལ། །སྤྲིན་མཐོང་ཉི་ཤར་
ཁྲུངས་པར་དྲི་བ་བཞིན། །བདུད་རྩི་རྒྱལ་པོའི་དབང་ཆེན་འདི་བྱིན་
པས། །རིག་འཛིན་རྒྱལ་བའི་གོ་འཕང་ཐོབ་པར་ཤོག །ཨོཾ་ཨཱཿཧཱུྃ་སརྦ་པཉྩ་
ཨ་མྲྀ་ཏ་མ་ཧཱ་ཤྲཱི་ཧེ་རུ་ཀ་མ་ཧཱ་ཀྲོ་དྷཱི་ཤྭ་རི་སྭཱཾ་ས་མ་ཡ་ཨ་བེ་ཤ་ཡ་ཨཱ། ཞེས་དབང་
བསྐུར་ཕན་ཡོན་བརྗོད་པ་ནི། ཚེ་དང་སྐྱོངས་དང་ཡིད་དུ་འོང་། །བགེགས་རྣམས་ཞི་
བ་ལ་སོགས་ཏེ། །ནད་དང་བྲལ་ནས་ཅི་འདོད་པའི། །ཡོན་ཏན་རྩ་བརྒྱད་
འདིས་ཐོབ་བོ། །ཞེས་བརྗོད། ལྟ་བ་རྒྱ་དཀྲོལ་ཏེ་མཆོད་ཅིང་འགོད་པ་ནི། ཨོཾ་ཨཱཿཧཱུྃ།
སརྦ་པཉྩ་ཨ་མྲྀ་ཏ་ཀུཎྜ་ལི་སྭཱ་ཧཱ། མ་ཧཱ་གུ་རུ་ཤྲཱི་ཧྲི་ཧཱུྃ་ཧྲཱིཿ B། ཞེས་བརྒྱ་རྩ་བཟླས

ནས། དེ་ནས་ལས་ཀྱི་སློབ་དཔོན་ལ་འབུལ་ཞིང་། ཨེ་མ་ཧོ། ངོ་མཚར་རྨད་དུ་བྱུང་བའི་ཆོས། །ནམ་མཁའ་དང་ནི་མཉམ་པའི་གནས། །རྣམ་པར་མི་རྟོག་རྟོག་ལས་འདས། །ཀུན་རྫོབ་ཙམ་དུ་བསྟན་པས་འཆར། །ཞེས་བརྗོད་ཅིང་སློབ་དཔོན་གྱིས། ཨ་ཧོ་སུ་ཁ་ཧྨཱ་ཀཱ་ཡ་ཨ་མྲྀ་ཏ་སིདྡྷི་ཧྲཱིཿ ཞེས་པས་བླངས་ནས་སྨན་ཐོད་ལ་དཀྲིས་པའི་སྲད་བུ་ལ་སོགས། བཛྲ་ཨ་བེ་ཤ་ཡ་ཕཊཿ ཅེས་རིགས་པ་དཀྲོལ་ནས་སྨན་ཁ་ཕྱེས་ལ། སྨན་གྱི་བདུད་རྩི་འོད་ཀྱི་རྣམ་པས་བདག་གི་གནས་གསུམ་དུ་ཐིམ་པར་བསམ་ཞིང་། ཨ་མྲྀ་ཏ་ཀཱ་ཡ་ཝཱཀྐ་ཙིཏྟ་སིདྡྷི་ཧཱུྃ། ཞེས་བརྗོད་དེ་ནས་སྨན་ཐོད་ལ་གཞལ་སྐྱེ་ཧི་ཙམ་འཕེལ་བརྟགས་ནས་སྤུར་གྱི་སྐེགས་ལ་འགོད། ཐོད་ཆང་ལ་བདུད་རྩི་ཙུང་ཟད་བཏབ་ནས། ཧཱུྃ། སྟོང་གསུམ་བྷནྡྷའི་བཟང་ཁང་སོགས་ཀྱིས་སོ་སོའི་མཚན་དོན་སྦྱར་བས་རྒྱས་པར་མཆོད། གཡོན་པའི་མཐེབ་སྲིན་གྱིས་བདུད་རྩི་ལྕེ་ཐོག་བཞག་ལ། ཨོཾ་ཨཱཿཧཱུྃ། རྡོ་རྗེ་ལྕེ་ཡི་དམ་ཚིག་ལ། །རྡོ་རྗེ་ཅན་གྱི་འབྲུ་གསུམ་བསྒོམ། །བདུད་རྩི་ལྔ་དང་སྦྱར་བའི་སྨན། །མྱོང་ནས་དངོས་གྲུབ་ཐོབ་པར་འགྱུར། །ཨོཾ་སརྦ་ཏ་ཐཱ་ག་ཏ་ཀཱ་ཡ་སིདྡྷི་ཨོཾ། ཝཱཀྐ་སིདྡྷི་ཨཱཿ ཙིཏྟ་སིདྡྷི་ཧཱུྃ། ཞེས་རིམ་པར་བླངས་པ་སྤྱི་ལྕེ་ལ་བཞག་པས་སྐུ་གསུང་ཐུགས་ཀྱི་དངོས་གྲུབ་ཐོབ་ནས་ལུས་ཀྱི་རྩ་ཁམས་ཐམས་ཅད་བདུད་རྩིས་ཡོངས་སུ་གང་བས་བདེ་སྟོང་གི་ངང་ལ་མཉམ་པར་བཞག་ཅིང་ལུས་ཀྱི་གནས་རྣམས་སུ་ཐིག་ལེ་ཡང་བྱའོ། །ཅེས་པ་འདི་ནི་འདུས་མདོའི་སྒྲུབ་མཆོད་དང་འབྲེལ་བའི་སྨན་སྒྲུབ་འདོན་ཆ་ཉུང་དུར་བསྡུག་ཆོག་ཏུ་བཀོད་པ་རྫོགས་སྤྲུལ་ལྔ་པ་ཐུབ་བསྟན་ཆོས་ཀྱི་རྡོ་རྗེས་བྲིས་པ་དགེ་ལེགས་སུ་གྱུར་ཅིག །

༄༅། །གུ་རུ་ཡོན་ཏན་གཏེར་མཛོད་རྒྱུན་ཁྱེར་དཔག་བསམ་ལྗོན་ཤིང་བཞུགས་སོ།།

རྒྱལ་བ་ཀུན་འདུས་ཨོ་རྒྱན་པད་འབྱུང་ལ། །འབྲལ་མེད་སྒོ་གསུམ་གུས་པས་ཕྱག་འཚལ་ལོ། །བླ་མ་གསང་འདུས་ཐེམ་མེད་ལས། དབང་ཆེན་སྤྲེལ་ལོ་སྤྲེལ་ཟླའི་ཚེས་བཅུ་དང་༔ དུས་ཀྱི་རྒྱལ་པོ་ཚེས་བཅུ་ཐམས་ཅད་ལ༔ སྤྲུལ་པ་འཛམ་གླིང་ཁྱབ་པར་འགྱེད༔ མཆོག་ཐུན་དངོས་གྲུབ་ང་ཡིས་སྟེར༔ མི་ཚེ་ཟླ་མ་སྒྲུབ་པ་ལ༔ བསྐྱལ་ནས་ཚེ་ཡི་དུས་བྱས་ཚེ༔ ཨོ་རྒྱན་ང་ཡི་ཐུགས་ཀར་ཐིམ༔ ཞེས་དང་། མོས་གུས་ཅན་གྱི་དྲུང་དུ་ནི༔ ང་ཉིད་འདུ་འབྲལ་མེད་པར་གནས༔ ཞེས་གསུངས་པ་ལྟར་མོས་གུས་དང་དམ་ཚིག་རྣམ་པར་དག་པས་གསོལ་འདེབས་བསམ་པ་ལྷུན་གྲུབ་དང་འབྲེལ་བར་མཆོད་པའི་ཚོགས་ཇི་ལྟར་བྱ་བ་ལ། ཐོག་མར་ཡིད་དང་མཐུན་པའི་གནས་ཁང་ཡོངས་སུ་བརྒྱན་ཅིང་། གུ་རུའི་སྐུ་རྟེན་བཀོད་པའི་མདུན་དུ་སྟེགས་གཙང་མར། ཟླ་གཏོར་ཆེ་བ་ཕོ་རྒྱུད་མོ་རྒྱུད། སྨན་རཀ་ལ་སོགས་ཏེ་ཕྱི་ནང་གསང་བའི་མཆོད་པ་དང་། ཉེ་བར་འཁོ་བའི་ཡོ་བྱད་མཐའ་དག་མ་ཚང་བ་མེད་པར་འདུ་བྱས་ནས། །དང་པོ་གསོལ་འདེབས་ནི། ཨོཾ་ཨཱཿཧཱུྃ་མ་ཧཱ་གུ་རུ་སརྦ་སིདྡྷི་ཧཱུྃ༔ ཆོས་སྐུ་ཀུན་བཟང་ལོངས་སྐུ་འོད་དཔག་མེད། །རང་བྱུང་སྤྲུལ་སྐུ་པདྨ་འབྱུང་གནས་ལ། །གསོལ་བ་འདེབས་སོ་ཐུགས་རྗེའི་སྤྱན་གྱིས་གཟིགས། །འདུ་འབྲལ་མེད་པར་བྱིན་གྱིས་བརླབ་ཏུ་གསོལ། །པདྨ་རིག་འཛིན་མཁས་མཆོག་བསྟན་འཛིན་དང་། །ངེས་དོན་བསྟན་འཛིན་མི་འགྱུར་ནམ་མཁའི་

མཚན། །ཆོས་ཀྱི་རྡོ་རྗེ་རིམ་བྱོན་བརྒྱུད་འཛིན་ལ། །གསོལ་བ་འདེབས་སོ་ཐུགས་རྗེའི་སྤྱན་གྱིས་གཟིགས། །འདུ་འབྲལ་མེད་པར་བྱིན་གྱིས་བརླབ་ཏུ་གསོལ། །འོག་མིན་ཆོས་ཀྱི་དབྱིངས་ཀྱི་སོགས། དཔལ་ལྡན་རྩ་བའི་སོགས། དཔག་ལྡན་བླ་མའི་རྣམ་སོགས། སྐྱེ་བ་ཀུན་ཏུ་སོགས། སྨྱུར་ཐོབ་ཤོག །ཚོགས་ཞིང་གསལ་གདབ་པ་ནི། རང་གི་སྙིང་ཁའི་ཧཱུྃ་གི་འོད་ཟེར་གྱིས་སྐྱབས་ཡུལ་གྱི་ལྷ་ཚོགས་རྣམས་མདུན་གྱི་ནམ་མཁར་བཛྲ་ས་མ་ཡ་ཛཿ སྐྱབས་འགྲོ་ནི། ན་མོ། བླ་མ་བདེ་གཤེགས་འདུས་པའི་སྐུ༔ དཀོན་མཆོག་གསུམ་གྱི་རང་བཞིན་ལ༔ བདག་དང་འགྲོ་དྲུག་སེམས་ཅན་རྣམས༔ བྱང་ཆུབ་བར་དུ་སྐྱབས་སུ་མཆི༔ ལན་གསུམ། སེམས་བསྐྱེད་ནི། སེམས་བསྐྱེད་འགྲོ་བ་ཀུན་དོན་དུ༔ བླ་མ་སངས་རྒྱས་བསྒྲུབ་ནས་ནི༔ གང་ལ་གང་འདུལ་ཕྲིན་ལས་ཀྱིས༔ འགྲོ་བ་བསྒྲལ་བར་དམ་བཅའོ༔ ལན་གསུམ། ཚོགས་བསགས་ནི། བླ་མ་ཡི་དམ་མཁའ་འགྲོ་གཤེགས༔ ཉི་ཟླ་པདྨའི་གདན་ལ་བཞུགས༔ ལུས་ངག་ཡིད་གསུམ་གུས་ཕྱག་འཚལ༔ ཕྱི་ནང་གསང་བའི་མཆོད་པ་འབུལ༔ ཉམས་ཆགས་སྡིག་སྒྲིབ་མཐོལ་ཞིང་བཤགས༔ གསང་སྔགས་སྒྲུབ་ལ་རྗེས་ཡི་རང༔ སྨིན་གྲོལ་གསང་སྔགས་ཆོས་འཁོར་བསྐོར༔ མྱ་ངན་མི་འདའ་བཞུགས་སུ་གསོལ༔ སྙིང་པོ་སེམས་ཅན་དོན་དུ་བསྔོ༔ ཡང་དག་རྡོ་རྗེའི་དོན་རྟོགས་ཤོག༔ ཚོགས་ཞིང་རྣམས་རང་ལ་བསྡུ། མཆོད་པ་བྱིན་གྱིས་རླབས་པ་ནི། ཨོཾ་སྭ་བྷཱ་ཤ་སོགས། ཐམས་ཅད་སྟོང་ཉིད་ནམ་མཁའི་ངང༔ བྷྲཱུྃ་ལས་རིན་ཆེན་སྣོད་ནང་དུ༔ ཨོཾ་ལས་ཕྱི་ནང་མཆོད་པའི་ཚོགས༔ སོ་སོའི་ལྷ་མོའི་རོལ་བར་བཅས༔ རབ་འབྱམས་ནམ་མཁའ་གང་བར་གྱུར༔ ཨོཾ་བཛྲ་ཨརྒྷཾ་སོགས་ནས་ཤབྡ་ཨཱ་ཧཱུྃ༔

མཆོད་སྤྲིན་སྔགས་ལན་གསུམ། ན་མོ་རཏྣ་ཏྲ་ཡཱ་ཡ། ན་མོ་བྷ་ག་ཝ་ཏེ། བཛྲ་སཱ་
ར་པྲ་མརྡ་ནི། ཏ་ཐཱ་ག་ཏཱ་ཡ། ཨརྷ་ཏེ་སམྱཀྶཾ་བུདྡྷཱ་ཡ། ཏདྱ་ཐཱ། ཨོཾ་
བཛྲེ་བཛྲེ། མ་ཧཱ་བཛྲེ། མ་ཧཱ་ཏེ་ཛོ་བཛྲེ། མ་ཧཱ་བིདྱཱ་བཛྲེ། མ་ཧཱ་བོ་དྷི་
ཙིཏྟ་བཛྲེ། མ་ཧཱ་བོ་དྷི་མཎྜོ་པ་སཾ་ཀྲ་མ་ཎ་བཛྲེ། སརྦ་ཀརྨ་ཨཱ་ཝ་ར་ཎ་བི་ཤོ་དྷ་ན་
བཛྲ་སྭཱ་ཧཱ། རྗེས་བསྐྱེད་པ་ནི། ཨོཾ་ཨཱཿ ཧཱུྃ་མ་ཧཱ་གུ་རུ་སརྦ་སིདྡྷི་ཧཱུྃཿ རྣམ་དག་
འོད་ལྔ་རྡོ་རྗེའི་གཞལ་ཡས་ཁང་། །དེ་དབུས་རིན་ཆེན་པད་སྡོང་འདབ་མ་
བཞི། །ལྟེ་བར་ཉི་ཟླ་པདྨ་བརྩེགས་པའི་སྟེང་། །རང་བྱུང་རྒྱལ་པོ་ཨོ་རྒྱན་རིན་
པོ་ཆེ། །ཕྱག་གཡས་ཐོད་པའི་མཁར་བ་ཐུགས་ཀར་བསྣམས། །གཡོན་པས་
རིན་ཆེན་ཤེལ་གྱི་བུམ་བཟུང་ནས། །ཟག་མེད་བདུད་རྩི་སྨན་གྱི་དངོས་གྲུབ་
འབེབས། །ཞབས་གཉིས་སྐྱིལ་ཀྲུང་དང་པོའི་སྟབས་སུ་བཞུགས། །སྐུ་གསུང་
ཐུགས་ལས་འོད་ལྔའི་འཕྲོ་འདུ་འཁྲུགས། །ཐུགས་སྲོག་ཧཱུྃ་དང་འོད་ཀྱི་ཚོམ་བུར་
གསལ། །ཕྱོགས་མཚམས་སྟེང་འོག་སྤྲུལ་སྐུ་བརྒྱུད་ཀྱི་ལྷ། །རིག་འཛིན་
བརྒྱུད་པ་སྤྲིན་ལྟར་ཐིབས་སེ་ཐིབ། །ཕྱོགས་བཞིར་འདབ་མ་ཟླ་སྟེང་ཐིག་ལེ་
བཞི། །ཡོངས་གྲུར་རིགས་བཞིའི་མཁའ་འགྲོ་ཕྱོགས་ཀྱི་མདོག །སྐུ་ལས་
མཁའ་འགྲོ་འབུམ་འབུམ་ཕྱོགས་བཅུར་འཕྲོ། །སྐུ་གསུང་ཐུགས་དང་ཡོན་ཏན་
ཕྲིན་ལས་ཀྱི། །ཡེ་ཤེས་ཐམས་ཅད་ཁྱེད་ཀྱི་སྐུ་ལ་རྫོགས། །ཧྲཾ་རཏྣ་མཎྜལ་ཧཱུྃ་
ཧཱུྃ། སྤོས་དང་བདུག་རྫས་སོགས་དྲི་ཞིམ་གྱི་དུད་པ་བཏང་ལ། སྤྱན་འདྲེན་ནི། ཧྲཱིཿ
སྟོན་གྱི་བསྐལ་པའི་སོགས། སྤྲིན། ཧཱུྃ། བཞེངས་ཤིག་པདྨ་སོགས། ཕ་ལ་
ཧཱུྃ། བཞུགས་གསོལ་ཕྱག་འཚལ་ནི། ཧཱུྃ། རིན་ཆེན་ཕོ་བྲང་རྒྱ་རེ་ཆེ། །པདྨ་ཉི་
ཟླ་མདངས་རེ་གསལ། །མ་ཧཱ་གུ་རུའི་ལྷ་ཚོགས་རྣམས། །དགྱེས་ཤིང་བྱིན་

གྱིས་བསྐལ་ཕྱིར་བཞུགས། །མོས་ལྡན་བུ་ལ་ཞལ་བསྟན་འཚལ། །མཆོག་ཐུན་དངོས་གྲུབ་ཆར་འབེབས་པའི། །ཐོད་ཕྲེང་རྩལ་ལ་ཕྱག་འཚལ་ལོ། །པདྨ་ཀ་མ་ལཱ་ཡ་སྟྭཾ། ཨ་ཏི་པུ་ཧོ། པྲ་ཏི་ཙྪ་ཧོ། མཆོད་པ་ནི། ཨོཾ་ཨཱཿཧཱུྃ། ཡན་ལག་བརྒྱད་ལྡན་མཆོད་ཡོན་སྤྲིང་། །དག་ཅིང་ཞབས་བསིལ་གཙྭའི་རྒྱུན། །སྣ་ཚོགས་མཛེས་པའི་མེ་ཏོག་ཚལ། །ཙནྡན་ལ་སོགས་བདུག་སྤོས་སྤྲིན། །མ་རིག་མུན་སེལ་གཟུགས་གསལ་བ། །ག་བུར་སོགས་སྦྲུར་རྨད་བྱུང་དྲི། །རོ་བརྒྱ་བཤོས་གཙང་བཅུད་ལྡན་དང་། །སྒྲ་སྙན་རོལ་མོ་སྣ་ཚོགས་འབུལ། །མཛེས་པའི་གཟུགས་དང་སྙན་པའི་སྒྲ། །དྲི་བཟང་ལྷ་མིའི་བཅུད་ལྡན་ཟས། །སྣ་ཚོགས་རེག་བྱ་དཔག་མེད་འབུལ། །གདུགས་བཟང་གསེར་ཉ་པདྨ་དུང་། །བུམ་པ་རྒྱལ་མཚན་དཔལ་བེའུ་འབར། །འཁོར་ལོ་ནོར་བུ་བཙུན་མོ་དང་། །བློན་པོ་གླང་པོ་རྟ་མཆོག་དང་། །དམག་དཔོན་ལ་སོགས་རིན་ཆེན་འབུལ། །ཡུངས་ཀར་དུར་ཞ་བིལ་བ་ནོ། །མེ་ལོང་ལི་ཁྲི་དུང་དཀར་དང་། །གི་ཝཾ་ལ་སོགས་སྲིད་གསུམ་ན། །མཆོད་འོས་རྨད་བྱུང་ཇི་སྙེད་འབུལ། །བདག་ལ་བརྩེ་བས་བཞེས་ནས་ཀྱང་། །ཆོ་བསོད་དཔལ་འབྱོར་མཆོག་ཐུན་གྱི། །དངོས་གྲུབ་གཉའི་རྒྱུན་ལྟར་ཕོབ། །བྱང་ཆུབ་རྒྱལ་སར་འཆི་མཛད་གསོལ། །བསྟུ་ན། ཧཱུྃ། དངོས་སུ་འབྱོར་དང་སོགས། ཨོཾ་བཛྲ་ཨཱ་ཀྲོཾ་སོགས་ནས་ཤབྡ་པུ་ཛ་ཧོ། རུ་པ་ཤབྡ་གནྡྷེ་ར་ས་པརྴེ་ཧྲཱིམ་ཧྲཱིཏྲ་པུ་ཛ་ཨཱ་ཧཱུྃ་མ་ཧཱ་པཉྩ་ཨམ་ལིངྟ་རཀྟ་ག་ན་ཙཀྲ་ཁ་ཧི་ཁ་ཧི། བསྟོད་པ་ནི། ཧྲཱིཿ མ་བཅོས་སྤྲོས་བྲལ་བླ་མ་ཆོས་ཀྱི་སྐུ། །བདེ་ཆེན་འོད་གསལ་བླ་མ་ལོངས་སྤྱོད་རྫོགས། །པད་སྡོང་ལས་འཁྲུངས་བླ་མ་སྤྲུལ་པའི་སྐུ། །སྐུ་གསུམ་རྡོ་རྗེ་འཆང་

ལ་ཕྱག་འཚལ་བསྟོད། །དངོས་གྲུབ་མཆོག་བརྙེས་ཡ་མཚན་ཆེན་པོའི་སྐུ། །པདྨ་ལས་འཁྲུངས་ཆོ་དབང་རྡོ་རྗེའི་སྐུ། །བདེ་ཆེན་ཀློང་ནས་ལྷུན་གྱིས་གྲུབ་པའི་སྐུ། །པདྨ་འབྱུང་གནས་སྐུ་ལ་ཕྱག་འཚལ་བསྟོད། །མ་ཆགས་སྐྱོན་བྲལ་གསུང་རབ་རྒྱ་མཚོའི་གླིང་། །གསང་སྔགས་མ་ལུགས་དམ་ཆོས་རིན་ཆེན་མཛོད། །ཚངས་དབྱངས་ཟབ་མོའི་ཆོས་ཀྱི་ཆར་འབེབ་པ། །པདྨ་རྒྱལ་པོའི་གསུང་ལ་ཕྱག་འཚལ་བསྟོད། །ཆོས་སྐུ་སྤྲོས་བྲལ་མཁའ་ལྟར་དག་པའི་ངང་། །ཉིང་འཛིན་སྐར་ཚོགས་འབུམ་ཕྲག་ཡངས་པའི་ཐུགས། །ཇི་སྙེད་ཇི་བཞིན་གཟིགས་པ་ཉི་ཟླའི་སྤྱན། །པདྨ་ཐོད་ཕྲེང་ཐུགས་ལ་ཕྱག་འཚལ་བསྟོད། །བསྡུ་ན། ཧྲཱིཿ མ་བཅོས་སྤྲོས་བྲལ་སོགས་ཀྱིས་བསྟོད། དེ་ནས། ཀྱེ་ཀྱེ་ཨོ་རྒྱན་རིན་པོ་ཆེ། །བདག་ལ་རེ་ལྟོས་ཁྱེད་ལས་མེད། །སྙིང་ནས་གུས་པས་གསོལ་འདེབས་ན། །དབང་དང་བྱིན་རླབས་སྩོལ་དུ་གསོལ། །ཨོཾ་ཨཱཿ ཧཱུྃ་བཛྲ་གུ་རུ་པདྨ་སིདྡྷི་ཧཱུྃ། བསྙེན་པ་བཟླ། ཨོཾ་ཨཱཿ ཧཱུྃ་བཛྲ་མ་ཧཱ་གུ་རུ་སརྦ་སིདྡྷི་ཧཱུྃ། འཛབ་དབྱངས་ལན་གསུམ། བཟླས་དམིགས་ནི། བདག་མདུན་གྱི་གནས་གསུམ་ནས་འོད་ཟེར་དཀར་དམར་མཐིང་གསུམ་འཕྲོས། བསྟན་གཡོ་སྣོད་བཅུད་ཐམས་ཅད་ལ་ཁྱབ་པས་མ་དག་པའི་སྣང་བ་རྒྱུ་དང་བཅས་བ་སྦྱངས་ཏེ། ལྷ་སྔགས་ཡེ་ཤེས་ཀྱི་རོལ་བར་གསལ་བར་བསམ་མོ། །བསམ་ལྷུན་གྲངས་མང་དང་བསམ་སྦྱར་ཁ་ཤས་སོགས་བརྗོད་མཐར། མི་རྟོག་ངང་ལས་གཞལ་ཡས་གདན་རྣམས་བསྐྱེད། །པད་སྡོང་ཉི་ཟླ་འབར་བའི་གདན་སྟེང་དུ། །སྐད་ཅིག་དྲན་རྫོགས་ཟླ་མ་སྤྲུལ་པའི་སྐུ། །རབ་བྱུང་ཆ་ལུགས་ཞི་མ་ཁྲོ་ཡི་ཉམས། །ཕྱག་གཡས་ཐོད་མཁར་གཡོན་པས་ཤེལ་བུམ་བསྣམས། །ཕྱོགས་བཞིར་རིགས་བཞི་རིགས་ཀྱི་

ཕྱག་མཚན་འཛིན། །དཀར་སེར་དམར་ལྗང་ཅང་ཏེའུ་དྲིལ་བུ་གཡོན། །གྲི་ཐོད་ཁ་ཊྭཾ་བསྣམས་ཤིང་གར་སྟབས་བཞུགས། །རིན་ཆེན་རུས་རྒྱན་དར་དཔྱང་ཅོད་པཎ་ཐུལ། །སྟེང་ན་ཀུན་བཟང་མཐའ་ཡས་སྤྱན་རས་གཟིགས། །སྟེང་འོག་ཕྱོགས་མཚམས་རིག་འཛིན་མཁའ་འགྲོས་གང་། །གནས་གསུམ་ཨོཾ་ཨཱཿཧཱུྃ་གིས་མཚན་པར་གྱུར། ཨོཾ་ཨཱཿཧཱུྃ་མ་ཧཱ་གུ་རུ་སཔྟ་ཌཱཀྐི་ནི་བཛྲ་ས་མ་ཡ་ཛཿ ཛཿཧཱུྃ་བཾ་ཧོཿ ན་མོ་པུ་རུ་ཤ་ཡ་ཧོཿ མཆོད་པ་ནི། ཧཱུྃ། དངོས་སུ་འབྱོར་དང་ཡིད་ཀྱིས་རྣམ་སྤྲུལ་པའི། །ཀུན་ཏུ་བཟང་པོ་བླ་མེད་མཆོད་སྤྲིན་གྱིས། །མཁའ་དབྱིངས་རྣམ་དག་རྒྱ་ཆེན་ཡོངས་བཀོད་དེ། །ཕྱི་ནང་གསང་བའི་མཆོད་པ་རྒྱ་མཚོས་མཆོད། །ནམ་མཁའ་མཛོད་སྔགས། ན་མ་སརྦ་ཏ་ཐཱ་སོགས། བསྟོད་པ་ནི། ཨེ་མ་ཧོ། མ་བཅོས་སྤྲོས་མེད་བྱང་ཆུབ་སྙིང་པོའི་སྐུ། །འགག་མེད་སྒྱུ་འཕྲུལ་རྡོ་རྗེ་སེམས་དཔའ་དངོས། །ཐུགས་རྗེའི་འགྲོ་དྲུག་འདྲེན་པའི་སྟོབས་མངའ་བ། །རྗེ་བཙུན་ཨོ་རྒྱན་གུ་རུའི་སྐུ་ལ་བསྟོད། །ཨོཾ་ཨཱཿཧཱུྃ་བཛྲ་གུ་རུ་པདྨ་སིདྡྷི་ཧཱུྃ། ཨ་ཧ་རི་ནི་ས་ཧཱུྃ། ཤཀྟིཾ་པུཥྤཾ་ཧྲཱིཿཤཾ་མཱ་ར་ཡ་སཏྭ་ཀརྨ་སིདྡྷི་ཧཱུྃ་ཨཱཿ ཙུང་ཟད་བཟླ། ཚོགས་རྫས་བཟའ་བཏུང་སོགས་ཅི་འབྱོར་བཤམས་ལ། བདག་ཉིད་ཐུགས་ལས་རཾ་ཡཾ་ཁཾ་འཕྲོས་པས། །ཚོགས་ཀྱི་དངོས་འཛིན་དྲི་མ་སྦྱངས་སྒྱུར་སྤེལ། །བླ་མ་ཡི་དམ་མཁའ་འགྲོ་ཆོས་སྐྱོང་ཚོགས། །སྤྱན་འདྲེན་འདིར་གཤེགས་དགྱེས་པའི་ཚུལ་དུ་བཞུགས། བཛྲ་ས་མ་ཡ་ཛཿཧཱུྃ། བླ་མ་རྗེ་བཙུན་པདྨ་ཐོད་འཕྲེང་རྩལ། །རིག་འཛིན་མཁའ་འགྲོའི་ཚོགས་དང་བཅས་པ་ཡི། །རྩ་གསུམ་ཀུན་འདུས་རྒྱལ་བའི་དཀྱིལ་འཁོར་ལ། །འདོད་ཡོན་ལྷ་ལྡན་ཚོགས་ཀྱིས་མཆོད་པ་འབུལ། །མ་རིག་དབང་གྱུར་ཉེས་ལྟུང་སྙིང་ནས་བཤགས། །གཟུང་འཛིན་

གཉིས་སྣང་དག་བགེགས་དབྱིངས་སུ་སྒྲོལ། །བཀའ་ཉན་ལྷག་ལ་དབང་བས་གཏོར་མ་བཞེས། བསམ་པ་ལྷུན་གྱིས་འགྲུབ་པའི་ཕྲིན་ལས་མཛོད། །དེ་ནས་ཐུགས་དམ་གནང་ནས་བསྐུལ་བའི་འདོད་གསོལ་ནི། ཨེ་མ་ཧོ། བདེ་ཆེན་ཆོས་སྐུའི་ཞིང་ན་སྣང་མཐའ་ཡས། །དཔལ་ལྡན་གྲུ་འཛིན་རི་བོར་སྤྱན་རས་གཟིགས། །ཛ་ཡབ་དཔལ་རིར་མཚོ་སྐྱེས་ཐོད་ཕྲེང་རྩལ། །སྐུ་གསུམ་དབྱེར་མེད་མཆོག་ལ་གསོལ་བ་འདེབས། །མགོན་ཁྱོད་བླ་མ་མཆོག་གསུམ་ཡི་དམ་དང་། །དཔའ་བོ་མཁའ་འགྲོ་ཆོས་སྐྱོང་ནོར་ལྷ་བཅས། །སྐྱབས་གནས་ཀུན་འདུས་ངོ་བོར་ཤེས་པའི་བློས། །སྙིང་ནས་འབོད་དོ་ཐུགས་རྗེའི་སྤྱན་གྱིས་གཟིགས། །བདག་དང་བདག་འདྲའི་མགོན་མེད་སྙིགས་མའི་འགྲོར། །གང་ལ་གང་འདུལ་སྤྲུལ་པའི་སྐུར་བཞེངས་ལ། །གནས་སྐབས་མཐར་ཐུག་བསམ་པའི་དོན་རྣམས་ཀུན། །ཆོས་བཞིན་འགྲུབ་པར་མཛོད་ཅིག་པདྨ་འབྱུང་། །ཁྱད་པར་ནད་གདོན་དྲག་པོའི་གཟིར་བའི་ཚེ། །ཨོ་རྒྱན་སྨན་གྱི་བླ་མའི་སྐུར་བཞེངས་ལ། །བྱིན་རླབས་དཔག་བསམ་རྒྱས་པའི་གྲིབ་བསིལ་དུ། །ངལ་གསོའི་དབུགས་འབྱིན་མཛོད་ཅིག་པདྨ་འབྱུང་། །རྣམ་མང་དུས་མིན་འཆི་བས་འཇིགས་པ་ན། །ཨོ་རྒྱན་ཚེ་དཔག་མེད་མགོན་སྐུར་བཞེངས་ལ། །འཆི་མེད་ཚེ་དང་ཡེ་ཤེས་མཆོག་གྲུབ་པའི། །སྐལ་བཟང་མངོན་སུམ་སྩོལ་ཅིག་པདྨ་འབྱུང་། །སྣོད་བཅུད་རྒུད་པའི་གདུང་བས་ཉམ་ཐག་ཚེ། །ཨོ་རྒྱན་མཁའ་འགྲོ་ནོར་ལྷའི་སྐུར་བཞེངས་ལ། །དཔལ་འབྱོར་ལོངས་སྤྱོད་རྫོགས་ལྡན་སྤྲིན་ཆེན་ལས། །འདོད་དགུའི་གྲུ་ཆར་ཕབ་ཤིག་པདྨ་འབྱུང་། །ལུང་རྟོགས་ཆོས་ཀྱི་དགའ་སྟོན་ཉམས་པའི་ཚེ། །ཨོ་རྒྱན་ཤཱཀྱ་སེངྒེའི་སྐུར་བཞེངས་ལ། །བསྟན་འཛིན་ཞབས་བརྟན་

བཤད་དང་སྒྲུབ་པ་ཡི། །བསྟན་པ་རྒྱས་པར་མཛོད་ཅིག་པདྨ་འབྱུང་། །སྨོངས་དང་མ་རིག་འཐིབས་པོས་ནོན་པའི་ཚེ། །ཨོ་རྒྱན་བློ་ལྡན་མཆོག་སྲེད་སྐུར་བཞེངས་ལ། །ཇི་ལྟ་ཇི་སྙེད་ཤེས་བྱ་ཀུན་མཁྱེན་པའི། །ཡེ་ཤེས་སྣང་བ་སྩོལ་ཅིག་པདྨ་འབྱུང་། །རང་དང་གཞན་གྱི་དོན་གཉིས་སྒྲུབ་པའི་ཚེ། །ཨོ་རྒྱན་པདྨ་སཾ་བྷའི་སྐུར་བཞེངས་ལ། །འཇིག་རྟེན་འཇིག་རྟེན་འདས་པའི་དངོས་གྲུབ་ཀྱི། །དགེ་མཚན་རྒྱས་པར་མཛོད་ཅིག་པདྨ་འབྱུང་། །མཁའ་ཁྱབ་འགྲོ་བའི་དོན་ལ་སྤྱོད་པའི་ཚེ། །ཨོ་རྒྱན་ཉི་མ་འོད་ཟེར་སྐུར་བཞེངས་ལ། །མཐོང་ཐོས་དྲན་རེག་གདུལ་བྱའི་ཚོགས་རྣམས་ཀུན། །སྨིན་ཅིང་གྲོལ་བར་མཛོད་ཅིག་པདྨ་འབྱུང་། །རླབས་ཆེན་བསྟན་འགྲོའི་ཕན་བདེ་སྤེལ་བའི་ཚེ། །ཨོ་རྒྱན་པདྨ་རྒྱལ་པོའི་སྐུར་བཞེངས་ལ། །ཁམས་གསུམ་སྲིད་ཞིའི་ལེགས་ཚོགས་ཇི་སྙེད་ཀུན། །འབད་མེད་དབང་དུ་སྡུས་ཤིག་པདྨ་འབྱུང་། །ཕས་རྒོལ་གཟའ་ཀླུ་འབྱུང་པོས་འཚེ་བའི་ཚེ། །ཨོ་རྒྱན་སེངྒེ་སྒྲ་སྒྲོག་སྐུར་བཞེངས་ལ། །མཐུ་སྟོབས་ཕྱག་ན་རྡོ་རྗེ་འབར་བ་ཡིས། །མིང་གི་ལྷག་མར་མཛོད་ཅིག་པདྨ་འབྱུང་། །མཐའ་དམག་དུས་འཁྲུགས་རྒྱལ་འགོང་འཚེ་བའི་ཚེ། །ཨོ་རྒྱན་རྡོ་རྗེ་གྲོ་ལོད་སྐུར་བཞེངས་ལ། །གཟུགས་ཅན་གཟུགས་མེད་དམ་སྲིའི་ཚོགས་རྣམས་ཀྱི། །དོན་སྙིང་ཀློག་མར་ཕྱུངས་ཤིག་པདྨ་འབྱུང་། །རྩེ་གཅིག་ཟབ་མོའི་རྣལ་འབྱོར་སྒོམ་པའི་ཚེ། །ཨོ་རྒྱན་རྡོ་རྗེ་འཆང་གི་སྐུར་བཞེངས་ལ། །སྐྱེད་རྫོགས་རྫོགས་པ་ཆེན་པོའི་གསེང་ལམ་ནས། །ཟུང་འཇུག་འགྲུབ་པར་མཛོད་ཅིག་པདྨ་འབྱུང་། །གལ་ཏེ་ཚེ་འདིར་བརྟན་པ་མ་ཐོབ་ན། །ཨོ་རྒྱན་སྣང་བ་མཐའ་ཡས་སྐུར་བཞེངས་ལ། །འཆི་ཁར་མནར་གཅོད་སྡུག་བསྔལ་ཞི་བ་

དང་། །བདེ་ཆེན་ཞིང་དུ་ཁྲིད་ཅིག་པདྨ་འབྱུང་། །དེ་ཡང་འཁྲུལ་ནས་བར་དོ་
འཁྱམས་སྲིད་ན། །ཨོ་རྒྱན་དུས་གསུམ་མཁྱེན་པའི་སྐུ་ར་བཞེངས་
ལ། །འཇིགས་སྐྲག་འཁྲུལ་སྣང་རང་སར་གྲོལ་བ་དང་། །དག་པའི་ཞིང་དུ་
དྲོངས་ཤིག་པདྨ་འབྱུང་། །མདོར་ན་འདི་ནས་བྱང་ཆུབ་སྙིང་པོའི་བར། །སྐྱིད་
སྡུག་ལེགས་ཉེས་བཟང་ངན་ཅི་བྱུང་ཡང་། །མགོན་པོ་ཁྱེད་ལས་སྐྱབས་གཞན་མ་
མཆིས་པས། །འབྲལ་མེད་བྱིན་གྱིས་རློབས་ཤིག་པདྨ་འབྱུང་། །ཞེས་པ་འདིའང་
འཇམ་དབྱངས་མཁྱེན་བརྩེས་གསུངས་སོ། །དེ་ནས་དངོས་གྲུབ་བླང་བ་ནི། བླ་མའི་གནས་
གསུམ་ཨོཾ་ཨཱཿཧཱུྃ་གསུམ་ལས། །འོད་ཟེར་དཀར་དམར་མཐིང་གསུམ་ཅིག་ཆར་
བྱུང་། །བདག་གི་གནས་གསུམ་ཞུགས་ཤིང་ཐིམ་པ་ཡིས། །དབང་བསྐུར་
སྒྲིབ་བྱང་སྨིན་གྲོལ་དངོས་གྲུབ་སྩོལ། །ཨོཾ་ཨཱཿཧཱུྃ་བཛྲ་གུ་རུ་སོགས། ཀཱ་ཡ་
ཝཱཀྐ་ཙིཏྟ་སོགས། ཧཱུྃ། དེ་ནས་གཏོར་བསྔོས་བསྡུས་ཙམ་བྱ། མཆོད་བསྟོད་ནི། ཨོཾ་
མ་ཧཱ་གུ་རུ་ས་པ་རི་ཝཱ་ར་ཨརྒྷཾ་སོགས་ནས། ས་མ་ཡ་ཁ་ཧི་ཁ་ཧི། ཧྲཱིཿ མ་
བཅོས་སྤྲོས་བྲལ་སོགས་ཀྱི་བསྟོད་མཐར། བཟོད་གསོལ་ནི། མ་རྙེད་ཡོངས་སུ་སོགས།
ཡིག་བརྒྱ་ལན་གསུམ། བརྟེན་བཞུགས་བྱ། བསྡུ་རིམ་ནི། ཧཱུྃ། སྣོད་བཅུད་གཞལ་
ཡས་ཁང་དང་ལྷ། །མཁའ་ལ་སྤྲིན་བཞིན་དབྱིངས་སུ་ཐིམ། །གནས་ལུགས་
རྫོགས་པ་ཆེན་པོའི་ངང་། །བློ་འདས་ཆོས་སྐུའི་རང་ཞལ་ལྟ། །ཨ་ཨ་ཨ།
སེམས་གཞན་དུ་མ་ཡེངས་པར་རང་བབ་སློད་ལ་དར་ཅིག་མཉམ་པར་བཞག་ལ། སླར་ཡང་པདྨ་རྒྱལ་
པོའི་སྐུ་རུ་ལྡང་། ཨོཾ་ཨཱཿཧཱུྃ། བསྔོ་སྨོན་ནི། བདག་དང་སེམས་ཅན་ཐམས་ཅད་
ཀྱིས། །དུས་གསུམ་བསགས་པའི་དགེ་བ་ཡིས། །མཉམ་མེད་བླ་མ་མྱུར་
འགྲུབ་ནས། །ཨོ་རྒྱན་གནས་སུ་ཕྱིན་པར་ཤོག །མི་རྟོག་མཐོང་ལ། བཀྲ་ཤིས་

༄། ཨོཾ། བཀྲ་ཤིས་དམ་པ་དངོས་གྲུབ་ཆར་འབེབས་པ། །རྒྱལ་བ་དགོངས་བརྒྱུད་རིག་འཛིན་བརྡ་བརྒྱུད་དང་། །གང་ཟག་སྙན་བརྒྱུད་བླ་མའི་བཀྲ་ཤིས་གང་། །བཀྲ་ཤིས་དེས་ཀྱང་དེང་འདིར་བདེ་ལེགས་ཤོག །བཀྲ་ཤིས་མེ་ཏོག་པདྨའི་མཚོ་གླིང་དུ། །གང་ཞིག་བལྟམས་པས་མཁའ་འགྲོའི་སྤྲིན་ཕུང་འཁྲིགས། །ཆོས་བཅུའི་ཉི་ཤར་དངོས་གྲུབ་ཆར་འབེབས་པ། །བཀྲ་ཤིས་དེས་ཀྱང་དེང་འདིར་བདེ་ལེགས་ཤོག །བཀྲ་ཤིས་འཛམ་གླིང་ཀུན་གྱི་རྒྱན་གྱུར་པ། །སྣ་ཚོགས་མཛད་པའི་ངོ་མཚར་བསམ་མི་ཁྱབ། །ཕྲིན་ལས་རྣམས་བཞིས་འགྲོ་བ་འདུལ་མཛད་པ། །བཀྲ་ཤིས་དེས་ཀྱང་དེང་འདིར་བདེ་ལེགས་ཤོག །བཀྲ་ཤིས་གངས་རིའི་ཡུལ་དུ་དཔལ་འབར་བ། །ལྷ་སྲིན་བཏུལ་ཞིང་དམ་ཆོས་ཆར་ཆེན་བབས། །ཟབ་གཏེར་རྒྱ་མཚོ་འགྲོ་ལ་སྣང་མཛད་པ། །བཀྲ་ཤིས་དེས་ཀྱང་དེང་འདིར་བདེ་ལེགས་ཤོག །དེ་ནས་བཟང་སྤྱོད་སོགས་ཀྱི་མཐའ་རྒྱན་པར་བྱའོ། །ཞེས་པ་འདི་གྲུབ་དབང་ལྔ་པ་ཐུབ་བསྟན་ཆོས་ཀྱི་རྡོ་རྗེའི་གསུང་ལ་ཅུང་ཟད་དུ་རང་བློ་དང་བསྟུན་པའི་སྦྱོར་བཅས་རྣམས་ལ་ཁ་སྐོང་གི་ཚུལ་དུ་ལེའུ་བདུན་པའི་སྐབས་འགྲོ་སེམས་བསྐྱེད་ཡན་ལག་བདུན་པ་དང་། གཞན་ཚིག་སྣ་ཁ་ཤས་སྦྱར་ཏེ་བསྒྲིགས་པ་འདི་མཁན་རཆུའི་མིང་ཅན་གྱིས་བྲིས་པ་འདིས་བདག་གཞན་སེམས་ཅན་ཐམས་ཅད་ལུས་རྒྱ་བྲལ་མ་ཐག་ཏུ་ཟ་ཡབ་དཔལ་གྱི་རི་བོར་པདྨ་འོད་ཀྱི་ཞིང་ཁམས་སུ་ཚོམ་བུ་གཅིག་ཏུ་སངས་རྒྱས་པའི་རྒྱུར་གྱུར་ཅིག །

དགེའོ། །དགེའོ། །དགེའོ། །མངྒ་ལཾ། །

༄༅། །ས་ཡི་སྙིང་པོའི་གསོལ་འདེབས་དངོས་གྲུབ་དཔལ་སྟེར་ཞེས་བྱ་བ་བཞུགས་སོ།།

གདོད་མའི་མགོན་པོ་ཆོས་སྐུ་ཀུན་ཏུ་བཟང་། །ཡོངས་སྤྱོད་རྫོགས་སྐུ་རིགས་ལྔའི་སངས་རྒྱས་ཞབས། །སྤྲུལ་པའི་སྐུ་མཆོག་བདེ་གཤེགས་གཙུག་ཏོར་ཅན། །གསོལ་བ་འདེབས་སོ་དབང་བསྐུར་བྱིན་གྱིས་རློབས། །བློ་གྲོས་རབ་ཞི་བློ་གྲོས་ཐབས་ལྡན་དང་། །བློ་གྲོས་དད་སེལ་བློ་གྲོས་རྒྱ་མཚོའི་དཔལ། །བློ་གྲོས་མཐའ་ཡས་སྐལ་ལྡན་རྒྱལ་པོ་རྗེ། །གསོལ་བ་འདེབས་སོ་དབང་བསྐུར་བྱིན་གྱིས་རློབས། །ཨོ་རྒྱན་པདྨ་ཧེ་ཀ་མ་ར་ཛ་ཆེ། །དགའ་རབ་རྡོ་རྗེ་ཤྲཱི་སེངྷའི་ཞབས། །འཇམ་དཔལ་བཤེས་གཉེན་པཎ་ཆེན་བི་མ་ལ། །གསོལ་བ་འདེབས་སོ་དབང་བསྐུར་བྱིན་གྱིས་རློབས། །བཀའ་བབ་རིག་འཛིན་ཧཱུྃ་ཀ་ར་ན་གརྫུ། །པྲ་ཆེན་ཧསྟི་ཧྣ་ན་སཾ་གྲིའི་ཞབས། །རཾ་བུ་གུ་ཧྱ་ཤི་ཏྲཾ་གརྦྷ་ལ། །གསོལ་བ་འདེབས་སོ་དབང་བསྐུར་བྱིན་གྱིས་རློབས། །པདྨ་འབྱུང་གནས་ལྷ་ལྕམ་མནྡཱ་ར། །ཡེ་ཤེས་མཚོ་རྒྱལ་དགེ་སློང་ནམ་མཁའི་སྙིང་། །སངས་རྒྱས་ཡེ་ཤེས་འབྲོག་མི་དཔལ་ཡེ་ལ། །གསོལ་བ་འདེབས་སོ་དབང་བསྐུར་བྱིན་གྱིས་རློབས། །བཻ་རོ་ཙ་ན་རླང་ཆེན་དཔལ་སེང་གེ །དཀོན་མཆོག་འབྱུང་གནས་མངའ་བདག་ཁྲི་རལ་ཞབས། །ཁྲི་སྲོང་ཡབ་སྲས་ཐང་སྟོང་

རྒྱལ་པོ་ལ། །གསོལ་བ་འདེབས་སོ་དབང་བསྐུར་བྱིན་གྱིས་རློབས། །སངས་རྒྱས་བླ་མ་མངའ་བདག་ཉང་རལ་ཅན། །གུ་རུ་ཆོས་ཀྱི་དབང་ཕྱུག་ཨོ་རྒྱན་གླིང་། །འགྲོ་འདུལ་རྡོ་རྗེ་གླིང་པ་སངས་རྒྱས་གླིང་། །གསོལ་བ་འདེབས་སོ་དབང་བསྐུར་བྱིན་གྱིས་རློབས། །ཀུན་མཁྱེན་རཏྣ་གླིང་པ་རིན་ཆེན་གླིང་། །ཀརྨ་གླིང་པ་ཀུན་སྤྱོད་ལས་འཕྲོ་གླིང་། །བསམ་གཏན་གླིང་པ་བསྟན་གཉིས་གླིང་པ་ལ། །གསོལ་བ་འདེབས་སོ་དབང་བསྐུར་བྱིན་གྱིས་རློབས། །ར་ཤག་གཏེར་སྟོན་རིག་འཛིན་གོད་ལྡེམ་ཅན། །གྲུབ་པ་མངོན་ཤེས་མང་ལམ་བཟང་པོ་གྲགས། །ཆོས་རྒྱལ་རྡོ་རྗེ་དཔལ་པོ་ཨ་ཧཱུྃ་འབར། །གསོལ་བ་འདེབས་སོ་དབང་བསྐུར་བྱིན་གྱིས་རློབས། །རྗེ་མོ་སྨན་མོ་མཁའ་འགྲོ་ཀུན་དགའ་འབུམ། །ཞང་ཁྲིམ་འཇའ་ཚོན་སྙིང་པོ་རྒྱ་ལོ་ཙཱ། །ཀུན་མཁྱེན་ངག་དབང་བློ་བཟང་རྒྱལ་མཆོ་ལ། །གསོལ་བ་འདེབས་སོ་དབང་བསྐུར་བྱིན་གྱིས་རློབས། །གྲུབ་ཆེན་ཕག་ཚང་པ་དང་བྱང་ཆུབ་རྒྱལ། །དུས་གསུམ་མཁྱེན་པ་སྟག་ལུང་ཐང་པའི་ཞབས། །ཨོ་རྒྱན་རང་བྱུང་རྗེ་བཙུན་བློ་བཟང་གྲགས། །གསོལ་བ་འདེབས་སོ་དབང་བསྐུར་བྱིན་གྱིས་རློབས། །རོང་ཟོམ་ཆོས་ཀྱི་བཟང་པོ་ཀློང་ཆེན་པ། །འཇིགས་མེད་གླིང་པ་ཀུན་བཟང་གཞན་ཕན་ཞབས། །པདྨ་ཀུན་བཟང་འགྱུར་མེད་རྡོ་རྗེ་ལ། །གསོལ་བ་འདེབས་སོ་དབང་བསྐུར་བྱིན་གྱིས་རློབས། །པདྨ་རིག་འཛིན་ཐེག་མཆོག་བསྟན་འཛིན་དང་། །ཨ་ཧྲི་བསྟན་པའི་རྒྱལ་མཚན་ནམ་མཁའི་མཚན། །མཁྱེན་བརྩེའི་དབང་པོ་བསྟན་གཉིས་གཡུང་དྲུང་གླིང་། །གསོལ་བ་འདེབས་སོ་དབང་བསྐུར་བྱིན་གྱིས་རློབས། །དགྱེས་པ་རྡོ་རྗེ་འཇིགས་མེད་ཆོས་ཀྱི་དབང་། །ཐེག་

མཆོག་རྡོ་རྗེ་པདྨ་བཛྲ་དང་། །འཇིགས་མེད་ཆོས་དབྱིངས་འོད་གསལ་ཐུབ་བསྟན་མཚན། །གསོལ་བ་འདེབས་སོ་དབང་བསྐུར་བྱིན་གྱིས་རློབས། །དཀྱིལ་འཁོར་ཀུན་བདག་ས་ཡི་སྙིང་པོ་དང་། །རིགས་ཀྱི་བདག་པོ་སངས་རྒྱས་ཡོན་ཏན་དཔལ། །བླ་མ་ཨོ་རྒྱན་ནོར་ལྷ་པདྨ་རྒྱལ། །གསོལ་བ་འདེབས་སོ་དབང་བསྐུར་བྱིན་གྱིས་རློབས། །རྣམ་སྲས་སེར་ཆེན་ལྷ་མོ་དཔལ་ཆེན་མོ། །ས་ཡི་ལྷ་མོ་དབང་ཕྱུག་ཆེན་པོ་དང་། །ཚོགས་བདག་གླང་སྣ་ཛམ་ལྷ་ནག་པོ་ལ། །གསོལ་བ་འདེབས་སོ་དབང་བསྐུར་བྱིན་གྱིས་རློབས། །འཁོར་གྱི་གྲོགས་མོ་བརྒྱད་དང་ཕྱོགས་བཞི་ཡི། །ཛམ་ལྷ་རིགས་བཞི་ནོར་ལྷ་རྒྱ་མཚོའི་ཚོགས། །ནོར་སྐྱོང་བྱེ་བ་འབུམ་གྱི་ཚོགས་བཅས་ལ། །གསོལ་བ་འདེབས་སོ་དབང་བསྐུར་བྱིན་གྱིས་རློབས། །དེ་ལྟར་གསོལ་བ་བཏབ་པའི་བྱིན་རླབས་ཀྱིས། །དེང་ནས་བཟུང་སྟེ་ཚེ་རབས་ཐམས་ཅད་དུ། །བདག་ཅག་བྱང་ཆུབ་སྒྲུབ་པའི་གང་ཟག་ལ། །ཚེ་འདིའི་མི་མཐུན་རྐྱེན་ངན་ཀུན་སེལ་ནས། །ནད་དང་སྡུག་བསྔལ་བྱད་ཕུར་ཐོད་གཏོང་ཞི། །ཚེ་བསོད་ཡེ་ཤེས་རྒྱས་ཤིང་ཉམས་རྟོགས་འཕེལ། །ཁམས་གསུམ་རྒྱལ་བློན་རྗེ་འབངས་ཆེ་བཙན་དང་། །ཟས་ནོར་ལོངས་སྤྱོད་ཐམས་ཅད་དབང་དུ་བསྡུས། །ཇི་སྲིད་བྱང་ཆུབ་སྙིང་པོ་མ་ཐོབ་པར། །བསྐྲེས་སྐོམ་དབུལ་བའི་སྡུག་བསྔལ་རྒྱུན་ཆད་ནས། །མི་ཟད་འདོད་རྒུའི་ལོངས་སྤྱོད་དཔལ་ཐོབ་ཤོག །བྱང་ཆུབ་སེམས་དཔའ་ས་ཡི་སྙིང་པོ་དང་། །ནོར་ལྷ་རྒྱ་མཚོའི་ལྷ་ཚོགས་འཁོར་དང་བཅས། །ཞལ་མཐོང་གསུང་གི་བདུད་རྩི་ཐོབ་ནས་ཀྱང་། །ལོངས་སྤྱོད་མི་ཟད་དངོས་གྲུབ་སྩོལ་དུ་གསོལ། །ཅེས་པ་འདི་ཡང་རྫོགས་སྤྲུལ་ལྔ་པ་ཐུབ་བསྟན་ཆོས་ཀྱི་རྡོ་རྗེས་བྲིས་པ་དགེ ། །

༄༅། །ས་སྐྱོང་སྒྲུབ་ཐབས་ནོར་ལྷ་ཀུན་འདུས་བསོད་ནམས་དཔལ་སྟེར་ཞེས་བྱ་བ་བཞུགས་སོ།།

ཨོཾ་སྭ་སྟི། གྲངས་མེད་སྔོན་ནས་མངོན་པར་བྱང་ཆུབ་ཀྱང་། །འགྲོ་བའི་དབུལ་ཕོངས་སྡུག་བསྔལ་གཅོད་མཛད་པའི། །རྒྱལ་སྲས་བྱང་ཆུབ་སེམས་དཔའི་ཚུལ་འཛིན་པར། །སྒོ་གསུམ་གུས་པའི་ཚུལ་གྱིས་འདུད་པར་བགྱི། །དེ་ལ་འདིར་ས་ཡི་སྐྱོང་པོའི་སྟོང་མཆོད་ཀྱི་ཆོ་ག་མདོར་བསྡུས་བྱ་ཚུལ་ནི། སྔོན་འགྲོ་དངོས་གཞི་གཉིས་ལས། དང་པོ་ལའང་བཤམ་བཀོད་དང་སྔོན་འགྲོ་གཉིས་ལས། དང་པོ་ནི། སྟེགས་གཙང་མའི་དབུས་སུ་མཆུའི་ཁར་ས་སྐྱོང་གི་སྐུ་བྲིན་ལྡན་དང་། གཡས་སུ་བརྒྱད་སྟོང་དང་གསེར་འོད་ཀྱི་གླེགས་བམ། གཡོན་དུ་བཀའ་གདམས་མཆོད་རྟེན། དཀྱིལ་འཁོར་གྱི་ནུབ་ཕྱོགས་བང་རིམ་སྟེང་དབུས་སུ་ས་སྐྱོང་མཆོད་གཏོར་བང་རིམ་ཟླུམ་པོ་བླ་གཏོར་དཀར་པོ་པད་འདབ་བཞི་མཚམས་སུ་ཐེབ་རིལ། དེ་བཞིན་གཤེགས་པ་ཡོན་ཏན་རིན་ཆེན་རྒྱ་མཚོ་ལ་གཏོར་མ་དཀར་ཟླུམ་འདབ་བཞི་མཚམས་སུ་ཐེབ་རིལ་ཅན། བླ་མ་ནོར་ལྷ་རྒྱས་པའི་གཏོར་མ་གྲུབ་བཞི་སེར་པོ་པད་འདབ་བཞི་དང་རྣམ་སྲས་སེར་ཆེན་གཏོར་མ་རིན་ཆེན་འབར་བ་པད་འདབ་བཞི་དང་པད་ཚབ་བཅས། པདྨ་རྒྱལ་པོ་རིན་ཆེན་འབར་བ་པད་འདབ་བཞི། གཡོན་དུ་ལྷ་མོ་དཔལ་ཆེན་མོ་གཡང་བསོས་ནོར་བུ་འབར་བའི་དབྱིབས་ཅན་འཁོར་རང་འདྲ་བརྒྱད་ས་ཡི་ལྷ་མོ་བརྟན་མ་ལ་དཀར་གཏོར་གླིང་བཞི། ལྷ་ཆེན་དབང་ཕྱུག་ཆེན་པོ་ལ་གཙོ་བོ་འབྲས་ཀྱི་སྟེ་མ་ལྟ་བུ་ཟླུམ་གཏོར་དམར་པོ། འཁོར་རང་འདྲ་ལྔ། ཚོགས་བདག་གླང་སྣ་དབང་གི་གཏོར་མ་ཟླ་གམ་དབྱིབས་ཅན་པད་འདབ་བཞི། ནོར་བདག་ཡིད་བཞིན་ནོར་བུ་

ཀླུམ་གཏོར་དམར་པོ་འཁོར་རང་འདྲ་བརྒྱད་མཚམས་སུ་ཐེབ་ཀྱུ་སུམ་བརྩེགས། ཛམ་ནག་ལ་གྲུ་གསུམ་ནག་པོ་པད་འདབ་བཞི། ཛམ་དཀར་ཀླུམ་གཏོར་དཀར་པོ་པད་འདབ་བཞི། ཛམ་སེར་གྲུ་བཞི་སེར་པོ་པད་འདབ་བཞི། ཛམ་དམར་པདྨ་འདབ་བཞིའི་སྟེང་ནོར་བུ་མེ་འབར། ཛམ་ལྗང་གཏོར་མ་ནོར་བུའི་དབྱིབས་ཅན་ལྗང་གུ་པད་འདབ་བཞི། ཕོ་རྒྱུད་གཏོར་མ་དང་ཚད་ཐོགཡས། མོ་རྒྱུད་བརྟན་མ་གཡོན། གཡས་གཡོན་དུ་སྨན་རཀ། མདུན་དུ་མཆོད་པ་རྣམ་བདུན་བཤམས། མཐའ་སྐོར་དུ་མཆོད་ཁྲི་བང་རིམ་བདུན། མཆོད་ཡོན། ཞབས་བསིལ། མེ་ཏོག བདུག་སྤོས། མར་མེ། དྲི་ཆབ། ཞལ་ཟས་བཅས་རེ་རེ་བཞིན། བརྒྱ་ཕྲག་རེ་རེ་བཤམས། གཞན་རྣམ་བདུན་གྱི་མཆོད་པ་གོང་གི་སྟོང་མཆོད་ལྷག་མ་རྣམ་དཀྱིལ་འཁོར་གྱི་ཉེ་ལོགས་གང་བདེར་བཤམས། སློབ་དཔོན་གྱི་མདུན་དུ་རྡོར་དྲིལ་ཊཱམ་རུ་སོགས་མཁོ་བའི་ཡོ་བྱད་རྣམས་འདུ་བྱས་ཏེ། གཉིས་པ་སྔོན་འགྲོ་དངོས་ལ་ས་བཅད་དྲུག་ལས་ཐོག་མར་སྐྱབས་སུ་འགྲོ་བ་ནི། ཧྲཱིཿ རྒྱལ་བ་ཀུན་གྱི་ཡོན་ཏན་གཅིག་བསྡུས་པ། །སེམས་དཔའི་ཚུལ་འཛིན་འགྲོ་ལ་བུ་བཞིན་སྐྱོང་། །བྱང་ཆུབ་སེམས་དཔའ་ས་ཡི་སྙིང་པོ་ལ། །སྒོ་གསུམ་གུས་པའི་ཚུལ་གྱིས་སྐྱབས་སུ་མཆི། །གཉིས་པ་སེམས་བསྐྱེད་པ་ནི། ཧོཿ དེང་ནས་བཟུང་སྟེ་བྱང་ཆུབ་མ་ཐོབ་བར། །མཁའ་མཉམ་ཕ་མ་སེམས་ཅན་ཐམས་ཅད་ཀུན། །སྡུག་བསྔལ་འཁོར་བའི་འདམ་དུ་བྱིང་བ་རྣམས། །ཀུན་ཀྱང་སངས་རྒྱས་ས་ལ་འགོད་པར་བགྱི། །གསུམ་པ་ཡན་ལག་བདུན་པ་ནི། ཧཱུྃ། བྱང་ཆུབ་སེམས་དཔའ་ས་སྙིང་ལྷ་ཚོགས་ལ། །གུས་པས་ཕྱག་འཚལ་ཕྱི་ནང་མཆོད་པ་འབུལ། །ཉེས་ལྟུང་ཀུན་བཤགས་རྗེས་སུ་ཡི་རང་ངོ་། །ཆོས་འཁོར་བསྐོར་བར་བསྐུལ་ཞིང་གསོལ་བ་འདེབས། །དགེ་ཚོགས་བྱང་ཆུབ་ཐོབ་པའི་རྒྱུ་རུ་བསྔོ། །ཛཿ ཧཱུྃ་བཾ་ཧོཿ ཚོགས་ཞིང་རྣམས་རང་ལ་ཐིམ་པར་གྱུར། བཞི་པ

བགེགས་གཏོར་བྱིན་རླབས་ནི། ཧཱུྃ། རྨད་བྱུང་གསང་བའི་དཀྱིལ་འཁོར་ཆེན་པོ་འདིར། །བར་དུ་གཅོད་པའི་གདོན་བགེགས་འབྱུང་པོའི་ཚོགས། །གཏོར་མ་ལོངས་ལ་གནས་འདིར་མ་འདུག་པར། །རང་རང་སོ་སོའི་གནས་སུ་བདེ་བར་དེངས། །གལ་ཏེ་མི་འགྲོ་འདི་རུ་འདུག་གྱུར་ན། །ཁྲོ་རྒྱལ་འབར་བའི་ཚོགས་རྣམས་རབ་ཁྲོས་ནས། །རྡུལ་དུ་བརླག་པར་འགྱུར་བ་གདོན་མི་ཟ། །ཨོཾ་སུམྦྷ་ནི་སོགས། ལྔ་པ་མཚམས་བཅད་པ་ནི། ཧཱུྃ། སྟེང་འོག་ཕྱོགས་མཚམས་རྡོ་རྗེ་རིན་པོ་ཆེ། །པདྨ་རྒྱ་གྲམ་རལ་གྲི་འཁོར་ལོ་དང་། །མེ་དཔུང་རིགས་ལྔ་སྣ་ཚོགས་མཚོན་ཆ་ཡིས། །གུར་ཁང་འཇའ་ཚོན་འོད་ཕུང་འཁྲིགས་པ་ནི། །བསྐལ་བའི་རླུང་ཡང་ཐར་བའི་དུས་མེད་ན། །མ་རུང་དགྲ་བགེགས་འབྱུང་པོ་སློས་ཅི་དགོས། །ཨོཾ་བཛྲ་རཀྵ་རཀྵ་ཧཱུྃ། བདུག་པ་བྱིན་འབེབས་ནི། ཧཱུྃ། སྔོན་ནས་ཐུགས་བསྐྱེད་སྨོན་ལམ་མཐུ་བཙན་པའི། །བྱང་ཆུབ་སེམས་དཔའ་ས་ཡི་སྙིང་པོ་དང་། །སངས་རྒྱས་རིན་ཆེན་མེ་ཏོག་བཻཌཱུར་སྙིང་། །ཁ་དོག་བཟང་པོ་གསེར་དུ་སྣང་བའི་དཔལ། །བླ་མ་ནོར་ལྷ་དབང་མཛད་པདྨ་རྒྱལ། །རྣམ་ཐོས་སྲས་དང་ལྷ་མོ་དཔལ་ཆེན་མོ། །ས་ཡི་ལྷ་མོ་དབང་ཕྱུག་ཆེན་པོ་དང་། །ཚོགས་བདག་གླང་སྣ་ནོར་བདག་ཛམ་ལྷ་ནག །འཁོར་དུ་དཔལ་གྱི་ལྷ་མོ་གྲོགས་མོ་བརྒྱད། །སྒོ་བཞི་སྐྱོང་བའི་ཛམ་ལྷ་རིགས་བཞི་དང་། །ནོར་ལྷ་བྱེ་བ་འབུམ་གྱི་ཚོགས་དང་བཅས། །འཁོར་བཅས་མཁའ་ལ་ཆར་སྤྲིན་གཏིབས་པ་བཞིན། །ཕོ་བྲང་གཞལ་ཡས་འདི་ལ་བྱིན་ཕེབ་ཅིག །བདག་དང་སྒྲུབ་རྫས་རྣམས་ལ་བཅུད་ཅིག་སྩོལ། །ཡེ་ཤེས་ལྷ་ཡི་དབང་མཆོག་བསྐུར་ནས་ཀྱང་། །མཆོག་དང་ཐུན་མོང་དངོས་གྲུབ་སྩལ་དུ་གསོལ། །ཨོཾ་བཛྲ་ཛྙཱ་ན་ཨ

ལེ་ཤ་ཡ་ཧཱུྃ། བདུན་པ་མཆོད་པ་བྱིན་རླབས་ནི། རྣམ་དག་ཆོས་ཀྱི་དབྱིངས་ཀྱི་ངང་ཉིད་
ལས། །རང་བྱུང་མཆོད་པའི་སྤྲིན་ཕུང་བསམ་ཡས་པར། །རྡོ་རྗེ་ལྷ་མོའི་ལྷ་
ཚོགས་གར་སྒྱུར་མ། །ཡེ་ཤེས་བདུད་རྩིའི་རྒྱ་མཚོར་བྱིན་རླབས་ནས། །རབ་
འབྱམས་ནམ་མཁའི་ཁམས་ཀུན་གང་བར་མཆོད། །ཨོཾ་བཛྲ་ཨརྒྷཾ་སོགས་ནས་ཤབྡ་
ཨཱཿཧཱུྃ། ཨོཾ་ཨཱཿཧཱུྃ་སརྦ་པཉྩ་ཨ་མྲྀ་ཏ་ར་ཀྟ་བྷ་ལིངྟ་སྭཱ་ཧཱ། གཉིས་པ་དངོས་གཞི་ལ་
དང་པོ་ལྷ་བསྐྱེད་པ་ནི། ཧཱུྃ། རང་མདུན་འཇའ་ཟེར་འཁྲིགས་པའི་ཀློང་ཡངས་
སུ། །རིན་ཆེན་ཁྲི་ཁང་ནོར་བུའི་ཕྲ་ཚོམ་ཅན། །པད་ཟླའི་སྟེང་དུ་ཀླཱིཾ་ཡིག་
ཡོངས་གྱུར་ལས། །འོད་འཕྲོས་དོན་གཉིས་བྱས་ནས་ཚུར་འདུས་པ། །བྱང་
ཆུབ་སེམས་དཔའ་ས་ཡི་སྙིང་པོ་ནི། །སྐུ་མདོག་དཀར་གསལ་སྟོན་ཟླ་ཞུན་མའི་
མདོག །ཞལ་གཅིག་ཕྱག་གཉིས་ཡེ་ཤེས་སྤྱན་གཉིས་ལྡན། །ཕྱག་གཡས་
འབྲས་ཀྱི་སྙེ་མ་ཐུགས་ཀར་འཛིན། །གཡོན་པས་དྲིལ་བུ་དཀུར་བརྟེན་ཕྱེད་སྐྱིལ་
བཞུགས། །ཞི་ཚུལ་དགུ་དང་ཞི་བའི་རྒྱན་གྱིས་སྤྲས། །དེ་ཉིད་སྤྱི་གཙུག་པདྨ་ཟླ་
བའི་སྟེང་། །སངས་རྒྱས་ཡོན་ཏན་རིན་ཆེན་རྒྱ་མཚོ་ནི། །བཻ་ཌཱུརྱ་དང་གསེར་
གྱི་ཁ་དོག་བཟང་། །གསེར་དུ་སྣང་བའི་དཔལ་ཞེས་བཅོམ་ལྡན་
འདས། །གསེར་མདོག་ཞལ་གཅིག་ཕྱག་གཉིས་ཞི་འཛུམ་ཅན། །ཆོས་གོས་
རྣམ་གསུམ་གསོལ་ཞིང་མཛེས་པར་གླུབས། །མཆོག་སྦྱིན་མཉམ་བཞག་རྡོ་རྗེའི་
སྐྱིལ་ཀྲུང་བཞུགས། །གཙོ་བོའི་ཕྱི་རོལ་རིན་ཆེན་ཟུར་བརྒྱད་ལ། །ཤར་དུ་བླ་
མ་ཨོ་རྒྱན་ནོར་ལྷ་ནི། །རྒྱས་པའི་ལས་མཛད་རཏྣ་ཐོད་ཕྲེང་རྩལ། །གསེར་
མདོག་ཞལ་གཅིག་ཕྱག་གཉིས་སྙིག་པའི་ཉམས། །དར་དང་རིན་ཆེན་རུས་པའི་
རྒྱན་གྱིས་མཛེས། །ཕྱག་གཡས་མདའ་དར་གཡོན་པས་མཉམ་བཞག་

སྙིང་། །ཚེ་ཡི་བུམ་པ་བདུད་རྩིའི་བཅུད་ཀྱིས་གཏམས། །རང་འོད་རིན་ཆེན་མཁའ་འགྲོ་སེ་ར་མོ་ནི། །མདའ་དར་བུམ་པ་འཛིན་ཅིང་ཡབ་ལ་འཁྲིལ། །ཞབས་གཉིས་རྒྱལ་པོ་རོལ་པའི་སྟབས་ཀྱིས་བཞུགས། །ལྷོ་ཕྱོགས་རྣམ་སྲས་སེར་ཆེན་སྣེག་པའི་ཉམས། །སྐུ་མདོག་སེར་པོ་གསེར་གྱི་རི་བོ་འདྲ། །ཞལ་གཅིག་ཕྱག་གཉིས་བེར་ཆེན་དགུ་བརྩེགས་གསོལ། །ཕྱག་གཡས་འདོད་འབྱུང་རིན་ཆེན་རྒྱལ་མཚན་འཛིན། །གཡོན་པས་ནོར་སྐྱུག་གཏེར་གྱི་ནེའུ་ལེ་བསྣམས། །མི་བཟད་གངས་ཀྱི་སེང་གེ་དཀར་མོའི་སྟེང་། །ཞབས་གཉིས་རྒྱལ་པོ་རོལ་པའི་སྟབས་ཀྱིས་བཞུགས། །ནུབ་ཏུ་དབང་མཛད་པདྨ་རྒྱལ་པོ་ནི། །འགྲོ་ལ་སྙིང་རྗེའི་རྗེས་སུ་ཆགས་པའི་རྟགས། །སྐུ་མདོག་པདྨ་རཱ་གའི་ལྷུན་པོ་ལྟར། །ཞལ་གཅིག་ཕྱག་གཉིས་ཞི་མ་ཁྲོ་ཡི་ཉམས། །དབང་མདོག་ཟ་འོག་དམར་པོའི་བེར་ཆེན་གསོལ། །མགུལ་གབ་རིན་ཆེན་སྣ་ཚོགས་རྒྱན་གྱིས་བརྒྱན། །གཡས་པས་སྣང་སྲིད་དབང་སྡུད་ཏྲཱ་མ་རུ། །གཡོན་པས་སྲིད་གསུམ་གསལ་བའི་མེ་ལོང་བསྣམས། །ཞལ་གཉིས་རྒྱལ་པོ་རོལ་པའི་སྟབས་ཀྱིས་བཞུགས། །བྱང་དུ་ལྷ་མོ་ཆེན་མོ་དཔལ་ཆེན་མོ། །སྐུ་མདོག་ལྗང་གུ་མར་གད་ཞུན་མའི་མདོག །ཞལ་གཅིག་ཕྱག་གཉིས་འོད་ཟེར་ཕྱོགས་བཅུར་འཕྲོ། །ཕྱག་གཡས་རིན་ཆེན་མཚོན་པའི་པདྨ་དང་། །གཡོན་པས་སྐྱབས་སྦྱིན་ཕྱག་རྒྱ་བདག་ལ་བསྟན། །དར་དང་རིན་ཆེན་སྣ་ཚོགས་རྒྱན་གྱིས་སྤྲས། །ཤར་ལྷོ་ས་ཡི་ལྷ་མོ་བརྟན་མ་ནི། །གསེར་གྱི་མདོག་ཅན་ཞལ་གཅིག་ཕྱག་གཉིས་པ། །ཐུགས་ཀར་ཐལ་སྦྱར་གསེར་གྱི་བུམ་པ་བསྣམས། །དར་དང་རིན་ཆེན་སྣ་ཚོགས་དུ་མས་བརྒྱན། །ཞབས་གཉིས་སེམས་དཔའི་སྐྱིལ་མོ་

ཁྱུང་གི་བཞུགས། །ལྷོ་ནུབ་ལྷ་ཆེན་མ་ཧཱ་དེ་ཝ་ནི། །མདོག་དམར་ཞལ་གཅིག་
ཕྱག་གཉིས་སྤྱན་གསུམ་པ། །ཕྱག་གཡས་ལྕགས་ཀྱུ་གཡོན་པས་རླུང་ཞགས་
བསྣམས། །བཞེངས་སྟབས་ཤིན་ཏུ་ཆགས་ཤིང་བཞད་པའི་ཉམས། །གཅེར་
བུ་ལིངྒ་བསྒྲེངས་ཤིང་བདེ་བ་རྒྱས། །གཡོན་དུ་ལྷ་མོ་ཨུ་མ་དེ་ཝཱི་ནི། །དམར་
གསལ་མཛེས་འཛུམ་ལང་ཚོ་རྒྱས་པའི་ཉམས། །ལྕགས་ཀྱུ་ཞགས་པ་བསྣམས་
ཤིང་གཙོལ་འདུད། །གཅེར་མོ་སྒྲ་གྲོལ་རིན་ཆེན་མེ་ཏོག་བརྒྱན། །ནུབ་བྱང་
ཚོགས་བདག་གླང་སྣ་སྐུ་མདོག་དམར། །གླང་པོའི་དབུ་ཅན་ཞལ་གཅིག་ཕྱག་
གཉིས་པ། །གཡས་པས་ལྕགས་ཀྱུ་གཡོན་པས་ནེའུ་ལེ། །སྐུ་ལ་དར་དང་རིན་
ཆེན་རུས་པས་བརྒྱན། །བྱང་ཤར་ཐུགས་ཀྱི་ཛཾམ་ནག་གཏུམ་ཞིང་ཁྲོ། །སྐུ་
མདོག་གནག་ཅིང་སྣུམ་པའི་མདངས་འོད་འཚེར། །ཞལ་གཅིག་ཕྱག་བཞི་མཆེ་
གཙིགས་སྤྱན་གསུམ་པ། །ཕྱག་གཡས་རྡོ་རྗེ་འབར་བའི་ཐོ་བ་
གསོར། །གཡོན་པས་ཡིད་བཞིན་ནོར་བུའི་རྒྱལ་མཚན་བསྒྲེངས། །གཡས་
འོག་ཐོད་པ་རིན་ཆེན་བཀང་བ་བསྣམས། །གཡོན་འོག་གཏེར་གྱི་ནེའུ་ལེ་ནོར་སྐྱུག་
བསྣམས། །དབུ་སྐྲ་དམར་སེར་ཐོད་སྐམ་དབུ་རྒྱན་ཅན། །རིགས་བདག་མི་
བསྐྱོད་པ་ཡི་དབུ་ལ་བརྒྱན། །སྐུ་ལ་སྟག་ཤམ་སྦྲུལ་ཆུན་རིགས་ལྔས་
བརྒྱན། །བདེ་བ་རྒྱས་ཤིང་རྟགས་ཀྱིས་མཚན་མ་བསྒྲེངས། །དེ་ཡི་ཕྱི་རོལ་
པདྨ་འདབ་བརྒྱད་ལ། །ཤར་དུ་ཟླ་ཤེལ་ལྷོ་རུ་སྨིན་མ་དང་། །ནུབ་ཏུ་སྨིན་
བཟང་བྱང་དུ་འཕགས་མ་སྟེ། །ཤར་ལྷོ་རབ་བཟང་ལྷོ་ནུབ་རབ་བརྟན་
མ། །ནུབ་བྱང་ནོར་རྒྱུན་བྱང་ཤར་དབྱངས་ཅན་མ། །ཕྱག་གཉིས་མཆོག་སྦྱིན་
འབྲས་ཀྱི་སྙེ་མ་བསྣམས། །པདྨ་གཏེར་གྱི་བུམ་པའི་གདན་སྟེང་དུ། །ཞབས་

གཉིས་བརྩོན་མོ་རོལ་བའི་སྟབས་ཀྱིས་བཞུགས། །སྒོ་བཞིར་སྐྱོང་བའི་ཛམ་ལྷ་རིགས་བཞི་ནི། །ཤར་སྒོར་སྐུ་ཡི་ཛམ་དཀར་གཡུ་འབྲུག་ཆིབས། །སྐུ་མདོག་གངས་ཀྱི་རི་ལ་འཕྲན་ནུས་པ། །ཞལ་གཅིག་ཕྱག་གཉིས་སྤྱན་གསུམ་ཁྲོ་ཚུལ་ཅན། །གཡས་པས་རྡོ་རྗེ་བེ་ཅོན་གཡོན་ནེའུ་ལེ། །ཁ་ཊྭཱཾ་མཆན་དུ་བཙུག་ནས་འགྲོ་བ་འདྲེན། །དར་དང་རིན་ཆེན་སྣ་ཚོགས་ཕྲེང་བས་བརྒྱན། །ལྷོ་སྒོར་ཡོན་ཏན་གནོད་སྦྱིན་ཛམ་བྷ་ལ། །གསེར་གྱི་མདོག་ཅན་ཞལ་གཅིག་ཕྱག་གཉིས་པ། །གཡས་པས་བགྲང་ཕྲེང་གཡོན་པས་ནེའུ་ལེ་བསྣམས། །གཏེར་གྱི་བུམ་པའི་ཁྲི་ལ་དགྱེས་པར་རོལ། །ནུབ་སྒོ་གསུང་གི་ཛམ་ལྷ་དམར་པོ་ནི། །མདོག་དམར་ཞལ་གསུམ་ཕྱག་དྲུག་ཆགས་པའི་ཚུལ། །ཞལ་གསུམ་གཡས་དཀར་གཡོན་སྔོ་རྩ་ཞལ་དམར། །ཕྱག་དྲུག་གཡས་ཀྱིས་རིན་ཆེན་ལྕགས་ཀྱུ་དང་། །གཡོན་གྱིས་ཐོད་པ་རིན་ཆེན་བཀང་བ་བསྣམས། །བར་པས་ཞགས་པ་ཐ་གཉིས་ནེའུ་ལེ་བསྣམས། །ཞབས་བཞིས་གནོད་སྦྱིན་ནོར་སྐྱུག་ཕོ་མོ་མནན། །བྱང་སྒོ་སྲུང་བའི་ཕྲིན་ལས་ཛམ་བྷ་ལ། །སྐུ་མདོག་ལྗང་གུ་ཨིནྡྲ་ནི་ལའི་མདོག །ཞལ་གཅིག་ཕྱག་གཉིས་འོད་ཟེར་ཕྱོགས་བཅུར་འཕྲོ། །ཕྱག་གཡས་རྒྱལ་མཚན་གཡོན་པས་ནེའུ་ལེ་བསྣམས། །འགྲོ་ལ་རྗེས་སུ་བརྩེ་བས་བཞེངས་ནས་བཞུགས། །སྣ་ཚོགས་རིན་པོ་ཆེ་ཡིས་རྒྱན་གྱིས་བརྒྱན། །རིགས་བདག་དོན་ཡོད་གྲུབ་པས་དབུ་ལ་བརྒྱན། །ནོར་ལྷ་བྱི་བ་འབུམ་གྱིས་འཁོར་དང་བཅས། །ཉི་མའི་ཟེར་གྱི་རྡུལ་ལྟར་བསམ་མི་ཁྱབ། །དེ་ལྟར་གསལ་བའི་གནས་གསུམ་འབྲུ་གསུམ་ལས། །འོད་འཕྲོས་རང་བཞིན་གནས་ནས་སྤྱན་དྲངས་གྱུར། །གཉིས་པ་སྤྱན་འདྲེན་པ་ནི། ཧཱུྃ། རང་བཞིན་ཆོས་

ཀྱི་དབྱིངས་ཀྱི་ཞིང་ཁམས་དང་། །ཤར་ཕྱོགས་མངོན་པར་དགའ་བའི་ཞིང་ཁམས་ནས། །བྱང་ཆུབ་སེམས་དཔའ་ས་ཡི་སྙིང་པོ་ལ། །ནོར་ལྷ་རྒྱ་མཚོ་འཁོར་དང་བཅས་པ་རྣམས། །འགྲོ་བའི་དབུལ་ཕོངས་སྡུག་བསྔལ་བསལ་བའི་ཕྱིར། །སྔོན་གྱི་ཐུགས་བསྐྱེད་སྨོན་ལམ་རྗེས་དགོངས་ལ། །སྐད་ཅིག་ཙམ་གྱིས་གནས་འདིར་གཤེགས་སུ་གསོལ། །བཛྲ་ས་མ་ཛཿ གསུམ་པ་བཞུགས་གསོལ་ནི། ཧཱུྃ། དབྱིངས་ནས་སྤྲུན་དྲངས་ཡེ་ཤེས་སེམས་དཔའི་ཚོགས། །ལྷ་ཚོགས་ཐམས་ཅད་ཆར་སྤྲིན་གཏིབས་པ་བཞིན། །དམ་ཚིག་པ་དང་དབྱེར་མེད་གྱུར་ནས་ཀྱང་། །ཆུ་ལ་ཆུ་བཞག་ཇི་བཞིན་བརྟན་པར་བཞུགས། །ས་མ་ཡ་ཏིཥྛ་ལྷན། བཞི་པ་ཕྱག་འཚལ་ནི། ཧཱུྃ། གྲངས་མེད་སྔོན་ནས་མངོན་པར་བྱང་ཆུབ་ཀྱང་། །འགྲོ་བའི་དབུལ་ཕོངས་སྡུག་བསྔལ་གཅོད་ཕྱིར་དུ། །སེམས་དཔའི་ཚུལ་འཛིན་ས་ཡི་སྙིང་པོ་ལ། །སྒོ་གསུམ་གུས་པའི་སྒོ་ནས་ཕྱག་འཚལ་ལོ། །ཨ་ཏི་པུ་ཧོཿ པྲ་ཏཱིཙྪ་ཧོཿ ལྔ་པ་མཆོད་པ་ནི། ཧཱུྃ། ངོ་མཚར་མཆོད་པའི་སྤྲིན་ཕུང་བསམ་ཡས་པ། །རྨད་བྱུང་ཕྱི་ནང་གསང་བ་བླ་ན་མེད། །དངོས་སུ་འབྱོར་དང་ཡིད་ཀྱི་རྣམ་སྤྲུལ་པ། །ནམ་མཁའི་ཁམས་ཀུན་གང་བར་འབུལ་ལགས་ན། །ཟག་མེད་དགྱེས་པ་ཆེན་པོར་བཞེས་ནས་ཀྱང་། །མཆོག་དང་ཐུན་མོང་དངོས་གྲུབ་སྩལ་དུ་གསོལ། །ཨོཾ་བཛྲ་ཨརྒྷཾ་སོགས་ནས་ཤབྡ་མ་ཧཱ་པཉྩ་ཨ་མྲྀ་ཏ་རཀྟ་བྷ་ལིང་ཏ་མ་ཧཱ་སུ་ཁ་པུ་ཛ་ཁཱ་ཧིཿ དྲུག་པ་བསྟོད་པ་ནི། ཧཱུྃ། ངོ་བོ་གདོད་ནས་ཆོས་སྐུའི་རང་བཞིན་ལས། །འགགས་མེད་སྣང་སྟོང་ཆུ་ཟླའི་རོལ་གར་བཞིན། །གང་ལ་ཅི་འདོད་དངོས་གྲུབ་ཀུན་གྱི་བདག །ས་ཡི་སྙིང་པོའི་ཞབས་ལ་ཕྱག་འཚལ་བསྟོད། །གྲངས་མེད་གོང་ནས་

ཚོགས་གཉིས་རྒྱུ་གཏེར་ལས། །ཞལ་བྱུང་མཚན་དཔེས་བརྒྱན་པའི་སྐུར་སྨོན་པ། །ལྷ་མོ་དཔལ་ཆེན་མོ་ཡི་བཞེས་གཉེན་ཁྱོད། །སངས་རྒྱས་ཡོན་ཏན་རིན་ཆེན་རྒྱལ་མཚན་བསྟོད། །རྒྱལ་བ་ཀུན་འདུས་ཨོ་རྒྱན་པདྨ་འབྱུང་། །འདོད་རྒུའི་ཆར་འབེབས་དངོས་གྲུབ་ཀུན་གྱི་བདག །རིགས་བརྒྱའི་ཁྱབ་བདག་དཔལ་ལྡན་རྡོ་རྗེ་འཆང་། །རྒྱས་པའི་ལས་མཛད་ཁྱོད་ལ་ཕྱག་འཚལ་བསྟོད། །གང་ཞིག་ཁྱོད་ཉིད་དྲན་པ་ཙམ་གྱིས་ཀྱང་། །སྡུག་བསྔལ་ཀུན་བྲལ་བདེ་སྐྱིད་དཔལ་ལ་སྤྱོད། །མི་ཟད་ནམ་མཁའི་མཛོད་ལ་མངའ་བརྙེས་པ། །ནོར་མང་ཐོས་སྲས་འཁོར་དང་བཅས་ལ་བསྟོད། །འགྲོ་ལ་སྙིང་རྗེས་ཆགས་པའི་དམར་འོད་འབར། །འགྲོ་བའི་ཡིད་འགུགས་ཁམས་གསུམ་དབང་དུ་བསྡུད། །འགྲོ་ལ་དངོས་གྲུབ་ཅི་འདོད་སྩོལ་མཛད་པ། །འགྲོ་བའི་སྐྱབས་གཅིག་པདྨ་རྒྱལ་པོར་བསྟོད། །ཚེ་འདིར་འབྱུལ་ཐོངས་སྡུག་བསྔལ་ཀུན་ཞི་ཞིང་། །ཚེ་རབས་ཀུན་ཏུ་ལྷ་མིའི་བདེ་སྐྱིད་ལྡན། །ཉོན་མོངས་ཀུན་བྲལ་འཇིགས་པ་ཀུན་དང་བྲལ། །ལྷ་མོ་དཔལ་ཆེན་མོ་ལ་ཕྱག་འཚལ་བསྟོད། །ས་དང་གངས་བྲག་གཡའ་སྤང་སྐྱིད་མོའི་ཚལ། །མཚོ་གླིང་ལུ་མ་འབབས་ཆུ་ཀུན་གྱི་བདག །རིན་ཆེན་གཏེར་གྱི་དངོས་གྲུབ་སྩོལ་མཛད་པ། །ས་བདག་ས་ཡི་ལྷ་མོ་ཁྱོད་ལ་བསྟོད། །དབང་གི་བཀའ་སྡོད་འཇིག་རྟེན་དྲེགས་པའི་ཚུལ། །དངོས་གྲུབ་ཀུན་བདག་གཞན་ཡིད་འགུགས་མཛད་པ། །མི་ནོར་ཟས་གསུམ་དངོས་གྲུབ་སྩོལ་བའི་ལྷ། །དབང་ཕྱུག་ཡབ་ཡུམ་ཚོགས་ལ་ཕྱག་འཚལ་བསྟོད། །སྙིང་ཕྱོགས་ལྷ་ཡི་ཁམས་ལ་དབང་སྒྱུར་ཞིང་། །ཟས་ནོར་ལོངས་སྤྱོད་དངོས་གྲུབ་ཀུན་གྱི་བདག །ཚེ་དང་བསོད་ནམས་སྤེལ་བའི་ལྷ་གཅིག་པུ། །ཚོགས་བདག་གླང་སྣ་ཁྱོད་ལ་ཕྱག་འཚལ་

བསྟོད། །སྨོན་ཆེ་ས་བཅུད་སེམས་དཔའི་ཚུལ་གནས་ཀྱང་། །ད་ལྟ་གནོད་སྦྱིན་ནོར་ལྷའི་ཚུལ་འཆང་བ། །རྣམ་མང་ནོར་གྱི་དངོས་གྲུབ་ཀུན་གྱི་བདག །ཐུགས་ཀྱི་ཛམ་ལྷ་ནག་པོ་ཁྱོད་ལ་བསྟོད། །ནམ་མཁའ་མཛོད་ཀྱི་མངའ་བརྙེས་གཏེར་གྱི་བདག །ལོངས་སྤྱོད་དངོས་གྲུབ་ཆར་དུ་འབེབས་མཛད་པ། །འགྲོ་བའི་རེ་སྐོང་བྱང་ཆུབ་སེམས་དང་ལྡན། །སྐུ་ཡི་ཛམ་ལྷ་དཀར་པོ་ཁྱོད་ལ་བསྟོད། །གང་ཞིག་ཁྱོད་ཉིད་བསྟེན་ཅིང་སྒྲུབ་པའི་ཚེ། །ལོངས་སྤྱོད་ནམ་མཁའི་མཛོད་ལ་མངའ་བརྙེས་པ། །དབུལ་བའི་སྡུག་བསྔལ་འཇོམས་པའི་ལྷ་གཅིག་པུ། །ཡོན་ཏན་ཛམ་བྷ་ལ་ལ་ཕྱག་འཚལ་བསྟོད། །རྒྱལ་ཀུན་གསུང་གི་ཡོན་ཏན་རྫོགས་པའི་ལྷ། །བསྐལ་མང་གོང་ནས་མངོན་པར་བྱང་ཆུབ་ཀྱང་། །དབུལ་ཕོངས་སྡུག་བསྔལ་འཇོམས་པའི་ལྷ་གཅིག་པུ། །གསུང་གི་ཛམ་ལྷ་དམར་པོ་ཁྱོད་ལ་བསྟོད། །གང་ཞིག་དབུལ་བའི་གདུང་བ་སེལ་མཛད་པ། །ཕྲིན་ལས་རིགས་མཆོག་དངོས་གྲུབ་ཀུན་གྱི་བདག །བསོད་ནམས་བྲེ་བ་འབུམ་གྱི་མངའ་བདག་པོ། །ཕྲིན་ལས་ཛམ་ལྷ་ལྗང་གུ་ར་ཕྱག་འཚལ་བསྟོད། །འཇིགས་པ་ཀུན་སྐྱོབ་སྙིང་རྗེའི་མངའ་བདག་པོ། །དབུལ་བའི་གདུང་སེལ་འགྲོ་ལ་བུ་བཞིན་སྐྱོང་། །ས་ཡི་སྙིང་པོ་ནོར་ལྷའི་ཚོགས་བཅས་ལ། །འཁོར་དང་བཅས་ལ་གུས་པས་ཕྱག་འཚལ་བསྟོད། །བདུན་པ་བསླུས་པ་བྱེ་བ་ནི། ལྷ་ཚོགས་རྣམས་ཀྱི་རང་རང་གི་ཐུགས་སྲོག་ལ་བཟླ་བྱའི་སྔགས་ཀྱིས་བསྐོར་བ་དེ་ལས་འོད་ཟེར་འཕྲོ་འདུས་དོན་གཉིས་བྱས་ཚུར་འདུས་ཏེ་དངོས་གྲུབ་རྣམ་གཉིས་ཐོབ་པར་གྱུར། ས་སྙིང་སྔགས། ཨོཾ་ཧྲཱིཾ་ཧི་རྣ་ཛ་ཡེ་སྭཱ་ཧཱ། སངས་རྒྱས་རིན་ཆེན་མེ་ཏོག་ཡོན་ཏན་རྒྱས་པའི་སྙིང་པོ། ཨོཾ་སརྦ་བཛྲ་བོ་དྷི་ས་ཏྭ་ཧཱུྃ། ཐྲ་མ་ནོར

ལྷ། ཨོཾ་ཨཱཿཧཱུྃ་བཛྲ་གུ་རུ་རཏྣ་ཐོད་ཕྲེང་རྩལ་བཛྲ་ས་མ་ཡ་སིདྡྷི་ཕ་ལ་ཧཱུྃ་ཨཱཿ
རྣམ་སྲས་སེར་ཆེན། ཨོཾ་བཻ་ཤྲ་མ་ཎ་ཡེ་སྭཱ་ཧཱ། པདྨ་རྒྱལ་པོ། ཨོཾ་ཨཱཿཧཱུྃ་པདྨ་ཏཱ་ཛ
སརྦ་སིདྡྷི་ཧཱུྃ། ལྷ་མོ་དཔལ་ཆེན། ཨོཾ་ཀ་མ་ལ་བཱ་སུ་ནི། ཀ་མ་ལེ། མ་ཧཱ་
ལ་ཀྵྨཱི་ཏྲཻ་མེ་བྷ་སུ་དྷཱ་ནཱ་ཁ་ཎྜེ་སརྦ་སིདྡྷི་དེ་ཧི་དེ་ཧི་བ་ར་དེ་སྭཱ་ཧཱ། ས་ཡི་ལྷ་མོ་བརྟན་
མའི་སྔགས། ཨོཾ་པྲི་ཐི་དེ་ཝི་ཧཱུྃ། ལྷ་ཆེན་ནི། ཨོཾ་མ་ཧཱ་དེ་ཝི་ཛཿ ཨུ་མ་དེ་ཝི་
ཧྲཱི་ཧ་རི་ནི་ས་པ་ཤཾ་ཀ་ར་ཧོཿ ཚོགས་བདག་གླང་སྣ། ཨོཾ་ཤྲཱི་མ་ཧཱ་ཀཱ་ལ་ཧཱུྃཿ
ཛམ་ནག ཨོཾ་ཛམ་བྷ་ལ་ཛ་ལེནྡྲ་ཡེ་སྭཱ་ཧཱཿ འཁོར་གྱི་གྲོགས་མོ་བརྒྱད་ཀྱི་སྔགས།
ཨོཾ་བཱ་སུ་དྷཱ་རི་ཎྱཻ་སྭཱ་ཧཱ། ཨོཾ་ཙནྡྲ་ཀཱནྟེ་སྭཱ་ཧཱ། ཨོཾ་དཱ་དཱ་ཡེ་སྭཱ་ཧཱ། ཨོཾ་ཨཱཀྵ་
ཡེ་སྭ་ཧཱ། ཨོཾ་བྷ་སུ་ཧཱ་ཡེ་སྭཱ་ཧཱ། ཨོཾ་གུ་བྷ་ཡེ་སྭཱ་ཧཱ། ཨོཾ་དེ་བྷྱོ་སྭཱ་ཧཱ།
ཨོཾ་སྭ་ར་སྭ་ཏྱཻ་སྭཱ་ཧཱ། ཛམ་དཀར། ཨོཾ་པདྨ་ཀྲོ་དྷ་ཨཱརྻ་ཛམ་བྷ་ལ་ཛ་ལེནྡྲ་ཡེ་སྭཱ་ཧཱ།
ཛམ་སེར་ནི། ཨོཾ་ཛམ་བྷ་ལ་ཛ་ལེནྡྲ་ཡེ་སྭཱ་ཧཱ། ཛམ་དམར། ཨོཾ་ཛམ་བྷ་ལ་ཛ་ལེནྡྲ་
ཡེ་དྷ་ན་མེ་དྷི་ཧྲཱིཿསྭཱ་ཧཱ། ཛམ་ལྗང་། ཨོཾ་ཛམ་བྷ་ལ་ཛ་ལེནྡྲ་ཡེ་སྭ་ཧཱ། ལྷག་ཆད་
ཁ་སྐོང་ནི། དབྱངས་གསལ། ཡེ་དྷར། ཡིག་བརྒྱ་བརྗོད་མཐར། རང་གཞུང་མཆོད་
བསྟོད། བརྒྱད་པ་དངོས་གྲུབ་བླང་བ་ནི། ཧཱུྃ། འགྲོ་བའི་སྐྱབས་གཅིག་དངོས་གྲུབ་
ཀུན་གྱི་བདག །འཇིགས་བརྒྱད་ཞི་དང་ཚེ་བསོད་རྒྱས་པ་དང་། །ཁམས་
གསུམ་དབང་སྡུད་དགྲ་བགེགས་ཐམས་ཅད་བསྒྲལ། །མཆོག་དང་ཐུན་མོང་
དངོས་གྲུབ་སྩལ་དུ་གསོལ། །ཨོཾ་ཧྲཱིཾ་ཧི་ཏཱ་ཛ་ཡེ་སྭཱ་ཧཱ། ཀཱ་ཡ་ཝཱཀྐ་ཙིཏྟ་སརྦ་
སིདྡྷི་ཕ་ལ་ཧཱུྃ། དེ་ནས་རྗེས་ཀྱི་རིམ་པ་ལ་དང་པོ་ཚོགས་བྱིན་རླབས་ནི། ཧཱུྃ། བདག་
ཉིད་ལྷར་གསལ་ཐུགས་ལས་ཡི་གེ་གསུམ། །འཕྲོས་པས་རཾ་གྱིས་ཚོགས་ཀྱི་
དངོས་འཛིན་བསྲེགས། །ཡཾ་ལས་ཚོགས་ཀྱི་གཉིས་འཛིན་བག་ཆགས་

གཏོར། །ཁ་ལས་ཚོགས་ཀྱི་འབབ་རྟོག་དྲི་མ་བཀྲུས། །རཾ་ཡཾ་ཁཾ། ལན་གསུམ། སྣར་ཡང་ཐུགས་ལས་ཨོཾ་ཨཱཿཧཱུྃ་འཕྲོས་པས། །ཨོཾ་གྱིས་རོ་བཅུད་ཕུན་སུམ་ཚོགས་པར་གྱུར། །ཨཱཿཡིས་ཡེ་ཤེས་བདུད་རྩིའི་རྒྱ་མཚོར་བསྒྱུར། །ཧཱུྃ་གིས་ལོངས་སྤྱོད་རྒྱ་ཆེར་སྤེལ་བར་གྱུར། །ཨོཾ་ཨཱཿཧཱུྃ། ལན་གསུམ། གཉིས་པ་ཚོགས་ཞིང་སྤྱན་འདྲེན་ནི། ཧཱུྃ། རང་བཞིན་ཆོས་ཀྱི་དབྱིངས་ཀྱི་ཕོ་བྲང་དང་། །ཤར་ཕྱོགས་མངོན་པར་དགའ་བའི་ཞིང་ཁམས་ནས། །བྱང་ཆུབ་སེམས་དཔའ་ས་ཡི་སྙིང་པོ་དང་། །ནོར་ལྷ་རྒྱ་མཚོའི་འཁོར་དང་བཅས་པ་རྣམས། །ཡེ་ཤེས་ཚོགས་ལ་སྤྱན་འདྲེན་གཤེགས་ནས་ཀྱང་། །མཆོག་དང་ཐུན་མོང་དངོས་གྲུབ་སྩལ་དུ་གསོལ། །བཛྲ་ས་མ་ཡ་ཛཿ གསུམ་པ་ཚོགས་མཆོད་ནི། ཧཱུྃ། བླ་མེད་མཆོག་གི་མཆོད་པ་དམ་པ་འདི། །ངོ་བོ་ཤ་ལྔ་བདུད་རྩིའི་རང་བཞིན་ཅན། །རྣམ་པ་ཚོགས་ཀྱི་ལོངས་སྤྱོད་སྣར་ལྡར་བཀྲམ། །མཆོད་པ་འབུལ་ལོ་བཞེས་ནས་དངོས་གྲུབ་སྩོལ། །ཨོཾ་སྭ་ན་ཙཀྲ་པུ་ཙ་ཁ་ཧི། བཞི་པ་བཤགས་པ་ནི། ཧཱུྃ། ཐོག་མེད་དུས་ནས་ད་ལྟ་ཡན་ཆད་དུ། །ཉེས་ལྟུང་མི་དགེའི་ལས་རྣམས་ཅི་བགྱིས་པ། །ཚོགས་ཀྱི་མཆོད་པ་ཕུལ་བའི་མཐུ་ནུས་ཀྱིས། །སྒྲིབ་གཉིས་དག་ནས་ཚངས་པའི་དངོས་གྲུབ་སྩོལ། །ཡིག་བརྒྱ་བཟློད། ལྔ་བ་བསྒྲལ་བ་ནི། ཧཱུྃ། མ་རིག་བདག་འཛིན་རུ་ཏྲ་ལས་བྱུང་བའི། །གཟུགས་ཕུང་བདག་མེད་རྟོགས་པའི་མཚོན་ཆ་ཡིས། །བསྒྲལ་ནས་རྣམ་ཤེས་སྐྱེ་མེད་ཀློང་དུ་སྦྱོར། །ལོག་རྟོག་འཁོར་བའི་སྡུག་བསྔལ་གཅོད་པར་ཤོག །སརྦ་ཤ་ཏྲཱུཾ་མཱ་ར་ཡ་ཕཊ། དྲུག་པ་ཞལ་བསྐྱབས་ནི། དགྲ་བགེགས་གདུག་པ་བསྒྲལ་བ་ལས་བྱུང་བའི། །གཏི་མུག་ཤ་དང་འདོད་ཆགས་ཁྲག་གི་མཆོ། །ཞེ་སྡང་རུས་པའི་

ཚོགས་ཀྱི་འཁོར་ལོ་འདི། །ཡེ་ཤེས་གློང་ཡངས་ཆེན་པོའི་ཞལ་དུ་
བསྟབས། །ཁ་རཾ་ཁྐ་ཧི། ཚོགས་དྲངས། བདུན་པ་ལྷག་མ་ནི། ཨོཾ་ཨཱ་ཀཱ་རོ་
སོགས། ཧཱུཾ། ལྷག་ལ་དབང་བའི་དྲེགས་པའི་ཚོགས་རྣམས་ཀྱང་། །ལ་ལ་ཞི་
དང་ལ་ལ་ཁྲོ་བོའི་ཚུལ། །ལ་ལ་ཆགས་དང་ལ་ལ་སྨེག་པའི་ཚུལ། །ཀུན་ཀྱང་
རྣམ་འགྱུར་སྣ་ཚོགས་ཅིར་ཡང་སྟོན། །མཁའ་ལ་འགྲོ་ཞིང་རབ་ཤ་བྱེད་ཅིང་
རྒྱུག །སྡུག་པ་ལེན་ཞིང་ཛམས་པའི་སྣངས་སྟབས་ཀྱིས། །ལྷག་གཏོར་བཞེས་
ལ་བཅོལ་བའི་ཕྲིན་ལས་མཛོད། །བརྒྱུད་པ་བཞེངས་བསྐུལ་ནི། ཧཱུཾ། བཞེངས་
ཤིག་བཞེངས་ཤིག་ཆོས་ཀྱི་དབྱིངས་ནས་བཞེངས། །ཐུགས་དམ་མ་གཡེལ་དམ་
བཅའ་རྗེས་དགོངས་ལ། །བགྲེས་སྒོམ་དབུལ་བའི་སྡུག་བསྔལ་བསལ་བ་
དང་། །མཆོག་ཐུན་དངོས་གྲུབ་མཐའ་དག་སྩལ་དུ་གསོལ། །དགུ་བ་ཚད་ཐོ་ནི།
ཧཱུཾ། སྔོན་ཆེ་འདས་དུས་བསྐལ་བའི་དང་པོ་ལ། །ཆོས་སྐུའི་སྟོན་པ་ཀུན་ཏུ་
བཟང་པོ་ཡིས། །རང་སྣང་དག་པའི་འཁོར་ཚོགས་མཐའ་དག་ལ། །གསང་
སྔགས་གཉན་གྱི་དཀྱིལ་འཁོར་ཞལ་ཕྱེས་ཚེ། །དྲེགས་པ་སྡེ་བརྒྱད་ལྷ་སྲིན་ཐམས་
ཅད་ཀྱིས། །ཇི་ལྟར་ཞལ་བཞེས་དམ་ལས་མ་འདའ་བར། །གཏོར་མ་བཞེས་
ལ་བཅོལ་བའི་ཕྲིན་ལས་མཛོད། །དེ་འོག་བསྐལ་བ་བར་མའི་དུས་ཀྱི་ཚེ། །རི་
བོ་མ་ལ་ཡ་ཡི་རྩེ་མོ་ནས། །གསང་བའི་བདག་པོ་ཕྱག་ན་རྡོ་རྗེ་ཡིས། །དམ་
པའི་རིགས་ཅན་དྲྭ་མ་ལྔ་རྣམས་ལ། །གསང་སྔགས་གཉན་གྱི་དཀྱིལ་འཁོར་ཞལ་
ཕྱེས་ཚེ། །དྲེགས་པ་སྡེ་བརྒྱད་ལྷ་སྲིན་ཐམས་ཅད་ཀྱིས། །ཇི་ལྟར་ཞལ་བཞེས་
དམ་ལས་མ་འདས་པར། །གཏོར་མ་བཞེས་ལ་བཅོལ་བའི་ཕྲིན་ལས་
མཛོད། །དེ་འོག་བསྐལ་བ་ཐ་མའི་དུས་ཀྱི་ཚེ། །ལྷོ་ནུབ་ཛ་ཡབ་གླིང་ཕྲན་

དཔལ་རིའི་རྩེར། །པདྨ་འོད་ཀྱིས་སྤྲུལ་པའི་གནས་མཆོག་ཏུ། །རིག་འཛིན་
སློབ་དཔོན་པདྨ་འབྱུང་གནས་ཀྱིས། །སྐལ་ལྡན་ལས་ཅན་དག་པའི་འཁོར་རྣམས་
དང་། །རིག་འཛིན་དཔའ་བོ་མཁའ་འགྲོའི་ཚོགས་རྣམས་ལ། །བླ་མེད་གསང་
བའི་དཀྱིལ་འཁོར་ཞལ་ཕྱེས་ཆེ། །དྲེགས་པ་སྡེ་བརྒྱད་ལྷ་སྲིན་ཐམས་ཅད་
ཀྱིས། །ཇི་ལྟར་ཞལ་བཞེས་དམ་ལས་མ་འདས་པར། །གཏོར་མ་བཞེས་ལ་
བཅོལ་བའི་ཕྲིན་ལས་མཛོད། །བཅུ་པ་བརྟན་སྐྱོང་ནི། ཧྲཱིཿ བདུད་མོ་བཞི་དང་
གནོད་སྦྱིན་སྨན་མོ་བཞི། །རང་རང་འཁོར་དང་བྲན་གཡོག་བསམ་མི་
ཁྱབ། །འཁོར་དང་ཡང་གཡོག་སྨན་ཕྲན་འབུམ་དང་བཅས། །ལྷུབ་ལྷུབ་གོས་
དང་རོལ་མོའི་སྒྲ་དང་བཅས། །ཚུར་གཤེགས་ཚུར་གཤེགས་དམ་སྐྱོང་ཕྲིན་ལས་
སྒྲུབས། །སྔོན་ཆེ་སློབ་དཔོན་པདྨ་འབྱུང་གནས་དང་། །དྲེགས་པའི་བཀའ་
བབས་ཀླང་ཆེན་དཔལ་སེང་གེས། །གསང་མཚན་བཏགས་ནས་ཞིང་ཆེན་སྟན་ལ་
བཞག །ལག་ཏུ་རྡོ་རྗེ་གཏད་དེ་དབང་བསྐུར་ནས། །བོད་ཁམས་མཐའ་དབུས་
ཐམས་ཅད་སྲུང་བ་དང་། །སངས་རྒྱས་བསྟན་པ་སྲུང་བར་ཞལ་བཞེས་
པའི། །ཇི་ལྟར་ཁས་བླངས་དམ་བཅའ་ཅི་བཞིན་དུ། །གཏོར་མ་བཞེས་ལ་
བཅོལ་བའི་ཕྲིན་ལས་མཛོད། །བཅུ་གཅིག་པ་ཏྲ་ཁྲོ་ནི། ཨེ་ལས་སྲིད་པ་ལས་ཀྱི་
བྱུང་ཁྲུང་དུ། །ཡོངས་ལ་གནོད་ཅིང་འཚེ་བའི་དམ་སྲིའི་ཚོགས། །གནམ་
ལྕགས་འབར་བའི་འཁོར་ལོའི་རྩིབས་ལ་བསྐྲུན། །ཆུ་སྲིན་ཛམས་པའི་གྲི་བའི་ནང་
དུ་བསྐྱིལ། །ཛམས་བརྡེད་རི་རབ་འབར་བའི་འོག་ཏུ་མནན། །སྟེང་དུ་ལྷ་
ཚོགས་ཀུན་ཀྱང་རབ་ཁྲོས་ནས། །སྐྲ་ཡི་གར་གྱིས་བདུད་སྡེ་ཕྱེ་མར་
བརླག །གསུང་གི་ང་རོས་ལོག་འདྲེན་བརྒྱལ་ཞིང་སྟུངས། །ཐུགས་ནི་མ་

གཡོས་སྙིང་རྗེའི་རང་བཞིན་གྱིས། །ཉོན་མོངས་དུག་ལྔའི་རྣམ་རྟོག་ཞི་བར་མཛོད། །རིན་ཆེན་བྱང་ཆུབ་སེམས་ནི་མ་སྐྱེས་པར། །བསྐལ་བའི་བར་དུ་ནམ་ཡང་མི་བཏང་ངོ་། །ཨོཾ་ཨཱཿཧཱུྃ་སྭཱྃ་བྷཱ་ཡ་ལཾ་ནན། གཏང་རག་མཆོད་བསྟོད་ནི། བཛྲ་པུཥྤེ་སོགས་ནས་ཤབྡ་པྲ་ཏཱིཙྪ་སྭཱ་ཧཱ། ཨོཾ་མ་ཧཱ་པཉྩ་སོགས། མ་ཧཱ་ར་ཀྟ་སོགས།མ་ཧཱ་བ་ལིང་ཏ་སོགས་ཀྱིས་མཆོད། བསྟོད་པ་ནི། བཀའ་བརྒྱུད་བླ་མ་སོགས། ནོངས་བཤགས་ནི། མ་རྙེད་ཡོངས་སུ་སོགས། བཅུ་གཉིས་པ་རྗེས་བཞུགས། འདིར་ནི་རྗེན་སོགས། བཅུ་གསུམ་པ་བསྡུ་རིམ། སྣོད་བཅུད་འོད་ཞུ་གཞལ་ཡས་ཁང་ལ་ཐིམ། །དེ་ཡང་རིམ་བཞིན་ལྷ་ཚོགས་རྣམས་ལ་ཐིམ། །ལྷ་ཚོགས་རིམ་བཞིན་གཙོ་བོ་ཉིད་ལ་ཐིམ། །གཙོ་བོ་མི་དམིགས་རིམ་བཞིན་དབྱིངས་སུ་ཡལ། །ཨ་ཨ། སླར་ཡང་རང་ཉིད་སེམས་དཔའི་སྐུ་རུ་གྱུར། །བཅུ་བཞི་པ་བསྔོ་བ་ནི། དགེ་བ་འདི་ཡིས་མྱུར་དུ་བདག །ས་ཡི་སྙིང་པོ་འགྲུབ་གྱུར་ནས། །འགྲོ་བ་གཅིག་ཀྱང་མ་ལུས་པ། །དེ་ཡི་ས་ལ་འགོད་པར་ཤོག །བཅོ་ལྔ་པ་སྨོན་ལམ་ནི། མར་གྱུར་མཁའ་མཉམ་སེམས་ཅན་ཐམས་ཅད་ཀུན། །སྡུག་བསྔལ་འཁོར་བའི་མཚོ་ལས་བརྒྱལ་ཕྱིར་དུ། །རིམ་གཉིས་ཟུང་འཇུག་ལམ་ལ་བརྟེན་ནས་ཀྱང་། །སྐུ་བཞིའི་འབྲས་བུ་མྱུར་དུ་སྨིན་པར་ཤོག །བཅུ་དྲུག་པ་བཀྲ་ཤིས་ནི། ཧཱུྃ། ཡང་དག་ལམ་སྟོན་བདེ་ཆེན་ལམ་ལ་བཀོད། །རྩ་བརྒྱུད་བླ་མ་རྣམས་ཀྱི་བཀྲ་ཤིས་ཤོག །གང་ལ་ཅི་འདོད་དངོས་གྲུབ་སྟོལ་མཛད་པ། །ཡི་དམ་ལྷ་ཚོགས་རྣམས་ཀྱི་བཀྲ་ཤིས་ཤོག །ཕྲིན་ལས་རྣམ་བཞི་སྒྲུབ་པའི་གྲོགས་མཛད་མ། །མ་སྲིང་མཁའ་འགྲོའི་ཚོགས་ཀྱི་བཀྲ་ཤིས་ཤོག །དམ་ཉམས་དགྲ་བགེགས་མ་ལུས་འཇོམས་མཛད་པའི། །དམ་ཅན་ཆོས་སྐྱོང་རྣམས་ཀྱི་བཀྲ་ཤིས་

སོག   །ཅེས་པ་འདི་ཡང་མཁན་ཆེན་དཀོན་མཆོག་འོད་ཟེར་གྱི་ཡང་སྲིད་མཁན་སྤྲུལ་ཐུབ་བསྟན་འཕགས་པ་ནས་ཡང་ཡང་བསྐུར་བའི་ངོར།   ས་ཕོ་འབྲུག་ལོའི་ཟླ་བ་དྲུག་པའི་ཚེས་ལ་ལྷ་དར་ཞི་དར་མཆེད་བརྒྱད་ཀྱི་མདུན་ཞོལ་ལ་དགར་ཕྱུན་ཚོགས་གླིང་ནས་རྫོགས་སྤྲུལ་ལྔ་པར་འབོད་པ་ཐུབ་བསྟན་ཆོས་ཀྱི་རྡོ་རྗེས་བྲིས་པ་འདིས་ཀྱང་སེམས་ཅན་ཐམས་ཅད་དབུལ་ཕོངས་བཀྲེས་སྐོམ་གྱི་སྡུག་བསྔལ་ལས་གྲོལ་བའི་རྒྱུར་གྱུར་ཅིག   སརྦ་མངྒ་ལཾ།   །བཀྲ་ཤིས་པར་སོག   །

༄༅། །ས་སྙིང་ཆོ་གའི་ཆ་ལག་མཆོད་ཕྲེང་ནོར་བུའི་ཕྲེང་བ་ཞེས་བྱ་བ་བཞུགས་སོ། །

ས་སྙིང་མཆོད་ཕྲེང་ནི།   རབ་འབྱམས་རྒྱ་མཚོའི་ཞིང་ཁམས་དཔག་མེད་ན།   །དངས་བསིལ་རྙོགས་མེད་མཆོད་ཡོན་རྒྱ་མཚོར་བསྐྱིལ།   །དག་བྱེད་ཞབས་བསིལ་གང྄འི་ཆུ་རྒྱུན་ལྟར།   །ཡིད་འོང་རྣམ་བཀྲའི་མེ་ཏོག་སྣ་ཚོགས་ཚལ།   །དྲི་ཞིམ་བདུག་པའི་སྤྲིན་ཚོགས་ཕྱོགས་བཅུར་འཁྲོ།   །ཉིན་མོར་བྱེད་པའི་གསལ་བྱེད་འོད་སྟོང་ལྡན།   །དྲི་བཟང་ངད་ལྡན་བྱུག་པ་མཚོ་ལྟར་བསྐྱིལ།   །རོ་བརྒྱའི་བཅུད་ལྡན་ཞལ་ཟས་རི་ལྟར་སྤུང་།   །རོལ་མོ་སྣ་ཚོགས་སྙན་པའི་སྒྲ་དབྱངས་ཀྱིས།   །ནོར་ལྷ་རྒྱ་མཚོ་འཁོར་དང་བཅས་ལ་འབུལ།   །ཨོཾ་སརྦ་ཏ་ཐཱ་ག་ཏ་ས་པ་རི་ཝ་ར་ཨརྒྷཾ་སོགས་ནས་ཤབྡ་པྲ་ཏཱིཙྪ་ཡེ་སྭཱ་ཧཱ༔ སྣ་བདུན་ནི།   བསོད་ནམས་བརྒྱ་ལས་གྲུབ་པའི་ལྷ་རྫས་ནི།   །ཀུན་ལ་དབང་

བསྒྱུར་འཁོར་ལོ་རིན་པོ་ཆེ། །དགོས་འདོད་ཀུན་འབྱུང་བསམ་འཕེལ་ཡིད་བཞིན་ནོར། །ཡིད་འོང་བདེ་སྐྱེར་བཙུན་མོ་རིན་པོ་ཆེ། །ཁྱིམ་བདག་རྩུལ་འཛིན་བློན་པོ་རིན་པོ་ཆེ། །གངས་རིའི་མདངས་ལྡན་གླང་པོ་རིན་པོ་ཆེ། །རྫུ་འཕྲུལ་ཞུགས་ལྡན་རྟ་མཆོག་རིན་པོ་ཆེ། །ཕ་རོལ་རྒོལ་འཇོམས་དམག་དཔོན་རིན་པོ་ཆེ། །ནོར་ལྷ་རྒྱ་མཚོ་འཁོར་དང་བཅས་ལ་འབུལ། །ཨོཾ་ཙཀྲ་མ་ཎི་ས་ཧི་པུ་ཏྲ་ཧ་ཏ་སྟྲི་ཨ་ཤ་ཏ་ཁཌྒ་རཏྣ་བཛྲ་པུ་ཛེ་ཧེ་ཨ་ཧཱུྃ། །བཀྲ་ཤིས་རྟགས་བརྒྱད་ནི། ཕུན་ཚོགས་འདོད་རྒུའི་དཔལ་གྱི་འབྱུང་གནས་ཆེ། །རིན་ཆེན་གདུགས་མཛེས་ནོར་བུའི་ཡུ་བ་ཅན། །གསེར་གྱི་ཉ་མོ་ཡེ་ཤེས་མིག་ལྡན་པ། །འདོད་རྒུའི་འབྱུང་གནས་བསམ་འཕེལ་བུམ་པ་བཟང་། །དྲི་བསུང་ངད་ལྡན་པདྨ་སྟོང་དུ་བརྡལ། །ཆོས་ཀྱི་སྒྲ་དབྱངས་ཕྱོགས་བཅུར་སྒྲོག་པའི་དུང་། །མི་འགྱུར་མི་ཤིགས་འགྱུར་མེད་དཔལ་བེའུ། །བདུད་ལས་རྣམ་པར་རྒྱལ་བའི་རྒྱལ་མཚན་བསྒྲེངས། །རྩིབས་སྟོང་ལྡན་པའི་འཁོར་ལོ་རིན་པོ་ཆེ། །ནོར་ལྷ་རྒྱ་མཚོ་འཁོར་དང་བཅས་ལ་འབུལ། །ཨོཾ་ཆ་ཏྲ་ལཀྵ་པདྨ་ཤ་སཾ་ཁ་ཤྲི་ཕ་ར་ཀླ་ཛ་ཙཀྲ་བཛྲ་པུ་ཛེ་ཧེ་ཨཱཿཧཱུྃ། བཀྲ་ཤིས་རྫས་བརྒྱད་ནི། སྣང་སྲིད་གསལ་བྱེད་དངུལ་དཀར་མེ་ལོང་དང་། །འཚོ་བའི་དཔལ་སྐྱེར་བཅུད་ལྡན་བདུད་རྩིའི་ཞོ། །དུག་ལྔ་ནད་སེལ་སྨན་མཆོག་གི་ཝཾ་ཚོགས། །བཀྲ་ཤིས་ཚེ་ཡི་རྫས་མཆོག་དུར་བ་དང་། །རོ་ལྡན་འབྲུ་ཡི་མཆོག་གྱུར་བིལ་བ་དང་། །བཀྲ་ཤིས་དུང་དཀར་རབ་མཛེས་གཡས་འཁྱིལ་བ། །ལི་ཁྲི་དམར་པོ་ཆོས་སྲིད་བརྟན་པའི་རྫས། །བགེགས་རྣམས་ཞི་བྱེད་བཀྲ་ཤིས་ཡུངས་དཀར་རྫས། །ནོར་ལྷ་རྒྱ་མཚོ་འཁོར་དང་བཅས་ལ་འབུལ། །ཨོཾ་སརྦ་ཏ་ཐཱ་ག་ཏ་ས་པ་རི་ཝ་ར་ཨཥྚ་མངྒ་ལམ་པྲ་ཏཱི་ཙྪ་ཧཱུྃ། རྡོ་རྗེ་ལྷ་མོ་

བཅུ་དྲུག་གི་མཆོད་པ་ཕྱི་སྒྲིག་བཞི། ནང་སྒྲིག་བཞི། སྐུ་གསུང་ཐུགས་ཡོན་ཕྲིན་ལས་ཏེ་གསང་བའི་རིགས་མ་ལྔ། ཐུན་མོང་འདོད་ཡོན་གྱི་ལྷ་མོ་གསུམ་སྟེ་བཅུ་དྲུག་གི་མཆོད་ཕྲེང་ནི། རྡོ་རྗེ་སྒྲིག་མོ་དཀར་མོ་མི་ལོང་བསྣམས། །ཕྲེང་བ་སེར་མོ་ནོར་བུའི་དོ་ཤལ་འཛིན། །གླུ་མ་དམར་མོ་སྙན་པའི་གླུ་དབྱངས་ལེན། །གར་མ་ལྗང་ཁུ་སྣ་ཚོགས་གར་བསྒྱུར་མ། །ནོར་ལྷ་རྒྱ་མཚོ་འཁོར་དང་བཅས་ལ་འབུལ། །ཨོཾ་སརྦ་ཏ་ཐཱ་ག་ཏ་ས་པ་རི་ཝཱ་ར་བཛྲ་ལ་སྱེ་ཧཱུྃ། བཛྲ་མ་ལེ་ཏྲཱཾ། བཛྲ་གཱི་ཏེ་ཧྲཱིཿ བཛྲ་ནྲྀ་ཏྱེ་ཨཿ པྲ་ཏཱིཙྪ་ཧོཿ བདུག་སྤོས་སེར་མོ་དྲི་ཞིམ་སྤོས་ཕོར་ཐོགས། །མེ་ཏོག་དཀར་མོས་མེ་ཏོག་ཆུན་འཕྱུང་བསྣམས། །མར་མེ་མས་ནི་སྣང་གསལ་མར་མེ་འཛིན། །རྡོ་རྗེ་དྲི་ཆབ་བྱུག་པའི་དགྲེས་པ་བསྐང་། །ཨོཾ་སརྦ་ཏ་ཐཱ་ག་ཏ་ས་པ་རི་ཝཱ་ར་བཛྲ་དྷཱུ་པེ་ཧཱུྃ། བཛྲ་པུཥྤེ་ཏྲཱཾ། བཛྲ་ཨཱ་ལོ་ཀེ་ཧྲཱིཿ བཛྲ་གནྡྷེ་ཨཿ པྲ་ཏཱིཙྪ་ཧོཿ གཟུགས་མཛེས་མེ་ལོང་དཀར་མོས་མེ་ལོང་བསྣམས། །ཛ་ལྦུམ་སེར་མོས་ཛ་ལྦུམ་སྦྲ་འཕྱིན་མ། །པི་ཝཾ་དམར་མོས་པི་ཝཾ་སྦྲ་སྒྲོག་ཅིང་། །གླིང་བུ་ལྗང་མོས་གླིང་བུ་སྙན་པར་འཁྲོལ། །ནོར་ལྷ་རྒྱ་མཚོ་འཁོར་དང་བཅས་ལ་འབུལ། །ཨོཾ་སརྦ་ཏ་ཐཱ་ག་ཏ་ས་པ་རི་ཝཱ་ར་བཛྲ་རཱུ་པ་ཨོཾ། བཛྲ་ཤྲཱི་ཧཾ་གི་ཧྲཱིཿ བཛྲ་ཝཱི་ཎི་ཧཱུྃ། བཛྲ་ཝཾ་སེ་ཧཱུྃ་པྲ་ཏཱིཙྪ་ཧོ། ཛྷ་ཛ་དཀར་མོས་ཛྷ་ཛའི་སྒྲ་སྒྲོག་མ། །རེག་བྱ་སེར་མོས་ལྷ་ཡི་ན་བཟའ་ཐོགས། །རོ་མ་དམར་མོས་ལག་ན་ཞལ་ཟས་འཛིན། །ཆོས་མ་མཐིང་ཀས་ཆོས་འབྱུང་ཕྱག་རྒྱ་ཅན། །ནོར་ལྷ་རྒྱ་མཚོ་འཁོར་དང་བཅས་ལ་འབུལ། །ཨོཾ་སརྦ་ཏ་ཐཱ་ག་ཏ་ས་པ་རི་ཝཱ་ར་བཛྲ་མུ་རྫེ་ཨཿ བཛྲ་སྤརྴེ་ཧཾ། བཛྲ་རཱ་ས་ཧྲཱིཿ བཛྲ་དྷརྨ་དྷཱ་ཏུ་ཨཱུཿ པྲ་ཏཱིཙྪ་ཧོཿ

ཅེས་པ་འདིའང་རྫོགས་སྤྲུལ་ལྔ་པ་ཐུབ་བསྟན་ཆོས་ཀྱི་རྡོ་རྗེས་བྲིས་པ་དགེའོ། །

༄༅། །ས་སྐྱོང་སྒྲུབ་ཐབས་ནོར་ལྷ་ཀུན་འདུས་ཀྱི་བསྐང་བ་བསོད་ནམས་གཏེར་མཛོད་ཅེས་བྱ་བ་བཞུགས་སོ། །

ཧྲཱིཿ སྣང་སྲིད་རྣམ་དག་ཡེ་ནས་འོག་མིན་ཞིང་། །དག་པ་རབ་འབྱམས་བཀོད་པ་མཐའ་ཡས་པ། །རང་སྣང་ལས་གྲུབ་རིན་ཆེན་གཞལ་ཡས་ཁང་། །རྒྱ་ཕྱོགས་ཚད་མེད་ནམ་མཁའི་མཐའ་དང་མཉམ། །རང་བྱུང་ལྷུན་གྲུབ་རྒྱན་བཀོད་ཕུན་སུམ་ཚོགས། །ལྷ་ཆེན་འཕྲུལ་དགའི་ལོངས་སྤྱོད་ཇི་བཞིན་དུ། །བསྐང་རྫས་ཀ་ཆ་དགོར་ཆའི་ཡོ་བྱད་ནི། །རྣམ་མང་ནམ་མཁའི་རྒྱན་ལྟར་བཀྲམ་ལགས་ན། །ཡེ་ཤེས་སྤྱན་ལྡན་ནོར་ལྷ་རྒྱ་མཚོའི་ཚོགས། །འགྲོ་བའི་དབུལ་ཕོངས་སྡུག་བསྔལ་བསལ་ཕྱིར་དུ། །སྔོན་གྱི་ཐུགས་དམ་གཉན་པོ་རྗེས་དགོངས་ལ། །ཐུགས་དམ་བསྐང་ལ་གནས་འདིར་གཤེགས་སུ་གསོལ། །ཤར་ཕྱོགས་མངོན་པར་དགའ་བའི་ཞིང་ཁམས་ནས། །གྲངས་མེད་སྔོན་ནས་མངོན་པར་བྱང་ཆུབ་ཀྱང་། །སེམས་དཔའི་ཚུལ་འཛིན་བྱང་སེམས་ས་ཡི་སྙིང་། །ཐུགས་དམ་བསྐང་བའི་གནས་འདིར་གཤེགས་སུ་གསོལ། །འོག་མིན་ཆོས་ཀྱི་དབྱིངས་ཀྱི་ཞིང་ཁམས་ནས། །སངས་རྒྱས་ཡོན་ཏན་རིན་ཆེན་རྒྱ་མཚོ་ཆེ། །གསེར་དུ་སྣང་བའི་དཔལ་ཞེས་བྱ་བ་ཡི། །ཐུགས་དམ་བསྐང་བའི་གནས་འདིར་གཤེགས་སུ་གསོལ། །ལྷོ་ནུབ་ཛ་ཡབ་གླིང་གི་གཞལ་ཡས་

ནས། །ཨོ་རྒྱན་ནོར་ལྷ་རཏྣ་ཐོད་ཕྲེང་རྩལ། །གསང་བའི་ཡུམ་ཆེན་རིན་ཆེན་མཁའ་འགྲོ་བཅས། །ཐུགས་དམ་བསྐང་བའི་གནས་འདིར་གཤེགས་སུ་གསོལ། །བྱང་ཕྱོགས་ལྷུང་ལོ་ཅན་གྱི་ཕོ་བྲང་ནས། །སྔོན་ནས་བྱང་ཆུབ་བརྙེས་ཀྱང་ནོར་ལྷའི་ཚུལ། །གནོད་སྦྱིན་རྒྱལ་པོ་ཆེན་པོ་རྣམ་ཐོས་སྲས། །ཐུགས་དམ་བསྐང་བའི་གནས་འདིར་གཤེགས་སུ་གསོལ། །དགའ་བ་ཚལ་གྱི་དུར་ཁྲོད་ཆེན་པོ་ནས། །དབང་གི་ལྷ་མཆོག་དངོས་གྲུབ་ཀུན་གྱི་བདག །ཁམས་གསུམ་དབང་སྡུད་པདྨ་རྒྱལ་པོའི་ཚོགས། །ཐུགས་དམ་བསྐང་བའི་གནས་འདིར་གཤེགས་སུ་གསོལ། །ལྷུང་ལོ་ཅན་གྱི་ཕོ་བྲང་དམ་པ་ནས། །དབུལ་བའི་རྒྱུན་གཅོད་འདོད་རྒུའི་ཆར་འབེབས་པ། །གཡང་གི་ལྷ་མོ་ཆེན་མོ་དཔལ་ཆེན་མོ། །ཐུགས་དམ་བསྐང་བའི་གནས་འདིར་གཤེགས་སུ་གསོལ། །སྟོང་གསུམ་མི་མཛེད་ས་ལ་དབང་མཛད་ཅིང་། །རྒྱལ་ཁམས་ཀུན་ཏུ་བདེ་ལེགས་སྐྱེར་མཛད་པའི། །ས་བདག་ཆེན་མོ་ལྷ་མོ་བརྟན་མའི་ཚོགས། །ཐུགས་དམ་བསྐང་བའི་གནས་འདིར་གཤེགས་སུ་གསོལ། །གངས་དཀར་རྩེ་དང་ཙོཎྜན་ནགས་གླིང་ནས། །འཛིག་རྟེན་མེས་པོ་ཁམས་གསུམ་ཀུན་གྱི་བདག །དབང་ཕྱུག་ཆེན་པོ་ཨུ་མ་དེ་ཝ་བཅས། །ཐུགས་དམ་བསྐང་བའི་གནས་འདིར་གཤེགས་སུ་གསོལ། །སྟེང་ཕྱོགས་སུམ་ཅུ་རྩ་གསུམ་ལྷ་ཡུལ་ནས། །དཔལ་འབྱོར་ཟས་ནོར་ལོངས་སྤྱོད་སྤེལ་མཛད་པའི། །ཚངས་ལྷ་མགོན་པོ་ཚོགས་བདག་གླང་སྣའི་ཚོགས། །ཐུགས་དམ་བསྐང་བའི་གནས་འདིར་གཤེགས་སུ་གསོལ། །བྱང་ཕྱོགས་གནོད་སྦྱིན་རྫོང་གི་ཕོ་བྲང་ནས། །སྟོན་པའི་ཞལ་མཐོང་གཏེར་གྱི་མངའ་བདག་པོ། །ཐུགས་ཀྱི་རྫམ་

ནག་ཁྲོ་ཞིང་གཏུམ་པའི་སྐུ། །ཐུགས་དམ་བསྐང་བའི་གནས་འདིར་གཤེགས་སུ་གསོལ། །རི་རབ་བྱང་ཕྱོགས་གཉའ་ཤིང་འཛིན་གྱི་རྩེར། །ཟླ་ཤེལ་སྨིན་མ་སྨིན་བཟང་འཕགས་མ་སྟེ། །རབ་བཟང་རབ་སྨིན་ནོར་རྒྱུན་དབྱངས་ཅན་མ། །ཐུགས་དམ་བསྐང་བའི་གནས་འདིར་གཤེགས་སུ་གསོལ། །ཤར་ཕྱོགས་ཞི་བ་ཆེན་པོའི་དཀྱིལ་འཁོར་ནས། །ཟས་ནོར་ལོངས་སྤྱོད་ཀུན་གྱི་མངའ་བདག་པོ། །སྐུ་ཡི་རྫམ་ལྷ་དཀར་པོ་འབྲུག་ལ་ཆིབས། །ཐུགས་དམ་བསྐང་བའི་གནས་འདིར་གཤེགས་སུ་གསོལ། །ལྷོ་ཕྱོགས་རྒྱས་པ་ཆེན་པོའི་དཀྱིལ་འཁོར་ནས། །ཚེ་བསོད་དངོས་གྲུབ་དཔལ་སྐྱེར་ཀུན་གྱི་བདག །གཡང་གི་འབྱུང་གནས་ཡོན་ཏན་རྫམ་ལྷ་ལ། །ཐུགས་དམ་བསྐང་བའི་གནས་འདིར་གཤེགས་སུ་གསོལ། །ནུབ་ཕྱོགས་དབང་གི་ཕོ་བྲང་ཆེན་པོ་ནས། །མི་ནོར་ཆོས་གསུམ་ཀུན་གྱི་མངའ་བདག་པོ། །གསུང་གི་དབང་ཕྱུག་མགོན་པོ་རྫམ་ལྷ་དམར། །ཐུགས་དམ་བསྐང་བའི་གནས་འདིར་གཤེགས་སུ་གསོལ། །བྱང་ཕྱོགས་མངོན་སྤྱོད་དྲག་པོའི་གཞལ་ཡས་ནས། །ཆབ་འདྲེ་འབྱུང་པོའི་ཚོགས་རྣམས་འདུལ་བའི་ལྷ། །ཕྲིན་ལས་མཐར་ཕྱིན་མགོན་པོ་རྫམ་ལྷ་ལྗང་། །ཐུགས་དམ་བསྐང་བའི་གནས་འདིར་གཤེགས་སུ་གསོལ། །གཞན་ཡང་དཀྱིལ་འཁོར་ཆེན་པོའི་འཁོར་ཡུག་ཏུ། །ནོར་ལྷ་རྒྱ་མཚོ་འཁོར་ཚོགས་བསམ་མི་ཁྱབ། །རང་རང་སྤྲུལ་པ་འཁོར་དང་ཡང་འཁོར་བཅས། །ཐུགས་དམ་བསྐང་བའི་གནས་འདིར་གཤེགས་སུ་གསོལ། །རྣམ་མང་ནོར་ལྷ་རྒྱ་མཚོའི་ལྷ་ཚོགས་རྣམས། །ཀུན་ཀྱང་ནོར་བུའི་རྒྱན་ཆ་ཁྲ་ལ་ལ། །དར་ཟབ་ན་བཟའ་སྣ་ཚོགས་ལྷུབས་སེ་ལྷུབ། །འོད་ཟེར་སྣ་ཚོགས་ཕྱོགས་བཅུ་ཀུན་ཏུ་

འཕྲོ། །འགྲོ་བ་སེམས་ཅན་ཀུན་གྱི་དོན་སླད་དུ། །ཐུགས་དམ་བསྐང་བའི་གནས་འདིར་གཤེགས་སུ་གསོལ། །ཧཱུྃ། ཐུགས་དམ་གཉན་པོ་བསྐང་བའི་དམ་རྫས་ནི། །ཕྱི་མཆོད་འདོད་ཡོན་རྣམ་ལྔ་སྤྲིན་ལྟར་གཏིབས། །ནང་མཆོད་སྨན་རཀ་གཏོར་གསུམ་དྭངས་རེ་སྤྲོ། །གསང་མཆོད་སྣ་ན་ཙཀྲ་རི་ལྟར་སྤུངས། །རི་རབ་ལྷུན་པོ་གསེར་གྱི་རི་བདུན་དང་། །རོལ་བའི་མཚོ་བདུན་ལྕུགས་རི་མུ་ཁྱུད་བཅས། །གླིང་ཆེན་བཞི་དང་གླིང་ཕྲན་ཚོགས་དང་བཅས། །ནམ་མཁའི་ནོར་བུ་ཉི་ཟླ་གཟའ་སྐར་ཚོགས། །སྐྱེད་ཚལ་ཁང་བཟང་རིན་ཆེན་གཏེར་གྱི་བུམ། །མ་རྨོས་ལོ་ཏོག་དགོས་འདོད་དཔག་བསམ་ཤིང་། །འདོད་འཇོའི་བ་མོ་ཁྲུས་ཀྱི་ཐིང་བུ་དང་། །བཀྲ་ཤིས་རྟགས་བརྒྱད་རྒྱལ་སྲིད་རིན་ཆེན་བདུན། །རིན་ཆེན་སྣ་བདུན་ཉེ་བའི་རིན་ཆེན་བདུན། །ནོར་འཛིན་ནེའུ་ལེ་བཀྲ་ཤིས་རྫས་མཆོག་བརྒྱད། །ཁྲབ་རྨོག་རལ་གྲི་མདའ་གཞུ་གོ་མཚོན་སོགས། །ཡོལ་བ་བླ་བྲེ་རྒྱལ་མཚན་འཕན་ཕུར་དང་། །ཟ་འོག་གུར་ཕུབ་དར་གྱི་ལྡ་ལྡི་སོགས། །ཕོ་ཆས་མོ་ཆས་དར་ཟབ་གོས་ཀྱི་རིགས། །སིལ་སིལ་ཆ་ལང་རོལ་མོ་སྣ་ཚོགས་སྒྲ། །ཇ་དང་རྫ་ཇ་པི་ཝཾ་གླིང་བུའི་སྒྲ། །རི་དྭགས་གཡུང་དྭགས་ཆུ་གནས་འདབ་ཆགས་སོགས། །མདོར་ན་སྲིད་པ་གསུམ་གྱི་ཞིང་ཁམས་ན། །དངོས་འབྱོར་ཡིད་སྤྲུལ་མཆོད་པའི་སྤྲིན་ཕུང་ནི། །ཡིད་འོང་མཆོད་པར་འོས་པའི་རྒྱན་རྣམས་ཀྱིས། །ནོར་ལྷ་རྒྱ་མཚོའི་ལྷ་ཚོགས་ཐུགས་དམ་བསྐང་། །དེ་ལྟར་ཐུགས་དམ་བསྐང་བའི་བྱིན་རླབས་ཀྱིས། །རྣལ་འབྱོར་བདག་ཅག་དཔོན་སློབ་འཁོར་བཅས་ཀྱི། །ཐོགས་མེད་དུས་ནས་ད་ལྟ་ཡན་ཆད་དུ། །མ་རིག་དབང་གྱུར་ཉེས་པའི་སྐྱོན་དབང་གིས། །དཀོན་མཆོག་དཀོར་

འཕྲོག་རློམ་སེམས་བཀྲིས་པ་དང་། །དཀོར་ལ་འབབ་དང་སེར་སྣ་བཅིངས་པ་ཡི། །མཆོད་སྦྱིན་ཆགས་ཞེན་ཇོམ་ལྷའི་རྒྱུ་རྒྱུན་བཅད། །གཏོར་ཚོགས་མཆོད་པ་གཞུང་དང་འགལ་བའི་ཚོགས། །མདོར་ན་མི་མཐུན་ཉེས་པ་ཅི་མཆིས་པ། །གནོང་ཞིང་འགྱོད་པའི་སེམས་ཀྱིས་མཐོལ་ལོ་བཤགས། །ཚངས་པ་མཆོག་གི་དངོས་གྲུབ་སྩལ་དུ་གསོལ། །ཡིག་བརྒྱ་བཟློད། ཅེས་པ་འདིའང་རྗོགས་སྤྲུལ་ལྷ་པ་ཐུབ་བསྟན་ཆོས་ཀྱི་རྡོ་རྗེས་བྲིས་པ་དགེའོ། །

༄༅། །ས་སྐྱོང་སྒྲུབ་ཐབས་ཀྱི་ཆ་ལག་བསེ་རག་བཀར་ཐབས་བཞུགས་སོ། །

དངོས་གྲུབ་ལ་བར་དུ་གཅོད་པའི་བསེ་རག་བཀར་བ་ལ། ཛ་ཆག་གི་སྣོད་དུ་སྣང་མ་ཛ་ལོ་སོགས་ཀྱིས་བཀང་བའི་སྟེང་དུ་སྟེར་ཆག་ནང་དུ་ཟན་ལ་བསེ་རག་ངར་མི་གོས་སྐྲ་བོ་གོན་པ། སྐེ་རགས་སྔོན་པོ་དམ་དུ་བཅིངས་པ།ལག་གཉིས་ཟས་སློང་བའི་ཚུལ་དུ་མགོ་ལ་ཞྭ་མོ་སྐྲ་ལེབ་གྱོན་པ། གཡས་སུ་ཕོ་གླུད། གཡོན་དུ་མོ་གླུད། མདུན་དུ་མར་མེ། རྒྱབ་ཏུ་ཏིང་ལོ།ཛ་ཆག་ཟངས་ཆག་གང་རུང་ནང་མི་ཁའི་རྡུལ་བསགས། ཕྲག་པ་གཡས་གཡོན་ཉི་ཟླའི་ཤིང་བྱང་རྒྱབ་ལ་ནམ་མཁའ་དཀར་པོས་བརྒྱན། དར་རས་སྣ་ཚོགས་ཀྱིས་བརྒྱན་པ། རིན་ཆེན་ཕྲེ་མ་སོགས་མཁོ་བའི་ཡོ་བྱད་འདུ་བྱས་ལ། སྔགས་དྲུག་ཕྱུག་དྲུག་གིས་བྱིན་གྱིས་བརླབས། ཁྲོ་རྒྱལ་ཕྱག་ན་རྡོ་རྗེའི་བསྐྱེད་རིམ་ང་རྒྱལ་གྱིས། ཀྱཻ། སྟེང་འོག་ཕྱོགས་མཚམས་མཐའ་དབུས་ཐམས་ཅད་ན། །བསེ་རག་སྡེ་དཔོན་

འཁོར་དང་བཅས་པ་རྣམས། །སྟོང་ཡས་མཆོད་པ་དམ་པ་བཞེས་པའི་
ཕྱིར། །འདིར་གཤེགས་རྟེན་དང་གཉིས་སུ་མེད་པར་བཞུགས། །ཀྱཻ། སྟོན་
ཆོ་མཐུ་ཆེན་ཕྱག་ན་རྡོ་རྗེ་ཡི། །ཐ་ཚིག་གཉན་པོ་རྗེས་སུ་དྲན་པར་གྱིས། །སྟོང་
ཡས་མཆོད་སྦྱིན་དཔག་མེད་འདི་བཞེས་ལ། །དངོས་གྲུབ་སྒྲུབ་ལ་གནོད་པ་མ་
བྱེད་ཅིག །མི་ཟད་ནམ་མཁའ་མཛོད་ཀྱི་འཁོར་ལོ་འདིས། །ཁྱེད་ཅག་ངོམས་
ཤིང་ཚིམ་པར་མཛད་དུ་གསོལ། །ཀྱཻ། ཁྱེད་ཅག་ད་ནི་ལམ་སྟོན་ཤར་དུ་
སྟོན། །ཤར་ཕྱོགས་ལུས་འཕགས་གླིང་དུ་གཤེགས་རེ་རན། །གླིང་དེར་དཔལ་
འབྱོར་ལོངས་སྤྱོད་ཕུན་སུམ་ཚོགས། །ཁྱེད་ཅན་འཁོར་བཅས་གླིང་ཆེན་དེ་རུ་
སོང་། །ཡུལ་ཁམས་འདི་དང་གནས་ཁང་འདི་དག་ལ། །མ་ཆགས་མ་ཞེན་
ཉིན་མཚན་ཐམས་ཅད་དུ། །ཉི་མ་ཟླ་བས་ལམ་སྟོན་གྱིས་ལ་གཤེགས། །དར་
ཟབ་རིན་ཆེན་སྣ་ལྔའི་རྫས་དང་བཅས། །ཁྲོ་རྒྱལ་ཕྱག་ན་རྡོ་རྗེའི་བཀའ་བཞིན་
དུ། །ཁྱོད་ལ་བྱིན་པས་དགའ་ཞིང་མགུ་བར་གྱིས། །གལ་སྲིད་མི་འགྲོ་འདི་རུ་
འདུག་གྱུར་ན། །ཁྲོ་བོ་ཁྲོ་མོའི་དམག་དཔུང་ཚོགས་རྣམས་ཀྱིས། །ཁྱེད་ཅག་
རྡུལ་དུ་བརླག་པར་གདོན་མི་ཟ། །ཞེས་བརྗོད་ལ་ཤར་ཕྱོགས་སུ་གོམ་པ་བརྒྱད་བཅུའི་
མཚམས་ན་བསྐྱེལ། ཐུན་གྱིས་བྲབ། ཧཱུྃ༔ ཆོས་དབྱིངས་འགྱུར་མེད་སྤྲོས་བྲལ་
ཆེན་པོ་ལ། །བགེགས་ཞེས་བྱ་བའི་མིང་ཡང་མ་གྲུབ་ཀྱང་། །འོན་ཀྱང་ཀུན་
རྫོབ་སྒྱུ་མའི་ཚུལ་ཙམ་དུ། །རྣམ་དག་ཆོས་དབྱིངས་ངང་དུ་མཚམས་བཅོད་
དོ། །ཞེས་པ་འདི་ཡང་ལ་དཀར་མཐུ་སྟོབས་དང་། མཁན་སྤྲུལ་ཐུབ་བསྟན་འཕགས་པ་གཉིས་
ནས་བསྐུར་ངོར་རྫོགས་སྤྲུལ་ལྔ་པས་བྲིས་པ་དགེ །

༄༅། །ས་སྙིང་སྒྲུབ་པའི་ཆ་ལག་གཡང་བསང་འདོད་རྒུའི་རྡུལ་འཚུབ་བཞུགས་སོ།།

ཀྱཻ། སྔོན་ཚེ་འདས་དུས་བསྐལ་པའི་དང་པོ་ལ། །བོད་ཡུལ་ཁ་བ་ཅན་གྱི་ཞིང་ཁམས་སུ། །སྙིང་རྗེའི་མདའ་བདག་སྤྱན་རས་གཟིགས་དབང་དང་། །སྒྱུར་མཛོད་འཕགས་མ་སྒྲོལ་མའི་བྱིན་རླབས་ལས། །སྤྲེལ་སྒོམ་སྤྲེའུ་རྒྱལ་མོ་རྣམ་གཉིས་སྤྲུལ། །དེ་ཡི་ཐུགས་བསྐྱེད་རྨད་བྱུང་བསམ་ཡས་ལས། །རོ་བཅུད་ལྡན་པའི་འབྲུ་སྣ་སྣ་ཚོགས་བཏབ། །བདག་ཉིད་རིག་འཛིན་སྔགས་འཆང་རྒྱལ་པོ་ཡིས། །དཀོན་མཆོག་གསུམ་ལ་མཆོད་པ་རྒྱ་ཆེར་ཕུལ། །བཀྲ་ཤིས་སླུག་མ་ཀྲོད་ཀྱི་ལྡེམ་འཕྲུ་ལ། །རིགས་ལྔའི་རང་མདངས་དར་ཚོན་སྣ་ལྔས་བརྒྱན། །སྲིད་གསུམ་གསལ་བའི་དངུལ་དཀར་མེ་ལོང་བཏགས། །ཁྲུ་ཡི་བརྗོད་ཅིང་ཕྱོགས་བཅུར་གཡབ་པའི་ཚེ། །འགྲོ་བའི་སྔོན་བསགས་བསོད་ནམས་སྟོབས་ལས་འབྱུངས། །སྟེང་ཕྱོགས་འོད་ཟེར་དཀར་པོ་འཕྲོས་པ་ལས། །ལྷ་ཡི་དཔལ་འབྱོར་བསོད་ནམས་བོད་དུ་ལོན། །འོག་ཕྱོགས་འོད་ཟེར་མཐིང་ག་འཕྲོས་པ་ལས། །ཀླུ་ཡི་ལོངས་སྤྱོད་དཔལ་འབྱོར་བོད་དུ་ལོན། །བར་སྣང་འོད་ཟེར་སེར་པོ་འཕྲོས་པ་ལས། །གཉན་གྱི་དཔལ་འབྱོར་ལོངས་སྤྱོད་བོད་དུ་ལོན། །འོད་ཟེར་ཤར་གྱི་ཕྱོགས་སུ་འཕྲོས་པ་ལས། །ཡུལ་འཁོར་སྲུང་བའི་

གཡང་རྣམས་བོད་དུ་ཡོན། །འོད་ཟེར་ལྷོ་ཡི་ཕྱོགས་སུ་འཕྲོས་པ་ལས། །འཕགས་སྐྱེས་པོ་ཡི་གཡང་རྣམས་བོད་དུ་ཡོན། །འོད་ཟེར་ནུབ་ཀྱི་ཕྱོགས་སུ་འཕྲོས་པ་ལས། །སྤྱན་མི་བཟང་གི་གཡང་རྣམས་བོད་དུ་ཡོན། །འོད་ཟེར་བྱང་གི་ཕྱོགས་སུ་འཕྲོས་པ་ལས། །རྣམ་ཐོས་སྲས་ཀྱི་གཡང་རྣམས་བོད་དུ་ཡོན། །གཞན་ཡང་འོད་ཟེར་ཕྱོགས་བཅུར་འཕྲོས་པ་ལས། །རྒྱ་གར་ཆོས་དང་རྒྱ་ནག་ཇ་ཡི་གཡང་། །དཀོར་ནོར་ལོངས་སྤྱོད་དཔའ་རྩལ་སྟོབས་ཀྱི་གཡང་། །གོ་མཚོན་རིན་ཆེན་རྟ་ནོར་ཕྱུགས་ཀྱི་གཡང་། །སྣོད་བཅུད་སྲིད་གསུམ་ཕྱྭ་གཡང་ཐམས་ཅད་ནི། །ཁྱེ་ཡེ་ཕྱྭ་དང་གཡང་གིས་སྐྱོབ་ཏུ་གསོལ། །ཀྱཻ། བསྐལ་མང་གོང་ནས་མངོན་པར་བྱང་ཆུབ་ཀྱང་། །འགྲོ་བའི་དབུལ་ཕོངས་སྡུག་བསྔལ་སེལ་ཕྱིར་དུ། །སེམས་དཔའི་ཚུལ་འཛིན་འགྲོ་བའི་དོན་མཛད་པའི། །བྱང་ཆུབ་སེམས་དཔའ་ཆེན་པོ་ས་ཡི་སྙིང་། །སངས་རྒྱས་ཡོན་ཏན་རིན་ཆེན་རྒྱ་མཚོ་དང་། །བླ་མ་ནོར་ལྷ་རཏྣ་ཐོད་ཕྲེང་རྩལ། །རྣམ་མང་ཐོས་སྲས་སེར་ཆེན་སྔགས་པའི་ཉམས། །ཁམས་གསུམ་དབང་སྡུད་པདྨ་རྒྱལ་པོའི་སྐུ། །གཡང་གི་ལྷ་མོ་ཆེན་མོ་དཔལ་ཆེན་མོ། །ས་ཡི་ལྷ་མོ་ཆེན་མོ་བརྟན་བྱེད་མ། །དབང་ཕྱུག་ཆེན་པོ་མ་ཧཱ་དེ་ཝ་དང་། །ཚོང་ལྷ་ལྷ་ཆེན་ཚོགས་ཀྱི་བདག་པོ་དང་། །ཐུགས་ཀྱི་རྫས་ནག་གཏུམས་ཞིང་ཁྲོས་པའི་སྐུ། །འཁོར་དུ་ལྷ་མོ་གྲོགས་མོ་ཆེན་པོ་བརྒྱད། །ཟླ་ཤེལ་སྨིན་མ་སྨིན་བཟང་འཕགས་མ་སྐྱེ། །རབ་བཟང་རབ་བརྟན་ནོར་རྒྱུན་དབྱངས་ཅན་མ། །སྒོ་སྐྱོང་རྫམ་ལྷ་དཀར་སེར་དམར་ལྗང་བཞི། །གཞན་ཡང་ནོར་ལྷ་བྱེ་བ་འབུམ་གྱི་ཚོགས། །ཇི་ལྟར་ཉི་མའི་ཟེར་གྱིས་རྡུལ་འཁྲིགས་ལྟར། །བསང་མཆོད་མགྲོན་ལ་གནས་འདིར་

གཤེགས་སུ་གསོལ། །རཾ་ལས་སྐྱེས་པའི་ཡེ་ཤེས་མེ་ནང་དུ། །གཡུ་ཤུག་སྡོང་མོ་བ་ལུ་མཁན་དཀར་དང་། །སྣུག་པ་འོམ་བུ་ཕུར་མོང་ལ་སོགས་པ། །ཛ་ཚང་ཟས་ཕུད་གསེར་སྐྱེམས་གཡུ་སྐྱེམས་དང་། །ཕྱེ་མར་འོ་སྐྱོལ་དར་ཟབ་རིན་ཆེན་ལྷ། །ལྷན་ཅིག་བསྲེགས་པའི་དུད་པའི་སྤྲིན་ཕུང་གིས། །འདོད་ཡོན་ལྷ་མོའི་ཟེར་ཐག་ཕྱོགས་བཅུར་སྤྲེང་། །ལྷ་ལམ་ཡོངས་ལ་ཁྱབ་པའི་མཆོད་སྤྲིན་འདིས། །ནོར་ལྷ་རྒྱལ་པོ་འཁོར་དང་བཅས་པ་བསང་། །དེ་ལྟར་བསང་ཞིང་མཆོད་པའི་བྱིན་རླབས་ཀྱིས། །བདག་ཅག་དཔོན་སློབ་འཁོར་དང་བཅས་པ་རྣམས། །ནད་གདོན་མི་མཐུན་རྐྱེན་ངན་ཞི་བ་དང་། །ཚེ་བསོད་དཔལ་འབྱོར་ལོངས་སྤྱོད་རྟག་ཏུ་རྒྱས། །ཁམས་གསུམ་མ་ལུས་དབང་དུ་བསྡུས་ནས་ཀྱང་། །བྱད་ཕུར་རྦོད་གཏོང་དགྲ་བགེགས་ཚར་གཅོད་ལ། །སྣང་སྲིད་རྣམ་དག་ཁྱབ་བརྡལ་ཆེན་པོ་ནས། །འཁོར་འདས་སྲིད་ཞིའི་དྭངས་བཅུད་གཡང་དུ་ལེན། །སྟེང་འོག་ཕྱོགས་བཅུ་དག་པའི་ཞིང་ཁམས་ནས། །ལྷ་ཀླུ་མི་ཡི་དཔལ་འབྱོར་གཡང་དུ་ལེན། །འཕན་ཕྱུག་དར་གསུམ་རྒྱལ་བཙུན་མཁས་གྲགས་གཡང་། །ཕུན་ཚོགས་འབད་མེད་ལྷུན་གྲུབ་གཡང་དུ་ལེན། །དངོས་གྲུབ་ཀུན་བདག་ནོར་ལྷ་རྒྱ་མཚོའི་ཚོགས། །བདག་ལ་མཆོག་ཐུན་དངོས་གྲུབ་སྩལ་དུ་གསོལ། །དེང་ནས་སྐྱེ་བ་ཚེ་རབས་ཐམས་ཅད་དུ། །བདག་ཅག་བྱང་ཆུབ་སྒྲུབ་པའི་གང་ཟག་ལ། །བཀྲིས་ཕོངས་དབུལ་བའི་སྡུག་བསྔལ་རྒྱུན་ཆད་ནས། །མི་ཟད་དངོས་གྲུབ་དམ་པ་སྩལ་དུ་གསོལ། །ཅེས་པ་འདི་ཡང་ཕུར་ཚའི་མཁན་སྤྲུལ་ཐུབ་བསྟན་འཕགས་པ་དང་ལ་དཀར་སྲས་པོ་མཐུ་སྟོབས་རྣམ་རྒྱལ་གཉིས་ཀྱིས་བསྐུལ་ངོར་རྫོགས་སྤྲུལ་ལྔ་པ་ཐུབ་བསྟན་ཆོས་ཀྱི་རྡོ་རྗེས་བྲིས་པ་དགེ་ལེགས་སུ་གྱུར་ཅིག་དགེའོ། །

༄༅། །ས་ཡི་སྙིང་པོའི་སྒྲུབ་ཐབས་ཆ་ལག་གཡང་འགུགས་བསམ་འཕེལ་ནོར་བུའི་ཆར་འབེབས་ཞེས་བྱ་བ་བཞུགས་སོ། །

གཡང་རྫས་སྤྱི་ཁྱབ་རྣམས་དང་། ཁྱད་པར་གཡང་ཕོར། ཕྱེ་མར། གཡང་མདའ། དཀར་གསུམ། མངར་གསུམ། གཡང་ཆང་སོགས་འདུ་བྱས་ལ། །དང་པོ་སངས་རྒྱས་བྱང་སེམས་བླ་མ་ཡི་དམ་མཁའ་འགྲོ་རྣམས་ཀྱི་གཡང་འགུགས་ནི། ཧཱུྃ་ཧྲཱིཿ རབ་འབྱམས་ཕྱོགས་བཅུའི་ཞིང་ན་བཞུགས་པ་ཡིས། །སངས་རྒྱས་བྱང་སེམས་དཔའ་བོ་མཁའ་འགྲོ་དང་། །བླ་མ་རིག་འཛིན་ཡི་དམ་ཞི་ཁྲོའི་ཚོགས། །ཆོས་སྐྱོང་སྲུང་མའི་བྱིན་རླབས་གཡང་ཕོབ་ཅིག །སྟེང་འོག་ཕྱོགས་བཅུར་བཞུགས་པའི་བདེ་བར་གཤེགས། །སྟོན་པ་བཅུ་གཉིས་སྨན་བླ་མཆེད་བརྒྱད་དང་། །འོད་དཔག་མེད་དང་མི་འཁྲུགས་ཚེ་དཔག་མེད། །རབ་འབྱམས་ཞིང་ན་བཞུགས་པའི་སངས་རྒྱས་རྣམས། །ཕྱྭ་དང་གཡང་གི་དངོས་གྲུབ་སྩོལ་དུ་གསོལ། །ཉེ་སྲས་བརྒྱད་དང་སྐར་མ་དྲི་མ་མེད། །སྨན་གྱི་རྒྱལ་པོ་སྨན་ནི་ཡང་དག་འཕགས། །ནམ་མཁའ་མཛོད་དང་སྤོས་ཀྱི་གླང་པོ་སོགས། །རྒྱལ་སྲས་སེམས་དཔའ་སེམས་མའི་ཚོགས་དང་བཅས། །ཕྱྭ་དང་གཡང་གི་དངོས་གྲུབ་སྩོལ་དུ་གསོལ། །ཐོག་མའི་མགོན་པོ་ཀུན་ཏུ་བཟང་པོ་དང་། །རིགས་བརྒྱ་རིགས་ལྔ་རིགས་གསུམ་དྭ་མ་ལྷ། །དགའ་རབ་ཤྲཱི་སེང་པད་འབྱུང་རིག་འཛིན་བརྒྱད། །དགོངས་བརྡ་སྙན་

བརྒྱུད་བླ་མའི་ཚོགས་རྣམས་ཀྱིས། །ཕྱི་དང་གསང་གི་དངོས་གྲུབ་སྩལ་དུ་གསོལ། །སྒྲུབ་པ་བཀའ་བརྒྱད་སྒྱུ་འཕྲུལ་དྲྭ་བ་དང་། །དུས་ཀྱི་འཁོར་ལོ་དགྱེས་རྡོར་བདེ་མཆོག་ལྷ། །སངས་རྒྱས་ཐོད་པ་ཚོགས་ཆེན་འདུས་པ་སོགས། །ཡིད་དམ་ཞི་ཁྲོའི་དཀྱིལ་འཁོར་ཚོགས་རྣམས་ཀྱི། །ཕྱི་དང་གསང་གི་དངོས་གྲུབ་སྩལ་དུ་གསོལ། །རྡོ་རྗེ་ཕག་མོ་རིགས་ལྔ་མཁའ་འགྲོའི་ཚོགས། །ཀུ་རུ་ཀུ་ལེ་ཡེ་ཤེས་མཚོ་རྒྱལ་དང་། །མཆོད་རབ་མཁའ་འགྲོ་སེངྒེའི་གདོང་། །ཞིང་སྐྱོང་ལྷན་ཅིག་སྐྱེས་པའི་མཁའ་འགྲོ་མས། །ཕྱི་དང་གསང་གི་དངོས་གྲུབ་སྩལ་དུ་གསོལ། །གཉིས་པ་བྱང་ཆུབ་སེམས་དཔའ་ས་ཡི་སྙིང་པོ་དང་། བདེ་གཤེགས་སངས་རྒྱས་རིན་ཆེན་ཡོན་ཏན་རྒྱ་མཚོ། ཨོ་རྒྱན་ནོར་ལྷ། རྣམ་སྲས་སེར་ཆེན། པདྨ་རྒྱལ་པོ། ལྷ་མོ་དཔལ་ཆེན་རྣམས་ཀྱི་གསང་འགུགས་ནི། ཧཱུྃ་ཧྲཱིཿ ཤར་ཕྱོགས་མངོན་པར་དགའ་བའི་ཞིང་ཁམས་ནས། །གྲངས་མེད་སྨོན་ནས་མངོན་པར་བྱང་ཆུབ་ཀྱང་། །སེམས་དཔའི་ཚུལ་འཛིན་འགྲོ་བའི་དོན་མཛད་པ། །བྱང་ཆུབ་སེམས་དཔའ་ས་ཡི་སྙིང་པོ་ཡིས། །ཕྱི་གསང་མཆོག་དང་ཐུན་མོང་དངོས་གྲུབ་སྩོལ། །འོག་མིན་ཆོས་ཀྱི་དབྱིངས་ཀྱི་ཞིང་ཁམས་ནས། །སངས་རྒྱས་རིན་ཆེན་ཡོན་ཏན་རྒྱ་མཚོ་ཡི། །བཻཌཱུརྻ་དང་གསེར་གྱི་ཁ་དོག་བཟང་། །གསེར་དུ་སྣང་བའི་དཔལ་ཞེས་བྱ་བ་ཡིས། །ཕྱི་གསང་མཆོག་དང་ཐུན་མོང་དངོས་གྲུབ་སྩོལ། །ལྷོ་ནུབ་པདྨ་འོད་ཀྱི་གཞལ་ཡས་ནས། །རྒྱས་པའི་ལས་མཛད་རཏྣ་ཐོད་ཕྲེང་རྩལ། །རང་འོད་ཡུམ་ཆེན་རིན་ཆེན་མཁའ་འགྲོ་བཅས། །ཕྱི་གསང་མཆོག་དང་ཐུན་མོང་དངོས་གྲུབ་སྩོལ། །བྱང་ཕྱོགས་ལྕང་ལོ་ཅན་གྱི་ཕོ་བྲང་ནས། །འགྲོ་བའི་དབུལ་ཕོངས་སྡུག་བསྔལ་སེལ་བའི་ལྷ། །ནོར་བདག་རྒྱལ

པོ་རྣམ་མང་ཐོས་སྲས་ཀྱིས། །ཕྱྭ་དང་གཡང་གི་དངོས་གྲུབ་སྩོལ་དུ་གསོལ། །དགའ་བ་ཚལ་གྱི་དུར་ཁྲོད་ཆེན་པོ་ནས། །དབང་མཛད་དབང་གི་ལྷ་མཆོག་བཅོམ་ལྡན་འདས། །ཁམས་གསུམ་དབང་སྡུད་པདྨ་རྒྱལ་པོ་ཡིས། །ཕྱྭ་དང་གཡང་གི་དངོས་གྲུབ་སྩོལ་དུ་གསོལ། །བྱང་ཕྱོགས་ལྗང་ལོ་ཅན་གྱི་ཕོ་བྲང་ནས། །གཡང་གི་ལྷ་མོ་ཆེན་མོ་དཔལ་ཆེན་མོ། །དབུལ་བའི་རྒྱུན་གཅོད་དངོས་གྲུབ་ཀུན་གྱི་བདག །ཕྱྭ་དང་གཡང་གི་དངོས་གྲུབ་སྩོལ་དུ་གསོལ། །གསུམ་པ་ས་ཡི་ལྷ་མོ་བརྟན་མ་དང་། དབང་ཕྱུག་ཆེན་པོ། ཚོང་ལྷ་ཚོགས་བདག་གླང་སྣ། བལ་པོ་ཨ་ཧཾ་འབར་གྱི་རྫམ་ནག་རྣམས་ཀྱི་གཡང་འགུགས་ནི། ཧཱུྃ་ཧྲཱིཿ སྟོང་གསུམ་མི་མཇེད་ས་ལ་དབང་མཛད་ཅིང་། །འཇིག་རྟེན་ཁམས་སུ་བདེ་ལེགས་སྐྱོལ་མཛད་པའི། །ས་བདག་ཆེན་པོ་ས་ཡི་ལྷ་མོ་ཡིས། །ཕྱྭ་དང་གཡང་གི་དངོས་གྲུབ་སྩོལ་དུ་གསོལ། །གངས་དཀར་ཏྶེ་དང་ཙོཧྲན་ནགས་གླིང་ནས། །ཁམས་གསུམ་ཀུན་བདག་གཞན་ཡིད་འགུགས་མཛད་ཅིང་། །དབང་ཆེན་བཀའ་སྡོད་རིགས་པ་ཀུན་གྱི་གཙོ། །ཕྱྭ་དང་གཡང་གི་དངོས་གྲུབ་སྩོལ་དུ་གསོལ། །སུམ་ཅུ་རྩ་གསུམ་ལྷ་ཡི་གནས་མཆོག་ནས། །ཟས་ནོར་ལོངས་སྤྱོད་དཔལ་གཡང་སྐྱོལ་མཛད་པ། །ཚོགས་བདག་གླང་སྣ་དངོས་གྲུབ་ཀུན་གྱི་བདག །ཕྱྭ་དང་གཡང་གི་དངོས་གྲུབ་སྩོལ་དུ་གསོལ། །བྱང་ཕྱོགས་གནོད་སྦྱིན་རྫོང་གི་ཕོ་བྲང་ནས། །སྔོན་ནས་ཐུགས་བསྐྱེད་སེམས་དཔའི་སར་གནས་ཀྱང་། །སྟོན་པའི་ཞལ་མཐོང་གནོད་སྦྱིན་རྫམ་བྷ་ལ། །ཕྱྭ་དང་གཡང་གི་དངོས་གྲུབ་སྩོལ་དུ་གསོལ། །བཞི་པ་འཁོར་གྱི་ལྷ་མོ་གྲོགས་མོ་བརྒྱད་ཀྱི་གཡང་འགུགས་ནི། ཧཱུྃ། རི་རབ་ཆེན་པོའི་བྱང་གི་ཕྱོགས་རོལ་ན། །གསེར་རི་ཆེན་པོའི་གཉའ་ཤིང་

འཛིན་གྱི་རྩེ་ར། །ཁང་བཟང་གསེར་གྱི་རྒྱལ་མཚན་ཞེས་བྱ་ན། །སྙིགས་མ་ལྔ་བདོའི་བསྐལ་ངན་དུས་ཤར་ཚེ། །སྙིང་རྗེ་བྱང་ཆུབ་སེམས་ཀྱི་ཤུགས་འཆང་བ། །བློ་ཤེལ་སྒྲིབ་མ་སྒྲིབ་བཟང་འཕགས་མ་སྐྱེ། །རབ་བཟང་རབ་སྒྲིན་ནོར་རྒྱུན་དབྱངས་ཅན་མ། །གྲོགས་ཀྱི་ལྷ་མོ་ཆེན་མོ་བརྒྱད་རྣམས་ཀྱིས། །ཕྱུ་དང་གཡང་གི་དངོས་གྲུབ་སྩལ་དུ་གསོལ། །ལྔ་བ་སྒོ་བཞི་སྲུང་བའི་རྫམ་ལྷ་རིགས་བཞི་ནི། ཆོས་རྒྱལ་རྡོ་རྗེའི་རྫམ་དཀར། སེར་པོ་སྒོར་གསུམ་ལས་རྫམ་སེར། གྲྭ་བ་མངོན་ཤེས་རྫམ་དམར། ཆགས་མེད་རྫམ་ལྗང་རྣམས་ཀྱི་གཡང་འགུགས་ནི། ཧཱུྃ་ཧྲཱིཿ ཤར་ཕྱོགས་ཞི་བ་ཆེན་པོའི་ཕོ་བྲང་ནས། །ཟས་ནོར་ལོངས་སྤྱོད་ཕྱུ་གཡང་འགུགས་མཛད་པ། །བྱང་ཆུབ་སེམས་ལྡན་འགྲོ་བའི་རེ་སྐོང་བ། །ཤར་སྒོ་སྲུང་བའི་སྐུ་ཡི་རྫམ་ལྷ་ལ། །ཕྱུ་དང་གཡང་གི་དངོས་གྲུབ་སྩལ་དུ་གསོལ། །ལྷོ་ཕྱོགས་རྒྱས་པའི་ལོངས་སྤྱོད་ཕོ་བྲང་ནས། །ཚེ་བསོད་སྙན་གྲགས་ཕྱུ་གཡང་ཀུན་གྱི་བདག །བཀྲེས་ཕོངས་དབུལ་བའི་སྡུག་བསྔལ་སེལ་བའི་ལྷ། །ལྷོ་སྒོ་སྲུང་བའི་ཡོན་ཏན་རྫམ་ལྷ་ལ། །ཕྱུ་དང་གཡང་གི་དངོས་གྲུབ་སྩལ་དུ་གསོལ། །ནུབ་ཕྱོགས་དབང་དུ་འདུ་བའི་ཕོ་བྲང་ནས། །མི་ནོར་ཕྱུགས་གསུམ་དབང་དུ་སྡུད་མཛད་པ། །ནུབ་སྒོ་སྲུང་བའི་གསུང་གི་རྫམ་ལྷ་ལ། །ཕྱུ་དང་གཡང་གི་དངོས་གྲུབ་སྩལ་དུ་གསོལ། །མངོན་སྤྱོད་དྲག་པོ་རོལ་བའི་གཞལ་ཡས་ནས། །བསྙེ་རག་སྣབ་འདྲེའི་ཚོགས་རྣམས་བསྒྲད་མཛད་ཅིང་། །བྱང་སྒོ་སྲུང་བའི་ཕྲིན་ལས་རྫམ་ལྷ་ལ། །ཕྱུ་དང་གཡང་གི་དངོས་གྲུབ་སྩལ་དུ་གསོལ། །སྣོད་ཀྱི་འཇིག་རྟེན་གྱི་གཡང་འགུགས་ནི། ཧྲཱིཿ སྟོང་གསུམ་རབ་འབྱམས་རྒྱ་མཚོའི་ཞིང་ཁམས་ན། །ཕྱི་ནང་སྣོད་བཅུད་བཀོད་པའི་བྱེ་བྲག་ནི། །ཡིད་མཁའ་རྣམ་དག་ནམ་མཁའི་དཀྱིལ་

འཁོར་ཞེས། །རྣམ་པར་དྭངས་བ་ཞེས་བྱའི་ནམ་མཁའ་ནི། །དཀར་གསལ་སྟོང་གསུམ་འཇིག་རྟེན་ཁམས་དང་མཉམ། །དེ་སྟེང་རླུང་དཀྱིལ་རྡོ་རྗེ་རྒྱ་གྲམ་དབྱིབས། །མདོག་ལྗང་རྣམས་སུ་ས་ཡ་དྲུག་འབུམ་ལ། །རྒྱ་ཁྱོན་གྲངས་མེད་སྲ་མཁྲེགས་རྡོ་རྗེ་འདྲ། །དེ་སྟེང་ཞི་བ་གསལ་དག་རྒྱ་མཚོ་ནི། །དཀར་གསལ་དབྱིབས་ནི་ཟླུམ་པོའི་རང་བཞིན་ལ། །རྣམས་སུ་དཔག་ཚད་འབུམ་ཕྲག་བཅུ་གཅིག་དང་། །ཉི་ཁྲི་དང་བཅས་མཐའ་ནས་རླུང་གིས་བསྐོར། །རྒྱ་ཁྱོན་འབུམ་ཕྲག་བཅུ་གཉིས་སྟོང་ཕྲག་གསུམ། །བརྒྱ་ཕྲག་ཕྱེད་དང་ལྔ་དང་བཅས་པའོ། །དེ་སྟེང་ས་ཡི་དཀྱིལ་འཁོར་གྲུ་བཞི་ལ། །རྣམས་སུ་དཔག་ཚད་སུམ་འབུམ་ཉི་ཁྲི་ལ། །རྒྱར་ནི་འབུམ་ཕྲག་བཅུ་གཉིས་སྟོང་ཕྲག་གསུམ། །བརྒྱ་ཕྲག་ཕྱེད་དང་ལྔ་དང་བཅས་པའོ། །དེ་སྟེང་དབང་ཆེན་གསེར་གྱི་ས་གཞིའི་དབུས། །རི་རྒྱལ་ལྷུན་པོ་རིན་ཆེན་བཞི་ལས་གྲུབ། །ཤར་ཕྱོགས་དངུལ་ལ་ལྷོ་ཕྱོགས་བཻ་ཌཱུརྱ། །ནུབ་ཕྱོགས་པད་རག་བྱང་ཕྱོགས་གསེར་ལས་གྲུབ། །ལྷུན་པོའི་ཆུ་སྟེང་དཔག་ཚད་བརྒྱད་ཁྲི་དང་། །ཆུ་ཡི་ནང་དུ་དཔག་ཚད་བརྒྱད་ཁྲིར་གནས། །ཆུ་སྟེང་བང་རིམ་བཞི་ལས་དང་པོ་ནི། །རླུང་གི་བང་རིམ་གཡུ་ཡི་རྡོ་རྗེ་ཅན། །ཞེང་དུ་དཔག་ཚད་སྟོང་ཕྲག་བཅུ་དྲུག་འཕགས། །ཆུར་ནི་ཅི་ཙམ་ཡོད་པ་སུམ་འགྱུར་རོ། །བང་རིམ་གཉིས་པ་ཆུ་ཡི་བང་རིམ་ནི། །རྣམ་པར་སྤྱངས་པ་སྟོང་ཕྲག་བརྒྱད་ཕྱིར་འཕགས། །བང་རིམ་གསུམ་པ་ཤེལ་འོད་འབར་བ་ནི། །དཔག་ཚད་སྟོང་ཕྲག་བཞི་ནི་ཕྱིར་ལ་འཕགས། །བང་རིམ་བཞི་པ་འཁོར་ལོ་རྣམ་བརྩེགས་ཏེ། །དཔག་ཚད་སྟོང་ཕྲག་གཉིས་ནི་ཕྱིར་ལ་འཕགས། །སྟེད་དུ་ཆུ་མཚམས་ནས་བཟུང་རི་རབ་ཕྱེད། །གསེར་གྱི་རི་བདུན་གྲུ་བཞིའི་བསྐོར་བ་

ནི། །གཉའ་ཤིང་འཛིན་དང་བཞོལ་མདའ་སེང་ལྡིང་ཅན། །བལྟ་ན་སྡུག་དང་
རྟ་རྣ་རྣམ་འདུད་དང་། །རི་བོ་ཆེན་པོ་མུ་ཁྱུད་འཛིན་རི་བཅས། །བར་མཚམས་
རྣམས་སུ་རོལ་བའི་མཚོ་བདུན་ནི། །ཀུན་ཀྱང་ཡན་ལག་བརྒྱད་ལྡན་ཆུ་བོ་
སྟེ། །དེ་ན་གནས་པའི་ཀླུ་ཆེན་བརྒྱད་པོ་ནི། །དགའ་བོ་ཉེར་དགའ་རྟའི་བཞི་
བཏང་བཟུང་དང་། །གཟི་ཅན་ཡུལ་འཁོར་སྲུང་དང་ནག་པོ་ཆེ། །ཨེ་ལའི་
འདབས་རྣམས་རོལ་ཞིང་རྩེ་བའི་མཚོར། །དེ་དག་ཕྱི་རོལ་ལྷུགས་རི་མུ་ཁྱུད་
ནི། །ནང་དུ་ལན་ཚྭའི་ཁྱབ་པའི་རྒྱ་མཚོ་སྟེ། །ཕྱི་སྣོད་འཇིག་རྟེན་རབ་འབྱམས་
ཐམས་ཅད་ཀྱི། །དྭངས་བཅུད་ཕྱྭ་དང་གཡང་གི་དངོས་གྲུབ་སྩོལ། །ལྷ་མིན་གྱི་
གཡང་འགུགས་ནི། ཧཱུྃ་ཧྲཱིཿ དབང་ཆེན་གསེར་གྱིས་གཞི་ལ་གནས་པ། །ལྷ་
མ་ཡིན་གྱི་གྲོང་ཁྱེར་གསེར་ལྡན་ཞེས། །སུམ་ཅུ་རྩ་གསུམ་ལྷ་ལ་འཁྲུན་ནུས་
པའི། །ལྷ་མིན་རྒྱལ་པོ་ཆེན་པོ་ཐག་བཟང་རིས། །མདུན་ས་ནོར་བཟང་ཕྱོགས་
བཞིར་སྐྱེད་ཚལ་ནི། །ཀུན་དགའ་ར་དང་རབ་ཏུ་དགའ་བ་དང་། །དགའ་བ་
དང་ནི་དགའ་བའི་ཀུན་དགའ་ར། །དཔག་བསམ་ཤིང་ནི་ཙི་ཏྲ་པ་ཏྲི་དང་། །ལྷ་
མིན་རྗེ་ལེབ་རབ་ཏུ་བཟང་པོ་དང་། །གླང་པོ་ཆེན་པོ་ཧི་སེ་གངས་བརྩེགས་
ཞེས། །གཡུལ་གྱི་གླང་ཆེན་བཟོད་པར་དཀའ་བ་དང་། །རྟ་མཆོག་རབ་མྱུར་
འདོད་འཛིའི་བ་མོ་སོགས། །འདོད་ཡོན་ལོངས་སྤྱོད་ཕུན་གསུམ་ཚོགས་པ་
ནི། །དགེ་བའི་བསོད་ནམས་སྟོབས་ཀྱི་མཐུ་ལས་བྱུང་། །གསེར་གྱིས་གཞི་ལ་
གནས་སྐར་ཕྲེང་དང་། །མགུལ་ཕྲེང་གནས་དང་རི་རབ་ཆུ་མཚམས་
སུ། །གནས་པའི་ལྷ་མིན་རྒྱལ་པོ་སྒྲ་གཅན་འཛིན། །རི་རབ་ཁོང་སེང་ལྷ་མིན་
རིགས་ལྔ་ནི ། །ཚེ་དཔལ་ལྷ་དང་གསོད་བྱེད་སྲིན་པོ་དང་། །སྟོབས་ཆེན་

གནོད་སྦྱིན་རྨུབ་འགྱུར་བདུད་ཀྱི་རིགས། །གདུག་པ་ཀླུ་ཡི་རིགས་སུ་གྱུར་པ་སྟེ། །ལྷ་མིན་འཇིག་རྟེན་རབ་འབྱམས་ཐམས་ཅད་ཀྱི། །ཕྱི་ནང་སྣོད་བཅུད་དཔལ་གཡང་མཐའ་དག་ཀུན། །འོད་ཟེར་རྣམ་པའི་ཚུར་གྱིས་གཡང་ཁུག་ཅིག །རྒྱལ་ཆེན་རིག་བཞིའི་གཡང་འགུགས་ནི། ཧཱུྃ་ཧྲཱིཿ གསེར་རི་ལ་གནས་དཔའ་བོ་མཁའ་འགྲོ་དང་། །འཇིགས་བྱེད་དགུ་དང་དཔལ་མགོན་བདུན་ཅུའི་ཚོགས། །དྲང་སྲོང་རིག་འཛིན་གནོད་སྦྱིན་དབང་པོའི་སྡེ། །རི་རྒྱལ་ལྷུན་པོའི་བང་རིམ་དང་པོ་ན། །ལག་ན་ཡོལ་གོར་ཐོགས་པ་ཞེས་བྱའི་གནས། །གཉིས་པ་མེ་ཏོག་ཕྲེང་བ་ཐོགས་པའི་གནས། །གསུམ་པ་སྦྲང་རྩིས་རྟག་ཏུ་མྱོས་པའི་གནས། །བཞི་པ་རྒྱལ་ཆེན་སྡེ་བཞིའི་ལྷ་གནས་ཏེ། །ཤར་ཕྱོགས་དྲི་ཟའི་རྒྱལ་པོ་ཡུལ་འཁོར་སྲུང་། །ཕོ་བྲང་ཡུལ་འཁོར་སྲུང་ཞེས་བྱ་བ་དང་། །ལྷོ་ཕྱོགས་གྲུ་བུམ་རྒྱལ་པོ་འཕགས་སྐྱེས་པོ། །ཕོ་བྲང་ཆེན་པོ་འཕགས་སྐྱེས་ཞེས་བྱ་བ། །ནུབ་ཕྱོགས་ཀླུ་ཡི་རྒྱལ་པོ་སྤྱན་མི་བཟང་། །ཕོ་བྲང་སྣ་ཚོགས་གཟུགས་ཞེས་བྱ་བ་དང་། །བྱང་ཕྱོགས་གནོད་སྦྱིན་རྒྱལ་པོ་རྣམ་ཐོས་སྲས། །ཕོ་བྲང་ལྕང་ལོ་ཅན་ཞེས་བྱ་བ་ཡོད། །རིན་ཆེན་རྣམ་པ་བཞི་ལས་གྲུབ་པ་སྟེ། །ནང་ན་ས་གཞི་ཚོན་སྣ་བརྒྱ་བཀྲ་བ། །མནན་ན་ནེམ་ཞིང་བཏེགས་ན་སྤར་བྱེད་པ། །རིན་ཆེན་གསེར་གྱི་བྱེ་མ་བརྡལ་བ་ལ། །ཙོནྡན་ཆུ་ཡི་སིལ་བུས་ཆག་ཆག་བཏབ། །ལྷ་ཡི་མེ་ཏོག་མནྡ་ར་བ་ཡིས། །པུས་ནུབ་ཙམ་དུ་ཁེབ་པའི་ངོ་མཚར་ཅན། །རིན་པོ་ཆེ་ཡིས་བརྩེགས་པའི་ཁྲིང་བུ་ནི། །སྦྲང་རྩི་རོ་ལྡན་ཆུ་ཡིས་གང་བ་དང་། །ཁྲིང་གི་འགྲམ་ན་འདོད་ཡོན་ལོངས་སྤྱོད་སོགས། །ཅི་དགར་སྤྱོད་པའི་དཔག་བསམ་ལྗོན་པའི་ཤིང་། །ཆུ་དང་ཐང་ལས་སྐྱེས་པའི་མེ་

ཏོག་དང་། །དེ་ན་གནས་པའི་ལྷ་བྲུ་གསེར་གྱི་མདོག །རི་སྐྱེད་དྲིལ་བུའི་སྒྲ་ཅན་ཀ་རྣ་རི། །དེ་ན་བཞུགས་པའི་རྒྱལ་པོ་ཆེན་པོ་བཞི། །སྲས་དང་བཙུན་མོ་མདུན་ན་འདོན་གྱི་ཚོགས། །ཚེ་དང་བསོད་ནམས་སྟོབས་འབྱོར་མངའ་ཐང་དང་། །དཔལ་དང་གཟི་བརྗིད་སྙན་དང་གྲགས་པ་ཡི། །ཕྱུ་དང་གཡང་གི་དངོས་གྲུབ་སྩལ་དུ་གསོལ། །གཉའ་ཤིང་འཛིན་གྱི་རྩེ་དང་མཉམ་པའི་ཐད། །གོ་ལོའི་དཀྱིལ་འཁོར་རླུང་གིས་བརྟེགས་པའི་སྟེང་། །ཉི་མའི་དཀྱིལ་འཁོར་འོག་གཞི་མེ་ཤེལ་ཏེ། །མཐའ་ཆགས་གསེར་ཡིན་དཔག་ཚད་ལྔ་བཅུ་གཅིག །འཁོར་ཡུག་ཟླུམ་པོར་བརྒྱ་དང་ལྔ་བཅུ་གསུམ། །ཟླ་བའི་དཀྱིལ་འཁོར་འོག་གཞི་ཆུ་ཤེལ་ཏེ། །དཔག་ཚད་ལྔ་བཅུ་མཐར་ཆགས་དངུལ་ལས་གྲུབ། །འཁོར་ཡུག་ཟླུམ་པོ་བརྒྱ་དང་ལྔ་བཅུ་སྟེ། །གཉིས་ཀའི་སྟེང་དུ་ལྷ་ཡི་གྲོང་ཁྱེར་ནི། །ལྷ་ཡི་བུ་ནི་ཉི་མ་ཟླ་བ་ཡི། །ཕོ་བྲང་རིན་ཆེན་ལས་གྲུབ་ཉམས་དགའ་བར། །གསེར་དང་དངུལ་གྱི་ར་བས་ཟླུམ་པོར་བསྐོར། །ལྷ་དང་ལྷ་མོའི་གང་ཞིང་དགའ་མགུར་སྤྱོད། །གཞན་ཡང་གཟའ་དང་རྒྱུ་སྐར་ཚོགས་རྣམས་ནི། །གསེར་དང་ཆུ་ཤེལ་མེ་ཤེལ་མཁར་བ་སོགས། །སྟེང་གི་ཁ་ཆགས་གསེར་གྱི་ར་བས་བསྐོར། །ཕྱུ་དང་གཡང་གི་དངོས་གྲུབ་སྩལ་དུ་གསོལ། །ལྷ་གནས་སུམ་ཅུ་རྩ་གསུམ་གཡང་འགུགས་ནི། ཧཱུྃ་ཧྲཱིཿ ལྷུན་པོའི་སྟེང་ན་སུམ་ཅུ་རྩ་གསུམ་གྱི། །གྲོང་ཁྱེར་ལྟ་ན་སྡུག་པའི་དབུས་ཕྱོགས་སུ། །ཕོ་བྲང་རྣམ་པར་རྒྱལ་བའི་ཁང་བཟང་སྟེ། །རྩིག་པ་གསེར་དང་གསེར་གྱི་དྲྭ་བས་བསྐོར། །སྒོ་ནི་དགུ་བརྒྱ་དགུ་བཅུ་རྩ་དགུ་ཡོད། །སྒོ་རྒྱན་ནོར་བུ་སྣ་ཚོགས་དག་གིས་བརྒྱན། །སྒོ་རེའི་དྲུང་ན་ལྷ་ཡི་སྐྱེས་བུ་ནི། །སྒོ་སྲུང་གོ་གྱོན་མཚོན་ཐོགས་ལྔ་

བརྒྱུས་སྤྱུང་། །རིན་ཆེན་སྣ་ཚོགས་ལས་གྲུབ་གཞལ་ཡས་ཁང་། །རིན་ཆེན་
དྲ་བ་ཆུན་འཕྱང་དུ་མས་སྤྲས། །ཕྱི་རོལ་སྐྱེད་ཚལ་རིན་ཆེན་ཐིང་བུ་
བཅས། །ཁང་བཟང་དེ་ལ་བ་གམ་བརྒྱད་ཡོད་དེ། །རེ་རེ་ལའང་ཁང་བརྩེགས་
བདུན་བདུན་ན། །གནས་ཁང་བདུན་བདུན་དག་གིས་ལེགས་པར་
བརྒྱན། །ནོར་བུ་སྒྲིང་པོ་ཡོངས་འདུས་གནས་པ་དང་། །རྣམ་མཛེས་དགའ་
ཚལ་ཕྲེང་བ་གསར་བ་དང་། །གཟི་བརྗིད་མཆོག་དང་མཐོང་བར་སྤྱོད་པ་
དང་། །འཁོར་ན་གནས་པ་རིགས་མཐུན་ནོར་བུ་འཆང་། །མདོག་བཟང་ཆེ་བ་
ས་ལ་ཤིང་ཟུག་པ། །ནོར་བུ་སྣང་བ་ཆོས་བཟང་མདུན་ས་སོགས། །ཉེ་དབང་
སོ་གཉིས་ལྷ་དབང་བརྒྱ་བྱིན་བཅས། །སུམ་ཅུ་རྩ་གསུམ་ཡོད་པས་རྩ་གསུམ་
ཞེས། །རི་རབ་རྩེ་མོར་མཚམས་བཞིར་ཁང་བརྩེགས་བཞིར། །གནོད་སྦྱིན་
ལག་ན་རྡོ་རྗེ་ལྷ་རིགས་གནས། །གྲོང་ཁྱེར་ལྟ་ན་སྡུག་གི་ཕྱི་རོལ་ན། །རིན་
ཆེན་རྭབ་བདུན་དང་བར་མཚམས་སུ། །འོབ་བདུན་ཡན་ལག་བདུན་ལྡན་རྒྱ་མཚོ་
ལ། །ལྷ་བུ་དང་པ་མཐིང་རིལ་སོགས་ཀྱིས་བརྒྱན། །ཕྱོགས་བཞིའི་ཤར་ན་སྣ་
ཚོགས་སྐྱེད་མོའི་ཚལ། །འདོད་ཡོན་ལོངས་སྤྱོད་ཡིད་ལ་དྲན་པས་
འབྱུང་། །ལྷ་ཡི་བུ་མོའི་ཚོགས་ཀྱི་དགའ་བར་བྱེད། །ལྷོ་རུ་རྩུབ་འགྱུར་ཚལ་གྱི་
སྐྱེད་མོའི་ཚལ། །ལྷ་མིན་གཡུལ་འགྲོད་ཆེ་ན་ཞེ་སྡང་འཕེལ། །གོ་ཆ་མཚོན་
ཆ་སྣ་ཚོགས་སྲ་བར་འབྱུང་། །ནུབ་ན་འདྲེས་པའི་ཚལ་ཞེས་བྱ་བ་ནི། །རིན་
ཆེན་ཤིང་དང་མེ་ཏོག་སྣ་ཚོགས་པ། །ལོངས་སྤྱོད་སྣ་ཚོགས་འདྲེས་མར་འབྱུང་
བའོ། །བྱང་དུ་དགའ་བའི་ཚལ་ཞེས་བྱ་བ་ན། །ལྷ་རྣམས་ལེགས་ཉེས་གསལ་
བའི་མེ་ལོང་དང་། །བདེ་གཤེགས་སངས་རྒྱས་སྟོང་གི་ལྗོན་ཤིང་

བཅས། །ཕྱོགས་བཞིར་རིན་ཆེན་ཐིང་བུ་སྣ་ཚོགས་ཡོད། །གྲོང་ཁྱེར་དེ་ཡི་བྱང་
ཤར་མཚམས་སུ་ན། །ཡོངས་འདུས་ས་བརྗོལ་ཞེས་བྱའི་ལྗོན་པའི་ཤིང་། །ལྷ་
རྫས་གོས་དང་རིན་ཆེན་དྲྭ་བས་བརྒྱན། །ཤིང་དེའི་འོད་ཀྱིས་དཔག་ཚད་ལྔ་བཅུར་
ཁྱབ། །དྲི་ཡིས་དཔག་ཚད་བརྒྱ་ཕྲག་ཁྱད་པར་འགྱུར། །ཤིང་གི་དྲུང་ན་ཨ་མོ་
ནི་ར་ཀ་ལྟར། །སྣ་ཚོགས་ཚོན་གྱིས་བཀྲ་བའི་རྡོ་ལེབ་ནི། །མནན་ན་ནེམ་ཞིང་
བཏེགས་ན་འཕར་བྱེད་པ། །མེ་ཏོག་མནྡ་ར་བའི་སྐྱེད་མོའི་ཚལ། །དབང་པོའི་
ཁྲི་བཅས་མེ་ཏོག་ཆར་བ་བབས། །དབྱར་དུས་ཟླ་གསུམ་ལྷ་རྣམས་ཟླ་བཞིར་
གནས། །འདོད་ཡོན་ལྔ་ལ་རྟག་ཏུ་ལོངས་སྤྱོད་པ། །གྲོང་ཁྱེར་ལྷོ་ནུབ་དཔག
ཚད་ཕྱེད་བཞིའི་མཚམས། །ཆོས་བཟང་ལྷ་ཡི་མདུན་ས་ཞེས་བྱ་བ། །དབུས་ན་
རིན་ཆེན་ཁང་བརྩེགས་འོད་འབར་བ། །དབང་པོའི་ཁྲི་དང་ཉེ་དབང་ཚོགས་རྣམས་
ཀྱི། །བྱ་བ་མཐའ་དག་བསྒྲོ་བའི་གནས་ཡིན་ཏེ། །སུམ་ཅུ་རྩ་གསུམ་སྟེང་གི་
ནམ་མཁའ་ལ། །རིམ་བཞིན་འདོད་ལྷ་རིགས་བཞིའི་གནས་རིས་ནི། །དཔག་
བསམ་ཡིད་འགྱུར་བརྒྱན་པའི་གནས་དེ་ན། །ལྷ་མིན་འཐབ་རྩོད་དང་བྲལ་འཐབ་
བྲལ་དང་། །དཔག་བསམ་མིག་མཛེས་བརྒྱན་པའི་གནས་དེ་ན། །ལོངས་
སྤྱོད་ཤུགས་འབྱུང་དགའ་བ་དང་ལྡན་པ། །དཔག་བསམ་མཐོང་མཛེས་བརྒྱན་
པའི་གནས་དེ་ན། །དགའ་བདེའི་དཔལ་ལ་སྤྱོད་པའི་འཕྲུལ་དགའ་
ཞེས། །དཔག་བསམ་རིན་ཆེན་བརྒྱན་པའི་གནས་དེ་ན། །འདོད་ཡོན་ཀུན་
ལྡན་གཞན་འཕྲུལ་དབང་བྱེད་ལྷ། །གཟུགས་ཁམས་གནས་རིས་བཅུ་བདུན་གཡང་འགུགས།
དེ་དག་སྟེང་གི་ནམ་མཁར་རིམ་པ་བཞིན། །གཟུགས་ཁམས་གནས་རིས་བཅུ་
བདུན་ཞེས་བྱ་བ། །བསམ་གཏན་དང་པོའི་ལྷ་གནས་རྣམ་པ་གསུམ། །རིན་

ཆེན་པོ་ཏང་ཀ་ཡི་ནམ་མཁའ་ལ། །ཚངས་རིས་ཞེས་བྱའི་ལྷ་ཡི་རིགས་རྣམས་དང་། །རིན་ཆེན་ས་མི་ཀ་ཡི་ནམ་མཁའ་ལ། །ཚངས་པ་ཆེན་པོའི་མདུན་ན་འདོན་གྱི་ལྷ། །རིན་ཆེན་ཀེ་ཏ་ཛ་ཡི་ནམ་མཁའ་ལ། །འདོད་པའི་སྐྱོན་སྤངས་ཚངས་པ་ཆེན་པོའི་ལྷ། །བསམ་གཏན་གཉིས་པའི་ལྷ་གནས་རྣམ་པ་གསུམ། །རིན་ཆེན་དཔའ་བའི་འོད་ཀྱི་ནམ་མཁའ་ལ། །གོང་མའི་འོད་ཟེར་ལས་ཆུང་འོད་ཆུང་ལྷ། །རིན་ཆེན་ཀེ་ཀེ་རུ་སྦྲུས་ནམ་མཁའ་ལ། །འོད་ཟེར་ཚད་མེད་ཡོད་པས་ཚད་མེད་དོ། །རིན་ཆེན་ཤྲཱི་ཀུ་སྦྲུས་ནམ་མཁའ་ལ། །ཁ་དོག་འོད་གསལ་ཆེ་བས་འོད་གསལ་ལྷ། །བསམ་གཏན་གསུམ་པའི་ལྷ་གནས་རྣམ་པ་གསུམ། །རིན་ཆེན་སི་ཏང་ཀི་ལིང་ནམ་མཁའ་ལ། །དགེ་བ་ཆུང་ངུའི་སྟོབས་ལས་དགེ་ཆུང་ལྷ། །རིན་ཆེན་ཨིནྡྲ་ནི་ལའི་ནམ་མཁའ་ལ། །དགེ་རྒྱ་འབྲིང་ལས་ཚད་མེད་དགེ་བའི་ལྷ། །རིན་ཆེན་འོད་འབྱིན་ཞེས་བྱའི་ནམ་མཁའ་ལ། །དགེ་བ་ཆེ་ལས་དགེ་རྒྱས་ཞེས་བྱའི་ལྷ། །བསམ་གཏན་བཞི་པའི་ལྷ་གནས་རྣམ་པ་གསུམ། །རིན་ཆེན་སྤྲིན་ཚོགས་སྟུག་པོའི་ནམ་མཁའ་ལ། །སྤྲིན་མེད་ཉིན་སྣང་ལྷ་བུའི་སྤྲིན་མེད་འོད། །རིན་ཆེན་ཀ་ལའི་སྦྲུས་པའི་ནམ་མཁའ་ལ། །ཚད་མེད་བསྒོམས་ལས་སྐྱེས་པའི་བསོད་ནམས་སྐྱེས། །རིན་ཆེན་རབ་མཛེས་རྣམ་བརྟལ་ནམ་མཁའ་ལ། །དགེ་བའི་འབྲས་བུ་ཆེ་ལས་འབྲས་བུ་ཆེ། །ཕྱྭ་གཡང་མཆོག་དང་ཐུན་མོང་དངོས་གྲུབ་ཀུན། །འོད་ཟེར་རྣམ་པའི་རྩལ་གྱིས་གཡང་ཁུག་ཅིག །གཙང་མ་རིས་ཀྱི་ལྷ་རྣམས་ཀྱི་གཡང་འགུགས།

ཧཱུྃ་ཧྲཱིཿ གཙང་མ་རིས་ཀྱི་ལྷ་གནས་རྣམ་པ་ལྔ། །རིན་ཆེན་ཤེལ་ཁང་བརྩེགས་པའི་ནམ་མཁའ་ལ། །འདོད་ཡོན་གདུང་བ་ཞས་ཆུང་མི་ཆེ་བ། །རིན་ཆེན་ཟེར་

བ་སྨྱུ་གུའི་ནམ་མཁའ་ལ། །ལུས་སེམས་འདོད་པའི་གདུང་སེལ་མི་གདུང་བ། །རིན་ཆེན་རྣམ་མཛེས་ཞེས་བྱའི་ནམ་མཁའ་ལ། །ལུས་སེམས་ཉེར་ཞིའི་བདེ་ལྡན་གྲུ་ནོམ་སྣང་། །རིན་ཆེན་མཐོན་མཐིང་སྤྲས་པའི་ནམ་མཁའ་ལ། །ལྟ་བ་རྣམ་དག་མཐོང་བས་ཤིན་ཏུ་མཐོང་། །རིན་ཆེན་འཆིང་བུ་རྣམ་བཀོད་ནམ་མཁའ་ལ། །གཟུགས་སྣང་གནས་རིས་མེད་པས་འོག་མིན་ཞེས། །གཟུགས་མེད་སྐྱེ་མཆེད་མུ་བཞིའི་གཡང་འགུགས་ནི། ཧཱུྃ་ཧྲཱིཿ དེ་སྟེང་གཟུགས་མེད་སྐྱེ་མཆེད་མུ་བཞི་ནི། །སྤྲིན་ཆེན་རྣམ་པར་གྲོལ་བའི་ནམ་མཁའ་ལ། །ནམ་མཁའ་མཐའ་ཡས་ཞེས་བྱའི་ལྷ་རྣམས་དང་། །རྣམ་རོལ་འཁོར་ལོ་འགྲོ་བའི་ནམ་མཁའ་ལ། །རྣམ་ཤེས་མཐའ་ཡས་ཞེས་བྱའི་ལྷ་རྣམས་དང་། །རྣམ་རོལ་འཁོར་ལོ་ཅན་གྱི་ནམ་མཁའ་ལ། །ཅི་ཡང་མེད་པ་ཞེས་བྱའི་ལྷ་རྣམས་དང་། །པདྨ་རྣམ་པར་བརྩེགས་པའི་ནམ་མཁའ་ལ། །ཡོད་མིན་མེད་མིན་ཞེས་བྱའི་ལྷ་རྣམས་དང་། །སྐྱེ་མཆེད་མུ་བཞིའི་ལྷ་གནས་ཐམས་ཅད་ནི། །སྟོང་རིག་ཏིང་ངེ་འཛིན་གྱི་ལུས་ཙམ་ལས། །ཀུན་ལ་ཡིད་ལུས་ཙམ་ལས་མེད་པའོ། །གླིང་བཞིའི་གཡང་བགུགས་ལས།དང་པོ་ཤར་ལུས་འཕགས་གླིང་གི་གཡང་འགུགས་ནི། ཧཱུྃ་ཧྲཱིཿ རི་རྒྱལ་ཤར་ཕྱོགས་གླིང་ཆེན་ལུས་འཕགས་གླིང་། །གཡས་གཡོན་གླིང་ཕྲན་ལུས་དང་ལུས་འཕགས་གླིང་། །དབྱིབས་ནི་ཟླ་བ་ཕྱེད་པ་ལྟ་བུ་སྟེ། །ངོས་གསུམ་དཔག་ཚད་ཉིས་སྟོང་རེ་རེ་དང་། །འབྱུར་ངོས་དཔག་ཚད་སུམ་བརྒྱ་ལྔ་བཅུའོ། །ནམ་མཁའི་ཁ་དོག་དཀར་པོ་དངུལ་གྱི་མདོག །དེ་ན་གནས་པའི་འགྲོ་བ་མཐའ་དག་ཀུན། །སློང་སྐྱེས་ཉོན་མོངས་དུག་ལྔ་ཤས་ཆུང་བ། །འཛམ་གླིང་མི་ལས་ལུས་ནི་ཁྱད་པར་འཕགས། །དབུལ་བའི་གདུང་

སེལ་སྒྲོག་གཅོད་སྐྱོན་དང་བྲལ། །འགྲན་མེད་བདེ་སྐྱིད་དཔལ་འབྱོར་ཕུན་སུམ་ཚོགས། །བརྟན་གཡོའི་དྭངས་བཅུད་ཚེ་དཔལ་སྟོབས་འབྱོར་སོགས། །སྲིད་པའི་ཕྱྭ་གཡང་ཐམས་ཅད་འདིར་ཁུག་ཅིག །ལྷོ་འཛམ་བུ་གླིང་གི་གཡང་བསྐུགས་ནི། ཧཱུྃ་ཧྲཱིཿ ལྷུན་པོའི་ལྷོ་ཕྱོགས་གླིང་ཆེན་འཛམ་བུའི་གླིང་། །གཡས་གཡོན་གླིང་ཕྲན་ཇ་ཡབ་ཇ་ཡབ་གཞན། །དབྱིབས་ནི་སོག་ཁ་ངོས་གསུམ་སྐོར་གཉིས་གཉིས། །ངོས་གཅིག་དཔག་ཚད་ཕྱེད་དང་བཞི་པའོ། །ནམ་མཁའི་ཁ་དོག་བཻ་ཌཱུརྻ་ཡི་མདོག །གངས་རི་དཔལ་དང་ལྡན་པའི་ཉེ་འདབས་དེར། །གསེར་བྲག་བྱ་སྐྱིབས་ཅན་ལ་ལྷ་དབང་གི །གླང་ཆེན་རབ་བརྟན་གླང་གཡོག་ལྔ་བརྒྱ་བཅས། །གངས་རིའི་བྱང་ན་སྤོས་ངད་ལྡན་པ་ཡི། །བར་དུ་མཚོ་ཆེན་མ་གྲོས་པ་ཡི་འགྲམ། །འཛམ་བུ་ཀྲིཀླུའི་སྡོང་བུའི་ཤིང་ཐོག་ནི། །ཆུར་ལྷུང་ཐམས་ཅད་གསེར་གྱི་རང་བཞིན་ཅན། །མངལ་སྐྱེས་ཉོན་མོངས་དུག་ལྔ་ཤས་ཆུང་བ། །ཚེ་ཐུང་ནད་མང་ཕྱུག་བཀྲེས་སྡུག་བསྔལ་མང་། །བརྟན་གཡོའི་དྭངས་བཅུད་བསོད་ནམས་སྐལ་གྲགས་དང་། །ཚེ་དཔལ་སྟོབས་འབྱོར་ཕྱྭ་གཡང་འདིར་ཁུག་ཅིག །ནུབ་བ་ལང་སྤྱོད་ཀྱི་གཡང་འགུགས་ནི། ཧཱུྃ་ཧྲཱིཿ ལྷུན་པོའི་ནུབ་ཕྱོགས་གླིང་ཆེན་བ་ལང་སྤྱོད། །གླིང་ཕྲན་གཡོ་ལྡན་དང་ནི་ལམ་མཆོག་འགྲོ། །དབྱིབས་ནི་ཟླུམ་པོ་འཁོར་ཡུག་བདུན་སྟོང་དང་། །ལྔ་བརྒྱ་ཁ་ཞེང་སྟོང་ཕྲག་ཕྱེད་དང་གསུམ། །ནམ་མཁའི་ཁ་དོག་པདྨ་རཱ་གའི་མདོག །དྲོད་སྐྱེས་ཉོན་མོངས་དུག་ལྔ་ཤས་ཆུང་བ། །བཀྲེས་སྐོམ་སྡུག་བསྔལ་ཀུན་བྲལ་གནོད་གཅོད་དགོན། །ཀུན་ཀྱང་ལོངས་སྤྱོད་འདོད་འབྱུང་བ་མོ་དང་། །སྟོབས་ཆེན་གླང་པོ་ཆེ་ལ་ལོངས་སྤྱོད་ཅིང་། །ཚེ་དཔལ་སྟོབས་འབྱོར་དཔལ་འབྱོར་ཕུན་སུམ

ཚོགས། །ཕྱྭ་དང་གཡང་གི་དངོས་གྲུབ་སྩོལ་དུ་གསོལ། །བྱང་སྒྲ་མི་སྙན་གྱི་
གཡང་འགུགས་ནི། ཧཱུྃ་ཧྲཱིཿ ལྷུན་པོའི་བྱང་ཕྱོགས་གླིང་ཆེན་སྒྲ་མི་
སྙན། །དབྱིབས་ནི་གྲུ་བཞི་ངོས་རེ་ཉིས་སྟོང་རེ། །མཐའ་བསྐོར་དཔག་ཚད་
སྟོང་ཕྲག་བརྒྱད་པ་ལ། །ནམ་མཁའ་ཁ་དོག་གསེར་གྱི་རང་བཞིན་
ཅན། །དཔག་བསམ་ཤིང་ལས་འབྱུང་བའི་སྒྲ་མི་སྙན། །རྫུས་སྐྱེས་བདག་
འཛིན་སྡིག་པ་ཀུན་དང་བྲལ། །མི་ཟད་འདོད་ཡོན་དཔལ་འབྱོར་ཕུན་སུམ་
ཚོགས། །བདེ་སྐྱིད་རྩ་གསུམ་ལྷ་ལ་འགྲན་ནུས་པ། །བདེ་སྐྱིད་དགའ་བདེའི་
དཔལ་གཡང་མཐའ་དག་དང་། །ཚེ་བསོད་དཔལ་འབྱོར་དངོས་གྲུབ་འདིར་ཁུག་
ཅིག །སྤྱིའི་གཡང་འགུགས་ནི། ཧཱུྃ་ཧྲཱིཿ སྟོང་གསུམ་རབ་འབྱམས་རྒྱ་མཚོའི་
ཞིང་ཁམས་ནས། །གཡང་འདིས་རི་རབ་གླིང་བཞི་གླིང་ཕྲན་སོགས། །སྣོད་
ཀྱི་བཀྲག་མདངས་བཅུད་རྣམས་གཡང་ཁུག་ཅིག །སངས་རྒྱས་བྱང་སེམས་རྩ་
གསུམ་རྒྱ་མཚོ་ཡི། །ཐུགས་རྗེ་བྱིན་རླབས་དངོས་གྲུབ་གཡང་རྣམས་
ཁུག །དགོན་གནས་ཐམས་ཅད་དར་ཞིང་རྒྱས་པ་དང་། །བསྟན་པ་ཕྱོགས་
བཅུར་རྒྱས་པའི་གཡང་ཁུག་ཅིག །དགེ་འདུན་འདུས་པའི་སྡེ་ཚོགས་མཐའ་དག་
ཀུན། །དབྱར་གྱི་མཚོ་ལྟར་རྒྱས་པའི་གཡང་ཁུག་ཅིག །གཡང་འདིས་སྡེ་
བརྒྱད་དྲེགས་པའི་ཚོགས་རྣམས་ཀྱི། །མངོན་སྤྱོད་དྲག་རྩལ་སྟོབས་ལྡན་གཡང་
ཁུག་ཅིག །ཕ་རོལ་གཡུལ་ལས་རྒྱལ་བའི་དམག་གི་གཡང་། །ཕྱོགས་ལས་
རྣམ་པར་རྒྱལ་བའི་གཡང་ཁུག་ཅིག །གཡང་འདིས་ཚངས་པ་བརྒྱ་བྱིན་ཁྱབ་
འཇུག་དང་། །དྲང་སྲོང་རིག་པ་འཛིན་པའི་ཚེ་གཡང་ཁུག །གཡང་འདིས་ཀླུ་
རྒྱལ་ནོར་རྒྱས་དུང་སྐྱོང་དང་། །དགའ་བོ་ལ་སོགས་ཀླུ་གཡང་ཐམས་ཅད་

ཁྱུག །གཡང་འདིས་གཉན་ཆེན་ཐུར་ཕུད་ལྔ་བ་སོགས། །བར་སྣང་གཉན་གྱི་གཡང་རྣམས་ཐམས་ཅད་ཁྱུག །གཡང་འདིས་རྒྱལ་པོ་ཆེན་པོ་སྡེ་བཞི་ཡི། །སྐྱོབས་དཔལ་ཕུན་སུམ་ཚོགས་པའི་གཡང་ཁྱུག་ཅིག །གཡང་འདིས་གནས་ཡུལ་བྱིན་ཆེན་ཐམས་ཅད་ཀྱི། །བྱིན་རླབས་དངོས་གྲུབ་ཀུན་གྱི་གཡང་ཁྱུག་ཅིག །གཡང་འདིས་གླིང་བཞིའི་འགྲོ་བ་མཐའ་དག་གི །ཚེ་དཔལ་སྐྱོབས་འབྱོར་རྣམས་ཀྱི་གཡང་ཁྱུག་ཅིག །ཕྱོགས་བཅུར་གནས་པའི་ཕྱོགས་སྐྱོང་ཆེན་པོ་བཅུ། །མཐུ་སྐྱོབས་དབང་ཕྱུག་རྣམས་ཀྱི་གཡང་ཁྱུག་ཅིག །རྒྱལ་པོ་ཆེན་པོ་རྣམ་མང་ཐོས་སྲས་ཀྱིས། །རྣམ་མང་ནོར་གྱི་དངོས་གྲུབ་གཡང་ཁྱུག་ཅིག །རྟ་བདག་རྒྱལ་པོ་ཨཱུཙྪ་རེ་མཛྙས། །རྟ་ཡི་ཕྱུགས་གཡང་མ་ལུས་འདིར་ཁྱུག་ཅིག །མཐུ་ཆེན་མགོན་པོ་གང་བ་བཟང་པོ་ཡིས། །དཀར་མོ་ལུག་གི་གཡང་རྣམས་ཐམས་ཅད་ཁྱུག །གཡང་གི་ལྷ་མོ་ཆེན་མོ་ནོར་རྒྱུན་མས། །ཕྱུགས་ནོར་གཡང་གི་དངོས་གྲུབ་འདིར་ཁྱུག་ཅིག །བྱང་ཕྱོགས་སྐྱོང་བའི་མགོན་པོ་ཛམ་བྷ་ལས། །ཟས་ནོར་ལོངས་སྤྱོད་ཕྱྭ་གཡང་འདིར་ཁྱུག་ཅིག །ལྷ་མཆོག་ཞིང་ལྷ་ཚངས་པ་ཆེན་པོ་ཡིས། །འབྲུ་ནོར་ལོངས་སྤྱོད་རྒྱས་པའི་ཕྱྭ་གཡང་ཁྱུག །རྒྱལ་བའི་བསྟན་པ་སྤྱི་དང་བྱེ་བྲག་གི །གསུང་རབ་ཆོས་ཀྱི་ཕྱྭ་གཡང་ཐམས་ཅད་ཁྱུག །མདའ་མདུང་རལ་གྲི་ཁྲ་རྨོག་ཕུབ་ལ་སོགས། །གོ་ཁྲབ་མཚོན་ཆའི་གཡང་རྣམས་ཐམས་ཅད་ཁྱུག །གཡང་འདིས་མི་མཐུན་རྐྱེན་ངན་ཐམས་ཅད་དང་། །ཆག་ཆེ་ཉམས་ང་ཐམས་ཅད་ཕྱིར་ལ་བསྒྱུར། །གཡང་འདིས་རྦོད་གཏོང་རྦོད་འདྲེ་མཐའ་དག་དང་། །རིགས་སྔགས་གཏད་ཁྲམ་བཏབ་པ་ཕྱིར་ལ་བསྒྱུར། །གཡང་འདིས་མཐུ་རྐྱེན་ལེགས་

ཚོགས་ཐམས་ཅད་ཀུན། །ཟླ་བ་ཡར་གྱི་ངོ་བཞིན་རྒྱས་གྱུར་ཅིག །བསྡུས་བསྡུས་སརྦ་པུ་ཥྚིཾ་ཀུ་རུ་ཡེ་སྭཱ་ཧཱ། འཕེལ་འཕེལ་སརྦ་པུཥྚིཾ་ཀུ་རུ་ཡེ་སྭཱ་ཧཱ། ལས་རྣམས་འགྲུབ་ཅིང་ཕྱྭ་གཡང་བཀྲ་ཤིས་བདེ་ལེགས་ཐམས་ཅད་ནམ་ཡང་ནུབ་མེད་དུ་བརྟན་པར་གྱུར་ཅིག་སརྦ་མངྒ་ལཾ་སྭ་ཧི་ཧིཥྚ་བཛྲ་ཡེ་སྭཱ་ཧཱ། ཅེས་པ་འདིའང་ཇོགས་སྤྲུལ་ལྔ་བ་ཐུབ་བསྟན་ཆོས་ཀྱི་རྡོ་རྗེས་ས་འབྲུག་ལོ་དམར་ཕྱོགས་མཁའ་འགྲོ་འདུ་བའི་དུས་སུ་བྲིས་པའོ། །

༄༅། །ས་སྙིང་ཚོ་གའི་ཆ་ལག་གཡང་གཏད་ཉུང་དུ་བཞུགས་སོ། །

ཡོན་བདག་རྣམས་མདུན་དུ་འཁོད་ལ། གཡང་སྒྲེ་ཐོགས་ནས་འདི་སྐད་དོ། ། ཧྲཱི། གཡང་སྒྲེ་དཀར་གསལ་གངས་རིའི་མདངས་འཛིན་པ། །རིན་ཆེན་སྣ་ལྔའི་བཅུད་ཀྱིས་གཏམས་པ་ལས། །དར་ཐག་སྣ་ལྔ་ཛ་མས་བརྒྱན་པ་འདི། །དེ་རིང་ཡོན་གྱི་བདག་པོ་ཁྱོད་ལ་གཏད། །གཡང་རྣམས་མ་འཕྱུང་མ་བོ་མ་ཡར་ཅིག །ཅེས་གཡང་སྒྲེ་གཏད་དོ། །དེ་ནས་གཡང་ནས་གཏད་ལ། ཧྲཱི། སྔོན་ཆེ་གཡང་ནས་སྔོན་མོ་བྱུང་བ་སྟེ། །གཡང་མཛོད་བཀང་ནས་གཡང་སྒྲེ་བླུགས་པ་ལས། །མི་ནོར་རིན་ཆེན་ཟས་ནོར་འཕེལ་བའི་གཡང་། །དེ་རིང་ཡོན་བདག་ཁྱོད་ལ་གཏད་པ་ཡིས། །རིན་ཆེན་བསམ་འཕེལ་གཡང་རྣམས་ཐོབ་པར་ཤོག །ཅེས་གཡང་ནས་གཏད་དོ། །གཡང་བཞོས་ཐོགས་ལ། ཧྲཱི། དཔལ་གྱི་གཡང་བཞོས་འདོད་ཡོན་ལྔ་

ལྡན་འདི། །ཪོ་མཆོག་བརྒྱད་ལྡན་རིན་ཆེན་འབྲུ་ལས་གྲུབ། །རི་རབ་ལྷུན་པོ་ལྟ་བུ་བརྗིད་ལྡན་འདི། །ཁྱོད་ལ་གཏད་པས་གཡང་རྣམས་འཕེལ་རྒྱས་ཤོག །ཅེས་གཏོར་མ་གཏད་དོ། །དེ་ནས་གཡང་ཕོར་སོགས་ལ། ཀྲྀ། སྔོན་ཆེ་འདོད་འབྱུང་གཡང་གི་འོ་མ་ལས། །རིན་ཆེན་སྣོད་དུ་སྦྱུབ་པའི་གཡང་མར་བྱུང་། །མར་ཁྲེ་གསེར་མདོག་འོད་འབར་གཡང་ཕོར་བཀང་། །ཁྱོད་ལ་གཏད་པས་མར་ཁྲིའི་རྒྱ་མཚོར་གྱུར། །ཅེས་གཡང་ཕོར་གཏད་དོ། །དེ་ནས་གཡང་ཆང་སོགས་ལ། ཀྲྀ། སྔོན་ཆེ་སློབ་དཔོན་པདྨའི་བྱིན་རླབས་ཀྱིས། །མ་དྷ་ན་ཡི་བདུད་རྩི་ཪོ་མཆོག་ལྡན། །སེམས་ལ་བདེ་བ་བསྐྱེད་པའི་རྫས་མཆོག་འདི། །ཁྱོད་ལ་གཏད་པས་ཀུན་ལ་དབང་བསྒྱུར་ཤོག །ཅེས་ཆང་གཏད་དོ། །དེ་ནས་འོ་མ་སོགས་ལ། ཀྲྀ། སྔོན་ཆེ་སྟོན་པ་ཤཱཀྱ་ཐུབ་པ་ལ། །ལེགས་སྐྱེས་མ་ཡི་འོ་ཐུག་ཕུལ་བ་ལྟར། །ཁ་དོག་ཟླ་བའི་མདངས་ལྡན་དགའ་བ་བསྐྱེད། །ཁྱོད་ལ་གཏད་པས་བདེ་དྲོད་སྐྱེ་གྱུར་ཅིག །ཅེས་འོ་མ་གཏད་དོ། །དེ་ནས་མདའ་དར་སོགས་ལ། ཀྲྀ། སྔོན་ཆེ་བཀྲ་ཤིས་སླུག་གོད་མདའ་དར་ལ། །སློབ་དཔོན་པདྨས་བྱིན་གྱིས་བརླབས་ནས་ཀྱང་། །གཡང་ལྷ་འཁོར་ཞིང་གཡང་རྣམས་འཕེལ་བ་དང་། །ཁྱོད་ལ་གཏད་པས་གཡང་རྣམས་འཁོར་བར་མཛོད། །ཅེས་མདའ་དར་གཏད་དོ། །དེ་ནས་ཤུག་མགོ་སོགས་ལ། ཀྲྀ། སྔོན་ཆེ་གཡུ་ཤུག་སྔོན་མོ་སྐྱེས་པ་ལ། །ཤིང་གི་ལྷ་དང་ལྷ་མོས་ཟྙོར་བས་བརྟས། །དེ་ཕྱིན་ཤུག་མགོ་འདི་ལ་རྟེན་བཅས་ནས། །ཁྱོད་ལ་གཏད་པས་གཡང་རྣམས་མ་འཁྲུམས་ཤོག །བརྟེན་འབྲེལ་སྙིང་པོ་ནོར་ལྷའི་གཟུངས། དབྱངས་གསལ་དང་རྣམ་འཛོམས་འདོན། ཅེས་པ་འདི་ཡང་རྫོགས་སྤྲུལ་ལྷ་བ་ཐུབ་བསྟན་ཆོས་ཀྱི་རྡོ་རྗེས་བྲིས་པ་དགེའོ། །

༄༅། །ས་སྙིང་སྒྲུབ་ཐབས་བསོད་ནམས་དཔལ་བསྐྱེད་ཅེས་བྱ་བ་བཞུགས་སོ། །

ས་སྙིང་སྒྲུབ་ཐབས་ནི། སྐྱབས་སེམས་ཚད་མེད་བཞི་སྒོམ་པ་སྔོན་དུ་སོང་ནས། ཨོཾ་སྭ་བྷཱ་ཕྲས་སྦྱངས། སྟོང་པའི་ངང་ལས་པད་ཟླའི་གདན་ལ་རང་སེམས་ཀླཱིཾ་ཡིག་ཡོངས་སུ་གྱུར་པ་ལས་ས་ཡི་སྙིང་པོ་སྐུ་མདོག་སེར་པོ་སྟོད་གཡོག་སེར་པོ་ཅན། ཞི་བ་སྤྱན་རྩ་དམར་བ་མེ་ཏོག་སྔོན་པོའི་ཕྲེང་བའི་ཐོད་ཅན། ཕྱག་གཡས་ཤིང་ཐོག་དང་། གཡོན་པདྨའི་སྟེང་ན་ནོར་བུ་དང་བཅས་པ་འཛིན་པ། འོད་ཟེར་ལྗང་གུ་འཕྲོ་བ། རྡོ་རྗེ་ས་འོག་ལ་སོགས་པའི་འཁོར་གྱིས་བསྐོར་བ། གཞལ་ཡས་ཁང་སེར་པོ་རིན་པོ་ཆེའི་བྲག་རི་དང་གངས་རིའི་བསྐོར་བ། དར་དང་རིན་པོ་ཆེས་བརྒྱན་པ་སེམས་དཔའི་སྐྱིལ་ཀྲུང་གིས་པད་ཟླ་ལ་བཞུགས་པ་རྒྱལ་བ་རིགས་ལྔའི་དབུ་རྒྱན་ཅན་ནོ། །དེའི་དཔྲལ་བར་ཨོཾ། འགྲིན་པར་ཨཱཿ ཐུགས་ཀར་ཧཱུྃ་དེ་ལས་འོད་འཕྲོས་ཡེ་ཤེས་པ་བཛྲ་ས་མ་ཛཿ ས་སྤྱན་དྲངས། ཛཿ ཧཱུྃ་བཾ་ཧོཿ ས་བསྟིམ། ཧཱུྃ་བླ་བ་ཊ་ཊ་ཧ་ཧ། ཞེས་ལན་གསུམ་མམ་བདུན་གྱིས་བརྟན་པར་བྱ། ཐུགས་ཀར་ཟླ་བ་ཀླཱིཾ་ལ་སྔགས་ཕྲེང་གིས་བསྐོར་བར་དམིགས་ལ། ཨོཾ་ཀླཱིཾ་ཧིཿ ཧྲ་ཛ་སྭཱ་ཧཱ། ལན་བདུན་གྱིས་བརྟན་པར་བྱ།སྔགས་ནི། །ཨོཾ་སུམ་བྷ་ནི་སུམྦྷ་ཧ་ར་ཙ་ར་མ་ཧཱ་པ་ཤ་མ་ཏུ་ཧཱ་ཨ་མོ་ཁ་བཛྲ་སཏྭ་སྭཱ་ཧཱ། ཞེས་ཅི་ནུས་བཟླ།གཞན་ཡང་། ཨོཾ་ཀྵི་ཏི་གརྦྷ་ཀླཱིཾ་སྭཱ་ཧཱ། ཞེས་པའང་

བཟླ་ངོ་། །ས་སྙིང་མཚན་བརྒྱ་དང་འཁོར་ལོ་བཅུ་པའི་མདོ་བཀླག འདིས་སྒྲིད་བརྟན། འགྱོར་བ་རྒྱས། དཔལ་རྒྱ་ཆེར་འཕེལ་ལོ། །དེ་ཡང་མདུན་དུ་སྐུ་རྟེན་ཡོད་ན་དགྲམ། མེད་ན་མཆོད་ཆོམ་བུ་བཀོད་པ་དམིགས་རྟེན་བྱས་ཏེ།སྨྲ་བྷྲ་ཕྲ་སོགས། སྟོང་པའི་ངང་ལས་པད་ཟླའི་གདན་ལ་མདུན་རྟེན་ཀླཱྀཾ་ཡིག་ཡོངས་སུ་གྱུར་པ་ལས་སོགས་ནས། ཧཱུྃ་བཛྲ་བ་ཏ་ཏ་ཧ་ཧ། ཞེས་ལན་གསུམ་མམ་བདུན་གྱིས་བརྟན་པར་བྱ། ༈ ཉེ་སྲས་སྤྱན་དྲངས།

ཐོག་མཐའ་མེད་པའི་སེམས་དཔའ་ནི །ས་ཡི་སྙིང་པོ་དགའ་བ་ཆེ། །ཀུན་ཏུ་བཟང་པོ་ཀུན་བདག་ཉིད། །ལྷག་པ་ཡི་ནི་ལྷ་ཉིད་ལ། །ཆོས་དབྱིངས་མཉམ་དང་མི་མཉམ་པའི། །ནམ་མཁའ་དབྱིངས་ཀྱི་མཐའ་ཀླས་པའི། །རང་བྱུང་རྣམས་ཀྱི་མཆོད་པ་ཀུན། །ནམ་མཁའ་ཀུན་གྱི་སྐབས་ན་དཔལ། །མཆོད་པའོ། །དངོས་པོ་ཀུན་གྱིས་ཁྱོད་ལ་འདུད། །བསྟོད་པའོ། །རྟོག་པའི་ནད་ཀྱིས་ཟིན་པ་ལ། །མཉམ་ཉིད་ཡེ་ཤེས་རྡོ་རྗེ་ཡིས། །འདུ་འབྲལ་མེད་པར་སྐྱབས་སུ་མཆི། །སེམས་ལ་དབང་ཐོབ་གསང་སྔགས་གྲུབ། །འཇམ་པའི་དཔལ་གྱི་ངང་གྱུར་ནས། །ཐམས་ཅད་དོན་ནི་ཕུན་སུམ་ཚོགས། །རེ་འབྲས་ཡིད་བཞིན་གྲུབ་པར་མཛོད། །ཅེས་རང་འདོད་འདོད་གསོལ། ཧྲཱིཿ མིང་བྲིས། མོས་གུས་གདུང་ཤུགས་དྲག་པོ་བསྐྱེད་དེ། མཚན་ནས་བརྗོད་ཅིང་མཆོད་པ་སྣ་ཚོགས་དང་མཎྜལ་ཕུལ། མཐར་རང་ལ་བསྟིམ་ནས་རང་ཉིད་ལྷའི་གསལ་སྣང་གི་ སྔགས་བཟླ་བར་བྱ་ཞིང་། ཐུན་མཚམས་སུ་སོ་སོའི་མཚན་བརྒྱ་རྩ་བརྒྱད་པ་སོགས་དང་། ཉེ་སྲས་ས་སྙིང་རྟོགས་པ་བརྗོད་པ་སོགས་གུས་པ་བསྐྱེད་པར་བྱ་ཞིང་ སེམས་ཅན་མཐའ་ཡས་ལ་དམིགས་པའི་སྙིང་རྗེ་ཆེན་པོས་སྲས་བཅས་རྒྱལ་བའི་རྣམ་ཐར་ཟབ་མོ་ལ་རྒྱལ་སྲས་ས་ཡི་སྙིང་པོས་ཇི་ལྟར་བསླབ་པ་ལྟར་བདག་ཀྱང་སློབ་པའི་བསམ་པས་གསོལ་བ་བཏབ་ན་གནས་

སྐབས་དང་མཐར་ཐུག་གི་དོན་ཐམས་ཅད་ཡིད་བཞིན་མྱུར་དུ་འགྲུབ་པར་འགྱུར་རོ། །འདི་ནི་སྒྲུབ་ཐབས་སྙིང་པོ་རྣམས་ལ་གསལ་བྱེད་དང་བཅས་ཏེ་མི་ཕམ་པས་སྨྲས་པ་འགྲོ་ཀུན་རྒྱལ་བའི་འབྲོར་བ་མཆོག་ཐོབ་པར་གྱུར་ཅིག་གྱུ། སརྦ་མངྒ་ལཾ་དཔལ་འབྱོར་འཕེལ། དགེའོ། །དགེའོ། །དགེའོ།།

༄ བསྟོད་པ་ས་གཞིའི་མཛེས་རྒྱན་བཞུགས། སྭསྟི། ས་ཡི་སྙིང་པོས་འགྲོ་ཀུན་རྗེས་སུ་འཛིན། །ས་གཞི་བཞིན་དུ་རྣམ་མང་ཡོན་ཏན་རྟེན། །ས་གསུམ་རེ་སྐོང་ཡིད་བཞིན་ནོར་བུའི་ཚུལ། །ས་བཅུའི་དབང་ཕྱུག་ཁྱོད་ལ་ཕྱག་འཚལ་བསྟོད། །ས་ནས་སར་འདྲེན་རྒྱལ་བའི་ས་ལ་འགོད། །ས་བཅུད་རྩི་སྨན་ལོ་ཏོག་རྒྱུན་འཕེལ་ཞིང་། །ས་འདི་རྣམ་མང་འབྱོར་བས་ཡོངས་བཀང་བའི། །ས་ཡི་ལྷ་མཆོག་ཁྱོད་ལ་ཕྱག་འཚལ་བསྟོད། །བུམ་བཟང་དཔག་བསམ་ཤིང་དང་རྫོགས་ལྡན་སྨིན། །བདུད་རྩིའི་རྒྱ་མཚོ་ཇི་བཞིན་གང་གིས་ཁྱོད། །དྲན་པ་དེ་ལ་དཔལ་དུ་ལེགས་གནས་པ། །ཐུགས་རྗེའི་བདག་ཉིད་ཁྱོད་ལ་ཕྱག་འཚལ་བསྟོད། །རབ་འབྱམས་སྲས་བཅས་རྒྱལ་བའི་ཡོན་ཏན་མཆོག །ནམ་མཁའ་མཛོད་ཀྱི་མངའ་བདག་ཁྱོད་གཅིག་པུ། །རྒྱལ་སྲས་ཚུལ་གྱི་མཐའ་ཡས་ཞིང་རྣམས་སུ། །རྒྱལ་བའི་མཛད་པ་མཐའ་དག་སྐྱོང་ལ་འདུད། །དཔག་མེད་ཡོན་ཏན་ནོར་བུའི་འོད་ཟེར་གྱིས། །སྙིགས་མའི་རྒྱུད་པ་མཐའ་དག་གཏན་དུ་བསྙིལ། །ཕུན་ཚོགས་སྡེ་བཞིའི་དཔལ་གྱིས་མངོན་མཐོ་བའི། །ཀླུབས་ཆེན་ཕྲིན་ལས་མཛད་ལ་ཕྱག་འཚལ་བསྟོད། །འཇམ་དབྱངས་འཇིག་རྟེན་དབང་ཕྱུག་ཀུན་ཏུ་བཟང་། །མ་ཕམ་པ་སོགས་རྒྱལ་སྲས་སེམས་དཔའ་མཆོག །རྣམ་མང་བསྐལ་བར་མཆོད་ཅིང་གསོལ་བཏབ་ལས། །ཁྱོད་གཅིག་ལྱུད་ཙམ་དྲན་པས་རེ་འདོད་རྣམས། །ཡིད་

བཞིན་སྨོན་ལམ་ཁྱད་པར་འཕགས་ཞེས་སོ། །རྒྱལ་བས་བསྔགས་པ་རྒྱལ་སྲས་ཐུ་བོ་མཆོག །རྒྱལ་བ་རྣམས་དང་དབྱེར་མེད་ཁྱོད་བསྟོད་པས། །བདག་ལ་ཅི་འདོད་དཔལ་རྣམས་ལེགས་སྨོན་མཛོད། །ས་གསུམ་འགྲོ་འདིས་དད་པའི་སྟོབས་སྐྱེད་ཅིང་། །ས་ཡི་དབང་ཕྱུག་ཁྱེད་ཀྱིས་རྗེས་སུ་འཛིན། །ས་བཅུད་དཔལ་འཕེལ་ས་སྟེང་བདེ་བས་ཁྱབ། །ས་ནས་སར་འགྲོད་ས་མཆོག་འགྲུབ་པར་ཤོག །ཅེས་ཚིགས་སུ་བཅད་པ་བཀྲ་ཤིས་རྗེས་བརྒྱུད་ཀྱི་གྲངས་སུ་སོན་པ་འདི་ནི་མི་ཕམ་འཇམ་དཔལ་དགྱེས་པས་མེ་རྟ་ཁྲུམ་ཟླ་འཁོར་ལོའི་ཚེས་༢༥ལ་བཀོད་པ་དགེ་ལེགས་འཕེལ། །

༄༅། །ས་སྙིང་བསྐྱེད་བཟླས།།

ས་སྙིང་ནི། ཀྵྀཾ་ཡིག་ཡོངས་སུ་གྱུར་པ་ལས་ས་ཡི་སྙིང་པོ་སྐུ་མདོག་སེར་པོ། སྟོད་གཡོག་སེར་པོ་ཅན། ཞི་བ་སྤྱན་རྩ་དམར་བ། མེ་ཏོག་སྔོན་པོའི་ཕྲེང་བའི་ཐོད་ཅན། ཕྱག་གཡས་ཤིང་ཐོག་དང་། གཡོན་པདྨའི་སྟེང་ན་ནོར་བུ་དང་བཅས་པ་འཛིན་པ། འོད་ཟེར་ལྷུང་གུ་འཁྲོ་ཞིང་རྡོ་རྗེ་ས་འོག་ལ་སོགས་པའི་འཁོར་གྱིས་བསྐོར་བ། གཞལ་ཡས་ཁང་སེར་པོ་རིན་པོ་ཆེའི་བྲག་རི་དང་གངས་རིས་བསྐོར་བ། དར་དང་རིན་པོ་ཆེས་བརྒྱན་པ་སེམས་དཔའི་སྐྱིལ་ཀྲུང་གིས་པད་ཟླ་ལ་བཞུགས་ཤིང་རྒྱལ་བ་རིགས་ལྔའི་དབུ་རྒྱན་ཅན་ནོ། །དེའི་དཔྲལ་བར་ཨོཾ། མགྲིན་པར་ཨཱཿ ཐུགས་ཀར་ཧཱུྃ། དེ་ལས་འོད་འཕྲོས་ཡེ་ཤེས་པ་བཛྲ་ས་མ་ཛཿ ས་སྤྱན་དྲངས། ཛཿ ཧཱུྃ་བཾ་ཧོཿ ས་བསྟིམ། ཨོཾ་ཀྵྀཾ་ཧི་ར་ཛ་སྭཱ་ཧཱ། ལན་བདུན་གྱིས

བརྟན་པར་བྱ། སྔགས་ནི། ཨོཾ་སུཔྲ་ཏི་སུམ་བྷཱ་ཧ་ར་ཙ་ར་མ་ཧཱ་པཱ་ཤ་མ་རུ་ཏ་ཨ་མི་སྭཱ་བཛྲ་ས་ཏྭ་སྭཱ་ཧཱ། ཞེས་མཚན་བརྒྱ་རྩ་བརྒྱད་པ་ལས་གསུངས་པ་ཡོན་ཏན་སྨིན་པ་ཞེས་བྱ་བའི་གསུང་ཕན་ཡོན་ཆེན་པོ་དང་ལྡན་པ་འདི་ཅི་ནུས་བཟླ། ཨོཾ་ཧྲཱིཾ་ཧི་གཧྲ་ཧྲཱིཾ་སྭཱ་ཧཱ། ཞེས་པའང་བཟླའོ། །ས་སྙིང་མཚན་བརྒྱ་དང་འཁོར་ལོ་བཅུ་པའི་མདོ་བཀླག འདིས་སྲིད་བརྟན་འཁོར་བ་རྒྱས། ཅི་འདོད་པ་ཐམས་ཅད་ཐོབ། དཔལ་ཡོན་ཐམས་ཅད་རྒྱ་ཆེར་འཕེལ་ལོ། །

༄༅། །ས་སྙིང་ཚོ་གའི་ཆ་ལག་བུམ་གཏེར་བཅའ་ཐབས་དང་བུམ་གཏེར་སྒྲུབ་པའི་ཐབས་དགེ་ལེགས་འབྱུང་གནས་ཞེས་བྱ་བ་བཞུགས་སོ། །

ཨོཾ་སྭ་སྟི། མཁའ་ཁྱབ་འགྲོ་བ་ཀུན་གྱི་གཉེན་གཅིག་པུ། །རྒྱལ་བ་ཀུན་གྱི་སྤྱི་གཟུགས་རྡོ་རྗེ་འཆང་། །ས་གསུམ་སྐྱེ་རྒུའི་རྒུད་པ་སེལ་མཛད་པའི། །མཆོ་སྐྱེས་རྡོ་རྗེས་དགེ་ལེགས་ཤིས་པ་སྩོལ། །དེ་ལ་འདིར་ས་ཡི་སྙིང་པོའི་སྒོ་ནས་བུམ་གཏེར་བཅའ་བ་དང་། སྒྲུབ་པ། སྒྲུབ་པའི་ཐབས་གསུམ་ལས། དང་པོ་ནི །སྲིད་ཞིའི་ལེགས་ཚོགས་ཐམས་ཅད་རྒྱས་པར་བྱེད་ཅིང་ཉམས་པ་ཐམས་ཅད་གསོ་བར་བྱེད་པ་ལ། གཟའ་སྐར་འཕྲོད་སྦྱོར་བཟང་པོའི་ཉིན། ཤ་ཆང་སློག་གཙོང་སོགས་སྤྱོངས་ལ། རབ་ན་གསེར་དངུལ་ཟངས་སོགས་རིན་པོ་ཆེའི་བུམ་པའམ། མ་འབྱོར་ན་རྫའམ་ཤིང་གི་བུམ་པ་བྲི་གང་ཤོང་ཚོད་ལས་མི་ཆུང་བར། རབ་ན་རྟགས་བརྒྱད། སྣ་བདུན། རྡོ་རྗེ་དང་

གཡུང་དྲུང་སོགས་བྲི་ཞིང་། མདུན་རྟགས་ནོར་བུ་ཡོད་པ། དེ་ཙམ་མ་ནུས་ན་ནོར་བུའི་མཚན་པ་ཙམ་གྱིས་རུང་། ཁ་གཙོད་ལ་འཁོར་ལོ་སྔོན་པོ་ཨེས་མཚན་པ། མཐིལ་དུ་འདབ་བརྒྱད་སེར་པོ་བྷྲཱུྃ་ཀྱིས་མཚན་པ་བྲི། ནང་དུ་སྤོག་ཤིང་ཤུག་པ་ཙ་ཙེ་ཤར་རྟགས་མ་ནོར་བ། རྒྱ་སོག་ལ་མཚལ་དང་སྣག་ཚ་གང་རུང་ར་དཀར་འོ་མ་དྲི་སྨན་གྱིས་སྦྱར་བས། ཏ་ལ་མ་ཐ་གཉན་ལ་ཐ། མི་ཟད་ཡུན་གྱི་གཏེར་མཛོད་ཙིགཿ ཅེས་དང་བྱེ་བྲག་ཏུ་ཀླུ་ཆེན་བརྒྱད། བརྟན་མ་ས་སྐྱིང་ལ་སོགས་པའི་སྔགས་བྱང་རྣམས་རྒྱས་པར་འབྲི་ཞིང་། ཐམས་ཅད་ལ་གཅེས་པར་གནམ་ས་སྣང་བརྒྱད། ཀླུ་བརྒྱད་སྔགས། དབྱངས་གསལ་ཡེ་དྷར། རྟགས་བརྒྱད་སྣ་བདུན། དམིགས་གསལ་སྤྱི་ལ་འདོད་གསོལ་སོ་སོའི་ཁ་བསྒྱུར་ཤིས་བརྗོད་རྒྱས་བསྡུས་ཅི་རིགས་བྲི་ཞིང་། དྲི་བཟང་ཀླུ་སྨན། བ་དམར་པོ་དང་ར་དཀར་གྱི་འོ་མ་དང་སྦྱར་བ་ཡི་གེ་བྲིས། དབུ་ནས་སྤྲོག་ཤིང་ཤར་རྟགས་མདུན་དུ་ཡོད་པའི་ངོས་ཕྱོགས་ནས་གཡས་བསྐོར་དུ་དགྲིས་ཏེ། པྲ་ཆིལ་སོགས་ཀྱིས་བརླན་ཅིང་མི་འཇིག་པར་དྲིལ་ཏེ་དབུས་སུ་འཇུགས། བུམ་རྫས་རྒྱུད་སྡེ་འོག་མའི་བུམ་རྫས་ཉེར་ལྔ། འབྲུ་ནག་གི་རིགས་མ་ཡིན་པར་འབྲུ་སྣ་ཚོགས། དུག་རིགས་མེད་པའི་སྨན་དང་མེ་ཏོག་སྣ་ཚོགས། ཤིང་ཐོག་སྣ་ཚོགས།རིན་པོ་ཆེ་སྣ་ཚོགས་སམ་རིན་ཆེན་ཕྱེ་མ། དར་ཟབ་སྣ་ཚོགས་བལ་མཆོན་སྣ་ལྔ། ཀླུ་སྨན་ཚོད་ལྡན་པ་དམར་ཟལ་དང་ར་དཀར་མོའི་འོ་ཞོའི་རིལ་བུ་བརྒྱ་རྩ་རེ། གཞན་ཡང་ཟླ་དཔོན་གནས་ཆེན་བཙན་ཕྱུག་འཕན་དར་འཛོམས་པའི་རྒྱ་བོད་ཀྱི་མཛོད་ཆེན་རྣམས་ནས་བྱུང་བའི་འབྲུ་སྣ་ཟས་སྣ་དར་སྣ་སོགས་དང་། གནས་ཆེན་བརྒྱ་རྩ་སོགས་དང་མཚོ་ཆེན་བཞི་སོགས་ཀྱི་ས་སྣ་ཆུ་སྣ་ཤིང་སྣ་ལ་སོགས་པ་རྣམས། སྐྱ་རྩི་སྒོག་གཙོང་ཤ་ཆང་སོགས་དང་། ཕྱུང་སྤྱིར་དང་ཆ་བརྒྱ་ག་སོགས་མ་འདྲེས་པར་བྱས་ལ། འབུ་སྲིན་དང་རུལ་བ་སོགས་ཀྱི་འཇིག་པ་སྲུང་པའི་སླད་དུ།ཀྭ་དཀར་དང་སྤང་སྤོས། ཤུག་ལོ་རྣམས་བསྲེས་ཏེ་སྒྲུབ་པ་པོ་རང་ངམ་ཁྱེའུ་གཙང་མ་མིང་སྨ་ལེགས་ཤིང་ཕ་མ་འཛོམས་པ་སོགས་ཀྱི་རྫས་རྣམས། སྔགས་འདི་ཟླ་བཞིན། སྔགས་ནི། ཨོཾ་བྷྲཱུྃ་ཧཱུྃ་ཧྲཱིཿ ཨཿ རཏྣ་མ་ཧཱ་པཉྩ་ཨཱཏྨཿ ཨ་མྲི་ཏ་བོ་

ཧྲཱི་ཙིཏྟ་སཏྭ་ན་ཏད་གཱཧྣཱི༔ པཉྩ་གཏ་བཛྲ་ཀཱ་ཀྵཱ་ཙིཏྟ་ཏ་སྟཱ་ག་ཏ་སཏྭ་ཡོ་ནི་མ་ཧཱ་བཛྲ་ཧཱུྃ་ནི་ཕིཾ་ཧོཿ ཕྱེད་ཁེངས་ཙམ་གྱི་གནས་སུ་གོང་གི་རྗེས་བཟླུགས། ཨོཾ་སྭཱ་བྷཱ་ཞེས་སྦྱངས། སྟོང་པའི་ངང་ལས་འབྱུང་བཞི་རིམ་བརྩེགས་སྟེང་། །ཁྲི་ནི་སྣ་ཚོགས་ལས་གྲུབ་གྲུམ་པའི་དབྱིབས། །ནང་ནི་རིན་ཆེན་གཞལ་ཡས་མཛེས་པའི་ནང་། །དབུས་སུ་སྣ་ཚོགས་པདྨ་ཟླ་བའི་སྟེང་། །ཀླཱིཾ་ཡིག་ཡོངས་གྱུར་ས་སྙིང་སྐུ་མདོག་དཀར། །ཕྱག་གཡས་འབྲས་ཀྱི་སྙེ་མ་ཐུགས་ཀར་འཛིན། །གཡོན་པས་དྲིལ་བུ་དཀུར་བརྟེན་ཕྱེད་སྐྱིལ་བཞུགས། །དེ་ཡི་སྤྱི་གཙུག་པདྨ་ཟླ་བའི་སྟེང་། །སངས་རྒྱས་ཡོན་ཏན་རིན་ཆེན་རྒྱ་མཚོ་དང་། །བཻ་ཌཱུརྱ་དང་གསེར་གྱི་ཁ་དོག་བཟང་། །གསེར་དུ་སྣང་བའི་དཔལ་ཞེས་བཅོམ་ལྡན་འདས། །ཤར་དུ་ཟླ་མ་ཨོ་རྒྱན་ནོར་ལྷ་སེར། །ལྷོ་ཕྱོགས་རྣམ་སྲས་སེར་ཆེན་སྐུ་མདོག་སེར། །ནུབ་ཏུ་དབང་མཛད་པདྨ་རྒྱལ་པོ་དམར། །བྱང་དུ་ལྷ་མོ་དཔལ་ཆེན་སྐུ་མདོག་ལྗང་། །ཤར་ལྷོས་ཡི་ལྷ་མོ་བརྟན་མ་སེར། །ལྷོ་ནུབ་ལྷ་ཆེན་མ་ཧཱ་དེ་ཝ་དམར། །ནུབ་བྱང་ཚོགས་བདག་གླང་སྣ་སྐུ་མདོག་དམར། །བྱང་ཤར་ཐུགས་ཀྱི་ཛམ་ནག་གཏུམ་ཞིང་ཁྲོ། །དེ་ཡི་ཕྱི་རོལ་པདྨ་འདབ་བརྒྱད་ལ། །འཁོར་གྱི་ལྷ་མོ་གྲོགས་མོ་ཆེན་མོ་བརྒྱད། །ཤར་སྒོར་སྐུ་ཡི་ཛེ་དཀར་གཡུ་འབྲུག་ཆིབས། །ལྷོ་སྒོར་ཡོན་ཏན་གནོད་སྦྱིན་ཛམ་ལྷ་སེར། །ནུབ་སྒོར་གསུང་གི་ཛམ་ལྷ་སྐུ་མདོག་དམར། །བྱང་སྒོར་ཕྲིན་ལས་ཛམ་ལྷ་སྐུ་མདོག་ལྗང་། །གཞན་ཡང་ནོར་ལྷ་བྱེ་བ་འབུམ་གྱི་ཚོགས། །ཉི་ཟེར་རྡུལ་ལྟར་བསམ་གྱིས་མི་ཁྱབ་པ། །སྒོ་བཞིར་ཤར་དུ་རྒྱ་སྟག་སྒྲ་བོ་དང་། །ལྷོ་རུ་གཡུ་འབྲུག་སྟོང་གསུམ་སྒྲ་ཡིས་བཀང་། །ནུབ་ཏུ་བྱེ་རུའི་མདངས་ལྡན་བྱ་དམར

པོ། །བྱང་དུ་རུས་སྦལ་གསེར་གྱི་མདོག་ཅན་དང་། །གཞན་ཡང་ཕྱི་ནང་བར་མཚམས་ཐམས་ཅད་དུ། །བཀྲ་ཤིས་རྫས་བརྒྱད་རྒྱལ་སྲིད་རིན་ཆེན་བདུན། །བཀྲ་ཤིས་རྟགས་བརྒྱད་ཉེ་བའི་རིན་ཆེན་བདུན། །འདོད་ཡོན་ལྔ་ཡི་ལོངས་སྤྱོད་སྤྲིན་ལྟར་འཁྲིགས། །ལྷ་ཀླུ་མི་ཡི་ཟས་ནོར་བསམ་མི་ཁྱབ། །མི་ཟད་ནམ་མཁའ་མཛོད་ཀྱི་གཏེར་དུ་གྱུར། །ལྷ་ཚོགས་རྣམས་ཀྱི་གནས་གསུམ་འབྲུ་གསུམ་ལས། །འོད་འཕྲོས་རང་བཞིན་གནས་ནས་སྤྱན་དྲངས་གྱུར། །ཐལ་མོ་སྦྱར་ཏེ་སྟན་གསན་དབབ་པ་ནི། ཧཱུྃ། རང་བཞིན་ཆོས་ཀྱི་དབྱིངས་ཀྱི་ཞིང་ཁམས་ནས། །བྱང་ཆུབ་སེམས་དཔའ་ཆེན་པོ་ས་ཡི་སྙིང་། །ཡེ་ཤེས་སྤྱན་དང་ལྡན་པ་དགོངས་སུ་གསོལ། །འགྲོ་བ་སེམས་ཅན་རྣམས་ལ་ཕན་པའི་ཕྱིར། །སེམས་དཔའ་ཆེན་པོ་ཁྱོད་ཀྱི་སྨོན་ལམ་མཐུས། །སྔོན་གྱི་ཐུགས་དམ་ཞལ་བཞེས་རྗེས་དགོངས་ལ། །གཏེར་ཆེན་འདི་ལ་རྟག་ཏུ་བརྟན་པར་བཞུགས། །ཡུལ་འདིར་རྟག་ཏུ་ལོ་ཏོག་ལེགས་པ་དང་། །འབྲུ་དང་ཟས་ནོར་ལོངས་སྤྱོད་འཕེལ་ཤིང་རྒྱས། །ས་བཅུད་རྒྱས་ཤིང་རྒྱལ་ཁམས་རྟག་ཏུ་བདེ། །ཡུལ་འདིའི་ས་བདག་ཀླུ་གཉན་གཞི་བདག་ཀུན། །ནག་ཕྱོགས་མི་མིན་འབྱུང་པོའི་ཚོགས་རྣམས་ཀྱིས། །དཀར་ཕྱོགས་ཚོགས་རྣམས་ཡུལ་ཕུད་ཤུལ་བཟུང་ན། །རྟེན་འཛུགས་རྣམས་ལ་སྟོན་བཞིན་རྟེན་འཚོས་ཏེ། །དབུ་འཕང་གཉེན་པོ་ཕྱོགས་བཅུར་རྒྱས་པ་དང་། །བདག་ཅག་བདེ་སྐྱིད་ལྡན་པའི་དངོས་གྲུབ་སྩོལ། །ཧྲཱིཿ ཁྱོད་ལ་མཆོད་པ་འབུལ་བའི་དམ་རྫས་ནི། །དངོས་སུ་འབྱོར་དང་ཡིད་ཀྱི་རྣམ་སྤྲུལ་པ། །ཀུན་ཏུ་བཟང་པོའི་མཆོད་པའི་སྤྲིན་ལྟར་བུར། །དཔག་མེད་བློ་ཡིས་བླངས་ཏེ་འབུལ་ལགས་ན། །ལོངས་སྤྱོད་གཏེར་

ཀྱི་དངོས་གྲུབ་སྩལ་དུ་གསོལ། །ཁྱད་པར་ཡུལ་འདིའི་ས་བདག་རི་བདག་དང་། །ཆུ་བདག་བྲག་བདག་རྫོ་བདག་ཞིང་གི་བདག །གཞི་བདག་གཙུག་མར་གནས་པ་མཐུ་ཆེན་རྣམས། །མཆོད་སྦྱིན་གཏོར་མ་ཕུལ་བས་ཚིམ་གྱུར་ཅིག །ཨོཾ་ཨཱ་ཀཱ་རོ་སོགས། ཨོཾ་ཀླཱྃ་ཧི་ར་ཛ་ཡ་ས་པ་རི་ཝ་ར་ཨི་དམ་བ་ལིཾ་ཏ་ཁ་ཁ་ཁཱ་ཧི་ཁཱ་ཧི༔ ལན་གསུམ་བརྗོད། བསྟོད་པ་ནི། ཧཱུྃ༔ རྒྱལ་ཀུན་ཐུགས་རྗེའི་བྱིན་རླབས་ལས་འབྲུངས་ཤིང་། །ལོ་ཏོག་འབྲུ་རྣམས་འཕེལ་ཞིང་རྒྱས་མཛད་ཅིང་། །འཇིགས་པ་ཀུན་ལས་རྟག་ཏུ་སྐྱོབ་མཛད་པ། །སེམས་དཔའ་ས་ཡི་སྐྱོང་པོར་ཕྱག་འཚལ་བསྟོད། །འགྲོ་བའི་དབུལ་ཕོངས་སྡུག་བསྔལ་སེལ་མཛད་ཅིང་། །ལོངས་སྤྱོད་ནམ་མཁའ་མཛོད་ལ་མངའ་བརྙེས་པ། །འདོད་རྒུའི་དངོས་གྲུབ་ཆར་ལྟར་འབེབས་མཛད་པའི། །ནོར་ལྷ་རྒྱ་མཚོའི་ཚོགས་ལ་ཕྱག་འཚལ་བསྟོད། །བདག་ཅག་མ་རིག་རྨོངས་པར་གྱུར་པ་ལས། །ས་བདག་ཚོགས་རྣམས་འཁྲུགས་དང་འགལ་བ་ཀུན། །བདག་གི་དེང་འདིར་སྐོང་ནས་བཤགས་ལགས་ན། །ཚངས་པ་མཆོག་གི་དངོས་གྲུབ་སྩལ་དུ་གསོལ། །ཡིག་བརྒྱ་བརྗོད། བཟླས་པ་བྱ་བ་ནི། ས་སྐྱོང་ཐུགས་དཀར་ཟླ་བའི་གདན་གྱི་དབུས། །ཀླཱྃ་ཡིག་དཀར་པོའི་མཐའ་མར་སྔགས་ཀྱིས་བསྐོར། །དེ་ལས་འོད་ཟེར་བདུད་རྩིའི་རང་བཞིན་ཅན། །དཀར་པོ་དཔག་མེད་འཕྲོས་པས་ཡོན་བདག་ལ། །ཕོག་པས་སྡིག་སྒྲིབ་ནད་གདོན་ཀུན་ཞི་ནས། །བདུད་རྩི་ཚངས་བུག་ནས་ཞུགས་ལུས་ཀུན་གང་། །ཀླུ་དང་ས་བདག་ནད་དང་གནོད་པ་ཀུན། །བ་སྤུའི་སྒོ་ནས་འབུ་སྲིན་ཚུལ་དུ་ཐོན། །སླར་ཡང་མདུན་བསྐྱེད་ལྷ་ཡི་ཐུགས་ཀ་ནས། །འོད་ཟེར་སེར་པོ་འཕྲོས་པས་ཡོན་བདག་ཚོགས། །ཚེ་བསོད་རྒྱས་ཤིང་

བཀྲག་མདངས་ལྡན་པ་དང་། །ས་བཅུད་དངོས་གྲུབ་ཐམས་ཅད་ཐོབ་པར་བསམ། །ཨོཾ་ཀླཱིཾ་ཧི་རཱ་ཛ་ཡེ་སྭཱ་ཧཱ། ཅི་ནུས་བཟླ། ཨོཾ་ཀླཱིཾ་ཧི་རཎྜ་བྲི་ཐི་དེ་ཝི་སརྦ་སིདྡྷི་སྭཱ་ཧཱཿ ལོ་ལེགས་ཕྱིར་ཡིན་ན་འདི་ཅི་ནུས་བཟླ་དགོས་སོ། །ཨོཾ་ཨ་ཀ་ནི་ནི་ཀ་ནི་ཨ་ཏྲི་ལ་མཎྜ་ལ་མ་ཡེ་སྭཱ་ཧཱ། འབྲུགས་བཅོས་ཡིན་ན་འདི་ཅི་མང་བཟླ། ཨོཾ་ལས་སུ་རཀྵ་འདུས། ཨཱཿལས་སུ་རཀྵ་འདུས། ཨཱ་ལ་ཡ་རཀྵ་འདུས། ཧཱུྃ་ཧཱུྃ། ཛྷ་ཛྷ་ཛྷུ་ཛྷྨ་ཡ་ཏ་ཀོ་ཙ་ཀི་ཧཱུྃ་ཕཊ༔ ས་བདག་ཀླུ་གཉན་གྱི་གདུག་པ་ཞི་བར་འགྱུར་ཅིག ཐོག་ཐུག་ཞོར་ན་འདི་ཅི་མང་བཟླའོ། །ཨོཾ་ཀླཱིཾ་ཧི་རཱ་ཛ་བྲི་ཐི་དེ་ཝི་སྭ་མི་པ་ཏི་སརྦ་རོ་ག་ཤཱནྟིཾ་ཀུ་རུ་སྭཱ་ཧཱཿ ནད་པ་སོགས་ཀྱི་དོན་ཡིན་ན་འདི་ཅི་མང་བཟླའོ། །ཐུན་མཚམས་སུ་མཆོད་པ་ཁ་གསོ་ཞིང་། ཨོཾ་ཀླཱིཾ་ཧི་རཱ་ཛ་ས་པ་རི་ཝཱ་ར་ཨརྒྷཾ་སོགས། ཤབྡ་པྲ་ཏཱིཙྪ་ཡེ་སྭཱ་ཧཱ། ཨོཾ་ཀླཱིཾ་ཧི་རཱ་ཛ་ཡེ་ས་པ་རི་ཝཱ་ར་ཨེ་དམ་བྷཱ་ལིང་ཏ་ཁ་ཁ་ཁཱ་ཧི་ཁཱ་ཧི༔ ལན་གསུམ་བརྗོད། ས་བཅུད་ཡུལ་བཅུད་ཕྱིར་ཡིན་ན། བུམ་གཏེར་སྦས་ནས། ན་མོཿ སངས་རྒྱས་ཆོས་དང་དགེ་འདུན་ཚོགས་རྣམས་དང་། །རྟེན་འབྲེལ་བསླུ་བ་མེད་པའི་བདེན་པ་ཡིས། །ས་བདག་ས་ཡི་ལྷ་མོ་མཁའ་དབྱིངས་དང་། །འབྱུང་ལྔའི་རང་བཞིན་ཡུམ་ལྔའི་མཁའ་ཀློང་དུ། །དགོས་འདོད་ཀུན་འབྱུང་རིན་ཆེན་གཏེར་སྦས་པས། །མི་ཤིགས་ཕྱུག་རྒྱ་ལྔ་ཡི་རྒྱས་གདབ་བོ། །རྣལ་འབྱོར་བདག་ཅག་འཁོར་དང་བཅས་པ་རྣམས། །ལོངས་སྤྱོད་མི་ཟད་གཏེར་ལ་མངའ་བརྙེས་ཤིང་། །ཕུན་ཚོགས་འབྲས་བུའི་དཔལ་ལ་སྤྱོད་པར་ཤོག །ཅེས་པ་འདི་ཡང་ཕུར་ཚའི་མཁན་སྤྲུལ་ཐུབ་བསྟན་འཕགས་པ་དང་ལ་དཀར་སྲས་པོ་མཐུ་སྟོབས་རྣལ་རྒྱལ་གཉིས་ནས་ཡང་ཡང་བསྐུལ་བའི་ངོར་རྗོགས་སྤྲུལ་ལྔ་པ་ཐུབ་བསྟན་ཆོས་ཀྱི་རྡོ་རྗེས་ཟླ་ཆོས་བཟང་པོར་བྲིས་པ་དགེའོ་ཡི་གེ་པ་ནི་རྗེ

སྐུ་རབས་ལྔ་པ་ཐུབ་བསྟན་ཆོས་ཀྱི་རྡོ་རྗེའི་གསུང་ཚན།

དཔོན་མཆོག་གི་ཡང་སྲིད་དམ་པ་ཐུབ་བསྟན་བཤད་སྒྲུབ་བསྟན་པའི་ཉི་མས་བཀྲིས་པ་དགེ་ལེགས་སུ་གྱུར་ཅིག །

༄༅། །ས་སྙིང་སྐུ་སྒྲུབ་པའི་ལག་ལེན་ཡིད་བཞིན་འདོད་འཇོ་ ཞེས་བྱ་བ་བཞུགས་སོ། །

གྲངས་མེད་སྔོན་ནས་བྱང་ཆུབ་བརྙེས་གྱུར་ཀྱང་། །འགྲོ་བའི་དབུལ་ཕོངས་སྡུག་བསྔལ་སེལ་ཕྱིར་དུ། །སྙིང་རྗེའི་མངའ་བདག་སེམས་དཔའི་ཚུལ་འཛིན་པ། །རྗེ་བཙུན་ས་ཡི་སྙིང་པོར་གུས་པས་འདུད། །དེ་ལ་འདིར་ས་ཡི་སྙིང་པོའི་སྐུ་སྒྲུབ་པའི་ཆོ་ག་ལ། སྟེགས་བུའི་ཁར་སྐུ་རྣམས་བཞག སྨན་རག་གཏོར་གསུམ་དང་མཆོད་པ་ཅི་འབྱོར་བཤམས་ལ། སངས་རྒྱས་ཆོས་དང་ཚོགས་ཀྱི་མཆོག་རྣམས་སོགས། སེམས་ཅན་ཐམས་ཅད་བདེ་བ་དང་བདེ་བའི་རྒྱུ་དང་སོགས། ཚད་མེད་བཞི་སྒོམ། མཆོད་པ་བྱིན་རླབས་ནི། ཐམས་ཅད་སྟོང་ཉིད་ནམ་མཁའི་ངང་། །ཧཱུྃ་ལས་རིན་ཆེན་སྣོད་ནང་དུ། །ཨོཾ་ལས་ཕྱི་ནང་མཆོད་པའི་ཚོགས། །སོ་སོའི་ལྷ་མོའི་རོལ་བ་བཅས། །རབ་འབྱམས་ནམ་མཁའ་གང་བར་གྱུར། །ཨོཾ་བཛྲ་ཨརྒྷཾ་སོགས་པྲ་ཏཱིཙྪ་ཡེ་སྭཱ་ཧཱ། རྟེན་བསྐྱེད་པ་ནི། ཨོཾ་སྭ་བྷཱ་ཝ་ཤུདྡྷོ་སོགས། སྟོང་པའི་ངང་ལས་སྐུ་རྟེན་རྣམས་རིན་པོ་ཆེ་སྣ་ཚོགས་ལས་གྲུབ་པའི་ཁྲི་སྟེང་དུ་ཀླཱྀཾ་ཡིག་དཀར་པོ་ཡོངས་སུ་གྱུར་པ་ལས་འོད་ཟེར་འཕྲོ་འདུས་དོན་གཉིས་བྱས་ནས་ཚུར་འདུས་འོད་དུ་ཞུ་བ་ལས་བྱང་ཆུབ་སེམས་དཔའ་སེམས་དཔའ་ཆེན་པོ

ས་ཡི་སྙིང་པོ་སྐུ་མདོག་དཀར་གསལ་སྟོན་ཟླ་ཞུན་མའི་འདོག་ཅན། ཞལ་གཅིག་ཕྱག་གཉིས་པ་ཡེ་ཤེས་ཀྱི་སྤྱན་གཉིས་དང་ལྡན་པ། ཕྱག་གཡས་པས་འབྲས་ཀྱི་སྙེ་མ་ཐུགས་ཀར་འཛིན་ཅིང་། གཡོན་པས་དྲིལ་བུ་དཀུར་བརྟེན་པ། ཞབས་ཕྱེད་སྐྱིལ་གྱིས་བཞུགས་པ། ཞི་བའི་རྩལ་དགུ་དང་རྒྱན་ཆས་བཅུ་གསུམ་གྱིས་སྤྲས་པ་དེའི་སྤྱི་གཙུག་ཏུ་པདྨ་ཟླ་བའི་གདན་སྟེང་དུ་སངས་རྒྱས་ཡོན་ཏན་རིན་ཆེན་རྒྱ་མཚོ་བཻ་ཌཱུརྻ་དང་གསེར་གྱི་ཁ་དོག་བཟང་པོ་གསེར་དུ་སྣང་བའི་དཔལ་ཞེས་བྱ་བ་སྐུ་མདོག་སེར་པོ་གསེར་གྱི་མདོག་ཅན་ཞལ་གཅིག་ཕྱག་གཉིས་ཞི་ཞིང་འཛུམ་པའི་མཚན་དཔེའི་ལང་ཚོ་རབ་ཏུ་རྒྱས་པ་སྐུ་ལ་ཆོས་གོས་རྣམ་གསུམ་གསོལ་ཞིང་ཕྱག་གཉིས་མཆོག་སྦྱིན་མཉམ་བཞག ཞབས་རྡོ་རྗེ་སྐྱིལ་མོ་ཀྲུང་གིས་བཞུགས་པ། དེ་ལྟར་གསལ་བའི་སྤྱི་བོར་ཨོཾ་དཀར་པོ། མགྲིན་པར་ཨཱཿདམར་པོ། ཐུགས་ཀར་ཧཱུྃ་སྔོན་པོ། དེ་ལས་འོད་ཟེར་འཕྲོས་པས་རང་བཞིན་ཆོས་ཀྱི་དབྱིངས་ཀྱི་ཞིང་ཁམས་ནས་ཡེ་ཤེས་པ་ཆར་སྦྲིན་གཏིབས་པ་ལྟར་བྱོན་ནས་དམ་ཚིག་པ་ལ་དབྱེར་མེད་དུ་བསྟིམ་པར་གྱུར། སྤྱན་འདྲེན་པ་ནི། ཧཱུྃ། བསྐལ་མང་གོང་ནས་མངོན་པར་བྱང་ཆུབ་ཀྱང་། །སྙིང་རྗེའི་མངའ་བདག་འགྲོ་ལ་བུ་ལྟར་སྐྱོང་། །དབུལ་ཕོངས་རྒྱུན་གཅོད་སེམས་དཔའི་རྩལ་འཛིན་ནས། །ས་ཡི་སྙིང་པོ་འཁོར་བཅས་གཤེགས་སུ་གསོལ། །བཛྲ་ས་མ་ཡ་ཛཿ བཞུགས་གསོལ་ནི། ཧཱུྃ། དབྱིངས་ནས་སྤྱན་དྲངས་ཡེ་ཤེས་སེམས་དཔའི་ཚོགས། །ཇི་ལྟར་མཁའ་ལས་ཆར་སྤྲིན་གཏིབས་པ་བཞིན། །དམ་ཡེ་དབྱེར་མེད་དང་དུ་རོ་གཅིག་ནས། །འགྲོ་བའི་དོན་དུ་བརྟན་པར་བཞུགས་སུ་གསོལ། །ས་མ་ཡ་ཏིཥྛ་ལྷན། ཕྱག་འཚལ་ནི། ཧཱུྃ། ཆོས་ཀྱི་དབྱིངས་ནས་གཟུགས་ཀྱི་སྐུར་སྟོན་པ། །གཞན་

ཕན་ཕྲིན་ལས་རོལ་བའི་གཏེར་མངའ་ཞིང་། །འདོད་འབྱུང་ཡིད་བཞིན་དངོས་གྲུབ་སྩོལ་མཛད་པ། །དཀྱིལ་འཁོར་ཀུན་བདག་ཁྱེད་ལ་ཕྱག་འཚལ་ལོ། །ཨ་ཏུ་པུ་ཧོཿ པྲ་ཏི་ཙྪ་ཧོཿ མཆོད་པ་ནི། ཧཱུྃ། ཀུན་ཏུ་བཟང་པོའི་མཆོད་པའི་སྤྲིན་ལྟར་བུར། །དངོས་འབྱོར་ཡིད་སྤྲུལ་མཆོད་པའི་བྱེ་བྲག་ནི ། །དཔག་ཡས་ནམ་མཁའི་ཁམས་ཀུན་ཡོངས་བཀང་བས། །དགྱེས་པར་བཞེས་ལ་མཆོག་ཐུན་དངོས་གྲུབ་སྩོལ། །ཨོཾ་བཛྲ་ཨརྒྷཾ་སོགས་ནས་ཤབྡ་མ་ཧ་པཉྩ་ཨ་མྲི་ཏ་རཀྟ་བ་ལིཾ་ཏ་ཁ་ཧི་ཁ་ཧི། བསྟོད་པ་ནི། ཧཱུྃ། གང་སྐུ་དཀར་གསལ་སྟོན་ཟླ་གཞོན་ནུའི་མདོག །ཡེ་ཤེས་སྤྱན་གྱིས་དུས་གསུམ་ས་ལེར་གཟིགས། །མཚན་དཔེའི་དཔལ་འབར་ཡོན་ཏན་མཆོག་མངའ་བ། །འགྱུར་མེད་རྡོ་རྗེའི་སྐུ་ལ་ཕྱག་འཚལ་བསྟོད། །འགགས་མེད་གསུང་དབྱངས་ཡན་ལག་དྲུག་ཅུའི་སྒྲ། །ཞི་བ་ཆགས་བྲལ་དམ་ཆོས་བདུད་རྩི་ཡི། །ཉོན་མོངས་ནད་སེལ་ཐར་ལམ་བགྲོད་མཛད་པའི། །འགྱུར་མེད་རྡོ་རྗེའི་གསུང་ལ་ཕྱག་འཚལ་བསྟོད། །ཀུན་ཁྱབ་ནམ་མཁའ་ལྟ་བའི་རང་བཞིན་ལ། །ཡེ་ནས་རྟོག་མེད་ཟབ་གསལ་སྤྲོས་བྲལ་དབྱིངས། །དགོས་འདོད་འབྱུང་གནས་ཡིད་བཞིན་ནོར་བུ་ལྟར། །མཉམ་ཉིད་མི་གཡོ་ཐུགས་ལ་ཕྱག་འཚལ་བསྟོད། །རྒྱལ་བ་ཀུན་གྱི་ཡེ་ཤེས་གཅིག་བསྡུས་པ། །གཞན་ཕན་ཕྲིན་ལས་རྣམ་བཞིའི་རོལ་གར་ཅན། །སྙིང་རྗེའི་མངའ་བདག་དབུལ་བའི་གདུང་སེལ་བ། །སེམས་དཔའ་ས་ཡི་སྙིང་པོར་ཕྱག་འཚལ་བསྟོད། །བཟླས་པ་བྱ་བ་ནི། མདུན་བསྐྱེད་ཐུགས་ཀར་ཟླ་བའི་གདན་སྟེང་དུ། །ཀླཱི་ཡིག་དཀར་པོའི་མཐའ་མར་སྔགས་ཀྱིས་བསྐོར། །འོད་འཕྲོས་རྒྱལ་བ་སྲས་དང་བཅས་པ་ཡི། །ཐུགས་རྗེའི་བྱིན་རླབས་ནུས་མཐུ་དཔག་མེད་

པ། །འོད་ཀྱི་རྣམ་པར་བསྡུས་ནས་སྐུ་གཟུགས་ལ། །ཐིམ་པས་བྱིན་རླབས་ནུས་མཐུ་ལྡན་པར་གྱུར། །ཨོཾ་སྤྲཱིཾ་ཧི་ར་རྫ་ཡེ་སྭཱ་ཧཱཿ རབ་ན་འབྲུ་འབུམ། འབྲིང་ན་འབུམ་ཐེར་བཞི། ཐ་ནའང་འབུམ་ཐེར་གཅིག་ལས་མི་ཉུང་བར་བྱ་དགོས། དབྱངས་གསལ་ཡེ་དྷར་ཡིག་བརྒྱ་རྣམས་བརྗོད་ལ། རང་གཞུང་གི་མཆོད་པ་ནི། ཧཱུྃ། ཀུན་ཏུ་བཟང་པོའི་མཆོད་སྤྲིན་ཇི་ལྟ་བུ་སོགས་དང་། རང་གཞུང་གི་བསྟོད་པ། རྒྱལ་བ་ཀུན་གྱི་ཡེ་ཤེས་གཅིག་བསྡུས་སོགས་ཤ་ལོ་ཀ་གཅིག་བརྗོད།ཡིག་བརྒྱ།རྟེན་བཞུགས་ནི། ཇི་སྲིད་ས་ཆུ་མེ་དང་ནི། །རླུང་གི་བསྐལ་བས་འཇིག་བར་དུ། །སེམས་ཅན་ཀུན་གྱི་དོན་གྱི་ཕྱིར། །བཅོམ་ལྡན་ཁྱོད་ནི་བཞུགས་པར་མཛོད། །འདི་ནི་རྟེན་དང་ལྷན་ཅིག་ཏུ། །འགྲོ་བའི་དོན་དུ་བཞུགས་ནས་ཀྱང་། །ནད་མེད་ཚེ་དང་དབང་ཕྱུག་རྣམས། །མཆོག་རྣམས་ལེགས་པར་སྩལ་དུ་གསོལ། །ཕྱོགས་བཅུ་ན་བཞུགས་པའི་སངས་རྒྱས་དང་བྱང་ཆུབ་སེམས་དཔའ་ཐམས་ཅད་བདག་ལ་དགོངས་སུ་གསོལ། ཇི་སྲིད་ནམ་མཁའི་མཐའ་དང་མཉམ་པའི་སེམས་ཅན་ཐམས་ཅད་མི་གནས་པའི་མྱ་ངན་ལས་འདས་པའི་ས་ལ་མ་བཞག་གི་བར་དུ་རྒྱལ་བ་རྣམས་མྱ་ངན་ལས་མི་འདའ་བར་བརྟན་པར་བཞུགས་སུ་གསོལ། ཁྱད་པར་དུ་ཡང་སྐུ་གསུང་ཐུགས་ཀྱི་རྟེན་འདི་རྣམས་ཇི་སྲིད་འབྱུང་བ་བཞི་ཡི་གནོད་པས་མ་ཞིག་གི་བར་དུ་བརྟན་པར་བཞུགས་སུ་གསོལ།བརྟན་པར་བཞུགས་ནས་ཀྱང་བདག་དང་མཐའ་ཡས་པའི་སེམས་ཅན་ལ་མཆོག་ཐུན་མོང་གི་དངོས་གྲུབ་མ་ལུས་པ་སྩལ་དུ་གསོལ། ཨོཾ་སུ་པྲ་ཏིཥྛ་བཛྲ་ཡེ་སྭཱ་ཧཱ། བཀྲ་ཤིས་ནི། ཡེ་དྷརྨ་ཧེ་ཏུ་པྲ་བྷ་སོགས། ཨོཾ། བཀྲ་ཤིས་གང་ཞིག་སེམས་ཅན་ཀུན་གྱི་སྙིང་ལ་གནས། །ཀུན་གྱི་བདག་ཉིད་རིགས་ཀུན་གྱི་ནི་བདག་པོ་མཆོག །མ་ལུས་སེམས་ཅན་བསྐྱེད་མཛད་བདེ་བ་ཆེན་པོ་

སྟེ། །དེས་ནི་དེང་ཁྱོད་དབང་བསྒྱུར་མཆོག་ལ་བཀྲ་ཤིས་ཤོག །ཕུན་སུམ་ཚོགས་པ་མངའ་བ་གསེར་གྱི་རི་བོ་འདྲ། །སོགས་ནས། དེང་ཀུན་འཇིགས་པ་ཆེ་ལས་ཐར་གྱུར་ཅིག །དེང་འདིར་རྣལ་འབྱོར་བ་བདག་ཅག་དཔོན་སློབ་ཡོན་མཆོད་འཁོར་དང་བཅས་པ་ཐམས་ཅད་ཉི་མ་དང་ཟླ་བ་གཟའ་སྐྲ་གཅན་གྱི་གནོད་པ་ལས་གྲོལ་བ་བཞིན་དུ་བདུད་དང་སྲུང་བྱ་བར་ཆད་མི་མཐུན་པའི་ཕྱོགས་ཐམས་ཅད་ལས་རྣམ་པར་རྒྱལ་ཏེ་ཤིན་ཏུ་བཀྲ་ཤིས་པར་གྱུར་ཅིག །ཛ་ཡ་ཛ་ཡ་སུ་ཛ་ཡན་ཏུ། འཇིག་རྟེན་བདེ་ཞིང་ལོ་ལེགས་དང་། །འབྲུ་རྣམས་འཕེལ་ཞིང་ཕྱུགས་འཕེལ་བ། །དགེ་ལེགས་ཐམས་ཅད་འབྱུང་བའི་གནས། །ཡིད་ལ་འདོད་པ་ཀུན་འགྲུབ་མཛོད། །ས་བཅུད་ཡུལ་བཅུད་སོགས་ལ་ཕན་པའི་ཕྱིར་དུ།སྐུ་ས་ལ་སྦྱ་བར་བྱེད་པར་འདོད་ན་དེའི་དྲུང་དུ་ཕྱིན་ཏེ།སྐྱབས་འགྲོ་སེམས་བསྐྱེད།ཚད་མེད་བཞི་བསྒོམ་ལ། གཞི་བདག་སྤྱི་ལ་གཏོར་མ་བསྔོ་བ་ནི། རཾ་ཡཾ་ཁཾ། ཨོཾ་ཨཱཿཧཱུྃ། ཨོཾ་སྭ་བྷཱ་ཝ་སོགས། སྟོང་པའི་ངང་ལས་རིན་པོ་ཆེའི་སྣོད་དུ་དཀར་གསུམ་མངར་གསུམ་ལས་གྲུབ་པའི་གཏོར་མ་འདོད་ཡོན་གྱི་ཕུང་པོ་ཟད་མི་ཤེས་པའི་གཏེར་དུ་གྱུར། ཨོཾ་ཨཱཿཧཱུྃ། གསུམ། ཨོཾ་ཨ་ཀཱ་རོ་སོགས་ལན་གསུམ། ཧཱུྃ། ཡུལ་འདིར་གནས་པའི་དཀར་ཕྱོགས་གཞི་བདག་ཚོགས། །རྣལ་འབྱོར་བདག་གི་འདོད་དོན་སྒྲུབ་པ་ལ། །དཀར་ཕྱོགས་སྐྱོང་བ་མཐུ་ཆེན་ཚོགས་རྣམས་ཀྱིས། །འདོད་ཡོན་ལྔ་ལྡན་མཆོད་གཏོར་འདི་བཞེས་ལ། །བདག་གི་ཕྲིན་ལས་འགྲུབ་པའི་སྟོང་གྲོགས་མཛོད། །བགེགས་ལ་གཏོར་མ་སྦྱིན་པ་ནི།ཧཱུྃ། སྟེང་འོག་ཕྱོགས་མཚམས་ས་བླར་རྒྱུ་བ་ཡི། །བགེགས་རིགས་ལན་ཆགས་ནག་ཕྱོགས་འབྱུང་པོའི་ཚོགས། །ཁྱད་པར་ཡུལ་འདིར་གནས་པའི་ཚོགས་རྣམས་ཀྱིས། །མགོ་རྒྱུའི་གླུ་གཏོར་བཟང་པོ་འདི་བཞེས་ཏེ། །གནས་

འདིར་མ་འདུག་རང་རང་གནས་སུ་དེངས། །གལ་ཏེ་མི་འགྲོ་འདི་རུ་འདུག་གྱུར་ན། །བགེགས་འདུལ་ཁྲོ་རྒྱལ་འབར་བ་ཐུགས་ཁྲོས་ནས། །ལུས་ངག་རྡུལ་ཕྲན་བཞིན་དུ་བརླག་པར་གྱུར། །ཨོཾ་སུམ་བྷ་ནི་སོགས། མཚམས་གཅོད་ནི། ཧཱུྃ། སྟེང་འོག་ཕྱོགས་མཚམས་སྐྱོང་བའི་ཁྲོ་རྒྱལ་བཅུ། །རང་རང་ཕྱོགས་ཀྱི་བགེགས་ཚོགས་ཀུན་འདུལ་ནས། །མཚོན་ཆ་རྣམ་ལྔའི་གུར་ཁང་གཏམས་པ་ལས། །བསྐལ་བའི་རླུང་ཡང་ཐར་བའི་སྐབས་མེད་ན། །བར་ཆད་འབྱུང་པོའི་ཚོགས་རྣམས་སྨོས་ཅི་དགོས། །ཨོཾ་བཛྲ་རཀྵ་རཀྵ་ཧཱུྃ། མཆོད་པ་བྱིན་བརླབས་ནི། རྣམ་དག་ཆོས་ཀྱི་དབྱིངས་ཀྱི་ངང་ཉིད་ལས། །རྣམ་རོལ་འགགས་མེད་མཆོད་པའི་སྤྲིན་ཕུང་ནི། །རྣམ་པ་ཀུན་བཟང་མཆོད་པའི་སྤྲིན་ལྟ་བུར། །རྣམ་མང་ནམ་མཁའ་མཛོད་ཀྱི་འཁོར་ལོར་གྱུར། །ལྷ་བསྐྱེད་ནི། སྟོང་པའི་ངང་ལས་སྐད་ཅིག་དྲན་རྫོགས་སུ། །རང་མདུན་པདྨ་ཟླ་བའི་གདན་སྟེང་དུ། །སྟོང་གསུམ་མི་མཇེད་ས་ཡི་བདག་པོ་ནི། །ལྷ་མོ་བརྟན་མ་སྐུ་མདོག་གསེར་གྱི་མདོག །ཞལ་གཅིག་ཕྱག་གཉིས་ཐུགས་ཀར་ཐལ་སྦྱར་བར། །རིན་ཆེན་འདོད་འབྱུང་གསེར་གྱི་བུམ་པ་བསྣམས། །སྣ་ཚོགས་དར་དང་རིན་ཆེན་དུ་མས་བརྒྱན། །ཞབས་གཉིས་སེམས་དཔའི་སྐྱིལ་མོ་ཀྲུང་གིས་བཞུགས། །བདག་གིས་འགྲོ་དོན་རླབས་ཆེན་སྒྲུབ་པ་ལ། །ཡུམ་ཆེན་སངས་རྒྱས་སྤྱན་མའི་མཁའ་དབྱིངས་སུ། །དགོས་འདོད་ཀུན་འབྱུང་ཡིད་བཞིན་རིན་པོ་ཆེ། །རྨད་བྱུང་བདེ་གཤེགས་སྐུ་གཟུགས་གཏེར་དུ་སྦས། །མི་འགྱུར་ཕྱག་རྒྱ་ལྔ་ཡིས་རྒྱས་བཏབ་པས། །འཇིགས་རྟེན་ཁམས་ཀྱི་ལོ་ལེགས་ཕྱུགས་འཕེལ་ཞིང་། །འབྲུ་དང་རྟ་ཕྱུགས་ལོངས་སྤྱོད་རྒྱས་པ་དང་། །དམག་འཁྲུགས་མུ་གེ་ནད་གདོན་ཀུན་ཞི་

ནས། །དཔལ་འབྱོར་བསོད་ནམས་རིགས་བརྒྱུད་འཕེལ་བ་དང་། །བཤད་
སྒྲུབ་དགེ་འདུན་འདུས་པའི་སྡེ་ཚོགས་རྣམས། །ཡར་ངོའི་ཟླ་བ་ལྟར་བུར་རྗེ་བཞིན་
དུ། །གོང་ནས་གོང་འཕེལ་མི་ནུབ་དར་ཞིང་རྒྱས། །ལྷ་མོ་ཁྱེད་ཀྱིས་སྐྱོང་
གྲོགས་མ་གཡེལ་ཞིག །མཆོད་པ་ནི། ཧཱུྃ། དངོས་སུ་འབྱོར་དང་ཡིད་ཀྱི་རྣམ་
སྤྲུལ་སོགས། གཏོར་མ་འབུལ་བ་ནི། ཧཱུྃ། སྔོན་ཚེ་སྨོན་པའི་ཞལ་མཐོང་དམ་
ཚིག་ཅན། །བྱང་ཆུབ་སྒྲུབ་ལ་དངོས་གྲུབ་སྩོལ་མཛད་པའི། །མཆོད་གཏོར་
བཟང་པོ་རྒྱན་ལྡན་འདི་བཞེས་ལ། །བདག་ལ་སྐྱོང་གྲོགས་ཕྲིན་ལས་མཛད་དུ་
གསོལ། །གཏོར་མ་མཆོད་ལ། བསྟོད་པ་ནི། ཧཱུྃ། སྔོན་ཚེ་སྐྱོབ་པ་སངས་རྒྱས་
ཐམས་ཅད་ཀྱི། །སྤྱན་སྔར་ཞལ་བཞེས་དམ་ཚིག་རྗེས་དགོངས་ལ། །ཡིད་ལ་
ཅི་འདོད་དངོས་གྲུབ་སྩོལ་མཛད་པའི། །ས་ལ་དབང་མཛད་ལྷ་མོ་ཁྱོད་ལ་
བསྟོད། །ཡིག་བརྒྱ། མ་ཧཱ་ཡོངས་སུ་སོགས། འདིར་ནི་རྟེན་དང་ལྡན་སོགས།
བསྡུ་རིམ་ནི། ས་ཡི་ལྷ་མོ་བརྟན་མ་ཞལ་འཛུམ་པ་དང་བཅས་ནས་སྒྲུབ་པ་པོ་ལ་དངོས་
གྲུབ་ཅི་འདོད་པ་ཐམས་ཅད་སྒྲུབ་པར་བསམ་ལ། ས་གཞི་ལ་ཐིམ་ནས་མི་
དམིགས་སྟོང་བྲལ་གྱི་ངང་ལ་མཉམ་པར་བཞག བསྔོ་བ་སྨོན་ལམ་ནི། བདག་
གཞན་དུས་གསུམ་བསགས་པའི་དགེ་རྩ་ཀུན། །རྣམ་མཁྱེན་བྱང་ཆུབ་ཐོབ་པའི་རྒྱུ་
རུ་བསྔོ། །དེང་ནས་སྐྱེ་བ་ཚེ་རབས་ཐམས་ཅད་དུ། །མི་འབྲལ་ཆོས་བུ་གཅིག་
ཏུ་འཚོགས་པར་ཤོག །བཀྲ་ཤིས་ནི། བྱིན་རླབས་མཆོག་སྩོལ་རྩ་བརྒྱུད་བླ་མ་
དང་། །དངོས་གྲུབ་ཀུན་སྩོལ་ཡི་དམ་ཞི་ཁྲོའི་ལྷ། །ཕྲིན་ལས་མངའ་བདག་མ་
མོ་མཁའ་འགྲོའི་ཚོགས། །དཀྱིལ་འཁོར་ལྷ་ཚོགས་རྣམས་ཀྱི་བཀྲ་ཤིས་

ཤོག ། ཅེས་པ་འདིའང་ལ་དཀར་སྲུས་པོ་མཐུ་སྟོབས་ནས་ཡང་ཡང་བསྐུལ་བའི་ངོར་རྫོགས་སྤྲུལ་ལྔ་པ་ཐུབ་བསྟན་ཆོས་ཀྱི་རྡོ་རྗེས་བྲིས་པ་དགེ ། ། །

༄༅། །ཚེ་རིང་མའི་གཡང་འགུགས་བསྡུས་པ་འདོད་རྒུའི་རྡུལ་འཚུབས་ཞེས་བྱ་བ་བཞུགས་སོ།།

ནམ་མཁའ་མཛོད་ཀྱི་སྟོགས་རྒྱས་བྱིན་གྱིས་རླབས་ལ། ཧཱུྃ༔ དབྱིངས་ཀྱི་རྒྱལ་མོ་ཡེ་ཤེས་མཁའ་འགྲོའི་གཙོ། །རིག་འཛིན་དཔའ་བོ་ཡོངས་ཀྱི་སྤྱིང་གཅིག་མ། །རྒྱལ་བ་ཀུན་གྱི་ཡུམ་གཅིག་སྨན་མོའི་ཚུལ། །འབྱུང་བ་ནམ་མཁའི་ཁམས་ལ་དབང་བསྒྱུར་མ། །དབྱིངས་ཕྱུག་མ་ཡི་ངོ་བོ་རྣམ་པར་དག །བདེ་ཆེན་དགའ་བཞིའི་ཡེ་ཤེས་མངོན་གྱུར་པའི། །དབྱིངས་རིག་ཡིད་ལ་སྨེར་བའི་མཛའ་ན་མོ། །དབུས་ཕྱོགས་བཀྲ་ཤིས་ཚེ་ཡི་དབང་ཕྱུག་མ། །འབྱུང་བ་ས་ཡི་ཁམས་ལ་དབང་བསྒྱུར་མ། །སངས་རྒྱས་སྤྱན་མའི་ངོ་བོ་རྣམ་པར་དག །རང་བྱུང་རིག་པའི་ཡེ་ཤེས་རྩལ་ཤར་བས། །བྲ་ཡི་ལྷ་མོ་མཐིང་ག་ཞལ་བཟང་མ། །འབྱུང་བ་ཆུ་ཡི་ཁམས་ལ་དབང་བསྒྱུར་མ། །མ་མ་ཀཱི་ཡི་ངོ་བོ་རྣམ་པར་དག །དོན་དམ་རྡོ་རྗེའི་བཙུན་མོའི་རྣམ་རོལ་གྱིས། །གཏེར་གྱི་ལྷ་མོ་ཙོད་པཎ་མགྲིན་བཟང་མ། །འབྱུང་བ་མེ་ཡི་ཁམས་ལ་དབང་བསྒྱུར་མ། །གོས་དཀར་མོ་ཡི་ངོ་བོ་རྣམ་པར་དག །གཟུགས་སྲིད་ལང་ཚོའི་བཀྲག་མདངས་ཀུན་གྱི་

བདག །ནོར་གྱི་བདག་པོ་མི་གཡོ་གླང་བཟང་མ། །འབྱུང་བ་རླུང་གི་ཁམས་ལ་དབང་བསྒྱུར་མ། །དམ་ཚིག་སྒྲོལ་མའི་ངོ་བོ་རྣམ་པར་དག །སྣ་ཚོགས་སྣང་བ་རྟེན་འབྲེལ་ཀུན་གྱི་བདག །ཕྱུགས་ཀྱི་ལྷ་མོ་ཧལ་དཀར་འགྲོ་བཟང་མ། །ཅིར་སྣང་དག་པར་འཆར་བའི་ཡེ་ཤེས་ལྷ། །ཕྱི་ལྟར་བརྟན་མ་མཁའ་འགྲོ་ཡོངས་ཀྱི་གཙོ། །ནང་ལྟར་འབྱུང་ལྔ་རྣམ་དག་མཁའ་འགྲོ་མ། །གསང་བ་རིག་ལྔའི་ཡུམ་ཆེན་མཁའ་འགྲོ་ལྔ། །བདག་ཅག་བཀྲེས་ཡོངས་དབུལ་བའི་སྡུག་བསྔལ་གྱིས། །རབ་ཏུ་མནར་བའི་སྐྱབས་བྲལ་མགོན་མེད་རྣམས། །ལྷ་མཆོག་ཁྱེད་ཀྱི་ཐུགས་དམ་མ་གཡེལ་བར། །སྟོབས་ཀྱི་ཐ་ཚིག་གཉེན་པོ་རྗེས་དགོངས་ལ། །སྟོང་གསུམ་རབ་འབྱམས་རྒྱ་མཚོའི་ཞིང་ཁམས་ནས། །བརྟན་གཡོའི་དཔལ་འབྱོར་བསོད་ནམས་དབང་ཐང་གཡང་། །གླིང་དང་གླིང་ཕྲན་རི་རྒྱལ་ལྷུན་པོའི་གཡང་། །གསེར་རི་རོལ་མཚོ་ཉི་ཟླ་རྒྱུ་སྐར་གཡང་། །འབྱུང་བ་ལྔ་ཡི་དྭངས་མ་བཅུད་ཀྱི་གཡང་། །འཁོར་དང་བུ་སློབ་དགེ་འདུན་རྒྱས་པའི་གཡང་། །མཁས་གྲུབ་སྒོམ་གཙང་བཞེས་གཉེན་བྱིན་ནུས་གཡང་། །རིགས་རྒྱུད་ཚེ་ནོར་སྐལ་དང་གྲགས་པའི་གཡང་། །ནོར་བུ་སྣ་ཚོགས་རྣམ་མང་རྒྱ་མཚོའི་གཡང་། །གསེར་དངུལ་ལ་སོགས་རིན་ཐང་ཆེ་ཡི་གཡང་། །གོས་དང་ཟ་འོག་དར་ཟབ་སྣ་ཚོགས་གཡང་། །ཨ་བར་སྒྱུར་གསུམ་ལ་སོགས་སྨན་གྱི་གཡང་། །འཚོ་ཡི་དཔལ་གཏེར་སྣ་ཚོགས་འབྲུ་ཡི་གཡང་། །མ་ད་ན་དང་དཀར་གསུམ་མངར་གསུམ་གཡང་། །ཁྲབ་རྨོག་རལ་གྲི་གོ་དང་མཚོན་གྱི་གཡང་། །སེཏྲི་སྟག་གཟིགས་དོམ་དྲེད་གཅན་སྤྱང་གཡང་། །ཤ་རྒྱུང་མ་ཧེ་འབྲོང་སོགས་རི་དྭགས་གཡང་། །རྟ་མཆོག་བ་ལང་མཛོ་དྲེལ་རྣམས་ཀྱི་

གཡང་། །དུང་དང་ཆུ་སྲིན་བརྙན་གཞེར་གནས་པའི་གཡང་། །རྨ་བྱ་ཁྲུང་ཁྲུང་ལ་སོགས་འདབ་ཆགས་གཡང་། །མདོར་ན་སྣང་སྲིད་རྣམ་པར་དག་པའི་ཞིང་། །ཀ་ཆ་དཀོར་ཆ་ལོངས་སྤྱོད་རྒྱ་མཚོའི་ཚོགས། །མི་ཟད་ནམ་མཁའི་མཛོད་ཀྱི་དཀོར་ཆ་རྣམས། །དེང་འདིར་སྒྲུབ་གནས་གཡང་གི་ར་བ་འདིར། །སྲིད་ཞིའི་ཕྱྭ་གཡང་ཐམས་ཅད་འདིར་ཁྱུག་ལ། །བསམ་དོན་ལྷུན་གྱིས་གྲུབ་པའི་དངོས་གྲུབ་སྩོལ། །ཅེས་པ་འདི་འང་བླ་མ་ཀུན་བཟང་བློ་གྲོས་ནས་ཡང་ཡང་བསྐུལ་བའི་ངོར། འཆི་མེད་གྲུབ་པའི་དགའ་ཚལ་ནས་རྫོགས་སྤྲུལ་ལྔ་པ་ཐུབ་བསྟན་ཆོས་ཀྱི་རྡོ་རྗེས་ལྷག་པའི་བསམ་པ་བཟང་པོས་བྲིས་པ་དགེ་ལེགས་སུ་གྱུར་ཅིག །

༄༅། །གཡང་འགུགས་བསྡུས་པ་བཞུགས་སོ། །

ཧྲཱིཿ མཆོག་གསུམ་རྩ་གསུམ་ནོར་ལྷ་རྒྱ་མཚོ་དང་། །བདེན་ཚིག་གྲུབ་པའི་ལྷ་དང་དྲང་སྲོང་གིས། །སྲིད་པའི་ཕྱྭ་གཡང་དཔལ་འབྱོར་ཕུན་ཚོགས་རྣམས། །དེ་རིང་བཀྲ་ཤིས་གནས་འདིར་གཡང་དུ་ཁྱུག །བདེ་ལེགས་སྣང་བས་ས་གསུམ་ཁྱབ་གྱུར་ཅིག །ཅེས་གཡང་འགུགས་ཉུང་ངུ་བསྡུས་པ་འདི་ཁྲམ་ཨ་ཐུབ་རྣམ་རྒྱལ་པས་བསྐུལ་ངོར་རྫོགས་སྤྲུལ་ལྔ་པས་སོ། །

༄༅། །གསེར་མཁར་བསྐྱོད་ཐབས་བསྡུས་པ་བཞུགས་སོ། །

བླ་མ་དང་གཉིས་སུ་མེད་པ་རྒྱལ་དབང་མཆོག་སྤྲུལ་རྡོ་རྗེ་ལ་ཕྱག་འཚལ་ལོ། །ས་དཔལ་ཅན་དུ་གསེར་མཁར་གྲུ་བཞི་བརྩིགས་ལ། དེའི་ནང་དུ་རབ་འབྱམས་གཏེར་ཚད་ལྡན། མིན་ཡང་བཟང་པོ་བཀྲ་ཤིས་ས་ནས་བླངས་རྡོ་དཀར་སྒྲིབ་མེད་པ། ཡུལ་ལྷ་བརྟེན་གནས་ཀྱི་སྔགས་སྙིང་གཟེར་ནས་དབྱུང་བ་ལྷུར་བཏབ་པ་དང་། རིན་ཆེན་སྣ་ཚོགས་དང་ས་སྣ་རྩི་སྣ་སོགས་སོགས་བཀྲ་ཤིས་པའི་རྫས་གཞན་པ་གསེར་མཁར་གྱི་སྟེང་རྡོ་དཀར་སྤུང་པར་ཤིང་བྱང་ཁྱུང་འབྲུག་སེང་གསུམ་ཉི་ཟླ་ནོར་བུ་བཀྲ་ཤིས་རྫས་རྟགས་བྲིས་པ་བརྩུགས། བལ་མཆོན་དང་དར་སྣ་ཁྲབ་བྱང་སོགས་ཀྱིས་མཛེས་པར་བརྒྱན། ཐོག་མར་གླུད་དང་གཏོར་མ་བྱིན་ཏེ་བགེགས་བསྐྲད། དེ་ནས་དུག་ཕྱུང་བྱ་བ་ནི། འབྱུང་བཞིའི་དུག་ཕྱུང་མ་སུ། ས་དུག་བོང་ས། རྡོ་དུག་མཁར་རྡོ། ཤིང་དུག་གླང་མ། སྤུམ་དུག་ཐང་ཁྲིམ། རྩི་དུག་རེ་ལྕགས། རྩ་དུག་འཇག་མ། གསེར་དུག་རགན། དངུལ་དུག་ཞ་ཉེ། དུང་དུག་མགྲིན་བུ། ལྕགས་དུག་སོ་ཐོག་རྣམས་སྣོད་དུ་བཞག་པ་གསེར་མཁར་ལ་བསྐོར་ཞིང་། ཧཱུྃ། བཀྲ་ཤིས་ལྷ་གཞི་དཀར་པོ་གང་འདི་རུ། །གསེར་མཁར་འདི་ལ་དུག་དང་རྩོག་གྲིབ་སོགས། །དཀོན་མཆོག་གསུམ་དང་ཧིང་འཛིན་སྔགས་རྒྱུ་ཡིས། །དུག་རྫས་རྣམས་ཀྱི་བྱང་ཞིང་དག་གྱུར་ཅིག །སྐྱེ་བརྩེགས་དང་སིདྡྷི་མཐར་སགྲ་པི་ཀྵ་ཏ་ལ་ཏ་ལ་ཕུང་ཤཀྲཱིཾ་ཀཱ་རུ་ཡེ་སྭཱ་ཧཱཿ ཞེས་བརྗོད་དུག་རྫས་རྣམས་རྒྱང་རིང་དུ་དོར། དེ་ནས་རི་ཁྲུས་བྱ། ༀ་སྭ་བྷ་ཝ་སོགས། ཧཱུྃ་ཡིག་གནས་འགྱུར་གསེར་མཁར་གཞལ་ཡས་ཁང་། །དབུས་སུ་རྫམ་ལྷ་ཡུལ་ལྷ་འགོ་བའི་ལྷ། །སྲིད་པའི་དཔལ་མགོན་

མཉན་པོ་རྣམས་ཀྱིས་བསྐོར། །གནས་གསུམ་ཡིག་འབྲུ་གསུམ་ལས་འོད་འཕྲོས་པས། །རང་རང་གནས་ནས་སྤྱན་དྲངས་གཉིས་མེད་བསྟིམས། །བཛྲ་ས་མ་ཛཿ ཛཿ ཧཱུྃ་བཾ་ཧོཿ ས་མ་ཡ་ཏིཥྛ་ལྷན། མཆོད་པ་ནི། ཧཱུྃ། དངོས་འབྱོར་ཡིད་སྤྲུལ་མཆོད་པའི་སྤྲིན་ཕུང་ནི། །སྲིད་ན་རྣམ་པར་མཛེས་པའི་མཆོད་པའི་སྤྲིན། །ཁྱད་པར་རང་རང་མཐུན་པའི་དམ་རྫས་ནི། །ནམ་མཁའ་མཛོད་ཀྱི་འཁོར་ལོ་འབུལ་ལགས་ན། །བཞེས་ནས་བདག་གི་རེ་བ་སྐོང་བར་མཛོད། །ཨོཾ་སརྦ་པིད་པུ་ར་པུ་ར་སུ་ར་སུ་ར་ཨ་བརྟ་ཡ་ཨ་བརྟ་ཡ་ཧོཿ སྦ་ར་ཙ་ཁེ་སྭཱ་ཧཱ། བསྟོད་པ་ནི། ཧཱུྃ། ཕུན་ཚོགས་དགེ་ལེགས་བྱེ་བའི་བཀྲ་ཤིས་ལྷ། །འདོད་དགུའི་དངོས་གྲུབ་ཆར་བ་འབེབ་མཛད་པའི། །གནོད་སྦྱིན་སྡེ་དཔོན་མགོན་པོ་ཛམ་བྷ་ལྷ། །ཡུལ་ལྷ་འཁོར་དང་བཅས་ལ་ཕྱག་འཚལ་བསྟོད། །བརྟན་བཞུགས་ནི། འདིར་ནི་རྟེན་དང་སོགས། འདོད་གསོལ་ནི། ཕྱོགས་འདིར་བཀྲ་ཤིས་དགེ་ལེགས་འཕེལ་བ་དང་། །ས་ཡི་དཔལ་དང་བཅུད་རྣམས་འདིར་ཁྱུག་ལ། །འབྲུ་ནོར་འཕེལ་ཞིང་ཕྱུགས་ནོར་རྒྱས་པ་དང་། །གང་བསམ་འབད་མེད་ལྷུན་གྱིས་འགྲུབ་པར་ཤོག །ཨོཾ་ཛམྦྷ་ལ་ཛ་ལེནྡྲ་ཡེ་སྭཱ་ཧཱ། ཡུལ་ལྷའི་སྔགས། ཨོཾ་སརྦ་དེ་ཝ་ཨ་ཞེས་པ་ལ་བཛྲ་ས་མ་ཛཿ ཛཿ ཧཱུྃ་བཾ་ཧོཿ བཏགས་པ་བརྒྱ་རྩ་ལ་སོགས་པས་དྲངས་བསྟིམ་བྱ། དེ་ནས་ལ་བཙན་གསེར་མཁར་རྫོང་དཀར་གྱིས་ཁ་གསོལ་ལ། ཧཱུྃ། དེའི་ནང་གནམ་ས་བར་གསུམ་ཕུན་སུམ་ཚོགས། །བདག་གིས་སྔོན་གྱི་སྲིད་པའི་ལུགས་བཞིན་དུ། །རིན་ཆེན་འབར་བའི་གསེར་མཁར་གཉན་པོ་བརྩེགས། །མགྲོན་རྣམས་ཀིམས་ཏེ་འདོད་དོན་གོང་འཕེལ་མཛོད། །ཤིང་བྱང་དང་དར་སྣ་རྣམས་སྒྲོན་བཞིན་པར། ཀྱཻཿ འགོ་བའི་ལྷ་མགོན་

གཉན་པོ་ཁྲེད་རྣམས་ནི། །ཚུར་བྱོན་བཀྲ་ཤིས་གསེར་མཁར་འདི་ལ་བཞུགས། །བདག་གི་མཆོད་པ་དམ་པ་འདི་བཞེས་ལ། །དབྱུ་འཕང་བསྟོད་ཅིང་བདག་ལ་དངོས་གྲུབ་སྩོལ། །རབ་ནི་ཕྱོགས་བཞིར་རྒྱལ་ཆེན་སྡེ་བཞིའི་སྐུ་དང་། སྟག་སྐྲ་སོགས་སྲུང་བཞིའི་གཟུགས་སམ། བསྡུ་ན་རྡོ་དཀར་པོར་སོགས་བཀོད་ལ། ཧཱུྃ། ཕྱོགས་བཞིར་རྒྱལ་ཆེན་བཞི་དང་སྟག་སྐྲ་སོགས། །འཇིག་རྟེན་སྐྱོབ་པའི་ཚོགས་ཀྱིས་སྲུང་བར་མཛོད། །དམུ་ཐག་དཀར་པོ་ཕྱིན་དུ་འཐེན་ལ། ཛཿ། ཆོ་ལྷ་ཆོ་འཛིན་ལྷ་མོའི་ཚོགས་རྣམས་ཀྱིས། །དམུ་ཐག་ཕྱིན་ལ་འཐེན་ཅིང་རྟེན་ཕུར་ཚུགས། །ཁྲི་འཕང་བསྟོད་ལ། ཕྱག་འཚན་ལྟ་དངོས་སམ་ཕྱག་རྒྱ་བཅིངས་ལ། ཧཱུྃ། རྡོ་རྗེ་འཁོར་ལོ་རིན་ཆེན་པདྨ་དང་། །རྒྱ་གྲམ་རྣམས་ཀྱིས་རྒྱས་གདབ་དབང་བསྒྱུར་རོ། །ཨོཾ་ཧཱུྃ་ཏྲཱྃ་ཧྲཱིཿ་ཨཿ གཏོར་སྐུ་བཙུགས་པ་ནི་ཁང་པའི་སྟེང་ས་དཔལ་བཟང་པོ་མཐོས། བཀྲ་ཤིས་པའི་ས་སྣ་རྡོ་སྣ་ཚོགས་ལས་ཟླུམ་པོ་དྲིལ་བུའི་དབྱིབས་ཅན་གྱི་མཎྜལ་བརྩིགས་པའི་ནང་དུ་བུམ་གཏེར་དང་སྦགས་རྫས་ཚད་ལྡན་བཀྲ་ཤིས་པའི་ས་སྣ་ཆུ་སྣ་རྡོ་སྣ་ཤིང་སྣ། གཞི་བདག་བཟང་པོ་ནས་བསླངས་པའི་བླ་རྡོ་བྱུང་བའི་ཁ་བསྐང་སྟེང་དུ་ཤིང་རིས་དང་རྒྱན་སོགས་གསེར་མཁར་ལྟར་བྱས་ལ། ན་མཿ ཙཀྲ་སོགས་རྣམ་འཇོམས་སྔགས་དང་། ཧཱུྃ་ཧཱུྃ་ཧཱུྃ། བི་ཤྭ་བཛྲ་སོགས་ཀྱིས་བགེགས་བསྐྲད། རཾ་ཡཾ་ཁཾ། ཨོཾ་ཨཱཿ ཧཱུྃ། གིས་སྦྱངས། ཧཱུྃ་ཡིག་གནས་འགྱུར་གཏོར་སྐུ་གཞལ་ཡས་ཁང་། །དབུས་སུ་རྩ་གསུམ་དམ་ཅན་འགྲོ་བའི་ལྷ། །མ་ཚང་མེད་པ་གསལ་བའི་གནས་གསུམ་ལས། །འོད་འཕྲོས་རང་རང་གནས་ནས་སྤྱན་དྲངས་གྱུར། །ཛཿ། དེ་རིང་གནམ་ལ་གཟའ་སྐར་རབ་བཟང་ཞིང་། །ས་དང་བར་སྣང་བཀྲ་ཤིས་དགེ་ལེགས་ཤིང་། །གཏོར་སྐུ་རིན་ཆེན་གཞལ་ཡས་བཞེངས་པ་ལ། །མགྲོན་རྣམས་ཆིམས་ཤིང་དངོས་གྲུབ་བདག་ལ་སྩོལ། །ཛཿ།

རྫ་གསུམ་ཆོས་སྐྱོང་དགྲ་བླ་ཕྱེར་མའི་ཚོགས། །ནོར་ལྷ་གཏེར་བདག་འགོ་བའི་ལྷ་ལྔ་དང་། །ཕ་མྱེས་སློབ་དཔོན་བརྒྱུད་ཀྱི་སྲུང་མ་སོགས། །ཚུར་བྱོན་གཏོར་སྐྱུ་འདི་ལ་བཞུགས་སུ་གསོལ། །ཡེ་ཧྲཱུྃ་སོགས་དང་། ཨོཾ་སུ་པྲ་ཏིཥྛ་མེ་ཏོག་འཐོར། ཨོཾ་བཛྲ་ཨརྒྷཾ་སོགས་ཀྱིས་མཆོད། བསྟོད་པ་ནི། ཧཱུྃ། བླ་མ་ཡི་དམ་མཁའ་འགྲོ་ཆོས་སྐྱོང་དང་། །ནོར་ལྷ་གཏེར་བདག་ཡུལ་ལྷ་གཞི་བདག་སོགས། །ཕ་མྱེས་སློབ་དཔོན་བརྒྱུད་ཀྱི་སྲུང་མ་ལ། །གུས་པས་བསྟོད་དོ་བདག་ལ་དངོས་གྲུབ་སྩོལ། །འདིར་ནི་རྟེན་དང་སོགས། གཏོར་སྐྱུ་བཙུགས་པའི་རྟེན་འབྲེལ་བྱིན་རླབས་ཀྱིས། །གནས་འདིར་དགེ་ཞིང་མི་ནོར་འཕེལ་རྒྱས་ཤོག །ཅེས་བཀྲ་ཤིས་བརྗོད་དོ། །འདིས་ནི་ཅི་བསམ་འགྲུབ་པ་ཡིན་ནོ། །ཅེས་པ་འདི་ནི་མགོན་བླ་ཐུབ་བསྟན་ནོར་བུ་ནས་ཡང་ཡང་བསྐུལ་ངོར། སྤྲུལ་ལོ་སྤྲེལ་ཟླའི་ཚེས་༡༥ ལ་རྫོགས་སྤྲུལ་ལྔ་པ་ཐུབ་བསྟན་ཆོས་ཀྱི་རྡོ་རྗེས་བྲིས་པ་དགེ་ལེགས་སུ་གྱུར་ཅིག །

༄༅། །རྒྱུ་གཏོར་དངོས་གྲུབ་ཆར་འབེབས་བཞུགས་སོ།།

ཧྲཱིཿ རང་ཉིད་འཕགས་པ་སྤྱན་རས་གཟིགས་དབང་གི །ཕྱག་ནས་ཡེ་ཤེས་བདུད་རྩིའི་རྒྱུ་རྒྱུན་གྱི། །ཡི་དྭགས་བཀྲེས་སྐོམ་སྡུག་བསྔལ་མཐའ་དག་ཀུན། །རབ་ཏུ་ཞི་ནས་བདེ་སྐྱིད་ལྡན་པར་ཤོག །ཨོཾ་མ་ཎི་པདྨེ་ཧཱུྃ་ཧྲཱིཿ བརྒྱ་རྩ་བཟླས་ཤིང་། ཐེབ་གཅིག་གི་ནང་རྒྱུ་སྦྱིན་བྱ། ཡི་དྭགས་བཀྲེས་སྐོམ་གྱི་སྡུག་བསྔལ་དང་བྲལ་ནས་ཞི་བ་བྱང་ཆུབ་ཀྱི་སེམས་དང་ལྡན་པར་བསམ་ལ། རིན་ཆེན་དགེ་

ཚོགས་འདི་དག་གིས། ལུས་ཅན་འགྲོ་བ་མཐའ་དག་ཀུན། །མི་མཐུན་སྡུག་བསྔལ་ཀུན་བྲལ་ནས། །འགྲོ་རྣམས་ཕྱམ་ཅིག་སངས་རྒྱ་ཤོག །སྡིག་པ་ཅི་ཡང་སོགས།ཅེས་པ་འདི་ནི་ཨུ་སག་ཀརྨ་ནས་ཡང་ཡང་བསྐུལ་ངོར་རྫོགས་སྤྲུལ་ལྔ་པ་ཐུབ་བསྟན་ཆོས་ཀྱི་རྡོ་རྗེའམ་མིང་གཞན་བསྟན་འཛིན་འཇིགས་མེད་དབང་པོས་བྲིས་པ་དགེ་ལེགས་སུ་གྱུར་ཅིག དཀར་གསུང་བདུད་རྩིའི་སྤྲིན་ཕུང་ཞེས་བྱ་བ་བཞུགས་སོ། །ཧྲཱིཿ རང་ཉིད་ཁ་སར་པཱ་ཎའི་སྐུར་གསལ་མདུན། །དགོན་མཆོག་སྲིད་ཞི་མགོན་པོ་ཡོན་ཏན་མགྲོན། །རིགས་དྲུག་འགྲོ་བ་སྙིང་རྗེའི་མགྲོན་གྱི་ཚོགས། །མ་ལུས་འཁོར་བཅས་མཁའ་ལ་གསལ་བར་གྱུར། །ཡེ་ཤེས་མེ་ཡིས་བཞུ་བའི་ཟག་མེད་ཀྱི། །བདུད་རྩིའི་དྭངས་མ་འདོད་ཡོན་ལྔ་ལྡན་གྱི། །མཆོད་སྤྲིན་ནམ་མཁའ་མཛོད་ཀྱི་འཁོར་ལོ་འདིའི། །ཕུལ་བས་ཚེ་རིང་ནད་མེད་ལོངས་སྤྱོད་ལྡན། །ཚོགས་གཉིས་རྫོགས་ཤིང་སྒྲིབ་གཉིས་བྱང་བ་དང་། །མཐར་ཐུག་སྐུ་བཞིའི་ཡེ་ཤེས་མངོན་གྱུར་ཤོག །རྒྱལ་བ་མཆོད་པས་མཉེས་གྱུར་ཅིག །སོགས། འཇམ་དཔལ་བོ་སོགས། ཞེས་པ་འདི་ནི་ཨུ་ཚོག་ཀརྨ་ནས་བསྐུལ་ངོར་རྫོགས་སྤྲུལ་ལྔ་པས་བྲིས་པ་དགེའོ། །བཀྲ་ཤིས། དགེའོ། །

༄༅། །ས་བདག་བཤགས་བསྐུས།།

ཀྱཻ། སྡེ་བརྒྱད་སྤྱི་དང་ཀླུ་གཉན་ས་བདག་རིགས། །ཁྱད་པར་ཡུལ་ཕྱོགས་འདིར་གནས་གཞི་བདག་ལ། །ཕོག་ཐུགས་འཁྲམ་འཁྲུགས་གྱུར་པ་གང་མཆིས་པ། །དམིགས་མེད་ཆོས་དབྱིངས་ཀློང་དུ་ཞི་གྱུར་ཅིག །ཨོཾ་ཨ་ཀ་ནི་ཀི་ཀ་ནི་ཨ་ཧྲི་ལ་མཧཱ་ལ་མ་ལེ་སྭཱ་ཧཱ། ཅེས་པའང་ཤིང་གླང་ཟླ་ཆོས་ལ་ཡུལ་ཁམས་སུ་ཁ་བ་ཆེན་པོ་བབ་སྐབས་རྫོགས་སྤྲུལ་ལྷ་པས་བྲིས་པ་དགེའོ། །

༄༅། །སྤྱི་བསང་བསྐུས་པ་དཔག་བསམ་འདོད་རྒུའི་འབྲས་སྟེར་ཞེས་བྱ་བཞུགས་སོ།།

༄༅། །རྩ་བ་གསུམ་གྱི་ལྷ་ལ་ཕྱག་འཚལ་ལོ། །བསང་མཆོད་ཤིན་ཏུ་བསྐུས་པར་བྱེད་པའི་གང་ཟག་གིས། དཀར་གཏོར་སྣེང་བཞི། གཡོན་དུ་དམར་གཏོར། གཡག་ལུག་ར་གསུམ་སོགས་གཟུགས་འགྲོས་སྣ་ཚོགས་ཀྱིས་བརྒྱན་པ། ཕྱེ་མར་དང་འབྲུ་སྣ་སོགས་དང་། སྨན་གཏོར་རཀྟའི་མཆོད་པ་དང་། ཚོགས་ཀྱི་ལོངས་སྤྱོད་རྒྱས་པར་བཀྲམ། རྩི་ཤིང་སྣ་ཚོགས་པའི་དུད་པ་གཏོང་། རོལ་མོ་སྣ་ཚོགས་ཀྱི་སྒྲ་བསྒྲགས། སྔན་པའི་དབྱངས་ཀྱིས་འདི་སྐད་དོ། ། ཧཱུྃ། སྐྱབས་གནས་བསླུ་མེད་དཀོན་མཆོག་རྣམ་གསུམ་ལ། །སྙིང་ནས་དད་ཅིང་གུས་པས་

སྐྱབས་སུ་མཆི། །དེང་ནས་མ་གྱུར་འགྲོ་བ་མཐའ་དག་ཀུན། །རྫོགས་པའི་སངས་རྒྱས་ཐོབ་པར་སེམས་བསྐྱེད་དོ། །རང་ཉིད་སྣང་སྲིད་ཐིལ་གནོན་པདྨ་འབྱུང་། །མཚན་དཔེའི་ལྷུན་པའི་སྐུ་རུ་ལམ་གྱིས་གསལ། །ཐུགས་ཀར་ཟླ་སྟེང་ཧྲཱིཿ ཡིག་དཀར་པོ་ལས། །

འོད་ཟེར་འཕྲོ་འདུས་དོན་གཉིས་བྱས་པའི་མཐར། །སྣང་སྲིད་ཐམས་ཅད་སྐུ་དང་ཞིང་ཁམས་གྱུར། །སིདྡྷི་ཧཱུ་ཉུས་བཟླའོ། །ཨོཾ་བཛྲ་ཨ་མྲྀ་ཏ། ཨོཾ་སྭ་བྷཱ་ཝ་སོགས། བསང་རྫས་མི་དམིགས་སྟོང་པ་ཆེན་པོའི་ངང་། །ཡངས་ཤིང་རྒྱ་ཆེའི་རིན་ཆེན་སྣོད་ནང་དུ། །མཆོད་རྫས་འཆི་མེད་བདུད་རྩིར་བྱིན་རླབས་པ། །རིན་ཆེན་འབྲུ་སྣ་དར་ཟབ་སྨན་སྤོས་རིགས། །བཟའ་བཏུང་གོས་རྒྱན་ཟད་མི་ཤེས་པའི་གཏེར། །ལྷ་མོའི་བསོད་ནམས་ལས་བྱུང་དཔལ་འབྱོར་རྫས། །རཾ་ལས་བསྐྱེད་པའི་ཡེ་ཤེས་མེའི་ནང་དུ། །བསྲེགས་པའི་དུ་བ་ཕྱོགས་བཅུ་ཀུན་ཏུ་འཕྲོས། །སྟོང་གསུམ་རབ་འབྱམས་གང་བའི་འཇའ་ཟེར་ལས། །དཔག་ཡས་མཆོད་རྫས་ནམ་མཁའ་མཛོད་ལྟ་བུ། །གཞན་ཡང་ཁྲུས་བྱུམ་སྨན་གཞོང་ཐོགས་པ་ཡི། །གྲངས་མེད་མཆོད་པའི་ལྷ་མོ་ལྷ་ན་སྡུག །མཛེས་ཤིང་འཕྱུལ་ཆགས་དགའ་བའི་གར་བསྒྱུར་མ། །དགའ་བཞིའི་ཡེ་ཤེས་སྟེར་བའི་མཛའ་ན་མོས། །ཁྲུས་དང་སྨན་གྱི་མི་གཙང་གྲིབ་ཀྱི་ཚོགས། །མཐའ་དག་བསལ་ནས་ཀུན་བཟང་མཆོད་སྤྲིན་ལྟར། །མི་ཟད་འདོད་ཡོན་རྒྱན་གྱི་རོལ་མོ་ཡིས། །ནམ་མཁའ་རབ་འབྱམས་གང་བའི་འཁོར་ལོར་གྱུར། །སྤྲིན་ཕུགས་ཧྲུག་ཕྲུག་ཧྲུག བསྔུ་ན་ནམ་མཁའ་མཛོད་ཕུགས་ལན་གསུམ། བསང་མགྲོན་བསྐྱེད་པ་ནི། ཧཱུྃ། རང་མདུན་ནམ་མཁར་འཇའ་ཟེར་འཁྲིགས་པའི་ཀློང་། །ཀླིང་བཞིའི་ཁྲོན་མཉམ་དཔག

བསམ་ལྗོན་པའི་ཞིང་། །རབ་ཏུ་རྒྱས་པའི་དབུས་ཀྱི་ལྟེ་བ་ལ། །སེང་ཁྲི་པདྨ་ཉི་ཟླའི་གདན་སྟེང་དུ། །སྐྱབས་གནས་ཀུན་འདུས་ཨོ་རྒྱན་ཆེན་པོ་ལ། །རྩ་བརྒྱུད་དཔལ་ལྡན་བླ་མའི་ཚོགས་ཀྱིས་བསྐོར། །ཤར་དུ་ཐུབ་དབང་དཀོན་མཆོག་སྲིད་ཞུའི་མགྲོན། །ལྷོ་རུ་འཇམ་དཔལ་ཡོན་ཏན་འགྲོན་གྱིས་བསྐོར། །ནུབ་ཏུ་སྤྱན་གཟིགས་རིགས་དྲུག་མགྲོན་དང་བཅས། །བྱང་དུ་ཕྱག་རྡོར་ལན་ཆགས་མགྲོན་གྱིས་བསྐོར། །ལྗོན་ཤིང་སྐྱེད་པར་སྲིད་པའི་ལྷ་དགུ་དང་། །སྟོང་གསུམ་གཞི་བདག་ཡུལ་ལྷ་གཉན་པོས་བསྐོར། །རྩ་བར་ས་ཡི་ལྷ་མོ་བརྟན་མ་སོགས། །རྒྱལ་བློན་འབངས་འཁོར་ས་བདག་ཡོངས་ཀྱིས་བསྐོར། །སྐྱབས་ཡུལ་ཀུན་གྱིས་གནས་གསུམ་འབྲུ་གསུམ་ལས། །འོད་འཕྲོས་རང་བཞིན་གནས་ནས་སྲིད་ཞིའི་མགྲོན། །འཁོར་བཅས་མ་ལུས་སྤྱན་དྲངས་གཤེགས་སུ་གསོལ། །སྤྱན་འདྲེན་པ་ནི། ཧཱུྃ། ཆོས་དབྱིངས་ཀ་དག་ཆེན་པོའི་ཀློང་ཡངས་ནས། །ཆོས་སྐུའི་སྟོན་པ་ཀུན་ཏུ་བཟང་པོ་ལ། །ཆོས་ཉིད་དོན་རྟོགས་བླ་མའི་འཁོར་དང་བཅས། །ཆོས་ཀྱི་དབྱིངས་ནས་གནས་འདིར་གཤེགས་སུ་གསོལ། །ལྷུན་གྲུབ་ཡེ་ཤེས་རང་སྣང་ཀློང་ཡངས་ནས། །ལྷུན་གྲུབ་ལོངས་སྐུ་རིགས་ལྔའི་སངས་རྒྱས་ལ། །ལྷུན་གྱིས་གྲུབ་པའི་ཡི་དམ་ཞི་ཁྲོའི་ཚོགས། །ལྷུན་གྲུབ་གནས་མཆོག་དམ་པར་གཤེགས་སུ་གསོལ། །ཀུན་ཁྱབ་ཐུགས་རྗེའི་ཀློང་ཡངས་དམ་པ་ནས། །ཀུན་གྱི་མངའ་བདག་པདྨ་འབྱུང་གནས་ལ། །ཀུན་གཟིགས་མཁའ་འགྲོ་ཆོས་སྐྱོང་ཚོགས་དང་བཅས། །ཀུན་ལ་དགོངས་ཏེ་གནས་འདིར་གཤེགས་སུ་གསོལ། །ཐུགས་རྗེ་རྨད་དུ་བྱུང་བའི་ཀློང་ཡངས་ནས། །ཐུགས་རྗེའི་བདག་ཉིད་དཀོན་མཆོག་རྣམ་གསུམ་ལ། །ཐུགས

རྗེ་ཆེ་ལྡན་འཁོར་འདས་མགྲོན་རིགས་བཅས། །ཐུགས་རྗེས་བརྩེར་དགོངས་གནས་འདིར་གཤེགས་སུ་གསོལ། །གཞན་ཡང་མཆོད་སྦྱིན་འོས་པའི་མགྲོན་གྱི་ཚོགས། །གནས་མཆོག་དམ་པ་གང་དུ་བཞུགས་གྱུར་ཀྱང་། །ཇི་ལྟར་ལྷ་མིའི་ཁྲིམ་ཚོགས་ཇི་བཞིན་དུ། །རྒྱན་དང་ཆ་ལུགས་རྣམ་འགྱུར་སྣ་ཚོགས་པ། །བསང་གི་མཆོད་པ་བཞེས་ཕྱིར་གཤེགས་སུ་གསོལ། །བཞུགས་གསོལ། །ཕྱག་འཚལ། མཆོད་བསྟོད་སོགས་རིམ་བཞིན་དུ། ཧཱུྃ། རབ་འབྱམས་ཞིང་ནས་གཤེགས་པའི་ལྷ་ཚོགས་རྣམས། །དེང་གི་གནས་མཆོག་དམ་པ་ཉམས་རེ་དགའ། །རང་རང་དགྱེས་པའི་གདན་ཁྲི་ཡངས་པ་འདིར། །བསང་མཆོད་བཞེས་ཕྱིར་དགྱེས་པར་བཞུགས་སུ་གསོལ། །དཀོན་མཆོག་གསུམ་དང་རྩ་གསུམ་ཚོགས་རྣམས་ལ། །སྒོ་གསུམ་གུས་པའི་སྒོ་ནས་ཕྱག་འཚལ་ལོ། །ཡོན་ཏན་རྗེས་སུ་དྲན་པས་བསྟོད་པར་བགྱི། །སྣང་སྲིད་ཆོས་སྐྱོང་ལྷ་ཀླུ་གཞི་བདག་ལ། །དམ་ཚིག་དགོངས་ལ་དགའ་ཞིང་གུས་པས་འདུད། །དངོས་འབྱོར་ཡིད་སྤྲུལ་དཔག་མེད་མཆོད་པར་འབུལ། །ཁྱད་པར་བསང་གི་མཆོད་པ་འབུལ་བ་ནི། །སྔོན་ཆེ་བསང་གི་རྒྱུ་བྱུང་གནམ་ནས་བྱུང་། །གནམ་ནས་འབྲུག་ལྡིར་ས་ལས་གློག་འགྱུ་བ། །བར་སྣང་བདུད་རྩིའི་སྤྲིན་ཆར་ཟིལ་མ་ཟིལ། །མཐའ་ཡི་རྒྱ་མཚོ་འཁྲུགས་པའི་རླངས་པ་སྲིད། །མ་ཕམ་གཡུ་མཚོ་ཕྱུག་མོའི་ཁ་ཞག་སྣེ། །རིན་ཆེན་བཟང་དྲུག་སྨན་གྱི་ནུས་པ་དང་། །ཤིང་སྣ་བསྲེགས་པའི་དུད་པའི་སྤྲིན་ལས་བྱུང་། །དེ་ལྟར་ཕྱི་རབས་རྣལ་འབྱོར་བདག་ཅག་གིས། །བསྟན་པ་དར་ཞིང་སེམས་ཅན་སྐྱིད་པ་དང་། །མི་ནད་ཕྱུགས་ནད་དམག་འཁྲུགས་མུ་གེའི་རིགས། །དུག་དང་གདོན་བགེགས་རྒྱལ་པོའི་ཆད་པ་

དང་། །མི་ཁ་བྲ་མཚུ་དབྱེན་ཤག་ངན་སླུས་པ། །ལྟས་ངན་ཐོག་སེར་མ་རུང་བྱད་མ་མཁན། །དམ་སྲིས་རྒྱུད་དཀྲུག་ནད་འབྲུགས་གྱུར་པ་ཀུན། །ཕྱོགས་འདིར་རྒྱུ་བའི་གོ་སྐབས་མེད་པ་དང་། །འཇིག་རྟེན་བདེ་ཞིང་འབྲུ་ནོར་ཕྱུགས་འཕེལ་བ། །མདོར་ན་ཡིད་ལ་ཅི་འདོད་འགྲུབ་པའི་ཕྱིར། །དཀར་གསུམ་མངར་གསུམ་རིན་ཆེན་སྨན་ཚོགས་དང་། །འབྲུ་སྣ་ཕྱེ་མར་དར་ཟབ་སྟག་གཟིགས་རས། །སྟག་པ་ཤུག་པ་མཁན་དཀར་བ་ལུ་དང་། །སྤོས་དཀར་སྤེན་དཀར་ལྷ་ཤིང་ཙེར་ཤིང་རིགས། །བཟང་དུག་ཙནྡན་དཀར་དམར་ཨ་ག་རུ། །གོས་དཀར་མོ་ཡི་ངོ་བོ་རྣམ་དག་པ། །རྃ་ལས་སྐྱེས་པའི་ཡེ་ཤེས་མེའི་ནང་དུ། །སྣ་ཚོགས་བསྲེགས་པའི་དུད་པའི་སྤྲིན་ཕུང་ལས། །རིན་ཆེན་བདུན་དང་བཀྲ་ཤིས་རྫས་རྟགས་བརྒྱད། །རྡོ་རྗེའི་ལྷ་མོའི་རྣམ་འཕྲུལ་མཐའ་ཡས་པ། །སྲིད་ན་རྣམ་པར་འཆར་བ་མཆོད་པའི་སྤྲིན། །ཕུན་ཚོགས་དཔལ་གྱི་འབྱོར་བ་འཆར་བ་འདིས། །གདོན་མའི་མགོན་པོ་རིགས་ལྔ་གང་ཆེན་མཚོ། །སྟོན་པ་བཅུ་གཉིས་བསྐལ་བཟང་སངས་རྒྱས་སྟོང་། །འོད་དཔག་མེད་དང་སྨན་བླ་མི་འཁྲུགས་པ། །ཚེ་དཔག་མེད་དང་ཀླུ་ཡི་དབང་ཕྱུག་རྒྱལ། །སྒྲོལ་མའི་རྒྱལ་པོ་རྩལ་བརྟན་དོན་གྲུབ་དགོངས། །བྱམས་པའི་རྒྱན་དཔལ་དགེ་གྲགས་དཔལ་དམ་པ། །ཀུན་ལ་དགོངས་པ་རྒྱ་ཆེར་གྲགས་པ་ཅན། །ལྷུན་པོ་ལྟར་འཕགས་རྩལ་གྲགས་དཔལ་དང་ནི། །སེམས་ཅན་ཐམས་ཅད་ལ་དགོངས་གྲགས་པའི་དཔལ། །ཡིད་ཆིམ་མཛད་པ་རྩལ་དང་གྲགས་དཔལ་དང་། །དཔལ་སྙིང་བརྩེགས་པ་རྣམ་པར་བསྒྲགས་པའི་རྒྱལ། །རྡོ་རྗེ་རབ་འབྱམས་རིན་ཆེན་གཙུག་ཏོར་ཅན། །འཁོར་བ་འཇིག་དང་གསེར་ཐུབ་འོད་སྲུང་ཆེ། །མར་མེ་མཛད་

སོགས་དུས་གསུམ་སངས་རྒྱས་དང་། །རབ་འབྱམས་ཕྱོགས་བཅུའི་ཞིང་ན་བཞུགས་པ་ཡི། །དུས་གསུམ་བདེ་བར་གཤེགས་པ་ཐམས་ཅད་ལ། །བསང་ངོ་མཆོད་དོ་ཐུགས་དམ་དགྱེས་བསྐང་མཛོད། །རྒྱལ་བ་རྣམས་ཀྱི་ཞལ་ནས་གསུངས་པ་ཡི། །གསུང་རབ་ཡན་ལག་བཅུ་གཉིས་ཐེག་རིམ་དགུ། །ཟབ་མོའི་དགོངས་དོན་རྟོགས་པའི་ཆོས་རྣམས་སོགས། །དམ་ཆོས་དཀོན་མཆོག་ཆོས་ཀྱི་དབྱིངས་དང་མཉམ། །བསང་ངོ་མཆོད་དོ་ཐུགས་དམ་དགྱེས་བསྐང་མཛོད། །ས་སྙིང་བྱམས་པ་སྒྲིབ་སེལ་ནམ་མཁའི་སྙིང་། །སྤྱན་གཟིགས་འཇམ་དཔལ་ཕྱག་རྡོར་ཀུན་ཏུ་བཟང་། །བཟང་སྐྱོང་དྲ་བས་བྱིན་དང་སྨན་ཆེན་པོ། །སྨན་གྱི་རྒྱལ་པོ་སྐར་མ་དྲི་མ་མེད། །སྨན་ནི་ཡང་དག་འཕགས་པ་སྨན་ཆེན་པོ། །སྤོས་ཀྱི་གླང་པོ་ནམ་མཁའ་མཛོད་ལ་སོགས། །རྡོ་རྗེ་སྙེག་མོ་ཕྲེང་བ་གླུ་གར་དང་། །བདུག་སྤོས་མེ་ཏོག་སྣང་གསལ་དྲི་ཆབ་མ། །ལྷ་མོ་ཀུ་རུ་ཀུ་ལེ་འོད་ཟེར་ཅན། །རྨ་བྱ་ཆེན་མོ་སྨན་གྱི་སླེ་མ་དང་། །ནོར་རྒྱུན་མ་སོགས་གཟུངས་སྔགས་ལྷ་མོའི་ཚོགས། །ཁྱད་པར་རྒྱལ་བ་ཀུན་ཡུམ་རྗེ་བཙུན་མ། །འཕགས་མ་སྒྲོལ་མ་མཁྲད་ཞུན་མའི་མདོག །འཁོར་དུ་ཕྲིན་ལས་ལྷ་མོ་ཉི་ཤུ་གཅིག །ཕྲིན་ལས་རྣམ་བཞི་བསྒྲུབས་པའི་རྗེས་མདུན་གྱི། །ཁ་དོག་སྣ་ཚོགས་དབང་པོའི་གཞུ་ལྟ་བུ། །རབ་འབྱམས་སེམས་དཔའ་སེམས་མའི་ཚོགས་རྣམས་ལ། །བསང་ངོ་མཆོད་དོ་ཐུགས་དམ་དགྱེས་བསྐང་མཛོད། །ཤཱ་རིའི་བུ་དང་མོའུ་འགལ་གྱི་བུ། །འོད་སྲུང་རབ་འབྱོར་འཆར་ཁ་བ་ལང་བདག །ཀུན་ཤེས་ཀཽཎྜི་ནྱ་རྟ་ཐུལ་དང་། །མིང་ཅན་ལ་སོགས་ཉན་ཐོས་དགེ་འདུན་རྣམས། །བསང་ངོ་མཆོད་དོ་ཐུགས་དམ་དགྱེས་བསྐང་མཛོད། །འཇིགས་

མེད་རྡོ་རྗེ་སྣང་བ་བརྩེགས་པ་དང་། །དཔའ་བོ་འདུལ་བ་ཉོན་མོངས་གདུང་བ་སེལ། །ཤེས་རབ་མགྱོགས་ཆེན་རྫུ་འཕྲུལ་ཆེར་སྟོན་པ། །གདུང་བ་སེལ་བྱེད་སྨྲ་ཆེན་རི་རྒྱལ་ཆེ། །བསེ་རུ་ལྷ་བུ་སེང་གེ་ལྷ་བུར་དང་། །ཡིད་མྱུར་ལ་སོགས་རང་རྒྱལ་འཕགས་པའི་ཚོགས། །བསང་ངོ་མཆོད་དོ་ཐུགས་དམ་དགྱེས་བསྐང་མཛོད། །ཀུན་བཟང་རིགས་ལྔ་རིགས་གསུམ་དྭ་མ་ལྔ། །ཨུ་པ་ན་ཛ་ཨེ་ཀ་ཛྙཱ་ནི་དང་། །དགའ་རབ་ཤྲཱི་སིཾ་ཧ་པདྨ་འབྱུང་། །རིག་འཛིན་བརྒྱུད་དང་རྗེ་འབངས་ཉེར་ལྔ་དང་། །དགོངས་བརྡ་སྙན་བརྒྱུད་གསར་རྙིང་མཁས་གྲུབ་སོགས། །དོན་དམ་རྫོགས་ཆེན་དོན་གསལ་སྒྱུ་འཕྲུལ་དང་། །ཕྱག་ཆེན་དབུ་མ་ཞི་བྱེད་ལམ་འབྲས་དང་། །གཅོད་ཡུལ་བློ་སྦྱོང་སྙིང་ཐིག་བརྒྱུད་པར་བཅས། །དོན་ལྡན་རྩ་བརྒྱུད་བླ་མ་ལ་སོགས་པ། །ཕྱོགས་བཅུ་དུས་བཞི་ཀུན་གྱི་བདག་ཉིད་ཅན། །བླ་མ་རིག་འཛིན་བརྒྱུད་པར་བཅས་པ་ལ། །བསང་ངོ་མཆོད་དོ་ཐུགས་དམ་དགྱེས་བསྐང་མཛོད། །རིགས་བརྒྱ་རིགས་ལྔ་རིགས་གསུམ་རིགས་མཆོག་གཅིག །པད་འབྱུང་ཐོད་ཕྲེང་སྡེ་ལྔ་མཚན་མཆོག་བརྒྱད། །ཧྲཱ་མགྲིན་ཡབ་ཡུམ་དཔའ་བོ་མཁའ་འགྲོའི་ཚོགས། །སྒྲུབ་པ་བཀའ་བརྒྱད་ཚོགས་ཆེན་འདུས་པ་དང་། །དོན་ཡོད་ཞགས་པ་ངན་སོང་རྣམ་སྦྱོང་བ། །པདྨ་རྩེ་མོ་བདེ་མཆོག་གསང་བ་འདུས། །དཔལ་ཆེན་བཀའ་འདུས་སྒྱུ་འཕྲུལ་དྲྭ་བ་དང་། །རྣམ་སྣང་མཚན་བྱང་ཕྱག་རྡོར་ཀུ་རུ་དྲག །དགྱེས་པ་རྡོ་རྗེ་དུས་ཀྱི་འཁོར་ལོའི་ལྷ། །དགོངས་པ་ཀུན་འདུས་དཀྱིལ་འཁོར་ལྷ་ཚོགས་དང་། །ཁྱད་པར་རྡོ་རྗེ་གཞོན་ནུ་ཡབ་དང་ཡུམ། །སྲས་མཆོག་རིགས་ལྔ་ཁྲོ་བོ་ཡབ་ཡུམ་བཅུ། །ཟ་གསོད་སྒོ་མ་ཕུར་སྲུང་དབང་ཕྱུག་ཚོགས། །རྒྱུད་སྡེ་དྲུག་

དང་རྒྱུད་ལུང་མན་ངག་གི །ཞི་ཆགས་ཁྲོ་བོའི་རྩལ་འཆང་ཡི་དམ་ཚོགས། །བསང་ངོ་མཆོད་དོ་ཐུགས་དམ་དགྱེས་བསྐང་མཛོད། །རྡོ་རྗེ་ཕག་མོ་རིགས་ལྔའི་ཌཱ་ཀི་ནི། །མཚོ་རྒྱལ་ལ་སོགས་ཐུགས་ཀྱི་དགྱེས་སྡེ་ལྔ། །གནས་ཡུལ་ཞིང་གི་བཀོད་པ་སྣ་ཚོགས་སུ། །ཞིང་སྔགས་ལྷན་ཅིག་སྐྱེས་པའི་རྣལ་འབྱོར་མ། །ཡེ་ཤེས་ལས་དང་འཇིག་རྟེན་དམ་ཚིག་ཅན། །ལས་དང་ཤ་ཟ་དུར་ཁྲོད་མཁའ་འགྲོ་མ། །གཞན་ཡང་གནས་ཡུལ་མཁའ་འགྲོ་ཤུགས་འགྲོ་སོགས། །འབུམ་ཕྲག་ཡངས་པའི་མཁའ་འགྲོ་རྒྱ་མཚོའི་ཚོགས། །བསང་ངོ་མཆོད་དོ་ཐུགས་དམ་དགྱེས་བསྐང་མཛོད། །ཁམས་གསུམ་དབང་སྡུད་རྟ་མགྲིན་ནག་པོའི་སྐུ། །ཡུམ་མཆོག་ཨེ་ཀ་ཛ་ཏི་རལ་གཅིག་མ། །སྲས་མཆོག་གནོད་སྦྱིན་ཤན་པ་དམར་ནག་དང་། །དབང་ཆེན་རྟ་མགྲིན་ནག་པོའི་བཀའ་འཁོར་ན། །ཤིང་བྱ་ཅན་དང་བདུད་རྗེ་མེ་རུ་ཙེ། །ར་ཧུ་ལ་དང་ཀླུ་བདུད་མགོ་དགུ་སོགས། །སྣང་སྲིད་དྲེགས་པའི་གཙོ་བོ་སྡེ་བརྒྱད་པོ། །དཔལ་མགོན་ལེགས་ལྡན་མ་ནིང་ཚོགས་ཀྱི་བདག །ཕྱག་བཞི་པ་དང་ཞིང་སྐྱོང་སེང་གདོང་ཅན། །ཚེ་མགོན་དཀར་པོ་ཞལ་བཞི་ཕྱག་དྲུག་པ། །བསང་ངོ་མཆོག་དོ་ཐུགས་དམ་དགྱེས་བསྐང་མཛོད། །སྔགས་སྲུང་སྔགས་བདག་གཤོག་རྒོད་སྲོག་སྒྲུབ་མ། །གཏེར་སྲུང་ཡང་མ་སྐྱིན་གདོང་མཆེད་གསུམ་དང་། །ཚེ་རིང་མཆེད་ལྔ་གཡུ་སྒྲོན་བརྟན་མ་བཅས། །དབང་ཕྱུག་ཆེན་པོ་གཟའ་བདུད་རཱ་ཧུ་ལ། །དམ་ཅན་རྡོ་རྗེ་ལེགས་པ་མགར་དམར་ནག །ལྷ་བཙན་ནོར་སྒྲུབ་ཤན་དམར་རིག་འཛིན་མ། །བྲག་བཙན་ཕུར་སྲུང་ལྷང་ལྷ་ཙིའུ་དམར། །བེ་ཧར་རྒྱལ་པོ་སྐུ་ལྔ་གསང་ཡུམ་བཅས། །ཁྱད་པར་རྡོ་རྗེ་གྲགས་ལྡན་འཁོར་དང་བཅས། །བསང་ངོ་

མཆོད་དོ་ཐུགས་དམ་དགྱེས་བསྐང་མཛོད། །གྲི་བཙན་ནོར་བདག་ཛམ་ལྷ་རིགས་ལྔ་མཆོག །སྔོན་ཚེ་སྲིད་པ་ཡེ་སྨོན་རྒྱལ་པོ་ཡིས། །སོ་ནོ་ཞལ་མཆིད་བླུད་ནས་སྨོན་ལམ་བཏབ། །རིན་ཆེན་ཤེལ་གྱི་སྒོང་དཀར་པོ་བྱུང་། །སྒོང་ངའི་ཕྱི་ཤུན་ལས་བྱུང་རྟ་ཡི་ལྷ། །རྟ་ལྷའི་རྒྱལ་པོ་ཨཙྪ་རེ་མཏྲ། །བར་ཤུན་ལས་བྱུང་རྟ་ཡི་བླ་ཐྲག་དང་། །རྐོད་ཆུ་ལས་བྱུང་རྟ་ཡི་བླ་མཚོ་གྲགས། །མཚོ་ལས་ཤིང་སྡོང་སྐྱེས་པ་བླ་ཤིང་གྲགས། །སྤྲུལ་པའི་བྱ་ཁྲ་སྨྱུར་མགྱོགས་བཅུ་གསུམ་དང་། །རྟ་ལ་འགོ་ཞིང་སྐྱོབས་པའི་ལྷ་རྣམས་ཀྱིས། །རྡོག་ཆགས་རྟ་འདྲེ་རྟུལ་དུ་བརླག་པ་དང་། །རྟ་ལ་རྟེན་འཚོལ་སྲུང་སྐྱོབ་མ་གཡེལ་བར། །རྟ་ལྷ་ཐམས་ཅད་རྟ་དང་མ་བྲལ་ཅིག །རྟ་ཡི་བསྲུང་སྐྱོབ་མེལ་ཚེ་བྱ་ར་མཛོད། །རྨ་རྒྱལ་སྤོམ་ར་གཉན་ཆེན་ཐང་ལྷ་དང་། །རྡོ་རྗེ་གཡུང་དྲུང་རྐོད་ལྷུམ་ཤེལ་རྟུ་སྨན། །ནོར་བུ་གཡུལ་རྒྱལ་སྨོན་ཁ་དྲེགས་སྡེ་དང་། །དུར་ཁྲོད་ལྷ་མོ་ལས་གཤིན་སྲུང་ཞོན་མ། །ཟངས་རི་ཀླུ་མོ་ལྷ་སྨན་ཁོལ་པོ་ཁ། །བྱ་རོག་གདོང་ཅན་རྒྱལ་བ་ཐོད་དཀར་དང་། །འབར་མ་བྱ་ཞོན་འབར་མ་ལྷུམ་དྲལ་མ། །གཏེར་སྲུང་ལྷ་མོ་མ་མོ་ཁྲག་རལ་མ། །རྡོ་རྗེ་བདུད་འདུལ་གནོད་སྦྱིན་བཅུ་གཉིས་དང་། །ནག་རཀྵ་ལྷ་སྲིན་སྡེ་བརྒྱད་གཙོ། །བསང་ངོ་མཆོད་དོ་ཐུགས་དམ་དགྱེས་བསྐང་མཛོད། །དགྲ་ལྷ་གེ་སར་ནོར་བུ་དགྲ་འདུལ་རྩལ། །དཔལ་མགོན་བདུན་ཅུ་འགོ་བའི་ལྷ་ལྔ་དང་། །དགྲ་ལྷ་བཅུ་གསུམ་ཁྱེར་མའི་ཚོགས་དང་བཅས། །བཀའ་ཡི་བློན་པོ་དཔའ་ཐུལ་སུམ་ཅུ་སོགས། །མདོར་ན་ཡེ་ཤེས་ལས་དང་འཇིག་རྟེན་གྱི། །བཀའ་ཡི་འཁོར་དུ་གཏོགས་པའི་ལས་བྱེད་ཚོགས། །བསང་ངོ་མཆོད་དོ་ཐུགས་དམ་དགྱེས་བསྐང་མཛོད། །རྫུ་འཕྲུལ་

ཀང་པ་བཞི་ལྡན་ཀླུང་ཤུགས་ཀྱིས། །གང་འདོད་གནས་སུ་ཐོགས་མེད་ཕྱིན་པའི་
ཏྲ། །དཔའ་རྔམས་སྤོབས་བསྐྱེད་དུང་སེང་གཡུ་རལ་ཅན། །ངར་སྐད་སྤོབས་
བསྐྱེད་གཡུ་འབྲུག་སྔོན་མོ་སྟེ། །དཔའ་རྩལ་སྤོབས་བསྐྱེད་རྒྱ་སྟག་མཚལ་རིས་
ཅན། །སྤོབས་ཤུགས་བང་བསྐྱེད་ཁྱུང་ཆེན་འབར་བ་བཞི། །བར་སྣང་གཉན་
གྱི་ཀླུང་ཏྲ་རྣམ་གཉིས་དང་། །ཡེ་སྨོན་རྒྱལ་པོ་གསང་བདག་རྒྱལ་མོ་
ལས། །སྲས་ནི་ལྷ་བུ་ལྷ་གསལ་བྱ་བ་སྲིད། །ལྷུགས་ཟངས་ཤིང་དང་ཆུ་ཡི་མི་
ཕོ་བཞི། །རང་མདོག་མཐུན་པའི་ཀླུང་ཏྲ་སྡེ་བཞི་པོ། །ཀླུང་ཏྲ་ལྷ་ཡི་སྲས་པོ་
སྐྱེས་བུ་བཞི། །ཕྱག་བརྙན་སྤྲེལ་སྤྲུལ་སྟག་དང་ཕག་གི་མགོ །རང་རང་ཡང་
སྤྲུལ་སྒོ་སྲུང་ཕོ་ཉར་འགྱེད། །བདག་ཅག་དཔོན་སློབ་ཡོན་མཆོད་འཁོར་བཅས་
ཀྱིས། །བསོད་ནམས་དཔལ་གྱི་དར་ཆེན་དགུང་དུ་ཕྱོར། །ཀླུང་ཏྲ་བསྐྱེད་ལ་
སྐྱན་གྲགས་ཕྱོགས་བཅུར་ཁྱབ། །མི་མཐུན་ཀླུང་རྣམས་མཐུན་པར་སྒྲུབ་པ་
དང་། །ཀླུང་ཏྲའི་ལྷ་རྣམས་རྟག་ཏུ་སྤྲེལ་བའི་ཕྱིར། །བསང་ངོ་མཆོད་དོ་ཐུགས་
དམ་དགྱེས་བསྐང་མཛོད། །གཞན་ཡང་བེ་ར་ནག་གྲི་ཁྱུག་གུར་མགོན་
དང་། །སྟག་ཞོན་སེང་ཞོན་མིའུ་ཐུང་གསོད་བྱེད་སོགས། །དཔལ་ལྡན་ལྷ་མོ་
ནག་མོ་རེ་མ་ཏི། །རེ་ཏི་མཆེད་བཞི་དུད་གསོལ་ཙིཎྜི་ཀ །མ་གཅིག་དཔལ་ལྷ་
གཟའ་མཆོག་སྒྲ་གྲི་འབར། །མཐུ་སྟོབས་དབང་ཕྱུག་ཤན་པ་ར་མགོ
དང་། །མ་ར་སླེང་ཟན་ལཀྵ་མགྲིན་བཅུའི་ཚོགས། །གཏེར་གྱི་བདག་པོ་གང་
བཙན་ལ་སོགས་པ། །ལེ་འབར་མ་རྡོ་རྗེ་ཆོས་སྒྲོན་མ། །རྡོ་རྗེ་གནས་ཡོན་ལ་
སོགས་གཙུག་ལག་བདག །བདུད་བཙན་ཀླུ་གསུམ་མཁའ་འགྲོ་དཔལ་འབར་
མ། །དམ་ཅན་སྡེ་བདུན་རང་རང་འཁོར་དང་བཅས། །ལྷ་ཆེན་བརྒྱད་དང་ཀླུ་

ཆེན་རྣམ་པ་བརྒྱད། །གཟའ་ཆེན་བརྒྱད་དང་འཛིགས་བྱེད་ཆེན་པོ་
དགུ། །དཔལ་མགོན་བདུན་ཅུ་རྒྱལ་ཆེན་ཕྱོགས་སྐྱོང་བཅུ། །རྡོ་རྗེ་ཤམ་པ་རྡོ་རྗེ་
གང་བ་བཟང་། །མཁའ་རི་ལ་སོགས་དགེ་བསྙེན་ཉི་ཤུ་གཅིག །མགུར་ལྷ་
བཅུ་གསུམ་ལྷ་རབས་མཆེད་དགུ་དང་། །ཞང་བློན་སྡེ་དགུ་ཀུན་དགའ་གཞོན་ནུ་
དང་། །ཨ་ཕྱི་ཆོས་སྒྲོན་བརྟན་མ་བཅུ་གཉིས་སོགས། །བསང་དོ་མཆོད་དོ་
ཐུགས་དམ་དགྱེས་བསྐང་མཛོད། །རྒྱ་གར་རྒྱ་ནག་བལ་ཡུལ་ལི་ཡུལ་
དང་། །ཁ་ཆེ་ཁྲི་རྟེན་གྲུ་གུ་མཐར་ལེགས་སོགས། །ཧ་ལ་ཞན་དང་དུར་ཁྲོད་
ཆེན་པོ་བརྒྱད། །ཁྱད་པར་བོད་ཁམས་ཁ་བ་ཅན་གྱི་ཡུལ། །མངའ་རིས་སྐོར་
གསུམ་དབུས་གཙང་རུ་བཞི་དང་། །མདོ་ཁམས་སྨད་དྲུག་མོན་ཡུལ་རྡོ་གོང་
པོའི། །སྲུང་མ་གཏེར་བདག་ཡུལ་ལྷ་འཁོར་དང་བཅས། །གཙུག་ལག་ཆོས་
འཁོར་དབེན་གནས་ཀུན་གྱི་བདག །བཀའ་དང་དམ་ཚིག་ལ་གནས་ཆོས་སྐྱོང་
ཚོགས། །མིང་དང་མཚན་ནས་མ་ཐོན་ཐམས་ཅད་ཀུན། །ཁྱད་པར་པད་འབྱུང་
བྷི་མ་གླིང་ཆེན་སོགས། །རིག་འཛིན་རྩ་བརྒྱུད་བླ་མའི་ཚོགས་རྣམས་
ཀྱི། །བཀའ་དང་དམ་ཚིག་ལ་གནས་སྲུང་མའི་ཚོགས། །བདག་ལ་འགོ་ཞིང་
སྡོང་གྲོགས་བྱེད་པ་དང་། །མགོན་སྐྱབས་དཔུང་གཉེན་རྟག་ཏུ་མཛད་པ་
ཡི། །འགོ་བའི་ལྷ་ལྔ་སྐྱོབས་པའི་ལྷ་སྲུང་ལ། །བསང་དོ་མཆོད་དོ་ཐུགས་དམ་
དགྱེས་བསྐང་མཛོད། །གནོད་སྦྱིན་རྗེ་དཔོན་ལོངས་སྤྱོད་གཏེར་གྱི་
བདག །ཡིད་བཞིན་ནོར་བུ་རྒྱལ་པོ་རྣམ་ཐོས་སྲས། །ཐུགས་ཀྱི་དགྱེས་སྡེ་
དཔལ་བརྩོན་བཟང་པོ་དང་། །རྟ་བདག་བརྒྱད་དང་ཕྱུགས་ལྷ་ལྷང་གུ་
སོགས། །འཁྲིག་མ་ལ་སོགས་གནོད་སྦྱིན་བྱེ་བ་བཅས། །ནོར་ལྷ་གཏེར་གྱི་

བདག་པོ་འཁོར་བཅས་ལ། །བསང་དེ་མཆོད་དོ་ཐུགས་དམ་དགྱེས་བསྐང་
མཛོད། །གཞན་ཡང་འབྱུང་པོ་ས་ཡི་བདག་པོ་ནི། །གསེར་གྱི་ས་གཞི་ལ་
གནས་བརྟན་མ་དང་། །ས་བདག་དབང་ཆེན་ས་འཛིན་ལག་ཆེན་པོ། །ལྟོ་འཕྱེ་
ཆེན་པོ་ལ་སོགས་ས་བདག་དང་། །རི་རྒྱལ་ལྷུན་པོ་གསེར་རི་རོལ་མཚོ་
བདུན། །གླིང་བཞི་གླིང་ཕྲན་ལྕུགས་རིའི་འཁོར་ཡུག་ན། །གནས་པའི་ས་
བདག་རིགས་སུ་གྱུར་པ་དང་། །གཞན་ཡང་ཐེ་སེ་རྒྱལ་པོ་ཙོང་ཀུན་
དང་། །གྲུལ་བུམ་ལྷ་ལྔ་གཟིགས་མཇུག་ལ་སོགས་པ། །ཡོ་བླ་ཞག་དུས་ཆོས་
ཀྱིས་བདག་དང་། །ས་ལ་དབང་བའི་བདག་པོ་འཁོར་དང་བཅས། །གཞན་
ཡང་འབྱུང་བ་ལྔ་ཡི་ས་བདག་ཚོགས། །སྤར་ཁ་སྨེ་བ་ལོ་འཁོར་བཅུ་གཉིས་
དང་། །ལོ་ཁྲིམ་དྲུག་ཅུ་དཀར་ཕྱོགས་སྐྱོང་བའི་ཚོགས། །གབ་རྩེ་སུམ་བརྒྱ་
དྲུག་ཅུའི་ས་བདག་ཚོགས། །གཞན་ཡང་ས་ཕྱོགས་ཉེ་འཁོར་འདི་ཉིད་
ལ། །གནས་པའི་ས་བདག་གནས་བདག་ཡུལ་ལྷ་ལ། །བསང་དེ་མཆོག་དོ་
ཐུགས་དམ་དགྱེས་བསྐང་མཛོད། །གཞན་ཡང་ཀླུ་དང་གཉན་གྱི་རིགས་གྱུར་
པ། །ནམ་མཁའ་བར་སྣང་ས་གཞི་ལ་གནས་པ། །རི་བྲག་ལྗོན་ཤིང་གེལ་པ་
གཏན་འཁྱིལ་མཚོ། །ཆུ་བོ་ཆུ་ཕྲན་ཆུ་མིག་འབབ་ཆུ་དང་། །ལྡིང་ཀ་ཁྲོན་པ་ལ་
གནས་ཀླུ་གཉན་དང་། །ས་བདག་རིགས་སུ་གྱུར་པ་ཐམས་ཅད་ལ། །བསང་
དེ་མཆོད་དོ་ཐུགས་དམ་དགྱེས་བསྐང་མཛོད། །གླིང་གི་མཆོག་གྱུར་ལྷོ་རྒྱལ་
འཛམ་གླིང་འདིར། །དུར་ཁྲོད་བརྒྱད་དང་གནས་ཡུལ་ཉེར་བཞིའི་
བདག །དབུས་གཙང་རུ་བཞི་མདོ་ཁམས་སྒང་དྲུག་དང་། །རྒྱ་གར་རྒྱ་ནག་
ཧོར་དང་འཇང་གི་ཡུལ། །སོག་ཡུལ་གྲུ་གུ་མཐར་ལེགས་ཞང་ཞུང་

ཡུལ། །གར་ལྷོག་ལ་སོགས་མཐའ་ཁོབ་ཡུལ་རྣམས་དང་། །ཉིང་པོ་འོལ་ཀ་
དྭགས་ཀོང་གཉལ་ལོ་བྱར། །མོན་ཡུལ་རྗོ་དང་ལྷོ་བྲག་གྲུ་ཤུལ་གློ། །ཨ་ལ་
རྗོད་དང་ཧྲུ་ཡི་ཉིན་སྲིབ་དང་། །ཁྱད་པར་མདོ་ཁམས་སྨད་ཀྱི་གཞི་བདག་
ནི། །ལྷོ་ཡི་རོང་ལྷ་རྒྱལ་བཙན་ཁ་བ་དཀར། །མོ་ནམ་མཆེད་བརྒྱད་དམག་
དཔོན་དགྲ་འདུལ་དང་། །སྐམ་གྱི་ཐོད་སྒྲོལ་དམག་ཡོལ་ག་པ་དང་། །རྩི་ཡི་
བང་རྒོད་གང་དཀར་མཆེད་བརྒྱད་པོ། །འདུས་རི་མཐོན་པོ་འབྲི་ལུང་ཉིན་སྲིབ་
ཡུལ། །གདན་གྱི་དབང་སླེ་སླེ་དགུ་གེ་མཛོའི་རི། །སྤོ་འབོར་སྣང་གི་གཞི་
བདག་ཐམས་ཅད་དང་། །ཨེ་ཚ་རི་དང་རྭ་ཞན་འགའ་བྱུང་ངོས། །རྨ་ལུང་དན་
ཏིག་རི་བོ་གཏྟི་ཀ། །བསམ་གཏན་གང་བཟང་གནམ་ཆོ་ཕྱུག་མོའི་བདག །ཞང་
ཞུང་ལ་བོ་ཆེ་དང་དབྱར་མོ་ཐང་། །བེ་རི་དུག་མཚོ་སྤྱང་རི་མཚོ་ནག་དང་། །ཚྭ་
མཚོ་དཀར་མོ་ཁྲི་ཤོག་རྒྱལ་མོ་མཚོ། །ཙོང་ཀའི་མཚོ་སྔོན་ཙོང་ཀའི་ཉིན་སྲིབ་
རིར། །སྤོ་ཏིའི་བྲག་དམར་སྤོ་ཐྲིའི་ཤེལ་ལུང་ཕྱུགས། །གྲོལ་གྱི་གཡའ་ལུང་
ཡལ་གྲོལ་རལ་གསུམ་ཚོགས། །དགུ་རིམ་བཞི་གསུམ་གཞི་བདག་ཐམས་ཅད་
དང་། །སླེ་གོང་སླེ་དམར་སླེ་གོང་ཉིན་སྲིབ་སོགས། །བྲག་དམར་བྱ་རྒོད་འོ་དེ་
རལ་གསུམ་དང་། །སྨར་ཁམས་སྣང་དང་ཚྭ་རོང་རྒྱལ་མོ་རོང་། །ཡུལ་ལྷ་
གཞི་བདག་འཁོར་དང་བཅས་པ་རྣམས། །འབོ་ཡུལ་གངས་དཀར་བཞུག་ར་གཡུ་
ཁྲིམ་རྒྱལ། །ཁ་བ་ལུང་རི་གཉན་པོ་གཡུ་རྩེ་དང་། །རམ་རམ་མཆེད་གསུམ་
ཞི་དར་མཆེད་བརྒྱད་ཚོགས། །གནས་བདག་ལྷ་བཙན་རྡོ་རྗེ་ཐོག་རྒོད་
རྩལ། །ཁྱད་པར་ཡུལ་ཕྱོགས་འདི་ལ་གནས་པ་ཡི། །འདོད་རྒུ་བསམ་འཕེལ་
ནོར་བུ་འབར་བ་ནི། །རིན་ཆེན་བྲག་རི་ནགས་ཚལ་མེ་ཏོག་བཀྲ། །མཚོ་དང་ཆུ་

མིག་བརྒྱན་པའི་རི་བོ་ལ། །གནས་པའི་གཞི་བདག་ཡུལ་གྱི་མི་དཔོན་རྩལ། །ཕ་རོལ་གཡུལ་ལས་རྒྱལ་བའི་ལྷ་གཅིག་པུ། །དཔྱལ་གྱི་བྲག་ལ་གནས་པའི་སྨན་བཙུན་མ། །མིང་པོ་ལྷ་ཡི་དགེ་བསྙེན་དྲག་རྩལ་ཅན། །ལྕམ་དྲལ་རྣམ་གཉིས་འཁོར་དང་ཡང་འཁོར་བཅས། །ནུབ་ཕྱོགས་མགོན་པོ་ཤྭ་ནའི་ལུང་པ་རུ། །ལྷ་ཡི་དགེ་བསྙེན་ཁྲོ་འཛུམ་གཟི་བརྗིད་འབར། །བཀྲ་ཤིས་ཕུན་སུམ་ཚོགས་པའི་ལུང་པའི་ནང་། །གནས་པའི་གཞི་བདག་ཡུལ་ལྷ་འབྱུང་པོའི་ཚོགས། །ལྷོ་ཕྱོགས་རྟ་ཡི་ལུང་པ་མཛེས་པ་ལ། །གངས་བྲག་ཛ་སྤང་མཚོ་དང་ནགས་ཚལ་དུ། །གནས་པའི་གཞི་བདག་མཚོ་སྨན་འཁོར་དང་བཅས། །འདོད་འབྱུང་བ་དང་དཔག་བསམ་ཤིང་ལྷ་བུའི། །དངོས་གྲུབ་ཀུན་རྫོལ་རིན་ཆེན་གཏམས་པའི་རི། །ངོ་བོ་གདོད་ནས་ཆོས་སྐུ་རང་བཞིན་ལ། །རྣམ་པ་ཡུལ་སྐྱོང་གཙོ་བོ་དྲེགས་པ་ཆེ། །གཞན་ཡང་དཀར་ཕྱོགས་སྐྱོང་བའི་གཞི་བདག་ནི། །བདག་ལ་འགོ་ཞིང་སྟོང་གྲོགས་མཛད་པའི་རིགས། །ཡུལ་ཕྱོགས་ཉེ་བར་གང་དུ་བཞུགས་གྱུར་ཀྱང་། །བསང་དོ་མཆོད་དོ་ཕྱུགས་དམ་དགྱེས་བསྐང་མཛོད། །དགོན་གནས་བཙུག་ལག་ཁང་ལ་གནས་པ་དང་། །དཀའ་ཐུབ་གནས་དང་སྒྲུབ་ཁང་ལ་གནས་པ། །གྲོང་དང་གྲོང་ཁྱེར་རྒྱལ་པོའི་དགོར་མཛོད་ནང་། །སྦྲ་གུར་ཁང་ཁྱིམ་ཕྱུགས་ལྷས་གང་གནས་དང་། །གནས་བདག་དགོར་བདག་ཡུལ་ལྷ་གཉེན་པོ་ཆེ། །ཐབ་ལྷ་ཡུ་མོ་ཁྱིམ་ལྷ་གེལ་ཐུང་ཚོགས། །སྒྲིད་ལྷ་སྤུན་གསུམ་མེ་ལྷ་དྲང་སྲོང་ཆེ། །ཐབ་ལྷ་གྲུ་བཞི་ནོར་ལྷ་ཕྱུགས་ཀྱི་བདག །མཁར་ལྷ་སྦྲ་ལྷ་སྐྱེས་ལྷ་འཁོར་དང་བཅས། །དགྲ་ལྷ་ཞང་ལྷ་མ་ལྷ་སྲོག་ལྷ་དཀར། །ཕ་ལྷ་ལ་སོགས་འགོ་བའི་ལྷ

ལྷའི་ཚོགས། །བསང་དོ་མཆོད་དོ་ཐུགས་དམ་དགྱེས་བསྐང་མཛོད། །ནོར་ལྷ་རྒྱ་མཚོའི་ལྷ་ཚོགས་ཐམས་ཅད་ཀྱིས། །བསྲུང་བྱར་གྱུར་པའི་ནོར་ཕྱུགས་ཐམས་ཅད་ལ། །གློ་གོར་རྫོན་གསུམ་ནོར་ནད་ཞི་གྱུར་ནས། །ནོར་ཕྱུགས་ཀུན་གྱིས་ས་སྟེང་གང་གྱུར་ཅིག །གཡང་དཀར་ལུག་ལ་སྐྱོབ་པའི་ལྷ་རྣམས་ཀྱིས། །གཡང་མོ་ལུག་ལ་བསྲུང་སྐྱོབ་མཛད་པ་དང་། །ལུག་ནད་གཏལ་འབྲུམ་ལ་སོགས་ཞི་བ་དང་། །ཕྱུགས་ལུག་གཡང་རྣམས་འཕེལ་བར་མཛད་དུ་གསོལ། །རྟ་ནོར་ལུག་སོགས་དུད་འགྲོའི་རིགས་གྱུར་ཀུན། །སྣ་ཚོགས་ཡུམ་དང་དུར་བདག་ལྕགས་སྒྲོག་མས། །སྲོན་གྱི་དམ་བཅའ་གཉན་པོ་ཉེར་དགོངས་ལ། །རྟ་ནོར་ལུག་སོགས་དུད་འགྲོའི་རིགས་གྱུར་རྣམས། །གཅན་གཟན་གནོད་པ་མཐའ་དག་སེལ་བར་མཛོད། །རིགས་དྲུག་སྙིང་རྗེའི་མགྲོན་དུ་གྱུར་པ་ཡི། །སྐྱེ་མཆེད་མུ་བཞི་གནས་རིས་བཅུ་བདུན་དང་། །འདོད་ལྷ་རིགས་དྲུག་ལྷ་ཡི་རིགས་གྱུར་པ། །ལྷ་མ་ཡིན་གྱི་རྒྱལ་པོ་ཐག་བཟང་རིས། །དབང་ཆེན་གསེར་གྱི་ས་གཞི་ལ་གནས་པ། །སྐར་ཕྲེང་གནས་དང་མགུལ་ཕྲེང་ལྷ་མ་ཡིན། །རི་རབ་ཆུ་མཚམས་ལྷ་གནས་ལྷ་མིན་གྱི། །རྒྱལ་པོ་སྒྲ་གཅན་འཛིན་པ་འཁོར་དང་བཅས། །གླིང་བཞི་མི་ཡི་རྒྱལ་པོ་སྤྱི་བོ་སྐྱེས། །གསོ་སྦྱོང་འཕགས་སོགས་རྒྱལ་རིགས་ཐམས་ཅད་དང་། །གྲགས་པ་ལ་སོགས་རྗེ་རིགས་འཁོར་དང་བཅས། །སྤྱི་མཁན་ལ་སོགས་བྲམ་ཟེ་ཐམས་ཅད་དང་། །སེ་དྷེ་ལ་སོགས་དམངས་རིགས་འཁོར་དང་བཅས། །མགོན་མེད་ཟས་སྦྱིན་ས་སོགས་ཁྱིམ་བདག་རིགས། །རིགས་བཞི་མི་ཡི་འགྲོ་བ་ཐམས་ཅད་དང་། །ས་འོག་ས་སྟེང་ལ་གནས་ཀླུ་ཡི་རིགས། །ཀླུ་ཡི་རྒྱལ་པོ་དགའ་བོ་འཇོག་པོ་དང་། །མཐའ་ཡས

རིགས་ལྡན་པདྨ་པད་ཆེན་རྒྱལ། །དུང་སྐྱོང་ནོར་རྒྱལ་མ་དྲོས་གཟི་ལྡན་པ། །མི་མགོན་དཀར་པོ་རྒྱལ་རིགས་རྗེ་རིགས་དང་། །དམངས་རིགས་བྲམ་ཟེ་གདོལ་བ་ནག་པོའི་རིགས། །ལྟོ་འཕྱེ་ལ་སོགས་དུད་འགྲོའི་རིགས་གྱུར་པ། །ཀླིན་ཀླུག་དུད་འགྲོའི་རིགས་སུ་གྱུར་པ་རྣམས། །ཡི་དྭགས་རྒྱལ་མོ་ཁ་ལ་མེ་འབར་དང་། །གཟི་བརྗིད་ཆེན་པོ་གཙོས་བྱས་ཡི་དྭགས་རིགས། །ཕྱི་ནང་སྒྲོས་ཁྱེར་སྒྲིབ་ཅན་སྡེ་ཚན་གསུམ། །མེ་ལྕེའི་འཁོར་ལོ་མཁའ་ལ་རྒྱུ་བ་སོགས། །བཀྲེས་སྐོམ་གདུང་བའི་ཡི་དྭགས་འགྲོ་བ་རྣམས། །དམྱལ་ཁམས་ལས་ཀྱི་དབང་ཕྱུག་ཆོས་ཀྱི་རྒྱལ། །ཨ་ཤ་གླང་མགོ་རླ་ཕག་མགོ་ཅན། །འཁོར་དུ་གསོད་བྱེད་ལས་ཀྱི་གཤིན་རྗེ་དང་། །འགྲོ་བའི་སྲོག་ལེན་མེ་ལོང་སྟོན་པའི་ཚོགས། །མཚོན་ཆས་གཏུབ་དང་འབིག་ཅིང་བརྡེག་པ་ཡི། །སྡུག་བསྔལ་སྣ་ཚོགས་སྟོན་པའི་ལས་བྱེད་རྣམས། །ཡང་སོས་ཚ་བ་ལ་སོགས་ཚ་དམྱལ་བརྒྱད། །ཨུ་ཏྤལ་ལྷར་གས་ལ་སོགས་གྲང་དམྱལ་བརྒྱད། །ཉི་ཚེ་ཉི་འཁོར་ལྷག་པ་བཅུ་དྲུག་སོགས། །ཞེ་སྡང་དམྱལ་བའི་འགྲོ་བ་མཐའ་དག་ཚོགས། །བགེགས་རྒྱལ་བི་ན་ཡ་ཀའི་གཙོས་བྱས་པ། །བགེགས་རིགས་སྟོང་ཕྲག་བརྒྱད་ཅུའི་ཚོགས་རྣམས་དང་། །ལྷ་ཀླུ་གནོད་སྦྱིན་ནམ་མཁའ་ལྡིང་གི་གདོན། །མཁའ་འགྲོ་ཤ་ཟ་རོ་ལངས་འབྱུང་པོའི་ཚོགས། །བདག་ཅག་ཁམས་གསུམ་འཁོར་བར་འཁྱམས་པའི་ཚེ། །དགྲ་གཉེན་བར་མ་སྣ་ཚོགས་གྱུར་པ་ན། །གཅེས་པ་སྲོག་དང་བརྟེན་པ་གནས་ཁང་དང་། །གནས་ས་ཞིང་དང་ཞིམ་མངར་ཟས་ཀྱི་རིགས། །གོས་དང་ལོངས་སྤྱོད་གསེར་དངུལ་ལན་ཆགས་པ། །བུ་ལོན་འབྲེལ་འདྲིས་ཕ་མ་བུ་ཚ་

དང་། །མཛའ་བཤེས་ཉེ་འབྲེལ་ཀུ་འཕྲོག་རིགས་གྱུར་པ། །དགྲ་སྡང་གསོད་གཅོད་བརྡེག་བཅོག་ན་ཚ་སོགས། །བུ་ལོན་ལན་ཆགས་རིགས་སུ་གྱུར་པ་ལ། །བསང་ངོ་མཆོད་དོ་ཐུགས་དམ་དགྱེས་བསྐང་མཛོད། །ཁྱད་པར་གཞིན་གྱི་གྲལ་ན་བཞུགས་པ་ཡི། །རྒྱལ་བཙུན་པཎྜི་ཏ་དང་ལོ་ཙ་བ། །ཞང་བློན་སྨན་པ་བཟོ་བོ་དམག་དཔོན་དང་། །ཡུལ་དཔོན་སྐྱེ་བོ་རབ་འབྱམས་སྡ་རབས་པ། །ཕོ་བཙུན་གཡས་གྲལ་མོ་བཙུན་གཡོན་གྲལ་དང་། །བྲིས་པ་མཐའ་གྲལ་བཞུགས་པའི་ཚོགས་རྣམས་ནི། །དབུ་སྐར་སྨྱུན་མཐིང་ལྡུགས་དམར་གཞིན་གྱི་ཚོགས། །བསྐལ་བ་སྟོན་ནས་ཤ་མར་ཆང་གསུམ་སོགས། །བཟའ་བཏུང་ལོངས་སྤྱོད་མིང་ཡང་མ་ཚོར་བ། །བཀྲེས་ཤིང་ཕོངས་པར་གྱུར་པའི་འགྲོ་བ་རྣམས། །སོ་སོར་གང་ལ་ཅི་འདོད་ཕུལ་བ་ཡིས། །ཁྱད་པར་ཤི་མིག་གསོན་ལ་མ་བལྟ་བར། །གཞིན་གྱི་བསྐྱེ་གདུང་གསོན་ལ་མི་མཛད་པར། །རང་བཞིན་བཞུགས་ལ་དར་ཞིང་རྒྱས་པར་མཛོད། །ན་ཀ་ཤི་ཀ་ཐམས་ཅད་ཆོད་པ་དང་། །བདག་ཅག་མི་ནོར་འཁོར་དང་བཅས་པ་རྣམས། །ཆག་ཆེ་ཉམ་ང་ཐམས་ཅད་བཟློག་པ་དང་། །བཀྲ་ཤིས་བདེ་ལེགས་ཕུན་སུམ་ཚོགས་པར་མཛོད། །རྣམ་རྒྱལ་གཞིན་རྗེ་རྟ་མགྲིན་བདུད་རྩི་འཁྱིལ། །ལྕགས་ཀྱུ་ཞགས་པ་ལྕགས་སྒྲོག་དྲིལ་བུ་མ། །ཁྲོ་ནང་སྒོ་སྲུང་ཡབ་ཡུམ་འཁོར་དང་བཅས། །གཞན་ཡང་མཆོད་སྦྱིན་མགྲོན་དུ་གྱུར་པ་རྣམས། །གློ་བུར་ལྷགས་པའི་མགྲོན་རིགས་ཚོགས་རྣམས་དང་། །ཁྱད་པར་ལྷག་མའི་མགྲོན་དུ་གཏོགས་པ་རྣམས། །ཁས་ཉེན་དབང་ཆུང་གཟུགས་ངན་གཟི་བརྗིད་ཆུང་། །ལོང་བས་མ་མཐོང་ཞ་བོ་མ་བསླེབས་པར། །འོན་པས་མ་གོ་ལྐུག་པས་མ་ཚོར་

སོགས། །ལྷག་མ་བཤལ་ཆུ་རེ་བ་ཐམས་ཅད་ལ། །སྲིད་རྩེ་ན་རག་དམྱལ་བ་ཡན་ཆད་ཀྱི། །མཆོད་སྦྱིན་ལས་གྱུར་སྣང་སྲིད་མགྲོན་གྱི་ཚོགས། །གང་ལ་ཅི་འདོད་དམིགས་ཏེ་འབུལ་ལགས་ན། །ཐམས་ཅད་དགྱེས་ཤིང་རབ་ཏུ་ཚིམ་པར་གྱུར། །བསང་མཆོད་བཞེས་ལ་རེ་བ་བསྐང་གྱུར་ཅིག །མ་རིག་ལས་བྱུང་སྡུག་བསྔལ་སྣ་ཚོགས་པ། །སྤྱོད་ངན་རྐྱེན་གྱི་རྩ་རླུང་འཁྲུགས་པའི་ཚེ། །ཀུན་རྫོབ་སྒྱུ་མར་གྲིབ་ཀྱི་ཚུལ་དུ་ཤར། །སྣང་བ་བདེན་འཛིན་ཉོན་མོངས་སྒྲིབ་ཚོགས་ཀུན། །རང་ཤར་རང་ཡལ་ནམ་མཁའ་དྭངས་བ་ལ། །གྲིབ་དང་གདོན་ཞེས་བྱ་བ་ག་ལ་གྲུབ། །ཤིང་མཆོག་ཙནྡན་དཀར་དམར་ཨ་ག་རུ། །མཁན་པ་ཤུག་པ་བ་ལུ་སྟག་པའི་ཤིང་། །སྤེན་དཀར་འོམ་བུ་སྦ་སྤྱུག་ཉ་སྦྲིད་དང་། །ཕོ་ཤིང་མོ་ཤིང་བུ་ཤིང་སྣ་ཚོགས་པ། །འབྲས་བུ་གསུམ་དང་བཟང་དྲུག་སྨན་སྣའི་ཚོགས། །ཏིལ་ནས་གྲོ་དང་སོ་བ་ཡུངས་དཀར་དང་། །བྱིན་བརླབས་དམ་རྫས་གུ་གུལ་དཀར་ནག་སོགས། །འབྲུ་སྣ་དར་ཟབ་རིན་ཆེན་རྩི་བཅུད་ཆང་། །ཞ་ཡི་སྤུ་གསོབ་དབང་པོ་ཚང་བ་དང་། །རྨ་བྱའི་མདོངས་ལ་སོགས་པ་ཡོ་བྱད་ཚོགས། །ཕྱི་ནང་གསང་གསུམ་མནོལ་གྲིབ་བསལ་བའི་རྫས། །མེ་ལ་བསྲེགས་པའི་དུད་པའི་སྤྲིན་ཕུང་གིས། །སྟེང་འོག་བར་གསུམ་ལྷ་ཀླུ་གཉན་པོ་སོགས། །ཕུག་ལྷ་སྒོ་ནོར་ཁྱིམ་ལྷ་ཁྱིམ་བདག་དང་། །ལུས་ངག་ཡིད་གསུམ་དགྲ་ལྷ་སྐྱེས་ཀྱི་ལྷ། །སྲོག་ལྷ་གཡང་ལྷ་གོས་ནོར་ལོངས་སྤྱོད་ལྷ། །རྨུག་ཅིང་འཐིབ་པར་བྱེད་པའི་མནོལ་གྲིབ་རྣམས། །ཐམས་ཅད་བསང་གིས་བྱང་ཞིང་དག་པར་མཛོད། །གཞན་ཡང་བསང་མགྲོན་ལྷ་ཚོགས་ཐམས་ཅད་ལ། །གཡུ་ཤུག་སྔོན་པོའི་བསང་གི་དུད་པའི་སྤྲིན། །རོ་བརྒྱ་ལྡན་པའི་ཞིམ་མངར་གསུར་

མཆོད་དང་། །དཀར་གསུམ་མངར་གསུམ་མཆོད་པ་ཕུལ་བ་ཡིས། །ཕྲག་དོག་རིམ་ནད་ཐམས་ཅད་ཞི་བ་དང་། །མི་མཐུན་རྐྱེན་ངན་བར་ཆད་ཞི་བར་མཛོད། །ཁྱེད་པར་ས་བདག་ཀླུ་གཉན་འཁོར་བཅས་ལ། །རྩི་ཤིང་སྣ་ཚོགས་དྲི་ཞིམ་སྤོས་དང་སྨན། །དཀར་གསུམ་མངར་གསུམ་ཞལ་ཟས་རིན་ཆེན་རིགས། །གོས་དང་བལ་མཚོན་སྟག་གཟིག་རས་མོའི་ཚོགས། །འབྲས་ཀྱི་གཡག་ལུག་ར་གསུམ་ཛ་ཆང་དང་། །ཉ་སྦྲུལ་ཀླུ་བཞོས་སྡོང་ཛ་འབྲང་རྒྱས་དཀར། །གཡག་ལུག་རྟ་དང་མཛོ་དྲིལ་བ་ལང་ཁྱི། །མེ་ཏོག་བདུག་སྤོས་མཆོད་པའི་བྱེ་བྲག་གི།དགྱེས་ཤིང་མཉེས་པའི་མཆོད་པ་ཕུལ་བ་ཡིས། །དབང་པོའི་སྤྱོད་ཡུལ་ཐམས་ཅད་ཚིམ་གྱུར་ཅིག །འཇིག་རྟེན་ཁམས་ཀུན་གང་བའི་མཆོད་པ་འདི། །མཐོང་ཚིམ་རེག་དང་མྱོང་བའི་བདེ་བ་ཡིས། །མི་མཐུན་ནད་རིམ་མཐའ་དག་ཞི་བ་དང་། །བདག་དང་རྒྱུ་སྦྱོར་ཡོན་བདག་ཐམས་ཅད་ཀྱི། །ལྷ་ཀླུ་གཉན་གསུམ་ཕྲག་དོག་ཞི་གྱུར་ཅིག །ཁྱེད་རྣམས་ཐུགས་དང་འགལ་བ་མཆིས་གྱུར་ན། །ལྷ་ཀླུ་གཉན་གསུམ་དབང་པོ་དྭངས་གྱུར་ཅིག །ན་བ་ཡོད་ན་ད་ལྟ་སོས་གྱུར་ཅིག །བདག་ཅག་མ་རིག་བག་མེད་དབང་གྱུར་པས། །ཐུགས་དང་འགལ་བའི་ལས་སུ་གྱུར་པ་ཀུན། །མཐོལ་ལོ་བཤགས་སོ་བྱང་ཞིང་དག་གྱུར་ཅིག །བདག་དང་རྒྱུ་སྦྱོར་ཡོན་བདག་འཁོར་བཅས་ལ། །གནོད་ཅིང་འཚེ་བར་བྱེད་པ་ཐམས་ཅད་བཟློག །ས་གཉན་བརྐོས་དང་ཆུ་གཉན་དཀྲུག་པ་དང་། །རྡོ་གཉན་སློག་དང་ཤིང་གཉན་བཅད་པ་སོགས། །ཐབ་གཞོབ་འཁོན་གསུམ་ཞོར་བ་ཅི་མཆིས་པ། །ཁྱེད་རྣམས་བཟང་ངན་རྟོག་པ་མི་མངའ་བར། །སྤྲིན་མེད་ནམ་མཁའ་དྭངས་པའི་རང་བཞིན་ལྟར། །ཡེ་ཤེས་

རིག་པའི་གློང་དུ་ཞི་ཁྲོར་ཅིག །ནད་མེད་ཚེ་དང་དཔལ་འབྱོར་རྒྱས་པ་དང་། །ཁམས་གསུམ་དབང་བསྡུས་དགྲ་བགེགས་གདུག་པ་སྒྲོལ། །ཡོ་ལེགས་ཕྱུགས་འཕེལ་བསམ་དོན་ཀུན་འགྲུབ་ནས། །བཀྲ་ཤིས་བདེ་ལེགས་འགྲུབ་པར་མཛད་དུ་གསོལ། །དགྲ་ལྷ་བཅུ་གསུམ་དགྲ་ལྷ་ཕྱེར་མའི་ཚོགས། །སྤྲུལ་པ་ཡང་སྤྲུལ་ནམ་མཁའི་ཁམས་ཀུན་ཁྱབ། །ཀུན་ཀྱང་དཀར་ཕྱོགས་སྐྱོང་བའི་ཏུ་མཚོན་བསྒྲེངས། །མཐུ་ཆེན་དགྲ་ལྷ་གཉེན་པོ་འཁོར་བཅས་རྣམས། །ཁྱེད་རྣམས་བཞུགས་གནས་མཁར་གྱི་རྩེ་འདི་ཡིན། །ཁྲབ་རྨོག་གོ་ཁྲབ་རྣོ་ངར་མཚོན་ཆའི་རིགས། །མཛེས་པའི་རྟ་མཆོག་རྒྱན་ལྡན་རླུང་གཤོག་ཅན། །ཁྱེད་རྣམས་སྤྱན་གཟིགས་བརྟེན་རྫས་འདི་རྣམས་དང་། །ནམ་ཡང་འབྲལ་མེད་བདག་ཅག་འཁོར་བཅས་ལ། །སྲོང་གྲོགས་ཁ་འཛིན་རྒྱབ་རྟེན་མ་གཡེལ་ཞིག །སྟོང་པའི་ངང་ལས་ཧཱུྃ་ཡིག་ཡོངས་གྱུར་ལས། །རིན་ཆེན་སྣ་ལྔའི་རི་རབ་བང་རིམ་བཞི། །དབུས་སུ་འདོད་ཡོན་ཞལ་ཟས་སྣ་ཚོགས་ནི། །མཁོ་རྒྱུའི་ལོངས་སྤྱོད་འདོད་རྒྱུའི་དཔལ་དང་ལྡན། །དཔག་བསམ་ཤིང་ལྗོན་འདོད་ཡོན་ཆར་འབེབ་གྱུར། །རི་རབ་དེ་ཡི་ཕྱོགས་བཞི་མཚམས་རྣམས་སུ། །ཡིད་འོང་རིན་ཆེན་སྣ་ལྔ་ལས་གྲུབ་པའི། །ཁྱུང་ནག་གསེར་མིག་བྱ་ནག་འདབ་ཆགས་རིགས། །དོམ་བུ་ཁྱི་ནག་སྟག་གཟིག་གཅན་གཟན་ཚོགས། །རི་དྭགས་གཡུང་དྭགས་ཤེལ་སྒོང་ནག་པོ་དང་། །ཆུ་རྟ་རྒྱན་ལྡན་སྦལ་སྦྲུལ་ཆུ་གནས་ཚོགས། །སྣ་ཚོགས་ན་བཟའ་རིན་ཆེན་སྣ་ལྔའི་ཕྲེང་། །གསེར་གྱི་བྱེ་མ་རྒྱན་ཆ་སྣ་ཚོགས་དང་། །ཤེལ་ཕྲེང་ཁྲི་དམར་ཏུ་མཚོན་ཤ་ཁྲག་སྙིང་། །ཅང་ཤེས་གཏེར་བུམ་ཙནྡན་དམར་པོའི་ཆབ། །བདུད་རྩི་ཤ་ཁྲག་གསེར་སྐྱེམས་དམར་

ཀྱི་གཏོར། །ཕྱི་ནང་གསང་བའི་མཆོད་གཏོར་མཐུན་པའི་རྫས། །བསང་དུད་
སྤྲིན་གཟིགས་སྣ་ཚོགས་གསུར་གྱིས་མཆོད། །འདོད་ཡོན་རྣམ་ལྔ་མེ་ཏོག་ཕྲེང་བ་
དང་། །དཀར་གསུམ་མངར་གསུམ་གསེར་དངུལ་རིན་ཆེན་བུམ། །གསེར་
གཡུ་སྨན་སྨྱུག་མཆོད་སྤྲིན་གཏོར་མ་སྨན། །ར་ནག་སླིང་དང་ནས་ནག་གསེར་
དངུལ་ཕྱེ། །ཤ་ཆང་ཡིད་དང་མཐུན་པའི་གཏོར་མ་དང་། །རིན་ཆེན་སྣ་ལྔའི་
དར་ཟབ་དོང་རྩེ་དང་། །རང་རང་སོ་སོར་དགྱེས་པའི་གཏོར་མ་ཡིས། །སྐུ་
གླུད་དར་ཟབ་ལན་ཆགས་ཆང་བུ་དང་། །བརྟན་པར་འོས་པའི་མགྲོན་རིགས་
མཆོག་དམན་ལ། །གང་ལ་ཅི་འདོད་བརྟན་ཞིང་འབུལ་ལགས་ན། །སྔོན་ཚེ་
པད་འབྱུང་ཁྲི་སྲོང་ལྡེའུ་བཙན་གྱིས། །དཔལ་གྱི་བསམ་ཡས་གཙུག་ལག་
བཞེངས་པའི་ཚེ། །ལྷ་འདྲེ་རྣམས་ཀྱིས་བར་ཆད་བརྩམས་པ་ན། །བརྟན་འདི་
བྱས་པས་བར་ཆད་ཞི་བ་ལྟར། །དེ་ཕྱིར་ཕྱི་རབས་རྣལ་འབྱོར་བདག་ཅག་གི།དེ་རིང་
རྒྱུགས་བརྟན་ཆེན་པོ་བྱས་པའི་མཐུས། །གང་འདོད་ཕྲིན་ལས་རྣམ་བཞི་འགྲུབ་པ་
དང་། །སངས་རྒྱས་བསྟན་སྲུང་སྒྲུབ་ལ་བར་ཆད་བཟློག །ལྷ་ཁང་བཞེངས་
དང་དགོན་གནས་བྱེད་པ་དང་། །སློན་གྲགས་སྤེལ་དང་མཁར་ལས་བཀྲ་ཤིས་
ལས། །མི་ནད་ཡམས་ནད་མི་ཁ་བྲ་མཆུ་ངན། །རྒྱུན་དང་རྩོད་པ་དམག
འཁྲུགས་ཀུན་ཞི་ཞིང་། །ཐག་རིང་མགྲོན་པོ་གྲུ་ཆེན་སྒྲོལ་བ་དང་། །ལམ་
འཕྲང་བསྒྲོད་དང་ར་མདའ་རྟེས་གཙོད་སོགས། །ཚོང་སོགས་བྱ་བ་ཐམས་ཅད་
སྒྲུབ་པའི་ཚེ། །ཡིད་ལ་ཅི་འདོད་ལྷུན་གྱི་འགྲུབ་པ་དང་། །བཀྲ་ཤིས་བདེ་
ལེགས་ཕུན་སུམ་ཚོགས་པར་ཤོག །དེ་ལྟར་བསང་མཆོད་ཕུལ་བའི་བྱིན་རླབས་
གྱིས། །བླ་མ་ཡི་དམ་མཁའ་འགྲོ་ཆོས་སྐྱོང་ཚོགས། །ནོར་ལྷ་གཏེར་བདག་

ཡུལ་ལྷ་ཀླུ་གཉན་དང་། །གཞི་བདག་བཙན་མ་གནོད་སྦྱིན་ཚོགས་རྣམས་ཀྱིས། །བདག་ཅག་ཡོན་མཆོད་འཁོར་དང་བཅས་པ་ཡི། །ནད་མེད་ཚེ་དང་ལོངས་སྤྱོད་རྒྱས་པ་དང་། །དབུ་འཕང་དགུང་དུ་བསྟོད་པའི་ཁ་འཛིན་མཛོད། །དགའ་ཞིང་ལྷ་ཆོས་དར་བའི་ཁ་འཛིན་མཛོད། །སྐྱིད་ཀྱི་སྣུ་མཐའ་རིང་བའི་ཁ་འཛིན་མཛོད། །བཀྲ་ཤིས་ཕུན་སུམ་ཚོགས་པའི་ཁ་འཛིན་མཛོད། །བདག་ཅག་ཡོན་མཆོད་འཁོར་དང་བཅས་པ་རྣམས། །ཉི་མ་ཕྱོགས་བཞི་མཚམས་བརྒྱད་གར་འགྲོ་ཡང་། །བླ་མ་ཡི་དམ་མཁའ་འགྲོས་ལམ་སྣ་དྲོངས། །དཔའ་བོ་དཔའ་མོ་སྲུང་མས་ལམ་སྣ་དྲངས། །འགོ་བའི་ལྷ་ལྔའི་ཚོགས་ཀྱིས་ལམ་སྣ་དྲོངས། །བདག་ཅག་ཡོན་མཆོད་གང་དུ་འགྲོ་གྱུར་ཀྱང་། །རྟག་ཏུ་མཐུ་དཔུང་སྟོང་གྲོགས་མཛད་དུ་གསོལ། །སྐྱབས་ཀྱི་མཆོག་གྱུར་དཀོན་མཆོག་རིན་ཆེན་གསུམ། །རྩ་བརྒྱུད་བླ་མ་ཡི་དམ་ཞི་ཁྲོ་དང་། །དཔའ་བོ་མཁའ་འགྲོ་ཆོས་སྐྱོང་རྒྱ་མཚོའི་ཚོགས། །ཕྱི་ནང་གསང་བ་མཆོག་གི་སྡེ་བརྒྱད་དང་། །སྤྲུལ་པའི་སྡེ་བརྒྱད་སྣང་སྲིད་སྡེ་བརྒྱད་ཚོགས། །བསང་མཆོད་བཞེས་ལ་ཕྲིན་ལས་འགྲུབ་པར་མཛོད། །ཀྱཻ། དེ་རིང་ཕྱྭ་བཀུགས་དེ་རིང་གཡང་དུ་ལེན། །སངས་རྒྱས་བྱང་སེམས་རྩ་གསུམ་ཐུགས་རྗེའི་གཡང་། །སྡེ་བརྒྱད་དྲག་རྩལ་ཆོས་སྐྱོང་མཐུ་སྟོབས་གཡང་། །དགོན་གནས་དར་རྒྱས་བསྟན་པ་རྒྱས་པའི་གཡང་། །དབྱར་གྱི་མཚོ་ལྟར་དགེ་འདུན་རྒྱས་པའི་གཡང་། །མཁས་བཙུན་གྲུབ་ཐོབ་བྱིན་རླབས་ཡོན་ཏན་གཡང་། །ལྷ་ཀླུ་གནོད་སྦྱིན་ཚེ་ནོར་ཕྱུགས་ཀྱི་གཡང་། །རི་རབ་གླིང་བཞི་གླིང་ཕྲན་བཅུད་ཀྱི་གཡང་། །གསེར་རི་རོལ་མཚོ་ཉི་ཟླའི་དཔལ་གྱི་

གཡང་། །དཔག་བསམ་ཤིང་ལས་དགོས་འདོད་འབྱུང་བའི་གཡང་། །བཀྲ་ཤིས་རྫས་རྟགས་རྒྱལ་སྲིད་བདུན་གྱི་གཡང་། །ཕ་རོལ་གཡུལ་ལས་རྒྱལ་བའི་དམག་གི་གཡང་། །ཁྲབ་རྨོག་གོ་དང་རྣོ་ངར་མཚོན་གྱི་གཡང་། །སྟོང་གསུམ་སྐད་ཅིག་བསྐྱོད་པ་རྟ་ཡི་གཡང་། །གཡང་དཀར་ལུག་དང་ནོར་ཕྱུགས་རྒྱལ་པའི་གཡང་། །འཕན་པོ་མི་དང་བང་མཛོད་འཕེལ་བའི་གཡང་། །རྨ་གཡང་ཟས་དང་དར་ཟབ་གོས་ཀྱི་གཡང་། །ཕོ་གཡང་མོ་གཡང་རིགས་བརྒྱུད་སྤེལ་བའི་གཡང་། །སྨན་གྲགས་སྣང་རྟ་སྲིད་རྩེར་སྤྲེང་བའི་གཡང་། །གཡང་གི་དངོས་གྲུབ་མ་ལུས་བདག་ལ་སྩོལ། །གཡང་གི་མཚོ་མོ་རྒྱ་མཚོ་ལྟ་བུར་རྒྱས། །གཡང་གི་དཔལ་དང་ཡོན་ཏན་འཕེལ་གྱུར་ཅིག །གཡང་གི་ར་བས་ས་སྟེང་གང་བར་ཤོག །དགྲ་ལྷ་གཉེན་པོ་འཁོར་དང་བཅས་པ་ལ། །མདའ་དར་ཕྱེ་མར་ཟས་ཕུད་དཀར་དམར་སྐྱེམས། །འབྲང་རྒྱས་ཞལ་དཀར་གཡག་ལུག་ར་གསུམ་སོགས། །མཕོ་རྒྱའི་དཔལ་འབྱོར་མཐུན་རྫས་བསམ་མི་ཁྱབ། །དངོས་འབྱོར་ཡིད་སྤྲུལ་ཕུལ་བའི་བྱིན་རླབས་ཀྱིས། །དེང་ནས་བྱང་ཆུབ་སྙིང་པོ་མ་ཐོབ་པར། །དམ་པ་མཆོག་དང་མི་འབྲལ་འགྲོགས་ནས་ཀྱང་། །མཆོག་ཐུན་དངོས་གྲུབ་མ་ལུས་སྩོལ་དུ་གསོལ། །བཟོད་པར་གསོལ་བ་ནི། ཧཱུྃ༔ སྲིད་དང་ཞི་བའི་མགྲོན་རིགས་མཆོག་དམན་ལ། །དག་བྱེད་བསང་གི་མཆོད་པ་ཕུལ་བའི་མཐུས། །བག་མེད་འགལ་འཁྲུལ་གྱུར་པ་ཅི་མཆིས་པ། །གནོང་ཞིང་འགྱོད་པའི་སེམས་ཀྱིས་བཤགས་པར་བགྱི། །ཡི་གེ་བརྒྱ་པའི་ལྷག་ཆད་ཁ་བསྐང་། ཀྲྀ། བསང་དང་ཞི་བའི་མགྲོན་ལ་སྤྱན་དྲངས་པ། །སྲིད་ཞིའི་མགྲོན་རིགས་མ་ལུས་འཁོར་དང་བཅས། །དགྱེས་རྒྱའི་དཔལ་ལ་རོལ་ཏེ་

རང་གནས་གཤེགས། །སླར་ཡང་གདུལ་བྱར་དགོངས་ལ་འབྱོན་པར་མཛོད། །བཛྲ་མུཿ བསྔོ་བ་ནི། བདག་གཞན་དུས་གསུམ་རྣམ་དཀར་ཅི་མཆིས་དང་། །འདོད་ཡོན་བསང་མཆོད་ཕུལ་བའི་དགེ་ཚོགས་ཀྱིས། །འཇིགས་རུང་ངན་འགྲོའི་གནས་སུ་འཁྲུམས་པ་རྣམས། །མཐར་ཐུག་བྱང་ཆུབ་ཐོབ་པའི་རྒྱུ་རུ་བསྔོ། །སྨོན་ལམ་ནི། བསྟན་འཛིན་སྐྱེས་བུའི་སྐུ་ཚེ་བརྟན་པ་དང་། །བསྟན་པ་དར་ཞིང་དགེ་འདུན་སྡེ་རྒྱས་ཤིང་། །འགྲོ་རྣམས་ཕུན་ཚོགས་དཔལ་ལ་སྤྱོད་གྱུར་ནས། །མྱུར་དུ་བླ་མེད་བྱང་ཆུབ་ཐོབ་པར་ཤོག །བཀྲ་ཤིས་ནི། ཧཱུྃ་བྱིན་རླབས་ཀུན་སྩོལ་རྩ་བརྒྱུད་བླ་མ་དང་། །དངོས་གྲུབ་མཆོག་སྩོལ་ཡི་དམ་ཞི་ཁྲོའི་ཚོགས། །མ་དང་མཁའ་འགྲོ་སྲུང་མའི་ཚོགས་རྣམས་ཀྱིས། །བདེ་སྐྱིད་དཔལ་ལ་སྤྱོད་པའི་བཀྲ་ཤིས་ཤོག །དེ་ལྟར་རྒྱུན་གྱི་སྤྱི་བསང་བསྡུས་པ་ནི། །དཔག་བསམ་འདོད་རྒྱུའི་འབྲས་སྟེར་ཞེས་བྱ་འདི། །ཨ་ཐུབ་སྲས་པོ་ཚེ་དབང་ཕུན་ཚོགས་ནས། །རབ་དཀར་ཟླ་བའི་མདངས་ལྡན་ལྷ་རྫས་བཅས། །འདི་ལྟར་དགོས་ཞེས་བསྐུལ་བ་ལ་བརྟེན་ནས། །ཤིང་མོ་ལུག་ལོའི་ཡར་ཚེས་བཟང་པོ་ལ། །ཐུབ་བསྟན་ཆོས་ཀྱི་རྡོ་རྗེས་བྲིས་ན་ཡང་། །སླར་ཡང་རྟེན་འབྲེལ་ལ་ཉེ་བཟང་པོ་ལ། །བརྟེན་ནས་སླུ་མའི་འཁྲུལ་བྱུང་གང་ཤར་འདི། །ས་ཕོ་རྟ་ལོའི་ཟླ་༤ཚེས་༢༩བཟང་པོ་ལ། །རང་སྤྱིལ་འཆི་མེད་གྲུབ་པའི་དགའ་ཚལ་དུ། །རང་གི་ལྷག་བསམ་རྣམ་པར་དག་པ་ཡིས། །རང་དོན་ཙམ་མིན་མཁའ་ཁྱབ་སེམས་ཅན་ཀུན། །རང་བཞིན་གདོད་མའི་དབྱིངས་སུ་གྲོལ་བའི་ཕྱིར། །རྫོགས་ཆེན་སྐྱེ་སྲིད་ལྟ་པའི་སྒྲོ་བཏགས་པ། །ཐུབ་བསྟན་ཆོས་ཀྱི་རྡོ་རྗེས་བྲིས་པ་དགེ ། ། །

༄༅། །བསང་མཆོད་རྒྱས་པ་དཔག་བསམ་ལྗོན་པ་ལས། རྡོ་རྗེ་ཆོས་སྐྱོང་རྣམས་ཀྱི་བསང་རྒྱས་པ་ཕྱོགས་གཅིག་ཏུ་བཀོད་པ་བསྟན་སྲུང་དགྱེས་པའི་མཆོད་སྤྲིན་ཞེས་བྱ་བ་བཞུགས་སོ།།

ན་མོ་གུ་རུ་མཉྫུ་ཤྲཱི་ཀུ་མ་ར་བུདྡྷ་ཡ། དེ་ཡང་གྲུབ་པའི་དབང་ཕྱུག་པདྨ་རྒྱལ་པོའི་ཞལ་ནས། འཇིག་རྟེན་མཆོད་བསྟོད་ནི་མཆོད་ཅིང་བསྟོད་པས་འགྲུབ་བོ། །ཞེས་གསུངས་པ་བཞིན། ལྷ་གང་ལ་ཡང་མཆོད་བསྟོད་ལ་བརྟེན་ན། སྟོང་གྲོགས་བྱེད་ཅིང་དངོས་གྲུབ་སྦྱིན་པས་མཆོད་པ་གལ་ཆེ་ཞིང་། ཁྱད་པར་དུ་ཉམས་གྲིབ་སོགས་སེལ་ཞིང་ལྷ་རྣམས་དགྱེས་པ་བསྐྱེད་པའི་ཐབས་ཁྱད་པར་ཅན་བསང་མཆོད་ཡིན་པར་བསྔགས་པ་མཛད་པ་བཞིན། རྣལ་འབྱོར་པ་རྣམས་ཀྱིས་དུས་སུ་བསང་བྱ་བར་འདོད་པས།གཙང་སྦྲ་དང་ལྡན་པར་བཟང་ཤིང་དང་། ཟས་སྣ། དར་སྣ། སྨན་སྣ། རིན་ཆེན་སོགས་དང་སོ་སོའི་མཐུན་རྫས་ཅི་རིགས་པ་བསང་གི་རྫས་སུ་བྱས་ཏེ་མེར་བསྲེགས་ལ། སྤྱི་བསང་རྒྱགས་ལྡན་ཆེན་མོ་སོགས་ཀྱི་གཞུང་བསྡུས་ནས་བརྟན་གྱི་བསྟན་མའི་མགོ་བར་བཏང་རྗེས་ནམ་མཁའ་མཛོད་ཀྱི་སྔགས་རྒྱས་བཏབ་ལ། ཏྲ་ནག་ལྕགས་རལ་ཅན་གྱི་བསང་མཆོད་ནི། ཧཱུྃ་ཧྲཱིཿ

འགྱུར་མེད་བདེ་ཆེན་ཆོས་སྐུའི་རང་རྩལ་ལས། །གར་གྱི་དབང་ཕྱུག་པདྨ་ཧེ་རུ་ཀ །ཤིན་ཏུ་ཁྲོས་པ་ལྕགས་ཀྱི་རལ་བ་ཅན། །ལྷ་སྲིན་སྡེ་བརྒྱད་ལས་ལ་བཀའ་ཉན་ཞིང་། །ཏྲ་སྐད་ཧཱུྃ་ཨའི་སྒྲས་སྲིད་གསུམ་གཡོ་ཞིང་བརྗེད། །དྲག་པོའི་

ཞུགས་འཆང་གདུག་པ་མ་ལུས་འདུལ། །རྣལ་འབྱོར་གདུང་ཞུགས་དྲག་པོས་ཕྱོད་འབོད་ན། །དམ་ཚིག་དབང་གིས་གནས་འདི་ར་གཤེགས་སུ་གསོལ། །གཟའ་ཀླུ་རྒྱལ་བསེན་དྲེགས་པ་བསྒྱོལ་བའི་ཕྱིར། །དགྱེས་ཤིང་མི་གཡོ་བརྟན་པར་བཞུགས་ནས་ཀྱང་། །དད་དང་དམ་ཚིག་གཉན་པོས་དེང་དགོངས་ལ། །ལྷ་དང་རང་སེམས་འཛིན་པ་བྲལ་བས་འདུད། །ཕྱི་ནང་གསང་མཆོད་ཀུན་ཏུ་བཟང་པོའི་སྤྲིན། །བདུད་རྩི་སྨན་དང་རཀྟ་དམར་གྱི་མཆོ། །དམ་རྫས་དཔལ་གྱི་གཏོར་མ་རྒྱན་དང་ལྡན། །གསུས་པས་འབུལ་ལོ་ཐུགས་དམ་གཉན་པོ་བསྐང་། །དུས་མཐའི་ཆར་སྤྲིན་འཁྲིགས་འདྲ་གནག་པའི་མདངས། །གར་དགུའི་ཉམས་ཀྱིས་དཔའ་ཞིང་བརྗིད་པའི་སྐུ། །མི་སྡུག་དུར་ཁྲོད་ཆས་ལྡན་དར་ནག་བེར། །མེ་དཔུང་གློང་དུ་འཁྱིལ་ལ་གུས་པས་བསྟོད། །འགགས་མེད་ཚངས་དབྱངས་དྲུག་ཅུ་ལྡན་པའི་གསུང་། །གཏུམས་ཆེན་ཧཱུྃ་དང་ཨ་ར་ལི་ཡི་སྒྲ། །འབར་བའི་ཧྲ་སྐད་འཆེར་བས་ཞིང་ཀུན་གཡོ། །གཞོམས་མེད་རྡོ་རྗེའི་གསུང་ལ་ཕྱག་འཚལ་བསྟོད། །ཐུགས་ཉིད་ཞི་བའི་དབྱིངས་ལས་མ་གཡོས་ཀྱང་། །སྙིང་རྗེའི་དབང་གིས་གདུལ་དཀའ་འདུལ་བ་ལ། །ཁྲོ་གཏུམ་རྡམས་པའི་གར་གྱིས་ཐོགས་མེད་སྒྲོལ། །སྐྱེ་འགགས་སྤྲོས་པའི་མཚན་མ་བྲལ་ལ་བསྟོད། །ཁྱད་པར་དྲི་ཞིམ་ཤིང་སྣའི་དུད་སྤྲིན་དང་། །ཕྱེ་མར་འོ་སྙོལ་ཤ་ཁྲག་བསྲེགས་པའི་གསུར། །དག་བྱེད་བདུད་རྩི་བསང་དུ་བྱིན་རླབས་པས། །ལྷ་ལམ་ཡོངས་ཁྱབ་འདོད་ཡོན་མཆོད་སྤྲིན་འདིས། །སྙིང་རྗེའི་དབང་ཕྱུག་སྤྱན་རས་གཟིགས་དབང་ཉིད། །གར་གྱི་དབང་ཕྱུག་ཧ་མཆོག་རོལ་བའི་སྐུར། །ཡོངས་བཞེངས་ཞི་དང་ཁྲོ་བོའི་རྣམ་རོལ་

ལས། །གྲངས་མེད་དཀྱིལ་འཁོར་འཁོར་ལོར་རོལ་བ་བསང་། །ཡེ་ཤེས་གཅིག་ཉིད་ཆུ་ཟླའི་རོལ་གར་བཞིན། །འཇིག་རྟེན་དྲེགས་པ་ཡོངས་ཀྱི་ཆེ་བཙན་དུ། །སྣང་བའི་དྲེགས་པ་ལྷ་སྲིན་སྡེ་བརྒྱད་སོགས། །གང་འདུལ་སྒྱུ་འཕྲུལ་དྲྭ་བའི་རྣམ་རོལ་བསང་། །དེ་ལྟར་དགྱེས་པའི་མཆོད་པ་འདི་ཕུལ་བས། །རྒྱལ་བསྟན་མི་ནུབ་རྒྱལ་མཚན་སྲིད་མཐར་བསྒྲེངས། །བསྟན་འཛིན་སྐྱེས་བུའི་སྐུ་ཚེ་མཛད་ཕྲིན་རྒྱས། །མི་བསྲུན་བདུད་སྡེའི་དཔུང་ཚོགས་ཚར་གཅོད་ཅིང་། །རྣམ་བཞིའི་ཕྲིན་ལས་གྲུབ་པའི་སྟོང་གྲོགས་མཛོད། །རྒྱལ་ཁམས་ཡོངས་ལ་བདེ་སྐྱིད་དཔལ་འབྱོར་ཞིང་། །ནད་མཚོན་མུ་གེ་སད་སེར་གོད་ཁ་སོགས། །མིང་ཙམ་མེད་པ་ཞི་དང་སྲུང་བ་ཡི། །དགེ་མཚན་མངོན་སུམ་སྣང་བའི་ཕྲིན་ལས་མཛོད། །དེ་སྐད་རྟ་མགྲིན་ནག་པོ་ཡི། །བསང་མཆོད་དགོས་ཞེས་སྐྱབས་མགོན་རྗེའི། །བཀའ་རྩལ་སྤྱི་བོར་སྲོན་པའི་མོད། །ཆོས་དབྱིངས་རོལ་བས་གང་ཤར་བྲིས། མངྒ་ལཾ།

༄ བདུད་མགོན་ལེགས་ལྡན་གྱི་བསང་ནི།

ཧཱུྃ། སྟོན་ཆེ་དཔལ་ཆེན་རྡོ་རྗེ་སྲིན་པོ་ཡིས། །བདུད་ཀྱི་སྡེ་ཚོགས་འདུལ་བར་མཛད་པའི་ཚེ། །དབང་བསྐུར་དམ་ལ་གནས་པའི་མཐུ་བོ་ཆེ། །ལེགས་ལྡན་ནག་པོ་ཆེན་པོ་འདིར་གཤེགས་ཤིག །དུས་མཐའི་སྤྲིན་ནག་འཁྲིགས་འདྲ་འཇིགས་རུང་སྐུ། །སྟོང་མིག་གློག་སྟོང་གཡོ་བས་རྣམ་པར་བརྗིད། །གངས་རི་ལྟར་དཀར་རྣོ་དཔལ་མཆེ་བ་གཙིགས། །འབར་བའི་ལྗགས་འདྲིལ་ཧཱུྃ་ཕཊ་

འབྲུག་སྟོང་སྒྲོག །སྨན་པ་ལྷར་ནག་ཟ་འོག་བེར་ཆེན་གསོལ། །བདུད་འདུལ་གྱི་གུག་ཐོད་ཁྲག་ཕྱུག་ན་བསྣམས། །གར་དགུའི་ཉམས་ཀྱིས་བདུད་བཞིའི་ཁྲག་ལ་རོལ། །ཀྲོ་དྷཱི་ཤྭ་རི་ཡུམ་དང་དགྱེས་རོལ་ཞིང་། །གྲངས་མེད་ལས་མཁན་ཕོ་ཉའི་ཚོགས་དང་བཅས། །དཔལ་ལྡན་ཧེ་རུ་ཀ་ཡི་བཀའ་བཞིན་དུ། །ནམ་མཁར་དྲག་པོའི་སྤྲིན་ཕུང་གཏིབ་པ་ལྟར། །དམ་ཚིག་དབང་གིས་གནས་འདིར་དགྱེས་བྱོན་ལ། །དགྲ་བགེགས་ལོག་འདྲེན་བསྒྲལ་བའི་གདན་ལ་བཞུགས། །སྒོ་གསུམ་གུས་པ་ཆེན་པོས་ཕྱག་བགྱིའོ། །ཕྱི་ནང་གསང་བའི་མཐུན་རྫས་མཆོད་པ་འབུལ། །ཐུགས་དང་འགལ་བ་ཐམས་ཅད་མཐོལ་ལོ་བཤགས། །ཁྱད་པར་དགྱེས་པ་བསྐྱེད་བྱེད་མཐུན་པའི་རྫས། །དྲི་བཟང་ཤིང་སྣ་ཕྱེ་མར་འོ་སྙོལ་དང་། །དཀར་མངར་ཤ་ཁྲག་དར་སྣ་རིན་ཆེན་དང་། །ག་བུར་ལ་སོགས་སྨན་ལྷ་བསྲེགས་པ་ཡི། །དྲི་ཞིམ་བསང་གི་དུད་པས་བར་སྣང་ཁྱབ། །དུད་པའི་སྤྲིན་གྱི་ཟེར་མ་རེ་རེ་ལས། །འདོད་པའི་ཡོན་ཏན་ལྔ་ཡི་ཆར་འབེབས་ཤིང་། །དགྲ་བགེགས་ཤ་ཁྲག་ནང་ཁྲོལ་རུས་པའི་ཚོགས། །ལྷུན་པོར་སྤུངས་པའི་གཏོར་མ་རྒྱ་ཆེན་དང་། །རྟ་ནག་དར་ནག་གཡག་ནག་ཁྱི་ནག་སོགས། །མཐུན་པའི་དམ་རྫས་མ་ཚང་མེད་པ་ཉིད། །དགྱེས་དགུར་འཆར་བ་ཀུན་བཟང་མཆོད་སྤྲིན་གྱིས། །དཔལ་མགོན་ལེགས་ལྡན་ནག་པོ་བསང་ཞིང་མཆོད། །དགྱེས་ཡུམ་ཁྲོ་མོ་དབང་ཕྱུག་བསང་ཞིང་མཆོད། །ཡབ་མཆོག་དྲང་སྲོང་བདེ་བྱེད་བསང་ཞིང་མཆོད། །ཡུམ་གཅིག་ཨུ་མ་དེ་ཝ་བསང་ཞིང་མཆོད། །བཀའ་ཉན་ཕོ་ཉའི་ཚོགས་རྣམས་བསང་ཞིང་མཆོད། །བསང་དོ་མཆོད་དོ་ཐུགས་དམ་བསྐང་གྱུར་ཅིག །དེ་ལྟར་བསང་ཞིང་མཆོད་པའི་བྱིན་རླབས་

ཀྱིས། །དཔལ་ལྡན་བླ་མའི་སྐུ་ཚེ་བསྲིང་བ་དང་། །བསྟན་འཛིན་བུ་སློབ་མངའ་ཐང་རྒྱས་པ་དང་། །ཕྱི་ནང་གསང་བའི་བར་ཆད་ཀུན་ཞི་ནས། །གསང་སྔགས་བསྟན་པའི་བཤད་སྒྲུབ་རབ་རྒྱས་ཤིང་། །བསྟན་དགྲ་མ་ལུས་ཆམ་ལ་དབབ་པར་མཛོད། །དགོན་གནས་ཆོས་འཁོར་འདུས་པ་རྒྱ་མཚོ་རྣམས། །བུ་བཞིན་སྐྱོང་ལ་དགེ་འདུན་འདུ་བ་སྤེལ། །ཟབ་མོ་ནང་རྒྱུད་སྡེ་གསུམ་བསྟན་པ་ཡིས། །ཡངས་པའི་ས་ཆེན་ཀུན་ཏུ་ཁྱབ་པར་མཛོད། །ཞེས་པའང་རྫོགས་ཆེན་མཆོག་སྤྲུལ་ལྔ་པའི་བཀའ་ལུང་བཞིན། འཇམ་དཔལ་རྡོ་རྗེས་སོ། །

༄ མ་ནིང་བསང་མཆོད་བཞུགས།

ཧཱུྃ། ཀུན་བཟང་ཧེ་རུ་ཀ་དཔལ་བསྟན་སྲུང་ཚུལ། །ཆོས་སྐྱོང་ཡོངས་ཀྱི་རྒྱལ་པོ་མ་ཐུ་བོ་ཆེ། །འཇིགས་མཛད་མ་ནིང་མཆེད་གསུམ་འཁོར་དང་བཅས། །སྐད་ཅིག་ཡུད་ལ་གནས་འདིར་གཤེགས་སུ་གསོལ། །སྲིད་རྩའི་བདག་འཛིན་རུ་ཏྲ་སྡེ་གསུམ་འདུལ། །དུག་གསུམ་རྩད་གཅོད་སྐུ་གསུམ་ལྷུན་གྱིས་གྲུབ། །དུས་གསུམ་སངས་རྒྱས་བསྟན་པ་སྲུང་མཛད་པ། །མ་ནིང་མཆེད་གསུམ་སྐུ་ལ་ཕྱག་འཚལ་ལོ། །ཁྱེད་ལ་དགྱེས་པའི་མཆོད་པ་འབུལ་བ་ནི། །ཕྱི་ནང་གསང་བའི་དམ་རྫས་མ་ལུས་དང་། །ཁྱད་པར་ཡེ་ཤེས་བདུད་རྩི་བསང་གི་སྤྲིན། །འདོད་དགུ་ཀུན་འབྱུང་ཡིད་བཞིན་གཏེར་དུ་འབུལ། །ཤ་སྣ་ཁྲག་སྣ་སྙིང་སྣའི་ཚོགས་རྣམས་དང་། །དར་གདུགས་རྒྱལ་མཚན་བ་དན་རོལ་མོ་

སོགས། །སྣ་ཚོགས་མཆོད་པའི་སྤྲིན་ཕུང་མཐའ་ཡས་པ། །གང་བཞེད་འདོད་དགུར་འཆར་བའི་བསང་མཆོད་འདིས། །དཔལ་མགོན་མ་ནིང་ནག་པོ་གསོལ་ཞིང་མཆོད། །ལས་མཁན་སྲོག་བདུད་ནག་པོ་གསོལ་ཞིང་མཆོད། །འཇིགས་མཛད་དཔལ་འབར་ཆེན་པོ་གསོལ་ཞིང་མཆོད། །ཕྱི་རོལ་ཡང་འཁོར་བརྒྱད་པོ་གསོལ་ཞིང་མཆོད། །བཀའ་ཉན་ལས་བྱེད་དྲེགས་པ་གསོལ་ཞིང་མཆོད། །འཁོར་བཅས་མ་ལུས་ཐུགས་དམ་སྐོང་གྱུར་ཅིག །ཐུགས་དང་འགལ་བ་ཐམས་ཅད་མཐོལ་ཞིང་བཤགས། །ཉམས་གྲིབ་མི་གཙང་དྲི་མ་དག་གྱུར་ཅིག །དཔལ་མགོན་འཁོར་བཅས་བསང་ཞིང་མཆོད་པའི་མཐུས། །དགྱེས་པའི་ཐུགས་ཀྱིས་རྟག་ཏུ་མགོན་མཛད་ནས། །ཡང་དག་ལམ་གྱི་བར་ཆད་བདུད་དང་དགྲ། །ཐམས་ཅད་མིང་གི་ལྷག་མར་ཚར་ཆོད་ཅིག །གསང་སྔགས་བསྟན་པ་ཕྱོགས་བཅུར་རྒྱས་པ་དང་། །བསྟན་འཛིན་སྐྱེས་བུའི་ཚོགས་རྣམས་དབུ་འཕང་བསྟོད། །བཤད་སྒྲུབ་བསྟན་པའི་རྒྱལ་མཚན་གནས་འདི་ར་ཙུགས། །མི་མཐུན་ཕྱོགས་ལས་རྣམ་པར་རྒྱལ་བར་མཛོད། །བདག་ཅག་དཔོན་སློབ་དགོན་གནས་བཅས་པ་ལ། །སྡང་ཞིང་གདུག་པའི་སེམས་འཆང་མི་བསྲུན་སྡེ། །བྱད་ཕུར་རྦོད་གཏོང་གཤེམ་པའི་བྱད་མ་རྣམས། །གང་ན་ཡོད་ཀྱང་ད་ལྟ་ཉིད་དུ་སོད། །ངན་སྨད་དུག་སྦྱོར་དབྱེན་ཤགས་ལ་སོགས་པའི། །སྦྱོར་ངན་བྱེད་པ་སྡང་བའི་དགྲ་བོ་དང་། །ཟ་ཐང་དཔལ་ལ་འཚེ་བའི་གནོད་བྱེད་རྣམས། །མ་བསྐྱལ་པར་ཡང་ཁྱོད་ཀྱིས་སྒྲོལ་བར་མཛོད། །ཚེ་དང་སྲོག་ལ་རྐུ་བའི་འབྱུང་པོ་དང་། །མི་འདོད་ཕུང་ཁྲོལ་སློང་བ་དམ་སྲིའི་ཚོགས། །ནད་སྣ་ཡམས་སྣ་འདྲེན་པའི་གདོན་བགེགས་རྣམས། །ཟུངས་ཤིག

ཚོངས་ཤིག་སོད་ཅིག་མེད་པར་གྱིས། །མདོར་ན་གཞན་ཕན་བྱང་ཆུབ་སེམས་ཀྱི་བློས། །བསྟན་དང་འགྲོ་བའི་དོན་ཆེན་བསྒྲུབ་པ་ལ། །མཐུ་ལྡན་ཁྱོད་ཀྱིས་སྡོན་ཀྱི་ཞལ་བཞེས་བཞིན། །མཐུ་དཔུང་སྡོང་གྲོགས་གཡེལ་བ་མེད་པར་མཛོད། །ཞེས་པའང་མཆོག་སྤྲུལ་རིན་པོ་ཆེའི་བཀའ་བཞིན་མི་ཕམ་པས་སོ། །

༄ ཚོགས་བདག་བསང་མཆོད་བཞུགས།

ཧཱུྃ། བསྐལ་བ་མེ་ལྟར་འབར་བའི་དཀྱིལ་འཁོར་ནས། །དཔལ་ཆེན་ཁྲོ་རྒྱལ་ཆེ་མཆོག་ཧེ་རུ་ཀའི། །ཐུགས་ལས་སྤྲུལ་པའི་ཡེ་ཤེས་མགོན་པོ་ནི། །ས་བཅུའི་དབང་ཕྱུག་མགོན་པོ་ཚོགས་ཀྱི་བདག །མཐིང་ནག་མི་བསྲུན་ཤིན་ཏུ་ཁྲོས་པའི་ཚུལ། །དར་ནག་འཇོལ་བེར་སྐུ་ཡི་རྒྱན་དུ་གླུབས། །ཕྱག་གཡས་ཙནྡན་བེང་ཆེན་ལྷ་དམག་འགྱེད། །གཡོན་པས་ཐོད་པ་དམར་གྱི་བཀང་བ་བསྣམས། །ཐོད་སྐམ་དབུར་བརྒྱན་དབུ་སྐྲ་གྱེན་དུ་བརྫེས། །རིན་ཆེན་དར་དཔྱངས་སྤྲུལ་གྱི་སྐེ་རགས་བཅིངས་། །སག་ཧི་སྟོན་པོའི་ཆག་ལྷམ་ཡུ་རིང་མནབས། །སྦྱོར་བའི་ཡུམ་ཆེན་ཡཀྵ་བེ་ཏ་ལི། །སྐུ་མདོག་ནག་མོ་གྲི་གུག་ཐོད་ཁྲག་བསྣམས། །འཁོར་དང་བཅས་པ་གནས་འདིར་གཤེགས་སུ་གསོལ། །དུར་ཁྲོད་རོལ་བའི་གཞལ་ཡས་ཆེན་པོ་འདིར། །པད་ཉི་དགྲ་བགེགས་བསྡོལ་བའི་གདན་ལ་བཞུགས། །ཕྱི་ནང་གསང་བ་བླ་མེད་མཆོད་པ་དང་། །ཁྱད་པར་ཡེ་ཤེས་བསང་ཞིང་མཆོད་པ་ཡིས། །དུད་པའི་སྤྲིན་ཕུང་ལྷ

ལམ་ཡོངས་ཁྱབ་པ། །ངོ་མཚར་མཆོད་པའི་སྤྲིན་ཕུང་བསམ་མི་ཁྱབ། །དཔལ་མགོན་ཚོགས་བདག་ཡབ་ཡུམ་བསང་ཞིང་མཆོད། །སྐུ་གསུང་ཐུགས་ཀྱི་མགོན་པོ་བསང་ཞིང་མཆོད། །སྐྱེང་འོག་ཕྱོགས་བཅུའི་མགོན་པོ་བསང་ཞིང་མཆོད། །ཕྱོགས་སྐྱོང་སྐྱོང་བའི་ཚོགས་རྣམས་བསང་ཞིང་མཆོད། །སྤྲུལ་པ་ཡང་སྤྲུལ་འཁོར་བཅས་བསང་ཞིང་མཆོད། །དེ་ལྟར་བསང་མཆོད་ཕུལ་བའི་བྱིན་རླབས་ཀྱིས། །སངས་རྒྱས་བསྟན་པ་སྤྱི་དང་བྱེ་བྲག་གི །བསྟན་པ་རིན་ཆེན་ཕྱོགས་བཅུར་རྒྱས་པ་དང་། །འདུས་པའི་སྡེ་ཚོགས་དབྱར་མཚོ་ལྟར་རྒྱས་ཤིང་། །རྣམ་དག་བསླབ་པ་གསུམ་གྱི་རྒྱུད་ཕྱུག་ཅིང་། །བདག་དང་བསྲུང་བྱ་མི་ནོར་འཁོར་བཅས་རྣམས། །གཞི་བྱེས་ལམ་གསུམ་རྟག་ཏུ་མེལ་ཚེ་མཛོད། །ལས་བཞིའི་ཕྲིན་ལས་གཡེལ་མེད་ས་མ་ཡ། །ཛོགས་སྤྲུལ་ལྔ་པ་ཐུབ་བསྟན་ཆོས་ཀྱི་རྡོ་རྗེས་བྲིས་པ་དགེ །

༄༅། ཞིང་གཉེར་མགོན་པོ་ཕྱག་བཞི་པའི་བསང་མཆོད་ནི།

ཧཱུྃ། དཔལ་ཆེན་ཁྲག་འཐུང་ཐུགས་ལས་སྤྲུལ་པའི་རྗེ། །དཔལ་མགོན་ནག་པོ་ཕྱག་བཞི་འཁོར་དང་བཅས། །དད་པ་དམ་ཚིག་དབང་གིས་སྤྱན་འདྲེན་ན། །ད་ལྟ་ཉིད་དུ་གནས་འདིར་གཤེགས་སུ་གསོལ། །དྲི་ཞིམ་བདུད་རྩི་བསང་གི་དུད་སྤྲིན་ལས། །ཕྱི་ནང་གསང་བ་མཐུན་པའི་དམ་རྫས་ཚོགས། །ངོ་བོ་རྣམ་དག་ཡེ་ཤེས་རང་བཞིན་ལ། །རྣམ་པ་སྤྲིད་ཞིའི་འཁྱིར་བ་མ་ཚང་མེད། །ཕྱོགས་དང་དུས་ཀྱི་མུ་མཐར་ཁྱབ་པ་འདིས། །དཔལ་མགོན་ནག་པོ་ཆེན་པོ་བསང་ཞིང་མཆོད། །ཚད་མེད་བཞི་ཡི་ཕྱག་ལྡན་བསང་ཞིང་མཆོད། །རྣལ་འབྱོར་ཡོངས་ཀྱི་ཕོ་ལྷ་བསང་ཞིང་མཆོད། །དམ་ཚིག་ཅན་གྱི་སྲུང་མ་བསང་ཞིང་མཆོད། །དམ་ཉམས་བདུད་ཀྱི་གཤེད་ཆེན་བསང་ཞིང་མཆོད། །རིག་འཛིན་ཡོངས་ཀྱི་ཕོ་ཉ་བསང་ཞིང་མཆོད། །དུས་གསུམ་རྒྱལ་བའི་བསྟན་སྲུང་བསང་ཞིང་མཆོད། །དགྱེས་ཡུམ་བཀའ་ཉན་ལས་བྱེད་བསང་ཞིང་མཆོད། །བསང་ངོ་མཆོད་དོ་དཔལ་མགོན་ཐུགས་དམ་ཅན། །རྒྱལ་བ་རིག་འཛིན་བརྒྱུད་པའི་སྤྱན་སྔ་རུ། །ཞལ་བཞེས་ཐ་ཚིག་གཉན་པོ་དེང་དགོངས་ལ། །དཔལ་ལྡན་བླ་མའི་སྐུ་ཚེ་ཁྱོད་ཀྱིས་སྲིངས། །བསྟན་འཛིན་དཔོན་སློབ་འཁོར་འབངས་ཁྱོད་ཀྱིས་སྐྱོངས། །བཤད་སྒྲུབ་བསྟན་པའི་མངའ་ཐང་ཁྱོད་ཀྱིས་སྤེལ། །བར་ཆད་བསྟན་དགྲ་དམ་སྲི་ཁྱོད་ཀྱི་སྒྲོལ། །གང་འདོད་ཕྲིན་ལས་རྣམ་བཞི་ཁྱོད་ཀྱིས

སྐྱབས། །བསྟན་སྲིད་དབུ་འཕང་གཉན་པོ་ཁྱོད་ཀྱིས་བསྟོད། །ཆེ་བཙུན་ཆོས་ནོར་འདོད་དགུ་ཁྱོད་ཀྱིས་སྩོལ། །ཀུན་ཁྱབ་དགེ་མཚན་སྙན་གྲགས་ཁྱོད་ཀྱིས་སྒྲོགས། །ལྷ་དགོངས་ཉིང་འཛིན་ས་ལམ་ཉམས་རྟོགས་དང་། །དཔལ་འབྱོར་དབང་ཐང་རྒྱས་སྲིད་ལེགས་ཚོགས་རྣམས། །མི་ནུབ་ཡར་ངོའི་ཟླ་བཞིན་འཕེལ་བ་ཡི། །ཕྲིན་ལས་དམ་པ་དཔལ་མགོན་ཁྱོད་ཀྱིས་མཛོད། །ཁྱོད་ནི་ཧེ་རུ་ཀ་དཔལ་ཚོགས་ཀྱི་རྗེ། །སྲིད་གསུམ་དབང་བསྒྱུར་ཕྲིན་ལས་ཐོགས་མེད་ལ། །བསྟན་འཛིན་རྣམས་ཀྱི་མགོན་དང་སྐྱབས་ཡིན་པས། །མ་གཡེལ་མ་གཡེལ་དཔལ་ལྡན་ནག་པོ་ཆེ། །ལྷག་པར་སྣིགས་མ་ལྔ་དང་ལྡན་པ་ཡི། །ཞིང་འདིར་བསྟན་པ་འཛིན་པའི་སྐྱེས་བུ་ལ། །ཁྱོད་ཀྱི་སྔོང་གྲོགས་གཡར་དམ་གཡེལ་གྱུར་ན། །མགོན་མེད་བདག་ཅག་སུ་ལ་རེ་ལྟོས་འཆའ། །དེ་ཕྱིར་མཐུ་ལྡན་ཁྱོད་ཀྱིས་གཡར་དམ་བཞིན། །བསྟན་ལ་འཚེ་བའི་དམ་སྲི་འབྱུང་པོ་དང་། །ཁྱད་པར་ནག་ཕྱོགས་ཀླ་ཀློའི་སྡེ་ཚོགས་རྣམས། །ཕྱོགས་འདིར་རྒྱུ་བའི་གོ་སྐབས་གཏན་དུ་ཁེགཔ། །དུས་ཀྱི་མཐར་ཡང་གསང་སྔགས་སྙིང་པོ་ཡི། །བསྟན་པའི་ཉི་མ་རྟག་ཏུ་མི་ནུབ་པའི། །ཕྲིན་ལས་ཆེན་པོའི་མཐུ་སྟོབས་མངོན་ཕྱུང་ནས། །བདག་ཅག་རེ་བའི་འབྲས་བུ་མཆིས་པར་མཛོད། །མཆོག་སྤྲུལ་རིན་པོ་ཆེའི་བཀའ་ལུང་བཞིན་མི་ཕམ་པས་སོ། །

༄། བདུད་མགོན་ཞིང་སྐྱོང་བསང་མཆོད།

ཧཱུྃ། རབ་འཇིགས་དུར་ཁྲོད་ཆེན་པོ་བསིལ་བའི་ཚལ། །མེ་རླུང་དམར་ནག་འཁྲུགས་པའི་གློང་དཀྱིལ་ནས། །རྣལ་འབྱོར་ཡོངས་ཀྱི་དགྲ་ལྷར་མངའ་གསོལ་བ། །ཤིན་ཏུ་མི་བསྲུན་དཔལ་གཏུམ་སེང་གེའི་གདོང་། །ཆོས་ཉིད་འགྱུར་མེད་སྐུ་མདོག་མཐིང་འོད་འབར། །སྤྱན་གསུམ་དམར་ཟླུམ་སྡང་མིག་ཁྲོགས་བཙུར་གཟིགས། །དཔྲལ་བའི་ཁྲོ་གཉེར་རྒྱ་ཡི་རླབས་བཞིན་འཁྲུགས། །ཞལ་གདངས་ལྗགས་འདྲིལ་ཨག་ཚོམ་མེ་ལྟར་འབར། །སེང་གེའི་ང་རོ་འབྲུག་ལྟར་ཁྲོགས་བཙུར་སྒྲོག །གཡུ་རལ་གསེབ་ནས་མེ་སྟག་སེང་རྒྱུད་འཕྲོ། །ཐོད་སྐམ་དབུ་བརྒྱན་ཐོད་རློན་དོ་ཤལ་ཅན། །དར་ནག་འཛོལ་བེར་རུས་པའི་རྒྱན་དྲུག་གསོལ། །ཕྱག་གཡས་མིག་སྨན་མདོག་ཅན་བ་དན་ཕྱར། །གཡོན་པས་དམར་ཆེན་གཏོར་མ་དགྲ་ལ་འཕེན། །བདུད་རྟ་ནག་པོ་རླུང་གི་གཤོག་ཅན་ཆིབས། །ཡུམ་ཆེན་བདུད་མོ་དམར་ནག་ཁྲག་རལ་ཅན། །ལས་བྱེད་དུས་མཚན་ཕོ་མོ་རྣམ་གཉིས་བཅས། །སྐད་ཅིག་ཙམ་གྱིས་གནས་འདིར་གཤེགས་སུ་གསོལ། །ཞིང་བཅུ་བསྒྲལ་བའི་རཀྟ་དམར་གྱི་མཚོ། །རྨད་བྱུང་རྡྷ་ལིང་གཏོར་མ་རི་ལྟར་སྤུངས། །འཆི་མེད་བདུད་རྩི་པཉྩ་ཨ་མྲི་ཏ། །བདུད་གཡག་རོག་པོ་རྟ་ནག་རྟིང་དཀར་དང་། །ཁྱི་ནག་སྣིང་དཀར་ལུག་ནག་སྤྱི་དཀར་ཅན། །མདུང་དར་ནག་པོ་ཐོད་པའི་ཕྲེང་བ་དང་། །དབང་ལྔའི་མེ་ཏོག་ཚིལ་

ཆེན་བདུག་པའི་སྤྲིན། །ཞུན་ཆེན་མར་མེ་མཁྲིས་པའི་དྲི་ཆབ་རྒྱུན། །ཤ་སྣ་སྙིང་སྣའི་ཞལ་ཟས་རི་ལྟར་སྤུངས། །རྔ་དང་དུང་དཀར་སྙན་བརྗོད་རོལ་མོའི་སྒྲ། །ཁྱད་པར་དྲི་བཟང་ཤིང་དང་ལྷན་ཅིག་ཏུ། །རིན་ཆེན་སྣ་ལྔ་དར་ཟབ་ཕྱེ་མར་སོགས། །བསྲེགས་པའི་དུད་པ་ཕྱོགས་བཅུར་འཁྲིགས་པ་འདིའི། །བདུད་མགོན་འཁོར་བཅས་བསང་ཤིང་མཆོད་པའི་མཐུས། །བདག་ཅག་འཁོར་བཅས་ཚེ་བསོད་རྒྱས་པ་དང་། །ཕྱི་ནང་མི་མཐུན་ཉེར་འཚེ་ཀུན་ཞི་ནས། །མི་དང་མི་མིན་དབང་དུ་འདུ་བ་དང་། །བྱད་ཕུར་རྦོད་གཏོང་དགྲ་བགེགས་ཚར་གཅོད་ཅིག །རྫོགས་སྤྲུལ་ལྔ་པ་ཐུབ་བསྟན་ཆོས་ཀྱི་རྡོ་རྗེས་བྲིས་པ་དགེ །

༄ ཡང་མ་སྐྱིན་གདོང་མའི་བསང་མཆོད།

ཧཱུྃ་ཧྲཱིཿ ཀ་དག་དྭངས་གསལ་རིན་ཆེན་གཞལ་ཡས་དབུས། །ཁ་བའི་མདངས་འཛིན་ལྷ་ཡི་བུ་མོའི་རྩལ། །ག་བུར་སྨན་གྱི་དྲི་འཐུལ་བཞིན་མཛེས་ཅན། །ང་ཡིས་འབོད་ཚེ་བསང་མཆོད་མགྲོན་ལ་གཤེགས། །ཅ་ག་ལྷ་རྫས་རཏྣའི་ཁྲི་སྟེང་དུ། །ཆ་ལུགས་སྤྲུལ་བསྒྱུར་སྣ་ཚོགས་སྟོན་མཛད་ཅིང་། །ཇ་ཆང་སྨན་གཏོར་རཀྟ་བཞེས་སླད་དུ། །ཉ་རྒྱས་བཞིན་དུ་བཞུགས་ལ་ཕྱག་འཚལ་ལོ། །ཏ་ཐཱ་ག་ཏའི་བསྟན་ལ་འཚེ་བ་ཡི། །ཐ་བ་ལྷ་བུའི་གདུག་པའི་སེམས་འཆང་བར། །ད་ལྟ་ཉིད་དུ་དྲག་མོས་སྐུར་བཞེངས་ལ། །ན་ཚ་རྟུར་ཐུམ་དྲག་པོས་ཚར་གཅོད་ཅིག །པ་སངས་ལྷ་བུ་ལྷག་བསམ་དཀར་བ་ཡི། །ཕ་རོལ་

གཞན་ཕན་ལྷག་བསམ་དག་པ་ཡིས། །བ་ལང་བཞིན་དུ་རྨོངས་པའི་འགྲོ་བ་རྣམས། །མ་ཡིས་བུ་བཞིན་སྐྱོང་བའི་གང་ཟག་དང་། །ཙཾ་དང་ལོ་མའི་གནས་མལ་ལ་བརྟེན་ནས། །ཚ་གྲང་སྡུག་བསྔལ་ཁྱད་དུ་བསད་པ་ཡིས། །རྗེ་ཡབ་ཀྱི་བསྟན་འཛིན་སྐྱོང་བའི་གང་ཟག་ལ། །ཕ་སྐྱེས་ལྷ་བུར་ཞུམས་པའི་དགྲ་བོ་རྣམས། །ཞ་གྲུམ་དམར་བཤལ་རྒྱུ་གཟེར་དྲག་པོ་ཐོང་། །ཟ་འཐུང་དཔལ་ལ་འཚེ་བའི་ཕྲིན་ལས་མཛོད། །འ་ཞུར་དབྱུངས་དང་རོལ་མོའི་སྙན་པ་ནི། །ཡ་མཚན་དངོས་སུ་འབྱོར་དང་བཤམས་པ་ཡི། །ར་ཅན་ལ་སོགས་སྨྱུན་གཟིགས་སྣ་ཚོགས་ནི། །ལ་ལ་ཙམ་མིན་རྣམ་མང་མཆོད་པའི་ཕྱིར། །ཤ་སྣག་བདག་སོགས་དང་བའི་བློ་དག་གིས། །ས་དང་བར་སྣང་གང་བར་འབུལ་བ་འདི། །ཧ་ཅང་སླིགས་མའི་བར་ཆད་ཚོགས་རྣམས་ཀུན། །ཨ་ཡིག་སྐྱེ་མེད་དབྱིངས་སུ་གྲོལ་བར་མཛོད། །ཁྱད་པར་དྲི་ཞིམ་བསང་གི་མཆོད་པ་འདིས། །འགྲོ་བའི་དབུལ་ཕོངས་སྡུག་བསྔལ་ཀུན་སེལ་ཞིང་། །བསྟན་པ་རིན་ཆེན་ཕྱོགས་བཅུར་དར་ཤིང་རྒྱས། །འདུས་པའི་ཚོགས་རྣམས་འཕེལ་ཞིང་རྒྱས་པ་དང་། །རྣམ་དག་བསླབ་པ་གསུམ་གྱི་རྒྱུད་ཕྱུག་ནས། །སྣང་ཚད་སྐུ་དང་སྒྲ་གྲགས་སྔགས་ཀྱི་ཚོགས། །དྲན་རྟོག་སྐྱེ་མེད་དབྱིངས་སུ་གྲོལ་བར་མཛོད། །ཅེས་པ་འདི་ཡང་རྫོགས་སྤྲུལ་ལྔ་པ་ཐུབ་བསྟན་ཆོས་ཀྱི་རྡོ་རྗེས་བྲིས་པའོ། །

༄༅། སྔགས་སྲུང་ཨེ་ཀ་ཛ་ཊིའི་བསང་མཆོད་ནི།

ཧཱུྃ། ཀུན་ཏུ་བཟང་མོའི་ཐུགས་ཀྱི་རོལ་བ་ལས། །དབྱིངས་ཀྱི་རྒྱལ་མོ་ཨེ་ཀ་ཛ་ཊི་མ། །མཆེད་དྲུག་འཁོར་དང་སྤྲུལ་པ་ཡང་སྤྲུལ་བཅས། །དམ་ཚིག་དབང་གིས་གནས་འདིར་གཤེགས་སུ་གསོལ། །འཇིགས་རུང་དྲག་པོའི་ཆར་སྤྲིན་མདོག་ལྡན་སྐུ། །གཡས་པས་དམ་ཉམས་ཙིཏྟ་འབྱིན་ཅིང་གསོལ། །གཡོན་པས་ཞིང་ཆུང་དབྱུག་པའི་རྒྱལ་མཚན་ཕྱར། །དཔྲལ་ན་མིག་གཅིག་སྲིད་གསུམ་ས་ལེར་གཟིགས། །ཞལ་ན་ཆེམས་གཅིག་དགྲ་བགེགས་སྲོག་རྩ་གཅོད། །བྲང་ན་ནུ་གཅིག་སྒྲུབ་མཆོག་བུ་བཞིན་སྐྱོང་། །གཙུག་ན་མཐིང་གི་རལ་གཅིག་གྱེན་དུ་བསྒྲེངས། །ལྷོ་སྤྲིན་སྔོད་གཡོག་དུར་ཁྲོད་རྒྱན་གྱིས་བརྒྱན། །གཡས་བསྐུམ་གཡོན་བརྐྱང་རྔམ་ཞིང་འབར་བའི་སྐུ། །བདུན་འབུམ་འཁོར་གྱིས་ཀུན་ནས་ཡོངས་བསྐོར་ཞིང་། །རྣལ་འབྱོར་སྐྱོང་ཞིང་དམ་ཚིག་རྗེས་ལ་འདུ། །ཕྲིན་ལས་ཐོགས་མེད་དགྲ་བགེགས་ཤུགས་ཀྱིས་སྒྲོལ། །མཁའ་འགྲོའི་ཚོགས་རྗེ་སྲུང་སྲིད་དབང་བསྒྱུར་མ། །གསང་སྔགས་བསྟན་པ་སྲི་དང་ཁྱད་པར་དུ། །འོད་གསལ་སྙིང་པོའི་བཀའ་ཡི་བྱ་ར་མཛོད། །ཞལ་བཞེས་དམ་ཚིག་དབང་གིས་འདིར་བྱོན་ལ། །བསང་མཆོད་སྤྲིན་ཕུང་ལྷ་ལམ་ཁྱབ་པ་ལས། །ཕྱི་ནང་གསང་མཆོད་རྟེན་རྫས་སྒྲུབ་པའི་རྫས། །གང་འདོད་ཡིད་བཞིན་འདོད་དགུར་རོལ་བའི་གཏེར། །ཀུན་བཟང་བདེ་བ་ཆེན་པོའི་མཆོད་སྤྲིན་འདིས། །སྔགས་ཀྱི་སྲུང་མ

མ་མོ་རལ་གཅིག་མ། །སྨུག་ནག་ཁྲོས་པའི་རྒྱལ་མོ་ཆེན་མོ་བསང་། །གསང་སྔགས་བསྟན་པ་རྒྱ་མཚོའི་མངའ་བདག་མོ། །བཅུ་བདུན་རྒྱུད་ཀྱི་སྲུང་མ་ཆེན་མོ་བསང་། །གཤིན་རྗེའི་གཤེད་ཡུམ་སྦྲེག་མོ་རལ་གཅིག་མ། །རྡོ་རྗེ་གཞོན་ནུའི་སྒྲོལ་ཡུམ་ཨེ་ཀ་ཛ། །རྟ་མགྲིན་སྦྱོར་ཡུམ་པདྨ་གཟི་ལྡན་མ། །མཁའ་འགྲོ་ཀུན་གྱི་ཕྱི་མོ་ཆེན་མོ་བསང་། །རྣམ་རོལ་མ་འགག་མ་ཆེན་མཆེད་ལྔ་དང་། །བཀའ་ཉན་བདུན་འབུམ་འཁོར་གྱི་ཚོགས་བཅས་བསང་། །ཅི་བགྱིས་ལས་བྱེད་ཡང་འཁོར་གྲངས་མེད་དང་། །འབུམ་ཕྲག་ཡངས་པ་སྣང་སྲིད་མ་མོ་བསང་། །བསང་ངོ་མཆོད་དོ་བསྟོད་ཅིང་མངའ་གསོལ་ན། །རྡོ་རྗེའི་ཐེག་པ་རྒྱ་མཚོའི་བཤད་སྒྲུབ་ཀྱི། །བསྟན་པའི་རྒྱལ་མཚན་ཕྱོགས་བཅུར་བསྒྲེང་བ་དང་། །བསྟན་འཛིན་རྣམས་ཀྱི་དབུ་འཕང་སྲིད་རྩེར་བསྟོད། །ཁྱད་པར་རྩོད་ལྡན་སྙིགས་མ་ལྔ་བདོའི་དུས། །གཉེན་པོ་གཞན་གྱིས་གདུལ་བར་དཀའ་བའི་ཚེ། །རྩོལ་མེད་རང་གྲོལ་རྡོ་རྗེ་སྙིང་པོ་ཡི། །བསྟན་པའི་ཉི་མས་ས་གསུམ་སྣང་བར་མཛོད། །ཐེག་ཆེན་བསྟན་ལ་འཚེ་བའི་དགྲ་དང་བགེགས། །མ་ལུས་ཁྱོད་ཀྱི་མཐུ་ཡིས་ཡོངས་གནོམ་སྟེ། །ངེས་གསང་བསྟན་པ་འཛིན་པའི་སྐྱེས་བུ་རྣམས། །ཕྱོགས་ལས་རྣམ་པར་རྒྱལ་བའི་ཕྲིན་ལས་མཛོད། །ཅེས་པའང་སྔ་འགྱུར་བསྟན་པའི་ཉི་མ་རྫོགས་ཆེན་མཆོག་སྤྲུལ་ལྔ་པས་བསྐུལ་བ་ལྟར། འཇམ་དཔལ་དགྱེས་པས་སྦྱོལ་བ་དགེ་ལེགས་འཕེལ། །

༄༅། ཉེ་གྲགས་གཏེར་བྱོན་ལྷ་མོ་ཕྱུགས་བདག་འབར་མའི་བསང་མཆོད་ནི།

ཧཱུྃ་ཧྲཱིཿ དབྱིངས་ཉིད་ངང་ལས་ཐུགས་རྗེས་སྐུ་སྤྲུལ་པ། །དཔལ་ལྡན་ཕྱུགས་ཀྱི་སྲུང་མ་རེ་མ་ཏི། །དར་སྣ་བདུན་རོལ་མོའི་དབྱངས་དང་བཅས། །དགྱེས་བྱེད་བསང་གི་མགྲོན་དུ་སྤྱན་འདྲེན་ནོ། །མདུན་གྱི་ནམ་མཁའ་མེ་རླུང་འཁྲུགས་པའི་དབུས། །ཁྲག་མཚོ་ཐོད་མཁར་འབར་བའི་གཞལ་ཡས་སུ། །དྲག་པོའི་རྒྱན་ཅན་བོང་བུ་དམར་གྱའི་སྟེང་། །མཐིང་ནག་ཧམ་པ་སྤྱན་གསུམ་མཆེ་གཙིགས་ཞལ། །རྩེ་གསུམ་བ་དན་ནད་ཀྱི་རྒྱལ་བ་འཛིན། །མ་བཞི་དྲེགས་བདུན་མཁའ་འགྲོ་བྱེ་བ་འབུམ། །ཡང་འཁོར་སྣང་སྲིད་དྲེགས་པའི་ཚོགས་ཀྱིས་བསྐོར། །ཧཱུྃ་ཕཊ་རུ་ལུའི་གད་རྒྱང་འབྲུག་ལྟར་སྒྲོག །རྟོག་མེད་དྲེགས་འཇོམས་ཡེ་ཤེས་ཐུགས་ལྡན་ཞིང་། །དྲག་ཤུགས་ཁྱབ་འགྲོ་གློག་གི་བང་ཅན་མ། །བྱང་ཤར་སྨུ་ལེ་མཐིང་མཚོའི་ཐོད་མཁར་ནས། །དྲན་པ་ཙམ་གྱིས་གནས་འདིར་གཤེགས་སུ་གསོལ། །མ་མོ་ཁྱེད་ལ་དད་ཅིང་གདུང་བའི་བློས། །དྲི་ཞིམ་བསང་མཆོད་དུད་པའི་སྤྲིན་ཕུང་ལས། །རབ་འབྱམས་ཞིང་གི་འདོད་ཡོན་ཆར་ལྟར་འབེབས། །ཕྱི་ནང་ཉེར་སྤྱོད་སྨན་གཏོར་རཀྟ་དང་། །ཤ་རུས་ཁྲག་ཚྭད་མཁྲིས་པ་སྣ་ཚོགས་སྟོང་། །རི་དྭགས་གཡུང་དྭགས་གཅན་གཟན

གཟུགས་འགྲོས་ཚོགས། །མིག་དབང་སྐྱིད་སོགས་ཁྱད་པར་མཐུན་པའི་རྫས། །དུས་བཞིར་བསྟུན་པ་དམ་རྫས་མཆོད་པའི་ཚོགས། །མདོར་ན་གང་བཞེད་དགྱེས་དགུར་འཆར་བ་ཡི། །བདེ་སྟོང་ཡེ་ཤེས་རོལ་བའི་མཆོད་སྤྲིན་འདིས། །མ་གཅིག་དཔལ་ལྡན་ལྷ་མོ་བསང་ཞིང་མཆོད། །སྔགས་བདག་འབར་མ་ཆེན་མོ་བསང་ཞིང་མཆོད། །འཁོར་དང་བཀའ་ཉན་ཡང་སྤྲུལ་བསང་ཞིང་མཆོད། །བསང་རྫས་མཆོད་དོ་བསྟན་སྲུང་རེ་མ་ཏི། །བསྟོད་དོ་བརྟན་ནོ་དཔལ་ལྡན་དུད་སོལ་མ། །དབུ་འཕང་གཅན་པོ་སྲིད་པའི་རྩེ་མོར་བསྟོད། །རང་བྱུང་རྒྱལ་མོ་མིང་བརྒྱ་མཚན་སྟོང་མ། །ནད་རིམས་ཁྲམ་དཔལ་མཚོན་གྱི་མདའ་བདག་མཛད། །སྣང་སྲིད་དྲེགས་པ་ཡོངས་ཀྱི་བཀའ་བསྒྱུར་བྱེད། །སྲིད་གསུམ་ཁྱབ་རྒྱུགས་སྣ་ཚོགས་རྣམ་འཕྲུལ་སྟོན། །གདུང་བའི་བུ་ཆུང་མ་ལ་རེ་བ་བཞིན། །གུས་པས་མཆོད་དོ་ཐུགས་རྗེ་མ་གཡེལ་ཞིག །རྣལ་འབྱོར་བདག་ཅག་འཁོར་དང་བཅས་པ་ལ། །རྟག་ཏུ་མི་འབྲལ་མགོན་སྐྱབས་སྟོང་གྲོགས་མཛོད། །ནད་རིམས་འཇིགས་གནས་རྒྱལ་པོའི་ཆད་པ་དང་། །གདུག་པའི་སྦྱོག་ཆགས་དམག་དང་འབྱུང་བཞིའི་དགྲ། །ལྐས་ངན་ཐོག་སེར་བྱད་སྟེམས་ལ་སོགས་པ། །འཇིགས་པ་ཀུན་ལས་སྐྱོབ་པར་མཛད་དུ་གསོལ། །མི་མཐུན་ཕྱོགས་ཞི་མཐུན་པའི་དཔལ་ཀུན་རྒྱས། །སྐྱེ་རྒུ་དབང་འདུས་དགྲ་བགེགས་ཚར་ཆོད་ཅིང་། །བསྟན་དང་བསྟན་འཛིན་དབུ་འཕང་མཐོ་བ་དང་། །མཆོག་ཐུན་དངོས་གྲུབ་ཡིད་བཞིན་འགྲུབ་པར་མཛོད། །སྔགས་བདག་འབར་མའི་བསང་མཆོད་མཆོག་སྤྲུལ་རིན་པོ་ཆེའི་བཀའ་བཞིན་མི་ཕམ་རྣམ་པར་རྒྱལ་བས་བཀོད་པའོ། །

༄༅། རྡོ་རྗེ་གཞོག་གྲོད་མའི་བསང་མཆོད།

ཧྲཱིཿ སྲིད་པ་གསུམ་ལ་དབང་བྱེད་མཐུ་མོ་ཆེ། །ཁྲག་ཞག་རྒྱ་མཚོ་འཁྱིལ་བའི་གླིང་དཀྱིལ་ན། །མི་རོ་གསར་རླིང་བརྩེགས་པའི་གདན་སྟེང་དུ། །དཔལ་ལྡན་ལྷ་མོ་རྡོ་རྗེ་གཞོག་གྲོད་རྩལ། །སྐུ་མདོག་སྨུག་ནག་ཞལ་གཅིག་ཕྱག་གཉིས་པ། །ཞལ་གདངས་ལྕགས་འདྲིལ་མཆེ་གཙིགས་སྤྱན་གསུམ་པ། །གཡས་པས་རལ་གྲི་གཡོན་པས་ཐོད་ཁྲག་འཛིན། །གཡོན་པའི་མཆན་དུ་གཏེར་གྱི་ནེའུ་ལེ་བསྣམས། །གཡས་གཡོན་རྡོ་རྗེ་རིན་ཆེན་གཞོག་པ་ལྕིང་། །མི་ལྤགས་སྟོད་གཡོག་རེ་ལྡེའི་ཤམ་ཐབས་ཅན། །བ་ལང་ལྤགས་པས་སྨད་དཀྲིས་སྤྲུལ་རྒྱན་དང་། །རིན་ཆེན་རུས་པའི་ཕྲེང་བའི་རྒྱན་གྱིས་བརྒྱན། །སྤྱི་གཙུག་ཟླ་བ་ལྟེ་བར་ཉི་མ་འཆར། །ཆིབས་སུ་ཤུགས་ལྡན་དྲེལ་ཧྲ་རྐང་གསུམ་ཆིབས། །རྣལ་འབྱོར་གདུང་བ་དྲག་པོས་འབོད་པའི་ཚེ། །ཆར་སྤྲིན་གཏིབས་པ་ལྟ་བུའི་གཤེགས་སུ་གསོལ། །བཟང་དྲུག་སྨན་སྣ་དར་ཟབ་རིན་ཆེན་ལྔ། །བ་ལུ་ཤུག་པ་མཁན་དཀར་དྲི་ཞིམ་སྤོས། །བདུད་རྩི་ཤིང་གི་ཚོགས་དང་ལྡན་ཅིག་ཏུ། །མེ་ལ་བསྲེགས་པ་དུད་པའི་སྤྲིན་ཕུང་ནི། །འདོད་ཡོན་ལྔ་ཡི་ཟེ་ར་ཐག་ཕྱོགས་བཅུ་འཁྲོས། །རབ་འབྱམས་ཞིང་ཀུན་ཁྱབ་པའི་དུད་སྤྲིན་འདིས། །དཔལ་ལྡན་ལྷ་མོ་རྡོ་རྗེ་གཞོག་གྲོད་མ། །འཁོར་བཅས་བསང་ཞིང་མཆོད་པའི་བྱིན་རླབས་ཀྱིས། །དགྱེས་པ་ཆེན་པོས་རྟག་ཏུ་མགོན་མཛད་ནས། །བདག་ཅག་བྱང་ཆུབ་

སྒྲུབ་ལ་བར་གཅོད་པའི། །དགྲ་བགེགས་མཐའ་དག་ཐུལ་བར་མཛོད་དུ་གསོལ། །རྒྱལ་བའི་བསྟན་པ་ཕྱོགས་བཅུར་རྒྱས་པ་དང་། །བསྟན་འཛིན་སྐྱེས་བུའི་སྐུ་ཚེ་རབ་བརྟན་ནས། །བཤད་དང་སྒྲུབ་པའི་བསྟན་པ་རིན་པོ་ཆེ། །ནམ་ཡང་མི་ནུབ་དར་ཞིང་རྒྱས་པར་མཛོད། །སྡང་ཞིང་གདུག་པའི་སེམས་ལྡན་དགྲ་དང་བགེགས། །ཁྱད་པར་བྱད་ཕུར་རྦོད་གཏོང་བཏང་བའི་རིགས། །ངན་སྔགས་བསམ་སྦྱོར་ངན་པའི་བྱ་བ་མཁན། །ཚེ་བསོད་དཔལ་ལ་འཚེ་བའི་འབྱུང་པོ་རྣམས། །སྐད་ཅིག་ཉིད་ལ་བསྒྲལ་བའི་ཕྲིན་ལས་མཛོད། །ཅེས་པ་འདི་ཡང་ས་འབྲུག་ཟླ་བ་བརྒྱད་པའི་ཚེས་ཉེར་དགུའི་ཉིན་གང་ཤར་དུ་རྫོགས་སྐུལ་ལྔ་པས་བྲིས་པའོ། །

༄། ཤན་པ་སྲོག་སྒྲུབ་ནག་མོའི་བསང་མཆོད།

ཧྲཱིཿ མི་འགྱུར་བདེ་བ་ཆེན་པོའི་ངང་ཉིད་ལས། །ཤ་ཟ་ཁྲག་འཐུང་ཀུན་གྱི་གཙོ་མོ་སྟེ། །མ་གཅིག་ཤན་པ་སྲོག་སྒྲུབ་ནག་མོ་ནི། །སྔོན་གྱི་དམ་ཚིག་གཉན་པོ་རྗེས་དགོངས་ལ། །ནམ་མཁའི་གློག་ལས་མྱུར་བའི་ཚུལ་དུ་གཤེགས། །མདུན་གྱི་ནམ་མཁར་རླུང་ནག་འཚུབས་མའི་དབུས། །མཐིང་ནག་ཆར་སྤྲིན་གཏིབས་པ་ལྟ་བུའི་སྐུ། །རབ་ཁྲོས་ཞལ་གཅིག་ཕྱག་གཉིས་སྤྱན་གསུམ་མ། །ཕྱག་གཡས་ཆུ་གྲི་རྣོན་པོ་འཕྱར་ཞིང་གདེངས། །གཡོན་པས་མ་རུང་དགྲ་བོའི་གློ་སྙིང་ཟ། །མི་ལྤགས་གོས་དང་ཐོད་རུས་སྦྲུལ་གྱིས་བརྒྱན། །ཆིབས་སུ་སྲིད་པའི་རླུང་ནག་འཚུབས་མ་ཞོན། །གཡས་སུ་སྤྱང་

གདོང་གཡོན་ན་ཕྱ་གདོང་མ། །མདུན་ན་འུག་གདོང་མ་མོའི་གཟུགས་འཆང་བ། །གཞན་ཡང་འཁོར་དུ་མ་མོ་འབུམ་དང་བཅས། །བདག་ཅག་བསང་གི་མགྲོན་ལ་གཤེགས་སུ་གསོལ། །རབ་འབྱམས་ཞིང་ཀུན་དོགས་པོར་བྱེད་པ་ཡི། །མཆོད་ཡོན་ཞབས་བསིལ་མེ་ཏོག་བདུག་སྤོས་དང་། །མར་མེ་དྲི་ཆབ་ཞལ་ཟས་རོལ་མོའི་སྒྲ། །གཟུགས་སྒྲ་དྲི་རོ་རེག་བྱ་ཆོས་རྡོ་རྗེ། །རིན་ཆེན་སྣ་བདུན་ཉེ་བའི་རིན་ཆེན་བདུན། །བཀྲ་ཤིས་རྟགས་རྫས་རྡོ་རྗེ་ལྷ་མོའི་ཚོགས། །གཙན་གཟན་སྣ་ཚོགས་རི་དྭགས་གཡུང་དྭགས་སོགས། །མཁའ་ལྡིང་འདབ་ཆགས་རི་རབ་གླིང་བཞི་དང་། །གསེར་སྐྱེམས་གཡུ་སྐྱེམས་སྨན་དང་རཀྟའི་མཚོ། །ཁྱད་པར་དྲི་ཞིམ་བསང་གི་མཆོད་པ་འདིས། །དཔལ་ལྡན་ལྷ་མོ་ཤན་པ་སྲོག་སྒྲུབ་མ། །འཁོར་བཅས་བསང་གི་མཆོད་པ་ཕུལ་བའི་མཐུས། །རྣལ་འབྱོར་བདག་དང་རྟག་ཏུ་མི་འབྲལ་ཞིང་། །རྒྱལ་པོའི་ཆད་པ་འབྱུང་བ་བཞི་ཡི་དགྲ། །སྡེ་བརྒྱད་འཁྲུགས་པའི་ཐོག་སེར་བྱད་སྟེམས་སོགས། །འཇིགས་པ་བརྒྱད་སོགས་ཞི་བའི་ཕྲིན་ལས་མཛོད། །མདོར་ན་མི་མཐུན་རྐྱེན་ངན་ཞི་བ་དང་། །ཚེ་བསོད་དཔལ་འབྱོར་དབང་ཐང་ལྷུང་རྟ་དར། །སྐྱེ་དགུའི་ཆེ་བཙུན་ཚོགས་རྣམས་དབང་དུ་འདུས། །བསྟན་པ་དར་ཞིང་བསྟན་འཛིན་སྐྱོང་བ་དང་། །དངོས་གྲུབ་མ་ལུས་དེང་འདིར་སྩོལ་དུ་གསོལ། །རྫོགས་སྤྲུལ་ལྔ་པ་ཐུབ་བསྟན་ཆོས་ཀྱི་རྡོ་རྗེས་བྲིས་པ་དགེ །

༄༅། སྨན་བཙུན་ཚེ་རིང་མཆེད་ལྔའི་བསང་མཆོད་དཔག་བསམ་ལྗོན་ཤིང་ཞེས་བྱ་བ་བཞུགས།།

ཧྲཱིཿ བདེ་ཆེན་ཀུན་ཏུ་བཟང་མོའི་མཁའ་ཀློང་ནས། །དབྱིངས་ཀྱི་རྒྱལ་མོ་སྤྲུལ་པའི་ཡུམ་ཆེན་ལྷ། །གནས་དང་ཡུལ་གྱི་མཁའ་འགྲོ་ཀུན་གྱི་གཙོ། །ཕྱི་ལྟར་ཤ་ཟ་མཁའ་འགྲོ་ཆེན་མོ་ལྷ། །ནང་ལྟར་སྨན་བཙུན་ཚེ་རིང་མཆེད་ལྔ་པོ། །གསང་བ་སྐྱེ་མེད་ཆོས་དབྱིངས་ཀུན་བཟང་མོ། །དབྱིངས་ལས་མ་གཡོས་ཚེ་རིང་མཆེད་ལྔ་དགོངས། །རྣལ་འབྱོར་བདག་གིས་ཁྱེད་དང་མཐུན་པའི་རྫས། །ཀུན་བཟང་མཆོད་པའི་སྤྲིན་ལྟར་བཤམས་ལགས་ན། །དད་གུས་གདུང་བའི་དབྱངས་ཀྱིས་འབོད་པའི་ཚེ། །རང་སྣང་འོད་གསལ་སྤྲུལ་པའི་གནས་མཆོག་ནས། །མཐོན་མཐིང་གངས་ཀྱི་རྒྱལ་མོའི་ཕོ་བྲང་ཆེ། །འཇའ་དང་འོད་དུ་འཁྲིགས་པའི་གཞལ་ཡས་ནས། །སྨན་བཙུན་ཆེན་མོ་བཀྲ་ཤིས་ཚེ་རིང་མ། །མཐིང་གི་ཞལ་བཟང་མི་གཡོ་བློ་བཟང་མ། །ཅོད་པན་མགྲིན་བཟང་ཏལ་དཀར་འགྲོ་བཟང་ལྷ། །གཞན་ཡང་མཆེད་ཟླ་བོད་ཡུལ་བསྟན་སྐྱོང་མ། །བཅུ་གཉིས་སྤྲུལ་པ་ཡང་སྤྲུལ་ཉིང་སྤྲུལ་དང་། །གནས་གསུམ་ཌཱཀིའི་སྨན་ཕྲན་འབུམ་དང་བཅས། །སྔོན་ཚེ་སློབ་དཔོན་པདྨ་འབྱུང་གནས་དང་། །རིགས་པའི་བཀའ་བབ་དཔལ་གྱི་སེངྒེ་ཡིས། །བཀའ་བསྒོས་ཐ་ཚིག་གཉན་པོ་དྲན་མཛོད་ལ། །དགྱེས་པའི་ཚུལ་གྱིས་གནས་འདིར་གཤེགས་སུ་གསོལ། །མདུན་མཁར་པདྨ་ཉི་ཟླའི་གདན་ལ་བཞུགས། །སྒོ་གསུམ་གུས་

པའི་སྒོ་ནས་ཕྱག་འཚལ་ལོ། །དག་བྱེད་བདུད་རྩི་དྲི་ཞིམ་སྨན་གྱི་ཤིང་། །ཕྱེ་མར་ཟས་ཕུད་རིན་ཆེན་འབྲུ་སྨན་དང་། །ཇ་ཆང་འོ་སྐོལ་སྣག་གཟིགས་རས་མོ་སོགས། །འབར་བའི་མེར་བསྲེགས་ཡེ་ཤེས་དུད་པའི་སྤྲིན། །ལྷ་ལམ་ཡོངས་ཁྱབ་བསང་གི་མཆོད་པ་འདིས། །སྨན་བཙུན་ཆེན་མོ་བཀྲ་ཤིས་ཚེ་རིང་མ། །བསང་ངོ་མཆོད་དོ་མཆོག་ཐུན་དངོས་གྲུབ་སྩོལ། །བྲ་ཡི་ལྷ་མོ་མཐིང་གི་ཞལ་བཟང་མ། །བསང་ངོ་མཆོད་དོ་མངོན་ཤེས་དངོས་གྲུབ་སྩོལ། །གཏེར་གྱི་ལྷ་མོ་ཅོད་པན་མགྲིན་བཟང་མ། །བསང་ངོ་མཆོད་དོ་གཏེར་གྱི་དངོས་གྲུབ་སྩོལ། །ཟས་ཀྱི་ལྷ་མོ་མི་གཡོ་གླང་བཟང་མ། །བསང་ངོ་མཆོད་དོ་ནོར་གྱི་དངོས་གྲུབ་སྩོལ། །ཏལ་དཀར་འགྲོ་བཟང་རྐང་བཞི་ཕྱུགས་ཀྱི་ལྷ། །བསང་ངོ་མཆོད་དོ་ཕྱུགས་ཀྱི་དངོས་གྲུབ་སྩོལ། །གཞན་ཡང་བོད་སྐྱོང་བརྟན་མ་བཅུ་གཉིས་ཚོགས། །གནས་གསུམ་ཀླཱི་སྨན་ཕྲན་འབུམ་དང་བཅས། །བསང་ངོ་མཆོད་དོ་བཅོལ་བའི་ཕྲིན་ལས་མཛོད། །ཁྱད་པར་ཁྱེད་དང་མཐུན་པའི་དམ་རྫས་ནི། །གཡུ་བྱུང་མིག་མེད་དངུལ་དཀར་མེ་ལོང་ཤེལ། །མདའ་དར་སྣ་ལྔ་དུང་ཤྭ་རིན་ཆེན་གསེར། །ཤ་རྐྱང་མ་ཧེ་གླང་ཆེན་འདོད་འཇོའི་བ། །རྨ་བྱ་ལྕུང་ཀ་ནེ་ཙོ་ཤང་ཤང་སོགས། །མདོར་ན་དངོས་བཤམས་ཡིད་ཀྱི་རྣམ་རོལ་ལས། །མཆོད་རྫས་རྟེན་རྫས་བསྐང་རྫས་ལ་སོགས་པ། །རབ་འབྱམས་རྒྱ་མཚོའི་ཞིང་ན་ཅི་མཆིས་པ། །བློ་ཡིས་བླངས་ཏེ་གུས་པས་འབུལ་ལགས་ན། །མ་གཅིག་ཚེ་རིང་མཆེད་ལྔ་འཁོར་བཅས་མཆོད། །དེ་ལྟར་བསང་ཞིང་མཆོད་པའི་བྱིན་རླབས་ཀྱིས། །གསང་ཆེན་འོད་གསལ་རྡོ་རྗེ་སྙིང་པོ་ཡི། །བསྟན་པ་མཐའ་དབུས་ཀུན་ཏུ་རྒྱས་པ་དང་། །བསྟན་འཛིན་སྐྱེས་བུའི་སྐུ

ཚེ་རབ་བརྟན་ཞིང་། །མཛད་ཕྲིན་ཡངས་པའི་ཐ་གྲུ་ཀུན་ཏུ་ཁྱབ། །དུས་འཁྲུགས་ཀླ་ཀློའི་འཚེ་བ་བདུད་ཀྱི་རིགས། །རྒྱལ་བསེན་དམ་སྲི་ཤི་འདྲེ་ཕོ་མོའི་ཚོགས། །དོ་བསྒོ་ཕོད་དུ་བཙུགས་པའི་དགྲ་བོ་རྣམས། །ཐལ་བར་རློགས་ལ་མིང་ཙམ་མེད་པར་མཛོད། །མདོར་ན་བདག་གིས་བྱང་ཆུབ་མ་ཐོབ་བར། །ལྷ་མཆོག་ཁྱེད་ཀྱིས་ཕྲིན་ལས་མ་གཡེལ་ཞིག །ཅེས་སྨན་བཙུན་ཚེ་རིང་མཆེད་ལྔའི་བསང་མཆོད་འདིའང་རྫོགས་སྤྲུལ་ལྔ་པའི་མིང་འཛིན་པ་ཐུབ་བསྟན་ཆོས་ཀྱི་རྡོ་རྗེས་བྲིས་པ་དགེ་ལེགས་སུ་གྱུར་ཅིག །

༄། རྡོ་རྗེ་གཡུ་སྒྲོན་མའི་བསང་།

ཧྲཱིཿ གདོད་ནས་རྣམ་དག་སྤྲོས་བྲལ་ཆོས་སྐུའི་རྩལ། །མ་འགགས་གསལ་མདངས་སྤྲུལ་པའི་སྐུར་ཤར་བ། །ཡེ་ཤེས་ལྷ་ཡི་རང་བཞིན་མཁའ་འགྲོའི་གཙོ། །རྒྱལ་པའི་ཡུམ་མཆོག་རྡོ་རྗེ་གཡུ་སྒྲོན་མ། །འཁོར་བཅས་བསང་གི་མགྲོན་ལ་གཤེགས་སུ་གསོལ། །རང་མདུན་འཇའ་ཟེར་འོད་ཕུང་འཁྲིགས་པའི་ཀློང་། །རིན་ཆེན་པོ་བྲང་ཁང་བཟང་བལྟ་ན་སྡུག །དབུས་སུ་རིན་ཆེན་སྣ་ཚོགས་ཁྲི་ཏིང་སྟེང་། །སྨན་བཙུན་ཆེན་མོ་རྡོ་རྗེ་གཡུ་སྒྲོན་མ། །དཀར་གསལ་ཟླ་བ་ཉུན་མའི་ལང་ཚོ་ཅན། །དར་དཀར་ན་བཟའ་གསེར་གཡུ་མུ་ཏིག་བརྒྱན། །ཕྱག་གཡས་བདེ་སྦྱིན་ནོར་བུ་ཐུགས་ཀར་བསྣམས། །གཡོན་པས་དངུལ་དཀར་གསལ་བའི་མེ་ལོང་བསྣམས། །དར་གྱི་ལ་ཐོད་རིན་ཆེན་རྒྱན་ཕྲེང་ཅན། །ཞབས་གཉིས་ཕྱེད་སྐྱིལ་འོད་ཟེར་ཕྱོགས་བཅུར་འཕྲོ། །དགྱེས་པར་

བཞུགས་ལ་གུས་པས་ཕྱག་འཚལ་ལོ། །ཕྱི་ཡི་མཆོད་པ་འདོད་ཡོན་རྣམ་པ་ལྔ། །ནང་གི་མཆོད་པ་སྨན་རཀ་གཏོར་གསུམ་དང་། །གསང་བའི་མཆོད་པ་སྒྲ་ཧ་ཙཀྲ་དང་། །རྨ་བྱ་ཤང་ཤང་ལ་སོགས་འདབ་ཆགས་ཚོགས། །ཤ་རྒྱང་འབྲོང་བྱ་ལ་སོགས་རི་དྭགས་དང་། །ཤུགས་ལྡན་རྟ་དྲེལ་བོང་བུ་མ་ཧེ་དང་། །མཛོ་འབྲི་བ་ལང་ལ་སོགས་གཡུང་དྭགས་རིགས། །སེང་གེ་སྟག་གཟིག་གཅན་གཟན་རིགས་བྱེད་དང་། །སྲིད་ན་མཆོད་པར་འོས་པའི་ཡོ་བྱད་དང་། །ཁྱད་པར་ཙནྡན་དཀར་དམར་ཨ་ག་རུ། །དར་ཟབ་ཕྱེ་མར་རིན་ཆེན་རྣམ་པ་ལྔ། །བསྲེགས་པའི་དུད་སྤྲིན་ཡེ་ཤེས་བདུད་རྩིའི་རྒྱུན། །རྣམ་དག་བསང་གི་མཆོད་པ་དམ་པ་འདིས། །སྨན་བཙུན་རྡོ་རྗེ་གཡུ་སྒྲོན་འཁོར་བཅས་བསང་། །དེ་ལྟར་བསང་གི་མཆོད་པ་ཕུལ་བ་ཡིས། །ད་ལྟ་བསྐལ་ངན་སྙིགས་མའི་དུས་འདི་རུ། །བདག་ཅག་ཆོས་བཞིན་སྒྲུབ་པའི་གང་ཟག་ལ། །མི་དང་མི་མིན་དམ་སྲི་འབྱུང་པོའི་རིགས། །དབྱེན་བཙུག་ཕྲ་མ་མཁན་གྱི་ཚོགས་རྣམས་ཀུན། །ཐལ་བ་རྡུལ་དུ་བརླག་པའི་ཕྲིན་ལས་མཛོད། །རྒྱལ་བའི་བསྟན་པ་སྤྱི་དང་ཁྱད་པར་དུ། །གསང་ཆེན་རྡོ་རྗེ་ཐེག་པའི་བསྟན་པ་ནི། །ཕྱོགས་བཅུ་ཀུན་ཏུ་དར་ཞིང་རྒྱས་གྱུར་པ། །ནད་མེད་ཚེ་རིང་ཁམས་གསུམ་དབང་དུ་སྡུད། །བྱད་ཕུར་རྦོད་གཏོང་བཟློག་པའི་ཕྲིན་ལས་མཛོད། །ཅེས་པ་འདི་ཡང་རྫོགས་སྤྲུལ་ལྔ་པས་སོ། །

༄། ལེགས་ལྡན་ལྷ་ཆེན་གྱི་བསང་བསྡུས་འདོད་དོན་ལྷུན་གྲུབ་ཅེས་བྱ་བ་བཞུགས་སོ།།

བླ་མ་དང་གཉིས་སུ་མེད་པ་དཔལ་གྱི་དབང་ཕྱུག་ལ་ཕྱག་འཚལ་ལོ། །ལེགས་ལྡན་ལྷ་ཆེན་གྱི་བསང་མཆོད་འདོན་པར་འདོད་པ་རྣམས་ཀྱིས་ཤིང་སྣའི་དུད་པ་དང་ཕུད་གཙང་བཤམས་ནས་འདི་སྐད་དོ། །ཧཱུྃ། གཞི་དབྱིངས་གདོད་མའི་ཀ་དག་རིག་པའི་གདངས། །རང་རྩལ་ལྷུན་གྲུབ་དབང་ཆེན་ཁྲོ་བོའི་སྐུ། །གསལ་ཞིང་བསྐྱེད་ནས་ཐུགས་དམ་བརྒྱུད་བསྐུལ་ན། །རྡོ་རྗེའི་ཐ་ཚིག་གཉན་དགོངས་གནས་འདིར་བྱོན། །ཏིང་འཛིན་སྔགས་རྒྱ་ལྷུགས་ཀྱུས་རབ་སྦྱོ་ཞིང་། །གདུང་བའི་དབྱངས་དང་སྙན་པའི་རོལ་མོ་དང་། །ལེ་བྲན་དར་གྱི་གཡབ་མོས་འབོད་ལགས་ན། །མཐོ་རིས་སྐབས་གསུམ་དབང་པོའི་གྲོང་ཁྱེར་དང་། །དཀའ་ཐུབ་གྲུབ་གནས་ཙནྡན་ནགས་ཀྱི་ཚལ། །ཏི་སེའི་གངས་སོགས་གནས་ཡུལ་མཐའ་དག་ནས། །བསྟན་སྲུང་ལེགས་ལྡན་འཁོར་བཅས་སྤྱན་འདྲེན་གཤེགས། །སྟོང་ཉིད་དབྱིངས་ཀྱི་རྣམ་རོལ་འཆར་སྒོའི་དཔྱིད། །ཟག་མེད་བདུད་རྩིའི་བསང་མཆོད་ནམ་མཁའི་མཛོད། །ངོ་མཚར་བཀོད་པ་རྒྱ་མཚོའི་སྤྲིན་ཕུང་གིས། །སྲིད་ཞིའི་ཁམས་ཀུན་ཡོངས་སུ་བཀང་སྟེ་འབུལ། །སྨན་སྤོས་དར་ཟབ་འབྲུ་བཅུད་གཙང་མའི་ཚོགས། །ཁྱད་པར་མཐུན་པའི་དམ་རྫས་སྦྱར་བའི་སྤོས། །དྲི་བཟང་ཤིང་སྣའི་ཚོགས་དང་ལྡན་ཅིག་ཏུ། །འབར་བའི་གློང་དུ་བསྲེགས་པས་དུད་པའི་སྤྲིན། །ཀུན་གསལ་དབྱིངས་སུ་འཁྱིལ་བའི་ལྡིང་ཁང་ནས། །འདོད་ཡོན་

མཆོད་རྫས་དཔག་མེད་ཉི་ལི་ལི། །རྒྱལ་སྲིད་བདུན་དང་བཀྲ་ཤིས་རྫས་རྟགས་ཀྱིས། །ལེགས་ལྡན་ལྷ་ཆེན་མཆོད་ཅིང་མངའ་གསོལ་ལོ། །མཛེས་གཟུགས་སྙན་པའི་སྒྲ་དང་ཞིམ་པའི་དྲི། །དགྱེས་པའི་བཞེས་དང་རེག་འཇམ་བདེ་བའི་གོས། །འདོད་ཡོན་ལྔ་ཡི་འབྱོར་བ་རྒྱ་མཚོ་ཡིས། །དབང་ཕྱུག་ལྷ་ཆེན་ལྷུམ་བྲལ་བསང་ཞིང་མཆོད། །གཙང་སྦྱར་བསང་མཆོད་དུད་སྤྲིན་རྒྱ་མཚོ་ལས། །རྣམ་མང་བཀོད་པའི་བྱེ་བྲག་མཐའ་ཡས་པ། །གསལ་སྟོང་ཏིང་འཛིན་རོལ་བའི་མཆོད་སྤྲིན་གྱིས། །དབང་ཕྱུག་ལྷ་ཆེན་ལྷུམ་བྲལ་བསང་ཞིང་མཆོད། །ཊཀྐི་སྡེ་བཞི་ཚངས་དང་བརྒྱ་བྱིན་དང་། །ཁྱབ་འཇུག་ལ་སོགས་འཁོར་གྱི་དྲེགས་ཚོགས་བསང་། །དེ་ལྟར་བསང་ཞིང་མཆོད་པའི་བྱིན་རླབས་ཀྱིས། །ཚེ་བསོད་དཔལ་འབྱོར་འཁོར་དང་གདུལ་བྱ་དང་། །ལུང་རྟོགས་ཡོན་ཏན་ཐོས་བསམ་སྒོམ་པ་ཀུན། །གོང་ནས་གོང་དུ་འཕེལ་བའི་ཕྲིན་ལས་མཛོད། །མཁན་པོ་འགྱུར་མེད་སྐལ་ལྡན་རྒྱ་མཚོས་སྦྱར་བའོ། །

༄༅། ཨ་ཏི་རྫོགས་པ་ཆེན་པོའི་བཀའ་སྲུང་གི་ བསང་མཆོད་བཞུགས།

ན་མོ་བཛྲ་པ་ཎ་ཡེ། ཀ་ཡེ་གསོན་དང་གཟའ་བདུད་ར་ཧུ་ལ། །ཁ་བ་ཅན་གྱི་བསྟན་སྲུང་མཐུ་རྩལ་ཅན། །ག་ན་གནས་ཀྱང་པཎྜའི་བཀའ་སྡོད་དེ། །ང་ཡིས་ཁྱོད་ལ་མཆོད་ཅིང་བསྟོད་པ་ནི། །ཅ་ཅོ་དབྱངས་དང་རོལ་མོའི་ཡན་ལག་དང་། །ཆ་ཆིལ་རབ་འབར་མེ་ནང་བསང་རྫས་འབུལ། །ཇ་ཆང་དམ་རྫས་བསྲེགས་པའི་དུད་པའི་སྤྲིན། །ཉ་ཤ་ར་མཆིན་ཤ་རུལ་ཁྲག་རུལ་འབུལ། །ཏ་ཐླག་ཏ་གསང་བདག་པད་འབྱུང་དང་། །ཐ་ཚིག་དམ་བཅའ་གཉན་པོ་དྲན་གྱིས་ལ། །ད་ནི་བདག་གིས་ཕྱེད་མཆོད་ཕྱེད་བསྐྱེན་ནོ། །ན་ཚ་དགྲ་གྱོད་སྐེག་རིགས་ཐམས་ཅད་བཟློག །པ་ར་མི་ཏའི་དོན་ལས་མ་གཡོས་པར། །ཕ་རོལ་གནོད་བྱེད་འཇོམས་པའི་དྲག་ཤུལ་ཅན། །བ་གླང་གདོང་ཅན་ལ་སོགས་གདོང་མོ་བཞི། །མ་སྲིང་བརྟན་སྐྱོང་ཡང་མའི་ཚོགས་བཅས་ཀྱིས། །ཙ་སད་སེར་བ་མ་བཏང་སྡོང་གྲོགས་མཛོད། །ཚ་གྲང་འདུ་བའི་ནད་རིགས་དགྲ་ལ་ཐོང་། །ཛ་ཡི་ལྕུགས་ཀྱུས་ཟུང་དང་རལ་གྲིས་ཐོབ། །ཝ་ལེར་སྲིད་གསུམ་གཟིགས་པའི་སྲུང་མ་ཁྱོད། །ཞ་ལྔར་པད་འབྱུང་བཀའ་ཡི་བྲུ་ར་མཛོད། །ཟ་བྱེད་ལྷ་སྲིན་སྡེ་བརྒྱད་འཁོར་དང་བཅས། །འ་རེ་ཨུ་རེ་འབྲུག་སྒྲོག་ཐོག་སེར་འབེབས། །ཡ་མཚན་ཆེ་

བའི་དངོས་གྲུབ་བདག་ལ་སྩོལ། །ར་དང་གཡག་ལུག་ལ་སོགས་རྟེན་རྫས་འབུལ། །ལ་ལུང་མེད་པར་མྱུར་མགྱོགས་རླུང་ལྟར་རྒྱུགས། །ཤ་ཆོ་སྙིང་རྗེ་སྨྲུན་དང་ཤག་རོགས་ལྟར། །ས་ཆ་གང་དུ་འདུག་ཀྱང་མེལ་ཚེ་མཛོད། །ཧ་ཧ་དགྱེས་པའི་གད་མོ་དང་བཅས་པ། །ཨ་ལ་ལ་ལྟར་ཕྲིན་ལས་རྣམ་བཞི་སྒྲུབ། །ཅེས་བླ་མ་ཙ་རི་བའི་ངོར། རག་ཨ་སྤྱེས་མགྱོགས་པར་བྲིས་པ་དགེ །

༄། རཀྴ་གླིང་དམ་ཅན་གྱི་བསང་མཆོད་བཞུགས།

ཧྲཱིཿ རྒྱལ་བ་ཀུན་གྱི་ཆོས་སྐུ་པདྨའི་གདུང་། །བདེ་ཆེན་སོ་སོར་རྟོག་པའི་ཡེ་ཤེས་སྐུ། །རྟ་མཆོག་རོལ་བ་དབང་གི་ཁྲོ་བོ་ཡི། །ཐུགས་ལས་སྤྲུལ་པ་གསང་བའི་དམ་ཚིག་ཅན། །རྒྱལ་བ་ཤཱཀྱ་ཐུབ་པའི་བསྟན་པ་ལ། །བསྟན་པ་སྲུང་ཞིང་ལེགས་ཉེས་སྟངས་འཛིན་པ། །དགེ་བསྙེན་ཆེན་པོ་རྡོ་རྗེ་ལེགས་པ་ཁྱོད། །གུས་པས་འབོད་དོ་གནས་འདིར་གཤེགས་སུ་གསོལ། །ཚིབས་སུ་རྩལ་ལྡན་གདོང་ལྔའི་དབང་པོ་ཞོན། །རེས་འགའ་ར་སྐྱེས་རླུང་གི་ཤུགས་ཅན་ཆིབས། །སྐུ་མདོག་དམར་ནག་ཁྲོ་ཞིང་རྔམ་པའི་ཞལ། །ཕྱག་གཡས་རྡོ་རྗེས་དགྲ་བོའི་ཀླད་པ་འགེམ། །གཡོན་པས་འགལ་བྱེད་དོན་སྙིང་སྦར་གྱིས་འདེབས། །དར་དམར་བེར་གསོལ་བཟེད་ཅིང་དུག་རླུང་འཁྲུགས། །ཤིང་ཆེན་སྡེ་བཞི་དགྱེས་སྡེ་བཅུ་གཉིས་དང་། །མཆེད་འཁོར་སུམ་བརྒྱ་དྲུག་ཅུ་ཡང་འཁོར་འབུམ། །བྲ་བྲ་འཕར་སྤྱང་དོམ་དྲེད་ལ་སོགས་པ། །ཟ་བྱེད་མཆེ་བ་རབ་

གཙིགས་གདུག་པའི་འཁོར། །གྲངས་མེད་བསམ་གྱིས་མི་ཁྱབ་ཀུན་ཏུ་འཁྲོ། །ནམ་མཁའ་བར་སྣང་ས་གཞིའི་ཕྲིན་ཀུན་ཧུལ། །དད་ཅིང་གདུང་བ་ཅན་ལ་སྙིང་ཉེ་ཞིང་། །མཆོད་ཅིང་བརྟེན་ན་མགོན་སྐྱབས་སྐྱོང་གྲོགས་མཛུར། །དམ་ལྡན་སྒྲུབ་པ་པོ་ཡི་གྲོགས་གྱུར་པའི། །དམ་ཅན་ཁྲོད་ལ་མཆོད་དོ་དགྱེས་པར་དགོངས། །བདུད་རྩི་ཅན་གྱི་ཤིང་གསུམ་ལ་སོགས་པ། །སྣ་ཚོགས་མཐུན་པའི་མཆོད་རྫས་བསྒྲིགས་པ་ཡི། །དུད་པའི་སྤྲིན་ཚོགས་མཁའ་ལམ་ཁྱབ་པ་ལས། །ཡིད་མཐུན་དབང་པོའི་འབྱོར་བ་ལྷུན་གྱིས་གྲུབ། །ར་ཤ་ར་ཁྲག་གཏོར་མ་རི་ལྟར་སྤུངས། །ར་གསུར་དྲི་ཞིམ་སྤོས་མཆོག་སྤྲིན་ལྟར་གཏིབ། །ཆང་སྙིང་ཐོད་ཧ་རོལ་མོ་འབྲུག་ལྟར་སྒྲོག །དར་སྣ་རྒྱལ་མཚན་འཕན་གདུགས་འཕྱོ་ལྡིང་གཡོ། །གཅན་གཟན་རི་དྭགས་གཡུང་དྭགས་རྒྱུག་ཅིང་འཕྱོ། །ཞལ་ཟས་འདོད་ཡོན་བདོག་དགུ་སྐར་ལྟར་བཀྲམ། །བདུད་རྩི་སྨན་དང་རཀྟ་མཚོ་ལྟར་བསྐྱིལ། །མཐུན་པའི་དམ་རྫས་སྣ་ཚོགས་སྐར་ལྟར་བཀྲམ། །རྣལ་འབྱོར་དད་པའི་གདུང་དབྱངས་དང་རེ་སྨྲེ། །གང་སྣང་བདེ་བའི་ལོངས་སྤྱོད་བསམ་མི་ཁྱབ། །འདི་ལྟར་ངོ་མཚར་མཆོད་པའི་སྤྲིན་ཕུང་གིས། །དམ་ཅན་རྡོ་རྗེ་ལེགས་པ་ཁྲོད་མཆོད་དོ། །གཙང་བཙན་སྐྱེས་བུ་ཆེན་པོ་ཁྲོད་མཆོད་དོ། །རྒྱ་བོད་ནོར་བདག་ཚོང་དཔོན་ཁྲོད་མཆོད་དོ། །མཐའ་དབུས་གནས་གཞི་གཏེར་སྲུང་ཁྲོད་མཆོད་དོ། །བན་བོན་སྐྱེ་བོའི་སྲུང་མ་ཁྲོད་མཆོད་དོ། །མཆོད་ཅིང་བརྟེན་པའི་རྣལ་འབྱོར་བདག་ཅག་ལ། །སྲུང་སྐྱོབ་ཕྲིན་ལས་སྐད་ཅིག་མི་གཡེལ་བར། །རྟག་ཏུ་ལེགས་དང་སྦྲོད་ལ་ཉེས་དང་

བསྐོལ། །གང་བཙོལ་ཕྲིན་ལས་ཡིད་བཞིན་འགྲུབ་པར་མཛོད། །མཆོག་སྤྲུལ་དམ་པའི་བཀའ་བཞིན་མི་ཕམ་པས་སོ། །

༄༅། ཉི་གྲགས་དམ་ཅན་བསང་མཆོད་བཞུགས།

ཧཱུྃ་ཧྲཱིཿ པདྨ་དབང་ཆེན་གསང་བདག་ཕྱག་རྡོར་གྱི། །ཐུགས་ལས་སྤྲུལ་པའི་གསང་བའི་གིང་ཆེན་ནི། །མཚན་དང་སྐུ་ཡི་རྣམ་འགྱུར་མཐའ་ཡས་ཤིང་། །སྣ་ཚོགས་རྫུ་འཕྲུལ་མཐུ་ལྡན་བསྟན་སྲུང་གཙོ། །དམ་ཅན་སྐྱེས་བུ་ཆེན་པོ་འཁོར་དང་བཅས། །དམ་ཚིག་དབང་གིས་སྤྱན་འདྲེན་གཤེགས་སུ་གསོལ། །རྣམ་མང་བཀོད་པས་མཛེས་ལྡན་ཕོ་བྲང་དབུས། །རྣམ་འཕྲུལ་སྣ་ཚོགས་སྟོན་བཞིན་དགྱེས་པར་བཞུགས། །སྐུ་མདོག་སྨུག་ནག་གཏུམ་རྗམ་ཁྲོས་པའི་ཚུལ། །རྡོ་རྗེ་མདུང་དམར་སྤྲད་པའི་ཕྱག་མཚན་ཅན། །ཟ་འོག་བེར་ཕྱམ་སག་ཞུ་སག་ལྷམ་མནབས། །མདའ་གཞུ་འཁོར་གསུམ་སྐུ་ཡི་རྒྱན་དུ་མཛེས། །ར་སྐྱེས་ཁམ་པ་རླུང་གི་ཤུགས་ཅན་ཆིབས། །ཡེ་ཤེས་མེ་དཔུང་འབར་བའི་དབུས་ན་འཁྱིང་། །འཁོར་དུ་སྡེ་བརྒྱད་དྲེགས་པའི་ཚོགས་ཀྱིས་བསྐོར། །སྣང་སྲིད་ཀུན་ལ་མངའ་དབང་ཡོངས་བསྒྱུར་ཞིང་། །མི་བརྫུ་དགུ་བརྫུའི་རྫུ་འཕྲུལ་མཐུ་དང་ལྡན། །རིག་འཛིན་སྲུང་མ་སྐྱེ་བོའི་དགྲ་ལྷ་ཆེ། །དབེན་གནས་གཏེར་སྲུང་ཉམས་པའི་གཤེད་ཆེན་པོ། །འཛམ་གླིང་གནམ་ས་ཕྱེད་ཀྱི་མངའ་བདག་མཆོག །འོ་ཡུག་ཤང་སོགས་གནས་མཆོག་གར་

བཞུགས་ཀྱང་། །སྤྲུལ་པ་དུ་མས་སྐྱོང་ཁམས་ཁྱབ་པར་ཉུལ། །གསང་བདག་ཕྱག་རྡོར་པདྨ་ཐོད་ཕྲེང་གི །དམ་ཚིག་ལ་གནས་སྡེ་བརྒྱད་དྲེགས་པའི་རྗེ། །མ་ལུས་འཁོར་དང་བཅས་པ་ཐམས་ཅད་ལ། །ཏིང་འཛིན་སྔགས་དང་ཕྱག་རྒྱས་བྱིན་བརླབས་པའི། །འདོད་པའི་ཡོན་ཏན་དྲུག་གི་རོལ་བ་ཅན། །ཡེ་ཤེས་བདུད་རྩི་བསང་གི་མཆོད་པ་འབུལ། །བསང་དང་མཆོད་དོ་ཐུགས་དམ་གཉན་པོ་བསྐང་། །གསོལ་ལོ་བརྟན་ནོ་དྲེགས་པ་མཐུ་རྩལ་ཅན། །རྣལ་འབྱོར་བདག་ཅག་འཁོར་དང་བཅས་པ་ལ། །ཡུན་གྱི་ལྷ་དང་གཏན་གྱི་གྲོགས་མཛོད་ཅིག །ཁྱད་པར་རྒྱལ་དབང་པདྨ་སམྦྷ་བའི། །བཤད་སྒྲུབ་བསྟན་པའི་རྒྱལ་མཚན་འཛིན་པ་ལ། །འཇམ་མགོན་ཀུན་གྲོལ་གྲུབ་དབང་རྫོགས་ཆེན་པའི། །སྐུ་ཕྲེང་གསེར་རིའི་ཕྲེང་བ་རིམ་བྱོན་གྱི། །སྐུ་ཚེ་མཛད་ཕྲིན་ཡར་ངོའི་ཟླ་བ་ལྟར། །གོང་ནས་གོང་དུ་འཕེལ་ཞིང་རྒྱས་པ་དང་། །དགོན་གནས་ཆོས་འཁོར་བུ་སློབ་མངའ་ཐང་རྣམས། །དབྱར་གྱི་ཆུ་ལྟར་འཕེལ་ཤིང་རྒྱས་པར་མཛོད། །སྒྲ་ཚོགས་སྐུ་ཡི་འཕྲུལ་དང་གསུང་གི་བརྡ། །ཐུགས་ཀྱི་དགོངས་པས་བདག་ཅག་ལྷན་བཅས་ལ། །སྣང་དོར་གནས་རྣམས་གསལ་བོར་སྟོན་པ་དང་། །ཉེས་ཚོགས་ཀུན་ཞི་ལེགས་ཚོགས་ཀུན་འཕེལ་མཛོད། །མདོར་ན་ལུས་དང་གྲིབ་བཞིན་རྟག་འགྲོགས་ནས། །འདོད་པའི་འབྲས་བུ་གང་དང་གང་ཡིན་པ། །དམ་ཅན་ཁྱོད་ལ་གང་བཅོལ་ཡིད་བཞིན་དུ། །ངོ་མཐོན་རྟགས་དང་བཅས་ཏེ་བསྒྲུབ་པར་མཛོད། །ཅེས་པའང་དམ་པ་མཆོག་གི་བཀའ་ལུང་བཞིན་མི་ཕམ་འཇམ་དཔལ་རྡོ་རྗེས་བཀོད་པ་དགེ །

༄༅། ཉི་གྲགས་ལྷ་བཙན་བསང་མཆོད་བཞུགས།

ཧཱུྃ་ཧྲཱིཿ ཀ་དག་སྤྲོས་བྲལ་གདོད་མའི་རང་མདངས་ལས། །ཁ་དོག་དཀར་དམར་ཁྲོ་འཛུམ་ཨམ་གཙིགས་བསྡམས། །ག་དར་གངས་དཀར་ཏི་སེ་ལ་གནས་པའི། །ང་ཡིས་འབོད་ཆེ་བཙན་རྒོད་དབྱིངས་ནས་བཞེངས། །ཅ་ཅོའི་གདུང་བའི་དབྱངས་ཀྱིས་འབོད་པའི་ཚེ། །ཆ་ལུགས་གཅིག་ཏུ་མ་ངེས་སྣ་ཚོགས་པ། །ཇ་ཆང་མཐུན་རྫས་བཤམས་པའི་གནས་འདིར་གཤེགས། །ཉ་རྒྱས་ཟླ་བ་པདྨའི་གདན་ལ་བཞུགས། །ཏ་ཐཱག་ཏ་པདྨ་སཾ་བྷ་ཝའི། །ཐ་ཚིག་རྡོ་རྗེ་སྤྱི་བོར་བཅིངས་མཛད་པ། །ད་ལྟ་རིག་འཛིན་རྣལ་འབྱོར་བདག་ཅག་གི །ན་མར་ཕྱིད་ལ་བསང་མཆོད་ཕུལ་བའི་མཐུས། །པ་སངས་ལྷ་བུའི་དགྱེས་པ་ཆེན་པོ་ཡིས། །ཕ་མས་བུ་ལ་བརྩེ་བ་ཇི་བཞིན་དུ། །བ་མཆོག་གཏེར་གྱི་བུམ་པ་བཟང་པོ་བཞིན། །མ་ལུས་དངོས་གྲུབ་ཡིད་བཞིན་སྩོལ་དུ་གསོལ། །ཙ་ར་ཧྲ་དྲེལ་ཤ་རྐྱང་མ་ཧེ་གླང་། །ཚ་ཏེམ་ཀ་དང་ནོར་བུའི་དོ་ཤལ་དང་། །ཛ་ཕུའི་རྒྱུན་བཞིན་བཏུང་བ་རྒྱ་མཚོ་བསྐྱིལ། །ཝ་སྤྱང་སེང་གེ་སྟག་གཟིག་དོམ་དྲེད་ཕྱི། །ཞ་ལྷམ་བེར་དང་གོ་མཚོན་ཁྲིད་ལ་འབུལ། །ཟ་བྱེད་ཁྲག་འཐུང་བཙན་རྒོད་མཆེད་བདུན་གྱིས། །འ་འུར་ངན་སྤྲོར་གཞོམ་པའི་དགྲ་བོ་རྣམས། །ཡ་མ་ར་ཛའི་ཟས་སུ་སྦྱོར་བར་མཛོད། །ར་ཛ་རྒྱལ་འགོང་སླེང་ལ་ཞུགས་པ་ཡི། །ལ་ལ་ཙམ་མིན་མ་ལུས་མཐའ་དག་ཀུན། །ཤ་ཁྲག་ཚོགས་ལ་རྔམས་པའི་སྟབས་ཀྱིས་བཞེས། །ས་ཕྱོགས་འདི་དང་ཡུལ་ཕྱོགས་གང་དག་ན། །ཨ་ཏིའི་བསྟན་ལ་འཚེ་བའི་དགྲ་བོ་རྣམས། །ཧ་ཧའི་རྡོ་རྗེ་གད་མོའི་སྒྲ་དབྱངས་ཀྱིས། །ཐལ་བར

བརྟག་པའི་ཕྲིན་ལས་འགྲུབ་པར་མཛོད། །ཅེས་པ་འདི་ཡང་རྫོགས་སྤྲུལ་ལྔ་པ་ཐུབ་བསྟན་ཆོས་ཀྱི་རྡོ་རྗེས་བྲིས་པའོ། །

༄། ཨ་ཏིའི་བདུད་འདུལ་དྲག་མོའི་བཀའ་སྲུང་དམ་ཅན་ནོར་སྐྱོབ་ཀྱི་བསང་བཞུགས་སོ།།

ཧཱུྃ་ཧྲཱིཿ དབང་ཆེན་ཐུགས་ལས་སྤྲུལ་པའི་དམ་ཚིག་ཅན། །རིག་འཛིན་བརྒྱུད་པའི་ཕོ་ཉ་མཐུ་རྩལ་ཅན། །རྒྱ་བོད་ཡོངས་ཀྱི་ནོར་བདག་རྫུ་འཕྲུལ་ཅན། །མཐུ་ཆེན་དྲེགས་པའི་གཙོ་བོ་འདིར་བྱོན་ལ། །བདག་ནི་རྒྱལ་དབང་པདྨ་རྒྱལ་པོ་སོགས། །རིག་འཛིན་བརྒྱུད་པའི་བརྒྱུད་འཛིན་རྣལ་འབྱོར་པ། །ཁྱོད་ནི་དམ་ཚིག་ཅན་ལ་སྙིང་ཉེ་བས། །དམ་ཅན་ཞེས་པའི་མཚན་གྱི་ཅོད་པན་འཛིན། །གང་འདིར་བཞེད་དགུར་འཆར་བའི་བསང་མཆོད་ཀྱིས། །དགྱེས་པ་སྤྲེལ་སྐྱིད་མགྲོན་དུ་ཁྱོད་འབོད་ན། །ནུབ་ཕྱོགས་རིན་ཆེན་འབར་བའི་གཞལ་ཡས་ཁང་། །ལྷ་མཁར་སྨུག་པོ་འཇའ་ཚོན་འོད་ཟེར་ཅན། །དངོས་གྲུབ་འདོད་དགུ་ཆར་དུ་འབེབས་པ་ན། །རིན་ཆེན་གཏེར་གྱི་ཁྲི་ལ་བཞུགས་པ་ཡི། །ནོར་བདག་དགེ་བསྙེན་ཆེན་པོ་སྤྲིན་འདྲེན་ནོ། །སྐུ་མདོག་དཀར་དམར་ཞལ་གཅིག་ཕྱག་གཉིས་པ། །ས་གསུམ་ཡིད་འཕྲོག་མཛེས་སྡུག་འཛུམ་པའི་ཞལ། །འགུགས་བྱེད་ལྕགས་ཀྱུ་འདོད་འབྱུང་ནོར་བུ་གཡས། །གཏེར་གྱི་ལྡེའུ་མིག་དགོས་འདོད

ནེའུ་ལེ་གཡོན། །ཤེར་དཀར་མེ་ཏྲི་དམར་པོའི་ན་བཟའ་ལ། །རིན་ཆེན་གསེར་གྱི་སྐུ་རགས་མཛེས་པར་བཅིང་། །དབུ་ལ་སྟག་ཞུ་དར་དམར་འཕུར་ལྡེ་ཅན། །ཞབས་ལ་སག་ཏྲིའི་ལྷམ་ཆེན་མཛེས་པར་གསོལ། །སྣ་ཚོགས་རིན་ཆེན་རྒྱན་དང་ལྡན་པའི་སྐུར། །གོང་བཙུན་དམར་མོ་མཛེས་སྡུག་མཚུངས་མེད་མ། །དར་དཀར་གསེར་ཐིག་གཡུ་ཐོད་མུ་ཏིག་སྤྲས། །གཡས་པས་མེ་ལོང་གཡོན་པས་མདའ་དར་དཀར། །ཡབ་ཡུམ་མཉམ་སྦྱོར་སེང་གེའི་གདན་ལ་རོལ། །འཁོར་དུ་ནོར་བདག་ཛམ་ལྷ་མཆེད་བརྒྱད་དང་། །དགེ་བསྙེན་ཉེར་གཅིག་བརྟན་མ་བཅུ་གཉིས་དང་། །མཆེད་འཁོར་སུམ་བརྒྱ་དྲུག་ཅུས་ཡོངས་བསྐོར་བའི། །སྐྱེས་བུ་ཆེན་པོ་འཁོར་དང་བཅས་པ་ལ། །དད་དང་དམ་ཚིག་གདུང་བའི་སེམས་ཀྱིས་ནི། །དྲི་ཞིམ་བསང་དུད་ལྷ་ལམ་ཡོངས་ཁྱབ་སྤྲིན། །བཀྲ་ཤིས་རྫས་རྟགས་རྒྱལ་སྲིད་རིན་ཆེན་བདུན། །ཡིད་འོང་བདེ་བའི་དཔལ་སྟེར་ལྷ་མོའི་ཚོགས། །ནོར་བུ་བུམ་བཟང་སྐྱེད་ཚལ་དཔག་བསམ་ཤིང་། །གཏེར་དང་རིན་ཆེན་འདོད་འཇོའི་བ་མོ་སོགས། །རྣམ་མང་སྲིད་ཞིའི་འབྱོར་བ་རྨད་བྱུང་དང་། །དམ་ཚིག་དབང་གིས་ཉིད་དང་མཐུན་པའི་རྫས། །གང་བཞེད་ཡིད་བཞིན་འདོད་དགུའི་གཏེར་ཆེན་པོ། །ཏིང་འཛིན་སྔགས་དང་ཕྱག་རྒྱས་སྤྲུལ་ཏེ་འབུལ། །བསང་ངོ་མཆོད་དོ་ཐུགས་དམ་སྐོང་གྱུར་ཅིག །དགྱེས་པའི་ཐུགས་ཀྱིས་བདག་ལ་སྟོང་གྲོགས་མཛོད། །ས་འོག་ས་སྟེང་ས་བླའི་འཇིག་རྟེན་གྱི། །དཔལ་དང་འབྱོར་བ་སྟོབས་དང་ནུས་པའི་ཤུགས། །ཁབ་ལེན་རྡོ་ཡིས་ལྕགས་བཞིན་དབང་བསྡུས་ནས། །སྒྲུབ་པ་པོ་ལ་

དངོས་གྲུབ་ཆར་འབེབས་མཛོད། །མཆོག་སྤྲུལ་དམ་པས་བཀའ་བསྐུལ་ལྟར་མི་ཕམ་པས་སོ། །

༄ གནོད་སྦྱིན་ཤན་པ་དམར་ནག་བསང་མཆོད།

ཧྲཱིཿ རབ་འཇིགས་དུར་ཁྲོད་ཧ་ཆེན་བརྟལ་བ་ནས། །མེ་རླུང་དམར་ནག་འབར་བའི་གློང་དཀྱིལ་དུ། །གནོད་སྦྱིན་རྒྱལ་པོ་ཤན་པ་དམར་ནག་ནི། །དམ་ཚིག་དབང་གིས་གནས་འདིར་གཤེགས་སུ་གསོལ། །རང་མདུན་རཀྟའི་རྒྱ་མཚོ་འཁྲུགས་པའི་གློང་། །ཟངས་ཀྱི་སྐུ་མཁར་འཇའ་ཚོན་འོད་ཟེར་འཁྲིགས། །དབུས་སུ་བཻ་ཌཱུརྱ་ཡི་བྲག་སྟེང་དུ། །ཤན་པ་དམར་ནག་ཞལ་གཅིག་ཕྱག་བཞི་པ། །གཡས་གཉིས་འབར་བའི་རལ་གྲི་གྲི་གུག་དང་། །གཡོན་གཉིས་ཐོད་པ་ཁྲག་བཀང་སྙིང་ཞགས་འཛིན། །དར་དམར་བེར་དང་དུར་ཁྲོད་ཆས་ཀྱིས་བརྒྱན། །ཟངས་ཀྱི་ཁྱུང་དམར་སྤུ་གྲིའི་སྒྲོ་གཤོག་ཅན། །ཆིབས་ནས་རྡོ་རྗེའི་གཡར་དམ་རྗེས་དགོངས་ལ། །འཁོར་དུ་རྒྱལ་པོ་སྲིན་མོ་གཤིན་རྗེ་བདུད། །མ་མོ་གཟའ་བཙན་ཀླུ་དང་བདུད་ཀྱི་ཚོགས། །འཁོར་བཅས་བསང་གི་མགྲོན་ལ་གཤེགས་སུ་གསོལ། །དགྱེས་པར་བཞུགས་ལ་གུས་པས་ཕྱག་འཚལ་ལོ། །དར་དམར་གཡབ་མོ་འོམ་མདའ་རྒྱན་ལྡན་དང་། །བཤོས་བུ་དམར་ནག་པཉྩ་ཨ་མྲི་ཏ། །ཉམས་པ་བསྐྲལ་བའི་དམར་ཆེན་ཁྲི་དམར་སྙིང་། །ཐོལ་ཆེན་གསུར་དུད་འབྲུ་ལྷ་རིན་ཆེན་ལྷ། །ཁྱུང་ཆེན་རྨ་བྱ་དེ་ཡོ་སེ་ནྟྲ

གླང་། །ཀྵཏྲ་རུས་པ་སྦྲ་ན་ཙཀྲ་དང་། །ཞལ་ཟས་རྔོལ་ཆེན་ཤ་སྣ་སྙིང་སྣ་སྟོང་། །དར་ཟབ་སྟོང་དང་དམར་ཆེན་ཁྲག་སྣ་འབུམ། །དྲི་ཞིམ་སྤོས་དང་བཟང་དྲུག་སྨན་གྱི་རིགས། །དར་ཟབ་གསེར་གཡུ་ཕྱེ་མར་འོ་སྐོལ་སོགས། །ཇ་མོང་ཁྲི་དམར་ལུག་དམར་ར་དམར་སོགས། །ཕྱི་ལྟར་ལྷ་སྲིན་སྡེ་བརྒྱད་གཙོ་བོ་བསང་། །འབར་བའི་མེ་ལ་བསྲེགས་པའི་དུད་པའི་སྤྲིན། །རབ་འབྱམས་ནམ་མཁའི་ཁམས་ཀུན་གང་བ་འདིས། །མཐུ་ཆེན་གནོད་སྦྱིན་ཤན་པ་དམར་ནག་བསང་། །ནང་ལྟར་རྒྱལ་ཆེན་རྣམ་སྲས་མདུང་དམར་བསང་། །གསང་བ་གཟའ་བདུད་མིག་དམར་རྒྱལ་པོ་བསང་། །ཤར་ཕྱོགས་དྲི་ཟའི་རྒྱལ་པོ་སྟག་མགོ་བསང་། །ལྷོ་ཕྱོགས་གཤིན་རྗེའི་རྒྱལ་པོ་གཟིག་མགོ་བསང་། །ནུབ་ཕྱོགས་ཀླུ་ཡི་རྒྱལ་པོ་དོམ་མགོ་བསང་། །བྱང་ཕྱོགས་གནོད་སྦྱིན་རྒྱལ་པོ་འབྲོང་མགོ་བསང་། །ཤར་ལྷོ་སྲིན་པོ་ནེ་ཙོའི་མགོ་ཅན་བསང་། །ལྷོ་ནུབ་ལྷ་མོ་རྨ་བྱའི་མགོ་ཅན་བསང་། །ནུབ་བྱང་གཟའ་བདུད་ཤང་ཤང་མགོ་ཅན་བསང་། །བྱང་ཤར་ཀླུ་བདུད་ཧ་ཡི་མགོ་ཅན་བསང་། །དེ་ལྟར་བསང་མཆོད་ཕུལ་བའི་བྱིན་རླབས་ཀྱིས། །གཟུགས་ཅན་དགྲ་དང་གཟུགས་མེད་བགེགས་ཀྱི་ཚོགས། །སངས་རྒྱས་བསྟན་བཞིག་དཀོན་མཆོག་དབུ་འཕང་སྨད། །བདག་ལ་སྡང་ཞིང་འཚེ་བར་བྱེད་པ་ཡི། །ཁ་དཀར་སྙིང་ནག་བསམ་ངན་སྦྱོར་རྩུབ་ཅན། །སྔ་དགྲ་ལག་བརྡར་ཕྱི་དགྲ་ཡིད་ལ་སེམས། །དགྲ་བོ་མི་ནོར་འཁོར་དང་བཅས་པ་རྣམས། །ད་ལྟ་ཉིད་དུ་བསྒྲལ་བའི་དུས་ལ་བབ། །སྙིང་ཁྲུང་སྲོག་འཕྲོག་ཀླད་ཁྲག་དྲོན་མོ་གསོལ། །ད་ལྟ་ཉིད་དུ་སྒྲོལ་བའི་ཕྲིན་ལས་མཛོད། །བར་ཆད་རྐྱེན་ངན་ཐམས་ཅད་བཟློག་ཏུ་གསོལ། །མི་

ནོར་ཟས་གསུམ་ལོངས་སྤྱོད་རྒྱས་པ་དང་། །ཚེ་དཔལ་སྟོབས་འབྱོར་འཕེལ་ཞིང་རྒྱས་པ་དང་། །སྨན་གྲགས་ཀླུང་རྟ་དབུ་འཕང་དགུང་དུ་བསྟོད། །ཁམས་གསུམ་དབང་འདུས་བྱད་ཕུར་རྦོད་གཏོང་བཟློག །ཇི་ལྟར་བཅོལ་བའི་ཕྲིན་ལས་འགྲུབ་པར་མཛོད། །ཅེས་པ་འདི་ཡང་རྫོགས་སྤྲུལ་ལྔ་པ་ཐུབ་བསྟན་ཆོས་ཀྱི་རྡོ་རྗེས་བྲིས་པའོ། །

༄༅། བླ་མ་དགོངས་འདུས་བཀའ་སྲུང་རིག་འཛིན་མའི་བསང་མཆོད་ནི།

ཧྲཱིཿ འགྱུར་མེད་བདེ་བ་ཆེན་པོའི་ངང་ཉིད་ལས། །སྐྱེ་མེད་ཀློང་ནས་སྐྱེ་བའི་ཆོ་འཕྲུལ་དུ། །ཤར་བའི་རྒྱལ་བ་ཀུན་གྱི་ཡུམ་ཆེན་མོ། །གནས་གསུམ་མཁའ་འགྲོ་ཡོངས་ཀྱི་གཙོ་མོའི་ཚུལ། །ཨ་མ་རིག་འཛིན་ལྷ་མོ་རལ་གཅིག་མ། །འཁོར་བཅས་སྐད་ཅིག་གནས་འདིར་གཤེགས་སུ་གསོལ། །རང་མདུན་པདྨ་ཟླ་བའི་གདན་སྟེང་དུ། །དཔལ་ལྡན་ལྷ་མོ་སྔོན་ཀའི་ཟླ་བའི་མདོག །ཞལ་གཅིག་ཞི་མ་ཁྲོ་ཡི་ཉམས་དང་ལྡན། །ཕྱག་གཡས་དཔའ་བོ་མཁའ་འགྲོ་དབང་སྡུད་པའི། །ཐོད་པའི་ཅང་ཏེའུ་སྨན་གྱི་ཐད་ཀར་འཁྲོལ། །གཡོན་པས་སྣང་སྲིད་གསལ་བར་བྱས་པ་ཡི། །འཕྲུལ་གྱི་དངུལ་དཀར་མེ་ལོང་དྭངས་པ་འཛིན། །དབུ་སྐྲ་གནག་སྤུམ་རལ་བའི་ཐོར་ཚུགས་ཅན། །རིན་ཆེན་སོག་ཞུ

སྙན་ཆ་མགུལ་རྒྱན་སྤྲས། །ཟ་འོག་ཁ་དོག་ལྔ་ལྡན་ཤ་གོས་ལ། །རིན་ཆེན་སྣ་ཚོགས་ཕྲ་ཚོམས་ཀུན་ནས་མཛེས། །རིན་ཆེན་གསེར་གྱི་སྐྲེ་རགས་བཅིང་པ་ལ། །དེ་སྟེང་དར་དཀར་རྩེ་གོས་ཕུ་དུང་ཅན། །ལྷབ་ལྷུབ་གཡོ་བ་ཟ་འོག་མཐའ་འཇག་ཅན། །རིན་ཆེན་དོ་ཤལ་ཕྲུག་ཞབས་གདུ་བུ་ཅན། །ཞབས་གཉིས་མཉམ་པའི་སྟབས་ཀྱིས་བཞེངས་པ་ལ། །འཁོར་དུ་མ་མོ་འབུམ་དང་ཤ་ཟ་སྟོང་། །སྣང་སྲིད་རིགས་པའི་དམག་ཚོགས་སྤྲིན་ལྟར་གཏིབས། །ཁྱེད་ལ་དགྱེས་པའི་མཆོད་པ་འབུལ་བ་ནི། །ཕྱི་ནང་ཉེར་སྤྱོད་འདོད་ཡོན་སྤྲིན་ལྟར་གཏིབས། །བདེ་ཆེན་དགའ་བཞིའི་ཡེ་ཤེས་མཆོད་པའི་ཚོགས། །ཟུང་འཇུག་མཉམ་པར་སྦྱོར་བའི་མཆོད་པའི་སྤྲིན། །ང་བདག་གཟུང་འཛིན་བསྒྲལ་བའི་མཆོད་པ་དང་། །ཀླ་ཤ་ཙཀྲའི་ལོངས་སྤྱོད་སྐར་ལྟར་བཀྲམ། །དྲི་ཞིམ་བསང་གི་མཆོད་པ་ཕུལ་བ་ཡིས། །བདག་ཅག་དཔོན་སློབ་འཁོར་དང་བཅས་པ་རྣམས། །ལོག་པར་བལྟ་བའི་དགྲ་བགེགས་ཐམས་ཅད་དང་། །བྱད་ཕུར་གཏོད་པ་གཏོང་བའི་མཁན་པོ་རྣམས། །རང་གཤེད་རང་ལ་དབབ་པར་མཛད་དུ་གསོལ། །དེང་ནས་བྱང་ཆུབ་སྙིང་པོ་མ་ཐོབ་བར། །ལྷ་མཆོག་ཁྱོད་ཀྱི་སྐྱོང་གྲོགས་མ་གཡེལ་ཞིག །རྫོགས་སྤྲུལ་ལྔ་པ་ཐུབ་བསྟན་ཆོས་ཀྱི་རྡོ་རྗེས་བྲིས་པ་དགེ །

༄༅། བཙན་རྒོད་བསང་གསུར་འདོད་ཡོན་སྤྲིན་ཕུང་བཞུགས་སོ།།

ཧཱུྃ༔ འདོད་དགུའི་སྤྲིན་གཏིབས་མཆོད་རྫས་དཔག་མེད་དང་། །ཞིང་ཀུན་ཡོངས་བཀང་སྨྲུན་གཟིགས་དཀོར་ཆའི་ནོར། །དྲི་བསུང་དང་ལྡན་བསང་མཆོད་ནམ་མཁའི་ཁམས། །ཡོངས་བཀང་རྨད་བྱུང་མཐའ་གླུས་འདི་དག་ཀུན། །གཏེར་བདག་སྲུང་མ་རྒྱ་མཚོ་ཐམས་ཅད་ལ། །སྣར་མཛོད་ལེགས་པ་ལས་ཀྱི་གཏང་རག་དང་། །སླད་ནས་གཡེལ་མེད་ཕྲིན་ལས་འདོད་སྐྱོལ་ཕྱིར། །དགྱེས་གསོལ་དམ་པར་དགོངས་ཤིག་ས་མ་ཡ། །བྲག་བཙན་ཆེན་པོ་རྡོ་རྗེ་དགྲ་འཛོམས་བསང་། །གཡུ་ལུང་གངས་བཙན་རྡོ་རྗེ་དབང་བཙན་བསང་། །སྤྲ་རི་སྤྲ་བཙན་རྡོ་རྗེ་ཡེ་ཤེས་བསང་། །གོང་མ་གྲིབ་བཙན་རྡོ་རྗེ་མཆོག་རྒོད་བསང་། །སྤྲུ་རི་ཕུག་བཙན་རྡོ་རྗེ་སྲུང་མ་བསང་། །བྲག་དམར་རྫོང་བཙན་རྡོ་རྗེ་དགྲ་འཛོམས་བསང་། །སྟག་མ་རོང་བཙན་རྡོ་རྗེ་ལེགས་པ་བསང་། །འཛམ་གླིང་སྤྱིར་རྒྱུད་ཡུལ་རིས་ས་ཕྱོགས་ལ། །གནས་དང་ལྷག་པའི་ཕོ་ཉ་བཙན་གྱི་རིགས། །འཁོར་ཚོགས་བཀའ་སྲུང་སུམ་བརྒྱ་དྲུག་ཅུ་བསང་། །སྔོན་ནས་འབྲེལ་དང་ཤུགས་ཀྱིས་རྗེས་འབྲང་བ། །ཁ་འཛིན་སྐྱོང་གྲོགས་སྐྱོབ་དང་སྤར་སླེའི་བདག །ལུང་པ་ཕུ་མདའ་ཉིན་སྲིབ་གཡའ་བྲག་ཤིང་། །ཆུ་ཀླུང་གངས་རིར་གནས་དང་རྒྱུ་བ་ཡི། །བཙན་འཁོར་སྤྲུལ་པ་རྒྱ་མཚོ་འཁོར་བཅས་བསང་། །ནང་ལྷར་སྤྲུལ་པ་དགེ་བསྙེན་མཆེད་བདུན་

སོགས། །དཀོར་གྱི་བདག་པོ་སྐྱེས་བུ་སྡོང་སྐྱེ་བསང་། །བསང་བ་ནོར་བདག་གནོད་སྦྱིན་རྒྱལ་པོ་བདུན། །གཏེར་གྱི་བདག་པོ་ས་ཡ་འབུམ་སྡེ་བསང་། །འཁོར་བཅས་བསང་མཆོད་བཞེས་ལ་རྒྱལ་བསྟན་དང་། །དེ་འཛིན་སྒྲུབ་པའི་རྣལ་འབྱོར་འཁོར་བཅས་ཀྱི། །མི་མཐུན་རྐྱེན་སོལ་མཐུན་རྐྱེན་འདོད་དགུ་སྒྲུབས། །སྣང་དགྲ་གདོན་བགེགས་གདུག་པའི་སྲོག་སྙིང་བཞེས། །མཐུ་དཔུང་རྒྱབ་རྟེན་སྡོང་གྲོགས་མི་གཡེལ་བར། །བྱང་ཆུབ་བར་མཛོད་དགེ་ལེགས་ཡོན་ཏན་དང་། །སྙན་གྲགས་ལོངས་སྤྱོད་དཔལ་འབྱོར་ཕུན་ཚོགས་ཀུན། །རེ་འབྲས་ཡིད་བཞིན་ལྷུན་གྱིས་འགྲུབ་པར་མཛོད། །ཧཱུྃ། འགྱུར་མེད་ཀ་དག་རིག་པའི་རྩལ། །ལྷུན་གྲུབ་ཡེ་ཤེས་འཆར་སྒོའི་མདངས། །སྤྲུལ་པའི་སྒྲུ་འཕྲུལ་དམ་ཚིག་ཅན། །རིག་འཛིན་བཀའ་སྡོད་ཁྱོད་ལ་བསྟོད། །ཁྲག་མདོག་བཙོད་པར་དཀར་བའི་གཟུགས། །སྲིད་གསུམ་འཇིགས་པའི་ཤུགས་འཆང་བ། །དཔའ་བོ་བསེ་ཡི་ཡ་ལད་ཅན། །དྲག་ཤུལ་སྟོབས་ལྡན་ཁྱོད་ལ་བསྟོད། །ཕྱག་གཡས་མདུང་དམར་བསྒྲེངས་བའི་དབལ། །ཉམས་པའི་སྙིང་ལ་བཏབ་ནས་གསོད། །གློག་ལྟར་འཁྱུགས་པའི་ཞགས་པ་ཡིས། །དགྲ་བགེགས་འཆིང་ཞིང་སྡོམ་ལ་བསྟོད། །གཞན་ཡང་སྤྲུལ་པའི་ཆོ་འཕྲུལ་ནི། །གཅིག་ཏུ་ངེས་པར་མ་མཆིས་ཏེ། །རེས་འགའ་བཙན་རྒོད་དྲག་པོའི་ཆས། །བསྟན་དགྲའི་དཔུང་ཚོགས་འཇོམས་ལ་བསྟོད། །སྐབས་འགར་དགེ་བསྙེན་གཞོན་ནུའི་ཚུལ། །སྒྲུབ་པ་པོ་ཡི་སྡོང་གྲོགས་བྱེད། །གནོད་སྦྱིན་བརྫིད་པའི་ཆ་ལུགས་ཀྱིས། །འདོད་དགུའི་ཆར་ཆེན་འབེབས་ལ་བསྟོད། །དམ་ཅན་བཙན་རྒོད་མཐུ་བོ་ཆེ། །བཀའ་སྡོད་ཕོ་ཉར་བཅས་པ་རྣམས། །མཆོད་དོ་བསྟོད་

དོ་དགྲེས་དགོངས་ལ། །ཅི་བསམ་ཡིད་བཞིན་འགྲུབ་པར་མཛོད། །རིན་པོ་ཆེ་འགྱུར་མེད་ཐེག་མཆོག་བསྟན་འཛིན་གྱིས་སྦྱར་བ་བཀྲ་ཤིས་བསམ་པའི་དོན་འགྲུབ་ལ་བསྟན་པ་དར་རྒྱས་ཤོག །དགེའོ། །

༄༅ ཐུར་སྲུང་དམ་ཅན་མ་མོ་བཅུ་གཉིས་ཀྱི་བསང་བཞུགས་སོ།།

ཧཱུྃ། འཇིག་རྟེན་འདི་ན་མཐུ་དང་དབང་ཆེ་ཞིང་། །དཔལ་ཆེན་རྡོ་རྗེ་གཞོན་ནུའི་བཀའ་ཉན་པ། །དམ་ཅན་མ་མོ་ཆེན་མོ་བཅུ་གཉིས་རྣམས། །དམ་ཚིག་དབང་གིས་ད་ལྟར་འདིར་གཤེགས་ཤིག །གཙང་སྦྱར་བསང་གི་དུད་སྤྲིན་མཁའ་དབྱིངས་འགེངས། །དར་སྣ་བ་དན་རོལ་མོའི་སྒྲ་དང་བཅས། །སྣ་ཚོགས་མཐུན་པའི་དམ་རྫས་བཤམས་ནས་སུ། །རྣལ་འབྱོར་གདུང་བའི་དབྱངས་ཀྱིས་སྤྱན་འདྲེན་ནོ། །སྤྲིབ་བྲལ་ནམ་མཁའ་དྭངས་བའི་ལམ་ཡངས་པོར། །སྣ་ཚོགས་རྫུ་འཕྲུལ་འདོད་དགུར་རོལ་བས་རྒྱུ། །རེས་འགའ་རཀྟའི་རྒྱ་མཚོར་རྐྱལ་ཞིང་འཐུང་། །རེས་འགའ་གངས་རྐུས་རི་རབ་རྩེ་ན་འགྱིང་། །རེས་འགའ་ཤ་ཆེན་ས་གཞིའི་གཏོས་ལ་རྒྱུག །རྡོ་རྗེ་དམ་ཚིག་གཉན་པོས་སྲོག་སྦྲེལ་བའི། །རྣལ་འབྱོར་མིང་པོ་རྡོ་རྗེ་དེང་འབོད་ན། །དབང་མེད་ཤུགས་ཀྱིས་བསྐྱོད་ཅིང་གཤེགས་སུ་གསོལ། །འདི་ལྟར་མཆོད་པའི་རྫས་སུ་ལེགས་གཤམས་པ། །མཁའ་ལས

ཆར་བབ་འཛིན་མའི་ལྗོན་འབྲུངས་བའི། །བདུད་རྩི་ཅན་ཤིང་ལོ་འདབ་མེ་འབྲས་
སོགས། །འབར་བའི་མེས་སྦར་རླུང་གིས་བསྐྱོད་བྱས་པས། །དུད་པའི་སྤྲིན་
ཕུང་ལྷ་ལམ་ཁྱ་གྱུར་རྟེ། །དྭངས་གསལ་རྙོགས་པ་མེད་པའི་ཡིད་འོང་
གཟུགས། །ཉེས་ཚོགས་ཀུན་སེལ་གཙང་མའི་དྲི་བསུང་འཕྲོ། །འདོད་ཡོན་ལྷ་
མོའི་ཟེར་ཕྲེང་ཕྱོགས་བཅུར་འཁྱེད། །ངོ་མཚར་ཡོན་ཏན་འབུམ་གྱི་དཔལ་ལྡན་
པ། །བདུད་རྩིའི་སྤྲིན་ཕུང་བསང་གི་མཆོད་པ་འདིས། །རྒྱལ་བ་རིག་འཛིན་
བརྒྱུད་པའི་དམ་ཚིག་ཅན། །ཤྭ་ན་ཆེན་མོ་མཆེད་བཞི་བསང་ཞིང་
མཆོད། །བདག་ཉིད་ཆེན་མོ་མཆེད་བཞི་བསང་ཞིང་མཆོད། །ས་བདག་ཆེན་
མོ་མཆེད་བཞི་བསང་ཞིང་མཆོད། །མིང་པོ་བསེ་ལྕུགས་དུང་གི་སྐྱེས་བུ་
གསུམ། །སོ་སོའི་འཁོར་ཚོགས་བསམ་མི་ཁྱབ་བཅས་བསང་། །མདོར་ན་
ཕུར་སྲུང་དམ་ཅན་བཅུ་གཉིས་པོ། །གཙོ་དང་འཁོར་དང་སྤྲུལ་པ་ཡང་སྤྲུལ་
བཅས། །བདུད་རྩི་བསང་གི་མཆོད་པ་རྨད་བྱུང་འདིས། །སྐུ་གསུང་ཐུགས་
རྒྱུད་ཡོངས་སུ་ཚིམ་གྱུར་ཅིག །རྡོ་རྗེ་གཞོན་ནུ་པདྨ་ཐོད་ཕྲེང་གི །བཀའ་བཞིན་
སྒྲུབ་པའི་རྣལ་འབྱོར་བདག་ཅག་དང་། །འཁོར་དང་བུ་སློབ་དཀོར་ནོར་སྦྱིན་བདག་
བཅས། །དམ་ཅན་ཁྱེད་ཀྱིས་རྟག་ཏུ་སྲུང་མཛོད་ཅིག །བདག་ལ་འཚེ་ཞིང་
གནོད་པར་བྱེད་པ་ཡི། །མི་དང་མི་མིན་དམ་སྲི་མཐའ་འདྲེ་རྣམས། །དུས་
མཐའི་མེ་ཡིས་རྩ་སྦུར་བསྲེགས་པ་བཞིན། །མིང་ཙམ་མེད་པ་ཐལ་བ་རྡུལ་དུ་
རློག །མི་མཐུན་རྒྱུད་པའི་གཡུལ་ངོ་རབ་བཅོམ་ནས། །ཕྱོགས་ལས་རྣམ་པར་
རྒྱལ་བའི་རྒྱལ་མཚན་ཕྱོར། །ས་གསུམ་གནས་ན་འགྲན་ཟླ་ཀུན་བྲལ་

པའི། །ཆོས་སྲིད་དབུ་འཕང་སྲིད་རྩེར་བསྒྲེང་བར་མཛོད། །ཞེས་པའང་མཆོག་སྤྲུལ་དམ་པའི་བཀའ་བཞིན་མི་ཕམ་རྣམ་པར་རྒྱལ་བས་བགྱིད་པ་ལགས་སོ། །

༄ གཏེར་སྲུང་ལྷང་ལྷའི་བསང་མཆོད།

ཧཱུྃ་ཧྲཱིཿ ཀི་ལ་ཡ་ཡི་བཀའ་སྡོད་དཔའ་བོ་ཆེ། །ཁུ་བྱུག་སྙན་པའི་དབྱངས་ཀྱིས་འབོད་པའི་ཚེ། །གེ་སར་ལས་བྱུང་པདྨ་ཀ་ར་ཡི། །ངོ་མཚར་རྡོ་རྗེའི་ཐ་ཆིག་རྗེས་དགོངས་ལ། །ཅི་ནས་བདག་ལ་སྣང་བའི་དགྲ་བོ་རྣམས། །ཆུ་འཁྲུག་སེར་བ་ནད་མཚོན་འཛིགས་པ་ཡིས། །ཇི་ཞིག་མ་ཡིན་མདོན་སྤྱོད་དྲག་པོ་མཛོད། །ཉོ་ཚོང་ལེགས་པའི་འཛུམ་དཀར་ངོམ་བཞིན་དུ། །ཧི་ར་བམ་གྱི་གདན་ལ་བཞུགས་ནས་ཀྱང་། །ཐུ་མང་རལ་གྱི་མ་རུང་སེམས་འཆང་བ། །དེ་བཞིན་གཤེགས་པའི་བསྟན་ལ་སྡང་བ་དང་། །ནོ་པ་ཀ་ཡི་དགྲ་རྣམས་ཚར་གཅོད་ཅིག །པི་ཤི་དྲུང་སོགས་རོལ་མོའི་རིགས་བྱེད་དང་། །ཞུ་རྒྱུ་ལྷར་འབབ་བཏུང་བའི་རིགས་བྱེད་ཚོགས། །བེའུ་ལུག་མ་ཧེ་འདོད་འཛོའི་བ་མོ་སོགས། །མོ་ཧ་བྱེད་པའི་མཐུན་པའི་དམ་རྫས་ནི། །ཅིཾ་ནའི་ཡུལ་གྱི་ཐ་གྲུ་མཐའ་ཡས་པ། །རྩོ་རོལ་བོད་ཁམས་མཐའ་དབུས་ཐམས་ཅད་དང་། །རྗེ་ཧའི་ཚལ་སོགས་རྒྱ་གར་ཡུལ་སོགས་ན། །ཞོ་ཧཱི་ཧས་ཀྱང་བསྔགས་པར་དཀར་བའི་གནས། །ཞི་དང་སྲིད་པའི་དཔལ་འབྱོར་ཁྱོད་ལ་འབུལ། །ཟླ་ལེ་སྨིན་སོགས་དྲེགས་པ་ཡོངས་ཀྱི་གཙོ། །འེ་ཞེས་ཁྱོད་ཉིད་བསྟོད་ཅིང་བསྐུར་བའི་ཚེ། །ཡོ་གའི་ཚོགས་ལ་བར་དུ་

གཅོད་པའི་བགེགས། །རི་གླིང་བར་སྣང་ནམ་མཁའ་གནས་པའི་རིགས། །ལྷུ་གུ་རྒྱུད་ཀྱི་ཚོགས་རྣམས་མེད་པར་མཛོད། །ཤེ་མུན་ཉམས་ངའི་གཡང་ལས་སྲུང་བ་དང་། །སོ་སོར་ལས་བཞིའི་དངོས་གྲུབ་ཇི་སྙེད་ཀུན། །ཏི་ཏི་བཞད་སྒྲས་སྲིད་གསུམ་གཡོ་བར་བྱེད། །ཨུ་རྒྱན་བླ་མའི་ཐ་ཚིག་རྗེས་དགོངས་ལ། །བདག་ཅག་ནད་མེད་ཚེ་རིང་ཕུན་སུམ་ཚོགས། །ལོངས་སྤྱོད་འཕེལ་ཞིང་མི་ནོར་དབང་དུ་བསྡུས། །གནོད་བྱེད་བྱད་མ་དགྲ་བགེགས་ཚར་གཅོད་ནས། །དོན་འགྲུབ་དགེ་ལེགས་དཔལ་ལ་སྤྱོད་པར་ཤོག །ཅེས་པའང་ཇོགས་སྤྲུལ་ལྔ་པ་ཐུབ་བསྟན་ཆོས་ཀྱི་རྡོ་རྗེས་བྲིས་པ་དགེ །

༄༅། གནོད་སྦྱིན་དམར་པོ་བསང་གི་མཉེས་པའི་རྫས།

ལྷ་ཤིང་སྨན་སྤོས་རྩི་ཤིང་བཟང་པོའི་ཕྱེ་མར་ཕུད་རྣམས་བསང་རྫས་སྣ་ཚོགས་བཤམས། རང་ཉིད་སྐུ་གསུམ་རྒྱལ་དབང་པདྨ་འབྱུང་། །སྤྲུལ་འཕྲུལ་རོལ་གར་སྡེ་བརྒྱད་བྲན་དུ་ཁོལ། །དེ་མདུན་རླུང་སེམས་དག་པའི་རྟེན་འབྲེལ་ལས། །ཡོངས་ཤར་སྡེ་བརྒྱད་འདུ་བའི་འཇིགས་རུང་གནས། །ཙུད་ཁྲོད་ཕོ་བྲང་གཞལ་ཡས་ལྷུན་གྱིས་གྲུབ། །ཀེང་རུས་ཐོད་མཁར་སྲིན་པོའི་གྲོང་ལྟ་བུར། །དྲེགས་བདུད་ཕོ་མོ་བསྐྱིལ་བའི་གདན་སྟེང་ན། །སྟོབས་ལྡན་གནོད་སྦྱིན་ཙིའུ་དམར་པོ་ཞེས། །དབང་གི་ལྷ་བཙན་པདྨ་ར་ག་ལ། །ཉི་ཟེར་འཁྱུད་འདྲ་སྨྲུན་བསྒྲད་ཤངས་གཉེར་ཞིང་། །ཞལ་གྱི་མཆེ་བའི་མྱུ་གུ་ཨམ་གཙིགས

བསྡུམས། །དཔའ་བའི་མདོན་རྟོགས་རོམ་པའི་གཟི་བྱིན་ཅན། །དུད་ཁྲོད་ཆས་དང་ན་བཟའ་རྒྱན་རྣམས་རྫོགས། །ཕྱག་གཡས་མདུང་དར་རུ་མཚོན་དམར་པོ་དང་། །གཡོན་པས་བཙན་གྱི་ཞགས་པས་ཉམས་པ་ཁྲིད། །ཞིང་བཅུ་དམ་ཉམས་འབྱུང་པོ་བསྒྲལ་འདྲེན་མཛད། །ཀུན་རྫོབ་སྒྱུ་མའི་སྣང་ངོར་དྲེགས་པའི་ཚུལ། །དོན་དམ་དབྱིངས་སུ་འོད་མཚན་སྟོང་འབར་གར། །སྔོན་ཆེ་ཆོས་རྒྱལ་མཁན་ཆེན་པད་འབྱུང་གིས། །ཟན་ཡང་ཆོས་འཁོར་དཔལ་གྱི་བསམ་ཡས་སོགས། །གཙུག་ལག་ཁང་སྲུང་དམ་ཉམས་གཤེད་མར་བསྐོས། །བསྟན་དང་དེ་འཛིན་སྡེ་དང་ཁྱད་པར་དུ། །འོད་གསལ་རྡོ་རྗེ་སྙིང་པོའི་རྣལ་འབྱོར་ལ། །འགོ་བའི་སྲུང་མ་གནོད་སྦྱིན་ཡང་ལེ་བེར། །རོལ་བ་རྒྱ་བདུན་སྡེ་བརྒྱད་འཁོར་ཚོགས་ལ། །འདོད་ཡོན་ལྔ་ལྡན་བདུད་རྩི་བསང་མཆོད་འབུལ། །བསང་ངོ་མཆོད་དོ་བཏན་ནོ་དགྱེས་པར་མཛོད། །གཞན་ཡང་མཆོག་གསུམ་རྩ་གསུམ་ཆོས་སྐྱོང་དང་། །ནོར་ལྷ་གཏེར་བདག་གཙང་རིས་ལྷ་ཡི་ཚོགས། །འགོ་བའི་ལྷ་ལྔ་སྐྱོབ་པའི་ལྷ་རྣམས་དང་། །ཡུལ་ལྷ་གཞི་བདག་གནས་ཡུལ་སྐྱོང་བའི་ལྷ། །བསང་ངོ་མཆོད་དོ་ཐུགས་དམ་བསྐང་གྱུར་ཅིག །དུག་ལྔའི་དབང་གིས་སོ་བྱང་སྔགས་གསུམ་གྱི། །དམ་ལས་འགལ་དང་མཁན་སློབ་མཆེད་རྣམས་ལ། །ནོངས་གང་དག་ཆེན་ཆོས་དབྱིངས་ཀློང་དུ་བཤགས། །འཁྲུལ་ལོག་རང་རིག་གཤིས་སུ་ཞི་གྱུར་ཅིག །དེ་ལྟར་བདུད་རྩིའི་བསང་མཆོད་འདི་བཞེས་ལ། །རྒྱལ་བསྟན་སྤྱི་དང་རྡོ་རྗེ་ཐེག་པ་ཡི། །བསྟན་དང་བསྟན་འཛིན་སྡེ་དང་བཅས་པ་སྐྱོངས། །གངས་ཅན་སྐྱེ་དགུར་ཕན་བདེའི་དགེ་མཚན་སྤེལ། །དགྲ་གདོན་བྱད་ཕུར་དམ་སྲིའི་འཚེ་བ་བཟློག །ཚེ་བསོད་

དཔལ་འབྱོར་ཉམས་རྟོགས་འཕེལ་བ་དང་། །མི་དང་མི་མིན་སྣང་སྲིད་དབང་དུ་བསྡུས། །དགྲ་བོ་ལྷ་དང་བཅས་པ་རྡུལ་དུ་རློགས། །མི་ཕྱུགས་དགོར་ནོར་བུ་སློབ་འཁོར་བཅས་སྲུངས། །བརྟན་གཡོ་སྣང་སྲིད་ཕྱྭ་གཡང་དངོས་གྲུབ་སྩོལ། །སྲིད་ཞིའི་ཕུན་ཚོགས་བཀྲ་ཤིས་རྒྱས་པར་མཛོད། །ག་ག་ཧྲཾ་ཧྲྀཏྟུའི་བསྐུར་བའི་ངོར། ཨོ་རྒྱན་ཆེ་མཆོག་དཔལ་གྱི་རྡོ་རྗེས་སྨྲས་སོ། །མངྒ་ལཾ། །

༄༅། །རྒྱལ་ཆེན་སྐུ་ལྔའི་བསང་མཆོད་དགྲ་ལས་རྣམ་རྒྱལ་ཞེས་བྱ་བ་བཞུགས་སོ།།

ཧཱུྃ། རང་བཞིན་ལྷུན་གྱིས་གྲུབ་པའི་གཞལ་ཡས་ནས། །བཅོམ་ལྡན་རྒྱལ་བ་རིགས་ལྔ་ཡབ་ཡུམ་སྐུ། །དོན་དམ་ཞི་བའི་ངང་ལས་མ་གཡོས་ཀྱང་། །ཡེ་ཤེས་ལྔ་ཡི་རང་གདངས་ཤར་བ་ལས། །ཤིན་ཏུ་གདུལ་དཀའ་དམ་སྲི་འབྱུང་པོའི་ཚོགས། །ལོག་རྟོག་གདུག་པའི་ཚོགས་རྣམས་བསྒྲལ་བའི་ཕྱིར། །དུག་ལྔ་མ་སྤངས་སྐུ་ལྔ་ལྷུན་གྱིས་གྲུབ། །སྤྲུལ་པའི་ཆོས་རྒྱལ་ཆེན་པོ་སྐུ་ལྔར་ཤར། །གསང་བའི་ཡུམ་ཆེན་བདུད་མོ་རྣམ་པ་ལྔ། །དམ་ཚིག་སྲུང་བའི་བཀའ་ཡི་བློན་པོ་ལྔ། །འཁོར་གྱི་ལས་བྱེད་རུ་འདྲེན་སྡེ་བཞིའི་ཚོགས། །ཅི་བགྱིའི་བཀའ་ཉན་ལས་རྣམས་སྒྲུབ་པའི་ཕྱིར། །སྤྲུལ་པ་ཡང་སྤྲུལ་ཉིང་སྤྲུལ་བསམ་མི་ཁྱབ། །ཕོ་ཉ་སྟག་གཟིག་དོམ་དྲེད་འདུར་ཞིང་རྒྱུག །སྤྲ་སྤྲེའུ་བྱི་བ་སྣ་ཚོགས་

བློས་གར་བསྒྱུར། །ལྕགས་ཀྱི་བྲ་ཁྲ་མང་པོ་སྤྲིན་ལྟར་གཏིབ། །བདུད་བྲ་ལྕང་ཀའི་ཚོགས་ནི་ཐིབས་སེ་ཐིབ། །གནམ་ལྕགས་ཐོག་གི་སེར་ཆེན་ཤ་ར་ར། །ཇམས་པའི་གད་རྒྱངས་མི་བཟད་ཧ་ཧར་བཞད། །དགྱེས་པའི་གླུ་ལེན་བཤུག་པའི་སྒྲ་དང་བཅས། །རྣལ་འབྱོར་བདག་གིས་བསང་མཆོད་འབུལ་བའི་ཕྱིར། །དད་དང་དམ་ཚིག་དབང་གིས་སྤྱན་འདྲེན་ན། །སྐད་ཅིག་ཡུད་ཙམ་གནས་འདིར་གཤེགས་སུ་གསོལ། །མ་ཆགས་པདྨ་ཐབས་ཤེས་ཉི་ཟླ་དང་། །དགྲ་བགེགས་ལོག་འདྲེན་བསྒོལ་བའི་གདན་ལ་བཞུགས། །མི་ཐབ་སངས་རྒྱས་སྤྱན་མའི་ཀློང་ཡངས་སུ། །ན་བཟའ་དཀར་མོའི་ངོ་བོ་མེ་འབར་བ། །དམ་ཚིག་སྒྲོལ་མའི་རླུང་གིས་རབ་བསྐྱོད་དེ། །རིན་ཆེན་མྣ་མ་ཀ་ཡི་ཆབ་ཀྱིས་བྲན། །ནམ་མཁའ་དབྱིངས་ཀྱི་དབང་ཕྱུག་ཀུན་ཏུ་ཁྱབ། །དོན་ལ་བསྲེག་བྱ་སྲེག་བྱེད་མི་དམིགས་ཀྱང་། །ཀུན་རྫོབ་སྒྱུ་མ་ལྟ་བུའི་ཚུལ་གྱིས་ནི། །རིན་ཆེན་སྣ་ལྔ་དར་ཟབ་སྣ་ཚོགས་དང་། །ཕྱེ་མར་སྨན་སྤོས་འབྲུ་བཅུད་སྤོས་ཀྱི་རིགས། །དཀར་དམར་ཇ་ཆང་བཏུང་བ་རྒྱ་མཚོར་བསྐྱིལ། །ཤ་ཆེན་སྤོས་དཀར་ཚུལ་ཆེན་སྦྱར་བའི་རྫས། །དྲི་མེད་ཤིང་སྣའི་ཚོགས་དང་ལྷན་ཅིག་ཏུ། །བསྲེགས་པའི་དུད་སྤྲིན་ནམ་མཁའི་མཐའ་དང་མཉམ། །བཀྲ་ཤིས་རྫས་རྟགས་རྒྱལ་སྲིད་རིན་ཆེན་བདུན། །མཆོད་པའི་ལྷ་མོའི་ཟེར་ཕྲེང་ཕྱོགས་བཅུར་འཕྲོ། །འདོད་དགུའི་སྤྲིན་ཕུང་བསང་གི་མཆོད་པ་འདིས། །འགྱུར་མེད་དབྱིངས་ལས་ཁྲོས་པའི་སྐུ་ར་བཞེངས་པ། །ཆོས་སྐྱོང་རྒྱལ་པོ་སྐུ་ལྔ་བསང་ཞིང་མཆོད། །རྒྱལ་པོ་སྡེ་ལྔའི་ཐུགས་དམ་དགྱེས་བྱེད་མ། །གསང་བའི་ཡུམ་ཆེན་སྡེ་ལྔ་བསང་ཞིང་མཆོད། །ཕྲིན་ལས་རྣམ་བཞིའི་ལས་རྣམས་སྒྲུབ་པའི་

ཕྱིར། །བཀའ་ཡི་བློན་པོ་རྣམ་ལྔ་བསང་ཞིང་མཆོད། །དམ་ཉམས་དགྲ་བོ་ཕུང་དུ་གཞུག་པའི་ཕྱིར། །འཁོར་གྱི་རུ་འདྲེན་ཚོགས་རྣམས་བསང་ཞིང་མཆོད། །ཅི་བགྱིས་བཀའ་ཉན་ལས་རྣམས་སྒྲུབ་པའི་ཕྱིར། །ཕོ་ཉ་སྤྲུལ་དང་ཡང་སྤྲུལ་བསང་ཞིང་མཆོད། །ཁྱད་པར་ཁྱེད་དང་མཐུན་པའི་དམ་རྫས་ནི། །དམ་ཤིང་དགྲ་སྟ་རུ་མཚོན་ཤེལ་དཀར་ཕྲེང་། །དར་གྱི་ལྷ་ལྡི་རྒྱལ་མཚན་འཕན་འཕྱུར་དང་། །གོ་ཁྲབ་སྨྱུན་གཟིགས་སྣ་ཚོགས་སྤྲིན་ལྟར་གཏིབ། །དུད་འགྲོ་རྐང་བཞིའི་ཚོགས་ནི་ཀྱི་ལི་ལི། །བྱ་རིགས་འདབ་ཆགས་ཚོགས་ནི་ཐིབས་སེ་ཐེབ། །ཟ་འོག་མཛེས་པའི་གུར་ཕུབ་ཤ་ར་ར། །རཏྣ་ཁྲག་གི་རྒྱ་མཚོ་ཁྱིལ་ལི་ལི། །གསེར་སྐྱེམས་ཕུད་ཚོད་བཏུང་བ་མེ་རེ་རེ། །བཤོས་གཙང་ཞལ་ཟས་གཏོར་ཆེན་སྤུངས་སེ་སྤུང་། །མི་རྐང་མཆོག་གི་གླིང་བུ་དི་རི་རི། །སྒྲ་སྙན་གླུ་གར་ཕེབ་རྡོབ་ཅང་ཏེའུ། །པི་ཝཾ་རྒྱུད་མང་ཆ་ལང་ལ་སོགས་པ། །སྨྱུན་གཟིགས་སྣ་ཚོགས་ཛ་ལྟར་སྤུངས་པ་འདིས། །དགྲ་ལྷ་ཆེན་པོ་འཁོར་དང་བཅས་པ་མཆོད། །དེ་ལྟར་བསང་མཆོད་ཕུལ་བའི་བྱིན་རླབས་ཀྱིས། །ཁྱོད་ནི་སྔོན་ཚེ་མ་ལ་ཡ་རྩེ་དང་། །བམ་རི་ཐོད་མཁར་འབར་བའི་གཞལ་ཡས་ནས། །རྟ་མཆོག་རོལ་བ་ལག་ན་རྡོ་རྗེ་ཡིས། །དབང་བསྐུར་དམ་བཏགས་གསང་བའི་གཉན་དུ་བསྒོས། །བར་དུ་སློབ་དཔོན་པདྨ་འབྱུང་གནས་ལ། །རང་རྟགས་སྲོག་གི་སྙིང་པོ་མངོན་དུ་ཕུལ། །བསྟན་པ་སྲུང་ཞིང་བསྟན་འཛིན་སྐྱོང་བ་དང་། །ཅི་བགྱིའི་བཀའ་ཉན་སྒྲུབ་པར་ཁས་བླངས་ཤིང་། །དེ་འོག་སོ་བྲུར་ཉང་དང་གནུབ་ཆེན་སོགས། །རིག་འཛིན་ཆེན་པོ་ཉི་མ་གྲགས་པ་ཡིས། །དམ་ཚིག་བསྒྲགས་ནས་དམ་ལ་བཞག་པའི་ཚེ། །སངས་རྒྱས་བསྟན་པ་སྲུང་བར་ཞལ་བཞེས་

པའི། །དགྲ་ལྷ་སྐུ་ལྔ་ཡབ་ཡུམ་མཐུ་ཆེན་རྣམས། །ད་ལྟ་སྙིགས་མ་ལྔ་བདོའི་ཡང་མཐའ་འདི་ར། །སྔོན་གྱི་ཐུགས་དམ་གཉན་པོ་མ་གཡེལ་བར། །བདག་ཅག་བསང་མཆོད་ཕུལ་བའི་བྱིན་རླབས་ཀྱིས། །དམ་ཆོས་སྒྲུབ་ལ་བར་དུ་གཅོད་པའི་བགེགས། །ནད་དང་གནོད་པ་མ་ལུས་ཞི་བ་དང་། །ཚེ་བསོད་དཔལ་འབྱོར་སྙན་གྲགས་ལོངས་སྤྱོད་རྒྱས། །ཆབ་སྲིད་འཁོར་འབངས་ཡོན་ཏན་ལེགས་པའི་ཚོགས། །གོང་ནས་གོང་དུ་འཕེལ་བའི་ཕྲིན་ལས་མཛོད། །ཁྱད་པར་རྒྱལ་དབང་པདྨ་ཀ་ར་ཡི། །བཤད་དང་སྒྲུབ་པའི་བསྟན་པ་རིན་པོ་ཆེ། །ཡངས་པའི་ས་གྲུ་ཀུན་ཏུ་རྒྱས་པར་མཛོད། །རྣལ་འབྱོར་བདག་ལ་འཚེ་བའི་དམ་སྲིའི་དཔུང་། །མི་དང་མི་མིན་རྒྱ་འདྲེ་འབྱུང་པོའི་རིགས། །ཕ་རོལ་བྱད་མ་རྦད་འདྲེ་རྦོད་གཏོང་དང་། །ངན་སྔགས་དུག་སྦྱོར་བསམ་ངན་དུག་གཡོས་མཁན། །ནག་ཕྱོགས་ཀླུ་ཀློའི་སྡེ་རིས་དཔུང་ཚོགས་རྣམས། །དུས་མཐའི་མེ་ཡིས་རྩྭ་སྦུར་བསྲེགས་པ་བཞིན། །ད་ལྟ་ཉིད་དུ་སྒྲོལ་བའི་ཕྲིན་ལས་མཛོད། །ཅེས་རྒྱལ་ཆེན་སྐུ་ལྔའི་བསང་མཆོད་འདི་ཉིད། རྫོགས་སྤྲུལ་ལྔ་བར་འབོད་པ་ཐུབ་བསྟན་ཆོས་ཀྱི་རྡོ་རྗེས་བྲིས་པ་དགེའོ། །

༄༅། སྐུ་ཡི་རྒྱལ་པོའི་བསང་མཆོད་ནི།

ཧཱུྃ། རིན་ཆེན་ཤེལ་གྱི་སྐུ་མཁར་རྩེ་དགུ་ནས། །མཐུ་སྟོབས་དབང་ཕྱུག་དགྲ་ལྷའི་རྒྱལ་པོ་ནི། །རྣམ་པར་སྣང་མཛད་ཡེ་ཤེས་རོལ་བ་ལས། །སྐུ་ཡི་རྒྱལ་པོ་དགྲ་བཅོམ་གཞོན་ནུའི་ཚུལ། །སྐུ་མདོག་དཀར་གསལ་འོད་ཟེར་ཕྱོགས་བཅུར་འཕྲོ། །ཤིན་ཏུ་མཛེས་པ་ཞི་འཛུམ་སྒེག་པའི་ཉམས། །ཞལ་གཅིག་ཕྱག་གཉིས་ལྷུང་བཟེད་མཁར་གསིལ་བསྣམས། །རབ་མཛེས་ལེ་བརྒྱན་མདོག་ཅན་སྣམ་སྦྱར་ལ། །རིན་ཆེན་གསེར་གྱི་པ་ཏྲའི་ཀུན་ནས་མཛེས། །བཻ་ཌཱུརྻ་ཡི་མདོག་ཅན་མཐང་གོས་ལ། །གསེར་མདོག་སྐེད་ཆིངས་སག་ལྷམ་ཡུ་རིང་གསོལ། །ཆིབས་སུ་མི་བཟད་གླང་ཆེན་སྔོན་པ་ཆིབས། །གཡོན་དུ་ཡུམ་ཆེན་བདུད་མོ་རོ་ལངས་མ། །དར་དཀར་གོས་གསོལ་དམ་ཤིང་ཐྲཀྵ་བསྣམས། །གཡས་སུ་བློན་པོ་བྲ་ཁྲི་མིག་གཅིག་པ། །ཕྱག་གཉིས་རྡོ་རྗེ་འཕེན་ཤིང་རྟ་སྔོན་ཆིབས། །མདུན་དུ་སྤྲུལ་པ་དགྲ་བཅོམ་གཞོན་ནུའི་ཚུལ། །སྐུ་ལ་ཆོས་གོས་ངུར་སྨིག་མདོག་ཅན་གསོལ། །ཕྱག་གཡས་གསེག་ཤང་གསེར་གྱི་སྤྱི་གྲི་བསྣམས། །ཕྱོགས་བཞིར་རྒྱལ་མཚན་བཞི་དང་ཡུམ་མཆོག་བཞི། །བློན་པོ་རྣམ་བཞི་སྤྲུལ་པ་རྣམ་བཞི་སོགས། །ཕྱི་རོལ་ལྷ་སྲིན་སྡེ་བརྒྱད་འཁོར་ཚོགས་ནི། །ཉི་མའི་ཟེར་གྱི་རྡུལ་ལྟར་བསམ་མི་ཁྱབ། །འཁོར་བཅས་བསང་གི་མགྲོན་ལ་སྤྱན་འདྲེན་གཤེགས། །རབ་ཏུ་གུས་པའི་སྒོ་ནས་ཕྱག་འཚལ་

ཡོ། །ཁྱེད་ལ་དགྱེས་པའི་མཆོད་པ་འབུལ་བ་ནི། །རི་རབ་གླིང་བཞི་གླིང་ཕྲན་གསེར་གྱི་རི། །རོལ་བའི་མཚོ་བདུན་མཐའ་ཡི་རྒྱ་མཚོ་དང་། །ལྕགས་རི་མུ་ཁྱུད་ཉི་ཟླ་གཟའ་སྐར་བཀྲ། །རྒྱལ་སྲིད་སྣ་བདུན་བཀྲ་ཤིས་རྫས་རྟགས་བརྒྱད། །དཔག་བསམ་ཤིང་ཆེན་ཡན་ལག་བརྒྱད་ལྡན་མཚོ། །འདོད་འབྱུང་གཏེར་བུམ་མ་རྨོས་ལོ་ཏོག་དང་། །ནོར་བུ་བསམ་འཕེལ་ནོར་འཛིན་ནེའུ་ལེ་རྣམས། །རིན་ཆེན་སྣ་ཚོགས་ལས་གྲུབ་གཞལ་ཡས་ཁང་། །སྨུག་རྒོད་ལོ་རྒྱུས་རྒྱལ་མཚན་རྣམ་དགུ་སོགས། །དམ་ཤིང་དགྲ་སྟ་ཤེལ་དཀར་ཕྲེང་བ་དང་། །མཁར་གསིལ་ལྷུང་བཟེད་བེ་ཅོན་ཀཱ་པ་ལ། །ཁྱད་པར་ཕྱེ་མར་འོ་སྐོལ་དར་ཟབ་དང་། །རིན་ཆེན་སྣ་ལྔ་འབྲུ་དང་སྨན་སྣ་སོགས། །ཤུག་པ་འོམ་བུ་མཁན་དཀར་བ་ལུ་དང་། །སྟག་པ་ལ་སོགས་བདུད་རྩི་ཅན་གྱི་ཤིང་། །དྲི་ཞིམ་ཤིང་སྣའི་ཚོགས་དང་ལྡན་ཅིག་ཏུ། །བསྒྲིགས་པའི་དུད་སྤྲིན་ལྷ་ལམ་ཁྱབ་པ་འདིས། །སྐུ་ཡི་རྒྱལ་ཆེན་འཁོར་བཅས་བསང་ཞིང་མཆོད། །ཐུགས་ཀྱི་རྒྱལ་ཆེན་འཁོར་བཅས་བསང་ཞིང་མཆོད། །ཡོན་ཏན་རྒྱལ་ཆེན་འཁོར་བཅས་བསང་ཞིང་མཆོད། །གསུང་གི་རྒྱལ་ཆེན་འཁོར་བཅས་བསང་ཞིང་མཆོད། །ཕྲིན་ལས་རྒྱལ་ཆེན་འཁོར་བཅས་བསང་ཞིང་མཆོད། །རང་རང་སྤྲུལ་པའི་ཚོགས་རྣམས་བསང་ཞིང་མཆོད། །འཁོར་གྱི་རུ་འདྲེན་སྡེ་བཞི་བསང་ཞིང་མཆོད། །དེ་ལྟར་བསང་ཞིང་མཆོད་པའི་བྱིན་རླབས་ཀྱིས། །རྒྱལ་བསྟན་སྤྱི་དང་ཁྱད་པར་སྡེ་འགྱུར་གྱི། །བསྟན་པ་རིན་ཆེན་ཕྱོགས་བཅུར་དར་ཞིང་རྒྱས། །བསྟན་འཛིན་སྐྱེས་བུའི་སྐུ་ཚེ་རབ་བརྟན་ཞིང་། །འཁོར་འབངས་བུ་སློབ་མངའ་ཐང་རྒྱས་པ་དང་། །ཆོས་འཁོར་འདི་ལ་རྟག་ཏུ་སྲུང་སྐྱོབ་

མཛོད། །རྒྱལ་ཁམས་ཀུན་ཏུ་བདེ་ཞིང་སྐྱིད་པ་དང་། །བདག་ཅག་མི་ནོར་འཁོར་དང་བཅས་པ་ལ། །གནོད་ཅིང་འཚེ་བར་བྱེད་པའི་དགྲ་བགེགས་རྣམས། །ད་ལྟ་ཉིད་དུ་སྒྲོལ་བའི་ཕྲིན་ལས་མཛོད། །གཞི་བྱེས་ལམ་གསུམ་གང་ན་སྡོད་ཀྱང་རུང་། །ཆོས་མཐུན་བསམ་པ་ཡིད་བཞིན་སྒྲུབ་པ་དང་། །བྱང་ཆུབ་ལམ་ལ་བར་དུ་གཅོད་པའི་གེགས། །ཐམས་ཅད་མིང་ཙམ་མེད་པར་ཞི་ནས་ཀྱང་། །མཐུན་རྐྱེན་ལེགས་ཚོགས་གོང་ནས་གོང་འཕེལ་ཤོག །མདོར་ན་བསམ་དོན་ཡིད་བཞིན་འགྲུབ་ནས་ཀྱང་། །རྣམ་བཞིའི་ཕྲིན་ལས་མཐར་དག་བསྒྲུབ་ཏུ་གསོལ། །ཅེས་པ་འདིའང་རྫོགས་སྤྲུལ་ལྔ་པས་སོ། །

༄། གསུང་གི་བློན་པོ་དགྲ་ལྷའི་རྒྱལ་པོ་རྡོ་རྗེ་གྲགས་ལྡན་གྱི་བསང་མཆོད་འདོད་ཡོན་ལྷུན་གྲུབ་ཅེས་བྱ་བ་བཞུགས།།

ཧྲཱིཿ སྲིད་གསུམ་འདི་ན་མཐུ་དང་དབང་ཆེ་བ། །དབང་ཆེན་རྟ་མཆོག་པདྨ་ཧེ་རུ་ཀའི། །བཀའ་ཉན་ཐ་ཚིག་རྡོ་རྗེའི་ཡལ་གམ་ཅན། །དོན་དམ་སྟོང་ཉིད་ནམ་མཁའི་ངོ་བོ་ལ། །སྣང་བ་མཐའ་ཡས་པདྨ་ནྟ་གའི་མདོག །ཐུགས་ཉིད་སྙིང་རྗེ་ཆེན་པོའི་ངང་ཉིད་ལས། །ཡེ་ཤེས་དབྱིངས་ལ་འཕོ་འགྱུར་མི་མངའ་ཡང་། །ལོག་རྟོག་མཚན་མའི་རྟོག་པ་བསལ་བའི་ཕྱིར། །གསུང་གི་བློན་པོ་རྡོ་རྗེ་གྲགས་ལྡན་ནི། །མ་རུང་ཁྲག་དྲོན་བཏུང་བས་མ་ཚིམས་པར། །ལུས་ཀུན

ཞུགས་འདྲའི་ཡང་ཚོགས་གསར་བའི་གཟི། |ཞལ་གཅིག་ཕྱག་གཉིས་རྡུ་མཚོན་བཙོན་ཞགས་བསྣམས། |ཞལ་གདངས་ལྗགས་འདྲིལ་མཆེ་བ་རབ་ཏུ་གཙིགས། |ཁྲོས་པའི་དབང་ཕྱུག་ཅུང་ཟད་འཛུམ་ཆགས་ཉམས། |སྨ་ར་སྨིན་མ་གློག་སྟོང་འགྱུ་བ་བཞིན། |བསེ་ཁྲབ་བསེ་རྨོག་རིན་ཆེན་རྡུལ་པས་བརྒྱན། |ཞབས་ལ་སག་ལྷམ་འཇའ་རིས་ཡུ་རིང་གསོལ། |མི་བཟད་གར་དགུའི་ཉམས་ལྡན་བརྗིད་པའི་སྐུ། |གཡས་བསྐུམ་གཡོན་བརྐྱངས་མེ་དཔུང་ཀློང་ན་བཞུགས། |རོལ་དུ་འཕར་སྦྱང་བྱ་རོག་འུག་པ་འཕྱེད། |ཕོ་ཉ་ཐོག་དང་ཀླུང་ནག་འཚུབ་མ་ཁྲིད། |གསང་བའི་ཡུམ་ཆེན་གཟི་བརྗིད་ཆེན་མོ་ནི། |དཀར་དམར་མདངས་ལྡན་ཡིད་འོང་ལྷ་མོའི་ཚུལ། |སྤྲུལ་པ་རབ་བྱུང་ཕག་ནག་སྟེང་ན་འགྱིང་། |བློན་པོ་བདུད་ནག་མདུང་དར་རྒྱུ་ཞགས་བསྣམས། |རྡུ་འདྲེན་སྡེ་བཞི་འཁོར་དང་བཅས་པ་རྣམས། |གནམ་ས་རི་གླིང་བར་སྣང་ཁམས་ཀུན་གང་། |དད་དང་དམ་ཚིག་དབང་གིས་སྤྱན་འདྲེན་ན། |སྣ་ཚོགས་དབང་པོའི་གཞུ་ལྟར་རབ་བཀྲ་བའི། |སྣ་ཚོགས་དར་གྱི་གཡབ་མོས་སྤྱན་འདྲེན་ཞིང་། |སྣ་ཚོགས་རོལ་མོའི་སྒྲ་ཡིས་བསྐུལ་བའི་ཚེ། |སྣ་ཚོགས་མཐུན་པའི་དམ་རྫས་བཤམས་ནས་སུ། |རྣམ་དག་ནམ་མཁའ་གང་བའི་ལྷ་ལམ་ནས། |རྣམ་འཕྲུལ་ཆ་ལུགས་སྣ་ཚོགས་སྐུར་སྟོན་ཞིང་། |རྣམ་པ་འཛིག་རྟེན་དྲེགས་པའི་སྐུར་བཞེངས་པ། |རྣམ་རྒྱལ་ཕོ་བྲང་ལྷ་བུའི་གཞལ་ཡས་འདིར། |དགྱེས་ཤིང་མི་གཡོ་བརྟན་པར་བཞུགས་སུ་གསོལ། |དད་ཅིང་གདུང་བ་ཅན་གྱི་ཚོགས་རྣམས་ལ། |བརྟེན་ན་སྙིང་ཉེ་སྒྲུབ་ན་བུ་བཞིན་སྐྱོང་། |དམ་ལྡན་སྒྲུབ་པའི་སྙིང་གྲོགས་ཁྱོད་གཅིག་པུ། |ཁྱོས་ལས་གཞན་

པའི་སྲུང་མ་མ་མཆིས་ན། །སྲུང་མའི་དབང་པོ་ཁྱོད་ཀྱིས་རྗེས་དགོངས་ཤིག །དར་ཟབ་རིན་ཆེན་སྣ་ཚོགས་འབྲུ་སྣའི་རིགས། །ཇ་ཆང་འོ་སྐོལ་བཏུང་བའི་རིགས་བྱེད་དང་། །ཕྱེ་མར་རི་རབ་ལྟ་བུ་བརྩེགས་ལྡན་ཚོགས། །དྲི་ཞིམ་བདུད་རྩི་ཤིང་སྣའི་ཚོགས་རྣམས་དང་། །སྣ་ཚོགས་མཐུན་པའི་མཆོད་པའི་རྫས་རྣམས་ཀུན། །རཾ་ལས་སྐྱེས་པའི་འབར་བའི་མེ་ནང་དུ། །བསྲེགས་པའི་དུད་སྤྲིན་ནམ་མཁའ་གང་བའི་རྩེར། །རྒྱལ་སྲིད་སྣ་བདུན་བཀྲ་ཤིས་རྫས་རྟགས་བརྒྱད། །རིན་ཆེན་བདུན་དང་ཉེ་བའི་རིན་ཆེན་བདུན། །རྡོ་རྗེ་སྒེག་མོ་ལ་སོགས་ཕྱི་སྒེག་བཞི། །བཛྲ་རཱུ་པེ་ལ་སོགས་ནང་སྒེག་བཞི། །ཇ་ཀླུམ་ལ་སོགས་གསང་བའི་རིག་མ་ལྔ། །རེག་བྱ་ལ་སོགས་འདོད་ཡོན་ལྷ་མོ་གསུམ། །གཞན་ཡང་རྡོ་རྗེའི་ལྷ་མོའི་ཚོགས་རྣམས་ནི། །གཟུགས་མཛེས་ཡིད་འོང་ནམ་མཁའི་སྐར་ལྟར་བཀྲ། །ཡིད་འོང་དགའ་བདེའི་དཔལ་སྟེར་སྟོལ་མཛད་པ། །ངོ་མཚར་ཡོན་ཏན་བྱེ་བའི་རོལ་གར་ཚོགས། །རྣམ་མང་སྲིད་ཞིའི་འབྱོར་བ་བསམ་ལས་འདས། །བདུད་རྩིའི་སྤྲིན་ཕུང་བསང་གི་མཆོད་པ་འདིས། །རྡོ་རྗེ་གྲགས་ལྡན་འཁོར་བཅས་བསང་ཞིང་མཆོད། །དེ་ལྟར་བསང་མཆོད་ཕུལ་བའི་བྱིན་རླབས་ཀྱིས། །བདག་ཅག་མི་ནོར་འཁོར་དང་བཅས་རྣམས་ལ། །དྲག་ཤུལ་གདུག་པའི་སེམས་འཆང་མི་བསྲུན་པ། །བྱད་ཕུར་ཐོད་གཏོང་གཞོམ་པའི་བྱད་མ་མཁན། །ད་ལྟ་ཉིད་དུ་སྒྲོལ་བའི་ཕྲིན་ལས་མཛོད། །མི་ཁ་ངན་སྨྲས་དབྱེན་ཤགས་དུག་སྦྱོར་མཁན། །སྦྱོར་ངན་བྱེད་པའི་མི་དང་མི་མིན་ཚོགས། །ཚེ་དཔལ་དབང་ཐང་འཚོ་བར་བྱེད་པ་རྣམས། །མ་བསྐུལ་པར་ཡང་ཁྱོད་ཀྱི་ཟ་སྐལ་གྱིས། །མི་དང་མི་མིན་ཤེས་རྒྱུད་རློམ་བྱེད་པའི། །དམ་སྲི་ཤི

འདྲེ་རྒྱལ་འགོང་འབྱུང་པོའི་ཚོགས། །སྲུང་མ་ཁྱོད་ཀྱི་ཐུགས་རྗེའི་འོད་ཟེར་
གྱིས། །མིང་ཙམ་མེད་པར་བརླག་པའི་ཕྲིན་ལས་མཛོད། །རྩོད་ལྡན་སྙིགས་
མ་ལྔ་བརྒྱའི་ཡང་མཐའ་འདི་ར། །བསྟན་པའི་ཉི་མ་ནུབ་རི་ར་ཆས་པའི་
ཚེ། །སྲུང་མ་གཞན་གྱིས་གདུལ་བར་མི་ནུས་པས། །མཐུ་ཆེན་ཁྱོད་ཀྱི་ཐུགས་
དམ་དུས་ལ་བབས། །སངས་རྒྱས་གཉིས་པ་པདྨ་ཐོད་ཕྲེང་གི །ལུང་རྟོགས་
བསྟན་པའི་རྒྱལ་མཚན་འཛིན་མཛད་པ། །གྲུབ་དབང་རྫོགས་ཆེན་སྐུ་ཕྲེང་རིམ་
བྱོན་གྱི། །སྐུ་ཚེ་མཛད་ཕྲིན་ཡར་ངོའི་ཟླ་བ་ལྟར། །གོང་ནས་གོང་འཕེལ་
དགོན་གནས་ཆོས་འཁོར་གྱི། །བརྒྱུད་འཛིན་སློབ་མའི་ཚོགས་རྣམས་དབྱར་མཚོ་
ལྟར། །ནམ་ཡང་ནུབ་མེད་འཕེལ་ཞིང་རྒྱས་པར་མཛོད། །དེང་ནས་བྱང་ཆུབ་
སྙིང་པོ་མ་ཐོབ་པར། །སྲུང་མའི་དབང་པོ་ཁྱོད་དང་མི་འབྲལ་ཞིང་། །བར་ཆད་
རྐྱེན་གྱི་རྣམ་སྨིན་ཅི་བྱུང་ཡང་། །ལྷ་མཆོག་ཁྱོད་ཉིད་དྲན་པ་ཙམ་གྱིས་
ཀྱང་། །སྐུ་ཡི་དཔལ་འབར་འོད་ཟེར་ཕྱོགས་བཅུར་འཕྲོ། །གསུང་གི་ང་རོས་
སྟོང་གསུམ་གང་བར་བྱེད། །ཐུགས་ནི་སྙིང་རྗེའི་དབྱིངས་ལས་མ་གཡོས་
ཀྱང་། །མངོན་སྤྱོད་དྲག་པོའི་རོལ་པས་ཚར་ཆོད་ཅིག །མདོར་ན་གཞན་ཕན་
བྱང་ཆུབ་སེམས་ཀྱི་བློས། །བསྟན་དང་འགྲོ་བའི་དོན་ཆེན་སྒྲུབ་པ་ལ། །མཐུ་
ལྡན་སྲུང་མའི་དབང་པོ་ཁྱོད་ཉིད་ཀྱིས། །ཞལ་བཞེས་ཐ་ཚིག་གཉན་པོ་རྗེས་
དགོངས་ལ། །མགོན་སྐྱབས་སྟོང་གྲོགས་རྟག་ཏུ་མ་གཡེལ་ཞིག །དེ་ལྟར་རྡོ་རྗེ་
གྲགས་ལྡན་བསང་མཆོད་འདི། །བཀྲ་ཤིས་ཕུན་སུམ་ཚོགས་པའི་ལུང་བའི་ནང་། །སྤང་ལྗོངས་
ནེའུ་སེང་མེ་ཏོག་བཀྲ་བའི་ཡུལ། །རིན་ཆེན་བྲག་རི་ལྗོན་ཤིང་བརྒྱན་པའི་ཞིང་། །ལྷ་བྱ་སྐད་སྙན་སྣ་
ཚོགས་ཕྱོགས་བཅུར་བསྒྲགས། །ཡན་ལག་བརྒྱད་ལྡན་འབབས་པའི་གཡོན་ཕྱོགས་སུ། །ཐུབ་

བསྟན་ནོར་བུས་ཡང་ཡང་བསྐུལ་བའི་ངོར། །དྲིན་ཆེན་བླ་མ་མཁྱེན་བརྩེའི་དབང་པོ་ཡི། །སློབ་མའི་ཡང་ཐ་འབངས་ཀྱི་ཐ་ཤལ་པ། །རྫོགས་སྤྲུལ་ལྔ་པ་ཐུབ་བསྟན་མིང་ཅན་གྱིས། །ས་ཕོ་རྟ་ལོའི་རབ་ཆོས་བཅོ་ལྔ་ལ། །གཟའ་སྐར་ལེགས་ཚོགས་རྟེན་འབྲེལ་རྐྱེན་དབང་གིས། །རྟག་ཏུ་ལྷག་པའི་ལྷ་མཆོག་འདི་ཉིད་ལ། །སྲུང་མའི་གཙོ་བོ་བསྟེན་པའི་གང་ཟག་དེས། །རང་སྣང་གང་ཤར་བློ་ལ་བྲིས་པ་འདི། །ཉེས་འགལ་མཆིས་ན་སྲུང་མའི་ཚོགས་ལ་བཤགས། །དོན་འབྲས་མཆིས་ན་བསྟན་དང་སེམས་ཅན་ལ། །རྟག་ཏུ་ཕན་པ་རྒྱ་ཆེན་རྒྱུར་གྱུར་ཅིག །སརྦ་མངྒ་ལཾ། །

༄། རྟ་མགྲིན་དྲེགས་པ་ཟིལ་གནོན་ལས༔ གཏེར་སྲུང་བསང་གསུར་གྱི་མཆོད་ཐབས་བཞུགས་སོ།།

བཛྲ་རཀྵ།༔ ཁྲོ་བོའི་ཆེ་བཙན་ཧེ་རུ་ཀ་ལ་འདུད༔ གཏེར་སྲུང་ཆེན་པོ་བསང་དམ་གསུར་མཆོད་ཀྱིས༔ བརྟན་ཞིང་སྒྲུབ་པོའི་བར་ཆད་སེལ་བའི་ཐབས༔ རང་ཉིད་ཡི་དམ་ལྷ་ཡི་བསྐྱེད་རིམ་དང༔ ཧཱུྃ༔ བསང་གསུར་འདོད་ཡོན་ལྔ་ལྡན་མཆོད་པའི་སྤྲིན༔ རྩ་གསུམ་དཔལ་མགོན་སྲུང་སྲིད་ལྷ་སྲིན་ཚོགས༔ ཁྱད་པར་ཡ་མཚན་ལྡན་པའི་གནས་ཆེན་པོ༔ འབར་བ་དབང་གི་སྒྲུབ་གནས་མེ་འབར་ཕུག༔ གནམ་གྱི་གོང་བ་ཤར་ནས་ཉི་ཟླས་བརྒྱན༔ ཆབ་ཀྱི་གོང་བ་ནུབ་ནས་ཆུ་བོ་འབབས༔ རི་ཡི་རྒྱལ་པོ་བྲག་དམར་མདའ་སྒྲོའི་དབྱིབས༔ གྲིབ་སོ་གཉིས་ཀྱིས་ཉིན་མཚན་ཆུ་ཚོད་འཛིན༔ རིན་ཆེན་ཐང་བརྡལ་ལྷོ་ནས་འབྲས་དྲུག་སྨིན༔ སྨན་སྤོས་དྲི་བསུང་ལྡན་པའི་ལྗོངས་

ཆེན་པོར༔ ཛོ་བོ་ཆེན་པོ་གྲི་བཙན་དགྲ་འཛོམས་རྩལ༔ མཆེད་ཟླ་ལྷ་སྲིན་དགྱེས་སྡེ་ཡུམ་དང་སྲས༔ ལྷ་ཤིང་ཤུག་པའི་དུད་པས་བསང་ངོ་མཆོད༔ དཀར་དམར་གསུར་གྱི་དུད་པས་བརྟན་ནོ་འབུལ༔ ཕུ་ཡི་མཚོ་སྨན་ནག་མོ་འཁོར་བཅས་བསང༔ དགྱེས་སྡེ་ཡུམ་ཆེན་ཡིན་པས་མངའ་གསོལ་ལོ༔ ཤར་གྱི་རྫོང་བཙན་དམར་པོ་འཁོར་བཅས་བསང༔ གཡར་དམ་གཅིག་པའི་གྲོགས་པོ་མངའ་གསོལ་ལོ༔ ལྷོ་ཕྱོགས་རི་ཡི་ལྷ་བཙན་འཁོར་བཅས་བསང༔ སྐུ་ཡི་སྲས་མཆོག་ཡིན་པས་མངའ་གསོལ་ལོ༔ ནུབ་ཀྱི་རྒྱལ་བ་ཐོད་དཀར་འཁོར་བཅས་བསང༔ ཡིད་ལུས་བསྐྱེད་པའི་ཕ་གཅིག་མངའ་གསོལ་ལོ༔ བྱང་གི་སྨན་མོ་རང་འཚོགས་བཙན་རྒོད་བསང༔ མཆེད་ཀྱི་སྤུན་ཟླ་ཡིན་པས་མངའ་གསོལ་ལོ༔ ཀྱུ་དྲིན་གཡུ་ཡི་ཕུག་པའི་ཀླུ་སྨན་བསང༔ ལྕམ་དྲལ་སྲིད་དུ་གྱུར་པས་མངའ་གསོལ་ལོ༔ མདོ་གསུམ་ཀླུ་བྲན་བཙན་རྒོད་འཁོར་བཅས་བསང༔ གཉེར་གྱི་ཕྱུག་ཚང་ཡིན་པས་མངའ་གསོལ་ལོ༔ ཡོབ་ཀྱི་ཀྱང་རིའི་བཙན་དམར་འཁོར་བཅས་བསང༔ བཀའ་ཡི་བློན་པོ་ཡིན་པས་མངའ་གསོལ་ལོ༔ ཟླ་ཡི་དམར་པོ་བློན་སྲས་འཁོར་བཅས་བསང༔ ཕྱུགས་ཀྱི་རྫི་བོ་ཡིན་པས་མངའ་གསོལ་ལོ༔ ནགས་སོགས་རྒྱ་ཡི་དགེ་བསྙེན་ཆེན་པོ་བསང༔ ལས་ཀྱི་ཕོ་ཉ་ཡིན་པས་མངའ་གསོལ་ལོ༔ གཞན་ཡང་བསང་འོས་བརྟན་དང་མཆོད་པར་འོས༔ མ་ལུས་ཐམས་ཅད་བསང་ཤིང་གསུར་གྱིས་བརྟན༔ ཁྲིད་རྣམས་བསང་ཞིང་མཆོད་དེ་བརྟན་པའི་མཐུས༔ བསྟན་པ་དར་ཞིང་སེམས་ཅན་སྐྱིད་པ་དང༔ བདག་ཅག་མི་ནོར་འཁོར་དང་བཅས་པ་ལ༔ བསྲུང་སྐྱོབ་མགོན་དང་སྟོང་གྲོགས་ཕྲིན་ལས་མཛོད༔ གཞི་བྲེས་ཀུན་ཏུ་མེལ་རྩེ་བྱ་ར་གྱིས༔ ཕུ་ཡི་གནག་སྐྱོང་མདའ་

ཡི་འབྲུ་དྲུག་སྔུངས༔ ཉིན་གྱི་ལྷ་མཛོད་མཚན་གྱི་ཟླ་དོར་གྱིས༔ ཡུལ་ལྷ་གཞི་བདག་མཆོད་དོ་ངོ་མ་ཆུང༔ རྣལ་འབྱོར་འདོད་པའི་འབྲས་བུ་མཆིས་པར་མཛོད༔ ཅེས་བརྗོད་ཕུད་དང་གཏོར་མ་ཅི་འབྱོར་འབུལ༔ བར་ཆད་སེལ་ཞིང་སྐྱོང་གྲོགས་བྱེད་པར་འགྱུར༔ དེ་ཕྱིར་མ་འོང་རྣམས་ཀྱིས་སྐྱོད་མཁས་བྱ༔ ས་མ་ཡཿ༔ རྒྱ་རྒྱ་རྒྱ༔ གཏེར་རྒྱ༔ སྦས་རྒྱ༔ ཟབ་རྒྱ༔ ས་མ་ཡཿ༔ རྒྱ་རྒྱ་རྒྱ༔ རྒྱལ་ཁམས་པ་ཉི་མ་གྲགས་པས་ནག་ཤོད་མེ་འབར་ཕུག་ནས་ཆུ་ཕྱི་ལ་གདན་དྲངས་ཞིང་ས་འབྲུག་ལ་ཤོག་སེར་ལས་བསྒྱུར་བའོ། །མངྒ་ལཾ། །

༄། ནོར་བདག་ཡིད་བཞིན་ནོར་བུའི་བསང་མཆོད་འདོད་རྒྱུའི་འབྱུང་གནས་ཞེས་བྱ་བ་བཞུགས་སོ།།

བཾ། རི་རབ་ལྷུན་པོའི་བྱང་ཕྱོགས་ལྟུང་ཡོ་ཅན། །རིན་ཆེན་སྣ་ཚོགས་གཏེར་གྱི་མཛོད་ཆེན་པོ། །གསེར་ལས་གྲུབ་པའི་རིན་ཆེན་ཕོ་བྲང་ནི། །འདོད་འབྱུང་རིན་ཆེན་ནོར་བུའི་གཞལ་ཡས་ནས། །ཡིད་བཞིན་ནོར་བུའི་རྒྱལ་པོ་རྣམ་ཐོས་སྲས། །གསང་ཡུམ་རིགས་བཞི་རྣམ་སྲས་སྡེ་བཞི་དང་། །རྫམ་ལྷ་རིགས་བཞི་གནོད་སྦྱིན་རྟ་བདག་བརྒྱད། །གླུ་ཆེན་བརྒྱད་དང་སྒོ་བཞི་སྐྱོང་བ་བཞི། །ནོར་ལྷ་གནོད་སྦྱིན་བྱེ་བ་འབུམ་གྱི་ཚོགས། །དད་དང་དམ་ཚིག་དབང་གིས་སྤྱན་འདྲེན་ན། །བསང་མཆོད་གནས་འདིར་སྤྱན་འདྲེན་གཤེགས་སུ་གསོལ། །རིན་ཆེན་སྣ་ཚོགས་མཛེས་པའི་གདན་ལ་བཞུགས། །ནོར་བདག་ཡིད་བཞིན་ནོར་བུའི་ལྷ

ཚོགས་ལ། །སྒོ་གསུམ་གུས་པས་ཕྱག་འཚལ་བསྟོད་པར་བགྱི། །ཤུག་པ་
འོམ་བུ་མཁན་དཀར་བ་ལུ་དང་། །སྟག་པ་ལ་སོགས་ཤིང་སྣ་གཙང་མའི་
རིགས། །འབར་བའི་མེར་བསྲེགས་དུད་པའི་སྤྲིན་ཕུང་འཁྲིགས། །བཟང་དྲུག་
སྨན་ཕྱེ་ལྷུན་པོའི་སྤོ་དང་མཉམ། །དཀར་མངར་ཧ་ཚང་རྒྱ་མཚོ་ལྟ་བུ་
བསྐྱིལ། །འབྲུ་རིགས་སྣ་ཚོགས་རྫ་ལྟར་བཀྲམ་པ་རྣམས། །མེ་འབར་
བསྲེགས་པའི་བསང་མཆོད་དུད་པའི་སྤྲིན། །མཁའ་དབྱིངས་ཁྱབ་པར་གང་བར་
འབུལ་ལགས་ན། །འགྲོ་བའི་དབུལ་ཕོངས་འཇིགས་པ་སྐྱོབ་པའི་ཕྱིར། །རྣམ་
མང་ཐོས་སྲས་རྒྱལ་པོ་ཆེན་པོ་བསང་། །རྒྱལ་པོའི་ཐུགས་དམ་དགྱེས་པ་བསྐང་
བའི་ཕྱིར། །ནོར་རྒྱུན་ལ་སོགས་ཡུམ་ཆེན་སྡེ་བཞི་བསང་། །རྣམ་བཞིའི་ཕྲིན་
ལས་མ་ལུས་སྒྲུབ་མཛད་པའི། །ནོར་བདག་རྒྱལ་པོ་ཆེན་པོ་རིགས་བཞི་
བསང་། །ནོར་བདག་ཡིད་བཞིན་ནོར་བུའི་ཐུགས་ཀྱི་སྲས། །སྲས་མཆོག་ཛམ་
ལྷ་རིགས་བཞི་འཁོར་བཅས་བསང་། །ཅི་བགྱིས་བཀའ་ཉན་འཁོར་དུ་གཏོགས་པ་
ཡི། །བྲོ་གནས་ལ་སོགས་ཏྲ་བདག་བརྒྱད་པོ་བསང་། །འོག་ཕྱོགས་ཀླུ་ཡི་
ཚོགས་རྣམས་སྐྱོང་མཛད་པ། །དུང་སྐྱོང་ལ་སོགས་ཀླུ་ཆེན་བརྒྱད་པོ་
བསང་། །ནོར་བདག་རིན་ཆེན་ཕོ་བྲང་ཆེན་པོ་ཡི། །སྒོ་བཞི་སྲུང་བའི་མགོན་པོ་
སྡེ་བཞི་བསང་། །གཞན་ཡང་འཁོར་གྱི་ལྷ་ཀླུ་གནོད་སྦྱིན་ཚོགས། །བྱེ་བ་
འབུམ་ཕྲག་བྲན་གཡོག་བཅས་པ་བསང་། །དེ་ལྟར་བསང་མཆོད་དམ་པ་ཕུལ་
བའི་མཐུས། །རྒྱལ་བའི་བསྟན་པ་ཕྱོགས་བཅུར་རྒྱས་པ་དང་། །དགེ་འདུན་སྡེ་
ཚོགས་དབྱར་གྱི་མཚོ་ལྟར་རྒྱས། །འགྲོ་རྣམས་དབུལ་ཕོངས་སྡུག་བསྔལ་མུན་
སེལ་ཞིང་། །ཉམས་དང་རྟོགས་པའི་ཡེ་ཤེས་འཕེལ་བ་སོགས། །མདོར་ན་

ཡིད་ལ་ཇི་ལྟར་བསམ་པ་ཀུན། །འབད་མེད་ལྷུན་གྱིས་འགྲུབ་པའི་ཕྲིན་ལས་མཛོད། །ཅེས་ནོར་བདག་ཡིད་བཞིན་ནོར་བུའི་བསང་མཆོད་འདོད་རྒུའི་འབྱུང་གནས་ཞེས་བྱ་བ། འདི་ཉིད་རྫོགས་སྤྲུལ་ལྔ་བ་ཐུབ་བསྟན་ཆོས་ཀྱི་རྡོ་རྗེའམ་མིང་གཞན་པདྨ་ཐེག་མཆོག་བསྟན་འཛིན་གྱིས་བྲིས་པའོ། །

༄། ཛམ་དམར་ཞལ་ལྔ་ཕྱུག་བཅུའི་བསང་མཆོད་བཞུགས་སོ།།

ཛཾ་བྷ་ལྷ་ལ་ཕྱག་འཚལ་ལོ། །རྣམ་འབྲོར་བའི་རྒྱུན་བསང་དུ་བྱ་བ་ལ། གནས་ཤིན་ཏུ་གཙང་བའི་སར། སྤོ་དྲི་ཉི་མ་རྩེ་ཤར་ལ། ཐབ་ཁུང་ཐླུམ་པོའི་དབུས་སུ། ཤིང་རྩི་སྣ་དགུ་རི་བོ་སྤུངས། ཕྱེ་མར་ཛ་ཚང་འོ་ཞོའི་ཕུད། མཆོད་པ་རྩི་འབྲོར་འབུལ་བ་དང་། སྐྱབས་སེམས་སྔོན་དུ་སོང་ནས་ནི། བདག་བསྐྱེད་ཁ་སར་པ་ཆི་བསྐྱེད། ཧཱུྃ། ནོར་ལྷ་ཤན་པ་སྐུ་མདོག་དམར། །ཞལ་ལྔ་ཕྱུག་བཅུ་གཡས་ཞལ་དཀར། །གཡོན་ཞལ་མཐིང་སྐྱེ་དབུས་ཞལ་དམར། །དེ་སྟེང་སྔོན་ཏེ་རྒྱབ་ཞལ་ནག །དེ་ནི་ནོར་ལྷའི་ཞལ་ལྔའོ། །བསང་མཆོད་འབུལ་གྱིས་བཞེས་སུ་གསོལ། །རྡོ་རྗེ་ལྕགས་ཀྱུ་གྲི་གུག་གཡས། །ལྕགས་ཐོ་གཡས་དང་ཊཱ་རུ་གཡས། །དེ་ནི་ནོར་ལྷའི་གཡས་ལྔའོ། །དཀར་གསུམ་མངར་གསུམ་མཆོད་པ་འབུལ། །དྲིལ་བུ་ནེའུ་ལེ་ཏྲི་ཤུལ་གཡོན། །པི་ཝཾ་མེ་ལོང་དགུ་བ་སྣེ། །དེ་ཡི་འོག་མས་ཐོད་ཁྲག་

འཛིན། །འཁོར་དང་བཅས་ལ་བསང་མཆོད་འབུལ། །རིན་ཆེན་སྣ་ཚོགས་རྒྱན་ཆ་ཅན། །ཁྱུང་དམར་ལ་ཆིབས་མེ་འོད་འཁྲོ། །དེ་ཡི་ངང་ནས་སྔགས་འདི་བཟླས། །ཨོཾ་ཛམ་བྷ་ལ་སྨ་ཏུ་ཏྟེ་ཡེ་སྭཱ་ཧཱ། ཏཊ་ཤྲཱན་ཀླཱ་ཧེ་སཏྲ་ཧི་ཐི་ཕུ་ར་ཧེ། ན་ཧཱན་ཤ་ཧ་ནི། མེས་མི་ཧ་ཛྷ་ནི་བ་ཛྲཀྲྀ་སྭཱ་ཧཱ། སྔགས་འདི་བསང་གི་སྐབས་སུ་ལན་བདུན་བཏང་ན། ཅི་བསམ་འགྲུབ་པར་འགྱུར། ཅེས་ཛམ་ལྷ་དམར་པོའི་བསང་མཆོད་འདི། ནང་བསང་སྐབས་སུ་བཏང་ན་དོན་འགྲུབ། དགེ་སློང་ར་གའི་མིང་གིས་སྨྲས་སོ། །

༄༅། ཛམ་ལྷ་རིགས་ལྔའི་བསང་མཆོད་ནི།

ཀྱཻ། རི་རབ་ལྷུན་པོའི་བྱང་ཕྱོགས་ལྕང་ལོ་ཅན། །རིན་ཆེན་སྣ་བདུན་བརྩེགས་པའི་གཞལ་ཡས་ནས། །ཛམ་ལྷ་རིགས་ལྔ་ལྷ་མོ་ནོར་རྒྱུན་མ། །འཁོར་བཅས་འདིར་གཤེགས་བསང་གི་མཆོད་པ་བཞེས། །སྐུ་ཡི་ཛམ་ལྷ་དཀར་པོ་འབྲུག་ལ་ཆིབས། །མཁའ་འགྲོ་སྡེ་ལྔ་འཁོར་དང་བཅས་པ་ལ། །གཡུ་ཤུག་ཕྱེ་མར་གསུར་གྱི་དུད་པས་བསང་། །གསུང་གི་ཛམ་དམར་ཞལ་གསུམ་ཕྱག་དྲུག་པ། །ཀུ་རུ་ཀུ་ལེ་ཡུམ་དང་བཅས་པ་ལ། །འབྲུ་སྣ་ཟས་ཕུད་དྲི་བཟང་དུད་པས་བསང་། །ཐུགས་ཀྱི་ཛམ་ནག་ཁྲོ་ཞིང་སྣེག་ཉམས་གཟུགས། །ནོར་ལྷ་མཆེད་བརྒྱད་འཁོར་དང་བཅས་པ་ལ། །དཀར་གསུམ་མངར་གསུམ་བསང་གི་མཆོད་པ་འབུལ། །ཡོན་ཏན་ཛམ་སེར་བི་ཛ་ནེའུ་ལེ་འཛིན། །ནོར་ལྷ་ཕོ་དགུ་མོ་དགུ་

འཁོར་བཅས་ལ། །འབྲུ་སྣ་ཕྱེ་མར་བསང་གི་དུད་པས་བསང་། །ཕྲིན་ལས་རྫམ་ཁྲ་ཕྱག་ན་ནེའུ་ལེ་འཛིན། །གནོད་སྦྱིན་བྱེ་བ་བདུན་འབུམ་འཁོར་བཅས་བསང་། །འབྲུ་སྣ་དར་ཟབ་དྲི་བཟང་དུད་པས་བསང་། །ནོར་གྱི་བདག་པོ་ལྷ་མོ་ནོར་རྒྱུན་མ། །གསེར་མདོག་མཆོག་སྦྱིན་ཕྱག་ན་འབྲས་སྙེ་འཛིན། །མཆེད་ལྷ་འཁོར་དང་བཅས་ལ་བསང་མཆོད་འབུལ། །ནོར་ལྷ་ཁྱེད་རྣམས་མཆོད་པའི་བྱིན་རླབས་ཀྱིས། །ལོ་ལེགས་ཕྱུགས་རྣམས་འཕེལ་བའི་ཕྲིན་ལས་མཛོད། །གོད་འདྲེ་གནོད་བྱེད་བཟློག་པའི་ཕྲིན་ལས་མཛོད། །ཅེས་རིག་ཨ་སྤྱིས་སྤྱར་བའོ། །གཏེར་སྲུང་དགེ་བསྙེན་སྐྱོན་ཁའི་བསང་མཆོད་བཞུགས་སོ། །ཧྱོཿ ཆོས་དབྱིངས་རྣམ་དག་དབྱིངས་ལས་མ་གཡོས་ཀྱང་། །ཡོག་འདྲེན་འདུལ་བའི་གཤེད་དུ་ཁྲོས་པའི་སྐུ། །གསང་བའི་བདག་པོའི་བཀའ་སྡོད་དྲེགས་པའི་རྗེ། །གཏེར་སྲུང་དགེ་བསྙེན་སྐྱོན་ཁ་འཁོར་དང་བཅས། །ནམ་མཁའི་གློག་ལས་མྱུར་བའི་སྟབས་ཀྱིས་གཤེགས། །རང་མདུན་རྒྱ་མཚོ་ཆེན་པོའི་གླིང་དཀྱིལ་དབུས། །དམ་ཉམས་སྐྱེ་འགྲོའི་སྲོག་གི་ཤན་པ་ཆེ། །ལྷས་ངན་དཔལ་ཡམས་ནད་ཀྱི་མངའ་བདག་པོ། །སྐྱོན་ཁ་ནག་པོ་མཐིང་ནག་ཤིན་ཏུ་ཁྲོས། །རོ་སྟོད་མི་ལ་རོ་སྨད་སྦྲུལ་དུ་འཁྱིལ། །མགོ་ལུས་མེད་པར་མིག་གིས་གང་བ་དང་། །ཞལ་གཅིག་ཕྱག་གཉིས་གཡས་པས་གསེར་འཁོར་བསྣམས། །དམ་ཉམས་དགྲ་བོ་བཅད་ཅིང་གཏུབས་པར་བྱེད། །གཡོན་པས་སྦྲུལ་གྱི་ཞགས་པ་བསྣམས་པ་ཡིས། །ཉམས་པའི་རྐེ་ནས་བཅིངས་ཤིང་སྡོམ་པར་བྱེད། །ཆིབས་བཞིའི་མངའ་བདག་སྐྱ་རེངས་ཉི་ཟེར་དང་། ། རླུ་ཟེར་བྲ་ནག་ཆིབས་ནས་གླིང་བཞིར་རྒྱུ། །བདག་ཅག་བསང་གི་མགྲོན་ལ་སྤྱན་འདྲེན་ན། །ཐུགས་རྗེ་བརྩེ་

བའི་གནས་འདིར་གཤེགས་སུ་གསོལ། །རང་སྣང་དུར་ཁྲོད་རོལ་བའི་དཀྱིལ་འཁོར་འདིར། །དགྱེས་ཤིང་མི་གཡོ་བརྟན་པར་བཞུགས་སུ་གསོལ། །དང་བའི་ཡིད་ཀྱིས་གུས་པས་ཕྱག་འཚལ་ལོ། །སྨན་དང་རཀྟ་དཔལ་གྱི་གཏོར་མ་དང་། །ཕྱི་ནང་གསང་བ་རྟེན་རྫས་བསྐང་རྫས་སོགས། །ཕུལ་བས་ཐུགས་དམ་གཉེན་པོ་བསྐང་དུ་གསོལ། །མཐིང་ནག་མི་སྲིན་ཤིན་ཏུ་ཁྲོས་པའི་སྐུ། །རོ་སྟོད་མི་ལ་སྐུ་སྨད་སྦྲུལ་དུ་འཁྱིལ། །སྤྱན་སྟོང་སྤྱང་མིག་དགྲ་ལ་འབྲུ་ཚུགས་བལྟ། །དྲག་པོའི་རྩལ་འཆང་ཁྱོད་ལ་ཕྱག་འཚལ་བསྟོད། །གང་གསུང་ཧ་མས་པའི་ང་རོ་འབྲུག་ལྟར་ལྡིར། །ཨ་ར་ལི་དང་ཧཱུཿཕྚ་རྣ་ལུའི་སྒྲ། །དྲག་ཤུལ་རྡོ་རྗེའི་གད་མོས་ས་གསུམ་གཡོ། །གཞོམས་མེད་རྡོ་རྗེའི་གསུང་ལ་ཕྱག་འཚལ་བསྟོད། །ཐུགས་ཉིད་ཞི་བའི་ངང་ལས་མ་གཡོས་ཀྱང་། །སྙིང་རྗེ་ཁྲོས་པའི་དགྲ་བགེགས་གཤེད་མ་ཆེ། །མངོན་སྤྱོད་དྲག་པོས་རོལ་བའི་ཤུགས་ཀྱིས་སྒྲོལ། །ཆིབས་བཞིའི་མངའ་བདག་ཁྱོད་ལ་ཕྱག་འཚལ་བསྟོད། །ཁྱད་པར་བདུད་རྩི་ཅན་གྱི་ཤིང་སྣ་དང་། །གསེར་དངུལ་གཡུ་སོགས་རིན་ཆེན་རྣམ་པ་ལྔ། །ཟ་འོག་གོས་དང་དར་ཟབ་རིག་བྱེད་དང་། །སྟག་རས་གཟིག་རས་ཕྱེ་མར་འོ་སྐོལ་སོགས། །བསྒྲིགས་པའི་དུད་སྲིན་ལྷ་ལམ་ཡོངས་ཁྱབ་འདིས། །ལྷོ་བྲག་ཕྱོགས་སུ་ཆེ་བའི་སྐུར་སྟོན་པ། །གཏེར་སྲུང་དགེ་བསྙེན་སྙོན་ཁ་འཁོར་བཅས་བསང་། །བྱང་ཕྱོགས་རྒྱུད་ནས་གཉན་ཆེན་ཐང་ལྷ་བསང་། །སྐྱི་ཤོད་གློང་ནས་གཉན་ཆེན་མཁར་ནག་བསང་། །ཕོ་མོ་རྫོང་ནས་ཀླུ་བདུད་མགོ་དགུ་བསང་། །ལྷོ་སྟོད་དབུ་རའི་སྐུ་ལྷ་མཁའ་རི་བསང་། །སྒོས་ཆོས་ལྷ་རྒྱབ་བླ་བའི་གདང་ཅན་བསང་། །མོན་ཁ

རིང་མོ་བདུད་ཕོ་བཀྲ་མེད་བསང་། །སེང་གེ་རྫོང་གསུམ་ཟྭ་ར་ར་སྐྱེས་བསང་། །དེ་ལྟར་བསང་མཆོད་ཕུལ་བའི་བྱིན་རླབས་ཀྱིས། །བསྟན་འཛིན་སྐྱེས་བུའི་སྐུ་ཚེ་བརྟན་པ་དང་། །སྐལ་ལྡན་སློབ་མའི་འདུ་བ་རྒྱས་པར་མཛོད། །ཕྱི་ནང་ཉེར་འཚོའི་བར་ཆད་ཞི་བ་དང་། །ལུང་དང་རྟོགས་པའི་བསྟན་པ་རིན་པོ་ཆེ། །དར་ཞིང་རྒྱས་ལ་ཡུན་རིང་གནས་གྱུར་ཅིག །སྡང་ཞིང་གདུག་པའི་དགྲ་བགེགས་མཐའ་དག་ཀུན། །རྡུལ་ཕྲན་བཞིན་དུ་བརླག་པའི་ཕྲིན་ལས་མཛོད། །ཆོས་འཁོར་འདི་ཡིས་འདུས་པ་རྒྱ་མཚོ་དང་། །དཀོར་ཆ་ལོངས་སྤྱོད་ཇི་སྙེད་ཡོད་པ་ཀུན། །རྟག་ཏུ་སྐྱོང་ཞིང་མེལ་ཚེ་བྱ་ར་མཛོད། །ཆོས་སྲིད་ལེགས་ཚོགས་འཕེལ་ཞིང་རྒྱས་པ་དང་། །ལས་བཞིའི་ཕྲིན་ལས་མ་ལུས་འགྲུབ་པར་མཛོད། །ཅེས་པ་འདིའང་རྫོགས་སྤྲུལ་ལྔ་བས་སོ། །

༄༅། དྲེགས་པའི་སྤྱི་དཔོན་སུམ་ཅུའི་བསང་མཆོད།

ཧཱུྃ་ཧྲཱིཿ འཇིག་རྟེན་མཆོད་བསྟོད་དཀྱིལ་འཁོར་ལ་གནས་པའི། །འཇིགས་བྱེད་ཧེ་རུ་ཀ་དཔལ་བཀའ་སྲུང་ཆེ། །འཇིགས་རུང་བཟློད་པར་དཀའ་བའི་ལང་ཚོ་ཅན། །འཇིག་རྟེན་དབང་ཕྱུག་མ་ཧཱ་དེ་ཝ་སོགས། །འཁོར་བཅས་བསང་གི་མགྲོན་ལ་གཤེགས་སུ་གསོལ། །མ་ཧཱ་དེ་ཝ་མཐིང་ནག་སེང་གེ་ཆིབས། །ཨུ་མ་དེ་ཝ་མཐིང་ནག་གླང་ཆེན་ཆིབས། །ཡ་མ་ར་ཛ་མདོག་ནག་ཧུ་གླང་ཆིབས། །གཤིན་རྗེ་ཟ་བྱེད་ནག་མོ་ཧུ་གླང་ཆིབས། །སྐྲོས་རྗེ་བྲང་དཀར་ནག་པོ་

རྟ་ནག་ཆིབས། །རེ་ཏི་ནག་མོ་བོང་བུ་དམར་གྱ་ཆིབས། །སྲིན་པོ་ནག་པོ་གཡུ་འབྲུག་སྔོན་མོ་ཆིབས། །སྤྲུལ་མགོ་ཁྲག་མིག་དམར་མོ་རྫ་མོ་ཆིབས། །ཡཀྵ་མེ་དཔལ་མཐིང་ནག་སྟག་མོ་ཆིབས། །གནོད་སྦྱིན་མོན་མོ་ནག་མོ་ཕག་རྒོད་ཆིབས། །གཟའ་བདུད་དུད་ཁ་གཡུ་འབྲུག་སྔོན་མོ་ཆིབས། །ཐོག་གི་བུ་ཡུག་དམར་མོ་གཡུ་འབྲུག་ཆིབས། །ཀླུ་བདུད་ནག་པོ་མགོ་དགུ་ཆུ་སྲིན་ཆིབས། །ཡཀྵ་ནག་མོ་རུས་སྦལ་ནག་པོ་ཆིབས། །ཡར་ལྷ་ཤམ་པོ་ལྷ་གཡག་དཀར་པོ་ཆིབས། །གནམ་ཐེལ་དཀར་པོ་ཅང་ཤེས་རྟ་དཀར་ཆིབས། །སྦྱི་བདུད་གུ་རུམ་རྩེ་ནེ་རྟ་དཀར་ཆིབས། །སྲིད་པའི་རྒྱལ་མོ་ནག་མོ་གཡུ་འབྲུག་ཆིབས། །ཨེ་ཀ་ཛ་ཏི་ནག་མོ་དྲེལ་རྟ་ཆིབས། །དཔལ་ལྡན་ནག་པོ་མགྱོགས་བྱེད་གསོ་བྱ་ཆིབས། །རྡོ་རྗེ་བདུད་འདུལ་དམར་ནག་དྲེལ་རྟ་ཆིབས། །བྲག་བཙན་སྲོག་ཟན་དམར་པོ་རྟ་དམར་ཆིབས། །བཙན་འགོང་ཡམ་ཤུད་དམར་པོ་རྟ་དམར་ཆིབས། །པི་ན་ཡ་ཀ་ནག་པོ་རྟ་ནག་ཆིབས། །མུ་སྟེགས་ཀ་ལ་ནག་པོ་སེང་གེ་ཆིབས། །དམུ་བདུད་ནག་པོ་བཀྲག་མེད་རྟ་ནག་ཆིབས། །ལྷ་ཆེན་ཚངས་པ་དཀར་པོ་སེང་གེ་ཆིབས། །རྒྱལ་པོ་བེ་ཧར་དཀར་པོ་གླང་ཆེན་ཆིབས། །སྐུ་ལྷ་གསང་བ་དཀར་གསལ་ར་སྐྱེས་ཆིབས། །མ་ཧཱ་ཀ་ལ་མཐིང་ནག་རྟ་ནག་ཆིབས། །རང་རང་འཁོར་དང་སྤྲུལ་པ་ཡང་སྤྲུལ་བཅས། །ཉི་མའི་ཟེར་གྱི་རྡུལ་ལྟར་བསམ་མི་ཁྱབ། །ཁྱེད་རྣམས་མཆོད་པར་འོས་པའི་དམ་རྫས་ནི། །ཏིང་འཛིན་སྔགས་དང་ཕྱག་རྒྱས་བྱིན་བརླབས་པའི། །འདོད་ཡོན་ལྔ་ལྡན་ལོངས་སྤྱོད་བསམ་མི་ཁྱབ། །མི་ཟད་ནམ་མཁའ་མཛོད་ཀྱི་འཁོར་ལོ་ཅན། །ཡེ་ཤེས་བདུད་རྩིའི་བསང་གི་མཆོད་པ་འདིས། །དྲེགས་པའི་སྡེ་དཔོན

ཆེན་པོ་འཁོར་བཅས་བསང་། །དེ་ལྟར་བསང་མཆོད་ཕུལ་བའི་བྱིན་རླབས་ཀྱིས། །དེང་ནས་བྱང་ཆུབ་སྙིང་པོ་མ་ཐོབ་པར། །ལྷ་མཆོག་རྣམས་དང་མི་འབྲལ་འགྲོགས་ནས་ཀྱང་། །སྲུང་སྐྱོབ་བྱིན་རླབས་རྟག་ཏུ་མ་གཡེལ་ཞིག །ཁྱད་པར་རྒྱལ་དབང་པདྨ་ཀ་ར་ཡི། །བཤད་དང་སྒྲུབ་པའི་བསྟན་པ་རིན་པོ་ཆེ། །མི་ནུབ་སྲིད་མཐའི་བར་དུ་འཕེལ་བ་དང་། །བསྟན་འཛིན་སྐྱེས་བུའི་སྐུ་ཚེ་རབ་བརྟན་ཅིང་། །མཛད་ཕྲིན་ཡར་ངོའི་ཟླ་ལྟར་འཕེལ་བར་མཛོད། །མདོར་ན་མཐུན་རྐྱེན་དབང་པོ་ཁྱེད་རྣམས་ཀྱིས། །བདག་ཅག་ལེགས་པ་སྤྲོད་ལ་ཉེས་པ་བསྐྱོལ། །འདོད་པའི་འབྲས་བུ་གང་དང་གང་བཙོལ་བ། །བསམ་དོན་ཡིད་བཞིན་འགྲུབ་པའི་ཕྲིན་ལས་མཛོད། །ཅེས་པ་འདི་ཡང་རྫོགས་སྤྲུལ་ལྔ་པ་ཆོས་ཀྱི་རྡོ་རྗེས་བྲིས་པ་དགེ །

༄། དུར་ཁྲོད་ལྷ་མོའི་བསང་མཆོད།

ཧྲཱིཿ ཆོས་དབྱིངས་དང་ལས་སྙིང་རྗེ་ཁྲོས་པའི་སྐུ། །དུས་གསུམ་རྒྱལ་བའི་བསྟན་པ་སྲུང་མཛད་ཅིང་། །དུར་ཁྲོད་བརྒྱད་དང་ཉེར་བཞིའི་ཡུལ་སྐྱོང་བའི། །སྲིན་མོའི་གཟུགས་འཆང་དགྲ་བོའི་གཤེད་མ་སྟེ། །དུར་ཁྲོད་གནས་རུལ་ཞིང་སྐྱོང་མ་མོ་ཆེ། །སྐུ་མདོག་སྔུག་ནག་རྗམ་ཞིང་ཁྲོས་པའི་སྐུ། །ཞལ་གསུམ་ཕྱག་གཉིས་གཡས་པས་དགྲ་སྙིང་བཟུང་། །གཡོན་པས་སྲིད་གསུམ་གསལ་བའི་མེ་ལོང་འཛིན། །དར་དཀར་སྟོད་གཡོག་སྟག་ལྤགས་ཤམ་ཐབས་

ཅན། །མི་ལྤགས་གཡང་གཞི་རློན་པ་ལྡིང་སྟབས་གྱོན། །རལ་བ་ཁམ་ནག་རྣ
བ་དུང་ལུང་འཁྲིལ། །ཐོད་སྐམ་དབུ་རྒྱན་ཐོད་རློན་དོ་ཤལ་ཅན། །རུས་པའི་
ཕྲེང་བ་སེ་རལ་ཁ་འཕྱུར་ཞིང་། །གཡས་བསྐུམ་གཡོན་བརྐྱང་རོ་ཡི་གདན་ལ་
འགྱིང་། །འཁོར་དུ་མ་མོ་དཀར་སེར་དམར་ལྗང་བཞི། །སྙིང་དང་མེ་ལོང་
འཛིན་པ་གར་མཛད་ཅིང་། །གནས་གསུམ་མཁའ་འགྲོ་ཡོངས་ཀྱི་ཚོགས་དང་
བཅས། །སྲུལ་པའི་ཤྭ་ན་ཕ་སྲུང་དྲེད་དང་བཅས། །དམ་ཚིག་དབང་གིས་
གནས་འདིར་བྱོན་ནས་ཀྱང་། །རྟོག་མེད་བམ་གྱི་གདན་ལ་བཞུགས་སུ་
གསོལ། །དང་བའི་ཡིད་ཀྱིས་སྒོ་གསུམ་ཕྱག་འཚལ་ལོ། །ཕྱི་ནང་གསང་བའི་
མཆོད་པ་བླ་ན་མེད། །ཐུགས་དང་འགལ་བ་ཐམས་ཅད་མཐོལ་ལོ་
བཤགས། །ཁྱད་པར་ཁྱེད་དང་མཐུན་པའི་དམ་རྫས་ནི། །བདུད་རྩི་ཤིང་ལྷའི་
ཚོགས་རྣམས་ལྷན་ཅིག་ཏུ། །ཕྱེ་མར་འོ་སྐོལ་ཇ་ཆང་བཏུང་བའི་རིགས། །སྨན་
དང་རཀྟ་བླ་ལིང་གཏོར་མའི་ཚོགས། །དཀར་གསུམ་མངར་གསུམ་དར་སྣ་རིན་
ཆེན་ལྔ། །ག་བུར་ཙན་དན་དཀར་དམར་ཨ་ག་རུ། །བསྲེགས་པའི་དུད་སྤྲིན་
མཁའ་དབྱིངས་ཁྱབ་པ་འདིས། །དཔལ་ལྡན་དུར་ཁྲོད་ལྷ་མོ་ཆེན་མོ་
བསང་། །འཁོར་གྱི་མ་མོ་ཆེན་མོ་རྣམ་བཞི་བསང་། །གནས་གསུམ་མཁའ་
འགྲོ་ཡོངས་ཀྱི་ཚོགས་རྣམས་བསང་། །དུར་ཁྲོད་ཞིང་སྐྱོང་ཕོ་མོ་ལས་བྱེད་
བསང་། །སྲུལ་པའི་ཤྭ་ན་ཕ་སྐྱེས་དྲེད་སོགས་བསང་། །བསང་ངོ་མཆོད་དོ་
ཐུགས་དམ་ཉེ་ར་དགོངས་ལ། །སྤྱི་འགྱུར་རྡོ་རྗེ་ཐེག་པའི་བསྟན་པ་
འདི། །ཕྱོགས་བཅུའི་མཐའ་དབུས་ཀུན་ཏུ་རྒྱས་པ་དང་། །བསྟན་པ་འཛིན་པའི་
སྐྱེས་བུའི་ཚོགས་རྣམས་ཀྱང་། །སྐུ་ཚེ་མཛད་ཕྲིན་ཡར་ངོའི་ཟླ་བ་ལྟར། །གོང་

ནས་གོང་དུ་འཕེལ་ཞིང་རྒྱས་པར་མཛོད། །བཤད་དང་སྒྲུབ་པའི་བསྟན་པ་རིན་པོ་ཆེ། །མི་ནུབ་སྲིད་མཐའི་བར་དུ་འཕེལ་བ་དང་། །བདག་ལ་སྡང་བའི་བྱད་ཕུར་ཐོད་གཏོར་ནི། །ཐལ་བར་བརླག་པའི་ཕྲིན་ལས་འགྲུབ་པར་མཛོད། །རྟག་ཏུ་སྡང་ཞིང་གདུག་པའི་སེམས་འཆང་བ། །ངན་སྔགས་དུག་མཚོན་བསམ་སྦྱོར་བྱེད་པ་དང་། །བྱད་ཕུར་ཐད་གཏོར་བཏང་བའི་ཕྲ་མ་མཁན། །ལྷ་མཆོག་ཁྲོ་རྒྱལ་ཁྱོད་ཀྱིས་ཟ་སྐལ་གྱིས། །ཚེ་སྲོག་བླ་ཀྲུས་མདངས་འཕྲོག་བྱེད་པ་དང་། །ནད་རིམ་ཕུང་ཁྲོལ་སློང་བའི་ཚོགས་རྣམས་ཀུན། །གདུལ་དཀའ་འདུལ་བའི་གཤེད་པོ་ཁྱོད་ཉིད་ཀྱིས། །མིང་ཙམ་མེད་པར་བརླག་པའི་ཕྲིན་ལས་མཛོད། །མདོར་ན་བྱང་ཆུབ་སྒྲུབ་པའི་གང་ཟག་ལ། །བར་དུ་གཅོད་པའི་དགྲ་བགེགས་མཐའ་དག་ཀུན། །སྔོན་གྱི་ཐ་ཚིག་གཉན་པོ་རྗེས་དགོངས་ལ། །སྐད་ཅིག་ཙམ་གྱིས་ཞི་བའི་ཕྲིན་ལས་མཛོད། །རྫོགས་སྤྲུལ་ལྔ་པ་ཐུབ་བསྟན་ཆོས་ཀྱི་རྡོ་རྗེས་བྲིས་པའོ། །

༄༅། ལས་གཤིན་བསང་མཆོད་ནི།

ཨཱཿ ལྷོ་ཕྱོགས་འཇིགས་རུང་མུན་པའི་གླིང་དཀྱིལ་ན། །ཐོད་པ་ལྕགས་ཀྱི་གྲོང་ཁྱེར་ཆེན་པོ་རུ། །བསྐལ་བ་མེ་རླུང་འཚུབས་མའི་གླིང་དཀྱིལ་ན། །སྲིན་གྱི་མ་ཧེ་སེར་ནག་ཁྲི་སྟེང་དུ། །ཡཿ ལས་འཆི་བདག་ལས་ཀྱི་གཤིན་རྗེ་གཤེད། །སྐུ་མདོག་སྨུག་ནག་ཤིན་ཏུ་ཁྲོས་པའི་སྐུ། །བཟོད་པར་དཀའ་བའི་ལང་ཚོ་གཏུམ་ལ་རྔམས། །ཞལ་གཅིག་ཕྱག་གཉིས་སྤྱན་གསུམ་སྤྱང་མིག་བསྒྲད། །མཆེ་བ་གཙིགས་ཤིང་ཞལ་གདངས་ལྡུགས་འདྲིལ་བར། །ང་རོའི་གད་མོས་ས་གསུམ་གཡོ་བར་བྱེད། །སྨིན་མ་ཨོག་ཆོམ་མེ་འབར་ཡ་ལ་ལ། །རལ་བའི་གསེབ་ནས་གཤིན་རྗེའི་ཕོ་ཉར་འགྱེད། །ཕྱག་གཡས་ཐོད་པའི་དབྱུག་པ་མཁའ་ལ་ཕྱར། །གཡོན་པས་ཐོད་པ་དམར་གྱིས་བཀང་བ་འཛིན། །མི་ལྤགས་སྟོད་གཡོག་སྟག་ལྤགས་ཤམ་ཐབས་ཅན། །རུས་པའི་ཕྲེང་བར་ཐོད་རློན་དོ་ཤལ་ཅན། །དཔལ་དང་དུར་ཁྲོད་རོལ་བའི་ཆས་ཀྱིས་སྤྲས། །སྲིན་གྱི་མ་ཧེ་སེར་ནག་ཁྲོས་པའི་སྟེང་། །ཞབས་གཉིས་གཡས་བརྐྱང་གཡོན་བསྐུམ་རོལ་བའི་སྟབས། །གཡོན་དུ་ཡུམ་ཆེན་མ་མོ་དུག་རྩལ་མ། །ནག་མོ་མི་ལྤགས་རློན་པའི་གོས་གྱོན་ཞིང་། །གཡས་པས་འཁོར་ལོ་གཡོན་པས་ཐོད་ཁྲག་འཛིན། །འཁོར་དུ་གཤིན་རྗེ་སྡེ་དཔོན་ཆེན་པོ་བརྒྱད། །རང་རང་ཡུམ་བཅས་ཡབ་རྣམས་ཐོད་དབྱུག་ཞགས། །ཡུམ་རྣམས་

སྤྱི་གྲི་ཐོག་ནས་གཅེར་བུའི་ཚུལ། །ཡོ་བླ་ཞག་གཤེད་གཤིན་རྗེའི་དམག་ཚོགས་རྣམས། །ཉི་ཟེར་རྡུལ་ལྟར་བསམ་གྱིས་མི་ཁྱབ་པར། །འཁོར་བཅས་སྐད་ཅིག་གནས་འདིར་གཤེགས་སུ་གསོལ། །དགྱེས་པར་བཞུགས་ལ་གུས་པས་ཕྱག་འཚལ་ལོ། །རྩ་བརྒྱུད་སྟོང་སྦྱར་པཉྩ་ཨ་མྲི་ཏ། །ཉམས་པ་བསྐྱལ་བའི་རཀྟ་དམར་གྱི་མཚོ། །དཔལ་གྱི་གཏོར་མ་བརྗིད་ལྡན་བཤོས་བུ་དང་། །ཨརྒྷཾ་ལ་སོགས་ཕྱི་ཡི་མཆོད་པའི་སྤྲིན། །དམར་ཆེན་མཆོད་ཡོན་ལ་སོགས་ནང་མཆོད་དང་། །ལྷ་ཋ་ཙཀྲ་གསང་བའི་མཆོད་པ་དང་། །ཁྱད་པར་ཡེ་ཤེས་བདུད་རྩི་བསང་གི་སྤྲིན། །འདོད་དགུའི་གཏེར་མཛོད་དངོས་གྲུབ་ཀུན་ལྡན་འདིས། །འཆི་བདག་ལས་ཀྱི་གཤིན་རྗེ་ཡབ་ཡུམ་བསང་། །གཤིན་རྗེའི་སྡེ་དཔོན་མིག་དམར་ཡབ་ཡུམ་བསང་། །སྡེ་དཔོན་ཆེན་པོ་ཕྱུ་སང་ཡབ་ཡུམ་བསང་། །སྡེ་དཔོན་ཡ་བ་ཏི་ནི་ཡབ་ཡུམ་བསང་། །སྡེ་དཔོན་ཆེན་པོ་ཏིལ་བ་ཡབ་ཡུམ་བསང་། །སྡེ་དཔོན་ཆེན་པོ་ཆོས་རྒྱལ་ཡབ་ཡུམ་བསང་། །སྡེ་དཔོན་ཆེན་པོ་རལ་བ་ཚར་དགུ་བསང་། །སྡེ་དཔོན་ཆེན་པོ་རྨིག་པ་ཡབ་ཡུམ་བསང་། །སྡེ་དཔོན་ཨ་ཕ་གླ་མགོ་ཡབ་ཡུམ་བསང་། །གཤིན་རྗེ་གཤེད་པོའི་དམག་ཚོགས་ཡབ་ཡུམ་བསང་། །བསང་དོ་མཆོད་དོ་ཐུགས་དམ་རྗེས་དགོངས་ལ། །འཇམ་དཔལ་བཤེས་གཉེན་སངས་རྒྱས་ཡེ་ཤེས་དང་། །རྒྱལ་བ་གཉིས་པ་པདྨ་ཀ་ར་ཡིས། །སྤྱན་སྔར་ཞལ་བཞེས་ཐ་ཚིག་རྗེས་དགོངས་ལ། །གྲུབ་པའི་དབང་ཕྱུག་པདྨ་རིག་འཛིན་གྱི། །སྐུ་ཕྲེང་གསེར་རིའི་ཕྲེང་བ་རིམ་བྱོན་གྱི། །ཆོས་སྲིད་མི་ནུབ་འཕེལ་ཞིང་རྒྱས་པ་དང་། །བརྒྱུད་འཛིན་བུ་སློབ་འདུས་པའི་ཚོགས་རྣམས་ཀུན། །ཁྱོད་ཀྱིས་སྲུང་སྐྱོབ་སྐྱོང་གྲོགས་མ་གཡེལ་

བར། །དམ་སྲི་བསྟན་དགྲ་བར་ཆད་རྩལ་དུ་ཐོན། །དབུ་འཕང་གཉན་པོ་དགུང་དུ་བསྟོད་པ་དང་། །སྲིད་གསུམ་བརྟན་གཡོའི་དྭངས་བཅུད་ཀུན་བསྡུས་ནས། །ངོ་མཚར་སྣང་བའི་འབྲུག་སྒྲ་ཁྱོད་ཀྱིས་སྒྲོགས། །ཉིང་འཛིན་ཟབ་མོའི་ཉམས་རྟོགས་འཕེལ་བ་དང་། །ཚེ་དཔལ་བསོད་ནམས་དབང་ཐང་རྒྱས་པ་དང་། །གང་ཞིག་བསྟན་པ་འཛིན་པའི་སྐྱེས་བུ་རྣམས། །ལྷ་མཆོག་ཁྱོད་ཀྱི་མགོན་དང་སྐྱབས་ཡིན་པས། །བསྐལ་ངན་སྙིགས་མ་ལྔ་ཡི་ཡང་མཐའ་འདིར། །བསྟན་འཛིན་སྐྱེས་བུའི་གང་ཟག་ཚོགས་རྣམས་ལ། །ཁྱོད་ཀྱིས་གཡར་དམ་གཉན་པོ་གཡེལ་གྱུར་ན། །བདག་ཅག་རྣམས་ཀྱི་རེ་ལྟོས་སུ་ལ་འཆང་། །ནག་ཕྱོགས་བསམ་སྦྱོར་ངན་པའི་སྡེ་ཚོགས་རྣམས། །ནམ་ཡང་རྒྱུ་བའི་གོ་སྐབས་མེད་པར་མཛོད། །བདག་གི་རེ་འབྲས་ཡིད་ལ་གང་ཡོད་པ། །འབད་མེད་ལྷུན་གྲིས་འགྲུབ་པར་མཛད་དུ་གསོལ། །ཛོགས་སྤྲུལ་ལྔ་བ་ཐུབ་བསྟན་ཆོས་ཀྱི་རྡོ་རྗེས་བྲིས་པ་དགེ །

༄༅། མཁའ་འགྲོ་སྤྱང་ཞོན་མཆེད་གསུམ་བསང་མཆོད།

ཧྲཱིཿ སྲིད་གསུམ་འདི་ན་མཐུ་དང་དབང་ཆེ་བ། །མ་གཅིག་ཁྲོས་མ་ནག་མོའི་བཀའ་ཉན་པ། །མཁའ་འགྲོ་སྤྱང་ཞོན་མཆེད་གསུམ་འཁོར་དང་བཅས། །རྡོ་རྗེའི་ཐ་ཚིག་དགོངས་ལ་གཤེགས་སུ་གསོལ། །རང་མདུན་ཐོད་མཁར་མེ་ལྕུང་འཚུབས་མའི་ཀློང་། །མི་རོ་འབུམ་གྱི་ཁྲི་སྟེང་ཉི་མའི་སྟེང་། །མ་ལས་བུད་

མེད་གཅེར་བུ་ནག་མོ་ནི། །ཞལ་གཅིག་ཕྱག་གཉིས་སྦྲུ་གྲི་ཐོད་ཁྲག་སྙིང་། །རལ་པ་ཁམ་ནག་གྱེན་འཁྱིལ་ཐུར་དུ་འཕྱུངས། །གདུག་པ་སྦྲུལ་དང་ཐོད་པས་དབུ་ལ་བརྒྱན། །སྐུ་སྟོད་མི་ལྤགས་རློན་པའི་གཡང་གཞི་གསོལ། །སྨད་ལྤགས་ཤམ་ཐབས་ལྷུགས་སྦྲུང་མགོ་དགུ་ཆིངས། །གཡས་སུ་བཙན་མོ་དམར་མོ་སྨུག་ཤམ་ཅན། །ཞལ་གཅིག་ཕྱག་གཉིས་གྲི་གུག་བཙན་ཞགས་བསྣམས། །འཛིགས་རུང་མི་བཟད་མཚལ་སྨུག་མགོ་དགུ་ཆིངས། །གཡོན་དུ་བདུད་མོ་སྔོན་མོ་གཟིག་ཤམ་ཅན། །ཞལ་གཅིག་ཕྱག་གཉིས་གྲི་གུག་བདུད་ཞགས་བསྣམས། །ཤིན་ཏུ་རྔམ་པའི་ཟངས་འཕར་མགོ་དགུ་ཆིངས། །གཡས་སུ་མི་ནག་བྲོ་བརྡུངས་ཁྲབས་སེ་ཁྲབ། །གཡན་དུ་གླུ་ལེན་མདུན་དུ་ཨ་ཙ་ར། །ལས་བྱེད་སྤྲུལ་པ་བྱེ་བའི་ཚོགས་དང་བཅས། །འཁོར་བཅས་བསང་གི་མགྲོན་ལ་གཤེགས་སུ་གསོལ། །ཁྱེད་ལ་དད་ཅིང་གུས་པས་ཕྱག་འཚལ་ལོ། །འདོད་ཡོན་ལྔ་ལྡན་ལོངས་སྤྱོད་སྤྲིན་ལྟར་གཏིབས། །དུག་གསུམ་བསྒྲལ་བའི་དགྲ་བགེགས་ཤ་ཁྲག་རུས། །གཅན་གཟན་རི་དྭགས་གཡུང་དྭགས་རིག་བྱེད་ཚོགས། །རི་རབ་གླིང་བཞི་གླིང་ཕྲན་ལྷུགས་རི་དང་། །གསེར་རི་རོལ་མཚོ་ཉི་ཟླ་རྒྱུ་སྐར་ཚོགས། །མདོར་ན་རབ་འབྱམས་རྒྱ་མཚོའི་ཞིང་ཁམས་ན། །མཆོད་པར་འོས་པའི་རྒྱན་རྣམས་ཇི་སྙེད་དང་། །ཁྱེད་པར་དྲི་ཞིམ་བསང་གི་མཆོད་པ་འདིས། །མི་བཟད་མཁའ་འགྲོ་སྲུང་ཞོན་མཆེད་གསུམ་བསང་། །གཡས་སུ་མི་ནག་བྲོ་བརྡུངས་ཚོགས་རྣམས་བསང་། །གཡོན་དུ་གླུ་ལེན་མ་མོ་འབུམ་སྡེ་བསང་། །ལས་བྱེད་ཨ་ཙ་ར་ཡི་ཚོགས་རྣམས་བསང་། །འཁོར་དུ་ཤ་ཟ་འབུམ་ཕྲག་ཚོགས་རྣམས་

བསང་། །བསང་དོ་མཆོད་དོ་བསྟོད་དོ་མངའ་གསོལ་ལོ། །གསང་ཆེན་འོད་གསལ་རྡོ་རྗེ་ཐེག་པ་ཡི། །བསྟན་པའི་ཉི་མ་ནམ་ཡང་མི་ནུབ་ཅིང་། །བསྟན་འཛིན་ཚོགས་རྣམས་སྐུ་ཚེ་བརྟན་པ་དང་། །ཆོས་འཁོར་འདི་ཡི་དགོན་གནས་འདི་ཉིད་ལ། །བར་ཆད་རྩོམ་པའི་དམ་སྲི་འབྱུང་པོའི་ཚོགས། །མི་དང་མི་མིན་ཞེས་རྒྱུད་ཀུན་ཚྭོམས་ནས། །མི་འདོད་ཕྱུང་ཁྲོལ་སློང་བའི་སྡེ་རིས་རྣམས། །ཁྲག་འཐུང་ལས་ཀྱི་ལྷ་མོ་ཁྲོད་ཉིད་ཀྱིས། །གཡར་དམ་ཐ་ཚིག་གཉན་པོ་རྗེས་དགོངས་ལ། །དྲག་པོ་མངོན་སྤྱོད་འབར་བའི་ཕྲིན་ལས་མཛོད། །ཆོས་དབྱིངས་ངང་དུ་ཞི་བར་མཛད་དུ་གསོལ། །ཛོགས་སྤྲུལ་ལྔ་པ་ཐུབ་བསྟན་ཆོས་ཀྱི་རྡོ་རྗེས་བྲིས་པ་དགེ །

༄། བཟང་རི་བཙན་རྒོད་བསང་མཆོད།

ཧྲཱིཿ དབང་གི་ལྷ་མཆོག་ཧ་མཆོག་ཧེ་རུ་ཀཿ དབང་ཆེན་བཀའ་སྲོད་མ་རུང་གཤེད་པོ་ཆེ། །དབང་མདོག་བཟོད་པར་དཀའ་བའི་ལང་ཚོ་ཅན། །དབང་ཆེན་བཙན་རྒོད་འབར་བ་མ་རུང་པ། །སྐུ་མདོག་དམར་པོ་བསྐལ་བའི་མེ་ལྟར་འབར། །ཞལ་གཅིག་ཕྱག་གཉིས་ཕྱག་གཡས་མདུང་དར་བསྣམས། །གཡོན་པས་བཙན་ཞགས་ནག་པོ་དགྲ་ལ་འཕེན། །བཙན་ཧ་དམར་པོ་གློག་དམར་འཁྲུག་འདྲ་ཆིབས། །འཁོར་དུ་བཙན་རྒོད་སུམ་བརྒྱ་དྲུག་བཅུས་བསྐོར། །འབྲུག་སྟོང་ལྡིར་ཞིང་བསྐལ་བའི་གློག་དམར་འཁྱུག །གནམ་ལྕགས་ཐོག་དང་སེར་ཆེན་

ཤ་ར་ར། །མི་སྡུག་རྟགས་དང་ཚེ་འཕྲུལ་སྣ་ཚོགས་སྟོན། །ཇི་སྟར་མཁའ་
ལས་གློག་ཕྲེང་འཁྱུག་པ་བཞིན། །བདག་གི་བསང་གི་འགྲོན་ལ་གཤེགས་སུ་
གསོལ། །དགྱེས་པར་བཞུགས་ལ་གུས་པས་ཕྱག་འཚལ་ལོ། །མེ་ཐབ་སངས་
ཀྲུས་སྦྱུན་མའི་རང་བཞིན་ལ། །གོས་དཀར་མོ་ཡི་ངོ་བོ་མེ་འབར་ནང་། །རྒྱ་
ཤུག་ཙནྡན་དཀར་དམར་ཨ་ག་རུ། །ཤུག་པ་བ་ལུ་འོམ་བུ་མཁན་དཀར་
དང་། །སྟག་པ་ལ་སོགས་དྲི་ཞིམ་ཤིང་སྣའི་ཚོགས། །བཟང་དྲུག་གུ་གུར་སྨན་
གྱི་རིག་བྱེད་དང་། །དར་ཟབ་གསེར་གཡུ་རིན་ཆེན་སྣ་ལྔ་སོགས། །ཡེ་ཤེས་
གསལ་བྱེད་འབར་བའི་མེ་ནང་བསྲེགས། །སྒྲོལ་མའི་ངོ་བོ་རླུང་གི་རབ་བསྐྱོད་
ནས། །མ་མ་ཀཱི་ཡི་ཚབ་ཀྱིས་བྲན་པ་ཡིས། །ནམ་མཁའ་དབྱིངས་ཕྱུག་མ་
ཡིས་ཀུན་ནས་ཁྱབ། །དྲི་ཞིམ་བདུག་སྤོས་བསང་གི་མཆོད་པ་འདིས། །ཟངས་
རི་བཙན་རྒོད་འབར་བ་སྤུན་བདུན་བསང་། །འཁོར་གྱི་བཙན་རྒོད་སུམ་བརྒྱ་དྲུག
ཅུ་བསང་། །དེ་ལྟར་བསང་མཆོད་ཕུལ་བའི་བྱིན་རླབས་ཀྱིས། །བདག་ཅག་
དཔོན་སློབ་འཁོར་དང་བཅས་པ་རྣམས། །དབུ་འཕང་གཉན་པོ་ཆོས་ཀྱི་དབྱིངས་སུ་
བསྟོད། །དྲེགས་པ་ཡོངས་ཀྱི་ཆེ་བཙན་བསང་ཞིང་མཆོད། །སྣང་སྲིད་དྲེགས་
པ་ཡོངས་ཀྱི་མངའ་བདག་པོ། །བར་སྣང་ཁམས་ལ་དབང་བསྒྱུར་མཐུ་བོ་
ཆེ། །བདག་ཅག་གདུང་བའི་ང་རོས་འབོད་པའི་ཚེ། །ཁྱོད་ཀྱི་ཐུགས་རྗེས་རྟག་
ཏུ་མ་གཡེལ་ཞིག །ལུས་དང་གྲིབ་བཞིན་མི་འབྲལ་འགྲོགས་ནས་
ཀྱང་། །ནད་རིམས་འབྲུགས་རྩོད་རྒྱལ་པོའི་ཆད་པ་དང་། །འབྱུང་བཞིའི་དགྲ་
དང་ཐོག་སེར་བྱད་སྟེམས་སོགས། །མི་མཐུན་ཀུན་ཞི་ཚེ་དཔལ་རྒྱས་པ་
དང་། །སྲིད་གསུམ་དབང་བསྡུས་དགྲ་བགེགས་ཚར་ཆོད་ཅིག །བསྟན་དང་

དེར་འཛིན་སྐྱོང་བའི་གང་ཟག་རྣམས། །སྲུང་སྐྱོབས་སྤྱོད་གྲོགས་ཕྲིན་ལས་མ་གཡེལ་ཞིག །ཅེས་པའང་རྫོགས་སྤྲུལ་ལྔ་པ་ཐུབ་བསྟན་ཆོས་ཀྱི་རྡོ་རྗེས་བྲིས་པ་དགེ །

༄༅། གཏེར་སྲུང་ཀླུ་མོ་གཟི་འབར་མའི་བསང་མཆོད།

ཡཾ། འགྲོ་བའི་དཔལ་ཡོངས་སྡུག་བསྔལ་སེལ་བར་བྱེད། །དངོས་གྲུབ་འདོད་རྒྱུའི་ཆར་བ་འབེབས་མཛད་པའི། །ཀླུ་རྒྱལ་དུང་སྐྱོང་སྲས་མོ་གཟི་འབར་མ། །སྐུ་མདོག་དཀར་ལ་དམར་བའི་མདངས་ལྡན་པ། །ཞི་འཛུམ་ཡིད་འོང་ལྷ་ཡི་བུ་མོའི་ཚུལ། །ཞལ་གཅིག་ཕྱག་གཉིས་གཡས་པས་ནོར་བུ་འཛིན། །གཡོན་པས་རིན་ཆེན་གཏེར་གྱི་སྒྲོམ་བུ་འཛིན། །དར་དཀར་ན་བཟའ་རིན་ཆེན་རྒྱན་གྱིས་བརྒྱན། །དབུ་སྐྲ་གནག་སྨུ་མ་ཕྱེད་བཅིང་ཐུར་དུ་འཕྱུར། །ཡིད་བཞིན་ནོར་བུ་དབང་གི་རྒྱལ་པོས་བརྒྱན། །ཁ་དོག་སྣ་ཚོགས་དར་གྱི་ཅོད་པཎ་འཕྱུར། །འཁོར་དུ་ཀླུ་སྨན་འབུམ་ཕྲག་ཚོགས་ཀྱིས་བསྐོར། །འཁོར་བཅས་འདིར་གཤེགས་དགྱེས་པར་བཞུགས་སུ་གསོལ། །དང་བའི་ཡིད་ཀྱི་སྔོནས་ཕྱག་འཚལ་ལོ། །ཕྱི་ཡི་མཆོད་པ་རིན་ཆེན་སྣ་ལྔ་དང་། །ནང་གི་མཆོད་པ་དཀར་གསུམ་མངར་གསུམ་དང་། །གསང་བའི་མཆོད་པ་བྷ་ལིང་རྒྱན་ལྡན་དང་། །འདབ་ཆགས་རི་དྭགས་གཡུང་དྭགས་ཚོགས་རྣམས་དང་། །ཀླུ་ལ་དགའ་བའི་ཀླུ་ནོར་ཉེར་གཅིག་སོགས། །ཁྱད་པར་རཾ་ལས་སྐྱེས་པའི་མེ་ནང་དུ། །གསེར་གཡུ་མུ་ཏིག་བྱི་རུ་མུ་མེན་དང་། །སྤོས་

ཤིལ་མར་གད་ཨིཙྪ་ནི་ལ་སོགས། ། དྲི་ཞིམ་སྨན་སྣ་བསྲེགས་པའི་དུད་པའི་སྤྲིན། ། གྲུས་པས་འབུལ་ལོ་དགྱེས་པར་བཞེས་ལགས་ན། ། གཏེར་སྲུང་ཀླུ་མོ་ཆེན་མོ་འཁོར་བཅས་བསང་། ། དེ་ལྟར་བསང་ཤིང་མཆོད་པའི་བྱིན་རླབས་ཀྱིས། ། རྒྱལ་བའི་བསྟན་པ་སྤྱི་དང་ཁྱད་པར་དུ། ། གསང་ཆེན་རྡོ་རྗེ་ཐེག་པའི་བསྟན་པ་དང་། ། ཐེག་པའི་ཡང་རྩེ་ཨ་ཏི་རྫོགས་ཆེན་གྱི། ། བསྟན་པ་མཐའ་དབུས་ཀུན་ཏུ་ཁྱབ་པ་དང་། ། མཛོད་ཕྲིན་ཡར་ངོའི་ཟླ་བ་ལྟར་འཕེལ་ཞིང་། ། དམ་སྲི་ཤི་འདྲེ་རྒྱུ་འདྲེ་འབྱུང་པོའི་ཚོགས། ། བསམ་ངན་སྦྱོར་རྩུབ་འཆང་བའི་དགྲ་བོ་རྣམས། ། མིང་ཙམ་མེད་པར་བརླག་པའི་ཕྲིན་ལས་མཛོད། ། མདོར་ན་བདག་གི་ཡིད་ལ་གང་འདོད་རྣམས། ། འབད་མེད་ལྷུན་གྱིས་འགྲུབ་པར་མཛོད་དུ་གསོལ། ། ཅེས་པ་འདི་འང་རྫོགས་སྤྲུལ་ལྔ་པ་ཐུབ་བསྟན་ཆོས་ཀྱི་རྡོ་རྗེས་བྲིས་པའོ། །

༄། ལྷ་སྨན་མཆེད་གསུམ་བསང་མཆོད།

ཧཱུྃ། བཅོམ་ལྡན་བདེ་གཤེགས་སྨན་པའི་རྒྱལ་པོ་ཡིས། །སྤྲིན་སྤུར་སྨན་གྱི་སྤུང་མར་ཞལ་བཞེས་པའི། །དབུས་སུ་དུང་གི་ཁྱེའུ་ཆུང་དཀར་པོ་ནི། །གཡུ་ཡི་སྨིན་མ་གཡུ་ཡི་ཟུར་ཕུད་ཅན། །དར་དཀར་གོ་ཟླ་གསེར་ཐིག་སྐུ་ལ་གསོལ། །ཕྱག་གཡས་མདའ་དར་སྣ་ལྔ་མེ་ལོང་བསྣམས། །གཡོན་པས་ཐ་གླིང་འཁྲོལ་ཞིང་དགྱེས་ཉམས་ཅན། །ཤར་ནས་ཡེ་ཤེས་ལྷ་མོ་སྐུ་མདོག་དཀར། །ལྷོ་རུ་སྨྲ་བྱེད་ལྷ་མོ་སྐུ་མདོག་སེར། །ནུབ་ཏུ་མཐོང་བྱེད་ལྷ་མོ་སྐུ་མདོག་དམར། །བྱང་དུ་སྨྲ་བྲ་སྐྱེར་བའི་དྲང་སྲོང་སྲོ། །ལྷ་མོ་གསུམ་ནི་གཞོན་ཚུལ་ཡིད་དུ་འོང་། །མུ་ཏིག་ལན་ཚར་མེ་ཏོག་ཕྲེང་བ་དང་། །ཨུཏྤལ་བསྒྲིགས་པའི་སྐེད་འཆིང་མཛེས་པ་ལ། །སྣ་ཚོགས་རིན་ཆེན་དུ་མའི་རྒྱན་གྱིས་སྤྲས། །དར་དཀར་གོ་ཟླ་མཚལ་གྱི་ཐིག་ཕྲན་ཅན། །རབ་མཛེས་མཐིང་ཤུན་སྔོན་པོའི་ཆག་མཛེས། །གསེར་གྱི་གོང་ཐག་གཡུ་ཡི་ཐིག་ཕྲན་མཛེས། །ཕྱག་གཡས་ཐ་གླིང་གཡོན་པས་མེ་ལོང་བསྣམས། །སེམས་ཅན་རྣམས་ཀྱི་ནད་རྣམས་སེལ་བར་བྱེད། །སྲིད་གསུམ་གསལ་བའི་དངུལ་དཀར་མེ་ལོང་དང་། །སྨན་བཤོས་རྩེ་རྒྱལ་ཐ་དཀར་གླིང་བུའི་སྒྲ། །ཕྱེ་མར་ཕུད་དང་མདའ་དར་སྣ་ལྔ་དང་། །ཟས་ཕུད་ཞལ་ཟས་སྣ་ཚོགས་རི་ལྟར་སྤུངས། །ཛ་ཆང་འོ་སྐོལ་དཀར་གསུམ་མངར་གསུམ་དང་། །ཨ་བར་སྐྱུར་གསུམ་བཟང་དྲུག་སྨན་གྱི་

ཚོགས། །འབྲས་དང་གྲོ་སྲན་འབྲུ་སྣ་སྣ་ཚོགས་དང་། །དར་ཕྲུག་ཡོལ་བ་བླ་བྲེ་ལྡ་ལྡི་གཡོ། །རིན་ཆེན་གདུགས་མཛེས་བ་དན་སྙན་པའི་སྒྲ། །མི་ནུབ་རྒྱལ་མཚན་གཏེར་གྱི་བུམ་པ་བཟང་། །ཡན་ལག་བརྒྱད་ལྡན་ཁྲུས་རྫིང་དཔག་བསམ་ཤིང་། །མ་རྨོས་ལོ་ཏོག་འདོད་འབྱུང་ནེའུ་ལེ། །ཁྱད་པར་གཡུ་ཞུག་སྔོན་མོའི་དུད་སྤྲིན་འདིས། །ཡེ་ཤེས་དུང་གི་ཁྱེའུ་ཆུང་དཀར་པོ་བསང་། །ཤར་ནས་ཡེ་ཤེས་ལྷ་མོ་དཀར་མོ་བསང་། །ལྷོ་ནས་སྨྲ་བྱེད་ལྷ་མོ་སེར་མོ་བསང་། །ནུབ་ནས་མཐོང་བྱེད་ལྷ་མོ་དམར་མོ་བསང་། །བྱང་ནས་སྨན་པྲ་སྡེར་བའི་དྲང་སྲོང་བསང་། །བོད་ཁམས་སྐྱོང་བའི་བརྟན་མ་བཅུ་གཉིས་བསང་། །གངས་དཀར་རྩེ་ཡི་ལྷ་སྨན་ཚོགས་རྣམས་བསང་། །བྲག་ལ་གནས་པའི་ལྷ་སྨན་ཚོགས་རྣམས་བསང་། །སྤང་ལ་གནས་པའི་ལྷ་སྨན་ཚོགས་རྣམས་བསང་། །གངས་ལ་གནས་པའི་ལྷ་སྨན་ཚོགས་རྣམས་བསང་། །མཚོ་ལ་གནས་པའི་ལྷ་སྨན་ཚོགས་རྣམས་བསང་། །བར་སྣང་གནས་པའི་ལྷ་སྨན་ཚོགས་རྣམས་བསང་། །སྨན་ཕྲན་ཉི་ཁྲི་སུམ་འབུམ་ཚོགས་རྣམས་བསང་། །དེ་ལྟར་བསང་མཆོད་ཕུལ་བའི་བྱིན་རླབས་ཀྱིས། །བདག་ཅག་དཔོན་སློབ་ནད་མེད་ཚེ་རིང་དང་། །ལོངས་སྤྱོད་འཕེལ་ཞིང་སྐལ་དང་གྲགས་པ་རྒྱས། །ཁམས་གསུམ་སྲིད་གསུམ་དབང་དུ་འདུ་བ་དང་། །མངོན་ཤེས་པྲ་ཡི་དངོས་གྲུབ་ཀུན་སྩོལ་ཅིང་། །བྱད་མ་རྦོད་གཏོང་དགྲ་བགེགས་ཚར་བཅད་ནས། །རྣམ་བཞིའི་ཕྲིན་ལས་ཡིད་བཞིན་རྒྱ་མཚོའི་ཚོགས། །འབད་མེད་ལྷུན་གྱིས་འགྲུབ་པར་མཛད་དུ་གསོལ། །ཅེས་པ་འདི་ཡང་རྫོགས་སྤྲུལ་ལྔ་པ་ཐུབ་བསྟན་ཆོས་ཀྱི་རྡོ་རྗེས་བྲིས་པའོ། །

༄༅། གཏེར་སྲུང་ཁོལ་པོ་ཁའི་བསང་མཆོད་ནི།

ཧཱུྃ། རྒྱལ་ཀུན་མཐུ་སྟོབས་ནུས་པ་གཅིག་བསྡུས་པ། །བསང་བའི་བདག་པོ་ཕྱག་ན་རྡོ་རྗེ་ཡི། །བཀའ་སྡོད་གནོད་སྦྱིན་ཡོངས་ཀྱི་དེད་དཔོན་ཆེ། །ཟབ་གཏེར་སྐྱོང་བའི་རྒྱལ་ཆེན་ཁོལ་པོ་ཁ། །སྐུ་མདོག་མཐིང་ནག་འོད་ཟེར་ཕྱོགས་བཅུར་འཕྲོ། །ཞལ་གཅིག་ཕྱག་གཉིས་གཏེར་གྱི་སྒྲོམ་བུ་བསྣམས། །ཁྲོ་གཏུམ་ཨོག་ཆོམ་སྨིན་མ་མེ་ལྟར་འབར། །སྐུ་ལ་ཟ་འོག་སྟོ་ཁྲའི་བེར་ཤམ་གསོལ། །རིན་ཆེན་སྣ་ཚོགས་རྒྱན་དང་ཕྲེང་བས་བརྒྱན། །གཡུ་རལ་ཕྱེན་བརྫེས་ལྷག་མ་ཐུར་དུ་འཕྱུར། །ཡིད་བཞིན་ནོར་བུ་དབང་གི་རྒྱལ་པོས་བརྒྱན། །ཞབས་གཉིས་སྐྱིལ་ཀྲུང་ཕྱེད་པའི་སྟབས་ཀྱིས་བཞུགས། །དགྱེས་སྡེ་ཡུམ་སྲས་གནོད་སྦྱིན་བདུན་འབུམ་བཅས། །འཁོར་བཅས་འདིར་གཤེགས་དགྱེས་པར་བཞུགས་སུ་གསོལ། །དད་པའི་ཡིད་ཀྱིས་གུས་པས་ཕྱག་འཚལ་ལོ། །དབྱིངས་ཀྱི་ངང་ནས་རྣམ་རོལ་འཆར་སྒོའི་དཔྱིད། །ཡེ་ཤེས་བདུད་རྩི་བསང་གི་མཆོད་པའི་སྤྲིན། །ངོ་མཚར་བཀོད་པ་བསམ་ཡས་ལྷུན་འགྲུབ་པ། །རབ་འབྱམས་རྒྱ་མཚོའི་ཞིང་ཀུན་བཀང་སྟེ་འབུལ། །སྨན་སྣ་དར་ཟབ་རིན་ཆེན་རྣམ་པ་ལྔ། །འབྲུ་བཅུད་གཙང་སྦྲུར་དཔལ་གྱི་བཤོས་བུ་དང་། །བདུད་རྩི་སྨན་དང་རཀྟ་དམར་གྱི་མཚོ། །གནོད་སྦྱིན་དབང་པོ་འཁོར་དང་བཅས་པ་ལ། །དྲི་ཞིམ་ཤིང་སྣའི་ཚོགས་དང་ལྷན་ཅིག་ཏུ། །མེ་ལ

བསྐྱེགས་པའི་དུད་པའི་སྤྲིན་ཕུང་ནི། །རྣམ་དག་མཁའ་དབྱིངས་ཁྱབ་པའི་ལྡིང་ཁང་ནས། །ཟེར་ལས་རྡོ་རྗེའི་ལྷ་མོའི་ཚོགས་རྣམས་དང་། །བཀྲ་ཤིས་རྟགས་རྫས་རྒྱལ་སྲིད་རིན་ཆེན་བདུན། །གནོད་སྦྱིན་དབང་པོ་འཁོར་དང་བཅས་པ་བསང་། །གཟུགས་སྒྲ་དྲི་རོ་རེག་བྱ་ཆོས་རྡོ་རྗེ། །སྣ་ཚོགས་རྒྱན་དང་རིན་ཆེན་སེ་རལ་ཁ། །མགོ་དགུའི་འབྱོར་བ་རྒྱ་མཚོའི་མཆོད་པའི་སྤྲིན། །གནོད་སྦྱིན་དབང་པོ་འཁོར་དང་བཅས་པ་བསང་། །འདབ་ཆགས་མཁའ་ལྡིང་ཁྱུང་བཞིའི་ཚོགས་རྣམས་དང་། །ཡང་ཐང་ཕྲེང་བ་མི་ནུབ་རྒྱལ་མཚན་སོགས། །ནོར་བུ་སྣ་ཚོགས་གྲམ་ལྟར་བརྫལ་བ་འདིས། །གནོད་སྦྱིན་དབང་པོ་འཁོར་དང་བཅས་པ་བསང་། །ཡེ་ཤེས་བདུད་རྩི་བསང་གི་དུད་པ་ལས། །རྣམ་མང་ནམ་མཁའ་མཛོད་ཀྱི་འཁོར་ལོ་འདིས། །མཉམ་ཉིད་བདེ་བ་ཆེན་པོའི་མཆོད་སྤྲིན་གྱིས། །གནོད་སྦྱིན་དབང་པོ་འཁོར་དང་བཅས་པ་བསང་། །ཅི་བསྒྲིས་བཀའ་ཉན་སྒྲུབ་ཅིང་ཁས་བླངས་པ། །འཁོར་བཅས་གནོད་སྦྱིན་བདུན་འབུམ་འཁོར་བཅས་བསང་། །དེ་ལྟར་བསང་ཞིང་མཆོད་པའི་བྱིན་རླབས་ཀྱིས། །ནད་གདོན་ཀུན་ཞི་ཚེ་དཔལ་བསོད་ནམས་རྒྱས། །ལུང་རྟོགས་བསྟན་པ་གོང་ནས་གོང་འཕེལ་ཞིང་། །འཁོར་དང་གདུལ་བྱ་དབང་དུ་འདུ་བ་དང་། །གནོད་པར་བྱེད་པའི་དགྲ་བགེགས་མཐའ་དག་ཀུན། །མངོན་སྤྱོད་དྲག་པོའི་སྟོབས་ཀྱིས་སྒྲོལ་བར་མཛོད། །རྫོགས་སྤྲུལ་ལྔ་པ་ཐུབ་བསྟན་ཆོས་ཀྱི་རྡོ་རྗེས་བྲིས་པ་དགེ །

༄༅། གཏེར་སྲུང་བྱ་རོག་གདོང་གི་བསང་མཆོད།

ཧཱུྃ། སྔོན་ཚེ་དཔལ་ཆེན་ཆེ་མཆོག་ཧེ་རུ་ཀའི། །བཀའ་སྲོད་རབ་འཇིགས་གཏེར་སྲུང་བྱ་རོག་གདོང་། །མཐིང་ནག་མི་སྲིན་བཟོད་པར་དཀའ་བའི་སྐུ། །ཁྲོ་བོའི་ཞལ་ལ་གནམ་ལྕགས་རྡོ་རྗེའི་མཆུ། །ཞག་གཅིག་ཕྱག་གཉིས་གཡས་པས་གྲི་གུག་དང་། །གཡོན་པས་ཐོད་པ་དམར་གྱིས་བཀང་བ་བསྣམས། །ཞིང་ཆེན་གཡང་གཞི་སྟག་ལྤགས་ཤམ་ཐབས་ཅན། །རྡོ་རྗེའི་གཤོག་པ་བར་སྣང་ཁམས་སུ་ལྡིང་། །འཁོར་བཅས་བསང་གི་མགྲོན་ལ་སྤྱན་འདྲེན་གཤེགས། །པད་ཉི་དགྲ་བགེགས་བསྡོལ་བའི་གདན་ལ་བཞུགས། །གུས་པའི་ཡིད་ཀྱིས་དང་བས་ཕྱག་འཚལ་ལོ། །མཆོད་ཡོན་ཞལ་བསིལ་མེ་ཏོག་དྲི་ཞིམ་སྤོས། །མར་མེ་དྲི་ཆབ་ཞལ་ཟས་སྙན་པའི་སྒྲ། །དུག་ལྔ་རྣམ་དག་པཉྩ་ཨ་མྲི་ཏ། །རྒྱུད་དྲུག་བསྒྲལ་བའི་རཀྟ་དམར་གྱི་མཚོ། །བཟོད་ལྡན་དཔལ་གྱི་གཏོར་མ་རི་ལྟར་སྤུངས། །རུ་མཚོན་ནག་པོ་ཕྱུར་དར་གཡབ་མོ་དང་། །དར་ནག་གྲི་སླིང་ཐུན་དང་ཟོར་གྱི་ཚོགས། །ཐོད་ཕྲེང་མི་མགོ་རློན་པའི་ཕྲེང་བས་མཛེས། །ལྷ་ན་ཙཀྲ་དམ་རྫས་རི་ལྟར་སྤུངས། །ཁྲག་ཆང་བདུད་རྩིའི་བཏུང་བ་མེ་རེ་རེ། །ཙ་ར་རྟ་ནག་རྟིང་དཀར་གཡག་རོག་ཞོལ། །ཤ་སྣ་སླིང་སྣ་ཁྲག་སྣ་བསམ་མི་ཁྱབ། །ཁྱད་པར་དྲི་ཞིམ་བསང་གི་མཆོད་པ་འདིས། །བསྟན་སྲུང་བྱ་རོག་གདོང་ཅན་འཁོར་བཅས་བསང་། །བཀའ་ཉན་དྲེགས་པའི་ཚོགས་རྣམས་བསང་ཞིང་མཆོད། །ལས་བྱེད་དྲེགས་པའི་ཚོགས་རྣམས་བསང་ཞིང་མཆོད། །དེ་ལྟར་བསང་ཞིང་མཆོད་

པའི་བྱིན་རླབས་ཀྱིས། །ཁྱེད་རྣམས་ཐུགས་དང་འགལ་བའི་ཉམས་ཆགས་ཀུན། །མཐོལ་ཞིང་བཤགས་སོ་བྱང་ཞིང་དག་གྱུར་ཅིག །བདག་ཅག་བྱང་ཆུབ་སྒྲུབ་པའི་ཚོགས་རྣམས་ལ། །ཁྱེད་ཀྱིས་རྟག་ཏུ་སྐྱུང་སྐྱོབ་མགོན་མཛད་ཅིང་། །སྒྲུབ་ལ་འཚེ་བའི་བར་ཆད་བདུད་སྡེའི་དཔུང་། །དམིགས་མེད་ཆོས་དབྱིངས་ངང་དུ་ཞི་བར་མཛོད། །རྒྱལ་བའི་བསྟན་པ་སྤྱི་དང་ཁྱད་པར་དུ། །སྨྲུལ་པའི་གཏེར་ཆེན་ཉི་མ་གྲགས་པ་ཡི། །བསྟན་པའི་རྒྱལ་མཚན་ཕྱོགས་བཅུར་བསྒྲེང་བ་དང་། །མི་མཐུན་ཕྱོགས་ལས་རྣམ་པར་རྒྱལ་བར་མཛོད། །བདག་ཅག་དཔོན་སློབ་དགོན་གནས་བཅས་པ་ལ། །སྡང་བར་བྱེད་པའི་མི་བསྒྲུན་སྡེ་རིགས་རྣམས། །ནད་རིམས་ཡམས་ནད་གཏོང་བའི་གདོན་བགེགས་དང་། །དྲག་པོའི་ཤུགས་ཀྱིས་སྒྲོལ་བའི་ཕྲིན་ལས་མཛོད། །ཅེས་པ་འདི་ཡང་རྫོགས་སྤྲུལ་ལྔ་པ་ཐུབ་བསྟན་ཆོས་ཀྱི་རྡོ་རྗེས་བྲིས་པའོ། །

༄། གཉན་ཆེན་རྒྱལ་བ་ཐོད་དཀར་བསང་མཆོད།

ཧཱུྃ། སྔོན་ཚེ་པདྨའི་བཀའ་ཉན་མཐུ་བོ་ཆེ། །སྲིད་གསུམ་དྲེགས་པ་ཡོངས་ཀྱི་མངའ་བདག་པོ། །དམ་ཉམས་གདུལ་དཀའ་འདུལ་བའི་གཤེད་པོ་ཆེ། །བར་སྣང་གཉན་གྱི་རྒྱལ་པོའི་སྐུར་བཞེངས་པ། །རྒྱལ་བ་ཐོད་དཀར་སྐུ་མདོག་དཀར་ལ་དམར། །ཞལ་གཅིག་ཕྱག་གཉིས་སྤྱན་གསུམ་ཨམ་གཙིགས་བསྡམས། །གཡས་པས་མདུང་དར་གཡོན་པས་ཞགས་པ་བསྣམས། །སྐུ་ལ

ཐེར་ཆེན་དབང་གི་མདོག་ཅན་གསོལ། །འཁོར་གསུམ་སྣག་རལ་གཡས་ལ་གཟིག་ཤུབས་གཡོན། །དར་དཀར་ལ་ཐོད་རྒོད་ཀྱི་ལྷེམ་འཕྲུ་ཅན། །ཅང་ཤེས་རྐྱང་ཞུར་རླུང་གི་རྟལ་ལྡན་ཆིབས། །ཇི་ལྟར་མཁའ་ལས་ཆར་སྤྲིན་གཏིབ་པ་བཞིན། །སྐད་ཅིག་འདིར་གཤེགས་བཞུགས་ལ་དངོས་གྲུབ་སྩོལ། །སྟོང་གསུམ་རབ་འབྱམས་གང་བའི་ཞིང་ཁམས་ན། །དངོས་འབྱོར་ཡིད་སྤྲུལ་མཆོད་པའི་སྤྲིན་ཕུང་ནི། །ཀུན་བཟང་མཆོད་པའི་སྤྲིན་ལྟར་འཁྲོ་བ་འདི། །བློ་ཡིས་བླངས་ནས་གུས་པས་འབུལ་གྱིས་བཞེས། །ཁྱེད་ལ་དགྱེས་པར་བྱེད་པའི་མཐུན་རྫས་ནི། །ཨ་ག་རུ་དང་ཙནྡན་དཀར་དམར་དང་། །གཡུ་ཤུག་གསེར་ཤིང་དུང་ཤིང་བ་ལུ་དང་། །མཆོད་ཤིང་ལ་སོགས་དྲི་ཞིམ་ཤིང་སྣ་དང་། །དཀར་གསུམ་མངར་གསུམ་ཤ་སྣ་ཁྲག་སྣའི་ཚོགས། །ཕྱེ་མར་འོ་སྙོལ་རིན་ཆེན་སྣ་ཚོགས་དང་། །བཟང་དྲུག་སྨན་སྣ་བསྲེགས་པའི་དུད་པའི་སྤྲིན། །གཉན་ཆེན་རྒྱལ་བ་ཐོད་དཀར་བསང་ཞིང་མཆོད། །དགྱེས་སྡེ་ཡུམ་ཆེན་ཚོགས་རྣམས་བསང་ཞིང་མཆོད། །ཡབ་ཡུམ་སྲས་དང་བཙུན་མོ་བསང་ཞིང་མཆོད། །འཁོར་བཅས་ལྷ་སྲིན་སྡེ་བརྒྱད་བསང་ཞིང་མཆོད། །བསང་དེ་མཆོད་དོ་ཐུགས་དམ་དགྱེས་པར་བསྐང་། །དཔལ་ལྡན་བླ་མའི་སྐུ་ཚེ་བརྟན་པ་དང་། །འཁོར་ཚོགས་བུ་སློབ་མངའ་ཐང་དར་རྒྱས་ཤིང་། །ཕྱི་ནང་གསང་བའི་བར་ཆད་ཀུན་ཞི་ནས། །དམ་ཉམས་དགྲ་བོ་མ་ལུས་ཆམ་ལ་ཕབ། །གང་འདོད་ཕྲིན་ལས་ལྷུན་གྱིས་འགྲུབ་པར་མཛོད། །ཅེས་པའང་ཇོགས་སྤྲུལ་ལྔ་པ་ཐུབ་བསྟན་ཆོས་ཀྱི་དོ་རྗེས་བྲིས་པའོ། །

༄༅། །འབར་མ་བྱ་ཞོན་མའི་བསང་མཆོད།

ཧྲཱིཿ རབ་འཇིགས་དུར་ཁྲོད་ཆེན་པོ་བསིལ་བ་ཚལ། །རྡོ་རྗེ་གདན་དང་དཔལ་ལྡན་ན་ལེནྡྲ། །མེ་ལྷུང་དམར་ནག་འབར་བའི་གློང་དཀྱིལ་ན། །དཔལ་ལྡན་ནག་པོ་ཆེན་པོ་བཀའ་སྡོད་ཆེ། །རབ་འཇིགས་འབར་མ་ཆེན་མོ་བྱ་ཞོན་མ། །ཁྲོ་མོ་མི་བཟད་འབར་བའི་སྐུར་སྟོན་པ། །མ་རུང་ཆར་སྤྲིན་གཏིབས་པ་ལྟ་བའི་མདོག །ཞལ་གཅིག་ཕྱག་གཉིས་གྲི་གུག་ཐོད་ཁྲག་བསྣམས། །ཞིང་ལྤགས་སྟོད་གཡོག་གཟིག་གི་ཤམ་ཐབས་ཅན། །ཐོད་པའི་ཕྲེང་བ་གདུག་པ་སྤྲུལ་གྱིས་བརྒྱན། །ཆིབས་སུ་མགྱོགས་བྱེད་བྱ་རོག་ནག་པོ་ཆིབས། །སྐད་ཅིག་ཡུད་ཙམ་གནས་འདིར་གཤེགས་སུ་གསོལ། །གདོན་ནས་རྣམ་དག་སྦྱོར་དང་བྲལ་བ་ལ། །རྣམ་རོལ་མ་འགགས་ཆུ་ཟླའི་གར་བཞིན་དུ། །ཟབ་གཏེར་བསྟན་པ་སྲུང་བའི་རྩུལ་འཛིན་པ། །འབར་མ་བྱ་ཞོན་མ་ལ་ཕྱག་འཚལ་ལོ། །ཁྱེད་ལ་དགྱེས་པའི་མཆོད་པ་འབུལ་བ་ནི། །ཕྱི་ནང་གསང་བ་བླ་མེད་མཆོད་པའི་སྤྲིན། །ཁྱད་པར་དྲི་ཞིམ་བསང་གི་མཆོད་པའི་སྤྲིན། །གང་བཞེད་ཅིར་ཡང་འཆར་བའི་བསང་མཆོད་འདིས། །འབར་མ་བྱ་ཞོན་འཁོར་བཅས་བསང་ཞིང་མཆོད། །བསང་ངོ་མཆོད་དོ་འབར་མ་བྱ་ཞོན་མ། །གྲུབ་པའི་དབང་ཕྱུག་པདྨ་རིག་འཛིན་དང་། །རིག་འཛིན་ཆེན་པོ་ཉི་མ་གྲགས་པ་ཡིས། །བསྟན་པའི་ཉི་མ་ཕྱོགས་བཅུར་འཆར་བ་དང་། །བསྟན་འཛིན་སྐྱེས་བུའི་སྐུ་ཚེ་རབ་བརྟེན་ནས། །འཁོར་

འབངས་བུ་སློབ་མཐའ་དག་ཁྱོད་ཀྱིས་སྐྱུང་། །དམ་ཉམས་བྱེད་མ་དགྲ་བགེགས་ཚར་ཆོད་ཅིག །ཕྲིན་ལས་རྣམ་བཞིའི་དངོས་གྲུབ་མཐའ་དག་ཀུན། །འབད་མེད་ལྷུན་གྱིས་འགྲུབ་པར་མཛད་དུ་གསོལ། །སྐྱན་གྲགས་དགེ་བའི་བ་དན་སྲིད་རྩེར་སྒྲེང་། །ཉམས་རྟོགས་ཡོན་ཏན་གོང་ནས་གོང་འཕེལ་ཞིང་། །ཚེ་བསོད་དཔལ་འབྱོར་དབང་ཐང་ལེགས་ཚོགས་ཀུན། །ཡར་ངོའི་ཟླ་ལྟར་གོང་ནས་གོང་འཕེལ་ཞིང་། །གང་འདོད་ཕྲིན་ལས་འགྲུབ་པའི་སྟོང་གྲོགས་མཛོད། །དུས་བཞིའི་དབང་བསྒྱུར་མ་མོ་ཡོངས་ཀྱི་རྗེ། །སྲིད་གསུམ་སྲོག་དབུགས་ཅིག་ཆར་རྫུབ་མཛད་ཅིང་། །ཉིན་མཚན་དུས་དྲུག་མེལ་ཚེ་བྱ་ར་མཛོད། །མ་གཡེལ་མ་གཡེལ་འབར་མ་བྱ་ཞོན་མ། །ཁྱོད་ཀྱི་སྟོང་གྲོགས་དམ་བཅའ་གཡེལ་གྱུར་ན། །བདག་ཅག་རེ་ཞིང་ལྟོས་པ་སུ་ལ་འཆའ། །དེ་ཕྱིར་ཁྱོད་ཀྱི་ཐ་ཚིག་རྗེས་དགོངས་ལ། །ཕྲིན་ལས་རྣམ་བཞི་ལྷུན་གྱིས་འགྲུབ་པར་མཛོད། །ཛོགས་སྤྲུལ་ལྔ་པ་ཐུབ་བསྟན་ཆོས་ཀྱི་རྡོ་རྗེས་སོ། །

༄། བཀའ་སྲུང་འབར་མ་ལྷུམ་དྲལ་གྱི་བསང་མཆོད་ནི།

ཧཱུྃ། ཆོས་སྐུ་ཞི་བའི་ངང་ལས་མ་གཡོས་ཀྱང་། །ལོངས་སྐུ་མ་འགགས་ཁྲོས་པའི་སྐུར་བཞེངས་པ། །འབར་བའི་རྒྱལ་པོ་རྒྱལ་འགོང་ཡོངས་ཀྱི་གཤེད། །ཁྲོ་རྒྱལ་བཀའ་སྐྱོད་བདུད་ཀྱི་རྒྱལ་པོ་ནི། །སྐུ་མདོག་མཐིང་ནག་ཞལ་གཅིག་ཕྱག་གཉིས་པ། །གཡས་པས་མདུང་དར་གཡོན་པས་ཞགས་པ་འཛིན། །ཕེར་ནག་གསོལ་ཞིང་བདུད་རྟ་ནག་པོ་ཆིབས། །བཙན་རྒོད་དམར་པོ་ཞལ་གཅིག་ཕྱག་གཉིས་པ། །བསེ་མདའ་བསེ་གཞུ་དགྲ་བོའི་སྙིང་ལ་བསྡེག །ཕེར་དམར་གསོལ་ཞིང་བཙན་རྟ་དམར་པོ་ཆིབས། །ཀླུ་ཡི་རྒྱལ་པོ་མདོག་དཀར་ཞི་འཛུམ་ཅན། །ཞལ་གཅིག་ཕྱག་གཉིས་མདའ་དར་ནོར་བུ་བསྣམས། །དར་དཀར་གསོལ་ཞིང་རྨུས་སྦྲུལ་ཇམས་པ་ཆིབས། །མཐུ་ཆེན་བདུད་བཙན་ཀླུ་གསུམ་འཁོར་དང་བཅས། །དམ་ཚིག་དབང་གིས་གནས་འདིར་གཤེགས་སུ་གསོལ། །རང་རང་དགྱེས་པའི་གདན་ལ་བཞུགས་སུ་གསོལ། །ཕྱེད་ལ་དད་ཅིང་དང་བའི་བློ་ཡིས་ནི། །ཡེ་ཤེས་བདུད་རྩིའི་བསང་གི་མཆོད་པ་ཡི། །དུད་པའི་སྤྲིན་ཕུང་ཕྱོགས་བཅུར་འཁྲིགས་པ་ལས། །འདོད་པའི་ཡོན་ཏན་ལྷ་ཡི་ཆར་འབེབས་ཤིང་། །བདུད་རྩི་སྨན་དང་རཀྟ་དམར་གྱི་མཚོ། །ཟླ་ཤིང་གཏོར་མ་ཕྱི་ནང་ཉེར་སྤྱོད་དང་། །གཅན་གཟན་རི་དྭགས་གཡུང་དྭགས་འདབ་ཆགས་ཚོགས། །གསེར་དངུལ་ཟངས་ལྕགས་རིན་ཆེན་སྣ་

ཚོགས་དང་། །དར་ཟབ་སྣ་ཚོགས་སྟག་རལ་གཟིག་ཤུབས་བཀྲ། །གོ་ཁྲབ་རལ་གྲི་དགྲ་སྟ་རྩ་གྲི་དང་། །བདུད་ཀྱི་ཞགས་པ་བཙན་མདུང་དམར་པོ་དང་། །ཡིད་བཞིན་ནོར་བུ་འབྲང་རྒྱས་ཞལ་དཀར་སོགས། །ཡེ་ཤེས་བདུད་རྩི་བསང་གི་མཆོད་སྤྲིན་འདི། །བདུད་ཀྱི་རྒྱལ་པོ་འཁོར་བཅས་བསང་ཞིང་མཆོད། །བཙན་གྱི་རྒྱལ་པོ་འཁོར་བཅས་བསང་ཞིང་མཆོད། །ཀླུ་ཡི་རྒྱལ་པོ་འཁོར་བཅས་བསང་ཞིང་མཆོད། །དེ་ལྟར་བསང་ཞིང་མཆོད་པའི་བྱིན་རླབས་ཀྱིས། །བདག་ཅག་འཁོར་བཅས་ནད་གདོན་ཞི་བ་དང་། །ཚེ་དང་བསོད་ནམས་དཔལ་འབྱོར་ལོངས་སྤྱོད་རྒྱས། །མི་ནོར་ཟས་གསུམ་དབང་དུ་འདུལ་བ་དང་། །གནོད་པར་བྱེད་པའི་དགྲ་བགེགས་ཚར་ཆོད་ཅིག །ཅེས་པ་འདི་ནི་རྫོགས་སྤྲུལ་ལྔ་པ་ཐུབ་བསྟན་ཆོས་ཀྱི་རྡོ་རྗེས་བྲིས་པ་དགེ་ཞིང་ཤིས་པར་གྱུར་ཅིག །

༄༅། ཉི་གྲགས་གཏེར་སྲུང་ལྷ་མོ་ཆེན་མོའི་བསང་མཆོད།

ཧྲཱིཿ ནམ་མཁའ་ཡངས་པའི་ཁམས་ལ་དབང་བསྒྱུར་ཞིང་། །སྲིད་པ་གསུམ་གྱི་སྲོག་གི་མངའ་བདག་པོ། །ཁྲག་འཐུང་ལས་ཀྱི་མ་མོ་མཐུ་མོ་ཆེ། །ཟབ་གཏེར་སྲུང་བའི་ལྷ་མོ་ཆེན་མོ་ནི། །དམར་ནག་ཁྲག་མདོག་བཟོད་པར་དཀའ་བའི་སྐུ། །ཞལ་གཅིག་ཕྱག་གཉིས་གཡས་པས་ཙིཏྟ་བསྣམས། །གཡོན་པས་རྟོག་མེད་བམ་རོ་ཟ་བར་བྱེད། །གཅེར་མོ་སྐུ་སྟོད་མི་ལྤགས་གཡང་གཞི་གསོལ། །སྐུ་སྨད་གཟིག་གི་ལྤགས་པའི་ཤམ་ཐབས་ཅན། །སྟོང་གསུམ་ཉུལ་

ཞིང་བསྟན་པའི་བྱ་ར་མཛད། །འཁོར་བཅས་བསང་གི་མགྲོན་ལ་གཤེགས་སུ་
གསོལ། །དྲི་ཞིམ་བདུད་རྩི་ཅན་གྱི་ཤིང་སྣའི་ཚོགས། །མཐུན་པའི་དམ་རྫས་
སྣ་ཚོགས་བསྲེགས་པ་ཡིས། །དུད་པའི་སྤྲིན་ཚོགས་མཁའ་དབྱིངས་ཁྱབ་པ་
ལས། །འདོད་ཡོན་ལྔ་ཡི་ལོངས་སྤྱོད་བསམ་མི་ཁྱབ། །སྨན་དང་རཀྟ་བཅུད་
ལྡན་གཏོར་མའི་ཚོགས། །ཤ་སྣ་སྙིང་སྣ་ཁྲག་ཞག་རྒྱ་མཚོ་བསྐྱིལ། །ཀང་
གླིང་ཐོད་ཛ་སྙན་འཇེབས་རོལ་མོའི་སྒྲ། །གདུགས་དང་རྒྱལ་མཚན་བ་དན་རྣ་
མཚོན་སོགས། །རྨ་བྱ་ཤང་ཤང་ལ་སོགས་འདབ་ཆགས་དང་། །སྟག་གཟིག་
དོམ་དྲེད་འཕར་སྤྱང་གཅན་གཟན་སོགས། །ཤྭ་རྐྱང་འབྲོང་བྱ་ལ་སོགས་རི་དྭགས་
རིགས། །ཧ་དྲིལ་མ་ཏེ་ལ་སོགས་གཡུང་དྭགས་ཚོགས། །མཐུན་རྫས་སྣ་
ཚོགས་སྣར་ལྡར་བཀྲམ་པ་འདི། །གཏེར་སྲུང་ལྷ་མོ་ཆེན་མོ་བསང་ཞིང་
མཆོད། །གསོལ་ཞིང་མཆོད་པའི་རྣལ་འབྱོར་བདག་ཅག་ལ། །ལུས་དང་གྲིབ་
བཞིན་མི་འབྲལ་འགྲོགས་ནས་ཀྱང་། །ཧྲག་ཏུ་སྲུང་སྐྱོབ་ཕྲིན་ལས་མ་གཡེལ་
བར། །ལེགས་པར་སྤྱོད་ལ་ཉེས་པ་ཀུན་དང་བསྡོལ། །གང་བཅོལ་ཐོགས་
མེད་འགྲུབ་པའི་སྟོང་གྲོགས་མཛོད། །རྫོགས་སྤྲུལ་ལྔ་པ་ཐུབ་བསྟན་ཆོས་ཀྱི་རྡོ་རྗེས་བྲིས་པ་
དགེ །

༄། མ་མོ་ཁྲག་རལ་མའི་བསང་མཆོད།

ཧྲཱིཿ རྣམ་དག་རྡོ་རྗེ་བཙུན་མོའི་མཁའ་དབྱིངས་ལས། །རྣམ་འཕྲུལ་ལྷ་མོ་ཆེན་མོའི་སྐུར་སྟོན་པ། །རྣམ་པ་སྲིད་གསུམ་སྲོག་གི་བདག་མོ་ཉི། །རྣམ་རོལ་མ་འགག་དྲག་མོའི་ཚུལ་འཆང་བ། །དམ་ལྡན་རྣལ་འབྱོར་བདག་གིས་འབོད་པའི་ཚེ། །དམ་ཚིག་དབང་གིས་སྤྱན་འདྲེན་གཤེགས་སུ་གསོལ། །དམ་རྫས་རྫ་ལྷུར་སྤུངས་པའི་གཞལ་ཡས་འདིར། །དམ་ཉམས་དགྲ་བགེགས་འདུལ་བའི་གཤེད་མ་ཆེ། །མ་ཡིས་བུ་བཞིན་སྐྱོང་བར་ཞལ་བཞེས་པའི། །མ་མོ་འབུམ་གྱི་གཙོ་མོར་མངའ་གསོལ་བ། །མ་ཡིག་ལས་བྱུང་མ་མོ་ཁྲག་རལ་མ། །མ་གཅིག་སྐུ་མདོག་བསྐལ་པའི་མེ་ལྟར་འབར། །ཞལ་གཅིག་ཕྱག་གཉིས་ཤིན་ཏུ་ཧམས་པའི་སྐུ། །གཡས་པས་ཟངས་གྲི་གཡོན་པས་ཐོད་དམར་བསྣམས། །གཅེར་མོའི་སྐུ་སྟོད་ཞིང་ལྤགས་གཡང་གཞི་དང་། །མི་ལྤགས་སྟོད་གཡོག་རུས་པའི་རྒྱན་ཆ་ཅན། །སྙིང་གི་མི་མགོ་རློན་པའི་དོ་ཤལ་འཕྱང་། །ཁྲག་གི་རལ་བས་གནམ་ས་བར་སྣང་ཁྱབ། །དགྱེས་པར་བཞུགས་ལ་གུས་པས་ཕྱག་འཚལ་ལོ། །སྔགས་དང་ཕྱག་རྒྱས་བྱིན་གྱིས་བརླབས་པ་ཡིས། །ཕྱི་མཆོད་འདོད་ཡོན་སྣ་ལྔ་སྤྲིན་ལྟར་གཏིབ། །ནང་མཆོད་སྨན་རཀ་གཏོར་གསུམ་དང་རེ་སྦྲོ། །གསང་མཆོད་དག་པ་བཞི་ཡི་མཆོད་པའི་སྤྲིན། །གྞ་ན་ཙཀྲ་ཚོགས་ཀྱི་འཁོར་ལོ་དང་། །ཁྱད་པར་ཡེ་ཤེས་བདུད་རྩིའི་

བསང་མཆོད་འདིས། །མ་མོ་ཆེན་མོ་ཁྲག་གི་རལ་ཅན་བསང་། །འཁོར་བཅས་ལྷ་སྲིན་སྡེ་བརྒྱད་ཚོགས་རྣམས་བསང་། །ཡང་སྤྲུལ་མ་མོ་འབུམ་གྱི་ཚོགས་རྣམས་བསང་། །བསང་དང་མཆོད་དོ་ཐུགས་དམ་གཉན་སྐོང་ལ། །མ་གཡེལ་མ་གཡེལ་ལྷ་མོ་ཁྱོད་ཉིད་ཀྱིས། །བདག་ཅག་བྱང་ཆུབ་སྙིང་པོ་མ་ཐོབ་བར། །མི་འབྲལ་འགྲོགས་ནས་གཏན་གྱི་གྲོགས་མཛོད་ཅིག །རྒྱལ་བའི་དབང་པོ་མཆོ་སྐྱེས་རྡོ་རྗེ་ཡི། །བཤད་སྒྲུབ་བསྟན་པའི་རྒྱལ་མཚན་འཛིན་མཛད་པའི། །གྲུབ་པའི་དབང་ཕྱུག་པདྨ་རིག་འཛིན་གྱི། །སྐུ་ཕྲེང་ནོར་བུའི་ཕྲེང་བ་རིམ་བྱོན་དང་། །རིག་འཛིན་ཆེན་པོ་ཉི་མ་གྲགས་པ་ཡི། །མཛད་འཕྲིན་ནམ་མཁའི་ཕ་མཐར་རབ་སོན་ནས། །ཕྲིན་ལས་ཆེན་པོས་ས་སྟེང་ཁྱབ་པར་མཛོད། །ཆོས་འཁོར་འདི་ཡི་འདུས་པའི་སྡེ་ཚོགས་ཀུན། །དབྱར་གྱི་མཚོ་ལྟར་འཕེལ་ཞིང་རྒྱས་པར་མཛོད། །བདག་ལ་བརྣག་པའི་དགྲ་སྡེ་མཐའ་དག་ཀུན། །མངོན་སྤྱོད་དྲག་པོའི་རོལ་བའི་བརྟུལ་ཞུགས་ཀྱིས། །ལོ་ཟླ་ཙམ་ཡང་མ་བཞག་མྱུར་དུ་སྒྲོལ། །གང་བཅོལ་ལས་རྣམས་སྒྲུབ་པའི་སྟོང་གྲོགས་མཛོད། །ཅེས་པ་འདི་ཡང་རྫོགས་སྤྲུལ་ལྔ་པས་སོ། །

༄༅། སྨན་སྲུང་རྡོ་རྗེ་བདུད་འདུལ་བསང་མཆོད་ནི།

ཧཱུྃ། བཅོམ་ལྡན་བདེ་གཤེགས་སྨན་པའི་རྒྱལ་པོ་ཡི། །སྔོན་ཚེ་གནས་མཆོག་སྨན་གྱི་ནགས་ཚལ་ནས། །གསོ་རིག་སྨན་གྱི་རྒྱུད་རྣམས་བཤད་པའི་ཚེ། །སྨན་གྱི་སྲུང་མར་ཞལ་བཞེས་དམ་ཚིག་ཅན། །མཐུ་སྟོབས་དབང་ཕྱུག་རྡོ་རྗེ་བདུད་འདུལ་ནི། །འཁོར་བཅས་བསང་གི་མགྲོན་ལ་གཤེགས་སུ་གསོལ། །མདུན་གྱི་ནམ་མཁའ་རིན་ཆེན་ཁང་བཟང་དབུས། །སྣ་ཚོགས་རིན་པོ་ཆེ་ཡི་ཁྲི་སྟེང་ན། །པདྨ་ཉི་ཟླ་བརྩེགས་པའི་གདན་གྱི་དབུས། །ཞང་བློན་ཆེན་པོ་རྡོ་རྗེ་བདུད་འདུལ་ནི། །སྐུ་མདོག་མཐིང་ནག་འོད་ཟེར་ཕྱོགས་བཅུར་འཕྲོ། །ཁྲོ་འཛུམ་སྨ་ར་དམར་སེར་མེ་ལྟར་འབར། །ཞལ་གཅིག་ཕྱག་གཉིས་གཡས་པས་ནོར་བུ་འཛིན། །གཡོན་པས་རིན་ཆེན་གཏེར་གྱི་སྒྲོམ་བུ་བསྣམས། །སྐུ་ལ་ཟ་འོག་བེར་ཆེན་དགུ་བརྩེགས་གསོལ། །ཐོད་སྐམ་དབུ་རྒྱན་རལ་པ་ཐོར་ཚུགས་ཅན། །ཞབས་གཉིས་རྒྱལ་པོ་རོལ་པའི་སྟབས་ཀྱིས་བཞུགས། །གནོད་སྦྱིན་དབང་པོ་འཁོར་དང་བཅས་པ་ལ། །དྲི་ཞིམ་བསང་དུད་ལྷ་ལམ་ཡོངས་ཁྱབ་པ། །རྒྱལ་སྲིད་སྣ་བདུན་བཀྲ་ཤིས་རྫས་རྟགས་བརྒྱད། །གཏེར་གྱི་བུམ་བཟང་མ་རྨོས་ལོ་ཏོག་དང་། །འདོད་འཇོའི་བ་མོ་དཔག་བསམ་ལྗོན་པའི་ཤིང་། །སྐྱེད་མོས་ཚལ་དང་རྫིང་བུ་སྣ་ཚོགས་པས། །ཀ་ལ་པིང་ཀ་ཁྲུང་ཁྲུང་མཐིང་རིལ་དང་། །གསེར་གྱི་རྡོ་རྗེའི་གཟུགས

ཅན་རི་སྐེགས་དང་། །ཉེ་ཚོ་ཁྲུ་བྱུག་དྲིལ་བུའི་སྒྲ་ཅན་སོགས། །སྣན་པའི་དབྱངས་ཀྱིས་ཕྱོགས་བཅུར་ཀུན་ཏུ་མཛེས། །མདོར་ན་རྣམ་མང་སྲིད་ཞིའི་འབྱོར་བ་ཡི། །མཐུན་པའི་དམ་རྫས་རྫ་ལྟར་བཀྲམ་ལགས་ན། །གང་བཞེད་འདོད་རྒུར་འཆར་བའི་མཆོད་པའི་སྤྲིན། །སྨུགས་དང་ཕྱག་རྒྱའི་བྱིན་གྱིས་བརླབས་པ་འདི། །བསང་ངོ་མཆོད་དོ་ཐུགས་དམ་གཉན་པོ་བསྐང་། །དགྱེས་ཤིང་ཚིམ་ནས་བདག་ལ་སྤྱོད་གྲོགས་མཛོད། །སྟོང་གསུམ་རབ་འབྱམས་རྒྱ་མཚོའི་ཞིང་ཁམས་ན། །ཆོ་དང་བསོད་ནམས་དཔལ་འབྱོར་སྟོབས་ཤུགས་དང་། །ཁབ་ལེན་རྡོ་ཡིས་ལྕགས་ཕྱེ་བསྡུས་པ་བཞིན། །སྒྲུབ་ལ་དངོས་གྲུབ་ཆར་ལྟར་འབེབས་པར་མཛོད། །ཅེས་པ་འདི་ཡང་རྫོགས་སྤྲུལ་ལྷ་པས་སོ། །

༄ གནོད་སྦྱིན་བཅུ་གཉིས་བསང་མཆོད་ནི།

ཧཱུྃ། ཁྲོ་རྒྱལ་ཡོངས་ཀྱི་མཐུ་སྟོབས་གཅིག་བསྡུས་པ། །གསང་བའི་བདག་པོ་ཕྱག་ན་རྡོ་རྗེ་ཡིས། །བཀའ་སྩོད་རྡོ་རྗེའི་ཐ་ཚིག་ལ་གནས་པ། །སྔོན་གྱི་བཀའ་སྲུང་གནོད་སྦྱིན་བཅུ་གཉིས་ནི། །མཁའ་ལ་ཆར་སྤྲིན་གཏིབས་པ་ལྟ་བུ་བཞི། །སྐད་ཅིག་ཙམ་གྱིས་གནས་འདིར་གཤེགས་སུ་གསོལ། །མདུན་གྱི་ནམ་མཁའ་གནོད་སྦྱིན་རྒྱལ་པོ་ནི། །གནོད་སྦྱིན་རྒྱལ་པོ་རྫོགས་བྱེད་ནག་པོ་འཛིན། །རྒྱན་འཛིན་གཟའ་འཛིན་གནས་བཅས་དབང་འཛིན་ལྷུང་། །གཏོང་འཛིན་སྨྲ་འཛིན་བསམ་འཛིན་མཐུ་ཆེན་ཚོགས། །རང་རང་བྲན་དང་འཁོར་གཡོག

བསམ་མི་ཁྱབ། །བདུན་འབུམ་བདུན་འབུམ་ཉི་ཁྲི་ས་ཡ་བཅས། །མཐུ་ཆེན་གནོད་སྦྱིན་དབང་པོ་འཁོར་བཅས་ལ། །དགྱེས་པའི་དམ་རྫས་སྣ་ཚོགས་རི་ལྟར་སྤུང་། །གསེར་ཤིང་སྨྱུག་པ་དུང་ཤིང་མཁན་པ་དང་། །མཆོང་ཤིང་བ་ལུ་གཡུ་ཤིང་ཤུག་པ་སོགས། །དར་ཟབ་རིན་ཆེན་སྣ་ལྔ་ཕྱེ་མར་ཚོགས། །བསྒྲིགས་པའི་དུད་པ་མཁའ་དབྱིངས་ཁྱབ་པར་སྤེལ། །ཕྱི་ནང་ཉེར་སྤྱོད་ཇ་ཆང་འོ་སྐོལ་ཕུད། །རོ་བརྒྱའི་ཁ་ཟས་ཕྱེ་མར་གངས་ལྟར་སྤུངས། །མེ་ཏོག་སྣ་ཚོགས་ལྗོན་ཤིང་འབྲས་བུ་བཅས། །ལྷ་ཀླུ་མི་ཡི་ནོར་བུ་རིན་ཆེན་བདུན། །རྟ་གླང་བ་དང་མ་རྨོས་ལོ་ཏོག་སོགས། །མདོར་ན་དངོས་སུ་འབྱོར་དང་ཡིད་ཀྱི་སྤྲུལ། །རབ་འབྱམས་ནམ་མཁའ་གང་བར་འབུལ་ལགས་ན། །ཉམས་གྲིབ་མི་གཙང་བ་ཀུན་དག་ནས་ཀྱང་། །ཐུགས་དམ་གཉན་པོ་ཆོས་ཀྱི་དབྱིངས་སུ་བསྐང་། །རྒྱལ་བའི་དབང་པོ་པདྨ་ཀ་ར་དང་། །ཆོས་རྒྱལ་མེས་དབོན་གསུམ་སོགས་མདོ་སྔགས་ཀྱི། །བསྟན་པ་རིན་ཆེན་ཕྱོགས་བཅུར་རྒྱས་པ་དང་། །དཔལ་ལྡན་བླ་མའི་སྐུ་ཚེ་རབ་བརྟན་ཅིང་། །ཆོས་སྲིད་མི་ནུབ་གོང་ནས་གོང་འཕེལ་ཞིང་། །རྒྱལ་ཁམས་ཐམས་ཅད་བདེ་ཞིང་སྐྱིད་པ་དང་། །བདག་ཅག་སྒྲུབ་ལ་བར་དུ་གཅོད་པ་ཡིས། །བསམ་སྦྱོར་ལོག་པའི་དགྲ་བགེགས་མཐའ་དག་ཀུན། །མིང་ཙམ་མེད་པར་བསྒྲལ་བའི་ཕྲིན་ལས་མཛོད། །དེང་ནས་བདག་ཅག་འཁོར་དང་བཅས་པ་རྣམས། །རྣམ་བཞིའི་ཕྲིན་ལས་ཡིད་བཞིན་སྒྲུབ་པ་དང་། །རེ་བ་མཐའ་དག་གེགས་མེད་མྱུར་འགྲུབ་ནས། །ས་ལམ་ཡོན་ཏན་ཡར་ངོའི་ཟླ་ལྟར་འཕེལ། །འབྲེལ་ཚད་རིག་འཛིན་ཞིང་དུ་ཁྲིད་ནས་ཀྱང་། །ཆོས་ཀྱི་རྒྱལ་སྲིད་ཆེན་པོ་ཐོབ་པར་མཛོད། །རྫོགས་སྤྲུལ་ལྔ་པ་ཐུབ་བསྟན་ཆོས་ཀྱི་རྡོ་རྗེས་བྲིས་པ་དགེ །

༄༅། །ནཱ་ག་རཱ་ཛའི་བསང་མཆོད་ནི།

ཧཱུྃ། རང་བཞིན་ཆོས་ཀྱི་དབྱིངས་ལས་མ་གཡོས་ཀྱང་། །རང་སྣང་མ་
འགགས་རོལ་བའི་ལྷ་གཅིག་པུ། །རང་བྱུང་རང་ཤར་རྩ་གསུམ་རོལ་གར་
ཅན། །རང་བཞིན་དབྱིངས་ནས་བསང་གི་མགྲོན་ལ་གཤེགས། །རང་གི་
མདུན་དུ་རི་རབ་ངོས་ཡངས་ལ། །དུག་གི་རྒྱ་མཚོ་འཁྱིལ་བའི་གློང་དཀྱིལ་
ན། །དཔལ་ལྡན་ཁྲོ་རྒྱལ་ན་ག་རཱ་ཛ་ནི། །སྨུག་ནག་དབུ་དགུ་ཕྱག་ནི་བཅོ་
བརྒྱད་དེ། །གཡས་དགུ་ཁྲི་གུག་གཡོན་དགུ་སྦྲུལ་ཞགས་བསྣམས། །སྐུ་
སྨད་སྦྲུལ་མཇུག་རྒྱ་མཚོའི་ནང་དུ་འཁྱིལ། །ཀླུ་གཉན་ས་བདག་ཕོ་མོ་འབུམ་ཁྲིའི་
ཚོགས། །བཀའ་ཉན་ལས་བྱེད་གུས་པའི་ཚུལ་གྱིས་འདུད། །དམ་ཚིག་དབང་
གི་སྤྱན་འདྲེན་གཤེགས་སུ་གསོལ། །རིན་ཆེན་ལྔ་དང་དར་ཟབ་སྨན་སྣ་
ཚོགས། །ཕྱེ་མར་འོ་སྐྱོལ་དཀར་གསུམ་མངར་གསུམ་དང་། །དྲི་ཞིམ་སྤོས་སྣ་
བསྲེག་པའི་དུད་པའི་སྤྲིན། །འདོད་ཡོན་ལྔ་ལྡན་མཆོད་པའི་སྤྲིན་འཕྲོ་
དང་། །དུག་གསུམ་དགྲ་བགེགས་བསྲལ་བ་ལས་བྱུང་བའི། །ཤ་ཁྲག་རུས་པ་
དོན་སྙིང་ནང་རོལ་ཚོགས། །དབང་ལྔའི་མེ་ཏོག་དུག་གི་གཏོར་མ་
བཅས། །རཀྟ་བཏར་བའི་གཡུ་སྐྱེམས་ཕུད་ཐོད་དང་། །མཐུན་པའི་དམ་རྫས་
མ་ཚང་མེད་པ་ཀུན། །དངོས་སུ་འབྱོར་དང་ཡིད་ཀྱི་རྣམ་འཕྲུལ་པའི། །ནམ་
མཁའི་ཁམས་ཀུན་ཡོངས་སུ་འབུལ་ལགས་ན། །ཐུགས་དམ་གཉན་པོ་ཆོས་ཀྱི་

དབྱིངས་སུ་བསྐང་། །མདོ་སྔགས་བསྟན་པ་ཕྱོགས་བཅུར་རྒྱས་པ་དང་། །དཔལ་ལྡན་བླ་མའི་སྐུ་ཚེ་རབ་བརྟན་ཅིང་། །བྱང་ཆུབ་སྒྲུབ་ལ་བར་དུ་གཅོད་པ་ཡི། །མི་མཐུན་རྐྱེན་ཞི་ཚེ་བསོད་དཔལ་འབྱོར་རྒྱས། །ཁམས་གསུམ་ཆེ་བཙན་སྐྱེ་འགྲོ་ཕོ་མོ་ཀུན། །དབང་དུ་བསྡུས་ཤིག་མི་ནོར་ཕྱུགས་འཕེལ་བ། །བདག་ལ་བརྗོ་བའི་དགྲ་བགེགས་མཐའ་དག་དང་། །ཁྲིད་པར་བྱེད་མ་རྦོད་གཏོང་ཕྲ་མ་མཁན། །ཕྲིན་ལས་དྲག་པོས་ལས་ཀྱི་མཐའ་བསྡུས་ལ། །ལོ་ཟླ་ཙམ་ཡང་མ་བཞག་ད་ལྟ་སྒྲོལ། །ཉེར་འཚོའི་རྒྱུད་པ་མཐའ་དག་ཞི་བ་དང་། །དལ་ཡམས་ཚ་གྲང་འཐབ་པའི་ནད་རྣམས་ཀུན། །དམིགས་མེད་ཆོས་དབྱིངས་དང་དུ་ཞི་བར་མཛོད། །བདག་ཅག་རེ་བ་ཡིད་བཞིན་བསྐང་བ་དང་། །བསམ་དོན་ཆོས་བཞིན་འགྲུབ་པའི་ཕྲིན་ལས་མཛོད། །རྡོ་རྗེ་ཆོས་སྐྱོང་རྣམས་ཀྱི་བསང་རྒྱས་པ་ཕྱོགས་གཅིག་ཏུ་བསྒྲིགས་ཏེ་བཀོད་པ་འདི་ནི་རྫོགས་སྤྲུལ་ལྔ་པ་ཐུབ་བསྟན་ཆོས་ཀྱི་རྡོ་རྗེས་བྲིས་པ་དགེ་ལེགས་སུ་གྱུར་ཅིག ། ། །

༄༅། །བསང་མཆོད་འབྲིང་པོ་འདོད་དགུའི་གཏེར་མཛོད་ལས། རྡོ་རྗེ་ཆོས་སྐྱོང་རྣམས་ཀྱི་བསང་འབྲིང་པོ་བདུད་ལས་རྣམ་རྒྱལ་ཞེས་བྱ་བ་བཞུགས་སོ།།

༈ རྟ་ནག་ལྕགས་རལ་ཅན་གྱི་བསང་མཆོད་ནི། ཨོཾ་སྭ་བྷཱ་ཤཿ སོགས་ཀྱིས་སྦྱངས། བསང་རྫས་མཆོད་པའི་ཡོ་བྱད་འདོད་ཡོན་སྤྲིན་གཟིགས་ནམ་མཁའི་ཁམས་ཐམས་ཅད་ཡོངས་སུ་གང་བར་གྱུར། རཾ་ཡཾ་ཁཾ་གིས་བསང་། ཨོཾ་ཨཱཿཧཱུྃ་གིས་བརླབས་ནས། ཧྲཱིཿ སྟོང་པའི་ངང་ལས་སྐད་ཅིག་དྲན་རྫོགས་སུ། །མདུན་གྱི་ནམ་མཁར་ཁྲོ་བོ་རྟ་མགྲིན་སྐུ། །སྐུ་མདོག་མཐིང་ནག་དར་ནག་པེ་ར་ཆེན་གསོལ། །ཕྱག་གཡས་རལ་གྲི་གཡོན་པས་ལྕགས་ཀྱུ་བསྣམས། །དབུ་གཙུག་རྟ་མགོ་ལྗང་ཞུར་རྟ་སྐད་འཚེར། །ཐོད་སྐམ་དབུ་བརྒྱན་སྟག་ཤམ་ཐོད་རློན་འཕྱངས། །མེ་དཔུང་ཀློང་བཞུགས་པད་ཉི་བམ་རོའི་སྟེང་། །རང་འདྲའི་ཁྲོ་ཆུང་དཔག་ཏུ་མེད་འཁྲོས་པས། །གནོད་བྱེད་དགྲ་བགེགས་ཚར་བཅད་ལས་གྲུབ་བསམ། །རིན་ཆེན་སྣོད་དུ་འབྲུ་གསུམ་ཞུ་བ་ལས། །བསང་རྫས་མཆོད་པའི་འདོད་ཡོན་རྣམ་ལྔར་གྱུར། །ཨོཾ་ཨཱཿཧཱུྃ། ལན་གསུམ། འདི་འདྲའི་ངོ་མཚར་བསང་གི་མཆོད་པ་འདིས། །ཁྲོ་རྒྱལ་དབང་

ཆེན་ཧཱ་མགྲིན་ནག་པོ་དང་། །འཁོར་གྱི་དྲེགས་པ་སྡེ་བརྒྱད་དམག་ཚོགས་དང་། །ཡེ་ཤེས་འཇིག་རྟེན་པོ་ཉ་བྲན་དང་བཅས། །མ་ལུས་འཁོར་དང་བཅས་ལ་བསང་མཆོད་འབུལ། །ཐུགས་དང་འགལ་བ་ཐམས་ཅད་བཟོད་པར་བཞེས། །ནད་གདོན་ཀུན་ཞི་མཆོག་ཐུན་དངོས་གྲུབ་སྩོལ། །ཚེ་རབས་ཀུན་ཏུ་ཁྱེད་ཀྱིས་སྐྱབས་མཛོད་ཅིག །བདག་ཅག་བྱང་ཆུབ་སྒྲུབ་པའི་མཐུ་དཔུང་དང་། །བཅོལ་བའི་ཕྲིན་ལས་ཐམས་ཅད་འགྲུབ་པར་མཛོད། །ཅེས་ཧཱ་མགྲིན་ཡང་ཕྱུང་ནག་པོ་ལྕགས་རལ་ཅན་གྱི་བསང་མཆོད་འདི་ཉིད་རག་ཨ་སྐྱེས་སྦྱར་བའོ། ། དགེའོ། །

༄། ལེགས་ལྡན་བསང་མཆོད་འབྲིང་པོ་བདུད་ལས་རྣམ་རྒྱལ་བཞུགས་སོ།།

ཧཱུྃ། སྔོན་ཚེ་དཔལ་ཆེན་རྡོ་རྗེ་སྲིན་པོ་ཡིས། །བདུད་ཀྱི་སྡེ་དཔོན་རུ་ཏྲ་བསྒྲལ་བའི་ཚེ། །དབང་བསྒྱུར་དམ་ལ་བཞག་པའི་མཐུ་བོ་ཆེ། །ལེགས་ལྡན་རྡོ་རྗེ་སྲིན་པོ་ཚོགས་ཀྱི་བདག །ཀུན་ཏུ་དགྲེས་བྱེད་ཀྲོ་དྷི་ཤྭ་རི་མ། །བཀའ་ཉན་ལས་བྱེད་དམ་ཅན་རྒྱ་མཚོའི་ཚོགས། །འཁོར་བཅས་ཐུགས་དམ་དབང་གིས་གནས་འདིར་གཤེགས། །རྡོ་རྗེ་བྲག་ཆེན་པད་མ་ཉི་ཟླ་དང་། །རྟོག་མེད་བམ་གྱི་ཁྲི་ལ་བཞུགས་སུ་གསོལ། །འབྲུ་སྣ་བྲེ་མར་རིན་ཆེན་སྣ་ལྔ་དང་། །དར་ཟབ་ཇ་ཆང་ཕུད་ཀྱོད་བཏུང་བའི་རིགས། །དྲི་ཞིམ་ཤིང་ལྔའི་ཚོགས་དང་ལྡན་ཅིག་ཏུ། །བསྲེགས་པའི་དུད་སྤྲིན་ནམ་མཁའི་ཁྱོན་བཀང་བ། །དཔལ་མགོན་ལེགས་ལྡན་ལྕམ་དྲལ་འཁོར་བཅས་བསང་། །ཁྱོད་ལ་བསང་མཆོད་ཕུལ་བའི་

བྱིན་རླབས་ཀྱིས། །སྨོན་ཚེ་ཁྲག་འཐུང་སྤྱན་སྔར་ཁས་བླང་བཞིན། །བསྟན་པ་རིན་ཆེན་ཕྱོགས་བཅུར་རྒྱས་པ་དང་། །བརྒྱུད་འཛིན་བུ་སློབ་ཡར་ངོའི་ཟླ་ལྟར་རྒྱས། །དུས་འཁྲུགས་ཀླ་ཀློའི་འཚེ་བ་བདུད་ཀྱི་རིགས། །ཕྱི་ནང་གསང་བའི་བར་ཆད་ཞི་བ་དང་། །བཅོལ་བའི་ཕྲིན་ལས་ཡིད་བཞིན་འགྲུབ་པར་མཛོད། །ཅེས་པའང་རྫོགས་སྤྲུལ་ལྔ་པ་ཐུབ་བསྟན་ཆོས་ཀྱི་རྡོ་རྗེས་སྨྲས་པའོ། །

༄། དཔལ་མགོན་མ་ནིང་བསང་མཆོད་རྡོ་རྗེའི་སྒྲ་དབྱངས་ཞེས་བྱ་བ་བཞུགས་སོ།།

ཧཱུྃ། ཧེ་རུ་ཀ་དཔལ་སྙིང་རྗེའི་རོལ་གར་ནི། །ཆོས་སྐྱོང་ཡོངས་ཀྱི་དགྲ་ལྷ་མཐུ་བོ་ཆེ། །ཆེ་བའི་ཆེ་མཆོག་དཔལ་མགོན་མ་ནིང་ནག །སྲོག་བདུད་དཔལ་འབར་དྲེགས་པ་སྡེ་བརྒྱད་ཚོགས། །སྐད་ཅིག་ཡུད་ཙམ་གནས་འདིར་གཤེགས་སུ་གསོལ། །དཔལ་མགོན་མ་ནིང་ནག་པོ་འཁོར་བཅས་ལ། །སྒོ་གསུམ་གུས་པའི་སྒོ་ནས་ཕྱག་འཚལ་ལོ། །རྒྱ་ཤུག་ཙནྡན་དཀར་པོ་ཨ་ག་རུ། །གླ་རྩི་གུར་དར་ཟབ་རིན་ཆེན་ལྡུ། །ཤིང་རྩི་དྲི་ཞིམ་བཟའ་བཅའ་བཏུང་བའི་རིགས། །གོས་དཀར་ཡུམ་གྱི་ངོ་བོ་མེར་བསྲེགས་པས། །མཁའ་དབྱིངས་ཁྱབ་པའི་བསང་གི་མཆོད་པ་འདིས། །དཔལ་མགོན་མ་ནིང་ནག་པོ་བསང་ཞིང་མཆོད། །ཕྱི་རོལ་ཡང་འཁོར་སྡེ་བརྒྱད་བསང་ཞིང་མཆོད། །དཀའ་ཉན་ལས་བྱེད་དྲེགས་པ་བསང་ཞིང་མཆོད། །དཔལ་མགོན་འཁོར་བཅས་བསང་ཞིང་མཆོད་པའི་མཐུས། །བདག་ལ་སྣང་ཞིང་གདུག་པའི་སེམས་འཆང་བ། །ངན་སྨྲས་

དུག་སྦྱོར་ཕུང་ཁྲོལ་བྱེད་པའི་རིགས། །བྱད་ཕུར་རྦོད་གཏོང་སེམས་པའི་བྱད་མ་མཁན། །ཁྱད་པར་འགོང་པོ་སྲུན་དགུའི་སྡེ་རིས་རྣམས། །མ་བསྐྱལ་བར་ཡང་ལྷ་མཆོག་ཁྱེད་ཀྱིས་སྒྲོལ། །བདག་ཅག་བྱང་ཆུབ་སྒྲུབ་པའི་གང་ཟག་ལ། །མཐུདཔུང་སྟོང་གྲོགས་མ་གཡེལ་ཕྲིན་ལས་མཛོད། །ཅེས་དཔལ་མགོན་མ་ནིང་ནག་པོའི་བསང་མཆོད་འདི་ཉིད་རྫོགས་སྤྲུལ་ལྔ་པ་ཐུབ་བསྟན་ཆོས་ཀྱི་རྡོ་རྗེས་སྨྲས་པའོ། །དགེའོ། །

༄༅། མགོན་པོ་ཚོགས་བདག་བསང་མཆོད།

ཧཱུྃ། དཔལ་ཆེན་ཧེ་རུ་ཀ་དཔལ་ཐུགས་ལས་སྤྲུལ། །ནག་ཕྱོགས་བདུད་དཔུང་འདུལ་བའི་གཤེད་པོ་ཆེ། །ཁྲོ་རྒྱལ་ཡོངས་ཀྱི་ཆེ་བཙན་ཧེ་རུ་ཀ །ཆེ་བའི་ཆེ་མཆོག་དཔལ་མགོན་ཚོགས་ཀྱི་བདག །སྦྱོར་བའི་ཡུམ་ཆེན་ཡཀྵ་བེ་ཏ་ལི། །སྐུ་གསུང་ཐུགས་མགོན་ཕྱོགས་བཅུའི་མགོན་པོ་དང་། །ཕྱོགས་མཚམས་སྐྱོང་བའི་མགོན་པོ་འཁོར་བཅས་ལ། །སྒོ་གསུམ་གུས་པའི་སྒོ་ནས་ཕྱག་འཚལ་ལོ། །ཤིང་རྩི་དྲི་ཞིམ་དར་ཟབ་སྨན་སྣ་སོགས། །རཾ་ལས་སྐྱེས་པའི་མེ་ནང་བསྲེགས་པ་ལས། །ནམ་མཁའ་གང་བར་འབུལ་བས་དགྱེས་པར་བཞེས། །འཁོར་བཅས་བསང་ཞིང་མཆོད་ཅིང་བརྟན་པའི་མཐུས། །སྡང་ཞིང་གདུག་པའི་སེམས་འཆང་མི་བསྲུན་པ། །མ་བསྐྱལ་པར་ཡང་མངོན་སྤྱོད་ཤུགས་ཀྱིས་སྒྲོལ། །རིག་འཛིན་སྒྲུབ་པའི་རྣལ་འབྱོར་བདག་ཅག་ལ། །སྟོང་གྲོགས་ཕྲིན་ལས་མ་གཡེལ་ས་མ་ཡ། རྫོགས་སྤྲུལ་ལྔ་པས་སོ། །

༄༅། །དཔལ་ཡེ་ཤེས་མགོན་པོ་ཕྱག་བཞི་པའི་བསང་མཆོད་ ཉུང་བསྡུས་བཞུགས་སོ།།

ཀྲྀ། གསང་ཆེན་ལྷུན་གྲུབ་གནས་མཆོག་དང་། །རྡོ་རྗེ་གདན་དང་ནཱ་ལེནྡྲ། བསིལ་བ་ཚལ་སོགས་དུར་ཁྲོད་བརྒྱད། །གནས་ཡུལ་བྱིན་ཅན་ཐམས་ཅད་ནས། །ཡེ་ཤེས་མགོན་པོ་ཕྱག་བཞི་པ། །མ་ནིང་མགོན་པོ་འཁོར་དང་བཅས། །གཞན་ཡང་ཡེ་ཤེས་འཇིག་རྟེན་གྱི། །དཔལ་མགོན་དྲེགས་ཚོགས་གནས་འདིར་གཤེགས། ཀྲྀ། དྲི་ཞིམ་ཤིང་སྣའི་དུད་པ་དང་། །གཙང་སྦྱར་དམ་རྫས་བཀུང་བའི་རིགས། །ཕྱེ་མར་འབྲུ་སྣ་དར་ཟབ་སོགས། །བསང་མཆོད་མཐུན་པའི་དམ་རྫས་ཀྱིས། །ས་བཅུའི་དབང་ཕྱུག་སེམས་དཔའ་ཆེ། །སྤྲུལ་རས་གཟིགས་ཉིད་འདུལ་དཀའི་ངོར། །ཁྲོས་པའི་གར་མཛད་བསྟན་སྲུང་གཙོ། །རྡོ་རྗེ་ནག་པོ་ཡབ་ཡུམ་བསང་། །གཅིག་ལས་དུ་མར་འཆར་བ་ནི། །ཀླུ་སྒྲུབ་གཟུགས་བརྙན་ཇི་བཞིན་ལས། །མ་ནིང་ནག་པོ་འཁོར་བཅས་དང་། །གདོང་བཞི་གསང་བའི་མགོན་པོ་བསང་། །སྐུ་གསུང་ཐུགས་ཡོན་ཕྲིན་ལས་ཀྱི། །མགོན་པོ་སྤྱི་ལྔའི་ལྷ་ཚོགས་དང་། །བྲམ་རོག་གདོང་ཅན་ཡབ་ཡུམ་ལྔ། །གིང་ཆེན་སྤྱི་བཞི་ལ་སོགས་བསང་། །གཞན་ཡང་ཕྱག་བརྙན་སྤྲུལ་འཁོར་བཅས། །ཡེ་ཤེས་དང་ནི་འཇིག་རྟེན་གྱི། །དྲེགས་ཚོགས་སྤྲུལ་འཁོར་མི་ཟད་པ། །དམ་ཅན་རྒྱ་མཚོའི་ཚོགས་རྣམས་བསང་། །ཀྲྀ། དེ་ལྟར་བསང་མཆོད་འདི་འབུལ་བས། །ཐུགས་དམ་བསྐང་ཞིང་འགལ་ཀྲྀན་

སོལ། །བསམ་དོན་ཆོས་བཞིན་འགྲུབ་པ་དང་། །ཕྲིན་ལས་གཉན་པོ་མ་གཡེལ་མཛོད། །ཅེས་པ་འདི་ནི་བླ་མ་ཡེ་ཤེས་རྡོ་རྗེས་བསྐུལ་ངོར་པདྨ་ཐེག་མཆོག་བསྟན་པའི་རྒྱལ་མཚན་གྱིས་སྨྲས་པ་དགེའོ། །

༄༅། བདུད་མགོན་ཞིང་སྐྱོང་བསང་མཆོད།

ཧཱུྃ། བདུད་དཔུང་འཇོམས་མཛད་དྲེགས་པ་ཡོངས་ཀྱི་རྗེ། །བདུད་ལས་རྣམ་རྒྱལ་མ་རུང་འདུལ་མཛད་པ། །བདུད་འདུལ་ལས་ཀྱི་དབང་ཕྱུག་ཧེ་རུ་ཀ །བདུད་མགོན་ཞིང་སྐྱོང་སེངྒེའི་གདོང་པ་ཅན། །ཡུམ་མཆོག་བདུད་མོ་དམར་ནག་ཁྲག་རལ་ཅན། །ལས་བྱེད་དུས་མཚན་ཕོ་མོ་རྣམ་གཉིས་དང་། །བཀའ་ཉན་ལས་བྱེད་དྲེགས་པའི་ཚོགས་རྣམས་ཀུན། །དམ་ཚིག་དབང་གི་གནས་འདིར་གཤེགས་སུ་གསོལ། །དྲི་ཞིམ་བསང་མཆོད་ལྷ་ལམ་ཡངས་པ་འདིས། །བདུད་མགོན་འཁོར་བཅས་བསང་ཞིང་མཆོད་པའི་མཐུས། །འཁོར་བཅས་དགྱེས་ཤིང་ཐུགས་དམ་བསྐང་གྱུར་ཅིག །དཔལ་ལྡན་བླ་མའི་སྐུ་ཚེ་བརྟན་པ་དང་། །བསྟན་འཛིན་སྐྱེས་བུའི་སྐུ་ཚེ་རབ་བརྟན་ཅིང་། །ཕྲིན་ལས་ཆེན་པོས་ས་སྟེང་ཡོངས་ཁྱབ་ནས། །དགེ་ལེགས་སྣང་བས་ས་སྟེང་ཁྱབ་གྱུར་ཅིག །རྫོགས་སྤྲུལ་ལྔ་པས་སོ། །

༄། ཡང་མ་སྐྱིན་གདོང་མའི་བསང་མཆོད་ནི།

ཧཱུྃ༔ བདེ་ཆེན་ཀུན་ཏུ་བཟང་མོའི་མཁའ་ཀློང་ནས། །དབྱིངས་ཀྱི་རྒྱལ་མོ་མཁའ་འགྲོ་ཀུན་གྱི་གཙོ། །དུས་བཞིའི་དབང་བསྒྱུར་ཐོགས་མེད་མཁའ་ལ་འགྲོ། །གཏེར་གྱི་སྲུང་མ་ཡང་མ་སྐྱིན་གདོང་མ། །འཁོར་བཅས་དམ་ཚིག་དབང་གི་གནས་འདིར་གཤེགས། །རིན་ཆེན་སྣ་ལྔ་ཟ་འོག་དར་ཟབ་དང་། །དྲི་ཞིམ་ཤིང་སྣའི་ཚོགས་དང་ལྡན་ཅིག་ཏུ། །བསྲེགས་པའི་དུད་སྤྲིན་ཕྱོགས་བཅུར་འཁྲིགས་པ་འདིས། །གཏེར་སྲུང་ཡང་མ་སྐྱིན་གདོང་འཁོར་བཅས་བསང་། །དེ་ལྟར་བསང་མཆོད་ཕུལ་བའི་བྱིན་རླབས་ཀྱིས། །རྒྱལ་བའི་བསྟན་པ་ཕྱོགས་བཅུར་དར་ཞིང་རྒྱས། །ཡུལ་ཁམས་ཀུན་ཏུ་དགེ་ཞིང་འཁྲུགས་རྩོད་ཞི། །བདེ་སྐྱིད་དཔལ་ལ་སྤྱོད་པའི་དངོས་གྲུབ་ཀུན། །འབད་མེད་ལྷུན་གྱིས་གྲུབ་པའི་དངོས་གྲུབ་སྩོལ། །ཛོགས་སྤྲུལ་ལྔ་པས་སོ། །

༄། མ་མོ་སྔགས་ཀྱི་སྲུང་མའི་བསང་མཆོད་དངོས་གྲུབ་འབྱུང་གནས་ཞེས་བྱ་བ་བཞུགས་སོ།།

ཧཱུྃ༔ ཆོས་དབྱིངས་ཀུན་ཏུ་བཟང་མོའི་ཀློང་། །མཁའ་འགྲོའི་ཚོགས་ལ་དབང་བསྒྱུར་མ། །སྣང་སྲིད་མཁའ་འགྲོ་ཡོངས་ཀྱི་གཙོ། །དཔལ་ལྡན་དབྱིངས་ཀྱི་རྒྱལ་མོ་ནི། །སྔགས་ཀྱི་སྲུང་མ་རལ་གཅིག་མ། །འཇིགས་རུང་ཆར་སྤྲིན་ལྟ་བུའི་མདོག །མཐིང་གི་རལ་བ་གྱེན་དུ་བསྒྲེངས། །སྤྱན་གཅིག་སྐྱེ་འགྲོ་ཀུན་ལ་

གཟིགས། །ཚོམས་གཅིག་ཉམས་པའི་སྒྲོག་ལ་ཇམས། །ཕྱུག་གཡས་ཞིང་དབྱུག་གླད་ལ་བསྣོར། །གཡོན་པས་དགྲ་སྙིང་ཞལ་དུ་གསོལ། །གནས་དང་ཡུལ་གྱི་མཁའ་འགྲོ་མ། །ཞིང་སྐྱོང་ལྷན་ཅིག་སྐྱེས་པ་ཡི། །མཚོ་རྒྱལ་མཁའ་འགྲོའི་ཚོགས་དང་བཅས། །བླ་མེད་བསྟན་པ་སྲུང་བ་དང་། །གདུག་པའི་དགྲ་བགེགས་བསྒྲལ་བའི་ཕྱིར། །ཕཊ་དང་ཧཱུཾ་གྱི་སྒྲ་དང་བཅས། །སྐད་ཅིག་ཙམ་གྱིས་འདིར་གཤེགས་ལ། །དགྱེས་ཤིང་བརྟན་པར་བཞུགས་སུ་གསོལ། །ཆོས་རྣམས་མ་ལུས་བསྐྱེད་པའི་ཡུམ། །བདེ་ཆེན་ཀུན་ཏུ་བཟང་མོ་དང་། །དོན་དམ་སྐྱེ་མེད་ངོ་བོ་རུ། །དབྱེར་མེད་རོ་གཅིག་མཇལ་བས་འདུད། །རང་སེམས་ཡེ་ནས་ལྷ་སྐུ་དང་། །གཅིག་ལས་ཐ་དད་མ་གྲུབ་ཀྱང་། །སྣང་ཆའི་རྟེན་འབྲེལ་སྒྱུ་མའི་ངོར། །སོ་སོར་འཛིན་པ་བཤགས་པར་བགྱི། །ཡེ་ནས་ཡེ་ཤེས་ངོ་བོ་རུ། །མཆོད་བྱ་མཆོད་བྱེད་མ་དམིགས་ཀྱང་། །འཁྲུལ་བཅས་ཀུན་རྫོབ་བདེན་པའི་ངོར། །ཆུ་ཟླ་ལྟ་བུའི་ཚུལ་གྱིས་ནི། །དངོས་སུ་བཤམས་དང་ཡིད་ཀྱིས་སྤྲུལ། །ཕྱི་དང་ཁྱད་པར་མཆོད་པའི་སྤྲིན། །ནམ་མཁའ་མཛོད་ཀྱི་ལོངས་སྤྱོད་འདིས། །སྔགས་ཀྱི་སྲུང་མ་འཁོར་བཅས་མཆོད། །ཁྱད་པར་དྲི་ཞིམ་ཤིང་སྣའི་ཚོགས། །དམ་རྫས་བཟའ་བཅའ་བཏུང་བའི་རིགས། །འབར་བའི་མེ་ལ་བསྲེགས་པ་ཡི། །དུད་སྤྲིན་ལྷ་ལམ་ཡོངས་ཁྱབ་པ། །འོད་ཟེར་སྣ་ཚོགས་ཕྱོགས་བཅུར་འཕྲོ། །བཀྲ་ཤིས་རྫས་རྟགས་རྒྱལ་སྲིད་བདུན། །འདོད་ཡོན་ལྔ་མོའི་ཟེར་ཐག་ཕྲེང་། །མཆར་སྤྱུག་ཡིད་འོང་མཆོད་པའི་ཚོགས། །སྔགས་ཀྱི་སྲུང་མ་རལ་ཅིག་མ། །ཡེ་ཤེས་ལས་དང་འཇིག་རྟེན་གྱི། །བདུན་འབུམ་མཁའ་འགྲོའི་ཚོགས་བཅས་

ལ། །དག་བྱེད་བསང་གི་མཆོད་པ་འབུལ། །དེ་ལྟར་བསང་མཆོད་ཕུལ་བའི་མཐུས། །གསང་སྔགས་བསྟན་པ་གཉན་པོ་འདི། །རྒྱལ་ཁམས་ཀུན་ཏུ་རྒྱས་པ་དང་། །དགོན་གནས་ཆོས་འཁོར་ཆེན་པོ་འདི། །རྟག་ཏུ་སྲུང་ཞིང་སྐྱོང་བར་མཛོད། །བརྒྱུད་འཛིན་དཔོན་སློབ་བདག་ཅག་རྣམས། །ཀ་དག་གདོད་མའི་གཞི་དབྱིངས་ལ། །ཉེར་འཚོའི་དྲི་མས་མ་གོས་ཀྱང་། །ཀུན་རྫོབ་སྒྱུ་མ་འཁྲུལ་བའི་ངོར། །རང་རྩལ་ཆོ་འཕྲུལ་ཤར་བ་ལས། །སྔོན་གྱི་ལས་དང་འཕྲལ་གྱི་རྐྱེན། །མི་མཐུན་གནོད་པ་ཞི་བར་མཛོད། །འགོང་པོ་སྲུན་དགུའི་སྡེ་རིས་དང་། །ཁྱད་པར་རྒྱ་འདྲེ་འབྱུང་པོའི་ཚོགས། །བྱད་ཕུར་ཐོད་གཏོང་རིག་སྔགས་མཁན། །མི་མཐུན་ཕྱོགས་རྣམས་ཀུན་བཅོམ་ཞིང་། །ཕྲིན་ལས་ལྷུན་གྱིས་འགྲུབ་པར་མཛོད། །ཅེས་མ་མོ་སྔགས་ཀྱི་སྲུང་མའི་བསང་མཆོད་དངོས་གྲུབ་འབྱུང་གནས་ཞེས་བྱ་བ་རྗོགས་སྤྲུལ་ལྔ་པར་འབོད་པ་ཐུབ་བསྟན་ཆོས་ཀྱི་རྡོ་རྗེས་སྨྲས་པའོ། །དགེའོ། །

༄། དཔལ་ལྡན་སྔགས་ཀྱི་བདག་མོའི་བསང་མཆོད་ཉུང་བསྡུས་བཞུགས་སོ།།

ཀྱཻ། ཉི་མ་བྱང་ཤར་མཚམས་ཤེད་ནས། །རྒྱ་མཚོ་ཆེན་པོའི་ཕ་རོལ་ཏུ། །གནས་རབ་ཡོངས་འདུས་ཤིང་གི་དྲུང་། །སྤུ་ལེ་མཐིང་མཚོའི་གཏིང་རྡུམ་ན། །ཐོད་མཁར་མེ་ལྟར་འཚུབ་མའི་གླིང་། །ཤ་ཆེན་ཚོགས་ནི་རི་ལྟར་སྤུང་། །ཁྲག་ཞག་རྒྱ་མཚོའི་ཐ་གླིང་འཁྲུགས། །ཤིན་ཏུ་འཇིགས་པའི་གནས་མཆོག་ནས། །རྒྱལ་བའི་བསྟན་སྲུང་རྒྱ་མཚོའི་གཙོ། །དཔལ་ལྡན་གཉེན་གྱི་

རེ་མ་ཏི། །འདོད་པ་ཁམས་ཀྱི་དབང་ཕྱུག་མ། །འཁོར་དང་བཅས་པ་གནས་འདིར་གཤེགས། །ཀྲཱི། གཡུ་ཤུག་མཁན་དཀར་བ་ལུ་སོགས། །དྲི་ཞིམ་དུད་པའི་སྤྲིན་ཕུང་དང་། །ཕྱེ་མར་འོ་སྐོལ་ལ་སོགས་པས། །མ་ཅིག་འཁོར་དང་བཅས་པ་བསང་། །བཟའ་བཅའ་བཏུང་བའི་བྱེ་བྲག་དང་། །རིན་ཆེན་སྣ་ཚོགས་ཟ་འོག་གོས། །འབྲུ་སྨན་སྤོས་ཀྱི་རིགས་རྣམས་དང་། །མཁོ་དགུའི་དཔལ་འབྱོར་རྒྱ་མཚོས་བསང་། །མཆོག་གསུམ་རྩ་བརྒྱུད་རིན་པོ་ཆེ། །ཡི་དམ་ལྷ་ཚོགས་ཐམས་ཅད་དང་། །ངོ་བོ་རྣམ་དབྱེར་མེད་པ་ཡི། །བདག་ཉིད་ཆེན་པོ་འཁོར་བཅས་བསང་། །ཕྱི་ལྟར་གནས་གསུམ་མཁའ་འགྲོ་དང་། །ནང་དུ་རྡོ་རྗེ་ལུས་ཀྱི་གཞིར། །གསང་བ་རང་སེམས་ཀུན་བཟང་མོ། །གཅིག་བསྡུས་དཔལ་ལྡན་ལྷ་མོ་བསང་། །ཡེ་ཤེས་འཇིག་རྟེན་དྲེགས་པ་ཡི། །ཚོགས་རྗེ་ཚོགས་བདག་ཆེན་མོ་སྟེ། །རྒྱལ་བསྟན་སྲུང་ཞིང་སྐྱོང་བ་ལ། །འདྲན་གྱི་ཟླ་མེད་མཆོག་དེ་བསང་། །སྲིད་པ་གསུམ་གྱི་ཞིང་རྣམས་སུ། །མཚན་དང་སྒྲ་ཡི་རྣམ་འགྱུར་ནི། །བསམ་མི་ཁྱབ་པའི་རོལ་གར་ཅན། །ཁམས་གསུམ་དབང་བསྒྱུར་ཆེན་མོ་བསང་། །མི་བསྲུན་ལོག་འདྲེན་འདུལ་བ་ལ། །ཐོགས་མེད་རྣོ་མྱུར་དྲག་རྩལ་ཅན། །ལས་བྱེད་འཁོར་ཚོགས་དྲེགས་པའི་དམག །བྱེ་བ་འབུམ་གྱི་ཚོགས་བཅས་བསང་། །ཀྲཱི། དེ་ལྟར་བསང་མཆོད་འདི་ཕུལ་བས། །ཐུགས་དམ་གཉན་པོ་བསྐང་ནས་ཀྱང་། །ཕྲིན་ལས་རྣམ་པ་བཞི་ལ་སོགས། །ཐོགས་མེད་ལྷུན་གྱིས་འགྲུབ་པར་མཛོད།

།ཅེས་པ་འདི་ནི་བསམ་གཏན་ལ་སྦྱོར་བའི་རྒྱལ་པོ་ཨོ་རྒྱན་གྱིས་བསྐུལ་ངོར་པདྨ་ཐེག་མཆོག་བསྟན་པའི་རྒྱལ་མཚན་གྱིས་སྦྱར་བའོ། །དགེའོ། །

༄༅། གཤོག་རྒོད་མའི་བསང་མཆོད།

ཧྲཱིཿ ཨ་ཏིའི་བསྟན་སྲུང་མ་མོ་ཡོངས་ཀྱི་རྗེ། །དམ་ཉམས་སྲོག་ལ་རྔམས་པའི་མཐུ་བོ་ཆེ། །སྲིད་པ་གསུམ་གྱི་སྲོག་གི་བདག་མོ་ནི། །མཁའ་འགྲོའི་ཚོགས་རྗེ་རྡོ་རྗེ་གཤོག་རྒོད་མ། །འཁོར་དང་བཅས་པ་གནས་འདིར་གཤེགས་སུ་གསོལ་། །གཡུ་ཞུག་མཁན་དཀར་བ་ལུ་སྤྲག་པ་སོགས། །ཁྱེ་མར་འོ་སྙོལ་བཟའ་བཅའ་བཏུང་བའི་རིགས། །རིན་ཆེན་སྣ་ཚོགས་འབྲུ་སྨན་སྤོས་ཀྱི་རིགས། །བསྐྱེགས་པའི་དུད་སྤྲིན་ཕྱོགས་བཅུར་འཁྲིགས་པ་འདིས། །མ་ཅིག་འཁོར་དང་བཅས་པ་བསང་ཞིང་མཆོད། །རྒྱལ་བའི་བསྟན་པ་སྲུང་ཞིང་སྐྱོང་བ་དང་། །ཁམས་གསུམ་དབང་སྡུད་བྱད་ཕུར་རྦོད་གཏོང་དང་། །རྒྱལ་འགོང་ཤི་འདྲེའི་ཚོགས་རྣམས་རྡུལ་དུ་རློགས། །ལས་བཞིའི་ཕྲིན་ལས་ལྷུན་གྲིས་འགྲུབ་པར་མཛོད། །རྫོགས་སྤྲུལ་ལྔ་པས་སོ། །

༄། སྲོག་སྒྲུབ་མའི་བསང་མཆོད།

ཧྲཱིཿ གསང་སྔགས་གཉན་གྱི་སྲུང་མ་མཐུ་མོ་ཆེ། །ཉམས་པའི་སྲོག་ལ་རྣམས་པའི་དྲག་མོའི་སྐུ། །གནས་གསུམ་མཁའ་འགྲོ་ཡོངས་ཀྱི་གཙོ་མོ་ནི། །སྲིད་གསུམ་དབང་བསྒྱུར་ཤན་པ་སྲོག་སྒྲུབ་མ། །དུར་ཁྲོད་རོལ་བའི་ཕོ་བྲང་ཆེན་པོ་འདིར། །པད་ཉི་དགྲ་བགེགས་བསྣོལ་བའི་གདན་ལ་བཞུགས། །སྒོ་གསུམ་གུས་པའི་སྒོ་ནས་ཕྱག་འཚལ་ལོ། །ཕྱེ་མར་བཟའ་བཏུང་བསྡེགས་པའི་སྦྱིན་ཕུང་དང་། །དར་ནག་གཡབ་མོ་ཉམས་པ་བསྒྲལ་བའི་ཁྲག །ཞིང་གི་རྒྱལ་མཚན་དབང་པོའི་མེ་ཏོག་དང་། །དོན་སྙིང་ནང་རོལ་མགོ་ཕྲེང་དོ་ཤལ་དཔྱངས། །ཤ་ཁྲག་སྙིང་སྣ་རྨ་བྱའི་རྒྱལ་མཚན་དང་། །ཤ་སྣ་སྙིང་སྣ་ཚྭ་ཀླད་ཁྲག་རུས་པ་སོགས། །མཐུན་པའི་དམ་རྫས་མ་ཚང་མེད་པ་ཉིད། །གང་བཞེད་ངོ་མཚར་མཆོད་པའི་སྦྱིན་ཕུང་འདིས། །ཤན་པ་སྲོག་སྒྲུབ་ནག་མོ་བསང་ཞིང་མཆོད། །འཁོར་གྱི་མ་མོ་འབུམ་སྡེ་བསང་ཞིང་མཆོད། །ལས་བྱེད་དྲེགས་པའི་དམག་ཚོགས་བསང་ཞིང་མཆོད། །དེ་ལྟར་མཆོད་པས་ཐུགས་དམ་དགྱེས་བསྐང་ལ། །རྒྱལ་བསྟན་སྲུང་ཞིང་བསྟན་འཛིན་སྐྱོང་བ་དང་། །མ་རུང་ལོག་འདྲེན་ཚོགས་རྣམས་རྡུལ་དུ་རློགས། །རྒྱལ་ཁམས་ཀུན་ཏུ་བདེ་སྐྱིད་དཔལ་འབྱོར་རྒྱས། །དུས་འཁྲུགས་ནད་ཡམས་མཐའ་དག་ཞི་བ་དང་། །ལོ་ཕྱུགས་ལེགས་ཤིང་རྟག་ཏུ་སྐྱིད་པར་ཤོག །རྫོགས་སྤྲུལ་ལྔ་པས་སོ། །

༄༅། ཚེ་རིང་མཆེད་ལྔའི་བསང་མཆོད་བདུད་རྩིའི་སྤྲིན་ཕུང་བཞུགས་སོ།།

རཾ་ཡཾ་ཁཾ། བསང་རྫས་འདོད་དགུའི་ལོངས་སྤྱོད་ཀུན་ཏུ་བཟང་པོའི་མཆོད་སྤྲིན་ལྟ་བུར་གྱུར། ཨོཾ་ཨཱཿཧཱུྃ། ཨེ་མ་ཧོ་མཚར་རྨད་ཀྱི་ཆོས། །འབྱུང་ལྔ་དག་པའི་དབྱིངས་ཆེན་པོར། །ཕུང་ལྔ་རྣམ་དག་བསང་གི་རྫས། །ངོ་བོ་སྟོང་ཡང་རང་བཞིན་གསལ། །མཚན་ཉིད་ཕུན་ཚོགས་དཔལ་ཡོན་ལྡན། །ཀུན་ཏུ་བཟང་པོའི་མཆོད་པའི་སྤྲིན། །འཁོར་འདས་གནས་ཀུན་ཡོངས་ཁྱབ་གྱུར། །སྭ་ར་ཎ་ཁཾ། ནམ་མཁའ་མཛོད་ཀྱི་ཕྱག་རྒྱས་བརླབས། ཀྱཻ། སྣང་སྲིད་འཁོར་འདས་ཆོས་སོ་ཅོག །ཡོད་མེད་རྟག་ཆད་ལས་འདས་དབྱིངས། །གཟུང་འཛིན་སྤྲོས་པ་ཀུན་བྲལ་ཡང་། །དེ་ལྟར་མ་རྟོགས་སེམས་ཅན་ལ། །ལྷ་འདྲེ་གཉིས་སུ་སྣང་བའི་གཟུགས། །མཁའ་ལྡིང་ཆུ་སྟོད་ཧེ་སླེད་དུ། །ཤར་བའི་བསང་མགྲོན་མཆོག་དམན་ཀུན། །སྔོན་མོའི་ཁྲིམ་ཚོགས་འདུས་བཞིན་གྱུར། །ཀྱཻ། གསེར་འཛིན་དགའ་མའི་ལྷོར་འཁྲུངས་པའི། །རྩི་ཤིང་དྲི་ཞིམ་བཅུད་ལྡན་རིགས། །ཕྱེ་མར་ཟས་ཕུད་སྐྱེམས་དང་བཅས། །དམ་རྫིག་མེ་དབྱིངས་གསོས་དཀར་མོས། །སྦྱངས་པའི་དྭངས་མ་འཁོར་འདས་ཀྱི། །མཆོད་རྫས་དཔག་མེད་དུད་སྤྲིན་འདིས། །མཆོག་གསུམ་རྩ་གསུམ་རྒྱ་མཚོ་བསང་། །མཁའ་འགྲོ་ཆོས་སྐྱོང་དམ་ཅན་བསང་། །གནས་ཡུལ་དུར་ཁྲོད་སྐྱོང་རྣམས་བསང་། །ཁྱད་པར་ལྷོ་ཏའི་ཟེ་དོར་བསང་། །ཇོ་མོ་བཀྲ་ཤིས་ཚེ་རིང་བསང་། །ལྷ་མོ་མཐིང་གི་ཞལ་བཟང་བསང་། །ལྷ་མོ་ཅོད་པཎ་མགྲིན་བཟང་

བསང་། །ལྷ་མོ་མི་གཡོ་གླང་བཟང་བསང་། །ལྷ་མོ་གཏའ་དཀར་འགྲོ་བཟང་བསང་། །སྤྲུལ་འཁོར་པོ་ཉའི་ཚོགས་ཀུན་བསང་། །ཕྱི་ནང་གསང་བའི་མཆོད་ཚོགས་འབུལ། །འགལ་འཁྲུལ་ཉེས་ཚོགས་མཐོལ་ལོ་བཤགས། །གཞི་ལ་སྡོད་ན་ཁ་མགོན་མཛོད། །བྱེས་བགྲོད་ཆོ་ན་ལམ་ལྷ་མཛོད། །ཅི་བསམ་དོན་འགྲུབ་དངོས་གྲུབ་སྩོལ། །དུས་གསུམ་དགེ་བའི་བཀྲ་ཤིས་ཤོག །ཅེས་པ་འདི་ཡང་བླ་མ་བསྟན་སྐྱོང་གིས་བསྐུལ་ངོར་རྡོ་བླས་བྲིས་པ་ཡོངས་སུ་དགེ་བར་གྱུར་ཅིག །

༄། གཡུ་སྒྲོན་མའི་བསང་མཆོད་བཞུགས།

ཧྲཱིཿ དབྱིངས་ཀྱི་ཡུམ་ཆེན་མ་མོ་ཡོངས་ཀྱི་རྗེ། །འབྱུང་ལྔ་རྣམ་དག་ཡུམ་ལྔའི་རང་བཞིན་ཏེ། །རིག་འཛིན་དཔའ་བོ་ཡོངས་ཀྱི་སྲིང་གཅིག་མ། །སྨན་བཙུན་ཆེན་མོ་རྡོ་རྗེ་གཡུ་སྒྲོན་མ། །འཁོར་བཅས་བསང་གི་མགྲོན་ལ་གཤེགས་སུ་གསོལ། །དྲི་ཞིམ་ཤིང་སྣ་སྨན་སྤོས་དར་ཟབ་སོགས། །བསྲེགས་པའི་དུད་སྤྲིན་བར་སྣང་ཁྱབ་པ་འདི། །སྨན་བཙུན་རྡོ་རྗེ་གཡུ་སྒྲོན་བསང་ཞིང་མཆོད། །འཁོར་གྱི་ལྷ་མོ་མཆེད་བཞི་བསང་ཞིང་མཆོད། །ཡང་གཡོག་འབུམ་ཕྲི་འབུམ་སྡོང་བསང་ཞིང་མཆོད། །དེ་ལྟར་བསང་ཞིང་མཆོད་པའི་མཐུ་ནུས་ཀྱིས། །མི་གཙང་ཉམས་གྲིབ་མཐའ་དག་ཞི་བ་དང་། །བདག་ཅག་དཔོན་སློབ་འཁོར་དང་བཅས་པ་རྣམས། །ཚེ་བསོད་འཕེལ་ཞིང་ནད་གདོན་ཞི་བ་དང་། །དམིགས་བྱ་དབང་བསྡུས་དགྲ་བགེགས་ཚར་གཅོད་ནས། །གསང་ཆེན་བསྟན་པ་ཕྱོགས་བཅུར་རྒྱས་པར་མཛོད། །རྫོགས་སྤྲུལ་ལྷ་པས་སོ། །

༄༅། ལེགས་ལྡན་ལྷ་ཆེན་ལྷུམ་དྲལ་བསང་མཆོད་བཞུགས་སོ།།

ཨོཾ་ཨཱཿཧཱུྃ། སྣོད་བཅུད་སྲིད་པའི་དཔལ་ལྡན་ཕུན་སུམ་ཚོགས། །སྟོད་སྨད་བར་གསུམ་རྒྱ་བོད་གནས་བཟང་རྣམས། །འབྱུང་ལྔ་ལྷུན་གྲུབ་ཡུམ་ལྔས་བྱིན་གྱིས་རློབས། །དཔའ་བོ་མཁའ་འགྲོའི་ཚོགས་ཁང་ཉམས་དགའ་བར། །བྱིན་རླབས་ཐབས་ཤེས་ཉི་ཟླའི་གཟི་བྱིན་འབར། །གངས་ཅན་བོད་སྟོད་ཏི་སེའི་ཡུལ་གླིང་དང་། །སྟེང་ཕྱོགས་ལྷ་ཡུལ་བདེ་དཔལ་ལེགས་རྒྱས་སྤྲོ། །མཐའ་ཡི་རྒྱ་མཚོའི་འགྲམ་དེར་རིན་ཆེན་བརྡལ། །ལེགས་བཞུགས་ལྷ་ཆེན་ལྷུམ་དྲལ་འཁོར་དང་བཅས། །རྫུ་འཕྲུལ་ཐོགས་མེད་གར་བསྒྱུར་འདིར་གཤེགས་ཤིག །ཧོ། ས་ཁམས་སངས་རྒྱས་སྤྱན་མས་བྱིན་གྱིས་རློབས། །ཆུ་ནི་མ་མ་ཀི་དང་མེ་དྲོད་ཆེན། །རླུང་ཁམས་དམ་ཚིག་སྒྲོལ་མས་བྱིན་གྱིས་རློབས། །ན་བཟའ་དཀར་མོའི་རོ་དམར་ནུས་སྟོབས་ཆེ། །དེར་བསྲེགས་ཤིང་སྣ་སྨན་བཟང་རྩི་བཅུད་ལྡན། །དུད་པ་སྔོན་པོའི་སྤྲིན་ཕུང་བར་སྣང་གཡོ། །འདོད་དགུའི་རྟུལ་འཚུབ་བཛྲ་ཧཱུ་པེ་ཧོ། །ལྷ་ཆེན་ལྷུམ་དྲལ་འཁོར་དང་བཅས་པ་བསང་། །གསེར་སྐྱེམས་ཟག་མེད་བདུད་རྩིའི་རོལ་མཚོ་འདི། །ཐ་མལ་བཟའ་བཏུང་མ་ཡིན་རོ་བཅུད་བརྒྱ། །ཕྱེ་མར་སྦྱང་བ་གོས་དཀར་གནས་མེར་བསྲེགས། །མཆོད་ཡུལ་དམ་པ་ལྷ་ཆེན་དབང་ཕྱུག་ཆེ། །རིན་ཆེན་པདྨ་རཱ་ག་ཕྲིས་པ་ལ། །ཉི་ཟེར་འཕྲོད་བཞིན་བཀྲག་སྣུམ་ལམ་མེ་བ། །ཐབས་ཤེས་གཟི་འོད་འབར་བས་ཐམས་

ཅན་འཁྲུགས། །བསང་མཆོད་འདི་ཡིས་མཉེས་པའི་རྟེན་འབྲེལ་གྱིས། །བསམ་གཏན་ཆོས་གླིང་སྟོད་བཅུད་འདི་སྲུང་ལ། །དྲེག་པའི་སྡེ་དཔོན་ཡབ་ཆེན་ཁྱོད་བསྟོད་བསང་། །འཁོར་དུ་ལྷ་མིའི་སྟོབས་ཆེན་ཐབས་ཅན་བསང་། །གེགས་ཞི་དགེ་ལེགས་སྤེལ་བའི་སྟོང་གྲོགས་མཛོད། །ཞེས་ཉེ་གནས་པདྨ་བསམ་གཏན་གྱིས་བསྐུལ་ངོར་ཨོ་རྒྱན་ཆེ་མཆོག་པས་བྲིས་པ་དགེ །མངྒ་ལཾ། །

༄༅ གཟའ་བདུད་དུག་གི་སྤྱུ་གྲིའི་བསང་མཆོད་བཞུགས་སོ།།

ཧཱུཾ་ཛཿ གསང་བདག་ཐུགས་སྤྲུལ་བཀའ་སྡོད་ཆེ། །རྫོགས་ཆེན་བསྟན་པའི་སྲུང་མ་མཆོག །ཁྱབ་འཇུག་ཆེན་པོ་རཱ་ཧུ་ལ། །འཁོར་དང་བཅས་པ་གནས་འདིར་བྱོན། །དགྱེས་པའི་གདན་ལ་བཞུགས་སུ་གསོལ། །མཐུན་པའི་དམ་རྫས་བསང་མཆོད་བཞེས། །ཀྲཱི། བཟང་ཤིང་སྨན་སྤོས་རིན་ཆེན་འབྲུ། །ཁྲེ་མར་འོ་སྙོལ་ཇ་ཆང་ཕུད། །དཀར་དམར་ཤ་ཁྲག་སླིང་སྣ་སོགས། །མཉེས་པའི་མཐུན་རྫས་བསྒྲེགས་པ་ཡི། །དུད་སྤྲིན་ལྷ་ལམ་ངོས་ཡོངས་ཁྱབ། །སྤྱགས་དམིགས་ཕྱག་རྒྱས་བསྒྱུར་ཞིང་སྤེལ། །ནམ་མཁའ་མཛོད་ཀྱི་ལོངས་སྤྱོད་འདིས། །སྲིད་གསུམ་དྲེགས་ཚོགས་ཡོངས་ཀྱི་རྗེ། །སྟོང་ཁམས་བརླགས་མཛད་མཐུ་རྩལ་བདག །དྲང་སྲོང་ཁྱབ་འཇུག་སྒྲ་གཅན་འཛིན། །བསྟན་དགྲའི་སྲོག་གི་སྤྱུ་གྲི་བསང་། །ཡབ་གཅིག་རཱ་ཧུ་ལ་དང་། །ཡུམ་མཆོག་རྡོ་རྗེ་གློག་འགྱུ་བསང་། །སྲིན་མོ་གདོང་མོ་མཆེད་བཞི་དང་། །བཀའ་སྡོད་གཟའ་ཆེན་བརྒྱད་པོ་བསང་། །ཡང་འཁོར་ལྷ་སྲིན་སྡེ

བརྒྱད་དང་། །ཡོ་ཉ་རྒྱུ་སྐར་ཉེར་བརྒྱད་བསང་། །གཞན་ཡང་སྤྲུལ་དང་ཡང་སྤྲུལ་གྱི། །བསྟན་སྲུང་དམ་ཅན་རྒྱ་མཚོ་བསང་། །ཀྱཻ། དེ་ལྟར་བསང་གི་མཆོད་པའི་མཐུས། །བདག་ཅག་མ་རིག་བག་མེད་པས། །མི་གཙང་ཉམས་གྲིབ་དག་གྱུར་ཅིག །བདག་ཅག་དཔོན་སློབ་འཁོར་བཅས་ཀྱི། །ལས་བཞི་ཕྲིན་ལས་ཐོགས་མེད་སྒྲུབས། །གསང་ཆེན་བསྟན་འགྲོའི་སྲོག་དབུགས་བསྲུངས། །བསྟན་པ་ཕྱོགས་བཅུར་རྒྱས་པར་མཛོད། །རྣལ་འབྱོར་པ་ཚོགས་དྲུག་རང་གྲོལ་གྱིས་བྲིས་པ་དགེ་ལེགས་འཕེལ། །དགེའོ། །མངྒ་ལཾ། བཀྲ་ཤིས།

༄༅། །དམ་ཅན་བསང་མཆོད་ཉུང་བསྡུས་བཞུགས་སོ། །

བསང་རྫས་རྣམས་རཾ་ཡཾ་ཁཾ་གིས་བསྲེགས་གཏོར་སྦྱངས། ཨོཾ་ཨཱཿཧཱུྃ་གིས་བདུད་རྩིར་སྦྱེལ། ཧཱུྃ། སྟོག་མེད་དབྱིངས་ལས་སྒྲུ་མའི་སྐུར། །བཞེངས་མཛད་གསང་བདག་རྡོ་རྗེ་འཛིན། །གང་གི་རྣམ་འཕྲུལ་བསྟན་སྲུང་ཆེ། །རྡོ་རྗེ་འབར་བ་འཁོར་བཅས་གཤེགས། །དངོས་འབྱོར་ཡིད་སྤྲུལ་མཆོད་པའི་སྤྲིན། །མཁའ་ཁྱབ་འཁོར་ལོའི་དྲྭ་བ་ཅན། །ཀློ་ཡི་བཀོད་པ་རྒྱ་མཚོ་འདིས། །བསྟན་སྲུང་ཆེན་པོ་འཁོར་བཅས་མཆོད། །བདུད་རྩི་ཅན་གྱི་ལྗོན་པའི་ཤིང་། །སྨན་ཚོགས་འབྲུ་དང་ཟ་འོག་རིགས། །བཟའ་བཅའ་བཏུང་བའི་རིགས་བྱེད་རྣམས། །འབར་བའི་མེར་བསྲེགས་དུད་པས་བསང་། །སྟོབས་ལྡན་དགེ་བསྙེན་འཁོར་བཅས་ཀྱིས། །བདག་ཅག་རྣལ་འབྱོར་འཁོར་བཅས་རྣམས། །དུས་རྣམས་ཀུན་ཏུ་བསྲུང་བ་དང་། །ཕྲིན་ལས་རབ་འབྱམས་ལྷུན་གྲུབ་འཛོད། །དུང་དུང་མཆོད་

དང་བསྟོད་པའི་ཚོགས། །ཡང་ཡང་འབུལ་གྱིས་དགྱེས་པར་བཞེས། །འཛུམ་འཛུམ་ཅིར་ཡང་བསྒྱུར་བའི་ཞལ། །ལྷག་ལྷག་སྔོན་ལ་སྔོང་གྲོགས་མཛོད། །དེ་ལྟར་དམ་ཅན་སྐྱེས་བུ་ཡི། །རྒྱུན་གྱི་བསང་མཆོད་ཕྲེར་བདེ་ཞིག །དགོས་ཞེས་ནོར་བུ་རྒྱ་མཚོ་ཡིས། །བསྐུལ་ངོར་ལྷ་ལྡན་ཞིང་ནས་སྤེལ། །ཞལ་དྲོ། བཀྲ་ཤིས་དཔལ་འབར་འཛམ་གླིང་རྒྱན་དྲུག་ཤོག །དགེའོ། །བཀྲ་ཤིས།

༄༅། །དམ་ཅན་རྡོ་རྗེ་ལེགས་པའི་བསང་མཆོད་བཀྲ་ཤིས་འབྱུང་གཏེར་བཞུགས་སོ།།

ཀྱཻ། རྡོ་རྗེ་འཛིན་ཆེན་ཐུགས་ལས་སྤྲུལ། །རྡོ་རྗེ་འཛིན་པའི་དམ་ཚིག་ཅན། །རྡོ་རྗེ་ལེགས་པ་གཤེགས་སུ་གསོལ། །རྡོ་རྗེ་འཛིན་པའི་བཀའ་བཞིན་དུ། །འདིར་གཤེགས་བསང་གི་མཆོད་པ་བཞེས། །དམ་ཅན་འཁོར་བཅས་དགྱེས་པའི་རྫས། །ར་ཤ་ར་ཚིལ་གསུར་དུད་དང་། །འབྲུ་སྣ་དར་ཟབ་སྨན་སྤོས་རིགས། །ཟས་སྣ་ཆང་ཕུད་གསེར་སྐྱེམས་བསྐྱིལ། །གཡུ་ཤུག་སྤོས་དཀར་ཕྱེ་མར་ཕུད། །འདོད་ཡོན་སྤྲིན་གཟིགས་དགོར་ནོར་དང་། །དངོས་འབྱོར་ཡིད་སྤྲུལ་མཆོད་པ་འདིས། །ཡེ་ཤེས་ལས་དང་འཇིག་རྟེན་གྱི། །རྡོ་རྗེ་ལེགས་པ་འཁོར་བཅས་བསང་། །མཆེད་བླ་སུམ་བརྒྱ་དྲུག་ཅུ་བསང་། །གླིང་ལྷུམ་བསྟན་པའི་ཚོགས་བཅས་བསང་། །ཆོས་དང་གཙུག་ལག་གཏེར་གྱི་བདག །བཀའ་སྲུང་རྡོ་རྗེ་ལེགས་པ་བསང་། །འཇིག་རྟེན་ཁམས་ཀྱི་ནོར་ལ་སྤྱོད། །ནོར་ལྷ་རྡོ་རྗེ་ལེགས་པ་བསང་། །རྒྱ་བོད་གཉིས་ཀྱི་སྣ་འདྲེན

མཛོད། །ཚོང་དཔོན་རྡོ་རྗེ་ལེགས་པ་བསང་། །དམག་ཇག་མཐུ་ཡི་དཔོན་པོ་མཛོད། །མཐུ་ཆེན་རྡོ་རྗེ་ལེགས་པ་བསང་། །ངོ་བོ་གཅིག་ལ་སྐུ་མཆེད་ཚུལ། །སྤྲུལ་པ་སུམ་བརྒྱ་དྲུག་ཅུ་བསང་། །ནམ་མཁའི་ཁམས་ནས་འབྲུག་སྒྲ་སྒྲོག །བྱ་ཞོན་དམ་ཅན་འཁོར་བཅས་བསང་། །བར་སྣང་ཁམས་ནས་གློག་དམར་འཁྱུགས། །སེང་ཞོན་དམ་ཅན་འཁོར་བཅས་བསང་། །ས་གཞིའི་སྟེང་ན་ཐོག་སེར་འབེབས། །ར་ཞོན་དམ་ཅན་འཁོར་བཅས་བསང་། །རྫུ་འཕྲུལ་སྟོང་གསུམ་སྐད་ཅིག་བསྐོར། །སྐྱེས་མཆོག་བཛྲ་ས་དྷུ་བསང་། །རྣལ་འབྱོར་ཡོངས་ཀྱི་སྲུང་མ་སྟེ། །དགྲ་ལྷ་རྡོ་རྗེ་ལེགས་པ་བསང་། །གསོལ་ལོ་མཆོད་དོ་དམ་ཅན་ཚོགས། །འཁོར་བཅས་མཉེས་ཤིང་ཚིམ་གྱུར་ཅིག །ཆོས་འཁོར་རིགས་རྒྱུད་ཁྱོད་ལ་གཏད། །རྒྱབ་རྟེན་ཁ་འཛིན་དཔུང་རོགས་མཛོད། །སྐྱེ་འགྲོ་ཕོ་མོ་དབང་བསྡུས་ལ། །གདུལ་བྱ་ལོངས་སྤྱོད་ཆར་ལྟར་ཕོབ། །ཚེ་བསོད་དཔལ་འབྱོར་རྒྱས་པར་མཛོད། །བདེ་དགའ་ཕུན་ཚོགས་བཀྲ་ཤིས་སྩོལ། །ལེགས་ཚོས་ཉེས་ཟློག་འགལ་རྐྱེན་རིགས། །གློ་བུར་ནད་གདོན་རྐྱེན་ངན་སོལ། །ཇག་རྐུན་གཅན་གཟན་གནོད་པ་སྲུངས། །དོན་གཉིས་མ་གཡེལ་འགྲུབ་པར་མཛོད། །ཅེས་པའང་སྔགས་ཀྱི་རྣལ་འབྱོར་པ་པདྨ་གསང་སྔགས་བསྟན་འཛིན་གྱིས་སྦྱར་བའོ། །

ཉི་གྲགས་ལྷ་བཙན་བསང་མཆོད།

ཧྲཱིཿ རང་རིག་སྟོང་གསལ་རིག་པའི་རང་གདངས་ལས། །རང་རྩལ་ལྷུན་གྲུབ་རོལ་མོ་འབར་བ་ལས། །རང་མདངས་མ་འགགས་ཆུ་ཟླའི་གར་བཞིན་

དུ། །རང་བཞིན་གར་བཞུགས་གནས་ནས་གཤེགས་སུ་གསོལ། །རྣམ་པ་མཆོད་པའི་ཡོ་བྱད་སྣ་ཚོགས་པ། །རྣམ་འཕྲུལ་བཀོད་པའི་བྱེ་བྲག་མཐའ་ཡས་སུ། །རྣམ་མང་ནམ་མཁའ་མཛོད་ཀྱི་འཁོར་ལོ་འདི། །རྣམ་དག་དང་བའི་ཡིད་ཀྱིས་ཁྱོད་ལ་འབུལ། །ལྷ་ལམ་ཡངས་པར་ཁྱབ་པའི་དུད་པའི་སྤྲིན། །ལྷ་ཆེན་འཕྲུལ་དགའི་ལོངས་སྤྱོད་ཇི་བཞིན་དུ། །ལྷ་གཉན་སྲིད་གསུམ་དྲེགས་པ་ཡོངས་ཀྱི་གཙོ། །ལྷ་མཆོག་འཁོར་བཅས་བསང་མཆོད་ཕུལ་བའི་མཐུས། །རྒྱལ་བའི་དབང་པོ་པདྨ་སཾ་བྷ་ཝའི། །རྒྱལ་བསྟན་རིན་ཆེན་ཕྱོགས་བཅུར་དར་བ་དང་། །རྒྱལ་བའི་རྗེས་འཇུག་བདག་ཅག་སྐྱོང་བ་དང་། །རྒྱལ་ཁམས་བདེ་ཞིང་སྐྱིད་པའི་ཕྲིན་ལས་མཛོད། །ཛོགས་སྤྲུལ་ལྔ་པས་སོ། །

༄ དམ་ཅན་ནོར་སྒྲུབ་བསང་མཆོད་འདོད་འཇོའི་བ་མོ་ ཞེས་བྱ་བ་བཞུགས་སོ།།

ཧཱུྃ་ཧྲཱིཿ ཀ་མ་ལ་དང་རཏྣ་བརྡལ་བའི་དབུས། །ཁ་བ་ལྟར་དཀར་བརྗིད་ཆེན་གདོང་ལྔའི་སྟེང་། །ག་བུར་འཛིན་མདོག་སྐྱེས་ཆེན་ཡབ་ཡུམ་སྐུ། །ང་ཡིས་འབོད་ཆེ་བསང་མཆོད་མགྲོན་ལ་གཤེགས། །ཅ་ཅོ་མ་ཡིན་དོན་ལ་བསྐུལ་སྒྲུབ་ཆོ། །ཆ་བྱད་ཡིད་འོང་བཀོད་ལེགས་གཞལ་ཡས་འདིར། །ཇ་ཆང་བཟའ་བཏུང་བསྡོགས་པའི་དུད་པའི་སྤྲིན། །ཉ་རྒྱས་སྟོན་ཟླ་དུང་ལྟར་ཉེས་བྲལ་འབུལ། །ཏ་ནའི་རྫས་མཆོག་མཚན་ལྡན་སྣོད་དུ་བསྐྱིལ། །ཐ་མལ་ཕ་རོལ་བསྒྲལ་བའི་ཁྲག་མཚོ་འཁྱིལ། །ད་ལྟར་བརྗིད་བཤམས་དཔལ་གཏོར་ནོར་འབར་

གྱིས། །ན་བླ་འགྲན་བྲལ་སྐྱེས་བུ་འཁོར་བཅས་མཆོད། །པ་ཏྲའི་འཕྲུད་གླིང་རྒྱལ་སྲིད་རྟགས་རྫས་བཀྲ། །ཕ་རོལ་གཉེར་ལྷུད་སྒོག་འཁོར་སྟག་སྒྲོ་ནང་། །བ་ལང་སྤྱོད་སོགས་གླིང་བཞིའི་ནོར་སྣ་སོགས། །མ་ཚང་མེད་པའི་ཕྲུག་གཡང་རྫས་ཀྱིས་བསྐང་། །ཙ་ར་གདོང་ལྔ་རྐང་འགྲོ་དགྱེས་པའི་ནོར། །ཚ་མེད་རླུང་སྤྱོད་ཅི་བཞིན་མྱུར་ལྡན་མ། །རྫ་རུ་འཕྲུལ་ལས་བྱུང་བའི་ནོར་བུས་སྤྲས། །ཨ་ཡེར་སྒྲིབ་མེད་སྐྱོང་མཛད་འཁོར་བཅས་མཆོད། །ཞ་ཉེ་མི་མཐུན་རྒྱུ་བྲལ་མེ་ལོང་དང་། །ཟ་འོག་ལེ་བཀྲན་དར་སྣ་སྟག་གཟི་ག་རས། །འོས་མཐུན་དགྱེས་རྫས་ར་ཡི་རྣམ་ལྔ་དང་། །ཡ་ལད་བྱུང་བུ་མདའ་དར་བརྒྱན་པས་བསྐངས། །ར་རྫ་ནོར་དག་ཡུམ་མཆོག་གོང་བཙུན་སྨན། །ལ་ལར་མ་ངེས་སྤྲུལ་ཚོགས་སྒྲུབ་མཆོད་ཅིང་། །ཤ་ཁྲག་གཏོར་མས་གསོལ་ཞིང་བསྐངས་པའི་མཐུས། །ས་ག་ར་ལྟར་བདག་ཅག་དཔལ་འབྱོར་སྤེལ། །ཏ་ཡ་ཐྲི་ཤ་པདྨ་ཀཱ་ར་ཡིས། །ཨ་སྨྲི་ར་ལྟེ་ར་བཞག་དམ་ཕོག་གཉེར་གཏད་བཞིན། །ཏ་ལའི་དུག་ལྟར་དགྲ་དཔུང་གཞོམ་མཛོད་ལ། །ཨ་ཏིའི་བསྟན་པ་མཁའ་ལྟར་ཁྱབ་པར་མཛོད། །དེ་ལྟར་བསང་མཆོད་ཕུལ་བའི་བྱིན་རླབས་ཀྱིས། །ཨ་ཏིའི་ཆོས་སྲིད་སྒྲུབ་མཆོག་སྡེ་དང་བཅས། །རྒྱ་མཚོའི་གོས་ཅན་ལྟ་བུར་ཀུན་ཁྱབ་ཅིང་། །ཕྱོགས་ལས་རྣམ་པར་རྒྱལ་བར་མཛད་དུ་གསོལ། །གསང་བདག་བཀའ་བཞིན་བདག་ཅག་དམ་གནས་པས། །སྲིད་པའི་གླིང་གི་མི་རིགས་མི་མིན་གྱི། །དཔུང་ཀུན་འདུལ་དུ་ཀླུ་བདུད་བུ་རུ་བཏུས། །དགེ་ལེགས་སྐྱེར་བྱེད་དགེ་བསྙེན་ལེགས་ཉེས་མཁྱེན། །ཁྱེད་བསྟོད་

གསོལ་ལོ་མཆོད་ཚོགས་སོ་སོར་སྤོབ། །ཕྱོགས་འཁོད་འགྲོ་ནོར་འདོད་དོན་སོར་སྐྱོལ་མཛོད། །

༄༅། །གཏོར་སྦྱིན་ཞན་པ་དམར་ནག་བསང་མཆོད་བཞུགས་སོ།།

ཧྲཱྀཿ སྟེང་ཕྱོགས་ནམ་མཁའ་ཡངས་པའི་དཀྱིལ་འཁོར་ནས། །མ་རུང་ལོག་འདྲེན་འདུལ་བའི་མཐུ་བོ་ཆེ། །བདུད་སྡེའི་གཤེད་མ་ཁྲོ་རྒྱལ་ཡོངས་ཀྱི་གཙོ། །གཏོར་སྦྱིན་ཞན་པ་དམར་ནག་འཁོར་བཅས་རྣམས། །དམ་ཚིག་དགོངས་ལ་འདིར་གཤེགས་བསང་མཆོད་བཞེས། །ཟ་འོག་དར་ཟབ་སྣན་སྣ་སྣོས་ཀྱི་རིགས། །དཀར་གསུམ་མངའ་གསུམ་ཤ་སྣ་ཁྲག་སྣ་ཚོགས། །དཀོར་ཆ་ཡོ་བྱད་སྣ་ཚོགས་བཀྲམ་པ་འདི། །གཏོར་སྦྱིན་རྒྱལ་པོ་ཞན་པ་དམར་ནག་བསང་། །འཁོར་གྱི་དྲེགས་པ་སྡེ་བརྒྱད་ཚོགས་རྣམས་བསང་། །བཀའ་ཉན་ལས་བྱེད་དྲེགས་པའི་ཚོགས་རྣམས་བསང་། །དངོས་འབྱོར་ཡིད་སྤྲུལ་མཆོད་པའི་བྱེ་བྲག་འདིས། །འཁོར་བཅས་ཐུགས་དམ་བསྐང་ཞིང་དགྱེས་གྱུར་ནས། །ཆོས་འཁོར་འདི་ཡི་དཀོར་ཆ་ཡོ་བྱད་རྣམས། །ཁྱེད་ལ་གཉེར་དུ་གཏད་པས་མེལ་ཚེ་མཛོད། །ལོངས་སྤྱོད་དངོས་གྲུབ་མ་ལུས་ཆར་ལྟར་ཕོབ། །ཚེ་དཔལ་བསོད་ནམས་ལྷུང་རྟ་དར་བ་དང་། །སྡོན་ལས་འཕྲལ་རྐྱེན་ངན་པ་བཟློག་ནས་ཀྱང་། །ཕུན་ཚོགས་བདེ་དགའི་དཔལ་གྱི་དངོས་གྲུབ་སྩོལ། །རྫོགས་སྤྲུལ་ལྷ་པས་སོ། །

༄༅། རིག་འཛིན་མའི་བསང་མཆོད།

ཧྲཱིཿ ཆོས་དབྱིངས་བདེ་བ་ཆེན་པོའི་ངང་ཉིད་ལས། །དུས་གསུམ་རྒྱལ་བ་ཀུན་གྱི་ཡུམ་གཅིག་མ། །རིག་འཛིན་རྣལ་འབྱོར་ཡོངས་ཀྱི་དགྱེས་སྐྱེ་མོ། །ཨ་མ་རིག་འཛིན་ལྷ་མོ་རལ་གཅིག་མ། །འཁོར་དུ་མ་མོ་འབུམ་དང་ཞ་ཟ་སྐྱོང་། །སྣང་སྲིད་དྲེགས་པའི་དམག་ཚོགས་གནས་འདིར་གཤེགས། །ཡེ་ཤེས་བདུད་རྩི་བསང་གི་མཆོད་པའི་སྤྲིན། །སྤྱི་དང་ཁྱབ་པར་མཐུན་པའི་དམ་རྫས་ནི། །རྣམ་མང་ནམ་མཁའ་མཛོད་ཀྱི་འཁོར་ལོ་འདིས། །རིག་འཛིན་ལྷ་མོ་འཁོར་བཅས་བསང་ཞིང་མཆོད། །འཁོར་གྱི་མ་མོ་འབུམ་སྡེ་བསང་ཞིང་མཆོད། །བཀའ་ཉན་ལས་བྱེད་ཚོགས་རྣམས་བསང་གིས་མཆོད། །དེ་ལྟར་བསང་མཆོད་ཕུལ་བའི་བྱིན་རླབས་ཀྱིས། །ཚེ་འདིར་མི་མཐུན་རྐྱེན་ངན་ཞི་བ་དང་། །འཁོར་སློབ་རྒྱས་ཤིང་སྲིད་གསུམ་དབང་དུ་སྡུད། །དགྲ་བགེགས་ཚར་གཅོད་བཅོལ་བའི་ཕྲིན་ལས་སྒྲུབས། །རྫོགས་སྤྲུལ་ལྔ་པས་སོ། །

༄༅། བཙན་གྱི་བསང་མཆོད་ཉུང་དུར་བསྡུས་པ་བཞུགས་སོ།།

རཾ་ཡཾ་ཁཾ་གིས་སྦྱངས། ཨོཾ་ཨཱཿཧཱུྃ་གིས་བདུད་རྩི་སྦྱེལ། ཧོཿ ལྗོན་ཤིང་བྲག་རི་པདྨའི་ཚལ། །ཁམས་གསུམ་སྐྱེ་འགྲོའི་ཚེ་སྲོག་བདག །འབར་བ་སྤུན་བདུན་འཁོར་བཅས་རྣམས། །སྐུ་མདོག་དམར་པོ་འོད་དུ་འབར། །ཁྲོ་འཛུམ་འཁྲིང་བག་ཨམ་གཙིགས་བསྡམས། །གོ་ཁྲབ་བེར་སོགས་དཔའ་བོའི་ཆས། །ཕྱག་ན་ཞིང་བཙུ་བསྒྲལ་བའི་མཚོན། །མདུང་དམར་དང་ནི་ཙིཏྟ་བསྣམས། །མྱུར་མགྱོགས་རླུང་གི་རྟ་ལ་ཞོན། །སྟོང་གསུམ་སྐད་ཅིག་ཡུད་ཀྱིས་བསྐོར། །སྡེ་བརྒྱད་རིགས་པའི་ཚོགས་དང་བཅས། །པདྨ་ཐོད་ཕྲེང་བཀའ་བཞིན་དུ། །མ་གཡེལ་གནས་འདིར་སྤྱན་འདྲེན་གཤེགས། །བཛྲ་ས་མ་ཡ་ཛཿ ཁྱོད་ལ་མཆོད་པ་འབུལ་བ་ནི། །ཏིང་འཛིན་སྔགས་དང་ཕྱག་རྒྱ་ཡིས། །དངོས་འབྱོར་ཡིད་སྤྲུལ་མཆོད་པའི་ཚོགས། །མི་ཟད་ནམ་མཁའི་མཛོད་སྤྲུལ་འབུལ། །ཁྱེད་པར་བཟང་ཤིང་སྨན་སྤོས་ཕུད། །ཕྱེ་མར་འབྲུ་སྣ་མཐུན་པའི་རྫས། །འབར་བའི་མེར་བསྲེགས་དུད་པའི་སྤྲིན། །ལྷ་ལམ་ཡོངས་ཁྱབ་བདུད་རྩིའི་ཆར། །དབང་པོའི་སྤྱོད་ཡུལ་ཀློམ་གྱུར་ཅིག །རྣལ་འབྱོར་བདག་ཅག་འཁོར་བཅས་ཀྱི། །འགལ་རྐྱེན་ཀུན་ཞི་མཐུན་རྐྱེན་བསྒྲུབ། །གསང་སྔགས་རྡོ་རྗེ་ཐེག་པ་འདི། །རྒྱ་མཚོའི་ཕ་མཐའ་ཚུན་ཆད་དུ། །ཁྱབ་པའི་ཕྲིན་ལས་ཁྱེད་ཀྱིས་མཛོད། །སྟོད་བཙུད་ཕྱུག་གཡང་བཀྲ་ཤིས་སྩོལ། །ཅེས་སྐལ་ལྡན་ལྷ་ལྷ་རས་བསྐུལ་ངོར་གཟའ་པ་སངས་དང་སྐར་མ་ཆུ་སྨད་འཛོམས་པའི་དུས་ཆེས་དགེ་བར་ལྷ་ལྷ་བཛྲས་སྨྲས་སོ། །དགེའོ། །བཀྲ་ཤིས།

༄༅། ཞུར་སྲུང་བཅུ་གཉིས་བསང་མཆོད།

ཧཱུྃ༔ དཔལ་ཆེན་རྡོ་རྗེ་གཞོན་ནུའི་བཀའ་སྲུང་ཆེ། །དཀྱིལ་འཁོར་ཆེན་པོའི་བར་ཁྲིམས་སྐྱོང་མཛད་པའི། །ཤྭ་ན་མཆེད་བཞི་བདག་ཉིད་ཆེན་མོ་བཞི། །ས་བདག་མ་བཞི་སྐྱེས་བུ་གིང་བཞིའི་ཚོགས། །རྡོ་རྗེ་ཞུར་བའི་སྲུང་མའི་ཚོགས་རྣམས་ཀྱང་། །དམ་ཚིག་དབང་གིས་གནས་འདིར་གཤེགས་སུ་གསོལ། །མཆོད་པའི་སྤྲིན་ཕུང་ནམ་མཁའི་མཐའ་ཀླས་པ། །དངོས་སུ་འབྱོར་དང་ཡིད་ཀྱིས་རྣམ་འཕྲུལ་པའི། །ངོ་མཚར་བཀོད་པའི་རྣམ་འཕྲུལ་མཐའ་ཡས་པ། །ཁྱད་པར་དྲི་ཞིམ་ཤིང་སྣ་བསྲེགས་པ་ཡི། །ལྷ་ལམ་ཡོངས་ཁྱབ་བསང་གི་མཆོད་པ་འདིས། །རྒྱལ་བསྟན་འཛིག་རྟེན་ཁམས་སུ་དར་བ་དང་། །དགོན་གནས་ཆོས་འཁོར་སྲུང་ཞིང་སྐྱོང་བ་དང་། །མ་རུང་དམ་སྲི་རྒྱ་འདྲེ་འབྱུང་པོའི་ཚོགས། །མངོན་སྤྱོད་ཤུགས་ཀྱིས་སྒྲོལ་བའི་དུས་ལ་བབས། །སྔོན་ལས་འཕྲལ་རྐྱེན་ངན་པ་བཟློག་ཏུ་གསོལ། །ལས་ཀྱི་འབྲས་བུ་མཐར་དག་འགྲུབ་པར་མཛོད། །རྫོགས་སྤྲུལ་ལྔ་པས་སོ། །

༄༅། གཏེར་སྲུང་ལྷང་ལྷའི་བསང་མཆོད།

ཧཱུྃ། སྔོན་ཚེ་པདྨ་འབྱུང་གནས་སྤྱན་སྔ་རུ། །ཟབ་གཏེར་སྐྱོང་བར་ཞལ་བཞེས་ཐ་ཚིག་ཅན། །ལྷ་ཡི་དགེ་བསྙེན་རྡོ་རྗེ་དྲག་པོ་རྩལ། །འཁོར་བཅས་འདིར་གཤེགས་གུས་པས་ཕྱག་འཚལ་ལོ། །ཧཱུྃ་ལས་སྐྱེས་པའི་འབར་བའི་མེ་ནང་

དུ། །ཤིང་སྣ་སྨན་སྣ་དར་ཟབ་རིན་ཆེན་ལྔ། །བསྐྱེགས་པའི་དུད་སྤྲིན་བར་སྣང་གང་བ་འདིས། །དགེ་བསྙེན་འཁོར་བཅས་བསང་ཞིང་མཆོད་པའི་མཐུས། །སྨོན་ཆོ་དཔལ་ཆེན་སྤྲིན་ཕུང་ཁས་བླང་བཞིན། །པདྨའི་ཟབ་གཏེར་གཉན་པོ་བསྲུང་བ་དང་། །བསྟན་པའི་ཉི་མ་ཕྱོགས་བཅུར་དར་ཞིང་རྒྱས། །གང་ལ་བར་དུ་གཅོད་པའི་དགྲ་དང་བགེགས། །མཐའ་དམག་དུས་ཀྱི་འཁྲུགས་པ་ཞི་བ་དང་། །ལོ་ཕྱུགས་ལེགས་ཤིང་འབྲུ་རྣམས་འཕེལ་ཞིང་རྒྱས། །བདེ་སྐྱིད་རྫོགས་ལྡན་དཔལ་ལ་སྤྱོད་པར་ཤོག །རྫོགས་སྤྲུལ་ལྔ་པས་སོ། །

༄༅། གནོད་སྦྱིན་ཙིའུ་དམར་པོའི་བསང་མཆོད་ཉུང་བསྡུས་བཞུགས་སོ།།

རྃ་ཡྃ་ཁྃ། ཀྲཱི། ཉི་མ་ནུབ་ཕྱོགས་ཕ་གི་ན། །བཙན་ཡུལ་ཟངས་ཐང་དམར་པོ་ན། །རིགས་པ་ཀུན་གྱི་མངའ་བདག་པོ། །གནོད་སྦྱིན་ཆེན་པོ་ཡང་ལེ་བེར། །ཚེ་བཙན་རོལ་བ་རྒྱ་བདུན་ཚོགས། །མདོག་དམར་ཁྲོ་ཞིང་གཏུམ་པའི་ཆས། །ཕྱག་ན་བ་དན་ཞགས་པ་བསྣམས། །སྨུར་མགྱོགས་རླུང་གི་རྟ་ལ་ཞོན། །སྟོང་གསུམ་སྐད་ཅིག་ཉུལ་བར་བྱེད། །སྡེ་བརྒྱད་རིགས་པའི་ཚོགས་དང་བཅས། །པདྨ་དབང་གི་བཀའ་བཞིན་དུ། །མ་ཐོགས་མྱུར་དུ་ཚུར་བྱོན་ལ། །ཕྲིན་ལས་སྒྲུབ་ཕྱིར་བཞུགས་སུ་གསོལ། །ཏིང་འཛིན་སྔགས་དང་ཕྱག་རྒྱ་ཡིས། །དངོས་སུ་བཤམས་དང་ཡིད་ལས་སྤྲུལ། །མཆོད་སྦྱིན་བསམ་ཡས

ལྷུན་གྲུབ་པ། །ཡུམ་ཆེན་ན་བཟའ་དཀར་མོ་ཉིད། །གདོང་ནས་རྣམ་དག་འབྱུང་བའི་མེས། །དངོས་འཛིན་དྲི་མ་ཀུན་སྦྱངས་ནས། །དྭངས་མའི་མཆོད་སྤྲིན་རྒྱ་མཚོ་ཡིས། །སྟོང་གསུམ་ནམ་མཁའི་ཁམས་བཀང་ནས། །གནོད་སྦྱིན་ཆེན་པོ་འཁོར་བཅས་བསང་། །ཁྱད་པར་དམར་ཆེན་རྒྱ་མཚོར་བསྐྱིལ། །དབང་པོ་ལྔ་ཡི་མེ་ཏོག་དང་། །གསུར་ཆེན་སྲོས་ཀྱི་དུད་པའི་སྤྲིན། །ཞུན་ཆེན་མར་མེ་ཉི་ལྟར་འབར། །མཁྲིས་པའི་དྲི་ཆབ་མེ་རེ་རེ། །ཤ་ཁྲག་དམར་གཏོར་རི་ལྟར་སྤུང་། །བཙན་བྱ་དམར་པོ་གློག་ལྟར་འཁྱུགས། །བཙན་གྱི་ཁྲི་དམར་དཔའ་གཏུམ་སྐྱོད། །ཅང་ཤེས་རྟ་མཆོག་ལ་སོགས་པས། །གནོད་སྦྱིན་ཆེན་པོ་འཁོར་བཅས་བསང་། །ཐུགས་དམ་གཉན་པོ་བསྐང་ནས་ཀྱང་། །ཕྱོག་ཐུག་འགྲུས་འགལ་མཐོལ་ལོ་བཤགས། །དེ་ལྟར་བསང་བའི་ཡོན་ཏན་གྱིས། །སྤྱི་འགྱུར་རྡོ་རྗེ་ཐེག་པ་ཡི། །བསྟན་དང་བསྟན་འཛིན་དར་རྒྱས་མཛོད། །རྒྱལ་ཁམས་མཐའ་དབུས་ཐམས་ཅད་དུ། །དུས་ཀྱི་རྐྱུད་པ་ཀུན་ཞི་ཞིང་། །དགེ་བཅུའི་ལེགས་ཚོགས་འཕེལ་བར་མཛོད། །དགྲ་འདྲེ་གདོན་གསུམ་བརླག་པ་དང་། །བཅོལ་བའི་ཕྲིན་ལས་འགྲུབ་པར་མཛོད། །ཅེས་པ་འདིའང་ཆུ་འབྲུག་ཟླ་བ་གསུམ་པའི་ཚེས་བཅུ་གཉིས་ཉིན་ལྷ་ལྡན་སྤྲུལ་པའི་གཙུག་ལག་ཁང་གི་ཉེ་ཆར་ལྷ་ཀླུའི་མཚོ་ཁར་ཆར་འབེབས་སྐབས་རྫོགས་སྤྲུལ་བཞི་བའི་སྐྱེ་སྲིད་ལྔ་པར་སྒྲོ་བཏགས་པ་པདྨ་ཐེག་མཆོག་བསྟན་འཛིན་གྱིས་བྲིས་པ་དགེ་ལེགས་སུ་གྱུར་ཅིག །དགེའོ། །བཀྲ་ཤིས།

༄། རྟ་མགྲིན་དྲེགས་པ་ཟིལ་གནོན་ལས་བཀའ་སྲུང་ཆོས་རྒྱལ་སྐུ་ལྔའི་བསང་མཆོད་མདོར་བསྡུས་བཞུགས་སོ།།

ཕུད་དང་གཏོར་མ་གང་འབྱོར་བཤམས་ནས། ཨོཾ་ཨཱཿཧཱུྃ་གིས་བྱིན་གྱིས་བརླབས། ཧཱུྃ། སྐད་ཅིག་བདག་ཉིད་དཔའ་བོ་རྟ་མགྲིན་དཔལ། །སྐུ་མདོག་དམར་པོ་ཞལ་གཅིག་ཕྱག་བཞི་པ། །ཁྲོ་ཐོད་ལྕགས་ཀྱུ་ཞགས་འཛིན་འདོར་ཐབས་འཁྱིང་། །དུར་ཁྲོད་ཆས་རྫོགས་ཡུམ་བཅས་ལམ་གྱིས་གསལ། །གདོད་ནས་རྣམ་དག་ཆོས་སྐུའི་རོལ་བ་ལས། །ཕན་དང་གནོད་བྱེད་བྲལ་ཡང་གཉིས་འཛིན་རོལ། །འཇིག་རྟེན་དྲེགས་པའི་སྐུར་སྟོན་ཆོས་ཀྱི་རྒྱལ། །སྐུ་ལྔ་འཁོར་བཅས་བཛྲ་ས་མ་ཛཿ། །ཕྱི་ནང་མཆོད་སྤྲིན་ཀུན་བཟང་རོལ་བ་ལས། །ཡོངས་ཤར་མ་ཚང་མེད་དང་ཁྱད་པར་དུ། །ཉམས་པའི་དབང་ལྔ་ཤ་ཁྲག་རུས་པ་བཅས། །བསྟན་པ་བསྲུང་ཕྱིར་འབུལ་གྱིས་བཞེས་སུ་གསོལ། །སྣ་ཚོགས་ཤིང་སྣའི་དུད་སྤྲིན་བར་སྣང་གང་། །དྲི་ཞིམ་ཕུད་ཀྱི་དུད་པ་རྒྱ་ཆེན་པོས། །བཤད་སྒྲུབ་བསྟན་པའི་སྲུང་མ་མཐུ་རྩལ་ཅན། །བྲན་གཡོག་སྡེ་དཔོན་བཅས་པ་བསང་ངོ་མཆོད། །རབ་འབྱམས་ཆོས་སྐུའི་ངང་ལས་མཛད་པའི་འཕྲུལ། །ངེས་པ་ལྔ་ལྡན་ལོངས་སྤྱོད་རྫོགས་པའི་སྐུ། །བཅོམ་ལྡན་རྒྱལ་བ་རིགས་ལྔའི་རྣམ་རོལ་ལ། །དབྱེར་མེད་གུས་པ་ཆེན་པོས་བསྟོད་པར་བགྱི། །དེ་ལྟར་མཆོད་བསྟོད་ཕུལ་བའི་མཐུ་སྟོབས་ཀྱིས། །རྒྱལ་བསྟན་སྤྱི་དང་བྱེ་བྲག་སྔ་འགྱུར་ཐེག །མི་ཉམས་གོང་དུ་འཕེལ་ཞིང་དེར་འཛིན་གྱི། །འདུས་པའི་སྡེ་ཚོགས་དབྱར་མཚོ་དང་འགྲན་མཛོད། །བདག་ཅག་དཔོན་སློབ་འཁོར་དང་བཅས་པ་ཡི། །འགལ་རྐྱེན་

ཞི་ཞིང་མཐུན་རྐྱེན་འབྱོར་ཚོགས་འཕེལ། །ཉིན་མཚན་དུས་དྲུག་མེལ་ཚེ་མི་གཡེལ་ཞིང་། །བསམ་དོན་ལྷུན་གྱིས་འགྲུབ་པར་མཛད་དུ་གསོལ། །ཞེས་ཕུལ་བས་བསང་མཆོད་སོགས་བྱའོ། །དེ་ལྟ་བུའི་བསང་མཆོད་ཅིག་བླ་མ་ནོར་བུ་རྒྱ་མཚོས་བསྐུལ་བ་ལ་བརྟེན་ནས། པདྨ་ཐེག་མཆོག་བསྟན་པའི་རྒྱལ་མཚན་གྱིས་སྦྱར་བའོ། །དགེའོ། ། ཤུབྷཾ། བཀྲ་ཤིས་ཤོག

༄། ཉི་གྲགས་རྒྱལ་པོའི་བསང་མཆོད།

ཧཱུྃ། གཏི་མུག་རྣམ་དག་ཆོས་དབྱིངས་ཡེ་ཤེས་ལས། །རང་རྩལ་མ་འགགས་ཆུ་ཟླའི་རོལ་གར་བཞིན། །སྐུ་ཡི་རྒྱལ་ཆེན་དགྲ་བཅོམ་གཞོན་ནུའི་ཚུལ། །གསང་བའི་ཡུམ་ཆེན་བདུད་མོ་རོ་ལངས་མ། །བཀའ་ཡི་བློན་པོ་རུ་ཏྲ་ནག་པོ་ཆེ། །རུ་འདྲེན་སྡེ་བཞི་འཁོར་དང་བཅས་པ་དང་། །ཕྱི་རོལ་ལྷ་སྲིན་སྡེ་བརྒྱད་ཚོགས་དང་བཅས། །འཁོར་བཅས་སྤྲིན་ཕུང་གཏིབ་པ་ལྟ་བུར་གཤེགས། །པད་ཉི་དགྲ་བགེགས་བསྡོལ་བའི་གདན་ལ་བཞུགས། །ཕྱེད་ལ་རབ་ཏུ་དང་བས་ཕྱག་འཚལ་ལོ། །སྨན་སྣ་དར་ཟབ་རིན་ཆེན་རྣམ་པ་ལྔ། །བདུད་རྩི་ཅན་གྱི་ཤིང་སྣའི་ཚོགས་དང་བཅས། །འབར་བའི་མེར་བསྲེགས་དུད་པའི་སྤྲིན་ཕུང་གིས། །སྐུ་ཡི་རྒྱལ་ཆེན་འཁོར་བཅས་བསང་ཞིང་མཆོད། །སྐུ་ཡི་ཡུམ་ཆེན་བདུད་མོ་རོ་ལངས་བསང་། །སྐུ་ཡི་བློན་པོ་བྲ་ཏྲི་མིག་གཅིག་བསང་། །སྐུ་ཡི་སྤྲུལ་པ་དགྲ་བཅོམ་གཞོན་ནུ་བསང་། །ཕྱོགས་བཞིའི་རྒྱལ་ཆེན་སྡེ་བཞི་ཡབ་ཡུམ་བསང་། །བློན་པོ་རུ་འདྲེན་རིགས་པའི་ཚོགས་

རྣམས་བསང་། །དེ་ལྟར་བསང་མཆོད་ཕུལ་བའི་བྱིན་རླབས་ཀྱིས། །བདག་ཅག་འཁོར་བཅས་ནད་མེད་ཚེ་བསོད་རྒྱས། །ཁམས་གསུམ་དབང་སྡུད་དགྲ་བགེགས་སྒྲོལ་བ་དང་། །རྒྱལ་བསྟན་དར་རྒྱས་བསྟན་འཛིན་སྐྱེས་བུ་རྣམས། །མཛད་འཕྲིན་རྒྱས་ཤིང་རྒྱལ་ཁམས་མཐའ་དག་ཏུ། །བདེ་སྐྱིད་དཔལ་ལ་སྤྱོད་པའི་དངོས་གྲུབ་སྩོལ། །ཅེས་པ་འདི་ཡང་རྫོགས་སྤྲུལ་ལྔ་པས་སོ། །

༄། གསུང་གི་བློན་པོ་རྡོ་རྗེ་གྲགས་ལྡན་གྱི་བསང་མཆོད།

ཧྲཱིཿ ཀ་དག་དབྱིངས་ལས་ཤར་བའི་ཆོས་སྐྱོང་ཆེ། །ཁ་དོག་དུས་མཐའི་མེ་ཡི་ཕུང་པོ་ལྟར། །ག་རུ་བཞུགས་ཀྱང་རྣལ་འབྱོར་བདག་གི་མགོན། །ང་ཡིས་འབོད་ཚེ་གནས་འདིར་གཤེགས་སུ་གསོལ། །ཙ་ཙེའི་དབྱངས་དང་རོལ་མོ་སྙན་པའི་སྒྲ། །ཆ་སྒྲ་ཀི་དང་བསྒྲོལ་ལ་དགྱེས་པར་མཛོད། །ཛ་ཆང་བཟའ་བཏུང་བསྒྲིགས་པའི་དུད་པའི་སྤྲིན། །ཉ་ཤ་ཁྲག་ཞག་རྒྱ་མཚོའི་ཐ་རླབས་འཁྲིགས། །ཏ་ན་སྨ་ཊའི་མཆོད་པའི་ཚོགས་རྣམས་འབུལ། །ཐ་དད་སོ་སོར་མཐུན་པའི་དམ་ཚིག་རྫས། །ད་ལྟ་ཉིད་དུ་དགྱེས་པར་བཞེས་ནས་ཀྱང་། །ན་མར་ཕྲོད་ཀྱིས་བདག་ལ་སྟོང་གྲོགས་མཛོད། །པ་ར་མི་ཏ་རིགས་བདག་རྩལ་དུ་བཞུགས། །ཕ་མས་བུ་ལ་བརྩེ་བ་ཇི་བཞིན་དུ། །བ་མཆོག་བུམ་བཟང་དཔག་བསམ་ལྗོན་ཤིང་ལྟར། །མ་ལུས་ལྷག་མེད་དངོས་གྲུབ་སྩལ་དུ་གསོལ། །ཙ་ར་རོག་པོ་ཤེལ་སྐྱོང་ནག་པོའི་མདངས། །ཚ་བའི་གདུང་སེལ་རིན་ཆེན་གདུགས་མཛེས་དང་། །ཛོ་རུའི་རྒྱན་བཞིན་བདུད་རྩི་དམར་གྱི་མཚོ། །ཝ་སྐྱུང་སྟག་

གཟིག་སེང་གེ་དོམ་དྲེད་ཁྱི། །ཞྭ་ལྷམ་བེར་དང་རིན་ཆེན་རུས་པའི་རྒྱན། །ཟ་འཐུང་དཔལ་ལ་འཚེ་བའི་དགྲ་བགེགས་རྣམས། །འ་ཁྱུར་མདོན་སྤྱོད་དྲག་པོས་སྒྲོལ་བར་མཛོད། །ཡ་མཚན་ལྡན་པའི་ལྷ་མཆོག་ཁྱོད་ཉིད་ཀྱིས། །རཛ་རྒྱལ་འགོང་ཤི་འདྲེའི་འཚེ་བ་དང་། །ལ་ལ་དམ་སྲིའི་ཤེས་རྒྱུད་བརླམས་པ་རྣམས། །ཤ་ཁྲག་དོན་སྙིང་ནང་རོལ་ཞལ་དུ་སྟོབས། །ས་འདི་བདེ་སྐྱིད་དཔལ་ལ་སྤྱོད་པར་མཛོད། །ཧྲུ་སྤྲི་བའི་བཀའ་སྡོད་མཐུ་བོ་ཆེ། །ཨ་ལ་ཧ་ལའི་དགྱེས་པའི་གད་མོ་ཡིས། །བདག་གི་ཡིད་ལ་ཧི་ལྷར་འདོད་པ་ཀུན། །དངོས་གྲུབ་མ་ལུས་ཡིད་བཞིན་སྐུལ་དུ་གསོལ། །ཅེས་པ་འདི་ཡང་རྫོགས་སྤྲུལ་ལྔ་པས་སོ། །

༄ ཉི་གྲགས་ཀྱི་བཙན་བསང་མཆོད།

ཧྲཱིཿ དབང་གི་ལྷ་མཆོག་པདྨ་ཧེ་རུ་ཀའི། །དབང་ཆེན་ཁྲོ་བོའི་རྒྱལ་པོའི་བཀའ་ཉན་པ། །དབང་དྲག་ཁྲོས་པའི་མི་བཟད་འབར་བའི་སྐུ། །དབང་མདོག་གཏུམ་ཆེན་ཁྲོས་པ་ཤྭ་བའི་དབུ། །རབ་འབྱམས་རྒྱ་མཚོའི་ཞིང་ཁམས་གར་བཞུགས་ནས། །རབ་གཉན་ནམ་མཁའ་གློག་གི་ཀློས་གར་བཞིན། །རབ་མཛེས་དུར་ཁྲོད་རོལ་བའི་གཞལ་ཡས་འདིར། །རབ་ཏུ་དགྱེས་པ་ཆེན་པོས་བཞུགས་སུ་གསོལ། །ངོ་བོ་གདོད་ནས་རྣམ་པ་དག་པ་ལ། །ངོ་མཚར་ཡོན་ཏན་བྱེ་བའི་དཔལ་མངའ་བ། །ངོ་མཚར་མཆོད་སྦྱིན་དམ་པ་འབུལ་ལགས་ན། །ངོ་བོ་ཀ་ནས་དག་པར་མཛད་དུ་གསོལ། །དབང་པོའི་གཞུ་ལྟར་བཀྲ་བའི་མཆོད་པའི་སྦྱིན། །དབང་ཕྱུག་རིགས་པ་ཡོངས་ཀྱི་གཙུག་གི་རྒྱན། །དབང་གི་ལྷ་མཆོག

རྡོ་རྗེ་དགྲ་འཛོམས་ལ། །དབང་སོགས་ལས་བཞིའི་དངོས་གྲུབ་སྩོལ་ཕྱིར་འབུལ། །རྣམ་མཛེས་དྲི་ཞིམ་ཤིང་སྣའི་དུད་པའི་སྤྲིན། །རྣམ་པ་ལྔ་ལམ་ཡོངས་ལ་ཁྱབ་པ་ཡིས། །རྣམ་མང་འདོད་དགུ་རྟུལ་ལྟར་འཚུབས་པ་འདི། །རྣམ་དག་དང་བའི་བློ་ཡིས་ཁྱོད་ལ་འབུལ། །བཀྲ་ཤིས་སྐལ་པའི་བ་དན་སྲིད་རྩེར་བསྒྲེངས། །བཀྲ་ཤིས་ལེགས་ཚོགས་བཀོད་པ་བྱེ་བའི་མཛོད། །བཀྲ་ཤིས་ཕུན་ཚོགས་ཕྱུ་གཡང་དངོས་གྲུབ་སྩོལ། །བཀྲ་ཤིས་སྣང་བས་ས་སྟེང་ཁྱབ་གྱུར་ཅིག །ཛོགས་སྤྲུལ་ལྔ་པས་སོ། །

༄༅། ནོར་བདག་བསང་མཆོད་ཉུང་བསྡུས་བཞུགས་སོ།།

གསང་བའི་བདག་པོ་ཕྱག་ན་རྡོ་རྗེ་ལ། །གུས་པས་ཕྱག་འཚལ་བྱིན་གྱིས་བརླབ་ཏུ་གསོལ། །རི་རབ་ལྷུན་པོའི་བྱང་གི་ཕྱོགས་རོལ་ནས། །གནོད་སྦྱིན་རིན་ཆེན་ལྗོང་གི་ཕོ་བྲང་ནས། །འཇིག་རྟེན་ཁམས་ཀྱི་དབུལ་བ་སེལ་བའི་མགོན། །དངོས་གྲུབ་ཟད་མི་ཤེས་པའི་གཏེར་ཆེན་པོ། །རྣམ་མང་ཐོས་སྲས་ནོར་བདག་གནོད་སྦྱིན་རྒྱལ། །ནོར་ལྷ་རྒྱ་མཚོའི་ལྷ་ཚོགས་མ་ལུས་ལ། །འདོད་ཡོན་ཕུན་ཚོགས་བསང་གི་མཆོད་པ་འབུལ། །ཡིད་ལ་ཅི་བསམ་འདོད་དགུའི་དངོས་གྲུབ་སྩོལ། །མི་ནོར་དཔལ་འབྱོར་ལོངས་སྤྱོད་རྒྱས་པ་དང་། །མི་མཐུན་འཚེ་བའི་རྐྱེན་རྣམས་ཞི་བར་མཛོད། །ནོར་བདག་བཀའ་སྲུང་སྟག་ས་སྲུང་ཆེན་མོ་དང་། །གནས་ཀྱི་སྲུང་མ་ཡང་མ་བྱང་ཆུབ་སྒྲོན། །བསང་གི་མཆོད་པ་འབུལ་ལོ་འགལ་རྐྱེན་བཟློག །ཡུལ་ཕྱོགས་འདི་ལ་གནས་པའི་གཞི་

བདག་རིགས། །ས་ལ་གནས་དང་མཁའ་ལ་རྒྱུ་བ་ཀུན། །ཧིང་འཛིན་ཆེན་པོས་བྱིན་གྱིས་བརླབས་པའི་ཟས། །འདོད་ཡོན་བསང་གསུར་མཆོད་པ་འབུལ་ལོ་བཞེས། །ཚིམ་ཞིང་དགྱེས་པར་མཛོད་ལ་བདག་ཅག་གི །མི་ནོར་འཚོ་བ་སྐྱོང་ལ་མཐུན་རྐྱེན་སྤེལ། །བསམ་པའི་དོན་ཀུན་འགྲུབ་པར་མཛད་དུ་གསོལ། །ཅེས་ནོར་ལྷ་ལ་བརྟེན་པའི་བསང་མཆོད་ཉུང་བསྡུས་གསང་སྔགས་ཀྱི་རྣལ་འབྱོར་པ་ཉི་སྤྲུལ་གཉིས་པས་སོ། །དགེའོ། །མངྒ་ལཾ།

ཧཱུྃ། དབང་ལྷ་འབུམ་གྱི་བསང་མཆོད་བསྡུས་པ་བཞུགས་སོ།།

ཧྲཱིཿ གར་དབང་ཐུགས་རྗེའི་རྣམ་རོལ་ལས། །ཡོངས་ཤར་འཇིག་རྟེན་མེས་པོ་སྟེ། །དབང་ཕྱུག་ཆེན་པོ་ཡུམ་དང་བཅས། །དགྱེས་དགུར་སྤྱོད་པའི་གནས་འདིར་གཤེགས། །ཧྲཱིཿ རིན་ཆེན་མང་སྤྲུལ་གནོད་སྦྱིན་རྒྱལ། །ས་བརྒྱད་ངལ་བསོའི་རྣམ་ཐོས་སྲས། །བཙུན་མོ་སྲས་འཁོར་འབུམ་སྡེའི་ཚོགས། །ལྷུང་ལོ་ཅན་ནས་གནས་འདིར་གཤེགས། །ཧྲཱིཿ གནོད་སྦྱིན་ནོར་མང་རྒྱལ་པོའི་སྲས། །དཔལ་འབྱོར་འདོད་དགུའི་ཆར་ཆེན་པོ། །ནམ་མཁའ་མཛོད་ལ་མངའ་བརྙེས་པ། །ཛམ་ལྷ་འཁོར་བཅས་གནས་འདིར་བྱོན། །ཧྲཱིཿ དབང་མཛོད་ལྷ་གསུམ་འཁོར་བཅས་ལ། །ལྷ་ཤིང་ཤུག་པ་འོམ་བུ་དང་། །བ་ལུ་སྣག་པ་མཁན་དཀར་སོགས། །དྲི་ཞིམ་ཤིང་སྣའི་དུད་སྤྲིན་དང་། །ཕྱེ་མར་འོ་མ་ཇ་ཆང་ཕུད། །རིན་ཆེན་འབྲུ་སྨན་ཟས་སྣའི་རིགས། །ཟ་འོག་སྣག་གཟིག་རས་མོ་སོགས། །དགྱེས་པའི་མཐུན་རྫས་བསམ་མི་ཁྱབ། །དངོས་འབྱོར་ཡིད་

སྤྲུལ་མཆོད་ཚོགས་ཀྱིས། །ཀུ་ལང་ཆེན་པོ་ཨུ་མ་དང་། །རྣམ་མང་ཐོས་བུ་རྒྱུགས་འཛིན་དབང་། །ཡུམ་སྲས་འཁོར་དང་བཅས་པ་བསང་། །ཐུགས་དམ་བསྐང་ཞིང་ཉམས་ཆགས་བཤགས། །བདག་ཅག་རྣལ་འབྱོར་འཁོར་བཅས་ལ། །འདོད་དགུའི་དངོས་གྲུབ་ཆར་ལྟར་ཕོབས། །མཆོག་དང་ཐུན་མོང་དངོས་གྲུབ་སྩོལ། །ཁྱད་པར་ཟབ་གསང་སྙིང་པོ་ཡི། །བཤད་སྒྲུབ་བསྟན་དང་བསྟན་འཛིན་སྲུང་། །ཕྱོགས་དུས་ཀུན་ཏུ་རྒྱ་ཆེར་སྤེལ། །སྲིད་མཐའི་བར་དུ་རྒྱས་པར་མཛོད། །ཁམས་གསུམ་སྐྱེ་འགྲོ་དཔལ་འབྱོར་དབང་། །རིན་ཆེན་འབྲུ་སྣ་དར་ཟབ་དཔྱིག །རྐང་འགྲོ་གནས་ཞིང་ལོངས་སྤྱོད་སོགས། །དབང་གི་ཕྲིན་ལས་དངོས་གྲུབ་སྩོལ། །ཅེས་བསང་མཆོད་ཉུང་བསྡུས་བཀྲ་དཔལ་མཆོག་ལྡན་གྱིས་བསྐུལ་ངོར་ཀུན་བཟང་ཐེག་མཆོག་རྒྱ་མཚོས་སྦྱར་བའོ། །དགེའོ། ། །

༄། གྲྭ་པ་ཇོམ་དམར་བསང་མཆོད།

ཧཱི། བདེ་གཤེགས་ཀུན་གྱི་གསུང་གི་དབང་ཕྱུག་ཆེ། །གཅིག་ཏུ་བསྡུས་པའི་དངོས་གྲུབ་ཀུན་གྱི་བདག །འདོད་རྒྱུའི་འབྱུང་གནས་དབུལ་བ་སེལ་བའི་ལྷ། །ཡིད་བཞིན་ནོར་བུ་མགོན་པོ་ཇོམ་བྷ་ལྷ། །འགྲོ་ལ་རྗེས་སུ་ཆགས་པའི་སྐུ་མདོག་དམར། །སྲས་པའི་ཚུལ་དུ་ཡུམ་མཆོག་རིག་བྱེད་མ། །ཇོམ་ལྷ་བྱེ་བ་འབུམ་གྱི་ཚོགས་དང་བཅས། །སྐད་ཅིག་འདིར་གཤེགས་དགྱེས་པར་བཞུགས་སུ་གསོལ། །ཁྱེད་ལ་དགྱེས་པའི་མཆོད་པ་འབུལ་བ་ནི། །བྱུ་རུའི་ཙནྡན་དམར་པོའི་ཕྲེང་བ་དང་། །སྲོག་འཁོར་ཨྠ་རྡོ་ལྷ་ཀླུ་མི་ཡི་ནོར། །རིན་ཆེན་སྣ་བདུན

བཀྲ་ཤིས་རྫས་རྟགས་བརྒྱད། །སྲིད་ན་མཆོད་པར་འོས་པའི་དཀོར་ཆ་སོགས། །དངོས་སུ་འབྱོར་དང་ཡིད་ཀྱི་སྤྲུལ་པ་ཡིས། །དཔག་མེད་ནམ་མཁའ་གང་བར་འབུལ་ལགས་ན། །བཞེས་ནས་བདག་ཅག་འཁོར་དང་བཅས་པ་ལ། །ཟས་ནོར་ལོངས་སྤྱོད་འབྲུ་སྨན་སྣ་ཚོགས་དང་། །རིན་ཆེན་སྣ་ལྔ་ལ་སོགས་རིན་ཆེན་རིགས། །རྟ་གླང་དུད་འགྲོ་རྐང་བཞི་ཕྱུགས་ཀྱི་གཡང་། །མདོར་ན་སྲིད་པ་གསུམ་གྱི་ཕྱྭ་དང་གཡང་། །མ་ལུས་ཐམས་ཅད་བདག་ལ་སྩོལ་དུ་གསོལ། །རྫོགས་སྤྲུལ་ལྔ་པས་སོ། །

༄ གཏེར་སྲུང་དགེ་བསྙེན་སྙོན་ཁའི་བསང་མཆོད།

ཧཱུྃ། ཕོ་བྲང་ལྷ་མཆོག་ནག་པོའི་གླིང་དཀྱིལ་ན། །འཇིགས་བྱེད་མི་བསྲུན་དྲེགས་པ་ཀུན་གྱི་གཙོ། །ཀླུ་སྲིན་བཞོས་པའི་བསྟན་སྲུང་རྩལ་འཛིན་པ། །མཐུ་ཆེན་དགེ་བསྙེན་སྙོན་ཁ་འདིར་གཤེགས་ཤིག །དཔལ་གཏོར་བཟེད་ལྡན་ཤ་ཁྲག་དམར་གྱིས་བརྒྱན། །ཉམས་པའི་ཙིཏྟ་སྙིང་གི་རྒྱལ་མཚན་དང་། །གཡག་རོག་ཞིང་བཀལ་ཤེལ་སྔོན་ནག་པོ་དང་། །ཁྱི་ནག་སྙིང་དཀར་ར་སྐྱེས་ཟ་ལེ་འབྲི། །ཁྱད་པར་བདུད་རྩི་ཅན་གྱི་ཤིང་སྣའི་ཚོགས། །ཕྱེ་མར་འོ་སྐོལ་བསྲེགས་པའི་དུད་པའི་སྤྲིན། །དག་བྱེད་བདུད་རྩི་བསང་གི་མཆོད་པ་འདིས། །གཏེར་སྲུང་དགེ་བསྙེན་སྙོན་ཁ་འཁོར་བཅས་བསང་། །དཔལ་ལྡན་བླ་མའི་སྐུ་ཚེ་བརྟན་པ་དང་། །བསྟན་འཛིན་སྐྱེས་བུ་འཁོར་འབངས་བུ་སློབ་ཀུན། །མངའ་ཐང་རྒྱས་ཤིང་དབུ་འཕང་གཉན་པོ་བསྐྱོད། །ཕྱི་ནང་གསང་བའི་

བར་ཆད་ཞི་བ་དང་། །བཤད་སྒྲུབ་བསྟན་པ་རབ་ཏུ་རྒྱས་ནས་ཀྱང་། །མ་རུང་དགྲ་བགེགས་ཚོགས་རྣམས་ཚར་ཆོད་ཅིག །ཛོགས་སྤྲུལ་ལྔ་པས་སོ། །

༄༅། སྐྱེ་དཔོན་སུམ་ཅུའི་བསང་མཆོད།

ཧཱུྃ། སྟོན་ཆེ་སློབ་དཔོན་ཤཀྱཾ་གཏྲ་དང་། །པད་འབྱུང་གླང་ཆེན་དཔལ་གྱི་སེང་གེ་ཡི། །སྤྲུལ་སྣང་ཞལ་བཞེས་རྡོ་རྗེའི་ཐ་ཚིག་ཅན། །དྲེགས་པའི་སྐྱེ་དཔོན་ཆེན་པོ་སུམ་ཅུ་པོ། །རང་རང་འཁོར་གཡོག་སྤྲུལ་དང་ཡང་སྤྲུལ་བཅས། །འཁོར་བཅས་གློག་ལས་མྱུར་བའི་སྟོབས་ཀྱིས་གཤེགས། །དགྱེས་པའི་མཆོད་སྤྲིན་དམ་པ་འབུལ་བ་ནི། །ཕྱི་ནང་གསང་བ་བླ་མེད་མཆོད་པ་དང་། །ཁྱད་པར་དྲི་ཞིམ་བསང་གི་མཆོད་པའི་སྤྲིན། །དངོས་གྲུབ་ཀུན་འབྱུང་འདོད་དགུའི་གཏེར་དུ་འབུལ། །ཤ་སྣ་སླིང་སྣ་དར་ནག་རུ་མཚོན་དང་། །བསམ་ཆོད་རལ་གྲི་ཕུབ་དང་འབིགས་བྱེད་མདུང་། །སྟག་རལ་གཟིག་ཤུབ་ཁྲབ་རྨོག་མེ་ལོང་སོགས། །ངོ་མཚར་རྨད་བྱུང་མཆོད་པའི་སྤྲིན་ཕུང་འདིས། །དྲེགས་པའི་སྐྱེ་དཔོན་སུམ་ཅུ་བསང་ཞིང་མཆོད། །རང་རང་བཙུན་མོ་སྲས་བཅས་བསང་ཞིང་མཆོད། །ལས་བྱེད་ཕོ་ཉའི་དམག་ཚོགས་བསང་ཞིང་མཆོད། །མཐུ་ཆེན་ཚོགས་རྣམས་བསང་ཞིང་མཆོད་པའི་མཐུས། །འཁོར་བཅས་ཐུགས་དམ་གཉན་པོ་བསྐང་གྱུར་ཅིག །ཐུགས་དང་འགལ་བ་ཐམས་ཅད་མཐོལ་ལོ་བཤགས། །བདག་ཅག་རྟག་ཏུ་ཁྱོད་ཀྱི་གྲོགས་མཛོད་ཅིག །བྱང་ཆུབ་སྒྲུབ་ལ་བར་དུ་གཅོད་པའི་བགེགས། །མིང་གི་ལྷག་མ་ཙམ་ཡང་མ་བཞག

ཅིག །ཆོས་འཁོར་འདི་ཡི་འདུས་པའི་ཚོགས་རྣམས་ལ། །ངན་སྨྲས་ཁྲ་མ་མཁན་གྱི་ཚོགས་རྣམས་དང་། །བྱད་ཕུར་རྦོད་གཏོང་གཤེམ་པའི་ཁྲ་མ་མཁན། །ད་ལྟ་ཉིད་དུ་སྒྲོལ་བའི་ཕྲིན་ལས་མཛོད། །རྫོགས་སྐྱོལ་ལྔ་པས་སོ། །

༄། དུར་ཁྲོད་ལྷ་མོའི་བསང་མཆོད།

ཧྲཱིཿ སྣང་སྲིད་མཁའ་འགྲོ་ཡོངས་ཀྱི་མངའ་བདག་མོ། །ལེགས་ཉེས་སྟངས་འཛིན་དམ་ཚིག་རྗེས་གཅོད་པ། །དུར་ཁྲོད་གནས་ཀུལ་ཞིང་སྐྱོང་མཁའ་འགྲོའི་གཙོ། །མཁའ་འགྲོའི་ཚོགས་རྗེ་དུར་ཁྲོད་ལྷ་མོ་ནི། །འཁོར་བཅས་ཐོགས་པ་མེད་པ་འདིར་གཤེགས་ཤིག །མ་རུང་གདུག་པ་བསྒྲལ་བའི་སྲོག་གི་ཁྲག །དབང་པོ་ལྔ་དང་ཚིལ་ཆེན་གསུར་དུད་དང་། །ཞུན་ཆེན་མར་མེ་ཁྲག་ཞག་མཁྲིས་པའི་ཚབ། །དོན་སྙིང་ལྔ་དང་རྐང་གླིང་རོལ་མོ་བཅས། །མིག་སྨན་མདོག་ཅན་ཤུགས་ལྡན་དྲེའུ་དང་། །སྟོང་གསུམ་སྐད་ཅིག་བགྲོད་པའི་ཅང་ཤེས་རྟ། །མི་བཟད་འཕར་སྤྱང་ཛམས་བྱེད་དྲེད་མོང་སོགས། །ཚོར་བུའི་རྒྱལ་མཚན་མདའ་དར་སྣ་ལྔ་དང་། །ཀླ་རྡོ་སྲོག་གི་འཁོར་ལོ་ནལ་བུའི་སྙིང་། །གོ་མཚོན་དཀོར་ཆ་ཡོ་བྱད་སྣ་ཚོགས་དང་། །དྲི་ཞིམ་བསང་གི་མཆོད་པ་དམ་པ་འདིས། །དུར་ཁྲོད་ལྷ་མོ་འཁོར་བཅས་བསང་ཞིང་མཆོད། །འཁོར་གྱི་ལྷ་མོ་རྣམ་བཞི་བསང་ཞིང་མཆོད། །ལས་བྱེད་རིགས་པའི་ཚོགས་རྣམས་བསང་ཞིང་མཆོད། །བསང་ངོ་མཆོད་དོ་མ་མོ་ཐུགས་དམ་ཅན། །རྣལ་འབྱོར་བདག་ལ་སྣང་བའི་དགྲ་བོ་རྣམས། །མ་རུང་གདུལ་དཀའ་འདུལ་བ་ཁྱོད་ཉིད་ཀྱིས། །ཡོ

བླ་ཞག་དང་ཟླ་མར་མ་བཞག་ལ། །ད་ལྟ་ཉིད་དུ་སྒྲོལ་བའི་ཕྲིན་ལས་མཛོད། །རྫོགས་སྤྲུལ་ལྔ་པས་སོ། །

༄ ལས་གཤིན་བསང་མཆོད།

ཧཱུྃ། འཇམ་དཔལ་གཤིན་རྗེའི་བཀའ་སྲུང་དཔའ་བོ་ཆེ། །འཆི་བདག་བདུད་ལས་རྣམ་རྒྱལ་ཧེ་རུ་ཀ །ཚེ་དང་སྲོག་ལ་རྔམས་པའི་རྫུ་འཕྲུལ་ཅན། །དྲེགས་པའི་ཡོངས་རྗེ་ལས་ཀྱི་གཤིན་རྗེ་གཤེད། །སྦྲུར་བའི་ཡུམ་ཆེན་གཏུམ་མོ་དུག་རྩལ་མ། །འཁོར་དུ་གཤིན་རྗེའི་སྡེ་དཔོན་ཆེན་པོ་བརྒྱད། །འཁོར་བཅས་དམ་ཚིག་དབང་གིས་གཤེགས་སུ་གསོལ། །མིག་སྨན་མདོག་ཅན་སྤྲིན་གྱི་ཤུགས་ལྡན་ཏེ། །ཟ་བྱེད་དཔའ་བར་རྔམས་པའི་ཁྲི་ནག་དང་། །གནམ་ལྕགས་རྭ་ཅན་བརྗིད་པའི་གཡག་རོག་ཞོལ། །ཤེལ་སྒོང་ནག་པོ་ལྕགས་རྭ་འཁྲིལ་བ་ཅན། །མཚམས་སྤྲིན་མདངས་འཛིན་ར་སྐྱེས་བརྗིད་ལྡན་དང་། །འབོད་པའི་གཡབ་དར་དུར་ཁྲོད་དྲག་པོའི་ཆས། །འཆི་བདག་ལས་ཀྱི་གཤིན་རྗེ་བསང་ཞིང་མཆོད། །གཤིན་རྗེའི་སྡེ་དཔོན་ཚོགས་རྣམས་བསང་ཞིང་མཆོད། །ཁྲི་རོལ་ལྷ་སྲིན་སྡེ་བརྒྱད་བསང་ཞིང་མཆོད། །དེ་ལྟར་བསང་ཞིང་མཆོད་པའི་བྱིན་རླབས་ཀྱིས། །དུས་མིན་འཆི་བའི་འཇིགས་པ་ཞི་བ་དང་། །ཚེ་དཔལ་བསོད་ནམས་ཉམས་རྟོགས་གོང་འཕེལ་ཞིང་། །མི་བསྲུན་གདུག་སེམས་འཆང་བའི་དགྲ་བོ་རྣམས། །ཁྲམ་ལ་བཏབ་ཅིང་ཚེ་སྲོག་མཐར་བསྒྱུས་ལ། །ལོ་ཟླ་མ་བཞག་མྱུར་དུ་སྒྲོལ་བར་མཛོད། །རྫོགས་སྤྲུལ་ལྔ་པས་སོ། །

༄༅། མཁའ་འགྲོ་སྤྱང་ཞོན་མཆེད་གསུམ་བསང་མཆོད།

ཧྲཱིཿ ཐོད་པའི་སྐུ་མཁར་མེ་རླུང་འཚུབ་མའི་ནང་། །མི་རོ་འབུམ་ཁྲི་བརྡལ་བའི་ཁྲི་སྟེང་ནས། །མཁའ་འགྲོ་སྤྱང་ཞོན་ཆེན་མོ་མཆེད་གསུམ་དང་། །མ་རུང་བཀའ་ཉན་ལས་བྱེད་རུ་འདྲེན་ཚོགས། །མི་ནག་མོན་མོ་གླུ་ལེན་ཨ་ཙ་ར། །མ་མོ་བྱེ་བ་ཤ་ཟ་ཕོ་མོའི་ཚོགས། །སྤྲིན་ཕུང་གཏིབ་པ་ལྟ་བུར་གཤེགས་སུ་གསོལ། །ཁྱེད་ལ་དགྱེས་པའི་མཆོད་པ་འབུལ་བ་ནི། །སྣ་ཚོགས་ཤ་སྣ་ཁྲག་སྣ་སྙིང་སྣ་སྦྱོང་། །དཀར་གསུམ་མངར་གསུམ་བླ་ལིང་གཏོར་མ་དང་། །བདུད་རྩིའི་མཆོད་དང་ཉམས་པ་བསྐྲལ་བའི་ཁྲག །སྨྱོས་བྱེད་རྡོ་གད་རྒྱུ་ཛ་ངད་ལྡན་དང་། །འབྲུ་སྣ་སྨན་སྣ་དར་ཟབ་སྤོས་ཀྱི་རིགས། །མིག་སྨན་ལྟར་གནག་ཅང་ཤེས་རླུང་ལྟར་འཕྱུག །བྱ་ནག་གནམ་ལྕགས་མཆུ་སྡེར་གསེར་མིག་ཅན། །ཁྱི་ནག་སྐྱིང་དཀར་དོམ་ལྟར་རྫམས་ཤིང་བརྗིད། །ཆར་སྤྲིན་ལྟར་གནག་ཞོལ་གཡག་ཞོལ་ཕྲན་དང་། །ཡིད་བཞིན་འདོད་འབྱུང་བཅུད་ལྡན་ཟ་ལེ་འབྲི། །ཙ་ར་རོག་པོ་ཤེལ་སྒོང་མདངས་ཀྱིས་བསྐྱང་། །སྐུ་གཟུགས་ཐུགས་དང་སྤྲོག་འཁོར་བླ་རྡོ་སོགས། །མུ་ཏིག་ལྟར་དཀར་བྱང་སེམས་བདུད་རྩིའི་རྒྱུན། །ཐོད་པའི་སྐུ་མཁར་དུར་ཁྲོད་ཆས་ཀྱིས་སྤྲས། །བདུད་རྩི་ཅན་གྱི་ཤིང་སྣ་བསྲེགས་པ་ཡི། །ཡེ་ཤེས་བདུད་རྩི་བསང་གི་མཆོད་པ་འདིས། །མཁའ་འགྲོ་སྤྱང་ཞོན་མཆེད་གསུམ་བསང་ཞིང་མཆོད། །དེ་ལྟར་བསང་མཆོད་དམ་པ་ཕུལ་བའི་མཐུས། །རྒྱལ་བའི་བསྟན་པ་ཕྱོགས་བཅུར་དར་ཞིང་རྒྱས། །དགེ་འདུན

སྨོ་ཚོགས་ཉམས་རྟོགས་འཕེལ་བ་དང་། །འཛིག་རྟེན་ཁམས་སུ་ལོ་ལེགས་ཕྱུགས་འཕེལ་ཞིང་། །འབྲུ་རྣམས་འཕེལ་ཞིང་ཕྲིན་ལས་ལྷུན་འགྲུབ་ཤོག །ཛོགས་སྨོལ་ལྔ་པས་སོ། །

༄༅། ཟངས་རི་བཙན་རྒོད་བསང་མཆོད།

ཧྲཱིཿ སངས་རྒྱས་བསྟན་པ་སྲུང་བའི་མཐུ་རྩལ་ཅན། །དམ་ལྡན་རྣལ་འབྱོར་ཡོངས་ཀྱི་སྲུང་མ་ཆེ། །དམ་ཉམས་དགྲ་བགེགས་རྣམས་ཀྱི་སྲོག་གཅོད་ཅིང་། །བཙན་རྒོད་འབར་བ་མ་རུང་མཆེད་སྡེ་བདུན། །བཙན་འཁོར་སུམ་བརྒྱ་དྲུག་ཅུའི་ཚོགས་དང་བཅས། །ཀཱི་དང་བསྒྱོ་ཡི་སྦྲ་དང་བཅས་པ་ཡི། །འདིར་གཤེགས་བཞུགས་ནས་དངོས་གྲུབ་སྩལ་དུ་གསོལ། །ཀུན་ནས་གུས་པའི་ཡིད་ཀྱིས་ཕྱག་འཚལ་འདུད། །ལེ་བརྒྱན་མདོག་ཅན་དར་གྱི་གཡབ་མོ་དང་། །བ་དན་དམར་པོ་མདུང་དམར་རྒྱལ་མཚན་དང་། །དཔལ་གྱི་དུར་ཁྲོད་རོལ་བ་དྲག་པོའི་རྒྱན། །སྟག་གཟིག་པགས་པ་གོ་ཁྲབ་མཆོན་ཆའི་རིགས། །གླུ་གར་རོལ་མོ་སྨན་སྣ་གསེར་སྐྱེམས་ཕུད། །མི་རྟ་ཁྲི་གསུམ་ཤ་ཁྲག་རུས་པ་དང་། །དགྲ་བོ་བསྒྲལ་བའི་དམར་ཆེན་རཀྟའི་མཚོ། །གློག་དམར་འཁྱུགས་འདྲའི་ཤུགས་ལྡན་ཅང་ཤེས་རྟ། །བརྗིད་པའི་གཡག་རྒོད་ཞོལ་ཆེན་མཚམས་སྦྲིན་མདོག །ར་སྐྱེས་ཁམས་པ་རླུང་གི་གཤོག་པ་ཅན། །བཙན་གྱི་ཁྲི་དམར་གྲོ་དམར་གཡང་མོ་ལུག །ཁྱི་རུའི་མདོག་འདྲ་འདབ་ཆགས་སྦྲིན་ལྟར་གཏིབས། །དྲི་ཞིམ་ཤིང་སྣ་ཁྲེ་མར་ར་ཡི་གསུར། །དཀར་དམར་འོ་སྐོལ་བསྲེགས་པའི་དུད་སྤྲིན་

ཚོགས། །འདོད་ཡོན་ལྔ་ལྡན་བསང་གི་མཆོད་པ་འདིས། །ཟངས་རི་བཙན་རྒོད་འབར་བ་སྤུན་བདུན་པོ། །བཙན་འཁོར་སུམ་བརྒྱ་དྲུག་ཅུའི་ཚོགས་དང་བཅས། །བསང་ངོ་མཆོད་དོ་བཏན་ནོ་དགྱེས་པར་མཛོད། །དུག་ལྔའི་དབང་གྱུར་སྡོམ་གསུམ་དམ་ཚིག་ཀུན། །དམ་ལས་འགལ་དང་ཉམས་ཆགས་གྱུར་པ་ཀུན། །དམིགས་མེད་ཆོས་དབྱིངས་ཀློང་དུ་མཐོལ་ཞིང་བཤགས། །དགྲ་གདོན་བྱད་ཕུར་འཚེ་བ་ཚར་གཅོད་ཅིག །ཚེ་བསོད་ཉམས་རྟོགས་ཡར་ངོའི་ཟླ་ལྟར་འཕེལ། །མི་དང་མི་མིན་སྣང་སྲིད་དབང་དུ་བསྡུས། །ལེགས་ཚོགས་འཕེལ་རྒྱས་བསམ་དོན་འགྲུབ་པར་མཛོད། །ཅེས་པ་འདི་ཡང་ཐོགས་སྤྲུལ་ལྔ་པས་སོ། །

༄༅། ཉི་གྲགས་ཚེ་སྒྲུབ་བདུད་བཞི་རྣམ་རྒྱལ་གཏེར་སྲུང་ཀླུ་མོ་གཟི་འབར་བསང་མཆོད།

ཧཱུྃ། འདོད་རྒུའི་འབྱུང་གནས་དངོས་གྲུབ་ཀུན་གྱི་བདག །འགྲོ་བའི་དབུ་ཕོངས་སྡུག་བསྔལ་སེལ་མཛད་པ། །རྒྱལ་བའི་ཞལ་མཐོང་ཟབ་གཏེར་སྐྱོང་བའི་བདག །ཀླུ་རྒྱལ་དུང་སྐྱོང་སྲས་མོ་གཟི་འབར་མ། །མ་ཐོགས་མྱུར་དུ་གནས་འདིར་གཤེགས་སུ་གསོལ། །ཁྱེད་ལ་མཐུན་པའི་མཆོད་པ་འབུལ་བ་ནི། །ཕྱི་ཡི་མཆོད་པ་རིན་ཆེན་རྣམ་པ་ལྔ། །ནང་གི་མཆོད་པ་དཀར་གསུམ་མངར་གསུམ་དང་། །བསང་མཆོད་སྣ་ལྔ་གཏོར་མ་རྒྱན་ལྡན་བཅས། །ཤེལ་ཚིགས་བྲི་དཀར་ཀླུ་རྡ་རྒྱན་ལྡན་སོགས། །གཡུ་ཤུག་མཁན་དཀར་བ་ལུ་ལ་སོགས་པའི། །དྲི་ཞིམ་དུད་པའི་སྤྲིན་ཕུང་འཁྲིགས་པ་འདིས། །ཀླུ་མོ་གཟི་འབར་

འཁོར་བཅས་བསང་ཞིང་མཆོད། །ལྷ་མོ་ཆེན་མོ་དཔལ་འབར་བསང་ཞིང་མཆོད། །གཉན་མོ་ཆེན་མོ་གངས་དཀར་བསང་ཞིང་མཆོད། །ས་ཡི་ལྷ་མོ་བརྟན་མ་བསང་ཞིང་མཆོད། །ལྷ་མོ་ཆེན་མོ་དུད་སོལ་བསང་ཞིང་མཆོད། །བསྟན་སྲུང་གཟི་བརྗིད་ཆེན་མོ་བསང་ཞིང་མཆོད། །བདུད་མོ་ཆེན་མོ་རེ་ཏི་བསང་ཞིང་མཆོད། །ནག་མོ་ཆེན་མོ་རལ་གཅིག་བསང་ཞིང་མཆོད། །དེ་ལྟར་བསང་མཆོད་དམ་པ་འདི་ཕུལ་བས། །ཐུགས་དམ་བསྐང་ལ་ཉམས་ཆགས་བཤགས་པ་དང་། །ཞི་རྒྱས་དབང་དྲག་ཕྲིན་ལས་རྣམ་བཞི་ཡིས། །ལས་ཀྱི་འབྲས་བུ་མྱུར་དུ་མཆིས་པར་མཛོད། །ཅེས་པ་འདི་ཡང་རྫོགས་སྤྲུལ་ལྔ་པས་སོ། །

༄༅། སྨན་སྲུང་ལྷ་སྨན་བསང་མཆོད།

ཧཱུྃ། སྔོན་ཚེ་བདེ་གཤེགས་སྨན་པའི་རྒྱལ་པོ་ཡིས། །གསོ་རིག་སྨན་གྱི་སྲུང་མར་ཞལ་བཞེས་པའི། །དབུས་ནས་དུང་གི་ཁྱེའུ་ཆུང་དཀར་པོ་དང་། །ཤར་ནས་ཡེ་ཤེས་ལྷ་མོ་སྐུ་མདོག་དཀར། །ལྷོ་ནས་སྨྲ་བྱེད་ལྷ་མོ་གསེར་གྱི་མདོག །ནུབ་ནས་མཐོང་བྱེད་ལྷ་མོ་པད་རག་མདོག །བྱང་ནས་སྨན་གྱི་དྲང་སྲོང་བཻ་ཌཱུར་མདོག །མ་ཐོགས་མྱུར་དུ་གནས་འདིར་གཤེགས་སུ་གསོལ། །དགྱེས་པའི་མཐུན་རྫས་སྨན་བཤོས་སྟེ་རྒྱས་དང་། །མདའ་དར་བཟང་པོ་འབྲུ་སྣ་རྣམ་པ་ལྔ། །རིན་ཆེན་སྣ་བདུན་རྣམ་བཀྲའི་མེ་ཏོག་ཚལ། །དངུལ་དཀར་མེ་ལོང་དྲ་ལིང་སྙན་པའི་སྒྲ། །གཡུ་ཤུག་སྤོས་དཀར

བསྲེགས་པའི་དུད་པའི་སྤྲིན། །ལྷ་ལམ་ཡོངས་ཁྱབ་བསང་གི་མཆོད་པ་འདིས། །དུང་གི་ཁྱེའུ་དཀར་པོ་བསང་ཞིང་མཆོད། །ཡེ་ཤེས་ལྷ་མོ་དཀར་མོ་བསང་ཞིང་མཆོད། །སླ་བྱེད་ལྷ་མོ་སེར་མོ་བསང་ཞིང་མཆོད། །མཐོང་བྱེད་ལྷ་མོ་དམར་མོ་བསང་ཞིང་མཆོད། །སྨན་གྱི་དྲང་སྲོང་ཆེན་མོ་བསང་ཞིང་མཆོད། །དབང་པོའི་སྤྱོད་ཡུལ་ཐམས་ཅད་ཚིམ་ནས་ཀྱང་། །གསོ་རིག་སྨན་གྱི་བསྟན་པ་སྲུང་བ་དང་། །འགྲོ་བའི་ནད་རྣམས་མ་ལུས་ཞི་བར་མཛོད། །བདག་ཅག་དཔོན་སློབ་འཁོར་དང་བཅས་རྣམས་ཀྱིས། །འགལ་རྐྱེན་ཞི་ཞིང་མཐུན་རྐྱེན་ལེགས་ཚོགས་སྒྲུབ། །གསང་སྔགས་རྡོ་རྗེ་ཐེག་པའི་བསྟན་པ་འདི། །ཡངས་པའི་རྒྱལ་ཁམས་ཀུན་ཏུ་རྒྱས་པར་མཛོད། །ཕྱྭ་གཡང་དངོས་གྲུབ་ཐམས་ཅད་སྩལ་དུ་གསོལ། །ཅེས་པ་འདི་ཡང་རྫོགས་སྤྲུལ་ལྔ་པས་སོ། །

༄༅། གཏེར་སྲུང་ཞོལ་པོ་ཀའི་བསང་མཆོད་ནི།

ཧཱུྃ། སྟོན་པ་བདེ་གཤེགས་སྨན་པའི་རྒྱལ་པོ་ཡི། །སྤྲུལ་སྣང་ཁས་བླངས་གནོད་སྦྱིན་རྒྱལ་པོ་ཆེ། །རྣམ་མང་ནོར་གྱི་ཆར་བ་འབེབས་མཛད་པའི། །བྱང་ཕྱོགས་གནོད་སྦྱིན་རྫོང་གི་ཕོ་བྲང་ནས། །ཟབ་གཏེར་སྲུང་བའི་གནོད་སྦྱིན་ཞོལ་པོ་ཀ །སྐད་ཅིག་དབང་གི་གནས་འདིར་གཤེགས་སུ་གསོལ། །མ་ཆགས་སྐྱོན་བྲལ་པདྨའི་གདན་སྟེང་དུ། །དགྱེས་པར་བཞུགས་ལ་གུས་པས་ཕྱག་འཚལ་ལོ། །མཆོད་པའི་དམ་རྫས་དཔག་ཡས་བསམ་མི་ཁྱབ། །ཞིང་ཀུན་ཡོངས་སུ་གང་བའི་དཀོར་ནོར་སོགས། །དྲི་བསུང་ལྡན་པའི་བསང་གི་མཆོད་པ་

འདིས། །རབ་འབྱམས་ནམ་མཁའི་ཁམས་ཀུན་ཡོངས་བཀང་སྟེ། །ངོ་མཚར་རྨད་བྱུང་མཐའ་ཡས་མཆོད་པ་འདིས། །གཏེར་གྱི་སྲུང་མ་གནོད་སྦྱིན་ཁོལ་པོ་ཀ །འཁོར་དུ་གཏོགས་པའི་གནོད་སྦྱིན་བདུན་འབུམ་བཅས། །བསང་ངོ་མཆོད་དོ་བཏན་ནོ་ཐུགས་དམ་བསྐང་། །རྨད་བྱུང་བསང་གི་མཆོད་པས་ཞིམ་གྱུར་ནས། །རྣལ་འབྱོར་བདག་ཅག་འཁོར་དང་བཅས་རྣམས་ཀྱིས། །ཁྱེད་ལ་རྟག་ཏུ་སྲུང་ཞིང་སྐྱོང་བ་དང་། །ལོངས་སྤྱོད་ནོར་གྱི་དངོས་གྲུབ་སྩོལ་དུ་གསོལ། །མི་དང་མི་མིན་དམ་སྲིའི་འཚེ་བ་སོགས། །མིང་ཙམ་མེད་པར་ཐལ་བའི་རྡུལ་དུ་རློག །ཕས་ཀྱི་རྒོལ་བ་ཐམས་ཅད་ཞི་བ་དང་། །ཕྱོགས་ལས་རྣམ་པར་རྒྱལ་བའི་ཕྲིན་ལས་མཛོད། །ཅེས་པ་འདི་ཡང་རྫོགས་སྤྲུལ་ལྔ་པས་སོ། །

༄༅། གཏེར་སྲུང་བྱ་རོག་གདོང་གི་བསང་མཆོད།

ཧཱུྃ། སྔོན་ཚེ་ཁྲི་རྒྱལ་རྡོ་རྗེ་སྲིན་པོ་ཡི། །བཀའ་གཉན་སྐྱོང་བའི་དྲེགས་པ་ཡོངས་ཀྱི་རྗེ། །ཆེ་བའི་ཆེ་མཆོག་ཧེ་རུ་ཀ་དཔལ་ཆེ། །མཐུ་སྟོབས་རྫུ་འཕྲུལ་ནམ་མཁའི་མཐའ་དང་མཉམ། །ནག་པོ་ཆེན་པོ་བྱ་རོག་གདོང་པ་ཅན། །འཁོར་བཅས་ཐོགས་མེད་གནས་འདིར་གཤེགས་སུ་གསོལ། །ཁྱེད་ལ་དགྱེས་པའི་མཆོད་པ་འབུལ་བ་ནི། །ཤ་སྣ་སྙིང་སྣ་ཁྲག་སྣ་བསམ་མི་ཁྱབ། །ཁྲི་སྙིང་དར་ནག་གཡབ་མོ་གསུར་ཆེན་དུད། །གཡག་རོག་ཞོལ་ཆེན་ཤེལ་སྔོན་ནག་པོ་དང་། །མི་ལྤགས་གཡང་གཞི་ཐོད་ཕྲེང་དྲག་པོའི་ཆས། །དཔལ་གྱི་གཏོར་མ་སྨྱོས་བྱེད་ཛ་གད་ཆང་། །ཉམས་པ་བསྐྲལ་བའི་

རཀྟ་དམར་གྱི་མཚོ། །ཁྲི་ནང་གསང་བའི་དམ་རྫས་མ་ལུས་པ། །ཡེ་ཤེས་བདུད་རྩི་བསང་གི་སྦྱིན་ཕུང་འདི། །གང་བཞེད་ཅིར་ཡང་འཆར་བའི་མཆོད་པ་འདི། །མཐུ་སྟོབས་དབང་ཕྱུག་གཏེར་སྲུང་བྲོ་རོག་གདོང་། །འཁོར་བཅས་དགྱེས་པར་ཞིམ་ལ་ཐུགས་དམ་བསྐང་། །ཉམས་ཆགས་འགལ་འཁྲུལ་ཐམས་ཅད་བཤགས་པར་བགྱི། །མི་གཙང་ཉམས་གྲིབ་ཐམས་ཅད་དག་ནས་ཀྱང་། །དཔལ་མགོན་ཁྱེད་ཀྱིས་རྟག་ཏུ་མགོན་མཛད་ནས། །བྱང་ཆུབ་ལམ་ལ་བར་དུ་གཅོད་པའི་བགེགས། །དུས་མཐའི་མེ་ཡིས་རྩྭ་སྦྱུར་བསྲེགས་པ་བཞིན། །སྐད་ཅིག་ཉིད་ལ་ཞི་བའི་ཕྲིན་ལས་མཛོད། །རྒྱལ་བའི་བསྟན་པ་སྤྱི་དང་ཁྱད་པར་དུ། །ཨ་ཏི་རྫོགས་པ་ཆེན་པོའི་བསྟན་པ་ནི། །ཕྱོགས་ཀྱི་ཐ་གྲུ་ཀུན་ཏུ་རྒྱས་པ་དང་། །མི་ནུབ་སྲིད་རྩེར་འཕེལ་བའི་ཕྲིན་ལས་མཛོད། །སྟོན་ཆོ་དཔལ་ཆེན་སྨྲན་སྟར་ཁམས་བླང་བཞིན། །རིག་འཛིན་སྒྲུབ་པའི་རྣལ་འབྱོར་བདག་ཅག་རྣམས། །དེང་ནས་བྱང་ཆུབ་སྙིང་པོར་མ་ཐོབ་བར། །སྡོང་གྲོགས་ཕྲིན་ལས་མ་གཡེལ་ས་མ་ཡ། །ཞེས་པ་འདི་ཡང་རྫོགས་སྨྱོན་ལྔ་པས་སོ། །

༄༅། གཉན་ཆེན་རྒྱལ་བ་ཐོད་དཀར་བསང་མཆོད།

ཧཱུྃ། མི་འགྱུར་རྣམ་དག་ཆོས་སྐུའི་རང་རྩལ་ལས། །གདུག་པ་འདུལ་ཕྱིར་ཁྲོ་བོའི་ཚུལ་འཆང་བ། །ཟབ་གཏེར་སྐྱོང་བའི་ཞལ་བཞེས་ཐ་ཚིག་ཅན། །ཁ་བ་ཅན་གྱི་ཡུལ་ལྷ་ཀུན་གྱི་གཙོ། །སྲིད་གསུམ་དྲེགས་པ་ཀུན་གྱི་སྤྱི་མེས་ནི། །གཉན་ཆེན་རྒྱལ་བ་ཐོད་དཀར་འཁོར་དང་བཅས། །བརྩེ་བའི་ཚུལ་གྱིས་གནས་འདིར་གཤེགས་སུ་གསོལ། །ཁྱེད་ལ་དགྱེས་པའི་མཆོད་པ་འབུལ་བ་ནི། །དྲི་ཞིམ་བསང་གི་དུད་པའི་སྤྲིན་ཕུང་ལས། །རྒྱལ་སྲིད་སྣ་བདུན་བཀྲ་ཤིས་རྫས་རྟགས་བརྒྱད། །རིན་ཆེན་སྣ་བདུན་གཟུགས་སྒྲ་དྲི་རོ་རེག །ངོ་མཚར་འདོད་ཡོན་སྣ་ཚོགས་ཆར་ལྟར་འབེབས། །སྨན་གཏོར་རཀྟ་ཕྱི་ནང་ཉེར་སྤྱོད་སོགས། །ཀུན་བཟང་མཆོད་པའི་སྤྲིན་ལྟར་འཁྲིགས་པ་འདིས། །གཉན་ཆེན་རྒྱལ་བ་ཐོད་དཀར་འཁོར་བཅས་བསང་། །ཡབ་ཡུམ་སྲས་གསུམ་དགྱེས་སྡེ་ཡུམ་ཆེན་བསང་། །འཁོར་གྱི་དྲེགས་པའི་དམག་ཚོགས་ཐམས་ཅད་བསང་། །བསང་ངོ་མཆོད་དོ་ཐུགས་དམ་བསྐང་གྱུར་ནས། །རྣལ་འབྱོར་བདག་ཅག་འཁོར་དང་བཅས་པ་ལ། །ཐུགས་རྗེ་ཐུགས་དམ་མ་གཡེལ་སྲུང་སྐྱོབ་མཛོད། །ཚེ་དང་བསོད་ནམས་དཔལ་འབྱོར་སྙན་གྲགས་རྒྱས། །མི་ནོར་ཟས་གསུམ་དབང་དུ་འདུ་བ་དང་། །རྒྱལ་འགོང་ཤི་འདྲེའི་ཚོགས་རྣམས་རྡུལ་དུ་རློག །ནད་ཡམས་དམར་བཞལ་དྲག་པོ་དགྲ་ལ་ཐོང་། །དགྲ་བོའི་བདུན་རྒྱུད་རྩད་ནས་ཆོད་ལ་ཞོག །མི་མཐུན་ཀུན་ཞི་མཐུན་རྐྱེན་ལེགས་ཚོགས་ཀུན། །ཡར་ངོའི་ཟླ་ལྟར་འཕེལ་ཞིང་རྒྱས་པ་དང་། །འདོད་པའི་རེ་བ་ཡིད་

བཞིན་བསྐང་ནས་ཀྱང་། །ལས་བཞི་འི་དངོས་གྲུབ་མ་ལུས་སྩལ་དུ་གསོལ། །རྫོགས་སྨྲུལ་ལྔ་པས་སོ། །

༄། འབར་མ་བྲེ་ཞོན་མའི་བསང་མཆོད།

ཧྲཱིཿ ནག་པོ་ཆེན་པོའི་བཀའ་སྡོད་ཡོངས་ཀྱི་རྗེ། །སྲིད་གསུམ་མཁའ་འགྲོ་ཡོངས་ཀྱི་གཙོ་མོ་ནི། །སྲིན་མོའི་གཟུགས་འཆང་མི་བསྲུན་ཁྲོས་པའི་སྐུ། །ཤ་ཟ་ཁྲག་འཐུང་གཏུམ་མོའི་ཚུལ་འཆང་བ། །འབར་མ་བྲེ་ཞོན་འཁོར་བཅས་གཤེགས་སུ་གསོལ། །དགྱེས་པར་བཞུགས་ལ་གུས་པས་ཕྱག་འཚལ་ལོ། །དམར་ཆེན་ཁྲག་ཞག་འབྲུགས་པའི་ཨརྒྷཾ་དང་། །ཉམས་པ་བསྒྲལ་བའི་དབང་ལྔའི་མེ་ཏོག་བཀྲ། །ཞོལ་ཆེན་གསུར་གྱི་དུད་པ་སྤྲིན་ལྟར་གཏིབ། །ཞུན་ཆེན་མར་མེ་དུས་མཐའི་ཤུགས་བཞིན་སྦར། །ཁྲག་ཆང་མཁྲིས་ཆེན་སྦྱར་བའི་དྲི་ཆབ་དང་། །ཤ་ཁྲག་རུས་པའི་ཞལ་ཟས་རི་ལྟར་སྤུངས། །ཐོད་ཞ་རྐང་གླིང་སྙན་འཇེབས་རོལ་མོའི་སྒྲ། །དཔལ་གྱི་ཆས་གོས་རྨ་བྱའི་རྒྱལ་མཚན་དང་། །རྟ་ནག་བྲེ་ནག་གཡག་རོག་ཤེལ་སྔོང་ནག །བམ་གྱི་རྒྱལ་མཚན་ལ་སོགས་མཐུན་པའི་རྫས། །ཁྱད་པར་དྲི་ཞིམ་བསང་གི་མཆོད་པ་འདིས། །འབར་མ་བྲེ་ཞོན་འཁོར་བཅས་བསང་ཞིང་མཆོད། །འཁོར་གྱི་མ་མོ་འབུམ་སྡེ་བསང་ཞིང་མཆོད། །རིག་འཛིན་བརྒྱུད་པའི་སྤྲུན་སྤུར་དམ་བཅས་བཞིན། །དཔལ་ལྡན་བླ་མའི་སྐུ་ཚེ་བརྟན་པ་དང་། །འཁོར་འབངས་བུ་སློབ་ཁྱེད་ཀྱིས་རྟག་ཏུ་སྲུང་། །བསྟན་པའི་ཉི་མ་ཕྱོགས་བཅུར་འབར་བ་དང་། །བདག་ལ་སྲུང་ཞིང་

གདུག་པའི་སེམས་འཆང་བ། །ངན་སྦྱོར་གཞོམ་པའི་ཕྲ་མ་མཁན་གྱི་ཚོགས། །སྙིང་ཕྱུང་སྲོག་ཆོད་ད་ལྟ་ཉིད་དུ་སྒྲོལ། །ཆེ་བཙན་ཆོས་སྲིད་ནོར་གྱི་དངོས་གྲུབ་སྩོལ། །སྙན་གྲགས་བ་དན་སྲིད་པའི་རྩེ་མོར་བསྒྲེངས། །དབང་ཐང་ཆོས་སྲིད་ལེགས་པའི་ཚོགས་རྣམས་ཀུན། །ནམ་ཡང་མི་ནུབ་འཕེལ་ཞིང་རྒྱས་པར་མཛོད། །ཡངས་པའི་རྒྱལ་ཁམས་ཀུན་ཏུ་བདེ་ཞིང་སྐྱིད། །དུས་འཁྲུགས་ནད་རིམས་མཐའ་དག་ཞི་ནས་ཀྱང་། །ལོ་ཕྱུགས་ལེགས་ཤིང་འབྲུ་རྣམས་འཕེལ་བ་དང་། །མདོར་ན་ཡིད་ལ་ཇི་ལྟར་འདོད་པ་བཞིན། །བདག་ཅག་རེ་བའི་འབྲས་བུ་མཆིས་པར་མཛོད། །རྫོགས་སྤྲུལ་ལྔ་པས་སོ། །

༄༅། འབར་མ་ལྷུམ་དྲལ་བསང་མཆོད།

ཧཱུྃ། གཏུམ་དྲག་མེ་ལྟར་འབར་བའི་དཀྱིལ་འཁོར་ནས། །བསྐལ་པ་མེ་ལྟར་འབར་བའི་གློང་ཡངས་དབུས། །ཁྲག་འཐུང་ཁྲོ་བོའི་རྒྱལ་པོ་དྲེགས་པའི་གཤེད། །དབང་དྲག་ཁྲོས་པའི་པདྨ་ཧེ་རུ་ཀའི། །བཀའ་ཉན་དྲེགས་པ་ལྷ་སྲིན་སྡེ་བརྒྱད་གཙོ། །བདག་ཅག་བསྟན་པ་སྲུང་བར་ཞལ་བཞེས་པ། །འབར་བ་ལྷུམ་དྲལ་འཁོར་དང་བཅས་པ་རྣམས། །སྐད་ཅིག་ཙམ་གྱིས་གནས་འདིར་གཤེགས་སུ་གསོལ། །མ་ལུས་འཁོར་དང་བཅས་པ་ཐམས་ཅད་ལ། །ཕྱི་ནང་གསང་བ་བླ་མེད་མཆོད་པའི་སྤྲིན། །བདུད་ཀྱི་བཞོན་བུ་ནག་པོ་སྙིང་གིས་མཚན། །དར་ནག་རུ་མཚོན་དུར་ཁྲོད་རོལ་བའི་ཆས། །བཙན་གྱི་ཕྱི་དམར་བཙན་བཞོན་དམར་པོ་དང་། །འབྲང་རྒྱས་དཀར་པོ་སྨན་ལེབ་རྒྱུ་རྟ་

སོགས། །དྲི་ཞིམ་བསང་དུད་ལྷ་ལམ་ཡོངས་ཁྱབ་ཕྱིན། །འདོད་རྒུའི་ལོངས་སྤྱོད་དངོས་གྲུབ་ཆར་ལྟར་འབེབས། །གང་བཞེད་འཆར་བའི་མཆོད་པའི་ཕྱིན་ཕུང་འདིས། །བདུད་ཀྱི་རྒྱལ་པོ་འཁོར་བཅས་བསང་ཞིང་མཆོད། །བཙན་གྱི་རྒྱལ་པོ་འཁོར་བཅས་བསང་ཞིང་མཆོད། །ཀླུ་ཡི་རྒྱལ་པོ་འཁོར་བཅས་བསང་ཞིང་མཆོད། །དགྱེས་པར་བཞེས་ལ་བདག་གི་སྐྱོང་གྲོགས་མཛོད། །ས་གསུམ་གནས་ནས་ཚེ་དང་དཔལ་འབྱོར་དང་། །བསོད་ནམས་དབང་ཐང་སྟོབས་དང་ནུས་པའི་ཤུགས། །ཁབ་ལེན་རྡོ་ཡིས་ལྕགས་ཕྱེ་བསྡུས་པ་ལྟར། །ཅི་འདོད་དངོས་གྲུབ་ལྷུན་གྱིས་འགྲུབ་པར་མཛོད། །ཅེས་པ་འདི་ཡང་རྫོགས་སྤྲུལ་ལྔ་པས་སོ། །

༄། གཏེར་སྲུང་ལྷ་མོ་ཆེན་མོའི་བསང་མཆོད་བཞུགས་སོ།།

ཀ་དག་གདོད་ནས་སྤྲོས་དང་བྲལ་བ་ལས། །ཁ་དོག་དམར་ནག་ཁྲག་མདོག་བཟོད་པར་དཀའ། །ག་རུ་བཞུགས་ཀྱང་གཏེར་སྲུང་རྩལ་འཛིན་པ། །ང་ཡིས་སྒྲུབ་ཅིང་མཆོད་ཅིང་བསྟོད་པའི་ཚེ། །ཙ་ཙོའི་ཁ་ཙམ་མ་ཡིན་སྙན་པའི་སྒྲའི། །ཆ་ཆེ་རབ་འབར་མེ་དཔུང་འབར་བའི་ནང་། །ཛ་ཆང་ཕྱེ་མར་བསྲེགས་པ་དུད་པའི་ཕྱིན། །ཉ་རྒྱས་ཇི་བཞིན་དགྱེས་པར་བཞེས་སུ་གསོལ། །ཏ་ཐུག་ཏ་པདྨ་སཾ་བྷ་ཝའི། །ཐ་ཚིག་གཡར་དམ་གཉན་པོ་རྗེས་དགོངས་ལ། །ད་ལྟ་སྒྲུབ་པའི་རིག་འཛིན་བདག་ཅག་ལ། །ན་ཚ་འཆི་བའི་འཇིགས་པ་བཟློག་ཏུ་གསོལ། །པ་ལ་ཆོས་བཞིན་སྐྱོང་བའི་གང་ཟག་ལ། །ཕ་རོལ་རྒོལ་བ་ངན་པའི་ཚོགས་རྣམས་ཀུན། །བ་མོ་ཚ་ཟེར་བརྒྱ་བས་བཞུས་པ་བཞིན། །མ་ལུས་ལྷག་

མ་མེད་པར་མཛོམས་པར་མཛོད། །ཅི་སྙད་སེར་བ་དྲག་པོ་དགྲ་ལ་ཐོང་། །ཚོ་ཟེར་བརྒྱ་བའི་འོད་ཀྱིས་ཁྱབ་པ་བཞིན། །ཛ་ཡའི་བསྟན་པ་ཕྱོགས་བཅུར་རྒྱས་པར་མཛོད། །ལྷ་ལེར་སྲིད་གསུམ་ལེགས་ཉེས་གཟིགས་མཛད་པས། །ཞྭ་ལྷར་པད་འབྱུང་གཙུག་གི་རྒྱན་གྱུར་པ། །ཟ་བྱེད་དྲག་པོ་ཡོངས་ཀྱི་མངའ་བདག་པོ། །འ་ཞུར་འཕྲོར་རླུང་དྲག་པོ་རྟག་ཏུ་འགྲོགས། །ཡ་མཚན་ཆེ་བའི་ཤ་ཟ་མཁའ་འགྲོ་མ། །ར་ཛ་རྒྱལ་འགོང་རྒྱ་འདྲེ་འབྱུང་པོའི་ཚོགས། །ལ་ལ་ཅོམ་མིན་མ་ལུས་ལྷག་མེད་ཀྱི། །ཤ་ཁྲག་དོན་སྙིང་ཁྱོད་ཀྱིས་བཞེས་ནས་ཀྱང་། །ས་འདི་བདེ་སྐྱིད་དཔལ་ལ་སྤྱོད་པར་མཛོད། །ཧ་ཧི་དགྱེས་པའི་གད་མོའི་སྒྲ་དང་བཅས། །ཨ་ཧིའི་བསྟན་པ་ཕྱོགས་བཅུར་རྒྱས་ནས་ཀྱང་། །ཕྲིན་ལས་རྣམ་བཞི་ལྷུན་གྱིས་འགྲུབ་པར་མཛོད། །རྫོགས་སྨྲུལ་ལྔ་པས་སོ། །

༄ མ་མོ་ཁྲག་རལ་མའི་བསང་མཆོད་བཞུགས་སོ།།

ཧྲཱིཿ ཁམས་གསུམ་དབང་བསྒྱུར་སྲིད་གསུམ་སྲོག་གི་བདག །སྐྱེ་འགྲོའི་ཚེ་དང་སྲོག་ལ་མངའ་མཛད་མ། །དབྱིངས་ཀྱི་རྒྱལ་མོ་མཁའ་འགྲོ་ཀུན་གྱི་གཙོ། །ལེགས་ཉེས་སྣང་ས་འཛིན་དམ་ཚིག་རྗེས་གཅོད་ཅིང་། །ཕྱི་ནང་གནས་ཡུལ་དུར་ཁྲོད་གནས་ཉུལ་ཞིང་། །མཐུ་སྟོབས་དབང་ཕྱུག་མ་མོ་ཁྲག་རལ་མ། །འཁོར་བཅས་བསང་གི་མགྲོན་ལ་གཤེགས་སུ་གསོལ། །ཤུག་པ་འོམ་བུ་མཁན་དཀར་བ་ལུ་སོགས། །ཙནྡན་དཀར་དམར་ཨ་ག་རུ་ལ་སོགས། །དྲི་ཞིམ་བསང་གི་དུད་པའི་སྤྲིན་ཕུང་དང་། །ཕྱེ་མར་འོ་སྐོལ་བཟའ་བཅའ་བཏུང་བའི་

རིགས། །དར་ཟབ་རིན་ཆེན་སྣ་ཚོགས་ཟ་འོག་གོས། །མཁའ་དགྱེའི་དཔལ་འབྱོར་མ་ཚང་མེད་པ་འདིས། །མ་མོ་ཆེན་མོ་ཁྲག་གི་རལ་ཅན་བསང་། །སྲིད་པ་གསུམ་གྱི་སྲོག་གི་བདག་མོ་བསང་། །གནས་གསུམ་མཁའ་འགྲོ་ཡོངས་ཀྱི་གཙོ་མོ་བསང་། །དེ་ལྟར་བསང་མཆོད་ཕུལ་བའི་མཐུ་ནུས་ཀྱིས། །རྒྱལ་བའི་བསྟན་པ་སྲུང་ཞིང་སྐྱོང་བ་དང་། །བདག་ཅག་སྒྲུབ་ལ་བར་དུ་གཅོད་པའི་བགེགས། །མི་བསྲུན་ལོག་པར་འདྲེན་པའི་ཚོགས་རྣམས་ཀུན། །ཕྲིན་ལས་དྲག་པོའི་སྟོབས་ཀྱིས་སྒྲོལ་བར་མཛོད། །མདོར་ན་ཡིད་ལ་གང་བཞེད་འཆར་བ་ཀུན། །ཐོགས་མེད་ལྷུན་གྱིས་འགྲུབ་པའི་ཕྲིན་ལས་མཛོད། །ཛོགས་སྤྲུལ་ལྔ་པས་སོ། །

༄༅། སྨན་སྲུང་རྡོ་རྗེ་བདུད་འདུལ་བསང་མཆོད་བཞུགས།

ཧཱུྃ། ངོ་བོ་གདོད་ནས་ཆོས་སྐུའི་རོལ་བ་ལས། །མ་འགགས་མཁའ་ལ་འཇའ་ཚོན་ཤར་བ་ལྟར། །གསོ་རིག་རྒྱུད་ཀྱི་བསྟན་པ་སྲུང་མཛད་པའི་། །གནོད་སྦྱིན་དབང་པོའི་ཚུལ་དུ་སྐུར་ཤར་བ། །སྨན་སྲུང་རྡོ་རྗེ་བདུད་འདུལ་འཁོར་བཅས་རྣམས། །མཁའ་ལ་ཆར་སྤྲིན་གཏིབས་པ་ལྟ་བུ་བཞིན། །སྐད་ཅིག་ཙམ་གྱིས་གནས་འདིར་གཤེགས་སུ་གསོལ། །ཁྱེད་ལ་རབ་ཏུ་གུས་པས་ཕྱག་འཚལ་ལོ། །ཧཱུྃ་ལས་སྐྱེས་པའི་འབར་བའི་མེ་ནང་དུ། །དྲི་ཞིམ་ཤིང་སྣའི་ཚོགས་དང་ལྡན་ཅིག་ཏུ། །ཕྱེ་མར་འོ་སྒྲོལ་བསྲེགས་པ་དུད་པའི་སྤྲིན། །མ་རྨོས་ལོ་ཏོག་རིན་ཆེན་འབྲུ་སྨན་སྤོས། །གཏེར་གྱི་བུམ་པ་འདོད་འབྱུང་ནེའུ་ལེ། །ཡན་ལག

བརྒྱད་ལྡན་ཁྲུས་ཀྱི་རྫིང་བུ་དང་། །འདོད་འཇོའི་བ་མོ་དཔག་བསམ་ལྗོན་པའི་ཤིང་། །རྣམ་མང་སྲིད་ཞིའི་འབྱོར་བ་ཇི་སྙེད་པ། །ཕུལ་བས་བདག་ཅག་མི་ནོར་འཁོར་བཅས་རྣམས། །ཁྱེད་ཀྱིས་རྟག་ཏུ་སྲུང་ཞིང་སྐྱོང་བ་དང་། །གསོ་རིག་སྨན་གྱི་བསྟན་པ་སྲུང་མཛད་པ། །འཇིག་རྟེན་ཁམས་སུ་བདེ་ཞིང་སྐྱིད་པ་དང་། །མི་ནོར་ཕྱུག་གསུམ་འཕེལ་བའི་ཕྲིན་ལས་མཛོད། །ཛོགས་སྨྲུལ་ལྷ་པས་སོ། །

༄༅། བཀའ་ཡི་སྲུང་མ་གནོད་སྦྱིན་བཅུ་གཉིས་བསང་མཆོད་བཞུགས།

ཧཱུྃ། སྟོན་པ་བདེ་གཤེགས་སྨན་གྱི་བླ་མ་ཡིས། །ཉིད་ལས་མི་གཞན་འཁོར་ཚོགས་མཐའ་དག་ལ། །གསོ་རིག་རྒྱུད་ཀྱི་བསྟན་པ་བཤད་པའི་ཚེ། །སྦྱིན་སྟེར་ཁས་བླངས་ཞལ་བཞེས་གཡར་དམ་ཅན། །བཀའ་ཡི་སྲུང་མ་གནོད་སྦྱིན་བཅུ་གཉིས་ནི། །རང་རང་བྲན་སྡེ་མ་ལུས་ཚོགས་དང་བཅས། །དད་དང་དམ་ཚིག་དབང་གིས་སྤྱན་འདྲེན་ན། །སྐད་ཅིག་ཙམ་གྱིས་གནས་འདིར་གཤེགས་སུ་གསོལ། །གུས་པས་འདུད་དོ་ཕྱག་འཚལ་བསྟོད་པར་བགྱི། །ལྷ་ཤིང་ཤུག་པ་དུང་ཤིང་མཁན་དཀར་དང་། །མཆོང་ཤིང་བ་ལུ་ལ་སོགས་ཤིང་སྣའི་ཚོགས། །བསྲེགས་པའི་དུད་སྤྲིན་ནམ་མཁའ་གང་བ་དང་། །ག་ར་གུ་རམ་སྦྲང་རྩི་ལ་སོགས་པ། །རྒྱ་ཇ་དངུལ་ལྡན་སྨོས་བྱེད་ཛ་གད་ཆང་། །ཕྱེ་མར་འོ་སྙོལ་འབྲུ་སྨན་ཟན་སྣའི་རིགས། །ཟ་འོག་སྣ་ཚོགས་སྟག་གཟིག་རས་མོ་སོགས། །དགྱེས་པའི་མཐུན་རྫས་བསམ་གྱིས་མི་ཁྱབ་པ། །དངོས་འབྱོར་ཡིད་

སྤྲུལ་མཆོད་པའི་ཚོགས་རྣམས་ཀྱི། །སྨན་སྲུང་རྡོ་རྗེ་བདུད་འདུལ་ཆེན་པོ་བསང་། །འཁོར་གྱི་གནོད་སྦྱིན་ཆེན་པོ་འབུམ་སྡེ་བསང་། །ནོར་སྐྱོང་བྱེ་བ་འབུམ་གྱི་ཚོགས་བཅས་བསང་། །ཐུགས་དམ་བསྐང་ལ་ཉམས་ཆགས་འགལ་འཁྲུལ་བཤགས། །འགྲོ་བ་ནད་ཀྱི་སྡུག་བསྔལ་ལས་སྐྱོབ་ཅིང་། །འདོད་དགུའི་དངོས་གྲུབ་མ་ལུས་ཆར་ལྟར་ཕོབ། །ཁམས་གསུམ་སྐྱེ་འགྲོ་མ་ལུས་དབང་དུ་བསྡུས། །ཁྱེད་པར་ཟབ་གསང་རྡོ་རྗེ་སྙིང་པོ་ཡི། །བཤད་སྒྲུབ་བསྟན་པ་ཕྱོགས་བཅུར་རྒྱས་པ་དང་། །དངོས་གྲུབ་མ་ལུས་ཡིད་བཞིན་སྩོལ་དུ་གསོལ། །རྫོགས་སྤྲུལ་ལྔ་པས་སོ། །

ཁྱབ་བདག་ནཱ་ག་རཱ་ཛའི་བསང་བསྡུས་བཞུགས་སོ།།

ཧཱུྃ། གསང་བའི་བདག་པོ་ཕྱག་ན་རྡོ་རྗེ་ཡི། །མཐུ་སྟོབས་ནུས་པ་གཅིག་ཏུ་བསྡུས་པ་ཡི། །ཀླུ་དང་ས་བདག་འདུལ་བའི་གཤེད་པོ་ཆེ། །འཇམ་དཔལ་ཁྲོས་པ་ནཱ་ག་རཱ་ཛ་ནི། །བདག་ཅག་གདུང་བའི་དབྱངས་ཀྱིས་འབོད་པའི་ཚེ། །ཐོགས་མེད་ཤུགས་ཀྱིས་གནས་འདིར་གཤེགས་སུ་གསོལ། །ཁྱེད་ལ་རབ་ཏུ་གུས་པས་ཕྱག་འཚལ་ལོ། །དར་ཟབ་འབྲུ་སྣ་དྲི་ཞིམ་སྤོས་ཀྱི་རིགས། །ཕྱེ་མར་ཟས་སྣ་རྒྱ་ཇ་ངད་ལྡན་དང་། །མ་དྷུ་ན་ཡི་གསེར་སྐྱེམས་རྒྱ་མཚོར་བསྐྱིལ། །གཡུ་ཤུག་སྤོས་དཀར་ཤ་སྣ་སྙིང་སྣ་དང་། །དཀར་གསུམ་མངར་གསུམ་རིན་ཆེན་སྣ་ཚོགས་སོགས། །དགྱེས་པའི་མཐུན་རྫས་དཔག་ཡས་བསྒྲིགས་པ་ཡི། །དུད་སྤྲིན་ལྷ་ལམ་ཡོངས་སུ་ཁྱབ་པ་ལ། །སྣགས་དང་ཕྱག་

རྒྱས་བྱིན་གྱིས་བརླབས་ནས་ཀྱང་། །ནམ་མཁའ་མཛོད་ཀྱི་ལོངས་སྤྱོད་རྒྱ་ཆེན་འདི། །སྲིད་གསུམ་དྲེགས་ཚོགས་ཡོངས་ཀྱི་མངའ་བདག་པོ། །སྟོང་གསུམ་སྣང་ཅིག་ཉིད་ལ་བརླག་མཛད་པའི། །ཁྱབ་བདག་ནཱ་ག་རཀྵ་འཁོར་བཅས་བསང་། །དེ་ལྟར་མཆོད་ཅིང་བསང་ཞིང་བརྟན་པའི་མཐུས། །བདག་ཅག་བག་མེད་མ་རིག་དབང་གིས་ནི། །ཉམས་གྲིབ་སྐྱོན་དུ་གྱུར་པ་གང་མཆིས་པ། །དམིགས་མེད་ཆོས་དབྱིངས་ཀློང་དུ་ཞི་གྱུར་ཅིག །བདག་ཅག་དཔོན་སློབ་འཁོར་དང་བཅས་པ་རྣམས། །ཀླུ་གཉན་ས་བདག་གནོད་པ་ཀུན་ཞི་ནས། །དཔལ་འབྱོར་བསོད་ནམས་དབྱར་གྱི་གངྒཱ་ལྟར། །མི་ནུབ་རྒྱས་ཤིང་འཕེལ་བར་མཛད་དུ་གསོལ། །གཞན་འཕྲུལ་དབང་བྱེད་ལྷ་ཡི་ལོངས་སྤྱོད་བཞིན། །འབད་མེད་ལྷུན་གྱིས་འགྲུབ་པར་མཛད་དུ་གསོལ། །བདག་ལ་སྡང་ཞིང་གདུག་པའི་དགྲ་དང་བགེགས། །མཐུ་སྟོབས་དབང་ཕྱུག་ཁྱོད་ཀྱི་ཟ་སྐལ་གྱིས། །ལོ་དང་ཟླ་བ་ཙམ་ཡང་མ་བཞག་པར། །མིང་ཙམ་མེད་པར་བརླག་པའི་ཕྲིན་ལས་མཛོད། །རྫོགས་སྤྲུལ་ལྔ་པས་སོ། །

༄༅། །བསང་མཆོད་བསྡུས་པ་བྱིན་རླབས་སྤྲིན་ཕུང་ལས། རྡོ་རྗེའི་ཆོས་སྐྱོང་རྣམས་ཀྱི་བསང་བསྡུས་ཕྲིན་ལས་མྱུར་འགྲུབ་ཅེས་བྱ་བ་བཞུགས་སོ།།

ཕྱོགས་མར་རྟ་མགྲིན་ནག་པོའི་བསང་མཆོད་བསྡུས་པ་ནི།

ཧྲཱིཿ དབང་ཆེན་ཁྲོ་རྒྱལ་རྟ་མགྲིན་ནག་པོ་ཆེ། །འཁོར་གྱི་དྲེགས་པ་སྡེ་བརྒྱད་དམག་ཚོགས་དང་། །ཡེ་ཤེས་འཇིག་རྟེན་ཕོ་ཉར་བཅས་པ་ལ། །འདོད་ཡོན་ལྔ་ལྡན་བསང་མཆོད་འདི་ཕུལ་བས། །ཕྲིན་ལས་རྣམ་བཞི་ལྷུན་གྱིས་འགྲུབ་པར་མཛོད། །

ལེགས་ལྡན་བསང་མཆོད་བསྡུས་པ་བཞུགས་སོ།།

ཧཱུྃ། དུས་གསུམ་རྒྱལ་བའི་བསྟན་སྲུང་མཐུ་བོ་ཆེ། །ལེགས་ལྡན་ནག་པོ་ཆེན་པོ་ཡབ་དང་ཡུམ། །བཀའ་འཁོར་བྲན་གཡོག་ནག་པོའི་ཚོགས་དང་བཅས། །བསང་ངོ་མཆོད་དོ་བཅོལ་བའི་ཕྲིན་ལས་མཛོད། །ཅེས་མི་ཕམ་པས་སོ། །

མ་ནིང་བསང་བསྡུས།

ཀྲཱི། ལྷ་ཆེན་དཔལ་འབར་མ་ནིང་གཙོ་དང་འཁོར། །ཆོས་ཀྱི་དབྱིངས་ནས་འདིར་གཤེགས་དགྱེས་པར་བཞུགས། །བཟང་ཞིང་ཕྱེ་མར་ཕུད་ཀྱིས་བསང་དོ་མཆོད། །ཀུན་བཟང་པདྨ་འབྱུང་གནས་བཀའ་བསྒོས་བཞིན། །པདྨའི་རིང་ལུགས་སྐྱོབ་པའི་སྡེ་འདི་སྐྱོངས། །བར་ཆད་ཀུན་ཞི་བསམ་དོན་ཀུན་འགྲུབ་མཛོད། །

མགོན་པོ་ཚོགས་བདག་བསང་བསྡུས།

ཧཱུྃ། དཔལ་ལྡན་ཡེ་ཤེས་མགོན་པོ་ཚོགས་ཀྱི་བདག །སྐུ་གསུང་ཐུགས་མགོན་ཕྱོགས་བཅུའི་མགོན་པོ་བཅུ། །དཔལ་མགོན་བདུན་ཅུ་འཁོར་དང་བཅས་པ་རྣམས། །བསང་མཆོད་བཞེས་ལ་བཅོལ་བའི་ཕྲིན་ལས་མཛོད། །རྫོགས་སྤྲུལ་ལྔ་པས་སོ། །

བདུད་མགོན་ཞིང་སྐྱོང་བསང་བསྡུས།

ཧཱུྃ། བདུད་མགོན་ཞིང་སྐྱོང་སེང་གེའི་གདོང་པ་ཅན། །ཡུལ་ཆེན་བདུད་མོ་དམར་ནག་ཁྲག་རལ་ཅན། །བཀའ་ཉན་ལས་བྱེད་དྲེགས་པའི་ཚོགས་རྣམས་བཅས། །བསང་དོ་མཆོད་དོ་བཅོལ་བའི་ཕྲིན་ལས་མཛོད། །རྫོགས་སྤྲུལ་ལྔ་པས་སོ། །

གཏེར་སྲུང་ཡང་མ་སྐྱེན་གདོང་མའི་བསང་བསྡུས་ནི།

ཧྲཱིཿ པདྨའི་བཀའ་ཉན་མཁའ་འགྲོ་ཀུན་གྱི་གཙོ། །ཟབ་གཏེར་སྐྱོང་བའི་རྩལ་འཛིན་མཐུ་མོ་ཆེ། །ཡང་མ་སྐྱེན་གདོང་འཁོར་དང་བཅས་པ་ཡིས། །བསང་མཆོད་བཞེས་ལ་བཅོལ་བའི་ཕྲིན་ལས་མཛོད། །རྫོགས་སྤྲུལ་ལྔ་པས་སོ། །

སྐུ་རབས་ལྔ་པ་ཐུབ་བསྟན་ཆོས་ཀྱི་རྡོ་རྗེའི་གསུང་ཚན།

ལྷ་མོ་ཕྱོགས་བདག་མའི་བསང་མཆོད་བསྡུས་པ་ནི།

ཧཱུྃ༔ སྟོང་ཉིད་རྣམ་དག་ཤེས་རབ་དབྱིངས་ཀྱི་ཡུམ། །དཔལ་ལྡན་ལྷ་མོ་བཀའ་གཉེར་སྲུང་མ་མཆོག །གུས་པས་བསང་འབུལ་སྤྲོ་འགྱུར་རྡོ་རྗེའི་ཐེག །དར་ཞིང་རྒྱས་པའི་ཕྲིན་ལས་འགྲུབ་པར་མཛོད། །རྫོགས་སྤྲུལ་ལྔ་པས་སོ། །

གཤོག་རྒོད་མའི་བསང་བསྡུས།

ཧཱུྃ༔ ཡོངས་ལ་དབང་བསྒྱུར་ཐོགས་མེད་རྫུ་འཕྲུལ་ཅན། །སྲིད་གསུམ་སྲོག་ལ་མངའ་མཛད་མཐུ་མོ་ཆེ། །རྡོ་རྗེ་གཤོག་རྒོད་འཁོར་དང་བཅས་པ་རྣམས། །བསང་ངོ་མཆོད་དོ་བཅོལ་བའི་ཕྲིན་ལས་མཛོད། །རྫོགས་སྤྲུལ་ལྔ་པས་སོ། །

སྲོག་སྒྲུབ་མའི་བསང་བསྡུས།

ཧཱུྃ༔ ཨ་ཏིའི་བསྟན་སྲུང་སྲིད་གསུམ་སྲོག་གི་བདག །དུས་བཞིའི་དབང་བསྒྱུར་མཁའ་འགྲོ་ཀུན་གྱི་གཙོ། །ཤན་པ་སྲོག་སྒྲུབ་ནག་མོ་འཁོར་བཅས་ལ། །བསང་ངོ་མཆོད་དོ་བཅོལ་བའི་ཕྲིན་ལས་མཛོད། །རྫོགས་སྤྲུལ་ལྔ་པས་སོ། །

བརྟན་མ་བཅུ་གཉིས་བསང་བསྡུས།

ཧཱུྃ༔ པད་འབྱུང་རླུང་ཆེན་དཔལ་གྱི་སེང་གེ་ཡིས། །བཀའ་བསྒོས་ཐ་ཚིག་གཉན་པོ་རྗེས་དགོངས་ལ། །བདུད་དང་གནོད་སྦྱིན་སྨན་མོའི་ཚུལ་འཛིན་པ། །འཁོར་བཅས་བསང་མཆོད་བཞེས་ལ་ཕྲིན་ལས་སྒྲུབས། །རྫོགས་སྤྲུལ་ལྔ་པས་སོ། །

སྐུ་རབས་ལྔ་པ་ཐུབ་བསྟན་ཆོས་ཀྱི་རྡོ་རྗེའི་གསུང་ཚན།

རྡོ་རྗེ་གཡུ་སྒྲོན་མའི་བསང་བསྡུས།

ཧྲཱིཿ རིག་འཛིན་པདྨ་ཐོད་ཕྲེང་སྤྲུན་སྤྱ་ཙུ། །བཀའ་ཉན་བསྟན་པ་སྲུང་བར་ཞལ་བཞེས་པའི། །སྨན་བཙུན་རྡོ་རྗེ་གཡུ་སྒྲོན་འཁོར་བཅས་ལ། །བསང་ངོ་མཆོད་དོ་བཅོལ་བའི་ཕྲིན་ལས་མཛོད། །རྫོགས་སྤྲུལ་ལྔ་པས་སོ། །

ཉེ་གྲགས་ལྷ་བཙན་བསང་མཆོད་ནི།

ཧཱུྃ༔ སྲིད་གསུམ་དབང་མཛད་དྲེགས་པ་ཀུན་གྱི་གཙོ། །པདྨའི་ཟབ་གཏེར་སྐྱོང་བའི་མཐུ་བོ་ཆེ། །ལྷ་བཙན་ཆེན་པོ་འཁོར་དང་བཅས་པ་ཡིས། །བསང་མཆོད་བཞེས་ལ་བཅོལ་བའི་ཕྲིན་ལས་མཛོད། །རྫོགས་སྤྲུལ་ལྔ་པས་སོ། །

གནོད་སྦྱིན་ཤན་པ་དམར་ནག་བསང་བསྡུས།

ཧཱུྃ༔ རྒྱལ་བའི་བསྟན་པ་གཉན་པོ་བསྲུང་བ་དང་། །སྒྲུབ་ལ་བར་དུ་གཅོད་པའི་གཤེད་མ་ཆེ། །གནོད་སྦྱིན་ཤན་པ་དམར་ནག་འཁོར་བཅས་ལ། །བསང་ངོ་མཆོད་དོ་བཅོལ་བའི་ཕྲིན་ལས་མཛོད། །རྫོགས་སྤྲུལ་ལྔ་པས་སོ། །

རིག་འཛིན་མའི་བསང་བསྡུས།

ཧྲཱིཿ གནས་གསུམ་མཁའ་འགྲོ་ཡོངས་ཀྱི་གཙོ་མོ་ཆེ། །རིག་འཛིན་དཔའ་བོ་ཡོངས་ཀྱི་སྙིང་གཅིག་མ། །ཨ་མ་རིག་འཛིན་ལྷ་མོ་འཁོར་བཅས་ལ། །བསང་ངོ་མཆོད་དོ་བཅོལ་བའི་ཕྲིན་ལས་མཛོད། །རྫོགས་སྤྲུལ་ལྔ་པས་སོ། །

སྐུ་རབས་ལྷ་པ་ཐུབ་བསྟན་ཆོས་ཀྱི་རྡོ་རྗེའི་གསུང་ཚན།

གཏེར་སྲུང་ལྷང་ལྷའི་བསང་བསྡུས།

ཧཱུྃ། རྒྱལ་བའི་དབང་པོ་པདྨ་སཾ་བྷ་ཝའི། །ཟབ་གཏེར་བསྟན་པ་སྲུང་བར་ཞལ་བཞེས་པའི། །ལྷ་ཡི་དགེ་བསྙེན་རྡོ་རྗེ་དྲག་པོ་རྩལ། །འཁོར་བཅས་བསང་མཆོད་བཞེས་ལ་ཕྲིན་ལས་སྒྲུབས། །རྫོགས་སྤྲུལ་ལྷ་པས་སོ། །

ཉི་གྲགས་རྒྱལ་པོའི་བསང་བསྡུས།

ཧཱུྃ། ཆོས་ཉིད་ཞི་བའི་དབྱིངས་ལས་མ་གཡོས་ཀྱང་། །ལོག་འདྲེན་འདུལ་ཕྱིར་དྲག་པོའི་སྐུར་བཞེངས་པ། །སྐུ་ཡི་རྒྱལ་ཆེན་ཡབ་ཡུམ་འཁོར་བཅས་ལ། །བསང་ངོ་མཆོད་དོ་བསྟོལ་བའི་ཕྲིན་ལས་མཛོད། །རྫོགས་སྤྲུལ་ལྷ་པས་སོ། །

རྡོ་རྗེ་གྲགས་ལྡན་བསང་བསྡུས།

ཧྲཱིཿ ཁམས་གསུམ་ཀུན་ལས་རྒྱལ་བའི་སྟོབས་ལྡན་སྐུ། །གསུང་བློན་རྡོ་རྗེ་གྲགས་ལྡན་སྤྲུལ་འཁོར་བཅས། །ཡེ་ཤེས་བདུད་རྩིའི་བསང་མཆོད་ཕུལ་བའི་མཐུས། །ཡིད་ལ་བསམ་པ་ལྷུན་གྱིས་འགྲུབ་པར་མཛོད། །རྫོགས་སྤྲུལ་ལྷ་པས་སོ། །

གཏེར་སྲུང་སློན་ཁའི་བསང་བསྡུས།

ཧཱུྃ། མ་རུང་གདུལ་དཀའ་འདུལ་བའི་གཤེད་པོ་ཆེ། །ཆེ་བའི་ཆེ་མཆོག་ཁྲོ་རྒྱལ་ཡོངས་ཀྱི་གཙོ། །སློན་ཁ་ནག་པོ་འཁོར་དང་བཅས་པ་ལ། །བསང་མཆོད་བཞེས་ལ་བསྟོལ་བའི་ཕྲིན་ལས་མཛོད། །རྫོགས་སྤྲུལ་ལྷ་པས་སོ། །

དྲེགས་པའི་སྡེ་དཔོན་སུམ་ཅུའི་བསང་བསྡུས།

ཧཱུྃ༔ ཆོས་དབྱིངས་ངང་ལས་སྙིང་རྗེའི་སྐུར་བཞེངས་པ། །དྲེགས་པའི་ཡང་རྗེ་དྲེགས་པ་ཀུན་གྱི་གཙོ། །སྡུགས་བདག་སྡེ་དཔོན་སུམ་ཅུ་འཁོར་བཅས་ལ། །བསང་ངོ་མཆོད་དོ་བཅོལ་བའི་ཕྲིན་ལས་མཛོད། །རྫོགས་སྤྲུལ་ལྔ་པས་སོ། །

དུར་ཁྲོད་ལྷ་མོའི་བསང་བསྡུས།

ཧྲཱིཿ མི་འགྱུར་བདེ་བ་ཆེན་པོའི་ངང་ཉིད་ལས། །དུར་ཁྲོད་གནས་ཚུལ་ཞིང་སྐྱོང་ཀུན་གྱི་གཙོ། །དུར་ཁྲོད་ལྷ་མོ་འཁོར་དང་བཅས་པ་ཡིས། །བསང་མཆོད་བཞེས་ལ་བཅོལ་བའི་ཕྲིན་ལས་མཛོད། །རྫོགས་སྤྲུལ་ལྔ་པས་སོ། །

ལས་གཤིན་བསང་བསྡུས།

ཨཻ། འཇམ་དཔལ་གཤིན་རྗེའི་བཀའ་སྡོད་དཔའ་བོ་ཆེ། །འཆི་བདག་བདུད་ལས་རྣམ་རྒྱལ་ཧེ་རུ་ཀ །ལས་ཀྱི་གཤིན་རྗེ་འཁོར་དང་བཅས་པ་ལ། །བསང་ངོ་མཆོད་དོ་བཅོལ་བའི་ཕྲིན་ལས་མཛོད། །རྫོགས་སྤྲུལ་ལྔ་པས་སོ། །

མཁའ་འགྲོ་སྐྱོང་ཞོན་མཆེད་གསུམ་བསང་བསྡུས།

ཧྲཱིཿ སྐྱེ་མེད་རྣམ་དག་དབྱིངས་ལས་མ་གཡོས་ཀྱང་། །རྫུ་འཕྲུལ་སྟོབས་ཀྱིས་མཁའ་ལ་ཐོགས་མེད་འགྲོ། །མཁའ་འགྲོ་ཆེན་མོ་སྐྱོང་ཞོན་མཆེད་གསུམ་གྱིས། །བསང་མཆོད་བཞེས་ལ་ཕྲིན་ལས་འགྲུབ་པར་མཛོད། །རྫོགས་སྤྲུལ་ལྔ་པས་སོ། །

སྐྱ་རབས་ལྷ་པ་ཐུབ་བསྟན་ཆོས་ཀྱི་རྡོ་རྗེའི་གསུང་ཚན།

ཟངས་རི་བཙན་རྒོད་བསང་བསྔུས།

ཧཱུྃ། ཟངས་རི་བཙན་རྒོད་འབར་བ་སྤྱུན་བདུན་པོ། །བཙན་འཁོར་སུམ་བརྒྱ་དྲུག་ཅུ་འཁོར་བཅས་ལ། །ངོ་མཚར་བསང་མཆོད་དམ་པ་ཕུལ་བ་ཡིས། །ཞི་བྱེད་གཙོད་ཡུལ་བསྟན་པ་དར་བར་མཛོད། །རྫོགས་སྤྲུལ་ལྷ་པས་སོ། །

གླུ་མོ་གཟི་འབར་མའི་བསང་བསྔུས།

ཕཻཾཿ གླུ་རྒྱལ་དུང་སྐྱོང་སྲས་མོ་གཟི་འབར་མ། །གླུ་སྨན་འབུམ་གྱི་འཁོར་ཚོགས་བཅས་པ་རྣམས། །དཀར་གསུམ་མངར་གསུམ་བསྲེགས་པའི་དུད་པའི་སྤྲིན། །བཞེས་ལ་གླུ་ནོར་དངོས་གྲུབ་སྩོལ་དུ་གསོལ། །རྫོགས་སྤྲུལ་ལྷ་པས་སོ། །

སྨན་སྲུང་ལྷ་སྨན་མཆེད་གསུམ་བསང་བསྔུས།

ཧཱུྃ། སྨན་པའི་རྒྱལ་པོའི་བསྟན་པ་སྲུང་མཛད་པའི། །ཡེ་ཤེས་ཁྲེའུ་ཆུང་ལྷ་མོ་མཆེད་གསུམ་ལ། །བསང་གི་མཆོད་པ་དམ་པ་ཕུལ་བ་ཡིས། །ནད་མེད་ཚེ་རིང་ལོངས་སྤྱོད་རྒྱས་པར་མཛོད། །རྫོགས་སྤྲུལ་ལྷ་པས་སོ། །

གཏེར་སྲུང་ཁོལ་པོ་ཁའི་བསང་བསྔུས།

ཧཱུྃ། གནོད་སྦྱིན་ཡོངས་ཀྱི་རྒྱལ་པོ་མཐུ་བོ་ཆེ། །མཐུ་ཆེན་གཏེར་གྱི་སྲུང་མ་ཁོལ་པོ་ཁ། །འཁོར་གྱི་གནོད་སྦྱིན་བྱེ་བ་འབུམ་དང་བཅས། །བསང་མཆོད་བཞེས་ལ་ཕྲིན་ལས་འགྲུབ་པར་མཛོད། །རྫོགས་སྤྲུལ་ལྷ་པས་སོ། །

སྐུ་རབས་ལྔ་པ་ཐུབ་བསྟན་ཆོས་ཀྱི་རྡོ་རྗེའི་གསུང་ཚན།

གཉན་ཆེན་རྒྱལ་བ་ཐོད་དཀར་བསང་བསྔུས།

ཧཱུྃ། རྒྱལ་བ་ཐོད་དཀར་གཉན་རྣམས་ཡོངས་ཀྱི་གཙོ། །མཆེད་ལྷ་བརྒྱད་དང་གཉན་འཁོར་འབུམ་གྱི་ཚོགས། །བསང་གི་མཆོད་པ་དམ་པ་འདི་བཞེས་ལ། །མ་རུང་དགྲ་ལས་རྒྱལ་བའི་ཕྲིན་ལས་མཛོད། །རྫོགས་སྤྲུལ་ལྔ་པས་སོ། །

འབར་མ་བྲུ་ཞོན་མའི་བསང་བསྔུས།

ཧྲཱིཿ སྲིད་གསུམ་མཁའ་འགྲོ་ཡོངས་ཀྱི་གཙོ་མོ་ནི། །ནག་མོ་ཆེན་མོ་འབར་མ་བྲུ་ཞོན་མ། །བསང་གི་མཆོད་པ་དམ་པ་ཕུལ་བ་ཡིས། །མ་མོའི་དལ་ཡམས་བཟློག་པའི་ཕྲིན་ལས་མཛོད། །རྫོགས་སྤྲུལ་ལྔ་པས་སོ། །

འབར་བ་ལྷུམ་དྲལ་གྱི་བསང་བསྔུས།

ཧཱུྃ། པདྨ་དྲག་པོའི་བཀའ་ཡི་འཁོར་ཡུག་ན། །འབར་བ་ལྷུམ་དྲལ་འཁོར་དང་བཅས་པ་ལ། །དག་བྱེད་ཁྲུས་ཆབ་བསང་གི་མཆོད་པ་ཡིས། །ལས་རྣམས་མྱུར་དུ་འགྲུབ་པའི་ཕྲིན་ལས་མཛོད། །རྫོགས་སྤྲུལ་ལྔ་པས་སོ། །

གཏེར་སྲུང་ལྷ་མོ་ཆེན་མོའི་བསང་བསྔུས།

ཧྲཱིཿ ཟབ་གཏེར་བསྟན་པ་བསྲུང་བར་ཞལ་བཞེས་པའི། །དུས་བཞིར་དབང་བསྒྱུར་དཔལ་ལྡན་ལྷ་མོ་ལ། །དག་བྱེད་བསང་གི་མཆོད་པ་ཕུལ་བ་ཡིས། །མ་མོའི་དལ་ཡམས་དྲག་པོ་དགྲ་ལ་ཐོངས། །རྫོགས་སྤྲུལ་ལྔ་པས་སོ། །

སྐུ་རབས་ལྔ་པ་ཐུབ་བསྟན་ཆོས་ཀྱི་རྡོ་རྗེའི་གསུང་ཚན།

མ་མོ་ཁྲག་རལ་མའི་བསང་བསྔུས།

ཧྲཱྀཿ སྲིད་པ་གསུམ་གྱི་སྲོག་གི་བདག་མོ་ནི། །ཤ་ཟ་ཁྲག་འཐུང་ཀུན་གྱི་གཙོ་མོ་སྟེ། །མ་མོ་ཆེན་མོ་ཁྲག་གི་རལ་ཅན་མས། །བསང་མཆོད་བཞེས་ལ་བཅོལ་བའི་འཕྲིན་ལས་མཛོད། །ཛོགས་སྤྲུལ་ལྔ་པས་སོ། །

བཀའ་ཡི་སྲུང་མ་གནོད་སྦྱིན་བཅུ་གཉིས་བསང་བསྔུས།

ཧཱུྃ། བཀའ་ཡི་སྲུང་མ་གནོད་སྦྱིན་བཅུ་གཉིས་དང་། །བྲན་གཡོག་བདུད་འབུམ་འཁོར་དང་བཅས་པ་ལ། །བསང་མཆོད་ནམ་མཁའ་མཛོད་ཀྱི་འཁོར་ལོ་འདི། །ཕུལ་བས་མི་མཐུན་ཕྱོགས་རྣམས་ཞི་བར་མཛོད། །ཛོགས་སྤྲུལ་ལྔ་པས་སོ། །

ཁྱབ་བདག་ནཱ་ག་རཀྴའི་བསང་བསྔུས་ནི།

ཕྱེཾཿ གསང་བདག་བཀའ་ཉན་ཀླུ་སྲིན་ཁྲོས་པའི་སྐུ། །ཤིན་ཏུ་ཁྲོས་པ་ནཱ་ག་རཀྴ་ལ། །དམ་རྫས་བསང་གི་མཆོད་པ་ཕུལ་བ་ཡིས། །ས་བདག་ཀླུ་ཡི་གནོད་པ་ཞི་བར་མཛོད། །ཅེས་པ་འདི་ཡང་ཛོགས་ཆེན་སྐྱོ་སྲིད་ལྔ་པ་ཐུབ་བསྟན་ཆོས་ཀྱི་རྡོ་རྗེས་ཆོས་སྐྱོང་བའི་སྲུང་མ་རྣམས་ཀྱི་བསང་མཆོད་བསྔུས་པ་རྣམས་ཕྱོགས་གཅིག་ཏུ་བསྒྲིགས་པ་དགེ་ལེགས་འཕེལ། །

བསང་ལ་བཟང་ངན་བརྟག་ཐབས་ནི།

དུད་པ་འབར་བ་ཐལ་བ་གསུམ། །བརྟག་པ་དང་པོ་དུད་པ་ནི། །དཀར་བོ་མདུང་བཙུགས་འདྲ་བ་བཟང་། །བཀྲ་ཤིས་ནད་མེད་གོད་ཁ་ཆད། །དུད་པ་ཁམ་ནག་ཐུར་སོང་ན། །ནད་པ་མི་ཤི་ཕན་པར་དཀའ། །དུ་བ་ཁམ་ནག་འོག་དང་

ཉུབ། །སོང་ན་གོད་འོང་ནད་པ་འཆི། །སད་སེར་འོང་བས་ངན་པར་བཤད། །དུད་
པ་ནག་ན་ནད་པ་འཆི། །སྟོན་ཡམས་ནད་ལོ་མི་ལེགས། །འབར་ལྷས་སྟེང་
འབར་ཚངས་རིས་ལྷའི། ལྷས་ཡིན་བཟང་ལ་ལྷ་ངོ་མཐོ། །ཤར་འབར་ལྷའི་
ལྷས་བཟང་བར་བཤད། །ལྷོ་འབར་མི་གཡང་འཕེལ་བས་བཟང་། །ནུབ་ནས་
དུར་ཁ་ཕྱེ་བས་ངན། །བྱང་ནས་དགྲ་སྒོ་འབྱེད་པས་ངན། །འོག་འབར་འཁོར་
གཡོག་ནོར་ལ་ངན། །ཐལ་བ་དཀར་པོ་བཟང་བ་དང་། །དམར་ན་གོད་འོང་
གཞོན་མར་ངན། །ནོར་ལྷ་བརྟེན་ན་བཟང་བ་ཡིན། །ཉི་ནག་ཆེ་ཆུང་བསང་
སོལ་དང་། །མེ་དུད་ཆེན་པོ་བཏང་བས་ན། །ལྷ་ཕྲན་མེ་མཆེད་སྣང་བས་
སྦྲལ། །ཉེས་པ་འབྱུང་ཞེས་བཤད་པར་འདུག །ཆོས་གཅིག་སྣག་གི་ཉི་མ་
ལ། །རྨ་ངོ་གྲིབ་ངོ་གཉན་རིགས་འབྲུགས། །ཆོས་དྲུག་བཅུ་དྲུག་ཉེར་དྲུག་
ལ། །རི་འགོ་བསང་བྱས་ཞིང་གི་ལྷ། །མི་དགའ་ལོ་མི་ལེགས་པར་
བཤད། །དེ་མིན་བསང་གིས་བཀྲ་ཤིས་ཤིང་། །ཆར་ཆུ་དུས་འབེབས་ལོ་
ལེགས་ལ། །མི་ཕྱུགས་ནད་ཞི་གོད་ཁ་ཆད། །ཅི་བསམ་ཐོགས་མེད་འགྲུབ་
པའོ། །རྒྱུན་བསང་དགག་བྱའི་དོགས་པ་མེད། །དེ་ལྟར་བསང་མཆོད་བསྒྲགས་ཆོག

ཕྱོགས་གཅིག་ཏུ་བཀོད་པ་འདི་ཡང་སྔོན་ཆད་བསང་ཡིག་ཕྱོགས་གཅིག་ཏུ་མ་བསྒྲིགས་པའི་དབང་གིས་ཡིག་ཆ་འདྲ་མིན་སྣ་ཚོགས་པ་ཞིག་འབྱུང་འདུག་པས། འཚོགས་སྒྲིག་ལྟ་བུའི་སྐབས་སུ་ཅུང་ཟད་འདོན་སྟབས་མི་བདེ་བ་ཞིག་འདྲ་བས། མཁན་བསོད་ཆོས་སོགས་དོན་གཉེར་ཅན་འགའ་ཞིག་གིས་ཡང་ཡང་བསྐུལ་བ་དང་། རང་གིས་ཀྱང་དེ་ལྟར་བགྱིད་པའི་མོས་འདུན་ཡོད་བཞིན། སྔོན་གྱི་ཡིག་ཆ་ཡོད་པ་རྣམས་གཞིར་བཞག་ལ། ཁ་སྐོང་རིགས་འཇམ་མགོན་མི་ཕམ་རིན་པོ་ཆེས་མཛད་པ་དང་། ཆ་ཤས་སྐོངས་པ་རང་ནས་ཀྱང་གསར་བརྩམས་བྱས་ཏེ་ཁ་བསྐངས་ནས། བསང་མཆོད་རྒྱས་འབྲིང་

སྒྲུ་རབས་ལྔ་པ་ཐུབ་བསྟན་ཆོས་ཀྱི་རྡོ་རྗེའི་གསུང་ཚན།

བསྐུས་གསུམ་བསྒྲགས་པས་གྲུབ་པ་འདི་བསྟན་འགྲོ་ལ་ལྷག་བསམ་ཅན་དུས་མཐའི་བཙུན་གཟུགས་འཆང་བ་ཐུབ་བསྟན་ཆོས་ཀྱི་རྡོ་རྗེའམ་པདྨ་ཐེག་མཆོག་བསྟན་འཛིན་གྱིས། མཛེས་བྱེད་རྒྱ་ཡོས་སྨིན་ཟླའི་དུས་ཆོས་བཟང་པོར་བཀོད་པའི་ཡི་གེ་པ་ནི་དགེ་སློང་དགེ་འདུན་སོགས་ཀྱིས་བྲིས་པའོ། །སརྦ་མངྒ་ལཾ། །

༄༅། །བསང་མཆོད་བསྐུས་པ་བྱིན་རླབས་སྤྲིན་ཕུང་ལས། གཞི་བདག་སྲི་དང་བྱེ་བྲག་ཀླུ་བསང་བསྐུས་པ་རྣམས་ཕྱོགས་གཅིག་ཏུ་བཀོད་པ་དངོས་གྲུབ་དཔལ་སྟེར་ཞེས་བྱ་བ་བཞུགས་སོ།།

དེ་ལ་འདིར་གཞི་བདག་སྲི་དང་བྱེ་བྲག་གི་བསང་མཆོད་ལ་གཉིས་ལས། དང་པོ་ཡུལ་གར་འདུག་གི་གཞི་བདག་སྲི་བསང་ནི། རང་ཉིད་པད་འབྱུང་སྐུ་རུ་གསལ། །བསང་རྫས་འདོད་ཡོན་སྣ་ཚོགས་ཀྱི། །ཕུང་པོ་ཟད་མེད་གཏེར་ཆེན་དུ། །བསང་སྦྱངས་སྔགས་ཀྱི་བྱིན་གྱིས་བརླབས། །རོལ་མོ་དང་བཅས་སྤྱན་འདྲེན་ནི། ཧཱུྃ། གླིང་མཆོག་འཛམ་གླིང་སོག་ཁའི་གླིང་། །རྡོ་རྗེ་གདན་གྱི་བྱང་ཕྱོགས་ངོས། །འཕགས་པའི་ཞིང་ཁམས་ཁ་བ་ཅན། །རི་མགོ་ས་གཙང་བསིལ་བའི་གནས། །སྐུ་རྒྱལ་བོད་ཀྱི་རྒྱལ་ཁམས་ཆེ། །སྐྱོང་མཛད་དཔལ་མགོན་འགྲོ་བའི་ལྷ། །མགུར་ལྷ་དགེ་བསྙེན་བརྟན་མ་སོགས། །མཆོད་ཅིང་བསྟོད་འོས་ཐམས་ཅད་དང་། །ཡུལ་འདིའི་གཞི་བདག་གཉན་པོ་ནི། །སྤྲུལ་པ་མཆེད་བཙུན་སྲས་ལྕམ་བློན། །སྟོང་ཟླ་པོ་ཉ་འབངས་འཁོར་བཅས། །མ་ལུས་གནས་འདིར་གཤེགས་སུ་གསོལ། །རང་རང་དགྱེས་པའི་གདན་ལ་བཞུགས། །གཙང་མ་ཆབ་ཀྱིས་སྐུ་ཁྲུས་གསོལ། །བཛྲ་ས་མ་ཡ་ཛ། ཅེས་འགུགས། ཨེ་ཧོ་ཤུདྡྷེ་ཤུདྡྷེ། ཡཾ་ཧོ་ཤུདྡྷེ་ཤུདྡྷེ། རཾ་ཧོ་ཤུདྡྷེ་ཤུདྡྷེ།

ཡཾ་ཧོ་ཤུདྡྷེ་ཤུདྡྷེ། བཾ་ཧོ་ཤུདྡྷེ་ཤུདྡྷེ། ཨེ་ཡཾ་རཾ་ལཾ་བཾ་ཤུདྡྷེ་ཤུདྡྷེ། ཨ་ཨཱ་སྭཱ་ཧཱ། ཞེས་པས་ཁྲུས་ཆབ་གསོལ། ཧཱུྃ། ཁྱེད་ལ་མཆོད་པ་འབུལ་བ་ནི། །གཟུགས་མཛེས་ཡིད་འོང་དུ་མས་མཆོད། །སྒྲ་སྙན་རོལ་མོ་གླུ་ཡིས་མཆོད། །དྲི་ཞིམ་སྤོས་ཀྱི་དུད་པས་མཆོད། །རོ་མཆོག་བརྒྱ་ལྡན་བཅུད་ཀྱིས་མཆོད། །འཇམ་འབྲིལ་དར་གྱི་ན་བཟའ་དང་། །རང་རང་དགྱེས་པའི་གོས་ཀྱིས་མཆོད། །དངོས་འབྱོར་ཡིད་ལས་བྱུང་བ་ཡི། །ལྷ་དང་མི་ཡི་ལོ་བྱད་ཚོགས། །ཚང་ཞིང་ཡིད་དུ་འོང་བས་མཆོད། །ཤིང་བདུད་རྩི་ཅན་གྱི་དུད་པས་བསང་། །གསེར་ལོ་འབར་བའི་སྟག་པས་བསང་། །གཡུ་ལོ་འབར་བའི་ཤུག་པས་བསང་། །དུང་ལོ་འབར་བའི་མཁན་པས་བསང་། །འཆོང་ལོ་འབར་བའི་བ་ལུས་བསང་། །དྲི་བཟང་སྤོས་དཀར་དུད་པས་བསང་། །ཕུར་མོང་ལྷ་ཤིང་ཙོར་ཤིང་དང་། །ཤིང་སྣ་གཙང་མའི་དུད་པས་བསང་། །སྨན་སྣ་གཙང་མའི་དུད་པས་བསང་། །མ་བསང་བ་རྣམས་བསང་གྱུར་ཅིག །མ་དག་པ་རྣམས་དག་གྱུར་ཅིག །བསམ་པ་སྒྲུབས་ལ་རེ་བ་སྐོངས། །བར་དུ་གཅོད་པའི་དགྲ་བགེགས་ཐུལ། །རང་གནས་དགེ་བར་བཞུགས་ནས་ཀྱང་། །མི་ཕྱུགས་ཕྱྭ་གཡང་ཟས་གོས་ནོར། །བཀྲ་ཤིས་བདེ་ལེགས་འཕེལ་བར་མཛོད། །དེ་ནས་བསྟོད་བཤགས་ཕྲིན་ལས་བཅོལ་བ་ནི། ཧཱུྃ། སྔོན་དུས་གུ་རུ་པདྨ་འབྱུང་གནས་ཀྱིས། །བཀའ་བསྒོས་དམ་ལ་བཏགས་པའི་མཐུ་བོ་ཆེ། །བསྟན་སྐྱོང་ཆེན་པོ་གནས་གཏེར་ཡུལ་གྱི་བདག །གཞི་བདག་སྲུང་མ་འཁོར་དང་བཅས་ལ་བསྟོད། །གཙང་རིས་དཔལ་མགོན་སྲུང་མ་རྒྱ་མཚོ་དང་། །རྒྱལ་ཆེན་ཕྱོགས་སྐྱོང་ལྷ་ཀླུ་གཟའ་སྐར་སོགས། །མགུར་ལྷ་དགེ་བསྙེན་བརྟན་མ་འགོ་བའི་

ལྷོ། །ཕ་ལྷ་མ་ལྷ་ཞང་ལྷ་སྲོག་ལྷ་དང་། །ཡུལ་ལྷ་གཉན་པོ་ལ་སོགས་དགོངས་སུ་གསོལ། །དང་པོའི་དུས་ནས་དེ་རིང་ཡན་ཆད་དུ། །མ་ཤེས་མ་མཁས་དུག་ལྔ་ཟང་ཟིང་སྤྱད། །ཤེས་བཞིན་མི་ལྡན་བག་མེད་དབང་གྱུར་ཏེ། །ཟས་གོས་རྒྱུན་ཆ་མི་སྲིད་མི་འོས་སྤྱད། །དེ་དག་དབང་གིས་མགོན་སྐྱབས་ལྷ་དང་བྲལ། །ཚེ་ཐུང་ནད་མང་བཀྲེས་ཕོངས་སྡུག་བསྔལ་མང་། །སྐྱབས་དང་མགོན་བྲལ་ཡིད་ཆད་བདག་ཅག་ལ། །བརྩེ་བས་དགོངས་ཤིག་མཐོལ་བཤགས་བཟོད་པར་གསོལ། །བསང་གི་མཆོད་པ་དམ་པ་འདི་བཞེས་ལ། །རྒྱུད་ངེ་གཡེལ་ལེ་མ་མཛད་གདུང་སེམས་བསྐྱེད། །ཉིན་མཚན་དུས་དྲུག་རེ་བའི་ལྷ་ཁྲིད་སྐྱོངས། །ཁ་འཛིན་མགོན་སྐྱབས་དཔའ་ཡ་དཔུང་རོགས་མཛོད། །སྟོན་གྱི་དམ་ཚིག་གཉན་པོ་རྗེས་དགོངས་ལ། །སློབ་དཔོན་ཆེན་པོ་པདྨ་འབྱུང་གནས་ཀྱི། །རྗེས་སུ་འཇུག་པའི་སྔགས་འཆང་རིག་འཛིན་དང་། །བསྟན་པ་མཆོད་པའི་སྦྱིན་བདག་རྗེ་འབངས་རྣམས། །མཐོ་མཐོའི་ཚོགས་རྣམས་དཀྱུང་ལ་རེག་པ་དང་། །དམའ་དམའ་མ་ལུས་བུ་བཞིན་སྐྱོང་བར་མཛོད། །འཛམ་གླིང་བོད་ཀྱི་རྒྱལ་ཁམས་འདི་ཉིད་དུ། །ནད་མཚོན་མུ་གེ་བཙའ་སད་སེར་བ་སོགས། །མི་མཐུན་རིགས་རྣམས་ནམ་ཡང་མ་གཏོང་བར། །དུས་ཀུན་ཏུ་ནི་སྲུངས་ཤིང་སྐྱོབས་པར་མཛོད། །ཅེས་བརྗོད་ཕུད་སོགས་ཡོད་ན་མཆོད། བཛྲ་ས་མ་ཡ་གཙྪ། ཞེས་གཤེགས་སུ་གསོལ། བསླུ་མེད་སྐྱབས་མཆོག་གུ་རུ་པདྨ་ཡི། །གསུང་ཆོས་རྣམས་ལ་འོས་བསྒྱུར་བྱས་པ་འདི། །གཞི་བདག་དགྱེས་ཕྱིར་པདྨའི་མིང་ཅན་གྱིས། །ཟླ་རྒྱལ་འཕེན་པོའི་ཞོལ་དུ་བྲིས་པ་དགེ །

༄༅། །གནས་བདག་ནོར་བུ་གཡུལ་རྒྱལ་གྱི་བསང་མཆོད་ལྷ་ཡི་ཛ་སྟྲ་ཞེས་བྱ་བ་བཞུགས་སོ།།

ཧཱུྃ་ཧྲཱིཿ སྔོན་དུས་གཡུང་དྲུང་བོན་གྱི་ལྷ་གཅིག་པུ། །རྒྱལ་བའི་དབང་པོ་པདྨ་ཀཱ་ར་ཡིས། །ཡུལ་ཕྱོགས་འདི་ཡི་གནས་ཀྱི་སྲུང་མར་བསྐོས། །དཀར་ཕྱོགས་དགེ་བའི་རྒྱལ་མཚན་སྲིད་རྩེར་བསྒྲེངས། །རྡོ་རྗེ་མགོར་བཞག་ལྟེ་ལ་བདུད་རྩི་བྱིན། །དམ་བཅའ་ཐ་ཚིག་རྡོ་རྗེའི་བྲོ་བོར་ཏེ། །རང་རང་སྲོག་གི་སྙིང་པོ་ཕུལ་ནས་ཀྱང་། །ཇི་ལྟར་ཞལ་བཞེས་དམ་བཅའ་དྲན་མཛོད་ལ། །སྒྲུབ་པོ་རྣལ་འབྱོར་བདག་ལ་རྗེས་དགོངས་ཤིག །ཁྱེད་དང་མཐུན་པའི་དམ་རྫས་ཆེན་པོ་ནི། །རཾ་ལས་སྐྱེས་པའི་འབར་བའི་མེ་ནང་དུ། །ཤུག་པ་འོམ་བུ་བ་ལུ་སྤེན་མ་དང་། །ཉ་སྤྲིད་མཁན་པ་སྟག་པ་ལ་སོགས་པ། །བདུད་རྩིའི་ཤིང་ལྔ་རིན་ཆེན་རྣམ་པ་ལྔ། །དར་ཟབ་སྣ་ཚོགས་ཟ་འོག་རིགས་བྱེད་དང་། །ཕྱེ་མར་བསྲེགས་པས་དུད་པའི་སྤྲིན་གྱི་ཚོགས། །རབ་དཀར་ཆུ་འཛིན་དཀར་པོའི་དབྱིབས་ལྟ་བུ། །ཡིད་འོང་ལྷ་ལམ་ཡངས་པའི་ཞིང་ཀུན་ཁྱབ། །རིན་ཆེན་གཏེར་གྱི་བུམ་པ་བཟང་པོ་དང་། །དྲི་ཞིམ་སྨན་གྱིས་གཏམས་པའི་རིན་ཆེན་སྒྲོམ། །རྟ་དང་དྲེའུ་བ་ལང་མ་ཧེ་དང་། །མཛོ་གཡག་འབྲི་དང་འབྲོང་བུ་ཙ་ར་ལུག །ཤ་རྒྱང་ལ་སོགས་རྐང་བཞིའི་ཚོགས་རྣམས་དང་། །སྟག་གཟིག་དོམ་དྲེད་འཕར་སྤྱང་གཅན་གཟན་རིགས། །རྨ་བྱ་ཤང་ཤང་ནེ་ཙོ་ཁྲོད་དང་བཅས། །མཐིང་རིལ་དུར་པ་ལ་སོགས་འདབ་ཆགས་ཚོགས། །ཆུ་སྲིན་རྒྱལ་པོ་དུང་སོགས་ཆུ་གནས་རིགས། །རྡོ་རྗེའི་ལྷ་མོ་རྒྱལ་སྲིད་རིན་ཆེན་བདུན། །བཀྲ་ཤིས་རྫས་རྟགས་ཉེ་

བའི་རིན་ཆེན་བདུན། །གོ་ཁྲབ་གྲི་དང་རྨོག་རལ་མདའ་གཞུ་མདུང་། །ཞྭ་ལྷམ་གོས་དང་ཕོ་ཐང་མོ་ཐང་སོགས། །མདོར་ན་དངོས་འབྱོར་ཡིད་ཀྱིས་སྤྲུལ་པ་ཡིས། །མི་ཟད་ནམ་མཁའ་འཛོད་ཀྱི་འཁོར་ལོ་འདི། །ཕུལ་བས་བདག་ཅག་རིག་འཛིན་སྒྲུབ་པ་པོས། །མ་ཞེས་བག་མེད་སྤྱོད་པ་རྗིང་བ་ཡིས། །ཁྱད་པར་ས་གཉན་བསྐོས་དང་ཆུ་གཉན་དཀྲུགས། །རྡོ་གཉན་སློག་དང་ཤིང་གཉན་བཅད་པ་སོགས། །གནས་བདག་ཆེན་པོ་ཡབ་ཡུམ་སྲས་འཁོར་དང་། །བློན་པོ་རུ་འདྲེན་འཁོར་ཚོགས་དཔུང་དང་བཅས། །གཞན་ཡང་ཀླུ་གཉན་ས་བདག་ལ་སོགས་པ། །འཁྲམ་འཁྲུགས་ཐུགས་དང་འགལ་བའི་ལས་གྱུར་རྣམས། །མི་གསང་མི་སྦེད་སྙིང་ནས་བཤགས་ལགས་ན། །སྒྲིབ་མེད་ཚངས་པ་མཆོག་གི་དངོས་གྲུབ་སྩོལ། །དེ་ལྟར་བསང་མཆོད་ཕུལ་བའི་བྱིན་རླབས་ཀྱིས། །ཡུལ་འདིར་ནད་མུག་མཚོན་འཁྲུགས་ཞི་བ་དང་། །འཇིགས་པ་ཆེན་པོ་བརྒྱད་དང་བཅུ་དྲུག་སོགས། །རྣམ་པ་ཀུན་ཏུ་མིང་ཡང་མེད་པར་མཛོད། །བདག་ཅག་ཚེ་བསོད་དཔལ་འབྱོར་རྒྱས་པ་དང་། །དབང་ཐང་རླུང་རྟ་སྙན་གྲགས་ཕྱོགས་བཅུར་ཁྱབ། །ཟས་ནོར་ལོངས་སྤྱོད་ཡིད་ལ་གང་འདོད་པ། །མི་ཟད་ནམ་མཁའ་མཛོད་བཞིན་འཕེལ་བ་དང་། །འདུས་པའི་ཚོགས་རྣམས་དབྱར་གྱི་མཚོ་ལྟར་རྒྱས། །བཤད་སྒྲུབ་བསྟན་པ་ཕྱོགས་བཅུར་རྒྱས་པ་དང་། །མི་ནོར་ཟས་གསུམ་དབང་དུ་འདུ་བར་མཛོད། །ཁྱད་པར་བདག་ལ་བསམ་ངན་སྦྱོར་རྩུབ་མཁན། །སྡང་དགྲ་ལག་བརྡར་ཕྱི་དགྲ་ཡིད་ལ་སེམས། །ད་དགྲ་ཡོད་དུ་བཙུག་པའི་དགྲ་བོ་རྣམས། །ལོ་ཟླ་ཞག་དང་ཟ་མར་མ་བཞག་ལ། །མཐུ་སྟོབས་མངོན་སྤྱོད་དྲག་པོས་ཚར་ཆོད་ཅིག །དེང་ནས་བཟུང་སྟེ་བྱང་ཆུབ་མ་ཐོབ་

བར། །ལྷ་མཆོག་ཁྱེད་ཀྱིས་སྐྱོང་གྲོགས་མ་གཡེལ་ཞིག །ཅེས་ནོར་བུ་གཡུལ་རྒྱལ་བསང་མཆོད་འདི་ནི་ལུགས་མོ་བྱ་ལོར་འདུ་ཁང་གསར་རྙིང་དང་། །དུང་འཁོར་བཞེངས་སྐབས་ཆེད་དུ་དམིགས་ཏེ། ཐ་༼ཆོས་༽བཟང་པོར་ཐུབ་བསྟན་ཆོས་ཀྱི་རྡོ་རྗེས་བྲིས་པ་དགེ་ལེགས་སུ་གྱུར་ཅིག །སརྦ་མངྒ་ལཾ།

༄༅། །དཔྲལ་བྲག་བསང་མཆོད་རྐྱེན་ངན་ཀུན་སེལ་བཞུགས།།

ཧཱུྃ་ཧྲཱིཿ སྟོན་ཆོ་ཤྲཱི་སེང་པདྨ་ཐོད་ཕྲེང་དང་། །ཝཱི་མ་མི་ཏྲ་ཡེ་ཤེས་མཚོ་རྒྱལ་སོགས། །ལས་ཅན་དག་པའི་རྗེ་འབངས་ཚོགས་རྣམས་ཀྱིས། །སྔང་སྲིད་རས་ཡ་ནར་བྱིན་བརླབས་པའི། །རྟ་དམ་དཔལ་གྱི་ཆོས་འཁོར་ཆེན་པོ་ཡི། །བྱང་ཕྱོགས་སྐྱོང་བའི་གནས་ཀྱི་སྒོ་སྲུང་བ། །བྲག་དཀར་ལྷུན་སྡུག་རིན་ཆེན་སྤུངས་འདྲ་བའི། །རིན་ཆེན་གཞལ་ཡས་ཕོ་བྲང་ཆེན་པོའི་དབུས། །ལྷུམ་མོ་ཆེན་མོ་སྨན་བཙུན་གཞོན་ནུ་མ། །བཅུ་དྲུག་ཡིད་འོང་ལྷ་ཡི་བུ་མོའི་ཚུལ། །མིང་པོ་ལྷ་ཡི་དགེ་བསྙེན་དྲག་པོ་རྩལ། །སྐུ་མདོག་སྨུག་པོ་དུང་གི་རྣ་ཆ་ཅན། །ཞེར་སྨུག་གསོལ་ཞིང་རྟ་དཀར་དུང་གཤོག་ཆིབས། །ལྷུམ་བྲལ་རྣམ་གཉིས་འཁོར་དང་ཡང་འཁོར་བཅས། །སྤྲུལ་པ་ཡང་སྤྲུལ་བསམ་གྱིས་མི་ཁྱབ་པ། །གློག་ལྟར་མྱུར་བའི་སྟོབས་ཀྱིས་འདིར་གཤེགས་ལ། །འབྱུང་ལྔ་རྣམ་དག་ཡུམ་ལྔའི་རང་བཞིན་ལས། །སྨན་མཆོག་འབྲས་བཟང་ཤིང་ཏོག་སྣ་ཚོགས་པ། །བསྲེགས་པའི་དུད་སྤྲིན་ཕྱོགས་བཅུར་ཀུན་ཏུ་ཁྱབ། །པཉྩ་ཨ་མྲི་ཏ་དང་རཀྟ་བསྐྱིལ། །ལྷ་ཤིང་དཀར་དམར་ལོངས་སྤྱོད་མཐུན་པའི་རྫས། །དངོས་

བཤམས་ཡིད་སྤྲུལ་དཔག་མེད་མཆོད་རྫས་ཀུན། །སྔགས་དང་ཕྱག་རྒྱས་བྱིན་གྱིས་བརླབས་ནས་ཀྱང་། །ངོ་འཚར་འདོད་ཡོན་སྤྲིན་ཕུང་བསམ་མི་ཁྱབ། །གང་ལ་གང་བཞེད་དེ་དང་དེར་སྣང་བ། །ཁྱོད་ཐུགས་རྟག་ཏུ་དགྱེས་ཤིང་ཚིམ་གྱུར་ཅིག །སྨོན་ཚེ་རིག་འཛིན་བླ་མའི་ཚོགས་རྣམས་ཀྱི། །རྡོ་རྗེའི་གཡར་དམ་གཉན་པོ་རྗེས་དགོངས་ཏེ། །ཡུལ་ཕྱོགས་འདི་དང་དགོན་གནས་འདི་ཉིད་དང་། །ཁྱད་པར་བདག་ཅག་དཔོན་སློབ་འཁོར་བཅས་ལ། །བར་ཆད་རྐྱེན་གྱིས་འཚེ་བ་ཅི་བྱུང་ཡང་། །ལྷུམ་དྲལ་རྣམ་གཉིས་ཐུགས་དམ་མ་གཡེལ་བར། །དམིགས་མེད་ཀ་ནས་དག་པའི་ཕྲིན་ལས་མཛོད། །ནད་མུག་མཚོན་འཁྲུགས་གནོད་པ་ཀུན་ཞི་ཞིང་། །མངོན་མཐོའི་ཚེ་གཡང་དཔལ་འབྱོར་རྒྱས་པ་དང་། །སྐྱེ་འགྲོ་ཕོ་མོ་ཐམས་ཅད་དབང་འདུས་ནས། །ལོག་འདྲེན་དགྲ་བགེགས་མ་ལུས་རྡུལ་དུ་རློག །བཀྲ་ཤིས་བདེ་ལེགས་ཕུན་སུམ་ཚོགས་པ་ཡི། །དགེ་ལེགས་སྣང་བས་ས་སྟེང་ཁྱབ་གྱུར་ཅིག །ཅེས་པ་འདིའང་རྫོགས་སྤྲུལ་ལྔ་པ་ཐུབ་བསྟན་ཆོས་ཀྱི་རྡོ་རྗེས་བྲིས་པ་དགེའོ། །བཀྲ་ཤིས། མངྒ་ལམ།

༄༅། །ལྷུམ་མོ་དྲལ་པོ་གཉིས་ཀྱི་བསང་བསྔུས་བཞུགས་སོ། །

ཧྲཱི། ཡུལ་ཕྱོགས་འདི་ཡི་ཐྲེ་ངོར་རྩལ་འཛིན་པ། །ལྷུམ་མོ་ཆེན་མོ་སྨན་བཙུན་གཞོན་ནུའི་ཚུལ། །མིང་པོ་ལྷ་ཡི་དགེ་བསྙེན་དྲག་པོ་རྩལ། །བཀའ་ཉན་འཁོར་གཡོག་འབུམ་ཕྲག་ཡངས་པའི་ཚོགས། །བསང་མཆོད་ནམ་མཁའ་མཛོད་ཀྱི་འཁོར་ལོ་འདིས། །ལྷུམ་དྲལ་འཁོར་བཅས་མཉེས་ཤིང་ཚིམ་གྱིས་ལ། །ཡུལ་

འདིའི་ནད་མུག་འཁྲུགས་རྩོད་ཀུན་ཞི་ཞིང་། །རྟག་ཏུ་བདེ་དགའི་དཔལ་ལ་སྤྱོད་པ་དང་། །བདག་གི་འདོད་དོན་ཡིད་བཞིན་འགྲུབ་པ་ལ། །ལྷ་མཆོག་ཁྱོད་ཀྱིས་སྤོང་གྲོགས་མ་གཡེལ་ཞིག །ཅེས་པའང་ཐུབ་བསྟན་ཆོས་ཀྱི་རྡོ་རྗེས་སྨྲས་པའོ། །སརྦ་མངྒ་ལཾ། །

༄༅། །བསང་མཆོད་བསྡུས་པ་བྱིན་རླབས་སྤྲིན་ཕུང་ལས། འགོ་བའི་ལྷ་ལྔ་རླུང་རྟ་སྤར་སྨེ་རྟ་ནོར་ལུག་བསང་གཙན་གཟན་ཁ་ཆིངས་བཅས་ཀྱི་བསང་བསྡུས་ནོར་བུའི་ཕྲེང་བ་ཞེས་བྱ་བ་བཞུགས་སོ།།

བཻ། ནོར་ལྷའི་རྒྱལ་པོ་གནོད་སྦྱིན་ཛམ་བྷ་ལ། །ནོར་ལྷ་ཕོ་དགུ་མོ་དགུ་འཁོར་དང་བཅས། །རྣམ་སྲས་རིགས་ལྔ་ལྷ་མོ་ནོར་རྒྱུན་མ། །གཞན་ཡང་ནོར་ལ་འགོ་ཞིང་སྐྱོབ་མཛད་པའི། །ནོར་སྐྱོང་བྱེ་བ་འབུམ་གྱི་ཚོགས་བཅས་ལ། །གཙང་སྦྲར་བསང་མཆོད་དམ་པ་ཕུལ་བ་ཡིས། །རྟག་ཏུ་ནོར་ཕྱུགས་འཕེལ་ཞིང་རྒྱས་པ་དང་། །ནོར་ལ་འཚེ་བའི་ནད་ཡམས་མཐའ་དག་ཀུན། །ཀུན་ནས་ཞི་ཞིང་བཀྲ་ཤིས་བདེ་ལེགས་སྩོལ། །ཅེས་པ་ཡང་ཐུབ་བསྟན་ཆོས་ཀྱི་རྡོ་རྗེས་སོ། །

༄༅། །ཞབས་ཆེན་བསང་བཞུགས།

ཧྲཱིཿ གནས་བཟང་ཞབས་ཆེན་ཞབས་ཆུང་རྩ་བ་གསུམ། །དཔའ་བོ་མཁའ་འགྲོ་བྱེ་བ་ས་ཡ་བཞུགས། །དམ་རྫས་བསང་གི་མཆོད་པས་དགྱེས་ཆིམ་

མཇོད། །གངས་ལྗོངས་སྐྱི་ལ་ནད་མུག་འཁྲུགས་རྩོད་སོགས། །ཞི་ཞིང་དགེ་བཅུ་གོང་འཕེལ་ཚོགས་གཉིས་རྫོགས། །མཐར་ཐུག་རྣམ་མཁྱེན་བྱང་ཆུབ་ཐོབ་པར་ཤོག །རྫོགས་སྨྲོལ་ལྷ་བབས་སོ། །

༄༅། །རྡོ་རྗེ་ཆོས་སྐྱོང་རྣམས་ཀྱི་གསེར་སྐྱེམས་ཀྲུས་པ་དམ་ཅན་དགྱེས་པའི་མཆོད་སྤྲིན་ཞེས་བྱ་བ་བཞུགས་སོ། །

ཧཱུྃ གདོད་ནས་སྤྲོས་བྲལ་ནམ་མཁའ་ལྷ་བུ་སྟེ། །ངོ་བོ་སྟོང་པ་ཆོས་སྐུའི་རང་བཞིན་ལ། །འགགས་མེད་སྣང་སྟོང་ཆུ་ཟླ་ལྟ་བུའི་ཚུལ། །མཐུ་སྟོབས་དབང་ཕྱུག་དམ་ཅན་རྒྱ་མཚོའི་ཚོགས། །ཕྲིན་ལས་རྣམ་བཞིའི་རོལ་གར་ཅིར་ཡང་སྟོན། །ལ་ལ་ཞི་དང་ལ་ལ་ཁྲོ་བོའི་ཚུལ། །ལ་ལ་སྣེག་ཅིང་ལ་ལ་ཆགས་པའི་ཉམས། །ལ་ལ་གཏུམ་ཞིང་ལ་ལ་གཤེ་བའི་ཚུལ། །དམ་རྫས་གསེར་སྐྱེམས་མཆོད་པ་བཞེས་སླད་དུ། །དམ་ལྡན་རིག་འཛིན་བདག་ཅག་ཚོགས་རྣམས་ཀྱིས། །དད་དང་དམ་ཚིག་དབང་གིས་འབོད་པའི་ཚེ། །ནམ་མཁའི་དབྱིངས་ནས་གློག་ཕྲེང་གཡོ་བ་བཞིན། །སྐུ་ཡི་གར་གྱིས་སྲིད་གསུམ་གཡོ་ཞིང་འདར། །གསུང་གི་ང་རོས་བགེགས་དཔུང་ཐལ་བར་བརླག །ཐུགས་ནི་སྙིང་རྗེའི་དབྱིངས་ལས་མ་གཡོས་ཀྱང་། །སྐད་ཅིག་ཙམ་གྱིས་གནས་འདིར་གཤེགས་ནས་ཀྱང་། །སོ་སོར་དགྱེས་པའི་གདན་ལ་བཞུགས་ནས་ནི། །ཕྲིན་ལས་རྣམ

བཞིའི་དངོས་གྲུབ་སྩོལ་དུ་གསོལ། །ཧཱུྃ། གསེར་སྐྱེམས་གཙང་མ་ཐུད་ཀྱི་མཆོད་པ་འདིས། །ཧྲ་མཆོག་རྒྱལ་པོ་གནམ་ལྕགས་རལ་བ་ཅན། །རལ་བའི་གསེབ་ནས་ཁྲོ་ཆུང་སྤྲུལ་པ་འགྱེད། །རིགས་པ་སྡེ་བརྒྱད་འཁོར་དང་བཅས་པ་ལ། །གསོལ་ལོ་མཆོད་དོ་བཅོལ་བའི་ཕྲིན་ལས་འཛོད། །གསེར་སྐྱེམས་གཙང་མ་ཐུད་ཀྱི་མཆོད་པ་འདིས། །རྒྱལ་བའི་བཀའ་སྡོད་ལེགས་ལྡན་ཚོགས་ཀྱི་བདག །གསང་བའི་ཡུམ་ཆེན་གྲོ་ཧི་ཤྭ་རི་མ། །འཁོར་ཚོགས་དྲེགས་པའི་དམག་དཔུང་བཅས་པ་ལ། །གསོལ་ལོ་མཆོད་དོ་བཅོལ་བའི་ཕྲིན་ལས་མཛོད། །གསེར་སྐྱེམས་གཙང་མ་ཐུད་ཀྱི་མཆོད་པ་འདིས། །བདུད་དཔུང་འདུལ་མཛད་མ་ཧཱ་ཀཱ་ལའི་གཙོ། །དྲག་པོའི་ཤུགས་འཆང་དཔལ་མགོན་མ་ནིང་ནག །དཔལ་འབར་ཡུམ་དང་རིགས་པ་སྡེ་བརྒྱད་ཚོགས། །གསོལ་ལོ་མཆོད་དོ་བཅོལ་བའི་ཕྲིན་ལས་མཛོད། །གསེར་སྐྱེམས་གཙང་མ་ཐུད་ཀྱི་མཆོད་པ་འདིས། །དགྲ་ལྷའི་རྒྱལ་པོ་དཔལ་མགོན་ཚོགས་ཀྱི་བདག །གསང་བའི་ཡུམ་ཆེན་ཡཀྵ་བེ་ཏ་ལི། །སྐུ་གསུང་ཐུགས་མགོན་སྤྲུལ་འཁོར་ལྷ་དམག་ཚོགས། །གསོལ་ལོ་མཆོད་དོ་བཅོལ་བའི་ཕྲིན་ལས་མཛོད། །གསེར་སྐྱེམས་གཙང་མ་ཐུད་ཀྱི་མཆོད་པ་འདིས། །མྱུར་མཛད་ཡེ་ཤེས་མགོན་པོ་ཕྱག་བཞི་པ། །ཡུམ་ཆེན་ལྷ་མོ་མ་མོ་ཙཎྜ་ཀཱ། །ལས་མགོན་བྲ་ཞོན་ལ་སོགས་འཁོར་དང་བཅས། །གསོལ་ལོ་མཆོད་དོ་བཅོལ་བའི་ཕྲིན་ལས་མཛོད། །གསེར་སྐྱེམས་གཙང་མ་ཐུད་ཀྱི་མཆོད་པ་འདིས། །རིགས་པའི་ཡོངས་རྗེ་བདུད་འདུལ་སེང་གེའི་གདོང་། །ཡུམ་ཆེན་བདུད་མོ་དམར་ནག་ཁྲག་རལ་ཅན། །ལས་བྱེད་དུས་མཚན་ཕོ་མོ་རྣམ་གཉིས་ལ། །གསོལ་ལོ་མཆོད་དོ་བཅོལ་བའི་ཕྲིན་ལས་

མཚོད། །གསེར་སྐྱེམས་གཙང་མ་ཕུད་ཀྱི་མཆོད་པ་འདིས། །འབུམ་ཕྲག་མཁའ་འགྲོ་ཡོངས་ལ་དབང་བསྒྱུར་ཞིང་། །ཤིན་ཏུ་མཛེས་པ་ལྷ་ཡི་བུ་མོའི་རྒྱལ། །གཏེར་སྲུང་ཡང་མ་ཆེན་མོ་སྤྲིན་གདོང་མ། །གསོལ་ལོ་མཆོད་དོ་བཅོལ་བའི་ཕྲིན་ལས་མཛོད། །གསེར་སྐྱེམས་གཙང་མ་ཕུད་ཀྱི་མཆོད་པ་འདིས། །དབྱིངས་ཀྱི་རྒྱལ་མོ་ཨེ་ཀ་ཛ་ཏི་མ། །ཡེ་ཤེས་ལས་དང་འཇིག་རྟེན་མཁའ་འགྲོའི་གཙོ། །བདུན་འབུམ་འཁོར་གྱི་ཚོགས་དང་བཅས་པ་ལ། །གསོལ་ལོ་མཆོད་དོ་བཅོལ་བའི་ཕྲིན་ལས་མཛོད། །གསེར་སྐྱེམས་གཙང་མ་ཕུད་ཀྱི་མཆོད་པ་འདིས། །འདོད་པ་ཁམས་ལ་དབང་བསྒྱུར་མཐུ་མོ་ཆེ། །དམ་ཉམས་དགྲ་བོའི་སྲོག་ལ་ རྣམས་མཛད་པའི། །སྔགས་ཀྱི་བདག་མོ་འཁོར་དང་བཅས་པ་ལ། །གསོལ་ལོ་མཆོད་དོ་བཅོལ་བའི་ཕྲིན་ལས་མཛོད། །གསེར་སྐྱེམས་གཙང་མ་ཕུད་ཀྱི་མཆོད་པ་འདིས། །སྣང་སྲིད་མཁའ་འགྲོ་ཡོངས་ཀྱི་གཙོ་མོ་ནི། །དཔལ་ལྡན་ལྷ་མོ་རྡོ་རྗེ་གཡུ་སྒྲོན་མ། །འཁོར་གཡོག་སྤྲུལ་དང་ཡང་སྤྲུལ་ཚོགས་རྣམས་ལ། །གསོལ་ལོ་མཆོད་དོ་བཅོལ་བའི་ཕྲིན་ལས་མཛོད། །གསེར་སྐྱེམས་གཙང་མ་ཕུད་ཀྱི་མཆོད་པ་འདིས། །དུས་བཞི་ཡོངས་ལ་དབང་བསྒྱུར་མཐུ་མོ་ཆེ། །མ་གཅིག་ཤན་པ་སྲོག་སྒྲུབ་ནག་མོ་ནི། །ཡེ་ཤེས་འཇིག་རྟེན་མཁའ་འགྲོའི་ཚོགས་རྣམས་ལ། །གསོལ་ལོ་མཆོད་དོ་བཅོལ་བའི་ཕྲིན་ལས་མཛོད། །གསེར་སྐྱེམས་གཙང་མ་ཕུད་ཀྱི་མཆོད་པ་འདིས། །བོད་ཁམས་སྐྱོང་བའི་མ་ཡམ་བརྟན་མའི་ཚོགས། །བདུད་དང་གནོད་སྦྱིན་སྨན་མོའི་ཚོགས་དང་བཅས། །རང་རང་བྲན་དང་གཡོག་འཁོར་བཅས་པ་ལ། །གསོལ་ལོ་མཆོད་དོ་བཅོལ་བའི་ཕྲིན་ལས་མཛོད། །གསེར་སྐྱེམས་

གཙང་མ་ཕུད་ཀྱི་མཆོད་པ་འདིས། །རིག་འཛིན་དཔའ་བོ་ཡོངས་ཀྱི་སྤྱིར་གཅིག་མ། །སྨན་བཙུན་ཆེན་མོ་བཀྲ་ཤིས་ཚེ་རིང་མ། །འཁོར་གྱི་ལྷ་མོ་ཆེན་མོ་བཞི་རྣམས་ལ། །གསོལ་ལོ་མཆོད་དོ་བཙལ་བའི་ཕྲིན་ལས་མཛོད། །གསེར་སྐྱེམས་གཙང་མ་ཕུད་ཀྱི་མཆོད་པ་འདིས། །རིག་འཛིན་དཔའ་བོ་ཡོངས་ཀྱི་སྤྱིར་གཅིག་མ། །རྒྱལ་བའི་ཡུམ་ཆེན་བོད་སྐྱོང་བརྟན་མའི་གཙོ། །རྡོ་རྗེ་གཡུ་སྒྲོན་འཁོར་དང་བཅས་པ་ལ། །གསོལ་ལོ་མཆོད་དོ་བཙལ་བའི་ཕྲིན་ལས་མཛོད། །གསེར་སྐྱེམས་གཙང་མ་ཕུད་ཀྱི་མཆོད་པ་འདིས། །ཁམས་གསུམ་སྲིད་པ་ཡོངས་ཀྱི་མངའ་བདག་པོ། །དབང་ཕྱུག་ཆེན་པོ་མ་ཧཱ་དེ་ཝ་དང་། །ཨུ་མ་དེ་ཝ་ལྷ་མོ་བཞི་རྣམས་ལ། །གསོལ་ལོ་མཆོད་དོ་བཙལ་བའི་ཕྲིན་ལས་མཛོད། །གསེར་སྐྱེམས་གཙང་མ་ཕུད་ཀྱི་མཆོད་པ་འདིས། །རྒྱལ་བའི་བཀའ་སྲོད་ཁྲབ་འཇུག་ར་ཧུ་ལ། །གསང་བའི་ཡུམ་ཆེན་རྡོ་རྗེ་སློག་འགྱུ་མ། །སྤྲུལ་པའི་གཟའ་བརྒྱད་གདོང་མོ་རྣམ་བཞི་ལ། །གསོལ་ལོ་མཆོད་དོ་བཙལ་བའི་ཕྲིན་ལས་མཛོད། །གསེར་སྐྱེམས་གཙང་མ་ཕུད་ཀྱི་མཆོད་པ་འདིས། །འཛམ་གླིང་གནམ་ས་ཕྱེད་ཀྱི་བདག་པོ་ཉི། །སྐྱེས་མཆོག་དགྲ་ལྷའི་རྒྱལ་པོ་རྡོ་རྗེ་ལེགས། །མཆེད་འཁོར་སུམ་བརྒྱ་དྲུག་ཅུའི་ཚོགས་བཅས་ལ། །གསོལ་ལོ་མཆོད་དོ་བཙལ་བའི་ཕྲིན་ལས་མཛོད། །གསེར་སྐྱེམས་གཙང་མ་ཕུད་ཀྱི་མཆོད་པ་འདིས། །ར་ཞོན་དམ་ཅན་རྡོ་རྗེ་དགྲ་འཇོམས་རྩལ། །ཐུགས་ཀྱི་དགྱེས་སྤེ་ཤ་མེད་གངས་དཀར་མ། །ཁ་རག་ཁྱུང་བཙན་སྤྲུལ་པ་སུམ་བརྒྱའི་ཚོགས། །གསོལ་ལོ་མཆོད་དོ་བཙལ་བའི་ཕྲིན་ལས་མཛོད། །གསེར་སྐྱེམས་གཙང་མ་ཕུད་ཀྱི་མཆོད་པ་འདིས། །ཟབ་གཏེར་བསྟན་པ་སྲུང་བའི་མཐུ་རྩལ་

ཅན། །ལྷ་བཙན་ཆེན་པོ་ཧོ་བོ་རྡོ་རྗེ་འབར། །འཁོར་གྱི་བཙན་རྒོད་སྟོང་སྡེའི་ཚོགས་དང་བཅས། །གསོལ་ལོ་མཆོད་དོ་བཅོལ་བའི་ཕྲིན་ལས་མཛོད། །གསེར་སྐྱེམས་གཙང་མ་ཕུད་ཀྱི་མཆོད་པ་འདིས། །རྣམ་མང་ནོར་བདག་དགེ་བསྙེན་རྩལ་འཛིན་པ། །གསང་བའི་ཡུམ་ཆེན་ལྷ་མོ་གོང་བཙུན་མ། །འཛམ་ལྷ་མཆེད་བརྒྱད་དགེ་བསྙེན་ཉེར་གཅིག་སོགས། །གསོལ་ལོ་མཆོད་དོ་བཅོལ་བའི་ཕྲིན་ལས་མཛོད། །གསེར་སྐྱེམས་གཙང་མ་ཕུད་ཀྱི་མཆོད་པ་འདིས། །གནས་གསུམ་མཁའ་འགྲོ་ཡོངས་ཀྱི་གཙོ་མོ་རྗེ། ཕྱི་ལྟར་རིག་འཛིན་ལྷ་མོ་རལ་གཅིག་མ། །ནང་ལྟར་ཌཱ་ཀི་ཤ་ཟ་ཁ་མོ་ཆེ། །གསོལ་ལོ་མཆོད་དོ་བཅོལ་བའི་ཕྲིན་ལས་མཛོད། །གསེར་སྐྱེམས་གཙང་མ་ཕུད་ཀྱི་མཆོད་པ་འདིས། །ཕྱི་ལྟར་རྒྱལ་ཆེན་རྣམ་སྲས་མདུང་དམར་ཅན། །ནང་ལྟར་རབ་བྲོས་ཤན་པ་དམར་ནག་སྐྲ། གསང་བ་གཟའ་རྒོད་དྲག་པོ་མིག་དམར་ལ། །གསོལ་ལོ་མཆོད་དོ་བཅོལ་བའི་ཕྲིན་ལས་མཛོད། །གསེར་སྐྱེམས་གཙང་མ་ཕུད་ཀྱི་མཆོད་པ་འདིས། །ཕྱི་ལྟར་གླུ་བཙན་འབར་བ་སྤུན་བདུན་དང་། །ནང་ལྟར་དགེ་བསྙེན་ཆེན་པོ་མཆེད་བདུན་དང་། །གསང་བ་གནོད་སྦྱིན་རྒྱལ་པོ་འཁོར་བཅས་ལ། །གསོལ་ལོ་མཆོད་དོ་བཅོལ་བའི་ཕྲིན་ལས་མཛོད། །གསེར་སྐྱེམས་གཙང་མ་ཕུད་ཀྱི་མཆོད་པ་འདིས། །དཔལ་ཆེན་རྡོ་རྗེ་ཕུར་བའི་སྲུང་མ་ནི། །ཤྭ་ན་བཞི་དང་རེ་ཏི་མཆེད་བཞི་དང་། །བསེ་མོ་བཞི་དང་གིང་བཞི་དབང་ཕྱུག་བཅས། །གསོལ་ལོ་མཆོད་དོ་བཅོལ་བའི་ཕྲིན་ལས་མཛོད། །གསེར་སྐྱེམས་གཙང་མ་ཕུད་ཀྱི་མཆོད་པ་འདིས། །སྲིད་གསུམ་དྲེགས་པའི་གཙོ་བོ་མཐུ་ཆེན་པོ། །ཀི་ལ་ཡ་ཡི་ཟབ་གཏེར་སྲུང་མཛད་

པའི། །དགེ་བསྙེན་ཆེན་པོ་རྡོ་རྗེ་དྲག་པོ་རྩལ། །གསོལ་ལོ་མཆོད་དོ་བསྟོལ་བའི་ཕྲིན་ལས་མཛོད། །གསེར་སྐྱེམས་གཙང་མ་ཕུད་ཀྱི་མཆོད་པ་འདིས། །སྲིད་གསུམ་སྐྱེ་འགྲོའི་སྲོག་ལ་ ཛམས་མཛད་པའི། །དྲེགས་པའི་གཙུག་རྒྱན་གནོད་སྦྱིན་ཙི་འུ་དམར། །རོལ་བ་རྒྱ་བདུན་རུ་འདྲེན་སྡེ་བཞིའི་ཚོགས། །གསོལ་ལོ་མཆོད་དོ་བསྟོལ་བའི་ཕྲིན་ལས་མཛོད། །གསེར་སྐྱེམས་གཙང་མ་ཕུད་ཀྱི་མཆོད་པ་འདིས། །རིགས་ལྔའི་རྣམ་འཕྲུལ་རྒྱལ་ཆེན་སྐུ་ལྔ་དང་། །སྤྲུལ་པ་ལྔ་དང་ཡུམ་ལྔ་བློན་པོ་ལྔ། །རུ་འདྲེན་སྡེ་བཞི་འཁོར་དང་བཅས་པ་ལ། །གསོལ་ལོ་མཆོད་དོ་བསྟོལ་བའི་ཕྲིན་ལས་མཛོད། །གསེར་སྐྱེམས་གཙང་མ་ཕུད་ཀྱི་མཆོད་པ་འདིས། །སྐུ་ཡི་རྒྱལ་པོ་དགྲ་བཅོམ་གཞོན་ནུ་དང་། །གསང་བའི་ཡུམ་ཆེན་བདུད་མོ་རོ་ལངས་མ། །བཀའ་ཡི་བློན་པོ་བྱ་ཁྲི་མིག་གཅིག་པོ། །གསོལ་ལོ་མཆོད་དོ་བསྟོལ་བའི་ཕྲིན་ལས་མཛོད། །གསེར་སྐྱེམས་གཙང་མ་ཕུད་ཀྱི་མཆོད་པ་འདིས། །གསུང་གི་བློན་པོ་རྡོ་རྗེ་གྲགས་ལྡན་རྒྱལ། །གསང་བའི་ཡུམ་ཆེན་གཟི་བརྗིད་ཆེན་མོ་དང་། །སྤྲུལ་པའི་བློན་པོ་རུ་འདྲེན་སྡེ་ཚོགས་ལ། །གསོལ་ལོ་མཆོད་དོ་བསྟོལ་བའི་ཕྲིན་ལས་མཛོད། །གསེར་སྐྱེམས་གཙང་མ་ཕུད་ཀྱི་མཆོད་པ་འདིས། །བཅོམ་ལྡན་དཔལ་ཆེན་པདྨ་ཧེ་རུ་ཀའི། །བཀའ་སྡོད་ནག་ཕྱོགས་ཡོངས་ཀྱི་གཤེད་མ་ཆེ། །ཁྲི་བཙན་ཆེན་པོ་རྡོ་རྗེ་དགྲ་འཛོམས་རྩལ། །གསོལ་ལོ་མཆོད་དོ་བསྟོལ་བའི་ཕྲིན་ལས་མཛོད། །གསེར་སྐྱེམས་གཙང་མ་ཕུད་ཀྱི་མཆོད་པ་འདིས། །རྣམ་མང་ཐོས་སྲས་གསང་ཡུམ་རིགས་བཞི་དང་། །རྣམ་སྲས་རིགས་བཞི་ཛམ་ལྷ་རྟ་བདག་བརྒྱད། །ཀླུ་ཆེན་བརྒྱད་དང་སྒོ་སྐྱོང་རྣམ་པ་

བཞི། །གསོལ་ལོ་མཆོད་དོ་བཅོལ་བའི་ཕྲིན་ལས་མཛོད། །གསེར་སྐྱེམས་གཙང་མ་ཕུད་ཀྱི་མཆོད་པ་འདིས། །རྒྱལ་ཀུན་གསུང་གི་དབང་ཕྱུག་ནོར་བདག་རྩལ། །དབང་གི་ཕྲིན་ལས་མ་ལུས་མངོན་གྱུར་པ། །དབྱུལ་བའི་གདུང་སེལ་ཛམ་ལྷ་དམར་པོ་ལ། །གསོལ་ལོ་མཆོད་དོ་བཅོལ་བའི་ཕྲིན་ལས་མཛོད། །གསེར་སྐྱེམས་གཙང་མ་ཕུད་ཀྱི་མཆོད་པ་འདིས། །ཧྲ་ལྷའི་རྒྱལ་པོ་ཨཙྪ་རི་མཏྟ། །རང་འདྲ་ལྔ་བརྒྱའི་འཁོར་དང་དཔའ་རབ་འཆང་། །མ་ཧཱ་ཀཱ་ལ་གང་བ་བཟང་པོ་ལ། །གསོལ་ལོ་མཆོད་དོ་བཅོལ་བའི་ཕྲིན་ལས་མཛོད། །གསེར་སྐྱེམས་གཙང་མ་ཕུད་ཀྱི་མཆོད་པ་འདིས། །ཕྱི་ལྟར་སྐུ་ལྔ་རྡོ་རྗེ་འབར་བ་རྩལ། །ནང་ལྟར་དྲི་ཟའི་རྒྱལ་པོ་ཞེས་སུ་གྲགས། །གསང་བ་ཡར་ཤུར་གཉན་གྱི་རྒྱལ་པོ་ལ། །གསོལ་ལོ་མཆོད་དོ་བཅོལ་བའི་ཕྲིན་ལས་མཛོད། །གསེར་སྐྱེམས་གཙང་མ་ཕུད་ཀྱི་མཆོད་པ་འདིས། །བོད་ཁམས་སྐྱོང་བའི་ཡུལ་ལྷ་ཟླ་དོར་གཙོ། །ལྷ་ཡི་སྡེ་དཔོན་རྡོ་རྗེ་གཡུང་དྲུང་རྩལ། །ང་འདྲ་མོ་ནམ་གཙང་དཀར་ལ་སོགས་པ། །གསོལ་ལོ་མཆོད་དོ་བཅོལ་བའི་ཕྲིན་ལས་མཛོད། །གསེར་སྐྱེམས་གཙང་མ་ཕུད་ཀྱི་མཆོད་པ་འདིས། །སྔོན་ཆེ་པདྨའི་མཚན་ཅན་སྤྱན་སྔ་རུ། །རྫོགས་ཆེན་གསེར་རིའི་ཕྲེང་བ་རིམ་བྱོན་གྱི། །དགོར་བདག་ཚུལ་འཛིན་ཞལ་བཞེས་ཐ་ཚིག་ཅན། །གསོལ་ལོ་མཆོད་དོ་བཅོལ་བའི་ཕྲིན་ལས་མཛོད། །གསེར་སྐྱེམས་གཙང་མ་ཕུད་ཀྱི་མཆོད་པ་འདིས། །ཨོ་རྒྱན་བསམ་བསྟན་ཆོས་གླིང་ཆོས་གྲྭ་འདི་ར། །བསྟན་པའི་ཉི་མ་ཕྱོགས་བཅུར་རྒྱས་མཛད་པའི། །གནས་བདག་ནོར་བུ་གཡུལ་རྒྱལ་འཁོར་བཅས་ལ། །གསོལ་ལོ་མཆོད་དོ་བཅོལ་བའི་ཕྲིན་ལས་མཛོད། །གསེར་སྐྱེམས་གཙང་མ་ཕུད་ཀྱི་མཆོད་

པ་འདིས། །ཆིབས་བཞིའི་མངའ་བདག་གནས་བརྒྱུད་ཡུལ་ལྷའི་གཙོ། །གཉེར་སྲུང་ཆེན་པོ་མཐུ་ཆེན་དྲག་རྩལ་ཅན། །སློན་ཁ་ནག་པོ་ཧྲི་པ་ར་ཛ་ལ། །གསོལ་ལོ་མཆོད་དོ་བཙོལ་བའི་ཕྲིན་ལས་མཛོད། །གསེར་སྐྱེམས་གཙང་མ་ཕུད་ཀྱི་མཆོད་པ་འདིས། །འཇིག་རྟེན་མཆོད་བསྟོད་བཀའ་ཡི་འཁོར་ཡུག་ན། །གནས་པའི་སྡེ་དཔོན་སུམ་ཅུ་ཡབ་ཡུམ་དང་། །འཁོར་ཚོགས་ལྷ་སྲིན་སྡེ་བརྒྱད་ཚོགས་བཅས་ལ། །གསོལ་ལོ་མཆོད་དོ་བཙོལ་བའི་ཕྲིན་ལས་མཛོད། །གསེར་སྐྱེམས་གཙང་མ་ཕུད་ཀྱི་མཆོད་པ་འདིས། །དུར་ཁྲོད་གནས་ཏུལ་མ་མོ་ཀུན་གྱི་གཙོ། །དཀོར་ནོར་ཀུན་བདག་རྣལ་འབྱོར་མེལ་ཚེས་སྐྱོང་། །ཞིང་སྐྱོང་དུར་ཁྲོད་ལྷ་མོ་འཁོར་བཅས་ལ། །གསོལ་ལོ་མཆོད་དོ་བཙོལ་བའི་ཕྲིན་ལས་མཛོད། །གསེར་སྐྱེམས་གཙང་མ་ཕུད་ཀྱི་མཆོད་པ་འདིས། །ཁམས་གསུམ་སྲིད་གསུམ་ཁྲམ་ལ་འདེབས་མཛད་ཅིང་། །སྐྱེ་འགྲོའི་སྲོག་ལ་མངའ་མཛད་དྲག་རྩལ་ཅན། །ལས་ཀྱི་གཤིན་རྗེ་འཁོར་དང་བཅས་པ་ལ། །གསོལ་ལོ་མཆོད་དོ་བཙོལ་བའི་ཕྲིན་ལས་མཛོད། །གསེར་སྐྱེམས་གཙང་མ་ཕུད་ཀྱི་མཆོད་འདིས། །མ་རུང་གདོན་བགེགས་འབྱུང་པོའི་ཚོགས་རྣམས་ལ། །སྲིད་པ་མ་མོའི་དཔལ་ཡམས་འབེབས་མཛད་པ། །མཁའ་འགྲོའི་གཙོ་མོ་སྤྱང་ཞོན་མཆེད་གསུམ་ལ། །གསོལ་ལོ་མཆོད་དོ་བཙོལ་བའི་ཕྲིན་ལས་མཛོད། །གསེར་སྐྱེམས་གཙང་མ་ཕུད་ཀྱི་མཆོད་པ་འདིས། །ཞི་བྲེད་གཙོད་ཡུལ་བསྟན་པ་སྲུང་མཛད་པ། །ལོག་འདྲེན་གདུག་པའི་དགྲ་བགེགས་ཀུན་གྱི་གཤེད། །ཟངས་རི་བཙན་རྒོད་འཁོར་དང་བཅས་པ་ལ། གསོལ་ལོ་མཆོད་དོ་བཙོལ་བའི་ཕྲིན་ལས་མཛོད། །གསེར་སྐྱེམས་གཙང་མ་ཕུད་ཀྱི་མཆོད་པ་

འདིས། །རྣམ་མང་ནོར་འཛིན་དངོས་གྲུབ་ཀུན་གྱི་བདག །སྒྲུབ་ལ་ལོངས་
སྤྱོད་དངོས་གྲུབ་སྩོལ་མཛད་པའི། །ནོར་བདག་ཀླུ་མོ་ཆེན་མོ་གཟི་འབར་
མ། །གསོལ་ལོ་མཆོད་དོ་བཅོལ་བའི་ཕྲིན་ལས་མཛོད། །གསེར་སྐྱེམས་
གཙང་མ་ཕུད་ཀྱི་མཆོད་པ་འདིས། །སྔོན་ཚེ་བྱང་ཆུབ་སེམས་དཔའི་སར་གནས་
ཀྱང་། །འགྲོ་བའི་དོན་དུ་ཡུལ་ལྷའི་ཚུལ་བཟུང་བ། །རྨ་རྒྱལ་སྤོམ་ར་འཁོར་
དང་བཅས་པ་ལ། །གསོལ་ལོ་མཆོད་དོ་བཅོལ་བའི་ཕྲིན་མཛོད། །གསེར་
སྐྱེམས་གཙང་མ་ཕུད་ཀྱི་མཆོད་པ་འདིས། །སྔོན་ཚེ་བདེ་གཤེགས་སྨན་པའི་རྒྱལ་
པོ་ཡིས། །འཚོ་བྱེད་སྨན་གྱི་སྲུང་མར་བཀའ་བསྒོས་པའི། །སྨན་བཙུན་ལྷ་སྨན་
འཁོར་དང་བཅས་པ་ལ། །གསོལ་ལོ་མཆོད་དོ་བཅོལ་བའི་ཕྲིན་ལས་
མཛོད། །གསེར་སྐྱེམས་གཙང་མ་ཕུད་ཀྱི་མཆོད་པ་འདིས། །ཕྱི་ལྟར་ཞང་བློན་
རྡོ་རྗེ་བདུད་འདུལ་དང་། །ནང་ལྟར་གནོད་སྦྱིན་ཡོངས་ཀྱི་དེད་དཔོན་
མཆོག །གསང་བ་གཏེར་གྱི་སྲུང་མ་ཁོལ་པོ་ཁ། །གསོལ་ལོ་མཆོད་དོ་བཅོལ་
བའི་ཕྲིན་ལས་མཛོད། །གསེར་སྐྱེམས་གཙང་མ་ཕུད་ཀྱི་མཆོད་པ་འདིས། །ཕ་
རོལ་བྱད་ཁ་རྦོད་གཏོང་ཕྲ་མ་མཁན། །འདུལ་བའི་ཁྲོ་རྒྱལ་མཆོག་ཏུ་མངའ་
གསོལ་བ། །དཔལ་གྱི་བཀའ་སྡོད་བྲུ་རོག་གདོང་ཅན་ལ། །གསོལ་ལོ་མཆོད་
དོ་བཅོལ་བའི་ཕྲིན་ལས་མཛོད། །གསེར་སྐྱེམས་གཙང་མ་ཕུད་ཀྱི་མཆོད་པ་
འདིས། །ཨོ་རྒྱན་སློབ་དཔོན་པདྨ་སཾ་བྷ་ཝའི། །བསྟན་པ་སྲུང་ཞིང་བསྟན་
འཛིན་སྐྱོང་མཛད་པའི། །གཉན་ཆེན་རྒྱལ་བ་ཐོད་དཀར་འཁོར་བཅས་
ལ། །གསོལ་ལོ་མཆོད་དོ་བཅོལ་བའི་ཕྲིན་ལས་མཛོད། །གསེར་སྐྱེམས་
གཙང་མ་ཕུད་ཀྱི་མཆོད་པ་འདིས། །ཁམས་གསུམ་སྐྱེ་འགྲོའི་སྲོག་ལ་ཧམས་

མཛད་པའི། །མཁའ་འགྲོ་ཀུན་གྱི་གཙོ་མོའི་གཟུགས་འཆང་བ། །འབར་མ་བྲོ་
ཞོན་འཁོར་དང་བཅས་པ་ལ། །གསོལ་ལོ་མཆོད་དོ་བཙོལ་བའི་ཕྲིན་ལས་
མཛོད། །གསེར་སྐྱེམས་གཙང་མ་ཐུད་ཀྱི་མཆོད་པ་འདིས། །མཐུ་ཆེན་བདུད་
ཀྱི་རྒྱལ་པོའི་འཁོར་ཚོགས་དང་། །བཙན་རྒྱལ་ཡམ་ཤུད་དམར་པོ་འཁོར་དང་
བཅས། །ནོར་འཛིན་ཀླུ་ཡི་རྒྱལ་པོ་འཁོར་བཅས་ལ། །གསོལ་ལོ་མཆོད་དོ་
བཙོལ་བའི་ཕྲིན་ལས་མཛོད། །གསེར་སྐྱེམས་གཙང་མ་ཐུད་ཀྱི་མཆོད་པ་
འདིས། །སྲིད་པ་གསུམ་གྱི་སྲོག་གི་བདག་མོ་ནི། །མཁའ་ལ་འགྲོ་ཞིང་སྣ་
ཚོགས་རྫུ་འཕྲུལ་སྟོན། །གཏེར་སྲུང་ལྷ་མོ་ཆེན་མོ་འཁོར་བཅས་ལ། །གསོལ་
ལོ་མཆོད་དོ་བཙོལ་བའི་ཕྲིན་ལས་མཛོད། །གསེར་སྐྱེམས་གཙང་མ་ཐུད་ཀྱི་མཆོད་
པ་འདིས། །འཇིག་རྟེན་ལས་ཀྱི་མ་མོ་ཆེན་མོ་ནི། །ཁྲག་གི་རལ་བ་དམར་པོས་
ས་སྟེང་ཁྱབ། །མ་མོ་ཆེན་མོ་ཁྲག་རལ་འཁོར་བཅས་ལ། །གསོལ་ལོ་མཆོད་
དོ་བཙོལ་བའི་ཕྲིན་ལས་མཛོད། །གསེར་སྐྱེམས་གཙང་མ་ཐུད་ཀྱི་མཆོད་པ་
འདིས། །གསོ་རིག་སྨན་གྱི་བསྟན་པ་སྲུང་བ་དང་། །རྣལ་འབྱོར་ཡོངས་ཀྱི་
དཔལ་མགོན་དགྲ་ལྷ་ཆེ། །ཞང་བློན་ཆེན་པོ་རྡོ་རྗེ་བདུད་འདུལ་ལ། །གསོལ་
ལོ་མཆོད་དོ་བཙོལ་བའི་ཕྲིན་ལས་མཛོད། །གསེར་སྐྱེམས་གཙང་མ་ཐུད་ཀྱི་མཆོད་
པ་འདིས། །ཀླུ་གཉན་ས་བདག་འདུལ་བའི་ལྷ་གཅིག་པུ། །ཁྲོ་རྒྱལ་ཡོངས་ཀྱི་
ཆེ་བཙན་ཧེ་རུ་ཀ །དཔལ་ཆེན་ཁྲོ་རྒྱལ་ནཱ་ག་རཀྵ་ལ། །གསོལ་ལོ་མཆོད་དོ་
བཙོལ་བའི་ཕྲིན་ལས་མཛོད། །གསེར་སྐྱེམས་གཙང་མ་ཐུད་ཀྱི་མཆོད་པ་
འདིས། །འཛམ་དཔལ་དབྱངས་དངོས་ཁྲི་སྲོང་ལྡེའུ་བཙན་གྱི། །སྐྱུ་ལྷ་གེ་སར་
ནོར་བུ་དགྲ་འདུལ་རྩལ། །དུང་སྨན་ཡུམ་སོགས་དཔའ་ཐུལ་སུམ་ཅུ་

ལ། །གསོལ་ལོ་མཆོད་དོ་བཅོལ་བའི་ཕྲིན་ལས་མཛོད། །གསེར་སྐྱེམས་
གཙང་མ་ཕུད་ཀྱི་མཆོད་པ་འདིས། །རྫུ་འཕྲུལ་ཤུགས་ལྡན་རྟ་མཆོག་རིན་པོ་
ཆེ། །སྟག་སེང་ཁྱུང་འབྲུག་རླུང་རྟ་བསྐྱེད་པའི་ལྷ། །ཕྱུག་བརླན་སྤྲུལ་པ་ཡང་
སྤྲུལ་འཁོར་བཅས་ལ། །གསོལ་ལོ་མཆོད་དོ་བཅོལ་བའི་ཕྲིན་ལས་
མཛོད། །གསེར་སྐྱེམས་གཙང་མ་ཕུད་ཀྱི་མཆོད་པ་འདིས། །ཁྱད་པར་བདག་
ལ་འགོ་ཞིང་སྐྱོབ་པའི་ལྷ། །ཆོས་སྐྱོང་སྲུང་མ་དགྲ་བླ་ཞེར་མའི་
ཚོགས། །གནས་ཡུལ་གཞི་བདག་དཀར་ཕྱོགས་སྐྱོང་རྣམས་ལ། །གསོལ་ལོ་
མཆོད་དོ་བཅོལ་བའི་ཕྲིན་ལས་མཛོད། །གསེར་སྐྱེམས་གཙང་མ་ཕུད་ཀྱི་མཆོད་པ་
འདིས། །དྲི་ཞིམ་རྒྱ་ཛ་དད་ལྡན་བཏུང་བའི་རྒྱུན། །ཡིད་འོང་མཚམས་སྦྱིན་
ཞུན་མའི་མདངས་འཛིན་པ། །འཆི་མེད་ལྷ་ཡི་བདུད་རྩི་རོ་བརྒྱ་ལྡན། །ཆུ་
གཏེར་འཁྲུགས་པའི་ཐ་རླབས་གཡོ་བ་ཡི། །འདོད་པའི་ཡོན་ཏན་ལྔ་ཡི་འོད་ཟེར་
ནི། །སྣང་འོག་ཕྱོགས་བཅུར་ཀུན་ཏུ་འཁྲིགས་པ་འདིས། །མཐུ་ཆེན་བསྲུང་
མའི་དབང་པོ་འཁོར་བཅས་མཆོད། །རོ་བརྒྱའི་དཔལ་འཛིན་འབྲུ་རིགས་སྣ་
ཚོགས་ཀྱི། །བཅུད་ལྡན་བཏུང་བ་ཟླ་བའི་མདངས་ལྡན་པ། །དམ་ཚིག་རྫས་
མཆོག་ཆད་དུ་བྱུང་བའི་རྫས། །འཆི་མེད་ཡེ་ཤེས་བདུད་རྩིར་བྱིན་རླབས་
པ། །ལྷ་ཚོགས་དགྱེས་ཤིང་ནུས་སྟོབས་བསྐྱེད་པའི་རྫས། །མ་དྷ་ན་ཡི་ཕུད་ཀྱི་
མཆོད་པ་འདི། །སྲུང་མའི་དབང་པོ་འཁོར་དང་བཅས་ལ་འབུལ། །ཉམས་པ་
བསྐྲལ་བའི་སྙིང་གི་ཁྲག་ཆེན་པོ། །དམར་ཆེན་ཁྲག་གི་རྒྱ་མཚོ་འཁྲུགས་པ་
ལས། །རྫས་བརྗིད་དྲག་པོའི་མཆོད་པའི་སྤྲིན་ཕུང་ནི། །གདུག་པའི་མེ་ཡི་རྩ་
རྩུབ་རོ་རོ། །གཏུམ་དྲག་འཁྲུགས་པའི་འོད་ཟེར་ཕྱོགས་བཅུར་འཕྲོ། །ནམ་

མཁའ་བར་སྣང་ས་གཞི་ཀུན་ཏུ་ཁྱབ། །མཐུ་ཆེན་སྲུང་མའི་དབང་པོ་འཁོར་བཅས་མཆོད། །བདུད་རྩི་གསེར་སྐྱེམས་མཆོད་པ་འདི་བཞེས་ལ། །སྔར་བཅོལ་ལས་ཀྱི་གཏང་རག་གཉན་པོ་དང་། །སླད་ནས་སྔོན་གྱི་ཐ་ཚིག་རྗེས་དགོངས་ལ། །གཡེལ་བ་མེད་པར་ཉིན་མཚན་དུས་དྲུག་ཏུ། རྣམ་བཞིའི་ཕྲིན་ལས་དངོས་གྲུབ་སྩོལ་མཛད་པ། །བདག་ཅག་ནད་རིགས་བཞི་བརྒྱ་རྩ་བཞི་དང་། །གདོན་དང་བགེགས་རིགས་སྟོང་ཕྲག་བརྒྱད་བཅུའི་ཚོགས། །རྨིས་ལྟས་མཚན་མ་ངན་པ་ཀུན་ཞི་ཞིང་། །ལོ་སྐག་ཟླ་སྐག་ཐན་ལྟས་ངན་པའི་རིགས། །དུས་མིན་འཆི་བའི་འཇིགས་པ་ཞི་བ་དང་། །བར་ཆད་རྐྱེན་གེགས་སྣ་ཚོགས་ཅི་བྱུང་ཡང་། །ཐུགས་རྗེའི་སྟོབས་ཀྱིས་ཞི་བའི་ཕྲིན་ལས་མཛོད། །ཚེ་དང་བསོད་ནམས་དཔལ་འབྱོར་ཕུན་སུམ་ཚོགས། །ལོངས་སྤྱོད་ནམ་མཁའ་མཛོད་ལ་དབང་འབྱོར་ཞིང་། །སྔ་འགྱུར་རྡོ་རྗེ་ཐེག་པའི་བསྟན་པ་དང་། །ཁྱད་པར་འོད་གསལ་རྡོ་རྗེ་སྙིང་པོ་ཡི། །རིང་ལུགས་ཕྱོགས་བཅུ་ཀུན་ཏུ་རྒྱས་པ་དང་། །རྣམ་དག་ཚུལ་ཁྲིམས་བསླབ་པས་རྒྱུད་གྲོལ་ཞིང་། །རིག་གྲོལ་གཉིས་ལྡན་འཕགས་པའི་དགེ་འདུན་ཚོགས། །ཡར་ངོའི་ཟླ་ལྟར་འཕེལ་ཞིང་རྒྱས་པར་མཛོད། །སྲིད་གསུམ་འདི་ན་ཆེ་བཙན་འགྲན་ཟླ་བྲལ། །ལྷ་དང་ལྷ་མིན་སྡེ་བརྒྱད་དྲེགས་པའི་ཚོགས། །རྒྱལ་བློན་རྗེ་འབངས་བྲན་དང་གཡོག་འཁོར་བཅས། །ལྷ་དང་མི་ཡི་ནོར་དང་ལོངས་སྤྱོད་ཚོགས། །བློ་གྲོས་རབ་འཕེལ་དཔའ་བོའི་སྟོབས་རྩལ་དང་། །རྒྱལ་དང་རྒྱལ་སྲས་ཐུགས་རྗེའི་བྱིན་རླབས་རྣམས། །མདོར་ན་སྲིད་གསུམ་དབང་དུ་འདུ་བར་མཛོད། །སྔ་འགྱུར་བསྟན་དང་བསྟན་འཛིན་སྐྱེས་བུ་ལ། །གནོད་ཅིང་འཚེ་བར་བྱེད་པའི་དགྲ་བོའི་

དཔུང་། །ནང་འབྲུགས་ནད་དམེ་བྱེད་པའི་གདང་ཟག་རིགས། །དབྱེན་བཙུག་ཕྲ་མ་མཁན་གྱི་ཚོགས་རྣམས་དང་། །སྨྲ་ལྟེ་མི་ཁ་གླེང་བར་བྱེད་པ་ཡི། །ངན་སྔགས་དུག་སྦྱོར་ཤོམས་པའི་གང་ཟག་རྣམས། །སྙིང་རྗེ་ཆེན་པོའི་ཤུགས་དང་མ་བྲལ་བའི། །མངོན་སྤྱོད་དྲག་པོས་སྒྲོལ་བའི་ཕྲིན་ལས་མཛོད། །མདོར་ན་བདག་ཅག་དཔོན་སློབ་འཁོར་དང་བཅས། །གཞི་བྱེས་ལམ་གསུམ་གང་དུ་སྡོད་གྱུར་ཀྱང་། །མཐུ་སྟོབས་དབང་ཕྱུག་སྲུང་མའི་ཚོགས་རྣམས་ཀྱིས། །ཉིན་གྱི་བྱ་ར་མཚན་གྱི་མེལ་ཚེ་ཡིས། །དུས་རྣམས་ཀུན་ཏུ་སྲུང་ཞིང་སྐྱོང་བ་དང་། །གང་འདོད་ཕྲིན་ལས་ལྷུན་གྱིས་གྲུབ་པར་མཛོད། །དེང་ནས་བྱང་ཆུབ་སྙིང་པོ་མ་ཐོབ་པར། །མཐུ་སྟོབས་དབང་ཕྱུག་དམ་ཅན་ལྷམ་དྲལ་སོགས། །བདག་ཅག་ཚེ་རབས་འཁོར་བ་གར་སྐྱེས་ཀྱང་། །མི་འབྲལ་རྟེ་གཅིག་འགྲོགས་པའི་བྱིན་རླབས་ཀྱིས། །བྱང་ཆུབ་སྒྲུབ་ལ་བར་དུ་གཅོད་པའི་ཚོགས། །མིང་ཙམ་མེད་པར་རྡུལ་དུ་བརླག་ནས་ཀྱང་། །ས་ལམ་ཡོན་ཏན་གོང་ནས་གོང་འཕེལ་ཞིང་། །ཡིད་ལ་ཅི་བསམ་ལྷུན་གྱིས་འགྲུབ་པར་མཛོད། །ཅེས་པ་འདི་ནི་རྡོ་རྗེའི་ཆོས་སྐྱོང་བའི་སྲུང་མ་མཐུ་སྟོབས་དབང་ཕྱུག་འཁོར་དང་བཅས་པ་འདི་རྣམས་བདག་གི་ཚེ་རབས་སྔོན་ནས་བསྟེན་པའི་སྲུང་མ་ཡིན་པ་དང་། བདག་ལ་ཆུང་དུའི་དུས་ནས་བཟུང་ཚེ་འདིར་ཡང་ཕྲིན་ལས་རྣམ་བཞིའི་ལས་ཅི་ཡོད་ཀྱང་ཡིད་ལ་བསམ་པ་ཙམ་གྱིས་ཐོགས་མེད་འགྲུབ་པའི་སྟོང་གྲོགས་དུས་ཀུན་ཏུ་མཛད་པའི་སྟབས་མཛད་ལས་ཀྱི་གཏང་རག་གཉན་པོ་དང་། སླད་ནས་ཀྱང་གཡེལ་བ་མེད་པར་སྐྱེ་བ་འདི་དང་ཚེ་རབས་ཐམས་ཅད་དུ་བྱང་ཆུབ་སྙིང་པོ་མ་ཐོབ་ཀྱི་བར་དུས་དང་ལམ་གྱི་བར་ཆད་མཐའ་དག་སེལ་བར་མཛད་ཅིང་། མཐུན་རྐྱེན་ལེགས་ཚོགས་ཐམས་ཅད་གོང་ནས་གོང་དུ་འཕེལ་བའི་སྟོང་གྲོགས་མཛད་པའི་གཏང་རག་ཏུ། བསྟན་བསྲུང་སྤྱིའི་གསེར་སྐྱེམས

དཀྲིས་པའི་མཆོད་སྤྲིན་ཞེས་བྱ་བ་འདི་ཉིད་རྫོགས་སྤྲུལ་ལྔ་པ་ཐུབ་བསྟན་ཆོས་ཀྱི་རྡོ་རྗེ་འམ་མིང་གཞན་པདྨ་ཐེག་མཆོག་བསྟན་འཛིན་གྱིས་ས་ཕོ་རྟ་ལོའི་ས་ག་ཟླ་བའི་ཚེས་བཟང་པོར་རང་སྤྱིལ་འཆི་མེད་གྲུབ་པའི་དགའ་ཚལ་དུ་བྲིས་པ་དགེ་ལེགས་སུ་གྱུར་ཅིག

༄༅། །རྡོ་རྗེའི་ཆོས་སྐྱོང་རྣམས་ཀྱི་གསེར་སྐྱེམས་འབྲིང་པོ་འདོད་ཡོན་བདུད་རྩིའི་རོལ་མོ་ཞེས་བྱ་བ་བཞུགས་སོ། །

ཧཱུྃ་ཧྲཱིཿ རིག་འཛིན་བླ་མ་བྲེ་བ་ས་ཡའི་ཚོགས། །ཡི་དམ་ཞི་ཁྲོ་རབ་འབྱམས་བསམ་མི་ཁྱབ། །གནས་གསུམ་དཔའ་བོ་མཁའ་འགྲོའི་ཚོགས་བཅས་ལ། །གསོལ་ལོ་མཆོད་དོ་བཅོལ་བའི་ཕྲིན་ལས་མཛོད། །གསེར་སྐྱེམས་གཙང་མ་ཕུད་ཀྱི་མཆོད་པ་འདིས། །སྣང་སྲིད་དྲེགས་པ་ཡོངས་ཀྱི་གཙུག་གི་རྒྱན། །རྟ་མཆོག་རྒྱལ་པོ་ལྷུགས་ཀྱི་རལ་བ་ཅན། །སྡེ་བརྒྱད་དྲེགས་པའི་འཁོར་ཚོགས་བཅས་པ་ལ། །གསོལ་ལོ་མཆོད་དོ་བཅོལ་བའི་ཕྲིན་ལས་མཛོད། །གསེར་སྐྱེམས་གཙང་མ་ཕུད་ཀྱི་མཆོད་པ་འདིས། །བཟློག་པས་མི་བཟློག་སྔགས་བཟློག་མཁན་གྱི་གཤེད། །མཐུ་ཆེན་དྲེགས་པའི་ཚོགས་རྣམས་དབང་དུ་སྡུད། །འཚོལ་བའི་ཁྲོ་རྒྱལ་མ་ནིང་འཁོར་བཅས་ལ། །གསོལ་ལོ་མཆོད་དོ་བཅོལ་བའི་ཕྲིན་ལས་མཛོད། །གསེར་སྐྱེམས་གཙང་མ་ཕུད་ཀྱི་མཆོད་པ་འདིས། །དགྲ་ལྷ་ཡོངས་ཀྱི་གཙོ་བོར་མངའ་གསོལ་ལོ། །དགྲ་ཁམས་མ

ལུས་ཐལ་བར་བརླག་མཛད་པའི། །ཚོགས་ཀྱི་བདག་པོ་འཁོར་དང་བཅས་པ་ལ། །གསོལ་ལོ་མཆོད་དོ་བཅོལ་བའི་ཕྲིན་ལས་མཛོད། །གསེར་སྐྱེམས་གཙང་མ་ཕུད་ཀྱི་མཆོད་པ་འདིས། །ཀུན་ཏུ་བཟང་མོ་དབྱིངས་ཀྱི་ཡུམ་ཆེན་མོ། །ཉི་ཤུ་རྩ་བཞི་གནས་ཡུལ་ཀུན་གྱི་བདག །སྔགས་ཀྱི་སྲུང་མ་འཁོར་དང་བཅས་པ་ལ། །དཔལ་ལྡན་ལྷ་མོ་ཆེན་མོ་སྔགས་བདག་མར། །གསོལ་ལོ་མཆོད་དོ་བཅོལ་བའི་ཕྲིན་ལས་མཛོད། །གསེར་སྐྱེམས་གཙང་མ་ཕུད་ཀྱི་མཆོད་པ་འདིས། །ཐེག་མཆོག་འོད་གསལ་རྫོགས་པ་ཆེན་པོ་ཡི། །བསྟན་དང་བསྟན་འཛིན་སྐྱོང་བར་ཞལ་བཞེས་པའི། །བཀྲ་ཤིས་ཚེ་ཡི་དབང་ཕྱུག་འཁོར་བཅས་ལ། །གསོལ་ལོ་མཆོད་དོ་བཅོལ་བའི་ཕྲིན་ལས་མཛོད། །གསེར་སྐྱེམས་གཙང་མ་ཕུད་ཀྱི་མཆོད་པ་འདིས། །བྱང་གི་གནམ་མཚོ་ཕྱུག་མོ་ལ་གནས་པའི། །བོད་ཁམས་སྐྱོང་བར་ཞལ་བཞེས་ཐ་ཀློག་ཅན། །རྡོ་རྗེ་གཡུ་སྒྲོན་འཁོར་དང་བཅས་པ་ལ། །གསོལ་ལོ་མཆོད་དོ་བཅོལ་བའི་ཕྲིན་ལས་མཛོད། །གསེར་སྐྱེམས་གཙང་མ་ཕུད་ཀྱི་མཆོད་པ་འདིས། །སྣང་སྲིད་བརྟན་གཡོ་མ་ལུས་མཐའ་དག་ཀུན། །རང་དབང་མེད་པར་དབང་དུ་འགུགས་མཛད་པའི། །མ་ཧཱ་དེ་ཝ་འཁོར་དང་བཅས་པ་ལ། །གསོལ་ལོ་མཆོད་དོ་བཅོལ་བའི་ཕྲིན་ལས་མཛོད། །གསེར་སྐྱེམས་གཙང་མ་ཕུད་ཀྱི་མཆོད་པ་འདིས། །ནམ་མཁའ་ཡོངས་ལ་དབང་བསྒྱུར་དྲག་རྩལ་ཅན། །སྲིད་གསུམ་སྲོག་དབུགས་གཅིག་ཆར་རྫུབས་མཛད་པ། །གཟའ་རྒོད་ཁྱབ་འཇུག་འཁོར་དང་བཅས་པ་ལ། །གསོལ་ལོ་མཆོད་དོ་བཅོལ་བའི་ཕྲིན་ལས་མཛོད། །གསེར་སྐྱེམས་གཙང་མ་ཕུད་ཀྱི་མཆོད་པ་འདིས། །འཛམ་གླིང་སྐྱེས་མཆོག་པདྨའི་ཞལ་མཐོང་

ཞིང་། །རིག་འཛིན་ཡོངས་ཀྱི་སྤྱུང་མར་ཞལ་བཞེས་པའི། །མགར་ནག་ར་ཞོན་འཁོར་དང་བཅས་པ་ལ། །གསོལ་ལོ་མཆོད་དོ་བཅོལ་བའི་ཕྲིན་ལས་མཛོད། །གསེར་སྐྱེམས་གཙང་མ་ཕུད་ཀྱི་མཆོད་པ་འདིས། །ཐབ་གཏེར་བསྟན་པ་སྲུང་བའི་ཚུལ་འཛིན་པ། །སྤྲུལ་པ་ཆེ་འཕྲུལ་སྣ་ཚོགས་སྟོན་མཛད་ཅིང་། །བཙན་རྒོད་འཁོར་བཅས་ཕྱི་ནང་གསང་གསུམ་ལ། །གསོལ་ལོ་མཆོད་དོ་བཅོལ་བའི་ཕྲིན་ལས་མཛོད། །གསེར་སྐྱེམས་གཙང་མ་ཕུད་ཀྱི་མཆོད་པ་འདིས། །དབྱིངས་ནས་ཁྲོས་པའི་བཛྲ་ཀཱི་ལ་ཡང་། །ཅི་བགྱིས་བཀའ་ཉན་བསྒྲུབ་པར་ཁས་བླང་པའི། །ཕུར་བསྲུང་དམ་ཅན་ལྷུམ་དྲལ་འཁོར་བཅས་ལ། །གསོལ་ལོ་མཆོད་དོ་བཅོལ་བའི་ཕྲིན་ལས་མཛོད། །གསེར་སྐྱེམས་གཙང་མ་ཕུད་ཀྱི་མཆོད་པ་འདིས། །དུས་གསུམ་རྒྱལ་བའི་ཕྲིན་ལས་སྒྲུབ་མཛད་ཅིང་། །ཐབ་གཏེར་མངའ་བདག་མཐུ་ཆེན་དྲག་རྩལ་ཅན། །ལྷོང་ལྷ་མཆེད་གསུམ་འཁོར་དང་བཅས་པ་ལ། །གསོལ་ལོ་མཆོད་དོ་བཅོལ་བའི་ཕྲིན་ལས་མཛོད། །གསེར་སྐྱེམས་གཙང་མ་ཕུད་ཀྱི་མཆོད་པ་འདིས། །དབང་ཆེན་རྟ་མཆོག་པདྨ་ཧེ་རུ་ཀའི། །བཀའ་ཉན་སྲུང་མ་དྲེགས་པ་ཀུན་གྱི་རྗེ། །ཙིཏྟ་དམར་པོ་འཁོར་དང་བཅས་པ་ལ། །གསོལ་ལོ་མཆོད་དོ་བཅོལ་བའི་ཕྲིན་ལས་མཛོད། །གསེར་སྐྱེམས་གཙང་མ་ཕུད་ཀྱི་མཆོད་པ་འདིས། །རྣམ་པར་སྣང་མཛད་ཡེ་ཤེས་སྒྱུ་མའི་འཕྲུལ། །རྒྱལ་ཆེན་ཡོངས་ཀྱི་སྤྱུང་མའི་ཚུལ་འཛིན་པ། །སྐུ་ཡི་རྒྱལ་ཆེན་འཁོར་དང་བཅས་པ་ལ། །གསོལ་ལོ་མཆོད་དོ་བཅོལ་བའི་ཕྲིན་ལས་མཛོད། །གསེར་སྐྱེམས་གཙང་མ་ཕུད་ཀྱི་མཆོད་པ་འདིས། །སྣང་བ་མཐའ་ཡས་ཡེ་ཤེས་སྒྱུ་མའི་འཕྲུལ། །གསུང་གི་རྒྱལ་ཆེན་

དགྲ་ལྷ་སྐྱེས་གཅིག་པོའི། །བློན་པོ་རྡོ་རྗེ་གྲགས་ལྡན་འཁོར་བཅས་ལ། །གསོལ་ལོ་མཆོད་དོ་བཅོལ་བའི་ཕྲིན་ལས་མཛོད། །གསེར་སྐྱེམས་གཙང་མ་ཕུད་ཀྱི་མཆོད་པ་འདིས། །པདྨ་ཧེ་རུ་ཀ་ཡི་བཀའ་སྲུང་མཆོག །དྲག་པོའི་ཤུགས་འཆང་ཕྲིན་ལས་ཀུན་གྱི་བདག །གྲི་བཙན་ཆེན་པོ་འཁོར་དང་བཅས་པ་ལ། །གསོལ་ལོ་མཆོད་དོ་བཅོལ་བའི་ཕྲིན་ལས་མཛོད། །གསེར་སྐྱེམས་གཙང་མ་ཕུད་ཀྱི་མཆོད་པ་འདིས། །སྔར་ནས་བྱང་ཆུབ་སེམས་དཔའི་སར་གནས་ཀྱང་། །འགྲོ་བའི་དབུལ་ཕོངས་སྡུག་བསྔལ་སེལ་མཛད་པའི། །རྣམ་མང་ཐོས་སྲས་འཁོར་དང་བཅས་པ་ལ། །གསོལ་ལོ་མཆོད་དོ་བཅོལ་བའི་ཕྲིན་ལས་མཛོད། །གསེར་སྐྱེམས་གཙང་མ་ཕུད་ཀྱི་མཆོད་པ་འདིས། །བྱང་ཆུབ་སེམས་དཔའ་ཉི་མའི་སྙིང་པོའི་མདུན། །ཅང་ཤེས་རྟོག་ཆགས་བསྲུང་བར་ཞལ་བཞེས་པའི། །རྟ་ལྷའི་རྒྱལ་པོ་འཁོར་དང་བཅས་པ་ལ། །གསོལ་ལོ་མཆོད་དོ་བཅོལ་བའི་ཕྲིན་ལས་མཛོད། །གསེར་སྐྱེམས་གཙང་མ་ཕུད་ཀྱི་མཆོད་པ་འདིས། །བྱང་ཆུབ་སེམས་དཔའ་ནམ་མཁའི་སྙིང་པོ་ཡི། །རྣམ་རོལ་འགགས་མེད་དྲེགས་པའི་རྩལ་སྟོན་པ། །གཉན་ཆེན་ཐང་ལྷ་ཡར་ཞུར་འཁོར་བཅས་ལ། །གསོལ་ལོ་མཆོད་དོ་བཅོལ་བའི་ཕྲིན་ལས་མཛོད། །གསེར་སྐྱེམས་གཙང་མ་ཕུད་ཀྱི་མཆོད་པ་འདིས། །མདོ་ཁམས་སྨང་གི་ཐེ་དོར་ཀུན་གྱི་གཙོ། །རྒྱལ་ཆེན་སྤེ་བཞིའི་རིགས་ལ་མངའ་མཛད་པ། །ཐིལ་ཁྲིམ་རྡོ་རྗེ་གཡུང་དྲུང་འཁོར་བཅས་ལ། །གསོལ་ལོ་མཆོད་དོ་བཅོལ་བའི་ཕྲིན་ལས་མཛོད། །གསེར་སྐྱེམས་གཙང་མ་ཕུད་ཀྱི་མཆོད་པ་འདིས། །གྲུབ་པའི་དབང་ཕྱུག་པདྨ་རིག་འཛིན་གྱི། །སྐུ་ཡི་སྐྱེ་སྲིད་ནོར་བུའི་ཕྲེང་བ་ཡི། །དགོར་བདག

རྩལ་འཛིན་རྒོད་ལྷུམ་ཁ་རག་ལ། །གསོལ་ལོ་མཆོད་དོ་བཅོལ་བའི་ཕྲིན་ལས་མཛོད། །གསེར་སྐྱེམས་གཙང་མ་ཕུད་ཀྱི་མཆོད་པ་འདིས། །རྒྱལ་ཆེན་འཕགས་སྐྱེས་པོ་ཡི་རྣམ་འཕྲུལ་ཆེ། །ལྷ་ཀླུ་གཉན་བཙན་ཀུན་ལ་དབང་བསྒྱུར་བའི། །ནོར་བུ་གཡུལ་རྒྱལ་འཁོར་དང་བཅས་པ་ལ། །གསོལ་ལོ་མཆོད་དོ་བཅོལ་བའི་ཕྲིན་ལས་མཛོད། །གསེར་སྐྱེམས་གཙང་མ་ཕུད་ཀྱི་མཆོད་པ་འདིས། །ཡིད་འོང་ལྷ་ཡི་བུ་མོའི་རྩལ་འཛིན་པ། །ལྷུམ་མོ་ཆེན་མོ་སྨན་བཙུན་གཞོན་ནུ་མ། །ལྷུམ་དྲལ་རྣམ་གཉིས་འཁོར་དང་བཅས་པ་ལ། །གསོལ་ལོ་མཆོད་དོ་བཅོལ་བའི་ཕྲིན་ལས་མཛོད། །གསེར་སྐྱེམས་གཙང་མ་ཕུད་ཀྱི་མཆོད་པ་འདིས། །བཅོམ་ལྡན་འཇམ་དཔལ་གཤིན་རྗེ་གཤེད་པོ་ཡི། །བཀའ་ཉན་སྐྱེ་འགྲོའི་སྲོག་གི་བདག་པོ་ནི། །ལས་ཀྱི་གཤིན་རྗེ་འཁོར་དང་བཅས་པ་ལ། །གསོལ་ལོ་མཆོད་དོ་བཅོལ་བའི་ཕྲིན་ལས་མཛོད། །གསེར་སྐྱེམས་གཙང་མ་ཕུད་ཀྱི་མཆོད་པ་འདིས། །སྨན་པའི་རྒྱལ་པོའི་ཞལ་མཐོང་ཐ་ཐོག་ཅན། །ཡེ་ཤེས་ཆེ་ཆུང་ལྷ་སྨན་མཆེད་གསུམ་དང་། །སྨན་གྱི་དྲང་སྲོང་འཁོར་དང་བཅས་པ་ལ། །གསོལ་ལོ་མཆོད་དོ་བཅོལ་བའི་ཕྲིན་ལས་མཛོད། །གསེར་སྐྱེམས་གཙང་མ་ཕུད་ཀྱི་མཆོད་པ་འདིས། །གནོད་སྦྱིན་དེད་དཔོན་ཁྲོ་རྒྱལ་ཀུན་གྱི་གཙོ། །གསོ་རིགས་སྨན་གྱི་བསྟན་པ་སྲུང་མཛད་པའི། །ཞང་བློན་ཆེན་པོ་རྡོ་རྗེ་བདུད་འདུལ་ལ། །གསོལ་ལོ་མཆོད་དོ་བཅོལ་བའི་ཕྲིན་ལས་མཛོད། །གསེར་སྐྱེམས་གཙང་མ་ཕུད་ཀྱི་མཆོད་པ་འདིས། །འཛམ་གླིང་དབང་བསྒྱུར་ནོར་བུ་དགྲ་འདུལ་རྩལ། །ལྷ་ཀླུ་གཉན་གསུམ་ཚོགས་ལ་དབང་བསྒྱུར་བ། །དུང་སྨན་ཡུམ་དང་དཔའ་ཐུལ་སུམ་ཅུ

སོགས། །གསོལ་ལོ་མཆོད་དོ་བཅོལ་བའི་ཕྲིན་ལས་མཛོད། །གསེར་སྐྱེམས་གཙང་མ་ཕུད་ཀྱི་མཆོད་པ་འདིས། །ཤུགས་ལྡན་ཏྲ་མཆོག་དུང་སེང་གཡུ་རལ་ཅན། །གཡུ་འབྲུག་སྔོན་མོ་རྒྱ་སྟག་མཚལ་རིས་ཅན། །གཞན་ཡང་བདག་ཅག་དཔོན་སློབ་འཁོར་བཅས་ལ། །འགོ་ཞིང་སྡོང་གྲོགས་སྲུང་སྐྱོབས་བྱེད་པའི་ཚོགས། །མཐུ་ཆེན་སྲུང་མའི་དབང་པོ་འཁོར་བཅས་ལ། །གསོལ་ལོ་མཆོད་དོ་བཅོལ་བའི་ཕྲིན་ལས་མཛོད། །གསེར་སྐྱེམས་གཙང་མ་ཕུད་ཀྱི་མཆོད་པ་འདིས། །རྒྱ་ཇ་ངད་ལྡན་མ་དྷ་ན་ཡི་རྒྱུན། །ཉམས་པའི་སྙིང་ཁྲག་ཐ་ལྡབས་འཁྲུགས་པ་ལ། །རྔམས་བརྗིད་དྲག་པོའི་མཆོད་པ་སྣ་ཚོགས་དང་། །འདོད་ཡོན་ལྷ་ཡི་འོད་ཟེར་ཕྱོགས་བཅུར་འཕྲོ། །རིན་ཆེན་སྣ་ལྔ་བརྡལ་བའི་ཞལ་སྐྱེམས་འདི། །མཐུ་ཆེན་སྲུང་མའི་དབང་པོ་འཁོར་བཅས་མཆོད། །དེ་ལྟར་གསེར་སྐྱེམས་ཕུལ་བའི་བྱིན་རླབས་ཀྱིས། །བདག་ཅག་དཔོན་སློབ་འཁོར་དང་བཅས་པ་ལ། །ནད་གདོན་བགེགས་རིགས་སྟོང་ཕྲག་བརྒྱད་ཅུའི་ཚོགས། །མ་ཉེས་མི་ཁ་ངན་པའི་རྐྱེན་དབང་གིས། །དགྲ་སྒྲོད་ཆོམ་རྐུན་འཇིགས་པ་ཞི་བ་དང་། །ཚེ་བསོད་དཔལ་འབྱོར་སྙན་གྲགས་རབ་རྒྱས་ཤིང་། །འཁོར་དང་ལོངས་སྤྱོད་བུ་སློབ་མངའ་ཐང་རྒྱས། །མི་དང་མི་མིན་ཆེ་བཙན་དྲེགས་པའི་ཚོགས། །བློ་གྲོས་རྒྱས་ཤིང་དཔའ་བའི་སྟོབས་རྩལ་སོགས། །རང་དབང་མེད་པར་དབང་དུ་འདུ་བར་མཛོད། །བྱད་ཕུར་རྦོད་གཏོང་གཏོང་བའི་ཕྲ་མ་མཁན། །ཁ་དཀར་སྙིང་ནག་བསམ་སྦྱོར་ངན་པ་ཡི། །སྔ་དགྲ་ལག་བརྡར་ཕྱི་དགྲ་ཡིད་ལ་སེམས། །ད་དགྲ་ཐད་དུ་འཛུག་པའི་དགྲ་བོ་རྣམས། །ད་ལྟ་ཉིད་དུ་སྒྲོལ་བའི་ཕྲིན་ལས་མཛོད། །བདག་ཅག་གཞི་བྱེས་ལམ་གསུམ་གར་འདུག་ཀྱང་། །ཡེ་ཤེས་སྤྱན་

དང་ལྡན་པའི་ཚོགས་རྣམས་ཀྱིས། །ཉིན་མཚན་དུས་དྲུག་དུས་རྣམས་ཐམས་ཅད་
དུ། །ཐུགས་རྗེ་ཆེན་པོས་ཡལ་བར་མ་དོར་བར། །རྣམ་ཀུན་རྟག་ཏུ་སྲུང་ཞིང་
སྐྱོང་བ་དང་། །ཡིད་ལ་ཅི་འདོད་ལྷུན་གྱིས་གྲུབ་པར་མཛོད། །ཚེ་རབས་སྔོན་
ནས་ད་ལྟ་ཡན་ཆད་དུ། །མཐུ་སྟོབས་དབང་ཕྱུག་དམ་ཅན་ཚོགས་རྣམས་
ཀྱིས། །ཐུགས་རྗེ་ཆེན་པོས་ཡལ་བར་མ་དོར་བར། །སྲུང་སྐྱོབ་སྐྱོང་གྲོགས་
མཛད་པའི་གཏང་རག་དང་། །སླད་ནས་གཡེལ་མེད་ལས་རྣམས་བསྒྲུབ་སླད་
དུ། །བདག་དང་མི་འབྲལ་རྟག་ཏུ་འགྲོགས་ནས་ཀྱང་། །ཉིན་མཚན་དུས་དྲུག
མེལ་ཚེ་བྱ་ར་མཛོད། །ས་དང་ལམ་ལ་བར་དུ་གཅོད་པའི་གེགས། །བདག
ཅག་བྱང་ཆུབ་སྒྲུབ་པའི་གང་ཟག་ལ། །འགལ་རྐྱེན་བར་ཆད་ཐམས་ཅད་ཞི་ནས་
ཀྱང་། །རིགས་བཟང་བློ་གསལ་ཚེ་རིང་ནད་མེད་ཞིང་། །བཀྲེས་ཕོངས་དབུལ་
བའི་སྡུག་བསྔལ་ཀུན་ཞི་ནས། །ཕན་བདེའི་དཔལ་ལ་སྤྱོད་པའི་ཕྲིན་ལས་
མཛོད། །ཅེས་པ་འདི་ནི་ཤར་མགོན་ཁང་མགོན་བླ་ཐུབ་བསྟན་ནོར་བུ་ནས་ཡང་ཡང་བསྐུལ་ངོར་
རྫོགས་སྤྲུལ་ལྔ་པ་ཐུབ་བསྟན་ཆོས་ཀྱི་རྡོ་རྗེས་ཤར་མགོན་ཁང་དུ་རྒྱུན་འདོན་བྱ་རྒྱུ་ས་ཕོ་རྟ་ལོའི་ས་ག་ཟླ་བའི་
ཚེས་ལ་བྲིས་པ་དགེ །

༄༅། །རྡོ་རྗེ་ཆོས་སྐྱོང་སྲུང་མ་རྣམས་ཀྱི་གསེར་སྐྱེམས་བསྡུས་པ་སྤྲིན་གྱི་རོལ་མོ་ཞེས་བྱ་བ་བཞུགས་སོ།།

ཧཱུྃ། ཕྱོགས་བཅུ་ནམ་མཁའ་ཡངས་པའི་དཀྱིལ་འཁོར་ནས། །བདེ་གཤེགས་སངས་རྒྱས་སེམས་དཔའ་སེམས་མའི་ཚོགས། །བླ་མ་ཡི་དམ་དཔའ་བོ་མཁའ་འགྲོའི་ཚོགས། །གསོལ་ལོ་མཆོད་དོ་བཅོལ་བའི་ཕྲིན་ལས་མཛོད། །གསེར་སྐྱེམས་གཙང་མ་ཕུད་ཀྱི་མཆོད་པ་འདིས། །དཔའ་ཆེན་རྟ་མགྲིན་དཔའ་མགོན་མ་ནིང་ནག །ཚོགས་བདག་སྔགས་སྲུང་ལྷ་མོ་སྔགས་ཀྱི་བདག །ཚེ་རིང་མཆེད་ལྔ་རྡོ་རྗེ་གཡུ་སྒྲོན་ཚོགས། །གསོལ་ལོ་མཆོད་དོ་བཅོལ་བའི་ཕྲིན་ལས་མཛོད། །གསེར་སྐྱེམས་གཙང་མ་ཕུད་ཀྱི་མཆོད་པ་འདིས། །མ་ཧཱ་དེ་ཝ་གཟའ་བདུད་ར་ཞོན་དང་། །མཆིམས་ཕུ་བྲག་བཙན་ཕུར་སྲུང་བཅུ་གཉིས་ཚོགས། །ལྷུང་ལྷ་མཆེད་གསུམ་གནོད་སྦྱིན་ཙེའུ་དམར། །གསོལ་ལོ་མཆོད་དོ་བཅོལ་བའི་ཕྲིན་ལས་མཛོད། །གསེར་སྐྱེམས་གཙང་མ་ཕུད་ཀྱི་མཆོད་པ་འདིས། །སྐུ་ཡི་རྒྱལ་ཆེན་རྡོ་རྗེ་དྲག་ལྡན་དང་། །ཁྲི་བཙན་ཆེན་པོ་རྣམ་མང་ནོར་གྱི་བདག །རྟ་ལྷའི་རྒྱལ་པོ་ཐང་ལྷ་ཡར་ཞུར་ཚོགས། །གསོལ་ལོ་མཆོད་དོ་བཅོལ་བའི་ཕྲིན་ལས་མཛོད། །གསེར་སྐྱེམས་གཙང་མ་ཕུད་ཀྱི་མཆོད་པ་འདིས། །རྡོ་རྗེ་གཡུང་དྲུང་རྒོད་ལྕམ་ཞལ་ཏུ་སྨན། །ནོར་བུ་གཡུལ་རྒྱལ་ལྕམ

མོ་ཆེན་མོ་དང་། །ལས་གཤིན་ལྷ་སྨན་རྡོ་རྗེ་བདུད་འདུལ་སོགས། །གསོལ་ལོ་མཆོད་དོ་བཙོལ་བའི་ཕྲིན་ལས་མཛོད། །གསེར་སྐྱེམས་གཙང་མ་ཕུད་ཀྱི་མཆོད་པ་འདིས། །དགྲ་ལྷ་གེ་སར་རླུང་རྟའི་ལྷ་སོགས་དང་། །གཞན་ཡང་བདག་ལ་འགོ་ཞིང་སྐྱོབ་མཛད་པའི། །མཐུ་ཆེན་སྲུང་མའི་དབང་པོའི་ཚོགས་བཅས་ལ། །གསོལ་ལོ་མཆོད་དོ་བཙོལ་བའི་ཕྲིན་ལས་མཛོད། །གསེར་སྐྱེམས་གཙང་མ་ཕུད་ཀྱི་མཆོད་པ་འདིས། །དེ་ལྟར་གསོལ་ཞིང་མཆོད་པའི་བྱིན་རླབས་ཀྱིས། །བདག་ཅག་དཔོན་སློབ་འཁོར་དང་བཅས་པ་རྣམས། །ནད་གདོན་བགེགས་རིགས་རྨི་ལམ་ཐན་ལྟས་ངན། །ལོ་ཟླ་ཞག་དུས་ཟ་མའི་སྲི་ངན་སོགས། །དུས་མིན་འཆི་བའི་འཇིགས་པ་ཞི་བར་མཛོད། །བསྟན་དང་བསྟན་འཛིན་དར་ཞིང་རྒྱས་པ་དང་། །ཚེ་བསོད་དཔལ་འབྱོར་སྙན་གྲགས་ཕྱོགས་བཅུར་དར། །འཁོར་འབངས་བུ་སློབ་མངའ་ཐང་རྒྱས་པ་དང་། །རྟ་ནོར་ཕྱུགས་ཀྱིས་ར་བ་ཁེངས་པར་མཛོད། །མཐུ་སྟོབས་ནམ་མཁའི་ཁམས་ལ་འགྲན་ནུས་པ། །ལྷ་དང་ལྷ་མིན་ཆེ་བཙན་དྲག་ཤུལ་ཅན། །རྒྱལ་བློན་རྗེ་འབངས་འཁོར་གཡོག་མཐའ་དག་དང་། །མི་ནོར་ཟས་གསུམ་དབང་དུ་འདུ་བར་མཛོད། །གནོད་སེམས་འཆང་བའི་སྡང་བར་བྱེད་པའི་དགྲ། །ཁ་དཀར་སྙིང་ནག་ཕྲ་མ་མཁན་གྱི་ཚོགས། །མི་ཁ་གཏམ་སླེང་བྱད་ཕུར་རྦོད་གཏོང་ཚོགས། །མངོན་སྤྱོད་དྲག་པོས་སྒྲོལ་བའི་ཕྲིན་ལས་མཛོད། །དེང་ནས་སྐྱེ་བ་ཚེ་རབས་ཐམས་ཅད་དུ། །སྲུང་མའི་དབང་པོའི་ཚོགས་དང་མི་འབྲལ་ཞིང་། །ས་དང་ལམ་གྱི་བར་ཆད་ཀུན་ཞི་ནས། །བསམ་པ་ལྷུན་གྱིས་འགྲུབ་པའི་ཕྲིན་ལས་མཛོད། །ཅེས་པ་འདི་ཤར་མགོན་ཁང་དུ་རྒྱུན་དུ་འདོན་རྒྱུ་མགོན་བླ་ཐུབ་བསྟན་

ནོར་བུ་ནས་ཡང་ཡང་བསྐུལ་བའི་ངོར་རྫོགས་སྤྲུལ་ལྔ་པ་ཐུབ་བསྟན་ཆོས་ཀྱི་རྡོ་རྗེས་ས་པོ་ཏ་ལའི་ས་ག་ཟླ་བའི་ཡར་ཚེས་བཟང་པོར་བྲིས་པ་དགེ་ལེགས་སུ་གྱུར་ཅིག

༄༅། །སྡེ་བརྒྱད་གསེར་སྐྱེམས་བཞུགས་སོ། །

ཧཱུྃ། ཤཱཀ་ཐུབ་པད་འབྱུང་རྡོ་རྗེ་འཛིན་པ་ཡི། །སྤྱན་སྔར་ཁས་བླངས་དམ་ཚིག་ལ་གནས་པའི། །འཛམ་གླིང་སྐྱོང་བའི་དྲེགས་པ་ཀུན་གྱི་རྗེ། །ཕྱི་ནང་གསང་བ་མཆོག་དང་སྤྲུལ་བ་ཡི། །སྣང་སྲིད་སྡེ་བརྒྱད་དྲེགས་པའི་ཚོགས་རྣམས་ཀུན། །འདི་གཤེགས་མཆོད་པ་དམ་པ་འདི་བཞེས་ལ། །གསེར་སྐྱེམས་གཙང་མ་ཕུད་ཀྱིས་མཆོད་པ་ཡིས། །བདག་གི་འདོད་དོན་མ་ལུས་འགྲུབ་པར་མཛོད། །ཅེས་པ་འདི་ཡང་མགོན་བླ་ཐུབ་བསྟན་ནོར་བུ་ནས་བསྐུལ་ངོར་རྫོགས་སྤྲུལ་ལྔ་པས་སོ། །

༄༅། །སྡེ་བརྒྱད་གསེར་སྐྱེམས་བསྡུས་པ་བཞུགས་སོ། །

ཧཱུྃ། འཛམ་གླིང་སྐྱོང་བའི་དྲེགས་པའི་རྗེ། །ཕྱི་ནང་གསང་བ་མཆོག་དང་ནི། །སྤྲུལ་བ་སྣང་སྲིད་སྡེ་བརྒྱད་ཚོགས། །འདི་གཤེགས་མཆོད་པ་འདི་བཞེས་ལ། །གསེར་སྐྱེམས་གཙང་མའི་ཕུད་ཀྱི་མཆོད། །བདག་གི་འདོད་དོན་སྒྲུབ་ཏུ་གསོལ། །རྫོགས་སྤྲུལ་ལྔ་པས་སོ། ། དགེའོ། །

ཆོས་ཚུལ་འདི་ཡང་ཉི་ཟླའི་དཀྱིལ་འཁོར་བཞིན།
ཕྱོགས་ཀྱི་ཐ་གྲུ་ཀུན་ཏུ་གྲགས་གྱུར་ཏེ།
བློ་གྲོས་པད་མོ་རབ་ཏུ་རྒྱས་བྱེད་ཅིང་།
སངས་རྒྱས་བསྟན་པ་དར་ཞིང་རྒྱས་པར་ཤོག
རྒྱལ་དབང་ཀློང་ཆེན་པས།

མདོ་སྔགས་ཆོས་ཚུལ་ཚང་ལ་མ་ནོར་བ།
མཁས་ཞིང་གྲུབ་བརྙེས་རིག་འཛིན་བརྒྱུད་པའི་སྲོལ།
ཐུབ་བསྟན་སྙིང་པོ་གསང་སྔགས་སྔ་འགྱུར་པའི།
བསྟན་པ་འཕེལ་རྒྱས་འཛམ་གླིང་ཁྱབ་གྱུར་ཅིག
འཇམ་མགོན་མི་ཕམ་པས།

མདོ་རྒྱུད་རིག་གནས་བཅས་པའི་གཞུང་ལུགས་ཀྱི།
ཆོས་ཀྱི་རྔ་ཆེན་ལེགས་པར་སྒྲོག་པ་ཡི།
ཆོས་སྨྲ་ཆེ་འདིར་ཆོས་དང་སྲིད་ཀྱི་དཔལ།
ཐམས་ཅད་ཡིད་བཞིན་ལྷུན་གྱིས་གྲུབ་གྱུར་ཅིག
འཇམ་མགོན་མི་ཕམ་པས།

དཔེ་སྒྲིག་ལས་ཁང་།	སྤོ་འབྱུར་རྫོགས་ཆེན་དཔེ་ཚོགས་བསྡུ་སྒྲིག་ཁང་།
སྤྱི་ཁྱབ་བསྡུ་སྒྲིག་དག་ཞུས་པ།	གྲུབ་དབང་རྫོགས་ཆེན་བདུན་པ་བསྟན་འཛིན་ལུང་རྟོགས་ཉི་མ།
ཆེད་འགན་དག་ཞུས་པ།	སྨྱོ་ཤུལ་མཁན་པོ་འཆི་མེད་བཟོད་པ།
	རྫོགས་ཆེན་སློབ་དཔོན་བསོད་སྦྱིན།
	རྫོགས་ཆེན་སློབ་དཔོན་པདྨ་སྣང་བ།
བསྒྱུར་ཞུས་པ།	སྤྲུལ་སྐུ་གྲགས་པ་རྒྱལ་མཚན།
	ར་ཞིས་སྤྲུལ་སྐུ་ཐུབ་འོད།
	བྲག་མཁར་སྤྲུལ་སྐུ་ཚུལ་ཁྲིམས་རྒྱལ་མཚན།
ཡིག་གཏག་པ།	བསྟན་འཛིན་ཚེ་དབང་། བསྟན་འཛིན་ཤེས་རབ། པདྨ་གྲགས་པ།
དཔེ་སྒྲིག་པ།	དབྱིན་ཧི་བ་པདྨ་མཐུ་སྟོབས།
མདུན་ཤོག་མཛེས་རིས་པ།	ཕུར་བཟང་། ཡུས་ཁྲུ་ཡུས།

图书在版编目（CIP）数据

藏传佛教大圆满文集：藏文 / 佐钦寺整理编著．
—拉萨：西藏藏文古籍出版社，2016.7
ISBN 978-7-80589-818-6

Ⅰ．①藏… Ⅱ．①佐… Ⅲ．①喇嘛宗—文集—藏语 Ⅳ．①B946.6-53

中国版本图书馆 CIP 数据核字（2016）第 150552 号

藏传佛教大圆满文集

编　　者　大圆满丛书整编室
责任编辑　次　巴
出　　版　西藏藏文古籍出版社（拉萨市色拉路 22 号）邮政编码：850000
第二编辑部（北京）：100013 北京市东土城路 8 号林达大厦 A 座 13 层
电话：010-64466847
打击盗版：0891-6649998　13908990085
印　　刷　北京谊兴印刷有限公司
经　　销　全国新华书店
开　　本　16 开（710×1 000）
印　　张　118
版　　次　2016 年 7 月第 1 版第 1 次印刷
标准书号　ISBN 978-7-80589-818-6
定　　价　290.00 元（全 6 册）

སྐྱ་རབས་ལྷ་པ་ཐུབ་བསྟན་ཆོས་ཀྱི་རྡོ་རྗེ།

སྔ་འགྱུར་༧རྒྱལ་བ་རྫོགས་ཆེན་པའི་དཔེ་ཚོགས།

༄། །གྲུབ་དབང་རྫོགས་ཆེན་པ་རིམ་བྱོན་གྱི་གསུང་འབུམ་བཞུགས་སོ།།

གླེགས་བམ་དྲུག་པ།

བོད་ལྗོངས་བོད་ཡིག་དཔེ་རྙིང་དཔེ་སྐྲུན་ཁང་།

གྲུབ་དབང་རྫོགས་ཆེན་པ་རིམ་བྱོན་གྱི་གསུང་འབུམ་བཞུགས་སོ།།

ཇུས་འགོད།　བོད་ལྗོངས་ཞེན་ལི་དཔལ་འབྱོར་རིག་གནས་འཕེལ་རྒྱས་ཚད་ཡོད་ཀུང་སི།

དཔེ་སྐྲུན།　བོད་ལྗོངས་བོད་ཡིག་དཔེ་རྙིང་དཔེ་སྐྲུན་ཁང་།

སྦྲག་ཨང་850000

བརྒྱུད་འཚོང་།　ཤིན་ཧྭ་དཔེ་ཚོང་ཁང་།

དེབ་ཚད།　710mm×1 000mm 1/16

པར་ཤོག　118

པར་གཞི།　2016ལོའི་ཟླ་7པར་པར་གཞི་དང་པོ་བསྒྲིགས།

པར་ཐེངས།　2016ལོའི་ཟླ་7པར་པར་ཐེངས་དང་པོ་དཔར།

དཔེ་རྟགས།　ISBN 978-7-80589-818-6

རིན་གོང་།　སྒོར་290.00 (དེབ་དགུ)

དཔེ་སྐྲུན་སྔོན་འགྲོའི་གཏམ་བྱུང་།

གྲུབ་པའི་དབང་ཕྱུག་རྫོགས་ཆེན་པ་པདྨ་རིག་འཛིན་ནི། དུས་རབས་བཅུ་གཅིག་པའི་ནང་སྒྱུ་འཕྲུལ་སྙིང་མའི་ཟབ་ཆོས་རྫོགས་པ་ཆེན་པོའི་ཆོས་མིང་གང་ཟག་ལ་ཐོག་པའི་འཚབ་བྱེད་སྐྱེས་ཆེན་ཡོངས་གྲགས་ཤིག་སྟེ། རྗེ་འདི་ཉིད་ཀྱི་སྐུ་ཆེ་གང་བོར་བྱ་བཏང་སྤྲས་པའི་རྣལ་འབྱོར་བའི་ཚུལ་གྱིས་འོད་གསལ་རྫོགས་པ་ཆེན་པོའི་ཉམས་བཞེས་ལ་གནད་དུ་སྣུན་པས་རིག་པ་ཚད་ཕེབས་ཀྱི་སར་ཕྱིན་ཏེ་གྲུབ་ཐོབ་པདྨ་རིག་འཛིན་ཞེས་མཚན་དུ་གྲགས་པ་བྱུང་། རྗེ་གང་ཉིད་དང་རྒྱལ་མཆོག་ལྔ་བ་ཆེན་པོ་བཀའ་བགྲོས་ནས་ཁམས་ཕྱོགས་སུ་རྫོགས་ཆེན་དགོན་པ་ཕྱག་བཏབ་པ་ནི་དབུས་གཙང་དུ་ཉམས་རྒུད་ཐེབ་པའི་སྒྱུ་འཕྲུལ་སྙིང་མའི་ཆོས་བརྒྱུད་གནས་དུས་འདིར་དམིགས་ཀྱིས་སླར་གསོ་མཛད་པའི་ལོ་རྒྱུས་ཀྱི་རྒྱབ་ལྗོངས་མངོན་ཞིང་། སྐུ་དངོས་ཀྱིས་སྡེ་དགེའི་མངའ་ཁུལ་གཙོ་བོར་བྱས་པའི་ཁམས་ཕྱོགས་ཀྱི་ཀཿདཔལ་སོགས་སྙིང་དགོན་མང་པོར་ཕེབས་ཏེ་རྫོགས་པ་ཆེན་པོའི་ལྷ་སྒྲོམ་ལ་དག་ཐེར་མཛད་ཅིང་ཐུགས་བཞེད་བཞིན་ཨ་མདོ་དང་ཁམས་ཕྱོགས་སུ་ཆོས་བརྒྱུད་དགོན་སྡེ་བརྒྱ་ཕྲག་མང་པོ་འཕེལ། ཕྱི་དུས་འདིར་གངས་རིའི་ལྗོངས་སུ་རྫོགས་པ་ཆེན་པོའི་བསྟན་པ་མཐར་རྒྱས་སུ་འཕེལ་བའི་རྒྱུ་འགོའམ་ཤིང་རྟའི་སྲོལ་འབྱེད་མཆོག་གཅིག་ཏུ་ཡོངས་སུ་གྲགས། རྗེ་གང་གི་སྤྲུལ་རབས་སྐུ་ཕྲེང་རིམ་བྱོན་ནི་ཐོས་བསམ་སྒོམ་

གསུམ། མཁས་བཙུན་བཟང་གསུམ། འཆད་རྩོད་རྩོམ་གསུམ་སྟེ་ཚུལ་དགུའི་ཡོན་ཏན་གྱི་མངའ་བདག་ཤཱ་སྟག་བློན་པས་སྤྱི་འགྱུར་རྙིང་མའི་བསྟན་པའི་གཙུག་རྒྱན་ལྟ་བུར་ཆགས་ཤིང་། གཞུང་ས་དགའ་ལྡན་ཕོ་བྲང་ནས་མ་ཧཱ་པཎ་ཌི་ཏ་ཨེར་ཏི་ཉི་ཧོ་ཐོག་ཐུའི་ཆོ་ལོ་ཐེངས་མང་བསྐུལ་བའི་མཚན་ཐོབ་ལྡན། སློབ་བུ་ཉི་ཟླ་སྐར་གསུམ་དང་འཇིགས་མེད་རྣམ་བཞི་སོགས་སྐུ་རབས་རིམ་བྱོན་གྱི་ཐུགས་སྲས་མཁས་བཙུན་གྲུབ་པའི་སྐྱེས་བུ་བཟང་ལ་མང་བ་བྱོན་པས་ཆོས་རྒྱུན་ཕྲིན་ལས་ཕྱོགས་བརྒྱར་འཕེལ། གྲུབ་དབང་སྐུ་རབས་རིམ་བྱོན་གྱི་ཞལ་གསུང་བསྟན་བཅོས་མང་རབ་བཞུགས་ཚུལ་ཆོས་འབྱུང་རྣམ་ཐར་དག་ན་གསལ་ཡང་སྔར་དུས་བཀའ་རྒྱ་དམ་པོར་མཛད་དེ་ཤིང་པར་དུ་མ་བཀོད་པ་དང་། སྔ་ཕྱིར་བླ་བྲང་ལ་མེ་སྐྱོན་དང་ས་འགུལ་གྱི་གནོད་འཚེ་ཐེབ་པས་སྐབས་དེ་དག་ཏུ་རྩ་འཐོར་སོང་ཕྱིར་དེང་དུས་མཇལ་དུ་བཞུགས་པ་ཤིན་ཏུ་ཉུང་། སྔར་ལམ་གྲུབ་དབང་པདྨ་རིག་འཛིན་གྱི་གསུང་ཚན་ཐོར་བུ་བསྡུ་སྒྲིག་དགེ་སྐུན་ཐེངས་གཅིག་བྱས་པ་དང་། ད་ལམ་གྲུབ་དབང་སྐུ་རབས་རིམ་བྱོན་གྱི་ཆོས་སྲིད་མཛད་ཕྲིན་བསྐྱངས་པའི་ལྟེ་གནས་ཕོ་བྲང་ཆེན་མོ་ཁམས་གསུམ་ཟིལ་གནོན་བསྐྱར་བཞེངས་ལེགས་གྲུབ་ཀྱི་ལས་སྣོན་མངོན་དུ་གྱུར་བ་མ་ཟད། ནང་བཞུགས་སྐུ་ཐུགས་ཀྱི་རྟེན་མཆོག་སྐུ་རབས་རིམ་བྱོན་གྱི་སྐུ་བརྙན་བྱོན་ལེགས་དང་གསེར་གདུང་ཁྱད་འཕགས་བྱིན་རླབས་ཀྱི་གཟི་འོད་འབར་བ་བཞུགས་སུ་གསོལ་བ་དང་། གསུང་རྟེན་དུ་སྐུ་རབས་རིམ་བྱོན་གྱི་གསུང་འབུམ་འདི་བཞིན་འཚོལ་བསྡུད་དག་ཞུས་དགེ་སྐུན་གྱིས་གསུང་གི་ཕྲིན་ལས་རྒྱུན་མི་ཆད་པའི་སྲི་ཞུ་སྒྲུབ་པ་ན། རྟེན་འབྱུང་ཆུད་མི་ཟ་བའི་བདེན་མཐུས་གནའ་དུས་ནས་ལག་བྲིས་དགེ་རྙིང་གཅིག་ཁོ་ན་ལས་མི་བཞུགས་པའི་ཕྱི་མོ་དག་ཀྱང་ངོ་མཚར་ཆེན་

དཔེ་སྐྲུན་སྔོན་འགྲོའི་གཏམ་བྱང་།

པོས་ལག་འབྱོར་བྱུང་བ་དད་སྤྲོ་རབ་ཏུ་འཕེལ་བ་དང་བཅས་འགྲེམ་སྤེལ་བགྱིས་པ་སྟེ། འདིས་མཚོན་རྣམ་པར་དཀར་བའི་དགེ་རྩ་གང་མཆིས་མཁའ་མཐས་ཁྱབ་པའི་འགྲོ་བ་ཀུན་ལ་རྟུལ་བྲལ་ཆོས་རབ་རྣམ་འབྱེད་ཀྱི་ཡེ་ཤེས་ཐོབ་པའི་རྒྱུར་ཡོངས་སུ་བསྔོ་བ་དང་། ཐོག་མཐའི་བྱ་བར་དངོས་སུ་ཞུགས་པ་དང་བསམ་སྦྱོར་གང་ཐད་ནས་རྒྱབ་སྐྱོར་རོགས་དན་མཛད་པོ་ཡོངས་ལ་བཀའ་དྲིན་རྗེས་དྲན་ཞུ་བ་དང་བཅས།

མཁྱེན་གཟིགས་དམ་པའི་ཞལ་སྔ་ནས་གྲུབ་དབང་རྫོགས་ཆེན་པའི་མཚན་གྱི་ཅོད་པཎ་གྱིས་མངོན་པར་བསྐྱོད་པ་བསྟན་འཛིན་ལུང་རྟོགས་ཉི་མས་མི་སྤྱོལ་ས་ཟླའི་ཡར་ཚེས་ལ་སྦྱར་བ་དགེ།

སྐུ་རབས་ལྔ་པའི་གསུང་ཚན་དཀར་ཆག

དཀར་ཆག

དཀར་ཆག

དཀར་ཆག

དཀར་ཆག

དཀར་ཆག

དཀར་ཆག

དཀར་ཆག

༄༅། །བསྟན་སྲུང་དམ་ཅན་རྒྱ་མཚོ་སྤྱི་ལ་གཏོར་མ་འབུལ་བའི་ཆོ་ག་དོན་གཉིས་མྱུར་འགྲུབ་ཅེས་བྱ་བ་བཞུགས་སོ།།

ན་མཿ་ཤྲཱི་བཛྲ་དྷརྨ་པ་ལ་ཡ། །གང་ཞིག་དྲན་པ་ཙམ་གྱིས་ཀྱང་། །ངན་འགྲོའི་འཇིགས་པ་ཀུན་སྐྱོབ་ཅིང་། །ཐར་གླིང་གནས་སུ་འདྲེན་མཛད་པའི། །ཀུན་འདུས་དཔལ་ལྡན་བླ་མར་འདུད། །གདོད་ནས་མངོན་པར་བྱང་ཆུབ་ཀྱང་། །མ་རུང་གདུལ་དཀའ་འདུལ་བ་པོ། །བསྟན་པ་གཉན་པོ་སྲུང་བ་དང་། །སྒྲུབ་ལ་དངོས་གྲུབ་སྩོལ་བའི་ལྷ། །གླིང་རྗེའི་དབྱིངས་ལས་མ་གཡོས་ཀྱང་། །བསྟན་སྲུང་དམ་ཅན་རྒྱ་མཚོའི་ཚོགས། །དྲེགས་པའི་གཙོ་བོའི་སྐུར་བཞེངས་པ། །ཞི་དང་ཞི་མ་ཁྲོ་ཡི་སྐུ། །གཏུམ་དྲག་ཉམས་བརྒྱ་འབར་བའི་ཚུལ། །དམ་ཅན་རྒྱ་མཚོའི་ཚོགས་རྣམས་དང་། །བྱང་ཆུབ་མ་ཐོབ་བར་དུ་ནི། །ནམ་ཡང་མི་འབྲལ་འགྲོགས་པར་མཛོད། །དེ་ལ་འདིར་རྫོགས་སྤྲུལ་བཞི་པ་ཨོ་རྒྱན་ཆེ་མཆོག་དཔལ་གྱི་རྡོ་རྗེས་མཛད་པའི་དམ་ཅན་སྤྱི་ལ་གཏོར་མ་འབུལ་ཐབས་འདོད་པའི་རེ་སྐོང་ལ་གཞིར་བྱས། ལས་དང་པོ་པ་སྤྲོས་པ་ལ་དགའ་བ་རྣམས་ཀྱི་ཆེད་དུ་ཅུང་ཟད་རྒྱས་པར་སྦྱོར། མདུན་དུ་སྟེགས་བུ་འཇམ་པོའི་སྟེང་དུ་སྤྲིན་དམ་ཅན་སོ་སོའི་སྐུ་རྟེན། གཏོར་མ་སྨན་གཟིགས་བསྐང་རྫས་རྣམས་བཤམས། ཡང་ན་ཐེབ་གཅིག་གི་ནང་དུ་དམར་གཏོར་གཅིག་ལ་འཁོར་བཞི་བཅུ་དང་། མཐེབ་སྐྱུ་ཅི་མང་དང་ལྡན་པས་བསྐོར། གང་ལྟར་ཡང་གཡས་སུ་སྨན་དང་། གཡོན་དུ་རཀྟ། མདུན་ངོས་སུ་ཞི་དྲག་གི་མཆོད་པ་ཕྲེང་ཚར་དུ་བཤམས། རང་གི་མདུན་དུ་རྡོར་དྲིལ་ཊམ་རུ་ནང་མཆོད་མེ་ཏོག་སོགས་མཁོ་བའི་ཡོ་བྱད་རྣམས་འདུ་བྱས། རང་ཉིད་ཡི་དམ་གང་རུང་

གི་ང་རྒྱལ་ལྡན་པར་བྱའོ། །དེ་ནས་མཆོད་པ་དང་གཏོར་མ་བྱིན་གྱིས་བརླབ་པ་ནི། རཾ་ཡཾ་ཁཾ། ཨོཾ་ཨཱཿཧཱུཾ། སྟོང་པའི་ངང་ལས་རང་གི་ཐུགས་ཀ་ནས་རཾ་ཡཾ་ཁཾ་གསུམ་གྱི་ཡི་གེ་གསུམ་འཕྲོས་པ་ལས་རླུང་མེ་ཐོད་པའི་སྒྱེད་པུ་གསུམ་གྱི་སྟེང་དུ། ཐོད་པ་དུམ་བུ་གཅིག་པ་ཕྱི་དཀར་ལ་ནང་དམར་བ་ཡངས་ཤིང་རྒྱ་ཆེ་བའི་ནང་དུ་དམ་ཚིག་གི་རྫས་ཤ་ལྔ་དང་བདུད་རྩི་ལྔར་གྱུར། འོག་གི་རླུང་གཡོས་མེ་སྦར་རྫས་རྣམས་ཞུ་ཞིང་ཁོལ་ནས་དམ་ཚིག་གི་བདུད་རྩི་དེ་ཉིད་ཡེ་ཤེས་ཀྱི་བདུད་རྩིའི་རྒྱ་མཚོ་ཆེན་པོར་གྱུར་པར་བསམ་ལ། སླར་ཡང་རང་གི་ཐུགས་ཀ་ནས་ཨོཾ་ཨཱཿཧཱུཾ་གསུམ་གྱི་ཡི་གེ་གསུམ་འཕྲོས་པ་ལས་ཨོཾ་གྱིས་མ་དག་པའི་དངོས་པོའི་དྲི་མ་བག་ཆགས་དང་བཅས་པ་སྦྱངས། ཨཱཿཡིས་ཟག་པ་མེད་པའི་ཡེ་ཤེས་ཀྱི་བདུད་རྩིའི་རྒྱ་མཚོ་ཆེན་པོར་གྱུར། ཧཱུཾ་གིས་འདོད་པའི་ཡོན་ཏན་ལྔ་དང་ལྡན་པའི་ལོངས་སྤྱོད་ཟད་མི་ཤེས་པ་རྒྱ་ཆེར་སྤེལ་བར་གྱུར། ཨོཾ་ཨཱཿཧཱུཾ་ཧོས། ལན་གསུམ་གྱི་བྱིན་གྱིས་བརླབས་ནས། མགྲོན་རྣམས་བསྐུལ་བ་ནི། ཧཱུཾ། རིག་པ་སྟོང་གསལ་སྐུ་གསུམ་ལྷུན་གྱིས་གྲུབ། །རྒྱལ་བ་ཞི་ཁྲོའི་དཀྱིལ་འཁོར་བགྲང་ལམ་མེ། །ཧྲུ་ཀྲི་ཤ་ལ་སོགས་བསྟན་སྲུང་རྣམས། །རང་སེམས་རིག་པའི་རྩལ་ལས་སྤྱན་འདྲེན་གཤེགས། །དེ་ནས་སྤྱན་འདྲེན་པ་ནི། གསུར་ཆེན་སོགས་དྲི་བཟང་པོས་བདུག་ཅིང་། དར་ནག་གཡབ་ཅིང་རྐང་གླིང་འབུད། རོལ་མོ་སྣ་ཚོགས་པའི་སྒྲ་བསྒྲགས་ཤིང་གདུང་བའི་དབྱངས་སྙན་པོས་འདི་སྐད་དོ། །ཧཱུཾ་ཧྲཱིཿ སྤྱན་རས་གཟིགས་དབང་གཏུམ་ཇམས་ཆེར་འབར་བ། །ཧྲུ་ཀྲི་ཤའི་སྒྲ་དབྱངས་སྲིད་གསུམ་ཁྱབ། །འཁོར་འདས་རང་སར་གྲོལ་བའི་གཞི་དབྱིངས་དང་། །ལྷ་ཁྱོད་རང་བྱུང་རིག་པའི་ངང་ནས་སྒྲུབ། །འགགས་མེད་འདོད་ཡོན་རྒྱན་ཤར་མཆོད་པ་འབུལ། །བརྩེ་བརྩེའི་ཆས་ལྡན་ཕྱག་ན་པདྨོ་བསྣམས། །འཇིགས་

འཇིགས་ཇམས་བརྗུས་རྡོ་རྗེ་ནག་པོ་ཆེ། །ཁམས་གསུམ་འཁོར་བའི་འཁྲུལ་སྣང་ཞལ་དུ་སྡོབས། །ཡེ་ཤེས་རིག་པའི་ཀློང་དུ་ཞི་གྱུར་ཅིག །ཞིང་བཅུའི་འཁོར་བ་སྟོང་པའི་ཕྲིན་ལས་མཛོད། །དྲེགས་པ་སྡེ་བརྒྱད་དེ་ཡི་མཐའ་ལ་གནས། །དོན་ལ་ཡེ་ཤེས་ངང་དེར་དགོངས་ཀློང་གཅིག །བདུད་དྲེགས་བགེགས་འདུལ་ཕྱིར་དུ་ཇམས་པའི་ལྷ། །ཡེ་ཤེས་མགོན་པོ་མ་ཧཱ་ཀ་ལ་ཡ། །ལེགས་ལྡན་མ་ནིང་ནག་པོ་ཕྱག་བཞི་པ། །ཚོགས་བདག་དགྲ་ལྷ་ཞིང་སྐྱོང་སེང་གེའི་གདོང་། །སྤུགས་སྲུང་སྤུགས་བདག་གཞོག་གྲོད་སྲོག་སྒྲུབ་མ། །ཚེ་རིང་མཆེད་ལྔ་གཡུ་སྒྲོན་བརྟན་མའི་ཚོགས། །དབང་ཕྱུག་ཆེན་པོ་གཟའ་བདུད་རཱ་ཧུ་ལ། །དམ་ཅན་རྡོ་རྗེ་ལེགས་པ་མགར་དམར་ནག །ལྷ་བཙན་ནོར་སྒྲུབ་ཤན་དམར་སྲོག་གི་བདག །རིག་འཛིན་ལྷ་མོ་མཆིམས་ཕུ་བྲག་བཙན་དང་། །ཞུར་སྲུང་བཅུ་གཉིས་ལྡང་ལྷ་ཙི་མ་ར། །རབ་བྱུང་མཛེས་པའི་ཚུལ་ཅན་རཱ་ཛ་རྒྱལ། །རྡོ་རྗེ་གྲགས་ལྡན་དགྲ་ལྷ་ཀུན་གྱི་གཙོ། །གྲི་བཙན་ཆེན་པོ་རྡོ་རྗེ་དགྲ་འཇོམས་རྩལ། །རྒྱལ་བ་རིན་ཆེན་འབྱུང་དང་དབྱེ་བ་མེད། །རྣམ་ཐོས་སྲས་པོ་ལས་བཞིའི་ལྷ་ཆེན་དང་། །ཛམ་ལྷ་དམར་པོ་ཨུཙྪ་རེ་མཛྷ། །ཟིལ་ཁྲོམ་ཡབ་ཡུམ་གཉན་ཆེན་ཐང་ལྷ་དང་། །ནོར་བུ་གཡུལ་རྒྱལ་སློན་ཁ་དྲེགས་སྡེའི་ཚོགས། །དུར་ཁྲོད་ལྷ་མོ་ལས་གཤིན་སྲུང་ཞོན་ཚོགས། །ཟངས་རི་བཙན་རྒོད་ཀླུ་མོ་གཟི་འབར་མ། །སྨན་སྲུང་ལྷ་སྨན་གཏེར་སྲུང་ཁོལ་པོ་ཁ། །དགྲ་བླ་གེ་སར་རླུང་རྟའི་ལྷ་རྣམས་སོགས། །བསྟན་སྲུང་དམ་ཅན་རྒྱ་མཚོ་འཁོར་དང་བཅས། །རིག་པ་རང་གསལ་ངང་ནས་སྤྱན་འདྲེན་གཤེགས། །བཛྲ་ས་མ་ཡ་ཛཿ སྤྱན་དྲངས་ལ་བཞུགས་སུ་གསོལ་བ་ནི། ཧཱུྃ། བསོད་ནམས་ཡེ་ཤེས་ཚོགས་

གཉིས་ལས་གྲུབ་པའི། །རྡོ་རྗེའི་བྲག་ཆེན་པདྨ་ཉི་ཟླའི་སྟེང་། །བདུད་རིགས་ཕོ་མོ་བསྙོལ་བའི་གདན་ཁྲི་ལ། །དགྱེས་ཞིང་བརྟན་པར་བཞུགས་མཛོད་ཆོས་སྐྱོང་ཚོགས། །ས་མ་ཡ་ཏིཥྛ་ལྷན། ཞེས་བཞུགས་སུ་གསོལ། དེ་ནས་དམ་ཅན་རྣམས་ཀྱི་སྤྱི་བོར་རྡོ་རྗེ་བཞག་ཅིང་། ངག་ཏུ་བདུད་རྩི་བླུད་པར་མོས་ལ། ཨོཾ་ཤྲཱི་བཛྲ་དྷརྨ་པ་ལ་ས་མ་ཡ་བཛྲ་རཀྵ་ཏིཥྛ་ཨེ་དན་ཏེ་ན་ར་ཀན། ཞེས་དམ་ལ་བཞག དེ་ནས་ཕྱག་འཚལ་བ་ནི། ཧཱུཾ། རབ་འཇིགས་གཏུམ་རྗམས་སླིང་རྗེ་ཁྲོས་པའི་དཔལ། །བདུད་རིགས་རྒྱལ་བསེན་འདྲེ་གདོན་བརླག་མཛད་པ། །བསྟན་སྲུང་དམ་ཅན་རྒྱ་མཚོའི་ཚོགས་བཅས་ལ། །མོས་གུས་འགག་མེད་འཆར་བས་ཕྱག་འཚལ་ལོ། །ཨ་ཏི་པཱུ་ཧོ། པྲ་ཏི་ཛ་ཧོཿ ཕྱག་འཚལ། །དེ་ནས་མཆོད་པ་སྤྱི་དང་བྱེ་བྲག་གཉིས་ལས་དང་པོ་སྤྱིའི་མཆོད་པ་ནི། ཧཱུཾ། ཚོགས་དྲུག་ཡུལ་དུ་སྣང་བའི་མཆོད་པ་ནི། །གཟུགས་སྒྲ་དྲི་རོ་རེག་བྱ་ཆོས་རྡོ་རྗེ། །མེ་ཏོག་ཡིད་འོང་ཨུཏྤལ་པདྨ་སོགས། །བདུག་སྤོས་ཙནྡན་དཀར་དམར་ཨ་ག་རུ། །སྣང་གསལ་ཉི་ཟླ་ནོར་བུ་མེ་ཤེལ་དང་། །དྲི་ཆབ་ཙནྡན་གུ་གུར་གཙང་མའི་ཆབ། །ལྷ་ཡི་ཞལ་ཟས་རོ་བརྒྱ་དཔག་མེད་ལྡན། །ཚངས་དབྱངས་ཡན་ལག་དྲུག་ཅུ་ལྡན་པའི་སྒྲ། །དམར་ཆེན་མཆོད་ཡོན་ལྷུ་ཕྲེང་རབ་ཏུ་གཡོ། །དུག་ཆུས་ཞབས་བསིལ་ནག་པོ་མཚོ་ལྟར་བསྐྱིལ། །དབང་པོ་ལྔ་ཡི་མེ་ཏོག་མཆོག་ཏུ་མཛེས། །ཚིལ་ཆེན་གསུར་གྱི་དུད་པ་སྤྲིན་ལྟར་གཏིབ། །ཞུན་ཆེན་མར་མེ་དུས་མཐའི་མེ་ལྟར་འབར། །སྣ་ཚོགས་མཁྲིས་པའི་དྲི་ཆབ་རབ་ཏུ་འཁྱུག །ཤ་ཁྲག་རུས་པའི་ཞལ་ཟས་རི་བཙུད་ལྡན། །ཀང་གླིང་ཐོད་རྔ་སིལ་སྙན་ལ་སོགས་པ། །བསྟན་སྲུང་ཡིད་བཞིན་ནོར་བུ་རྣམས་ལ་འབུལ། །བཞེས་ནས་མཆོག་ཐུན་དངོས་གྲུབ་སྩོལ་དུ་གསོལ། །ཨོཾ་བཛྲ་ཨརྒྷཾ་

པཱུ་ཛཾ་པུཥྤེ་དྷཱུཔེ་ཨ་ལོ་ཀེ་གནྡྷེ་ནཻ་ཝིདྱ་ཤབྡ་ཨཱཿཧཱུྃ། མ་ཧཱ་ཤ་མ་ཤ་ན་པུཥྤེ། དྷཱུ་པེ། དཱི་པེ། གནྡྷེ། ནཻ་ཝིདྱ། ཤབྡ་པུ་ཛ་ཧོཿ རཱུ་པ་ཤབྡ་གནྡྷེ་ར་ས་སྤརྴེ་པུཛྫེ་ཨཱཿཧཱུྃ། གཉིས་པ་བྱེ་བྲག་གི་མཆོད་པ་ནི། ཧཱུྃ། ཁྱད་པར་མཆོག་གི་མཆོད་པའི་དམ་རྫས་ནི། །ཟག་མེད་གཏོར་མ་བཟེད་ལྡན་མཛེས་པ་འདི། །སྲིད་པ་གསུམ་གྱི་ཟས་བཅུད་ཐམས་ཅད་བསྡུས། །བསྟན་སྲུང་ཡིད་བཞིན་ནོར་བུ་རྣམས་ལ་འབུལ། །ལྷུང་ལོ་བཅས་པའི་རཀྟའི་སྣོད་ཡངས་སུ། །བདུད་དགྲ་བསྒྲལ་བའི་རཀྟ་དམར་ལ་དྭངས། །འདོད་ཆགས་ལ་སོགས་ཉོན་མོངས་འཇོམས་ཕྱིར་དུ། །བསྟན་སྲུང་ཡིད་བཞིན་ནོར་བུ་རྣམས་ལ་འབུལ། །དུག་ལྔ་སེལ་བའི་པཉྩ་ཨ་མྲྀ་ཏ། །འཆི་མེད་ལྷ་ཡི་བདུད་རྩི་རོ་བརྒྱ་ལྡན། །བཞི་བརྒྱ་རྩ་བཞིའི་ནད་རྣམས་སེལ་ཕྱིར་དུ། །བསྟན་སྲུང་ཡིད་བཞིན་ནོར་བུ་རྣམས་ལ་འབུལ། །རྟོག་ཚོགས་བརྒྱད་ཁྲི་བཞི་སྟོང་ལ་སོགས་པའི། །དངོས་དང་དངོས་མེད་བློ་ལ་སྣང་བ་ཀུན། །ཐམས་ཅད་སྟོང་གསལ་དོན་དམ་རྟེས་ཟིན་པའི། །རང་ཤར་རང་གྲོལ་དག་པའི་མཆོད་པ་རྣམས། །བསྟན་སྲུང་ཡིད་བཞིན་ནོར་བུ་རྣམས་ལ་འབུལ། །ཡེ་ཤེས་རང་སྣང་འཁྲུལ་མེད་ལྷ་ཁྱེད་རྣམས། །རིམ་གཉིས་འབྲེལ་པ་མེད་པའི་ངང་ནས་བསྒྲུབ། །ཐུགས་ཡིད་གཅིག་ཏུ་འདྲེས་པར་བྱིན་གྱིས་རློབས། །ཚེ་ཆོས་སྲིད་ནོར་ཁ་རྗེ་དབང་ཐང་དཔལ། །ཟང་ཟིང་འདོད་ཡོན་ཡིད་ལ་གང་འདོད་རྣམས། །ཁབ་ལེན་རྡོ་ཡིས་ལྕགས་ཕྱེ་བསྡུས་པ་ལྟར། །ཕྱུ་གཡང་དངོས་གྲུབ་སིདྡྷི་ཕ་ལ་ཧོཿ། །གེགས་ཞི་བསམ་དོན་ལྷུན་གྱིས་འགྲུབ་པར་ཤོག །ཁྱད་པར་སྤྱན་རས་གཟིགས་སྤྲུལ་རྟ་གདོང་ཞལ། །དཔལ་མགོན་གཏེར་མགོན་རྒྱུད་མགོན་བདུད་མགོན་དང་། །སྔགས་སྲུང་སྔགས་བདག་གཤོག

རྒོད་སྒྲོག་སྒྲུབ་མ། །རིགས་ལྔའི་ལྷ་མོ་སྨན་བཙུན་བུ་མོའི་ཚུལ། །ལས་བཞིའི་ཁ་དོག་ཡ་མཚན་ངོམས་པ་དང་། །སྲིད་ཞིའི་དངོས་གྲུབ་སྟུད་བྱེད་མཁའ་འགྲོ་ལྔ། །གཡུ་སྒྲོན་མཆེད་ལྔ་བརྟན་སྐྱོང་ཚོགས་དང་བཅས། །དབང་གི་གཟི་འོད་པདྨ་རཱ་ག་འདྲ། །མ་ཧཱ་དེ་ཝ་ཡབ་ཡུམ་སྲས་འཁོར་བཅས། །བསོད་ནམས་ཕུན་སུམ་ཚོགས་པའི་མཆོད་འདི་འབུལ། །འདོད་ཆགས་བདེ་སྟོང་སྦྱོར་བའི་སྲིད་འཛིན་དག །རྣལ་འབྱོར་ནུས་བྱིན་གྲུབ་པའི་དངོས་གྲུབ་སྩོལ། །གཟའ་བདུད་ནག་པོ་རྡོར་ལེགས་ཞི་དྲག་གསུམ། །ལྷ་བཙན་ཤན་པ་དམར་ནག་རིག་འཛིན་མ། །བྲག་བཙན་ཕུར་སྲུང་ལྔང་ལྷ་མཆེད་གསུམ་དང་། །གནོད་སྦྱིན་ཙིའུ་དམར་རཱ་ཛ་སྐུ་ལྔ་རྒྱལ། །མཐུ་ཆེན་རྡོ་རྗེ་གྲགས་ལྡན་མཐུ་རྩལ་ཅན། །གྲི་བཙན་ནོར་བདག་ཛམ་དམར་རེ་མཏྲ། །བསོད་ནམས་ཕུན་སུམ་ཚོགས་པའི་མཆོད་འདི་འབུལ། །ཞེ་སྡང་མཚན་མའི་རྟོག་པ་རང་དག་ནས། །རྣལ་འབྱོར་ནུས་བྱིན་གྲུབ་པའི་དངོས་གྲུབ་སྩོལ། །ཟིལ་ཁྲིམ་ཡབ་ཡུམ་ཡར་ཞུར་གཉན་གྱི་ལྷ། །ནོར་བུ་གཡུལ་རྒྱལ་དགེ་བསྙེན་སྙོན་ཁ་དང་། །དྲེགས་པའི་སྡེ་དཔོན་སུམ་ཅུ་རྩ་གཉིས་པོ། །རྡོ་རྗེ་ཁྲོས་མ་སྟོབས་ཆེན་ཤ་ར་ཧི། །ལས་ཀྱི་གཤིན་རྗེ་སྐྱོང་ཞོན་མཆེད་གསུམ་དང་། །དུར་ཁྲོད་ལྷ་མོའི་ཚུལ་གྱི་གཟི་བྱིན་མས། །ཞིང་བཅུའི་འདྲེ་གདོན་ཚར་མ་བཞིན་དུ་བསྲེགས། །ཟངས་རི་བཙན་རྒོད་ཀླུ་མོ་གཟི་འབར་མ། །རྨ་རྒྱལ་ལྷ་སྨན་གནོད་སྦྱིན་ཕོལ་པོ་ཁ། །དགྲ་ལྷ་གེ་སར་ཀླུང་རྟ་སྤེ་ལྔའི་ཚོགས། །སྣང་ཞིང་སྲིད་པའི་ལྷ་སྲིན་སྡེ་བརྒྱད་ལ། །བསོད་ནམས་ཕུན་སུམ་ཚོགས་པའི་མཆོད་འདི་འབུལ། །མ་རིག་གཏི་མུག་རྟོག་པ་རང་དག་ནས། །རྣལ་འབྱོར་ནུས་བྱིན་གྲུབ་པའི་དངོས་གྲུབ་

སྐུ་རབས་ལྔ་པ་ཐུབ་བསྟན་ཆོས་ཀྱི་རྡོ་རྗེའི་གསུང་ཚན།

སྐྱོལ། །ཅེས་མཆོད་ཅིང་སྨན་དང་རཀྟ་འབུལ་བ་ནི། མ་ཧཱ་པཉྩ་ཨ་མྲྀ་ཏ་ཁཱ་ཧི། མ་ཧཱ་རཀྟ་ཁཱ་ཧི། དེ་ནས་གཏོར་མ་འབུལ་བ་ནི། ལྷ་རྣམས་ཀྱི་ལྕགས་རྡོ་རྗེ་རྩེ་གསུམ་པའི་སྣྲུ་གུས་གཏོར་མ་བདུད་རྩིའི་རང་བཞིན་ཅན་གྱི་བཅུད་དྭངས་ཤིང་གསོལ་བས་ཚིམས་ཤིང་མཉེས་པར་བསམས་ལ། སོ་སོའི་རྩ་སྔགས་ལ་གཏོར་སྔགས་ཁཱ་ཧི་བཏགས་པ་བདུན་ནམ་གསུམ་རེའི་འབུལ་བ་ནི། ཐོག་མར་ཉང་གཏེར་ཧྲ་ནག་ལྷུགས་རལ་ཅན་ནི། ཨོཾ་བཛྲ་ཀྲོ་ཏ་ཧྲུ་ཀྵི་ཕ་ཧཱུྃ་ཕཊ༔ ཡཀྴ་ནག་པོ་དགྲ་བགེགས་མ་ར་ཡ་མཾ་ས་རཀྟ་ཅིཏྟ་གོ་རོ་ཙ་ན་བ་སུ་ཏ་གེཾ་ནི་རི་ཧི་བྷྱ་ལིངྟ་ཁ་རཾ་ཁཱ་ཧི༔ རྒྱུད་མགོན་ལེགས་ལྡན་ནི། ཨོཾ་བྷྲུ་རུ་ཀ་རུ་ཨི་ཙི་ཀི་ཕྲེ་ཨུ་ཙྪུཥྨ་ཀྲོ་དྷ་ཧཱུྃ་ཕཊ༔ ས་པ་རི་ཝཱ་ར་ཨི་དཾ་བ་ལིངྟ་ཁ་རཾ་ཁཱ་ཧི། རཀྵ་གླིང་མགོན་པོ་མ་ནིང་ནི། ཨོཾ་ཤྲཱི་མ་ཧཱ་ཀཱ་ལ་ཡཀྴ་ན་གུ་ཧྱ་རཾ་སིདྡྷི་ཧཱུྃ་ཛཿ ས་པ་རི་ཝཱ་ར་ཨི་དཾ་བ་ལིངྟ་ཁ་རཾ་ཁཱ་ཧི༔ དཔལ་མགོན་ཚོགས་ཀྱི་བདག་པོ་ནི། ཨོཾ་ཤྲཱི་མ་ཧཱ་ཀཱ་ལ་གུ་ཎ་གུ་ཏི་ཀ་མ་ལ་ཤྲཱི་ནག་མོ་ཏི་ལ་བྷྱོཿ ས་པ་རི་ཝཱ་ར་ཨི་དཾ་བ་ལིངྟ་ཁ་རཾ་ཁཱ་ཧི། ཉང་གཏེར་མགོན་པོ་ཕྱག་བཞི་ནི། ཨོཾ་མ་ཧཱ་ཀཱ་ལ་ཨེ་ཀ་ཛ་ཊི་གུ་ཎ་ཧི་དྲ་ཧཱུྃ་ཕཊ༔ ས་པ་རི་ཝཱ་ར་ཨི་དཾ་བ་ལིངྟ་ཁ་རཾ་ཁཱ་ཧི། བདུད་མགོན་ཞིང་སྐྱོང་སེང་གེའི་གདོང་ཅན་ནི། ཨོཾ་མ་ཧཱ་ཀཱ་ལ་སིདྡྷ་མུ་ཁ་ཧཱུྃ་ཕཊ༔ ཊི་ཊི་ར་ཛྷཿ ཡ་མ་ར་ཛཿ དུ་ཊི་ཕུ་ཊི་ཧཱུྃ་ཕཊ༔ ས་པ་རི་ཝཱ་ར་ཨི་དཾ་བ་ལིངྟ་ཁ་རཾ་ཁཱ་ཧི༔ ལྷ་མོ་ཨེ་ཀ་ཛ་ཊི་ནི། ཨོཾ་རོ་རུ་ཨེ་ཀ་ཛ་ཊི་སླིང་ཁ་རསྨོ་རུ་ལུ་རུ་ལུ་ཧཱུྃ་བྷྱོ་ཧཱུྃ་ཛ་ཛཿ ཏྲག་རཀྵ་ཁ་མུ་ཏྲ་མུ་རུ་ལུ་རུ་ལུ་ཧཱུྃ་བྷྱོ་ཧཱུྃ༔ རསྨོ་ཏི་གོ་ཙ་ཚ་ཁཱ་ལ་བྷྱོ་རུ་ལུ་རུ་ལུ་རེ་མ་ཏི་བྷྱོཿ ས་པ་རི་ཝཱ་ར་ཨི་དཾ་བ་ལིངྟ་ཁ་རཾ་ཁཱ་ཧི༔ ཉི་གྲགས་ལྷ་མོ་སྔགས་བདག་འབར་མ་ནི། ཨོཾ་བཛྲ་ཀཱ་ལི་མ་ཧཱ་ཀཱ་ལི་རེ་མ་ཏི་ཧཱུྃ་བྷྱོ་ཧཱུྃ་ཕཊ༔ ཞེས་རྩ་སྔགས་དང་། མ་མ་དེ་ཤི་ཀ་ལི་རེ་མ་ཏི་ཨི་དཾ་བ་ལིངྟ་ཁ་རཾ་ཁཱ་ཧི༔ པུ་ཙ་བི་ཕེ་ཏི་ཧོ་ས་མ་ཡ་ས་པ་རི་ཝཱ་ར་ཨི་དཾ་

ཧྲཱ་ཡིདྷ་ཁ་རཾ་ཁྲཱ་ཧེ༔ གཤོག་རྒོད་མ་ནི། ཕྲོཾ་རཀྵོ་དུ་ར་དུཀྵེཾ་ཕྲོཾ༔ ཁ་ཁ་དུ་ར་དུཀྵེཾ་ཕྲོཾ༔ ཧེ་ར་དུ་ར་དུཀྵེཾ་ཕྲོཾ༔ ཨེ་དཾ་ཧྲཱ་ཡིདྷ་ཁ་རཾ་ཁྲཱ་ཧེ༔ མཁའ་འགྲོ་སྙིང་ཐིག་བཀའ་སྲུང་ཞན་པ་སྲོག་སྒྲུབ་མ་ནི། ཨོཾ་ཁྲི་ཁ་ལེ་ནག་མོ་སོད༔ སྲོག་མ་ཧྲི་སོད༔ སྙིང་ཁ་ཁ་པཾ༔ ཡ་ཡ་སོད༔ ཙ་བ་བི་རི་མི་སོད༔ ཧྲ་ཡ་སོད༔ ཏྲི་ཡ་སོད༔ རཀྵོ་ཙིཏྟ་དབྲ་བོའི་སྲོག་ལ་ཏྲུད༔ རཀྵོ་དབྲ་བོའི་ཙིཏྟ་ཏྲུད༔ ཨེ་དཾ་ཧྲཱ་ཡིདྷ་ཁ་རཾ་ཁྲཱ་ཧེ༔ བརྟན་མ་བཅུ་གཉིས་ནི། དྷྲུ་ད་ཤཀྲ་བ་རི་ས་པུཏྲི་ཤྲཱ་ར་ཨེ་དཾ་ཧྲཱ་ཡིདྷ་ཁ་རཾ་ཁྲཱ་ཧེ༔ ཀློང་ཆེན་སྙིང་ཐིག་ཚེ་རིང་མ་ནི། པཾ་ཙ་རི་ནི་ས་བཛྲ་པྲ་མོ་ཏ་ས་པུཏྲི་ཤྲཱ་ར་ཨེ་དཾ་ཧྲཱ་ཡིདྷ་ཁ་རཾ་ཁྲཱ་ཧེ༔ རྡོ་རྗེ་གཡུ་སྒྲོན་མ་ནི། ཨོཾ་བཛྲ་པྲ་མོ་ཏ་ཧྲཱ་ཡིདྷ་ཁ་ཁ་ཁྲཱ་ཧི་ཁྲཱ་ཧེ༔ སྨིན་གླིང་བདེ་གཤེགས་ཀུན་འདུས་བཀའ་སྲུང་ལྷ་ཆེན་ནི། ཨོཾ་མ་ཧཱ་དེ་ཝ་ཛཿ ཨུ་མ་དེ་ཝི་ཧྲཱིཾ་ཏ་རི་ནི་ས་པ་ཤཾ་ཀུ་རུ་ཧོཿ ས་པུཏྲི་ཤྲཱ་ར་ཨེ་དཾ་ཧྲཱ་ཡིདྷ་ཁ་རཾ་ཁྲཱ་ཧེ༔ རཏྣ་གླིང་ཀློང་གསལ་བཀའ་སྲུང་དྲང་སྲོང་ནི། ཧྲཱིཿ ཤག་རུ་རཾ་ནུ་ག་ཙིཏྟ་ཧཱུཾ༔ མ་མ་ཡོ་ཟ་འབྲམ་ཏ་ཧི་ཡོ་གི་ཤ་ལ་ཛ་ཛཿ ས་པུཏྲི་ཤྲཱ་ར་ཨེ་དཾ་ཧྲཱ་ཡིདྷ་ཁ་རཾ་ཁྲཱ་ཧེ༔ རཏྣ་གླིང་དམ་ཅན་སེང་ཞོན་ནི། ཨོཾ་བཛྲ་ས་ཏྭ་ས་མ་ཡ་ཧྲག་ཏྲ་མ་ཤེ་ནི་ཀྲ་མ་ནི་ས་མ་ཡ་ས་ཏྭ་ཏྲི་ཛ་ཛཿ ཧཱུཾ་བཾ་ཧོཿ ས་པུཏྲི་ཤྲཱ་ར་ཨེ་དཾ་ཧྲཱ་ཡིདྷ་ཁ་རཾ་ཁྲཱ་ཧེ༔ ཉི་གྲགས་བདེ་མཆོག་བཀའ་སྲུང་དམ་ཅན་ར་ཞོན་ནི། ཨོཾ་བཛྲ་ས་ཏྭ་ས་མ་ཡ་ཏྲི་ཤུ་ལ་ཨ་ཡ་མ་དུ་རུ་ཙ་ཤ་ན་ཙིཏྟ་ཧྲཱིཾ་ཧྲཱིཾ་ཛ་ཛཿ ས་པུཏྲི་ཤྲཱ་ར་ཨེ་དཾ་ཧྲཱ་ཡིདྷ་ཁ་རཾ་ཁྲཱ་ཧེ༔ ཉི་གྲགས་བདེ་མཆོག་གཏེར་སྲུང་ལྷ་བཙན་ནི། ཨོཾ་ཧྲཱི་རུ་ཙ་ན་ལྷ་བཙན་འབར་བ་ཆེན་པོ་སྐུ་འཁོར་དང་བཅས་པའི་ཞལ་དུ་ཨེ་དཾ་ཧྲཱ་ཡིདྷ་ཁ་རཾ་ཁྲཱ་ཧེ༔ མ་ཧེའི་སེང་དམར་དམ་ཅན་ནོར་སྒྲུབ་ནི། ཨོཾ་བཛྲ་ས་ཏྭ་ས་མ་ཡ་ཀིང་ཀ་ར་ཧཱུཾ༔ བཛྲ་ལི་ལ་མ་ཧཱུཾ་ཛཿ ཨོཾ་ཛམྦྷ་ལ་ཛ་ལེནྡྲ་ཡེ་སྭཱ་ཧཱ༔ ཧྲི་ཀར་ཤ་ལིང་ཧྲི་པྲ་མ་ནི་ཀིང་ཀ་ར་ཕྲོཾ༔

རཏྣ་སིདྡྷི་ཀུ་རུ་ཧཱུྃ་ཛ་ཛཿ ཧེ་རུ་ཧེ་རུ་ཕྲ་མ་དུ་ན་ཀར་བ་སྐྱེས་པ་བུད་མེད་སཏྭ་པ་ཤམ་
ཧེ་ཡ་རཏྣ་སིདྡྷི་ཕ་ལ་ཁྲུག་སྐྱོལཿ ས་པཱ་རི་ཝཱ་ར་ཨེ་དཾ་བླ་ལིཏྟ་ཁ་རཾ་ཁཱ་ཧིཿ
གནོད་སྦྱིན་ཤན་པ་དམར་ནག་ནི། ཨེ་ཧེ་མ་རུ་ཙོ། གུ་ཧྱ་ཧི་ཏྲི་ཕྲཾ་ཕྱོཿ ཤ་རམ་བྱོ་
པུར་ཛཿ གྷྲིག་ཏ་ལ་གྷྲན་ཏ་ཡ་ཛ་ཛཿ ས་པཱ་རི་ཝཱ་ར་ཨེ་དཾ་བླ་ལིཏྟ་ཁ་རཾ་ཁཱ་ཧིཿ
སངས་རྒྱས་གླིང་པའི་དགོངས་འདུས་བཀའ་སྲུང་ལྷ་མོ་རིག་འཛིན་མ་ནི། ཨོཾ་དེ་ཝི་ཀ་ལ་ཧྲུ་རི་ཏྲ
ཀི་ནི་ཨེ་ཀ་ཛ་ཏིཿ ཨེ་དཾ་བླ་ལིཏྟ་ཁ་རཾ་ཁཱ་ཧིཿ སངས་རྒྱས་གླིང་པའི་དགོངས་འདུས་
གཏེར་སྲུང་བཙན་རྒོད་ནི། ཨོཾ་ན་ག་ཙན་ཧི་ཙར་ར་ཧིཿ ཀིང་ཀ་ར་ཡཀྴ་ཡཀྴ་ས་མ་ཡཱ
ཧཱུྃ་ཕཊཿ ས་པཱ་རི་ཝཱ་ར་ཨེ་དཾ་བླ་ལིཏྟ་ཁ་རཾ་ཁཱ་ཧིཿ རཏྣ་གླིང་ཕྱུར་པའི་བཀའ་སྲུང་
བཅུ་གཉིས་ནི། ཨོཾ་བཛྲ་ཀི་ལི་ཀཱི་ལ་ཡ་ཧཱུྃ་པ་ལ་ས་པཱ་རི་ཝཱ་ར་ཨེ་དཾ་བླ་ལིཏྟ་ཁ་རཾ་ཁཱ
ཧིཿ རཏྣ་གླིང་ཕྱུར་པའི་གཏེར་སྲུང་ལྷང་ལྷ་ནི། ཨོཾ་བ་རི་བ་ར་ཀིང་ཀ་ར་ཛཿ ས་པཱ་
རི་ཝཱ་ར་ཨེ་དཾ་བླ་ལིཏྟ་ཁ་རཾ་ཁཱ་ཧིཿ གནོད་སྦྱིན་ཙིའུ་དམར་པོ་ནི། ཨོཾ་རཀྵ་རཀྵ་སླིང་
ལ་ཧཱུྃ་ཧཱུྃ་ཤུ་ལ་གྷྲི་ཥ་ཧི་ཤུ་ལ་ཧྲཱིཾ་ཧྲཱིཾ་ཛ་ཛཿ ས་པཱ་རི་ཝཱ་ར་ཨེ་དཾ་བླ་ལིཏྟ་ཁ་རཾ་ཁཱ་ཧིཿ
ཉི་གྲགས་དྲེགས་ཟིལ་བཀའ་སྲུང་རྒྱལ་པོ་སྐུ་ལྔ་ནི། ཨོཾ་ཏྲ་ཛ་ཨ་ཧོ་ཤྲཱི་པུཎྱཱི་ཀཱ་ར་ལ་ས་པཱ་རི་
ཝཱ་ར་ཨེ་དཾ་བླ་ལིཏྟ་ཁ་རཾ་ཁཱ་ཧིཿ གནོད་སྦྱིན་དགྲ་ལྷའི་གཙོ་བོ་གསུང་གི་བློན་པོ་རྡོ་རྗེ་གྲགས་
ལྡན་ནི། རཀྵ་ར་ཛཿ དུམ་བུ་ཤིག་ཙིཏྟ་ཟུང་སོདཿ མ་ལེ་ཐུནཿ མ་ལེ་ཏྲ་ཛ་
ཕྱོཿ ས་པཱ་རི་ཝཱ་ར་ཨེ་དཾ་བླ་ལིཏྟ་ཁ་རཾ་ཁཱ་ཧིཿ ཉི་གྲགས་དྲེགས་ཟིལ་གཏེར་སྲུང་གྲི་
བཙན་ནི། གྲི་བཙན་ཆེན་པོ་རྡོ་རྗེ་དགྲ་འཇོམས་རྩལ་སྐུ་འཁོར་དང་བཅས་པའི་ཞལ་དུ་
ས་པཱ་རི་ཝཱ་ར་ཨེ་དཾ་བླ་ལིཏྟ་ཁ་རཾ་ཁཱ་ཧིཿ ཉི་གྲགས་ནོར་བདག་ནི། ཨོཾ་བཻ་ཤྲ་མ་ན་
ཡཀྴ་སཏྭ་གྷྲི་ཏ་ན་ས་པཱ་རི་ཝཱ་ར་ཨེ་དཾ་བླ་ལིཏྟ་ཁ་རཾ་ཁཱ་ཧིཿ གྲྭ་པའི་ཛམ་དམར་ནི།
ཨོཾ་ཛམྦྷ་ལ་ཛ་ལེནྡྲ་ཡེ། ཧྲན་མེ་ཧྲི་ཧི་སྭཱ་ཧཿ ཨེ་དཾ་བླ་ལིཏྟ་ཁ་རཾ་ཁཱ་ཧིཿ ཏ

ལྷ་ནི། ཨོཾ་ཨཱཀྵ་རེ་མཎྜ་སྭཱ་ཧཱ། ཀྵོ་ར་སིདྡྷི་ཕ་ལ་ཧཱུཾ། ཨེ་དཾ་བྷ་ལིངྒ་ཁ་རཾ་ཁཱ་ཧི༔ ཞལ་ཁྲོམ་རྡོ་རྗེ་གཡུང་དྲུང་ནི། ཨོཾ་བཛྲ་གཡུང་དྲུང་རྒྱལ་སྐུ་འཁོར་དང་བཅས་པའི་ཞལ་དུ་ས་པཱ་རི་ཝཱ་ར་ཨེ་དཾ་བྷ་ལིངྒ་ཁ་རཾ་ཁཱ་ཧི༔ ཞལ་ཁྲོམ་གསང་ཡུམ་རྒོད་ལྕུགས་ཁ་རག་ནི། ཧཱུཾ་ཛཿ མུ་ཏིག་ཤེལ་རྭ་སྨན་བཙུན་ཆེན་མོ་དམ་ལ་ཤོག །བཛྲ་ས་མཱ་ཛཿ ས་པཱ་རི་ཝཱ་ར་ཨེ་དཾ་བྷ་ལིངྒ་ཁ་རཾ་ཁཱ་ཧི༔ བྱང་གཏེར་གཉན་ཆེན་ཐང་ལྷ་ནི། ཨོཾ་བཛྲ་ཐང་ཀ་ར་མུད་ཉིད་ཁྲུ་ཤ་ལི་ཨ་མྲི་ཏ་ས་པཱ་རི་ཝཱ་ར་ཨེ་དཾ་བྷ་ལིངྒ་ཁ་རཾ་ཁཱ་ཧི༔ གནས་བདག་ནོར་བུ་གཡུལ་རྒྱལ་ནི། ཨོཾ་ཨཱ་ཤ་ཡ་པ་ཏི་མ་ཧེ་སྲི་ཧྲཱིཾ་ཧཱུཾ་ཏྲཾ༔ ས་པཱ་རི་ཝཱ་ར་ཨེ་དཾ་བྷ་ལིངྒ་ཁ་རཾ་ཁཱ་ཧི༔ བླ་མ་གསང་འདུས་གཏེར་སྲུང་དགེ་བསྙེན་བསྙོན་ཁ་ནི། ཨོཾ་ནག་པོ་ཧི་པ་རཱ་ཛ་ན་ག་རཀྵ་ཀྲོ་ཏ་པ་ཙ་ལ་ས་པཱ་རི་ཝཱ་ར་ཨེ་དཾ་བྷ་ལིངྒ་ཁ་རཾ་ཁཱ་ཧི༔ བཀའ་བརྒྱད་དྲེགས་སྡེ་སུམ་ཅུ་ནི། ཨོཾ་བཛྲ་སཏྭ་དུཥྚན་ཨེ་ཛ་ཧྲི་ས་པཱ་རི་ཝཱ་ར་ཨེ་དཾ་བྷ་ལིངྒ་ཁ་རཾ་ཁཱ་ཧི༔ བཀའ་སྲུང་དུར་ཁྲོད་ལྷ་མོ་ནི། ཨོཾ་མ་མ་ར་ལི་པྲ་མ་ཡ་ཀ་ལི་ཡེ་ཛཿ ཛཿ ས་པཱ་རི་ཝཱ་ར་ཨེ་དཾ་བྷ་ལིངྒ་ཁ་རཾ་ཁཱ་ཧི༔ སྨིན་གླིང་གཤིན་རྗེ་དྲེགས་འཇོམས་བཀའ་སྲུང་ལས་གཤིན་ནི། ཨོཾ་ཡ་མ་རཱ་ཛ་ས་མ་ཡ་ཧཱུཾ་ཕཊ༔ ས་པཱ་རི་ཝཱ་ར་ཨེ་དཾ་བྷ་ལིངྒ་ཁ་རཾ་ཁཱ་ཧི༔ ཉང་གཏེར་ཁྲོས་ནག་སྲུང་ཞོན་མ་ནི། ཨོཾ་ནག་མོཾ་རུ་དྲ་ས་མ་ཛཿ ནག་མོ་ནག་མོ་ཡཾ་མ་ཧི་ཛཿ མ་མ་སྲོག་ལ་ཛཿ ས་མ་ཡ་ཙིཏྟ་སི་ཛ་ས་པཱ་རི་ཝཱ་ར་ཨེ་དཾ་བྷ་ལིངྒ་ཁ་རཾ་ཁཱ་ཧི༔ གཙོད་སྲུང་ཟངས་རི་བཙན་རྒོད་ནི། ཨོཾ་ཙི་ཏི་རུ་ར་ཕུཾ་ཧཱུཾ་འདུས་ས་པཱ་རི་ཝཱ་ར་ཨེ་དཾ་བྷ་ལིངྒ་ཁ་རཾ་ཁཱ་ཧི༔ ཉི་གྲགས་ཚེ་སྒྲུབ་ཀླུ་མོ་གཟི་འབར་མ་ནི། ཨོཾ་ནཱ་གཱ་ཀྵོ་ཧི་ཏེ་སཏྭ་ཨ་ཧེ་ར་ཡུ་ཡ་ཛཿ ཧཱུཾ་ས་པཱ་རི་ཝཱ་ར་ཨེ་དཾ་བྷ་ལིངྒ་ཁ་རཾ་ཁཱ་ཧི༔ ཚ་རྒྱལ་ནི། ཚ་རྡོ་ཛོས་ཐུ་ལི་ཀ་ས་པཱ་རི་ཝཱ་ར་ཨེ་དཾ་བྷ་ལིངྒ་ཁ་རཾ་ཁཱ་ཧི༔ སྨན་སྲུང་ནི། སྨན་སྲུང་ལྷ་སྨན་མཆེད་གསུམ་ཞལ་དུ་ས་པཱ་རི་ཝཱ་ར་ཨེ་དཾ་བྷ་ལིངྒ་ཁ་རཾ་ཁཱ་ཧི༔ ཉི་

གྲགས་སྔགས་ལྷའི་གཏེར་སྲུང་ཁོལ་པོ་ཁ་ནི། གཏེར་སྲུང་ཁོལ་པོ་ཁའི་ཞལ་དུ་ས་པུ་རི་ཕླ་ར་ཨེ་དཾ་བྷ་ལི་ཏྲ་ཁ་ཁཾ་ཁྲ་ཧི༔ དགྲ་ལྷའི་རྒྱལ་པོ་གེ་སར་ནི། གེ་སར་དགྲ་ལྷའི་རྒྱལ་པོ་འཁོར་དང་བཅས་པའི་ཞལ་དུ་ས་པུ་རི་ཕླ་ར་ཨེ་དཾ་བྷ་ལི་ཏྲ་ཁ་ཁཾ་ཁྲ་ཧི༔ རླུང་རྟ་སྡེ་ལྔ་ནི། རླུང་རྟ་སྐྱེད་པའི་ལྷ་ཚོགས་རྣམས་ཀྱི་ཞལ་དུ་ས་པུ་རི་ཕླ་ར་ཨེ་དཾ་བྷ་ལི་ཏྲ་ཁ་ཁཾ་ཁྲ་ཧི༔ ཞེས་གསུམ་མམ་བདུན་གྱིས་ཕུལ་ལ། ཕྲིན་ལས་བཅོལ་བ་ནི། དཔལ་ཁྲག་འཐུང་གི་རྒྱལ་པོ་དུག་གསུམ་ནད་ཀྱི་སྨན་པ་བདུད་དཔུང་སྒྲོལ་བའི་དཔའ་བོ། དཔལ་ཆེན་ཁྲོ་མཆོག་རྟ་མགྲིན་ནག་པོ། ལེགས་ལྡན་རྡོ་རྗེ་སྲིན་པོ་ཚོགས་ཀྱི་བདག་པོ། དཔལ་མགོན་མ་ནིང་ནག་པོ། ཚོགས་བདག་དགྲ་ལྷ་བཅུ་གསུམ། ནག་པོ་ཆེན་པོ་ཕྱུག་བཞི་པ། ཞིང་སྐྱོང་སེང་གདོང་ཡབ་ཡུམ། སྔགས་སྲུང་ཨེ་ཀ་ཛ་ཊི། མ་མོ་སྔགས་ཀྱི་བདག་མོ། དཔལ་ལྡན་རྡོ་རྗེ་གཤོག་རྒོད་མ། ཤན་པ་སྲོག་སྒྲུབ་ནག་མོ། མ་སྲིང་བརྟན་མ་བཅུ་གཉིས། སྨན་བཙུན་ཚེ་རིང་མཆེད་ལྔ། གཡུ་སྒྲོན་བརྟན་མ་བཅུ་གཉིས། ལྷ་ཆེན་དབང་ཕྱུག་ཆེན་པོ། གཟའ་བདུད་དུག་གི་སྤྱུ་གྲི། དམ་ཅན་སྐྱེས་བུ་སེང་ཞོན། གནོད་སྦྱིན་མགར་ནག་ར་ཞོན། རྡོ་བོ་ལྷ་བཙན་རྡོ་རྗེ་འབར་བ། གསང་བ་ནོར་བདག་ཡབ་ཡུམ། གནོད་སྦྱིན་ཤན་པ་དམར་ནག །བཀའ་སྲུང་རིག་འཛིན་ལྷ་མོ། ཀླུ་བཙན་འབར་བ་སྤུན་བདུན། རྡོ་རྗེ་ཕྲ་མེན་ཤྭ་ན་ཆེན་མོ། གཏེར་སྲུང་ལྡང་ལྷ་མཆེད་གསུམ། གནོད་སྦྱིན་ཙིཏྲ་དམར་པོ། རྒྱལ་པོ་ཆེན་པོ་པེ་ཧར་སྐུ་ལྔ། དགྲ་ལྷའི་རྒྱལ་པོ་རྡོ་རྗེ་གྲགས་ལྡན། གྲི་བཙན་ཆེན་པོ་རྡོ་རྗེ་དགྲ་འཛོམས་རྩལ། རྒྱལ་ཆེན་རྣམ་མང་ཐོས་སྲས། གནོད་སྦྱིན་ཛམ་ལྷ་དམར་པོ། ཧ་ལྷ་ཨཱཙྪ་རེ་མཆྷ། ཟིལ་ཁྲོམ་རྡོ་རྗེ་གཡུང་དྲུང་རྩལ། དཀོར་བདག་ཆེན་མོ་རྒོད་ལྕམ་ཁ

རག །དྲི་ཟའི་རྒྱལ་པོ་ཟུར་ཕུད་ལྔ་པ། གནས་བདག་ནོར་བུ་གཡུལ་རྒྱལ།
གཏེར་སྲུང་དགེ་བསྙེན་སློན་ཁ། དྲེགས་པའི་སྡེ་དཔོན་སུམ་ཅུ། ཞིང་སྐྱོང་དུར་
ཁྲོད་ཀྱི་མ་མོ། ལས་གཤིན་འཆི་བདག་ནག་པོ། མཁའ་འགྲོ་སྲུང་ཞིང་མཆེད་
གསུམ། སྲོག་ཟན་ཤན་པ་མཆེད་གཉིས། གཏེར་སྲུང་ཀླུ་མོ་གཟི་འབར་མ།
མཐུ་ཆེན་རྨ་རྒྱལ་སྤོམ་ར། སྨན་སྲུང་ལྷ་སྨན་མཆེད་གསུམ། གཏེར་སྲུང་
ཁོལ་པོ་ཁ། གེ་སར་དགྲ་ལྷའི་རྒྱལ་པོ། མཐུ་ཆེན་རླུང་རྟ་སྡེ་ལྔ་ལ་སོགས་པའི་
དམ་པ་ཆོས་སྐྱོང་བའི་སྲུང་མ་བཀའ་སྡོད་ཕོ་ཉའི་དམག་ཚོགས་འཁོར་དང་བཅས་པ་
རྣམས་ཀྱིས་མཆོད་སྦྱིན་གྱི་གཏོར་མ་རྒྱ་ཆེན་པོ་འདི་བཞེས་ལ། སངས་རྒྱས་ཀྱི་
བསྟན་པ་སྲུངས། དཀོན་མཆོག་གི་དབུ་འཕང་བསྟོད། དགེ་འདུན་དང་ཆོས་
ཀྱི་རྒྱལ་སྲིད་སྐྱོངས། འཇིག་རྟེན་གྱི་རྒྱུད་པ་སོལ། སེམས་ཅན་གྱི་ཕན་བདེ་
སྤེལ། རྣལ་འབྱོར་པ་རྣམས་ཀྱི་སྡོང་གྲོགས་མཛོད། སྔགས་འཆང་རྣམས་ཀྱི་
ཕྲིན་ལས་སྒྲུབས། སྡང་བའི་དགྲ་ཐུལ། གནོད་པའི་བགེགས་ཆོམ། ཁྱད་
པར་དམ་ཚིག་འདིར་འདུས་པ་རྣམས་ཀྱི་ཕྱི་ནང་གསང་བའི་འགལ་རྐྱེན་ཞི་བ་དང་།
མཐུན་རྐྱེན་སྨོན་པའི་ལེགས་ཚོགས་ཐམས་ཅད་འཕེལ་ཞིང་རྒྱས་པ་དང་། མཆོག་
ཐུན་མོང་གི་དངོས་གྲུབ་མ་ལུས་པ་མྱུར་དུ་འགྲུབ་པའི་ཕྲིན་ལས་མཛོད་ཅིག དེ་ནས་
བསྟོད་པ་བྱ་བ་ནི། ཧཱུྃ། ཆོས་སྐུ་ཞི་བའི་ངང་ལས་མ་གཡོས་ཀྱང་། །ལོངས་སྐུ་
འཇིགས་པའི་ཆ་ལུགས་རྫོགས་མཛད་ཅིང་། །འབར་བའི་རྒྱལ་པོ་དབང་གི་སྐུར་
སྤྲུལ་པ། །འཇིག་རྟེན་དྲེགས་པ་འདུལ་ལ་ཕྱག་འཚལ་བསྟོད། །འཇིགས་བྱེད་
ཁྲག་འཐུང་དཔལ་ལྡན་ནག་པོ་ཆེ། །བདུད་དཔུང་མཐར་བྱེད་དུར་ཁྲོད་སྒྲོལ་བའི་
གིང་། །སྒྲུབ་པའི་རི་སྐྱོང་ལེགས་ལྡན་ཚོགས་ཀྱི་བདག །རྒྱལ་བའི་བཀའ་

སྤྱོད་མཐུ་ཆེན་ཕྱོད་ལ་བསྟོད། |འཇིག་རྟེན་འདས་པའི་དུས་ན་སྟོན་བྱུང་བ། |ཆེ་མཆོག་ཧེ་རུ་ཀ་དཔལ་སྐུ་གསུམ་རྫོགས། |སྲིད་རྩེའི་བདག་འཛིན་རུ་ཏྲ་སྡེ་གསུམ་བཏུལ། |རྩལ་ཆེན་ཕྲིན་ལས་རྫོགས་ལ་ཕྱག་འཚལ་བསྟོད། |དུས་གསུམ་རྒྱལ་བའི་བསྟན་པ་སྲུང་མཛད་ཅིང་། |སྐུ་གསུམ་ཞིང་ཁམས་ཡོངས་ལ་མངའ་དབང་བསྒྱུར། |ས་གསུམ་གནས་ན་ཆེ་བཙན་འགྲན་ཟླ་བྲལ། |ཚོགས་བདག་དགྲ་ལྷ་སྤྲུལ་འཁོར་བཅས་ལ་བསྟོད། |ཆོས་དབྱིངས་སྐྱེ་མེད་ངང་ལས་མ་གཡོས་ཀྱང་། |ཐབས་དང་ཤེས་རབ་གདུག་པ་མ་ལུས་འདུལ། |དྲག་པོ་འཇིགས་བྱེད་ཆེན་པོའི་སྐུར་སྟོན་པ། |དཔལ་ལྡན་མགོན་པོ་ཡབ་ཡུམ་ཕྱག་འཚལ་བསྟོད། |སངས་རྒྱས་བསྟན་སྐྱོང་དྲེགས་པ་ཡོངས་ཀྱི་རྗེ། |མི་སྡུག་མི་སྲུན་རྣལ་འབྱོར་དགྲ་ལྷ་ཆེ། |དམ་ཉམས་འཇོམས་ཕྱིར་སྣ་ཚོགས་སྤྲུལ་པ་འགྱེད། |ཞིང་སྐྱོང་སེང་གདོང་སྐུ་ལ་ཕྱག་འཚལ་བསྟོད། |ཆོས་དབྱིངས་བདེ་བ་ཆེན་པོའི་མཁའ་ཀློང་ནས། |སྐུར་བཞེངས་ཡེ་ཤེས་ལས་དང་མཁའ་འགྲོའི་གཙོ། |སྔགས་སྲུང་ཆེན་མོ་མ་མོ་རལ་གཅིག་མ། |འཁོར་དང་བཅས་ལ་གུས་པས་ཕྱག་འཚལ་བསྟོད། |སྔོན་དུས་གུ་རུ་རྡོ་རྗེ་ཐོད་ཕྲེང་གིས། |དམ་ཚིག་བསྒྲགས་ནས་དམ་ལ་བཏགས་པའི་ཚེ། |སངས་རྒྱས་བསྟན་པ་སྲུང་བར་ཞལ་བཞེས་པའི། |འདོད་ཁམས་དབང་ཕྱུག་དཔལ་ལྡན་ལྷ་མོར་བསྟོད། |སྲིད་གསུམ་དབང་སྡུད་ནག་མོ་རེ་མ་ཏི། |མཐིང་ནག་ཆར་སྤྲིན་གཏིབ་པ་ལྟ་བུའི་སྐུ། |མ་བས་བྱམས་ཤིང་སྲིང་ལྟར་བརྩེ་བ་ཅན། |རྡོ་རྗེ་གཤོག་རྒོད་མ་ལ་ཕྱག་འཚལ་བསྟོད། |མཁའ་འགྲོ་ནག་མོ་ཤིན་ཏུ་མི་སྲུན་མ། |འཇིགས་པའི་གཟུགས་ཅན་མཁའ་འགྲོ་ཀུན་གྱི་

གཙོ། །དུས་བཞི་ཀུན་ཞིང་བསྟན་པ་སྐྱོང་མཛད་ཅིང་། །ཤན་པ་སྒྲོག་སྒྲུབ་ནག་མོར་ཕྱག་འཚལ་བསྟོད། །སྒྲུབ་གནས་ཨ་སུ་ར་ཡི་བྲག་ཕུག་ཏུ། །པད་འབྱུང་ཀླུང་ཆེན་དཔལ་གྱི་སེང་གེ་ཡིས། །དམ་ལ་བཏགས་ཤིང་སྲུང་མར་གཉེར་གཏད་པ། །བརྟན་མ་བཅུ་གཉིས་འཁོར་དང་བཅས་ལ་བསྟོད། །ཡེ་ཤེས་བསྐྱེད་མཛད་ཆོས་སྐུ་ཡུམ་ཆེན་མོ། །རྒྱལ་ཀུན་རྡོ་རྗེ་བཙུན་མོའི་རྣལ་འབྱོར་མ། །གངས་ཅན་སངས་རྒྱས་བསྟན་སྲུང་འཁོར་ལོའི་སྒྲུར། །བཀྲ་ཤིས་ཚེ་ཡི་དབང་ཕྱུག་མ་ལ་བསྟོད། །རྡོ་རྗེ་གཡུ་སྒྲོན་ཤིན་ཏུ་མཛེས་པའི་སྐུ། །དཀར་གསལ་གངས་རིའི་ངོས་ལ་ཉི་ཤར་འདྲ། །སྒྲུབ་པ་པོ་ལ་དངོས་གྲུབ་མཆོག་སྩོལ་བའི། །མཆེད་ལྔ་འཁོར་དང་བཅས་ལ་ཕྱག་འཚལ་བསྟོད། །སྤྲིན་རས་གཟིགས་སྤྲུལ་དབང་ཕྱུག་ལྷ་ཆེན་པོ། །འཇིག་རྟེན་མེས་པོ་ཁམས་གསུམ་ཀུན་གྱི་བདག །དངོས་གྲུབ་མཆོག་སྩོལ་ཡོན་ཏན་རྫོགས་པའི་ལྷ། །རྒྱལ་བའི་བཀའ་སྡོད་མཐུ་ཆེན་ཁྱོད་ལ་བསྟོད། །ངང་ཉིད་ཆོས་ཀྱི་དབྱིངས་ལས་མ་གཡོས་ཀྱང་། །འགྲོ་བའི་དོན་དུ་འབར་བའི་སྐུར་བཞེངས་པ། །དྲང་སྲོང་ཆེན་པོ་གཟའ་མཆོག་རཱ་ཧུ་ལ། །མཐུ་ཆེན་དྲག་པོ་འདོད་ཀྱུར་སྒྲུར་ལ་བསྟོད། །སྤྱིར་ན་ཉིད་ཀྱི་རྫུ་འཕྲུལ་སྟོབས་ཀྱིས་ནི། །སྐུ་མདོག་ཕྱག་མཚན་གཅིག་ཏུ་མ་ངེས་ཀྱང་། །སྔགས་ཀྱི་ཕྱག་མཚན་རྡོ་རྗེ་རྩེ་དགུ་བསྣམས། །རྡོ་རྗེ་ལེགས་པ་ཁྱོད་ལ་ཕྱག་འཚལ་བསྟོད། །ཆོས་དབྱིངས་ལྷུན་གྲུབ་ངང་ལས་མ་གཡོས་ཀྱང་། །རང་མདངས་དྲག་པོའི་ཆ་ལུགས་ཅིར་ཡང་སྟོན། །བསྟན་པ་བསྲུངས་བའི་ཕྲིན་ལས་སྣ་ཚོགས་མཛད། །དམ་ཅན་སྐྱེས་བུ་ཁྱོད་ལ་ཕྱག་འཚལ་བསྟོད། །འགྱུར་མེད་བདེ་ཆེན་ཆོས་དབྱིངས་རང་རྩལ་ལས། །སྟོན་ཟླའི་

མདོག་འདྲ་ཁྲོ་ཆགས་ཉམས་འབར་ཞིང་། །སྒྲུབ་པ་པོ་ལ་དངོས་གྲུབ་སྩོལ་བའི་ལྷ། །ཛཾ་བྷ་ལྷ་ཡི་བཙན་རྒོད་ཆེན་པོར་བསྟོད། །སངས་རྒྱས་བསྟན་སྲུང་ཆོས་སྐྱོང་མངོན་རྒྱུགས་ཅན། །མ་འོངས་དུས་ན་ནག་ཕྱོགས་འཇོམས་པའི་དཔལ། །སྐྱེས་མཆོག་རིག་འཛིན་སྒྲུབ་པའི་དགྲ་བླ་ཡིན། །བསྟན་སྲུང་ཆོས་སྐྱོང་རྣམས་ལ་ཕྱག་འཚལ་བསྟོད། །སྲིད་པ་གསུམ་གཡོ་ཁམས་གསུམ་རབ་ཏུ་འཁྲུགས། །གར་ཐབ་ས་རྡུ་དམ་ཉམས་ཐལ་བར་རློག །གར་ཕེབས་ས་རྡུ་མི་རོ་རགས་སུ་འཆེར། །གནོད་སྦྱིན་ཆེན་པོ་ཁྱོད་ལ་ཕྱག་འཚལ་བསྟོད། །བདེ་ཆེན་ཆོས་དབྱིངས་འདུ་འབྲལ་མེད་པའི་ཀློང་། །དུས་གསུམ་རྒྱལ་བའི་ཡུམ་དང་དབྱེར་མེད་ཅིང་། །མཁའ་སྤྱོད་རིག་པ་འཛིན་པའི་རྣལ་འབྱོར་མ། །གནས་གསུམ་མཁའ་འགྲོ་ཡོངས་ཀྱི་གཙོ་ལ་བསྟོད། །དཀྱིལ་འཁོར་སློབ་དཔོན་པདྨ་སམ་བྷ་བའི། །བཀའ་ཉན་དམ་ཚིག་རྗེས་དགོངས་གཏེར་གྱི་བདག །མཐུ་རྩལ་ཐོགས་མེད་རྣམ་བཞིའི་ཕྲིན་ལས་ཀྱིས། །དམ་ལྡན་རེ་སྐྱོང་བཙན་རྒོད་ཁྱོད་ལ་བསྟོད། །རྡོ་རྗེ་གཞོན་ནུ་ཡབ་ཡུམ་མཁའ་ཀློང་ནས། །ཐུགས་རྗེ་དྲག་གཏུམ་ཁྲོས་པའི་ཆོ་འཕྲུལ་ལས། །མི་སྲུན་མ་ཧཱ་ཀཱ་ལ་ཤྭ་ན་ཆེ། །ཁྲ་མེན་འཁོར་དང་བཅས་ལ་ཕྱག་འཚལ་བསྟོད། །མཐུ་རྩལ་ཐོགས་མེད་དུས་མཐའི་མེ་བཞིན་དུ། །གདུག་ཅན་དགྲ་བགེགས་ཐལ་བར་བརླག་མཛད་པའི། །རྡོ་རྗེ་ཕུར་པའི་ཟབ་གཏེར་སྐྱོང་བའི་བདག །ལྷང་ལྷ་ཆེན་པོ་འཁོར་དང་བཅས་ལ་བསྟོད། །གཏུམ་རྔམས་རབ་འཇིགས་ཤིན་ཏུ་མི་བཟད་པ། །པདྨའི་ཟབ་ཆོས་སྤྱོད་པའི་རྣལ་འབྱོར་ལ། །མ་ལྷར་བསྒེ་བའི་བསྟན་སྲུང་མཐུ་བོ་ཆེ། །གནོད་སྦྱིན་ཙིའུ་དམར་པོ་འཁོར་བཅས་བསྟོད། །རྒྱལ་ཀུན་གསུང་གི་རྡོ་རྗེ་རྟ་མཆོག

དཔལ། །མ་དག་སྣང་བའི་འཇིག་རྟེན་དྲེགས་པའི་རྩལ། །སངས་རྒྱས་བསྟན་པ་གཉན་པོ་སྲུང་མཛད་པའི། །སྐུ་ལྔ་འཁོར་དང་བཅས་ལ་ཕྱག་འཚལ་བསྟོད། །ཁམས་གསུམ་ཀུན་ལས་རྒྱལ་བའི་སྟོབས་ལྡན་སྐུ། །དྲག་ཐུགས་ཆོ་ཟེར་ཐོག་འབེབས་དབྱར་རྔའི་གསུང་། །ཆོས་དབྱིངས་ལྷུན་སྐྱེས་བདེ་ཆེན་རོ་གཅིག་ཐུགས། །བསྟན་སྲུང་དགྲ་ལྷའི་གཙོ་ལ་ཕྱག་འཚལ་བསྟོད། །རིག་འཛིན་སྒྲུབ་པའི་རྣལ་འབྱོར་བདག་ཅག་གི །ཕྲིན་ལས་རྣམ་བཞིའི་ལས་རྣམས་སྒྲུབ་པ་དང་། །པདྨའི་ཟབ་གཏེར་སྐྱོང་བའི་མཐུ་བོ་ཆེ། །ཁྲི་བཙན་ཆེན་པོ་འཁོར་དང་བཅས་ལ་བསྟོད། །ས་བརྒྱད་དབང་ཕྱུག་སེམས་དཔའ་རིན་ཆེན་མང་། །ནམ་མཁའི་མཛོད་མངའ་དབྱུལ་བའི་གདུང་བ་འཕྲོག །ཡིད་བཞིན་འདོད་དགུའི་ཆར་འབེབས་དཔག་བསམ་ཤིང་། །རྣམ་མང་ཐོས་སྲས་ངལ་བསོའི་བུ་ལ་བསྟོད། །བདེ་གཤེགས་ཀུན་གྱི་གསུང་ལས་ལེགས་སྤྲུལ་ཞིང་། །ཐུགས་རྗེས་ཆགས་པའི་སྐུ་མདོག་དམར་པོར་བཞུགས། །དབང་གི་ཕྲིན་ལས་རྫོགས་མཛད་ཛམྦྷ་ལ། །མ་ལུས་འགྲོ་བའི་རེ་སྐོང་ཁྱོད་ལ་བསྟོད། །རབ་ཁྲོས་གནོད་སྦྱིན་བྱ་གཅན་སྤྲུལ་པ་འགྱེད། །རྗོག་ཆགས་ལ་གནོད་དགྲ་བགེགས་བརླག་མཛད་པའི། །ཆོས་སྐྱོང་སྲུང་མ་རྡོ་རྗེ་རེ་མཏྲ། །རྟ་ལྷའི་རྒྱལ་པོ་འཁོར་དང་བཅས་ལ་བསྟོད། །རྟ་མཆོག་ངང་པ་སྤྲིན་དཀར་ཚད་འདྲའི་སྟེང་། །ལྷ་གཉན་དཀར་པོ་ཟླ་བ་རྒྱས་འདྲའི་ཞལ། །དར་དང་རིན་ཆེན་རྒྱན་སྤྲས་འཛུམ་མཛེས་ལྡན། །དཀར་ཕྱོགས་སྐྱོང་བ་ཁྱོད་ལ་ཕྱག་འཚལ་བསྟོད། །པདྨ་ཐོད་ཕྲེང་བཀའ་ཉན་ཐ་ཚིག་ཅན། །ཡུལ་ལྷ་སྨན་མོ་ཀླུ་གཉན་ཀུན་གྱི་གཙོ། །སྨན་བཙུན་ཆེན་མོ་ཟིལ་ཁྲོམ་གསང་བའི་ཡུམ། །དཀོར་བདག་

ཆེན་པོ་འཁོར་དང་བཅས་ལ་བསྟོད། །ཧས་པོ་རི་དང་རི་རྒྱལ་བཀྲ་བཟང་སོགས། །ཕྱག་རྡོར་ཧྲ་མགྲིན་རྡོ་རྗེ་གཞོན་ནུ་ཡིས། །དམ་ལ་བཞག་པའི་བསྟན་སྲུང་མཐུ་བོ་ཆེ། །དྲི་ཟའི་རྒྱལ་པོ་འཁོར་དང་བཅས་ལ་བསྟོད། །སྟོན་ཆེ་པདྨ་འབྱུང་གནས་སྨྲུན་སྦྱ་རུ། །སྒྲུབ་ལ་དངོས་གྲུབ་སྩོལ་བར་ཞལ་བཞེས་པའི། །དཀར་ཕྱོགས་སྐྱོང་བ་ཡོངས་ཀྱི་ཟྭ་དོར་གཙོ། །གནས་བདག་ནོར་བུ་གཡུལ་རྒྱལ་འཁོར་བཅས་བསྟོད། །འབར་བའི་ཕོ་བྲང་བླ་མཆོ་ནག་པོ་རུ། །ཀླུ་སྲིན་ཞལ་ཞོས་པའི་བསྟན་སྲུང་དྲག་རྩལ་ཅན། །སྐུ་གཅིག་སྤྲུལ་བསྒྱུར་སྣ་ཚོགས་འགྱེད་མཛད་པ། །གཏེར་སྲུང་དགེ་བསྙེན་སློན་ཁ་འཁོར་བཅས་བསྟོད། །བདེ་གཤེགས་བཀའ་ཡི་བསྟན་པ་སྲུང་བའི་ཕྱིར། །ངང་ཉིད་ཆོས་ཀྱི་དབྱིངས་ལས་མ་གཡོས་ཀྱང་། །གཟུགས་སྐུ་དྲེགས་པའི་ཚུལ་དུ་སྐུར་སྟོན་པ། །མཐུ་ཆེན་སྡེ་དཔོན་སུམ་ཅུའི་ཚོགས་ལ་བསྟོད། །མི་འགྱུར་བདེ་ཆེན་ཆོས་དབྱིངས་ངང་ཉིད་ལས། །མ་རུང་འདུལ་ཕྱིར་དྲག་པོའི་སྐུར་སྟོན་པ། །སྒྱུ་འཕྲུལ་རྡོ་རྗེའི་གར་མཛད་མ་མོའི་གཙོ། །རྒྱལ་བའི་བསྟན་སྲུང་གཙོ་ལ་ཕྱག་འཚལ་བསྟོད། །འཇམ་དཔལ་ཁྲག་འཐུང་གཤིན་རྗེ་གཤེད་པོ་ཡི། །བཀའ་ཉན་ལས་བྱེད་མི་སྲུན་དྲེགས་པའི་སྡེ། །བསྟན་པའི་བཀའ་སྲུང་མཐུ་སྟོབས་རྫུ་འཕྲུལ་ཅན། །ལས་ཀྱི་གཤིན་རྗེ་འཁོར་དང་བཅས་ལ་བསྟོད། །ཆོས་སྐུ་འགྱུར་མེད་རྡོ་རྗེ་ཁྲོས་མ་ནག །གདུལ་དཀའི་གཤེད་གྱུར་རྒྱལ་བའི་བསྟན་སྲུང་གཙོ། །མཐུ་རྩལ་ཐོགས་མེད་དགྲ་བོའི་སྲོག་གཅོད་པའི། །མཁའ་འགྲོ་སྲུང་ཞིན་མཆེད་གསུམ་ཕྱག་འཚལ་བསྟོད། །རབ་འཇིགས་གནས་མཆོག་ཟངས་རི་མཁར་དམར་དུ། །རྗེ་བཙུན་མ་གཅིག་ལབ་ཀྱི་སྒྲོན་མ་ཡིས། །བཀའ་བསྒོས་

གཏོད་ཡུལ་བསྟན་སྲུང་ཞལ་བཞེས་པའི། །བཙན་རྒོད་སྲོག་ཟན་ཤན་པ་མཆེད་གཉིས་བསྐོད། །ཀླུ་རྒྱལ་དུང་སྐྱོང་སྲས་མོ་གཟི་འབར་མ། །འཛད་མེད་རིན་ཆེན་དངོས་གྲུབ་ཀུན་གྱི་བདག །རྒྱལ་བའི་ཟབ་གཏེར་སྐྱོང་བར་ཞལ་བཞེས་པའི། །གཏེར་སྲུང་ཀླུ་སྨན་འཁོར་དང་བཅས་ལ་བསྐོད། །ཤར་ཕྱོགས་རྨ་གཡང་ཀུན་གྱི་གཏེར་བདག་པོ། །བད་འབྱུང་བཀའ་ཉན་ཡུལ་ལྷ་ཀུན་གྱི་གཙོ། །རྨ་གཡང་འདོད་རྒུའི་དངོས་གྲུབ་སྩོལ་མཛད་པའི། །རྨ་རྒྱལ་སྤོམ་ར་འཁོར་དང་བཅས་ལ་བསྐོད། །རྒྱལ་བ་རྣམས་ཀྱི་བཀའ་ལས་མི་འདའ་ཞིང་། །སྒྲུབ་ལ་དངོས་གྲུབ་སྩོལ་བའི་དམ་ཚིག་ཅན། །རྣོ་མཐོང་མངོན་ཤེས་སྟོན་པའི་ལྷ་རྣམས་དང་། །ཡེ་ཤེས་ཁྲི་འུ་ཚུང་སྨན་སྲུང་ཚོགས་ལ་བསྐོད། །བྱང་ཕྱོགས་གནོད་སྦྱིན་རྫོང་གི་ཕོ་བྲང་ནས། །གནོད་སྦྱིན་ཡོངས་ཀྱི་དེད་དཔོན་མཐུ་རྩལ་ཅན། །གསང་བདག་བཀའ་ཉན་གཏེར་སྲུང་ཁོལ་པོ་ཁ། །འཁོར་དང་བཅས་ལ་གུས་པས་ཕྱག་འཚལ་བསྐོད། །སྟོང་དགྲ་བཅོམ་ཞིང་བགེགས་དཔུང་ཐལ་བར་རློག །གཞན་སྡེ་ཕམ་ཞིང་རང་ཉིད་རྒྱལ་བ་དང་། །ཆབ་སྲིད་སྨན་གྲགས་ཕྱོགས་བཅུར་རྒྱས་མཛད་པའི། །འཛམ་གླིང་དབང་སྒྱུར་གེ་སར་རྒྱལ་པོར་བསྐོད། །རྣལ་འབྱོར་བདག་ཅག་དཔོན་སློབ་འཁོར་བཅས་ཀྱི། །མྱུར་མགྱོགས་ཡོན་ཏན་གཟི་བརྗིད་ཆེ་བ་དང་། །སྙན་གྲགས་རྒྱས་དང་དཔའ་སྙིང་ཆེ་བ་ཡི། །རླུང་རྟ་བསྐྱེད་པའི་མྱུར་མཛད་ལྷ་རྣམས་བསྐོད། །ཅེས་བརྗོད་ཅིང་འདི་བར་སྒྲོན་དམ་ཅན་སོ་སོའི་གཏོར་ཚིག་ཀྱང་བཏང་། མ་བཏང་ནའང་རུང་ངོ་། །སྐབས་འདིར་སྒྲོ་ཞིང་ནུས་ན་ནི་དམ་ཅན་སྤྱིའི་བསྐང་བ་ཡིད་བཞིན་རེ་སྐོང་ཀྱང་འདིར་བཏང་ན་ལེགས། མ་བཏང་ན་ཡང་འགལ་བ་མེད་དོ། །གང་ལྟར་ཡང་དམ་ཅན་གྱི་གཏོར་མ་ལ་

དགྲ་བགེགས་དགུགས་བསྐྲིམ་བྱ་བ་ནི། དམ་ཅན་སྤྱི་གཏོར་ལྟར། ན་མོ། རིག་འཛིན་ཙཱ་བརྒྱུད་ཀྱི་དཔལ་ལྡན་བླ་མ་དམ་པ་རྣམས་ཀྱི་བཀའ་བདེན་པ་དང་། སངས་རྒྱས་ཀྱི་བཀའ་བདེན་པ་དང་། ཆོས་ཀྱི་བཀའ་བདེན་པ་དང་། དགེ་འདུན་གྱི་བཀའ་བདེན་པ་དང་། གསང་སྔགས་དང་རིག་སྔགས་དང་གཟུངས་སྔགས་དང་སྙིང་པོ་དང་ཕྱག་རྒྱ་དང་ཏིང་ངེ་འཛིན་གྱི་བདེན་པ་དང་། ཆོས་ཉིད་གདོད་ནས་དག་ཀྱང་ཆོས་ཅན་རྒྱུ་འབྲས་བསླུ་བ་མེད་པའི་བདེན་པ་དང་། ཁྱད་པར་རྡོ་རྗེ་ཆོས་སྐྱོང་བའི་སྲུང་མ་བཀའ་སྐྱོང་ཕོ་ཉའི་དམག་ཚོགས་འཁོར་དང་བཅས་པ་རྣམས་ཀྱི་བཀའ་བདེན་པ་དང་། བདེན་པ་ཆེན་པོའི་མཐུ་ལ་བརྟེན་ནས་བསྟན་དང་འགྲོ་བའི་སྤྱི་དགྲ། ཁྱད་པར་རིག་པ་འཛིན་པ་བདག་ཅག་ཡོན་མཆོད་འཁོར་དང་བཅས་པ་རྣམས་ལ་སྡ་དགྲ་ལག་གིས་བརྡར་བ། ཕྱི་དགྲ་ཡིད་ལ་སེམས་པ། ད་དགྲ་ཐད་དུ་འཛུགས་པའི། གཟུགས་ཅན་སྣང་བའི་དགྲ་དང་། གཟུགས་མེད་གནོད་པའི་བགེགས་ཀྱི་ཚོགས་དང་བཅས་པ་ཐམས་ཅད་སྲིད་པ་གསུམ་གྱི་ཁོངས་གར་གནས་གར་བྲོས་ཀྱང་། སྐད་ཅིག་ཡུད་ཙམ་ལ་དམིགས་པའི་རྟེན་འདི་ལ་ཁུག་ཅིག །བཛྲ་ཨཾ་ཀུ་ཤ་ཛཿ བཛྲ་པ་ཤ་ཧཱུྃ། བཛྲ་སྥོ་ཊ་བཾ། བཛྲ་གྷཎྜེ་ཧོཿ བཛྲ་ཨ་ཝེ་ཤ་ཡ་ཨ་ཨཿ དེ་ནས། ཪྃ་ཡྃ་ཁྃ། ཨོཾ་ཨཱཿཧཱུྃ་གིས་བྱིན་གྱིས་བརླབས་ནས། སྤྲིན་དམ་ཅན་སོ་སོའི་ཙཱ་སྔགས་མཐར་ཁཱ་ཧི་བཏག་པ་དང་། ཡང་ན། ཨོཾ་གུ་རུ་དྷེ་ཝ་ཌཱ་ཀི་ནི་དྷརྨ་པཱ་ལ་སཱ་ཏ་པ་ལ་ལོ་ཀ་པཱ་ལ་ས་པཱ་རི་ཝཱ་ར་ཨི་དཾ་བྷ་ལིང་ཏ་ཁ་ཁ་ཁཱ་ཧི་ཁཱ་ཧི། ཞེས་ལན་བདུན་ནམ་གསུམ་གྱིས་ཕུལ་ལ། དེ་ནས་དམ་ཅན་རྣམས་ལས་ལ་བསྐུལ་བ་ནི། ཧཱུྃ། སྐྱེ་མེད་ཆོས་དབྱིངས་ངང་ལས་མ་གཡོས་ཀྱང་། །འགགས་མེད་རྩལ་ལས་སྣ་ཚོགས་ཤར་བའི་ལྷ། །བཅོམ་ལྡན་དཔལ་ཆེན་རྟ་མགྲིན་ཁྲོ་བོའི་

རྒྱལ། །ལེགས་ལྡན་རྡོ་རྗེ་སྲིན་པོ་ཚོགས་ཀྱི་བདག །ལྷ་ཆེན་དཔལ་འབར་བདུད་མགོན་མ་ནིང་ནག །བདུད་འདུལ་ལས་ཀྱི་དབང་ཕྱུག་ཚོགས་ཀྱི་བདག །དཔལ་ལྡན་ཡེ་ཤེས་མགོན་པོ་ཕྱག་བཞི་པ། །ཞིང་སྐྱོང་སེང་གེའི་གདོང་ཅན་ཡབ་དང་ཡུམ། །མ་མོ་ཆེན་མོ་ཨེ་ཀ་ཛ་ཏི་མ། །འདོད་ཁམས་དབང་ཕྱུག་དཔལ་ལྡན་རེ་མ་ཏི། །རྡོ་རྗེ་གཤོག་རྒོད་མ་མོ་ཡོངས་ཀྱི་རྗེ། །དུས་བཞི་དབང་སྒྱུར་ཤན་པ་སྲོག་སྒྲུབ་མ། །བོད་ཁམས་སྐྱོང་བའི་མ་ཡམས་བརྟན་མའི་ཚོགས། །རྒྱལ་བའི་ཡུམ་ཆེན་རྡོ་རྗེ་ཀུན་བཟང་མོ། །སྨན་བཙུན་ལྷ་མོ་རྡོ་རྗེ་གཡུ་སྒྲོན་མ། །དབང་ཕྱུག་ཆེན་པོ་ཤྲཱི་རལ་པ་ཅན། །དྲག་རྩལ་ཐོགས་མེད་གཟའ་བདུད་རཱ་ཧུ་ལ། །འཛམ་གླིང་སྐྱེས་མཆོག་བརྫ་ས་ཧྲུ་རྩལ། །སྐྱེས་བུ་ཆེན་པོ་མགར་ནག་ར་ཞེན་དང་། །རྫོ་བོ་ལྷ་ཡི་བཙན་རྒོད་རྡོ་རྗེ་འབར། །དགེ་བསྙེན་ཆེན་པོ་གསང་བ་ནོར་གྱི་བདག །གནོད་སྦྱིན་ཤན་པ་དམར་ནག་འཇིགས་པའི་སྐུ། །སྣང་སྲིད་མཁའ་འགྲོའི་གཙོ་མོ་རིག་འཛིན་མ། །ཕྱི་ནང་གསང་བའི་བཙན་རྒོད་རབ་ཏུ་གཏུམ། །ཕུར་པའི་ལས་མཁན་སྲུང་མ་བཅུ་གཉིས་ཚོགས། །མཐུ་སྟོབས་ཐོགས་མེད་ལྷང་ལྷ་མཆེད་གསུམ་དང་། །དམ་ཉམས་དགྲ་སྲོག་ཐམས་པའི་ཙིའུ་དམར། །རྒྱལ་པོ་ཆེན་པོ་ལི་བྱིན་སྐུ་ལྔ་དང་། །རྡོ་རྗེ་གྲགས་ལྡན་དགྲ་ལྷ་ཀུན་གྱི་གཙོ། །གྲི་བཙན་ཆེན་པོ་རྡོ་རྗེ་དགྲ་འདོམས་རྩལ། །ཡིད་བཞིན་ནོར་བུ་རྒྱལ་པོ་རྣམ་ཐོས་སྲས། །དབང་གི་ཕྲིན་ལས་རྫོགས་མཛད་ཛམ་ལྷ་དམར། །རྡོ་རྗེ་ཁྲོ་རྒྱལ་ཨཱུཙྪཥྨ། །ཁྲོ་རི་ཟིལ་ཁྲོམ་རྡོ་རྗེ་གཡུང་དྲུང་རྩལ། །དཀོར་བདག་ཆེན་མོ་རྒོད་ལྕམ་ཤེལ་རྟ་སྨན། །དྲི་ཟའི་རྒྱལ་པོ་ཟུར་ཕུད་ལྔ་པ་དང་། །གནས་བདག་ནོར་བུ་གཡུལ་རྒྱལ་མཐུ་རྩལ་

ཙན། །གཏེར་སྲུང་དགེ་བསྙེན་ཆེན་པོ་སྙོན་ཁ་དང་། །དྲེགས་པའི་སྡེ་དཔོན་སུམ་ཅུ་རྩ་གཉིས་པོ། །རྒྱལ་བའི་བསྟན་སྲུང་དུར་ཁྲོད་ལྷ་མོ་མཆོག །ལས་གཤིན་ནག་པོ་དྲེགས་པ་ཡོངས་ཀྱི་གཙོ། །གཏེར་སྲུང་མཁའ་འགྲོ་ཆེན་མོ་སྨྲང་ཞོན་མ། །གཙོད་ཡུལ་བཀའ་སྲུང་ཟངས་རི་མཆེད་གཉིས་དང་། །གཏེར་སྲུང་ཀླུ་མོ་ཆེན་མོ་གཟི་འབར་མ། །མཐུ་ཆེན་རྨ་རྒྱལ་སྤོམ་ར་ལྷ་ཡི་སྲས། །སྨན་སྲུང་ལྷ་སྨན་རིག་འཛིན་དྲང་སྲོང་ཚོགས། །ཟབ་གཏེར་བསྟན་སྲུང་གནོད་སྦྱིན་ཁོལ་པོ་ཁ། །གེ་སར་དགྲ་ལྷའི་རྒྱལ་པོར་འཁོར་དང་བཅས། །སྲིད་གསུམ་དབང་མཛད་ཀླུང་རྟ་བསྐྱེད་པའི་ལྷ། །རང་རང་གཡོག་འཁོར་ལྷ་སྲིན་དྲེགས་པའི་ཚོགས། །སྔོན་ཆེ་ཐུགས་དམ་དབང་གིས་གནས་འདིར་གཤེགས། །སྣང་བ་བདེ་ཡངས་སྟོང་ལ་རིག་པ་ཡི། །འཁྲུལ་སྣང་སྲིད་ཞིའི་གཏོར་ལ་དངོས་གྲུབ་དཔལ། །འབྱུང་བའི་མ་བཞིན་སྣང་སྟུལ་འགགས་མེད་རྣམས། །ལེགས་འབུལ་དངོས་འབྱོར་ཤ་ཁྲག་གཟུགས་རབ་མཆོག །བཟའ་བཏུང་བཅུད་ལྡན་རབ་མཛེས་བླ་ལིངྒ། །སྨན་དང་རཀྟ་ཕྱི་ནང་གསང་བ་ཡི། །རྨད་དུ་བྱུང་བའི་མཆོད་རྫས་ཅི་སྙེད་ཀུན། །སོ་སོའི་ཐུགས་ལ་ཅི་ལྟར་འདོད་པ་བཞིན། །དངོས་སུ་འབྱོར་དང་ཡིད་ཀྱིས་སྤྲུལ་པ་ཡིས། །དཔག་མེད་ནམ་མཁའི་ཁྱོན་རྣམས་ཡོངས་བཀང་སྟེ། །གུས་པའི་སེམས་ཀྱིས་རབ་ཏུ་འབུལ་བ་འདིས། །སྔར་མཛད་ལས་ཀྱི་གཏང་རག་གཙན་པོ་དང་། །ད་བཅོལ་ལེགས་པའི་ལས་ཀྱི་གསོལ་འདེབས་སུ། །འབུལ་ཕྱིར་བཞེས་ལ་ཕྲིན་ལས་འགྲུབ་པར་མཛོད། །ཁྱད་པར་བདག་ཅག་དཔོན་སློབ་འཁོར་བཅས་ཀྱི། །ནད་གདོན་གནོད་པ་མ་ལུས་ཞི་བ་དང་། །ཚེ་བསོད་རྒྱས་ཤིང་དོན་གཉིས་ལྷུན་གྱིས་འགྲུབ། །སྲིད་གསུམ་དབང་

དུ་འདུ་བའི་ཕྲིན་ལས་མཛོད། །སྤྱིར་ན་སངས་རྒྱས་བསྟན་པའི་སྤྱི་དགྲ་དང་། །དཀོན་མཆོག་སྐུ་དགྲ་རྣལ་འབྱོར་སློས་དགྲ་རྣམས། །དེ་ལྷ་ཉིད་དུ་སྒྲོལ་བའི་ཕྲིན་ལས་མཛོད། །གཞན་ཡང་ཡུལ་རིས་རྒྱལ་ཁམས་ཐམས་ཅད་དུ། །ནད་མཚོན་མུ་གེའི་བསྐལ་པ་རབ་ཞི་ནས། །ཚེ་རིང་ནད་མེད་བདེ་སྐྱིད་ཕུན་སུམ་ཚོགས། །ལོ་ཕྱུགས་ལེགས་ཤིང་དཔལ་དང་འབྱོར་བས་ཕྱུག །ཅི་བསམ་དོན་རྣམས་རབ་ཏུ་འགྲུབ་ནས་ཀྱང་། །ཕུན་ཚོགས་ཕན་བདེའི་དཔལ་ལ་སྤྱོད་པར་ཤོག །ཅེས་ཕུད་དང་གཏོར་མ་གཙང་སར་མཆོད། དེ་ནས་གཏང་རག་མཆོད་བསྟོད་ནི། ཨོཾ་ཤྲཱི་བཛྲ་ཧཱུྃ་པླ་ལ་ས་པླ་རི་ཕླ་ར་ཨླཀྐྲྃ་སོགས་ནས་ཤབྡ་མ་ཧཱ་པཉྩ་ཨ་མྲྀ་ཏ་རཀྟ་བྷ་ལིངྟ་ཁཱ་ཧིཿ ཞེས་མཆོད་ཅིང་བསྟོད་པ་ནི། སྔོན་ཚེ་ཨོ་རྒྱན་ཆེན་པོའི་སྤྱན་སྔར། །ཚུལ་བཞིན་སྒྲུབ་པར་བྱེད་པའི་གང་ཟག་ལ། །མ་ཡིས་བུ་བཞིན་སྐྱོང་བར་ཞལ་བཞེས་པའི། །ཆོས་སྐྱོང་སྲུང་མ་རྣམས་ལ་ཕྱག་འཚལ་བསྟོད། །ཅེས་པས་བསྟོད་ཅིང་། ནོངས་པ་བཤགས་པ་ནི།མ་རྙེད་ཡོངས་སུ་མ་ཚང་དང་། །གང་ཡང་ནུས་པ་མ་མཆིས་པ། །འདིར་ནི་བགྱིས་པ་གང་ནོངས་པ། །དེ་ཀུན་ཁྱོད་ཀྱིས་བཟོད་མཛད་རིགས། །ཞེས་དང་། ཨོཾ་བཛྲ་སཏྭ་ས་མ་ཡ་སོགས་བརྗོད་ཅིང་ནོངས་པ་བཤགས། རྟེན་ཡོད་ན་བརྟེན་བཞུགས་སྒྲི་ལྟར་བྱ་བ་ནི། འདིར་ནི་རྟེན་དང་ལྷན་ཅིག་ཏུ། །འཁོར་བ་སྲིད་དུ་བཞུགས་ནས་ཀྱང་། །ནད་མེད་ཚེ་དང་དབང་ཕྱུག་དང་། །མཆོག་རྣམས་ལེགས་པར་སྩལ་དུ་གསོལ། །ཨོཾ་སུ་པྲ་ཏིཥྛ་བཛྲ་ཡེ་སྭཱ་ཧཱ། ཞེས་བརྟན་བཞུགས་དང་། རྟེན་མེད་ན་ནི། བཛྲ་མུཿ གཤེགས་གསོལ་བྱ། དེ་ནས་དགེ་བ་བསྔོ་བ་ནི། དགེ་བ་འདི་ཡིས་བདག་དང་སེམས་ཅན་ཀུན། །ཕྱི་ནང་ཉེར་འཚེའི་བར་ཆད་ཀུན་ཞི་ཞིང་། །ཚེ་བསོད་རྒྱས་ཤིང་ཉམས་རྟོགས་ཡེ་ཤེས་

འབར། །མཐར་ཐུག་བླ་མེད་བྱང་ཆུབ་མཆོག་ཐོབ་ཤོག །བཀྲ་ཤིས་ནི། ཧཱུྃ། མི་ཤིགས་གཅུག་མའི་དོན་གྱི་གཞལ་ཡས་ནས། །རྩ་བརྒྱུད་བླ་མ་རྣམས་ཀྱི་བཀྲ་ཤིས་ཤོག །བདེ་ཆེན་འགྱུར་མེད་ཆོས་དབྱིངས་ཕོ་བྲང་ནས། །ཡི་དམ་ལྷ་ཚོགས་རྣམས་ཀྱི་བཀྲ་ཤིས་ཤོག །གནས་ཡུལ་ཉེར་བཞིའི་དུར་ཁྲོད་ཆེན་པོ་ནས། །མ་སྲིང་མཁའ་འགྲོའི་ཚོགས་ཀྱི་བཀྲ་ཤིས་ཤོག །དམ་ཉམས་དགྲ་བགེགས་འདུལ་བའི་ཕོ་བྲང་ནས། །དམ་ཅན་ཆོས་སྐྱོང་རྣམས་ཀྱི་བཀྲ་ཤིས་ཤོག །ཅེས་མེ་ཏོག་འཐོར་ཞིང་རོལ་མོའི་སྒྲ་སྒྲོག་གོ །ཞེས་པ་འདི་ནི་རྫོགས་ཆེན་བཞི་པ་ཨོ་རྒྱན་ཆེ་མཆོག་དཔལ་གྱི་རྡོ་རྗེས་མཛད་པའི་དམ་ཅན་སྤྱི་ལ་གཏོར་མ་འབུལ་ཐབས་འདོད་པའི་རེ་སྐོང་ནི་བདག་འདྲ་བློན་མོངས་ལས་དང་པོ་པ་རྣམས་ལ་ཚིག་ཉུང་ཟད་བསྡུ་ཆེ་བ་ལྷ་བུའི་དབང་གིས་དོན་གསལ་ཐེབས་པར་དཀའ་བས་རྡོ་རྗེའི་ཚིག་དེ་ཉིད་ལ་གཞི་བྱས་ཏེ། སློན་གླིང་དམ་ཅན་སྤྱི་གཏོར་གྱི་འགྲོས་ལྟར་ཉུང་ཟད་རྒྱས་ཤིང་སྦྱོར་པ་དོན་གཉིས་མྱུར་འགྲུབ་ཅེས་བྱ་བ་འདི་ནི། རང་ལོ་བཅོ་བརྒྱད་ཀྱི་སྟེང་དུ་པདྨ་ཐེག་མཆོག་བསྟན་འཛིན་གྱིས་རྫོང་གསར་བཀྲ་ཤིས་ལྷ་རྩེ་ནས་བྲིས་པ་འདིས་ཀྱང་། རྣལ་འབྱོར་རིག་པ་འཛིན་པ་རྣམས་ཀྱིས་གནས་སྐབས་སུ་བར་ཆད་མི་མཐུན་པའི་ཕྱོགས་ཐམས་ཅད་ལས་རྣམ་པར་རྒྱལ་ཞིང་། རིམ་གཉིས་ཀྱི་ལམ་ལ་བརྟེན་ནས། མཐར་ཐུགས་རྫོགས་པའི་སངས་རྒྱས་ཀྱི་གོ་འཕང་རིན་པོ་ཆེ་རིང་པོར་མི་ཐོགས་པར་མྱུར་དུ་ཐོབ་པའི་རྒྱུར་གྱུར་ཅིག

༄༅། །བསྟན་སྲུང་དམ་ཅན་རྒྱ་མཚོ་སྤྱི་ཡི་བསྐང་བ་ཡིད་བཞིན་རེ་སྐོང་ཞེས་བྱ་བ་བཞུགས་སོ། །

ཨོཾ་སྭ་སྟི། བདེ་ཆེན་ཡེ་ཤེས་ལྷ་ཡི་བདག །དཀྱིལ་འཁོར་ཀུན་གྱི་འབྱུང་གནས་མཆོག །དཔལ་ལྡན་རྡོ་རྗེ་སེམས་དཔའ་ལ། །སྙིང་ནས་གུས་པས་ཕྱག་འཚལ་འདུད། །དེ་ལ་འདིར་བསྟན་སྲུང་དམ་ཅན་རྒྱ་མཚོ་སྤྱི་ལ་བསྐང་བཤགས་བྱེད་པར་སྤྲོ་ན་དམ་ཅན་སོ་སོའི་རྟེན་དང་སྨན་གཟིགས་སྐོང་རྫས་སྨན་གཏོར་རཀྟ་སོགས་མཐོ་བའི་ཡོ་བྱད་ཐམས་ཅད་སྤྲོས་བཅས་སྤྲོས་མེད་དུས་སྐབས་དང་བསྟུན་པར་བཤམས་ལ། རང་ཉིད་ཡི་དམ་གྱི་ང་རྒྱལ་བརྟན་པོ་དང་མ་བྲལ་བའི་ངང་ནས། ཨོཾ་བཛྲ་ཨ་མྲི་ཏ་ཀུཎྜ་ལི་ཧ་ན་ཧ་ན་ཧཱུྃ་ཕཊ༔ ཨོཾ་སྭ་བྷཱ་ཝ་ཤུདྡྷ་སརྦ་དྷརྨཱ༔ སྭ་བྷཱ་ཝ་ཤུདྡྷོ྅ཧཾ༔ སྟོང་པའི་ངང་ལས་བྷྲཱུྃ་ལས་གནས་ཁང་དུར་ཁྲོད་དྲག་པོའི་བཀོད་པ་ཞིང་ཁམས་བསམ་གྱིས་མི་ཁྱབ་པར་ཕྱི་ནང་གསང་བའི་མཆོད་པ་སྨན་གཟིགས་མཐུན་རྫས་རྟེན་རྫས་སྐོང་རྫས་ལ་སོགས་པ་ཐམས་ཅད་སྲིད་ཞིའི་འདོད་ཡོན་གྱིས་རྣམ་པ་མཐོ་དགུ་ཚང་བ། བཟང་དགུའི་འབྱོར་པ། མཛེས་དགུས་བརྒྱན་པ། ངོ་བོ་ཡེ་ཤེས་ཀྱི་སྒྱུ་མའི་རང་བཞིན་བདེ་བའི་རྣམ་པ་ཐམས་ཅད་འཆར་བའི་ནམ་མཁའི་ཁམས་གང་བར་གྱུར། ན་མཿ སརྦ་ཏ་ཐཱ་ག་ཏ་སོགས། ནམ་མཁའ་མཛོད་ཀྱི་སྔགས་རྒྱས་བྱིན་གྱིས་བརླབས་ལ། གདུང་བའི་དབྱངས་ཀྱིས་འདི་སྐད་དོ། །ཧཱུྃ་ཧྲཱིཿ དུར་ཁྲོད་རབ་འཇིགས་རྔམས་པའི་གཞལ་ཡས་ཁང་། །ཐོད་མཁར་མེ་རླུང་འཚུབ་མ་འུ་རུ

ཧཱུ། ། དམར་ཆེན་ཁྲག་གི་རྒྱ་མཚོ་རྦ་རླབས་འཁྲུགས། ། ཞིང་ཆེན་ཞིང་རྐང་པོ་མོ་གཅལ་དུ་བཀྲམ། ། མི་རོའི་རྒྱལ་མཚན་ཙིཏྟའི་ཏོག་གིས་མཛེས། ། རྒྱུ་རློན་ནང་རོལ་དྲྭ་ཕྲེད་བསམ་མི་ཁྱབ། ། ཞིང་ཆེན་གླ་བྲེ་ཞིང་རྐང་འཕན་གྱིས་མཛེས། ། གཏུམ་དྲག་བཟོད་པར་དཀའ་བའི་ཕོ་བྲང་ཆེ། ། ཕྱི་རོལ་འཁོར་ཡུག་དུར་ཁྲོད་ཆེན་པོ་ན། ། ཀང་ཀ་ལ་སོགས་དུར་བྱ་སྣ་ཚོགས་དང་། ། ཤ་ཟ་སྲིན་པོ་རོ་ལངས་འཇིགས་པའི་ཚོགས། ། མི་བཟད་གཅན་གཟན་མང་པོ་རྒྱུག་འདྲལ་བྱེད། ། དུར་ཁྲོད་ཆས་རྣམས་མ་ལུས་ཡོངས་སུ་རྫོགས། ། ཧཱུྃ་ཧྲཱིཿ འོག་མིན་ཆོས་དབྱིངས་གནས་མཆོག་དམ་པ་ནས། ། རྩ་བརྒྱུད་བླ་མ་རྒྱལ་བ་སྲས་དང་བཅས། ། ཡི་དམ་ཞི་ཁྲོ་རྒྱུད་སྡེ་སྒྲུབ་སྡེའི་ལྷ། ། གནས་གསུམ་དཔའ་བོ་མཁའ་འགྲོ་རྒྱ་མཚོའི་ཚོགས། ། མི་མངོན་དབྱིངས་ཀྱི་གནས་མཆོག་དམ་པ་ནས། ། ཐུགས་དམ་བསྐང་བའི་གནས་འདིར་གཤེགས་སུ་གསོལ། ། ཧཱུྃ་ཧྲཱིཿ དབང་ཆེན་རོལ་པའི་ཞིང་ཁམས་ཆེན་པོ་ནས། ། གར་གྱི་དབང་ཕྱུག་ཐུགས་རྗེའི་རྣམ་རོལ་ལས། ། ཡོངས་ཤར་རྟ་མགྲིན་ནག་པོ་ལྷུགས་རལ་ཅན། ། དྲེགས་པ་སྡེ་བརྒྱད་འཁོར་ཚོགས་བཅས་པ་རྣམས། ། ཐུགས་དམ་བསྐང་བའི་གནས་འདིར་གཤེགས་སུ་གསོལ། ། རི་རྒྱལ་མ་ལ་ཡ་ཡི་རྩེ་མོ་ནས། ། ལེགས་ལྡན་རྡོ་རྗེ་སྲིན་པོ་ཚོགས་ཀྱི་བདག ། གསང་བའི་ཡུམ་ཆེན་ཀྲོ་དྷི་ཤྭ་རི་མ། ། སྤྲུལ་པ་ཡང་སྤྲུལ་འཁོར་གཡོག་བཅས་པ་རྣམས། ། ཐུགས་དམ་བསྐང་བའི་གནས་འདིར་གཤེགས་སུ་གསོལ། ། གསང་ཆེན་རོལ་པའི་དུར་ཁྲོད་ཆེན་པོ་ནས། ། གདུལ་དཀའི་གཤེད་སྐྱུར་དཔལ་མགོན་མ་ནིང་ནག ། སྲོག་བདུད་དཔལ་འབར་དྲེགས་པ་སྡེ་བརྒྱད་ཚོགས། ། ཐུགས་དམ་བསྐང་བའི་གནས་འདིར་གཤེགས་སུ་

གསོལ། །གྲུ་གསུམ་མཐིང་ནག་འབར་བའི་དཀྱིལ་འཁོར་ནས། །བདུད་
འདུལ་ལས་ཀྱི་དབང་ཕྱུག་ཚོགས་ཀྱི་བདག །སྦྱོར་བའི་ཡུམ་ཆེན་ཡཀྵ་བེ་ཏ་
ལི། །སྐུ་གསུང་ཐུགས་མགོན་ཕྱོགས་བཅུའི་མགོན་པོ་བཅུ། །སྡེ་བརྒྱད་
དྲེགས་པའི་གཙོ་བོ་ཆེ་རྣམས་དང་། །བཀའ་སྡོད་ལྷ་དམག་བྱེ་བ་དུང་ཕྱུར་
སོགས། །ཁྱད་པར་དགྲ་ལྷ་བཅུ་གསུམ་དམག་དཔུང་བཅས། །ཐུགས་དམ་
བསྐང་བའི་གནས་འདིར་གཤེགས་སུ་གསོལ། །བསིལ་བ་ཚལ་གྱི་དུར་ཁྲོད་ཆེན་
པོ་ནས། །དཔལ་ལྡན་ཡེ་ཤེས་མགོན་པོ་ཕྱག་བཞི་པ། །ཡུམ་ཆེན་ལྷ་མོ་མ་མོ་
ཙཎྜི་ནག །བཀའ་ཉན་འཁོར་ཚོགས་སྐྱོང་བའི་ཚོགས་རྣམས་ཀྱང་། །ཐུགས་
དམ་བསྐང་བའི་གནས་འདིར་གཤེགས་སུ་གསོལ། །འཛིགས་རུང་མཁའ་སྤྱོད་པོ་
བྲང་ཙ་རི་ནས། །མི་སྡུག་མི་བསྲུན་ཞིང་སྐྱོང་སེང་གེའི་གདོང་། །ཡུམ་མཆོག
བདུད་མོ་ནག་མོ་ཁྲག་རལ་ཅན། །ལས་བྱེད་དུས་མཚན་པོ་གྲོ་དགྲ་བོའི་
གཤེད། །བཀའ་ཉན་ལས་བྱེད་དྲེགས་པའི་ཚོགས་རྣམས་བཅས། །ཐུགས་
དམ་བསྐང་བའི་གནས་འདིར་གཤེགས་སུ་གསོལ། །མི་མངོན་དབྱིངས་ཀྱི་གནས་
མཆོག་དམ་པ་ནས། །དྲག་པོའི་ཤུགས་འཆང་ཨེ་ཀ་ཛ་ཊི་མ། །ཡེ་ཤེས་ལས་
དང་འཛིག་རྟེན་མཁའ་འགྲོའི་ཚོགས། །བྱེ་བ་འབུམ་གྱི་འཁོར་ཚོགས་བཅས་པ་
རྣམས། །ཐུགས་དམ་བསྐང་བའི་གནས་འདིར་གཤེགས་སུ་གསོལ། །རི་རབ་
བྱང་ཤར་ཡོངས་འདུའི་ཤིང་གི་དྲུང་། །མུ་ལེ་མཐིང་གི་རྒྱ་མཚོའི་གླིང་དཀྱིལ་
ནས། །སྲིད་པ་གསུམ་ལ་དབང་སྒྱུར་མཐུ་མོ་ཆེ། །དཔལ་ལྡན་ལྷ་མོ་ཆེན་མོ་
སྔགས་བདག་མ། །དྲེགས་པ་བདུན་དང་མ་མོ་བྱེ་བ་བཅས། །ཐུགས་དམ་
བསྐང་བའི་གནས་འདིར་གཤེགས་སུ་གསོལ། །རང་བཞིན་ཆོས་ཀྱི་དབྱིངས་ཀྱི་

གནས་མཆོག་ནས། །དཔལ་ལྡན་ལྷ་མོ་རྡོ་རྗེ་གཡོག་སྒྲོད་མ། །དབྱར་གྱི་ཆར་སྤྲིན་གཏིབ་པ་ལྷ་བུའི་སྐུ། །ཏྲི་རིའི་གནས་ནས་བྱིས་པའི་དུར་བྱེད་མ། །མི་དུར་གཅོད་བྱེད་ནག་མོ་མཐུ་མོ་ཆེ། །ཐུགས་དམ་བསྐང་བའི་གནས་འདིར་གཤེགས་སུ་གསོལ། །བསྐལ་བ་རླུང་ནག་འཚུབ་མའི་དཀྱིལ་འཁོར་ནས། །མ་ཅིག་ཞན་པ་སྒྲོག་སྒྲུབ་ནག་མོ་ནི། །ལས་དང་ཡེ་ཤེས་ཚོགས་ཀྱི་རྗེ་མོ་རྣམས། །ཤ་ཟ་མ་མོ་འབུམ་སྡེའི་ཚོགས་དང་བཅས། །ཐུགས་དམ་བསྐང་བའི་གནས་འདིར་གཤེགས་སུ་གསོལ། །བལ་ཡུལ་ཁ་ལ་རོང་སྒོའི་དབེན་གནས་སུ། །བོད་ཁམས་སྐྱོང་བའི་བརྟན་མ་བཅུ་གཉིས་ཚོགས། །བདུད་མོ་བཞི་དང་གནོད་སྦྱིན་སྨན་མོ་བཞི། །རང་རང་བྲན་གཡོག་མང་པོའི་འཁོར་དང་བཅས། །ཐུགས་དམ་བསྐང་བའི་གནས་འདིར་གཤེགས་སུ་གསོལ། །གནས་མཆོག་གངས་ཅན་ཞེལ་གྱི་ཟུར་ཕུད་ནས། །རྒྱལ་བའི་ཡུམ་ཆེན་རྡོ་རྗེ་ཀུན་བཟང་མོ། །མཐིང་གི་ཞལ་བཟང་ལ་སོགས་མཁའ་འགྲོ་བཞི། །སྤྲུལ་པ་ཡང་སྤྲུལ་ཉིང་སྤྲུལ་བསམ་མི་ཁྱབ། །ཐུགས་དམ་བསྐང་བའི་གནས་འདིར་གཤེགས་སུ་གསོལ། །ལྷོ་ཕྱོགས་རིན་ཆེན་བྲག་རིས་གཏམས་པའི་ཞིང་། །ཡིད་འོང་སྨན་ལྗོངས་ནགས་ཚལ་རྒྱས་པའི་དབུས། །དྲི་མེད་དྭངས་གསལ་ཞེལ་གྱི་སྐུ་མཁར་ནས། །བོད་སྐྱོང་བརྟན་མའི་གཙོ་བོ་གཡུ་ཡི་སྒྲོན། །འཁོར་དུ་ཡེ་ཤེས་ཌཱ་ཀི་སྡེ་ལྔ་དང་། །བརྟན་མ་བཅུ་གཉིས་སྨན་བཙུན་འབུམ་དང་བཅས། །ཐུགས་དམ་བསྐང་བའི་གནས་འདིར་གཤེགས་སུ་གསོལ། །ཚངས་པའི་གནས་དང་ཅོ་ཧྲན་ནགས་གླིང་ནས། །པདྨ་གར་དབང་ཐུགས་རྗེའི་རྣམ་རོལ་ལས། །འཇིག་རྟེན་མེས་པོ་ཁམས་གསུམ་ཀུན་ཀྱི་བདག །དབང་ཕྱུག་ཆེན་པོ་ཤྲཱི་རལ་བ་

ཅན། །གསང་བའི་ཡུམ་ཆེན་ལྷ་མོ་དཀའ་ཟློག་མ། །འཁོར་གྱི་ལྷ་མོ་ཆེན་མོ་མཆེད་བཞི་བཅས། །ཐུགས་དམ་བསྐང་བའི་གནས་འདིར་གཤེགས་སུ་གསོལ། །སྟོང་གསུམ་ནམ་མཁའ་ཡངས་པའི་དཀྱིལ་འཁོར་ནས། །བསྟན་སྲུང་ཁྱབ་འཇུག་ཆེན་པོ་རཱ་ཧུ་ལ། །སྤྲུལ་པའི་གཟའ་བརྒྱད་གདོང་མོ་ཆེན་མོ་བཞི། །སྤྲུལ་འཁོར་ལྷ་སྲིན་སྡེ་བརྒྱད་ཚོགས་དང་བཅས། །ཐུགས་དམ་བསྐང་བའི་གནས་འདིར་གཤེགས་སུ་གསོལ། །ཤར་དང་འུ་ཡུག་གནས་མཆོག་དམ་པ་ནས། །འཛམ་གླིང་གནམ་ས་ཁྱེད་ཀྱི་བདག་པོ་ནི། །སྐྱེས་མཆོག་བཛྲ་ས་དྷུ་ཐིག་ལེ་རྩལ། །མཆེད་འཁོར་སུམ་བརྒྱ་དྲུག་ཅུའི་ཚོགས་དང་བཅས། །ཐུགས་དམ་བསྐང་བའི་གནས་འདིར་གཤེགས་སུ་གསོལ། །གཏུམ་དྲག་མེ་ལྟར་འབར་བའི་དཀྱིལ་འཁོར་ནས། །ཁམས་གསུམ་སྐྱེ་འགྲོའི་སྲོག་གི་བདག་པོ་སྟེ། །ར་ཞོན་དམ་ཅན་རྡོ་རྗེ་དགྲ་འཇོམས་རྩལ། །སྡེ་བརྒྱད་རིགས་པའི་དམག་དཔུང་བཅས་པ་རྣམས། །ཐུགས་དམ་བསྐང་བའི་གནས་འདིར་གཤེགས་སུ་གསོལ། །ཏི་སེ་དབང་གི་ཕོ་བྲང་ཆེན་པོ་ནས། །ཇོ་བོ་ལྷ་ཡི་བཙན་རྒོད་རྡོ་རྗེ་འབར། །འཁོར་གྱི་བཙན་རྒོད་ཆེན་པོ་མཆེད་བདུན་བཅས། །ཐུགས་དམ་བསྐང་བའི་གནས་འདིར་གཤེགས་སུ་གསོལ། །ནུབ་ཕྱོགས་བླ་མཁར་སླུག་པོའི་ཕོ་བྲང་ནས། །དམ་ཅན་ནོར་བདག་ཀོང་བཙུན་ཡུམ་དང་བཅས། །འཁོར་གྱི་ནོར་བདག་ཛམ་ལྷ་ཆེན་པོ་བརྒྱད། །དགེ་བསྙེན་ཉེར་གཅིག་བརྟན་མ་བཅུ་གཉིས་དང་། །སུམ་བརྒྱ་དྲུག་ཅུའི་སྤྲུལ་འཁོར་རྒྱ་མཚོའི་ཚོགས། །ཐུགས་དམ་བསྐང་བའི་གནས་འདིར་གཤེགས་སུ་གསོལ། །ཧེ་ཆེན་བརྡལ་བའི་དུར་ཁྲོད་ཆེན་པོ་ནས། །རབ་ཁྲོས་གནོད་སྦྱིན་ཤན་པ་དམར་ནག་ནི། །དུར་ཁྲོད་བདག་པོ་ཤ

ཟ་སྲིན་པོའི་གཟུགས། །ཤིན་ཏུ་འཇིགས་པའི་མེ་འོད་ལུས་ལ་འཁྲོ། །དམ་ཉམས་དགྲ་ཡི་ཤ་སྲོག་ཧུབ་ཀྱིས་འདེབས། །ཕོ་ཉ་སྡེ་བརྒྱད་ཤ་ཟ་ཤན་པའི་ཚོགས། །ཐུགས་དམ་བསྐང་བའི་གནས་འདིར་གཤེགས་སུ་གསོལ། །དུར་ཁྲོད་བརྒྱད་དང་གནས་ཡུལ་ཉེར་བཞི་ནས། །ཧཱུྃ་དཀར་སྲུས་མོ་དཔལ་མོ་འཇོམ་པ་སྐྱིད། །ཀྲཱི་དབང་མོའི་རྩལ་འཆང་རིག་འཛིན་མ། །རེས་འགའ་རབ་ཁྲོས་ཤ་ཟ་ཁ་མོ་ཆེ། །མ་མོ་མཁའ་འགྲོའི་འཁོར་ཚོགས་བཅས་པ་རྣམས། །ཐུགས་དམ་བསྐང་བའི་གནས་འདིར་གཤེགས་སུ་གསོལ། །ལྗོན་ཤིང་བྲག་རིས་གཏམས་པའི་ཕོ་བྲང་ནས། །ཕྱི་ལྷར་ཀླུ་བཙན་ཤིན་ཏུ་ཁྲོས་པའི་གཟུགས། །ནང་ལྷར་ར་ཙ་དགེ་བསྙེན་ཆེན་པོ་སྟེ། །གསང་བ་གནོད་སྦྱིན་ནོར་བདག་རྒྱལ་པོའི་རྩལ། །སྤྲུལ་པ་ཉི་ཤུ་རྩ་གཅིག་འཁོར་བཅས་རྣམས། །ཐུགས་དམ་བསྐང་བའི་གནས་འདིར་གཤེགས་སུ་གསོལ། །བལ་ཡུལ་ཡང་ལེ་ཤོད་ཀྱི་བྲག་ཕུག་ནས། །དཔལ་ཆེན་ཕུར་བའི་སྲུང་མ་ཆེན་མོ་ནི། །དཔལ་གྱི་བཀའ་ཉན་ཤྭ་ན་མཆེད་བཞི་དང་། །སྲོག་གཅོད་ནག་མོ་བསེ་ཡི་བུ་མོ་བཞི། །དགྲ་བོའི་སྲོག་གཅོད་རེ་ཏི་མཆེད་སྡེ་བཞི། །མ་མོ་རྣམས་ཀྱི་མིང་པོ་གིང་བཞིའི་ཚོགས། །ཐུགས་དམ་བསྐང་བའི་གནས་འདིར་གཤེགས་སུ་གསོལ། །གནས་མཆོག་ལྷུང་ལྷ་གསང་བའི་བྲག་ཕུག་ནས། །རྡོ་རྗེ་ཕུར་བའི་ཟབ་གཏེར་སྐྱོང་མཛད་པའི། །ལྷ་ཡི་དགེ་བསྙེན་རྡོ་རྗེ་དྲག་པོ་རྩལ། །བཙན་རྒོད་ཆེན་པོ་སྐྱོང་གི་ཚོགས་དང་བཅས། །ཐུགས་དམ་བསྐང་བའི་གནས་འདིར་གཤེགས་སུ་གསོལ། །བྱང་ཕྱོགས་ལི་ཡུལ་ལྷུང་རི་སྨུག་པོ་ནས། །སྣང་སྲིད་དྲེགས་པ་ཡོངས་ཀྱི་རྗེ་བཙན་མཆོག །གནོད་སྦྱིན་རྒྱལ་པོ་ཆེན་པོ་ཙིཏྲ་

དམར། །རང་གི་ལུས་ལས་བྱུང་བའི་བཙན་དུག་དང་། །སྤྲུལ་པ་ཡང་སྤྲུལ་སྡེ་བརྒྱད་ཚོགས་དང་བཅས། །ཐུགས་དམ་བསྐང་བའི་གནས་འདིར་གཤེགས་སུ་གསོལ། །ཧྲེ་ཏ་ཧོར་གྱི་སྒོམ་གྲྭའི་གནས་མཆོག་ནས། །བཅོམ་ལྡན་རྒྱལ་བ་རིགས་ལྔའི་རྣམ་རོལ་ལས། །སྤྲུལ་པའི་ཆོས་རྒྱལ་ཆེན་པོ་སྐུ་ལྔ་ཤར། །སྐུ་ཡི་རྒྱལ་པོ་མོན་བུ་པ་ཏྲ་སྟེ། །གསང་བའི་ཡུམ་ཆེན་བདུད་མོ་རོ་ལངས་མ། །བཀའ་བློན་ཤན་པ་བྱ་ཁྲི་མིག་གཅིག་པུ། །གསུང་གི་རྒྱལ་པོ་དགྲ་ལྷ་སྐྱེས་གཅིག་པུ། །གསང་བའི་ཡུམ་ཆེན་མཛེས་བྱེད་པདྨ་སྐྱེས། །བཀའ་ཡི་བློན་པོ་རྡོ་རྗེ་གྲགས་ལྡན་ཏེ། །ཐུགས་ཀྱི་རྒྱལ་པོ་བརྒྱ་བྱིན་མཐིང་ནག་དང་། །ཡུམ་གཅིག་ཤཀྟི་རོ་ཟན་མཐུ་མོ་ཆེ། །བློན་པོ་སྲོག་བདག་བཀའ་ཡི་བྱ་རབ། །ཡོན་ཏན་རྒྱལ་པོ་གནོད་སྦྱིན་ཤིང་བྱ་ཅན། །གསང་བའི་ཡུམ་ཆེན་གསེར་གྱི་སྤུ་གྲི་མ། །བཀའ་ཡི་བློན་པོ་བྱ་རྒོད་ཐང་ནག་སྟེ། །ཕྲིན་ལས་རྒྱལ་པོ་ཞལ་གསུམ་མི་བོ་ཆེ། །གསང་བའི་ཡུམ་ཆེན་བདུད་བཟའ་སྨིན་དཀར་མ། །བཀའ་ཡི་བློན་པོ་པུ་ཏྲ་ནག་པོ་སྟེ། །གཞན་ཡང་སྤྲུལ་པ་ཡང་སྤྲུལ་སྣ་ཚོགས་དང་། །རུ་འདྲེན་སྡེ་བཞིའི་འཁོར་ཚོགས་བཅས་པ་རྣམས། །ཐུགས་དམ་བསྐང་བའི་གནས་འདིར་གཤེགས་སུ་གསོལ། །དཀོར་མཛོད་གླིང་གི་གནས་མཆོག་དམ་པ་ནས། །དགྲ་ལྷའི་རྒྱལ་པོ་རྡོ་རྗེ་གྲགས་ལྡན་རྒྱལ། །གསང་བའི་ཡུམ་གཅིག་གཟི་བརྗིད་ཆེན་མོ་དང་། །སྤྲུལ་པ་བློན་པོ་རུ་འདྲེན་ཕོ་ཉའི་ཚོགས། །ཐུགས་དམ་བསྐང་བའི་གནས་འདིར་གཤེགས་སུ་གསོལ། །ཨཱུ་ཌི་པ་ལོའི་གནས་མཆོག་དམ་པ་ནས། །ཁྲི་བཙན་ཆེན་པོ་རྡོ་རྗེ་དགྲ་འཛོམས་རྩལ། །མཆེད་ཟླ་ལྷ་སྲིན་སྡེ་བརྒྱད་ཡུམ་དང་བཅས། །ཐུགས་དམ་བསྐང་བའི་

གནས་འདིར་གཤེགས་སུ་གསོལ། །རིན་ཆེན་རི་རབ་ལྷུན་པོའི་བྱང་གི་ཕྱོགས། །ནོར་མང་རྣམ་ཐོས་རྒྱལ་པོའི་ཕོ་བྲང་ནས། །ཡིད་བཞིན་ནོར་བུ་རྒྱལ་པོ་རྣམ་ཐོས་སྲས། །ཡུམ་ཆེན་བཞི་དང་ལྷ་མོ་རྣམ་པ་བཞི། །རྣམ་སྲས་སྡེ་བཞི་ཛམ་ལྷ་རིགས་བཞི་དང་། །རྟ་བདག་བརྒྱད་དང་ཀླུ་ཆེན་རྣམ་པ་བརྒྱད། །སྒོ་སྲུང་བཞི་དང་ལྷ་ཀླུ་གནོད་སྦྱིན་ཚོགས། །ཐུགས་དམ་བསྐང་བའི་གནས་འདིར་གཤེགས་སུ་གསོལ། །བྱང་ཕྱོགས་ལྷུང་ལོ་ཅན་གྱི་ཕོ་བྲང་ནས། །འགྲོ་བའི་དབུལ་ཕོངས་སྡུག་བསྔལ་སེལ་མཛད་ཅིང་། །རྒྱལ་ཀུན་ཡབ་གྱུར་མགོན་པོ་ཛམ་ལྷ་དམར། །སྲས་པའི་ཡུམ་གྱུར་ལྷ་མོ་རིག་བྱེད་མ། །ནོར་ལྷ་རྒྱ་མཚོའི་འཁོར་ཚོགས་བསམ་མི་ཁྱབ། །ཐུགས་དམ་བསྐང་བའི་གནས་འདིར་གཤེགས་སུ་གསོལ། །སུམ་བརྩེགས་ལྷུང་ལོ་ཅན་དང་དགའ་སྟོན་དབུས། །རང་བཞིན་གར་བཞུགས་གནས་མཆོག་དམ་པ་ནས། །རྟ་ལྷའི་རྒྱལ་པོ་ཛ྄ཀྵ་རེ་མཏྟ། །རང་འདྲ་ལྔ་བརྒྱའི་འཁོར་ཚོགས་རྒྱ་མཚོ་དང་། །མདོར་ན་རྟོག་ཆགས་སྐྱོབ་པའི་ལྷ་སྲུང་ཚོགས། །ཐུགས་དམ་བསྐང་བའི་གནས་འདིར་གཤེགས་སུ་གསོལ། །གཞན་ཡང་གར་བཞུགས་གནས་མཆོག་དམ་པ་ནས། །རྡོ་རྗེ་གཡུང་དྲུང་རྒོད་ལྕམ་ཤེལ་རྩ་སྨན། །ནོར་བུ་གཡུལ་རྒྱལ་ཐང་ལྷ་ཡར་ཞུར་དང་། །དགེ་བསླེན་སློན་ཁ་སྡེ་དཔོན་སུམ་ཅུ་པོ། །དུར་ཁྲོད་ལྷ་མོ་ལས་གཤིན་སྲུང་ཞིན་ཚོགས། །ཟངས་རི་བཙན་རྒོད་ཀླུ་མོ་གཟི་འབར་མ། །རྨ་རྒྱལ་ལྷ་སྨན་གཏེར་སྲུང་ཁོལ་པོ་ཁ། །དགྲ་ལྷ་ཀླུང་རྟ་བསྐྱེད་པའི་ལྷ་རྣམས་སོགས། །རང་རང་བྲན་སྡེ་མ་ལུས་འཁོར་དང་བཅས། །ཐུགས་དམ་བསྐང་བའི་གནས་འདིར་གཤེགས་སུ་གསོལ། །གྲངས་བསོགས་ཚེ་ཆོས་སྐྱོང་སོ་སོའི་ཚིག་ཟིན་

མང་དོགས་ན་གོང་གི ཧཱུྃ་ཧྲཱིཿ འོག་མིན་ཆོས་དབྱིངས་ཞེས་སོགས་ཚིག་རྐང་དྲུག་བཏང་ལ། ཧཱུྃ་ཧྲཱིཿ དབང་ཆེན་རོལ་བའི་སོགས་དོར་ནས་འདི་མན་བརྗོད་པས་ཆོག ། ཧཱུྃ་ཧྲཱིཿ ཆོས་ཉིད་ཞི་བའི་ངང་ལས་མ་གཡོས་ཀྱང་། །ཐུགས་རྗེའི་དབང་གི་རྣམ་རོལ་ལས་བྱུང་བ། །རྒྱལ་བའི་བསྟན་སྲུང་དམ་ཅན་རྒྱ་མཚོའི་ཚོགས། །སྐུ་ནི་ཞི་བ་ཁྲོ་དང་ཞི་མ་ཁྲོ། །གསུང་ནི་ཚངས་དབྱངས་དྲག་སྔགས་འབྲུག་ལྟར་སྒྲོག །ཐུགས་ནི་སྙིང་རྗེ་ཆེན་པོའི་ཉམས་དང་ལྡན། །རང་རང་འཁོར་དང་སྤྲུལ་པ་ཡང་སྤྲུལ་དང་། །ཉིང་སྤྲུལ་བྲན་སྡེ་མ་ལུས་འཁོར་དང་བཅས། །ཐུགས་དམ་བསྐང་བའི་གནས་འདིར་གཤེགས་སུ་གསོལ། །རབ་འཛིགས་ཕོ་བྲང་ཆེན་པོའི་ལྟེ་བ་ལ། །རྡོ་རྗེའི་བྲག་ཆེན་པདྨ་ཉི་ཟླ་དང་། །རིན་ཆེན་ཁྲི་རྐང་དར་ཟབ་བམ་ཆེན་སོགས། །རང་རང་དགྱེས་པའི་གདན་ཁྲི་ཡངས་པའི་སྟེང་། །དགྱེས་ཞིང་མི་གཡོ་བརྟན་པར་བཞུགས་སུ་གསོལ། །སྒྲུབ་པའི་རིག་འཛིན་རྣལ་འབྱོར་བདག་ཅག་གིས། །བསྟན་སྲུང་དམ་ཅན་རྒྱ་མཚོ་ཁྱེད་རྣམས་ཀྱི། །སོ་སོའི་རྟེན་རྫས་མཐུན་རྫས་སྐོང་བའི་རྫས། །མཆོད་རྫས་སྒྲུབ་རྫས་མ་ཚང་མེད་པ་ཀུན། །ཀུན་བཟང་མཆོད་པའི་སྤྲིན་ལྟར་བཤམས་ལགས་ན། །བསྟན་པ་སྲུང་ཞིང་བསྟན་འཛིན་སྐྱོང་བ་དང་། །ཕྲིན་ལས་རྣམ་བཞིའི་ལས་རྣམས་སྒྲུབ་པའི་ཕྱིར། །མི་ཟད་ནམ་མཁའ་མཛོད་དུ་འབུལ་བ་ཡིས། །དགྱེས་པའི་ཚུལ་གྱིས་ཐུགས་དམ་བསྐང་གྱུར་ཅིག །ཧཱུྃ་ཧྲཱིཿ ཐུགས་དམ་གཉན་པོ་བསྐང་བའི་དམ་རྫས་ནི། །སྟོང་གསུམ་རབ་འབྱམས་རྒྱ་མཚོའི་ཞིང་ཁམས་ན། །ཡན་ལག་བརྒྱད་ལྡན་མཆོད་ཡོན་མཚོ་ལྟར་བསྐྱིལ། །དག་བྱེད་ཞབས་བསིལ་ཆུ་བོ་གྔྒའི་རྒྱུན། །རིན་ཆེན་མེ་ཏོག་སྣ་ཚོགས་གཅལ་དུ་བཀྲམ། །དྲི་ཞིམ་བདུག་པའི་

སྤྲིན་ཚོགས་ཕྲོགས་བཅུར་འཁྲོ། །མར་མེ་ཉིན་མོར་བྱེད་པའི་འོད་གསལ་བ། །ཙཎྜན་ག་བུར་དྲི་བཟང་གཙང་མའི་ཆབ། །ལྷ་ཡི་ཞལ་ཟས་རོ་བརྒྱ་དཔག་མེད་ལྡན། །གླུ་གར་རོལ་མོའི་བྱེ་བྲག་བསམ་ཡས་ཀྱིས། །བསྟན་སྲུང་དམ་ཅན་རྒྱ་མཚོའི་ཐུགས་དམ་བསྐང་། །དམར་ཆེན་མཆོད་ཡོན་དབང་པོའི་མེ་ཏོག་དང་། །ཀྱིལ་ཆེན་དུད་པ་ཞུན་མར་མཁྲིས་པའི་ཆབ། །ཤ་རུས་ཞལ་ཟས་རྐང་གླིང་ཐོད་ཛའི་སྒྲ། །དམར་ཆེན་བཟའ་བཅའི་གཏོར་མ་རི་ལྟར་སྤུངས། །དམ་རྫས་སྨན་དང་རཀྟའི་རྒྱ་མཚོར་བསྐྱིལ། །ཤ་ཆེན་ལྔ་ནི་ལྷུན་པོའི་སྤོ་དང་མཉམ། །བདུད་རྩི་རྣམ་ལྔ་རྒྱ་མཚོ་ལྟ་བུར་བསྐྱིལ། །གཞན་ཡང་བཅོས་དང་རྫེན་ཤ་དཀར་དམར་བཅུད། །ཤ་སྣ་སྙིང་སྣ་ཁྲག་སྣ་བསམ་མི་ཁྱབ། །རྟག་ཏུ་འཁྲོགས་པའི་རྟག་གཏོར་ཆེན་པོ་དང་། །རྒྱུན་དུ་འཁྲོགས་པའི་རྒྱུན་གཏོར་ནར་མ་ཡིས། །བསྟན་སྲུང་དམ་ཅན་རྒྱ་མཚོའི་ཐུགས་དམ་བསྐང་། །དར་ནག་གཡབ་མོ་ཕྱུར་དར་ནག་པོ་དང་། །ཙཎྜན་བེང་ཆེན་རྣ་མཚོན་གསང་བའི་རྫས། །ཐོད་ཕྲེང་མི་མགོ་ཞིང་ཆེན་གཡང་གཞི་དང་། །གཡག་རོག་བྱ་ཁྱི་ལུག་ནག་རྒྱལ་མཚན་བསྒྲེངས། །སྐུ་གཟུགས་གླེགས་བམ་བརྗིད་པའི་བེར་ནག་གོས། །དོམ་ནག་ཅི་ཏྲ་སྒྲོག་འཁོར་ས་བོན་ལྡན། །དྲག་པོའི་བམ་རྫས་ཐུན་ཟོར་རི་ལྟར་སྤུངས། །སྦྲ་ལྕུག་ཀྱིག་གསུམ་ཁ་ཊྭཱཾ་རྩེ་གསུམ་མདུང་། །རྨ་བྱ་བྱ་རོག་ནལ་བུའི་རྒྱལ་མཚན་བསྒྲེངས། །དཔལ་གྱི་ཆས་གོས་རྒྱན་ཕྲེང་བསམ་མི་ཁྱབ། །ནལ་བུའི་ཤ་ཁྲག་གྲི་སྙིང་མི་དབང་ཤ །སྐྱེད་ཚལ་ཟས་གོས་ལོངས་སྤྱོད་སྣ་ཚོགས་ཀྱིས། །བསྟན་སྲུང་དམ་ཅན་རྒྱ་མཚོའི་ཐུགས་དམ་བསྐང་། །འཇའ་ཚོན་ལྟར་བཀྲ་ལེ་བཀྲན་ཟ་འོག་གུར། །ཅང་ཤེས་རྟ་མཆོག

རླུང་གི་ཤུགས་ཅན་དང་། །ཤེལ་སྒོང་ནག་པོ་སྤྲི་དཀར་ལྡུགས་རྣ་ཅན། །གཡག་རོག་ཞོལ་ཆེན་ཁྲི་ནག་སླིང་དཀར་འཕྱོ། །མཚམས་སྤྲིན་མདངས་འཛིན་ར་སྐྱེས་རྒྱན་ལྡན་དང་། །ཟ་ལེ་འབྲི་དང་བྱ་ནག་འཕུར་ལྡིང་གཡོ། །ཤ་རྐྱང་མ་ཧེ་དྲེལ་དང་འདོད་འཛོའི་བ། །སེང་གེ་གླང་ཆེན་སྟག་གཟིག་དོམ་དྲེད་དང་། །འཕར་སྤྱང་སྤྲ་སྤྲེལ་གཅན་གཟན་ཧམས་པའི་ཚོགས། །གཞན་ཡང་རྐང་བཞི་དུད་འགྲོ་སྣ་ཚོགས་དང་། །འདབ་ཆགས་བྱ་རིགས་སྣ་ཚོགས་ཟློས་གར་བསྒྱུར། །བསྟན་སྲུང་དམ་ཅན་རྒྱ་མཚོའི་ཐུགས་དམ་བསྐང་། །ལ་དུ་རང་བྱུང་མེ་ཏོག་ཏིལ་མར་སྒྲོན། །འབྲས་ཆང་ཐུན་ཆང་ཙནྡན་དམར་པོའི་ཆབ། །སྨུག་སྐོད་ལོ་རྒྱས་ཁྲབ་བྱུང་ཇ་ཁྲབ་དང་། །རྭ་ཡི་དབང་པོ་རྣམ་ལྔའི་ཕྲེང་བ་སྤྲེལ། །ཧྲཱྀ་རུས་པ་ཤ་རུས་ཀྱིལ་ཆེན་འབུམ། །ཛོ་གད་གོ་རོ་ཅན་བ་སུ་ཏ། །སིལ་སྙན་ཌཱ་ཌ་དུང་ཆེན་བཤུག་པའི་སྒྲ། །དྲི་ཞིམ་སྤོས་འཐུལ་དར་ཚོན་སྣ་ལྔའི་གཡབ། །ཤྭ་ན་ཞྭ་སྦྲུང་འཕར་བའི་ཐོད་པ་རྡུ། །ཤ་ཁྲག་སླིང་སྣ་རྐང་སྣ་འབུམ་གྱིས་གཏམས། །མར་ཁྲུ་ཞག་དང་འོ་མ་ཁྲག་གི་མཚོ། །བསེ་མཁར་བསེ་ཕོར་བསེ་མདའ་བསེ་ཕུར་དང་། །དྲེལ་ནག་ཐོད་པར་དཀར་ནག་ལྕུག་གི་སླིང་། །བཤོས་བུ་དཀར་ནག་དར་ནག་སླུག་སྐོད་བརྒྱན། །ཁྲི་དམར་ཅོ་ཧྲ་དམ་ཤིང་ཕུར་བུ་སོགས། །བསད་ཁྲག་དྲོན་མོའི་ཨཀྐྲཾ་ཏྲི་དང་བཅས། །གསེར་གྱི་མདོག་ལྡན་གཡུ་རྫོག་ཤུགས་ལྡན་རྟ། །སྟག་གཟིག་རྒྱལ་མཚན་མདུང་དམར་བ་དན་བསྒྲེངས། །བཙན་གྱི་ཁྲི་དམར་མི་བཟད་དཔའ་གཏུམ་སྐོད། །ཅང་ཤེས་རྟ་མཆོག་དམར་པོ་གློག་ལྟར་འཕྲུག །བྲེ་རུའི་མདངས་འདྲའི་འདབ་ཆགས་སྤྲིན་ལྟར་གཏིབས། །དམ་ཤིང་དགྲ་སྟ་ཤེལ་དཀར་ཕྲེང་བ་སོགས། །གོ་ཁྲབ་

མཚོན་ཆ་སྣ་ཚོགས་བསམ་མི་ཁྱབ། །ཕྱི་མར་གཡུ་ཞུགས་བསང་གསུར་སྤྲིན་ཕུང་འཁྲོ། །བསྟན་སྲུང་དམ་ཅན་རྒྱ་མཚོའི་ཐུགས་དམ་བསྐང་། །རིན་ཆེན་གདུགས་མཛེས་རྒྱལ་མཚན་འཕན་འཕྱུར་དང་། །ལྷབ་ལྷུབ་བ་དན་བླ་བྲེ་ལྡ་ལྡི་གཡོ། །འདོད་ཡོན་ལྔ་དང་རིན་ཆེན་སྣ་བདུན་དང་། །བཀྲ་ཤིས་རྟགས་རྫས་རྒྱལ་སྲིད་རིན་ཆེན་བདུན། །རྡོ་རྗེ་ལྷ་མོའི་རྣམ་འཕྲུལ་མཐའ་ཡས་པ། །ཡིད་འཕྲོག་རིན་ཆེན་ལས་གྲུབ་གཞལ་མེད་ཁང་། །རིན་ཆེན་རི་རབ་གླིང་བཞི་གླིང་ཕྲན་དང་། །གསེར་རི་རོལ་མཚོ་ཉི་ཟླ་རྒྱ་སྐར་བཀྲ། །འཛད་མེད་ནོར་གྱི་བང་མཛོད་ནེའུ་ལེ། །འདོད་འབྱུང་གཏེར་བུམ་མ་རྨོས་ལོ་ཏོག་དང་། །མགོ་དགུའི་དཔལ་འབྱོར་མ་ཚང་མེད་པ་ཡིས། །བསྟན་སྲུང་དམ་ཅན་རྒྱ་མཚོའི་ཐུགས་དམ་བསྐང་། །རིན་ཆེན་སྣོད་དུ་བྱིན་གྱིས་བརླབས་པའི་ཆུས། །སྐོམ་པའི་གདུང་སེལ་བདེ་བ་འཚོ་བྱེད་པ། །བྲུ་རུ་ཙཎྜན་ལ་སོགས་བགྲང་ཕྲེང་དང་། །ག་ཙུ་དང་ནི་མཚན་ལྡན་ཐོད་པ་རྭ། །སྲོག་འཁོར་སྲིད་པའི་གཡང་རྟེན་སྣ་ཚོགས་བཅས། །བསིལ་ལྡན་གཡའ་ཆུ་གངས་ཆུ་གཙང་མའི་ཆབ། །བསང་ལུག་འབྲས་དཀར་མན་ཞལ་འོད་འཁྲོ་དང་། །དར་ཟབ་གསེར་དངུལ་རིན་ཆེན་འབྲུ་སྣ་ལྔ། །གཡག་རོག་ཞིང་བཀལ་བྲོ་ནག་འཕྱུར་ལྡིང་གཡོ། །དྲིལ་ནག་བོང་བུ་རྟ་ནག་འཕར་སྒྲུང་དྲེད། །ཀླུང་རས་དཔྱངས་པ་ནལ་བུའི་རྒྱལ་མཚན་བསྒྲེངས། །ཤེལ་ཅོག་ཁྲི་དཀར་ཀླུ་རྟ་རྒྱན་ལྡན་དང་། །རྩི་ཤིང་བལ་མཚོན་སྨྲ་སྨྲུག་ལྡེམས་སེ་ལྡེམ། །དཀར་གསུམ་མངར་གསུམ་ཕྱི་མར་འོ་སྐོལ་ཕུད། །དངུལ་དཀར་མེ་ལོང་སྨྲ་གླིང་སྣན་པའི་སྒྲ། །མདའ་དར་བཟང་པོ་སྨན་བཤོས་རྟེ་རྒྱལ་བཅས། །བསྟན་སྲུང་དམ་ཅན་རྒྱ་མཚོའི་ཐུགས་དམ་

བསྐང་། །འབྲུ་བཅུད་རྩི་བཅུད་རྒྱ་ཛ་དང་ལྡན་དང་། །རོ་མཆོག་བརྒྱ་ལྡན་སྐུ་གསུང་ཐུགས་བདེ་བའི། །ནུས་བཅུད་ཕུན་སུམ་ཚོགས་པའི་གཏེར་ཆེན་པོ། །ལྷུང་རྡ་བསྐྱེད་ཅིང་དགྲ་བླ་གསོ་བའི་རྟེན། །རིན་ཆེན་སྣ་ལྔའི་སྐུ་མཁར་འབར་བའི་ཏོག །སྨན་ལྕུག་ཁྲབ་དཀར་ལོ་རྒྱུས་ཚོགས་དགུའི་སྙུག །མདའ་མོ་བྱ་རྒོད་སྒྲོ་ལྡན་དར་སྣས་བརྒྱན། །རིན་ཆེན་སྣ་ལྔའི་གསེར་འཕང་གཡུ་ལོ་ཅན། །ནམ་མཁའ་རྒྱང་བུ་གཏེར་བུམ་འཕན་གདུགས་སྤྲེང་། །སྲིད་པའི་འདོད་དགུ་ཕུན་སུམ་ཚོགས་པ་འདི། །མཆོད་པ་ཡིན་ནོ་ཁ་རྗེ་བསོད་ནམས་སྤེལ། །བརྟན་དུ་འབུལ་ལོ་འདོད་དགུའི་དངོས་གྲུབ་སྩོལ། །གཞན་ཡང་བསྟན་སྲུང་དམ་ཅན་རྒྱ་མཚོའི་ཚོགས། །མི་འབྲལ་འཁྲོགས་པའི་ཡིད་གཟུགས་ཆགས་པའི་རྟེན། །སྐུ་གཟུགས་སྟགས་བྱུང་རང་རང་བླ་རྡོ་དང་། །མཐུན་པའི་དམ་རྫས་མ་ཚང་མེད་པ་ཀུན། །སོ་སོའི་ཐུགས་ལ་ཇི་ལྟར་འདོད་པ་བཞིན། །དངོས་སུ་བཤམས་དང་ཡིད་ལས་བྱུང་བ་ཡི། །ཀུན་ཏུ་བཟང་པོའི་མཆོད་པའི་སྤྲིན་ལྟ་བུ། །བློ་ཡིས་བླངས་ནས་གུས་པར་འབུལ་ལགས་ན། །བསྟན་སྲུང་དམ་ཅན་རྒྱ་མཚོའི་ཐུགས་དམ་བསྐང་། །གྲུབ་པའི་རིག་འཛིན་རྣལ་འབྱོར་བདག་ཅག་གི །རྩ་བ་ཡན་ལག་དམ་ཚིག་ཉམས་པ་དང་། །ཁྱེད་རྣམས་ཐུགས་དང་འགལ་བའི་ཉེས་པ་ཀུན། །མི་འཆབ་མི་སྦེད་སྙིང་ནས་བཤགས་པར་བགྱི། །དེ་ལྟར་བསྐང་ཞིང་བཤགས་པའི་བྱིན་རླབས་ཀྱིས། །རྒྱལ་བའི་བསྟན་པ་སྤྱི་དང་ཁྱད་པར་དུ། །སྔ་འགྱུར་རྡོ་རྗེ་ཐེག་པའི་བསྟན་པ་མཆོག །སྲིད་མཐའི་བར་དུ་མི་ནུབ་དར་རྒྱས་མཛོད། །འདུས་པའི་སྡེ་ཚོགས་དབྱར་གྱི་མཚོ་ལྟར་རྒྱས། །རྣམ་དག་ཚུལ་ཁྲིམས་བསླབ་པས་རྒྱུད་དུལ་

ཞིང་། །ཐོས་བསམ་སྒོམ་པའི་ཤེས་རབ་རྩལ་རྫོགས་ནས། །ཏིང་འཛིན་མི་གཡོའི་ངང་ལ་གནས་པར་མཛོད། །སྣང་ཚད་སྐུ་དང་ཡེ་ཤེས་ཕྱག་རྒྱར་ཤར། །སྒྲ་གྲགས་བདེ་ཆེན་ཚངས་དབྱངས་སྔགས་ཀྱི་སྒྲ། །དྲན་རྟོག་རང་གྲོལ་འོད་གསལ་ཆོས་སྐུའི་ཞལ། །མངོན་སུམ་མྱུར་དུ་མཇལ་བའི་ཕྲིན་ལས་མཛོད། །འཇིག་རྟེན་རྒྱལ་ཁམས་ཡུལ་རིས་མཐའ་དག་ཏུ། །ནད་མཚོན་མུ་གེའི་བསྐལ་བ་རབ་ཞི་ནས། །ཟས་ནོར་ལོངས་སྤྱོད་ཡིད་ལ་གང་འདོད་པ། །འབད་མེད་ལྷུན་གྱིས་འགྲུབ་པར་མཛད་དུ་གསོལ། །མདོར་ན་རིག་འཛིན་རྣལ་འབྱོར་བདག་ཅག་གི །དཀོར་ཆ་ལོངས་སྤྱོད་ཇི་སྙེད་ཡོད་པ་ཀུན། །བསྟན་སྲུང་དམ་ཅན་རྒྱ་མཚོ་ཁྱེད་རྣམས་ལ། །གཉེར་དུ་གཏད་པས་མེལ་ཚེ་བྱ་ར་མཛོད། །ཁྱད་པར་ཚེ་བསོད་སྙན་གྲགས་རྒྱས་པ་དང་། །ནད་གདོན་ཉེར་འཚེའི་རིགས་རྣམས་ཀུན་ཞི་ནས། །ཁམས་གསུམ་མ་ལུས་དབང་དུ་འདུ་བ་དང་། །གནོད་པར་བྱེད་པའི་དགྲ་བགེགས་མཐའ་དག་ཀུན། །མིང་ཙམ་མེད་པར་རབ་ཏུ་ཞི་ནས་ཀྱང་། །རྣམ་བཞིའི་ཕྲིན་ལས་ཡིད་བཞིན་འགྲུབ་པར་མཛོད།

།ཅེས་པ་འདི་ནི་མཆོད་ཀུན་བཟང་བསྟན་འཕེལ་ནས་ནན་གྱིས་བསྐུལ་ངོར་ཡང་དག་ཐུགས་མཆོག་ལྷོ་བྲག་མཁར་ཆུའི་ཡང་རྩེ་ནས་ལྕགས་མོ་བྱི་བའི་ལོར་ཆོ་འཕྲུལ་ཟླ་བ་མཁའ་འགྲོ་འདུ་བའི་དུས་ཆེན་བཟང་པོའི་ཉིན་ཐུན་མཚམས་ཤིག་ཏུ་འཇམ་མགོན་བླ་མ་པདྨ་འོད་གསལ་མདོ་སྔགས་གླིང་པའི་འབངས་ཐ་ཤལ་བ་རྫོགས་སྤྲུལ་ལྔ་པའི་མིང་འཛིན་པདྨ་ཐེག་མཆོག་བསྟན་འཛིན་ནམ་མིང་གཞན་ཐུབ་བསྟན་ཆོས་ཀྱི་རྡོ་རྗེས་བྲིས་པའོ། །འདིར་སྨྲས་པ། དམ་ཅན་སྲུ་ཡི་བསྐང་བསྟོད་ཉུང་བསྡུས་འདི། །སྤྲོས་པ་ཆུང་ལ་དགའ་བ་རྣམས་ཀྱི་དོན། །ཚིག་ཉུང་དོན་གསལ་འཇུག་བདེ་བྲིས་པ་འདི། །ཉེས་འགལ་གྱུར་ན་སྲུང་མའི་ཚོགས་ལ་བཤགས། །དགེ་འབྲས་མཆིས་ན་བསྟན་འཛིན་

སྐུ་རབས་ལྔ་པ་ཐུབ་བསྟན་ཆོས་ཀྱི་རྡོ་རྗེའི་གསུང་ཚན།

སྨྲེས་བུའི་ཚོགས། །ཕྲིན་ལས་རྣམ་བཞིའི་ལས་རྣམས་མཐར་ཕྱིན་ནས། །དཀའ་བ་མེད་པར་བྱང་ཆུབ་གོ་འཕང་མཆོག །མི་རིང་མྱུར་དུ་ཐོབ་པའི་རྒྱུར་གྱུར་ཅིག །མངྒ་ལཾ།

༄ རྟ་མགྲིན་དྲེགས་པ་ཟིལ་གནོན་གྱི་རྒྱུན་ཁྱེར་བྱིན་རླབས་དཔལ་འབར་བསྡུས་པ་བཞུགས་སོ།།

བླ་མ་དང་ནི་ཁྲོ་མཆོག་རྟ་མགྲིན་དཔལ། །དབྱེར་མེད་གུས་པ་ཆེན་པོས་སྤྱི་བོར་མཆོད། །བྱིན་གྱིས་རློབས་ལ་བཀའ་གནང་ཞིས་པ་སྩོལ། །དེ་ཡང་རྒྱུན་གྱི་རྣལ་འབྱོར་ཉམས་ལེན་ཁྱེར་བདེ་ནི། ཧཱུྃ། ཨོ་རྒྱན་ཡུལ་གྱི་སོགས། སྣང་མཐའ་སྤྱན་རས་གཟིགས་དང་པདྨ་འབྱུང༔ མཚོ་རྒྱལ་གྲུབ་དབང་ཉི་གྲགས་ཡབ་སྲས་དང༔ རྩ་བརྒྱུད་བླ་མ་རྣམས་ལ་གསོལ་བ་འདེབས༔ མཆོག་དང་ཐུན་མོང་དངོས་གྲུབ་སྩོལ་དུ་གསོལ༔ ཧཱུྃ་ཧྲཱིཿ དབང་ཆེན་པདྨ་དབང་གི་ལྷ་ཚོགས་ལ༔ རྣམ་པ་ཀུན་ཏུ་གུས་པས་སྐྱབས་སུ་མཆི༔ དབང་དང་དྲག་པོ་ལས་ཀྱི་བྱང་ཆུབ་སེམས༔ བསྟན་དང་འགྲོ་བའི་དོན་དུ་བསྐྱེད་པར་བགྱི༔ ཧཱུྃ་ཧྲཱིཿ བགེགས་ཚོགས་རྣམས་སྦྲོང་སྲུང་བའི་འཁོར་ལོས་གཏམས༔ ཨོཾ་ཨཱཿཧཱུྃ་གིས་མཆོད་སྤྲིན་འོད་གུར་འཁྲིགས༔ སྐུ་གསུམ་བླ་མ་ཡི་དམ་སྲུང་མར་བཅས༔ བྱིན་ཆེན་བྱིན་ཕབ་དབང་མཆོག་བསྐུར་དུ་གསོལ༔ ཧཱུྃ་ཧྲཱིཿ རྣམ་དག་ཏིང་འཛིན་གསུམ་གྱི་དང་ཉིད་ལས༔ འབྱུང་བ་རིམ་བརྩེགས་རི་རབ་བསྐལ་མེ་འབྲུགས༔ དབང་དྲག་ཕོ་བྲང་དུར་ཁྲོད་རྩིབས་བརྒྱད

དབུས༔ ཆོས་འབྱུང་ཟླ་གམ་ཧྲི་ར་པདྨའི་སྟེང་༔ ཐབས་ཤེས་ཉི་ཟླ་འབར་བའི་གདན་སྟེང་དུ༔ རྡོ་རྗེ་ཧཱུྃ་ཡིག་སྦྱོར་གསུམ་དབང་བཞི་རྫོགས༔ སྐད་ཅིག་གནས་འགྱུར་རང་རིག་ཁྲོ་བོའི་རྒྱལ༔ བཅོམ་ལྡན་དཔལ་ཆེན་པདྨ་ཧེ་རུ་ཀ༔ སྐུ་མདོག་དམར་པོ་བསྐལ་པའི་མེ་ལྟར་འབར༔ ཞལ་གཅིག་ཕྱག་བཞི་ཁྲོ་ཐོད་ཡུམ་ལ་འཁྱུད༔ འོག་གཉིས་ལྕགས་ཀྱུ་ཞགས་པ་འདོར་ཐབས་འཁྱིང༔ ཞལ་གདངས་ལྷུགས་འདྲིལ་མཆེ་གཙིགས་སྨྱིན་གསུམ་བསྒྲད༔ རལ་བ་ཁམ་ནག་ཁྱེན་བརྫེས་ཐོད་པས་བཅིང༔ ཧ་དབུ་དཀར་དམར་ལྗང་གསུམ་གཙུག་ནས་འཚེར༔ དེ་ཡི་གསང་ཡུམ་རྡོ་རྗེ་རྣལ་འབྱོར་མ༔ དམར་མོ་ཁྲོ་ཐོད་བརྐྱང་བསྐུམ་གར་སྟབས་འཁྲིལ༔ རལ་བ་ཐུར་འཕྱང་ཕག་ཞལ་སྒྲ་ཆེན་འབྱིན༔ ཡབ་ཡུམ་སྐུ་ལ་དུར་ཁྲོད་ཆས་བརྒྱད་དང་༔ དབང་ཆེན་འབར་བའི་ཆས་བཅུ་དག་གིས་བརྒྱན༔ ཁམས་གསུམ་དབང་སྡུད་སྲིད་གསུམ་ཆེ་བཙན་དཔལ༔ དྲག་རྩལ་མཐུ་སྟོབས་ཉི་མ་འབུམ་ལྟར་འབར༔ དབུ་སྟོང་སྣང་མཐའ་ཡེ་ཤེས་ཁྱུང་དམར་བཅས༔ གནས་ལྔར་སྤྲུལ་པའི་རྟ་ཕག་རིགས་ལྔ་འབུམ༔ བརླ་གཡས་ལྷ་ཆེན་བརླ་གཡོན་ཨུ་མ་དང་༔ མདུན་དུ་སྲས་མཆོག་རྒྱབ་ཏུ་རྡོ་རྗེ་འཛིན༔ ཕྱི་རོལ་སྤྲུལ་པའི་རང་མདངས་སྡེ་བརྒྱད་དང་༔ སྒོ་བཞིར་རྒྱལ་ཆེན་བཞི་སོགས་ཡོངས་རྫོགས་གསལ༔ ཧཱུྃ་ཧྲཱིཿ འོག་མིན་དབང་དྲག་རོལ་བའི་དུར་ཁྲོད་ནས༔ དབང་ཆེན་ཁྲོ་བོའི་རྒྱལ་པོ་ཡབ་དང་ཡུམ༔ རིགས་ཀྱི་བདག་པོ་དཔའ་བོ་དཔའ་མོ་འབུམ༔ མ་ལུས་འཁོར་དང་བཅས་པ་གཤེགས་སུ་གསོལ༔ ཨོཾ་བཛྲ་ཀྲོ་ཏ་ཧྱ་གྲཱི་ཝ་ས་པ་རི་ཝ་ར་ཨེ་ཧྱ་ཧི་བཛྲ་ས་མ་ཡ་ཛཿཛཿ ཧཱུྃ་ཧྲཱིཿ དྲེགས་པ་ཟིལ་གནོན་རྟ་མཆོག་དབང་གི་ལྷ༔ མ་ལུས་འདུ་འབྲལ་མེད་པར་བཞུགས་སུ་གསོལ༔ གདུལ་

དཀའ་འདུལ་མཛད་དྲེགས་པ་ཡོངས་ཀྱི་གཤེད༔ དཔལ་ཆེན་དཀྱིལ་འཁོར་ལྷ་ལ་ཕྱག་འཚལ་ལོ༔ དངོས་འབྱོར་ཡིད་སྤྲུལ་ཕྱི་ནང་མཆོད་པའི་ཚོགས༔ དྲག་པོའི་མཆོད་ཚོགས་སྨན་རཀ་གཏོར་མར་བཅས༔ དབང་ཆེན་འབར་བའི་དཀྱིལ་འཁོར་ལྷ་ལ་འབུལ༔ ཨོཾ་བཛྲ་ཀྲོ་དྷ་ཧ་ཡ་གྲཱི་ཝ་སརྦ་དེ་ཝ་པུ་རུ་ཤ་ཡ་པུཥྤེ༔ཧཱུྃ་ཧྲཱི༔ རྟ་མཆོག་རོལ་བ་ཁྲོ་རྒྱལ་ཡོངས་ཀྱི་རྗེ༔ འཁོར་འདས་ཆེ་བཙན་དྲེགས་པ་འདུལ་བའི་གཤེད༔ དབང་གི་ལྷ་སྟེ་དྲག་པོའི་སྟོབས་རྩལ་ལྡན༔ རྟ་མཆོག་རྒྱལ་པོ་ཡབ་ཡུམ་སྐུ་ལ་འདུད༔ གཙོ་འཁོར་སྤྲུལ་པ་བཅས་ལ་ཕྱག་འཚལ་བསྟོད༔ བསྐྱེད་རྫོགས་ཟུང་འཇུག་མཉམ་ཉིད་ངང་འཛིན་གྱིས༔ མ་ཡེངས་དགོངས་པའི་གཟེར་གདབ་སྔགས་འདི་བགྲང༔ ཨོཾ་བཛྲ་ཀྲོ་དྷ་ཧ་ཡ་གྲཱི་ཝ་ཧཱ་ཀི་ཎི་ཕྲ་ར་ཧེ་སརྦ་སིདྡྷི་ཧཱུྃ་ཕཊ༔ ཨོཾ་མ་ཧཱ་དྷེ་ཝ་ཧཱུྃ༔ ཨུ་མ་དེ་ཝི་ཧྲཱི༔ ཧྲཱི་ཧྲཱི་ཛ་ཛ་སརྦ་ལོ་ཀ་བསྡུས་བསྡུས་ཝ་ཤཾ་ཀུ་རུ་ས་མ་ཡ་རྐྲཱ་ཀཛྫ་ཧཱུྃ་ཕཊ་སྭཱ་ཧཱ༔ ཨོཾ་བཛྲ་ཀྲོ་དྷ་ཧ་ཡ་གྲཱི་ཝ་མ་ཧཱ་དྷེ་ཝ་ཧྲཱི་ཛ༔ཨ་ཡ་མ་དུ་རུ་ཙ་ཤ་ན་བཛྲ་ས་མ་ཡ་ཛ་ཛ༔སརྦ་ཧཱུྃ་ཧཱུྃ་ཕཊ༔ མཆོད་བསྟོད་མཐར་རྒྱ་སྡུགས་ལ༔ ཀ་ཡ་ཝཱཀྐ་ཙིཏྟ་སརྦ་སིདྡྷི་ཕ་ལ་ཧཱུྃ༔ གིས་དངོས་གྲུབ་བླངས༔ ཚོགས་མཆོད་ལ༔ཐོག་མར་ཚོགས་བྱིན་རླབས་ནི༔ ཧཱུྃ༔སྟོང་གསལ་ཆོས་སྐུའི་ངང་ཉིད་ལས༔ཡི་གེ་འབྲུ་གསུམ་འཕྲོས་པ་ལས༔ ཚོགས་ཀྱི་བག་ཆགས་གཉིས་འཛིན་སྦྱངས༔ འདོད་ཡོན་ནམ་མཁའ་མཉམ་པར་སྤེལ༔ རཾ་ཡཾ་ཁཾ༔ ཨོཾ་ཨཱཿ ཧཱུྃ༔ ཚོགས་ཞིང་སྤྱན་འདྲེན་པ་ནི། ཧཱུྃ༔ དབང་དྲག་རོལ་བའི་ཞིང་ཁམས་ཆེན་པོ་ནས༔ རྟ་མཆོག་རྒྱལ་པོ་པདྨ་ཧེ་རུ་ཀ༔ ཡབ་ཡུམ་སྲས་འཁོར་སྤྲུལ་པ་ཡང་སྤྲུལ་བཅས༔ འདོད་ཡོན་ཚོགས་ལ་སྤྱན་འདྲེན་གཤེགས་སུ་གསོལ༔ ཚོགས་མཆོད་ནི༔ ཧཱུྃ་ཧྲཱི༔ ཞལ་ཟས་ཚོགས་ཀྱི་མཆོད་པ་དམ་པ་འདི༔ ཤ་ལྔ་

བདུད་རྩི་ལྷ་ཡི་རང་བཞིན་ཅན༔ ཡེ་ཤེས་ལྷ་ཡི་འོད་ཟེར་རྣམ་པར་འཕྲོ༔ མཉམ་ཉིད་བླང་དོར་མེད་པར་བཞེས་སུ་གསོལ༔ བཤགས་པ་ནི། ཧཱུྃ༔ ཡེ་ནས་སྒྲོལ་གྲོལ་ནམ་མཁའ་ལྟ་བུ་ལ༔ བཤགས་དང་བཤག་བྱའི་མཚན་མ་མི་དམིགས་ཀྱང༔ འོན་ཀྱང་ཀུན་རྫོབ་སྒྱུ་མའི་ཚུལ་གྱིས་ནི༔ ཉམས་ཆགས་འགལ་འཁྲུལ་གྱུར་པ་མཐོལ་ལོ་བཤགས༔ ཡིག་བརྒྱ་བརྗོད༔ བསྒྲལ་སྐབས་ནི། ཧཱུྃ་ཧྲཱིཿ རྟ་མཆོག་རྒྱལ་པོ་པདྨ་ཧེ་རུ་ཀའི༔ ལས་བྱེད་ཕོ་ཉ་གྲངས་མེད་འཕྲོས་པ་ལས༔ སྡང་དགྲ་གནོད་བྱེད་བྱད་མ་རྡུལ་དུ་རློག༔ བསྒྲལ་བའི་ཤ་ཁྲག་རུས་གསུམ་ཞལ་དུ་སྟོབ༔ མཾ་ས་རཀྟ་ཨིཾཧྲ་གོ་རོ་ཙན་ཁ་ཁ་ཁཱ་ཧི་ཁཱ་ཧི༔ ལྷག་མ་ནི། ཧྲཱིཿ དབང་ཆེན་རྟ་མཆོག་པདྨ་ཧེ་རུ་ཀའི༔ བཀའ་ཡི་འཁོར་ཚོགས་སྐྱོང་བའི་རིགས་པ་རྣམས༔ ལྷག་གཏོར་ཡེ་ཤེས་བདུད་རྩིར་བྱིན་བརླབས་པས༔ དགྱེས་པར་བཞེས་ནས་བཅོལ་བའི་ཕྲིན་ལས་མཛོད༔ ཨོཾ་ཨུ་ཙྪིཥྚ་བླ་ལིང་ཏ་ཁ་ཁ་ཁཱ་ཧི་ཁཱ་ཧི༔ ཚད་ཐོ་ནི། ཧཱུྃ་ཧྲཱིཿ སྔོན་ཆེ་འདས་དུས་བསྐལ་བའི་ཐོག་མ་ལ༔ རྟ་མཆོག་རྒྱལ་པོ་ཤན་ཏིང་གརྦྷ་དང༔ བདག་ཉིད་སྤུགས་འཆང་པདྨ་ཐོད་ཕྲེང་གིས༔ དམ་ལ་བཞག་པའི་ལྷ་སྲིན་སྡེ་བརྒྱད་ཚོགས༔ཤ་ཁྲག་དམར་གྱི་གཏོར་མ་འདི་བཞེས་ལ༔དམ་བཅས་བཞིན་དུ་བཅོལ་བའི་ཕྲིན་ལས་མཛོད༔བརྟན་མ་ནི ། ཧཱུྃ༔དུས་སྦྱོར་བཅུ་གཉིས་གནས་དག་བརྟན་མའི་ཚོགས༔ བདུད་དང་གནོད་སྦྱིན་ཡོངས་ཀྱི་རྗེ་མོ་རྣམས༔ དཔོན་གཡོག་མང་པོ་སྨན་ཕྲན་འབུམ་དང་བཅས༔ སྔོན་ཆེ་པདྨ་ཐོད་ཕྲེང་བཀའ་བཞིན་དུ༔ དམ་རྫས་བརྒྱན་པའི་གཏོར་མ་འདི་བཞེས་ལ༔ བཅོལ་བའི་ཕྲིན་ལས་མྱུར་དུ་འགྲུབ་པར་མཛོད༔ རྟ་བྲོ་ནི། ཧཱུྃ་ཧྲཱིཿ ཞིང་བཅུ་གདུག་པ་བསྒྲལ་བའི་ཕུང་པོའི་སྟེང༔ རྟ་མཆོག་རོལ་བའི་ལྷ་ཚོགས་བྲོ་

བརྡུངས་པས༔ ཉོན་མོངས་དུག་ལྔའི་རྟོག་པ་རྡུལ་དུ་རློག༔ ཡེ་ཤེས་ལྔ་ཡི་དབྱིངས་སུ་རྒྱས་གདབ་བོ༔ ཨོཾ་ཨཱཿ ཧཱུྃ་སྭཱ་ཧཱ་ཡ་ལཾ་ནན༔ གཏང་རག་མཆོད་བསྟོད༔ ནོངས་བཤགས༔ ཡིག་བརྒྱ༔ བརྟན་བཞུགས༔ བསྡུ་རིམ་ནི། ཧཱུྃ་ཧྲཱིཿ རྟོག་མེད་དབྱིངས་ལས་ཤར་བའི་གཙོ་དང་འཁོར༔ བརྗོད་མེད་ཀློང་གཤེགས་སྣང་ཡང་འབྱོན་འཚལ་ལོ༔ བསྐྱེད་རིམ་རིམ་བསྡུ་ཧཱུྃ་ཐིམ་མཁའ་ལ་ཡལ༔ ཡེ་གྲོལ་མངོན་རྫོགས་ཟང་ཐལ་སྤྲོས་དང་བྲལ༔ རྡོ་རྗེ་སུམ་ལྡན་རིམ་གཉིས་ཧིང་འཛིན་མཐུས༔ མཐར་ཡས་འགྲོ་ཀུན་བྱང་ཆུབ་ཐོབ་ཕྱིར་བསྔོ༔ ཚེ་རབས་ཡི་དམ་དེང་འདིར་གསལ་གསུམ་བསྒོམས༔ ནམ་ཞིག་ངོ་ཤེས་རྩལ་རྫོགས་བརྟན་ཐོབ་ཤོག༔ ཀུན་ཁྱབ་ཡེ་ཤེས་ལྷ་ལྡན་དབང་ཆེན་ལྷ༔ སྐུ་གསུམ་མཛད་པ་མཐར་ཕྱིན་བཀྲ་ཤིས་ཤོག༔ བདག་སོགས་དགེ་ལེགས་དཔལ་དང་མཆོག་ཐུན་དང༔ དབང་བཅུའི་དཔལ་ལ་སྤྱོད་པའི་བཀྲ་ཤིས་ཤོག༔ ཅེས་རྟ་མགྲིན་དྲེགས་པ་ཟིལ་གནོན་གྱི་རྒྱུན་ཁྱེར་བྱིན་རླབས་དཔལ་འབར་སྙིང་གི་བཅུད་བསྡུས་འདི་ཉིད་ཆེ་བས་མ་ལྡོགས་དུས། ལྷ་རུ་དཔོན་རྟ་མགྲིན་དབང་རྒྱལ་གྱིས་གསུང་གིས་བསྐུལ་བ་ལ་བརྟེན་ནས་ལྷག་པའི་ལྷ་འདི་ཉིད་ཀྱིས་རྣལ་འབྱོར་ལ་ཞལ་གཟིགས་པའི་དུས་སུ་དཔལ་བོ་ལས་རབ་རྩལ་གྱིས་སྦྱར་བ་དང༔ ཚོགས་མན་ཆད་རྫོགས་སྤྲུལ་ལྷ་པ་ཐུབ་བསྟན་ཆོས་ཀྱི་རྡོ་རྗེས་བྲིས་པ་དུས་ཐམས་ཅད་དུ་དགེ་ཞིང་བཀྲ་ཤིས་པར་གྱུར་ཅིག༔ དགེའོ། །

༄༅། །རྟ་མགྲིན་ནག་པོ་ལྕགས་རལ་ཅན་གྱི་གསེར་སྐྱེམས་ཁྲག་འཐུང་དགྱེས་པའི་མཆོད་སྤྲིན་བཞུགས་སོ།།

ཧྲཱིཿ སྐྱེ་མེད་རྣམ་དག་ཆོས་དབྱིངས་ངང་ཉིད་ལས། །འགགས་མེད་སྙིང་རྗེ་ཆེན་པོའི་རང་མདངས་ལས། །ཆོས་ཉིད་ཞི་བའི་ངང་ལས་མ་གཡོས་ཀྱང་། །གདུག་པ་འདུལ་ཕྱིར་ཕྲིན་ལས་དྲག་པོའི་སྐུ། །ཁམས་གསུམ་དབང་སྡུད་སྲིད་གསུམ་ཟིལ་གྱི་གནོན། །བྱད་མ་དགྲ་བགེགས་ཀུན་གྱི་གཤེད་མ་ཆེ། །མཐིང་ནག་ཁྲོ་གསུམ་འབར་བའི་དཀྱིལ་འཁོར་ན། །བསྐལ་བའི་མེ་དཔུང་རབ་ཏུ་འབར་བའི་ཀློང་། །རྒྱལ་བསེན་གཟའ་ཀླུ་དགྲ་བགེགས་བསྡོལ་བའི་སྟེང་། །སྣ་ཚོགས་པདྨ་ཉི་ཟླའི་གདན་སྟེང་དུ། །དབང་ཆེན་ཁྲོ་བོའི་རྒྱལ་པོ་རྟ་མཆོག་དཔལ། །མཐིང་ནག་རྔམ་པ་ཤིན་ཏུ་ཁྲོས་པའི་སྐུ། །ཕྱག་གཡས་རལ་གྲིས་དྲེགས་པའི་སྲོག་རྩ་གཅོད། །གཡོན་པས་ལྕགས་ཀྱུས་མ་རུང་སྙིང་ནས་འདྲེན། །གནམ་ལྕགས་རལ་བས་སྟོང་ཁམས་མུན་ལྟར་གཏིབ། །ལྕགས་རལ་བསིགས་པའི་གསེབ་ནས་ཁྲོ་ཆུང་གི། །སྤྲུལ་པ་འཕྲོ་བས་ལོག་འདྲེན་རྡུལ་དུ་བརླག །སྤྱི་བོར་རྟ་མགོ་ལྗང་ཞུར་རྟ་སྐད་འཚེར། །གར་གྱི་ཉམས་དགུ་རྣམ་པར་རོལ་པའི་སྐུ། །དར་ནག་བེར་དང་དུར་ཁྲོད་ཆས་ཀྱིས་བརྒྱན། །ཞབས་གཉིས་གཡས་བརྐྱངས་གཡོན་བསྐུམ་དོར་སྟབས་བསྒྲད། །ཧཱུཾ་ཕཊ་སྒྲ་ཡིས་ལོག་ལྟ་མ་ལུས་འཇོམས། །བ་སྤུའི་གསེབ་ནས་མེ་ཡི་ཚ་ཚ་འཕྲོ། །རིགས་པའི་ཡོངས་རྗེ་རྟ་མགྲིན་ནག་པོའི་སྐུ། །དཔའ་རྩལ་ཆེ་བས་རི་རབ་གླད་ལ་

བསྐོར། །རྫམ་པའི་སྒྲ་ཡིས་སྟོང་གསུམ་འདར་ཞིང་སྤྲངས། །སྨྱུར་མགྱོགས་ཆེ་བའི་བར་སྣང་གློག་དང་མཚུངས། །དཔལ་ཆེན་ཁྱོད་ཀྱི་སྤྲུལ་པའི་ཕོ་ཉ་ནི། །གླིང་བཞི་འཛིག་རྟེན་མཐའ་དག་གང་བར་བྱེད། །འབྲུ་བཅུད་སྟོང་སྦྲུར་རྒྱུ་ཛ་དང་ལྡན་འདི། །འཆི་མེད་ཡེ་ཤེས་བདུད་རྩིར་བྱིན་བརླབས་པ། །རྨད་བྱུང་ངོ་མཚར་རོ་བརྒྱ་ལྡན་པའི་བཅུད། །ཡེ་ཤེས་བདུད་རྩིའི་རྒྱ་མཚོར་བྱིན་བརླབས་པ། །ལྷ་མཆོག་ཁྱེད་ལ་ཕུལ་བའི་བྱིན་བརླབས་ཀྱིས། །ཁྲོ་རྒྱལ་མཆོག་ལ་རྟོག་པ་མི་མངའ་ཡང་། །སྔོན་གྱི་ཐུགས་བསྐྱེད་སྨོན་ལམ་རྗེས་དགོངས་ལ། །གདུལ་བྱ་སོ་སོའི་གང་ལ་གང་འཚམས་ཀྱི། །ཞི་རྒྱས་དབང་དྲག་ཕྲིན་ལས་རྣམ་བཞི་ཡིས། །བུམ་བཟང་དཔག་བསམ་ཤིང་དང་ཡིད་བཞིན་ཚུལ། །ཇི་ལྟར་འདོད་པའི་དོན་རྣམས་མ་ལུས་ཀུན། །ད་ལྟ་ཉིད་དུ་བདག་ལ་སྩོལ་ནས་ཀྱང་། །ཚེ་འདིར་བར་ཆད་དགྲ་ལས་རྣམ་རྒྱལ་ཞིང་། །ཁྱད་པར་ཀླུ་གཉན་ས་བདག་གདུག་པ་ཡི། །ནད་གདོན་བགེགས་ཀྱི་འཚེ་བ་མ་ལུས་པ། །སྐྱེ་མེད་ཆོས་དབྱིངས་ནམ་མཁའ་སྟོང་པ་ལ། །རེ་དང་དོགས་པའི་མཚན་མ་མི་མངའ་ཡང་། །འོན་ཀྱང་རྣམ་རྟོག་སྒྲིབ་ཚོགས་རང་དག་ནས། །ཟག་མེད་བདེ་བས་ནམ་ཡང་ངོམས་པར་མཛོད། །རྟག་ཏུ་ཁྱེད་ལ་གསོལ་དང་མཆོད་པའི་མཐུས། །བྱང་ཆུབ་ལམ་ལ་བར་ཆད་མི་འབྱུང་ཞིང་། །མྱུར་དུ་སངས་རྒྱས་ས་ལ་འགོད་པར་ཤོག །ཅེས་པ་འདི་ཡང་བསྟན་ལ་ཕན་པའི་ལྷག་བསམ་རྣམ་པར་དག་པས་ཇོགས་སྤྲུལ་ལྔ་པ་ཐུབ་བསྟན་ཆོས་ཀྱི་རྡོ་རྗེས་མགོན་ཁང་དབང་དྲག་རོལ་བ་ནས་ས་ཕོ་རྟ་ལོའི་ཟླ་ཚེས་ལ་བྲིས་པ་དགེ་ལེགས་སུ་གྱུར་ཅིག །

༄༅། །རྒྱུད་མགོན་ལེགས་ལྡན་ཚོགས་ཀྱི་བདག་པོའི་གསེར་སྐྱེམས་རྡོ་རྗེའི་སྒྲ་དབྱངས་ཞེས་བྱ་བ་བཞུགས་སོ།།

ཧཱུྃ། སྔོན་ཚེ་ལང་ཀའི་ཡུལ་གྱི་གྲོང་ཧྲལ་གྱི། །རི་བོ་མ་ལ་ཡ་ཡི་རྩེ་མོ་ན། །གནམ་ལྕགས་འབར་བའི་ཕོ་བྲང་ཆེན་པོ་རུ། །དཔལ་ཆེན་ཆེ་མཆོག་རྡོ་རྗེ་སྲིན་པོ་ཡིས། །བདུད་ཀྱི་སྡེ་དཔོན་རུ་དྲ་བསྒྲལ་བའི་ཚེ། །དབང་བསྐུར་དམ་བཞག་གསང་བའི་མཚན་ཡང་གསོལ། །ཏི་བཀྲིའི་བཀའ་ཉན་སྒྲུབ་པར་ཁས་བླངས་པ། །ལེགས་ལྡན་རྡོ་རྗེ་སྲིན་པོ་ཚོགས་ཀྱི་བདག །མཐིང་ནག་རབ་ཁྲོས་སྲིན་པོ་ཁྲོས་པའི་ཉམས། །སྤྱན་གསུམ་སྡང་མིག་གློག་སྟོང་གཡོ་བ་བཞིན། །ཉོ་དཔལ་མཆེ་བ་གངས་རི་ལྟ་བུར་གཙིགས། །འབར་བའི་ལྕགས་འདྲིལ་ཧཱུྃ་ཕཊ་འབྲུག་སྟོང་སྒྲོག །ཟ་འོག་སྟོད་བཀྲའི་པེ་ར་ཆེན་སྐུ་ལ་གསོལ། །སྦྲུལ་རྒྱན་ཐོད་ཕྲེང་དུར་ཁྲོད་ཆས་ཀྱིས་སྤྲས། །སྐུ་གསུང་ཐུགས་ཀྱི་གར་དགུའི་ཉམས་དང་ལྡན། །ཕྱག་གཡས་བདུད་དཔུང་འདུལ་བྱེད་གྲི་གུག་དང་། །བདུད་བཞིའི་ཁྲག་བཀང་ཐོད་ཁྲག་གཡོན་ན་བསྣམས། །གྲུ་མོ་གཡས་སུ་ཙནྡན་བེང་འཆང་བ། །ཞབས་ལ་རྒྱ་སྟག་མང་པོ་ཕྱོགས་བཅུར་རྒྱུག །སྐུ་ཡི་རྩིབ་ལོགས་འཕར་དྲེད་རྒྱུག་ཅིང་འཕྱོ། །ལྷག་ཟུར་དུང་གི་སེ་རྡེ་ཧྲམ་པར་རྒྱུག །དབུ་ལ་ཡེ་ཤེས་སྤྲུལ་པའི་ཁྱུང་གིས་བརྒྱན། །ལྷ་མཆོག་ཁྱོད་ཀྱི་སྐུ་ཡི་གཡོན་ཟུར་ན། །ཀུན་ཏུ་དགྱེས་བསྐྱེད་ཀྱི་ཧི་ཤྭ་རི་མ། །སྐུ་མདོག་སྔོ་སྐྱ་གཅེར་མོ་གཟིག་ཤམ་ཅན། །ཕྱག་གཉིས་སྤྲུལ་ཞགས་དུང་དམར་ཡབ་ལ་

སྟོབ། །ཤར་ཕྱོགས་ཁྲོ་བོའི་རྒྱལ་པོ་ཀིང་ཀ་ར། །མཐིང་ནག་རབ་འཇིགས་འཁོར་ལོ་ཐོད་ཁྲག་བསྣམས། །ལྷོ་ཕྱོགས་གནོད་སྦྱིན་ཟངས་མདོག་དམར་ནག་ནི། །གསེར་གྱི་རལ་གྲི་བསེ་མདུང་དམར་པོ་བསྣམས། །ནུབ་ཕྱོགས་ཁྱབ་འཇུག་ཆེན་པོ་རྣ་ཧུ་ལ། །དུད་ཁ་དབུ་དགུ་གྲི་གུག་ཞགས་པ་བསྣམས། །བྱང་ཤར་མ་གཅིག་གཉན་གྱི་རེ་མ་ཏི། །མཐིང་ནག་ནད་རྒྱལ་བཙན་གྱི་ཞགས་པ་བསྣམས། །ཕྱོགས་བཞིར་བཞུགས་པའི་མཐུ་ཆེན་བཞི་པོ་ཡིས། །རང་རང་ལས་བྱེད་བཀའ་ཉན་ཚོགས་དང་བཅས། །གཞན་ཡང་མགོན་པོ་ཆེན་པོའི་བཀའ་འཁོར་ན། །བློན་པོ་དམག་དཔོན་སྡེ་དཔོན་རུ་དཔོན་དང་། །ཕོ་ཉ་མངགས་གཞུགས་སྤྲུལ་དང་ཡང་སྤྲུལ་བཅས། །འཁོར་དུ་གཏོགས་པའི་ལྷ་སྲིན་སྦྲིན་ལྷར་གཏིབ། །རང་བཞིན་གར་བཞུགས་གནས་མཆོག་དམ་པ་ནས། །སྔོན་གྱི་དམ་ཚིག་གཉན་པོ་རྗེས་དགོངས་ལ། །དགྱེས་པ་ཆེན་པོ་གནས་འདིར་གཤེགས་སུ་གསོལ། །པདྨ་ཉི་ཟླ་དགྲ་བགེགས་གདན་ལ་བཞུགས། །སྒོ་གསུམ་གུས་པ་ཆེན་པོས་ཕྱག་འཚལ་ལོ། །ཛ་ཆང་འོ་སྐོལ་བཏུང་བའི་གསེར་སྐྱེམས་ལ། །ག་བུར་ལ་སོགས་སྨན་གྱི་ཕྱེ་མ་དང་། །གསེར་དངུལ་ལ་སོགས་རིན་ཆེན་རྣམ་པ་ལྔ། །རབ་བརྒྱན་བདུད་རྩིའི་རླབས་ཀྱི་ཟེར་མ་ལས། །འདོད་པའི་ཡོན་ཏན་ལྔ་ཡི་ཆར་འབེབས་ཤིང་། །ཟླ་མེད་དམ་རྫས་རྨད་བྱུང་མཆོད་པ་འདིས། །དཔལ་ཆེན་ལེགས་ལྡན་ཚོགས་ཀྱི་བདག་པོ་མཆོད། །དགྱེས་སྡེ་ཡུམ་ཆེན་ཁྲོ་མོ་དབང་ཕྱུག་མཆོད། །ཡབ་གཅིག་ལྷ་ཆེན་དྲང་སྲོང་བདེ་བྱེད་མཆོད། །ཡུམ་གཅིག་ལྷ་མོ་ཨུ་མ་དེ་ཝ་མཆོད། །ཀིང་ཀ་ར་དང་གནོད་སྦྱིན་ཟངས་མདོག་མཆོད། །ཁྱབ་འཇུག་ཆེན་པོ་དཔལ་ལྡན་ལྷ་མོ་མཆོད། །བཀའ་འཁོར་སྐྱོང་

བའི་ལྷ་སྲིན་སྡེ་བརྒྱད་མཆོད། །དེ་ལྟར་གསེར་སྐྱེམས་ཕུལ་བའི་བྱིན་རླབས་ཀྱིས། །དཔལ་ལྡན་བླ་མའི་སྐུ་ཚེ་རབ་བརྟན་ཅིང་། །བསྟན་འཛིན་ཚོགས་རྣམས་དར་ཞིང་རྒྱས་པ་དང་། །བདག་ཅག་བྱང་ཆུབ་སྒྲུབ་པའི་གང་ཟག་རྣམས། །ཕྱི་ནང་གསང་བའི་བར་ཆད་ཀུན་ཞི་ཞིང་། །མི་དང་མི་མིན་བར་ཆད་བརྩམ་པ་རྣམས། །མིང་ཙམ་མེད་པར་བསྒྲལ་བའི་ཕྲིན་ལས་མཛོད། །བསྟན་པའི་ཉི་མ་ཕྱོགས་བཅུར་རྒྱས་པ་དང་། །ཕྲིན་ལས་ཆེན་པོས་ས་སྟེང་ཡོངས་ལ་ཁྱབ། །བདག་གི་རེ་བ་ཡིད་བཞིན་འགྲུབ་ཏུ་གསོལ། །ཅེས་རྒྱུད་མགོན་ལེགས་ལྡན་ཚོགས་ཀྱི་བདག་པོའི་གསེར་སྐྱེམས་རྡོ་རྗེའི་སྒྲ་དབྱངས་ཞེས་བྱ་བ་འདི་ཡང་རྗོགས་སྤྲུལ་ལྷ་པ་ཐུབ་བསྟན་ཆོས་ཀྱི་རྡོ་རྗེས་འཆི་མེད་གྲུབ་པའི་དགའ་ཚལ་ནས་ས་ཕོ་རྟ་ལོའི་ཟླ་ཚེས་ལ་བྲིས་པ་དགེ་ལེགས་སུ་གྱུར་ཅིག །

༄༅། །དཔལ་མགོན་མ་ནིང་ནག་པོའི་ཞལ་སྐྱེམས་ཕུད་གཏོད་ཁྲག ཞག་ཐྲ་གློང་འཁྲུགས་པ་བཞུགས་སོ།།

ཧཱུྃ། ཀ་དག་ངང་ལས་སླིང་ཧེ་འཁྲོས་པའི་སྐུ། །ཁ་དོག་དུས་མཐའི་ཆར་སྤྲིན་འཁྲིགས་པ་འདྲ། །ག་ཤལ་མགོ་ཕྲེང་དྲག་པོའི་རྒྱན་གྱིས་སྤྲས། །ང་ཡིས་འབོད་ཚེ་གནས་འདིར་གཤེགས་སུ་གསོལ། །ཅ་ག་རྣམ་མང་མཆོད་པའི་སྤྲིན་ཕུང་ནི། །ཆ་ཤས་མ་ཡིན་ནམ་མཁའ་མཛོད་ཀྱི་སྤྲིན། །ཇ་ཆང་གསེར་སྐྱེམས་

བདུད་རྩིའི་རྒྱ་མཚོ་འདི། །ཊ་རྒྱས་ཇི་བཞིན་དགྱེས་པར་བཞེས་སུ་གསོལ། །ཏ་
ཐཱ་ག་ཏའི་བསྟན་པ་རིན་པོ་ཆེ། །ཐ་གྲུ་ཡངས་པའི་ཞིང་ཁམས་མཐའ་ཡས་
སུ། །ད་ལྟ་ཙམ་མིན་དུས་རྣམས་ཐམས་ཅད་དུ། །ན་མར་རྟག་པར་ཕྱོགས་
བཅུར་རྒྱས་པར་མཛོད། །པ་ཏྲའི་འཕྲེལ་གླིང་ལྷ་བུའི་འཁོར་བ་ན། །ཕ་མ་འགྲོ་
དྲུག་སེམས་ཅན་ཐམས་ཅད་རྣམས། །བ་ལང་བཞིན་དུ་རྨོངས་པ་མཐའ་དག་
ཀུན། །མ་ལུས་རྟག་ཏུ་མགོན་མཛད་ཁྱོད་ལ་བསྟོད། །ཙ་མ་ར་ལྟར་ཁེངས་
པའི་བདུད་སྡེའི་ཚོགས། །ཚ་གྲང་གདུག་པའི་མདོན་སྤྱོད་ཕྲིན་ལས་ཀྱིས། །ཛཱ་
ལང་བསམ་སྦྱོར་ངན་པའི་ཚོགས་རྣམས་ཀུན། །ཝ་སྐྱེས་ལྟ་བུར་ཞུམ་པའི་ཕྲིན་
ལས་མཛོད། །ཞ་རེང་སྨྱོ་འབོག་འདུལ་བའི་གཉེན་པོ་ཆེ། །ཟ་བྱེད་འཁོར་དུ་
སྒྲོག་བདག་འབུམ་གྱིས་བསྐོར། །འ་འུར་དྲག་པོའི་གད་མོ་འབྲུག་ལྟར་
སྒྲོག །ཡ་མཚན་ལྡན་པའི་དཔལ་མགོན་ཁྱོད་ཉིད་ཀྱིས། །ར་ཧུ་རྒྱལ་འགོང་
དམ་སྲི་འབྱུང་པོའི་ཚོགས། །ལ་ལ་རྣལ་འབྱོར་སྙིང་ལ་ཞུགས་ནས་སུ། །ཤ་
སྟག་བསྟན་སེལ་སྡེ་འཁྲུགས་སློང་བྱེད་ཚོགས། །ས་ཕྱོགས་གང་དུ་གནས་ཀྱང་
གཞོམ་པར་མཛོད། །ཧ་ཧི་གད་མོ་རྡོ་རྗེའི་སྒྲ་དབྱངས་ཀྱིས། །ཨ་ལ་ལ་ཞེས་
དགའ་བའི་གར་མཛོད་ཅིག །ཇི་སྲིད་བྱང་ཆུབ་སྙིང་པོ་མ་ཐོབ་པར། །དཔལ་
ལྡན་ཡེ་ཤེས་མགོན་པོ་ཁྱོད་ཉིད་དང་། །ལུས་དང་གྲིབ་བཞིན་མི་འབྲལ་འགྲོགས་
ནས་ཀྱང་། །ཇི་ལྟར་བསམ་པ་ཡིད་བཞིན་འགྲུབ་པར་མཛོད། །ཅེས་པ་འདི་ནི་རང་
དགོན་གྱི་གྲྭ་དགེ་པཎྜ་གྲགས་པ་ནས་བསྐུལ་བའི་ངོར་རྫོགས་སྤྲུལ་ལྔ་པ་ཐུབ་བསྟན་ཆོས་ཀྱི་རྡོ་རྗེས་ཊ་དམ
ཨོ་རྒྱན་བསམ་གཏན་ཆོས་གླིང་གི་ཕོ་བྲང་ཆེན་པོའི་ཡང་རྩེ་བཀྲ་ཤིས་འཆི་མེད་གྲུབ་པའི་དགའ་ཚལ་ནས
བྲིས་པ་དགེའོ། །

༄༅། །ཉང་གཏེར་མགོན་པོ་ཕྱག་བཞིའི་གསེར་སྐྱེམས་ཁྲོ་རྒྱལ་དགྱེས་པའི་གླུ་དབྱངས་ཞེས་བྱ་བ་བཞུགས་སོ། །

ཧཱུྃ། སྔོན་ཆེ་འདས་དུས་བསྐལ་བའི་དང་པོ་ལ། །མ་རུང་དམ་ཉམས་གདུལ་དཀའ་འདུལ་བའི་ཕྱིར། །ཆོས་ཉིད་ཞི་བས་འདུལ་བར་མི་នུས་པ། །ཁྲོ་རྒྱལ་འབར་བའི་གར་གྱིས་གདུལ་བར་བྱ། །ཤིན་ཏུ་འབར་བ་ཁྲོ་བོའི་ཚུལ་འཆང་བ། །ཆོས་སྐུ་འགྱུར་མེད་དཔལ་ལྡན་ནག་པོ་ཆེ། །དངོས་གྲུབ་འབྱུང་གནས་དཔལ་མགོན་ཕྱག་བཞི་པ། །མཐིང་ནག་མི་བཟད་གར་དགུའི་ཉམས་དང་ལྡན། །མི་བསྲུན་བཟློད་དཀའི་གཏུམ་ཆེན་ཞལ་གཅིག་པ། །ཕྲིན་ལས་རྣམ་བཞིས་འགྲོ་བ་འདུལ་བའི་ཕྱིར། །ནག་པོ་ཆེན་པོ་ཕྱག་བཞིའི་ཚུལ་བསྟན་པ། །ཞལ་ནས་ཧ་ཧའི་གད་མོ་ཕྱོགས་བཅུར་སྒྲོག །ཉོན་མོངས་བདུད་བཞི་འདུལ་མཛད་དགྲ་སྙིང་དང་། །ལྷ་མིན་གཡུལ་ལས་བཟློག་བྱེད་རལ་གྲི་གཡས། །ཁམས་གསུམ་དབང་དུ་སྡུད་བྱེད་ཐོད་ཁྲག་དང་། །བགེགས་རྣམས་འདུལ་བྱེད་ཁ་ཊྭཱཾ་གཡོན་ན་བསྣམས། །ཐབས་དང་ཤེས་རབ་དབྱིངས་ལས་བྱུང་བ་ཡི། །ཁྲོས་པའི་ཞབས་གཉིས་ཕྱེད་སྐྱིལ་བཞུགས་པ་ནི། །ཁམས་གསུམ་འཁོར་བའི་སྡུག་བསྔལ་འཇོམས་པར་བྱེད། །མི་མགོ་རློན་པའི་ཕྲེང་བས་སྐུ་ལ་བརྒྱན། །སྦྲུལ་རྒྱན་རིགས་ལྔ་སྟག་ཤམ་རྒྱན་གྱིས་སྤྲས། །མཐུ་སྟོབས་ནུས་པས་རི་རབ་ཐལ་བར་བརླག །བསྐལ་བའི་མེ་དཔུང་འབར་བའི་ཀློང་ན་བཞུགས། །སྦྱོར་བའི་ཡུམ་ཆེན་ལྷ་མོ་ཙཎྜི་ཀ། །ནག་མོ་དུར་ཁྲོད་རུས་པའི་རྒྱན་

གྱིས་སྤྲུས། །གཙེར་མོ་གྲི་གུག་ཐོད་པ་ཁྲག་བཀང་བསྣམས། །བདེ་བ་ཆེན་
པོའི་ཡབ་ཡུམ་མཉམ་པར་སྦྱོར། །ཕྱི་རོལ་འཁོར་ལོ་རྩེ་བས་བཞི་ལ་གནས་
པའི། །སྐུ་ཡི་ལས་མཁན་དཔལ་མགོན་བྱ་རོག་གདོང་། །གསུང་གི་ལས་
མཁན་འབར་མ་བྱ་ཞོན་མ། །ཐུགས་ཀྱི་ལས་མཁན་གཟའ་བདུད་ར་ཧུ་
ལ། །དྲག་པོའི་ལས་བྱེད་འཇིགས་བྱེད་སེང྄ྒེའི་གདོང་། །དེ་ཡི་ཕྱི་རོལ་འཁོར་
ལོ་རྩེ་བས་བཞི་ལ། །རྒྱལ་པོ་གཤིན་རྗེ་བཙན་དང་གནོད་སྦྱིན་སོགས། །ཕྱི་
རོལ་ཁྲམས་དང་དུར་ཁྲོད་ལ་གནས་པའི། །ནག་པོ་སྟོང་དང་ཤ་ཟ་འབུམ་གྱི་
ཚོགས། །མ་མོ་བྱེ་བའི་འཁོར་ཚོགས་བསམ་མི་ཁྱབ། །ནཱ་ལནྡྲ་དང་རྒྱ་གར་རྡོ་
རྗེའི་གདན། །རབ་འཇིགས་དུར་ཁྲོད་བསིལ་བ་ཚལ་སོགས་ནས། །རྣལ་
འབྱོར་གདུང་བ་དྲག་པོས་འབོད་པའི་ཚེ། །སྔོན་གྱི་དམ་ཚིག་གཉན་པོ་རྗེས་
དགོངས་ལ། །སྐད་ཅིག་ཙམ་གྱིས་གནས་འདིར་གཤེགས་སུ་
གསོལ། །གསང་ཆེན་རོལ་བའི་དུར་ཁྲོད་གཞལ་ཡས་འདིར། །བརྟན་པར་
བཞུགས་ལ་དངོས་གྲུབ་སྩོལ་དུ་གསོལ། །སྒོ་གསུམ་གུས་པས་ཕྱག་འཚལ་
བསྟོད་པར་བགྱིད། །ཀ་དག་དབྱིངས་སུ་གཙང་རྨེ་མི་མངའ་ཡང་། །ཁ་དོག་
དྲི་རོ་ཕུན་སུམ་ཚོགས་པའི་དཔལ། །ག་ལེར་འདོད་ཡོན་བཀྲ་བའི་གསེར་སྐྱེམས་
འདི། །ང་བདག་གཟུང་འཛིན་བྲལ་ཕྱིར་བཞེས་སུ་གསོལ། །ཅ་ག་སྤྲིན་
གཟིགས་སྣ་ཚོགས་བསམ་མི་ཁྱབ། །ཆ་ཤས་མ་ཡིན་ནམ་མཁའི་སྐར་ལྟར་
བཀྲ། །ཇ་ཆང་གསེར་སྐྱེམས་གཡུ་སྐྱེམས་མཆོད་པ་འདི། །ཉ་རྒྱས་བཞིན་ཏུ་
དགྱེས་པར་བཞེས་སུ་གསོལ། །ཏ་ཐླ་ག་ཏ་མཆོ་སྐྱེས་རྡོ་རྗེ་ཡིས། །ཐ་ཚིག་
དམ་ལ་བཞག་པའི་བསྟན་སྲུང་ཆེ། །ད་ལྟ་རིག་འཛིན་རྣལ་འབྱོར་བདག་ཅག

གིས། །ན་མར་ཇི་བཞིན་གསེར་སྐྱེམས་མཆོད་པ་འབུལ། །པ་ཏྲའི་འབྲུད་གླིང་ལྷ་བུའི་འཁོར་བ་ན། །ཕ་མཐའ་ཡས་པའི་འགྲོ་བ་འཁྲུམས་པ་རྣམས། །བ་མཆོག་གཏེར་བུམ་ལྷ་བུའི་དངོས་གྲུབ་ནི། །མ་ལུས་སྩོལ་ཕྱིར་གསེར་སྐྱེམས་མཆོད་པ་འབུལ། །ཙ་མ་ར་ལྷར་ཁེངས་པའི་དམ་ཉམས་ཚོགས། །ཚ་བའི་མེ་ཡི་དབལ་གྱིས་བསྲེགས་པའི་ཕྱིར། །ཛ་ཏྲུའི་བུ་མོའི་རྒྱུན་བཞིན་གསེར་སྐྱེམས་ལ། །ཞ་ལེར་འདོད་ཡོན་བརྒྱན་པའི་མཆོད་པ་འབུལ། །ཞྭ་མོ་ལྷ་བུར་གཙུག་གི་རྒྱན་གཅིག་པུ། །ཟ་བྱེད་སྣང་སྲིད་དྲེགས་པ་ཡོངས་ཀྱི་གཙོ། །འ་ཅག་སྒྲུབ་ལ་དངོས་གྲུབ་སྩོལ་པའི་ཕྱིར། །ཡ་མཚན་ལྡན་པའི་གསེར་སྐྱེམས་མཆོད་པ་འབུལ། །ར་ཛ་རྒྱལ་འགོང་དམ་སྲིའི་བརླམས་པ་རྣམས། །ལ་ལ་ཙམ་མིན་ཐམས་ཅད་བསྒྲལ་ནས་ནི། །ཤ་དང་ཁྲག་གི་མཆོད་པ་ཕུལ་བ་འདི། །ས་ལམ་ཡོན་ཏན་རྒྱས་ཕྱིར་བཞེས་སུ་གསོལ། །ཧ་ལའི་ཉོན་མོངས་དུག་ལྔས་མནར་བ་རྣམས། །ཨ་ལ་ལ་ཡི་ཚོ་མཚར་རྡོ་རྗེའི་གླུ། །དུག་ལྔ་ཡེ་ཤེས་ལྔ་ཡི་སྐུར་གྱུར་ནས། །རྣམ་མཁྱེན་སངས་རྒྱས་གོ་འཕང་ཐོབ་པར་ཤོག །ཅེས་ཉང་གཏེར་མགོན་པོ་ཕྱག་བཞིའི་གསེར་སྐྱེམས་འདི་ཉིད་མགོན་ཁང་དབང་དྲག་རོལ་བ་ནས་ས་ཕོ་རྟ་ལོའི་དམར་ཕྱོགས་མཁའ་འགྲོ་འདུ་བའི་དུས་ཆེན་ལ་རྫོགས་སྤྲུལ་ལྔ་པ་ཐུབ་བསྟན་ཆོས་ཀྱི་རྡོ་རྗེས་བསྟན་ལ་ཕན་པའི་ལྷག་བསམ་དག་པས་བྲིས་བ་དགེའོ། །

སྐུ་རབས་ལྔ་པ་ཐུབ་བསྟན་ཆོས་ཀྱི་རྡོ་རྗེའི་གསུང་ཚན།

༄༅། །རྡོ་རྗེ་གཡོག་རྒོད་མའི་བསྐང་བ་ཕྲིན་ལས་ལྷུན་འགྲུབ་ཅེས་བྱ་བ་བཞུགས་སོ། །

ཧྲཱྀ། འདོད་པ་ཁམས་ཀྱི་དབང་ཕྱུག་མ། །དཔལ་ལྡན་རྡོ་རྗེ་གཡོག་རྒོད་རྒྱལ། །ཕྱི་ནང་གསང་བའི་མཆོད་རྫས་ཚོགས། །སྤྱི་དང་ཁྱད་པར་མཐུན་པའི་རྫས། །རབ་འབྱམས་ནམ་མཁའ་གང་བའི་སྤྲིན། །ལྷ་མོ་ཁྱོད་ལ་འབུལ་ལགས་ན། །འཁོར་བཅས་ཐུགས་དམ་བསྐང་གྱུར་ཅིག །དམ་ཚིག་ཉམས་ཆགས་བསྐང་བ་དང་། །ཞི་རྒྱས་དབང་དྲག་ཕྲིན་ལས་བཞིའི། །ལས་རྣམས་མྱུར་དུ་འགྲུབ་པར་མཛོད། །ཅེས་པའང་ཛོགས་སྨྲུལ་པས་སོ། ། ། །

༄༅། །ཉི་གྲགས་ལྷ་མོ་སྔགས་བདག་མའི་ཕྱུད་ཕྱུར་ཕྲིན་ལས་ཆར་འབེབས་ཞེས་བྱ་བ་བཞུགས་སོ། །

ཧོཿ རང་བཞིན་ཆོས་ཀྱི་དབྱིངས་ཀྱི་ཡེ་ཤེས་ལས་རྣམ་རོལ་མ་འགགས་ཅིར་ཡང་ཤར་བ། ཁམས་གསུམ་སྲིད་གསུམ་ཀུན་གྱི་མངའ་བདག ཡོག་རྟོག་བདུད་སྡེ་ཡོངས་ཀྱི་གཤེད་དུ་ཁྲོས་པ། སྣང་སྲིད་མཁའ་འགྲོ་ཀུན་གྱི་གཙོ་མོ། དམ་

ལྷན་དངོས་གྲུབ་ཀུན་གྱི་རྗེ་མོ། དུས་བཞིའི་རྒྱལ་མོ་དཔལ་སྟོགས་ཀྱི་བདག་མོ།
སྐུ་མདོག་མཐིང་ནག་ཆར་སྤྲིན་ལྟར་གནག་པ། སྤྱན་གསུམ་སྡང་མིག་ཁྲོགས་
བཙུར་གཟིགས་པ། རྣོ་དབལ་མཆེ་བ་རྣམ་བཞི་གདངས་རི་ལྟར་གཙིགས་པ།
རྟོག་མེད་རྣམ་པར་དག་པ་བམ་ཆེན་ཞལ་དུ་བསྒྲིལ་བ། སྤྱི་བོར་རྨ་བྱའི་སྒྲོ་ཐུད་
བཙུགས་པ། སྒྲུབ་ལ་བུ་བཞིན་སྐྱོང་བ། ཟླ་བ་ཚེས་པས་བརྒྱན་པ། ཐོད་པ་
སྐམ་པོ་ལྔ་ཡི་སྲོག་ཞུས་དབུ་ལ་བརྒྱན་པ། རློན་པ་ཁྲག་འཛག་པ་ལྔ་བཅུས་དོ་
ཤལ་བྱས་པ། རལ་བ་ཁམས་ནག་སྲིད་པའི་རྩེ་མོར་འཁྲིལ་བ། རླན་གོང་
གཡས་ན་དུང་གི་སེཏྲེ་ཇམས་ཤིང་འཇོ་བ། རླན་གཡོན་དུ་སྦྲུལ་ནག་གདེངས་
ཤིང་འཁྱུག་པ། གསེར་གཡུ་མུ་ཏིག་གི་ཆུན་པོས་བརྒྱན་པ། སྐུ་སྟོད་ལ་ཞིང་
ལྤགས་དང་དར་ནག་གི་བེར་གསོལ་བ། སྐུ་སྨད་ལ་རེ་ལྡེ་དང་སྟག་གི་ཤམ་ཐབས་
གསོལ་བ། སྦྲུལ་དང་དུར་ཁྲོད་རོལ་བའི་ཆས་ཀྱིས་བརྒྱན་པ། ལྟེ་བའི་དཀྱིལ་
ན་གསེར་གྱི་ཉི་མ་འཆར་བ། ཕྱག་གཡས་རྩེ་གསུམ་དར་ནག་རུ་མཚོན་ཕྱར་བ།
ཕྱག་གཡོན་ནད་ཀྱི་རྒྱལ་བ་བསྣམས་པ། ཆིབས་སུ་ཤུགས་ལྡན་དྲེའུ་དམར་ཀྱ་ལ་
ཆིབས་པ་ལ་གསོལ་ལོ། །འབུལ་ལོ། །མཆོད་དོ། །བདག་ཅག་རྣལ་
འབྱོར་པ་འཁོར་དང་བཅས་པའི་ཡིད་ལ་ཅི་བསམ་དངོས་གྲུབ་སྩོལ་ཅིག བར་དུ་
གཅོད་པའི་དགྲ་བགེགས་ཐུལ་ཅིག མི་ནད་དང་ཕྱུགས་ནད་ཀྱི་རྒྱུན་ཆོད་ཅིག
མི་མཐུན་པའི་རྐྱེན་ངན་པ་མཐའ་དག་སོལ་ཅིག ཧོཿ མ་ཅིག་དཔལ་ལྡན་ལྷ་
མོའི་སྐུ་ཡི་དཀྱིལ་འཁོར་ལས་ཤར་བ་སྐུ་ཡི་སྤྲུལ་པ་མ་མོ་འབུམ་གྱི་གཙོ་མོ། མ་
མོ་ཆེན་མོ་བ་ལམ་དྲེལ་སྣ་མ། འཁོར་དུ་མཐུན་པའི་མདོག་ཅན་མཁའ་འགྲོ་འབུམ་
འབུམ་གྱིས་བསྐོར་བ་ལ་གསོལ་ལོ། །འབུལ་ལོ། །མཆོད་དོ། །བདག་

ཅག་རྣལ་འབྱོར་པ་འཁོར་དང་བཅས་པའི་ཡིད་ལ་ཅི་བསམ་དངོས་གྲུབ་སྩོལ་ཅིག བར་དུ་གཅོད་པའི་དགྲ་བགེགས་ཐུལ་ཅིག མི་ནད་དང་ཕྱུགས་ནད་ཀྱི་རྒྱུན་ཆོད་ཅིག མི་མཐུན་པའི་རྐྱེན་ངན་པ་མཐའ་དག་སོལ་ཅིག་ཧཱུྃ༔ མ་གཅིག་གསུང་གི་དཀྱིལ་འཁོར་ལས་ཞར་བ། གསུང་གི་སྤྲུལ་པའི་མ་མོ་འབུམ་གྱི་གཙོ་མོ་སྟག་སྨན་གཟིར་འདེབས་མ། འཁོར་དུ་མཁའ་འགྲོ་ནག་མོ་འབུམ་འབུམ་གྱིས་བསྐོར་བ་ལ་གསོལ་ལོ། །འབུལ་ལོ། །མཆོད་དོ། །བདག་ཅག་རྣལ་འབྱོར་པ་འཁོར་དང་བཅས་པའི་ཡིད་ལ་ཅི་བསམ་དངོས་གྲུབ་སྩོལ་ཅིག བར་དུ་གཅོད་པའི་དགྲ་བགེགས་ཐུལ་ཅིག མི་ནད་དང་ཕྱུགས་ནད་ཀྱི་རྒྱུན་ཆོད་ཅིག མི་མཐུན་པའི་རྐྱེན་ངན་པ་མཐའ་དག་སོལ་ཅིག ཧཱུྃ༔ མ་ཅིག་ཐུགས་ཀྱི་དཀྱིལ་འཁོར་ལས་ཞར་བ། ཐུགས་ལས་སྤྲུལ་པའི་ཌཱཀྐི་འབུམ་གྱི་གཙོ་མོ་མ་མོ་ཆེན་མོ་ཁྲི་སྨན་སི་ལི་མ་འཁོར་དུ་ཆར་སྤྲིན་མདོག་འདྲ་འབུམ་འབུམ་གྱིས་བསྐོར་བ་ལ་གསོལ་ལོ། །འབུལ་ལོ། །མཆོད་དོ། །བདག་ཅག་རྣལ་འབྱོར་པ་འཁོར་དང་བཅས་པའི་ཡིད་ལ་ཅི་བསམ་དངོས་གྲུབ་སྩོལ་ཅིག བར་དུ་གཅོད་པའི་དགྲ་བགེགས་ཐུལ་ཅིག མི་ནད་དང་ཕྱུགས་ནད་ཀྱི་རྒྱུན་ཆོད་ཅིག མི་མཐུན་པའི་རྐྱེན་ངན་པ་མཐའ་དག་སོལ་ཅིག ཧཱུྃ༔ མ་ཅིག་ཡོན་ཏན་གྱི་དཀྱིལ་འཁོར་ལས་ཞར་བ་ཡོན་ཏན་རིགས་ལས་སྤྲུལ་པའི་ཌཱཀྐི་འབུམ་འབུམ་གྱིས་གཙོ་མོ་རྡོ་རྗེ་ཕ་ལམ་མ་འཁོར་དུ་རབ་ཁྲོས་ནག་མོ་འབུམ་འབུམ་གྱིས་བསྐོར་བ་ལ་གསོལ་ལོ། །འབུལ་ལོ། །མཆོད་དོ། །བདག་ཅག་རྣལ་འབྱོར་པ་འཁོར་དང་བཅས་པའི་ཡིད་ལ་ཅི་བསམ་དངོས་གྲུབ་སྩོལ་ཅིག བར་དུ་གཅོད་པའི་དགྲ་བགེགས་ཐུལ་ཅིག མི་ནད་དང་ཕྱུགས་ནད་ཀྱི་རྒྱུན་ཆོད་ཅིག མི་མཐུན་པའི་

རྐྱེན་ངན་པ་མཐའ་དག་སོལ་ཅིག ཧོཿ མ་ཅིག་ཕྲིན་ལས་ཀྱི་དཀྱིལ་འཁོར་ལས་ཤར་བ་རྒྱལ་པོ་འབུམ་གྱི་མངའ་བདག་ཚངས་པ་དྲུང་གི་ཐོར་ཚུགས་ཅན་འཁོར་དུ་རབ་ཏུ་ཁྲོས་པའི་རྒྱལ་པོ་འབུམ་གྱིས་བསྐོར་བ་ལ་གསོལ་ལོ། །འབུལ་ལོ། །མཆོད་དོ། །བདག་ཅག་རྣལ་འབྱོར་པ་འཁོར་དང་བཅས་པའི་ཡིད་ལ་ཅི་བསམ་དངོས་གྲུབ་སྩོལ་ཅིག བར་དུ་གཅོད་པའི་དགྲ་བགེགས་ཐུལ་ཅིག མི་ནད་དང་ཕྱུགས་ནད་ཀྱི་རྒྱུན་ཆོད་ཅིག མི་མཐུན་པའི་རྐྱེན་ངན་པ་མཐའ་དག་སོལ་ཅིག ཧོཿ མ་ཅིག་གཉིས་སུ་མེད་པའི་དཀྱིལ་འཁོར་ལས་ཤར་བ་གཤིན་རྗེ་འབུམ་གྱི་མངའ་བདག་གཤིན་རྗེ་ཀྵེ་ཤ་ས་ཏྭ་འཁོར་དུ་གཤིན་རྗེ་ནག་པོ་འབུམ་འབུམ་གྱིས་བསྐོར་བ་ལ་གསོལ་ལོ། །འབུམ་ལོ། །མཆོད་དོ། །བདག་ཅག་རྣལ་འབྱོར་པ་འཁོར་དང་བཅས་པའི་ཡིད་ལ་ཅི་བསམ་དངོས་གྲུབ་སྩོལ་ཅིག བར་དུ་གཅོད་པའི་དགྲ་བགེགས་ཐུལ་ཅིག མི་ནད་དང་ཕྱུགས་ནད་ཀྱི་རྒྱུན་ཆོད་ཅིག མི་མཐུན་པའི་རྐྱེན་ངན་པ་མཐའ་དག་སོལ་ཅིག ཧོཿ མ་ཅིག་ཡོངས་སུ་འདུས་པའི་དཀྱིལ་འཁོར་ལས་ཤར་བ་བདུད་པོ་བྲེ་བ་འབུམ་གྱི་མངའ་བདག་བདུད་ཀྱི་རྒྱལ་པོ་བྲེ་བ་དགུ་རིང་ལ་འཁོར་དུ་བདུད་དམག་ནག་པོ་བྲེ་བ་འབུམ་འབུམ་གྱིས་བསྐོར་བ་ལ་གསོལ་ལོ། །འབུལ་ལོ། །མཆོད་དོ། །བདག་ཅག་རྣལ་འབྱོར་པ་འཁོར་དང་བཅས་པའི་ཡིད་ལ་ཅི་བསམ་དངོས་གྲུབ་སྩོལ་ཅིག བར་དུ་གཅོད་པའི་དགྲ་བགེགས་ཐུལ་ཅིག མི་ནད་དང་ཕྱུགས་ནད་ཀྱི་རྒྱུན་ཆོད་ཅིག མི་མཐུན་པའི་རྐྱེན་ངན་པ་མཐའ་དག་སོལ་ཅིག ཧོཿ མ་མོ་ཆེན་མོའི་བཀའི་འཁོར་དུ་གཏོགས་པ་ཚངས་པ་བརྒྱ་བྱིན། རྒྱལ་ཆེན་སྡེ་བཞི་སོགས་ལྷ་སྲིན་འབུམ་དང་བཅས་པ། ནཱ་ག་རཱ་ཛ་ཀླུ་ཡི་ལུམ་གཅིག་ཀླུ་སྲིན་འབུམ་དང་བཅས་པ། ནཱ་

ག་ར་ཀླུ་རྡོ་རྗེའི་ལྕམ་གཅིག་སྲིན་ཕྲན་མང་པོ་འབུམ་དང་བཅས་པ་གཞན་ཡང་སྡེ་བརྒྱད་ཀྱི་འཁོར་ཚོགས་ཉི་མའི་ཟེར་གྱི་རྡུལ་ལྟར་འཁྲིགས་པ་ལ་གསོལ་ལོ། །འབུལ་ལོ། །མཆོད་དོ། །བདག་ཅག་རྣལ་འབྱོར་པ་འཁོར་དང་བཅས་པའི་ཡིད་ལ་ཅི་བསམ་དངོས་གྲུབ་སྩོལ་ཅིགབར་དུ་གཅོད་པའི་དགྲ་བགེགས་ཐུལ་ཅིག མི་ནད་དང་ཕྱུགས་ནད་ཀྱི་རྒྱུན་ཆོད་ཅིག མི་མཐུན་པའི་རྐྱེན་ངན་པ་མཐའ་དག་སོལ་ཅིག ཧོཿ དེ་ལྟར་སྲིད་གསུམ་ཡོངས་ཀྱི་མངའ་བདག་དཔལ་ལྡན་སྔགས་ཀྱི་བདག་མོ་སྐུ་མ་གཅིག་མཚན་གྱི་རྣམ་གྲངས་དུས་བཞིའི་རྒྱལ་མོ། ལྷ་མོ་དུད་སོལ་མ། དམག་གི་རྒྱལ་མོ། རེ་མ་ཏི་སོགས་ཕྱི་ནང་གསང་བའི་ལྷ་སྲིན་སྡེ་བརྒྱད་འཁོར་ཚོགས་བསམ་གྱིས་མི་ཁྱབ་པ་རྣམས་ཀྱིས་རྣལ་འབྱོར་པ་བདག་ཅག་འཁོར་དང་བཅས་པ་རྣམས་ཀྱི་ནད་གདོན་བར་ཆད་རྐྱེན་ངན་ཐམས་ཅད་ཞི་བར་མཛོད་ཅིག ཚེ་དང་བསོད་ནམས་སྙན་གྲགས་ཐམས་ཅད་རྒྱས་པར་མཛོད་ཅིག ཁམས་གསུམ་སྲིད་གསུམ་ཐམས་ཅད་ཀྱི་མི་ནོར་ཟས་གསུམ་དབང་དུ་བསྡུས་ཤིག དགྲ་བགེགས་བྱད་མ་རྦོད་གཏོང་ཐམས་ཅད་མངོན་སྤྱོད་དྲག་པོའི་རོལ་བས་ཚར་ཆོད་ཅིག ཅེས་པ་

འདི་ཡང་དབུ་བྱང་ཆུབ་བཟང་པོ་ནས་ཡང་ཡང་བསྐུལ་བའི་ངོར་མགོན་ཁང་དབང་དྲག་རོལ་བའི་ཕོ་བྲང་ཆེན་པོ་ནས་ས་འབྲུག་ཟླ་བཅུ་པའི་ཚེས་ལ་ཇོགས་སྤྲུལ་ལྔ་བ་ཐུབ་བསྟན་ཆོས་ཀྱི་རྡོ་རྗེས་བགྲང་བྱ་ང་བདུན་སྐབས་གང་ཤར་སྨྲས་པའོ། །དགེའོ། །

༄༅། །དཔལ་ལྡན་ལྷ་མོ་སྲུང་མ་བདག་མའི་རྔགས་བསྐྱོད་ཡོངས་འདུས་ལྗོན་ཤིང་ཞེས་བྱ་བ་བཞུགས་སོ། །

ཧཱུྃ་ཧྲཱིཿ བྱང་ཤར་རྒྱ་མཚོ་ཆེན་པོའི་ཕ་རོལ་ན། །ཡོངས་འདུས་ཤིང་ཆེན་ལོ་འདབ་རྒྱས་པའི་དྲུང་། །མུ་ལེ་མཐིང་གི་རྒྱ་མཚོའི་གླིང་ཡངས་ནས། །མཐིང་ཤུན་འོད་བཅས་ཐོད་པའི་སྐུ་མཁར་ནས། །མེ་རླུང་འཚུབ་མ་དམར་ནག་འབར་བའི་གླིང་། །ཁྲག་ཏྲ་ཁྲག་རྒྱ་མཚོ་ཆེན་པོ་བསྐྱིལ། །མི་རོ་རྟ་རོ་འབུམ་ཁྲི་རྒྱལ་དུ་བཀྲམ། །འཇིགས་ཤིང་སྐྱི་གཡའི་གནས་མཆོག་དམ་པ་ནས། །མ་བདུད་ཀུན་གྱི་རྒྱལ་མོ་སྲུང་མ་བདག་མ། །སྔོན་ཚེ་རྒྱལ་བ་རྣམས་ཀྱི་སྤྱན་སྔ་རུ། །ཇི་ལྟར་ཞལ་བཞེས་ཐུགས་དམ་དྲན་མཛོད་ལ། །རྣལ་འབྱོར་བདག་ཅག་ཐུགས་རྗེས་ཉེར་དགོངས་ཏེ། །སྐད་ཅིག་ཙམ་གྱི་གནས་འདིར་གཤེགས་སུ་གསོལ། །མ་ཅིག་དཔལ་གྱི་རྒྱལ་མོ་སྐུ་བསྐྱོད་ཅིག །གཡུ་ཡི་ན་བུན་མང་པོ་ཐུ་ལུ་ལུ། །གཡུ་འབྲུག་མང་པོའི་སྒྲ་སྐད་དི་རི་རི། །གློག་ལྕེ་དམར་པོ་མེ་འོད་ཁྱུགས་སེ་ཁྱུག །ཆིབས་སུ་རྐྱང་བོང་དེ་ནི་དམར་གྱི་ཆིབས། །དྲེགས་པ་བདུད་དང་མ་མོ་བྱེ་བ་འབུམ། །ཁོལ་མོ་ཡང་ཁོལ་ཡང་བྲན་ཚོགས་དང་བཅས། །སྐད་ཅིག་ཙམ་གྱིས་གནས་འདིར་གཤེགས་ནས་ཀྱང་། །གསང་ཆེན་རོལ་པའི་དུར་ཁྲོད་ཆེན་པོ་འདིར། །མ་ལུས་འཁོར་བཅས་གནས་འདིར་བཞུགས་སུ་གསོལ། །བླ་མེད་བསྟན་པ་གཉན་པོ་བསྲུང་བའི་ཕྱིར། །དང་བའི་ཡིད་ཀྱི་གུས་པས་ཕྱག་འཚལ་ལོ། །རབ་འབྱམས་ཕྱོགས་བཅུའི་ཞིང་ཁམས་དཔག་མེད་

ན། །དངོས་འབྱོར་ཡིད་སྤྲུལ་མཆོད་རྫས་ཇི་སྙེད་ཀུན། །ཀུན་བཟང་མཆོད་པའི་སྤྲིན་ལྟར་བཤམས་ནས་ཀྱང་། །མ་ཅིག་ལྷ་མོ་འཁོར་དང་བཅས་ལ་འབུལ། །མ་ཅིག་སྐུ་མདོག་མཐིང་ནག་བཞུགས་པ་ནི། །དོན་དམ་ཐིག་ལེ་ཉག་གཅིག་མཚོན་པའི་བརྡ། །མ་ཡི་སྤྱན་གསུམ་ཕྱོགས་བཅུར་གཟིགས་པ་ནི། །འཁོར་འདས་ཐམས་ཅད་དབང་དུ་སྡུད་པའི་རྟགས། །མ་ཡི་ཤངས་ནས་འཐོར་རླུང་འཚུབ་པ་ནི། །དྲག་པོ་མངོན་སྤྱོད་ལས་ལ་མྱུར་བའི་རྟགས། །མ་ཡི་རྣོ་དབལ་མཆེ་བ་གཙིགས་པ་ནི། །གནོད་བྱེད་འབྱུང་པོ་མ་ལུས་འདུལ་བའི་རྟགས། །མ་ཡི་ལྗགས་འདྲིལ་གློག་ལྟར་འཁྱུགས་པ་ནི། དགྲ་ལ་ལྟས་ངན་སྣ་ཚོགས་གཏོང་བའི་རྟགས། །མ་ཡི་ཞལ་དུ་བམ་ཆེན་སྲོལ་བ་ནི། །ཟ་བྱེད་ཚོགས་རྣམས་དབང་དུ་སྡུད་པའི་རྟགས། །མ་ཡི་དབུ་སྐྲ་ཕྱེན་ཐུར་གཏིབ་པ་ནི། །སྤྲུལ་པ་མང་པོ་ལས་ལ་འགྱེད་པའི་རྟགས། །མ་ཡིས་ཐོད་སྐམ་དབུ་བརྒྱན་བྱས་པ་ནི། །ཁྲག་འཐུང་རིགས་ལྔ་དབུ་ལ་བཞུགས་པའི་རྟགས། །མ་ཡི་སྤྱི་གཙུག་རྨ་བྱས་བརྒྱན་པ་ནི། །ཕྱོགས་བཅུའི་རྒྱལ་བ་རྣམས་ཀྱིས་དབང་བསྐུར་རྟགས། །མ་ཡི་སྤྱི་བོར་ཟླ་བས་བརྒྱན་པ་ནི། །ཆོས་ཀུན་མ་འདྲེས་ས་ལེར་མཁྱེན་པའི་རྟགས། །མ་ཡི་ལྟེ་བར་ཉི་མ་འཆར་བ་ནི། །ཁམས་གསུམ་སྐྱེ་འགྲོ་ཟིལ་གྱི་གནོན་པའི་རྟགས། །མ་ཡི་སྙན་གཡས་སེ་དྷྭ་འཕྲོ་བ་ནི། །ཕྱོགས་བཅུའི་རྒྱལ་བའི་ཞིང་ཁམས་སྐྱོང་པའི་རྟགས། །མ་ཡི་སྙན་གཡོན་སྤྲུལ་གྱིས་བརྒྱན་པ་ནི། །དགྲ་ལ་ཚེ་འཕྲུལ་སྣ་ཚོགས་འགྱེད་པའི་རྟགས། །མ་ཡིས་མི་རྫིབ་རེ་ལྡེ་གསོལ་བ་ནི། །རྒྱལ་བསེན་ས་བདག་དབང་དུ་སྡུད་པའི་རྟགས། །མ་ཡི་སྐུ་སྟོད་གཡང་གཞི་གསོལ་བ་ནི། །ཤ་ཟའི་

ཚོགས་རྣམས་དབང་དུ་སྡུད་པའི་རྟགས། །མ་ཡི་སྐུ་སྨད་སྟག་ཤམ་གསོལ་བ་ནི། །ཆེ་བའི་དཔའ་རྟགས་གཡུལ་ལས་རྒྱལ་བའི་རྟགས། །མ་ཡིས་མགོ་ཕྲེང་དོ་ཤལ་བྱས་པ་ནི། །ཁམས་གསུམ་འཁོར་བ་གནས་ནས་འདྲེན་པའི་རྟགས། །མ་ཡིས་བོང་བུ་དམར་གྱ་ཆིབས་པ་ནི། །འགོང་པོའི་སྡེ་ཚོགས་ཟིལ་གྱིས་གནོན་པའི་རྟགས། །དེ་ལ་མི་ལྤགས་གཡང་གཞིའི་བརྒྱན་པ་ནི། །དུར་ཁྲོད་ཀུན་གྱི་གཙོ་མོ་མཛད་པའི་རྟགས། །སྲིན་པོའི་ཡ་ཐོད་སྤྱ་རུ་བྱས་པ་ནི། །སྲིན་པོའི་སྡེ་ཚོགས་དབང་དུ་སྡུད་པའི་རྟགས། །སྲིན་པོའི་མ་ཐོད་ཕྱི་རུ་བྱས་པ་ནི། །སྡུག་བསྔལ་ཁྲག་གི་རྒྱ་མཚོ་སྐེམ་པའི་རྟགས། །སྦྲུལ་དང་རྒྱུ་མས་གོང་སྨེད་བྱས་པ་ནི། །ཀླུ་སྲིན་ཚོགས་རྣམས་དབང་དུ་སྡུད་པའི་རྟགས། །ཕྱ་ཤ་གཡས་ན་ཁྲམ་ཤིང་ཡ་ལ་ལ། །གཤིན་རྗེའི་དམག་ཚོགས་དབང་དུ་སྡུད་པའི་རྟགས། །ཕྱ་ཤ་གཡོན་དུ་ཚོན་གྲུ་ཀྱི་ལི་ལི། །མ་བདུད་སྨན་མོའི་ཚོགས་ལ་དབང་བསྒྱུར་རྟགས། །ཕྱི་ཤ་གཡས་སུ་ཤྭ་རེའུ་ཁྲ་ལ་ལ། །དམ་ཅན་ཐེའུ་རང་དབང་དུ་སྡུད་པའི་རྟགས། །ཕྱི་ཤ་གཡོན་དུ་ནད་རྒྱལ་ཕྲུ་རུ་རུ། །ནད་གཏོང་མ་མོའི་ཚོགས་ལ་དབང་བསྒྱུར་རྟགས། །རྣ་བར་དར་གྱི་ཅོད་པན་འཕྱུར་བ་ནི། །རྣལ་འབྱོར་སྔན་པ་ཕྱོགས་བཅུར་རྒྱས་པའི་རྟགས། །རིན་ཆེན་གཡུ་མཐུར་སྔོན་པོས་བརྒྱན་པ་ནི། །སྒྲུབ་ལ་དངོས་གྲུབ་ཅི་འདོད་སྩོལ་བའི་རྟགས། །རིན་ཆེན་གསེར་སྲབ་སེར་པོ་ཁྲོ་ལོ་ལོ། །ཕ་རོལ་བྱད་མ་ཐམ་པར་མཛད་པའི་རྟགས། །མདོ་མཚམས་ཀུན་ཏུ་མིག་གིས་བརྒྱན་པ་ནི། །འགྲོ་བའི་ལེགས་ཉེས་མ་ལུས་ཤན་འབྱེད་རྟགས། །སླིང་དང་མགོ་བོས་ཐོང་སྡོམ་བྱས་པ་ནི། །ཉམས་པའི་གཟུགས་ཕུང་སྦྱར་དུ་བཞིགས་པའི་

རྟགས། །གནམ་ལྕགས་འབར་བའི་ཡོབ་ཆེན་བྲེས་པ་ནི། །ཐབས་དང་ཤེས་རབ་ཟུང་དུ་འབྲེལ་བའི་རྟགས། །མེ་དཔུང་འབར་བའི་ཀློང་དུ་བཞུགས་པ་ནི། །མ་རིག་བག་ཆགས་གཞོབ་ཏུ་བསྲེགས་པའི་རྟགས། །ཧཱུྃ་ཧྲཱི། མ་ཅིག་སྐུ་ལས་ཤཤ་སྤྲུལ་པ་ཌ་ཀི་མ། །ཆིབས་སུ་ཤུགས་ལྡན་བོང་བུ་ཁ་དཀར་ཆིབས། །ཁྲོ་གཏུམ་ལྡན་པའི་ནག་མོ་འབུམ་གྱིས་བསྐོར། །མ་མོ་བ་ལམ་དྲེལ་སྣ་མ་ལ་བསྟོད། །མ་ཅིག་གསུང་ལས་སྤྲུལ་པའི་ཌ་ཀི་མ། །ཆིབས་སུ་མི་བཟད་སྟག་མོ་རི་བཀྲ་ཆིབས། །དྲག་ཏུ་འཁྲོས་པའི་ནག་མོ་འབུམ་སྡེས་བསྐོར། །མ་མོ་སྟག་སྣ་གཟེར་འདེབས་མ་ལ་བསྟོད། །མ་ཅིག་ཐུགས་ལས་སྤྲུལ་པའི་ཌ་ཀི་མ། །ཆིབས་སུ་མགྱོགས་བྱེད་བྱ་རོག་ནག་མོ་ཆིབས། །ཤིན་ཏུ་ཁྲོས་པའི་ནག་མོ་འབུམ་གྱིས་བསྐོར། །མ་མོ་ཁྲི་སྣ་སི་ལི་མ་ལ་བསྟོད། །མ་ཅིག་ཡོན་ཏན་སྤྲུལ་བའི་ཌ་ཀི་མ། །ཆིབས་སུ་ཤུགས་ལྡན་དྲེལ་ནག་རྐང་གསུམ་ཆིབས། །དབྱིངས་ནས་ཁྲོས་པའི་ནག་མོ་འབུམ་གྱིས་བསྐོར། །མ་མོ་རྡོ་རྗེ་བ་ལམ་མ་ལ་བསྟོད། །མ་ཅིག་ཕྲིན་ལས་སྤྲུལ་པའི་ཆོས་སྐྱོང་ནི། །ཆིབས་སུ་རྨ་བརྗིད་རྒྱ་སྟག་དར་མ་ཆིབས། །རྒྱལ་པོ་འབུམ་སྡེའི་ཚོགས་ཀྱི་འཁོར་གྱིས་བསྐོར། །ཚངས་པ་དུང་གི་ཐོར་ཚུགས་ཁྱོད་ལ་བསྟོད། །མ་ཅིག་གཉིས་མེད་སྤྲུལ་པའི་དྲེགས་པ་ནི། །ཆིབས་སུ་རྒྱ་གླང་ནམ་མཁའི་མདོག་ཅན་ཆིབས། །སྙིང་རྗེ་མེད་པའི་གཤིན་རྗེ་འབུམ་གྱིས་བསྐོར། །ལས་ཀྱི་གཤིན་རྗེ་ཧྲེ་ཤ་ས་ཏྭར་བསྟོད། །མ་ཅིག་ཡོངས་སུ་འདུས་པའི་དཀྱིལ་འཁོར་ནས། །ཡོངས་འདུས་བདུད་པོ་བྱེ་བ་དགུ་རིང་ནི། །ཆིབས་སུ་བདུད་རྟ་མིག་སྨན་མདོག་ཅན་ཆིབས། །བདུད་པོ་མི་ཟན་འབུམ་གྱི་འཁོར་གྱིས་

བསྐོར། །བདུད་ཀྱི་རྒྱལ་པོ་བྱེ་བ་དགུ་རིང་བསྐྱོད། །མ་མོ་མཁའ་འགྲོ་ཀུན་གྱི་དབང་ཕྱུག་མ། །ལྷ་མོ་ཀུན་གྱི་སྒྱུ་འཕྲུལ་ཆེན་མོ་ནི། །དུས་བཞིར་དབང་བསྒྱུར་དཔལ་ལྡན་སྲུགས་བདག་མ། །ཆོས་ཀྱི་དབྱིངས་ལས་འབར་བའི་སྐུར་བཞེངས་ཆོ། །ཆ་ལུགས་མ་ངེས་ཅིར་ཡང་སྟོན་མཛད་ཅིང་། །ཆིབས་སུ་ཆུ་སྲིན་གཡུ་འབྲུག་གློག་ལ་ཆིབས། །རེ་འགའ་དོམ་དང་འཕར་བ་གཟིགས་ལ་ཆིབས། །རེ་འགའ་སྤྱང་ཀི་རླུང་ནག་འཚུབ་མ་ཆིབས། །རེ་འགའ་འོད་དང་སེང་གེ་དཀར་མོ་ཆིབས། །རེ་འགའ་རྒྱ་བོང་དམར་གྱ་ཆིབས་སུ་ཆིབས། །ཕྱག་ན་རལ་གྲི་མེ་ལོང་ཁྲམ་ཤིང་བསྣམས། །མདུང་དར་པེ་ཅོན་ཏྲི་ཤུལ་ནད་རྐྱལ་དང་། །རེ་འགའ་ལྕགས་ཀྱུ་ཞགས་པ་ནག་པོ་བསྣམས། །སྣ་ཚོགས་སྤྲུལ་བསྒྱུར་འགྱེད་པའི་དཔལ་ལྡན་མ། །འཁོར་དུ་དྲེགས་ཚོགས་བདུད་པོ་འབུམ་གྱིས་བསྐོར། །ཁོལ་མོ་ཡང་ཁོལ་བྲན་གཡོག་བསམ་མི་ཁྱབ། །ཉི་ཟེར་རྡུལ་ལྟར་བསམ་གྱིས་མི་ཁྱབ་པ། །ས་དང་བར་སྣང་ཀུན་ཀྱང་གང་བར་འགྱུར། །འཐོར་རླུང་འཚུབ་མ་ནག་པོ་ཀྱི་ལི་ལི། །བསྐལ་པའི་མེ་དཔུང་དམར་ནག་ལྷབས་སེ་ལྷབ། །ནད་ཀྱི་རླངས་པ་སྨྱོ་དམར་ཐིབས་སེ་ཐིབ། །མཚོན་གྱི་གྲུ་གུ་ཆར་ལྟར་སི་ལི་ལི། །དྲག་པོ་ཐུན་གྱི་སེར་བ་ཤ་ར་ར། །གནམ་ལྕགས་ཐོག་གི་བུ་ཡུག་ཚུབས་སེ་ཚུབ། །ཞེ་སྡང་སྤྲུལ་ནག་ཆུན་པོ་ཉི་ལི་ལི། །སྟག་སྤྱང་གཅན་གཟན་ཚོགས་ནི་འདུ་རུ་རུ། །བྱ་རོག་འདབ་ཆགས་ཚོགས་ནི་འཕུར་ལྡིང་གཡོ། །དོམ་དྲེད་ཁྱི་ནག་ཚོགས་ནི་ཀེངས་སེ་ཀེང་། །ལོག་འདྲེན་གནོད་བྱེད་འདུལ་ལ་མཆོག་ཏུ་བསྡོགས། །སྟོན་ཆེ་གནོད་སྦྱིན་རྫོང་གི་བྲག་ཕུག་ཏུ། །ཡང་དག་དཔལ་ཆེན་བཅོམ་ལྡན་ཧེ་རུ་ཀས། །དམ་ཚིག་བསྒྲགས་ནས

སྐུ་རབས་ལྔ་པ་ཐུབ་བསྟན་ཆོས་ཀྱི་རྡོ་རྗེའི་གསུང་ཚན།

དམ་ལ་བཏགས་པ་ཡི། །བཙོལ་བའི་ཐ་ཚིག་གཉན་པོ་མི་དྲན་ནམ། །བར་དུ་
བྱུང་ཤར་ཡོངས་འདུས་ཤིང་དྲུང་དུ། །སློབ་དཔོན་ཆེན་པོ་རྡོ་རྗེ་ཐོད་ཕྲེང་
གི །དམ་ལ་བཏགས་པའི་མ་མོ་ཆེན་མོ་རྣམས། །སྔོན་གྱི་གཡར་དམ་གཉན་
པོ་རྗེས་དགོངས་ཤིག །ཐམ་ཡང་ལེ་ཤོད་ཀྱི་བྲག་ཕུག་ཏུ། །ཕུར་བ་སྒྲུབ་པའི་
ཧྣ་ན་སཾ་སྒྲི་ཏས། །ལྷེ་ལ་ཨཀྵྃ་ལག་ཏུ་རྡོ་རྗེ་གཏད། །ཇི་ལྟར་ཞལ་བཞེས་ཁས་
བླངས་དྲན་མཛོད་ཅིག །དེང་ནས་བྱང་ཆུབ་སྙིང་པོ་མ་ཐོབ་པར། །མི་མཐུན་
བར་ཆད་དགྲ་ལས་རྣམ་རྒྱལ་ཞིང་། །མཐུན་རྐྱེན་ལེགས་ཚོགས་ཡར་ངོའི་ཟླ་བ་
བཞིན། །གོང་ནས་གོང་དུ་འཕེལ་བའི་ཕྲིན་ལས་མཛོད། །ཉི་གྲགས་ལྷ་མོ་ཕྱུགས་

བདག་མའི་རྟགས་བསྐྱོད་ཡོངས་འདུས་ལྗོན་ཤིང་ངམ་མ་བརྒྱ་མ་ཞེས་སུ་གྲགས་ན་འདི་ཉིད་རེབ་གོང་ཕྱུགས་མིང་གི་གྲལ་དུ་གཏོགས་པ་སྨད་པའི་ཕྱུགས་ཁང་དུ་བདག་དང་ལྷན་ཅིག་ཏུ་ཕྱུགས་མང་ཕྱུགས་པ་སུམ་བརྒྱ་ལྷག་ཙམ་གྱི་ཕྱུགས་བདག་མའི་བསྐང་གསོལ་འདོན་སྐབས་ཉམས་དང་མཚན་ལྟས་ལེགས་པོ་བྱུང་བས་དེའི་རྐྱེན་གྱིས་རྟགས་བསྐྱོད་འདི་ལྟ་བུ་ཞིག་བརྩམ་དགོས་རྒྱུ་ཡིད་ལ་ཤར་བས་ལྕགས་ཕོ་བྱིའི་ལོར་ལྷ་མོ་དགྱེས་པའི་རྨིས་ལྟས་བཟང་པོ་བྱུང་བའི་ཡོས་ཟླའི་དམར་ཕྱོགས་མཁའ་འགྲོ་འདུ་བའི་དུས་ཆེན་ཉིན། ཨོ་རྒྱན་བསམ་བཏན་ཆོས་གླིང་གི་ཕོ་བྲང་ཆེན་པོའི་ཡང་རྩེ་མགོན་ཁང་དབང་དྲག་རོལ་བའི་ཞིང་ཁམས་ཆེན་པོ་ནས་རྫོགས་སྤྲུལ་ལྔ་བ་ཐུབ་བསྟན་ཆོས་ཀྱི་རྡོ་རྗེས་ཤར་མར་བྲིས་པ་ཡི་གེ་པ་ནི་རིག་གྲོལ་ཡོན་ཏན་རྒྱ་མཚོའི་བདག་ཉིད་དཔལ་ཡུལ་བླ་མ་པདྨ་ཤེས་རབ་རྒྱ་མཚོས་བྲིས་པ་འདིས་ཀྱང་ཆོས་ལྡན་གྱི་རྒྱལ་ཁམས་ཐམས་ཅད་བདེ་ལེགས་ཕུན་སུམ་ཚོགས་པའི་རྒྱུར་གྱུར་ཅིག །སརྦ་མངྒ་ལཾ། །

༄༅། །ཉི་གྲགས་ལྷ་མོ་སྤྲུགས་བདག་མའི་ཕྲིན་ལས་རྒྱུན་ཁྱེར་བསྡུས་པ་གཏྲའི་ཆུ་རྒྱུན་ཞེས་བྱ་བ་བཞུགས་སོ།།

ཧཱུྃ་ཧྲཱིཿ བདག་ཉིད་དཔལ་ཆེན་ཡང་དག་ཧེ་རུ་ཀ །མཐིང་ནག་ཞལ་གསུམ་ཕྱག་དྲུག་ཞབས་བཞི་བསྒྲད། །གཡས་དཀར་གཡོན་དམར་དབུས་མཐིང་ཁྲོ་བོའི་ཞལ། །རྡོ་རྗེ་ཁ་ཊྭཱྃ་རྡེའུ་ཆུང་གཡས་ན་འཛིན། །དྲིལ་བུ་ཐྐན་དམར་རྒྱུ་ཞགས་གཡོན་ན་བསྣམས། །དུར་ཁྲོད་དྲག་པོའི་རྒྱན་ཆས་ཀུན་ནས་མཛེས། །བསྐལ་པའི་མེ་དཔུང་འབར་བའི་ཀློང་ན་བཞུགས། །མདུན་གྱི་ནམ་མཁར་མེ་རླུང་འཚུབས་མའི་དབུས། །དཔལ་ལྡན་ལྷ་མོ་ཆེན་མོ་སྤྲུགས་བདག་མ། །རྒྱ་བོང་དམར་གྱུའི་ཆིབས་ལ་ཕྱེད་སྐྱིལ་བཞུགས། །མཐིང་ནག་ཤིན་ཏུ་མི་བསྲུན་སྲིན་མོའི་གཟུགས། །མི་བཟད་སྲིན་མོ་ཁྲོས་པའི་ཆ་ལུགས་ཅན། །ཁ་ཊྭཱྃ་དར་ནག་ནད་ཀྱི་རྒྱལ་བ་བསྣམས། །སྐུ་སྟོད་ཞིང་གི་གཡང་གཞི་དར་ནག་གསོལ། །སྐུ་སྨད་སྟག་ཤམ་རེ་ལྷེ་མི་རྩི་བ་ཅན། །ཐོད་པ་སྐམ་རློན་སྦྲུལ་གྱི་དོ་ཤལ་ཅན། །སྤྱི་གཙུག་ཛ་བྱ་ཟླ་བ་ཆོས་པས་བརྒྱན། །ལྟེ་བའི་དཀྱིལ་ན་ཉི་མ་ཀུན་ནས་འཆར། །ནད་མཚོན་དུག་རླུང་སྣ་ཚོགས་ཆར་བ་འཕྲོ། །བ་ལམ་དྲིལ་སྣ་སྔག་སྨན་གཟེར་འདེབས་མ། །ཁྲི་སྨན་སི་ལ་རྡོ་རྗེ་བ་ལམ་མ། །དུང་གི་ཐོར་ཚུགས་བླེ་བ་ས་ཧྭ་དང་། །བདུད་པོ་བྱེ་བ་དགུ་རིང་ལ་སོགས་པ། །རང་རང་འཁོར་གཡོག་བྱེ་བ་འབུམ་སྡེ་བཅས། །མ་ལུས་འཁོར་བཅས་གནས་འདིར་གཤེགས་སུ་གསོལ། །སྤྱན་འདྲེན་ནི། ཧཱུྃ་བྷྱོཿ ཡུལ་ནི་རྒྱ་མཚོ་ཆེན་པོའི་ཕ་

རོལ་ན། །ཡོངས་འདུ་ཤིང་དྲུང་མུ་ལེ་མཐིང་མཚོ་ནས། །དཔལ་ལྡན་ལྷ་མོ་ཆེན་མོ་སྔགས་བདག་མ། །དྲེགས་པ་བདུན་དང་མ་མོ་བྱེ་བ་བཅས། །དད་དང་དམ་ཚིག་དབང་གིས་སྤྱན་འདྲེན་ན། །སྒྲུབ་པའི་གནས་འདིར་སྤྱན་འདྲེན་གཤེགས་སུ་གསོལ། །བཛྲ་ས་མ་ཛ། བཞུགས་གསོལ་ནི། ཧཱུྃ་ཧྲཱིཿ དུར་ཁྲོད་གསང་ཆེན་རོལ་པའི་དཀྱིལ་འཁོར་འདིར། །ཁྲག་ཞག་རྒྱ་མཚོ་འཁྱིལ་བའི་གླིང་ཡངས་ན། །མ་གཅིག་ལྷ་མོ་འཁོར་དང་བཅས་པ་རྣམས། །དངོས་གྲུབ་སྩོལ་ཕྱིར་གནས་འདིར་བཞུགས་སུ་གསོལ། །ས་མ་ཡ་ཏིཥྛ་ལྷན། ཕྱག་འཚལ་བ་ནི། ཧཱུྃ་ཧྲཱིཿ ཀ་དག་གདོད་མའི་དབྱིངས་ལས་མ་གཡོས་ཀྱང་། །ལྷུན་གྲུབ་སྣང་སྟོང་ཆུ་ཟླའི་གར་བཞིན་དུ། །བླ་མེད་བསྟན་པ་གཉན་པོ་སྲུང་མཛད་པའི། །མ་ཅིག་འཁོར་དང་བཅས་ལ་ཕྱག་འཚལ་ལོ། །ཨ་ཏི་པུ་ཧོཿ པྲ་ཏི་ཛ་ཧོཿ མཆོད་པ་ནི། ཧཱུྃ་ཧྲཱིཿ དཔལ་ལྡན་ལྷ་མོ་ཆེན་མོ་འཁོར་བཅས་ལ། །ཕྱི་ནང་གསང་བ་ཡེ་ཤེས་མཆོད་པའི་ཚོགས། །རབ་འབྱམས་ནམ་མཁའ་གང་བར་མཆོད་པའི་སྤྲིན། །དགྱེས་པར་བཞེས་ལ་དངོས་གྲུབ་སྩལ་དུ་གསོལ། །ཨོཾ་བཛྲ་ཨརྒྷཾ་སོགས་ནས་ཤབྡ་ཨ་མྲི་ཏ་རཀྟ་བྷ་ལིངྟ་ཁ་ཁ་ཁཱ་ཧི་ཁཱ་ཧི། བསྟོད་པ་ནི། ཧཱུྃ་ཧྲཱིཿ བསྐལ་བ་མེ་ལྟར་འབར་བའི་གླིང་དཀྱིལ་ན། །ཁམས་གསུམ་སྲིད་གསུམ་ཡོངས་ལ་དབང་བསྒྱུར་ཞིང་། །མི་བསྲུན་བཟོད་དཀའི་ལང་ཚོ་ཇམ་པའི་སྐུ། །སྔགས་ཀྱི་བདག་མོ་འཁོར་དང་བཅས་ལ་བསྟོད། །མ་མོ་འཁོར་བཅས་ཀྱི་ཐུགས་ཀར་ཉི་མ་ལ་གནས་པའི་སོགས། ཨོཾ་བཛྲ་ཧཱ་སྱཱ་སོགས། ཨོཾ་བཛྲ་པུཥྤ་སོགས། ཧཱུྃ་ཧྲཱིཿ ཁམས་གསུམ་དབང་བསྒྱུར་སོགས། ཚོགས་མཆོད་ནི། རཾ་ཡཾ་ཁཾ། ཨོཾ་ཨཱཿཧཱུྃ། ཚོགས་གཞོང་བྷནྡྷ་འབར་བའི་སྣོད་ཡངས་

སྭསྟི། །ཚོགས་ཀྱི་ངོ་བོ་ཤ་ལྔ་བདུད་རྩི་ལྔ། །རྣམ་པ་ཟག་མེད་ཡེ་ཤེས་བདུད་རྩིའི་སྤྲིན། །མཆོད་འོས་རྒྱ་མཚོ་རྣམས་ལ་མཆོད་པར་འབུལ། །དམ་ཚིག་ཉམས་ཆགས་ཉེས་ལྟུང་འགལ་འཁྲུལ་བཤགས། །མ་རིག་འཁྲུལ་སྣང་བག་ཆགས་དབྱིངས་སུ་བསྒྲལ། །སྐྱེ་མེད་གྲོལ་བའི་ལྷ་ཚོགས་ཞལ་དུ་སྟོབ། །བསྐང་བ་ནི། རཾ་ཡཾ་ཁཾ། ཨོཾ་ཨཱཿཧཱུྃ། ནམ་མཁའ་མཛོད་སྔགས། ཧཱུྃ། འདོད་ཁམས་དབང་ཕྱུག་སོགས་འབྲུགས་སྐོང་བསྡུས་པ། ཧྲཱིཿ ལྔ་བརྒྱ་དུས་ཀྱི་སྙིགས་མ་ལ། །ཉོན་མོངས་འཆོལ་ཉོག་སྤྱོད་པའི་ཚེ། །མ་མོ་ནག་མོ་ཐུགས་འཁྲུགས་ནས། །མི་ནད་ཕྱུག་ནད་སྣ་ཚོགས་གཏོང་། །དུས་འཁྲུགས་ལོ་ཉེས་སད་སེར་གྱི། །མི་འདོད་རྐྱེན་ངན་སྐྱོང་བར་བྱེད། །བདག་ཅག་མི་ཤེས་བག་མེད་པས། །ཁྱོད་རྣམས་ཐུགས་དང་འགལ་གྱུར་ན། །ཉོངས་ཤིང་ཉམས་པ་ཅི་མཆིས་པ། །ཚངས་པ་མཆོག་གི་དངོས་གྲུབ་སྩོལ། །ཡིག་བརྒྱ་བརྗོད། ཕྲིན་བཅོལ་ནི། ཧཱུྃ་ཧྲཱིཿ དཔལ་ལྡན་ལྷ་མོ་ཆེན་མོ་དུད་སོལ་མ། །དུས་བཞིའི་དབང་བསྒྱུར་སྤྲུལ་པའི་རྒྱལ་མོ་ཆེ། །སྣ་ཚོགས་གང་ལ་གང་འདུལ་ཅིར་ཡང་སྟོན། །ཧམ་བརྗོད་ཡོན་ཏན་འབར་བའི་སྐུར་བཞེངས་ལ། །ལོག་པར་ལྟ་བའི་དམ་སྲི་བདུད་སྡེའི་ཚོགས། །ཐལ་བར་བརླག་པའི་ཕྲིན་ལས་འགྲུབ་པར་མཛོད། །ཅེས་པ་འདི་ཡང་མཁན་དཀོན་མཆོག་འོད་ཟེར་གྱི་ཡང་སྲིད་མཁན་སྤྲུལ་ཐུབ་བསྟན་འཕགས་པ་དང་། ཕུར་རྩའི་བཀྲ་ཤིས་གྲགས་པ་གཉིས་ནས་ལྷ་རྫས་ཟླ་བའི་མདངས་ལྡན་དང་བཅས་ཡང་ཡང་བསྐུལ་བའི་ངོར་རྩ་དམ་ཨོ་རྒྱན་བསམ་གཏན་ཆོས་གླིང་གི་ཕོ་བྲང་ཆེན་པོའི་ཡང་རྩེར་འཆི་མེད་གྲུབ་པའི་དགའ་ཚལ་དུ་མེ་སྤྲེལ་ཟླ་བ་དྲུག་པའི་ཆོས་བཅོ་ལྔ་ལ་རྫོགས་སྤྲུལ་ལྔ་པ་ཐུབ་བསྟན་ཆོས་ཀྱི་རྡོ་རྗེས་བྲིས་པ་དགེའོ། །

༄༅། །ཉི་གྲགས་ལྷ་མོ་ཕྱུགས་བདག་མའི་གསེར་སྐྱེམས་འདོད་ཡོན་དངོས་གྲུབ་ཆར་འབེབས་ཞེས་བྱ་བ་བཞུགས་སོ།།

ཧྲཱིཿ དོན་དམ་ཞི་བའི་ངང་ལས་མ་གཡོས་ཀྱང་། །བསྟན་དགྲ་འདུལ་ཕྱིར་དྲག་མོའི་སྐུར་བསྟན་པ། །འདོད་པ་ཁམས་ཀྱི་དབང་བསྒྱུར་ཕྱུགས་བདག་མ། །རིགས་པ་བདུན་དང་མ་མོ་བྱེ་བ་བཅས། །སྐད་ཅིག་མོས་པའི་དབང་གིས་འདིར་གཤེགས་ལ། །མདུན་གྱི་ནམ་མཁའ་མེ་རླུང་འཚུབ་མའི་ཀློང་། །རྒྱ་བོང་དམར་གཞུའི་ཆིབས་ལ་ཕྱེད་སྐྱིལ་ཅན། །ཁ་ཊྭཱཾ་དར་ནག་ནད་ཀྱི་རྒྱལ་བ་ཐོག །མི་བཟད་སྲིན་མོ་ཁྲོས་པའི་ཆ་ལུགས་ཅན། །རྣལ་འབྱོར་དཔའ་བོ་མང་པོས་འཁོར་ལགས་ན། །ལྷ་མོ་ཁྱོད་ཀྱི་ཐུགས་རྗེ་མ་གཡེལ་བར། །དམ་བཅའ་དགོངས་ལ་བུ་བཞིན་སྐྱོང་བར་མཛོད། །ཚོགས་དང་གཏོར་མ་མཐུན་པའི་དམ་ཚིག་རྫས། །དངོས་འབྱོར་ཡིད་སྤྲུལ་ནམ་མཁའི་མཐའ་ཀླས་དང་། །ཁྱད་པར་གཙང་སྦྱར་དམ་རྫས་བཀང་བའི་རིགས། །གསེར་སྐྱེམས་གཡུ་སྐྱེམས་ཕུད་གྲོད་མཚོ་ལྟར་བསྐྱིལ། །རྩ་བརྒྱད་ཡན་ལག་སྟོང་སྦྱར་བདུད་རྩིའི་སྐྱེམས། །དགྱེས་པར་བཞེས་ལ་བཅོལ་བའི་ཕྲིན་ལས་མཛོད། །རིག་འཛིན་སྒྲུབ་པའི་རྣལ་འབྱོར་བདག་ཅག་རྣམས། །དེང་ནས་བྱང་ཆུབ་སྙིང་པོ་མ་ཐོབ་བར། །ལྷ་མོ་ཁྱོད་དང་མི་འབྲལ་འགྲོགས་ནས་ཀྱང་། །ལས་བཞིའི་ཕྲིན་ལས་རྟག་ཏུ་མ་གཡེལ་ཞིག །ཅེས་པ་འདི་འང་འཇུ་ཚ་བསོད་དབང་གིས་བསྐུལ་བའི་ངོར་རྫོགས་སྤྲུལ་

སྐུ་རབས་ལྔ་པ་ཐུབ་བསྟན་ཆོས་ཀྱི་རྡོ་རྗེའི་གསུང་ཚན།

ལྔ་པའི་མིང་འཛིན་ཐུབ་བསྟན་ཆོས་ཀྱི་རྡོ་རྗེའམ་མིང་གཞན་པདྨ་ཐེག་མཆོག་བསྟན་འཛིན་གྱིས་ཟླ་ཆོས་བཟང་པོར་ལྷག་བསམ་དག་པས་བྲིས་པ་དགེ་ལེགས་སུ་གྱུར་ཅིག །སརྦ་མངྒ་ལཾ། །

༄༅། །ལྷ་ཆེན་དབང་ཕྱུག་ཆེན་པོའི་རྟགས་བསྟོད་པདྨ་ར་གའི་ཕྲེང་བ་བཞུགས་སོ།།

ཧྲཱིཿ ཆོས་རྣམས་ཐམས་ཅད་མི་དམིགས་སྤྲོས་བྲལ་ཡང་། །དག་པ་རབ་འབྱམས་བཀོད་པ་ཆེན་པོའི་དབུས། །པདྨ་ར་ག་ལས་གྲུབ་གཞལ་མེད་ཁང་། །དབྱིབས་ནི་ཟླ་གམ་རིན་ཆེན་སྣ་གཅིག་པ། །འོད་ཟེར་སྣ་ཚོགས་ཕྱོགས་བཅུ་ཀུན་ཏུ་འཕྲོ། །གདུགས་དང་རྒྱལ་མཚན་བ་དན་གཡེར་ཁས་སྤྲས། །སྣ་ཚོགས་དར་གྱི་ལྷ་ལྡིའི་ཀུན་ནས་མཛེས། །ཡིད་བཞིན་ནོར་བུའི་དྲྭ་བ་དྲྭ་ཕྱེད་ཀྱི། །ཕྱོགས་མཚམས་འཁོར་ཡུག་ཀུན་ཏུ་མཛེས་པར་སྤྲས། །རིན་ཆེན་ཁྲི་ཤང་ཆུ་སྐྱེས་གེ་སར་དབུས། །འགྱུར་མེད་བདེ་བ་ཆེན་པོའི་རང་མདང་ལས། །ཡེ་ཤེས་རྩལ་གྱི་ཆུ་ཟླའི་རོལ་གར་བཞིན། །འཇིག་རྟེན་མེས་པོ་ཁམས་གསུམ་ཀུན་གྱི་བདག །དབང་ཕྱུག་ཆེན་པོ་ཤྲཱི་རལ་བ་ཅན། །སྐུ་མདོག་དམར་པོ་གཟི་བརྗིད་འབར་བ་ནི། །འགྲོ་བའི་ཚོགས་ལ་རྗེས་སུ་ཆགས་པའི་རྟགས། །འཇིགས་པའི་སྐུ་མཆོག་རི་རབ་ཟློམ་དང་མཉམ། །སྣང་སྲིད་ཐམས་ཅད་དབང་དུ་སྡུད་པའི་རྟགས། །སྤྱན་གསུམ་ཕྱོགས་བཅུར་ས་ལེར་གཟིགས་པ་

ནི། །ཕྱོགས་སྐྱོང་གདོན་རྣམས་མ་ལུས་འདུལ་བའི་རྟགས། །དབུ་སྐྲ་རལ་བའི་ཐོར་ཚུགས་བཅིངས་པ་ནི། །ལྷ་ཆེན་མ་ལུས་དབང་དུ་སྡུད་པའི་རྟགས། །ཟུར་ཕུད་ཟླ་བ་ཆོས་པས་བརྒྱན་པ་ནི། །བསྟན་པ་གཉན་པོ་རྟག་ཏུ་སྐྱོང་བའི་རྟགས། །རིག་ལྔའི་སྲོག་ཞུ་དབུ་ལ་བརྒྱན་པ་ནི། ། སངས་རྒྱས་རིགས་ལྔའི་དབང་བསྐུར་མཛད་པའི་རྟགས། །ཕྱག་གཡས་ལྕགས་ཀྱུ་མཁའ་ལ་འཕྱར་བ་ནི། །གདུག་ཅན་དམ་ཉམས་སྲོག་ལ་ཛམ་པའི་རྟགས། །གཡོན་པས་རླུང་གི་ཞགས་པ་བསྣམས་པ་ནི། །སྲིད་པ་གསུམ་པོ་དབང་དུ་སྡུད་པའི་རྟགས། །སྣ་ཚོགས་དར་གྱི་སྟོད་གཡོག་བྲིས་པ་ནི། །ཕྲིན་ལས་རབ་འབྱམས་ཐོགས་པ་མེད་པའི་རྟགས། །ཨུཏྤལ་དམར་པོའི་དོ་ཤལ་བྲིས་པ་ནི། །རྟག་ཏུ་འགྲོ་བའི་དོན་ལ་བརྩོན་པའི་རྟགས། །གཅེར་བུ་ལིངྒ་གྱེན་དུ་བསྒྲེངས་པ་ནི། །དགའ་བ་བཞི་ཡི་དངོས་གྲུབ་སྟེར་བའི་རྟགས། །གཡས་བསྐུམ་གཡོན་བརྐྱང་དོར་སྟབས་བཞུགས་པ་ནི། །གནོད་བྱེད་རྒྱབ་འདྲེ་རིང་དུ་བསྒྲད་པའི་རྟགས། །པདྨ་དམར་པོའི་གདན་ལ་བཞུགས་པ་ནི། །ཁམས་གསུམ་འཁོར་བའི་སྐྱོན་གྱི་མ་གོས་རྟགས། །ཉི་མའི་དཀྱིལ་འཁོར་གདན་དུ་བཏིང་བ་ནི། །ཆགས་པ་ཆེན་པོས་དབང་དུ་སྡུད་པའི་རྟགས། །མྱུར་མགྱོགས་གློག་དང་འདྲ་བའི་མཐུ་རྩལ་ཅན། །ཆེ་བའི་ཆེ་མཆོག་དབང་ཕྱུག་ཆེན་པོ་ནི། །འཇིགས་བྱེད་འཇིགས་པར་བྱེད་པའི་མཐུ་ཆེན་པོ། །ཁམས་གསུམ་དབང་སྡུད་སྲིད་གསུམ་ཟི་ལ་གྱིས་མནན། །གཟི་བརྗིད་དཔལ་འབར་ཁྱོད་ལ་ཕྱག་འཚལ་བསྟོད། །དབང་ཕྱུག་ཆེན་པོའི་སྐུ་ཡི་གཡོན་ཟུར་ན། །ཡུམ་ཆེན་ལྷ་མོ་ཨུ་མ་དེ་ཝ་ནི། །དམར་གསལ་མཛེས་འཇུམ་ལང་ཚོ་ཆགས་པའི་ཉམས། །ཕྱག་

གཡས་ལྕགས་ཀྱུ་གཡོན་པས་ཞགས་པ་བསྣམས། །དར་དང་མེ་ཏོག་དམར་པོའི་
རྒྱན་གྱིས་སྤྲས། །རྟག་ཏུ་ཡབ་ལ་ཆགས་ཤིང་འདུད་པའི་ཚུལ། །གསང་བའི་
ཡུམ་ཆེན་ཁྱོད་ལ་ཕྱག་འཚལ་བསྟོད། །ཧྲཱིཿ ཤར་གྱི་ཕྱོགས་ཀྱི་ལྷ་མོ་
འགུགས་བྱེད་མ། །སྐུ་མདོག་དམར་པོ་པདྨ་རཱ་གའི་མདོག །ཞལ་གཅིག་ཕྱག་
གཉིས་ལྕགས་ཀྱུ་ཞགས་པ་བསྣམས། །ཁམས་གསུམ་འགུགས་པར་བྱེད་མཛད་
ཁྱོད་ལ་བསྟོད། །ལྷོ་ཡི་ཕྱོགས་ཀྱི་ལྷ་མོ་མཆིང་བྱེད་མ། །སྐུ་མདོག་དམར་པོ་
བྱུ་རུའི་མདོག་འདྲ་བ། །ཞལ་གཅིག་ཕྱག་གཉིས་ལྕགས་ཀྱུ་ཞགས་པ་
བསྣམས། །ཚེ་བསོད་སྙན་གྲགས་རྒྱས་མཛད་ཁྱོད་ལ་བསྟོད། །ནུབ་ཀྱི་
ཕྱོགས་ཀྱི་ལྷ་མོ་རྨོངས་བྱེད་མ། །སྐུ་མདོག་དམར་པོ་ཀླིན་ཧུ་ག་ཡི་
མདོག །ཞལ་གཅིག་ཕྱག་གཉིས་ལྕགས་ཀྱུ་ཞགས་པ་བསྣམས། །ཟས་ནོར་
ལོངས་སྤྱོད་སྤེལ་མཛད་ཁྱོད་ལ་བསྟོད། །བྱང་གི་ཕྱོགས་ཀྱི་ལྷ་མོ་སྨྱོས་བྱེད་
མ། །སྐུ་མདོག་དམར་པོ་བསྐལ་པའི་མེ་ལྟར་འབར། །ཞལ་གཅིག་ཕྱག་
གཉིས་ལྕགས་ཀྱུ་ཞགས་པ་བསྣམས། །མི་མཐུན་རྐྱེན་ངན་བརླག་མཛད་ཁྱོད་ལ་
བསྟོད། །དབང་ཕྱུག་ཆེན་པོའི་བཀའ་ཡི་ལས་བྱེད་ཚོགས། །ཅི་བགྱིའི་བཀའ་
ཉན་ལས་རྣམས་བསྒྲུབ་མཛད་པའི། །ཁམས་གསུམ་དྲེགས་པའི་དམག་ཚོགས་
བསམ་མི་ཁྱབ། །མཐུ་སྟོབས་དབང་ཕྱུག་རྣམས་ལ་བདག་བསྟོད་དོ། །དབང་
ཆེན་རྟ་མཆོག་རོལ་པའི་ཆོ་འཕྲུལ་ལས། །དབང་གི་བཀའ་སྡོད་དྲེགས་པ་ཡོངས་
ཀྱི་གཙོ། །དབང་ཕྱུག་ཆེན་པོ་ཞླི་རལ་བ་ཅན། །འཇིག་རྟེན་མེས་པོ་ཁམས་
གསུམ་ཀུན་གྱི་བདག །རིག་འཛིན་སྒྲུབ་པའི་རྣལ་འབྱོར་བདག་ཅག་གི །ཁྱོད་
ལ་རྟག་ཏུ་མཆོད་དང་བསྟོད་པའི་མཐུས། །ལྷ་མཆོག་ཁྱོད་ཀྱི་ཐུགས་རྗེའི་འོད་ཟེར

ཀྱེ། །དེང་ནས་བྱང་ཆུབ་སྙིང་པོ་མ་ཐོབ་བར། །རིག་འཛིན་སློབ་དཔོན་བདག་ལ་རྗེས་དགོང་སྟེ། །སྲུང་མའི་དབང་པོ་ཁྱོད་དང་མི་འབྲལ་ཞིང་། །བྱང་ཆུབ་སྒྲུབ་ལ་བར་དུ་གཅོད་པའི་བགེགས། །གེགས་བྱེད་ཉེས་པའི་སྤྲིན་ཚོགས་དབྱིངས་ཞི་ནས། །མདོར་ན་ཅི་བསམ་ཡིད་བཞིན་འགྲུབ་པ་དང་། །རྟག་ཏུ་བསྲུང་ཞིང་སྐྱོབ་པའི་སྐྱོང་གྲོགས་མཛོད། །ཅེས་ལྷ་ཆེན་དབང་ཕྱུག་ཆེན་པོའི་རྟགས་བསྐོད་པདྨ་ར་གའི་ཕྲེང་བ་ཞེས་བྱ་བ་འདི་ནི་རྫོགས་སྤྲུལ་ལྔ་པ་ཐུབ་བསྟན་ཆོས་ཀྱི་རྡོ་རྗེས་བསྟན་ལ་ཕན་པའི་ལྷག་བསམ་རྣམ་པར་དག་པས་རུ་དམ་ཨོ་རྒྱན་བསམ་གཏན་ཆོས་གླིང་གི་ཕོ་བྲང་ཆེན་པོའི་ཡང་རྩེ་འཆི་མེད་གྲུབ་པའི་དགའ་ཚལ་དུ་བྲིས་པ་དགེའོ། །

༄༅། །ལྷ་ཆེན་བསྐང་བསྡུས་ཁམས་གསུམ་ཀུན་ལས་རྣམ་པར་རྒྱལ་བ་ཞེས་བྱ་བ་བཞུགས་སོ།།

ཧྲཱིཿ ཆོས་རྣམས་སྤྲོས་བྲལ་ནམ་མཁའ་ལྟ་བུ་ལ། །ཆོས་རྣམས་མ་བཅོས་རང་བྱུང་ལྷུན་གྱིས་གྲུབ། །ཆོས་ཅན་མཚན་མའི་རྟོག་པའི་ཡུལ་ལས་འདས། །ཆོས་དབྱིངས་ངང་ལས་ལྷུན་གྲུབ་གཞལ་མེད་ཁང་། །སྣང་སྟོང་ཀུན་ཁྱབ་བཀོད་པ་བསམ་མི་ཁྱབ། །སྣང་བ་མཐའ་ཡས་དག་ཆེན་སྒྱུ་འཕྲུལ་གར། །སྣང་བའི་ངོ་བོ་དབང་ཕྱུག་ཆེན་པོ་ནི། །སྣང་བར་མ་འགགས་ཆུ་ཟླ་ལྟ་བུའི་སྐུ། །སྟོང་པའི་བདག་ཉིད་ལྷ་མོ་དཀའ་བཟློག་མ། །སྟོང་གསལ་དང་

ལས་ཤར་བའི་ ཏྲཀྵི་ བཞི། །སྟོང་ཉིད་དོན་དམ་དབྱིངས་ལས་ཤར་བའི་སྐུ། །སྟོང་ཆ་མ་འགགས་འཇའ་ཚོན་ལྟ་བུའི་རྩལ། །རྣམ་དག་བདེ་བ་ཆེན་པོའི་ངང་ཉིད་ལས། །རྣམ་མང་རོལ་བ་ལས་བྱུང་མཆོད་པའི་སྤྲིན། །རྣམ་པ་ཧེན་ རྫས་སྣོང་རྫས་སྒྲུབ་པའི་རྫས། །རྣམ་མང་ནམ་མཁའ་མཛོད་ཀྱི་འཁོར་ལོ་འདི། །ལྷ་ཀླུ་མི་ཡི་འབྱོར་བ་རྒྱ་མཚོའི་ཚོགས། །ལྷ་ཆེན་འཕྲུལ་དགའི་ལོངས་སྤྱོད་ཇི་བཞིན་དུ། །ལྷ་ལ་སོགས་པའི་དྲེགས་པ་ཡོངས་ཀྱི་གཙོ། །ལྷ་ཆེན་ལྷུམ་དྲལ་འཁོར་བཅས་ཐུགས་དམ་བསྐང་། །རབ་འབྱམས་རྒྱ་མཚོའི་ཞིང་ཁམས་དཔག་མེད་ན། །རབ་མཛེས་ཡིད་འོང་མཆོད་པའི་སྤྲིན་ཕུང་འཁྲོ། །རབ་དང་ཡིད་ཀྱིས་སྤྲུལ་ཏེ་འབུལ་ལགས་ན། །རབ་བཞེས་ལྷ་ཆེན་འཁོར་བཅས་ཐུགས་དམ་བསྐང་། །ཐུགས་དམ་བསྐང་ཞིང་བཤགས་པའི་བྱིན་རླབས་ཀྱིས། །ཐུགས་ཉིད་དོན་དམ་དབྱིངས་ལས་མ་གཡོས་ཀྱང་། །ཐུགས་རྗེའི་དབང་གིས་བདག་སོགས་སེམས་ཅན་རྣམས། །ཐུགས་རྗེ་ཆེན་པོའི་དོན་གཉིས་ལྷུན་གྲུབ་མཛོད། །མ་གྱུར་མཁའ་ཁྱབ་སེམས་ཅན་ཐམས་ཅད་ཀུན། །མ་ཡིས་བུ་བཞིན་སྐྱོང་བར་ཞལ་བཞེས་ལྟར། །མ་གཡེལ་མ་གཡེལ་དམ་ཚིག་རྗེས་དགོངས་ལ། །མ་ལུས་ཕྲིན་ལས་རྣམ་བཞིའི་དངོས་གྲུབ་སྩོལ། །ཅེས་ལྷ་ཆེན་དབང་ཕྱུག་ཆེན་པོའི་བསྐང་བསྟུས་ཡིག་ཐུབ་བསྟན་ནོར་བུ་ནས་བསྐུལ་བའི་ངོར་རྗོགས་སྤྲུལ་ལྔ་པ་ཐུབ་བསྟན་ཆོས་ཀྱི་རྡོ་རྗེས་ཕྲིས་པ་དགེའོ། །

༄༅། །ལྷ་ཆེན་དབང་ཕྱུག་ཆེན་པོའི་གསེར་སྐྱེམས་འདོད་ཡོན་སྤྲིན་ཕུང་ཞེས་བྱ་བ་བཞུགས་སོ། །

སྣང་སྲིད་རྣམ་དག་ནམ་མཁའ་ལྷ་བུ་ལ། །སྣ་ཚོགས་མཚན་མའི་རྟོག་པའི་ཡུལ་ལས་འདས། །མ་སྐྱེས་གདོད་མའི་དབྱིངས་ལས་མ་གཡོས་ཀྱང་། །རང་རྩལ་འགགས་མེད་ལྷུན་གྲུབ་རོལ་མོའི་སྤྲིན། །དྭངས་བའི་མཁའ་ལ་འཇའ་ཟེར་འཁྲིག་པའི་ཀློང་། །རྒྱུ་སྐྱེས་གེ་སར་བཞད་པའི་དཀྱིལ་འཁོར་དབུས། །ཐབས་ཤེས་ཉི་ཟླ་འབར་བའི་གདན་སྟེང་དུ། །གར་གྱི་དབང་ཕྱུག་དཔལ་ཆེན་བཀའ་སྡོད་ཆེ། །ཁམས་གསུམ་དྲེགས་པ་ཀུན་གྱི་ཆེ་བཙན་པ། །འཇིག་རྟེན་མེས་པོ་ཁམས་གསུམ་ཀུན་གྱི་བདག །དབང་ཕྱུག་ཆེན་པོ་ཤྲཱི་རལ་པ་ཅན། །མདོག་དམར་པདྨ་ར་གའི་ལྷུན་པོ་ལ། །ཉི་མ་འབུམ་ལས་ལྷག་པའི་འོད་ཟེར་ཅན། །ཁམས་གསུམ་དབང་སྡུད་གཞན་ཡིད་འགུགས་པ་པོ། །ཆགས་པའི་ཉམས་ཅན་སྨིག་ཅིང་ཁྲོ་འཛུམ་ཅན། །ཞལ་གཅིག་ཕྱག་གཉིས་ལྕགས་ཀྱུ་ཞགས་པ་བསྣམས། །ཞབས་གཉིས་གཡས་བརྐྱང་གཡོན་བསྐུམ་འདོར་སྟབས་བཞུགས། །དབུ་སྐྲ་གནག་སྐུམ་རལ་བའི་ཅོད་པཎ་ཅན། །ཟུར་ཕུད་དཀར་གསལ་ཟླ་བ་ཆོས་པས་བརྒྱན། །བདེ་བ་རབ་རྒྱས་གཅེར་བུ་ལིང་ག་བསྒྲེངས། །སྣ་ཚོགས་དར་གྱི་སྟོད་གཡོག་ཅོད་པཎ་འཕྱུར། །རབ་མཛེས་ཨུ་ཏྤལ་དམར་པོའི་དོ་ཤལ་ཅན། །སྣ་ཚོགས་རིན་པོ་ཆེ་ཡི་རྒྱན་གྱིས་བརྒྱན། །དབང་ཕྱུག་ཆེན་པོའི་སྐུ་ཡི་གཡོན་ཟུར་ན། །གསང་བའི་ཡུམ་ཆེན

ཨུ་མ་དྷེ་ཝ་ནི། །དམར་གསལ་མཛེས་འཛུམ་ལང་ཚོ་ཆགས་པའི་ཉམས། །ཕྱག་ན་ལྕགས་ཀྱུ་ཞགས་པ་འཕྲུལ་ཐབས་ཅན། །དར་དང་མེ་ཏོག་དམར་པོའི་རྒྱན་གྱིས་སྤྲས། །གཅེར་བུ་གནག་སྨུ་མ་དབུ་སྐྲ་ཐུར་དུ་འཕྱང་། །རྟག་ཏུ་ཡབ་ལ་རྗེས་སུ་ཆགས་པའི་ཚུལ། །གསང་བའི་ཌཱ་ཀི་ལྷ་མོ་རྣམ་པ་བཞི། །འབུམ་ཕྲག་ཡངས་པའི་འཁོར་ཚོགས་བསམ་མི་ཁྱབ། །སྐད་ཅིག་འདིར་གཤེགས་དགྱེས་པའི་གདན་ལ་བཞུགས། །ཕྱི་ནང་གསང་བ་སྒྲི་དང་མཐུན་པའི་རྫས། །ཁྱད་པར་དྲི་ཞིམ་རྒྱ་ཇ་ངད་ལྡན་པ། །བཅུད་ལྡན་བདུད་རྩིའི་རྦ་རླབས་འཁྲུག་པ་ལས། །ཡེ་ཤེས་ལྷ་ཡི་འོད་ཟེར་རྣམ་པར་འཕྲོ། །འདོད་ཡོན་རྒྱན་གྱི་མཆོད་པའི་སྤྲིན་ཕུང་སྤྲོ། །ཟག་མེད་ཡེ་ཤེས་བདུད་རྩིར་བྱིན་རླབས་པ། །རིན་ཆེན་སྣ་ལྔ་བརྡར་བའི་ཞལ་སྐྱེམས་འདི། །དབང་ཕྱུག་མ་ཧཱ་དྷེ་ཝ་འཁོར་བཅས་མཆོད། །དེ་ལྟར་གསེར་སྐྱེམས་ཕུལ་བའི་བྱིན་རླབས་ཀྱིས། །གར་གྱི་དབང་ཕྱུག་པདྨ་ཧེ་རུ་ཀའི། །བཀའ་ཉན་དྲེགས་པ་ཡོངས་ཀྱི་གཙུག་གི་རྒྱན། །ལྷ་ཆེན་དབང་ཕྱུག་མ་ཧཱ་དྷེ་ཝ་ཡིས། །སྔོན་གྱི་དམ་ཚིག་གཉན་པོ་རྗེས་དགོངས་ལ། །ཚེ་འདིའི་མི་མཐུན་རྒུད་པ་ཀུན་ཞི་ནས། །ལས་བཞིའི་ཕྲིན་ལས་ལྷུན་གྱིས་གྲུབ་པ་དང་། །ཁྱད་པར་ཡིད་ལ་ཅི་འདོད་དངོས་གྲུབ་ཀུན། །ཐོགས་པ་མེད་པར་མྱུར་དུ་འགྲུབ་པར་མཛོད། །ཅེས་པ་འདི་ནི་བསྟན་ལ་ཕན་པའི་ལྷག་བསམ་དག་པས་མི་སྤྲུལ་ཟླ་ཆོས་ལ་རྫོགས་སྤྲུལ་ལྔ་པས་བྲིས་པ་དགེ་ལེགས་སུ་གྱུར་ཅིག །

༄༅། །གཟའི་རྟགས་བསྐྱོད་མི་རླུང་འཚུབས་མ་བཞུགས་སོ། །

ཧཱུྃ། རྡོ་རྗེ་འཆང་ཆེན་ཐུགས་ལས་སྤྲུལ་པའི་སྲས། །འཇིགས་བྱེད་མི་བཟད་སྡེ་བརྒྱད་ཀུན་གྱི་གཙོ། །ཚེ་བའི་ཚེ་མཆོག་འཇིགས་བྱེད་རཱ་ཧུ་ལ། །མཐུ་སྟོབས་རྫུ་འཕྲུལ་ནམ་མཁའི་མཐའ་དང་མཉམ། །སྐུ་མདོག་དུད་ཁ་མི་བཟད་འཇིགས་པའི་སྐུ། །རོ་སྟོད་མི་ལ་རོ་སྨད་སྦྲུལ་དུ་འཁྱིལ། །ལུས་གཅིག་མགོ་དགུ་སྲིད་གསུམ་ཀུན་གྱི་བདག །དབུ་གཅིག་ལྷ་མིན་དབང་པོ་ཁྲོས་པའི་ཞལ། །ཉི་ཟླ་གཉིས་ཀྱང་གྲིབ་ཀྱིས་གནོན་པར་བྱེད། །གཅིག་ནི་བགད་ཅིང་བཞད་པར་བྱེད་པའི་ཞལ། །དགྲེས་པ་བཀའ་ཡི་བྲ་ར་བྱེད་པའི་རྟགས། །གཅིག་ནི་ཁྲོས་པར་བྱེད་པ་སྲིན་པོའི་ཞལ། །གདུག་པའི་དགྲ་བགེགས་ཟས་སུ་ཟ་བར་བྱེད། །གཅིག་ནི་རྫ་མས་པར་བྱེད་པ་ཟ་བྱེད་གདོང་། །གནམ་ལྕགས་མེ་ཡི་ཐོག་སེར་འབེབས་པའི་རྟགས། །གཅིག་ནི་འཇིགས་བྱེད་མ་རུང་པ་ཡི་ཞལ། །ཚ་གྲང་འཐབ་པའི་ཀན་སྦྲ་སྒྲོག་པར་བྱེད། །གཅིག་ནི་འབྲུགས་བྱེད་འཇིགས་པར་བྱེད་པའི་ཞལ། །གཡོ་འགུལ་ཆེན་པོས་སེར་བ་འབེབས་པའི་རྟགས། །གཅིག་ནི་གཏུམ་བྱེད་ཡེ་ཤེས་གསལ་བའི་ཞལ། །མངོན་ཤེས་ནུས་སྟོབས་ཕྱོགས་མེད་སྟོན་པའི་ཞལ། །གཅིག་ནི་ལས་སྟོབས་རྫུ་འཕྲུལ་སྟོན་པའི་ཞལ། །སངས་རྒྱས་བསྟན་པ་སྲུང་བར་བྱེད་པའི་རྟགས། །གཅིག་ནི་ཞི་བ་ཡེ་ཤེས་ལྷ་ཡི་ཞལ། །སྒྲུབ་པ་པོ་ལ་དངོས་གྲུབ་སྟེར་བའི་རྟགས། །སྟེང་གི་ཕྱོགས་ན་བྱ་རོག

ཞལ་བསྟན་པ། །དཀོན་མཆོག་དབུ་འཕང་གཙན་པོ་བསྟོད་པའི་རྟགས། །མཐུ་ཆེན་ཁྱོད་ཀྱི་ཕྱག་བཞི་ཛམ་པ་ཡི། །རལ་གྲི་འབར་བ་འཕྲུལ་གྱི་ཞགས་པ་ཡིས། །སྡང་བྱེད་དགྲ་བོའི་སྐྱེ་བརྒྱུད་གཅོད་པའི་རྟགས། །ཆུ་སྲིན་རྒྱལ་མཚན་སྦྲུལ་ཞགས་གཡུག་པ་ཡིས། །སྲིད་པ་གསུམ་ཡང་དབང་དུ་བསྡུ་བའི་རྟགས། །ར་ཡི་མདའ་གཞུ་འགེངས་ཤིང་བསྣམས་པ་ནི། །དམིགས་པའི་དགྲ་བོ་རྩད་ནས་གཅོད་པའི་རྟགས། །སྤྱན་སྟོང་སྡང་མིག་དགྲ་ལ་བལྟས་པའི་ཚེ། །དངོས་དང་དངོས་མེད་དགྲ་བགེགས་འདུལ་བའི་རྟགས། །སྐུ་སྨད་དུག་སྦྲུལ་ས་ལ་བརྡབས་པ་ཡིས། །འཇིག་རྟེན་ཁམས་རྣམས་གཡོ་འགུལ་འདེགས་པར་བྱེད། །ཞལ་ནས་ཧཱུྃ་དང་ཕཊ་སྒྲ་སྒྲོག་པ་ཡིས། །དྲེགས་པ་ཕོ་མོ་དབང་དུ་སྡུད་པའི་རྟགས། །སྐུ་མདོག་དུད་ཁ་འཇིགས་པར་བསྟན་པ་ནི། །ཁམས་གསུམ་སྐྱེ་འགྲོ་ཟིལ་གྱིས་གནོན་པའི་རྟགས། །ཞིང་ཆེན་གཡང་གཞིའི་སྟོད་གཡོགས་བྱས་པ་ནི། །ཉོན་མོངས་ཕྲག་དོག་དབྱིངས་སུ་དག་པའི་རྟགས། །སྟག་གི་ལྤགས་པའི་ཤམ་ཐབས་དཀྲིས་པ་ནི། །ཉོན་མོངས་ང་རྒྱལ་གནས་སུ་དག་པའི་རྟགས། །ཐོད་པ་སྐམ་པོས་དབུ་རྒྱན་བྱས་པ་ནི། །ཉོན་མོངས་གཏི་མུག་དབྱིངས་སུ་དག་པའི་རྟགས། །མི་མགོ་ལྔ་བཅུའི་དོ་ཤལ་བྱས་པ་ནི། །ཉོན་མོངས་འདོད་ཆགས་གནས་སུ་དག་པའི་རྟགས། །ཀླུ་ཆེན་རིགས་ལྔའི་སྦྲུལ་ཆུན་བྱས་པ་ནི། །ཉོན་མོངས་ཞེ་སྡང་དབྱིངས་སུ་དག་པའི་རྟགས། །ཧཱུཿ་ལས་ཡབ་རྗེ་རྡོ་རྗེ་སྲིན་པོ་ནི། །སྐུ་མདོག་མཐིང་ནག་མགོ་དགུ་ཕྱག་གཉིས་པ། །དབྱུག་ཏོ་དང་ནི་ཁྲག་གི་མཚོ་ཆེན་བསྣམས། །ཞེ་སྡང་རྡུས་པའི་ཁྲིར་བཞུགས་ཁྱོད་ལ་བསྟོད། །ཕུ་ལས་ཡུམ་མཆོག་རྡོ་རྗེ་གློག་འགྲུ་

མ། །སྐུ་མདོག་དམར་ནག་མགོ་དགུ་ཕྱག་གཉིས་པ། །ཕྱག་ཞགས་དང་ནི་ཁྲག་གི་མཚོ་ཆེན་བསྣམས། །འདོད་ཆགས་ཁྲག་མཚོའི་གློང་བཞུགས་ཁྱོད་ལ་བསྟོད། །ནུབ་ཏུ་མ་ལས་ལྗང་སྔོན་ཆེན་པོ་ནི། །སྐུ་མདོག་ལྗང་ནག་མགོ་དགུ་ཕྱག་གཉིས་པ། །ཞགས་པ་དང་ནི་སྡོམ་བྱེད་ལྕགས་སྒྲོག་འཛིན། །མ་མོའི་དམག་ཚོགས་འཁོར་གྱིས་བསྐོར་ལ་བསྟོད། །ཤར་ལྷོ་ཙ་ལས་དྲང་སྲོང་དཀར་སེར་ནི། །སྐུ་མདོག་དཀར་སེར་མགོ་དགུ་ཕྱག་གཉིས་པ། །ཕྱག་ཞགས་དང་ནི་ཏྲི་ཤུལ་རྩེ་གསུམ་འཛིན། །དགྲ་ལྷའི་དམག་ཚོགས་འཁོར་གྱིས་བསྐོར་ལ་བསྟོད། །བྱང་དུ་དུཿ་ལས་བདུད་པོ་རོག་ཏི་ནི། །སྐུ་མདོག་མཐིང་ནག་མགོ་དགུ་ཕྱག་གཉིས་པ། །ཕྱག་དང་བདུད་ཀྱི་ཞགས་པ་ནག་པོ་འཛིན། །བདུད་ཀྱི་དམག་ཚོགས་འཁོར་གྱིས་བསྐོར་ལ་བསྟོད། །ལྷོ་ནུབ་རུ་ལས་བེཙྪ་པ་ཏྲ་ནི། །སྐུ་མདོག་དམར་པོ་མགོ་དགུ་ཕྱག་གཉིས་པ། །ཕྱག་དང་རྡོ་ངར་སྤུ་གྲི་འབར་བ་བསྣམས། །སྲིད་པའི་དམག་ཚོགས་འཁོར་གྱིས་བསྐོར་ལ་བསྟོད། །ཤར་དུ་ཨ་ལས་ཧྲི་ནུ་རྣ་ཛ་ནི། །སྐུ་མདོག་དུད་ཁ་མགོ་དགུ་ཕྱག་གཉིས་པ། །འཛིན་པ་ཆུ་སྲིན་དང་ནི་སྟག་མགོ་འཛིན། །དམུ་བདུད་དམག་ཚོགས་འཁོར་གྱིས་བསྐོར་ལ་བསྟོད། །ནུབ་བྱང་ཡཿ་ལས་དུ་བ་མཇུག་རིང་ནི། །སྐུ་མདོག་མཐིང་ནག་མགོ་དགུ་ཕྱག་གཉིས་པ། །སྤུ་གྲི་དང་ནི་ཐོད་ཁྲག་འབར་བ་བསྣམས། །གཤིན་རྗེའི་དམག་ཚོགས་འཁོར་གྱིས་བསྐོར་ལ་བསྟོད། །ལྷོ་རུ་ནཿ་ལས་ཁྱབ་འཇུག་ཆེན་པོ་ནི། །སྐུ་མདོག་སེར་ནག་མགོ་དགུ་ཕྱག་གཉིས་པ། །ཕྱག་ཀྱི་ཞགས་པ་དང་ནི་ཆུ་སྲིན་འཛིན། །ཀླུ་བདུད་དམག་ཚོགས་འཁོར་གྱིས་བསྐོར་ལ་བསྟོད། །བྱང་ཤར་ཤཿ་ལས་སྒྲ་གཅན་ཆེན་

པོ་ནི། །སྐུ་མདོག་དུང་ཁ་མགོ་དགུ་ཕྱུག་གཉིས་པ། །ཆུ་སྲིན་དང་ནི་ཁྲམ་ཤིང་སྣ་ཚོགས་འཛིན། །སྡེ་བརྒྱད་དམག་ཚོགས་འཁོར་གྱིས་བསྐོར་ལ་བསྟོད། །ཤར་གྱི་ཕྱོགས་ནས་སྟག་སྲིན་ཐོར་བའི་གདོང་། །སྐུ་མདོག་དཀར་སེར་ལྕགས་ཀྱུ་ཞགས་པ་འཛིན། །མི་བཟད་སྲིན་པོ་ཁྲོས་པའི་ཆ་ལུགས་ཅན། །རྟོག་མེད་བམ་གྱི་གདན་ལ་འཁྲིལ་བར་བསྟོད། །ལྷོ་ཡི་ཕྱོགས་ནས་བམ་སྲིན་དྲེད་གདོང་ཅན། །སྐུ་མདོག་སེར་ནག་སྦྲུལ་གྱི་ཞགས་པ་འཛིན། །མི་བཟད་སྲིན་མོ་ཁྲོས་པའི་ཆ་ལུགས་ཅན། །རྟོག་མེད་རོ་ཡི་གདན་ལ་འཁྲིལ་བར་བསྟོད། །ནུབ་ཀྱི་ཕྱོགས་ནས་གོང་སྲིན་བ་ལང་གདོང་། །སྐུ་མདོག་དམར་ནག་དགྲ་སྟ་ཞགས་པ་འཛིན། །མི་བཟད་སྲིན་མོ་ཁྲོས་པའི་ཆ་ལུགས་ཅན། །ཞིང་ཆེན་གདན་ལ་གར་སྟབས་འཁྲིལ་བར་བསྟོད། །བྱང་གི་ཕྱོགས་ནས་འབྲོག་སྲིན་ཆུ་སྲིན་གདོང་། །སྐུ་མདོག་ལྗང་ནག་རི་རབ་ཀླད་ལ་བསྐོར། །མི་བཟད་སྲིན་མོ་ཁྲོས་པའི་ཆ་ལུགས་ཅན། །རྟོག་མེད་ཞིང་གི་གདན་ལ་འཁྲིལ་བར་བསྟོད། །གཞན་ཡང་མཐུ་ཆེན་ཁྱོད་ཀྱི་ཕྱི་རོལ་དུ། །འཁོར་དུ་གཏོགས་པའི་ལྷ་སྲིན་སྡེ་བརྒྱད་དང་། །ཕོ་ཉ་སྤྲུལ་དང་ཡང་སྤྲུལ་བཅས་པ་རྣམས། །གཙང་རིགས་མགོན་པོ་བདུན་ཅུ་རྩ་ལྔ་སོགས། །སྲིད་གསུམ་འབྱུང་པོའི་འཁོར་ཚོགས་བསམ་མི་ཁྱབ། །ཀུན་ཀྱང་ཁྲོ་གཏུམ་མི་བཟད་འཇིགས་པའི་སྐུ། །ཟ་བར་རྔམ་དང་མཆོང་ཞིང་རྒྱུགས་པར་བྱེད། །མྱུར་མགྱོགས་རྫུ་འཕྲུལ་དྲག་རྩལ་རྔམས་པའི་ཚུལ། །ཉི་ཟེར་རྡུལ་ལྟར་འཁོར་ཚོགས་བཅས་ལ་བསྟོད། །མཐུ་ཆེན་དྲེགས་པའི་སྡེ་དཔོན་འཁོར་བཅས་ཀྱིས། །བདག་ཅག་བྱང་ཆུབ་སྒྲུབ་ལ་བར་གཅོད་པའི། །ཕྱི་ནང་མི་མཐུན་ཉེར་འཚེ་ཀུན་ཞི་

ཞིང་། །རྣམ་མང་ཕྲིན་ལས་ཡིད་བཞིན་འགྲུབ་པ་དང་། །གྲགས་དང་འབྱོར་བ་རྒྱ་མཚོས་མངོན་མཐོ་བ། །ཕྱོགས་ལས་རྣམ་པར་རྒྱལ་བའི་ཕྲིན་ལས་མཛོད། །ཅེས་གཟའི་རྟགས་བསྐྱོད་མེ་ཀླུང་འཚུབས་མ་ཞེས་བྱ་བ་འདི་ནི་རྫོགས་སྤྲུལ་ལྔ་པ་ཐུབ་བསྟན་ཆོས་ཀྱི་རྡོ་རྗེས་བྲིས་པ་དགེ །

༄༅། །དམ་ཅན་སེང་ཞོན་རྒྱུན་གྱི་མཆོད་ཐབས་ཕྲིན་ལས་མྱུར་འགྲུབ་ཅེས་བྱ་བ་བཞུགས་སོ།།

རཾ་ཡཾ་ཁཾ། ཨོཾ་ཨཱཿཧཱུྃ། ཧྲཱིཿ སྟོང་པའི་ངང་ལས་སྐད་ཅིག་དྲན་རྫོགས་སུ། །བདག་ཉིད་ལྷར་གསལ་ཐུགས་ལས་འོད་འཕྲོས་པས། །མདུན་དུ་ཧྲི་ལས་སྐྱེས་མཆོག་རྡོ་རྗེ་ལེགས། །དམར་ནག་ཞལ་གཅིག་ཕྱག་གཉིས་ཁྲོས་པའི་སྐུ། །རྡོ་རྗེ་ཙོ་ཊི་བསྣམས་ནས་དར་དམར་བེར། །བསེ་ཐེབ་སག་ལྷམ་གསོལ་ཞིང་འཁོར་གསུམ་སྤྲས། །མི་བཟད་གངས་ཀྱི་སེང་གེ་དཀར་མོ་ཆིབས། །སྐད་ཅིག་འདིར་གཤེགས་གནས་འདིར་བཞུགས་སུ་གསོལ། །ཁྱོད་དང་མཐུན་པའི་དམ་རྫས་རྒྱ་མཚོའི་ཚོགས། །དངོས་འབྱོར་ཡིད་སྤྲུལ་ནམ་མཁའི་ཁྱོན་བཀང་སྟེ། །གུས་པས་བློ་ཡིས་བླངས་ཏེ་འབུལ་ལགས་ན། །རིག་འཛིན་སྒྲུབ་པོ་རྣལ་འབྱོར་བདག་ཅག་གིས། །ལྷ་མཆོག་ཁྱོད་ཉིད་དྲན་པ་ཙམ་གྱིས་ཀྱང་། །ཉིན་མཚན་དུས་དྲུག་རྟག་ཏུ་མ་གཡེལ་བར། །སྒྲུབ་པའི་རེ་འདོད་ཡིད་

བཞིན་བསྐྱང་ནས་ཀྱང་། །རྟག་ཏུ་བདེ་དགའི་དཔལ་ལ་སྤྱོད་ནས་ཀྱང་། །བསམ་དོན་ལྷུན་གྱིས་འགྲུབ་པར་མཛད་དུ་གསོལ། །ཅེས་པ་འདི་ནི་རང་གི་གྲྭ་འཁོར་དུ་གཏོགས་པ་དཀོན་མཆོག་རྣམ་རྒྱལ་ནས་ལྷ་རྫས་དང་བཅས་བསྐུལ་བའི་ངོར་རྫོགས་སྤྲུལ་ལྔ་པ་ཐུབ་བསྟན་ཆོས་ཀྱི་རྡོ་རྗེས་མགོན་ཁང་དབང་དྲག་རོལ་པ་ནས་གང་ཤར་བྲིས་པ་དགེ །

༄༅། །དམ་ཅན་ར་ཞོན་རྟགས་བསྟོད་དམ་ཉམས་སྙིང་འབྱིན་ཞེས་བྱ་བ་བཞུགས་སོ། །

ཧཱུྃ། གསང་བདག་ཐུགས་སྤྲུལ་བཀའ་སྡོད་དཔའ་བོ་ཆེ། །བདུད་ལས་རྣམ་རྒྱལ་འཇིགས་བྱེད་ཧེ་རུ་ཀ །ཆེ་བའི་ཆེ་མཆོག་སྟོབས་ལྡན་ནག་པོ་ནི། །ཤིན་ཏུ་རྣམ་པ་མགར་བ་ནག་པོའི་ཚུལ། །ཁྲོས་པའི་ཞལ་གཅིག་རྣམ་པར་བསྟན་པ་ནི། །དོན་དམ་ཆོས་སྐུ་ཐིག་ལེ་ཉག་གཅིག་རྟགས། །སྐུ་མདོག་སྨུག་ནག་འོད་དུ་འཚེར་བ་ནི། །ཆོས་སྐུའི་དབྱིངས་ལས་འགྱུར་བ་མེད་པའི་རྟགས། །སྤྱན་གསུམ་སྡང་མིག་ཁྲོགས་བཙུར་གཟིགས་པ་ནི། །སྐུ་གསུམ་ཡེ་ནས་ལྷུན་གྱིས་གྲུབ་པའི་རྟགས། །ཞལ་གྱི་མཆེ་བ་རྣམ་བཞི་གཙིགས་པ་ནི། །བདུད་བཞི་མ་ལུས་རྩད་ནས་གཅོད་པའི་རྟགས། །སྨ་ར་ཁ་སྤུ་མེ་ལྟར་འཕྲོ་བ་ནི། །སྤྲུལ་པ་སྣ་ཚོགས་ལས་ལ་འགྱེད་པའི་རྟགས། །སྙན་ལ་དུང་གི་ཨ་ལུང་འཁྲིལ་བ་ནི། །ཐབས་དང་ཤེས་རབ་དབྱེར་བ་མེད་པའི་རྟགས། །གཡས་པས་རྡོ་རྗེ་

མདུང་དར་བསྣམས་པ་ནི། །དགྲ་བགེགས་མ་ལུས་རྩད་ནས་གཅོད་པའི་རྟགས། །མགར་གྱི་སྦུད་པ་གཡོན་དུ་བསྣམས་པ་ནི། །ཉམས་པ་དབང་མེད་ལྷ་དབྱེ་བླ་འགུགས་རྟགས། །སྨུག་པེར་ཟ་འོག་སྟོ་ཁྲ་གསོལ་བ་ནི། །སྣང་སྲིད་ཆོས་རྣམས་དབང་དུ་སྡུད་པའི་རྟགས། །དབུ་ལ་སྤྱག་ཞུ་སྨུག་པོ་གསོལ་བ་ནི། །བདེ་གཤེགས་རྒྱལ་བ་རྣམས་ཀྱི་དབང་བསྐུར་རྟགས། །ཞབས་གཉིས་སག་ལྷམ་སྨུག་པོ་གསོལ་བ་ནི། །འགྲོ་བའི་དོན་ལ་སྐྱོ་དུབ་མེད་པའི་རྟགས། །ཆིབས་སུ་ར་སྐྱེས་ཁམ་པ་ཆིབས་པ་ནི། །གར་བྲད་ལས་ལ་ཐོགས་པ་མེད་པའི་རྟགས། །མདའ་གཞུ་འཁོར་གསུམ་ལུས་ལ་བརྒྱན་པ་ནི། །རྟག་ཏུ་རྣལ་འབྱོར་བུ་བཞིན་སྐྱོང་བའི་རྟགས། །མི་དཔུང་འབར་བའི་ཀློང་དུ་བཞུགས་པ་ནི། །ཕྱོགས་བཅུར་སྤྲུལ་པ་སྣ་ཚོགས་འགྱེད་པའི་རྟགས། །འཁོར་དུ་སྡེ་བརྒྱད་ཕོ་ཉ་འགྱེད་པ་ནི། །གདུག་པའི་དགྲ་བགེགས་མ་ལུས་སྒྲོལ་བའི་རྟགས། །ཤར་གྱི་ཕྱོགས་ནས་གནམ་ས་ཕྱེད་ཀྱི་བདག །ཨ་ལས་སྐྱེས་པའི་ཚངས་པ་སྒྲོག་བདག་ནི། །སྐུ་མདོག་དཀར་པོ་དགྲ་སླིང་ཞལ་དུ་གསོལ། །ཆིབས་སུ་ཧྲམ་བྱེད་གཡུ་འབྲུག་སྔོན་པོ་ཆིབས། །ལྷ་རྣམས་ཡོངས་ཀྱི་སྡེ་དཔོན་ཆེ་ལ་བསྟོད། །ཡ་ལས་སྐྱེས་པའི་ཡ་མ་རཱ་ཙ་ནི། །སྐུ་མདོག་སེར་ནག་ལག་ན་ཁྲམ་ཤིང་ཐོགས། །ཆིབས་སུ་མ་ཧེ་སྔོན་པོ་རྡུ་རིང་ཆིབས། །གཤིན་རྗེ་ཡོངས་ཀྱི་སྡེ་དཔོན་ཆེ་ལ་བསྟོད། །ནྲྀ་ལས་སྐྱེས་པའི་ཀླུ་བདུད་ནག་པོ་ནི། །སྐུ་མདོག་སྔོ་ནག་སྦྲུལ་གྱི་ཞགས་པ་ཐོགས། །ཆིབས་སུ་ཞེ་སྡང་གདུག་པ་སྦྲུལ་ལ་ཆིབས། །ཀླུ་རྣམས་ཡོངས་ཀྱི་སྡེ་དཔོན་ཆེ་ལ་བསྟོད། །དུ་ལས་སྐྱེས་པའི་རལ་བ་ཚར་དགུ་ནི། །ནག་པོ་བཀྲག་མེད་བདུད་

ཀྱི་ཞགས་པ་ཐོགས། །ཚིབས་སུ་མུན་པ་ནག་པོ་འཚུབས་མར་ཚིབས། །བདུད་རྣམས་ཡོངས་ཀྱི་གཙོ་ལ་ཕྱག་འཚལ་བསྟོད། །ཙ་ལས་སྐྱེས་པའི་ཡམ་ཤུད་དམར་པོ་ནི། །དམར་པོ་བསེ་མདུང་ལག་ན་རྩེ་གསུམ་ཐོགས། །ཚིབས་སུ་བཙན་ར་གློག་དམར་འཁྱུགས་འདྲ་ཚིབས། །བཙན་རྣམས་ཡོངས་ཀྱི་གཙོ་ལ་ཕྱག་འཚལ་བསྟོད། །རུ་ལས་སྐྱེས་པའི་དྲང་སྲོང་རཱ་ཧུ་ལ། །སྐུ་མདོག་ལྗང་གུ་ར་ཡི་མདའ་གཞུ་ཐོགས། །ཚིབས་སུ་ཆུ་སྲིན་ཧམ་པོ་ཆེ་ལ་ཚིབས། །གཟའ་རྣམས་ཡོངས་ཀྱི་གཙོ་ལ་ཕྱག་འཚལ་བསྟོད། །ཤ་ལས་སྐྱེས་པའི་སྲིན་པོ་རོ་ཧི་ནི། །སྐུ་མདོག་སྨུག་ནག་ཀྲུ་མའི་ཞགས་པ་ཐོགས། །ཚིབས་སུ་གློག་དམར་མེ་འོད་འཁྱུགས་པ་ཚིབས། །སྲིན་པོ་ཡོངས་ཀྱི་གཙོ་ལ་ཕྱག་འཚལ་བསྟོད། །མ་ལས་སྐྱེས་པའི་མ་མོ་ཁྲག་འཛག་མ། །ནག་མོ་ཆེན་མོ་དྲག་རྩལ་མཐུ་ཆེན་མོ། །མཚོན་གྱི་གྲུ་གུ་ནད་རྐྱལ་སྣ་ཚོགས་བསྣམས། །ཚིབས་སུ་མགྱོགས་བྱེད་དྲེལ་ཧྲ་ནག་པོ་ཚིབས། །སྤྲུལ་པའི་བྱ་ཚོགས་མང་པོ་ལིངས་སེ་ལིང་། །མཆེ་ཅན་སྟག་གཟིག་འབུམ་ནི་ཉི་ལི་ལི། །ཁྲི་སྤྱང་དོམ་དྲེད་འབུམ་ནི་ཟངས་སེ་ཟང་། །ཟངས་ཀྱི་འཕར་བ་འབུམ་ནི་གློག་ལྟར་འཁྱུགས། །སྤྲུལ་པ་སྡེ་བརྒྱད་གཙོ་འཁོར་འབུམ་གྱི་ཚོགས། །ལ་ལས་ཉི་ཟླ་ཐོགས་ཏེ་ཆ་ལང་སྡེབ། །ལ་ལས་གློག་ཕྲེང་འཛིན་ཅིང་གཡུག་པར་བྱེད། །ལ་ལས་རི་རབ་གླད་ལ་བསྐོར་བར་བྱེད། །ལ་ལས་ཀླུ་ཞགས་བཟློག་ཅིང་འཕེན་པར་བྱེད། །རྡོ་རྗེ་ལེགས་པ་དགྲེས་སྡེ་བརྟན་མར་བཅས། །སྡེ་བརྒྱད་དྲེགས་པའི་གཙོ་བོ་ཆེ་རྣམས་དང་། །མཆེད་ཟླ་སུམ་བརྒྱ་དྲུག་ཅུའི་འཁོར་ཚོགས་བཅས། །རྣལ་འབྱོར་སྒྲུབ

པོའི་རེ་འདོད་བསྐང་ལ་བསྐྱོད། །དམ་ཅན་ར་ཞོན་ཧྲགས་བསྐྱོད་དམ་ཉམས་སྙིང་འབྱིན་ཞེས་བྱ་བ་འདི་ནི་ཛོགས་སྤྲུལ་ལྔ་པ་ཐུབ་བསྟན་ཆོས་ཀྱི་རྡོ་རྗེས་བྲིས་པ་དགེ །

༄༅། །དམ་ཅན་ར་ཞོན་གསོལ་བསྐུས་བཞུགས་སོ།།

ཧཱུྃ། རྣམ་དག་ཆོས་ཀྱི་དབྱིངས་ལས་མ་གཡོས་ཀྱང་། །དཔལ་འབར་འཁྲོས་པའི་དབང་ཕྱུག་ཧེ་རུ་ཀ །གཏུམ་དྲག་ཤིན་ཏུ་བཟློད་པར་དཀའ་བའི་སྐུ། །དམ་ཅན་སྐྱེས་བུ་ཆེན་པོ་ཐིག་ལེ་རྩལ། །སྨུག་ནག་རྡོ་རྗེ་མདུང་དར་སྒྲུད་པ་བསྣམས། །སྨུག་པེར་ཟ་འོག་སྟོ་བཀྲའི་གོང་ལག་ཅན། །དབུ་ལ་སག་ཞུ་ཞབས་ལ་སག་ལྷམ་ཅན། །ཆིབས་སུ་ར་སྐྱེས་མེ་འོད་འཁྲོ་བ་ཆིབས། །རང་ཉིད་ལྷར་གསལ་ཐུགས་ཀའི་ས་བོན་ལས། །འོད་འཕྲོས་དབུ་རུ་ཞྭ་ཡི་ལྷ་ཁང་དང་། །ལྕུང་ལོ་ཅན་གྱི་གནས་ནས་གཤེགས་སུ་གསོལ། །པད་ཉི་དགྲ་བགེགས་བསྒྲལ་བའི་གདན་ལ་བཞུགས། །སྒོ་གསུམ་གུས་པས་ཡིད་ཀྱིས་ཕྱག་འཚལ་ལོ། །ཁྱེད་ལ་དགྱེས་པའི་མཆོད་པ་འབུལ་བ་ནི། །རབ་འབྱམས་ནམ་མཁའི་ཁམས་ཀུན་བཀང་ནས་ཀྱང་། །བློ་ཡིས་བླངས་ནས་གུས་པས་འབུལ་ལགས་ན། །དགྱེས་པ་ཆེན་པོའི་ཚུལ་གྱིས་བཞེས་ནས་ཀྱང་། །བདག་ཅག་སྐྱུང་བྱ་མི་ནོར་འཁོར་བཅས་རྣམས། །གཞི་བྱེས་ལམ་གསུམ་ཀུན་ཏུ་དུས་དྲུག་ཏུ། །དགེ་བསྙེན་ཆེན་པོས་ཐུགས་དམ་དགྱེས་དགོངས་ལ། །ཅི་འདོད་ལོངས་སྤྱོད་ཡིད་ལ་གང་འདོད་པ། །བུམ་པ་བཟང་དང་དཔག་བསམ་ལྗོན་ཤིང་

ལས། །ཇི་ལྟར་རེ་བ་ཡོངས་སུ་བསྐང་བ་ལྟར། །བསམ་དོན་ལྷུན་གྱིས་འགྲུབ་པའི་སྟོང་གྲོགས་མཛོད། །ཅེས་པ་འདི་ནི་སྐྱ་མོ་སྨན་ལྷའི་སྲས་ཆེ་བ་ཆོས་ཕོ་ནས་འདི་ལྟར་དགོས་ཞེས་པའི་ངོར་༧འཇམ་མགོན་བླ་མ་དམ་པ་པདྨ་འོད་གསལ་མདོ་སྔགས་གླིང་པའི་སློབ་འབངས་ཐ་ཞལ་བ་རྫོགས་སྤྲུལ་ལྔ་པའི་མིང་འཛིན་ཐུབ་བསྟན་ཆོས་ཀྱི་རྡོ་རྗེའམ་མིང་གཞན་པདྨ་ཐེག་མཆོག་བསྟན་འཛིན་གྱིས་བྲིས་པའོ། །དགེའོ། །

༄༅། །དམ་ཅན་ར་ཞོན་གསོལ་བསྐུལ་བདུད་དཔུང་ཟིལ་གནོན་བཞུགས་སོ། །

རང་ཉིད་ཡི་དམ་ལྷ་རུ་གསལ་བའི་མདུན། །འཛམ་གླིང་སྐྱེས་མཆོག་རྡོ་རྗེ་དགྲ་འཛོམས་རྩལ། །མཐིང་ནག་རྡོ་རྗེ་མདུང་དར་ཐྲུད་པ་བསྣམས། །ར་སྐྱེས་ཞོན་ནས་བེར་སྨུག་བཞེད་པར་གསོལ། །སྟག་རལ་གཟིག་ཞུབས་འཁོར་གསུམ་རྒྱན་གྱིས་སྤྲས། །སྡེ་བརྒྱད་རིགས་པའི་འཁོར་ཚོགས་སྤྲིན་ལྟར་གཏིབ། །མེ་དཔུང་དམར་ནག་འབར་བའི་ཀློང་ན་བཞུགས། །རང་ཉིད་ལྟར་གསལ་ཐུགས་ཀའི་ས་བོན་ལས། །འོད་འཕྲོས་འོག་མིན་གནས་དང་ལྷུང་ལོ་ཅན། །ཁྱད་པར་འོ་ཡུག་ཞང་གི་བྲེ་མོ་ནས། །སྐད་ཅིག་ཙམ་གྱིས་གནས་འདིར་སྤྱན་འདྲེན་གཤེགས། །སྤྱན་འདྲེན་ནི། ཧཱུྃ། སངས་རྒྱས་བསྟན་སྐྱོང་དྲེགས་པ་ཀུན་གྱི་གཙོ། །རྡོ་རྗེ་ལེགས་པ་ཡབ་སྲས་ཡུམ་དང་བཅས། །གདུག་པའི་སྡེ་བརྒྱད་མ་

ལུས་འཁོར་དང་བཅས། །གློག་ལྟར་མྱུར་བའི་ཐུགས་རྗེའི་ཤུགས་བསྐྱེད་ལ། །སྒྲུབ་པའི་རིག་འཛིན་རྣལ་འབྱོར་བདག་ཅག་ལ། །ཕྲིན་ལས་དངོས་གྲུབ་སྩོལ་ཕྱིར་གཤེགས་སུ་གསོལ། །བཛྲ་ས་མ་ཛཿ། བཞུགས་གསོལ་ནི། ཧཱུྃ། ཁྲག་ཞག་རྒྱ་མཚོ་འཁྲིལ་བའི་གློང་ཡངས་ནས། །ཞིང་དང་ཀེང་རུས་བཀྲམ་པའི་དཀྱིལ་འཁོར་དབུས། །པད་ཉི་དབུགས་བྲལ་བརྩེགས་པའི་ཁྲི་སྟེང་དུ། །དགེ་བསྙེན་ཆེན་པོ་འཁོར་བཅས་བཞུགས་སུ་གསོལ། །ཕྱག་འཚལ་ནི། ཧཱུྃ། གདོད་ནས་སྙིང་རྗེའི་ངང་ལས་མ་གཡོས་ཀྱང་། །མ་རུང་གདུག་པའི་ཚོགས་རྣམས་བསྒྲལ་བའི་ཕྱིར། །མི་བསྲུན་བཟོད་པར་དཀའ་བའི་ཚུལ་འཆང་བ། །དམ་ཅན་སྐྱེས་བུ་ཁྱོད་ལ་ཕྱག་འཚལ་བསྟོད། །མཆོད་པ་ནི། ཧཱུྃ་ཧྲཱིཿ ཕྱི་མཆོད་འདོད་ཡོན་རྣམ་ལྔ་སྤྲིན་ལྟར་གཏིབ། །ནང་མཆོད་སྨན་རཀ་གཏོར་གསུམ་རི་ལྟར་སྤུང་། །གསང་བའི་མཐུན་རྫས་སྣ་ཚོགས་སྐར་ལྟར་བཀྲམ། །དགེ་བསྙེན་ཆེན་པོ་འཁོར་དང་བཅས་ལ་འབུལ། །ཨོཾ་བཛྲ་ཨརྒྷཾ་སོགས་ནས་ཤབྡ་མ་ཧཱ་མཾ་ས་རཀྟ་གོ་རོ་ཙན་ཁ་ཁ་ཁཱ་ཧི་ཁཱ་ཧི། བསྟོད་པ་ནི། ཧཱུྃ་ཧྲཱིཿ ཆོས་དབྱིངས་སྐྱེ་མེད་ངང་ལས་མ་གཡོས་ཀྱང་། །གདུག་པ་འདུལ་ཕྱིར་དྲེགས་པའི་སྐུར་སྟོན་པ། །སངས་རྒྱས་བསྟན་པ་གཉན་པོ་སྲུང་མཛད་པའི། །དམ་ཅན་སྐྱེས་བུ་ཁྱོད་ལ་ཕྱག་འཚལ་བསྟོད། །བསྐང་བ་ནི། ཧཱུྃ་ཧྲཱིཿ རབ་འབྱམས་ཆོས་ཀྱི་དབྱིངས་ལས་མ་གཡོས་ཀྱང་། །རབ་བཞེངས་དམ་ཅན་རྡོ་རྗེ་ལེགས་པ་ནི། །རབ་འབར་མདངས་སྒྱིད་དྲག་པོའི་ཕྲིན་ལས་ཀྱིས། །རབ་འབྱམས་དྲེགས་པའི་འཁོར་དང་བཅས་པ་རྣམས། །ནམ་མཁའི་གློག་ལྟར་མྱུར་བར་འདིར་གཤེགས་ཤིག །ནམ་མཁའ་མཛོད་ཀྱི་འཁོར་ལོའི་མཆོད་སྤྲིན་ནི། །ནམ་

མཁའི་སྐར་ལྟར་བཀྲམ་པའི་སྤྲིན་ཕུང་འདི། །ནམ་མཁའ་གང་བའི་རྡུལ་གྱིས་འབུལ་ལགས་ན། །དམ་ཚིག་དབང་གིས་ཐུགས་དམ་བསྐང་གྱུར་ཅིག །དམ་ལྡན་རིག་འཛིན་རྣལ་འབྱོར་བདག་ཅག་ལ། །དམ་ལས་མ་གཡེལ་དམ་ཚིག་རྗེས་དགོངས་ཏེ། །དམ་བཅས་བཞིན་དུ་ཕྲིན་ལས་འགྲུབ་པར་མཛོད། །གང་དག་བདག་ལ་འཁྲུ་བའི་བདུད་སྡེའི་དཔུང་། །གང་ཞིག་ཁྱོད་ཉིད་དྲེགས་པའི་སྐུར་བཞེངས་ནས། །གང་ལ་གང་འཚམས་དྲག་པོའི་ཕྲིན་ལས་ཀྱིས། །གང་དག་རྡུལ་ཕྲན་ཙམ་ཡང་མེད་པར་མཛོད། །ཕྲིན་བཅོལ་ནི། ཧཱུྃ་ཧྲཱིཿ འདོད་རྒུའི་དངོས་གྲུབ་སྩོལ་མཛད་ཁྱོད་ཉིད་ལ། །འདོད་ཡོན་ཟག་མེད་མཐུན་པའི་དམ་ཚིག་རྫས། །འདོད་ཡོན་རང་གྲོལ་མཆོད་པ་འདི་ཕུལ་བས། །འདོད་པའི་དོན་རྣམས་མྱུར་དུ་འགྲུབ་པར་མཛོད། །ཅེས་པ་འདི་ཡང་འབྲུག་སྤྲུལ་མི་ཕམ་འགྱུར་མེད་རྒྱ་མཚོ་ནས་དམ་ཅན་འདི་ཉིད་ཀྱི་གསོལ་ཀ་གྲངས་བསོག་ཆོ་ཉི་གྲགས་གཏེར་བྱོན་དམ་ཅན་ར་ཞོན་ཕྲིན་ལས་ཅུང་ཟད་མང་ཆེ་བས་ཉུང་བསྡུས་ཤིག་འདི་ལྟར་དགོས་ཞེས་བསྐུལ་བའི་ངོར་རྫོགས་སྤྲུལ་ལྔ་པ་ཐུབ་བསྟན་ཆོས་ཀྱི་རྡོ་རྗེས་མགོན་ཁང་དབང་དྲག་རོལ་བའི་ཞིང་ཁམས་ནས་ཟླ་ཆོས་བཟང་པོར་བྲིས་པ་འདི་ཉིད་གྲངས་གསོག་སྐབས་ལས་གཞན་དུ་དཔེ་ངན་རྒྱུན་འབྱམས་བྱེད་ནས་ཐམས་ཅད་ཀུན་ནས་མི་གསུང་བར་ཉི་དྲགས་གཏེར་བྱོན་ར་ཞོན་ཕྲིན་ལས་གསུངས་མཛད་པ་ཅི་ནས་གལ་ཆེ། །དགེའོ། །

༄༅། །དམ་ཅན་སེང་ཞོན་གསེར་སྐྱེམས་དགྱེས་པའི་མཆོད་སྤྲིན་ ཞེས་བྱ་བ་བཞུགས་སོ། །

ཀྱཻ། ཉི་མ་ནུབ་ལ་དབང་མཛད་མཐུ་རྩལ་ཅན། །འཛམ་བུ་གླིང་གི་དགྲ་ལྷ་སྐྱེས་གཅིག་པུ། །གནམ་ས་ཕྱེད་ཀྱི་བདག་པོ་མངའ་གསོལ་བ། །སོ་སོར་རྟོག་པའི་ཡེ་ཤེས་རང་མདངས་ལས། །རྟ་མཆོག་རྒྱལ་པོ་པདྨ་ཧེ་རུ་ཀའི། །ཐུགས་ལས་སྤྲུལ་པའི་དྲེགས་པའི་རྩལ་བསྟན་པ། །རྒྱལ་བ་ཤཱཀྱ་ཐུབ་པའི་བསྟན་པ་ལ། །བསྟན་པ་བསྲུང་ཞིང་ལེགས་ཉེས་སྟངས་འཛིན་པ། །དགེ་བསྙེན་ཆེན་པོ་རྡོ་རྗེ་ལེགས་པ་ནི། །ཁྲག་མདོག་བཟོད་པར་དཀའ་བའི་ལང་ཚོ་ཅན། །ཕྱག་གཡས་གསེར་གྱི་རྡོ་རྗེ་རྩེ་དགུ་པ། །གཡོན་པས་དམ་ཉམས་ཙིཏྟ་དམར་པོ་བསྣམས། །དར་དམར་ཐེར་ཆེན་སྐུ་ཡི་རྒྱན་དུ་མཛེས། །ཆིབས་སུ་དུང་གི་སེངྒེ་རྩལ་ལྡན་ཆིབས། །སྲོད་ཀྱི་དགྱེས་སྡེ་ཁ་རག་ཁྱུང་བཙུན་དང་། །ཐོ་རངས་དགྱེས་སྡེར་ཤ་མེད་གངས་དཀར་མ། །གཏན་གྱི་གྲོགས་མཛད་གོང་བཙུན་དེ་མོ་སྐྱོང་། །གིང་ཆེན་སྡེ་བཞི་དགྱེས་སྡེ་བཅུ་གཉིས་དང་། །མཆེད་འཁོར་སུམ་བརྒྱ་དྲུག་ཅུ་ཡང་འཁོར་འབུམ། །སྟེང་ཕྱོགས་དུང་ཁྲ་དཀར་པོ་འཚུབས་སེ་འཚུབ། །སྐྱེས་བུ་ཆེན་པོའི་སྐུ་ཡི་ཕྱོགས་བཞི་ན། །འཕར་དྲེད་དོམ་བུ་ཅེ་སྤྱང་རྔམ་པའི་ཚོགས། །ཟ་བྱེད་རིགས་པ་མཐུ་ཆེན་གདུག་པའི་འཁོར། །ནམ་མཁའ་བར་སྣང་ས་གཞིའི་ཁྱོན་ཀུན་གང་། །དད་ཅིང་གདུང་བ་དྲག་པོའི་ཁྱོད་འབོད་ན། །སྐད་ཅིག་ཙམ་གྱི་གནས་འདིར་གཤེགས་སུ་གསོལ། །ཁྲག་ཚང་

སྐུ་རབས་ལྔ་པ་ཐུབ་བསྟན་ཆོས་ཀྱི་རྡོ་རྗེའི་གསུང་ཚན།

ཨཀྵོཾ་སྦྱར་བའི་ཞལ་སྐྱེམས་འདི། །སྐྱེས་མཆོག་རྡོ་རྗེ་ལེགས་པར་མཆོད་པ་འབུལ། །འཇིག་རྟེན་སྐྱོང་བ་ཁྱོད་ལ་མཆོད་པ་འབུལ། །དམུ་བདུད་དཀར་པོ་ཁྱོད་ལ་མཆོད་པ་འབུལ། །ལེགས་ཉེས་སྟངས་འཛིན་ཁྱོད་ལ་མཆོད་པ་འབུལ། །ཆོས་སྐྱོང་སྲུང་མ་ཁྱོད་ལ་མཆོད་པ་འབུལ། །ཡུལ་ལྷ་གཉན་པོ་ཁྱོད་ལ་མཆོད་པ་འབུལ། །རྫོང་དཔོན་ཆེན་པོ་ཁྱོད་ལ་མཆོད་པ་འབུལ། །དམག་དཔོན་ཆེན་པོ་ཁྱོད་ལ་མཆོད་པ་འབུལ། །ཐུན་མོང་ལྷ་མཆོག་ཁྱོད་ལ་མཆོད་པ་འབུལ། །མྱུར་དུ་འགྲུབ་མཛད་ཁྱོད་ལ་མཆོད་པ་འབུལ། །ཡུན་དུ་འགྲོགས་མཛད་ཁྱོད་ལ་མཆོད་པ་འབུལ། །མཐུ་བདག་སྟེར་བྱེད་ཁྱོད་ལ་མཆོད་པ་འབུལ། །དོན་དམ་མཚུངས་པའི་ལྷ་ལ་མཆོད་པ་འབུལ། །སྐྱེས་བུ་རྫུ་འཕྲུལ་ཅན་ལ་མཆོད་པ་འབུལ། །ཡུམ་དང་བློན་པོ་ཕྱུག་ཚང་གཉེར་འཛིན་སོགས། །དེ་ལྟར་གསེར་སྐྱེམས་ཕུལ་བའི་བྱིན་རླབས་ཀྱིས། །རིག་འཛིན་སྒྲུབ་པའི་རྣལ་འབྱོར་བདག་ཅག་རྣམས། །གཞི་བྱེས་ལམ་གསུམ་གང་དུ་འདུག་གྱུར་ཀྱང་། །སྐྱེས་བུ་རྡོ་རྗེ་ལེགས་པ་ཁྱོད་ཉིད་ཀྱིས། །སྲུང་སྐྱོབ་ཕྲིན་ལས་སྐད་ཅིག་མི་གཡེལ་བར། །ལེགས་པ་སྒྲུབ་དང་ཉེས་པ་ཀུན་ཏུ་བཟློག །ཡིད་ལ་ཅི་བསམ་དྲན་པ་ཙམ་གྱིས་ཀྱང་། །གེགས་མེད་ཡིད་བཞིན་འགྲུབ་པར་མཛད་དུ་གསོལ། །ཅེས་རཏ་ནའི་དམ་ཅན་སེང་ཞོན་གསེར་སྐྱེམས་དགྱེས་པའི་མཆོད་སྤྲིན་ཞེས་བྱ་བ་འདི་ནི་ས་ཕོ་རྟ་ལོའི་ཟླ་༣ཚེས་༡༠ལ་རྫོགས་སྤྲུལ་ལྔ་པ་ཐུབ་བསྟན་ཆོས་ཀྱི་རྡོ་རྗེས་རུ་དམ་ཨོ་རྒྱན་བསམ་གཏན་ཆོས་གླིང་གི་ཕོ་བྲང་ཆེན་མོའི་ཡང་རྩེ་འཆི་མེད་གྲུབ་པའི་དགའ་ཚལ་དུ་བྲིས་པ་དགེ་ལེགས་སུ་གྱུར་ཅིག །

༄ དམ་ཅན་གསོལ་བསྡུས་ནི།

ཧྲཱིཿ ཞིང་དང་འོ་ཡུག་གནས་མཆོག་དམ་པ་ནས། །མཐུ་སྟོབས་དབང་ཕྱུག་དམ་ཅན་རྡོ་རྗེ་ལེགས། །མཆེད་འཁོར་སུམ་བརྒྱ་དྲུག་ཅུ་འཁོར་དང་བཅས། །སྐད་ཅིག་མོས་པ་ཙམ་གྱིས་འདིར་གཤེགས་ལ། །ཕྱི་ནང་གསང་མཆོད་སྨན་རག་གཏོར་མ་དང་། །མཐུན་པའི་དམ་རྫས་སྣ་ཚོགས་བསམ་མི་ཁྱབ། །དངོས་བཤམ་ཡིད་སྤྲུལ་མཆོད་པའི་སྤྲིན་ཕུང་ནི། །དགྱེས་པའི་ཚུལ་དུ་བདག་གིར་བཞེས་ནས་ཀྱང་། །བདག་ཅག་དཔོན་སློབ་མི་ནོར་འཁོར་བཅས་ལ། །དགོར་ཆ་ལོངས་སྤྱོད་ཇི་སྙེད་ཡོད་པ་ཀུན། །རྟག་ཏུ་མགོན་སྐྱབས་མེལ་ཚེ་བྱ་ར་མཛོད། །མདོར་ན་དབྲ་ལྷའི་རྒྱལ་པོ་ཁྱོད་ཉིད་ཀྱིས། །དུས་རྣམས་ཀུན་ཏུ་ལས་བཞིའི་ཕྲིན་ལས་ཀུན། །མ་གཡེལ་མྱུར་དུ་སྒྲུབ་པའི་ཕྲིན་ལས་མཛོད། །ཅེས་པ་ལ་དཀར་བུ་མཐུ་སྟོབས་རྣམ་རྒྱལ་ནས་ཡང་ཡང་བསྐུལ་བའི་ངོར་རྫོགས་སྤྲུལ་ལྔ་པ་ཐུབ་བསྟན་ཆོས་ཀྱི་རྡོ་རྗེས་བྲིས་པ་དགེ་ལེགས་སུ་གྱུར་ཅིག ། ། །

༄༅། །ཞུར་སྐྱུང་ལྷུམ་དྲལ་བསྐུལ་བ་ནི།

ཧཱུྃ། མཐིང་ནག་གྲུ་གསུམ་འབར་བའི་དཀྱིལ་འཁོར་ནས། །བཅོམ་ལྡན་དཔལ་ཆེན་རྡོ་རྗེ་གཞོན་ནུ་ཡི། །དཀྱིལ་འཁོར་ཆེན་པོའི་བར་ཁྲམ་ཡངས་པ་

ཟུ། །ལེགས་ཉེས་སྣང་ངས་འཛིན་དམ་ཚིག་རྗེས་གཅོད་པའི། །རྡོ་རྗེ་ཕུར་བའི་སྲུང་མ་མཐུ་རྩལ་ཅན། །དཔལ་གྱི་བཀའ་ཉན་ཤྭ་ན་མཆེད་སྡེ་བཞི། །ས་བདག་ཆེན་མོ་བསེ་ཡི་ལྷ་མོ་བཞི། །བདག་ཉིད་ཆེན་མོ་དཔལ་ལྡན་མཆེད་སྡེ་བཞི། །མིང་པོ་གིང་བཞི་དབང་ཕྱུག་ཚོགས་དང་བཅས། །ཤ་ཁྲག་བརྒྱན་པའི་གཏོར་མ་འདི་བཞེས་ལ། །སངས་རྒྱས་བསྟན་པ་གཉན་པོ་བཤིགས་པ་དང་། །བླ་མའི་སྐུ་དགྲ་རྣལ་འབྱོར་སློབས་དགྲ་དང་། །ཆོས་སྡེ་དཀྲུགས་དང་གསང་སྔགས་ཆོས་ལ་སྨོད། །ཁྱད་པར་སྡེ་དགོན་ཡོ་བྱད་རྐུ་བའི་རིགས། །མཐུ་ཆེན་སྲུང་མའི་དབང་པོ་ཁྱེད་རྣམས་ཀྱིས། །དྲག་རྩལ་ཐོགས་མེད་ལས་ལ་ཆས་རེ་རན། །ལོ་ཟླ་ཙམ་ཡང་བཞག་པའི་ལོང་མེད་པས། །ད་ལྟ་ཉིད་དུ་སྒྲོལ་བའི་ཕྲིན་ལས་མཛོད། །དམ་ཚིག་དུས་ལ་བབ་བོ་ས་མ་ཡ། །དམ་ལྡན་སྒྲུབ་པ་པོ་ཡི་གང་ཟག་ལ། །ཕྱི་ནང་ཉེར་འཚོའི་མི་མཐུན་རིགས་རྣམས་ཀུན། །མ་ལུས་ལྷག་མེད་དབྱིངས་སུ་ཞི་བ་དང་། །སྨོན་ཆོ་དཔལ་ཆེན་སྤྱན་སྔར་ཁས་བླངས་པའི། །ཅི་ལྟར་བཅོལ་བའི་ཕྲིན་ལས་འགྲུབ་པར་མཛོད། །ཅེས་པ་འདི་ཡང་རྫོགས་སྤྲུལ་ལྔ་པས་བསྟན་ལ་ཕན་པའི་ལྷག་བསམ་དག་པས་བྲིས་པ་དགེ ། ། །

༄༅། །ལྷང་ལྷའི་གསོལ་མཆོད་ཀུན་ཏུའི་པད་ཚལ་ཞེས་བྱ་བ་བཞུགས་སོ། །

རང་ཉིད་རྡོ་རྗེ་གཞོན་ནུའི་ང་རྒྱལ་དང་ལྡན་པའི་ངང་ནས། ཧཱུྃ༔ རང་ཉིད་རྡོ་རྗེ་གཞོན་ནུ་གསལ་བའི་མདུན། །འཇའ་ཟེར་འོད་ཕུང་འཁྲིགས་པའི་ཀློང་དཀྱིལ་ན། །རིན་ཆེན་བྲག་རིས་གཏམས་པའི་ཕོ་བྲང་དུ། །འཇིག་རྟེན་དྲེགས་པ་ཀུན་གྱི་གཙུག་གི་རྒྱལ། །རྡོ་རྗེ་ཕུར་བའི་ཟབ་གཏེར་སྐྱོང་མཛད་པའི། །འགྱུར་མེད་དབྱིངས་ལ་ཤར་བའི་དཔལ་འབར་ཆེ། །ལྷ་ཡི་དགེ་བསྙེན་རྡོ་རྗེ་དྲག་པོ་རྩལ། །སྐུ་མདོག་གངས་ལ་ཉི་མ་ཤར་བ་ལྟར། །ཉི་མ་འབུམ་ལས་ལྷག་པའི་འོད་ཟེར་འཕྲོ། །ཞལ་གཅིག་ཕྱག་གཉིས་ཁྲོ་འཛུམ་བཟེད་པའི་སྐུ། །སྐུ་ལ་ཟ་འོག་དར་དཀར་རལ་དགུར་གསོལ། །ཆིབས་སུ་ལྷ་རྟ་དང་དཀར་རྣ་སྔོན་ཆིབས། །འཇིགས་པའི་སྐུ་ལ་མངོན་སྤྱོད་དྲག་པོའི་སྐུ། །ཕྱག་གཡས་དར་དཀར་རུ་མཚོན་མཁའ་ལ་ཕྱར། །གཡོན་པས་དགྲ་བོའི་ཙིཏྟ་ཞལ་དུ་གསོལ། །དགེ་བསྙེན་ཆེན་པོའི་བཀའ་ཡི་ལས་མཁན་ཚོགས། །ཅི་བགྱིས་བཀའ་ཉན་ལས་རྣམས་སྒྲུབ་མཛད་པའི། །བཙན་རྒོད་བྱ་ར་སྐྱོང་གི་ཚོགས་དང་བཅས། །མཐུ་སྟོབས་རྫུ་འཕྲུལ་ནམ་མཁའི་མཐའ་དང་མཉམ། །གནམ་ས་བར་སྣང་ས་གཞི་ཐམས་ཅད་ཁྱེང་། །ཏིལ་གྱི་གོང་བུ་ལྟ་བུ་བཞུགས་པར་གྱུར། །བདག་ཉིད་ལྷར་གསལ་ཐུགས་ཀའི་ས་བོན་ལས། །འོད་འཕྲོའི་རང་བཞིན་གནས་ནས་སྤྱན་དྲངས་གྱུར། །སྤྱན་འདྲེན་ནི། ཧཱུྃ། རང་བཞིན་ཆོས་

དབྱིངས་ཕྱོ་བྲང་དམ་པ་དང་། །གཉེར་གནས་ཕྲ་མོ་བྲག་གི་ཕོ་བྲང་ནས། །ལྷ་ཡི་དགེ་བསྙེན་རྡོ་རྗེ་དྲག་པོ་རྩལ། །བཙན་རྒོད་བྱ་ར་སྐྱོང་གི་ཚོགས་དང་བཅས། །དོན་ལ་གཤེགས་བཞུགས་མཚན་མ་མི་དམིགས་ཀྱང་། །འོན་ཀྱང་ཀུན་རྫོབ་སྒྱུ་མའི་ཚུལ་གྱིས་ནི། །བསྟན་པ་སྲུང་ཞིང་བསྟན་འཛིན་སྐྱོང་བ་དང་། །སྒྲུབ་ལ་ཕྲིན་ལས་རྣམ་བཞི་སྩོལ་བའི་ཕྱིར། །དགེ་བསྙེན་ཆེན་པོ་འཁོར་དང་བཅས་པ་རྣམས། །དམ་ཚིག་དབང་གི་གནས་འདིར་གཤེགས་སུ་གསོལ། །བཞུགས་གསོལ་ནི། ཧཱུྃ། ཡིད་འོང་རིན་ཆེན་ཕོ་བྲང་ཉམས་དགའ་བར། །ཐབས་ཤེས་ཉི་ཟླ་པདྨ་བརྩེགས་པའི་སྟེང་། །དགེ་བསྙེན་ཆེན་པོ་འཁོར་དང་བཅས་པ་རྣམས། །དགྱེས་ཤིང་མི་གཡོ་བརྟན་པར་བཞུགས་སུ་གསོལ། །ཕྱག་འཚལ་ནི། ཧཱུྃ། ལོག་རྟོག་འཁོར་བར་འཁྲམས་པའི་སེམས་ཅན་རྣམས། །རང་རིག་ཡེ་ནས་རྣམ་པར་དག་པ་ལ། །མཚན་མར་འཛིན་པའི་དྲི་མ་ཀུན་བྲལ་ན། །དོན་གྱི་དགེ་བསྙེན་ཆེན་པོ་ཁྱོད་ལ་འདུད། །མཆོད་པ་ནི། ཧཱུྃ། ཕྱོགས་བཅུ་རབ་འབྱམས་རྒྱ་མཚོའི་ཞིང་ཁམས་ན། །ཡན་ལག་བརྒྱད་ལྡན་མཆོད་ཡོན་མཚོ་ལྟར་བསྐྱིལ། །དག་བྱེད་གཙང་མའི་ཞབས་བསིལ་ཛ་ཧྲུའི་རྒྱུན། །མཛེས་སྡུག་རྣམ་བཀྲའི་མེ་ཏོག་ཚར་དུ་དངར། །བདུག་པའི་སྤྲིན་ཚོགས་ཕྱོགས་བཅུ་ཀུན་ཏུ་འཁྲོ། །སྣང་གསལ་མར་མེའི་འོད་ཀྱིས་སྟོང་ཁམས་གང་། །ག་བུར་ཙནྡན་དྲི་ཞིམ་བྱུགས་པའི་མཚོ། །རོ་བརྒྱ་ལྡན་པའི་ཞལ་ཟས་ལྷུན་པོ་སྤུང་། །ཡན་ལག་རྒྱ་མཚོའི་སྒྲ་སྙན་དཔག་མེད་ལྡན། །ཞྭཀྵ་འཁོར་ཡུག་མཛེས་པའི་སྣོད་ཡངས་སུ། །རས་ཡ་ནའི་རྒྱ་མཚོ་མི་རེ་རེ། །དུང་ཆེན་ལྕུང་ལོར་བཅས་པའི་སྣོད་ཡངས་སུ། །དམར་ཆེན་རཀྟའི་རྒྱ་མཚོ་ཆི་ལི་

ཡི། །སྣ་ཚོགས་རིན་པོ་ཆེ་ཡི་གཏོར་གཞོང་དུ། །རོ་བཅུད་དཔལ་གྱི་གཏོར་མ་
སྤུངས་སེ་སྤུང་། །སྤྱི་དང་ཁྱད་པར་མཐུན་པའི་དམ་རྫས་ནི། །ངོ་མཚར་མཆོད་
པའི་སྤྲིན་ཕུང་མཐའ་ཡས་པ། །བསམ་ཡས་སྒྱུ་འཕྲུལ་དྲ་བའི་འཁོར་ལོར་
མཆོད། །ཨོཾ་བཛྲ་ཨརྒྷཾ་སོགས་ནས་ཤབྡ་མ་ཧཱ་པཉྩ་རཀྟ་བ་ལིང་ཏ་པུ་ཙ་ཁ་ཁ་ཁཱ་ཧི་ཁཱ་
ཧི། བསྟོད་པ་ནི། ཧཱུྃ། རྡོ་རྗེ་གཞོན་ནུའི་བཀའ་ཉན་ལས་བྱེད་གཙོ། །རྡོ་
རྗེའི་ཐ་ཅིག་ལ་གནས་མཐུ་ཆེན་པོ། །རྡོ་རྗེ་ཕུར་བའི་ཟབ་གཏེར་སྐྱོང་བའི་
བདག །རྡོ་རྗེ་དྲག་པོ་རྩལ་ལ་ཕྱག་འཚལ་བསྟོད། །གདོད་ནས་རང་བཞིན་
རྣམ་པར་དག་པ་ལ། །གདོད་མ་ཉིད་ནས་མངོན་པར་བྱང་ཆུབ་ཀྱང་། །གདོད་
མའི་རང་མདངས་རྩལ་ལས་ཤར་བའི་སྐུ། །གདོད་ནས་གཡོ་མེད་དགེ་བསྙེན་
ཁྱོད་ལ་བསྟོད། །རང་བཞིན་གདོད་ནས་རྣམ་པར་དག་པ་ལ། །རང་གཞན་
མཚན་མ་གཅིག་ཏུ་འཛིན་པའི་བློ། །རང་རིག་སྐྱེ་བ་མེད་པའི་ཤེས་རབ་
ཀྱིས། །རང་བཞིན་དབྱིངས་ཀྱི་ངང་དུ་གྲོལ་ལ་བསྟོད། །ལྷ་ཡི་དགེ་བསྙེན་རྡོ་
རྗེ་དྲག་པོ་རྩལ། །རང་རིག་སྐྱེ་མེད་དབྱིངས་ཀྱི་ཡེ་ཤེས་དེ། །རང་ཞལ་མཇལ་
བ་དོན་གྱི་ཆོས་སྐྱོང་ལ། །དུས་རྣམ་ཀུན་ཏུ་ཁྱོད་ལ་བསྟོད་པར་བགྱི། །གང་
ཐུགས་བདེ་བ་ཆེན་པོའི་རང་བཞིན་ལ། །སྙིང་རྗེ་ཆེན་པོའི་དབྱིངས་ལས་མ་གཡོས་
ཀྱང་། །མི་བསྲུན་ལོག་པར་འདྲེན་པའི་བདུད་སྡེའི་ཚོགས། །མངོན་སྤྱོད་དྲག་
པོའི་ཤུགས་ཀྱིས་སྒྲོལ་ལ་བསྟོད། །འཁྲུལ་སྣང་འཁོར་བར་འཁྱམས་པའི་འགྲོ་བ་
རྣམས། །རང་བཞིན་གདོད་ནས་རྣམ་པར་དག་པ་ལ། །མཚན་མར་འཛིན་པའི་
དྲི་མ་ཀུན་བྲལ་ནས། །དོན་གྱི་དགེ་བསྙེན་ཆེན་པོ་ཁྱོད་ལ་འདུད། །འཕྲིན་བཅོལ་
ནི། ཧཱུྃ། འཇིག་རྟེན་འདི་ན་དྲེགས་པ་ཀུན་གྱི་གཙོ། །མཐུ་སྟོབས་རྫུ་འཕྲུལ་

ནམ་མཁའི་མཐའ་དང་མཉམ། །ཞི་བའི་ངང་ལས་སྙིང་རྗེ་ཁྲོས་པའི་དཔལ། །གཏུམ་ལ་འཇིགས་པ་ཁྲོས་པའི་དཔལ་འབར་ཆེ། །རིག་འཛིན་སྒྲུབ་པའི་རྣལ་འབྱོར་བདག་ཅག་གིས། །རྟག་ཏུ་དགེ་བསྙེན་ཆེན་པོ་ཁྱོད་སྒྲུབ་ན། །དེང་ནས་བྱང་ཆུབ་སྙིང་པོ་མ་ཐོབ་པར། །ཉི་མཚན་ཀུན་ཏུ་མེལ་ཚེ་བྱ་ར་མཛོད། །ཆོས་དང་སྲིད་ཀྱི་བྱ་བ་མཐའ་དག་ལ། །ཕྱི་ནང་མི་མཐུན་བར་ཆད་མཐའ་དག་ཀུན། །དུས་རྣམས་རྟག་ཏུ་ཁྱོད་ཀྱི་ཕྲིན་ལས་ཀྱིས། །འཁྲུལ་བ་ཀ་ནས་དག་པའི་ཕྲིན་ལས་མཛོད། །ཅེས་པ་འདི་ཡང་ནི་ རང་གི་གྲྭ་འཁོར་འདུན་ཐུབ་བསྟན་སེང་གེ་ནས་བསྐུལ་བའི་ངོར་རྗོགས་སྤྲུལ་ལྔ་པ་ཐུབ་བསྟན་ཆོས་ཀྱི་ཉི་མས་ཏུ་དམ་ཤོ་རྒྱུན་བསམ་བསྟན་ཆོས་གླིང་གི་ཕོ་བྲང་ཆེན་པོའི་ཡང་རྩེ་འཆི་མེད་གྲུབ་པའི་དགའ་ཚལ་དུ་བསྟན་ལ་ཕན་པའི་ལྷག་བསམ་དག་པས་བྲིས་པ་དགེ་ལེགས་སུ་གྱུར་ཅིག །

༄༅། །གཏེར་སྲུང་ལྷང་ལྷའི་བསྐང་བ་ལྷ་ཡི་རྔ་བོ་ཆེ་ཞེས་བྱ་བ་བཞུགས་སོ། །

ཀི་ལ་ཡ་ཡི་བཀའ་སྡོད་དྲེགས་པའི་གཙོ། །ཁྲུ་འཕང་ཐོག་སེར་ཡོངས་ཀྱི་མངའ་བདག་པོ། །གེ་སར་ལས་འཁྲུང་པདྨ་ཐོད་ཕྲེང་གིས། །ངོ་མཚར་རྡོ་རྗེའི་ཐ་ཚིག་ཉེར་བཞག་པ། །ཅི་ནས་སྔོན་གྱི་དམ་ཚིག་ཉེར་དགོངས་ལ། །ཆུ་ལས་ཆུ་བུར་རྫོལ་བ་ཇི་བཞིན་དུ། །ཇེ་ཞིག་མ་ཡིན་ནམ་མཁའི་གློག་ཕྲེང་བཞིན། །ཉོ་ཚང་

དགྱེས་པའི་འཛུམ་དཀར་གཤེགས་སུ་གསོལ། །ཧི་ར་ཞིང་སྐྱོང་ཡོངས་ཀྱི་མངའ་བདག་པོ། །ཐུ་མ་ར་སོགས་བརླག་པའི་འཕྲིན་ལས་མཛོད། །དེ་བཞིན་གཤེགས་པའི་ཐ་ཚིག་ལ་གནས་པ། །ནོ་པི་ཀ་ཡི་མགོན་ཕྱུར་ཁྲོད་གཅིག་པུ། །པི་ཋཾ་དབྱར་ཛ་ཡན་ལག་དྲུག་ཅུའི་གསུངས། །ཤུ་ཀུ་ལྷ་བུའི་ཐུགས་རྗེ་རྒྱུན་རིང་པོ། །པེ་ལུག་ལ་སོགས་ནོར་རྣམས་ཀུན་གྱི་བདག །མོ་ཧར་བྱེད་པའི་འདོད་པའི་འཕྲིན་ལས་མཛོད། །ཅི་ནའི་ཡུལ་དང་མོན་དང་བལ་པོའི་ཡུལ། །རྒྱ་རོལ་བོད་ཡུལ་རུ་བཞི་ལ་སོགས་པའི། །ཛོ་ཏའི་ཚལ་སོགས་ཡུལ་རྣམས་ཀུན་གྱི་བདག །ཤྲཱི་ཧཱི་ཧས་ཀྱང་བསྔགས་པའི་ལྷ་གཅིག་པུ། །ཞི་དང་ཁྲོ་བོ་ཞི་མ་ཁྲོ་ཡི་ཚུལ། །ཟུ་ར་ར་སྐྱེས་ལ་སོགས་དྲེགས་པའི་རྗེ། །འེ་ཝུར་རྫོག་པའི་ཐོར་རླུང་དང་འཁྲོགས་པའི། །ཡོ་གའི་དགྲ་ལྷ་ཆེན་པོ་ཁྲོད་གཅིག་པུ། །རི་རབ་ལྷ་བུ་བརྟེན་པའི་དགྲ་ལྷ་ཆེ། །ལུ་མའི་ཀུ་རྒྱུན་ལྷ་བུའི་དངོས་གྲུབ་ནི། །ཤེ་མུན་ཉམ་ང་མེད་པར་དུས་རྟག་ཏུ། །སོ་སོར་གང་ལ་ཅི་འདོད་དངོས་གྲུབ་སྩོལ། །ཧེ་ཧེའི་དགྱེས་པའི་རྡོ་རྗེ་གླུ་དབྱངས་ཀྱིས། །ཨུ་པ་ལ་སོགས་ཐེག་དགུའི་བསྟན་པ་ནི། །མི་ནུབ་སྲིད་པའི་རྩེ་མོར་དགུང་དུ་ཕྱུར། །སླན་པའི་དར་ཆེན་ཕྱོགས་བཅུར་རྒྱས་པར་མཛོད། །ཀ་པ་ལ་ཡི་གཏོར་སྣོད་ཡངས་པའི་ནང་། །ཁ་དོག་རོ་བཅུད་ལྡན་པའི་བ་ལིང྄ཏ། །ག་ཤལ་ལྷུང་ལོར་བཅས་པའི་རཀྟ་རུ། །ང་བདག་བསྒྲལ་བའི་རཀྟའི་ཐུགས་དམ་བསྐང་། །ཅག་རིན་ཆེན་སྨ་ལྷའི་སྣོད་ནང་དུ། །ཆ་ཤས་མ་ཡིན་བདུད་རྩིའི་རྒྱ་མཚོར་བསྐྱིལ། །ཇ་ཆང་འོ་སྐོལ་བཏུང་བའི་རིགས་བྱེད་ཚོགས། །ཉ་རྒྱས་ཟླ་བཞིན་འདོད་དོན་ཡོངས་གང་མཛོད། །ཏ་ར་ཊ་སོགས་ཉེར་སྤྱོད་སྣ་ཚོགས་པ། །ཐ་དད་མ་གྲུབ་ཀུ་ཟླའི་

གཟུགས་བརྟན་བཞིན། །ད་ལྷ་དངོས་འབྱོར་ཡིད་སྤྲུལ་མཆོད་པའི་
ཚོགས། །ན་མར་ཇི་བཞིན་རྟག་པར་ཐུགས་དམ་བསྐང་། །པ་ཏྲའི་འཕྲེད་གླིང་
སྣ་ཚོགས་དབང་གཞུའི་རྩེར། །ཕ་མཐའ་ཡས་པའི་འདོད་ཡོན་ལྷ་མོའི་
རིགས། །བ་མཆོག་གཏེར་བུམ་ཡིད་བཞིན་དབང་གི་རྒྱལ། །མ་རྨོས་ལོ་ཏོག་
རྣམས་ཀྱིས་ཐུགས་དམ་བསྐང་། །ཙ་སད་སེར་གསུམ་གློ་གོར་རྟོན་གསུམ་
དང་། །ཚ་གྲང་ཞ་གྲུམ་སྨྱོ་འབོག་བརྒྱལ་ནད་དང་། །ཛ་ལང་བསམ་སྦྱོར་ངན་
པའི་བདུད་སྡེའི་ཚོགས། །ཝ་ལྷར་ཞུམ་པའི་དགྲ་བོ་སྒྲོལ་ལ་བསྔོད། །ཞྭ་ཡི་
གཙུག་ལྟར་བརྟེན་པ་ཁྱོད་ཉིད་ནི། །ཟ་བྱེད་སྣང་སྲིད་ལྷ་འདྲེ་ཡོངས་ཀྱི་
གཙོ། །འ་རའི་དབྱངས་ཀྱི་ཁྱོད་ཉིད་བསྐུལ་བའི་ཚེ། །ཡ་མཚན་ལྷ་མཆོག་ཁྱོད་
ཀྱིས་སྐྱོང་གྲོགས་མཛོད། །ར་ཙན་ལ་སོགས་ཕྱུགས་ཀྱི་རིགས་རྣམས་ནི། །ལ་
ལ་ཙམ་མིན་འབུམ་ཕྲག་ཡངས་པའི་ཚོགས། །ཤ་ཏ་ཀང་བཞི་དུད་འགྲོའི་ཚོགས་
རྣམས་ནི། །ས་སྟེང་ཀུན་ཏུ་གང་བའི་དངོས་གྲུབ་སྩོལ། །ཧ་ལའི་དུག་གི་སྦྱོར་
བ་མཐའ་དག་ཀུན། །ཨ་རྟོ་ངོ་མཚར་དགའ་བའི་དཔལ་སྟེར་གྱིས། །མིང་
ཙམ་མེད་པར་ཞི་བའི་ཕྲིན་ལས་མཛོད། །ལྷ་མཆོག་ཁྱེད་ཀྱི་ཐུགས་རྗེའི་འོད་ཟེར་
གྱིས། །སྔོན་ལས་འཕྲལ་རྐྱེན་མི་མཐུན་བགེགས་ཀྱི་ཚོགས། །མི་དང་མི་མིན་
གནོད་བྱེད་འབྱུང་པོའི་རིགས། །རྡུལ་ཕྲན་ཙམ་དུ་བརླག་པའི་ཕྲིན་ལས་
མཛོད། །ཅེས་ལྷུང་ལྷའི་བསྐང་བ་འདི་ནི་ཡིག་ཐུབ་བསྟན་ནོར་བུ་ནས་བསྐུལ་བའི་ངོར་མེ་སྦྲུལ་ཟླ
༧ཚེས་༢༥ ལ་མགོན་ཁང་དབང་དྲག་རོལ་བ་ནས་རྫོགས་སྤྲུལ་ལྷུ་པ་ཐུབ་བསྟན་ཆོས་ཀྱི་རྡོ་རྗེས་བྲིས་པ་
དགེའོ། །

༄༅། །གཏེར་སྲུང་ལྷང་ལྷའི་བསྐུལ་བ་ནི།

ཀྱཻ། ཕྱོགས་ཕྱོགས་ཉི་མ་ནུབ་ཀྱི་ཕྱོགས། །རིན་ཆེན་བྲག་རིའི་གཏམས་པའི་དབུས། །ལྷང་ལྷ་གསང་བའི་བྲག་ཕུག་ཏུ། །སློབ་ཆེ་པདྨ་ཐོད་ཕྲེང་གིས། །བཀའ་བསྒོས་དམ་ལ་བཞག་པ་ཡི། །མཐུ་ཆེན་རྡོ་རྗེ་དྲག་པོ་རྩལ། །བཙན་རྒོད་སྟོང་གི་ཚོགས་དང་བཅས། །ཨོ་རྒྱན་རྗེས་འཇུག་བདག་ཅག་གི །རྟག་ཏུ་ཁྱོད་མཆོད་ཁྱོད་སྒྲུབ་ན། །མ་ཉེས་བདག་ལ་དགྲ་བྱུང་ན། །ཁྱོད་ཀྱི་ཐུགས་དམ་གཡེལ་ལམ་ཅི། །བཏང་སྙོམས་ངང་དུ་བཞུགས་གྱུར་ན། །རྣལ་འབྱོར་བདག་གི་སུ་ལ་རེ། །མ་གཡེལ་མ་གཡེལ་དྲག་པོ་རྩལ། །དམར་གྱི་གཏོར་མ་འདི་བཞེས་ལ། །བདག་ལ་ལྷ་མེད་ཟེར་བ་དང་། །ལྷ་ལ་མཐུ་མེད་ཟེར་བ་ཡིས། །དོ་བསྒོ་ཡོད་དུ་བཙུགས་པ་ཡི། །སྡང་བར་བྱེད་པའི་དགྲ་བོ་ལ། །བརྒྱད་ཅུ་རྩ་གཅིག་ལྟས་ངན་ཐོང་། །ཡེ་འདྲོག་སུམ་བརྒྱ་དྲུག་ཅུ་ཐོང་། །གློ་བུར་དགུ་ཅུ་རྩ་གཅིག་ཐོང་། །ནད་རིགས་བཞི་བརྒྱ་རྩ་བཞི་ཐོང་། །ཁྱད་པར་བྱད་མ་མཁན་པོ་ཡི། །ལྷ་དང་སྲུང་མ་ཐམས་ཅད་ཀུན། །རང་གཤེད་རང་ལ་དབབ་པར་གྱིས། །དམིགས་པའི་ཡུལ་གྱུར་དགྲ་བོ་རྣམས། །བྲག་སྐྱུག་ནད་ཀྱི་སོད་ལ་ཤོག །མཚོན་གྲི་སྤྲོས་གྲི་ རླུང་ཐབ་སོད། །ད་ལྷ་མྱུར་དུ་སོང་ལ་ཤོག །དགྲ་བོའི་ཤ་ཟོ་ཁྲག་ལ་འཐུང་། །དོན་སྙིང་ནང་རོལ་མ་ལུས་ཀུན། །ཁྱོད་ཀྱིས་ལྷག་མ་མེད་པར་བཞེས། །ན་གོ་ན་ར་སྐྱེན་བྱད་ཧཱུྃ་ཤོད་ཤོད་ཏྲིཥྚ་ཐད་ཐུམ་རི་ལི་རི་ལི་ས་མ་ཛཿ

ཞེས་པ་འདི་ཡང་རྗོགས་སྤྲུལ་ལྔ་པས་སྨྲས་པའོ། ། ། །

༄༅། །གནོད་སྦྱིན་ཙིཏྟ་དམར་པོའི་གསོལ་མཆོད་གློག་གི་ཕྲེང་བ་ཞེས་བྱ་བ་བཞུགས་སོ། །

ཧཱུྃ་ཧྲཱིཿ དབང་དྲག་རོལ་པའི་ཞིང་ཁམས་ཆེན་པོ་ནས། །བཅོམ་ལྡན་ཧ་མཆོག་པདྨ་ཧེ་རུ་ཀའི། །བཀའ་ཡི་འཁོར་དུ་གཏོགས་པའི་མཐུ་བོ་ཆེ། །རིགས་པའི་ཡོངས་རྗེ་དྲེགས་པ་ཀུན་གྱི་གཤེད། །ལྷ་ཡི་ལྷ་མཆོག་སྟོབས་ལྡན་ཧེ་རུ་ཀ །འབར་བའི་རྒྱལ་པོ་དབང་དྲག་ཁྲོས་པའི་སྐུ། །ཤིན་ཏུ་མི་བཟད་གཏུམ་ཆེན་ཧ་ལའི་མདོག །ཉི་མ་འབུམ་གྱི་འོད་ཟེར་ཕྱོགས་བཅུར་འཕྲོ། །གར་དགུའི་ཉམས་ལྡན་ཁྲོ་གཉེར་གློག་ལྟར་འཁྱུག །ཧམས་བརྗིད་ཁྲོས་པའི་ངར་སྐད་འབྲུག་སྟོང་ལྡིར། །ཤངས་ནས་དྲག་པོའི་རླུང་འཚུབས་ཐོག་ལྟར་འབེབས། །དབྱིངས་ཀྱི་ངང་ལ་ཁྲོ་འཁྲུགས་མི་མངའ་ཡང་། །རྒྱུ་རླུའི་རྩལ་དུ་ལོག་འདྲེན་གཤེད་པོ་ཆེ། །ཁམས་གསུམ་ཀུན་ལས་རྒྱལ་བའི་སྟོབས་ལྡན་སྐུ། །ཁྲོ་རྒྱལ་ཡོངས་ཀྱི་རྗེ་བཙན་ཁྱོད་གཅིག་པུ། །ཁྱོད་ཀྱི་གནས་ལ་ངེས་པར་མ་མཆིས་ཀྱང་། །ཁྱད་པར་ཤམ་བྷ་ལ་དང་དགོར་མཛོད་གླིང་། །བྱང་ཕྱོགས་ལི་ཡུལ་ལྗུང་ར་སླུག་པོ་སོགས། །དྲག་ཤུལ་སྟོབས་ལྡན་ཁྱོད་ཉིད་གར་བཞུགས་ཀྱང་། །རྣལ་འབྱོར་གདུང་བའི་ང་རོས་འབོད་པའི་ཚེ། །མཁའ་ལས་གློག་དམར་འཁྱུག་པ་ཇི་བཞིན་དུ། །དམར་ནག་གྲུ་གསུམ་འབར་བའི་དཀྱིལ་འཁོར་དུ། །ཤ་ཁྲག་རྒྱ་མཚོ་འཁྱིལ་བའི་གླིང་ཡངས་ན། །རྟོག་མེད་བམ་རོ་ཕོ་མོ་བསྒྲོལ་བའི་སྟེང་། །དགྱེས་ཤིང་མི་གཡོ་བརྟན་པར་བཞུགས་སུ་གསོལ། །དད་དང་གུས

པའི་རྩལ་གྱིས་ཁྱོད་ལ་འདུད། །ཁྲོ་རྒྱལ་ཁྱེད་དང་མཐུན་པའི་དམ་རྫས་ནི། །རབ་འབྱམས་ཞིང་གི་ཁྱོན་རྣམས་ཡོངས་བཀང་ཏེ། །ལྷ་ཡིང་གཏོར་མའི་ཚོགས་ནི་རི་ལྟར་སྤུངས། །སྨན་རཀ་ཤུད་གོད་ཚོགས་ནི་མཚོ་ལྟར་བསྐྱིལ། །ཞིང་ཆེན་གསར་རྙིང་ཚོགས་ནི་གྲམ་ལྟར་བརྡལ། །སྤྲིན་གཟིགས་སྣ་ཚོགས་རྫ་ལྟར་བཀྲམ་ལགས་ན། །རྣམ་མང་ནམ་མཁའ་མཛོད་ཀྱི་འཁོར་ལོ་འདི། །རྣམ་པ་སྤྲིན་གཟིགས་མཐུན་རྫས་རྟེན་རྫས་སོགས། །རྣམ་དག་ཀུན་བཟང་མཆོད་པའི་སྤྲིན་ལྟ་བུ། །རྣམ་པ་ཀུན་ཏུ་དགྱེས་པ་ཆེན་པོར་བཞེས། །གང་སྐུ་སྟོབས་ལྡན་དབང་པོ་ཁྱོད་ཉིད་ཀྱིས། །གང་ལ་བར་དུ་གཅོད་པའི་དགྲ་བགེགས་རྣམས། །གང་ལ་གང་འཚམས་དྲག་པོའི་ཕྲིན་ལས་ཀྱིས། །གང་ཞིག་ཕ་རོལ་དགྲ་དཔུང་འཇོམས་པར་མཛོད། །མ་གྱུར་བདག་སོགས་རིག་པ་འཛིན་རྣམས་ལ། །མ་ཡིས་བུ་བཞིན་སྐྱོང་བར་ཞལ་བཞེས་པའི། །མ་ལུས་ཕྲིན་ལས་རྣམ་བཞིའི་དངོས་གྲུབ་ནི། །མ་འབད་བཞིན་དུ་ལྷུན་གྱིས་འགྲུབ་པར་ཤོག །དགེ་ལེགས་ཡོན་ཏན་བྱེ་བའི་གཏེར་མཛོད་མཆོག །དགེ་ལེགས་འདོད་རྒུའི་བསམ་འཕེལ་འབྱུང་བའི་གནས། །དགེ་ལེགས་ཕྲིན་ལས་རྣམ་བཞིའི་ཆར་འབེབས་པའི། །དགེ་ལེགས་སྣང་བས་ས་གསུམ་ཁྱབ་གྱུར་ཅིག །ཅེས་པ་འདི་ཡང་རང་གི་ཉེ་གནས་རིག་འཛིན་རྒྱ་མཚོས་བསྐུལ་བའི་ངོར་རྫོགས་སྤྲུལ་ལྔ་པའི་མིང་འཛིན་ཐུབ་བསྟན་ཆོས་ཀྱི་རྡོ་རྗེས་བྲིས་པ་དགེ་ལེགས་སུ་གྱུར་ཅིག ། ། །

༄༅། །གནོད་སྦྱིན་ཙིའུ་དམར་པོའི་བསྐོད་ཆེན་གདུག་པ་ཀུན་སྒྲོལ་ཞེས་བྱ་བ་བཞུགས་སོ།།

༄༅། །ཧྲཱིཿ སྐོང་པའི་ངང་ལས་སྐད་ཅིག་དྲན་རྫོགས་སུ། །རང་ཉིད་དབང་ཆེན་པདྨ་ཧེ་རུ་ཀཿ ཡབ་ཡུམ་མཉམ་པར་སྦྱོར་བའི་ཆོ་འཕྲུལ་ལས། །འོད་ཀྱི་འཕྲོ་འདུས་དོན་གཉིས་གྲུབ་པའི་མཐར། །རང་མདུན་རླུང་སེམས་དག་པའི་ཆོ་འཕྲུལ་ལས། །ཤར་བའི་གནས་མཆོག་དམ་ཅན་འདུ་བའི་ཞིང་། །བཙན་གྱི་བྲག་དམར་མེ་ལྟར་འབར་བའི་ངོས། །རཀྟ་བྲག་གི་ཞམ་ཆུ་མེ་རེ་རེ། །འདབ་ཆགས་ཤ་ཟན་གཅན་གཟན་སྣ་ཚོགས་ནི། །མི་རོ་གསར་རླིང་བམ་པའི་ཚོགས་ལ་རྔམས། །སྨན་བཙུན་ཚོགས་ཀྱིས་གླུ་བྲོ་ཁྲིགས་སེ་ཁྲིག །བཙན་གྱི་བཤུགས་པའི་ཚོགས་ནི་ཀྱུ་རུ་རུ། །རྒྱལ་པོའི་འདུ་ཚོགས་རྒྱུན་མི་ཆད་པ་དེར། །རིན་ཆེན་ཟངས་ཀྱི་སྐུ་མཁར་རྩེ་དགུ་པ། །རྨ་བརྡེད་འབར་བ་དཀྲུང་ལ་བསླེགས་པ་འདྲ། །བྲེ་རུའི་ཁ་བད་གསེར་དངུལ་ཟངས་ལྕགས་མཆོང་། །མར་གད་ཨིནྡྲ་ནི་ལའི་རང་བཞིན་ཅན། །སྟག་གཟིག་དོམ་དྲེད་གཅན་གཟན་རྒྱལ་མཚན་ལ། །མི་མགོ་ཙིཏྟ་རློན་པའི་ཏོག་གི་མཛེས། །ཟ་འོག་སྣ་ཚོགས་གོས་ཀྱི་འཕན་འཕུར་དང་། །ཡོལ་བ་བླ་བྲེ་ལྡ་ལྡི་ཕྱོགས་བཅུར་འཁྱིལ། །དཀོར་མཛོད་སྣ་ཚོགས་དཔག་མེད་ཕྱུར་བུར་བཀང་། །དེ་མདུན་བཙན་ཡུལ་ཟངས་ཐང་དམར་པོ་ན། །དབང་ཆེན་བཀའ་སྡོད་བསྟན་སྲུང་དྲེགས་པའི་གཙོ། །ཤིན་ཏུ་གཏུམ་པ་མ་རུང་གདུལ་དཀའི་གཤེད། །གནོད་སྦྱིན་རྒྱལ་པོ་

ཨོཾ་ཨཱ་དམར་པོ་ཞེས། །ཁྲོས་པའི་རྒྱལ་པོ་པདྨ་ཧེ་རུ་ཀའི། །ཁྲོ་བ་བྲལ་བའི་ཡེ་ཤེས་རོལ་བའི་རྩལ། །ཁྲོས་པའི་གར་མཛད་དབང་གི་བཀའ་སྡོད་ཆེ། །ཁྲོས་པའི་དཔལ་འབར་ཁྱོད་ལ་བདག་བསྟོད་དོ། །གང་སྐུ་ཁམས་གསུམ་ཀུན་ལས་རྒྱལ་བའི་སྐུ། །གང་དག་སྒྲུབ་ལ་བརྟག་པའི་རྒྱལ་འགོང་ཚོགས། །གང་ལ་གང་འཚམས་དྲག་པོའི་ཕྲིན་ལས་ཀྱི། །གང་ཞིག་ཕ་རོལ་འཇོམས་མཛད་ཁྱོད་ལ་བསྟོད། །རབ་གསུང་དབྱུར་གྱི་ཟ་ཆེན་ལྡིར་བ་ལས། །རབ་འཇིགས་ཧཱུྃ་ཕཊ་རུ་ལུའི་སྒྲ་སྒྲོག་ཆེ། །རབ་ཏུ་བརྟག་པའི་དགྲ་སྡེ་ཉམས་པའི་སྙིང་། །རབ་ཏུ་འགས་མཛད་ཁྱོད་ལ་བདག་བསྟོད་དོ། །གང་ཐུགས་བདེ་བ་ཆེན་པོའི་རང་བཞིན་ལ། །སྙིང་རྗེ་ཆེན་པོའི་ཤུགས་དང་མ་བྲལ་ཡང་། །གདུལ་དཀའ་འདུལ་བའི་གཤེད་དུ་ཁྲོས་པའི་ཚུལ། །སྐྱེ་འགྲོའི་སྲོག་གི་བདག་པོ་ཁྱོད་ལ་བསྟོད། །ཧྲཱིཿ སྐུ་མདོག་བསྐལ་བའི་མེ་ལྟར་འབར་བ་ནི། །དབང་ཆེན་རྒྱལ་པོའི་བཀའ་ཉན་ལས་བྱེད་རྟགས། །རལ་བ་དམར་པོ་མེ་འོད་འཁྲིགས་པ་ནི། །སྙིང་གི་ལྷ་རྣམས་དབང་དུ་སྡུད་པའི་རྟགས། །སྤྱན་ནས་མེ་ཡི་སྐར་མདའ་འཕྲུག་པ་ནི། །བར་སྣང་གཉན་རྣམས་དབང་དུ་སྡུད་པའི་རྟགས། །ཞལ་ནས་ཁྲག་གི་སེར་ཆེན་འབེབས་པ་ནི། །དགྲ་བོར་ཁྲག་ནད་དམར་ཡམས་གཏོང་བའི་རྟགས། །ཤངས་ནས་ཁྲག་གི་འཁོར་རླུང་འཚུབ་པ་ནི། །དགྲ་བོའི་ཡུལ་དུ་ཐོག་སེར་འབེབས་པའི་རྟགས། །མཆེ་བ་གངས་རི་ལྟར་བུར་གཙིགས་པ་ནི། །དགྲ་བགེགས་མ་ལུས་ཟ་བར་བྱེད་པའི་རྟགས། །ལྗགས་ནི་གློག་དམར་ལྟ་བུར་འཁྱུག་པ་ནི། །དགྲ་བོའི་གསོན་སྙིང་དམར་པོ་འདྲེན་པའི་རྟགས། །ཁྲོས་ཤིང་འཇིགས་ལ་རྔམ་པར་བསྟན་པ་ནི། །ཕ་རོལ་དཔུང་ཚོགས་རྡུལ་དུ་བརླག་པའི་

རྟགས། །སྐུ་ལ་དར་དམར་ཐེར་ཆེན་གསོལ་བ་ནི། །དབང་གི་ལས་ལ་ཐོགས་པ་མེད་པའི་རྟགས། །ཟ་འོག་སྟོ་བཀྱའི་གང་ལག་བརྒྱན་པ་ནི། །དྲག་པོའི་ཕྲིན་ལས་ཐོགས་པ་མེད་པའི་རྟགས། །རིན་ཆེན་གསེར་གྱི་སྐ་རགས་བཅིང་པ་ནི། །རྒྱས་པའི་ཕྲིན་ལས་མཐའ་རུ་ཕྱིན་པའི་རྟགས། །དབུ་ལ་དར་དམར་འཕྲིང་ཐོད་བཅིང་པ་ནི། །རིགས་བདག་དབང་ཆེན་རྒྱལ་པོ་བཞུགས་པའི་རྟགས། །ཐབས་ཀྱི་སྣག་དོང་གཡས་སུ་འཁྱུད་པ་ནི། །ཕོ་རྒྱུད་དཔའ་བོ་དབང་དུ་སྡུད་པའི་རྟགས། །ཤེས་རབ་གཟིག་ཤུབས་གཡོན་དུ་འཁྱུད་པ་ནི། །མོ་རྒྱུད་ཚོགས་རྣམས་ཟིལ་གྱིས་གནོན་པའི་རྟགས། །བསེ་ཐུབ་དམར་པོ་རྒྱབ་ཏུ་འཕྱིལ་བ་ནི། །ཕ་རོལ་དམག་དཔུང་གཡུལ་ངོ་བཟློག་པའི་རྟགས། །ཕྱག་གཡས་བཙན་ཞགས་དགྲ་ལ་འཕེན་པ་ནི། །དམིགས་པའི་དགྲ་བོ་མྱུར་དུ་འགུགས་པའི་རྟགས། །ཕྱག་གཡོན་ཟངས་མདུང་དགྲ་ལ་བསྣུན་པ་ནི། །དགྲ་སྲོག་སྐད་ཅིག་ཉིད་ལ་གཅོད་པའི་རྟགས། །ཅང་ཤེས་བྲ་བོ་རྐབ་ནག་ཆིབས་པ་ནི། །སྟོང་གསུམ་སྐད་ཅིག་ཉིད་ལ་བསྐོར་བའི་རྟགས། །དེ་ལ་དར་སྣན་དམར་པོ་བསྣད་པ་ནི། །ཉོན་མོངས་འདོད་ཆགས་དབྱིངས་སུ་དག་པའི་རྟགས། །མཛེས་པའི་རྟ་སྐྲ་ཁྲ་བོ་བསྣད་པ་ནི། །ཆོས་ཉིད་དབྱིངས་སུ་འགྱུར་བ་མེད་པའི་རྟགས། །རིན་ཆེན་དངུལ་གྱི་ཡོབ་ཐག་ཕྱུགས་སེ་ཕྱུག །གཏི་མུག་མ་སྤང་མཉམ་ཉིད་རང་གྲོལ་རྟགས། །རིན་ཆེན་ཟངས་ཀྱི་ཡོབ་ཆེན་ཁྲོ་ལོ་ལོ། །འདོད་ཆགས་མ་སྤང་མཉམ་ཉིད་རང་གྲོལ་རྟགས། །རིན་ཆེན་གསེར་སྲབ་སིལ་བུར་ཁྲོལ་བ་ནི། །ང་རྒྱལ་མ་སྤང་མཉམ་ཉིད་རང་གྲོལ་རྟགས། །རིན་ཆེན་གཡུ་མཐུར་སྔོན་མོ་ཤ་ར་ར། །ཕྲག་དོག་མ་སྤང་མཉམ་ཉིད་རང་གྲོལ་རྟགས། །ལེ་བཀྲན་

འབར་བའི་སྲབ་སྐྱོག་འཕྱུར་བ་ནི། །རྣལ་འབྱོར་སྟན་པ་ཕྱོགས་བཅུར་རྒྱས་པའི་རྟགས། །སྤྲུལ་ནག་ཀུན་པོའི་གོང་སྟེད་བྱས་བ་ནི། །ཞེ་སྡང་མ་སྤང་མཉམ་ཉིད་རང་གྲོལ་རྟགས། །ཧཱུྃ་ཧྲཱིཿ རང་གི་ལུས་ལས་བྱུང་བའི་བཙན་དུག་ནི། །ཀུན་ཀྱུང་ཁྲོ་གཏུམ་མི་བཟད་འབར་བའི་སྐུ། །དྲག་པོའི་ཕྲིན་ལས་སྒྲུབ་པའི་མངའ་བདག་པོ། །དམ་ཉམས་དགྲ་བགེགས་འཇོམས་པའི་གཤེད་པོ་ཆེ། །གཏི་མུག་མ་སྤང་ཆོས་དབྱིངས་ཡེ་ཤེས་ལས། །རང་ལས་རང་ཤར་བཙན་རྒོད་མཐུ་བོ་ཆེ། །བརྗིད་པའི་སྟོབས་ཀྱིས་དགྲ་བགེགས་ཕམ་མཛད་པ། །སྐུ་མདོག་དཀར་སེར་འོད་ཟེར་ཕྱོགས་བཅུར་འཕྲོ། །ཟ་འོག་དམར་ཁྲའི་བེ་ར་ཆེན་སྐུ་ལ་གསོལ། །བསེ་མདའ་བསེ་གཞུ་དགྲ་བོའི་སྙིང་ལ་བརྡེག །ཆིབས་སུ་སྨུག་པོ་ཤ་གདོང་ཅན་ལ་ཆིབས། །སྐུ་ལྷ་ཞལ་གྱི་ལྷ་བཙན་ཆེན་པོར་བསྟོད། །ཞེ་སྡང་མ་སྤང་མེ་ལོང་ཡེ་ཤེས་ལས། །རང་ལས་རང་ཤར་བཙན་རྒོད་མཐུ་བོ་ཆེ། །ཁྲོས་པའི་སྟོབས་ཀྱིས་དགྲ་བགེགས་བརླག་མཛད་པ། །པད་རག་ལྷུན་པོར་ཉིན་བྱེད་འོད་ཟེར་གྱིས། །འབྲུད་པའི་གར་གྱིས་སྲིད་པ་གསུམ་ཡང་གཡོ། །ལེ་བརྒྱན་གོས་གསོལ་ཟངས་ཞགས་དགྲ་ལ་འདེབས། །གཡས་ཀྱི་ཤང་ལང་བརྡེག་པས་དགྲ་བགེགས་བསྒྲལ། །ཆིབས་སུ་མཚལ་བྱ་རྟིང་དཀར་ཅན་ལ་ཆིབས། །གྲོ་ཤོད་བོད་ཀྱི་རྒྱང་དམག་རྗེ་ལ་བསྟོད། །ང་རྒྱལ་མ་སྤང་མཉམ་ཉིད་ཡེ་ཤེས་ལས། །རང་ལས་རང་ཤར་བཙན་རྒོད་མཐུ་བོ་ཆེ། །རྗམ་པའི་སྟོབས་ཀྱིས་དགྲ་བགེགས་འཇོམས་མཛད་པ། །སྐུ་མདོག་དམར་པོ་བསྐལ་བའི་མེ་ལྟར་འབར། །རྒྱུ་དར་སྔོན་པོའི་རལ་གའི་མཛེས་པར་སྐུབ། །ལྕགས་མདུང་བསྣུམས་ཤིང་སྤྲུལ་ཞགས་དགྲ་ལ་

འཕེན། །གསེར་གྱི་མདོག་ཅན་ཅང་ཤེས་རྟ་ལ་ལྷན་ཆིབས། །ར་ཅོ་གོས་སྔོན་
ཀླུ་བཙན་ཆེན་པོར་བསྐོད། །འདོད་ཆགས་མ་སྤང་སོར་རྟོགས་ཡེ་ཤེས་
ལས། །རང་ལས་རང་ཤར་བཙན་རྒོད་མཐུ་བོ་ཆེ། །འཁྲུག་པའི་སྟོབས་ཀྱིས་
དགྲ་བགེགས་བརླག་མཛད་པ། །བྲེ་རུའི་ལྷུན་པོ་ལྷ་བུར་བརྗིད་པའི་སྐུ། །ཉི་མ་
འབུམ་གྱིས་འཁྲུད་པའི་གཟི་བརྗིད་ཅན། །སྐུ་ལ་ཟ་འོག་དམར་ཁྲའི་གོས་གསོལ་
བ། །ཕྱག་གཉིས་བསེ་མདུང་བཙན་གྱི་རྒྱུ་ཞགས་བསྣམས། །རྐྱང་དམར་དབོ་
དཀར་མྱུར་མགྱོགས་ཅན་ལ་ཆིབས། །རྡོ་རིང་དམར་པོའི་བྲི་བཙན་ཆེན་པོར་
བསྐོད། །ཕྲག་དོག་མ་སྤང་བྱ་གྲུབ་ཡེ་ཤེས་ལས། །རང་ལས་རང་ཤར་བཙན་
རྒོད་མཐུ་བོ་ཆེ། །ཕྲིན་ལས་སྟོབས་ཀྱི་དགྲ་བགེགས་འདུལ་མཛད་པ། །མར་
གད་ལྷུན་པོ་ལྷ་བུའི་རི་བོ་ལ། །ཉི་མ་སྟོང་གི་འོད་ཀྱི་འཁྲུད་པ་བཞིན། །མིག་
སྨན་མདོག་ཅན་འཇོལ་བེར་སྐུ་ལ་གསོལ། །དར་ནག་རུ་མཚོན་འཕྲིང་ཞགས་ཐླ་
ལ་འདེབས། །ཅང་ཤེས་རག་པ་གཞུང་ནག་རྟ་ལ་ལྷན་ཆིབས། །ཀཾ་ཀ་ཐོད་
ནག་བདུད་བཙན་ཆེན་པོར་བསྐོད། །ཡོང་འདུས་དཀྱིལ་འཁོར་ཆེན་པོའི་ཀློང་
ཡངས་ནས། །རང་ལས་རང་ཤར་བཙན་རྒོད་མཐུ་བོ་ཆེ། །དྲག་འཁྲུག་རྣམས་
པའི་དགྲ་བགེགས་བརླག་མཛད་པ། །དམར་ནག་ཁྲག་གི་མདོག་ཅན་ཁྲོས་པའི་
སྐུ། །སྤྱང་མིག་སྤྱན་ལས་ཉི་ཟླའི་འོད་ཟེར་འཕྲོ། །སྐུ་ལ་ཟངས་ཁྲབ་འོད་ལྡན་
མཛེས་པ་གསོལ། །ཕྱག་གཡས་བསེ་མདུང་མེ་འོད་འཕྲོ་བ་
བསྣམས། །གཡོན་པས་ཟངས་ཀྱི་རལ་གྲིས་དགྲ་སྲོག་གཅོད། །ཆིབས་སུ་རྟ་
མཆོག་རླུང་གཤོག་ཅན་ལ་ཆིབས། །རྟལ་ཐོགས་རྒྱུག་གི་བྲི་བཙན་ཁྱོད་ལ་
བསྐོད། །ཀུན་ཀྱང་སྟག་རལ་གཡས་ལ་གཟིག་ཤུབས་གཡོན། །རང་རང་

དཔུང་གི་དམག་ཚོགས་བསམ་མི་ཁྱབ། །དྲག་པོའི་ཀི་བསྒྱོ་ཆ་སྒྲ་དི་རི་རི། །གཡས་ཀྱི་རུ་འདྲེན་དཔའ་བོ་སྟག་ཆས་བརྒྱ། །དཔའ་བོའི་མདའ་འཕེན་ལེན་མོ་ཤ་ར་ར། །གཡོན་གྱི་རུ་འདྲེན་ཉན་ཐོས་དགྲ་བཅོམ་བརྒྱ། །ཕྱག་ན་གསེར་ཤང་སྦྲང་བའི་དགྲ་ལ་ཡ། །སྔོན་གྱི་ཞུལ་མཆོན་བུད་མེད་ནག་མོ་བརྒྱ། །དར་ནག་གཡབ་མོའི་ཚོགས་ནི་ལེངས་སེ་ལེང་། །སྨད་ཀྱི་རྗེས་འབྲང་བརྟེ་སྔགས་ནག་བརྒྱ། །ཁ་ནས་དམོད་པའི་ངན་སྔགས་ཤ་ར་ར། །སྐུ་ཡི་སྒྲོ་བསང་ན་ཆུང་མཛེས་མ་བརྒྱ། །སྨན་པའི་གླུ་ལེན་ཚོགས་ནི་ཀྱུ་རུ་རུ། །གཞན་ཡང་ལྷ་དང་གཤིན་རྗེ་གནོད་སྦྱིན་ཚོགས། །བདུད་དང་མ་མོ་གཟའ་དང་བཙན་གྱི་རིགས། །མདོག་ནི་སྣ་ཚོགས་ཆོ་འཕྲུལ་ཅིར་ཡང་སྟོན། །རབ་འཇིགས་བཙན་གྱི་ཞྭ་བསྒོར་སྒྲ་ར་ར། །བཞུག་པའི་གླུ་ལེན་ཚོགས་ནི་ཀྱུ་རུ་རུ། །འཁོར་ཀླུང་འཚུབ་མ་དམར་པོ་རྗེས་སུ་ཁྲིད། །གྲི་ཧམ་བླ་ཆེའི་སྙེང་ནས་འདེད་པར་བྱེད། །གྲི་ཐབས་ཆོ་འཕྲུལ་སྣ་ཚོགས་དགྲ་ལ་ཐོང་། །རི་ཁྲི་སྦྲུང་ཀེའི་ཚོགས་ནི་རོལ་དུ་ཁྲིད། །རི་བྱ་ཕོ་རོག་འབུམ་ནི་གླད་ན་ལྡིང་། །སྲིན་བྱ་འུག་པའི་ཚོགས་ནི་ཧ་ཧ་གོད། །འདབ་ཆགས་བྱ་རིགས་སྣ་ཚོགས་ཁྲ་ལ་ལ། །སྟག་གཟིག་དོམ་དྲེད་ཚོགས་ནི་འཕྱོ་ཞིང་རྒྱུགས། །ཤ་ཟ་རོ་ལངས་ཚོགས་ནི་དཔག་ཏུ་མེད། །སྦྲུལ་པ་ཡང་སྦྲུལ་ས་དང་བར་སྣང་གང་། །ཀེང་རུས་གསར་རྙིང་ཚོགས་ནི་སྤྲིན་ལྟར་གཏིབ། །ལས་བྱེད་ཤན་པའི་ཚོགས་ནི་ཁྱུགས་སེ་ཁྱུག །དེ་ཕྱིར་སོ་སོར་རྟོགས་པའི་ཡེ་ཤེས་ལས། །ཤར་བའི་གནོད་སྦྱིན་ཆེན་པོ་ཙི་འུ་དམར། །སྐྱེ་གནས་བཞི་ཡི་སེམས་ཅན་མ་ཟད་བར། །ལས་ཀྱི་ཆོ་འཕྲུལ་སྣ་ཚོགས་བསམ་མི་ཁྱབ། །དྲེགས་པའི་གཙོ་བོ་གནོད་སྦྱིན་ཁྱོད་ཉིད་

ཉི། །ཕྲིན་ལས་བཞི་ཡིས་འདུལ་བར་མཆོག་ཏུ་བསྔགས། །ཁྱད་པར་སྒྲུབ་པའི་རྣལ་འབྱོར་བདག་ཅག་ལ། །གཡུལ་ཞོམས་དྲག་མཆོན་བྱེད་མ་མཁན་པོ་རྣམས། །དུས་མཐའི་མེ་ཡིས་རྩ་སྦུར་བསྲེགས་པ་བཞིན། །སྐད་ཅིག་ཉིད་ལ་བརླག་པའི་ཕྲིན་ལས་མཛོད། །དེང་ནས་བཟུང་ཏེ་བྱང་ཆུབ་སྙིང་པོའི་བར། །ལྷ་མཆོག་ཁྱོད་ཉིད་དྲན་པ་ཙམ་གྱིས་ཀྱང་། །ཕྱི་ནང་བར་ཆད་བདུད་ལས་རབ་རྒྱལ་ཏེ། །བསམ་པའི་དོན་ཀུན་ཡིད་བཞིན་འགྲུབ་པར་མཛོད། །ཅེས་པ་གནོད་སྦྱིན་ཙིའུ་དམར་པོའི་བསྐྱོད་ཆེན་གདུག་པ་ཀུན་སྒྲོལ་ཞེས་བྱ་བ་འདི་ནི་གནས་དུས་ཀྱི་རྟེན་འབྲེལ་བཟང་པོའི་གནད་མ་འཆུག་ནས་གནོད་སྦྱིན་ཙིའུ་དམར་པོ་འདི་ཉིད་ཕག་ལོ་ཕན་མི་ཕྱི་བར་རང་གཟུགས་དངོས་སུ་བསྟན་པའི་ཉམས་དང་རྨི་ལམ་གྱི་སྐབས་སུ་མཚན་ལྟས་བཟང་པོ་ཡང་ཡང་དུ་ཤར་བའི་དུས་ན་ཆོས་སྐྱོང་སྐུ་ཕེབས་པའི་སྐབས་སུ་འདོན་རྒྱུའི་ཆེད་དུ་བྲིས་ནས་ལྕགས་ཕོ་ཁྱིའི་ལོ་དགུན་ཟླ་དང་པོའི་དམར་ཕྱོགས་མཁའ་འགྲོ་འདུ་བའི་དུས་ཆེན་ཉིན་རྫོགས་སྤྲུལ་ལྔ་པའི་སྐྱེ་མིང་སྦྲོ་བཏགས་པ་པདྨ་ཐེག་མཆོག་བསྟན་འཛིན་ནམ་མིང་གཞན་ཐུབ་བསྟན་ཆོས་ཀྱི་རྡོ་རྗེས་རང་ལོ་སུམ་ཅུ་སོ་དགུའི་སྐབས་སུ་མགོན་ཁང་དབང་དྲག་རོལ་བའི་ཞིང་ཁམས་ཆེན་པོ་ནས་ཤར་མར་སྦྱར་བ་འདིས་ཀྱང་དགེ་ལེགས་ཀྱི་སྣང་བ་ཆེན་པོས་ས་གསུམ་ཁྱབ་པའི་རྒྱུར་གྱུར་ཅིག །སརྦ་མངྒ་ལཾ། །དགེའོ། །བཀྲ་ཤིས་ཤོག ། ། །

༄༅། །གནོད་སྦྱིན་ཙིའུ་དམར་པོའི་རྟགས་བསྐྱོད་ཚུང་བ་གནམ་ལྕགས་ཐོག་མདའ་ཞེས་བྱ་བ་བཞུགས་སོ།།

ཀ་དག་ངང་ལས་ཁྲོས་པའི་གནོད་སྦྱིན་ཆེ། །ཁ་དོག་མི་བཟད་བསྐལ་པའི་མེ་ལྟར་འབར། །ག་ཤལ་མགོ་ཕྲེང་མི་མགོའི་རྒྱན་གྱི་སྤྲས། །ང་བདག་རྒྱལ་འགོང་དབྱིངས་སུ་སྒྲོལ་ལ་བསྟོད། །ཙ་ཙིའི་གདུང་བ་དྲག་པོས་ཁྱོད་འབོད་ཆེ། །ཚ་ལུགས་གཅིག་ཏུ་མ་ངེས་ཅིར་ཡང་སྟོན། །ཛ་ཚང་ཤ་སོགས་བཤམས་པའི་གནས་མཆོག་འདིར། །ཉ་རྒྱས་བཞིན་དུ་དགྱེས་པའི་མཆོད་པ་འབུལ། །ཏ་ཐླག་ཏའི་བསྟན་ལ་གནོད་བྱེད་པའི། །ཐབ་ལྷ་བུར་མ་རུང་སེམས་འཆང་བ། །ད་ལྟ་ཉིད་དུ་དྲག་པོའི་ཕྲིན་ལས་ཀྱིས། །ན་ཚ་རྐྱེན་ངན་དྲག་པོ་སྒྱུར་ལ་བསྟོད། །པ་སངས་ལྟ་བུ་ལྷག་བསམ་དག་པ་ཡི། །ཕ་མས་བུ་ལ་བརྩེ་བ་ཇི་བཞིན་དུ། །བ་མཆོག་ནོར་གྱི་བང་མཛོད་ལྟ་བུ་ཡིས། །མ་ལུས་གང་འདོད་དངོས་གྲུབ་སྩོལ་ལ་བསྟོད། །ཙ་ར་ཤེལ་སྒོང་ཕྱི་ནང་གསང་བའི་རྟེན། །ཚོ་ཏིཾ་ཀ་དང་རྒྱལ་མཚན་འཕན་འཕྱུར་གཡོ། །ཛོ་རུའི་རྒྱུན་བཞིན་བཀུང་བ་རྒྱ་མཚོར་བསྐྱིལ། །ཝ་ལྟར་ཞུམ་པའི་དགྲ་བོ་སྒྲོལ་ལ་བསྟོད། །ཞྭ་ལྷམ་གོ་ཁྲབ་མདའ་མདུང་མཚོན་ཆའི་རིགས། །ཟ་བྱེད་གཅན་གཟན་ཁྱི་དམར་དཔའ་གཏུམ་རྒོད། །འ་འུར་དབྱངས་དང་རོལ་མོའི་མཆོད་པ་འབུལ། །ཡ་མཚན་ལྡན་པའི་ལྷ་མཆོག་ཁྱོད་ལ་བསྟོད། །ར་ཛ་གནོད་སྦྱིན་ཆེན་པོ་ཁྱོད་ཉིད་ནི། །ལ་ལུང་མང་པོ་བརྒྱལ་ཀྱང་གཡར་དམ་ཚིག །ཤ་སྟག་ཉིན་མཚན་དུས་དྲུག་མི་གཡེལ་བར། །ས་ཕྱོགས་

གང་དུ་འགྲོའམ་སྡོད་ཀྱང་རུང་། །ཧྲུ་ཀྵི་ལྷའི་བཀའ་སྡོད་མཐུ་ཆེན་པོས། །ཨ་
མའི་བུ་ལ་བརྩེ་བ་ཇི་བཞིན་དུ། །རྟག་ཏུ་སྒྲུབ་པོའི་རེ་འདོད་སྐོང་ལ་
བསྟོད། །གང་ལ་ཅི་འདོད་དྲན་པ་ཙམ་གྱིས་ཀྱང་། །རྣམ་བཞིའི་ཕྲིན་ལས་
དབྱར་གྱི་མཚོ་ཆེན་ལྟར། །འཛད་མེད་དངོས་གྲུབ་ཐོགས་མེད་སྩོལ་མཛད་
པ། །གནོད་སྦྱིན་དགྲ་ལྷའི་གཙོ་བོ་ཁྱོད་ལ་བསྟོད། །སྐུ་མདོག་དུས་མཐའི་མེ་
ལྟར་འབར་བ་ལ། །ཤིན་ཏུ་རྔམ་པ་གནོད་སྦྱིན་ཁྲོས་པའི་སྐུ། །མི་བཟད་རྡོ་རྗེའི་
གད་མོ་ཧ་ཧར་བཞད། །ཐུགས་ནི་སྙིང་རྗེའི་ཉམས་དང་ལྡན་ལ་
བསྟོད། །གཡས་པའི་ཞགས་པས་དགྲ་བོའི་རྐེ་ནས་འཆིང་། །གཡོན་པས་
མདུང་དམར་ཉམས་པའི་སྙིང་ལ་བསྣུན། །ཅང་ཤེས་བྲ་བོ་རླུང་གཤོག་ཅན་ལ་
ཆིབས། །གནོད་སྦྱིན་ཙིའུ་དམར་པོ་ཁྱོད་ལ་བསྟོད། །སྐུ་མདོག་དཀར་སེར་
ཞལ་གཅིག་ཕྱག་གཉིས་པ། །བསེ་མདའ་བསེ་གཞུ་དགྲ་བོའི་སྙིང་ལ་
བརྡེག །ཆིབས་སུ་སྨུག་པོ་ཤ་གདོང་ཅན་ལ་ཆིབས། །སྐུ་ལྷ་ཞལ་གྱི་ལྷ་བཙན་
ཁྱོད་ལ་བསྟོད། །པད་རག་མདོག་ཅན་འོད་ཟེར་ཕྱོགས་བཅུར་འཕྲོ། །ཟངས་
ཞགས་འདེབས་ཤིང་ཤང་ལང་དགྲ་ལ་བརྡེག །ཆིབས་སུ་མཚལ་བུ་རྟེང་དཀར་
ཅན་ལ་ཆིབས། །གྲོ་ཤོད་བོད་ཀྱི་རྒྱང་དམག་རྗེ་ལ་བསྟོད། །མདོག་དམར་མི་
བཟོད་གཏུམ་དྲག་ཁྲོས་པའི་སྐུ། །ལྕགས་མདུང་བསྣམས་ཤིང་སྦྲུལ་ཞགས་དགྲ་
ལ་འཕེན། །གསེར་གྱི་མདོག་ཅན་རླུང་གཤོག་ཅན་ལ་ཆིབས། །ར་ཙ་གོས་
སྔོན་གླུ་བཙན་ཁྱོད་ལ་བསྟོད། །བྱེ་རུའི་ལྷུན་པོ་ལྷ་བུར་འབྱུང་བ་བཞིན། །བསེ་
མདུང་དམར་པོ་བཙན་གྱི་རྒྱུ་ཞགས་བསྣམས། །རྐྱང་དམར་དབོ་དཀར་སྨྱུར་
མགྱོགས་ཅན་ལ་ཆིབས། །རྡོ་རིང་དམར་པོའི་གྲི་བཙན་ཁྱོད་ལ་བསྟོད། །མར་

གད་ལྡན་པོ་ལྟ་བུར་བརྗིད་པའི་སྐུ། །དར་ནག་རུ་མཚོན་འབྲིང་ཞགས་བླ་ལ་
འདེབས། །རག་པ་གཞུང་ནག་གསེར་གྱི་མདོག་ཅན་ཆིབས། །ཀཾ་ཀ་ཐོད་ནག་
བདུད་བཙན་ཆེན་པོར་བསྟོད། །ཁྲག་མདོག་བཙོད་པར་དཀའ་བའི་གཟི་བརྗིད་
སྐུ། །བསེ་མདུང་བསྣམས་ཞིང་ཟངས་ཀྱི་རལ་གྲི་འཕྱར། །རླུང་གཤོག་རྟ་
ཡིས་སྟོང་གསུམ་ཡུད་ཀྱིས་བསྐོར། །རྩལ་ཐོགས་རྒྱུག་གི་གྲི་བཙན་ཁྱོད་ལ་
བསྟོད། །སྡེ་བརྒྱད་རིགས་པའི་དམག་ཚོགས་བསམ་མི་ཁྱབ། །གནམ་ས་རི་
ལུང་བར་སྣང་ཁྱོན་ཀུན་གང་། །མདོག་དང་ཕྱག་མཚན་སྣ་ཚོགས་ཅིར་ཡང་
སྟོན། །ཅི་བཀྱིས་བཀའ་ཉན་ལས་རྣམས་སྒྲུབ་ལ་བསྟོད། །ཧཱུྃ་ཧྲཱིཿ པདྨ་
དབང་གི་བཀའ་ཉན་ཐ་ཆིག་ཅན། །འཇིག་རྟེན་འདི་ན་ཆེ་བཙན་འགྲན་ཟླ་
བྲལ། །ཆོས་ཉིད་དབྱིངས་ལས་བཞེངས་པའི་གནོད་སྦྱིན་ཆེ། །འཁོར་བཅས་
བདག་ལ་གསན་ཅིང་དགོངས་སུ་གསོལ། །བདག་ཅག་མ་རིག་འཐིབ་པོའི་རྨོངས་
གྱུར་པ། །ཉོན་མོངས་དུག་ལྔ་འཚོལ་ཉོག་སྤྱོད་པའི་མཐུས། །རང་བཞིན་ཁ་ན་
མ་ཐོའི་ཉེས་པ་ཀུན། །གནོང་འགྱོད་དྲག་པོའི་མཐོལ་ཞིང་བཤགས་པར་
བགྱི། །སྣང་སྲིད་ཡི་ནས་ལྷ་དང་ལྷ་མོ་ལ། །དགྲ་གཉེན་ཕྱོགས་ཆའི་སྡང་ཞེན་
ཕྱེ་བ་དང་། །སྒོམ་དང་སྒྲུབ་ལ་གཡེལ་བ་གང་གྱུར་པ། །སྐུ་ཡི་དམ་ཚིག་
ཉམས་པ་འཐོལ་ལོ་བཤགས། །སྒྲ་གྲགས་ཐམས་ཅད་སྟོགས་ཀྱི་རང་སྒྲ་
སྟེ། །ཐ་མལ་སྒྲ་སྐད་བདེན་པར་འཛིན་པའི་བློས། །བཟླས་བརྗོད་མ་དག་
འཆལ་གཏམ་ཐེ་སླེད་ཀུན། །གསུང་གི་དམ་ཚིག་ཉམས་པ་མཐོལ་ལོ་
བཤགས། །ཆོས་ཀྱི་དབྱིངས་ལ་རེ་དོགས་སྤྲོས་བྲལ་ཡང་། །གཟུང་འཛིན་
རྣམ་རྟོག་མཚན་མར་འཛིན་པ་ལ། །གནས་ལུགས་ལྟ་བ་ཇི་བཞིན་མ་རྟོགས་

པས། །ཐུགས་ཀྱི་དམ་ཚིག་ཉམས་པ་མཐོལ་ལོ་བཤགས། །གནོད་སྦྱིན་ཆེན་པོའི་ཕྱི་ནང་གསང་བའི་རྟེན། །བླ་རྫི་དམ་རྫས་སྒྲོག་འཁོར་དམ་རྫས་དང་། །གཞན་ཡང་འབབ་བཙོག་ཉམས་པར་གང་གྱུར་པ། །གནོང་ཞིང་འགྱོད་པའི་སེམས་ཀྱིས་མཐོལ་ཞིང་བཤགས། །རྟ་མཆོག་རྒྱལ་པོ་པདྨ་ཧེ་རུ་ཀ །གདུལ་དཀའ་འདུལ་བའི་གཤེད་དུ་ཁྲོས་པའི་སྐུ། །བདག་ཅག་མ་རིག་འཐིབ་པོའི་རྐྱེན་དབང་གིས། །འཛིག་རྟེན་དྲེགས་པ་རང་རྒྱུད་བཟུང་བ་བཤགས། །རོལ་བ་རྒྱ་བདུད་འཁོར་གྱི་སྡེ་བརྒྱད་ཚོགས། །རང་རང་གཡོག་འཁོར་ལྷ་སྲིན་འབུམ་སྡེ་ནི། །གནོད་སྦྱིན་ཆེན་པོའི་སྤྲུལ་པའི་རོལ་གར་ལས། །ཐང་མ་གྲུབ་སོ་སོར་འཛིན་པ་བཤགས། །མདོར་ན་ཁྱོད་ཀྱི་ཐུགས་དང་འགལ་བའི་ལས། །སྤྱི་དང་ཁྱད་པར་གྱུར་པའི་དམ་ཚིག་ལས། །འགལ་ཞིང་ཉམས་པར་གྱུར་པ་གང་མཆིས་པ། །མཐོལ་ཞིང་བཤགས་སོ་བྱང་ཞིང་དག་པར་མཛོད། །ཅེས་པ་གནོད་སྦྱིན་ཙི་འུ་དམར་པོའི་རྟགས་བསྐོང་བཤགས་པ་དང་འབྲེལ་བ་འདི་ལྷ་བུ་ཞིག་མཆོད་རིག་འཛིན་ངག་དབང་ནས་དགོས་ཞེས་ཡང་ཡང་བསྐུལ་བ་ལ་བརྟེན་ནས་རྫོགས་སྤྲུལ་ལྔ་པ་ཐུབ་བསྟན་ཆོས་ཀྱི་ཉི་མས་བྲིས་པའོ། ། ། །

༄༅། །སྲོག་བདག་ཙིའུ་དམར་པོའི་གསེར་སྐྱེམས་བཞུགས་སོ། །

ཀྱཻ། རབ་འབར་གཏུམ་དྲག་དུས་མཐའི་བྱིན་ཟའི་ཤུགས། །ཁྲོ་བའི་དཔལ་རོལ་འབར་བའི་བཙན་རྒོད་ཆེ། །བདུད་རྩི་གསེར་སྐྱེམས་རོ་བརྒྱའི་བཅུད་ལྡན་པ། །འདི་བཞེས་འཛུམ་ཞལ་བཅོ་ལྔའི་ཟླ་ལྟར་རོ། །གསར་དུ་བསད་པའི་དགྲ་སྙིང་དམར་པོའི་བཅུད། །ཁྲོན་དུ་ཁོལ་བའི་མདངས་རྒོད་འདོད་ཡོན་གཟུགས། །རབ་བཀྲ་ནོར་འཛིན་ཟླ་བའི་ཞལ་སྐྱེམས་འདིས། །སྲོག་གི་བདག་པོ་ཙིའུ་དམར་པོར་མཆོད། །ཀུན་གསལ་ཁྲོན་ཀུན་འགེངས་བྱེད་སུ་ཨརྒྷའི། །རིན་ཆེན་འབྱུང་གནས་རླབས་ཀྱི་ཕྲེང་བ་ཅན། །རྫམས་པའི་སྦྲ་ཡིས་མི་བཟད་བདུད་སྡེའི་སྙིང་། །དུམ་བུར་འགས་བྱེད་བཏུང་བ་འདི་ལ་རོལ། །གནོད་སྦྱིན་དྲག་པོ་གིང་ཆེན་རབ་རྣོན་བདུན། །བདུད་རྩི་གསེར་སྐྱེམས་རྒྱ་མཚོ་འདི་བཞེས་ལ། །ཇི་ལྟར་བཅོལ་བའི་ཕྲིན་ལས་མ་ལུས་པ། །འབད་མེད་ད་ལྟ་ལྷུན་གྱིས་འགྲུབ་པར་མཛོད། །རྒྱལ་བསྟན་སྤྱི་དང་ཁྱད་པར་སྔ་འགྱུར་བསྟན། །འཛིན་ཅིང་འགྲོ་འདི་རྫོགས་ལྡན་གྲི་བ་བསིལ་གྱིས། །བདེ་བར་སྐྱོང་ལ་གནོད་བྱེད་མ་ལུས་པའི། །སྙིང་ཁྲག་དམར་ཆེན་རྟབ་ཀྱིས་དྲོངས་ལ་སྒྲོལ། །

༄༅། །གནོད་སྦྱིན་ཙིའུ་དམར་པོའི་ཕུད་སྐོང་

བཞུགས་སོ།།

རྗེ་དགོངས་སུ་གསོལ་ལོ། །ཁམས་གསུམ་སྲིད་གསུམ་ཡོངས་ཀྱི་བདག་པོ། འཇིག་རྟེན་འདི་ན་ཆེ་བཙན་འགྲན་ཟླ་དང་བྲལ་བ། སྐྱེ་འགྲོ་སྲིད་པ་གསུམ་གྱི་མངའ་བདག མི་མཐུན་བདུད་སྡེའི་དཔུང་ཚོགས་ཕྱེ་མར་བརླགས་པ། རྒྱལ་རིགས་བསྟན་བཞིགས་ཡོངས་ཀྱི་གཞེད་མ། རིག་འཛིན་རྣལ་འབྱོར་ཡོངས་ཀྱི་དགྲ་ལྷ་ཆེན་པོ་གནོད་སྦྱིན་ཙིའུ་དམར་པོ། སྐུ་མདོག་དམར་ལྷང་དུས་མཐའི་མེ་ཡི་ཕུང་པོ་ལྟ་བུ། སྐུ་མཐོང་བ་ཙམ་གྱིས་སྲིད་པ་གསུམ་གཡོ་ཞིང་འདར་བ། བསམ་པ་ཙམ་གྱིས་རྒྱལ་འགོང་དམ་སྲི་བྱད་མ་ཚང་ཚིང་དུ་བསྲེགས་པ། བོས་པ་ཙམ་གྱི་ནམ་མཁའི་གློག་ལས་མྱུར་བ། སྒྲུབ་པ་ཙམ་གྱི་དམ་ལ་འདུ་ཞིང་སྙིང་ཉེ་བ།བསྐུལ་བ་ཙམ་གྱིས་བང་རླུང་བས་འགྱོགས་པ། སྤྱན་མིག་ཉི་ཟླ་ལྟ་བུ་ལས་བསྐལ་བའི་མེ་འབར་བ། ལྗགས་ཀྱི་གློག་དམར་ལས་ཧཱུྃ་ཕཊ་ཧུ་ལུའི་སྒྲ་སྒྲོགས་ཤིང་། དྲག་པོའི་ཐོག་སེར་འཕྲོ་བ། ཞལ་གྱི་བྲ་རླབས་ལས་རཀྟ་ཁྲག་གི་ཞམ་དུ་འབེབས་པ། ཤངས་ཀྱི་རླུང་སྒྲིམ་ལས་བསྐལ་བའི་རླུང་ནག་མུན་ལྟར་འཚུབས་པ། ཚེམས་ཀྱི་གངས་རི་ལས་དྲག་པོའི་ཐོག་གི་སྤྲིན་ཐང་འབེབས་པ། ཐུགས་ཆོས་དབྱིངས་སྐྱེ་བ་མེད་ཀྱང་སྐུ་ཤིན་ཏུ་ཁྲོས་པ་ལས་མེ་ཡི་ཚྭ་ཚྭ་འཕྲོ་བ་སྐུ་ལ་དར་དམར་བེར་ཆེན་ཟ་འོག་སྟོ་བཀྲའི་གང་ལག་ཅན་གསོལ་བ། རིན་ཆེན་གསེར་གྱི་སྐེ་རགས་བཅིངས་པ།དབུ་ལ་དར་དམར་གྱི་འཕྱིང་ཐོད་ཅན། ཐབས་ཀྱི་སྟག་གདོང་

གཡས་སུ་འཕྱུར་བ། ཕོ་རྒྱུད་དཔའ་བོའི་ཚོགས་རྣམས་དབང་དུ་སྡུད་པ། ཞེས་རབ་གཟིགས་ཞབས་གཡོན་དུ་འཕྱུར་བ། མོ་རྒྱུད་མ་མོའི་ཚོགས་རྣམས་ཟིལ་གྱིས་གནོན་པ། ཕ་རོལ་གཡུལ་ངོ་བཟློག་པའི་བསེ་ཕུབ་དམར་པོ་རྒྱབ་ཏུ་འཁྲིལ་བ། དམིགས་པའི་དགྲ་བོ་མྱུར་དུ་འགུགས་པར་བྱེད་པའི་བཙན་ཞགས་དམར་པོས་ཉམས་པའི་སྙེ་ནས་འཆིང་བར་བྱེད་པ། ཕྱག་གཡས་ཟངས་མདུང་དམར་པོ་མེ་འོད་འཕྲོ་བས་དགྲ་བོའི་སྙིང་ལ་བསྣུན་པ། དགྲ་སྲོག་སྐད་ཅིག་ཉིད་ལ་གཅོད་པར་བྱེད་པ། སྟོང་གསུམ་སྐད་ཅིག་ཉིད་ལ་བསྐོར་བར་བྱེད་པའི་ཅང་ཤེས་བྲ་བོ་རྒྱབ་ནག་རླུང་གི་གཤོག་ཅན་ལ་ཆིབས་པ། གནོད་སྦྱིན་དགྲ་ལྷའི་རྒྱལ་པོ་ཆེན་པོ་ལ་གསོལ་ལོ། །འབུལ་ལོ། །མཆོད་དོ། །སྔ་དགྲ་དར་བ་རྒྱུད་ནས་ཆོད་ཅིག ཕྱི་དགྲ་སེམས་པ་དྲུང་ནས་ཕྱུངས་ཤིག་ད་དགྲ་བསྒོ་བ་རྡུལ་དུ་རློག་ཅིག་ལེགས་པའི་ཡོན་ཏན་དག་སྒྲོད་ཅིག་མི་མཐུན་ཉེས་པའི་ཚོགས་རྣམས་བཟློག་ཅིག ཁ་སྨྲས་དང་གླིང་བརྗོད་མ་གཏོང་། མི་ཁ་དང་དཔལ་ཡམས་མ་གཏོང་། དགྲ་རྐུན་གྱི་འཚོ་བ་མ་གཏོང་། མདོར་ན་གཞི་བྱེས་ལམ་གསུམ་ཀུན་ཏུ་ཉིན་མཚན་དུས་དྲུག་ཐམས་ཅད་དུ་མེལ་ཚེ་དང་བྱ་ར་མཛོད་ཅིག ཧོ། ཆོས་ཀྱི་དབྱིངས་ཀྱི་རང་རྒྱལ་ལས་ཤར་བའི་སྐུ་ལྷ་ཞལ་གྱི་ལྷ་བཙན་ཆེན་པོ་སྐ་མདོག་དཀར་སེར་འོད་ཟེར་ཉི་མ་འབུམ་ལས་ལྷག་པ། ཟ་འོག་དམར་ཁྲའི་བེར་ཆེན་སྐུ་ལ་གསོལ་བ། བསེ་མདའ་བསེ་གཞུ་དགྲ་བོའི་སྙིང་ལ་བརྡེགས་པ། ཆིབས་སུ་སྨུག་པོ་ཤ་གདོང་ཅན་ལ་ཆིབས་པ་ལ་གསོལ་ལོ། །འབུལ་ལོ། །མཆོད་དོ། །སྔ་དགྲ་དར་བ་སོགས་འགྲེའོ། །ཧོ། མེ་ལོང་ཡེ་ཤེས་ཀྱི་རྒྱལ་ལས་གྲོ་ཤོད་བོད་ཀྱི་རྒྱང་དམག་རྗེ་སྐུ་མདོག་པདྨ་ར་གའི་ལྷུན་པོ་ལ་ཉི་མ་བྱེ་བའི་འོད་ཟེར་གྱི་འཁྲུད་པ་ལྟ་བུ། ལེ་བརྒྱན་

དབང་གི་མདོག་ཅན་གྱི་བེར་གསོལ་ཤིང་། གཡོན་ཟངས་ཞགས་དགྲ་ལ་འདེབས་པ་གཡས་ཀྱི་ཤང་ལང་བརྡེག་པས་དགྲ་བགེགས་མྱུར་དུ་སྒྲོལ་བར་བྱེད་པ།ཞབས་སུ་ཚལ་ལུ་རྔེང་དཀར་ཆིབས་པ་ལ་གསོལ་ལོ། །འབུལ་ལོ། །མཆོད་དོ། །སྟོ་དགྲ་དར་བ་རྦད་ནས་ཆོད་ཅིག །དགྲ་སེམས་པ་དྲུང་ནས་ཕྱུངས་ཤིགད་དགྲ་བསྡོ་བ་རྡུལ་དུ་རློག་ཅིག ལེགས་པའི་ཡོན་ཏན་དག་སྒྲོད་ཅིག །མི་མཐུན་ཉེས་པའི་ཚོགས་རྣམས་བཟློག་ཅིག ཁ་སྨྲས་དང་གླེང་བརྗོད་མ་གཏོང་། མི་ཁ་དང་དལ་ཡམས་མ་གཏོང་། དགྲ་རྐུན་གྱི་འཚེ་བ་མ་གཏོང་། མདོར་ན་གཞི་བྱེས་ལམ་གསུམ་ཀུན་ཏུ་ཉིན་མཚན་དུས་དྲུག་ཐམས་ཅད་དུ་མེལ་ཚེ་དང་བྱ་ར་མཛོད་ཅིག ཧོ་། མཉམ་པ་ཉིད་ཀྱི་ཡེ་ཤེས་ཀྱི་རྩལ་ལས་ཤར་བའི་ར་ཙ་གོས་སྔོན་གྱི་གླུ་བཙན། སྐུ་མདོག་དམར་པོ་བསྐལ་པའི་མེ་ལྟར་འབར་བ། སྐུ་ལ་རྒྱུ་དར་སྔོན་པོའི་རལ་གའི་མཛེས་པར་གླུབ་པ།ཕྱག་ན་ལྕགས་མདུང་བསྣམས་ཤིང་། སྦྲུལ་ཞགས་དགྲ་ལ་འཕེན་པ། ཅང་ཤེས་གསེར་མདོག་རླུང་གི་རྩལ་ལྡན་ཆིབས་པ་ལ་གསོལ་ལོ། །འབུལ་ལོ། །མཆོད་དོ། །སྟོ་དགྲ་དར་བ་རྦད་ནས་ཆོད་ཅིག །དགྲ་སེམས་པ་དྲུང་ནས་ཕྱུངས་ཤིགད་དགྲ་བསྡོ་བ་རྡུལ་དུ་རློག་ཅིག ལེགས་པའི་ཡོན་ཏན་དག་སྒྲོད་ཅིག མི་མཐུན་ཉེས་པའི་ཚོགས་རྣམས་བཟློག་ཅིག ཁ་སྨྲས་དང་གླེང་བརྗོད་མ་གཏོང་། མི་ཁ་དང་དལ་ཡམས་མ་གཏོང་། དགྲ་རྐུན་གྱི་འཚེ་བ་མ་གཏོང་། མདོར་ན་གཞི་བྱེས་ལམ་གསུམ་ཀུན་ཏུ་ཉིན་མཚན་དུས་དྲུག་ཐམས་ཅད་དུ་མེལ་ཚེ་དང་བྱ་ར་མཛོད་ཅིག ཧོ། བདེ་ཆེན་སོ་སོར་རྟོག་པའི་ཡེ་ཤེས་ཀྱི་རྩལ་ལས་ཤར་བའི་རྡོ་རིང་དམར་པོའི་གྲི་བཙན་སྐུ་མདོག་དམར་པོ་བྱི་རུའི་ལྷུན་པོ་ལྟ་བུ་ལ་ཉི་མ་འབུམ་གྱི་འོད་ཟེར་གྱི་འཁྲུད་པ་ལྟ་བུ། སྐུ་ལ་ཟ་འོག་དམར་ཁྲའི་བེར་

གསོལ་བ།ཕྱག་གཉིས་བསེ་མདུང་དང་།བཙན་གྱི་རྒྱུ་ཞགས་བསྣམས་པ། རྐྱང་དམར་དབོ་དཀར་སྒྱུར་མགྱོགས་ཅན་ལ་ཆིབས་པ་ལ་གསོལ་ལོ། །འབུལ་ལོ། །མཆོད་དོ། །སྡེ་དགྲ་དར་བ་རྦད་ནས་ཆོད་ཅིག ཕྱི་དགྲ་སེམས་པ་དྲུང་ནས་ཕྱུངས་ཤིག ད་དགྲ་བསྡོ་བ་རྡུལ་དུ་རློག་ཅིག ལེགས་པའི་ཡོན་ཏན་དག་སྒྲོད་ཅིག མི་མཐུན་ཉེས་པའི་ཚོགས་རྣམས་བཟློག་ཅིག ཁ་སླས་དང་གླེང་བརྗོད་མ་གཏོང་། མི་ཁ་དང་དཔལ་ཡམས་མ་གཏོང་། དགྲ་རྐུན་གྱི་འཚོ་བ་མ་གཏོང་། མདོར་ན་གཞི་བྱེས་ལམ་གསུམ་ཀུན་ཏུ་ཉིན་མཚན་དུས་དྲུག་ཐམས་ཅད་དུ་མེལ་ཚེ་དང་བྱ་ར་མཛོད་ཅིག ཧོ། བྱ་བ་གྲུབ་པའི་ཡེ་ཤེས་ཀྱི་རང་རྩལ་ལས་ཤར་བའི་གཾ་ག་ཐོད་ནག་བདུད་བཙན་མིག་སྨན་མདོག་ཅན། འཇོལ་བེར་ནག་པོ་སྐུ་ལ་གསོལ་བ། ཕྱག་ན་དར་ནག་རུ་མཚོན་བསྣམས་ཤིང་། གཡོན་པས་འབྲིང་ཞགས་གླ་ལ་འདེབས་པ། རག་པ་གཞུང་ནག་རྐ་སྤྲབ་ཅན་ཆིབས་པ་ལ་གསོལ་ལོ། །འབུལ་ལོ། །མཆོད་དོ། །སྡེ་དགྲ་དར་བ་རྦད་ནས་ཆོད་ཅིག ཕྱི་དགྲ་སེམས་པ་དྲུང་ནས་ཕྱུངས་ཤིག ད་དགྲ་བསྡོ་བ་རྡུལ་དུ་རློག་ཅིག ལེགས་པའི་ཡོན་ཏན་དག་སྒྲོད་ཅིག མི་མཐུན་ཉེས་པའི་ཚོགས་རྣམས་བཟློག་ཅིག ཁ་སླས་དང་གླེང་བརྗོད་མ་གཏོང་། མི་ཁ་དང་དཔལ་ཡམས་མ་གཏོང་། དགྲ་རྐུན་གྱི་འཚོ་བ་མ་གཏོང་། མདོར་ན་གཞི་བྱེས་ལམ་གསུམ་ཀུན་ཏུ་ཉིན་མཚན་དུས་དྲུག་ཐམས་ཅད་དུ་མེལ་ཚེ་དང་བྱ་ར་མཛོད་ཅིག ཧོ། གཉིས་མེད་ཡོངས་སུ་འདུས་པའི་ཀློང་ཡངས་ནས། རྩལ་ཐོགས་རྒྱུག་གི་གྲི་བཙན་སྐུ་མདོག་དམར་ནག་ཁྲག་གི་མདོག་ཅན་ཤིན་ཏུ་ཁྲོས་པའི་ཉམས་ཅན། སྲོང་མིག་སྤྱན་ལས་ཉི་ཟླའི་འོད་ཟེར་ཕྱོགས་བཅུར་འཕྲོ་བ། ཟངས་ཁྲབ་དམར་པོ་མེ་ཡི་འོད་ཅན་གསོལ་བ།

ཕྱག་གཡས་བསེ་མདུང་དམར་པོ་མེ་འོད་འཕྲོ་བ། གཡོན་ཟངས་ཀྱི་རལ་གྲི་གློག་ལྟར་འཁྱུག་པ། ཆིབས་སུ་རྟ་མཆོག་རླུང་གི་གཤོག་པ་ཅན་ཆིབས་པ་ལ་གསོལ་ལོ། །འབུལ་ལོ། །མཆོད་དོ། །སྟོ་དགྲ་དར་བ་རྩད་ནས་ཆོད་ཅིག ཕྱི་དགྲ་སེམས་པ་དྲུང་ནས་ཕྱུངས་ཤིག ད་དགྲ་བསྒོ་བ་རྡུལ་དུ་རློག་ཅིག ལེགས་པའི་ཡོན་ཏན་དག་སྤྲོད་ཅིག མི་མཐུན་ཉེས་པའི་ཚོགས་རྣམས་བཟློག་ཅིག ཁ་སྨས་དང་གླེང་བརྗོད་མ་གཏོང་། མི་ཁ་དང་དལ་ཡམས་མ་གཏོང་། དགྲ་རྐུན་གྱི་འཚེ་བ་མ་གཏོང་། མདོར་ན་གཞི་ཁྱིམ་ལམ་གསུམ་ཀུན་ཏུ་ཉིན་མཚན་དུས་དྲུག་ཐམས་ཅད་དུ་མེལ་ཚེ་དང་བྱ་ར་མཛོད་ཅིག ཧོ། གནོད་སྦྱིན་ཆེན་པོའི་བཀའ་ཡི་འཁོར་ཡུག་ཏུ་གནས་པའི་གཡས་ཀྱི་རུ་འདྲེན་སྐྱེས་པ་སྟག་ཆས་ཅན་བརྒྱ་ལ་གསོལ་ལོ། །གཡོན་གྱི་རུ་འདྲེན་ཉན་ཐོས་དགྲ་བཅོམ་བརྒྱ་ལ་གསོལ་ལོ། །སྔོན་གྱི་ཞུལ་མཆོན་བུད་མེད་ནག་མོ་བརྒྱ་ལ་གསོལ་ལོ། །སླད་ཀྱི་རྗེས་འབྲངས་བརྟེ་སྤགས་ནག་བརྒྱ་ལ་གསོལ་ལོ། །སྐུ་ཡི་སྐྱོ་བསང་ན་ཆུང་མཛེས་མ་བརྒྱ་ལ་གསོལ་ལོ། །གཞན་ཡང་ལྷ་དང་ཀླུ་དང་། གཤིན་རྗེ་དང་། གནོད་སྦྱིན། བདུད། མ་མོ། གཟའ་བཙན་སོགས་འཇིག་རྟེན་དྲེགས་པ་སྡེ་བརྒྱད་ཀྱི་དམག་ཚོགས་ནམ་མཁའི་སྐར་ལྟར་བཀྲ་བ་གཉི་མའི་ཟེར་གྱི་རྡུལ་ལྟར་འཚུབས་པ་མཐའི་རྒྱ་མཚོའི་རྦ་རླབས་ལྟར་འཁྲུགས་ཤིང་ལས་བྱེད་དྲེགས་པའི་འཁོར་ཚོགས་བསམ་གྱིས་མི་ཁྱབ་པ་ཐམས་ཅད་ལ་གསོལ་ལོ། །འབུལ་ལོ། །མཆོད་དོ། །སྟོ་དགྲ་དར་བ་རྩད་ནས་ཆོད་ཅིག ཕྱི་དགྲ་སེམས་པ་དྲུང་ནས་ཕྱུངས་ཤིག ད་དགྲ་བསྒོ་བ་རྡུལ་དུ་རློག་ཅིག ལེགས་པའི་ཡོན་ཏན་དག་སྤྲོད་ཅིག མི་མཐུན་ཉེས་པའི་ཚོགས་རྣམས་བཟློག་ཅིག ཁ་སྨས་དང་གླེང་བརྗོད་མ་གཏོང་།

མི་ཁ་དང་དལ་ཡམས་མ་གཏོང་། དགྲ་རྐུན་གྱི་འཚེ་བ་མ་གཏོང་། མདོར་ན་གཞི་བྱེས་ལམ་གསུམ་ཀུན་ཏུ་ཉིན་མཚན་དུས་དྲུག་ཐམས་ཅད་དུ་མེལ་ཚེ་དང་བྱ་ར་མཛོད་ཅིག ཧོ། དེ་ལྟར་གནོད་སྦྱིན་ཆེན་པོའི་དཀྱིལ་འཁོར་གྱི་ལྷ་ཚོགས་རྣམས་ཀྱིས་སངས་རྒྱས་ཀྱི་བསྟན་པ་སྲུང་། དཀོན་མཆོག་གི་དབུ་འཕང་བསྟོད། རྣལ་འབྱོར་བའི་སྐུ་ཚེ་བསྲིང་། ཡོན་བདག་གི་བར་ཆད་བཟློག་ཅིག མདོར་ན་བདག་ཅག་ལ་གནོད་ཅིང་འཚེ་བར་བྱེད་པའི་མི་མཐུན་པ་དེ་དག་ཐམས་ཅད་ཀྱང་ཞི་བའི་ཕྲིན་ལས་ཀྱིས་དུལ་བར་མཛོད་ཅིག རྒྱས་པའི་ཕྲིན་ལས་ཀྱིས་སྤྲ་བཀོང་ཤིག དབང་གི་ཕྲིན་ལས་ཀྱིས་སྣང་བ་བསྒྱུར་ཅིག དྲག་པོའི་ཕྲིན་ལས་ཀྱིས་ཚར་གཅོད་ཅིག དེང་ནས་བྱང་ཆུབ་སྙིང་པོ་མ་ཐོབ་བར་དུ་འདོད་རྒུའི་བསམ་པ་ཡིད་བཞིན་དུ་འགྲུབ་པའི་ཕྲིན་ལས་སྒྲོང་གྲོགས་མཛོད་ཅིག ཅེས་ཕུད་ཕྱོགས་བཅུར་འཐོར་ཞིང་རོལ་མོ་སྣ་ཚོགས་པའི་སྒྲ་བསྒྲགས། ཅེའུ་དམར་གྱི་ཕུད་རྐྱང་འདི་ལྟར་དགོས་ཞེས་མཚོད་རིག་འཛིན་ངག་དབང་དང་འདན་བཟོད་པ་རྒྱ་མཚོ་གཉིས་ནས་ཡང་ཡང་བསྐུལ་བའི་ངོར་མགོན་ཁང་དབང་དྲག་རོལ་བ་ནས་མེ་སྤྲེལ་ཟླ་ཚེས་ལ་རྫོགས་སྤྲུལ་ལྔ་པས་གང་ཤར་བྲིས་པ་དགེའོ། ། ། །

༄༅། །གཏོར་སྦྱིན་ཅིཏུ་དམར་པོའི་ཕྲིན་བཅོལ་དཔག་བསམ་སླེ་མ་ཞེས་བྱ་བ་བཞུགས་སོ།།

ཀ་དག་དབྱིངས་ལས་སྙིང་རྗེ་ཁྲོས་པའི་གཏོར་སྦྱིན་ཆེན་པོ་ཡང་ལེ་བེར། །ཁ་དོག་མི་བཟད་པད་རག་ལྷུན་པོར་འོད་སྟོང་བརྒྱ་བས་འཁྲུད་པ་བཞིན། །ག་རུ་བཞུགས་ཀྱང་རྣལ་འབྱོར་བདག་གི་ཁྱོད་ཉིད་དྲན་པ་ཙམ་གྱིས་ཀྱང་། །ང་རོ་གད་མོའི་ནོར་འཛིན་གཡོ་ཞིང་གློག་ཕྲེང་འཁྱུག་པ་ཇི་བཞིན་བྱོན། །ཅ་ག་སྨྲུན་གཟིགས་དངོས་འབྱོར་ཡིད་སྤྲུལ་ནམ་མཁའ་མཛོད་ཀྱི་མཆོད་སྤྲིན་ལྟར། །ཆ་ཤས་མ་ཡིན་མཐུན་རྫས་སྣ་ཚོགས་རྫ་ལྟར་བཀྲམ་ཏེ་བཤམ་ལགས་ན། །ཇ་རིལ་མི་མགོ་བསྟེགས་པའི་ཕོ་བྲང་འཛིགས་ཤིང་སྐྱི་གཡའི་སྐུ་མཁར་ནང་། །ཉ་རྒྱས་རླབ་བ་ཇི་བཞིན་འདོད་དོན་ཡོངས་བསྐང་ཁྱོད་ཉིད་དགྱེས་པར་བཞུགས། །ཏ་ཐུག་ཏའི་སྲུང་མ་ཁྱོད་ནི་ཁྲོས་པའི་རྒྱལ་པོ་རྟ་མགྲིན་དང་། །ཐ་དད་མ་གྲུབ་ཆུ་ཟླའི་གར་བཞིན་དགྲ་ལྷའི་རྒྱལ་པོ་ཁྱོད་ཉིད་ཤར། །ད་ལྟ་སྣང་སྲིད་དྲེགས་པ་ཀུན་གྱི་སྤྱི་དཔལ་ཆེན་པོ་མཆོག་ཏུ་བསྟོགས། །ན་མར་བསྟན་སྲུང་དབང་པོ་ཁྱོད་ཉིད་རྟག་ཏུ་བསྒྲུབ་ཅིང་མཆོད་པའི་མཐུས། །པ་སངས་ལྷ་བུའི་ལྷག་བསམ་དཀར་པོས་གང་ལ་གང་འདོད་དངོས་གྲུབ་སྩོལ། །ཕ་རོལ་མི་མཐུན་བསམ་ངན་འཆང་བའི་ཁྱད་པར་བྱད་མ་མཁན་གྱི་ཚོགས། །བ་མོ་ཚ་ཟེར་བརྒྱ་བས་བཞུས་ལྟར་གཏོར་སྦྱིན་ཁྱོད་ཀྱིས་ཕྲིན་ལས་མཛོད། །མ་ལུས་ལྷག་མེད་སྐད་ཅིག་ཙམ་གྱི་མི་དམིགས་དབྱིངས་སུ་གཞོམ་པར་མཛད། །ཙ་ར་ཤེལ་སྒོང་གྲོ་དམར་ལུག་དང་བྱ་རིགས་སྣ་ཚོགས་རླུས་གར

བསྒྱུར། །ཚ་ཏཾ་ཀ་དང་བླ་བྲེ་ལྡ་ལྡི་རྒྱལ་མཚན་སྣ་ཚོགས་འཕན་འཕྱུར་གཡོ། །ཛོ་ཧུའི་རྒྱན་བཞིན་སྨན་དང་རཀྟ་གསེར་སྐྱེམས་གཡུ་སྐྱེམས་མཚོ་ལྟར་བསྐྱིལ། །ཤ་སྦྲང་སྟག་གཟིག་གཅན་གཟན་སྣ་ཚོགས་རྟ་མཆོག་གླང་གི་ཤུགས་ཅན་ཚོགས། །ཉྭ་ལྕམ་ཁྲབ་རྨོག་སྒྲོག་འཁོར་ཕ་ཕྱི་ལོང་བུ་ཧྲི་ཡིག་སྙིང་པོ་ཅན། །ཟ་འོག་ལྷིང་གུར་རིན་ཆེན་རྣམ་མང་བང་མཛོད་དར་གོས་སྣ་ཚོགས་བཀྲ། །འ་ཞུར་འཁོར་ཀླུང་འཚུབ་མ་དམར་པོ་བཙན་གྱི་ཁྲི་དམར་སྦྲང་གིའི་ཚོགས། །ཡ་མཚན་དངོས་བཤམས་ཡིད་སྤྲུལ་མཆོད་པ་རྒྱ་མཚོས་ཐུགས་དམ་བསྐང་གྱུར་ཅིག །ར་མ་ཊ་ལྟར་དམ་བཅའ་བརྟན་པོའི་ཕྲིན་ལས་སྒྲུབ་པའི་སྲུང་གྲོགས་ནི། །ལ་ལ་ཙམ་མིན་ཉིན་མཚན་ཀུན་ཏུ་སྒྲུབ་པའི་རེ་འདོད་སྐོང་ལ་བསྐྱོད། །ཤ་སྟག་བདག་སོགས་སྒྲུབ་པའི་ཚོགས་ཀྱིས་ཁྱོད་ཉིད་སྒྲུབ་ཅིང་ཁྱོད་བརྟེན་ན། །ས་ཕྱོགས་གང་དུ་འགྲོའམ་སྡོད་ཀྱང་ཅིའུ་དམར་པོ་ཁྱོད་ཉིད་ནི། །ཧུ་ཧྲཱི་ཤ་པདྨ་ཀ་ར་སྟོན་བྱོན་རིག་འཛིན་ཚོགས་རྣམས་ཀྱིས། །ཨ་མྲི་ཏ་ལྷེར་བཞག་གསང་བའི་མཚན་བཏགས་རྡོ་རྗེ་སྤྱི་བོར་བཞག་ནས་ཀྱང་། །རྒྱལ་བའི་བསྟན་པ་གཉན་པོ་སྲུང་ཞིང་བསྟན་པ་འཛིན་པའི་ཚོགས་རྣམས་ལ། །སྔོན་གྱི་ཐ་ཚིག་རྗེས་སུ་དགོངས་ཏེ་ལས་བཞིའི་ཕྲིན་ལས་མཚོ་ལྟར་རྒྱས། །གང་ལ་གང་འདོད་དངོས་གྲུབ་ཆར་ལྟར་འདོད་པ་སྩོལ་བར་ཞལ་བཞེས་ལྟར། །གང་བཅོལ་ཕྲིན་ལས་ཐོགས་པ་མེད་པར་མྱུར་དུ་འགྲུབ་པའི་སྲུང་གྲོགས་མཛོད། །ཅེས་གནོད་སྦྱིན་ཅིའུ་དམར་པོའི་ཕྲིན་བཅོལ་དཔག་བསམ་སླེ་མ་ཞེས་བྱ་བ་འདི་ནི་རྟོགས་སྤྲུལ་ལྷ་པ་ཐུབ་བསྟན་ཆོས་ཀྱི་རྡོ་རྗེས་བྲིས་པ་དགེ་ལེགས་སུ་གྱུར་ཅིག ། ། །

༄༅། །གནོད་སྦྱིན་ཙིཏྟ་དམར་པོའི་ཕྲིན་བཅོལ་བཞུགས།།

ཧྲཱིཿ གསུང་གི་དབང་ཕྱུག་པདྨ་རིགས་ཀྱི་ལྷ། །སྣང་བ་མཐའ་ཡས་ཡེ་ཤེས་རོལ་བ་ལས། །དབང་ཆེན་ཧ་མཆོག་པདྨ་ཧེ་རུ་ཀཿ རང་འོད་ཡུམ་མཆོག་རྡོ་རྗེ་ཕག་མོར་འཁྲིལ། །མདུན་དུ་མེ་རླུང་འཚུབ་མའི་གློང་དཀྱིལ་ན། །དམར་ཆེན་ཁྲག་མཚོ་ཁོལ་ཞིང་འཁྲུམས་པའི་དབུས། །ཧྲམས་བརྗིད་ཐངས་ཀྱི་སྐྱུ་འཁར་སྐྱི་གཡའི་གནས། །རབ་འཇིགས་དགྲ་ལྷའི་རྒྱལ་པོ་ཙིཏྟ་དམར། །སྐུ་མདོག་དམར་ལྷང་དབང་དྲག་ལྡན་པའི་སྐུ། །ལེགས་ཉེས་མ་འདྲེས་ས་ལེར་གཟིགས་པ་ཡི། །སྤྱན་གསུམ་བསྒྲད་པས་བསྐལ་བའི་མེ་དཔུང་འབར། །ཤངས་ནས་གདུག་པའི་འཐོར་རླུང་ཕྱོགས་བཅུར་འཚུབས། །མཆེ་བ་དཀར་པོ་གངས་རི་ལྟ་བུར་གཙིགས། །ཁྲག་ལྕེ་དམར་པོ་གློག་ལྟར་ཁྱུགས་སེ་ཁྱུག །ཞལ་ནས་གདུག་པའི་ངན་སྔགས་འབྲུག་ལྟར་སྒྲོགས། །སྐུ་ལ་དབང་གི་མདོག་ཅན་བེར་ཆེན་གསོལ། །ཞབས་ལ་སག་ཧྲིའི་ལྷམ་ཆེན་ཡུ་རིང་མནབས། །ཕྱག་གཡས་བཙན་ཞགས་དགྲ་བོའི་རྐེ་ནས་འཆིང་། །གཡོན་པས་ཟངས་མདུང་དགྲ་བོའི་སྙིང་ལ་བསྣུན། །སྟག་རལ་གཡས་ལ་གཟིག་ཤུབས་གཡོན་དུ་འཕྱང་། །ཆིབས་སུ་ཧ་ནག་རླུང་གཤོག་ཅན་ལ་ཆིབས། །སྐུ་ལྷ་ཞལ་གྱི་ལྷ་བཙན་ཆེན་པོ་ནི། །ཆིབས་སུ་སྨུག་པོ་ཤ་གདོང་ཅན་ལ་ཆིབས། །ཁྲོ་ཤོད་བོད་ཀྱི་སྒྲང་དམག་ཆེན་པོ་ནི། །ཆིབས་སུ་མཚལ་ལུ་རྔོང་དཀར་ཅན་ལ་ཆིབས། །ནྡྲ་ཙ་གོས་སྔོན་གླུ་བཙན་ཆེན་པོ་ནི། །ཅང་ཤེས་གསེར་མདོག་རླུང་གཤོག་ཅན་ལ་ཆིབས། །རྡོ་རིང་དམར་པོའི་ཁྲི་བཙན་ཆེན་པོ་ནི། །རྒྱུད་དམར་དབོ་དཀར་སྨུར་མགྱོགས་ལྡན་

པར་ཤིབས། །ཀང་ཀ་ཐོད་ནག་བདུད་བཙན་ཆེན་པོ་ནི། །ཅང་ཤེས་རག་པ་གཞུང་ནག་ཅན་ལ་ཤིབས། །རྩལ་ཐོགས་རྒྱུག་གི་གྲི་བཙན་ཆེན་པོ་ནི། །ཅང་ཤེས་རྟ་མཆོག་རླུང་གཤོག་ཅན་ལ་ཤིབས། །ཀུན་ཀྱང་སྟག་རལ་གཡས་ལ་གཟིག་ཤུབས་གཡོན། །གཡས་ཀྱི་རི་འདྲེན་དཔའ་བོ་སྟག་ཆས་བརྒྱ། །གཡོན་གྱི་རུ་འདྲེན་ཉན་ཐོས་དགྲ་བཅོམ་བརྒྱ། །སྔོན་གྱི་ཤུལ་མཆོན་ཤན་ཧི་བདུད་མོ་བརྒྱ། །སླད་ཀྱི་རྗེས་འབྲང་བརྗེ་ནག་མོ་བརྒྱ། །སྐུ་ཡི་སྒྲོ་བསང་ན་ཆུང་མཛོས་མ་བརྒྱ། །ཕྱི་བློན་ནང་བློན་དགྲེས་སྦེ་བཙུན་མོའི་ཚོགས། །དྲེགས་པ་སྡེ་བརྒྱད་དམག་གི་དཔུང་ཚོགས་བཅས། །ས་དང་བར་སྣང་ཁྱོན་རྣམས་ཡོངས་གང་ནས། །རྣལ་འབྱོར་གདུང་བ་དྲག་པོས་འབོད་ལགས་ན། །མཁའ་ལ་གློག་དམར་འཁྱུགས་པ་ཇི་བཞིན་བྱོན། །ཅི་བགྱིས་བཀའ་ཉན་དགྱེས་པར་བཞུགས་ནས་ཀྱང་། །རང་སེམས་ཆོས་སྐྱོང་ལོགས་སུ་མ་གྲུབ་པས། །གཉིས་མེད་ཁྱབ་བརྡལ་ཆེན་པོར་ཕྱག་འཚལ་ལོ། །ཉམས་པའི་སླིང་ཁྲག་དྲོན་མོའི་མཆོད་ཡོན་དང་། །སྨན་པ་ལྷར་གནག་དུག་ཆུའི་ཞབས་བསིལ་རྒྱུན། །དགྲ་བགེགས་བསྒྲལ་བའི་དབང་པོའི་མེ་ཏོག་བཀྲ། །དགྲ་ཤིལ་དྲོན་མོ་བཞུས་པའི་ཞུན་མེ་མཆོག །གསེར་གྱི་མདོག་ཅན་དྲི་ཆབ་མཚོ་ལྟར་བསྐྱིལ། །ཤ་རུས་ཞལ་ཟས་དོན་སླིང་རི་ལྟར་སྤུངས། །དམར་སེར་མདངས་ལྡན་རྒྱ་ཛ་དད་ལྡན་རྒྱུན། །སྨྱོས་བྱེད་ཁྲག་ཆང་ཐ་ཧླབས་རབ་ཏུ་གཡོ། །གསེར་སྐྱེམས་གཡུ་སྐྱེམས་ཕུད་ཀྲོད་མཚོ་ལྟར་བསྐྱིལ། །ལྷ་མཆོག་ཁྱེད་ཀྱི་ཕྱི་ནང་གསང་བའི་རྟེན། །མ་ཚང་མེད་པ་གྲུས་པས་འབུལ་ལགས་ན། །དགྱེས་པར་བཞེས་ལ་ཐུགས་དམ་བསྐང་གྱུར་ཅིག །ཁྱེད་ལ་ཕྲིན་ལས་

གཉན་པོ་བཅོལ་བ་ནི། །སྔོན་ཚེ་སློབ་དཔོན་པདྨ་འབྱུང་གནས་ཀྱིས། །བསམ་ཡས་བར་ཁང་གཡུ་ཞལ་འབར་བ་ནས། །འཇིག་རྟེན་མཆོད་བསྟོད་དཀྱིལ་འཁོར་ཞལ་ཕྱེས་ཚེ། །དཀྱིལ་འཁོར་གཉན་པོའི་གྲལ་དུ་བཞག་ནས་ཀྱང་། །སྲུང་མར་བསྒོས་ནས་དམ་ལ་བཞག་པའི་ཚེ། །ཇི་ལྟར་ཁས་བླངས་དམ་ཚིག་རྗེས་དགོངས་ལ། །ད་ལྟ་སྙིགས་མ་ལྔ་ཡི་ཡང་མཐའ་འདིར། །རྒྱལ་བསྟན་སྤྱི་དང་ཁྱད་པར་སྔ་འགྱུར་གྱི། །བསྟན་པའི་ཉི་མ་ཕྱོགས་བཅུར་རྒྱས་པ་དང་། །དགེ་འདུན་སྡེ་ཚོགས་དབྱར་གྱི་མཚོ་ལྟར་རྒྱས། །བཤད་སྒྲུབ་བསྟན་པ་ཕྱོགས་བཅུར་རྒྱས་པར་མཛོད། །རྣམ་དག་བསླབ་པ་གསུམ་གྱིས་རྒྱུད་ཕྱུག་ཅིང་། །སྙན་གྲགས་དབྱར་རྔ་ཕྱོགས་བཅུར་རྒྱས་པ་དང་། །བསྐྱེད་རྫོགས་ཟབ་མོའི་ལམ་ལ་རབ་ཞུགས་ནས། །བཞེད་དོན་ཕྲིན་ལས་ལྷུན་གྱིས་གྲུབ་པར་མཛོད། །ལུང་དང་རྟོགས་པའི་བསྟན་པ་རིན་པོ་ཆེ། །བསྒྲུབ་ཅིང་བསྐྱོན་པར་བྱེད་པའི་གང་ཟག་ལ། །མི་དང་མི་མིན་འབྱུང་པོའི་ཚོགས་རྣམས་ཀུན། །སྙིང་ཁྲག་དམར་པོ་རུབ་ཀྱིས་བཞེས་ལ་སྒྲོལ། །གཞི་བྱེས་ལམ་གསུམ་གང་དུ་འདུག་གྱུར་ཀྱང་། །ཉིན་མཚན་དུས་དྲུག་ཀུན་ཏུ་མ་གཡེལ་བར། །རྟག་ཏུ་མགོན་སྐྱབས་སྐྱོང་གྲོགས་མཛད་པ་དང་། །ལམ་སྲང་འཇིགས་པའི་འཕྲང་ལས་སྒྲོལ་བར་མཛོད། །བསྟན་ལ་འཁྲུ་ཞིང་བདག་ལ་སྡང་བ་ཡི། །ལོག་ལྟ་བསམ་སྦྱོར་ངན་པའི་སྡེ་རིས་ཚོགས། །ལྟས་ངན་ཆེ་འཕྲུལ་སྣ་ཚོགས་ཅིར་ཡང་སྟོན། །མིང་ཙམ་མེད་པར་བརླག་པའི་ཕྲིན་ལས་མཛོད། །དྲག་ཤུལ་ཆེ་བཙན་རྒྱལ་བློན་རྗེ་འབངས་དང་། །ལྷ་ཀླུ་མི་ཡི་ཟས་ནོར་ལོངས་སྤྱོད་སོགས། །ཁམས་གསུམ་སྲིད་གསུམ་དབང་དུ་འདུ་བ་དང་། །མདོར་ན་ཡིད་ལ་ཅི་འདོད་འགྲུབ་པར་

མཛོད། །རྒྱན་དང་རྩོད་པ་ཀུན་ལས་རབ་རྒྱལ་ཞིང་། །གཤེད་མའི་དམག་གིས་གནོད་ཅིང་འཚེ་བ་ན། །ཕ་རོལ་དཔུང་ཚོགས་གཡུལ་ལས་རྒྱལ་བ་དང་། །ལྟས་ངན་ཆོ་འཕྲུལ་གཏོང་བའི་ཕྱིན་ལས་མཛོད། །དགྲ་ཐག་ཆོམ་རྐུན་གཤེད་མས་མི་འཚེ་ཞིང་། །ཏྲ་ཕྱུགས་གནག་ལུག་རིགས་རྣམས་འཕེལ་བ་དང་། །གོད་ཁ་ཞི་ཞིང་ཕྱུགས་ཀྱིས་ས་སྟེང་ཁྱབ། །དགྲ་ཐག་ཆོམ་རྐུན་གཅན་སྦྱང་འཚེ་བ་སོགས། །མི་མཐུན་གནོད་པའི་རིགས་ཀུན་ཞི་བར་མཛོད། །བདག་ཅག་བྱང་ཆུབ་སྒྲུབ་པའི་གང་ཟག་ལ། །འགལ་རྐྱེན་བར་ཆད་མཐའ་དག་རབ་ཞི་ནས། །མཐུན་པའི་འདོད་དོན་མ་ལུས་འགྲུབ་པ་དང་། །ལེགས་ཚོགས་ཡར་ངོའི་ཟླ་བ་ཇི་ལྟར་བཞིན། །གོང་ནས་གོང་དུ་འཕེལ་བའི་སྟོང་གྲོགས་མཛོད། །ཅེས་ཧོར་སྤྱི་ཁྲབ་ཀྱི་དྲུང་ཡིག་ཚེ་རིང་ཕུན་ཚོགས་ནས་གནོད་སྦྱིན་ཙིའུ་དམར་པོའི་འཕྲིན་བཅོལ་འདི་འདྲ་ཞིག་དགོས་ཞེས་ཡང་ཡང་བསྐུལ་བའི་ངོར་ལྷུགས་མོ་ལུག་ལོའི་ཟླ་དགུ་པའི་ཚེས་ཉེར་གཅིག་ལ་རྫོགས་ཆེན་སྐྱེ་ཕྲེང་ལྔ་པ་ཐུབ་བསྟན་ཆོས་ཀྱི་རྡོ་རྗེས་རུ་དམ་ཨོ་རྒྱན་བསམ་གཏན་ཆོས་གླིང་གི་ཡང་རྩེ་འཆི་མེད་གྲུབ་པའི་དགའ་ཚལ་ནས་བྲིས་པ་བསྟན་འགྲོར་སྨན་པའི་རྒྱུར་གྱུར་ཅིག །སརྦ་མངྒ་ལཾ། ། ། །

༄༅། །ཨོ་རྒྱན་དམར་ཁྲིད་བཅོལ་སྐྱོག་གི་ཁྲིད་བ་བཞུགས་སོ།།

ཧོ། དགོངས་སུ་གསོལ་ལོ་གཉོད་སྤྲིན་ཨོ་རྒྱན་དམར། །གསན་དུ་གསོལ་ལོ་མཐུ་ཆེན་ཡང་ལེ་བེར། །རྩོད་ལྡན་སྙིགས་མ་ལྔ་བདོའི་ཡང་མཐར་འདིར། །དཀར་ཕྱོགས་ལྷ་རྣམས་དབུ་འཕང་སྨད་པ་དང་། །རི་རབ་ཆེན་པོའི་ཟོམ་ལ་ཞལ་ཕྱོགས་པ། །ནག་ཕྱོགས་བགེགས་རིགས་ལན་ཆགས་འབྱུང་པོ་དང་། །རྒྱལ་འགོང་ཤི་འདྲེའི་ཚོགས་རྣམས་ཁ་དར་ཆེ། །སྒྲུབ་པའི་རིག་འཛིན་རྣལ་འབྱོར་བདག་ཅག་གི །ཐུབ་བསྟན་སྲུང་མའི་དབང་པོ་ཁྱོད་ཉིད་ལས། །སྐྱབས་དང་རེ་ས་གཞན་ན་མ་མཆིས་པས། །སྔོན་ཆེ་བར་ཁང་གཡུ་ཞལ་འབར་བ་རུ། །རིག་འཛིན་སློབ་དཔོན་པདྨ་འབྱུང་གནས་ཀྱིས། །བདེ་གཤེགས་འདུས་པའི་དཀྱིལ་འཁོར་ཞལ་ཕྱེས་ཆེ། །འཇིག་རྟེན་མཆོད་བསྟོད་དཀྱིལ་འཁོར་ཆེན་པོ་ཡིས། །ཁྲལ་དུ་བཞག་ནས་རང་རང་སྲོག་སྙིང་ཕུལ། །དབང་བསྐུར་དམ་བཞག་གསང་བའི་མཚན་ཡང་བཏགས། །ཇི་ལྟར་ཁས་བླངས་དམ་ལས་མ་གཡེལ་བར། །སྔོན་གྱི་ཐ་ཚིག་གཉན་པོ་རྗེས་དགོངས་ལ། །བདག་གིས་ཁྱོད་བསྟེན་ཁྱོད་མཆོད་ཁྱོད་སྒྲུབ་ན། །ཉིན་མཚན་དུས་དྲུག་རྟག་ཏུ་མ་གཡེལ་བར། །བདག་ལ་ལུས་དང་གྲིབ་བཞིན་འགྲོགས་ནས་ཀྱང་། །བདག་ཅག་དྲང་པོའི་ལམ་ལ་ཞུགས་ན་ཡང་། །རྒྱལ་འགོང་དམ་སྲི་འབྱུང་པོའི་ཚོགས་རྣམས་ཀྱིས། །ཤེས་རྒྱུད་བརླམས་པར་བྱས་པའི་གང་ཟག

ཚོགས། །བསམ་ངན་སྦྱོར་རྩུབ་སེམས་པའི་ཚོགས་རྣམས་ཀྱིས། །དབྱེན་དང་ཕྲ་མས་འབྱེད་པར་བྱེད་པ་དང་། །བསྟན་སེལ་སྡེ་འཁྲུགས་སློང་བར་བྱེད་པའི་རིགས། །བྱད་ཕུར་རྦོད་གཏོང་བྱེད་པའི་ཚོགས་རྣམས་དང་། །སྡེ་དགྲ་ལག་བརྡར་ཕྱི་དགྲ་ཡིད་ལ་སེམས། །ད་དགྲ་ཐད་དུ་འཛོམས་པའི་དགྲ་བོ་རྣམས། །སྐྱེ་འགྲོའི་སྲོག་གི་བདག་པོ་ཁྱོད་ཉིད་ཀྱིས། །ཡོ་བླ་ཞག་དང་ཟ་མར་མ་བཞག་ལ། །ཤ་ཁྲག་དམར་གྱི་གཏོར་མ་འདི་བཞེས་ཏེ། །ད་ལྟ་ཉིད་དུ་སྒྲོལ་བའི་དུས་ལ་བབ། །སྲིད་གསུམ་འདི་ན་དྲག་ཤུལ་ཆེ་བཙན་དང་། །ལྷ་ཀླུ་མི་ཡི་ཡོངས་སྤྱོད་མཐའ་དག་ཀུན། །ལྷ་ཆེན་འཕྲུལ་དགའི་ཡོངས་སྤྱོད་ཇི་ལྟར་བཞིན། །མདོར་ན་སྲིད་པ་གསུམ་གྱི་བརྟན་གཡོ་ཀུན། །རང་དབང་མེད་པར་དབང་དུ་འདུ་བར་མཛོད། །ཚེ་དང་བསོད་ནམས་དཔལ་འབྱོར་ཕུན་སུམ་ཚོགས། །ཁ་རྗེ་དབང་ཐང་སྙན་གྲགས་རྒྱས་པ་དང་། །འཁོར་དང་བུ་སློབ་མངའ་ཐང་རབ་རྒྱས་ཤིང་། །བཤད་སྒྲུབ་དགེ་འདུན་འདུས་པའི་སྡེ་ཚོགས་ཀུན། །ཡར་ངོའི་ཟླ་བ་ལྟ་བུ་འཕེལ་བར་མཛོད། །རྒྱལ་ཁམས་ཀུན་ཏུ་ནད་མུག་མཚོན་འཁྲུགས་དང་། །དུས་ཀྱི་རྒྱུད་པ་མ་ལུས་ཀུན་ཞི་ནས། །དུས་མིན་འཆི་བའི་འཇིགས་པ་མེད་པ་དང་། །མདོར་ན་མི་མཐུན་རྐྱེན་ངན་ཀུན་སོལ་ལ། །ལས་བཞིའི་ཕྲིན་ལས་རབ་འབྱམས་མཐའ་དག་ཀུན། །ཐོགས་མེད་ཡིད་བཞིན་མྱུར་དུ་འགྲུབ་པར་མཛོད། །ཅེས་པ་འདི་ནི་འབའ་ཕུག་སྤྲུལ་སྐུ་ཆེ་བ་ནས་ཡང་ཡང་བསྐུལ་བའི་ངོར་རྫོགས་སྤྲུལ་ལྔ་པ་ཐུབ་བསྟན་ཆོས་ཀྱི་རྡོ་རྗེས་བྲིས་པ་དགེ།

༄༅། །ཙཽ་དམར་པོའི་རླུང་རྟ་སླན་པའི་སྤྲ་དབྱངས་ཞེས་བྱ་བ་བཞུགས་སོ། །

ཧྲཱིཿ དབང་དྲག་རོལ་བའི་ཞིང་ཁམས་ཆེན་པོ་ནས། །དབང་ཆེན་རྟ་མཆོག་པདྨ་ཧེ་རུ་ཀ །དབང་གི་ལྷ་མཆོག་བཀའ་སྡོད་དཔའ་བོ་ཆེ། །དབང་ཕྱུག་དྲེགས་པ་ཡོངས་ཀྱི་གཙུག་གི་རྒྱན། །བདུད་ལས་རྣམ་རྒྱལ་འཇིགས་བྱེད་ཁྲག་འཐུང་གཙོ། །བདུད་དཔུང་འདུལ་བའི་མཆོག་ལ་མངའ་བརྙེས་པ། །བདུད་སྡེ་ནག་ཕྱོགས་ཡོངས་ཀྱི་གཤེད་མ་ཆེ། །བདུད་བཞིའི་གཡུལ་ལས་རྒྱལ་བའི་ལྷ་གཅིག་པུ། །སྲིད་འདིར་ཚེ་བཙན་འཕྲན་བླ་ཐབ་བའི་ལྷ། །སྲིད་པ་གསུམ་གྱི་ཞིང་ལ་དབང་བསྒྱུར་བ། །སྲིད་ན་གནས་པའི་སྐྱེ་འགྲོའི་སྲོག་གི་བདག །སྲིད་གསུམ་དབང་ཕྱུག་དགྲ་ལྷ་ཀུན་གྱི་རྗེ། །ཆོས་དབྱིངས་བདེ་བ་ཆེན་པོའི་ངང་ཉིད་ལས། །ཆོས་ཅན་མ་འགགས་རྩ་རླུའི་རོལ་གར་བཞིན། །ཆོས་སྐྱོང་ཡོངས་ཀྱི་རྗེ་བོར་མངའ་གསོལ་བས། །ཆོས་བཞིན་སྐྱོང་ལ་མ་ཡིས་བུ་ལྟར་བརྩེ། །བསྟན་པ་རིན་ཆེན་རྟག་ཏུ་སྐྱོང་བ་དང་། །བསྟན་འཛིན་སྐྱེས་བུའི་ཚོགས་ལ་མགོན་མཛད་ཅིང་། །བསྟན་དགྲ་མ་ལུས་ཆམ་ལ་འབེབས་པར་མཛད། །བསྟན་སྲུང་དགྲ་ལྷའི་རྒྱལ་པོ་མཐུ་བོ་ཆེ། །གནོད་སྦྱིན་རྒྱལ་པོ་ཆེན་པོ་ཙཽ་དམར། །རང་སེམས་ཆོས་སྐུའི་དབྱིངས་ཀྱི་རང་བཞིན་ལ། །ཡེ་ནས་མཉམ་བརྟལ་དམ་ཚིག་དབྱེར་མེད་ཀྱང་། །བདག་ཅག་དད་གུས་གདུང་བས་འབོད་ལགས་ན། །ཁྲིན་ལས་འགྲོ་འདུལ་རྣམ་བཞིའི་རོལ་གར་གྱིས། །བརྩེ་

བའི་ཐུགས་རྗེས་འདོད་པའི་དོན་རྣམས་ཀུན། །ཡིད་ལ་ཅི་འདོད་དངོས་གྲུབ་སྟོལ་བའི་ཕྱིར། །དགྲ་ལྷའི་རྒྱལ་པོ་འཁོར་དང་བཅས་པ་ཀུན། །ཇི་ལྟར་མཁའ་ལམ་གློག་ཕྲེང་གཡོ་བ་བཞིན། །སྐད་ཅིག་ཙམ་གྱིས་གནས་འདིར་གཤེགས་ནས་ཀྱང་། །བདག་ཅག་རླུང་རྟ་བསྐྱེད་པའི་གྲོགས་མཛོད་ཅིག །མཐུ་ཆེན་སྲུང་མའི་དབང་པོའི་ཚོགས་རྣམས་ཀུན། །མཁའ་ལ་ཆར་སྤྲིན་གཏིབས་པ་ཇི་བཞིན་དུ། །གནམ་ས་རི་གླིང་བར་སྣང་ཀུན་གང་ནས། །ཀི་དང་བསྭོ་ཡི་ཅ་སྒྲ་འབྲུག་ལྟར་སྒྲོག །དགེ་མཚན་ལྡན་པའི་བ་དན་ཕྱོགས་བཅུར་བསྒྲེངས། །ཕྱོགས་ལས་རྣམ་པར་རྒྱལ་བའི་རླུང་རྟ་སྐྱེད། །རླུང་གི་རྟལ་ལྡན་རྟ་མཆོག་བ་ལ་ཏཱ། །རྫུ་འཕྲུལ་རྐང་པ་བཞི་ལ་མངའ་བརྙེས་ཤིང་། །ཞི་བ་རིན་ཆེན་སྒྲིང་དུ་བགྲོད་མཛད་པ། །ནམ་མཁའི་མདོག་ཅན་ཐོགས་མེད་མཁའ་ལ་འགྲོ། །ཡིད་འོང་ཆུ་འཛིན་དཀར་པོའི་གློང་ནས་བཞེངས། །རླུང་གི་རྒྱལ་མཚན་སྲིད་པའི་རྩེ་མོར་བསྒྲེངས། །ཕ་རོལ་རྒོལ་བ་ཀུན་ལས་རྣམ་པར་རྒྱལ། །ཕུན་ཚོགས་ཕན་བདེའི་དཔལ་ལ་སྤྱོད་པ་དང་། །ཆོས་སྲིད་སྙན་གྲགས་རླུང་རྟ་ཡར་ལ་སྐྱེད། །ཁྱད་པར་ས་ཁམས་རླུང་རྟ་དར་བར་མཛོད། །དྲག་པོའི་མེ་ཡི་རྩྭ་རྩྭ་ཕྱོགས་བཅུར་འཕྲོ། །འཛུམ་དྲུག་རྒྱས་ཤིང་དཔའ་བའི་སྙིང་སྟོབས་ལྡན། །དྲག་པོའི་ང་རོས་སྲིད་གསུམ་གཡོ་ཞིང་འདར། །ཕ་རོལ་རྒོལ་བ་ངན་པ་འཛོམས་པར་བྱེད། །དམར་ནག་མེ་དཔུང་དྲག་པོའི་གློང་ནས་བཞེངས། །དཔའ་བརྟེན་སྟོབས་ལྡན་རླུང་རྟ་ཡར་ལ་སྐྱེད། །ཁྱད་པར་མེ་ཁམས་རླུང་རྟ་དར་བར་མཛོད། །ཕ་རོལ་སྟོབས་འཕྲོག་མི་མཐུན་རྒོལ་བ་རྣམས། །ཛམས་བརྟེན་སྟོབས་ལྡན་མ་རུང་ཟིལ་གྱིས་གནོན། །སྤྲུ་གཡང་

འདོད་དགུའི་དངོས་གྲུབ་འབྱུང་གནས་ཆེ། །དུང་གི་སེནྡྷེ་གཡུ་ཡི་རལ་བ་ཅན། །གནམ་ལྕགས་རི་བོའི་ཁྲོམ་ནས་སྐུར་བཞེངས་ལ། །ཡིད་འོང་མཛེས་བརྗིད་རླུང་རྟ་ཡར་ལ་སྐྱེད། །ཁྱད་པར་ལྕགས་ཁམས་རླུང་རྟ་དར་བར་མཛོད། །འདོད་འབྱུང་ཕུན་ཚོགས་གཏེར་ལ་མངའ་བརྙེས་ཤིང་། །མར་གད་མདངས་ལྡན་རླུང་གི་ཤུགས་ལྡན་ཁྱུང་། །ཐོགས་མེད་ཁྱུར་མཛད་མཁའ་ལ་ལྡིང་ཞིང་འཕྲིངས། །རྣལ་འབྱོར་ཡིད་ལ་ཡོན་ཏན་སྟེར་བའི་ལྷ། །དཔག་བསམ་ལྗོན་པའི་རྩེ་ནས་སྐུར་བསྐྱོད་ལ། །འཛངས་འཕྲུལ་ཕུན་སུམ་ཚོགས་པའི་རླུང་རྟ་སྐྱེད། །ཁྱད་པར་རླུང་ཁམས་རླུང་རྟ་དར་བར་མཛོད། །སྨན་གྲགས་ཕྱོགས་བཅུར་ཀུན་ཏུ་ཁྱབ་བྱེད་རྟེན། །དྲག་པོའི་ང་རོས་སྟོང་གསུམ་གཡོ་ཞིང་འདར། །གློག་གི་ཕྲེང་བས་སྲིད་གསུམ་གསལ་བར་བྱེད། །སྨན་གྲགས་དབྱར་གྱི་ཧ་ཆེན་ལྡིར་བ་ལས། །མི་ཁ་གླིང་གཞི་རྒོལ་ངན་ཟིལ་གྱིས་གནོན། །ཆུ་ལྡན་ཆར་སྤྲིན་འཁྲིགས་པའི་ཀློང་ནས་བཞེངས། །དགེ་མཚན་སྨན་གྲགས་རླུང་རྟ་ཡར་ལ་སྐྱེད། །ཁྱད་པར་ཆུ་ཁམས་རླུང་རྟ་དར་བར་མཛོད། །རླུང་རྟ་བསྐྱེད་པའི་ལྷ་ཚོགས་ཐམས་ཅད་ཀྱིས། །ས་དང་བར་སྣང་ཁྱོན་ཀུན་ཡོངས་གང་ནས། །ཀུན་ཀྱང་རླུང་རྟ་བསྐྱེད་པའི་གྲོགས་མཛད་དེ། །དགེ་མཚན་སྨན་པའི་བ་དན་ཕྱོགས་བཅུར་བསྒྲེངས། །རླུང་རྟ་ཆག་ཉམས་འཐོར་ཞིག་རལ་བ་དང་། །བུག་རལ་གས་ཆག་འབྱུང་ཁམས་མི་མཐུན་པ། །གཅིག་གུད་གཅིག་བཅད་ནང་འཁྲུགས་དགྲར་འགྱུར་སོགས། །མི་མཐུན་ལོག་པ་ཀུན་ལས་སྲུང་སྐྱོབས་མཛོད། །བཀྲ་ཤིས་དཔལ་ཡོན་ལེགས་ཚོགས་མ་ལུས་ཀུན། །འདོད་འབྱུང་གཏེར་བཞིན་དངོས་གྲུབ་ཀུན་སྩོལ་

ནས། །མདོར་ན་ལེགས་པར་སྨོན་པའི་དཔལ་ཡོན་ཀུན། །སྐྱེས་བུའི་ཡིད་ལ་ཇི་ལྟར་འདོད་པ་བཞིན། །དཔག་བསམ་ཤིང་དང་ཡིད་བཞིན་ནོར་བུའི་ཚུལ། །དངོས་གྲུབ་མ་ལུས་མྱུར་དུ་བསྩལ་ནས་ཀྱང་། །བདག་ཅག་བྱང་ཆུབ་སྙིང་པོ་མ་ཐོབ་བར། །ཕྱི་ནང་གསང་བའི་བར་ཆད་ཀུན་སོལ་ལ། །སྲུང་སྐྱོབ་ཕྲིན་ལས་རྟག་ཏུ་མ་གཡེལ་བར། །ཇི་ལྟར་བཅོལ་བའི་ཕྲིན་ལས་སྒྲུབ་པར་མཛོད། །ཅེས་ཙིཏྟ་དམར་པོའི་ཀླུང་རྟ་སྐན་པའི་སྒྲ་དབྱངས་ཞེས་བྱ་བ་འདི་ནི་འབའ་ཞུག་སྤྲུལ་སྐུ་སྐུ་ཆེན་ནས་ཡང་ཡང་བསྐུལ་བའི་ངོར་རྫོགས་སྤྲུལ་ལྔ་པ་ཐུབ་བསྟན་ཆོས་ཀྱི་རྡོ་རྗེས་བྲིས་པ་དགེའོ། ། ། །

༄༅། །གནོད་སྦྱིན་ཆེན་པོའི་སྒོ་ནས་ཀླུང་རྟ་བསྐྱེད་གསོལ་སྐན་པའི་འབྲུག་སྒྲ་བཞུགས་སོ། །

བླ་མ་དང་ལྷག་པའི་ལྷ་ལ་ཕྱག་འཚལ་ལོ། །ཚུལ་འདི་ལ་དམར་གཏོར་བདུན་པ་བཏེགས། སྤོས་དཀར་དང་བསྲེས་པའི་དཀར་དམར་གསུར་དུད་བྱ། རྟ་མཆོན་དང་དར་གྱི་བ་དན་དམར་པོ་ཕྱར། སྟག་སེང་ཁྱུང་འབྲུག་རྟ་མཆོག་རྣམས་བྲིས་པའི་ཀླུང་རྟ་བཙོ་བརྒྱད། ཚང་ཕུད་གསེར་སྐྱེམས་འཐོར་ཞིང་། ཀྱཻ། པདྨ་དབང་ཆེན་རྡོ་རྗེ་ཐོད་ཕྲེང་གིས། །ཆོས་རྒྱལ་སྐུ་ལྟར་བསྟུགས་པའི་མཐུ་བོ་ཆེ། །བསྟན་སྲུང་དགྲ་ལྷའི་རྒྱལ་པོ་ཙིཏྟ་དམར་གྱིས། །རྣལ་འབྱོར་ཀླུང་རྟ་བསྐྱེད་པའི་ཕྲིན་ལས་མཛོད། །དགེ་ཚོགས་མ་ལ

ཡ་ཡི་ནགས་གླུང་ལས། །རིམ་གཉིས་ནུས་པའི་རི་མོ་ལེགས་པར་འབར། །ཕྲིན་ལས་རྣམ་བཞིའི་སྟོབས་ཤུགས་རྒྱས་པ་ཡིས། །སྟག་ཤར་འཕྲོ་བའི་རླུང་རྟ་བསྐྱེད་པར་མཛོད། །རིམ་དགུའི་ཐེག་པའི་ཀ་ལ་ཤ་རིའི་རྩེར། །ས་ལམ་མངོན་རྟོགས་གཡུ་རལ་ཕྱོགས་བརྒྱར་གཡོ། །རྩོལ་ངན་འཇོམས་པའི་མི་བཟད་མཆེ་སྡེར་བསྒྲད། །སེང་ལྷར་འཁྱིལ་བའི་རླུང་རྟ་བསྐྱེད་དུ་གསོལ། །མཐའ་བྲལ་ལྟ་བའི་གཤོག་རྩལ་རབ་ཏུ་རྒྱས། །རབ་འབྱམས་ཤེས་བྱ་མཁྱེན་པའི་གསེར་མིག་འཁྱིལ། །རྒྱལ་ཀུན་དགོངས་པའི་མཁའ་ལ་རྟག་འཕྱོ་ཡང་། །ལས་བཞི་ཁྱུང་ལྷར་ལྡིང་བའི་རླུང་རྟ་བསྐྱེད། །རྗེས་བརྩེ་སྤྲིན་ཆེན་འཁྲིགས་པར་གནས་བཅས་ཤིང་། །གང་འདུལ་ཐབས་ཀྱིས་གློག་ཕྲེང་ཅིར་ཡང་འཕྱོ། །ཕན་བདེ་བདུད་རྩིའི་ཆར་དང་ལྡན་ཅིག་ཏུ། །སྙན་གྲགས་འབྲུག་ལྷར་ལྡིར་བའི་རླུང་རྟ་བསྐྱེད། །མཐའ་གླུས་འགྲོ་ཁམས་གསེར་ལྡན་ཐ་གྲུ་ལ། །རྒྱལ་སྲས་སྤྱོད་པའི་འགྲོས་ཀྱི་རང་དབང་བསྒྱུར། །ཕྱོགས་ལས་རྣམ་པར་རྒྱལ་བའི་རྩལ་ཤུགས་འཆང་། །གཞན་དོན་རྟ་མཆོག་ལས་མྱུར་རླུང་རྟ་བསྐྱེད། །འཇམ་དཔལ་བཤེས་གཉེན་བཀའ་བརྒྱུད་སྙིང་ཐིག་གི །བསྟན་པའི་གཟུགས་བཟང་སྲིད་རྩེར་མཐོ་བ་ལ། །མི་མཐུན་གཡུལ་ལས་རྒྱལ་བའི་དགེ་མཚན་གྱིས། །རྟ་མཆོག་ནུབ་མེད་འབར་བའི་རླུང་རྟ་བསྐྱེད། །བསྟན་གཞི་བསླབ་པ་གསུམ་གྱི་རྩ་བ་བརྟན། །བསྟན་སྙིང་བྱང་ཆུབ་སེམས་ཀྱི་ཡལ་ག་ཕྱུག །བསྟན་རྩེ་གློང་ཆེན་དགོངས་པའི་འབྲས་བུ་སྨིན། །བསྟན་པ་ཡོངས་རྫོགས་འཛིན་པའི་རླུང་རྟ་བསྐྱེད། །གསང་ཆེན་བསྟན་ལ་འཁུ་བའི་གདུག་སེམས་འཆང་། །ཕྲག་དོག་ལྕེ་གཉིས་བརྒྱངས་པའི་ལྷོ་འགྲོའི་དགྲ། །དྲག་རྩལ་

མཁའ་ལྡིང་ཁྲོས་པའི་སྒེར་སྔོན་གྱིས། །འཇོམས་མཛད་མངོན་སྤྱོད་ནུས་པའི་རླུང་རྟ་བསྐྱེད། །མངའ་ཐང་ཆོས་སྲིད་ལྷུན་པོའི་སྤོ་བཞིན་མཐོ། །འདོད་དགུའི་ལོངས་སྤྱོད་མི་ཟད་གཏེར་བཞིན་བརྟན། །ཆོས་དང་རིགས་བརྒྱུད་གདུའི་རྒྱུན་བཞིན་རིང་། །བཀྲ་ཤིས་དགེ་ལེགས་རླུང་རྟ་ཡར་ལ་བསྐྱེད། ། ༀ བསྔུས་ན། ཀྱཻ། བསྟན་སྲུང་དགྲ་བླའི་རྒྱལ་པོ་འཁོར་བཅས་ཀྱིས། །རྣལ་འབྱོར་བདག་ཅག་འཁོར་དང་བཅས་པ་ཡི། །རིག་འཛིན་ཚེ་ཡི་རླུང་རྟ་ཡར་ལ་བསྐྱེད། །འཆི་མེད་རྡོ་རྗེ་སྲོག་གི་དངོས་གྲུབ་སྩོལ། །བསོད་ནམས་ནོར་གྱི་རླུང་རྟ་ཡར་ལ་བསྐྱེད། །འཛད་མེད་ནམ་མཁའ་མཛོད་ཀྱི་དངོས་གྲུབ་སྩོལ། །བཀྲག་ལྡན་ལུས་ཀྱི་རླུང་རྟ་ཡར་ལ་བསྐྱེད། །ནད་མེད་ལང་ཚོ་འབར་བའི་དངོས་གྲུབ་སྩོལ། །དབང་ཐང་རྒྱུད་ཀྱི་རླུང་རྟ་ཡར་ལ་བསྐྱེད། །སྡེ་བཞིའི་དཔལ་ལ་རོལ་བའི་དངོས་གྲུབ་སྩོལ། །སྙན་གྲགས་གཏམ་གྱི་རླུང་རྟ་ཡར་ལ་བསྐྱེད། །ལས་ལམ་ངོ་སོ་མཐོ་བའི་དངོས་གྲུབ་སྩོལ། །ཁེ་གྲགས་སྟོབས་ཀྱི་རླུང་རྟ་ཡར་ལ་བསྐྱེད། །དགྲ་དཔུང་ཆམ་ལ་འབེབས་པའི་དངོས་གྲུབ་སྩོལ། །ཚད་བྱུང་དགེ་ཚོགས་རླུང་རྟ་ཡར་ལ་བསྐྱེད། །ལུང་རྟོགས་ཡོན་ཏན་རྒྱས་པའི་དངོས་གྲུབ་སྩོལ། །རླུང་རྟ་ཡར་ལ་བསྐྱེད་པའི་རྟེན་འབྲེལ་གྱིས། །བསམ་དགུའི་ཆོས་བཞིན་འགྲུབ་པའི་བཀྲ་ཤིས་ཤོག །ཅེས་པ་འདི་ནི་སྔགས་འཆང་ཆོས་སྐྱོང་རྒྱལ་མཚན་གྱིས་ལྷ་རྫས་ཁྱད་པར་ཅན་གྱི་སྐྱེས་བཅས་བསྐུལ་ངོར་རྣལ་འབྱོར་པ་དཔལ་གྱི་རྡོ་རྗེས་གསོལ་བ་བཏབ་པ་ཛ་ཡནྟུ། དགེའོ། ། དགེའོ། །མངྒ་ལཾ། །

༄༅། །རྒྱལ་ཆེན་སྐུ་ལྔའི་ཕྲིན་ལས་ཚོགས་གཉིས་གཏེར་གྱི་འབྱུང་གནས་བཞུགས་སོ།།

ཨོཾ་སྭ་སྟི། ཆོས་དབྱིངས་སྐྱེ་བ་མེད་པའི་ངང་ཉིད་ལས། །སྐྱེ་བའི་ཆོ་འཕྲུལ་འབར་བའི་སྐུར་སྟོན་པ། །ཁྲོ་རྒྱལ་ཡོངས་ཀྱི་སྤྱི་མེས་ཧེ་རུ་ཀ །བཅོམ་ལྡན་དཔལ་ཆེན་རྡོ་རྗེ་གཞོན་ནུར་འདུད། །དེ་ལ་འདིར་ཆོས་རྒྱལ་སྐུ་ལྔའི་གཟུགས་བྲིས་འབུར་གང་རུང་ངམ་ཡང་ན་མཆོད་གཏོར་དང་། སྨན་དང་རཀྟ་ཚོགས་ཀྱི་ཡོ་བྱད་ཆུ་གཉིས་ཉེར་སྤྱོད་སོགས་འདུ་བྱས་ལ། སྤོས་དཀར་གྱི་དུད་པ་བཏང་སྟེ། རང་ཉིད་རྟ་མཆོག་ཧེ་རུ་ཀའི་ང་རྒྱལ་དང་ལྡན་པའི་ངང་ནས་རོལ་མོ་སྣ་ཚོགས་ཀྱི་སྒྲ་དང་། གདུང་བའི་དབྱངས་སྙན་པོས་འདི་སྐད་དོ། །ཧཱུྃ་ཧྲཱིཿ བདག་ཉིད་དབང་ཆེན་པདྨ་ཧེ་རུ་ཀ །སྐུ་མདོག་དམར་པོ་ཞལ་གཅིག་ཕྱག་བཞི་པ། །གཡས་གཉིས་གྲི་གུག་འགུགས་བྱེད་ལྕགས་ཀྱུ་དང་། །གཡོན་གཉིས་ཞགས་པ་བྷནྡྷ་ཁྲག་བསྐང་བསྣམས། །གར་དགའི་ཉམས་ལྡན་དུར་ཁྲོད་ཆས་ཀྱིས་བརྒྱན། །རྟ་དབུ་དཀར་དམར་ལྗང་གསུམ་གཙུག་ནས་འཚེར། །ཡུམ་ཆེན་རྡོ་རྗེ་ཕག་མོ་སྐུ་མདོག་དམར། །སྤྱི་གཙུག་ཕག་ཞལ་མཐིང་ནག་ངུར་སྒྲ་འབྱིན། །བདེ་བ་ཆེན་པོས་ཡབ་ལ་དགྱེས་པར་འཁྲིལ། །མདུན་དུ་རིན་ཆེན་ལས་གྲུབ་གཞལ་ཡས་ཁང་། །དབུས་དང་ཕྱོགས་བཞིར་པདྨ་ཉི་ཟླའི་སྟེང་། །མ་ཧཾ་རུ་དྲ་བསྒོལ་བའི་གདན་སྟེང་དུ། །དབུས་ཕྱོགས་བཅོམ་ལྡན་རྡོ་རྗེ་མི་བསྐྱོད་པ། །ཉོན་མོངས་ཞེ་སྡང་འཛོམས་པའི་ལྷ་གཅིག་པུ། །བདེ་གཤེགས་ཀུན་གྱི་ཐུགས་ཀྱི་མཆོག་མངའ་བ། །མེ་ལོང་ལྟ་བུའི་ཡེ་ཤེས་རང་མདངས་ལས། །གླིང་རྗེ་ཆེན་པོའི་དབྱིངས

ལས་མ་གཡོས་ཀྱང་། །ཡོ་ག་འདྲེན་འདུལ་བའི་གཤེད་དུ་སྐུར་སྟོན་པ། །ཐུགས་ཀྱི་རྒྱལ་པོ་བརྒྱ་བྱིན་ཆེན་པོ་ནི། །མཐིང་ནག་གནམ་སྔོན་བཞུས་པའི་མདོག་ལྟ་བུ། །དར་ནག་གོས་དང་དོམ་གྱི་སློག་པ་གསོལ། །ཕྱག་གཡས་བདུད་ཞགས་གཡོན་པས་སྤྲུ་གྲི་བསྣམས། །ཞལ་ནས་མ་རུང་གདུག་པའི་ངན་སྔགས་སྒྲོག །དབུ་ལ་མིག་སྨན་མདོག་ཅན་ཐེབ་ཞུ་གསོལ། །ཚིབས་སུ་མི་བཟང་གླང་ཆེན་སྣ་རིང་ཚིབས། །སྣ་བཟུང་མོན་བུ་པུ་ཏྲ་མཐིང་ནག་རྨས། །ཕོ་ཉ་བདུད་བྱ་ཀྱུང་ཀ་ཁྲ་ཐབ་འཁྱེད། །རོལ་དུ་མ་རུང་ཀླུང་ནག་འཚུབ་མ་ཁྲིད། །གསང་བའི་ཡུམ་གཅིག་ཤཀྟི་རོ་ཟན་མ། །ལྕགས་ཀྱུ་ཞགས་པ་བསྣམས་ནས་གཡོན་དུ་འདུད། །གཡོན་དུ་བློན་པོ་སྲོག་བདག་བྱ་རབ། །སྐུ་ལ་ཟ་འོག་སྨུག་ཁྲའི་བེར་སྨུག་གསོལ། །དར་ནག་རུ་མཚོན་ཕྱུར་ཞིང་སེང་གེ་ཚིབས། །མདུན་དུ་སྤྲུལ་པ་དགེ་བསྙེན་གཞོན་ནུའི་ཚུལ། །དར་དམར་བེར་གསོལ་ཤེལ་གྱི་ཕྲེང་བ་གསོལ། །གཡས་པས་སྤྱིག་འཇུབས་གཡོན་པས་ཟངས་གྲི་བསྣམས། །ཤར་ཕྱོགས་བཙོམ་ལྡན་ནམ་པར་སྣང་མཛད་ནི། །ཉོན་མོངས་གཏི་མུག་འཇོམས་པའི་ལྷ་གཅིག་པུ། །བདེ་གཤེགས་ཀུན་གྱི་ཡོན་ཏན་མཆོག་མངའ་བ། །མཉམ་པ་ཉིད་ཀྱི་ཡེ་ཤེས་རང་མདངས་ལས། །ཐུགས་ནི་སྙིང་རྗེའི་དབྱིངས་ལས་མ་གཡོས་ཀྱང་། །གདུལ་དཀའ་འདུལ་བའི་གཤེད་དུ་ཁྲོས་པའི་སྐུ། །སྐུ་ཡི་རྒྱལ་པོ་མོན་བུ་པུ་ཏ་ཏེ། །མིག་སྨན་མདོག་ཅན་མི་བཟད་གཏུམ་པའི་སྐུ། །མན་ཏྲི་ནག་པོའི་ན་བཟའ་སྐུ་ལ་གསོལ། །གཡས་པས་རྡོ་རྗེ་གཡོན་པས་གསེག་ཤིང་བསྣམས། །རོལ་དུ་གཏུམ་ཆེན་དོམ་ནག་སྣོན་པ་ཁྲིད། །ཕོ་ཉ་གཅན་སྤྱང་སྟག་གཟིག་དོམ་དྲེད་འཁྱེད། །གཡོན་དུ་ཡུམ་ཆེན་

བདུད་མོ་རོ་ལངས་མ། །དར་དཀར་གོས་གསོལ་དམ་ཤིང་ཁཊྭཱཾ་
བསྣམས། །གཡས་སུ་བློན་པོ་བྲ་ཁྲི་མིག་གཅིག་པ། །མཐིང་ནག་པེར་གསོལ་
སྤྲུལ་ནག་ཐོད་དུ་བཅིངས། །ཕྱག་གཉིས་རྡོ་རྗེ་འཕེན་ཤིང་རྟ་སྡོན་
ཆིབས། །མདུན་དུ་སྤྲུལ་པ་དགྲ་བཅོམ་གནོན་ནུའི་ཚུལ། །སྐུ་ལ་ཆོས་གོས་
ངུར་སྨྲིག་མདོག་ཅན་གསོལ། །ཕྱག་གཡས་གསེག་ཤང་གསེར་གྱི་སྤྲུ་གྲི་
བསྣམས། །ལྷོ་ཕྱོགས་བཅོམ་ལྡན་རིན་ཆེན་འབྱུང་ལྡན་ནི། །ཉོན་མོངས་ང་
རྒྱལ་འཇོམས་པའི་ལྷ་གཅིག་པུ། །རྒྱལ་ཀུན་ཡོན་ཏན་ཀུན་གྱི་མཛོད་འཛིན་
པ། །མཉམ་པ་ཉིད་ཀྱི་ཡེ་ཤེས་རང་མདངས་ལས། །སྙིང་རྗེ་ཆེན་པོའི་དབང་
ཕྱུག་སྐུར་སྟོན་པ། །མ་རུང་འདུལ་བའི་གཤེད་དུ་ཁྲོས་པའི་སྐུ། །ཡོན་ཏན་
རྒྱལ་པོ་གནོད་སྦྱིན་ཤིང་བྱ་ཅན། །ཤིན་ཏུ་མི་བཟད་དུག་ཆེན་ཏ་ལའི་
མདོག །སྐུ་ལ་སྤྲུལ་དང་སྟག་གི་གཡང་གཞིས་བརྒྱན། །ཕྱག་གཡས་དགྲ་སྟ་
གཡོན་པས་སྤྲུལ་ཞགས་བསྣམས། །དབུ་ཡི་ཁྲུང་མགོའི་ལྷ་སྲིན་དབང་དུ་
སྡུད། །རོལ་དུ་སྲིད་པའི་གཡུ་འབྲུག་སྟོན་མོ་འཁྲིད། །ཕོ་ཉ་སྤྲ་སྤྲེལ་བྱི་བའི་
ཚོགས་རྣམས་གཏོང་། །གཡོན་དུ་ཡུམ་ཆེན་གསེར་གྱི་སྤྲུ་གྲི་མ། །ནག་མོ་
ཕྱག་བཞི་རལ་གྲི་མདུང་ཤ་ཀྟི། །ཏྲི་ཤུལ་བ་དན་ཕྱུར་ནས་བོང་བུ་
ཆིབས། །གཡས་སུ་བློན་པོ་བྲ་རྒོད་ཐང་ནག་ནི། །དར་ནག་གོས་གསོལ་ཕྱག་
ན་གྲི་ཁྲུག་བསྣམས། །ཆིབས་སུ་མིག་སྨན་མདོག་ཅན་དྲེལ་ལ་རྟ་
ཆིབས། །མདུན་དུ་སྤྲུལ་པ་སྐུ་མདོག་སྔོ་སྐྱ་ཅན། །སྐུ་ལ་མན་ཏྲི་དམར་པོའི་ག་
ཤ་ཅན། །ཕྱག་ན་རབ་མཛེས་སྨྲ་གུག་མཆུ་རིང་བསྣམས། །ནུབ་ཕྱོགས་བཅོམ་
ལྡན་སྣང་བ་མཐའ་ཡས་ནི། །ཉོན་མོངས་འདོད་ཆགས་འཇོམས་པའི་ལྷ་གཅིག་

ཕྱུ། །རྒྱལ་བ་ཀུན་གྱི་གསུང་གི་རྡོ་རྗེ་འཛིན། །སོ་སོར་རྟོག་པའི་ཡེ་ཤེས་རང་
མདངས་ལས། །སྙིང་རྗེ་ཆེན་པོའི་དབྱིངས་ལས་མ་གཡོས་ཀྱང་། །གདུལ་
དཀའི་གཤེད་སྤྱུར་རྣམས་བརྗིད་འབར་བའི་སྐུ། །གསུང་གི་རྒྱལ་པོ་དགྲ་ལྷ་སྐྱེས་
གཅིག་ཕྱུ། །སྐུ་མདོག་དམར་པོ་དུས་མཐའི་མེ་ལྟར་འབར། །དར་ནག་འཛོལ་
བེར་ལྷབ་ལྷུབ་སྐུ་ལ་གསོལ། །ཕྱག་གཡས་སྨྲ་འཁར་གཡོན་ན་ཙཀྲན་
ཐིང་། །ཆིབས་སུ་ཤུགས་ལྡན་དྲེལ་ནག་རྐང་དཀར་ཆིབས། །རོལ་དུ་ལྷུགས་
ཀྱི་སྤྱང་མོ་འདུར་བ་ཁྲིད། །ཕོ་ཉ་ལྷུགས་ཀྱི་བྱ་ཁྲ་མང་པོ་འགྱེད། །གཡོན་དུ་
ཡུམ་ཆེན་འཛིན་བྱེད་པདྨ་སྐྱེས། །དར་ནག་བེར་གསོལ་དམ་ཤིང་ཁཊྭཱ་
བསྣམས། །གཡས་སུ་བློན་པོ་རྡོ་རྗེ་གྲགས་ལྡན་ནི། །སྐུ་མདོག་དམར་ནག་
དར་དམར་ཆོས་གོས་གསོལ། །ཕྱག་གཡས་གསེར་ཤིང་གཡོན་པས་གསེག་ཤང་
བསྣམས། །ཆིབས་སུ་ཤུགས་ལྡན་རྟ་མོང་གྭ་བ་ཆིབས། །མདུན་དུ་སྤྲུལ་པ་
མཐིང་ནག་ཁྲོས་པའི་སྐུ། །ཉོན་མོངས་ཕྲག་དོག་འཛོམས་པའི་ལྷ་གཅིག་
ཕྱུ། །རྒྱལ་ཀུན་ཕྲིན་ལས་ཡོན་ཏན་རྫོགས་པའི་ལྷ། །བྱ་བ་གྲུབ་པའི་ཡེ་ཤེས་
རང་མདངས་ལས། །ཐུགས་ནི་སྙིང་རྗེ་ཆེན་པོའི་བདག་ཉིད་ཅན། །བདུད་
དཔུང་མ་ལུས་འདུལ་བའི་གཤེད་པོ་ཆེ། །ཕྲིན་ལས་རྒྱལ་ཆེན་ཞལ་གསུམ་མི་བོ་
ཆེ། །ཞལ་གསུམ་གཡས་ནག་གཡོན་དམར་དབུས་དཀར་བ། །ཐོད་ཆེན་སྟེང་
ན་སག་ཞུ་གདུགས་སྟབས་གསོལ། །ཕྱག་དྲུག་གཡས་ན་ལྕགས་ཀྱུ་མདའ་རལ་
གྲི། །གཡོན་ན་སྦྲུ་གྲི་གཞུ་དང་བེར་ག་བསྣམས། །སྐུ་སྟོད་དར་གྱི་རལ་ག་
དཀར་པོ་གསོལ། །སྐུ་སྨད་ཞིང་ལྤགས་སྟག་གི་ཤམ་ཐབས་ཅན། །ཆིབས་སུ་
གངས་ཀྱི་སེང་གེ་དཀར་མོ་ཆིབས། །སྔ་བཟུང་མོན་བུ་མཋ་ཧྲིའི་ག་ཤ་

ཙན། །རོལ་དུ་སྲིད་པའི་རླུང་ནག་འཚུབས་མ་ཁྲིད། །ཕོ་ཉ་བདུད་བྲོ་མ་རུང་ལྷུང་ཀ་གཏོང་། །གཡོན་དུ་ཡུམ་ཆེན་བདུད་བཟའ་སྨིན་དཀར་མ། །སྐུ་མདོག་མཐིང་ནག་བདུད་ཀྱི་སློག་པ་གསོལ། །ཕྱག་གཡས་དམ་ཤིང་གཡོན་པས་ཐྲཊྛ་བསྣམས། །གཡས་སུ་བློན་པོ་པུ་ཏ་ནག་པོ་ནི། །སྐུ་མདོག་མིག་སྨིན་མདོག་ཙན་རལ་ག་གསོལ། །ཁྲི་གུག་བསྣམས་ཤིང་དྲེལ་རྟ་ནག་པོ་ཆིབས། །མདུན་དུ་སྤྲུལ་པ་མདོག་ནག་མི་སྡུག་པ། །ཞིང་ལྤགས་གཡང་གཞི་སྤྲུལ་གྱི་རྒྱན་པོས་བརྒྱན། །ཕྱག་ན་སྡིག་དང་སྦྲུང་གིའི་རྒྱལ་མཚན་འཕྱར། །གཞན་ཡང་ཕྱོགས་དང་ཕྱོགས་མཚམས་ཐམས་ཙད་དུ། །གནམ་གྱི་ཡར་བླར་བྱིས་པ་ལོ་བརྒྱད་པ། །གནོད་སྦྱིན་རྡོ་རྗེ་ཐོག་འབེབས་མཐུ་བོ་ཆེ། །རྡོ་རྗེ་ཁྱུང་ཆེན་ཀླུ་འབྲུག་འདུལ་བ་པོ། །ལྷ་ཡི་དགེ་བསྙེན་མ་ཧཱ་ཀ་ལ་དཔལ། །མགོན་པོ་ནག་པོ་བྲ་གོད་ཐང་ནག་དང་། །སྲོག་བདག་ཛམས་པ་དམག་དཔོན་ཆེན་པོའི་ཚོགས། །ཟ་འོག་སྡིག་དང་སེང་གེ་རྨ་བྱ་དོམ། །སྦྲུང་གི་བྱ་རྒོད་སྤྲེའུ་བྱི་ལ་ཡི། །རྒྱལ་མཚན་ཕྱར་ཞིང་ལས་བྱེད་དྲེགས་པའི་དམག །གཡས་ཀྱི་རུ་འདྲེན་དགེ་སློང་སྟོང་སྡེའི་ཚོགས། །གཡོན་གྱི་རུ་འདྲེན་བཙེ་ནག་པོའི་ཚོགས། །སྔོན་གྱི་ཞུལ་མཆོད་ཤཀྱིང་བདུད་མོ་འབུམ། །ཁོལ་པོ་སྡིག་ཆས་གཟིག་ཆས་འབུམ་ཕྲག་སྟོང་། །སྐུ་ཡི་སྐྱོ་བསང་འབག་སེང་གར་མཁན་འབུམ། །སེང་ལྷར་མཆོང་བ་སྡིག་ལྷར་ཛམས་པ་དང་། །ཁྱུང་ལྷར་ལྡིང་བ་ཁྲ་ལྷར་འཛུལ་བའི་ཚོགས། །སྦྲུང་ལྷར་རྒྱུག་པའི་ལས་བྱེད་མཁའ་དང་མཉམ། །སྤྲུ་གྲི་མཆེད་ལྔ་སྔོང་དཔོན་མཆེད་བདུན་སོགས། །གཞན་ཡང་རྒྱལ་པོ་ཆེན་པོའི་དཀའ་འཁོར་ནི། །གནས་པའི་ལྷ་སྲིན་འཇིག་རྟེན་དྲེགས་པའི་ཚོགས། །ཉི་ཟེར་རྟུལ་ལྷར

བསམ་གྱི་མི་ཁྱབ་པ། །ས་དང་བར་སྣང་ཁྱོན་ཀུན་གང་བར་གྱུར། །སྤྱན་འདྲེན་པ་ནི། ཧཱུྃ། ནམ་མཁའི་དབྱིངས་ཀྱི་ད་ལ་ཆེན་པོ་ནས། །དབུས་ཕྱོགས་ཐུགས་ཀྱི་རྒྱལ་པོ་ཆེན་པོ་དང་། །གསང་བའི་ཡུམ་ཆེན་ཤི་ཀྣང་རོ་ཟན་མ། །བཀའ་ཡི་བློན་པོ་སྒྲོག་བདག་བྲ་ར་བ། །འཁོར་དང་བཅས་པ་གནས་འདིར་གཤེགས་སུ་གསོལ། །ཤར་ཕྱོགས་དུང་གི་སྐུ་མཁར་རྩེ་དགུ་ནས། །སྐུ་ཡི་རྒྱལ་པོ་མོན་བུ་པུ་ཏྲ་ཏེ། །གསང་བའི་ཡུམ་ཆེན་བདུད་མོ་རོ་ལངས་མ། །བཀའ་ཡི་བློན་པོ་བྲ་ཁྲི་མིག་གཅིག་པུ། །འཁོར་དང་བཅས་པ་གནས་འདིར་གཤེགས་སུ་གསོལ། །ལྷོ་ཕྱོགས་རིན་ཆེན་གསེར་གྱི་གཞལ་ཡས་ནས། །ཡོན་ཏན་རྒྱལ་པོ་གནོད་སྦྱིན་ཤིང་བྱ་ཅན། །གསང་བའི་ཡུམ་ཆེན་གསེར་གྱི་སྤྲུ་གྲི་མ། །བཀའ་ཡི་བློན་པོ་བྱ་རྒོད་ཐང་ནག་སྟེ། །འཁོར་དང་བཅས་པ་གནས་འདིར་གཤེགས་སུ་གསོལ། །ནུབ་ཕྱོགས་བྱེ་རུ་དམར་པོའི་གཞལ་ཡས་ནས། །གསུང་གི་རྒྱལ་པོ་དགྲ་ལྷ་སྐྱེས་གཅིག་པུ། །གསང་བའི་ཡུམ་ཆེན་འཛིན་བྱེད་པདྨ་སྐྱེས། །བཀའ་ཡི་བློན་པོ་རྡོ་རྗེ་གྲགས་ལྡན་ཏེ། །འཁོར་དང་བཅས་པ་གནས་འདིར་གཤེགས་སུ་གསོལ། །བྱང་ཕྱོགས་ལྕགས་ཀྱི་ཕོ་བྲང་རྩེ་དགུ་ནས། །ཕྲིན་ལས་རྒྱལ་ཆེན་ཞལ་གསུམ་མི་བོ་ཆེ། །གསང་བའི་ཡུམ་ཆེན་བདུད་བཟའ་སྨིན་དཀར་མ། །བཀའ་ཡི་བློན་པོ་པུ་ཏྲ་ནག་པོའི་དཔལ། །འཁོར་དང་བཅས་པ་གནས་འདིར་གཤེགས་སུ་གསོལ། །གཞན་ཡང་གར་བཞུགས་གནས་མཆོག་དམ་པ་ནས། །རང་རང་སྤྲུལ་པ་ཡང་སྤྲུལ་འཁོར་དང་བཅས། །རུ་འདྲེན་སྡེ་བཞི་ལྷ་སྲིན་འབུམ་གྱི་ཚོགས། །གནམ་ས་རི་ལུང་བར་སྣང་ཁྱོན་ཀུན་གང་། །ཉི་ཟེར་རྡུལ་ལྟར་

བསམ་གྱིས་མི་ཁྱབ་པ། །བདག་ཅག་དད་པའི་ཡིད་ཀྱིས་འབོད་ལགས་ན། །རྒྱལ་ཆེན་འཁོར་དང་བཅས་པ་མ་ལུས་ཀུན། །བཞུག་པའི་གླུ་ལེན་གྱི་བསོའི་སྒྲ་དང་བཅས། །ཁ་ཆར་བུ་ཡུག་འཚུབས་པ་ཇི་བཞིན་དུ། །སྐད་ཅིག་ཙམ་གྱིས་གནས་འདིར་གཤེགས་སུ་གསོལ། །བཛྲ་ས་མ་ཛཿ བཞུགས་གསོལ་ནི། ཧཱུཾ། སངས་རྒྱས་བསྟན་པ་གཉན་པོ་སྲུང་བ་དང་། །གདུག་པའི་དགྲ་བགེགས་མ་ལུས་འདུལ་བའི་ཕྱིར། །རབ་འཇིགས་ཕོ་བྲང་ཆེན་པོའི་དཀྱིལ་འཁོར་དུ། །དགྲ་དགེགས་ཕོ་མོ་བསྒོལ་བའི་གདན་སྟེང་དུ། །སྤྲུལ་པའི་ཆོས་རྒྱལ་ཆེན་པོ་འཁོར་དང་བཅས། །རང་རང་དགྱེས་པའི་གདན་ཁྲི་ཡངས་པའི་སྟེང་། །གཉིས་མེད་དགྱེས་པ་ཆེན་པོར་བཞུགས་སུ་གསོལ། །ས་མ་ཡ་ཏིཥྛ་ལྷན། ཕྱག་འཚལ་བ་ནི། ཧྲཱིཿ མཐུ་སྟོབས་དབང་ཕྱུག་དྲེགས་པ་ཡོངས་ཀྱི་གཙོ། །སྤྲུལ་པའི་ཆོས་རྒྱལ་ཆེན་པོ་སྐུ་ལྷ་པོ། །མི་བཟད་གར་དགུའི་ཉམས་ལྡན་འཇིགས་པའི་སྐུ། །ཡབ་ཡུམ་སྲས་དང་སྤྲུལ་པ་བློན་པོ་དང་། །རྡུ་འདྲེན་སྡེ་བཞི་ཡང་སྤྲུལ་དམ་ཅན་ཚོགས། །སྣང་ཞིང་སྲིད་པའི་ལྷ་སྲིན་དྲེགས་པའི་དམག །འབུམ་ཕྲག་ཡངས་པའི་འཁོར་ཚོགས་རྒྱ་མཚོ་ལ། །བདག་ཅག་དད་པའི་ཡིད་ཀྱིས་ཕྱག་འཚལ་ལོ། །ཨ་ཏི་པུ་ཧོ། པྲ་ཏི་ཙ་ཧོ། མཆོད་པ་ནི། ཧྲཱིཿ སྟོང་གསུམ་འདིའམ་སྟོང་གསུམ་གཞན་དག་ནི། །གཙང་སྦྲར་མཆོད་ཡོན་དག་ཁྱེད་ཞབས་བསིལ་དང་། །རྩམ་བཀྲའི་མེ་ཏོག་བདུག་པའི་སྤྲིན་ཕུང་འཁྲོ། །སྣང་གསལ་འོད་ལྡན་དྲི་ཆབ་བྱུག་པའི་མཚོ། །རོ་བརྒྱའི་ཞལ་ཟས་སྙན་བརྗོད་རོལ་མོའི་སྒྲ། །གཟུགས་སྒྲ་དྲི་རོ་རེག་བྱ་ཆོས་རྡོ་རྗེ། །ཡིད་འོང་ལྷ་ཡི་འཆི་མེད་བདུད་རྩིའི་མཚོ། །བཀྲ་ཤིས་རྫས་རྟགས་རྒྱལ་སྲིད་རིན་ཆེན་

བདུན། །ཨ་མྲྀ་ཏ་དང་རཀྟ་དམར་གྱི་མཚོ། །དམ་རྫས་བདུད་རྩི་སྦྱར་བའི་བླ
ལིངྟ། །དམར་ཆེན་མཆོད་ཡོན་དུག་ཆུའི་ཞབས་བསིལ་དང་། །དབང་ལྔའི་མེ་
ཏོག་ཆིལ་ཆེན་དུད་པའི་སྤྲིན། །ཞུན་ཆེན་མར་མེ་མཁྲིས་པའི་དྲི་ཆབ་དང་། །ཤ་
ཁྲག་རུས་པའི་ཞལ་ཟས་རི་ལྟར་སྤུང་། །རྐང་གླིང་ཐོད་རྔའི་སྒྲ་དབྱངས་ལ་སོགས་
པའི། །རབ་འབྱམས་ནམ་མཁའ་གང་བ་མཆོད་པ་འབུལ། །བཞེས་ནས་
འདོད་པའི་དངོས་གྲུབ་སྩལ་དུ་གསོལ། །ཨོཾ་བཛྲ་ཨརྒྷཾ་པཱདྱཾ་པུཥྤེ་དྷཱུ་པེ་ཨཱ་ལོ་ཀེ་
གནྡྷེ་ནཻ་ཝི་དྱ་ཤབྡ་མ་ཧཱ་པཉྩ་ཨ་མྲྀ་ཏ་རཀྟ་བླ་ལིངྟ་ཁ་ཁ་ཁཱ་ཧི་ཁཱ་ཧི། བསྟོད་པ་ནི།
ཧཱུྃ། ཆོས་དབྱིངས་སྐྱེ་བ་མེད་པའི་ངང་ཉིད་ལས། །གདོད་ནས་རྣམ་དག་རྒྱལ་
བ་རིགས་ལྔ་སྟེ། །སྙིང་རྗེ་ཆེན་པོའི་དབྱིངས་ལས་མ་གཡོས་ཀྱང་། །སྤྲུལ་
པའི་ཆོས་རྒྱལ་ཆེན་པོ་སྐུ་ལྔ་ཤར། །མཐིང་ནག་མི་སྲུན་ནམ་མཁའ་ཞུན་མའི་
མདོག །དར་ནག་གོས་དང་དོམ་གྱི་སློག་པ་གསོལ། །བདུད་ཞགས་སྤུ་གྲི་
བསྣམས་ཤིང་གླང་ཆེན་ཆིབས། །དབུས་ཕྱོགས་ཐུགས་ཀྱི་རྒྱལ་པོ་ཁྱོད་ལ་
བསྟོད། །མིག་སྨན་མདོག་ཅན་ཤིན་ཏུ་ཁྲོས་པའི་སྐུ། །མཆ་ཏི་ནག་པོའི་བེར་
ཆེན་སྐུ་ལ་གསོལ། །རྡོ་རྗེ་གསེག་ཤང་བསྣམས་ནས་དོམ་ནག་ཁྲིད། །ཤར་
ཕྱོགས་སྐུ་ཡི་རྒྱལ་ཆེན་ཁྱོད་ལ་བསྟོད། །མི་བཟད་གཏུམ་ཆེན་དུག་ཆེན་ཧ་ལའི་
མདོག །སྦྲུལ་ནག་ཆུན་པོ་སྟག་གི་གཡང་གཞི་གསོལ། །དགྲ་སྡེ་སྦྲུལ་
ཞགས་བསྣམས་ནས་གཡུ་འབྲུག་ཁྲིད། །ལྷོ་ཕྱོགས་ཡོན་ཏན་རྒྱལ་པོ་ཁྱོད་ལ་
བསྟོད། །རབ་འཇིགས་སྐུ་ནི་བསྐལ་བའི་མེ་ལྟར་འབར། །མིག་སྨན་མདོག་
ཅན་འཇོལ་བེར་སྐུ་ལ་གསོལ། །སྒྲ་འཁར་ཞིང་དབྱུག་བསྣམས་ནས་དྲེལ་ནག་
ཆིབས། །ནུབ་ཕྱོགས་གསུང་གི་རྒྱལ་པོ་ཁྱོད་ལ་བསྟོད། །དགྲ་ལྷའི་རྒྱལ་པོ་

ཞལ་གསུམ་མི་བོ་ཆེ། །དར་དཀར་རལ་ག་ཞིང་དང་སྟག་ཤམ་དགྲིས། །ལྕུགས་ཀྱུ་མདའ་རལ་སྤྱུ་གྲི་འབར་བ་དང་། །གཞུ་དང་བེར་ག་བསྣམས་ནས་སེང་གེ་ཆིབས། །བྱང་ཕྱོགས་ཕྲིན་ལས་རྒྱལ་ཆེན་ཕྱོད་ལ་བསྟོད། །ཨིནྡྲ་ནི་ལའི་མདོག་འདྲ་ཁྲོ་མོའི་སྐུ། །མཐིང་ནག་ཐེར་དང་ཞིང་ཆེན་གཡང་གཞི་གསོལ། །ལྕུགས་ཀྱུ་ཞགས་པ་བསྣམས་ནས་ཡབ་ལ་འདུད། །ཡུམ་ཆེན་ཤཀྟིང་རོ་ཟན་མ་ལ་བསྟོད། །ཤིན་ཏུ་མི་བཟད་དབྱར་གྱི་ཆར་སྤྲིན་མདོག །གངས་རིའི་མདོག་ཅན་འཛོལ་བེར་སྐུ་ལ་གསོལ། །དམ་ཤིང་རཀྟ་ཁྲག་གི་བཀང་བ་བསྣམས། །ཡུམ་ཆེན་བདུད་མོ་རོ་ལངས་མ་ལ་བསྟོད། །ནག་མོ་མི་སྲུན་ཤིན་ཏུ་ཁྲོ་བོའི་སྐུ། །རལ་གྲི་མདུང་དང་ཤཀྟི་ཏྲི་ཤུལ་བསྣམས། །མཐིང་ནག་ཐེར་གསོལ་བོང་བུ་གྱ་བ་ཆིབས། །ཡུམ་ཆེན་གསེར་གྱི་སྤྱུ་གྲི་མ་ལ་བསྟོད། །པདྨ་རཱ་གའི་མདོག་ཅན་ཁྲོ་མོའི་སྐུ། །ལེ་བརྒན་མདངས་འཛིན་འཛོལ་བེར་སྐུ་ལ་གསོལ། །དམ་ཤིང་དུང་དམར་ཁྲག་གི་བཀང་བ་བསྣམས། །ཡུམ་ཆེན་འཛིན་བྱེད་པདྨ་སྐྱེས་ལ་བསྟོད། །ཆར་སྤྲིན་མདོན་ཅན་ཁྲོ་མོའི་ཚུལ་འཆང་མ། །མཐིང་ནག་བདུད་ཀྱི་སློག་པ་སྐུ་ལ་གསོལ། །དམ་ཤིང་རཀྟ་ཁྲག་གིས་བཀང་བ་བསྣམས། །ཡུམ་ཆེན་བདུད་བཟའ་སྨིན་དཀར་མ་ལ་བསྟོད། །བཻཌཱུརྱ་མདོག་ཅན་རབ་ཏུ་གཏུམ་པའི་སྐུ། །ལྗང་ནག་དར་གྱི་བེར་ཆེན་སྐུ་ལ་གསོལ། །དར་ནག་རུ་མཚོན་ཕྱར་ཞིང་སེང་གེ་ཆིབས། །ཐུགས་ཀྱི་བློན་པོ་སྲོག་བདག་བྱ་ར་བསྟོད། །ནམ་མཁའི་མདོག་ཅན་ཤིན་ཏུ་ཁྲོས་པའི་སྐུ། །མཐིང་ནག་དར་གྱི་བེར་ཆེན་སྐུ་ལ་གསོལ། །གནམ་ལྕུགས་འབར་བའི་རྡོ་རྗེ་དགྲ་ལ་འཕེན། །སྐུ་ཡི་བློན་པོ་བྱ་ཁྲི་མིག་གཅིག་བསྟོད། །ཆར་སྤྲིན་

མདོག་ཅན་མི་བསྲུན་ཁྲོ་བོའི་སྐུ། །དར་ནག་བེར་གསོལ་ཁྲི་གུག་ཐོད་ཁྲག་བསྣམས། །མིག་སྨན་མདོག་ཅན་ཤུགས་ལྡན་དྲེལ་ནག་ཆིབས། །ཡོན་ཏན་བློན་པོ་བྱ་རྒོད་ཐང་ནག་བསྟོད། །རབ་འཇིགས་དུས་མཐའི་མེ་ཡི་ཕུང་པོ་འདྲ། །དར་དམར་ཆོས་གོས་གསོལ་ཞིང་གསེར་ཤིང་དང་། །གསེག་ཤང་བསྣམས་ནས་ཛ་མོ་གྱ་བ་ཆིབས། །གསུང་གི་བློན་པོ་རྡོ་རྗེ་གྲགས་ལྡན་བསྟོད། །དུས་ཀྱི་མུན་པ་ལྷ་བུར་གནག་པའི་སྐུ། །མཐིང་ནག་དར་གྱི་རལ་ག་སྐུ་ལ་གསོལ། །ཁྲི་གུག་བསྣམས་ཤིང་ཤུགས་ལྡན་དྲེལ་ནག་ཆིབས། །ཕྲིན་ལས་བློན་པོ་པུ་ཏྲ་ནག་པོ་བསྟོད། །པད་དཀར་མདོག་ཅན་ཡིད་འོང་གཞོན་ནུའི་སྐུ། །དར་དམར་བེར་དང་ཤེལ་གྱི་ཕྲེང་བ་གསོལ། །ཕྱག་གཉིས་སྡིག་འཛུབ་ཟངས་ཀྱི་འདེབས་པའི་ཚུལ། །ཐུགས་ཀྱི་སྤྲུལ་པ་ཆེན་པོ་ཁྱོད་ལ་བསྟོད། །དུང་མདོག་དཀྲ་བཅོམ་གཞོན་ནུ་མཛེས་པའི་སྐུ། །མཚམས་སྦྱིན་ཞུན་མའི་མདངས་འཛིན་ཆོས་གོས་གསོལ། །གསེག་ཤང་གསེར་གྱི་སྦྲུ་གྲི་འབར་བ་བསྣམས། །སྐུ་ཡི་སྤྲུལ་པ་ཆེན་པོ་ཁྱོད་ལ་བསྟོད། །མཐིང་ནག་རབ་ཁྲོས་གར་དགུའི་ཉམས་དང་ལྡན། །དཔའ་བརྟུལ་ཆེན་པོ་སྟག་གི་སློག་པ་གསོལ། །ཞིང་དང་སྦྲུང་གིའི་རྒྱལ་མཚན་དགྲ་ལ་ཕྱར། །གསུང་གི་སྤྲུལ་པ་ཆེན་པོ་ཁྱོད་ལ་བསྟོད། །མིག་སྨན་མདོག་ཅན་མི་སྡུག་ཁྲོ་བོའི་སྐུ། །སྐུ་ལ་ཞིང་དང་སྤྲུལ་གྱི་ཆུན་པོས་བརྒྱན། །ཟ་བྱེད་སྦྲུང་གི་སྟག་གི་རྒྱལ་མཚན་ཕྱར། །ཕྲིན་ལས་སྤྲུལ་པ་ཆེན་པོ་ཁྱོད་ལ་བསྟོད། །རྡོ་རྗེ་ཐོག་འབེབས་ཁྱུང་ཆེན་ཀླུ་འབྲུག་འདུལ། །ལྷ་ཡི་དགེ་བསྙེན་མ་ཧཱ་ཀཱ་ལ་དཔལ། །མགོན་པོ་ནག་པོ་བྱ་རྒོད་ཐང་ནག་དང་། །སྲོག་བདག་ཛམས་པ་དམག་དཔོན་ཚོགས་ལ་

བསྐོར། །རྒྱལ་མཚན་རྣམ་དག་ཕྱུར་བའི་ལས་བྱེད་དང་། །གཡས་གཡོན་མདུན་རྒྱབ་རུ་འདྲེན་རྣམ་པ་བཞི། །གར་མཁན་སྟག་ཆས་གཟིག་ཆས་ཚོགས་རྣམས་དང་། །ལས་བྱེད་དྲེགས་པའི་འཁོར་ཚོགས་བཅས་ལ་བསྐོར། །ནམ་མཁའ་ས་དང་བར་སྣང་ཁྱབ་པ་ཡི། །འཁོར་ཚོགས་རྒྱ་མཚོའི་ཚོགས་ལ་བསྐོར་བར་བགྱི། །ཕྲིན་ལས་བཅོལ་བ་ནི། ཧཱུྃ། དཀྱིལ་འཁོར་རྒྱ་མཚོའི་ཁྱབ་བདག་པདྨ་འབྱུང་། །སྔོན་བྱོན་རིག་འཛིན་གྲུབ་པའི་ཚོགས་རྣམས་ཀྱིས། །དབང་བསྒྱུར་དམ་བཞག་གསང་བའི་གཉེར་གཏད་པ། །ཇི་ལྟར་ཞལ་བཞེས་ཐུགས་དམ་རྗེས་དགོངས་ཏེ། །སྤྱི་འགྱུར་རྒྱལ་བའི་བསྟན་པ་རིན་པོ་ཆེ། །ཕྱོགས་དུས་ཀུན་ཏུ་དར་ཞིང་རྒྱས་པ་དང་། །དེར་འཛིན་ལུང་རྟོགས་བསྟན་འཛིན་ཚོགས་རྣམས་ཀྱང་། །ཞབས་པད་ཡར་གྱི་ངོ་ལྟར་འཕེལ་བར་མཛོད། །མཁའ་མཉམ་མ་གྱུར་འགྲོ་བ་མཐའ་དག་ཀུན། །ཕྱི་ནང་ཉེར་འཚེའི་རིགས་རྣམས་ཀུན་ཞི་ཞིང་། །དགེ་བཅུའི་འབྱོར་བ་རྒྱ་མཚོས་ཀུན་ཕྱུག་ཅིང་། །འཇིག་རྟེན་ཁམས་ཀྱི་རྒྱུད་པ་ཀུན་ཞི་ནས། །སྐྱོད་བཅུད་ལེགས་ཚོགས་ཐམས་ཅད་རབ་འཕེལ་ཤིང་། །རྫོགས་ལྡན་དཔལ་གྱིས་མངོན་པར་མཐོ་བར་མཛོད། །ཁྱད་པར་བདག་ཅག་འཁོར་དང་བཅས་པ་ཀུན། །ཕྱི་ནང་མི་མཐུན་རྐྱེན་ངན་ཀུན་ཞི་ཞིང་། །ཚེ་དང་བསོད་ནམས་སྟོབས་དཔལ་ལོངས་སྤྱོད་དང་། །ཉམས་དང་རྟོགས་པའི་རྩལ་ཤུགས་རྒྱས་པར་མཛོད། །ས་གསུམ་སྐྱེ་རྒུའི་ཚོགས་དང་དེ་དག་གི །འབྱོར་བ་རྒྱ་མཚོ་དབང་དུ་འདུ་བ་དང་། །བདག་ལ་གནག་པའི་ནག་ཕྱོགས་བདུད་སྡེའི་ཚོགས། །གནོལ་ངན་མཐའ་དག་རབ་ཏུ་ཞི་བར་མཛོད། །སྟ་ཚོགས་ཕྲིན་ལས་རྣམ་བཞིའི་རོལ་གར་གྱིས། །མཁའ་མཉམ་འགྲོ་བའི་སེམས་ཅན་མ་ལུས་པ། །ཇི་སྲིད་བྱང་ཆུབ་

སྙིང་པོ་མ་ཐོབ་པར། །སྟོང་གྲོགས་ཕྲིན་ལས་གཡེལ་བ་མེད་པར་མཛོད། །ཅེས་རྒྱལ་ཆེན་སྐུ་ལྔའི་ཕྲིན་ལས་འདི་ཉིད་ལུགས་ཐོ་སྤྲུལ་ལོའི་ཟླ་བ་གསུམ་པའི་ཡར་ཚེ་བཟང་པོར་རྫོགས་སྤྲུལ་ལྔ་པ་ཐུབ་བསྟན་ཆོས་ཀྱི་རྡོ་རྗེས་འདན་སེང་གེ་གནམ་རྫོང་གི་ཉེ་ཞོལ་དུ་བྲིས་པ་དགེའོ། ། ། །

༄༅། །རྒྱལ་ཆེན་རྡོ་རྗེ་གྲགས་ལྡན་གྱི་བསྐང་གསོལ་འདོད་རྒུའི་སྤྲིན་ཕུང་ཞེས་བྱ་བ་བཞུགས་སོ། །

རྒྱལ་ཆེན་རྡོ་རྗེ་གྲགས་ལྡན་གྱི་བསྐང་གསོལ་འདོད་རྒུའི་སྤྲིན་ཕུང་ནི། སྐྱེ་འགག་སྤྲོས་བྲལ་ཆོས་དབྱིངས་ཀློང་ཡངས་ལས། །ཕྲོ་རྒྱལ་ཡོངས་ཀྱི་རྗེ་བཙུན་ཧ་མཆོག་དཔལ། །གང་དང་དབྱེར་མེད་དྲིན་ཆེན་རྡོ་རྗེ་འཆང་། །འཇམ་མགོན་བླ་མ་སྐྱེ་བོའི་རྒྱན་དུ་ཤར། །དེ་ལ་འདིར་དགྲ་ལྷ་ཆེན་པོ་རྡོ་རྗེ་གྲགས་ལྡན་གྱི་གསོལ་མཆོད་འདོད་པས། རང་མཐུན་གྱི་གནས་སུ་ཅི་འབྱོར་པའི་མཐུན་རྫས་མཆོད་གཏོར་སྨན་གཟིགས་ཕྱི་ནང་གསང་བའི་ཟླ་རྡོ་བརྟེན་རྫས་སྣ་ཚོགས་པ་བཤམས་ལ། སྔགས་ཕྱག་ཕྱག་ཕྱག་གིས་བྱིན་གྱིས་བརླབས། རང་ཉིད་ཡི་དམ་ལྷ་མཆོག་ཧེ་རུ་ཀར་གསལ་བཞིན་པའི་ངང་ནས།

ཧྰིཿ རྒྱལ་ཀུན་གསུང་གི་ཕྲིན་ལས་གཅིག་བསྡུས་པ། །དབང་ཆེན་ཧ་མཆོག་པདྨ་ཧེ་རུ་ཀའི། །ཡེ་ཤེས་ཐུགས་རྗེའི་རྣམ་རོལ་ལས་བྱུང་བ། །དགྲ་ལྷའི་རྒྱལ་པོ་རྡོ་རྗེ་གྲགས་ལྡན་རྩལ། །གསང་བའི་ཡུམ་ཆེན་གཟི་བརྗིད་ཆེན་མོ་དང་། །སྤྲུལ་པ་བཀའ་ཡི་བློན་པོ་རུ་འདྲེན་ཚོགས། །སྣང་སྲིད་ལྷ་སྲིན་སྡེ་བརྒྱད་ཚོགས་དང་བཅས། །སྒྲུབ་པའི་རིག་འཛིན་རྣལ་འབྱོར་བདག་ཅག་

གིས། །རྩེ་གཅིག་མོས་པའི་ཡིད་ཀྱིས་བསྐུལ་བའི་ཕྱིར། །མཚམས་སྦྱིན་མདངས་འཛིན་དར་གྱི་གཡབ་མོ་དང་། །སྤོས་དཀར་བསྲེགས་པའི་དུད་སྦྱིན་ཕྱོགས་བཅུར་འགྲོ། །ཁང་གླིང་བཤུག་པའི་བརྡ་ཡིས་བསྐུལ་བའི་ཚེ། །སྔོན་གྱི་དམ་ཚིག་གཉན་པོ་ཉེར་དགོངས་ལ། །རྡོ་རྗེ་གདན་དང་བལ་ཡུལ་ཡང་ལེ་ཤོད། །ཨྛ་ཀ་ཧོར་གྱི་སྒོམ་གྲྭ་ཆེན་པོ་དང་། །དཀོར་མཛོད་གླིང་སོགས་གར་བཞུགས་གནས་མཆོག་ནས། །རྒྱལ་ཆེན་འཁོར་དང་བཅས་པ་མ་ལུས་ཀུན། །སྐད་ཅིག་དབང་གིས་གནས་འདིར་གཤེགས་སུ་གསོལ། །ཡིད་འོང་རིན་ཆེན་ཕོ་བྲང་མཛེས་པའི་ནང་། །ཁྲག་ཞག་རྒྱ་མཚོ་པདྨ་ཉི་ཟླའི་སྟེང་། །དགྲ་བགེགས་ཕོ་མོ་བསྣོལ་བའི་གདན་ཁྲི་ལ། །དགྱེས་ཤིང་གཡོ་མེད་བརྟན་པར་བཞུགས་སུ་གསོལ། །རྒྱལ་བའི་བསྟན་དང་དེར་འཛིན་སྐྱོང་བ་ལ། །ལོག་པར་ལྟ་བའི་དམ་སྲི་འབྱུང་པོའི་ཚོགས། །འདུལ་ཕྱིར་སྲིན་པོ་ཁྲོས་པའི་རྩལ་སྟོན་པའི། །གནོད་སྦྱིན་དགྲ་ལྷའི་གཙོ་ལ་ཕྱག་འཚལ་ལོ། །ཁྱེད་ཀྱི་ཐུགས་དམ་བསྐང་བའི་དམ་རྫས་ནི། །ཁྲག་ཞག་མཆོད་ཡོན་ཐ་རླབས་དྲག་ཏུ་འཁྲུགས། །དམ་ཉམས་བསྒྲལ་བའི་དབང་ལྔའི་མེ་ཏོག་བཀྲ། །ཤ་ཆེན་སྤོས་དཀར་དུད་སྦྱིན་མཁའ་དང་མཉམ། །ཞུན་ཆེན་སྒྲོན་མེ་དུས་མཐའི་མེ་ལྟར་འབར། །མཁྲིས་པའི་དྲི་ཆབ་རྒྱ་མཚོ་མེ་རེ་རེ། །ཤ་ཁྲག་རུས་པའི་ཞལ་ཟས་ལྷུན་པོར་སྤུངས། །ཁང་གླིང་ཐོད་རྔའི་རོལ་མོའི་མཆོད་སྦྱིན་གྱིས། །རྡོ་རྗེ་གྲགས་ལྡན་འཁོར་བཅས་ཐུགས་དམ་བསྐང་། །ཅང་ཤེས་རྟ་མཆོག་སྦྱིན་གྱི་ཤུགས་ཅན་དང་། །གནམ་ལྕགས་འབར་བའི་རྣ་གདེང་གཡག་རོག་ཞོལ། །རིན་ཆེན་རྒྱན་ལྡན་ཤེལ་སྒྲོང་ནག་པོའི་མདངས། །འདོད་འཇོའི་བ་མོ་

སེང་གེ་གླང་ཆེན་དོམ། །སྟག་གཟིག་དྲེད་དང་བོང་བུ་སྤྲ་སྤྲེལ་ཚོགས། །བྲུ་རིགས་སྣ་ཚོགས་ཀློས་གར་ཅིར་ཡང་བསྒྱུར། །གར་མཁན་རྟ་འདྲེན་སྣང་བརྙན་སྤྲིན་ལྟར་གཏིབ། །ཉི་ཟླ་རི་རབ་གླིང་བཞི་གླིང་ཕྲན་དང་། །རིན་ཆེན་སྣ་བདུན་བཀྲ་ཤིས་རྫས་རྟགས་བརྒྱད། །དཔྱེས་བྱེད་མཆོད་སྤྲིན་རྒྱ་མཚོའི་ཚོགས་རྣམས་ཀྱིས། །རྡོ་རྗེ་གྲགས་ལྡན་འཁོར་བཅས་ཐུགས་དམ་བསྐང་། །ཁྱད་པར་ཁྱོད་དང་མཐུན་པའི་དམ་རྫས་ནི། །བགེགས་དཔུང་ཐལ་བར་བརླག་བྱེད་རྟ་མཆོན་བརྗིད། །དམ་ཉམས་འཆིང་བར་བྱེད་པའི་བཙན་གྱི་ཞགས། །བསེ་ཁྲབ་བསེ་རྨོག་རིན་ཆེན་རུས་པའི་རྒྱན། །དགྲ་བཅོམ་སྣམ་སྦྱར་སྟག་ཤམ་གོ་རྨོག་ཁྲབ། །དྲི་མེད་པཉྩ་ལི་ཀའི་འཇོལ་བེར་དང་། །ཡིད་འཕྲོག་ཟ་འོག་ལྷིང་གུར་སྣ་ཚོགས་པ། །གཞན་ཡང་རྨ་བྱ་སེང་གེ་སྟག་དང་དོམ། །དྲེད་གཟིག་གཅན་གཟན་རྒྱལ་མཚན་མཛེས་པ་ལ། །འདོད་རྒུའི་བསམ་འཕེལ་ནོར་བུའི་ཏོག་གིས་སྤྲས། །རིན་ཆེན་གདུགས་མཛེས་ཟླ་བྲེ་བ་དན་གཡོ། །ཡོ་བྱད་མགོ་དགུ་མཐུན་པའི་དམ་རྫས་ཀྱིས། །རྡོ་རྗེ་གྲགས་ལྡན་འཁོར་བཅས་ཐུགས་དམ་བསྐང་། །འབྲུ་ནག་ཕྱེ་མར་རིན་ཆེན་སྣ་ཚོགས་སྐྱེམས། །ཁྲག་ཆང་བདུད་རྩི་སྦྱར་བའི་དཔལ་བཤོས་དང་། །ལྷ་ཡི་ཕོ་བྲང་རྣམ་པར་རྒྱལ་བྱེད་ལ། །འཁྲུན་པའི་ཁང་བརྩེགས་ཡིད་འོང་ལྟ་ན་སྡུག །རྣམ་དག་རྩ་བརྒྱད་སྟོང་སྦྱར་ཨ་མྲི་ཏ། །ཞིང་བཅུ་བསྒྲལ་བའི་རཀྟའི་ཞམ་ཆུ་འབེབ། །གཙང་སྦྱར་གསེར་སྐྱེམས་ཕུད་ཐོད་བཀང་བའི་རིགས། །ཧེ་སྐྱེད་རྒྱ་མཚོ་ཆེན་པོ་ལྟ་བུ་བསྐྱིལ། །མདོར་ན་ཁྱེད་དང་མཐུན་པའི་དམ་རྫས་ནི། །དངོས་བཤམས་ཡིད་ཀྱིས་རྣམ་རོལ་ལས་བྱུང་བ། །ངོ་མཚར་ཀུན་ཏུ་བཟང་པོའི་མཆོད་སྤྲིན་ལྟར། །ནམ་མཁའ་གང་བར

སྤྲུལ་ཏེ་འབུལ་ལགས་ན། །དགྱེས་པའི་ཚུལ་གྱིས་མཆོད་པ་འདི་བཞེས་ལ། །རྡོ་རྗེ་གྲགས་ལྡན་འཁོར་བཅས་ཐུགས་དམ་བསྐང་། །དེ་ལྟར་ཐུགས་དམ་བསྐང་བའི་བྱིན་བརླབས་ཀྱིས། །སྒྲུབ་པའི་རིག་འཛིན་རྣལ་འབྱོར་བདག་ཅག་གིས། །སོ་ཐར་བྱང་སེམས་རིག་པ་འཛིན་པ་ཡི། །སྡོམ་དང་དམ་ཚིག་བསླབ་བྱ་ཡལ་བ་རྣམས། །དམིགས་མེད་ཆོས་དབྱིངས་ངང་དུ་བཤགས་པར་བགྱི། །ཁྱད་པར་དགྲ་ལྷའི་རྒྱལ་པོ་འཁོར་བཅས་ཀྱིས། །སངས་རྒྱས་གཉིས་པ་པདྨ་ཐོད་ཕྲེང་གི །བསྟན་དང་དེ་འཛིན་སྐྱོང་བའི་གང་ཟག་ལ། །མི་མཐུན་གནོད་པའི་ཚོགས་རྣམས་མཐའ་དག་ཀུན། །མིང་ཙམ་མེད་པར་ཞི་བའི་ཕྲིན་ལས་མཛོད། །རྣལ་འབྱོར་བདག་གི་བརྒྱུད་འཛིན་བུ་སློབ་དང་། །དགོར་ཆ་ལོངས་སྤྱོད་ཇི་སྙེད་ཡོད་པ་ཀུན། །དགྲ་ལྷའི་རྒྱལ་པོ་ཁྱོད་ལ་གཉེར་གཏད་པས། །རྣམ་ཀུན་རྟག་ཏུ་མ་གཡེལ་མེལ་ཚེ་གྱིས། །མདོར་ན་བདག་གི་ཡིད་ལ་གང་འདོད་པ། །འབད་མེད་ལྷུན་གྱིས་གྲུབ་པའི་ཕྲིན་ལས་མཛོད། །ཅེས་བརྗོད་ཅིང་མཆོད་གཏོར་གཙང་སར་བསྐྱལ་ལོ། །ཞེས་པ་འདི་ནི་གནོད་སྦྱིན་དགྲ་ལྷའི་རྒྱལ་པོ་རྡོ་རྗེ་གྲགས་ལྡན་འདི་ཉིད་རྣལ་འབྱོར་བདག་ལ་ལུས་དང་གྲིབ་མ་བཞིན་དུ་འགྲོགས་ཏེ་རྟག་ཏུ་དགའ་ཞིང་བརྩེ་བའི་རྣམ་འགྱུར་དངོས་ཉམས་རྨི་ལམ་མཐའ་དག་ཏུ་ཡང་ཡང་སྟོན་པའི་རྒྱལ་ཆེན་འདི་ཉིད་ཀྱི་བསྐང་གསོལ་འདོད་རྒུའི་སྤྲིན་ཕུང་ཞེས་བྱ་བ་འདི་ནི། རྟ་དམ་ཨོ་རྒྱན་བསམ་གཏན་གླིང་གི་ཕོ་བྲང་འཆི་མེད་གྲུབ་པའི་དགའ་ཚལ་དུ་ཤིང་ཕོ་རྟ་ལོའི་ཟླ་ཆོས་དགེ་བར་རྫོགས་སྤྲུལ་ལྔ་པའི་མིང་འཛིན་པ་པདྨ་ཐེག་མཆོག་བསྟན་འཛིན་གྱིས་བྲིས་པའོ། །

༄༅། །གསུང་བློན་རྡོ་རྗེ་གྲགས་ལྡན་གྱི་ཕྲིན་ལས་ཆར་འབེབས་ཞེས་བྱ་བ་བཞུགས་སོ།།

གསུང་བློན་རྡོ་རྗེ་གྲགས་ལྡན་ཕྲིན་བཅོལ་ནི། ཧཱུྃ་ཧྲཱིཿ རང་སྣང་རྣམ་དག་འོག་མིན་ཞིང་ཁམས་ནས། །བཅོམ་ལྡན་དཔལ་ཆེན་པདྨ་ཧེ་རུ་ཀས། །མ་ཆོགས་དབང་ཕྱུག་དམ་ཅན་རྒྱ་མཚོ་རྣམས། །ཏ་སྐད་ཐེངས་གསུམ་བསྒྲགས་ནས་བཏུལ་བའི་ཚེ། །ཇི་ལྟར་ཞལ་བཞེས་དམ་ལས་མ་གཡེལ་ཞིག །བར་དུ་ཧུས་པོ་རི་ཡི་ཡང་རྩེ་ནས། །སློབ་དཔོན་ཆེན་པོ་པདྨ་ཐོད་ཕྲེང་གིས། །དྲེགས་པ་སྡེ་བརྒྱད་ལྷ་སྲིན་ཚོགས་རྣམས་ཀྱང་། །རྡོ་རྗེའི་སྟངས་སྟབས་གར་གྱི་ཕྱག་རྒྱ་ཡིས། །བཀའ་རྟགས་ཕྱག་རྒྱས་དམ་ལ་བཏགས་པའི་ཚེ། །ཁས་བླངས་ཞལ་བཞེས་དམ་ལས་མ་གཡེལ་ཞིག །ཐམ་རི་བོ་ཏ་ལའི་ཕོ་བྲང་དུ། །ཕྱག་ན་པདྨོ་འཇིག་རྟེན་དབང་ཕྱུག་ནི། །མི་ཡི་ཟྲོལ་འཛིན་ཐམས་ཅད་མཁྱེན་པ་ཉིད། །ཟ་ཧོར་ཡུལ་གྱི་སྡོགས་འཆང་རིག་པ་འཛིན། །ངག་དབང་བློ་བཟང་རྒྱ་མཚོའི་སྤྲུལ་སྐུ་རུ། །ཇི་ལྟར་ཞལ་བཞེས་དམ་ལས་མ་འདའ་ཞིག །ཕྱིས་སུ་རས་འཕྲུལ་སྣང་ཞིང་ཁམས་སུ། །དབང་དྲག་རོལ་བའི་ཕོ་བྲང་ཆེན་པོ་ནས། །ནམ་གྱུང་སྲིད་ཀྱི་དུས་ལ་བབ་པའི་ཚེ། །ཐུབ་བསྟན་ཛྙཱ་ན་བཙྲོའི་མིང་ཅན་ལ། །ཆོས་རྒྱལ་ཆེན་པོའི་རང་གཟུགས་དངོས་བསྟན་ཚེ། །ཇི་ལྟར་ཞལ་བཞེས་དམ་བཅས་དྲན་མཛོད་ཅིག །ད་ལྟ་སྒྲུབ་པའི་རིག་འཛིན་བདག་ཅག་གིས། །ཕྲིན་ལས་རྣམ་བཞིའི་དངོས་གྲུབ་སྩོལ་བ་དང་། །ཚེ་འདིར་བསམ་པ་མཐའ་དག་འགྲུབ་པའི་

ཕྱིར། །བརྟེན་ཅིང་བསྒྲུབས་པའི་སྲུང་མ་མཐུ་བོ་ཆེ། །རྟག་ཏུ་རྩེ་གཅིག་སྒྲུབ་པར་དམ་བཅའ་ནི། །རྡོ་རྗེ་གྲགས་ལྡན་ཁྱོད་ལས་གཞན་མེད་ཕྱིར། །ད་ལྟ་གདུང་བ་དྲག་པོའི་ཁྱོད་འབོད་ན། །ལྷ་མཆོག་ཁྱོད་ཀྱི་ཐུགས་རྗེའི་འོད་ཟེར་གྱིས། །ཉིན་མཚན་དུས་དྲུག་དུས་རྣམས་ཐམས་ཅད་དུ། །བརྩེ་བའི་མ་ཡིས་བུ་ལ་བྱམས་པ་བཞིན། །རྒྱལ་ཆེན་རྡོ་རྗེ་གྲགས་ལྡན་ཁྱོད་ཉིད་ལས། །བདག་ལ་རེ་ས་གཞན་ན་མ་མཆིས་པས། །དེ་ཕྱིར་ཁྱོད་ཀྱིས་དུས་རྣམས་ཐམས་ཅད་དུ། །སྐྱོང་གྲོགས་ཕྲིན་ལས་རྟག་ཏུ་མ་གཡེལ་ཞིག །མདོ་དང་སྔགས་ཀྱི་བསྟན་པ་རིན་པོ་ཆེ། །བཤད་དང་སྒྲུབ་པའི་བྱ་བ་རབ་འཕེལ་ཞིང་། །ཁྱད་པར་ཨ་ཏི་རྫོགས་པ་ཆེན་པོ་ཡི། །རིང་ལུགས་སྲིད་མཐའི་བར་དུ་འཕེལ་བ་དང་། །དེར་འཛིན་སྐྱེས་བུ་དགེ་འདུན་འདུས་པའི་སྡེ། །དབུར་གྱི་མཆོ་ལྟར་རབ་ཏུ་རྒྱས་པ་དང་། །སྒྲུབ་པའི་རིག་འཛིན་རྣལ་འབྱོར་བདག་ཅག་རྣམས། །སྨོན་ལམ་ངན་པའི་ལས་ཀྱིས་མནར་བ་དང་། །གློ་བུར་འཁྲུལ་བྱུང་ངན་པའི་རྐྱེན་དབང་གིས། །འཇིགས་པ་ཆེན་པོ་བརྒྱད་དང་བཅུ་དྲུག་སོགས། །མདོར་ན་མི་མཐུན་ཚོགས་རྣམས་ཞི་བར་མཛོད། །ཚེ་བསོད་གཟི་བརྗིད་རིགས་རྒྱུད་ཕུན་སུམ་ཚོགས། །ཁ་རྗེ་དབང་ཐང་དཔལ་འབྱོར་སྟོབས་རྩལ་ལྡན། །སྙན་གྲགས་ནམ་མཁའི་འབྲུག་སྒྲ་ལྟ་བུར་སྒྲོགས། །འཁོར་དང་ལོངས་སྤྱོད་རབ་ཏུ་རྒྱས་པར་མཛོད། །སྲིད་པ་གསུམ་གྱི་བརྟན་གཡོའི་དྭངས་བཅུད་དང་། །ལྷ་འདྲེ་མི་གསུམ་ཟས་ནོར་ལོངས་སྤྱོད་རྣམས། །མགོ་རྒུའི་འབྱོར་བ་རྒྱ་མཚོ་ཇི་སྙེད་ཀུན། །ཡིད་ལ་ཅི་བསམ་ལྷུན་གྱིས་འགྲུབ་པར་མཛོད། །ཕ་རོལ་གདུག་ཅིང་སྡང་བའི་དགྲ་དང་བགེགས། །སྡེ་དགྲ་ལག

བརྡར་ཕྱི་དགྲར་ཡིད་ལ་སེམས། །ད་དགྲ་ཕོད་དུ་བཙུགས་པའི་དགྲ་བོ་རྣམས། །རྟུལ་ཕྲན་བཞིན་དུ་བརླག་པའི་ཕྲིན་ལས་མཛོད། །ཁྲིད་པར་སྡེ་འབྲུགས་སློང་བའི་དམ་ལོག་མཁན། །ཁ་འཛམ་སྙིང་རྫུབ་ལོག་སྤྱོད་ཚོགས་རྣམས་ཀྱིས། །ཕྲག་དོག་རླུང་དམར་འཚུབས་པའི་རྐྱེན་དབང་གིས། །མ་ཉེས་ཁ་ཡོག་མི་ཁ་སླེང་བརྫོད་དང་། །དབྱེན་བཙུག་ཕྲ་མས་འབྱེད་པའི་ཚོགས་རྣམས་དང་། །བྱད་ཕུར་རྦོད་གཏོང་བཏང་བའི་བྱད་མ་མཁན། །མདོར་ན་བདག་ལ་སྡང་བའི་དགྲ་བགེགས་རྣམས། །མཐུ་སྟོབས་དབང་ཕྱུག་ཁྲོ་རྒྱལ་ཧེ་རུ་ཀ །རྡོ་རྗེ་གྲགས་ལྡན་ཁྲོད་ཀྱི་ཟ་སྐལ་གྱིས། །གཞི་ལ་འདུག་ན་རྒྱབ་རྟེན་ཁ་འཛིན་མཛོད། །བྱེས་སུ་ལམ་འཕྲང་ཆུ་ལས་སྒྲོལ་འདོན་མཛོད། །དགྲ་རྐུན་གཅན་སྤྱང་ལ་སོགས་འཇིགས་པ་ལས། །ནམ་ཡང་འཚེ་བ་མེད་པའི་ཕྲིན་ལས་མཛོད། །བདག་ཅག་གཞི་བྱེས་ལམ་གསུམ་གར་གནས་ཀྱང་། །གསེར་དངུལ་ལ་སོགས་རིན་པོ་ཆེ་ཡི་རིགས། །ཨ་བར་སྒྲུར་གསུམ་ལ་སོགས་སྨན་གྱི་རིགས། །དར་རས་ཕྱུག་སོགས་ཡོལ་བ་བླ་བྲེ་དང་། །ཁྲབ་རྨོག་མདའ་མདུང་གོ་དང་མཚོན་ཆའི་རིགས། །རྟ་ནོར་ལུག་སོགས་ཕྱུགས་ཀྱི་རིགས་རྣམས་དང་། །མདོར་ན་སྲིད་པ་གསུམ་གྱི་ལོངས་སྤྱོད་རྣམས། །མཁོ་རྒྱུའི་འབྱོར་བ་ཕུན་སུམ་ཚོགས་པའི་གཏེར། །ལྷ་ཆེན་འཕྲུལ་དགའི་ལོངས་སྤྱོད་ཇི་བཞིན་དུ། །ཡིད་ལ་ཅི་འདོད་དངོས་གྲུབ་སྩལ་དུ་གསོལ། །བདག་དང་མཁའ་མཉམ་སེམས་ཅན་ཐམས་ཅད་ཀུན། །རྫོགས་པའི་བྱང་ཆུབ་གོ་འཕང་སྒྲུབ་པ་ལ། །འགལ་རྐྱེན་བར་ཆད་མཐའ་དག་ཞི་བ་དང་། །མཐུན་པའི་དོན་རྣམས་ལྷུན་གྱིས་གྲུབ་པར་མཛོད། །མདོར་ན་བྱང་ཆུབ་སྙིང་པོ་མ་ཐོབ་བར། །ལྷ་

མཆོག་ཁྱོད་དང་རྟག་ཏུ་མི་འབྲལ་ཞིང་། །ཇི་ལྟར་བཅོལ་བའི་ཕྲིན་ལས་མ་ལུས་ཀུན། །འབད་མེད་ལྷུན་གྱིས་འགྲུབ་པར་མཛད་དུ་གསོལ། །ཅེས་རྡོ་རྗེ་གྲགས་ལྡན་གྱི་ཕྲིན་བཅོལ་འདི་ནི་ཡིག་ཐུབ་བསྟན་ནོར་བུ་ནས་ལྷ་རྫས་རབ་དཀར་བཅས་ཡང་ཡང་བསྐུལ་བ་ལ་བརྟེན་ཏེ་ས་མོ་ལུག་གི་ལོའི་ཟླ་བ་བཞི་པའི་ཚེས་གཅིག་ལ་རང་སྐྱིལ་བཀྲ་ཤིས་འཆི་མེད་གྲུབ་པའི་དགའ་ཚལ་དུ་རྫོགས་སྤྲུལ་ལྔ་པ་ཐུབ་བསྟན་ཆོས་ཀྱི་རྡོ་རྗེས་རང་ལོ་ཞེ་བརྒྱད་སོན་དུས་ཕྱག་བྲིས་སུ་བགྱིས་པ་དགེ་ལེགས་སུ་གྱུར་ཅིག །སརྦ་མངྒ་ལཾ། །

༄༅། །གསུང་གི་བློན་པོ་རྡོ་རྗེ་གྲགས་ལྡན་གྱི་གསོལ་མཆོད་འདོད་འབྱུང་ནོར་བུའི་ཕྲེང་བ་ཞེས་བྱ་བ་བཞུགས་སོ། །

ཨོཾ་སྭ་སྟི། ཆོས་ཉིད་ཞི་ལས་མ་གཡོས་ཀྱང་། །ལོག་པར་འདྲེན་པའི་དམ་སྲིའི་ཚོགས། །མ་རུང་འདུལ་བའི་གཤེད་པོ་ཆེ། །རྟ་མཆོག་དཔལ་ལ་ཕྱག་འཚལ་བསྟོད། །དེ་ལ་འདིར་ལྷ་མཆོག་དགྲ་ལྷའི་རྒྱལ་པོ་རྡོ་རྗེ་གྲགས་ལྡན་འདི་ཉིད་ཀྱི་མཁོ་བའི་ཡོ་བྱད་རྣམས་འདུ་བྱས་ལ། རང་ཉིད་རྟ་མཆོག་རོལ་པའི་ང་རྒྱལ་དང་མ་བྲལ་བའི་ངང་ནས། ཧྲཱིཿ དབང་ཆེན་པདྨ་ཧེ་རུ་ཀའི། །བཀའ་ཡི་ལས་མཁན་མཐུ་བོ་ཆེ། །མཐུ་ཆེན་དགྲ་ལྷ་ཡོངས་ཀྱི་གཙོ། །གསུང་བློན་རྡོ་རྗེ་གྲགས་ལྡན་ནི། །དུས་མཐའི་མེ་ཡི་ཕུང་པོ་འདྲ། །འོད་ཟེར་ཉི་མ་འབུམ་གྱི་གཟི། །མི་བཟད་གར་དགུའི་ཉམས་དང་ལྡན། །ཛཿ ཧཱུྃ་རུ་ལུའི་གད་རྒྱངས་ཅན། །ཐུགས་ནི་སྙིང་རྗེའི་ཉམས་དང་

ལྡན། །སྒྲུབ་ལ་རྗེས་སུ་ཆགས་པ་དང་། །སྡོང་བའི་དགྲ་བོ་མཐའ་དག་
ལ། །མི་བཟད་ཁྲོ་གཏུམ་རྗམ་པའི་ཚུལ། །དབང་དྲག་ཁྲོས་པའི་ཧེ་རུ་
ཀ །བརྗིད་ལྡན་ཟ་འོག་དམར་ཁྲའི་བེར། །རིན་ཆེན་རུས་པའི་རྒྱན་གྱིས་
སྤྲས། །བསེ་ཁྲབ་བསེ་རྨོག་རུ་དར་ཅན། །རྒྱལ་མཚན་རྣམ་དགུའི་སྐུ་ལ་
བརྒྱན། །ཞབས་ལ་སག་ལྷམ་ཡུ་རིང་གསོལ། །དགྲ་བགེགས་འགུག་ཅིང་
བསྒྲལ་བའི་ཕྱིར། །ཕྱག་ན་རུ་མཚོན་བཙན་ཞགས་བསྣམས། །ཞབས་གཉིས་
གཡས་བརྐྱང་གཡོན་བསྐུམ་གྱིས། །མེ་དཔུང་འབར་བའི་ཀློང་ན་
བཞུགས། །ཡུམ་ཆེན་གཟི་བརྗིད་ཆེན་མོ་ནི། །དཀར་གསལ་ཡིད་འོང་མཛེས་
མའི་ལུས། །རྩེ་བེར་ཉིས་བརྩེགས་སྐུ་ལ་གསོལ། །མེ་ཏོག་སྣ་ཚོགས་ཐོད་དུ་
བཅིངས། །རིན་ཆེན་སྣ་ལྔའི་རྒྱན་གྱིས་སྤྲས། །ཕྱག་ན་ཁ་ཊྭཱཾ་རྩེ་གསུམ་
དང་། །ཐོད་པ་བདུད་རྩིས་བཀང་བ་བསྣམས། །ཡབ་ལ་རྗེས་སུ་ཆགས་པའི་
ཚུལ། །རོལ་དུ་འཕར་སྤྱང་བྱ་འུག་ཁྲིད། །ཕོ་ཉ་རླུང་ནག་འཚུབས་མ་
དང་། །ལྷ་སྲིན་སྡེ་བརྒྱད་ཕོ་ཉར་འགྱེད། །གནམ་ལྕགས་ཐོག་མདའ་ཤ་ར་
ར། །སྤྲུལ་པ་རབ་བྱུང་ཆ་བྱད་ཅན། །ཆོས་གོས་དར་ཞུ་སེར་པོ་
གསོལ། །ཕྱག་ན་པིང་དབྱུག་ལྕགས་ཕྲེང་བསྣམས། །རྗམ་བརྗོད་ཕག་ནག་
སྙིང་ན་འཁྱིང་། །བློན་པོ་བདུད་ནག་མི་སྡུག་པ། །མི་བཟད་རལ་པ་གྱེན་དུ་
བརྗེས། །ཕྱག་ན་དར་མདུང་རྒྱུ་ཞགས་བསྣམས། །དར་དམར་བེར་ཆེན་སྐུ་ལ་
གསོལ། །བཀའ་ཉན་ལས་བྱེད་ཚུལ་དུ་བཞུགས། །རུ་འདྲེན་སྡེ་བཞིའི་ཚོགས་
རྣམས་བཅས། །ལྷ་སྲིན་སྡེ་བརྒྱད་དམག་དཔུང་ནི། །ཇི་ལྟར་ལྷ་མིའི་ཁྲོམ་
ཚོགས་ལྟར། །ཉི་མའི་ཟེར་གྱི་རྡུལ་འཁྲིགས་བཞིན། །ནམ་མཁའི་ཁམས་ཀུན་

གང་ནས་ཀྱང་། །མཁའ་ལ་སྒློག་ཕྲེང་ཇི་བཞིན་དུ། །སྐད་ཅིག་ཙམ་གྱིས་འདིར་གཤེགས་ལ། །དུར་ཁྲོད་རོལ་པའི་གཞལ་ཡས་ནས། །པད་ཉི་དགྲ་བགེགས་བསྙོལ་བའི་སྟེང་། །དགྱེས་ཤིང་བརྟན་པར་བཞུགས་སུ་གསོལ། །དང་བའི་ཡིད་ཀྱིས་ཕྱག་འཚལ་ལོ། །ཕྱིད་དང་མཐུན་པའི་དམ་རྫས་ནི། །དངོས་འབྱོར་ཡིད་སྤྲུལ་ལས་བྱུང་བའི། །ངོ་མཚར་ཀུན་བཟང་མཆོད་པའི་སྤྲིན། །རབ་འབྱམས་ནམ་མཁའི་ཁམས་བཀང་ནས། །གུས་པའི་བློ་ཡི་འབུལ་ལགས་ན། །དགྱེས་པའི་ཚུལ་གྱིས་བཞེས་སུ་གསོལ། །ཁམས་གསུམ་ཀུན་ལས་རྒྱལ་བ་དང་། །དྲག་སྔགས་འབྲུག་སྟོང་ལྡིར་བ་བཞིན། །ཆོས་དབྱིངས་ངང་ལས་སྐུར་བཞེངས་པའི། །རྣམ་པ་ཀུན་ཏུ་ཁྲོད་ལ་བསྟོད། །ཁྲོད་ལ་གསོལ་དང་མཆོད་པའི་མཐུས། །སྦྱར་བཅོལ་ལས་ཀྱི་གཏང་རག་དང་། །ད་བཅོལ་ལས་ཀྱི་འཕྲིན་ལས་ནི། །སྔོན་ལས་འཁྲུལ་རྐྱེན་ནད་གདོན་བགེགས། །མེ་ཆུ་དུག་མཚོན་གནོད་སྦྲིན་དང་། །རྒྱལ་པོའི་ཆད་པ་འབྱུང་བཞིའི་དགྲ། །འཇིགས་བརྒྱད་ཞི་བའི་ཕྲིན་ལས་མཛོད། །ཚེ་དཔལ་བསོད་ནམས་སྙན་གྲགས་རྒྱས། །དབང་ཐང་རླུང་རྟ་དགུང་དུ་བསྐྱེད། །རྒྱན་དང་རྩོད་པ་ཀུན་ལས་རྒྱལ། །ཡར་ངོའི་ཟླ་བ་ལྟ་བུར་མཛོད། །རང་རང་ཡིད་ལ་གང་འདོད་དང་། །མདོར་ན་ཁམས་གསུམ་སྲིད་གསུམ་ཀུན། །ཡིད་ལ་དྲན་པ་ཙམ་གྱིས་ཀྱང་། །ཐམས་ཅད་དབང་དུ་སྡུད་པར་མཛོད། །སྔོན་གྱི་ལས་དང་འཁྲུལ་གྱི་རྐྱེན། །བདག་ལ་བརྣག་པའི་བསམ་སྦྱོར་གྱིས། །མི་ཁ་བྲ་མཆུ་བྱུར་ངན་དང་། །ཀེག་དང་ཐན་ལྟས་ངན་པ་སོགས། །བྱད་ཕུར་རྦོད་གཏོང་ཕྲ་མེན་མཐུ། །ཡོག་པར་འདྲེན་པའི་བདུད་སྡེའི་ཚོགས། །གཟུགས་ཅན་དགྲ་དང་

གཟུགས་མེད་བགེགས། །བཀྲ་མི་ཤིས་པའི་དངོས་པོ་ཀུན། །མདོར་ན་མི་མཐུན་མཐའ་དག་རྣམས། །ཐལ་བར་བརླག་པའི་ཕྲིན་ལས་མཛོད། །དེང་ནས་བྱང་ཆུབ་མ་ཐོབ་བར། །དགྲ་ལྷའི་རྒྱལ་པོ་ཁྱོད་ཉིད་ནི། །སྒྲུབ་པའི་རིག་འཛིན་བདག་ཅག་ལ། །དུས་དང་གནས་སྐབས་ཐམས་ཅད་དུ། །ལུས་དང་གྲིབ་མར་འགྲོགས་ནས་ཀྱང་། །ཉིན་གྱི་དུས་སུ་བྱ་ར་གྱིས། །མཚན་གྱི་དུས་སུ་མེལ་ཚེ་མཛོད། །བཅོལ་བའི་ལས་རྣམས་མཐའ་དག་ཀུན། །ཅི་བསམ་ཡིད་བཞིན་འགྲུབ་པ་དང་། །ཕན་བདེའི་དཔལ་ལ་སྤྱོད་པར་ཤོག །ཅེས་པ་འདི་ནི་ཡིག་ཐུབ་བསྟན་ནོར་བུ་དང་གད་ཐུབ་བསྟན་ནོར་འཕེལ་གཉིས་ནས་བསྐུལ་ངོར། ལྷ་མཆོག་འདི་ཉིད་ཀྱི་རྟགས་མཚན་མངོན་དུ་བྱུང་བ་རྫོགས་སྤྲུལ་ལྔ་པ་ཐུབ་བསྟན་ཆོས་ཀྱི་རྡོ་རྗེས་མགོན་ཁང་དབང་དྲག་རོལ་པ་ནས་མེ་སྤྲུལ་ཟླ་ཆོས་ལ་ཕྲིས་པ་དགེ་ལེགས་སུ་གྱུར་ཅིག །

༄༅། །རྡོར་གྲགས་གསོལ་མཆོད།།

ཧཱུྃ། འཇིག་རྟེན་མཆོད་བསྟོད་དཀྱིལ་འཁོར་གྱུ་འཛིན་པའི། །དྲེགས་པའི་སྡེ་དཔོན་སུམ་ཅུའི་ནང་ཚན་ལས། །བེ་ཧར་རྒྱལ་པོ་སྐུ་ལྔ་གསང་ཡུམ་བཅས། །བློན་པོ་འཁོར་དང་བཅས་པ་ད་ཚུར་བྱོན། །ཁྱད་པར་དགྲ་ལྷ་སྐྱེས་གཅིག་གསུང་གི་རྒྱལ། །བློན་པོ་རྡོ་རྗེ་གྲགས་ལྡན་མཐུ་རྩལ་ཅན། །སྐུ་ལྔའི་རྣམ་རོལ་གཅིག་ཏུ་མ་ངེས་པར། །སྟོན་མཛད་སྤྲུལ་པའི་ཆོས་རྒྱལ་གནས་འདིར་གཤེགས། །ཁྲག་གི་སྒྲོང་བདུན་ལས་ཉེར་བརྩོལ་བའི། །བཙན་རྒོད་དམག

དཔོན་འབར་བ་སྨྲུན་བདུན་དང་། །ཁྱད་པར་ཙིཏྟ་དམར་པོ་ཡང་ལེ་བེར། །ཕོ་ཉ་མངགས་བཞུགས་འཁོར་བཅས་གནས་འདིར་བྱོན། །དམར་ཆེན་གཏོར་མའི་རི་བོ་མཁའ་ལ་བསྙེགས། །ཁྲག་ཆང་བཏུང་བ་རྒྱ་མཚོ་ལྟ་བུར་འཁྱིལ། །ཕྱི་ནང་གསང་བའི་མཆོད་པ་འབུལ་ལགས་ན། །རོལ་གཅིག་ཁ་རཾ་ཁྲ་ཧི་ཞལ་དུ་བཞེས། །པདྨ་ཐོད་ཕྲེང་སོ་ཐུར་གནུབ་ཉང་སོགས། །ཕྱོགས་འཚང་རྣམས་ཀྱི་ཁྲག་འཐུང་དཀྱིལ་འཁོར་དུ། །དབང་བསྒྱུར་དམ་ཚིག་གཉན་པོ་ཉེར་ཐབ་ནས། །ཐུབ་བསྟན་སྐྱོང་བའི་སྲུང་མར་བཀའ་བསྒོས་བཞིན། །མ་གཡེལ་མ་གཡེལ་སྔོན་གྱི་དམ་ཚིག་དགོངས། །གསང་བ་སྔགས་ཀྱི་དམ་ཚིག་རྒྱ་མ་དྲལ། །རྡོ་རྗེའི་རི་མོ་སྤྱི་བོའི་གཙུག་མ་ཡལ། །ལྟེ་ལ་བདུད་རྩིའི་རོ་མཆོག་མ་ཉམས་པར། །བཤད་སྒྲུབ་བསྟན་པ་ཡར་ངོའི་ཟླ་ལྟར་སྤེལ། །བསྟན་འཛིན་སྐྱེས་བུ་ཟླ་མཆོད་སྡེ་གཉིས་སྤེལ། །གངས་ལྗོངས་ཡུལ་འདིར་འཐབ་རྩོད་མུ་གེ་དང་། །དུས་ཀྱི་འཁྲུགས་པ་མ་ལུས་ཞི་བར་མཛོད། །དགེ་བཅུའི་དཔལ་ལྡན་བསམ་གཏན་ཆོས་གླིང་འདིའི། །ཆོས་སྲིད་ཟུང་དུ་འཕེལ་བའི་མངའ་ཐང་རྒྱས། །ཆབ་སྲིད་བརྟན་ཅིང་དབུ་འཕང་བཙན་པ་སོགས། །ཞི་རྒྱས་དབང་དྲག་ཕྲིན་ལས་མ་ལུས་སྒྲུབ། །

༄༅། །གསུང་གི་བློན་པོ་རྡོ་རྗེ་གྲགས་ལྡན་གྱི་ཕྲིན་ལས་དོན་གྲུབ་དགེ་ལེགས་ཀུན་འབྱུང་ཞེས་བྱ་བ་བཞུགས་སོ།།

ཧཱུྃ༔ རང་མདུན་ཁྲག་ཞག་རྒྱ་མཚོ་འཁྲིལ་བའི་ཀློང་། །མི་རོ་རྟ་རོ་སྣ་ཚོགས་ལང་ལིང་གཡོ། །དམར་ནག་ཁྲག་ཞག་ཐ་རླབས་འཁྲུགས་པ་ལ། །ཆུ་གནས་སེམས་ཅན་སྣ་ཚོགས་ཁྲུགས་སེ་ཁྲུག །ཀང་རུས་རུས་པའི་ཚོགས་ནི་རི་ལྟར་སྤུངས། །གསུར་ཆེན་དུད་པའི་ཚོགས་ནི་སྤྲིན་ལྟར་གཏིབས། །ལས་བྱེད་ཤན་པ་ཕོ་མོ་རེངས་སེ་རེང་། །འདབ་ཆགས་བྱ་རིགས་ཚོགས་ནི་བསམ་མི་ཁྱབ། །འཇིགས་ཤིང་སྐྱི་གཡའི་གནས་མཆོག་དམ་པ་འདིར། །དམར་ནག་གྲུ་གསུམ་འབར་བའི་དཀྱིལ་འཁོར་དབུས། །དགྲ་བགེགས་ཕོ་མོ་བསྒོལ་བའི་གདན་གྱི་སྟེང་། །སྣང་སྲིད་དྲེགས་པ་ཡོངས་ཀྱི་གཙུག་གི་རྒྱན། །དབང་ཆེན་རྟ་མཆོག་པདྨ་ཧེ་རུ་ཀའི། །ཐུགས་ཉིད་ཞི་བའི་ངང་ལས་མ་གཡོས་ཀྱང་། །མ་རུང་ཡོག་འདྲེན་འདུལ་བའི་ལྷ་གཅིག་པུ། །གསུང་གི་བློན་པོ་རྡོ་རྗེ་གྲགས་ལྡན་ནི། །སྐུ་མདོག་དམར་པོ་པདྨ་རཱ་གའི་མདོག །ཉི་མ་འབུམ་གྱི་འོད་ཟེར་འཁྲུད་པ་ལྟར། །མི་བཟད་བཟློད་པར་དཀའ་བའི་ལང་ཚོ་ཅན། །འབར་བའི་སྐུ་མཆོག་དབང་ཕྱུག་ཧེ་རུ་ཀ །ཞལ་གཅིག་ཕྱག་གཉིས་ཞི་མ་ཁྲོ་ཡི་ཚུལ། །ཕྱག་གཡས་བསེ་ཡི་རུ་མཚོན་འཁར་ལ་འཕྱར། །བདུད་བཞིའི་གཡུལ་ལས་རྒྱལ་བའི་བ་དན་བཏགས། །བསྟན་པའི་ཉི་མ་ཕྱོགས་བཅུར་རྒྱས་པར་མཛད། །གཡོན་པས་བཙན་ཞགས་དམར་པོ་དགྲ་ལ་འདེབས། །མ་རུང་གནོད་བྱེད་བདུད་དཔུང་

ཐལ་བར་བརླག །ཞལ་གདངས་གློག་དམར་ལྟ་བའི་ལྗགས་འདྲིལ་བ། །རྡོ་དཔལ་མཆེ་བ་རྣམ་བཞི་གདངས་ལྟར་གཙིགས། །འབར་བའི་ཁྲོ་གཉེར་ཆུ་ཡི་རླབས་བཞིན་འཁྲུགས། །སྤྱང་མིག་སྤྱན་ལས་འོད་ཟེར་སྐར་མདའ་འཕྲོ། །སྨ་ར་སྨིན་མ་ཨག་ཚོམ་མེ་ལྟར་འབར། །ཤངས་ནས་རྡོ་རྗེའི་རླུང་འཚུབས་ཐོག་ཆར་འབེབས། །དབུ་སྐྲ་དམར་སེར་གྱེན་དུ་བརྫེས་པ་ལ། །དམར་ནག་མེ་ཡི་ཚྭ་ཚྭ་སྐར་ལྟར་འཁྲུགས། །དབུ་ལ་བསེ་རྨོག་གསེར་གྱི་འོད་འཕྲོ་ཅན། །ཐོད་པ་སྐམ་པོ་ལྔ་ཡི་དབུ་བརྒྱན་ལ། །སྣ་ཚོགས་རིན་པོ་ཆེ་ཡི་རྒྱན་གྱིས་སྤྲས། །རབ་མཛེས་རིན་ཆེན་ཐོད་པའི་ཁང་བུའི་ནང་། །འབར་བ་ཁྲག་འཐུང་རིགས་ལྔའི་ལྷ་ཚོགས་བཞུགས། །རྡོ་རྗེ་ཕ་ལམ་གསེར་དངུལ་བཻ་ཌཱུརྱ། །པདྨ་རཱ་ག་མར་གད་མུ་མེན་དང་། །ཨིནྡྲ་ནཱི་ལ་དུང་དང་བྱུ་རུ་གཡུ། །མུ་ཏིག་ཤེལ་སོགས་རིན་ཆེན་ཁྲ་ཚོམ་སྤྲས། །རྨོག་གི་དབུས་སུ་རྒྱལ་མཚན་བརྩུགས་པ་ལ། །འདོད་འབྱུང་ཡིད་བཞིན་ནོར་བུའི་ཏོག་གིས་མཛེས། །ཕྱོགས་བཞིར་ཟ་འོག་སྣ་ལྔའི་རུ་དར་ལ། །རྔོད་ཆུང་ཐེལ་ཆུང་ལྔ་ལྔ་དག་གིས་བརྒྱན། །རྨོག་གི་མདུན་དུ་མིག་སྨན་མདོག་ཅན་ལ། །འོད་སྟོང་འཕྲོ་བའི་གསེར་གྱི་རལ་གྲིས་བརྒྱན། །གསང་གོས་ལྷུང་གུ་རྒྱས་པའི་མདངས་ལྡན་མནབས། །ཟ་འོག་དམར་ཁྲའི་སྟེ་བེར་གཉིས་བརྟེགས་ལ། །རིན་ཆེན་གསེར་གྱི་རི་མོ་ཅིར་ཡང་བཀྲ། །དེ་སྟེང་གསེར་གྱི་རྡོ་རྗེ་གྲངས་མེད་ཀྱིས། །གཏམ་པའི་གོ་ཁྲབ་འོད་འབར་སྐུ་ལ་གསོལ། །རིན་ཆེན་སྣ་ཚོགས་རུས་པའི་རྒྱན་གྱིས་སྤྲས། །སྐུ་ཡི་རྒྱབ་ཏུ་རྒྱལ་མཚན་རྣམ་དགུ་ལ། །འདོད་འབྱུང་རིན་ཆེན་ནོར་བུའི་ཏོག་གིས་མཛེས། །མཚམས་སུ་ཟ་འོག་རྣམ་ལྔའི་རུ་དར་བཅས། །ཐུགས་རྒྱན་མེ་ལོང་

ཐུགས་སྒྲོག་ཧཱུྃ༔ ཡིས་མཚན། །ཞབས་གཉིས་གཡས་བརྐྱང་གཡོན་བསྐུམ་དོར་
སྟབས་ཅན། །སྦུག་ལྷམ་ཡུ་རིང་འཛའ་རིས་འཕྲིལ་བ་གསོལ། །གཡོན་དུ་
ཡུམ་ཆེན་གཟི་བརྗིད་ཆེན་མོ་ནི། །བཙོ་ལྷའི་ཟླ་ལྷར་གཞོན་ནུའི་ལང་ཚོ་
ཅན། །རེག་ན་བདེ་བའི་དཔལ་སྟེར་ཡིད་འོང་མ། །མཐིང་ནག་ཐེར་ཆེན་
གསེར་གྱི་ཕྲ་རིས་ཅན། །དེ་སྟེང་དར་དཀར་གོ་ཟུ་གཡང་ལུག་གསོལ། །སྣ་
ཚོགས་རིན་པོ་ཆེ་ཡི་དོ་ཤལ་ཅན། །མཎྜ་ར་དང་ཨུཏྤལ་པདྨ་དང་། །ཀུ་མུདྟ་
དང་ཨུ་དུམ་ཝ་ར་ཡི། །ཁ་དོག་སྣ་ལྔའི་མེ་ཏོག་ཕྲེང་བས་བརྒྱན། །དབུ་སྐྲ་
སིལ་མ་བུང་བ་ལྟ་བུར་གནག །གཡུ་དང་བྱུ་རུ་མུ་ཏིག་ལན་ཚར་ཅན། །ཡིད་
འོང་ལྷ་ཡི་མེ་ཏོག་ཐོད་དུ་བཅིངས། །ཕྱག་གཡས་རིན་ཆེན་གསེར་གྱི་རྩེ་གསུམ་
དང་། །གཡོན་པས་ཐོད་པ་བདུད་རྩིས་བཀང་བ་བསྣམས། །རྟག་ཏུ་ཡབ་ལ་
རྗེས་སུ་ཆགས་པའི་ཚུལ། །ཞབས་གཉིས་མཉམ་པའི་སྟབས་ཀྱི་བཞེངས་ཏེ་
བཞུགས། །གཡས་སུ་སྤྲུལ་པ་རབ་བྱུང་ཆ་བྱད་ཅན། །ཟ་འོག་སྟོད་འགགས་
དར་སྔོན་ཤམ་ཐབས་ཅན། །ཆོས་གོས་ངུར་སྨིག་དར་ཞུ་སེར་པོ་
གསོལ། །ཕྱག་གཉིས་ཅན་དན་ཐེང་ཆེན་མཁའ་ལ་འཕྱར། །ལྕུགས་ཀྱི་ཕྲེང་
བས་དགྲ་བོ་རྩིས་ལ་འདེབས། །ཞབས་གཉིས་དོར་སྟབས་ཕག་ནག་སྟེང་དུ་
འགྲེང་། །མདུན་དུ་གློན་པོ་བདུད་ནག་མི་སྡུག་པ། །མི་བཟད་རལ་པ་དམར་
སེར་གྱེན་དུ་བརྫེས། །སྐུ་ལ་དམར་ནག་དར་གྱི་ཐེར་ཆེན་གསོལ། །ཕྱག་
གཡས་མདུང་དར་ནག་པོ་མཁའ་ལ་འཕྱར། །གཡོན་པས་རྒྱུ་ཞགས་དམ་ཉམས་
འཆིང་བར་བྱེད། །གཡས་ཀྱི་རུ་འདྲེན་དཔའ་བོ་སྟག་ཆས་བརྒྱ། །གཡོན་གྱི་རུ་
འདྲེན་བུད་མེད་ནག་མོ་འབུམ། །སྔོན་གྱི་ཞུལ་མཆོད་དགེ་སློང་དགྲ་བཅོམ་

སྟོང་། །ཕྱི་ཡི་རྗེས་ཉུལ་སྟག་ཆས་འབུམ་ཕྲག་སྟོང་། །སྐུ་ཡི་སྐྱོ་བསང་གར་མཁན་བརྒྱ་ཡི་ཚོགས། །གཞན་ཡང་སྣང་སྲིད་ལྷ་སྲིན་སྡེ་བརྒྱད་ཚོགས། །དམ་ཅན་རྒྱ་མཚོའི་དམག་དཔུང་སྤྲིན་ལྟར་གཏིབས། །ལྷ་ཚོགས་རྣམས་ཀྱི་གནས་གསུམ་ཡི་གེ་གསུམ། །དེ་ལས་འོད་འཕྲོས་བེ་ཏར་དགོར་མཛོད་གླིང་། །ཟླ་ཏ་ཏོར་གྱི་སློམ་གྲྭ་ལ་སོགས་པ། །རང་བཞིན་གར་བཞུགས་གནས་མཆོག་དམ་པ་ནས། །མཐུ་ཆེན་རྡོ་རྗེ་གྲགས་ལྡན་འཁོར་དང་བཅས། །སྐད་ཅིག་དབང་གིས་གནས་འདིར་གཤེགས་སུ་གསོལ། །སྤྱན་འདྲེན་ནི། ཧྲཱིཿ ཀ་དག་སྐྱེ་འགགས་འཕོ་འགྱུར་བྲལ་བ་ལ། །ཁ་དོག་སྣ་ཚོགས་ཅིར་ཡང་མ་ངེས་ཞིང་། །ག་ལ་བ་དེར་སྣང་བའི་ཆོས་རྒྱལ་ཆེ། །ང་ཡིས་འབོད་ཚེ་གནས་འདིར་གཤེགས་སུ་གསོལ། །ཅ་ག་རིན་ཆེན་རྒྱན་ལྡན་ཟབ་པེར་གོས། །ཆ་ལུགས་ལས་བཞིའི་རྣམ་འགྱུར་ཅིར་ཡང་སྟོན། །ཇ་རིལ་ཐོད་མཁར་མེ་རླུང་འཚུབས་མ་འདིར། །ཉ་རྒྱས་ཇི་བཞིན་དགྱེས་པའི་ཚུལ་གྱིས་གཤེགས། །ཏ་ཐཱ་ག་ཏ་པདྨ་ཀ་ར་ཡི། །ཐ་ཚིག་རྡོ་རྗེའི་གཡར་དམ་རྗེས་དགོངས་ཏེ། །ད་ལྟ་རིག་འཛིན་རྣལ་འབྱོར་བདག་ཅག་ལ། །ན་མར་བསྟེ་བས་དགོངས་ཏེ་གཤེགས་སུ་གསོལ། །པ་སངས་ལ་སོགས་དྲེགས་པ་ཀུན་གྱི་གཙོ། །ཕ་རོལ་ཤིན་ཏུ་བརྣག་པའི་བདུད་སྡེའི་ཚོགས། །བ་མོ་འོད་སྟོང་བརྒྱ་བས་བཞུས་པ་ལྟར། །མ་ལུས་ལྷག་མེད་གཞོམ་ཕྱིར་གཤེགས་སུ་གསོལ། །ཙ་སད་སེར་གསུམ་ཆེ་འཕྲུལ་སྣ་ཚོགས་དང་། །ཚ་གྲང་རྒྱུ་གཟེར་གཏོང་བའི་མཐུ་བོ་ཆེ། །ཛ་ཡའི་བསྟན་ལ་གླང་དོར་ལེགས་ཉེས་ནི། །ཝ་ལེར་མཁྱེན་པའི་མངའ་བདག་གཤེགས་སུ་གསོལ། །ཞ་ལྟར་ཀུན་གྱིས་གཙུག་ཏུ་བཀུར་བ་ཡི། །ཟ་བྱེད་དཔའ་བར་

རྔམས་པའི་ཁྲོ་བོའི་རྒྱལ། །འུ་འུར་དྲག་པོའི་རླུང་ནག་འཚུབས་མ་བཅས། །ཡ་མཚན་ལྡན་པའི་ལྷ་མཆོག་གཤེགས་སུ་གསོལ། །རཱ་ཛ་རྒྱལ་འགོང་དམ་སྲི་ཤི་འདྲེའི་ཚོགས། །ལ་ལུང་མེད་པར་ཁྱབ་པའི་བདུད་སྡེའི་ཚོགས། །ཤ་ཟ་ཁྲག་འཐུང་ཁྱོད་ཀྱིས་འདུལ་བའི་ཕྱིར། །ས་དང་བར་སྣང་ཁྱོན་ཀུན་གང་བར་གཤེགས། །ཧ་ཡ་གྲཱི་ཝའི་བཀའ་སྲུང་མཐུ་བོ་ཆེ། །ཨ་ཧོ་རེ་མཚར་རྣམ་འགྱུར་མཐའ་ཡས་པ། །ཁྲོ་རྒྱལ་འབར་བའི་རྡོ་རྗེའི་སྤངས་སྤབས་ཀྱིས། །སྐད་ཅིག་དབང་གི་གནས་འདིར་གཤེགས་སུ་གསོལ། །ཧྲཱིཿ དབང་ཆེན་རྟ་མགྲིན་པདྨ་ཧེ་རུ་ཀའི། །ཡང་སྤྲུལ་རྔམས་བརྗིད་འབར་བའི་སྐུར་སྟོན་པ། །སྤྲུལ་པའི་ཆོས་རྒྱལ་བསྟན་སྲུང་དབང་པོའི་ཚོགས། །བསྐལ་ངན་དུས་ཀྱི་སྙིགས་མའི་ཡང་མཐའ་འདིར། །མ་རུང་གདུག་པའི་ཚོགས་རྣམས་འདུལ་བའི་ཕྱིར། །གདོད་ནས་སྙིང་རྗེ་ཆེན་པོའི་རང་བཞིན་ལ། །ཤིན་ཏུ་མི་བཟད་གཏུམ་ཆེན་ཁྲོས་པའི་སྐུ། །གསང་ཡུམ་སྤྲུལ་པ་བློན་པོ་རུ་འདྲེན་དང་། །སྣང་སྲིད་དྲེགས་པའི་དམག་དཔུང་ཚོགས་དང་བཅས། །རྣལ་འབྱོར་བདག་གི་དད་པས་སྤྱན་འདྲེན་ན། །ལེ་བརྒྱན་དར་གྱི་གཡབ་མོ་འཚུབས་སེ་འཚུབ། །མི་རྐང་གླིང་བུའི་ཚོགས་ནི་དི་རི་རི། །དཔལ་གྱི་བྲོ་བརྡུངས་གར་སྟབས་ཤིགས་སེ་ཤིག །རྔམས་པའི་ང་རོ་འབྲུག་སྟོང་འུ་རུ་རུ། །རབ་ཏུ་དགྱེས་པའི་གད་རྒྱངས་ཡ་ལ་ལ། །མ་སྲིང་བཤུག་པའི་གླུ་ལེན་ཀྱུ་རུ་རུ། །དམར་ནག་མེ་ཡི་ཙྭ་ཙྭ་ཐོ་རོ་རོ། །བསྐལ་པའི་གློག་དམར་ཞགས་པ་ཁྱུགས་སེ་ཁྱུག །རླུང་ནག་འཚུབས་མ་མང་པོ་འུ་རུ་རུ། །གནམ་ལྕགས་ཐོག་གི་བུ་ཡུག་ཤ་ར་ར། །ཁྱུ་ནག་འདབ་ཆགས་ཚོགས་ནི་ཐིབས་སེ་ཐིབ། །ཟ་བྱེད་གཅན་གཟན་ཚོགས་ནི་འདུ་རུ་

༄། །ཤན་པ་ཕོ་མོའི་དམག་ཚོགས་སྲུངས་སེ་སྲུང་། །དད་དང་དམ་ཚིག་དབང་གིས་སྤྱན་འདྲེན་ན། །དབུ་རྩེ་རིམ་གསུམ་དཀོར་མཛོད་གླིང་གསུམ་དང་། །ཕྱ་ཧ་རྡོར་གྱི་སློམ་གྲྭའི་གནས་མཆོག་ནས། །མ་ཐོགས་མྱུར་དུ་གནས་འདིར་གཤེགས་སུ་གསོལ། །བཛྲ་ས་མ་ཡ་ཛཿ བཞུགས་ནི། ཧྲཱིཿ ཀ་དག་སྐྱེ་མེད་དབྱིངས་ལས་མ་གཡོས་ཀྱང་། །ཁ་བ་ཅན་གྱི་བསྟན་སྲུང་རྩལ་འཛིན་པ། །ག་རུ་བཞུགས་ཀྱང་བསྟན་པ་བསྲུང་བའི་ཕྱིར། །ང་ཅག་སྒྲུབ་ལ་དགོངས་ཏེ་བཞུགས་སུ་གསོལ། །ཙ་ཙོ་ཨ་ར་ལི་ཡི་སྒྲ་དང་བཅས། །ཚ་ལུགས་བྲོ་རྒྱལ་འབར་བའི་རྣམ་འགྱུར་གྱི། །ཛ་རིལ་མི་མགོ་བརྩེགས་པའི་ཕོ་བྲང་ཆེར། །ཉ་ཤ་བྲག་ཞག་རྒྱ་མཚོར་བཞུགས་སུ་གསོལ། །ཏ་ཐཱ་ག་ཏའི་བསྟན་སྲུང་མཐུ་བོ་ཆེས། །ཐབ་ལྷ་བུ་མ་རུང་བདུད་སྡེའི་ཚོགས། །ད་ལྟ་ཉིད་དུ་མངོན་སྤྱོད་ཕྲིན་ལས་ཀྱིས། །ན་ཚ་སྡུག་བསྔལ་སྦྲངས་ཕྱིར་བཞུགས་སུ་གསོལ། །པ་སངས་ལྷ་བུ་སླིང་རྗེ་ཆེན་པོ་ཡིས། །ཕ་མས་བུ་ལ་བརྩེ་བ་ཇི་བཞིན་དུ། །བ་མཆོག་དཔག་བསམ་ཤིང་ལས་དངོས་གྲུབ་རྒྱུན། །མ་ལུས་ལྷག་མེད་སྩོལ་ཕྱིར་བཞུགས་སུ་གསོལ། །ཙ་སད་སེར་གསུམ་ལྷས་ངན་ཆོ་འཕྲུལ་བདག །ཚ་གྲང་གདུང་བ་མཐའ་དག་སེལ་མཛད་ཅིང་། །ཛ་ཡའི་བསྟན་ལ་ཉིན་མཚན་དུས་དྲུག་ཏུ། །ཝ་ལེར་སྐྱོང་མཛད་མཐུ་ཆེན་བཞུགས་སུ་གསོལ། །ཞྭ་དམར་བསྟན་དང་བསྟན་འཛིན་སྐྱོང་བ་དང་། །ཟ་འཐུང་དཔལ་འབྱོར་ལོངས་སྤྱོད་རྒྱས་མཛད་པའི། །འ་ཅག་ལྷ་མཆོག་ཁྱོད་ཉིད་བསྒྲུབ་ལགས་ན། །ཡ་མཚན་ལྡན་པའི་ལྷ་མཆོག་བཞུགས་སུ་གསོལ། །རྣ་རྫ་སྦྱིལ་པའི་ཆོས་རྒྱལ་འཁོར་དང་བཅས། །ལ་ལ་ཞི་དང་ལ་ལ་ཁྲོ་བོའི་རྩལ། །ཤ་ཟ་བྲག་འཐུང་ཡོངས་ཀྱི

མངའ་བདག་པོ། །ས་བཅུའི་དབང་ཕྱུག་ཁྱོད་ཉིད་བཞུགས་སུ་གསོལ། །ཏ་ལ་ཉོན་མོངས་དུག་ལྔས་གཟིར་བ་ཡི། །འགྲོ་རྣམས་ཡེ་ཤེས་ལྔ་ཡི་ངོ་བོ་རུ། །སྨིན་ཅིང་གྲོལ་བའི་དངོས་གྲུབ་སྩོལ་བ་དང་། །ཨ་ལ་ལ་ཡི་ངོ་མཚར་རྨད་པོ་ཆེ། །ཕྲིན་ལས་ས་གསུམ་ཁྱབ་ཕྱིར་བཞུགས་སུ་གསོལ། །ཕྱག་འཚལ་བ་ནི། ཀ་ཡེ་གསོན་ཅིག་དགོངས་ཤིག་ཆོས་རྒྱལ་ཚོགས། །ཁ་འཛམ་གླིང་རྒྱུབ་མི་དང་མི་མིན་རྣམས། །ག་རུ་གནས་ཀྱང་ཐལ་བར་བརླག་མཛད་པའི། །ང་ཅག་དགྲ་ལྷའི་ཚོགས་ལ་གུས་པས་འདུད། །ཅ་ཅོ་གླུ་དང་བསྒྱོ་ལ་དགྱེས་པར་བྱེད། །ཆ་ལུགས་དགྲ་བླའི་རྒྱལ་པོའི་ཚུལ་སྟོན་པ། །ཇ་དར་གསེར་དངུལ་ཀུན་བདག་ནོར་ལྷའི་གཙོ། །ཉ་རྒྱས་ཇི་བཞིན་དགྲ་བླ་ཁྱོད་ལ་འདུད། །ཏ་ཐག་ཏ་པདྨ་ཐོད་ཕྲེང་གི །ཐ་ཚིག་རྡོ་རྗེའི་ཡལ་གམ་ཐོག་པ་ཡི། །ད་ལྷ་སླེགས་མ་ལྷ་ཡི་ཡང་མཐའ་འདིར། །ན་མར་རྟག་ཏུ་སྐྱོང་མཛད་ཁྱོད་ལ་འདུད། །པ་ར་མི་ཏའི་གླིང་རྗེའི་རོལ་གར་ལས། །ཕ་རོལ་རྒོལ་འཇོམས་དགྲ་ལྷའི་སྐུར་བཞེངས་བ། །བ་ལང་བཞིན་དུ་རྨོངས་པའི་འགྲོ་བ་རྣམས། །མ་ཡིས་བུ་བཞིན་སྐྱོང་མཛད་ཁྱོད་ལ་འདུད། །ཙྪ་སྤྱོད་པ་རྒྱུབ་མོའི་བདུད་སྡེའི་ཚོགས། །ཚ་གྲང་གདུག་པའི་དཔལ་གྱིས་འཇོམས་མཛད་པ། །ཛ་རུའི་བུ་མོའི་རྒྱན་བཞིན་ཕྲིན་ལས་ཀྱིས། །ཝ་ལེར་རྟག་ཏུ་མགོན་མཛད་ཁྱོད་ལ་འདུད། །ཞ་ཉེ་མི་མཐུན་ཚོགས་རྣམས་རིང་དུ་བསྐྲད། །ཟ་བྱེད་དཔའ་བར་རྫམས་པའི་དགྲ་བླའི་རྒྱལ། །འ་འུར་རྫམས་པའི་གད་རྒྱངས་ཡ་ལ་ལ། །ཡ་མཚན་ཟླ་འཕྲུལ་ཀུན་བདག་ཁྱོད་ལ་འདུད། །ར་ཛ་རྒྱལ་འགོང་དམ་སྲི་ཤི་འདྲེའི་ཚོགས། །ལ་ལ་ཅམ་མིན་མ་ལུས་ལྷག་མེད་ཀུན། །ཤ་སྣག་ཁྱོད་ཀྱིས་མིང་ཙམ་མེད་པར་མཛོད། །ས་གསུམ་

དབང་མཛད་ཁྱོད་ལ་ཕྱག་འཚལ་ལོ། །ཏ་ཏ་གད་མོའི་ས་གསུམ་གཡོ་ཞིང་འདར། །བདུད་སྡེ་འཇོམས་པའི་དཔའ་བོ་ཁྱོད་ཉིད་ཀྱི། །བདག་ཅག་དུས་འདི་ནས་བཟུང་བྱང་ཆུབ་བར། །ཨ་མས་བུ་ལ་བརྩེ་བ་ཇི་བཞིན་དུ། །རྟག་ཏུ་མགོན་མཛད་ཁྱོད་ལ་ཕྱག་འཚལ་ལོ། །ཨ་ཏི་པུ་ཧོ། པྲ་ཏཱིཙྪ་ཧོ། མཆོད་པ་ནི། ཧྲཱིཿ ཀ་པཱ་ལ་ཡི་བྷནྡྷའི་སྣོད་ཡངས་སུ། །ཁ་དོག་དྲི་རོའི་ངད་ལྡན་ཨ་མྲི་ཏ། །ག་ཤལ་མགོ་བོ་རློན་པའི་སྣོད་ཡངས་སུ། །ང་བདག་གཟུང་འཛིན་བསྒྲུབ་པའི་རཀྟའི་མཚོ། །ཅ་ག་རོ་བརྒྱ་ལྡན་པའི་བ་ལིང་ཏ། །ཆ་ལུགས་དཔལ་གཏོར་བརྗིད་ལྡན་རི་ལྟར་སྤུངས། །ཇ་ཆང་གསེར་སྐྱེམས་གཡུ་སྐྱེམས་ཐུད་ཀྱི་མཚོ། །ཉ་གྲུས་ཟླ་བ་ལྟ་བུར་ཁྱོད་ལ་འབུལ། །ཏ་ཐུག་ཏའི་རྗེས་འཇུག་བདག་ཅག་གིས། །ཐ་དད་མཐུན་རྫས་རྣམ་མང་བྱེ་བྲག་ཚོགས། །ད་ལྟ་དངོས་འབྱོར་ཡིད་སྤྲུལ་མཆོད་པའི་སྤྲིན། །ན་མར་མཐུ་སྟོབས་དབང་ཕྱུག་ཁྱོད་ལ་འབུལ། །པ་ནའི་རྒྱན་བཞིན་མི་ཟད་རྒྱུན་རིང་པོ། །ཕ་མཐའ་ཡས་པའི་ཀུན་བཟང་མཆོད་པའི་སྤྲིན། །བ་ལང་སྤྱོད་སོགས་གླིང་བཞིའི་མགོན་ཁྱོད་ལ། །མ་ཚང་མེད་པར་ཕུལ་བའི་བྱིན་རླབས་ཀྱིས། །ཙ་རི་ལ་སོགས་ཀཱང་བཞི་རྒྱས་པ་དང་། །ཚ་བྲང་འདུ་བའི་ནད་རྣམས་ཀུན་ཞི་ནས། །ཛ་ཡི་བསྟན་ལ་འཕྲུ་བར་བྱེད་པ་རྣམས། །ཝ་ལྟར་ཞུམ་ཅིང་རིགས་རྒྱུད་རྩད་ནས་ཆོད། །ཞ་ལྟར་སྡེ་བརྒྱུད་ཀུན་གྱི་གཙུག་གི་རྒྱན། །ཟ་བྱེད་དཔའ་བར་ཇམས་པ་ཁྱོད་ཉིད་ཀྱིས། །འ་ཅག་སྒྲུབ་པའི་རིག་འཛིན་བདག་ཅག་ལ། །ཡ་མཚན་ལྡན་པའི་དངོས་གྲུབ་སྩལ་དུ་གསོལ། །ར་ཛ་ཆེན་པོ་དགྲ་ལྷ་ཁྱོད་ཉིད་ཀྱིས། །ལ་ཆུ་འཕྲང་སོགས་བདག་ཅག་བགྲོད་པའི་ཚེ། །ཤ་སྟག་ཁྱོད་ཀྱི་ཐ་ཅིག་མ་གཡེལ་

ཅིག །ས་ཕྱོགས་གང་དུ་གནས་ཀྱང་སྡོང་གྲོགས་མཛོད། །ཧ་ཅང་བྱུང་རྒྱབ་སྙིང་པོ་མ་ཐོབ་བར། །ཨ་ཧྲིའི་བསྟན་ལ་བདག་ཅག་ཞུགས་ནས་ཀྱང་། །ཀ་དག་གདོད་མའི་རྒྱལ་ས་མ་ཟིན་བར། །སྡོང་གྲོགས་ཕྲིན་ལས་རྣམ་བཞི་མ་གཡེལ་ཅིག །ཨོཾ་བཛྲ་ཨམྲྀཾ་སོགས་ནས་ཤཱནྟ་ཨ་ཤྲི་ཏ་རཀྵ་བ་ལིང་ཏ་ཁ་ཧི། གཏོར་འབུལ་ནི། དགྲ་ལྷའི་རྒྱལ་པོ་རྡོ་རྗེ་གྲགས་ལྡན་འཁོར་དང་བཅས་པའི་ཐུགས་ཧཱུཾ་ལས་བྱུང་བའི་རྡོ་རྗེ་རྩེ་ལྔ་པའི་འོད་ཀྱི་སྦྲུ་གུ་ཅན་གྱི་གཏོར་མའི་བཅུད་དྲངས་ཏེ་གསོལ་བར་གྱུར། ཨོཾ་རཏྣ་ཏྲ་ཛ་དུམ་བུ་ཤིག་ཙིཏྟ་ཟུང་སོད། མ་ལེ་ཐུན། མ་ལེ་ཏྲ་ཛ་ཧྲཱུཿ ས་པ་རི་ཤ་ར་ཨེ་དཾ་སོགས་ལན་གསུམ།བསྟོད་པ་ནི། ཧྲཱིཿ ཀ་དག་དང་ལས་སྙིང་རྗེ་ཁྲོས་པའི་སྐུ། །ཁ་དོག་དུས་མཐའི་མེ་ཡི་ཕུང་པོ་འདྲ། །ག་བུར་མདངས་འཛིན་གསང་བའི་ཡུམ་ཆེན་མ། །ང་ཅག་དང་བའི་ཡིད་ཀྱིས་བསྟོད་པར་བགྱི། །ཅ་ཅོ་གདུང་བའི་ང་རོས་འབོད་པའི་ཚེ། །ཆ་ལུགས་ཕྲིན་ལས་རྣམ་བཞིའི་རོལ་གར་གྱིས། །ཛ་རིལ་ཐོད་པའི་སྐུ་མཁར་སྐྱི་གཡའི་ནང་། །ཉ་རྒྱས་བཞིན་དུ་བཞུགས་མཛད་ཁྱོད་ལ་བསྟོད། །ཏ་བ་ན་ལྷར་ཚ་བའི་མེ་དཔལ་གྱིས། །ཐམལ་མི་དང་མི་མིན་འབྱུང་པོའི་ཚོགས། །ད་ལྟ་ཉིད་དུ་མངོན་སྤྱོད་ཕྲིན་ལས་ཀྱིས། །ན་ཚ་དྲག་པོས་ཚར་གཅོད་མཛད་ལ་བསྟོད། །པ་རི་དྷེ་ཤ་ན་ཞེས་ཁྱོད་འབོད་ན། །ཕ་རོལ་རི་རབ་ལྷ་བུའི་དགྲ་སྡེའི་ཚོགས། །བ་མོ་ཏྭ་བདུན་བདག་པོས་བཞུས་པ་བཞིན། །མ་ལུས་ལྷག་མེད་དབྱིངས་སུ་སྒྲོལ་ལ་བསྟོད། །ཙཎྜ་ལས་བཞིའི་སྤྱོད་པའི་རོལ་གར་གྱིས། །ཚ་གྲང་སྡུག་བསྔལ་དྲག་པོ་ཁྱད་བསད་ནས། །ཛ་ཡའི་བསྟན་པ་རྟག་ཏུ་སྐྱོང་མཛད་པ། །ཤ་ལེར་སྒྲིབ་མེད་མཁྱེན་པ་ཁྱོད་ལ་བསྟོད། །ཞྭ་ལྷར་གཙུག་རྒྱན་མཆོ་སྐྱེས་རྡོ་རྗེ་

ལ། །ཟ་བྱེད་རིགས་པ་ཁྱོད་ཀྱིས་མངོན་བསྟོད་པ། །འ་ཅག་མ་ཡིས་བུ་བཞིན་སྐྱོང་མཛད་པ། །ཡ་མཚན་ལྡན་པའི་དབང་ཕྱུག་ཁྱོད་ལ་བསྟོད། །རྣ་ཛ་ཆོས་འཁོར་སྐྱོང་བའི་མངའ་བདག་པོ། །ལ་ལ་ཅམ་མིན་སྲིད་གསུམ་ཡོངས་ཀྱི་བདག །ཤ་ཟ་རིགས་པ་ཀུན་གྱི་གཙུག་གི་རྒྱན། །ས་གསུམ་སྐྱེ་དགུའི་ལྷ་མཆོག་ཁྱོད་ལ་བསྟོད། །ཧྲུ་ཧྲི་ཞའི་བཀའ་སྡོད་མཐུ་བོ་ཆེ། །ཡུན་རིང་དུས་ནས་བསྙེན་ཅིང་བསྒྲུབ་པའི་ལྷ། །རྩེ་གཅིག་མོས་པས་ཁྱོད་ཉིད་སྒྲུབ་ལགས་ན། །ཨ་ནུཏྟ་ཞེས་དངོས་གྲུབ་སྩོལ་དུ་གསོལ། །སྔགས་འཁོར་ནི། བདག་ཉིད་ལྷར་གསལ་བའི་ཐུགས་ཀའི་འོད་ཀྱིས་བསྐུལ་བས། དགྲ་བླའི་རྒྱལ་པོ་རྡོ་རྗེ་གྲགས་ལྡན་གྱི་སྔོན་གྱི་ཐུགས་དམ་གཉན་པོ་རྗེས་སུ་དགོངས་ཏེ་ཕྲིན་ལས་རྣམ་བཞིའི་ལས་ཐོགས་མེད་དུ་བསྒྲུབས་པར་གྱུར། ཨོཾ་རཀྵ་ར་ཛཿ་དུམ་བུ་ཤིག་ཙིཏྟ་ཟུང་སོད།མ་ལེ་ཐུན་མ་ལེ་ར་ཛཿ་ཧྲཱི། ལན་གསུམ། བཛྲ་པུཥྤེ་སོགས་ཤབྡ་ཨ་མྲི་ཏ་རཀྟ་བ་ལིངྟ་མ་ཧཱ་སརྦ་པཱུ་ཛ་ས་མ་ཡ་ཁ་ཁ་ཁཱ་ཧི་ཁཱ་ཧི། །ཁམས་གསུམ་ཀུན་ལས་རྒྱལ་བའི་སྟོབས་ལྡན་སྐུ། །དྲག་སྔགས་ཚ་ཟེ་ར་ཐོག་འབེབས་དབྱར་རྔའི་གསུང་། །ཆོས་དབྱིངས་ལྷན་སྐྱེས་བདེ་ཆེན་རོ་གཅིག་ཐུགས། །བསྟན་སྲུང་དགྲ་བླའི་གཙོ་ལ་ཕྱག་འཚལ་བསྟོད། །ཕྲིན་བཅོལ་ནི། ཀི་བསྭོ་ཆ་ཡིས་དགྲ་ལྷ་རབ་དགྱེས་ཤིང་། །ཁྲུ་འཕང་གནམ་ལྕགས་ཐོག་གི་བུ་ཡུག་འཚུབས། །གོ་སར་ལས་འབྲུངས་པདྨ་ཀ་ར་ཡིས། །ངོ་མཚར་དགྲ་ལྷའི་རྒྱལ་པོར་མངའ་གསོལ་བ། །ཅི་ནས་རྣལ་འབྱོར་རྟོག་པའི་རོལ་མོའི་ཚོགས། །ཆུ་ལས་ཆུ་བུར་རྡོལ་བ་ཇི་བཞིན་དུ། །རེ་ཞིག་མ་ཡིན་རང་བྱུང་རང་ཤར་དུ། །ཉེ་ཚོང་མེད་པར་དབྱིངས་སུ་གྲོལ་བར་མཛོད། །ཏི་ལ་ཨ་ཏིའི་བསྟན་པ་རིན་པོ་ཆེ། །ཐུབ་པོ་རྒྱལ་

དང་རྒྱལ་སྲས་འཕགས་པའི་ཚོགས། །དེ་དག་དུས་དྲུག་སྐྱོང་ཞིང་བསྲུང་བ་དང་། །ནོ་པི་ཀ་ཡི་མགོན་དུ་བཞུགས་པར་མཛོད། །པི་ཤང་སྦྲ་ལྷར་སྙན་གྲགས་རྒྱས་པ་དང་། །ཤུ་ཙུ་ལྷ་བུར་གསེར་དངུལ་དར་ཟབ་འབྲུ། །དེ་ལུག་རྟ་དྲེལ་ལ་སོགས་ཕྱུགས་ཀྱི་རིགས། །མོ་ཧར་བྱེད་པའི་རྫས་ལྷར་སྤེལ་བར་མཛོད། །ཌིཊྚ་སྒྲོག་ལ་རབ་ཏུ་རྩམས་བྱེད་ཅིང་། །ཚུལ་རོལ་ཤཱཀྱའི་བསྟན་ལ་སྙན་མཛད་ཅིང་། རྡོ་ཧའི་ཚལ་སོགས་གླིང་བཞིར་དབང་བསྒྱུར་བས། །ཤོ་རྡི་ཧའི་སོགས་ཀུན་གྱི་མངོན་བསྟོད་པ། །ཞི་དང་ཁྲོ་བོ་ཞི་མ་ཁྲོ་ཡི་ཚུལ། །ཟླུ་ར་ར་སྐྱེས་ལ་སོགས་སྡེ་བརྒྱད་གཙོ། །འེ་ཞེས་ཐུགས་དམ་གནད་ནས་བསྐུལ་ལགས་ན། །ཡོ་གའི་དགྲ་རྣམས་མ་ལུས་འདུལ་བར་མཛོད། །རི་རབ་ལྷ་བུར་དཔལ་གྱི་གཏོར་མ་དང་། །ལུ་མའི་རྒྱན་བཞིན་སྨན་དང་རཀྟའི་མཆོ། །ཤེ་མུན་ཉམས་ང་མེད་པར་མཆོད་པའི་སྤྲིན། །སོ་སོར་དགྱེས་པའི་མཆོད་པ་འབུལ་ལགས་ན། །ཧི་ཧི་རྡོ་རྗེ་ངོ་མཚར་གླུ་དང་བཅས། །མ་ལུས་ལྷག་མ་མེད་པར་བཞེས་ནས་ཀྱང་། །ཨུ་ད་ཧྲི་ལྷར་ཆེ་བསོད་དཔལ་འབྱོར་སོགས། །རབ་ཏུ་རྒྱས་པའི་ཕྲིན་ལས་མཛད་དུ་གསོལ།

།ཅེས་པ་འདི་ཡང་ལྕགས་མོ་བྱ་ལོའི་འབུམ་འགྱུར་ཟླ་བའི་ཚེས་བཅོ་ལྔའི་ཉིན་རང་ཁང་འཆི་མེད་གྲུབ་པའི་དགའ་ཚལ་ནས། རྫོགས་སྤྲུལ་ལྔ་པ་ཐུབ་བསྟན་ཆོས་ཀྱི་རྡོ་རྗེས་བྲིས་པ་དགེའོ། །

༄༅། །གསུང་བློན་རྡོ་རྗེ་གྲགས་ལྡན་གྱི་གསོལ་མཆོད་བསྡུས་པ་བཞུགས་སོ། །

ཀ་མ་ལ་དང་ཉི་མ་དགྲ་བགེགས་སྟེང་། །ཁ་དོག་དུས་མཐའི་མེ་ལྟར་བཟོད་པར་དཀའ། །ག་ཧུ་བཞུགས་ཀྱང་རྣལ་འབྱོར་བདག་གི་མགོན། །ང་ཡི་འབོད་ཆོ་རྒྱལ་ཆེན་ཁྱོད་ཉིད་ནི། །ཅ་ག་སྦྱིན་གཟིགས་བརྟེན་རྫས་མཐུན་པའི་རྫས། །ཆ་ཤས་མ་ཡིན་ནམ་མཁའི་སྐར་ལྟར་བཀྲ། །ཇ་ཆང་ལ་སོགས་བཤམ་པའི་ཕོ་བྲང་འདིར། །ཉ་དཀྱིས་ཟླ་བ་ཇི་བཞིན་འདིར་བྱོན་ལ། །ཏ་ཐཱ་ག་ཏའི་བསྟན་པ་སྲུང་བ་དང་། །ཐ་མལ་གཟུགས་ཅན་དགྲ་དང་གཟུགས་མེད་བགེགས། །ད་ལྟ་ཉིད་དུ་མངོན་སྤྱོད་ཕྲིན་ལས་ཀྱིས། །ན་ཆ་དྲག་པོའི་རྫེན་གྱིས་བརླག་པར་མཛོད། །པ་སངས་ལྷ་བུ་སྲུབ་ལ་བུ་བཞིན་སྐྱོང་། །ཕ་རོལ་ལོག་འདྲེན་འདུལ་བའི་གཤེད་པོ་ཆེ། །བ་མཆོག་ནོར་གྱི་བང་མཛོད་ལྷ་བུ་ཡི། །མ་འབད་ལྷུན་གྲུབ་དངོས་གྲུབ་ཀུན་གྱི་བདག །ཙ་ར་གཡག་ལུག་རྟ་དྲེལ་ཁང་བཞིའི་ཚོགས། །ཚ་ཧཱུ་ཀ་དང་ཡོ་བྱད་སྣ་ཚོགས་རིགས། །ཛོ་ཧུའི་རྒྱན་བཞིན་བཀང་བ་སྣ་ཚོགས་དང་། །ཝ་སྦྱང་ལ་སོགས་མཐུན་རྫས་རྣམས་ཀྱིས་མཆོད། །ཞྭ་ལྟར་བརྟེན་པའི་དགྲ་ལྷ་ཁྱོད་ཉིད་ནི། །ཟ་བྱེད་རིགས་པ་ཀུན་གྱི་མངའ་བདག་པོ། །འུ་འུར་འཐོར་བྱེད་རླུང་ནག་འཚུབ་མར་བཅས། །ཡ་མཚན་ལྡན་པའི་ལྷ་མཆོག་ཁྱོད་ལ་བསྟོད། །ར་མ་ཛ་ལྟར་དམ་བཅའ་བརྟན་པོ་ནི། །ལ་ལ་ཙམ་མིན་དུས་དང་གནས་སྐབས་སུ། །ཤ་ལྟག་བདག་སོགས་རིག་པ་འཛིན་རྣམས་ལ། །ས་ཕྱོགས་གང་དུ

འགྲོའམ་སྤྱོད་ཀྱང་རུང་། །ཧཱུ་སྐྱེ་ཞའི་ཐ་ཚིག་རྗེས་དགོངས་ལ། །ཨ་མའི་བུ་ལ་བརྩེ་བ་ཇི་བཞིན་དུ། །སྒྲུབ་པའི་རེ་འདོད་ཡིད་བཞིན་སྐང་བར་མཛོད། །ཅེས་པ་འདི་ཡང་གོང་སྤྲུལ་ཡོན་ཏན་རྒྱ་མཚོའི་ཡང་སྲིད་མཆོག་གི་བསྐུལ་བའི་ངོར་མགོན་ཁང་དབང་དྲག་རོལ་པའི་ཕོ་བྲང་དུ་མེ་སྤྲུལ་ཟླ་ཆོས་བཟང་པོར་རྫོགས་སྤྲུལ་ལྔ་པ་ཐུབ་བསྟན་ཆོས་ཀྱི་རྡོ་རྗེས་བྲིས་པ་དགེ །

༄༅། །གསུང་བློན་རྡོ་རྗེ་གྲགས་ལྡན་གསོལ་མཆོད།།

ཧཱུྃ་ཧྲཱིཿ དམར་ནག་མེ་དཔུང་འབྲུག་པའི་གློང་དཀྱིལ་ན། །པད་ཉི་རུ་ཏྲ་བསྣོལ་བའི་གདན་སྟེང་དུ། །མ་རུང་གདུལ་དཀའ་འདུལ་བའི་གཉེན་པོ་ཆེ། །ཆེ་བའི་ཆེ་མཆོག་སྟོབས་ལྡན་ཧེ་རུ་ཀ །འབར་བའི་ཁྲོ་རྒྱལ་དགྲ་བགེགས་གཉེན་མ་ཆེ། །གསུང་གི་བློན་པོ་རྡོ་རྗེ་གྲགས་ལྡན་ནི། །ཡབ་ཡུམ་སྲས་གསུམ་བློན་པོ་རུ་འདྲེན་བཅས། །དད་དང་དམ་ཚིག་དབང་གིས་འདིར་གཤེགས་ལ། །རིག་འཛིན་སྒྲུབ་པོའི་རྣལ་འབྱོར་བདག་ཅག་གིས། །ཕྱེད་ལ་མཆོད་དང་བསྟོད་པའི་བྱིན་རླབས་ཀྱིས། །བདག་ཅག་མི་ནོར་འཁོར་དང་བཅས་པ་ཀུན། །གེགས་བྱེད་མི་མཐུན་སྤྱིན་ཚོགས་དབྱིངས་ཞི་ནས། །མཐུན་རྐྱེན་ལེགས་ཚོགས་ཡར་ངོའི་ཟླ་བ་བཞིན། །གོང་ནས་གོང་དུ་འཕེལ་ཞིང་རྒྱས་པ་དང་། །བསམ་དོན་ལྷུན་གྱིས་གྲུབ་པའི་ཕྲིན་ལས་མཛོད། །ཅེས་པ་འདི་ཡང་རང་དགོན་གྱི་གྲྭ་ནམ་མཁའ་ཚེ་རིང་ནས་བསྐུལ་ངོར་རྫོགས་སྤྲུལ་ལྔ་བ་ཐུབ་བསྟན་ཆོས་ཀྱི་རྡོ་རྗེས་གང་ཤར་བྲིས་པ་དགེ །

༄༅། །ཁྲོ་བཙན་ཆེན་པོ་རྡོ་རྗེ་དགྲ་འཇོམས་རྩལ་གྱི་མཆོད་འབུལ་རྒྱས་པ་མེ་ལྕེའི་ཕྲེང་བ་ཞེས་བྱ་བ་བཞུགས་སོ།།

ཨོཾ་སྭ་སྟི། བདེ་ཆེན་སོ་སོར་རྟོགས་པའི་ཡེ་ཤེས་ལས། །ཁྲོས་པའི་རྒྱལ་པོ་རྟ་གདོང་ཧེ་རུ་ཀ །གདུག་པ་མ་ལུས་ཟིལ་གྱི་གནོན་མཛད་པ། །གར་དགུའི་ཉམས་ལྡན་ཁྱོད་ལ་བདག་བསྟོད་དོ། །དབང་གི་རྒྱལ་པོ་པདྨ་ཧེ་རུ་ཀ །དབང་མཛད་དབང་གི་རྒྱལ་པོ་མཐུ་རྩལ་ཅན། །དབང་ཆེན་རང་མདངས་རིགས་པ་ཀུན་གྱི་གཙོ། །དབང་གི་བཀའ་སྡོད་ཁྱོད་ལ་བདག་བསྟོད་དོ། །དེ་ལ་འདིར་ཁྲོ་བཙན་ཆེན་པོ་རྡོ་རྗེ་དགྲ་འཇོམས་རྩལ་གྱི་མཆོད་ཐབ་རྒྱས་པ་ལ། མཆོད་གཏོར་དང་མཐུན་པའི་དམ་རྫས་རྣམས་འདུ་བྱས་ལ། རང་ཉིད་ཡི་དམ་གྱིས་ང་རྒྱལ་དང་ལྡན་པའི་ངང་ནས། ཨོཾ་སྭ་བྷཱ་ཝ་སོགས། སྟོང་པའི་ངང་ལས་རང་གི་མདུན་དུ་ཟངས་བྲག་དམར་པོ་རྔམ་བརྗིད་འབར་བ་དགུང་ལ་བསྙེགས་པ་ལྕེ་སྤྱང་དང་སྟག་གཟིག་མང་པོ་རྒྱུག་འདྲལ་བྱེད་པའི་གནས་སུ་བཙན་གྱི་སྐུ་མཁར་འཇིགས་སུ་རུང་བར། མི་རོའི་རྒྱལ་མཚན་ལ་ཙིཏྟ་སྙིན་པའི་ཏོག་གི་བརྒྱན་པ་དང་། བ་དན་དམར་པོ་དུ་མས་བརྒྱན་པ། གློག་ལྕེ་དམར་པོ་མི་འོད་འཁྲིགས་པའི་ཀློང་དཀྱིལ་དུ་སྣང་སྲིད་དྲེགས་པ་ཡོངས་ཀྱི་རྗེ་བཙན་ཁྲོ་བཙན་ཆེན་པོ་རྡོ་རྗེ་དགྲ་འཇོམས་རྩལ་སྐུ་མདོག་དུས་མཐའི་མེ་ལྟར་འབར་བ། ཞལ་གཅིག་ཕྱག་གཉིས་པ་ཕྱག་གཡས་པས་བཙན་མདུང་དམར་པོའི་གདུག་པ་ཅན་ཐམས་ཅད་གཙོད་པར་བྱེད་པ། གཡོན་བཙན་གྱི་ཞགས་པ་དམར་པོའི་གནོད་བྱེད་དམ་ཉམས་ཐམས་ཅད་འཆིང་བར་བྱེད་པ། མི་ཟད་རྔམ་བརྗིད་ཤིན་ཏུ་ཁྲོས་པ་ཤ་བའི་དབུ་ཅན། སྤྱན་གསུམ་སྣང་མིག་ཁྲག་ལྟར་གཡོ་བ། ཞལ་གདངས་ཤིང་

ལྷུགས་གློག་ལྟར་འཁྱུགས་པ། ཤངས་ནས་དྲག་པོའི་འཐོར་རླུང་འཚུབ་ཅིང་། སྨ་ར་སྨིན་མ་ལས་མེ་འཁྲུགས་པོ་འབར་བ། བ་སྤུའི་བུ་ག་ཐམས་ཅད་ནས་མེ་ཡི་ཙྭ་ཙྭ་ཐོ་རེ་རེ་འཕྲོ་བ། སྐུ་སྟོད་ལ་ཞིང་གི་གཡང་གཞིས་བརྒྱན་པ། སྐུ་སྨད་ལ་དཔའ་བོ་སྟག་གི་ཤམ་ཐབས་གྲོལ་བ། རྟོག་མེད་རོ་ཡི་གདན་ལ་གཡས་བརྐྱང་གཡོན་བསྐུམ་པའི་སྟབས་ཀྱི་བཞུགས་པ། མངོན་སྤྱོད་དྲག་པོའི་ཤུགས་ཀྱི་མཁའ་ནས་བསྐྱོད་པ། སྤྲུལ་པ་ལས་བྱེད་ཀྱི་ཕོ་ཉ་མི་དམར་མང་པོ་སྔོན་ནས་རྒྱུག་པ། བཙན་གྱི་བྲུ་དམར་མང་པོ་ཀླད་ན་ལྡིང་བ། ཟ་བྱེད་ཁྱི་དམར་མང་པོ་རོལ་དུ་ཁྲིད་པ། དགྲེས་སྡེ་ཡུམ་ཆེན་མཚོ་སྨན་ནག་མོ། དམ་ཚིག་གཉན་པོ་གཅིག་ཏུ་གྱུར་པ་ཤར་ཀྱི་རྫོང་བཙན་དམར་པོ། སྐུ་ཡི་སྲས་མཆོག་ལྷོ་ཕྱོགས་ཡི་རི་ལྷ་བཙན། ཡབ་གཉན་ཆེན་རྒྱལ་བ་ཐོད་དཀར། མཆེད་ཀྱི་སྤྱུན་ཟླ་བྱུང་གི་སྨན་མོ་རང་འཚོང་བཙན་རྒོད་ལྷུམ་དྲལ་སྲིད་དུ་གྱུར་པ་ཙུ་དྲོན་གཡུ་ཡི་ཐུག་པའི་ཀླུ་སྨན། གཉེར་གྱི་ཕྲུག་ཚང་མདོ་གསུམ་ཀླུ་བྲག་བཙན་རྒོད། བཀའ་ཡི་བློན་པོ་ཡོབ་ཀྱི་རྒྱུང་རི་བཙན་དམར། ཕྱུགས་ཀྱི་རྫི་པོ་ཟླ་ཡི་བློན་སྲས་དམར་པོ། ལས་བྱེད་ཀྱི་ཕོ་ཉ། ནགས་སོག་ཙུ་ཡི་དགེ་བསྙེན་ཆེན་པོ་ལ་སོགས་དགྲེས་སྡེ་ཡུམ་སྲས་བློན་པོ་རྣམས་རང་རང་གི་འཁོར་དང་བཅས་པ། གཞན་ཡང་བཙན་དམག་འབུམ་སྡེའི་འཁོར་ཚོགས་བསམ་གྱི་མི་ཁྱབ་པ་དང་བཅས་པ་ཉི་མའི་ཟེར་གྱི་རྡུལ་ལྟར་འཚུབ་པ་གཙོ་འཁོར་ཐམས་ཅད་སྤྱི་བོར་ཨོཾ་དཀར་པོ། མགྲིན་པར་ཨཱཿདམར་པོ། ཐུགས་ཀར་ཧཱུྃ་སྔོན་པོ་རྣམས་ལས་འོད་ཟེར་འཕྲོས་པས་དབང་ཆེན་རོལ་པའི་དུར་ཁྲོད་ཆེན་པོ། ཨཊྚ་པ་ལའི་གླིང་། གནས་མཆོག་ཆེན་པོ་སྦྲུལ་གནས་མེ་འབར་ཕུག་ལ་སོགས་རང་བཞིན་གར་བཞུགས་ཀྱི་གནས་ནས། བཙན་རྒོད་ཆེན་པོ་རྡོ་རྗེ་དགྲ་འཇོམས་

རྒྱལ་འཁོར་དང་བཅས་པ་སྐད་ཅིག་གི་མཁའ་ལས་གློག་ཕྲེང་གཡོ་བ་བཞིན་དུ་བྱོན་ནས་བཞུགས་པར་གྱུར། དེ་ནས་སྤྱན་འདྲེན་པ་ནི། ཧཱུྃ་བྷྱོཿ སྔོན་གྱི་བསྐལ་པ་དང་པོ་ལ། །བཅོམ་ལྡན་པདྨ་ཧེ་རུ་ཀས། །དབང་ཆེན་རོལ་པའི་དུར་ཁྲོད་དུ། །དམ་ལ་བཞག་པའི་གཡར་དམ་ཅན། །དེ་འོག་བར་གྱི་བསྐལ་པ་ལ། །བདག་ཉིད་པདྨ་ཐོད་ཕྲེང་གིས། །ཨཱ་ཀྲ་པ་ལོའི་གཙུག་ལག་ཁུ། །དམ་ཚིག་བསྒྲགས་པའི་གསང་མཚན་ཅན། །ཚུར་བྱོན་ཚུར་བྱོན་དམ་ལ་འདུས། །དམ་རྫས་བཀའ་ཡི་གཏོར་མ་བཞེས། །སྔོན་གྱི་རྒྱལ་བའི་བཀའ་མ་བཅག །ད་ལྟ་རྣམ་འབྱོར་དམ་མ་བཀྲལ། །བཅོལ་བའི་ཕྲིན་ལས་འགྲུབ་པར་མཛོད། །བཛྲ་ས་མ་ཛཿ ཛཿཧཱུྃ་བཾ་ཧོཿ ཏིཥྛ་ལྷན། མཆོད་པ་འབུལ་བ་ནི། ཧཱུྃ༔ བཙན་རྒོད་ཆེན་པོ་རྡོ་རྗེ་དགྲ་འཛོམས་རྒྱལ། །ཁྱེད་ལ་དགྱེས་པའི་མཆོད་པ་འབུལ་བ་ནི། །དུང་ཆེན་ཀླཀྐཱ་ལྡན་པའི་སྣོད་མཆོག་ཏུ། །རཀྟ་ཁྲག་གི་རྒྱ་མཚོ་མེ་རེ་རེ། །མཚན་དང་ལྡན་པ་དབྱིངས་ཀྱི་ཀླཀྐཱ་རུ། །བདུད་རྩི་སྨན་གྱི་རྒྱ་མཚོ་ཆེན་པོ་བསྐྱིལ། །དམ་ཉམས་དགྲ་བགེགས་བསྒྲལ་བ་ལས་བྱུང་བ། །དུག་གསུམ་བསྒྲལ་བའི་ཤ་ཁྲག་རུས་གསུམ་གྱིས། །མ་དག་དངོན་འཛིན་དྲི་མ་ཀུན་སྦྱང་ནས། །ཡེ་ཤེས་བདུད་རྩི་ཆེན་པོར་མཆོད་པ་འབུལ། །ཨོཾ་བཛྲ་ཨམྲྀ་སོགས་ཤཱུ་པྲ་ཏཱིཙྪ་ཡེ་སྭཱ་ཧཱ། ཨོཾ་ཨཱཿཧཱུྃ་མ་ཧཱ་པཉྩ་ཨིན་དྲ་རཀྟ་ཨ་མྲྀ་ཏ་བ་ལིང་ཏ་ཀཱཾ་ནི་རི་ཏི་སརྦ་པུ་ཙ་ས་མ་ཡ་ཕཾ་ཕཾ་ཧྲཱིཾ་ཧྲཱིཾ་ཛཿཛཿསྭཱ་ཧཱ། དགྲ་བགེགས་བསྒྲལ་བའི་ཤ་ཁྲག་ལས་བྱུང་བའི་མཆོད་སྦྱིན་གྱི་གཏོར་མ་འདོད་ཡོན་ལྔའི་འོད་ཟེར་འཕྲོ་བ། འདི་ཉིད་བསྔོ་ཞིང་འབུལ་བའི་གནས་སུ་གྱུར་པ་ནི་བཙན་རྒོད་ཆེན་པོ་རྡོ་རྗེ་རོལ་པ་རྒྱ་བདུན་ཕྱི་ནང་གསང་བའི་འཁོར་གཡོག་བྲན་དང་པོ་ཉ་སྟོང་ཟླ

དགྱེས་སྐྱེ་སྐུ་འཁོར་དང་བཅས་པ་རྣམས་དང་ཁྱད་པར་དུ་གྲི་བཙན་ཆེན་པོ་རྡོ་རྗེ་དགྲ་འཇོམས་རྩལ་སྐུ་འཁོར་དང་བཅས་པ་རྣམས་ཀྱི་ཞལ་དུ་ཁ་ཁ་ཁ་ཧི་ཁ་ཧི། བསྟོད་པ་ནི། ཧཱུྃ༔ ཆོས་ཉིད་དབྱིངས་ཀྱི་རང་བཞིན་ལ། །ཆོས་ཅན་སྣང་བའི་སྲུང་མ་ཆེ། །ལེགས་ཉེས་སྐྱངས་འཛིན་བདག་པོ་མཆོག །རྡོ་རྗེ་དགྲ་འཇོམས་རྩལ་ལ་བསྟོད། །མདོག་དམར་མེ་ཡི་ཕུང་པོ་འདྲ། །གཏུམ་དྲག་བཟློད་པར་དཀའ་བའི་སྐུ། །ཤིན་ཏུ་ཁྲོས་པའི་དྲག་རྩལ་ཅན། །དབང་གི་བཀའ་སྡོད་ཁྱོད་ལ་བསྟོད། །ཉམས་པ་བདུན་ལྡན་དགྲ་བོ་ལ། །ལྟས་ངན་ཐབས་ཀྱི་བསྒྲལ་མཛད་པ། །ཨ་ལའི་ཧ་ལའི་གད་རྒྱང་ཅན། །ཁྲོས་པའི་རྒྱལ་པོ་ཁྱོད་ལ་བསྟོད། །གང་ཐུགས་ནམ་མཁའི་རང་བཞིན་ལ། །སྙིང་རྗེའི་ཤུགས་དང་མ་བྲལ་ཡང་། །མངོན་སྤྱོད་དྲག་པོའི་ཕྲིན་ལས་ཀྱིས། །གདུལ་དཀའ་འདུལ་མཛད་ཁྱོད་ལ་བསྟོད། །ཁམས་གསུམ་སྐྱེ་འགྲོའི་སྲོག་གི་བདག །ཉམས་པ་ཡོངས་ཀྱི་གཤེད་མ་ཆེ། །ནགས་ཕྱོགས་བདུད་སྡེ་ཕམ་མཛད་པའི། །བཙན་རྒོད་ཆེན་པོ་ཁྱོད་ལ་བསྟོད། །བསྟན་པ་གཉན་པོ་སྲུང་བ་དང་། །གང་བཅོལ་ཕྲིན་ལས་སྒྲུབ་མཛད་པའི། །མཐུ་ཆེན་ཁྱོད་ལ་བདག་བསྟོད་དོ། །དབང་ཆེན་བཀའ་སྡོད་ཆེན་པོ་ཡི། །ཅི་བགྱིའི་བཀའ་ཉན་སྐྱོང་མཛད་པ། །མཆེད་ལྔ་ཡུམ་སྲས་སྤྲུལ་འཁོར་བཅས། །འཁོར་ཚོགས་དམ་ཅན་ཚོགས་ལ་བསྟོད། །ཕྲིན་བཅོལ་ནི། ཧོ། རྟ་མཆོག་རོལ་པ་དབང་གི་དཀྱིལ་འཁོར་གྱི་བཀའ་སྡོད་ལས་མཁན། ཨོ་རྒྱན་ཆེན་པོའི་དམ་མནོས་ཕྲིན་ལས་དྲག་རྩལ་གློག་ལས་མྱུར་བ། རྣལ་འབྱོར་བདག་གི་སྲུང་མ། གྲི་བཙན་ཆེན་པོ་རྡོ་རྗེ་དགྲ་འཇོམས་རྩལ་སྐུ་འཁོར་དང་བཅས་པ། དམ་རྫས་ཀྱི་གཏོར་མ་རི་བོ་ལྷ་བུ། བདུད་རྩིའི་ཕུད་དང་།

རཀྟ་དམར་གྱི་ཨཀྵོཾ་རྒྱ་མཚོ་ལྟ་བུར་བསྐྱིལ་ཏེ་འབུལ་བས། དགྱེས་པ་ཆེན་པོས་བཞེས་ལ། སྤྱིར་སངས་རྒྱས་ཀྱི་བསྟན་པ་སྲུངས་ཤིག བསྟན་འཛིན་སྐྱེས་བུའི་སྐུ་ཚེ་བསྲིངས་ཤིག སྒོས་སུ་སྔ་འགྱུར་རྡོ་རྗེ་ཐེག་པའི་བསྟན་པ་དང་དེ་འཛིན་སྐྱོངས་ཤིག ལོག་ལྟ་གནོད་བྱེད་དམ་ཉམས་སྒྲོལ་ཅིག རྣལ་འབྱོར་སྒྲུབ་པ་པོ་ཡི་འགལ་རྐྱེན་སོལ་ཅིག མཐུན་རྐྱེན་བསམ་པའི་དོན་ཀུན་ཡིད་བཞིན་དུ་འགྲུབ་པའི་ཕྲིན་ལས་སྒྲུབས་ཤིག འཇིག་རྟེན་ཁམས་སུ་ནད་མུག་འཁྲུགས་རྩོད་ཀྱི་སྐལ་ངན་བཟློག་ཅིག བདེ་སྐྱིད་ལོངས་སྤྱོད་ཕུན་སུམ་ཚོགས་པ་སྤེལ་ཞིག མདོར་ན་བཅོལ་བའི་ལས་ཀུན་ཐོགས་པ་མེད་པར་འགྲུབ་པར་མཛོད་ཅིག བསྐུལ་བ་ནི།

ཧཱུྃ༔ དམ་ཚིག་ཅན་གྱི་ལྷ་ཆེན་པོ། །སྐུ་མདོག་དམར་པོ་ཤ་བའི་དབྱུ། །སྨ་ར་སྨིན་མ་མེ་ལྟར་འབར། །ཞལ་གདངས་ལྕགས་འདྲིལ་མཆེ་བ་གཙིགས། །སྤྱན་གསུམ་སྟང་མིག་ཁྲག་ལྟར་གཡོ། །མི་ལྤགས་གཡང་གཞིའི་ན་བཟའ་ཅན། །ཕྱག་གཉིས་བཙན་མདུང་ཞགས་པ་དམར། །བ་སྤུའི་བུ་ག་ཐམས་ཅད་ནས། །མེ་ཡི་ཙྭ་ཙྭ་ཐོ་རེ་རེ། །ཆིབས་སུ་དེ་ནི་ཀློག་དམར་ཆིབས། །འཁོར་ནི་བཙན་དམག་འབུམ་སྡེ་གཡོ། །མི་རིང་དམར་པོ་ཕོ་ཉར་འགྱེད། །རླུང་དམར་འཚུབ་པའི་གློང་དཀྱིལ་ནས། །དྲག་པོའི་ཤུགས་ཀྱིས་མཁའ་ནས་བསྐྱོད། །སྔོན་ནས་མི་དམར་ཤ་ར་ར། །ཀླད་ནས་བྱ་དམར་རྩུབས་སེ་རྩུབ། །རྗེས་ནས་ཁྱི་དམར་ཀེངས་སེ་ཀེང་། །གྲི་བཙན་མི་ཟན་དམར་པོ་ནི། །འཁོར་དང་བཅས་པ་དྲག་ཏུ་ཆོས། །སྣང་བའི་དགྲ་ལ་ལས་མ་འགྱངས། །གནོད་པའི་བགེགས་ལ་དཔའ་མ་ཞན། །དུས་ལ་བབ་པོ་ས་མ་ཡ། །ཅེས་པ་འདི་ནི་གནས་དུས་ཀྱི་རྟེན་འབྲེལ་བཟང་པོས་མཚམས་སྦྱར་ཏེ་གྲི་བཙན་ཆེན་པོ་རྡོ་རྗེ

སྐུ་རབས་ལྔ་པ་ཐུབ་བསྟན་ཆོས་ཀྱི་རྡོ་རྗེའི་གསུང་ཚན།

དགྲ་འཛོམས་རྩལ་ཐ་མལ་མི་ཡི་ཟླ་ལ་ཞུགས་ནས་ཆོས་སྐྱོངས་ཀྱི་རང་གཟུགས་དངོས་སུ་བསྟན་པའི་སྐབས་སུ་འདོན་རྒྱུ་ཆེད་དུ་བྲིས་པ་འདི་ནི་རྫོགས་སྤྲུལ་ལྔ་པ་ཐུབ་བསྟན་ཆོས་ཀྱི་རྡོ་རྗེས་ལྷུགས་མོ་ཕག་ལོའི་དཔྱིད་ཟླ་ཐ་ཆུང་གི་ཡར་ཚེས་བཟང་པོར་རྩ་བ་རྡོ་རྗེའི་གསུང་ལ་གཞིར་བཞག་ནས་ཉུང་ཟད་ཁ་སྐོང་སྟེ་བསྒྲིགས་པ་འདིས་ནི་ཉེས་འགལ་མཆིས་ན་ཆོས་སྐྱོང་སྲུང་མའི་ཚོགས་ལ་བཤགས།། སརྦ་མངྒ་ལཾ།

༄༅། །ཁྲི་བཙན་རྡོ་རྗེ་དགྲ་འཛོམས་རྩལ་གྱི་རྟགས་བསྐྱོད་དགྲ་བགེགས་ཚར་གཅོད་ཅེས་བྱ་བ་བཞུགས་སོ།།

ཧྲཱིཿ སྟོང་པའི་ངང་ལས་སྐད་ཅིག་དྲན་རྫོགས་སུ། །རང་སྣང་དུར་ཁྲོད་རོལ་བའི་གཞལ་ཡས་ཁང་། །རང་རིག་དབང་ཆེན་རྟ་མཆོག་ཧེ་རུ་ཀ །རང་ལས་རང་ཤར་ཆུ་ཟླ་ལྟ་བུའི་ཚུལ། །རང་མདུན་བཙན་མཁར་དགུང་ལ་བསྙེགས་པ་འདྲའི། །རྩེ་ལ་སྲིན་བྱ་མང་པོ་སྤྲིན་ལྟར་གཏིབ། །དབང་པོའི་ཕྱོགས་སུ་ཉི་ཟླའི་དཔལ་གཡང་སྟེར། །ནུབ་ཕྱོགས་ཆུ་བོའི་ཐ་རླབ་རབ་ཏུ་འཁྲུགས། །ལྷོ་ཕྱོགས་མི་ཟད་རིན་ཆེན་འབྲུ་དྲུག་སྨིན། །མདུན་དུ་གཙན་གཟན་མང་པོ་རྒྱུག་འདུར་བྱེད། །ལས་བྱེད་ཤན་པའི་དམག་ཚོགས་བསམ་མི་ཁྱབ། །དེ་ལྟར་དམ་ཅན་འདུ་བའི་གནས་མཆོག་འདིར། །དམར་ནག་གྲུ་གསུམ་འབར་བའི་དཀྱིལ་འཁོར་ན། །མེ་རླུང་དམར་ནག་འཚུབ་མའི་གློང་དཀྱིལ་ན། །དུག་ལྔ་རྣམ་དག་ཡེ་ཤེས་ལྔ་ཡི་བདག །ཆོས་དབྱིངས་ཡེ་ཤེས་དབྱིངས་ལས་ཁྲོས་པའི་

སྐུ། །དབང་ཆེན་རྟ་མཆོག་པདྨ་ཧེ་རུ་ཀའི། །བཀའ་ཉན་ལས་བྱེད་དྲེགས་པ་ཡོངས་ཀྱི་གཙོ། །ཁྲི་བཙན་ཆེན་པོ་རྡོ་རྗེ་དགྲ་འཇོམས་རྩལ། །ཁྱོད་ཀྱི་སྐུ་མདོག་དམར་པོ་བསྟན་པ་ནི། །སོར་རྟོག་ཡེ་ཤེས་དབྱིངས་ལས་མ་གཡོས་རྟགས། །མི་བཟད་རབ་ཁྲོས་ཞྭ་བའི་དབུ་ཅན་ནི། །འབྱུང་བྱེད་ཕྲ་མེན་མཁན་རྣམས་འདུལ་བའི་རྟགས། །རྗམས་བརྗིད་དྲུང་གི་ར་བཙུས་བརྒྱན་པ་ནི། །དོན་དམ་དབྱིངས་སུ་ས་བཅུར་གནས་པའི་རྟགས། །སྤྱན་གསུམ་སྤྱང་མིག་ཕྱོགས་བཅུར་གཟིགས་པ་ནི། །སྲིད་པ་གསུམ་པོ་དབང་དུ་སྡུད་པའི་རྟགས། །ཞལ་གདངས་མཆེ་གཙིགས་ཧམ་པར་བསྟན་པ་ནི། །གདུག་པ་ཅན་རྣམས་དབང་དུ་སྡུད་པའི་རྟགས། །མི་ལྤགས་གཡང་གཞིའི་ན་བཟའ་གསོལ་བ་ནི། །ཉོན་མོངས་དུག་ལྔ་རྩད་ནས་གཅོད་པའི་རྟགས། །སྟག་གི་ལྤགས་པས་ཤམ་ཐབས་བྱས་པ་ནི། །ཁམས་གསུམ་འཁོར་བའི་སྐྱོན་གྱི་མ་གོས་རྟགས། །ཕྱག་གཡས་བཙན་མདུང་དམར་པོ་བསྣམས་པ་ནི། །དམ་ཉམས་བྱད་མའི་སྙིང་ལ་བསྣུན་པའི་རྟགས། །ཕྱག་གཡོན་བཙན་ཞགས་དམར་པོ་བསྣམས་པ་ནི། །ཕ་རོལ་བྱད་མ་འཆིང་ཞིང་སྒྲོལ་བའི་རྟགས། །ཞབས་གཉིས་གཡས་བརྐྱང་གཡོན་བསྐུམ་བྱས་པ་ནི། །ཐབ་འདྲེ་འབྱུང་པོ་རྡུལ་དུ་བརླག་པའི་རྟགས། །ཆིབས་སུ་དེ་ནི་གློགས་དམར་ཆིབས་པ་ནི། །ཕྲིན་ལས་ནམ་མཁའི་གློག་ལས་མྱུར་བའི་རྟགས། །རྣམ་དག་སྤྲོས་དང་བྲལ་བའི་ཀློང་ཡངས་སུ། །རྣམ་མང་ཡོངས་ཤར་འཇིག་རྟེན་དྲེགས་པའི་གཙོ། །རྣམ་འཕྲུལ་ཆ་ལུགས་ཅིར་ཡང་སྟོན་མཛད་པ། །རྣམ་ཀུན་གནས་ལུགས་ངང་དུ་མཛལ་བས་འདུད། །རབ་ཁྲོས་མི་བཟད་ཞྭ་བའི་དབུ་ཅན་ཀྱིས། །རབ་ཏུ་བརྟག་པའི་མ་རུང་བདུད་སྡེའི་ཚོགས། །རབ་

ཁྲོས་མངོན་སྤྱོད་དྲག་པོའི་ཕྲིན་ལས་ཀྱིས། །རབ་ཏུ་བརླག་མཛད་མཐུ་ཆེན་ཁྱེད་ལ་
བསྟོད། །མི་བཟད་སྐུ་ནི་དུས་མཐའི་མེ་ལྟར་འབར། །འོད་ཟེར་ཉི་མ་འབུམ་
ལས་ལྷག་པའི་སྐུ། །ཁྲོ་གཉེར་ནམ་མཁའི་གློག་སྟོང་འགྱུར་བ་
བཞིན། །སྟོབས་ལྡན་དྲེགས་པའི་དབང་ཕྱུག་ཁྱེད་ལ་བསྟོད། །རྔམས་པའི་ང་
རོས་འབྲུག་སྟོང་ལྡིར་བ་བཞིན། །ཨ་ལ་ཧ་ལའི་གད་རྒྱང་ཕྱོགས་བཅུར་
སྒྲོགས། །བཤུག་པའི་གླུ་ལེན་དྲག་པོའི་འཁོར་ཀླུང་འབུད། །གསུང་གི་དབང་ཕྱུག་
ཁྱོད་ལ་བདག་བསྟོད་དོ། །ཁྱོད་ཐུགས་ཀ་དག་ནམ་མཁའ་ལྟ་བུ་ལ། །ལྷུན་
གྲུབ་རོལ་མོའི་ཆོ་འཕྲུལ་ཤར་བ་ལས། །རྣམ་བཞིའི་ལས་ཀུན་སྒྲུབ་པའི་ལྷ་གཅིག་
པོ། །སྒྲུབ་ལ་བུ་བཞིན་སྐྱོང་མཛད་ཁྱོད་ལ་བསྟོད། །ཧཱུྃ་ཧྲཱིཿ སྤྱི་བོ་དུང་
ཁང་འབར་བའི་གཞལ་ཡས་ནས། །མེ་ལོང་ཡེ་ཤེས་དབྱིངས་ལས་ཁྲོས་པའི་
སྐུ། །སྐུ་ཡི་སྤྲུལ་པའི་རྟ་ཕག་ཡབ་ཡུམ་གྱི། །བཀའ་ཡི་ལས་མཁན་སྙིང་རྗེ་
ཚད་མེད་བདག །ཞི་བའི་ལས་མཛད་གྱི་བཙུན་མཐུ་བོ་ཆེ། །ཟླ་ལྟར་དཀར་
བའི་ཞལ་མདངས་ཡ་ལ་ལ། །མི་མཐུན་བར་ཆད་རྐྱེན་ངན་མཐའ་དག་
ཀུན། །ཞི་བ་ཆེན་པོའི་ཕྲིན་ལས་མཛད་ལ་བསྟོད། །ལྟེ་བ་སྤྲུལ་པའི་འཁོར་
ལོའི་གཞལ་ཡས་ནས། །མཉམ་ཉིད་ཡེ་ཤེས་དབྱིངས་ལས་ཁྲོས་པའི་
སྐུ། །ཡོན་ཏན་སྤྲུལ་པའི་རྟ་ཕག་ཡབ་ཡུམ་གྱི། །བཀའ་ཡི་ལས་མཁན་
བྱམས་པ་ཚད་མེད་བདག །རྒྱས་པའི་ལས་མཛད་གྱི་བཙུན་མཐུ་བོ་ཆེ། །སྐུ་
མདོག་སེར་པོ་གཙོ་མ་གསེར་གྱི་མདོག །ཚེ་བསོད་དཔལ་འབྱོར་སྙན་གྲགས་གཟི་
བརྗིད་སོགས། །རྒྱས་པའི་ཕྲིན་ལས་རྫོགས་མཛད་ཁྱོད་ལ་བསྟོད། །མགྲིན་པ་
ལོངས་སྤྱོད་འཁོར་ལོའི་གཞལ་ཡས་ནས། །སོར་རྟོག་ཡེ་ཤེས་དབྱིངས་ལས་ཁྲོས་

པའི་དཔལ། །གསུང་གི་སྤྲུལ་པ་རྟ་མགྲིན་ཡབ་ཡུམ་གྱི། །བཀའ་ཡི་ལས་
མཁན་དགའ་བ་ཚད་མེད་བདག །དབང་གི་ལས་མཛད་གྲི་བཙན་མཐུ་བོ་
ཆེ། །སྐུ་མདོག་དམར་པོ་པདྨ་རག་འདྲ། །མི་ནོར་ཟས་གསུམ་ཡུལ་ཁམས་
རྒྱལ་བཙུན་སོགས། །དབང་དུ་སྡུད་པའི་ལྷ་མཆོག་ཁྱོད་ལ་བསྟོད། །གསང་
གནས་བདེ་བ་ཆེན་པོའི་ཕོ་བྲང་ནས། །བྲུ་གྲུབ་ཡེ་ཤེས་དབྱིངས་ལས་གྲུབ་པའི་
ལྷ། །ཕྲིན་ལས་སྤྲུལ་པའི་རྟ་ཕག་ཡབ་ཡུམ་གྱི། །བཀའ་ཡི་ལས་མཁན་
བཏང་སློམས་ཚད་མེད་བདག །དྲག་པོའི་ལས་མཛད་གྲི་བཙན་མཐུ་བོ་
ཆེ། །སྐུ་མདོག་ལྗང་ནག་མར་གད་ཞུན་མའི་མདོག །ཕ་རོལ་རྦོད་གཏོང་བྱད་
མ་གདོན་གྱི་རིགས། །མངོན་སྤྱོད་དྲག་པོའི་སྒྲོལ་མཛད་ཁྱོད་ལ་
བསྟོད། །མཆེད་ཟླ་ལྷ་སྲས་དགྲེས་སྡེ་ཡུམ་དང་བཅས། །གཞན་ཡང་དྲེགས་
པ་ཁྱོད་ཀྱི་བཀའ་འཁོར་ན། །བཙན་གྱི་དམག་ཚོགས་འབུམ་སྡེ་ཉི་ལི་
ལི། །རྨ་བྱེད་མི་རིང་དམར་པོ་རིངས་སེ་རིང་། །གླད་ན་བཙན་བྱ་མང་པོ་
སྤྲིན་ལྟར་གཏིབ། །རྗེས་ནས་བཙན་ཁྱི་དམར་པོ་རྒྱུག་འདུར་བྱེད། །གྲི་བཙན་
མི་ཟན་དམར་པོ་འཁོར་དང་བཅས། །ཁྱོད་ཀྱི་སྐུ་གསུང་ཐུགས་ཡོན་ཕྲིན་ལས་
ཀྱི། །ཆེ་བའི་ཡོན་ཏན་བསྟོད་པའི་བྱིན་རླབས་ཀྱིས། །དེང་ནས་བྱང་ཆུབ་སྙིང་
པོ་མ་ཐོབ་པར། །སྟོབས་ལྡན་དྲེགས་པའི་དབང་པོ་ཁྱོད་ཉིད་ནི། །སྒྲུབ་པའི་
རིག་འཛིན་རྣལ་འབྱོར་བདག་ཅག་ལ། །བྱང་ཆུབ་སྒྲུབ་ལ་བར་དུ་གཅོད་པའི་
བགེགས། །མི་མཐུན་ཉེས་པའི་ཚོགས་རྣམས་མཐའ་དག་ཀུན། །མངོན་སྤྱོད་
དྲག་པོ་རོལ་བས་ཚར་གཅོད་ཅིག །མདོར་ན་བདག་གི་བཞེད་པའི་དོན་རྣམས་
ཀུན། །ཡིད་ལ་གང་འདོད་དྲན་པ་ཙམ་གྱིས་ཀྱང་། །བུམ་པ་བཟང་ལས་

དངོས་གྲུབ་འབྱུང་བ་བཞིན། །འབད་མེད་ལྷུན་གྱིས་འགྲུབ་པའི་ཕྲིན་ལས་མཛོད། །ཅེས་པ་འདི་ནི་གད་པདྨ་དགེ་ལེགས་ནས་བསྐུལ་བའི་ངོར་མེ་སྤྲུལ་ཟླ་༡༠ཚེས་༡༠ལ་མགོན་ཁང་དབང་དྲག་རོལ་པ་ནས་རྫོགས་སྤྲུལ་ལྔ་པ་ཐུབ་བསྟན་ཆོས་ཀྱི་རྡོ་རྗེས་བྲིས་པ་འདིས་ཀྱང་བསྟན་ལ་ཕན་པའི་རྒྱུར་གྱུར་ཅིག་སརྦ་མངྒ་ལཾ། །

༄༅། །ཁྲོ་བཙན་ཆེན་པོ་རྡོ་རྗེ་དགྲ་འཇོམས་རྩལ་གྱི་གསེར་སྐྱེམས་འདོད་དོན་བདུད་རྩིའི་ཐ་ཚྭབས་ཞེས་བྱ་བ་བཞུགས་སོ། །

ཧཱུྃ༔ དབང་ཆེན་མེ་ཏླུང་འཁྱུད་མའི་ཀློང་དཀྱིལ་ནས། །དབང་གི་ལྷ་མཆོག་ཧ་མགྲི་ན་ཧ་སྐད་བཞད། །དབང་མདོག་དབང་གི་རྒྱལ་པོ་ཧ་མཆོག་དཔལ། །དབང་ཆེན་དབང་གི་ལྷ་མཆོག་ཧེ་རུ་ཀ །དབང་གི་སྐུ་མཆོག་ཉི་མ་འབུམ་གྱི་གཟི། །དབང་དྲག་ཁྲོས་པའི་ཧྲམ་སྒྲ་འབྲུག་སྟོང་ལྡིར། །དབང་ཕྱུག་རིགས་པ་ཡོངས་ཀྱི་གཙུག་གི་རྒྱལ། །དབང་གི་བཀའ་སྡོད་མ་རུང་གདུལ་དཀའི་གཤེད། །སྣང་སྲིད་རིགས་པ་ཡོངས་ཀྱི་མངའ་བདག་པོ། །ཁྲོ་བཙན་ཆེན་པོ་རྡོ་རྗེ་དགྲ་འཇོམས་རྩལ། །ཁམས་གསུམ་དབང་སྡུད་སྲིད་གསུམ་ཟིལ་གྱིས་གནོན། །ཁྲོ་ལ་ཁྲོས་པའི་རྒྱལ་པོ་ཧེ་རུ་ཀ །མདོག་དམར་དུས་མཐའི་མེ་དཔུང་དམར་ནག་འདྲ། །མི་བཟད་གཏུམ་ཆེན་ཁྲོས་པ་ཤ་བའི་དབྱུ། །སྤྱན་གསུམ་བསྒྲད་པས་སྣང་མིག་ཕྱོགས་བཅུར་གཡོ། །ཞལ་གདངས་མཆེ་གཙིགས་ལྷགས་

འདྲི་ལ་གློག་ལྟར་འཁྱུག ། མི་ལྤགས་གཡང་གཞིའི་ན་བཟའ་སྐུ་ལ་གསོལ། །ཕྱག་གཉིས་མདུང་དམར་བཙན་གྱི་ཞགས་པ་བསྣམས། །དམ་ཉམས་དགྲ་བགེགས་འཆིང་ཞིང་སྙིང་ལ་བསྣུན། །དམར་ནག་མེ་ཡི་ཚ་ཚྭ་ཕྱོགས་བཅུར་འཕྲོས། །ཆིབས་སུ་གློག་དམར་ཞོན་ནས་སྟོང་གསུམ་བསྐོར། །བསྟེན་ན་སྙིང་ཉེ་སྒྲུབ་ལ་བུ་བཞིན་སྐྱོང་། །སྣ་ཚོགས་དངོས་གྲུབ་འདོད་རྒུའི་ཆར་འབེབས་པའི། །ཕྲིན་ལས་བཞི་ཡི་ལས་ཀྱི་མངའ་བདག་པོ། །སྟོབས་ལྡན་དྲེགས་པའི་རྒྱལ་པོ་ཁྱོད་གཅིག་པུ། །གསང་ཡུམ་དགྱེས་སྡེ་ལས་བྱེད་ཁྱུགས་སེ་ཁྱུག །འཁོར་དུ་བཙན་དམག་འབུམ་སྡེ་སྤྲིན་ལྟར་གཏིབ། །ཕོ་ཉ་མི་རེང་དམར་པོ་ཤ་ར་ར། །མི་བཟང་བྲ་ཁྲི་དམར་པོ་ཚུབས་སེ་ཚུབ། །རྩེ་གཅིག་གདུང་བ་དྲག་པོས་འབོད་པའི་ཚེ། །མཁའ་ལས་གློག་ཕྲེང་གཡོ་བ་ཇི་བཞིན་དུ། །སྐད་ཅིག་ཙམ་གྱིས་གནས་འདིར་གཤེགས་ནས་ཀྱང་། །དམ་རྫས་བདུད་རྩི་རོ་བརྒྱ་ལྡན་པའི་བཅུད། །གསེར་སྐྱེམས་གཡུ་སྐྱེམས་ཕུད་གོད་ཛ་རུའི་རྒྱུན། །ལྷ་ཕྲེང་དོ་ཤལ་གཡོ་བ་རཀྟའི་སྐྱེམས། །འདོད་ཡོན་བདུད་རྩི་ཟླབས་ཀྱི་འཕྲེང་བ་ཅན། །བདུད་རྩིའི་ཟེར་ཕྲེང་སྣ་ཚོགས་ཕྱོགས་བཅུར་འཕྲོ། །དགེ་ལེགས་འདོད་འབྱུང་བཀྲ་ཤིས་མཆོད་པའི་སྤྲིན། །དགེ་ལེགས་ཀུན་ལྡན་གསེར་སྐྱེམས་རྒྱ་མཚོ་འདི། །དགེ་ལེགས་དངོས་གྲུབ་མཐའ་དག་སྩོལ་བའི་ཕྱིར། །དགེ་ལེགས་ཀུན་ལྡན་མཆོད་པ་འདི་བཞེས་ལ། །འདོད་རྒུའི་དངོས་གྲུབ་ཀུན་བདག་ཁྱོད་ཉིད་ཀྱི། །འདོད་དོན་གང་ལ་གང་འདོད་ཇི་བཞིན་དུ། །འདོད་པའི་རེ་བ་ཡིད་བཞིན་བསྐང་ནས་ཀྱང་། །འདོད་པའི་བསམ་པ་ལྷུན་གྱིས་འགྲུབ་པར་མཛོད། །ཅེས་པ་

འདི་ནི་མགོན་ཁང་གསར་བའི་ལྷ་གཉེར་ཐུབ་བསྟན་སྐལ་བཟང་དང་གད་དཀོན་མཆོག་བློ་གྲོས་གཉིས་ནས་ཡང་

སྐུ་རབས་ལྔ་པ་ཐུབ་བསྟན་ཆོས་ཀྱི་རྡོ་རྗེའི་གསུང་ཚན།

ཡང་བསྐུར་བའི་ངོར་རྫོགས་སྤྲུལ་ལྔ་པ་ཐུབ་བསྟན་ཆོས་ཀྱི་རྡོ་རྗེའམ་མིང་གཞན་པདྨ་ཐེག་མཆོག་བསྟན་འཛིན་གྱིས་མགོན་ཁང་དབང་དྲག་རོལ་པའི་ཕོ་བྲང་ནས་བྲིས་པ་དགེའོ། །

༄༅། །གཏེར་སྲུང་བྱ་རོག་གདོང་གི་གསོལ་བསྐུལ་བཞུགས། །

ཧཱུྃ། རབ་ཏུ་འཇིགས་པའི་གནས་མཆོག་དམ་པ་ནས། །མེ་རླུང་དམར་ནག་འཚུབ་མའི་གླིང་དཀྱིལ་ན། །པད་ཉིད་དགྲ་བགེགས་ཕོ་མོའི་གདན་སྟེང་ན། །ཧཱུྃ་ཡིག་ལས་བྱུང་གཏེར་སྲུང་བྱ་རོག་གདོང་། །མཐིང་ནག་མི་སྲུན་ཞལ་གཅིག་ཕྱག་གཉིས་པ། །ཁྲོ་བོའི་ཞལ་ལ་གནམ་ལྕགས་རྡོ་རྗེའི་མཆུ། །ཕྱག་གཡས་གྲི་གུག་གཡོན་པས་སྙན་དམར་བསྣམས། །ཞིང་ཆེན་གཡང་གཞི་སྟག་ལྤགས་ཤམ་ཐབས་ཅན། །རྡོ་རྗེའི་གཤོག་པས་སྟོང་གསུམ་ཁྱབས་ཀྱིས་གཅོད། །ཞབས་གཉིས་འདར་སྟབས་རྩལ་གྱིས་དགྱེས་པར་བཞུགས། །ཨརྒྷཾ་ལ་སོགས་ཕྱི་ཡི་མཆོད་པ་དང་། །སྨན་གཏོར་རཀྟ་ནང་གི་མཆོད་པ་དང་། །སྣ་ན་ཙཀྲ་གསང་བའི་མཆོད་པ་དང་། །ཁྲག་ཆང་བཟང་ཐ་དད་ལྡན་མཆོད་པ་དང་། །ཕྱེད་པར་བྱེད་དང་མཐུན་པའི་དམ་ཚིག་རྫས། །ཏིང་འཛིན་སྔགས་དང་ཕྱག་རྒྱས་བྱིན་བརླབས་ནས། །ནམ་མཁའི་ཁྱོན་ཀུན་ཡོངས་སུ་བཀང་ལགས་ན། །ཕུལ་བས་བདག་ཅག་དཔོན་སློབ་འཁོར་བཅས་ལ། །རྣམ་བཞིའི་ཕྲིན་ལས་དངོས་གྲུབ་བདག་ལ་སྩོལ། །རྫོགས་སྤྲུལ་ལྔ་པས་སོ། །

༄༅། །གཏེར་སྲུང་བྱ་རོག་གདོང་གི་གསོལ་བསྐུལ་ཕྲིན་ལས་མཆོག་སྩོལ་ཞེས་བྱ་བ་བཞུགས་སོ།།

ཧཱུྃ། སྐུར་མཛད་ཡེ་ཤེས་མགོན་པོ་བྱ་རོག་གདོང་། །ཤ་ཟ་ཁྲག་འཐུང་ཕྲན་གཡོག་འབུམ་དང་བཅས། །འདིར་གཤེགས་དམ་རྫས་མཆོད་པ་འདི་བཞེས་ལ། །བྱད་ཕུར་རྦོད་གཏོང་བཟློག་པའི་ཕྲིན་ལས་མཛོད། །ཅེས་པ་འདི་ནི་གཏེར་སྲུང་བྱ་རོག་གདོང་གི་གསོལ་ཀ་གྲངས་བསོགས་སྐབས་དགེ་མང་བླ་མ་ཕན་བདེ་ཉི་མ་ནས་བསྐུལ་ངོར་ལྷུགས་སྤྲོལ་ཟླ་བ་གཉིས་པའི་ཚེས་བཞིའི་ཉིན་རྫོགས་སྤྲུལ་ལྔ་པས་བྲིས་པ་དགེ །

༄༅། །གཉན་ཆེན་རྒྱལ་བ་ཐོད་དཀར་གསོལ་བསྐུལ་ཁྲེར་བདེ་བཞུགས་སོ།།

ཧཱུྃ། རིན་ཆེན་ལས་གྲུབ་གཞལ་ཡས་ལྷ་ན་སྡུག །རིན་ཆེན་དྭ་ཕྲེད་འཕན་གདུགས་བླ་བྲེས་བརྒྱན། །རིན་ཆེན་སྣ་བདུན་བཀྲ་ཤིས་རྫས་རྟགས་བརྒྱད། །རིན་ཆེན་སྣ་ཚོགས་ཕུར་བུར་བཀང་པའི་དབུས། །པདྨའི་ཞལ་མཐོང་ཡུལ་ལྷའི་ཚུལ་འཛིན་པ། །གཉན་ཆེན་རྒྱལ་ཐོད་སྐུ་མདོག་དཀར་དམར་མདངས། །ཞལ་གཅིག་སྤྱན་གསུམ་ཨམ་གཙིགས་རབ་ཏུ་བསྡམས། །དར་དཀར་ལ་ཐོད་ཐོད་འཕྱུ་བེར་དམར་གསོལ། །གཡས་པས་མདུང་དར་གཡོན་པས་ཞགས་པ་བསྣམས། །འཁོར་གསུམ་སྟག་རལ་གཡས་ལ་གཟིག་ཤུབས་གཡོན། །ཅང་ཤེས་རྒྱང་ཞུར་གློག་ལས་རབ་མྱུར་བ། །ཆིབས་ནས་རྡོ་རྗེའི་

ཡལ་གམ་རྗེས་དགོངས་ཏེ། །ཀླུང་ལས་མྱུར་བའི་ཚུལ་གྱིས་འདིར་གཤེགས་ལ། །དགྱེས་པར་བཞུགས་ལ་དངོས་གྲུབ་སྩོལ་དུ་གསོལ། །སྲིད་ན་མཆོད་པར་འོས་པའི་རྫས་རྣམས་ནི། །རབ་འབྱམས་རྒྱ་མཚོའི་ཞིང་ཀུན་བཀང་བ་ཡི། །རྒྱུ་བཟང་བཀོད་ལེགས་ཡིད་འོང་ལྷ་ན་སྡུག །གུས་པས་འབུལ་ལོ་དགྱེས་པར་བཞེས་སུ་གསོལ། །རྒྱལ་བའི་བསྟན་པ་སྤྱི་དང་ཁྱད་པར་དུ། །གསང་སྔགས་རྡོ་རྗེ་ཐེག་པའི་བསྟན་པ་ནི། །ཕྱོགས་བཅུ་མཐའ་དབུས་ཀུན་ལ་ཁྱབ་གྱུར་ཅིག །བསམ་དོན་ཡིད་བཞིན་འགྲུབ་པའི་ཕྲིན་ལས་མཛོད། །རྫོགས་སྤྲུལ་ལྔ་པས་སོ། །

༄༅། །འབར་མ་བྱ་ཞོན་མའི་གསོལ་བསྡུས་བཞུགས།།

ཧཱུྃ༔ དུར་ཁྲོད་བསིལ་བ་ཚལ་དང་རྡོ་རྗེ་གདན། །ནཱ་ལེནྡྲ་སོགས་གནས་མཆོག་དམ་པ་ན། །དཔལ་ལྡན་ཡེ་ཤེས་མགོན་པོའི་བཀའ་འཁོར་ན། །གནས་པའི་འབར་མ་ཆེན་མོ་བྱ་ཞོན་མ། །སྐུ་མདོག་མཐིང་ནག་ཁྲོ་མོའི་ཚུལ་འཆང་བ། །ཞལ་གཅིག་ཕྱག་གཉིས་གྲི་གུག་ཐོད་པ་བསྣམས། །གཟིག་དང་ཐོད་ཕྲེང་སྦྲུལ་དང་ཞིང་གིས་བརྒྱན། །ཆིབས་སུ་བྱ་རོག་ནག་པོ་མགྱོགས་བྱེད་ཆིབས། །རྣལ་འབྱོར་གདུང་བའི་དབྱངས་ཀྱིས་འབོད་ལགས་ན། །སྐད་ཅིག་ཙམ་གྱིས་གནས་འདིར་གཤེགས་སུ་གསོལ། །དགྱེས་པའི་ཚུལ་གྱིས་བརྟན་པར་བཞུགས་སུ་གསོལ། །ཕྱི་ནང་གསང་བའི་མཆོད་པའི་བྱེ་བྲག་ནི། །ནམ་མཁའི་འཁོར་ལོའི་རྒྱན་ལྟར་བཀྲམ་ལགས་ན། །མཆོད་པ་འབུལ་ལོ་དགྱེས་པར་

བཞེས་ནས་ཀྱང་། །སངས་རྒྱས་བསྟན་དང་བསྟན་འཛིན་སྐྱེས་བུ་རྣམས། །སྐུ་ཚེ་བརྟན་ཅིང་ཕྲིན་ལས་རྒྱས་པ་དང་། །རྣལ་འབྱོར་བདག་ཅག་དཔོན་སློབ་འཁོར་བཅས་རྣམས། །ནད་མེད་ཚེ་དང་དཔལ་འབྱོར་རྒྱས་པ་དང་། །ཡིད་ལ་ཅི་བསམ་གེགས་མེད་འགྲུབ་པར་ཤོག །རྫོགས་སྤྲུལ་ལྔ་པས་སོ། །

༄༅། །བཀའ་སྲུང་འབར་མ་ལྷུམ་དྲལ་གྱི་གསོལ་བསྐུས་བཞུགས།།

ཧཱུྃ། དབང་དྲག་ཁྲོས་པའི་སྟོབས་ལྡན་ཧེ་རུ་ཀཿ འབར་བའི་རྒྱལ་པོ་རྒྱལ་འགོང་འདུལ་བའི་གཤེད། །ལྷ་མཆོག་ཁྱེད་ཀྱི་བཀའ་ཡི་འཁོར་ཡུག་ན། །གནས་པའི་བདུད་ཀྱི་རྒྱལ་པོ་མ་རུང་པ། །མཐིང་ནག་མི་སྲུན་ཞལ་གཅིག་ཕྱག་གཉིས་པ། །མདུང་དར་བདུད་ཀྱི་ཞགས་པ་ནག་པོ་བསྣམས། །དར་ནག་ཐེར་གསོལ་བདུད་རྟ་ནག་པོ་ཆིབས། །བཙན་རྒོད་ཆེན་པོ་མདོག་དམར་ཁྲོ་གཏུམ་རྣམས། །ཞལ་གཅིག་ཕྱག་གཉིས་བསེ་མདའ་བསེ་གཞུ་བསྣམས། །ཐེར་དམར་གསོལ་ཞིང་བཙན་རྟ་དམར་པོ་ཆིབས། །ཀླུ་ཡི་རྒྱལ་པོ་མདོག་དཀར་འོད་ཟེར་འབར། །ཞལ་གཅིག་ཕྱག་གཉིས་མདའ་དར་ནོར་བུ་བསྣམས། །སྐུ་ལ་དར་དཀར་གསོལ་ཞིང་རུས་སྦལ་ཆིབས། །མཐུ་ཆེན་བཙན་བདུད་ཀླུ་གསུམ་འཁོར་དང་བཅས། །མཆོད་པའི་གནས་འདིར་སྤྱན་འདྲེན་གཤེགས་སུ་གསོལ། །རྣམ་དག་མཆོད་སྤྲིན་བསམ་ཡས་ལྷུན་གྲུབ་པ། །རྣམ་མཛེས་མཆོད་པའི་བྲེ་བྲག་ལྷ་ན་སྡུག །རྣམ་མང་ནམ་མཁའ་གང་བར་འབུལ་

ལགས་ན། །རྣམ་ཀུན་བཞེས་ནས་ཅི་འདོད་དངོས་གྲུབ་སྩོལ། །ཛཿགས་སྨྲུལ་ལྔ་པས་སོ། །

༄༅། །གཏེར་སྲུང་ལྷ་མོ་ཆེན་མོའི་གསོལ་བསྐུལ་བཞུགས། །

ཧྲཱིཿ ནམ་མཁའ་ཡོངས་ལ་དབང་བསྒྱུར་མཐུ་མོ་ཆེ། །སྲིད་གསུམ་སྒྲོག་ལ་ཐམས་པའི་མཐུ་རྩལ་ཅན། །ཁྲག་འཐུང་ཤ་ཟ་གསོད་པའི་ལས་ལ་དགྱེས། །དབྱིངས་ཕྱུག་གཏེར་སྲུང་ལྷ་མོ་ཆེན་མོ་ནི། །སྐུ་མདོག་དམར་པོ་ཞལ་གཅིག་ཕྱག་གཉིས་པ། །གཡས་པས་ཙི་ཏྲ་གཡོན་པས་བམ་རོ་འཛིན། །གཅེར་མོ་ཞིང་དང་གཟིག་གི་ཤམ་ཐབས་ཅན། །དམར་ནག་མེ་དཔུང་འབར་བའི་ཀློང་ན་བཞུགས། །གར་བཞུགས་གནས་ནས་འདིར་གཤེགས་གདན་ལ་བཞུགས། །ཁྲག་ཆེན་མཆོད་ཡོན་དབང་ལྷའི་མེ་ཏོག་བཀྲ། །རོལ་གསུར་དུད་པ་ཞུན་ཆེན་མར་མེ་མཆོག །མཁྲིས་ཆེན་དྲི་ཆབ་ཤ་རུས་ཞལ་ཟས་དང་། །ཐོད་ཛ་ཀང་གླིང་ཌཱ་རུ་ཅང་རོལ་མོའི་སྒྲ། །ཕྱི་མཆོད་འདོད་ཡོན་ནང་མཆོད་རྣམ་ལྔ་དང་། །གསང་མཆོད་མཐུན་པའི་དམ་རྫས་སྨན་དུ་བྱུང་། །བླ་མེད་དམ་རྫས་ཤ་ལྔ་བདུད་རྩི་སོགས། །ཕུལ་བས་བདག་ཅག་ནད་མེད་ཚེ་དཔལ་རྒྱས། །ཁམས་གསུམ་དབང་བསྡུས་དགྲ་བགེགས་རྡུལ་དུ་རློགས། །ཇི་ལྟར་བཅོལ་བའི་ཕྲིན་ལས་འགྲུབ་པར་མཛོད། །ཛཿགས་སྨྲུལ་ལྔ་པས་སོ། །

༄༅། །གཏེར་སྲུང་ལྷ་མོ་ཆེན་མོའི་བསྐང་བསྡུས་དངོས་གྲུབ་སྤྲིན་འཁྲིགས་ཞེས་བྱ་བ་བཞུགས་སོ།།

ཧྲཱིཿ ནམ་མཁའ་ཡངས་པའི་ཁམས་ལ་དབང་བསྒྱུར་བའི། །གཏེར་སྲུང་དཔལ་ལྡན་ལྷ་མོ་ཆེན་མོ་ལ། །རབ་འབྱམས་ཞིང་གི་མཆོད་པ་འབུལ་ལགས་ན། །ཐུགས་དམ་བསྐང་ངོ་དངོས་གྲུབ་བདག་ལ་སྩོལ། །རྫོགས་སྤྲུལ་ལྔ་པས་སོ། །

༄༅། །མ་མོ་ཁྲག་རལ་མའི་གསོལ་བསྡུས་བཞུགས།།

ཧྲཱིཿ མ་མོ་མཁའ་འགྲོ་ཡོངས་ཀྱི་གཙོ་མོ་ནི། །མ་ཡིག་ལས་གྱུར་ཁྲོ་མོའི་རྩལ་འཆང་བ། །མ་ཡིས་བུ་བཞིན་སྐྱོང་བར་ཞལ་བཞེས་པའི། །མ་མོ་ཁྲག་རལ་སྲིད་གསུམ་ཡོངས་ཀྱི་གཙོ། །ཁྲག་འཐུང་ཁྲོ་རྒྱལ་ཀུན་གྱི་བཀའ་སྲུང་མཆོག །ཁྲག་མདོག་བཟློད་དཀའ་དུས་མཐའི་མེ་ལྟར་འབར། །ཁྲག་གི་རལ་པས་གནམ་ས་བར་སྣང་ཁྱབ། །ཁྲག་འཐུང་མཁའ་འགྲོ་ཡོངས་ལ་དབང་བསྒྱུར་བ། །ཞལ་གཅིག་ཕྱག་གཉིས་ཤིན་ཏུ་རྔམས་པའི་སྐུ། །གཅེར་མོ་སྐུ་ལ་རུས་པའི་རྒྱན་ཆ་ཅན། །མི་ལྤགས་གཡང་གཞི་སྟག་གི་ཤམ་ཐབས་གསོལ། །སྙིང་དང་མི་མགོའི་ཕྲེང་བའི་དོ་ཤལ་འཕྱང་། །གཡས་པས་ཟངས་གྲི་གཡོན་པས་ཐྡན་དམར་བསྣམས། །སྟོན་གྱི་ཐ་ཚིག་གཉན་པོ་རྗེས་དགོངས་ལ། །གར་བཞུགས་གནས་ནས་ཐོགས་མེད་འདིར་བྱོན་ཅིག །གུས་པའི་ཡིད་ཀྱིས་ཕྱག་འཚལ་བསྟོད་པར་བགྱི། །ཁྱེད་ལ་དགྱེས་པའི་མཆོད་པའི་དམ་རྫས

ནི། །ཟད་བྱུང་བསམ་ཡས་རང་བྱུང་མཆོད་པའི་སྤྲིན། །དཔག་མེད་ཞིང་གི་རྡུལ་སྙེད་གྲུས་པ་ཡིས། །སྨོན་གྱི་གཡར་དམ་གཉན་པོ་རྗེས་དགོངས་ལ། །མ་གཡེལ་དངོས་གྲུབ་སྩོལ་ཅིག་ས་མ་ཡཱ། །རྫོགས་སྨྲུལ་ལྔ་པས་སོ། །

༄༅། །གཏེར་སྲུང་ཡང་མ་སྐྱིན་གདོང་མའི་གསོལ་བསྡུས་ཕྲིན་ལས་མྱུར་འགྲུབ་ནི།

ཧྲཱི། བདེ་ཆེན་འགྱུར་མེད་ཆོས་སྐུའི་ཀློང་ཡངས་ནས། །བདེ་གཤེགས་ཞལ་མཐོང་དམ་ཚིག་ལ་གནས་པས། །བདེ་སྟོང་དགའ་བཞིའི་ཡེ་ཤེས་བསྐྱེད་མཛད་པའི། །བདེ་ཆེན་ཆོས་སྐུའི་ཀློང་ནས་ད་བཞེངས་ཤིག །མཁའ་དབྱིངས་འཇའ་ཟེར་འོད་ཕུང་ཀློང་ཡངས་ནས། །འཁའ་ལ་ཆར་སྤྲིན་གཏིབས་པ་ལྷ་བུའི་སྐུ། །འཁའ་དབྱིངས་ཁྱབ་པའི་སྣ་ཚོགས་སྤྲུལ་པར་བཅས། །མཁའ་ལ་གློག་འཕྲེང་གློས་གར་ཇི་བཞིན་དུ། །རྣམ་མཛེས་ཟླ་བ་གཞོན་ནུའི་ལང་ཚོ་ཅན། །རྣམ་བཀྲའི་ཟ་འོག་སྣ་ཚོགས་གོས་ཀྱིས་ཀླུབས། །རྣམ་པ་གཏེར་གྱི་སྲུང་མའི་རྩལ་བསྟན་པ། །རྣམ་ཀུན་སྤྲུབ་ལ་བུ་བཞིན་སྐྱོང་བར་མཛོད། །ལྷ་མིའི་བསོད་ནམས་སྟོབས་ལས་བྱུང་བ་ཡི། །ལྷ་རྫས་ཉེར་སྤྱོད་མཐུན་པའི་དམ་ཚིག་རྫས། །ལྷ་ཆེན་འཕྲུལ་དགའི་ལོངས་སྤྱོད་ཇི་བཞིན་དུ། །ལྷ་མཆོག་ཁྱོད་ཀྱིས་དགྱེས་པར་བཞེས་སུ་གསོལ། །སྒྲུབ་པོ་བདག་ཅག་རྗེས་འཇུག་ཚོགས་རྣམས་ཀྱིས། །སྒྲུབ་མཆོག་གཏེར་གྱི་སྲུང་མ་ཆེན་པོ་ལ། །སྒྲུབ་ཅིང་རྟག་ཏུ

མཆོད་ཅིང་བརྟེན་པའི་མཐུས། །སྒྲུབ་ལ་དངོས་གྲུབ་སྩོལ་བར་མཛད་དུ་གསོལ། །ཅེས་པའང་རྫོགས་སྤྲུལ་ལྔ་པས་སོ། །དགེའོ། །

༄༅། །སྨན་སྲུང་རྡོ་རྗེ་བདུད་འདུལ་རྒྱུན་ཁྱེར་བཞུགས། །

ཧཱུྃ། སྔོན་ཚེ་བདེ་གཤེགས་སྨན་པའི་རྒྱལ་པོ་ཡི། །སྤྱན་སྔར་སྨན་གྱི་སྲུང་མར་ཞལ་བཞེས་པའི། །མཐུ་ཆེན་རིགས་པ་ཀུན་གྱི་གཙོ་བོ་སྟེ། །ཞང་བློན་རྡོ་རྗེ་བདུད་འདུལ་མཐུ་བོ་ཆེ། །མཐིང་ནག་ཁྲོ་འཛུམ་སྨྲ་ར་དམར་སེར་ཅན། །ཞལ་གཅིག་ཕྱག་གཉིས་ནོར་བུ་གཏེར་སྦྲོམ་བསྣམས། །སྐུ་ལ་ཟ་འོག་བེར་ཆེན་དགུ་བརྩེགས་གསོལ། །རལ་པ་ཐོར་ཚུགས་ཐོད་སྐམ་དབུ་བརྒྱན་ཅན། །ཞབས་གཉིས་རྒྱལ་པོ་རོལ་པའི་སྟབས་ཀྱིས་བཞུགས། །སྐད་ཅིག་ཙམ་གྱིས་གནས་འདིར་གཤེགས་ནས་ཀྱང་། །ཆུ་སྐྱེས་ཟླ་བའི་གདན་ལ་དགྱེས་པར་བཞུགས། །ཨརྒྷཾ་ཡོན་ཆབ་རྒྱ་མཚོ་ལྟ་བུར་བསྐྱིལ། །དག་བྱེད་ཞབས་བསིལ་ཆུ་བོ་གང་གཱའི་རྒྱུན། །རྣམ་བཀྲའི་མེ་ཏོག་སྣ་ཚོགས་གཅལ་དུ་བཀྲམ། །བདུད་སྤོས་སྤྲིན་ཚོགས་དུད་པ་ཕྱོགས་བཅུར་འཕྲོ། །སྣང་གསལ་མར་མེ་ཉིན་བྱེད་དབང་པོ་ལྟར། །དྲི་ཆབ་ངད་ལྡན་དྲི་བཟང་བདུད་རྩིའི་རྒྱུན། །རོ་བརྒྱའི་ཞལ་ཟས་ལྷུན་པོའི་སྤོ་དང་མཉམ། །སྒྲ་སྙན་རོལ་མོའི་བྱེ་བྲག་བསམ་མི་ཁྱབ། །ཨ་མྲི་ཏ་དང་རཀྟ་བ་ལིངྟ། །ཛ་ཚང་འོ་མའི་བཏུང་བ་རྒྱ་མཚོར་བསྐྱིལ། །གཞན་ཡང་མཆོད་པར་འོས་པའི་རྒྱན་རྣམས་ཀུན། །འབུལ་ལོ་དགྱེས་པར་བཞེས་ལ་ཕྲིན་ལས་སྒྲུབས། །རྫོགས་སྤྲུལ་པས་སོ། །

༄༅། །བཀའ་ཡི་སྲུང་མ་གནོད་སྦྱིན་བཅུ་གཉིས་ཀྱི་གསོལ་བསྡུས་བཞུགས་སོ།།

ཧཱུྃ། སྟོན་པ་བདེ་གཤེགས་སྨན་པའི་རྒྱལ་པོ་ཡི། །དཀྱིལ་འཁོར་ཆེན་པོའི་བཀའ་ཡི་འཁོར་ཡུག་ན། །གནས་པའི་གནོད་སྦྱིན་ཆེན་པོ་བཅུ་གཉིས་ནི། །ཕྱག་ན་རྡོ་རྗེའི་དམ་ཚིག་ལ་གནས་པའི། །གནོད་སྦྱིན་དེད་དཔོན་ཆེན་པོ་ཛི་འཛིག་ནི། །སྐུ་མདོག་སེར་པོ་གསེར་གྱི་མདོག་འདྲ་བ། །གཡས་པས་གསེར་གྱི་རྡོ་རྗེ་རྩེ་ལྔ་བསྣམས། །གནོད་སྦྱིན་སྡེ་དཔོན་ཆེན་པོ་རྡོ་རྗེ་ནི། །སྐུ་མདོག་སྨུག་ནག་འོད་ཟེར་ཕྱོགས་བཅུར་འཕྲོ། །གཡས་པས་རྣོ་རང་འབར་བའི་རལ་གྲི་བསྣམས། །གནོད་སྦྱིན་སྡེ་དཔོན་ཆེན་པོ་རྒྱན་འཛིན་ནི། །སྐུ་མདོག་སེར་པོ་བཙོ་མ་གསེར་གྱི་མདོག །ཕྱག་གཡས་འབར་བའི་དབྱུག་ཏོ་རྣམས་སྟབས་འཛིན། །གནོད་སྦྱིན་སྡེ་དཔོན་ཆེན་པོ་གཟའ་འཛིན་ནི། །སྐུ་མདོག་སྔོ་སྐྱ་ནམ་མཁའ་དྭངས་མའི་མདོག །གཡས་པས་འབར་བའི་དབྱུག་ཐོ་མཁའ་ལ་ཕྱར། །གནོད་སྦྱིན་སྡེ་དཔོན་ཆེན་པོ་རླུང་འཛིན་ནི། །སྐུ་མདོག་དམར་པོ་པདྨ་རཱ་གའི་མདོག །ཕྱག་གཡས་ཁ་ཊྭཱྃ་རྩེ་གསུམ་བརྗིད་པར་བསྣམས། །གནོད་སྦྱིན་སྡེ་དཔོན་ཆེན་པོ་གནས་བཅས་ནི། །སྐུ་མདོག་དུད་ཁ་འོད་ཟེར་ཕྱོགས་བཅུར་འཕྲོ། །ཡེ་ཤེས་རྣོ་དབལ་འབར་བའི་རལ་གྲི་བསྣམས། །གནོད་སྦྱིན་སྡེ་དཔོན་ཆེན་པོ་དབང་འཛིན་ནི། །སྐུ་མདོག་དམར་པོ་བྱི་རུའི་མདོག་འདྲ་བ། །ཕྱག་གཡས་འབར་བའི་དབྱུག་ཏོ་རྣམས་པར་འཛིན། །གནོད་སྦྱིན་དེད་དཔོན་ཆེན་པོ་གཏོང་འཛིན་ནི། །སྐུ་མདོག་དམར་སེར་ཉི་མ་འཆར་ཁའི་མདོག །གཡས

པས་འབར་བ་དབྱུག་ཐོ་བརྡེད་པར་འཛིན། །གནོད་སྦྱིན་སྡེ་དཔོན་ཆེན་པོ་སྣ་འཛིན་ནི། །སྐུ་མདོག་སེར་པོ་སྤྱུར་ལེན་མདོག་འདྲ་བ། །གཡས་པས་དགྲ་འཇོམས་འབར་བའི་སྡུ་རེ་བསྣམས། །གནོད་སྦྱིན་སྡེ་དཔོན་ཆེན་པོ་བསམ་འཛིན་ནི། །སྐུ་མདོག་སེར་པོ་གསེར་གྱི་མདོག་འདྲ་བ། །གཡས་པས་འཁྱུགས་པར་བྱེད་པའི་ཞགས་པ་འཛིན། །གནོད་སྦྱིན་སྡེ་དཔོན་ཆེན་པོ་གཡོ་བ་འཛིན། །སྐུ་མདོག་སྔོན་པོ་ནམ་མཁའ་དྭངས་པའི་འོད། །གཡས་པས་དགྲ་འཇོམས་འབར་བའི་དབྱུག་ཏོ་འཛིན། །གནོད་སྦྱིན་སྡེ་དཔོན་ཆེན་པོ་རྫོགས་བྱེད་ནི། །སྐུ་མདོག་དམར་པོ་ལེ་བརྒྱན་འབར་བའི་མདོག །གཡས་པས་གསེར་གྱི་འཁོར་ལོ་འོད་འབར་བསྣམས། །དེ་ལྟར་གནོད་སྦྱིན་ཆེན་པོ་བཅུ་གཉིས་ནི། །གཡས་པས་རང་རང་ཕྱག་མཚན་ཐུགས་ཀར་འཛིན། །གཡོན་པས་ནོར་ཕྱུག་གཏེར་གྱི་ནེའུ་ལེ། །དཀུར་བརྟེན་རིན་ཆེན་སྣ་ཚོགས་རྒྱུན་གྱིས་སྤྲས། །དར་ཟབ་ཟ་འོག་ཐེར་ཆེན་ལྷབ་ལྷུབ་གསོལ། །གསུམ་ཁྲིམ་ཆེ་ལ་འཇིགས་ཤིང་རྔམས་པའི་ཚུལ། །རང་རང་བྲན་དང་འཁོར་གཡོག་བསམ་མི་ཁྱབ། །བདུན་འབུམ་བདུན་འབུམ་ཉི་ཁྲི་ས་ཡ་བཅས། །རྒྱལ་བའི་བཀའ་བཞིན་སྐྱོང་བར་ཞལ་བཞེས་པའི། །མཐུ་ཆེན་གནོད་སྦྱིན་ཆེན་པོ་འཁོར་བཅས་རྣམས། །སྤྱན་འདྲེན་མཆོད་པའི་གནས་འདིར་གཤེགས་སུ་གསོལ། །ལྷ་རྫས་ཕྱི་ཡི་མཆོད་པ་སྤྲིན་ལྟར་གཏིབས། །རང་བྱུང་ནང་གི་མཆོད་པ་སྤུངས་སེ་སྤུང་། །གཉིས་མེད་གསང་བའི་མཆོད་པ་དྭངས་རེ་སྟོ། །ཇོ་གད་བཏུང་བ་རྒྱ་མཚོ་མེ་རེ་རེ། །མཐུན་པའི་ཚོགས་ནི་སྐར་ལྟར་བཀྲམ་པ་དང་། །བདེ་སྟོང་དགའ་བཞིའི་མཆོད་པ་བླ་ན་མེད། །དུག་གསུམ་དགྲ་བགེགས་བསྒྲལ་བའི་མཆོད་པ་སོགས། །རབ་

འབྲུམས་ནམ་མཁའ་གང་བར་འབུལ་ལགས་ན། །དགྱེས་པར་བཞེས་ལ་ལས་བཞིའི་དངོས་གྲུབ་སྩོལ། །རྫོགས་སྤྲུལ་ལྷ་པས་སོ། །

༄༅། །ནཱ་ག་རཀྵའི་གསོལ་བསྡུས་བཞུགས། །

ཧཱུྃ། ཀླུ་གཉན་ས་བདག་འདུལ་བའི་གཤེད་པོ་ཆེ། །དུག་གི་རི་རབ་འབར་བའི་ངོས་ཡངས་ལ། །དུག་གི་རྒྱ་མཚོ་འཁྱིལ་བའི་ཀློང་དཀྱིལ་དུ། །ཤིན་ཏུ་ཁྲོས་པ་ནཱ་ག་རཀྵ་ནི། །སྐུ་མདོག་སྨུག་ནག་དབུ་དགུ་ཕྱག་བཅོ་བརྒྱད། །བཅོ་བརྒྱད་ཕྱག་གི་གཡས་དགུ་གྲི་གུག་དང་། །གཡོན་པ་དགུ་ན་སྦྲུལ་གྱི་ཞགས་པ་བསྣམས། །སྐུ་སྨད་སྦྲུལ་མཇུག་རྒྱ་མཚོའི་ནང་དུ་འཁྱིལ། །ཀླུ་གཉན་ས་བདག་ཕོ་མོ་འབུ་ཁྲིའི་ཚོགས། །ལྷ་མཆོག་ཆེན་པོའི་བཀའ་ཉན་གུས་པས་འདུད། །གནས་མཆོག་དམ་པ་གང་དུ་བཞུགས་གྱུར་ཀྱང་། །བདག་ཅག་གདུང་བའི་དབྱངས་ཀྱི་འབོད་པའི་ཚེ། །ཧེ་ལྷར་མཁའ་ལས་གློག་ཕྲེང་གཡོ་བ་བཞིན། །སྐད་ཅིག་ཙམ་གྱིས་གནས་འདིར་གཤེགས་སུ་གསོལ། །ཤ་ཁྲག་དམར་གྱི་ལྷ་ཡིང་གཏོར་མ་དང་། །ཉམས་པ་བསྐྲལ་བའི་སྙིང་གི་ཁྲག་གི་རྒྱུན། །སྨྱོས་བྱེད་ཆང་གིས་སྦྱར་བའི་ཨ་མྲི་ཏ། །ཕྱི་ནང་གསང་བའི་མཆོད་པ་བླ་ན་མེད། །ཁྱད་པར་ཁྱེད་དང་མཐུན་པའི་དམ་ཚིག་རྫས། །འཁོར་ལོ་ལ་སོགས་རྒྱལ་སྲིད་རིན་ཆེན་བདུན། །རིན་ཆེན་གདུགས་སོགས་བཀྲ་ཤིས་རྟགས་བརྒྱད་དང་། །ལི་ཁྲི་དུང་དཀར་ཞོ་སོགས་བཀྲ་ཤིས་རྫས། །རིན་ཆེན་བདུན་དང་ཉེ་བའི་རིན་ཆེན་བདུན། །ཨིནྡྲ་ནི་ལ་མར་གད་སྤོས་ཤེལ་དང་། །རྡོ་རྗེ་ཕ་

ལམ་མུ་ཏིག་བཻ་ཌཱུརྱ། །གསེར་དངུལ་ཟངས་ལྕགས་ལ་སོགས་རིན་ཆེན་
རིགས། །འདོད་འཇོའི་བ་མོ་དཔག་བསམ་ལྗོན་པའི་ཤིང་། །གཏེར་གྱི་བུམ་པ་
ཁྲུས་ཐིང་སྐྱེད་མོའི་ཚལ། །ངང་པ་དཀར་སེར་ཁྲུང་ཁྲུང་མཐིང་རིལ་
སོགས། །འདབ་ཆགས་བྱ་རིགས་ཚོགས་ནི་སྤྲིན་ལྟར་གཏིབས། །ཧ་གླང་མ་
ཧེ་ཤ་རྐྱང་དྲེལ་ལ་སོགས། །རྐང་བཞི་དུད་འགྲོའི་ཚོགས་ནི་ཁྱུགས་སེ་
ཁྱུག །གླུ་ལ་དབང་བའི་གླུ་ནོར་ཉེར་གཅིག་སོགས། །ཆུ་གནས་དུད་འགྲོའི་
ཚོགས་ནི་ལྷེམས་སེ་ལྷེམ། །རྒྱ་མཚོའི་སྤྲུ་བ་ཞོ་ཤ་རྣམ་པ་གསུམ། །ཨ་བར་
སྐྱུར་གསུམ་རྨ་བྱའི་མདོངས་ལ་སོགས། །སྨན་གྱི་རིགས་སུ་གྱུར་པ་ཐམས་ཅད་
དང་། །ཟྭ་འོག་དར་ཟབ་གོས་ཀྱི་རིགས་བྱེད་སོགས། །རབ་འབྱམས་རྒྱ་
མཚོའི་མཆོད་པ་དཔག་མེད་པ། །དངོས་སུ་འབྱོར་དང་ཡིད་ཀྱིས་སྤྲུལ་པ་
ཡིས། །ཁྱེད་ལ་མཆོད་ཅིང་ཕུལ་བའི་བྱིན་རླབས་ཀྱིས། །བདག་ཅག་དཔོན་
སློབ་འཁོར་དང་བཅས་པ་ཡིས། །ས་གཉན་བརྐོས་དང་ཤིང་གཉན་བཅད་པ་
དང་། །རྡོ་གཉན་བསློགས་དང་མཚོ་གཉན་དཀྲུགས་པ་སོགས། །མདོར་ན་གླུ་
གཉན་ས་བདག་ཐམས་ཅད་ལ། །ཕོག་ཐུག་འགལ་འཁྲུལ་གྱུར་བ་ཅི་མཆིས་
པ། །མྱུར་དུ་བྱང་ཞིང་དག་པར་མཛད་དུ་གསོལ། །བདག་ཅག་གླུ་ཡི་ནད་
ལས་རབ་གྲོལ་ཞིང་། །ཚེ་དང་བསོད་ནམས་དཔལ་འབྱོར་རྒྱས་པ་
དང་། །རྟག་ཏུ་བདེ་སྐྱིད་དཔལ་ལ་སྤྱོད་པར་ཤོག །རྫོགས་སྤྲུལ་ལྔ་པས་སོ། །

༄༅། །ཉེ་བྲག་ནོར་བདག་རྣམ་སྲས་ཡིད་བཞིན་ནོར་བུའི་རྟགས་བསྐྱོད་བསམ་འཕེལ་ནོར་བུའི་ཆར་འབེབས་ཞེས་བྱ་བ་བཞུགས་སོ།།

ཕཻཿ རི་རབ་ལྷུན་པོའི་བྱང་གི་ཕྱོགས་རོལ་ན། །ནོར་མང་གནོད་སྦྱིན་རྒྱལ་པོའི་ཕོ་བྲང་ཆེ། །ལྟ་ན་སྡུག་པའི་རིན་ཆེན་གཞལ་ཡས་ཁང་། །ཀ་ཆེན་སྟོང་ཕྲག་བརྒྱད་བརྒྱའི་བཀོད་ལེགས་མཛེས། །རིན་ཆེན་གསེར་གྱི་གཞལ་ཡས་འོད་འབར་བ། །གྲུ་བཞི་སྒོ་བཞི་རིན་ཆེན་སྣ་ཚོགས་ཀྱི། །དྲྭ་བ་དྲྭ་ཕྱེད་ཕྱོགས་བཅུར་ཀུན་ནས་མཛེས། །དེ་སྟེང་རིན་ཆེན་པདྨ་ར་གའི་ཐོག །དེ་སྟེང་རིན་ཆེན་ཨིནྡྲ་ནི་ལའི་ཐོག །ཡིད་བཞིན་དབང་གི་རྒྱལ་པོའི་རྩེ་རྒྱན་སྤྲས། །རྡོ་རྗེ་ཕ་ལམ་མར་གད་མུ་ཏིག་དང་། །བཻ་ཌཱུརྻ་སོགས་རིན་ཆེན་སྣ་ཚོགས་ཀྱི། །ཁ་བད་དྲྭ་བ་དྲྭ་ཕྱེད་ཀུན་ནས་སྤྲས། །གདུགས་དང་རྒྱལ་མཚན་གཡེར་ཁའི་ཕྲེང་བས་མཛེས། །རིན་ཆེན་སྣ་ཚོགས་ར་བ་སུམ་རིམ་ན། །འདོད་འཇོའི་བ་དང་མ་རྨོས་ལོ་ཏོག་དང་། །དཔག་བསམ་ཤིང་ཆེན་རིན་ཆེན་ལོ་འདབ་རྒྱས། །གཏེར་གྱི་ཁང་ཆེན་བརྒྱད་དང་གཏེར་བུམ་བརྒྱད། །ཁྲུས་ཀྱི་རྫིང་བུ་ཡན་ལག་བརྒྱད་ལྡན་ཚ། །རྣམ་མང་ཐོས་སྲས་རྒྱལ་པོའི་ཕོ་བྲང་དབུས། །རིན་ཆེན་ཟུར་བརྒྱད་པདྨ་

ཉི་ཟླའི་སྟེང་། །འདོད་འབྱུང་ནོར་བུའི་ས་བོན་ཧྲཱི་ཡིས་མཚན། །འོད་ཟེར་འཕྲོ་འདུས་སྤྲོང་བ་ཡོངས་གྱུར་པའི། །སེམས་ཅན་དབུལ་བ་སེལ་བའི་ལྷ་གཅིག་པོ། །གནོད་སྦྱིན་རྒྱལ་པོ་ཆེན་པོ་ཛམ་མང་བུ། །ས་བརྒྱད་ཕྱིར་མི་ལྡོག་པའི་མགོན་པོ་སྟེ། །ཡིད་བཞིན་ནོར་བུ་རྒྱལ་པོ་ཛམ་ཐོས་སྲས། །སྐུ་མདོག་མཐིང་སྔོན་བཻ་ཌཱུརྻའི་རི་བོ་ལ། །ཉིན་བྱེད་འོད་ཟེར་འབུམ་གྱིས་འཁྲུད་པ་བཞིན། །འོད་དང་འོད་ཟེར་ཕྱོགས་བཅུར་ཀུན་ནས་འཕྲོས། །སྐྱེ་མེད་དབྱིངས་ལས་འགྱུར་བ་མེད་པའི་རྟགས། །ཞལ་གཅིག་ཁྲོ་འཛུམ་ཅུང་ཟད་བཞད་པ་ནི། །སྡུག་བསྔལ་འཁོར་བའི་སྐྱོན་གྱིས་མ་གོས་རྟགས། །ཕྱག་གཡས་རྒྱལ་མཚན་སྐུ་ལ་བརྟན་པ་ནི། །བསྟན་པའི་རྒྱལ་མཚན་ཕྱོགས་བཅུར་བསྒྲེང་བའི་རྟགས། །ཕྱག་གཡོན་ནེའུ་ལེའི་རྒྱལ་བ་བསྣམས་པ་ནི། །སྒྲུབ་པ་པོ་ལ་དངོས་གྲུབ་སྟེར་བའི་རྟགས། །ཟ་འོག་པེར་ཆེན་དགུ་བརྩེགས་གསོལ་བ་ནི། །ཐེག་དགུའི་ཆོས་རྣམས་མ་འདྲེས་མཁྱེན་པའི་རྟགས། །རལ་བའི་མཐོན་མཐིང་ཕྲོག་ཞུ་སྨྲས་པ་ནི། །འགྲོ་བ་མ་ལུས་བུ་བཞིན་སྐྱོང་བའི་རྟགས། །རིགས་བདག་བཛྲེ་པ་ནིས་བརྒྱན་པ་ནི། །འདོད་དགུའི་དངོས་གྲུབ་ཀུན་གྱི་འབྱུང་གནས་རྟགས། །ཞབས་ལ་ཟ་འོག་སག་ལྷམ་གསོལ་བ་ནི། །འགྲོ་བའི་དོན་ལ་སྐྱོ་དུབ་མེད་པའི་རྟགས། །སེམས་ཅན་སྤྱི་མཐུན་བསོད་ནམས་དཔལ་གྱིས་མཛེས། །དངོས་གྲུབ་ཡོན་ཏན་ཀུན་གྱི་འབྱུང་གནས་ཆེ། །འགྲོ་བའི་དབུལ་བ་སེལ་བའི་ལྷ་གཅིག་པུ། །མི་ཟད་ཆུ་རྒྱུན་རིང་པོ་སྟོལ་མཛད་པའི། །ཕོང་དང་ངལ་བ་མེད་པའི་མངའ་བདག་པོ། །ལྷག་པའི་ལྷ་མཆོག་རྒྱལ་པོ་ཛམ་ཐོས་སྲས། །ཁྱེད་ལ་རབ་ཏུ་གུས་པས་ཕྱག་འཚལ་བསྟོད། །ཧཱུྃ། ཕྱི་རོལ་ཕྱོགས་བཞི་པདྨ་ཉི་ཟླའི་

སྟེང་། །ནོར་སྐྱོང་ལྷ་མོ་ཟླ་བ་ཞུན་མའི་མདོག །བཅུ་དྲུག་ཡིད་འོང་ལང་ཚོ་ལྷ་ན་སྡུག །རིན་ཆེན་གཏེར་བུམ་ནེ་ཙུ་ལེའི་རྐྱལ་བ་བསྣམས། །ཕྱྭ་གཡང་དཔལ་གྱི་ཡུམ་ཆེན་ཁྱོད་ལ་བསྟོད། །ནོར་རྒྱུན་ལྷ་མོ་གསེར་གྱི་མདོག་འདྲ་བ། །དྲི་ཞིམ་ནུ་འབུར་ལང་ཚོའི་འདབ་སྟོང་གཡོ། །གཡས་པས་གཏེར་བུམ་གཡོན་པས་ནེ་ཙུ་ལེ་བསྣམས། །ནོར་གྱི་བདག་པོ་ལྷ་མོ་ཁྱོད་ལ་བསྟོད། །ཀུ་རུ་ཀུ་ལེ་དམར་མོ་པད་རག་མདོག །ཆགས་པའི་ཉམས་ལྡན་སྤྱན་གྱིས་ཟུར་མིག་བལྟ། །གཡས་པས་གཏེར་བུམ་གཡོན་པས་ནེ་ལེ་བསྣམས། །ཁམས་གསུམ་དབང་དུ་བསྡུད་མཛད་ཁྱོད་ལ་བསྟོད། །ཀླུ་མོ་གཟི་འབར་ཨིནྡྲ་ནི་ལའི་མདོག །ཡིད་འོང་ལྷ་མོ་ལང་ཚོའི་དཔལ་གྱི་བདག །གཏེར་གྱི་བུམ་པ་ནེ་ཙུ་ལེའི་རྐྱལ་བ་བསྣམས། །ཀླུ་ཁམས་དབང་དུ་སྡུད་མཛད་ཁྱོད་ལ་བསྟོད། །དེ་ཡི་ཕྱི་རོལ་པད་མ་འདབ་བརྒྱད་ལ། །ཞི་བའི་ལས་མཛད་རྒྱལ་ཆེན་རྣམ་ཐོས་སྲས། །གངས་རིའི་མདོག་འདྲ་པེར་ཆེན་དགུ་བརྩེགས་གསོལ། །རྒྱལ་མཚན་ནེ་ཙུ་ལེ་བསྣམས་ནས་ཕྱེད་སྐྱིལ་བཞུགས། །ཕྱྭ་གཡང་བར་ཆད་སེལ་མཛད་ཁྱོད་ལ་བསྟོད། །རྒྱས་པའི་ལས་མཛད་རྒྱལ་ཆེན་རྣམ་ཐོས་སྲས། །གསེར་མདོག་བཞད་ཅིང་པེར་ཆེན་དགུ་བརྩེགས་གསོལ། །རྒྱལ་མཚན་ནེ་ཙུ་ལེ་བསྣམས་ཤིང་ཕྱེད་སྐྱིལ་བཞུགས། །ཕྱྭ་གཡང་གོང་དུ་སྤེལ་མཛད་ཁྱོད་ལ་བསྟོད། །དབང་གི་ལས་མཛད་རྒྱལ་ཆེན་རྣམས་ཐོས་སྲས། །མདོག་དམར་བརྗིད་ཆགས་པེར་ཆེན་དགུ་བརྩེགས་གསོལ། །ཕྱྭ་གཡང་དབང་དུ་སྡུད་མཛད་ཁྱོད་ལ་བསྟོད། །དྲག་པོའི་ལས་མཛད་རྒྱལ་ཆེན་རྣམ་ཐོས་སྲས། །གཡུ་མདོག་ཁྲོ་འཛུམ་པེར་ཆེན་དགུ་བརྩེགས་གསོལ། །རྒྱལ་མཚན་

ནེའུ་ལེ་བསྣམས་ཤིང་ཕྱེད་སྐྱིལ་བཞུགས། །བསེ་རག་འབྱུང་པོ་འདུལ་མཛད་ཁྱོད་ལ་བསྟོད། །དེ་ཡི་ཕྱི་རིམ་པདྨ་འདབ་བརྒྱད་ལ། །ཤར་ལྷོ་སྲས་མཆོག་མགོན་པོ་ཛམ་བྷ་ལ། །གསེར་གྱི་མདོག་ཅན་ནོར་བུ་ནེའུ་ལེ་བསྣམས། །རིན་ཆེན་རྒྱན་སྤྲས་ཞབས་གཉིས་ཕྱེད་སྐྱིལ་བཞུགས། །ཡོན་ཏན་སྲས་མཆོག་ཛམ་ལྷ་ཁྱེད་ལ་བསྟོད། །ལྷོ་ནུབ་སྲས་མཆོག་མགོན་པོ་ཛམ་བྷ་ལ། །ཁྲེ་རྒུའི་མདོག་ཅན་ནོར་བུ་ནེའུ་ལེ་བསྣམས། །རིན་ཆེན་རྒྱན་སྤྲས་ཞབས་གཉིས་ཕྱེད་སྐྱིལ་བཞུགས། །གསུང་གི་སྲས་མཆོག་ཛམ་ལྷ་ཁྱོད་ལ་བསྟོད། །ནུབ་བྱང་སྲས་མཆོག་མགོན་པོ་ཛམ་བྷ་ལ། །མིག་སྨན་མདོག་ཅན་ནོར་བུ་ནེའུ་ལེ་བསྣམས། །རིན་ཆེན་རྒྱན་སྤྲས་ཞབས་གཉིས་ཕྱེད་སྐྱིལ་བཞུགས། །ཕྲིན་ལས་སྲས་མཆོག་ཛམ་ལྷ་ཁྱོད་ལ་བསྟོད། །བྱང་ཤར་སྲས་མཆོག་མགོན་པོ་ཛམ་བྷ་ལ། །སྤྲིན་དཀར་མདོག་འདྲ་ནོར་བུ་ནེའུ་ལེ་བསྣམས། །རིན་ཆེན་རྒྱན་སྤྲས་ཞབས་གཉིས་ཕྱེད་སྐྱིལ་བཞུགས། །སྐུ་ཡི་སྲས་མཆོག་ཛམ་ལྷ་ཁྱོད་ལ་བསྟོད། །དེ་ཡི་ཕྱི་རིམ་པདྨ་འདབ་བརྒྱད་ལ། །ཤར་དུ་གནོད་སྦྱིན་རིགས་སྔགས་འཆང་ཆེན་པོ། །སྐུ་མདོག་དཀར་པོ་རིན་ཆེན་ཅོད་པཎ་འཕྱུར། །རིན་ཆེན་ནོར་གཞོང་བསྣམས་ཞིང་ཕྱེད་སྐྱིལ་བཞུགས། །གནོད་སྦྱིན་ཡོངས་ཀྱི་དེད་དཔོན་ཁྱོད་ལ་བསྟོད། །ལྷོ་རུ་གནོད་སྦྱིན་ལྷ་ཡི་དྲི་ཆེན་ནི། །སྐུ་མདོག་སེར་པོ་རིན་ཆེན་ཅོད་པཎ་འཕྱུར། །རིན་ཆེན་ནོར་གཞོང་བསྣམས་ནས་ཕྱེད་སྐྱིལ་བཞུགས། །ནོར་བདག་གནོད་སྦྱིན་རྒྱལ་པོ་ཁྱོད་ལ་བསྟོད། །ནུབ་བྱང་གནོད་སྦྱིན་ཆེན་པོ་ཀུན་ཏུ་རྒྱུ། །སྐུ་མདོག་དམར་པོ་རིན་ཆེན་ཅོད་པཎ་འཕྱུར། །རིན་ཆེན་ནོར་གཞོང་བསྣམས་ནས་ཕྱེད་སྐྱིལ་བཞུགས། །ནོར་བདག་ཀུན་གྱི་རྒྱལ་པོ་

ཁྱོད་ལ་བསྟོད། །བྱང་དུ་གནོད་སྦྱིན་བུམ་པའི་ལྟོ་ཆེན་ནི། །སྐུ་མདོག་དམར་པོ་རིན་ཆེན་ཅོད་པཎ་འཕྱུར། །རིན་ཆེན་ནོར་གཞོང་བསྣམས་ནས་ཕྱེད་སྐྱིལ་བཞུགས། །གཏེར་བདག་གནོད་སྦྱིན་ཆེན་པོ་ཁྱོད་ལ་བསྟོད། །ཤར་ལྷོ་གནོད་སྦྱིན་འབྲོག་གནས་ཆེན་པོ་ནི། །སྐུ་མདོག་ནག་པོ་མདུང་དར་གཡས་ན་ཕྱར། །ཞབས་གཉིས་ཕྱེད་སྐྱིལ་གཡོན་པས་ནེའུ་ལེ་བཙིར། །གཏེར་བདག་བྱེ་བའི་བདག་པོ་ཁྱོད་ལ་བསྟོད། །ལྷོ་ནུབ་གནོད་སྦྱིན་ཧ་ཆེ་ཆེན་པོ་ནི། །སེར་སྐྱ་རིན་ཆེན་ཁང་བུ་གཡས་ན་བསྣམས། །ཞབས་གཉིས་ཕྱེད་སྐྱིལ་གཡོན་པས་ནེའུ་ལེ་བཙིར། །རིན་ཆེན་གཏེར་གྱི་བདག་པོ་ཁྱོད་ལ་བསྟོད། །ནུབ་བྱང་གནོད་སྦྱིན་ཆེན་པོ་ཀུན་ཏ་ལི། །སྐུ་མདོག་དཀར་པོ་ཕྱག་གཡས་ནོར་བུ་བསྣམས། །ཞབས་གཉིས་ཕྱེད་སྐྱིལ་གཡོན་པས་ནེའུ་ལེ་བཙིར། །ནོར་མང་བྱེད་པའི་བདག་པོ་ཁྱོད་ལ་བསྟོད། །བྱང་ཤར་གནོད་སྦྱིན་ཆེན་པོ་ཡང་དག་རྒྱལ། །སྐུ་མདོག་སེར་པོ་རིན་ཆེན་གཞོང་པ་ཐོགས། །ཞབས་གཉིས་ཕྱེད་སྐྱིལ་གཡོན་པས་ནེའུ་ལེ་བཙིར། །རིན་ཆེན་འདོད་རྒྱུའི་ཆར་འབེབས་ཁྱོད་ལ་བསྟོད། །སྐུ་མདོག་དཀར་པོ་དུང་གི་རི་བོ་འདྲ། །སྐུ་སྟོད་མི་གཟུགས་སྐུ་སྨད་སྦྲུལ་དུ་འཁྱིལ། །ཕྱག་གཉིས་ཐལ་སྦྱར་ནོར་བུའི་མཆོད་པ་འབུལ། །ཀླུ་ཡི་རྒྱལ་པོ་ནོར་རྒྱལ་ཁྱོད་ལ་བསྟོད། །སྐུ་མདོག་དཀར་པོ་རིན་ཆེན་དངུལ་གྱི་མདོག །སྐུ་སྟོད་མི་ལུས་སྐུ་སྨད་སྦྲུལ་མཇུག་ཅན། །ཕྱག་གཉིས་ཐལ་སྦྱར་ནོར་བུའི་མཆོད་པ་འབུལ། །ཀླུ་ཡི་རྒྱལ་པོ་དུང་སྐྱོང་ཁྱོད་ལ་བསྟོད། །སྐུ་མདོག་སྔོན་པོ་བཻ་ཌཱུརྱ་ཡི་མདོག །སྐུ་སྟོད་མི་གཟུགས་སྐུ་སྨད་སྦྲུལ་དུ་འཁྱིལ། །ཕྱག་གཉིས་ཐལ་སྦྱར་ནོར་བུའི་མཆོད་པ་འབུལ། །ཀླུ་ཡི་རྒྱལ་པོ་

པད་རྒྱལ་ཁྱོད་ལ་བསྟོད། །སྐུ་མདོག་སྔོན་པོ་ཨིནྡྲ་ནི་ལའི་མདོག །སྐུ་སྟོད་མི་གཟུགས་སྐུ་སྨད་སྦྲུལ་དུ་འཁྱིལ། །ཕྱག་གཉིས་ཐལ་སྦྱར་ནོར་བུའི་མཆོད་པ་འབུལ། །ཀླུ་ཡི་རྒྱལ་པོ་རིག་ལྡན་ཁྱོད་ལ་བསྟོད། །སྐུ་མདོག་དམར་པོ་བྱི་རུ་ལྟ་བུ་ལྡན་པོའི་མདོག །སྐུ་སྟོད་མི་གཟུགས་སྐུ་སྨད་སྦྲུལ་དུ་འཁྱིལ། །ཕྱག་གཉིས་ཐལ་སྦྱར་ནོར་བུའི་མཆོད་པ་འབུལ། །ཀླུ་ཡི་རྒྱལ་པོ་པད་ཆེན་ཁྱོད་ལ་བསྟོད། །སྐུ་མདོག་དམར་པོ་པད་རག་ལྟ་བུ་པོ་མདོག །སྐུ་སྟོད་མི་གཟུགས་སྐུ་སྨད་སྦྲུལ་དུ་འཁྱིལ། །ཕྱག་གཉིས་ཐལ་སྦྱར་ནོར་བུའི་མཆོད་པ་འབུལ། །ཀླུ་ཡི་རྒྱལ་པོ་པདྨ་ཁྱོད་ལ་བསྟོད། །སྐུ་མདོག་སེར་པོ་རིན་ཆེན་གསེར་གྱི་མདོག །སྐུ་སྟོད་མི་གཟུགས་སྐུ་སྨད་སྦྲུལ་དུ་འཁྱིལ། །ཕྱག་གཉིས་ཐལ་སྦྱར་ནོར་བུའི་མཆོད་པ་འབུལ། །ཀླུ་ཡི་རྒྱལ་པོ་འཇོག་པོ་ཁྱོད་ལ་བསྟོད། །སྐུ་མདོག་སེར་པོ་སྦྱར་ལེན་ཞུན་མའི་མདོག །སྐུ་སྟོད་མི་གཟུགས་སྐུ་སྨད་སྦྲུལ་དུ་འཁྱིལ། །ཕྱག་གཉིས་ཐལ་སྦྱར་ནོར་བུའི་མཆོད་པ་འབུལ། །ཀླུ་ཡི་རྒྱལ་པོ་པད་ཆེན་ཁྱོད་ལ་བསྟོད། །ཕོ་བྲང་ཆེན་པོའི་ཕྱོགས་བཞིའི་སྒོ་བཞི་ན། །འཇིག་རྟེན་རིགས་པ་ཡོངས་ཀྱི་མངའ་བདག་པོ། །གནོད་སྦྱིན་ཆེན་པོའི་སྒོ་བཞི་སྲུང་བ་ནི། །ཤར་སྒོ་སྲུང་བའི་མགོན་པོ་དཀར་པོ་ནི། །སྐུ་མདོག་དཀར་པོ་ལྷུགས་ཀྱུ་གཏེར་བུམ་བསྣམས། །ཞི་བའི་ལས་མཛད་དངོས་གྲུབ་ཀུན་གྱི་བདག །ཞི་བ་ཆེན་པོ་ཕྲིན་ལས་མཛད་ལ་བསྟོད། །ལྷོ་སྒོ་སྲུང་བའི་ཚོགས་བདག་གླང་པོའི་གདོང་། །སྐུ་མདོག་སེར་པོ་རིན་ཆེན་གཏེར་བུམ་བསྣམས། །རྒྱས་པའི་ལས་མཛད་བསོད་ནམས་དཔལ་སྐྱེད་པ། །རྒྱས་པའི་ཕྲིན་ལས་རྫོགས་མཛད་ཁྱོད་ལ་བསྟོད། །ནུབ་སྒོ་སྲུང་བའི་དབང་ཕྱུག་ཆེན་པོ་ནི། །སྐུ་མདོག་དམར་པོ་ཁ་ཊྭཾ

གཏེར་བུམ་བསྣམས། །ཁམས་གསུམ་དབང་དུ་བསྡུ་བའི་མངའ་བདག་པོ། །དབང་གི་ཕྲིན་ལས་རྫོགས་མཛད་ཁྱོད་ལ་བསྟོད། །བྱང་སྒོ་སྐྱོང་བའི་གནོད་སྦྱིན་ཙི་ཏྲ་དམར། །སྐུ་མདོག་ལྷང་དམར་མདུང་དར་གཏེར་བུམ་བསྣམས། །ཁམས་གསུམ་སྐྱེ་འགྲོ་ཡོངས་ཀྱི་སྲོག་བདག་པོ། །དྲག་པོ་འཕྲིན་ལས་རྫོགས་མཛད་ཁྱོད་ལ་བསྟོད། །ཕོ་བྲང་ཆེན་པོའི་བར་འཁྲམ་འཁོར་ཡུག་ལ། །ལྷ་ཀླུ་གནོད་སྦྱིན་བྱེ་བ་འབུམ་གྱི་ཚོགས། །སྐུ་མདོག་སྣ་ཚོགས་འོད་ཟེར་ཕྱོགས་བཅུར་འཕྲོ། །རིན་ཆེན་གཞོང་པ་ནོར་གྱིས་བཀང་པ་བསྣམས། །ནོར་ལྷ་རྒྱ་མཚོ་ལྷ་མིའི་ཁྲོམ་ཚོགས་ལྟར། །གཙོ་བོའི་བཀའ་བཞིན་རང་གི་ལས་བྱེད་པ། །རྣམ་འགྱུར་སྣ་ཚོགས་ཅིར་ཡང་སྟོན་ལ་བསྟོད། །ལྷ་ཡི་ལྷ་མཆོག་རྒྱལ་ཆེན་རྣམ་ཐོས་སྲས། །ཡུམ་ཆེན་བཞི་དང་ལྷ་མོ་རྣམ་པ་བཞི། །རྣམ་སྲས་སྲི་བཞི་མཛམ་ལྷ་རིགས་བཞི་དང་། །རྟ་བདག་བརྒྱད་དང་ཀླུ་ཆེན་རྣམ་པ་བརྒྱད། །སྒོ་སྐྱོང་བཞི་དང་ལྷ་ཀླུ་གནོད་སྦྱིན་ཚོགས། །གཙོ་འཁོར་ཡོངས་རྫོགས་རྣམས་ལ་བསྟོད་པའི་མཐུས། །བརྩེ་བའི་མ་ཡིས་བུ་ལ་བྱམས་པ་བཞིན། །བདག་ཅག་བཀྲེས་ཕོངས་དབུལ་བས་གདུང་བ་ལ། །ནོར་ལྷ་རྒྱ་མཚོའི་འཁོར་ཚོགས་རྒྱ་མཚོ་རྣམས། །དུས་རྣམས་ཀུན་ཏུ་བདག་གིས་ཁྱོད་བསྒྲུབས་པས། །ལྷ་མཆོག་ཁྱེད་ཀྱི་ཐུགས་རྗེས་རྗེས་དགོངས་ཏེ། །བརྩེ་བའི་ཐུགས་རྗེའི་ཡལ་བར་མ་དོར་ཞིག །ཅི་འདོད་ལོངས་སྤྱོད་ཡིད་ལ་གང་འདོད་པ། །འབད་མེད་ལྷུན་གྱིས་འགྲུབ་པར་མཛད་དུ་གསོལ། །དེང་ནས་བྱང་ཆུབ་སྙིང་པོ་མ་ཐོབ་བར། །བྱང་ཆུབ་ལམ་ལ་བར་ཆད་མི་འབྱུང་ཞིང་། །བཀྲེས་ཕོངས་དབུལ་བའི་སྡུག་བསྔལ་ཀུན་བསལ་ནས། །འགྲོ་རྣམ་ཕན་བདེའི་དཔལ་ལ་

སྤྱོད་པར་ཤོག ། །ཅེས་པ་འདི་ནི་སྤྱི་དགེའི་སྐུ་ཚབ་བསོད་ནམས་བཀྲ་ཤིས་ནས་ཡང་ཡང་བསྐུལ་བའི་ངོར་མེ་མོ་སྤྲུལ་ལོ་ཟླ་བ་ལྔ་བའི་ཚེས་ཉེར་དགུ་ལ་མགོན་ཁང་དབང་དྲག་རོལ་པ་ནས་གང་ཤར་བྲིས་པའོ། །དགེའོ། །

༄༅། །རྒྱལ་ཆེན་རྣམ་མང་སྲས་ཀྱི་གསེར་སྐྱེམས་ཡིད་བཞིན་ནོར་བུའི་ཆར་འབེབས་བཞུགས།།

ཕཻ། སྟོན་ཆོ་དེ་བཞིན་གཤེགས་པ་ཐམས་ཅད་ཀྱི། །མཐུ་སྟོབས་གཅིག་ཏུ་བསྡུས་པ་ཁྲོ་བོའི་རྒྱལ། །བྱང་ཕྱོགས་ལྕང་ལོ་ཅན་གྱི་ཕོ་བྲང་ནས། །གནོད་སྦྱིན་ཡོངས་ཀྱི་དེད་དཔོན་མཐུ་རྩལ་ཅན། །གསང་བའི་བདག་པོ་ཕྱག་ན་རྡོ་རྗེ་ལ། །གུས་པས་ཕྱག་འཚལ་མཆོད་ཅིང་བསྟོད་པར་བགྱི། །འགྲོ་བའི་དབུལ་ཕོངས་སྡུག་བསྔལ་སེལ་མཛད་པའི། །བྱང་ཕྱོགས་གནོད་སྦྱིན་རྒྱལ་ཆེན་རྩལ་བཟུང་པ། །སྔོན་ཆེ་བསྐལ་བ་བརྒྱད་ཁྲིའི་གོང་རོལ་ན། །ས་བརྒྱད་དབང་ཕྱུག་སེམས་དཔའ་རིན་ཆེན་མང་། །བསྐལ་བ་སྔོན་ནས་མངོན་པར་བྱང་ཆུབ་ཀྱང་། །ལྷ་མི་ཀུན་གྱི་དབུལ་ཕོངས་སེལ་བའི་ཕྱིར། །གནོད་སྦྱིན་རྒྱལ་པོ་ཆེན་པོའི་སྐུར་བཞེངས་པ། །མཐུ་རྩལ་ནུས་པ་བསམ་གྱིས་མི་ཁྱབ་པ། །སངས་རྒྱས་བསྟན་པ་གཉན་པོ་སྲུང་བ་དང་། །ཐུགས་རྗེ་ཆེན་པོའི་ཕྲིན་ལས་སྣ་ཚོགས་ཀྱིས། །བསྟན་འཛིན་ཚོགས་རྣམས་བུ་བཞིན་སྐྱོང་བ་དང་། །མ་ཆགས་ཆུ་

སྐྱེས་ཉི་ཟླའི་གདན་སྟེང་དུ། །མཐིང་ནག་འོད་ཟེར་འབྱེ་བ་འབུམ་གྱི་གཟི། །ཞབས་གཉིས་ཕྱེད་སྐྱིལ་རྒྱལ་པོ་རོལ་བའི་སྟབས། །རིག་བདག་བཟློ་པ་ཅིས་སྤྱི་གཙུག་བརྒྱན། །པཉྩ་ལི་ཀའི་པེ་ར་ཆེན་དགུ་བརྩེགས་གསོལ། །ཡོན་ཏན་བྱེ་བ་ཕྲག་བརྒྱའི་མངའ་བདག་པོ། །སྐུ་ཡི་གཟི་བརྗིད་འོད་ཟེར་ཕྱོགས་བཅུར་འཕྲོ། །གསུང་དབྱངས་ཡན་ལག་དྲུག་ཅུའི་སྒྲ་དབྱངས་ཀྱི། །བརྒྱད་ཁྲི་བཞི་སྟོང་ཆོས་ཀྱིས་འགྲོ་བ་ཡི། །གདུལ་བྱའི་ལས་ཉོན་སྡུག་བསྔལ་སྦྱོང་མཛད་པ། །གསུང་གི་དབང་ཕྱུག་རྒྱལ་ཆེན་རྣམ་ཐོས་སྲས། །ཁྱོད་ཐུགས་ཡེ་ཤེས་ཉི་མའི་དཀྱིལ་འཁོར་གྱིས། །འགྲོ་བའི་བློ་གྲོས་པདྨོ་རྒྱས་པ་ལ། །འཁོར་བའི་སྡུག་བསྔལ་མུན་པ་སེལ་བར་མཛད། །འགྲོ་བ་ཡོངས་ཀྱི་ཉི་མའི་གཉེན་གཅིག་པུ། །ཐུགས་རྗེ་ཆེན་པོའི་ཕ་མ་ལྟ་བུར་གཟིགས། །ལྷ་རྣམས་ཡོངས་ཀྱི་སྤྱི་དཔོན་ཆེན་པོ་དང་། །རྒྱལ་ཆེན་སྡེ་བཞི་ལྷ་ཡི་ཚོགས་རྣམས་ཀྱིས། །སྲིད་གསུམ་ཡོངས་ཀྱི་རྒྱལ་པོ་མངའ་གསོལ་བ། །འགྲོ་བའི་མགོན་པོ་རྒྱལ་ཆེན་རྣམ་ཐོས་སྲས། །རྟག་ཏུ་ཐུགས་ཀྱི་དགྱེས་པ་སྐྱོང་མཛད་པ། །གསང་བའི་ཡུམ་ཆེན་ལྷ་མོ་རྣམ་པ་བཞི། །ཕྱི་རོལ་ཕྱོགས་མཚམས་སྐྱོང་བའི་ནོར་ལྷའི་ཚོགས། །རྣམ་སྲས་སྡེ་བཞི་ཛམ་ལྷ་རིགས་བཞི་དང་། །རྟ་བདག་བརྒྱད་དང་ཀླུ་ཆེན་རྣམ་པ་བརྒྱད། །སྒོ་སྐྱོང་བཞི་དང་ལྷ་ཀླུ་གནོད་སྦྱིན་དང་། །ནོར་ལྷ་བྱེ་བ་འབུམ་གྱི་ཚོགས་དང་བཅས། །འགྲོ་བའི་དཔལ་མགོན་ལྷ་མཆོག་ཁྱོད་ཉིད་ལ། །བདག་ཅག་བཀྲེས་ཕོངས་སྡུག་བསྔལ་བསལ་བའི་ཕྱིར། །དབུལ་ཞིང་ཕོངས་པའི་ཉམ་ཐག་ང་རོ་ཡིས། །ལྷ་མཆོག་ཁྱོད་རྣམས་སྙིང་ནས་འབོད་ལགས་ན། །སྐྱབས་དང་མགོན་བྲལ་ཡིད་ཆད་བདག

ཅག་ལ། །བརྩེ་བའི་མ་ཡིས་བུ་ལ་བྱམས་པ་བཞིན། །སྐད་ཅིག་ཙམ་གྱིས་གནས་འདིར་གཤེགས་སུ་གསོལ། །རིན་ཆེན་གཞལ་ཡས་ཕོ་བྲང་ཉམས་དགའ་བ། །པདྨ་ཉི་ཟླ་བརྩེགས་པའི་གདན་སྟེང་དུ། །དགྱེས་པ་ཆེན་པོའི་ཚུལ་དུ་བཞུགས་སུ་གསོལ། །ཡེ་ཤེས་བདུད་རྩི་འབྲུ་བཅུད་སྟོང་སྦྱར་བ། །བཅུད་ལྡན་མི་ཟད་ཡིད་བཞིན་རྒྱ་མཚོའི་གཏེར། །རཏྣ་ལྷ་ཡི་ཕྲེ་མ་བརྡལ་བ་ལ། །མཛེས་ཤིང་རྣམ་པར་བཀྲ་བའི་མཆོད་སྦྱིན་གྱི། །ངོ་མཚར་བསམ་མི་ཁྱབ་པའི་རོལ་གར་གྱི། །རྣམ་མང་ནམ་མཁའ་མཛོད་ཀྱི་འཁོར་ལོའི་སྦྱིན། །ཚད་བྱུང་དགྱེས་པའི་མཆོད་སྦྱིན་ཞལ་སྐྱེམས་འདི། །རྣམ་མང་ཐོས་སྲས་འཁོར་དང་བཅས་ལ་མཆོད། །དེ་ལྟར་གསེར་སྐྱེམས་ཕུལ་བའི་བྱིན་བརླབས་ཀྱིས། །ཚེ་འདིར་བསོད་ནམས་སྙན་གྲགས་རྒྱས་པ་དང་། །དཔལ་འབྱོར་ཚེ་དབང་ཁ་རྗེ་དབང་ཐང་དཔལ། །ཟས་ནོར་ལོངས་སྤྱོད་གཞན་འཕྲུལ་དབང་བྱེད་ལྟར། །ཡིད་ལ་ཅི་འདོད་དྲན་པ་ཙམ་གྱིས་ཀྱང་། །འཇོད་མེད་དབྱར་གྱི་མཚོ་ལྟར་རྒྱས་པར་མཛོད། །ཅིར་སྣང་དག་པ་ལྷ་ཡི་འཁོར་ལོ་དང་། །སྒྲ་གྲགས་ཐམས་ཅད་སྔགས་ཀྱི་རང་སྒྲ་སྟེ། །དྲན་རྟོགས་ཐམས་ཅད་ཆོས་སྐུར་མངོན་གྱུར་ནས། །བྱང་ཆུབ་མཆོག་གི་གོ་འཕང་ཐོབ་པར་ཤོག །ཅེས་རྒྱལ་ཆེན་རྣམ་མང་ཐོས་སྲས་ཀྱི་གསེར་སྐྱེམས་ནོར་བུའི་ཆར་འབེབས་ཞེས་བྱ་བ་འདི་ཉིད་རྫོགས་སྤྲུལ་ལྷ་པ་ཐུབ་བསྟན་ཆོས་ཀྱི་རྡོ་རྗེས་རྟ་དམ་ཨོ་རྒྱན་བསམ་བསྟན་ཆོས་གླིང་གི་ཕོ་བྲང་ཆེན་པོའི་ཡང་རྩེ་ནས་ས་ཕོ་རྟ་ལོའི་ཟླ་ཚེས་ལ་བསྟན་ལ་ཕན་པའི་ལྷག་བསམ་རྣམ་པར་དག་པས་བྲིས་པ་དགེ་ལེགས་སུ་གྱུར་ཅིག ། ། །

༄༅། །གྲྭ་པའི་ཧཱུྃ་དམར་བསྐང་བསྡུས་ནི།

ཧྲཱིཿ དབང་མཛད་ཛམ་དམར་འཁོར་བཅས་ལ། །དགྱེས་པའི་མཆོད་པ་འདི་ཕུལ་བས། །ཐུགས་དམ་བསྐང་ཞིང་ཉམས་ཆགས་བཤགས། །འབྲུ་ནོར་ལོངས་སྤྱོད་དངོས་གྲུབ་སྩོལ། །རྫོགས་སྤྲུལ་ལྔ་པས་སོ། །

༄༅། །གྲྭ་པའི་ཧཱུྃ་དམར་བསྐང་བསྡུས་དབུལ་ཕོངས་རྒྱུན་གཅོད་ཅེས་བྱ་བ་བཞུགས་སོ།།

ཧྲཱིཿ འགྲོ་བའི་དབུལ་ཕོང་སྡུག་བསྔལ་སེལ་མཛད་པའི། །རྨུགས་འཛིན་དམར་པོ་ཡབ་ཡུམ་འཁོར་བཅས་ཀྱི། །མི་གཙང་སྐྱོན་བྲལ་ངོ་མཚར་འདོད་ཡོན་གྱི། །ཐུགས་དམ་སྐོང་ལ་དབུལ་ཕོངས་རྒྱུན་གཅོད་ཅིག །རྫོགས་སྤྲུལ་ལྔ་པས་སོ། །

༄༅། །རྟ་ལྷའི་བསྐུལ་བ་ནི།

ཧཱུྃ། རྡོ་རྗེ་ཁྲོ་རྒྱལ་ཨཙྪ་རེ་མན་ཏ། །ཀུ་བེ་ར་སོགས་རྟ་ལྷའི་ཚོགས་རྣམས་ཀྱིས། །དམ་རྫས་བརྒྱན་པའི་གཏོར་མ་འདི་བཞེས་ལ། །རྟ་དྲེལ་རྫོག་ཆགས་ཚོགས་རྣམས་སྲུང་བ་དང་། །བདག་ལ་གནོད་པའི་དགྲ་བགེགས་མཐའ་དག་ཀུན། །ཁྱད་པར་རྫོག་ཆགས་ཡོངས་ལ་གནོད་བྱེད་པའི། །མི་འདོད་འབྱུང་པོ་སྣ་འདྲེན་ཚོགས་རྣམས་ཀུན། །སྐད་ཅིག་ཉིད་ལ་ཐལ་བའི་རྡུལ་བཞིན་

སྐུ་རབས་ལྔ་པ་ཐུབ་བསྟན་ཆོས་ཀྱི་རྡོ་རྗེའི་གསུང་ཚན།

རློགས། །བཅོལ་བའི་ཕྲིན་ལས་ཡིད་བཞིན་འགྲུབ་པར་མཛོད། །རྫོགས་སྤྲུལ་ལྔ་པས་སོ། །

༄༅། །ཟིལ་ཁྲོམ་རྡོ་རྗེ་གཡུང་དྲུང་གི་ཕྲིན་ལས་དངོས་གྲུབ་འབྱུང་གནས་བཞུགས་སོ།།

ཨོཾ་སྭ་སྟི། རིགས་བརྒྱའི་ཁྱབ་བདག་དཔལ་པདྨ་ཐོད་ཕྲེང་ལ་ཕྱག་འཚལ་ལོ། །ལྷ་མཆོག་ཆེན་པོ་རྡོ་རྗེ་གཡུང་དྲུང་རྩལ་མཆོད་པར་འདོད་ན། ཕྱི་ནང་གི་དམ་རྫས་དང་། མཆོད་པའི་ཡོ་བྱད་རྣམས་ཚོགས་པར་བྱས་ནས། །ཧྲཱིཿ བདག་ཉིད་སངས་རྒྱས་ཀུན་འདུས་པདྨ་འབྱུང་། །དཀར་དམར་མདངས་ལྡན་ཞི་འཛུམ་ཆགས་པའི་ཉམས། །ཞལ་གཅིག་ཕྱག་གཉིས་རྒྱལ་པོ་རོལ་བའི་སྟབས། །ཕྱག་གཡས་གསེར་གྱི་རྡོ་རྗེ་ཐུགས་ཀར་བསྣམས། །གཡོན་པས་མཉམ་བཞག་བདེ་སྟོང་ཀཱ་པ་ལར། །འཆི་མེད་ཡེ་ཤེས་ཚེ་ཡི་བུམ་པས་བརྒྱན། །དབུ་ལ་འདབ་ལྡན་པདྨའི་སྙན་ཞྭ་གསོལ། །གསང་སྔགས་རིག་སྔགས་ནུས་པ་རྫོགས་པའི་ཕྱིར། །ཕོད་ཀ་མཐིང་ནག་ཟ་འོག་བེར་ཕྱམ་གསོལ། །སངས་རྒྱས་ཀུན་དང་ངོ་བོ་གཅིག་པའི་ཕྱིར། །ཆོས་གོས་དམར་པོ་གསེར་གྱི་ཧ་རིས་ཅན། །གྲུ་མོ་གཡོན་ན་ལྷ་ལྕམ་མནྡཱ་ར། །སྤྲུལ་པའི་རྩལ་གྱི་ཁ་ཊྭཾ་རྩེ་གསུམ་བསྣམས། །སྣང་སྟོང་འཇའ་ཟེར་ཐིག་ལེའི་ཀློང་དུ་བཞུགས། །མདུན་དུ་འཁོར་ཡུག་གངས་རིའི་ཕྲེང་བ་

ཙན། །སྐྱིད་ཚལ་ཡིད་འོང་ནེའུ་སེང་ལྗོན་ཤིང་དང་། །ཛིང་བུ་རྒྱུ་མིག་ལྟེང་ཀ
མཚོ་མོ་བརྒྱ། །ཀ་ལ་པིངྐ་མཐིང་རིལ་ཀ་རཎྜ། །ངང་པ་ངུར་པ་རི་སྐེག་ཁྲུང་
ཁྲུང་བཞད། །རྒྱུ་བྱ་སྣ་ཚོགས་གླུ་ལེན་ཟློས་གར་བསྒྱུར། །གླིང་ཆེན་འདོད་
འཇོའི་བ་མོ་ལ་སོགས་པ། །རི་དྭགས་གཡུང་དྭགས་མང་པོ་རྩེ་གར་
བསྒྱུར། །ལྷ་ཆེན་འཕྲུལ་དགའི་ལོངས་སྤྱོད་འགྲན་ནུས་པ། །ངོ་མཚར་བཀོད་
པ་ཡིད་འཕྲོག་བསམ་ལས་འདས། །དེ་དབུས་འཇའ་ཟེར་འོད་ཕུང་འཁྲིག་པའི་
ཀློང་། །རིན་ཆེན་དུང་གི་སྐུ་མཁར་དགུ་བརྩེགས་ལ། །ཁ་བད་ཐམས་ཅད་རིན་
ཆེན་དངུལ་ལས་གྲུབ། །བ་གམ་དྭངས་གསལ་ཤེལ་གྱི་རང་བཞིན་ལ། །མུ་
ཏིག་དཀར་དམར་ཕྲེང་བས་ལན་ཚར་བྲུས། །གཡུ་ཡི་གདུང་མ་གདུང་སྣམ་
གསེར་ལས་གྲུབ། །ཀ་ཞུ་རིན་ཆེན་བཻ་ཌཱུརྻ་ལས་གྲུབ། །པདྨ་རཱ་གའི་ཀ་ཆེན་
སྟོང་ཕྲག་གཅིག །ཀ་ཕྲན་སྟོང་ཕྲག་བརྒྱད་བརྒྱས་བཀོད་ལེགས་ཤིང་། །ཀ་
ཁྲབ་རིན་ཆེན་ཨཙྪ་ཀླིལ་ལས་གྲུབ། །ཀ་གདན་རྡོ་རྗེ་ཕ་ལམ་རང་བཞིན་
ལ། །སྣ་ཚོགས་རིན་པོ་ཆེ་ཡི་གྲལ་ཕྲུམ་མཛེས། །མུ་མེན་བྱུ་རི་ཤར་བུ་མདའ
ཡབ་མཛེས། །ས་གཞི་ཐམས་ཅད་མར་གད་ཉིད་ལས་གྲུབ། །རིན་ཆེན་ཨིནྡྲ
ནཱི་ལའི་ཐེམ་སྐས་ཅན། །དགོས་འདོད་ཀུན་འབྱུང་ནོར་བུ་བསམ་འཕེལ་
ནི། །ཉི་མ་སྟོང་ལས་ལྷག་པའི་འོད་ཟེར་ཅན། །རྟག་ཏུ་ཉིན་མོའི་དཔལ་ལ་སྤྱོད་
ནུས་པ། །ཕོ་བྲང་ཆེན་པོའི་རྩེ་མོར་ཏོག་གིས་སྤྲས། །མཆོང་གི་སྒོ་མོ་དངུལ་
གྱི་ཏྲ་བས་བརྒྱན། །ཕྱོགས་དང་ཕྱོགས་མཚམས་འཁོར་ཡུག་ཐམས་ཅད་
དུ། །ལྷབ་ལྷུབ་དར་གྱི་ལྷ་ལྡིས་ཀུན་ནས་སྤྲས། །འཕན་གདུགས་རྒྱལ་མཚན་
བླ་རེ་བ་དན་དང་། །རིན་ཆེན་སྣ་ཚོགས་ནོར་བུའི་དྲྭ་ཕྱེད་ཀྱིས། །ཡོ་བྱད་སྣ་

ཚོགས་ཕུན་སུམ་ཚོགས་པས་བརྒྱན། །རིན་ཆེན་སྐུ་མཁར་དགུང་ལ་སླེགས་པ་འདྲ། །ཐད་ནས་ཉི་མ་ཟླ་བ་ཤར་བ་ལ། །ཕོ་བྲང་མགུལ་དུ་ལྗོ་སྤྲིན་ཕྲུག་མོ་འཁྲིགས། །ཞོལ་ཏུ་སྟི་ཤིང་མེ་ཏོག་སྣ་ཚོགས་པ། །ཨུཏྤལ་པདྨ་དཀར་དམར་ཀུ་མུ་ཏ། །མཚྭ་ར་དང་ཨུ་དུམ་ཝ་ར་སོགས། །སྨན་གྱི་དྲི་བསུང་ཕྱོགས་བཅུ་ཀུན་ཏུ་འཐོར། །རིན་ཆེན་སྣ་ཚོགས་ར་བ་སུམ་རིམ་ན། །མ་རྨོས་ལོ་ཏོག་དཔག་བསམ་ཤིང་ཆེན་མཛེས། །ཡན་ལག་བརྒྱད་ལྡན་ཁྲུས་ཀྱི་རྫིང་བུ་དང་། །གཏེར་གྱི་ཁང་ཆེན་གཏེར་བུམ་བྱེ་བའི་ཚོགས། །ནམ་མང་ནམ་མཁའི་མཛོད་ཀྱི་ལོངས་སྤྱོད་ནི། །འཁོར་དགུའི་ལོངས་སྤྱོད་ཕུན་སུན་ཚོགས་པའི་དཔལ། །བསམ་གྱིས་མི་ཁྱབ་ཉི་ཟེར་རྡུལ་ལྟར་འཁྲིགས། །གཞལ་ཡས་ཆེན་པོའི་དབུས་ཀྱི་ལྟེ་བ་ལ། །རིན་ཆེན་ཆུ་སྐྱེས་ཉི་ཟླ་བརྩེགས་པའི་སྟེང་། །ལྷ་ཡི་སྲས་པོ་ཟེ་ལ་ཁྲོམ་ཟོ་དོར་གཙོ། །སྐུ་མདོག་དཀར་པོ་ཟླ་བ་ཞུན་མའི་མདོག །ཞི་འཛུམ་ཅུང་ཟད་ཆགས་པའི་ཉམས་དང་ལྡན། །སྐུ་ལ་དར་དཀར་བེར་ཆེན་ལྷབ་ལྷུབ་གསོལ། །དྲུང་གི་གོ་ཁྲབ་རྡོ་རྗེའི་རི་མོ་ཅན། །ནམ་མང་རིན་ཆེན་སྣ་ཚོགས་རྒྱན་གྱིས་སྤྲས། །དྲུང་གི་རྨོག་ཞུ་རིན་ཆེན་སྣ་ལྔས་བརྒྱན། །དར་སྣ་ལྔ་ཡི་ཅོད་པན་འཕྱུར་བ་ལ། །རུ་དར་སྣ་ཚོགས་རྒྱལ་མཚན་རྒོད་འཕྲུ་ཅན། །སྐྱེས་བུ་ཆེན་པོའི་གཡས་ཀྱི་ཕྱག་དེང་ལ། །ཤེས་རབ་ལྷ་མདའ་མང་པོ་སྐར་ལྟར་འཁྱུག །གཡོན་གྱི་གཟིག་ཤུབས་འཇའ་ཚོན་འོད་འཁྲོ་བར། །ཐབས་ཀྱི་རིན་ཆེན་གཞུ་མོ་ཅོགས་སེ་ཅོག །ཏེ་མཆན་དཔུལ་ཤུབས་གཡུ་འབྲུག་བཀྲ་བ་ལ། །ཡ་ཚ་ཀར་ཕྲན་འོད་ཟེར་གློག་སྟོང་འཁྱུག །ཕྲུག་གཡས་དར་དཀར་བ་དན་བསྣམས་པ་ཡིས། །ཕ་རོལ་བདུད་དཔུང་གཡུལ་ལས་

རྒྱལ་བར་བྱེད། །གཡོན་པས་སྦྲ་ལྕུག་དཀར་པོ་གླད་ལ་གཡུག །སྨྲོ་འདྲེ་རྒྱལ་འགོང་ཚོགས་རྣམས་རྡུལ་དུ་བརླག །ཆིབས་སུ་ཅང་ཤེས་ངང་བ་གཡུ་རྫོག་ཆིབས། །སྟོང་གསུམ་སྐད་ཅིག་ཉིད་ལ་བགྲོད་པར་བྱེད། །དེ་ལ་གསེར་སྣ་གཡུ་ཡི་ཨ་འཛོག་ཅན། །སྤྱི་རུ་མེ་ཤེལ་ལས་གྲུབ་ཉི་མ་རིས། །ཕྱི་རུ་ཆུ་ཤེལ་ལས་གྲུབ་ཟླ་བ་རིས། །དབང་པོའི་གཞུ་ཡི་གོང་སྨྱེད་ཁྱུགས་སེ་ཁྱུག །རིན་ཆེན་དངུལ་གྱི་ཡོབ་ཆེན་ཁྲོ་ལོ་ལོ། །བརྗིད་པའི་སྟག་གཟར་གཟིག་གཟར་ལྷབས་སེ་ལྷབ། །དར་གྱི་འཕྲུལ་ལྕེ་སྣ་ཚོགས་པུ་རུ་རུ། །རོལ་དུ་ཅང་ཤེས་ཁམ་པ་ཤེལ་མིག་ཁྲིད། །སྐྱེས་བུ་ཁྱེད་ཀྱི་སྐུ་ཡི་གཡོན་ཟུར་ན། །ཡིད་འོང་བཙུན་མོ་སྨུ་ཏིག་ཤེལ་རུ་སྨན། །རྐོད་ལྕུམ་ཁ་རག་དཔལ་ལྡན་མི་མོའི་ཚུལ། །དཀོར་བདག་ཆེན་མོ་ཁམས་གསུམ་དབང་མོ་ཆེ། །ཟླ་ལྷར་དཀར་བའི་ཞལ་མདངས་ཡ་ལ་ལ། །མཚར་སྡུག་འོད་ཆགས་འཛུམ་མདངས་ཤིགས་སེ་ཤིག །དམར་སེར་མཐིང་ཀའི་ན་བཟའ་ལྷུབས་སེ་ལྷུབ། །དེ་ལ་གསེར་གྱི་རི་མོ་ཁྱུགས་སེ་ཁྱུག །གསེར་གཡུ་སྨུ་ཏིག་ལན་ཚར་ཤ་ར་ར། །ཕྱག་གཉིས་མདའ་དར་རིན་ཆེན་ཟས་གཞོང་བསྣམས། །སྐབས་རེར་རི་དྭགས་རྭ་ཅན་ཤྭ་བ་ཞོན། །ས་ཡི་ལྷ་མོ་བརྟན་མའི་ཚུལ་འཛིན་པ། །སྐབས་རེར་ཀླུ་ཡི་བུ་མོའི་ཚུལ་འཛིན་ཞིང་། །རུས་སྦལ་དུང་མདོག་ཞོན་ནས་སྟོང་གསུམ་ཉུལ། །སྐྱེས་བུ་ཆེན་པོའི་སྐུ་ཡི་མདུན་ཕྱོགས་ན། །ང་འདྲ་སྨུ་ནམ་གཙང་དཀར་ལ་སོགས་པའི། །བཀའ་ཉན་བློན་པོ་ཆེན་པོའི་ཚོགས་རྣམས་བཞུགས། །སྐྱེས་མཆོག་ཁྱོད་ཀྱི་སྐུ་ཡི་གཡས་ཕྱོགས་ན། །སྐྱེས་ཕྲན་རྟ་བ་སྟོང་ཕྲག་ཚོགས་རྣམས་ནི། །གོ་ཁྲབ་གྱོན་ཞིང་ཕྱག་ན་མདུང་དར་བསྣམས། །ལྷ་གཉན་ཁྱོད་ཀྱི་སྐུ་ཡི་

གཡོན་ཕྱོགས་ན། །དཔའ་བོ་སྐྱེས་ཐྲན་བེར་གྱོན་སྟོང་ཕྲག་གཅིག །ཀུན་ཀྱང་
ཕྱག་གཉིས་མདའ་འཕེན་ཤ་ར་ར། །སྐྱེས་བུ་ཆེན་པོ་ཁྱོད་ཀྱི་མདུན་ཕྱོགས་
ན། །མི་དཀར་རྟ་དཀར་ཞོན་པ་སྟོང་ཕྲག་གཅིག །སྣ་ཚོགས་བ་དན་ལྷེ་བརྒྱུད་
པུ་རུ་རུ། །ལྷ་མཆོག་ཁྱོད་ཀྱི་རྒྱབ་ཀྱི་ཕྱོགས་མཚམས་ན། །ལྷ་དམག་གཉན་
དམག་བྱེ་བ་སྤུངས་སེ་སྤུང་། །སྟེང་ཕྱོགས་ནམ་མཁའ་སྟོང་པའི་དབྱིངས་རུམ་
ན། །བྱ་ཁྲ་བྱ་རྒོད་ཚོགས་ནི་སྤྲིན་ལྟར་གཏིབས། །མཚམས་སུ་དུང་སེང་སྟག་
གཟིག་དོམ་དྲེད་ཚོགས། །མི་བཟད་གཅན་གཟན་ཚོགས་ནི་མཆོང་ཞིང་
རྒྱུག །ལྷ་གཡག་ཚོགས་ནི་ངུར་གདངས་ཆེམས་སེ་ཆེམ། །ལྷ་རྟ་མང་པོ་སྣ་
བཅས་སི་ལི་ལི། །མ་སྲིང་ལྕམ་དྲལ་བཙུན་མོའི་ཚོགས་རྣམས་ནི། །ཆིབས་སུ་
ཤྭ་རྐྱང་གཙོད་དང་རྒོ་བ་ཆིབས། །ཕྱག་ན་མདའ་དར་མེ་ལོང་བུམ་པ་
འཛིན། །གཞན་ཡང་ལྷ་ཀླུ་གཉན་དང་བདུད་ཀྱི་ཚོགས། །བྱེ་བ་འབུམ་གྱི་
ཚོགས་ནི་སྤྲིན་ལྟར་གཏིབས། །གནམ་ས་རི་ལུང་ས་གཞི་བར་སྣང་ཀུན། །ཉི་
མའི་ཟེར་གྱི་རྡུལ་ལྟར་གྲངས་ལས་འདས། །བསམ་ཡས་སྒྱུ་འཕྲུལ་དྲྭ་བའི་འཁོར་
ཡོར་གྱུར། །སྤྱན་འདྲེན་པ་ནི། ཧཱུྃ། རང་བཞིན་ལྷུན་གྱིས་གྲུབ་པའི་གནས་
མཆོག་ནས། །གྲངས་མེད་བསྐལ་བ་མང་པོའི་སྔོན་རོལ་དུ། །འཕགས་པའི་
ཞལ་མཐོང་སར་གནས་སེམས་དཔའ་ཆེ། །ལྷ་ཡི་སྡེ་དཔོན་ཟེལ་ཁྲམ་ཟོ་དོར་
གཙོ། །སྔོན་ཚེ་པདྨ་འབྱུང་གནས་སྤྱན་སྔ་རུ། །བསྟན་པ་སྲུང་བར་ཁས་བླངས་
ཐ་ཚིག་ཅན། །སྔོན་གྱི་གཡར་དམ་གཉེན་པོ་རྗེས་དགོངས་ལ། །སྐད་ཅིག་ཙམ་
གྱིས་གནས་འདིར་གཤེགས་སུ་གསོལ། །བསྟན་པ་སྲུང་ཞིང་བསྟན་འཛིན་སྐྱོང་
བའི་ཕྱིར། །སྐུ་ཡི་གཟི་བརྗིད་འོད་ཕུང་ལམ་སེ་ལམ། །གསུང་ནི་འགག

མེད་གླུ་དབྱངས་དི་རི་རི། །ཐུགས་ནི་སྙིང་རྗེའི་དབྱིངས་ལས་མ་གཡོས་ཀྱང་། །ལོག་པར་འདྲེན་པའི་བདུད་དཔུང་འདུལ་བ་དང་། །བསྟན་པ་སྲུང་ཕྱིར་གནས་འདིར་གཤེགས་སུ་གསོལ། །བཞུགས་གསོལ་ནི། ཧཱུྃ། གདོད་ནས་ལྷུན་འགྲུབ་ཕོ་བྲང་ཆེན་པོ་འདིར། །ཆུ་སྐྱེས་ཉི་ཟླ་བརྩེགས་པའི་གདན་སྟེངས་སུ། །སྐྱེ་མེད་ཀློང་ལས་ཆོ་འཕྲུལ་ཤར་བའི་སྐུ། །སྐྱེས་མཆོག་རྒྱལ་ཆེན་འཁོར་བཅས་བཞུགས་སུ་གསོལ། །ཕྱག་འཚལ་བ་ནི། ཧཱུྃ། སྐྱེ་མེད་གཉུག་མའི་རང་བྱུང་རང་ཤར་ལྷ། །རང་དང་རྟག་ཏུ་འགྲོགས་ཀྱང་ཞལ་མ་མཇལ། །རིག་པའི་རྒྱལ་པོ་ཟླ་དོར་ཡོངས་ཀྱི་གཙོ། །རང་གྲོལ་དོན་གྱིས་མཇལ་བས་ཕྱག་འཚལ་ལོ། །ཨ་ཏི་པུ་ཧོཿ པྲ་ཏཱིཙྪ་ཧོཿ མཆོད་པ་འབུལ་བ་ནི། ཧཱུྃ། མཆོད་ཡོན་ཞབས་བསིལ་མེ་ཏོག་བདུག་སྤོས་དང་། །མར་མེ་དྲི་ཆབ་ཞལ་ཟས་རོལ་མོའི་སྒྲ། །གཟུགས་སྒྲ་དྲི་རོ་རེག་བྱ་རྡོ་རྗེ་ཆོས། །ཨ་མྲི་ཏ་དང་རཀྟ་དམར་གྱི་མཚོ། །དམ་རྫས་གཏོར་ཆེན་འདོད་ཡོན་ཚོགས་ཀྱིས་བསྐང་། །བདེ་སྟོང་སྦྱོར་སྒྲོལ་རྨད་བྱུང་མཆོད་པའི་སྤྲིན། །མཛེས་པའི་རྡོ་རྗེའི་ལྷ་མོ་བཅུ་དྲུག་གིས། །ས་གཞི་ཁྱབ་པའི་རྫུ་འཕྲུལ་གར་བྱེད་ཅིང་། །ནམ་མཁའ་རབ་འབྱམས་གང་བའི་མཆོད་པའི་སྤྲིན། །མཆོད་པ་འབུལ་ལོ་དགྱེས་པར་བཞེས་ནས་ཀྱང་། །ཕྲིན་ལས་རྣམ་བཞིའི་དངོས་གྲུབ་སྩལ་དུ་གསོལ། །ཨོཾ་བཛྲ་ཨརྒྷཾ་ནས་ཤབྡ་མ་ཧཱ་པཉྩ་ཨ་མྲི་ཏ་རཀྟ་བ་ལིང་ཏ་སརྦ་པཱུ་ཛ་ཁ་ཁ་ཁཱ་ཧི་ཁཱ་ཧི། །བསྟོད་པ་ནི། ཧཱུྃ། ཆོས་ཀྱི་དབྱིངས་ཀྱི་ཕོ་བྲང་དམ་པ་ནས། །ཆོས་སྐུའི་རང་བཞིན་མཚན་མ་མི་མངའ་ཡང་། །ཆོས་ཅན་བག་ཆགས་དྲི་མ་སྦྱོང་བའི་ཕྱིར། །ཆོས་སྐྱོང་གཙོ་བོ་སྐུར་བཞེངས་ཁྱོད་ལ་བསྟོད། །ཆོས་དབྱིངས་རྣམ་པར་དག་པའི་ཀློང་ཡངས་

ནས།   །ཆོས་ཅན་སྣང་བ་གཟུགས་ཀྱི་སྐུར་སྟོན་པ།   །ཆོས་ལྡན་རྣལ་འབྱོར་ཡོངས་ལ་སྙིང་ཉེ་བ།   །ཆོས་སྐྱོང་དགྲ་བླའི་གཙོ་བོ་ཁྱོད་ལ་བསྟོད།   །ཞི་བའི་སྐུ་མཆོག་ལྷ་ཡི་སྲས་པོ་ནི།   །བསྐལ་མང་སྔོན་ནས་ཐུགས་བསྐྱེད་མཐར་ཕྱིན་ཞིང་།   །ད་ལྟ་བསྟན་པ་སྲུང་བའི་ཚུལ་འཛིན་པ།   །རྡོ་རྗེ་གཡུང་དྲུང་ཁྱོད་ལ་ཕྱག་འཚལ་བསྟོད།   །ཁྱོད་ནི་སྔོན་ཚེ་པདྨ་འབྱུང་གནས་ཀྱི།   །བསིལ་ལྡན་ལྗོངས་འདི་སྐྱོང་བའི་བཀའ་བསྒོས་ལྟར།   །ད་ལྟ་སྙིགས་མའི་གདུལ་བྱ་སྐྱོང་མཛད་པ།   །སྟོབས་ལྡན་རྒྱལ་ཆེན་ཁྱོད་ལ་ཕྱག་འཚལ་བསྟོད།   །གདུལ་དཀའ་འདུལ་བའི་གཙོ་མཆོག་ལྷ་ཡི་སྲས།   །འགྲོ་བའི་བདེ་སྐྱིད་བསོད་ནམས་ཕུང་པོ་ནི།   །མི་ཉམས་གོང་དུ་སྤེལ་བའི་ལྷ་གཅིག་པུ།   །སར་གནས་སེམས་དཔའ་ཁྱོད་ལ་ཕྱག་འཚལ་བསྟོད།   །ཞལ་མཐོང་ཙམ་གྱིས་སྐྱེ་དགུའི་ཡིད་འཕྲོག་པ།   །མཚན་ཙམ་ཐོས་པས་བདུད་དཔུང་ཕྱེ་མར་བརླག   །དྲན་པ་ཙམ་གྱིས་འགྲོ་ཀུན་དགེ་ལ་སྦྱོར།   །ལྷག་པའི་ལྷ་མཆོག་ཁྱོད་ལ་ཕྱག་འཚལ་བསྟོད།   །མགོན་ཁྱོད་འགྲོ་བ་ཡོངས་ཀྱི་དེད་དཔོན་ཆེ།   །ཐུགས་རྗེ་ཆེན་པོའི་སྒྲུབ་ལ་བུ་བཞིན་སྐྱོང་།   །མ་རིག་མུན་པའི་སྨག་རུམ་སེལ་མཛད་པ།   །ཡེ་ཤེས་སྒྲོན་མེ་ཁྱོད་ལ་ཕྱག་འཚལ་བསྟོད།   །བསྐུལ་ཞིང་ཕྲིན་ལས་བཅོལ་བ་ནི།   ཧཱུྃ་ཧྲཱིཿ   ཆོས་སྐུ་ཞི་བའི་ངང་ལས་མ་གཡོས་ཀྱང་།   །གཟུགས་སྐུ་མངོན་སྤྱོད་དྲག་པོའི་སྐུར་བཞེངས་པ།   །སྣང་སྲིད་དབང་སྡུད་རྡོ་རྗེ་གཡུང་དྲུང་རྩལ།   །དེང་འདིར་མངོན་སྤྱོད་དྲག་པོའི་དུས་ལ་བབ།   །གཡུལ་ལས་རྣམ་པར་རྒྱལ་བའི་དཔའ་བོ་ཆེ།   །རྒྱལ་ཆེན་ཁྱོད་ཀྱི་སྐུ་ཡི་སྤྲུལ་པ་ནི།   །གང་ལ་གང་འདུལ་ཉི་ཟེར་རྡུལ་ལྟར་འཚུབས།   །དྲག་སྔགས་འབྲུག་སྟོང་ལྡིར་བ་ཙུ་རུ་རུ།   །རྔམས་བརྗིད་ཁྲོས་པའི་

མདངས་ལྡན་ཡ་ལ་ལ། །ལས་བྱེད་དྲེགས་པའི་ཚོགས་ནི་ཤ་ར་ར། །སྤྲུལ་པ་པོ་ཉའི་ཚོགས་ནི་ཐོག་ལྟར་འབེབས། །ཁྲོ་གཏུམ་དྲག་སྔགས་ཧམས་པའི་ཕྲིན་ལས་ཀྱིས། །སྡང་ཞིང་གདུག་པའི་སེམས་འཆང་མི་བསྲུན་སྡེ། །བོད་གཏོང་གཏད་ཁྲམ་སྔོན་པའི་བོན་སྔགས་ཚོགས། །ཉི་ཟླའི་ར་བ་གླིང་བཞི་གླིང་ཕྲན་དང་། །ཆོས་བོན་སྲུང་མའི་སྐྱབས་གནས་གང་ཡོད་ཀྱང་། །ད་ལྟ་ཉིད་དུ་སྒྲོལ་བའི་ཕྲིན་ལས་མཛོད། །ངན་སྔགས་མི་ཁ་བྲ་མཆུ་དབྱེ་ཤགས་དང་། །དུག་སྦྱོར་གཡུལ་ཤོམས་བྱེད་པའི་དགྲ་བོའི་ཚོགས། །ཚེ་བསོད་དཔལ་ཐང་དཔལ་ལ་འཚེ་བ་རྣམས། །མ་བསྐུལ་པར་ཡང་བརླག་པའི་ཕྲིན་ལས་མཛོད། །མི་འདོད་ཕུང་ཁྲོལ་བྱེད་པའི་དམ་སྲིའི་ཚོགས། །ནད་ཡམས་སྨུ་འདྲེན་གདོན་བགེགས་འབྱུང་པོ་རྣམས། །ལྷ་མཆོག་ཁྱོད་ཀྱི་སྐུ་ཡི་གཟི་བརྗིད་ཀྱིས། །མིང་ཙམ་མེད་པར་གཏན་ནས་བརླག་པར་མཛོད། །མདོར་ན་བྱང་ཆུབ་སྒྲུབ་པའི་གང་ཟག་རྣམས། །བསྟན་འགྲོར་ཕན་པའི་དོན་ཆེན་སྒྲུབ་པ་ལ། །ཁྱོད་ཀྱིས་སྔོན་གྱི་ཐུགས་དམ་མ་གཡེལ་བར། །དུས་རྣམ་ཀུན་ཏུ་བསྲུང་ཞིང་སྐྱོབ་པར་མཛོད། །ཅེས་པ་འདི་ནི་རྫོང་སར་བཀྲ་ཤིས་ལྷ་རྩེའི་དགེ་བཤེས་དྲུང་ཡིག་ངག་དབང་བཟོད་པ་ནས་ལྷ་རྫས་ཟླ་བའི་མདངས་ལྡན་བཅས་བསྐུལ་བའི་ངོར་ས་ཕོ་རྟ་ལོའི་ཟླ་ཆོས་ཉིན་རྫོགས་སྤྲུལ་ལྔ་པ་ཐུབ་བསྟན་ཆོས་ཀྱི་རྡོ་རྗེས་རང་སྤྱིལ་འཆི་མེད་གྲུབ་པའི་དགའ་ཚལ་ནས་བྲིས་པ་དགེ་ལེགས་སུ་གྱུར་ཅིག

༄༅། །ལྷ་གཉན་ཆེན་པོ་ཟེལ་ཕྲོམ་རྡོ་རྗེ་གཡུང་དྲུང་རྩལ་གྱི་བསྐང་བ་དངོས་གྲུབ་ཀུན་འབྱུང་བཞུགས་སོ།།

ཧཱུྃ་ཧྲཱིཿ རང་སྣང་དག་པའི་ཞིང་ཁམས་ཆེན་པོ་ན། །རང་རིག་ཧྲཱིཿ་ལས་པདྨ་འབྱུང་གནས་སྐུ། །རང་མདུན་འཇའ་ཟེར་འཁྲིགས་པའི་ཀློང་ཡངས་སུ། །རང་སྣང་མཚན་བཅས་ཀུན་རྫོབ་སྒྱུ་མའི་ངོར། །ཡུལ་ལྷའི་ཚུལ་འཛིན་རྡོ་རྗེ་གཡུང་དྲུང་རྩལ། །འཁོར་བཅས་བསྐང་བའི་གནས་འདིར་སྤྱན་འདྲེན་ན། །ཀི་བསྭོ་ཆ་སྒྲའི་བརྡ་ཡིས་ཁྱོད་འབོད་ན། །ཁྲུ་ཡེ་ཕྱྭ་དང་གཡང་གི་མངའ་བདག་པོ། །གེ་སར་ཉི་ཟླ་ཧ་མཆོག་དང་པའི་སྟེང་། །ངོ་བོ་གདོད་ནས་ཆོས་སྐུའི་རང་བཞིན་ལ། །ཅི་ལྟར་རི་བོང་འཛིན་པའི་དཀྱིལ་འཁོར་ནི། །ཆུ་ཡི་ཀླུང་ལ་ཤར་བ་ཇི་བཞིན་དུ། །ཇེ་ཞིག་མ་ཡིན་སྐད་ཅིག་ཙམ་ཉིད་དུ། །ཉེ་ཚང་ལེགས་པའི་ཟླ་ཞལ་མཆོག་ཏུ་རོམ། །ཏི་ར་ཞིང་ཁམས་ཡོངས་ལ་དབང་བསྒྱུར་ཞིང་། །ཐུབ་པོ་རྒྱལ་སྲས་བྱང་ཆུབ་སེམས་དཔའ་དང་། །དེ་བཞིན་གཤེགས་པ་རྣམས་ཀྱི་ཞལ་མཐོང་ཞིང་། །ནོ་པི་ཀ་རྣམས་རྟག་ཏུ་དགྱེས་དགོངས་ལ། །པི་ཝཾ་ཛྭར་ཛ་དུང་དཀར་སིལ་སྙན་དང་། །ཕུ་ཆུ་ལྷ་བུའི་བཏུང་བའི་བྱེ་བྲག་རིགས། །བེའུ་བ་མོ་རི་གླིང་སྐྱིད་ཚལ་སོགས། །མོ་ཧར་ཅང་ཤེས་ལ་སོགས་ཧང་འགྲོས་རིགས། །ཅི་ན་བལ་བོད་ནོར་སྣས་ཐུགས་དམ་བསྐང་། །ཚུ་རོལ་དགོན་གནས་ཆོས་འཁོར་འདི་ཡི་བདག །ཛོ་ཧའི་ཚལ་མཆུངས་སྲས་ཡུལ་རོང་མོ་ལྡོང་། །ཞོ་ཧྲི་ཧས་ཀྱང་བསྔགས་པའི་གནས་བདག་ཆེ། །ཞི་རྒྱས་དབང་དྲག་ལས་བཞིའི་མངའ་བདག

པོ། །ཟླ་ལེ་སྨན་སོགས་དཀར་ཕྱོགས་ཡོངས་ཀྱི་གཙོ། །འེ་ཝུར་གླུ་དབྱངས་སྙན་པའི་བསྒྲོད་པ་ཡི། །ཡོ་གའི་དགྲ་ལྷ་ཆེན་པོའི་ཐུགས་དམ་བསྐང་། །རི་ལྷར་བརྟེད་ལྷན་དཀར་གཏོར་དམར་གཏོར་ཚོགས། །ལུ་མའི་རྒྱུན་ལྷར་སྨན་རཀ་མཆོ་ལྷར་བསྐྱིལ། །ཤེ་མུན་ཉམ་ངར་མེད་པར་འབུལ་ལགས་ན། །སོ་སོར་གང་ལ་གང་འདོད་ཐུགས་དམ་བསྐང་། །ཧི་ཧི་ཧཱུྃ་ཕཊ་རྡོ་རྗེའི་སྒྲ་དབྱངས་དང་། །ཨཱི་དྲ་མི་བཟད་དྲག་པོའི་ཕྲིན་ལས་ཀྱིས། །མ་རུང་གདུག་ཅན་མིང་ཙམ་མེད་པར་མཛོད། །ཨུ་པཏྲ་ལྷར་དཔལ་འབྱོར་ཕུན་ཚོགས་ཀྱི། །དངོས་གྲུབ་དམ་པ་བདག་ལ་སྩོལ་དུ་གསོལ། །ཞེས་ཟིལ་ཁྲོམ་རྡོ་རྗེ་གཡུང་དྲུང་གི་བསྐང་ཆེན་འདི་ཉིད་ཐུབ་བསྟན་རིག་འཛིན་ནས་བསྐུལ་ངོར་ས་ཕོ་རྟ་ལོའི་ཟླ་ཚེས་ལ། རྫོགས་སྤྲུལ་ལྔ་པ་ཐུབ་བསྟན་ཆོས་ཀྱི་རྡོ་རྗེས་བཀྲ་ཤིས་འཆི་མེད་གྲུབ་པའི་དགའ་ཚལ་ནས་བྲིས་པ་དགེའོ། །

༄༅། །ལྷ་གཉེན་ཆེན་པོ་རྡོ་རྗེ་གཡུང་དྲུང་རྩལ་གྱི་ཕྲིན་བཅོལ་ནི།

ཀྱེ། ལྷོ་ཕྱོགས་གངས་རི་ཉི་ཟླས་བརྒྱན་པའི་ཞིང་། །འཇའ་འོད་གུར་ཁང་མེ་ཏོག་སིལ་ཆར་འབེབས། །དེ་རུ་རྟེན་བཅས་རྡོ་རྗེ་གཡུང་དྲུང་རྩལ། །རྫོགས་སངས་རྒྱས་དང་སློབ་དཔོན་པད་འབྱུང་གི །ཞལ་མཐོང་དངོས་གྲུབ་ཐོབ་པའི་དམ་ཚིག་ཅན། །ལྷ་ཁྱོད་སྔོན་གྱི་ཐ་ཚིག་མ་གཡེལ་བར། །གསེར་སྐྱེམས་ཕུད་དང་མཆོད་གཏོར་འདི་བཞེས་ལ། །དགོན་གནས་བརྒྱུད་འཛིན་སློབ་མའི་ཚོགས་བཅས་ཀྱི། །དཀོར་ཆ་ལོངས་སྤྱོད་ཇི་སྙེད་ཡོད་པ་རྣམས། །ལྷ་མཆོག་ཁྱོད་ལ་གཉེར་

དུ་གཏད་ལགས་ན། །རྣམ་ཀུན་རྟག་ཏུ་མ་གཡེལ་མེལ་ཚེ་གྱིས། །ཁྱད་པར་རིག་འཛིན་རྣལ་འབྱོར་བདག་ཅག་ལ། །ད་དགྲ་ཐད་དུ་འཇུག་པའི་དགྲ་བོ་རྣམས། །མངོན་སྤྱོད་དྲག་པོའི་རོལ་བས་ཚར་ཆོད་ཅིག །མདོར་ན་བདག་གི་ཡིད་ལ་གང་འདོད་པ། །འབད་མེད་ལྷུན་གྱིས་འགྲུབ་པའི་ཕྲིན་ལས་མཛོད། །ཅེས་པ་འདི་ཡང་རྫོགས་ཆེན་བཞི་པ་མི་འགྱུར་ནམ་མཁའི་རྡོ་རྗེས་གསུངས་སོར་བཞག་ལ། ཉུང་ཟད་ཁ་བསྐངས་བྱས་ནས་བྲིས་པ་འདི་ནི། རྫོགས་སྤྲུལ་ལྔ་པས་སྨྲས་པ་དགེའོ། །སརྦ་མངྒ་ལཾ།

༄༅། །གཉན་ཆེན་ཐང་ལྷའི་གསོལ་མཆོད་པཻ་ཎྵཱུའི་རྒྱུད་མངས་ཞེས་བྱ་བ་བཞུགས་སོ། །

ཧཱུྃ། འཛམ་གླིང་བྱང་ཕྱོགས་ཁ་བ་ཅན་གྱི་ཡུལ། །མེ་ཏོག་པདྨ་སྣ་ཚོགས་གཅལ་དུ་བཀྲམ། །གངས་རིའི་ཕྲེང་བ་ཡིད་འོང་མཚོ་ཆེན་ལྡན། །རིན་ཆེན་ཤེལ་གྱི་སྐུ་མཁར་གྲུ་བཞི་པ། །རྩེ་མོ་མཐོན་པོ་དགུང་ལ་བསྙེགས་པ་འདྲ། །ཉི་མ་ཟླ་བ་ཐད་ནས་ཤར་བ་ལས། །རྩ་བ་ཡིད་བཞིན་གཡུ་ཡི་རྒྱ་མཚོ་འཁྱིལ། །རྩེ་མོར་ཆུ་འཛིན་དཀར་པོའི་ཕྲེང་བ་ལས། །རིན་ཆེན་ཆར་འབེབས་གཡུ་འབྲུག་སྒྲ་བསྒྲགས་ཤིང་། །སྐྱིད་པར་འཇའ་ཚོན་སྣ་ཚོགས་ཀུན་ནས་མཛེས། །རིན་ཆེན་གཡུ་ཡི་ན་བུན་འཁྲིགས་པ་ལ། །ཤེལ་གྱི་སྐུ་མཁར་རྫམ་བརྗིད་འབར་བའི་ནང་། །རིན་ཆེན་སྣ་ཚོགས་དྲྭ་བ་དྲྭ་ཕྱེད་ཀྱི། །ཕྱོགས་བཅུར

ཀུན་ཏུ་རྒྱན་གྱིས་མཛེས་པར་སྤྲས། །གཞལ་ཡས་ཆེན་པོ་དེ་ཡི་ལྟེ་བ་ལ། །མ་ཆགས་སྐྱོན་བྲལ་པདྨ་ཉི་ཟླའི་གདན། །གསེར་གྱི་ཧྲ་མཆོག་སྣ་ཚོགས་རྒྱན་སྤྲས་སྟེང་། །བྱང་ཆུབ་སེམས་དཔའ་ནམ་མཁའི་སྙིང་པོ་ཡི། །སྤྲུལ་པ་ལྷ་ཆེན་རྡོ་རྗེ་འབར་བ་རྩལ། །གཉན་ཆེན་ཐང་ལྷ་ཡར་ཞུར་མཚན་གསོལ་བ། །སྐུ་མདོག་དཀར་པོ་ཟླ་བ་ཞུན་མའི་མདོག །ཡིད་འོང་མཛེས་པ་ཅུང་ཟད་ཁྲོ་འཛུམ་ཚུལ། །སྐུ་ལ་དར་དཀར་གསེར་གྱི་རི་མོ་ཅན། །ཞེར་ཆེན་སུམ་བརྩེགས་གསོལ་ཞིང་རྒྱལ་པོའི་ཚུལ། །ཕྱག་ན་ཐ་ལྕག་ཤེལ་གྱི་ཕྲེང་བ་བསྣམས། །དབུ་ལ་དར་གྱི་ལ་ཐོད་དཀར་པོ་གསོལ། །ཞབས་ལ་སག་ལྷམ་འཇའ་རིས་འཁྱིལ་བ་མནབས། །ཡིད་བཞིན་ནོར་བུ་དབང་གི་རྒྱལ་པོས་བརྒྱན། །འོད་ཟེར་སྣ་ཚོགས་ཕྱོགས་བཅུར་ཀུན་ཏུ་འཕྲོ། །མཐུ་ཆེན་མཆེད་འཁོར་སུམ་བརྒྱ་དྲུག་ཅུ་དང་། །དམག་དཔུང་བྱེ་བ་འབུམ་སྡེའི་འཁོར་གྱིས་བསྐོར། །ཀུན་ཀྱང་ཁྲོ་གཏུམ་ཧམ་བརྗིད་འབར་བར་བཞུགས། །རང་ཉིད་ལྷར་གསལ་ཐུགས་ཀའི་ས་བོན་ལས། །འོད་འཕྲོས་རང་བཞིན་གནས་ནས་སྤྱན་དྲངས་གྱུར། །སྤྱན་འདྲེན་ནི། ཧཱུྃ། རང་བཞིན་ཆོས་ཀྱི་དབྱིངས་ཀྱི་ཕོ་བྲང་ནས། །མི་མཇེད་འཇིག་རྟེན་ཀུན་ལ་དབང་བསྒྱུར་བའི། །མཐུ་ཆེན་ཚངས་པའི་རྒྱལ་པོ་མཐུ་བོ་ཆེ། །དྲི་ཟའི་རྒྱལ་པོ་ཟུར་ཕུད་ལྔ་པ་ནི། །གསང་བའི་ཡུམ་ཆེན་རྡོ་རྗེ་གཡུ་སྒྲོན་མ། །མཆེད་འཁོར་སུམ་བརྒྱ་དྲུག་ཅུའི་ཚོགས་དང་བཅས། །དམག་དཔུང་བྱེ་བ་འབུམ་སྡེ་འཁོར་གྱིས་བསྐོར། །དམ་ཚིག་དབང་གིས་གནས་འདིར་གཤེགས་སུ་གསོལ། །བཞུགས་གསོལ་ནི། ཧཱུྃ། བདེ་གཤེགས་སྟོང་གི་བསྟན་པ་སྲུང་བ་དང་། །དབུས་གཙང་རུ་བཞིའི་ཡུལ་ལྷའི་ཚུལ་

འཛིན་པ། །ལྷ་ཆེན་ཡོངས་ཀྱི་རྒྱལ་པོ་འཁོར་དང་བཅས། །པདྨ་ཉི་ཟླའི་གདན་ལ་བཞུགས་སུ་གསོལ། །ས་མ་ཡ་ཏིཥྛ་ལྷན། ཕྱག་འཚལ་བ་ནི། ཧཱུྃ། ཡེ་ཤེས་གསང་བའི་ལྷ་མཆོག་ཁྱོད་ཉིད་ནི། །གཟི་བརྗིད་ཉི་མ་འབུམ་ལས་ལྷག་པའི་སྐུ། །སྨྲོ་འདྲི་རྒྱལ་འགོང་འདུལ་བའི་ལྷ་གཅིག་པུ། །འཁོར་དང་བཅས་ལ་རྩེ་གཅིག་གུས་པས་འདུད། །ཨ་ཏི་པུ་ཧོ། པྲ་ཏི་ཙྪ་ཧོ། མཆོད་པ་ནི། ཧཱུྃ༔ སྟོང་གསུམ་རབ་འབྱམས་རྒྱ་མཚོའི་ཞིང་ཁམས་ན། །ཕྱི་མཆོད་འདོད་ཡོན་རྒྱ་མཚོ་མཁའ་ལྟར་ཁྱབ། །ནང་མཆོད་སྨན་རཀྟ་གཏོར་གསུམ་སྤྲིན་ལྟར་གཏིབ། །གསང་མཆོད་བདེ་སྟོང་ཡེ་ཤེས་བླ་ན་མེད། །ཁྱད་པར་མཐུན་རྫས་མན་ཤེལ་འོད་འཕྲོ་སོགས། །དངོས་འབྱོར་ཡིད་སྤྲུལ་རྣམ་རོལ་ལས་བྱུང་བ། །རབ་འབྱམས་ནམ་མཁའ་གང་བའི་འཁོར་ལོ་འབུལ། །ཨོཾ་བཛྲ་ཨརྒྷཾ་སོགས་ནས་ཨ་ཧཱུྃ། བསྟོད་པ་ནི། ཧཱུྃ་ཧྲཱིཿ སྔོན་ཚེ་གདོད་ནས་མངོན་པར་བྱང་ཆུབ་ཀྱང་། །སྨྲོ་འདྲི་རྒྱལ་པོ་འདུལ་བའི་ལྷ་གཅིག་པུ། །མཐུ་སྟོབས་རྫུ་འཕྲུལ་ཕྲིན་ལས་མཆོག་མངའ་བ། །དྲི་ཟའི་རྒྱལ་པོ་ཟུར་ཕུད་ལྔ་པར་བསྟོད། །སྟོང་གསུམ་མི་མཇེད་འཇིག་རྟེན་ཀུན་གྱིས་བདག །དངོས་གྲུབ་མཆོག་སྩོལ་བདུད་དཔུང་ཟིལ་གྱིས་མནན། །དཔའ་བོ་སྟོབས་ལྡན་སྙིང་རྗེ་འབྱུང་གནས་ཆེ། །ཤེལ་གྱི་གནམ་ལྷ་དཀར་པོ་ཁྱོད་ལ་བསྟོད། །གང་སྐུ་ཉི་མ་འབུམ་གྱི་འོད་ཟེར་ཅན། །དགྱེས་པའི་གསུང་སྙན་གད་རྒྱངས་དི་རི་རི། །སངས་རྒྱས་བསྟན་པ་གཉན་པོ་སྲུང་མཛད་པ། །གཉན་ཆེན་ཐང་ལྷ་ཡར་ཞུར་ཁྱོད་ལ་བསྟོད། །ཕྲིན་བཅོལ་ནི། ཧཱུྃ་ཧྲཱིཿ སྔོན་ཚེ་འོག་མིན་ཀ་དག་རྡོ་རྗེའི་དབྱིངས། །བྱང་ཆུབ་སེམས་དཔའ་ནམ་མཁའི་སྙིང་པོ་ནི། །འཇིག་རྟེན་དྲེགས་པའི་མངའ་བདག་ཚུལ་

འཛིན་པ། །སྤྲུལ་པ་ལྷ་མཆོག་རྡོ་རྗེ་འབར་བ་རྩལ། །གསང་བའི་ཡུམ་ཆེན་རྡོ་རྗེ་གཡུ་སྒྲོན་མ། །མཆེད་འཁོར་བཀའ་སྐྱོད་དྲེགས་པ་འཁོར་དང་བཅས། །མཐུ་སྟོབས་རྫུ་འཕྲུལ་ནམ་མཁའི་མཐའ་དང་མཉམ། །སྒྲུབ་པའི་རིག་འཛིན་རྣལ་འབྱོར་བདག་ཅག་ལ། །སྔོན་ཀྱི་ཞལ་བཞེས་ཐུགས་དམ་རྗེས་དགོངས་ཏེ། །ནད་གདོན་བར་ཆད་མི་མཐུན་གནོད་པའི་ཚོགས། །མ་ལུས་མཐའ་དག་ཞི་བའི་ཕྲིན་ལས་མཛོད། །ཚེ་བསོད་དཔལ་འབྱོར་ཡེ་ཤེས་ཡོན་ཏན་ཚོགས། །ཡར་ངོའི་ཟླ་བ་ཇི་བཞིན་འཕེལ་བར་མཛོད། །སྣོད་བཅུད་འཁོར་དང་ལོངས་སྤྱོད་དམིགས་བྱའི་ཚོགས། །ཁམས་གསུམ་དབང་དུ་སྡུད་པའི་ཕྲིན་ལས་མཛོད། །ལོག་ལྟ་གནོད་བྱེད་དམ་ཉམས་དགྲ་བགེགས་རྣམས། །མངོན་སྤྱོད་དྲག་པོའི་འཕྲིན་ལས་འགྲུབ་པར་མཛོད། །མདོར་ན་བདག་གི་ཡིད་ལ་གང་འདོད་པ། །འབད་མེད་ལྷུན་གྱིས་འགྲུབ་པའི་ཕྲིན་ལས་མཛོད། །ཅེས་པ་འདི་ནི་ཡིག་ཐུབ་བསྟན་ནོར་བུ་ནས་འདི་ལྟར་དགོས་ཞེས་བསྐུལ་བ་ལ་བརྟེན་ནས་རྟ་དམ་ཨོ་རྒྱན་བསམ་གཏན་ཆོས་གླིང་གི་ཕོ་བྲང་ཆེན་པོའི་ཡང་རྩེ་འཆི་མེད་གྲུབ་པའི་དགའ་ཚལ་དུ་རྫོགས་སྤྲུལ་ལྔ་པ་༧ཐུབ་བསྟན་ཆོས་ཀྱི་རྡོ་རྗེས་མི་སྤྲུལ་ཟླ་བ་དྲུག་པའི་ཚེས་བཅུ་གསུམ་ལ་བྲིས་པ་དགེའོ། །

༄༅། །གཉན་ཆེན་ཐང་ལྷའི་གསེར་སྐྱེམས་ཨུ་དུམ་ཝ་རའི་རྒྱུན་འཁྱུང་ཞེས་བྱ་བ་བཞུགས་སོ། །

ཧཱུྃ། བསྐལ་བ་གྲངས་མེད་མང་པོའི་གོང་རོལ་ནས། །སྔོན་ཚེ་བྱང་ཆུབ་སེམས་དཔའ་ནམ་མཁའི་སྙིང་། །བསྟན་པ་སྲུང་ཞིང་བསྟན་འཛིན་སྐྱོང་བ་དང་། །ཕྲིན་ལས་རྣམ་བཞིའི་ལས་རྣམས་བསྒྲུབ་པའི་ཕྱིར། །རིགས་པ་ཀུན་གྱི་རྒྱལ་པོའི་ཚུལ་བསྟན་པ། །སྤྲུལ་པ་ལྷ་ཆེན་རྡོ་རྗེ་འབར་བ་རྩལ། །ཡབ་ནི་དགེ་བསྙེན་འོ་དེ་གུང་རྒྱལ་དང་། །ཡུམ་ནི་སྲིད་རྒྱལ་གཡུ་བྱ་གཤོག་གཅིག་ལགས། །ལྷ་སྲིད་རྣམ་གཉིས་སྲིད་ཅིང་བཤོས་པ་ལས། །སྐུ་ལྷ་ལྷ་ཆེན་རྡོ་རྗེ་འབར་བ་རྩལ། །སྐུ་གཅིག་མཚན་གྱི་རྣམ་གྲངས་དྲུག་ཏུ་གྲགས། །ཤེལ་གིང་དཀར་པོ་གནམ་ཐེ་དཀར་པོ་གྲགས། །གནམ་ལྷ་བྱང་ཆུབ་དྲུང་གི་ཐོར་ཚུགས་ཅན། །གནམ་མཚོའི་རྒྱལ་པོ་ཐུར་ཐུད་ལྔ་པ་ཞེས། །གཞན་ཡང་སྐྱེ་བརྒྱུད་སྤྲུལ་པ་སྤྲོ་བའི་ཚེ། །སྐུ་ལྷ་མཁའ་རི་སྨྲོན་ཁ་ཟླ་བའི་གདོང་། །ཐུ་ར་ར་སྐྱེས་གཉན་ཆེན་མཁར་ནག་དང་། །ནེ་ཙུ་ལེ་ཐོད་དཀར་གཟི་ཅན་འབར་བ་སོགས། །སྐྱེ་བརྒྱུད་དུ་མར་སྤྲུལ་པ་ཕྱོགས་བཅུར་འགྱེད། །འདམ་ཤོད་སྣར་མོའི་ཡུལ་དུ་བཞུགས་པའི་ཚེ། །ཞི་བ་ཆེན་པོའི་ཕྲིན་ལས་སྒྲུབ་པའི་ཕྱིར། །ཞི་མཛད་ལྷ་ཆེན་རྡོ་རྗེ་འབར་བ་རྩལ། །རྒྱས་པ་ཆེན་པོའི་ཕྲིན་ལས་སྒྲུབ་པའི་ཕྱིར། །རྒྱས་མཛད་ལྷ་ཆེན་རྡོ་རྗེ་འབར་བ་རྩལ། །དབང་གི་ལས་ཀྱི་ཕྲིན་ལས་སྒྲུབ་པའི་ཕྱིར། །དབང་གི་ལྷ་མཆོག་རྡོ་རྗེ་འབར་བ་རྩལ། །དྲག་པོ་ཆེན་པོའི་

ཕྲིན་ལས་སྒྲུབ་པའི་ཕྱིར། །ལྷ་ཆེན་ཀརྨ་རྡོ་རྗེ་འབར་བ་རྩལ། །སྐྱེས་བུ་བཞིན་བཟང་འགྲོང་གཡག་ཞོལ་ཆེན་དང་། །ལྷ་མཆོག་དཔའ་བོ་རྡོ་རྗེ་འབར་བ་རྩལ། །སྲིད་གསུམ་བདག་པོ་ཚངས་པ་ཆེན་པོ་སྟེ། །ངོ་བོ་གཅིག་ལ་རྣམ་པ་དགུ་རུ་ཤར། །དམ་ཉམས་གཤེད་མ་དམ་ལྡན་ཀུན་གྱི་གྲོགས། །སྒྱུ་འདྲེ་རྒྱལ་འགོང་འདུལ་བའི་ལྷ་གཅིག་པུ། །བྱང་ཐང་གནམ་མཚོ་ཡོངས་ཀྱི་བདག་མོ་ནི། །གསང་བའི་ཡུམ་ཆེན་རྡོ་རྗེ་གཡུ་སྒྲོན་མ། །ལྷ་གཉན་ཆེན་པོའི་སྟེང་གི་ནམ་མཁའ་ལ། །ཡེ་ཤེས་སྤྲུལ་པའི་ཁྱུང་ནག་དབུ་དགུ་པ། །ས་བདག་ཀླུ་གཉན་གདོན་རྣམས་འཛོམས་པར་བྱེད། །གཡས་ཕྱོགས་སྤྲུལ་པ་དུང་ཁྲ་དཀར་པོ་དང་། །གཡོན་དུ་དུང་སྤྱང་ཕག་མོ་གློག་ལྟར་འཁྱུག །རྒྱབ་ཀྱི་ཕྱོགས་ནས་ལྷུགས་སྡིག་ནག་པོ་ཡིས། །ཆབ་འདྲེ་འབྱུང་པོའི་ཚོགས་རྣམས་རྡུལ་དུ་རློག །མཆེད་འཁོར་སུམ་བརྒྱ་དྲུག་ཅུའི་འཁོར་གྱིས་བསྐོར། །གཟི་བརྗིད་འོད་ཟེར་ཉི་མ་འབུམ་བཞིན་རྒྱས། །རབ་འཇིགས་དཔུང་ཚོགས་ཆར་སྤྲིན་གཏིབ་པ་བཞིན། །དགྱེས་པའི་གད་རྒྱང་བཞད་སྒྲ་དི་རི་རི། །རྗེས་སུ་འཛུག་པའི་རྣལ་འབྱོར་བདག་ཅག་ལ། །ཐུགས་རྗེ་ཆེན་པོས་ཡལ་བར་མི་དོར་བའི། །ཕྲིན་ལས་རྣམ་བཞིའི་ལས་རྣམས་སྒྲུབ་པའི་ཕྱིར། །དགྱེས་པའི་ཚུལ་གྱི་གནས་འདིར་གཤེགས་སུ་གསོལ། །ཁྱེད་ལ་དགྱེས་པའི་མཆོད་པ་འབུལ་བ་ནི། །ཉོན་མོངས་དུག་ལྔ་རྣམ་པར་དག་པའི་རྫས། །མ་དྷ་ན་ཡི་བདུད་རྩི་དག་པའི་ཚང་། །ཚེ་གཅིག་སངས་རྒྱས་མངོན་དུ་བྱེད་པའི་རྫས། །དཀར་གསུམ་མངར་གསུམ་འོ་ཞོའི་མཆོད་པའི་སྤྲིན། །འཆི་མེད་ལྷ་ལས་བབས་པའི་བདུད་རྩི་ཆེ། །འབྲུ་བཅུད་སྔོང་སྦྱར་རྒྱ་ཇ་ངད་ལྡན་ལ། །རིན་ཆེན་སྣ་ལྔ་བརྡར་བའི་ཞལ་

སྐྱེམས་འདི། །སྐུ་ལྷ་ལྷ་ཆེན་རྡོ་རྗེ་འབར་བ་མཆོད། །ལྷ་ཡི་དགེ་བསྙེན་འོ་དེ་གུང་རྒྱལ་མཆོད། །སྲིད་པའི་རྒྱལ་མོ་གཡུ་བྲ་གཞོག་གཅིག་མཆོད། །དགྲེས་སྲེ་ཡུམ་ཆེན་རྡོ་རྗེ་གཡུ་སྒྲོན་མཆོད། །སྲུས་དང་བློན་པོ་སྤྲུལ་པ་ཡང་སྤྲུལ་མཆོད། །མཆེད་འཁོར་སུམ་བརྒྱ་དྲུག་ཅུར་མཆོད་པ་འབུལ། །དེ་ལྟར་གསེར་སྐྱེམས་ཕུལ་བའི་བྱིན་རླབས་ཀྱིས། །སྔོན་ཆེ་འདས་དུས་བསྐལ་པའི་དང་པོ་ལ། །ཡུལ་གྱི་མིང་ནི་བྱང་ལམ་བར་མ་རུ། །གསང་བའི་བདག་པོ་ཕྱག་ན་རྡོ་རྗེ་ཡིས། །དམ་ཚིག་བསྒྲགས་ནས་དམ་ལ་བཞག་པར་མཛད། །སློབ་དཔོན་ཆེན་པོ་པདྨ་འབྱུང་གནས་ལ། །ལྷ་གཉན་ཕྱོད་ཀྱི་བར་ཆད་བཅམས་པ་ན། །སྤྲུལ་དཀར་ཞིག་གིས་ལམ་འཕྲང་བཅད་པའི་ཚེ། །མགོ་བོ་གྲུ་གུའི་ཡུལ་དུ་སླེབས་པ་ལ། །མཇུག་མ་ཁམས་ཀྱི་སོག་རྒྱ་གཡེར་ཐང་བརྒྱུད། །སློབ་དཔོན་ཆེན་པོའི་དམ་ཚིག་བསྒྲགས་པའི་ཚེ། །ཐང་ལྷ་གངས་ལ་བྲོས་པའི་གངས་ཞུ་ནས། །རྩེ་མོ་ནག་ཟང་གཡའ་སྔོན་ཉིལ་གྱིས་བྱུང་། །མ་བཟོད་ཞལ་ཟས་སྣ་ཚོགས་ཚོགས་འཁོར་དྲངས། །རང་གི་གཟུགས་མཆོག་དངོས་སུ་བསྟན་ནས་ཀྱང་། །རང་རྟགས་སྲོག་གི་སྙིང་པོ་མངོན་དུ་ཕུལ། །གསང་མཚན་རྡོ་རྗེ་མཆོག་རབ་རྩལ་དུ་གསོལ། །དེ་འོག་བསྐལ་བ་བར་མའི་དུས་ཀྱི་ཚེ། །བསམ་ཡས་ཧས་པོ་རི་ཡི་རྩེ་མོ་ན། །དབང་ཆེན་རྟ་མཆོག་པདྨ་ཧེ་རུ་ཀས། །དབང་ཆེན་ཧམ་པའི་སྒྲ་ཡིས་བཏུལ་བའི་ཚེ། །ཅི་བགྱིའི་བཀའ་ཉན་སྒྲུབ་པར་ཁས་བླངས་པ། །ཤར་ཕྱོགས་རི་བོ་བཀྲ་བཟང་རྩེ་མོ་ན། །བཅོམ་ལྡན་དཔལ་ཆེན་རྡོ་རྗེ་གཞོན་ནུ་ཡིས། །རྡོ་རྗེ་སྲིན་པོའི་སྒྲ་ཡིས་བཏུལ་བའི་ཚེ། །ཁས་བླངས་དམ་བཅས་རང་སྲོག་མངོན་དུ་ཕུལ། །དེ་ལྟར་སྔོན་གྱི་གཡར་དམ་རྗེས་དགོངས་

ལ། །བདག་ཅག་བྱང་ཆུབ་སྒྲུབ་པའི་གང་ཟག་རྣམས། །ཚེ་རིང་ནད་མེད་ལོངས་སྤྱོད་ལྡན་པ་དང་། །སྙན་གྲགས་ནམ་མཁའ་ལྟ་བུར་རབ་རྒྱས་པ། །དཔལ་འབྱོར་བསོད་ནམས་གངྒཱའི་རྒྱུན་བཞིན་དུ། །འཛད་མེད་དབྱར་གྱི་མཚོ་ལྟར་རྒྱས་གྱུར་ཅིག །མདོར་ན་བྱང་ཆུབ་སྒྲུབ་པའི་གང་ཟག་རྣམས། །ཚེ་འདིའི་བར་ཆད་བདུད་ལས་རྣམ་རྒྱལ་ཞིང་། །དོན་གཉིས་ལྷུན་གྱིས་འགྲུབ་པའི་ཕྲིན་ལས་མཛོད། །ཅེས་པ་འདི་ཡང་ཡིག་ཐུབ་བསྟན་ནོར་བུ་ནས་བསྐུལ་བའི་ངོར་རྫོགས་སྤྲུལ་ལྔ་པ་ཐུབ་བསྟན་ཆོས་ཀྱི་རྡོ་རྗེས་རུ་དམ་ཨོ་རྒྱན་བསམ་བསྟན་ཆོས་གླིང་གི་འཆི་མེད་གྲུབ་པའི་དགའ་ཚལ་དུ་ས་ཕོ་རྟ་ལོའི་ཟླ༢ཚེས་༢༥ ལ་བྲིས་པ་དགེ

༄༅། །ཐང་ལྷའི་ཚོགས་མཆོད་ནི།

ཧྲཱིཿ འདོད་ཡོན་ལོངས་སྤྱོད་ཚོགས་ཀྱི་འཁོར་ལོ་ནི། །ཡེ་ཤེས་བདུད་རྩི་རྒྱ་མཚོར་བྱིན་གྱིས་བརླབས། །རྩ་གསུམ་དམ་ཅན་ནོར་ལྷ་གཏེར་བདག་དང་། །ཁྱད་པར་གཉན་ཆེན་ཐང་ལྷ་འཁོར་དང་བཅས། །ཡེ་ཤེས་ཚོགས་ལ་སྤྱན་འདྲེན་གཤེགས་སུ་གསོལ། །བཟའ་བཅའ་བཏུང་བ་མི་ཟད་གཏེར་ཆེན་པོ། །འདོད་ཡོན་ལྔ་ཡིས་བརྒྱན་པའི་དམ་ཚིག་རྫས། །བླ་མེད་མཆོག་གི་མཆོད་སྤྲིན་རྒྱ་མཚོ་འདི། །མཆོད་པར་འོས་པ་རྣམས་ལ་མཆོད་པ་འབུལ། །ཚེ་རབས་ཐོག་མ་མེད་པ་ཚུན་ཆད་ནས། །བཅས་དང་རང་བཞིན་འགལ་བའི་ཉེས་པ་ཀུན། །ཁྱད་པར་ལྷ་སྲུང་ཐོག་ཐུག་ཅི་མཆིས་པ། །ཚོགས་

ཀྱི་འཁོར་ལོས་བྱུང་ཞིང་དག་པར་མཛོད། །མ་རིག་བདག་འཛིན་རུ་ཏྲའི་རྒྱུ་ལས་བྱུང་། །གནོད་བྱེད་དགྲ་བགེགས་གཟུགས་ཕུང་ཤར་བ་འདི། །ཡེ་ཤེས་དྲག་པོའི་རྡོ་དབལ་མཚོན་ཆ་འདིས། །ལུས་ངག་རྡུལ་ཕྲན་བཞིན་དུ་བརླག་པར་མཛོད། །རྣམ་ཤེས་ཨ་ཡིག་རྒྱལ་བའི་ཐུགས་ཀར་འཕོས། །མཐུ་ཆེན་སྲུང་མའི་དབང་པོའི་ཚོགས་རྣམས་ཀྱང་། །རྔམས་བརྗིད་དཔལ་དུ་འབར་བའི་སྐུར་བཞེངས་ནས། །གནམ་ས་ཙམ་གྱི་ཞལ་ནི་རབ་གདངས་ཏེ། །རྡོ་དབལ་ཚེམས་ནི་གངས་རི་ལྟ་བུར་གཙིགས། །ལྗགས་དམར་ཙམ་གྱི་ལྷགས་ནི་རབ་བརྒྱངས་ནས། །དུག་གསུམ་རྒྱུ་ལས་བྱུང་བའི་ཤ་ཁྲག་རྣམས། །ཞལ་དུ་སྐྱོབ་བོ་ཁ་རཾ་ཁཱ་ཧི༔ ལྷག་ལ་དབང་བའི་བཀའ་ཉན་ལས་བྱེད་ཚོགས། །ལྷག་གཏོར་ཡེ་ཤེས་བདུད་རྩིར་བྱིན་བརླབས་པ། །དཔལ་གྱི་ཐམ་ཐབ་བཟང་པོ་འདི་བཞེས་ལ། །རྣལ་འབྱོར་བཙོལ་བའི་ཕྲིན་ལས་འགྲུབ་པར་མཛོད། །ཅེས་པ་འདི་ཡང་ཕུར་ཚའི་འགྱུར་མེད་ཚེ་རིང་ནས་ཐང་ལྷའི་ཚོགས་མཆོད་ཙུང་དུ་དགོས་ཞེས་བསྐུལ་བ་ལ་བརྟེན་ནས་རྫོགས་སྤྲུལ་ལྔ་པ་ཐུབ་བསྟན་ཆོས་ཀྱི་རྡོ་རྗེས་བྲིས་པ་དགེ

༄༅། །གནས་བདག་ནོར་བུ་གཡུལ་རྒྱལ་གྱི་ཕྲིན་བཅོལ་ནི།

ཧཱུྃ། སྔོན་ཚེ་སློབ་དཔོན་པདྨ་འབྱུང་གནས་ཀྱི། །བཀའ་བསྒོས་དམ་ལ་བཞག་པའི་མཐུ་རྩལ་ཅན། །རྒྱལ་པོ་འཕགས་སྐྱེས་པོ་ཡི་ཡང་སྤྲུལ་ནི། །གནས་བདག་ནོར་བུ་གཡུལ་རྒྱལ་ཞེས་སུ་གྲགས། །ལྷ་མཆོག་ཁྱོད་ཀྱིས་སྤྲུལ་བསྒྱུར་རྫོགས་པའི་ཚེ། །སྐབས་རེ་བེར་ལྷུང་གསོལ་ཞིང་རྟ་དཀར་ཞོན། །ལ་ཐོད་དབུར་བཅིངས་ཕྱག་གཡས་མདུང་དར་དཀར། །གཡོན་པས་ཞགས་པ་ཞབས་གཉིས་སག་ལྷམ་ཅན། །རླུང་གཤོག་རྟ་ཡིས་ས་ཆེན་ཡུད་ཀྱིས་སྐོར། །སྐབས་རེ་ནོར་སྐྱོང་སྔོ་ནག་རི་ལོག་ཙམ། །ཞལ་གྱི་མིག་ལ་ཟངས་ཀྱི་མཆེ་བ་ཅན། །གསེར་གྱི་རྣ་བ་ལྷུགས་ཀྱི་མཐིལ་བཞིའི་མཛེས། །ཡན་ལག་གསེར་གཡུའི་དྲིལ་ཆུང་ཁྲོ་ལོ་ལོ། །རྫུ་འཕྲུལ་ལྡན་པའི་ནོར་སྐྱོང་ལྔ་བརྒྱས་བསྐོར། །ངུར་སྨྲ་འབྲུག་བཞིན་ས་ཆེན་གཡོ་བར་བྱེད། །དམ་རྫས་ཕུད་ཀྱི་མཆོད་པ་འདི་བཞེས་ལ། །ལྷ་མཆོག་ཁྱོད་ཀྱིས་ཐ་ཚིག་མ་འདོར་བར། །ཨོ་རྒྱན་བསམ་གཏན་གླིང་གི་ཆོས་གྲྭ་འདིར། །ཕྱི་ནང་མི་མཐུན་ཉེར་འཚེ་མཐའ་དག་ཀུན། །མིང་ཙམ་མེད་པར་ཞི་བའི་ཕྲིན་ལས་མཛོད། །ཁྱད་པར་ངན་སྦྱོར་བཤམ་པའི་དགྲ་བོ་རྣམས། །དྲེགས་པའི་བདག་པོ་ཁྱོད་ཀྱི་ཟ་སྐལ་གྱིས། །མདོར་ན་བདག་གི་རེ་འབྲས་གང་ཡོད་པ། །གེགས་མེད་མྱུར་དུ་འགྲུབ་པའི་ཕྲིན་ལས་མཛོད། །ཅེས་པ་རྫོགས་ཆེན་མཆོག་སྤྲུལ་བཞི་པའི་གསུངས་ལ་ཅུང་ཟད་ཁ་སྐོང་དུ་བྲིས་པ་འདི་ནི་རྫོགས་སྤྲུལ་ལྔ་བའི་མིང་འཛིན་པདྨ་ཐེག་མཆོག་བསྟན་འཛིན་གྱིས་བྲིས་པ་དགེའོ། །

༄༅། །གནས་བདག་ནོར་བུ་གཡུལ་རྒྱལ་གྱི་བསྐང་བ་བཞུགས་སོ། །

ཧཱུྃ། རི་རབ་ཆེན་པོའི་ལྷོ་ཡི་ཕྱོགས་རོལ་ན། །རྒྱལ་བའི་ཞལ་མཐོང་བཀའ་ཉན་ཐ་ཅིག་ཅན། །མཐུ་ཆེན་མགོན་པོ་ཆེན་པོ་འཕགས་སྐྱེས་པོའི། །སྤྲུལ་པའི་རོལ་གར་ཡུལ་འདིའི་ཟྭ་དོར་གཙོ། །གནས་བདག་ནོར་བུ་གཡུལ་རྒྱལ་ཞེས་སུ་གྲགས། །བཙུན་མོ་སྲས་འཁོར་བློན་པོ་རྟ་འདྲེན་བཅས། །ལྷ་ཀླུ་གཉན་བཙན་འཁོར་གྱི་ཚོགས་རྣམས་ནི། །ཉི་མའི་ཟེར་ལ་རྡུལ་ལྟར་འཁྲིགས་པ་བཞིན། །འཁོར་བཅས་བསྐང་བའི་གནས་འདིར་གཤེགས་སུ་གསོལ། །ཁྱེད་ལ་དགྱེས་པའི་མཆོད་པ་འབུལ་བ་ནི། །རྣམ་མང་མརྫོད་ཀྱི་བྱེ་བྲག་ཇི་སྙེད་པ། །འདོད་ཡོན་ལྔ་དང་རིན་ཆེན་རྣམ་ལྔ་དང་། །བཀྲ་ཤིས་རྫས་རྟགས་རྒྱལ་སྲིད་རིན་ཆེན་བདུན། །ལྷ་ཀླུ་མི་ཡི་ནོར་གྱི་རིགས་བྱེད་དང་། །སྐྱིད་ཆལ་ཟས་གོས་རིན་ཆེན་འབྲུ་སྨན་སྤོས། །རོ་བརྒྱ་ལྡན་པའི་ཞལ་ཟས་རི་ལྟར་སྤུང་། །གསེར་སྐྱེམས་གཡུ་སྐྱེམས་ཕུད་ཀྱོད་མཚོ་ལྟར་བསྐྱིལ། །ཉམས་པའི་སླིང་ཁྲག་ཨ་མྲྀ་ཏ་ཡི་བཅུད། །མདོར་ན་ཁྱེད་དང་མཐུན་པའི་དམ་རྫས་ནི། །དངོས་བཤམས་ཡིད་ཀྱི་རྣམ་རོལ་ལས་བྱུང་བ། །ཀུན་བཟང་མཆོད་པའི་སྤྲིན་ལྟར་སྤྲུལ་པ་འདིས། །གནས་བདག་འཁོར་བཅས་ཐུགས་དམ་བསྐང་གྱུར་ཅིག །བདག་ཅག་བྱང་ཆུབ་སྒྲུབ་པའི་གང་ཟག་ལ། །མི་མཐུན་གནོད་པའི་ཉེ་བར་འཚེ་བ་དང་། །ཁྱད་པར་ཡུལ་ལྷ་འབྲུགས་པའི་རྐྱེན་དབང་གི། །ཁ་ཆར

བྱ་ཡུག་བཙའ་ཐན་སྣ་ཚོགས་རིགས། །སྐད་ཅིག་ཉིད་ལ་ཞི་བའི་ཕྲིན་ལས་མཛོད། །མདོར་ན་བདག་གི་ཡིད་ལ་གང་འདོད་པ། །འབད་མེད་ལྷུན་གྱིས་འགྲུབ་པའི་སྟོང་གྲོགས་མཛོད། །ཅེས་པ་འདི་རང་གི་ཉེ་གནས་སུ་གཏོགས་པ་ཐུབ་བསྟན་རྒྱ་མཚོས་བསྐུལ་བ་དང་། གཞན་ཡང་ངོ་མཚར་བའི་རྟེན་འབྲེལ་གྱི་ལེགས་ཚོགས་སྣ་ཚོགས་པ་ཞིག་འཆར་བའི་མཁའ་འགྲོ་འདུ་བའི་དུས་ཆེན་གཟའ་སྐར་ཚེས་གྲངས་ཕུན་སུམ་ཚོགས་པའི་ཉིན། རྫོགས་སྤྲུལ་ལྔ་པ་ཐུབ་བསྟན་ཆོས་ཀྱི་རྡོ་རྗེས་བྲིས་པ་དགེ།

༄༅། །གཏེར་སྲུང་བྱ་རོག་གདོང་གི་གསོལ་བསྡུས་བཞུགས།།

ཧཱུྃ། རབ་ཏུ་འཇིགས་པའི་གནས་མཆོག་དམ་པ་ནས། །མེ་རླུང་དམར་ནག་འཚུབས་མའི་ཀློང་དཀྱིལ་ནས། །པད་ཉི་དགྲ་བགེགས་ཕོ་མོའི་གདན་སྟེང་ན། །ཧཱུྃ་ཡིག་ལས་བྱུང་གཏེར་སྲུང་བྱ་རོག་གདོང་། །མཐིང་ནག་མི་བསྲུན་ཞལ་གཅིག་ཕྱག་གཉིས་པ། །ཁྲོ་བོའི་ཞལ་ལ་གནམ་ལྕགས་རྡོ་རྗེའི་མཆུ། །ཕྱག་གཡས་གྲི་གུག་གཡོན་པས་ཐོད་དམར་བསྣམས། །ཞིང་ཆེན་གཡང་གཞི་སྟག་ཤམ་ཐབས་ཅན། །རྡོ་རྗེའི་གཤོག་པས་སྟོང་གསུམ་ཁྱབས་ཀྱིས་གཅོད། །ཞབས་གཉིས་འདོར་སྟབས་རྩལ་གྱིས་དགྱེས་པར་བཞུགས། །ཨརྒྷཾ་ལ་སོགས་ཕྱི་ཡི་མཆོད་པ་དང་། །སྨན་གཏོར་རཀྟ་ནང་གི་མཆོད་པ་དང་། །སྣ་ན་ཙྪ་གསང་བའི་མཆོད་པ་དང་། །ཁྲག་ཆང་བཟང་ཇ་ངད་ལྡན་མཆོད་པ་དང་། །ཁྱད་པར་ཕྱེད་དང་མཐུན་པའི་དམ་རྫིག

རྫས། །ཉིང་འཛིན་སྔགས་དང་ཕྱག་རྒྱས་བྱིན་བརླབས་ནས། །ནམ་མཁའི་ཁྱོན་ཀུན་ཡོངས་སུ་བཀང་ལགས་ན། །ཞུལ་བས་བདག་ཅག་དཔོན་སློབ་འཁོར་བཅས་ལ། །རྣམ་བཞིའི་ཕྲིན་ལས་དངོས་གྲུབ་བདག་ལ་སྩོལ། །རྫོགས་སྤྲུལ་ལྔ་པས་སོ། །

༄༅། །སྐུ་མོའི་གསོལ་བསྡུས་ནི།

ཧཱུྃ། བདག་ཉིད་ལྷར་གསལ་མདུན་དུ་སྐད་ཅིག་གིས། །སྣ་ཚོགས་རིན་ཆེན་ལས་གྲུབ་གཞལ་མེད་ཁང་། །ལྷུམ་མོ་ཆེན་མོ་སྨན་བཙུན་གཞོན་ནུ་མ། །རབ་དཀར་ཟླ་བ་གཞོན་ནུའི་ལང་ཚོ་ཅན། །རབ་མཛེས་ཡིད་འོང་ལྷ་ཡི་བུ་མོ་བཞིན། །རབ་བཀྲ་ཟ་འོག་གོས་དང་སྨུག་ཏིའི་ལྷམ། །རབ་མང་རིན་ཆེན་སྣ་ཚོགས་རྒྱན་གྱིས་སྤྲས། །ཕྱག་གཉིས་མདའ་དར་གཏེར་གྱི་སྒྲོམ་བུ་བསྣམས། །རྫུ་འཕྲུལ་ཞུགས་ལྡན་ཅང་ཤེས་དྲེའུ་ནི། །རབ་དཀར་གངས་ཀྱི་རི་ལ་འགྲན་ནུས་ཆིབས། །མིང་པོ་ལྷ་ཡི་དགེ་བསྙེན་དྲག་པོ་རྩལ། །སྐུ་མདོག་སྨུག་པོ་དུང་གི་རྣ་ཆ་ཅན། །སྐུ་ལ་བེར་ཆེན་སྨུག་པོ་མཛེས་པར་གླུབས། །ཕྱག་ན་མདུང་དར་འཕྲུལ་གྱི་ཞགས་པ་བསྣམས། །རྟ་དཀར་བཞོན་ཅིང་སྟོང་གསུམ་ཡུད་ཀྱིས་སྐོར། །ལྷུམ་དྲལ་རྣམ་གཉིས་འཁོར་དང་ཡང་འཁོར་བཅས། །སྤྲུལ་པ་ཡང་སྤྲུལ་ཉི་ཟེར་རྡུལ་ལྟ་བུ། །སྐད་ཅིག་ཙམ་གྱིས་གནས་འདིར་གཤེགས་སུ་གསོལ། །ཁྱོད་ལ་དགྱེས་པའི་མཆོད་པ་འབུལ་བ་ནི། །ལྷ་རྫས་ཕྱི་ཡི་མཆོད་པ་སྤྲིན་ལྟར་གཏིབས། །རང་བྱུང་ནང་གི་མཆོད་པ་དྭངས་རེ་སྒྲོ། །གསང་མཆོད

སྦྱོར་སྒྲོལ་མཆོད་པ་བླ་ན་མེད། །ཀླ་ན་ཙཀྲའི་ཡོངས་སྤྱོད་རི་ལྟར་སྤུངས། །གཞན་ཡང་མཆོད་པར་འོས་པའི་དམ་ཚིག་རྫས། །མ་ཚང་མེད་པར་གུས་པས་འབུལ་ལགས་ན། །བདག་ཅག་བྱང་ཆུབ་སྒྲུབ་པའི་གང་ཟག་ལ། །ནད་གདོན་མི་མཐུན་བར་ཆད་ཀུན་ཞི་ཞིང་། །ཚེ་བསོད་དཔལ་འབྱོར་ལོངས་སྤྱོད་རྒྱས་པ་དང་། །རྒྱལ་བློན་རྗེ་འབངས་ཟས་ནོར་དབང་དུ་བསྡུས། །དགྲ་གདོན་བྱད་ཕུར་ཐོད་གཏོང་བརླག་པར་མཛོད། །ཅེས་པ་འདི་ཡང་དཔྱལ་བྲག་སྒྲུབ་སྡེའི་མགོན་བླ་འགྱུར་མེད་ནས་བསྐུལ་ངོར་ས་སྤྲུལ་ཟླ་བ་གསུམ་པའི་ཚེས་བཅུ་རྒྱལ་ཕུར་ཀྱི་འགྲུབ་སྦྱོར་ལ་རྫོགས་སྤྲུལ་ལྔ་པས་བྲིས་པ་དགེ སརྦ་དཱ་མངྒ་ལཾ། །

༄༅། །གཏེར་སྲུང་དགེ་བསྙེན་སློན་ཁའི་གསེར་སྐྱེམས་མེ་རླུང་འཚུབས་མའི་སྒྲ་དབྱངས་ཞེས་བྱ་བ་བཞུགས་སོ། །

ཧཱུྃ། མ་བཅོས་འོད་གསལ་ཀ་དག་གཉུག་མའི་གཤིས། །ལྷུན་གྲུབ་འགགས་མེད་ཕྲིན་ལས་ཅིར་ཡང་སྣང་། །དཔལ་ཆེན་ཁྲོ་རྒྱལ་ནཱ་ག་རཀྵ་ཡིས། །སྤྲུལ་པ་དྲེགས་པ་ཀུན་གྱི་མངའ་བདག་པོ། །གཏེར་སྲུང་དགེ་བསྙེན་སློན་ཁ་ཞེས་བྱ་བ། །ལྷོ་ཕྱོགས་དུག་མཚོ་ཁོལ་མའི་མཚོ་འགྲམ་དུ། །གནོད་སྦྱིན་རྒྱལ་པོ་ཡཀྵ་འབར་བ་དང་། །ཀླུ་ཡི་སྲིན་མོ་དམར་མོ་སྙིང་འཁྱོག་མ། །མཐུ་ཆེན་དེ་གཉིས་སྲིད་ཅིང་བཞོས་པ་ལས། །ལྕགས་ཀྱི་སྒོང་ང་མིག་དགུ་བ་བྱུང་། །དེ་

མ་ཐག་ཏུ་ནམ་མཁའི་དབྱིངས་སུ་ཤོར། །ས་ལ་བབ་པས་ས་འོག་རིམ་དགུར་འཛུལ། །སླར་ཡང་ས་སྟེང་ཐོན་པ་ཙམ་གྱིས་ཀྱང་། །མི་སྡུག་སྦྲ་སྐད་སྣ་ཚོགས་བསྒྲགས་པ་ལས། །སེམས་ཅན་ཐམས་ཅད་འཇིགས་ཤིང་སྐྲག་པར་གྱུར། །དེ་ཚེ་དམར་མོ་སྙིང་འཕྲོག་སྐྲག་པ་ལས། །སྲིད་གསུམ་ཕུང་བྱེད་མ་རུང་པ་འདི་ནི། །འོ་སྐོལ་གཉིས་ཀྱིས་གདུལ་བར་མི་ནུས་ཏེ། །དེ་སྐད་གནོད་སྦྱིན་ཆེན་པོར་གསོལ་བ་ན། །གསང་བའི་བདག་པོ་ཕྱག་ན་རྡོ་རྗེ་ལ། །དེ་ཉིད་འདུལ་བར་ཞུ་བར་བགྲོས་པ་ལས། །རི་བོ་མ་ལ་ཡ་ཡི་རྩེ་མོ་རུ། །གནམ་ལྕགས་ཡོད་པའི་ཕོ་བྲང་ཡང་སྟེང་ན། །གསང་བའི་བདག་པོ་ཕྱག་ན་རྡོ་རྗེའི་མདུན། །སྒོང་ལྕགས་ཀྱི་ཐག་པས་བསྡམས་ཏེ་འཁྱེར། །སེམས་ཅན་ཕུང་བར་བྱེད་པ་འདི་ཉིད་ནི། །བདག་ཅག་རྣམས་ཀྱིས་འདུལ་བར་མི་ནུས་པས། །དེ་སྐད་གསོལ་ཞིང་ཕྱག་ན་རྡོ་རྗེ་ལ། །ཕྱག་དང་བསྐོར་བ་བྱེད་དེ་གསོལ་བ་ན། །གསང་བའི་བདག་པོས་འདུལ་བར་ཞལ་བཞེས་ཏེ། །དེ་མ་ཐག་ཏུ་གནོད་སྦྱིན་གདུག་པ་ཅན། །འདུལ་བའི་ཏིང་ངེ་འཛིན་ལ་བཞུགས་ནས་ནི། །རང་གི་སྙིང་པོ་བརྗོད་ནས་རྡོ་རྗེ་ཡིས། །སྒོ་ངར་བརྒྱབ་སྟེ་བཀས་པའི་ནང་ཤེད་ནས། །སྔོན་ཁ་ནག་པོ་ཀླུ་བདུད་མགོ་དགུ་པ། །མི་སྡུག་སྐད་ཀྱིས་སྟོང་གསུམ་གང་བར་བྱེད། །དུག་དང་ནད་ཀྱི་རླངས་པ་སྤྲིན་ཕུང་འཕྲིགས། །འཇིག་རྟེན་སྐྱེ་འགྲོ་ཀུན་གྱི་སྲོག་གི་བདག །ཆོས་དབྱིངས་ལྷུན་གྲུབ་ངང་ལས་མ་གཡོས་ཀྱང་། །སྐུ་གཅིག་སྤྲུལ་བསྒྱུར་སྣ་ཚོགས་འགྱེད་མཛད་པ། །དུག་ལྔའི་རང་མདངས་སྐུ་ལྔར་ཤར་བ་ལས། །ཞེ་སྡང་ལས་བྱུང་ནག་པོ་ཧི་པ་ཙོ། །འདོད་ཆགས་ལས་བྱུང་ཀླུ་ཡུམ་ཁྲག་མིག་མ། །ང་རྒྱལ་ལས་བྱུང་

བགེགས་ཀྱི་རྒྱལ་པོ་དང་། །གཏི་མུག་ལས་བྱུང་ནག་པོ་འཇོམ་མེད་ཡིན། །ཕྲག་དོག་ལས་བྱུང་སྦྲུལ་གྱི་མཇུག་མ་ཅན། །རྟོགས་ན་ཡེ་ཤེས་ལྷ་ཡི་རང་བཞིན་ཏེ། །མ་རྟོགས་དུག་ལྔ་རང་རྒྱུད་དྲེགས་པའི་ཚུལ། །གཞན་ཡང་བྱང་ཕྱོགས་གནས་སུ་བྱོན་པའི་ཚེ། །གཉན་ཆེན་ཐང་ལྷ་ཡར་ཞུར་ཞེས་སུ་གྲགས། །སྐྱིད་ཤོད་གློང་ན་གཉན་ཆེན་མཁར་ནག་ཞེས། །ཕོ་མོ་རྫོང་རིང་ཀླུ་བདུད་མགོ་དགུ་པ། །དབུ་རིའི་ཕྱོགས་སུ་སྐྱ་ལྷ་མཁའ་རུ་གྲགས། །སྒོས་ཆོས་ལྷ་རྒྱབ་བདུད་པོ་ཟླ་བའི་གདོང་། །མོན་ཁ་རིང་མོ་བདུད་པོ་སྐྲག་མེད་པ། །སེང་གེ་རྫོང་གསུམ་ཟུ་ར་ར་སྐྱེས་ཞེས། །མཁར་ཆུའི་གནས་སུ་དགེ་བསླེན་སློན་ཁར་གྲགས། །དེ་ལྟར་སྐུ་གཅིག་སྤྲུལ་བསྒྱུར་སྣ་ཚོགས་ནི། །ངོ་བོ་གཅིག་ལ་རྣམ་འཕྲུལ་སྣ་ཚོགས་པ། །བསམ་མི་ཁྱབ་པ་ཆུ་ཟླའི་རོལ་གར་བཞིན། །དེ་ལྟར་མཐུ་ཆེན་དབང་པོ་འཁོར་བཅས་རྣམས། །རྔམ་བརྗིད་འབར་བས་སྟོང་གསུམ་གང་ནས་ཀྱང་། །རྣལ་འབྱོར་གདུང་བ་དྲག་པོས་འབོད་པའི་ཚེ། །སྐྱ་རེངས་ཆིབས་དང་ཉི་མ་ཟླ་བའི་ཟེར། །བྲ་ནག་ལ་སོགས་ཆིབས་བཞིའི་མངའ་བདག་པོ། །དྲན་པ་ཙམ་གྱིས་གནས་འདིར་གཤེགས་ནས་ཀྱང་། །གསང་ཆེན་དུར་ཁྲོད་རོལ་བའི་གནས་མཆོག་འདིར། །ཁྲག་ཞག་རྒྱ་མཚོ་འཁྱིལ་བའི་གླིང་དཀྱིལ་ན། །ཞིང་ཆེན་གསར་རློན་བཀྲམ་པའི་གནས་མཆོག་འདིར། །སྔོན་གྱི་དམ་ཚིག་གཉན་པོ་རྗེས་དགོངས་ལ། །དགྱེས་ཤིང་མི་གཡོ་བརྟན་པར་བཞུགས་སུ་གསོལ། །སྔོན་ཚེ་ཞིང་པའི་བུ་མོ་ལེགས་སྐྱེས་ཀྱིས། །བཀྲ་ཤིས་རྫས་སུ་བྱིན་གྱིས་བརླབས་པའི་རྫས། །དཀར་མཛེས་ཡིད་འོང་འོ་ཞོའི་མཆོད་པ་འདི། །སྟོབས་ལྡན་དགེ་བསླེན་སློན་ཁ་འཁོར་བཅས་

ལ། །ཕུལ་བས་ནད་གདོན་གནོད་པ་ཞི་བར་མཛོད། །དཔག་བསམ་ལྗོན་ཤིང་ཤིང་དཀར་པོ་མ་ཡི། །ལེགས་བསྡུས་དཔལ་ཡོན་ཕུན་ཚོགས་འབྲས་སྨིན་པའི། །བཅུད་ལྡན་རྒྱ་ཇ་ངད་ལྡན་རྒྱ་མཚོ་འདི། །གཏེར་སྲུང་དགེ་བསྙེན་སྙོན་ཁ་འཁོར་བཅས་ལ། །ཕུལ་བས་བསོད་ནམས་ཚེ་དཔལ་རྒྱས་པར་མཛོད། །རྡོ་བརྒྱའི་བཅུད་ལྡན་འབྲས་དྲུག་བཟང་པོ་ལ། །སྨོས་བྱེད་ཕབ་ཀྱིས་བྲན་པའི་བདུད་རྩི་ཆང་། །མ་དྷ་ན་ཡི་བདུད་རྩི་གསེར་སྐྱེམས་འདི། །ཕུལ་བས་ཁམས་གསུམ་དབང་དུ་བསྡུ་བར་མཛོད། །ཉམས་པ་བསྐྲལ་བའི་ཙི་ཏྲ་ཁྲག་གི་རྒྱུན། །དམར་ཆེན་རཀྟའི་ཐ་གློང་འཁྲུགས་པ་ལས། །འདོད་ཡོན་སྣ་ཚོགས་བཀྲ་བའི་གསེར་སྐྱེམས་འདི། །ཕུལ་བས་བྱད་ཕུར་རྦོད་གཏོང་འཇོམས་པར་མཛོད། །དེ་ལྟར་གསེར་སྐྱེམས་ཕུལ་བའི་བྱིན་རླབས་ཀྱིས། །མ་ལ་ཡ་དང་དཔལ་གྱི་ཕུག་རིང་དང་། །ལྷོ་བྲག་མཁར་ཆུ་ལ་སོགས་གནས་མཆོག་ནས། །སྔོན་ཚེ་གསང་བདག་ཕྱག་ན་རྡོ་རྗེ་དང་། །བར་དུ་རིག་འཛིན་སློབ་དཔོན་པདྨ་འབྱུང་། །ཐམ་སྔགས་འཆང་རཏྣ་གླིང་པ་ལ། །རང་རྟགས་སྒྲོག་གི་སྙིང་པོ་ཕུལ་ནས་ཀྱང་། །ལྟེ་ལ་དམ་ཚིག་བདུད་རྩི་ཉེར་བཞག་ནས། །སྤྱི་བོར་རྡོ་རྗེ་བཞག་ནས་གསང་མཚན་བཏགས། །ཅི་བགྱིའི་བཀའ་ཉན་སྒྲུབ་ཅེས་ཁས་བླངས་པ། །ཇི་ལྟར་ཁས་བླངས་དམ་བཅས་ཇི་བཞིན་དུ། །ད་ལྟར་མཁའ་འགྲོ་འདུ་བའི་གནས་མཆོག་འདིར། །སྒྲུབ་པའི་རིག་འཛིན་རྣལ་འབྱོར་བདག་ཅག་ལ། །རབ་འབྱམས་ཕྲིན་ལས་དབྱར་གྱི་མཚོ་ཆེན་ལྟར། །འབད་མེད་ལྷུན་གྲུབ་ཛ་ཧྣུའི་རྒྱུན་བཞིན་དུ། །རྒྱུན་མི་འཆད་པར་འདོད་པའི་དོན་རྣམས་ཀུན། །ཡིད་ལ་སྨོན་པ་མཐའ་དག་འགྲུབ་ནས་ཀྱང་། །མཐར་ཐུག་བྱང་ཆུབ་སྙིང་པོ་མ་ཐོབ་

བར། །ལྷ་མཆོག་ཁྱོད་ཀྱི་ཐུགས་རྗེའི་སྟོབས་ཤུགས་ཀྱིས། །བར་ཆད་རྐྱེན་གྱི་རྣམ་སྨིན་ཅི་བྱུང་ཡང་། །གཏེར་བདག་ཁྱོད་ཀྱི་ཐུགས་རྗེའི་འོད་ཟེར་གྱིས། །མི་མཐུན་ཉེས་པའི་སྒྲིབ་ཚོགས་ཀུན་བསལ་ནས། །དགེ་ལེགས་ཉི་མས་ས་སྟེང་ཁྱབ་པར་ཤོག །ཅེས་དགེ་བསྙེན་སློན་ཁའི་གསེར་སྐྱེམས་མེ་ཀླུང་འཚུབས་མའི་སྒྲ་དབྱངས་ཞེས་བྱ་བ་འདི་ནི་ས་ཕོ་རྟ་ལོའི་ཟླ་༢ཚེས་༡༢ལ་རྫོགས་སྤྲུལ་ལྔ་པ་ཐུབ་བསྟན་ཆོས་ཀྱི་རྡོ་རྗེས་མགོན་ཁང་དབང་དྲག་རོལ་བ་ནས་བྲིས་པ་དགེ་འདི་འབྲི་སྐབས་སུ་འཚུབ་ལྷོང་ཅུང་ཟད་རེ་བྱུང་བས་ནམ་ཡིན་གང་བྱུང་དེས་ཆོག་མ་གསུངས་ན་ལེགས་སོ། །ཉེས་འགལ་མཆིས་ན་སྲུང་མའི་ཚོགས་ལ་བཤགས། བསྟན་དང་འགྲོ་ལ་ཕན་པའི་རྒྱུར་གྱུར་ཅིག བཀྲ་ཤིས་དཔལ་འབར་འཛམ་གླིང་རྒྱན་དུ་ཤོག །དགེའོ། །

༄༅། །སྤྱི་དཔོན་སུམ་ཅུའི་ཕྲིན་ལས་རྒྱས་པ་དངོས་གྲུབ་འདོད་རྒུའི་གཏེར་མཛོད་ཞེས་བྱ་བ་བཞུགས་སོ། །

བླ་མ་དང་གཉིས་སུ་མེད་པ་དཔལ་ཆེན་ཧེ་རུ་ཀ་ལ་ཕྱག་འཚལ་ལོ། །མདུན་དུ་སྔོན་རྒ་གཏོར་གསུམ་དང་། ཆུ་གཉིས་ཉེར་སྤྱོད་སོགས་མཐོ་བའི་ཡོ་བྱད་རྣམས་འདུ་བྱས་ལ། །རང་ཡི་དམ་གྱི་ང་རྒྱལ་དང་ལྡན་པའི་ངང་ནས། ཧཱུྃ་ཧྲཱིཿ སྟོང་པའི་ངང་ལས་སྐད་ཅིག་དྲན་རྫོགས་སུ། །དུར་ཁྲོད་རབ་འཇིགས་རྨམས་པའི་གཞལ་ཡས་དབུས། །གྲུ་གསུམ་མཐིང་ནག་འབར་བའི་དཀྱིལ་འཁོར་དུ། །དྲེགས་པ་ཕོ་མོ་བསྒྱོལ་བའི་གདན་སྟེང་ན། །བཙོམ་ལྡན་དཔལ་ཆེན་དྲེགས་པ་ཀུན་འདུལ་མཐིང་། །ཞལ་གསུམ་ཕྱག་

དྲུག་གཡས་སེར་གཡོན་སྨུག་ཞལ། །ཕྱག་དྲུག་རྡོ་རྗེ་ལྷ་བརྒྱད་མགོ་བོ་གཡས། །ལྷན་དམར་ཀླུ་བརྒྱད་མགོ་བོ་གཡོན་ན་བསྣམས། །དཔལ་དང་དུར་ཁྲོད་རོལ་བའི་ཆས་ཀྱིས་བརྒྱན། །གསང་བའི་ཡུམ་ཆེན་ཁམས་གསུམ་སྒྲི་འདུལ་མ། །སྐུ་མདོག་མཐིང་ནག་ཁ་ཊྃ་ཐོད་འཛིན་འཁྲུད། །བཅོམ་ལྡན་དཔལ་ཆེན་སྐུ་ཡི་གཡས་ཟུར་ན། །དབང་ཕྱུག་ཆེན་པོ་མ་ཧཱ་དེ་ཝ་ནི། །སྐུ་མདོག་མཐིང་ནག་དར་ནག་བེར་ཆེན་གསོལ། །གཡས་པས་གྲི་གུག་གཡོན་པས་ཙི་ཏྲ་བསྣམས། །ཐམས་ཅད་ཟིལ་གནོན་སེང་གེ་དཀར་མོ་ཆིབས། །ལྷ་མཆོག་དྲེགས་པ་ཀུན་འདུལ་གཡོན་ཟུར་ནས། །ཡུམ་ཆེན་རྒྱལ་མོ་ཨུ་མ་དེ་ཝ་ནི། །སྐུ་མདོག་མཐིང་ག་ལྷུང་ནག་བེར་ཆེན་གསོལ། །ཁ་ཊྃ་གཡས་ལ་ཐོད་པ་ཁྲག་བཀང་གཡོན། །སྟོབས་ཀྱི་རྒྱལ་པོ་རབ་བརྟན་གླང་ཆེན་ཆིབས། །ཤར་ཕྱོགས་གཤིན་རྗེ་ཡ་མ་རཱ་ཛ་ནི། །མདོག་ནག་གཅན་གཟན་པགས་པ་རློན་པ་གསོལ། །ཕྱག་གཡས་བེ་ཅོན་གཡོན་པས་ཐོད་དབྱུག་བསྣམས། །ཆིབས་སུ་མ་ཧེ་ནམ་མཁའི་མདོག་ཅན་ཆིབས། །སྒྲུབ་པའི་ཡུམ་ཆེན་གཤིན་རྗེ་ཟ་བྱེད་མ། །ནག་མོ་སྐུ་ལ་དར་ནག་གོ་ཟུ་ཅན། །ཕྱག་གཡས་འཁོར་ལོ་གཡོན་པས་ཐོད་ཁྲག་ཐོགས། །ཆིབས་སུ་རྒྱ་གླང་བཻ་ཌཱུར་མདོག་ཅན་ཆིབས། །ལྷོ་ཕྱོགས་བདུད་པོ་སྙོས་རྗེ་བྲང་དཀར་ནི། ། ༼མཆན། ཕྱག་ན་སྲིད་པའི་འཁོར་ལོ་བསྣམས༽ སྐུ་མདོག་ནག་པོ་བེར་ནག་སྐུ་ལ་གསོལ། །གཡས་པས་ཁྲམ་ཤིང་གཡོན་པས་དགྲ་སྟ་བསྣམས། །ཆིབས་སུ་བདུད་རྟ་མིག་སྨན་མདོག་ཅན་ཆིབས། །སྒྲུབ་པའི་ཡུམ་ཆེན་བདུད་མོ་རི་མ་ཏི། །སྐུ་མདོག་ནག་མོ་དར་ནག་གོ་ཟུ་ཅན། །གཡས་པས་ཁྲམ་ཤིང་གཡོན་པས་ནད་རྐྱལ་བསྣམས། །ཆིབས་སུ་བོང་བུ་དམར་གྭ་གློག

འདྲ་ཆིབས། །ནུབ་ཕྱོགས་སྲིན་པོ་ནག་པོ་གློག་ཕྲེང་ཅན། །སྐུ་མདོག་དུད་ཁ་གློག་གི་ཐུལ་བ་གསོལ། །ཕྱག་གཡས་ཐོ་བ་གཡོན་པས་གློག་ཞགས་བསྣམས། །ཆིབས་སུ་རྟམ་བཙེད་འབྲུག་དང་གློག་ལ་ཆིབས། །སྒྲོར་བའི་ཡུམ་ཆེན་སྲུལ་མགོ་ཁྲག་མིག་མ། །མདོག་དམར་ཁྲག་གི་ལྭ་བ་ནག་པོ་གསོལ། །ཕྱག་གཡས་ཁྲག་ཕུར་གཡོན་པས་ཁྲག་ཕོར་བསྣམས། །ཆིབས་སུ་ཤུགས་ལྡན་རྟ་མོང་གྱ་པ་ཆིབས། །བྱང་དུ་གནོད་སྦྱིན་ཡཀྵ་མེ་དཔལ་ནི། །སྐུ་མདོག་མཐིང་ནག་སེང་གེའི་སློག་པ་གསོལ། །ཕྱག་གཡས་རིན་ཆེན་གཡོན་པས་རལ་གྲི་བསྣམས། །ཆིབས་སུ་མི་བཟད་སྟག་མོ་རི་བཀྲ་ཆིབས། །སྒྲོར་བའི་ཡུམ་ཆེན་གནོད་སྦྱིན་མོན་མོ་ནག །སྐུ་མདོག་ནག་མོ་དར་ནག་གོ་ཟུ་ཅན། །ཕྱག་གཡས་སྤུ་གྲི་གཡོན་པས་སྤྱང་མོ་བསྣམས། །ཆིབས་སུ་མིག་སྨན་མདོག་ཅན་ཕག་རྒོད་ཆིབས། །སྟེང་ཕྱོགས་གཟའ་བདུད་ཆེན་པོ་རཱ་ཧུ་ལ། །དུད་ཁ་དབུ་དགུ་སྐུ་སྨད་སྦྲུལ་དུ་འཁྱིལ། །ཕྱག་གཡས་མདའ་གཞུ་གཡོན་པས་སྦྲུལ་ཞགས་བསྣམས། །འབྲུག་གི་སློག་པ་གསོལ་ཞིང་གཡུ་འབྲུག་ཞོན། །ཡུམ་ཆེན་གནམ་སྨན་ཐོག་གི་བུ་ཡུག་མ། །སྐུ་མདོག་དམར་མོ་གསེར་གྱི་གོ་ཟུ་གསོལ། །ཕྱག་གཡས་ཐོག་འཕེན་གཡོན་པས་སེ་ར་བ་འབེབས། །སྟོང་གསུམ་སྒྲ་ཡི་བཀང་བའི་གཡུ་འབྲུག་ཆིབས། །འོག་ཕྱོགས་ཀླུ་བདུད་ནག་པོ་མགོ་དགུ་བ། །སྐུ་མདོག་དུད་ཁ་སྦྲུལ་གྱི་སློག་པ་གསོལ། །གཡས་པས་སྦྲུལ་ཞགས་གཡོན་པས་ནད་རྐྱལ་བསྣམས། །ཆིབས་སུ་འཛིན་པ་ཆུ་སྲིན་ནག་པོ་ཆིབས། །སྒྲོར་བའི་ཡུམ་ཆེན་ཡཀྵ་ནག་མོ་ནི། །སྐུ་མདོག་དུད་ཁ་སྦྲུལ་གྱི་རལ་བ་ཅན། །གཡས་པས་སྦྲུལ་ཞགས་གཡོན་པས་ནད་

རྒྱལ་བསྣམས། །ཆིབས་སུ་རུས་སྦྲུལ་མིག་སྨན་མདོག་ཅན་ཆིབས། །དཀྱིལ་འཁོར་ཆེན་པོའི་བར་འཁྲུམ་ལ་གནས་པའི། །ཤར་སྐྱོང་མཐུ་ཆེན་ཡར་ལྷ་ཤམ་པོ་ནི། །སྐུ་མདོག་དཀར་པོ་དར་དཀར་རལ་ག་གསོལ། །ཕྱག་གཡས་རལ་གྲི་གཡོན་པས་མདུང་དར་དཀར། །ཆིབས་སུ་ལྷ་གཡག་གངས་རིའི་མདངས་ལྡན་ཆིབས། །ཤར་གྱི་དབུས་སུ་གནམ་ཐེ་དཀར་པོ་ནི། །སྐུ་ལ་ཟ་འོག་སྟོ་ཁྲའི་བེར་ཆེན་གསོལ། །ཤེལ་གྱི་བ་དན་ཤེལ་གྱི་རལ་གྲི་བསྣམས། །ཆིབས་སུ་རྟ་དཀར་ཅང་ཤེས་འཕུར་མ་ཆིབས། །ཤར་སྨད་སྤྱི་བདུད་རྒྱལ་པོ་གུ་རུམ་རྩེ། །རྒྱ་བྲེའུ་ཁྲབ་ཆེན་དཀར་པོ་སྐུ་ལ་གསོལ། །གཡས་པས་མདུང་དར་གཡོན་པས་ཤེལ་གྲི་བསྣམས། །ཆིབས་སུ་རྡོ་རྟ་གྲོ་བོ་འཕུར་ཤེས་ཆིབས། །ལྷོ་སྐྱོང་མ་མོ་སྲིད་པའི་རྒྱལ་མོ་ནི། །སྐུ་མདོག་ནག་མོ་དར་ནག་གོ་ཟླུ་ཅན། །ཕྱག་གཡས་འཁོར་ལོ་གཡོན་པས་མེ་ལོང་བསྣམས། །ཆིབས་སུ་མགྱོགས་བྱེད་གཡུ་འབྲུག་སྔོན་མོ་ཆིབས། །ལྷོ་དབུས་སྤུགས་སྲུང་ཨེ་ཀ་ཛ་ཏི་ནི། །སྐུ་མདོག་མཐིང་ནག་དར་དཀར་གོ་ཟླུ་ཅན། །གཡས་པས་ཨུཏྤ་གཡོན་པས་གཡུ་སྦྲུང་འཁྱེད། །ཆིབས་སུ་ཤུགས་ལྡན་དྲེལ་རྟ་ནག་པོ་ཆིབས། །ལྷོ་སྨད་དཔལ་ལྡན་ནག་མོ་མགྱོགས་བྱེད་མ། །སྐུ་མདོག་ནག་མོ་དར་ནག་གོ་ཟླུ་གསོལ། །སྦྲུལ་ཞགས་དང་ནི་ཚོན་གྱི་གྲུ་གུ་བསྣམས། །ཆིབས་སུ་མཁའ་ལྡིང་སོ་བྱ་ནག་པོ་ཆིབས། །ནུབ་སྐྱོང་བན་ཆེན་རྡོ་རྗེ་བདུད་འདུལ་ནི། །སྐུ་མདོག་དམར་ནག་བེར་ཆེན་མཐིང་ནག་གསོལ། །གཡས་པས་ཁྲག་ཐུན་གཡོན་པས་ཡུངས་ཐུན་བསྣམས། །ཆིབས་སུ་དྲེལ་རྟ་མིག་སྨན་མདོག་ཅན་ཆིབས། །ནུབ་དབུས་བྲག་བཙན་སྲོག་ཟན་དམར་པོ་ནི། །པད་རག་མདོག་ཅན་

དར་དམར་རལ་ག་གསོལ། །གཡས་པས་བསེ་མདུང་གཡོན་པས་མདའ་གཞུ་བསྣམས། །ཆིབས་སུ་བཙན་རྟ་དམར་པོ་གློག་འདྲ་ཆིབས། །ནུབ་སྣང་བཙན་འགོང་ཡམ་ཤུད་དམར་པོ་ནི། །སྐུ་མདོག་དམར་པོ་དར་དམར་བེར་གསོལ་བ། །གཡས་པས་ཤང་ལང་གཡོན་པས་བཙན་ཞགས་དམར། །ཆིབས་སུ་སྨུར་མགྱོགས་ཟངས་རྟ་དམར་པོ་ཆིབས། །བྱང་སྡོད་བགེགས་རྒྱལ་བི་ན་ཡ་ག་ནི། །མིག་སྨན་མདོག་ཅན་དར་ནག་བེར་གསོལ་བ། །གཡས་པས་ཁ་ཊྭཾ་གཡོན་པས་ཐོད་ཁྲག་བསྣམས། །ཆིབས་སུ་བདུད་རྟ་ནག་པོ་རྟིང་དཀར་ཆིབས། །དབུས་སུ་མུ་སྟེགས་ཀ་ལ་ནག་པོ་ནི། །མདོག་ནག་དར་ནག་བེར་ཆེན་སྐུ་ལ་གསོལ། །གཡས་པས་རྩེ་གསུམ་གཡོན་པས་ཐོད་ཁྲག་བསྣམས། །ཆིབས་སུ་སྤོབས་ལྡན་སེང་གེ་དཀར་མོ་ཆིབས། །བྱང་སྣང་དམུ་བདུད་ནག་པོ་བཀྲག་མེད་ནི། །སྐུ་མདོག་ནག་པོ་དར་ནག་བེར་གསོལ་བ། །གཡས་པས་ཤང་ལང་གཡོན་པས་མདའ་གཞུ་བསྣམས། །ཆིབས་སུ་བདུད་རྟ་རླུང་གི་ཤུགས་ཅན་ཆིབས། །ཤར་སྒོར་ལྷ་ཆེན་ཚངས་པ་དཀར་པོ་ནི། །སྐུ་ལ་བྱ་རྒྱལ་རྒོད་ཀྱི་ཐུལ་བ་གསོལ། །གཡས་པས་ཤེལ་གྲི་གཡོན་པས་ཉི་ཞགས་འཕེན། །ཆིབས་སུ་གངས་ཀྱི་སེང་གེ་དཀར་མོ་ཆིབས། །ལྷོ་སྒོར་རྒྱལ་པོ་ཆེན་པོ་པེ་ཧ་ར། །སྐུ་མདོག་དཀར་པོ་དོམ་གྱི་སློག་པ་གསོལ། །ཕྱག་གཡས་བདུད་ཞགས་གཡོན་པས་སྤུ་གྲི་བསྣམས། །ཆིབས་སུ་སྤོབས་ལྡན་བ་གླང་སྣ་རིང་ཆིབས། །ནུབ་སྒོར་ཀུ་ལ་ཆེན་པོ་གསང་བ་ནི། །དཀར་གསལ་སྐྱིན་དཀར་སྟོད་ཀྱི་སློག་པ་གསོལ། །གཡས་པས་རྡོ་རྗེ་གཡོན་པས་རུ་མཚོན་བསྣམས། །ཆིབས་སུ་ར་སྐྱེས་ཁམ་པ་རླུང་གཤོག་

ཆིབས། །བྱང་སྒོར་མགོན་པོ་མ་ཧཱ་ཀཱ་ལ་ནི། །སྐུ་མདོག་མཐིང་ནག་ལྷང་ནག་ཐེར་གསོལ་བ། །ཕྱག་གཡས་ཐེ་ཙོན་གཡོན་པས་ཁྲི་གུག་བསྣམས། །ཆིབས་སུ་བདུད་རྟ་ནག་པོ་རླུང་གཤོག་ཆིབས། །གཞན་ཡང་སྡེ་དཔོན་སུམ་ཅུའི་བཀའ་འཁོར་ནི། །རང་རང་འཁོར་དང་བྲན་གཡོག་བསམ་མི་ཁྱབ། །ཉི་ཟེར་རྡུལ་ལྟར་འཁྲིགས་པ་ཅི་བཞིན་དུ། །ནམ་མཁའི་ཁམས་ཀུན་མ་ལུས་གང་བར་གྱུར། །ཀུན་གྱི་གནས་གསུམ་ཨོཾ་ཨཱཿཧཱུྃ་གིས་མཚན། །འོག་མིན་གནས་དང་རང་བཞིན་གར་བཞུགས་ནས། །དབྱིངས་ལས་ཡེ་ཤེས་སེམས་དཔའ་སྤྱན་དྲངས་གྱུར། །སྤྱན་འདྲེན་ནི། ཧཱུྃ། འོག་མིན་ཆོས་དབྱིངས་གནས་མཆོག་དམ་པ་ནས། །ལྷ་མཆོག་དྲེགས་པ་ཀུན་འདུལ་ཡབ་དང་ཡུམ། །དབང་ཕྱུག་ཨུ་མ་གཤིན་རྗེ་ཟ་བྱེད་མ། །ཧཱུཾས་རྗེ་བྲང་དཀར་རེ་ཏི་གླིག་ཕྲེང་ཅན། །སྤྲུལ་མགོ་ཁྲག་མིག་ཡཀྵ་མེ་དཔལ་ནག །མོན་མོ་གཟའ་བདུད་ཐོག་གི་བུ་ཡུག་མ། །ཀླུ་བདུད་མགོ་དགུ་ཡཀྴ་ནག་མོ་དང་། །ཤམ་པོ་གནམ་ཐེའུ་དཀར་པོ་གུ་རུམ་རྩེ། །སྲིད་རྒྱལ་ཨེ་ཀ་ཛ་ཏི་མགྲོགས་བྱེད་མ། །རྡོ་རྗེ་བདུད་འདུལ་བྲག་བཙན་ཡམ་ཤུད་དམར། །བི་ན་ཡ་ག་མུ་སྟེགས་ཀཱ་ལ་ནག །ནག་པོ་བཀྲག་མེད་ལྷ་ཆེན་ཚངས་པ་དཀར། །རྒྱལ་ཆེན་བཻ་ཧར་ཀུ་ལ་གསང་བ་དང་། །དཔལ་ལྡན་མགོན་པོ་མ་ཧཱ་ཀཱ་ལ་བཅས། །སྡེ་དཔོན་སུམ་ཅུ་རང་རང་ཕོ་ཉར་བཅས། །བསྐལ་ངན་དུས་ཀྱི་སྙིགས་མའི་ཡང་མཐའ་འདིར། །གཤེགས་དང་བཞུགས་པའི་མཚན་མ་མི་དམིགས་ཀྱང་། །སྔོན་གྱི་ཐུགས་དམ་ཞལ་བཞེས་ཇི་བཞིན་དུ། །སྒྲུབ་ལ་དངོས་གྲུབ་སྩོལ་ཕྱིར་གཤེགས་སུ་གསོལ། །བཛྲ་ས་མ་ཡ་ཛཿ བཞུགས་གསོལ་ནི། ཧཱུྃ། བསྐལ་བ་མེ་ལྟར་འབར་བའི་གློང་དཀྱིལ་

དུ། །གྲུ་གསུམ་མཐིང་ནག་འབར་བའི་དཀྱིལ་འཁོར་དབུས། །དྲེགས་པ་ཕོ་མོ་བསྒྲོལ་བའི་གདན་སྟེང་དུ། །ལྷ་མཆོག་དྲེགས་པ་ཀུན་འདུལ་ཡབ་དང་ཡུམ། །རང་རང་དགྱེས་པའི་གདན་ཁྲི་ཡངས་པའི་སྟེང་། །སྤྱི་དཔོན་སུམ་ཅུ་སོ་སོའི་འཁོར་གཡོག་བཅས། །སྒྲུབ་ལ་དངོས་གྲུབ་མ་ལུས་སྩོལ་བའི་ཕྱིར། །འདིར་བྱོན་དགྱེས་པ་ཆེན་པོར་བཞུགས་སུ་གསོལ། །ས་མ་ཡ་ཏིཥྛ་ལྷན། ཕྱག་འཚལ་བ་ནི། ཧཱུྃ། ཁྲོ་ལ་ཁྲོས་པའི་རྒྱལ་པོ་ཧེ་རུ་ཀ །ཁྲོས་པའི་དཔལ་འབར་མ་རུང་གདུལ་དཀའི་གཤེད། །གཏུམ་ཆེན་ཨ་ར་ལི་ཡི་སྒྲ་དང་བཅས། །སྔགས་ཚོགས་ཐབས་ཀྱི་ལོག་འདྲེན་འདུལ་བར་མཛད། །མི་བཟད་གར་དགུའི་ཉམས་ལྡན་རྔམས་པའི་སྐུ། །ཕྲིན་ལས་རྣམ་བཞིའི་དངོས་གྲུབ་སྩལ་དུ་གསོལ། །དྲེགས་པ་ཀུན་འདུལ་ཡབ་ཡུམ་ཕྱག་འཚལ་ལོ། །དབང་ཕྱུག་ཆེན་པོ་ཨུ་མ་དེ་ཝ་དང་། །ཕྱོགས་བཞིར་གནས་པའི་གཤིན་རྗེ་ཟ་བྱེད་ནག །བདུད་པོ་རེ་ཏི་གློག་ཕྲེང་ཁྲག་མིག་མ། །ཡཀྵ་མེ་དབལ་ཡབ་ཡུམ་ཕྱག་འཚལ་ལོ། །སྟེང་འོག་སྐྱོང་བའི་སྤྱི་དཔོན་ཆེན་པོ་ནི། །མོན་མོ་གཟའ་བདུད་ཐོག་གི་བུ་ཡུག་མ། །གླུ་བདུད་མགོ་དགུ་ཡཀྵ་ནག་མོ་བཅས། །སྟེང་འོག་སྐྱོང་བའི་ཚོགས་ལ་ཕྱག་འཚལ་ལོ། །དཀྱིལ་འཁོར་ཆེན་པོའི་བར་ཁྲམས་སྐྱོང་མཛད་པའི། །ཡར་ལྷ་ཤམ་པོ་གནམ་ཐེའུ་དཀར་པོ་དང་། །སྐྱི་བདུད་གུ་རུམ་རྩེ་དང་སྲིད་པའི་རྒྱལ། །ཕྱུགས་སྲུང་མགྱོགས་བྱེད་ཚོགས་ལ་ཕྱག་འཚལ་ལོ། །རྡོ་རྗེ་བདུད་འདུལ་བྲག་བཙན་སྲོག་ཟན་དང་། །ཡམ་ཤུད་དམར་པོ་བགེགས་རྒྱལ་བི་ན་ཡ། །སྨུ་སྟེགས་ཀ་ལ་ནག་པོ་བཀྲག་མེད་བཅས། །དཀྱིལ་འཁོར་སྐྱོང་བ་རྣམས་ལ་ཕྱག་འཚལ་ལོ། །ཤར་ལྷོ་ནུབ་བྱང་སྒོ་བཞི་སྐྱོང་མཛད་

པའི། །ཚངས་པ་དཀར་པོ་རྒྱལ་ཆེན་བཻ་ཏ་ར། །སྐུ་ལ་གསང་བ་མ་ཧཱ་ཀཱ་ལ་བཅས། །སྒོ་བཞི་སྐྱོང་བའི་ཚོགས་ལ་ཕྱག་འཚལ་ལོ། །གཞན་ཡང་སྡེ་དཔོན་སུམ་ཅུ་རང་རང་གི །འཁོར་དུ་གཏོགས་པའི་བྲན་དང་གཡོག་འཁོར་བཅས། །གནམ་ས་བར་སྣང་ཁྱོན་ཀུན་གང་བ་ཡི། །བཀའ་སྡོད་དྲེགས་པའི་ཚོགས་ལ་ཕྱག་འཚལ་ལོ། །ཨ་ཏི་པུ་ཧོཿ པྲ་ཏི་ཙྪ་ཧོཿ མཆོད་པ་ནི། ཧཱུྃ། ཕྱོགས་བཅུ་ནམ་མཁའ་ཡངས་པའི་ཞིང་ཁམས་ནས། །རབ་གཙང་ལྷ་ཡི་ཆུ་བོ་གང་གཱའི་རྒྱུན། །ཡིད་འོང་ཞབས་བསིལ་དག་བྱེད་དྲི་ལྡན་མཆོག །མཛེས་སྤུག་ཡིད་འོང་མེ་ཏོག་ཚར་དུ་དངར། །ལྷན་ཅིག་སྐྱེས་དང་ཡོངས་སྦྱར་བདུག་སྤོས་སྤྲིན། །ཉིན་མོ་བྱེད་པའི་སྣང་གསལ་འོད་དུ་བཀྲལ། །ཙན་དན་གུར་དྲི་ཆབ་བྱུག་པའི་མཆོག །རོ་བརྒྱ་ལྡན་པའི་ཞལ་ཟས་ལྷུན་པོ་སྤུངས། །སྣ་ཚོགས་རོལ་མོའི་སྒྲ་ཡི་མཆོད་པའི་སྤྲིན། །ཉེར་སྤྱོད་ལྔ་སོགས་ཕྱི་ཡི་མཆོད་པ་དང་། །དམར་ཆེན་ཁྲག་གི་ཨརྒྷཾ་མཆོད་ཡོན་སྤྲིང་། །དུག་ཆུའི་ཞབས་བསིལ་མིག་སྨན་མདོག་ཅན་དང་། །རབ་མཛེས་དབང་ལྷའི་མེ་ཏོག་མཆོག་དུ་མཛེས། །ཞིལ་ཆེན་དུད་པ་མི་ཟད་མུན་ལྟར་གཏིབས། །དྲི་ཆབ་བྱུག་པ་ལྷུ་ཕྲེང་ཞག་ཏུ་བསྐྱིལ། །ཞུན་ཆེན་མར་མེ་དུས་མཐའི་མེ་ལྟར་འབར། །ཇམས་བརྗིད་ཤ་རུས་ཞལ་ཟས་རི་ལྟར་སྤུངས། །ཐོད་རྔ་རྐང་གླིང་རོལ་མོའི་སྒྲ་དབྱངས་ཀྱི། །དུར་ཁྲོད་ཆེན་པོའི་རྫས་མཆོག་དམ་པ་འབུལ། །སྨན་དང་རཀྟ་ཛོ་གད་ཕུད་ཀྱི་མཆོག །ཤ་ལྔ་བདུད་རྩི་ལྔ་དང་སྦྱོར་སྒྲོལ་རྫས། །ཚོགས་ཀྱི་འཁོར་ལོའི་ལོངས་སྤྱོད་བསམ་མི་ཁྱབ། །དངོས་སུ་འབྱོར་དང་ཡིད་ཀྱིས་རྣམ་སྤྲུལ་པའི། །ནམ་མཁའ་གང་བའི་འཁོར་ལོར་འབུལ་ལགས་ན། །དགྱེས་པར་

བཞེས་ལ་དངོས་གྲུབ་སྩོལ་དུ་གསོལ། །ཨོཾ་བཛྲ་ཨརྒྷཾ་སོགས་ནས་ཤབྡ་མ་ཧཱ་པཉྩ་ཨ་མྲྀ་ཏ་རཀྟ་བྷ་ལིངྟ་ཁ་ཁ་ཁཱ་ཧི་ཁཱ་ཧི༔ བསྟོད་པ་ནི། ཧཱུྃ། སྒེག་པ་དཔའ་བ་མི་བཟད་འཇིགས་པའི་སྐུ། །རྒོད་གཤེ་དྲག་ཤུལ་རྡོ་རྗེ་གད་མོའི་སྒྲ། །སྙིང་རྗེ་ཇམ་ཞིང་ཡེ་ཤེས་ཉམས་དང་ལྡན། །དྲེགས་པ་ཀུན་འདུལ་ཡབ་ཡུམ་ཕྱག་འཚལ་བསྟོད། །མི་བཟད་སྐུ་ནི་དུས་མཐའི་མེ་ལྟར་འབར། །འོད་ཟེར་ཉི་མ་བྱེ་བའི་དཔལ་མངའ་བ། །ཁྲོ་གཉེར་རྒྱ་ཡི་རླབས་ལྟར་གཡོ་བར་བྱེད། །ལྷ་མཆོག་དྲེགས་པ་ཀུན་འདུལ་སྐུ་ལ་བསྟོད། །རབ་འཇིགས་གསུང་ནི་ཇམས་སྒྲ་འབྲུག་ལྟར་སྒྲོག །ཕེཾ་དང་ཨ་ར་ལི་ཡི་སྒྲ་དང་བཅས། །བཤུག་པའི་གླུ་ལེན་ཇམས་པའི་གད་རྒྱངས་ཅན། །དྲེགས་པ་ཀུན་འདུལ་གསུང་ལ་ཕྱག་འཚལ་བསྟོད། །གདོད་ནས་སྤྲོས་དང་བྲལ་བའི་རང་བཞིན་ལ། །ལོག་རྟོག་མཚན་མའི་རྟོག་པ་མི་མངའ་ཡང་། །གདུལ་བྱ་འདུལ་ཕྱིར་སྙིང་རྗེ་ཇམས་པའི་ཚུལ། །དྲེགས་པ་ཀུན་འདུལ་ཐུགས་ལ་ཕྱག་འཚལ་བསྟོད། །སྐུ་མདོག་མཐིང་ནག་ཞལ་གཅིག་ཕྱག་གཉིས་པ། །ཕྱག་གཡས་གྲི་གུག་གཡོན་པས་ཙིཏྟ་བསྣམས། །ཆིབས་སུ་གངས་ཀྱི་སེང་གེ་དཀར་མོ་ཆིབས། །དབང་ཕྱུག་མ་ཧཱ་དེ་ཝར་ཕྱག་འཚལ་བསྟོད། །མཐིང་ནག་མི་སྲུན་ཁྲོ་མོའི་ཚུལ་འཆང་བ། །ཕྱག་གཡས་ཁ་ཊྭཾ་གཡོན་པས་ཐོད་ཁྲག་བསྣམས། །གངས་རིའི་མདངས་འཛིན་གླང་ཆེན་ཐལ་དཀར་ཆིབས། །ཡུམ་ཆེན་ཨུ་མ་དེ་ཝར་ཕྱག་འཚལ་བསྟོད། །མིག་སྨན་མདོག་ཅན་ཤིན་ཏུ་ཁྲོས་པའི་སྐུ། །ཞལ་གཅིག་ཕྱག་གཉིས་བེ་ཅོན་ཐོད་དབྱུག་བསྣམས། །ཆིབས་སུ་མ་ཧེ་ནམ་མཁའི་མདོག་ཅན་ཆིབས། །གཤིན་རྗེ་ཡ་མ་རཱ་ཛར་ཕྱག་འཚལ་བསྟོད། །ནག་མོ་མི་བསྲུན་ཁྲོ་

མོའི་ཚུལ་འཆང་བ། །ཕྱག་གཡས་སྲིད་པའི་འཁོར་ལོ་གཡོན་ཐོད་ཁྲག །ཆིབས་སུ་ཆུ་གླང་སྔོན་པོ་རུ་རིང་ཆིབས། །སྦྱོར་ཡུམ་གཤིན་རྗེ་ཟ་བྱེད་མ་ལ་བསྟོད། །སྐུ་མདོག་ནག་པོ་ཁྲོས་པའི་ཚུལ་འཆང་བ། །ཕྱག་གཡས་ཁྲམ་ཤིང་གཡོན་པས་དགྲ་སྣ་བསྣམས། །བདུད་རྟ་ནག་པོ་རླུང་གི་གཤོག་ཅན་ཆིབས། །བདུད་པོ་སྐྲོས་རྗེ་བྲང་དཀར་ཕྱག་འཚལ་སྟོད། །ནག་མོ་ཆེན་མོ་རབ་ཏུ་གཏུམ་པའི་སྐུ། །ཕྱག་གཡས་ཁྲམ་ཤིང་གཡོན་པས་ནད་རྒྱལ་བསྣམས། །ཆིབས་སུ་བོང་བུ་གློག་གི་མདངས་ལྡན་ཆིབས། །བདུད་མོ་རེ་མ་ཏི་ལ་ཕྱག་འཚལ་བསྟོད། །སྐུ་མདོག་དུད་ཁ་ཁྲོ་བོའི་ཚུལ་འཆང་བ། །ཕྱག་གཡས་ཐོ་བ་གཡོན་པས་གློག་ཞགས་བསྣམས། །ཆིབས་སུ་གཡུ་འབྲུག་སྔོན་མོ་གློག་ཅན་ཆིབས། །སྲིན་པོ་གློག་ཕྲེང་ཅན་ལ་ཕྱག་འཚལ་བསྟོད། །ཁྲག་གི་མདོག་ཅན་གཏུམ་ཆེན་ཁྲོ་མོའི་ཚུལ། །ཕྱག་ན་ཁྲག་གི་ཕུར་བ་ཁྲག་ཕོར་བསྣམས། །ཆིབས་སུ་ཤུགས་ལྡན་རྟ་མོང་གྱ་བ་ཆིབས། །སྦྲུལ་མགོ་ཁྲག་མིག་མ་ལ་ཕྱག་འཚལ་བསྟོད། །མཐིང་ནག་མི་བསྲུན་སེང་གེའི་སློག་པ་གསོལ། །ཕྱག་གཡས་རིན་ཆེན་རལ་གྲི་འབར་བ་བསྣམས། །ཆིབས་སུ་མི་བཟད་དཔའ་བརྟུལ་སྟག་ལ་ཆིབས། །གནོད་སྦྱིན་ཡཀྴ་མེ་དབལ་ཕྱག་འཚལ་བསྟོད། །མིག་སྨན་མདོག་ཅན་ཞལ་གཅིག་ཕྱག་གཉིས་པ། །ཕྱག་གཡས་སྤྱུ་གྲི་གཡོན་པས་སྦྲུང་མོ་བསྣམས། །ཆར་སྤྲིན་མདོག་ཅན་གདུག་པ་ཕག་རྒོད་ཆིབས། །གནོད་སྦྱིན་མོན་མོ་ནག་མོར་ཕྱག་འཚལ་བསྟོད། །དུད་ཁ་དབུ་དགུ་བྱ་རོག་སྦྲུལ་དུ་འཁྲིལ། །གཡས་པས་མདའ་གཞུ་གཡོན་པས་སྦྲུལ་ཞགས་བསྣམས། །གཡུ་འབྲུག་ཆིབས་ནས་སྟོང་གསུམ་བྱ་ར་མཛད། །གཟའ་བདུད་

ནཱ་ཌུ་ལ་ལ་ཕྱག་འཚལ་བསྟོད། །དམར་ནག་རིན་ཆེན་གསེར་གྱི་གོ་ཁྲབ་གསོལ། །ཕྱག་གཡས་ཐོག་འཕེན་ཕྱག་གཡོན་སེར་བ་འབེབས། །སྤྲིན་གསུམ་སྤྲོག་དབུགས་སྤྲུད་ཅིང་གཡུ་འབྲུག་ཆིབས། །གནམ་སྨན་ཐོག་གི་བུ་ཡུག་མ་ལ་བསྟོད། །སྐུ་མདོག་དུད་ཁ་ཀླུ་ཡི་ཚུལ་འཛིན་པ། །གཡས་པས་སྦྲུལ་ཞགས་གཡོན་པས་ནད་རྐྱལ་བསྣམས། །ཆིབས་སུ་ཆུ་སྲིན་ཇམས་པོ་ཆེ་ལ་ཆིབས། །ཀླུ་བདུད་ནག་པོ་མགོ་དགུ་ཕྱག་འཚལ་བསྟོད། །དུད་ཁ་སྦྲུལ་གྱི་རལ་བ་སྤྲིན་ལྟར་གཏིབས། །སྦྲུལ་ཞགས་འཕེན་ཅིང་ནད་ཀྱི་རྐྱལ་བ་བསྣམས། །ཆིབས་སུ་རབ་འཇིགས་རུས་སྦལ་ནག་པོ་ཆིབས། །ཁྲོ་མོ་ཡཀྵ་ནག་མོར་ཕྱག་འཚལ་བསྟོད། །སྐུ་མདོག་དཀར་པོ་ལྷ་ཡི་དགེ་བསྙེན་ཚུལ། །ཕྱག་གཡས་རལ་གྲི་གཡོན་པས་མདུང་དར་དཀར། །གངས་རིའི་མདངས་ལྡན་ལྷ་གཡག་ཞོལ་ཆེན་ཆིབས། །མཐུ་ཆེན་ཡར་ལྷ་ཤམ་པོར་ཕྱག་འཚལ་བསྟོད། །སྐུ་མདོག་དཀར་པོ་རབ་ཏུ་ཁྲོས་པའི་ཚུལ། །ཕྱག་ན་བ་དན་ཤེལ་གྱི་རལ་གྲི་བསྣམས། །ཆིབས་སུ་རྟ་དཀར་སྤྲིན་གྱི་ཤུགས་ལྡན་ཆིབས། །མཐུ་ཆེན་གནམ་ཐེའུ་དཀར་པོར་ཕྱག་འཚལ་བསྟོད། །མདོག་དཀར་རབ་ཁྲོས་ཤིན་ཏུ་གཏུམ་པའི་སྐུ། །ཕྱག་ན་མདུང་དར་ཤེལ་གྱི་གྲི་རིང་བསྣམས། །ཆིབས་སུ་རྡོ་རྟ་གངས་རིའི་མདངས་ལྡན་ཆིབས། །སྒྲི་བདུད་གཉུ་རུམ་རྩེ་ལ་ཕྱག་འཚལ་བསྟོད། །ནག་མོ་མི་སྡུག་ཁྲོ་མོའི་ཚུལ་འཆང་བ། །གཡས་པས་འཁོར་ལོ་གཡོན་པས་མེ་ལོང་བསྣམས། །ངར་སྐད་ལྡན་པའི་གཡུ་འབྲུག་སྔོན་མོ་ཆིབས། །མ་མོ་སྲིད་པའི་རྒྱལ་མོར་ཕྱག་འཚལ་བསྟོད། །མཐིང་ནག་མི་སྡུག་ཁྲོ་མོའི་ཚུལ་འཆང་བ། །གཡས་པས་ཅིཏྟ

གཡོན་པས་གཡུ་སྦྲུང་འཛིན། །ཆིབས་སུ་དྲེལ་རྟ་མིག་སྨན་མདོག་ཅན་
ཆིབས། །སྔགས་སྲུང་ཨེ་ཀ་ཛ་ཊིར་ཕྱག་འཚལ་བསྟོད། །ནག་མོ་སྐུ་ལ་དར་
ནག་གོ་ཟུ་གསོལ། །གཡས་པས་སྤྲུལ་ཞགས་གཡོན་པས་ཚོན་གྲུ་
བསྣམས། །འདབ་ཆགས་རྒྱལ་པོ་སོ་བྱ་ནག་པོ་ཆིབས། །དཔལ་ལྡན་ལྷ་མོ་
མགྱོགས་བྱེད་མ་ལ་བསྟོད། །སྐུ་མདོག་དམར་ནག་ཤིན་ཏུ་ཁྲོས་པའི་
སྐུ། །གཡས་པས་ཁྲག་ཐུན་གཡོན་པས་ཡུངས་ཐུན་བསྣམས། །ཆིབས་སུ་
ལུན་པའི་མདོག་ཅན་དྲེལ་ནག་ཆིབས། །བན་ཆེན་རྡོ་རྗེ་བདུད་འདུལ་ཕྱག་འཚལ་
བསྟོད། །མདོག་དམར་བསྐལ་པའི་མེ་ལྟར་འབར་བའི་སྐུ། །ཕྱག་གཡས་བསེ་
མདུང་གཡོན་པས་མདའ་གཞུ་བསྣམས། །ཅང་ཤེས་དམར་པོ་གློག་གི་རྩལ་ལྡན་
ཆིབས། །བྲག་བཙན་སྲོག་ཟན་དམར་པོ་ཕྱག་འཚལ་བསྟོད། །པད་རག་
མདོག་ཅན་འོད་ཟེར་ཕྱོགས་བཅུར་འཕྲོ། །གཡས་པས་ཤང་ལང་གཡོན་པས་
བཙན་ཞགས་དམར། །མྱུར་མགྱོགས་ཤུགས་ལྡན་བཙན་རྟ་དམར་པོ་
ཆིབས། །བཙན་རྒོད་ཡམ་ཤུད་དམར་པོར་ཕྱག་འཚལ་བསྟོད། །མིག་སྨན་
མདོག་ཅན་ཞལ་གཅིག་ཕྱག་གཉིས་པ། །གཡས་པས་ཁ་ཊྭཾ་གཡོན་པས་ཐོད་ཁྲག་
བསྣམས། །ཆིབས་སུ་བདུད་རྟ་ནག་པོ་རྔོང་དཀར་ཆིབས། །བགེགས་རྒྱལ་བི་ན་
ཡ་ཀར་ཕྱག་འཚལ་བསྟོད། །ལུན་པ་བྱི་བའི་མདོག་ཅན་ཁྲོས་པའི་
སྐུ། །གཡས་པས་རྩེ་གསུམ་གཡོན་པས་ཐོད་ཁྲག་བསྣམས། །ཆིབས་སུ་
གངས་ཀྱི་སེང་གེ་དཀར་མོ་ཆིབས། །མུ་སྟེགས་ཀ་ལ་ནག་པོར་ཕྱག་འཚལ་
བསྟོད། །སྐུ་མདོག་ནག་པོ་མི་བསྲུན་ཁྲོ་མོའི་སྐུ། །གཡས་པས་ཤང་ལང་
གཡོན་པས་མདའ་གཞུ་བསྣམས། །ཆིབས་སུ་བདུད་རྟ་རླུང་ནག་འཚུབས་འདྲ་

ཆིབས། །དམུ་བདུད་ནག་པོ་བཀྲག་མེད་ཕྱག་འཚལ་བསྟོད། །སྐུ་མདོག་དཀར་པོ་ལྷ་ཆེན་ཁྲོས་པའི་སྐུ། །གཡས་པས་ཤེལ་གྲི་གཡོན་པས་ཉི་ཞགས་འཕེན། །ཆིབས་སུ་སྟོབས་ལྡན་སེང་གེ་དཀར་མོ་ཆིབས། །ལྷ་ཆེན་ཚངས་པ་དཀར་པོར་ཕྱག་འཚལ་བསྟོད། །སྐུ་མདོག་དཀར་ལ་འཚེར་ཞིང་ཁྲོས་པའི་སྐུ། །བདུད་ཞགས་འཕེན་ཅིང་སྤྱུ་གྲི་འབར་བ་བསྣམས། །ཆིབས་སུ་གཏུམ་ཆེན་བ་གླང་སྣ་རིང་ཆིབས། །རྒྱལ་པོ་ཆེན་པོ་པི་ཧ་ར་ལ་བསྟོད། །དཀར་གསལ་ཁྲོ་འཛུམ་སྣེག་ཅིང་བརྗིད་པའི་ཉམས། །གསེར་གྱི་རྡོ་རྗེ་འབར་བའི་རུ་མཚོན་བསྣམས། །ཆིབས་སུ་ར་སྐྱེས་མཚམས་སྦྱིན་མདངས་འཛིན་ཆིབས། །ཀུ་ལ་ཆེན་པོ་གསང་བར་ཕྱག་འཚལ་བསྟོད། །མཐིང་ནག་མི་སྡུན་ཤིན་ཏུ་ཁྲོས་པའི་ཉམས། །གཡས་པས་བེ་ཅོན་གཡོན་པས་གྲི་གུག་བསྣམས། །ཆིབས་སུ་རྟ་མཆོག་མིག་སྨན་མདོག་ཅན་ཆིབས། །མགོན་པོ་མ་ཧཱ་ཀཱ་ལར་ཕྱག་འཚལ་བསྟོད། །གཏོར་འབུལ་ནི། དྲེགས་པའི་སྡེ་དཔོན་སུམ་ཅུ་འཁོར་དང་བཅས་པ་རྣམས་ཀྱི་ལྷུགས་ཧཱུྃ་ལས་སྤྲོས་པའི་རྡོ་རྗེའི་སྤྲུ་གུ་ཅན་གྱི་འོད་ཟེར་གྱིས་གཏོར་མའི་བཅུད་དྲངས་ཏེ་གསོལ་བར་གྱུར། ཨོཾ་བཛྲ་སརྦ་དུཥྚན་ཨེ་ཧྱཿ བྷྱོ་ས་པཱ་རི་ཝཱ་ར་ཨེ་དམ་བྷ་ལིངྟ་སོགས། ལན་གསུམ། མཐུ་སྟོབས་ཀྱི་དབང་ཕྱུག་དྲེགས་པའི་སྡེ་དཔོན་སུམ་ཅུ་འཁོར་དང་བཅས་པ་རྣམས་ཀྱིས་མཆོད་སྦྱིན་གྱི་གཏོར་མ་རྒྱ་ཆེན་པོ་འདི་བཞེས་ལ་སངས་རྒྱས་ཀྱི་བསྟན་པ་སྲུངས། དཀོན་མཆོག་གི་སོགས། ཕྲིན་ལས་བཅོལ་བ་ནི། ཧཱུྃ་ཧྲཱིཿ ཆོས་ཀྱི་དབྱིངས་ཀྱི་ཕོ་བྲང་དམ་པ་ནས། །མཐུ་སྟོབས་དབང་ཕྱུག་སྤྱི་མེས་ཧེ་རུ་ཀ །སྔགས་བདག་དྲེགས་པའི་སྡེ་དཔོན་སུམ་ཅུ་པོ། །ལྷུམ་དྲལ་བཀའ་སྐྱོད་དམ་ཅན་རྒྱ་མཚོའི་ཚོགས། །འཁོར་བཅས་སྟོན་གྱི

ཐུགས་དམ་རྗེས་དགོངས་ལ། །བཞེངས་ཤིག་བཞེངས་ཤིག་དབྱིངས་ནས་སྐུར་བཞེངས་ཤིག །བསྐུལ་ལོ་བསྐུལ་ལོ་འགྲོ་ལ་རྗེས་དགོངས་ཏེ། །མ་གཡེལ་མ་གཡེལ་མྱུར་དུ་སྐུ་བསྐྱོད་ལ། །ཤིན་ཏུ་ཁྲོ་གཏུམ་རྣམས་བརྗིད་འབར་བའི་སྐུ། །མངོན་སྤྱོད་དྲག་པོས་འདུལ་བའི་དུས་ལ་བབ། །དམ་ལྡན་རིག་འཛིན་རྣལ་འབྱོར་བདག་ཅག་གི །དངོས་སུ་བཤམས་དང་ཡིད་ལས་སྤྲུལ་པ་ཡི། །ཕྱི་ནང་གསང་བ་རྟེན་པའི་དམ་རྫས་དང་། །དངོས་གྲུབ་རྫས་མཆོག་པཉྩ་ཨ་མྲི་ཏ། །དམར་ཆེན་རཀྟའི་རྒྱ་མཚོ་ཆེན་པོ་བསྐྱིལ། །ཇོ་གད་གསེར་སྐྱེམས་ཕུད་གཏོད་བཏུང་བའི་རིགས། །ཐྭ་ལིང་གཏོར་མའི་ཚོགས་ནི་རི་ལྟར་སྤུངས། །དམ་ཉམས་དགྲ་བགེགས་བསྒྲལ་བའི་ཤ་ཁྲག་སོགས། །མགོ་རྒྱུའི་ལོངས་སྤྱོད་ཇི་སྙེད་ཡོད་པ་ཀུན། །སོ་སོའི་ཐུགས་ལ་ཇི་ལྟར་འདོད་པ་བཞིན། །རྨད་བྱུང་ཀུན་ཏུ་བཟང་པོའི་མཆོད་སྤྲིན་འདི། །སྔར་མཛད་ལས་ཀྱི་གཏང་རག་གཉན་པོ་དང་། །སླད་ནས་གཡེལ་མེད་ཕྲིན་ལས་འགྲུབ་པའི་ཕྱིར། །རབ་འབྱམས་མཆོད་སྤྲིན་རྒྱ་མཚོ་འདི་འབུལ་བས། །ཇམས་པའི་སྟོབས་ཀྱིས་དགྱེས་པར་བཞེས་ནས་ཀྱང་། །འགྲོ་ལ་བདེ་ལེགས་མཐའ་དག་འབྱུང་བའི་གཞི། །ཀུན་མཁྱེན་རྒྱལ་བའི་བསྟན་པ་རིན་པོ་ཆེ། །ཡངས་པའི་རྒྱལ་ཁམས་ཀུན་ཏུ་རྒྱས་པ་དང་། །ལུང་རྟོགས་བསྟན་པ་འཛིན་པའི་སྐྱེས་བུ་རྣམས། །ཟླ་བ་ཡར་གྱི་ངོ་ལྟར་འཕེལ་བར་མཛོད། །མར་གྱུར་མཁའ་མཉམ་སེམས་ཅན་ཐམས་ཅད་ཀུན། །ཕྱི་ནང་ཉེར་འཚེའི་རིགས་རྣམས་ཀུན་ཞི་ཞིང་། །ཚེ་དཔལ་འབྱོར་བ་ལ་སོགས་རྒྱས་པ་དང་། །རྟག་ཏུ་དགེ་བཅུའི་དཔལ་ལ་སྤྱོད་པར་ཤོག །ཕྱི་སྣོད་འཇིག་རྟེན་ཁམས་ཀྱི་རིགས་མཐའ་

དག །འབྱུང་བ་སྣང་གཤོང་དམག་འཁྲུགས་མུ་གེ་དང་། །དུས་ཀྱི་འཁྲུགས་པ་མ་ལུས་ཀུན་ཞི་ནས། །རྫོགས་ལྡན་དཔལ་གྱིས་མངོན་པར་མཐོ་བར་མཛོད། །ཁྱད་པར་བདག་ཅག་དཔོན་སློབ་འཁོར་བཅས་རྣམས། །ནད་གདོན་བགེགས་དང་རྐྱེན་ངན་བར་ཆད་དང་། །བྱད་ཕུར་རྦོད་གཏོང་བར་དུ་གཅོད་པ་སོགས། །ཞི་ཞིང་བདེ་དགའི་དཔལ་ལ་སྤྱོད་པར་ཤོག །ཚེ་དང་བསོད་ནམས་གཟི་བརྗིད་རིགས་བརྒྱུད་དང་། །ཁ་རྗེ་དབང་ཐང་དཔལ་འབྱོར་ལོངས་སྤྱོད་སྟོབས། །ཐོས་བསམ་སྒོམ་པའི་ཉམས་རྟོགས་རབ་འཕེལ་ཤིང་། །སྐལ་གྲགས་རླུང་རྟ་ཕྱོགས་བཅུར་རྒྱས་པར་མཛོད། །ས་འོག་ས་སྟེང་ས་བླར་གནས་པ་ཡི། །རྒྱལ་བློན་རྗེ་འབངས་བན་བཙུན་ཕོ་མོ་དང་། །མཁས་དང་གྲུབ་པའི་ཉམས་དང་རྟོགས་པའི་རྩལ། །གང་དག་དབང་དུ་འདུ་བའི་ཕྲིན་ལས་མཛོད། །ནག་ཕྱོགས་བདུད་སྡེའི་རྩ་ལག་དཔུང་དང་བཅས། །མ་རུང་གདུག་ཅིང་གཏུམ་པའི་སེམས་འཆང་ཚོགས། །བསྟན་པའི་སྤྱི་དགྲ་རྣལ་འབྱོར་སྒོས་དགྲ་རྣམས། །ཡེ་ཤེས་དབྱིངས་སུ་སྒྲོལ་བའི་ཕྲིན་ལས་མཛོད། །ཚེ་རབས་སྔོན་ནས་ད་ལྟ་ཡན་ཆད་དུ། །མཐུ་ཆེན་སྲུང་མའི་དབང་པོ་ཁྱེད་ཅག་རྣམས། །དུས་རྣམས་རྟག་ཏུ་བསྟེན་ཅིང་སྒྲུབ་ལགས་ན། །རྟག་ཏུ་སྐྱོང་གྲོགས་ཕྲིན་ལས་མ་གཡེལ་བར། །བྱང་ཆུབ་བར་དུ་མི་འབྲལ་འགྲོགས་པར་མཛོད། །ཅེས་པ་འདི་ནི་ལྕགས་མོ་བྱ་ལོའི་ས་ག་ཟླ་བའི་ཚེས་བཟང་པོར་མགོན་ཁང་དབང་དྲག་རོལ་པ་ནས་རྫོགས་སྤྲུལ་ལྔ་པ་ཐུབ་བསྟན་ཆོས་ཀྱི་རྡོ་རྗེས་བསྟན་འགྲོར་ཕན་པའི་ལྷག་བསམ་དག་པས་བྲིས་པ་འདི་ནི་ཉེས་འགལ་མཆིས་ན་ཡེ་ཤེས་ཀྱི་སྤྱན་དང་ལྡན་པ་རྣམས་ཀྱི་མདུན་དུ་མཐོལ་ལོ་བཤགས་སོ། །བཀྲ་ཤིས་དཔལ་འབར་འཛམ་གླིང་རྒྱན་དུ་ཤོག །སརྦ་མངྒ་ལཾ། དགེའོ། །

༄༅། །དྲེགས་པའི་སྤྱི་དཔོན་སུམ་ཙུའི་བསྐང་བ་བཞུགས་སོ། །

ཧཱུྃ། སྔོན་ཚེ་དཔལ་ཆེན་ཧེ་རུ་ཀའི། །སྤྱན་སྔར་ཁས་བླངས་ཞལ་བཞེས་པའི། །དྲེགས་པའི་སྤྱི་དཔོན་སུམ་ཙུ་པོ། །སོ་སོའི་གཡོག་འཁོར་དཔུང་དང་བཅས། །བསྐང་བའི་གནས་འདིར་གཤེགས་སུ་གསོལ། །རང་རང་དགྱེས་པའི་གདན་ལ་བཞུགས། །སོ་སོའི་མཐུན་རྫས་བརྟེན་རྫས་དང་། །བསྐང་རྫས་སྒྲུབ་རྫས་ཇི་སྙེད་ཀུན། །དངོས་སུ་བཤམས་དང་ཡིད་ཀྱིས་སྤྲུལ། །རབ་འབྱམས་ནམ་མཁའ་གང་བ་རུ། །གུས་པའི་བློ་ཡིས་འབུལ་ལགས་ན། །དགྱེས་པའི་ཚུལ་གྱིས་བཞེས་ནས་ཀྱང་། །ཐུགས་དམ་བསྐང་ལ་ཕྲིན་དབང་བཟློག །བཅོལ་བའི་ཕྲིན་ལས་འགྲུབ་པར་མཛོད། །རྫོགས་སྤྲུལ་ལྔ་པས་སོ། །

༄༅། །སྔགས་བདག་སྤྱི་དཔོན་སུམ་ཙུའི་བསྐུལ་བ་ནི།

ཧཱུྃ། སྔོན་ཚེ་དཔལ་ཆེན་སྤྱན་སྔ་རུ། །ཇི་ལྟར་ཁས་བླངས་ཞལ་བཞེས་པའི། །སྔགས་བདག་སྤྱི་དཔོན་སུམ་ཙུ་པོ། །ཁྱེད་རྣམས་ཐུགས་དམ་དུས་ལ་བབས། །དམར་གྱི་གཏོར་མ་འདི་བཞེས་ལ། །སངས་རྒྱས་བསྟན་པ་སྲུང་བ་དང་། །རྣལ་འབྱོར་བུ་བཞིན་སྐྱོང་བར་མཛོད། །དམིགས་པའི་ཡུལ་གྱུར་དགྲ་བོ་རྣམས། །ལོ་ཟླ་ཙམ་ཡང་མ་བཞག་ལ། །ཕོ་རྒྱུད་རྩད་ནས་ཆོད་ལ་ཤོག །མོ་རྒྱུད་མངལ་ནས་སྐོམ་ལ་ཤོག །བདུན་རྒྱུད་རྩད་ནས་ཆོད་ལ་

ཤོག །ཇི་ལྟར་བཅོལ་བའི་ཕྲིན་ལས་ཀུན། །ཐོགས་པ་མེད་པར་འགྲུབ་པར་མཛོད། །ཛཱ་གས་སྦྱོལ་ལྷ་པས་སོ། །

༄༅། །དྲེགས་པའི་སྡེ་དཔོན་སུམ་ཅུའི་གསེར་སྐྱེམས་ཁྲག་ཞག་བདུད་རྩིའི་བསྐང་ཕྲེང་ཞེས་བྱ་བ་བཞུགས་སོ།།

ཧཱུྃ། སྟོང་པའི་ངང་ལས་སྐད་ཅིག་དྲན་རྫོགས་སུ། །དུག་ལྔ་མེ་ལྟར་འབར་བའི་དཀྱིལ་འཁོར་ན། །མདུན་གྱི་ནམ་མཁའ་མེ་རླུང་འཁྲུགས་པའི་དབུས། །དྲེགས་པ་རུ་དྲ་བསྒྱལ་བའི་གདན་སྟེང་དུ། །བཙོམ་ལྡན་དཔལ་ཆེན་དྲེགས་པ་ཀུན་འདུལ་ནི། །སྐུ་མདོག་མཐིང་ནག་གཡས་སེར་གཡོན་སྨུག་ཞལ། །ཕྱག་དྲུག་རྡོ་རྗེ་ལྷ་བརྒྱད་མགོ་བོ་གཡས། །ཐན་དམར་ཀླུ་བརྒྱད་མགོ་བོ་གཡོན་ན་བསྣམས། །སྦྱོར་བའི་ཡུམ་ཆེན་ཁམས་གསུམ་སྒྲོ་འདུལ་མ། །མཐིང་ནག་ཁ་ཊྭཱྃ་ཐོད་འཛིན་ཡབ་ལ་འཁྱུད། །དྲེགས་པའི་སྡེ་དཔོན་ཆེན་པོ་སུམ་ཅུ་པོ། །འཇིག་རྟེན་མཆོད་བསྟོད་དཀྱིལ་འཁོར་ཆེན་པོ་ཡི། །ད་ལ་ཆེན་པོའི་བར་ཁྲམ་ཡངས་པ་ནི། །ལེགས་ཉེས་སྣང་ས་འཛིན་དམ་ཚིག་རྗེས་གཅོད་པའི། །དྲེགས་པའི་སྡེ་དཔོན་ཆེན་པོ་སུམ་ཅུ་པོ། །དབང་ཕྱུག་ཆེན་པོ་ཨུ་མ་དེ་ཝ་དང་། །ཡ་མ་རཱ་ཛ་སྦྱོར་ཡུམ་སྒྲོལ་བྱེད་ནག །སྙིས་རྗེ་བྲང་དཀར་བདུད་མོ་རེ་མ་ཏི། །སྲིན་མོ་གློག་ཕྲེང་སྦྲུལ་མགོ་ཁྲག་མིག་མ། །ཡཀྵ་མེ་དཔལ་ཡུམ

ཆེན་མོན་མོ་ནག །སྲིད་པའི་རྒྱལ་མོ་ཨེ་ཀ་ཙ་ཏི་དང་། །དཔལ་ལྡན་ནག་མོ་དགྲ་ལྷ་བེ་ཏ་ར། །སྲོག་བདག་ཚངས་པ་སྐྱེས་བུ་སྐུ་ལྔ་དང་། །མ་ཧཱ་ཀཱ་ལ་རྡོ་རྗེ་བདུད་འདུལ་ཆེ། །ནག་པོ་སྐྲག་མེད་མུ་སྟེགས་གུ་ལུང་ནག །ཞམ་པོ་གནམ་སྨན་ཐོག་གི་བུ་ཡུག་དང་། །སྤྱི་བདུད་གུ་རུམ་རྩེ་དང་བྲག་བཙན་དམར། །ནམ་ཐེའུ་དཀར་པོ་ཡམ་ཤུད་དམར་པོ་དང་། །ཕྱི་ན་ཡ་ག་གཟའ་བདུད་ར་ཧུ་ལ། །ཀླུ་བདུད་མགོ་དགུ་ཡཀྴ་ནག་མོ་སོགས། །སྲིད་གསུམ་དྲེགས་པ་ཡོངས་ཀྱི་གཙུག་གི་རྒྱན། །དྲེགས་པའི་སྡེ་དཔོན་ཆེན་པོ་སུམ་ཅུ་ནི། །མཐུ་སྟོབས་རྫུ་འཕྲུལ་ནམ་མཁའི་མཐའ་དང་མཉམ། །རང་རང་གཡོག་འཁོར་ལྷ་སྲིན་སྤྲིན་ལྟར་གཏིབས། །ཕོ་ཉ་ལས་མཁན་ཚོགས་རྣམས་ཤ་ར་ར། །གདུག་པའི་མེ་དཔལ་སྔ་ཚོགས་གློག་ལྟར་འཁྱུག །རྔམ་པའི་གད་མོ་འབྲུག་སྟོང་ལྡིར་བ་བཞིན། །རྣམ་བཞིའི་ཕྲིན་ལས་དངོས་གྲུབ་ཆར་ལྟར་འབེབས། །ས་དང་བར་སྣང་ཁྲོན་རྣམས་ཡོངས་གང་སྟེ། །བསྟན་པ་སྲུང་ཞིང་བསྟན་འཛིན་སྐྱོང་བའི་ཕྱིར། །སྐད་ཅིག་ཙམ་གྱི་གནས་འདིར་གཤེགས་སུ་གསོལ། །གསེར་སྐྱེམས་གཡུ་སྐྱེམས་རཀྟ་ཁྲག་གི་སྐྱེམས། །ཇ་ཆང་བདུད་རྩིའི་བཏུང་བའི་ཞལ་སྐྱེམས་འདི། །རིན་ཆེན་སྣ་ལྔའི་སྣབས་ཀྱི་འཕྲེང་བ་ཅན། །སྔགས་བདག་དྲེགས་པའི་སྡེ་དཔོན་སུམ་ཅུ་པོས། །རྔམ་པའི་རྩལ་གྱིས་དགྱེས་པར་བཞེས་སུ་གསོལ། །བཞེས་ནས་བསྟན་ལ་འཚེ་བའི་དགྲ་བགེགས་རྣམས། །རྒྱལ་འགོང་དམ་སྲི་ཤི་འདྲེ་འབྱུང་པོའི་ཚོགས། །ཁྱད་པར་བྱད་ཕུར་རྦོད་གཏོང་མཁན་རྣམས་ཀུན། །རྡུལ་ཕྲན་ཙམ་ཡང་མ་བཞག་ཟས་སྐལ་གྱིས། །བསྟན་པ་འཛིན་པའི་སྐྱེས་བུ་དམ་པ་རྣམས། །མཛད་པ་ཕྲིན་ལས་ནམ

མཁའི་མཐའ་དང་མཉམ། །དེང་སང་སྙིགས་མའི་སྐྱེ་འགྲོའི་ཚོགས་རྣམས་ཀུན། །གཉེན་པོ་གཞན་གྱི་འདུལ་བར་དཀའ་བའི་ཚེ། །ཐེག་པའི་ཡང་རྩེ་ཨ་ཏི་རྫོགས་ཆེན་གྱི། །བསྟན་པའི་ཉི་མ་ཕྱོགས་བཅུར་སྣང་བར་མཛོད། །ཅེས་འདི་ཡང་ས་ཕོ་རྟ་ལོའི་ཟླ་ཆེས་རང་ལོ་༦༧ སྐབས་འཆི་མེད་གྲུབ་པའི་དགའ་ཚལ་ནས་རྫོགས་སྤྲུལ་ལྔ་པ་ཐུབ་བསྟན་ཆོས་ཀྱི་རྡོ་རྗེས་བྲིས་པ་དགེ

༄༅། །མཁའ་འགྲོ་སྤྱང་ཞོན་མའི་བསྐང་བསྡུས་ཡོངས་འདུས་གྲིབ་བསལ་བཞུགས།།

ཧྲཱིཿ ལས་ཀྱི་མཁའ་འགྲོ་སྤྱང་ཞོན་མཆེད་གསུམ་པོ། །ཤ་ཟ་འབུམ་དང་མ་མོ་བྲེ་བའི་ཚོགས། །ཕྱི་ནང་གསང་བའི་མཆོད་པ་འདི་ཕུལ་བས། །ཐུགས་དམ་བསྐང་ལ་དགྲ་བགེགས་མ་ལུས་སྒྲོལ། །རྫོགས་སྤྲུལ་ལྔ་པས་སོ། །

༄༅། །ཞིང་སྐྱོང་དུར་ཁྲོད་ལྷ་མོའི་རྟགས་བསྟོད་ཡོངས་འདུའི་གྲིབ་བསེལ་ཞེས་བྱ་བ་བཞུགས་སོ།།

ཧྲཱིཿ བདེ་ཆེན་ཀུན་ཏུ་བཟང་མོའི་མཁའ་ཀློང་ནས། །ཆོས་དབྱིངས་ངང་ལས་སྙིང་རྗེ་ཁྲོས་པའི་ཡུམ། །གནས་ཡུལ་དུར་ཁྲོད་ཀུན་ལ་དབང་བསྒྱུར་ཞིང་། །མ་གཅིག་སྲིད་གསུམ་ཀུན་གྱི་བདག་མོ་ནི། །ཞིང་སྐྱོང་དུར་ཁྲོད་མ་མོ་ངན་ནེ་མ། །རྣལ་འབྱོར་གདུང་བ་དྲག་པོས་འབོད་ལགས་ན། །དུར་ཁྲོད་བརྒྱད་དང་གནས་ཡུལ་ཉེར་བཞི་ནས། །བརྩེ་བའི་ཐུགས་རྗེའི་གནས་འདིར་གཤེགས་སུ་གསོལ། །དུར་ཁྲོད་རོལ་བའི་གཞལ་ཡས་ཆེན་པོ་འདིར། །པདྨ་ཉི་ཟླ་བམ་རོ་བརྩེགས་པའི་ཁྲིར། །མ་གཅིག་ལྷ་མོ་འཁོར་བཅས་བཞུགས་སུ་གསོལ། །དཔལ་འབར་དབང་ཕྱུག་མ་མོ་ངན་ནེ་མར། །སྒོ་གསུམ་གུས་པའི་ཚུལ་གྱིས་ཕྱག་འཚལ་ལོ། །དམར་ཆེན་མཆོད་ཡོན་དབང་ལྔའི་མེ་ཏོག་བཞད། །ཀཻལ་ཆེན་གསུར་དུད་ཞུན་མེ་མཁྲིས་པའི་ཚབ། །ཤ་རུས་ཞལ་ཟས་ཀང་གླིང་ཐོད་རྔའི་སྒྲ། །སྨན་རག་གཏོར་མའི་ཚོགས་ཀྱི་ལོངས་སྤྱོད་སོགས། །རབ་འབྱམས་ནམ་མཁའ་གང་བར་འབུལ་ལགས་ན། །དགྱེས་པའི་ཚུལ་གྱིས་མཆོད་པ་བཞེས་སུ་གསོལ། །ཞིང་སྐྱོང་དུར་ཁྲོད་མ་མོ་གནས་རྩལ་མ། །ཁྱོད་ཀྱི་སྐུ་མདོག་སྨུག་ནག་བརྗིད་པ་ནི། །འགྱུར་མེད་ཆོས་ཀྱི་དབྱིངས

ལ་མངའ་བརྙེས་རྟགས། །ཁྲོ་མོ་འབར་བའི་ཆ་ལུགས་བསྟན་པ་ནི། །ཞིང་བཅུའི་དགྲ་བོའི་གཤེད་མ་མཛད་པའི་རྟགས། །ཞལ་ནས་ཧཱུྃ་ཕྚོཿ ང་རོ་སྒྲོག་པ་ནི། །དམ་ཉམས་དགྲ་བོ་རིང་དུ་བསྐྲད་པའི་རྟགས། །རྣ་བར་དུང་གི་ཨ་ལུང་འཁྲོལ་བ་ནི། །ལེགས་ཉེས་གཉིས་ཀྱི་གདར་ཤ་བཅད་པའི་རྟགས། །སྤྱན་གསུམ་སྡང་མིག་ཕྱོགས་བཅུར་གཟིགས་པ་ནི། །སྒྲུབ་པོ་རྟག་ཏུ་བུ་བཞིན་སྐྱོང་བའི་རྟགས། །རལ་པ་ཁམ་ནག་ཐུར་དུ་འཕྱུར་བ་ནི། །དུག་ལྔ་མ་སྤངས་ཡེ་ནས་ལྷུན་གྲུབ་རྟགས། །ཐོད་སྐམ་ལྔ་ཡི་དབུ་བརྒྱན་བྱས་པ་ནི། །རིགས་ལྔའི་སངས་རྒྱས་དབུ་ལ་བཞུགས་པའི་རྟགས། །མགོ་བོ་རློན་པས་དོ་ཤལ་བྱས་པ་ནི། །འཁོར་བའི་སྡུག་བསྔལ་རྩད་ནས་གཅོད་པའི་རྟགས། །སེ་རལ་ཁ་དང་རུས་ཕྲེང་བརྒྱན་པ་ནི། །འགྲོ་བའི་དོན་ལ་ངལ་དུབ་མེད་པའི་རྟགས། །གཡས་པས་དགྲ་སླིང་དྲོན་མོར་ཟ་བ་ནི། །སྒྲུབ་ལ་བར་ཆད་རྡུལ་དུ་བརླག་པའི་རྟགས། །གཡོན་ན་གསལ་བའི་མེ་ལོང་བསྣམས་པ་ནི། །ཆོས་རྣམས་མ་འདྲེས་སོ་སོར་འབྱེད་པའི་རྟགས། །རབ་དཀར་དར་གྱི་སྟོད་གཡོག་བྱས་པ་ནི། །མཁའ་སྤྱོད་ཞིང་གི་གཙོ་མོ་མཛད་པའི་རྟགས། །མི་ལྤགས་གཡང་གཞི་ལྷིང་སྟབས་གྱོན་བ་ནི། །ཤ་ཟ་ཌཱ་ཀཱིའི་ཚོགས་ལ་དབང་བསྒྱུར་རྟགས། །སྟག་གི་པགས་པའི་ཤམས་ཐབས་བྱས་བ་ནི། །ས་སྤྱོད་ཚོགས་རྣམས་དབང་དུ་སྡུད་པའི་རྟགས། །ཞབས་གཉིས་གཡས་བརྐྱང་གཡོན་སྐུམ་བྱས་པ་ནི། །རྒྱུ་འབྲས་ལོག་ལྟ་ཟིལ་གྱིས་གནོན་པའི་རྟགས། །དབུགས་བྲལ་ཕོ་མོ་གདན་དུ་བརྫེགས་པ་ནི། །ཆོས་ཀྱི་དབྱིངས་ལ་སྤྲོས་པ་མེད་པའི་རྟགས། །འཁོར་གྱི་མ་མོ་རྣམ་བཞི་ཤར་བ་ནི། །ལས་བཞི་ཕྲིན་ལས་ཐོགས་པ་མེད་པའི་

རྟགས། །གཞན་ཡང་མ་མོ་ཆེན་མོའི་བཀའ་འཁོར་ན། །ཤྭ་ན་ཞ་སྦྱང་དྲེད་སོགས་མ་རུང་པ། །མི་བཟད་གདུག་ཅིང་གཏུམ་པའི་འཁོར་གྱི་ཚོགས། །ཉི་མ་ལས་ནི་འོད་ཟེར་ཇི་བཞིན་དུ། །ནམ་མཁའི་མཐའ་ཀླས་བསམ་མི་ཁྱབ་པའི་འཁོར། །བདག་ཅག་བྱང་ཆུབ་སྒྲུབ་པའི་ཚོགས་རྣམས་ལ། །བར་དུ་གཅོད་པའི་དགྲ་བགེགས་མཐའ་དག་ཀུན། །དུས་མཐའི་མེ་ཡིས་རྩྭ་སྦྲུར་བསྲེགས་པ་བཞིན། །མིང་ཙམ་མེད་པར་བརླག་པའི་ཕྲིན་ལས་མཛོད། །མདོར་ན་བྱང་ཆུབ་སྙིང་པོ་མ་ཐོབ་བར། །མ་གཅིག་ལྷ་མོ་ཁྱོད་དང་མི་འབྲལ་ཞིང་། །རྟག་ཏུ་རྣལ་འབྱོར་བུ་བཞིན་སྐྱོང་བ་དང་། །རྣམ་ཀུན་སྒྲུབ་པོའི་རེ་འདོད་བསྐྱོང་བར་མཛོད། །ཅེས་པ་འདི་ནི་གཏེ་རུ་ཡེ་ཤེས་དང་འཇུ་ཆ་བསོད་དབང་གཉིས་ནས་འདི་ལྟར་དགོས་ཞེས་ཡང་ཡང་བསྐུལ་བ་ལ་བརྟེན་ནས། རྗོགས་སྤྲུལ་ལྔ་བ་ཐུབ་བསྟན་ཆོས་ཀྱི་རྡོ་རྗེས་བྲིས་པ་འདིས་ཀྱང་བསྟན་འགྲོར་ཕན་པའི་རྒྱུར་གྱུར་ཅིག མངྒ་ལཾ། དགེ་ལེགས་སུ་གྱུར་ཅིག

༄༅། །ཞིང་སྐྱོང་དུར་ཁྲོད་མ་མོའི་ཕྲིན་ལས་ཡོངས་འདུས་ལྗོན་བཟང་བཞུགས་སོ།།

ཞིང་སྐྱོང་དུར་ཁྲོད་མ་མོའི་ཕྲིན་ལས་ནི། ཨོཾ་མ་ཧཱ་ཤཱུ་ནྱ་ཏཱ་ཛྙཱ་ན་བཛྲ་སྭ་བྷཱ་ཝ་ཨཱཏྨ་ཀོ྅ཧཾ། སྟོང་པའི་ངང་ལས་འཇིགས་སུ་རུང་བའི་དུར་ཁྲོད་ཆེན་པོའི་དབུས་སུ་པདྨ་དང་ཉི་མ་ལ་གནས་པའི་ཧྲཱི་ཡོངས་སུ་གྱུར་པ་ལས། མ་ཅིག་སྲིད་གསུམ་བདག་མོ་སྐྲ་མདོག་

སྨུག་ནག་ཧ་མས་ཤིང་ཁྲོས་པའི་ཉམས་ཅན། ཧཱུྃ་དང་ཕཊའི་ང་རོ་དྲག་པོར་སྒྲོད་པ། ཞལ་གཅིག་ཕྱག་གཉིས་པ། གཡས་ཁྲག་འཛག་པའི་དགྲ་སྙིང་དྲོན་མོ་ཟ་ཞིང་། གཡོན་སྲིད་གསུམ་གསལ་བའི་མེ་ལོང་འཛིན་པ། དར་དཀར་པོའི་སྟོད་གཡོག་དང་། སྟག་གི་ལྤགས་པའི་ཤམ་ཐབས་ཅན། མི་ལྤགས་ཀྱི་གཡང་གཞི་རློན་པ་ལྷིང་སྟབས་སུ་གྱོན་པ། རལ་པ་ཁམ་ནག་ཐུར་དུ་འཕྱུར་ཞིང་རྣ་བ་ལ་དུང་ལོང་ཁྲོལ་བ། ཐོད་སྐམ་ལྔའི་དབུ་རྒྱན་དང་མགོ་བོ་རློན་པའི་དོ་ཤལ་ཅན། རུས་པའི་ཕྲེང་བ་དང་སེ་རལ་ཁ་འཕྱུར་ཞིང་གཡོན་བརྐྱང་གིས་རོའི་གདན་ལ་འགྱིང་བ། འཁོར་གྱི་མ་མོ་དཀར་སེར་དམར་ལྗང་བཞི་སྙིང་དང་མེ་ལོང་འཛིན་པ་གཅེར་བུ་ཕྱག་རྒྱ་ལྔས་བརྒྱན་ཏེ་གར་མཛད་པ། གཞན་ཡང་གནས་གསུམ་གྱི་མ་མོ་མཁའ་འགྲོ་དུར་ཁྲོད་ཀྱི་ཞིང་སྐྱོང་ཕོ་མོ་ལས་བྱེད་ཤ་ཟ་འབུམ་སྡེ་སྤྲུལ་པའི་ཤྭ་ན་ཕ་སྤྱང་དྲེད་སོགས་མ་རུང་པའི་འཁོར་ཚོགས་བསམ་གྱིས་མི་ཁྱབ་པས་བསྐོར་བ། དེ་རྣམས་ཀྱི་སྤྱི་བོར་ཨོཾ། མགྲིན་པར་ཨཱཿ ཐུགས་ཀར་ཧཱུྃ། ཧཱུྃ་ལས་འོད་ཟེར་འཕྲོས་པས་དེ་ཨ་ཀོ་ཏ་ལ་སོགས་པ་ཉེ་བའི་ཞིང་ཐམས་ཅད་ནས་བསྟན་སྲུང་མ་མོ་འཁོར་དང་བཅས་པ་སྤྱན་དྲངས་པར་བསམ་ལ། ཧྲཱིཿ དུར་ཁྲོད་ལྷ་མོ་ཆེན་མོ་ཁྱོད། །དུར་ཁྲོད་གནས་ནས་སྐུར་བཞེངས་ཤིག །བརྩེ་བའི་ཐུགས་ཀྱིས་གནས་འདིར་བྱོན། །རྣལ་འབྱོར་གདུང་བས་གསོལ་བ་འདེབས། །བརྗོད་བྲལ་འགྱུར་མེད་ཀློང་ཡངས་ནས། །ཡེ་ཤེས་རང་སྣང་རོལ་བའི་ཡུམ། །དུར་ཁྲོད་ལྷ་མོ་སྐུར་བཞེངས་ཤིག །དུས་ལ་བབ་ཀྱིས་ད་ཚུར་བྱོན། ཞེས་དང་གཞན་ཡང་། ཧྲཱིཿ བདེ་ཆེན་འདུ་འབྲལ་མེད་པའི་དཀྱིལ་འཁོར་ནས། །དུས་གསུམ་རྒྱལ་བའི་བསྟན་སྲུང་མཐུ་མོ་ཆེ། །མི་བསྲུན་སྲིན་མོའི་གཟུགས་འཆང་དམ་ཚིག་ཅན། །མ་

ཅིག་ལྷ་མོ་འཁོར་བཅས་དབྱིངས་ནས་བཞེངས། །རྡོ་རྗེ་འཛིན་པའི་ཕོ་ཉར་ཞིང་བཅུའི་གཤེད། །དཔལ་འབར་མཁའ་འགྲོ་དབང་ཕྱུག་ངན་ནེ་མ། །དུར་ཁྲོད་བརྒྱད་དང་ཉེར་བཞིའི་ཡུལ་རྣམས་ནས། །སངས་རྒྱས་བསྟན་པ་སྲུང་ཕྱིར་ད་ཚུར་བྱོན། ཧྲཱིཿ ཆོས་ཉིད་ངང་ལས་སྙིང་རྗེ་ཁྲོས་པའི་ཡུམ། །ཞིང་སྐྱོང་མ་མོ་དུར་ཁྲོད་གནས་ཉུལ་མ། །དམ་ཚིག་གནས་འདིར་རྣམ་བཀྲའི་སྤྱན་གཟིགས་དང་། །ལྷུབ་ལྷུབ་དར་གྱི་གཡབ་མོས་འབོད་ཀྱིས་གཤེགས། །ཚིལ་ཆེན་གསུར་དུད་དྲི་ཞིམ་དུད་པའི་སྤྲིན། །འདོད་དགུའི་ཆར་འབེབས་རོ་བརྒྱའི་བཟའ་བཏུང་གི །མགྲོན་དུ་དུང་བའི་གདུང་དབྱངས་སྙན་འཇེབས་སྒྲ། །རྐང་གླིང་རོལ་མོས་མཆོད་པར་འབོད་ཀྱིས་གཤེགས། །སྔོན་ཆེ་ཉིད་ཀྱི་དམ་བཅས་ཇི་བཞིན་དུ། །རྒྱལ་བའི་བསྟན་དང་རིག་འཛིན་བདག་ཅག་གི །འདོད་པའི་དངོས་གྲུབ་རེ་བ་བཞིན་སྩོལ་བའི། །ཕྲིན་ལས་མ་གཡེལ་ལས་ལ་རིངས་པོར་སྤྱོན། །ཨོཾ་ཤྨ་ཤཱ་ན་པ་ཏི་ས་པ་རི་ཝཱ་ར་བཛྲ་ས་མ་ཛཿ ཞེས་པས་སྤྱན་དྲངས། བཞུགས་གསོལ་ནི། རབ་འཇིགས་དུས་མཐའི་མེ་ལྟར་འབྲུགས་པའི་ཀློང་། །འབར་བའི་དུར་ཁྲོད་གཞལ་ཡས་ཆེན་པོའི་དབུས། །པདྨ་ཉི་ཟླ་དབུགས་ཐལ་བརྩེགས་པའི་ཁྲིར། །མ་ཅིག་ལྷ་མོ་འཁོར་བཅས་བཞུགས་སུ་གསོལ། །ཛཿ ཧཱུྃ་བཾ་ཧོཿ པདྨ་ཀ་མ་ལ་ཡ་སྟྭཾ། ཕྱག་བྱ་བ་ནི། དབྱིངས་ཀྱི་མཁའ་འགྲོ་དུར་ཁྲོད་མ་མོའི་གཙོ། །གསང་སྔགས་བཀའ་ཡི་སྲུང་མ་མཐུ་མོ་ཆེ། །སྲིད་གསུམ་དབང་བསྒྱུར་མ་རུང་དགྲ་སྡེའི་གཤེད། །ཞིང་སྐྱོང་མ་མོ་འཁོར་བཅས་ལ་ཕྱག་འཚལ། །ཨོཾ་ན་མ་ནཱ་མ་མི། མཆོད་པ་ནི། ཧཱུྃ། དམར་ཆེན་མཆོད་ཡོན་དབང་པོའི་མེ་ཏོག་བཞད། །སྣ་ཚོགས་གསུར་དུད་ཞུན་ཆེན་སྦར་བའི་

མེ། །མཁྲིས་ཆེན་བྱུག་པ་ཤ་རུས་བཟའ་བའི་ཚོགས། །མི་བཟད་སྒྲ་དབྱངས་སྒྲོས་བྱེད་དཔའ་བོའི་བཅུད། །ལྷུ་ཕྲེང་དོ་ཤལ་གཡོ་བའི་རཀྟའི་སྐྱེམས། །འདོད་ཡོན་ཚོགས་དང་གཏོར་མའི་ལོངས་སྤྱོད་སོགས། །རབ་འབྱམས་ནམ་མཁའ་གང་བའི་མཆོད་པའི་སྤྲིན། །དུར་ཁྲོད་མ་མོ་འཁོར་དང་བཅས་ལ་འབུལ། །ཨོཾ་ཌཱ་ཤ་ན་པ་ཏེ་ས་པཱ་རི་ཝཱ་རེ་ཧྲཱྀཿ ཨརྒྷཾ་སོགས་ནས་ཤབྡ་ཨ་མྲྀ་ཏ་རཀྟ་བྷ་ལིངྟ་པཉྩ་ཀ་མ་གུ་ཎ་པྲ་ཏི་ཙྪ་སྭཱ་ཧཱ། གཉིས་པ་གཏོར་མ་འབུལ་བ་ནི། ལྷ་རྣམས་ཀྱི་ལྗགས་ཧཱུྃ་ལས་བྱུང་བའི་རྡོ་རྗེའི་སྦུ་གུ་ཅན་གྱི་འོད་ཟེར་གྱིས་གཏོར་མའི་བཅུད་དྲངས་ཏེ་གསོལ་བས་བདེ་བ་ཆེན་པོའི་རང་བཞིན་དུ་ཚིམས་པར་བསམ་ཞིང་རྡོ་རྗེའི་ཐལ་མོ་ཕྱིན་དུ་ཕྱེ་བ་བསྟན་ལ། ཨོཾ་མ་མ་ར་ལི་པྲ་མ་ཡ་ཀཱ་ལི་ཡ་ཛཿ ཛཿ ཛྷ་སྔགས་མཐར། ས་པཱ་རི་ཝཱ་ར་སོགས་བཏགས་པ་ལན་གསུམ་མམ་བདུན་གྱིས་གཏོར་མ་ཕུལ་བ། ཕྲིན་ལས་བཅོལ་བ་ནི། དཔལ་ལྡན་ཞིང་སྐྱོང་དུར་ཁྲོད་ཀྱི་བདག་མོ་ལྷུམ་དྲལ་འཁོར་དང་བཅས་པ་རྣམས་ཀྱིས་མཆོད་སྦྱིན་གྱི་གཏོར་མ་རྒྱ་ཆེན་པོ་འདི་བཞེས་ལ་སངས་རྒྱས་ཀྱི་བསྟན་པ་སྲུངས། མཆོག་གི་དབུ་འཕང་བསྟོད། དགེ་འདུན་དང་ཆོས་ཀྱི་རྒྱལ་སྲིད་སྐྱོངས། འཇིག་རྟེན་གྱི་རྒུད་པ་སོལ། སེམས་ཅན་གྱི་ཕན་བདེ་སྤེལ། རྣལ་འབྱོར་པ་རྣམས་ཀྱི་སྟོང་གྲོགས་མཛོད། སྔགས་འཆང་རྣམས་ཀྱི་ཕྲིན་ལས་སྒྲུབས། སྡང་བའི་དགྲ་ཐུལ། གནོད་པའི་བགེགས་ཆོམ། ཁྱད་པར་དམ་ཚིག་འདིར་འདུས་པ་རྣམས་ཀྱི་ཕྱི་ནང་གསང་བའི་འགལ་རྐྱེན་ཞི་བ་དང་། མཐུན་རྐྱེན་སྨོན་པའི་ལེགས་ཚོགས་ཐམས་ཅད་འཕེལ་ཞིང་རྒྱས་པ་དང་། མཆོག་དང་ཐུན་མོང་གི་དངོས་གྲུབ་མ་ལུས་པ་མྱུར་དུ་འགྲུབ་པའི་ཕྲིན་ལས་མཛོད་ཅིག ཞིང་སྐྱོང་མ་མོ་འཁོར་བཅས་ལ་བསྟོད་པ། ཧྲཱྀ། མི་འགྱུར་བདེ་ཆེན་ཆོས་དབྱིངས་དང་

ཉིད་ལས། །མ་རུང་འདུལ་ཕྱིར་དྲག་མོའི་སྐུར་སྟོན་མ། །སྒྲུ་འཕྲུལ་རྡོ་རྗེའི་གར་མཛད་མ་མོའི་གཙོ། །རྒྱལ་བའི་བསྟན་སྲུང་གཙོ་ལ་ཕྱག་འཚལ་བསྟོད། །དུས་མཐའི་ཆར་སྤྲིན་འཁྲིགས་འདྲའི་འཇིགས་རུང་སྐུ། །མི་བསྲུན་བཟོད་པར་དཀའ་བའི་ལང་ཚོ་ཅན། །དུར་ཁྲོད་དྲག་པོའི་རྒྱན་ཕྲེང་དུ་མས་མཛེས། །ཞིང་སྐྱོང་མཁའ་འགྲོའི་དབང་ཕྱུག་ཁྱོད་ལ་བསྟོད། །ཕོང་ནས་ཁྲོས་འཁྲུགས་ཉམས་བརྒྱའི་གར་བསྒྱུར་མ། །བསྟན་དགྲ་ཚར་གཅོད་མ་རུང་དོན་སྙིང་དང་། །སྲིད་གསུམ་མེལ་ཚེ་མཛད་ཕྱིར་མེ་ལོང་བསྣམས། །དུར་ཁྲོད་མ་མོའི་གཙོ་ལ་ཕྱག་འཚལ་བསྟོད། །རྒྱལ་བའི་བཀའ་སྡོད་རིག་འཛིན་ཕོ་ཉ་མོ། །བསྟན་དགྲ་ཚར་གཅོད་གསང་སྔགས་སྲུང་མའི་གཙོ། །བཀའ་སྡོད་ཕོ་ཉ་ཡང་སྤྲུལ་སྤེ་དཔུང་བཅས། །མ་ཅིག་ལྷ་མོ་འཁོར་དང་བཅས་ལ་བསྟོད། །བཟླས་པ་ནི། མ་མོ་འཁོར་བཅས་ཀྱི་ཐུགས་ཀར་ཉི་མ་ལ་གནས་པའི་སྲོག་ཡིག་གི་མཐར་སྔགས་ཀྱིས་བསྐོར་བ་བདག་གི་ཐུགས་ཀའི་འོད་ཀྱི་བསྐུལ་བས་ཅི་འདོད་པའི་ཕྲིན་ལས་ཐོགས་མེད་དུ་སྒྲུབ་པར་བསམ་ལ། ཨོཾ་མ་མ་ར་ལི་བྲ་མ་ཡ་ཀཱ་ལི་ཡ་ཛཿ ཛཿ ཞེས་བཟླ། མཐར་མཆོད་ཅིང་། ཨོཾ་ཤྲཱ་ཤ་ན་པ་ཧི་ས་པཱ་རི་ལཱ་རི་ཧཱུྃཿ ཨཀྲོཾ་སོགས་ནས་ཤཱུ་ཨ་སྨི་ཧ་རཱ་བྷ་ལིང་ཧ་པཉྩ་ཀ་མ་གུ་ཎ་པྲ་ཧི་ཏྲཱ་སྭཱ་ཧཱ། ཧཱུྃཿ མི་འགྱུར་བདེ་ཆེན་ཆོས་དབྱིངས་དང་ཉིད་ལས། །མ་རུང་འདུལ་ཕྱིར་དྲག་མོའི་སྐུར་སྟོན་མ། །སྒྲུ་འཕྲུལ་རྡོ་རྗེའི་གར་མཛད་མ་མོའི་གཙོ། །རྒྱལ་བའི་བསྟན་སྲུང་གཙོ་ལ་ཕྱག་འཚལ་བསྟོད། །ཧཱུྃ། དུར་ཁྲོད་ལྷ་མོ་ཆེན་མོ་ཁྱོད། །སྐུ་ནི་མི་རྫུ་དགུ་རུ་བརྫུ། །ཆིབས་སུ་དྲེད་མོ་ཁམ་ནག་ཆིབས། །མདོག་ནག་ཞལ་གདངས་སྤྱན་བསྒྲད་མ། །རལ་བ་བསིགས་ནས་གཞི་ཁེབ། །ཕྱག་

གཡས་ཞིང་ཆེན་རྒྱལ་མཚན་ཕྱུར། །གཡོན་པས་ནལ་བུའི་དོན་སླེང་ཟ། །གནད་ནས་དྲག་ཏུ་བསྐུལ་བའི་ཚེ། །གཙན་གཟན་བཞི་བོ་ཕོ་ཉར་འགྱེད། །ནོར་ལ་ངན་ཞིང་དཀོར་ལ་དྲུང་། །ལས་ལ་སྨྱུར་བའི་མ་མོ་ཁྲོད། །དུར་ཁྲོད་རྒྱུ་བ་མི་བསྲུན་གཟུགས། །སྲིད་པའི་མ་མོ་ཆེ་འཕྲུལ་ཅན། །གླིང་བཞི་བསྐོར་ཞིང་མི་ལྦགས་གྱོན། །དམ་ཉམས་དགྲ་ཡི་སྲོག་གཅོད་མ། །དཀོར་ནོར་ཁབ་དང་སྐྱུད་པ་ཅམ། །མ་བཞགས་དྲག་པོའི་ཡུས་ཀྱིས་ལོངས། །རྣལ་འབྱོར་བདག་ཅག་དཔོན་སློབ་རྣམས། །གར་བཞུགས་གནས་དང་དགོན་པའི་རིགས། །བཅོལ་ལོ་གཏད་དོ་ཁྲོད་ཀྱིས་སྲུངས། །སྤུ་དགྲ་བྲུས་པའི་རྟ་བ་ཆོད། །ཕྱི་དགྲ་སེམས་པ་དྲུང་ནས་ཕྱུང་། །དེ་ལྟའི་དགྲ་བོ་རྡུལ་དུ་རློག །རྡོ་རྗེ་མཐུ་ཡི་ཞགས་ནག་དེ། །བསྟན་པ་བཤིག་པའི་སྐེ་ལ་ཐོབ། །དགྲ་བྱེད་ཕ་ཁྲུ་ཡིན་ཀྱང་སྒྲོལ། །དམ་ཉམས་སློབ་མ་ཡིན་ཀྱང་སོད། །དུར་ཁྲོད་ཞིང་སྐྱོང་ཌཱཀྐཱིའི་ཚོགས། །སྣང་སྲིད་དབང་དུ་བསྡུས་མཛོད་ལ། །བདག་ཅག་ཆོས་མཛད་སྒྲུབ་པ་པོའི། །ཆོས་ཀྱི་མཐུན་རྐྱེན་རྟག་ཏུ་སྦྱོར། །མི་མཐུན་བདུད་ཀྱི་ཟང་ཟིང་རྣམས། །སྐད་ཅིག་མ་བཏང་ཐུགས་རྗེ་ཅན། །དཀོར་བདག་ཆེན་མོ་ཁྲོད་ཉིད་ཀྱིས། །བཅོལ་བའི་ཕྲིན་ལས་སྒྲུབ་པའི་དུས། །དགྲ་བོའི་ཡུལ་དང་སྒོ་དྲུང་དུ། །ཀུན་གྱིས་ཐོས་པའི་ངོ་དོད་བོས། །ལྷས་ངན་ཟད་མི་ཤེས་པ་ཐོབ། །དགྲ་བོའི་ཡུལ་ཁམས་སྟོང་དུ་ཆུག །རྒྱལ་བའི་བསྟན་པ་སྲུང་བའི་ཕྱིར། །རྣལ་འབྱོར་ཆེ་བ་ཐོན་པར་མཛོད། །དགེའོ། །

སྐྱ་རབས་ལྷ་པ་ཐུབ་བསྟན་ཆོས་ཀྱི་རྡོ་རྗེའི་གསུང་ཚན།

༄༅། །ཞིང་སྐྱོང་དུར་ཁྲོད་ལྷ་མོའི་གསོལ་མཆོད།།

ཧཱུྃཿ མཁའ་འགྲོ་ཀུན་གྱི་གཙོ་མོ་མཐུ་སྟུལ་ཅན། །ཞིང་སྐྱོང་དུར་ཁྲོད་ལྷ་མོ་ངན་ནེ་མ། །འཁོར་གྱི་མཁའ་འགྲོ་དཀར་སེར་དམར་ལྗང་བཞི། །འབུམ་ཕྲག་ཡངས་པའི་མཁའ་འགྲོའི་ཚོགས་དང་བཅས། །སྐད་ཅིག་ཙམ་གྱིས་གནས་འདིར་གཤེགས་སུ་གསོལ། །གསང་ཆེན་དུར་ཁྲོད་རོལ་པའི་གཞལ་ཡས་ཁང་། །པདྨ་ཉི་ཟླ་དབུགས་བྲལ་བརྩེགས་པའི་སྟེང་། །མི་གཡོ་དགྱེས་ཤིང་བརྟན་པར་བཞུགས་སུ་གསོལ། །དྭངས་པའི་ཡིད་ཀྱིས་སྒོ་ནས་རྟག་པར་འདུད། །ཕྱི་ནང་མཆོད་རྫས་མ་ཚང་མེད་པ་ཀུན། །སྤྱི་དང་ཁྱད་པར་ལྷག་པའི་དམ་རྫས་ནི། །དངོས་འབྱོར་ཡིད་སྤྲུལ་ནམ་མཁའི་ཁྱོན་གང་བ། །བློ་ཡི་བླངས་ཏེ་འབུལ་གྱིས་བཞེས་སུ་གསོལ། །འགྱུར་མེད་བདེ་བ་ཆེན་པའི་ངང་ཉིད་ལས། །གདུག་པ་འདུལ་མཛད་མཁའ་འགྲོའི་སྐུར་སྟོན་པ། །རྒྱལ་བའི་བསྟན་པ་སྲུང་བར་ཞལ་བཞེས་པའི། །ཞིང་སྐྱོང་མཁའ་འགྲོ་ཡོངས་ཀྱི་གཙོ་ལ་བསྟོད། །ཁྱོད་ལ་མཆོད་ཅིང་བསྟོད་པའི་བྱིན་རླབས་ཀྱིས། །བདག་ཅག་དཔོན་སློབ་འཁོར་དང་བཅས་པ་ཡི། །ནད་དང་སྡུག་བསྔལ་མ་ལུས་ཞི་བ་དང་། །ཚེ་དང་བསོད་ནམས་སྤེལ་ཞིང་སྙན་གྲགས་རྒྱས། །མི་ནོར་ཟས་གསུམ་དབང་དུ་འདུ་བ་དང་། །རིག་འཛིན་རྩ་རྒྱུད་བླ་མའི་ཚོགས་རྣམས་དང་། །ཡི་དམ་ཞི་ཁྲོ་རྒྱུད་སྡེ་བཞི་དྲུག་ལྷ། །གནས་གསུམ་དཔའ་བོ་མཁའ་འགྲོ་རྒྱ་མཚོ་དང་། །མགུལ་ལྷ་དགེ་བསྙེན་དཀར་ཕྱོགས་སྐྱོང་བའི་ཚོགས། །ཁྱད་པར་དཔལ་འབར་དབང་ཕྱུག་ངན་ནེ་མའི། །མཐུ་སྟོབས་ནུས་པའི་སྟོབས་ཀྱི་འོད་ཟེར་

གྱིས། །སྤྱི་དགྲ་ལག་བརྡར་ཕྱི་དགྲ་ཡིད་ལ་སེམས། །ད་དགྲ་ཐད་དུ་འཛོགས་པའི་དགྲ་བོ་རྣམས། །ཁ་འཛམ་སྙིང་རྩུབ་བསམ་ངན་སྦྱོར་རྩུབ་ཀྱིས། །བར་ཆད་བྱེད་པའི་དགྲ་བགེགས་མཐའ་དག་ཀུན། །མདུན་དུ་ཁྲུག་ལ་རྒྱ་ཆེན་གཏིང་ཟབ་ནང་། །ནང་དུ་བཀུག་སྡེ་ཆུ་སྲིན་གྲི་བར་གཏད། །མཐར་མེད་རྒྱ་མཚོ་ཆེན་པོའི་ནང་དུ་སྐྱུར། །ཡེ་ཤེས་མེ་དཔུང་འབར་བས་ཀུན་ནས་བསྲེགས། །མནན་ནོ་རི་རབ་འབར་བའི་འོག་ཏུ་མནན། །ནམ་ཞིག་བྱང་ཆུབ་སེམས་ནི་མ་སྐྱེས་པར། །ཇི་སྲིད་བསྐལ་པའི་བར་དུ་མི་བཏང་ངོ་། །ཨོཾ་ཨཱཿ ཧཱུྃ་ལཾ་སྭཱཧཱ་ཡ་ལམ་ནན། ཞེས་པ་འདི་ཡང་ཡ་གྲོང་ལྷ་རྗེ་པདྨ་ཆོས་འཕེལ་ནས་བསྐུལ་ངོར་རྫོགས་སྤྲུལ་ལྔ་བས་སོ། །

༄། དུར་ཁྲོད་ལྷ་མོའི་བསྐང་བསྐུས་བཞུགས་སོ།།

བྷྱོཿ དུར་ཁྲོད་གནས་ཉུལ་མཁའ་འགྲོ་ཀུན་གྱི་གཙོ། །མི་སྤྱུག་སྲིན་པོའི་གཟུགས་འཆང་ངན་ནེ་མ། །འབུམ་ཕྲག་ཡངས་པའི་མཁའ་འགྲོ་འཁོར་བཅས་ལ། །ཕྱི་ནང་གསང་བ་མཆོད་པའི་དམ་རྫས་ནི། །ཀུན་བཟང་མཆོད་པའི་སྤྲིན་ལྟར་འཕྲོ་བ་འདིས། །ལྷ་མོ་འཁོར་བཅས་ཐུགས་དམ་བསྐང་གྱུར་ནས། །བདག་ཅག་བྱང་ཆུབ་སྒྲུབ་པའི་གང་ཟག་ལ། །མི་དང་མི་མིན་འབྱུང་པོའི་འཚེ་བ་རྣམས། །ཀ་དག་ཆོས་ཀྱི་དབྱིངས་སུ་ཞི་བར་མཛོད། །ཅེས་པ་ཡང་ཡ་གྲོང་ལྷ་རྗེ་པདྨ་ཆོས་འཕེལ་ནས་བསྐུལ་ངོར་རྫོགས་སྤྲུལ་ལྔ་པ་ཐུབ་བསྟན་ཆོས་ཀྱི་རྡོ་རྗེས་སོ། །

༄། །དུར་ཁྲོད་ལྷ་མོའི་མངའ་གསོལ་བསྡུས་པ་བཞུགས་སོ།།

ཧཱུྃ༔ དཔལ་ལྡན་དུར་ཁྲོད་ལྷ་མོ་དེ་ནི་མ། །འཁོར་གྱི་ལྷ་མོ་ཆེན་པོ་རྣམ་པ་བཞི། །གནས་ཡུལ་དུར་ཁྲོད་མཁའ་འགྲོའི་ཚོགས་དང་བཅས། །རྩ་བརྒྱུད་དཔལ་ལྡན་རིག་འཛིན་བླ་མ་དང་། །ཡི་དམ་ལྷ་ཚོགས་དཀྱིལ་འཁོར་ཀུན་གྱི་བདག །དཔའ་བོ་མཁའ་འགྲོ་དམ་ཅན་ཚོགས་རྣམས་ཀྱིས། །ཁྱོད་ཉིད་མཁའ་འགྲོ་ཀུན་གྱི་གཙོ་མོར་བསྟེན། །གང་ཞིག་སྲིད་པ་གསུམ་ལ་དབང་བསྒྱུར་ཞིང་། །ཞིང་བཅུ་ཚང་བའི་དམ་ཉམས་ཀུན་གྱི་གཤེད། །གདུག་པ་འདུལ་མཛད་མཆོག་ཏུ་མངའ་གསོལ་བས། །ལེགས་ཉེས་སྣང་བས་འཛིན་དམ་ཀྱིག་རྗེས་གཅོད་ཅིང་། །ཕྱི་ནང་བར་ཆད་རྐྱེན་ངན་ཀུན་ཞི་ཞིང་། །མཐུན་རྐྱེན་ལེགས་ཚོགས་ཡར་ངོའི་ཟླ་ལྟར་རྒྱས། །གོང་ནས་གོང་དུ་འཕེལ་བའི་ཕྲིན་ལས་མཛོད། །ཅེས་པ་འདི་ནི་བཟང་གྲགས་ལྷ་རྗེ་པདྨ་ཆོས་འཕེལ་ནས་བསྐུལ་ངོར་རྫོགས་སྤྲུལ་ལྔ་པ་ཐུབ་བསྟན་ཆོས་ཀྱི་རྡོ་རྗེས་བྲིས་པ་དགེ

༄། །དུར་ཁྲོད་ལྷ་མོའི་སྐོང་བསྡུས་མ་མོ་དགྱེས་པའི་གླུ་དབྱངས་བཞུགས་སོ།།

ཧཱུྃ༔ དུར་ཁྲོད་མ་མོ་ཞིང་སྐྱོང་ཀུན་གྱི་གཙོ། །འབུམ་ཕྲག་ཡངས་པའི་མཁའ་འགྲོ་འཁོར་དང་བཅས། །སྨན་གཏོར་རཀྟའི་མཆོད་པ་འདི་བཞེས་ལ། །ཐུགས་དམ་སྐོང་ལ་ཕྲིན་ལས་མྱུར་དུ་སྒྲུབ། །རྫོགས་སྤྲུལ་ལྔ་པས་སོ། །

༄༅། །ཤ་ཟ་མཁའ་འགྲོ་མའི་མཆོད་བསྟོད་ཕྲིན་བཅོལ།

ཧཱུྃ། དབྱིངས་ཀྱི་ཡུམ་ཆེན་ཤ་ཟ་མཁའ་འགྲོ་མ། །འཁོར་བཅས་སྔོན་གྱི་ཐ་ཚིག་དགྱེས་དགོངས་ལ། །སངས་རྒྱས་བསྟན་དང་ཟབ་ཆོས་བཤད་སྒྲུབ་སྐྱོ། །གནས་དང་གཙུག་ལག་ཁང་རྣམས་སྲུང་ཞིང་སྐྱོངས། །ཁྱད་པར་རྩ་གསུམ་རྒྱལ་ཀུན་དགོངས་པའི་བཅུད། །ཡང་འདུལ་གསེར་ཆོས་མཁའ་འགྲོའི་ཞལ་སླུང་ཅན། །སྲིད་མཐའི་བར་དུ་མི་ཉམས་དར་རྒྱས་མཛོད། །འགྲོ་ཀུན་བདེ་ཆེན་ཞིང་དུ་གྲོལ་བར་མཛོད། །བདག་ཅག་རྡོ་རྗེ་ཐེག་ལ་རབ་ཞུགས་པ། །ཟབ་གསང་རིམ་གཉིས་སྒྲུབ་པའི་འགལ་རྐྱེན་སོལ། །མ་ལྷར་བྱམས་ཤིང་སྲིང་ལྟར་བརྩེ་བས་སྐྱོངས། །བསམ་དོན་ཆོས་མཐུན་འགྲུབ་པའི་གྲོགས་མཛོད་ཅིག །ཅེས་པའི་ཀུན་མཁྱེན་ལྔ་བའི་གསུང་ཚིམ་ལ་གཞིར་བཞག་ནས། མཆོད་བསྟོད་ཕྲིན་བཅོལ་རྣམས་པདྨ་ཐེག་མཆོག་བསྟན་པའི་རྒྱལ་མཚན་གྱིས་ངག་འདོན་ཉུང་དུར་བསྡུས་ཏེ་བྲིས་པའོ། །

༄༅། །ཟངས་རི་བཙན་རྒོད་བསྐང་བསྡུས་གླེག་གི་ཕྲེང་བ་བཞུགས་སོ། །

ཧཱུྃ་ཧྲཱིཿ རྒྱལ་བའི་བསྟན་པ་གཉེན་པོ་སྲུང་མཛད་པའི། །ཟངས་རི་བཙན་རྒོད་འབར་བ་སྤྱན་བདྲུན་པོ། །ཤ་ཁྲག་དམར་གྱི་གཏོར་མ་འདི་བཞེས་ལ། །ཐུགས་དམ་བསྐང་ལ་དངོས་གྲུབ་མྱུར་དུ་སྩོལ། །ཛོགས་སྤྲུལ་ལྔ་པས་སོ། །

༄༅། །ཉང་གཏེར་ཁྲོས་ནག་གི་བཀའ་སྲུང་མཁའ་འགྲོ་སྲུང་ཞོན་མཆེད་གསུམ་གྱི་བསྐང་བསྡུས་བཞུགས་སོ། །

ཧྲཱི། ཁྲོས་མ་ནག་མོའི་བཀའ་ཉན་ཐ་ཚིག་ཅན། །ལས་ཀྱི་མཁའ་འགྲོ་སྲུང་ཞོན་མཆེད་གསུམ་ལ། །འཁོར་གྱི་ཤ་ཟ་མ་མོ་བྱེ་བའི་ཚོགས། །མཐུན་པའི་དམ་རྫས་མ་ཚང་མེད་པ་འདི། །དངོས་བཤམས་ཡིད་ཀྱི་རྣམ་རོལ་ལས་བྱུང་བ། །ངོ་མཚར་ཀུན་བཟང་མཆོད་པའི་སྤྲིན་ལྟ་བུ། །ཏིང་འཛིན་སྔགས་རྒྱས་བྱིན་གྱིས་རླབས་པ་འདི། །དགྱེས་པའི་རྩལ་གྱིས་མཆོད་པ་འདི་བཞེས་ལ། །ཐུགས་དམ་བསྐང་ལ་རྐྱེན་ངན་བར་ཆད་སོལ། །བསམ་དོན་ལྷུན་གྱིས་འགྲུབ་པའི་ཕྲིན་ལས་མཛོད། །ཅེས་པ་འདི་ཡང་རྫོགས་སྤྲུལ་ལྔ་པ་པདྨ་ཐེག་མཆོག་བསྟན་འཛིན་གྱིས་བྲིས་པའོ། །

༄༅། །ཤན་པ་སྲོག་སྒྲུབ་མའི་བསྐང་བ་ཕྲིན་ལས་མྱུར་འགྲུབ་ཅེས་བྱ་བ་བཞུགས་སོ། །

ཧཱུྃ། ཆོས་དབྱིངས་ངང་ལས་སྒྱུ་མའི་སྐུར་བཞེངས་པ། །མ་ཅིག་ཤན་པ་སྲོག་སྒྲུབ་ནག་མོ་ནི། །འཁོར་གྱི་གདོང་མོ་ཆེན་མོ་རྣམ་གསུམ་དང་། །འབུམ་ཕྲག་ཡངས་པའི་མཁའ་འགྲོ་འཁོར་ཚོགས་བཅས། །ཐུགས་དམ་བསྐང་ཕྱིར་གནས་འདིར་གཤེགས་སུ་གསོལ། །འཇིགས་རུང་དུར་ཁྲོད་རོལ་བའི་གཞལ་ཡས་འདིར། །མ་ཅིག་ལྷ་མོ་འཁོར་བཅས་བཞུགས་སུ་གསོལ། །ཕྱི་མཆོད་འདོད་

ཡོན་རྒྱ་མཚོ་མཁའ་ལྟར་ཁྱབ། །ནང་མཆོད་སྨན་རཀ་གཏོར་གསུམ་དང་རེ་སྒྲོ། །གསང་མཆོད་བདེ་སྟོང་དགའ་བཞིས་མཆོད་པའི་སྤྲིན། །ང་བདག་གཟུང་འཛིན་དབྱིངས་སུ་བསྒྲལ་བས་མཆོད། །མདོར་ན་ཕྱི་ནང་གསང་བའི་དམ་ཚིག་རྫས། །རབ་འབྱམས་ནམ་མཁའ་གང་བར་འབུལ་ལགས་ན། །ཐུགས་དམ་གཉན་བསྐང་རྣལ་འབྱོར་དབུ་འཕང་བསྟོད། །ཉམས་ཆགས་འགལ་འཁྲུལ་མཐའ་དག་ཞི་བ་དང་། །མཆོག་དང་ཐུན་མོང་དངོས་གྲུབ་སྩོལ་དུ་གསོལ། །རྫོགས་སྤྲུལ་ལྔ་པ་ཐུབ་བསྟན་ཆོས་ཀྱི་རྡོ་རྗེས་བྲིས་པ་དགེ །

༄༅། །ཤན་པ་སྲོག་སྒྲུབ་མའི་བསྐུལ་བ་བཞུགས་སོ། །

ཧཱུྃ་ཧྲཱིཿ འཇིགས་སུ་རུང་བའི་དུར་ཁྲོད་ནས། །སྲིད་པའི་མ་མོ་ཡལ་གམ་ཅན། །ཤན་པ་སྲོག་སྒྲུབ་ནག་མོ་ནི། །སྐུ་མདོག་ནག་མོ་ཙེ་རེ་རེ། །དབུ་སྐྲར་ལན་ནག་ཉི་ལི་ལི། །སྤྱན་གསུམ་སྡང་མིག་འུ་རུ་རུ། །ཞལ་ནས་ཁྲག་འཛག་ཀྱུ་རུ་རུ། །ཞེ་སྡང་མེ་ལྟར་ཐོ་རོ་རོ། །ཤངས་ནས་འཚུབ་མ་ཆི་ལི་ལི། །བ་སྤུ་མཚོན་ཆ་ཤ་ར་ར། །ཕྱག་གཡས་སླིང་ཟོར་ཡེ་རེ་རེ། །གཡོན་ན་ནད་རྐྱལ་ལམས་སེ་ལམ། །མི་ལྤགས་གཡང་གཞི་སྟོད་ལ་དཀྲིས། །མི་མགོ་རློན་པའི་དོ་ཤལ་ཅན། །རླུང་ནག་འཚུབ་མའི་དཀྱིལ་ན་བཞུགས། །དམར་གྱི་གཏོར་མ་འདི་བཞེས་ལ། །དགྲ་བོའི་སྙིང་དུ་ད་རྒྱུག་ཅིག །ནག་མོ་མ་ཐོགས་ལས་ལ་ཡཱ། །ཁྱེད་ཀྱི་འཁོར་ཚོགས་ཆེན་མོ་ནི། །ལས་བྱེད་ཤ་ཟ་བྱེ་བ་རྣམས། །ནག་མོ་མཚོན་ཐོགས་མེ་རེ་རེ། །དུ་

འབོད་གཡབ་མོ་ཡིངས་སེ་ཡིང་། །ཙེ་སྤྲུང་སྟག་གཟིག་འདུ་རུ་རུ། །བདུད་བྲ་གཞོག་རྗེབ་ཁྲ་ལ་ལ། །དམར་གྱི་གཏོར་མ་འདི་བཞེས་ལ། །དགྲ་བོའི་སྙིང་དུ་ད་རྒྱུག་ཅིག །ཕོ་ཉ་ཡང་སྤྲུལ་ད་རྒྱུག་ཅིག །སྲོག་ཆོད་སྙིང་ཕྱུང་དུས་མཐའ་སྐྱུངས། །ནག་མོ་འཁོར་བཅས་ས་མ་ཡ། །ཨོཾ་ཁྲི་ཁ་ལེ་ནག་མོ་སོད།སྲོག་མ་ཊི་སོད། སྙིང་ཁ་ཐཾ་མ་ཡ་ཡ་སོད།ཙ་ཤི་རི་མ་སོད། ཤྲཱ་ཡ་སོད། ཏི་དྲྭ་སོད། རག་མོ་རག་མོ་གཟིར་ནན། ཁམ་ཁྲུག་དྲོངས། ཆེ་གེ་མོའི་ཙིཏྟ་ལ་རྦད་ཐུམ་རི་ལི་ལི། ཧཱུྃ་ཧཱུྃ་ཕྲོཾ་ཕྲོཾ། དགེའོ། །

༄༅། །གཙོད་ཀྱི་བཀའ་སྲུང་ཟང་རི་བཙན་རྒོད་ཀྱི་བསྐང་བསྔུས་བཞུགས་སོ། །

ཧཱུྃ་ཧྲཱིཿ རྒྱལ་བའི་བཀའ་ཉན་ཐ་ཚིག་ཅན། །ཟང་རི་འབར་བ་སྤྲུན་བདུན་པོ། །ཤ་ཁྲག་དམར་གྱི་གཏོར་མ་དང་། །སྨན་རཀ་བདུད་རྩི་མཆོད་པའི་ཚོགས། །མཐུན་པའི་དམ་རྫས་སྣ་ཚོགས་པ། །དངོས་བཤམས་ཡིད་ཀྱིས་རྣམ་རོལ་སྤྲིན། །མ་ཚང་མེད་པར་འབུལ་ལགས་ན། །མཐུ་ཆེན་བཙན་རྒོད་སྤྲུན་བདུན་པོ། །ཐུགས་དམ་བསྐང་ལ་བར་ཆད་སོལ། །བསམ་དོན་ཡིད་བཞིན་འགྲུབ་པར་མཛོད། །ཅེས་པ་ཡང་རྫོགས་སྤྲུལ་ལྔ་པ་པདྨ་ཐེག་མཆོག་བསྟན་འཛིན་གྱིས་བྲིས་པ་དགེ །

སྐུ་རབས་ལྔ་པ་ཐུབ་བསྟན་ཆོས་ཀྱི་རྡོ་རྗེའི་གསུང་ཚན།

༄༅། །གཅོད་ཀྱི་བཀའ་སྲུང་ཟང་རི་བཙན་རྒོད་བསྐུལ་བ་ནི།

ཧཱུྃ། སྔོན་ཚེ་རྡོ་རྗེ་ཐོད་ཕྲེང་གི །དམ་ལ་བཞག་པའི་གཡར་དམ་ཅན། །གཅོད་ཡུལ་བསྟན་པ་སྲུང་མཛད་པའི། །ཟང་རི་འབར་བ་སྤུན་བདུན་པོ། །ཤ་ཁྲག་གཏོར་མ་འདི་བཞེས་ལ། །དམིགས་པའི་ཡུལ་སྒྱུར་དགྲ་བོ་ལ། །བཙ་ཐན་ལྷས་ངན་སྣ་ཚོགས་ཐོང་། །ཕོ་རྒྱུད་རྩད་ནས་ཆོད་ལ་ཤོག །མོ་རྒྱུད་མངལ་ནས་སྐམ་ལ་ཤོག །བདུན་རྒྱུད་རྩད་ནས་ཆོད་ལ་ཤོག །བཅོལ་བའི་ཕྲིན་ལས་འགྲུབ་པར་མཛོད། །ཅེས་པ་འདི་ཡང་རྫོགས་སྤྲུལ་ལྔ་པས་སོ། །

༄༅། །ཉི་གྲགས་ཆེ་སྒྲུབ་བདུད་བཞི་གཡུལ་རྒྱལ་གྱི་གཏེར་སྲུང་ཀླུ་མོ་གཟི་འབར་མའི་གསེར་སྐྱེམས་པདྨ་དཀར་པོའི་ཕྲེང་བ་ཞེས་བྱ་བ་བཞུགས་སོ།།

ཨོཾ། ཀ་དག་དྭངས་གསལ་རྒྱ་མཚོ་ཆེན་པོ་ནི། །ཁ་དོག་རིན་ཆེན་མར་གད་མདོག་འདྲའི་ནང་། །ག་བུར་མདངས་འཛིན་ཀླུ་མོ་གཟི་འབར་མ། །ང་ཅག་གདུང་བའི་དབྱངས་ཀྱིས་འབོད་པའི་ཚེ། །ཅ་ག་གསེར་དངུལ་རིན་ཆེན་རྒྱན་གྱིས་སྤྲས། །ཆ་ལུགས་འཆི་མེད་ལྷ་ཡི་བུ་མོ་འདྲ། །ཇ་ཚང་འོ་མའི་གསེར་སྐྱེམས་བཞེས་སླད་དུ། །ཉ་གང་ཟླ་བའི་མདངས་ལྡན་གཤེགས་སུ་གསོལ། །ཏ་ཐྲག་ཏ་ན་གར་རྫུན་ཡི། །ཐ་ཚིག་དམ་ལ་བཞག་པ་རྗེས་དགོངས་ཏེ། །ད་ལྟར་རྗེས་འཇུག་རྣལ་འབྱོར་བདག་ཅག་ལ། །ནཱ་ག་ཀླུ་ཡི་ནད་རྣམས་བསལ་བར་མཛོད། །པ་ནའི་རྒྱུན་བཞིན་གཙང་མའི་ཞལ་སྐྱེམས་འདི། །ཕ་རོལ་གཡུལ་ལས་བཟློག་ཕྱིར་བཞེས་ནས་ཀྱང་། །བ་མཆོག་བུམ་བཟང་དཔག་བསམ་ལྗོན་ཤིང་ལྟར། །མ་འབད་ལྷུན་གྱིས་གྲུབ་པའི་དངོས་གྲུབ་སྩོལ། །ཙ་སད་སེར་གསུམ་ཞིང་ལ་གནོད་པ་དང་། །ཚ་གྲང་མི་ཕྱུགས་ནད་རྣམས་ཞི་བར་མཛོད། །ཛྙཱ་ཡའི་བསྟན་སྲུང་ནཱ་ག་ཁྱོད་ཉིད་ནི། །ཝ་ལེར་དྲན་ཅིང་བསྐུལ་བ་ཙམ་གྱིས་ཀྱང་། །ཞ་ཉེ་མི་མཐུན་ཕྱོགས་ཀྱི་དགྲ་བོ་རྣམས། །ཟ་བྱེད་མ་རུང་ཀླུ་བདུད་ནག་པོ་ཡིས། །འ་འུར་ཀླུ་ཡི་ཚོགས་ཀྱི་ཆོ་འཕྲུལ་གྱིས། །ཡ་མ་ར་ཛ

འབར་བའི་ཐམས་སུ་སྦྱོར། །ཧཱུྃ་ཛཿ་རྒྱལ་འགོང་འཆི་བའི་བདུད་སྡེའི་ཚོགས། །ལ་ལུང་ཙམ་ལ་ངལ་བ་མེད་པ་རྣམས། །ཤ་སྣག་ཁྲོད་ཀྱི་ཀླུ་ཡི་ཚེ་འཕྲུལ་གྱིས། །ས་སྟེང་ཀུན་ཏུ་ནམ་ཡང་མེད་པར་མཛོད། །ཧ་ཡ་གྲི་ཝའི་བཀའ་སྡོད་ལ་གནས་པའི། །ཨ་ཧོ་ཪྻེ་མཚར་དགའ་བའི་རོལ་གར་གྱིས། །ཀླུ་རྒྱལ་དུང་སྐྱོང་སྲས་མོ་གཟི་འབར་མ། །སྐུ་གཅིག་མཚན་གྱི་རྣམ་གྲངས་མཐའ་ཡས་པ། །ལྷ་མོ་དཔལ་འབར་ཀླུ་མོ་གཟི་འབར་མ། །གཞན་མོ་གངས་དཀར་ལྷ་མོ་བརྟན་མའི་ཚུལ། །གཟི་བརྗིད་ལྡན་དང་ལྷ་མོ་དུད་སོལ་མ། །རེ་མ་ཏི་དང་ནག་མོ་རལ་གཅིག་མ། །ངོ་བོ་གཅིག་ལ་སྤྲུལ་བསྒྱུར་སྣ་ཚོགས་པ། །ཀླུ་སྨན་འབུམ་གྱི་འཁོར་དང་བཅས་པ་རྣམས། །རྩ་གསུམ་འཆི་མེད་ཚེ་ལྷ་རབ་འབྱམས་ཀྱི། །ཟབ་གཏེར་བསྟན་པ་སྲུང་བར་ཞལ་བཞེས་པའི། །སྲོན་གྱི་གཡར་དམ་གཉན་པོ་རྗེས་དགོངས་ལ། །དེ་ལྟར་གསེར་སྐྱེམས་ཕུལ་བའི་བྱིན་རླབས་ཀྱི། །བདག་སོགས་རྗེས་འཇུག་རིག་པ་འཛིན་རྣམས་ལ། །ས་འོག་ས་སྟེང་ས་བླའི་འཇིག་རྟེན་གྱི། །དཔལ་འབྱོར་ཚེ་ནོར་སྟོབས་དང་ནུས་པའི་ཤུགས། །རང་དབང་མེད་པར་དངོས་གྲུབ་སྩོལ་དུ་གསོལ། །ཚེ་འདིར་ནད་གདོན་གནོད་པ་ཀུན་ལས་གྲོལ། །ཁྱད་པར་ཀླུ་གཉན་ས་བདག་འབྱུང་པོའི་གདོན། །མི་དམིགས་ཀ་དག་དབྱིངས་སུ་ཞི་ནས་ཀྱང་། །བསམ་དོན་ལྷུན་གྱིས་གྲུབ་པའི་ཕྲིན་ལས་མཛོད། །ཅེས་ཉི་གྲགས་ཚེ་སྒྲུབ་བདུད་བཞི་རྣམ་རྒྱལ་གྱི་གཏེར་སྲུང་ཀླུ་མོ་གཟི་འབར་མའི་གསེར་སྐྱེམས་པདྨ་དཀར་པོའི་ཕྲེང་བ་ཞེས་བྱ་བ་འདི་ནི་ཏུ་དམ་ཨོ་རྒྱན་བསམ་བསྟན་ཆོས་གླིང་གི་ཕོ་བྲང་ཆེན་པོའི་ཡང་རྩེ་འཆི་མེད་གྲུབ་པའི་དགའ་ཚལ་དུ་རྗོགས་སྤྲུལ་ལྔ་པ་ཐུབ་བསྟན་ཆོས་ཀྱི་རྡོ་རྗེས་ས་ཕོ་རྟ་ལོའི་ཟླ་༢ཚེས་༥ བཟང་པོར་བྲིས་པ་དགེ

༄༅། །ཕག་མོ་ནག་མོའི་བཀའ་སྲུང་ཁྲག་རལ་མའི་བསྐང་བསྟུས་ཁྲག་ཞག་རྒྱ་མཚོ་འཁྱིལ་བའི་རླབས་ཕྲེང་བཞུགས་སོ།།

ཧྲཱིཿ ལས་ཀྱི་མཁའ་འགྲོ་དམར་མོ་ཁྲག་རལ་ཅན། །ལས་བྱེད་སྤྲུལ་པ་འབུམ་འབུམ་ཚོགས་དང་བཅས། །སྨན་གཏོར་རཀྟའི་མཆོད་པ་འདི་བཞེས་ལ། །ཐུགས་དམ་བསྐང་ལ་དྲག་པོའི་དངོས་གྲུབ་སྩོལ། །རྫོགས་སྤྲུལ་ལྔ་པས་སོ། །

༄༅། །ཀླུ་མོ་གཟི་འབར་མའི་བསྐང་བ་བཞུགས་སོ།།

ཧཱུྃ། རྒྱ་མཚོ་ཆེན་པོའི་གླིང་དཀྱིལ་ནས། །ཀླུ་རྒྱལ་དུང་སྐྱོང་སྲས་མོ་ཆེ། །ཀླུ་མོ་ཆེན་མོ་གཟི་འབར་མ། །ཀླུ་སྨན་འབུམ་གྱི་འཁོར་དང་བཅས། །བསྐང་བའི་གནས་འདིར་གཤེགས་སུ་གསོལ། །ཕྱི་མཆོད་རིན་ཆེན་རྣམ་པ་ལྔ། །ནང་མཆོད་དཀར་གསུམ་མངར་གསུམ་རིགས། །གསང་མཆོད་ཟླ་ཤིང་རྒྱན་དང་ལྡན། །གསེར་སྐྱེམས་དར་ཟབ་སྣ་ཚོགས་པ། །ཞེལ་ཅིག་ཁྲི་དཀར་སྡོད་ནག་དང་། །ཀླུ་ཧྲ་རྒྱན་ལྡན་ལ་སོགས་པའི། །གཟུགས་འགྲོས་མཐུན་རྫས་སྣ་ཚོགས་པས། །ཐུགས་དམ་གཉན་པོ་བསྐང་ནས་ཀྱང་། །རྣལ་འབྱོར་བསམ་པ་ཡིད་བཞིན་འགྲུབ། །འདོད་དགུའི་དངོས་གྲུབ་སྩལ་དུ་གསོལ། །ཅེས་པ་འདི་ཡང་རྫོགས་སྤྲུལ་ལྔ་པས་སོ།

༄༅། །གཏེར་སྲུང་བཙན་རྒོད་ཆེན་པོའི་གསེར་སྐྱེམས་ཁྲག་ཞག་རྒྱ་མཚོའི་ཟེར་ཕྲེང་ཞེས་བྱ་བ་བཞུགས་སོ། །

ཧྲཱིཿ སྦྱོན་ཆོ་པདྨ་དབང་གི་བཀའ་ཉན་པ། །ཁམས་གསུམ་སྐྱེས་འགྲོའི་སྲོག་གི་བདག་པོ་ནི། །སྣང་སྲིད་དྲེགས་པ་ཡོངས་ཀྱི་གཙུག་གི་རྒྱལ། །མ་རུང་གདུལ་དཀའ་འདུལ་བའི་གཤེད་པོ་ཆེ། །དམ་ཉམས་གདུག་པ་འདུལ་བའི་ལྷ་གཅིག་པུ། །སངས་རྒྱས་བསྟན་པ་སྲུང་བའི་མཐུ་རྩལ་ཅན། །ཕྱི་ལྟར་ཀླུ་བཙན་འབར་བ་སྤྲུན་བདུན་པོ། །དམ་ཉམས་དགྲ་བོའི་སྲོག་ལ་རྔམ་མཛད་པའི། །མཆིམས་ཕུ་བྲག་བཙན་གཡུ་ལུང་གངས་བཙན་དང་། །སྦྲ་རི་ཐྲ་བཙན་ཤར་དམར་གྲི་བཙན་མཆོག །ཕུ་རི་ཕུག་བཙན་བྲག་དམར་རྫོང་བཙན་རྗེ། །སྟག་མ་རོང་བཙན་སྤྲུལ་པའི་བཙན་རྒོད་ཚོགས། །གཏེར་བདག་ས་ཡ་འབུམ་སྡེ་ཚོགས་བཅས་ལ། །དམ་ཚིག་ཡེ་ཤེས་བདུད་རྩི་དྲི་མ་མེད། །རིན་ཆེན་སྣ་ལྔ་བཏར་བའི་ཞལ་སྐྱེམས་འདི། །འདོད་ཡོན་རྒྱ་མཚོའི་མཆོད་སྤྲིན་ལང་ལིང་གཡོ། །ཞལ་བས་དམ་ཉམས་དགྲ་བགེགས་ཀུན་སྒྲོལ་ཞིང་། །ནང་ལྟར་རྣ་ཙ་དགེ་བསྙེན་ཆེན་པོ་སྟེ། །ཆོས་འཁོར་སྐྱོང་བ་ཡོངས་ཀྱི་མངའ་བདག་པོ། །རྡོ་རྗེ་དྲག་རྩལ་རྡོ་རྗེ་དབང་བཙན་རྩལ། །རྡོ་རྗེ་ཡེ་ཤེས་རྡོ་རྗེ་མཆོག་རྒོད་རྩལ། །རྡོ་རྗེ་སྲུང་མ་རྡོ་རྗེ་དགྲ་འཛོམས་རྩལ། །དམ་ཚིག་ཡེ་ཤེས་བདུད་རྩི་དྲི་མ་མེད། །རིན་ཆེན་སྣ་ལྔ་བཏར་བའི་ཞལ་སྐྱེམས་འདི། །འདོད་ཡོན་རྒྱ་མཚོའི་མཆོད་སྤྲིན་ལང་ལིང་གཡོ། །ཞལ་བས་བདེ་དགའི་དཔལ་ལ་སྤྱོད་པར་

ཤོག །གསང་བ་གནོད་སྦྱིན་ནོར་བདག་རྒྱལ་པོ་ནི། །ལོངས་སྤྱོད་རིན་ཆེན་གཏེར་ལ་མངའ་མཛད་པ། །གང་བ་བཟང་པོ་འགྲོག་གནས་ཆེན་པོ་དང་། །ཡཀྴ་ཀ་ལ་གནོད་སྦྱིན་ཁྱུང་གདོང་ཆེ། །གནོད་སྦྱིན་ཆུ་འབེབ་གནོད་སྦྱིན་གངས་དཀར་དང་། །གནོད་སྦྱིན་བདུད་འཇོམས་ལ་སོགས་གནོད་སྦྱིན་ཚོགས། །བྲེ་བ་འབུམ་གྱི་འཁོར་དང་བཅས་པ་ལ། །དམ་ཚིག་ཡེ་ཤེས་བདུད་རྩི་དྲི་མ་མེད། །རིན་ཆེན་སྣ་ལྔ་བདར་བའི་ཞལ་སྐྱེམས་འདི། །འདོད་ཡོན་སྣ་ལྔའི་མཆོད་སྦྱིན་ལང་ལིང་གཡོ། །ཕུལ་བས་ལོངས་སྤྱོད་གཏེར་ལ་སྤྱོད་པར་ཤོག །བཙན་གོད་དགེ་བསྙེན་གནོད་སྦྱིན་འཁོར་བཅས་ལ། །བདུད་རྩི་གསེར་སྐྱེམས་ཕུལ་བའི་བྱིན་རླབས་ཀྱིས། །མི་མཐུན་གནོད་པའི་འགལ་རྐྱེན་ཀུན་ཞི་ནས། །མཐུན་རྐྱེན་འདོད་པའི་ལེགས་ཚོགས་ཇི་སྙེད་ཀུན། །ཇི་ལྟར་དཔག་བསམ་ཤིང་དང་ཡིད་བཞིན་ནོར། །བུམ་པ་བཟང་ལས་ཅི་འདོད་འབྱུང་བ་བཞིན། །གནས་སྐབས་མཐར་ཐུག་ལེགས་པའི་ཡོན་ཏན་ཚོགས། །ཡར་ངོའི་ཟླ་བ་ཇི་བཞིན་འཕེལ་གྱུར་ཅིག །ཅེས་པ་འདི་ཡང་འབྲུག་སྐལ་བཟང་ནས་ཡང་ཡང་བསྐུལ་བའི་ངོར་ཇོགས་སྤྲུལ་ལྔ་པས་བྲིས་དགེའོ། །

༄༅། །རྨ་རྒྱལ་སྤོམ་རའི་གསང་སྒྲུབ་གཡང་གི་འབྱུང་གནས་ཞེས་བྱ་བ་བཞུགས་སོ། །

༄༅། །ཨོཾ་སྭ་སྟི། རྡོ་རྗེ་འཛིན་པ་གསང་བའི་བདག །རྒྱལ་བའི་མཐུ་སྟོབས་གཅིག་བསྡུས་པ། །ལོག་འདྲེན་འདུལ་བའི་ལྷ་གཅིག་པུ། །དེ་ལ་བཏུད་ནས་ཕྱག་འཚལ་ལོ། །དེ་ལ་འདིར་རྨ་རྒྱལ་སྤོམ་རའི་གསང་སྒྲུབ་ནོར་ལྷ་ལྷར་སྒྲུབ་པའི་ཚུལ་ལ། སྦྱོར་བ་ཡོ་བྱད་ཀྱི་བཤམས་དང་། དངོས་གཞི་སྒྲུབ་པའི་ཐབས་གཉིས་ལས། །དང་པོ་ནི། སྨན་རཀ་གཏོར་གསུམ་དང་མཆོད་པའི་ཡོ་བྱད་རྣམས་འདུ་བྱས་ལ། གཉིས་པ་ནི། རང་ཉིད་ཡི་དམ་གྱི་ང་རྒྱལ་དང་ལྡན་པའི་ངང་ནས། ཨོཾ་སྭ་བྷཱ་ཝ་སོགས། སྟོང་པའི་ངང་ལས་རང་ཉིད་ཡི་དམ་གྱི་ལྷར་གསལ་བའི་མདུན་དུ། ནེའུ་སེང་སྨན་ལྗོངས་ཉམས་དགའ་བར་རི་བོ་ནགས་ཚལ། བྲག་རི་དཀར་དམར་གཡའ་གངས་སྣ་ཚོགས་ཀྱིས་བསྐོར་བའི་དབུས་སུ། གངས་རི་དཀར་པོ་རྩེ་རྒྱལ་རྩེ་མོ་མཐོན་པོ་དགུང་ལ་བསྙེགས་པ། ཐད་ནས་ཉི་མ་ཟླ་བ་འཆར་བ། སྟེང་དུ་ལྡོ་སྤྲིན་ཕྱུག་མོ་འཁྲིགས་པ། གཡུ་འབྲུག་སྔོན་མོའི་ངར་སྐད་ལྡིར་བ། མགུལ་དུ་གཡུ་ཡི་ན་བུན་འཁྲིགས་པ། བར་སྣང་སྦྲང་ཆར་བདུད་རྩི་སིལ་སིལ་འབེབས་པ། གཡས་ཀྱི་གངས་རི་ཟླུམ་པོ་ལ། ལྷ་བྲན་མང་པོས་གར་སྟབས་བྱེད་པ། མདུན་གྱི་བྲག་ཟུར་དཀར་པོ་ལ། བྱ་རྒོད་ཐང་དཀར་རྒོད་པོ་འཕུར་ལྡིང་གཡོ་བ། མདུན་གྱི་གླུ་མཚོ་སྔོན་མོ་ལས་གླུ་མོ་མང་པོས་མཆོད་པ་འབུལ་བ།

བདུད་རྩི་སྨན་གྱི་དྲི་བཟང་ཕྱོགས་བཅུར་འཕྲོ་བ། ལྷ་བྲེ་སྣ་ཚོགས་ཀྱིས་གསུང་སྣན་ལྷང་ལྷང་དུ་སྒྲོག་པ། འཇའ་ཟེར་འོད་ཕུང་འཁྲིགས་པའི་ཀློང་ན། ཡེ་ཤེས་རང་སྣང་ལས་གྲུབ་པའི་རིན་ཆེན་ཤེལ་གྱི་སྐུ་མཁར་གྲུ་བཞི་སྒོ་བཞི་རྟ་བབས་དང་ལྡན་པ། ཕྱོགས་བཞིར་ཀ་བ་ཉིས་སྟོང་ལྔ་བརྒྱས་བཏེགས་པའི་ཁང་བཟང་སུམ་བརྩེགས་སུ་ཡོད་པ། དབྱིབས་ལེགས་ཤིང་ལྷ་ན་སྡུག་པ། རྒྱན་དང་བཀོད་པ་ཕུན་སུམ་ཚོགས་པ་དུ་མས་སྤྲས་པ། ས་འོག་ཏུ་གཏེར་གྱི་ཁང་པ་དུ་མས་གཏམས་པ། འཁོར་ཡུག་རིམ་པ་གསུམ་གྱིས་བསྐོར་བའི་འཁོར་ཡུག་དང་པོའི་ཕྱོགས་མཚམས་བརྒྱད་དུ། གཏེར་གྱིས་གཏམས་པའི་རིན་ཆེན་སྣ་བདུན་གྱི་རང་བཞིན་ཅན་གྱི་ཁང་བཟང་བརྒྱད་ཀྱིས་མཛེས་པ། འཁོར་ཡུག་གཉིས་པ། རྒྱལ་སྲིད་སྣ་བདུན། བཀྲ་ཤིས་རྫས་རྟགས། ཉེ་བའི་རིན་ཆེན་བདུན། རྡོ་རྗེའི་ལྷ་མོ་བཅུ་དྲུག་གིས་བརྒྱན་པ། འཁོར་ཡུག་གསུམ་པ། དཔག་བསམ་གྱི་ཤིང་། འདོད་འཇོའི་བ། མ་རྨོས་ལོ་ཏོག །གཏེར་ཆེན་པོའི་བུམ་པ། ཡན་ལག་བརྒྱད་ལྡན་གྱི་ཁྲུས་ཀྱི་རྫིང་བུ། ཆུ་བྲེ་སྣ་ཚོགས་པའི་སྐད་སྣན་པ་སྒྲོག་པ་རིན་པོ་ཆེ་སྣ་ཚོགས་ལས་གྲུབ་པའི་མེ་ཏོག་སྣ་ཚོགས་ཀྱིས་ཀུན་ནས་སྤྲས་པ། གཞལ་ཡས་ཁང་དབུས་མའི་ལྟེ་བ་ལ། སྣ་ཚོགས་པདྨ་དང་ཉི་མའི་གདན་གྱི་སྟེང་དུ། ཁམས་གསུམ་སྐད་ཅིག་ཉིད་ལ་བསྒྲོད་པར་བྱེད་པའི་ཅང་ཤེས་གསེར་མདོག་རླུང་གི་གཤོག་པ་ཅན། ཛ་ཏོག་དུང་ལས་གྲུབ་པ། དར་དམར་གྱི་སྟན། རིན་ཆེན་གསེར་གྱི་སྒ་སྲབ་སྤྲས་པ། གཡུ་ཡི་ཡོབ་ཆེན། མུ་མེན་གྱི་གོང་སླེད་བྲིས་པ། མུ་ཏིག་གི་རྒྱན་ཆས་སིལ་སིལ་འཁྲོལ་བ་དེའི་སྟེང་དུ་སྐྱེ་རྒུ་རྣམས་ཡོངས་པ་ཀུན་ལས་སྒྲོལ་བར་བྱེད་པའི་ནོར་ལྷའི་ཚུལ་དུ་བཞུགས་པ། ཞལ་གཅིག་ཕྱག་གཉིས་པ། ཕྱག་

གཡས་སྲིད་ཞིའི་ཕྱྭ་གཡང་མ་ལུས་པ་ཐམས་ཅད་འགུགས་པར་བྱེད་པའི་མདའ་དར་བསྣམས་པ། གཡོན་པས་འགྲོ་བའི་དབུལ་ཕོངས་ཀྱི་སྡུག་བསྔལ་མཐའ་དག་སེལ་བར་བྱེད་པའི་གསེར་གྱི་ནེའུ་ལེ་སེར་པོ་ཁ་ནས་ཡིད་བཞིན་ནོར་བུ་སྐྱུག་པ་འཛིན། འཛུམ་ཞིང་བརྗིད་པའི་ཚུལ་ཅན། སྐུ་ལ་ཟ་འོག་སེར་ཁྲའི་འཇོལ་བེར་ལྷབ་ལྷུབ་གསོལ་བ། ཞབས་ལ་སྤག་ལྷམ་ཡུ་རིང་གསོལ་བ། ཁམས་གསུམ་དབང་དུ་སྡུད་ཅིང་སྲིད་གསུམ་ཟིལ་གྱིས་གནོན་པར་བཞུགས་པ། དེའི་འཁོར་དུ་རྟེ་ལྷ་བཅུ་གསུམ། རྨ་སྲས་དགུ། སྲིང་གཅིག་རྡོ་རྗེ་དྲག་མོ་རྨ་སྨན་གྱི་ཚོགས་རྨ་འཁོར་འབུམ་དང་བཅས་པ་དང་། གཡས་ཕྱོགས་སུ་ལྷ་དམག་གི་ཚོགས་དང་། གཡོན་ཕྱོགས་ནས་གཉན་དམག་གི་ཚོགས་ཐམས་ཅད་ཀྱི་བསྒྱི་ཆ་སྒྲ་དི་རི་རི་སྒྲོག་པ། ནམ་མཁའ་དང་ས་གཞི་བར་སྣང་ཐམས་ཅད་ཉི་མའི་ཟེར་གྱི་རྡུལ་ལྟར་འཁྲིགས་པ་བསམ་གྱིས་མི་ཁྱབ་པར་གང་བར་བཞུགས་པའོ། །དེའི་སྤྱི་བོར་ཨོཾ་དཀར་པོ། མགྲིན་པར་ཨཱཿདམར་པོ། སྙིང་གར་ཧཱུྃ་སྔོན་པོས་མཚན་པར་གྱུར། དེ་ལས་འོད་ཟེར་འཕྲོས་པས། གངས་དཀར་ཤེལ་གྱི་སྐུ་མཁར་རྨ་ཡུལ་མཐོང་བ་ཀུན་སྨིན་ནས། སྐད་ཅིག་གི་མཁའ་ལས་གློག་ཕྲེང་གཡོ་བ་བཞིན་དུ་སྤྱན་དྲངས་པར་གྱུར།

སྤྱན་འདྲེན་པ་ནི། ཧཱུྃ། ཕྱོགས་ཕྱོགས་ཉི་མ་ཤར་གྱི་ཕྱོགས་རོལ་ན། །ཤར་ཕྱོགས་རྨ་གཡང་ཐམས་ཅད་ཆགས་པའི་ཡུལ། །གངས་དཀར་རིན་ཆེན་ཤེལ་གྱི་སྐུ་མཁར་ནས། །སྐུ་ལྷ་རྨ་གཉན་སྤོམ་ར་ལྷ་ཡི་སྲས། །ཁྱོད་ནི་སྔོན་ནས་མངོན་པར་བྱང་ཆུབ་ཀྱང་། །རྟོད་ལྡན་སྙིགས་མ་ལྔ་བརྒྱའི་ཡང་མཐའ་འདིར། །འགྲོ་བའི་དོན་དུ་སྤྲུལ་པའི་སྐུར་སྟོན་པ། །ནོར་ལྷ་ཡོངས་ཀྱི་རྒྱལ་པོའི་ཚུལ་འཛིན་པ། །མཐུ་ཆེན་རྟེ་ལྷ་བཅུ་གསུམ་རྨ་སྲས་དགུ། །སྲིང་གཅིག

རྡོ་རྗེ་གྲགས་མོ་རྨ་སྨན་ཚོགས། །ལྷ་དམག་ཀླུ་དམག་རྨ་འཁོར་འབུམ་དང་བཅས། །འཁོར་བཅས་མ་ལུས་སྤྱན་འདྲེན་གཤེགས་སུ་གསོལ། །བཛྲ་ས་མ་ཡ་ཛཿ བཞུགས་གསོལ་ནི། ཧཱུྃ། དྭངས་གསལ་ཤེལ་གྱི་གཞལ་མེད་ཉམས་དགའ་བར། །སྣ་ཚོགས་པདྨ་ཉི་ཟླའི་གདན་སྟེང་དུ། །འགྲོ་བའི་དབུལ་ཕོངས་སེལ་བའི་ལྷ་གཅིག་བུ། །མི་གཡོ་དགྱེས་ཤིང་བརྟན་པར་བཞུགས་སུ་གསོལ། །ས་མ་ཡ་ཏིཥྛ་ལྷན། །ཕྱག་འཚལ་བ་ནི། ཧཱུྃ། ཐུགས་རྗེས་ཕོངས་པ་ཀུན་ལས་སྐྱོབ་མཛད་པ། །སྐུ་ལྷ་རྨ་གཉན་སྤྲིན་མ་ར་འཁོར་བཅས་ལ། །གཉིས་སུ་མེད་པ་དང་བའི་ཚུལ་གྱིས་ནི། །རྩེ་གཅིག་གུས་པའི་ཚུལ་གྱིས་ཕྱག་འཚལ་ལོ། །ཨ་ཏི་པུ་ཧོཿ པྲ་ཏི་ཙྪ་ཧོཿ མཆོད་པ་ནི། ཧཱུྃ། རབ་འབྱམས་ཞིང་ཀུན་གང་བའི་མཆོད་པའི་སྤྲིན། །རབ་མང་ནམ་མཁའ་མཛོད་ཀྱི་འཁོར་ལོ་འདི། །རབ་ཏུ་དང་བའི་ཡིད་ཀྱིས་འབུལ་ལགས་ན། །རབ་མཆོག་ལྷ་ཡི་ལྷ་མཆོག་ཁྱོད་ལ་འབུལ། ཨོཾ་བཛྲ་ཨརྒྷཾ་སོགས་ནས་ཤབྡ་མ་ཧཱ་པཉྩ་རཀྟ་བྷ་ལིང་ཏ་ཁ་ཁ་ཁཱ་ཧི་ཁཱ་ཧིཿ བསྟོད་པ་ནི། ཧྲཱིཿ གངས་ཅན་ཤར་ཕྱོགས་རྨ་གཡང་ཆགས་པའི་ཡུལ། །སྐུ་ལྷ་ལྷ་ཆེན་རྨ་རྒྱལ་སྤོམ་ར་ནི། །ནང་ལྟར་ངོ་བོ་རྒྱལ་ཆེན་རྣམ་ཐོས་སྲས། །ས་བརྒྱུད་ཐོབ་པའི་གནོད་སྦྱིན་ཡོངས་ཀྱི་རྒྱལ། །སྐུ་མདོག་རིན་ཆེན་གསེར་གྱི་རི་བོ་འདྲ། །སྐུ་ལ་ཟ་འོག་གསེར་མདོག་བེར་ཆེན་གསོལ། །དབུ་ལ་རིན་ཆེན་སྣ་ལྔའི་ཁྲོག་ཞུས་བརྒྱན། །ཕྱག་གཡས་མདའ་དར་གཡོན་པས་ནེའུ་ལེ་བསྣམས། །ཕོངས་པ་ཀུན་ལས་སྐྱོབ་པའི་ལྷ་གཅིག་པུ། །རྣམ་མང་ནམ་མཁའ་མཛོད་ལ་མངའ་བརྙེས་པ། །ཆེ་བའི་ཡོན་ཏན་ནམ་མཁའི་མཐའ་དང་མཉམ། །གང་ལ་ཅི་འདོད་དངོས་གྲུབ་རྩོལ་བའི་

ལྷཱ། །ལྷ་རྣམས་དབུག་འབྱིན་ལྷ་མིན་ཕམ་པར་མཛོད། །སྲིང་གཅིག་རྡོ་རྗེ་དྲག་མོ་རྨ་སྨན་ཚོགས། །ལྷ་དམག་ཀླུ་དམག་རྨ་འཁོར་འབུམ་དང་བཅས། །འཁོར་དང་བཅས་ལ་གུས་པས་ཕྱག་འཚལ་བསྟོད། །ཕྲིན་བཅོལ་ནི། ཧཱུྃ་ཧྲཱིཿ སྔོན་ཚེ་གནས་མཆོག་འོག་མིན་ཞིང་ཁམས་ནས། །བཅོམ་ལྡན་དཔལ་ཆེན་ཆེ་མཆོག་ཧེ་རུ་ཀས། །ཐ་ཚིག་གསུམ་གྱིས་དམ་ལ་བཏགས་པའི་ཚེ། །ཅི་བགྱིས་བཀའ་ཉན་སྒྲུབ་པར་ཁས་བླངས་ཤིང་། །བར་དུ་སློབ་དཔོན་པདྨ་འབྱུང་གནས་ཀྱིས། །བྲག་དམར་དཔལ་གྱི་བསམ་ཡས་བཞེངས་པའི་ཚེ། །རྒྱལ་ཀུན་སྤྱི་གཟུགས་པདྨ་ཐོད་ཕྲེང་གིས། །བསམ་ཡས་ཧས་པོ་རི་ཡི་ཡང་རྩེ་ནས། །བརྟུལ་ཞུགས་སྤྱོད་པའི་རྡོ་རྗེའི་གར་སྟབས་ཀྱིས། །བོད་ཁམས་ལྷ་འདྲེ་ཆེ་དགུ་ཐམས་ཅད་ཀུན། །རང་དབང་མེད་པར་དབང་དུ་བསྡུས་ནས་ཀྱང་། །ལྷ་སྲིན་ཐམས་ཅད་དམ་ལ་བཏགས་པའི་ཚེ། །ལྷ་གཉན་ཆེན་པོས་རང་གཟུགས་བསྟན་ནས་ཀྱང་། །ཇི་ལྟར་ཞལ་བཞེས་དམ་ལས་མ་འདའ་ཞིག །ད་ལྟ་སྒྲུབ་པའི་རིག་འཛིན་བདག་ཅག་གིས། །ས་དང་མཁའ་འགྲོ་འདུ་བའི་གནས་མཆོག་འདིར། །ཚེ་འདིར་བསམ་པ་ཐམས་ཅད་འགྲུབ་པ་དང་། །མཐར་ཐུག་ཆོས་སྐུ་མངོན་དུ་བྱེད་པ་ལ། །བར་ཆད་སྣ་ཚོགས་རླུང་ལྟར་འཚུབས་པའི་ཚེ། །ཁྱོད་ནི་སྔོན་ཚེ་བསྐལ་མང་གོང་རོལ་ནས། །ས་བརྒྱད་ཐོབ་པའི་བྱང་ཆུབ་སེམས་དཔའ་ལ། །དྲག་པོ་ཆེན་པོའི་རྟོག་པ་མི་འཚལ་ཡང་། །འོན་ཀྱང་རྩོད་ལྡན་སྙིགས་མའི་ཡང་མཐའ་འདིར། །སློབ་དཔོན་ཆེན་པོའི་བཀའ་བསྒོས་ཐ་ཚིག་ལྟར། །གཟུགས་ཅན་གཟུགས་མེད་མི་དང་མི་མིན་གྱི། །བར་ཆད་རྩོམ་པའི་མི་བསྲུན་ལོག་སྤྱོད་མཁན། །རང་གཤེད་རང་ལ

དབབ་བའི་ཕྲིན་ལས་མཛོད། །དེང་ནས་སྐྱེ་བ་ཚེ་རབས་ཐམས་ཅད་དུ། །ལྷ་མཆོག་ཁྱོད་དང་མི་འབྲལ་འགྲོགས་ནས་ཀྱང་། །འགོ་ཞིང་དཔུང་གཉེན་སྐྱོང་གྲོགས་མཛད་པ་དང་། །ཕྱོགས་ལས་རྣམ་པར་རྒྱལ་བའི་ཕྲིན་ལས་མཛོད། །ཅེས་པ་འདི་ཡང་ཟླ༔ ཆོས་ལ་ཡིག་ཐུབ་བསྟན་ནོར་བུ་ནས་བསྐུལ་བའི་ངོར་འཆི་མེད་གྲུབ་པའི་དགའ་ཚལ་ནས་རྫོགས་སྤྲུལ་ལྔ་པ་ཐུབ་བསྟན་ཆོས་ཀྱི་རྡོ་རྗེས་བྲིས་པ་དགེ་ལེགས་སུ་གྱུར་ཅིག

༄༅། །ཧཱུྃ། ཕྱོགས་ཕྱོགས་དག་ཀྱང་ཕ་གི་ན། །ཤར་ཕྱོགས་རྨ་གཡང་ཆགས་པའི་ཡུལ། །གངས་དཀར་ཤེལ་གྱི་གུར་ཁང་དང་། །རྨ་ཡུལ་མཐོང་བ་ཀུན་སྨོན་ནས། །སྐུ་ལྷ་རྨ་གཉན་སྤོམ་ར་དང་། །བསྟེ་ལྷ་བཅུ་གསུམ་རྨ་སྲས་དགུ། །རྡོ་རྗེ་དྲག་མོ་རྨ་སྨན་ཚོགས། །རྨ་འཁོར་འབུམ་དང་བཅས་པ་ཀུན། །སྤྱན་འདྲེན་གནས་འདིར་གཤེགས་པའི་ཚེ། །གཡས་ནས་ལྷ་དམག་སྤུངས་སེ་སྤུང་། །གཡོན་ནས་གཉན་དམག་འཚུབས་སེ་འཚུབ། །ཀི་བསྭོ་ཆ་སྭ་དི་རི་རི། །འདིར་གཤེགས་དགྱེས་པའི་གདན་ལ་བཞུགས། །སྲིད་པའི་འདོད་ཡོན་སྣ་ཚོགས་དང་། །བཀྲ་ཤིས་རྫས་རྟགས་རྒྱལ་སྲིད་བདུན། །ཕྱི་ནང་གསང་བའི་མཆོད་པ་འབུལ། །བསམ་པ་སྒྲུབས་ལ་རེ་བ་བསྐོངས། །ལྷ་ཡི་ཚེ་དང་ཀླུ་ཡི་ནོར། །གཉན་གྱི་གཡང་དང་མི་ཡི་དཔལ། །བཅུད་ལྡན་ཟས་དང་བཀྲག་ཅན་གོས། །འཛམ་གླིང་ཟས་ནོར་བདག་ལ་སྩོལ། །ལྷ་འདྲེ་མི་གསུམ་དབང་དུ་བསྡུས། །དགྲ་འདྲེ་གདོན་གསུམ་ཚར་ཆོད་ལ། །བཅོལ་བའི་ཕྲིན་ལས་གྲུབ་པར་མཛོད། །ཅེས་བརྗོད་ཕུད་དང་གཏོར་མ་མཆོད། །འདི་ཡང་རྫོགས་ཆེན་སྤྲུལ་མིང་པ། །ཐུབ་བསྟན་ཆོས་ཀྱི་རྡོ་རྗེ་ཡིས། །གང་ཤར་དེ་མ་ཐག་ཏུ་བྲིས། །མངྒ་ལམ། དགེའོ། །

༄༅། །རྨ་རྒྱལ་སྤོམ་རའི་བསྐང་བ་རྒྱས་པ་རྨ་གཡང་དངོས་གྲུབ་ཆར་འབེབས་ཞེས་བྱ་བ་བཞུགས་སོ། །

ཧཱུྃ། རང་བཞིན་ཆོས་ཀྱི་དབྱིངས་ལས་མ་གཡོས་ཀྱང་། །རང་བྱུང་རང་ཤར་རྣམ་རོལ་ཅིར་ཡང་སྣང་། །རང་སྣང་མ་འགགས་འཇའ་ཚོན་ལྟ་བུ་མཛེས། །རང་བྱུང་ལྷུན་གྲུབ་ཞིང་ཁམས་ཆེན་པོའི་དབུས། །བསམ་མི་ཁྱབ་པའི་ཕོ་བྲང་ལྟ་ན་སྡུག །བསམ་ལས་འདས་པའི་རྒྱན་བཀོད་ཕུན་སུམ་ཚོགས། །བསམ་མེད་བློ་འདས་རང་བྱུང་རང་ཤར་བ། །བསམ་བརྗོད་བྲལ་བའི་ཕོ་བྲང་ལྷུན་གྱིས་གྲུབ། །ཕོ་བྲང་ཕྱི་རོལ་འཁོར་ཡུག་ཐམས་ཅད་ན། །རིན་ཆེན་བཻ་ཌཱུརྻ་ཡི་ས་གཞི་ལ། །གསེར་གྱི་བ་གམ་མིག་མང་རིས་སུ་བྲིས། །རྣམ་མང་རིན་ཆེན་སྣ་ཚོགས་ལས་གྲུབ་པའི། །རབ་མཛེས་ཨུཏྤལ་པདྨ་ཚར་དུ་དངར། །ཁ་དོག་ལྔ་ལྡན་ཡིད་འོང་རྫིང་བུ་དང་། །ཡན་ལག་བརྒྱད་ལྡན་ཆུ་བོ་དལ་གྱི་འབབས། །གསང་བ་སྔགས་ཀྱི་སྙན་པའི་སྒྲ་དབྱངས་སྒྲོག །ཡིད་འཕྲོག་ལྷ་བྱ་གསུང་སྙན་སྣ་ཚོགས་ནི། །རྣམ་འགྱུར་དགའ་བའི་གླུས་གར་ཅིར་ཡང་བསྒྱུར། །ཤིན་ཏུ་མཛེས་པའི་རི་དྭགས་སྣ་ཚོགས་ནི། །རྩེད་འཇོ་དགའ་བའི་གར་བྱེད་ལམས་སེ་ལམ། །མ་རུང་གདུག་པའི་གཅན་གཟན་གཏུམ་པོའི་ཚོགས། །ཕྱོགས་བཅུར་རྒྱུག་ཅིང་ཇ་མས་པའི་ང་རོ་སྒྲོག །མར་གད་ཨིནྡྲ་ནི་

ལ་སྨུ་ཏིག་དང་། །གསེར་དངུལ་བྱུ་རུ་མུ་མེན་སྤོས་ཤེལ་ཚོགས། །སྣ་ཚོགས་
རིན་ཆེན་ལས་གྲུབ་དཔག་བསམ་ཤིང་། །ཡིད་འོང་ལྗོན་པའི་ཚལ་གྱིས་ཀུན་ནས་
མཛེས། །རབ་དཀར་གངས་ཀྱི་རི་བོ་ལྷ་ན་སྡུག །བརྗིད་ཆགས་བཀོད་ལེགས་
ལྷུན་སྡུག་བྲག་རི་ཡི། །འཁོར་ཡུག་བར་མཚམས་མེད་པར་ཀུན་ནས་
མཛེས། །ཕོ་བྲང་ཆེན་པོའི་དབུས་ཀྱི་ལྟེ་བ་ལ། །ལྷ་ཡི་སྲས་པོ་རྨ་རྒྱལ་སྤོམ་ར་
ནི། །ཁྱོད་ནི་ཞི་རྒྱས་དབང་དང་དྲག་པོ་ཡི། །ཕྲིན་ལས་རྣམ་བཞིའི་དངོས་གྲུབ་
སྩེར་མཛད་པའི། །རྣམ་འགྱུར་སྤྲུལ་པ་ཅིར་ཡང་སྟོན་པའི་ལྷ། །རེས་འགའ་
རྒྱས་པའི་ཕྲིན་ལས་སྒྲུབ་མཛད་པའི། །གསེར་མདོག་སྣེག་ཅིང་བརྗིད་པའི་ཉམས་
ལྡན་པ། །ཞལ་གཅིག་ཕྱག་གཉིས་ཕྱག་གཡས་མདའ་དར་དང་། །གཡོན་
པས་ནོར་འཛིན་གསེར་གྱི་ནེའུ་ལེ་བཅེར། །ཁ་ནས་ཡིད་བཞིན་ནོར་བུ་སྣ་ཚོགས་
སྒྲུག །གསང་གོས་དབང་མདོག་མཐའ་འཛགས་རྒྱས་པའི་མདོག །རིན་ཐང་
བརྗོད་དུ་མེད་པའི་པཉྩ་ལི། །ཟབ་པེར་གསེར་མདོག་ཁ་དོག་སྣ་ཚོགས་
ལ། །རབ་མཛེས་རིན་ཆེན་མེ་ཏོག་རི་མོ་བཀྲ། །གསེར་ཁྲབ་གསེར་རྨོག་རུ་
དར་གཏོད་འཕྲུ་ཅན། །མགུལ་རྒྱན་གསེར་གབ་བཻ་ཌཱུ་ཡི་སྤྲས། །གཟི་དང་
གཡུ་བྱུར་མུ་ཏིག་ཕྲེང་བས་རྒྱན། །ཐབས་ཀྱི་དཔའ་བོའི་མདའ་དོང་གཡས་སུ་
བཏགས། །ཤེས་རབ་མཆོག་དཀར་གཟིག་ཤུབས་འབར་བ་གཡོན། །ཕ་རོལ་
འཇོམས་པའི་རལ་གྲི་རྐེད་ལ་བཏགས། །ཆིབས་སུ་རྟ་མཆོག་གསེར་གྱི་མདོག་
ཅན་ལ། །རྫུ་འཕྲུལ་ལྡན་པ་རླུང་གི་གཤོག་པ་ཅན། །རིན་ཆེན་གསེར་གྱི་
གཡེར་ཁས་མགྲིན་པ་སྤྲས། །སྲབ་འཛམ་ཡང་བའི་ལེ་བརྒྱན་དར་སྣན་
ལ། །རིན་ཆེན་གསེར་ལ་དངུལ་གྱིས་སྤྲས་པའི་སྒ། །རབ་མཛེས་ཟ་འོག་སྣ་

ལྔའི་ཡོབ་སྟན་ལ། །བཻ་ཌཱུརྻ་ཡི་ཡོབ་ཆེན་མཛེས་པ་ཅན། །གོང་སྨེད་རིན་ཆེན་མར་གད་ཞུན་མ་ལ། །ཡིད་འོང་རིན་ཆེན་པདྨ་རཱ་གའི་གདོག །གཡུ་མཐུར་གསེར་སྲབ་དར་དམར་སྲབ་སྒྲིགས་ལ། །མུ་ཏིག་ཐུར་མདའ་དུང་གི་ལན་ཚར་ཅན། །ཕུན་ཚོགས་དཔལ་འབྱོར་དངོས་གྲུབ་སྟེར་མཛད་པའི། །འདོད་རྒུའི་ཆར་འབེབས་ནོར་ལྷ་ཡོངས་ཀྱི་གཙོ། །འགྲོ་བའི་དབུལ་ཕོངས་སྡུག་བསྔལ་སེལ་བར་བྱེད། །བཙུན་མོ་སྲས་དང་ཕྱི་ནང་བློན་པོ་དང་། །འཁོར་དུ་རྟེ་ལྷ་བཅུ་གསུམ་རྨ་སྲས་དགུ། །སྲིང་གཅིག་རྡོ་རྗེ་དྲག་མོ་མོ་སྨན་ཚོགས། །ལྷ་ཀླུ་གཉེན་གྱི་དམག་ཚོགས་བསམ་མི་ཁྱབ། །རྨ་འཁོར་འབུམ་ཕྲག་ཡངས་པའི་ཚོགས་དང་བཅས། །ཐུགས་དམ་བསྐང་བའི་གནས་འདིར་གཤེགས་སུ་གསོལ། །ཧཱུྃ་ཧྲཱིཿ ཐུགས་དམ་གཉན་པོ་སྐོང་བའི་དམ་རྫས་ནི། །ཡན་ལག་བརྒྱད་ལྡན་མཆོད་ཡོན་ཞབས་བསིལ་དང་། །རྣམ་བཀྲའི་མེ་ཏོག་དྲི་ཞིམ་བདུག་སྤོས་སྤྲིན། །སྣང་གསལ་མར་མེ་དྲི་ཆབ་བྱུག་པའི་མཆོ། །རོ་བརྒྱའི་ཞལ་ཟས་སྙན་བརྗོད་རོལ་མོའི་སྒྲ། །ལྷ་རྫས་ཕྱི་ཡི་མཆོད་པ་སྤྲིན་ལྟར་གཏིབས། །རྨ་རྒྱལ་སྤོམ་ར་འཁོར་བཅས་ཐུགས་དམ་བསྐང་། །དམར་ཆེན་ཨཀྟཾ་དུག་ཆུའི་ཞབས་བསིལ་དང་། །དབང་ལྔའི་མེ་ཏོག་གསུར་ཆེན་དུད་པའི་སྤྲིན། །ཞུན་ཆེན་མར་མེ་མཁྲིས་པའི་དྲི་ཆབ་དང་། །ཤ་རུས་ཞལ་ཟས་རྐང་གླིང་ཐོད་རྔའི་སྒྲ། །རང་བྱུང་ཡེ་ཤེས་ནང་གི་མཆོད་པའི་སྤྲིན། །རྨ་རྒྱལ་སྤོམ་ར་འཁོར་བཅས་ཐུགས་དམ་བསྐང་། །སྨན་དང་རཀྟ་དཔལ་གྱི་གཏོར་མ་དང་། །ཚོགས་ཀྱི་འཁོར་ལོའི་ལོངས་སྤྱོད་སྐར་ལྟར་བཀྲམ། །མ་རིག་གཉིས་འཛིན་རུ་ཏྲ་དབྱིངས་སུ་བསྒྲལ། །ཐབས་ཤེས་ཡབ་ཡུམ་མཉམ་སྦྱོར་བདུད་རྩིའི་

སྤྲིན། །དམ་རྫས་གསང་བའི་མཆོད་པ་བླ་ན་མེད། །རྨ་རྒྱལ་སྤོམ་ར་འཁོར་བཅས་ཐུགས་དམ་བསྐང་། །རྡོ་རྗེ་སྙེག་མོ་དཀར་མོ་ལྷ་ན་སྡུག །ཕྲེང་བ་སེར་མོ་ནོར་བུའི་དོ་ཤལ་ཅན། །གླུ་མ་དམར་མོ་རིན་ཆེན་པི་ཝཾ་སྒྲོག །གར་མ་ལྗང་གུ་གར་གྱི་ཕྱག་རྒྱ་ཅན། །ལྷ་ན་སྡུག་པ་ཕྱི་ཡི་ལྷ་མོའི་ཚོགས། །རྨ་རྒྱལ་སྤོམ་ར་འཁོར་བཅས་ཐུགས་དམ་བསྐང་། །བདུག་སྤོས་སེར་མོ་དྲི་ཞིམ་སྤོས་ཕོར་ཐོགས། །མེ་ཏོག་དཀར་མོས་མེ་ཏོག་སྣ་ཚོགས་འཐོར། །མར་མེ་དམར་སེར་ཉི་ཟླའི་སྒྲོན་མེ་ཐོགས། །དྲི་མ་ལྗང་གུས་དྲི་ཡི་དུད་ཕོར་བསྣམས། །འཇམ་མཉེན་ཡིད་འོང་ནང་གི་རིགས་མའི་ཚོགས། །རྨ་རྒྱལ་སྤོམ་ར་འཁོར་བཅས་ཐུགས་དམ་བསྐང་། །མེ་ལོང་དཀར་མོས་དངུལ་དཀར་མེ་ལོང་བསྣམས། །ཛ་ཟླུམ་སེར་མོའི་ཛ་ཟླུམ་སྙན་པ་འཁྲོལ། །རྡོ་རྗེ་པི་ཝཾ་དམར་མོས་པི་ཝཾ་འཁྲོལ། །རྡོ་རྗེ་གླིང་བུ་སྔོན་མོས་གླིང་བུ་བསྣམས། །གཟུགས་མཛེས་གསང་བའི་ལྷ་མོ་རྣམ་པ་བཞིས། །རྨ་རྒྱལ་སྤོམ་ར་འཁོར་བཅས་ཐུགས་དམ་བསྐང་། །རྫ་རྔ་དཀར་མོས་ཕྱག་གཉིས་རྫ་རྔ་རྡུང་། །རེག་བྱ་སེར་མོས་ན་བཟའ་སྣ་ཚོགས་འབུལ། །རོ་མ་དམར་མོས་ཕྱག་གཉིས་ཞལ་ཟས་ཐོགས། །ཆོས་མ་མཐིང་གས་ཆོས་ཀྱི་ཕྱག་རྒྱ་མཛད། །རྨད་བྱུང་འདོད་ཡོན་ལྷ་མོའི་ཚོགས་རྣམས་ཀྱིས། །རྨ་རྒྱལ་སྤོམ་ར་འཁོར་བཅས་ཐུགས་དམ་བསྐང་། །གསེར་གྱི་ཙཀྲ་ཡིད་བཞིན་ནོར་བུ་མཆོག །ཡིད་འོང་བཙུན་མོ་ཁྲིམ་བདག་རིན་པོ་ཆེ། །རབ་བརྟན་གླང་པོ་ཅང་ཤེས་རྟ་ཡི་མཆོག །ཕ་རོལ་རྒོལ་འཇོམས་དམག་དཔོན་རིན་པོ་ཆེ། །བསོད་ནམས་སྟོབས་ལས་བྱུང་བའི་རྒྱལ་སྲིད་བདུན། །རྨ་རྒྱལ་སྤོམ་ར་འཁོར་བཅས་ཐུགས་དམ་བསྐང་། །རིན་ཆེན་

གདུགས་མཛེས་གསེར་གྱི་ཉ་མོ་དང་། དགོས་འདོད་གཏེར་གྱི་བུམ་པ་པདྨ་བཟང་། །དྲི་མེད་དུང་དཀར་འདོད་འབྱུང་དཔལ་བེའུ། །མི་ནུབ་རྒྱལ་མཚན་གསེར་གྱི་འཁོར་ལོ་སོགས། །དགེ་ལེགས་གཏེར་མཛོད་བཀྲ་ཤིས་རྟགས་བརྒྱད་ཀྱིས། །རྩ་རྒྱལ་སྤྱིམ་ར་འཁོར་བཅས་ཐུགས་དམ་བསྐང་། །དངུལ་དཀར་མེ་ལོང་འཆི་མེད་བདུད་རྩིའི་ཞོ། །ཉོན་མོངས་ནད་སེལ་གི་ཝཾ་བིར་བ་དང་། །ཚེ་འཕེལ་དུརྦ་དུང་དཀར་གཡས་འཁྱིལ་བ། །དབང་རྫས་ལི་ཁྲི་བགེགས་འཇོམས་ཡུངས་དཀར་རྫས། །ཡིད་འཕྲོག་བཀྲ་ཤིས་རྫས་མཆོག་བརྒྱད་པོ་ཡིས། །རྩ་རྒྱལ་སྤྱིམ་ར་འཁོར་བཅས་ཐུགས་དམ་བསྐང་། །ལྷུན་སྟུག་ནགས་ཚལ་ཉོ་བའི་རལ་གྲི་དང་། །རིན་ཆེན་སྣ་ཚོགས་ལས་གྲུབ་གཞལ་ཡས་ཁང་། །མལ་ཆ་ལྷ་ཡི་གོས་དང་སྦྲུལ་གྱི་ལྤགས། །རིན་ཆེན་སྣ་ཚོགས་ལས་གྲུབ་མཆིལ་ལྷམ་སོགས། །དགེ་ལེགས་གཏེར་མཛོད་ཉེ་བའི་རིན་ཆེན་བདུན། །རྩ་རྒྱལ་སྤྱིམ་ར་འཁོར་བཅས་ཐུགས་དམ་བསྐང་། །མ་རྨོས་ལོ་ཏོག་རིན་ཆེན་གཏེར་གྱི་བུམ། །འདོད་འབྱུང་བ་མོ་ནོར་འཛིན་ནེའུ་ལེ། །ཡན་ལག་བརྒྱད་ལྡན་རྫིང་བུ་སྣ་ཚོགས་དང་། །མཐིང་རིལ་ཁྲུང་ཁྲུང་ངང་པ་དཀར་སེར་མཛེས། །རིན་ཆེན་ལས་གྲུབ་ཁྲུས་ཀྱི་ཁང་པ་སོགས། །རྩ་རྒྱལ་སྤྱིམ་ར་འཁོར་བཅས་ཐུགས་དམ་བསྐང་། །ཨིནྡྲ་ནི་ལ་མར་ཀད་བཻ་ཌཱུརྻ། །རྡོ་རྗེ་ཕ་ལམ་པདྨ་རཱ་ག་གཡུ། །གཟི་དང་བྱུ་རུ་སྤུར་ལེན་ཨིནྡྲ་སྙིལ། །གསེར་སྤྱུག་སྤྱོས་ཤེལ་གཡུ་དམར་མུ་མེན་དང་། །མེ་ཤེལ་ཆུ་ཤེལ་དུང་དང་མུ་ཏིག་སོགས། །རྩ་རྒྱལ་སྤྱིམ་ར་འཁོར་བཅས་ཐུགས་དམ་བསྐང་། །རལ་གྲི་མདུང་དང་ཐོང་གཤོལ་དགྲ་སྟ་དང་། །རྡོ་རྗེ་ལྕགས་ཀྱུ་ཞགས་པ་ལྕགས་སྒྲོག་དྲིལ། །མདའ་གཞུ་རྩེ་

གསུམ་ཟངས་ལྕགས་འཁོར་ལོ་དང་། །ཐོ་བ་གཏུན་དང་གསལ་ཤིང་ཆུ་གྲི་
མདུང་། །གོ་ཁྲབ་ཕུབ་རྨོག་མཚོན་ཆའི་ཚོགས་རྣམས་ཀྱིས། །རྨ་རྒྱལ་སྤོམ་
ར་འཁོར་བཅས་ཐུགས་དམ་བསྐང་། །ཡོལ་བ་བླ་བྲེ་འཕན་གདུགས་རྒྱལ་མཚན་
དང་། །སྣ་ཚོགས་དར་གྱི་གཡབ་མོ་སྤྲིན་ལྟར་གཏིབས། །ཟ་འོག་གུར་དང་
དར་གྱི་ལྡ་ལྡིའི་ཚོགས། །རབ་མཛེས་ཧ་ཡབ་ནོར་བུའི་ཡུ་བ་ཅན། །སྣ་ཚོགས་
ནོར་བུའི་དྲྭ་བ་དྲྭ་ཕྱེད་ཀྱིས། །རྨ་རྒྱལ་སྤོམ་ར་འཁོར་བཅས་ཐུགས་དམ་
བསྐང་། །གླང་ཆེན་མ་ཧེ་བསེ་རུ་བ་མེན་ཚོགས། །ཤ་རྐྱང་རྣ་བ་རྒོ་བ་འབྲོང་བུ་
སྣན། །ཧ་དྲེལ་བོང་བུ་མཛོ་འབྲི་ཙ་ར་ལུག །གངས་རིའི་མདངས་ལྡན་ལྷ་
གཡག་ཞོལ་ཆེན་དང་། །རི་དྭགས་གཡང་དྭགས་ཤང་བཞིའི་ཚོགས་རྣམས་
ཀྱིས། །རྨ་རྒྱལ་སྤོམ་ར་འཁོར་བཅས་ཐུགས་དམ་བསྐང་། །སྤོབས་ལྡན་
གངས་ཀྱི་སེང་གེ་དཔའ་བརྟུལ་སྟག །མི་བཟད་གདུག་པ་གཟིག་དང་གཏུམ་པོ་
དོམ། །ཧམས་བརྗིད་དྲེད་མོང་མ་རུང་སྤྱང་ཀི་འོབ། །རབ་མྱུར་འཕར་བ་ཟ་
བྱེད་ཞ་མོ་དང་། །གུང་གཡི་ལ་སོགས་གཅན་ཟན་ཚོགས་རྣམས་ཀྱིས། །རྨ་
རྒྱལ་སྤོམ་ར་འཁོར་བཅས་ཐུགས་དམ་བསྐང་། །ཆུ་སྲིན་རྒྱལ་པོ་དུང་དང་རུས་
སྦལ་སྲམ། །ཉ་སྦྲུལ་སྦལ་ལྕོང་འཛིན་བྱེད་ཆུ་སྲིན་སྲིར། །ཆུ་ཧ་ཆུ་གླང་ཆུ་
ལུག་ཆུ་ཡི་མི། །གླུ་ལ་དབང་བའི་གླུ་ནོར་ཉེར་གཅིག་དང་། །ལྷན་གཤེར་ཆུ་ལ་
གནས་པའི་རིགས་སྲུར་སོགས། །རྨ་རྒྱལ་སྤོམ་ར་འཁོར་བཅས་ཐུགས་དམ་
བསྐང་། །ཤང་ཤང་ནེ་ཙོ་རྨ་བྱ་ཀ་ཏ་རི། །ལྷ་བྱ་དྲིལ་བུའི་སྒྲ་ཅན་གཟེ་མོའི་
སྒྲ། །ཀ་ལ་པིང་ཀ་ཁྲེ་བྱུག་རི་སྐྱེགས་དང་། །གསེར་གྱི་རྡོ་རྗེའི་གཟུགས་ཅན་
གྱི་ཏ་པ། །ཁྱུང་ཆེན་ལ་སོགས་འདབ་ཆགས་སྣ་ཚོགས་ཀྱིས། །རྨ་རྒྱལ་སྤོམ་

ར་འཁོར་བཅས་ཐུགས་དམ་བསྐང་། །ཛོ་ཏི་ཕ་ལ་སུག་སྨེལ་ཀ་ཀོ་ལ། །ཙུ་གང་ལི་ཤི་ལ་སོགས་བཟང་པོ་དྲུག །ཨ་བར་སྐྱུར་གསུམ་ལ་སོགས་འབྲས་བུ་གསུམ། །གེ་སར་གསུམ་དང་ཞོ་ཤ་རྣམ་པ་གསུམ། །ག་བུར་ལ་སོགས་སྨན་གྱི་རིགས་རྣམས་ཀྱིས། །རྨ་རྒྱལ་སྤོམ་ར་འཁོར་བཅས་ཐུགས་དམ་བསྐང་། །ཕོ་ཆས་མོ་ཆས་བརྒྱན་ཆ་སྣ་ཚོགས་དང་། །ཀ་ཆ་དཀོར་ཆ་ལོངས་སྤྱོད་བསམ་མི་ཁྱབ། །ཏིང་འཛིན་སྔགས་དང་ཕྱག་རྒྱའི་མཆོད་པ་དང་། །བཟའ་བ་སྣ་ཚོགས་ལྷུན་པོའི་སྤོ་དང་མཉམ། །བཏུང་བའི་རིགས་བྱེད་རྒྱ་མཚོ་ལྟ་བུར་བསྐྱིལ། །རྨ་རྒྱལ་སྤོམ་ར་འཁོར་བཅས་ཐུགས་དམ་བསྐང་། །གཞན་ཡང་མདོར་ན་ཕྱི་ནང་གསང་བ་ཡི། །དངོས་པོ་ཡོ་བྱད་ཇི་སྙེད་ཡོད་པ་ཀུན། །དངོས་སུ་འབྱོར་དང་ཡིད་ཀྱིས་སྤྲུལ་པ་ཡི། །ཕུན་ཚོགས་དཔལ་འབྱོར་ལོངས་སྤྱོད་བསམ་མི་ཁྱབ། །གུས་པའི་སེམས་ཀྱིས་རབ་ཏུ་འབུལ་ལགས་ན། །ཟས་ནོར་ལོངས་སྤྱོད་ཅི་འདོད་དངོས་གྲུབ་ཀུན། །ལྷ་ཆེན་འཕྲུལ་དགའི་ལོངས་སྤྱོད་ཇི་བཞིན་དུ། །དངོས་གྲུབ་མ་ལུས་ཡིད་བཞིན་སྩོལ་བ་དང་། །དགྱེས་པ་ཆེན་པོའི་ཚུལ་གྱིས་བཞེས་ནས་ཀྱང་། །བདག་ཅག་དཔོན་སློབ་འཁོར་དང་བཅས་པ་ལ། །ཕྲིན་ལས་རྣམ་བཞི་ལྷུན་གྱིས་གྲུབ་པར་མཛོད། །ཅེས་རྨ་རྒྱལ་སྤོམ་རའི་བསྐང་བ་རྒྱས་པ་འདི་ཉིད་རྫོགས་སྤྲུལ་ལྔ་བ་ཐུབ་བསྟན་ཆོས་ཀྱི་རྡོ་རྗེས་ལྕགས་མོ་བྱ་ལོའི་ཟླ་བ་དང་པོའི་ཚེས་ཉེར་ལྔ་ལ་སྐྱེ་དགེ་ལྷུན་གྲུབ་སྟེང་གི་རྒྱལ་ཁམས་ནས་བསྟན་འགྲོར་ཕན་པའི་ལྷག་པའི་བསམ་པ་བཟང་པོས་བྲིས་པ་དགེ་ལེགས་སུ་གྱུར་ཅིག

དགེའོ། །དགེའོ། །དགེའོ། །

༄༅། །སྨན་སྒྲུབ་ལྷ་སྨན་གྱི་བསྐང་བསྡུས་མུ་ཏིག་ཕྲེང་བ་

ཞེས་བྱ་བ་བཞུགས་སོ། །

ཧཱུཾ། ནམ་མཁའ་དབྱིངས་ཀྱི་དཀྱིལ་འཁོར་ཆེན་པོ་ནས། །ཡེ་ཤེས་ཕྲིའུ་རྒྱུང་སྨན་གྱི་ལྷ་མོའི་ཚོགས། །ལྷ་ཀླུ་སྨན་གསུམ་མདོན་ཤེས་ཅན་གྱི་བདག །གྲངས་མེད་འཁོར་བཅས་ཆར་སྤྲིན་གཏིབ་པ་བཞིན། །ཐུགས་དམ་བསྐང་བའི་གནས་འདིར་གཤེགས་སུ་གསོལ། །སྣ་ལྔས་བརྒྱན་པའི་མདའ་དར་བཟང་པོ་དང་། །རོ་བརྒྱའི་བཟའ་བཏུང་རྣམ་བཀྲའི་མེ་ཏོག་ཚལ། །གཡུ་ཞུག་སྤོས་དཀར་བསྲེགས་པའི་དུད་པའི་སྤྲིན། །འདོད་ཡོན་ལྔ་དང་རིན་ཆེན་སྣ་བདུན་དང་། །བཀྲ་ཤིས་རྟགས་རྫས་རྒྱལ་སྲིད་རིན་ཆེན་བདུན། །དཀར་གསུམ་མངར་གསུམ་སྨན་སྣ་ཕྱེ་མར་ཕུད། །སྨན་བཤོས་རྩེ་རྒྱལ་འབྲུ་སྣ་རིན་ཆེན་སོགས། །མི་ཟད་ནམ་མཁའ་མཛོད་ཀྱི་འཁོར་ལོའི་སྤྲིན། །མ་ཚང་མེད་པར་གུས་པས་འབུལ་ལགས་ན། །ཐུགས་དམ་གཉན་པོ་དབྱིངས་སུ་བསྐང་གྱུར་ཅིག །དམ་ཚིག་འགལ་བ་མ་ལུས་སོ་སོར་བཤགས། །མཆོག་ཐུན་དངོས་གྲུབ་མ་ལུས་སྩོལ་དུ་གསོལ། །ཞེས་རྫོགས་སྤྲུལ་ལྔ་པ་ཐུབ་བསྟན་ཆོས་ཀྱི་རྡོ་རྗེའི་བྲིས་པ་དགེའོ། །

སྐུ་རབས་ལྔ་པ་ཐུབ་བསྟན་ཆོས་ཀྱི་རྡོ་རྗེའི་གསུང་ཚན།

༄༅། །ལྷ་བཙན་ཆེན་པོའི་བསྐུལ་བ་ནི།

ཧཱུྃ། ལྷ་བཙན་ཆེན་པོ་ཧོ་བོ་རྡོ་རྗེ་འབར། །བཙན་རྒོད་ཆེན་པོ་མཆེད་བདུན་འཁོར་དང་བཅས། །ཞ་ཁྲབ་དམར་གྱི་གཏོར་མ་འདི་བཞེས་ལ། །ཁྱོད་ཀྱི་དམ་ཚིག་ཐུགས་དམ་དུས་ལ་བབ། །དམ་ཉམས་དགྲ་བོ་ལས་ངན་སྡིག་ཅན་ལ། །མ་རུངས་ལྟས་ངན་ཆོ་འཕྲུལ་སྣ་ཚོགས་ཐོང་། །འགོ་བའི་ལྷ་དང་བརྟན་པའི་ཡུལ་དང་ཕྲོལ། །མཛའ་བཤེས་གྲོགས་དང་ལོངས་སྤྱོད་ནོར་དང་ཕྲོལ། །དཀོན་པའི་ཚེ་སྲོག་མྱུར་དུ་ཆོད་ལ་ཤོག །དམ་ཉམས་དགྲ་བོའི་ཤ་ཟོ་ཁྲག་ལ་འཐུང་། །དོན་སྙིང་ནང་རོལ་མ་ལུས་ཞལ་དུ་སྟོབས། །ཐུགས་དམ་དུས་ལ་བབ་པོ་ས་མ་ཡ། །བདག་གི་ལས་ཀྱི་འབྲས་བུ་མཆིས་པར་མཛོད། །ཅེས་པ་འདི་ཡང་ཐོགས་སྤྲུལ་ལྔ་པས་སྨྲས་པ་དགེ

༄༅། །དགྲ་ལྷའི་རྒྱལ་པོ་གེ་སར་ནོར་བུ་དགྲ་འདུལ་གྱི་གསོལ་མཆོད་ཆེན་མོ་ཕྲིན་ལས་དོན་བརྒྱུད་དགེ་ལེགས་དཔལ་སྟེར་ཞེས་བྱ་བ་བཞུགས་སོ། །

བླ་མ་དང་གཉིས་སུ་མེད་པ་མགོན་པོ་འཇམ་དཔལ་དབྱངས་ལ་ཕྱག་འཚལ་ལོ། །མ་ལུས་བདུད་སྡེ་ཕམ་མཛད་ཅིང་། །བསྟན་པ་གཉན་པོ་སྲུང་བ་དང་། །སྒྲུབ་ལ་བུ་བཞིན་སྐྱོང་མཛད་པའི། །དགྲ་ལྷའི་རྒྱལ་པོ་ཁྱོད་ལ་འདུད། །དེ་ཡང་དགྲ་ལྷའི་རྒྱལ་པོ་གེ་སར་ནོར་བུ་དགྲ་འདུལ་བསྒྲུབ་ཅིང་མཆོད་པར་འདོད་པའི་གང་ཟག་གིས་ཐོག་མར། དེ་ཡང་མཆོད་གཏོར་རི་རབ་བང་རིམ་བཞི་བ། དེ་སྟེང་མཁར་བད་གྲུ་བཞི། དེ་སྟེང་གཙོ་བོ་སེང་ཆེན་ནོར་བུ་དགྲ་འདུལ་ལ་དཀར་གླུམ་གླིང་བཞི། ཤར་དུ་ལྷ་ཚངས་པ་ལ་དཀར་གླུམ། རྩེར་དུང་བྱུས་བརྒྱན་པ། ལྷོར་ཀླུ་ལ་དཀར་གླུམ་འདབ་བརྒྱད་སྒྲོལ་དཀྱིས། ཀླད་བྲ་སྔོན་གྱིས་བརྒྱན་པ། ནུབ་ཏུ་གཉན་ཆེན་གེར་འཛོལ། གཉན་བཤོས་རྒྱབ་ཡོལ་ཅན། གསེར་བྱུས་བརྒྱན་པ། བྱང་དུ་དུང་ཁྱུང་དཀར་པོ་ལ་དཀར་གླུམ། ཤར་ལྷོར་ནུ་བོ་ཀླུ་ཕྲུག་འོད་ཆེན་ལ་དཀར་གླུ། ལྷོ་ནུབ་ཏུ་སྲིང་ལྕམ་ཐལ་ལེ་འོད་འཕྲོ་ལ་དཀར་གླུམ། ནུབ་བྱང་དུ་གནམ་སྨན་དཀར་མོ་ལ་དཀར་གླུམ། བྱང་ཤར་དུ་དགྲ་ལྷ་མི་སྟག་དམར་པོ་ལ་དམར་གཏོར་སླེང་གིས་བརྒྱན་པ། བང་རིམ་དང་པོར་མ་ཡུམ་འགོག་གཟའ་སོགས་དྭངས་སྨན་མཆེད་བདུན་དང་། དྭངས་སྨན་མཆེད་ལྔ་བཅས་ལ་ཤར་ནས་རིམ་བཞིན། ཤར་དུ་གླུམ་བཤོས་དཀར་པོ་གསུམ། ལྷོར་གསུམ།

ནུབ་དུ་གསུམ། བྱང་དུ་གསུམ། དེ་དག་གི་བར་མཚམས་རྣམས་སུ་མོ་སྨན་སུམ་ཅུ་མཆོད་ཕྱིར་མར་གྱི་རིལ་བུ་སུམ་ཅུ། འཕུར་དགུ་བྱ་རིགས་སྣ་ཚོགས་ཀྱིས་བརྒྱན་པ། བང་རིམ་གཉིས་པར། ཤར་དུ་དབུས་སུ་དཔལ་མགོན་ཚོགས་བདག་ལ་དམར་གཏོར་ཆེ་བ། སྐྱེས་བུའི་ཕྲག་ལྷ་སོགས་དགྲ་ལྷ་བཅུ་གསུམ་ལ། འཁོར་རང་འདྲ་གཙོ་བོའི་གཡས་སུ་བདུན། གཡོན་དུ་དྲུག་སྟེ་བཅུ་གསུམ། རྒྱལ་སྲིད་སྣ་བདུན་དང་ཉེ་བའི་རིན་ཆེན་བདུན་གྱིས་བརྒྱན་པ། ལྷོར་དགྲ་ལྷ་མཆེད་དགུའི་གཙོ་བོ་དཔའ་བརྟན་དམག་དཔོན་ཆེན་པོ་ལ་དབུས་སུ་གཙོ་བོར་དམར་གཏོར་ཆེ་བ་འཁོར་རང་འདྲ་བརྒྱད་དེ་གཙོ་བོའི་གཡས་གཡོན་དུ་བཞི་རེ་བཀོད། རི་རབ་གླིང་བཞི། ཉི་ཟླ། དཔག་བསམ་ཤིང་། བུམ་བཟང་། འདོད་འཇོའི་བ། ཡུལ་ལྗོངས་སོགས་དར་གོས་སྣམ་རས་གཙན་གཟན་ལྷགས་པ་སྲ་བརྟན་གོ་ཆ་རྣོ་ངར་མཆོན་གྱིས་བརྒྱན་པ། ནུབ་ཀྱི་དབུས་སུ་དགྲ་ལྷ་བཅུ་གསུམ་གྱི་གཙོ་བོ་ཚེ་སྲོག་སྐྱོབས་པའི་དགྲ་ལྷ་ལ་ལ་དམར་གཏོར་ཆེ་བ། འཁོར་བཅུ་གཉིས་ལ་གཙོ་བོའི་གཡས་སུ་རང་འདྲ་དྲུག ། གཡོན་དུ་དྲུག་རེ་བཀོད། དེ་དག་གི་བར་མཚམས་སུ་གཞན་ཡང་སྲོག་ལུས་དབང་ཐང་རླུང་རྟ་ལ་དབང་བྱེད་པའི་ལྷ་དང་། འཛམ་གླིང་སྐྱོང་བའི་ཡུལ་ལྷ་ཟོར་དོར་མཁར་གྱི་རྩེ་ལྷ་ཁྱིམ་དང་གོ་མཆོན་ཞིང་དང་ཕྱུག་ལྷས། སྒོ་ཁྱིམ་ལམ་སྲང་ཐབ་ཀ་སོགས་ལ་གནས་པའི་ལྷ་དང་། སྤྲུལ་པ་ཡང་སྤྲུལ་ཉིང་སྤྲུལ་གྱི་ཚོགས་ཐམས་ཅད་ལ་ཐེབ་ཀྱུ་དང་རིལ་བུ་གྲངས་མང་སྟག་རལ་གཟིགས་ཤུབ་ཁྲབ་རྨོག་ཕུབ་མདུང་དར་ཞགས་པ་ནོར་བུ་དུང་། གླང་སྟག་སེང་ཁྱུང་འབྲུག་མདའ་དར་གྱིས་བརྒྱན་པ། བྱང་ཕྱོགས་ཀྱི་དབུས་སུ་གཙོ་བོ་རྨ་རྒྱལ་ལ་ཟླུམ་བཞོས་དཀར་པོ་ཆེ་བ། འཁོར་དུ་དགེ་བསྙེན་ཚངས་པ། བཙུན་མོ་སྤྲུལ་པ་བཅས་ལ་རང་འདྲ་བཞི་སྟེ་གཙོ་བོའི་གཡས་སུ་གཉིས་གཡོན་དུ་གཉིས་རེ་བཀོད། དེ་དག་གི་བར་མཚམས་སུ་སྨན་མོའི་ཚོགས་དང་། གླུ་བཙན་གཉན་བདུད་འཁོར་ཚོགས་རྣམས་ལ་རང་མདོག་ཐེབ་རིལ་གྲངས་མང་། སྨན་ལེབ། འབྲང་རྒྱས། བྱང་བུ་མིག་དགུ། གཡུ། གསེར། དངུལ་སོགས། ཤ་གཟུགས་ལག་གཡས། རྟ་གཡག་ར་ལུག།

སྐུ་རབས་ལྔ་པ་ཐུབ་བསྟན་ཆོས་ཀྱི་རྡོ་རྗེའི་གསུང་ཚན།

འཕུར་དགུ། འཁྲིབ་དགུ། འཇོལ་དགུ་སོགས་སྤྲིན་གཟིགས་སྣ་ཚོགས་ཀྱིས་བརྒྱན་པ། བང་རིམ་གསུམ་པར་དགྲ་ལྷ་ཕྱེར་མའི་ཚོགས་དང་། མགྲོན་ཡག་དར་མའི་ཚོགས་ལ་ཀླུམ་བཤོས་དཀར་པོ་དང་དམར་གཏོར་སྤེལ་མ་ཤར་དུ་བཅུ། ལྷོར་བཅུ། ནུབ་ཏུ་བཅུ། བྱང་དུ་བཅུ། དགྲ་ལྷ་ཕྱེར་མའི་དམག་ཚོགས་ཐམས་ཅད་མཆོད་ཕྱིར། དེ་དག་གི་བར་མཚམས་རྣམས་སུ་ཐེབ་ཀྱུ་དང་རིལ་བུ་གྲངས་མང་། གཅན་གཟན་སྣ་ཚོགས་ཀྱིས་བརྒྱན་པ། བང་རིམ་བཞི་པར་རྒྱ་གར་གྱི་གྲུབ་ཆེན་བརྒྱད་བཅུའི་རྣམ་སྤྲུལ་ཡབ་ཆེན་སེང་བློན། རོང་ཚོ། སྤྱི་དཔོན། དཔའ་ཐུལ་སུམ་བཅུའི་བླ་གནས་སྟང་དུ་གཡུ་ཡི་མེ་ཏོག སྟོད་སྨད་བར་གསུམ་གླིང་ཆེན་རྣམ་གསུམ་གྱི་དཔའ་ཐུལ་གསུམ་དང་། རྒྱལ་མཚན་ཐོགས་པའི་མི་བཞི། ངོ་ལུག་གསུམ། དཔའ་ཐུལ་སུམ་ཅུ་བཅས་ཞེ་ལྔ་ལ། ཤར་དུ་ཀླུམ་བཤོས་དཀར་པོ་བཅུ་གཉིས། ལྷོར་གྲུ་བཞི་སེར་པོ་བཅུ་གཅིག ནུབ་དུ་དམར་པོ་ཟླ་གམ་བཅུ་གཅིག བྱང་དུ་གྲུ་གསུམ་ནག་པོ་བཅུ་གཅིག བར་མཚམས་སུ་ཟླ་མ་སུམ་ཅུ། སྒོམ་ཆེན་སུམ་ཅུ། སྟོན་པ་སུམ་ཅུ་སོགས་ལས་བྱེད་ཀྱི་རིགས་ཐམས་ཅད་ལ་རང་མདོག་དང་མཐུན་པའི་ཐེབ་རིལ་གྲངས་མང་བཅས། རི་དྭགས་གཡུང་དྭགས་རིག་བྱེད་སོགས་སྣམ་གཤེར་གྱི་གཟུགས་འགྲོས། དགོར་ཆ་ལོངས་སྤྱོད་ཏི་སླེད། སྐྱིད་ཚལ་རི་གླིང་ཁང་ཁྱིམ། ནམ་མཁའ་མདའ་འཕང་རྒྱང་བུ། ཕོ་ཐོང་མོ་ཐོང་ལ་སོགས་པས་བརྒྱན་པ་བཤམ་དགོས། ཤིན་ཏུ་བཙའ་ཐབས་བསྡུས་པ་ལྟར་ན། རི་རབ་བང་རིམ་བཞིའི་སྟེང་དཀར་ཀླུམ་གླིང་བཞི་འཁོར་དཀར་ཀླུམ་བདུན། དམར་གཏོར་ལྔ། བང་རིམ་གཉིས་པར་ཐེབ་ཀྱུ་བཞི་བཅུ། བང་རིམ་གསུམ་པར་རིལ་བུ་དམར་པོ་ཞེ་ལྔ། བང་རིམ་བཞི་པར་ཕྱོགས་བཞིར་ཐེབ་རིལ་གྲངས་མང་བཅས་གོང་ལྟར་དང་། མགོ་བའི་ཡོ་བྱད་མ་ཚངས་བ་མེད་པར་འདུ་བྱས་ལ། དོན་དང་པོ་རྟེན་བསྐྱེད་པའི་ཡན་ལག་ནི། རང་ཉིད་ཡི་དམ་གྱིང་རྒྱལ་དང་ལྡན་པའི་སྒོ་ནས། ཨོཾ་སྭ་བྷ་ཝ་སོགས་ཀྱིས་སྦྱངས། སྟོང་པའི་ངང་ལས་ཡེ་ཤེས་རང་སྣང་ལས་གྲུབ་པའི་གཞལ་མེད་ཁང་གྲུ་བཞི་སྒོ་བཞི་ཚད་དང་མཚན་ཉིད་ཐམས་ཅད་ཡོངས་

སུ་རྫོགས་པར་གྱུར་པའི་ནང་དུ་རྒྱལ་བའི་དབང་པོ་མཆོག་སྐྱེས་རྡོ་རྗེ་དང་། རིགས་གསུམ་ཞི་ཁྲོའི་སྒྱུ་འཕྲུལ་གཅིག་ཏུ་བསྡུས་པ། བདུད་འདུལ་ལས་ཀྱི་དབང་ཕྱུག་དགྲ་ལྷ་ཀུན་གྱི་རྒྱལ་པོ། ལྷེར་མ་ཡོངས་ཀྱི་སྲོག་སྙིང་། སྡེ་བརྒྱད་ཀུན་གྱི་ཆེ་བཙན། དྲེགས་པ་ཐམས་ཅད་ཀྱི་སྲོག་བདག་ཆེན་པོ། གེ་སར་སྐྱེས་བུ་ཆེན་པོ་ནོར་བུ་དགྲ་འདུལ་སྐུ་མདོག་དཀར་པོ་གངས་ཀྱི་རི་བོ་ལ་ཉི་མ་བྱེ་བས་འཁྱུད་པ་ལྟ་བུ་ཞལ་གཅིག་ཕྱག་གཉིས་པ། ཤིན་ཏུ་མཛེས་པ་ཞི་ཞིང་དྭངས་པའི་ཉམས་ཅན་དགྱེས་ཞལ་ཟླ་བ་ལྟར་ངོམས་པ། ཕྱག་གཡས་པས་མགོན་དཀར་ཡིད་བཞིན་ནོར་བུའི་གཏེར་ཟློག་ཐ་ལྕུག་བསམ་པའི་དོན་གྲུབ་ཕྱུར་ཐབས་སུ་འཛིན་པ་ལས་དགོས་འདོད་ནོར་བུའི་ཆར་བ་འབེབས་པ། ཕྱག་གཡོན་པས་གཉན་གྱི་ཟླ་མདུང་། མདུང་མོ་ཁམས་གསུམ་དགྲ་འདུལ་བསྣམས་པ་ལ་བ་དན་གཡུལ་ལས་རྣམ་པར་རྒྱལ་བ་གཡོ་བ། ཆོས་སྐྱོང་མགོན་པོའི་ཕྱག་དར། ཚངས་པ་དཀར་པོའི་དབྱུ་རྨོག་དབྱུ་ལ་རྨོག་དཀར་རྒྱལ་བའི་དོན་གྲུབ་གསོལ་བ། མགུལ་དུ་མགུལ་གབ་རིན་པོ་ཆེ་ནོར་བུ་འོད་འབར། མཁའ་འགྲོའི་ཟླ་རྡོ་སྣ་ཚོགས་ནོར་རྒྱན་གྱིས་སྤྲས་པ། མ་རྒྱུད་སྙིང་གི་ཟླ་གནས་ཕུབ་མོ་སྤྲ་དམར་ལེབ་ཆེན། སྐུ་ལ་མཁའ་འགྲོའི་གསང་གོས་དགྲ་ལྷའི་བེར་སྨུག་དཀར་ཤམ་ཟློ་ལུ་དགུ་བསྒྲིལ། ཁྲོ་བོ་སྙིང་གི་ཟླ་ལྕུགས། གཙུགས་ན་རིན་ཆེན་སྐུ་ཁྲབ་རྡོ་རྗེའི་གོ་ཁྲབ་སིལ་མ་ཐོག་རྒྱུགསྐུ་ཆིངས་གྲུབ་པའི་རྒྱལ་མོའི་ཚེ་མདུད། གཡས་སུ་སྟག་དོང་འཁྱིལ་བ་དགྲ་ལྷའི་རྫོང་ཆེན་གྱི་ནང་ཤེད་ན་དགྲ་ལྷའི་ལྷ་རྟེན་མདའ་མོ་སུམ་ཅུ། དགྲ་སྲོག་གཅོད་པའི་ལེབ་ཆེན་སུམ་ཅུ། ཤ་ཟ་ཁྲག་འཐུང་ལྕུགས་མདའ་སུམ་ཅུ། མི་སྐྱད་གོ་བའི་ལྷ་མདའ་བདུན། སྒྲུ་རྟུའི་ལྷ་མདའ་སྒྲོ་དཀར། ཨ་འགག་ཤེལ་གྱི་ལེབ་ཆེན་བཅས་མདའ་མོ་དགུ་བཅུ་

གོ་དགུ་ལ་ཁྲི་བོ་དགུ་བཙུ་གོ་དགུ་ཚང་བ། གཡོན་དུ་གཟིག་ཤུབ་འབར་བ་ཞེར་མའི་ལྷ་གནས་སུ་མཆོག་དཀར་རྒོད་འཁྲིལ་བ་གཟའ་བདུད་རང་འཁོར། སྐྱེད་གྲི་འཇིག་རྟེན་ཆོས་སོད། མགོན་པོ་བེར་ནག་ལྷ་གནས། རལ་གྲི་བཏབ་པ་ལན་མེད། དམ་ཅན་མགར་ནག་ལྷ་གནས། མ་མོའི་ལྷ་མཆོན་རྡོ་རྗེའི་བྲག་ཚོད་དང་། བརྩེ་གྲོགས་ལྷ་རྡོ་ཤེལ་ཀྱི་གྲི་རྒྱུང་། ལྷ་ཡི་ལྷ་མཆོན་གནམ་ལྟུགས་ཐོག་མདའ། ཀླུ་ཡི་ལྷ་ཞགས་སྦྲལ་སྦྲུལ་འདོམ་དགུ། ཞུར་རྡོ་ཕ་ལྷང་སྟོང་འཁོར། དམ་ཅན་ལྷ་རྡོ་སླད་ཁྲག་དཀྲུག་བྱེད། ཞབས་ལ་འཇའ་རིས་ཕྱག་ལྷམ་སྦོ་བརྒྱད་ཟིལ་གནོན་གསོལ་བ། སྐུ་ལ་དགྲ་ལྷའི་གོ་མཚན་སྣ་དགུས་བརྒྱན་པ། ཆིབས་སུ་རྫུ་འཕྲུལ་ཤུག་ལྡན་མདོ་བ་རྟ་ཡི་ལྷ་མཆོག་རྡོ་རྗེ་རྐྱང་རྒོད་འཕེལ་པོ་ལ། རྟ་སྟན་སྨེ་བ་དགུ་བརྩེགས། བལ་སྟན་ཡིད་བཞིན་ནོར་བུ། ཀོ་གཟར་མེ་རུ་འཁྲིལ་ཆེན། གསེར་སྒ་རི་མོ་དགུ་སྐོར་སྤུ་རུ་སེར་པོ་གསེར་ལས་གྲུབ་པ་ཤུཀྲ་ཐུབ་པའི་ལྷ་གནས། ཕྱི་རུ་ཁམས་པ་དངུལ་ལས་གྲུབ་པ་སྟོན་པ་གཤེན་རབ་ལྷ་གནས། ཨ་འཇོག་ཡིད་བཞིན་ནོར་བུ་མགོན་པོ་སྟོང་གི་ལྷ་གནས། རྟ་སྨེད་གསེར་གྱི་རྒྱུ་མདུད་མཁའ་འགྲོ་སྟོང་གི་ལྷ་གནས། གློ་ལེན་འབྲུག་གི་ཤ་འཁྱིལ་ཆོས་སྐྱོང་སྲུང་མའི་ལྷ་གནས། ཡོབ་ཆེན་དཀར་མོ་ལྷོང་ཤག ཡོབ་ལུང་དར་གྱི་ཅོད་པན་དུང་སྐྱོང་དཀར་མོའི་ལྷ་གནས། གོང་ཐག་མཆོང་གི་པ་དྲྭ། གཡུ་མཐུར་གཡུ་འབྲུག་ཡར་འཁྱིལ་ཀླུ་སྦྲུག་འོད་འཁྱིལ་ལྷ་གནས། གསེར་སྲབ་ཉི་མ་རང་ཤར་ཡི་དམ་སྟོང་གི་ལྷ་གནས་སོགས་རིན་པོ་ཆེའི་རྒྱན་སྣ་ཚོགས་ཀྱིས་སྤྲས་པ་ལ་ཆིབས་པ། རྐྱང་སྨུག་བེར་ག་རོལ་དུ་ཁྲིད་པ། དེའི་མདུན་ནས་གཡས་སྐོར་དུ་ལྷ་ཆེན་ཚངས་པ་དཀར་པོ་ཞལ་གཅིག་ཕྱག་གཉིས་པ། ཕྱག་གཡས་མདའ་དར་དང་།

གཡོན་པས་མདུང་དར་བསྣམས་པ། དབུ་ལ་རྨོག་གསོལ་བ། སྐུ་ལ་དར་དཀར་དང་དུང་ཁྲབ་གསོལ་བ། སྟག་རལ་གཡས་ལ་གཟིགས་ཞུབ་གཡོན་དུ་འཕྱུངས་བ། དུང་བྱ་དཀར་པོ་ཀླད་དུ་ལྡིང་བ། དུང་ཁྱི་དཀར་པོ་རོལ་དུ་ཁྲིད་པ། དུང་རྟ་དཀར་པོ་ལ་ཆིབས་པ། ལྷ་དམག་བྱེ་བ་འབུམ་གྱིས་བསྐོར་བ། གཉན་ཆེན་སྐུ་ལྷ་གེ་འཛོ་ཞལ་གཅིག་ཕྱག་གཉིས་པ། གཡས་པས་མདའ་དར་དང་། གཡོན་མདུང་དར་བསྣམས་པ། དབུ་ལ་བསེ་རྨོག་དང་། སྐུ་ལ་བེར་སེར་དང་། བསེ་ཁྲབ་གསོལ་བ། བསེ་ཞུབ་དང་། གསེར་མདའ། གསེར་གཞུས་བརྒྱན་པ། ཀླད་ལ་གསེར་བྱ་ལྡིང་བ། གསེར་ཁྱི་སེར་པོ་རོལ་དུ་ཁྲིད་པ། སྟག་རལ་གཡས་ལ་གཟིགས་ཞུབ་གཡོན་དུ་འཕྱུངས་བ། གཉན་རྟ་ཁྲ་བོ་ལ་ཆིབས་པ། འཁོར་དུ་གཉན་དམག་འབུམ་གྱིས་བསྐོར་བ། ཀླུ་རྒྱལ་གཙུག་ན་རིན་ཆེན། ཞལ་གཅིག་ཕྱག་གཉིས་པ། ཕྱག་གཡས་པས་མདའ་དར་དང་། གཡོན་མདུང་དར་ཅན། དབུ་ལ་གཡུ་རྨོག་དང་། སྐུ་ལ་བེར་སྔོན་དང་གཡུ་ཁྲབ་གསོལ་བ། གཡུ་ཞུབ་དང་གཡུ་མདའ། གཡུ་གཞུས་བརྒྱན་པ། ཀླད་ལ་གཡུ་བྱ་ལྡིང་བ། གཡུ་ཁྱི་སྔོན་པོ་རོལ་དུ་ཁྲིད་པ། སྟག་རལ་གཡས་ལ་གཟིགས་ཞུབ་གཡོན་དུ་འཕྱུངས་བ། ཆུ་རྟ་སྔོན་པོ་ལ་ཆིབས་པ། འཁོར་དུ་ཀླུ་དམག་བྱེ་བ་འབུམ་གྱིས་བསྐོར་བ། ཞུ་བོ་དུང་ཁྱུང་དཀར་པོ། ཞལ་གཅིག་ཕྱག་གཉིས་ཐར་སྦྲུར་གྱི་ནོར་བུ་ཐུགས་ཀར་འཛིན་པ། རྟ་རག་པ་གསེར་གྱི་གདོང་ཅོམས་ཅན་ལ་བཅིབས་པ། ཁྱུང་མགོ་ཅན་འབུམ་གྱིས་བསྐོར་བ། ནུ་བོ་ཀླུ་ཕྲུག་འོད་ཆེན་མི་ལུས་སྦྲུལ་གྱི་མགོ་བོ་ཅན། ཕྱག་ན་གཡུ་སྦྲུལ་གྱི་ཞགས་པ་བསྣམས་པ། གཡུ་རྟ་གཟི་མིག་ལ་ཆིབས་པ། སྦྲུལ་མགོ་ཅན་འབུམ་གྱིས་

བསྐོར་བ། སྲིད་མོ་ཐལ་ལེ་འོད་འཕྲོ། ཕྱག་ན་མྱུ་ཏིག་གི་ཞགས་པ་བསྣམས་པ། བྱ་རྒྱལ་ཐང་དཀར་རྐོད་པོ་ལ་ཆིབས་པ། མཁའ་འགྲོ་བྱེ་བ་འབུམ་གྱིས་བསྐོར་བ། མ་ཨ་ནེ་གནམ་སྨན་དཀར་མོ་ཞལ་གཅིག་ཕྱག་གཉིས་པ། གཡས་སེང་ལྡེང་ཌཱ་མ་རུ་སྟོང་གསུམ་སྒྲན་པར་ཁྲོལ་བ། གཡོན་དཔྱལ་དཀར་གྱི་དྲིལ་བུ་སིལ་སིལ་དཀྲོལ་བ། སེང་གེ་དཀར་མོ་ལ་ཆིབས་པ། རོལ་དུ་མ་ཧེ་སྔོན་པོ་ཁྲིད་པ། ལུང་བསྟན་མཁའ་འགྲོ་འབུམ་གྱིས་བསྐོར་བ། དགྲ་ལྷའི་མེ་སྟག་དམར་པོ། མི་དམར་ཁྲག་གི་རལ་བ་ཅན། ཞལ་གཅིག་ཕྱག་གཉིས་པ། གཡས་པས་མདུང་དར། གཡོན་ཞགས་པ་བསྣམས་པ། ཞལ་ནས་མེ་འབར་བ། ཤངས་ནས་དུད་པ་འཐུལ་བ། སྤྱན་ནས་མེའི་ཚྭ་ཚྭ་འཕྲོ་བ། རྟ་དམར་བྱེ་རུའི་གདོང་ཅན་ལ་ཆིབས་པ། དགྲ་ལྷ་སྟོང་དང་ལྔ་བརྒྱའི་འཁོར་གྱིས་བསྐོར་བ། མ་ཡུམ་འགོག་གཟའ་ལྷ་དཀར། སྟོང་ཉིད་མགར་བཟའ་ཆོས་སྒྲོན། ཟེ་མ་གཡང་སྨན་རྒྱལ་མོ་དང་། རྒྱ་གར་ཆོས་མོ་མཚོ། རྒྱ་ནག་ཁྲི་མོ་མཚོ། དཔོན་ཆེན་བུ་མོ་གཡུང་དྲུང་མཚོ། བློན་པོའི་བུ་མོ་ཧ་ཤང་མཚོ། ཁ་མཚར་ཀླུ་མོ་མཚོ་སྐྱེ་ཡུམ་མཆོག་དྭངས་སྨན་མཆེད་ལྔ་དང་། སེང་ལྕམ་འབྲུག་མོ། དཀྱུང་མ་ཡག་སེང་ལྕམ། སྒྲི་དཔོན་གཡུ་སྒྲོན། འདན་མའི་དར་ལུ། འབྲུ་རབ་དཀར་སྟོན་པའི་བུ་མོ། ཕ་ཆེན་རག་གཟའ་དགེ་མཚོ། ནེའུ་ཆུང་ལུ་གུའི་མཚར་ཡག་ཧེ་དྭངས་སྨན་མཆེད་བདུན། དེ་ཐམས་ཅད་ཕྱག་གཡས་པ་ན་མདའ་དར། གཡོན་པ་ན་ཕྱེ་མར་བསྣམས་པ། དེ་དག་གི་འཁོར་དུ་མོ་སྨན་སུམ་ཅུའི་གཙོས། མོ་སྨན་མཁའ་འགྲོའི་ཚོགས་ཐམས་ཅད་སྤྲིན་ཕུང་གཏིབས་པ་ལྟ་བུར་བཞུགས་པར་གྱུར། དེའི་ཕྱི་རོལ་ཤར་ཕྱོགས་སུ་རྣམ་འཕྲོར་ཡོངས་ཀྱི་དགྲ་ལྷ་ཆེན་

པོ་དཔལ་མགོན་ལེགས་ལྡན་ཚོགས་ཀྱི་བདག་པོ། སྐུ་མདོག་མཐིང་ནག་དབྱུར་གྱི་ཆར་སྤྲིན་ལྟ་བུ་ཤིན་ཏུ་འཇིགས་པའི་ཉམས་ཅན། གཡས་ཙནྡན་གྱི་བེང་དང་། གཡོན་ཐོད་ཁྲག་བསྣམས་ཤིང་ཁྲོ་ཆས་ཡོངས་སུ་རྫོགས་པ། དར་དམར་ནག་གི་འཇོལ་བེར་སྣུམ་བརྒྱེགས་གྱོན་པ། ཞབས་ལ་སག་ལྷམ་གསོལ་ཞིང་ལྷ་ཀླུ་གཉན་གྱི་དམག་ཚོགས་བྱེ་བ་དུང་ཕྱུར་འཁྲིད་པ། དེའི་གཡོན་དུ་ལྷ་མོ་དུང་སྐྱོང་དབང་མོ། ཕྱོགས་མཚམས་སོགས་སུ་སྐྱེས་བུ་ཕྲག་ལྷ་དཀར་པོ། དགྲ་ལྷ་མ་ལྷ་བུ་རྫི་སེར་པོ། ཐབ་ལྷ་ཡུ་མོ་སྔོན་མོ། ཁྱིམ་ལྷ་གཡུ་ཐུང་དཀར་པོ། རྒྱལ་ཆེན་རྣམ་སྲས་སེར་པོ། ཨཥྚ་རྗེམ་ལྷ་སེར་པོ། ཚོང་ལྷ་ཚོགས་བདག་གླང་སྣ་དཀར་པོ། འགྲོན་ལྷ་དཀར་པོ། དགྲ་ལྷ་འཐབ་སྐྱེན་སྣ་ནག་མཐོང་ག་མགོན་པོ་ཧྲག་ལྷ་དཀར་པོ། དགྲ་ལྷ་མགོན་པོ་དམར་པོ། མགོན་པོ་ཟས་ལྷ་དམར་པོ། མགོན་པོ་སྲོག་ལྷ་དཀར་པོ་སྟེ། མགོན་པོ་དགྲ་ལྷ་བཅུ་གསུམ་ལྷ་དམག་བྱེ་བའི་ཚོགས་མེ་དཔུང་གི་དབུས་ན་སྒྲུབ་པ་པོའི་རྣམ་བཞིའི་ཕྲིན་ལས་སྒྲུབ་ཅིང་། སྤྱི་བཞིའི་དགའ་སྟོན་སྤེལ་བའི་རང་བཞིན་ཅན་གྱི་རྣམ་འགྱུར་དཔག་ཏུ་མེད་པས་བསྐོར་བ། ལྷོ་ཕྱོགས་སུ་དགྲ་ལྷ་མཆེད་དགུའི་དཔའ་བརྟན་དམག་དཔོན་ཆེན་པོ་རླུང་གི་ཤུགས་ལྡན་རྟ་མཆོག་གངས་རི་ལྟར་དཀར་བ་ལ་རིན་པོ་ཆེའི་སྒ་སྲབ་ཀྱིས་སྤྲས་པའི་སྟེང་དུ། སྐུ་མདོག་དཀར་ལ་འོད་དུ་འཚེར་བ། ཞལ་གཅིག་ཕྱག་གཉིས་པ། གཡས་པས་སྦྲ་ལྕུག་དཀར་པོ་ཅིག་གསུམ་བསྣམས་ཤིང་། གཡོན་པས་སྲབ་མདའ་འཛིན་པ། སྐུ་ལ་གསེར་ཁྲབ་སེར་པོ་དང་། དབུ་ལ་གནམ་ལྕགས་ཀྱི་རྨོག་གསོལ་བ། ཞབས་ལ་སག་ཆེན་ཡུ་རིང་གསོལ་ཞིང་། སྟག་རལ་གཡས་ལ་གཟིག་ཤུབ་གཡོན་དུ་བཅིང་བ། དགྲ་འཇོམས་རལ་གྲི་རྐེད

ལ་བཏགས་པ། ལྷུགས་ཀྱི་བྲ་ཁྲ་གླད་ན་ལྡིང་ཞིང་། ཕྲག་གོང་གཡས་ན་སེང་ཆེན་འགྱིང་ཞིང་། ཕྲག་གོང་གཡོན་ན་རྒྱ་སྟག་གྲུས་མ་འཕྱོ་བ། ཁྲི་ནག་དོམ་དྲེད་ཕྱི་ནས་འབྲང་བ། སྤྱི་བརྒྱུད་མང་པོ་མདུན་ནས་རྒྱུག་པ། སྤྲུལ་པ་ཡང་སྤྲུལ་བསམ་གྱིས་མི་ཁྱབ་པ་འགྱེད་པ། དེའི་ཤར་དུ་མཐུ་ཆེན་དགྲ་འདུལ། ལྷོར་སྣང་གྲགས་འབྲུག་ལྡིར། ནུབ་ཏུ་དྲག་རྩལ་ཐོགས་འབེབས། བྱང་དུ་སྐྲེས་པ་སྲོག་འདོན། ཤར་ལྷོར་སྣང་བ་སྲོག་གཅོད། ལྷོ་ནུབ་ཏུ་སྐྲེས་བུ་རང་ཆས། ནུབ་བྱང་དུ་བྲ་ཁྲ་སྔོན་པོ། བྱང་ཤར་དུ་དགྲ་སྨན་གཞོག་རྩོལ་དཀར་མོ་སྟེ། དེ་ཐམས་ཅད་ཀྱང་སྐུ་མདོག་དཀར་པོ་རང་མདོག་དང་མཚུངས་པའི་རྟ་ལ་ཞོན་པ། ཕྱག་གཡས་སྦྲ་ལྷུག་དཀར་པོ་ཙིགས་གསུམ་བསྣམས་ཤིང་། གཡོན་པས་སྲབ་མདའ་འཛིན་པ། སྐུ་ལ་གསེར་ཁྲབ་དང་། དབུ་ལ་ལྷུགས་རྨོག་གསོལ་བ། ཞབས་ལ་སག་ལྷམ་གྱོན་ཞིང་། སྟག་དོང་གཡས་དང་གཟིག་ཤུབ་གཡོན་དུ་འཕྱུངས་བ། དགྲ་འཛོམས་རལ་གྲི་རྐེད་ལ་བཏགས་པ། གླད་ན་ལྷུགས་ཀྱི་བྲ་ཁྲ་ལྡིང་བ། ཕྲག་གོང་གཡས་ན་སེང་ཆེན་འགྱིང་ཞིང་། ཕྲག་གོང་གཡོན་ནས་རྒྱ་སྟག་གྲུས་མ་འཕྱོ་བ། ཁྲི་ནག་དོམ་དྲེད་ཕྱི་ནས་འབྲང་བ། སྤྱི་བརྒྱུད་མང་པོ་མདུན་ནས་རྒྱུག་པ། སྤྲུལ་པ་ཡང་སྤྲུལ་བསམ་གྱི་མི་ཁྱབ་པར་འགྱེད་ཅིང་། ཀུན་ཀྱང་དཀར་ཕྱོགས་སྐྱོང་བའི་ཚུལ་གྱིས་བཞུགས་པ། ནུབ་ཕྱོགས་སུ་མཐུ་ལྡན་དགྲ་ལྷ་བཅུ་གསུམ་གྱི་གཙོ་བོ་ཆེ་སྐྱོབ་པའི་དགྲ་ལྷ་གངས་རི་ལྷར་དཀར་ཞིང་། ཞལ་གཅིག་ཕྱག་གཉིས་པ། གཡས་མདུང་དར་དང་གཡོན་དོན་ཡོད་འཁྲུལ་གྱི་ཞགས་པ་འཛིན་པ། རྟ་དཀར་སྣ་སྲབ་གོང་སྔེད་ཅན་ལ་བཅིབས་པ། མཛེས་བརྗིད་དཔའ་བའི་ཉམས་དང་ལྡན་པ། ཤར་དུ་བསྟན་པ་རྒྱས་པའི་དགྲ་ལྷ་

མི་སྔོན་ཧྲ་སྔོན་བཅིབས་ནས་བ་དན་སྔོན་པོ་བསྣམས་པ། ལྷོར་མི་གྲངས་སྤེལ་བའི་དགྲ་ལྷ་མི་དམར་ཧྲ་དམར་བཅིབས་ནས་དར་སྨུག་ལྕེ་བརྒྱད་བསྣམས་པ། ནུབ་ཏུ་དགྲ་སྡང་འདུལ་བའི་དགྲ་ལྷ་མི་ནག་ཧྲ་ནག་བཅིབས་ནས་བ་དན་ནག་པོ་བསྣམས་པ། བྱང་དུ་གནོད་བྱེད་འདུལ་བའི་དགྲ་ལྷ་མི་སྨུག་ཧྲ་སྨུག་བཅིབས་ནས་དར་སྨུག་ལྕེ་བརྒྱད་བསྣམས་པ། ཤར་ལྷོར་དཀོར་ནོར་སྤེལ་བའི་དགྲ་ལྷ་མི་སེར་ཧྲ་སེར་བཅིབས་ནས་མདུང་དར་སེར་པོ་བསྣམས་པ། ལྷོ་ནུབ་ཏུ་མི་ཚེ་བསྲིངས་བའི་དགྲ་ལྷ་མི་དམར་ཧྲ་དམར་བཅིབས་ནས་བདུད་རྩིའི་བུམ་པ་འཛིན་པ། ནུབ་བྱང་དུ་མཛེས་བརྗིད་ཇམས་པའི་དགྲ་ལྷ་མི་དཀར་རྒྱ་སྟག་བཅིབས་ནས་རུ་མཚོན་འཛིན་པ། བྱང་ཤར་དུ་དཔའ་རྩལ་བསྐྱེད་པའི་དགྲ་ལྷ་མི་དཀར་དུང་གི་སེང་གེ་བཅིབས་ནས་ཤེས་རབ་ཀྱི་རལ་གྲི་འཛིན་པ། སྟེང་ཕྱོགས་སུ་དཔའ་བརྗིད་བཙན་པའི་དགྲ་ལྷ་མི་དཀར་རྒྱ་སྟག་བཅིབས་ནས་དར་ཁྲ་འཛིན་པ། འོག་ཕྱོགས་སུ་ཀུན་གྱིས་བཀུར་བའི་དགྲ་ལྷ་མི་དཀར་གླང་ཆེན་བཅིབས་ནས་དར་མདུང་འཛིན་པ། རྒྱབ་ཕྱོགས་སུ་སླན་པ་ཐོབ་པའི་དགྲ་ལྷ་མི་དཀར་གཡུ་འབྲུག་བཅིབས་ནས་དུང་དཀར་འཛིན་པ། ཐམས་ཅད་ཀྱི་སྔོན་དུ་བསམ་དོན་འགྲུབ་པའི་དགྲ་ལྷ་མི་དཀར་དུང་ཁྱུང་བཅིབས་ནས་ཡིད་བཞིན་གྱི་ནོར་བུ་བསྣམས་པ། ཐམས་ཅད་ཀྱི་གཡོན་པས་ཞགས་པ་འཛིན་པ། སྐྱེས་དར་མའི་ཉམས་ཅན། གོ་ཁྲབ་དང་སྟག་རལ་གཟིག་ཤུབ་བཅིང་བ། སག་ལྷམ་གསོལ་ཞིང་ཇམ་བརྗིད་དཔའ་བའི་རྒྱན་ཆ་ལུགས་དུ་མ་ཡོངས་སུ་རྫོགས་པ། བྱང་ཕྱོགས་སུ་རྨ་ཡུལ་ཡངས་བའི་ཟོ་དོར་གྱི་རྒྱལ་པོ་རྨ་ཆེན་སྤོམ་ར། ས་བརྒྱད་ཐོབ་པའི་གནོད་སྦྱིན་ཡོངས་ཀྱི་རྒྱལ་པོ། སྐུ་མདོག་དཀར་པོ་ལ་དབང་གི་གཟི་བྱིན་ཆགས་པས་ཙུང་ཟད་དམར་འོད་འབར་བ། ཞལ་གཅིག་ཕྱག་གཉིས་པ།

ཕྱག་གཡས་པས་ནོར་བུ་འབར་བ་དང་། ཕྱག་གཡོན་པས་མདུང་དར་བསྣམས་པ། དབུ་ལ་ཟངས་རྨོག་བྲེ་རྟུའི་ཏོག་ཁེབ་ཅན་གསོལ་བ། སྐུ་ལ་ལྷུང་དམར་བརྩེགས་པའི་བེར་གསོལ་བ། ཞབས་ལ་སག་ལྷམ་གསོལ་བ། ཅང་ཤེས་ངང་དམར་རླུང་གི་གཤོག་རྩལ་དང་ལྡན་པ། གསེར་སྒ་གསེར་སྲབ་གཡུ་མཐུར་བྲེ་རྟུས་བརྒྱན་པ་ལ་བཅིབས་པ། གཡས་སུ་དགེ་བསྙེན་བཙུན་པ་ཆོས་གོས་མཐིང་ཤམ་ཅབ་རིལ་ཅན། དབུ་ལ་བསེ་ཐེབ་གསོལ་བ། རྟ་དཀར་པོ་ལ་ཞོན་པ། རྒྱབ་ཏུ་ལྷུང་བཟེད་ཁུར་བ། ཕྱག་ན་མཁར་གསིལ་དང་གཏེར་གྱི་ཕྲེང་བ་འདྲེན་པ། གཡོན་དུ་ཚངས་པ་གཞོན་ནུ་བེར་དཀར་གསོལ་བ། རྟ་དཀར་དངུལ་གྱི་རྨོག་རྟུ། ཕྱག་ན་དངུལ་སྒྲོམ། མདུང་དར་དཀར་པོ་བསྣམས་པ། ཅང་ཤེས་དཀར་པོ་ལ་ཞོན་པ། མདུན་དུ་བཙུན་མོ་གཞོན་ནུ་དུང་མདོག་ཞལ་མཛེས། ནོར་བུའི་ཐོར་ཚུགས་སྒྲ་འཕྱུར་སྨུ་ཏིག་གིས་བརྒྱན་པ། གོས་དཀར་གཡང་ལུག་སྨུ་ཏིག་གི་དོ་ཤལ་གསོལ་བ། ཕྱག་གཡས་ན་གཡུ་ཡི་སྒྲོམ་བུ། གཡོན་མདའ་དར་བསྣམས་པ། རྟ་མཆོག་ངང་པ་ལ་ཞོན་པ། རྒྱབ་དུ་སྤྲུལ་པ་ཆེན་པོ་ཞལ་གཅིག་ཕྱག་གཉིས། ཕྱག་གཡས་པས་གསེར་སྒྲོམ་དང་། གཡོན་པས་ནེའི་ལེའི་རྒྱལ་བ་འཛིན་པ། དབུ་ལ་གསེར་རྨོག་གསོལ་བ། སྐུ་ལ་གསེར་ཁྲབ་དང་ལྷུང་བེར་བརྩེགས་པའི་བེར་གསོལ་བ། གཞན་ཡང་འཁོར་དུ་སྨན་མོ་ལ་སོགས་སྣ་ཚོགས་གཟུགས་སྤྲུལ་ཅན་དང་། ཀླུ་བཙན་གཉན་བདུད་འབུམ་ཕྲག་ཡངས་པའི་འཁོར་དང་བཅས་པ་བཞུགས་པ། དེ་དག་གི་འཁོར་དུ་འགོ་བའི་ལྷ་ལྔ། རིག་འཛིན་བན་སྐྱོང་བོན་སྐྱོང་། གཞན་ཡང་སྲོག་ལུས་དབང་ཐང་ཀླུང་རྟ་ལ་དབང་བྱེད་ལྷ་དང་། འཛམ་གླིང་སྐྱོང་བའི་ཡུལ་ལྷ་ཟོ་དོར། མཁར་ཁྲིམ་གོ་མཆོན་ཞིང་དང་

ཕྱུག་ལྷས། སྒོ་ཁྱིམ་ལམ་སྲང་ཐབ་ཀ་སོགས་ལ་གནས་པའི་ལྷ། སྤྲུལ་བ་ཡང་སྤྲུལ་དང་ཉིང་སྤྲུལ་གྱི་ལྷ་ཚོགས་བསམ་གྱིས་མི་ཁྱབ་པས་བསྐོར་བ། གཞན་ཡང་ཕྱོགས་དང་ཕྱོགས་མཚམས་སྟེང་འོག་བར་གསུམ་ཐམས་ཅད་དུ། དགྲ་ལྷ་ཞེར་མའི་དམག་ཚོགས། མགྲོན་ཡག་དར་མའི་ཚོགས་དང་བཅས་པ་སོ་སོའི་གནས་སུ་འཁོར་བ་ནི། ནམ་མཁའི་ཞེར་མ་འབྲུག་ཆིབས། ངར་སྐད་ཅན་གྱི་དགྲ་ལྷ། བར་སྣང་ཞེར་མ་གློག་ཆིབས། ཐོག་སེར་ཅན་གྱི་དགྲ་ལྷ། གངས་དཀར་ཞེར་མ་སེང་ཆིབས། གཡུ་རལ་ཅན་གྱི་དགྲ་ལྷ། རྫ་ཁྲ་ཡག་ཞེར་མ་འབྲོང་ཆིབས། རུ་ཐུར་ཅན་གྱི་དགྲ་ལྷ། སྤང་དཀར་ཞེར་མ་རྐྱང་ཆིབས། ཇ་རྡོག་ཅན་གྱི་དགྲ་ལྷ། ལ་ཁ་བཞིའི་ཞེར་མ་ཤ་ཆིབས། མགོ་རྨ་དར་ཅན་གྱི་དགྲ་ལྷ། ནགས་ཙནྡན་ཞེར་མ་སྟག་ཆིབས། འཛུམ་དྲུག་གྱི་དགྲ་ལྷ། བྲག་དཀར་ཞེར་མ་རྒོད་ཆིབས། གཤོག་དྲུག་ཅན་གྱི་དགྲ་ལྷ། ས་གཞིའི་ཞེར་མ་གླང་ཆིབས། སྣ་ཞགས་ཅན་གྱི་དགྲ་ལྷ། ཆུ་བོའི་ཞེར་མ་ཉ་ཆིབས། གསེར་མིག་ཅན་གྱི་དགྲ་ལྷ། རྒྱ་མཚོའི་ཞེར་མ་ཆུ་སྲིན་ཆིབས། རྔམ་བརྗིད་ཅན་གྱི་དགྲ་ལྷ། རྒྱ་ཤོད་ཞེར་མ་རྒྱ་བྱ་ཆིབས། ཀོ་བཟོ་ཅན་གྱི་དགྲ་ལྷ། རྨ་ཤོད་ཞེར་མ་རྨ་བྱ་ཆིབས། སྒྲོ་མདོངས་ཅན་གྱི་དགྲ་ལྷ། ལྷོ་བྲག་ཞེར་མ་ནེ་ཙོ་ཆིབས། སྨྲ་བརྗོད་བདེ་བའི་དགྲ་ལྷ། སྐྱིད་སེར་ཞེར་མ་རླུང་ཆིབས། མྱུར་མགྱོགས་ཅན་གྱི་དགྲ་ལྷ། མིའུ་རིན་ཆེན་ཞེར་མ་རྟ་ལ་ཆིབས། མགྱོགས་དར་ཅན་གྱི་དགྲ་ལྷ། དགྲ་ལྷ་ལྔ་གསུམ་བཅོ་ལྔ་དང་། ལྷ་འཁོར་སུམ་བརྒྱ་དྲུག་ཅུའི་ཚོགས་དང་བཅས་པ། ཕོ་ཐང་གཡུ་འབྲུག་སྔོན་མོ། རྩ་རླུང་འཁོར་བའི་དགྲ་ལྷ། ལུགས་ཀྱི་ཕོ་རོག་ནག་པོ། ཆོས་སྐྱོང་འཁོར་བའི་དགྲ་ལྷ། གསེར་གྱི་འུག་པ་སེར་པོ།

མཁྱེན་པ་སེར་བའི་དགྲ་ལྷ། ཤ་ཟ་ཐང་དཀར་རྒོད་པོ། གནམ་འཕང་གཅོད་པའི་དགྲ་ལྷ། འཛུམ་ཡག་རྒྱ་སྟག་དམར་པོ། འཛུམ་དྲུག་ཅན་གྱི་དགྲ་ལྷ། ལྕུགས་ཀྱི་བྱ་ཁྲ་རྩེར་བ། གློ་གྲོས་རྒྱས་པའི་དགྲ་ལྷ། མྱུར་མགྱོགས་བྱ་གླག་རོག་མོ། གསོད་བྱེད་ཅན་གྱི་དགྲ་ལྷ། མདུར་རོགས་སྤྱང་ཐོང་སྔོན་མོ། ཟ་ཁ་དར་བའི་དགྲ་ལྷ། རྩལ་ཆེན་སེང་གེ་དཀར་མོ། གཡུ་རལ་ཅན་གྱི་དགྲ་ལྷ། འཁྲིལ་རོགས་གསེར་སྦྲུལ་སེར་པོ། ཞེ་སྡང་ཅན་གྱི་དགྲ་ལྷ། འབྲིང་རོགས་ཤ་བ་རྒྱ་འཛོང་། རྣ་དར་ཅན་གྱི་དགྲ་ལྷ། འཕགས་རོགས་གླ་བ་སྨུག་ཆུང་། བཟང་དྲུག་ཅན་གྱི་དགྲ་ལྷ། གབ་རོགས་རི་བོང་དཀར་པོ། རྣ་མཆོག་ཅན་གྱི་དགྲ་ལྷ། ཇམས་བརྗིད་དྲེད་མོ་སོག་དཀར། ཁྲོ་གཏུམ་ཅན་གྱི་དགྲ་ལྷ། དཔའ་བོ་དོམ་བུ་སྙིང་དཀར། དཔའ་སྙིང་ཆེ་བའི་དགྲ་ལྷ་ཟེ་དོར། སྤོབས་ཆེན་འབྲོང་གཡག་དར་མ། རུ་ཐུར་ཅན་གྱི་དགྲ་ལྷ། ཟིལ་གནོན་བྱ་ཁྱུང་རྒྱལ་པོ། སྙན་གྲགས་རྒྱས་པའི་དགྲ་ལྷ། འབྲིང་གི་གཟིག་ཐང་རི་བཀྲ། དྲག་རྩལ་ཅན་གྱི་དགྲ་ལྷ། གསེར་གྱི་ཉ་མོ་གཤོག་དྲུག་ཆབ་སྲིད་མཚོ་ལྡིར་རྒྱས་པའི་དགྲ་ལྷ། རབ་བརྟན་གླང་ཆེན་ཐལ་དཀར། དབང་ཐང་ཅན་གྱི་དགྲ་ལྷ་སོགས་ལྷེར་མ་སུམ་བརྒྱ་དྲུག་ཅུའི་ཚོགས་དང་བཅས་པས་ཕྱོགས་དང་ཕྱོགས་འཚམས་ས་གཞི་བར་སྣང་གི་ཁྱོན་ཐམས་ཅད་ཡོངས་སུ་གང་བར་གྱུར།

༈ སེང་བློན་ག་མ་རིག་ཤེས། རྟ་ཕོ་དགུ་བརྒྱ་རྣ་གཅིག་ལ་ཆིབས་པ། རོང་ཚ་ནོར་བུ་ལྷ་དར། རྟ་ཕོ་ཐང་དཀར་གཤོག་ཡག་ལ་ཆིབས་པ། སྤྱི་དཔོན་རོང་ཚ་ཁྲ་རྒན། རྟ་ཕོ་སྨུག་ཆུང་དྲེལ་མགོ་ལ་ཞོན་པ། སྟང་དུ་གཡུ་ཡི་མེ་ཏོག་རྟ་ཕོ་རྨ་བྱ་ཁྲི་ཆེན་ལ་ཞོན་པ། སྟོད་གླིང་ཉི་འབུམ་དར་ཡག མགྱོགས་པ་ངང་པ་གསེར་སྒང་ལ་བཅིབས་པ།

བར་གླིང་ཨ་ནུ་སེང་སྟག   མགྲོགས་པའི་གསེར་མདངས་ཉི་མའི་འཁྲུལ་འཁོར་ལ་ཞོན་པ།   སྨད་གླིང་སུ་སྤྲུང་དར་ལྱུ།   མགྲོགས་པའི་གཡུ་རྟ་ཁྲི་འཕེལ་ལ་ཆིབས་པ།   གདོང་བེ་རུ་ཉི་མ་རྒྱལ་མཚན།   བེར་རྟ་གླིག་དམར་འབྲུག་ཤེས་ལ་ཆིབས་པ།   འབྲུག་རྡེ་ཐར་པ་རྒྱལ་མཚན།   འབྲུ་རྟ་གསེར་མདངས་རག་དཀར་ལ་ཆིབས་པ།   གླིང་ཨ་ཡག་ཤུ་ཀྲ་རྒྱལ་མཚན།   རྟ་ཕོ་ནམ་མཁའི་མདོག་ཅན་ལ་ཆིབས་པ།   གོ་འཛོའི་བླ་མ་རྒྱལ་མཚན།   རྟ་ཕོ་སྤྲིན་གྱི་ཤུགས་ཅན་ལ་ཆིབས་པ།   སྨུ་པའི་དར་འཛམ་ངོ་ལུག   གཡུ་རྟ་ནོར་བུ་འཕུར་ཤེས་ལ་ཆིབས་པ།   འོམ་བུ་ཚངས་པའི་ངོ་ལུག   རྟ་ཕོ་ཀྲ་བ་ཀྲས་རིང་ལ་ཆིབས་པ།   སྟག་རོང་སྤྲིན་ཚ་ངོ་ལུག   རྟ་ཕོ་སྔོན་པོ་ཆུ་མདོག་ལ་ཆིབས་པ།   གྲི་ལ་དབང་ཐོབ་འབུམ་པའི་ཞལ་དཀར།   རྒྱ་རྒྱུག་རྒྱ་བྲ་སོག་དཀར་ལ་ཆིབས་པ།   མདའ་ལ་དབང་ཐོབ་འདན་མ་སྤྲུང་ཁྲ།   མདོ་བ་དངུལ་འཕྲུག་ལྡེམ་པ་ལ་ཆིབས་པ།   མདུང་ལ་དབང་ཐོབ་གདོང་ཆོས་ལུ་བུ་ཡི་དར་འཕེན།   རྟ་ཕོ་ཁྱུང་ནག་དགུ་འགྲོས་ལ་ཆིབས་པ།   སྒྲོག་ལ་དབང་ཐོབ་འབྲུ་དགའ་བདེའི་ཆོས་སྐྱོང་བེར་ནག   རྟ་ཕོ་རླུང་ནག་ཤ་ཟན་ལ་ཆིབས་པ།   དཔའ་ཡ་མེད་སེང་སྟག་ཨ་དོམ།   རྟ་སྟོང་རི་ནོར་གྱི་བང་མཛོད་ལ་ཆིབས་པ།   ལྷ་སྲས་དགྲ་ལྷ་རྩེ་རྒྱལ།   མདོ་བ་ཁྱུང་གཞོག་རླུང་ལྡན་ལ་ཆིབས་པ།   རོང་སྲས་ལྷ་རྒོད་འབུམ་ལེ།   ཆིབས་ཆེན་སྨུག་ནག་རླུང་འཛིན་ལ་ཆིབས་པ།   འཛང་སྲས་གཡུ་ཁྲི་གོང་སྔོན།   འདོ་ཆེན་གཡུ་འབྲུག་སྤྲིན་ཤུགས་ལ་ཆིབས་པ།   སྡིག་གཙོད་ཤན་པ་མེ་རི།   དམར་རྒྱུང་ཁ་ལ་མེ་འབར་ལ་ཆིབས་པ།   འཛང་ཕྲུག་གཡུ་ལྷ་ཐོག་འགྱུར། ·   མདོ་བ་གནའ་གཡག་སྔོན་པོ་ལ་ཆིབས་པ།   སོག་གི་རྟ་དམར་སྟོབས་ཆེན།   སོག་རྟ་ངང་པ་

འཁྲུམས་ཤེས་ལ་ཆིབས་པ། དུང་སྐྱོང་རྟག་ལྷ་ཁྲི་དཀར། འདོད་པ་བྱ་ཁྲ་འཕུར་ཤེས་ལ་ཆིབས་པ། འབྲུ་མི་དཀར་ལྷ་བུ་བསམ་འགྲུབ། རྟ་དང་དཀར་གྲོ་སྐྱིད་ལ་ཆིབས་པ། རྨ་ཉིན་རྫོང་དཔོན་པོ་ལྷ་གླུ། འདོད་པ་རྨ་བྱ་མཚལ་ལུ་ལ་ཆིབས་པ། སྟག་རོང་ཨ་ནུ་སྟག་འཕེན། མགྱོགས་པ་ཕོ་རོག་སྔོང་འཁྲུམས་ལ་ཆིབས་པ། སྟག་རོང་ཨ་ནུ་ཁྲ་ཤོག འདོད་པ་སྤྱང་ཁྲ་འཁྲུམས་ཤེས་ལ་ཆིབས་པ། སྟག་རོང་ཁྲོ་ཚ་འཁྱིལ་ཆེན། རྟ་ཕོ་ནོར་བུ་ཁྲི་དཀར་ལ་ཞོན་པ། སྟག་རོང་གཟུ་བ་རིན་ཆེན། རྟ་ཕོ་སྤྲུམ་ནག་འཛུམ་ཤེས་ལ་ཞོན་པ། ཁྲོ་ཐུང་ཉ་ཚ་ཨ་བརྟན། རྟ་ཕོ་ནམ་མཁའི་གློག་དམར་ལ་ཆིབས་པ། མུ་བའི་དར་འཕེན་ནག་པོ། དྲིལ་རྟ་གསེར་མདངས་ཡ་མེད་ལ་ཆིབས་པ། གདོང་བཙུན་སྣང་དུ་ཨ་འཕེལ། ཏིས་རྒྱུང་ཁྲི་འཇམ་ཡ་མེད་ལ་ཆིབས་པ། མི་ཆེན་རྒྱལ་བའི་ལྷུན་གྲུབ། རྟ་ཕོ་ཞ་བ་རྒྱ་འཛོང་ལ་ཞོན་པ། བརྒྱ་དཔོན་ཁྲོ་ཚ་དམར་ལེབ། བརྒྱ་རྒྱུག་གསེར་མདངས་ཡ་མེད་ལ་ཞོན་པ། སྟོང་དཔོན་ཡ་མི་སོ་ཁྲ། སྟོང་རྟ་ཤུག་པ་འཕེལ་པོ་ལ་ཆིབས་པ། འབུམ་དཔོན་ཐོག་རྒོད་འབར་བ། འབུམ་རྟ་གློག་དམར་འཁྲུག་ཤེས་ལ་ཆིབས་པ། འབྲུ་དགའ་བདེའི་མི་ཆེན་སེར་པོ། མདོ་བ་གསེར་བྱ་འཕུར་ཤེས་ལ་ཆིབས་པ། བཙོ་ལྡེའི་དཔའ་གསར་ཟླ་བ། རྟ་ཕོ་ས་ལ་འབྲོས་ཆེན་ལ་ཆིབས་པ། འབུམ་པའི་རོང་ཚ་དམར་ལེབ། མགྱོགས་པ་སྔོང་རི་རག་དཀར་ལ་ཆིབས་པ། སྐྱུ་ལོའི་ཁེར་བུ་འབྲུག་རྒྱལ། རྟ་ཕོ་ནོར་བུ་འཇམ་ཤེས་ལ་ཆིབས་པ། བཙན་པོ་བུ་ཡི་ཨ་དཔལ། མགྱོགས་པ་གཡུ་བྱ་རྫིས་སྟོན་ལ་ཆིབས་པ། བཙན་རྒོད་ཕུར་པ་ཁེར་སྐྱེས། བཙན་རྟ་གློག་དམར་འཁྲུག་ཤེས་ལ་ཆིབས་པ། སྤེ་བ་སྒྲོ་རྒོད་མདའ་བཙན། རྒྱ་བྱ་གྱི་ལིང་འཁྲུལ་འཁོར་ལ་ཆིབས་

པ། ཤོང་ཚ་ཨ་ནུ་ཁྲ་ཀྲོད། ཤོ་རྟ་གྲུ་གུ་མགྱོགས་ཆེན་ལ་ཆིབས་པ། ཨ་སྐྱིད་ནམ་མཁའི་སེན་ཞལ། དུང་རྟ་ནོར་བུ་འཁྲུམས་ཤེས་ལ་ཆིབས་པ། བོད་ཕྲུག་མི་ཆུང་ཁ་བདེ། རྟ་པོ་ཁམ་སྐྱ་མཆུ་དཀར་ལ་ཆིབས་པ། མ་བཞི་དཔོན་པོ་ཁྲི་ཐུང་། རྟ་པོ་གུ་གུ་རོག་འཇོང་ལ་ཞོན་པ། གཟུ་ཆེན་ཕྱེར་མ་ལྷ་དར། རྟ་པོ་བྱ་དཀར་ལྡིང་ཤེས་ལ་ཆིབས་པ། དེ་དག་ཐམས་ཅད་གཡས་པས་སྦྲ་ལྕགས་དང་། གཡོན་པས་སྦྲབ་མདའ་འཛིན་པ། སྐུ་ལ་རྡོ་རྗེའི་གོ་ཁྲབ་དང་། དབུ་ལ་ལྕགས་རྨོག་གསོལ་བ། ཞབས་ལ་སག་ལྷམ་གྱོན་ཞིང་། སྟག་རལ་གཡས་ལ། གཟིག་ཤུབ་གཡོན་དུ་བཅིང་བ། དགྲ་འཛོམས་རལ་གྲི་སྐེད་ལ་བཏགས་པ། གླད་ནས་སྤྲུལ་པའི་བྱ་རིགས་སྣ་ཚོགས་ལྡིང་བ། རང་རང་གི་འཁོར་སྤྲུལ་པ་ཡང་སྤྲུལ་དང་བཅས་པ། གཅེས་ཕྲུག་དགྲ་ལྷ་རྩེ་རྒྱལ་སོགས། གཅེས་ཕྲུག་དར་མ་བཅུ་གསུམ་དང་། གཞན་ཡང་སྤྱི་དཔོན་བླ་མ་ཀུན་དགའ་སོགས་བླ་མ་སུམ་ཅུ། ཨ་ཁྲ་སྒོམ་ཆེན་ཏིང་མེད་སོགས་སྒོམ་ཆེན་སུམ་ཅུ། སྐྱ་ལོའི་སྟོན་པ་རྒྱལ་མཚན་སོགས་སྟོན་པ་སུམ་ཅུ། ལྷ་རྗེ་ཀུན་དགའ་ཉི་མ་སོགས་ལྷ་རྗེ་སུམ་ཅུ། མོ་མ་ཀུན་ཤེས་བཟང་པོ་སོགས་མོ་མ་སུམ་ཅུ། ལས་བྱེད་ཀྱི་ཚོགས་འཁོར་དུ་གཏོགས་པ་ཐམས་ཅད་ཀྱང་ཉི་མའི་ཟེར་གྱི་རྡུལ་འཁྲིགས་པ་ལྟར་བཞུགས་པའོ། །དེ་རྣམས་ཀྱི་སྤྱི་བོར་ཨོཾ་དཀར་པོ། མགྲིན་པར་ཨཱཿདམར་པོ། སྙིང་ཀར་ཧཱུྃ་སྔོན་པོ་རྣམས་ཀྱིས་མཚན་པར་གྱུར། བདག་ཉིད་ལྟར་གསལ་བའི་ཐུགས་ཀ་ནས་འོད་ཟེར་ལྕགས་ཀྱུ་ལྟ་བུ་འཕྲོས་པས་འོག་མིན་ཆོས་ཀྱི་དབྱིངས་ཀྱི་ཕོ་བྲང་། ལྷོ་ནུབ་པདྨ་འོད་ཀྱི་གཞལ་ཡས་ཁང་། བྱང་ཤམ་བྷ་ལ་སོགས་རང་བཞིན་གར་བཞུགས་ཀྱི་གནས་ནས། གེ་སར་དགྲ་ལྷའི་རྒྱལ་པོ་འཁོར་དང་བཅས

པ་སྐད་ཅིག་གི་དམ་ཚིག་དབང་གིས་བཛྲ་ས་མ་ཡ་ཛཿ དོན་གཉིས་པ་སྤྱན་འདྲེན་པའི་ཡན་ལག་ནི། ཧཱུྃ། རང་བཞིན་ཆོས་ཀྱི་དབྱིངས་ཀྱི་གནས་མཆོག་ནས། །རྒྱལ་བའི་དབང་པོ་པདྨ་སམ་བྷ་ཝ། །རིགས་གསུམ་ཞི་ཁྲོའི་སྒྱུ་འཕྲུལ་རོལ་མོའི་སྤྲིན། །དབྱེར་མེད་གཅིག་བསྡུས་དགྲ་ལྷ་ཀུན་གྱི་གཙོ། །གེ་སར་ནོར་བུ་དགྲ་འདུལ་ཡེ་ཤེས་སྐུ། །དགྲ་ལྷ་ཀུན་གྱི་རྒྱལ་པོ་ཁྱོད་ཉིད་ནི། །རེས་འགའ་རབ་མཛེས་ཞི་ཞིང་དྭངས་བའི་ཉམས། །རེས་འགའ་ཁྲོད་ནི་སྙིག་ཅིང་བརྗིད་པའི་ཉམས། །རེས་འགའ་འཛུམ་ཞིང་ཙུང་ཟད་ཆགས་པའི་ཉམས། །རེས་འགའ་འཇིགས་བྱེད་རབ་ཁྲོས་སྲིན་པོའི་ཚུལ། །གནམ་ས་བར་སྣང་ཡངས་པའི་ཁྱོན་ཀུན་ཏུ། །མ་ངེས་ཅིར་ཡང་སྤྲུལ་པའི་ཟློས་གར་ནི། །ཉི་མའི་ཟེར་གྱི་རྡུལ་ལྟར་བསམ་ལས་འདས། །མཆེད་ཟླ་ཡབ་ཡུམ་སྲས་དང་བཙུན་མོའི་ཚོགས། །ལྷ་ཀླུ་གཉན་གསུམ་ལྷུམ་དྲལ་དགྲ་ལྷའི་ཚོགས། །དགྲ་ལྷ་དྭ་མ་མཆེད་དགུ་གཤེགས་སུ་གསོལ། །ཤར་ཕྱོགས་ནམ་མཁའ་ཡངས་པའི་དཀྱིལ་འཁོར་ནས། །རྣལ་འབྱོར་ཡོངས་ཀྱི་དགྲ་ལྷ་ཀུན་གྱི་གཙོ། །ཚོགས་རྗེ་ཚོགས་བདག་མ་ཧཱ་ཀ་ལ་ནི། །ཡུམ་མཆོག་ལྷ་མོ་དུང་སྐྱོང་དབང་མོ་ཆེ། །སྐྱེས་བུའི་ཕྲག་ལྷ་ཚོགས་བདག་གླང་སྣ་སོགས། །མཐུ་ཆེན་དགྲ་ལྷའི་རྒྱལ་པོ་བཅུ་གསུམ་ཚོགས། །ལྷ་དམག་བྱེ་བ་འཁོར་བཅས་གཤེགས་སུ་གསོལ། །ལྷོ་ཕྱོགས་ནམ་མཁའ་ཡངས་པའི་དཀྱིལ་འཁོར་ནས། །དགྲ་ལྷ་དཔའ་བརྟན་དམག་དཔོན་ཆེན་པོ་ལ། །འཁོར་དུ་མཐུ་ཆེན་དགྲ་འདུལ་ཆེན་པོ་དང་། །མཐུ་ཆེན་དགྲ་ལྷའི་རྒྱལ་པོ་མཆེད་དགུའི་ཚོགས། །སྤྲུལ་བ་ཡང་སྤྲུལ་འཁོར་བཅས་གཤེགས་སུ་གསོལ། །ནུབ་ཕྱོགས་ནམ་མཁའ་ཡངས་པའི་དཀྱིལ་འཁོར་ནས། །ཙེ་སྒྲོག

སྐྱོབས་པའི་དགྲ་ལྷ་ཆེན་པོ་ལ། །འཁོར་དུ་བསྟན་པ་རྒྱས་པའི་དགྲ་ལྷ་སོགས། །མཐུ་ལྡན་དགྲ་ལྷའི་རྒྱལ་པོ་བཅུ་གསུམ་ཚོགས། །རང་རང་སྤྲུལ་འཁོར་བཅས་པ་གཤེགས་སུ་གསོལ། །བྱང་ཕྱོགས་ནམ་མཁའ་ཡངས་པའི་དཀྱིལ་འཁོར་ནས། །ཟླ་དོར་གཙོ་བོ་རྨ་རྒྱལ་སྤོམ་ར་ནི། །ཚངས་པ་དགེ་བསྙེན་སྤྲུལ་པ་བཙུན་མོ་དང་། །ཀླུ་གཉན་བཙན་བདུད་དམག་དཔུང་བྱེ་བ་འབུམ། །ཉིང་སྤྲུལ་བྲན་སྡེ་འཁོར་བཅས་གཤེགས་སུ་གསོལ། །གཞན་ཡང་སྲོག་ལུས་དབང་ཐང་རླུང་རྟ་ལ། །དབང་བྱེད་ལྷ་དང་ཡུལ་གྱི་ཟླ་དོར་གཙོ། །འགོ་བའི་ལྷ་ལྔ་མཁར་ཁྱིམ་གོ་མཆོན་དང་། །ཞིང་དང་ཕྱུག་ལྷའི་སྒོ་ཁྱིམ་ལམ་གསུམ་ལ། །གནས་པའི་ལྷ་དང་སྤྲུལ་པ་ཡང་སྤྲུལ་དང་། །ཉིང་སྤྲུལ་བྲན་སྡེ་འཁོར་བཅས་གཤེགས་སུ་གསོལ། །སྟེང་འོག་ཕྱོགས་མཚམས་བར་ཁྱམས་འཁོར་ཡུག་ལ། །འཁྲིལ་རིགས་གསེར་སྤྲུལ་སེར་པོ་ལ་སོགས་པའི། །མཐུ་ཆེན་མགྲོན་ཡག་དར་མ་བཅུ་གསུམ་དང་། །ནམ་མཁའི་ལྷེར་མ་འབྲུག་ཆིབས་ལ་སོགས་པ། །ལྷེར་མ་སུམ་བརྒྱ་དྲུག་ཅུ་གཤེགས་སུ་གསོལ། །ཕྱོགས་བཅུ་ནམ་མཁའ་ཡངས་པའི་དཀྱིལ་འཁོར་ནས། །སྟོད་སྨད་བར་གསུམ་གླིང་ཆེན་རྣམ་གསུམ་གྱི། །རང་རང་ལས་ལ་དབང་བྱེད་དཔའ་ཐུལ་གསུམ། །གྲི་ལ་དབང་ཐོབ་འབུམ་པའི་ཞལ་དཀར་དང་། །མདའ་ལ་དབང་ཐོབ་ཁྲི་གཅེས་བསམ་འགྲུབ་དང་། །མདུང་ལ་དབང་ཐོབ་ཆོས་ལུ་དར་འཕེན་དང་། །སྒྲོགས་ལ་དབང་ཐོབ་ཆོས་སྐྱོང་བེར་ནག་དང་། །བཀའ་ཡི་བློན་པོ་དཔའ་ཐུལ་སུམ་ཅུ་ལ། །རང་རང་སྤྲུལ་འཁོར་དཔུང་བཅས་གཤེགས་སུ་གསོལ། །སྟང་ཆུང་གཡུ་སྟག་དགྲ་ལྷ་རྩེ་རྒྱལ་སོགས། །གཅེས་ཕྲུག་དར་མ

བཅུ་གསུམ་གཤེགས་སུ་གསོལ། །རྒྱུ་སྦྱོར་ཡོན་གྱི་བདག་པོ་འཁོར་བཅས་ཀྱི། །ཆགས་ཆེ་ཉམ་ང་ཞི་ཕྱིར་གཤེགས་སུ་གསོལ། །ཚེ་བསོད་སྐལ་གྲགས་རྒྱས་ཕྱིར་གཤེགས་སུ་གསོལ། །ཁམས་གསུམ་དབང་དུ་སྡུད་ཕྱིར་གཤེགས་སུ་གསོལ། །ལོག་འདྲེན་བདུད་སྡེ་སྒྲོལ་ཕྱིར་གཤེགས་སུ་གསོལ། །སྔོན་གྱི་དམ་བཅའ་མ་གཡེར་རྗེས་དགོངས་ལ། །དད་དང་དམ་ཚིག་དབང་གིས་སྤྱན་འདྲེན་ན། །སྐད་ཅིག་ཉིད་ལ་གནས་འདིར་གཤེགས་སུ་གསོལ། །བཛྲ་ས་མ་ཡ་ཛཿ ཞེས་སྤྱན་དྲངས། དོན་གསུམ་པ་བཞུགས་སུ་གསོལ་བའི་ཡན་ལག་ནི། ཧཱུྃ། རབ་མཛེས་རིན་ཆེན་ཕོ་བྲང་གཞལ་ཡས་དབུས། །རང་རང་དགྱེས་པའི་གདན་ཁྲི་ཡངས་པའི་སྟེང་། །འཛམ་གླིང་སེང་ཆེན་རྒྱལ་པོ་འཁོར་དང་བཅས། །མི་གཡོ་དགྱེས་ཞིང་བརྟན་པར་བཞུགས་སུ་གསོལ། །ས་མ་ཡ་ཏིཥྛ་ལྷན། དོན་བཞི་པ་ཕྱག་འཚལ་བའི་ཡན་ལག་ནི། ཧཱུྃ། སླིང་རྗེ་ཆེན་པོའི་དབང་ཕྱུག་སྐུར་བཞེངས་པ། །ནག་ཕྱོགས་བདུད་སྡེའི་དཔུང་ཚོགས་ཐལ་བར་བརླག །བདུད་ལས་རྣམ་པར་རྒྱལ་བའིདཔའ་བོ་ཆེ། །འཛམ་གླིང་སེང་ཆེན་རྒྱལ་པོར་ཕྱག་འཚལ་ལོ། །ཨ་ཏི་པཱུ་ཧོ། པྲ་ཏི་ཙྪ་ཧོ། དོན་ལྔ་པ་མཆོད་པ་འབུལ་བའི་ཡན་ལག་ནི། ཧཱུྃ། རབ་འབྱམས་ཞིང་གི་རྒྱ་མཚོ་དཔག་མེད་ན། །ཡན་ལག་བརྒྱད་ལྡན་རྒྱ་མཚོའི་མཆོད་ཡོན་སྤྲིངས། །རབ་བསིལ་དྭངས་བའི་ཞབས་བསིལ་གཙྭའི་རྒྱུན། །མཚར་སྡུག་ཡིད་དབང་མེ་ཏོག་མདངས་རེ་བཀྲ། །གྲུབ་དང་སྦྱར་བའི་བདུག་སྤོས་སྤྲིན་ཕུང་འཁྲོ། །མུན་སེལ་སྒྲོན་མེའི་འོད་སྟོང་ཉིན་མོར་བྱེད། །དྲི་ཞིམ་ངད་ལྡན་བྱུགས་པ་མཚོ་ལྟར་བསྐྱིལ། །རོ་བརྒྱའི་ཞལ་ཟས་ལྷུན་པོའི་སྤོ་དང་མཉམ། །སྙན་བརྗིད་རོལ་མོའི་བྱེ་བྲག་བསམ་ཡས་ཤིང་། །གཟུགས་སྒྲ་དྲི་རོ་

རིག་བྱ་ཕུན་ཚོགས་དཔལ། །བཀྲ་ཤིས་རྟག་བརྒྱད་རྒྱལ་སྲིད་རིན་ཆེན་བདུན། །ཉེ་བའི་རིན་ཆེན་སྣ་བདུན་བཀྲ་ཤིས་རྫས། །རི་རབ་གླིང་བཞི་གླིང་ཕྲན་ཉི་ཟླ་ཟུང་། །བུམ་བཟང་དཔག་བསམ་ཤིང་དང་འདོད་འཇོའི་བ། །དར་གོས་སྣམ་རས་སྟག་གཟིག་གུང་གཡའི་ལྤགས། །སྲི་བརྟན་གོ་མཚོན་རྣོ་དར་ཁྲབ་རྨོག་ཕུབ། །སྟག་རལ་གཟིག་ཤུབ་སྦྲ་ལྕུག་མདུང་དར་ཞགས། །སྟག་སེང་ཁྱུང་འབྲུག་གླང་ཆེན་དུད་འགྲོའི་ཚོགས། །བྱ་རྒོད་ཁྲུང་ཁྲུང་བཞད་སོགས་འཕུར་ཞིང་ལྡིང་། །དཀར་གསུམ་མངར་གསུམ་འབྲུ་སྨན་རིན་ཆེན་རིགས། །སྨན་ལེབ་འབྲང་རྒྱས་ཁྲབ་བྱུང་ནོར་བུ་དང་། །གཡུ་བྱུང་མིག་མེད་དཀར་མོ་ལག་གཡས་སོགས། །བཟའ་བཅའ་བཏུང་བའི་རིག་བྱེད་བསམ་མི་ཁྱབ། །སྟོང་གསུམ་བྷནྡྷ་ཡངས་པའི་སྣོད་མཆོག་ཏུ། །དུག་ལྔ་ཡེ་ཤེས་ལྔ་རུ་སྦྱར་བའི་རྫས། །རྩ་བརྒྱད་སྟོང་སྦྱར་བདུད་རྩི་ཨ་མྲི་ཏ། །མཚན་དང་ལྡན་པ་དབྱིངས་ཀྱི་བྷནྡྷ་རུ། །ཤ་ལྔ་བདུད་རྩི་དམ་ཚིག་ལྔ་ཡི་དངོས། །འདོད་དགུའི་ཆར་འབེབས་རོ་བརྒྱའི་ལྷ་ལིང་ཏ། །དུང་ཆེན་བྷནྡྷ་ཀློང་པའི་སྣོད་མཆོག་ཏུ། །ཉོན་མོངས་རྒྱ་དྲུག་དབྱིངས་སུ་བསྒྲལ་བ་ཡི། །རཀྟ་ཁྲག་གི་རྒྱ་མཚོ་མེ་རི་རི། །ཐབས་དང་ཤེས་རབ་འདུ་འཕྲོའི་ཕྲུག་རྒྱ་ལས། །དབྱེར་མེད་བདེ་བ་ཆེན་པོ་མཆོད་པའི་སྤྲིན། །ང་བདག་གཟུང་འཛིན་རུ་ཏྲར་སྐྱེ་བའི་རྒྱུ། །གཉིས་སུ་མེད་པ་དབྱིངས་སུ་སྒྲོལ་བས་མཆོད། །མདོར་ན་དངོས་བཤམས་ཡིད་ཀྱི་རྣམ་རོལ་སྤྲིན། །རབ་འབྱམས་ནམ་མཁའི་ཁམས་ཀུན་ཡོངས་བཀང་ནས། །དགྲ་ལྷའི་རྒྱལ་པོ་འཁོར་དང་བཅས་ལ་འབུལ། །ཐུགས་རྗེའི་ཐུགས་དམ་དབང་གིས་བཞེས་ནས་ཀྱང་། །སྒྲུབ་ལ་ཅི་འདོད་དངོས་གྲུབ་སྩོལ་དུ་གསོལ། །ཨོཾ་བཛྲ་

ཨཀྵ་ནས་ཤཏྲཎྜུ་པ་ཀྵཀྵེ་ར་ས་སྤར་ཤེ་སཏྲ་པཉྩ་ཨ་སྨྲི་ཏ་རཀྟ་བ་ལིང་ཏ་ཁ་ཁ་ཁཱ་ཧི་ཁཱ་ཧི། ཞེས་པས་མཆོད་ལ། གེ་སར་དགྲ་ལྷའི་རྒྱལ་པོ་འཁོར་དང་བཅས་པའི་ལྷུགས་ཧཱུྃ་ལས་བྱུང་བའི་རྡོ་རྗེ་རྩེ་གཅིག་པ་དམར་པོའི་འོད་ཀྱི་སྦྲུ་གུ་ཅན་གྱིས་གཏོར་མའི་བཅུད་དྲངས་ཏེ་གསོལ་བར་གྱུར། ཨོཾ་ཨཱཿཧཱུྃ་ཤ་ཧཱཾ་དེ་ཞས་པུ་རི་ཞ་ར་ཨེ་དམ་བྷ་ལིང་ཏ་ཁ་ཁ་ཁཱ་ཧི་ཁཱ་ཧི། ཧོ། དགྲ་ལྷའི་རྒྱལ་པོ་གེ་སར་ནོར་བུ་དགྲ་འདུལ་འཁོར་དང་བཅས་པས་མཆོད་སྦྱིན་གྱི་གཏོར་མ་རྒྱ་ཆེན་པོ་འདི་བཞེས་ལ། སངས་རྒྱས་ཀྱི་བསྟན་པ་སྲུང་། དཀོན་མཆོག་གི་དབུ་འཕང་བསྟོད། དགེ་འདུན་དང་ཆོས་ཀྱི་རྒྱལ་སྲིད་སྐྱོང་། འཇིག་རྟེན་གྱི་རྒྱུད་པ་སོལ། སེམས་ཅན་གྱི་ཕན་བདེ་སྤེལ། རྣལ་འབྱོར་པ་རྣམས་ཀྱི་སྟོང་གྲོགས་མཛོད། སྔགས་འཆང་རྣམས་ཀྱི་ཕྲིན་ལས་སྒྲུབ། སྡང་བའི་དགྲ་ཐུལ། གནོད་པའི་བགེགས་ཆོམ། ཁྱད་པར་དམ་ཚིག་འདིར་འདུས་པ་རྣམས་ཀྱི་ཕྱི་ནང་གསང་བའི་འགལ་རྐྱེན་ཞི་བ་དང་། མཐུན་རྐྱེན་སྨོན་པའི་ལེགས་ཚོགས་ཐམས་ཅད་འཕེལ་ཞིང་རྒྱས་པ་དང་མཆོག་དང་ཐུན་མོང་གི་དངོས་གྲུབ་མ་ལུས་པ་མྱུར་དུ་འགྲུབ་པའི་འཕྲིན་ལས་མཛོད་ཅིག དོན་དྲུག་པ་བསྟོད་པའི་ཡན་ལག་ནི། ཧཱུྃ། ཆོས་དབྱིངས་སྐྱེ་བ་མེད་པའི་ངང་ཉིད་ལས། །སྐྱེ་བའི་ཆོ་འཕྲུལ་དགྲ་ལྷ་ཀུན་གྱི་གཙོ། །རིགས་གསུམ་པདྨའི་སྤྲུ་འཕྲུལ་དྲེགས་པའི་རྗེ། །རིག་འཛིན་འཛམ་གླིང་རྒྱན་གཅིག་ཕྱག་འཚལ་བསྟོད། །དགྱེས་པའི་གར་གྱིས་སྲིད་གསུམ་ཟིལ་གྱིས་གནོན། །རྔམས་པའི་སྒྲ་ཡིས་ཁམས་གསུམ་དབང་དུ་སྡུད། །མཁྱེན་བརྩེ་ཡེ་ཤེས་ནམ་མཁའི་མཐའ་དང་མཉམ། །འཛམ་གླིང་སེང་ཆེན་རྒྱལ་པོར་ཕྱག་འཚལ་བསྟོད། །སྡང་དགྲ་ཆོམ་ཞིང་བགེགས་དཔུང་ཐལ་བར་རློག །གཞན་སྡེ་ཕམ་ཤིང་རང་ཉིད་རྒྱལ་བ་

དང་། །ཆབ་སྲིད་སྙན་གྲགས་ཕྱོགས་བཅུར་རྒྱས་མཛད་པའི། །འཛམ་གླིང་
དབང་བསྒྱུར་གེ་སར་རྒྱལ་པོ་བསྟོད། །དགྲ་ལྷ་ཁྱོད་ནི་ཞི་ཞིང་དྭངས་བའི་
ཉམས། །མཐོང་བས་ཡིད་འཕྲོག་བསྒྲུབ་པའི་དཔལ་བསྐྱེད་ཅིང་། །བཀྲ་ཤིས་
ཀུན་གྱི་འབྱུང་གནས་བཀྲ་ཤིས་དཔལ། །དཔའ་བོ་བདུད་དགྲ་བདུད་དཔུང་འདུལ་
ལ་བསྟོད། །རེས་འགའ་བརྗིད་ཅིང་རྔམ་པའི་ཉམས་དང་ལྡན། །སྣང་སྲིད་
འདོད་དགུར་བསྒྱུར་བའི་རྒྱལ་པོ་ཁྱེད། །ཚེ་བསོད་སྙན་གྲགས་ལོངས་སྤྱོད་རྒྱས་
མཛད་པའི། །སེང་ཆེན་ཡིད་བཞིན་ནོར་བུ་བསམ་འཕེལ་བསྟོད། །དབང་གི་
ཚུལ་གྱིས་འཛུམ་ཞིང་ཆགས་པའི་ཉམས། །བདེ་སྟོང་རྡོ་རྗེ་ཆགས་པའི་ཏིང་འཛིན་
གྱིས། །སྣང་སྲིད་ཡིད་སྣང་དབང་མེད་འཕྲོག་པར་བྱེད། །དབང་མཛད་དབང་
གི་རྒྱལ་པོ་ཁྱོད་ལ་བསྟོད། །དྲག་པོའི་སྟོབས་ཀྱིས་འཇིགས་བྱེད་ཁྲོས་པའི་
ཚུལ། །གནམ་ལྕགས་རལ་གྲི་འབར་བའི་གྲི་གུག་གིས། །མི་མཐུན་བདུད་
སྡེའི་དཔུང་ཚོགས་རྩད་ནས་བཅད། །སྒྲོལ་བྱེད་དྲག་པོ་ནོར་བུ་དགྲ་འདུལ་
བསྟོད། །སྟེང་ཕྱོགས་རྣམ་པར་རྒྱལ་བའི་ཁང་བཟང་ནས། །དྲི་མེད་དུང་ཁྲི་
དཀར་པོའི་གདན་སྟེང་དུ། །སྐུ་ལྷ་ལྷ་ཆེན་ཚངས་པ་དཀར་པོ་ལ། །ལྷ་དམག་
བྱེ་བ་འབུམ་གྱིས་བསྐོར་ལ་བསྟོད། །གཉན་ཡུལ་རི་དམར་དབང་ཕྱུའི་ནང་ཤེད་
དུ། །རི་རབ་ཆེན་པོའི་ཁོང་གསེང་ཡངས་པ་ན། །གཉན་གྱི་རྒྱལ་པོ་སྐུ་ལྷ་གེར་
འཛོམ་ལ། །གཉན་དམག་བྱེ་བ་འབུམ་གྱིས་བསྐོར་ལ་བསྟོད། །འོག་ཕྱོགས་མ་
དྲོས་ཀླུ་ཡི་ཞིང་ཁམས་སུ། །རབ་རྒྱས་དཔག་བསམ་ལྗོན་པའི་རྩ་བ་རུ། །ཀླུ་
ཡི་རྒྱལ་པོ་གཙུག་ན་རིན་ཆེན་ལ། །ཀླུ་དམག་བྱེ་བ་འབུམ་གྱིས་བསྐོར་ལ་
བསྟོད། །དགྲ་ལྷ་ཆེན་པོའི་བྲ་ཚང་གོང་མ་ན། །མི་ཡི་ལུས་ལ་ཁྱུང་གི་མགོ་བོ་

ཅན། །དུང་ཁྱུང་དཀར་པོ་གསེར་མདོག་རྭ་ལ་ཞོན། །ཁྱུང་གདོང་ཅན་ནི་
འབུམ་གྱིས་བསྐོར་ལ་བསྟོད། །དགྲ་ལྷ་ཆེན་པོའི་ཁྲ་ཚང་བར་མ་ནས། །མི་ཡི་
ལུས་ལ་སྤྲུལ་གྱིས་མགོ་བོ་ཅན། །ཀླུ་ཕྲུག་འོད་ཆེན་གཡུ་རྭ་གཟི་མིག་
ཆིབས། །སྤྲུལ་གྱི་མགོ་ཅན་འབུམ་གྱིས་བསྐོར་ལ་བསྟོད། །དགྲ་ལྷ་ཆེན་པོའི་
ཁྲ་ཚང་འོག་མ་ན། །སྲིང་ལྕམ་ཆེན་མོ་ཐལ་ལེ་འོད་འཕྲོ་ནི། །ལྡིང་བྱེད་བྱ་
དཀར་རྒོད་པོ་ཆིབས་སུ་ཆིབས། །མཁའ་འགྲོ་བྱི་བ་འབུམ་གྱིས་བསྐོར་ལ་
བསྟོད། །སྣ་ཚོགས་སྤྲིན་འཛའ་ཤར་བའི་དུར་ཁྲོད་དུ། །ཡིད་འོང་སེང་ལྕམ་
དཀར་མོའི་གོང་རོལ་ནས། །གནམ་སྨན་དཀར་མོ་དུང་གི་སེང་གེ་
ཆིབས། །ལུང་བསྟན་མཁའ་འགྲོ་འབུམ་གྱིས་བསྐོར་ལ་བསྟོད། །རབ་
འཇིགས་དགྲ་ལྷའི་རི་དམར་དབང་ཕྱུ་ནས། །མེ་དཔུང་དམར་ནག་འབར་བའི་ཀློང་
དཀྱིལ་དུ། །དགྲ་ལྷ་གཉན་སྟག་དམར་པོ་རྟ་དམར་ཆིབས། །དགྲ་ལྷ་སྟོང་དང་
ལྔ་བརྒྱས་བསྐོར་ལ་བསྟོད། །བདེ་ཆེན་ཆོས་དབྱིངས་འདུ་འབྲལ་མེད་པའི་
ཀློང་། །རྒྱལ་བའི་བསྐྱེད་ཡུམ་ཀུན་ཏུ་བཟང་མོ་དང་། །གཉིས་མེད་བདེ་ཆེན་
ཀློང་དུ་རོ་གཅིག་པ། །དྭངས་སྨན་ཡུམ་དང་ཌཱཀྐིའི་ཚོགས་ལ་བསྟོད། །སྒྲུབ་
ལ་རྟག་ཏུ་མགོན་མཛད་དགྲ་ལྷའི་གཙོ། །ཚོགས་ཀྱི་བདག་པོ་ཕྲག་ལྷ་དཀར་པོ་
དང་། །དཔའ་བརྟན་དམག་དཔོན་རྨ་རྒྱལ་སྤོམ་ར་སོགས། །ཕྱོགས་བཞིའི་
དགྲ་ལྷ་སྤྲུལ་འཁོར་བཅས་ལ་བསྟོད། །སྟེང་འོག་ཕྱོགས་མཚམས་བར་ཁྱམས་
འཁོར་ཡུག་ཏུ། །སྒྲུབ་མཆོག་རྣལ་འབྱོར་འགོ་ཞིང་སྐྱོབས་པའི་ལྷ། །དགྲ་ལྷ་
མགྲོན་ཡག་དར་མ་བཅུ་གསུམ་དང་། །དགྲ་ལྷ་ཞེར་མའི་དམག་ཚོགས་བཅས་ལ་
བསྟོད། །མི་ཤིག་སྐུ་ཡི་རྡོ་རྗེའི་དཔའ་རྫོང་ལས། །འགྲོ་དྲུག་ཐབས་ཀྱིས་

འདུལ་བར་ཞལ་བཞེས་པའི། །འཕགས་ཡུལ་གྲུབ་ཆེན་རྣམས་ཀྱི་སྤྲུལ་པའི་ཚོགས། །སེང་གླིང་ལ་སོགས་དཔའ་ཐུལ་ཚོགས་ལ་བསྟོད། །གཞན་ཡང་དཀྱིལ་འཁོར་ཆེན་པོའི་བཀའ་འཁོར་ན། །ཡེ་ཤེས་ལས་དང་འཇིག་རྟེན་རྫུལ་འཛིན་པའི། །བཀའ་ཉན་ལས་བྱེད་འཁོར་ཚོགས་བསམ་མི་ཁྱབ། །མཐུ་སྟོབས་དབང་ཕྱུག་ཚོགས་ལ་ཕྱག་འཚལ་བསྟོད། །ཅེས་བསྟོད་ཅིང་། བཟླས་པར་བྱ་བ་ནི། གེ་སར་དགྲ་ལྷའི་རྒྱལ་པོ་འཁོར་དང་བཅས་པའི་ཐུགས་ཀར་ཟླ་བ་ལ་གནས་པའི་སྔགས་ཡིག་གི་མཐར་སྔགས་ཀྱིས་བསྐོར་བ་བདག་ཉིད་ལྟར་གསལ་བའི་ཐུགས་ཀའི་འོད་ཀྱིས་བསྐུལ་བས། ཅི་འདོད་པའི་ཕྲིན་ལས་རབ་འབྱམས་ཐོགས་མེད་དུ་སྒྲུབ་པར་གྱུར་པར་བསམ་ལ། ཨོཾ་ཨཱཿཧཱུྃ།ཤ་ཧཱུྃ་དེ་ཝ་མ་ཧཱ་སཏྭ་སིདྡྷི་ཕ་ལ་ཧཱུྃ། ཞེས་བཟླས་མཐར། ཨོཾ་བཛྲ་ཨམྲྀ་སོགས་ཀྱིས་མཆོད་ཅིང་། སྔར་དགྲ་ཆོམ་ཞིང་བགེགས་དཔུང་ཐལ་བར་བརླག །གཞན་སྡེ་ཕམ་ཞིང་རང་ཉིད་རྒྱལ་བ་དང་། །ཆབ་སྲིད་སྣན་གྲགས་ཕྱོགས་བཅུར་རྒྱས་མཛད་པའི། །འཛམ་གླིང་དབང་བསྒྱུར་གེ་སར་རྒྱལ་པོར་བསྟོད། །ཅེས་བསྟོད་ཅིང་། སྐབས་འདིར་སྨྲོ་ན། འཇམ་མགོན་རྡོ་རྗེ་འཆང་མི་ཕམ་རིན་པོ་ཆེས་མཛད་པའི་གེ་སར་སྐྱེས་བུ་ཆེན་པོའི་གསོལ་མཆོད་ཆེན་མོ་ཕྲིན་ལས་མྱུར་འགྲུབ་བརྗོད་ན་ལེགས། དོན་བདུན་པ་ཕུད་གསོལ་གྱི་རིམ་པ་ནི། མཚམས་རྣམས་སུ་དྷཱ་ཡིད་དང་ཕུད་སྐྱེམས་ལན་གྲངས་སུ་ཕུལ་བཞིན་པར། ཧོ། འོག་མིན་ཆོས་ཀྱི་དབྱིངས་ཀྱི་ཕོ་བྲང་། །ལྷོ་ནུབ་པདྨ་འོད་ཀྱི་གཞལ་ཡས། །བྱང་ཤམ་བྷ་ལ་སོགས་རང་བཞིན་གར་བཞུགས་ཀྱི་གནས་ན་བཞུགས་པའི། །དགྲ་ལྷ་ཡོངས་ཀྱི་རྒྱལ་པོ། །ཕྲེར་མ་ཡོངས་ཀྱི་སྲོག་སྙིང་། །སྡེ་བརྒྱད་ཡོངས་ཀྱི་སྤྱི་རྗེ། །དྲེགས་པ་ཡོངས་ཀྱི་སྲོག་བདག་གེ་སར་སྐྱེས་བུ་ཆེན་པོ། །རིག་འཛིན་ནོར་བུ་དགྲ་འདུལ། །སྐུ་དགྱེས་པའི་

གར་གྱིས་བདུད་སྡེ་ཕྱེ་མར་བརླག་པ། གསུང་ཇམས་པའི་ང་རོས་ཁམས་གསུམ་དབང་དུ་སྡུད་པ། ཐུགས་དགོངས་ཀློང་རྣམ་པར་དག་པའི་ཀློང་ན་མཁྱེན་བརྩེའི་འོད་སྟོང་ཕྱོགས་བཅུར་རྒྱས་པ། ཆིབས་སུ་རྡོ་རྗེ་རྐྱང་རྒོད་ཕེར་པོ་ཆིབས་པ་ལ་གསོལ་ལོ། །འབུལ་ལོ། །མཆོད་དོ། །རིག་འཛིན་རྣལ་འབྱོར་པ་བདག་ཅག་གི་ནད་གདོན་བར་ཆད་སོལ་ཅིག་ཚེ་བསོད་སྙན་གྲགས་རྒྱས་པར་མཛོད་ཅིག ཁམས་གསུམ་སྲིད་གསུམ་དབང་དུ་བསྡུས་ཤིག ལོག་འདྲེན་དགྲ་བགེགས་ཚར་གཅོད་པར་མཛོད་ཅིག ཧོ། སྟེང་ཕྱོགས་རྣམ་དག་ལྷ་ཡི་གཞལ་ཡས་ནས། སྐུ་ལྷ་ལྷ་ཆེན་ཚངས་པ་དཀར་པོ། ལྷ་དམག་འབུམ་དང་བཅས་པ་ལ་གསོལ་ལོ། །བར་སྣང་གཉན་ཡུལ་རི་དམར་དབང་ཞུ་ནས། གཉན་གྱི་རྒྱལ་པོ་སྐུ་ལྷ་གེ་འཛོ། གཉན་དམག་འབུམ་དང་བཅས་པ་ལ་གསོལ་ལོ། །འོག་ཕྱོགས་མ་དྲོའི་ཀླུ་ཡི་ཞིང་ཁམས་ན། ཀླུ་ཡི་རྒྱལ་པོ་གཙུག་ན་རིན་ཆེན་ལ་གསོལ་ལོ། །ཀླུ་དམག་བྱེ་བ་འབུམ་གྱིས་བསྐོར་བ་ལ་གསོལ་ལོ། །དགྲ་ལྷ་ཆེན་པོའི་ཁྲ་ཚང་གོང་མ་ན། ཕུ་བོ་དུང་ཁྱུང་དཀར་པོ་ཁྱུང་གདོང་ཅན་འབུམ་དང་བཅས་པ་ལ་གསོལ་ལོ། །དགྲ་ལྷ་ཆེན་པོའི་ཁྲ་ཚང་བར་མ་ན། ནུ་བོ་ཀླུ་ཟྲུག་འོད་ཆེན་སྦྲུལ་མགོ་ཅན་འབུམ་དང་བཅས་པ་ལ་གསོལ་ལོ། །དགྲ་ལྷ་ཆེན་པོའི་ཁྲ་ཚང་འོག་མ་ནས། སྲིད་ལྷུམ་ཆེན་མོ་ཐལ་ལེ་འོད་འཕྲོ། མཁའ་འགྲོ་བྱེ་བ་འབུམ་དང་བཅས་པ་ལ་གསོལ་ལོ། །སྨ་ཚོགས་སྤྲིན་འཇའ་ཤར་བའི་དུར་ཁྲོད་ནས། མ་ཨ་ནེ་གནམ་སྨན་དཀར་མོ། ལུང་བསྟན་མཁའ་འགྲོ་འབུམ་དང་བཅས་པ་ལ་གསོལ་ལོ། །རབ་འཛིགས་དགྲ་ལྷའི་རི་དམར་དབང་ཞི་ནས། བན་གྱི་ཆོས་སྐྱོང་ལྷར་ན་གནོད་སྦྱིན་བྲག་བཙན། བོན་གྱི་སྲུང་མ་ལྷར་ན་ཨ་བསེ་རྒྱལ་པོ།

སྒྲུབ་རྒྱུད་འབྲུག་པའི་སྲུང་མ་ལྷར་ན། བཙན་རྒོད་ཧག་པ་མེ་ལེན། མི་སྲོག་བཙོད་པའི་དགྲ་ལྷ། རང་སྲོག་ཁེབ་པའི་དགྲ་ལྷ་ཆེན་པོ། དཔའ་དགྲ་ལྷའི་རྒྱལ་པོ་གཉན་སྟག་དམར་པོ། འཁོར་དགྲ་ལྷ་སྟོང་དང་ལྷ་བརྒྱ་དང་བཅས་པ་ལ་གསོལ་ལོ། །འབུལ་ལོ། །མཆོད་དོ། །རིག་འཛིན་རྣལ་འབྱོར་པ་བདག་ཅག་གི་ནད་གདོན་བར་ཆད་སོལ་ཅིག ཆེ་བསོད་སྙན་གྲགས་རྒྱས་པར་མཛོད་ཅིག ཁམས་གསུམ་སྲིད་གསུམ་དབང་དུ་བསྡུས་ཤིག ཡོག་འདྲེན་དགྲ་བགེགས་ཚར་གཅོད་པར་མཛོད་ཅིག ཧོ། མ་ཡུམ་འགོག་ཟ་ལྷ་དཀར་ལ་གསོལ་ལོ། །སྟོང་ཉིད་མགར་བཟའ་ཆོས་སྒྲོན་ལ་གསོལ་ལོ། །ཟི་མ་གཡང་སྨན་རྒྱལ་མོ་ལ་གསོལ་ལོ། །རྒྱ་གར་ཆོས་མོ་མཚོ་སོགས་དྭངས་སྨན་མཆེད་ལྔ་ལ་གསོལ་ལོ། །སེང་ལྕམ་འབྲུག་མོ་སོགས་དྭངས་སྨན་ཌཱཀྐི་ཆེ་བདུན་ལ་གསོལ་ལོ། །མོ་སྨན་སུམ་ཅུ་སོགས་མོ་སྨན་མཁའ་འགྲོའི་རིགས་སུ་གྱུར་པ་ཐམས་ཅད་ལ་གསོལ་ལོ། །འབུལ་ལོ། །མཆོད་དོ། །རིག་འཛིན་རྣལ་འབྱོར་པ་བདག་ཅག་གི་ནད་གདོན་བར་ཆད་སོལ་ཅིག ཆེ་བསོད་སྙན་གྲགས་རྒྱས་པར་མཛོད་ཅིག ཁམས་གསུམ་སྲིད་གསུམ་དབང་དུ་བསྡུས་ཤིག ཡོག་འདྲེན་དགྲ་བགེགས་ཚར་གཅོད་པར་མཛོད་ཅིག ཧོ། ཤར་ཕྱོགས་ནམ་མཁའ་ཡངས་པའི་དཀྱིལ་འཁོར་ནས། རྣལ་འབྱོར་ཡོངས་ཀྱི་དགྲ་ལྷ་ཆེན་པོ་ཚོགས་རྗེ་ཚོགས་བདག་མ་ཧཱ་ཀ་ལ་ལ་གསོལ་ལོ། །ལྷ་མོ་དུང་སྐྱོང་དབང་མོ་ལ་གསོལ་ལོ། །སྐྱེས་བུ་ཁྲག་ལྷ་དཀར་པོ་ལ་གསོལ་ལོ། །དགྲ་ལྷ་མ་ལྷ་བུ་ཛི་ལ་གསོལ་ལོ། །ཐབ་ལྷ་ཡུ་མོ་སྔོན་མོ་ལ་གསོལ་ལོ། །ཁྱིམ་ལྷ་གེལ་ཐུང་དཀར་པོ་ལ་གསོལ་ལོ། །རྒྱལ་ཆེན་རྣམ་སྲས་སེར་པོ་ལ་གསོལ་ལོ། །ཨཙྪ་ཛམ་ལྷ་སེར་

པོ་ལ་གསོལ་ལོ། །ཚོང་ལྷ་ཚོགས་བདག་གླང་སྣ་དཀར་པོ་ལ་གསོལ་ལོ། །མགྲོན་ལྷ་དཀར་པོ་ལ་གསོལ་ལོ། །དགྲ་ལྷ་འཐབ་སྐྱེན་སྣ་ནག་མཐིང་ནག་ལ་གསོལ་ལོ། །མགོན་པོ་ཧག་ལྷ་དཀར་པོ་ལ་གསོལ་ལོ། །ཟས་ལྷ་དམར་པོ་ལ་གསོལ་ལོ། །མགོན་པོ་སྲོག་ལྷ་དཀར་པོ་སྟེ། མགོན་པོ་དགྲ་ལྷ་བཅུ་གསུམ། ལྷ་དམག་བྲེ་བ་ཚོགས་དང་བཅས་པ་ལ་གསོལ་ལོ། །འབུལ་ལོ། །མཆོད་དོ། །རིག་འཛིན་རྣལ་འབྱོར་པ་བདག་ཅག་གི་ནད་གདོན་བར་ཆད་སོལ་ཅིག ཚེ་བསོད་སྙན་གྲགས་རྒྱས་པར་མཛོད་ཅིག ཁམས་གསུམ་སྲིད་གསུམ་དབང་དུ་བསྡུས་ཤིག ལོག་འདྲེན་དགྲ་བགེགས་ཚར་གཅོད་པར་མཛོད་ཅིག ཧོ། ལྷོ་ཕྱོགས་ནམ་མཁའ་ཡངས་པའི་དཀྱིལ་འཁོར་ནས། དགྲ་ལྷ་མཆེད་དགུའི་གཙོ་བོ་དཔའ་བརྟན་དམག་དཔོན་ཆེན་པོ་ལ་གསོལ་ལོ། །མཐུ་ཆེན་དགྲ་འདུལ་ལ་གསོལ་ལོ། །སྣང་གྲགས་འབྲུག་ལྡིར་ལ་གསོལ་ལོ། །དྲག་རྩལ་ཐོག་འབེབས་ལ་གསོལ་ལོ། །སྐྱེས་བུ་སྲོག་འདོན་ལ་གསོལ་ལོ། །སྟོང་བ་སྲོག་གཅོད་ལ་གསོལ་ལོ། །སྐྱེས་བུ་རང་ཆས་ལ་གསོལ་ལོ། །བྲེ་ཁྲ་སྟོན་མོ་ལ་གསོལ་ལོ། །དགྲ་སྙན་གཞོག་རྩལ་དཀར་མོ་སྟེ་སྤྲུལ་བ་ཡང་སྤྲུལ་བསམ་གྱིས་མི་ཁྱབ་པ་དང་བཅས་ལ་གསོལ་ལོ། །འབུལ་ལོ། །མཆོད་དོ། །རིག་འཛིན་རྣལ་འབྱོར་པ་བདག་ཅག་གི་ནད་གདོན་བར་ཆད་སོལ་ཅིག ཚེ་བསོད་སྙན་གྲགས་རྒྱས་པར་མཛོད་ཅིག ཁམས་གསུམ་སྲིད་གསུམ་དབང་དུ་བསྡུས་ཤིག ལོག་འདྲེན་དགྲ་བགེགས་ཚར་གཅོད་པར་མཛོད་ཅིག ཧོ། ནུབ་ཕྱོགས་ནམ་མཁའ་ཡངས་པའི་དཀྱིལ་འཁོར་ནས། མཐུ་ལྡན་དགྲ་ལྷ་བཅུ་གསུམ་གྱི་གཙོ་བོ་ཚེ་སྲོག་སྐྱོབས་པའི་དགྲ་ལྷ་ཆེན་པོ་ལ་གསོལ་

ལོ། །བསྟན་པ་རྒྱས་པའི་དགྲ་ལྷ་ལ་གསོལ་ལོ། །མི་གྲངས་སྤེལ་བའི་དགྲ་ལྷ་ལ་གསོལ་ལོ། །སྡང་དགྲ་འདུལ་བའིདགྲ་ལྷ་ལ་གསོལ་ལོ། །གནོད་བྱེད་འདུལ་བའི་དགྲ་ལྷ་ལ་གསོལ་ལོ། །དཀོར་ནོར་སྤེལ་བའི་དགྲ་ལྷ་ལ་གསོལ་ལོ། །མི་ཚེ་སྲིང་བའི་དགྲ་ལྷ་ལ་གསོལ་ལོ། །མཛེས་བརྗིད་ཇམ་པའི་དགྲ་ལྷ་ལ་གསོལ་ལོ། །དཔལ་རྒྱལ་བསྐྱེད་པའི་དགྲ་ལྷ་ལ་གསོལ་ལོ། །དཔའ་བརྗིད་བརྩན་པའི་དགྲ་ལྷ་ལ་གསོལ་ལོ། །ཀུན་གྱིས་བཀུར་བའི་དགྲ་ལྷ་ལ་གསོལ་ལོ། །སྐལ་པ་ཐོབ་པའི་དགྲ་ལྷ་ལ་གསོལ་ལོ། །བསམ་དོན་འགྲུབ་པའི་དགྲ་ལྷ་ལ་གསོལ་ལོ། །མཐུ་ཆེན་དགྲ་བཅུ་གསུམ་རང་རང་གི་འཁོར་སྤྲུལ་པ་ཡང་སྤྲུལ་དང་བསམ་གྱིས་མི་ཁྱབ་པའི་ཚོགས་ཐམས་ཅད་ལ་གསོལ་ལོ། །འབུལ་ལོ། །མཆོད་དོ། །རིག་འཛིན་རྣལ་འབྱོར་པ་བདག་ཅག་གི་ནད་གདོན་བར་ཆད་སོལ་ཅིག ཚེ་བསོད་སྐལ་གྲགས་རྒྱས་པར་མཛོད་ཅིག ཁམས་གསུམ་སྲིད་གསུམ་དབང་དུ་བསྡུས་ཤིག ལོག་འདྲེན་དགྲ་བགེགས་ཚར་གཅོད་པར་མཛོད་ཅིག ཧོ། བྱང་ཕྱོགས་ནམ་མཁའ་ཡངས་པའི་དཀྱིལ་འཁོར་ན། ས་བརྒྱད་ཐོབ་པའི་གནོད་སྦྱིན་ཡོངས་ཀྱི་རྒྱལ་པོ། རྨ་རྒྱལ་སྤོམ་ར་ལ་གསོལ་ལོ། །གཡས་སུ་དགེ་བསྙེན་བརྩན་པ་ལ་གསོལ་ལོ། །གཡོན་དུ་ཚངས་པ་གཞོན་ནུ་ལ་གསོལ་ལོ། །མདུན་དུ་བཙུན་མོ་དུང་མདོག་ཞལ་མཛེས་ལ་གསོལ་ལོ། །རྒྱབ་དུ་སྤྲུལ་བ་ཆེན་པོ་གནོད་སྦྱིན་ཇམས་པ་ལ་གསོལ་ལོ། །དེ་དག་གི་འཁོར་དུ་སྨན་མོ་སླུ་བཙན་གཉན་བདུད་འབུམ་ཕྲག་དང་བཅས་པ་ལ་གསོལ་ལོ། །གཞན་ཡང་འགོ་བའི་ལྷ་ལྔ། རིག་འཛིན་བན་སྐྱོང་བོན་སྐྱོང་། སྲོག་ལུས་དབང་ཐང་རླུང་རྟ་ལ་དབང་བྱེད་ལྷ་དང་། འཇམ་གླིང་སྐྱོང་བའི་ཡུལ་ལྷ་ཟེ་

དོར། མཁར་ཁྲིམ་གོ་མཆོན་ཞིང་དང་། ཕྱུག་ལྷས་སྒོ་ཁྲིམ་ལམ་སྲང་ཐབ་ཀ་སོགས་ལ་གནས་པའི་ལྷ་སྤྲུལ་པ་ཡང་སྤྲུལ་ཉིང་སྤྲུལ་དང་བཅས་པ་ལ་གསོལ་ལོ། །འབུལ་ལོ། །མཆོད་དོ། །རིག་འཛིན་རྣལ་འབྱོར་པ་བདག་ཅག་གི་ནད་གདོན་བར་ཆད་སོལ་ཅིག ཚེ་བསོད་སྐལ་གྲགས་རྒྱས་པར་མཛོད་ཅིག ཁམས་གསུམ་སྲིད་གསུམ་དབང་དུ་བསྡུས་ཤིག ལོག་འདྲེན་དགྲ་བགེགས་ཚར་གཅོད་པར་མཛོད་ཅིག ཧོ། གཞན་ཡང་ཕྱོགས་དང་ཕྱོགས་མཚམས་སྟེང་འོག་བར་གསུམ་ཐམས་ཅད་དུ་ནམ་མཁའི་ཁྱེར་མ་འབྲུག་ཆིབས། ངར་སྐྲད་ཅན་གྱི་དགྲ་ལྷ་སོགས། དགྲ་ལྷ་ལྔ་གསུམ་བཅོ་ལྔ། ལྷ་འཁོར་སུམ་བརྒྱ་དྲུག་ཅུ། དགྲ་ལྷ་ཁྱེར་མའི་ཚོགས་དང་བཅས་ལ་གསོལ་ལོ། །འབུལ་ལོ། །མཆོད་དོ། །རིག་འཛིན་རྣལ་འབྱོར་པ་བདག་ཅག་གི་ནད་གདོན་བར་ཆད་སོལ་ཅིག ཚེ་བསོད་སྐལ་གྲགས་རྒྱས་པར་མཛོད་ཅིག ཁམས་གསུམ་སྲིད་གསུམ་དབང་དུ་བསྡུས་ཤིག ལོག་འདྲེན་དགྲ་བགེགས་ཚར་གཅོད་པར་མཛོད་ཅིག ཧོ། ཕོ་ཐང་གཡུ་འབྲུག་སྔོན་མོ་རྩ་རླུང་འཁོར་བའི་དགྲ་ལྷ་སོགས། མགྲོན་ཡག་དར་མའི་ཚོགས་ཕྱོགས་དང་ཕྱོགས་མཚམས་ས་གཞི་བར་སྣང་གི་ཁྲོན་ཀུན་ཡོངས་སུ་གང་བ་ལ་གསོལ་ལོ། །འབུལ་ལོ། །མཆོད་དོ། །རིག་འཛིན་རྣལ་འབྱོར་པ་བདག་ཅག་གི་ནད་གདོན་བར་ཆད་སོལ་ཅིག ཚེ་བསོད་སྐལ་གྲགས་རྒྱས་པར་མཛོད་ཅིག ཁམས་གསུམ་སྲིད་གསུམ་དབང་དུ་བསྡུས་ཤིག ལོག་འདྲེན་དགྲ་བགེགས་ཚར་གཅོད་པར་མཛོད་ཅིག ཧོ། ཡབ་ཆེན་སེང་བློན་ག་མ་རིག་ཞེས་ལ་གསོལ་ལོ། །རོང་ཚ་ནོར་བུ་ལྷ་དར་ལ་གསོལ་ལོ། །སྤྱི་དཔོན་རོང་ཚ་ཁྲ་རྒན་ལ་གསོལ་ལོ། །དཔའ་ཐུལ་སུམ་ཅུའི་བླ་གནས་སྟང་དུ་གཡུ་ཡི་མེ་ཏོག་

ལ་གསོལ་ལོ། །སྟོད་གླིང་ཉི་འབུམ་དར་ཡག་ལ་གསོལ་ལོ། །བར་གླིང་ཨ་ནུ་དཔའ་སེང་ལ་གསོལ་ལོ། །སྨད་གླིང་མུ་སྤྱང་དར་ལྕུ་ལ་གསོལ་ལོ། །འབྲུ་རྗེ་ཐར་པ་རྒྱ་མཚན་སོགས་རྒྱལ་མཚན་ཐོག་པའི་མི་བཞི་ལ་གསོལ་ལོ། །མུ་པའི་དར་འཛམ་ངོ་ལུག་སོགས་ངོ་ལུག་ཐོགས་པའི་མི་གསུམ་ལ་གསོལ་ལོ། །གྲི་ལ་དབང་ཐོབ་གདོང་འབུམ་པའི་ཞལ་ལྕུ་དཀར་པོ་སོགས་བཀའ་ཡི་བློན་པོ་དཔའ་ཐུལ་སུམ་ཅུའི་ཚོགས་དང་བཅས་པ་ལ་གསོལ་ལོ། །རང་རང་གི་འཁོར་སྤྲུལ་པ་ཡང་སྤྲུལ་དང་བཅས་པ་གསོལ་ལོ། །འབུལ་ལོ། །མཆོད་དོ། །རིག་འཛིན་རྣལ་འབྱོར་པ་བདག་ཅག་གི་ནད་གདོན་བར་ཆད་སོལ་ཅིག ཚེ་བསོད་སྙན་གྲགས་རྒྱས་པར་མཛོད་ཅིག ཁམས་གསུམ་སྲིད་གསུམ་དབང་དུ་བསྡུས་ཤིག ལོག་འདྲེན་དགྲ་བགེགས་ཚར་གཅོད་པར་མཛོད་ཅིག ཧོ། གཅེས་ཕྲུག་དགྲ་ལྷ་རྩེ་རྒྱལ་སོགས། གཅེས་ཕྲུག་དར་མ་བཅུ་གསུམ་ལ་གསོལ་ལོ། །སྲི་དཔོན་བླ་མ་ཀུན་དགའ་སོགས། བླ་མ་སུམ་ཅུ་ལ་གསོལ་ལོ། །ཨ་ཁྲ་སྒོམ་ཆེན་ཧིང་མེད་སོགས་སྒོམ་ཆེན་སུམ་ཅུ་ལ་གསོལ་ལོ། །སྐྱ་ལོའི་སྟོན་པ་རྒྱལ་མཚན་སོགས་སྟོན་པ་སུམ་ཅུ་ལ་གསོལ་ལོ། །ལྷ་རྗེ་ཀུན་དགའ་ཉི་མ་སོགས་ལྷ་རྗེ་སུམ་ཅུ་ལ་གསོལ་ལོ། །མོ་མ་ཀུན་ཤེས་བཟང་པོ་སོགས་མོ་མ་སུམ་ཅུ་ལ་གསོལ་ལོ། །མདོར་ན་སེང་ཆེན་དགྲ་འདུལ་རྒྱལ་པོའི་དཀྱིལ་འཁོར་དུ་ཡེ་ཤེས་དང་ལས་དང་འཇིག་རྟེན་གྱི་ཚུལ་འཛིན་པའི་བཀའ་འཁོར་ལས་བྱེད་ཀྱི་ཚོགས་བསམ་གྱིས་མི་ཁྱབ་པ་ཐམས་ཅད་ལ་གསོལ་ལོ། །འབུལ་ལོ། །མཆོད་དོ། །རིག་འཛིན་རྣལ་འབྱོར་པ་བདག་ཅག་འཁོར་དང་བཅས་པ་ལ་དུས་འདི་ནས་བྱང་ཆུབ་སྙིང་པོའི་བར་དུ་ཕྲིན་ལས་གཡེལ་བ་མེད་པར་འདོད་དོན་མ་ལུས་པ་གེགས་མེད་ཡིད་བཞིན་དུ་

འགྲུབ་པའི་དངོས་གྲུབ་སྩོལ་ཅིག ཕྱད་ཕྱོགས་བཅུར་གཏོར་ལ། དོན་བརྒྱུད་པ་འཕྲིན་ལས་བཅོལ་བའི་ཡན་ལག་ནི། ཧཱུྃ་ཧྲཱིཿ སྟོན་ཆེ་རིགས་གསུམ་པདྨ་འབྱུང་གནས་ཀྱི། །ཡེ་ཤེས་ཐུགས་རྗེའི་རོལ་བ་ལས་བྱུང་བ། །དྲེགས་པ་སྡེ་བརྒྱད་ཀུན་གྱི་སྲོག་གི་སྙིང་། །རིག་འཛིན་སྲོག་ཤིང་རྣལ་འབྱོར་དགྲ་ལྷའི་གཙོ། །ནག་ཕྱོགས་བདུད་སྡེ་ཀུན་གྱི་ཤན་པ་སྟེ། །དྲན་པ་ཙམ་གྱིས་དངོས་གྲུབ་སྤྲིན་འཁྲིགས་པ། །སྐུ་ཡི་གར་གྱིས་བདུད་སྡེ་ཕྱེ་མར་བརླག །དགྱེས་པའི་གད་མོས་ས་གསུམ་གཡོ་བར་བྱེད། །ཐུགས་ཉིད་མཚན་མའི་སྤྲོས་པ་ཀུན་བྲལ་ཡང་། །སྲིད་ཞིའི་དགེ་མཚན་དཔལ་ཡོན་མ་ལུས་པ། །ཅི་འདོད་དངོས་གྲུབ་ཆར་ལྟར་འབེབས་མཛད་པའི། །སེང་ཆེན་ཉི་ཟླའི་དཀྱིལ་འཁོར་ཁྱོད་ཉིད་ནི། །མ་འོང་རིག་ལྡན་དྲག་པོའི་སྐུར་བཞེངས་ནས། །འཇིགས་རུང་དྲག་པོའི་གཡུལ་གྱི་བཀོད་པ་ཡིས། །མཐའ་ཁོབ་ཀླ་ཀློའི་རྩ་བ་དྲུང་ནས་ཕྱུང་། །གསང་སྔགས་སྒྲོན་མེ་ཕྱོགས་བཅུར་རྒྱས་པར་མཛོད། །ཀི་ལ་འདུ་ཞིང་བསྒོ་ལ་དགྱེས་པར་བྱེད། །རྡོ་རྗེའི་ཆོ་དང་སྙན་གྲགས་དབང་ཐང་དང་། །བརྒྱུད་འཛིན་བུ་སློབ་ཡར་ངོའི་ཟླ་ལྟར་རྒྱས། །རྡོ་རྗེ་ལྕུགས་ཀྱུ་ཞགས་པའི་འཕྲུལ་ཐབས་ཀྱིས། །སྲིད་ཞིའི་དྭངས་བཅུད་དཔལ་ཡོན་མཐའ་དག་ཀུན། །དྲན་པ་ཙམ་གྱིས་དབང་མེད་འགུགས་པར་བྱེད། །ཕས་རྒོལ་བསམ་ངན་སྦྱོར་རྩུབ་འཆང་བ་ཡི། །སྡང་ཞིང་གདུག་པའི་མི་བསྲུན་ལོག་འདྲེན་རིགས། །དགྲ་རྐུན་དམག་ཇག་འབྲུགས་པའི་གཡུལ་ངོ་བཟློག །ཉིན་གསུམ་བྱ་ར་མཚན་གསུམ་མེལ་ཚེ་མཛོད། །ལེགས་པ་སྤྲོད་ལ་ཉེས་པ་སྟོང་དང་བསྟོལ། །གཞི་ལ་བཀྲ་ཤིས་ལོངས་སྤྱོད་ཕུན་སུམ་ཚོགས། །བྱེས་སུ་འགྲོ་ན་མགོན་སྐྱབས་མ་གཡེལ་

བར། །མདོར་ན་བྱང་ཆུབ་སྒྲུབ་པའི་གེགས་གྱུར་པའི། །ཕྱི་ནང་མི་མཐུན་ཉེ་བར་འཚེ་བའི་རིགས། །མ་ལུས་ལྷག་མེད་དབྱིངས་སུ་ཞི་ནས་ཀྱང་། །ཕུན་ཚོགས་བདེ་དགའི་དཔལ་ལ་སྤྱོད་པར་ཤོག །ཕུད་དང་གཏོར་མ་གཙང་སར་གཤེགས། ཤེས་བརྗོད་ཀྱིས་མཐའ་བརྒྱན་པར་བྱའོ། །ཞེས་གེ་སར་ནོར་བུ་དགྲ་འདུལ་གྱི་གསོལ་མཆོད་ཆེན་མོ་ཕྲིན་ལས་དོན་བརྒྱད་དགེ་ལེགས་དཔལ་སྟེར་ཞེས་བྱ་བ་འདི་ནི། ཛ་རྒྱལ་མཚམས་སྤྲུལ་རིན་པོ་ཆེའི་འདི་ལྟར་དགོས་ཞེས་བཀའ་ཕེབས་ནན་གྱིས་གནང་བ་དང་། ཨ་ཐུབ་ཚེ་དབང་ཕུན་ཚོགས་དང་། འཇུ་ཆུང་འཇམ་དབྱངས་ཕུན་ཚོགས་གཉིས་ནས། འདི་ལྟར་དགོས་ཞེས་ལྷ་རྫས་ བླ་བའི་མདངས་ལྡན་དང་། རིན་ཆེན་གཉིས་པའི་རྟེན་དང་བཅས་བསྐུལ་བ་ལ་བརྟེན་ནས། གནས་དུས་ལོངས་སྤྱོད་ཀྱི་རྟེན་འབྲེལ་ཕུན་སུམ་ཚོགས་པར་འགྲིགས་པ་དང་། ཁྱད་པར་རང་གི་རྨི་ལམ་དུ་ཡང་། ཡུལ་གཞན་ཞིག་ལ་བདག་ཕྱིན་པ་ན། མི་དང་མི་མིན་གྱི་འདུ་བ་ཆེན་པོ་ཞིག་གི་ནང་ནས། མི་ངོ་མི་ཤེས་པ་ཞིག་གིས། གེ་སར་དགྲ་ལྷའི་རྒྱལ་པོས་མི་དང་མི་མིན་གྱི་འགྲོ་བ་མཐའ་དག་དབང་དུ་འདུ་བ་ལགས་པས། དེས་ན་རྣལ་འབྱོར་ཁྱེད་ཀྱི་ཇི་ལྟར་བསྒོ་བ་བཞིན་བདག་གིས་སྒྲུབ་པོ་ཞེས་ཟེར་བས། དེ་ནི་འཛམ་གླིང་གེ་སར་རྒྱལ་པོ་ཡིན་པའི་སྣང་བ་ཤར། ཡང་དར་དཀར་ལ་ཐོད་ཅན། དར་དཀར་པོའི་གོས་གྱོན་པ་ཞིག་གིས་བདག་ལ་དགའ་བའི་རྣམ་འགྱུར་གྱིས། དར་དཀར་པོ་རིང་མོ་ཞིག་བྱིན་ནས། བདག་ལ་ཧྲ་ནག་པོ་འཛམ་གླིང་འདི་ན་གྲགས་ཆེ་བ་ཞིག་ཡོད་པ་དེ་ཁྱེད་ལ་འབུལ་ཟེར་བས། བདག་གི་སྣང་བ་ལ་མི་དེ་སྟག་རོང་ཨ་ནུ་སྟག་འཕེན་དང་ཧྲ་དེ་མགྱོགས་པའི་ཕོ་རོག་སྟོང་འཕྲུམས་ཟེར་བ་དེ་ཡིན་སྙམ་པའི་སྣང་བ་བྱུང་བ་དང་། གཞན་ཡང་རྟེན་འབྲེལ་གྱི་ལེགས་ཚོགས་དུ་མ་ཞིག་བྱུང་བའི་རྐྱེན་གྱིས། མེ་མོ་ལུག་གི་ལོའི་ཟླ་བ་གཉིས་པའི་དམར་ཕྱོགས་མཁའ་འགྲོ་འདུ་བའི་དུས་ཆེན་ཉིན། རྟ་དམ་ཨོ་རྒྱན་བསམ་བརྟན་ཆོས་གླིང་གི་ཕོ་བྲང་ཆེན་པོའི་ཡང་རྩེར་འཆི་མེད་གྲུབ་པའི་དགའ་ཚལ་དུ་པདྨ

སྐུ་རབས་ལྔ་པ་ཐུབ་བསྟན་ཆོས་ཀྱི་རྡོ་རྗེའི་གསུང་ཚན།

ཐེག་མཆོག་བསྟན་འཛིན་ནམ་མིང་གཞན་ཐུབ་བསྟན་ཆོས་ཀྱི་རྡོ་རྗེས་བྲིས་པ་དགེ་ལེགས་སུ་གྱུར་ཅིག
སརྦ་མངྒ་ལཾ། དགེའོ། །དགེའོ། །དགེའོ། །

༄༅། །ཀླུང་རྟའི་གསེར་སྐྱེམས་ཀུན་དགའི་དཔལ་སྟེར་ ཞེས་བྱ་བ་བཞུགས་སོ།།

ཧོ། ཆོས་དབྱིངས་བདེ་བ་ཆེན་པོའི་ངང་ཉིད་ལས། །མ་འགགས་རོལ་བའི་ཕྲིན་ལས་ཀུན་ཏུ་ཁྱབ། །ཡེ་ཤེས་འཛིག་རྟེན་ཡོངས་ཀྱི་འཁོར་ལོས་བསྒྱུར། །སྐལ་ལྡན་རྣལ་འབྱོར་བདག་ཅག་འཁོར་བཅས་ལ། །ཚེ་བསོད་དཔལ་འབྱོར་དབང་ཐང་སྙན་གྲགས་ཀྱི། །ཀླུང་གི་རྒྱལ་མཚན་སྲིད་རྩེར་བསྒྲེངས་མཛད་པའི། །སྣང་ལ་རང་བཞིན་དངོས་པོ་མ་གྲུབ་པ། །དྭངས་བའི་མཚོ་ནང་ཟླ་གཟུགས་ཤར་བ་བཞིན། །དབུས་ཕྱོགས་ནམ་མཁའ་ཡངས་པའི་དཀྱིལ་འཁོར་ན། །རྫུ་འཕྲུལ་རྐང་པ་བཞི་ལ་མངའ་བརྙེས་པ། །སྟོང་གསུམ་སྐད་ཅིག་ཡུད་ལ་བགྲོད་པར་བྱེད། །རྫུ་འཕྲུལ་ཤུགས་ལྡན་རྟ་མཆོག་རིན་པོ་ཆེ། །ཀླུང་གི་རྩལ་ལྡན་སྤྲིན་གྱི་ཤུགས་ལྡན་རྟ། །མཛེས་པའི་གཟུགས་འཆང་སྟོང་གསུམ་གང་བར་བྱེད། །མདོག་སྔོན་ཨིནྡྲ་ནི་ལའི་ལྷུན་པོ་ལ། །རྟ་བདུན་བདག་པོའི་འོད་ཀྱིས་འབྱུད་པ་བཞིན། །ཆུ་བྱའི་མགྲིན་པའི་སྒྲ་ལྡར་ཡིད་འོང་བ། །རྔོག་མ་ལྕང་ལོ་གཡས་སུ་འཁྱིལ་བ་ལས། །རྣམ་མང་རིན་ཆེན་སྣ་ཚོགས་ཆར་བ་

འབེབས། །སྟེང་དུ་ཡིད་བཞིན་ནོར་བུ་བསམ་འཕེལ་ནི། །རིན་ཆེན་ངོ་བོ་ལྷ་རྫས་བཻ་ཌཱུརྻ། །འོད་དང་འོད་ཟེར་ཉི་མ་འབུམ་ལས་ལྷག །ཀུན་ཏུ་དཔག་ཚད་ཙམ་དུ་སྣང་བྱེད་ཅིང་། །རྟག་ཏུ་མུན་པའི་སྣང་བ་གསལ་བར་བྱེད། །འོད་ཟེར་ཕོག་པས་འགྲོ་བའི་ནད་རྣམས་སེལ། །དྲོ་ན་བསིལ་ཞིང་གྲང་ན་དྲོ་བར་བྱེད། །འདོད་རྒུའི་ལོངས་སྤྱོད་དངོས་གྲུབ་ཆར་པ་འབེབས། །རིན་ཆེན་གདུགས་མཛེས་གསེར་གྱི་ཡུ་བ་ཅན། །གསེར་གྱི་ཉ་མོ་དུང་གི་གཤོག་པ་མཛེས། །བུམ་པ་བཟང་པོ་དཔག་བསམ་ནོར་བུའི་རྒྱན། །མ་ཆགས་སྐྱོན་བྲལ་མདངས་ལྡན་པདྨའི་ཚལ། །དྲི་མེད་དཀར་གསལ་གཡས་འཁྱིལ་དུང་། །དཔལ་གྱི་བེའུ་བཀྲ་ཤིས་དཔལ་གྱི་མཆོག །བདུད་བཞི་གཡུལ་ལས་རྒྱལ་བའི་རྒྱལ་མཚན་བསྒྲེངས། །གསེར་གྱི་འཁོར་ལོ་རྩིབས་སྟོང་ལྡན་པ་སོགས། །ཡིད་འོང་རིན་ཆེན་བཀྲ་ཤིས་རྟགས་བརྒྱད་ཀྱི། །གཟུགས་ཀྱི་རྣམ་འགྱུར་ཕྱོགས་བཅུར་ཀུན་ནས་བཀྲ། །རྫུ་འཕྲུལ་ཤུགས་ལྡན་རྟ་མཆོག་རིན་པོ་ཆེ། །སྒྱུར་མགྱོགས་ཆེ་བའི་རླུང་རྟ་ཡར་ལ་བསྐྱེད། །གསེར་སྐྱེམས་གཙང་མ་ཕུད་ཀྱི་མཆོད་པ་འདི། །ཕུལ་བས་བདག་ཅག་དཔོན་སློབ་འཁོར་བཅས་རྣམས། །ཡིད་ལ་སྨོན་པ་མཐའ་དག་འགྲུབ་གྱུར་ཅིག །རླུང་རྟའི་དཔལ་གཡང་མ་ལུས་བསྐྱེད་དུ་གསོལ། །སྙན་པའི་བ་དན་སྲིད་པའི་རྩེ་ར་མོར་བསྒྲེངས། །གྲགས་པའི་འབྲུག་སྒྲ་ནམ་མཁའི་མཐའ་དང་མཉམ། །མཐུ་སྟོབས་ནུས་པ་རླུང་གི་མེ་བཞིན་སྦར། །འགྱུར་མེད་རླུང་གི་དཔལ་ཡོན་རབ་སྦྲུབ་ནས། །ཆོས་སྲིད་ལེགས་ཚོགས་ཕྱོགས་བཅུར་རྒྱས་པར་མཛོད། །ཤར་ཕྱོགས་ནམ་མཁའ་ཡངས་པའི་དཀྱིལ་འཁོར་ན། །འཇིགས་རུང་མེ་ཡི་ཚྭ་ཚྭ་འཁྲུགས་པ་

ཡི། །མི་ཁམས་རླུང་གི་དཔལ་སྟེར་བསྐྱེད་མཛད་པ། །དཔའ་རྩལ་སྟོབས་བསྐྱེད་རྒྱ་སྟག་ཁྲ་བོ་ནི། །མདོག་དམར་དུས་མཐའི་མེ་ལྟར་འབར་བ་ལ། །མིག་སྨན་མདོག་ཅན་རི་མོ་ཀུན་ཏུ་བཀྲ། །ཛམ་པའི་སྒྲ་ཡིས་སྟོང་གསུམ་གང་བར་བྱེད། །དཔའ་སྙིང་ཆེ་བའི་རླུང་རྟ་ཡར་ལ་བསྐྱེད། །ལྷོ་ཕྱོགས་ནམ་མཁའ་ཡངས་པའི་དཀྱིལ་འཁོར་ན། །ཆུ་ལྡན་ཆར་སྤྲིན་ཟབ་མོའི་གློང་ཡངས་ན། །ཆུ་ཁམས་རླུང་གི་དཔལ་སྟེར་བསྐྱེད་མཛད་པ། །ངར་སྐད་སྟོབས་བསྐྱེད་གཡུ་འབྲུག་སྔོན་མོ་སྟེ། །མདོག་ལྗང་རིན་ཆེན་མར་གད་ཞུན་མའི་མདོག །སྒྲ་ཡིས་སྲིད་པ་གསུམ་པོ་གཡོ་བར་བྱེད། །གློག་གི་ཕྲེང་བས་སྟོང་གསུམ་གསལ་བྱེད་པ། །ལག་ན་དགོས་འདོད་ཡིད་བཞིན་ནོར་བུ་བསྣམས། །སྙན་གྲགས་ཆེ་བའི་རླུང་རྟ་ཡར་ལ་བསྐྱེད། །ནུབ་ཕྱོགས་ནམ་མཁའ་ཡངས་པའི་དཀྱིལ་འཁོར་ན། །ཤེལ་བྲག་གངས་ཆེན་ལྕགས་རིའི་ཟམ་གནས་ནས། །ལྕགས་ཁམས་རླུང་གི་དཔལ་སྟེར་བསྐྱེད་མཛད་པ། །དཔའ་ཛམས་སྟོབས་བསྐྱེད་དུང་སེང་གཡུ་རལ་ཅན། །སྟོབས་ཀྱི་རྒྱལ་པོ་སྡེར་ཆགས་ཡོངས་ཀྱི་གཙོ། །གངས་རིའི་མདངས་ལྡན་ཉི་མ་འབུམ་གྱི་གཟི། །གཡུ་ཡི་རལ་བ་སྔོན་པོ་སྤྲིན་ལྟར་གཏིབས། །སྟོབས་ལྡན་སེངྒེའི་ངར་སྐད་ལྡངས་སེ་ལྡང་། །གཟི་བརྗིད་ཆེ་བའི་རླུང་རྟ་ཡར་ལ་བསྐྱེད། །ལྷོ་ཕྱོགས་ནམ་མཁའ་ཡངས་པའི་དཀྱིལ་འཁོར་ནས། །དཔག་བསམ་ལྗོན་པའི་ཚལ་ན་ཁྲུ་བ་ཡིས། །ཤིང་ལ་རླུང་གི་དཔལ་སྟེར་བསྐྱེད་མཛད་པ། །སྟོབས་ཤུགས་བང་བསྐྱེད་ཁྱུང་ཆེན་འབར་བ་ནི། །གཡུ་ཡི་མདོག་ཅན་འོད་ཟེར་ཕྱོགས་བཅུར་འཕྲོ། །གཡུ་ཡི་གཤོག་པ་བར་སྣང་མཁའ་ལ་བརྐྱངས། །ཕྱོགས་བཅུར་ལྡིང་ཞིང་བང་ནི་གློག་ལས་

སྒྲུར། །གསེར་གྱི་མིག་ལ་ནོར་བུའི་ཐོར་ཚུགས་ཅན། །ཡོན་ཏན་ལྡན་པའི་རླུང་རྟ་ཡར་ལ་བསྐྱེད། །སྟག་སེང་ཁྱུང་འབྲུག་རླུང་རྟའི་ལྷ་རྣམས་ལ། །གསེར་སྐྱེམས་གཙང་མ་ཕུད་ཀྱི་མཆོད་པ་འདི། །ཕུལ་བས་བདག་ཅག་དཔོན་སློབ་འཁོར་བཅས་རྣམས། །ཡིད་ལ་སྨོན་པ་མཐའ་དག་འགྲུབ་གྱུར་ཅིག །རླུང་རྟའི་དཔལ་གཡང་མ་ལུས་བསྐྱེད་དུ་གསོལ། །སྙན་པའི་བ་དན་སྲིད་པའི་རྩེ་ར་མོར་བསྒྲེངས། །གྲགས་པའི་འབྲུག་སྒྲ་ནམ་མཁའི་མཐའ་དང་མཉམ། །མཐུ་སྟོབས་ནུས་པ་རླུང་གི་མེ་བཞིན་སྦར། །འགྱུར་མེད་རླུང་གི་དཔལ་ཡོན་རབ་སྒྲུབ་ནས། །ཆོས་སྲིད་ལེགས་ཚོགས་ཕྱོགས་བཅུར་རྒྱས་པར་མཛོད། །ཡེ་སྨོན་རྒྱལ་པོ་གསང་བདག་རྒྱལ་མོ་གཉིས། །སྨོན་ལམ་ལྷ་ལས་རླུང་རྟ་གསལ་བ་ནི། །ལྕགས་ཟངས་ཤིང་དང་ཆུ་ཡི་མི་ཕོ་བཞི། །རང་རང་མདོག་ཅན་འཕན་དར་ལྡེམ་འཕྱུ་ཅན། །ཕྱུག་བརྐྱན་སྦྲུལ་པ་སྤྲེལ་སྦྲུལ་སྟག་དང་ཕག །སྲིད་པའི་སྙན་གྲགས་ཕྱོགས་བཅུ་ཀུན་ཏུ་སྤེལ། །ཆིབས་སུ་སྟག་རྟ་ཀུ་ཀུ་ར་ཛ་ཆིབས། །ནུབ་ཕྱོགས་རླུང་ཁྲི་དགུ་འབུམ་བདག་པོ་ནི། །རླུང་རྟའི་སྲས་པོ་ལྕགས་ཀྱི་མི་ཕོ་ལ། །མདུང་དར་བསྣམས་ནས་སྟག་རྟ་ཁྲི་གསུམ་ཆིབས། །ཕྱུག་བརྐྱན་སྤྲེལ་མགོ་ཡང་སྦྲུལ་ཕོ་ཉར་འཇེད། །ནུབ་ཕྱོགས་རླུང་རྟ་བསྐྱེད་ལ་སྙན་གྲགས་སྤེལ། །ལྷོ་ཕྱོགས་རླུང་ཁྲི་དགུ་འབུམ་བདག་པོ་ནི། །རླུང་རྟའི་སྲས་པོ་ཟངས་ཀྱི་མི་ཕོ་ལ། །མདུང་དར་བསྣམས་ཤིང་ཕག་ལུག་ཡོས་གསུམ་ཆིབས། །ཕྱུག་བརྐྱན་སྦྲུལ་མགོ་ཡང་སྦྲུལ་ཕོ་ཉར་འཇེད། །ལྷོ་ཕྱོགས་རླུང་རྟ་བསྐྱེད་ལ་སྙན་གྲགས་སྤེལ། །ཤར་ཕྱོགས་རླུང་ཁྲི་དགུ་འབུམ་བདག་པོ་ནི། །རླུང་རྟའི་སྲས་པོ་ཆུ་ཡི་མི་ཕོ་ལ། །མདའ་དར

བསྣམས་ཤིང་བྱི་འབྲུག་སྤྲེལ་གསུམ་ཆིབས། །ཕྱག་བརྙན་སྟག་མགོ་ཡང་སྤྲུལ་ཕོ་ཉར་འཁྱེད། །ཤར་ཕྱོགས་རླུང་རྟ་བསྐྱེད་ལ་སྙན་གྲགས་སྤེལ། །བྱང་ཕྱོགས་རླུང་ཁྲི་དགུ་འབུམ་བདག་པོ་ནི། །རླུང་རྟའི་སྲས་པོ་རྒྱ་ཡི་མི་ཕོ་ནི། །མདུང་དར་བསྣམས་ནས་བྱ་གླང་སྤྲུལ་གསུམ་ཆིབས། །ཕྱག་བརྙན་ཕག་མགོ་ཡང་སྤྲུལ་ཕོ་ཉར་འཁྱེད། །བྱང་ཕྱོགས་རླུང་རྟ་བསྐྱེད་ལ་སྙན་གྲགས་སྤེལ། །བར་སྣང་གཉན་གྱི་རླུང་རྟ་རྣམ་པ་གཉིས། །གཡས་ཕྱོགས་བར་སྣང་ཁམས་ན་གནས་པ་ཡི། །རླུང་ཁྲི་དགུ་འབུམ་མ་ལུས་ཀུན་གྱི་བདག །སྟག་གི་མགོ་ཅན་མདུང་དར་ཚེ་བུམ་བསྣམས། །རླུང་རྟའི་དཔལ་གཡང་མ་ལུས་བསྐྱེད་དུ་གསོལ། །གཡོན་ཕྱོགས་བར་སྣང་ཁམས་ན་གནས་པ་ཡི། །རླུང་ཁྲི་དགུ་འབུམ་མ་ལུས་ཀུན་གྱི་བདག །སྐྱེས་བུ་ཆེན་པོ་མདོག་དཀར་འོད་ཟེར་འབར། །པིར་དཀར་གསོལ་ཞིང་མདུང་དར་ཕྱག་ན་བསྣམས། །རླུང་གི་རྒྱལ་མཚན་སྲིད་པའི་རྩེ་མོར་བསྒྲེངས། །ཡི་སྨོན་རྒྱལ་པོ་གསང་བདག་རྒྱལ་མོ་གཉིས། །རླུང་རྟ་བཞི་དང་ལྷ་སྲས་རྣམ་པ་བཞི། །ཕྱག་བརྙན་སྡེ་བཞི་ཡང་སྤྲུལ་ཕོ་ཉའི་ཚོགས། །བར་སྣང་གཉན་གྱི་རླུང་རྟ་རྣམ་གཉིས་བཅས། །གསེར་སྐྱེམས་གཙང་མ་ཕུད་ཀྱི་མཆོད་པ་འདི། །ཕུལ་བས་བདག་ཅག་དཔོན་སློབ་འཁོར་བཅས་རྣམས། །ཡིད་ལ་སྨོན་པ་མཐའ་དག་འགྲུབ་གྱུར་ཅིག །རླུང་རྟའི་དཔལ་གཡང་མ་ལུས་བསྐྱེད་དུ་གསོལ། །སྙན་པའི་བ་དན་སྲིད་པའི་རྩེ་ར་མོར་བསྒྲེངས། །གྲགས་པའི་འབྲུག་སྒྲ་ནམ་མཁའི་མཐའ་དང་མཉམ། །མཐུ་སྟོབས་ནུས་པ་རླུང་གི་མེ་བཞིན་སྦར། །འགྱུར་མེད་རླུང་གི་དཔལ་ཡོན་རབ་སྒྲུབ་ནས། །ཆོས་སྲིད་ལེགས་ཚོགས་ཕྱོགས་བཅུར་རྒྱས་པར་མཛོད། །ཕ་ལྷ་མ་ལྷ

ཞང་ལྷ་སྲོག་ལྷ་དང་། །ཡུལ་ལྷ་ལ་སོགས་འགོ་བའི་ལྷ་ལྷ་དང་། །ཚེ་སྲོག་སྐྱོབ་དང་བསྟན་པ་རྒྱས་པ་དང་། །མི་གྲངས་སྤེལ་སོགས་དགྲ་ལྷ་བཅུ་གསུམ་པོ། །མ་ལྷ་བུ་རྫི་སྐྱེས་ཀྱི་ཕྲག་ལྷ་དཀར། །ཐབ་ལྷ་ཡུ་མོ་ཁྱིམ་ལྷ་གེ་ཐུང་དང་། །རྣམ་མང་ཐོས་སྲས་ཨཙྪ་རྫམ་བྷ་ལ། །ཚོང་ལྷ་ཚོགས་བདག་གླང་སྣ་མགྲོན་ལྷ་དཀར། །དགྲ་ལྷ་ཐབ་སྐྱེན་རྣ་གསང་ཆེན་པོ་དང་། །ཇག་ལྷ་དར་མ་དགྲ་ལྷ་མགོན་པོ་དམར། །ཟས་ལྷ་དམར་པོ་དགྲ་ལྷ་སྲོག་ལྷ་དཀར། །འགོ་བའི་ལྷ་ལྷ་དགྲ་ལྷའི་ཚོགས་རྣམས་ལ། །གསེར་སྐྱེམས་གཙང་མ་ཕུད་ཀྱི་མཆོད་པ་འདི། །ཕུལ་བས་བདག་ཅག་དཔོན་སློབ་འཁོར་བཅས་རྣམས། །ཡིད་ལ་སྨོན་པ་མཐའ་དག་འགྲུབ་གྱུར་ཅིག །རླུང་རྟའི་དཔལ་གཡང་མ་ལུས་བསྐྱེད་དུ་གསོལ། །སྐལ་པའི་བ་དན་སྲིད་པའི་རྩེར་མོར་བསྒྲེངས། །གྲགས་པའི་འབྲུག་སྒྲ་ནམ་མཁའི་མཐའ་དང་མཉམ། །མཐུ་སྟོབས་ནུས་པ་རླུང་གི་མེ་བཞིན་སྤར། །འགྱུར་མེད་རླུང་གི་དཔལ་ཡོན་རབ་སྒྲུབ་ནས། །ཆོས་སྲིད་ལེགས་ཚོགས་ཕྱོགས་བཅུར་རྒྱས་པར་མཛོད། །བྱི་བ་ལ་སོགས་ལོ་སྐོར་བཅུ་གཉིས་དང་། །ལི་ཁོན་དྲ་ཁེན་གིན་སོགས་སྤར་ཁ་བརྒྱད། །ལྷ་སེར་གཉིས་ནག་སུམ་མཐིང་བཞི་ལྗང་དང་། །དྲུག་དཀར་བདུན་དམར་ལ་སོགས་སྨེ་བ་དགུ། །ལོ་ལྷ་དོན་གཉིས་ས་བདག་ལག་ཆེན་དང་། །ས་བདག་ཉེར་གཅིག་ལྷ་མོ་བརྟན་མ་སོགས། །ལོ་འཁོར་ས་བདག་བིཥྚི་ཟེན་ཕུང་དང་། །ནུ་རུ་ལུགས་དང་ནྟ་སྐྱུར་དུས་མཚན་བདག །ལོ་ཟླ་ཞག་དུས་ཆོས་ལ་དབང་བྱེད་པའི། །ས་བདག་མཐུ་སྟོབས་དབང་ཕྱུག་ཅན་རྣམས་དང་། །ཕན་གནོད་ལ་དབང་གི་ཡོང་གདུག་སེམས་ཅན། །རླུང་རྟ་ཆེན་པོའི་བཀའ་འཁོར་ལ་གནས་པའི། །ཉི་མའི་ཟེར་གྱི་རྟུལ་

ལྟར་འཁྲིགས་པ་བཞིན། ། སྲིད་གསུམ་གང་བར་བྱེད་པའི་ཚོགས་རྣམས་ལ། །གསེར་སྐྱེམས་གཙང་མ་ཕུད་ཀྱི་མཆོད་པ་འདི། །ཕུལ་བས་བདག་ཅག་དཔོན་སློབ་འཁོར་བཅས་རྣམས། །ཡིད་ལ་སྨོན་པ་མཐའ་དག་འགྲུབ་གྱུར་ཅིག །སྲུང་མའི་དཔལ་གཡང་མ་ལུས་བསྐྱེད་དུ་གསོལ། །སྟན་པའི་བ་དན་སྲིད་པའི་རྩེར་མོར་བསྒྲེངས། །གྲགས་པའི་འབྲུག་སྒྲ་ནམ་མཁའི་མཐའ་དང་མཉམ། །མཐུ་སྟོབས་ནུས་པ་སྲུང་གི་མེ་བཞིན་སྦོར། །འགྱུར་མེད་སྲུང་གི་དཔལ་ཡོན་རབ་སྒྲུབ་ནས། །ཆོས་སྲིད་ལེགས་ཚོགས་ཕྱོགས་བཅུར་རྒྱས་པར་མཛོད། །ཅེས་སྲུང་མའི་གསེར་སྐྱེམས་ཀུན་ཏུ་དགའ་བའི་དཔལ་སྟེར་ཞེས་བྱ་བ་འདི་ནི་རྟེན་འབྲེལ་གྱི་ལེགས་ཚོགས་འགའ་ཞིག་འཁྲིགས་པའི་རྐྱེན་གྱིས་ས་ཕོ་རྟ་ལོའི་ཟླ་༦ཚེས་རེས་བཟའ་པ་སངས་ཉིན་རྫོགས་སྨྱུལ་ལྔ་པ་ཐུབ་བསྟན་ཆོས་ཀྱི་རྡོ་རྗེས་ཏུ་དམ་ཨོ་རྒྱན་བསམ་བསྟན་ཆོས་གླིང་གི་ཕོ་བྲང་ཆེན་པོའི་ཡང་རྩེ་འཆི་མེད་གྲུབ་པའི་དགའ་ཚལ་དུ་བསྟན་ལ་ཕན་པའི་ལྷག་བསམ་བཟང་པོས་བྲིས་པ་དགེ །

༄༅། །སྲུང་མའི་ལྷ་ཚོགས་རྣམས་ལ་ཕྲིན་ལས་བཅོལ་བ་ནི།

ཧཱུཾ་ཧྲཱིཿ དཀོན་མཆོག་རྩ་གསུམ་ནོར་ལྷ་གཏེར་བདག་དང་། །དཔལ་མགོན་བདུན་ཅུ་འགོ་བའི་ལྷ་ལྔའི་ཚོགས། །དགྲ་ལྷ་བཅུ་གསུམ་ཡུལ་ལྷ་གཞི་བདག་བཅས། །ཤུགས་ལྡན་རྟ་མཆོག་ཕྱོགས་བཞིའི་བདག་པོ་ལྷ། །ལོ་སྐོར་བཅུ་གཉིས་སྤར་སྨེ་ས་བདག་སོགས། །ལོ་ཟླ་ཞག་དུས་ཆོས་ལ་དབང་བྱེད་པ། །མདོར་ན་རྣལ་འབྱོར་སྲུང་རྟ་བསྐྱེད་པའི་ལྷ། །མ་ལུས་འཁོར་དང་བཅས་

པ་ཐམས་ཅད་ཀྱི། །དམ་རྫས་བཀའ་ཡི་གཏོར་མ་འདི་བཞེས་ལ། །སྒྲུབ་པའི་རིག་འཛིན་རྣལ་འབྱོར་བདག་ཅག་ལ། །རླུང་རྟའི་དཔལ་གཡང་མ་ལུས་བསྐྱེད་དུ་གསོལ། །ལོ་མོ་བུ་ཚ་ཟས་ནོར་དབྱིག་སོགས་པའི། །རླུང་རྟ་ཆགས་ཉམས་རྒུད་ཐོར་ཞིག་པ་དང་། །བུག་རལ་གས་ཆག་འབྱུང་ཁམས་མི་མཐུན་པ། །གཅིག་བདུད་གཅིག་བཙན་ནང་འཁྲུགས་དགྲར་གྱུར་སོགས། །མི་མཐུན་ལོག་པར་གྱུར་པའི་རིགས་རྣམས་ཀུན། །ད་ལྟ་ཉིད་དུ་ཞི་བའི་ཕྲིན་ལས་མཛོད། །བདག་ཅག་འདི་དང་ཕྱི་མར་གྱུར་པའི་གེགས། །མདོར་ན་མི་མཐུན་ཕྱོགས་ལས་ངན་པ་དང་། །འཕྲུལ་རྐྱེན་བར་ཆད་རྐྱེན་ཁ་ཟུག་པ་རྣམས། །བཟློག་ཅིང་བསྒྱུར་ཅིག་བར་ཆད་དབྱིངས་ནས་སོལ། །རྣལ་འབྱོར་བསམ་པ་ཡིད་བཞིན་སྒྲུབ་ཏུ་གསོལ། །ཅེས་པ་འདི་ཡང་རྫོགས་སྤྲུལ་ལྔ་པ་པདྨ་ཐེག་མཆོག་བསྟན་འཛིན་གྱིས་བྲིས་པ་དགེའོ། །

༄༅། །བོད་སྐྱོང་དམ་ཅན་བསྟན་མ་བཅུ་གཉིས་ཀྱི་སྒྲུབ་ཐབས་ཕྲིན་ལས་ལྷུན་གྲུབ་ཅེས་བྱ་བ་བཞུགས་སོ། །

ཨོཾ་སྭ་སྟི། ཡེ་ཤེས་དབྱིངས་ལས་གདུལ་དཀའི་ངོར། །བསྟན་སྲུང་གཙོ་བོའི་སྐུར་བཞེངས་པ། །བོད་སྐྱོང་བརྟན་མ་བཅུ་གཉིས་ལ། །དང་བའི་ཡིད་ཀྱིས་གུས་པས་འདུད། །དེ་ལ་བོད་སྐྱོང་བརྟན་མ་བཅུ་གཉིས་མཆོད་པར་འདོད་པའི་གང་ཟག་གིས།བདུད་མོ་བཞི་ལ་གླུ་གསུམ་ནག་པོ། གཏོད་

སྐུ་རབས་ལྔ་པ་ཐུབ་བསྟན་ཆོས་ཀྱི་རྡོ་རྗེའི་གསུང་ཚན།

སྨིན་བཞི་ལ་གྲུ་བཞི་རྩེ་ཀླུམ་དམར་པོ། སྨན་བཙུན་བཞི་ལ་དཀར་ཀླུམ་སོ་སོའི་མདུན་དུ་རང་མདོག་དང་མཐུན་པའི་མཐེབ་ཀྱུ་སུམ་བརྩེགས་ཀྱིས་བརྒྱན་པ། སྨན་རག་སོགས་མགོ་བའི་ཡོ་བྱད་འདུ་བྱས་ལ། རང་ཉིད་དཔལ་ཆེན་པོའི་ང་རྒྱལ་དང་ལྡན་པའི་སྒོ་ནས། ཧྲཱིཿ རང་སྣང་འོད་གསལ་སྤྲུལ་པའི་གནས་མཆོག་ཏུ། །སྲིད་ལྗོངས་གངས་རི་སྐྱིད་ཚལ་རིན་ཆེན་བྲག །ལྗོན་ཤིང་ཆུ་མཚོས་བརྒྱན་པའི་ཉམས་དགའ་བ། །རང་མདུན་འཇའ་ཟེར་འོད་ཕུང་འཁྲིགས་པའི་ཀློང་། །སྣ་ཚོགས་པདྨ་འདབ་མ་བཅུ་གཉིས་པ། །དབུས་ཀྱི་ལྟེ་བ་རིན་ཆེན་ཁྲི་རྐང་སྟེང་། །རིན་ཆེན་དར་ཟབ་པདྨ་ཉི་ཟླའི་སྟེང་། །སངས་རྒྱས་ཀུན་འདུས་རྒྱལ་དབང་པདྨ་འབྱུང་། །སྐུ་མདོག་དཀར་དམར་ཁྲོ་འཛུམ་ཆགས་པའི་ཉམས། །ཕྱག་གཡས་གསེར་གྱི་རྡོ་རྗེ་མཁའ་ལ་ཕྱར། །གཡོན་པས་མཉམ་བཞག་བདེ་སྟོང་ཐོད་བུམ་བསྣམས། །མཆན་ཁུང་གཡོན་དུ་ལྷ་ལྕམ་སྤྲས་པའི་ཚུལ། །ཐོད་མཁར་དགུ་བརྩེགས་ཁ་ཊཾ་རྩེ་གསུམ་བསྣམས། །དབུ་ལ་འདབ་ལྡན་པདྨའི་སྙན་ཞུ་གསོལ། །སྐུ་ལ་ཆོས་གོས་ཐོད་ཁ་བེར་ཕྲུམས་ཅན། །ཞབས་གཉིས་རྒྱལ་པོ་རོལ་བའི་སྟབས་ཀྱིས་བཞུགས། །སྐུ་ཡི་གཟི་བརྗིད་ཉི་མ་འབུམ་ལས་ལྷག །ཚངས་པའི་གསུང་དབྱངས་བཞད་སྒྲ་དི་རི་རི། །ཐུགས་ཀྱི་བརྩེ་བས་སེམས་ཅན་བུ་བཞིན་སྐྱོང་། །སྤྱི་གཙུག་འཇའ་ཟེར་ཐིག་ལེའི་ཀློང་ཡངས་ན། །ལོངས་སྤྱོད་རྫོགས་སྐུ་འཕགས་པ་སྤྱན་རས་གཟིགས། །སྐུ་མདོག་དཀར་པོ་སྟོན་ཀའི་ཟླ་བའི་མདོག །ཞལ་གཅིག་ཕྱག་བཞི་མཛེས་ཤིང་འཛུམ་པའི་ཉམས། །དང་པོ་གཉིས་ཀྱིས་ཐུགས་ཀར་ཐལ་མོ་སྦྱར། །འོག་མ་གཉིས་ཀྱིས་ཤེལ་ཕྲེང་པད་དཀར་བསྣམས། །རལ་བའི་ཐོར་གཙུག་རིན་ཆེན་ཕྲོག་ཞུ་ཅན། །སྣ་ཚོགས་དར་གྱི་སྟོད་གཡོག་སྨད་དཀྲིས་

གསོལ། །རིན་ཆེན་རྒྱན་ཆས་བཅུ་གསུམ་དག་གིས་སྤྲས། །ཞབས་གཉིས་རྡོ་རྗེའི་སྐྱིལ་མོ་ཀྲུང་གིས་བཞུགས། །དེ་ཡི་སྤྱི་བོར་པདྨ་ཉི་ཟླའི་སྟེང་། །ཆོས་སྐུའི་སྟོན་པ་འོད་སྣང་མཐའ་ཡས་དམར། །ཞལ་གཅིག་ཕྱག་གཉིས་མཉམ་བཞག་ལྷུང་བཟེད་བསྣམས། །སྤྲུལ་སྐུའི་ཆ་བྱད་ཆོས་གོས་རྣམས་གསུམ་གསོལ། །ཞབས་གཉིས་རྡོ་རྗེའི་སྐྱིལ་མོ་ཀྲུང་གིས་བཞུགས། །དཀྱིལ་འཁོར་གཙོ་མཆོག་པདྨ་འབྱུང་གནས་ཀྱི། །ཕྱི་རོལ་པདྨའི་འདབ་མ་བཅུ་གཉིས་ལ། །ཤར་ནས་རིམ་བཞིན་བདུད་མོ་ཆེན་མོ་བཞི། །བྱང་གི་གནམ་མཚོ་ཕྱུག་མོ་གསང་བའི་མཚན། །བདག་ཉིད་ཆེན་མོ་རྡོ་རྗེ་ཀུན་གྲགས་མ། །སྐུ་མདོག་མཐིང་ནག་བཻ་ཌཱུརྻ་ཡི་མདོག །བདུད་ཀྱི་བེར་ཆེན་ནག་པོ་སྐུ་ལ་གསོལ། །རྒྱུ་སྲིན་རྒྱལ་མཚན་དང་ནི་མེ་ལོང་བསྣམས། །གཡུ་འབྲུག་ཆིབས་ནས་བསྟན་པའི་བྱ་ར་མཛད། །མགོ་ཡུལ་རྫ་མོ་ལྷ་རི་གསང་བའི་མཚན། །དཔལ་ལྡན་ཧ་རི་རྡོ་རྗེ་གཡའ་མ་སྐྱོང་། །སྐུ་མདོག་ལྗང་སྔོན་ཨིནྡྲ་ནི་ལའི་མདོག །ཟ་འོག་སྔོ་བཀྲའི་བེར་ཆེན་སྐུ་ལ་གསོལ། །ཤང་ལང་དང་ནི་ཞགས་པ་བསྣམས་ནས་སུ། །རྐྱང་ལ་ཆིབས་ནས་བསྟན་པའི་བྱ་ར་མཛད། །ཟིན་གྱི་བཀྲ་ཤིས་ཚེ་རིང་གསང་བའི་མཚན། །གངས་ཀྱི་ཡུམ་ཆེན་རྡོ་རྗེ་ཀུན་ཏུ་བཟང་། །གངས་རིའི་མདོག་འདྲ་མཛེས་འཛུམ་ཆགས་པའི་ཉམས། །སྐུ་ལ་དར་དཀར་ན་བཟའ་གཡང་ལུགས་གསོལ། །རྡོ་རྗེ་རྩེ་ལྔ་ཚེ་བུམ་བསྣམས་ནས་ནི། །སེངྒེ་ཆིབས་ནས་བསྟན་པའི་བྱ་ར་མཛད། །ཡར་འབྲོག་གཡུ་མཚོའི་བདག་མོ་གསང་བའི་མཚན། །འབྲོག་ཆེན་འཁོར་འདུལ་རྡོ་རྗེ་བགེགས་ཀྱི་གཙོ། །སྐུ་མདོག་ལྗང་ནག་མར་གད་ཞུན་མའི་མདོག །ལྷབ་ལྷུབ་དར་གྱི་ན་བཟའ་སྐུ་ལ་

གསོལ། །རུ་མཚོན་རྩེ་ལྔ་དང་ནི་ཞགས་པ་བསྣམས། །དྲིལ་ཧྲ་ཆིབས་ནས་བསྟན་པའི་བྱ་ར་མཛད། །ལྷ་ཕྲུའི་གངས་དཀར་མ་ནི་གསང་བའི་མཚན། །གངས་དཀར་ཤ་མེད་རྡོ་རྗེ་སྤྱན་གཅིག་མ། །སྐུ་མདོག་དཀར་ལྷང་ཀུནྡའི་མདོག་འདྲ་བ། །དར་གྱི་ན་བཟའ་དཀར་པོ་སྐུ་ལ་གསོལ། །ཟོར་བ་དང་ནི་ཞགས་པ་ཐོགས་ནས་སུ། །ཤྭ་བ་ཆིབས་ནས་བསྟན་པའི་བྱ་ར་མཛད། །རོང་གི་ཇོ་མོ་ཁ་རག་གསང་བའི་མཚན། །ཁ་རག་ཁྱུང་བཙུན་རྡོ་རྗེ་དཔལ་གྱི་ཡུམ། །ཉི་མ་འཆར་ཁའི་མདོག་འདྲ་ཆགས་པའི་ཉམས། །དམར་སེར་དར་གྱི་ན་བཟའ་སྐུ་ལ་གསོལ། །ཌ་མ་རུ་དང་མེ་ལོང་བསྣམས་ནས་ནི། །ཁྱུང་ལ་ཆིབས་ནས་བསྟན་པའི་བྱ་ར་མཛད། །ཚ་ཆེན་སྒྲོམ་ར་སྒྲིང་གཅིག་གསང་བའི་མཚན། །ཚ་རི་རབ་འབྱམས་རྡོ་རྗེ་གྲགས་མོ་རྒྱལ། །སྐུ་མདོག་དཀར་པོ་ཟླ་བ་ཉུན་མའི་མདོག །དར་དཀར་བེར་ཆེན་ལྷབ་ལྷུབ་སྐུ་ལ་གསོལ། །བེ་ཅོན་དང་ནི་རིན་ཆེན་གཞོང་པ་འཛིན། །འཕར་བ་ཆིབས་ནས་བསྟན་པའི་བྱ་ར་མཛད། །བྱང་སྟོད་དམར་གྱི་མཚོ་བདག་གསང་བའི་མཚན། །གསེར་ཆེན་མཁའ་ལྡིང་རྡོ་རྗེ་གླུ་མོ་ནི། །གསེར་གྱི་མདོག་ཅན་ཁྲོ་འཛུམ་ཆགས་པའི་ཉམས། །སེར་ནག་དར་གྱི་ན་བཟའ་སྐུ་ལ་གསོལ། །བེ་ཅོན་དང་ནི་མཁར་གཞོང་བསྣམས་ནས་ནི། །རྟ་མཆོག་ཆིབས་ནས་བསྟན་པའི་བྱ་ར་མཛད། །གོང་པོའི་གོང་བཙུན་དེ་མོ་གསང་བའི་མཚན། །གོང་བཙུན་དེ་མོ་རྡོ་རྗེ་བོད་ཁམས་སྐྱོང་། །མཛེས་སྡུག་འཕྲུལ་ཆགས་པད་དཀར་རྒྱས་པའི་མདོག །ལྷབ་ལྷུབ་དར་གྱི་འཛོལ་བེར་སྐུ་ལ་གསོལ། །མདའ་དར་རིན་ཆེན་སྒྲོམ་བུ་བསྣམས་ནས་ནི། ཧྲ་ལ་ཆིབས་ནས་བསྟན་པའི་བྱ་ར་མཛད། །ཨེ་

ཉམས་ར་མདོའི་སྤྲི་ན་གསང་བའི་མཚན། །བཙན་ལ་རོལ་བའི་རྡོ་རྗེ་སྨན་གཅིག་
མ། །སྐུ་མདོག་དཀར་ལྗང་ཆགས་ཞིང་འདུད་པའི་ཚུལ། །སྐུ་ལ་དར་དཀར་
བེར་ཆེན་ལྷབ་ལྷུབ་གསོལ། །ལྷབ་ལྷུབ་དར་དང་དངོས་གྲུབ་འབྲང་རྒྱས་
བསྣམས། །མཛོ་མོ་ཆིབས་ནས་བསྟན་པའི་བྱ་ར་མཛད། །གཙང་གི་ཇོ་མོ་
ནགས་རྒྱལ་གསང་བའི་མཚན། །སྨན་བཙུན་ཨུག་ཆོས་རྡོ་རྗེ་གཡར་མོ་
བསིལ། །མཚམས་སྦྲིན་མདངས་ལྡན་ཡིད་འཕྲོག་ལྷ་ན་སྡུག །རིན་ཆེན་
འབར་བ་སྨྲ་སྨན་ཧིང་ཞགས་བསྣམས། །དམར་སེར་དར་གྱི་ན་གཟའ་སྐུ་ལ་
གསོལ། །ཡུ་མོ་ཆིབས་ནས་བསྟན་པའི་བྱ་ར་མཛད། །བདུད་ཀྱི་ཇོ་མོ་གཡུ་
ཧིང་གསང་བའི་མཚན། །གཡུ་ཡི་དྲིལ་བུ་རྡོ་རྗེ་ཟུ་ལེ་སྨན། །གཡུ་ཡི་མདོག་
ཅན་ཟ་བེར་སྐུ་ལ་གསོལ། །ལྗང་སེར་དར་གྱི་ན་གཟའ་སྐུ་ལ་གསོལ། །སླན་
པའི་དྲིལ་བུ་རིན་ཆེན་པདྨ་བསྣམས། །སྟག་ལ་ཆིབས་ནས་བསྟན་པའི་བྱ་ར་
མཛད། །བོད་ཁམས་སྐྱོང་བའི་བརྟན་མ་བཅུ་གཉིས་རྣམས། རང་རང་བྲན་
དང་གཡོག་འཁོར་མང་པོའི་ཚོགས། །ལྷབ་ལྷུབ་རིན་ཆེན་མང་པོའི་རྒྱན་དང་
བཅས། །ལ་ལ་ནག་མོ་ཁྲོ་གཏུམ་བདུད་མོའི་ཚོགས། །ལ་ལ་དམར་མོ་གནོད་
སྦྱིན་བུ་མོའི་ཚོགས། །ལ་ལ་དཀར་མོ་བཞིན་བཟང་སྨན་མོའི་ཚོགས། །ལ་ལ་
སྔོ་བསངས་ནམ་མཁའི་མདོག་ཅན་ཚོགས། །རང་རང་བཞུགས་པའི་གནས་
མཆོག་དམ་པ་ནས། །སྔོན་གྱི་ཐུགས་དམ་དམ་ཚིག་རྗེས་དགོངས་ལ། །བྲན་
དང་གཡོག་འཁོར་མང་པོའི་ཚོགས་བཅས་ནི། །ལྷབ་ལྷུབ་རིན་ཆེན་སྣ་ཚོགས་
རྒྱན་དང་བཅས། །བརྩེ་བའི་ཚུལ་གྱི་གནས་འདིར་གཤེགས་སུ་གསོལ། །སྤྱན་
འདྲེན་པ་ནི། ཧཱུྃ། རང་བཞིན་བདེ་ཆེན་རྣམ་པར་དག་པའི་དབྱིངས། །ཆོས་

དབྱིངས་སྤྲོས་པ་བྲལ་བའི་ཕོ་བྲང་ནས། །ཆོས་སྐུ་སྟོན་པ་སྣང་བ་མཐའ་ཡས་ལ། །ཆོས་སྐུའི་ལྷ་ཚོགས་མ་ལུས་འཁོར་དང་བཅས། །སྤྱན་འདྲེན་མཆོད་པའི་གནས་འདིར་གཤེགས་སུ་གསོལ། །རི་བོ་པོ་ཏ་ལ་ཡི་གནས་མཆོག་ནས། །ལོངས་སྐུའི་སྟོན་པ་སྤྱན་རས་གཟིགས་དབང་ལ། །ལོངས་སྐུའི་ལྷ་ཚོགས་མ་ལུས་འཁོར་དང་བཅས། །སྤྱན་འདྲེན་མཆོད་པའི་གནས་འདིར་གཤེགས་སུ་གསོལ། །ལྷོ་ནུབ་པདྨ་འོད་ཀྱི་གཞལ་ཡས་ནས། །ཨོ་རྒྱན་གུ་རུ་པདྨ་འབྱུང་གནས་ལ། །རིག་འཛིན་དཔའ་བོ་མཁའ་འགྲོའི་ཚོགས་དང་བཅས། །སྤྱན་འདྲེན་མཆོད་པའི་གནས་འདིར་གཤེགས་སུ་གསོལ། །རང་རང་གར་བཞུགས་གནས་མཆོག་དམ་པ་ནས། །བོད་ཁམས་སྐྱོང་བའི་མ་ཡུམ་བརྟན་མའི་ཚོགས། །བདུད་མོ་བཞི་དང་གནོད་སྦྱིན་སྨན་མོ་བཞི། །རང་རང་སྡེ་བརྒྱད་དུ་མའི་འཁོར་དང་བཅས། །ལྷུབ་ལྷུབ་རིན་ཆེན་མང་པོའི་རྒྱན་དང་བཅས། །སྔོན་གྱི་དམ་ཚིག་གཉན་པོ་རྗེས་དགོངས་ལ། །རྣལ་འབྱོར་བསམ་པ་བསྒྲུབ་ཕྱིར་གཤེགས་སུ་གསོལ། །བཛྲ་ས་མ་ཡ་ཛཿ བཞུགས་གསོལ་ནི། ཧཱུྃ། གཉིས་འཛིན་སྤྲོས་བྲལ་ཡེ་ཤེས་དག་པའི་སྐུ། །གཉིས་སྣང་ཡེ་ཤེས་དམ་ཚིག་སེམས་དཔའ་གཉིས། །གཉིས་མེད་མཉམ་པ་ཆེན་པོའི་རང་བཞིན་ལ། །གཉིས་སུ་མེད་པའི་ཚུལ་གྱིས་བཞུགས་སུ་གསོལ། །ས་མ་ཡ་ཏིཥྛ་ལྷན། ཕྱག་འཚལ་བ་ནི། ཧཱུྃཿ ཆོས་སྐུའི་དབྱིངས་ལ་རྟོག་པ་མི་མངའ་ཡང་། །མ་འགག་རོལ་རྩལ་ལོངས་སྤྱོད་རྫོགས་སྐུ་ཤར། །ཐུགས་རྗེའི་གང་ལ་གང་འདུལ་སྤྲུལ་པའི་སྐུ། །རྟེན་འབྲེལ་བཅུ་གཉིས་གནས་དག་བརྟན་མའི་ཚོགས། །འཁོར་དང་བཅས་པ་གུས་པས་ཕྱག་འཚལ་ལོ། །ཨ་ཏི་པུ་ཧོཿ

པྲ་ཏཱིཙྪ་ཧོཿ མཆོད་པ་ནི། ཧཱུྃ། སྟོང་གསུམ་འདི་འམ་སྟོང་གསུམ་གཞན་དག་ན། །མེ་ཏོག་སྣ་ཚོགས་བདུག་པའི་སྤྲིན་ཕུང་སྤྲོ། །འོད་འབར་སྣང་གསལ་བྱུག་པའི་ལྷ་ཕྲེང་གཡོ། །ཞལ་ཟས་བཅུད་ལྡན་སྙན་བརྗོད་རོལ་མོའི་སྒྲ། །ཤ་ཁྲག་རུས་གསུམ་དོན་སྙིང་ནང་རོལ་ཚོགས། །སྨན་དང་རཀྟའི་བཏུང་བ་མཚོ་ལྟར་བསྐྱིལ། །གཟུགས་སྒྲ་དྲི་རོ་རེག་བྱ་བཀྲ་ཤིས་རྫས། །ལྷ་མིའི་བསོད་ནམས་ལས་བྱུང་མཆོད་པའི་སྤྲིན། །དང་བའི་བློ་ཡིས་གུས་པས་འབུལ་ལགས་ན། །དགྱེས་པར་བཞེས་ལ་བཅོལ་བའི་ཕྲིན་ལས་མཛོད། །ཨོཾ་བཛྲ་ཨརྒྷཾ་སོགས་ནས། ཤབྡ་མ་ཧཱ་པཉྩ་ཨ་མྲྀ་ཏ་རཀྟ་བ་ལིངྟ་ཁ་ཧིཿ ཨོཾ་བཛྲ་ཀྲོ་དྷ་མ་ཧཱ་ཤྲཱི་ཧེ་རུ་ཀ་ཧཱུྃ་ཕཊ། བཛྲ་ཨ་ར་ལི་ཧཿ བཛྲ་ཨ་ར་ལི་ཧཱུྃ། བཛྲ་ཧི་ཧི་ཧེ། བཛྲ་ཧྲཱ་ར་ཧཱ། བཛྲ་ས་བྷ་ཧཱུྃ། བཛྲ་ཧི་ཧི་ཧཱུྃ། བཛྲ་མ་ཧི་ཧཱུྃ། བཛྲ་ཧི་ད་ས་ཧཱུྃ། བཛྲ་ཁ་ར་ལི་ཧཱུྃ། བཛྲ་སེང་སོ་ཧཱུྃ། བཛྲ་ཡཀྵ་ཕྲེར། བཛྲ་དུ་ཕྲེར་ས་ར་ན་ཕཊ། མ་དུད་ཧྲོ། མ་དུད་ཧྲོ། ཧཱུྃ་ཧཱུྃ་ཧཿ་ཧཿ ས་པ་རི་ཝ་ར་ཨེ་དམ་བྷ་ལིངྟ་སོགས་ལན་གསུམ། བརྟན་མ་བཅུ་གཉིས་འཁོར་དང་བཅས་པ་རྣམས་ཀྱིས་སངས་རྒྱས་ཀྱི་བསྟན་པ་སྲུངས། དཀོན་མཆོག་གི་དབུ་འཕངས་བསྟོད༔ སོགས་ནས། ཕྲིན་ལས་མཛོད་ཅིག །བསྟོད་པ་ནི། ཧཱུྃ། ཆོས་སྐུའི་ཞིང་ཁམས་རབ་འབྱམས་དཔག་མེད་ན། །གདུལ་བྱ་དཔག་མེད་དབྱིངས་སུ་འདུལ་མཛད་པ། །ཆོས་སྐུའི་སྟོན་པ་སྣང་བ་མཐའ་ཡས་ལ། །དམིགས་མེད་མཁའ་ལྟར་ཁྱབ་ལ་ཕྱག་འཚལ་བསྟོད། །ལོངས་སྤྱོད་རྫོགས་སྐུ་མཚན་དང་དཔེ་བྱད་ལྡན། །ཚངས་དབྱངས་ཀ་ལ་པིངྐའི་སྒྲ་དབྱངས་ཀྱིས། །དཔག་ཡས་འདུལ་བྱ་རྒྱལ་མཚོར་སྨིན་མཛད་པ། །ལོངས་སྐུ་ཐུགས་རྗེ་ཆེན་པོར་ཕྱག་འཚལ་

བསྟོད། །ཧྲན་ཀོ་ཁ་པདྨའི་མཚོ་གླིང་དུ། །སྐུ་གསུམ་རིག་འདུས་པདྨ་འབྱུང་གནས་སྐུ། །སྣ་ཚོགས་ཐབས་ཀྱིས་འགྲོ་བ་འདུལ་མཛད་པ། །ཨོ་རྒྱན་རིན་པོ་ཆེ་ལ་ཕྱག་འཚལ་བསྟོད། །སྟོན་ཆེ་སློབ་དཔོན་པདྨ་འབྱུང་གནས་ཀྱིས། །དཔལ་མོ་ཐང་གི་དཔལ་ཐང་གཙང་གི་སྟོད། །ལྷ་མཚོ་སྲིན་མཚོ་གཉན་པོའི་རྩ་བ་རུ། །དམ་ལ་བཏགས་པའི་བརྟན་མའི་ཚོགས་ལ་བསྟོད། །ལ་ལ་ནག་མོ་མི་སྡུག་སྲིན་མོའི་ཚོགས། །ལ་ལ་དམར་མོ་གནོད་སྦྱིན་ཁྲོ་གཉེར་ཅན། །ལ་ལ་དཀར་མོ་བཞིན་བཟང་མཛེས་མའི་གཟུགས། །ལ་ལ་སྔོན་མོ་སྔོ་བསངས་བུ་མོའི་ཚུལ། ཞི་རྒྱས་དབང་དྲག་སོ་སོའི་རྣམ་འགྱུར་ཅན། །མ་མོ་བཅུ་གཉིས་ཚོགས་ལ་ཕྱག་འཚལ་བསྟོད། །བོད་ཡུལ་གཞི་བདག་ཡོངས་ཀྱི་གཙོ་མོ་སྟེ། །མུ་སྟེགས་རྒྱ་བའི་སྒོ་འཕྲང་བཅད་པ་དང་། །ནད་ཡམས་དམག་འཁྲུགས་མུ་གེ་ཞི་མཛད་པ། །དགྲ་དང་བགེགས་རྣམས་འདུལ་མཛད་ཁྱོད་ལ་བསྟོད། །ཕྲིན་བཅོལ་ནི། ཧྲཱིཿ སྟོན་ཆེ་དཔལ་ཆེན་ཧེ་རུ་ཀ་དཔལ་གྱི། །དཀྱིལ་འཁོར་ཡོངས་ཀྱི་སྲུང་མ་མཐུ་བོ་ཆེ། །ཁྱད་པར་དུར་ཁྲོད་ཆེན་པོ་བསིལ་ཚལ་དུ། །ཡེ་ཤེས་མཁའ་འགྲོ་སེངྒེའི་གདོང་ཅན་གྱི། །བསྟན་པར་སྲུང་བར་དབང་བསྐུར་གཉེར་དུ་བཏད། །ཕྱིས་སུ་བལ་ཡུལ་ཁ་ལ་རོང་སྒོ་རུ། །སློབ་དཔོན་ཆེན་པོ་པདྨ་འབྱུང་གནས་ཀྱིས། །དམ་ལ་བཏགས་ནས་བསྟན་པའི་སྲུང་མར་བསྐོས། །བོད་ཁམས་སྐྱོང་བའི་མ་ཡམས་བརྟན་མའི་ཚོགས། །སྙིང་རྗེ་ཆེན་པོའི་དབྱིངས་ལས་མ་གཡོས་ཀྱང་། །ཁྲག་འཁྲུགས་རྡམ་པའི་ཚུལ་གྱིས་སྐུར་བཞེངས་ལ། ལྷ་ལོག་མུ་སྟེགས་གྲོལ་ངན་ཚར་བཅད་ནས། །འགོང་པོ་སྲུན་དགུ་རྒྱ་འདྲེའི་གནོད་པ་བཟློག །སངས་རྒྱས་

བསྟན་དང་བསྟན་འཛིན་སྐྱོང་བ་ལ། །ལོག་པར་སེམས་པའི་དམ་སྲིའི་ཚོགས་རྣམས་ཀྱིས། །མི་དང་མི་མིན་སྣང་བ་དབང་བསྒྱུར་ནས། །བསྟན་སེལ་སྡེ་འབྲུགས་སློང་བར་བྱེད་པའི་རིགས། །ཁ་དཀར་སྙིང་ནག་ལེགས་ན་མི་དགའ་བའི། །ཉེས་ན་དགའ་བའི་བསམ་ངན་གདུག་རྩུབ་ཅན། །རྣལ་འབྱོར་བདག་ལ་ལྷ་མེད་ཟེར་བ་དང་། །ལྷ་ལ་མཐུ་མེད་ཟེར་བའི་དམ་ཉམས་ཚོགས། །དོ་བརྗེ་ཕོད་དུ་བཙུག་པའི་དགྲ་བོ་རྣམས། །མ་ཡམས་བརྟན་མའི་ཚོགས་ཀྱི་མཐུ་སྟོབས་དང་། །རྒྱུ་འབྲས་བསླུ་བ་མེད་པའི་བདེན་སྟོབས་ཀྱིས། །མི་འདོད་ཕུང་ཁྲོལ་ངན་པ་ཚར་བཅད་ནས། །མིང་ཙམ་མེད་པར་བརླག་པའི་ཕྲིན་ལས་མཛོད། །ཁྱད་པར་སྟོན་ཆེ་པདྨ་འབྱུང་གནས་དང་། །དྲིགས་པའི་བཀའ་བབ་རླང་ཆེན་དཔལ་སེང་གེ །དཀྱིལ་འཁོར་མཐའ་རུ་ཞིང་ཆེན་སྟན་ལ་བཞག །གསང་བའི་མཚན་གསོལ་སྤྱི་བོར་ཅོད་པན་བཏགས། །ལག་ཏུ་རྡོ་རྗེ་གཏད་ནས་བཀའ་བསྒོས་བཞིན། །ཇི་ལྟར་ཁས་བླང་དམ་བཅས་ཇི་བཞིན་དུ། །དམ་རྫས་བརྒྱན་པའི་གཏོར་མ་འདི་བཞེས་ལ། །སྒྲུབ་པའི་རིག་འཛིན་རྣལ་འབྱོར་བདག་ཅག་གི །ཡིད་ལ་ཅི་བསམ་ལྷུན་གྱིས་གྲུབ་པ་དང་། །བཅོལ་བའི་ཕྲིན་ལས་ཡིད་བཞིན་འགྲུབ་པར་མཛོད། །ཅེས་བོད་སྐྱོང་བརྟན་མ་བཅུ་གཉིས་འདི་

དུས་སྙིགས་མའི་སྐབས་འདིར་གསོལ་མཆོད་བྱས་ན་ལེགས་ཆའི་མཚན་ལྟས་རེ་ཤར་བས། ཇོགས་སྤྲུལ་ལྷ་པ་ཐུབ་བསྟན་ཆོས་ཀྱི་རྡོ་རྗེས་ས་ཕོ་རྟ་ལོའི་ཟླ་བ་བརྒྱད་པའི་ཚེས་གསུམ་ལ་བྲིས་པ་དགེའོ། །

༄༅། །མ་སྲིང་བརྟན་མ་བཅུ་གཉིས་ཀྱི་བསྐང་བ་རྒྱས་པ་མི་མཐུན་གཡུལ་འཛོམས་ཞེས་བྱ་བ་བཞུགས་སོ།།

སྣང་བ་མཐའ་ཡས་བྱམས་བརྩེའི་ཐུགས་བསྐྱེད་འཕྲུལ། །ལྔ་ལྡན་འོད་ཟེར་ལས་གྲུབ་སླེགས་འགྲོའི་མགོན། །དྷ་ན་ཀོ་ཤར་པད་སྡོང་རྩེར་འཁྲུངས་པའི། །པདྨ་སཾ་བྷས་བྱིན་རླབས་དེང་འདིར་སྩོལ། །ལྔ་བདོའི་དུས་མཐའི་རྒྱལ་བསྟན་ལ་འཚེ་བའི། །ནག་ཕྱོགས་མི་བསྲུན་མཐར་སྐྲོད་ཁས་བླངས་པའི། །མཐུ་ཆེན་རྡོ་རྗེ་དྲག་པོའི་བཀའ་སྡོད་པ། །དམ་ཅན་བརྟན་མ་བཅུ་གཉིས་གསོལ་མཆོད་རྫོམ། །ཧཱུྃ་ཧྲཱིཿ རྣམ་དག་ཆོས་ཀྱི་དབྱིངས་ལས་མ་གཡོས་ཀྱང་། །རྣམ་འཕྲུལ་ཞིང་གི་བཀོད་པ་བསམ་ཡས་དབུས། །རྣམ་རྒྱལ་ཕོ་བྲང་ལྟ་བུ་བཀོད་ལེགས་པ། །རྣམ་མང་རིན་ཆེན་སྣ་ཚོགས་རྒྱན་གྱིས་སྤྲས། །ལྷ་མིའི་བསོད་ནམས་སྟོབས་ལས་བྱུང་བ་ནི། །ལྷ་ཆེན་འཕྲུལ་དགའི་ལོངས་སྤྱོད་ཇི་བཞིན་དུ། །ལྷ་དང་མི་ཡི་ཡོ་བྱད་མཆོད་པའི་སྤྲིན། །ལྷ་རྫས་ཉེར་སྤྱོད་འདོད་ཡོན་སྣ་ལྔ་དང་། །ཤ་ཆེན་ལྔ་ནི་ལྷུན་པོའི་སྒོ་དང་མཉམ། །བདུད་རྩི་རྣམ་ལྔ་རྒྱ་མཚོ་ལྟ་བུར་བསྐྱིལ། །དམ་རྫས་བཟའ་དང་བཅའ་བའི་ཚོགས་རྣམས་དང་། །མདོར་ན་རྟེན་རྫས་མཐུན་རྫས་བསྐང་བའི་རྫས། །སྤྱི་དང་ཁྱད་པར་ལྷག་པའི་དམ་ཚིག་རྫས། །དངོས་འབྱོར་ཡིད་སྤྲུལ་ལས་བྱུང་མཆོད་པའི་སྤྲིན། །རྣམ་མང་ནམ་མཁའ་མཛོད་ཀྱི་འཁོར་ལོ་འདི། །བོད་ཁམས་སྐྱོང་བའི་མ་ཡམས་བརྟན་མའི་ཚོགས། །ཐུགས་དམ་གཉན་པོ་དབྱིངས་སུ་བསྐང་བའི་ཕྱིར། །རྣམ་དག་དང་བའི་བློ་ཡིས་འབུལ་ལགས་ན། །བརྩེ་བའི་ཐུགས་རྗེས

གནས་འདིར་གཤེགས་སུ་གསོལ། །ཧཱུྃ་ཧྲཱིཿ འདུ་ཤེས་ལས་བྱུང་བདེ་འབྱུང་འཁྲིག་པའི་ཁྲིམ། །གནོད་སྦྱིན་གངས་ཤུག་ཡུལ་གྱི་བདག་མོ་ནི། །བདག་ཉིད་ཆེན་མོ་རྡོ་རྗེ་ཀུན་གྲགས་མ། །མཐིང་ནག་བདུད་ཀྱི་པེ་ར་ཆེན་སྐུ་ལ་གསོལ། །ཆུ་སྲིན་རྒྱལ་མཚན་དང་ནི་མེ་ལོང་བསྣམས། །མར་གད་མདོག་ཅན་གཡུ་འབྲུག་སྟོན་མོ་ཆིབས། །འཁོར་དུ་བདུད་མོ་ཆེན་མོ་འབུམ་གྱིས་བསྐོར། །ཧཱུྃ་ཧྲཱིཿ ཐུགས་དམ་གཉན་པོ་བསྐང་བའི་དམ་རྫས་ནི། །ཕྱི་ཡི་མཆོད་པ་འདོད་ཡོན་རྣམ་པ་ལྔ། །ནང་གི་མཆོད་པ་སྨན་རཀ་ཏ་ལིངྒ། །གསང་བའི་མཆོད་པ་ག་ན་ཙཀྲ་སོགས། །བདེ་ཆེན་དགའ་བ་བཞི་ཡི་མཆོད་པ་དང་། །ང་བདག་མཚན་མ་དབྱིངས་སུ་བསྒྲལ་བས་མཆོད། །ཡོལ་བ་ནླ་བྲེ་རྒྱལ་མཚན་འཕན་ཤུར་མཛེས། །རིན་ཆེན་སྣ་ཚོགས་ཟ་འོག་དར་ཟབ་གོས། །འབྲུ་སྣ་ཕྱེ་མར་དྲི་ཞིམ་སྤོས་ཀྱི་རིགས། །རིན་ཆེན་རི་རབ་གླིང་བཞི་གླིང་ཕྲན་དང་། །གསེར་རི་རོལ་མཚོ་ཉི་ཟླ་རྒྱུ་སྐར་བཀྲ། །ཕྱི་ཡི་ལྕུགས་རི་མུ་ཁྱུད་རྒྱ་མཚོ་དང་། །དཔག་བསམ་ཤིང་དང་ནོར་འཛིན་ནེའུ་ལེ། །འདོད་འཇོའི་བ་མོ་རིན་ཆེན་གཏེར་གྱི་བུམ། །མ་རྨོས་ལོ་ཏོག་ཐིང་བུ་འབྲུ་སྨན་སྤྱོས། །གཞལ་མེད་ཕོ་བྲང་བསྟོད་དབྱངས་སྙན་པའི་སྒྲ། །བཀྲ་ཤིས་རྫས་རྟགས་རྒྱལ་སྲིད་རིན་ཆེན་བདུན། །མདའ་དར་མདུང་དར་མེ་ལོང་ཞགས་པ་བུམ། །མཁའ་ལྡིང་འདབ་ཆགས་སྣ་ཚོགས་འཕུར་ལྡིང་གཡོ། །སྟག་གཟིག་དོམ་དྲེད་འཕར་སྤྱང་གཅན་གཟན་སོགས། །ཤ་རྐྱང་མ་ཧེ་རྟ་དང་གླང་ཆེན་འབྲོང་། །ཆུ་སྲིན་ཉ་དུང་ལ་སོགས་ཆུ་གནས་རིགས། །ཙ་ར་ཤེལ་སྒོང་མཛོ་དྲེལ་བ་གླང་དང་། །རྟ་མཆོག་རྒྱལ་པོ་ལ་སོགས་དུད་འགྲོའི་རིགས། །གསེར་

དངུལ་བྱུ་རུ་མཀྲད་བཻ་ཌཱུརྻ། །རྡོ་རྗེ་ཕ་ལམ་ཨིནྡྲ་ནཱི་ལ་སོགས། །རྣམ་མང་རིན་ཆེན་སྣ་ཚོགས་སྐར་ལྟར་བཀྲམ། །ཟ་འོག་དར་ཟབ་སྣ་ཚོགས་གཙལ་དུ་བཀྲམ། །སྤྱི་དང་ཁྱད་པར་མཐུན་པའི་དམ་ཚིག་རྫས། །འཁོར་བཅས་ཐུགས་དམ་གཉན་པོ་བསྐང་གྱུར་ཅིག །ཧཱུྃ་ཧྲཱིཿ ཁྱད་པར་ཐུགས་དམ་བསྐང་བའི་དམ་རྫས་ནི། །མིག་སྨན་མདོག་ཅན་ལྷབ་ལྷུབ་དར་ནག་བེར། །ཇམས་བྱེད་འཛིན་པ་ཀུ་ཤྲིན་རྒྱལ་མཚན་དང་། །དངུལ་དཀར་མེ་ལོང་སྣང་སྲིད་གསལ་བར་བྱེད། །སྟོང་གསུམ་སྒྲ་ཡི་བཀང་བའི་གཡུ་འབྲུག་བཅས། །བདག་ཉིད་ཆེན་མོ་རྡོ་རྗེ་ཀུན་གྲགས་མ། །ནག་མོ་ཆེན་མོ་འབུམ་གྱི་འཁོར་དང་བཅས། །ཐུགས་དམ་བསྐང་ལ་རྐྱེན་ངན་བར་ཆད་སོལ། །ཧཱུྃ་ཧྲཱིཿ རྣམ་པར་ཤེས་པ་ལས་བྱུང་གླང་ཁྱིམ་དུ། །ལ་སྟོད་ཞང་ཞུང་ཡུལ་གྱི་བདག་མོ་ནི། །དཔལ་ལྡན་ཏ་རེ་རྡོ་རྗེ་གཡའ་མ་སྐྱོང་། །ལྷང་སྟོན་བེར་ཆེན་སྤོ་ཁྲ་སྐུ་ལ་གསོལ། །ཤང་ལང་དང་ནི་བདུད་ཀྱི་ཞགས་པ་བསྣམས། །མཚམས་སྦྲིན་མདོག་ཅན་རྐྱང་བུ་ཁ་དཀར་ཆིབས། །འཁོར་དུ་བདུད་མོ་ཆེན་མོ་འབུམ་གྱིས་བསྐོར། །ཧཱུྃ་ཧྲཱིཿ ཐུགས་དམ་གཉན་པོ་བསྐང་བའི་དམ་རྫས་ནི། །ཕྱི་ཡི་མཆོད་པ་འདོད་ཡོན་རྣམ་པ་ལྔ། །ནང་གི་མཆོད་པ་སྨན་རཀ་ཏྟ་ལིངྒ། །གསང་བའི་མཆོད་པ་སྒ་ན་ཙཀྲ་སོགས། །བདེ་ཆེན་དགའ་བ་བཞི་ཡི་མཆོད་པ་དང་། །ང་བདག་མཚན་མ་དབྱིངས་སུ་བསྒྲལ་བས་མཆོད། །ཡོལ་བ་བླ་བྲེ་རྒྱལ་མཚན་འཕན་ཕུར་མཛེས། །རིན་ཆེན་སྣ་ཚོགས་ཟ་འོག་དར་ཟབ་གོས། །འབྲུ་སྣ་ཕྱེ་མར་དྲི་ཞིམ་སྤོས་ཀྱི་རིགས། །རིན་ཆེན་རི་རབ་གླིང་བཞི་གླིང་ཕྲན་དང་། །གསེར་རི་རོལ་མཚོ་ཉི་ཟླ་རྒྱུ་སྐར་བཀྲ། །ཕྱི་ཡི་ལྕགས་རི་མུ་ཁྱུད་རྒྱ་མཚོ་དང་། །དཔག

བསམ་ཤིང་དང་ནོར་འཛིན་ནེའུ་ལེ། །འདོད་འཇོའི་བ་མོ་རིན་ཆེན་གཏེར་གྱི་བུམ། །མ་རྨོས་ལོ་ཏོག་ཛིང་བུ་འབྲུ་སྨན་སྦྱོས། །གཞལ་མེད་ཕོ་བྲང་བསྐོད་དབྱངས་སྙན་པའི་སྒྲ། །བཀྲ་ཤིས་རྫས་རྟགས་རྒྱལ་སྲིད་རིན་ཆེན་བདུན། །མདའ་དར་མདུང་དར་མེ་ལོང་ཞགས་པ་བུམ། །མཁའ་ལྡིང་འདབ་ཆགས་སྣ་ཚོགས་འཕུར་ལྡིང་གཡོ། །སྟག་གཟིག་དོམ་དྲེད་འཕར་སྒྱུར་གཅན་གཟན་སོགས། །ཤ་རྒྱང་མ་ཧེ་རྟ་དང་གླང་ཆེན་འབྲོང་། །ཆུ་སྲིན་ཉ་དུང་ལ་སོགས་ཆུ་གནས་རིགས། །ཅོ་རས་ཤེལ་སྒོང་མཛེ་དྲིལ་བ་གླང་དང་། །རྟ་མཆོག་རྒྱལ་པོ་ལ་སོགས་དུད་འགྲོའི་རིགས། །གསེར་དངུལ་བྱུ་རུ་མཇད་བཻ་ཌཱུརྱ། །རྡོ་རྗེ་ཕ་ལམ་ཨིནྡྲ་ནི་ལ་སོགས། །ནམ་མང་རིན་ཆེན་སྣ་ཚོགས་སྐར་ལྟར་བཀྲམ། །ཟ་འོག་དར་ཟབ་སྣ་ཚོགས་གཅལ་དུ་བཀྲམ། །སྤྱི་དང་ཁྱད་པར་ཐུན་པའི་དམ་ཚིག་རྫས། །འཁོར་བཅས་ཐུགས་དམ་གཉན་པོ་བསྐང་གྱུར་ཅིག ། ཧཱུྃ་ཧྲཱིཿ ཁྱད་པར་ཐུགས་དམ་བསྐང་བའི་དམ་རྫས་ནི། །ཁེར་ཆེན་སྤོ་བྲ་ཨིནྡྲ་ནི་ལའི་མདོག །མིག་སྨན་མདོག་ཅན་བདུད་ཀྱི་ཞགས་པ་དང་། །རྣོ་ངར་ལྡན་པའི་གནམ་ལྕགས་རལ་གྲི་སོགས། །རྫུ་འཕྲུལ་ཤུགས་ལྡན་རྒྱང་བུ་ཁ་དཀར་བཅས། །དཔལ་ལྡན་ཏ་རི་རྡོ་རྗེ་གཡའ་མ་སྐྱོང་། །ནག་མོ་ཆེན་མོ་འབུམ་གྱི་འཁོར་དང་བཅས། །ཐུགས་དམ་བསྐང་ལ་རྐྱེན་ངན་བར་ཆད་སོལ། །ཧཱུྃ་ཧྲཱིཿ མ་རིག་ལས་བྱུང་གཡང་མོ་ལུག་ཁྲིམ་དང་། །ཐོད་ཁམས་བལ་ཡུལ་སྐྱོང་བའི་མངའ་བདག་པོ། །གངས་ཀྱི་ཡུམ་ཆེན་རྡོ་རྗེ་ཀུན་བཟང་མོ། །སྐུ་མདོག་དཀར་པོ་དར་དཀར་ན་བཟའ་གསོལ། །ཕྱག་གཉིས་རྡོ་རྗེ་རྩེ་ལྔ་ཚེ་བུམ་འཛིན། །ཆིབས་སུ་གངས་ཀྱི་སེང་གེ་དཀར་མོ་

ཆིབས། །འཁོར་དུ་བདུད་མོ་ཆེན་མོ་འབུམ་གྱིས་བསྐོར། །ཧཱུྃ་ཧྲཱིཿ ཁྲིད་
པར་ཐུགས་དམ་བསྐང་བའི་དམ་རྫས་ནི། །ཕྱི་ཡི་མཆོད་པ་འདོད་ཡོན་རྣམ་པ་
ལྔ། །ནང་གི་མཆོད་པ་སྨན་རཀ་ཏ་ལིངྒ། །གསང་བའི་མཆོད་པ་སླ་ན་ཙཀྲ་
སོགས། །བདེ་ཆེན་དགའ་བ་བཞི་ཡི་མཆོད་པ་དང་། །ང་བདག་མཚན་མ་
དབྱིངས་སུ་བསྒྲལ་བས་མཆོད། །ཡོལ་བ་བླ་བྲེ་རྒྱལ་མཚན་འཕན་ཕྱུར་
མཛེས། །རིན་ཆེན་སྣ་ཚོགས་ཟ་འོག་དར་ཟབ་གོས། །འབྲུ་སྣ་ཕྱེ་མར་དྲི་ཞིམ་
སྤྱོས་ཀྱི་རིགས། །རིན་ཆེན་རི་རབ་གླིང་བཞི་གླིང་ཕྲན་དང་། །གསེར་རི་རོལ་
མཚོ་ཉི་ཟླ་རྒྱུ་སྐར་བཀྲ། །ཕྱི་ཡི་ལྷུགས་རི་མུ་ཁྱུད་རྒྱ་མཚོ་དང་། །དཔག་
བསམ་ཤིང་དང་ནོར་འཛིན་ནེའུ་ལེ། །འདོད་འཇོའི་བ་མོ་རིན་ཆེན་གཏེར་གྱི་
བུམ། །མ་རྨོས་ལོ་ཏོག་ཐིང་བུ་འབྲུ་སྨན་སྤྱོས། །གཞལ་མེད་ཕོ་བྲང་བསྟོད་
དབྱངས་སྙན་པའི་སྒྲ། །བཀྲ་ཤིས་རྫས་རྟགས་རྒྱལ་སྲིད་རིན་ཆེན་
བདུན། །མདའ་དར་མདུང་དར་མེ་ལོང་ཞགས་པ་བུམ། །མཁའ་ལྡིང་འདབ་
ཆགས་སྣ་ཚོགས་འཕུར་ལྡིང་གཡོ། །སྟག་གཟིག་དོམ་དྲེད་འཕར་སྤྱང་གཅན་
གཟན་སོགས། །ཤ་རྒྱུང་མ་ཧེ་རྟ་དང་གླང་ཆེན་འབྲོང་། །ཆུ་སྲིན་ཉ་དུང་ལ་
སོགས་ཆུ་གནས་རིགས། །ཙ་ར་ཤེལ་སྒོང་མཛེ་དྲིལ་བ་གླང་དང་། །རྟ་མཆོག་
རྒྱལ་པོ་ལ་སོགས་དུད་འགྲོའི་རིགས། །གསེར་དངུལ་བྱུ་རུ་མཆྲད་
བཻཌཱུརྻ། །རྡོ་རྗེ་ཕ་ལམ་ཨིནྡྲ་ནཱི་ལ་སོགས། །རྣམ་མང་རིན་ཆེན་སྣ་ཚོགས་སྐར་
ལྟར་བཀྲམ། །ཟ་འོག་དར་ཟབ་སྣ་ཚོགས་གཅལ་དུ་བཀྲམ། །སྤྱི་དང་ཁྱད་པར་
མཐུན་པའི་དམ་ཚིག་རྫས། །འཁོར་བཅས་ཐུགས་དམ་གཉན་པོ་བསྐང་གྱུར་
ཅིག །ཧཱུྃ་ཧྲཱིཿ ཁྲིད་པར་ཐུགས་དམ་བསྐང་བའི་དམ་རྫས་ནི། །ལྷབ་

ལྷུབ་འཇོལ་བེར་ཟླ་བ་ཞུན་མའི་མདོག   །རིན་ཆེན་གསེར་གྱི་རྡོ་རྗེ་རྩེ་ལྔ་
དང་།   །ཚེ་ཡི་བུམ་པ་བདུད་རྩིའི་བཅུད་ཀྱིས་གཏམས།   །སྤོབས་དང་ལྡན་པའི་
གངས་ཀྱི་སེང་གེ་བཅས།   །གངས་ཀྱི་ཡུམ་ཆེན་རྡོ་རྗེ་ཀུན་བཟང་མོ།   །ནག་མོ་
ཆེན་མོ་འབུམ་གྱི་འཁོར་དང་བཅས།   །ཐུགས་དམ་བསྐང་ལ་རྐྱེན་ངན་བར་ཆད་
སོལ།   ཧཱུྃ་ཧྲཱིཿ   འདུ་བྱེད་ལས་བྱུང་རིན་ཆེན་ཀ་ཏེའི་ཁྱིམ།   །ཡར་འབྲོག་
གཡུ་མཚོ་ཕྱུགས་ཀྱི་བདག་མོ་ནི།   །འབྲོག་ཆེན་འཁོར་འདུལ་རྡོ་རྗེ་བགེགས་ཀྱི་
གཙོ།   །ལྷང་ནག་ལྷབ་ལྷུབ་བེར་ཆེན་སྐུ་ལ་གསོལ།   །ཕྱག་ན་རྟ་མཆོན་རྩེ་ལྔ་
ཞགས་པ་བསྣམས།   །མིག་སྨན་མདོག་ཅན་ཤུགས་ལྡན་དྲེལ་ནག་
ཆིབས།   །འཁོར་དུ་བདུད་མོ་ཆེན་མོ་འབུམ་གྱིས་བསྐོར།   །ཧཱུྃ་ཧྲཱིཿ   ཐུགས་
དམ་མཉན་པོ་བསྐང་བའི་དམ་རྫས་ནི།   །ཕྱི་ཡི་མཆོད་པ་འདོད་ཡོན་རྣམ་པ་
ལྔ།   །ནང་གི་མཆོད་པ་སྨན་རཀ་བྷ་ལིངྟ།   །གསང་བའི་མཆོད་པ་སྷ་ན་ཙཀྲ་
སོགས།   །བདེ་ཆེན་དགའ་བ་བཞི་ཡི་མཆོད་པ་དང་།   །ང་བདག་མཚན་མ་
དབྱིངས་སུ་བསྒྲལ་བས་མཆོད།   །ཡོལ་བ་བླ་བྲེ་རྒྱལ་མཚན་འཕན་ཕུར་
མཛེས།   །རིན་ཆེན་སྣ་ཚོགས་ཟ་འོག་དར་ཟབ་གོས།   །འབྲུ་སྣ་ཕྱེ་མར་དྲི་ཞིམ་
སྤོས་ཀྱི་རིགས།   །རིན་ཆེན་རི་རབ་གླིང་བཞི་གླིང་ཕྲན་དང་།   །གསེར་རི་རོལ་
མཚོ་ཉི་ཟླ་རྒྱུ་སྐར་བཀྲ།   །ཕྱི་ཡི་ལྕགས་རི་མུ་ཁྱུད་རྒྱ་མཚོ་དང་།   །དཔག་
བསམ་ཤིང་དང་ནོར་འཛིན་ནེའུ་ལེ།   །འདོད་འཇོའི་བ་མོ་རིན་ཆེན་གཏེར་གྱི་
བུམ།   །མ་རྨོས་ལོ་ཏོག་ཐྲིང་བུ་འབྲུ་སྨན་སྤོས།   །གཞལ་མེད་ཕོ་བྲང་བསྐོད་
དབྱངས་ལྡན་པའི་སྒྲ།   །བཀྲ་ཤིས་རྫས་རྟགས་རྒྱལ་སྲིད་རིན་ཆེན་
བདུན།   །མདའ་དར་མདུང་དར་མེ་ལོང་ཞགས་པ་བུམ།   །མཁའ་ལྡིང་འདབ་

ཚགས་སྣ་ཚོགས་འཕྱུར་ལྡིང་གཡོ། །སྟག་གཟིག་དོམ་དྲེད་འཕར་སྤྱང་གཅན་གཟན་སོགས། །ཤ་རྐྱང་མ་ཧེ་རྟ་དང་གླང་ཆེན་འབྲོང་། །རྒྱ་སྲིན་ཉ་དུང་ལ་སོགས་རྒྱ་གནས་རིགས། །ཙོ་ར་ཤེལ་སྒོང་མཛོ་དྲིལ་བ་གླང་དང་། །རྟ་མཆོག་རྒྱལ་པོ་ལ་སོགས་དུད་འགྲོའི་རིགས། །གསེར་དངུལ་བྱུ་རུ་མཁྲད་བཻ་ཌཱུརྱ། །རྡོ་རྗེ་ཕ་ལམ་ཨིནྡྲ་ནི་ལ་སོགས། །རྣམ་མང་རིན་ཆེན་སྣ་ཚོགས་སྐར་ལྟར་བཀྲམ། །ཟ་འོག་དར་ཟབ་སྣ་ཚོགས་གཅལ་དུ་བཀྲམ། །སྤྱི་དང་ཁྱད་པར་མཐུན་པའི་དམ་ཚིག་རྫས། །འཁོར་བཅས་ཐུགས་དམ་གཉན་པོ་བསྐང་གྱུར་ཅིག །ཧཱུྃ་ཧྲཱིཿ ཁྱད་པར་ཐུགས་དམ་བསྐང་བའི་དམ་རྫས་ནི། །མཁྲད་མདངས་ལྡན་དར་ནག་འཛོར་བེར་བརྗིད། །མིག་སྨན་མདོག་ཅན་བདུད་ཀྱི་ཞགས་པ་དང་། །རབ་ཏུ་འབར་བ་རྟུ་མཚོན་རྩེ་ལྔ་པ། །སྤུར་མགྱོགས་ཤུགས་ལྡན་དྲེའུ་ནག་པོ་བཅས། །འབྲོག་ཆེན་འཁོར་འདུལ་རྡོ་རྗེ་བགེགས་ཀྱི་གཙོ། །ནག་མོ་ཆེན་མོ་འབུམ་གྱི་འཁོར་དང་བཅས། །ཐུགས་དམ་བསྐང་ལ་རྐྱེན་ངན་བར་ཆད་སོལ། །ཧཱུྃ་ཧྲཱིཿ ལེན་པ་ལས་བྱུང་སྤོབས་ལྡན་སེང་གེའི་ཁྲིམ། །ཡུལ་ནི་ལྷ་ཕྱུའི་གངས་དཀར་བདག་མོ་ནི། །གངས་དཀར་ཤ་མེད་རྡོ་རྗེ་སྤྱན་གཅིག་མ། །དཀར་ལྡང་སྐུ་ལ་དར་དཀར་ན་བཟའ་གསོལ། །ཕྱག་ན་ཟོར་བ་དང་ནི་ཞགས་པ་བསྣམས། །ཇམས་བརྗིད་ལྡན་པའི་ཤ་བ་རྭ་བཅུ་ཆིབས། །འཁོར་དུ་གནོད་སྦྱིན་ཆེན་མོ་འབུམ་གྱིས་བསྐོར། །ཧཱུྃ་ཧྲཱིཿ ཐུགས་དམ་གཉན་པོ་བསྐང་བའི་དམ་རྫས་ནི། །ཕྱི་ཡི་མཆོད་པ་འདོད་ཡོན་རྣམ་པ་ལྔ། །ནང་གི་མཆོད་པ་སྨན་རཀ་བ་ལིངྟ། །གསང་བའི་མཆོད་པ་གྷ་ན་ཙཀྲ་སོགས། །བདེ་ཆེན་དགའ་བ་བཞི་ཡི་མཆོད་པ་དང་། །ང་བདག་མཚན་མ་དབྱིངས་སུ་བསྒྲལ་བས

མཆོད། །ཡོལ་བ་བླ་བྲེ་རྒྱལ་མཚན་འཕན་ཕུར་མཛེས། །རིན་ཆེན་སྣ་ཚོགས་ཟ་འོག་དར་ཟབ་གོས། །འབྲུ་སྣ་ཕྱེ་མར་དྲི་ཞིམ་སྤོས་ཀྱི་རིགས། །རིན་ཆེན་རི་རབ་གླིང་བཞི་གླིང་ཕྲན་དང་། །གསེར་རི་རོལ་མཚོ་ཉི་ཟླ་རྒྱུ་སྐར་བཀྲ། །ཕྱི་ཡི་ལྕགས་རི་མུ་ཁྱུད་རྒྱ་མཚོ་དང་། །དཔག་བསམ་ཤིང་དང་ནོར་འཛིན་ནེའུ་ལེ། །འདོད་འཇོའི་བ་མོ་རིན་ཆེན་གཏེར་གྱི་བུམ། །མ་རྨོས་ལོ་ཏོག་ཐིང་བུ་འབྲུ་སྨན་སྤོས། །གཞལ་མེད་ཕོ་བྲང་བསྟོད་དབྱངས་སྙན་པའི་སྒྲ། །བཀྲ་ཤིས་རྫས་རྟགས་རྒྱལ་སྲིད་རིན་ཆེན་བདུན། །མདའ་དར་མདུང་དར་མེ་ལོང་ཞགས་པ་བུམ། །མཁའ་ལྡིང་འདབ་ཆགས་སྣ་ཚོགས་འཕུར་ལྡིང་གཡོ། །སྟག་གཟིག་དོམ་དྲེད་འཕར་སྤྱང་གཅན་གཟན་སོགས། །ཤ་རྒྱང་མ་ཧེ་རྟ་དང་གླང་ཆེན་འཁོར། །རྒྱུ་སྐྱིན་ཉ་དུང་ལ་སོགས་ཆུ་གནས་རིགས། །ཙ་ར་ཤེལ་སྔོན་མཛེ་དྲིལ་བ་གླང་དང་། །རྟ་མཆོག་རྒྱལ་པོ་ལ་སོགས་དུད་འགྲོའི་རིགས། །གསེར་དངུལ་བྱུ་རུ་མརྒད་བཻ་ཌཱུརྻ། །རྡོ་རྗེ་ཕ་ལམ་ཨིནྡྲ་ནི་ལ་སོགས། །ནམ་མང་རིན་ཆེན་སྣ་ཚོགས་སྐར་ལྟར་བཀྲམ། །ཟ་འོག་དར་ཟབ་སྣ་ཚོགས་གཙལ་དུ་བཀྲམ། །སྤྱི་དང་ཁྱད་པར་མཐུན་པའི་དམ་ཚིག་རྫས། །འཁོར་བཅས་ཐུགས་དམ་གཉན་པོ་བསྐང་ཕྱུར་ཅིག །ཧཱུྃ་ཧྲཱིཿ ཁྱད་པར་ཐུགས་དམ་བསྐང་བའི་དམ་རྫས་ནི། །རབ་མཛེས་ཡིད་འོང་དར་དཀར་འཇོལ་བེར་དང་། །རིན་ཆེན་འོད་འབར་གསེར་གྱི་ཟོར་བ་དང་། །འཕྲུལ་ལྷུན་རིན་པོ་ཆེ་ཡི་ཞགས་པ་དང་། །དུང་གི་རྣ་བཅུ་ལྡན་པའི་ཤུ་བ་བཅས། །གངས་དཀར་ཤ་མེད་རྡོ་རྗེ་སྤྱིན་གཅིག་མ། །གནོད་སྦྱིན་ཆེན་མོ་འབུམ་གྱི་འཁོར་དང་བཅས། །ཐུགས་དམ་བསྐང་ལ་རྐྱེན་ངན་བར་ཆད་སོལ། །ཧཱུྃ་ཧྲཱིཿ ཚོར་བ་ལས་བྱུང་སྲང་གི་ཁྲིམ་

ཆེན་དུ། །གཙང་གི་ཇོ་མོ་ཁ་རག་བདག་མོ་ནི། །ཁ་རག་ཁྱུང་བཙུན་རྡོ་རྗེ་དཔལ་གྱི་ཡུམ། །དམར་སེར་སྐྱ་ལ་ལྷབ་ལྷུབ་ཐེར་དམར་གསོལ། །ཕྱག་ན་ཊ་མ་རུ་དང་མེ་ལོང་བསྣམས། །འདབ་ཆགས་རྒྱལ་པོ་ཁྲ་རུ་ཌ་ལ་ཆིབས། །འཁོར་དུ་གནོད་སྦྱིན་ཆེན་མོ་འབུམ་གྱིས་བསྐོར། །ཧཱུྃ་ཧྲཱིཿ ཐུགས་དམ་གཉན་པོ་བསྐང་བའི་དམ་རྫས་ནི། །ཕྱི་ཡི་མཆོད་པ་འདོད་ཡོན་རྣམ་པ་ལྔ། །ནང་གི་མཆོད་པ་སྨན་རཀ་བྷ་ལིངྟ། །གསང་བའི་མཆོད་པ་སྒྲ་ན་ཙཀྲ་སོགས། །བདེ་ཆེན་དགའ་བ་བཞི་ཡི་མཆོད་པ་དང་། །ང་བདག་མཚན་མ་དབྱིངས་སུ་བསྒྲལ་བས་མཆོད། །ཡོལ་བ་བླ་བྲེ་རྒྱལ་མཚན་འཕན་ཕྱུར་མཛེས། །རིན་ཆེན་སྣ་ཚོགས་ཟ་འོག་དར་ཟབ་གོས། །འབྲུ་སྣ་ཕྱེ་མར་དྲི་ཞིམ་སྤོས་ཀྱི་རིགས། །རིན་ཆེན་རི་རབ་གླིང་བཞི་གླིང་ཕྲན་དང་། །གསེར་རི་རོལ་མཚོ་ཉི་ཟླ་རྒྱུ་སྐར་བཀྲ། །ཕྱི་ཡི་ལྕགས་རི་མུ་ཁྱུད་རྒྱ་མཚོ་དང་། །དཔག་བསམ་ཤིང་དང་ནོར་འཛིན་ནེའུ་ལེ། །འདོད་འཇོའི་བ་མོ་རིན་ཆེན་གཏེར་གྱི་བུམ། །མ་རྨོས་ལོ་ཏོག་ཙིང་བུ་འབྲུ་སྨན་སྤོས། །གཞལ་མེད་ཕོ་བྲང་བསྟོད་དབྱངས་སྙན་པའི་སྒྲ། །བཀྲ་ཤིས་རྟགས་རྒྱལ་སྲིད་རིན་ཆེན་བདུན། །མདའ་དར་མདུང་དར་མེ་ལོང་ཞགས་པ་བུམ། །མཁའ་ལྡིང་འདབ་ཆགས་སྣ་ཚོགས་འཕུར་ལྡིང་གཡོ། །སྟག་གཟིག་དོམ་དྲེད་འཕར་སྤྱང་གཅན་གཟན་སོགས། །ཤ་རྒྱང་མ་ཧེ་རྟ་དང་གླང་ཆེན་འབྲོང་། །ཆུ་སྲིན་ཉ་དུང་ལ་སོགས་ཆུ་གནས་རིགས། །ཙ་ར་ཤེལ་སྒོང་མཛོ་དྲིལ་བ་གླང་དང་། །རྟ་མཆོག་རྒྱལ་པོ་ལ་སོགས་དུད་འགྲོའི་རིགས། །གསེར་དངུལ་བྱུ་རུ་མཁྲད་བཻ་ཌཱུརྻ། །རྡོ་རྗེ་ཕ་ལམ་ཨིནྡྲ་ནི་ལ་སོགས། །རྣམ་མང་རིན་ཆེན་སྣ་ཚོགས་སྐར

ལྷར་བཀྲམ། །ཟ་འོག་དར་ཟབ་སྣ་ཚོགས་གཅལ་དུ་བཀྲམ། །སྤྱི་དང་ཁྱད་པར་མཐུན་པའི་དམ་ཚིག་རྫས། །འཁོར་བཅས་ཐུགས་དམ་གཉན་པོ་བསྐང་གྱུར་ཅིག །ཧཱུྃ་ཧྲཱིཿ ཁྱད་པར་ཐུགས་དམ་བསྐང་བའི་དམ་རྫས་ནི། །མཚམས་སྦྱིན་མདངས་འཛིན་ལྷབ་ལྷུབ་བེར་ཆེན་དང་། །སྟོང་གསུམ་སྒྲ་ཡིས་བསྐང་བའི་ཌཱ་མ་རུ། །སྣང་སྲིད་ལེགས་ཉེས་གསལ་བའི་མེ་ལོང་དང་། །པི་ཊྩར་མདངས་ལྡན་མཁའ་ལྡིང་ག་རུ་ཏ། །ཁ་རག་ཁྱུང་བཙུན་རྡོ་རྗེ་དཔལ་གྱི་ཡུམ། །གནོད་སྦྱིན་ཆེན་མོ་འབུམ་གྱི་འཁོར་དང་བཅས། །ཐུགས་དམ་བསྐང་ལ་ཕྲིན་ངན་བར་ཆད་སོལ། །ཧཱུྃ་ཧྲཱིཿ སྐྱེ་བ་ལས་བྱུང་རབ་འཇིགས་སྡིག་པའི་ཁྲིམ། །བྱང་ཕྱོགས་རྨ་ཡུལ་ཀུན་གྱི་མངའ་བདག་པོ། །རྨ་རི་རབ་འབྱམས་རྡོ་རྗེ་དྲག་མོ་རྒྱལ། །མདོག་དཀར་བེར་ཆེན་ལྷབ་ལྷུབ་སྐུ་ལ་གསོལ། །ཕྱག་ན་བེ་ཅོན་རིན་ཆེན་ཞགས་པ་བསྣམས། །གློག་དམར་འབྱུག་འདྲའི་ཟ་བྱེད་འཕར་བ་ཅིབས། །འཁོར་དུ་གནོད་སྦྱིན་ཆེན་མོ་འབུམ་གྱིས་བསྐོར། །ཧཱུྃ་ཧྲཱིཿ ཐུགས་དམ་གཉན་པོ་བསྐང་བའི་དམ་རྫས་ནི། །ཕྱི་ཡི་མཆོད་པ་འདོད་ཡོན་རྣམ་པ་ལྔ། །ནང་གི་མཆོད་པ་སྨན་རཀ་བྷ་ལིངྟ། །གསང་བའི་མཆོད་པ་ལྷ་ན་ཙཀྲ་སོགས། །བདེ་ཆེན་དགའ་བ་བཞི་ཡི་མཆོད་པ་དང་། །ང་བདག་མཚན་མ་དབྱིངས་སུ་བསྒྲལ་བས་མཆོད། །ཡོལ་བ་བླ་བྲེ་རྒྱལ་མཚན་འཕན་ཕྱུར་མཛེས། །རིན་ཆེན་སྣ་ཚོགས་ཟ་འོག་དར་ཟབ་གོས། །འབྲུ་སྣ་ཕྱེ་མར་དྲི་ཞིམ་སྤོས་ཀྱི་རིགས། །རིན་ཆེན་རི་རབ་གླིང་བཞི་གླིང་ཕྲན་དང་། །གསེར་རི་རོལ་མཚོ་ཉི་ཟླ་རྒྱུ་སྐར་བཀྲ། །ཕྱི་ཡི་ལྕགས་རི་མུ་ཁྱུད་རྒྱ་མཚོ་དང་། །དཔག་བསམ་ཤིང་དང་ནོར་འཛིན་ནེ་ཙུ་ལེ། །འདོད་འཇོའི་བ་མོ་རིན་ཆེན་གཏེར་གྱི་

བུམ། །མ་རྨོས་ལོ་ཏོག་རྩི་ཤིང་བུ་འབྲུ་སྨན་སྤོས། །གཞལ་མེད་ཕོ་བྲང་བསྐོད་དབྱངས་སྙན་པའི་སྒྲ། །བཀྲ་ཤིས་རྫས་རྟགས་རྒྱལ་སྲིད་རིན་ཆེན་བདུན། །མདའ་དར་མདུང་དར་མེ་ལོང་ཞགས་པ་བུམ། །མཁའ་ལྡིང་འདབ་ཆགས་སྣ་ཚོགས་འཕུར་ལྡིང་གཡོ། །སྟག་གཟིག་དོམ་དྲེད་འཕར་སྤྱང་གཅན་གཟན་སོགས། །ཤ་རྒྱང་མ་ཧེ་རྟ་དང་གླང་ཆེན་འཁྲོང་། །ཆུ་སྲིན་ཉ་དུང་ལ་སོགས་ཆུ་གནས་རིགས། །ཙཾ་ར་ཤེལ་སྒོང་མཛོ་དྲིལ་བ་གླང་དང་། །རྟ་མཆོག་རྒྱལ་པོ་ལ་སོགས་དུད་འགྲོའི་རིགས། །གསེར་དངུལ་བྱུ་རུ་མཆད་བཻ་ཌཱུརྻ། །རྡོ་རྗེ་ཕ་ལམ་ཨིནྡྲ་ནི་ལ་སོགས། །རྣམ་མང་རིན་ཆེན་སྣ་ཚོགས་སྐར་ལྟར་བཀྲམ། །ཟ་འོག་དར་ཟབ་སྣ་ཚོགས་གཅལ་དུ་བཀྲམ། །སྤྱི་དང་ཁྱད་པར་མཐུན་པའི་དམ་ཚིག་རྫས། །འཁོར་བཅས་ཐུགས་དམ་གཉན་པོ་བསྐང་ཕྱིར་ཅིག ། ཧཱུྃ་ཧྲཱིཿ ཁྱད་པར་ཐུགས་དམ་བསྐང་བའི་དམ་རྫས་ནི། །སྤྲིན་དཀར་གསར་བའི་མདངས་འཛིན་ལྷབ་ལྷུབ་བེར། །སྣ་ཚོགས་ནོར་བུའི་བཀང་བའི་མཁར་གཞོང་དང་། །ཟ་བྱེད་ཟངས་ཀྱི་འཕར་བ་མེ་འོད་འཕྲོ། །རྨ་རི་རབ་འབྱམས་རྡོ་རྗེ་དྲག་མོ་རྒྱལ། །གནོད་སྦྱིན་ཆེན་མོ་འབུམ་གྱི་འཁོར་དང་བཅས། །ཐུགས་དམ་བསྐང་ལ་རྐྱེན་ངན་བར་ཆད་སོལ། །ཧཱུྃ་ཧྲཱིཿ སྲིད་པ་ལས་བྱུང་རབ་མཛེས་བུ་མོའི་ཁྲིམ། །བྱང་ཕྱོགས་གནམ་མཚོ་ཕྱུགས་ཀྱི་བདག་མོ་ནི། །གསེར་ཅན་མཁའ་ལྡིང་རྡོ་རྗེ་གླུ་མོ་རྒྱལ། །གསེར་མདོག་སེར་ནག་བེར་ཆེན་སྐུ་ལ་གསོལ། །ཕྱག་ན་བེ་ཅོན་དང་ནི་མཁར་གཞོང་ཐོགས། །ཞུགས་ལྡན་གསེར་གྱི་མདོག་ཅན་རྟ་མཆོག་ཆིབས། །འཁོར་དུ་གནོད་སྦྱིན་ཆེན་མོ་འབུམ་སྡེས་བསྐོར། །ཧཱུྃ་ཧྲཱིཿ ཐུགས་དམ་གཉན་པོ་བསྐང་བའི་དམ་རྫས་ནི། །ཁྲི་

ཡི་མཆོད་པ་འདོད་ཡོན་རྣམ་པ་ལྔ། །ནང་གི་མཆོད་པ་སྨན་རཀ་བླ་ལི་ཏྲ། །གསང་བའི་མཆོད་པ་སྣ་ན་ཙཀྲ་སོགས། །བདེ་ཆེན་དགའ་བ་བཞི་ཡི་མཆོད་པ་དང་། །ང་བདག་མཚན་མ་དབྱིངས་སུ་བསྒྲལ་བས་མཆོད། །ཡོལ་བ་བླ་བྲེ་རྒྱལ་མཚན་འཕན་ཕུར་མཛེས། །རིན་ཆེན་སྣ་ཚོགས་ཟ་འོག་དར་ཟབ་གོས། །འབྲུ་སྣ་ཕྱེ་མར་དྲི་ཞིམ་སྤོས་ཀྱི་རིགས། །རིན་ཆེན་རི་རབ་གླིང་བཞི་གླིང་ཕྲན་དང་། །གསེར་རི་རོལ་མཚོ་ཉི་ཟླ་རྒྱུ་སྐར་བཀྲ། །ཕྱི་ཡི་ལྗགས་རི་མུ་ཁྱུད་རྒྱ་མཚོ་དང་། །དཔག་བསམ་ཤིང་དང་ནོར་འཛིན་ནེའུ་ལེ། །འདོད་འཇོའི་བ་མོ་རིན་ཆེན་གཏེར་གྱི་བུམ། །མ་རྨོས་ལོ་ཏོག་རྩི་ང་བུ་འབྲུ་སྨན་སྤོས། །གཞལ་མེད་ཕོ་བྲང་བསྐོད་དབྱངས་སྙན་པའི་སྒྲ། །བཀྲ་ཤིས་རྟས་རྟགས་རྒྱལ་སྲིད་རིན་ཆེན་བདུན། །མདའ་དར་མདུང་དར་མེ་ལོང་ཞགས་པ་བུམ། །མཁའ་ལྡིང་འདབ་ཆགས་སྣ་ཚོགས་འཕུར་ལྡིང་གཡོ། །སྟག་གཟིག་དོམ་དྲེད་འཕར་སྤྱང་གཅན་གཟན་སོགས། །ཤ་རྐྱང་མ་ཧེ་ཧྲ་དང་གླང་ཆེན་འཁོར། །ཆུ་སྲིན་ཉ་དུང་ལ་སོགས་ཆུ་གནས་རིགས། །ཙ་ར་ཤེལ་སྔོན་མཛེ་དྲིལ་བ་གླང་དང་། །ཧྲ་མཆོག་རྒྱལ་པོ་ལ་སོགས་དུད་འགྲོའི་རིགས། །གསེར་དངུལ་བྱུ་རུ་མཐྲད་པི་ཝཱྃ། །རྡོ་རྗེ་ཕ་ལམ་ཨིནྡྲ་ནི་ལ་སོགས། །རྣམ་མང་རིན་ཆེན་སྣ་ཚོགས་སྐར་ལྟར་བཀྲམ། །ཟ་འོག་དར་ཟབ་སྣ་ཚོགས་གཙལ་དུ་བཀྲམ། །སྤྱི་དང་ཁྱད་པར་མཐུན་པའི་དམ་ཚིག་རྫས། །འབོར་བཅས་ཐུགས་དམ་གཉན་པོ་བསྐང་ཕྱིར་ཅིག །ཧཱུྃ་ཧྲཱིཿ ཁྱད་པར་ཐུགས་དམ་བསྐང་བའི་དམ་རྫས་ནི། །གསེར་གྱི་མདོག་ཅན་བརྟེད་པའི་བེར་ཆེན་དང་། །ཙཱྀན་བེད་ཆེན་རྡོ་རྗེའི་ཏོག་གིས་མཛེས། །བཟའ་དང་བཅའ་བས་བཀང་བའི་མཁར་གཞོང་

དང་། །གསེར་གྱི་མདོག་ཅན་ཅང་ཤེས་རྟ་མཆོག་བཅས། །གསེར་ཅན་མཁའ་ལྡིང་རྡོ་རྗེ་ཀླུ་མོ་རྒྱལ། །གནོད་སྦྱིན་ཆེན་མོ་འབུམ་གྱི་འཁོར་དང་བཅས། །ཐུགས་དམ་བསྐང་ལ་རྐྱེན་ངན་བར་ཆད་སོལ། །ཧཱུྃ་ཧྲཱིཿ ཀ་ཤི་ལས་བྱུང་མཆོག་དཀར་གཞུ་ཡི་ཁྲིམ། །ཡུལ་ནི་གོང་ཡུལ་གོང་ཕུག་བདག་མོ་ནི། །གོང་བཙུན་དེ་མོ་རྡོ་རྗེ་བོད་ཁམས་སྐྱོང་། །མདོག་དཀར་འཛོལ་བེར་དཀར་པོ་སྐུ་ལ་གསོལ། །ཕྱག་ན་མདའ་དར་རིན་ཆེན་སྒྲོམ་བུ་བསྣམས། །རྫུ་འཕྲུལ་ཤུགས་ལྡན་ཅང་ཤེས་རྟ་དཀར་ཆིབས། །འཁོར་དུ་སྨན་བཙུན་ཆེན་མོ་འབུམ་གྱིས་བསྐོར། །ཧཱུྃ་ཧྲཱིཿ ཐུགས་དམ་གཉན་པོ་བསྐང་བའི་དམ་རྫས་ནི། །ཕྱི་ཡི་མཆོད་པ་འདོད་ཡོན་རྣམ་པ་ལྔ། །ནང་གི་མཆོད་པ་སྨན་རཀ་བྟ་ལིངྒ། །གསང་བའི་མཆོད་པ་ཐྭ་ན་ཙཀྲ་སོགས། །བདེ་ཆེན་དགའ་བ་བཞི་ཡི་མཆོད་པ་དང་། །ང་བདག་མཚན་མ་དབྱིངས་སུ་བསྒྲལ་བས་མཆོད། །ཡོལ་བ་བླ་བྲེ་རྒྱལ་མཚན་འཕན་ཕུར་མཛེས། །རིན་ཆེན་སྣ་ཚོགས་ཟ་འོག་དར་ཟབ་གོས། །འབྲུ་སྣ་ཕྱེ་མར་དྲི་ཞིམ་སྤོས་ཀྱི་རིགས། །རིན་ཆེན་རི་རབ་གླིང་བཞི་གླིང་ཕྲན་དང་། །གསེར་རི་རོལ་མཚོ་ཉི་ཟླ་རྒྱ་སྐར་བཀྲ། །ཕྱི་ཡི་ལྕགས་རི་མུ་ཁྱུད་རྒྱ་མཚོ་དང་། །དཔག་བསམ་ཤིང་དང་ནོར་འཛིན་ནེའུ་ལེ། །འདོད་འཇོའི་བ་མོ་རིན་ཆེན་གཏེར་གྱི་བུམ། །མ་རྨོས་ལོ་ཏོག་རྫིང་བུ་འབྲུ་སྨན་སྤོས། །གཞལ་མེད་ཕོ་བྲང་བསྟོད་དབྱངས་སྙན་པའི་སྒྲ། །བཀྲ་ཤིས་རྫས་རྟགས་རྒྱལ་སྲིད་རིན་ཆེན་བདུན། །མདའ་དར་མདུང་དར་མེ་ལོང་ཞགས་པ་བུམ། །མཁའ་ལྡིང་འདབ་ཆགས་སྣ་ཚོགས་འཕུར་ལྡིང་གཡོ། །སྟག་གཟིག་དོམ་དྲེད་འཕར་སྤྱང་གཅན་གཟན་སོགས། །ཤ་རྒྱུད་མ་ཧེ་རྟ་དང་གླང་ཆེན་

འགྲོང་། །ཆུ་སྲིན་ཉ་དུང་ལ་སོགས་ཆུ་གནས་རིགས། །ཙ་ར་ཤེལ་སྒོང་མཛོ་དྲེལ་བ་གླང་དང་། །རྟ་མཆོག་རྒྱལ་པོ་ལ་སོགས་དུད་འགྲོའི་རིགས། །གསེར་དངུལ་བྱུ་རུ་མརྒད་བཻ་ཌཱུརྻ། །རྡོ་རྗེ་ཕ་ལམ་ཨིནྡྲ་ནི་ལ་སོགས། །རྣམ་མང་རིན་ཆེན་སྣ་ཚོགས་སྐར་ལྟར་བཀྲམ། །ཟ་འོག་དར་ཟབ་སྣ་ཚོགས་གཙལ་དུ་བཀྲམ། །སྤྱི་དང་ཁྱད་པར་མཐུན་པའི་དམ་ཚིག་རྫས། །འཁོར་བཅས་ཐུགས་དམ་གཉན་པོ་བསྐང་ཕྱིར་ཅིག ། ཧཱུྃ་ཧྲཱིཿ ཁྱད་པར་མཆོག་གི་བསྐང་བའི་དམ་རྫས་ནི། །དར་དཀར་གསེར་གྱི་ཐིག་ལེ་སྣ་ལྔས་བརྒྱན། །མདའ་དར་མེ་ལོང་རིན་ཆེན་གཡང་ལུག་བེར། །གཏེར་གྱིས་གཏམས་པའི་རིན་ཆེན་གསེར་གྱི་སྒྲོམ། །གངས་རིའི་མདངས་ལྡན་ཅང་ཤེས་རྟ་མཆོག་བཅས། །གོང་བཙུན་དེ་མོ་རྡོ་རྗེ་བོད་ཁམས་སྐྱོང་། །བཞིན་བཟང་སྨན་བཙུན་ཆེན་མོ་འབུམ་གྱིས་བསྐོར། །ཐུགས་དམ་བསྐང་ལ་རྐྱེན་ངན་བར་ཆད་སོལ། །ཧཱུྃ་ཧྲཱིཿ སྲིད་པ་ལས་བྱུང་འཛིན་པ་ཆུ་སྲིན་ཁྱིམ། །འབྲུག་ཆེན་བཙན་ཡུལ་ཀུན་བདག་སྨན་གཅིག་མ། །དཀར་ལྡང་དར་དཀར་བེར་ཆེན་སྐུ་ལ་གསོལ། །ལྷབ་ལྷུབ་དར་དང་དངོས་གྲུབ་འབྲང་རྒྱས་བསྣམས། །འདོད་འབྱུང་གཡང་གི་མཛོ་མོ་དཀར་མོ་ཆིབས། །འཁོར་དུ་སྨན་བཙུན་ཆེན་མོ་འབུམ་གྱིས་བསྐོར། ཧཱུྃ་ཧྲཱིཿ ཐུགས་དམ་གཉན་པོ་བསྐང་བའི་དམ་རྫས་ནི། །ཕྱི་ཡི་མཆོད་པ་འདོད་ཡོན་རྣམ་པ་ལྔ། །ནང་གི་མཆོད་པ་སྨན་རཀ་བླ་ལིངྟ། །གསང་བའི་མཆོད་པ་སྒྲ་ན་ཙཀྲ་སོགས། །བདེ་ཆེན་དགའ་བ་བཞི་ཡི་མཆོད་པ་དང་། །ང་བདག་མཚན་མ་དབྱིངས་སུ་བསྒྲལ་བས་མཆོད། །ཡོལ་བ་ཟླ་བྲི་རྒྱལ་མཚན་འཕན་ཕུར་མཛེས། །རིན་ཆེན་སྣ་ཚོགས་ཟ་འོག་དར་ཟབ་གོས། །འབྲུ་སྣ་ཕྱེ་མར་དྲི་ཞིམ

སྤྱོས་ཀྱི་རིགས། །རིན་ཆེན་རི་རབ་གླིང་བཞི་གླིང་ཕྲན་དང་། །གསེར་རི་རོལ་མཚོ་ཉི་ཟླ་རྒྱ་སྐར་བཀྲ། །ཕྱི་ཡི་ལྕགས་རི་མུ་ཁྱུད་རྒྱ་མཚོ་དང་། །དཔག་བསམ་ཤིང་དང་ནོར་འཛིན་ནེའུ་ལེ། །འདོད་འཇོའི་བ་མོ་རིན་ཆེན་གཏེར་གྱི་བུམ། །མ་རྨོས་ལོ་ཏོག་རྩིང་བུ་འབྲུ་སྨན་སྤྱོས། །གཞལ་མེད་ཕོ་བྲང་བསྐོད་དབྱངས་ལྡན་པའི་སྒྲ། །བཀྲ་ཤིས་རྫས་རྟགས་རྒྱལ་སྲིད་རིན་ཆེན་བདུན། །མདའ་དར་མདུང་དར་མེ་ལོང་ཞགས་པ་བུམ། །མཁའ་ལྡིང་འདབ་ཆགས་སྣ་ཚོགས་འཕུར་ལྡིང་གཡོ། །སྟག་གཟིག་དོམ་དྲེད་འཕར་སྐྱུང་གཅན་གཟན་སོགས། །ཤ་རྒྱང་མ་ཧེ་རྟ་དང་གླང་ཆེན་འཁྱོང་། །ཆུ་སྲིན་ཉ་དུང་ལ་སོགས་ཆུ་གནས་རིགས། །ཙོ་རུ་ཤེལ་སྒོང་མཛོ་དྲིལ་བ་གླང་དང་། །རྟ་མཆོག་རྒྱལ་པོ་ལ་སོགས་དུད་འགྲོའི་རིགས། །གསེར་དངུལ་བྱུ་རུ་མཐིང་བཻཌཱུརྻ། །རྡོ་རྗེ་ཕ་ལམ་ཨིནྡྲ་ནི་ལ་སོགས། །རྣམ་མང་རིན་ཆེན་སྣ་ཚོགས་སྤར་ལྟར་བཀྲམ། །ཟ་འོག་དར་ཟབ་སྣ་ཚོགས་གཅལ་དུ་བཀྲམ། །སྤྱི་དང་ཁྱད་པར་མཐུན་པའི་དམ་ཚིག་རྫས། །འཁོར་བཅས་ཐུགས་དམ་གཉན་པོ་བསྐང་གྱུར་ཅིག །ཧཱུྃ་ཧྲཱིཿ ཁྱད་པར་ཐུགས་དམ་བསྐང་བའི་དམ་རྫས་ནི། །དར་དཀར་ལྷབ་ལྷུབ་བརྗིད་པའི་ཐེར་ཆེན་དང་། །ལྷབ་ལྷུབ་དར་ཟབ་སྣ་ཚོགས་བསམ་མི་ཁྱབ། །དངོས་གྲུབ་འདོད་འབྱུང་འབྲང་རྒྱས་ཞལ་དཀར་ཚོགས། །འདོད་འབྱུང་གཡང་གི་མཛོ་མོ་དཀར་མོ་བཅས། །བཙན་ལ་རོལ་བའི་རྡོ་རྗེ་སྨན་གཅིག་མ། །བཞིན་བཟང་སྨན་བཙུན་ཆེན་མོ་འབུམ་གྱིས་བསྐོར། །ཐུགས་དམ་བསྐང་ལ་རྗེན་ངན་བར་ཆད་སོལ། །ཧཱུྃ་ཧྲཱིཿ མིང་གཟུགས་ལས་བྱུང་རིན་ཆེན་བུམ་པའི་ཁྱིམ། །ཡུལ་ནི་ཛ་མོ་ནགས་རྒྱལ་བདག་མོ་ནི། །སྨན་བཙུན་ཨུག

ཆོས་རྡོ་རྗེ་གཡར་མོ་བསིལ། །དམར་སེར་མཚམས་སྤྲིན་མདངས་འཛིན་པེར་ཆེན་གསོལ། །ཕྱག་ན་རིན་ཆེན་སྦྲ་སླན་ཧིང་ཤགས་བསྣམས། །ཞབས་སུ་རྟུལ་ལྷན་གསེར་ཤྭ་ཡུ་མོ་ཆིབས། །འཁོར་དུ་སྨན་མོ་ཆེན་མོ་འབུམ་གྱིས་བསྐོར། །ཧཱུྃ་ཧྲཱིཿ ཁྱད་པར་ཐུགས་དམ་བསྐང་བའི་དམ་རྫས་ནི། །ཉི་མ་འཆར་ཀའི་མདངས་འཛིན་ལྷབ་ལྷུབ་པེར། །རིན་ཆེན་རྣམ་མང་སྣ་ཚོགས་བཅལ་དུ་བཀྲམ། སྦྲ་སླན་ཧིང་ཤགས་རོལ་མོའི་རིགས་བྱེད་དང་། །རྫུ་འཕྲུལ་ལྷན་པའི་གསེར་ཤྭ་ཡུ་མོ་བཅས། །སྨན་བཙུན་ཨུག་ཆོས་རྡོ་རྗེ་གཡར་མོ་བསིལ། །བཞིན་བཟང་སྨན་བཙུན་འབུམ་གྱི་འཁོར་དང་བཅས། །ཐུགས་དམ་བསྐང་ལ་རྐྱེན་ངན་བར་ཆད་སོལ། །ཧཱུྃ་ཧྲཱིཿ སྐྱེ་མཆེད་ལས་བྱུང་སྒྱུ་འཕྲུལ་གར་མཁན་ཁྱིམ། །ཡུལ་ནི་དབུ་རུ་གཡུ་རུའི་བདག་མོ་ནི། །གཡུ་ཡི་དྲིལ་བུ་རྡོ་རྗེ་ཟུ་ལེ་སྨན། །མདོག་ལྗང་སྐུ་ལ་ལྗང་སེར་པེར་ཆེན་གསོལ། །ཕྱག་ན་དྲིལ་བུ་རིན་ཆེན་པདྨ་བསྣམས། །ཞབས་སུ་མི་བཟད་སྟག་མོ་རི་བཀྲ་ཆིབས། །འཁོར་དུ་སྨན་མོ་ཆེན་མོ་འབུམ་གྱིས་བསྐོར། །ཧཱུྃ་ཧྲཱིཿ ཐུགས་དམ་གཉན་པོ་བསྐང་བའི་དམ་རྫས་ནི། །ཕྱི་ཡི་མཆོད་པ་འདོད་ཡོན་རྣམ་པ་ལྔ། །ནང་གི་མཆོད་པ་སྨན་རཀ་ཏ་ལིངྟ། །གསང་བའི་མཆོད་པ་སྒྲ་ན་ཙཀྲ་སོགས། །བདེ་ཆེན་དགའ་བ་བཞི་ཡི་མཆོད་པ་དང་། །ང་བདག་མཚན་མ་དབྱིངས་སུ་བསྒྲལ་བས་མཆོད། །ཡོལ་བ་ཟླ་བྲི་རྒྱལ་མཚན་འཕན་ཕུར་མཛེས། །རིན་ཆེན་སྣ་ཚོགས་ཟ་འོག་དར་ཟབ་གོས། །འབྲུ་སྣ་ཕྱེ་མར་དྲི་ཞིམ་སྤོས་ཀྱི་རིགས། །རིན་ཆེན་རི་རབ་གླིང་བཞི་གླིང་ཕྲན་དང་། །གསེར་རི་རོལ་མཚོ་ཉི་ཟླ་རྒྱུ་སྐར་བཀྲ། །ཕྱི་ཡི་ལྗགས་རི་མུ་ཁྱུད་རྒྱ་མཚོ་དང་། །དཔག་

བསམ་ཤིང་དང་ནོར་འཛིན་ནེའུ་ལེ། །འདོད་འཇོའི་བ་མོ་རིན་ཆེན་གཏེར་གྱི་བུམ། །མ་རྨོས་ལོ་ཏོག་ཐིང་བུ་འབྲུ་སྨན་སྦྱོས། །གཞལ་མེད་ཕོ་བྲང་བསྐྱོད་དབྱངས་སྙན་པའི་སྒྲ། །བཀྲ་ཤིས་རྫས་རྟགས་རྒྱལ་སྲིད་རིན་ཆེན་བདུན། །མདའ་དར་མདུང་དར་མེ་ལོང་ཞགས་པ་བུམ། །མཁའ་ལྡིང་འདབ་ཆགས་སྣ་ཚོགས་འཕུར་ལྡིང་གཡོ། །སྟག་གཟིག་དོམ་དྲེད་འཕར་སྤྱང་གཅན་གཟན་སོགས། །ཤ་རྒྱང་མ་ཧེ་རྟ་དང་གླང་ཆེན་འབྲོང་། །ཆུ་སྲིན་ཉ་དུང་ལ་སོགས་ཆུ་གནས་རིགས། །ཙཱ་ར་ཤེལ་སྒོང་མཛོ་དྲིལ་བ་གླང་དང་། །རྟ་མཆོག་རྒྱལ་པོ་ལ་སོགས་དུད་འགྲོའི་རིགས། །གསེར་དངུལ་བྱུ་རུ་མརྒད་བཻ་ཌཱུརྻ། །རྡོ་རྗེ་ཕ་ལམ་ཨིནྡྲ་ནི་ལ་སོགས། །རྣམ་མང་རིན་ཆེན་སྣ་ཚོགས་སྐར་ལྟར་བཀྲམ། །ཟ་འོག་དར་ཟབ་སྣ་ཚོགས་གཅལ་དུ་བཀྲམ། །སྤྱི་དང་ཁྱད་པར་མཐུན་པའི་དམ་ཚིག་རྫས། །འཁོར་བཅས་ཐུགས་དམ་གཉན་པོ་བསྐང་ཕྱུར་ཅིག ། ཧཱུཾ་ཧྲཱིཿ ཁྱད་པར་ཐུགས་དམ་བསྐང་བའི་དམ་རྫས་ནི། །གསེར་གྱི་མདངས་ལྡན་ལྷབ་ལྷུབ་བརྗིད་པའི་བེར། །སྟོང་གསུམ་སྙན་པས་ཁྱབ་པའི་དྲིལ་བུ་དང་། །པདྨ་དཀར་དམར་ཡིད་བཞིན་ནོར་བུའི་ཚོགས། །མཚམས་སྦྱོར་མདངས་ལྡན་སྟག་མོ་རི་བཀྲ་བཅས། །གཡུ་ཡི་དྲིལ་བུ་རྡོ་རྗེ་ཟུ་ལེ་སྨན། །བཞིན་བཟང་སྨན་བཙུན་འབུམ་གྱི་འཁོར་དང་བཅས། །ཐུགས་དམ་བསྐང་ལ་རྐྱེན་ངན་བར་ཆད་སོལ། །ཧཱུཾ་ཧྲཱིཿ དེ་ལྟར་ཐུགས་དམ་བསྐང་བའི་བྱིན་རླབས་ཀྱིས། །དཔལ་ལྡན་བླ་མའི་སྐུ་ཚེ་རབ་བརྟན་ཅིང་། །ཕྲིན་ལས་ཆེན་པོའི་ས་སྟེང་ཡོངས་ལ་ཁྱབ། །ལུང་དང་རྟོགས་པའི་བསྟན་པ་རིན་པོ་ཆེ། །ཕྱོགས་དུས་གནས་སྐབས་ཀུན་ཏུ་རྒྱས་པ་དང་། །འདུ་

བའི་ཚོགས་རྣམས་དབྱུར་གྱི་མཚོ་ཆེན་ལྟར། །གོང་ནས་གོང་དུ་རབ་ཏུ་རྒྱས་པར་མཛོད། །སྨོན་ལམ་འཕྲུལ་གྱི་རྐྱེན་ལས་གྱུར་པ་ཡི། །ནད་རིགས་བཞི་བརྒྱ་རྩ་བཞིའི་གནོད་པ་དང་། །སྟོང་ཕྲག་བརྒྱད་ཅུའི་བགེགས་ཀྱིས་འཚེ་བའི་རིགས། །ཕོ་གདོན་མོ་གདོན་ལ་སོགས་གདོན་གྱི་ཚོགས། །མདོར་ན་མི་མཐུན་གནོད་པའི་ཚོགས་རྣམས་ཀུན། །ཞི་བ་ཆེན་པོའི་ཕྲིན་ལས་མཛད་དུ་གསོལ། །ཚེ་དང་བསོད་ནམས་ཀླུང་རྟ་དཀྱུང་དུ་བསྐྱེད། །ཁ་རྗེ་དབང་ཐང་གཟི་བརྗིད་ཆེ་བ་དང་། །སྙན་དང་གྲགས་པས་ཕྱོགས་བཅུ་ཀུན་ཏུ་ཁྱབ། །འཁོར་དང་ལོངས་སྤྱོད་བུ་སློབ་རབ་ཏུ་རྒྱས། །བུ་ཚ་རིགས་རྒྱུད་ཆུ་བོའི་རྒྱུན་བཞིན་འཕེལ། །རྒྱས་པའི་ཕྲིན་ལས་ཆེན་པོར་མཛད་དུ་གསོལ། །སྲིད་པ་གསུམ་གྱི་བརྟན་གཡོའི་དངོས་པོའི་བཅུད། །གླིང་བཞི་མི་ཡི་ཞིང་ཁམས་མཐའ་དག་དང་། །འདོད་ཁམས་གཟུགས་ཁམས་སྐྱེ་མཆེད་མུ་བཞིའི་རིགས། །མི་མ་ཡིན་གྱི་ཞིང་ཁམས་མཐའ་དག་ན། །མགོ་རྒུའི་ལོངས་སྤྱོད་ཡིད་ལ་ཅི་འདོད་པ། །དབང་དུ་འདུ་བའི་ཕྲིན་ལས་འགྲུབ་པར་མཛོད། །བསྟན་དང་སེམས་ཅན་ཡོངས་ལ་འཚེ་བ་ཡི། །བར་དུ་གཅོད་པའི་དགྲ་བགེགས་མཐའ་དག་དང་། །ཁྱད་པར་བདག་ལ་བརྣགས་པའི་ལོག་སྤྱོད་མཁན། ། སྔ་དགྲ་ལག་བརྡར་ད་དགྲ་ཐད་དུ་ལོང་། །ཕྱི་དགྲ་ཡིད་ལ་ཞེམ་པའི་དགྲ་བགེགས་དང་། །བྱད་ཕུར་ཐོད་གཏོང་གཏོང་བའི་ཕྲ་མེན་ཚོགས། །མངོན་སྤྱོད་ཤུགས་ཀྱིས་སྒྲོལ་བའི་ཕྲིན་ལས་མཛོད། །ཧཱུྃ་ཧྲཱིཿསྣང་ཞིང་སྲིད་པའི་ལྷ་འདྲེ་ཐམས་ཅད་པོ། །ཀུན་གྱི་ཡོངས་རྗེ་ཆེ་བཙུན་འཕྲན་ཟླ་བྲལ། །མཐུ་སྟོབས་རྫུ་འཕྲུལ་ནམ་མཁའི་མཐའ་དང་མཉམ། །བོད་ཁམས་

སྐྱོང་བའི་མ་ཡམས་བརྟན་མའི་ཚོགས། །ཐུགས་རྗེ་བརྩེ་བས་བདག་ལ་རྗེས་དགོངས་ཏེ། །རྟོད་ལྡན་སྙིགས་མ་ལྔ་བདོའི་ཡང་མཐའ་འདིར། །སྒྲུབ་པའི་རིག་འཛིན་རྣལ་འབྱོར་བདག་ཅག་གིས། །བསྟན་དང་འགྲོ་བའི་དོན་ཆེན་སྒྲུབ་པ་ལ། །བར་ཆད་འབྱུང་པོའི་ཚོགས་ནི་རླུང་ལྟར་འཚུབས། །མི་ནད་ཕྱུགས་ནད་སྣ་ཚོགས་སྤྲིན་ལྟར་གཏིབས། །གློ་བུར་ཡེ་འབྲོག་ཚོགས་ནི་ཆུ་ལྟར་འཁྲུགས། །མི་ཁ་བྲ་མཆུ་མེ་ལྟར་འབར་བ་དང་། །ཁྱད་པར་མུ་སྟེགས་ཀླ་ཀློས་འཚེ་བ་སོགས། །ཤིན་ཏུ་གདུལ་དཀའ་འདུལ་བའི་ལྷ་གཅིག་པུ། །བསམ་བཞིན་འཇིག་རྟེན་དྲེགས་པའི་ཚུལ་སྟོན་པ། །བདུད་མོ་བཞི་དང་གནོད་སྦྱིན་སྨན་མོ་བཞི། །ནག་མོ་ཆེན་མོ་ཁྲོ་གཏུམ་བདུད་མོའི་ཚོགས། །དམར་མོ་ཆགས་ལྡན་གནོད་སྦྱིན་བུ་མོའི་ཚོགས། །དཀར་མོ་བཞིན་བཟང་རབ་ཞི་སྨན་མོའི་ཚོགས། །རང་རང་བྲན་དང་གཡོག་འཁོར་མང་པོའི་ཚོགས། །ཁྱེད་ཅག་སྟོན་ཆེ་དཔལ་མོ་དཔལ་ཐང་གི །ལྷ་མཚོ་སྲིན་མཚོ་གཉན་པོའི་རྩ་བ་རུ། །སློབ་དཔོན་ཆེན་པོ་པདྨ་འབྱུང་གནས་དང་། །དྲེགས་པའི་བཀའ་བབ་རླང་ཆེན་དཔལ་སེང་གིས། །དཀྱིལ་འཁོར་མཐའ་རུ་ཞིང་ཆེན་སྟན་བཞག་སྟེ། །གསང་བའི་མཚན་གསོལ་སྤྱི་བོར་རྡོ་རྗེ་བཞག ། ངག་ཏུ་དམ་རྫས་བདུད་རྩི་ལྕེར་བཞག་སྟེ། །རུ་བཞི་བོད་ཀྱི་རྒྱལ་ཁམས་ཆེན་པོ་རུ། །མུ་སྟེགས་འཇུ་བའི་སྒོ་འཕྲང་བཅད་པ་དང་། །རྒྱལ་བའི་བསྟན་པ་བསྲུང་བར་ཞལ་བཞེས་པའི། །གཡར་དམ་ཐོག་པའི་མ་སྲིང་བརྟན་མའི་ཚོགས། །བདག་ཅག་བག་མེད་ལེ་ལོའི་དབང་གིས་ནི། །ཁྱེད་རྣམས་ཐུགས་དང་འགལ་བའི་ལས་བགྱིས་པ། །བཅས་དང་རང་བཞིན་འགལ་བའི་ཉེས་པ་ཀུན། །མི་འཆབ་མི་

སྤྲེད་སློང་ནས་བཞུགས་ལགས་ན། ཚངས་པ་མཆོག་གི་དངོས་གྲུབ་སྩོལ་དུ་གསོལ། ཞེས་མ་སྲིད་བརྟན་མ་བཅུ་གཉིས་ཀྱི་བསྐང་བ་རྒྱས་པ་འདི་ཉིད་འདན་སེང་གེ་གནམ་རྫོང་གི་ཉེ་ཞོལ་དུ་རྫོགས་སྤྲུལ་ལྔ་བ་ཐུབ་བསྟན་ཆོས་ཀྱི་རྡོ་རྗེས་རང་ལོ་ཞེ་དགུ་པ་ལྕགས་ཕོ་སྤྲེལ་ལོའི་ས་ག་ཟླ་བའི་ཚེས་༧གཟའ་སྐར་ཕུན་སུམ་ཚོགས་པའི་ཉིན་བསྟན་འགྲོར་ཕན་པའི་ལྷག་བསམ་རྣམ་པར་དག་པས་བྲིས་པ་དགེ་ལེགས་སུ་གྱུར་ཅིག །

༄༅། །མ་སྲིད་བརྟན་མ་བཅུ་གཉིས་བསྐང་བ་ཕྲིན་ལས་འདོད་འབྱུང་བཞུགས་སོ།།

ཀ་དག་སྐྱེ་མེད་སྤྲོལ་བྲལ་ཀློང་ཡངས་ནས། །ཁ་བ་ཅན་གྱི་ཡུལ་ལྷའི་ཚུལ་བསྟན་པ། །ག་རུ་བཞུགས་ཀྱང་བརྟན་མ་བཅུ་གཉིས་ཚོགས། །ང་ཅག་སྒྲུབ་ལ་བུ་བཞིན་སྐྱོང་མཛད་པ། །ཅ་ག་རིན་ཆེན་ལྷབ་ལྷུབ་རྒྱན་དང་བཅས། །ཆ་ལུགས་བདུད་དང་གནོད་སྦྱིན་སྨན་མོའི་ཚུལ། །ཇ་དངུལ་རིན་ཆེན་ལ་སོགས་ནོར་གྱི་བདག །ཉ་རྒྱས་ཇི་བཞིན་འདིར་གཤེགས་དགྱེས་པར་བཞུགས། །ཏ་ལྡག་ཏ་མཚོ་སྐྱེས་རྡོ་རྗེ་དང་། །ཐམལ་མི་ཡི་ཐྲོལ་འཛིན་དཔལ་སེང་དུང་། །ད་ལྟ་རྩོད་ལྡན་སྙིགས་མའི་ཡང་མཐའ་འདིར། །ན་མར་བསྟན་པ་སྲུང་བར་ཞལ་བཞེས་པ། །པ་ནའི་རྒྱན་བཞིན་རྣམ་མང་མཆོད་པའི་ཚོགས། །ཕ་མཐའ་ཡས་པའི་ཀུན་བཟང་མཆོད་པའི་སྤྲིན། །བ་མཆོག་དཔག་བསམ་ཤིང་དང་གཏེར་གྱི་

བུམ། །མ་རྨོངས་ལོ་ཏོག་འབྲུ་སྣ་ཐུགས་དམ་བསྐང་། །ཙ་མ་ར་སོགས་རྐང་བཞི་དུད་འགྲོའི་རིགས། །ཚ་ལུ་བྲུ་སོགས་འདབ་ཆགས་སྣ་ཚོགས་དང་། །ཛྭ་ཏྲའི་རྒྱན་བཞིན་བཀྲུང་བའི་དམ་རྫས་ཚོགས། །ཕྱ་སྤྱང་སྟག་གཟིག་ཚོགས་ཀྱི་ཐུགས་དམ་བསྐང་། །ཉ་ལྷམ་ཁྲབ་རྨོག་གོ་དང་ཕུབ་ཀྱི་རིགས། །ཟ་འོག་དར་ཟབ་ཡོལ་བ་བླ་བྲེ་དང་། །འུ་འུར་དབྱངས་དང་རོལ་མོ་མཆོད་པའི་སྤྲིན། །ཡ་ལད་མཆོན་གྱི་རིགས་ཀྱིས་ཐུགས་དམ་བསྐང་། །ར་ཙན་གདེང་བའི་རྡོ་རྗེ་ཀཱ་པ་ལར། །ལ་དུ་ལ་ཕུག་སྣ་ལེབ་འབྲང་རྒྱས་དང་། །ཤ་ཁྲག་དམར་གྱིས་བརྒྱན་པའི་གཏོར་མའི་ཚོགས། །ས་དང་བར་སྣང་གང་བའི་མཆོད་པའི་སྤྲིན། །ཧ་ཧིའི་དགྱེས་པ་ཆེན་པོའི་སྒྲ་དབྱངས་ཀྱིས། །ཨ་ལ་ལ་ཞེས་དགའ་བའི་ངོ་མཚར་གྱི། །ནམ་མཁའ་མཛོད་ཀྱི་འཁོར་ལོ་ཡོངས་ཤར་བའི། །སོ་སོའི་བརྟེན་རྫས་མཐུན་རྫས་བསྐང་བའི་རྫས། །དངོས་འབྱོར་ཡིད་སྤྲུལ་བསམ་གྱིས་མི་ཁྱབ་པས། །བདག་ཅག་བློ་ཡིས་བླངས་ཏེ་འབུལ་ལགས་ན། །མ་ཤིང་བསྟན་སྐྱོང་འཁོར་ཚོགས་རྒྱ་མཚོ་ཡིས། །མ་ལུས་ལྷག་མ་མེད་པར་བཞེས་སུ་གསོལ། །ཅེས་པ་འདིའང་རྫོགས་སྤྲུལ་ལྔ་པ་ཐུབ་བསྟན་ཆོས་ཀྱི་རྡོ་རྗེས་བྲིས་པ་དགེའོ། །

༄༅། །བརྟན་མ་བཅུ་གཉིས་བསྐང་བསྟུས་བསོད་ནམས་སྤྲིན་གྱི་རོལ་མོ་ཞེས་བྱ་བ་བཞུགས།།

ཧྲཱིཿ། མ་སྲིད་བརྟན་མ་ཆེན་མོ་བཅུ་གཉིས་ནི། །རང་རང་གཡོག་འཁོར་བྲན་དང་པོ་ཉར་བཅས། །འདིར་གཤེགས་དམ་རྫས་མཆོད་པ་འདི་བཞེས་ལ། །ཕྲིན་ལས་རྣམ་བཞིའི་ལས་རྣམས་འགྲུབ་པར་མཛོད། །རྫོགས་སྤྲུལ་ལྔ་བས་སོ། །

༄༅། །བོད་སྐྱོང་བསྟན་མ་བཅུ་གཉིས་ཀྱི་ཕྲིན་བཅོལ་ནི།

ཧྲཱིཿ། སྔོན་ཚེ་དཔལ་ཆེན་ཧེ་རུ་ཀ་དཔལ་གྱི། །དཀྱིལ་འཁོར་ཡོངས་ཀྱི་སྲུང་མ་མཐུ་བོ་ཆེ། །ཁྱད་པར་དུར་ཁྲོད་ཆེན་པོ་བསིལ་ཚལ་དུ། །ཡེ་ཤེས་མཁའ་འགྲོ་སེ་ངྷེའི་གདོང་ཅན་གྱི། །བསྟན་པར་སྲུང་བར་དབང་བསྐུར་གཉེར་དུ་གཏད། །ཕྱིས་སུ་བལ་ཡུལ་ཁ་ལ་རོང་སྒོ་རུ། །སློབ་དཔོན་ཆེན་པོ་པདྨ་འབྱུང་གནས་ཀྱིས། །དམ་ལ་བཏགས་ནས་བསྟན་པའི་སྲུང་མར་བསྒོས། །བོད་ཁམས་སྐྱོང་བའི་མ་ཡམས་བརྟན་མའི་ཚོགས། །སྙིང་རྗེ་ཆེན་པོའི་དབྱིངས་ལས་མ་གཡོས་ཀྱང་། །ཁྲག་འཐུང་རྣམ་པའི་ཚུལ་གྱིས་སྐུར་བཞེངས་ལ། །ལྷ་ལོག་མུ་སྟེགས་ཀློལ་ངན་ཚར་བཅད་ནས། །འགོངས་པོ་སྲུན་དགུ་རྒྱུ་འདྲེའི་གནོད་པ་བཟློག །སངས་རྒྱས་བསྟན་དང་བསྟན་འཛིན་སྐྱོང་བ་ལ། །ལོག་པར་སེམས་པའི་དམ་སྲིའི་ཚོགས་རྣམས་ཀྱིས། །མི་དང་མི་མིན་སྣང་བ་དབང་བསྒྱུར

ནས། །བསྟན་སེལ་སྡེ་འབྲུགས་སློང་བར་བྱེད་པའི་རིགས། །ཁ་དཀར་སྙིང་ནག་ལེགས་ན་མི་དགའ་བའི། །ཉེས་ན་དགའ་བའི་བསམ་ངན་གདུགས་རྩུབ་ཅན། །རྣལ་འབྱོར་བདག་ལ་ལྷ་མེད་ཟེར་བ་དང་། །ལྷ་ལ་མཐུ་མེད་ཟེར་བའི་དམ་ཉམས་ཚོགས། །དོ་བརྗོ་ཡོད་དུ་བཙུགས་པའི་དགྲ་བོ་རྣམས། །མ་ཡམས་བརྟན་མའི་ཚོགས་ཀྱི་མཐུ་སྟོབས་དང་། །རྒྱུ་འབྲས་བསླུ་བ་མེད་པའི་བདེན་སྟོབས་ཀྱིས། །མི་འདོད་ཕུང་ཁྲོལ་ངན་པས་ཚར་བཅད་ནས། །མིང་ཙམ་མེད་པར་བརླག་པའི་ཕྲིན་ལས་མཛོད། །ཁྱད་པར་སྔོན་ཚེ་པདྨ་འབྱུང་གནས་དང་། །དྲེགས་པའི་བཀའ་བབ་རླང་ཆེན་དཔལ་སེང་གེ །དཀྱིལ་འཁོར་མཐའ་རུ་ཞིང་ཆེན་བསྟན་ལ་བཞག །གསང་བའི་མཚན་གསོལ་སྤྱི་བོར་ཅོད་པན་བཏགས། །ལག་ཏུ་རྡོ་རྗེ་གཏད་ནས་བཀའ་བསྒོས་བཞིན། །ཇི་ལྟར་ཁས་བླང་དམ་བཅས་ཇི་བཞིན་དུ། །དམ་རྫས་བརྒྱན་པའི་གཏོར་མ་འདི་བཞེས་ལ། །སྒྲུབ་པའི་རིག་འཛིན་རྣལ་འབྱོར་བདག་ཅག་གི །ཡིད་ལ་ཅི་བསམ་ལྷུན་གྱིས་གྲུབ་པ་དང་། །བཅོལ་བའི་ཕྲིན་ལས་ཡིད་བཞིན་འགྲུབ་པར་མཛོད། །ཅེས་བོད་སྐྱོང་བསྟན་མ་བཅུ་གཉིས་འདི་དུས་སྙིགས་མའི་སྐབས་འདིར་གསོལ་མཆོད་བྱས་ན་ལེགས་ཚའི་མཚན་ལྷུས་རེ་ཤར་བས་རྫོགས་སྤྲུལ་ལྔ་པ་ཐུབ་བསྟན་ཆོས་ཀྱི་རྡོ་རྗེས་ས་བོ་ཏ་ལའི་གླ་ཆོས་ར་ལ་བྲིས་པ་དགེའོ། །

༄༅། །བསྟན་སྲུང་ཆོས་སྐྱོང་རྣམས་ཀྱི་གསོལ་བསྐུལ་ཕྲིན་ལས་གཏེར་མཛོད་ཅེས་བྱ་བ་བཞུགས་སོ།།

རྟ་མགྲིན་ལྕགས་རལ་ཅན་གྱི་གསོལ་བསྐུལ་བཞུགས། ཧཱུྃ༔ སྟོང་པའི་ངང་ལས་སྐད་ཅིག་དྲན་རྫོགས་སུ། །མདུན་དུ་གྲུ་གསུམ་མཐིང་ནག་དཀྱིལ་འཁོར་དབུས། །པད་ཉི་དགྲ་བགེགས་བསྒྱེལ་བའི་གདན་སྟེང་དུ། །དབང་ཆེན་རྟ་མཆོག་པདྨ་ཧེ་རུ་ཀ །ཤིན་ཏུ་ཁྲོས་པ་ལྕགས་ཀྱི་རལ་བ་ཅན། །མཐིང་ནག་ཞལ་གཅིག་ཕྱག་གཉིས་སྤྱན་གསུམ་པ། །ཞལ་གདངས་ལྗགས་འདྲིལ་མཆེ་བ་རབ་ཏུ་གཙིགས། །ཕྱག་གཡས་རལ་གྲི་གཡོན་པས་ལྕགས་ཀྱུ་བསྣམས། །དར་ནག་བེར་གསོལ་སྟག་ལྤགས་ཤམ་ཐབས་ཅན། །སྤྱི་གཙུག་རྟ་མགོ་ལྗང་ཞུར་རྟ་སྐད་སྒྲོག །ཞབས་གཉིས་འདོར་སྟབས་མེ་དཔུང་ཀློང་ན་བཞུགས། །དྲེགས་པ་སྡེ་བརྒྱད་འཁོར་བཅས་གནས་འདིར་གཤེགས། །གཟུགས་སྒྲ་དྲི་རོ་རེག་བྱ་ཆོས་རྡོ་རྗེ། །སྨན་གཏོར་རཀྟ་ག་ཎའི་ལོངས་སྤྱོད་དང་། །ཕྱི་ནང་གསང་བའི་མཆོད་ཚོགས་བླ་ན་མེད། །དངོས་འབྱོར་ཡིད་སྤྲུལ་ནམ་མཁའི་ཁམས་ཀུན་ཁྱབ། །གུས་པས་བློ་ཡིས་བླངས་ཏེ་འབུལ་ལགས་ན། །ཕྲིན་ལས་རྣམ་བཞིའི་དངོས་གྲུབ་སྩོལ་བ་དང་། །ཁྱད་པར་ས་བདག་ཀླུ་ཡི་གནོད་པ་དང་། །བྱད་ཕུར་རྦོད་གཏོང་བཟློག་པའི་ཕྲིན་ལས་མཛོད། །རྫོགས་སྤྲུལ་ལྔ་པས་སོ། །

སྐུ་རབས་ལྔ་པ་ཐུབ་བསྟན་ཆོས་ཀྱི་རྡོ་རྗེའི་གསུང་ཚན།

༄༅། །རྒྱུད་མགོན་ལེགས་ལྡན་གསོལ་བསྡུས་བཞུགས།།

ཧཱུྃ་ཧྲཱིཿ སྔོན་ཚེ་དཔལ་ཆེན་ཆེ་མཆོག་ཧེ་རུ་ཀའི། །སྤྲུན་སྤར་སྤྱུང་མར་ཞལ་བཞེས་དམ་ཚིག་ཅན། །ལེགས་ལྡན་རྡོ་རྗེ་སྲིན་པོ་ཚོགས་ཀྱི་བདག །མཐིང་ནག་མི་སྲུན་གར་དགུའི་ཉམས་དང་ལྡན། །ཞལ་གཅིག་ཕྱག་གཉིས་སྤྱན་གསུམ་སྡང་མིག་བསྒྲད། །གྲི་གུག་ཐོད་ཁྲག་ཐུགས་ཀར་སྟེང་འོག་བསྣོལ། །གྲུ་མོ་གཡས་སུ་ཙནྡན་བེང་འཆང་བ། །དར་ནག་འཇོལ་བེར་སྤྲུལ་དང་ཐོད་ཕྲེང་བརྒྱན། །ཁྱུང་དང་སེང་སྟག་འཕར་དྲེད་སྤྲུལ་པ་སྤྲོ། །གཡོན་ནས་ཡུམ་ཆེན་གོ་ཌྷི་ཤ་རི་མ། །སྲོ་སྐྲ་སྤྲུལ་ཞགས་ཐོད་པ་ཁྲག་བཀང་བསྣམས། །ཤར་ཕྱོགས་ཁྲོ་བོའི་རྒྱལ་པོ་གིང་ཀ་ར། །ལྷོ་ཕྱོགས་ཡབ་གཅིག་གནོད་སྦྱིན་ཟངས་མདོག་ཅན། །ནུབ་ཕྱོགས་ཁྲབ་འཇུག་ཆེན་པོ་རཱ་ཧུ་ལ། །བྱང་ཕྱོགས་དཔལ་ལྡན་གཉན་གྱི་རེ་མ་ཏི། །སྤྲུལ་པ་ཡང་སྤྲུལ་བསམ་གྱིས་མི་ཁྱབ་པ། །སྐད་ཅིག་དབང་གིས་གནས་འདིར་གཤེགས་སུ་གསོལ། །སྤྱི་དང་ཁྱད་པར་མཐུན་པའི་དམ་རྫས་ནི། །ཤ་ལྔ་བདུད་རྩི་ཞུན་ཆེན་མར་མེ་དང་། །མཁྲིས་པའི་དྲི་ཆབ་ཤ་ཁྲག་རུས་པའི་ཟས། །ཞིང་ཆེན་གཡང་གཞི་མི་རྐང་གླིང་བུའི་སྒྲ། །གཡག་ནག་རྟ་ནག་བྱ་ནག་ཁྱི་ནག་ལུག །མདོར་ན་སྤྱི་དང་མཐུན་པའི་དམ་རྫས་ནི། །དངོས་སུ་བཤམས་དང་ཡིད་ལས་བྱུང་བ་ཡི། །ནམ་མཁའི་ཁམས་ཀུན་གང་བར་འབུལ་ལགས་ན། །དགྱེས་པར་བཞེས་ལ་དངོས་གྲུབ་སྩལ་དུ་གསོལ། །ཛོགས་སྤྲུལ་ལྔ་པས་སོ། །

༄༅། །རཏ་གླིང་མགོན་པོ་མ་ནིང་གསོལ་བསྐུལ་བཞུགས།།

ཧཱུྃ༔ རང་མདུན་པད་ཉི་དགྲ་བགེགས་བསྒྱོལ་བའི་སྟེང་། །དཔལ་མགོན་མ་ནིང་མཐིང་ནག་ཆར་སྤྲིན་མདོག །ཁྲོ་གཏུམ་ཞལ་གཅིག་ཕྱག་གཉིས་སྤྱན་གསུམ་པ། །ཕྱག་གཡས་རུ་མཚོན་གཡོན་པས་སྙིང་ཞགས་བསྣམས། །དར་ནག་ཐེར་གསོལ་སྙིང་སྤྲུལ་དོ་ཤལ་འཆང་། །ཙཎྜན་པིང་ཆེན་སྐེད་གཙུགས་ལྷ་དམག་འཁྱེད། །གཡས་སུ་སྲོག་བདུད་ནག་པོ་རྟ་ནག་ཞོན། །ཁ་ཊྭཾ་གྲི་གུག་ལྕགས་ཀྱི་སྦྲར་བུ་བསྣམས། །གཡོན་དུ་ཡུམ་ཆེན་ལྷ་མོ་དཔལ་འབར་མ། །སྐུ་མདོག་དམར་མོ་རལ་གྲི་ཐོད་ཁྲག་བསྣམས། །མི་ལྤགས་གོས་དང་སྟག་ཤམ་ཉི་ཟླས་བརྒྱན། །རིགས་པ་སྡེ་བརྒྱད་འཁོར་བཅས་གཤེགས་སུ་གསོལ། །དགྱེས་པར་བཞུགས་ལ་གུས་པས་ཕྱག་འཚལ་ལོ། །དངོས་འབྱོར་ཡིད་སྤྲུལ་སྤྱི་ཡི་མཆོད་པ་དང་། །ཁྱད་པར་ཁྱེད་དང་མཐུན་པའི་དམ་རྫས་ནི། །བཤོས་བུ་ནག་པོ་སྙིང་གི་རྒྱལ་མཚན་དང་། །དམ་ཉམས་དགྲ་བགེགས་བསྒྲལ་བའི་ཤ་ཁྲག་རུས། །སྨད་བྱུང་གཏོར་མ་སྨན་རཀ་བདུད་རྩིའི་མཆོ། །ཁྱི་ནག་དུང་དཀར་ཅན་ཤེས་གཡག་ལུག་ནག །སྤྱི་དང་ཁྱད་པར་ལྷག་པའི་དམ་རྫས་ནི། །དངོས་བཤམས་ཡིད་ཀྱིས་སྤྲུལ་ཏེ་འབུལ་ལགས་ན། །བཞེས་ནས་རྣལ་འབྱོར་བདག་ལ་དངོས་གྲུབ་སྩོལ། །རྫོགས་སྤྲུལ་ལྔ་པས་སོ། །

༄༅། །དཔལ་མགོན་ཚོགས་བདག་གསོལ་བསྡུས་བཞུགས།།

ཧཱུྃ༔ བསྐལ་བ་མེ་ལྟར་འབར་བའི་ཀློང་དཀྱིལ་ནས། །ཧཱུྃ་ཡིག་ལས་བྱུང་དཔལ་མགོན་ཚོགས་ཀྱི་བདག །ཆར་སྤྲིན་མདོག་འདྲ་ཞལ་གཅིག་སྤྱན་གསུམ་པ། །ཕྱག་གཉིས་ཙནྡན་པིང་དང་ཐོད་ཁྲག་བསྣམས། །མཐིང་ནག་པེར་གསོལ་དུར་ཁྲོད་ཆས་ཀྱིས་སྤྲས། །གཡོན་དུ་ཡུམ་ཆེན་ཡཀྴ་བྷེ་ཏ་ལི། །སྐུ་གསུང་ཐུགས་མགོན་ཕྱོགས་བཅུའི་མགོན་པོ་དང་། །སྡེ་བརྒྱད་དྲེགས་པའི་དམག་དཔུང་ཚོགས་དང་བཅས། །འདིར་གཤེགས་དགྱེས་པར་བཞུགས་ལ་ཕྱག་འཚལ་ལོ། །ཞིང་ཆེན་གཡང་གཞི་རཀྟ་དམར་གྱི་མཚོ། །དྲི་ཆེན་དྲི་ཆུ་བྱང་ཆུབ་སེམས་ཀྱི་རྒྱུན། །གཡབ་དར་ནག་པོ་སླིང་གི་རྒྱལ་མཚན་དང་། །མཁའ་ལྡིང་ཤེལ་སྒོང་གཡག་རོག་རྟ་ནག་གི །གྲི་སླིང་ཉ་ཤ་ལ་དུ་ལ་ཞུག་སོགས། །སྤྱི་དང་མཐུན་པའི་དམ་རྫས་བསམ་མི་ཁྱབ། །གུས་པས་བློ་ཡིས་བླངས་ཏེ་འབུལ་ལགས་ན། །རྣམ་བཞིའི་ཕྲིན་ལས་ཡིད་བཞིན་བདག་ལ་སྩོལ། །རྫོགས་སྤྲུལ་ལྔ་པས་སོ། །

༄༅། །ཞང་གཏེར་མགོན་པོ་ཕྱག་བཞིའི་གསོལ་བསྡུས་བཞུགས།།

ཧཱུྃ༔ དཔལ་ཆེན་ཁྲོ་རྒྱལ་ཆེ་མཆོག་ཧེ་རུ་ཀ །སླིང་རྗེ་ཆེན་པོའི་དབང་ཕྱུག་སྐུར་བཞེངས་པ། །དཔལ་ལྡན་ཡེ་ཤེས་མགོན་པོ་ཕྱག་བཞི་པ། །མཐིང་ནག་ལོག་འདྲེན་འདུལ་བའི་གཤེད་པོ་ཆེ། །ཕྱག་བཞི་གཡས་གཉིས་ཙིཏྟ་རལ་གྲི་ཕྱར། །གཡོན་གཉིས་ཐོད་པ་ཁ་ཊྭཱྃ་ཏྲི་གསུམ་བསྣམས། །པང་དུ་ཡུམ་ཆེན་ལྷ

མོ་ཙེ་ནི་ནག །ཞལ་གཅིག་ཕྱག་གཉིས་གྲི་གུག་ཐོད་ཁྲག་བསྣམས། །འཁྲིལ་
སྦྱོར་དུར་ཁྲོད་འབར་བའི་ཆས་ཀྱིས་སྤྲས། །གཡས་ཕྱོགས་ལས་ཀྱི་མགོན་པོ་བྱ་
རོག་གདོང་། །གཡོན་དུ་རུ་ལས་འབར་མ་བྱ་ཞོན་མ། །མདུན་དུ་བདུད་མགོན་
སེང་གེའི་གདོང་པ་ཅན། །རྒྱབ་ཏུ་གཟའ་བདུད་ཆེན་པོ་རཱ་ཧུ་ལ། །ཕྱོགས་
བཞིར་ཚངས་པ་གཤིན་རྗེ་བཙན་རྗེ་དང་། །གནོད་སྦྱིན་ལ་སོགས་སྤྲུལ་པ་ཡང་
སྤྲུལ་བཅས། །ཉི་མའི་ཟེར་གྱི་རྡུལ་ལྟར་འཁྲིགས་པར་གསལ། །དམ་ཡེ་
གཉིས་མེད་ངོ་བོར་བརྟན་པར་བཞུགས། །འདོད་ཡོན་ལྔ་དང་སྨན་རཀ་གཏོར་
གསུམ་དང་། །ཤེལ་སྒོང་ནག་པོ་བྱ་རོག་རྒྱལ་མཚན་དང་། །ག་ཆའི་ལོངས་
སྤྱོད་སྐར་ལྟར་བཀྲམ་ལགས་ན། །དགྱེས་པར་བཞེས་ལ་དངོས་གྲུབ་སྩོལ་དུ་
གསོལ། །རྫོགས་སྤྲུལ་ལྔ་པས་སོ། །

༄༅། །བདུད་མགོན་ཞིང་སྐྱོང་གསོལ་བསྐུལ་བཞུགས། །

ཧཱུྃ༔ ཨུ་ཙ་ལ་ཡི་དུར་ཁྲོད་ཆེན་པོ་ནས། །ཧཱུྃ་ལས་བདུད་མགོན་ཞིང་སྐྱོང་སེང་
གེའི་གདོང་། །ཞལ་གདངས་མཆེ་གཙིགས་སྤྱང་མིག་ཁྲག་ལྟར་གཡོ། །གཡུ་
རལ་བསིགས་པའི་གསེབ་ནས་སེང་ཆུང་འཕྲོ། །དར་ནག་བེར་གསོལ་དུར་ཁྲོད་
ཆས་ཀྱིས་སྤྲས། །མདུང་དང་དམར་གཏོར་འཛིན་ཅིང་རྟ་ནག་ཞོན། །ཡུམ་
ཆེན་བདུད་མོ་དམར་ནག་ཁྲག་རལ་ཅན། །ལས་བྱེད་རོ་ལངས་ཕོ་མོ་དགྲ་བོའི་
གཤེད། །བཀའ་སྡོད་རིགས་ཚོགས་འཁོར་བཅས་གཤེགས་སུ་གསོལ། །ཕྱེད་
ལ་དགྱེས་པའི་མཆོད་པ་འབུལ་བ་ནི། །འབྲོང་གཡག་ཞོལ་ཆེན་རྟ་ནག་ཁྱི་ནག

ལྕུག །སྐུ་དང་གླིགས་བམ་རྟ་མཆོན་ནག་པོ་དང་། །གོ་ཁྲབ་བེར་ནག་དུར་ཁྲོད་དྲག་པོའི་ཆས། །དོམ་ནག་ཅིཏྟ་སྲོག་གི་འཁོར་ལོ་སོགས། །ཕྱི་ནང་གསང་མཆོད་སྨན་རཀ་བ་ལིངྒ། །དགྲ་བགེགས་བསྒྲལ་བའི་ཤ་ཁྲག་རུས་པའི་ཟས། །མཆོད་སྤྲིན་ནམ་མཁའ་གང་བར་འབུལ་ལགས་ན། །དགྱེས་པར་བཞེས་ལ་ལས་བཞིའི་དངོས་གྲུབ་ཀུན། །ཐོགས་པ་མེད་པར་མྱུར་དུ་འགྲུབ་པར་མཛོད། །ཛོགས་སྤྲུལ་ལྔ་པས་སོ། །

༄༅། །སྔགས་སྲུང་མའི་གསོལ་བསྐུས་བཞུགས།།

ཧྲཱིཿ རང་མདུན་རཀྟའི་རྒྱ་མཚོའི་གློང་དཀྱིལ་དབུས། །ཀེང་རུས་འབུམ་ཕྲག་བརྩེགས་པའི་ཁྲི་སྟེང་ན། །པད་ཉི་དགྲ་བགེགས་ཕོ་མོ་བསྣོལ་བའི་སྟེང་། །མ་མོ་སྔགས་ཀྱི་སྲུང་མ་ནམ་མཁའི་མདོག །ཞལ་གཅིག་ཚེམས་གཅིག་སྤྱན་གཅིག་རལ་བ་གཅིག །ཕྱག་གཡས་ཅིཏྟ་གཡོན་པས་ཞིང་དབྱུག་ཕྱར། །ཐོད་སྐམ་དབུ་རྒྱན་ཐོད་རློན་དོ་ཤལ་འཕྱང་། །སྟག་ཤམ་ཞིང་དང་ལྷོ་སྤྲིན་གོ་ཟླ་གྱོན། །བདུན་འབུམ་འཁོར་གྱི་ཚོགས་དང་བཅས་པ་རྣམས། །འཁོར་བཅས་འདིར་གཤེགས་བརྟན་པར་བཞུགས་སུ་གསོལ། །འདོད་ཡོན་རྣམ་ལྔ་སྨན་དང་རཀྟའི་མཚོ། །ཏ་ན་ག་ཎའི་མཆོད་པ་བླ་ན་མེད། །ཁྱད་པར་སྐུ་གཟུགས་སྔགས་བྱང་རྟེ་གསུམ་མདུང་། །སྒྲ་ལྕུག་ཚིགས་གསུམ་པདྨ་རཀྟ་དང་། །བྱང་སེམས་ནལ་བུ་རྨ་བྱའི་རྒྱལ་མཚན་བསྒྲེངས། །ལེ་བརྒྱན་གུར་དང་དུར་ཁྲོད་དྲག་པོའི་ཆས། །དབང་པོ་རྣམ་ལྔ་དོན་སྙིང་ནང་རོལ་ཚོགས། །ཞིང་གི་གཡང་

གཞི་ཞུན་ཆེན་མར་མེ་དང་། །ཚིལ་ཆེན་དུད་པ་ཤ་ཁྲག་རུས་པའི་ཟས། །རབ་འབྱམས་ནམ་མཁའི་ཁམས་བཀང་འབུལ་ལགས་ན། །མཆོག་དང་ཐུན་མོང་དངོས་གྲུབ་སྩོལ་དུ་གསོལ། །ཛོགས་སྦྱོལ་ལྔ་པས་སོ། །

༄༅། །ཉི་གྲགས་ལྷ་མོ་སྲོགས་བདག་མའི་གསོལ་བསྐུལ་བཞུགས།།

ཧྲཱི། ཁྲག་ཞག་རྒྱ་མཚོ་འཁྲིལ་པའི་གློང་དཀྱིལ་ནས། །ཐོད་པའི་སྐུ་མཁར་མེ་ཀླུང་འཚུབས་མའི་དབུས། །དཔལ་ལྡན་ལྷ་མོ་ཆེན་མོ་སྲོགས་བདག་མ། །མཐིང་ནག་ཞལ་གཅིག་ཕྱག་གཉིས་སྤྱན་གསུམ་པ། །ཕྱག་གཡས་ཁ་ཊྭཾ་དར་ནག་གཡོན་ནད་རྐྱལ། །ཞིང་དང་སྟག་ཤམ་མི་རྩིབ་རེ་ལྡེ་གསོལ། །ཐོད་པ་སྐམ་རློན་སྦྲུལ་གྱི་དོ་ཤལ་འཕྱང་། །སྤྱི་གཙུག་རྨ་བྱ་ཟླ་བ་ཆོས་པས་བརྒྱན། །ལྷེ་བར་གསེར་གྱི་ཉི་མས་སྟོང་ཁམས་ཁྱབ། །སྨན་ཆ་སྦྲུལ་དང་དུང་གི་སེང་གེས་བརྒྱན། །རྒྱ་བོང་དམར་གྲུའི་སྟེང་ལ་ཕྱེད་སྐྱིལ་བཞུགས། །བ་ལམ་དྲིལ་སྦྲ་སྤྲག་སྨན་གཟེར་འདེབས་མ། །ཁྲི་སྨན་སི་ལི་རྡོ་རྗེ་ཕ་ལམ་མ། །དུང་གི་ཐོར་ཚུགས་ལྷེ་བ་ས་ཏྲ་དང་། །བྲེ་བ་དགུ་རིང་ལ་སོགས་དྲེགས་པའི་ཚོགས། །འཁོར་གྱི་ནག་མོ་ཆེན་མོ་འབུམ་དང་བཅས། །དམ་ཚིག་དབང་གིས་གནས་འདིར་གཤེགས་སུ་གསོལ། །ཕྱི་ཡི་མཆོད་པ་འདོད་ཡོན་རྣམ་པ་ལྔ། །ནང་གི་མཐུན་རྫས་དྲག་པོའི་མཆོད་པའི་སྤྲིན། །གསང་བའི་མཆོད་པ་སྨན་རཀྟ་ལིངྒ། །ཁྱད་པར་ཤ་ཁྲག་རུས་པ་གླུད་སྣ་འབུམ། །ག་བུར་གྲི་སླིང་མི་དབང་འབྲས་བུའི་ཤ །འཚུབས་ནག་ཀླུང་གིས་བསྐུས་པའི་རྫས་ཀྱིས་

མཆོད། །དེ་ལྟར་མཆོད་པ་ཕུལ་བའི་བྱིན་རླབས་ཀྱིས། །དཔལ་ལྡན་བླ་མའི་སྐུ་ཚེ་རབ་བརྟན་ཅིང་། །འདུས་པའི་སྡེ་རྒྱས་བཤད་སྒྲུབ་བསྟན་པ་འཕེལ། །མདོར་ན་བྱང་ཆུབ་བར་དུ་འཕང་མ་ཐོབ་པར། །ཅི་བསམ་དོན་རྣམས་ལྷུན་གྱིས་གྲུབ་པར་མཛོད། །རྫོགས་སྤྲུལ་ལྔ་པས་སོ། །

༄༅། །གཤོག་རྒོད་མའི་གསོལ་བསྡུས་བཞུགས། །

ཧྲཱིཿ འཇིགས་རུང་དུར་ཁྲོད་ཆེན་པོའི་གཞལ་ཡས་ནས། །དཔལ་ལྡན་ལྷ་མོ་རྡོ་རྗེ་གཤོག་རྒོད་རྩལ། །སྨུག་ནག་ཞལ་གཅིག་ཕྱག་གཉིས་སྤྱན་གསུམ་མ། །ཕྱག་གཡས་རལ་གྲི་གཡོན་པས་ཐོད་ཁྲག་འཛིན། །མཚན་དུ་དགོས་འདོད་ཀུན་འབྱུང་ནེའུ་ལེ་བཟུང་། །རྡོ་རྗེའི་གཤོག་པ་ལྡིང་ཞིང་མི་ལྤགས་དང་། །བ་སླང་ལྤགས་པ་རེ་ལྡེའི་སྨད་དཀྲིས་ཅན། །ཐོད་སྐམ་དབུ་རྒྱན་ཐོད་རློན་དོ་ཤལ་མཛེས། །སྤྲུལ་དང་རུས་པའི་ཕྲེང་བས་སྐུ་ལ་བརྒྱན། །སྤྱི་བོ་ཉི་མ་ལྟེ་བར་ཟླ་བ་ཤར། །རྫུ་འཕྲུལ་ཤུགས་ལྡན་དྲེལ་རྟ་རྐང་གསུམ་ཆིབས། །མ་མོ་འབུམ་སྡེའི་འཁོར་དང་བཅས་པ་རྣམས། །རྣལ་འབྱོར་བདག་ལ་བརྩེ་བས་འདིར་གཤེགས་ལ། །ཕྱི་ནང་གསང་བ་བླ་མེད་མཆོད་པའི་སྤྲིན། །རབ་འབྱམས་ནམ་མཁའི་ཁམས་བཀང་འབུལ་ལགས་ན། །དགྱེས་པར་བཞེས་ལ་ལས་བཞིའི་དངོས་གྲུབ་སྩོལ། །རྫོགས་སྤྲུལ་ལྔ་པས་སོ། །

༄༅། །སྲོག་སྒྲུབ་མའི་གསོལ་བསྡུས་བཞུགས།།

ཧཱུྃ། རང་མདུན་དུར་ཁྲོད་ཆེན་པོའི་གཞལ་ཡས་ཁང་། །མེ་རླུང་འཚུབས་མ་འབར་བའི་གློང་དཀྱིལ་དུ། །ཧཱུྃ་ལས་ཤན་པ་སྲོག་སྒྲུབ་ནག་མོ་ནི། །མཐིང་ནག་ཞལ་གཅིག་ཕྱག་གཉིས་སྤྱན་གསུམ་མ། །ཕྱག་གཡས་རྩ་གྲི་གཡོན་པས་གློ་སྙིང་ཟ། །མི་ལྤགས་གོས་དང་ཐོད་རུས་སྤྲུལ་གྱིས་བརྒྱན། །སྲིད་པའི་རླུང་ནག་འཚུབས་མ་ལ་ཞོན་པ། །གཙོ་མོའི་གཡས་ན་ཙེ་སྤྱང་གདོང་མོ་དང་། །གཡོན་ན་ཕག་གདོང་མདུན་དུ་འུག་གདོང་མ། །གསུམ་ཀ་ཐོ་ཉའི་གཟུགས་ཅན་མཚོན་ཆ་ཐོགས། །འཁོར་དུ་ཤ་ཟ་མ་མོ་འབུམ་སྡེའི་ཚོགས། །བསམ་གྱིས་མི་ཁྱབ་སྐྲ་རུ་ལམ་གྱིས་གསལ། །འདིར་གཤེགས་དགྱེས་བཞུགས་གུས་པས་ཕྱག་འཚལ་ལོ། །ཨ་མྲི་ཏ་དང་རཀྟ་དམར་གྱི་མཚོ། །ཟླ་ལིང་གཏོར་མ་སྦྱོར་སྒྲོལ་མཆོད་པའི་ཚོགས། །གུས་པའི་བློ་ཡིས་བླངས་ཏེ་འབུལ་ལགས་ན། །དགྱེས་པར་བཞེས་ལ་བཅོལ་བའི་ཕྲིན་ལས་མཛོད། །རྫོགས་སྤྲུལ་ལྔ་པས་སོ། ། །

༄༅། །བརྟན་མ་བཅུ་གཉིས་གསོལ་བསྡུས།།

ཀྲཱི། རང་མདུན་འཇའ་ཟེར་འཁྲིགས་པའི་གློང་དཀྱིལ་དུ། །བོད་ཁམས་སྐྱོང་བའི་མ་ཡམས་བརྟན་མའི་ཚོགས། །བདག་ཉིད་ཆེན་མོ་རྡོ་རྗེ་ཀུན་གྲགས་མ། །དཔལ་ལྡན་ལྷ་རི་རྡོ་རྗེ་གཡའ་མ་སྐྱོང་། །གངས་ཀྱི་ཡུམ་ཆེན་རྡོ་རྗེ་ཀུན་ཏུ

བཟང་། །འབྲོག་ཆེན་འཁོར་འདུལ་རྡོ་རྗེ་བགེགས་ཀྱི་གཙོ། །གངས་དཀར་ཤ་མེད་རྡོ་རྗེ་སྤྱན་གཅིག་མ། །ཁ་རག་ཁྱུང་བཙུན་རྡོ་རྗེ་དཔལ་གྱི་ཡུམ། །རྨ་རི་རབ་འབྱམས་རྡོ་རྗེ་དྲག་མོ་རྒྱལ། །གསེར་ཆེན་མཁའ་ལྡིང་རྡོ་རྗེ་ཀླུ་མོ་རྒྱལ། །གོང་བཙུན་དེ་མོ་རྡོ་རྗེ་བོད་ཁམས་སྐྱོང་། །བཙན་ལ་རོལ་བའི་རྡོ་རྗེ་སྨན་གཅིག་མ། །སྨན་བཙུན་ཨུག་ཆོས་རྡོ་རྗེ་གཡར་མོ་བསིལ། །གཡུ་ཡི་དྲིལ་བུ་རྡོ་རྗེ་ཟླ་ལེ་སྨན། །རང་རང་བྲན་དང་གཡོག་འཁོར་མང་པོའི་ཚོགས། །བརྩེ་བའི་རྩལ་གྱིས་གནས་འདིར་གཤེགས་སུ་གསོལ། །མཆོད་ཡོན་ཞབས་བསིལ་མེ་ཏོག་བདུག་སྤོས་དང་། །མར་མེ་དྲི་ཆབ་ཞལ་ཟས་རོལ་མོའི་སྒྲ། །ཤ་ཁྲག་རུས་གསུམ་དོན་སྙིང་ནང་རོལ་ཚོགས། །སྨན་རཀ་གཏོར་མ་གསེར་སྐྱེམས་ཛ་ཆང་ཕུད། །གཟུགས་སྒྲ་དྲི་རོ་བཀྲ་ཤིས་རྫས་རྟགས་བརྒྱད། །དང་བའི་བློ་ཡིས་འབུལ་ལོ་དགྱེས་པར་བཞེས། །རྣམ་བཞིའི་ཕྲིན་ལས་ཡིད་བཞིན་འགྲུབ་པར་མཛོད། །རྫོགས་སྤྲུལ་ལྔ་པས་སོ། །

༄༅། །སྙིང་ཐིག་ཚེ་རིང་མའི་གསོལ་བསྡུས་བཞུགས།།

ཧྲཱི། ཡིད་འོང་སྨན་ལྗོངས་ནེའུ་སེང་ལྗོན་པའི་ཚལ། །འཁོར་ཡུག་གངས་ཀྱི་རི་བོས་བསྐོར་བའི་གནས། །རིན་ཆེན་གཡུ་ཡི་ཁང་བཟང་མཛེས་པ་ལ། །ཞལ་གྱི་ཐེམ་སྐས་བྲུ་རུའི་ཁ་བད་ཅན། །རིན་ཆེན་སྣ་ཚོགས་བརྡལ་བའི་ཁྲི་སྟེང་དུ། །སྨན་བཙུན་ཆེན་མོ་བཀྲ་ཤིས་ཚེ་རིང་མ། །དཀར་དམར་མདངས་ལྡན་ཞལ་གཅིག་ཕྱག་གཉིས་པ། །ཕྱག་ན་ནོར་བུ་མདའ་དར་དུང་ཤ་ཅན། །སྲིད་

གསུམ་གསལ་བའི་དངུལ་དཀར་མེ་ལོང་བསྣམས། །དར་དཀར་ན་བཟའ་རྨ་བྱའི་སྒྲོ་ཐུལ་ཅན། །རིན་ཆེན་པྲོག་ཞུ་དར་གྱི་ཅོད་པཎ་འཕུར། །མཛེས་སྡུག་འཕྲིལ་ཆགས་མཉམ་པའི་སྟབས་ཀྱིས་བཞེངས། །མཐིང་གི་ཞལ་བཟང་མི་གཡོ་གླང་བཟང་མ། །ཅོད་པཎ་མགྲིན་བཟང་གཏལ་དཀར་འགྲོ་བཟང་བཅས། །མཐའ་སྐོར་སྤྲུལ་པ་ཡང་སྤྲུལ་ཉིང་སྤྲུལ་དང་། །རང་རང་བྲན་སྡེ་འཁོར་བཅས་གཤེགས་སུ་གསོལ། །ཉེར་སྤྱོད་འདོད་ཡོན་བཟའ་བཅའ་བཏུང་བའི་ཚོགས། །སྣན་གཏོར་རཀྟ་ཕྱེ་མར་སྤོས་ཀྱི་རིགས། །སྐྱེད་ཚལ་ཟས་གོས་དཀོར་ཆ་ལོངས་སྤྱོད་དང་། །ཤ་ཆང་མ་རྐེ་དྲིལ་དང་འདོད་འཇོའི་བ། །ཅང་ཤེས་རྟ་དང་འབྲོང་གཡག་སྤོས་ཀྱི་གླང་། །རྨ་བྱ་ལྕུང་ཀ་དར་གྱི་ལྡ་ལྡི་སོགས། །ཐུན་མོང་ཁྱད་པར་རྨད་བྱུང་མཆོད་པའི་སྤྲིན། །རྣམ་མང་ཞིང་རྡུལ་གྲངས་སྙེད་ཕུལ་བའི་མཐུས། །ཕྱི་ནང་གསང་བའི་བར་ཆད་ཞི་བ་དང་། །བདེ་ལེགས་འབྲས་བུ་རྒྱས་པའི་ཕྲིན་ལས་མཛོད། །རྗོགས་སྤྲུལ་ལྔ་པས་སོ། །

༄༅། །རྡོ་རྗེ་གཡུ་སྒྲོན་མའི་གསོལ་བསྐུས་བཞུགས།།

ཀྱཻ། མདུན་དུ་གངས་རི་སྐྱེད་ཚལ་རྒྱས་པའི་དབུས། །རིན་ཆེན་ཁང་བཟང་རཏྣའི་ཁྲི་སྟེང་དུ། །རྒྱལ་བའི་ཡུམ་ཆེན་རྡོ་རྗེ་གཡུ་སྒྲོན་མ། །སྔོན་ལྷ་གསར་བའི་ལང་ཚོའི་དཔལ་སྟེར་ཅན། །ཕྱག་གཡས་ནོར་བུ་དངུལ་དཀར་མེ་ལོང་འཛིན། །དར་དཀར་ན་བཟའ་རིན་ཆེན་སྣ་ཚོགས་བརྒྱན། །ཞབས་གཉིས་མཉམ་པའི་སྟབས་ཀྱིས་མཛེས་པར་བཞེངས། །ཕྱོགས་བཞིར་མཆེད་བཞི་གཙོ་མོ་

ཉིད་དང་མཚུངས། །ཀུན་ཀྱང་བཅུ་དྲུག་གཞོན་ནུའི་ན་ཚོད་ཅན། །སྣེག་ཅིང་མཛེས་འཛུམ་དགྱེས་པའི་ཚུལ་དུ་བཞུགས། །མཆོད་པའི་གནས་འདིར་སྤྱན་འདྲེན་གཤེགས་སུ་གསོལ། །འདོད་ཡོན་རྣམ་ལྔ་བཀྲ་ཤིས་རྫས་རྟགས་བརྒྱད། །རྒྱལ་སྲིད་བདུན་དང་རྡོ་རྗེའི་ལྷ་མོའི་ཚོགས། །སྨན་དང་རཀྟ་བ་ལིང་གཏོར་མའི་ཚོགས། །ཕྱི་ནང་གསང་བའི་མཆོད་པ་བླ་ན་མེད། །ནམ་མཁའ་མཛོད་ཀྱི་འཁོར་ལོར་འབུལ་ལགས་ན། །དགྱེས་པར་བཞེས་ལ་ཕྲིན་ལས་འགྲུབ་པར་མཛོད། །ཛོགས་སྨྲུལ་ལྔ་པས་སོ། །

༄༅། །སྨིན་གླིང་ལྷ་ཆེན་གསོལ་བསྡུས་བཞུགས།།

ཧྲཱིཿ མདུན་དུ་པདྨ་རཱ་གའི་ཁང་བཟང་དབུས། །ཆུ་སྐྱེས་དམར་སེར་ཉི་མའི་གདན་གྱི་སྟེང་། །ལྷ་ཆེན་དབང་ཕྱུག་མ་ཧཱ་དེ་ཝ་ནི། །སྐུ་མདོག་པདྨ་རཱ་གའི་མདངས་ལྡན་པ། །ཆགས་པའི་ཉམས་ལྡན་སྣེག་ཅིང་ཁྲོ་འཛུམ་ཅན། །ཞལ་གཅིག་ཕྱག་གཉིས་ཉི་ཟླའི་སྤྱན་གསུམ་བསྒྲད། །ཕྱག་གཡས་ལྕགས་ཀྱུ་གཡོན་པས་ཞགས་པ་བསྣམས། །ཞབས་གཉིས་གཡས་བརྐྱང་གཡོན་བསྐུམ་དོར་སྟབས་ཅན། །དབུ་སྐྲ་ཐོར་ཚུགས་ཟླ་ཤུད་ཟླ་བས་མཚན། །གཅེར་བུ་བདེ་བ་རྒྱས་པའི་ལིང་ག་བསྒྲེངས། །སྣ་ཚོགས་དར་གྱི་སྟོད་གཡོག་རིན་ཆེན་བརྒྱན། །རབ་མཛེས་ཨུཏྤལ་དམར་པོའི་དོ་ཤལ་ཅན། །དབང་ཕྱུག་ཆེན་པོའི་སྐུ་ཡི་གཡོན་ཟུར་ན། །གསང་བའི་ཡུམ་ཆེན་ལྷ་མོ་དཀར་བཟློག་མ། །དམར་མོ་མཛེས་འཛུམ་གཞོན་ནུའི་ལང་ཚོ་ཅན། །གཅེར་མོ་སྐྲ་དཀྲོལ་ལྕགས་ཀྱུ་ཞགས

པ་བསྣམས། །སྣ་ཚོགས་དར་དང་མེ་ཏོག་དམར་པོས་བརྒྱན། །བཞེངས་སྟབས་ཡབ་ལ་འདུད་ཅིང་ཆགས་པའི་ཚུལ། །ཕྱོགས་བཞིར་གནས་པའི་གསང་བའི་ཌཱ་ཀི་བཞི། །འགུགས་དང་འཆིང་དང་སྡོམས་དང་མྱོས་བྱེད་ཚོགས། །བཞི་ཀ་མདོག་དམར་ཞལ་གཅིག་ཕྱག་གཉིས་མ། །ཕྱག་གཡས་ལྕགས་ཀྱུ་གཡོན་པས་ཞགས་པ་བསྣམས། །རབ་མཛེས་བཅུ་དྲུག་ལང་ཚོའི་དཔལ་སྟེར་ཅན། །སྲིད་པ་གསུམ་གྱི་འཁོར་ཚོགས་སྤྲིན་ལྟར་གཏིབས། །སྤྱན་འདྲེན་མཆོད་པའི་གནས་འདིར་གཤེགས་སུ་གསོལ། །ཕྱི་ནང་གསང་བའི་མཆོད་པ་བླ་ན་མེད། །ཁྱད་པར་མེ་ཏོག་ཕྲེང་བ་རིན་ཆེན་དབྱིག །འབྲུ་ལྔའི་ཕྱེ་མར་མྱོས་བྱེད་མངར་གསུམ་གྱི། །དྲི་ཞིམ་སྨན་གྱིས་བཏབ་པའི་དཔལ་གྱི་བཞོས། །ལ་དུ་རང་བྱུང་མེ་ཏོག་ཏིལ་མར་སྒྲོན། །དཀར་གསུམ་མངར་གསུམ་ཤ་ཆེན་ཁུར་བ་དང་། །འབྲས་ཆང་རྒྱུན་ཆང་ཙཎྜན་དམར་པོའི་ཆབ། །བྱང་སེམས་དཀར་དམར་བཙོས་དང་རྗེན་ཤ་སོགས། །རྣམ་མང་སྣ་ཚོགས་མཆོད་པའི་སྤྲིན་ཕུང་འདི། །ཕུལ་བས་བདག་ཅག་ནད་མེད་ལང་ཚོ་ལྡན། །ཚེ་དཔལ་རྒྱས་ཤིང་ཁམས་གསུམ་དབང་དུ་བསྡུས། །མ་རུང་དགྲ་ལས་རྣམ་པར་རྒྱལ་གྱུར་ཏེ། །དངོས་གྲུབ་མ་ལུས་ཡིད་བཞིན་སྩོལ་དུ་གསོལ། །ཛོགས་སྦྲུལ་ལྔ་པས་སོ། །

༄༅། །རཏྣ་གླིང་གཟའི་གསོལ་བསྐུལ་བཞུགས། །

ཧཱུྃ། བདག་ཉིད་རྡོ་རྗེ་གཏུམ་པོ་གསལ་བའི་མདུན། །ཁྲག་ཞག་རྒྱ་མཚོ་འཁྱིལ་པའི་གླིང་དཀྱིལ་དབུས། །གཟའ་བདུད་དུད་ཁ་དབུ་དགུ་བྱ་རོག་གདོང་། །ཕྱག་བཞི་རལ་གྲི་མདའ་གཞུ་ཆུ་སྲིན་ཞགས། །སྤྱན་སྟོང་ལྡན་ཞིང་སྐུ་སྨད་སྦྲུལ་དུ་འཁྱིལ། །ཞིང་ཆེན་སྟོད་གཡོགས་སྟག་ལྤགས་ཤམ་ཐབས་དཀྲིས། །ཐོད་སྐམ་དབུ་རྒྱན་ཐོད་རློན་དོ་ཤལ་འཕྱང་། །སྦྲུལ་རྒྱན་ལྔ་སོགས་འབར་བའི་ཆས་ཀྱིས་སྤྲས། །གཡས་སུ་ཡབ་གཅིག་རཀྵ་ཛྭ་ལ་དང་། །གཡོན་དུ་ཡུམ་ཆེན་རྡོ་རྗེ་གློག་འགྱུ་མ། །ཕྱོགས་མཚམས་བརྒྱད་དུ་ལྷང་སྟོན་ཆེན་པོ་དང་། །དྲང་སྲོང་བདུད་པོ་རོག་ཧེ་བི་ཥྚི་པ། །པི་ན་ཀླ་ཛ་དུ་བ་མཇུག་རིང་དང་། །ཁྱབ་འཇུག་ཆེན་པོ་མི་བཟད་སྒྲ་གཅན་འཛིན། །སྡུག་སྲིན་ཟེར་གདོང་བམ་སྲིན་དྲེད་ཀྱི་གདོང་། །གོང་སྲིན་སླང་གདོང་འབྲོག་སྲིན་ཆུ་སྲིན་གདོང་། །གཞན་ཡང་ཕྱི་རོལ་དཔལ་མགོན་བདུན་ཅུ་སོགས། །སྤྲུལ་པ་ཡང་སྤྲུལ་བསམ་གྱིས་མི་ཁྱབ་པ། །དུར་ཁྲོད་རོལ་བའི་གནས་འདིར་གཤེགས་སུ་གསོལ། །ཁྱེད་ལ་དགྱེས་པའི་མཆོད་པ་འབུལ་བ་ནི། །ཕྱི་ནང་མཆོད་རྫས་ནམ་མཁའི་སྐར་ལྟར་བཀྲ། །ཁྱད་པར་ཤ་རུལ་ཁྲག་དང་ཉ་རུལ་དང་། །བཙོས་དང་རྗེན་ཤ་ར་མཆིན་ཁྲག་སྣ་སྟོང་། །ཤ་སྣ་སྟོང་དང་སྙིང་སྣ་སྟོང་གིས་མཆོད། །དཀར་གསུམ་མངར་གསུམ་ཀླུ་སྨན་ག་བུར་སྦྱོས། །ལ་སྨན་རྩི་སྨན་འབྲུ་སྣ་སྨན་སྣ་སྟོང་། །སྡུག་དོམ་བ་ལང་ཉ་སྙིང་ལ་སོགས་པ། །བཞེས་ནས་ཕྱི་ནང་བར་ཆད་ཟློག་པ་དང་། །མཐུ་སྟོབས་དྲག་པོའི་དངོས་གྲུབ་སྩོལ་དུ་གསོལ། །རྫོགས་སྤྲུལ་ལྔ་པས་སོ། །

༄༅། །རཏྣའི་དམ་ཅན་སེང་ཞོན་གསོལ་བསྡུས་བཞུགས།།

ཧྲཱི། མདུན་དུ་རཏྣའི་རྒྱ་མཚོ་འཁྲུགས་པའི་དབུས། །རབ་མཛེས་ཕ་ཤང་ཡོང་བུའི་སྐུ་མཁར་དབུས། །སྐྱེས་མཆོག་ཆེན་པོ་དམ་ཅན་རྡོ་རྗེ་ལེགས། །སྐུ་མདོག་དམར་ནག་ཤིན་ཏུ་ཁྲོས་པའི་སྐུ། །ཞལ་གཅིག་ཕྱག་གཉིས་སྤྱན་གསུམ་མཆེ་བ་གཙིགས། །ཕྱག་གཡས་རྡོ་རྗེ་རྩེ་དགུས་དགྲ་སྙིང་གཟིར། །གཡོན་པས་དམ་ཉམས་དགྲ་བོའི་ཙིཏྟ་བསྣམས། །དབང་གི་མདོག་ཅན་ལྷབ་ལྷུབ་བེར་ཆེན་གསོལ། །དབུ་སྐྲ་སྨ་ར་དམར་སེར་སྤུག་ཞུ་ཅན། །སྟོབས་ལྡན་གདངས་ཀྱི་སེང་གེ་དཀར་མོ་ཆིབས། །འཁོར་དུ་སྤྲུལ་པའི་གིང་ཆེན་སྡེ་བཞི་དང་། །ཐུགས་ཀྱི་དགྱེས་སྡེ་ཡུམ་ཆེན་བཅུ་གཉིས་སོགས། །མཆེད་ལྔ་དགེ་བསྙེན་སུམ་བརྒྱ་དྲུག་ཅུ་དང་། །གཞན་ཡང་འཁོར་དུ་གཏོགས་པའི་ལྷ་སྲིན་སོགས། །ནམ་མཁའི་ཁྲོན་ཀུན་གང་བར་བསམ་མི་ཁྱབ། །སྐད་ཅིག་ཙམ་གྱིས་འདིར་གཤེགས་གདན་ལ་བཞུགས། །དང་བའི་ཡིད་ཀྱི་ངང་ནས་ཕྱག་འཚལ་ལོ། །རབ་འབྱམས་ཞིང་གི་མཆོད་པའི་སྤྲིན་ཕུང་ནི། །དངོས་སུ་འབྱོར་དང་ཡིད་ཀྱིས་རྣམ་སྤྲུལ་ཏེ། །ཁྱད་པར་ར་ཤ་ཁྲག་དང་ར་གསུར་སྤོས། །སྨན་རཀ་གཏོར་མ་སྣག་རས་གཟིག་རས་དང་། །སྨྱུག་རྒོད་ཁྲབ་བྱུང་ཛ་ཁྲ་རིན་ཆེན་ལྔ། །ར་ཡི་དབང་པོ་རྣམ་ལྔ་ནང་རོལ་དང་། །མཚམས་སྦྱིན་མདངས་འཛིན་ར་སྐྱེས་ལ་སོགས་པ། །སྤྱི་དང་བྱེ་བྲག་མཆོད་པའི་སྤྲིན་ཕུང་ནི། །མ་ཚང་མེད་པ་གུས་པས་འབུལ་ལགས་ན། །དགྱེས་པར་བཞེས་ལ་ཉམས་ཆགས་བསྐང་བ་དང་། །བདག་ཅག་བསམ་དོན་ལྷུན་གྱིས་འགྲུབ་པར་མཛོད། །རྫོགས་སྤྱོད་ལྔ་པས་སོ། །

༄༅། །ཉི་གྲགས་དམ་ཅན་ར་ཞོན་གསོལ་བསྐུས་བཞུགས།།

ཧཱུྃ། རང་མདུན་ཐོད་མཁར་མེ་རླུང་འཚུབས་མའི་གླིང་། །དགྲ་བགེགས་ཉི་ཟླ་པདྨའི་གདན་སྟེང་དུ། །ཧྲིཿ ལས་སྐྱེས་མཆོག་རྡོ་རྗེ་དགྲ་འདོམས་རྩལ། །སྐུ་མདོག་སྨུག་ནག་མི་བཟད་ཁྲོས་པའི་སྐུ། །ཞལ་གཅིག་ཕྱག་གཉིས་སྤྱན་གསུམ་མཆེ་བ་གཙིགས། །སྨ་ར་སྨིན་མ་དམར་སེར་མེ་འོད་འཕྲིགས། །རྡོ་རྗེ་མདུང་དར་མགར་གྱི་སྦྲུད་པ་བསྣམས། །སྨུག་པེ་ར་ཟ་འོག་སྟོ་བཀྲའི་པེ་ར་ཕྱུམ་ཅན། །སྟག་རལ་གཟིག་ཤུབས་འཁོར་གསུམ་སྐེད་ལ་སྦྲུས། །དབུ་སྐྲ་དམར་སེར་སྤྱག་ཞུ་སྨུག་པོ་གསོལ། །ཞབས་གཉིས་སྤྱག་ལྷམ་གསོལ་ཞིང་ར་སྐྱེས་ཞོན། །དམར་ནག་མེ་དཔུང་འབར་བའི་གློང་ན་བཞུགས། །དྲེགས་པ་སྡེ་བརྒྱད་འཁོར་དང་བཅས་པ་རྣམས། །ཐུགས་རྗེའི་དབང་གིས་གནས་འདིར་གཤེགས་སུ་གསོལ། །རྨད་བྱུང་དྲག་པོའི་མཆོད་པ་བསམ་མི་ཁྱབ། །ཀྲྀཥྞའི་སྣོད་དུ་དཔལ་གྱི་བཤོས་བུ་ལ། །དགྲ་བོའི་ཙིཏྟ་ཞིང་གི་རྒྱལ་མཚན་བརྩུགས། །ཛ་གད་རྒྱ་ཛའི་བཏུང་བ་མེ་རེ་རེ། །བསད་པའི་ཤ་ཁྲག་གོ་རོ་ཅན་དང་། །གཉིས་མེད་མཉམ་པར་སྦྱོར་བའི་དཀར་དམར་བཅུད། །ང་བདག་གཟུང་འཛིན་བསྲལ་བའི་རཀྟ་དང་། །འཆི་མེད་བདུད་རྩི་པཉྩ་ཨ་མྲི་ཏ། །མཚལ་བུ་རྟིང་དཀར་ར་སྐྱེས་ཤལ་སྔོང་ནག །ཞོལ་གཡག་འབྲི་དང་འདབ་ཆགས་མིག་སྨན་མདོག །བྱ་རོག་རྒྱལ་མཚན་སྨྱུག་ཐོད་ལོ་རྒྱས་སོགས། །སྲི་དང་ཁྱད་པར་དངོས་འབྱོར་ཡིད་ལས་བྱུང་། །ཀུན་བཟང་མཆོད་པའི་སྤྲིན་ལྟར་འབུལ་ལགས་ན། །སངས་རྒྱས་བསྟན་སྲུང་གཙུག་ལག་ཆོས་

འཁོར་སྐྱོངས། །རྣལ་འབྱོར་བདག་ལ་ཉིན་མཚན་དུས་དྲུག་ཏུ། །སྲུང་སྐྱོབས་སྐྱོང་གྲོགས་ཕྲིན་ལས་མ་གཡེལ་ཞིག །རྫོགས་སྤྲུལ་ལྔ་པས་སོ། །

༄༅། །ཉི་གྲགས་ལྷ་བཙན་གསོལ་བསྐུས་བཞུགས།།

ཧཱུྃ། རང་ཉིད་ལྷར་གསལ་མདུན་དུ་སྐད་ཅིག་གིས། །ལྷ་བཙན་ཆེན་པོ་རྡོ་བོ་རྡོ་རྗེ་འབར། །སྐུ་མདོག་དཀར་དམར་ཞལ་གཅིག་ཕྱག་གཉིས་པ། །ཁྲོ་འཛུམ་སྤྱན་གསུམ་བསྒྲད་ཅིང་ཨམ་གཙིགས་བསྡུམས། །དབུ་ལ་དར་དཀར་ལ་ཐོད་རྒོད་འཕྲུ་ཅན། །ཕྱག་གཡས་མདུང་དར་གཡོན་པས་སྤར་བུ་བསྣམས། །པེར་དཀར་གསོལ་ཞིང་འཁོར་གསུམ་གསེར་སྐྱེད་སྤྲུས། །ཆིབས་སུ་གློག་དམར་རྟལ་ལྡན་ཅང་ཤེས་ཆིབས། །མི་དམར་བྱ་དམར་ཁྱི་དམར་ཕོ་ཉར་འཁྱེད། །བཙན་རྒོད་མཆེད་བདུན་སྤྲུལ་དང་ཡང་སྤྲུལ་བཅས། །འཁོར་བཅས་སྤྱན་འདྲེན་གནས་འདིར་བཞུགས་སུ་གསོལ། །མེ་ཏོག་སྤོས་དང་མར་མེ་དྲི་ཆབ་བཤོས། །སྒྲ་སྙན་རོལ་མོ་གཟུགས་སྒྲ་དྲི་རོ་རེག །ཤ་ཁྲག་དམར་གྱི་གཏོར་མ་རི་ལྟར་སྤུངས། །སྨན་རཀ་ཇ་གད་བཏུང་བ་རྒྱ་མཚོར་བསྐྱིལ། །ག་ཆ་ཅོ་ཀྲའི་ལོངས་སྤྱོད་སྤྲིན་ལྟར་གཏིབས། །གཞན་ཡང་ཕྱི་ནང་མཆོད་པའི་བྱེ་བྲག་ཚོགས། །རྣམ་དག་མཆོད་པའི་སྤྲིན་ཕུང་བསམ་ཡས་པ། །དད་པའི་བློ་ཡིས་འབུལ་ལོ་དགྱེས་བཞེས་ལ། །བར་ཆད་ཀུན་སོལ་བསམ་དོན་ལྷུན་གྲུབ་མཛོད། །རྫོགས་སྤྲུལ་ལྔ་པས་སོ། །

༄༅། །མ་ཧེའི་སེང་དམར་བཀའ་སྲུང་དམ་ཅན་ནོར་སྐྱབ་གསོལ་བསྐུལ་བཞུགས།།

ཀྱཻ། མདུན་དུ་རིན་པོ་ཆེ་ཡི་གཞལ་ཡས་ཁང་། །སྣ་ཚོགས་འཇའ་ཟེར་འོད་ཕུང་འཁྲིགས་པའི་དབུས། །དམ་ཅན་ནོར་བདག་དགེ་བསྙེན་ཆེན་པོ་ནི། །སྐུ་མདོག་དཀར་དམར་ཞལ་གཅིག་ཕྱག་གཉིས་པ། །ཕྱག་གཡས་ལྕགས་ཀྱུ་ཡིད་བཞིན་ནོར་བུ་བསྣམས། །གཡོན་པས་འཕྲུལ་གྱི་ལྡེའུ་མིག་ནེའུ་ལེ། །སྐུ་ལ་བེར་དཀར་མེ་ཏྲི་དམར་པོ་གསོལ། །གསེར་སྙེད་རིན་པོ་ཆེ་ཡི་སྐུ་རགས་བཅིངས། །དབུ་ལ་སྟག་ཞུ་དར་དམར་ཅོད་པཎ་འཕྱུར། །ཞབས་ལ་སྦག་ཧྲིའི་ལྷམ་ཆེན་འཇའ་རིས་འཁྱིལ། །པང་དུ་ཡུམ་ཆེན་གོང་བཙུན་སྨན་གཅིག་ནི། །དམར་མོ་མཛེས་འཛུམ་ཞལ་གཅིག་ཕྱག་གཉིས་མ། །མེ་ལོང་མདའ་དར་བསྣམས་ནས་ཡབ་ལ་འཁྱུད། །སྐུ་ལ་དར་དཀར་གསེར་གྱི་ཐིག་ལེ་ཅན། །དབུ་ཞྭ་གཡུ་ཐོད་མུ་ཏིག་རྒྱན་ཅན་མནབས། །གཉིས་ཀ་སེང་ཆེན་ཁྲི་ལ་བདེ་བར་རོལ། །སྣ་གོང་རིན་པོ་ཆེ་ཡི་སྟག་སྒྲོ་བཀལ། །འཁོར་དུ་ནོར་བདག་ཛམ་ལྷ་མཆེད་བརྒྱད་དང་། །དགེ་བསྙེན་ཉེར་གཅིག་བརྟན་མ་བཅུ་གཉིས་སོགས། །མཆེད་འཁོར་སུམ་བརྒྱ་དྲུག་ཅུའི་ཚོགས་དང་བཅས། །བརྩེ་བའི་ཐུགས་རྗེས་གནས་འདིར་གཤེགས་སུ་གསོལ། །མཁར་ཐབས་བཞོས་བུ་ར་ཡི་དབང་པོ་ལྔ། །མདའ་དར་མེ་ལོང་རིན་ཆེན་རྣམ་པ་ལྔ། །ཤེལ་ལྕུག་རིན་ཆེན་ར་སྐྱེས་རྟ་མཆོག་སྔང་། །ཕོ་ཆས་མོ་ཆས་རྒྱན་གྱི་བྱེ་བྲག་དང་། །སྨན་གྱི་ལྷ་མོ་བརྒྱད་ལ་སོགས་པ་ཡིས། །མཆོད་པའི་བྱེ་བྲག་ནམ་མཁའི་མཐའ་ཀླས་

པ། །ཕུལ་བས་གང་བཙོལ་ལས་རྣམས་སྒྲུབ་པ་དང་། །ཁྱད་པར་རྣམ་མང་ནོར་གྱི་དངོས་གྲུབ་སྩོལ། །རྫོགས་སྤྲུལ་ལྔ་པས་སོ། །

༄༅། །རཀྟ་གླིང་ཞན་དམར་གསོལ་བསྡུས་བཞུགས། །

ཨོཾ། རང་མདུན་རཀྟའི་རྒྱ་མཚོ་འཁྲུགས་པའི་ཀློང་། །ཟངས་ཀྱི་སྐུ་མཁར་འོད་ཟེར་འཁྲོ་བའི་དབུས། །རིན་ཆེན་བཻ་ཌཱུརྱ་ཡི་བྲག་རི་དང་། །པད་ཉི་དགྲ་བགེགས་གདན་ལ་ཁྱུང་དམར་སྟེང་། །གནོད་སྦྱིན་ཞན་དམར་ཞལ་གཅིག་ཕྱག་བཞི་པ། །གཡས་ཀྱི་ཕྱག་གཉིས་རལ་གྲི་གྲི་གུག་དང་། །གཡོན་གཉིས་ཐོད་པ་དམ་ཉམས་སྙིང་ཞགས་འཛིན། །དར་དམར་བེར་དང་དུར་ཁྲོད་ཆས་ཀྱིས་སྤྲས། །མེ་རླུང་དམར་ནག་འཚུབས་མའི་ཀློང་ན་བཞུགས། །ཕྱི་ལྷར་ལྷ་སྲིན་སྡེ་བརྒྱད་ཡོངས་ཀྱི་གཙོ། །ནང་ལྷར་རྒྱལ་ཆེན་རྣམ་སྲས་མདུང་དམར་ཅན། །གསང་བ་གཟའ་རྒོད་དྲག་པོ་མིག་དམར་གྲགས། །བཀའ་འཁོར་སྐྱོང་བའི་རིགས་པ་སྡེ་བརྒྱད་ནི། །རྒྱལ་པོ་སྟག་གི་མགོ་ཅན་དཀར་པོ་དང་། །སྲིན་མོ་ནེ་ཙོའི་མགོ་ཅན་དུད་ཁའི་མདོག །གཤིན་རྗེ་གཟིག་གི་མགོ་ཅན་པད་རག་མདོག །མ་མོ་རྨ་བྱའི་མགོ་ཅན་ལྗང་ནག་མདོག །བཙན་རྒོད་དོམ་གྱི་མགོ་ཅན་བཻ་ཌཱུར་མདོག །གཟའ་བདུད་ཤང་ཤང་མགོ་ཅན་དུད་ཁའི་མདོག །བདུད་པོ་འབྲུག་གི་མགོ་ཅན་མིག་སྨན་མདོག །ཀླུ་བདུད་ཉ་ཡི་མགོ་ཅན་ནམ་མཁའི་མདོག །ཀུན་ཀྱང་རང་མདོག་མཚུངས་པའི་རྟ་ལ་ཞོན། །གཡས་པས་དར་མདུང་གཡོན་པས་སྙིང་ཞགས་འཛིན། །སྣ་ཚོགས་བེར་དང་སྟག་རལ་གཟིག

ཤུབས་འཆང་། །སྣེ་བརྒྱད་དྲེགས་པའི་དམག་དཔུང་ཚོགས་ཀྱིས་བསྐོར། །མཆོད་པའི་གནས་འདིར་སྤྱན་འདྲེན་གཤེགས་སུ་གསོལ། །དང་བའི་ཡིད་ཀྱིས་གུས་པས་ཕྱག་འཚལ་ལོ། །ཉམས་པའི་ཤ་ཆེན་རཀྟ་བཤོས་བུ་དམར། །ཤ་སྣ་ཁྲག་སྣ་སྨན་སྣ་ཚུ་སྣ་འབུམ། །ཀླཀྐ་རུས་པའི་ཐོད་ཆེན་བ་ལིཾ་ཏ། །དར་དམར་གཡབ་མོ་ག་ཙ་ཙཀྲའི་ཚོགས། །འོམ་མདའ་རྒྱན་ལྡན་ཁྲི་ནག་སྐྱིང་ལ་སོགས། །མདོར་ན་ཕྱི་ནང་གསང་བའི་དམ་ཚིག་རྫས། །ཕུལ་བས་རྐྱེན་ངན་བར་ཆད་བཟློག་པ་དང་། །བཀྲ་ཤིས་བདེ་ལེགས་འཕེལ་བར་མཛོད་དུ་གསོལ། །ཛོགས་སྤྲུལ་ལྔ་པས་སོ། །

༄༅། །སངས་རྒྱས་གླིང་པའི་བླ་མ་དགོངས་འདུས་བཀའ་སྲུང་རིག་འཛིན་ལྷ་མོའི་གསོལ་བསྐུལ་བཞུགས། །

ཧྲཱིཿ མདུན་དུ་པདྨ་ཟླ་བའི་གདན་སྟེང་དུ། །ཧྲཱིཿ ཡིག་དཀར་པོ་ཡོངས་སུ་གྱུར་པ་ལས། །ཨ་མ་རིག་འཛིན་ལྷ་མོ་རལ་གཅིག་མ། །ཞི་འཛུམ་ཆགས་པའི་ཉམས་ལྡན་སྐུ་མདོག་དཀར། །ཞལ་གཅིག་ཕྱག་གཉིས་ཊཱ་རུ་མེ་ལོང་འཛིན། །དབུ་སྐྲ་ཐོར་ཚུགས་རིན་ཆེན་ཕྲོག་ཞུ་ཅན། །ཟ་འོག་ཁ་དོག་ལྔ་ལྡན་ཤ་གོས་ལ། །གསེར་གྱི་སྐྲ་རགས་རིན་པོ་ཆེ་ཡིས་སྤྲས། །དེ་སྟེང་དར་དཀར་རྩེ་གོས་ཕུ་དུང་ཅན། །ལྷབ་ལྷུབ་གཡོ་བ་ཟ་འོག་མཐའ་འཇག་ཅན། །རིན་ཆེན་དོ་ཤལ་ཕྱག་ཞབས་གདུ་བུས་སྤྲས། །ཞབས་གཉིས་མཉམ་པའི་སྟབས་ཀྱིས་འཁྱིལ་ཏེ་བཞུགས། །འཁོར་དུ་མ་མོ་འབུམ་དང་ཤ་ཟ་སྟོང་། །སྣང་སྲིད་

དྲེགས་པའི་དམག་ཚོགས་བསམ་མི་ཁྱབ། །ཉི་མའི་ཟེར་གྱི་རྡུལ་ལྟར་འཁྲིགས་པར་གྱུར། །གློག་ལྟར་མྱུར་བའི་སྟོབས་ཀྱིས་འདིར་གཤེགས་ལ། །སྣ་ཚོགས་དར་གྱི་གཡབ་མོ་སྤྲིན་ལྟར་གཏིབས། །མཆོད་ཡོན་ཞབས་བསིལ་མེ་ཏོག་བདུག་སྤོས་དང་། །མར་མེ་དྲི་ཆབ་ཞལ་ཟས་རོལ་མོའི་སྒྲ། །གཟུགས་སྒྲ་དྲི་རོ་རེག་བྱ་བསམ་མི་ཁྱབ། །བ་ལིང་གཏོར་མ་སྨན་དང་རཀྟའི་མཚོ། །དགྱེས་པའི་དམ་རྫས་མཆོག་ཏུ་འབུལ་ལགས་ན། །བཞེས་ནས་ཅི་འདོད་དངོས་གྲུབ་སྩོལ་དུ་གསོལ། །རྫོགས་སྤྲུལ་ལྔ་པས་སོ། །

༄༅། །སངས་རྒྱས་གླིང་པའི་དགོངས་འདུས་བཀའ་སྲུང་དགོངས་བཙན་གསོལ་བསྡུས་བཞུགས།།

ཧཱུྃ༔ མདུན་དུ་ལྗོན་ཤིང་བྲག་རི་གཏམས་པའི་གནས། །རིན་ཆེན་སྣ་ཚོགས་ལས་གྲུབ་སྐུ་མཁར་དབུས། །ཁྲི་ལྟར་ཀླུ་བཙན་འབར་བ་སྐུ་མདོག་དམར། །ཞལ་གཅིག་ཕྱག་གཉིས་སྤྲུལ་མགོའི་གདེངས་ཀ་ཅན། །ཕྱག་གཉིས་ཟངས་མདུང་ཅོཏྤ་ལྷེའུ་མིག་བསྣམས། །སྐུ་ལ་དར་དམར་བེར་ཆེན་བསེ་ཁྲབ་དང་། །གོ་མཚོན་སྟག་རལ་གཟིག་ཤུབས་དར་སྣས་བརྒྱན། །རྟ་དམར་ཞོན་ཅིང་འཁོར་དུ་ཀླུ་བཙན་དྲུག །བཙན་འཁོར་སུམ་བརྒྱ་དྲུག་ཅུའི་ཚོགས་དང་བཅས། །གཡས་སུ་ནཱ་ཙ་དགེ་བསྙེན་སྐུ་མདོག་དཀར། །ཞལ་གཅིག་ཕྱག་གཉིས་བ་དན་གཏེར་སྒྲོམ་བསྣམས། །སྐུ་ལ་དར་དཀར་བེར་དང་ཆོས་གོས་གསོལ། །དབུ་ལ་རལ་མཛེས་པཎ་ཞུ་དཀར་པོ་མནབས། །རྟ་དཀར་ཞོན་ཅིང་

འཁོར་དུ་དགེ་བསྙེན་དྲུག །དཀོར་བདག་ཆེན་པོ་སྐྱེས་བུ་སྟོང་གིས་བསྐོར། །གཡོན་དུ་གནོད་སྦྱིན་ནོར་བདག་རྒྱལ་པོ་ནི། །སྐུ་མདོག་ལྗང་སེར་ནོར་བུ་ནེའུ་ལེ་བསྣམས། །སྣ་ཚོགས་བེར་གསོལ་རིན་ཆེན་ཁྲི་ལ་འཁྲིངས། །འཁོར་དུ་གནོད་སྦྱིན་ཆེན་པོ་རང་འདྲ་དྲུག །གནོད་སྦྱིན་དམག་ཚོགས་བྱེ་བ་འབུམ་གྱིས་བསྐོར། །འདིར་བྱོན་དགྱེས་བཞུགས་གུས་པས་ཕྱག་འཚལ་ལོ། །སྤྱི་དང་ཁྱད་པར་མཐུན་པའི་དམ་རྫས་ནི། །དར་དམར་པཉྩ་དང་སྨྱུག་གཏོད་ལོ་རྒྱུས་དར། །སྟག་གཟིག་ལྤགས་པ་གོ་མཚོན་དུར་ཁྲོད་བརྒྱན། །མི་རྟ་ཁྱི་གསུམ་ཞ་ཁྲག་རྡུས་པ་དང་། །དབང་པོ་རྣམ་ལྔའི་ཕྲེང་བ་རཡི་གསུར། །དཀར་མངར་སྐྱུར་སོགས་ཛ་ཆང་ཁྲག་སྣའི་སྐྱེམས། །གཏོར་མ་བརྟེད་ལྡན་ར་ཤ་དག་གིས་བརྒྱན། །གླིང་བུ་རོལ་ཆ་ཕྱག་རྒྱ་གླུ་གར་དབྱངས། །དར་དཀར་འཕན་གདུགས་ཐླ་བྲེ་ཡོལ་བ་དང་། །སྟག་གཟིག་རྒྱལ་མཚན་བ་དན་དར་ཟབ་སོགས། །སྨྱུག་གཏོད་སྟག་གཟིག་རིན་ཆེན་རྒྱན་གྱིས་སྤྲས། །མདའ་དར་སྣ་ལྔ་མདུང་དར་གསེར་གཡུས་བརྒྱན། །འབྲུ་སྨན་ཤིང་ཏོག་དཔལ་གྱི་གཏོར་མ་སོགས། །རང་རང་དགྱེས་པའི་མཆོད་པ་འདི་བཞེས་ལ། །ཡིད་ལ་ཅི་བསམ་ལྷུན་གྱིས་འགྲུབ་པར་མཛོད། །རྫོགས་སྤྱོལ་ལྔ་པས་སོ། །

༄༅། །རཏྣ་གླིང་ཕུར་སྲུང་གསོལ་བསྡུས་བཞུགས། །

ཇ༔ བྷྱོ༔ དཔལ་ཆེན་ཁྲག་འཐུང་བཛྲ་ཀཱི་ལ་ཡའི། །བཀའ་ཉན་སྲུང་མ་ཤྭ་ན་མཆེད་བཞི་ནི། །ལྕགས་ཀྱི་སྤྱང་མོ་འཇིགས་པའི་མགོ་དགུ་མ། །གསེར་གྱི་

འཕར་བ་མྱུར་བའི་ལྡེ་བརྒྱད་མ། །ཟངས་ཀྱི་ཞྭ་མོ་མགྱོགས་པའི་རྐང་གསུམ་མ། །གཡུ་ཡི་ཁྲི་མོ་ཟླུག་པའི་སྦྲ་སྒྲོག་མ། །དགྲ་བོའི་སྲོག་གཅོད་རེ་ཏི་མཆེད་བཞི་ནི། །འཇིགས་བྱེད་མཐིང་ནག་རྡོ་རྗེ་རེ་མ་ཏི། །གསོད་བྱེད་སེར་ནག་རྡོ་རྗེ་རེ་མ་ཏི། །ཟ་བྱེད་དམར་ནག་རྡོ་རྗེ་རེ་མ་ཛ། །སྲོག་གཅོད་ལྗང་ནག་རྡོ་རྗེ་རེ་མ་ཛུ། །ནག་མོ་ཆེན་པོ་བསེ་ཡི་བུ་མོ་བཞི། །བདུད་ཀྱི་བུ་མོ་ཡ་བྱིན་མཐུ་མོ་ཆེ། །གཟའ་ཡི་བུ་མོ་དེ་བྱིན་དྲག་རྩལ་ཅན། །བཙན་གྱི་བུ་མོ་བསེ་བྱིན་རྫུ་འཕྲུལ་ཅན། །ཀླུ་ཡི་བུ་མོ་ཕག་བྱིན་གདུག་རྩུབ་ཅན། །མ་མོ་རྣམས་ཀྱི་མིང་པོ་གིང་ཆེན་རྣམས། །འཛིན་གིང་དམར་པོ་འཛིན་པའི་ལྕགས་ཀྱུ་ཐོགས། །འཆིང་གིང་ནག་པོ་འཆིང་བའི་ཞགས་པ་ཐོགས། །སྒྲོལ་གིང་དཀར་པོ་ཤེལ་གྱི་སྤུ་གྲི་ཕྱར། །ཟ་གིང་སྔོན་པོ་དུག་གི་མཆེ་བ་གཙིགས། །མགྱོགས་ཤིང་རྒྱུག་པའི་གློག་དམར་གདུག་པའི་ཚོགས། །ཕུར་སྲུང་ལྕམ་དྲལ་འཁོར་བཅས་འདིར་གཤེགས་ལ། །ལྷ་རྫས་ཕྱི་ཡི་མཆོད་པ་སྤྲིན་ལྟར་གཏིབས། །རང་བྱུང་ནང་གི་མཆོད་པ་དྭངས་རེ་སྤྲོ། །དམ་རྫས་གསང་བའི་མཆོད་པ་སྤྲུངས་སེ་སྤྲུང་། །གཉིས་མེད་བྱང་ཆུབ་སེམས་ཀྱི་མཆོད་པ་དང་། །ཉམས་པ་བསྒྲལ་བའི་རཀྟ་དམར་གྱི་མཚོ། །སྤྱི་དང་རང་རང་ཁྱད་པར་མཐུན་པའི་རྫས། །དངོས་འབྱོར་ཡིད་སྤྲུལ་ནམ་མཁའི་ཁྱོན་གང་བ། །ཕུལ་བས་བདག་ལ་སྡོ་བའི་དགྲ་བགེགས་རྣམས། །ད་ལྟ་ཉིད་དུ་སྒྲོལ་བའི་ཕྲིན་ལས་མཛོད། །རྫོགས་སྤྲུལ་ལྔ་པས་སོ། །

༄༅། །རཏ་ཐུར་གཏེར་སྲུང་ལྷང་ལྷའི་གསོལ་བསྡུས་བཞུགས།།

ཧཱུྃ། བདག་ཉིད་ལྷར་གསལ་མདུན་དུ་སྐད་ཅིག་གིས། །ལྷ་ཡི་དགེ་བསྙེན་རྡོ་རྗེ་
དྲག་པོ་རྩལ། །མདོག་དཀར་ཞལ་གཅིག་ཕྱག་གཉིས་ཁྲོ་འཛུམ་བརྗིད། །ཕྱག་
གཉིས་དུང་མདོག་རྟ་མཆོན་ཅིཏྟ་བསྣམས། །སྐུ་ལ་ཟ་འོག་དར་དཀར་རལ་ག་
གསོལ། །ཚིབས་སུ་ལྷ་རྟ་དང་དཀར་ཟླ་སྟོན་ཚིབས། །འཁོར་དུ་བཙན་རྒོད་བྲ་
ར་སྟོང་གིས་བསྐོར། །གནམ་ས་བར་སྣང་ས་གཞིའི་ཕྲིན་ཀུན་གང་། །ཐོས་པ་
ཙམ་གྱིས་འདིར་གཤེགས་བརྟན་པར་བཞུགས། །མཆོད་ཡོན་ཞབས་བསིལ་མེ་
ཏོག་བདུག་པའི་སྤྲིན། །མར་མེ་བྱུག་པ་ཞལ་ཟས་རོལ་མོའི་སྒྲ། །ཁྲག་ཆང་
ཨཀྲོཾ་དུག་རྒྱུའི་ཞབས་བསིལ་དང་། །དབང་ལྷུའི་མེ་ཏོག་ཀྱིལ་ཆེན་དུད་པའི་
སྤྲིན། །ཞུན་ཆེན་མར་མེ་མཁྲིས་ཆེན་བྱུག་པའི་མཆོ། །ཤ་རུས་ཞལ་ཟས་རྐང་
གླིང་ཐོད་རྔའི་སྒྲ། །སྨན་དང་རཀྟ་གསེར་སྐྱེམས་གཡུ་སྐྱེམས་དང་། །ཇ་ཆང་
འོ་སྐོལ་མྱོས་བྱེད་མ་དྲ་ན། །བ་ལིང་གཏོར་མ་ཚོགས་ཀྱི་ཡོ་བྱད་སོགས། །ཕྱི་
དང་ཁྱད་པར་མཆོག་གི་མཆོད་པའི་སྤྲིན། །འཁོར་ཡུག་བཅས་པའི་འཇིག་རྟེན་
ཕྲིན་གང་བ། །ལྷ་ཆེན་འཁྲུལ་དགའི་ལོངས་སྤྱོད་ཇི་བཞིན་དུ། །ཕུལ་བས་
བདག་ཅག་ནད་གདོན་ཀུན་ཞི་ཞིང་། །ཚེ་བསོད་རྒྱས་ཤིང་ཁམས་གསུམ་དབང་དུ་
སྡུད། །བར་ཆད་རྐྱེན་གྱི་རྣམ་སྨིན་ཅི་བྱུང་ཡང་། །མངོན་སྤྱོད་ཤུགས་ཀྱིས་
སྒྲོལ་བའི་ཕྲིན་ལས་མཛོད། །རྫོགས་སྨྲས་ལྷ་པས་སོ། །

༄༅། །གནོད་སྦྱིན་ཙིའུ་དམར་པོའི་གསོལ་བསྐུལ་བཞུགས།།

ཀྱཻ། རང་མདུན་བཙན་ཡུལ་ཟངས་ཐང་དམར་པོ་རུ། །བཙན་གྱི་བྲག་དམར་དགུང་ལ་བསྙེགས་པའི་ནང་། །རབ་བརྗིད་སྐུ་མཁར་འཇིགས་སུ་རུང་བའི་དབུས། །ཧྲཱིཿ་ལས་གནོད་སྦྱིན་ཙིའུ་དམར་པོ་ནི། །སྐུ་མདོག་དམར་ལྗང་ཞལ་གཅིག་ཕྱག་གཉིས་པ། །གཡས་པས་བཙན་ཞགས་གཡོན་པས་ཟངས་མདུང་གིས། །མ་རུང་དམ་ཉམས་དགྲ་བགེགས་སྙིང་ལ་བསྣུན། །སྐུ་ལ་ཟ་འོག་དམར་ཁྲའི་བེར་ཆེན་ལ། །གསེར་གྱི་སྐ་རགས་རིན་ཆེན་དུས་མས་སྤྲས། །གོ་མཚོན་སྟག་རལ་གཡས་ལ་གཟིག་ཤུབས་གཡོན། །དབུ་ལ་ལེ་བཀྲན་དར་གྱི་འཁྲིང་ཐོད་ལ། །ཐོད་སྐམ་དབུ་རྒྱན་རིན་ཆེན་སྣ་ཚོགས་སྤྲས། །ཞབས་ལ་སྟག་ལྷམ་འཇའ་རིས་འཁྱིལ་བ་གསོལ། །ཆིབས་སུ་ཙང་ཤེས་བྲ་ནག་རླུང་གཤོག་ཆིབས། །འཁོར་དུ་ལུས་ལས་བྱུང་བའི་བཙན་དྲུག་ནི། །སྐུ་ལྷ་ཞལ་གྱི་ལྷ་བཙན་དཀར་སེར་ནི། །བེར་དམར་གསོལ་ཞིང་བསེ་མདའ་བསེ་གཞུ་བསྣམས། །ཆིབས་སུ་སྨུག་པོ་ཤ་གདོང་ཅན་ལ་ཆིབས། །གྲོ་ཤོད་བོད་ཀྱི་སྣང་དམག་སྐུ་མདོག་དམར། །ལེ་བཀྲན་བེར་གསོལ་ཟངས་ཞགས་ཤང་ལང་བསྣམས། །ཆིབས་སུ་མཚལ་ལུ་རྟིང་དཀར་ཅན་ལ་ཆིབས། །རྣ་ཙ་གོང་སྔོན་ཀླུ་བཙན་སྐུ་མདོག་དམར། །དར་སྔོན་བེར་གསོལ་ལྕགས་མདུང་སྦྲུལ་ཞགས་བསྣམས། །གསེར་གྱི་མདོག་ཅན་ཅང་ཤེས་རྩལ་ལྡན་ཆིབས། །རྡོ་རིང་དམར་པོའི་བྲི་བཙན་སྐུ་མདོག་དམར། །བེར་དམར་གསོལ་ཞིང་བསེ་མདུང་རྒྱུ་ཞགས་བསྣམས། །རྐྱང་དམར་སྤོ་དཀར་མྱུར་མགྱོགས་ཅན་ལ་ཆིབས། །ཀང་ཀ་ཐོད་ནག་བདུད་བཙན་སྐུ་མདོག་ལྗང་། །དར་ནག་བེར་གསོལ་རུ་མཚོན་འབྲིང་ཞགས་

བསྐུམས། ། ཆིབས་སུ་རག་པ་གཞུང་ནག་རྩལ་ལྡན་ཆིབས། ། རྩལ་ཐོགས་རྒྱུག་གི་གྲི་བཙན་ཁྲག་གི་མདོག ། ཟངས་ཁྲབ་གསོལ་ཞིང་བསེ་མདུང་འོད་འཕྲོ་བསྐུམས། ། ཆིབས་སུ་རྟ་མཆོག་རླུང་གི་ཤུགས་ཅན་ཆིབས། ། ཀུན་ཀྱང་སྟག་རལ་གཡས་ལ་གཟིག་ཤུབས་གཡོན། ། རང་རང་དཔུང་གི་དམག་ཚོགས་བསམ་མི་ཁྱབ། ། རུ་འདྲེན་སྤྱི་བཞིའི་འཁོར་གྱི་ཚོགས་བཅས་གསལ། ། སྤྱན་འདྲེན་གཤེགས་གསོལ་གནས་འདིར་བརྟན་པར་བཞུགས། ། དང་བའི་བློ་ཡིས་གུས་པས་ཕྱག་འཚལ་ལོ། ། ཕྱི་ནང་གསང་བའི་མཆོད་པ་བླ་ན་མེད། ། ཁྱད་པར་ཁྱེད་དང་མཐུན་པའི་དམ་རྫས་ནི། ། གསེར་སྐྱེམས་གཡུ་སྐྱེམས་བསད་པའི་སྙིང་ཁྲག་རྒྱུན། ། ལུག་དམར་ཤ་ཁྲག་སྙིང་གི་མཆོད་པ་དང་། ། དམར་གྱི་ཨརྒྷཾ་དུག་ཆུའི་ཞབས་བསིལ་མཆོ། ། དབང་ལྡའི་མེ་ཏོག་ཆིལ་གསུར་དུད་པའི་སྤྲིན། ། ཆིལ་ཆེན་མར་མེ་མཁྲིས་ཆེན་བྲུག་པའི་མཆོ། ། ཤ་རུས་ཞལ་ཟས་སྣ་ཚོགས་རོལ་མོའི་སྒྲ། ། སྲིན་ཕྱོགས་བཙན་མཁར་ཤ་རུས་ཟངས་ཡག་བརྒྱན། ། ལེ་བཀྲན་དར་ལ་སྲོག་གི་ཙཀྲ་དང་། ། ལྷ་འདྲེའི་བླ་རྡོ་ཏྲི་ཡིག་སྙིང་པོ་ཅན། ། ཐ་ལྟག་ནང་དུ་གཏམས་པ་དར་སྣས་བརྒྱན། ། རྣབ་ཕྱོགས་བཙན་མཁར་སྲོག་ཤིང་ལ་བརྟེན་པའི། ། རྩེ་མོར་རུ་མཚོན་དམར་པོ་གཡོ་བའི་ཉམས། ། སྲོག་གི་ཙཀྲ་བླ་རྡོ་ཏྲི་ཡིག་ཅན། ། གསེར་གཡུ་དུམ་བུ་སྣ་ལྔའི་དར་གྱིས་དྲིལ། ། མཁར་གྱི་སྙིང་པོར་བྲུས་པ་གསང་བའི་རྟེན། ། མདུང་ཞགས་དམར་པོ་སེ་བའི་གནམ་རུ་དང་། ། དུག་ཁྲག་ཐུན་རྫས་སྐྱེར་པའི་ཉག་ཕྲན་མདའ། ། མདའ་མོ་སྒྲོ་ལྡན་ལུག་གི་སུག་ཐྲང་གདགས། ། ཟ་འོག་དམར་ཁྲའི་ཁྱུག་མར་རིན་ཆེན་ལྡ། ། གསེར་གཡུ་འབྲུ་སྨན་རྒྱ་སྤོས་ཡུངས་ཀར་

བླུག ། སྟག་རས་གཟིག་རས་ལེ་བརྒྱན་ཅོད་པཎ་འཕུར། །མི་ཏྲ་གྲི་སླིང་ཁྲག་གིས་བྲུས་པ་ཡིས། །གནོད་བྱེད་གདུག་ཅན་ལིངྒ་གཏའ་རུ་གཟུགས། །ཞིང་ཀུན་དོག་པོར་བྱེད་པའི་མཆོད་པའི་སྦྱིན། །ལྷ་མིའི་བསོད་ནམས་སྟོབས་ལས་བྱུང་བ་ཡི། །བཞེད་རྒྱུར་འཆར་བའི་ཡོ་བྱད་ཇི་སྙེད་ཀུན། །དགྱེས་པར་བཞེས་ལ་དངོས་གྲུབ་སྩོལ་བ་དང་། །ཕྱི་ནང་གསང་བའི་བར་ཆད་ཞི་བ་དང་། །བཅོལ་བའི་ཕྲིན་ལས་མཐར་དག་འགྲུབ་པར་མཛོད། །ཛོགས་སྒྲུབ་ལྔ་པས་སོ། །

༄༅། །རྒྱལ་པོ་ཕྲིན་ལས་དོན་བཅུའི་གསོལ་བསྡུས་བཞུགས།།

ཧཱུྃ། རིན་ཆེན་སྣ་ཚོགས་ལས་གྲུབ་གཞལ་ཡས་ཁང་། །དབུས་སུ་པད་ཉི་མ་ཏྲཾ་བསྒྲོལ་བའི་སྟེང་། །ཐུགས་ཀྱི་བརྒྱུད་བྱིན་རྒྱལ་ཆེན་སྐུ་མདོག་མཐིང་། །བདུད་ཞགས་བསྣམས་ཤིང་སྤྱི་གྲི་དགྲ་ལ་འདེབས། །ཐིབ་ཞུ་གསོལ་ཞིང་དོམ་གྱི་སློག་པ་གསོལ། །ཆིབས་སུ་མི་བཟད་གླང་ཆེན་སྔོན་པ་ཆིབས། །ཤར་ཕྱོགས་སྐུ་ཡི་རྒྱལ་པོ་མོན་བུ་མཐིང་། །མན་ཏྲི་གསོལ་ཞིང་རྡོ་རྗེ་གསེག་ཤང་ཐོགས། །དབུ་ལ་ཐིབ་ཞུ་དོམ་ནག་སྔོན་པ་ཁྲིད། །ལྷོ་ཕྱོགས་རྒྱལ་ཆེན་གནོད་སྦྱིན་ཤིང་བྱ་ནག །སྤྱི་གྲི་བདུད་ཞགས་བསྣམས་ཤིང་གཡང་གཞིས་བརྒྱན། །ཁྱུང་མགོས་དབང་སྡུད་རོལ་དུ་གཡུ་འབྲུག་ཁྲིད། །ནུབ་ཕྱོགས་རྒྱལ་ཆེན་དགྲ་ལྷ་སྐྱེས་གཅིག་དམར། །དར་ནག་གསོལ་ཞིང་ཐྲ་མཁར་ཐིང་ཆེན་བསྣམས། །སྤྲང་མོ་ཁྲིད་ཅིང་པོ་ཏ་བྲ་ཁྲ་བཏང་། །བྱང་ཕྱོགས་ཕྲིན་ལས་བེ་ཏར་སྨུག་ཞུ་གསོལ། །དར་དཀར་གསོལ་ཞིང་ལྕགས་ཀྱུ་མདའ་རལ་དང་། །སྤྱི་གྲི་གཞུ་དབྱུག་ཐོག་ནས་སེང་

གེ་ཆིབས། །ནང་བློན་ཤ་གྲོལ་ཁྲི་གྲོལ་སྡེ་ཚོགས་དང་། །རྡོ་རྗེ་ཐོག་འབེབས་ཁྱུང་ཆེན་ཀླུ་འདུལ་སོགས། །རྒྱལ་མཚན་རྣམ་དགུ་ཕྱུར་བའི་ཕོ་ཉའི་ཚོགས། །རུ་འདྲེན་སྡེ་བཞི་དམག་དཔུང་སྤྲིན་ལྟར་གཏིབས། །ས་དང་བར་སྣང་ཁྱོན་ཀུན་གང་བར་གྱུར། །དམ་ཚིག་དབང་གིས་འདིར་གཤེགས་བརྟན་པར་བཞུགས། །ཕྱི་མཆོད་འདོད་ཡོན་ནང་མཆོད་སྨན་རཀ་གཏོར། །གསང་མཆོད་བདེ་སྟོང་བླ་མེད་མཆོད་པ་དང་། །དར་གྱི་ལྷ་ལྡི་རྒྱལ་མཚན་བླ་བྲེ་གདུགས། །མ་དྲ་ན་དང་གསེར་སྐྱེམས་ཕུད་གཏོད་ཚོགས། །སྤོས་དཀར་ཚིལ་ཆེན་དུད་པ་ཟ་འོག་གུར། །མི་རྐང་གླིང་བུ་པི་ཝཾ་ཅང་ཏེའུ། །ཛ་དང་དུང་དང་ཕེག་རྡོབ་ཆ་ལང་སོགས། །སྣ་ཚོགས་སྒྲ་ཡི་མཆོད་པ་བསམ་མི་ཁྱབ། །ཤ་ཆེན་ལ་སོགས་ཕྱི་ནང་མཆོད་པའི་ཚོགས། །སོ་སོར་དགྱེས་པ་བསྐྱེད་པའི་མཆོད་སྤྲིན་འདི། །དང་བའི་ཡིད་ཀྱིས་ཕུལ་བས་དགྱེས་བཞེས་ལ། །བཅོལ་བའི་ཕྲིན་ལས་ཡིད་བཞིན་འགྲུབ་པར་མཛོད། །རྫོགས་སྤྲུལ་ལྔ་པས་སོ། །

༄༅། །ཉི་གྲགས་རྒྱལ་པོའི་གསོལ་བསྡུས་བཞུགས།།

ཧཱུྃ། བདག་ཉིད་ལྷུར་གསལ་མདུན་དུ་སྐད་ཅིག་གིས། །རིན་ཆེན་ལས་གྲུབ་གྲུ་བཞི་སྒོ་བཞི་པ། །སྐུ་ཡི་རྒྱལ་ཆེན་དགྲ་བཅོམ་གཞོན་ནུའི་ཚུལ། །སྐུ་མདོག་དཀར་གསལ་བཞིན་བཟང་མཛེས་འཛུམ་ཅན། །ཕྱག་གཡས་འཁར་བསིལ་གཡོན་པས་ལྷུང་བཟེད་བསྣམས། །རྒྱས་པའི་མདངས་ལྡན་ཆོས་གོས་གསེར་རིས་ཅན། །སྐུ་སྨད་མཐང་གོས་ནམ་མཁའི་མདོག་ཅན་གསོལ། །གླང་ཆེན་ཐལ་དཀར་མཆེ་བ་དྲུག་པ་ལ། །རིན་ཆེན་སྣ་ཚོགས་རྒྱན་གྱིས་བརྒྱན་པ་ཆིབས། །རེས་འགའ་མངོན་སྤྱོད་དྲག་པོའི་ཚུལ་སྟོན་པ། །ཆོས་རྒྱལ་ཚངས་པ་དུང་གི་ཐོར་ཚུགས་ཅན། །ཤར་ཕྱོགས་ཐུགས་ཀྱི་རྒྱལ་ཆེན་བརྒྱ་བྱིན་དང་། །ལྷོ་ཕྱོགས་ཡོན་ཏན་གནོད་སྦྱིན་ཤིང་བྱ་ཅན། །ནུབ་ཕྱོགས་རྒྱལ་ཆེན་དགྲ་བླ་སྐྱེས་གཅིག་པུ། །བྱང་ཕྱོགས་ཕྲིན་ལས་རྒྱལ་ཆེན་པེ་ཧ་ར། །ཤར་ལྷོར་ཡུམ་ཆེན་ཤན་ཏིང་རོ་ཟན་མ། །ལྷོ་ནུབ་ཡུམ་ཆེན་གསེར་གྱི་སྦུ་གྲི་མ། །ནུབ་བྱང་ཡུམ་ཆེན་འཛིན་བྱེད་པདྨ་སྐྱེས། །བྱང་ཤར་ཡུམ་ཆེན་དམ་ཤིང་ལྷན་རྫོ་ཅན། །སྐུ་གསུང་ཐུགས་དང་ཡོན་ཏན་ཕྲིན་ལས་ཀྱི། །བཀའ་ཡི་བློན་པོ་ཆེན་པོ་རྣམ་པ་ལྔ། །གཡས་ཀྱི་རུ་འདྲེན་བརྩེ་ནག་པོའི་ཚོགས། །གཡོན་གྱི་རུ་འདྲེན་བུད་མེད་ནག་མོའི་ཚོགས། །སྟོན་གྱི་ཞུ་ལ་མཆོན་ཤན་ཏི་བདུད་མོ་འབུམ། །སླད་ཀྱི་རྗེས་འབྲང་ཨ་ཙར་ཚོགས་དང་བཅས། །ཁོལ་པོ་སྟག་ཆས་གཟིག་ཆས་འབུམ་ཕྲག་སྟོང་། །སྐུ་ཡི་སྒྲོ་རིགས་འབབ་སེང་གར་མཁན་ཚོགས། །རྒྱལ་པོ་ཆེན་པོའི་ཕྱི་ཡི་འཁོར་ཡུག་ན། །ཕྱི་ནང་ལྷ་སྲིན་དྲེགས་པ་མ་ལུས་ཚོགས། །ཉི་མའི་ཟེར་གྱི་རྡུལ་ལྟར་བསམ་མི་ཁྱབ། །ལས་བཞིའི་ཕྲིན་

ལས་སྒྲུབ་ཕྱིར་གཤེགས་སུ་གསོལ། །ཁྲིད་ལ་དགྱེས་པའི་མཆོད་པ་འབུལ་བ་ནི། །ཕྱི་ནང་མཆོད་ཚོགས་སྨན་ར་ཀ་བ་ལིངྟ། །དམ་ཤིང་དགྲ་སྟ་ཤེལ་དཀར་ཕྲེང་བ་དང་། །དགྲ་བཙོམ་ལྷུང་བཟེད་འཁར་བསིལ་ཀ་པཱ་ལ། །སྤྲ་སྤྲེའུ་བྱི་ལ་སྤྱན་གཟིགས་སྣ་ཚོགས་སོགས། །སྤྱི་དང་ཁྱད་པར་ལྷག་པའི་དམ་ཀིག་རྫས། །འབུལ་གྱིས་བཞེས་ལ་རྣམ་བཞིའི་ཕྲིན་ལས་ཀུན། །ཐོགས་མེད་ཡིད་བཞིན་འགྲུབ་པའི་ཕྲིན་ལས་མཛོད། །ཛོགས་སྤྲུལ་ལྔ་པས་སོ། །

༄༅། །གསུང་གི་བློན་པོ་རྡོ་རྗེ་གྲགས་ལྡན་གསོལ་བསྐུས་བཞུགས། །

ཧཱུྃ་ཧྲཱིཿ དབང་ཆེན་ཧ་མཆོག་ཧྲུ་སྒྲི་ཤ་ཡིས། །དབང་དྲག་ཁྲོས་པའི་རྣམ་རོལ་ལས་བྱུང་བ། །དབང་གི་ལྷ་མཆོག་རྡོ་རྗེ་གྲགས་ལྡན་ནི། །དབང་མདོག་ཟ་འོག་དམར་ཁྲའི་པེ་ར་ཆེན་ལ། །རྣམ་མང་རིན་ཆེན་རུས་པའི་རྒྱན་གྱིས་སྤྲས། །རྣམ་མཛེས་བསེ་ཁྲབ་བསེ་རྨོག་རུ་དར་ལྷུ། །རྣམ་འཕྲུལ་བཀོད་ལེགས་རིན་ཆེན་རྒྱལ་མཚན་ལ། །རྣམ་མང་འདོད་འབྱུང་ནོར་བུའི་ཏོག་གིས་མཛེས། །འབར་བའི་སྐུ་ལ་རྒྱལ་མཚན་རྣམ་དགུའི་བརྒྱན། །འབར་བ་ཆེན་པོའི་དགྲ་བགེགས་གདན་དུ་བརྫིངས། །འབར་བའི་རུ་མཚོན་འཆིང་བྱེད་ཞགས་པ་བསྣམས། །འབར་བྱེད་དམར་ནག་མེ་ཡི་ཀློང་ན་བཞུགས། །གསང་བའི་ཡུམ་ཆེན་གཟི་བརྗིད་ཆེན་མོ་ནི། །གསང་བ་དགའ་བཞིའི་ཡེ་ཤེས་སྟེར་བྱེད་ཅིང་། །གསང་གོས་དཀར་པོ་གསོལ་ཞིང་རྒྱེ་གསུམ་དང་། །གསང་རྫས་བདུད་རྩིའི་ཐོད་པ་ཡབ་ལ་སྟོབ། །བཀའ་ཉན་སྤྲུལ་པ་རབ་བྱུང་ཆ་ལུགས་

ཅན། །བཀའ་ཡི་བློན་པོ་བདུད་ནག་མི་སྡུག་པ། །བཀའ་བཞིན་སྒྲུབ་པའི་རྟ་
འདྲེན་སྡེ་བཞིའི་ཚོགས། །བཀའ་འཁོར་སྐྱོང་བའི་དྲེགས་པའི་དམག་དཔུང་
བཅས། །ཉི་མའི་ཟེར་གྱི་རྟུལ་ལྟར་འདི་གཤེགས་ལ། །ཉིན་བྱེད་སྣང་བའི་
དཔལ་ལ་འགྲན་ནུས་པ། །ཉི་མ་འཆར་ཁའི་མདངས་འཛིན་གཡབ་མོ་
དང་། །ཉི་ཟླ་རྒྱུ་སྐར་གླིང་བཞི་གླིང་ཕྲན་སོགས། །འདོད་རྒུའི་ཆར་འབེབས་
ཡིད་བཞིན་ནོར་བུ་དང་། །འདོད་འབྱུང་དཔལ་གཏོར་སྨན་དང་རཀྟའི་
མཆོད། །འདོད་ཡོན་ལྔ་དང་བཀྲ་ཤིས་རྫས་རྟགས་བརྒྱད། །འདོད་འཇོའི་བ་དང་
བུམ་བཟང་དཔག་བསམ་ཤིང་། །རབ་མཛེས་རི་དྭགས་གཡུང་དྲུང་རྒྱ་གནས་
རིགས། །རབ་མྱུར་ཅང་ཤེས་དྲེལ་དང་འདབ་ཆགས་བྱ། །རབ་འཇིགས་མི་
བཟད་གཅན་གཟན་རོ་ལ་ཟ་མས། །རབ་ཏུ་རྣོ་བའི་མདའ་མདུང་མཚོན་ཆའི་
རིགས། །དྲི་མེད་ནམ་མཁའི་ལྷ་ལམ་ཡངས་པ་རུ། །དྲི་བྲལ་མཆོད་པའི་སྤྲིན་
ཕུང་མཐའ་ཀླས་པ། །དྲི་བསུང་ངད་ལྡན་ཕྱོགས་བཅུར་འཕྲོ་བ་འདི། །དྲི་མ་
མེད་པའི་བློ་ཡིས་འབུལ་བར་བགྱི། །གང་དག་བདག་ལ་སྡང་བའི་དགྲ་བགེགས་
རྣམས། །གང་ཞིག་རྟག་ཏུ་བསམ་སྦྱོར་ངན་པའི་རིགས། །གང་ལ་གང་
འཚམས་མངོན་སྤྱོད་ཕྲིན་ལས་ཀྱིས། །གང་གི་མིང་ཙམ་མེད་པར་བརླག་པར་
མཛོད། །བདག་སོགས་འདི་ནས་བྱང་ཆུབ་མ་ཐོབ་པར། །བདག་མེད་རྟོགས་
པའི་ལྷ་མཆོག་ཁྱོད་ཉིད་ཀྱིས། །བདག་ཅག་ངར་འཛིན་དབྱིངས་སུ་བསྒྲལ་བ་
དང་། །བདག་ལ་སྲུང་སྐྱོབ་ཕྲིན་ལས་མ་གཡེལ་བར། །རྒྱལ་བའི་དབང་པོ་
སངས་རྒྱས་གཉིས་པ་ཡིས། །རྒྱལ་བསྟན་སྐྱོང་བར་བཀའ་བསྒོས་ཇི་བཞིན་

ཏུ། །རྒྱལ་གསུང་ལུང་དང་རྟོགས་པའི་དམ་པའི་ཆོས། །རྒྱལ་བའི་ཕྲིན་ལས་ཕྱོགས་བཅུར་རྒྱས་པར་མཛོད། །རྫོགས་སྨྲོལ་ལྔ་པས་སོ། །

༄༅། །ཁྲི་བཙན་གསོལ་བསྡུས་བཞུགས།།

ཀ་དག་སྐྱེ་མེད་ཆོས་སྐུའི་ཀློང་ཡངས་ནས། །ཁ་དོག་མཚན་མའི་སྤྲོས་པ་མི་མངའ་ཡང་། །ག་ལ་བ་དེར་སྒྱུ་མའི་རོལ་གར་ནི། །ང་བདག་གཟུང་འཛིན་འདུལ་བའི་གཤེད་པོ་ཆེ། །ཅ་ཅོ་ཧཱུྃ་དང་ཕཊ་ཀྱི་སྒྲ་དང་བཅས། །ཆ་ལུགས་ཤིན་ཏུ་ཁྲོས་པ་ཤ་བའི་དབྱུ། །ཇ་རོལ་སྐམ་རློན་བརྩེགས་པའི་དུར་ཁྲོད་འདིར། །ཉ་ཉིལ་ཞིང་ཆེན་བཀྲམ་པའི་གནས་འདིར་བཞུགས། །ཏ་ཐཱག་ཏ་སངས་རྒྱས་གཉིས་པ་ཡིས། །ཐ་ཚིག་དམ་ལ་བཞག་པའི་མཐུ་བོ་ཆེ། །ད་ལྟར་དྲེགས་པའི་གཙོ་བོ་ཁྱོད་ཉིད་ལ། །ན་མར་ཆུ་བོའི་རྒྱུན་བཞིན་མཆོད་པའི་མཐུས། །པ་ར་མི་ཏ་དབྱེར་མེད་ཁྲོ་རྒྱལ་གྱིས། །ཕ་རོལ་ལོག་འདྲེན་མི་བསྲུན་བདུད་སྡེའི་དཔུང་། །བ་མོ་ཧྲ་བདུན་དབང་པོས་བཅོམ་པ་བཞིན། །མ་ལུས་ལྷག་མེད་དབྱིངས་སུ་སྒྲོལ་བར་མཛོད། །ཙཎྜ་ངན་པའི་ལམ་དུ་ཞུགས་པ་རྣམས། །ཚ་ཟེར་མངོན་སྤྱོད་དྲག་པོའི་ཕྲིན་ལས་ཀྱིས། །ཛ་ཡའི་བསྟན་ལ་འཁྲུ་བའི་དགྲ་བགེགས་རྣམས། །ཝ་སྐྱེས་ལྷ་བུར་ཞུམ་ཅིང་སྒྲོལ་བར་མཛོད། །ཞྭ་དམར་སྔ་འགྱུར་བསྟན་པ་རིན་པོ་ཆེ། །ཟ་བྱེད་དྲེགས་པའི་གཙོ་བོ་ཁྱོད་ཉིད་ཀྱིས། །འ་ཐུར་རླུང་གིས་ཁྱབ་པའི་ཞིང་དག་ཏུ། །ཡ་མཚན་བསྟན་པ་དར་ཞིང་རྒྱས་པར་མཛོད། །རཀྵ་རྒྱལ་འགོང་སླེང་ལ་ཞུགས་པ་རྣམས། །ལ་ལ་ཞི་དང་ཁྲོ་བོའི

ཚུལ་སྟོན་པ། །ཞ་ཟ་དྲེགས་པའི་དམག་གི་དཔུང་བཅས་ཀྱིས། །ས་འདིར་གནས་པའི་གོ་སྐབས་མེད་པར་མཛོད། །ཏ་ལའི་ཉོན་མོངས་གཟིར་བའི་འགྲོ་བ་རྣམས། །ཨ་དོན་ཆོས་སྐུའི་གློང་དུ་གྲོལ་ནས་ཀྱང་། །ཕན་བདེའི་དཔལ་ལ་སྤྱོད་པའི་གྲོགས་མཛོད་ཅིག །རྫོགས་སྤྲུལ་ལྔ་པས་སོ། །

༄༅། །ཉི་གྲགས་ནོར་བདག་གསོལ་བསྡུས་བཞུགས། །

ཕཻ། རིན་ཆེན་ལས་གྲུབ་གཞལ་ཡས་ཁང་གི་དབུས། །པད་ཉི་ཟླ་སྟེང་ནོར་བུ་ཀླུ་ཡིས་མཚན། །སྐད་ཅིག་གནས་འགྱུར་རྒྱལ་ཆེན་རྣམ་ཐོས་སྲས། །མཐིང་ནག་ཞལ་གཅིག་ཕྱག་གཉིས་ཁྲི་འཛུམ་བཞད། །ཕྱག་གཡས་རྒྱལ་མཚན་གཡོན་པས་ནེ་ཙུ་ལེ་བསྣམས། །སྣ་ཚོགས་དར་གྱི་བེ་ར་ཆེན་དགུ་བརྩེགས་གསོལ། །རིན་ཆེན་རྒྱན་སྤྲས་ལྷབ་ལྷུབ་དར་དཔྱངས་ཅན། །རལ་བའི་ཐོར་ཚུགས་རིགས་ལྔའི་ཕྲོག་ཞུས་སྤྲས། །ཞབས་གཉིས་ཕྱེད་སྐྱིལ་འོད་ཟེར་ཕྱོགས་བཅུར་འཕྲོ། །ཡུམ་ཆེན་བཞི་དང་རྣམ་སྲས་རིགས་བཞི་དང་། །ཛམ་ལྷ་རིགས་བཞི་ཏྟ་བདག་རྣམ་པ་བརྒྱད། །ཀླུ་ཆེན་བརྒྱད་དང་སྒོ་སྐྱོང་རྣམ་པ་བཞི། །ལྷ་ཀླུ་གནོད་སྦྱིན་བྱེ་བ་འབུམ་དང་བཅས། །ལྷུང་ལོ་ཅན་གྱི་གནས་ནས་གཤེགས་སུ་གསོལ། །འདོད་ཡོན་རྣམ་ལྔ་སྨན་གཏོར་རཀྟའི་ཚོགས། །རི་རབ་གླིང་བཞི་གླིང་ཕྲན་ཉི་ཟླ་ཟུང་། །གསེར་རི་རོལ་མཚོ་ལྷུགས་རི་མུ་ཁྱུད་སོགས། །བཀྲ་ཤིས་རྟགས་རྫས་རྒྱལ་སྲིད་རིན་ཆེན་བདུན། །ཡན་ལག་བརྒྱད་ལྡན་ཐེང་བུ་དཔག་བསམ་ཤིང་། །གཏེར་གྱི་བུམ་པ་མ་རྨོས་ལོ་ཏོག་དང་། །འདོད་འབྱུང་ནེ་ཙུ་ལེ

རིན་ཆེན་གཞལ་ཡས་ཁང་། །ཕོ་ཆས་མོ་ཆས་ཀ་ཆ་དཀོར་ཆ་སོགས། །ཇ་དུང་ཆ་ལང་པི་ཝཾ་ཟླ་ཊ་སོགས། །སོ་སོར་གང་ལ་གང་འདོད་དེར་འཆར་བའི། །དམིགས་རྟེམ་མཉེས་ཏེ་བདག་དང་མཐའ་ཡས་ཀུན། །བཀྲིས་སྐྱོམ་དབུལ་ཕོངས་སྡུག་བསྔལ་ཀུན་སེལ་ནས། །རྣམ་མང་ནོར་གྱི་དངོས་གྲུབ་སྩལ་དུ་གསོལ། །ཇོགས་སྤྲུལ་ལྔ་པས་སོ། །

༄༅། །གྲྭ་པ་མངོན་ཤེས་ཛམ་དམར་གསོལ་བསྡུས་བཞུགས། །

ཧཱུཾ། རང་མདུན་ཟླ་བ་ཉི་མའི་དཀྱིལ་འཁོར་སྟེང་། །ཛམ་ཡིག་དམར་པོ་ཡོངས་སུ་གྱུར་པ་ལས། །སེམས་ཅན་དབུལ་བའི་སྡུག་བསྔལ་སེལ་མཛད་པ། །དབང་གི་ཕྲིན་ལས་རྫོགས་མཛད་ཛམ་ལྷ་དམར། །ཞལ་གསུམ་ཕྱག་དྲུག་སྐྲེག་ཅིང་ཆགས་པའི་ཉམས། །ཞྭ་ཆེན་བརྒྱད་དང་རིན་ཆེན་དུ་མས་བརྒྱན། །གཡས་དཀར་གཡོན་སྔོ་རྩ་ཞལ་པད་རག་མདོག །གཡས་གཉིས་དང་པོ་རིན་ཆེན་ལྕུགས་ཀྱུ་དང་། །གཡོན་གཉིས་དང་པོ་ཐོད་པ་རིན་ཆེན་བཀང་། །བར་བས་ཞགས་པ་ཐ་གཉིས་ནེའུ་ལེ་བསྣམས། །ཞབས་བཞིས་གནོད་སྦྱིན་ནོར་སྐྱུག་ཕོ་མོ་མནན། །ཡུམ་ཆེན་ལྷ་མོ་ཀུ་རུ་ཀུལླེ་ནི། །སྐུ་མདོག་དམར་མོ་ཞལ་གཅིག་ཕྱག་བཞི་མ། །དང་པོའི་མདའ་གཞུ་འོག་གཉིས་ལྕུགས་ཀྱུ་ཞགས། །རིན་ཆེན་མེ་ཏོག་དམར་པོའི་རྒྱན་གྱིས་སྤྲས། །ནོར་ལྷ་བྲེ་བ་འབུམ་གྱི་འཁོར་བཅས་གསལ། །གར་བཞུགས་གནས་ནས་འདིར་གཤེགས་བརྟན་པར་བཞུགས། །ཨརྒྷཾ་མེ་ཏོག་བདུག་སྤོས་མར་མེ་དྲི། །རོ་ལྡན་ཞལ་

ཟས་སྨྲ་དབྱངས་འདོད་ཡོན་ལྔ། །དབང་ལྔའི་མེ་ཏོག་གསུར་ཆེན་དུད་པའི་སྤྲིན། །ཞུན་ཆེན་མར་མེ་མཁྲིས་པའི་ཀླཀྵེ་དང་། །གདུགས་དང་གསེར་ཉ་བུམ་བཟང་པདྨའི་ཚལ། །དུང་དཀར་དཔལ་བེའུ་རྒྱལ་མཚན་འཁོར་ལོ་དང་། །བྱང་སེམས་དཀར་དམར་ཕྱག་མཚན་གླེགས་བམ་སྐུ། །སྲིད་པའི་གཡང་རྟེན་ཙནྡན་དམར་པོའི་ཆབ། །དབང་གི་གཡུ་མཚན་ལྡན་ཐོད་པ་རུ། །སྲོག་གི་འཁོར་ལོ་སེམས་རྟེན་ཀ་ཆ་དང་། །སྐོམ་པའི་གདུང་སེལ་ཆུ་ཡི་མཆོད་པ་སོགས། །སྤྱི་དང་ཁྱད་པར་མཐུན་རྫས་ཕུལ་བའི་མཐུས། །ཟས་གོས་འབྲུ་དང་རྐང་བཞི་ཕྱུགས་ཀྱི་གཡང་། །སྙན་གྲགས་གཟི་བརྗིད་དཔལ་འབྱོར་དབང་ཐང་དང་། །ཁྱད་པར་ལོངས་སྤྱོད་ནོར་གྱི་དངོས་གྲུབ་སྩོལ། །རྫོགས་སྤྲུལ་ལྔ་པས་སོ། །

༄༅། །རྟ་ལྷའི་གསོལ་བསྡུས་བཞུགས། །

ཧཱུྃ། རྡོ་རྗེ་ཁྲོ་རྒྱལ་ཨཙྪ་རེ་མཏྟ། །སྐུ་མདོག་དམར་པོ་བསེ་ཡི་ཁྲབ་རྨོག་གསོལ། །ཕྱག་གཡས་རལ་གྲི་གཡོན་པས་འཁོར་ལོ་བསྣམས། །ཆིབས་སུ་རྟ་མཆོག་སྔོན་པོ་ཆུ་རིས་ཆིབས། །རྟ་བདག་ཁྲོ་བོའི་རྒྱལ་པོ་ཀུ་བེ་ར། །མདོག་ནག་ཞལ་གཅིག་ཕྱག་གཉིས་གཡས་རལ་གྲི། །གཡོན་པས་རྟ་ཡི་དར་གྱི་སྲབ་མདའ་འཛིན། །སྐུ་ལ་ཁྲབ་རྨོག་གསོལ་ཞིང་རྟ་ནག་ཆིབས། །འཁོར་དུ་རང་འདྲ་གནོད་སྦྱིན་འབུམ་དང་བཅས། །སྤྲུལ་པ་ཁྱུང་དང་བྱ་ཁྲ་སྟག་སེང་འགྱེད། །དངོས་གྲུབ་སྩོལ་ཕྱིར་འདིར་གཤེགས་བརྟན་པར་བཞུགས། །འཇིག་རྟེན་ཚངས་པའི་མགོན་པོ་སྐུ་མདོག་དཀར། །ཨཙྪ་རེ་མན་བཅོ་མ་གསེར་གྱི་

མདོག །མ་ཧཱ་གྲོ་ཏ་གནོད་སྦྱིན་གང་བ་བཟང་། །ལྷ་ཆེན་མ་ཧཱ་ཀཱ་ལ་ལ་སོགས་པ། །རྟོག་ཚགས་སྲུང་ཞིང་སྐྱོབ་པའི་ལྷ་རྣམས་ལ། །རྫ་བརྒྱད་སྟོང་སྦྱར་པཉྩ་ཨ་མྲི་ཏ། །ཉོན་མོངས་རྒྱུ་དྲུག་བསྒྲལ་བའི་རཀྟ་དང་། །རོ་བཅུད་ཕུན་སུམ་ཚོགས་པའི་བྷ་ལིངྒ། །ཉེར་སྤྱོད་བདུན་དང་གཟུགས་སྒྲ་དྲི་རོ་རེག །རྟེན་འབྲེལ་བཀྲ་ཤིས་རྫས་རྟགས་རྒྱལ་སྲིད་བདུན། །དོ་རྗེ་ལྷ་མོའི་རྣམ་འཕྲུལ་སྣ་ཚོགས་པ། །མདོར་ན་ཕྱི་ནང་གསང་བའི་མཆོད་པའི་རྫས། །ཕྱོགས་བཅུ་རབ་འབྱམས་ཞིང་ན་མཆོད་པའི་སྤྲིན། །ཕུལ་བས་རྟོག་ཚགས་སྲུང་ཞིང་སྐྱོབ་པ་དང་། །ཧ་དྲེལ་གོད་ཁ་བཟློག་པའི་ཕྲིན་ལས་མཛོད། །རྫོགས་སྨྲུལ་ལྔ་པས་སོ། །

༄༅། །གཉན་ཆེན་ཐང་ལྷའི་གསོལ་བསྡུས་བཞུགས། །

ཧཱུྃ། རང་ཉིད་དབང་ཆེན་པདྨ་ཧེ་རུ་ཀ །མདུན་དུ་གཉན་ཆེན་ཐང་ལྷ་ཡར་ཞུར་ནི། །སྐུ་མདོག་དཀར་གསལ་ཁྲོ་འཛུམ་བཞད་པའི་ཞལ། །ཕྱག་གཡས་ཐ་ལྕུག་གཡོན་པས་ཤེལ་ཕྲེང་འདྲེན། །སྐུ་ལ་རབ་མཛེས་དར་དཀར་རལ་ག་གསོལ། །ཆིབས་སུ་ཅང་ཤེས་ལྷ་རྟ་དང་དཀར་ཆིབས། །ཆོ་འཕྲུལ་ལྷ་དམག་བྱེ་བ་དུང་ཕྱུར་འཁྲིད། །དམ་ཉམས་གཤེད་མ་དམ་ཅན་ཀུན་གྱི་མགོན། །སྣོ་འདྲེ་རྒྱལ་འགོང་འདུལ་བའི་ལྷ་གཅིག་པུ། །ཡུམ་དང་སྲས་བློན་སྤྲུལ་པ་ཡང་སྤྲུལ་བཅས། །འདིར་གཤེགས་དགྱེས་ཤིང་བརྟན་པར་བཞུགས་སུ་གསོལ། །ཕྱོགས་བཅུ་རབ་འབྱམས་རྒྱ་མཚོའི་ཞིང་ཁམས་ན། །མཆོད་ཡོན་ཞབས་བསིལ་མེ་ཏོག་བདུག་སྤོས་དང་། །སྣང་གསལ་དྲི་ཆབ་རོ་དང་སྙན་

འཇེབས་སྤྲ། །ཛོ་གད་སྨན་དང་རཀྟ་ཁྲག་གི་མཚོ། །དཔལ་གཏོར་བཅུད་ལྡན་སྨན་སྤྲོས་ཕབ་ཀྱིས་བྲན། །གཡའ་ཆུ་གངས་ཆུ་དྭངས་བསིལ་གཙང་མའི་ཆུ། །སྤྲོས་དཀར་བསྲེགས་པས་དུད་པའི་སྤྲིན་ཕུང་དང་། །གསེར་དངུལ་ཟངས་ལྕུགས་རིན་ཆེན་རྣམ་པ་ལྔ། །སྣ་ཚོགས་དར་ཟབ་སྣ་ལྔ་ཟ་འོག་གོས། །གཙང་ལུག་འབྲས་དཀར་ཕྱེ་མར་འབྲུ་སྨན་སྤྲོས། །རང་བྱུང་མན་ཤེལ་འོད་འཕྲོ་གསང་བའི་རྟེན། །ཐ་ལྕུག་ཤེལ་ཕྲེང་ཛ་ཡབ་ནོར་བུའི་ཕྲེང་། །རིན་ཆེན་བཻ་ཌཱུརྻ་ཡི་རྒྱུད་མངས་དང་། །དྲི་མེད་པཙྪ་ལི་ཀའི་ན་བཟའི་ཚོགས། །ཤེལ་ཁྲབ་ཤེལ་རྨོག་ཀ་ཆ་དགོར་ཆ་སོགས། །གཞན་ཡང་ཁྱེད་དང་མཐུན་པའི་དམ་ཚིག་རྫས། །རང་བྱུང་མཆོད་པའི་སྤྲིན་ཕུང་བསམ་ཡས་པ། །ཕུལ་བས་དགྱེས་པར་བཞེས་ཏེ་བདག་ཅག་ལ། །མི་དང་མི་མིན་གནོད་པར་བྱེད་པ་ཀུན། །མངོན་སྤྱོད་དྲག་པོའི་ཤུགས་ཀྱིས་སྒྲོལ་ནས་ཀྱང་། །ཁྱེད་པར་སྨྲི་འདྲེ་རྒྱལ་འགོང་འཚེ་བ་རྣམས། །ལྷ་མཆོག་ཁྱེད་ཀྱི་ཐུགས་རྗེའི་འོད་ཟེར་གྱིས། །དམིགས་མེད་ཀ་ནས་དག་པའི་ཞིང་ལས་མཛོད། །རྫོགས་སྤྲུལ་ལྔ་པས་སོ། །

༄༅། །གཉན་ཆེན་རྡོ་རྗེ་གཡུང་དྲུང་རྩལ་གྱི་གསོལ་བསྐུས་བཞུགས། །

ཀྲཱི། འཇའ་ཟེར་འོད་ཕུང་འཁྲིགས་པའི་ཀློང་ཡངས་དབུས། །ལྷ་གཉན་ཆེན་པོ་རྡོ་རྗེ་གཡུང་དྲུང་རྩལ། །སྐུ་མདོག་དཀར་གསལ་ཞལ་གཅིག་ཕྱག་གཉིས་པ། །དཀར་ཕྱོགས་སྲིད་རྩེར་བསྒྲེངས་པའི་བ་དན་ཕྱུར། །དུང་ཁྲབ་དུང་རྨོག་གསོལ་ཞིང་འཁོར་གསུམ་སྤྲས། །སྤྲིན་གྱི་ཤུགས་ལྡན་རྟ་མཆོག་དང་དཀར

ཆིབས། །གསང་བའི་ཡུམ་ཆེན་རྔོད་ལྕམ་ཤེལ་རྡུ་སྨན། །དཀར་དམར་མཛེས་འཛུམ་ལྷ་ཡི་བུ་མོའི་ཚུལ། །ཕྱག་ན་འདོད་འབྱུང་རིན་ཆེན་ཟས་གཞོང་བསྣམས། །དམར་མཐིང་དར་གྱི་ན་བཟའ་ལྷབ་ལྷུབ་གསོལ། །ཞབས་གཉིས་མཉམ་པའི་སྟབས་ཀྱིས་གཙོ་ལ་འདུད། །ང་འདྲ་མོ་ནམ་གཙང་དཀར་ལ་སོགས་པའི། །ཕྱི་ནང་བློན་པོ་སྤྲུལ་པ་ཡང་སྤྲུལ་དང་། །ལྷ་གཉན་བཙན་གྱི་དམག་དཔུང་འབུམ་གྱི་ཚོགས། །འཁོར་དུ་དཔུང་ཚོགས་བཞི་ཡི་དམག་གིས་བསྐོར། །སྤྱན་འདྲེན་འདིར་གཤེགས་གཡོ་མེད་བརྟན་པར་བཞུགས། །སྟོང་གསུམ་སྟོང་གི་གཏོར་གཞོང་ཡངས་པ་རུ། །རི་རབ་འབར་བའི་དཔལ་གྱི་བཤོས་བུ་ལ། །སྨན་དང་རཀྟའི་རྒྱ་མཚོ་ཆིལ་ལི་ལི། །མི་ཏྲ་ཁྲི་དང་གླང་ཆེན་བ་ལང་ཤ།དྲི་ཆེན་དྲི་ཆུ་རཀྟ་མཾ་ས་དང་། །བྱང་ཆུབ་སེམས་ཀྱི་ཆུ་རྒྱུན་དྲི་མ་མེད། །མ་ད་ན་དང་དཀར་གསུམ་མངར་གསུམ་ཕུད། །གསེར་སྐྱེམས་གཡུ་སྐྱེམས་རྒྱ་ཧ་དད་ལྡན་གྱི། །བཏུང་བའི་རིགས་བྱེད་རླབས་ཀྱི་ཕྲེང་བ་ཅན། །དར་ཟབ་སྣ་ཚོགས་ཁྲབ་རྨོག་གོ་མཚོན་རིགས། །རིན་ཆེན་སྣ་ལྔ་དྲི་ཞིམ་སྨན་སྣའི་ཚོགས། །བ་དན་རྒྱལ་མཚན་འཕན་གདུགས་རླ་བྲེ་དང་། །འདབ་ཆགས་ཆུ་གནས་ཏཱང་བཞི་དུད་འགྲོའི་ཚོགས། །ངོ་མཚར་མཆོད་པའི་སྤྲིན་ཕུང་བསམ་ཡས་པ། །ཕུལ་བས་བདག་ཅག་བྱང་ཆུབ་སྒྲུབ་པ་ལ། །གཟུགས་ཅན་མི་དང་གཟུགས་མེད་བགེགས་ཀྱི་ཚོགས། །བར་དུ་གཅོད་པའི་དགྲ་བགེགས་མཐའ་དག་ཀུན། །ཞི་རྒྱས་དབང་དང་མངོན་སྤྱོད་ཕྲིན་ལས་ཀྱིས། །མིང་ཙམ་མེད་པར་བརླག་པའི་ཕྲིན་ལས་མཛོད། །རྫོགས་སྤྲུལ་ལྔ་པས་སོ། །

༄༅། །གྲོད་ལྷུམ་གསོལ་བསྐུས་བཞུགས།།

ཧཱུྃ། སྔོན་ཚེ་རིག་འཛིན་པདྨ་འབྱུང་གནས་ཀྱི། །བཀའ་ཉན་ཆད་ཐོ་དམ་ཚིག་ལ་གནས་པའི། །སྨན་བཙུན་ཆེན་མོ་གྲོད་ལྷུམ་ཤེལ་རྟ་སྨན། །མདོག་དཀར་བཙུ་དྲུག་ལོན་པའི་ན་ཚོད་ལ། །མཛེས་འཛུམ་དགའ་ཞིང་ཆགས་པའི་ཉམས་འགྱུར་ཅན། །ཕྱག་ན་འདོད་འབྱུང་རིན་ཆེན་ཟས་གཞོང་བསྣམས། །སྐུ་ལ་མཚམས་སྦྱིན་མདངས་ལྡན་ཤ་གོས་ལ། །ནམ་མཁའི་མདོག་ཅན་ན་བཟའ་ལྷབ་ལྷུབ་གཡོ། །དེ་ལ་རིན་ཆེན་གསེར་གྱི་མེ་ཏོག་བཀྲ། །གསེར་དངུལ་མུ་ཏིག་དཀར་དམར་མར་གད་དུང་། །པད་རཀ་གཡུ་སོགས་རིན་ཆེན་རྒྱན་གྱིས་སྤྲས། །ཤིན་ཏུ་ཉེ་བའི་བྲུན་མོ་གཉིས་པོ་ཡང་། །གཙོ་མོའི་གཡས་སུ་ལྷ་མོ་སྐུ་མདོག་དམར། །ཞལ་གཅིག་ཕྱག་གཉིས་རིན་ཆེན་ཟས་གཞོང་བསྣམས། །དམར་སེར་ཤ་གོས་མཐིང་གི་ན་བཟའ་གསོལ། །ཉམས་མང་རིན་པོ་ཆེ་ཡི་རྒྱན་གྱིས་སྤྲས། །གཡོན་དུ་མཛེས་སྡུག་ལྷ་མོ་སྐུ་མདོག་མཐིང་། །ཡིད་འོང་གཞོན་ནུ་ཕྱག་ན་ཟས་གཞོང་བསྣམས། །དམར་སེར་མཐིང་གའི་ན་བཟའ་ལྷུབས་སེ་ལྷུབ། །སྣ་ཚོགས་རིན་པོ་ཆེ་ཡི་རྒྱན་གྱིས་སྤྲས། །ཡུལ་ལྷ་སྨན་མོ་ཀླུ་གཉན་ཚོགས་དང་བཅས། །དགྱེས་པའི་ཚུལ་གྱིས་གནས་འདིར་གཤེགས་སུ་གསོལ། །ཡིད་འོང་ཆུ་སྐྱེས་སྣ་ཚོགས་ཚར་དུ་དངར། །དྲི་ཞིམ་སྨན་གྱི་དུད་པ་སྤྲིན་ལྟར་གཏིབ། །སྣང་གསལ་མར་མེའི་འོད་ཟེར་ཕྱོགས་བཅུར་འཕྲོས། །དྲི་ཆབ་བྱུག་པ་རྒྱ་མཚོ་ལྟ་བུར་བསྐྱིལ། །རོ་བཅུད་ཞལ་ཟས་ལྷུན་པོའི་སྤོ་དང་མཉམ། །སྟོང་གསུམ་སྐལ་པར་ཁྱབ་པའི་རོལ་མོའི་སྒྲ། །དུག་ལྔ་ཉམས་དག་ཡེ་ཤེས་བདུད་རྩིའི་མཚོ། །ཉོན་མོངས་རྒྱུ་དྲུག་བསྒྲལ་

བའི་རཀྟ་དང་། །རོ་བཅུད་ཕུན་སུམ་ཚོགས་པའི་བྷ་ལིདྷ། །ལྷ་ཡི་བུ་མོའི་སྒྱུ་འཕྲུལ་རོལ་རྩེད་སོགས། །བཞེས་ནས་བདག་གི་དགོར་ཆ་ལོངས་སྤྱོད་རྣམས། །ཉིན་མཚན་དུས་དྲུག་མེལ་ཚེ་བྱ་ར་མཛོད། །གོང་ནས་གོང་དུ་འཕེལ་ཞིང་རྒྱས་པར་མཛོད། །རྟ་ཕྱུགས་ནོར་གྱི་གོད་ཁ་ཞི་བ་དང་། །བསམ་དོན་ལྷུན་གྱིས་འགྲུབ་པའི་ཕྲིན་ལས་མཛོད། །རྫོགས་སྤྲུལ་ལྔ་པས་སོ། །

༄༅། །གནས་བདག་ནོར་བུ་གཡུལ་རྒྱལ་གྱི་གསོལ་བསྐུས་བཞུགས།།

ཧཱུྃ། མདུན་དུ་རིན་ཆེན་ལས་གྲུབ་གཞལ་ཡས་ཁང་། །དབུས་སུ་གནས་བདག་ནོར་བུ་གཡུལ་རྒྱལ་ནི། །སྐུ་མདོག་དཀར་དམར་ཡུལ་གྱི་མི་དཔོན་འདྲ། །སྐུ་ལ་མིག་སྨན་མདོག་ཅན་ན་བཟའ་གསོལ། །དར་ལྷུང་སྙེད་འཆིང་སྙེད་ལ་རལ་གྲི་བསྣམས། །གསེར་གྱི་རྣ་རྒྱན་བྱི་རུའི་རྒྱན་ཆ་ཅན། །ཞྭ་ལ་མུ་ཏིག་གཡུ་ཡི་ལན་ཚར་མཛེས། །ཞབས་ལ་སྭག་ལྷམ་གསོལ་ཞིང་ཕྱེད་སྐྱིལ་བཞུགས། །གཡོན་དུ་བཙུན་མོ་བཀྲ་ཤིས་ལྷ་མོ་ནི། །ཁམ་མོ་དབང་མོའི་ཆས་ཅན་ཡིད་འོང་མ། །དཔའ་བོ་དཔའ་མོའི་སྨན་མོ་སུམ་བརྒྱུད་བསྐོར། །གཡས་ཕྱོགས་རྣལ་འབྱོར་གཡུང་དྲུང་བོན་ཆས་ཅན། །འཁོར་དུ་དཀར་དམར་བཙན་དམག་མང་པོའི་བསྐོར། །སྤྲུལ་པ་ཁྲི་ནག་ངར་སྒྲ་ཤུར་ཆེམ་སྒྲོག །ལྷ་ཀླུ་གཉན་གཙན་དམག་ཚོགས་བསམ་མི་ཁྱབ། །འདིར་གཤེགས་བཞུགས་ལ་དངོས་གྲུབ་སྩུལ་དུ་གསོལ། །རྩིབས་སྟོང་ལྡན་པ་གསེར་གྱི་ཙཀྲ་དང་། །དགོས་

འདོད་ཀུན་འབྱུང་ཡིད་བཞིན་ནོར་བུ་མཆོག །མཛེས་སྡུག་འཕྲུལ་ཆགས་བཙུན་མོ་རིན་པོ་ཆེ། །མཁྱེན་པའི་གཏེར་མཛོད་བློན་པོ་རིན་པོ་ཆེ། །གངས་རིའི་མདངས་ལྡན་རབ་བརྟན་གླང་པོ་ཆེ། །བཻ་ཌཱུར་མདོག་ལྡན་རྟ་རྒྱལ་བྷ་ལ་ཧ། །ཕ་རོལ་རྒོལ་འཇོམས་དམག་དཔོན་རིན་པོ་ཆེ། །རིན་ཆེན་གདུགས་མཛེས་གསེར་གྱི་ཉ་མོ་དང་། །གཏེར་གྱི་བུམ་བཟང་འདབ་སྟོང་པདྨའི་ཚལ། །རབ་མཛེས་དུང་དཀར་འདོད་འབྱུང་དཔལ་བེ་ཝུ། །མི་ནུབ་རྒྱལ་མཚན་ཙ་གྲ་ཙྩི་བས་སྟོང་ལྡན། །དངུལ་དཀར་མེ་ལོང་ཡིད་འོང་བཅུད་ལྡན་ཞོ། །སྡུག་བསྔལ་ནད་སེལ་གྷི་ཝཾ་བི་ལ་བ་དང་། །ཚེ་འཕེལ་དུར་ཝ་རབ་དཀར་དུང་གཡས་འཁྱིལ། །དབང་ཐུས་ལི་ཁྲི་བགེགས་འཇོམས་ཡུངས་ཀར་དང་། །སྨན་དང་རཀྟ་རོ་བཅུད་བྷ་ལི་ཧྲ། །གཞན་ཡང་ཁྱེད་ལ་དགྱེས་པའི་མཆོད་པ་ནི། །རྣམ་དག་བློ་ཡིས་བླངས་ཏེ་འབུལ་ལགས་ན། །དགྱེས་པར་བཞེས་ལ་དངོས་གྲུབ་སྩོལ་བ་དང་། །ཨོ་རྒྱན་བསམ་གཏན་ཆོས་གླིང་ཆོས་གྲྭ་འདིར། །ཆོས་སྲིད་བསྟན་པ་ཕྱོགས་བཅུར་རྒྱས་པ་ལ། །ཕྲིན་ལས་ཆེན་པོའི་ས་སྟེང་ཁྱབ་པར་མཛོད། །ཛོགས་སྤྲུལ་ལྔ་པས་སོ། །

༄༅། །གཏེར་སྲུང་དགེ་བསྙེན་སྙོན་ཁའི་གསོལ་བསྐུས་བཞུགས། །

ཧཱུྃ། རང་མདུན་ཁྲག་ཞག་རྒྱ་མཚོའི་ཀློང་ཡངས་དབུས། །གཏེར་སྲུང་དགེ་བསྙེན་སྙོན་ཁ་མཐུ་རྩལ་ཅན། །ཤིན་ཏུ་ཁྲོས་པ་སྨུག་ནག་དུད་ཁའི་མདོག །ཞལ་གཅིག་ཕྱག་གཉིས་གཡས་པས་གསེར་འཁོར་དང་། །གཡོན་

པས་མིག་སྨན་མདོག་ཅན་སྤྲུལ་ཞགས་བསྣམས། །རོ་སྟོད་མི་ལ་རོ་སྨད་སྤྲུལ་མཇུག་ཅན། །མགོ་ལུས་མེད་པར་སྤྲུན་སྟོང་སྡང་མིག་བསྒྲད། །ཆིབས་སུ་ཅང་ཤེས་བྲ་ནག་རྗིང་དཀར་ཆིབས། །གོང་ཐག་གློ་སློད་ཐམས་ཅད་སྤྲུལ་ལས་གྲུབ། །ཇ་རྡོག་གསེབ་ནས་སྤྲལ་སྤྲུལ་སྤྲོམ་སྤྲིག་འཁྲོ། །གཏེར་སྲུང་ཆེན་པོ་འཁོར་དང་བཅས་པ་རྣམས། །དམ་ཚིག་དབང་གིས་གནས་འདིར་ས་མ་ཛ། །ཁྲེད་ལ་དགྱེས་པའི་མཆོད་པ་འབུལ་བ་ནི། །དམར་ཆེན་ཨརྒྷཾ་མཆོད་ཡོན་མཚོ་ལྟར་བསྐྱིལ། །དུག་རྒྱས་ཞབས་བསིལ་ཁྲག་ཞག་ཐ་ཏླབས་འཁྲུག །དབང་པོ་ལྔ་ཡི་མེ་ཏོག་ཚར་དུ་དངར། །ཞིལ་ཆེན་གསུར་དུད་སྨུན་པ་ལྟ་བུར་འཚུབ། །ཞུན་མར་མཆོག་གི་མཆོད་པ་མེ་ལྟར་འབར། །མཁྲིས་ཆེན་བདུད་རྩིའི་བྲུག་པ་མཚོ་ལྟར་བསྐྱིལ། །ཤ་ཁྲག་རུས་པའི་ཞལ་ཟས་ལྷུན་པོར་སྤུངས། །མི་རྐང་གླིང་བུ་ཐོད་རྔ་ཁྲོ་ལོ་ལོ། །དུང་ཆེན་ཧྣཧྣ་ཧྣོན་པའི་སྣོད་མཆོག་ཏུ། །ཉོན་མོངས་འཁོར་བ་དབྱིངས་སྒྲོལ་ཧྣ་ལི་ཧྣ། །རང་བྱུང་ཧྣཧྣ་འབར་བའི་སྣོད་མཆོག་ཏུ། །དུག་ལྔ་སེལ་བའི་པཉྩ་ཨ་མྲི་ཏ། །རིན་ཆེན་སྣ་ལྔའི་གཏོར་གཞོང་ཡངས་པ་རུ། །དཔལ་གྱི་བཞེས་བུ་ནག་པོ་སླེང་གིས་མཚན། །གཡག་རོག་ཞིང་བཀལ་ཅང་ཤེས་རྟ་ནག་དང་། །ཉམས་པ་བསྒྲལ་བའི་ཤ་སྣ་སླེང་སྣ་སྟོང་། །དོན་སྙིང་ནང་ཁྲོལ་ལྔ་དུམ་བམ་གྱི་ཚོགས། །སྦྱི་དང་ཁྲེད་པར་མཐུན་པའི་དམ་ཚིག་རྫས། །ཐུལ་བས་རྐྱེན་ངན་བར་ཆད་ཞི་བ་དང་། །ཚེ་བསོད་རྒྱས་ཤིང་སྲིད་གསུམ་དབང་དུ་སྡུས། །ལོག་འདྲེན་དགྲ་བགེགས་རྡུལ་དུ་བརླག་པར་མཛོད། །རྫོགས་སྤྲུལ་ལྔ་པས་སོ། །

༄༅། །དྲེགས་པའི་སྡེ་དཔོན་སུམ་ཅུའི་ཕྲིན་ལས་བསྐུས་པ་བཞུགས།།

ཧཱུྃ། རང་མདུན་དུར་ཁྲོད་རོལ་བའི་གཞལ་ཡས་དབུས། །དབང་ཕྱུག་མ་ཧཱ་དེ་ཝ་སྐུ་མདོག་མཐིང་། །དར་ནག་བེ་ར་གསོལ་གྲི་གུག་ཐོད་ཁྲག་བསྣམས། །ཆིབས་སུ་གངས་ཀྱི་སེང་གེ་དཀར་མོ་ཆིབས། །ཡུམ་ཆེན་རྒྱལ་མོ་ཨུ་མ་དེ་ཝ་མཐིང་། །སྐུ་ལ་བེ་ར་ལྷུང་གསོལ་ཞིང་ཐོད་ཁྲག་བསྣམས། །ཤར་ཕྱོགས་གཤིན་རྗེ་ཡ་མ་ར་ཛ་ནག །སྐྱོར་བའི་ཡུམ་ཆེན་གཤིན་རྗེ་ཟ་བྱེད་མ། །ལྷོ་ཕྱོགས་བཙོས་རྗེ་བྲང་དཀར་སྐུ་མདོག་ནག །སྐྱོར་བའི་ཡུམ་ཆེན་བདུད་མོ་རེ་ཏི་ནག །ནུབ་ཕྱོགས་སྲིན་པོ་ནག་པོ་གློག་ཕྲེང་ནག །སྐྱོར་བའི་ཡུམ་ཆེན་སྦལ་མགོ་ཁྲག་མིག་དམར། །བྱང་དུ་གནོད་སྦྱིན་ཡཀྴ་མེ་དཔལ་ནག །སྐྱོར་ཡུམ་གནོད་སྦྱིན་མོན་མོ་ནག་མོ་དང་། །སྟེང་ཕྱོགས་གཟའ་བདུད་ཆེན་པོ་དུད་ཁའི་མདོག །ཡུམ་ཆེན་གནམ་སྨན་ཐོག་གི་བུ་ཡུག་དམར། །འོག་ཕྱོགས་ཀླུ་བདུད་མགོ་དགུ་དུད་ཁའི་མདོག །སྐྱོར་བའི་ཡུམ་ཆེན་ཡཀྴ་སྐུ་མདོག་ནག །ཕྱི་རོལ་ཤར་སྟོད་ཡར་ལྷ་ཤམ་པོ་དཀར། །ཤར་གྱི་དབུས་སུ་གནམ་ཐེལ་སྐུ་མདོག་དཀར། །ཤར་སྨད་སྤྱི་བདུད་གུ་རུམ་སྐུ་མདོག་དཀར། །ལྷོ་སྟོད་མ་མོ་སྲིད་པའི་རྒྱལ་མོ་ནག །ལྷོ་དབུས་སྔགས་བདག་ཨེ་ཀ་ཛ་ཏི་མཐིང་། །ལྷོ་སྨད་དཔལ་ལྡན་ནག་མོ་མགྲོགས་བྱེད་ནག །ནུབ་སྟོད་བམ་ཆེན་རྡོ་རྗེ་བདུད་འདུལ་དམར། །ནུབ་དབུས་བྲག་བཙན་སྲོག་གཟན་སྐུ་མདོག་དམར། །ནུབ་སྨད་བཙན་འགོང་ཡམ་ཤུད་སྐུ་མདོག་དམར། །བྱང་སྟོད་བགེགས་རྒྱལ་བི་ན་ཡ་ཀ་ནག །བྱང་དབུས་མུ་སྟེགས་ཀ་ལ་མིག་སྨན་མདོག །བྱང་སྨད་དམུ་བདུད་ནག་པོ་བཀྲག་མེད་ནག །ཤར

སྒོར་ལྷ་ཆེན་ཚངས་པ་སྐུ་མདོག་དཀར། །ལྷོ་སྒོར་རྒྱལ་པོ་ཆེན་པོ་བེ་ར་དཀར། །ནུབ་སྒོ་སྐུ་ལྷ་ཆེན་པོ་གསང་བ་དཀར། །བྱང་སྒོར་མགོན་པོ་མ་ཧཱ་ཀཱ་ལ་མཐིང་། །སྤྲིན་གྱི་ཤུགས་ཅན་སྣ་ཚོགས་ཞོན་པ་བཅས། །རང་རང་གནས་ནས་འདིར་གཤེགས་བརྟན་པར་བཞུགས། །ཉེར་སྤྱོད་བདུན་དང་འདོད་ཡོན་རྣམ་པ་ལྔ། །ཕྱི་མཆོད་འདོད་ཡོན་ལྔ་དང་ཉེར་སྤྱོད་བདུན། །ནང་མཆོད་དྲག་པོའི་མཆོད་པ་བླ་ན་མེད། །གསང་མཆོད་སྨན་རཀ་གཏོར་གསུམ་སྦྱོར་སྒྲོལ་སོགས། །ཕུལ་བས་བདག་ཅག་བསམ་དོན་ལྷུན་གྲུབ་ཅིང་། །ཕྱི་ནང་བར་ཆད་རྐྱེན་ངན་ཞི་བ་དང་། །ཕྲིན་ལས་རྣམ་བཞི་འི་དངོས་གྲུབ་སྩོལ་དུ་གསོལ། །ཛོགས་སྤྲུལ་ལྔ་པས་སོ། །

༄༅། །དུར་ཁྲོད་ལྷ་མོའི་གསོལ་བསྟུས་བཞུགས། །

ཧཱུྃ། རང་མདུན་འཇིགས་སུ་རུང་བའི་དུར་ཁྲོད་དབུས། །པད་ཉིའི་སྟེང་དུ་ཧྲཱིཿ་ཡིག་ཡོངས་གྱུར་ལས། །མ་གཅིག་དུར་ཁྲོད་ལྷ་མོ་ངན་ནེ་མ། །སྐུ་མདོག་སྨུག་ནག་ཤིན་ཏུ་ཁྲོས་པའི་ཚུལ། །ཕྱག་གཡས་དགྲ་སྙིང་ཁྲག་འཛག་དྲིན་མོ་ཟ། །གཡོན་པས་སྲིད་གསུམ་གསལ་བའི་མེ་ལོང་འཛིན། །དར་དཀར་སྟོད་གཡོགས་སྟག་ལྤགས་ཤམ་ཐབས་ཅན། །མི་ལྤགས་གཡང་གཞི་རླྀན་པ་གོས་སུ་གྱོན། །རལ་བ་ཁམ་ནག་མེ་འབར་ཐུར་དུ་འཕྱུར། །རྣ་བ་གཉིས་ལ་དུང་གི་ཨ་ལོང་བརྒྱན། །ཐོད་སྐམ་དབུ་རྒྱན་རླྀན་པའི་དོ་ཤལ་ཅན། །རུས་པའི་ཕྲེང་བ་སེ་རལ་ཁར་འཕྱུར་ཞིང་། །གཡས་བསྐུམ་གཡོན་བརྐྱང་ཞིང་གི་གདན་ལ་

འགྱིང་། །འཁོར་དུ་དུར་ཁྲོད་མ་མོ་ཆེན་མོ་བཞི། །དཀར་སེར་དམར་ལྗང་སྐྱིང་དང་མེ་ལོང་འཛིན། །གཅེར་མོའི་སྐུ་ལ་ཕྱག་རྒྱ་ལྔ་ཡིས་བརྒྱན། །ཤྭ་ན་ཕ་ཕྱུང་ཏྲེད་སོགས་སྤྲུལ་པ་འགྱེད། །མ་རུང་དྲེགས་པའི་འཁོར་ཚོགས་བསམ་མི་ཁྱབ། །བརྩེ་བའི་ཐུགས་ཀྱིས་གནས་འདིར་གཤེགས་སུ་གསོལ། །དམར་ཆེན་མཆོད་ཡོན་དབང་ལྔའི་མེ་ཏོག་དང་། །སྣ་ཚོགས་གསུར་དུད་ཞུན་ཆེན་སྣར་བའི་མེ། །མཁྲིས་ཆེན་བྱུག་པ་ཤ་ཁྲག་རུས་པའི་ཟས། །རྐང་གླིང་རོལ་མོའི་སྒྲ་དབྱངས་མཆོད་པའི་སྤྲིན། །སྨན་རཀ་ཚོགས་དང་གཏོར་མའི་ལོངས་སྤྱོད་དང་། །དྲིལ་ནག་བོང་བུ་ཙང་ཤེས་མིག་སྨན་མདོག །འཕར་སྤྱང་དྲེད་སོགས་བརྗིད་པའི་ཞོལ་མོ་དང་། །སྨྱུག་རྐོད་མདའ་དར་ནལ་བུའི་རྒྱལ་མཚན་བསྒྲེངས། །རབ་འབྱམས་ནམ་མཁའ་གང་བའི་མཆོད་པ་འདི། །ཕུལ་བས་ཉམས་ཆགས་འགལ་འཁྲུལ་བཤགས་པ་དང་། །བདག་ལ་སྲུང་སྐྱོབ་ཕྲིན་ལས་མ་གཡེལ་བར། །མི་མཐུན་གནོད་པའི་འགལ་རྐྱེན་ཀུན་ཞི་ཞིང་། །མཐུན་རྐྱེན་བསམ་དོན་མྱུར་དུ་འགྲུབ་པར་མཛོད། །རྫོགས་སྤྲུལ་ལྔ་པས་སོ། །

༄༅། །ལས་གཤིན་གྱི་གསོལ་བསྡུས་བཞུགས། །

ཨཱི། རང་མདུན་ཐོད་མཁར་ལྕགས་ཀྱི་གྲོང་ཁྱེར་དབུས། །པདྨ་ཉི་ཟླ་དགྲ་བགེགས་གདུགས་པ་ཅན། །དེ་སྟེང་སྲིན་གྱི་མ་ཧེ་སེར་ནག་སྟེང་། །ཡ་ཡིག་གནས་འགྱུར་ལས་ཀྱི་གཤིན་རྗེ་གཤེད། །སྨུག་ནག་བཟོད་པར་དཀའ་བའི་ལང་ཚོ་ཅན། །ཞལ་གདངས་ལྕགས་འདྲིལ་སྤྱན་གསུམ་སྡང་མིག་བསྒྲད། །སྨིན་མ

ཨག་ཆོམ་དམར་པོ་མེ་འབར་ཞིང་། །རལ་བའི་གསེབ་ནས་གཤིན་རྗེའི་ཕོ་ཉ་སྤྲོ། །ཕྱུག་གཡས་ཐོད་དབྱུག་གཡོན་པས་ཐོད་ཁྲག་བསྣམས། །མི་ལྤགས་སྟོད་གཡོག་སྟག་ལྤགས་ཤམ་ཐབས་ཅན། །མགོ་སྐྱོན་དོ་ཤལ་རུས་པའི་ཕྲེང་བས་བརྒྱན། །དཔལ་དང་དུར་ཁྲོད་རོལ་པའི་ཆས་ཀྱིས་བརྒྱན། །ཞབས་གཉིས་གཡས་བརྐྱངས་གཡོན་བསྐུམས་སྟབས་ཀྱིས་བཞེངས། །གཡོན་དུ་ཡུམ་ཆེན་གཏུམ་མོ་དུག་རྩུབ་མ། །མི་ལྤགས་གོས་གྱོན་འཁོར་ལོ་ཐུན་ཁྲག་འཛིན། །འཁོར་དུ་ཡ་བ་མིག་དམར་ཆོས་རྒྱལ་དང་། །ཕྱྭ་གསང་ཏེལ་པ་རྨིག་པ་གླང་མགོ་ཅན། །རལ་བ་ཚར་དགུ་གཤིན་རྗེའི་སྡེ་དཔོན་བརྒྱད། །རང་རང་རྒྱུད་མ་དང་བཅས་ཕྱོགས་མཚམས་འཁོད། །ཡབ་རྣམས་ཐོད་དབྱུག་གཡས་དང་གཡོན་ཞིང་དབྱུག །ཡུམ་རྣམས་སྤྱི་གྲི་ཐོད་པ་ཁྲག་བཀང་བསྣམས། །ལོ་ཟླ་ཞག་གཤེད་གཤིན་རྗེའི་དམག་ཚོགས་ནི། །གཏུམ་དྲག་འཇིགས་པའི་ཚོགས་དང་བཅས་པ་རྣམས། །ཚུར་བྱོན་ཚུར་བྱོན་གནས་འདིར་གཤེགས་སུ་གསོལ། །ཉམས་པ་བསྐང་བའི་ཁྲག་དང་དབང་པོ་ལྔ། །ཀྱིལ་ཆེན་དུད་པ་ཞུན་ཆེན་མར་མེ་དང་། །མཁྲིས་ཆེན་བདུད་རྩི་སྨན་དང་རཀྟའི་སྐྱེམས། །ཤ་རུས་གཏོར་མ་སྒྲོར་སྒྲོལ་མཆོད་པ་དང་། །རྟ་ནག་ཁྱི་ནག་ལུག་ནག་གཡག་གཏོད་དང་། །གནམ་ལ་འཕུར་དགུ་ས་ལ་འཛུལ་དགུ་སོགས། །སྲིད་ཞིའི་འབྱོར་ཚོགས་དཔག་མེད་ནམ་མཁའ་མཛོད། །ཕུལ་བས་དགྱེས་པར་བཞེས་ཏེ་བདག་ཅག་ལ། །གནོད་པར་བྱེད་པའི་དགྲ་བགེགས་ཀུན་སྒྲོལ་ནས། །དུས་མིན་འཆི་བའི་འཇིགས་པ་བཟློག་ཏུ་གསོལ། །རྫོགས་སྨྲུལ་ལྔ་པས་སོ། །

༄༅། །ཉང་གི་ཁྲོས་ནག་གཏེར་སྐྱུང་མཁའ་འགྲོ་སྤྱང་ཞོན་མཆེད་གསུམ་གྱི་གསོལ་བསྐུལ་བཞུགས་སོ།།

ཧྲཱི། རང་ཉིད་ཁྲོས་མ་ནག་མོ་གསལ་བའི་མདུན། །ཐོད་པའི་སྐུ་མཁར་ཟུར་གསུམ་མེ་ལྷང་འཚུབས། །དེ་དབུས་མི་རོ་བམ་གྱི་ཁྲི་སྟེང་ནས། །ཉི་དཀྱིལ་སྟེང་དུ་མ་ཡིག་ཡོངས་གྱུར་ལས། །མཁའ་འགྲོ་ཆེན་མོ་སྤྱང་ཞོན་གཅེར་བུ་ནག །ཕྱག་གཉིས་གྲི་གུག་ཐོད་ཁྲག་སྙིང་བཅས་འཛིན། །རལ་བ་གྱེན་འཕྱིལ་ལྕག་མ་ཐུར་དུ་འཕྱང་། །སྤྲུལ་དང་ཐོད་སྐམ་ལྔ་ཡིས་དབུ་ལ་བརྒྱན། །སྐུ་སྟོད་ཞིང་ཆེན་གཡང་གཞི་སྟག་ཤམ་གསོལ། །ཤིན་ཏུ་མི་བཟད་ལྟུགས་སྤྱང་མགོ་དགུ་ཆིབས། །དེ་ཡི་གཡས་སུ་ཧཱུྃ་ཡིག་ཡོངས་གྱུར་ལས། །བཙན་མོ་དམར་མོ་གཅེར་བུ་སྟག་ཤམ་ཅན། །ཕྱག་གཡས་གྲི་གུག་གཡོན་པས་བཙན་ཞགས་འཛིན། །ཤིན་ཏུ་ཧྲམ་པའི་མཚལ་སྟག་མགོ་དགུ་ཆིབས། །གཡོན་དུ་ཛཿ ཡིག་ཡོངས་གྱུར་བདུད་མོ་ནི། །སྲིན་མོ་གཅེར་བུ་གཟིག་གི་ཤམ་ཐབས་ཅན། །ཕྱག་གཡས་གྲི་གུག་གཡོན་པས་བདུད་ཞགས་བསྣམས། །འཇིགས་རུང་འཇིགས་བྱེད་ཟངས་འཕར་མགོ་དགུ་ཆིབས། །གཞན་ཡང་གཡས་སུ་མི་ནག་འབུམ་སྡེ་དང་། །གཡོན་ཏུ་བྲོ་བརྡུང་མོན་མོ་ནག་མོ་འབུམ། །མདུན་དུ་ཨ་ཙར་གླུ་ལེན་གར་བྱེད་འབུམ། །ཤ་ཟ་འབུམ་གྱི་ཚོགས་ནི་ཀན་སྒྲ་སྒྲོག །མ་མོ་མཁའ་འགྲོ་འཁོར་བཅས་གཤེགས་སུ་གསོལ། །ལྔ་རྫས་ཕྱི་ཡི་མཆོད་པ་ཉེར་སྤྱོད་བདུན། །རང་བྱུང་ནང་གི་མཆོད་པ་དྲག་པོའི་རྫས། །གཉིས་མེད་གསང་བའི་མཆོད་པ་བླ་ན་མེད། །གཞན་ཡང་མཐུན་རྫས་མ་ཚང་མེད་པ་ཀུན། །ཡུལ་

བས་བདག་ཅག་དཔོན་སློབ་འཁོར་བཅས་ལ། །མ་དང་མཁའ་འགྲོའི་བཀའ་ཆད་བཟློག་པ་དང་། །བཅོལ་བའི་ཕྲིན་ལས་ཡིད་བཞིན་འགྲུབ་པར་མཛོད། །ཅེས་རྫོགས་སྤྲུལ་ལྔ་པས་སོ། །

༄༅། །གཏོད་ཀྱི་བཀའ་སྲུང་ཟངས་རི་བཙན་རྒོད་གསོལ་བསྡུས་བཞུགས།།

ཧཱུྃ། བདག་ཉིད་ཡི་དམ་ལྷ་རུ་གསལ་བའི་མདུན། །སྐད་ཅིག་དྲན་རྫོགས་ཟངས་རི་བཙན་རྒོད་ནི། །ཤིན་ཏུ་ཁྲོས་པ་དམར་ནག་ཁྲག་གི་མདོག །ཞལ་གཅིག་ཕྱག་གཉིས་དབྱུ་ལ་གསེར་རྨོག་གསོལ། །སྐུ་ལ་བསེ་ཁྲབ་གསོལ་ཞིང་འཁོར་གསུམ་སྤྲས། །ཕྱག་ན་མདུང་དམར་བ་དན་མེ་ལྟར་འབར། །ཆིབས་སུ་བཙན་རྟ་དམར་པོ་གློག་འདྲ་ཆིབས། །མཆེད་ཟླ་ཟངས་རི་བཙན་རྒོད་དྲུག་པོ་ཡང་། །ཀུན་ཀྱང་མདོག་དམར་ཞལ་གཅིག་ཕྱག་གཉིས་པ། །གོ་ཁྲབ་གསོལ་ཞིང་ཕྱག་ན་མདུང་དམར་བསྣམས། །ཆིབས་སུ་བཙན་རྟ་གློག་དམར་འཕྱུགས་ཤེས་ཆིབས། །འཁོར་དུ་བཙན་འཁོར་སུམ་བརྒྱ་དྲུག་ཅུའི་ཚོགས། །དབྱིངས་ནས་སྤྱན་དྲངས་བརྟན་པར་བཞུགས་སུ་གསོལ། །དམ་ཉམས་དགྲ་བགེགས་བསྒྲལ་བ་ལས་བྱུང་བ། །དམར་ཆེན་ཁྲག་གི་མཆོད་ཡོན་ཐ་རླབས་འཁྲུགས། །དུག་ཆུའི་ཞབས་བསིལ་མིག་སྨན་མདོག་ལྟར་གནག །དབང་ལྔའི་མེ་ཏོག་རབ་མཛེས་རྣམ་པར་བཀྲ། །ཞུན་ཆེན་མར་མེ་དུས་མཐའི་མེ་ལྟར་འབར། །མཁྲིས་ཆེན་བདུད་རྩིའི་དྲི་ཆབ་འབྱུག་པའི་མཚོ། །ཤ་ཁྲག་རུས་པའི་

ཞལ་ཟས་རི་ལྟར་སྤུངས། །གསང་བའི་རྗེའུ་ཆུང་མི་ཤང་གླིང་བུའི་སྒྲ། །དུག་ལྔ་ནད་སེལ་པཉྩ་ཨ་མྲི་ཏ། །འདོད་ཆགས་རྣམ་དག་རཀྟ་དམར་གྱི་མཚོ། །བཙན་བཤོས་དམར་པོ་ཤ་སྣ་སྙིང་སྣས་བརྒྱན། །མདོར་ན་ཕྱི་ནང་གསང་བའི་མཐུན་པའི་རྫས། །མཆོད་པ་འབུལ་ལོ་དགྱེས་པར་བཞེས་ནས་ཀྱང་། །སངས་རྒྱས་བསྟན་པ་སྤྱི་དང་ཁྱད་པར་དུ། །ཟབ་མོ་གཏེར་ཡུལ་བསྟན་པ་དར་ཞིང་རྒྱས། །བདུད་བཞིའི་འཇིགས་པ་དབྱིངས་སུ་ཞི་བ་དང་། །གང་བསམ་དངོས་གྲུབ་མ་ལུས་སྩོལ་དུ་གསོལ། །རྫོགས་སྤྲུལ་ལྔ་པས་སོ། །

༄༅། །ཉི་ཁྲགས་ཆོ་སྒྲུབ་བདུད་བཞི་རྣམ་རྒྱལ་གཏེར་སྲུང་ཀླུ་མོ་གཟི་འབར་མའི་གསོལ་བསྡུས་བཞུགས།།

ཧཱུྃ། རང་མདུན་རྒྱ་མཚོ་ཆེན་པོའི་གློང་ཡངས་སུ། །རིན་ཆེན་སྣ་ལྔའི་ཕོ་བྲང་ཆེན་པོའི་དབུས། །གཏེར་སྲུང་ཀླུ་མོ་ཆེན་མོ་གཟི་འབར་མ། །སྐུ་མདོག་དཀར་དམར་ཡིད་འོང་མཛེས་འཛུམ་ལྡན། །སྐུ་སྟོད་མི་ལ་སྐུ་སྨད་སྦྲུལ་དུ་འཁྱིལ། །ཕྱག་གཡས་ནོར་བུ་གཡོན་པས་གཏེར་སྒྲོམ་བསྣམས། །དར་དཀར་ན་བཟའ་རིན་ཆེན་རྒྱན་གྱིས་བརྒྱན། །དབུ་སྦྲུལ་ཕྱེད་བཙིངས་ལྟག་མ་ཐུར་དུ་འཕྱང་། །ཡིད་བཞིན་ནོར་བུ་དབང་གི་རྒྱལ་པོས་བརྒྱན། །སྣ་ཚོགས་དར་གྱི་ཅོད་པཎ་པུ་ཏྲ་ཏྲ། །ཡིད་འོང་ཀླུ་སྨན་འབུམ་གྱི་འཁོར་གྱིས་བསྐོར། །ད་རྩུར་ད་རྩུར་གནས་འདིར་བརྟན་པར་བཞུགས། །ཕྱི་ཡི་མཆོད་པ་རིན་ཆེན་རྣམ་པ་

ལྃ། །ནང་མཆོད་དཀར་གསུམ་མངར་གསུམ་ཐུད་ཀྱིས་མཆོད། །གསང་མཆོད་ཟླུམ་བཞོས་དཀར་པོ་མར་གྱིས་བརྒྱན། །ཤེལ་ཚོམ་ཁྲི་དཀར་ཟ་འོག་དར་ཟབ་དང་། །གླུ་ཧྲ་རྒྱན་ལྡན་ལ་སོགས་རྒྱ་གནས་རིགས། །གླུ་ལ་དབང་བའི་གླུ་ནོར་ཉེར་གཅིག་སོགས། །གཞན་ཡང་གླུ་ཡི་མཐུན་པའི་ཡོ་བྱད་དང་། །སྲིད་ཞིར་གནས་པའི་མཆོད་རྫས་ཇི་སྙེད་ཀུན། །དངོས་འབྱོར་ཡིད་སྤྲུལ་ཕུལ་བའི་བྱིན་རླབས་ཀྱིས། །བདག་ཅག་ཚེ་དང་བསོད་ནམས་དཔལ་འབྱོར་དང་། །ཁྱད་པར་གླུ་ཡི་ཕྲུག་གཡང་འཕེལ་གཡང་སོགས། །ཅི་འདོད་དངོས་གྲུབ་མ་ལུས་སྩོལ་དུ་གསོལ། །ཇོགས་སྤྲུལ་ལྔ་པས་སོ། །

༄༅། །ཐུ་རྒྱལ་སྒྲོམ་རའི་གསོལ་བསྐུལ་བཞུགས།།

ཀྱཻ། མདུན་དུ་ཧཱུྃ་ལས་རིན་ཆེན་གཞལ་ཡས་ཁང་། །སྣ་ཚོགས་པདྨ་ཉི་མ་ཟླ་བའི་སྟེང་། །སྐུ་ལྷ་ཐུ་རྒྱལ་སྒྲོམ་ར་གསེར་གྱི་མདོག །ཞལ་གཅིག་ཕྱག་གཉིས་ཕྱག་གཡས་མདའ་དར་བསྣམས། །གཡོན་པས་གསེར་གྱི་ནོར་འཛིན་ནེའུ་ལེ་བསྣམས། །སྐུ་ལ་བེར་ཆེན་གསེར་ཁྲབ་ལྷབ་ལྷུབ་གསོལ། །ཞབས་ལ་སྭག་ལྷམ་འཛའ་རིས་འཕྱིལ་བ་གསོལ། །འཁོར་དུ་རྩེ་ལྷ་བཅུ་གསུམ་ཐུ་སྲས་དགུ། །སྲིད་གཅིག་རྡོ་རྗེ་དྲག་མོ་ཐུ་སྨན་ཚོགས། །ཐུ་འཁོར་འབུམ་དང་ལྷ་ཀླུ་གཉན་གྱི་དམག །གནམ་ས་བར་སྣང་ཁྱོན་ཀུན་གང་བའི་ཚོགས། །སྤྱན་འདྲེན་འདིར་གཤེགས་དགྱེས་པར་བཞུགས་སུ་གསོལ། །དྭངས་བསིལ་རྙོག་མེད་ཨརྒྷཾ་བདུད་རྩི་འི་རྒྱུན། །དག་བྱེད་ཞབས་བསིལ་དྲི་ལྡན་རྒྱ་མཚོར་

བསྐྱིལ། །རབ་མཛེས་རྣམ་བཀྲའི་མེ་ཏོག་ལྷ་ན་སྡུག །ལྷན་ཅིག་སྐྱེས་དང་སྦྱར་བའི་བདུག་པའི་སྤྲིན། །སྣང་གསལ་མར་མེ་འོད་ཟེར་ཕྱོགས་བཅུར་འཕྲོ། །དྲི་ཞིམ་སྨན་གྱིས་སྦྱར་བའི་བྱུག་པའི་མཆོད། །སྣ་ཚོགས་རོལ་མོ་སྙན་པའི་སྒྲ་དང་བཅས། །སྨན་གཏོར་རཀྟ་ཚོགས་ཀྱི་ལོངས་སྤྱོད་དང་། །རིན་ཆེན་བདུན་དང་ཉེ་བའི་རིན་ཆེན་བདུན། །ཁྲུས་ཀྱི་རྫིང་བུ་མ་རྨོས་ལོ་ཏོག་དང་། །བུམ་བཟང་དཔག་བསམ་ཤིང་དང་འདོད་འཇོའི་བ། །ཕོ་ཆས་མོ་ཆས་ཀ་ཆ་དཀོར་ཆ་སོགས། །སྲིད་ཞི་དངོས་པོའི་ཡོ་བྱད་ཅི་སྙེད་པ། །ཕུལ་བས་བདག་ལ་ནོར་གྱི་ལོངས་སྤྱོད་དང་། །ཚེ་གཡང་དཔལ་གྱི་དངོས་གྲུབ་སྩལ་དུ་གསོལ། །ཛོགས་སྦྱུལ་ལྷ་པས་སོ། །

༄༅། །གཡུ་ཐོག་སྙིང་ཐིག་གི་ཆ་ལག་ལྷ་སྨན་གསོལ་བསྡུས་བཞུགས།།

ཧཱུྃ། བདག་ཉིད་སྨན་པའི་རྒྱལ་པོ་གསལ་བའི་མདུན། །སྨན་དང་རིན་ཆེན་ལས་གྲུབ་གཞལ་ཡས་ཁང་། །དབུས་སུ་ཡེ་ཤེས་ཁྲེའུ་ཆུང་སྐུ་མདོག་དཀར། །རབ་མཛེས་སྐུ་ལ་དར་ཟབ་གོ་ཟླུ་གསོལ། །ཕྱག་གཡས་མདའ་དར་སྣ་ལྔ་མེ་ལོང་བསྣམས། །གཡོན་པས་ཐ་སྙིང་འཁྲིལ་ཞིང་བཞེངས་སྟབས་ཅན། །ཤར་དུ་ཡེ་ཤེས་ལྷ་མོ་ཟླ་བའི་མདོག །ལྷོ་རུ་སྨྲ་བྱེད་ལྷ་མོ་གསེར་གྱི་མདོག །ནུབ་ཏུ་མཐོང་བྱེད་ལྷ་མོ་པད་རག་མདོག །བྱང་དུ་སྨན་བྲ་སྟེར་ནུས་དྲང་སྲོང་ཚོགས། །ལྷ་མོ་གསུམ་ནི་གཞོན་ཚུལ་ལང་ཚོ་རྒྱས། །ཨུཏྤལ་སྐྱེད

ཚིངས་པདྨའི་ཕྲེང་བ་ཅན། །རིན་ཆེན་མུ་ཏིག་སྣ་ཚོགས་རྒྱན་གྱིས་སྤྲས། །སྐུ་ལ་དར་དཀར་གོ་ཟུ་མཚལ་ཐིག་ཅན། །གསེར་གྱི་གོང་རས་གཡུ་ཡི་ཐིག་ཕྲན་ཅན། །ཕྱག་གཡས་ཐྲ་གླིང་སྨན་པའི་སྦྲ་དང་བཅས། །གཡོན་པས་སྣང་སྲིད་གསལ་བའི་མེ་ལོང་བསྣམས། །འཁོར་བཅས་འགྲོ་བའི་ནད་རྣམས་བསལ་བའི་ཕྱིར། །འདིར་གཤེགས་དགྱེས་པ་ཆེན་པོར་བཞུགས་སུ་གསོལ། །ཁྱེད་ལ་དགྱེས་པའི་མཆོད་པ་འབུལ་བ་ནི། །སྨན་བཤོས་རྩེ་རྒྱལ་ཕྱེ་མར་འོ་སྐོལ་ཕུད། །ཟས་སྣ་འབྲུ་སྣ་རིན་ཆེན་རྣམ་པ་ལྔ། །དཀར་གསུམ་མངར་གསུམ་དྲི་ཞིམ་སྨན་གྱི་རིགས། །ཏྲ་དང་བ་ལང་ནོར་གྱི་རིགས་བྱེད་དང་། །ཤ་རྒྱང་མ་ཧེ་རི་དྭགས་རྐང་བཞིའི་ཚོགས། །ངང་པ་དཀར་སེར་མཐིང་རིལ་འདབ་ཆགས་ཚོགས། །ཆུ་སྲིན་རྒྱལ་པོ་དུང་དང་ཆུ་གནས་རིགས། །མཐུན་པའི་དམ་རྫས་མ་ཚང་མེད་པ་ཀུན། །ཕུལ་བས་བདག་ཅག་དཔོན་སློབ་འཁོར་བཅས་རྣམས། །བཞི་བརྒྱ་རྩ་བཞིའི་ནད་རྣམས་ཞི་བ་དང་། །ཕྲ་མཐོང་དངོས་གྲུབ་མྱུར་དུ་སྩལ་དུ་གསོལ། །ཇོགས་སྤྲུལ་ལྔ་པས་སོ། །

༄༅། །ཉེ་བྲགས་སྨན་ལྷའི་གཏེར་སྒྲུང་ཁོལ་པོ་ཁའི་གསོལ་བསྡུས་བཞུགས། །

ཧཱུྃ། ཡན་ལག་བརྒྱད་ལྡན་རྒྱ་མཚོ་ཆེན་པོའི་དབུས། །དཔག་བསམ་ཤིང་དྲུང་པདྨ་ཉི་མའི་སྟེང་། །ཧཱུྃ་ཡིག་ཡོངས་གྱུར་གཏེར་སྲུང་ཁོལ་པོ་ཁ། །སྐུ་མདོག་མཐིང་སྔོན་བཻ་ཌཱུརྻ་ཡི་མདོག །ཞལ་གཅིག་ཕྱག་གཉིས་ཁྲོ་འཛུམ་འཁྲིང་བག

ལྡན། །སྨ་ར་སྨིན་མ་དམར་སེར་མཚམས་སྤྲིན་མདོག །གཡུ་རལ་གྱེན་བརྫེས་ལྷུག་མ་ཐུར་དུ་འཕྱུང་། །ཕྱག་གཡས་ནོར་བུ་གཡོན་པས་སྒྲོམ་བུ་འཛིན། །སྐུ་ལ་ལྷུང་ནག་དར་གྱི་བེར་ཆེན་གསོལ། །ཞབས་གཉིས་ཕྱེད་སྐྱིལ་འཁྱིང་བག་གཟི་འོད་འབར། །དགྱེས་སྡེ་ཡུམ་སྲས་བཀའ་འཁོར་མང་པོ་བཅས། །མངོན་སུམ་ཁྲོམ་ཚོགས་ལྷ་བུར་གསལ་བར་གྱུར། །སྤྱན་འདྲེན་འདིར་གཤེགས་དགྱེས་པར་བཞུགས་སུ་གསོལ། །ཕྱི་ནང་གསང་མཆོད་སྨན་རཀྟ་ཏྟ་ལིངྒ། །མཛེས་སྡུག་ཡིད་འོང་དངུལ་དཀར་མེ་ལོང་གཟུགས། །བཻ་ཌཱུར་རྒྱུད་མངས་གླིང་བུ་སྙན་པའི་སྒྲ། །ཙནྡན་དཀར་དམར་དྲི་ཞིམ་ངད་ལྡན་པ། །རོ་བརྒྱ་ལྡན་པའི་ཞལ་ཟས་རི་ལྟར་སྤུངས། །ལྷ་ཡི་རིག་བྱ་བཀྲ་ཤིས་རི་མོ་བཀྲ། །ནམ་མང་མཆོད་པའི་དམ་རྫས་དཔག་མེད་པ། །དགྱེས་པར་བཞེས་ལ་བསྟན་པ་བསྲུང་བ་དང་། །མདོ་སྔགས་བསྟན་པ་ཕྱོགས་བཅུར་རྒྱས་པར་མཛོད། །སྨོན་ལམ་འཕྲུལ་རྐྱེན་ངན་པ་བཟློག་པ་དང་། །འཇིག་རྟེན་བདེ་ཞིང་ལོ་ལེགས་ཕྱུགས་འཕེལ་ཞིང་། །བསམ་དོན་ཡིད་བཞིན་འགྲུབ་པའི་ཕྲིན་ལས་མཛོད། །རྫོགས་སྤྲུལ་ལྔ་པས་སོ། །

༄༅། །གེ་སར་ནོར་བུ་དགྲ་འདུལ་གསོལ་བསྐུས་བཞུགས།།

ཧཱུྃ༔ འཛམ་གླིང་གེ་སར་ནོར་བུ་དགྲ་འདུལ་རྩལ། །མདོག་དཀར་ཞི་འཛུམ་ཞལ་གཅིག་ཕྱག་གཉིས་པ། །ཕྱག་གཡས་ཐ་ལྕུག་གཡོན་པས་མདུང་དར་བསྣམས། །དབུ་ལ་དངུལ་རྨོག་ཕུབ་དམར་ལེབ་ཆེན་བསྣམས། །མགུལ་དུ་

མགུལ་གྲྭ་ནོར་བུ་འབར་བས་བརྒྱན། |སྐུ་ལ་བེར་སྨུག་རྡོ་རྗེའི་གོ་ཁྲབ་གསོལ། |སྙེད་ཆིངས་ཆེ་མདུད་སྟག་རལ་གཟིག་ཤུབས་བརྒྱན། |སྙེད་གྱི་འཛིག་རྟེན་ཆོས་སོད་ཤེལ་གྱི་གྲི། |འུར་རྡོ་ཕ་ཕྱིཾ་སྟོང་འཁོར་གནམ་ལྕགས་མདའ། |མདུང་མོ་ཁམས་གསུམ་དགྲ་འདུལ་ལ་སོགས་པ། |སྐུ་ལ་དགྲ་ལྷའི་གོ་མཚོན་སྣ་དགུས་བརྒྱན། |ཞབས་ལ་སྟག་ལྕམ་འཛའ་རིས་འཁྱིལ་བ་སོགས། |རྫུ་འཕྲུལ་ཤུགས་ལྡན་རྡོ་རྗེ་རྐྱང་རྒོད་ཆིབས། |མདུན་ནས་རིམ་བཞིན་ལྷ་ཆེན་ཚངས་པ་དཀར། |གཉན་ཆེན་སྐུ་ལྷ་གེ་མཛོ་སྐུ་མདོག་སེར། |ཀླུ་རྒྱལ་གཙུག་ན་རིན་ཆེན་མར་གད་མདོག |ཞུ་བོ་དུང་ཁྱུང་ནུབ་བོ་ཀླུ་ཐུག་དང་། |སྲིང་ལྕམ་ཐ་ལེ་འོད་འཕྲོ་གནམ་སྨན་དཀར། |དགྲ་ལྷའི་མེ་སྟག་མ་ཡུམ་འགོག་བཟའ་དང་། |མགར་བཟའ་ཆོས་སྒྲོན་ཟི་མ་གཡང་སྨན་རྒྱལ། |རྒྱ་གར་ཆོས་མཚོ་རྒྱ་ནག་ཁྲི་མོ་མཚོ། |ཏ་ཤང་མཚོ་སོགས་དང་སྨན་མཆེད་ལྔ་དང་། |འབྲུག་མོ་སེང་ལྕམ་གཡུ་སྒྲོན་དར་ལི་དང་། |རག་དཀར་བུ་མོ་རག་གཟའ་གསེར་མཚོ་དང་། |ནེའུ་ཆུང་ལ་སོགས་དྭངས་སྨན་མཆེད་བདུན་དང་། |འགོ་བའི་ལྷ་ལྔ་རླུང་རྟ་ཡུལ་ལྷའི་གཙོ། |དགྲ་ལྷ་ཕྱེར་མ་སྤྲུལ་པ་ཡང་སྤྲུལ་དང་། |བཀའ་ཡི་བློན་པོ་དཔའ་ཐུལ་སུམ་ཅུ་སོགས། |གཞན་ཡང་དགྲ་ལྷ་ཆེན་པོའི་འཁོར་གཡོག་ཏུ། |གནས་པའི་སྡེ་བརྒྱད་དམག་དཔུང་སྤྲིན་ལྟར་གཏིབས། |ནམ་མཁའི་ཁྱོན་ཀུན་གང་བར་འདིར་གཤེགས་ལ། |དྲི་ཞིམ་རྒྱ་ཛ་དད་ལྡན་མ་ད་ན། |གཙང་སྦྲུར་འོ་སྐོལ་བཏུང་བ་མེ་རེ་རེ། |དཀར་གསུམ་མངར་གསུམ་ཕྱེ་མར་སྤྲུངས་སེ་སྤྲུང་། |དར་སྣ་ལྔ་ཡི་བདན་པུ་ཏྲ་ཏྲ། |རོལ་མོ་སིལ་སྙན་མང་པོ་སི་ལི་ལི། |སྤྲུན་གཟིགས་ཀ་ཆ་དཀོར་ཆ་ཁྲ་ལ་

ལ། །གཡུ་ཞུག་བསང་གི་དུད་པ་སྤྲིན་ལྟར་གཏིབས། །སྨན་ལེབ་འབྲང་རྒྱས་ཁྲབ་བྱིང་སྐར་ལྟར་བཀྲ། །དཀར་མོ་ལག་གཡས་འབྲུ་སྣ་གཙལ་དུ་བཀྲམ། །སྨན་གཏོར་རཀྟ་སྦྱོར་སྦྲོལ་མཆོད་པ་དང་། །དགྲ་ལྷའི་རྒྱལ་པོ་འཁོར་དང་བཅས་ལ་འབུལ། །སྒྲུབ་པའི་རིག་འཛིན་རྣལ་འབྱོར་བདག་ཅག་ལ། །ལུས་ངག་ཡིད་གསུམ་སྨིན་ཅིང་གྲོལ་བ་དང་། །སྙན་པའི་བ་དན་འཇིག་རྟེན་གསུམ་ན་མཐོ། །གྲགས་པའི་འབྲུག་ཆེན་སྲིད་པ་གསུམ་ན་ཁྱབ། །ཕ་རོལ་དགྲ་བགེགས་ལོག་འདྲེན་ཐལ་གྱིས་གནོན། །དགེ་ལེགས་བཀྲ་ཤིས་ཕྱོགས་བཅུར་རྒྱས་པར་མཛོད། །ཛོགས་སྦྲོལ་ལྔ་པས་སོ། །

༄༅། །རླུང་རྟའི་གསོལ་བསྡུས་བཞུགས།།

ཧཱུྃ། རྣམ་དག་ནམ་མཁའ་ཡངས་པའི་ཀློང་དཀྱིལ་ན། །རྣམ་རོལ་མ་འགགས་རོལ་བའི་རྒྱན་དུ་ཤར། །རྣམ་པ་ཀུན་ཏུ་སྒྲུབ་ལ་མགོན་མཛད་པའི། །རྣམ་མཛེས་རྫུ་འཕྲུལ་ཞུགས་ལྡན་ཅང་ཤེས་རྟ། །སྙིང་དུ་ཡིད་བཞིན་ནོར་བུ་བསམ་འཕེལ་ལ། །བར་མཚམས་བཀྲ་ཤིས་རྟགས་ཀྱི་རི་མོ་བཀྲ། །མྱུར་མགྱོགས་ཆེ་བའི་རླུང་རྟ་ཡར་ལ་སྐྱེད། །ཤར་ཕྱོགས་མེ་ཁམས་རླུང་རྟ་བསྐྱེད་མཛད་པ། །དཔལ་རྩལ་སྟོབས་བསྐྱེད་རྒྱ་སྟག་འཚལ་རིས་ཅན། །དཔའ་སྙིང་ཆེ་བའི་རླུང་རྟ་ཡར་ལ་སྐྱེད། །ལྷོ་ཕྱོགས་ཆུ་ཁམས་རླུང་རྟ་བསྐྱེད་མཛད་པ། །ངར་སྐད་སྟོབས་བསྐྱེད་གཡུ་འབྲུག་སྔོན་མོ་ཡིས། །སྙན་གྲགས་ཆེ་བའི་རླུང་རྟ་ཡར་ལ་སྐྱེད། །ནུབ་ཕྱོགས་ལྕགས་ཁམས་རླུང་རྟ་བསྐྱེད་མཛད་པ། །དཔའ་རྩམས

སྟོབས་བསྐྱེད་དུང་སེང་གཡུ་རལ་ཅན། །གཟི་བརྗིད་ཆེ་བའི་རླུང་རྟ་ཡར་ལ་སྐྱེད། །བྱང་ཕྱོགས་ཞིང་ཁམས་རླུང་རྟ་བསྐྱེད་མཛད་པ། །སྟོབས་ཤུགས་དབང་བསྐྱེད་ཁྱུང་ཆེན་འབར་བ་འདི། །ཡོན་ཏན་ལྡན་པའི་རླུང་རྟ་ཡར་ལ་སྐྱེད། །ལྷུགས་ཟངས་ཞིང་དང་རྒྱ་ཡི་མི་ཕོ་ནི། །ཕྱུག་བརླན་སྤྲུལ་པ་སྤྲེལ་སྤྲུལ་སྟག་དང་ཕག །བར་སྣང་གཉན་གྱི་རླུང་རྟ་རྣམ་པ་གཉིས། །རླུང་གི་རྒྱལ་མཚན་སྲིད་པའི་རྩེ་མོར་བསྒྲེངས། །འགོ་བའི་ལྷ་ལྔ་དགྲ་ལྷ་བཅུ་གསུམ་དང་། །ལོ་སྐོར་བཅུ་གཉིས་སྤར་ཁའི་ཁམས་བརྒྱད་དང་། །སྨེ་བ་དགུ་དང་ལོ་ལྷ་བདུན་ཅུ་གཉིས། །ས་འཛིན་ལག་ཆེན་ས་བདག་ཉི་ཤུ་གཅིག །བརྟན་མ་ལ་སོགས་ས་འོག་རིམ་དགུའི་བདག །ལོ་འཁོར་ཟླ་འཁོར་ཆོས་གྲངས་དུས་མཚན་བདག །ལོ་ཟླ་ཞག་དུས་དབང་བྱེད་ས་བདག་སྐྱེ། །ཕན་གནོད་ལ་དབང་ཀོ་ལོང་གདུག་སེམས་ཅན། །རླུང་རྟའི་དཔལ་གཡང་སྐྱོལ་ཕྱིར་གཤེགས་སུ་གསོལ། །རླུང་རྟ་བསྐྱེད་ཅིང་དགྲ་ལྷ་གསོལ་བའི་རྟེན། །རིན་ཆེན་སྐུ་མཁར་ཐ་ལྷུག་ཁྲབ་དཀར་དང་། །སྨྱུག་རྒོད་ལོ་རྒྱས་མདའ་མོ་སྒྲོ་ལྡན་ལ། །དར་སྣ་ལྔ་དང་རིན་ཆེན་ལྔ་ཡིས་བརྒྱན། །རིན་ཆེན་སྣ་ལྔའི་གསེར་འཕང་གཡུ་ལོ་ཅན། །གཏེར་གྱི་བུམ་པ་འཕན་གདུགས་རྒྱལ་མཚན་བསྒྲེངས། །ནམ་མཁའ་རྒྱང་རིང་ཕོ་ཆས་མོ་ཆས་སོགས། །བརྟན་དུ་འབུལ་ལོ་རླུང་རྟ་མཆོད་པའི་མཐུས། །ཕོ་མོ་བུ་ཚ་ཟས་ནོར་དབྱིག་སོགས་པའི། །རླུང་རྟ་འཕྱོར་ཞིང་ཉམས་ཀུད་བུག་རལ་གསོས། །འབྱུང་ཁམས་མི་མཐུན་ནང་འཁྲུད་དགྲར་གྱུར་པ། །མི་མཐུན་སོལ་ཞིང་རླུང་རྟ་སྐྱེད་དུ་གསོལ། །ཞེས་བསྟན་སྲུང་ཆོས་སྐྱོང་རྣམས་ཀྱི་གསོལ་བསྡུས་དགེ་ལེགས་མཆོག་སྩོལ་རྫོགས་སྤྲུལ་ལྷ་པས་སོ། །དགེའོ། །དགེའོ། །དགེའོ།།

༄༅། །ཆོས་སྐྱོང་གསོལ་བསྐུལ་ཉུང་ངུར་བསྡུས་པ་གཏེར་གྱི་བུམ་བཟང་ཞེས་བྱ་བ་བཞུགས་སོ། །

ཧཱུྃ༔ སྟོང་པའི་ངང་ལས་སྐད་ཅིག་དྲན་རྫོགས་སུ། །མདུན་གྱི་ནམ་མཁའ་མེ་རླུང་འཚུབ་མའི་དབུས། །པད་ཉི་དགྲ་བགེགས་བསྡོལ་བའི་གདན་སྟེང་དུ། །རང་རིག་ཧཱུྃ༔ ལས་སྐད་ཅིག་དྲན་རྫོགས་སུ། །ཁམས་གསུམ་དབང་སྡུད་སྲིད་གསུམ་ཟིལ་གྱིས་གནོན། །དྲེགས་པའི་ཡོངས་རྗེ་དྲེགས་པ་ཀུན་གྱི་གཙོ། །དབང་ཆེན་ཧ་མགྲིན་ནག་པོ་ལྷུགས་རལ་ཅན། །སྐུ་མདོག་མཐིང་ནག་་་

འདི་ནས་མ་དཔེའི་ལྡེབ་གཅིག་ཆད་ཡོད།

མགོན་ལེགས་ལྡན་དཔལ་མགོན་མ་ནིང་ནག །གཏེར་མགོན་ཕྱུག་བཞི་མ་མོ་སྔགས་སྲུང་མ། །སྔགས་ཀྱི་བདག་མོ་ཚེ་རིང་མཆེད་ལྔའི་ཚོགས། །མ་ཧཱ་དེ་ཝ་གཟའ་བདུད་ར་ཧུ་ལ། །སྐྱེས་མཆོག་སེང་ཞོན་དམ་ཅན་མགར་བ་ནག །ལྷ་བཙན་ཆེན་པོ་དམ་ཅན་ནོར་གྱི་བདག །བཙན་རྒོད་ཆེན་པོ་དགེ་བསྙེན་གནོད་སྦྱིན་རྒྱལ། །གཏེར་སྲུང་ལྷང་ལྷ་ཞུར་སྲུང་བཅུ་གཉིས་དང་། །གནོད་སྦྱིན་ཙིའུ་དམར་རྒྱལ་ཆེན་པེ་ཧ་ར། །སྐུ་ཡི་རྒྱལ་ཆེན་རྡོ་རྗེ་གྲགས་ལྡན་རྒྱལ། །གྲིབ་བཙན་ཆེན་པོ་རྣམ་མང་ནོར་གྱི་བདག །རྡོ་རྗེ་གཡུང་དྲུང་རྒོད་ལྷུམ་ཤེལ་རུ་སྨན། །ནོར་བུ་གཡུལ་རྒྱལ་དཔྱལ་བྲག་ལྷུམ་དྲལ་དང་། །དགྲ་ལྷ་གེ་སར་

ལྷུང་ཏྲ་སྔེ་ལྔའི་ཚོགས། །གཞན་ཡང་བདག་ལ་འགོ་ཞིང་སྐྱོབ་བྱེད་པའི། །ཆོས་སྐྱོང་སྲུང་མ་གཏེར་བདག་གཞི་བདག་ཚོགས། །ཡུལ་འདིར་གནས་པའི་དཀར་ཕྱོགས་སྐྱོང་བའི་རིགས། །རང་རང་འཁོར་ཚོགས་སྤྲུལ་པ་ཡང་སྤྲུལ་བཅས། །ཇི་ལྟར་མཁའ་ལ་ཆར་སྤྲིན་གཏིབས་པ་བཞིན། །རང་རང་དགྱེས་པའི་གདན་ཁྲི་ཡངས་པའི་སྟེང་། །བདག་གི་མཆོད་པའི་གནས་འདིར་སྤྱན་འདྲེན་ན། །དགྱེས་པའི་ཚུལ་གྱིས་བརྟན་པར་བཞུགས་སུ་གསོལ། །ཁྱེད་ལ་དགྱེས་པའི་མཆོད་པ་འབུལ་བ་ནི། །དམར་ཆེན་ཨཀྵཾ་དུག་ཆུའི་ཞབས་བསིལ་དང་། །དབང་ལྔའི་མེ་ཏོག་ཚིལ་ཆེན་གསུར་གྱི་དུད། །ཞུན་ཆེན་མར་མེ་མཁྲིས་ཆེན་བྱུག་པའི་མཆོ། །ཤ་རུས་ཞལ་ཟས་ཐོད་ཊ་ལྷག་སྦྱོད་དང་། །མི་བཟད་སྒྲ་དབྱངས་མི་རྐང་གླིང་བུའི་སྒྲ། །རང་བྱུང་སྣོད་མཆོག་བྷནྡྷ་ཡངས་པའི་ནང་། །ཉོན་མོངས་དུག་ལྔ་དབྱིངས་སུ་སྦྱངས་བའི་རྫས། །རས་ཡ་ན་སྦྱར་བའི་སྨན་ཆེན་པོ། །དམར་གྱི་དུང་ཆེན་ཡངས་ཤིང་རྒྱ་ཆེ་བ། །ཉོན་མོངས་རྒྱུ་དྲུག་བསྒྲལ་བའི་རཀྟ་ནི། །ཐུགས་རྗེ་ཆགས་པའི་ཁ་དོག་དམར་ལ་དྭངས། །དམ་ཉམས་ཞིང་བཅུ་བསྒྲལ་བའི་ཕུང་པོའི་རྫས། །རོ་བཅུད་ལྡན་པའི་ཐྭ་ལིང་གཏོར་མའི་ཚོགས། །ཛམས་བརྗིད་རི་རབ་ལྷུན་པོ་བས་ཀྱང་མཐོ། །དར་ནག་གཡབ་མོ་ཕྱུར་དར་ནག་པོའི་ཚོགས། །ཉི་ཟླ་པདྨ་རི་རབ་བམ་གྱི་གདན། །ཐོད་ཕྲེང་མི་མགོ་ཞིང་ཆེན་གཡང་གཞི་དང་། །གླང་ཆེན་གོ་རློན་སྟག་གི་ཤམ་ཐབས་མཛེས། །གཡག་རོག་ཞོལ་ཆེན་ལུག་ནག་སྤྱི་དཀར་ཅན། །ཁྱི་ནག་སླིང་དཀར་བྱ་ནག་རྟ་ནག་སོགས། །དྲག་པོའི་ཐུན་ཟོར་བེར་ནག་གྲི་གུག་སླིང་། །སྒྲ་ལྷུག་ཚིགས་གསུམ་སྐུ་གཟུགས་སྔགས་བྱང་

དང་། །ནལ་བུའི་རྒྱལ་མཚན་བྱང་སེམས་རང་བྱུང་མཚལ། །རྨ་བྱའི་རྒྱལ་མཚན་ཙེ་ཏྲའི་ཧོག་གིས་མཛེས། །མི་དབང་སླིང་དང་ནམ་མཁའ་མཐིང་གི་གུར། །ཐལ་ཆེན་ཅོམ་བུ་ར་ཀྲའི་ཐིག་ལེ་དང་། །ཞག་གི་ཟླ་རིས་ནལ་བུའི་ཤ་ཁྲག་སླིང་། །སེང་ལྤགས་ཧུས་རྒྱན་དུང་གི་སྨིག་ཞུ་དང་། །དར་ནག་གོས་ཟུང་རེ་ལྡེ་ཁྲི་དཀར་སླིང་། །རྒྱ་བོང་ཁ་དཀར་ཚུ་གླང་ཁྲམ་ཤིང་སོགས། །ཤ་རྒྱང་མ་ཧེ་ཧྲ་མཆོག་དྲེའུ་དང་། །སྤོས་ཀྱི་གླང་པོ་འབྲོང་གཡག་ཞོལ་ཆེན་དང་། །བྱ་ནག་མཆུ་སེར་རྨ་བྱའི་ཟློས་གར་བསྒྱུར། །ལེ་བརྒན་དར་གྱི་ལྷབ་ལྷུབ་གཡབ་མོ་དང་། །རང་བྱུང་མེ་ཏོག་ཉིལ་གྱི་སྤྲིན་མེ་སྤར། །ལ་དུ་ལ་བུག་ཙཧྣ་དམར་པོའི་ཆབ། །འབྲས་ཆང་རྒུན་ཆང་མེ་ཏོག་དམར་པོའི་ཕྲེང་། །སྨྲིས་བྱེད་ཛ་གད་དཀར་གསུམ་མངར་གསུམ་སོགས། །གཟུགས་འཚོང་ལས་བྱུང་ལྷུགས་ཀྱུ་ལེ་བརྒན་རྒྱན། །སྐུ་གཟུགས་གླེགས་བམ་བགྲང་ཕྲེང་གསར་པའི་རྟེན། །སྐུ་གླུད་སྤྱན་གཟིགས་ཧ་མོང་བྱ་མོའི་ཚོགས། །གསེར་དངུལ་དར་ཟབ་དཀར་གསུམ་ཀླུ་སྨན་སྤོས། །སྟག་དོམ་བ་གླང་ཉ་སླིང་ར་ཡི་མཆིན། །ཀླུག་ཀྲོད་ཁྲབ་བྱང་ཧ་ཁྲབ་མཁར་ཐབ་དང་། །ར་ཡི་གསུར་ཆེན་ར་ཤ་ར་ཆིལ་དང་། །བྱ་རོག་རྒྱལ་མཚན་ར་ཡི་དབང་པོ་ལྡ། །ར་སྐྱེས་ཁམ་པ་ཧྲུང་གི་གཤོག་པ་ཅན། །མདའ་དར་སྣ་ལྔ་ཤེལ་ལྕུག་རིན་ཆེན་ར། །སྟག་གཟིག་རྒྱལ་མཚན་དར་དམར་འཕན་གདུགས་བསྒྲེངས། །མདུང་དམར་ལེ་བརྒན་མདོག་ཅན་གཡབ་མོ་དང་། །ཀླུག་ཀྲོད་ལོ་རྒྱས་དར་དང་རྨ་བྱས་བརྒྱན། །མདུང་ལ་བ་དན་གཡབ་དར་གསེར་གཡུའི་ཕྲེང་། །མི་ཧྲ་ཁྲི་གསུམ་ཤ་ཁྲག་ཧུས་པའི་ཚོགས། །མདུང་ཞགས་དམར་པོ་ཐྲ་ལྷུག་མདའ་དར་དང་། །ལྷ་འདྲེའི་བླ་རྡོ་གྲུ་བཞི་ཊིཿ་ཡིག་

ཅན། །ཕྱི་ནང་གསང་བའི་རྟེན་རྫས་སྣ་ཚོགས་པ། །མཚམས་སྤྲིན་མདངས་ལྡན་དར་གྱི་གཡབ་མོ་དང་། །སྤོས་དཀར་བསྲེགས་པའི་དུད་སྤྲིན་ཕྱོགས་བཅུར་འཁྱོལ། །བཤུག་པའི་གླུ་ལེན་མི་རྐང་གླིང་བུའི་སྒྲ། །མཁར་བསིལ་ལྷུང་བཟེད་སྦྱི་བླུག་ཀཱ་པ་ལ། །ཞལ་དཀར་ཕྲེང་བ་དམ་ཤིང་དགྲ་སྟ་སོགས། །གཡུ་ཞུག་ཕྱེ་མར་བསང་གསུར་དུད་པའི་སྤྲིན། །རྒྱལ་སྲིད་སྣ་བདུན་བཀྲ་ཤིས་རྫས་རྟགས་བརྒྱད། །རིན་ཆེན་གཞལ་ཡས་སྐྱེད་ཚལ་འདོད་འཇོའི་བ། །འདོད་འབྱུང་ནེའུ་ལེ་མ་རྨོས་ལོ་ཏོག་དང་། །དཔག་བསམ་ཤིང་ཆེན་ཡན་ལག་བརྒྱད་ལྡན་མཚོ། །གཞན་ཡང་མཆོད་པར་འོས་པའི་དམ་རྫས་ཚོགས། །དངོས་འབྱོར་ཡིད་སྤྲུལ་མཆོད་པའི་བྱེ་བྲག་ནི། །ཀུན་ཏུ་བཟང་པོའི་མཆོད་པའི་སྤྲིན་ལྟ་བུར། །བློ་ཡི་བླང་ནས་ཕུལ་བས་འབུལ་ལགས་ན། །དགྱེས་པ་ཆེན་པོའི་ཚུལ་གྱིས་བཞེས་ནས་ཀྱང་། །བདག་ཅག་ལས་བཞིའི་ཕྲིན་ལས་སྒྲུབ་ཏུ་གསོལ། །ཧོཿ རང་བཞིན་ཆོས་ཀྱི་དབྱིངས་ལས་མ་གཡོས་ཀྱང་། །གདོད་ནས་སྙིང་རྗེའི་ཤུགས་དང་མ་བྲལ་བ། །མ་རུང་གདུལ་དཀའ་འདུལ་བའི་གཤེད་པོ་ཆེ། །སྣ་ཚོགས་སྤྲུལ་པའི་རོལ་གར་ཅིར་ཡང་སྟོན། །ལ་ལ་ཞི་དང་ལ་ལ་ཁྲོ་བོའི་ཚུལ། །ལ་ལ་ཞི་མ་ཁྲོ་ཡི་ཉམས་དང་ལྡན། །སྐུ་ཡི་གར་གྱིས་བདུད་སྡེ་ཕྱེ་མར་བརླག །འགགས་མེད་གསུང་གི་སྒྲ་དབྱངས་སྣ་ཚོགས་པ། །ཐུགས་ནི་དོན་དམ་སྐྱེས་མེད་སྤྲོས་དང་བྲལ། །མངོན་ཤེས་རྫུ་འཕྲུལ་མངའ་བའི་མཐུ་སྟོབས་ཅན། །ལེགས་ཉེས་སྣངས་འཛིན་དམ་ཚིག་རྗེས་གཅོད་པ། །མཐུ་ཆེན་སྲུང་མའི་དབང་པོ་ཁྱེད་རྣམས་ཀྱིས། །རྣལ་འབྱོར་བདག་ལ་གསན་ཅིང་དགོངས་སུ་གསོལ། །བདག་ཅག་མ་རིག་དུག་ལྔའི་དབང་གྱུར་པས། །དངོས་གྲུབ་ཀུན་

བདག་དཔལ་ལྡན་བླ་མ་ལ། །བཀའ་དང་ཐུགས་དཀྲུགས་སྙིང་ནས་སྨད་པ་དང་། །ཆགས་སྡང་དབང་གིས་མཆེད་ལ་ཚིག་རྩུབ་ཤོར། །གསང་བ་སྔགས་ཀྱི་དཀྱིལ་འཁོར་སྒོར་ཞུགས་ནས། །བསྙེན་སྒྲུབ་གཡེལ་ཞིང་ཚོགས་གཏོར་ཆགས་པ་དང་། །སྤྱི་དང་ཁྱད་པར་ལྷག་པའི་དམ་ཚིག་རྫས། །བླ་རྡོ་སྒྲོག་འཁོར་ཕྱི་ནང་གསང་བའི་རྟེན། །དགོས་པའི་དམ་རྫས་ཡོ་བྱད་མ་ཚང་བ། །གཟུ་ལུམ་རས་ཚོད་གསང་བ་སྒྲོག་པ་དང་། །བག་མེད་ལེ་ལོ་སྙོམས་ལས་དབང་གིས་ནི། །འབབ་རྩོག་ཉམས་པར་གྱུར་པ་གང་མཆིས་དང་། །སྣང་སྟོང་སྒྱུ་ཡི་ཕྱག་རྒྱ་མ་གསལ་བ། །བཟླས་བརྗོད་མ་དག་ལོང་གཏམ་སྨྲས་པ་དང་། །ཐུགས་ནི་ཆོས་སྐུ་སྐྱེ་མེད་སྤྲོས་བྲལ་ལ། །ཨ་འཐས་གཉིས་འཛིན་ཤར་བ་གང་མཆིས་པ། །མདོར་ན་བཅས་དང་རང་བཞིན་འགལ་བ་ཡི། །ཉམས་གྲིབ་སྐྱོན་གྱིས་ཐོག་པའི་རྐྱེན་དབང་གིས། །ཡེ་ཤེས་ལྷ་ལ་རྟོག་པ་མི་མངའ་ཡང་། །འཇིགས་རྟེན་མཐུ་ཆེན་དྲེགས་པ་ཀུན་གྱི་ཚོགས། །ཐོག་ཐུག་འགལ་འཁྲུལ་གྱུར་པ་ཅི་མཆིས་པ། །སྙིང་ནས་ཚངས་པ་ཆེན་པོར་བཤགས་ལགས་ན། །མི་དམིགས་ཀ་དག་དབྱིངས་སུ་ཞི་བར་མཛོད། །གཞན་ཡང་བདག་ལ་གདུག་པའི་སེམས་འཆང་བ། །མ་རུང་ལོག་སྤྱོད་ཕྱིན་ཅི་ལོག་པ་ཡི། །རྐུ་འཕྲོག་བཅོམ་ཞིང་དབྲེན་བཙུག་ཕྲ་མ་མཁན། །བདག་ལ་སྡང་བར་བྱེད་པའི་ཚོགས་རྣམས་ལ། །གཞན་ཕན་བྱང་སེམས་སྙིང་རྗེ་ཆེན་པོ་ཡིས། །དགྲ་གཉེན་ཕྱོགས་རིས་བྲལ་བ་བཏང་སྙོམས་ཀྱང་། །འོན་ཀྱང་སྤྱངས་ལེན་སྐྱུང་སྐྱོང་བྱེད་པ་རྣམས། །འོས་སམ་མི་འོས་སྨྲོན་ལྡན་ཚོགས་རྣམས་ཀྱིས། །སྒྲིབ་མེད་སྨྲོན་གྱིས་ས་ལེར་མཁྱེན་ལགས་ན། །བདག་གིས་ཕ་རོལ་

ཟས་ནོར་ལོངས་སྤྱོད་རྣམས། །ལེན་ཞིང་མགོན་སྐྱབས་སྲུང་བའི་དམ་རྫས་སྦྱིན། །འགྲོགས་དང་ཉམས་གྲིབ་རྟོག་པ་གང་མཆིས་པ། །མཐོལ་ཞིང་བཤགས་སོ་བྱང་ཞིང་དག་པར་མཛོད། །དམ་ཚིག་ཉམས་པར་གྱུར་པ་སོར་ཆུད་ནས། །འཁྲུ་ལྡོག་ཐུགས་དང་འགལ་བ་ཅི་མཆིས་པ། །སྤྲོས་བྲལ་ཀ་དག་དབྱིངས་སུ་ཞི་བར་མཛོད། །ཅེས་པ་འདི་མཁན་དཀོན་མཆོག་བཟང་པོ་ནས་འདི་ལྟར་དགོས་ཞེས་ལྷ་རྫས་དང་རིན་ཆེན་གཉིས་པ་དབྱར་རྡའི་གཟུགས་བརྙན་བཅས་ཡང་ཡང་བསྐུལ་བའི་ངོར་རྫོགས་སྤྲུལ་ལྔ་པ་ཐུབ་བསྟན་ཆོས་ཀྱི་རྡོ་རྗེས་ལྕགས་རྟ་ལོར་དཔྱིད་ཟླ་བ་དང་པོའི་ཡར་ཚེས་བཟང་པོར་བྲིས་པ་དགེ

༄༅། །མ་མགོན་གསོལ་མཆོད་ཉུང་བསྡུས་བཞུགས་སོ། །

ཧྲཱིཿ སྔགས་ཀྱི་སྲུང་མ་མ་མོ་རལ་གཅིག་མ། །དཔལ་མགོན་མ་ནིང་རྡོར་ལེགས་ར་ཧུ་ལ། །དུར་ཁྲོད་ལྷ་མོ་འཁོར་དང་བཅས་པ་རྣམས། །འཁོར་བཅས་མཐུན་པའི་དམ་རྫས་འདི་བཞེས་ལ། །ཇི་ལྟར་བཅོལ་པའི་ཕྲིན་ལས་འགྲུབ་པར་མཛོད། །ཅེས་པ་འདི་ནི་ཀ་ཁོག་ནས་སོགས་དགོན་པའི་འདུས་སྡེ་རྣམས་ལ་སླེང་ཐེག་དབང་ཆོས་སྐྱོང་རྣམས་ཀྱི་སྒྲོག་གཏད་དང་བཅས་པ་བསྐུར་བའི་སྐབས། བེར་ཚང་ཚུལ་ཁྲིམས་རིན་ཆེན་གཅས་དོན་གཉེར་ཅན་འགས་བསྐུར་ངོར་རྫོགས་སྤྲུལ་ལྔ་པ་ཐུབ་བསྟན་ཆོས་ཀྱི་རྡོ་རྗེས་བྲིས་པའོ། །དགེའོ། ། །

༄༅། །ཞིང་གཏེར་རྟ་ནག་ལྷུགས་རལ་ཅན་གྱི་བསྐང་བསྐུས་འདོད་ཡོན་སྤྲིན་ཕུང་བཞུགས་སོ།།

ཧྲཱིཿ གར་གྱི་དབང་ཕྱུག་རྟ་མགྲིན་ནག་པོ་ཆེ། །དྲེགས་པ་སྡེ་བརྒྱད་འཁོར་དང་བཅས་པ་ཀུན། །ཕྱི་ནང་གསང་བའི་མཆོད་པ་ཕུལ་བའི་མཐུས། །ཐུགས་དམ་བསྐང་ལ་བཅོལ་བའི་ཕྲིན་ལས་མཛོད། །རྫོགས་སྤྲུལ་ལྔ་པས་སོ། །

༄༅། །རྟ་མགྲིན་ནག་པོ་ལྷུགས་རལ་གྱི་བསྐང་བསྐུས།

ཧྲཱིཿ དབང་ཆེན་རྟ་མཆོག་ཧེ་རུ་ཀ །སྡེ་བརྒྱད་དྲེགས་པའི་ཚོགས་དང་བཅས། །དམ་རྫས་མཆོད་པ་འདི་བཞེས་ལ། །བར་ཆད་སོལ་ལ་ཕྲིན་ལས་སྒྲུབས། །རྫོགས་སྤྲུལ་ལྔ་པས་སོ། །

༄༅། །རྒྱུད་མགོན་ལེགས་ལྡན་བསྐང་བསྐུས་འདོད་ཡོན་སྤྲིན་གྱི་རོལ་མོ་བཞུགས་སོ། །

ཧཱུྃ། ས་བཅུའི་དབང་ཕྱུག་ལེགས་ལྡན་ནག་པོ་ཆེ། །འཁོར་བཅས་དམ་རྫས་མཆོད་པ་འདི་བཞེས་ལ། །ཕྱི་ནང་ཉེར་འཚེའི་བར་ཆད་ཀུན་ཞི་ཞིང་། །དུས་ཀུན་རྟག་ཏུ་མ་གཡེལ་མེལ་ཚེ་མཛོད། །རྫོགས་སྤྲུལ་ལྔ་པས་སྨྲས་པའོ། །

༄༅། །རྷུའི་མགོན་པོ་མ་ནིང་གསོལ་བསྐུས་གཡུལ་ལས་རྣམ་རྒྱལ་བཞུགས་སོ། །

ཧཱུྃ། དཔལ་མགོན་མ་ནིང་ནག་པོ་འཁོར་བཅས་ལ། །ཕྲེད་ལ་དགྱེས་པའི་མཆོད་པ་འདི་འབུལ་བས། །ཕྱོགས་བཅུར་གནས་པའི་དགྲ་བགེགས་ཀུན་སྒྲོལ་ལ། །གནོད་པའི་བར་ཆད་མིང་ཡང་མེད་པར་མཛོད། །རྫོགས་སྤྲུལ་ལྔ་པས་གསུངས་སོ། །

༄༅། །མ་ནིང་བསྐང་བསྡུས་ནི།

ཧཱུྃ། མ་ནིང་ནག་པོ་ཀུན་གྱི་རྗེ། །ཡུམ་དང་སྲས་བློན་སྤྲུལ་འཁོར་བཅས། །དམ་རྫས་མཆོད་པ་འདི་བཞེས་ལ། །རྣལ་འབྱོར་བསམ་པ་སྒྲུབ་ཏུ་གསོལ། །རྫོགས་སྤྲུལ་ལྔ་པས་སོ། །

༄༅། །ཞིང་གཏེར་ཕྱག་བཞིའི་བསྐང་བསྡུས་ཁྲག་ཞག་འཁྲུགས་པའི་རླབས་ཕྲེང་བཞུགས་སོ།།

ཧཱུྃ། དཔལ་ལྡན་ཡེ་ཤེས་མགོན་པོ་ཕྱག་བཞི་པ། །ཡབ་ཡུམ་སྲས་དང་སྤྲུལ་འཁོར་བསམ་མི་ཁྱབ། །འདོད་དགུའི་འབྱོར་བ་རྒྱ་མཚོས་ཀུན་ཚིམས་ནས། །ཐུགས་དམ་བསྐང་ལ་རྐྱེན་ངན་བར་ཆད་སློག །རྫོགས་སྤྲུལ་ལྔ་པས་སོ།།

༄༅། །སྔགས་སྲུང་མའི་བསྐང་བསྡུས་ཀུན་བཟང་མཆོད་པའི་སྤྲིན་ཕུང་བཞུགས་སོ། །

བྷྱོཿ མ་མོ་སྔགས་ཀྱི་སྲུང་མ་རལ་གཅིག་མ། །ཁྲོལ་མོ་ཡང་ཁྲོལ་བྲན་གཡོག་འབུམ་དང་བཅས། །ཟག་མེད་འདོད་ཡོན་རྒྱ་མཚོའི་མཆོད་པ་འདིས། །ཐུགས་དམ་གཉན་བསྐང་བསམ་དོན་ལྷུན་གྲུབ་མཛོད། །རྫོགས་སྤྲུལ་ལྔ་པས་སྨྲས་པའོ། །

༄༅། །ཉི་གྲགས་ལྷ་མོ་སྔགས་བདག་མའི་གསོལ་བསྡུས་རྐྱེན་ངན་ཀུན་སེལ་བཞུགས་སོ། །

བྷྱོཿ འདོད་ཁམས་དབང་སྒྱུར་མ་མོ་ཡོངས་ཀྱི་རྗེ། །བསྟན་སྲུང་གཙོ་མོ་དཔལ་ལྡན་སྔགས་བདག་མ། །དྲེགས་པ་བདུན་དང་མ་མོ་བྱེ་བ་བཅས། །དམ་རྫས་བརྒྱན་པའི་གཏོར་མ་འདི་བཞེས་ལ། །འདོད་དགུའི་

བསམ་པ་ལྷུན་གྱིས་འགྲུབ་པ་དང་། །མི་མཐུན་རྐྱེན་ངན་སེལ་བའི་ཕྲིན་ལས་མཛོད། །རྫོགས་སྤྲུལ་ལྔ་པས་སོ། །

༄༅། །ཉི་གྲགས་ལྷ་མོའི་བསྐང་བསྡུས་ནི།

ཧཱུྃ༔ འདོད་པའི་ཁམས་ལ་དབང་སྒྱུར་མ། །དཔལ་ལྡན་ལྷ་མོ་སྡོགས་ཀྱི་བདག །འཁོར་བཅས་མཆོད་པ་འདི་བཞེས་ལ། །འདོད་དོན་འཕྲིན་ལས་མྱུར་དུ་སྒྲུབས། །རྫོགས་སྤྲུལ་ལྔ་པས་སོ། །

༄༅། །འཁྲུགས་བསྐང་བསྡུས་པ་ནི།

ཧཱུྃ༔ དཔལ་ལྡན་ལྷ་མོ་འཁོར་བཅས་བདག་ལ་དགོངས། །བདག་ནི་ཉོན་མོངས་དུག་ལྔའི་དབང་གྱུར་པས། །བག་མེད་ལེ་ལོས་དབང་དུ་གྱུར་པ་ཡིས། །ཁྱེད་རྣམས་ཐུགས་དང་འགལ་བ་ཅི་མཆིས་པ། །ཡེ་ཤེས་སྤྱན་ལྡན་རྣམས་ལ་བཟོད་པར་གསོལ། །ནད་གདོན་བར་ཆད་རྐྱེན་ངན་ཀུན་སོལ་ལ། །མཐུན་རྐྱེན་ལེགས་ཚོགས་དངོས་གྲུབ་སྩོལ་དུ་གསོལ། །འཁྲུགས་བསྐང་གྲངས་གསོག་སྐབས་ཉུང་དུར་བྲིས་པ་འདི་ནི་རྫོགས་སྤྲུལ་ལྔ་པས་སོ། །

༄༅། །སྨན་བཙུན་ཚེ་རིང་མཆེད་ལྔའི་བསྐང་བསྡུས་ཡོངས་འདུས་འཕྲི་ཤིང་བཞུགས་སོ། །

ཧཱུྃ༔ དབྱིངས་ཀྱི་ཡུམ་ཆེན་སྨན་བཙུན་མཆེད་སྡེ་ལྔ། །ཞིང་སྡོགས་ལྷན་སྐྱེས་ཤ་ཟ་སྨན་མོའི་ཚོགས། །རོ་བརྒྱ་ལྡན་པའི་མཆོད་སྤྲིན་རྒྱ་མཚོ་ཡིས། །ཐུགས་དམ་བསྐང་ལ་ལས་རྣམས་མ་གཡེལ་ཞིག །རྫོགས་སྤྲུལ་ལྔ་པས་སོ། །

༄༅། །ལྷ་ཆེན་བསྐང་བསྟུས་འདོད་ཡོན་ངོ་མཚར་རྒྱན་གྱི་རོལ་མོ་བཞུགས།

ཧྲཱིཿ སྣང་བ་མཐའ་ཡས་དག་ཆེན་སྒྱུ་འཕྲུལ་གར། །ལེགས་བསྒྱུར་ལྷ་ཆེན་ལྷུམ་དྲལ་འཁོར་དང་བཅས། །གཙང་མ་ཕུད་ཀྱི་མཆོད་པ་འདི་ཕུལ་བས། །མི་མཐུན་ཀུན་ཞི་བསམ་དོན་ལྷུན་གྲུབ་ཤོག །རྫོགས་སྤྲུལ་ལྔ་པས་སྨྲས་པ་དགེ།

༄༅། །ལྷ་ཆེན་གསོལ་བསྟུས་བཞུགས་སོ། །

ཧྲཱིཿ དབང་ཕྱུག་མ་ཧཱ་དེ་ཝ་དང་། །ཡུམ་དང་འཁོར་གྱི་མཁའ་འགྲོའི་ཚོགས། །དམ་རྫས་མཆོད་པ་འདི་བཞེས་ལ། །སྣང་སྲིད་དབང་དུ་འདུ་བར་མཛོད། །ཅེས་པ་འདི་དབུ་རྒྱལ་པོ་ནས་བསྐུལ་བའི་ངོར་རྫོགས་སྤྲུལ་ལྔ་པས་མེ་ཡོས་ཟླ་ཆོས་ལ་བྲིས་པ་དགེ །

༄༅། །གཟའ་ཡི་བསྐང་བསྟུས་ཤ་ཟ་ཁྲོས་པའི་སྒྲ་དབྱངས་ཞེས་བྱ་བ་བཞུགས་སོ། །

ཧྲཱིཿ རྒྱལ་བའི་བསྟན་སྲུང་ཁྱབ་འཇུག་རཱ་ཧུ་ལ། །སྲིད་ཞིའི་སྡེ་བརྒྱད་འཁོར་དང་བཅས་པ་རྣམས། །དགྱེས་པའི་དམ་རྫས་མཆོད་པ་འདི་བཞེས་ལ། །ཐུགས་དམ་བསྐང་ལ་ལས་བཞིའི་དངོས་གྲུབ་སྩོལ། །རྫོགས་སྤྲུལ་ལྔ་པས་སོ། །

༄༅། །གཟའ་ཡི་བསྐང་བསྟུས་ནི།

ཧཱུྃཿ ཁྱབ་འཇུག་ཆེན་པོ་ར་ཧུ་ལ། །སྤྲུལ་པ་གཟའ་བརྒྱད་གདོང་མོ་བཞི། །འཁོར་བཅས་མཆོད་པ་འདི་བཞེས་ལ། །འདོད་དོན་མྱུར་དུ་འགྲུབ་པར་མཛོད། །རྫོགས་སྤྲུལ་ལྔ་པས་སོ། །

༄༅། །རྟ་ཆུའི་དམ་ཅན་སེང་ཞོན་གསོལ་བསྐུལ་ཕྲིན་ལས་མྱུར་འགྲུབ་བཞུགས་སོ། །

ཧཱུྃ། སློབ་དཔོན་པདྨའི་བཀའ་ཉན་ཐ་ཚིག་ཅན། །རྡོ་རྗེ་ལེགས་པ་མཆེད་འཁོར་ཚོགས་བཅས་ལ། །དམ་རྫས་དགྱེས་པའི་མཆོད་སྤྲིན་འདི་ཕུལ་བས། །ལས་བཞིའི་འཕྲིན་ལས་སྒྲུབ་པའི་སྟོང་གྲོགས་མཛོད། །རྫོགས་སྤྲུལ་ལྔ་པས་སོ། །

༄༅། །ཉི་གྲགས་དམ་ཅན་ར་ཞོན་བསྐང་བསྐུལ་དགྲ་ལས་རྣམ་རྒྱལ་བཞུགས་སོ། །

ཧཱུྃ། གསང་བདག་ཐུགས་སྤྲུལ་དམ་ཅན་རྡོ་རྗེ་ལེགས། །འཁོར་བཅས་དམ་རྫས་མཆོད་པ་འདི་བཞེས་ལ། །མི་མཐུན་གནོད་པའི་བར་ཆད་ཀུན་སོལ་ལ། །ཡིད་ལ་བསམ་པ་ལྷུན་གྱིས་འགྲུབ་པར་མཛོད། །རྫོགས་སྤྲུལ་ལྔ་པས་སོ།།

༄༅། །དམ་ཅན་ར་ཞོན་བསྐང་བསྐུལ་ནི།

ཀྱཻཿ གསང་བདག་ཐུགས་སྤྲུལ་རྡོ་རྗེ་ལེགས། །མཆེད་འཁོར་ཡུམ་སྲས་བློན་པོ་བཅས། །དགྱེས་པ་ཆེན་པོའི་མཐུན་རྫས་འདི། །བཞེས་ལ་བསམ་དོན་ལྷུན་གྲུབ་མཛོད། །རྫོགས་སྤྲུལ་ལྔ་པས་སོ། །

༄༅། ལྷ་བཙན་གྱི་བསྐང་བསྐུལ་བཞུགས་སོ། །

ཧཱུྃཿ གངས་དཀར་ཏི་སེའི་ཞིང་སྐྱོང་དཔལ་མགོན་ཆེ། །ལྷ་བཙན་ཆེན་པོ་རྡོ་རྗེ་འབར། །བཙན་རྒོད་ཆེན་པོ་མཆེད་བདུན་འཁོར་བཅས་རྣམས། །དམ་རྫས་ཕུད་ཀྱི་མཆོད་པ་འདི་བཞེས་ལ། །ཐུགས་དམ་བསྐང་ལ་བསམ་དོན་ལྷུན་གྲུབ་མཛོད། །ཅེས་པའང་རྫོགས་སྤྲུལ་ལྔ་པས་སོ། །

༄༅། །དམ་ཅན་ནོར་སྒྲུབ་བསྐང་བསྟུས་ནོར་ལྷ་དགྱེས་པའི་གཏེར་མཛོད་བཞུགས་སོ། །

ཀྲྀ །དམ་ཅན་ནོར་བདག་དགེ་བསྙེན་སྤྲུལ་འཁོར་བཅས། །ཀུན་བཟང་མཆོད་པའི་སྤྲིན་ལྟར་འབུལ་ལགས་ན། །མི་མཐུན་འགལ་རྐྱེན་གནོད་པ་ཀུན་ཞི་ནས། །མཐུན་རྐྱེན་ཡར་ངོའི་ཟླ་ལྟར་འཕེལ་རྒྱས་མཛོད། །མཆོད་རིག་འཛིན་ངག་དབང་ནས་བསྐུལ་བའི་ངོར་རྫོགས་སྤྲུལ་ལྔ་པས་སྨྲས་པའོ། །

༄༅། །དགོང་བཙན་བསྐང་བསྟུས་བྱིད་མ་གཡུལ་འཇོམས་བཞུགས།

ཧྲཱིཿ གཏེར་སྲུང་བཙན་རྒོད་འབར་བ་མཆེད་བདུན་དང་། །གནོད་སྦྱིན་ནོར་བདག་བསམ་མི་ཁྱབ་པའི་འཁོར། །རང་རང་མཐུན་པའི་དམ་རྫས་འདི་འབུལ་བས། །ཐུགས་དམ་བསྐང་ལ་ཕྲིན་ལས་མ་གཡེལ་ཞིག །རྫོགས་སྤྲུལ་ལྔ་པས་སོ།།

༄༅། །གཏེར་སྲུང་ལྷང་ལྷའི་བསྐང་བསྟུས་བཞུགས་སོ། །

ཧཱུྃ། སྔོན་ཚེ་པདྨའི་བཀའ་ཉན་ཐ་ཚིག་ཅན། །ལྷ་ཡི་དགེ་བསྙེན་རྡོ་རྗེ་དྲག་པོ་རྩལ། །བཙན་རྒོད་བྱ་ར་སྐྱོང་གི་ཚོགས་དང་བཅས། །དམ་རྫས་ཕུད་ཀྱི་མཆོད་པ་རྒྱ་ཆེན་འདིས། །ཐུགས་དམ་གཉན་བསྐང་རྣལ་འབྱོར་དགྲ་འཕང་བསྲུངས། །རྫོགས་སྤྲུལ་ལྔ་པས་སོ། །

༄༅། །དྲག་ཤུལ་སྟོབས་ལྡན་དབང་པོའི་གསོལ་བསྟུས་ནི།

ཛཿ དྲེགས་པའི་ཡོངས་རྗེ་དྲག་རྩལ་དབང་པོ་ཡིས༔ དམ་རྫས་བླ་ལིང་མཆོད་གཏོར་འདི་བཞེས་ལ༔ རྣལ་འབྱོར་བསམ་དོན་ཆོས་བཞིན་འགྲུབ་པ་དང༔ ཚེ་

སྐུ་རབས་ལྔ་པ་ཐུབ་བསྟན་ཆོས་ཀྱི་རྡོ་རྗེའི་གསུང་ཚན།

དཔལ་སྤོབས་འབྱོར་ལྡན་རྟོགས་སྣང་བ་རྒྱས༔ སྨྱོ་འདྲེ་རྒྱལ་འགོང་རྡུལ་དུ་བརླག་པ་དང༔ ལྷ་འདྲེ་མི་གསུམ་དབང་སྡུད་ཕྲིན་ལས་མཛོད༔ ཅེས་པ་འདི་ནི་གཏེར་གཞུང་གཞིར་བཞག་ནས་ཚིག་རྐང་གཉིས་ནི་མཁན་དཀོན་བཟང་ནས་བསྐུལ་ངོར་རྫོགས་སྤྲུལ་ལྔ་པ་ཐུབ་བསྟན་ཆོས་ཀྱི་རྡོ་རྗེས་སྤེལ་བའོ། །

༄༅། །རྒྱལ་ཆེན་སྐུ་ལྔའི་བསྐང་བསྟུས་བདུད་སྡེ་ཕྱིར་འཐག་བཞུགས་སོ། །

ཧཱུྃ༔ རྒྱལ་ཆེན་སྐུ་ལྔ་ཡབ་ཡུམ་བློན་པོ་དང་། །རུ་འདྲེན་སྡེ་བཞིའི་འཁོར་ཚོགས་བསམ་མི་ཁྱབ། །མཆོད་པ་འབུལ་ལོ་ཐུགས་དམ་དགྱེས་སྐོང་ཞིག །རྣལ་འབྱོར་བསམ་པ་ཡིད་བཞིན་སྒྲུབ་ཏུ་གསོལ། །ཅེས་པ་འདི་ཡང་རྫོགས་སྤྲུལ་ལྔ་པས་གསུངས་པའོ། །

༄༅། །རྒྱལ་ཆེན་སྐུ་ལྔའི་བསྐང་བསྟུས།

ཧཱུྃ༔ རྒྱལ་ཆེན་སྐུ་ལྔ་ཡབ་ཡུམ་ནི། །བློན་པོ་རུ་འདྲེན་འཁོར་དང་བཅས། །བཟའ་བཅའ་བཏུང་བའི་བྱེ་བྲག་འདི། །ཕུལ་བས་ཅི་འདོད་འགྲུབ་པར་མཛོད། །རྫོགས་སྤྲུལ་ལྔ་པས་སོ།

༄༅། །གསུང་བློན་རྡོ་རྗེ་གྲགས་ལྡན་བསྐང་བསྟུས་ཕྲིན་ལས་མྱུར་འགྲུབ་བཞུགས་སོ། །

ཧཱུྃ༔ ཁམས་གསུམ་དབང་སྒྱུར་སྲིད་གསུམ་སྲོག་གི་གཤེད། །བློན་པོ་རྡོ་རྗེ་གྲགས་ལྡན་འཁོར་དང་བཅས། །མཐུན་པའི་དམ་རྫས་ནམ་མཁའི་ཁྱོན་བཀང་སྟེ། །ཐུགས་དམ་བསྐང་ལ་ལས་རྣམས་མྱུར་དུ་སྒྲུབས། །རྫོགས་སྤྲུལ་ལྔ་པས་སོ། །

༄༅། །གསུང་བློན་རྡོ་རྗེ་གྲགས་ལྡན་བསྐང་བསྟུས་ནི།

ཧཱུྃ༔ རྒྱལ་ཆེན་རྡོ་རྗེ་གྲགས་ལྡན་ནི། །ཡུམ་དང་སྲས་བློན་སྤྲུལ་འཁོར་བཅས། །རྣམ་མང་དགྱེས་པའི་མཆོད་སྤྲིན་འདི། །ཞུལ་བས་བསམ་དོན་ལྷུན་གྲུབ་མཛོད། །རྫོགས་སྤྲུལ་ལྔ་པས་སོ། །

༄༅། །གྲི་བཙན་རྡོ་རྗེ་དགྲ་འཛོམས་རྩལ་གྱི་བསྐང་བསྟུས་དམ་ཉམས་འཛོམས་པའི་འཕྲུལ་འཁོར་བཞུགས་སོ། །

ཧཱུྃ༔ དབང་ཆེན་ཐུགས་སྤྲུལ་གྲི་བཙན་དགྲ་འཛོམས་རྩལ། །མཆེད་ལྷ་ཡུམ་སྲས་བློན་འཁོར་རྒྱ་མཚོའི་ཚོགས། །མཆོད་པའི་ཏྲེ་ཁྲག་རྣམ་མང་རྒྱ་མཚོ་ཡིས། །ཐུགས་དམ་བསྐང་ལ་དངོས་གྲུབ་མ་ལུས་སྩོལ། །རྫོགས་སྤྲུལ་ལྔ་པས་སོ། །

༄༅། །གྲི་བཙན་བསྐང་བསྟུས་ནི། །

ཧཱུྃ༔ དབང་ཆེན་བཀའ་སྡོད་ཏྲེགས་པའི་གཙོ། །གྲི་བཙན་རྡོ་རྗེ་དགྲ་འཛོམས་རྩལ། །འཁོར་བཅས་མཆོད་པ་འདི་བཞེས་ལ། །བསམ་དོན་ལྷུན་གྱིས་འགྲུབ་པར་མཛོད། །རྫོགས་སྤྲུལ་ལྔ་པས་སོ། །

༄༅། །ཉི་གྲགས་ནོར་བདག་བསྐང་བསྟུས་དངོས་གྲུབ་འདོད་རྒྱུའི་གཏེར་མཛོད་བཞུགས་སོ། །

བི། ནོར་བདག་ཡིད་བཞིན་ནོར་བུ་རྣམ་ཐོས་སྲས། །དགྱེས་སྡེ་ཡུམ་སྲས་ནོར་ལྷ་རྒྱ་མཚོའི་ཚོགས། །རྣམ་མང་མཆོད་སྤྲིན་རྒྱ་མཚོ་འདི་བཞེས་ལ། །ཐུགས་དམ་བསྐང་ལ་ནོར་གྱི་དངོས་གྲུབ་སྩོལ། །རྫོགས་སྤྲུལ་ལྔ་པས་སོ། །

༄༅། །ནོར་བདག་བསྐང་བསྡུས་ནི།

ཛཻ། རྣམ་མང་ཐོས་སྲས་འཁོར་བཅས་ཀྱིས། །རྣམ་དག་མཆོད་པ་འདི་བཞེས་ལ། །རྣམ་ཀུན་ཐུགས་དམ་དགྱེས་བསྐང་བས། །རྣམ་བཞིའི་ཕྲིན་ལས་བདག་ལ་སྩོལ། །རྫོགས་སྤྲུལ་ལྔ་པས་སོ། །

༄༅། །རྟ་ལྷའི་བསྐང་བསྡུས་བཞུགས་སོ། །

ཧཱུྃ། རྟ་ལྷའི་རྒྱལ་པོ་ཨཱཪྻ་རེ་མནྟ། །རང་འདྲ་ལྔ་བརྒྱའི་འཁོར་ཚོགས་བཅས་པ་རྣམས། །ཁྱེད་དང་མཐུན་པའི་དམ་རྫས་འབུལ་ལགས་ན། །ཐུགས་དམ་བསྐང་ལ་གཞི་བྱེས་ལམ་གསུམ་གྱི། །རྟ་དྲེལ་གོད་ཁ་བཟློག་པའི་ཕྲིན་ལས་མཛོད། །ཅེས་པ་འདི་ཡང་རྫོགས་སྤྲུལ་ལྔ་པས་སོ། །

༄༅། །གཉན་ཆེན་ཐང་ལྷའི་བསྐང་བསྡུས་བཞུགས།

ཀྱཻ། ས་བརྒྱུད་སེམས་དཔའ་ཡུལ་ལྷའི་ཚུལ། །གཉན་ཆེན་རྡོ་རྗེ་འབར་བ་རྩལ། །འཁོར་བཅས་མཆོད་པ་འདི་བཞེས་ལ། །བསམ་དོན་ལྷུན་གྱིས་འགྲུབ་པར་མཛོད། །རྫོགས་སྤྲུལ་ལྔ་པས་སོ། །

༄༅། །ལྷ་གཉན་ཆེན་པོ་ཟིལ་ཁྲོམ་རྡོ་རྗེ་གཡུང་དྲུང་གི་བསྐང་བསྡུས་བཞུགས་སོ། །

ཀྱཻ། རྒྱལ་དབང་པདྨའི་བཀའ་ཉན་ཡུལ་སྐྱོང་གཙོ། །ལྷ་གཉན་ཆེན་པོ་རྡོ་རྗེ་གཡུང་དྲུང་རྩལ། །བཙུན་མོ་སྲས་བློན་རུ་འདྲེན་འཁོར་ཚོགས་བཅས། །དམ་

རྫས་ཕུད་ཀྱི་མཆོད་པ་རྒྱ་ཆེན་འདིས། །ཐུགས་དམ་བསྐང་ལ་བཀྲ་ཤིས་བདེ་ལེགས་སྩོལ། །རྫོགས་སྤྲུལ་ལྔ་པས་སོ།

༄༅། །དཀོར་བདག་ཆེན་མོ་ཁྲོད་ལྕམ་ཁ་རག་བསྐང་བསྟུས་འདོད་རྒུའི་རྟུལ་འཚུབ་བཞུགས་སོ།།

ཧཱུྃ། སྨན་བཙུན་ཆེན་མོ་ཁྲོད་ལྕམ་ཤེལ་རུ་སྨན། །དཀོར་བདག་རྒྱལ་འཛིན་གླུ་གཉན་སྨན་མོའི་གཙོ། །འཁོར་བཅས་དམ་རྫས་མཆོད་པ་འདི་བཞེས་ལ། །ཐུགས་དམ་བསྐང་ལ་འདོད་དོན་མྱུར་དུ་སྒྲུབས། །རྫོགས་སྤྲུལ་ལྔ་པས་སོ།།

༄༅། །གནས་བདག་ནོར་བུ་གཡུལ་རྒྱལ་བསྐང་བསྟུས་ནོར་བུའི་ཕྲེང་བ་ནི།

ཧཱུྃ། གནས་བདག་ཆེན་པོ་ཟྲོ་དོར་ཡོངས་ཀྱི་གཙོ། །ལྷ་ཀླུ་གཉན་བཅས་འཁོར་ཚོགས་བསམ་མི་ཁྱབ། །ནམ་མཁའི་ཁམས་བཀང་མཆོད་སྤྲིན་རྒྱ་མཚོ་ཡིས། །ཐུགས་དམ་གཉན་བསྐང་རྣལ་འབྱོར་བསམ་དོན་སྒྲུབས། །རྫོགས་སྤྲུལ་ལྔ་པས་སོ། །

༄༅། །ནོར་བུ་གཡུལ་རྒྱལ་བསྐང་བསྟུས།

ཧཱུྃ། གནས་བདག་ནོར་བུ་གཡུལ་རྒྱལ་ནི། །ཡུམ་དང་བློན་པོ་དམག་དཔུང་བཅས། །བཟའ་བཏུང་མཆོད་པ་འདི་བཞེས་ལ། །ཡིད་ལ་ཅི་འདོད་ལྷུན་གྲུབ་མཛོད། །རྫོགས་སྤྲུལ་ལྔ་པས་སོ། །

༄༅ ། །དཔྱལ་བྲག་བསྐང་བསྡུས་དཔག་བསམ་ལྗོན་ཤིང་བཞུགས།

ཧཱུྃ། ལྷུམ་མོ་ཆེན་མོ་སྨན་བཙུན་གཞོན་ནུ་མ། །མིང་པོ་ལྷ་ཡི་དགེ་བསྙེན་དྲག་རྩལ་ཅན། །འཁོར་བཅས་དམ་རྫས་མཆོད་པ་འདི་བཞེས་ལ། །ཐུགས་དམ་བསྐང་ལ་ཕྲིན་ལས་སྒྲོང་གྲོགས་མཛོད། །ཅེས་པ་འདི་ཡང་རྫོགས་སྤྲུལ་ལྔ་པས་སོ། །

༄༅། །དུར་ཁྲོད་ལྷ་མོའི་བསྐང་བསྡུས་མ་མོ་དགྱེས་པའི་གླུ་དབྱངས་བཞུགས་སོ། །

ཧྲཱིཿ དུར་ཁྲོད་མ་མོ་ཞིང་སྐྱོང་ཀུན་གྱི་གཙོ། །འབུམ་ཕྲག་ཡངས་པའི་མཁའ་འགྲོ་འཁོར་དང་བཅས། །སྨན་གཏོར་རཀྟའི་མཆོད་པ་འདི་བཞེས་ལ། །ཐུགས་དམ་བསྐང་ལ་ཕྲིན་ལས་མྱུར་དུ་སྒྲུབས། །རྫོགས་སྤྲུལ་ལྔ་པས་སོ། །

༄༅། །གེ་སར་མངའ་གསོལ་བསྡུས་པ་བཞུགས་སོ།

ཧཱུྃ། དགྲ་བླ་གེ་སར་ནོར་བུ་དགྲ་འདུལ་རྩལ། །རྒྱ་འཕྲུལ་རྡོ་རྗེ་རྐྱང་རྒོད་འཕེལ་པོ་དང་། །དཔའ་བརྟུལ་དང་སྨན་བཀའ་སྤྱོད་ཕོ་ཉ་བཅས། །ཚོགས་ཀྱི་བདག་པོ་དགྲ་ལྷ་བཅུ་གསུམ་སོགས། །དགྲ་ལྷ་མཆེད་དགུ་འགོ་བའི་ལྷ་ལྔ་དང་། །འབྲོང་གཡག་དར་མ་དགྲ་བླ་ཉེར་གཅིག་སོགས། །རྨ་རྒྱལ་སྤོམ་ར་མཆེད་སྲས་བཙུན་མོར་བཅས། །ལྷ་འཁོར་གླུ་འཁོར་འབུམ་དང་བཅས་པ་རྣམས། །དམ་རྫས་ཕུད་ཀྱི་མཆོད་པ་རྒྱ་ཆེན་འདིས། །ཐུགས་དམ་བསྐང་ལ་འགལ་རྐྱེན་བར་ཆད་སོལ། །དབུ་འཕང་གཉན་པོ་ཆོས་ཀྱི་དབྱིངས་སུ་བསྟོད། །ཕ་རོལ་རྒོལ་བ་ཐམས་ཅད་ཟིལ་གྱིས་གནོན། །ཕྱོགས་ལས་རྣམ་

པར་རྒྱལ་བའི་ཕྲིན་ལས་མཛོད། །མི་ཕམ་པས་མཛད་པ་ལ་ཅུང་ཟད་ཁ་བསྐངས་པ་རྫོགས་སྤྲུལ་ལྔ་བས་སོ། །

༄༅། །གེ་སར་གསོལ་མཆོད་བདུད་བཞིའི་གཡུལ་རྒྱལ།

ཨེ་མ་ཧོ། དག་པ་ལྷུན་གྲུབ་འོད་གསལ་ལུས་ཀྱི་སྦུབ། །མི་ཤིགས་ཐིག་ལེ་མཆོག་ཏུ་བདེ་བའི་དབྱིངས། །སྙིང་དབུས་པདྨ་འོད་གླིང་སྤྲུལ་པའི་ཞིང་། །རིག་རྩལ་མ་འགགས་དཔའ་བོ་མཁའ་འགྲོའི་གྲོང་། །རང་རིག་མི་འགྱུར་ཨོ་རྒྱན་སེང་ཆེན་རྗེ། །རྣལ་འབྱོར་མོས་པའི་བུ་ལ་བརྩེར་དགོངས་ནས། །ཡུལ་སྣང་བདེན་འཛིན་ཞིག་པའི་འདོད་ཡོན་དང་། །གཉིས་རྟོག་མཉམ་པར་སྦྱར་བའི་ཨ་མྲི་ཏ། །རེ་དོགས་ཆར་གཅོད་དམར་ཆེན་རཀྟའི་མཚོ། །ཚོགས་དྲུག་རྒྱན་དུ་ཤར་བའི་གཏོར་ཚོགས་བཅས། །གཉིས་མེད་མཉམ་པའི་ཀློང་དུ་བཞེས་མཛད་ནས། །རིག་སྟོང་ཡེ་ཤེས་ཟུང་འཇུག་ཕྱག་རྒྱ་ཆེ། །མངོན་གྱུར་སྐྱེས་མཆོག་བདུད་འདུལ་དགྲ་ལྷའི་རྒྱལ། །འཁྲུལ་མེད་སྙིང་གི་འཁོར་ལོ་དཀྱིལ་བཞུགས་ནས། །གསང་བ་གསུམ་གྱི་ཐིག་ལེར་མཉམ་སྦྱོར་ལ། །སྐུ་ལྷ་ཡེ་ཤེས་ལྷ་ཡི་ངོ་བོར་སྨིན། །ཆོས་བརྒྱད་རོ་མཉམ་རྟོགས་པའི་རྩལ་ཆེན་འབར། །རང་སྣང་དབང་འདུས་གཞན་སྣང་ཟིལ་གནོན་ཞིང་། །བདུད་བཞིའི་གཡུལ་རྒྱལ་གཞན་ཕན་མཁར་ཁྲབ་པས། །ལས་བཞིའི་ཕྲིན་ལས་ལྷུན་གྱིས་འགྲུབ་པར་མཛོད། །ཅེས་པ་འདི་འང་དུས་ཆོས་དགེ་བར་རྫོགས་སྤྲུལ་ལྔ་པས་སོ། །

སྐུ་རབས་ལྔ་པ་ཐུབ་བསྟན་ཆོས་ཀྱི་རྡོ་རྗེའི་གསུང་ཚན།

༄༅། །གེ་སར་སྐྱེས་བུའི་གསོལ་བསྡུས་དགྲ་ལྷ་དགྱེས་པའི་མཆོད་སྤྲིན་བཞུགས་སོ། །

བསྭོ། སྣང་སྲིད་དགྲ་ལྷ་ཡོངས་ཀྱི་ཆེ་བཙན་པ། །གེ་སར་ནོར་བུ་དགྲ་འདུལ་འཁོར་བཅས་ལ། །མཆོད་སྤྲིན་ནམ་མཁའ་མཛོད་དུ་འབུལ་ལགས་ན། །གཡུལ་ལས་རྣམ་པར་རྒྱལ་བའི་ཕྲིན་ལས་མཛོད། །རྫོགས་སྨྲུལ་ལྷ་པས་སོ།།

༄༅། །གེ་སར་བསྐང་བསྡུས་ནི།

བསྭོ། སྣང་སྲིད་དགྲ་བླ་ཀུན་གྱི་གཙོ། །གེ་སར་ནོར་བུ་དགྲ་འདུལ་རྩལ། །འཁོར་བཅས་མཆོད་པ་འདི་བཞེས་ལ། །གཡུལ་ལས་རྒྱལ་བའི་ཕྲིན་ལས་མཛོད། །རྫོགས་སྨྲུལ་ལྷ་པས་སོ། །

༄༅། །རླུང་རྟའི་བསྐང་བསྡུས་ནི།

ཧོཿ རྫུ་འཕྲུལ་མྱུར་མགྱོགས་ཤུགས་ལྡན་རྟ། །སྟག་སེང་ཁྱུང་འབྲུག་རླུང་རྟའི་ལྷ། །དགྱེས་རྒུའི་མཆོད་པ་འདི་བཞེས་ལ། །སྙན་གྲགས་ཕྱོགས་བཅུར་རྒྱས་པར་མཛོད། །རྫོགས་སྨྲུལ་ལྷ་པས་སོ། །

༄༅། །ཆོས་སྐྱོང་སྤྱི་ཡི་གསོལ་བསྡུས་ནི།

ཧཱུྃ། ཆོས་ཉིད་དབྱིངས་ལས་བཞེངས་པ་ཡི། །བསྟན་སྲུང་དམ་ཅན་རྒྱ་མཚོའི་ཚོགས། །ཐུགས་རྗེ་བརྩེ་བས་རྗེས་དགོངས་ལ། །རྣལ་འབྱོར་བདག་ཅག་འཁོར་བཅས་ཀྱིས། །དམ་རྫས་མཐུན་པའི་གཏོར་མ་དང་། །ཇ་ཆང་འོ་སྐྱོལ་བཏུང་བའི་རིགས། །ཕུད་དང་རཀྟའི་རྒྱ་མཚོ་བསྐྱིལ། །མཆོད་ཅིང་བསྟོད་པའི་

བྱིན་རླབས་ཀྱིས། །མི་མཐུན་གནོད་པ་ཀུན་ཞི་ནས། །མཐུན་རྐྱེན་ཆོས་དང་མཐུན་པ་ཡི། །བསམ་དོན་ཡིད་བཞིན་འགྲུབ་པར་མཛོད། །ཅེས་པ་འདི་ཡང་འཇམ་དབྱངས་མཁྱེན་བརྩེ་དབང་པོའི་ཐུགས་སྤྲུལ་གུ་རུ་ཚེ་དབང་ནས་ཆོས་སྐྱོང་སྤྱི་ཡི་གསོལ་བསྐུལ་འདི་ལྟར་དགོས་ཞེས་བསྐུལ་ངོར་རྫོགས་སྤྲུལ་ལྔ་པས་བྲིས་པའོ། །

༄༅། །སྲུང་མ་སྤྱིའི་གསོལ་བསྐུལ་བཞུགས་སོ། །

ཧཱུྃ། སྔོན་ཚེ་སློབ་དཔོན་པདྨ་འབྱུང་གནས་ཀྱི། །སྤྱན་སྔར་སྲུང་མར་ཞལ་བཞེས་དམ་ཚིག་ཅན། །མཐུ་ཆེན་བསྟན་སྲུང་དབང་པོ་འཁོར་བཅས་རྣམས། །བདག་གིས་བསྟེན་ཅིང་གསོལ་ཞིང་སྒྲུབ་པ་ན། །ཞི་དང་རྒྱས་དང་དབང་དང་དྲག་པོ་སོགས། །ཕྲིན་ལས་རྣམ་བཞིའི་དངོས་གྲུབ་སྩོལ་དུ་གསོལ། །ཅེས་པ་འདིའང་ཕུར་ཚའི་བསྟན་འཛིན་ནས་ལྷ་རྫས་དང་བཅས་བསྐུལ་བའི་ངོར་རྫོགས་སྤྲུལ་ལྔ་པ་ཐུབ་བསྟན་ཆོས་ཀྱི་རྡོ་རྗེས་སྨྲས་པའོ། །

༄༅། །རྨ་རྒྱལ་སྐོང་བསྐུལ་ཡིད་བཞིན་འདོད་འཇོའི་བང་མཛོད་ཅེས་བྱ་བ་བཞུགས་སོ། །

ཧྲཱིཿ ལྷ་ཡི་སྲས་པོ་རྨ་རྒྱལ་སྤོམ་ར་ནི། །རྨ་འཁོར་འབུམ་དང་བཅས་པ་གཤེགས་ནས་ཀྱང་། །བསམ་མི་ཁྱབ་པའི་མཆོད་སྤྲིན་རྒྱ་མཚོ་འདི། །ཕུལ་བས་རྨ་གཡང་འདོད་དགུའི་དངོས་གྲུབ་སྩོལ། །ཅེས་རྫོགས་སྤྲུལ་ལྔ་པས་སོ། །

༄༅། །མ་རྒྱལ་སྐོང་བསྡུས་ནི།

ཧྲཱིཿ མ་རྒྱལ་སྤོམ་ར་ལྷ་ཡི་སྲས། །མ་འཁོར་འབུམ་དང་བཅས་པ་རྣམས། །འཁོར་བཅས་མཆོད་པ་འདི་བཞེས་ལ། །མ་གཡང་དངོས་གྲུབ་སྩོལ་དུ་གསོལ། །རྫོགས་སྨྲུལ་ལྔ་པས་སོ། །

༄༅། །ལས་གཤིན་སྐོང་བསྡུས་ཕྲིན་ལས་མྱུར་མགྱོགས་བཞུགས་སོ། །

ཨཱ། འཇམ་དཔལ་བཀའ་སྡོད་ལས་ཀྱི་གཤིན་རྗེའི་གཤེད། །གཏུམ་མོ་དྲག་རྟུལ་ལས་བྱེད་ཕོ་ཉའི་ཚོགས། །ཤ་ཁྲག་དམར་གྱི་གཏོར་མ་འདི་བཞེས་ལ། །ཐུགས་དམ་བསྐང་ལ་མི་མཐུན་ཀུན་སོལ་ཅིག །རྫོགས་སྨྲུལ་ལྔ་པས་སོ།།

༄༅། །ཙིའུ་དམར་པོའི་བསྐང་བསྡུས་ནི།

ཧྲཱིཿ གནོད་སྦྱིན་ཆེན་པོ་ཡང་ལེ་བེར། །སྡེ་བརྒྱད་རིགས་པའི་དམག་དཔུང་བཅས། །མཐུན་པའི་དམ་རྫས་འདི་བཞེས་ལ། །བཅོལ་བའི་ཕྲིན་ལས་འགྲུབ་པར་མཛོད། །རྫོགས་སྨྲུལ་ལྔ་པས་སོ། །

༄༅། །གནོད་སྦྱིན་ཙིའུ་དམར་བསྐང་བསྡུས་བྱད་མ་སློབས་བཞིག་བཞུགས་སོ། །

ཧྲཱིཿ དབང་ཆེན་པདྨའི་བཀའ་སྡོད་རིགས་པའི་གཙོ། །གནོད་སྦྱིན་ཙིའུ་དམར་པོ་འཁོར་བཅས་ལ། །དམ་རྫས་ཕུད་ཀྱི་མཆོད་པ་འདི་འབུལ་བས། །ཐུགས་དམ་གཉན་སྐོང་རྣལ་འབྱོར་དབུ་འཕང་བསྟོད། །རྫོགས་སྨྲུལ་ལྔ་པས་སོ། །

༄༅། །རྩ་གསུམ་གསང་བ་སྙིང་ཐིག་གི་གཏེར་སྲུང་རྒྱལ་པོ་ཐོད་དཀར་བསྐང་བསྟུས་སྙན་པའི་བ་དན་བཞུགས་སོ། །

ཧཱུྃ། གཉན་ཆེན་རྒྱལ་པོ་ཐོད་དཀར་མཆེད་ལྔ་བརྒྱད། །གཉན་འཁོར་འབུམ་ཕྲག་མང་པོའི་ཚོགས་དང་བཅས། །མཆོད་སྦྱིན་བསམ་ཡས་ལྷུན་གྲུབ་འབུལ་ལགས་ན། །ཐུགས་དམ་བསྐང་ལ་འདོད་དོན་ལྷུན་འགྲུབ་མཛོད། །ཇོགས་སྦྱོལ་ལྔ་པས་སོ། །

༄༅། །འབར་མ་བྲུ་ཞོན་མའི་བསྐང་བསྟུས་མ་མོ་དགྱེས་པའི་མཆོད་སྦྱིན་བཞུགས་སོ། །

བྷྱོཿ མ་ཚོགས་འབུམ་གྱི་མཁའ་འགྲོའི་གཙོ་མོ་ནི། །འབར་མ་ནག་མོ་བྲུ་ཞོན་འཁོར་བཅས་ལ། །སྟོང་གསུམ་རབ་འབྱམས་རྒྱ་མཚོའི་མཆོད་སྦྱིན་འདིས། །ཐུགས་དམ་བསྐང་ལ་ནད་རིམས་བཟློག་ཏུ་གསོལ། །ཇོགས་སྦྱོལ་ལྔ་པས་སོ། །

༄༅། །ཟབ་ཆོས་པདྨ་དྲག་ཁྲོས་ལས་འབར་བ་ལྕམ་དྲལ་བསྐང་བསྟུས་ཡོངས་འདུས་ལྗོན་ཤིང་ཞེས་བྱ་བ་བཞུགས་སོ། །

ཧཱུྃ། བདུད་བཙན་གླུ་དང་འབར་བ་ལྕམ་དྲལ་ལ། །ཤ་ཁྲག་རྫས་གསུམ་དཀར་མངར་འབྲུ་སྨན་སྤོས། །རིན་ཆེན་སྨན་འབྲུ་དར་ཟབ་སྣ་ཚོགས་ཀྱིས། །ཐུགས་དམ་བསྐང་ལ་མཆོག་ཐུན་དངོས་གྲུབ་སྩོལ། །ཇོགས་སྦྱོལ་ལྔ་པས་སོ། །

༄༅། །གཏེར་སྲུང་ལྷ་མོ་ཆེན་མོའི་བསྐང་བསྡུས་དངོས་གྲུབ་སྤྲིན་འཁྲིགས་ཞེས་བྱ་བ་བཞུགས་སོ།།

ཧཱུྃ༔ ནམ་མཁའ་ཡངས་པའི་ཁམས་ལ་དབང་བསྒྱུར་བའི། །གཏེར་སྲུང་དཔལ་ལྡན་ལྷ་མོ་ཆེན་མོ་ལ། །རབ་འབྱམས་ཞིང་གི་མཆོད་པ་འབུལ་ལགས་ན། །ཐུགས་དམ་བསྐང་ངོ་དངོས་གྲུབ་བདག་ལ་སྩོལ། །ཛཿགས་སྨྲུལ་ལྔ་པས་སོ།།

༄༅། །ཕག་མོ་ནག་མོའི་བཀའ་སྲུང་ཁྲག་རལ་མའི་བསྐང་བསྡུས་ཁྲག་ཞག་རྒྱ་མཚོ་འཁྱིལ་བའི་

རླབས་ཕྲེང་བཞུགས་སོ། །

ཧཱུྃ༔ ལས་ཀྱི་མཁའ་འགྲོ་དམར་མོ་ཁྲག་རལ་ཅན། །ལས་བྱེད་སྤྲུལ་པ་འབུམ་འབུམ་ཚོགས་དང་བཅས། །སྨན་གཏོར་རཀྟའི་མཆོད་པ་འདི་བཞེས་ལ། །ཐུགས་དམ་བསྐང་ལ་དྲག་པོའི་དངོས་གྲུབ་སྩོལ། །ཛཿགས་སྨྲུལ་ལྔ་པས་སོ།།

༄༅། །གཏེར་སྲུང་ཡང་མ་སྐྱིན་གདོང་བསྐང་བསྡུས་དབྱར་རྔའི་སྒྲ་དབྱངས་

ཞེས་བྱ་བ་བཞུགས་སོ། །

ཧཱུྃ༔ ཟབ་གཏེར་གཉན་གྱི་སྲུང་མ་མཐུ་མོ་ཆེ། །ཡང་མ་སྐྱིན་གདོང་འཁོར་དང་བཅས་པ་ལ། །ཕྱི་ནང་གསང་བའི་མཐུན་པའི་དམ་རྫས་ཀྱི། །ཕུལ་བས་རྐྱེན་ངན་བར་ཆད་སེལ་བར་མཛོད། །ཅེས་ཛཿགས་སྨྲུལ་ལྔ་པས་སོ། །མངྒ་ལཾ། །

༄༅། །བཀའ་ཡི་བསྲུང་མ་གཏོད་སྦྱིན་བཅུ་གཉིས་བསྐང་བསྟུས་གཏོད་སྦྱིན་དགྱེས་པའི་མཆོད་སྦྱིན་བཞུགས་སོ། །

ཧཱུྃ། བཀའ་ཡི་སྲུང་མ་གཏོད་སྦྱིན་བཅུ་གཉིས་དང་། །བྲན་གཡོག་བདུན་འབུམ་ཉི་ཁྲིའི་འཁོར་བཅས་ལ། །རང་རང་དགྱེས་པའི་མཆོད་པ་འབུལ་ལགས་ན། །ཐུགས་དམ་བསྐང་ལ་ཕྲིན་ལས་མ་གཡེལ་ཞིག །ཛོགས་སྨྲུལ་ལྔ་བས་སོ།།

༄༅། །ཀླུ་རྒྱལ་ནཱ་ག་རཱ་ཛའི་བསྐང་བསྟུས་ཀླུ་གདོན་འཇོམས་པའི་དཔའ་བོ་བཞུགས་སོ། །

ཕཾ། ཀླུ་སྲིན་ཁྲོས་པ་མི་བཟད་འཇིགས་པའི་སྐུ། །བཅོམ་ལྡན་འཇམ་དཔལ་ནཱ་ག་རཱ་ཛ་ལ། །སྤྲི་དང་ཁྱད་པར་མཆོད་པའི་རྫས་རྣམས་ཀྱིས། །ཐུགས་དམ་བསྐང་ལ་ཀླུ་ནད་འཇོམས་པར་མཛོད། །ཛོགས་སྨྲུལ་ལྔ་པས་སྤེལ་བ་དགེ།

༄༅། །གྲྭ་པའི་འཇམ་དམར་བསྐང་བསྟུས་ནི།

ཧྲཱིཿ དབང་མཛད་ཛམ་དམར་འཁོར་བཅས་ལ། །དགྱེས་པའི་མཆོད་པ་འདི་ཕུལ་བས། །ཐུགས་དམ་བསྐང་ཞིང་ཉམས་ཆགས་བཤགས། །འབྲུ་ནོར་ལོངས་སྤྱོད་དངོས་གྲུབ་སྩོལ། །ཛོགས་སྨྲུལ་ལྔ་པས་སོ། །

༄༅། །གནས་བདག་ནོར་བུ་གཡུལ་རྒྱལ་བསྐང་བསྟུས་ནོར་བུའི་ཕྲེང་བ་བཞུགས་སོ། །

ཧཱུྃ། གནས་བདག་ཆེན་པོ་ཟླ་དོར་ཡོངས་ཀྱི་གཙོ། །ལྷ་ཀླུ་གཉན་བཅས་འཁོར་ཚོགས་བསམ་མི་ཁྱབ། །ནམ་མཁའི་ཁམས་ཀུན་མཆོད་སྦྱིན་རྒྱ་མཚོ་

ཡིས། །ཐུགས་དམ་གཉན་སྐོང་རྣལ་འབྱོར་བསམ་དོན་འགྲུབ། །རྫོགས་སྤྲུལ་ལྔ་པས་སོ། །

༄༅། །ནོར་བུ་གཡུལ་རྒྱལ་བསྐང་བསྡུས།

ཧཱུྃ། གནས་བདག་ནོར་བུ་གཡུལ་རྒྱལ་ནི། །ཡུམ་དང་བློན་པོ་དམག་དཔུང་བཅས། །བཟའ་བཏུང་མཆོད་པ་འདི་བཞེས་ལ། །ཡིད་ལ་ཅི་འདོད་ལྷུན་འགྲུབ་མཛོད། །རྫོགས་སྤྲུལ་ལྔ་པས་སོ། །

༄༅། །གཏེར་སྲུང་དགེ་བསྙེན་སྣོན་ཁའི་བསྐང་བསྡུས་མེ་ལྕེའི་ཕྲེང་བ་བཞུགས།

ཧཱུྃ། ཁམས་གསུམ་སྐྱེ་འགྲོ་ཡོངས་ཀྱི་སྲོག་གི་བདག །དགེ་བསྙེན་སྣོན་ཁ་འཁོར་དང་བཅས་པ་ཀུན། །རང་རང་མཐུན་པའི་དམ་རྫས་འདི་བཞེས་ལ། །ཐུགས་དམ་སྐོང་ལ་རྐྱེན་ངན་བར་ཆད་སོལ། །རྫོགས་སྤྲུལ་ལྔ་པས་སོ། །

༄༅། །དྲེགས་པའི་སྡེ་དཔོན་སུམ་ཅུའི་བསྐང་བསྡུས་ཕྲིན་ལས་ལྷུན་གྲུབ་བཞུགས།

ཧཱུྃ། དཔལ་ཆེན་བཀའ་སྡོད་སྡེ་དཔོན་སུམ་ཅུའི་ཚོགས། །རང་རང་གཡོག་འཁོར་ལྷ་སྲིན་དྲེགས་པའི་སྡེ། །དམ་རྫས་བརྒྱན་པའི་གཏོར་མ་འདི་བཞེས་ལ། །རྣལ་འབྱོར་བསམ་དོན་ཡིད་བཞིན་འགྲུབ་པར་མཛོད། །རྫོགས་སྤྲུལ་ལྔ་པས་སོ། །

༄༅། །ལས་གཤིན་བསྐང་བསྐུལ་ཕྲིན་ལས་མྱུར་མགྱོགས་བཞུགས་སོ། །

ཨཱཿ འཇམ་དཔལ་བཀའ་སྡོད་ལས་ཀྱི་གཤིན་རྗེའི་གཤེད། །གཏུམ་མོ་དྲག་རྩལ་ལས་བྱེད་ཕོ་ཉའི་ཚོགས། །ཤ་ཁྲག་དམར་གྱི་གཏོར་མ་འདི་བཞེས་ལ། །ཐུགས་དམ་བསྐང་ལ་མི་མཐུན་ཀུན་སོལ་ཅིག །ཛོགས་སྤྲུལ་ལྔ་པས་སོ།།

༄༅། །ཀླུ་མོའི་སྐོང་བསྐུལ་ནོར་བུའི་གཏེར་མཛོད་བཞུགས་སོ། །

ཕྃ། ཀླུ་རྒྱལ་དུང་སྐྱོང་སྲས་མོ་གཟི་འབར་མ། །ནོར་འཛིན་བདག་པོ་ཀླུ་བྲན་ཚོགས་བཅས་ལ། །དཀར་གསུམ་མངར་གསུམ་ལ་སོགས་མཐུན་རྫས་ཀྱིས། །ཐུགས་དམ་སྐོང་ལ་ཕྱུ་གཡང་དངོས་གྲུབ་སྩོལ། །ཛོགས་སྤྲུལ་ལྔ་པས་སོ། །

༄༅། །ཛ་རྒྱལ་བསྐང་བསྐུལ་ཡིད་བཞིན་འདོད་འཇོའི་བང་མཛོད་ཞེས་བྱ་བ་བཞུགས་སོ། །

ཧྲཱིཿ ལྷ་ཡི་སྲས་པོ་ཛ་རྒྱལ་སྒོམ་ར་ནི། །ཛ་འཁོར་འབུམ་དང་བཅས་པ་གཤེགས་ནས་ཀྱང་། །བསམ་མི་ཁྱབ་པའི་མཆོད་སྤྲིན་རྒྱ་མཚོ་འདི། །ཞུལ་བས་ཛ་གཡང་འདོད་དགུའི་དངོས་གྲུབ་སྩོལ། །ཞེས་ཛོགས་སྤྲུལ་ལྔ་པས་སོ། །སརྦ་མངྒ་ལཾ། །

༄༅། །ཛ་རྒྱལ་བསྐང་བསྐུལ་ནི།

ཧྲཱིཿ ཛ་རྒྱལ་སྒོམ་ར་ལྷ་ཡི་སྲས། །ཛ་འཁོར་འབུམ་དང་བཅས་པ་རྣམས། །འཁོར་བཅས་མཆོད་པ་འདི་བཞེས་ལ། །ཛ་གཡང་དངོས་གྲུབ་སྩལ་དུ་གསོལ། །ཛོགས་སྤྲུལ་ལྔ་པས་སོ། །

༄༅། །རྨ་ཡུལ་སྟོད་ཀྱི་ཡུལ་སྐྱོང་དུག་གི་མགོན་པོའི་གསོལ་ཀ་ཕྲིན་ལས་ཀུན་འགྲུབ་ཞེས་བྱ་བ་བཞུགས་སོ།།

ཧཱུྃ། རང་བཞིན་རྣམ་དག་དབྱིངས་ལས་མ་གཡོས་ཀྱང་། རང་རྩལ་མ་འགགས་ཤར་བའི་ལྷ་གཅིག་པུའུ། །རང་མདུན་འཛའ་ཟེར་འཁྲིགས་པའི་ཀློང་ཡངས་དབུས། །རང་བཞིན་ཆུ་ཟླའི་གར་བཞིན་ཡོངས་ཤར་བ། །རྒྱལ་བའི་དབང་པོ་པདྨ་སམྦྷ་ཝའི། །རྒྱལ་བསྟན་སྲུང་མར་ཞལ་བཞེས་ཐ་ཚིག་ཅན། །རྒྱལ་ཀུན་ཟབ་གཏེར་སྐྱོང་བའི་མཐུ་ཆེན་པོ། །རྒྱལ་བའི་བཀའ་སྡོད་ཡུལ་སྐྱོང་རྩལ་འཛིན་པ། །སྐུ་གསུང་ཐུགས་ཀྱི་སྤྲུལ་པ་སྣ་ཚོགས་དང་། །སྐུ་ཡི་སྤྲུལ་པ་དགེ་བསྙེན་དྲག་པོ་རྩལ། །སྐུ་མདོག་ནག་པོ་ཁྲོ་འཛུམ་བརྗིད་པའི་སྐུ། །སྐུ་ལ་དར་ནག་བེ་ར་ཆེན་གསེར་ཁྲབ་གསོལ། །དབུ་ལ་གསེར་རྨོག་རུ་དར་རྣམ་པ་ལྔ། །དབུས་སུ་འདོད་འབྱུང་མི་ནུབ་རྒྱལ་མཚན་བསྒྲེངས། །ཕྱག་གཡས་མདུང་དར་དགྲ་བོའི་སྙིང་ལ་བརྡེགས། །གཡོན་པས་བསམ་འཕེལ་ཡིད་བཞིན་ནོར་བུ་བསྣམས། །ཞབས་ལ་སག་ལྷམ་འཛའ་རིས་འཁྲིལ་བ་མནབས། །རླུང་གི་ཤུགས་ཅན་རྟ་མཆོག་སྨུ་མེན་མདོག །ཆིབས་ནས་རྡོ་རྗེའི་གཡར་དམ་མ་གཡེལ་ཞིག །འཁོར་དུ་རང་འདྲ་ལྷ་ཚོགས་གྲངས་མེད་པ། །ཉི་ཟེར་བརྡུལ་ལྟར་བསམ་གྱིས་མི་ཁྱབ་པ། །བདག་ཅག་གསོལ་མཆོད་མགྲོན་ལ་གཤེགས་སུ་གསོལ། །ཕྱི་ཡི་མཆོད་པ་ཉེར་སྤྱོད་སྣ་ཚོགས་དང་། །ནང་གི་མཆོད་པ་སྨན་རཀ་ཏ་ལིང་ཏ། །གསང་བའི་མཆོད་པ་ག་ཎ་ཙཀྲ་སོགས། །ནམ་མཁའ་གང་

བར་བྱས་ཏེ་འབུལ་གྱིས་བཞེས། །ཁྱད་པར་དྲི་ཞིམ་ཤིང་སྣ་ལྷན་གཅིག་དང་། །རིན་ཆེན་སྣ་ལྔ་དར་ཟབ་སྣ་ཚོགས་རིགས། །ཕྱེ་མར་འོ་སྐྱོལ་སྦྲག་པའི་དུད་པའི་སྤྲིན། །རབ་འབྱམས་ནམ་མཁའ་གང་བ་འབུལ་ལགས་ན། །དགྱེས་པ་ཆེན་པོའི་ཚུལ་གྱིས་བཞེས་སུ་གསོལ། །སངས་རྒྱས་བསྟན་དང་དེ་འཛིན་སྐྱོང་བ་དང་། །འཇིག་རྟེན་ཁམས་སུ་ནད་མུག་མཚོན་འཁྲུགས་ཞི། །མི་མཐུན་ཕྱོགས་ངན་ཐམས་ཅད་ཀུན་ཞི་ནས། །ཚེ་དང་བསོད་ནམས་དཔལ་འབྱོར་ཕུན་སུམ་ཚོགས། །དབང་ཐང་རླུང་རྟ་ཕྱོགས་བཅུར་རྒྱས་པ་དང་། །རྒྱལ་བློན་འབངས་འཁོར་མངའ་ཐང་རྒྱས་པ་དང་། །ཟས་ནོར་ལོངས་སྤྱོད་དབང་དུ་འདུ་བ་དང་། །མི་དང་མི་མིན་ལོག་པར་ལྟ་བའི་རིགས། །མངོན་སྤྱོད་ཤུགས་ཀྱིས་དྲག་པོས་འཕྲིན་ལས་མཛོད། །ཛོགས་སྤྲུལ་ལྔ་པ་ཐུབ་བསྟན་ཆོས་ཀྱི་རྡོ་རྗེས་སོ། ། དགེའོ། །དགེའོ། །དགེའོ། །

༄༅། །མཐོན་པོའི་བསྐང་བསྟུས་འདོད་འཇོའི་བུམ་བཟང་བཞུགས།

ཀྱེ་པཎྜའི་ཞལ་མཐོང་ཐ་ཚིག་ལ། །གནས་པའི་དགེ་བསྙེན་དྲག་པོ་རྩལ། །འཁོར་བཅས་མ་ལུས་ཐུགས་དམ་བསྐང་། །བསམ་པའི་དོན་ཀུན་འགྲུབ་པར་མཛོད། ། ཛོགས་སྤྲུལ་ལྔ་པས་སོ། །

༄༅། །ལྷ་སྨན་བསྐང་བསྔུས་རིན་ཆེན་མྱུ་གུ་བཞུགས་སོ། །

ཧཱུྃ། ཡེ་ཤེས་ཁྲོའུ་ཆུང་སྨན་སྲུང་ལྷ་སྨན་ཚོགས། །ཕྱེ་མར་འོ་སྒོལ་མདའ་དར་སྨན་ཕུད་སོགས། །སྤྲིན་གཟིགས་དཀོར་ཆ་མཐུན་རྫས་སྣ་ཚོགས་ཀྱི། །ཐུགས་དམ་བསྐང་ལ་རྙོ་མཐོང་དངོས་གྲུབ་སྩོལ། །རྫོགས་སྤྲུལ་ལྔ་པས་སོ། །

༄༅། །ཉི་གྲགས་སྨན་བླའི་གཏེར་སྲུང་ཁོལ་པོ་ཁའི་བསྐང་བསྔུས་བཞུགས་སོ། །

ཧཱུྃ། གསང་བདག་བཀའ་ཉན་གཏེར་སྲུང་ཁོལ་པོ་ཁ། །དགྱེས་སྡེ་ཡུམ་སྲས་བཀའ་འཁོར་མང་པོ་བཅས། །ཉེར་སྤྱོད་ནམ་ལྔ་གཟུགས་སྒྲ་དྲི་རོ་རེག །སྨན་གཏོར་རཀྟ་མཐུན་པའི་དམ་རྫས་ཀྱིས། །ཐུགས་དམ་བསྐང་ལ་བསམ་དོན་མྱུར་འགྲུབ་མཛོད། །ཅེས་པ་འདི་ཡང་རྫོགས་སྤྲུལ་ལྔ་པས་སོ། །

༄༅། །སྨན་སྲུང་རྡོ་རྗེ་བདུད་འདུལ་བསྐང་བསྔུས་ནི།

ཧཱུྃ། རྒྱལ་བའི་དབང་པོ་སྨན་པའི་རྒྱལ་པོ་ཡི། །སྲུང་མ་མཐུ་ཆེན་རྡོ་རྗེ་བདུད་འདུལ་ལ། །མཐུན་པའི་དམ་རྫས་མ་ཚང་མེད་པ་ཀུན། །དགྱེས་པར་བཞེས་ལ་ཐུགས་དམ་བསྐང་གྱུར་ཅིག །རྫོགས་སྤྲུལ་ལྔ་པས་སོ། །

༄༅། །ལྷ་རྗེ་ལྷ་གཡག་འབུལ་ཆོག་ཕྲིན་ལས་ཆར་འབེབས་བཞུགས་སོ།།

ཧཱུྃ། མིག་སྨན་ལྷར་གནག་ཁྱུང་གི་གོམ་སྟབས་ཀྱིས། །སྟོང་གསུམ་སྐད་ཅིག་གིས་སྐོར་ཅང་ཤེས་རྟ། །ནོར་བུའི་སྒྲ་སྲབ་དར་གྱི་ལྷབ་ལྷུབ་ཅན། །སྤྲིན་གྱི་ཤུགས་འཆང་རྟ་མཆོག་འདི་ཉིད་འབུལ། །མཐུན་པའི་རྫས་འདིར་རྟེན་བཅས་དགྱེས་བཞུགས་ནས། །བདག་ཅག་དཔོན་སློབ་འཁོར་དང་བཅས་པ་ཡི། །འགལ་རྐྱེན་ཀུན་ཞི་མཐུན་རྐྱེན་བསམ་དོན་སྒྲུབས། །ཆོས་འཁོར་འདི་ཡི་བསྟན་པ་སྤེ་དང་བཅས། །ཁྱེད་ལ་གཏད་དོ་རྟག་ཏུ་གཡེལ་མེད་སྐྱོངས། །མཐུ་རྩལ་ནུས་བསྐྱེད་འགལ་བྱེད་ཆོམ་ལ་ཕོབས། །འདོད་དོན་བཅོལ་བའི་ལས་ཀུན་བསྒྲུབ་པར་མཛོད། །ཧཱུྃ། མུན་རུམ་ལྷར་གཤེགས་རབ་འཇིགས་ཁྲོས་པའི་བཞིན། །གློག་དམར་ལྕེ་བརྒྱངས་དཔའ་བོའི་ང་ར་སྒྲ་སྒྲོག །རྡོ་རྗེའི་རྣ་རྩེས་རི་རབ་འཕེན་ནུས་པའི། །གཡག་རྒོད་ཞོལ་ཆེན་ལྡན་པ་འདི་ཉིད་འབུལ། །མཐུན་པའི་རྫས་འདིར་རྟེན་བཅས་དགྱེས་བཞུགས་ནས། །བདག་ཅག་དཔོན་སློབ་འཁོར་དང་བཅས་པ་ཡི། །འགལ་རྐྱེན་ཀུན་ཞི་མཐུན་རྐྱེན་བསམ་དོན་སྒྲུབས། །ཆོས་འཁོར་འདི་ཡི་བསྟན་པ་སྤེ་དང་བཅས། །ཁྱེད་ལ་གཏད་དོ་རྟག་ཏུ་གཡེལ་མེད་སྐྱོངས། །མཐུ་རྩལ་ནུས་སྐྱེད་འགལ་བྱེད་ཆོམ་ལ་ཕོབས། །འདོད་དོན་བཅོལ་བའི་ལས་ཀུན་སྒྲུབ་པར་མཛོད། །ཧཱུྃ། འཛམ་ལེགས་སྤུ་སྤུག་འཁྲིལ་ཞིང་ཉམས་སྟོབས་

རྒྱས། །སྙན་འཛེབས་སྒྲ་ཡིས་དམ་ཅན་ཡིད་མགུ་བྱེད། །བཻ་ཌཱུར་རྣ་འཁྲིལ་ཞིང་ལྷུགས་ང་རོའི་སྒྲས། །ལུག་ནག་དཔྱི ཤེལ་སྒོང་ནག་པོ་སྤྱི་དཀར་ཞེས་སྤྱི་སྒོང་ལས་གསུང་ དཀར་གཡང་ཆས་འདི་ཉིད་འབུལ། །མཐུན་པའི་རྫས་འདིར་རྟེན་བཅས་དགྱེས་བཞུགས་ནས། །བདག་ཅག་དཔོན་སློབ་འཁོར་དང་བཅས་པ་ཡི། །འགལ་རྐྱེན་ཀུན་ཞི་མཐུན་རྐྱེན་བསམ་དོན་སྒྲུབས། །ཆོས་འཁོར་འདི་ཡི་བསྟན་པ་སྲི་དང་བཅས། །ཁྱེད་ལ་གཏད་དོ་རྟག་ཏུ་གཡེལ་མེད་སྐྱོངས། །མཐུ་རྩལ་ནུས་སྐྱེད་འགལ་བྱེད་ཆམ་ལ་ཕོབས། །འདོད་དོན་བཅོལ་བའི་ལས་ཀུན་སྒྲུབ་པར་མཛོད། །ཧཱུྃ། མི་བཟད་འཇིགས་གཟུགས་རྣོ་བའི་མཆུ་སྲིར་ཅན། །དགྲ་བགེགས་ཀླད་ཁྲག་ཞིང་ལྷུགས་ང་རོའི་སྒྲས། །མ་ལུས་བདུད་སྲིའི་སྙིང་འགས་དགྲ་དཔུང་འཇོམས། །ཁྱི་ནག་སྙིང་དཀར་སྟོབས་ལྡན་འདི་ཉིད་འབུལ། །མཐུན་པའི་རྫས་འདིར་རྟེན་བཅས་དགྱེས་བཞུགས་ནས། །བདག་ཅག་དཔོན་སློབ་འཁོར་དང་བཅས་པ་ཡི། །འགལ་རྐྱེན་ཀུན་ཞི་མཐུན་རྐྱེན་བསམ་དོན་སྒྲུབས། །ཆོས་འཁོར་འདི་ཡི་བསྟན་པ་སྲི་དང་བཅས། །ཁྱེད་ལ་གཏད་དོ་རྟག་ཏུ་གཡེལ་མེད་སྐྱོངས། །མཐུ་རྩལ་ནུས་བསྐྱེད་འགལ་བྱེད་ཆམ་ལ་ཕོབས། །འདོད་དོན་བཅོལ་བའི་ལས་ཀུན་བསྒྲུབ་པར་མཛོད། །ཅེས་པ་འདི་ནི་སྨིན་གླིང་གཏེར་ཆེན་འགྱུར་མེད་རྡོ་རྗེའི་གསུངས་འདི་ནི་རུ་དམ་ཨོ་རྒྱན་བསམ་གཏན་ཆོས་གླིང་གི་ཆོས་གྲྭ་ཆེན་པོའི་ཟླ་བ་བཅུ་གཅིག་པའི་ཉིན།དགུ་ཚུང་གསར་འཇུགས་སྐབས་གནམ་གང་ཉིན་རྡོ་རྗེའི་ཆོས་སྐྱོང་རྣམས་ལ་ལྷ་རྟ་ལྷ་གཡག་སོགས་འབུལ་བའི་སྐབས་སྔར་གསར་བསྐོས་ལྷུགས་མོ་བྲུ་ལོར་རྫོགས་སྤྲུལ་ལྔ་པས་བསྐྲུན་པ་དགེའོ། ། །

ཆོས་ཚུལ་འདི་ཡང་ཉི་ཟླའི་དཀྱིལ་འཁོར་བཞིན།
ཕྱོགས་ཀྱི་ཐགྲུ་ཀུན་ཏུ་གྲགས་གྱུར་ཏེ།
བློ་གྲོས་པད་མོ་རབ་ཏུ་རྒྱས་བྱེད་ཅིང་།
སངས་རྒྱས་བསྟན་པ་དར་ཞིང་རྒྱས་པར་ཤོག
རྒྱལ་དབང་ཀློང་ཆེན་པས།

མདོ་སྔགས་ཆོས་ཚུལ་ཚང་ལ་མ་ནོར་བ།
མཁས་ཤིང་གྲུབ་བརྙེས་རིག་འཛིན་བརྒྱུད་པའི་སྲོལ།
ཐུབ་བསྟན་སྙིང་པོ་གསང་སྔགས་སྒྱུ་འཕྲུལ་པའི།
བསྟན་པ་འཕེལ་རྒྱས་འཛམ་གླིང་ཁྱབ་གྱུར་ཅིག
འཇམ་མགོན་མི་ཕམ་པས།

དཔལ་ལྡན་མཁས་གྲུབ་བྱེ་བའི་གཙུག་གི་རྒྱན།
མདོ་སྔགས་ལུང་རྟོགས་བསྟན་པའི་ཤིང་རྟ་ཆེ།
འཇིགས་བྲལ་སྒྱུ་འཕྲུལ་རྒྱལ་བ་རྫོགས་ཆེན་པ།
ཕྲི་སེང་ཆོས་གྲྭའི་བསྟན་པ་རྒྱས་གྱུར་ཅིག
སྐྱབས་རྗེ་པདྨ་སྐལ་བཟང་གིས།

དཔེ་སྒྲིག་ལས་ཁང་།	སྡེ་འགྱུར་རྫོགས་ཆེན་དཔེ་ཚོགས་བསྡུ་སྒྲིག་ཁང་།
སྤྱི་ཁྱབ་བསྡུ་སྒྲིག་དག་ཞུས་པ།	གྲུབ་དབང་རྫོགས་ཆེན་བདུན་པ་བསྟན་འཛིན་ལུང་རྟོགས་ཉི་མ།
ཆེད་འགན་དག་ཞུས་པ།	སྨྱོ་ཤུལ་མཁན་པོ་འཆི་མེད་བཟོད་པ།
	རྫོགས་ཆེན་སློབ་དཔོན་བསོད་སྦྱིན།
	རྫོགས་ཆེན་སློབ་དཔོན་པདྨ་སྣང་བ།
བསྐྲུར་ཞུས་པ།	སྤྲུལ་སྐུ་གྲགས་པ་རྒྱལ་མཚན།
	ར་ཕེས་སྤྲུལ་སྐུ་ཕུབ་འོད།
	བྲག་མཁར་སྤྲུལ་སྐུ་ཚུལ་ཁྲིམས་རྒྱལ་མཚན།
ཡིག་གཏགས་པ།	བསྟན་འཛིན་ཚེ་དབང་། བསྟན་འཛིན་ཤེས་རབ། པདྨ་གྲགས་པ།
དཔེ་སྒྲིག་པ།	དབྱིན་ཧི་བ་པདྨ་མཐུ་སྟོབས།
མདུན་ཤོག་མཛེས་རིས་པ།	ཕུར་བཟང་། ཡུས་ཁྲུ་ཡུས།

图书在版编目（CIP）数据

藏传佛教大圆满文集：藏文 / 佐钦寺整理编著 .
—拉萨：西藏藏文古籍出版社，2016.7
ISBN 978-7-80589-818-6

Ⅰ . ①藏… Ⅱ . ①佐… Ⅲ . ①喇嘛宗—文集—藏语 Ⅳ . ① B946.6-53

中国版本图书馆 CIP 数据核字（2016）第 150552 号

藏传佛教大圆满文集

编　　者　大圆满丛书整编室
责任编辑　次　巴
出　　版　西藏藏文古籍出版社（拉萨市色拉路 22 号）邮政编码：850000
第二编辑部（北京）：100013 北京市东土城路 8 号林达大厦 A 座 13 层
电话：010-64466847
打击盗版：0891-6649998　13908990085
印　　刷　北京谊兴印刷有限公司
经　　销　全国新华书店
开　　本　16 开（710×1 000）
印　　张　118
版　　次　2016 年 7 月第 1 版第 1 次印刷
标准书号　ISBN 978-7-80589-818-6
定　　价　290.00 元（全 6 册）